Imprimerie MIGNE, au Petit-Montrouge.

DICTIONNAIRE UNIVERSEL
DE
PHILOLOGIE SACREE.

A

A, AB, ou ABS. ἀπό. Cette préposition marque ordinairement le terme d'où la chose prend son origine; par qui elle se fait; par où elle commence, et d'où elle part : mais dans l'Écriture sainte, qui est pleine d'hébraïsmes, elle a beaucoup plus d'étendue, parce que les Hébreux ayant peu de prépositions, chacune a un plus grand nombre de significations différentes. Ainsi la préposition *a* qui répond au *min* des Hébreux, outre les significations communes qu'elle a selon l'usage du latin, en a encore quelques-unes extraordinaires selon l'usage de l'Hébreu.

Significations communes d'A ou AB, et conformes à l'usage de la latinité.

1° Cette préposition marque l'agent ou la cause efficiente, soit après les verbes passifs, comme, Prov. 19. 14. *A Domino proprie uxor prudens* : C'est proprement le Seigneur qui donne à l'homme une femme sage. Ps. 117. 23. *A Domino factum est istud.* Luc. 10. 22. Rom. 12. 21. etc.; soit après les verbes neutres, 1. Cor. 10. v. 9. 10. *Quidam a serpentibus perierunt* : Quelques-uns furent tués par les serpents. 2. Tim. 3. 14. etc.; soit enfin après les verbes actifs. Gen. 19. 24. *Pluit Dominus sulphur et ignem a Domino* : Dieu fit pleuvoir du soufre et du feu du ciel sur Sodome et Gomorrhe; *Dominus a Domino*, i. e. Le Fils de la part du Père; ou *Dominus a seipso*; hébraïsme. Joan. 5. 19. etc.

2° Elle signifie le terme du départ. Matth. 2. 1. *Ecce Magi ab Oriente venerunt Jerosolymam* : Des Mages vinrent d'Orient à Jérusalem. Jerem. 1. 14. *Ab Aquilone pandetur malum super omnes habitatores terræ* : Ces maux viendront fondre du côté de l'Aquilon sur tous les habitants de la terre. i. e. Du côté de Babylone sur toute la Judée. Act. 18. 1. 2. Cor. 1. 15. Philip. 4. 15. etc.

3° Elle marque le côté, l'aspect, la partie. Ps. 74. 7. *Neque ab Oriente, neque ab Occidente, neque a desertis montibus* : Il ne viendra de secours, ni de l'Orient, ni de l'Occident, ni du côté des déserts des montagnes. Apoc. 21. 13. *Ab Oriente portæ tres*, etc. La sainte Jérusalem avait trois portes à l'Orient, et trois du côté de chacune des autres parties du monde. Ezech. 1. 10. Marc. 15. 27. Luc. 1. 11. etc.

4° Elle signifie le temps depuis lequel quelque chose a commencé. Thren. 3. 27. *Bonum est viro cum portaverit jugum ab adolescentia sua* : Il est bon à l'homme de porter le joug du Seigneur dès sa jeunesse. Ps. 57. 4. *Alienati sunt peccatores a vulva, erraverunt ab utero* : Les pécheurs se sont éloignés de la justice dès leur naissance, et ils se sont égarés dès qu'ils sont sortis du sein de leur mère. 1 Par. 15. 13. Matth. 11. 12. Joan. 9. 1. etc.

5° Elle marque la patrie ou le lieu de la naissance. Matth. 21. 10. *Hic est Jesus propheta a Nazareth Galilææ* : C'est Jésus le Prophète, qui est de Nazareth en Galilée. Marc. 15. 43. *Venit Joseph ab Arimathæa* : Joseph d'Arimathie vint trouver Pilate. Matth. 27. 57. Joan. 1. v. 44. 45. c. 11. 1. c. 21. 2. etc.

6° Elle est mise avec le nom d'une personne pour marquer qu'une chose vient de sa part, se fait par son ordre ou par son moyen. Ps. 36. 39. *Salus justorum a Domino* : C'est du Seigneur que vient le salut des justes. Eccli. 16. 5. *Ab uno sensato inhabitabitur patria* : Un seul homme de bon sens fera peupler toute une ville. 2. Tim. 3. 7. etc. Elle marque aussi quelquefois le logis de la personne. Joan. 18. 28. *Adducunt Jesum a Caipha* : Ils menèrent Jésus de chez Caïphe. Marc. 5. 35. etc.

7° Elle marque l'office ou le rang qu'un serviteur tient auprès de son maître. 2. Reg. 8. 16. *Josaphat erat a commentariis* : Josaphat avait la charge des requêtes. 2. Par. 34. 8. Is. 36. 3. etc.

8° Elle marque la chose dont on se doit garder ou défier. Matt. 7. 15. *Attendite a falsis prophetis* : Gardez-vous des faux prophètes. Eccli. 9. 21. *Cave te a proximo tuo* : Défiez-vous de ceux qui vous approchent. Ps. 17. 24. Matt. 16. 6. etc.

9° Elle se met après les verbes qui signifient cesser, désister, s'abstenir de quelque chose, pour exprimer la phrase des Grecs, qui mettent le génitif après ces sortes de verbes. Jos. 14. 15. *Cessavit terra a præliis*: Il n'y eut plus de guerre dans le pays de Chanaan. Ps. 36. 8. *Desine ab ira*: Quittez tous ces mouvements de colère et de fureur. Jerem. 31. 16. 1. Cor. 9. 25. 1. Thess. 5. 22. etc.

10° Elle se met après les verbes d'éloigner, séparer, rejeter, détourner, cacher. Matt. 25. 41. *Discedite a me, maledicti, in ignem æternum*: Retirez-vous de moi, maudits, etc. Ps. 50. 11. *Averte faciem tuam a peccatis meis*: Détournez votre face de dessus mes péchés. v. 13. *Ne projicias me a facie tua*: Ne me rejetez pas de devant votre face. Matt. 11. 25. *Abscondisti hæc a sapientibus*: Vous avez caché ces grands mystères aux sages et aux prudents. Ps. 72. 27. Luc. 22. 42. Joan. 12. 36. Act. 1. 11. etc.

11° Elle se met après les verbes de délivrer, sauver, tirer d'entre les mains de quelqu'un. Tob. 12. 9. *Eleemosyna a morte liberat*: L'aumône délivre de la mort. Act. 2. 40. *Salvamini a generatione ista*: Sauvez-vous de cette race corrompue. Ps. 139. 1. Rom. 7. 6. 1. Thess. 1. 10. etc.

12° Elle se met après les verbes de demander, apprendre, recevoir, s'enquérir. Matt. 20. 20. *Accessit ad eum mater filiorum Zebedæi, adorans et petens aliquid ab eo*: La mère des enfants de Zébédée s'approcha de lui et l'adora, en témoignant qu'elle voulait lui demander quelque chose. Colos. 1. 7. *Sicut didicistis ab Epaphra*: Comme vous en avez été instruits par notre cher Epaphras. Joan. 5. 34. *Ego non ab homine testimonium accipio*: Pour moi, ce n'est pas d'un homme que je reçois le témoignage. Exod. 3. 2. 22. Tim. 2. 2. Apoc. 1. 28 etc.

Tous les autres verbes après lesquels cette préposition est mise, se verront chacun dans leur lieu, comme *parcere*, *mundare*, etc.

Significations d'A ou Ab moins ordinaires.

A ou AB, pour *propter*, à cause, etc. Cette préposition a cette signification partout où elle se trouve devant les mots :

A voce Isa. 33. 3. *A voce Angeli fugerunt*, et en plusieurs autres endroits.

Ab increpatione 2. Reg. 22. 16. *Revelata sunt fundamenta orbis ab increpatione Domini*. Ps. 17. 16. Ps. 75. 7. Ps. 79. 17. Ps. 103. 7. etc.

A facie Ps. 43. 7. *Confusio faciei meæ cooperuit me a facie inimici et persequentis*. Voy. *Facies*, où l'on distingue cette signification des deux autres, qu'a encore *a facie*.

A vino Isa. 28. 1. *Errantes a vino*. Ezech. 10. 7. *Lætabitur cor eorum quasi a vino*. Os. 7. 5. *Furere a vino*.

Cette même préposition, se trouvant devant plusieurs autres mots, signifie aussi, à cause, P. 108. 24. *Genua mea infirmata sunt a jejunio*; à cause du jeûne, *et caro mea immutata est propter oleum*, i. e. *defectum olei*, Heb. *a pinguedine*. v. *oleum*. Ps. 106. 34. *Posuit terram fructiferam in salsuginem a malitia inhabitantium in ea*, id est, *propter malitiam*. v. 39. *Vexati sunt a tribulatione malorum*. 3. Reg. 1. 40. Ps. 6. 8. Ps. 37. 9. Ps. 38. 12. Ps. 87. 19. Thren. 4. 9. Ezech. 45. 2. Os. 4. 19, c. 7. 16. Mich. 2. 12. Matt. 18. 7.

Il y en a plusieurs exemples dans les auteurs latins, comme dans Térence, *caput a sole dolet*.

A, pour *in*. — Eccli. 23. 10. *Non eris immunis ab eis*: Vous ne serez pas exempt de faute en cela.

A ou AB, pour *præ*, au prix, en comparaison.

Marque la préférence ou l'excellence d'une chose ou d'une personne au-dessus d'une autre ; car les Hébreux, n'ayant point de comparatifs, se servent de leur prépositive *min* pour exprimer cette préférence. En ce sens elle signifie :

1° Au-dessus, en comparaison. Luc. 18. 14. *Descendit hic justificatus ab illo*: Le Publicain s'en retourna justifié, préférablement au Pharisien. Ps. 17. 52. Ps. 102. 11. Is. 55. 9. Ezech. 10. 19. c. 16. 52. c. 42. 6. Joan. 12. 32. Ce qui se rencontre quelquefois en latin, Térence, *Ab illo friget*: Ce n'est rien au prix de lui.

2° Plus que. Eccli. 24. 39. *A mari enim abundavit cogitatio ejus, et consilium ab abysso magna*: Les pensées du Seigneur sont plus vastes que la mer, et ses desseins plus profonds que les abimes. Quelquefois la préposition est sous-entendue. Ps. 67. 31. *Probati sunt argento*; i. e. *præ argento*.

3° Que, après le comparatif. Ps. 8. 6. *Minuisti eum paulo minus ab Angelis*: Seigneur, vous ne l'avez abaissé qu'un peu au-dessous des anges. 3. Reg. 1. 37. Eccli. 6. 8. Ezech. 16. 52. 2. Cor. 11. 5. Hebr. 2. 7.

A ou AB, pour *præter*, *absque*, hormis. — Marque un attachement à quelque objet, préférablement à toute autre chose. Ps. 72. 25. *A te quid volui super terram?* Que désiré-je sur la terre, sinon vous? dit David à Dieu.

A, pour *inter*, *e numero*, du nombre. — Marque la séparation que l'on fait de quelque personne ou de quelque chose, en la séparant du nombre des autres. Num. 8. v. 11. 15. *Dono donati sunt mihi a filiis Israel*: Les lévites m'ont été donnés comme une élite du peuple d'Israel. c. 31. 28. Eccli. 45. 20. c. 47. 2. Ps. 29. 4. Sap. 9. 4. *Noli me reprobare a pueris tuis*: Ne me rejetez du nombre de vos enfants, dit Salomon à Dieu. Ps. 11. 1. Ps. 20. 11. Dan. 4. 22. Ce qui s'exprime souvent par *de*, comme, Exod. 30. 38. *Peribit de populis suis*: Il périra du milieu de son peuple. Dans le Lévitique et ailleurs. Ps. 20. 11. *Fructum eorum de terra perdes et semen eorum a filiis hominum*: Vous exterminerez leurs enfants de dessus la terre, et leur race du milieu des hommes.

A, pour *præter*, ou *ultra*, *seorsim*. — Séparément et hors du nombre.

Num. 3. 49. *Tulit igitur Moyses pecuniam eorum qui fuerant amplius, et quos redemerant a Levitis* : Moïse prit l'argent de ceux qui passaient ce nombre, et qu'ils avaient rachetés comme surnuméraires au nombre des lévites. Dieu avait ordonné à Moïse de prendre les lévites pour les premiers-nés des enfants d'Israël ; le dénombrement des enfants de Lévi, depuis un mois et au-dessus, ayant été fait, il se trouva plus de premiers-nés parmi les Israélites, qu'il n'y avait d'enfants de Lévi qui pussent tenir leur place ; ainsi il ordonna que les soixante et douze qui se trouvaient surnuméraires fussent rachetés, en donnant cinq sicles pour chaque tête. C'est ce que signifie *quos redemerant a Levitis*, c'est-à-dire *e Levitarum numero*, qu'ils avaient rachetés, afin qu'ils ne fussent pas du nombre des Lévites, parce qu'ils se trouvaient, par leur qualité de premiers-nés, engagés et consacrés au ministère et au service de Dieu, comme les Lévites. Heb. *Præter redemptos Levitarum*. v. *redimere*. Eccli. 46. 10. *Et ipsi duo constituti a periculo liberati sunt a numero sexcentorum millium peditum* : Josué et Caleb furent tous deux choisis de Dieu pour être délivrés du péril de la mort, où tombèrent six cent mille hommes de pied.

A, pour *apud*, auprès, en présence. — Marque ce qui est ou qui se fait en présence et à la vue de quelqu'un. Ps. 138. 12. *Quia tenebræ non obscurabuntur a te* : Les ténèbres n'ont aucune obscurité pour vous, mon Dieu. v. 14. Eccli. 21. 25. c. 41. v. 21. 22. 23. 25. et 28. v. *Facies*. Ainsi, la préposition *min* des Hébreux, qui répond à *a* ou *ab*, est exprimée par *apud*. Num. 32. 22. et ailleurs.

A, pour *contra*. — 1° Marque la protection qui nous garantit de quelque mal. Ps. 18. 14. *Ab alienis parce servo tuo* : Préservez votre serviteur de la corruption des étrangers. v. ALIENUS. Ps. 31. 7. Ps. 93. 13. Ps. 140. 9. Isa. 2. 10. c. 4. 8. c. 25. 4. *Spes a turbine, umbraculum ab æstu* : Seigneur, vous êtes devenu le refuge du pauvre contre la tempête ; son rafraîchissement contre la chaleur. Ce qui se trouve aussi dans les auteurs latins. Virg. Eclog. *Teneras defendo a frigore myrtos*, contre le froid.

2° Cette préposition marque simplement une opposition. Ps. 17. 22. *Nec impie gessi a Deo meo* : Je n'ai point commis d'impiété contre mon Dieu. 2. Reg. 22. 22. Ps. 139. 9. Num. 17. 10.

A ou *AB*, pour *ad* ou *versus*. — 1° Marque un mouvement pour aller quelque part ; comme, Gen. 13. 11. *Loth recessit ab Oriente*, id est, *ad Orientem* : Loth alla du côté de l'Orient, ce qui paraît par la situation du lieu d'où il partit pour aller à Sodome. v. *Fullerum*, lib. 1. Miscell. Sacr. c. 4. *Rarus est hic usus*, dit-il, *particulæ istius*, min, *in Hebræa quidem lingua* ; *in Arabica vero frequens, præsertim in verbis appropinquandi et accedendi conjunctæ*.

2° La proximité de quelque lieu. Exod. 33. 6. *Deposuerunt ergo filii Israel, ornatum suum a monte Horeb* : Les enfants d'Israël quittèrent donc leurs ornements au pied de la montagne d'Horeb. P. 15. 8. *A dextris est mihi ne commovear*, i. e. *juxta me est* : Le Seigneur est à mon côté droit, pour empêcher que je ne sois ébranlé ; il est auprès de moi.

3° La situation d'une chose vers quelque côté. Jos. 16, 1. *Cecidit quoque sors filiorum Joseph ab Jordane contra Jericho, et aquas ejus ab Oriente* : Le partage échu par sort aux enfants de Joseph fut depuis le Jourdain vis-à-vis de Jéricho, et des eaux de ce fleuve vers l'Orient. c. 14. *a Libano*. Gen. 2. 8. *a principio*, heb. *ab Oriente*, id est, *ad Orientem* : du côté de l'Orient, etc., à quoi se rapporte ce passage pris figurément. Marc. 16. 19. *Sedet a dextris Dei* : Le Seigneur Jésus est assis à la droite de Dieu.

A, pour *ante*. — Dans ces passages-ci :

A principio : Avant le commencement de toutes choses. Prov. 8. 22. *Antequam quidquam faceret a principio* : Le Seigneur a possédé la sagesse avant qu'il créât aucune chose. Habac. 1. 12. *Numquid non tu a principio, Domine Deus ?* N'est-ce pas vous, Seigneur mon Dieu, qui êtes avant le commencement de toutes choses ? v. *Principium*.

Ab initio. Eccli. 24. 14. *Ab initio et ante sæcula creata sum* : J'ai été avant le commencement du monde. c. 43. 35. Is. 43. 13. Mich. 5. 2. 1. Joan. 1. 1. c. 2. 13. v. *Initium*.

A constitutione mundi : Avant la création du monde. Matth. 25. 34. Apoc. 17. 8. signifie le même que, *Ante constitutionem mundi*. Joan. 17. 24. Eph. 1. 4. 1. Petr. 1. 20.

A sæculo : Avant les siècles. Ps. 92. 2. *A sæculo tu es* : Ô Dieu, vous êtes de toute éternité. Ps. 105. 48. Eccli. 39. 25. c. 44. 2. Is. 63. 16. Act. 15. 18. v. *Sæculum*.

Ab ævo : Avant tous les temps. Eccli. 1. 14. *Prior omnium creata est sapientia et intellectus prudentiæ ab ævo* : La sagesse a été créée avant tout, et la lumière de l'intelligence est avant tous les temps.

A, pour *post*. — Signifie, après, Eccli. 34, 30. *Qui baptizatur a mortuo* : Si celui qui se lave après avoir touché un mort, le touche de nouveau, de quoi lui sert-il de s'être lavé ? c. 33. 12. c. 43. 24. Ps. 48. 15. Ezech. 12. 16. Act. 11. 19. Luc. 2. 36.

A pour *dès* ou *depuis*. — Il sert pour marquer une distribution qui se fait depuis un terme jusqu'à un autre, et pour signifier ce qui est renfermé dans les extrémités. 1. Reg. 5. 9. *A parvo usque ad magnum* : Depuis les petits jusqu'aux plus grands, c'est-à-dire, petits et grands. Is. 10. 18. *Ab anima usque ad carnem consumetur* : Depuis l'âme jusqu'au corps, c'est-à-dire, le corps et l'âme, tout périra. Le Prophète parle des Assyriens, exterminés par un ange. Gen. 14. 23. *A filo subtegminis ad corrigiam caligæ non accipiam* : Je ne recevrai rien de tout ce qui est à vous, depuis le moindre fil jusqu'à un cordon de soulier. Jer. 9. 10. *A volucre cœli usque ad pecora*. Il n'est rien resté depuis les oiseaux du ciel jusqu'aux bêtes de la

ENCYCLOPÉDIE THÉOLOGIQUE,

OU

SÉRIE DE DICTIONNAIRES SUR TOUTES LES PARTIES DE LA SCIENCE RELIGIEUSE,

OFFRANT EN FRANÇAIS, ET PAR ORDRE ALPHABÉTIQUE,

LA PLUS CLAIRE, LA PLUS FACILE, LA PLUS COMMODE, LA PLUS VARIÉE
ET LA PLUS COMPLÈTE DES THÉOLOGIES.

CES DICTIONNAIRES SONT CEUX

D'ÉCRITURE SAINTE, — DE PHILOLOGIE SACRÉE, — DE LITURGIE, — DE DROIT CANON, —
DES HÉRÉSIES, DES SCHISMES, DES LIVRES JANSÉNISTES, DES PROPOSITIONS ET DES LIVRES CONDAMNÉS,
— DES CONCILES, — DES CÉRÉMONIES ET DES RITES, —
DE CAS DE CONSCIENCE, — DES ORDRES RELIGIEUX (HOMMES ET FEMMES), — DES DIVERSES RELIGIONS, —
DE GÉOGRAPHIE SACRÉE ET ECCLÉSIASTIQUE, — DE THÉOLOGIE MORALE, ASCÉTIQUE ET MYSTIQUE,
— DE THÉOLOGIE DOGMATIQUE, CANONIQUE, LITURGIQUE, DISCIPLINAIRE ET POLÉMIQUE,
— DE JURISPRUDENCE CIVILE-ECCLÉSIASTIQUE,
— DES PASSIONS, DES VERTUS ET DES VICES, — D'HAGIOGRAPHIE, — DES PÈLERINAGES RELIGIEUX, —
D'ASTRONOMIE, DE PHYSIQUE ET DE MÉTÉOROLOGIE RELIGIEUSES,
D'ICONOGRAPHIE CHRÉTIENNE, — DE CHIMIE ET DE MINÉRALOGIE RELIGIEUSES, — DE DIPLOMATIQUE CHRÉTIENNE, —
DES SCIENCES OCCULTES, — DE GÉOLOGIE ET DE CHRONOLOGIE CHRÉTIENNES.

PUBLIÉE

PAR M. L'ABBÉ MIGNE,

ÉDITEUR DE LA BIBLIOTHÈQUE UNIVERSELLE DU CLERGÉ,

OU

DES COURS COMPLETS SUR CHAQUE BRANCHE DE LA SCIENCE ECCLÉSIASTIQUE.

PRIX : 6 FR. LE VOL., POUR LE SOUSCRIPTEUR A LA COLLECTION ENTIÈRE, 7 FR., 8 FR., ET MÊME 10 FR. POUR LE
SOUSCRIPTEUR A TEL OU TEL DICTIONNAIRE PARTICULIER.

52 VOLUMES, PRIX : 312 FRANCS.

TOME CINQUIÈME.

DICTIONNAIRE DE PHILOLOGIE SACRÉE.

TOME PREMIER.

4 VOL. PRIX : 28 FRANCS.

S'IMPRIME ET SE VEND CHEZ J.-P. MIGNE, ÉDITEUR,
AUX ATELIERS CATHOLIQUES, RUE D'AMBOISE, AU PETIT-MONTROUGE,
BARRIÈRE D'ENFER DE PARIS.

1846

DICTIONNAIRE UNIVERSEL

DE

PHILOLOGIE

SACRÉE,

DANS LEQUEL ON MARQUE

LES DIFFÉRENTES SIGNIFICATIONS DE CHAQUE MOT DE L'ÉCRITURE, SON ÉTYMOLOGIE, ET TOUTES LES DIFFICULTÉS
QUE PEUT FAIRE UN MÊME MOT DANS TOUS LES DIVERS ENDROITS DE LA BIBLE OU IL SE RENCONTRE ; OU L'ON
EXPLIQUE LES HÉBRAÏSMES OU FAÇONS DE PARLER PARTICULIÈRES DU TEXTE SACRÉ, LES CONTRADICTIONS
APPARENTES, LES DIFFICULTÉS DE CHRONOLOGIE, L'HISTOIRE SAINTE, LA GÉOGRAPHIE, LES NOMS
PROPRES DES HOMMES, DES VILLES, L'ARCHÉOLOGIE SACRÉE, LA THÉOLOGIE DOGMATIQUE ET
MORALE, ETC., AVEC TOUT CE QUI PEUT FAIRE ENTENDRE LE SENS LITTÉRAL ET
MÉTAPHORIQUE, EN SORTE QUE RIEN NE PUISSE ARRÊTER LE LECTEUR QUI Y AURA
RECOURS ; ON Y VOIT AUSSI, ENTRE PARENTHÈSES, LE MOT GREC DES SEPTANTE,
QUI RÉPOND A LA SIGNIFICATION DE CHAQUE MOT LATIN, AVEC L'EXPLICATION
DE CE QUE PORTE LE SENS DE L'HÉBREU ET DU GREC QUAND IL EST
DIFFÉRENT DE CELUI DU LATIN DE LA VULGATE,

PAR HURÉ.

Suivi du

DICTIONNAIRE DE LA LANGUE SAINTE,

CONTENANT TOUTES SES ORIGINES OU LES MOTS HÉBREUX TANT PRIMITIFS QUE DÉRIVÉS, AVEC DES OBSERVATIONS
PHILOLOGIQUES ET THÉOLOGIQUES ;

LIVRE TRÈS-CURIEUX ET NÉCESSAIRE A CEUX QUI N'ENTENDENT PAS LA LANGUE HÉBRAÏQUE,

Écrit en anglais par le chevalier LEIGH, traduit en français et augmenté de diverses remarques

PAR LOUIS DE WOLZOGUE.

REVU, AUGMENTÉ DE NOUVEAU ET ACTUALISÉ PAR M. TEMPESTINI.

PUBLIÉE

PAR M. L'ABBÉ MIGNE,

ÉDITEUR DE LA BIBLIOTHÈQUE UNIVERSELLE DU CLERGÉ,

OU

DES COURS COMPLETS SUR CHAQUE BRANCHE DE LA SCIENCE ECCLÉSIASTIQUE.

CES DIFFÉRENTES PROPRIÉTÉS FONT, DE CES DEUX OUVRAGES, TOUT A LA FOIS,
UN DICTIONNAIRE, UNE CONCORDANCE, UNE PARAPHRASE ET UN COMMENTAIRE.

4 VOLUMES IN-4°. — PRIX : 28 FRANCS.

TOME PREMIER.

S'IMPRIME ET SE VEND CHEZ J.-P. MIGNE, ÉDITEUR,
AUX ATELIERS CATHOLIQUES, RUE D'AMBOISE, AU PETIT-MONTROUGE,
BARRIÈRE D'ENFER DE PARIS.

1846

terre, dit Jérémie de la ruine de Jérusalem. Num. 6. 4., etc.

A avec l'ablatif, pour le génitif. — La Vulgate latine rend quelquefois par A, avec l'ablatif, des noms qui devraient être au génitif comme ils sont en hébreu. Eccli. 15. 2. *Mulier a virginitate*, i. *virginitatis*, *uxor virgo* : Une épouse vierge. Isa. 54. 6. c. 11. 8. *Infans ab ubere*, i. *lactens*, à la mamelle. Baruch. 2. 23. *Erit sine vestigio ab inhabitantibus*, i. *inhabitantium* : Il ne restera plus de trace dans toute votre terre qu'elle ait jamais été habitée. Jerem. 15. 12. *Numquid fœderabitur ferrum ferro ab aquilone?* i. *aquilonis*, ou, *ferro aquilonari* : Le fer peut-il s'allier avec le fer qui vient d'aquilon? *Ferrum aquilonis* marque les Chaldéens. v. *Aquilo*. A quoi se peut rapporter,

AB *aliquo esse*. — 1° Pour, *Alicujus esse* : Dépendre de quelqu'un et lui appartenir. Ps. 11. 5. *Labia nostra a nobis sunt*, Hébr. *nobiscum* : Nous sommes les maîtres de nos discours. Mais cette expression se trouve quelquefois dans les auteurs. Cicéron, *Inire gratiam ab aliquo*, pour *alicujus*; et, comme dit Donat, Térence s'en sert souvent, comme dans l'Andrienne, *Hæc primum animadvertenda ab eo injuria est*, i. *ejus injuria* : Il le faut punir pour cet outrage.

2° Venir ou être de la part de quelqu'un. Ps. 83. 6. *Cujus est auxilium abs te* : Heureux l'homme qui attend de vous son secours. Joan. 17. 7. *Omnia, quæ dedisti mihi, abs te sunt* : Tout ce que vous m'avez donné vient de vous.

A, pour e ou *ex*. — 1° Avec les noms de pays ou même de ville qui devraient être sans préposition. Act. 18. 1. *Egressus ab Athenis*. Act. 11. 11. *Missi a Cæsarea*. c. 12. 19. *Descendens a Judæa*; et presque partout ailleurs, où il y a en grec, ἀπὸ. Ps. 41. 8. ce qui se trouve aussi quelquefois en latin.

2° Dans les endroits suivants. Ps. 30. 13. *Oblivioni datus sum, tamquam mortuus a corde* : J'ai été mis en oubli et effacé de leur cœur. Ps. 67. 30. *a templo tuo* : du milieu de votre temple. Ps. 118. 104. Matth. 5. 18. Luc. 5. 3. Act. 1. 12. c. 5. 41. c. 28. 3. 2. Cor. 3. 5. etc.

A ou AB, superflu. — Il se trouve principalement dans l'Ecclésiastique. c. 14. 14. *Non defrauderis a die bono* : Ne vous privez pas des avantages du jour heureux, d'un jour de fête. c. 1. 20. c. 19. 24. etc. Apoc. 14. 8. *Quæ a vino iræ suæ potavit omnes gentes* : Babylone a fait boire à toutes les nations le vin de sa prostitution qui a irrité Dieu. Ce qui n'est pas sans exemple dans la langue latine.

Les autres manières se trouveront avec les verbes dont ils dépendent.

A A A exprime la particule hébraïque אֲהָהּ *aha*, ou, הָהּ *ha*, qui signifie *heu*, et représente la voix d'une personne qui se plaint de quelque chose, comme Jérémie qui, dans ce passage chap. 1. 6. *Et dixi, a a a Domine Deus, nescio loqui*, se plaint qu'étant trop jeune, il ne peut parler avec l'autorité d'un prophète. c. 14. 13. Ezech. 4. 14. c. 20. 49. Joël. 1. 15. *A a a diei !* O jour funeste ! Cet A a a se rend par, *heu heu heu !* 4 Reg. 3. 10. et ailleurs. Ainsi ce n'est point, comme quelques-uns ont cru, un bégaiement, ou la difficulté de parler d'un enfant.

AARON, heb. *montanus*, fils d'Amram et de Jocabed, petit-neveu de Lévi, naquit l'an du monde 2430. Il était frère de Moïse, et plus âgé que lui de trois ans. Dieu l'associa à Moïse, son frère, pour délivrer le peuple d'Israël, pour en être le conducteur et l'interprète de ses saintes volontés : mais quoique Aaron portât la parole, et qu'il fût le prophète de Moïse, Exod. 7. 1, néanmoins la principauté résidait dans Moïse, et le ministère dans Aaron. Il fut établi et sacré grand-prêtre et premier pontife des Juifs, et Dieu voulut que cette dignité fût renfermée dans la seule famille d'Aaron, Exod. 28. Les habits sacrés du grand prêtre et ceux des autres prêtres sont décrits dans ce même chapitre, et les cérémonies de son sacre, et de ses enfants, avec les sacrifices que l'on offrait pour eux, sont rapportés au chapitre 29. Moïse différant longtemps à descendre de la montagne de Sinaï, le peuple obligea Aaron de lui faire un veau d'or pour l'adorer, à l'exemple des Egyptiens, qui adoraient leur Apis sous une forme semblable, Exod. 32. Lorsque Coré et ses complices se soulevèrent contre Moïse et Aaron pour leur disputer la grande sacrificature, Dieu ayant ordonné de prendre douze verges, une pour chaque tribu, la verge d'Aaron fleurit, pour confirmer le choix qu'il avait fait de lui, Num. 18. Ce grand pontife ayant été exclus de la terre promise à cause de son incrédulité, c. 20. 12. Moïse le dépouilla des ornements de grand-prêtre et en revêtit son fils Eléazar, en suite de quoi il mourut, c. 20. 24. âgé de 123 ans, après avoir exercé cette dignité l'espace de 38 ans.

AARONITÆ, ᴀʀᴜᴍ, les descendants d'Aaron. 1. Par. 27. 17.

AASBAI, Heb. *confisus mihi*, fils de Machati, et père d'Eliphelet, un des trente vaillants hommes de l'armée de David. 2. Reg. 23. 34.

ABADDON, Heb. *destruens*, du verbe Hébreu, *abad*, *perire*.

1° Mot Hébreu qui signifie perte et destruction, auquel répondent dans les passages suivants *perditio, interfectio, plaga*. Job. 28. 22. *Perditio* (Héb. *abaddon*) *et mors dixerunt*. c. 31. 12. Ps. 87. 12. Ainsi Esth. 8. 26. c. 9. 5. Prov. 17. 20. c. 15. 11.

2° Exterminateur, c'est le nom de l'ange de l'abîme. Apoc. 9. 11. *Cui nomen Hebraice Abaddon* (i. e. la ruine et la perte même), *Græce autem Apollyon*; *Latine nomen habens, Exterminans*; saint Jean a rendu ce nom par ce participe qui revient au même sens ; comme quand on dit, c'est l'orgueil même, pour dire c'est un orgueilleux ; car le nom substantif est mis pour le participe.

ABALIENARE, Gr. ἀπαλλοτριοῦν, aliéner du bien, le vendre, s'en défaire.

1° Chasser, déposséder. Eccli. 11. 36. *Ad-*

mitte ad te alienigenam, et abalienabit te a tuis propriis : Donnez entrée chez vous à l'étranger, et il vous chassera de votre propre maison.

2° Séparer, désunir; d'où se fait :
Abalienare se : Se détacher de quelqu'un, renoncer à son amitié. 1 Mach. 11. 53. *Abalienavit se a Jonatha :* Démétrius s'éloigna de Jonathas. Ainsi, *Abalienari a Deo :* S'éloigner de Dieu ; ne le connaître point pour son seigneur et pour son maître. Isa. 1. 4. *Abalienati sunt retrorsum.* Ose. 9. 10. Voy. ALIENARI.

ABANA, Heb. *lapideus*, Voy. AMANA, fleuve de Syrie qui sort du Liban. 4 Reg. 5. 12. *Numquid non meliores sunt Abana et Pharphar, fluvii Damasci, omnibus aquis Israel ut laver in eis et munder?* N'avons-nous pas à Damas les fleuves d'Abana et de Pharphar, qui sont meilleurs que tous ceux d'Israël?

ABARIM, Heb. *transeuntes*, montagnes des Moabites, d'où Moïse considéra la terre de Chanaan et y mourut. Num. 33. 47. *Venerunt ad montes Abarim contra Nebo.* Cette montagne est vis-à-vis de Jéricho au-dessous du Jourdain, au milieu de la tribu de Ruben, et sépare le pays des Ammonites et des Moabites d'avec celui de Chanaan. v. 13. 14. Voy. JEABARIM.

ABARON, Heb. *fortitudo*, surnom d'Éléazar, quatrième fils de Mathathias. 1. Mach. 2. 5.

ABBA, Heb. *pater*, mot Syriaque formé du mot Hébreu *ab*, qui signifie père. Marc. 14. 36. *Abba, Pater.* Rom. 8. 15. Gal. 4. 6. Dans ces trois endroits, le nom Latin s'y trouve ajouté, soit pour en expliquer la signification, soit pour marquer une plus grande affection. Ce mot n'a été en usage pour signifier les Pères des moines, que du temps de saint Benoît et de saint Grégoire. Voy. PATER 1°.

ABBREVIARE, συντέμνειν, ce verbe, peu usité chez les Latins, signifie abréger, raccourcir. Mais dans l'Ecriture il signifie aussi,

1° Retrancher, réduire à un petit nombre. Isa. 10. 22. *Consummatio abbreviata inundabit justitiam :* Le reste des Juifs qui sera réduit à un petit nombre répandra la justice avec abondance; ou, La justice se répandra comme une inondation d'eaux sur le peu de Juifs qui sera resté. Rom. 9. 28. *Verbum consummans et abbrevians in æquitate* (supple, *erit*) : Dieu dans sa justice consumera et retranchera son peuple.

2° Fixer, déterminer. Dan. 9. 24. *Septuaginta hebdomades abbreviatæ sunt super populum tuum :* Dieu qui pouvait prolonger le temps de la délivrance de son peuple, l'a réduit et déterminé à soixante-dix semaines d'années, qui font 490 ans.

3° Raccourcir. Isa. 50. 2. *Numquid abbreviata et parvula facta est manus mea ut non possim redimere?* Ma main s'est-elle raccourcie? est-elle devenue plus petite, et n'ai-je plus le pouvoir de vous racheter? Ce qui est raccourci est ordinairement moins fort que ce qui a toute son étendue ; ainsi *abbreviari*, qui dans plusieurs endroits signifie être raccourci, être moins étendu, veut dire, être moins fort, être moins puissant. Isa. 59. 1. *Ecce non est abbreviata manus Domini :* La main du Seigneur n'est point raccourcie, i. e. Dieu n'est pas moins puissant qu'il l'a été. Mich. 2. 7. *Numquid abbreviatus est Spiritus Domini?* L'esprit du Seigneur est-il devenu moins étendu? i. e. Dieu a-t-il moins de pouvoir d'envoyer des prophètes? Car cela semble avoir été dit sur ce que les Juifs imposaient silence aux prophètes, comme si Dieu n'eût pas pu en envoyer d'autres. Quelques-uns néanmoins expliquent cet endroit de la bonté et de la miséricorde de Dieu qui ne se diminuent point avec le temps.

ABBREVIATIO, NIS. Retranchement ou réduction à un petit nombre (λόγος συντετμημένος) *verbum abbreviatum*). Isa., 10, 22 : *Consummationem et abbreviationem Dominus Deus faciet in medio omnis terræ :* Le Seigneur Dieu fera un retranchement en réduisant le peuple Juif à un petit nombre de gens qu'il a sauvés parmi tout ce peuple. v. 22. c. 28. v. CONSUMMATIO.

ABDA, Heb. *servus.* 1° Chantre célèbre, descendant d'Idithun. 2. Esd. 11. 17. v. OBDIAS.

2° Père d'Adoniram, du temps de Salomon. 3. Reg. 4. 6.

ABDEEL, Heb. *servus Dei*, père de Selemias, qui reçut ordre d'arrêter Jérémie et Baruch. Jerem. 36. 26.

ABDEMELECH, Heb. *servus regis*, eunuque ou officier du roi Sedecias, Ethiopien de naissance, qui marqua beaucoup de douceur et d'humanité pour Jérémie. c. 38. v. 7. 8. 9.

ABDENAGO, Heb. *servus claritatis*, c'est le nom qui fut donné à Azarias, jeune prince de Judée, et proche parent de Sedecias, lequel fut mené captif en Babylone avec le roi Joakim, Daniel, Misaël et Ananias. Asphenez, l'intendant des eunuques, changea leur nom, et nomma celui-ci Abdenago. Dan. 1. 7. c. 2. 49. c. 3. v. 12. 16. etc. Ce changement de nom se faisait, soit pour faire voir l'empire que le roi s'était acquis sur ces étrangers; soit à cause de la haine que les Chaldéens portaient aux Hébreux ; soit pour marquer les ministères mêmes auxquels on les destinait.

ABDI, Heb. *servus meus*, 1° un Lévite de la famille de Merari, qui fut l'aïeul d'Ethan, et père de Chusi. 1. Par. 6. 44.

2° Un autre Lévite, père de Cis, qui travailla par l'ordre d'Ezéchias à purifier le temple de la profanation des Assyriens. 2. Par. 29. 12. Voyez v. 5.

3° Le fils d'Elam qui se sépara de sa femme, parce qu'elle était étrangère. 1. Esd. 10. 26. Voyez v. 19.

ABDIAS, Heb. *servus Domini*, 1° un intendant de la maison d'Achab, qui cacha dans des cavernes cent Prophètes, et qui les y nourrit pour les sauver de la fureur de Jezabel. 3. Reg. 18. 3.

2° Un homme de la tribu de Zabulon, dont le fils, nommé Jesmaïas, était le premier de cette tribu du temps de David. 1. Par. 27. 19. *Zabulonitis* (præerat) *Jesmaias, filius Abdiæ,*

3° Un Lévite de la race de Merari, qui fut commis pour faire travailler les ouvriers, lorsque le Temple fut rétabli sous le règne de Josias. 2. Par. 34. 12.

4° Un des douze petits prophètes, auteur du livre de l'Ecriture sainte qui porte son nom, Abd. v. 1. *Visio Abdiæ:* Prophétie d'Abdias. Cette prophétie ne contient qu'un seul chapitre, dans lequel le prophète prédit les maux qui doivent arriver aux Iduméens. On ne sait rien du pays ni des parents de ce prophète; il est même fort incertain dans quel temps il a vécu; on croit néanmoins communément qu'il a été contemporain d'Osée, d'Amos et d'Isaïe, et qu'il a prophétisé, comme eux, environ 800 ans avant Jésus-Christ. Les Hébreux, au rapport de saint Jérôme, croient que c'est le même que cet intendant d'Achab, dont il est parlé 3. Reg. 18. 3. qui nourrit les cent prophètes qu'il avait cachés dans des cavernes pour les sauver des mains de Jezabel, qui voulait les faire mourir.

ABDICARE, de *ab* et de *dicare*.

Le verbe *dicare* signifie, donner pour toujours, dédier, abandonner entièrement; au contraire *abdicare*, c'est proprement,

Rejeter, renoncer à quelque chose (ἀπείπασθαι) 2. Cor. 4. 2. *Abdicamus occulta dedecoris:* Nous rejetons loin de nous les passions que la honte fait cacher; *occulta dedecoris,* i. e. *dedecorosa;* des crimes cachés et infâmes. Saint Paul marque les faux apôtres qui cachaient sous de belles apparences des crimes honteux. D'autres l'entendent de leurs intrigues et de leurs artifices bas et honteux, pour gagner l'affection des peuples

ABDIEL, Heb. *servus Dei*, fils de Guni, de la tribu de Gad; il fut le chef de sa maison. 1. Par. 5. 15.

ABDITUM. 1. Ce nom substantif inusité signifie, dans l'Ecriture:

Un lieu caché, une tanière (ἀπόκρυφον). Ps. 16. 12. *Sicut catulus leonis habitans in abditis.* Saül était à l'égard de David comme un lionceau qui se tient en embuscade dans les lieux cachés. 1. Reg. 13. 6. 1. Mac. 1. 56.

ABDON, Heb. *servus*. 1° L'un des juges d'Israël, qui fut le douzième depuis Josué, et qui eut une nombreuse postérité, s'étant vu quarante fils et trente petits-fils. Jud. 12. 13. *Judicavit Israel Abdon filius Illel Pharathonites, qui habuit quadraginta filios et triginta ex eis nepotes, et judicavit Israel octo annis.*

2° Un homme de la tribu de Benjamin, fils de Sesac. 1. Par. 8. 23.

3° Un autre homme de la même tribu, fils aîné d'Abigabaon ou de Jehiel, et de Maacha. 1. Par. 8. 30. c. 9. 36.

4° Un fils de Micha, qui fut en grande considération du temps de Josias, et l'un de ses premiers officiers. 2. Par. 34. 20. C'est le même qui est nommé Achobor. 4. Reg. 22. v. 12. 14. Jerem. 26. 22. c. 36. 12.

5° Ville donnée aux Lévites dans la tribu d'Aser. Jos. 21. 30. 2. Par. 6. 74.

ABDUCERE (αἰχμαλωτεύω). 1° Emmener en captivité. Ps. 136. 3. *Qui abduxerunt nos:* Ceux qui nous ont emmenés captifs. 2. Paral. 36. 4. 2. Esd. 1. 9. Judith. 2. 10. etc.

2° Tirer à part, mener à l'écart (ἐκκλίνειν, *declinare*). 2. Reg. 3. 27. *Cum rediisset Abner in Hebron, seorsum abduxit eum Joab ut loqueretur ei in dolo:* Joab tira à part Abner pour lui parler en trahison.

3° Gagner, attirer à soi, engager dans son parti (ἀποσπᾶν, *abstrahere*). Act. 20. 30. *Ex vobis ipsis exsurgent viri loquentes perversa, ut abducant discipulos post se:* Il s'élèvera d'entre vous-mêmes des gens qui publieront des doctrines corrompues, afin d'attirer des disciples après eux.

De cette signification vient celle du passif *abduci*, se laisser persuader, se laisser aisément emporter. Heb. 13. 9. *Doctrinis variis et peregrinis nolite abduci:* Ne vous laissez point emporter à une diversité d'opinions et à des doctrines étrangères. C'est ce que saint Paul dit ailleurs en d'autres termes, Ephes. 4. 14. *Ut jam non simus parvuli fluctuantes et circumferamur omni vento doctrinæ.*

ABDUCTIO, (ἀπαγωγή). Ce mot qui marque l'action de détourner, et de tirer à part, signifie, dans le seul endroit où il se trouve, le découragement qui fait qu'on se détourne de la considération de toutes les choses qui pourraient nous donner de la consolation. Eccli. 38. 20. *In abductione permanet tristitia:* La tristesse que nous cause la perte de nos proches s'entretient dans la solitude, il faut recevoir volontiers la consolation de ses amis.

ABED, Heb. *servus*, fils de Jonathan, de la famille d'Adan: il revint avec Esdras de la captivité, avec 50 hommes de sa famille. 1. Esd. 8. 6.

ABEL, Heb. *vanitas* (*Vapor*, vanité, vapeur), second fils d'Adam et d'Eve, doux, simple et craignant Dieu: il lui donnait des témoignages de sa vénération, en lui offrant en sacrifice ce qu'il avait de meilleur; aussi Dieu témoigna par quelque signe visible qu'il avait agréables ses présents. Caïn, son frère, en conçut contre lui une si cruelle jalousie, que l'ayant tiré à l'écart, il massacra cette innocente victime, dont le sang cria au ciel pour demander la vengeance de ce meurtre. Jésus-Christ lui-même a fait son éloge en l'appelant *juste*, Matth. 23. 35. Hebr. 11. 4.

2° (Heb. *luctus, deuil*), ville des Ammonites dans la Pérée, qui fut ravagée par Jephté. Judic. 11. 33. appelée Abelmehula. c. 7. 23. 3. Reg. 4. 12. c. 19. 16.

3° (Heb. *planctus magnus*, grand deuil), Abelmagnum, lieu, ou rocher, où s'arrêta le chariot qui portait l'Arche, lorsque les Philistins la renvoyèrent. On croit que c'étaient les limites du pays des Israélites et des Philistins. 1. Reg. 6. 18. Ce lieu fut appelé deuil, à cause de la plaie des Bethsamites. Quelques-uns veulent qu'on lise *Aben*; qui signifie pierre, au lieu d'Abel.

ABELA, Æ. Heb. *planctus*, ville située au milieu de la tribu de Nephthali, célèbre par le siège que Joab en fit pour se saisir de Seba. 2. Reg. 20. 18. Ce mot se joint avec Bethmaacha, parce que c'étaient deux lieux qui ne faisaient qu'une ville.

ABEL-DOMUM-MAACHA, la même ville

qu'Abela. Beth signifie *domus*. 3. Rois. 15. 20. 4. Reg. 15. 29.

ABEL-MAIM, Heb. *luctus aquarum*, la même ville encore qu'Abela. 2. Par. 16. 4. v. 3. v. 3. Reg. 15. 20.

ABEL-MEHULA, Heb. *luctus infirmitatis*, ville des Ammonites dans la tribu de Manassé, près du Jourdain. Judic. 7. 23. 3. Reg. 4. 12. C'était le pays d'Elisée. c. 19. 16. v. ABEL 2°.

ABELSATIM, Heb. *luctus spinarum*, grande plaine dans la tribu de Ruben, où se fit le quarante-quatrième campement des Hébreux. Num. 33. 49. Ce lieu est appelé *Settim*. Num. 25. 1. v. Settim. Il est dans le pays des Moabites, et fut appelé Abelsatim, à cause du deuil du peuple qui y fut puni rigoureusement pour les crimes marqués. Num. 25. 25.

ABENBOEN, Heb. *lapis pollicis*, ville de la tribu de Benjamin. Josue 8. 18. Ce lieu est près de la mer Morte.

ABERRARE, ἀστοχεῖν. Ce verbe marque proprement, s'écarter de son sujet; mais ici il signifie, selon le sens du Grec, se détourner du but où l'on vise, d'où vient, *aberrans*; qui s'égare et qui se détourne de la voie qui conduit droit au but où l'on doit tendre. 1. Tim. 1. 6. *A quibus quidam aberrantes conversi sunt in vaniloquium:* Quand on n'a point devant les yeux en tout, ce qu'en dit Jésus-Christ et son Evangile, on ne peut que s'égarer et se répandre en discours vains et peu édifiants.

ABES, Heb. *ovum*, ville de la tribu d'Issachar. Josue 19. 20.

ABESALOM, Heb. *pater pacis*, ambassadeur de Judas Machabée vers Lysias, général des armées d'Antiochus Eupator. 2. Mach. 11. 17.

ABESAN, Heb. *patris scutum*, huitième juge des Hébreux qui succéda à Jephté, et gouverna le peuple sept ans : il était de Bethléem, et eut trente fils et trente filles. Judic. 12. 8.

ABESSALOM, Heb. *pater pacis*, père de Maacha ou Michaia, mère d'Abias, roi de Juda. 3. Reg. 15. v. 2. 10. *Maacha filia Abessalom*. Il était de Gabaa, et s'appelait aussi Uriel. 2. Par. 13. 2.

ABGATHA, Heb. *patris torcular*, un des sept premiers eunuques d'Assuérus. Esth. 1: 10.

ABHORRERE, v. HORROR. (προσοχθίζειν) avoir de l'aversion pour quelque chose. Eccli. 38. 4. *Altissimus creavit medicamenta de terra, et vir prudens non abhorrebit illa:* C'est le Très-Haut qui a produit les médicaments, et l'homme sage n'en aura point d'éloignement.

ABHORRESCERE, Gr. συστέλλεσθαι, *contrahere*. Ce verbe qui signifie, comme *abhorrere*, avoir en horreur, signifie ici, suivant le sens du Grec, se rebuter, se décourager. 2. Mach. 6. 12. *Ne abhorrescant propter adversos casus:* Bien loin d'avoir moins de considération pour les personnes affligées, on doit les aimer plus tendrement, parce que Dieu les afflige. Ainsi l'auteur prie les lecteurs de ne se point scandaliser des maux dont il fait mention.

ABI, Heb. *pater meus*, fille de Zacharie, et mère d'Ezéchias, roi de Juda. 4. Reg. 18. 2. v. ABIA, n. 6.

ABIA, Heb. *pater Domini*, 1° Le second fils de Samuël, juge d'Israël. 1. Reg. 8. 2. *Cum senuisset Samuel, posuit filios suos judices Israel; fuitque nomen filii ejus primogeniti Joel, et nomen secundi Abia judicum in Bersabee*. 1. Par. 6. 28.

2° Un roi de Juda, qui fut fils et successeur de Roboam, et petit-fils de Salomon. 1. Par. 3. 10. 2. Par. 13. v. 1. et suivants. Matth. 1. 7. Il défit Jéroboam, et lui tua cinq cent mille hommes dans un seul combat. Il ne régna que trois ans, pendant lesquels il imita tous les déréglements de Roboam, son père. Il laissa en mourant vingt-deux fils et seize filles. C'est le même qui est appelé Abiam. 3. Reg. 14. 31. c. 15. v. 1. 7. 8. Il mourut l'an du monde 3048, la 20° du règne de Jéroboam, et la 956° avant Jésus-Christ.

3° Un fils de Jéroboam, roi d'Israël, au sujet de la maladie duquel ce prince envoya sa femme à Silo, consulter le prophète Abias. 3. Reg. 14. 1. *In tempore illo ægrotavit Abia filius Jeroboam*.

4° Le chef d'une des vingt-quatre familles Sacerdotales, qui s'acquittaient de leur ministère du temps de David. 1. Par. 24. 10. C'est de cette famille qu'était Zacharie, père de saint Jean-Baptiste. Luc. 1. 5.

5° Un homme de la tribu de Benjamin fils de Bechor, et petit-fils de Benjamin. 1. Par. 7. 8.

6° Deux femmes de ce nom: l'une, la femme d'Hesron, fils de Pharès et petit-fils de Juda. 1. Par. 2. 24. *Habuit quoque Hesron uxorem Abia;* l'autre, fille de Zacharie, pontife, que Joas fit tuer, et mère du roi Ezéchias. 2. Par. 29. 1. *Ezechias regnare cœpit: nomen matris ejus Abia filia Zachariæ*. Elle est nommée Abi. 4. Reg. 18. 2.

ABI-ALBON, Heb. *pater superintelligens*, un des trente vaillants hommes de l'armée de David. 2. Reg. 23. 31. Il est appelé Abiel. 1. Par. 11. 32.

ABIASAPH, Heb. *pater congregans*, fils de Coré, et petit-fils d'Isaar. 1. Par. 6. 37. c. 9. 19. Il était frère d'Elcana et d'Aser. Exod. 6. 24. *Filii Core: Aser et Elcana et Abiasaph*. Ainsi 1. Par. 6. 23. *Asir filius ejus, Elcana filius ejus, Abiasaph filius ejus;* ce sont les trois fils de Coré; et au lieu du pronom *ejus*, il faudrait lire, *ejusdem;* du même Coré fils d'Isaar, qui était petit-fils de Lévi.

ABIATHAR, Heb. *pater excellens*, 1° grand prêtre, fils d'Achimelech. 2. Reg. 8. 17. Marc. 2. 26. *Sub Abiathar principe sacerdotum*. Il s'appelait aussi Achimelech. 1. Reg. 21. v. 1. 8. Voy. ACHIMELECH.

2° Le fils de ce premier Abiathar ou Achimelech, qui se réfugia vers David. 1. Reg. 22. 22. Il fut toujours fidèle à David; mais ayant suivi le parti d'Adonias contre Salomon, il fut dégradé et mis après Sadoc. 2. Reg. 20. 25. 3. Reg. 4. 4. etc. On croit que ces deux noms Achimelech et Abiathar étaient communs au père et au fils, comme il paraît 1. Par. 18. 16. c. 24. 6.

ABIB, Heb. *Spica*, mois des Hébreux. Voy. NISAN.

ABIDA, Heb. *pater scientiæ*, fils de Madian, descendant d'Abraham et de Céthura. Gen. 25. 4. 1. Par. 1. 33.

ABIDAN. Heb. *pater judicii*, fils de Gédéon l'ancien. C'était le prince et le chef de la tribu de Benjamin, qui sortit de l'Egypte avec les siens au nombre de trente-cinq mille quatre cents combattants. Num. 1. 11. c. 2. 22. c. 7. 60. etc.

ABIEL, Heb. *pater meus Deus*. 1° Père de Cis et de Ner de la tribu de Benjamin, aïeul de Saül, premier roi des Juifs. 1. Reg. 9. 1. Voy. JEHIEL.

2° Un des vaillants hommes de l'armée de David. 1. Par. 11. 32. *Abiel Arbathites;* qui était d'Arbath. Voy. ABI-ALBON.

ABIES; ETIS. Gr. ἐλάτη. Ce mot, à ce qu'on croit, vient d'*abeo*, comme de *facio facies*, de *specio species*, parce qu'entre tous les autres arbres, celui-ci s'élève fort haut.

1° Un sapin, arbre qui croît fort haut et fort droit. Isa. 14. 8. *Abietes quoque lætatæ sunt :* Les sapins et les autres arbres du Liban se sont réjouis de ta mort, parce que tu en abusais à ta fantaisie pour entretenir le luxe de tes bâtiments magnifiques. Le prophète décrit figurément la mort du roi de Babylone.

2° Un bel arbre, grand, élevé, parce que le sapin est tel. 4. Reg. 19. 23. Isa. 37. 24. *Succidi sublimes cedros ejus et electas abietes illius :* Sennachérib se vantait d'avoir fait couper les plus beaux arbres du Liban, pour donner passage à ses chariots et à ses troupes.

Ponere in deserto abietem : Faire croître les sapins dans la solitude, changer la face de la terre, ce qui s'est fait par l'établissement de la loi nouvelle et la prédication des apôtres. Isa. 41. 19. Ce qui est aussi exprimé par ces autres paroles, c. 55. 13. *Pro saliunca ascendet abies :* Le sapin s'élèvera au lieu des herbes les plus viles. Voy. SALIUNCA.

3° Les grands du monde, les rois et les princes. Isa. 60. 13. *Abies et buxus et pinus simul (venient) :* Les hommes de tous états s'assembleront pour composer l'Eglise. Ainsi les rois puissants sont comparés à des sapins élevés. Ezech. 31. 8. *Abietes non adæquaverunt summitatem ejus :* Les sapins ne l'égalaient point dans sa hauteur. Il parle du roi d'Assyrie. Voy. CEDRUS.

4° Les personnes et les villes moins considérables. Zach. 11. 2. *Ulula, abies, quia cecidit cedrus :* Hurlez de douleur, sapin, i. e. vous qui êtes d'une condition moins élevée, puisque les plus puissants, figurés par le cèdre, sont tombés. Le prophète prédit la désolation de la Judée.

ABIEGNUS, A, UM. Ce nom adjectif, qui vient d'*abies*, signifie :

Qui est de sapin (πεύκινος, *pineus*). 3. Reg. 6. 15. *Texit pavimentum tabulis abiegnis :* Salomon fit couvrir le plancher du Temple d'ais de sapin. v. 34. c. 9. 11. etc.

ABIETARIUS, qui coupe des sapins ou autre bois, charpentier. Exod. 35. 35. *Ut faciant opera abietarii*, Heb. *artificis* ou *fabri :* Dieu avait suscité Beseléel et Oliab pour faire toutes sortes d'ouvrages qui se peuvent faire en bois. Ce qui se rapporte à ces mots du v. 33. *Opere carpentario :* Dans tous les ouvrages de menuiserie. C'était pour la construction du tabernacle.

ABIEZER, Heb. *patris adjutorium*. 1° Un des vaillants hommes de David. 2. Reg. 23. 27; 1. Par. 11. 28. c. 27. 12.

2° Un des descendants de Manassé. Josue 17. 2. 1. Par. 7. 18. De qui vient la famille des Abiezerites, d'où était sorti Gédéon et son père. Judic. 6. 34. c. 8. 2. Voy. EZRI.

ABIGABAON, 1. *pater Gabaon*, prince et fondateur des Gabaonites, descendant de Benjamin. Son nom propre n'est pas Abigabaon, mais Jehiel. 1. Par. 8. 29. c. 9. 35. Voy. JEHIEL.

ABIGAIL, Heb. *patris exsultatio*. 1° Femme de Nabal, qui épousa David après la mort de Nabal, son mari. 1. Reg. 25. v. 3. 42. etc.

2° Sœur de David et mère d'Amasa. 1. Par. 2. v. 16. et 17. 2. Reg. 17. 25. Elle est aussi appelée fille de Naas. Voy. NAAS.

ABIGERE, ἀπάγειν, de *ab* et d'*agere*, chasser, repousser, éloigner de soi, soit ce qui est incommode. Exod. 8. 9. Deut. 28. 26. Jerem. 7. 33. Ainsi Dalila, après avoir fait raser les cheveux de Samson, commença à le chasser et à le repousser d'auprès d'elle. Judic. 16. 19. *Cœpit abigere eum*. Soit des ennemis qui attaquent. Num. 22. 11. *Maledic ei si quomodo possim pugnans abigere eum :* Venez maudire ce peuple, afin que je trouve quelque moyen de le combattre et de le chasser, dit Balac à Balaam.

ABIHAIEL, Heb. *pater fortitudinis*, père de Suriel, chef des familles issues de Merari, savoir les Moholites et les Musites. Num. 3. 35. Voy. SURIEL.

ABIHAIL, Heb. *pater luminis*. 1° Fils de Huri, et père de plusieurs fils considérables. 1. Par. 5. 14.

2° Le père d'Esther, et frère de Mardochée. Esth. 2. 15. c. 9. 29. *Filia Abihail*.

3° La femme d'Abisur. 1. Par. 2. 29. Voy. ABISUR.

4° Fille d'Eliab, et nièce de David, laquelle épousa Roboam. 2. Par. 11. 18.

ABJICERE, ἀποτιθέναι, de *ab* et de *jacere*, 1° quitter, jeter, se défaire d'une chose dont on ne veut plus se servir, y renoncer entièrement (αἴρειν, *tollere*). Gen. 35. 2. *Abjicite deos alienos de medio vestri :* Jetez loin de vous les dieux étrangers que vous adorez. Eccles. 3. 6. Isa. 31. 7. Ezech. 20. 7. De là viennent ces façons de parler métaphoriques : *Abjicere opera tenebrarum :* Quitter les œuvres de ténèbres. Rom. 13. 12. *Abjicere omnem immunditiam :* Rejeter de soi toutes les productions impures du péché. Jac. 1. 21.

2° Laisser une chose, la quitter pour un temps (περιαιρεῖν, *auferre*). Jonas. 3. 6. *Abjecit vestimentum suum a se et indutus est sacco :* Le roi de Ninive quitta son vêtement royal, et se couvrit d'un sac. Gen. 21. 15. Ezech. 26. 16.

3° Rejeter, réprouver quelqu'un, ne vouloir point se servir de lui, ni avoir commerce avec lui (ἐξουδενοῦν, *nihili facere*). 1. Reg. 15. 23. *Abjecit te Dominus ne sis rex :* Le Seigneur vous a rejeté, et il ne veut plus que vous soyez roi. ('Ἐκϐάλλειν, *ejicere*) 2. Par. 11. 14. *Eo quod abjecisset eos Jeroboam ne Sacerdotio Domini fungerentur :* Jéroboam les rejeta, afin qu'ils ne fissent aucune fonction du sacerdoce du Seigneur. ('Ἀφιστάναι) Eccli. 27. 25. *Nemo eum abjiciet :* Personne ne pourra s'en défaire. (μισεῖν, *odisse*) Isa. 54. 6. *Vocavit te Dominus uxorem ab adolescentia abjectam :* Le Seigneur vous a appelé à lui, comme une femme qui a été répudiée dès sa jeunesse. 1. Reg. 8. 7. c. 16. 7. Job. 36. 5. Isa. 41. 9. c. 66. 5. Jerem. 22. 28. c. 33. 24. Thren. 3. v. 32. 33. Ose. 9. 17. v. n. 5.

4° Délaisser, abandonner quelqu'un, ne lui pas donner le secours qui lui serait nécessaire (ἐξολλύειν, *perdere*). Prov. 11. 17. *Qui crudelis est etiam propinquos abjicit :* Celui qui est cruel, rejette ses proches mêmes, i. e. refuse de les assister dans leur besoin, Isa. 27. 8. *In mensura contra mensuram, cum abjecta fuerit, judicabis eam :* Lors même qu'Israël sera rejeté, Dieu le jugera avec modération et avec mesure. Le Prophète en cet endroit compare le peuple d'Israël à une vigne laissée en friche et abandonnée. Levit. 26. v. 11. 44. 2. Reg. 14. 14. Jerem. 31. 37. Ezech. 32. 4. 2. Mac. 5. 10.

5° Rejeter, mépriser, négliger (ἐξουδενοῦν, *nihili facere*). 1. Reg. 15. 23. *Pro eo quod abjecisti sermonem Domini :* Puisque vous avez rejeté la parole du Seigneur. Sap. 3. 11. *Sapientiam et disciplinam qui abjicit, infelix est :* Celui qui rejette (Gr. qui méprise) la sagesse et l'instruction, est malheureux. (ἐξουθενεῖν, ἀθετεῖν, *irritum facere*) Gal. 2. 21. *Non abjicio gratiam Dei :* Je ne suis pas si ingrat que de mépriser la grâce de Dieu et la rendre inutile. Levit. 26. 43. 4. Reg. 17. 15. Prov. 3. 11. c. 8. 33. c. 15. 32. Eccli. 44. c. 6. 24. Isa. 5. 24. c. 8. 6. Amos 2. 4. v. n. 3.

6° Traiter avec mépris ou d'une manière peu convenable (φαυλίζειν, *vilipendere*). Judith. 1. 11. *Remiserunt eos (nuntios) vacuos et sine honore abjecerunt :* Nabuchodonosor envoya des ambassadeurs à tous ces peuples, qui les renvoyèrent sans leur rien accorder, et les traitèrent avec mépris. (ἐπιϐλέπειν, *inspicere*. Heb. *baghat, calcitrare*) 1. Reg. 2. 29. *Quare calce abjecistis victimam meam?* Pourquoi avez-vous foulé aux pieds mes victimes? i. e. Pourquoi les avez-vous traitées comme une chose profane, en prenant le meilleur pour vous, et ne me laissant que votre reste? παραῤῥίπτειν) 2. Reg. 1. 21. Ps. 83. 11. *Elegi abjectus esse* (Heb. *tenere*) *in domo Dei mei, magis quam habitare in tabernaculis peccatorum :* J'ai mieux aimé être le dernier dans la maison de Dieu, que d'habiter dans les tentes des pécheurs.

7° Chasser, éloigner, séparer (διαστέλλειν, *dividere*). 1. Esdr. 10. 8. *Et ipse abjicietur de cœtu transmigrationis :* On fit publier dans Jérusalem que quiconque de ceux qui étaient revenus de captivité ne se trouverait pas dans trois jours à Jérusalem, serait chassé de l'assemblée de ceux qui étaient revenus dans leur pays. (ἐκδιώκειν, *expellere*) Dan. 4. 30. *Ex hominibus abjectus est :* Nabuchodonosor fut chassé de la compagnie des hommes. Jon. 2. 5.

8° Abattre, faire tomber (πλανᾶσθαι, *errare*). Ezech. 34. 4. *Quod abjectum erat* (Heb. *dejectum) non reduxistis :* Vous n'avez point relevé les brebis de mon troupeau, qui étaient tombées. v. 16. *Quod abjectum erat reducam :* Je relèverai celles qui étaient tombées.

9° Baisser, tenir bas (κατάγειν, *deprimere*). Thren. 2. 10. *Abjecerunt in terram capita sua :* Les filles de Jérusalem tiennent leurs têtes baissées vers la terre.

ABJECTIO, NIS. ἐξουθένημα, lâcheté, bassesse. 1° Rebut, chose rejetée et rebutée. Ps. 21. 7. *Ego autem sum vermis et non homo, opprobrium hominum et abjectio plebis :* Mais pour moi, je suis un ver de terre et non un homme; je suis l'opprobre des hommes et le rebut du peuple. (ἀπωσθῆναι, *ad abjiciendum*) Thren. 3. 45. *Eradicationem et abjectionem posuisti me in medio populorum :* Vous m'avez mis au milieu des peuples comme une plante que vous avez arrachée et rejetée.

2° Abandon, mépris d'une chose (σκολιότης, *pravitas*). Ezech. 16. 5. *Projecta es super faciem terræ in abjectionem animæ tuæ :* Vous avez été jetée sur la terre comme une chose abandonnée et destinée à perdre la vie. *Anima* est mis pour *vita*. Ou bien, vous avez été jetée sur la terre comme une personne pour qui l'on n'avait que du mépris.

ABILINA, Æ, Heb. *lugens*. Abilène, ville capitale d'une tétrarchie de même nom, qui est au mont Liban, dont Lysanias était le tétrarque. Luc. 3. 1. Voy. LYSANIAS.

ABIMAEL, Heb. *pater a Deo*, fils de Jectan. Gen. 10. 28. 1. Par. 1. 22. On croit qu'il a habité cette partie de l'Arabie Heureuse qui est fertile en myrrhe, dans le pays des Miniens.

ABIMELECH, Heb. *pater rex*, 1° Un roi de Gérare, dans le pays des Philistins, qui, ayant enlevé Sara, femme d'Abraham, la lui rendit par l'ordre de Dieu sans l'avoir touchée, et qui fit alliance avec Abraham. Gen. 20. v. 23. 4. 14. c. 21. v. 22. 23. et suiv. *Abimelech* était un nom commun aux rois de la Palestine, comme le nom de *Cæsar* aux empereurs Romains, et celui de *Pharaon* aux rois d'Egypte.

2° Un autre roi de Gérare, qui régnait environ cent ans après celui dont nous venons de parler, et qui fit alliance avec Isaac qui s'était réfugié dans son pays dans un temps de famine. Gen. 26. v. 1. 8. 26.

3° Un autre roi du même pays, que la Vulgate de la correction de Sixte V nomme Achimelech, quoiqu'il soit nommé Abimelech dans le Grec, l'Hébreu, et dans plusieurs autres exemplaires de notre Vulgate même. Ps. 33. 1. *Psalmus David, cum immutavit vultum suum coram Abimelech :* ce Psaume 33, dont ces paroles sont le titre, a été composé par David, non pas quand il eut été trouver le grand prêtre Achimelech pour lui demander des pains et des armes; mais après qu'il eut contrefait l'insensé devant Achis, roi de Geth, surnommé Abimelech, du nom commun aux rois des Philistins. v. 1. Reg. 21. 14.

4° Un fils naturel de Gédéon, qui, ayant tué tous ses frères qui étaient au nombre de soixante et dix, lui succéda dans la judicature d'Israël, et qui, l'ayant exercée pendant trois ans, fut tué au siége de Thèbes par un éclat d'une meule de moulin qu'une femme lui jeta sur la tête du haut d'une tour. Judic. 9. v. 1. et suiv.

ABINADAB, Heb. *pater magnificus*. 1° Celui dans la maison de qui reposa l'Arche. 1. Reg. 7. 1. 2. Reg. 6. v. 3. 4. 1. Par. 13. 9. Il était de Cariathiarim, du Lévites en grande réputation de vertu. Voyez v. 6.

2° Le second fils d'Isaï, frère de David. 1. Reg. 16. 8. c. 17. 13. 1. Par. 2. 13.

3° Un fils de Saül. 1. Reg. 31. 2. 1. Par. 8. 33. c. 9. 39. c. 10. 2. où il est nommé Aminadab.

ABINOEM, Heb. *pater pulchritudinis*, père de Barac de la tribu de Nephthali, qui était de Cédès. Judic. 4. v. 6. 12. c. 5. v. 1. 12. V. BARAC.

ABIRAM, Heb. *pater celsitudinis*, fils aîné d'Hiel, qui fit rebâtir Jéricho contre la défense de Josué. 3. Reg. 16. 34. V. HIEL.

ABIRE, ἀπέρχεσθαι, πορεύεσθαι. Ce verbe a des significations différentes; les unes par rapport au terme d'où l'on part; les autres par rapport à celui où l'on tend.

1° Se retirer, s'en aller (ἀφίστασθαι). Jer. 49. 30. *Fugite, abite vehementer*: Retirez-vous, habitants d'Asor, le plus loin que vous pourrez. Thren. 4. 15. Matth. 11. 7. c. 13. 25. c. 16. 4. c. 19. 22. etc. Ainsi Jer. 37. 8. *Euntes abibunt, i. omnino abibunt*: Les Chaldéens se retireront et ne reviendront plus; c'est de quoi les Juifs se flattaient.

Phrase tirée de cette signification.

Inultum abire: Demeurer impuni. Job. 24. 12. *Deus inultum abire non patitur*: Dieu ne laisse point impunis les désordres des usurpateurs du bien d'autrui et des injustes.

2° Se retirer du parti ou de l'obéissance de quelqu'un, quitter, abandonner (ὑπάγειν). Joan. 6. 68. *Numquid et vos vultis abire*: Ne voulez-vous point aussi me quitter? Jerem. 5. 23.

Phrases de même signification.

ABIRE retro, retrorsum, *ou* a facie. — Avec *retrorsum*. Isa. 50. 5. Jerem. 15. 6. Avec *retro*, Joan. 18. 6. (ἀποίχεσθαι). Ainsi Osee. 11. 2. *Vocaverunt eos, sic abierunt a facie eorum*: Plus mes prophètes ont fait d'efforts pour les détourner de l'idolâtrie et les rappeler à moi, plus ils s'en sont éloignés. V. RETRO et RETRORSUM.

3° Se retirer, passer, disparaître. Cant. 2. 11. *Imber abiit et recessit*: L'hiver est passé. Apoc. 21. 4. *Quia prima abierunt*: Parce que le premier temps, qui est celui des persécutions, sera passé. Isa. 26. 3. Eccl. 3. 14. Apoc. 9. 12. c. 11. 14.

1° *Abire*, mourir. Ps. 38. 17. *Refrigerer priusquam abeam*: donnez-moi quelque relâche avant que je meure, dit David.

2° Se retirer du monde. Joan. 14. 3. *Et si abiero*: Lorsque je me serai retiré du monde, je reviendrai vous trouver. c. 16. 7.

4° Aller, partir, marcher, ce qui répond au verbe hébreu, halak ou jalak, *ambulare*; soit sans rapport au terme où l'on va, Matth. 12. 1. *Abiit Jesus per sata sabbato*: JESUS passait le long des blés un jour de sabbat. Jerem. 52. 7.; soit par rapport au terme où l'on va, Luc. 1. 39. *Abiit in montana*: Marie s'en alla au pays des montagnes. c. 4. 38. c. 5. 25. etc.

De cette signification viennent ces façons de parler: *Abire ad aliquem*: 1° Demander secours à quelqu'un. Ose. 5. 13. c. 7. 11. *Ad Assyrios abierunt*: Ils ont eu recours aux Assyriens. 1. Mach. 1. 14. c. 6. 22. etc. 2° Marcher contre quelqu'un. Judic. 1. 11. *Abiit ad habitatores Dabir*: Juda marcha contre les habitants de Dabir. 3° Se réfugier vers quelqu'un. 2. Reg. 13. 37. *Absalom abiit ad Tholomai*: Absalom se retira chez Tholomaï, roi de Gessur. Jerem. 41. v. 14. 15. *Abire retrorsum*: Tomber en arrière, être renversé. Joan. 18. 6. *Abire post*: Aller près, suivre. Cant. 1. 8. 4. Reg. 7. 15. Joan. 12. 19. 1. Mach. 2. 31. V. POST. *Abire in confusionem*: Tomber dans l'opprobre et la confusion. Isa. 45. 16.

5° Se conduire, vivre; ce qui répond à la signification métaphorique du verbe *ambulare*, d'où viennent ces expressions figurées.

Abire cum aliquo: Converser avec quelqu'un. Eccli. 22. 14. *Cum insensato ne abieris*.

Abire in aliqua re et in aliquid: Se laisser aller à quelque chose, la suivre avec attachement. Isa. 57. 17. *Abiit vagus in via cordis sui*: Mon peuple s'en est allé comme un vagabond en suivant les égarements de son cœur. Baruch. 1. 22. Jude. v. 11. Ps. 1. 1. *Beatus vir qui non abiit in consilio impiorum*: Heureux l'homme qui ne s'est point laissé aller à suivre le conseil des impies.

Abire post aliquid: Pour signifier la même chose. Ose. 5. 11. *Cœpit abire post sordes*: Ephraim s'est abandonné à l'idolâtrie. V. SORDES. Eccli. 31. 8. Jerem. 9. 14. c. 11. 10. c. 13. 10., etc.

Abire sibimet: S'abandonner à soi-même, à son propre mouvement. Jerem. 3. 6. *Abiit sibimet*, Heb. *abiit ipsa*: La fille d'Israël s'en est allée.

6° Commencer, se préparer à quelque chose. Matth. 13. 46. Deut. 31. 1. *Abiit Moyses* (συνετέλεσε, *consummavit*), *et locutus est*: Moïse commença donc à parler. Gen. 35. 22. Judic. 9. 6. 3. Reg. 15. 31. Luc. 15. 18. et ailleurs. Car les Hébreux se servent de ces verbes *abire, egredi, surgere*, et autres semblables, comme d'ornement pour accompagner les verbes qui signifient faire, ou entreprendre quelque chose. Ce qui est ordinaire en français: Je m'en vais lire, je viens d'écrire.

7° Se répandre. Matth. 4. 24. *Et abiit opinio ejus*: La réputation de Jésus-Christ se répandit par toute la Syrie.

8° Couler, s'écouler. Ps. 104. 41. *Abierunt in sicco flumina*: Des fleuves se répandirent dans un lieu sec et aride, lorsque Moïse frappa le rocher de sa verge.

ABIRON, Heb. *pater celsitudinis*, fils d'Eliab, de la tribu de Ruben, qui se joignit à Coré et à Dathan, dans la sédition qu'ils excitèrent contre Moïse et Aaron, pour la souveraine sacrificature, et fut englouti dans les entrailles de la terre. Deut. 11. 6. Num. 16. 25. Ps. 103. 17. Eccli. 45. 22.

ABISAG, Heb. *patris ignoratio*, une fille de la ville de Sunam, en la tribu d'Issachar. On la donna pour épouse à David, lorsqu'il était âgé de 70 ans, et tout cassé de fatigues; mais il ne la connut pas. 3. Reg. 1. v. 2. 3. V. ADONIAS.

ABISAI, Heb. *Patris munus*, fils de Sarvia, et frère de Joab, un des grands capitaines de l'armée de David, qui tua de sa main trois cents Philistins dans un combat. 1. Reg. 26. 6. 2. Reg. 2. 18. c. 3. v. 10. 30. etc.

ABISUE, Heb. *pater salutis*. 1° Dixième fils de Phinées, qui succéda à son père dans la charge de souverain sacrificateur. 1. Par. 6. v. 4. 5. 50. Voyez°v. 3. 1. Esd. 7. 5.

2° Fils de Balé, petit-fils de Benjamin. 1. Par. 8. 4.

ABISUR, Heb. *pater muri*, fils de Séméi et mari d'Abihail. 1. Par. 2. v. 28. 29. V. SEMEI.

ABITAL, Heb. *pater roris*, une des femmes de David, de qui elle eut Saphatias à Hebron. 2. Reg. 3. 4. 1. Par. 3. 3.

ABITOB, Heb. *pater bonitatis*, le fils de Mehusim. 1. Par. 8. 11. V. MEHUSIM.

ABIU, Heb. *pater ipse*, fils d'Aaron, qui fut consumé du feu du ciel, avec son frère Nadab, pour avoir voulu offrir à Dieu un feu étranger. Levit. 10. 1. Num. 3. v. 2. 4. c. 28. v. 60. 61. etc. Voy. IGNIS.

ABIUD, Heb. *pater laudis*. 1° Fils de Balé, et petit-fils de Benjamin. 1. Par. 8. 3.

2° Fils de Zorobabel. Matth. 1. 13. *Zorobabel genuit Abiud*. v. 1. Par. 3. 19. Voy. ZOROBABEL.

ABLACTARE, ἀπογαλακτίζειν. Ce mot se fait de *ab* et de *lac*, lait, et signifie, 1° sevrer. Ps. 130. 2. *Sicut ablactatus est super matre sua, ita retributio in anima mea* (supple. *sit*) Gr. *in animam meam*: Que je sois réduit au même état que l'est un enfant que la mère sèvre de son lait avant le temps. Gen. 21. 8. 1. Reg. 1. 22. Isa. 11. 8. *In caverna reguli qui ablactatus fuerit manum suam mittet*: L'enfant qui aura été sevré portera sa main dans la caverne du basilic (νήπιος, *infans*). Le prophète marque qu'au temps du Messie, le moindre de ses disciples ne craindra point de converser avec ceux dont les cœurs étaient le plus envenimés avant leur conversion.

2° Détacher, faire retirer. Isa. 28. 9. *Quem docebit scientiam? Ablactatos a lacte*: Dieu n'enseigne que ceux qui se retirent de leurs délices et de leurs imperfections. Voy. LAC.

ABLACTATIO, ONIS, nom verbal d'*ablactare*, qui signifie l'action de sevrer. Gen. 21. 8. *Fecitque Abraham grande convivium in die ablactationis ejus*: Abraham fit un grand festin au jour qu'Isaac fut sevré.

ABLUERE, Gr. ἀποπλύνειν, 1° laver, nettoyer. Heb. 10. 22. *Abluti corpus aqua munda*: Notre corps a été nettoyé par l'eau pure et sacrée du baptême, qui a bien une autre force que l'eau des purifications légales; puisqu'il purifie l'âme des souillures du péché. A quoi se rapporte la signification suivante.

2° Laver, purifier l'âme du péché. 1 Cor. 6. 11. *abluti estis*: Vous avez été nettoyés au baptême. Isa. 4. 4.

3° Effacer, abolir en nettoyant (ἀπολούειν). Act. 22. 16. *Ablue peccata tua*: Obtenez la rémission de vos péchés par le baptême, dit Ananie à Saül. L'ancienne édition latine avait *abluere*, passif, comme *baptizare*: ce qui convient au Grec, en sousentendant κατά.

4° Se justifier de quelque crime. Act. 25. 16. *Ad abluenda crimina*. Gr. *Super criminatione*: L'accusé doit avoir la liberté de se justifier du crime dont on l'accuse.

ABLUTIO, ONIS, (ῥαντισμός). Nom verbal qui signifie l'action de purifier, de nettoyer. Zach. 13. 1. *In die illa erit fons patens domui David et habitantibus Jerusalem in ablutionem peccatoris*: En ce jour-là il y aura une fontaine ouverte à la maison de David et aux habitants de Jérusalem, pour y laver les souillures du pécheur. Cette fontaine marque, dans l'Eglise, le baptême et la pénitence, qui sont établis pour purifier l'âme de ses péchés.

ABNEGARE, ἀπαρνεῖσθαι, ἀρνεῖσθαι. 1° Nier, dénier, soutenir qu'une chose n'est pas. Luc. 22. 34. *Non cantabit hodie gallus, donec ter abneges nosse me*: D'aujourd'hui le coq ne chantera que vous n'ayez nié par trois fois que vous me connaissiez.

2° Renoncer à quelque chose, n'y avoir plus aucune attache. Matth. 16. 24. *Si quis vult post me venire, abneget semetipsum*: Si quelqu'un veut venir après moi, qu'il renonce à soi-même, i. e. sa propre volonté; en sorte qu'il n'ait nul égard à quoi que ce soit qui le regarde, qui puisse le détourner de ce qu'il doit à Dieu. Luc. 9. 23. Tit. 2. 12. *Abnegantes impietatem et sæcularia desideria*: Renonçant à l'impiété et aux passions mondaines. Le verbe *abnegare*, en ce sens, répond au mot latin *abdicare*, et à ce qui est dit Rom. 13. 12. *Abjiciamus opera tenebrarum*; et Jac. 1. 21. *Abjicientes omnem immunditiam*, etc.

3° Démentir, réfuter. 2. Tim. 3. 5. *Habentes quidem speciem pietatis, virtutem autem ejus abnegantes*: Qui auront une apparence de piété; mais qui en démentiront la vérité, et qui en ruineront l'esprit par leurs actions.

ABNER, Heb. *patris lucerna*, fils de Ner, général des armées de Saül, et son cousin germain. Il fit couronner Isboseth après la mort de Saül son père, et lui conserva la couronne durant sept ans. Il prit ensuite le parti de David, et Joab le tua par trahison. 1. Reg. 14. 50. c. 17. 55. etc.

ABNUERE, de *ab*, et du vieux mot *nuere*, faire signe de la tête. Ainsi *abnuere* signifie hocher la tête, en marquant qu'on refuse ou qu'on n'agrée pas quelque chose: dans l'Ecriture.

1° Refuser quelque chose (ἀποκωλύειν). 3.

Reg. 20. 7. *Non abnui* : Achab ne refusa rien de toutes les choses que Benadad lui voulut enlever.

2° Disconvenir, ne pas tomber d'accord. Ruth. 3. 12. *Nec abnuo me propinquum* : Je ne désavoue pas que je sois votre parent, dit Booz à Ruth.

ABOBI, Heb. *pater incantationis*, le père du traître Ptolomée, qui fit égorger son beau-père Simon Machabée, avec ses deux fils, Matathias et Judas. 1. Mach. 16. 11.

ABOLERE, de *ab* et d'*olere*, inusité, qui vient du grec ὀλεῖν, et signifie .

1° Abolir, anéantir, effacer (ἀφανίζειν, *delere*). Eccli. 45. 31. *Ne abolerentur bona ipsorum* : Dieu ne voulait pas que ni la dignité royale promise à David, ni le sacerdoce donné à Aaron et à ses descendants, fussent abolis ; mais cela n'a eu son effet qu'en Jésus-Christ.

2° Rompre, enfreindre, violer (καταλύειν, *dissolvere*). 2 Mach. 2. 23. *Ut leges, quæ abolendæ erant, restituerentur* : Pour rétablir les lois qui allaient être tout à fait abolies par l'infraction qu'on en faisait impunément.

3° Rendre inutile et sans effet (καταργεῖν, *irritum reddere*). Rom. 4. 14. *Si enim qui ex lege, hæredes sunt, abolita est promissio* : Si ceux qui appartiennent à la loi étaient les héritiers, la promesse de Dieu serait vaine et sans effet.

ABOMINABILIS, E. 1° Exécrable à cause de quelque grande méchanceté (βδελύσσεσθαι, *abominationi esse*). Ps. 13. 7 et Ps. 52. 2. *Abominabiles facti sunt in studiis suis* : Ils sont devenus abominables dans leurs inclinations. Job. 15. 16.

2° Abominable, à cause de quelque impureté légale (βδέλυγμα). Levit. 11. v. 41. 42. *Omne quod reptat super terram, abominabile erit* : Tout ce qui rampe sur la terre sera abominable. v. 10. 20.

3° Détestable, haï, digne d'être haï (βδέλυγμα). Deut. 24. 4. *Abominabilis facta est* : Une telle femme est devenue abominable devant Dieu. Heb. *Abominatio est* : C'est une chose odieuse. c. 22. 5. Job. 33. 20. et partout où ce mot se trouve dans les Proverbes, comme c. 15. 8. *Victimæ impiorum abominabiles* : Les victimes des impies sont abominables.

4° Abominable, à cause de son idolâtrie (βδελύσσεσθαι). Ose. 9. 10. *Facti sunt abominabiles, sicut ea, quæ dilexerunt* : Les enfants des Israélites et leurs pères sont devenus abominables, comme les choses qu'ils ont aimées. 3. Reg. 21. 26. Ezech. 16. 25.

ABOMINARI, βδελύσσεσθαι. Ce verbe vient d'*ab* et d'*ominari*, qui signifie tirer quelque augure ou présage de quelque chose ; ainsi, *abominari* est la même chose que *male ominari* : rejeter avec aversion ce qui est comme une chose de mauvais augure, ou qui porte malheur. Dans l'Ecriture, ce mot signifie :

Avoir en horreur, en abomination, détester, rejeter avec aversion. Prov. 29. 27. *Abominantur justi virum impium, et abominantur impii eos qui in recta sunt via* : Les justes ont en abomination les méchants, et les méchants ont en abomination ceux qui marchent par la droite voie. Ps. 5. 7. *Virum sanguinum et dolosum abominabitur Dominus* : Le Seigneur aura en abomination l'homme sanguinaire et trompeur. Deut. 18. 12. Esth. 14. 16. Amos. 5. 10, etc.

Ce mot n'a point d'autres explications.

ABOMINATIO, onis, βδέλυγμα. Ce nom verbal, peu usité chez les Latins, signifie, dans l'Ecriture :

1° Tout péché, toute action criminelle en général. Apoc. 21. 27. *Non intrabit in eam aliquod coinquinatum aut abominationem faciens* : Il n'y entrera rien de souillé, ni aucun de ceux qui commettent l'abomination. Levit. 18. v. 22. 28. 29. *Omnis anima quæ fecerit de abominationibus his quidpiam* : Tout homme qui aura commis quelqu'une de ces abominations. Isa. 41. 24. *Abominatio est, qui elegit vos* : C'est l'abomination même qui vous a faits dieux. c. 66. 3. Jerem. 6. 15. c. 7. 10. Ezech. 5. v. 9. 11. et en beaucoup d'autres endroits de ce prophète. Malach. 2. 11. 1. Mach. 1. 51.

2° Le péché d'idolâtrie en particulier, la prostitution au culte des idoles, et les cérémonies pratiquées par rapport à ce culte. 2. Par. 33. 2. *Fecit malum coram Domino juxta abominationes gentium* : Manassé fit le mal devant le Seigneur, suivant les abominations des peuples. i. e. en se prostituant, comme eux, au culte des idoles. Apoc. 17. v. 4. 5. *Babylon, magna mater fornicationum et abominationum terræ* : La grande Babylone, mère des fornications et des abominations de la terre, i. e. de l'idolâtrie et des infâmes cérémonies pratiquées pour honorer les faux dieux. Deut. 12. 31. *Omnes abominationes, quas aversatur Dominus, fecerunt diis suis* : Les nations ont fait pour honorer leurs dieux toutes les abominations que le Seigneur a en horreur.

3° Idole, fausse divinité, ou chose servant à son culte. 1. Mach. 6, 7. *Diruerunt abominationem quam ædificaverat super altare* : Antiochus reçut la nouvelle que les Juifs avaient renversé l'idole abominable qu'il avait fait élever sur l'autel de Jérusalem. 4. Reg. 23. 13. *Excelsa quæ ædificaverat Salomon Melchom abominationi filiorum Ammon* : Les hauts lieux que Salomon avait fait bâtir à Melchom, idole des enfants d'Ammon. Exod. 8. 28. *Abominationes Ægyptiorum immolabimus Domino* : Nous sacrifierons au Seigneur ce que les Egyptiens prennent pour leurs dieux. Eccli. 49. 3. *Tulit abominationes impietatis* : Josias a exterminé les abominations de l'impiété, i. e. les idoles et les hauts lieux où on leur sacrifiait. Zach. 9. 7. *Auferam abominationes ejus de medio dentium ejus* : J'ôterai d'entre les dents de ce peuple les abominations, i. e. la chair des victimes offertes aux idoles. Deut. 29. 17. Ezech. 7. 20. c. 11. v. 18. 21. c. 20. En plusieurs endroits où le grec porte βδέλυγμα, *abominatio*, l'interprète latin l'a rendu par *deus* ou *dea*, *idolum*. v. 3. Reg. 11, v. 5. 7. et ailleurs.

4° Profanation de quelque chose sainte. Matth. 24. 15. *Cum videritis abominationem desolationis stantem in loco sancto :* Quand vous verrez que l'abomination de la désolation sera dans le temple, i. e. quand vous verrez une horrible profanation du temple, qui sera la marque de sa prochaine désolation. Dan. 9, 27. c. 11. 31. c. 12. 11. Marc. 13. 14. D'autres entendent par le mot d'*abomination*, dans tous ces endroits que nous venons de citer, l'idole même, ou la statue de Jupiter Olympien, qu'Antiochus fit placer sur l'autel de Dieu ; comme il est dit 1. Mach. 1. 57. *Ædificavit rex Antiochus abominandum idolum desolationis super altare Dei.* v. 1. Mach. 6. 7.

5° Chose abominable, objet d'horreur et d'aversion. Ps. 87. 9. *Posuerunt me abominationem sibi :* Ils m'ont eu en abomination. Luc. 16. 15. *Quod hominibus altum est, abominatio est ante Deum :* Ce qui est grand aux yeux des hommes, est en abomination devant Dieu. Eccli. 41. 8. *Filii abominationum fiunt filii peccatorum :* Les enfants des pécheurs sont des enfants d'abomination, i. e. des sujets d'abomination, parce qu'ils imitent d'ordinaire la méchanceté de leurs pères. Deut. 7. v. 25. 26. c. 17. 1. c. 23. 18. c. 27. 15. Prov. 3. 32. Ce mot n'a point d'autre sens dans tous les endroits des Proverbes où il se trouve. Eccli. 13. 24. Isa. 1. 13. c. 41. 24. c. 66. 17.

6° Douleur, indignation, désespoir (ἀπωλέια, *perditio*). Job. 11. 20. *Spes illorum abominatio animæ :* Les espérances des impies deviendront le sujet de leur indignation, i. e. ils seront au désespoir de se voir frustrés de leurs espérances. Gr. Ils n'ont rien à attendre que la perte de leur âme.

ABOMINATUS, A, UM. 1° Haï, détesté. Isa. 49, 7. *Hæc dicit Dominus ad contemptibilem animam, ad abominatam gentem :* A ce peuple haï. Gr. *Abominatam a gentibus :* ce qui s'entend de Jésus-Christ, qui a été en butte à la contradiction des hommes. 2. Mach. 1. 27.

2° Détestable, exécrable (βδελυκτός). Tit. 1. 16. *Abominati incredibiles :* Détestables par l'impureté de leurs mœurs et de leur vie ; rebelles par leur opiniâtreté à ne point croire.

3° Chose illicite et défendue comme abominable (ἀθέμιτον, *quod nefas est*). Act. 10. 28. *Vos scitis quomodo abominatum sit viro Judæo accedere ad alienigenam :* Vous savez que les Juifs ont en grande horreur d'avoir quelque liaison avec un étranger.

ABORTIRE, ὠμοτοκεῖν. Ce verbe, inusité chez les Latins, vient d'*aboriri*, avorter, naître avant terme, d'où se fait l'actif *abortire*, avorter, enfanter, se délivrer de son fruit avant terme. Job. 21. 20. *Bos eorum concepit et non abortivit :* Les vaches des impies sont devenues pleines, et n'ont point avorté. La fécondité fait la meilleure partie des richesses de la campagne : Job décrit la prospérité des méchants.

ABORTIVUS, A, UM, ou ABORTIVUM, ἔκτρωμα, Un avorton, un fruit qui naît avant terme, soit qu'il tombe mort du sein de la mère. Num. 12. 12. *Ne fiat hæc quasi mortua et ut abortivum quod projicitur de vulva matris suæ :* Je vous prie que notre sœur ne devienne point comme morte, et comme un fruit avorté qu'on jette hors du sein de la mère. Aaron parle de sa sœur, qui venait d'être frappée de lèpre. Exod. 21. 22. Soit qu'il demeure dans le sein de la mère, sans être tout à fait formé. Job. 3. 16. *Aut sicut abortivum absconditum non subsisterem :* Job, pressé de ses maux, souhaitait n'être point, ou être comme une masse informe qui demeure cachée dans le sein d'une femme, ou qui sort du sein de la mère ; ce qui revient à la notion du mot *avorton* ; soit enfin qu'il naisse en vie avant terme, et demeure toujours faible et imparfait. 1 Cor. 15. 8. *Novissime omnium tamquam abortivo visus est et mihi :* J'ai été celui à qui le Seigneur est apparu le dernier, comme à celui qui, semblable à un avorton, était le plus imparfait de tous.

ABRA, Æ, ἅβρα mot syr. signifiant une jeune servante, une demoiselle suivante. Judith. 8. 32. *Ego exeam cum abra mea :* Je sortirai avec ma servante. c. 10. v. 2. 5. 10. c. 16. 28.

ABRAHAM, Heb. *pater multitudinis*, fameux Patriarche, fils de Tharé, de la ville d'Ur, dans le pays des Chaldéens, qui s'appela d'abord *Abram*, du mot hébreu *ab*, *pater*, père ; et de *ram*, *excelsus*, élevé ; mais Dieu l'ayant fait sortir de son pays, lui promit, à lui et à sa postérité, la terre de Chanaan, où il demeurait comme étranger ; et pour marquer qu'elle serait nombreuse, il changea son nom d'*Abram*, en celui d'*Abraham*, qui signifie *Pater multitudinis*, père de la multitude, du mot *ab*, *pater*, père, et de *raham*, *multitudo*, multitude. Gen. 17. 5. *Nec ultra vocabitur nomen tuum Abram, sed appelaberis Abraham, quia patrem multarum gentium constitui te :* Vous ne vous appellerez plus Abram ; mais vous vous appellerez Abraham, parce que je vous ai établi pour être le père de plusieurs nations : ce qui s'entend, non-seulement des Juifs, des Sarrasins, des Iduméens, des Madianites et de toute sa postérité charnelle ; mais aussi, selon saint Paul, qui a pénétré plus avant dans le sens de cet endroit, Rom. 4. v. 16. c. 9. 7. Gal. 3. 7. de tous les peuples régénérés en Jésus-Christ, qui sont devenus les vrais enfants d'Abraham et de la promesse, par l'imitation de sa foi. On croit qu'il était le puîné de ses trois frères, et qu'Aran était le plus aîné : de sorte que si Abraham est toujours nommé le premier, c'est par l'ordre, non de la naissance, mais de la dignité, ayant été le plus illustre des trois. Saint Paul s'est appliqué, dans ses épîtres aux Romains et aux Galates, et dans celle aux Hébreux, à relever sa foi et sa soumission parfaite aux ordres de Dieu : il l'y propose comme un modèle rare de la ferme confiance qu'on doit avoir en ses promesses. Il eut, à l'âge de cent ans, de Sara, sa femme, un fils, nommé *Isaac*; et Dieu lui ayant ordonné de le lui immoler, il le recouvra comme d'entre les morts, Dieu épargnant ce fils unique, qu'il n'avait pas épargné lui-même, et qu'il avait été sur le point de lui offrir, pour lui obéir. Il mourut dans la terre de Chanaan, l'an du monde 2183, avant Jésus-Christ 1821, âgé de 175 ans, ayant toujours vécu comme un étranger et un voyageur, dans l'attente de la patrie céleste. Isaac et Ismaël, ses enfants, l'enterrèrent auprès de Sara, dans la caverne double qu'il avait achetée des enfants de Heth.

ABRAN, Héb. *transitus*, ville de la tribu d'Aser. Jos. 19. 28. Voy. HÉBRON.

ABRUMPERE. Voy. RUMPERE. Ce verbe signifie proprement, comme son simple, rompre quelque chose, comme une corde, un lien; interrompre, en parlant d'un discours; dans l'Ecriture,

1° Rompre, arracher (διαιρεῖν). Levit. 5. 8. *Ita ut collo hæreat et non penitus abrumpatur*: Il ne fallait point arracher la tête de la tourterelle, ou du petit de la colombe, qui était offert pour le péché, mais la tordre seulement, et la lui faire retourner du côté des ailes.

2° Déchirer (ἀπορηγνύναι). Levit. 13. 56. *Sin autem obscurior fuerit locus lepræ, abrumpet eum*: Si, après qu'un vêtement infecté de lèpre aura été lavé par l'ordre du prêtre, l'endroit de la lèpre se trouve plus obscur que le reste, le prêtre le déchirera et le séparera du reste.

ABRUPTUS, A, UM, rompu, désuni, séparé, arraché, raide, escarpé, d'où vient *abruptissimus, a, um*, très-raide, fort escarpé. 1. Reg. 24. 3. *Super abruptissimas petras*: Saül allait chercher David jusque sur les rochers les plus escarpés.

ABS. Voy. A ou AB.

ABSALON, Héb. *pater pacis*, troisième fils de David et de Maacha, sa quatrième femme. Ce prince, très-beau et très-bien fait, mais fier et ambitieux, causa à son père de grands sujets d'affliction, et se procura à lui-même une fin funeste. Il tua son frère Amnon, pour venger l'affront qu'il avait fait à sa sœur Thamar. 2. Reg. 13. Il se révolta contre son père, qui l'aimait tendrement, pour le dépouiller de son royaume; mais son armée fut défaite, et ce malheureux prince ayant passé en fuyant sous un chêne fort épais, sa grande chevelure l'embarrassa dans les branches de cet arbre, et la mule sur laquelle il courait l'y laissa attaché et suspendu, sans qu'il pût jamais se dégager. Joab l'ayant su, il alla le percer de trois dards: ce qui arriva l'an du monde 3009. 2. Reg. 3. 3. c. 13. c. 14. c. 15. etc.

2° Le père de Mathathias. 1. Mach. 11. c. 13. 11.

ABSCEDERE, se retirer, s'en aller (ἀπέρχεσθαι). Tob. 14. 14. *Tobias abscessit ex Ninive*: Le jeune Tobie se retira de Ninive par l'avertissement de son père, qui lui en prédit la ruine. De ce verbe vient cette façon de parler. Judith. 6. 5. *Pallor abscedat a te*: Cessez de pâlir, ne craignez point. C'est Holopherne qui parle à Achior.

ABSCESSUS, us, départ, sortie, abcès, apostume dans l'Ecriture.

Retraite, éloignement. Ruth. 3. 14. *Usque ad noctis abscessum*: Ruth dormit aux pieds de Booz jusqu'à ce qu'il fît jour et que la nuit se retirât. Gr. ἕως πρωὶ, *usque mane*.

ABSCIDERE, ἀποκόπτειν, de *abs* et de *cædere*. Couper, trancher. Matth. 5. 30. *Si dextra manus tua scandalizat te, abscide eam*: Si votre main droite vous est un sujet de chute et de scandale, coupez-la. Ce retranchement ne se doit point faire à la lettre, mais il marque la disposition du cœur à faire ou à souffrir tout plutôt que de permettre que notre main nous fût un sujet de scandale et de chute. c. 18. 8. Deut. 25. 12. Voy. AMPUTARE.

ABSCINDERE, ἀποκόπτειν. 1° Couper, trancher, retrancher. Gal. 5. 12. *Utinam et abscindantur qui vos conturbant*: Plût à Dieu que ceux qui vous troublent fussent tout à fait retranchés du milieu de vous. D'autres expliquent: Plût à Dieu que tous ceux qui vous troublent fussent non-seulement circoncis, mais plus que circoncis, i. e. que l'on leur retranchât plus que le prépuce même. Math. 5. 30. Deut. 23. 1.

2° Retirer, cesser de faire paraître. Judit. 7. 24. *Indignationem suam abscindet*. Ps. 76. 9. *Misericordiam suam abscindet*: Comme il est très-avantageux que Dieu retire son indignation, il est très-dangereux qu'il ne retire pas sa miséricorde.

3° Séparer (ἀποτέμνειν). Eccli. 25. 36. *A carnibus tuis abscinde illam, ne semper te abutatur*: Si votre femme se retire de votre conduite et qu'elle vous fasse confusion par sa désobéissance, séparez-vous d'elle et qu'elle n'habite plus avec vous. Il paraît par ces paroles que le divorce était non-seulement permis aux Juifs, mais qu'il leur était accordé; en sorte qu'ils pouvaient sans péché se séparer de leurs femmes, hors même le cas de la fornication.

4° Détacher (ἀποτέμνειν). Dan. 2. 34. et 45. *Abscissus est lapis de monte*: Une petite pierre s'est détachée de la montagne. Cette petite pierre marque Jésus-Christ. Voyez LAPIS.

5° Oter, enlever. Habac. 3. 17. *Abscindetur de ovili pecus*: Les bergeries seront sans brebis et seront enlevées par les ennemis.

6° Retirer du monde, retrancher du nombre des hommes. Ezech. 37. 11. *Abscissi sumus*: Nous sommes retranchés du nombre des hommes. Ainsi, *Abscindere de terra viventium* signifie la même chose. Isa. 53. 8. *Abscissus est de terra viventium*: Il a été retranché de la terre des vivants, i. e. d'entre les hommes par la mort.

ABSCONDERE, κρύπτειν, κατακρύπτειν, ἀποκρύπτειν.

1° Cacher, céler, couvrir (ἐπικαλύπτειν). Prov. 28. 13. *Qui abscondit scelera sua non dirigetur*: Celui qui cache ses crimes ne réussira pas, i. e. il se perdra en rendant incurable le mal qu'il ne veut pas découvrir. Gen. 3. v. 8. 10. Matth. 5. 14. etc. On voit aussi *abscondere* sans régime, pour signifier se cacher (ὑποκρύπτειν). Ps. 55. 7. *Inhabitabunt et abscundent* : Ils demeurent ensemble et se cachent. De ce mot viennent ces façons de parler, *abscondere se, faciem suam*, ou *abscondi ab aliquo* : Détourner son visage, ou se détourner de quelqu'un, c'est le négliger, l'abandonner, être fâché contre lui (ἀποστρέφειν, *avertere*). Isa. 8. 17. *Exspectabo Dominum qui abscondit faciem suam a domo Jacob*. c. 40. 27. c. 54. 8. c. 57. 17. etc. Ainsi, Gen. 4. 14. *A facie tua abscondar* : Vous m'abandonnerez.

Abscondere se, ou *abscondi*, disparaître, périr, être anéanti. Isa. 29. 14. *Intellectus prudentium abscondetur* : Toute l'intelligence des sages s'évanouira. Ps. 28. 28.

Abscondere in pulvere, id est, in sepulcro, Abattre, détruire. Job. 40. 8. *Absconde eos in pulvere simul* : Humiliez tous les superbes et les enfoncez dans la poussière.

Abscondere manum sub ascella (ἐγκρύπτειν), Cacher sa main sous son aisselle ; ce qui se dit du paresseux, qui ne veut pas prendre la peine de travailler, même pour vivre. Prov. 19. 24. c. 26. 15. Voy. ASCELLA.

2° Sauver, garantir. Ps. 26. 5. *Abscondit me in tabernaculo suo* : Le Seigneur m'a caché dans son tabernacle. David fait allusion à un berger qui retire son troupeau du loup ou du mauvais temps. Ps. 30. 31. *Abscondes eos in abscondito faciei tuæ a conturbatione hominum*. Exod. 2. 2. Jos. 2. 4. Job. 5. 22.

3° Taire et ne point déclarer. Job. 15. 18. *Non abscondunt patres suos* : Les sages ne cèlent point ce qu'ils ont appris de leurs pères. Matth. 11. 25. *Abscondisti hæc a sapientibus* : Vous avez caché ces choses aux sages. Ainsi *Abscondi ab aliquo, a facie*, ou *ab oculis alicujus* : C'est ce qu'il ne sait pas, ou ne connaît pas, et quelquefois ce qu'il n'a point et dont il est privé. Ose. 13. 14. *Consolatio abscondita est ab oculis meis* : Mes yeux ne voient rien qui console ma douleur. Luc. 19. 42. 1. Cor. 2. 27. Eph. 3. 9. Coloss. 1. 26.

4° Garder ou réserver quelque chose pour le faire paraître en son temps, et se prend en bonne ou en mauvaise part.

En bonne part. Ose. 13. 12. *Colligata est iniquitas Ephraim et absconditum peccatum* : Je tiens les iniquités d'Ephraïm liées ensemble, son péché est réservé dans mon secret, i. e. La peine de son péché. Job. 20. 26. Ps. 9. 16. Ps. 30. 5. Ps. 34. v. 7. 8. etc.

En mauvaise part. Ps. 30. *Quam magna multitudo dulcedinis tuæ, Domine, quam abscondisti timentibus te* : Combien est grande, Seigneur, l'abondance de votre douceur ineffable, que vous avez cachée et réservée pour ceux qui vous craignent ! Ps. 118. 11. Job. 23. 12. c. 36. 32. Prov. 2. 1. Eccli. 1. 30. Isa. 49. 2. Matth. 13. 44. etc.

5° Obscurcir, abolir. Eccli. 17. 17. *Non sunt absconsa testamenta per iniquitatem illorum* : Les promesses de Dieu n'ont point été anéanties par les offenses de ceux à qui il les a faites. Gr. Leurs péchés n'ont pas été cachés à Dieu. Voy. Rom. 3. 3.

Voy. ABSCONDITA, ABSCONDITE, et ABSCONDITUM, I.

ABSCONDITUS, A, UM, κρυπτός.

1° Caché, couvert, retiré, secret. 1. Petr. 3. 4. *Absconditus cordis homo* : L'homme invisible caché dans le cœur, l'homme intérieur. Prov. 21. 14. *Munus absconditum exstinguit iras* : Un présent fait dans le secret éteint la colère (λάθριος, al. λαθραῖος). Ainsi Eccli. 42. 9. *Filia patris* (Gr. patri) *est abscondita vigilia* (ἀπόκρυφος) : La fille est à son père un sujet secret de veiller toujours. c. 41. 17. c. 43. 36. c. 48. 28. Isa. 45. 3. etc.

2° Inconnu, qu'on n'a point éprouvé (κεκρυμμένος). Apoc. 2. 17. *Vincenti dabo manna absconditum* : Je donnerai au victorieux la manne cachée. Gr. à manger. Cette manne est la douceur des consolations secrètes dont Dieu soutient ses enfants dans le pèlerinage de cette vie. C'est une nourriture inconnue au monde.

3° Rare, exquis (ἐκκεχυμένος). Eccli. 30. 18. *Bona abscondita in ore clauso, quasi appositiones epularum circumpositæ sepulcro* ; Gr. *Bona offusa ori clauso* : Des viandes délicates, présentées à la bouche d'un malade ou d'un homme dégoûté, sont comme un grand festin autour d'un sépulcre ; les viandes rares sont comme cachées, parce qu'elles ne sont pas communes. Voy. CLAUSUS.

4° Celui qui se cache. Isa. 45. 15. *Vere tu es Deus absconditus* : Vous êtes vraiment un Dieu qui ne vous êtes fait connaître qu'à votre peuple choisi. c. 53. 3. *Quasi absconditus vultus ejus*. Gr. ἀπέστραπται. Il se détourne le visage comme un lépreux qui se cache.

ABSCONDITUM, I, ἀπόκρυφον. 1° Un lieu caché, secret, obscur. Dan. 10. 7. *Fugerunt in absconditum*, ἐν φόβῳ, Ceux qui étaient avec Daniel s'enfuirent dans des lieux obscurs. Luc. 11. 33. *Nemo lucernam accendit et in abscondito ponit* : Il n'y a personne qui, ayant allumé une lampe, la mette en un lieu caché (κρυπτή, *crypta cavea*). Ps. 30. 21. *Abscondes eos in abscondito faciei tuæ* : Vous les cacherez dans le secret de votre face, i. e. de votre présence, pour les mettre en sûreté. Ps. 80. 8. *Exaudivi te in abscondito tempestatis* : Je vous ai exaucé au milieu de la tempête. Ce fut lorsque Dieu excita tout d'un coup contre les Egyptiens une tempête lorsqu'ils poursuivaient les Israélites dans la mer Rouge, étant comme caché dans la nuée et invisible à ses ennemis. D'autres entendent par ces paroles, non que Dieu même se cacha, mais qu'il cacha les Israélites au milieu de la tempête, en les mettant à couvert de la fureur de leurs ennemis. Ps. 26. 5. Deut. 17. 15. Jerem. 23. 24. Thren. 3. 12. Ezech. 8. 12. Voy. TEMPESTAS. De là vient cette expression,

ABSCONDITO (IN) ; ἐν κρυπτῷ. 1° Secrètement, en secret, en cachette. Jos. 2. 1. *Misit Josue duos viros exploratores in abscondito* : Josué envoya secrètement deux espions. Matth. 6. 18. *Pater tuus qui videt in abscondito reddet tibi* : Votre Père, qui voit ce qui se passe dans le secret, vous en rendra la récompense. Job. 31. 27. Ps. 9. 30. Isa. 45. 19. c. 48. 16. Jerem. 13. 17. Habac. 3. 14.

2° Intérieurement, au dedans, dans le cœur. Rom. 2. 29. *Qui in abscondito Judæus est*: Le vrai Juif n'est pas celui qui l'est au dehors, mais celui qui l'est intérieurement. De là vient cette phrase :
ACCIPERE FACIEM ALICUJUS IN ABSCONDITO. Respecter, considérer quelqu'un par dissimulation (κρυφῇ). Job. 13. 10. *In abscondito faciem ejus accipitis*: Ce n'est que par dissimulation que vous défendez les intérêts de Dieu.

ABSCONDITA, ou ABSCONSA, ORUM, τὰ κρυπτὰ, τὰ κεκρυμμένα. — 1° Choses cachées et secrètes (βάθη, *profunda*). Job. 28. 11. *Abscondita in lucem produxit*: L'homme a produit au jour les choses les plus secrètes, en perçant le fond de la terre et des fleuves, pour en tirer ce qui peut lui être utile. Ps. 43. 22. Ainsi, Deut. 27. 29. *Abscondita Domino Deo nostro*: Ces secrets étaient cachés dans le Seigneur notre Dieu; i. e. Dieu a exercé une sévérité épouvantable contre ceux qui s'étaient détournés de lui pour s'attacher à d'autres dieux, afin que nous ne suivissions point leur impiété; c'est un secret qu'il nous a découvert. Selon d'autres : Il y a des secrets que Dieu tient cachés, mais il nous en a découvert, afin que nous pratiquions sa loi.

2° Cavernes, lieux secrets et cachés. Jerem. 49. 10. *Revelavi abscondita ejus, et celari non poterit*: J'ai découvert les endroits où il s'était retiré. Il y avait, dit Théodoret, près de l'Idumée, de grandes montagnes fort élevées, et dans ces montagnes des cavernes où les peuples se retiraient pour se dérober à la vue de leurs ennemis; mais Dieu les menace de les découvrir. Abd. v. 6. *Investigaverunt abscondita ejus*: Ils ont fouillé dans les endroits les plus cachés. Jerem. 23. 24.

3° Les biens que l'on réserve, les trésors que l'on cache. Ps. 16. 14. *De absconditis tuis adimpletus est venter eorum*: Leur ventre est rempli des biens qui sont renfermés dans vos trésors; les biens temporels sont appelés des trésors de Dieu, parce qu'ils dépendent de lui et qu'il les donne à qui il lui plaît. Voy. VENTER.

4° Enigmes, paraboles, pensées sérieuses, qui ne sont pas communes. Matth. 13. 35. *Eructabo abscondita a constitutione mundi*: Je publierai des choses qui ont été cachées depuis la création du monde. Ceci est tiré du Ps. 77. 2. où le Grec porte προβλήματα. Lat. *propositiones*. Voy. PROPOSITIO. Eccli 4. 21. *Denudabit absconsa sua illi*: La Sagesse découvrira ses pensées secrètes à celui qui aura confiance en elle. Ce qui est exprimé par *Abscondita parabolarum*. Eccli. 39. 3. *In absconditis parabolarum conversabitur* (αἰνίγματα): Le sage se nourrira de ce qu'il y a de plus caché dans les paraboles. c. 14. 23. c. 39. 10.

ABSCONDITE. 1° Secrètement, en secret (κρυφῇ). 2. Reg. 12. 12. *Tu fecisti abscondite, ego autem faciam verbum istud in conspectu omnis Israel et in conspectu solis*: Pour vous, vous avez fait cette action en secret; mais, pour moi, je la ferai par Absalon, votre fils, à la vue de tout Israël et à la vue du soleil.

2° Doucement et sans bruit (ἡσυχῇ). Judic. 4. 21. *Jahel ingressa est abscondite*: Jahel entra tout doucement dans la tente où dormait Sisara pour le tuer. Ruth. 3. 7. *Venit abscondite*: Ruth vint tout doucement (ἐνκρυφῇ).

ABSCONSE, κρυφῇ. En secret, en cachette. Sap. 18. 9. *Absconse sacrificabant justi pueri bonorum*: Les justes enfants des saints, i. e. des patriarches, offraient en secret leur sacrifice, savoir, l'Agneau pascal.

ABSCONSIO, ONIS. ἀπόκρυπτον. Ce mot vient d'*abscondere* quand il signifie protéger, sauver, garantir. Ainsi, c'est protection, défense. Isa. 4. 6. *Tabernaculum erit in umbraculum diei ab æstu, et in securitatem et absconsionem a turbine et a pluvia*: Le tabernacle de Dieu défendra ses élus par son ombre contre la chaleur pendant le jour, et il sera une retraite assurée pour les mettre à couvert des tempêtes et de la pluie. Ce qui revient à cet endroit du Ps. 26. 5. *Abscondit me in tabernaculo suo, in die malorum protexit me in abscondito tabernaculi sui*.

ABSENS, TIS, ἀπὼν, όντος. Cet adjectif, qui vient d'*absum*, signifie proprement celui qui est éloigné de sa résidence ordinaire; mais il signifie ordinairement : 1° celui qui n'est point présent où on le demande (μὴ ὢν μετὰ, *qui non est cum aliquo*). Gen. 44. v. 26. 34. *Non possum redire ad patrem absente puero*: Je ne puis retourner vers mon père, dit Judas, sans que l'enfant soit avec nous. c. 34. 5. 1. Cor. 5. 3. 2. Cor. 13. v. 2. 10. c. 10. v. 1. 11. Philip. 1. 27. Colos. 2. 5.

2° Qui n'est point avec ou dans la présence d'un autre. Sap. 11. 12. *Absentes et præsentes similiter torquebantur*: Les Egyptiens étaient également tourmentés, soit dans l'absence, soit dans la présence des Hébreux.

3° Absent de Dieu, étranger, qui demeure dans ce corps misérable (ἐνδημῶν), *manens cum populo*). 2. Cor. 5. 9. *Contendimus, sive absentes, sive præsentes, placere illi*: Toute notre ambition est d'être agréables à Dieu, soit que nous habitions dans le corps, soit que nous en sortions pour aller à lui. Voy. PRÆSENS.

4° Qui n'est point encore né (μὴ ὢν μετὰ). Deut. 29. 15. *Nec vobis solis hoc fœdus ferio, sed cunctis præsentibus et absentibus*: Cette alliance que je fais aujourd'hui, n'est pas pour vous seuls, mais c'est pour tous ceux qui sont présents et qui viendront après nous.

ABSENTIA, Æ, ἀπουσία. Absence, éloignement de la présence des autres. Philip. 2. 12. *Non ut in præsentia tantum, sed multo magis nunc in absentia mea, cum metu et tremore vestram salutem operamini*: Ayez soin non-seulement lorsque je suis présent parmi vous, mais encore plus lorsque je suis absent, d'opérer votre salut avec crainte et tremblement.

ABSOLVERE, ἀπολύειν. 1° Dégager, déli

vrer, exempter. Tob. 3. 15. *Peto, Domine, ut de vinculo improperii hujus absolvas me* : Je vous prie, Seigneur, de me tirer de la peine où me jette ce reproche ignominieux, d'avoir tué sept maris. Quelques-uns ont remarqué que ce reproche lui fut si sensible, qu'elle en tomba dans une espèce d'agonie. 1. Mach. 10. 29. *Nunc absolvo vos et omnes Judæos a tributis* : Dès à présent, je vous remets, à vous et à tous les Juifs, les tributs que vous aviez accoutumé de payer.

2° Absoudre, justifier. 2. Mach. 4. 47. *Menelaum quidem universæ malitiæ reum criminibus absolvit* : Antiochus déclara Ménélaüs innocent, quoiqu'il fût coupable de toutes sortes de crimes.

3° Décider, terminer (ἐπιλύειν *dissolvere*). Act. 19. 39. *Si quid alterius rei quæritis, in legitima Ecclesia poterit absolvi* : Si vous avez quelque autre affaire à proposer, elle se pourra terminer dans une assemblée légitime : c'est ce que dit un greffier au peuple d'Ephèse, pour apaiser la sédition causée par Démétrius.

ABSORBERE, καταπίνειν. Ce verbe, qui répond au mot hébreu *Balagh*, signifie engloutir, avaler, dévorer, et par métaphore, à la ressemblance des choses qu'on avale et qui tombent dans le ventre où elles se corrompent, il signifie perdre, défaire, détruire, et quelquefois précipiter : c'est pourquoi il est souvent rendu dans la Vulgate par *perdere* ou *præcipitare*. Ainsi il signifie :

1° Asorber, engloutir, dévorer, avaler (πλημμύρα, *inundatio*). Job. 40. 18. *Ecce absorbebit fluvium et non mirabitur* : L'éléphant boit et avale les fleuves entiers sans se presser et sans s'étonner. Les auteurs qui ont parlé de cet animal rapportent qu'il boit beaucoup. Voy. Plin. l. 8. c. 19. Ælien. l. 17. c. 7. Ce qui se dit de la terre. Deut. 11. 6. *Quos aperto ore terra absorbuit* : La terre s'étant entr'ouverte, engloutit Dathan et Abiron. Apoc. 12. 16.

2° Epuiser, boire jusqu'au fond. Abd. v. 16. *Bibent omnes gentes jugiter, et bibent, et absorbebunt* : Toutes les nations qui ont ruiné Jérusalem boiront jusqu'au fond du calice de la colère de Dieu, i. e. seront punies très-rigoureusement. Voy. BIBERE et FEX.

3° Perdre, défaire, détruire. 2. Reg. 17. 16. *Ne moreris, ne forte absorbeatur rex et omnis populus qui cum eo est* : Ne tardez point, de peur que le roi ne périsse, lui et tous ses gens. C'est l'avis que donna Chusaï à David. Ps. 57. 10. Ps. 68. 16. etc. Ainsi, 1. Cor. 15. 54. *Absorpta est mors in victoria* : La mort a été absorbée ou détruite par la victoire, i. e. Quand notre nature corruptible sera revêtue de l'immortalité, la mort sera entièrement vaincue, et il ne restera plus de marque de son pouvoir : ce qui a rapport à cet autre endroit, 2. Cor. 5. 4. *Ut absorbeatur, quod mortale est, a vita* : Nous ne désirons pas d'être dépouillés de notre corps, mais d'être revêtus par-dessus ; en sorte que ce qu'il y a de mortel en nous soit absorbé par la vie, et que la corruption en étant

entièrement abolie, le corps, de mortel qu'il est, devienne immortel.

ABSQUE, ἄνευ, χωρίς, ce qui est souvent exprimé en grec par μὴ ἔχειν, οὐκ εἶναι. Cette préposition se fait d'*ab* et de *que*, qui n'ajoute rien à la signification d'*abs*.

1° Sans, particule exclusive, qui se dit de ce qui n'accompagne point quelque chose ou quelque personne. Isa. 130. *Cum fueritis velut hortus absque aqua* : Vous deviendrez comme un jardin sans eau, en punition de votre idolâtrie. 2. Par. 18. 16. *Sicut oves absque pastore* : Vous serez comme des brebis sans pasteur. Gen. 15. 2. c. 43. 14. Prov. 1. 33. c. 28. 1. Hebr. 4. 15. etc.

2° Hormis, sinon, excepté. Gen. 31. 50. *Nullus sermonis nostri testis est absque Deo* : Nul n'entend nos paroles que Dieu qui en est témoin. Isa. 43. 11. *Non est absque me Salvator* : Hors moi, il n'y a point de Sauveur, dit le Seigneur. c. 44. 6. c. 45. v. 14. 21. *Non est ultra Deus absque me* : Il n'y a point d'autre Dieu absque me. En ces endroits, et en plusieurs autres, *absque* répond au mot Hébreu *bilehad*, qui est souvent rendu ailleurs par *præter*. 2. Reg. 22. 32. *Quis Deus præter Dominum, et quis fortis præter Deum nostrum?*

3° Cette préposition avec un nom substantif est quelquefois mise pour l'adjectif *exsors*, qui n'a point de part. Joan. 16. 2. *Absque synagogis facient vos* : Ils vous chasseront des synagogues ; Gr. ἀποσυναγώγους, *exsortes synagogæ*, excommuniés. Rom. 1. 31. *Absque fædere* : Sans foi, Gr. ἀσπόνδους perfides ou irréconciliables. Ose. 9. 12. *Absque liberis eos faciam*, i. e. *Orbos faciam* : Je leur ôterai leurs enfants. Gen. 15. 2. c. 42. 36. Jerem. 18. 21. etc.

ABSTERGERE. Ce verbe signifie essuyer, purger, nettoyer, et par métaphore, ôter, effacer, guérir, corriger : dans l'Ecriture.

1° Essuyer, nettoyer (ἀφαιρεῖσθαι, *auferre*). 3. Reg. 20. 41. *Ille statim abstersit pulverem de facie sua* : Le prophète essuya incontinent la poussière qui lui couvrait le visage, pour se faire voir à Achab. De là vient cette phrase :

Abstergere lacrymas ab oculis alicujus : essuyer les larmes des yeux de quelqu'un, c'est arrêter et faire cesser tous les maux qui sont cause des larmes (ἐξαλείφειν, *abolere*). Apoc. 7. 17. c. 21. 4. *Absterget Deus omnem lacrymam ab oculis eorum* : Dieu abolira tous les maux de cette vie dans ceux qu'il rendra heureux (Ἀφαιρεῖσθαι). Isa. 25. 8. *Auferet Dominus Deus lacrymam ab omni facie* : Le Seigneur Dieu sèchera les larmes de tous les yeux, savoir : de son peuple.

2° Corriger, guérir (συναντᾶν, al. ἀπαντᾶν, *occurrere*). Prov. 20. 30. *Livor vulneris absterget mala* : Les meurtrissures livides guériront le mal ; ou, selon l'Hébreu, corrigeront les méchants : cela s'entend des châtiments qu'on emploie pour corriger les pécheurs endurcis.

ABSTINERE, ἀπέχειν, ἀπέχεσθαι. Ce verbe se fait d'*abs* et de *tenere*. Il est actif ou neutre, et l'on dit *abstinere* ou *abstinere se* ; mais en français, il est neutre, et ne se dit qu'avec le pronom personnel, s'abstenir, se défendre l'usage de quelque chose, ou s'empêcher de faire. Num. 6. 3. *A vino et omni quod inebriare potest abstinebunt* : ils s'abstiendront de vin et de tout ce qui peut enivrer. Voy. NAZARÆUS. 1. Thess. 5. 22. *Ab omni specie mala abstinete vos* : Abstenez-vous de tout ce qui a apparence de mal. Eccli. 28. 10. *Abstine te a lite, et minues peccata* : Evitez les disputes et les procès, et vous diminuerez les péchés. Judic. 13. 13. Tob. 1. 10. Sap. 2. 16. Eccli. 3. 32. etc.

ABSTINENS, TIS, prévenu, modéré, qui sait se commander. Abstinent, tempérant à l'égard du boire et du manger. Eccli. 37. 34. *Qui abstinens est, adjiciet vitam* : L'homme sobre et retenu en vit plus longtemps. Gr. προσέχων, qui veille sur lui.

ABSTINENTIA, Æ, retenue, modération. — 1° Abstinence, mortification, retranchement de quelque chose agréable. Num. 30. 14. *Si voverit et juramento se constrinxerit, ut per jejunium vel cæterarum rerum abstinentiam affligat animam suam, in arbitrio viri erit ut faciat sive non faciat* : Si une femme a fait vœu, et si elle s'oblige par serment de s'affliger, ou par le jeûne, ou par d'autres sortes d'abstinences, il dépend de son mari qu'elle le fasse ou qu'elle ne le fasse point.

2° Abstinence ou tempérance, vertu morale, par laquelle on se défend l'usage des plaisirs et des satisfactions non nécessaires pour le soutien de la vie (ἐγκράτεια, continentia). 2. Petr. 1. 6. *In scientia abstinentiam; in abstinentia patientiam (ministrate)* : Joignez à la science la tempérance, à la tempérance la patience. Il ne faut pas seulement qu'un chrétien soit instruit de son devoir, mais il faut aussi qu'il s'abstienne des plaisirs, et supporte les maux qui pourraient le détourner de s'en bien acquitter.

ABSTRAHERE, ἀποσπᾶν. Ce verbe signifie proprement, entraîner, emporter avec violence, tirer de force, arracher, et se dit aussi figurément en choses spirituelles et morales.

1° Arracher, ôter avec violence. 2. Mach. 7. v. 4. 7. *Cute capitis ejus cum capillis abstracta* : Après lui avoir arraché la peau de la tête avec les cheveux. Ce fut contre l'aîné des sept frères qu'Antiochus exerça cette cruauté.

2° Détacher, séparer, soit du parti de quelqu'un et de l'attachement qu'on doit avoir pour lui (ἀφιστάναι, avertere). Deut. 13. 10. *Lapidibus obrutus necabitur, quia voluit te abstrahere a Domino tuo* : Qu'il soit puni de mort étant lapidé, parce qu'il a voulu vous arracher du culte du Seigneur votre Dieu. Soit de la compagnie d'un ami. Act. 21. 1. *Cum factum esset ut navigaremus abstracti ab eis* : Après que nous nous fûmes séparés d'eux avec beaucoup de peine. Saint Paul parle des prêtres d'Éphèse, qu'il quitta fort affligés de son départ.

3° Tirer de quelque part, en éloigner par adresse (ἐκσπᾶν, extrahere). Judic. 20. 32. *Qui fugam arte simulantes inierunt consilium, ut abstraherent eos de civitate* : Les Israélites feignirent adroitement de fuir, à dessein de les engager plus loin de la ville de Gabaa.

4° Emporter, entraîner, en parlant de la violence des passions de l'âme (ἐξέλκειν). Jac. 1. 14. *Unusquisque tentatur a concupiscentia sua abstractus* : Chacun est tenté par sa propre concupiscence qui l'emporte et qui l'attire dans le mal (Πλανᾶν, seducere). Prov. 7. 25. *Ne abstrahatur in viis illius mens tua* : Que votre esprit ne se laisse point emporter dans les voies d'une femme qui cherche à vous séduire

ABSTRUDERE, pousser à force, cacher, enfoncer. 1. Reg. 23. 23. *Quod si etiam in terram se abstruserit, perscrutabor eum* : Quand il serait caché au fond de la terre, j'irai l'y chercher. C'est Saül qui parle de David.

ABSUM, abesse, ἀπεῖναι, ἀπέχειν. Ce verbe marque une absence ou un éloignement, soit dans le sens propre, soit dans le figuré.
— 1° Etre éloigné, y avoir de la distance entre deux choses ou deux personnes. 2. Mach. 12. 29. *Inde ad civitatem Scytharum abierunt, quæ ab Jerosolymis sexcentis stadiis aberat* : De là, Judas et ses gens allèrent à la ville de Scythopolis, éloignée de six cents stades de Jérusalem. Ecli. 9. 18. *Longe abesto ab homine potestatem habente occidendi* : Tenez-vous bien éloigné de celui qui a le pouvoir de faire mourir. Cela s'entend des tyrans et des princes qui abusent de leur pouvoir; d'où vient *longe abesse*, pour marquer une chose qu'on ne peut atteindre ou recouvrer (Ἀφίστασθαι, secedere). Eccli. 27. 22. *Non illum sequaris, quoniam longe abest* : En vain vous irez après lui, car il est déjà bien loin. Le Sage parle d'un ami que l'on a choqué, et dont on a perdu l'amitié. Ainsi c. 15. 7. *Longe abest a superbia et dolo* : Les hommes insensés ne verront point la sagesse, parce qu'elle se tient bien loin de l'orgueil et de la tromperie.

2° Etre absent, n'être point présent quelque part. Sap. 14. 17. *Ut illum, qui aberat, tanquam præsentem colerent sua sollicitudine* : Pour révérer avec une soumission religieuse, comme présent, celui qui était absent. Il parle d'un prince qui est éloigné, et dont on fait venir le tableau pour lui rendre les honneurs divins, comme s'il était présent. De cette signification vient cette expression figurée :

Abesse ab aliquo, qui signifie n'être point dans quelqu'un, pour marquer une chose dont quelqu'un est privé. Sap. 9. 6. *Si ab illo abfuerit sapientia tua, in nihilum computabitur* : Encore que quelqu'un paraisse consommé parmi les enfants des hommes, il sera néanmoins considéré comme rien, si votre sagesse, ô Dieu, n'est point en lui (ἀπ᾽ ἔστιν, defeci). Eccli. 15. 11. *Non dixeris, per Deum abest* : Ne dites point, Dieu est cause que je n'ai point la sagesse; Dieu ne jette point les pécheurs dans l'égarement, lui qui seul en tire les hommes quand il lui plaît : c'est l'orgueil de l'homme, qui est la première et la véritable cause de ses dérèglements.

ABSIT. Ce mot marque l'éloignement et l'aversion que nous avons pour quelque chose, et répond au mot hébreu *halilah*, *prohibitio*, qui se rend ordinairement en grec, μηγένοιτο, quelquefois par ἴλεώς σοι *propitius tibi sis*, ou *sit Deus*; comme si l'on disait : Cela ne vous est pas permis : dans l'Ecriture.

1° C'est une interjection, qui sert de réponse à des interrogations de choses impertinentes ou impossibles. Rom. 3. v. 4. 6. 31. *Legem ergo destruimus per fidem? Absit* : Détruisons-nous donc la loi par la foi? A Dieu ne plaise. c. 6. 2. c. 7. v. 7. 13. c. 9. 14. c. 11. 1. etc.

2° Hors le rapport qu'elle a à l'interrogation, c'est un terme qui marque que nous détestons, comme injuste ou impie, ce que nous ne voulons pas qu'on croie de nous ou d'un autre. Gal. 6. 14. *Mihi absit gloriari nisi in cruce Domini nostri Jesu Christi* : A Dieu ne plaise que je me glorifie en autre chose qu'en la croix de Notre-Seigneur Jésus-Christ. Gen. 18. 25. c. 44. 17. Jos. 22. 29. c. 24. 16. 1. Reg. 2. 30. etc. Ainsi Matth. 16. 22. *Absit a te, Domine* : Ah! Seigneur, à Dieu ne plaise, cela ne vous arrivera point. Gr. *propitius tibi*; on sous-entend *sis* ou *sit Deus*.

ABSINTHIUM, ii. Ce mot vient du grec ἀψίνθιον, *indelectabile*, désagréable, de l'*a* privatif et de ψίνθος, *delectatio*, plaisir, agrément. L'absinthe est une herbe fort amère, et cette amertume donne lieu à plusieurs expressions métaphoriques dans l'Ecriture. Ainsi elle signifie :

1° Ce qui est fâcheux, amer et affligeant (πικρία, *amaritudo*). Thren. 3. 19. *Recordare paupertatis et transgressionis meæ et absinthii et fellis* : Souvenez-vous de la pauvreté où je suis, de l'excès de mes travaux, de l'absinthe ou du fiel où je suis plongé. Cette absinthe et ce fiel marquent les maux insupportables que le peuple juif souffrait de la part de ses ennemis, ou plutôt de la part de Dieu même, qui l'a nourri et enivré d'absinthe, i. e. qui l'a accablé de maux et d'afflictions pour punir ses crimes (ὀδύνη, *dolor*). Jerem. 9. 15. c. 23. 15. *Ecce ego cibabo eos absinthio* : Je les nourrirai d'absinthe. Thren. 3. 15. *Inebriavit me absinthio* (πικρία) : Il m'a enivré d'absinthe. V. INEBRIARE. Ainsi :

Amarum esse quasi absinthium : Etre amer comme l'absinthe, c'est causer des douleurs et des afflictions très-sensibles (χολή, *fel*). Prov. 5. 4. *Novissima illius amara quasi absinthium* : La conversation que l'on a avec la femme prostituée paraît d'abord agréable; mais elle se termine à des maux incroyables, à la destruction de la santé du corps, à la perte des biens et de la réputation et à la damnation éternelle.

Converti in absinthium : Se changer en absinthe, signifie la même chose, causer de grands maux (ἄψινθος). Apoc. 8. 11. *Facta est tertia pars aquarum in absinthium* : La troisième partie des eaux fut changée en absinthe, i. e. en une amertume qui causait de grandes douleurs.

2° Le nom d'une étoile (Ἄψινθος). Apoc. 8. 11. *Nomen stellæ dicitur Absinthium* : Cette grande étoile est un faux Christ, que l'on croit être ce Barchochebas, dont le nom signifie étoile, et qui disait avoir été envoyé du ciel pour secourir le peuple juif dans l'oppression où il se trouvait; mais cet hérésiarque fut cause de la ruine entière des Juifs : il est ici appelé *Absinthe*, à cause de l'effet funeste qu'il produisit en jetant son peuple dans des malheurs incroyables.

ABSUMERE, consumer, abolir, dépenser. — 1° Consumer, abolir (κατακαίειν, *comburere*). Levit. 8. 32. *Quidquid reliquum fuerit de carne et de panibus, ignis absumet* : Tout ce qui restera de cette chair et de ces pains, sera consumé par le feu. c. 7. 17. V. DEVORARE.

2° Perdre, gâter, corrompre (συναπολεῖν, *simul perdere*). Deut. 29. 19. *Ne absumat ebria sitientem* : De peur que cette personne enivrée de cette erreur ne corrompe les innocents et ne les entraîne avec elle; c'est une sorte de proverbe hébreu qui marque, selon quelques-uns, que la partie inférieure enivrée de ses passions entraîne la partie supérieure, ou, selon d'autres, que le coupable entraîne les innocents avec lui. *Voy.* EBRIA et SITIENS.

ABUNDARE. Ce verbe est composé d'*ab* et d'*unda*, et se dit en premier lieu des rivières quand elles sont grosses, et ensuite, par rapport, de toutes les choses qui sont en grande quantité. Il a plusieurs significations, parce qu'il répond aux verbes grecs, πλεονάζειν, avoir abondamment, regorger; περισσεύειν, regorger ou être superflu, et πληθύνειν, croître, s'augmenter ; quoique ces verbes se prennent souvent l'un pour l'autre; mais, en général, le verbe *abundare* se peut considérer par le rapport qu'il a avec le verbe hébreu *jatar*, qui signifie *superabundare*, *reliquum esse*, ou *excellere*, pour marquer ou la quantité ou la qualité.

§ 1er. — ABUNDARE, pour signifier une grande quantité de quelque chose.

1° Abonder, avoir beaucoup de quelque chose, soit de biens corporels, soit de biens spirituels (πληθύνειν). Deut. 28. 11. *Abundare te faciet Dominus omnibus bonis* : Le Seigneur vous mettra dans l'abondance de toutes sortes de biens. c. 30. 9. Ps. 64. 14. *Valles abundabunt frumento* : Les vallées seront pleines de froment (περισσεύειν). Matth. 13. 12. *Qui habet, dabitur ei, et abundabit* : Quiconque a déjà, on lui donnera encore, et il sera dans l'abondance. Celui qui a la foi reçoit encore une infinité d'autres grâces, lorsqu'il fait bon usage de ce don. c. 25. 29. Judic. 1. 19. 2. Esdr. 9. 25. Sap. 11. 5. Philip. 4. v. 12. 18. *Scio abundare* : Je sais vivre dans l'abondance sans qu'elle me cause du relâchement. Ce qui se dit aussi quelquefois en mauvaise part (Πλεονάζειν). Ps. 49. 19. *Os tuum abundavit malitia* : Votre bouche était toute remplie de malice, i. e. de médisance et de tromperie,

Heb. *Os tuum laxasti ad malitiam :* Vous avez ouvert votre bouche pour la faire servir à l'injustice et à l'iniquité. Eccli. 11. 13. *Abundans paupertate :* Qui est dans une extrême pauvreté. Eccli. 21. 15. *Est sapientia quæ abundat in malo :* Il y a une sagesse qui est habile dans le mal, Gr. πληθύνουσα πικρίαν, *multiplicans acerbitatem.*

2° Abonder, être abondant, regorger, se répandre avec effusion (περισσεύειν). 2. Cor. 9. 8. *Potens est Deus omnem gratiam abundare facere in vobis,* Gr. *in vos :* Dieu est tout-puissant pour verser sur vous toutes sortes de grâces en abondance et pour vous rendre avec usure toute la charité que vous aurez faite aux autres. v. 12. *Ministerium hujus officii non solum supplet ea quæ desunt sanctis, sed etiam abundat per multas gratiarum actiones in Domino :* Cette oblation dont nous sommes les ministres ne supplée pas seulement aux besoins des saints, mais elle est riche et abondante envers Dieu par le grand nombre d'actions de grâces qu'elle lui fait rendre. Marc. 12. 44. *Omnes ex eo, quod abundabat illis, miserunt :* Tous les autres ont donné de leur abondance. Luc. 21. 4. Eccli. 15. 10. c. 21. 16. etc.

3° Avoir davantage, avoir plus qu'un autre (πλεονάζειν). 2. Cor. 8. 15. *Qui multum, non abundavit :* Celui qui en recueillit beaucoup n'en eut pas plus que les autres ; et celui qui en recueillit peu n'en eut pas moins. L'Apôtre parle de la manne. Voy. MINORARE.

4° S'accroître, s'augmenter (πληθύνεσθαι). Matth. 24. 12. *Et quoniam abundavit iniquitas, refrigescet charitas multorum :* Et parce que l'iniquité sera accrue, la charité de plusieurs se refroidira dans toute la suite des temps.

5° Etre fort utile, procurer quelque grand avantage. Eccli. 6. 5. *Lingua eucharis in bono homine abundat :* Un homme vertueux qui parle civilement se procure de grands avantages, Gr. πληθυνεῖ εὐπροσήγορα, *multiplicat sermones affabiles :* s'attire les civilités des autres.

§ 2. — ABUNDARE, pour marquer la qualité, l'excellence.

1° Etre plus parfait et plus accompli (περισσεύειν). Matth. 5. 20. *Nisi abundaverit justitia vestra plusquam Scribarum et Pharisæorum, non intrabitis in regnum cælorum :* Si votre justice n'est plus pleine et plus parfaite que celle des docteurs de la loi et des Pharisiens, vous n'entrerez pas dans le royaume du ciel. La justice des Pharisiens était tout extérieure et se terminait à paraître juste aux yeux des hommes. Luc. 16. 15. mais la justice de ceux qui doivent entrer dans le royaume du ciel s'étend jusqu'à arrêter les mouvements déréglés du cœur.

2° Etre plus excellent, l'emporter au dessus (περισσεύειν). 2. Cor. 3. 9. *Si ministratio damnationis gloria est, multo magis abundat ministerium justitiæ in gloria :* Si le ministère de la condamnation a été accompagné de gloire, le ministère de la justice en aura incomparablement davantage. Saint Paul montre l'excellence de la loi nouvelle sur la loi ancienne, en ce qui regarde le ministère. Voy. MINISTRATIO. 2° (Πληθύνεσθαι). Eccli. 24. 39. *A mari enim abundavit cogitatio illius :* Les pensées de la sagesse sont plus vastes que la mer et plus profondes que les abîmes. L'Apôtre explique ce passage. Rom. 11. 33. *O altitudo divitiarum sapientiæ et scientiæ Dei.* Voy. ALTITUDO (Πληθύνειν). 2. Cor. 8. 7. *Sicut in omnibus abundatis... ut et in hac gratia abundetis :* Afin que, comme vous excellez dans les autres dons, vous excelliez aussi en cette grâce de libéralité envers vos frères.

3° Etre meilleur et plus agréable à Dieu (περισσεύειν). 1. Cor. 8. 8. *Neque si manducaverimus abundabimus ; neque si non manducaverimus, deficiemus :* Si nous mangeons nous n'en aurons rien davantage devant Dieu, ni rien de moins si nous ne mangeons pas. C'est ce que l'Apôtre explique plus amplement. Rom. 14. 17. *Non est regnum Dei esca et potus,* etc. Le royaume de Dieu ne consiste pas dans le boire et le manger, mais dans la justice, dans la paix et dans la joie que donne le Saint-Esprit.

4° Avancer de plus en plus, se perfectionner (περισσεύειν). 1. Cor. 15. 58. *Abundantes in opere Domini semper :* Travaillez sans cesse de plus en plus à l'œuvre de Dieu. 1. Thess. 4. v. 1. 10. *Rogamus vos ut abundetis magis :* Je vous exhorte de vous avancer de plus en plus dans la charité fraternelle.

5° Etre assuré de quelque chose, en être bien persuadé (πληροφορεῖσθαι, *plene persuaderi*). Rom. 14. 5. *Unusquisque in suo sensu abundet :* Que chacun n'agisse que selon qu'il est pleinement persuadé dans son esprit. Gr. πληροφορείσθω, *Plena fide credat :* Que nul n'agisse contre sa conscience ou en doutant que ce qu'il fait soit bien. Lit. que chacun abonde en son sens : ce qui peut signifier qu'on laisse agir chacun selon sa conscience, comme si l'Apôtre ne voulait point qu'on troublât personne sur le sujet des viandes et des jours ; car c'est la matière dont il s'agit en cet endroit.

6° Exceller en libéralité, en magnificence (περισσεύειν). 1. Mac. 3. 30. *Et abundaverat super reges qui ante eum fuerant :* Antiochus avait été magnifique plus que tous les rois qui l'avaient précédé.

§ 3. — ABUNDARE *in rem aliquam,* περισσεύειν τινί.

Cette phrase marque une abondance et une plénitude qui se décharge et se répand sur quelque chose ; mais elle s'exprime différemment selon la différence des choses sur lesquelles se fait cet épanchement.

1° *Abundare in gloriam Dei* (πλεονάζειν) : Faire éclater davantage la gloire de Dieu. Rom. 3. 7. *Si veritas Dei in meo mendacio abundavit in gloriam ipsius :* Si par mon mensonge la vérité de Dieu a éclaté pour sa gloire. 2. Cor. 4. 15. *Ut gratia abundans per multos in gratiarum actione abundet in gloriam Dei :* Afin que plus la grâce se répand avec abondance, il en revienne aussi à Dieu plus de gloire par les témoignages de reconnaissance qui lui en seront rendus par plusieurs.

2° *In divitias simplicitatis*, i. e. *in amplam et copiosam liberalitatem*. 2. Cor. 8. 2. *Altissima paupertas eorum abundavit in divitias simplicitatis eorum* : Leur profonde pauvreté a répandu avec abondance les richesses de leur charité sincère. c. 9. 11. *Ut abundetis in omnem simplicitatem* : Pour exercer avec un cœur simple toute sorte de charité. C'est ce qu'on appelle : être fort charitable, faire de grandes aumônes. Voy. SIMPLICITAS.

3° *In omne opus bonum* : Exercer toutes sortes de bonnes œuvres. 2. Cor. 9. 8. *Ut abundetis in omne opus bonum*.

4° *Abundare* (πληθύνειν), avec la conjonction *ut*, signifie : faire souvent ou beaucoup quelque chose. Ps. 77. 39. *Et abundavit ut averteret iram suam* : Dieu détourna souvent sa colère, ou, arrêtait beaucoup les effets de sa fureur. Hebr. *multiplicavit avertere*. Voy. MULTIPLICARE.

ABUNDNS, TIS, adjectif. πλεονάζων, ουσα. Abondant, qui est en abondance ou quantité. Prov. 15. 5. *In abundanti justitia virtus maxima est* : La fermeté et l'intrépidité d'une âme est grande à proportion que la justice de la cause qu'elle défend est abondante (Πληθύνων, ουσα). Ps. 143. 13: *Oves eorum fœtosæ, abundantes in egressibus suis* : Les brebis des méchants sont fécondes et leur multitude se fait remarquer quand elles sortent; ce qui marque leurs richesses. Voy. EGRESSUS. Esth. 1. 8. Sap. 11. 8. 1. Cor. 12. v. 23. 24. 2. Cor. 4. 15. Eph. 2. 5. Philip. 4. 17. *Requiro fructum abundantem in ratione vestra*, Gr. *in rationem vestram* : Je désire, non vos dons, mais le fruit abondant que vous en tirez et qui entre dans vos comptes à votre avantage. Voy. RATIO.

ABUNDANS, TIS, subst. εὐθηνῶν, οῦσα. 1° Un homme riche, opulent, qui est dans l'abondance des biens de ce monde. Ps. 72. 12. *Ecce ipsi peccatores et abundantes in sæculo obtinuerunt divitias* : Voilà les pécheurs eux-mêmes et ceux qui sont dans l'abondance qui ont acquis de grandes richesses. Ps. 122. 4. *Opprobrium abundantibus et despectio superbis* : Nous sommes un sujet d'opprobre à ceux qui sont dans l'abondance, et de mépris aux superbes, disent les Juifs maltraités dans la captivité.

2° Ce qui est fécond, fertile, qui porte beaucoup de fruit. Ps. 127. 3. *Uxor tua, sicut vitis abundans, in lateribus domus tuæ* : Votre femme sera dans le secret de votre maison comme une vigne qui porte beaucoup de fruit. C'était en quoi consistait principalement le bonheur de l'ancienne loi d'avoir beaucoup d'enfants.

3° Ce qui est de plus ; ce qui est superflu et inutile (περισσὸν). Matth. 5. 37. *Quod autem his abundantius est a malo est* : Ce qui est de plus vient du mal. Gr. *Quod supra hæc est* : Ce que l'on ajoute pour assurer davantage vient de la faiblesse de ceux à qui l'on est obligé de persuader ce qu'on dit. Cette mauvaise disposition rend comme nécessaire le serment que l'on ajoute, qui d'ailleurs se-rait superflu. 2. Cor. 9. 1. *Ex abundanti mihi est scribere vobis*, Gr. *Supervacuneum mihi est* : Il serait superflu de vous écrire davantage.

ABUNDANTER, ABUNDANTIUS, ABUNDANTISSIME. Cet adverbe répond au grec περισσῶς, et quelquefois aux mots, κατὰ πλῆθος, pour marquer ce qui se fait avec abondance, ou avec quelque excès qui surpasse l'usage ordinaire.

1° Abondamment, pleinement, amplement. Tob. 4. 9. *Si multum tibi fuerit, abundanter tribue* : Si vous avez beaucoup de bien, donnez largement, dit Tobie à son fils. 1. Par. 29. 2. *Præparavi omnem pretiosum lapidem et marmor parium abundantissime* : David avait préparé pour la construction du Temple toutes les choses nécessaires en grande abondance. Esth. 5. 6. Ps. 30. 24. Philip. 1. 14. Coloss. 3. 16. 2. Petr. 2. 11. Ainsi Joan. 10. 10. *Ego veni ut vitam habeant, et abundantius habeant* : Pour moi je suis venu afin que mes brebis aient la vie, et qu'elles l'aient abondamment. Gr. περισσὸν, qui signifie *abundanter*, s'il est pris au neutre; s'il est à l'accusatif, il signifie *abundantem*, et se rapporte à *vitam*. Cette abondance marque l'éternité bienheureuse et la jouissance du royaume de Dieu. 2. Cor. 7. 13. *Abundantius magis gavisi sumus* : Ma joie s'est beaucoup redoublée. Ce redoublement s'exprime par ce double comparatif. v. 15. *Viscera ejus abundantius in vobis sunt*, Gr. *in vos*, sup. *affecta sunt*. Voy. ESSE.

2° Plus, davantage, beaucoup plus. 1. Cor. 15. 10. *Abundantius illis omnibus laboravi* : J'ai travaillé plus que tous les autres, i. e. plus qu'aucun autre. Saint Paul a parcouru plus de pays, et a souffert plus de maux et de fatigues qu'aucun des autres apôtres. v. 2. Cor. 11. v. 23. et suiv.

3° Particulièrement. 2. Cor. 1. 12. *Abundantius autem ad vos*, Gr. *apud vos* : Je me suis conduit, surtout à votre égard, dans la simplicité et la sincérité de Dieu. C'était principalement parce que saint Paul n'avait rien voulu recevoir des Corinthiens en travaillant pour eux. c. 2. 4. *Ut sciatis quam charitatem habeam abundantius in vobis*, Gr. *in vos* : Je vous ai écrit pour vous faire connaître la charité toute particulière que j'ai pour vous. 1. Thess. 5. 13.

4° Excessivement, démesurément. Gal. 1. 14. *Abundantius æmulator existens paternarum mearum traditionum* : Ayant un zèle démesuré pour les traditions de mes pères.

5° Fort, beaucoup, grandement, avec empressement. 1. Thess. 2. 17. *Abundantius festinavimus faciem vestram videre* : Nous avons désiré avec d'autant plus d'ardeur et d'empressement de vous revoir. c. 3. 10. (Ὑπερεκπερισσοῦ). *Nocte ac die abundantius orantes, ut videamus faciem vestram* : La joie que votre foi nous donne, nous porte à le conjurer jour et nuit avec une ardeur extrême, de nous permettre de vous aller voir. c. 5. 13. *Ut habeatis illos abundantius in charitate* : Nous vous supplions d'avoir pour vos Supérieurs une très-grande vénération par un sentiment de charité, Gr. *super ex abundanti*, i. e. *quam maxime.* Heb. 2. 1.

6° Plus certainement, d'une façon plus sûre et plus convaincante. Heb. 6. 17. *In quo abundantius volens ostendere pollicitationis hæredibus immobilitatem consilii sui interposuit jusjurandum:* Dieu voulant faire voir avec plus de certitude aux héritiers de la promesse la fermeté immuable de sa résolution, a ajouté le serment à sa parole.

ABUNDANTIA, æ. Ce mot qui répond ordinairement aux termes Grecs εὐθηνία et περιουσία, signifie en général une grande quantité de quelque chose, opulence ou satiété ; mais il marque souvent une abondance de biens corporels.

1° Abondance, grande quantité de biens (τὸ περισσεύειν). Luc. 12. 15. *Non in abundantia cujusquam vita ejus est, ex his quæ possidet:* En quelque abondance qu'un homme soit, sa vie ne dépend point des biens qu'il possède. Gen. 27. 28. Deut. 8. 9. Ps. 121. 2. Prov. 1. 33. Eccli. 18. 25. 2. Cor. 8. 14. etc. (Εὐθηνία). Ainsi Ezech. 16. 49. *Ecce hæc fuit iniquitas Sodomæ superbia, saturitas panis, et abundantia, et otium:* Ce qui a rendu criminelle Sodome, a été l'orgueil, l'excès des viandes, l'abondance de toutes choses et l'oisiveté.

2° Abondance, grandeur, ou plénitude de quelque chose (πλῆθος, *multitudo*). Ps. 32. 17. *In abundantia virtutis suæ non salvabitur:* Toute la force du cheval, quelque grande qu'elle soit, ne sauvera point l'homme. Ps. 71. 7. *Orietur in diebus ejus justitia et abundantia pacis:* La justice paraîtra de son temps avec une abondance de paix, i. e. avec une paix abondante, qui nous a été procurée par la réconciliation que Jésus-Christ nous a méritée en mourant pour nous. Ps. 144. 7. Rom. 5. 17. c. 15. 29. 2. Cor. 8. 2 (Περίσσευμα). Ainsi Matth. 12. 34. *Ex abundantia cordis os loquitur:* La bouche parle de la plénitude du cœur. C'est ce qui est exprimé v. 35. selon le Grec qui porte, *de thesauro cordis*, qui marque que l'on tire du fonds de son cœur, par la parole, ce qui plaît le plus.

3° Prospérité, contentement, tranquillité (εὐθυμία, *tranquillitas*). Ps. 29. 7. *Ego autem dixi in abundantia mea, Non movebor in æternum.* Mais pour moi, dit David, j'ai dit, étant dans l'abondance (Heb. tranquillité, prospérité) : Je ne déchoirai jamais de cet état de prospérité. Ps. 121. 6. *Abundantia diligentibus te*, Heb. *prosperentur diligentes te.*

4° Heureuse vieillesse, pleine et entière (συντέλεια, *consummatio*). Job. 5. 26. *Ingredieris in abundantia sepulcrum:* Vous entrerez au tombeau dans une vieillesse pleine et entière.

5° Productions superflues (περισσεία). Jac. 1. 21. *Abjicientes abundantiam malitiæ:* Renoncez aux vices, qui, comme de mauvaises herbes, croissent toujours, si on ne les retranche.

6° Augmentation, accroissement (περισσεία). 2. Cor. 10. 15. *Spem habentes in vobis magnificari in abundantiam:* Nous espérons acquérir de la gloire par votre moyen de plus en plus.

7° Nom d'un puits (ὅρκος. *juramentum*). Gen. 26 33. *Appellavit eum Abundantiam:* Isaac appela ce puits Abondance, à cause de l'eau qu'il y trouvait en abondance pour ses troupeaux. Voy. LATITUDO. C'est le même qui avait été appelé le puits du Serment. Gen. 21. 31. Voy. BERSABÉE.

ABUNDE. Cet adverbe se fait comme *abundare*, du mot *unda*, et d'*ab*, et signifie abondamment, assez, suffisamment ; et dans l'Ecriture :

Abondamment, avec abondance (πλουσίως, *largiter, copiose*). 1. Tim. 6. 17. *Qui præstat nobis omnia abunde ad fruendum:* Dieu nous fournit avec abondance ce qui est nécessaire à la vie. Tit. 3. 6. *Quem effudit in nos abunde:* Dieu a répandu sur nous avec une riche effusion son Saint-Esprit.

ABUTI, καταχρᾶσθαι. 1° Abuser, faire un mauvais usage de quelque chose. 1. Cor. 9. 18. *Ut non abutar potestate mea in Evangelio:* Saint Paul avait droit de vivre aux dépens de ceux à qui il prêchait l'Evangile : mais il aurait abusé de ce pouvoir, s'il en avait usé au préjudice de l'avancement de l'Evangile. Esth. 13. 2. c. 16. 2. Job. 24. 33. Eccli. 25. 36. *Ne semper te abutatur:* De peur qu'elle n'abuse de votre patience. Voy. ABSINDERE.

2° Abuser d'une personne, la corrompre (χρᾶσθαι, *uti*). Gen. 19. 8. *Habeo duas filias, abutimini eis sicut placuerit:* J'ai deux filles, dit Loth, usez-en, comme il vous plaira. c. 34. 31. Judic. 19. v. 22. 25. Thren. 5. 13. *Adolescentibus impudice abusi sunt:* Ils ont abusé des jeunes hommes par un crime abominable, Heb. Ils ont fait travailler les jeunes hommes au moulin ; et en ce sens, il se rapporte à la signification suivante.

3° Traiter avec rigueur et sévérité (ποιεῖν ἔν τινι, *agere contra aliquem*) Jerem. 18. 23. *In tempore furoris tui abutere eis:* Traitez-les selon votre sévérité au temps de votre fureur. Dan. 11. 7. *Abutetur iis*, i. e. *aget cum eis summo jure:* Le roi du Midi en usera avec la dernière rigueur contre le roi du Nord.

4° Se servir de quelque chose (ἀναλίσκειν, *impendere*). Sap. 13. 12. *Si reliquiis ejus operis ad præparationem escæ abutatur:* S'il se sert du bois qui lui est demeuré pour se préparer à manger. *Abuti* pour *uti* se dit quelquefois dans Térence et d'autres auteurs ; comme *uti* pour *abuti* se trouve aussi quelquefois, comme, Eccli. 26. 13. *Ne inventa occasione utatur se*. Voy. UTI.

ABUSIO, NIS, abus, mauvais usage.—Mépris, dédain (ἐξουδένωσις, *contemptus*) : Ps. 30. 19. *In superbia et in abusione:* Avec un orgueil plein de mépris.

ABYSSUS, 1. ἄβυσσος, de α privatif et de βύσσος, pour βύθος ; *fundus*, sans fond. Ainsi abîme signifie un gouffre profond, où l'on se perd, d'où on ne peut sortir ; mais il marque principalement un abîme.

1° Un abîme d'eau. Exod. 15. 5. *Abyssi operuerunt eos:* Les Egyptiens ont été ensevelis dans les eaux de la mer Rouge. v. 8. *Congregatæ sunt abyssi in medio mari:* Deux montagnes de flots se sont élevées au milieu de la mer, pour donner passage aux sraélites et pour engloutir les Egyptiens. Judith. 9. 8. Ps. 76. 17. Ps. 105. 9. Isa. 51. 10. c. 63. 13. etc. Ainsi il signifie :

Soit la mer en général. Ps.103. 6. *Abyssus sicut vestimentum amictus ejus:* La mer environne toute la terre, et lui tient lieu comme de manteau. D'autres expliquent cet endroit des eaux qui couvraient toute la terre. Eccli. 1. 2. c. 16. 18. c. 43. 25. Job. 28. 14. c. 38. 16. c. 41. 23. etc. et en particulier la mer Rouge. Voy. ci-dessus.

Soit quelque grand amas d'eaux que ce soit. Ps. 134. 6. *Omnia, quæcumque voluit, Dominus fecit in cœlo et in terra, et in omnibus abyssis :* Le Seigneur a fait tout ce qu'il a voulu dans le ciel, dans la terre, dans la mer et dans tous les abîmes, *i. e.* ou dans l'Océan et dans les autres mers, ou dans la mer en général, et peut s'entendre même des enfers. Job. 38. 30. Ps. 148. 7. Eccli. 24. 39. Jonas. 2. 6. Habac. 3. 10.

Soit quelque grand fleuve. Ps. 77. 15. *Adaquavit eos velut in abysso multa :* Dieu leur donna à boire, comme s'il y avait eu là des abîmes d'eau, *i. e.* un grand fleuve.

Soit cette prodigieuse quantité d'eau cachée sous la terre, d'où sourdent les fontaines et les rivières. Gen. 7. 11. c. 8. 2. c. 49. 25. Deut. 8. 7. c. 33. 13. Prov. 3. 20. *Sapientia ejus eruperunt abyssi :* C'est par sa sagesse que les eaux des abîmes se sont débordées. c. 8. 24. Ps. 32. 4. Job. 28. 14.

Soit enfin ce grand amas d'eaux qui, à la création du monde, couvrait la terre avant qu'elle parût au dehors. Gen. 1. 2. *Tenebræ erant super faciem abyssi :* en cet endroit, abîme, marque ces vastes corps du ciel et de la terre qui étaient encore dans la confusion. Ps. 103. 6. Prov. 8. 27. *Quando certa lege et gyro vallabat abyssos :* La Sagesse était présente, lorsque Dieu environnait les abîmes de leurs bornes, et qu'il leur prescrivait une loi inviolable.

2° Abîme profond, lieu caché très-profond, soit d'eau, soit de terre. Eccli. 23. 28. c. 24. 8. *Profundum abyssi penetravi :* La Sagesse divine, qui comprend tout par son immensité, pénètre ce qu'il y a de plus profond dans la terre et la mer. Dan. 3. 55. *Benedictus es qui intueris abyssos.* Ps. 106. 26. De là viennent ces expressions figurées :

De abyssis terræ reducere : Retirer des abîmes de la terre, *i. e.* des grandes afflictions dont on est accablé. Ps. 70. 20. *De abyssis iterum reduxisti me.*

3° Lieux souterrains, soit les Limbes. Rom. 10. 7. *Quis descendet in abyssum?* Qui pourra descendre au fond de la terre? C'est où les prédestinés attendaient la venue du Messie : soit l'enfer des damnés. Luc. 8. 31. *Rogabant illum ne imperaret ut in abyssum irent :* Les démons le suppliaient qu'il ne leur commandât point d'aller dans l'abîme. Apoc. 9. 11. c. 11. 7. c. 17. 8. c. 20. v. 1. 3.

—1° Grande opulence de biens marquée par un grand amas d'eaux. Ezech. 31. 4. *Abyssus exaltavit illum :* Un grand amas d'eau arrosant ce cèdre, l'avait fait pousser en haut. Cet amas d'eaux signifie grande prospérité et l'abondance des biens dont jouissaient les Assyriens.

2° Profondeur impénétrable, ou abîme de choses que la connaissance de l'homme ne peut sonder. Ps. 35. 7. *Judicia tua abyssus multa :* Les jugements de Dieu sont impénétrables. Eccli. 42. 18. *Abyssum et cor hominis investigavit.* i. e. *Abyssum cordis hominis :* Dieu sonde la profondeur du cœur humain.

3° Abîme de malheurs et d'afflictions, qui sont souvent marqués par les eaux et par les torrents. Ps. 41. 8. *Abyssus abyssum invocat :* Un malheur en attire un autre, et ils se succèdent les uns aux autres comme des flots. Ezech. 31. 15. c. 26. 19.

4° Une grande quantité d'hommes en armes, marquée par une mer qui engloutit. Ezech. 26. 19. *Cum adduxero super te abyssum :* Lorsque j'aurai fait fondre sur vous un grand nombre d'ennemis. Ce sont les troupes des Chaldéens. Amos. 7. 4. *Devorabit ignis abyssum multam :* Ce feu dévorera un peuple nombreux. Ce feu marquait Théglatphalasar qui devait emmener en Assyrie la moitié des dix tribus. Voy. AQUA.

AC, Gr. καὶ. Cette particule se fait par transposition de καὶ, comme *et* de *τε* ; mais d'autres la font venir de l'Hébreu, *ach*, qui a presque les mêmes sens que cette particule.

1° *Et,* aussi. Luc. 8. 35. *Invenerunt hominem vestitum ac sana mente :* Les Géraséniens trouvèrent cet homme habillé et en son bon sens. c. 14. 21. Hebr. 5. 14. Job. 1. v. 1. 10. Gen. 1. v. 14. 18. c. 31. v. 16. 17. etc.

D'où vient cette façon de parler, *Nocte ac die :* Nuit et jour. ou, *Die ac nocte :* Jour et nuit, pour signifier toujours. Ps 41. 4. *Fuerunt mihi lacrymæ meæ panes die ac nocte :* Mes larmes m'ont servi de pain le jour et la nuit. Isa. 60. 11. *Die ac nocte non claudentur.* Les portes seront toujours ouvertes. Il parle de la vocation des gentils dans l'Eglise. Jos. 1. 8. 2. Esdr. 4. 9. 2. Tim. 1. 3. etc.

Ainsi, *Magis ac magis :* De plus en plus, Philip. 1. 9. *Oro ut charitas vestra magis ac magis abundet :* Ce que je demande à Dieu, est que votre charité croisse de plus en plus.

2° Après, ensuite. Gen. 50. 5. *Sepeliam patrem meum ac revertar :* J'irai ensevelir mon père; après cela je reviendrai au plus tôt, dit Joseph à Pharaon. Matth. 26. 26. *Benedixit ac fregit :* Il le bénit et le rompit ensuite. Gen. 40. 19. c. 41. 14. c. 42. 34.

3° Que, pour marquer une comparaison. 1. Cor. 11. 5. *Unum enim est ac si decalvetur :* Car c'est de même que si elle était rasée. Il parle d'une femme qui prie, la tête découverte.

ACAN, Heb. *tribulatio,* fils d'Eser, qui était fils de Seïr, Horréen. Gen. 36. 28.

ACAR, Heb. *tribulatio,* fils de Ram, qui était fils aîné de Jérameel. 1. Par. 2. 27.

ACCAIN, Heb. *possessio,* ville de la tribu de Juda. Jos. 15. 57.

ACCARON, Heb. *sterilitas,* une des villes

capitales des cinq provinces des Philistins. Jos. 13. 3. c. 15. v. 11. 45. 46. Judic. 1. 18. Cette ville est attribuée à la tribu de Juda. Jos. 15. 47. *Accaron cum vicis et villulis suis :* Accaron, avec ses bourgs et ses villages. Judic. 1. 18. *Cepitque Judas Gazam cum finibus suis, et Ascalonem atque Accaron cum terminis suis :* Néanmoins, ces villes qui sont célèbres dans l'Ecriture et dans les auteurs profanes, étaient toutes depuis, entre les mains des Philistins, et l'on ne voit pas même qu'elles aient jamais été habitées par les enfants d'Israël, qui se contentèrent apparemment de les rendre tributaires, et qui ne jouirent pas même longtemps du tribut qu'ils leur avaient imposé, puisqu'elles secouèrent bientôt leur joug et eurent même sur eux l'avantage. Voy. Estius sur cet endroit des Juges. 1. Reg. 5. 10. c. 6. v. 16. 17. Jérém. 25. 25. Amos. 1. 8. Soph. 2. 4. etc.

ACCARONITÆ, arum. Les habitants d'Accaron. 1. Reg. 5. 10. *Exclamaverunt Accaronitæ :* Ceux d'Accaron commencèrent à crier : Ils nous ont amené l'Arche du Dieu d'Israël, afin qu'elle nous tue, nous et tout notre peuple.

ACCEDERE, προσέρχεσθαι. Ce verbe signifie proprement s'avancer, s'approcher ; mais il a plusieurs significations différentes, selon les personnes, ou les choses avec lesquelles il se met, ou, selon la fin qu'on se propose, en s'adressant à quelqu'un, Num. 27. 1. c. 36. 1. *Accesserunt*, les filles de Salphaad s'adressèrent à Moïse, pour le prier de leur accorder le droit de succession.

Avancer, approcher (ἐγγίζειν). Genes. 27, 21. *Accede huc ut tangam te :* Approchez-vous de moi, afin que je vous tâte ; c'est Isaac qui parle à Jacob, qui s'était revêtu des habits d'Esaü. v. 22. 26. 27. c. 33. 7. Matth. 4. v. 3. 11. c. 5. 1. c. 8. v. 5. 19. 25. etc. Dans le sens impropre. Ps. 90. 10. *Non accedet ad te malum :* Le mal ne viendra point jusqu'à vous. Ainsi :

1° *Accedere ad Dominum, ad altare Domini, ad ministerium, ad sanctuarium :* Exercer les fonctions du sacerdoce (ἐγγίζειν). Exod. 19. 22. *Sacerdotes, qui accedunt ad Dominum, sanctificentur :* Que les prêtres qui approchent du Seigneur pour faire leurs fonctions soient aussi sanctifiés, dit Dieu à Moïse. c. 30. 20. c. 40. 30. Levit. 9. v. 7. 8. c. 21. 18. Ce qui se dit aussi du ministère des lévites. Num. 1. 51 (προσπορεύεσθαι). *Quisquis externorum accesserit occidetur :* Si quelque étranger se joint aux lévites, il sera puni de mort. Il appelle étrangers tous ceux qui n'étaient pas de la tribu de Lévi. c. 8. 19. c. 16. 10.

2° *Accedere ad mulierem, ad uxorem :* Approcher d'une femme, c'est une façon de parler honnête pour exprimer l'usage du mariage. Isa. 8. 3. *Accessi ad Prophetissam, et concepit :* M'étant approché de la Prophétesse, elle conçut ; le Prophète parle de sa femme. Levit. 18. v. 6. 14. 19. Ezech. 18. 6.

3° *Accedere ad aliquem :* Converser familièrement avec quelqu'un. Act. 10. 28. *Vos scitis quomodo abominatum sit Judæo conjungi aut accedere ad alienigenam :* Vous savez, dit saint Pierre à Corneille, que les Juifs ont en grande horreur d'avoir quelque liaison avec un étranger, ou de l'aller trouver chez lui. Eccli. 9. 19. *Si accesseris ad illum :* Si vous approchez de celui qui a le pouvoir de faire mourir, prenez garde de ne rien faire mal à propos, de peur qu'il ne vous ôte la vie.

4° *Accedere in judicio :* Venir pour juger, i. e. pour punir les crimes (προσάγειν al. προσήκειν). Malac. 3. 5. *Accedam ad vos in judicio :* Je me hâterai de venir pour vous juger ; Dieu parle aux Juifs, qu'il menace de punir avec toute la sévérité de sa justice.

5° *Accedere ad aliquem :* Se joindre à quelqu'un, se liguer avec lui, entrer dans son parti. 1. Mach. 8. 1. *Quicumque accesserunt ad eos statuerunt cum eis amicitias :* Les Romains ont fait amitié avec tous ceux qui se sont venu joindre à eux. C. 10. 26. *Non accessistis ad inimicos nostros :* Vous ne vous êtes point unis à nos ennemis (προσχωρεῖν). Démétrius tâche de gagner les Juifs contre Alexandre, fils d'Antiochus.

Accedere ad Deum, ou *coram Deo*. — 1° Recourir à Dieu et rechercher sa faveur. Heb. 7. 25. *Salvare in perpetuum potest accedentes per semetipsum ad Deum :* Jésus-Christ peut sauver pour toujours ceux qui s'adressent à Dieu par son entremise. c. 10. 22. c. 11. 6. 1. Petr. 2. 4. Ps. 33. 6. Eccli. 1. v. 36. 40.

Ainsi, *Accedere ad sapientiam*, rechercher à s'instruire. Eccli. 6. 19. *Quasi is qui arat et seminat accede ad eam :* Approchez-vous de la sagesse, comme celui qui laboure et qui sème.

2° Offrir des sacrifices à Dieu. Heb. 10. 1. *Nunquam potest accedentes perfectos facere.* La loi ne peut jamais rendre justes et parfaits ceux qui s'approchent de Dieu pour lui offrir des sacrifices.

3° Consulter Dieu. 1. Reg. 14. 16. *Accedamus huc ad Deum :* Le prêtre dit à Saül : Allons ici consulter Dieu.

A quoi peut se rapporter cette phrase, *Accedere ad servitutem Dei :* Entrer au service de Dieu, commencer à le servir. Eccli. 2. 1. *Fili, accedens ad servitutem Dei, sta in justitia :* Lorsque vous entrerez au service de Dieu, demeurez ferme dans la justice.

Autres significations de ce verbe.

1° Arriver, échoir. Eccli. 32. [v. 9. 14. *Pro reverentia accedet tibi bona gratia :* La retenue à écouter en silence, vous acquerra beaucoup de grâce.

2° Entrer, pénétrer. Ps. 63. 7. *Accedet homo ad cor altum :* L'homme entrera dans le plus profond de son cœur, croyant s'y cacher, et se flattant d'y pouvoir trouver des moyens très-assurés pour accabler l'innocent.

ACCESSUS, us, προσαγωγή. Ce mot se prend, ou proprement, ou figurément. — 1° Approche, accès, dans la signification propre. 2. Mach. 12. 21. *Erat inexpugnabile et accessu difficile propter locorum angustias :* La place appelée *Carnion*, était imprenable, et l'accès en paraissait fort difficile, à cause des lieux très-étroits, par lesquels il fallait passer (δυσπρόσιτος, *accessu difficilis*).

De cette signification propre vient, *Accessus ad altare* : L'accès à l'autel, c'est-à-dire l'entrée dans les fonctions du sacerdoce. 2. Mach. 14. 3. *Considerans nullo modo sibi esse salutem, neque accessum ad altare* : Alcime, considérant qu'il n'y avait plus aucune ressource pour lui et qu'il ne pourrait plus arriver à la grande sacrificature tant que Judas Machabée jouirait paisiblement de la principauté, vint trouver le roi Démétrius pour se faire rétablir (πρόσοδος).

2° Accès, entrée, prise figurément. Rom. 5. 2. *Per quem et habemus accessum per fidem in gratiam istam*: C'est Jésus-Christ qui nous a donné aussi entrée par la foi à la grâce de la justification. Ephes. 2. 18. *Per ipsum habemus accessum ambo in uno spiritu ad Patrem* : C'est par lui que nous avons accès les uns et les autres vers le Père, par le même esprit. c. 3. 12. c'est-à-dire que c'est Jésus-Christ qui nous a mérité par ses souffrances notre réconciliation avec Dieu, et la participation de ses grâces.

ACCELERARE, ταχύνειν. Ce verbe, qui est composé de la préposition *ad*, et de l'adjectif *celer*, est quelquefois neutre et quelquefois actif. Ainsi, il signifie :

1° Se hâter, s'empresser. Ps. 15. 3. *Multiplicatæ sunt infirmitates eorum, postea acceleraverunt* : Les impies ont multiplié leurs idoles, faibles et incapables de les aider, et ensuite se sont empressés pour les adorer. Isa. 8. 3. *Accelera spolia detrahere* : Hâtez-vous de prendre les dépouilles ; c'est le nom que le Prophète donne à son fils, par l'ordre de Dieu. Heb. *Maher Schadal* : ce nom marque visiblement Jésus-Christ, qui a terrassé le Fort armé, et a distribué ses dépouilles. Gen. 18. 6. 2. Par. 26. 20. Ps. 30. 3. 1. Mach. 13. 10.

2° Accélérer, diligenter, presser une affaire (κατασπεύδειν). Eccli. 43. 14. *Imperio suo acceleravit nivem* : Le Seigneur commande, et la neige tombe aussitôt. Esth. 2. 9. 2. Mach. 9. 7.

ACCENDERE, καίειν. Ce verbe vient d'*ad* et de l'ancien *cando, candeo*; ainsi, il signifie proprement, rendre blanc, luisant, resplendissant, et dans un sens moins propre, enflammer, parce que la flamme n'est point sans lumière; et par métaphore, rendre illustre, célèbre et glorieux.

1° Allumer, produire de la lumière en attachant du feu à quelque matière combustible, qui est capable de donner de la clarté. Matth. 5. 15. Luc. 8. 16. c. 11. 33. *Nemo lucernam accendit et in abscondito ponit* : Il n'y a personne qui ayant allumé une lampe, la mette en un lieu caché (ἅπτειν). Voy. LUCERNA. 2. Par. 13. 11. Judith. 13. 16. Job. 41. 10. Baruch. 6. 18. 1. Mach. 4. 50. c. 12. 28, etc. De cette signification viennent ces expressions figurées :

Accendere ignem : allumer un feu, soit de la colère de Dieu. Isa. 50. 11. *Ecce vos omnes accendentes ignem* : Vous avez tous allumé un feu qui vous brûle. Ce feu est celui des persécutions et des afflictions qu'ils s'étaient attirées par leurs crimes. Num. 11. 1. Ps. 77. 21. Judic. 20. 38. Dan. 7. 9. Luc. 22. 55.

Soit celui de la charité (ἀνάπτειν). Luc. 12. 49. *Ignem veni mittere in terram, et quid volo nisi ut accendatur?* Je suis venu pour jeter le feu sur la terre, et que désirai-je, sinon qu'il s'allume? Ce feu est celui de la charité, que le Saint-Esprit a répandu dans les cœurs des fidèles. Les nouveaux interprètes l'expliquent du feu des persécutions, qui se font à cause de l'Evangile, qui est exprimé par l'épée. Matth. 10. 34.

Accendere incensum, *thura*, *thymiama* : Brûler de l'encens, c'est offrir des sacrifices ou de l'encens, soit au vrai Dieu (θυμιᾷν). 3. Reg. 3. 3. *Excepto quod in excelsis immolabat et accendebat thymiama* : Salomon aimait Dieu et observait les ordonnances de David, son père, hormis qu'il sacrifiait, par le ministère des prêtres, sur les hauts lieux. Ce qui se tolérait néanmoins, parce que le tabernacle était à Gabaon, un peu trop loin de Jérusalem. Voy. EXCELSA.

Soit aux idoles (θύειν, *immolare*). Ose. 2. 13. c. 4. 13. *Super colles accendebant thymiama* : Les Israélites brûlaient de l'encens sur les collines. Ezech. 6. 13. 1. Mach. 2. 15.

2° Allumer, enflammer, exciter, animer (ἐκκαίειν). Ps. 77. 38. *Non accendit omnem iram* : Dieu n'allumait pas contre les Israélites toute sa colère. Judith. 8. 12. Ps. 78. 5. 1. Mach. 13. 7. 2. Mach. 4. 38. c. 7. 39. c. 10. 35. c. 14. 45.

3° Faire briller, faire éclater, dans le figuré. Isa. 62. 1. *Donec Salvator ejus, ut lampas accendatur* : Jusqu'à ce que le Sauveur de Jérusalem brille comme une lampe allumée. Le Prophète soupire après l'établissement de l'Eglise qui est la véritable Jérusalem, dans laquelle le Sauveur du monde, qui en est la lumière, doit éclater par sa puissance et ses merveilles. Eccli. 32. 20. *Justitias quasi lumen accendent* : Les justes font briller leurs vertus comme un feu et une lumière qui les éclaire dans la droite voie (ἐξάπτειν).

ACCENSIBILIS, E. Si ce mot était en usage, il signifierait, qui peut être allumé ou enflammé; mais il se met ici pour le participe *accensus, a, um*, κεκαυμένος. Heb. 12. 18. *Non accessistis ad tractabilem montem et accensibilem ignem* : Vous ne vous êtes pas maintenant approchés d'une montagne sensible et d'un feu brûlant, i. e. Vous n'avez point reçu une loi comme les Juifs, parmi les feux et le bruit des tonnerres.

ACCERSERE, προσκαλεῖν. Ce verbe vient d'*accio*, autrefois *arcio*; d'où se fait *arcessere*, qui signifie :

1° Appeler, faire venir (μετακαλεῖν). Act. 7. 14. *Accersivit Jacob patrem suum* : Joseph envoya quérir Jacob son père et toute sa famille. c. 10. 5. c. 11. 13. c. 13. 7. Marc. 15. 44. Gen. 26. 9. c. 41. 8. c. 44. 4. etc.

2° Attirer sur soi. Sap. 1. 16. *Impii manibus et verbis accersierunt illam* : Les méchants ont appelé la mort à eux, par leurs œuvres et par leurs paroles. Les premiers de ces méchants ont été Adam et Eve, qui sont la source et le principe de tous les autres, et c'est par eux que le péché est entré dans le monde. et la mort par le péché.

ACCÈS, Heb. *perversus*, père d'Hira, de la ville de Thécua. 2. Reg. 23. 26. 1. Par. 11. 28. c. 27. 9.

ACCHO, us, Heb. *Compressus*, ville dans la tribu d'Aser, dont les Israélites ne voulurent pas exterminer les habitants. Judic. 1. 31. *Aser non delevit habitatores Accho et Sidonis* : Cette ville a depuis été appelée Ptolémaïde.

ACCIDERE, γίνεσθαι, συμβαίνειν. Ce verbe, composé d'*ad* et de *cadere*, signifie arriver, en parlant des rencontres de toutes les choses qui se font dans le monde, soit par hasard, soit dans le cours ordinaire de la nature.

Arriver, échoir. Eccli. 5. 4. *Ne dixeris : Peccavi et quid mihi accidit triste?* Ne dites point : J'ai péché, et que m'en est-il arrivé de mal? Dieu suspend longtemps l'arrêt de sa vengeance, parce qu'il est terrible et irrévocable : il est patient, parce qu'il est éternel. Marc. 6. 21. *Cum dies opportunus accidisset* : Il arriva un jour favorable au dessein d'Hérodiade, pour faire mourir saint Jean. c. 9. 21. c. 24. 14. Act. 4. 21. c. 20. 19. Gen. 24. 67. c. 26. v. 1. 20. etc. Luc. 10. 31. *Accidit autem*. Gr. κατὰ συγκυρίαν, *casu*.

ACCINGERE, περιζωννύειν, ζωννύειν. Ce verbe signifie ceindre, mettre autour des reins quelque chose qui lie et qui serre ; mais il marque aussi se préparer.

Cette signification vient de la coutume des Orientaux, qui portaient des habits longs, et les relevaient autour d'eux avec une ceinture, lorsqu'ils se disposaient à faire quelque chose de difficile.

1° Se ceindre. Exod. 12. 11. *Renes vestros accingetis* : Vous ceindrez vos reins. Les Juifs étaient obligés de ceindre leurs reins et d'être debout, quand ils mangeaient l'agneau pascal. Levit. 8. 7. c. 16. 4. 4. Reg. 1. 8. etc. Ainsi, Ezech. 44. 18. *Non accingentur in sudore* : Les prêtres et les lévites ne se ceindront point d'une manière qui leur excite la sueur.

De là viennent ces phrases :

Accingere lumbos suos : Ceindre ses reins ; c'est, 1° se tenir prêt pour aller quelque part. 4. Reg. 4. 29. c. 9. 1. Jerem. 1. 17 ; 2° prendre courage, et se revêtir de nouvelles forces. Job. 38. 3. *Accinge, sicut vir, lumbus tuos* : Ceignez vos reins comme un homme. c. 40. 2. Prov. 31. 17. V. LUMBUS, et parce qu'autrefois l'épée se pendait à la ceinture, on dit:

Accingi, ense, gladio, armis bellicis : Etre ceint de son épée ou de ses armes, i, e, être prêt de combattre. 1. Reg. 25. 13. *Accingatur unusquisque gladio suo* : Que chacun prenne son épée; *et accincti sunt singuli gladiis suis; accinctusque est et David ense suo* : Tous prirent leurs épées, et David prit aussi la sienne, pour se venger de l'ingratitude de Nabal. c. 17. 38. 2. Reg. 20. 8. V. DESUPER. c. 31. 16. Judic. 18. 11. 2. Esdr. 4. 18. etc. On dit aussi simplement *accingi*, être armé, être préparé à combattre. Gen. 49. 19 : *Gad accinctus præliabitur ante eum et ipse accingetur retrorsum* : Gad combattra tout armé à la tête d'Israël, et il retournera ensuite couvert de ses armes. Cela se rapporte à la fermeté avec laquelle cette tribu marcha avec celle de Ruben et de Manassé, à la tête de toutes les autres, pour combattre leurs ennemis, jusqu'à ce qu'ils se fussent rendus maîtres de la Terre-Sainte, ou bien à quelques guerres qu'ils ont eues avec leurs voisins. Num. 32. 17. Isa. 8. 9. *Accingite vos* : Prenez vos armes. 1. Mach. 3. 58. *Accingimini* : Prenez vos armes pour marcher contre Antiochus.

2° Vêtir, revêtir, couvrir, environner. 1. Reg. 2. 1. 18. *Samuel ministrabat ante faciem Domini, puer accinctus Ephod lineo* : L'enfant Samuel servait devant le Seigneur, revêtu d'un éphod de lin. 2. Reg. 6. 14. Isa. 50. 11. *Accincti flammis* : Vous êtes environnés de flammes de la colère de Dieu. Jésus-Christ menace ici les méchants de les punir, s'ils ne font pénitence.

Ainsi, *Accingi* ou *accingere se saccis*, ou *ciliciis*, être revêtu de sacs et de cilices ; ce qui marque ordinairement un état de deuil et d'affliction. Isa. 15. 3. *In triviis ejus accincti sunt sacco* : Les Moabites ruinés iront dans les rues revêtus de sacs. 2. Reg. 3. 31. *Accingimini saccis* : Couvrez-vous de sacs, dit David, pour pleurer Abner. Isa. 32. 11. Jer. 4. 8. c. 6. 26. c. 49. 3. Thren. 2. 10. Ezech. 7. 18. c. 27. 31. Joel. 1. v. 8. 13. V. SACCUS.

C'est de cette signification que se font ces expressions figurées :

Accingere exsultatione : Remplir de joie. Ps. 64. 13. *Exsultatione colles accingentur* : Les collines deviendront riantes par la multitude des biens dont elles seront couvertes au retour de la captivité ; ce qui a rapport à cette phrase, Ps. 29. 12 : *Circumdedisti me lætitia* : Vous m'avez tout environné de joie.

Accingere specie et pulchritudine : Revêtir et orner de beauté et de majesté. Ps. 44. 5. *Specie tua et pulchritudine tua*, sup. *accingere* : Servez-vous de votre beauté et de votre majesté. L'éclat de la majesté du Fils de Dieu, est cette force toute divine que le prophète exprime par cette épée qu'il le prie de ceindre sur sa cuisse, *i. e.* dont il prédit que sa sainte humanité sera revêtue. Voyez GLADIUS.

3° Protéger, munir, fortifier. Isa. 45. 5. *Accinxi te, et non cognovisti me* : Je vous ai rempli de forces, sans que vous me connussiez. Dieu parle à Cyrus, qu'il devait rendre victorieux des rois et des peuples, surtout des Babyloniens, pour rendre aux Juifs leur liberté. Ainsi :

Accingere robore, fortitudine : Remplir de force, revêtir de force et de puissance. 1. Reg. 2. 4. *Infirmi accincti sunt robore* : Les faibles ont été remplis de force. 2. Reg. 22. v. 33. 40. *Accinxisti me fortitudine* : Seigneur, vous m'avez revêtu de force pour combattre, dit David. Prov. 31. 17. Ainsi, Dieu est revêtu et comme environné de force et de puissance. Ps. 64. 7. *Accinctus potentia.* Cette expression vient de ce que ceux qui ont les reins ceints semblent plus lestes et plus disposés à agir avec force et vigueur.

4° Lier par-dessous (ὑποζωννύειν). Act. 27. 17. *Adjutoriis utebantur accingentes navem :* Les matelots employèrent toutes sortes de moyens, et lièrent le vaisseau par-dessous.

ACCINCTUS, A, UM. 1° Troussé, qui a sa robe relevée et ceinte, pour être prêt à tout. Jos. 3. 17. *Sacerdotes stabant in medio Jordanis accincti :* Les prêtres qui portaient l'arche d'alliance du Seigneur se tenaient toujours au même état sur la terre sèche, au milieu du Jourdain. Habac. 3. 16. *Ut ascendam ad populum accinctum nostrum :* Que je me joigne à notre peuple pour marcher avec lui.

2° Qui est armé, prêt à combattre. 3. Reg. 20. 11. *Ne glorietur accinctus æque ut discinctus :* Que celui qui est prêt à combattre ne se glorifie point, comme s'il avait déjà remporté la victoire, dit Achab à Benadab. V. DI-CINCTUS. Gen. 49. 19. Num. 32. 17. 2. Reg. 22. 30.

ACCIPERE, λαμβάνειν. Ce verbe renferme les significations des verbes hébreux lakach, *capere, accipere, sumere, assumere*, qui se prend en bonne et en mauvaise part, et de *nasa*, qui signifie *ferre, sustinere, attollere, sumere, tollere, auferre.* Ainsi, il a un grand nombre de significations différentes, qui se peuvent réduire à trois ou quatre chefs : recevoir, prendre en main, et prendre par force.

§ 1. — 1° Recevoir, accepter ce qu'on nous donne, ou qu'on nous met en main, pour quelque cause que ce soit. Matth. 7. 8. *Omnis qui petit, accipit :* Quiconque demande, reçoit ; on ne reçoit pas toujours des hommes ce qu'on leur demande, mais on reçoit toujours de Dieu ce qu'on lui demande, ou quelque chose de meilleur, si l'on demande bien. Jac. 4. 3. *Petitis et non accipitis eo quod male petatis :* Vous demandez et vous ne recevez point, parce que vous demandez mal. Joan. 16. 24. Matth. 10. 8. c. 19. 29. c. 20. v. 9. 10. 11. c. 25. v. 16. 17. 18. etc. Act. 20. 35.

De là viennent ces phrases :

Accipere munera. Recevoir des présents, c'est se laisser corrompre par présents. Exod. 23. 8. *Nec accipies munera quæ excæcant prudentes :* Vous ne recevrez point de présents, parce qu'ils aveuglent les plus sages. Les juges qui sont vraiment sages, considèrent les présents comme des pièges très-dangereux qu'on leur tend. Deut. 16. 19. c. 27. 25. 1. Reg. 8. 3. Job. 15. 34. Ps. 14. 5. Prov. 17. 23. Ezech. 22. 12. Amos. 5. 22.

Accipere mutuum, emprunter, prendre à intérêt. Prov. 22. 7. *Qui accipit mutuum servus est fœnerantis :* Celui qui emprunte est assujetti à celui qui prête. Isa. 24. 2.

2° Recevoir pour donner. Ps. 67. 19. *Accepisti dona in hominibus :* Vous avez reçu des présents pour les distribuer aux hommes. Saint Paul expliquant ce passage, dit, Ephes. 4. 8. *Dedit dona hominibus.* Selon la pensée de saint Jérôme, le prophète dit que le Fils de Dieu avait reçu ces présents et ne les avait pas encore distribués ; mais lorsque l'Apôtre écrit, il les avait distribués. Ainsi saint Paul ne dit pas qu'il les avait reçus, mais qu'il les a donnés ; d'ailleurs, celui qui doit faire un présent le prend ordinairement en ses mains pour le donner ensuite ; ainsi :

Accipere alicui uxorem, Prendre une femme pour quelqu'un, c'est la choisir et la lui faire épouser. Genes. 21. 21. c. 24. 7 Exod. 34. 16. Deut. 7. 3. Judic. 14. v. 2. 3. 2. Par. 24. 3. etc.

3° Recevoir, obtenir, acquérir. Apoc. 2. 28. c. 4. 11. c. 5. 12. *Dignus est Agnus, qui occisus est, accipere virtutem et divinitatem :* L'Agneau qui a souffert la mort est digne de recevoir la puissance, la divinité, Gr. les richesses. V. DIVINITAS. Jésus-Christ, comme homme, a reçu toute la gloire qu'il avait méritée par ses souffrances. Ps. 108. 8. Act. 1. 20. 2. Petr. 1. 20. etc.

4° Recevoir, admettre, agréer. Genes. 37. 35. *Noluit consolationem accipere :* Jacob ne voulut point recevoir de consolation en voyant la robe de Joseph teinte de sang. Osc. 14. 3. *Accipe bonum :* Recevez nos vœux. V. BONUM. Jerem. 5. 3. *Renuerat accipere disciplinam :* Les habitants de Jérusalem n'ont point voulu se soumettre au châtiment. c. 17. 23. c. 25. 28. c. 32. 33. Prov. 8. 10. Matth. 10. 38. Joan. 13. 20. c. 5. 43. c. 3. v. 11. 32. etc. d'où vient *Dextras accipere :* Recevoir une composition. 1. Mach. 11. 66. c. 13. 50. V. DEXTRA. Ainsi, recevoir avec docilité, apprendre. 1. Cor. 11. 23. *Ego accepi a Domino quod et tradidi vobis :* C'est du Seigneur même que j'ai appris ce que je vous ai aussi enseigné. c. 15. v. 1. 3. Gal. 1. v. 9. 12. Philipp. 4. 9. Coloss. 2. 6. 1. Thess. 2. 13. c. 4. 1. Apoc. 3. 3. etc.

5° Recevoir, prendre en sa garde, en sa défense. Ps. 48. 16. *Deus redimet animam meam de manu inferi, cum acceperit me :* Dieu délivrera mon âme de la puissance de l'enfer, lorsqu'il m'aura pris en sa défense. Ps. 17. 17. Tob. 4. 3.

6° Recevoir, introduire, prendre avec soi ou chez soi. Joan. 6. 21. *Voluerunt accipere eum in navim :* Les apôtres voulurent prendre Jésus dans leur barque. v. 19. 27. *Ex illa hora accepit eam discipulus in sua :* Depuis cette heure-là ce disciple la prit chez lui V. SUUS. Saint Jean prit avec lui la sainte Vierge comme sa mère. c. 14. 3.

7° Endurer, souffrir, supporter (δέχεσθαι). 2. Cor. 11. 16. *Velut insipientem accipite me :* Souffrez-moi, dit saint Paul, comme imprudent. Matth. 23. 14. *Majus judicium accipietis :* C'est pour cela que vous recevrez une condamnation plus rigoureuse. Marc. 12, 40. Luc. 20. 47. 2. Cor. 11. 24. Apoc. 18, 4. 2. Paral. 22. 6. etc. d'où vient *accipere opprobrium adversus aliquem :* Souffrir les médisances qui se font contre le prochain. Ps. 14. 3. V. OPPROBRIUM. Ainsi :

Dure, moleste, graviter accipere; supporter avec peine. Genes. 21. 11. c. 48. 17.

8° Porter, se charger de quelque chose. Matth. 8. 17. *Ipse infirmitates nostras accepit :* Il a pris lui-même nos langueurs, et s'est chargé de nos maladies. V. ÆGROTATIO. Ceci est pris d'Isaïe. c. 53. 4. *Vere languores nostros ipse tulit :* comme les Hébreux se servent de lakach, *accipere,* pour nasa, *tollere,* et les Septante de ζαμβάνειν pour φέρειν. Levit. 17. 16. c. 28. 9. et ailleurs ; ainsi, *accipere* se prend quelquefois pour *ferre, tollere.* Saint Pierre citant le passage d'Isaïe, dit, 1. Petr. 2. 24. *Qui peccata nostra ipse pertulit in corpore suo :* C'est lui qui a porté nos péchés en son corps. Celui qui a pris sur soi nos péchés, s'est aussi chargé de nos maladies, qui représentent les péchés, et qui en sont des effets et des suites. V. INFIRMITAS.

9° Recouvrer (χομίζειν, *recuperare*). Heb. 11. 19. *Eum in parabolam accepit :* Abraham recouvra son fils Isaac d'entre les morts, en figure de la résurrection. V. PARABOLA.

§ 2. — 1° Prendre, empoigner, avoir à la main. Matth. 26. 26. *Accepit Jesus panem:* Jésus prit du pain en instituant l'eucharistie. v. 27. *Et accipiens calicem :* Et prenant le calice. v. 52. *Qui acceperint gladium, gladio peribunt :* Tous ceux qui prendront l'épée pour s'en servir périront par l'épée. Cela s'entend de ceux qui la prennent d'eux-mêmes, sans la permission d'une puissance supérieure et légitime. c. 27. v. 24. 30. 48. c. 13. v. 31. 33. c. 25. 3. Eccli. 37. 5. Ps. 115. 3. Ephes. 6. 13. etc.

2° Prendre, choisir. Ps. 77. 71. *De post fœtantes accepit eum :* Dieu a pris David pour le faire roi, lorsqu'il suivait les brebis. Ps. 74. 3. *Cum accepero tempus, ego justitias judicabo :* Lorsque j'aurai pris mon temps, je jugerai et rendrai justice. V. JUSTITIA. 2 Mach. 4. 32. Ainsi :

Consilium accipere : Prendre conseil, délibérer. Matth. 28. 12. *Consilio accepto :* Après avoir délibéré. On peut aussi rapporter à cette signification, *Uxorem accipere :* Se marier. Genes. 4. 19. *Accepit duas uxores :* Lamech eut deux femmes. C'est Lamech qui a introduit la polygamie contre la première loi que Dieu donna au premier homme dans le paradis ; elle a néanmoins été depuis permise aux hommes après le déluge, pour réparer le genre humain, et aux Juifs pour multiplier le peuple de Dieu dont le Messie devait naître. Mais Jésus-Christ établissant la loi nouvelle, a rétabli la sainteté du mariage telle qu'elle était dans son origine. c. 6. 2. c. 19. 14. c. 21. 21. c. 24. v. 3. 4. 7. 37. 38. 40. etc.

3° Prendre possession, obtenir, posséder. Luc. 19. 12. *Homo quidam nobilis abiit in regionem longinquam accipere sibi regnum :* Un homme de grande naissance, dit Jésus-Christ, s'en alla dans un pays fort éloigné pour y prendre possession d'un royaume. v. 15. Apoc. 11. 17. *Gratias agimus tibi, quia accepisti virtutem tuam magnam.* Nous vous rendons grâces de ce que vous êtes entré en possession de votre grande puissance. Ce sont les vingt-quatre vieillards qui parlent au Fils de Dieu.

4° Prendre, saisir, occuper, ce qui s'entend figurément des passions. Luc. 7. 16. *Accepit omnes timor,* pour *cepit :* Tous ceux qui étaient présents furent saisis de frayeur. Sap. 11. 13. *Duplex illos acceperat tædium :* Ils trouvèrent un double sujet de peine. Voy. CAPERE.

5° Employer, appliquer. Ps. 23. 4. *Qui non accepit in vano animam suam :* Qui n'a point appliqué son âme en vain, *i. e.* qui n'emploie point sa vie en des choses vaines et inutiles ; mais il semble qu'en cet endroit, prendre son âme en vain, c'est jurer faussement, soit par le jurement exécratoire, par son âme ; soit au même sens que l'on dit, prendre en vain le nom de Dieu en jurant, alors il faut prendre le pronom réciproque pour le relatif *ejus*, en le faisant rapporter à Dieu. Voy. VANUS.

§ 3. — 1° Prendre par force, ôter, ravir. Ps. 30. 14. *Accipere animam meam consiliati sunt.* Mes ennemis ont résolu de m'ôter la vie. 1. Mach. 1. v. 23. 24. *Accepit altare aureum :* Antiochus prit dans le temple l'autel d'or. *Accepit argentum et aurum :* Il prit l'argent et l'or, et les trésors cachés qu'il trouva. Ainsi l'on dit : *Accipere spolia,* en plusieurs endroits des livres des Machabées. Ezech. 29. 19. c. 46. 18. etc. d'où vient le mot *accipiter,* un épervier. D'autres le font venir du verbe *accipere,* prendre, empoigner.

2° Ôter, tirer, séparer. Baruch. 2. 17. *Non mortui qui sunt in inferno, quorum spiritus acceptus est a visceribus suis, dabunt honorem et justificationem Domino :* Ce ne sont point les morts qui sont sous la terre, dont l'esprit a été séparé de leurs entrailles, qui rendront l'honneur et la gloire à la justice du Seigneur. Sap. 15. 8.

3° Prendre, tirer par adresse, escroquer. 2. Cor. 11. 20. *Si quis accipit :* Vous souffrez qu'on prenne votre bien par surprise. Il semble que cela se doit entendre plutôt de cette sorte, que de la subsistance qu'ils recevaient de ceux à qui ils prêchaient.

§ 4. — Autres significations de ce verbe.

1° Considérer, respecter, honorer, avoir égard. Deut. 15. 19. *Non accipies personam nec munera :* Vous n'aurez point d'égard à la qualité des personnes, et vous ne recevrez point de présents. c. 1. 17. c. 10. 17. Job. 32. 21. c. 34. 19. Prov. 18. 5. Eccli. 35. 16. c. 42. 1. Isa. 42. 2. Luc. 20. 21. Gal. 2. 6. Jac. 2. 9. etc. Ce verbe en ce sens répond au verbe hébreu nasa, qui signifie, entre autres choses, élever, honorer. Voy. PERSONA.

2° Ce verbe *accipere,* se met avec un nom par périphrase, pour signifier le verbe qui répond à ce même nom. 2. Mach. 12. 45. *Considerabat quod hi qui cum pietate dormitionem acceperant* (i. e. *dormierant*) *optimam haberent repositam gratiam :* Judas considérait qu'une grande miséricorde était réservée à ceux qui étaient morts dans la piété. Voy.

DORMIRE. Ainsi *accipere gustum* pour *gustare*. c. 13. 18. Voy. GUSTUS. *Accipere oblivionem*, pour *oblivisci*. 2. Petr. 1. 9. Voy. OBLIVIO. *Accipere recordationem*, pour *meminisse*. 2. Tim. 1. 5. *Responsum accipere* : Avoir une révélation de la part de Dieu. Voy. RESPONSUM.

ACCEPTABILIS, E, δεκτὸς. Cet adjectif peu usité vient du verbe *acceptare*, fréquentatif d'*accipere*, et signifie, comme *acceptus* :

1° Agréable, bien reçu. 1. Petr. 2. 5. *Et ipsi tanquam lapides vivi superædificamini, domus spiritualis, sacerdotium sanctum, offerre spirituales hostias acceptabiles Deo per Jesum Christum* : Entrez vous-mêmes dans la structure de l'édifice, comme étant des pierres vivantes, pour composer une maison spirituelle et un ordre de saints prêtres, afin d'offrir à Dieu des sacrifices spirituels qui lui soient agréables par Jésus-Christ. Levit. 1. 4. c. 22. v. 20. 21. c. 23. 11. Esth. 10. 3. Isa. 58. 5. Agg. 1. 8.

2° Favorable, salutaire, et digne d'être reçu avec joie (εὐπρόσδεκτος, *acceptus*). 2. Cor. 6. 2. *Ecce nunc tempus acceptabile* : Voici maintenant le temps favorable; c'est le temps de l'avénement de Jésus-Christ, que l'on attendait depuis si longtemps.

3° Particulier, chéri particulièrement (περιούσιος, *peculiaris*). Tit. 2. 14. *Ut mundaret sibi populum acceptabilem* : Pour se faire un peuple particulièrement consacré à son service. Voy. ACQUISITIO.

ACCEPTARE. Ce verbe est fréquentatif d'*accipere*, et signifie,

Accepter, agréer (εὐδοκεῖν). Ps. 50. 21. *Tunc acceptabis sacrificium justitiæ* : Lorsque les murs de Jérusalem seront rebâtis, alors vous agréerez un sacrifice de justice. Ce sacrifice consiste principalement dans les bonnes œuvres que l'on offre à Dieu avec un cœur contrit et humilié.

ACCEPTIO, NIS. Nom verbal d'*accipere*, et signifie l'action de recevoir ; mais il signifie plus souvent dans l'Ecriture :

1° Acception, considération qu'on a pour quelqu'un plutôt que pour un autre (προσωπολημψία, *personarum acceptio*). Rom. 2. 11. *Non est acceptio personarum apud Deum* : Dieu ne fait point acception de personnes, il n'a point d'égard à la qualité des personnes. 2. Par. 19. 7. Ephes. 6. 9. Colos. 3. 25. Jac. 2. 1. Eccli. 20. 24. Voy. ACCIPERE, § 4.

2° Approbation, témoignage de l'estime qu'on fait d'une chose (ἀποδοχή). 1. Tim. 4. 9. *Fidelis sermo et omni acceptione dignus* : Ce que je vous dis est une vérité certaine et digne d'être reçue avec une entière déférence.

ACCEPTOR, IS. Ce nom peu usité signifie proprement qui reçoit, qui prend; mais il marque dans l'Ecriture :

Celui qui considère, qui a égard; d'où vient *Acceptor personarum* : Gr. προσωπολήπτης : Qui a égard à la qualité des personnes. Act. 10. 34. *In veritate comperi quia non est personarum acceptor Deus* : En vérité, je vois bien que Dieu n'a point d'égard aux diverses conditions des personnes, dit saint Pierre chez Corneille.

ACCEPTUM, 1. λῆψις, εως, chose reçue ou recette ; d'où viennent ces mots réciproques : *Datum et acceptum* : La dépense et la recette. Eccli. 41. 24. c. 42. 7. *Datum vero et acceptum omne describe* : Ne manquez pas d'écrire ce que vous aurez donné et reçu. Philipp. 4. 5. *Nulla mihi Ecclesia communicavit in ratione dati et accepti*, Gr. δατιονις et ἀκcepτιο*nis, nisi vos soli* : Nulle autre Eglise ne m'a fait part de ses biens, et je n'ai reçu que de vous seuls rien que je puisse mettre sur mes comptes. L'Apôtre fait allusion aux comptes dont les receveurs se chargent dans lesquels il y a les chapitres de dépense et de recette. Les autres églises avaient reçu de lui, sans lui rien donner. Voy. RATIO. De là vient aussi :

Accepto ferre (λογίζεσθαι) : Tenir pour reçu, approuver, imputer comme bon. Rom. 4. 6. *David dicit beatitudinem hòminis, cui Deus accepto fert justitiam sine operibus* : David dit qu'un homme est heureux à qui Dieu impute la justice sans les œuvres, c'est-à-dire que Dieu reçoit et agrée comme juste sans parler des œuvres. *Accepto ferre*, c'est, *in acceptum referre* : Mettre sur ses comptes comme reçu. Cette façon de parler vient des jurisconsultes qui appellent *acceptilation* une quittance que le créancier donne à son débiteur pour une dette dont il n'a pas été payé ; ainsi Dieu donne la justice sans qu'on l'ait méritée par les œuvres.

ACCEPTUS, A, UM, δεκτὸς, ἀπόδεκτος.

1° Agréable, bien reçu. Luc. 4. 24. *Nemo propheta acceptus est in patria sua* : Nul prophète n'est bien reçu en son pays. Tob. 12. 13. c. 14. 17. Prov. 14. 35. Eccli. 35. 9. Jerem. 6. 20. Act. 10. 35. Rom. 15. v. 16. 31. 2. Cor. 8. 12. Phil. 4. 18. d'où vient cette phrase : *Acceptum esse in oculis, coram aliquo*, ou *apud aliquem* (ἀρέσκειν, *placere*) : Etre agréable à quelqu'un, être reçu favorablement. 1. Reg. 18. 5. Prov. 16. 5. Sap. 9. 10. 1. Tim. 2. 4. c. 5. 4. d'où vient encore cette phrase : *Acceptum habere* : Avoir pour agréable, recevoir volontiers. Tob. 12. 5. *Rogare cœperunt ut dignaretur dimidiam partem omnium quæ attulerant, acceptam habere* : Les deux Tobie supplièrent l'ange de vouloir bien recevoir et d'avoir pour agréable la moitié de tout ce qu'ils avaient apporté.

2° Favorable, qui mérite d'être reçu avec joie. Luc. 4. 19. 2. Cor. 6. 2. *Tempore accepto exaudivi te* : Je vous ai exaucé au temps favorable ; ce temps est celui de la venue de Jésus-Christ. Voy. ACCEPTABILIS.

3° Agréable, qui donne du plaisir et de la joie (θυμηδής, *animo gratus*). Sap. 3. 14. *Dabitur illi fidei donum electum et sors in templo Dei acceptissima* : Sa fidélité recevra un don précieux et une très-grande récompense au temple de Dieu : le mot grec est au comparatif et se met pour le superlatif *delectabilissima*. Cet endroit a grand rapport avec ce que dit Isaïe. c. 56. v. 4. 5. *Dabo eis in domo mea et in muris meis locum et nomen melius a filiis et filiabus* : Je leur donnerai dans ma maison et dans l'enceinte de mes murs une place avantageuse et un nom qui leur sera meilleur que des fils et des filles. Le Prophète et le Sage parlent de ces eunuques volontaires qui se sont fait une sainte violence pour devenir rois dans le ciel, et non pas de ceux que la Loi excluait des fonctions du sacerdoce dans le temple. Voy. Deut. 23. 1.

ACCIPITER, TRIS, ἱέραξ. Ce mot vient d'*accipere* pour *rapere*.

Un épervier ou éprevier, oiseau de proie. Levit. 11. 16. Deut. 14. 15. *Accipitrem juxta genus suum* : L'épervier et tout ce qui est de la même espèce. Il n'était pas permis d'en manger dans l'ancienne Loi. Job. 39. v. 13. 26. *Numquid per sapientiam tuam plumescit accipiter expandens alas suas ad austrum?* Est ce vous qui avez donné à l'épervier le sentiment qui le porte à chercher les pays chauds pour changer de plumes? On dit que cet oiseau change tous les ans de plumes en étendant ses ailes, selon quelques-uns, vers le midi avant les jours caniculaires, et qu'il lui en renaît de nouvelles en la place de celles qui tombent.

ACCIRE, d'*ad* et de *cieo*, *voco* : Appeler, faire venir, mander. Esth. 8. 9. *Accitis scribis et librariis regis, scriptæ sunt epistolæ, ut Mardochæus voluerat* : Le roi ayant fait venir ses secrétaires, il fit écrire des lettres telles que Mardochée les voulut. Judic. 4. 10. 2. Mach. 3. 7.

ACCLAMARE, ἐπιφωνεῖν.

1° Applaudir, témoigner sa joie sur quelque chose. Act. 12. 22. *Populus acclamabat: Dei voces et non hominis* : Le peuple de Tyr criait dans ses acclamations à Agrippa; c'est la voix d'un Dieu et non pas d'un homme; d'où vient cette phrase : *Fausta acclamare*: Marquer son estime par des acclamations de joie. 1. Mach. 5. 64.

2° Crier haut, s'écrier (ἐπιβοᾶν). Act. 25. 24. *Omnis multitudo Judæorum interpellavit me Jerosolymis petentes et acclamantes non oportere eum vivere amplius* : Vous voyez cet homme contre lequel tout le peuple juif m'est venu trouver dans Jérusalem (Gr. et ici), me représentant avec de grandes instances et de grands cris qu'il n'était pas juste de le laisser vivre plus longtemps. Festus parle de S. Paul à Agrippa. D'où vient, *Acclamare alicui*: Crier contre quelqu'un. c. 22. 24.

ACCOLA, AE, πάροικος, d'*ad* et de *colere* pour *habitare*, et signifie proprement celui qui habite auprès, qui est voisin de quelque lieu; mais il signifie aussi un habitant du pays, un citoyen.

1° Habitant d'un pays. Levit. 18. 27. *Omnes execrationes istas fecerunt accolæ terræ*, Gr. *homines terræ* : Tous ceux qui ont habité cette terre avant vous, ont commis ces infamies exécrables. Ps. 104. 23. Act. 7. 6. Voy. EXECRATIO.

2° Etranger, habitant venu d'un autre pays (προσήλυτος, advena). Isa. 54. 15. *Ecce accola veniet, qui non erat mecum* : Il vous viendra des habitants qui n'étaient point avec moi. Ces étrangers marquent les Gentils convertis à la Foi, et le Prophète s'adresse à l'Eglise.

ACCOMMODARE. Ce verbe signifie proprement, adapter, ajuster, faire rapporter une chose avec une autre; mais étant joint avec les mots, *cor*, *animus*, ou *anima* il signifie :

S'appliquer, appliquer son esprit, se rendre attentif à quelque chose (τιθέναι, *ponere*). Eccl. 7. 22. *Cunctis sermonibus qui dicuntur, ne accommodes cor tuum* : Ne vous rendez point attentif à toutes les paroles qui se disent; nous ne devons pas nous mettre en peine de ce que les hommes pensent de nous, lorsque nous ne leur avons donné aucun lieu d'être mal satisfaits de notre conduite. Eccli. 6. 33. c. 38. 39.

ACCOS, Heb. *Spina*. 1° Le chef de la famille sacerdotale à qui échut le septième sort. 1. Par. 24. 10.

2° Un homme de la race des prêtres. 1. Esd. 2. 61. 2. Esd. 7. 63.

ACCRESCERE, αὔξεσθαι. Croître, s'étendre, se multiplier. Genes. 49. 22. *Filius accrescens Joseph, filius accrescens et decorus aspectu* : Joseph croîtra et se multipliera toujours de plus en plus. Joseph vient du mot hébreu *jasaph, addere* : ainsi Jacob faisant allusion au nom de Joseph, se sert de ce terme dans la bénédiction qu'il lui donne, et le répète deux fois pour marquer l'accroissement de la postérité de ce fils bien-aimé, dont les deux fils Ephraïm et Manassé ont fait deux tribus considérables; mais surtout celle d'Ephraïm a été fort nombreuse et illustre par sa dignité royale.

ACCUB, Heb. *Supplantatio*. 1° Fils d'Elioenaï. 1. Par. 3. 24. — 2° Un lévite qui faisait la fonction de portier. c. 9, 17. 1. Esd. 2. 42. 2. Esd. 7. 46. c. 8. 7. c. 11. 19. — 3° Un chef des Nathinéens. 1. Esd. 2. 45.

ACCUBARE, κοιμᾶσθαι. 1° Se coucher auprès. Genes. 19. 33. *Ille non sensit, nec quando accubuit filia, nec quando surrexit* : Loth ne sentit point, ni quand sa fille aînée se coucha, ni quand elle se leva.

2° Se coucher, se reposer. 2. Reg. 13. 6. *Accubuit Amnon et quasi ægrotare cœpit* : Amnon se coucha et commença à faire le malade, pour surprendre Thamar. Genes. 29. 2. Deut. 11. 19. Is. 27. 10. Soph. 2. 14. De là vient cette phrase métaphorique :

Accubare cum aliquo : Se reposer auprès, c'est-à-dire s'accorder bien, être en bonne intelligence (συναναπαύεσθαι, *simul quiescere*). Isa. 11. 6. *Pardus cum hædo accubabit* : Le léopard se couchera auprès du chevreau. L'accomplissement de cette prophétie est arrivé par la conversion des infidèles. Voy. PARDUS.

3° Vivre dans un grand repos et dans une grande sécurité. Genes. 49. 9. *Catulus leonis Juda; requiesvens accubuisti ut leo* : Juda est un jeune lion; vous vous êtes levé, mon fils, pour ravir la proie; en vous reposant vous vous êtes couché comme un lion. Jacob compare la tribu de Juda à un lion qui, après s'être jeté sur sa proie, se repose sans rien craindre en la dévorant : ainsi cette tribu a été redoutable et illustre par ses victoires, surtout au temps de David. Ce qui est exprimé num. 23. 24 : *Ecce populus ut leæna consurget, et quasi leo erigetur; non accubabit donec devoret prædam.* c. 24. 9. *Accubans dormivit ut leo.* Cela s'explique du temps où le peuple de Dieu a été le plus puissant et le plus heureux, comme sous les règnes de David et de Salomon (κατακλίνεσθαι). Genes. 49. 14. Ezech. 34. 15. Soph. 3. 13.

4° Faire coucher, faire reposer (κοιτάζειν). Jerem. 33. 12 : *Adhuc erit in loco isto habitaculum pastorum accubantium gregem* : Il y aura encore dans la Judée des cabanes de pasteurs, qui y feront reposer leurs troupeaux. Le Grec et l'Hébreu font *accubare* actif; ainsi il faudrait dans notre Vulgate, *gregem*, ou *greges*, comme il semble que l'interprète avait traduit, au lieu de *gregum*; mais on lit présentement, *pastorum et accubantium gregum*.

ACCUBITUS, us. Ce mot, soit qu'il vienne du verbe *accubare*, ou d'*accumbere*, signifie ou la posture de celui qui est couché auprès d'un autre, ou la séance à table avec d'autres.

Séance à table, ou place que l'on y tient (ἀνάκλισις). Cant. 1. 11. *Dum esset rex in accubitu suo, nardus mea dedit odorem suum* : Lorsque mon roi était à table, l'odeur des parfums que j'ai versés sur lui s'est répandue. C'était la coutume dans l'Orient de répandre à table des parfums sur la tête et sur tout le corps des personnes à qui on voulait témoigner de l'estime et de la vénération (*Voy.* Luc. 7. v. 37. 38. Joan. 12. v. 2. 3). Luc. 14. 7. *Dicebat eo ad invitatos parabolam, intendens quomodo primos accubitus eligerent* : Jésus considérant comme les conviés choisissaient les premières places, il leur proposa cette parabole. Tob. 2. 3.

ACCUMBERE, Voy. RECUMBERE, de *ad* et de *cubo*, ou plutôt de *cumbo*, qui était autrefois usité.

1° Se reposer (κοιμίζειν). Genes. 24. 11. *Cum camelos fecisset accumbere* : Le serviteur d'Abraham ayant fait reposer ses chameaux.

2° Se mettre à table, manger à la façon des Orientaux (κατακεῖσθαι κατακλίνειν). Judith. 12. 17. *Accumbe in jucunditate* : Mettez-vous là, et mangez avec joie, dit Holopherne à Judith. Eccli. 9. 12. Amos 2. 8. Marc. 2. 15. c. 6. 39. Luc. 7. v. 37. 49. Ce qui se dit d'une manière figurée pour marquer le bonheur des bienheureux dans le ciel (ἀνακλίνεσθαι). Luc. 13. 29. *Venient ab Oriente, et occidente, et aquilone, et austro, et accumbent in regno Dei* : Il en viendra d'Orient, d'occident, du septentrion et du midi, qui seront à table dans le royaume de Dieu. Cette coutume de se coucher pour manger n'a pas toujours été en usage chez les Hébreux; ils étaient assis à table, comme il paraît. Genes. 27. 19. c. 37. 25. ce qui est évident. c. 43. 33. Mais ensuite ils suivirent, aussi bien que les Grecs et les Romains, la coutume des Perses et des autres Orientaux, de laquelle l'Ecriture commence à parler dans les livres de Judith et d'Esther.

ACCURRERE, προστρέχειν. 1° Accourir, venir en hâte à quelqu'un ou quelque part. Marc. 9. 14. *Accurrentes salutabant eum* : Tous accouraient pour saluer Jésus-Christ. Luc. 15. 20. Act. 8. 30. Dan. 13. 19.

2° Surprendre, venir fondre (ταχεῖα, velox). Jerem. 48. 16. *Prope est interitus Moab ut veniat, et malum ejus velociter accurret nimis* : La destruction de Moab est proche, et sa ruine va venir très-promptement.

ACCUS, Heb. *Spina*, nom d'homme, père d'Urie. 2. Esd. 3. 3. Voy. HACCUS.

ACCUSARE, κατηγορεῖν, ἐγκαλεῖν. Ce verbe vient de *causa, causare*, et de la préposition *ad*, comme qui dirait : *Vocare aliquem in causam, in jus* : Appeler quelqu'un en justice, ou le déférer au juge.

1° Accuser, appeler en justice, intenter une action criminelle contre quelqu'un. Act. 19. 38. *Conventus forenses aguntur et proconsules sunt, accusent invicem* : On tient l'audience, et il y a des proconsuls; qu'ils s'appellent en justice. c. 22. 30. c. 23. 29. c. 24. 2. etc. Matt. 12. 10. c. 27. 12. Marc. 3. 2. etc. D'où vient : *Accusare adversus aliquem* : Accuser quelqu'un. Rom. 8. 33. *Quis accusabit adversus electos Dei* ? Qui accusera les élus de Dieu ? c'est Dieu même qui les justifie.

2° Accuser, reprocher. Rom. 2. 15. *Testimonium reddente illis conscientia ipsorum, et inter se invicem cogitationibus accusantibus, aut etiam defendentibus* : La conscience des Gentils leur rend témoignage, par la diversité des réflexions et des pensées qui les accusent ou qui les défendent; que ce qui est écrit dans la Loi est écrit dans leur cœur : les reproches de la conscience sont des accusations de la loi naturelle. Act 28. 19.

ACCUSATIO, NIS, κατηγορία. 1° Accusation, délation en justice pour quelque crime. 1. Tim. 5. 19. *Adversus presbyterum accusationem noli recipere.* Ne recevez point d'accusation contre un prêtre, que sur la déposition de deux ou trois témoins. Joan. 18. 29. 1. Esdr. 4. v. 6. 7. 18.

2° Blâme, reproche. Tit. 1. 6. *Habens filios fideles, non in accusatione luxuriæ aut non subditos* : Choisissez pour ministres de l'Eglise celui dont les enfants seront fidèles, non accusés de débauche ni désobéissants. Ainsi, Eccli. 41. 7. *Non est in inferno accusatio vitæ* : Gr. ἔλεγχος, *Incusatio, reprehensio* : On ne compte point les années de la vie parmi les morts, et personne né se plaint d'avoir peu ou longtemps vécu, mais d'avoir mal vécu : c'est ce qu'on a sujet de blâmer, et non point la brièveté ni la longueur de la vie.

ACCUSATOR, IS, κατήγορος — 1° Accusateur, qui poursuit quelqu'un en justice pour quelque crime. Act. 25. 16. *Non est Romanis consuetudo damnare aliquem hominem priusquam is qui accusatur præsentes habeat accusatores, locumque defendendi accipiat ad abluenda crimina* : Ce n'est point la coutume des Romains de condamner un homme avant que l'accusé ait ses accusateurs présents devant lui, et qu'on lui ait donné la liberté de se justifier du crime dont on l'accuse. c. 23. v. 30. 35. c. 24. 8. 2. Mach. 4. 5. Ainsi le diable est appelé *Accusateur.* Apoc. 12. 10. *Projectus est accusator fratrum nostrorum, qui accusabat illos ante conspectum Dei nostri die ac nocte :* L'accusateur de nos frères, qui les accusait jour et nuit devant notre Dieu, a été précipité du ciel : le diable accuse auprès de Dieu les fidèles, et les charge de faux crimes, comme il a calomnié le saint homme Job; aussi est-il appelé *diable*, c'est-à-dire *calomniateur.*

2° Accusateur, qui déclare et confesse quelque chose. Prov. 18. 17. *Justus prior est accusator sui :* Le juste s'accuse lui-même le premier, c'est-à-dire déclare et confesse ses fautes.

ACEDIARI, ἀκηδιᾶν. Ce mot est formé du Grec κῆδος, *cura*, d'où vient *acedia*, paresse; ἀκηδιᾶν, être dans la nonchalance et dans l'abattement, dont le chagrin et la tristesse sont inséparables. Ainsi, *acediari* signifie s'ennuyer, être chagrin. Eccli. 22. 16. *Deflecte ab illo (stulto) et invenies requiem, et non acediaberis in stultitia illius :* Détournez-vous de l'insensé, et vous trouverez du repos, et sa folie ne vous accablera pas de chagrin. c. 6. 26. *Ne acedieris vinculis ejus :* Ne vous ennuyez point des liens de la sagesse (προσοχθίζειν, *moleste ferre*).

ACELDAMA. Voy. HACELDAMA.

ACERBUS, A, UM, ἄωρος. Cet adjectif vient, selon quelques-uns, du nom grec ἀκίς, *acies, acumen;* parce que ce qui est aigre au goût pique la langue; selon d'autres, du latin *acer;* mais il signifie :

1° Apre au goût, vert, aigre, amer (ὄμφαξ, *uva immatura*). Jerem. 31. v. 29. 30. Ezech. 18. 2. *Patres comederunt uvam acerbam :* Les pères ont mangé des raisins verts. Voy. UVA. Sap. 4. 5. *Fructus acerbi ad manducandum :* Les fruits des méchants seront des fruits âpres au goût. Voy. FRUCTUS. 3°.

2° Affligeant, fâcheux, sensible. Sap. 14. 15. *Acerbo luctu dolens pater, cito sibi rapti filii fecit imaginem :* Un père, affligé de la mort de son fils, fit faire l'image de celui qui lui avait été ravi sitôt : c'est là le commencement de l'idolâtrie.

ACERVATIM, Gr. σωρηδὸν. Voy. ACERVUS. Par monceaux, pêle-mêle. Sap. 18. 23. *Cum jam acervatim cecidissent super alterutrum mortui interstitit :* Lorsqu'il y avait déjà des monceaux de morts qui étaient tombés les uns sur les autres, Aaron se mit entre deux pour apaiser la colère de Dieu.

ACERVARE. συνάγειν. Entasser, amasser. Eccli. 14. 4. *Qui acervat ex animo suo injuste* (Gr. *Ex anima sua :* en se l'ôtant à lui-même, et se plaignant sa propre vie), *aliis congregat et in bonis illius alius luxuriabitur :* Celui qui amasse injustement des richesses, les amasse pour d'autres; et il en viendra un qui prodiguera tout son bien.

ACERVUS, I. σωρὸς, du verbe grec ἀγείρειν, *colligere.*

1° Tas, monceau, amas. Job. 5. 26. *Ingredieris in abundantia sepulchrum, sicut infertur acervus tritici in tempore suo :* Vous entrerez dans le tombeau en un âge mûr et fort avancé, comme au temps que le blé est mûr; on en porte des tas dans le grenier. Voy. ABUNDANTIA. Exod. 22. 6. Ruth. 3. 7. 4. Reg. 10. 8. 2. Par. 31. v. 6. 7. 8. 9. 2. Esd. 4. 2. *Numquid ædificare poterunt lapides de acervis pulveris qui combusti sunt ?* Les Juifs bâtiront-ils avec des pierres que le feu a réduites en un grand monceau de poudre? χῶμα. Job. 8. 17. c. 24. 11. Prov. 26. 8. Cant. 7. 2. Voy. TRITICUM. Eccli. 20. 30. Agg. 2. 17. De ce mot se font ces expressions figurées :

Esse sicut acervum lapidum : Etre comme un tas de pierres, c'est-à-dire être tout à fait ruiné. Isa. 17. 1. *Ecce Damascus desinet esse civitas, et erit sicut acervus lapidum in ruina :* Damas va cesser d'être ville, et elle deviendra comme un monceau de pierres d'une maison ruinée. Jerem. 26. 18. *Jerusalem in acervum lapidum erit :* Jérusalem sera réduite en un monceau de pierres. Mich. 1. 6. c. 3. 12. (ὀπωροφυλάκιον, *tugurium ad fructus custodientes erectum*). Ainsi :

Dare in acervos arenæ : Réduire à n'être plus qu'un amas de sable; c'est ruiner entièrement. Jerem. 9. 11. *Dabo Jerusalem in acervos arenæ :* Je ferai de Jérusalem un amas de sable (μετοικία, *deportatio*).

Redigere lapides in acervos : Faire des monceaux de pierres pour rendre les chemins plus libres, en faciliter le passage. Jerem. 50. 26. *Tollite de via lapides et redigite in acervos :* Otez les pierres des chemins, et mettez-les en monceaux; le Prophète marque par ces expressions la venue des ennemis qui devaient ruiner Babylone.

Esse ut acervos salis : Etre comme des monceaux de sel; c'est une expression qui marque la stérilité et la désolation d'un pays (θημωνία). Soph. 2. 9. *Moab ut Sodoma erit, siccitas spinarum et acervi salis.* Moab deviendra comme Sodome, sa terre ne sera plus qu'un amas d'épines sèches, que des monceaux de sel. Voy. SAL. Mais ces mots, *acervus lapidum*, tas de pierres s'expliquent diversement, selon l'usage qu'on en faisait.

1° Pour servir de monument, comme ce tas de pierres, que Jacob et Laban avaient dressé pour être un monument de leur traité, qui est appelé *Acervus testimonii* (βουνός); en Hébreu *Galaad*. Gen. 31. 47. *Quem vocavit Laban, tumulum testis, et Jacob acervum testimonii :* Laban appela ce monceau de pierres, *le monceau du témoin;* et Jacob, *le monceau du témoignage.* Voy. TESTIS.

2° Pour servir d'une marque d'infamie, et comme un supplice honteux dont on punissait quelques coupables après leur mort, comme Achan. Jos. 7. 26. comme le roi de Haï, c. 8. 29. comme Absalon, 2. Reg. 18. 17. *Comportaverunt super eum acervum lapidum :* On éleva sur lui un grand monceau de pierres. Jos. 8. 28. *tumulus.*

3° Pour reconnaître les chemins, tels qu'étaient les tas de pierres que les Juifs dressèrent quand ils allèrent en captivité, comme étant assurés qu'ils en reviendraient. Jerem.

31. 21. *Pone tibi amaritudines* (*Heb. Pyramidas seu acervos lapidum*) : Dressez-vous des monceaux de pierres en pyramides pour marquer les chemins par où vous devez revenir de Babylone (τιμωρία, *luctus*). Voy. AMARITUDO.

4° Pour nettoyer un champ où il y a beaucoup de pierres que les laboureurs ont soin de mettre en monceaux pour le rendre plus propre à être labouré (χελώνη, *testudo*). Osc. 12. 11. *Altaria eorum quasi acervi super sulcos agri* : Leurs autels ne sont plus aujourd'hui que des monceaux de pierres, comme ceux que l'on trouve dans les champs, c'est-à-dire les autels que les habitants de Galaad avaient élevés sont maintenant renversés.

Acervus novarum frugum (μετέωρος) : Un tas de blé qui vient d'être coupé. Ezech. 3. 15. *Veni ad transmigrationem, ad acervum novarum frugum* : Je vins au lieu où étaient les captifs, près d'un tas de blé qui venait d'être coupé ; ce qui marque le temps de leur départ ; mais d'autres prennent ces mots pour un nom de lieu : Heb. Thel-abib ; ce qui est rendu par ce qu'ils signifient, savoir, *acervus novarum fru um*.

ACETABULUM, 1, ὀξύβαφον, espèce de mesure, qui prend son nom du vinaigre *acetum*, ὄξος, parce que ce mot signifiait d'abord le vase où l'on mettait du vinaigre ; mais il signifie dans l'Ecriture,

1° Plat ou écuelle (τρύβλιον), telle qu'étaient celles où l'on mettait les pains exposés, ou la farine qui servait aux sacrifices, ou celles où l'on recevait les gâteaux offerts en sacrifice, que l'on faisait faire ou cuire dans le four. Exod. 25. 29. *Parabis et acetabula*. c. 37. 16. *Et vasa ad diversos usus mensæ, acetabula, phialas, in quibus offerenda sunt libamina* : Pour les différents usages de cette table, Béséléel fit des petits vases d'un or très-pur, des coupes, des encensoirs et des tasses, pour y mettre les oblations de liqueur qu'on offrait à Dieu.

2° Grand vase d'argent en forme de plat (τρύβλιον), qui pesait cent trente sicles. Chaque chef de famille du peuple d'Israël en offrit un pour être employé aux oblations qui se faisaient dans le Tabernacle. Num. 7. 13. *Fuerunt in ea, acetabulum argenteum pondo centum triginta siclorum* : Son présent fut un plat d'argent du poids de cent trente sicles : ce qui est souvent répété dans ce même chapitre. v. 25. 31. etc.

ACETUM, 1, ὄξος, du verbe *aceo* ou *acesco*, devenir aigre et signifie :

1° Du vinaigre, vin qui s'est aigri, ou qu'on a fait aigrir exprès (ὄμφαξ, *uva acerba*). Prov. 10. 26. *Sicut acetum dentibus et fumus oculis, sic piger his qui miserunt eum* : Ce qu'est le vinaigre aux dents et la fumée aux yeux ; tel est le paresseux à l'égard de ceux qui l'ont envoyé. c. 25. 20. Num. 6. 3. Ainsi, Ru h. 2. 14. *Intinge buccellam tuam in aceto* : Trempez votre morceau dans le vinaigre ; les gens de travail chez les anciens se servaient de vinaigre ou pur ou mêlé avec de l'eau, pour se rafraîchir dans les grandes chaleurs ou dans les travaux rudes

et pénibles, tels que sont ceux de la moisson.

2° Traverses, afflictions. Ps. 68. 22. *In siti mea potaverunt me aceto* : Mes ennemis m'ont présenté du vinaigre à boire. C'est une façon de parler, familière aux prophètes, de marquer des afflictions par des aliments et des breuvages amers, tels que l'absinthe et le fiel. Jer. 8. 14. (*Deus*) *potum dedit nobis aquam fellis* : Dieu nous a donné à boire de l'eau de fiel. c. 9. 15. c. 28. 15. Thr. 3. 15. Ce qui ne se peut dire de David, selon le sens propre de la lettre : car on ne voit point que ses ennemis lui aient présenté du vinaigre à boire et du fiel à manger ; mais cela s'est accompli à la lettre dans la personne de Jésus-Christ. Matth. 27. 48. Marc. 15. 38. Luc. 23. 36. Joan. 19. 30. *Cum ergo accepisset Jesus acetum* : Jésus ayant pris le vinaigre.

ACHAB, Heb. *frater patris*. Ce prince, qui a été le septième roi d'Israël, fut fils et successeur d'Amri : il surpassa ses prédécesseurs en impiété et en superstition. Il fut le premier qui dressa des autels à Baal, par la persuasion de Jésabel, sa femme, qui le portait à des excès épouvantables. Ce fut à sa sollicitation qu'on employa une calomnie horrible pour faire condamner à être lapidé l'innocent Naboth, parce qu'il ne voulut pas lui vendre l'héritage qu'il avait reçu de ses pères. Quoiqu'il fût si méchant, Dieu ne laissa pas de le favoriser d'un secours et d'une protection extraordinaire en plusieurs rencontres contre le roi de Syrie ; parce qu'il s'était humilié et avait imploré son assistance ; mais enfin Dieu voulant le punir de ses impiétés, il permit qu'il entreprit une guerre contre le même peuple, où ayant été blessé d'un coup de flèche tirée à tout hasard, il expira dans son char, et fut porté à Jezraël, où les chiens léchèrent son sang qui roulait de son chariot, comme l'avaient prédit Elie et Michée. Il régna à Samarie l'an du monde 3086, et son règne dura vingt-deux ans, étant mort l'an 3107. v. 3. Reg. 16. v. 28. 29. et suivants, et c. 22. v. 37. 38.

2° Un faux prophète que le roi de Babylone fit brûler avec Sédécias, son compagnon. Jerem. 29. v. 21. 22. *Quos frixit rex Babylonis in igne* : Que le Seigneur vous traite comme il traita Sédécias et Achab, que le roi de Babylone fit brûler dans la poêle ardente. Heb. fit brûler à petit feu. Voy. FRIGERE.

ACHAD, Heb. *Amphora*, grand vase à deux anses. Ville de la Mésopotamie, où régna Nemrod. Genes. 10. 10. *Fuit principium regni ejus Babylon, et Arach et Achad* : La ville capitale de son royaume fut Babylone, Arach et Achad : on croit que c'est la ville célèbre de Nisibe.

ACHAIA, æ, Gr. Douleur ou tristesse.

1° Achaïe, province de la Grèce, dont la capitale était Corinthe. 1. Cor. 16, 15. *Sunt primitiæ Achaiæ* ; Stephanas, Fortunat et Achaïque sont les prémices de l'Achaïe, c'est-à-dire les premiers convertis. Voy. PRI-

MITIÆ. Act. 18. 27 c. 19. 21. 2. Cor. 1. 1. c. 11. 10. 1, Thess. 1. v. 7. 8.

2° Les habitants de l'Achaïe. Rom. 15. 26. *Probaverunt Macedonia et Achaia collationem aliquam facere in pauperes Sanctorum qui sunt in Jerusalem* : Les Eglises de Macédoine et d'Achaïe ont résolu avec beaucoup d'affection de faire quelque part de leurs biens à ceux d'entre les saints de Jérusalem qui sont pauvres. 2. Cor. 9. 2.

3° Toute la Grèce marquée par sa principale partie. Act. 18. 12. *Gallione proconsule Achaiæ* : Gallion étant proconsul d'Achaïe; c'était une province consulaire, qui comprenait toute la Grèce. Les Romains l'appelaient du nom d'Achaïe, parce que c'était par le moyen des Achéens qu'ils avaient réduit sous leur obéissance la Grèce tout entière (*Pausan.*); mais Homère et les autres poètes marquent souvent les Grecs par le mot d'*Achéens* : c'est ainsi que quelques-uns prennent ces autres passages. 1. Cor. 16. 15. 2. Cor. 9. 2. 1. Thess. 1. v. 7. 8.

ACHAICUS, 1. ἀχαικός, homme d'Achaïe. — ACHAÏQUE, nom d'homme, disciple de saint Paul, que cet apôtre recommande très-particulièrement aux Corinthiens. 1. Cor. 16. v. 15. 17. *Gaudeo in præsentia Stephanæ, Fortunati et Achaici* : Je me réjouis de l'arrivée de Stephanas, de Fortunat et d'Achaïque.

ACHAN, Heb. *Conturbans*. Achan, fils de Charmi, de la tribu de Juda, qui fut lapidé pour avoir pris un manteau d'écarlate et un lingot d'or, des dépouilles de la ville de Jéricho, contre la défense que Dieu en avait faite. Jos. 7. v. 1. 17. c. 22. 20. *Nonne Achan filius Zare præteriit mandatum Domini?* N'est-ce pas ainsi qu'Achan, fils de Zaré, viola le commandement du Seigneur? Il est appelé fils de Zaré, parce que Zaré était le chef de cette famille; il est aussi nommé *Achar*. 1. Par. 2. 7. *Achar qui turbavit Israel, et peccavit in furto anathematis* : Achar troubla Israël, et pécha par un larcin de l'anathème. Voy. ANATHEMA.

ACHAR. Voy. ACHAN.

ACHARIS, ἄχαρις, *illepidus*, nom grec, qui signifie ingrat ou désagréable. C'est en ce dernier sens qu'il se prend pour un homme dont l'entretien est sans agrément, fade et insipide. Eccli. 20. 21. *Homo acharis quasi fabula vana* : L'homme sans grâce est comme un méchant conte qui est toujours en la bouche des gens imprudents.

ACHATES, æ, ἀχάτης, agate, pierre précieuse de diverses couleurs, qui tire son nom du fleuve Achate en Sicile, où l'on commença d'en découvrir, dit Pline, l. 37. c. 10. Dieu commanda à Moïse d'en mettre une au troisième rang du Rational, dans laquelle on avait fait graver le nom d'Aser, huitième fils de Jacob, dans l'ordre des tribus. Exod. 28. 19. c. 39. 12. *In tertio Ligurius, Achates et Amethystus* : Cette pierre précieuse est rouge en dedans comme du sang, et transparente comme du cristal : on dit qu'elle dissipe les vapeurs que cause la mélancolie, et qu'elle tempère les ardeurs de la fièvre.

ACHAZ, Heb. *Possessio*, fils et successeur de Joathan, fut l'onzième roi de Juda : il se signala par ses impiétés, ayant imité en tout les idolâtries de Jéroboam et d'Achab ; il fit fermer le temple de Dieu, et en fit bâtir d'autres en l'honneur de diverses divinités, auxquelles il sacrifia, et leur consacra son fils, en le faisant passer par le feu, selon la coutume des nations idolâtres. Etant à Damas, il vit un autel dans un temple, dont il fit prendre la mesure et en envoya le modèle au pontife Urie pour en bâtir un semblable. Dieu l'abandonna dans les guerres qu'il eut contre ses ennemis, et ne put s'échapper de leurs mains, qu'en leur donnant tout l'or et l'argent qu'il trouva dans le temple. Il mourut âgé de trente-six ans, en ayant régné seize. Il commença à régner l'an du monde 3263. Il a eu Ezéchias, son fils, à l'âge de douze ans, car il a commencé de régner à l'âge de vingt ans, et a régné seize ans. 4. Reg. 16. 2. Ezéchias avait vingt-cinq ans quand il a succédé à son père. c. 18. 2. Achaz n'avait donc qu'onze ans quand il l'a eu ; ce qui n'est pas sans exemple, dit saint Jérôme. Voy. HIERON. *Ep. ad Vitalem*; mais d'autres croient qu'il faut entendre de Joatham, et non pas d'Achaz, cet endroit du quatrième des Rois. 16. 2. *Viginti annorum erat Achaz cum regnare cœpisset scil. Joatham*. Achaz avait vingt ans lorsque Joatham commença à régner.

ACHAZIB, Heb. *Mendacium*, nom d'une ville dans la tribu d'Aser, d'où ceux de cette tribu ne chassèrent point les Chananéens. Judic. 1. 31, *Aser non delevit habitatores Accho et Sidonis et Achazib*. Elle est aussi appelée *Achziba*.

ACHIAS, Æ, ou ACHIA, Heb. *Frater Domini*, Frère du Seigneur. 1° Un grand prêtre, fils d'Achitob, petit-fils d'Héli. I Reg. 14. v. 3. 8.

2° Un fils de Jéraméel, et petit-fils d'Esron. 1. Par. 2. 25.

3° Un descendant de Benjamin. 1. Par. 8. 7.

4° Un lévite. 1. Par. 26. 20.

ACHIM, Heb. *Præparabo*, fils de Sadoc et père d'Eliud. Matth. 1. 14.

ACHIMAAS, Heb. *Frater consiliarius*. — 1° Fils du grand prêtre Sadoc. 2. Reg. 15. 27. *Dixit rex ad Sadoc sacerdotem, revertere in pace et Achimaas, filius tuus* : Le roi dit encore au grand prêtre Sadoc : Retournez à Jérusalem avec Achimaas, votre fils. v. 36. Il avertit David de la part de Chusaï, du conseil qu'Achitophel donnait à Absalon. 2. Reg. 17. v. 17. 20. etc. — 2° Le beau-père de Saül. 1. Reg. 14. 50. Voy. ACHINOAM. — 3° Le gendre de Salomon. 3. Reg. 4. 15. *Achimaas in Nephthali* : Achimaas était intendant de la maison de Salomon en Nephthali.

ACHIMAN, Heb. *Frater præparatus*. Achiman, fils d'Enac, c'est-à-dire de ses descendants, de la race des géants en Hébron. Num. 13. 23. Il est appelé *Ahiman*. Jos. 15. 14.

ACHIMELECH, Heb. *Frater meus rex*. 1° Un Hétéen, qui était officier de David. 1. Reg. 26. 6. *Ait David ad Achimelech Hethæum et Abisai filium Sarviæ*. — 2° Le grand prêtre qui donna à manger à David et à ses gens les pains de proposition, c'est-à-dire les pains exposés devant l'Arche. 1. Reg. 21, 1. *Venit David in Nobe ad Achimelech.* Ps. 51. 1. *Venit David in domum Achimelech :* Il est appelé *Abiathar.* 2. Reg. 8. 17. Marc. 2. 26. et Achias 1. Reg. 14. 3. — 3° Le fils de ce même grand prêtre. 2. Reg. 8. 17. que l'on appelait aussi *Abiathar.*

ACHIMOTH, *Frater mortis,* fils d'Elcana. 1. Par. 6. 25.

ACHINOAM, Heb. *Fratris pulchritudo.* — 1° Femme de Saül. 1. Reg. 14. 50. — 2° Femme de David, de Jezrael. 1. Reg. 25. 43. c. 27. 3. etc.

ACHIOR. *Fratris lumen.* — 1° Un capitaine ou chef des Ammonites, qui fut rejeté par Holopherne, parce qu'il lui avait parlé en faveur des Israélites. Judith. 5. v. 5. 26. 28. *Achior, dux omnium filiorum Ammon.* c. 6. v. 17. 9. etc. — 2° Un parent de Tobie. Tob. 11. 20. *Veneruntque Achior et Nabath consobrini Tobiæ.* On croit que c'est cet Achiacarus que le Grec dit avoir été son neveu, fort chéri d'Assarhadon.

ACHIRAM, Heb. *Fratris celsitudo,* fils de Benjamin. Num. 26. 38. *A quo familia Achiramitarum :* Achiram, chef de la famille des Achiramites. Voy. AHIRAN.

ACHIS, Heb. *sic est,* roi de Geth, qui reçut David dans ses Etats, lorsqu'il fuyait Saül, et lui donna la ville de Siceleg pour lui servir de retraite. 1. Reg. 21. v. 10. 11. 12. etc. Il est appelé fils de Maoch. c. 27. 2. C'est peut-être le même qui est appelé fils de Maacha. 3. Reg. 2. 39. Voy. SEMEI.

ACHISAMECH, Heb. *frater firmitatis,* père d'Ooliab, de la tribu de Dan. Exod. 31. 6. c. 35. 34. c. 38. 23. Voy. OOLIAB.

ACHITOB, *frater bonitatis.* — 1° Le père du grand prêtre Achimélech ou Achias, que Doëg tua par l'ordre de Saül. 1. Reg. 14. 3. c. 22. v. 9. 11. 12. 20. — 2° Le père de Sadoc, grand prêtre. 2. Reg. 8. 17. 1. Par. 6. v. 7. 8. 11. 12. 1. Esd. 7. 2. — 3° Un autre grand prêtre. 1. Par. 9. 11. 2. Esd. 11. 11. père de Merajoth. — 4° Un des ancêtres de Judith, fils de Melchias. Judith. 8. 1.

ACHITOPHEL, *frater ruinæ,* conseiller de David, qui ayant conspiré avec Absalom contre David, se pendit lui-même, parce qu'on n'avait point suivi son conseil. 2. Reg. 15. v. 12. 31. 34. c. 16. v. 15. 20. 23. c. 17. v. 1. 6. etc. 1. Par. 27. v. 33. 34. C'est apparemment le même qui est appelé père d'Eliam. 2. Reg. 23. 34.

ACHOBOR, Heb. *comprimens puteum.* — 1° Le père de Balanan, roi d'Edom. Gen. 36, 38. 1. Par. 1. 49. — 2° Un des premiers officiers de Josias, fils de Micha, et père d'Elnathan. 4. Reg. 22. v. 12. 14. Jerem. 26. 22. c. 36. 12. Il est nommé *Abdon.* 2. Par. 34. 20. Voy. MICHA.

ACHOR, Heb. *turbatio.* Une vallée, ainsi nommée, à cause du trouble que causa le vol d'Achan, qui signifie trouble. Jos. 7. v. 24. 26. *Vocatumque est nomen loci illius, Vallis Achor usque hodie.* On a nommé jusqu'à ce jour ce lieu-là, *la Vallée d'Achor.* c. 15. 7.

Is. 65. 10. La possession de cette vallée fut aux Israélites un commencement de bonne espérance, de jouir du pays de Chanaan. Os. 2. 15. *Daba ei Vallem Achor ad aperiendam spem.*

ACHSA, Æ, Heb. *adornata,* fille de Caleb, donnée en mariage à Othoniel, 1. Par. 2. 49. Elle est appelée *Axa.* Jos. 15. 16. Jud. 1. 12. Voy. AXA.

ACHSAPH, *veneficus,* ville de la tribu d'Aser, laquelle a été depuis appelée *Ptolémaïde,* et présentement *Acre.* Jos. 11, 1. c. 12. 20. Voy. AXAPH. c. 19. 25.

ACHZIB, Heb. *mendax,* ville dans la tribu de Juda. Jos. 15. 44. et *Ceïla et Achzib.*

ACHZIBA, Heb. *mendacium,* ville dans la tribu d'Aser. Jos. 19. 29. de laquelle les Cananéens ne furent point chassés. Judic. 1. 31. où elle est appelée *Achazib.* Voy. MENDACIUM.

ACIDE. Cet adverbe, qui signifie avec ennui, avec dégoût, vient du nom grec *acedia,* négligence, découragement, et répond à l'adverbe grec ἀκηδῶς, *acide.* Eccli. 4. 9. *Libera eum qui injuriam patitur de manu superbi et non acide feras in anima tua ;* Gr. μὴ ὀλιγοψυχήσῃς ; *ne pusillo animo sis :* Délivrez celui qui souffre l'injustice de la main de celui qui la lui fait, et ne vous découragez point. *Autr.* Ne soyez point paresseux, lorsque vous aurez à rendre justice.

ACIES, EI. ἀκονή, αἰχμή. Ce mot vient du Grec ἀκίς, pointe, aiguillon, et signifie trois choses : 1° La pointe, ou le tranchant d'une épée, ou d'autre chose ; 2° Une armée rangée en bataille ; 3° La vivacité de l'œil ou de l'esprit ; parce qu'en ces choses il y a quelque sorte de pointe. Dans le sens propre ou figuré, 1° La pointe ou le tranchant d'une épée, ou d'autre chose. 1. Reg. 13. 21. *Retusæ itaque erant acies vomerum et ligonum :* Comme il n'y avait point de forgerons en Israël, le tranchant des socs de charrue et des hoyaux était tout usé. Heb. on se servaient de limes pour aiguiser ; d'où vient *effugere aciem gladii :* Eviter le tranchant de l'épée, c'est-à-dire éviter le coup de la mort, que l'ennemi est prêt de porter par l'épée. Gr. *os gladii.* Les Hébreux donnent le nom de *bouche* à la pointe de l'épée, parce que c'est par là qu'elle mord. 2° Armée rangée en bataille. Deut. 20. 2. *Stabit sacerdos ante aciem* (παράταξις) : Quand l'heure du combat sera venue, le pontife se présentera à la tête de l'armée, et parlera ainsi au peuple. 1. Reg. 17. 26. 1. Par. 12. v. 33. 36. et parce qu'une armée rangée en bataille est terrible. L'Eglise lui est comparée. Cant. 6. v. 3. 9. *Terribilis ut castrorum acies ordinata* (τεταγμένη) : L'Eglise est redoutable aux démons, comme une armée rangée en ordre de bataille.

Phrases qui viennent de cette seconde signification. — *Dirigere aciem* (παρατάσσεσθαι) : Ranger une armée en bataille. Genes. 14. 8. Judic. 20. 22. 1. Reg. 17. v. 2. 21. 2. Reg. 10. v. 8. 10. 17. etc.; mais *dirigere aciem,* signifie quelquefois conduire une armée vers quelque lieu. Jos. 8. 14. *Direxit aciem contra de-*

sertum : Le roi de Haï conduisit ses troupes vers le désert. Voy. DIRIGERE.

Instruere aciem ; tendere aciem (παρατάσσεσθαι), signifie aussi mettre une armée en ordre de bataille Judic. 20. 33. 1. Reg. 4. 2. 2. Reg. 10. 9. 2. Par. 13. 3.

Ainsi *prima acies* (πρώτη σπεῖρα, *prima cohors*), c'est la tête de l'armée. 2. Mach. 8. 23. *In prima acie ipse dux commisit cum Nicanore :* Machabée se mit lui-même à la tête de l'armée, et marcha contre Nicanor.

3° Une bataille, un combat (παράταξις). 1. Reg. 4. v. 12. 16. *Ego qui de acie fugi hodie :* C'est moi qui me suis échappé du combat. 2. Par. 18. 33. *Educ me de acie* (πόλεμος) : Tire-moi du combat, car je suis blessé, dit Achab à son cocher, étant blessé à mort.

ACINUS, 1. γίγαρτον. Ce mot vient, à ce qu'on croit, du verbe *acuere*, et signifie un grain de raisin, ou d'autre fruit menu. Un grain de raisin. Eccli. 33. 16. *Ego novissimus evigilavi quasi qui colligit acinos post vindemiatores* (καλαμώμενος) : Je suis venu, dit l'Ecclésiastique, le dernier de tous, comme ceux qui ramassent les grains de raisin après ceux qui ont fait vendange : cet auteur n'est venu qu'après tous les prophètes, environ deux cents ans avant Jésus-Christ. Voy. NOVISSIMUS. De ce mot vient cette phrase, Num. 6. 4. *Ab uva passa usque ad acinum :* Les Nazaréens ne mangeront point de tout ce qui peut sortir de la vigne, depuis le raisin sec jusqu'à un pépin.

ACQUIESCERE. Ce verbe signifie proprement s'appuyer sur quelque chose pour s'y reposer : ce qui a quelque étendue, et qui donne lieu à d'autres significations qui s'y rapportent dans l'Ecriture.

1° Acquiescer, condescendre, se rendre, obéir (βούλεσθαι). Prov. 1. 10. *Si te lactaverint peccatores, ne acquiescas eis :* Si les pécheurs vous attirent par leurs caresses, ne vous laissez point aller à eux. Gen. 16. 2. c. 27. 8. c. 29. 28. Exod. 6. 9. etc. Ainsi, *Acquiescere ad omnia quæ postulantur* (εὐδοκεῖν) : Accorder tout ce qu'on demande. 1. Mach. 8. 1. *Acquiescunt ad omnia quæ postulantur ab eis :* Les Romains étaient toujours prêts d'accorder toutes les demandes qu'on leur faisait.

2° S'appliquer à quelque chose, y faire une attention sérieuse (μεριμνᾶν, *sollicitum esse*). Exod. 5. 9. *Opprimantur operibus ut non acquiescant verbis mendacibus :* Qu'on les accable de travaux, afin qu'ils n'aient pas le loisir de faire attention aux paroles de mensonge qu'on leur suggère. Pharaon parle ainsi des ordres que Moïse donnait au peuple de la part de Dieu.

3° S'attacher à quelqu'un, demeurer attaché à lui (προσμένειν, *adhærere*). Sap. 3. 9. *Qui confidunt in illo intelligent veritatem et fideles in dilectione acquiescent illi :* Ceux qui mettent leur confiance en Dieu, auront l'intelligence de la vérité, et ceux qui lui sont fidèles dans son amour, demeureront attachés à lui.

4° Prendre conseil, conférer avec quelqu'un (προσανατίθεσθαι, *adhibere in consilium*) Galat. 1. 16. *Non acquievi carni et sanguini :* Je n'ai point pris avis d'aucun homme mortel dans mon ministère ; le mot grec signifie se décharger dans le sein de son ami de ses soins et de ses secrets.

ACQUIRERE, περιποιεῖσθαι. De la préposition *ad* et de *quærere*, et signifie proprement acquérir, c'est-à-dire, obtenir un titre qui donne droit de jouir d'une chose, ou en propriété ou en usufruit.

1° Acquérir. Eccli. 3. 6. *Tempus acquirendi et tempus perdendi :* Il y a un temps d'acquérir et un temps de perdre, c'est-à-dire de dépenser. Chaque chose a son temps et ses règles. Genes. 31. 18. Ps. 77. 54. Luc. 19. 16. Ainsi Jésus-Christ a acquis son Eglise par son propre sang, c'est-à-dire qu'étant mort pour nous racheter et nous délivrer de la tyrannie du démon, il a droit de disposer de nous, comme étant notre souverain Seigneur. Act. 20. 28.

2° Posséder, jouir d'une chose ; d'où vient *hæreditate acquirere*, Gr. κληρονομεῖν, posséder comme son héritage, recevoir en partage. Ps. 68. 36. *Hæreditate acquirent eam :* Ils posséderont Sion comme leur héritage : cette Sion s'entend de l'Eglise, dont les habitants et les possesseurs sont les fidèles, qui en sont les membres. Ps. 118. 111. *Hæreditate acquisivi testimonia tua :* J'ai pris vos préceptes pour être à jamais mon partage ; le patrimoine et l'héritage des justes est la loi de Dieu. Voy. HÆREDITAS.

3° Acquérir, obtenir, remporter. 1. Tim. 3. 13. *Qui bene ministraverint, gradum bonum sibi acquirent :* Le bon usage qu'ils feront de leur ministère, leur acquerra un droit légitime pour monter plus haut. Saint Paul parle des diacres. Prov. 22. 9. *Victoriam et honorem acquiret qui dat munera :* Celui qui fait des présents remportera la victoire et l'honneur ; les dons ont un grand pouvoir. 1. Mach. 6. 44.

4° Tâcher d'obtenir, travailler pour acquérir ou posséder quelque chose (κτᾶσθαι) Prov. 4. 7. *In omni possessione tua acquire prudentiam :* Travaillez à acquérir la prudence aux dépens de tout ce que vous pouvez posséder. c. 16. 16.

5° Attirer sur soi (λαμβάνεσθαι). Rom. 13. 2. *Qui autem resistunt ipsi sibi damnationem acquirunt :* Ceux qui résistent aux puissances, attirent la condamnation sur eux-mêmes. Sap. 1. 12.

ACQUISITIO, NIS, περιποίησις. — 1° Acquisition, action par laquelle on acquiert quelque chose, gain, acquêt. Baruch. 3. 18. *Non est finis acquisitionis eorum :* Les hommes ne mettent point de bornes à l'acquisition qu'ils font des biens. Eccli. 42. 4. *De acquisitione multorum et paucorum (ne confundaris) :* Ne rougissez point d'être équitable, lorsqu'il s'agit d'acquérir peu ou beaucoup, ou, selon d'autres, de ce que vous acquérez peu, lorsque d'autres deviennent si riches. Act. 19. 25.

Acquisition, se dit aussi figurément des choses spirituelles. Prov. 3. 14. *Melior est acquisitio ejus* (Heb. *negotiatio*) *negotiatio argenti :* Le trafic de la sagesse vaut mieux que celui de l'argent. 1 Thess. 5. 9. *Non po-*

suit nos Deus in iram, sed in acquisitionem salutis : Dieu ne nous a pas choisis pour être des objets de sa colère, mais pour nous faire acquérir le salut. 2 Thess. 2. 14. *In acquisitionem gloriæ.*

2° Possession, jouissance. Heb. 10. 39. *Non sumus subtractionis filii in perditionem, sed fidei in acquisitionem animæ :* Nous ne sommes point des personnes à nous retirer de Dieu, ce qui serait notre perte ; mais nous demeurons fermes dans la foi pour le salut de nos âmes ; posséder son âme, c'est la sauver. Luc. 21. 19. *In patientia vestra possidebitis animas restras :* Vous vous sauverez par la patience. Voy. POSSIDERE.

3° Acquisition se dit aussi de la chose acquise ; ainsi les chrétiens que Dieu s'est acquis par le prix de sa mort et de son propre sang, sont appelés son acquisition, ou son peuple acquis. Eph. 1. 14. *Qui est pignus hæreditatis nostræ in redemptionem acquisitionis :* L'Esprit-Saint est le gage et les arrhes de notre héritage, jusqu'à la parfaite délivrance du peuple que Jésus-Christ s'est acquis. 1. Petr. 2. 9. *Vos autem gens sancta, populus acquisitionis :* Quant à vous, vous êtes la nation sainte, le peuple conquis ; cette conquête s'est faite en revendiquant sur le démon ce peuple, pour se le rendre propre et particulier ; ce qui est marqué par le mot grec περιουσία, *acquisitio peculiaris.* Voy. ACCEPTABILIS. Tit. 2. 14.

ACRABATHANE, es. Heb. *Montis ascensus.* Ce mot, qui vient de l'adjectif ἄκρος, *summus,* et du verbe βαίνω ; *ascendere,* marque un lieu élevé où l'on monte, et signifie : L'Acrabathane, c'est une partie de l'Idumée, que l'Ecriture nomme, Num. 34. 4. *la montée des scorpions,* à cause qu'il y avait beaucoup de ces serpents. Voy. ASCENSUS.

C'était la troisième des dix toparchies de la Judée, selon Pline. l. 5. c. 14. Judas Machabée en extermina les habitants, parce qu'ils suivaient le parti des Macédoniens. 1. Mach. 5. 3. *Eos qui erant in Acrabathane percussit plaga magna :* Judas battit ceux des enfants d'Esaü qui étaient dans Acrabathane, et en fit un grand carnage ; d'autres lisent Arabathane.

ACRITER, du nom *acer, acris,* acre, aigre, vif, prompt, violent. — 1° Vivement, d'une manière pressante. Jud. 11. 5. *Quibus acriter instantibus :* Comme les Ammonites pressaient les Israélites dans les combats qu'ils leur livraient : ceux-ci prirent Jephté pour leur chef. — 2° Aigrement, d'une manière aigre, rebutante, et désagréable (ἀχάριστος, *ingrate*). Eccli. 18. 18 *Stultus acriter improperat :* L'insensé fait des reproches aigres ; c'est être insensé que de gâter par des reproches désobligeants le bien qu'on fait à quelqu'un.

ACRON, is. H b. *Sterilitas,* ville située sur les confins de la tribu de Dan et de celle de Juda. Jos. 19. 43. Elon, Themna, Acron ; quelques-uns croient que c'est la même qu'Accaron. Voy. ACCARON.

ACTIO, nis, du verbe *agere,* action, opération, une œuvre, un fait, d'où vient *gratiarum actio,* action de grâces, qui signifie un remerciement, un témoignage de reconnaissance pour un bienfait reçu (εὐχαριστία). 1. Tim. 4. 4. *Nihil rejiciendum quod cum gratiarum actione percipitur :* Tout ce que Dieu a créé est bon, et on ne doit rien rejeter de ce qui se mange avec action de grâces. On doit remercier Dieu de l'usage des créatures que Dieu nous donne. Voy. SANCTIFICARE. Act. 24. 3. 2. Cor. 4. 15. Ephes. 5. 4. Phil. 4. 6. etc. Ainsi, *gratiarum actio,* c'est la reconnaissance que l'on rendait à Dieu dans l'Ancien Testament, par l'hostie pacifique que l'on offrait pour toutes les grâces, ou que l'on avait reçues de Dieu, ou que l'on demandait à Dieu. Levit. 7. 12. *Si pro actione gratiarum oblatio fuerit, offerent panes absque fermento :* Si c'est une oblation pour l'action de grâces, on offrira des pains sans levain, mêlés d'huile. Levit. 22. 29.

ACTOR, is, du verbe *agere.* C'est proprement celui qui fait quelque affaire ; mais, surtout en matière de procès, c'est le demandeur.

Un curateur qui a soin du bien d'un pupille (οἰκονόμος). Gal. 4. 2. *Sub tutoribus et actoribus est usque ad præfinitum tempus a Patre :* Un enfant est sous la puissance des tuteurs et des curateurs jusqu'au temps marqué par son père.

ACTUS, us, πρᾶξις. Acte, action, œuvre ; ce qui se fait de bien ou de mal ; ce qui est différent, selon la diversité des fins, des objets et des circonstances. — 1° Action, œuvre, bonne ou mauvaise. Eccli. 33. 24. *Donec reddat hominibus secundum actus suos :* Le Seigneur se vengera des nations, jusqu'à ce qu'il rende aux hommes selon leurs actions. Prov. 14. 15. Act. 19. 18. Coloss. 3. 9. Ainsi, Eccli. 37. 20. 1. Mach. 13. 34. Luc. 23. 51. — 2° Action extérieure, opposée au recueillement. Eccli. 11. 10. *Fili, ne in multis sint actus tui :* Mon fils, ne vous engagez pas dans une multiplicité d'actions. c. 38. 25. *Qui minoratur actu sapientiam percipiet :* Celui qui s'applique peu aux actions extérieures acquerra la sagesse. Voy. MINORARE. — 3° Fonction, opération. Rom. 12. 4. *Omnia membra non eumdem actum habent :* Tous les membres du corps n'ont pas la même fonction. — 4° Action hardie, dessein, entreprise. Judith. 8. 33. *Nolo ut scrutemini actum meum :* Je ne veux point que vous approfondissiez mon dessein. Judith parle aux anciens du peuple. — 5° Actions illustres, conduite glorieuse (πίστις, *fides*). 1. Mach. 14. 35. *Vidit populus actum Simonis :* Le peuple a vu la conduite de Simon, et ils l'ont établi leur chef. — 6° L'histoire et les actions de quelqu'un ; les actes qui se conservent à la postérité, tel est le livre qui porte pour titre : *Actus apostolorum,* les Actes des apôtres, écrit par saint Luc, dont la matière se peut réduire à trois chefs : l'ascension de Jésus-Christ, la descente du Saint-Esprit sur les apôtres, et l'établissement des Eglises chrétiennes, par le succès de la prédication des apôtres.

ACUERE, ὀξύνειν, ἀκονεῖν, du nom *acies,* aiguiser ; et dans le figuré, exciter, irriter

1° Aiguiser, rendre piquant et tranchant (παρασκευάζειν). Jer. 51. 11. *Acuite sagittas :* Aiguisez vos flèches. Le prophète parle aux Babyloniens avec ironie, pour leur faire comprendre le péril où ils seraient et l'inutilité de leurs préparatifs contre Darius, roi des Mèdes, d'où vient *acuere gladium :* Aiguiser son épée, menacer de perdre. Deut. 32. 41. *Si acuero ut fulgur gladium meum* (παροξύνειν) : Si j'aiguise mon épée, et la rends aussi pénétrante que les éclairs, je me vengerai de mes ennemis. Dieu se représente lui-même comme un homme armé d'épées foudroyantes, qui mettra tout à feu et à sang pour venger la mort de ses serviteurs. C'est ainsi qu'il dit qu'il aiguisera sa colère comme une lance perçante. Sap. 5. 21. *Acuet duram iram in lanceam :* Il aiguisera sa colère inflexible ; la colère de Dieu sera comme une lance qui pénétrera jusqu'au fond de l'âme des méchants, parce que la terreur de la puissance irritée qu'il répandra dans leur cœur, sera leur plus grand supplice.

Acuere linguam suam sicut serpentis : Aiguiser sa langue comme celle d'un serpent. C'est médire de quelqu'un par des discours piquants et empoisonnés, comme faisaient auprès de Saül les ennemis de David. Ps. 139. 3. Ils ont aiguisé leurs langues comme celle du serpent, qu'on dit aiguiser sa langue avant que de piquer : *Acuerunt linguas suas,* etc. Voy. Exacuere. Ps. 63. 4.

2° Exciter, animer, encourager (παριστάναι). 1. Mach. 6. 34. *Et elephantis ostenderunt sanguinem uvæ et mori ad acuendos eos in prœlium :* Les ennemis montrèrent aux éléphants du jus de raisin et de mûres, afin de les animer au combat par la couleur de ce jus, semblable au sang.

ACULEUS, i, κέντρον, du nom *acus, us,* aiguille, aiguillon, ce qui est piquant, en manière d'aiguille. Apoc. 9. 10. *Aculei erant in caudis earum :* Ces sauterelles avaient un aiguillon à la queue. Voy. Locusta.

ACULEATUS, a, um, piquant, hérissé (ὡς ἀκρίδων πλῆθος, *ut locustarum multitudinem*). Jerem. 51. 27. *Adducite equum quasi bruchum aculeatum :* Faites venir les chevaux en foule, comme des chenilles hérissées de toutes parts. Le prophète parle des troupes qui devaient venir contre Babylone ; il peut bien marquer par ces chevaux ceux des Perses, qui étaient fiers aux combats et qui avaient les crins hérissés.

ACUS, us, ῥαφίς, du mot grec ἀκή, ou ἀκίς, qui signifie pointe. — 1° Aiguille, petit fer pointu et délié, qui sert à coudre, à broder et à faire d'autres ouvrages. Matth. 19. 21. Marc. 10. 25. Luc. 18. 25. *Facilius est camelum per foramen acus transire, quam divitem intrare in regnum Dei :* Il est plus aisé qu'un chameau passe par le trou d'une aiguille, que non pas qu'un riche entre dans le royaume de Dieu. Voy. Camelus. — 2° Aiguille, ornement de tête. Isa. 3. 22. *Linteamina et acus et specula :* Le Seigneur ôtera aux filles de Sion leurs beaux linges, leurs aiguilles de tête ou leurs poinçons de diamant, leurs miroirs, etc. Le mot hébreu, qui répond à *acus* se peut expliquer diversement.

ACUTUS, a, um, ὀξύς, εῖα, ύ. 1° Aigu, qui se termine en pointe et qui est perçant ou tranchant. Exod. 4. 25. *Tulit illico Sephora acutissimam petram :* En même temps, Sephora prit une pierre très-aiguë et circoncit la chair de son fils : elle prit au plus tôt ce qu'elle rencontra propre à couper, pour éviter la colère de Dieu. Ezech. 5. 1. *Sume tibi gladium acutum :* Prenez un rasoir tranchant ; Gr., un glaive plus tranchant qu'un rasoir. Voy. Gladius.

Phrases et façons de parler figurées, qui viennent de ce mot.

Falx acuta, une faux tranchante, qui marque le jugement de Dieu, irrévocable contre les méchants. Apoc. 14. v. 14. 17. 18. 19. Voy. Falx.

Gladius acutus, une épée perçante ou tranchante, marque plusieurs choses : 1° une chose très-pernicieuse, comme la médisance. Ps. 56. 5. *Lingua eorum gladius acutus.* Voy. Gladius. 2° Ce qui est invincible et efficace. Sap. 18. 16. *Gladius acutus insimulatum imperium tuum portans :* La parole toute-puissante de Dieu est comme une épée tranchante, qui porte ses arrêts irrévocables et qui les exécute invinciblement. Isa. 49. 2. *Posuit os meum quasi gladium acutum :* Dieu a rendu ma bouche comme une épée perçante ; la parole de Jésus-Christ a pénétré jusque dans le fond des cœurs, avec une vertu toute-puissante. Apoc. 1. 16. c. 19. 15. Voy. Gladius. 3° Ce qui est rigoureux et inexorable. Ezech. 21. 15. *In omnibus portis eorum dedi conturbationem gladii acuti :* Je jetterai l'épouvante à toutes leurs portes devant cette épée perçante. Cette épée était la justice et la puissance de Dieu, entre les mains de Nabuchodonosor, qui devait exercer contre les Juifs des châtiments très-rigoureux. Voy. Gladius

Novacula acuta (ἠκονημένος), un rasoir affilé, qui marque une malignité prompte à nuire. Ps. 51. 4. *Sicut novacula acuta fecisti dolum :* Vous avez, comme un rasoir affilé, fait passer insensiblement votre tromperie. David parle du rapport que Doëg fit à Saül.

Rhomphæa, bis acuta, ou *utraque parte acuta :* Une épée à deux tranchants, qui signifie ou ce qui est pernicieux. Eccli. 21. 4. *Quasi rhomphæa bis acuta omnis iniquitas :* Tout péché est comme une épée à deux tranchants. Voy. Rhomphæa. Ou ce qui est rigoureux et inexorable. Apoc. 2. 12. *Hæc dicit qui habet rhomphæam utraque parte acutam :* Voici ce que dit celui qui porte en sa bouche l'épée qui coupe des deux côtés (δίστομος, *habens duo ora*). Voy. Rhomphæa.

Sagitta acuta, une flèche perçante. Elle marque ce qui fait une vive impression, en bonne ou mauvaise part. Voy. Sagitta.

2° Pénétrant, efficace. Sap. 7. 22. *Est in illa spiritus intelligentiæ aculus, quem nihil vetat :* Il y a dans la sagesse un esprit d'intelligence pénétrant, que rien ne peut empêcher d'agir.

3° Spirituel, subtil. Sap. 8. 11 *Et acutus inveniar in judicio :* On reconnaîtra la pénétration de mon esprit dans les jugements. C'est l'auteur de ce livre qui parle.

4° Nuisible, pernicieux, (ἠχουμένος). Prov. 5. 4. *Novissima illius acuta quasi gladius biceps*: La fin du péché en est perçante comme une épée à deux tranchants ; c'est-à-dire pernicieuse et mortelle.

AD, πρὸς, εἰς. Cette préposition vient de l'hébreu *had* et se met toujours avec l'accusatif, pour marquer un mouvement vers quelque objet ; mais elle en marque proprement le voisinage et la proximité. Outre les significations qu'elle a selon l'usage du latin, elle en a encore d'autres dans l'Ecriture, parce qu'elle répond aux particules hébraïques *had*, *hal* et autres. Ainsi, outre ce qu'elle signifie ordinairement en latin, elle signifie :

1° Près, auprès, pour marquer la proximité (*Apud, prope*). Joan. 18. 16. *Petrus autem stabat ad ostium*: Pierre demeurait à la porte du pontife, où Jésus-Christ avait été conduit. c. 6. 21. c. 20. 11. Matth. 21. 1. *Ad montem Oliveti*: Près de la montagne des Oliviers. Act. 25. 10.

On peut rapporter à cette signification ces phrases, *Ad auriculam esse*: Être confident. 1. Par. 11. 25. Voy. AURICULA. *Ad manum esse*: Être sous la main, auprès de quelqu'un. Voy. MANUS. Elle marque aussi que l'on est en présence d'une chose ou d'une personne. Matth. 10. 18. *Ad præsides et ad reges ducemini*: Vous serez présentés aux gouverneurs et aux rois. Marc. 4. 1. *Congregata est ad eum turba multa*: Une grande multitude de personnes s'assembla autour de Jésus-Christ, etc.

2° Cette préposition se met quelquefois pour *in* devant un nom de lieu. Sap. 8. 20. *Veni ad corpus in coinquinatum*: Je suis venu dans un corps qui n'était point souillé. Act. 20. 2. *Venit ad Græciam*: Saint Paul vint en Grèce. 4. Reg. 10. 8. 1. Thess. 1. 8. Malach. 3. 1. *Statim veniet ad Templum suum*: Il viendra dans son Temple, Amos. 4. 4.

Quelquefois, *ad* signifie chez les personnes. Joan. 20. 10. *Abierunt ergo iterum discipuli ad semetipsos*: Saint Pierre et saint Jean retournèrent chez eux. Matth. 26. 57. *Duxerunt ad Caipham*: Les Juifs emmenèrent Jésus chez Caïphe. Mais il n'y a rien de si ordinaire, dans le Nouveau Testament et dans les Septante, que de mettre une préposition pour l'autre : ainsi εἰς et πρὸς, *in* et *ad* se mettent l'un pour l'autre.

3° Elle marque la fin qu'on se propose ou à laquelle quelque chose tend. Sap. 6. 15. *Qui de luce vigilaverit ad illam, non laborabit*: Celui qui veille dès le matin pour posséder la sagesse n'aura pas de peine. Eccli. 48. 19. *Ædificavit ad aquam, puteum*: Ezéchias a bâti un puits, pour conserver l'eau. c. 4. 13. Matth. 3. 7. Rom. 4. 3.

A quoi se peut rapporter *ad breve*: Pour un peu de temps. Act. 5. 34. Voy. FORAS.

4° Le côté, l'aspect, la partie vers laquelle on est, où l'on tend (*Versus*). Gen. 13. 9. *Si ad sinistram ieris, ego dexteram tenebo*: Si vous choisissez la gauche, je prendrai la droite, dit Abraham à Loth. Ps. 5. 8. *Adorabo ad Templum sanctum tuum*: Rempli de votre crainte, je vous adorerai en me tournant du côté de votre sanctuaire. Le peuple se tournait du côté du sanctuaire.

5° La même chose que *de*, touchant. 2. Reg. 3. 18. *Dominus locutus est ad David*. Joan. 10. 35. Rom. 10. 21. Hebr. 1. 7. c. 4. 13. Isa. 16. 13. Jerem. 48. 1. Ce qui est quelquefois exprimé par le datif. Ps. 3. 3. *Multi dicunt animæ meæ*: Plusieurs disent de moi, i. e. *ad me*, pour de moi. Ps. 40. 6. Jerem. 14. 10. *Dixit Dominus populo huic*: Voici ce que le Seigneur dit touchant ce peuple.

6° Elle signifie le même que, *inter*. Joan. 7. 35. *Dixerunt ad semetipsos*: Les Juifs disaient entre eux. c. 12. 19. Gen. 9. 12.

7° A cause (*propter*). Matth. 19. 8. Marc. 10. 5. *Ad duritiam cordis vestri scripsit*: C'est à cause de la dureté de votre cœur, que Moïse vous a permis de quitter vos femmes. Deut. 28. v. 32. 34. c. 31. 6. Jud. 4. 15. Judith. 4. 15. c. 12. 20. Esth. 14. 11. Job. 31. 29. Is. 16. 11. c. 15. 5. Jerem. 48. v. 31. 36. Osée. 3. 5. Luc. 11. 32. Dan. 8. 27.

8° Pour *cum*, avec Eccli. 13. 3. *Quid communicabit cacabus ad ollam?* Quelle union peut-il y avoir entre un pot de terre et un pot de fer ? Le pauvre trouve sa perte dans l'union qu'il fait avec le riche. v. 22. Jer. 23. 28. *Quid paleis ad triticum?* Quelle comparaison y a-t-il entre la paille et le blé? Entre la bonne et la mauvaise doctrine? Rom. 5. 1. *Pacem habeamus ad Deum*: Ayons la paix avec Dieu. Voy. PAX. Gen. 17. 21. Sap. 1. 16. 1. Reg. 23. 23. 2. Cor. 6. 15. Jer. 15. 12. etc.

9° Pour *contra*, contre. Eccli. 22. 26. *Ad amicum etsi produxeris gladium*: Quand vous auriez tiré l'épée contre votre ami, il y a encore de retour. 2. Par. 20. 37. Isa. 66. 16. Jerem. 50. v. 35. 36. 37. Ezech. 21. v. 2. 4. c. 29. 10. Ose. 12. 4. c. 6. 11. 1. Cor. 15. 32. Apoc. 13. 6.

10° Pour, en considération (*pro*). Ezech. 13. 16. *Prophetant ad Jerusalem*: En faveur de Jerusalem. 1. Reg. 30. 7. *Applicavit Ephod ad David*: Abiathar se revêtit de l'Ephod pour David, c'était afin qu'il y reconnût la volonté de Dieu.

11° Pour *erga*, envers, à l'égard. Gal. 6. 10. *Operemur bonum ad omnes, maxime autem ad domesticos fidei*: Faisons du bien à tous. 2. Reg. 16. 17. 2. Mach. 9. 26. Eph. 5. 14. 2. Tim. 2. 24. Heb. 2. 17. 1. Joan. 5. 14.

12° Pour *super*, sur. 4. Reg. 6. 30. *Vidit omnis populus cilicium quo Joram vestitus erat ad carnem*: Tout le peuple vit le cilice dont le roi était revêtu par-dessous. Exod. 39. 19. *Stricta ad balteum*: L'Ephod d'Aaron était resserré par la ceinture. Voy. STRINGERE.

13° Pour le datif. Ezech. 33. 9. *Si annuntiante te ad impium*: Si vous avertissez l'impie qu'il ne se convertisse, et que lui néanmoins ne se convertisse point, il mourra dans son péché. v. 10. et avec les verbes *dico, aio, loquor, respondeo*, et semblables. Rom. 4. 3. *Credidit Abraham Deo et reputatum est illi ad justitiam,* i. e. *justitiæ:* Abraham crut ce que Dieu lui avait dit, et sa foi lui fut imputée à justice, Gr. εἰς, pour être une vraie justice, et non-seulement une justice imputative.

14° Pour l'ablatif. Ps. 29. 6. *Ad vesperum demorabitur fletus, et ad matutinum lœtitia:* La colère de Dieu comme père dure si peu, que si on en souffre le soir ou la nuit, on se lève le matin dans la joie. Gen. 33. 18. Job. 11. 17. Act. 9. 8.

15°. Pour *apud, coram;* devant, auprès. 1. Joan. 3. 21. *Si cor nostrum non reprehenderit nos, fiduciam habemus ad Deum:* Nous avons de l'assurance devant Dieu. 4. Reg. 5. 3. Act. 24. 16. Rom. 15. 17. 2. Cor. 3. 4. c. 4. 2. c. 7. 14. Sap 8. 10. Job. 37. 22. *Ad Deum formidolosa laudatio:* Là louange que l'on donne à Dieu, doit être accompagnée de tremblement. *Ad* est mis pour *apud.* Voyez FORMIDOLOSUS. Ainsi, *Ad manum alicujus:* Sous la main de quelqu'un, signifie aussi, auprès. Eccli. 14. 25. *Statuet casulam suam ad manus illius:* Heureux celui qui se bâtit une petite cabane proche la sagesse. Voy. CASULA.

16° Pour *præ,* au prix, en comparaison. Ps. 119. 3. *Quid detur tibi aut quid apponatur tibi ad linguam dolosam?* i. e. *præ,* seu *pejus lingua dolosa:* Que pourra-t on ajouter à la grandeur du mal que vous cause la langue trompeuse? Ps. 138. 6. *Confortata est et non potero ad eam,* i. e. *præ ea, ut eam assequar:* Seigneur, votre science est si élevée, que je n'y puis atteindre. Rom. 8. 18. *Non sunt condignæ passiones hujus temporis ad futuram gloriam:* Je trouve que les souffrances de cette vie n'ont point de proportion avec la gloire de la vie future.

17° Pour *secundum,* selon, conformément. Galat. 2. 14. *Cum vidisset quod non recte ambularent ad veritatem Evangelii:* Quand je vis qu'ils ne marchaient pas droit selon la vérité de l'Evangile. Gen. 1. v. 26. 27. c. 5. 3. c. 9. 6. Sap. 2. 23. c. 19. 6. Eccli. 27. 17. *Ad animum suum:* Selon son cœur.

18° *Ad,* superflu, qui n'ajoute rien. Heb. 12. 1. *Curramus ad propositum nobis certamen:* Courons dans cette carrière qui nous est ouverte. Le Grec omet cette préposition.

ADA, Æ, *Ornata.* 1° Une des deux femmes de Lamech. Gen. 4. 19. *Qui accepit duas uxores, nomen uni Ada:* Lamech eut deux femmes, une s'appelait Ada et l'autre Sella.

2° Une des femmes d'Esaü. Gen. 36. v. 2. 4. *Esaü accepit uxores de filiabus Chanaan, Ada filiam Elon Hethæi:* Esaü prit ses femmes entre les filles de Chanaan; Ada, fille d'Hélon héthéen. v. 10. 16. Elle s'appelait aussi Basemath. Gen. 26. 34.

ADAD, *Interitus,* ou *sonitus.* 1° Un roi d'Idumée qui a défait les Madianites. Gen. 36. 35. *Regnavit pro eo Adad filius Badad qui percussit Madian.* Husan étant mort, Adad, fils de Badad, régna après lui. Ce fut lui qui défit les Madianites. 1. Par. 1. v. 47. 46.

2° Un autre roi d'Idumée. 1. Par. 1. v. 50. 51. *Adad mortuo, Duces, pro regibus in Edom esse cœperunt:* Après la mort d'Adad, le pays d'Edom n'eut plus de rois, mais des gouverneurs. Il est appelé *Adar.* Gen. 36. 39. Voyez ADAR.

3° Un de la race des rois d'Idumée, que Dieu suscita pour ennemi de Salomon. 3. Reg. 11. 14. *Suscitavit autem Dominus adversarium Salomoni Adad Idumæum de semine regio.* v. 17. 19. 21. 25.

ADADA. Æ, *Testimonium cœtus,* ville de la tribu de Juda. Jos. 15. 22.

ADADREMMON. is, *Decus malogranati,* ville de la tribu de Manassé deçà le Jourdain, proche de Jezraël, célèbre par la victoire que Pharaon Néchao remporta contre Josias. Zach. 12. 11. *In die illa magnus erit planctus in Jerusalem, sicut planctus Adadremmon in campo Mageddon:* En ce temps-là, il y aura un grand deuil dans Jérusalem, comme fut celui de la ville d'Adadremmon, dans la plaine de Mageddon. Tout le peuple juif ressentit avec grande douleur la mort d'un prince, aussi saint et aussi aimé qu'était Josias. Il y a apparence que ce deuil commença dans cette ville comme étant proche de la campagne de Mageddon où ce prince avait été blessé. Elle porte le nom d'Adadremmon, à cause de la quantité des grenades que l'on y cueille, en chaldéen, l'honneur des grenades.

ADÆQUARE, ἰσοῦν. Ce verbe signifie comme son simple: 1° Egaler, rendre égal (πλεονάζειν). 1. Par. 4. 27. *Universa cognatio non potuit adæquare summam filiorum Juda:* Toute la postérité de Siméon ne put point égaler celle de Juda (La tribu de Siméon se trouva la moindre de toutes dans le dénombrement qui s'en fit. Num. 1. 22. et c. 26. 14). Ezech. 31. 8 Ainsi, Ose. 10. 1. *Vitis frondosa Israël, fructus adæquatus est ei:* Israël était une vigne qui poussait de grandes branches, et ne portait pas moins de raisin (εὐθηνεῖν, *fructus ferre*). Dieu reproche à Israël son ingratitude de s'être abandonné à l'idolâtrie, après avoir été comblé de biens de sa part.

2° Egaler, aplanir, rendre uni (ὁμαλίζειν). Isa. 28. 25. *Nonne cum adæquaverit faciem ejus seret gith?* Lorsque le laboureur a aplani la terre et l'a égalée, n'y sème-t-il pas du gith? D'où vient:

Adæquare terræ, ou *pulveri:* Egaler à la terre ou à la poussière, c'est raser, détruire de fond en comble (ἐντρέπειν, *pudore suffundere*). Jerem. 50. 12. *Adæquata pulveri quæ genuit vos:* Cette ville où vous êtes nés sera rasée. Ezech. 13. 14. *Adæquabo eum terræ:* J'égalerai la muraille que vous avez enduite à la terre. Voy. PARIES.

3° Egaler, rendre pareil, comparer (τιθέναι ἐπὶ τὴν γῆν, *ponere in terram*). Job. 28. v. 17. 19. *Non adæquabitur ei topazius:* La sagesse est plus excellente que les pierres précieuses qui ne méritent pas de lui être comparées. Isa. 40. 25. c. 46. 5.

ADAIA ou ADAIAS, Æ. *Testis Domini,* nom de plusieurs hommes. — 1° Le fils d'Ethan, et père de Zara, de la tribu de Lévi. 1. Par. 6. 41. — 2° Un fils de Séméi, de la tribu de Benjamin. c. 8. 21. — 3° Un descendant de

Bani, qui avait épousé une femme étrangère. 1. Esd. 10. 29. — 4° Le fils de Jéroham, de la race des sacrificateurs. 1. Par. 9. 12. 2. Esd. 11.12.—5° Le père de Maasias. 2 Par 23.1.

ADALI, Heb. *Temporalis*, le père d'Amasa, du temps d'Achaz. 2. Par. 28. 12.

ADALIA, *Hauriens*, ou *paupertas*, fils d'Aman, qui fut tué avec ses autres frères. Esth. 9. 8.

ADAM, *homo*, *ou terrenus*, du mot hébreu Adama, qui veut dire terre rouge, parce que ce fut d'une semblable terre que le premier homme fut formé de la main de Dieu.

1° Adam, le premier homme qui fut créé avec Eve le sixième jour, et tous deux enrichis de tous les dons naturels et surnaturels qui convenaient à une créature excellente; mais qui perdit tous ces avantages et fut chassé du jardin de délices, pour avoir désobéi à Dieu en mangeant du fruit défendu, à la sollicitation d'Eve, sa femme, séduite par le serpent, et qui a attiré par sa désobéissance, sur lui et sur toute sa postérité, la mort dont il était menacé, et un déluge de maux qui sont la peine de ce péché. La sagesse le tira de son péché, Sap. 10. 1. et le releva après sa chute. Sa pénitence qui a été de 930 ans, est quelque chose, si on ose parler ainsi, d'aussi incompréhensible que son péché. L'Eglise a toujours regardé sa réparation comme un des plus grands effets de la grâce du second Adam, et elle a soutenu sa délivrance comme une vérité catholique, contre quelques hérétiques, qui prétendaient qu'il était mort dans son péché avec Eve, sa femme.

2° Nom appellatif, qui signifie homme ou femme en général. Gen. 5. 2. *Vocavit nomen eorum Adam*: Dieu leur donna le nom d'Adam, c'est-à-dire d'homme, ce qui convient aussi à Eve (ἄνθρωπος, *homo*) c. 11. 5. *Descendit Dominus ut videret civitatem et turrim quam œdificabant filii Adam*: Le Seigneur descendit pour voir la ville et la tour que bâtissaient les enfants d'Adam, Gr. les enfants des hommes. Deut. 32. 8. *Quando separabat filios Adam*: Quand le Très-haut a séparé les enfants des hommes. 2. Reg. 7. 19. *Ista est lex, i. e. consuetudo Adam*: C'est la loi d'Adam, c'est-à-dire de l'homme. Dieu, en établissant la maison de David, en a usé comme un homme à l'égard de son ami. Eccl. 3. 21. c. 35. 24. c. 40. 1. Ainsi, Jos. 14. 15. *Adam maximus ibi inter Enacim situs est*: Il y avait eu en ce lieu-là un grand homme célèbre parmi les géants mêmes. Ose. 11. 4. *In funiculis Adam traham eos*: J'ai attiré les Israélites à moi par tous les attraits qui gagnent les hommes.

3° Le Messie, ou Jésus-Christ notre Seigneur, qui est appelé le second Adam. 1. Cor. 15. 45. *Novissimus Adam*. Voy. Rom. 5. 14. Le premier était la figure du second par opposition; l'un pour perdre, l'autre pour sauver, comme montre saint Paul en ces endroits; et même le premier Adam est pris pour le péché même, et la corruption dont il est la source, c'est ce qui fait qu'il faut détruire en nous le vieil homme.

ADAMA, Heb- *Terra rubra*, ville de la contrée de la Pentapole, autrefois capitale de la province. Elle fut ruinée avec Sodome et les autres par le feu du ciel. Ose. 11. 8. *Dabo te sicut Adama?* O Ephraïm, vous abandonnerai-je comme Adama? Il semble que Dieu délibère s'il ne doit point modérer en quelque chose la rigueur de sa justice. Gen. 10. 19. c. 14. 2. Deut. 29. 23.

ADAMARE. Gr. ἀγαπᾶν, aimer avec passion. 3 Reg. 11. 1. *Rex Salomon adamavit mulieres alienigenas multas*: Le roi Salomon aima passionnément plusieurs femmes étrangères (φιλογύναιος, *erat amator mulierum*). Genes. 34. 2. Deut. 21. 11. 2. Reg. 13. 1. Esth. 2. 17 Jerem. 2. 25.

ADAMAS. ANTIS; Gr. ἀδαμάς. Ce mot vient d'ἄλφα privatif, et de δαμάζω, *domo*, quasi *indomabilis*, indomptable; parce qu'on croyait autrefois que le diamant résistait au marteau. Diamant espèce de pierre, la plus dure, la plus brillante et la plus précieuse de toutes. Sa dureté a donné lieu à ces manières de parler de l'Ecriture : *Dare faciem alicujus ut adamantem*: Donner à quelqu'un un front de pierre et de diamant; c'est lui donner la force de résister à l'impudence et à l'insolence des impies. Ezech. 3. 9. *Ut adamantem et ut silicem dedi faciem tuam*: Je vous ai donné un front de pierre et de diamant. Il fallait être tel avec le peuple juif qui avait une tête dure, et était porté à la révolte et à l'insolence.

Ponere cor suum ut adamantem: Rendre son cœur dur comme le diamant; c'est s'endurcir et refuser opiniâtrement d'écouter les avis qui sont donnés. Zach. 7. 12. *Cor suum posuerunt ut adamantem, ne audirent legem*: Les Juifs se sont opiniâtrés à ne point écouter la loi ni les ordres de Dieu (ἀπειθής, *inobediens*).

ADAMANTINUS, A, UM, ἀδαμάντινος, qui est fait de diamant, dur comme le diamant (et figurément, inflexible, inexorable). Jerem. 17. 1. *Peccatum Juda scriptum est stylo ferreo in ungue adamantino*: Le péché de Juda est écrit avec une plume de fer et une pointe de diamant; selon saint Jérôme, avec une plume de fer sur le diamant : ce qui marque que le péché des Juifs était comme ineffaçable.

ADAMI, *Terrenus*, ou *rufus*, ville de la tribu de Nephtali. Jos. 19. 33. *Adami quæ est Neceb*. Voy. NECEB.

ADAN, *Deliciosus*. Voy. ADIN, nom d'homme, chef de famille. 1. Esd. 8. 6. Ses descendants revinrent de la captivité au nombre de cinquante hommes.

ADAPERIRE, διανοίγειν. Voy. APERIRE. Ce verbe signifie proprement, ouvrir entièrement, montrer évidemment: dans l'Ecriture il a la signification de son simple.

1° Ouvrir. D'où viennent ces phrases dans un sens moins propre et figuré.

Adaperire aurem : Ouvrir l'oreille; c'est ôter la surdité, donner l'ouïe. Marc. 7. 34. *Ait illi, Ephpheta, quod est, adaperire, et statim apertæ sunt aures ejus*: Jésus dit à cet homme sourd et muet, Ephpheta, c'est-à-dire ouvrez-vous, aussitôt ses oreilles furent ouvertes et sa langue fut déliée.

Adaperire vulvam : Ouvrir le sein de la mère ; c'est-à-dire naître le premier, être premier-né. Luc. 2. 23. *Omne masculinum adaperiens vulvam sanctum Domino vocabitur.* Tout enfant mâle premier-né sera consacré au Seigneur.

Adaperire cor : Ouvrir le cœur ; c'est le rendre docile et susceptible des impressions de la grâce. 2. Mach. 1. 4. *Adaperiat cor vestrum in Lege sua.* Que Dieu ouvre votre cœur à sa loi, disent les Juifs de Jérusalem à ceux d'Egypte.

2° Découvrir, expliquer. Act. 17. 3. *Disserebat eis de Scripturis, adaperiens et insinuans quia Christum oportuit pati et resurgere a mortuis :* Paul entretint durant trois jours de sabbat les Juifs qui étaient à Thessalonique, leur découvrant par les Ecritures, et leur faisant voir qu'il avait fallu que le Christ souffrît et qu'il ressuscitât d'entre les morts.

ADAPERTIO, NIS, Ouverture, l'action d'ouvrir. De là vient cette phrase hébraïque, *Adapertione pandere :* Ouvrir tout à fait. Nah. 3. 13. *Inimicis tuis adapertione pandentur portæ terræ tuæ :* Vos portes et celles de tout le pays seront ouvertes à vos ennemis. Voy. PANDERE. Le prophète prédit la ruine de Ninive.

ADAPTARE. Voy. APTARE. Accommoder, ajuster, joindre une chose à une autre. Exod. 26. 5. *Ut ansa contra unsam veniat, et altera alteri possit adaptari :* Afin que les cordons de l'un répondent à ceux de l'autre, et qu'on les puisse attacher ensemble. Plusieurs éditions ont en cet endroit, *aptari,* au lieu du composé. On ne peut point connaître par la langue originale si ce doit être le simple ou le composé.

ADAQUARE, ποτίζειν. Ce verbe signifie proprement, donner à boire aux chevaux ou au bétail. — 1° Abreuver le bétail. Gen. 24. 46. *Bibi et adaquavit camelos :* Rebecca m'a donné à boire, et elle a donné aussi à boire à mes chameaux, dit le serviteur d'Abraham. c. 29. 11. Exod. 2. v. 16. 17. Luc. 13. 15.

— 2° Donner à boire à quelqu'un. Ps. 77. 15. *Adaquavit eos velut in abysso multa :* Dieu fendit la pierre dans le désert, et donna à boire aux Israélites comme s'il y avait eu là des abîmes d'eau.

ADAR, *Pulchritudo.* — 1° C'était le dernier mois des Hébreux qui répond en partie à notre mois de février, en partie à celui de mars. Celui-ci s'appelait proprement Adar, ou premier Adar, pour le distinguer du second Adar intercalaire, qui se faisait tous les trois ans ; car comme l'année du soleil est plus grande que l'année lunaire d'onze jours, ces onze jours en trois ans faisaient trente-trois jours ; ainsi il y avait tous les trois ans treize mois, en prenant trente jours pour faire un mois intercalaire ; les autres trois jours qui restaient faisaient un autre mois en trente ans. Voy. MENSIS. 1. Esd. 6. 15. Esth. 9. 21. *Ut quartam decimam et decimam quintam diem mensis Adar pro Festis susciperent :* Mardochée écrivit à tous les Juifs pour les exhorter à recevoir pour fêtes solennelles le 14 et le 15 du mois Adar. — 2° Le huitième roi des Iduméens, fils d'Achobor. Gen. 36. 39. qui est appelé Adad. 1. Par. 1. 50. — 3° Un nom de lieu qui borne la terre de Chanaan vers le midi. Num. 34. 4. qui est appelé Addar. Jos. 15. 3.

ADAREZER, *Pulchritudo auxilii.* C'était le fils de Rohob, roi de cette partie de la Syrie, dont la capitale est Soba ou Sobal. Ce prince fut défait et réduit sous l'obéissance de David. 2. Reg. 8. v. 3. 12. *Percussit David Adarezer filium Rohob Regem Soba.* c. 10. v. 16. 19. 1. Par. 18. 3. etc. Voy. Soba.

ADARSA, *Testificans solem,* nom de lieu dans la tribu d'Ephraïm, à trente stades de Bethoron. 1. Mach. 7. 40. *Judas applicuit in Adarsa :* Judas alla camper près d'Adarsa.

ADAUGERE, προστιθέναι. Augmenter, accroître. Luc. 17. 5. *Adauge nobis fidem :* Augmentez-nous la foi, disent les apôtres à Jésus-Christ. De là vient :

Adaugere ad aliquid : Multiplier quelque chose. 2. Reg. 24. 3. *Adaugeat Dominus Deus tuus ad populum tuum :* Je prie le Seigneur votre Dieu de multiplier votre peuple.

ADAZER, *Testis auxilii,* nom de ville où se donna la bataille où Nicanor fut défait. 1. Mach. 7. 45. *Persecuti sunt eos viam unius diei ab Adazer usque dum veniatur in Gazara :* Les gens de Judas poursuivirent Nicanor une journée de chemin, depuis Adazer jusqu'à l'entrée de Gazara. Il est vraisemblable que les mots Adarsa et Adazer ne sont que le même lieu. Le Grec ne les distingue point. Gr. Ἄδασα.

ADBEEL, *Nubes cum Deo,* troisième fils d'Ismaël. Gen. 25. 13. 1. Par. 1. 29.

ADDAR, *Pallium.* — 1° Nom de lieu dans la tribu de Juda. Jos. 15. 3. Voy. ADAR ci-dessus. — 2° Un autre nom de lieu, appelé Ataroth-addar. c. 16. 5. *Usque Bethoron superiorem :* La frontière de la terre que possèdent les enfants d'Ephraïm est vers l'Orient Ataroth-addar, jusqu'à la contrée supérieure de Bethoron. — 3° Un fils de Balé, fils de Benjamin. 1. Par. 8. 3.

ADDECIMARE, προσδεκατοῦν. Ce verbe signifie comme le simple, mettre à la dîme, faire payer la dîme. 1. Reg. 8. v. 15. 17. *Greges quoque vestros addecimabit :* Le roi vous fera payer la dîme de vos blés et du revenu de vos vignes, il mettra aussi vos troupeaux à la dîme. Voy. DECIMARE.

ADDERE, προστιθέναι, de *ad* et de *dare,* — 1° Ajouter, joindre quelque chose à une autre. Eccl. 1. 18. *Qui addit scientiam, addit et laborem :* Plus on a de science, plus on a de peine ; parce que plus on sait, plus on veut savoir. Deut. 1. 11. *Dominus Deus patrum vestrorum addat ad hunc numerum multa millia :* Que le Seigneur le Dieu de vos pères, dit Moïse, en ajoute encore à ce nombre mille et mille. Gen. 30. 24. c. 45. 23. Exod. 30. 15. Levit. 7. 17. c. 22. 14. etc. Ainsi, *Addi inimicis :* Se joindre aux ennemis, se liguer avec eux. Exod. 1. 10. *Ne addatur inimicis nostris :* Opprimons les Israélites, de peur qu'ils ne se joignent à nos ennemis. 1. Mach. 2. 43. c. 3. 41.

Ces phrases-ci viennent de ce mot,

Hæc faciat Deus et hæc addat : Je veux que Dieu me punisse, et qu'il ajoute châtiment sur châtiment; c'est une imprécation qu'une personne fait contre elle-même pour dire, que Dieu me traite dans toute sa rigueur, si cela n'est. Ruth. 1. 17. *Hæc mihi faciat Dominus et hæc addat.* 1. Reg. 3. 17. c. 14. 44. c. 25. 22. 2. Reg. 3. v. 9. 35. etc.

Addere super : Ajouter à quelque chose, augmenter. Ps. 68. 27. *Super dolorem vulnerum meorum addiderunt* : Mes ennemis ont ajouté à la douleur de mes plaies des douleurs nouvelles. 3. Reg. 12. 11. 1. Esdr. 10. 10. Job. 34. 37. Isa. 30. 1.

Addere gratiam capiti : Orner et parer la tête. Prov. 1. 9. Voy. CAPUT.

Addere lætitiam : Se réjouir de plus en plus. Isa. 29. 19. *Et addent mites in Domino lætitiam* : Ceux qui sont doux et humbles se réjouiront de plus en plus dans le Seigneur.

Addere fortitudinem : Se fortifier de plus en plus. Job. 17. 9. *Mundis manibus addet fortitudinem* : Celui qui a les mains pures, ne laissera pas de prendre de nouvelles forces.

Addere iracundiam : Attirer de plus en plus la colère de Dieu. 2. Esd. 13. 18. *Et vos additis iracundiam super Israel violando Sabbatum* : Vous allumez de plus en plus la colère de Dieu sur Israël en violant le sabbat.

Addere prævaricationem : Ajouter péché sur péché. Isa. 1. 5. *Super quo percutiam vos ultra, addentes prævaricationem* : A quoi servirait de vous frapper de nouveau, vous qui ajoutez sans cesse péché sur péché.

Addere ad verbum, ou *minuere*, ou *auferre*; c'est, — 1° Ne point pratiquer exactement la loi de Dieu. Deut. 4. 2. c. 12. 32. *Quod præcipio tibi, hoc tantum facito Domino, non addas quidquam nec minuas* : Honorez le Seigneur en la manière seulement que je vous l'ordonne, sans y rien ajouter ni en rien ôter; c'est-à-dire que toute la loi devait être observée exactement par le peuple de Dieu. Ajouter, c'est faire autrement que la loi prescrit; diminuer, ou en ôter, c'est ne point faire ce qu'elle ordonne. 2° Falsifier l'Ecriture, et l'accommoder à ses préjugés. Prov. 30. 6. *Ne addas quidquam verbis illius* : N'ajoutez rien à ses paroles; interprétez l'Ecriture par elle-même, et n'avancez rien qui lui soit contraire, comme font les hérétiques. que le Saint-Esprit menace. Apoc. 22. v. 18. 19. *Si quis apposuerit ad hæc, apponet Deus super illum plagas scriptas in libro isto* : Si quelqu'un ajoute quelque chose aux paroles de cette prophétie, Dieu le frappera des plaies qui sont écrites dans ce livre (ἐπιτιθέναι).

2° Multiplier, augmenter. Levit. 26. v. 18. 21. *Si ambulaveritis ex adverso mihi, nec volueritis audire me, addam plagas vestras in septuplum* : Que si vous vous opposez encore à moi, et si vous ne voulez point m'écouter, je multiplierai vos plaies sept fois davantage;

à cause de vos péchés. Eccli. 45. 25. c. 48. 26. à quoi se peut rapporter cette imprécation ordinaire aux Hébreux, *Hæc mihi faciat Deus et hæc addat*. Voy. ci-dessus.

3° Continuer de parler, ou répliquer. Job. 27. 1. *Addidit quoque Job* : Job repartit encore. c. 29. 1. c. 36. 1. c. 39. 35. Gen. 15. 3. *Addiditque Abram* : Abram continua son discours. c. 24. 25. c. 32. 20. Deut. 20. 8. etc.

4° Continuer de faire quelque chose, ou recommencer à faire, réitérer. Luc. 20. v. 11. 12. *Et addidit alterum servum mittere* : Le maître de la vigne leur envoya ensuite un second serviteur. 1. Mach. 10. 88. *Addidit adhuc glorificare Jonathan* : Alexandre éleva encore Jonathas en plus grande gloire. Judic. 3. 12. c. 4. 1. 1. Reg. 27. 4. et souvent ailleurs avec l'infinitif du verbe; mais il se met souvent aussi avec *ut*, en ce sens, Judic. 10, 13. *Non addam ut ultra vos liberem* : Je ne penserai plus à l'avenir à vous délivrer, dit Dieu aux Israélites. 1. Reg. 3. 21. *Addidit Dominus ut appareret in Silo* : Le Seigneur continua à paraître à Samuel dans Silo. 2. Reg. 5. 22. c. 7. 10. c. 14. 10. 4. Reg. 24. 7. etc. Ainsi, 3. Reg. 16. 33. *Et addidit Achab in opere suo* : Heb. et Gr. *ut faceret*, scil. *pessime* : Achab continua toujours de mal faire.

ADDITAMENTUM, προσθήκη. Augmentation, surcroît. Isa. 15. 9. *Ponam enim super Dibon additamenta* : J'enverrai à Dibon un surcroît d'affliction. J'ajouterai affliction sur affliction contre les Moabites qui seront restés du carnage. Voy. DIBON.

ADDI, *Testis*, fils de Cosan, et père de Melchi dans la généalogie de Jésus-Christ. Luc. 3. 28.

ADDICERE, καταδικάζειν. Ce verbe est propre aux juges qui accordent et adjugent à quelqu'un par sentence ce qui lui est dû; il signifie aussi délivrer au plus offrant, destiner, consacrer; mais il signifie aussi condamner au supplice, à la mort, quelquefois absolument et sans exprimer le cas

Condamner. Jac. 5. 6. *Addixistis et occidistis Justum* : Vous avez condamné et tué le Juste, sans qu'il vous ait fait de résistance. L'Apôtre parle aux riches.

ADDO, *Testis*.—1° Aïeul du prophète Zacharie. c. 1. 1. 1. Esd. 5. 1. c. 6. 14.—2° Un lévite, fils de Johath, descendant de Gerson. 1. Par. 6. 21.—3° Un prophète du temps de Roboam. 2. Par. 9. 29. c. 12. 15. c. 13. 22. Il a écrit les actions de Jéroboam, de Roboam et d'Abia. Voy. ODED.—4° Le père d'Abinadab, que le roi Salomon établit son intendant dans la prévôté de Manaïm. 3. Reg. 4. 14.—5° Un prêtre de ceux qui retournèrent de la captivité de Babylone. 2. Esd. 12, 4.

ADDON, *Dominus*, un de ceux qui ne purent prouver d'où ils tiraient leur origine. 2. Esd. 7. 61. Il est nommé Adon. 1. Esd. 2. 59. Voy. CHERUB.

ADDUCERE, ἄγειν, ἐπάγειν.

1° Amener, faire venir. 2. Reg. 14. 10. *Adduc eum ad me* : Amenez-le moi, dit David à la femme de Thécua. Matth. 21. 2. *Solvite et adducite mihi* : Déliez l'ânesse et me l'amenez. c. 27. 2. Marc. 7. 32. c. 8. 22. Genes. 2. v. 19. 22., etc. de là vient :

Adducere super, ou *contra aliquem*, faire venir contre quelqu'un un peuple, des pays les plus reculés. Ezech. 29. 8. *Adducam super te gladium* : Je vais faire tomber la guerre sur vous. c. 26. 19. c. 30. 11. Jerem. 15. 14. c. 50. 9. Ainsi, *Adducere mala, ultionem, afflictionem*. Isa. 7. 17. c. 8. 7. c. 31. 2. c. 35. 4. et souvent dans Jérémie, au contraire.

Adducere bonum super aliquem : Faire du bien à quelqu'un. Jerem. 32. 42. *Sicut adduxi super populum istum omne malum hoc grande; sic adducam super eos omne bonum quod ego loquor ad eos* : Comme j'ai affligé ce peuple de tous ces grands maux, je le comblerai de même de tous les biens que je leur promets maintenant. Ainsi, Thren. 1. 21. *Adduxisti diem consolationis, et fient similes mei* : Quand le jour sera arrivé auquel vous devez me consoler, mes ennemis deviendront semblables à moi ; c'est ce que les Juifs disent des Babyloniens.

Adducere in judicium : Faire venir en jugement, plaider contre quelqu'un, lui faire rendre compte. Job. 14. 3. *Dignum ducis super hujuscemodi aperire oculos tuos et adducere eum tecum in judicium?* Vous daignez bien jeter la vue sur une vile créature, et entrer en contestation avec elle? Eccli. 11. 9. *Scito quod pro omnibus his adducet te Deus in judicium* : Sachez que Dieu vous fera rendre compte en son jugement de toutes ces choses. c. 12. 14. *Adducere in gloriam* : Conduire à la gloire. Heb. 2. 10. *Multos filios in gloriam adduxerat* : Dieu voulait faire venir plusieurs enfants dans sa gloire pour les faire cohéritiers de Jésus-Christ.

Adducere ad perfectum (τελειοῦν) : Conduire à la perfection, y faire arriver. Heb. 7. 19. *Nihil ad perfectum adduxit lex* : La loi ne conduit personne à une parfaite justice.

Adducere in stultum finem et in stuporem (διάγειν) : Rendre fous et stupides. Job. 12. 17. *Adduxit consiliarios in stultum finem et judices in stuporem* : Dieu ôte quand il veut aux conseillers et aux juges leur sagesse et leur prudence.

2° Conduire, mener, faire marcher. Deut. 8. 2. *Adduxit te Dominus quadraginta annis per desertum* : Le Seigneur votre Dieu vous a fait marcher dans le désert pendant quarante ans. c. 29. 5. 2. Paral. 28. 5. Jer. 31. 9. D'où vient cette signification figurée, élever quelqu'un, le faire arriver à un degré d'honneur élevé. 2. Reg. 7. 18. *Quis ego quia adduxisti me huc usque?* Qui suis-je, ô mon Dieu, pour m'avoir fait venir jusqu'au point où je me trouve?

3° Emmener une personne ou une chose en un autre lieu que celui où elle est (ἐξάγειν) Ezech. 17. 12. *Adducet eos ad semetipsum in Babylonem* : Nabuchodonosor emmena avec lui Sédécias et le peuple en Babylone. c. 19. 4. 2. Paral. 28. 11. Jerem. 24. 1. c. 52. 11. Ezech. 19. 9.

4° Tirer, attirer, allonger (ἐπισπᾶν) 1. Cor. 7. 18. *Circumcisus aliquis vocatus est, non adducat præputium* : Si un homme est appelé à la foi étant circoncis, qu'il n'affecte point de paraître incirconcis, en retirant le prépuce pour le remettre de la manière que l'enseigne Cornel. Celsus, l. 7. c. 25. C'est ce que faisaient ceux qui, renonçant à la religion des Juifs, ne voulaient point paraître circoncis, comme firent ceux qui sont marqués. 1. Mach. 1. 16. *Fecerunt sibi præputia* : Quelques Israélites ôtèrent de dessus eux les marques de la circoncision; d'autres ne voulurent plus de circoncision, c'est-à-dire, dans leurs enfants.

5° Introduire, conduire dans un lieu. Ps. 44. 16. *Adducentur in templum regis* : On conduira les épouses de Jésus-Christ jusque dans le temple du roi. c'est-à-dire dans son palais; qui marque le ciel où elles sont présentées à Jésus-Christ leur époux. 2. Esdr. 9. 23.

6° Joindre, associer. Jean. 10. 16. *Alias oves habeo quæ non sunt ex hoc ovili, et illas oportet me adducere* : J'ai encore d'autres brebis qui ne sont pas de cette bergerie; il faut aussi que je les amène pour n'en faire qu'un troupeau; des Juifs et des Gentils. Isa. 66. 20. *Et adducent omnes fratres vestros de cunctis gentibus* : Ils feront venir tous vos frères de toutes les nations. Ceci a été accompli par les apôtres dans la conversion des Gentils. Voy. c. 56. 7. Sap. 8. 9. *Proposui hanc adducere mihi* : J'ai résolu de prendre la sagesse avec moi : ainsi, *adducere aliquem cum aliquo* : mettre quelqu'un au même état. Ps. 124. 5. *Declinantes in obligationes*, etc. Voy. OBLIGATIO. 1. Thess. 4. 14. *Deus eos qui dormierunt per Jesum adducet cum eo* : Dieu amènera avec Jésus ceux qui se seront endormis en lui du sommeil de la mort.

7° Offrir, présenter, apporter (προσάγειν). Ps. 71. 10. *Reges Arabum et Saba dona adducent* : Les rois d'Arabie et de Saba lui offriront des présents.

8° Retirer, faire revenir (μεταπέμπειν). Genes. 27. 46. *Adducam te inde* : Je vous ferai revenir de chez Laban, dit Rébecca à Jacob. Eccli. 3. 22. *Quis eum adducet ut post se futura cognoscat* : Fera-t-on revenir ce riche de l'autre monde, pour reconnaître quel héritier il aura? Gen. 46. 4. Jerem. 23. 8. Ezech. 11. 24. c. 37. 21. Zach. 8. 8.

Ainsi, *Adducere iter aliquo*, revenir quelque part (ἐπανήκειν, *reverti*). Eccli 4. 20. *Iter adducet, directum ad illum* : La sagesse retournera en son chemin droit. Gr. Elle reviendra droit à celui qu'elle aura éprouvé.

9° Susciter, faire naître. Zach. 3. 8. *Ecce ego adducam servum meum Orientem* : Je m'en vais faire venir un soleil levant qui est mon serviteur. Heb. Un germe qui s'élèvera. Voy. ORIENS. Dan. 9. 24. *Et adducatur justitia sempiterna* : Afin que la justice éternelle vienne sur la terre.

10° Attirer, faire venir, causer quelque chose. Eccli. 30. 26. *Ante tempus senectam adducit cogitatus* : L'inquiétude fait venir la vieillesse avant le temps. c. 1. 38. *Ne forte cadas et adducas animæ tuæ inhonorationem* : Soyez attentif à vos paroles, de peur que vous ne tombiez, et que vous ne vous attiriez du déshonneur. c. 4. 23. *Est confusio adducens peccatum, et est confusio adducens gloriam et gratiam :* Il y a une confusion qui fait tomber dans le péché ; et il y en a une autre qui attire la gloire et la grâce. Voy. CONFUSIO. c. 23. 21. c. 28. 13. c. 31. 25.

11° Pousser, porter, exciter (προάγειν). Sap. 19. 11. *Adducti concupiscentia postulaverunt escas epulationis :* Les Israélites ayant un grand désir de manger des viandes délicieuses, ils en demandèrent à Dieu. Ainsi, porter, inviter. Rom. 2. 4. *Ignoras quoniam benignitas Dei ad pœnitentiam te adducit?* Ignorez-vous que la bonté de Dieu vous invite à la pénitence ?

12° Réduire, contraindre, soumettre (ἔρχεσθαι, venire). Isa. 41 25. *Adducet magistratus quasi lutum :* Je traiterai les grands du monde comme la boue. Heb. *Veniens proculcabit.*

Adducere ad amaritudinem : Plonger dans de grandes inquiétudes (πικραίνειν). Job. 27. 2. *Vivit Deus qui ad amaritudinem adduxit animam meam :* Je prends à témoin le Dieu vivant qui a rempli mon âme d'amertume, que je ne prononcerai rien d'injuste.

Adducere ad œmulationem : Rendre jaloux (παραζηλοῦν). Rom 10. 19. *Ego ad œmulationem vos adducam, in non gentem :* Je vous rendrai jaloux d'un peuple qui ne mérite pas d'être appelé peuple. Dieu pique les Juifs de jalousie contre les Gentils.

ADDUS, heb. *Novitas,* nom de lieu ; on croit que c'est cette ville que Jonathas avait bâtie et qui est nommée *Adiada.* 1. Mach. 12. 18. Joseph l'appelle *Addida,* et Adrichomius la place dans la tribu d'Ephraïm. 1. Mach. 13. 13. *Simon autem applicuit ad Addus contra faciem campi :* Simon se campa près d'Addus, vis-à-vis de la plaine : c'est la même plaine qui est nommée *Sephela.* c. 12. 38. Voy ADIADA.

ADEODATUS, Gr. θεοδων. Ce nom vient du verbe *dare,* donner, et de *Deus,* Dieu, et signifie *ce qui est donné de Dieu,* en un seul mot, *Dieudonné :* ç'a été le surnom de quelques princes dont la naissance a été inespérée, et que Dieu a accordé aux prières de son peuple ; dans l'Ecriture, Adéodat ou Dieudonné, c'est le surnom d'un homme vaillant qui tua un géant nommé *Goliath.* 2. Reg. 21. 19. *Tertium fuit bellum in Gob contra Philisthœos, in quo percussit Adeodatus filius saltus Polymitarius Bethleemites Goliath Gethœum :* Il y eut aussi une troisième guerre à Gob contre les Philistins, en laquelle Dieudonné fils du Bois, brodeur de Bethléem, tua Goliath de Geth. Ces noms *Adeodatus, Saltus, Polymitarius,* sont des noms traduits de l'Hébreu : au lieu de dire, en laquelle Elhanan fils de Zaare, surnommé *Orgim* de Bethléem tua Goliath ; les Paralipomènes disent le frère de Goliath de Geth ; c'est-à-dire, un second Goliath, aussi fort que celui qui fut tué par David. 1. Par. 20. 5.

ADEPS, IPIS, Gr. στέαρ, ατος, graisse. Ce nom vient ou de *daps* qui était le festin d'un sacrifice, ou plus simplement, de l'ancien nom *adapis,* qui vient d'*adapio, conjungo ;* parce que la graisse tient à la chair.

1° Graisse. Levit. 3. 16. *Omnis adeps Domini erit :* Toute la graisse appartiendra au Seigneur ; elle lui est consacrée, et étant brûlée au feu, c'est une oblation d'agréable odeur qui le rend favorable. v. 3. 4. 9. 10. 14. 17. c. 4. v. 8. 9 etc.

2° Les entrailles auxquelles tient la graisse. 2. Reg. 1. 22. *A sanguine interfectorum, ab adipe fortium sagitta Jonathœ numquam rediit retrorsum :* La flèche de Jonathas, teinte du sang des morts et du carnage des plus vaillants, n'est jamais retournée en arrière, ou n'a jamais porté de coups en vain. Isa. 34. v. 6. 7. *Inebriabitur humus eorum adipe pinguium :* Les champs s'engraisseront de la graisse de leurs corps, c'est-à-dire, des entrailles des ennemis du peuple de Dieu.

3° Ce qui est de meilleur, de plus excellent et de plus délicat en chaque chose, parce que la graisse passe pour tel dans un animal ; c'est pour cela qu'elle était toute réservée pour Dieu, et qu'il est dit que David excellait parmi les enfants d'Israël, comme la graisse de l'hostie que l'on sépare de la chair. Eccli. 47. 2. Ainsi, ce mot signifie non-seulement ce qui est de meilleur parmi les animaux. Gen. 4. 4 Deut. 32. 14. Isa. 1. 11. c. 43. 24. 1. Reg. 15. 22. mais encore le meilleur blé, le meilleur vin, la meilleure huile. Ps. 80. v. 15. *Cibavit eos ex adipe frumenti :* Dieu a nourri les Israélites de la fleur du plus pur froment ; c'est-à-dire qu'il les a comblés de biens dans la terre promise. Ps. 147. 3. Ce qui est exprimé par le mot *medulla,* la moelle. Num. 18. 12. Deut. 32. 14. Ainsi, *comedere adipem.* Deut. 32. 38. Ezech. 39. 19. *Adipe frumenti cibari et satiari.* Ps. 80. et 147. C'est être nourri de viandes les plus délicates : ce qui s'entend dans le sens figuré de la chair sacrée de Jésus-Christ.

4° La grâce de Dieu et les consolations spirituelles. Ps. 62. 6. *Sicut adipe et pinguedine repleatur anima mea :* Que mon âme soit remplie et comme engraissée de viandes délicieuses ; notre âme a sa graisse aussi bien que notre corps ; la sagesse de Dieu est pour elle une nourriture spirituelle qui la rassasie parfaitement.

5° La victime offerte à Dieu, parce que c'était la coutume de lui en offrir la graisse. 1. Reg. 15 22. *Melior est obedientia, quam offerre adipem arietum :* L'obéissance est meilleure que les victimes, et il vaut mieux se rendre à sa voix que de lui offrir des béliers les plus gras. Ezech. 44. v. 7. 15. 3. Reg. 8. 64. 2. Par. 7. 7. c. 29. 35. c. 35. 14.

6° Abondance de biens, grande prospérité accompagnée d'orgueil et de fierté. Ps. 72. 7. *Prodiit quasi ex adipe iniquitas eorum :* c'est de l'abondance de leurs biens qui les enfle d'orgueil que sort leur iniquité.

7° Entrailles de compassion et de miséricorde. Ps. 16. 11. *Adipem suum concluserunt :* Mes ennemis ont fermé leur cœur et leurs entrailles par leur inhumanité, comme la graisse renferme les entrailles des animaux ; ce qui est conforme à ce que dit saint Jean, 1. Ep. 3. 17. *Qui clauserit viscera sua ab eo :* Si quelqu'un ferme à son frère ses entrailles.

8° Pâte (σταῖς), dans laquelle il entrait de la graisse pour en faire des gâteaux. Jer. 7. 18. *Mulieres consperserunt adipem :* Les femmes ont pétri la pâte dont on faisait les gâteaux qu'ils offraient à la reine du ciel, c'est-à-dire à la lune. Hebr. *Posuerunt conspersionem.*

ADESSE, παρεῖναι. — 1° Etre, être présent. Joan. 11. 28. *Magister adest :* Le Maître est ici, et il vous demande. Exod. 2. 12. Luc. 13. 1. c. 23. 48. Act. 25. 24. Job. 39. 33. Ps. 138. 8. etc. Ainsi, *Adesse cum aliquo :* Etre, se trouver dans quelqu'un (ὑπάρχειν). 2. Petr. 1. 8. *Hæc enim si vobiscum adsint :* Si ces grâces se trouvent en vous.

2° Etre prêt, se présenter pour faire quelque chose. Act. 10. 33. *Nunc ergo omnes nos in conspectu tuo adsumus :* Nous voilà maintenant tous, dit Corneille à saint Pierre, prêts devant vous. Gr. devant Dieu. Esth. 1. 13. Ainsi, en plusieurs endroits, *adsum* ou *ecce adsum,* me voilà, marque une prompte obéissance ou acquiescement. Gen. 22. 11. c. 27. 1. c. 31. 11. c. 46. 2. Exod. 3. 4. Num. 22. 38. etc. Mais Eccli. 19. 9. *Aderit tibi semper,* signifie, il sera toujours prêt à vous nuire (ἰδοὺ ἐγώ, *Ecce ego ;* τί ἔστιν. *Quid est ?*).

3° Venir, être près d'arriver. Deut. 32. 35. *Adesse festinant tempora :* Le temps que j'ai marqué, dit Dieu, s'avance à grand pas. Marc. 4. 29. *Adest messis :* Le temps de la moisson est venu (παρέστηκεν). 2. Mach. 15. v. 7. 8. De là vient cette phrase, *Adesse in foribus :* Etre comme à la porte, être prêt à surprendre. Genes. 4. 7. *Sin autem male, statim in foribus peccatum aderit :* Si vous faites mal, dit Dieu à Caïn, la punition de votre faute vous suivra de près. Voy. JANUA.

4° Servir quelqu'un, l'assister, le soutenir, le défendre (συμπαραγίνεσθαι). 2. Tim 4. 16. *In prima mea defensione nemo mihi adfuit :* La première fois que j'ai défendu ma cause, nul ne m'a assisté. Genes. 31. 42. *Nisi Deus patris mei et timor Isaac adfuisset mihi* (εἶναι): Si le Dieu de mon père, et le Dieu qui fait l'objet de la crainte respectueuse d'Isaac ne m'eût assisté, etc. Sap. 10. 11.

ADHÆRERE, κολλᾶσθαι. 1° Tenir ou être attaché à quelque chose, s'y attacher (περιπλέκεσθαι). 2. Reg. 18. 9. *Adhæsit caput ejus quercui :* La tête d'Absalom s'attacha à un chêne et s'embarrassa dans ses branches. Luc. 10. 11. *Pulverem qui adhæsit nobis de civitate vestra, extergimus in vos :* Nous secouons contre vous la poussière même de votre ville, qui s'est attachée à nos pieds. Voy. PULVIS. Levit. 1. v. 8. 12. c. 5. 8. c. 15. 3. Job. 41. 8. etc. Ainsi l'on dit figurément :

Linguam adhærere faucibus ou *palato :* Que la langue est attachée au palais ou à la gorge soit pour marquer une extrême soif. Ps. 21. 16. *Lingua mea adhæsit faucibus meis :* Ma langue est demeurée attachée à mon palais ; c'est Jésus-Christ qui parle, dont David était la figure. Thren. 4. 4. *Adhæsit lingua lactentis ad palatum ejus in siti :* La langue de l'enfant qui était à la mamelle s'est attachée à son palais, au siége de Jérusalem ; soit pour marquer un silence respectueux. Job. 29. 10. *Lingua eorum gutturi suo adhærebat :* Lorsque je parlais, la langue des plus puissants demeurait attachée à leur palais. Job dit cela du temps de sa prospérité ; ou une impuissance de parler. Ezech. 3. 26. *Linguam tuam adhærere faciam palato tuo* (συνδεῖν, *colligare*) : Je ferai que votre langue s'attachera à votre palais en vous empêchant de reprendre mon peuple, parce qu'il ne cesse de m'irriter. Ps. 136. 6. *Adhæreat lingua mea faucibus meis :* Que je demeure sans voix et sans parole si je ne me souviens de toi, ô Jérusalem, disaient les Juifs dans la captivité.

Ossa pelli ou *cutim ossibus adhærere :* Que la peau est collée sur les os, pour marquer une maigreur qui ait desséché tout le corps. Job. 19. 20. *Pelli meæ consumptis carnibus, adhæsit os meum :* Mes chairs ont été réduites à rien, et mes os se sont collés à ma peau. Thren. 4. 8. Ainsi, Ps. 101. 6. *Adhæsit os meum carni meæ :* A force de gémir, je n'ai plus que la peau collée sur les os.

Animam adhærere pavimento : Que l'âme ou la vie est attachée à la terre, ou touche au sépulcre, pour marquer que l'on est proche de la mort et du tombeau. Ps. 118. 25. *Adhæsit pavimento anima mea :* David parle des grands périls où il s'était trouvé par la persécution de ses ennemis. Voy. VENTER.

Maculam adhærere manibus : Que quelque souillure s'est attachée aux mains, c'est-à-dire qu'on s'est souillé par quelque crime. Les mains signifient les œuvres. Job. 31. 7. *Si manibus meis adhæsit macula :* Si j'ai eu les mains souillées de quelque action honteuse. La métaphore est tirée des choses sales qui gâtent les mains. Ainsi, Deut. 13. 17. *Non adhærebit de illo anathemate quidquam in manu tua* (προσκολλᾶν) : Il ne demeurera rien dans vos mains de cet anathème : vous brûlerez tout.

2° S'attacher pour ne point quitter, tenir inséparablement à quelqu'un. 4. Reg. 5. 27. *Lepra Naaman adhærebit tibi et semini tuo, in sempiternum :* La lèpre de Naaman s'attachera à toi et à toute ta race pour toujours. Deut. 28. 60. Jerem. 42. 16. Baruch. 1. 20.

3° Etre attaché à quelqu'un par une liaison très-étroite soit pour ne faire qu'un corps et être membre l'un de l'autre par une union légitime. Genes. 2. 24. *Relinquet homo patrem suum et matrem, et adhærebit uxori suæ :* L'homme abandonnera son père et sa mère, et demeurera attaché à sa femme, et ils ne feront tous deux qu'une seule chair. Matth. 19. 5. Marc. 10. 7. Ephes. 5. 31 ; soit par une union illégitime et criminelle. 1. Cor. 6. 16. *Qui adhæret meretrici unum corpus efficitur :* Celui qui se joint à une prostituée, est un même corps avec elle ; soit pour ne faire qu'un même esprit ensemble. v. 17. *Qui autem adhæret Domino unus spiritus est :* Celui qui demeure attaché au Seigneur, est un même esprit avec lui par la foi et la charité, qui unit son esprit avec celui de Jésus-Christ Ps. 72. 28. *Mihi autem adhærere Deo bonum est* (προσκολλᾶν) : Pour moi, tout mon bien est de me tenir uni à Dieu. Ps. 62. 9. Ce qui se dit aussi des Israélites qui se sont attachés au service de Dieu dans l'Ancien Testament. Deut. 4. 4. c. 10. 20. c. 11. 22. Jos. 22. 5. etc.

4° Être attaché, avoir de l'attache soit à quelque personne (ἀκολουθεῖν). Genes. 34. 8. *Filii mei adhæsit anima filiæ vestræ* : Mon fils a pour votre fille une forte attache, dit Hémor à Jacob. Ruth. 1. 14. *Ruth adhæsit socrui suæ* : Ruth s'attacha à Noémi sans la vouloir quitter. Isa. 2. 6. *Pueris alienis adhæserunt* : Les Israélites se sont attachés à des étrangers. Voy. ALIENUS.

Soit à quelque chose (προστίθεσθαι). Jos. 23. 12. *Quod si volueritis gentium erroribus adhærere* : Que si vous voulez vous attacher aux erreurs des peuples profanes. 4 Reg. 3. 3. *In peccatis Jeroboam adhæsit* : Joram suivit les déréglements de Jéroboam ; au contraire, David s'attachait à la loi de Dieu. Ps. 118. 31. *Adhæsi testimoniis tuis, Domine*. Rom. 12. 9. *Odientes malum, adhærentes bono* : Ayez le mal en horreur, et attachez-vous fortement au bien.

5° S'attacher à quelqu'un, demeurer toujours auprès de lui. Judic. 16. 16. *Cum molesta esset ei, et per multos dies jugiter adhæreret* : Comme Dalila importunait sans cesse Samson se tenait plusieurs jours attaché auprès de lui, c'était pour tirer de lui son secret.

6° S'attacher à quelqu'un, s'engager avec lui soit pour suivre son parti et ses intérêts. 2 Reg. 20. 2. *Viri Juda adhæserunt regi suo* : Ceux de Juda demeurèrent attachés à leur roi. Ps. 24. 21. *Innocentes et recti adhæserunt mihi* : Les innocents, et ceux dont le cœur est droit, sont demeurés attachés à moi. David marque à Dieu sa reconnaissance de ce que les gens de bien n'avaient point suivi son fils et ne s'étaient point détournés de leur devoir par l'exemple des rebelles. Luc. 16. 13; soit pour lui rendre service en qualité de serviteur. Luc. 15. 15. *Abiit et adhæsit uni civium regionis illius* : L'enfant prodigue s'en alla et s'attacha au service d'un des habitants du pays. Ainsi, David dit, Ps. 100. 5. *Non adhæsit mihi cor pravum* : Celui dont le cœur était corrompu, n'avait aucune société avec moi ni pour me rendre service ni pour converser familièrement avec moi.

Soit pour en être instruit ou pour avancer dans la voie du salut (προσκαρτερεῖν, perdurare). Act. 8. 13. *Et cum baptizatus esset adhærebat Philippo* : Après que Simon le Magicien eut été baptisé, il s'attachait à Philippe ; c'était par hypocrisie. Ainsi, c. 17. 34. *Quidam viri adhærentes ei crediderunt* : Quelques-uns des Athéniens se joignirent à saint Paul et embrassèrent la foi (προστίθεσθαι). Isa. 14. 1. *Adhærebit domui Israel* : Les étrangers s'attacheront à la maison de Jacob ; c'est une prédiction de la vocation des gentils.

7° Tenir à quelqu'un, être ou se trouver en quelqu'un (συμπροσεῖναι). Ps. 93. 20. *Numquid adhæret tibi sedes iniquitatis* : Le tribunal de la justice peut-il avoir quelque union avec vous lorsque vous nous faites des commandements pénibles ? Le prophète parle à Dieu.

ADHIBERE, παραλαμβάνειν. Ce verbe signifie proprement employer quelque chose ou quelque personne, la prendre, s'en servir ; mais il a diverses significations selon les mots auxquels il se trouve joint.

1° Prendre, admettre, recevoir. Matth. 18. 16. *Si te non audierit, adhibe tecum adhuc unum vel duos* : Si votre frère ne vous écoute point, prenez encore avec vous une ou deux personnes pour vous aider à le faire entrer dans les sentiments d'un vrai repentir, et pour être témoins de la charité avec laquelle vous travaillez à son salut (ποιεῖν). Ainsi l'on dit : *Adhibere testes* : Prendre des témoins. Isa. 8. 2. *Adhibui mihi testes fideles*. Jerem. 32. v. 10. 25. 44.

2° Prendre conseil de quelqu'un (συμσουλεύεσθαι). 3 Reg. 12. 8. *Adhibuit adolescentes* (scilicet in consilium) : Roboam prit le conseil des jeunes gens. Voy. ADOLESCENS.

3° Employer quelque chose, s'en servir (θεραπεύεσθαι, curare; περιπίπτει ἐπιτιμίοις, incidere in supplicia). Eccli. 18. 20. *Ante languorem adhibe medicinam* : Usez de remèdes avant la maladie. 2 Mach. 6. 13. *Multo tempore non sinere peccatoribus ex sententia agere, sed statim ultiones adhibere, magni beneficii est indicium* : C'est la marque d'une grande miséricorde de Dieu envers les pécheurs, de ne les pas laisser longtemps vivre selon leurs désirs, mais d'employer à leur égard un prompt châtiment. On dit, en ce sens : *Adhibere curam* ou *diligentiam* : Employer ou donner ses soins, son application. 2. Mach. 11. 23. *Volentes eos qui sunt in regno nostro, sine tumultu agere et rebus suis adhibere diligentiam* : Désirant que ceux qui sont dans notre royaume vivent en paix pour pouvoir s'appliquer avec soin à leurs affaires (γίνεσθαι πρὸς ἐπιμέλειαν, incumbere in procurationem). 2. Par. 28. 15.

ADHORTARI, παρακαλεῖν, exhorter, encourager, animer. Hebr. 3. 13. *Adhortamini vosmetipsos per singulos dies* : Exhortez-vous chaque jour les uns les autres. Exod. 32. 18. 1. Mach. 13. 3. 2. Mach. 11. 7.

ADHUC, ἔτι, πρόσετι. Cet adverbe, qui marque ordinairement le temps, se fait d'*ad* et de *hoc* ou *hæc* en sous-entendant *tempus* ou *tempora*, et signifie proprement jusqu'ici, jusqu'à présent, jusqu'à maintenant ; néanmoins il se met avec le présent, le passé et l'avenir, et marque la continuation d'une chose jusqu'à ce temps.

1° Encore, soit qu'il signifie alors, pour le temps passé. Rom. 5. 8. *Cum adhuc peccatores essemus, Christus pro nobis mortuus est* : Lorsque nous étions encore pécheurs, Jésus-Christ n'a pas laissé de mourir pour nous. Matth. 27. 63. *Dixit adhuc vivens* : Cet imposteur a dit, lorsqu'il était encore vivant. Les Juifs parlent à Pilate de Jésus-Christ. c. 12. 46. c. 17. 5. c. 26. 47. Marc. 11. 2. Joan. 2. 10. etc; soit qu'il signifie jusqu'ici, jusqu'à maintenant pour le temps présent (ἀκμήν). Matth. 15. 16. *Adhuc vos sine intellectu estis* ? Avez-vous encore vous même si peu d'intelligence, dit Jésus-Christ à ses apôtres ? 1. Cor. 3. 3. c. 15. v. 6. 17. Galat. 5. 11. Coloss. 2. 20. etc.; soit qu'il signifie à l'avenir, dorénavant pour le temps futur. 2. Cor. 1. 10. *Qui de tantis periculis nos eripuit et eruit, in quem speramus quoniam et adhuc eripiet :* Dieu, qui nous a délivrés de si grands périls, nous en délivre encore, et nous en délivrera à l'avenir comme nous l'espérons de sa bonté. Rom. 6. 2. Hebr. 11. 32. Jerem. 31. v. 4. 5. 20. c. 32. 15. etc. au présent et au futur. Cet adverbe, avec le futur, marque ordinairement ce qui continue de se faire. Eccli 24. 29. *Qui edunt me adhuc esurient :* Ceux qui me mangent, dit la Sagesse, auront encore faim. Dan. 10. 14. *Adhuc visio :* Il y aura encore des prophéties. Habac. 2. 3. Zach. 1. 17. etc.

2° Outre cela, de plus, davantage. Luc. 14. 26. *Si quis venit ad me et non odit patrem suum, et matrem, et uxorem adhuc autem et animam suam :* Si quelqu'un vient à moi et ne hait pas son père et sa mère, sa femme, et outre cela sa propre vie, ne peut être mon disciple. v. 22. Gen. 45. v. 6. 11. Jos. 23. 4. 1. Cor. 12. 31. Hebr. 12. 26. Apoc. 9. 12. Agg. 2. 7. Matth. 19. 20. *Quid adhuc mihi deest ?* Que me reste-t-il encore à faire? Luc. 18. 22. c. 26. 65. Marc. 14. 63.

3° Enfin. Marc. 12. 6 *Adhuc ergo unum habens filium charissimum :* Enfin, le maître de la vigne ayant un fils qu'il aimait tendrement, l'envoya à ses vignerons.

4° Cet adverbe est quelquefois superflu. Isa. 29. 17. *Nonne adhuc in modico et in brevi convertetur Libanus in Charmel?* Ne verra-t-on pas, dans très-peu de temps, le Liban devenir une plaine? Voy. CHARMEL. Luc. 1. 15. *Spiritu sancto replebitur adhuc ex utero matris suæ :* Cet enfant sera rempli du Saint-Esprit dès le ventre de sa mère. Col. 2. 20.

5° Quand il est suivi de la conjonction *et ;* il marque un espace de temps après lequel une chose se doit faire, ce qui s'exprime par les prépositions *dans* ou *après.* Joan. 3. 4. *Adhuc quadraginta dies et Ninive subvertetur :* Dans quarante jours Ninive sera détruite. Genes. 7. 4. *Adhuc enim et post dies septem ego pluam :* Je n'attendrai plus que sept jours, après cela je ferai pleuvoir. Dan. 11. 27. *Adhuc finis in aliud tempus :* Daniel marque que l'accomplissement des prophéties sera différé à un autre temps (Gr. ὅτι). Joan. 14. 19. c. 4. 35. etc.

ADJACERE, παρακεῖσθαι. Ce verbe signifie proprement être couché auprès, de plus : —
1° Etre situé auprès. Deut. 2. 37. *Quæ adjacent torrenti Jeboc :* Tout ce qui est aux environs du torrent de Jeboc. 2. Mach. 12. 16. *Ita ut adjacens stagnum sanguine interfectorum fluere videretur :* De sorte que l'étang d'auprès semblait tout rouge du sang des morts.
— 2° Etre, se trouver ou résider en quelqu'un. Rom. 7 18. *Nam velle, adjacet mihi, perficere autem bonum non invenio :* Je trouve en moi (par la grâce de Dieu) la volonté de faire le bien ; mais je ne trouve point le moyen de l'accomplir. *Quoniam mihi malum adjacet :* Parce que l'inclination au mal réside dans moi. v. 21.

ADJADA. Æ. Hebr. *Testimonium* ou *prœda manus*, forteresse de la tribu de Dan, bâtie par Simon Machabée pour empêcher les courses des ennemis. 1. Mach. 12. 38. *Simon ædificavit Adjada in Sephela, et munivit eam :* Simon bâtit aussi Adjada dans la plaine, et la fortifia. Voy. ADDUS, SEPHELA.

ADIAS, Æ. *testimonium Dei*, fils de Bani, qui avait épousé une femme étrangère. 1. Esd 10. 39.

ADIEL, *Testimonium Dei*. — 1° Fils d'Asiel, de la tribu de Siméon. 1. Par. 4. 36. — 2° Le père de Maasaï. et fils de Jezra, de la tribu de Benjamin. 1. Par. 9. 12. Il est appelé Azréel, fils de Ahazi. 2 Esd. 11. 13. — 3° Le père d'Azmoth 1. Par. 27. 25. Voy. AZMOTH.

ADJICERE, προστιθέναι. Ce verbe signifie proprement jeter à, pousser, envoyer jusqu'à ; mais il signifie souvent aussi ajouter, mettre avec.

1° Ajouter, augmenter. Matth. 6. 27. *Quis vestrum cogitans potest adjicere ad staturam suam cubitum unum?* Qui est celui d'entre vous qui puisse, avec tous ses soins, ajouter à sa taille la hauteur d'une coudée? Luc. 12. 25. 2. Reg. 12. 8. Eccli. 15. 15. c. 18 5. c. 42. 21. Ainsi, l'on dit ajouter, dire encore quelque chose. Gen. 24. 19. *Cumque ille bibisset, adjecit :* Après que le serviteur d'Abraham eut bu, Rebecca ajouta, Luc. 19. 11. *Adjiciens dixit :* Jésus-Christ ajouta encore.

2° Donner comme par surcroît, ajouter le par-dessus. Matth. 6. 33. *Hæc omnia adjicientur vobis :* Toutes ces choses vous seront données comme par surcroît : Dieu qui donne un bonheur éternel ne manquera pas de donner les biens périssables, qui sont, par le bon usage qu'on en fait, des moyens pour y parvenir, et qui sont l'accessoire du sort principal. Marc. 4. 24. *In qua mensura mensi fueritis, remetietur vobis, et adjicietur vobis :* On se servira envers vous de la même mesure dont vous vous serez servis envers les autres, et il vous sera donné encore davantage. Gr. à vous qui écoutez ; comme si Dieu ajoutait à la récompense qu'on mérite un surcroît de biens, pour marquer qu'il sera libéral et magnifique, pour répandre avec abondance de nouvelles grâces sur ceux qui recevront sa parole avec beaucoup d'attention et de travail.

3° Prolonger, rendre la durée d'une chose plus longue. Eccli. 37. 34. *Qui abstinens est, adjiciet vitam :* L'homme sobre en vit plus longtemps, au lieu que l'intempérance en tue plusieurs.

4° Appliquer, employer. Eccli. 21. 18. *Verbum sapiens ad se adjiciet :* Que l'homme habile entende une parole sage, il se l'appliquera. Eccli. 12. 11. *Adjice animum tuum et custodi te ab illo :* Soyez vigilant et donnez-vous de garde d'un ennemi qui s'humilie devant vous.

5° Entreprendre, tâcher de faire. Eccli. 18. 4. *Quis adjiciet enarrare misericordiam ejus?* Qui entreprendra de publier toutes les miséricordes du Seigneur?

6° Etendre, allonger, d'où se fait, *Adjicere manum :* Etendre la main pour marquer quelque entreprise. Isa. 11. 11. *Adjiciet Do-*

minus secundo manum suam ad possidendum residuum populi sui : Le Seigneur étendra encore sa main, pour posséder les restes de son peuple; c'est-à-dire, qu'il usera encore de sa puissance. Voy. EXTENDERE.

Phrases tirées de la première signification.

1° *Adjicere super :* Augmenter, multiplier, ajouter quelque chose de nouveau. Ps. 60. 7. *Dies super dies regis adjicies :* Vous multiplierez les jours du roi. Quoique ce roi se puisse entendre à la lettre de David, lui-même et les saints interprètes après lui ont entendu par ce roi Jésus-Christ, dont le règne n'aura point de fin. Ps. 70. 14. *Adjicies super omnem laudem tuam :* Je vous donnerai toujours de nouvelles louanges. 2. Par. 28. 13. Isa. 38. 5. Ps. 113. 22. *Adjiciat Dominus super vos,* suppl. *benedictionem :* Que Dieu vous comble de nouveaux biens, vous et vos enfants; comme s'il disait : Que Dieu répande sur vous et sur vos enfants bénédiction sur bénédiction, c'est-à-dire, de nouveaux biens. Quelquefois *ad* est mis pour *super*. Eccli. 2. 29. *Peccator adjiciet ad peccandum :* Le pécheur d'habitude ajoutera péché sur péché. c. 5. 5. *Neque adjicias peccatum super peccatum :* N'ajoutez pas d'péchés sur péchés.

2° *Adjicere,* suivi d'un infinitif ou d'*ut* avec un subjonctif, ou de la conjonction *et*, signifie, continuer de faire, ou faire encore quelque chose. 1. Reg. 3. v. 6. 8. *Et adjecit Dominus rursum vocare Samuelem :* Le Seigneur appela encore une fois Samuel. Job. 39. 34. *Et adjecit Dominus, et locutus est Job :* Le Seigneur parla encore à Job. 3. Reg. 11.6. Isa.7.10. c.8.5. c.10. 20. c.23. 12. 51. 22. c. 52. 1. etc. Quelquefois ce verbe semble superflu et n'ajoute rien au sens. Isa. 24. 20. *Corruet et non adjiciet* (Gr. μὴ δύνηται non possit) *ut resurgat :* La terre tombera sans que jamais elle s'en relève. Amos. 5. 2. *Non adjiciet ut resurgat :* La maison d'Israël est tombée, elle ne pourra plus se rétablir. i. c. *Non resurget.* Ainsi, Ps. 40. 9. *Numquid qui dormit non adjiciet ut resurgat?* Celui qui dort ne pourra-t-il donc pas ressusciter? *An non resurget?* Cela se peut entendre ou de David ou de Jésus-Christ, ou des ennemis de David : Si c'est David qui parle, selon la lettre, il dit : Ne se pourra-t-il pas faire qu'étant grièvement malade, il relèvera de sa maladie ? Si c'est Jésus-Christ, il dit : Qu'il ressuscitera du tombeau. Si ce sont les ennemis de David, ils disent : Se pourra-t-il faire qu'il en relève? La négation est quelquefois superflue, ou bien, selon l'Hébreu, sans interrogation, il n'en relèvera plus.

ADIMPLERE, πληροῦν, ἀναπληροῦν. Ce verbe signifie proprement, remplir tout à fait. Dans l'Ecriture il signifie :

1° Emplir, remplir, rendre plein. Eccli. 50. 3. *Quasi mare adimpleti sunt supra modum :* Les canaux se sont remplis extraordinairement comme une mer. Il parle du grand pontife Simon, qui fit raccommoder les aqueducs pour conduire l'eau dans la ville. Ainsi, c. 1. 35. *Et adimplebit thesauros illius :* Dieu comblera les trésors de celui en qui la foi et la douceur se trouvent. Voy. THESAURUS.

Et se dit aussi figurément en choses morales ou spirituelles. Eccli. 15. 3. *Adimplebit illum spiritu sapientiæ et intellectus :* La sagesse remplira de l'esprit de sagesse et d'intelligence celui qui est affermi dans la justice. Jerem. 31. 14. et même en mauvaise. part. Eccli. 10. 15. *Qui tenuerit illam adimplebitur maledictis,* Gr. *abominatione :* Celui qui demeure attaché au péché de l'orgueil, sera rempli de malédiction (ἐξομβρεῖν : *Diffundere*).

2° Remplir, rassasier, contenter, satisfaire (πλήθειν). Ps. 16. 14. *De absconditis tuis adimpletus est venter eorum :* Le ventre de vos ennemis est rempli des biens qui sont renfermés dans vos trésors, c'est-à-dire, que leurs désirs en sont pleinement satisfaits. Voy. VENTER. Habacuc. 2. 5. *Dilatavit quasi infernus animam suam, et non adimpletur* (ἐμπιμπλάναι) : Ses désirs sont vastes comme l'enfer, et il est insatiable. Le prophète reproche aux rois des Chaldéens leur avidité insatiable de s'assujettir tous les peuples. Ps. 15. 11. Osc. 13. 6. Act. 2. 28.

3° Accomplir, perfectionner. Matth. 5. 17. *Non veni solvere Legem, sed adimplere :* Je ne suis point venu détruire la Loi ou les prophètes, mais les accomplir. Jésus-Christ a accompli la loi en la faisant observer, non-seulement extérieurement et à la lettre, mais encore par les sentiments du cœur et selon l'esprit. Eph. 1. 23. *Qui omnia in omnibus adimpletur,* i. e. *qui quoad omnia in omnibus membris suis perficitur :* Jésus-Christ trouve dans l'Eglise l'accomplissement de tous ses membres; ou bien *adimpletur* est mis pour *adimplet,* le mot grec souffre l'un et l'autre sens. Col. 1. 24. *Adimpleo ea quæ desunt passionum Christi in carne mea* (ἀνταναπληροῦν). J'accomplis dans ma chair ce qu'il me reste à souffrir à l'imitation des souffrances de J. C.

La passion du Sauveur est surabondamment suffisante pour la rédemption ; mais il est nécessaire que les Justes continuent, en quelque sorte, ses souffrances, afin d'augmenter le trésor des mérites de l'Eglise.

4° Accomplir, observer, pratiquer. Gal. 6. 2. *Aliter alterius onera portate, et sic adimplebitis legem Christi :* Portez les fardeaux les uns des autres, et vous accomplirez ainsi la loi de J.-C.

5° Accomplir, vérifier ce qui a été prédit ou promis. Matth.1,22. *Hoc autem totum factum est ut adimpleretur quod dictum est a Domino :* Tout ceci s'est fait pour accomplir ce que le Seigneur avait dit. c. 2. v. 15. 17. 23. c. 4. 14. etc. Act. 13. 33. *Hanc Deus adimplevit filiis nostris,* Gr. *nobis :* Dieu nous a fait voir l'effet de la promesse qui a été faite à nos pères, à nous qui sommes leurs enfants (ἐκπληροῦν). Judith. 13. 18. *In me ancilla sua adimplevit misericordiam suam quam promisit domui Israel.* Dieu a accompli par le ministère de sa servante les desseins de miséricorde qu'il a eus pour son peuple.

6° Multiplier, augmenter (πληθύνειν). 2 Petr. 1. 2. *Gratia vobis et pax adimpleatur :* Que la grâce et la paix croissent en vous de plus en plus. Jud. v. 2.

7° Répondre avec abondance (πληθύνειν). Eccli. 24. 36. *Qui adimplet quasi Euphrates sensum.* Qui répand l'intelligence comme l'Euphrate. L'auteur parle de Dieu, qui répand libéralement l'intelligence, avec la même abondance que l'Euphrate fait couler ses eaux. c. 18. 11. *Adimplevit propitiationem suam illis* : Dieu traite les hommes dans la plénitude de sa douceur, comme v. 9. *Effundit super eos misericordiam suam* : Dieu répand sur eux sa miséricorde.

8° Continuer de faire, persévérer. 3. Reg. 11. 6. *Non adimplevit ut sequeretur Dominum* : Salomon ne continua point de suivre parfaitement le Seigneur ; c'est un hébraïsme qui se prend, selon quelques-uns, pour *plene et perfecte sequi* : Salomon ne s'est point parfaitement attaché à suivre le Seigneur, comme David son père, Gr. οὐκ ἐπορεύθη ὀπίσω Κυρίου. *Non abiit post Dominum*, Heb. *non implevit post Dominum : implere post*, signifie, suivre de tout son cœur. Cet hébraïsme se trouve Num. 14. 24. c. 32. v. 11. 12. Deut. 1. 36. Jos. 14. v. 8. 9. 14. etc.

ADIN, Héb. *Voluptuosus*, nom d'homme, chef de famille dont les enfants retournèrent de Babylone au nombre de 450. 1 Esdr. 2. 15. et au nombre de 655. 2. Esdr. 7. 20. C'est peut-être le même. c. 10. 16.

ADINA, Héb. *Deliciosus*, un chef des Rubénites très-brave. 1. Par. 11. 42. *Adina filius Siza.*

ADINCRESCERE, πληθύνειν, de *ad*, d'*in* et de *crescere*, s'accroître, s'augmenter. Eccli. 23. 3. *Ne adincrescant ignorantiæ meæ* : De peur que mes ignorances ne s'accroissent.

AD INSTAR, à la façon, à la ressemblance, de même que Job. 20. 5. *Hoc scio quod laus impiorum brevis sit et gaudium hypocritæ ad instar puncti* : Ce que je sais, c'est que la réputation des impies est de courte durée, et que la joie de l'hypocrite n'est que d'un moment. 2. Par. 17. 12. Job. 36. 27.

ADINVENIRE, inventer, imaginer (συνιέναι). Exod. 35. 32. *Quidquid fabre adinveniri potest, dedit in corde ejus* : Dieu mit dans l'esprit de Béséléel tout ce que l'on peut inventer, 2. Par. 2. 14. Ce mot *inventer* se dit figurément de Dieu, de qui il est dit qu'il a trouvé la sagesse et toutes les voies de la vraie science. Baruch. 3. 32. *Qui scit omnia, novit eam et adinvenit eam prudentia sua* (ἐξευρίσκειν) : Celui qui sait tout, connaît la sagesse et l'a trouvée par sa prudence. v. 37. Pour marquer que la sagesse vient de Dieu, et que c'est par un excès de bonté qu'il nous l'a communiquée.

ADINVENTIO, NIS. Ce mot n'est point en usage, mais dans l'Ecriture il signifie :

1° Invention (εὕρεσις), institution nouvelle, ou établissement de quelque chose. Sap. 14. 12. *Adinventio illorum corruptio vitæ est* : L'établissement des idoles a été la corruption de la vie humaine.

2° Acquisition, gain (καθεύρεμα). Eccli. 35. 12. *In bono oculo adinventionem facito manuum tuarum* : Faites votre offrande de bon cœur, à proportion du gain que vous faites du travail de vos mains. *Adinventio manuum :* C'est le gain que l'on tire de son travail. Il semble qu'en grec et en latin on n'a fait qu'un mot des deux, *adinventionem*, pour *ad*, ou *secundum inventionem*, Gr. καθ᾽ εὕρεμα.

3° Dessein, entreprise, conduite, manière d'agir (ἐπιτήδευμα, *institutum*) ; 1° en mauvaise part. Deut. 28. 20. *Propter adinventiones tuas pessimas* : Vous serez maudits à cause de la malice de vos actions. Ps. 27. 4. Ps. 80. 13. et souvent ailleurs ; 2° en bonne part. Ps. 76. 13. *In adinventionibus tuis exercebor* : Je considérerai tous les secrets de votre conduite. Isa. 12. 4.

4° Pensée, réflexion (ἐπίνοια, *opinio, excogitatio*). Eccli. 40. 2. *Adinventio expectationis* : Les réflexions qui tiennent en suspens dans la crainte des maux dont les hommes sont menacés, les troublent.

AD INVICEM, Voy. INVICEM. L'un l'autre, réciproquement, mutuellement (μετ᾽ ἀλλήλων). 1 Joan. 1. 7. *Societatem habemus ad invicem* : Si nous marchons dans la lumière, nous avons ensemble une société mutuelle.

ADIPISCI. Ce verbe, composé de la preposition *ad* et du verbe *apisci* qui lui-même n'est qu'une forme dérivée et fréquentative du primitif *apio*, a, dans l'Ecriture comme chez les auteurs profanes, les significations suivantes.

Acquérir, gagner, obtenir (ἐπιτυχεῖν, *acquirere*). Jac. 4. 2. *Zelatis et non potestis adipisci* : Vous êtes envieux et jaloux, et vous ne pouvez obtenir ce que vous voulez. Eccli. 44. 7. c. 46. 3. c. 49. 19. c. 50. 5. Heb. 6. 15. c. 11. 33.

ADIRE. Aller trouver, aller voir quelqu'un. (ἐντυγχάνειν). 2. Mach. 4. 36. *Regem adierunt Judæi* : Les Juifs allèrent trouver le roi à Antioche. v. 8. *Adito rege* : Étant venu trouver le roi. v. 46. c. 11. 29. 1. Mach. 8. 32. Luc. 8. 19. Gr. συντυχεῖν, Act. 24. 1. c. 25. v. 2. 15. ἐμφανίζειν. De là viennent ces phrases :

Adire Dominum : S'adresser au Seigneur. Sap. 8. 21. *Adii Dominum* : Je me suis adressé au Seigneur par la prière, pour en obtenir la continence. Ainsi, Heb. 4. 16. *Adeamus ergo cum fiducia ad thronum gratiæ* (προσέρχεσθαι) : Allons donc nous présenter avec confiance devant le trône de la grâce de Jésus-Christ.

Adire mare : Se mettre sur mer. Sap. 14. 4. *Potens es ex omnibus salvare, etiamsi sine arte aliquis adeat mare* (ἐπιβαίνειν) : Vous pouvez sauver de tous les périls, quand on s'engagerait même sur la mer, sans le secours d'aucun art.

ADITUS, us. 1° Entrée, chemin pour arriver en un lieu. Judith. 10, 13. *Vadam ut indicem illi secreta illorum et ostendam illi quo aditu possit obtinere eos* : Je m'en vas trouver le prince Holopherne, pour lui déclarer les secrets des Hébreux, et pour lui découvrir par quel endroit il pourra s'en rendre maître ; c'est ainsi que parle Judith aux gardes avancées d'Holopherne. — 2° Ouverture, porte, entrée (θύρα *Janua*). 2. Mach. 1. 16. *Aperto occulto aditu templi* : Les prêtres de

Nanée, ouvrant une lucarne secrète qui regardait sur le temple, assommèrent Antiochus à coups de pierres, et ceux qui étaient avec lui.

ADITHAIM, Heb. *Congregationes*, nom de ville de la tribu de Juda, sur les confins d'Edom. Jos. 15. 36.

ADJUDICARE. Ce verbe signifie proprement adjuger une chose à quelqu'un par ordonnance de juge.

1° Juger, ordonner, être d'avis (ἐπικρίνειν). Luc. 23. 24. *Pilatus adjudicavit fieri petitionem eorum* : Pilate ordonna que ce que les Juifs demandaient fût exécuté. D'où vient : *Adjudicare morti* : Juger à mort, condamner à mort. Deut. 21. 22. *Adjudicatus morti* : Qui a reçu son arrêt de mort.

2° Déclarer, prononcer (μιαίνειν, *contaminare*) (hors les jugements). D'où vient : *Adjudicare aliquem lepra* : Déclarer qu'un homme est lépreux. Levit. 13. 22. *Adjudicabit eum lepræ* : Le prêtre jugera qu'il est lépreux.

ADJUNGERE. — 1° Joindre ensemble, accoupler, allier avec (συνάπτειν). Ezech. 37. 17. *Adjunge illa, unum ad alterum tibi in lignum unum* : Approchez ces deux morceaux de bois l'un de l'autre pour les unir; ce qui marquait la réunion de Juda et d'Israël. Voy. Lignum. Ainsi joindre ou allier se dit en morale. Judith. 16. 26. *Erat virtuti castitas adjuncta* : La vertu de Judith était accompagnée d'une chasteté particulière.

2° Adjoindre, donner un compagnon à quelqu'un pour lui servir d'aide, de conseil (συνιστάναι). 2. Mach. 8. 9. *Adjuncto ei et Gorgia viro militari* : Ptolomée joignit avec Nicanor, Gorgias, grand capitaine.

3° Joindre, unir, associer, soit pour professer la même religion (προσκληροῦν). Act. 17. 4. *Quidam ex eis crediderunt, et adjuncti sunt Paulo et Silæ* : Quelques-uns des Juifs de Thessalonique crurent et se joignirent à Paul et à Silas (προστιθέναι). Isa. 14. 1. *Adjungetur advena ad eos* : Les étrangers se joindront aux Israélites. c. 54. 15.

Soit pour se liguer et se fortifier (κολλᾶν). 1. Mach. 6. 21. *Adjunxerunt se illis aliqui impii ex Israel* : Quelques impies des enfants d'Israël se joignirent aux apostats juifs.

Soit pour vivre sous les mêmes lois et habiter dans le même pays. Ezech. 37. 19. *Tribus Israel quæ sunt ei adjunctæ* : Ephraïm et les tribus d'Israël qui lui sont unies.

4° Ajouter, joindre quelque chose à une autre (προσκολλᾶν). Deut. 28. 21. *Ajungat tibi Dominus pestilentiam, donec consumat te* : Si vous n'écoutez point la voix du Seigneur, outre les autres maux, le Seigneur vous frappera de peste, jusqu'à ce qu'il vous ait fait périr.

5° Tenir près, approcher (κολλᾶν). Act. 8. 29. *Accede et adjunge te ad currum istum* : Avancez et approchez-vous de ce chariot, dit l'Esprit à Philippe.

ADJURARE, ὁρκίζειν, ἐξορκίζειν. Ce verbe signifie jurer, protester avec jurement, et souvent conjurer, prier avec instance, au nom de ce que l'on respecte le plus. Dans l'Ecriture, il signifie ordinairement conjurer, c'est à-dire :

1° Obliger quelqu'un à faire ou à dire quelque chose ou à s'en abstenir, par la crainte de violer le respect qu'il doit à Dieu, ou d'encourir la vengeance ou la malédiction de sa divine majesté. Prov. 29. 24. *Adjurantem audit et non indicat* : Le complice entend qu'on le conjure de déclarer ce qu'il sait, et il ne le décèle point. Matth. 26. 63. *Adjuro te per Deum vivum* : Je vous commande par le Dieu vivant, dit le grand-prêtre à Jésus-Christ. 3. Reg. 18. 10. c. 22. 16. 2. Par. 18. 15. 4. Reg. 11. 4. Cant. 2. 7. c. 3. 5. c. 5. v. 8. 9. c. 8. 4. Act. 19. 13. 1. Thess. 5. 27. On peut aussi remarquer que l'Eglise conjure, de la part de Dieu, des choses inanimées, comme quand on fait la bénédiction de l'eau : *Exorcizo te, creatura salis; exorcizo te, creatura aquæ* : Je t'exorcise, créature de sel; je t'exorcise, créature d'eau, pour purifier ces créatures par les prières et les conjurations que l'on fait, au nom de Dieu, contre le démon.

2° Prendre à serment, obliger par serment à faire ou à ne pas faire quelque chose, sous peine de malédiction. Genes. 24. v. 3. 37. *Pone manum tuam subter femur meum, ut adjurem te* : Mettez votre main sous ma cuisse, et jurez-moi par le Seigneur, dit Abraham à son serviteur. Voy. Femur. c. 50. v. 5. 6. Exod. 13. 19. Jos. 2. v. 17. 20, etc.

3° Protester contre quelqu'un, faire des imprécations pour faire tomber la malédiction de Dieu sur quelque personne. Num. 5. 19. *Adjurabitque eam* : Le prêtre protestera contre la femme accusée d'adultère par son mari.

ADJURAMENTUM, 1. Conjuration, prière instante. Tob. 9. 6. *Vides quomodo adjuravit me Raguel, eujus adjuramentum spernere non possum* : Vous savez avec quelles instances Raguel m'a pressé de demeurer ici, je ne puis pas m'empêcher de me rendre à ses prières, dit Tobie à l'ange Raphaël.

ADJUTOR, ris. βοηθός. Ce nom signifie en général celui qui aide ou qui sert à quelqu'un en quelque chose; mais ce secours est différent, selon les besoins différents; ainsi il marque :

1° Celui qui aide et assiste dans l'indigence et l'affliction. Ps. 71. 12. *Liberavit pauperem a potente et pauperem cui non erat adjutor* ; Il délivrera le pauvre d'entre les mains du puissant, le pauvre qui n'avait personne qui l'assistât. Ce roi est Jésus-Christ, qui devait délivrer l'homme misérable de la tyrannie du démon, de laquelle nul autre ne le pouvait délivrer. Deut. 33. 7. Job. 26. 2. c. 29. 12. Ps. 108. 12.

2° Qui défend quelqu'un et prend son parti. 1. Par. 12. 18. *Pax adjutoribus tuis* : Que tout soit en paix pour ceux qui vous soutiennent. 1. Mach. 7. 7.

3° Qui entre en société avec un autre pour s'entr'aider mutuellement Gen. 2. 20. *Adæ vero non inveniebatur adjutor similis ejus* : Il ne se trouvait point d'aide pour Adam qui fût semblable à lui. Voy. ADJUTORIUM.

4° Qui aide et travaille avec un autre au salut des peuples (συνεργὸς). Rom. 16. 21. *Timotheus adjutor meus.* v. 3. et v. 9. du même chapitre. 2. Cor. 8. 23. Phil. 4. 3. Colloss. 4. 11. Philem. v. 24. Dan. 10. 21. *Nemo est adjutor meus, nisi Michael* : Nul ne m'assiste, sinon Michel, dit à Daniel celui qu'il voyait sous la figure d'un homme (ἀντεχόμενος, *qui resistit*).

5° Ministre de Dieu dans l'œuvre du salut des hommes. 1. Cor. 3. 9. *Dei enim sumus adjutores* : Les pasteurs aident Dieu de telle sorte, qu'ils ne sont que de simples instruments dont il se sert pour ses desseins, et qui reçoivent toute leur force de Dieu.

6° Qui contribue à quelque chose. 2. Cor. 1. 24. *Adjutores sumus gaudii vestri* : Nous tâchons de contribuer à votre joie par la vertu que Dieu nous donne.

7° Protecteur, soutien; c'est le nom que l'Ecriture donne à Dieu dans les Psaumes et ailleurs. Heb. *rupes* ou *petra*. Gen. 49. 25. Exod. 2. 22. c. 18. 4. Ps. 9. v. 10. 35. Ps. 17. 3. Ps. 18. 15, etc.

ADJUTORIUM, 11. βοήθεια. Ce nom signifie en général aide, secours, dont il peut y avoir plusieurs espèces.

1° Aide, secours, assistance qu'on donne à quelqu'un dans ses besoins (ἐπικουρία). Sap. 13. 18. *In adjutorium, inutilem invocat* : Celui qui s'adresse à une idole, appele à son secours celui qui ne peut se secourir lui-même. Eccli. 40. 24. *Fratres in adjutorium in tempore tribulationis* : Les frères sont un secours au temps de l'affliction. Gr. les frères et le secours des amis servent beaucoup au temps de l'affliction. v. 27. c. 51. v. 10. 14. Sap. 16. 11. Ps. 7. 11. Ps. 34. 2. Ps. 123. 8. etc. De là viennent ces phrases :

Intendere in adjutorium alicujus : Penser à secourir quelqu'un, se hâter de le secourir. Ps. 37. 23. *Intende in adjutorium meum* : Hâtez-vous de me secourir. Ps. 69. 2.

Venire, esse, ou fieri in adjutorium alicui : Venir au secours de quelqu'un (ἀντίληψις). Ps. 82. 9. *Facti sunt in adjutorium filiis Loth* : Les Assyriens sont venus au secours des enfants de Loth, savoir des Moabites et des Ammonites. 2. Reg. 10. 11. Dan. 10. 13. 1 Mach. 10. 24. 2 Mach. 15. 7.

Adjutorium casus : Assistance contre la chute ; c'est ainsi que Dieu est appelé. Eccli. 34. 20. *Deprecatio offensionis, et adjutorium casus* : Dieu soutient ceux qui le craignent, afin qu'ils ne tombent pas, et il les assiste quand ils sont tombés. *Adjutorium spei* : Le secours et l'appui sur lequel on met sa confiance. Ps. 93. 22. *Factus est Deus in adjutorium spei meæ* : Dieu est devenu l'appui de mon espérance. *Habitare in adjutorio alicujus* : Demeurer ferme et avec confiance sous l'assistance et l'appui de quelqu'un. Ps. 90. 1. *Qui habitat in adjutorio Altissimi* : Celui qui demeure ferme sous l'assistance du Très-Haut se reposera sûrement sous la protection du Dieu du ciel. Héb. *in latibulo* : dans l'asile secret. Voy. HABITARE.

Lapis adjutorii : la pierre du secours, nom de lieu entre Masphath et Sen, ainsi nommé à cause du secours que Dieu y donna aux Israélites contre les Philistins (βοηθός, *adjutor*) 1 Reg. 7. 12. *Tulit autem Samuel lapidem unum, et posuit eum inter Masphath et inter Sen, et vocavit nomen loci illius, lapis adjutorii, dixitque: Hucusque auxiliatus est nobis Dominus* : Samuel prit une pierre, qu'il mit entre Masphath et Sen, et il appela ce lieu, La pierre du secours, en disant : Le Seigneur est venu jusqu'ici à notre secours. Ce même lieu est appelé *lapis adjutorii*, par anticipation. 1 Reg. 4. 1. c. 5. 1. Voy. LAPIS.

Adjutorium Dei : Le secours de Dieu ; c'est le mot du guet, que Judas donna à son armée. 2 Mach. 8. 23. *Signo dato* : *Adjutorii Dei* ; Judas Machabée, ayant donné pour signal : Le secours de Dieu, etc.

2° Aide, secours donné à l'homme, savoir la femme (βοηθός). Gen. 2. 18. *Faciamus ei adjutorium simile sibi* · Faisons à l'homme une aide semblable à lui. Eccli. 17. 5. *Creavit ex ipso adjutorium simile sibi* : Dieu a créé de la substance de l'homme une aide qui lui est semblable. Tob. 8. 8. *Dedisti ei adjutorium Evam* : Vous avez donné à Adam Eve, pour lui servir d'aide : cette aide n'est point comme les bêtes le sont, qui soulagent l'homme en certaines choses, mais une aide semblable à lui, qui, étant de la même nature et d'un autre sexe, deviendra avec lui le principe de la génération de tous les hommes : ce qui s'entend aussi de tous les autres hommes mariés. Eccli. 36. 26. *Adjutorium secundum illum est* : L'homme a dans la femme un secours qui a rapport à lui.

3° Force. Ps. 88. 20. *Posui adjutorium in potente* : J'ai mis ma force dans un homme puissant : cet homme puissant est David, selon la lettre, que Dieu a rempli de force pour gouverner son peuple ; cela se dit aussi de ceux que Dieu suscite pour le bien de son Eglise et qu'il fortifie contre les ennemis de sa gloire ; mais cela s'entend principalement de Jésus-Christ, qui est véritablement ce fort et ce puissant dans lequel il a renfermé toute la gloire et tout le secours qu'il voulait donner aux hommes. v. 44. *Avertisti adjutorium gladii ejus*, Heb. *petram* : Vous avez retiré la force que vous donniez à ses armes. Le mot hébreu signifie aussi la pointe de quelque chose : Vous avez fait rebrousser la pointe de son épée.

4° Moyen, ou instrument que l'on emploie pour venir à bout de quelque chose. Act. 27. 17. *Qua sublata, adjutoriis utebantur* : Ayant enfin tiré à nous l'esquif, les matelots employèrent toutes sortes de moyens : ce fut dans le naufrage de saint Paul.

ADJUVARE, βοηθεῖν. 1° Aider, assister, secourir (ἰσχύειν, *valere*). 2 Par. 25. 8. *Dei est adjuvare* : C'est Dieu proprement qui aide. Matth. 15. 25. *Domine, adjuva me* : Seigneur, assistez-moi, dit la Chananéenne à Jésus-Christ. Deut. 28. 31. Marc. 9. v. 22. 24. Luc. 5. 7. c. 10. 40. etc. De là vient :

Adjuvare manus alicujus : Aider quelqu'un dans quelque entreprise (κραταιοῦν, corroborare), Heb. *Corroborare manus.* 1. Esd. 1. 6. c. 6. 22. *Converterat cor regis Assur ad eos; ut adjuvaret manus eorum :* Dieu avait tourné le cœur du roi des Assyriens pour favoriser l'entreprise des Israélites dans le rétablissement du temple de Jérusalem.

Adjuvare in malum : Etendre et augmenter la peine dont Dieu veut punir les siens (συνεπιτίθεσθαι, aggredi ; Heb. *Ghazar, adjuvare*). Zach. 1. 15. *Ego iratus sum parum, ipsi vero adjuverunt in malum :* J'étais un peu en colère contre Jérusalem ; les nations l'ont affligée avec excès, et plus qu'il n'était raisonnable.

2° Favoriser quelqu'un, soutenir son parti (κατισχύειν, roborare). 1. Par. 11. 10. *Hi principes virorum fortium qui adjuverunt eum :* Ce sont là les plus braves de ceux qui prirent le parti de David. Judic. 9. 24. 1. Par. 22. 17. 1. Mach. 8. v. 27. 28. c. 12. 54. Apoc. 12. 16. Ainsi : *Adjuvare partes alicujus :* Soutenir le parti de quelqu'un. 3. Reg. 1. 7. *Adjuvabant partes Adoniæ :* Joab et Abiathar soutenaient le parti d'Adonias.

ADJUVANS, TIS, βοηθῶν. — 1° Protecteur, qui assiste et défend quelqu'un. 1. Mach. 12. 54. *Non habent principem et adjuvantem :* Les Juifs n'ont ni chef, ni protecteur, disaient leurs ennemis après la mort de Jonathas. — 2° Ministre de Dieu pour l'œuvre du salut (συνεργῶν). 2. Cor. 6. 1. *Adjuvantes autem exhortamur, ne in vacuum gratiam Dei recipiatis :* Etant donc les coopérateurs de Dieu, nous vous exhortons de vous conduire de telle sorte que vous n'ayez pas reçu en vain la grâce de Dieu.

ADLI, *testis mihi*, nom d'homme, père de Saphat. 1. Par. 27, 29. *Voy.* SAPHAT.

ADMATHA, *nubes mortis*, un des sept principaux officiers de la cour d'Assuérus. Esth. 1. 14.

ADMINICULUM, 1.

Ce mot, qu'on croit venir de la préposition *ad* et de *manus*, pour marquer ce qui se prend à la main, signifie proprement un bâton, ou un échalas qui sert pour étayer et soutenir la vigne, et dans un sens figuré, un appui, tout ce qui sert pour appuyer.

Aide, appui, secours. Esth. 16. 20. *Quibus debetis esse adminiculo :* Vous devez appuyer les Juifs, et les aider à se venger de leurs ennemis.

ADMINISTRARE, διακονεῖν. 1° Bailler, fournir (ἐπιχορηγεῖν, *subministrare*). 2. Cor. 9. 10. *Qui administrat semen seminanti, et panem ad manducandum præstabit :* Dieu, qui donne la semence à celui qui sème par ses aumônes, vous donnera le pain dont vous avez besoin pour vivre. 1. Petr. 4. 11. *Si quis ministrat, tamquam ex virtute quam administrat Deus :* Si quelqu'un sert dans quelque saint ministère, qu'il y serve comme n'agissant que par la vertu que Dieu donne (χορηγεῖν).

2° Employer, faire servir. 1. Petr. 4. 10. *Sicut accepit gratiam, in alterutrum illam administrantes :* Que chacun emploie pour le service des autres, le don qu'il a reçu.

3° Servir, rendre service (ὑπηρετεῖν, *subservire*). Act. 13. 36. *David enim in sua generatione cum administrasset voluntati Dei, dormivit :* Car pour David, après avoir servi en son temps aux desseins de Dieu, il s'est endormi et a éprouvé la corruption. On peut lire selon le Grec : Car David ayant rendu service à ceux de son temps, il est mort selon l'ordre de Dieu.

4° Faire, administrer, conduire, gouverner (λειτουργεῖν, *ministrare*. Heb. *Habad*.). Num. 18. 7. *Omnia quæ ad cultum altaris pertinent, et intra velum sunt, per sacerdotes administrabuntur :* Tout ce qui appartient au culte de l'autel, et ce qui est au dedans du voile, se doit faire par le ministère des prêtres. D'où vient, *administrare bellum :* faire la guerre, en avoir la conduite et le maniement. 2. Reg. 11. 7. *Quæsivit David quomodo administraretur bellum :* David demanda à Urie ce qui se passait à la guerre.

ADMINISTRATIO, NIS. Ce nom verbal signifie proprement, administration, conduite, gouvernement (διακονία, *ministerium*) : dans l'Écriture, il signifie ministère, charge, fonction. 2. Cor. 4. 1. *Ideo habentes administrationem, juxta quod misericordiam consecuti sumus, non deficimus :* C'est pourquoi, ayant reçu un tel ministère, selon la miséricorde qui nous a été faite, nous ne perdons point courage, dit S. Paul.

ADMINISTRATORIUS, A, UM. Ce nom est mis ici pour *ministratorius*, et signifie propre à servir, destiné à servir (λειτουργικός). Heb. 1. 14. *Nonne omnes sunt administratorii spiritus ?* Tous les anges ne sont-ils pas des esprits qui tiennent lieu de serviteurs ?

ADMIRARI, θαυμάζειν. *Voy.* MIRARI. Ce verbe est déponent, mais il se trouve quelquefois passif dans quelques anciens auteurs, comme aussi dans l'Ecriture. Eccli. 24. 3. *In plenitudine sancta admirabitur :* La sagesse se fera admirer dans les saintes assemblées.

1° Admirer, avoir en admiration, regarder avec étonnement quelque chose de grand et de surprenant. Luc. 11. 14. *Cum ejecisset dæmonium, locutus est mutus, et admiratæ sunt turbæ :* Le démon ayant été chassé, le muet parla, et tout le peuple fut ravi en admiration. Act. 4. 13. c. 7. 31. Eccli. 27. 26. c. 43. 20, etc. D'où vient cette phrase :

Admirari post aliquem : Suivre quelqu'un avec grande admiration. Apoc. 13. 3. *Admirata est universa terra post bestiam :* Toute la terre, étant dans une grande admiration, suivit la bête.

Admirari ad aliquid : Etre surpris de quelque chose (ἀποθαυμάζειν). Eccli. 40. 7. *Admirans ad nullum terrorem :* Celui qui s'éveille après un songe, s'étonne d'avoir été effrayé sans sujet. Voy. AD.

2° Etre fort surpris, être frappé d'étonnement (ἐκπλήσσεσθαι). Marc. 7. 37. *Eo amplius admirabantur, dicentes: Bene omnia fecit :* Ceux qui avaient présenté à Jésus-Christ cet homme sourd et muet, pour lui imposer les mains, disaient, dans l'admiration et le ravissement extraordinaire où ils étaient : Il a bien fait toutes choses, c. 10. 26. Luc. 2. 48. Act. 8. 13. c. 13. 41. Habac. 1. 5. Ps. 47. 6. Ce mot, en ce sens, se met quelquefois avec les prépositions *super* ou *in*. Matt. 7. 28. *Admirabantur turbæ super doctrina ejus* : Le peuple était ravi en admiration de la doctrine de Jésus-Christ. Marc. 6. 2. *Multi audientes admirabantur in doctrina ejus* : Plusieurs de ceux qui écoutaient Jésus-Christ étaient extraordinairement étonnés. Act. 13. 12. Tob. 5. 10, etc. Ainsi Sap. 11. 14. *Admirantes in finem exitus* : Les Egyptiens considérant avec étonnement la fin de ces choses; ces mots ne sont point dans le Grec et sont pris du verset suivant, où le Grec porte, *in fine eventuum*.

3° Etre surpris, trouver étrange (ξενίζεσθαι). 1. Pet. 4. 4. *In quo admirantur, non concurrentibus vobis in eamdem luxuriæ confusionem* : Les païens trouvent maintenant étrange que vous ne couriez plus, comme vous faisiez, à ces débordements de débauche et d'intempérance.

ADMIRATIO, NIS. θαῦμα.
1° Admiration, action par laquelle on regarde quelque chose avec étonnement. Apoc. 17. 6. *Miratus sum admiratione magna* : Je fus saisi d'un grand étonnement en voyant cette bête enivrée du sang des saints. 2. Mach. 7. 18. D'où vient :
Admirationem facere alicui : Se faire admirer de quelqu'un. Isa. 29. 14. *Ecce ego addam ut admirationem faciam populo huic miraculo grandi et stupendo* : Je ferai encore une merveille dans ce peuple, un prodige étrange qui surprendra tout le monde.

2° Étonnement, à cause des fantômes et des visions effrayantes (ἴνδαλμα). Sap. 17. 3. *Paventes horrende et cum admiratione nimia perturbati* : Les Egyptiens étaient saisis d'un horrible effroi et frappés d'un profond étonnement, étant épouvantés par des spectres.

ADMIRABILIS, E. θαυμάσιος, θαυμαστός, admirable, merveilleux, qui est surprenant, qu'on ne peut comprendre. Eccli. 43. 2. *Vas admirabile, opus excelsi* : Le soleil est un chef-d'œuvre merveilleux de la puissance du Très-Haut. 1. Petr. 2. 9. *De tenebris vos vocavit in admirabile lumen suum* : Dieu vous a appelés des ténèbres à son admirable lumière, de la foi chrétienne et de l'Evangile. Ps. 41. 5. Mais ce qui est admirable par excellence, c'est la puissance et la majesté de Dieu. Ps. 8. v. 2. 10. Eccli. 43. 32. Ainsi, c'est le nom qui est donné au Messie. Isa. 9, 6. *Vocabitur nomen ejus, Admirabilis* : Il sera appelé l'Admirable, tant à cause de ce qu'il est en lui-même, qu'à cause de ses œuvres merveilleuses, surtout à cause des effets de sa grâce; d'où vient cette phrase, *admirabilem esse* ou *fieri* : Etre admiré, se faire admirer. Sap. 8. 11. *In conspectu potentium admirabilis ero* : Les plus puissants seront surpris, lorsqu'ils me verront. 2. Thess. 1. 10. *Cum venerit admirabilis fieri in omnibus* : Lorsque Jésus-Christ viendra se faire admirer.

ADMISCERE, signifie mêler ensemble, faire un mélange; d'où vient *Admisceri* : Etre mêlé ou brouillé; et dans l'Ecriture, il signifie, — 1° S'accoutumer (συνεθίζεσθαι). Eccli. 23. 10. *Nominibus sanctorum* (Gr. *Nominationi sancti*) *ne admiscearis* : Ne vous accoutumez point à prononcer le nom de Dieu ou des choses saintes. — 2° Etre joint, uni, et comme incorporé (συγκεράννυσθαι). Heb. 4. 2. *Non profuit illis sermo auditus, non admixtus fidei ex iis quæ audierunt* : La parole que les Israélites avaient entendue ne leur a point servi, n'étant pas jointe à la foi dans ceux qui l'avaient entendue. Gr. *Non contemperatus fide iis qui audierunt* : N'étant point entrée par la foi, qui en aurait fait la nourriture de leur âme, comme une viande ne sert à rien si elle n'est incorporée, et si elle n'entre dans la substance de celui qui la reçoit.

ADMISTIO, NIS. Ce nom verbal vient du supin *admistum*, et signifie mélange, mixtion. Levit. 7. 12. *Collyridas olei admistione conspersas* : des petits tourteaux de farine, arrosés d'huile.

ADMITTERE. 1° Admettre, recevoir, donner entrée. Tob. 7. 13. *Non dubito quod Deus preces et lacrymas meas in conspectu suo admiserit* : Je ne doute point que Dieu n'ait agréé mes larmes et mes prières. c. 6. 20. Eccli. 11. 36. — 2° Commettre (πράττειν). Act. 25. 25. *Comperi nihil dignum morte eum admisisse* : J'ai trouvé, dit Festus, que Paul n'avait rien fait qui fût digne de mort. 2. Mach. 6. 20. — 3° Permettre ἀφιέναι. (Marc. 5. 37. *Et non admisit quemquam se sequi* : Et il ne permit à personne de le suivre. v. 19. *Et non admisit eum* : Et il ne le lui permit pas.

ADMISSURA, Æ. Ce mot vient d'*admittere* quand il signifie donner le mâle à la femelle. — Le temps de faire couvrir les femelles. Gen. 30. 42. *Quando serotina admissura erat et conceptus extremus, non ponebat eas* : Lorsque les brebis devaient concevoir en automne, Jacob ne mettait point les branches de diverses couleurs devant elles. Voy. ASCENDERE.

ADMONERE, νουθετεῖν. — 1° Avertir, faire ressouvenir. Eccli. 7. 3. *In illa finis cunctorum admonetur hominum* : Dans une maison de deuil, on est averti de la fin de tous les hommes. Sap. 12. 2. 2. Mach. 8. 19. c. 9. 11. c. 15. 9. — 2° Déclarer de la part de Dieu (χρηματίζειν). Matth. 2. 22. *Admonitus in somniis secessit in partes Galilææ* : Joseph ayant reçu en songe un avertissement du ciel, il se retira dans la Galilée : le mot grec est rendu par *responsum accipere*, dans saint Matth. 2. 12. Luc. 2. 16. où il signifie proprement, recevoir de Dieu un avertissement, comme un oracle ou une révélation particulière.

ADMOVERE, προσάγειν. — 1° Approcher, mettre auprès, appliquer. 2. Mach. 7. 5. *Jussit ignem admoveri* : Antiochus fit apporter du feu. Gr. fit approcher du feu le premier des sept frères. c. 14. 41. *Turbis ignem admovere cupientibus* : Les troupes de Nicanor s'efforçaient de mettre le feu à sa maison. c. 7. 15. *Cum admovissent quintum* : Ayant pris le cinquième frère, c'est-à-dire l'ayant fait approcher pour le tourmenter; de là viennent ces phrases:

Admovere manus : Mettre la main à l'œuvre, faire avancer. 1. Mach. 15. 25. Voy. Manus. Ainsi, *admovere exercitum* : Faire avancer une armée. 2. Mach. 13. 13. *Priusquam rex admoveret exercitum ad Judæam* : Judas résolut de marcher contre Antiochus, avant qu'il eût fait entrer ses troupes dans la Judée (εἰσβάλλειν, *inducere*). 1. Mach. 10. 77. *Admovit tria millia equitum et exercitum multum* : Apollonius fit avancer contre Jonathas trois mille chevaux et beaucoup de troupes, c'est-à-dire qu'il les prit avec lui et se mit à leur tête (παρεμβάλλειν); de même, *admovere castra* : c'est faire marcher ses troupes contre l'ennemi. 1. Mach. 10. 48. c. 16. 6. 2. Mach. 13. 19.

2° Marcher, avancer. 2. Mach. 15. 25. *Nicanor autem et qui cum ipso erant, cum tubis et canticis admovebant* : Cependant Nicanor marchait contre Judas, au son des trompettes, avec son armée et au bruit des voix qui s'animaient au combat; le verbe grec προσάγειν est neutre, et actif.

ADNAVIGARE. Ce verbe signifie aborder, venir en quelque lieu par mer : dans l'Ecriture,

Côtoyer, naviguer le long d'une côte (ὑποπλεῖν). Act. 27. 7. *Adnavigavimus Cretæ* : Nous côtoyâmes l'île de Crète.

ADOLERE, καίειν. Voy. Olere. Brûler, enflammer. Levit. 1. 9. *Adolebit ea Sacerdos* : Le prêtre y mettra le feu sur l'autel. c. 4. 26. *Adipem adolebit* : Il fera brûler la graisse. c. 5. 10. c. 6. v. 12. 15, etc.

Mais ce mot se met souvent avec *incensum* ou *thymiama*, brûler de l'encens. C'était, dans l'Ancien Testament, offrir de l'encens à Dieu devant l'arche; ce qui était une fonction particulière aux prêtres de la tribu de Lévi. 1. Par. 6. 49. *Aaron et filii ejus adolebant incensum* : Aaron et ses fils offraient tout ce qui se brûlait sur l'autel des holocaustes et sur l'autel des parfums (θυμιᾶν). Cela s'est fait aussi par les Israélites, en l'honneur des faux dieux. 2. Par. 30. 14. *Idolis adolebatur incensum*. Ceux des Israélites qui, étant rappelés par Ezéchias, revinrent de l'idolâtrie de Jéroboam, pour célébrer la fête de Pâques, mirent en pièces tout ce qui servait à offrir de l'encens aux idoles. 3. Reg. 11. 8. 4. Reg. 35. 5. Voy. Incensum ; Thymiama.

ADOLESCENS, tis, νεανίας, νεανίσκος. Ce mot vient du verbe *olere* quand il signifie croître, et marque un jeune homme qui croît; mais ces mots *adolescens*, *puer*, *juvenis*, sont souvent confondus dans l'Ecriture. Act. 20. 9. *Adolescens nomine Eutychus* : Un jeune homme, nommé Eutyque, que S. Paul ressuscita : il est appelé *puer*, v. 12. *Adduxerunt autem puerum viventem*, Gr. παῖδα. Voy. Puer. Au contraire, en plusieurs endroits, il se met pour un homme qui est dans la fleur de son âge.

1° Un jeune garçon, un jeune homme depuis douze ans jusqu'à vingt-cinq, qu'on cesse de croître (παῖς, δός). Prov. 1. 4. *Ut detur parvulis astutia, adolescenti scientia et intellectus* : Pour donner de la discrétion aux simples, la science et l'intelligence aux jeunes hommes. c. 22. 6. *Adolescens juxta viam suam, etiam cum senuerit, non recedet ab ea* : Le jeune homme suit sa première voie, dans sa vieillesse même il ne la quittera point (παιδίον). Il semble que l'Interprète de la Vulgate ait pris *adolescens* pour un participe, *is qui adolescit*; mais le Grec porte, παιδίον, *puer*. Gen. 34. 19. c. 39. 10. 1 Reg. 14. 6., etc. Ainsi, Jerem. 15. 8. *Induxi eis super matrem adolescentis, vastatorem meridie* : J'ai fait venir un ennemi pour les perdre, qui a tué en plein midi les jeunes gens entre les bras de leurs mères : le singulier *adolescentis* se prend ici pour le pluriel. Eccli. 4. 15. *Vidi cunctos viventes, qui ambulant sub sole, cum adolescente secundo* : J'ai vu tous les hommes vivants qui marchent sous le soleil avec le second jeune homme; c'est-à-dire que les peuples aiment plutôt un jeune prince qui doit succéder à la couronne. Voy. Secundus.

2° Un jeune homme au-dessus de vingt-cinq ans. Act. 7. 57. *Testes deposuerunt vestimenta sua secus pedes adolescentis* : Les témoins mirent leurs vêtements au pieds d'un jeune homme, nommé Saul : on croit que Saul avait alors plus de trente ans. 3 Reg. 12. 8. *Adhibuit adolescentes* : Roboam prit conseil des jeunes gens qui avaient été avec lui (παιδάριον). Ce prince avait bien quarante ans quand il commença à régner; mais ceux-ci sont appelés jeunes, en le comparant aux vieillards qu'il avait consultés. Judic. 19. 9. 1. Reg. 30. 17. et ailleurs. Ce mot se prend de même, dans Cicéron et ailleurs, pour un homme de trente à quarante ans.

ADOLESCENTIOR, oris, νεώτερος.
Ce mot ne signifie quelquefois que le positif *adolescens*, et quelquefois il marque le comparatif, et a quelquefois la signification du superlatif.

1° Un jeune homme ou une jeune femme. Ps. 118. 9. *In quo corrigit adolescentior viam suam?* Comment celui qui est jeune corrigera-t-il sa voie? ce sera en gardant la parole de Dieu. 1. Tim. 5. 11. *Adolescentiores viduas devita* : N'admettez point au rang des veuves les jeunes veuves.

2° Comme comparatif, le plus jeune des deux. Luc. 15. v. 12. 13. *Adolescentior filius peregre profectus* : Le plus jeune s'en alla dans un pays étranger.

3° Comme superlatif, 2. Mach. 7. 24. *Cum adhuc adolescentior superesset* : Le plus jeune des sept frères étant resté.

ADOLESCENTULUS, i. νεώτερος. Ce diminutif d'*adolescens* signifie : — 1° Comme *adolescens* : Jeune garçon (νεανίσκος). Ezech. 9. 6. *Senem, adolescentulum et virginem interficite* : Tuez tout, vieillards, jeunes hommes et vierges. Nabuchodonosor, 3 Paral. 36. 17. a accompli cette prophétie. Gen. 4. 23. Isa. 9. 17. — 2° Petits en nombre. Ps. 67. 28. *Ibi Benjamin adolescentulus* : ce mot est pris en cet endroit pour la tribu qui était la moins nombreuse de toutes; là se trouve le petit Benjamin, c'est-à-dire la tribu de Benjamin, qui était le plus petit de tous les enfants de Jacob. — 3° Qui est considéré comme petit et jeune, dont on ne fait point de cas. Ps. 118.

141. *Adolescentulus sum ego et contemptus :* Je suis petit et méprisé. Ce mot en cet endroit ne marque point l'âge, disent les interprètes, mais l'état et l'abaissement.

ADOLESCENTULA, νεανις. — Ce nom signifie : — 1° Jeune fille ou femme. 3. Reg. 1. 2. *Quæramus Domino nostro regi virginem adolescentulam :* Cherchons pour notre maître quelque jeune fille vierge. v. 3. Tit. 2. 4. *Ut prudentiam doceant adolescentulas :* Apprenez aux femmes avancées en âge à inspirer la sagesse aux jeunes femmes (νέα). — 2° Les âmes fidèles marquées par des jeunes filles. Cant. 1. 3. c. 6. 7.

ADOLESCENTIA, æ. νεότης. Ce mot marque le temps de la jeunesse, et l'âge de l'adolescence avec quelque étendue. Voy. ADOLESCENS. 1° Jeunesse, jeune âge. Eccli. 11. 10. *Adolescentia et voluptas vana sunt :* La jeunesse et la volupté ne sont que vanité. Eccli. 42. 9. 1. Tim. 4. 12. Prov. 5. 18. *Lætare cum muliere adolescentiæ tuæ :* Vivez dans la joie avec la femme que vous avez épousée dans votre jeunesse. Mal. 2. 15. *Uxorem adolescentiæ tuæ noli despicere :* Ne méprisez pas la femme que vous avez prise dans votre jeunesse. Gen. 48. 15. 1. Reg. 12. 2. c. 17. 33. etc. — 2° L'enfance, l'âge et l'état de l'enfance. Gen. 8. 21. *Sensus et cogitatio humani cordis in malum prona sunt ab adolescentia sua, i. e. a pueritia seu infantia :* La pente au mal est naturelle à l'homme, qui naît avec cette maudite inclination. — 3° Les premiers temps de l'établissement d'un état ou d'une république, parce que l'Ecriture compare souvent un peuple à une personne; le peuple juif. Isa. 54. 4. *Confusionis adolescentiæ tuæ oblivisceris :* Vous oublierez vos premiers désordres : ce qui s'entend des péchés pour lesquels les Juifs furent emmenés captifs en Egypte. Jer. 2. 2. c. 22. 21. c. 31. 19. Ezech. 23. v. 3. et 8. Babylone. Isa. 47. v. 12 et 15. Les Moabites. Jerem. 48. 11. *Fertilis fuit Moab ab adolescentia sua :* Moab dès sa jeunesse a été dans l'abondance (ἐκ παιδαρίου). — 4° Prospérité, santé, parce qu'ordinairement la jeunesse est dans la joie ou dans la vigueur. Job. 29. 4. *Sicut fui in diebus adolescentiæ meæ :* Dans le temps de ma prospérité. c. 33. 25. *Revertatur ad dies adolescentiæ suæ :* Qu'il recouvre sa santé et son embonpoint.

ADOM, *homo* ou *rufus*, ville de la tribu de Ruben, près de laquelle les eaux du Jourdain s'ouvrirent pour faire un passage aux Israélites. Jos. 3. 16.

ADOMMIM, héb. *terreni, rufi*, montagne dans la tribu de Benjamin, entre Jérusalem et Jéricho, au pied de laquelle est une villa du même nom. Jos. 18. 18. c. 15. 7. Voy. ASCENSUS.

ADON, *dominus*, un homme qui revint de la captivité, du nombre de ceux qui ne purent faire voir leur origine. 1 Esdr. 2. 59.

ADONAI, Héb. *Dominus meus*, c'est un des noms de Dieu, du mot hébreu (*Adan*) d'où vient *Adon*, *Dominus* et *Adonaï*, *Dominus meus :* ce nom se met à la place du nom ineffable de quatre lettres, qu'on appelle ordinairement *Jehova*, qui signifie, *Celui qui est*. L'on ne sait plus quelle est sa vraie prononciation. Notre Vulgate l'exprime par *Dominus*, à l'imitation des Septante. Néanmoins l'Interprète a laissé le mot *Adonaï* en deux endroits remarquables, pour marquer qu'il se prend pour le nom ineffable. Judith. 16. 16. *Adonai Domine;* et Exod. 3. 6. *Et nomen meum Adonai non indicavi eis :* Je ne leur ai pas donné une connaissance si claire de mon nom et de mon essence divine, qu'à vous. Ce mot *Adonaï* marque la puissance et la domination souveraine de Dieu, comme celui de *Jehova*, au lieu duquel on met *Adonaï*, marque son essence; ainsi le premier convient mieux au Fils, et ce dernier au Père. C'est pourquoi on les met souvent l'un avec l'autre dans les prières ardentes, *Adonaï Domine* ou *Domine Deus*.

ADONIAS, Héb. *Dominator Dominus*. — 1° Quatrième fils de David, qui tâcha de s'emparer du royaume de Juda, au lieu de Salomon, du vivant même de son père. Bethsabée, mère de Salomon, en ayant eu avis, en avertit David, qui donna ordre de faire sacrer roi Salomon, son fils. Adonias et ceux de son parti, voyant le danger où les jetait leur entreprise, se retirèrent en confusion. Adonias se réfugia dans le temple; son frère lui accorda le pardon et la vie, pourvu qu'il n'entreprît, dans la suite, rien de semblable; mais ce prince lui ayant fait demander en mariage la Sunamite qui avait été la dernière femme de son père, Salomon croyant que cette recherche tendait à lui usurper la couronne, il envoya Banaïas pour le tuer, quelque part qu'il fût, l'an 3020. 2 Reg. 3. 4. 3. Reg. 1. 5. c. 2. 13. 1. Par. 3. 2. etc. Voy. HAGGITH. — 2° Un lévite, député par Josaphat pour instruire le peuple. 2. Par. 17. 8. — 3° Un des chefs du peuple. 2. Esdr. 10. 16. *Capita populi*, *Adonia*, *Begai*, *Adin*.

ADONIBEZEC, *Domini fulgur*, le plus puissant prince des Chananéens, qui fut pris par les enfants de Juda, qui lui coupèrent les extrémités des pieds et des mains. Judic. 1. v. 5. 6. 7. *Fugit Adonibezec, quem persecuti comprehenderunt :* Adonibezec ayant pris la fuite, les Hébreux le poursuivirent et le prirent. Ce prince fut traité de la même façon qu'il avait traité soixante-dix rois, à qui il avait fait couper les extrémités des pieds et des mains, et les faisait manger sous sa table les restes de ce que l'on lui servait.

ADONICAM, *Dominus surrexit*, chef de famille, dont les enfants revinrent de la captivité au nombre de six cent soixante-six. 1. Esdr. 2. 13. c. 8. 13. et au nombre de six cent soixante-sept. 2. Esdr. 7. 18.

ADONIRAM, *Dominus excelsus*, fils d'Abda, intendant des finances, sous le roi Salomon. 3. Reg. 4. 6. et chef de trente mille ouvriers, que ce prince envoyait au Liban, pour couper des cèdres et d'autres arbres pour la construction du temple. c. 5. 14.

ADONIS, IDIS. Héb. THAMMUZ, 1, *Consumptus sive incendium*. Adonis était un jeune homme aimé de Vénus, selon la fable. Il fut tué par un sanglier et beaucoup pleuré par cette déesse, qui ensuite le recouvra en vie,

Ezech. 8. 14. *Ecce ibi mulieres plangentes Adonidem :* Ces femmes idolâtres honoraient Vénus par ces pleurs comme par leurs débauches. D'autres veulent que ces femmes aient été des prêtresses d'Isis, qui avait ordonné de pleurer la mort d'Osiris, son mari, à qui ces femmes rendaient des honneurs divins, avec des cérémonies infâmes et honteuses.

ADONISEDECH, Héb. *Domini justitia,* roi de Jérusalem, qui souleva les autres rois chananéens contre Josué. Jos. 10. v. 1. 3. Ce fut alors que Josué arrêta le soleil pour avoir le temps de les défaire.

ADOPTARE, élire, choisir et adopter, qui est choisir quelqu'un.

Adopter, prendre quelqu'un pour son enfant. Exod. 2. 10. *Quem illa adoptavit in locum filii :* La fille de Pharaon adopta Moïse pour son fils. Esth. 2. v. 7. 15. *Quam sibi adoptaverat in filiam :* Mardochée avait adopté Esther pour sa fille (παιδεύειν).

ADOPTIO, NIS, l'action par laquelle on adopte ; mais dans l'Ecriture, outre l'adoption civile, il est souvent fait mention, dans saint Paul, d'une adoption spirituelle, par laquelle Dieu adopte les hommes pour ses enfants. — 1° Adoption civile, telle qu'a été non-seulement celle de Moïse et d'Esther, mais encore celle des enfants nés des servantes de Lia et Rachel. Gen. 30. v. 3. 6. Voy. c. 16. 2. et celle d'Ephraïm et Manassé, c. 48. 5. *Mei erunt :* Les deux fils que vous avez eus en Egypte seront à moi. Jacob parle à Joseph. — 2° Adoption divine ou spirituelle, υἱοθεσία, par laquelle Dieu a fait l'honneur aux Israélites, préférablement à toutes les autres nations, de les prendre pour son peuple particulier. Rom. 9. 4. *Quorum adoptio est filiorum :* Ce sont les Israélites, à qui appartient l'adoption des enfants de Dieu. Ainsi, il appelle ce peuple son fils aîné. Exod. 4. 22. *Filius meus primogenitus Israel :* Israël est mon fils aîné. Matth. 15. 26. Mais cette adoption n'était que la figure de l'adoption excellente qui s'est faite par Jésus-Christ, expliquée dans le nombre suivant. — 3° Adoption plus particulière, par laquelle nous sommes faits enfants adoptifs de Dieu, ses héritiers et les cohéritiers de Jésus-Christ, par la grâce de Dieu et par cette charité que le Saint-Esprit répand dans nos cœurs. Rom. 8. 15. *Accepistis spiritum adoptionis filiorum :* Vous avez reçu l'esprit d'adoption des enfants de Dieu. Eph. 1. 5. *Qui prædestinavit nos in adoptionem filiorum :* Dieu le Père nous a prédestinés par un pur effet de sa bonne volonté, pour nous rendre ses enfants adoptifs par Jésus-Christ, etc. Galat. 4. 5. Dans tous ces endroits l'Interprète latin a toujours mis *adoptio filiorum,* parce que le Grec porte υἱοθεσία. Cette adoption se commence dans cette vie et s'accomplit dans l'autre. Rom. 8. 23. *Adoptionem filiorum Dei expectantes :* Nous attendons l'effet de l'adoption divine. En cet endroit ce mot signifie l'hérédité que l'on obtient en vertu de l'adoption.

ADOR, *Testimonium lucis,* ville de la tribu d'Aser. 1 Mach. 13. 20. *Gyraverunt per viam quæ ducit Ador :* Tryphon avec ses troupes tournèrent par le chemin qui mène à Ador.

ADORAM, *Decor eorum.* Voy. ADURAM. — 1° Fils de Jectan. 1. Par. 1. 21. Il est nommé *Aduram.* Genes. 10. 27. — 2° Fils de Thoü, roi d'Hemath, qui avait de la part de son père pour féliciter David de la victoire qu'il avait remportée sur Adarezer. 1 Par. 18. 20.

ADORARE, προσκυνεῖν. Héb. Sachah. — 1° Se prosterner devant quelqu'un, lui faire une profonde révérence, pour le saluer. Exod. 18. 7. *Egressus in occursum cognati sui adoravit :* Moïse étant allé au devant de son beau-père, se baissa profondément devant lui. Gen. 18. 2. Nomb. 22. 31. Jos. 5. 15. Ruth. 2. 10. 2. Rois 18. v. 21. 28. etc. Soit pour demander quelque grâce à quelqu'un. Exod. 11. 8. *Descendent omnes servi tui isti ad me, et adorabunt me, dicentes : Egredere,* etc. Tous vos serviteurs, que vous voyez ici, viendront à moi, et ils m'adoreront, en disant : Sortez, vous et tout le peuple qui vous est soumis ; *i. e.* ils viendront à moi et ils me supplieront bien humblement de vouloir bien sortir. c. 34. 8. 2. Rois. 14. 4. 2. Par. 24. 17. Soit pour remercier quelqu'un d'une grâce reçue. 2. Rois. 14. 22. *Joab adoravit et benedixit Regi :* Joab, qui venait d'obtenir le retour d'Absalom, adora et bénit le roi ; *i. e.* le remercia et se prosterna devant lui. 4. Rois. 4. 37. *Venit illa, et adoravit super terram, tulitque filium suum :* La Sunamite vint, et, se jetant aux pieds d'Elisée, elle l'adora ; *i. e.* elle le remercia de la faveur qu'elle venait de recevoir. Cette manière de saluer en se prosternant devant quelqu'un, était pratiquée par les Orientaux à l'égard de ceux à qui ils voulaient témoigner un grand respect, et c'est en ce sens que se prend le mot *d'adorer,* dans tous les endroits où l'Ecriture dit qu'on a adoré des hommes ou des anges.

2° Se baisser, ou se courber simplement sans marquer de respect. 4. Rois. 5. 8. *Si adoravero in templo Remmon, adorante eo in eodem loco :* Si j'adore dans le temple de Remmon, lorsque le roi mon maître adorera lui-même ; *i. e.* si je me baisse pour soutenir le roi, appuyé sur ma main, lorsqu'il adorera les idoles dans le temple de Remmon.

3° Rendre hommage à quelqu'un, en le reconnaissant comme son maître et son souverain. Gen. 49. 8. *Adorabunt te filii patris tui :* Les enfants de votre père vous adoreront ; *i. e.* vous seront soumis. Matth. 2. v. 2. 8. 11. *Vidimus stellam ejus in Oriente, et venimus adorare eum :* Nous avons vu son étoile en Orient, et nous sommes venus l'adorer ; *i. e.* lui rendre nos hommages, comme à notre Roi et à notre Souverain. Gen 37. v. 7. 9. 10. c. 50, 18. Tob. 14. 9. Esth. 16. 11.

4° Adorer, rendre un culte souverain qui n'est dû qu'à la Divinité. Matth. 4. 10. *Dominum Deum tuum adorabis, et illi soli servies :* Vous adorerez le Seigneur votre Dieu, et vous ne servirez que lui seul. 1. Par. 16. 19. *Adorate Dominum in decore sancto :* Adorez le Seigneur dans un saint respect.

Ps. 5. 8. Ps. 28. 2. Ps. 137. 2. et en une infinité d'autres endroits.

5° Bénir Dieu, lui rendre gloire, le remercier de quelque faveur reçue. 2. Paral. 7. 3. *Omnes filii Israel, adoraverunt et laudaverunt Dominum* : Tous les enfants d'Israël, voyant descendre le feu et la gloire du Seigneur sur le Temple, adorèrent Dieu et le louèrent. Job. 1. 20. *Surrexit Job, et tonso capite corruens in terram, adoravit et dixit : Nudus egressus sum,* etc. Job se leva, et s'étant rasé la tête, il se jeta par terre, et adora Dieu, en disant : Je suis sorti nu du ventre de ma mère, et j'y retournerai nu. Gen. 47. 31. Exod. 12. 27. 3. Rois. 1. 47. 2. Esdr. 8. 6. Judit. 13. 22. c. 16. 22. 1. Mach. 4. 55.

6° Prier, faire sa prière (προσεύχεσθαι, *orare*). Ps. 71. 15. *Adorabunt de ipso semper* : Ils prieront sans cesse pour sa prospérité. *De ipso; i. e. pro ipso.* Voy. DE. Ce qui ne se peut appliquer qu'à Salomon, et ce qui fait voir qu'il y a des versets qui ne s'entendent à la lettre que de lui, quoique le psaume soit une prophétie de Jésus-Christ. Le Grec, l'Hébreu et les autres langues originales s'accordent dans la signification de ce mot. 1. Reg. I. 3. 19. 28. *Ascendebat vir ille de civitate sua statutis diebus, ut adoraret et sacrificaret Domino exercituum in Silo* : Elcana allait de sa ville à Silo, aux jours solennels, pour adorer le Seigneur des armées, et pour lui offrir des sacrifices. Deut. 26. 10. 1. Reg. 15. v. 25. 30. 31. 2. Reg. 12. 20. c. 15. 32. 4. Reg. 18. 22. 2. Par. 6. v. 32. 34. c. 29. v. 28. 29. 30. c. 32. 12. 2. Esd. 9. 3. Tob. 11. v. 7. 12. Judit. 6. 14.

7° Offrir un sacrifice. Joan. 4. 20. *Jerosolymis est locus ubi adorare oportet* : Vous dites que c'est dans Jérusalem qu'est le lieu où il faut adorer. Il était permis de prier Dieu en tous lieux ; mais la loi ordonnait qu'on n'offrît des sacrifices que dans la ville de Jérusalem. Gen. 22. 5. *Expectate hic ; ego et puer, postquam adoraverimus, revertemur ad vos* : Attendez-moi ici ; nous ne ferons qu'aller jusque-là, mon fils et moi, et après avoir adoré, nous reviendrons aussitôt à vous ; *i. e.* après que nous aurons offert notre sacrifice.

8° Respecter, regarder quelque chose avec respect. Ps. 98. 5. *Adorate scabellum pedum ejus, quoniam sanctum est* : Adorez l'escabeau de ses pieds, parce qu'il est saint. Par cet escabeau des pieds du Seigneur, le prophète entend l'arche, sur laquelle il se rendait présent à son peuple. Hebr. 11. 20. *Fide Jacob moriens singulos filiorum Joseph benedixit, et adoravit fastigium virgæ ejus* : C'est par la foi que Jacob, mourant, bénit chacun des enfants de Joseph, et qu'il s'inclina profondément devant le bâton de commandement que portait son fils. Jacob révérait, dans la marque de la grandeur de son fils, le règne de Jésus-Christ, dont il était la figure. Tob. 13. 13. Is. 60. 14.

ADORATOR, IS. προσκυνητής. Ce nom, qui vient d'*adorare*, signifie adorateur, celui ou celle qui adore. Joan 4. 23. *Venit hora, et nunc est, quando veri adoratores adorabunt Patrem in spiritu et veritate* : Le temps vient, et il est déjà venu, que les vrais adorateurs adoreront le Père en esprit et en vérité, dit Jésus-Christ à la Samaritaine.

ADORNATUS, A, UM. διακεκοσμημένος. Ce participe, composé d'*ad* et d'*ornare*, signifie paré, orné, ajusté. 2. Mach. 3. 25. *Apparuit illis quidam equus, terribilem habens sessorem, optimis operimentis adornatus* : Ceux qui suivaient Héliodore virent paraître un homme terrible, monté sur un cheval magnifiquement paré.

ADRAMELECH, Héb. *Rex, sive Deus magnificus.* — 1° Adramelech, fils de Sennachérib, qui tua son père. 4. Reg. 19. 37. *Cumque adoraret in templo Nesroch deum suum, Adramelech et Sarasar, filii ejus, percusserunt eum gladio* : Lorsque Sennachérib adorait Nesroch, son dieu, dans son temple, ses deux fils, Adramelech et Sarasar, le tuèrent à coups d'épée. Isa. 37. 38. — 2° Idole ou dieu de Sepharvaïm, en l'honneur de qui ceux de ce pays brûlaient leurs enfants. 4. Reg. 17. 31. *Hi autem qui erant de Sepharvaim comburebant filios suos igni Adramelech et Anamelech diis Sepharvaim* ; Ceux de Sepharvaïm faisaient passer leurs enfants par le feu, et les brûlaient pour honorer Adramelech et Anamelech, dieux de Sepharvaïm.

ADRIA, æ. Adria, ville sur les côtes de l'Illyrie ou de Dalmatie, qui a donné son nom à la mer ; ainsi ce nom se prend pour la mer Adriatique. Act. 27. 27. *Navigantibus nobis in Adria* : Lorsque nous étions, dit saint Paul, sur la mer Adriatique. Voy. NAVIGARE, 2°.

ADRUMETINUS, A, UM, qui est d'Adrumète, ou appartient à la ville d'Adrumète en Afrique, située sur la côte de la mer (ἀδραμύττηνος). Act. 27. 2. *Ascendentes navem Adrumetinam*, nous montâmes sur un vaisseau d'Adrumète. Mais, selon le Grec, ce fut sur un vaisseau d'Adramyte, ville de Mysie, dans l'Asie Mineure ; ce qui est bien plus probable, parce que ce vaisseau devait aller côtoyer l'Asie, et non pas prendre la route d'Afrique.

ADSCRIBERE. Ce verbe signifie, selon la force du mot, ajouter en écrivant : dans l'Ecriture, Attribuer, donner (ἀναστρέφειν). Eccli. 29. 22. *Bona repromissoris sibi ascribit peccator*, le pécheur s'attribue le bien de son répondant. *Voy.* REPROMISSOR.

ADSTARE, παρίστασθαι. Voy. STARE. Ce verbe signifie, — 1° Se tenir devant ou auprès, être présent, se présenter, paraître devant quelqu'un. Ps. 44. 10. *Astitit Regina a dextris tuis* : la reine s'est tenue à votre droite. Cette reine est l'Église, figurée par la femme de Salomon. Ps. 5. 5. *Mane astabo tibi* : Je me présenterai dès le matin, devant vous, pour vous prier. 2. Mach. 3. 33. Act 1. 10. c. 10. 17. c. 11. 11. c. 12. 7. c. 22. 12 c. 27. 24. — 2° Être toujours prêt pour assister ou rendre service. Ps. 108. 31. *Astitit a dextris pauperis* : Le Seigneur s'est tenu à la droite du pauvre. *Voy.* PAUPER. Tob. 12. 15. Luc. 1. 19. c. 19. 24. Act. 23. 2. etc. — 3° S'élever contre quelqu'un. Ps. 2. 2. *Astiterunt reges terræ* : Les rois de la terre se sont opposés à l'établissement de l'Eglise. Act. 4. 26. Eccli. 51. 3. — 4°. Accompagner, se trouver avec (ῥεῖν, seu ἔρειν, *dicere*). Eccli. 15. 10. *Sapientiæ Dei astabit laus* : La louange est inséparable de la sagesse que Dieu donne, c'est-à-dire la vraie sagesse est digne de toute louange. Le Grec porte : *In sapientia dicetur laus*, la Louange doit être prononcée avec sagesse. 1. Mach. 6. 35. *Astiterunt singulis elephantis mille viri* : Mille hommes de l'armée d'Antiochus accompagnaient chaque éléphant, pour marcher contre Judas. — 5° S'arrêter à quelque chose. Ps. 35. 5. *Astitit omni viæ non bonæ* : L'injuste s'est arrêté à toute mauvaise voie.

ADVEHERE, apporter, transporter, signifie, dans l'Ecriture, amener par eau, transporter par mer. Ezech. 27, 19. *Mancipia et vasa ærea advexerunt populo tuo* : Ils amenaient à votre peuple des esclaves et des vases d'airain (διδόναι). Le prophète parle des peuples qui, par leur commerce, contribuaient à la magnificence de la ville de Tyr.

ADVENA, Æ. *Voy.* PEREGRINUS. Ce nom, dérivé d'*ad* et de *venire*, répond au mot hébreu *ger*, étranger ; mais, dans l'Ecriture, *advena*, *incola* et *colonus*, sont souvent confondus. Il signifie,

1° Etranger, qui est d'un autre pays ou qui habite dans un pays dont il n'est pas (προσήλυτος). Exod. 23, 9. *Scitis advenarum animas* : Vous ne ferez point de peine à l'étranger ; car vous savez quelle est la disposition de ceux qui sont hors de leur pays. c. 22. 21. Levit. 25. 23. *Advenæ et coloni mei estis* : Vous n'êtes point les propriétaires de la terre que je vous ai donnée, elle m'appartient. v. 35. 47. Exod. 12, 19. *Tam de advenis quam de indigenis terræ* : Dieu défendait de manger du pain levé à la fête de Pâques, et les étrangers étaient obligés de s'accommoder à la police et aux fêtes du peuple de Dieu, pour éviter la confusion. Gen. 19. 9. c. 21. 23. Num. 9. 14. Deut. 15. 3. c. 16. 11. c. 26. 12. Ps. 145. 9. etc.

2° Prosélyte, qui, étant né parmi les Gentils, était venu parmi les Juifs, pour faire profession du judaïsme et de la loi. Act. 6. 5. *Nicolaum advenam Antiochenum* : Nicolas, prosélyte d'Antioche, c. 13, 43. *Secuti sunt multi Judæorum, et colentium advenarum Paulum et Barnabam* : plusieurs des Juifs et des prosélytes, craignant Dieu, suivirent Paul et Barnabé. Ce fut après la prédication de saint Paul à Antioche de Pisidie.

3° Ceux qui, étant en ce monde comme n'en étant point, se regardent ici comme des étrangers et des pèlerins (πάροικος), ainsi se nomment ordinairement les vrais fidèles, et alors se trouve ordinairement joint au mot *advena* celui de *peregrinus*. 1. Petr. 2. 11. *Obsecro vos, tamquam advenas et peregrinos, abstinere vos a carnalibus desideriis* : Je vous conjure de vous abstenir, comme étant étrangers et voyageurs en ce monde, des passions charnelles qui combattent contre l'âme. 1. Par. 29. 15. Ps. 38. 13. Eph. 2. 19 *Voy.* Hébr. 11. 13.

4° Les Juifs retournés dans le pays dont ils avaient été chassés (ἄρνις, *agni*). Isa. 5, 17. *Deserta in ubertatem versa advenæ comedent* : Les étrangers viendront se nourrir dans les déserts devenus fertiles. Ces étrangers étaient les pauvres qui, ayant été chassés du temps de Nabuchodonosor, revinrent jouir des fruits laissés par les Juifs.

5° Les mêmes Juifs dispersés par tout le monde (παρεπίδημος). Act. 2. 10. *Advenæ Romani* : Ceux qui sont venus de Rome. 1. Petr. 1. 1. *Advenis dispersionis Ponti* : Aux fidèles qui sont étrangers et dispersés dans les royaumes du Pont.

ADVENIRE, ἔρχεσθαι. Ce verbe se dit des personnes et des choses.

1° Venir, arriver. Eccl. 1. 4. *Generatio præterit, et generatio advenit* : Une race passe, une autre vient qui lui succède (πληροῦσθαι, *impleri*). Gen. 25. 24. *Jam tempus pariendi advenerat* : Le temps des couches de Rebecca était venu. c. 30. 33. c. 31. 10. Act. 5. v. 21. 25. c. 9. 39. c. 28. 21. etc. Ainsi Eccli. 26. 25. *Iracundia mihi advenit* : Il m'est venu de l'indignation, c'est-à-dire : J'ai un sujet d'indignation contre quelque chose (ἐπέρχεσθαι). *Voy.* IRACUNDIA.

2° Entrer, s'introduire (εἰσέρχεσθαι). Sap. 14. 14. *Supervacuitas enim hominum hæc advenit in orbem terrarum* : cette vanité est entrée dans le monde, il parle des idoles. D'autres lisent : *Adinvenit*, c'est la vanité des hommes qui les a inventées. *Voy.* SUPERVACUITAS.

3° Survenir, venir au secours de quelqu'un. Eccli. 21. 6. *Judicium festinato adveniet illi* : La vengeance que Dieu tirera du superbe viendra promptement au secours du pauvre. Sap. 16. 10.

4° Surprendre, venir fondre tout d'un coup (ἐπέρχεσθαι). Prov. 1. 16. *Cum vobis id quod timebatis advenerit* : Je vous insulterai, lorsque ce que vous craignez vous arrivera à l'heure de votre mort. Jac. 5. 1. *Agite nunc, divites; plorate ululantes in miseriis vestris quæ advenient vobis* : Riches, pleurez, poussez des soupirs et des cris, dans la vue des misères qui doivent fondre sur vous. Eccli. 27. 30. Act. 2. 2. Pet. 3. 10.

5° S'accomplir. Matth. 6. 10. Luc. 11. 2. *Adveniat regnum tuum* : Que votre règne arrive, c'est-à-dire qu'il s'établisse et s'accomplisse. On demande, par ces paroles, l'accomplissement du règne de Dieu. Ce règne commence par la prédication et la foi de l'Evangile ; mais il ne sera parfaitement accompli qu'après la résurrection, lorsque le règne du péché et du diable sera entièrement détruit (*Voy.* Apoc. 12. 10). Dan. 7. 22. Ainsi, Apoc. 11. 18. *Advenit ira tua* : Le temps de votre colère est arrivé.

ADVENTUS, US, 1° Arrivée, venue d'une personne (ἔλευσις). Judic. 6. 18. *Ego præstolabor adventum tuum* : J'attendrai votre arrivée, dit l'ange à Gédéon. Num. 22. 37. *An quia mercedem adventui tuo reddere nequeo ?* Est-ce que je ne puis pas vous récompenser à votre arrivée? dit Balac à Balaam. Judic. 9. v. 23. 26. 4. Reg. 20. 13. 2. Par. 18. 2. c. 28. 3. 1. Esd. 3. 8. etc.

2° Départ, sortie (εἴσοδος). Jerem. 8. 7. *Turtur et hirundo, et ciconia custodierunt tempus adventus sui* : La tourterelle, l'hirondelle et la cigogne savent discerner la saison de leur passage. Ces oiseaux vont dans les pays chauds quand il est temps, et savent quand il faut partir pour y aller.

L'Ecriture fait mention de plusieurs avénements de Jésus-Christ; mais il y en a deux principaux.

Le premier est celui par lequel, étant venu en ce monde, il a pris une chair comme la nôtre, pour racheter les hommes. C'est de ce premier dont il est parlé (εἴσοδος). Malach. 3. 2. *Quis poterit cogitare diem adventus ejus?* Qui pourra penser au jour de son avènement, ou, qui en pourra soutenir la vue? Act. 7. 52. c. 13. 24.

Le second avènement de Jésus-Christ est celui qui arrivera, à la fin du monde, lorsqu'il viendra juger les vivants et les morts. C'est de cet avènement dont il est parlé dans saint Matthieu. 24. 3. *Quod signum adventus tui?* Dites-nous quel signe il y aura de votre avènement? v. 27. 37. 39. et dans les Epîtres des apôtres. Dans tous ces endroits, *adventus* répond au Grec παρουσία, de παρεῖναι, *adesse*, pour *advenire* : ainsi l'avénement de l'Antechrist est rendu par le même terme. 2. Thess. 2. 9. *Cujus est adventus secundum operationem Satanæ* : Qui doit venir avec la puissance de Satan.

ADVERSARI. Ce verbe vient d'*ad* et du supin de *vertere*, *versum*, et signifie, — 1° s'opposer, contrarier, résister (εἰς διαβολὴν σου). Num. 22. 32. *Veni ut adversarer tibi*, Gr. *in accusationem tui* : Je suis venu pour m'opposer à vous, dit l'ange à Balaam. Deut. 1. 43. Ruth. 1. v. 16. 18. etc. — 2° Affliger, maltraiter (μαστιγοῦν). Job. 30. 21. *in duritia manus tuæ adversaris mihi* : Vous employez vos forces pour m'affliger. Num. 33. 53. Ezech. 28. v. 24. 26. — 3° Haïr, être ennemi (ἐναντίος). 1. Thess. 2. 15. *Omnibus hominibus adversantur* : Les Juifs sont ennemis de tous les hommes. Ps. 3. 8. Ps. 34. 19. — 4° S'excuser, se défendre de quelque chose. Eccli. 29. 7. *Si autem potuerit reddere, adversabitur* : Si celui qui a emprunté peut rendre, il s'en défendra d'abord. — 5° S'opposer à Dieu même, ce qui est le propre de l'Antechrist, qui est exprimé dans l'Ecriture par le mot Grec : ἀντικείμενος, *adversarius*, que l'interprète latin a rendu par *qui adversatur*. 2. Thess. 2. 4. *Qui adversatur et extollitur supra omne quod est Deus* : Qui, s'opposant à Dieu, s'élèvera au-dessus de tout ce qui est appelé Dieu.

ADVERSARIUS, I. ὑπεναντίος. Ce nom vient du verbe *adversari*, et signifie, — 1° adversaire, ennemi. Jos. 5. 13. *Noster es, an adversariorum?* Etes-vous pour nous, dit Josué, ou pour nos ennemis? Exod. 15. 7. Deut. 21. 1. Luc. 13. 17. c. 21. 15. etc. — 2° Partie adverse, avec qui on plaide (ἀντίδικος). Matth. 5. 25. Luc. 12. 58. *Cum vadis cum adversario tuo* : Lorsque vous allez avec votre adversaire devant le magistrat, tâchez de vous dégager d'entre ses mains. Luc. 18. 3. Ce mot, en cet endroit, se prend métaphoriquement pour quelque ennemi que ce soit, avec qui nous devons nous réconcilier avant la mort. Is. 50. 8. *Quis est adversarius meus?* Qui est mon adversaire? (χρινόμενος, *disceptator*). — 3° Ennemi de Dieu, qui pèche de gaîté de cœur, après avoir reçu la connaissance de la vérité. Heb. 10. 27. *Ignis æmulatio quæ consumptura est adversarios* : Il ne reste que l'ardeur du feu qui doit dévorer les ennemis de Dieu. Voy. v. 26. — 4° Le démon, qui est l'ennemi juré du genre humain (ἀντίδικος). 1. Petr. 5. 8. *Adversarius vester diabolus* : Le démon, votre ennemi.

ADVERSUS, A, UM. C'est de cet adjectif que se forme cette manière de parler adverbiale *ex adverso* : qui signifie, — 1° vis-à-vis, à l'opposite (ἐξεναντίας). 2. Reg. 11. 15. *Ponite Uriam ex adverso belli, ubi fortissimum est prælium* : Mettez Urie à la tête de vos gens, et vis-à-vis le lieu où le combat sera le plus rude. Ce fut l'ordre que David donna à Joab par Urie même. Marc. 15. 39. *Videns centurio qui ex adverso stabat* : Le centenier qui était là présent à la passion, et vis-à-vis de Jésus-Christ, le reconnut Fils de Dieu. Exod. 25. 37. Jos. 15. 7. 1. Reg. 14. 5. c. 26. v. 1. 3. 13. 2. Reg. 2. 24. c. 5. 23. c. 10. 9. etc. — 2° Contre, à l'encontre. Tit. 2. 8. *ut is qui ex adverso est, vereatur* : que vos paroles soient irrépréhensibles, afin que nos adversaires rougissent, n'ayant aucun mal à dire de nous. 1. Reg. 17. v. 21. 48. 2. Reg. 10. 17. 3. Reg. 20. 27. — 3° A la rencontre, au devant (εἰς συνάντησιν). Exod. 5. 20. *Occurreruntque Moisi et Aaron qui stabant ex adverso egredientibus a Pharaone* : Les Israélites intendants des ouvrages, rencontrèrent Moïse et Aaron, qui se trouvèrent au-devant d'eux, lorsqu'ils sortaient d'avec Pharaon. — 4° Devant (ὑπέναντι). 2. Esd. 13. 21. *Quare manetis ex adverso muri?* Pourquoi vous tenez-vous devant le mur? dit Néhémie aux marchands qui avaient étalé le jour du sabbat. 2. Par. 6. 12. c. 13. 15.

ADVERSUS, ou ADVERSUM, préposition qui signifie, — 1° Contre, à l'encontre (κατά, genit). Ps. 74. 6. *Nolite loqui adversus Deum iniquitatem* : Méchants, cessez de parler contre Dieu, et de proférer des blasphèmes. Ps. 31. 5. *Confitebor adversum me injustitiam meam Domino* : Je déclarerai au Seigneur, et confesserai contre moi-même mon injustice. Gen. 4. 8. c. 14. 9. Matth. 5. v. 11. 23 c. 10. 35. c. 12. 14. — 2° Vis-à-vis, devant (κατὰ, acc.). Job. 33. 5. *Adversus faciem meam consiste* : Paraissez devant moi, dit Eliu à Job. Ps. 37. 12. Ps. 38. 2. — 3° En présence, à la vue (ἐξ ἐναντίας). Ps. 22. 5. *Adversus eos qui tribulant me* : Vous avez préparé une table devant moi, à la vue de ceux qui me persécutent. Ce qui s'entend de David dans le sens littéral; mais si on l'entend de l'eucharistie, et dans le sens spirituel, cela signifie : Vous avez préparé une table contre ceux qui me persécutent.

ADVESPERASCERE. Ce verbe composé d'*ad* et de *vespera*, se faire tard (πρὸς ἑσπέραν εἶναι). Luc. 24. 29. *Mane nobiscum, Domine, quoniam advesperascit* (sup. dies) : Demeurez avec nous, parce qu'il est déjà tard, disent à Jésus-Christ les disciples à Emmaüs. Prov. 7. 9. *Advesperascente die* : A la fin du jour.

ADVIVERE, ζῆν. Vivre, être en vie. Jos. 4. 14. *Dum adviveret* : Lorsque Moïse vivait.

ADULATIO, NIS, κολακεία. Flatterie. Eccli. 7. 6. *Melius est a sapiente corripi quam stultorum adulatione decipi* : Il vaut mieux être repris par un homme sage, que d'être abusé par la flatterie des imprudents. 1. Thess. 2. 5. *Neque enim aliquando fuimus in sermone adulationis* : Nous n'avons point usé de paroles de flatterie dans la prédication de l'Evangile.

ADULLAM, Héb. *Testimonium illis*, ville de la tribu de Juda, rebâtie par Roboam. Jos. 12. 15. *Rex Adullam unus* : Cette ville fut prise par Josué, et son roi fut attaché au gibet. c. 15. 35. C'est le même que Odollam.

ADULTER, A, UM, Gr. μοῖχος, μοίχη. Ce nom se forme d'*ad* et d'*alter*, ou *altera*, quasi *ad alterum* ou *alteram*, qui s'approche d'un autre.

1° Adultère, qui viole la foi du mariage par un adultère. Deut. 22. 22. *Si dormierit vir cum uxore alterius, uterque morietur*, i. e. *adulter et adultera* : Si un homme dort avec la femme d'un autre, l'un et l'autre mourra, l'adultère et la femme adultère. Ps. 49. 18. *Cum adulteris portionem tuam ponebas* : Vous faisiez alliance avec les adultères, dit Dieu au pécheur. Job. 24. 15. Prov. 6. 32. Sap. 3. 16. Luc. 18. 11. 1. Cor. 6. 9. etc.

2° Grand pécheur, infidèle, qui rompt l'alliance qu'il a faite avec Dieu, pour s'abandonner au culte des idoles. Isa. 57. v. 3. 8. *Suscepisti adulterum* : Vous avez reçu les adultères. Jerem. 9. 2. *Omnes adulteri sunt, cœtus prævaricatorum* : Ils sont tous des adultères, c'est une troupe de violateurs de la loi. c. 23. 10. *Adulteris repleta est terra* : La terre est remplie d'adultères. Ezech. 23. 45. Ose. 3. 1. c. 4. 13. Ainsi les Juifs sont appelés une nation adultère, parce que, par la corruption de leurs mœurs, ils avaient dégénéré de la piété d'Abraham, leur père, et avaient abandonné le traité que Dieu avait fait avec eux. Matth. 12. 39. c. 16. 4. Marc. 8. 38. On peut prendre ici *generatio adultera*, pour *adulterina*, illégitime, comme *adulter* est mis pour *adulterinus*. Héb. 12. 8. *Ergo adulteri estis* : Si vous n'êtes point châtiés, tous les autres l'ayant été, vous êtes donc bâtards ; Gr. νόθοι, *spurii*. Ceux qui préfèrent à l'amour de Dieu le monde et ses plaisirs, qui s'y abandonnent entièrement, sont appelés adultères. Jac. 4. 4. *Adulteri, nescitis quia amicitia hujus mundi inimica est Dei?* Ames adultères et corrompues, ne savez-vous pas que l'amour de ce monde est une inimitié contre Dieu?

ADULTERIUM, μοιχεία. — 1° Adultère, crime commis contre la foi du mariage. Matth. 15. 19. *De corde exeunt cogitationes malæ, adulteria* : C'est du cœur que partent les mauvaises pensées, les meurtres, les adultères. Marc. 7. 21. c. 10. 11. Joan. 8. v. 3. 4. — 2° Violement ou corruption d'une femme ou d'une fille (μοιχαλίς, δος, *adultera*). Ose. 4. 2. *Furtum et adulterium inundaverunt* : Le larcin et l'adultère se sont répandus comme un déluge parmi les hommes. 2. Petr. 2. 14. *Oculos habentes plenos adulterii* : Les faux docteurs qui sont parmi vous ont les yeux pleins d'adultère ; c'est-à-dire, leurs regards lascifs font connaître l'impureté de leur cœur, Gr. le désir des femmes adultères. — 3° Idolâtrie, abandonnement au culte des idoles. Ezech. 23. 43. *Et dixi ei quæ attrita est in adulteriis* : Je dis alors de cette femme qui a vieilli dans l'adultère. (Cette femme marque Jérusalem idolâtre.) Jerem. 13. 27. Ose. 2. 2.

ADULTERARE, ADULTERARI. μοιχεύειν. Voy. MOECHARI, FORNICARI. — 1° Commettre adultère. Ose. 4. 14. *Non visitabo super sponsas vestras cum adulteraverint* : Je ne punirai point vos femmes de leurs adultères. Sap. 14. 24. Matth. 5. 32. — 2° Commettre toute sorte de péché de luxure. Matth. 19. 18. *Non adulterabis* : Vous ne commettrez point d'adultère. Marc. 10. 19. Rom. 13. 9. — 3° Commettre idolâtrie. Ose. 4. 14. c, 7. 4. *Omnes adulterantes quasi clibanus succensus a coquente* : Les Israélites sont tous des adultères, semblables à un four où l'on a déjà mis le feu. Voy. CLIBANUS. Jerem. 23. 14. Ezech. 23. 37. — 4° Altérer, corrompre (καπηλεύειν, *cauponari*). 2. Cor. 2. 17. *Non sumus sicut plurimi adulterantes verbum Dei* : Nous n'altérons point la parole de Dieu par de fausses interprétations, ni en mélant l'erreur avec la vérité, comme font plusieurs, de même que quelques cabaretiers falsifient le vin pour en tirer du gain. c. 4. 2. *Neque adulterantes verbum Dei*, Gr. *dolo tractantes*, δολοῦντες.

ADULTUS, A, UM. Participe formé du verbe *adolescere*. — 1° Qui est dans son adolescence, dans son âge tendre (ἁδρυνθείς, *grandis factus*). Exod. 2. 9. *Nutrivit puerum, adultumque tradidit filiæ Pharaonis* : La mère pri l'enfant et le nourrit, et lorsqu'il fut assez fort, elle le donna à la fille de Pharaon. — 2° Adulte, qui est dans sa jeunesse, qui est cru en âge (αὐξηθείς). Genes. 25. 27. *Quibus adultis factus est Esau vir gnarus venandi* : Quand Esaü et Jacob furent grands, Esaü devint habile à la chasse. Il semble que ce mot, en cet endroit, s'entend d'un âge plus avancé que celui de l'adolescence. Eccli. 42. 9. *Ne forte in adolescentia sua adulta efficiatur* : Le soin qu'une fille cause à son père, lui ôte le sommeil, de peur qu'elle ne passe la fleur de son âge sans être mariée (παρακμάζειν, *exolescere*).

ADUNARE, συνάγειν. — 1° Mettre ensemble, amasser. 2. Par. 24. 27. *Summa pecuniæ quæ adunata erat* : L'argent qu'on avait amassé sous Joas est décrit plus en détail dans le livre des Rois. — 2° Assembler, réunir. Ezech. 11. 17. *Congregabo vos de populis, et adunabo de terris* : Je vous rassemblerai du milieu des peuples, et vous réunirai des pays où vous avez été dispersés. 2. Par. 29. 20. Judith. 3. 15. c. 5. 23. c. 15. 4.

ADVOCARE, προσκαλεῖν. — 1° Appeler à soi, faire venir, mander. Matth. 18. 2. *Advocans Jesus parvulum* : Jésus appela un petit enfant. Isa. 40. 2. *Advocate eam* : Appelez Jérusalem pour lui annoncer cette heureuse nouvelle. Eccli. 13. 12. *Advocatus a potentiore, discede* : Si un homme puissant vous invite à le venir voir, retirez-vous. *Hoc enim magis te advocabit* : car il sera plus porté à vous appeler. Marc. 7. 14. — 2° Prendre à témoin. Ps. 49. 4. *Advocabit cœlum desursum et terram, discernere populum suum* : Dieu appelera le ciel et la terre pour être témoins de sa justice, et de la juste vengeance qu'il tirera de ceux qui auront abusé des grâces qu'il leur aura faites : or, cette prosopopée d'appeler le ciel et la terre est familière à l'Ecriture. — 3° Appeler à la foi de Jésus-Christ et au salut. Act. 2. 39. *Quoscumque advocaverit Dominus Deus noster* : La promesse a été faite à autant de personnes que le Seigneur notre Dieu en appellera.

ADVOCATUS, I. Celui qui assiste de ses lumières, de son crédit et de sa présence son ami dans le jugement d'un procès, dans l'Ecriture.

Un avocat, un intercesseur, celui qui prie, qui intercède, c'est la qualité qui est donnée à Jésus-Christ, qui intercède pour nous auprès de son père (παράκλητος). 1. Joan. 2. 1. *Advocatum habemus apud Patrem, Jesum Christum justum* : Nous avons pour avocat envers le Père, Jésus-Christ qui est juste.

ADVOLVERE, προσκυλίειν. Rouler. Matth. 27. 60. Marc. 15. 46. *Advolvit lapidem ad ostium monumenti* : Joseph roula une pierre à l'entrée du sépulcre, pour le fermer.

ADURAM, *Decor eorum*. — 1° Un fils de Jectan. Gen. 10. 27. Il s'établit aux extrémités de l'Arabie, près du golfe Persique. Bochart. l. 2. c. 20. Voy. ADORAM. — 2° Un surintendant des tributs sous David. 2. Reg. 20. 24. — 3° Un surintendant des tributs sous Roboam. 3. Reg. 12. 18. *Misit rex Roboam Aduram qui erat super tributa; et lapidavit eum omnis Israel* : Le roi Roboam envoya Aduram l'intendant de ses tributs; mais tout le peuple l'accabla de pierres. 2. Par. 10. 18. Il semble que c'est le même qui est appelé *Adoniram*. 3. Reg. 4. 6. — 4° Une ville forte bâtie par Roboam. 2. Par. 11. 9. Il lui donna ce nom pour honorer la mémoire de l'intendant de ses finances, qui avait été tué à coups de pierres à son occasion.

ADURERE. — Brûler. Deut. 8. 15. *Serpens flatu adurens;* Gr. δάκνων, *mordens* : Il y avait dans le désert des serpents qui brûlaient par leur souffle. Dan. 3. 94.

ADUSTIO, NIS, κατάκαυμα, Brûlure. Exod. 21. 25. *Reddet adustionem pro adustione* : Il rendra brûlure pour brûlure; c'était la loi du talion.

ADYTUM, I. Ce nom se forme d'α privatif, et de δύω *subeo;* parce qu'il signifie un lieu où il n'était permis d'entrer qu'aux prêtres ; c'était le lieu où se rendaient les oracles chez les païens, dans l'Ecriture, c'est un lieu secret et retiré. 1. Par. 28. 11. *Dedit descriptionem cubiculorum in adytis* : David donna à Salomon le modèle des cabinets ou des chambres retirées : *cubiculorum in adytis*, pour *cubiculorum interiorum* : Gr. ἐσωτέρων.

ÆDES, IS, οἶκος. Ce mot est fait du grec αἶτος, qui signifie la même chose; et il se prend ordinairement pour un temple, ou un lieu saint, au singulier, et au pluriel, pour une maison, un logis. — 1° Un temple consacré, soit au vrai Dieu. Luc. 11. 51. *Periit inter altare et ædem* : Zacharie a été tué entre l'autel et le temple. 4. Reg. 11. 11. 1. Par. 29. v. 3. 19. 2. Esd. 6. 10. Ezech. 42. 1. 1. Mach. 4. 48. Mais ce mot se trouve au pluriel dans cette signification. 2. Mach. 6. 4. *Sacratis ædibus mulieres se ultro ingerebant* : Des femmes entraient insolemment dans ces lieux sacrés ; soit à quelque idole. 4. Reg. 10. 27. *Destruxerunt quoque ædem Baal* : Les soldats de Jéhu ruinèrent aussi le temple de Baal. Il est pris encore pour la figure d'un temple de fausse divinité. Act. 19. 24. *Faciens ædes argenteas Dianæ* : Démétrius faisait des petits temples d'argent de la Diane d'Ephèse (ναός). 2° Maison, logis, οἰκία. Exod. 12. 13. *Erit sanguis vobis in signum in ædibus in quibus eritis* : Ce sang qui sera marqué à chaque maison où vous demeurerez, vous servira de signe. Genes. 39. 5. Levit. 14. 34. c. 25. 32. Deut. 19. 1. Judic. 18. 22. 1. Mach. 13. 47.

3° Clôture, lieu de retraite (συγκλεισμός). Mich. 7. 17. *Veluti reptilia terræ perturbabuntur in ædibus suis* : Héb. *in clausuris* : Les peuples seront épouvantés dans leurs demeures, comme les bêtes qui rampent sur la terre.

4° Palais, maison magnifique (ὀχύρωμα). Prov. 30. 28. *Stellio moratur in ædibus regis* : Le lézard demeure dans le palais du roi. Voy. STELLIO. Esth. 2. 14. Isa. 13. 22. Amos. 1. 7. 12. c. 2. v. 2. 5. c. 3. v. 9. 10. 11. 15.

ÆDICULA, Æ, οἶκος. Nom diminutif du mot *ædes*, et signifie, — 1° petite chapelle. Jud. 17. 5. *Ædiculam quoque in ea Deo separavit* : Michas fit aussi une petite chapelle pour le dieu, Héb. *diis* : C'était une image taillée, et une jetée en fonte. v. 4. — 2° Petits logements. 4. Reg. 23. 7. *Destruxit quoque ædiculas effeminatorum* : Le roi Josias fit aussi abattre des logements qui étaient des lieux de débauche, où l'on prostituait des jeunes gens; le mot *ædiculæ*, au pluriel, ne se dit guère que pour marquer quelque maison.

ÆDIFICARE, οἰκοδομεῖν. Ce verbe est composé d'*ædes* et de *facere*, faire une maison ; mais dans l'Ecriture il se prend souvent dans le sens figuré, pour marquer un édifice spirituel.

Edifier, bâtir, construire. Eccli. 3. 3. *Tempus destruendi, et tempus ædificandi* : Il y a un temps de détruire, et un temps de bâtir. Ps. 121. 9. *Jerusalem quæ ædificatur ut civitas* : Jerusalem que l'on bâtit comme une ville, lorsque Cyrus et Darius eurent ordonné qu'on la rétablît; on la vit alors se rebâtir comme une ville par la liaison de ses édifices, et par l'union de ses habitants. Ps. 78. 67. Genes. 4. 17. c. 8. 20. c. 10. 11. c. 11. v. 5. 8.

Phrases impropres de ce verbe.

Ædificare in gyro : Bâtir tout autour, enfermer (ἀνοικοδομεῖν). Thren. 3. 5. *Ædificavit in gyro meo* : Le Seigneur a bâti autour de moi ; ces paroles marquent l'extrémité où se trouvaient les habitants de Jérusalem réduits en captivité, où ils se croyaient aussi resserrés que s'ils avaient été entre quatre murailles.
Ædificare parietem : Bâtir une muraille, c'est travailler à sa sûreté. Ezech. 13. 10. *Ipse ædificabat parietem* : Le peuple se bâtissait une muraille ; cette muraille marque l'assurance qu'ils mettaient dans la force de leur ville contre les Chaldéens, et se promettaient une fausse paix et une sécurité, en quoi les faux prophètes le séduisaient contre la prophétie de Jérémie. Voy. LINIRE.
Ædificare in sanguinibus : Bâtir avec le sang, c'est-à-dire, en opprimant les pauvres. Mich. 3. 10. *Ædificatis Sion in sanguinibus et Jerusalem in iniquitate* : Vous bâtissez Sion du sang des hommes, et Jérusalem du fruit de l'iniquité ; le prophète parle aux personnes puissantes qui faisaient bâtir, dans Jérusalem, des maisons magnifiques aux dépens des pauvres, et en leur ôtant même les choses nécessaires à la vie. Habac. 2. 12.
Væ qui ædificat civitatem in sanguinibus : Malheur à celui qui bâtit une ville du sang des hommes.

ÆDIFICARE DOMUM, bâtir une maison. Cette phrase, dans le sens figuré, a plusieurs significations.

1° Établir la famille de quelqu'un, lui donner une postérité nombreuse et heureuse (ποιεῖν). Exod. 1. 21. *Ædificavit eis domos* : Dieu établit les familles des sages-femmes qui accouchaient les femmes des Hébreux en Egypte. Il était bien raisonnable, dit saint Ambroise, que Dieu multipliât et conservât les enfants de celles qui s'étaient exposées pour sauver les enfants du peuple de Dieu. 1. Reg. 2. 35. *Ædificabo ei domum fidelem* : J'établirai à Sadoc une maison stable, au lieu d'Abiathar ; par le nombre des enfants, et la charge de la grande sacrificature. 2. Reg. 7. 27. 3. Reg. 11. 38. 1. Par. 17. v. 10. 25. C'est ainsi que quelques-uns entendent le Ps. 126. 1. *Nisi Dominus ædificaverit domum* : Si le Seigneur ne bâtit une maison, c'est en vain que travaillent ceux qui la bâtissent : en effet, le mot hébreu *ben, filius*, signifie *ædificatio*, et *ædificari* se prend pour avoir des enfants. Eccli. 3. 17. *In justitia ædificabitur tibi* : Dieu établira votre maison à cause de votre justice.

2° Conserver le nom et la famille. Deut. 25. 9. *Sic fiet homini qui non ædificat domum fratris sui* : C'est ainsi que sera traité celui qui ne veut pas établir la maison de son frère, c'est-à-dire, conserver son nom par les enfants qu'il aurait de sa femme. Ruth. 4. 11. *Quæ ædificaverunt domum Israel* : Rachel et Lia ont perpétué la postérité du peuple d'Israël, par les enfants qu'elles ont eus de Jacob.

3° Faire une bonne maison, établir sa maison, lui procurer des commodités. Prov. 14. 1. *Sapiens mulier ædificat domum suam* : La femme sage bâtit sa maison. c. 24. v. 3. 27.

4° Former de quelque matière. Genes. 2. 22. *Ædificavit Dominus Deus costam quam tulerat de Adam, in mulierem* : Le Seigneur forma la femme d'une côte qu'il avait tirée d'Adam : il semble que comme Ève était la figure de l'Église, Moïse s'est servi du mot d'édifier, pour en marquer l'édifice spirituel.

5° Remettre, rétablir en son premier état. 2. Esd. 4. 2. *Numquid ædificare poterunt lapides de acervis pulveris qui combusti sunt?* Les Juifs pourront-ils relever ces pierres consumées par le feu, en les tirant des amas de poussière où elles sont ? dit Sanaballat. Marc. 14. 58. *Ego dissolvam templum hoc manufactum, et per triduum aliud non manufactum ædificabo* : Je détruirai ce temple bâti par la main des hommes, et j'en rebâtirai un autre en trois jours : c'est ce que disaient les faux témoins contre Jésus, qui dit, dans saint Jean, c. 2. 19. *Excitabo* : ce rétablissement marquait sa résurrection. Dan. 4. 27. Jerem. 12. 16. 4. Reg. 14. 22. c. 15. 35. 1. Par. c. 8. v. 12. 2. Par. 26. 2. et souvent ailleurs, surtout dans les livres d'Esdras, en parlant du rétablissement de Jérusalem et du temple. Mais ce mot, dans cette signification, se prend souvent aussi dans le sens figuré. Job. 22. 23. *Si reversus fueris ad omnipotentem, ædificaberis* : Si vous retournez au Tout-Puissant, vous serez rétabli ; c'est-à-dire, vous serez rétabli dans le premier éclat de votre fortune. Prov. 27. 5. *Destrues eos, et non ædificabis eos* : Vous détruirez les pécheurs, et ne les rétablirez plus ; vous les perdrez sans ressource. Jerem. 12. 16. c. 24. 6. c. 31. 28. c. 33. 7. etc. Ainsi, Gal. 2. 18. *Si enim quæ destruxi, iterum hæc ædifico, prævaricatorem me constituo* : Si je voulais rétablir ce que j'ai détruit, c'est-à-dire, si je voulais faire revivre par mes paroles et par mon exemple les cérémonies de la loi, que j'ai tâché de détruire, je me ferais voir moi-même prévaricateur.

6° Établir, fonder, rendre heureux. Jerem. 45. 5. *Ecce quos ædificavi, ego destruo* : Je vais détruire ceux que j'ai édifiés ; c'est-à-dire, les Juifs que j'avais établis dans ce pays. c. 12. 16. c. 18. 9. c. 24. 6. c. 31. 28. c. 42. 10. etc. Jerem. 1. 10. *Ut ædifices et plantes* : Je vous établis aujourd'hui sur les nations pour édifier et pour planter ; c'est-à-dire, pour déclarer prophétiquement l'établissement des peuples en quelques pays (ἀνοικοδομεῖν). Voy. EVELLERE. 5° Matth. 23. 29. Il est à remarquer que dans plusieurs endroits de l'Écriture, et particulièrement dans les prophètes, lorsqu'il est parlé du rétablissement de Jérusalem et du peuple d'Israël, il en est parlé comme d'une figure et d'une prophétie de l'établissement de l'Église chrétienne, sur les ruines de l'idolâtrie et de la synagogue, comme il paraît par les passages suivants. Tob. 13. 16. *Benedicti erunt qui ædificaverint te :* Ceux qui édifieront Jérusalem seront bénis. v. 21. *Portæ Jerusalem ex sapphiro et smaragdo ædificabuntur :* Les portes de Jérusalem seront bâties de saphirs et d'émeraudes. Isa. 44. v. 26. 28. *Qui dico Jerusalem : Ædificaberis :* C'est moi qui dis à Jérusalem : Vous serez habitée. Jerem. 31. 4. *Ædificabo te et ædificaberis, virgo Israel :* Je vous édifierai encore, et vous serez édifiée de nouveau, Vierge d'Israël. Ps. 121. 3. Ps. 146. 2. etc. Ce qui est exprimé plus ouvertement dans le Nouveau Testament, où l'on voit l'accomplissement de ces prophéties. Matth. 16. 18. *Super hanc petram ædificabo Ecclesiam meam :* Vous êtes Pierre, et sur cette pierre je bâtirai mon Église. c. 21. 42. Marc. 12. 10. Luc. 20. 17. Act. 4. 11. c. 9. 31. c. 20. 32. Rom. 15. 20. 1. Cor. 3. 9. Ephes. 2. v. 20. 21. 22. Col. 2. 7. 1. Petr. 2. v. 5. 7. Jud. 20. Voy. Hebr. 3. 3.

7° Affermir, rendre inébranlable, perpétuer. Ps. 88. 3. *In æternum misericordia ædificabitur in cœlis :* La miséricorde s'établira pour jamais dans les cieux, et votre vérité y demeurera ferme ; Dieu avait dit et promis par pure miséricorde à David, son serviteur, qu'il établirait pour toujours son trône ; la miséricorde et la vérité, dans l'Ecriture, signifient la certitude des promesses que Dieu fait par une bonté toute gratuite ; le prophète compare cette vérité et cette miséricorde à un édifice qui se bâtit dans le ciel, et qui a un fondement inébranlable. v. 5. *Ædificabo sedem tuam :* J'affermirai votre trône pour durer dans la suite de tous les âges en Jésus-Christ. Amos. 9. 6.

8° Édifier, porter à la piété par les bons discours ou par les bons exemples. 1. Cor. 8. 1. *Scientia inflat, charitas vero ædificat :* La science enfle, et la charité édifie. 1. Thess. 5. 11. *Ædificate alterutrum :* Édifiez-vous les uns les autres. 1. Cor. 10. 23. c. 14. v. 4. 17. Cette phrase, dans saint Paul, renferme tous les devoirs que l'on doit rendre au prochain, pour ne faire qu'un même corps avec Jésus-Christ, ou pour l'y entretenir ; c'est de là que les fidèles sont appelés le temple de Dieu, et toute l'Eglise une ville ; cette expression est tirée des Hébreux, selon ce qui est dit, Jerem. 31. 4. *Rursumque ædificabo te, et ædificaberis, virgo Israel :* Je vous édifierai de nouveau, en vous rassemblant en un seul corps, comme auparavant. Isa. 44. v. 26. 28. et se prend aussi en mauvaise part pour porter au mal. 1. Cor. 8. 10. *Nonne conscientia ejus cum sit infirma, ædificabitur ad manducandum idolothyta ?* Ne sera-t-il pas porté, lui qui est encore faible, à manger de ces viandes sacrifiées, avec cette persuasion qu'il a qu'elles ont été souillées par les idoles ? Mal. 3. 15. *Ædificati sunt, facientes impietatem :* Les superbes s'établissent en vivant dans l'impiété.

ÆDIFICANS, TIS. Voy. NOUV. TESTAM. Reg. ill. c. 5. pag. 242.—Ce participe du verbe *ædificare,* qui se met pour le nom verbal *ædificator,* signifie, dans l'Ecriture, en un sens figuré :

Qui exerce dans l'Eglise une fonction puplique, qui gouverne (οἰκοδομῶν). Ps. 117. 22. *Lapidem quem reprobaverunt ædificantes, hic factus est in caput anguli :* La pierre que ceux qui bâtissaient ont rejetée, a été placée à la tête de l'angle. Ces architectes, dans le sens figuré, étaient les docteurs de la loi, et les princes des prêtres, comme Jésus-Christ et les deux apôtres saint Pierre et saint Paul l'ont interprété. Act. 4. 11. *Hic est lapis qui reprobatus est a vobis ædificantibus :* Jésus-Christ est cette pierre que vous, architectes, avez rejetée. Matth. 21. 42. Marc. 12. 10. Luc. 20. 17. 1. Petr. 2. 7. L'Eglise est comparée à un édifice, les architectes sont les pasteurs. Voy. ARCHITECTUS.

ÆDIFICATIO, NIS, οἰκοδομή. Ce mot qui signifie l'action de bâtir, signifie aussi l'édifice même.—1° Bâtiment, édifice. Eccli. 4. 19. *Filii, et ædificatio civitatis confirmabit nomen :* Les enfants et le bâtiment d'une ville sont deux choses qui donnent de la réputation dans la postérité. 2. Par. 16. 6. 1. Esdr. 5. 4. Matth. 24. 1. Marc. 13. 2.— 2° Le corps, parce qu'il est la maison et le domicile de l'âme. 2. Cor. 5. 1. *Si terrestris domus nostra dissolvatur, ædificationem ex Deo habemus domum non manufactam :* Dieu nous donnera dans le ciel une autre maison, qui sera ce même corps ressuscité et renouvelé. —3° Édifice spirituel. 1. Cor. 3. 9. *Ædificatio Dei estis :* Vous êtes l'édifice que Dieu bâtit. Eph. 2. 21. 4. 16. 1. Tim. 1. 4. *Quæ quæstiones præstant magis quam ædificationem Dei :* Les discours sans fin servent plutôt à exciter des disputes qu'à fonder par la foi l'édifice de Dieu dans les âmes.—4° Avancement spirituel, édification. Rom. 14. 19. c. 15. 2. *Unusquisque proximo placeat ad ædificationem :* Que chacun de vous tâche de satisfaire son prochain en tout ce qui le peut édifier. 1. Cor. 14. v. 3. 5. 12 et 26. 2. Cor. 10. 8. c. 12. 19. c. 13. 10. Eph. 4. 12 et 29. *Ad ædificationem fidei :* Pour l'avancement de la foi, pour l'édification, selon les divers besoins.

ÆDIFICATOR, IS, οἰκοδόμος. Celui qui bâtit ; mais dans l'Ecriture il signifie celui qui rebâtit ou remet en état. Isa. 58. 12. *Et vocaberis* (i. e. *eris*) *ædificator sepium :* On dira de vous, que vous réparez et replantez les haies : ce qui s'entend du peuple revenu de captivité, qui réparait les ruines faites par les Chaldéens.

ÆDIFICIUM, II, οἰκοδομή. Bâtiment, édifice. 3. Reg. 9. 1. *Cum perfecisset Salomon ædificium domus Domini :* Lorsque Salomon eut achevé le bâtiment du temple. 2. Par. 34. 11. Ezech. 40. v. 2. 5., etc.

ÆDITUUS, I. Ce mot vient, selon quelques-uns, d'*æditimus,* en ôtant l'm, par syncope ; selon d'autres. *Ab ædibus tuendis :* Ce qui a rapport à sa signification dans l'Ecriture.

1° Gardien ou trésorier du temple (λειτουργῶν). Ezech. 44. 11. *Et erunt in sanctuario meo æditui,* Hébr. *ministri :* Ils feront simplement la fonction de trésoriers dans mon sanctuaire; il parle de quelques prêtres, qui étant exclus du sacerdoce, à cause de leur idolâtrie, n'étaient plus employés qu'à servir les prêtres en qualité de trésoriers, de portiers ou d'autres ministres inférieurs, et étaient ainsi dégradés en punition de leur impiété.

Ce nom se donne aux ministres des idoles: soit aux gardiens de leurs temples. Ose. 10. 5. *Ædituiejus super eum exsultaverunt in gloria ejus* : Les gardiens du temple du veau d'or adoré à Béthel avaient fait leur joie de la gloire de cette idole; soit aux ministres inférieurs à leurs prêtres (ἱερεύς, *sacerdos*). Soph. 1. 4. *Disperdam nomina ædituorum cum sacerdotibus* : J'exterminerai de ce lieu les restes de Baal, les noms de ses ministres avec les prêtres.

ÆGER, A, UM. Cet adjectif vient du grec ἀεργός, *iners*; parce que la maladie prive de toute occupation, et signifie celui qui est indisposé de corps ou d'esprit, comme abattu de chagrin et de tristesse; dans l'Ecriture il signifie :

Malade de corps (ἄρρωστος). Marc. 6. 13. *Ungebant oleo multos ægros* : Les douze Apôtres oignaient d'huile plusieurs malades, et les guérissaient : c'était une figure du sacrement de l'Extrême-Onction. c. 16. 18. *Super ægros manus imponent* : Les fidèles imposeront les mains sur les malades, et les malades seront guéris. Act. 5. 16.

ÆGROTARE. Etre malade, être indisposé de corps (μαλακίζεσθαι). Dan. 8. 27. *Langui et ægrotavi* : Moi Daniel, je tombai dans la langueur, et je fus malade quelques jours; ce fut par la compassion qu'il avait pour les Juifs, qu'il voyait menacés de tant de malheurs. Gen. 48. 1. 1. Reg. 19. 14. c. 30. 13. etc.

ÆGROTATIO, NIS, νόσος. — 1° Maladie de corps. Jer. 16. 4. *Mortibus ægrotationum* (i. e. *ægrotationibus mortiferis*) *morientur* : Tous les Juifs seront affligés et punis de maladies mortelles. — 2° Maladie de l'âme. Matth. 8. 17. *Ægrotationes nostras ipse portavit* : Jésus-Christ s'est chargé de nos péchés, non pour les commettre, mais pour les expier. Saint Pierre, Ep. 2. 24. et les Septante ont entendu cet endroit des maladies de l'âme, qui sont la cause de celles du corps : ainsi Jésus-Christ se chargeant des péchés, il est entré en droit de guérir toutes sortes de maladies qui en sont les effets.

ÆGROTUS, A, UM, ἄρρωστος. — Malade ou indisposé. Ezec. 34. 4. *Quod infirmum fuit non consolidastis, et quod ægrotum non sanastis* : Vous n'avez point travaillé à fortifier les brebis qui étaient faibles, ni à panser et à guérir celles qui étaient malades. Dieu parle aux pasteurs lâches et négligents, qui ne prennent point de soin de leurs ouailles, sous la figure d'un berger, qui abandonnerait son troupeau. 2. Esd. 2. 2.

ÆGYPTUS, I. Αἴγυπτος, *Angustiæ*. — Ce mot est grec, et signifie proprement ce grand fleuve, qui s'appelle aussi *le Nil*, d'où le pays qui en est arrosé a tiré son nom; d'autres disent que le fleuve et ce grand pays ont été appelés de la sorte, d'Egypte, frère de Danaüs; les Hébreux l'appellent *Mitzraim*, du fils de Cham, petit-fils de Noé, dont les descendants ont habité ce pays. Il a au septentrion la mer Méditerranée, au levant l'Arabie Pétrée et le golfe Arabique, au midi la Nubie et l'Ethiopie, au couchant la Barbarie et le désert de Barca.

1° Egypte, province, que les uns mettent en Asie, les autres en Afrique, ou plutôt, qui est située entre l'une et l'autre. Ce nom se trouve souvent dans le Pentateuque et les autres livres, à cause de la captivité que les Israélites y ont soufferte pendant plusieurs siècles, et que c'était un pays voisin de la Palestine.

2° La ville de Rome, dans le sens figuré, laquelle a été autant engagée dans l'idolâtrie, que l'était autrefois l'Egypte. Apoc. 11. 8. *Vocatur spiritualiter Sodoma et Ægyptus* : Cette grande ville est appelée spirituellement *Sodome* et *Egypte*. Voy. SPIRITUALITER, 1°.

ÆGYPTIUS, A. Egyptien ou Egyptienne, qui est originaire ou habitant du pays d'Egypte. Gen. 12. 14. *Viderunt Ægyptii mulierem quod esset pulchra nimis* : Les Egyptiens virent que Sara était parfaitement belle. c. 25. 12. *Agar Ægyptia, famula Saræ* : Agar Egyptienne, servante de Sara. c. 16. 1. c. 21. 9. etc.

ÆGYPTIACUS, A, UM. Qui appartient à l'Egypte, qui concerne ce pays. Genes. 41. 45. *Vocavit eum lingua Ægyptiaca Salvatorem mundi* : Pharaon appela Joseph en langue égyptienne, le Sauveur du monde. Voy. SALVATOR. Exod. 7. 11.

ÆLAM ou ELAM. Ce mot, selon le Grec, s'écrit plutôt par un E, et signifie en Hébreu *adolescens* ou *occultus*. — 1° Ælam, fils aîné de Sem. Gen. 10. 22. *Filii Sem, Elam et Assur* : Les fils de Sem furent Elam et Assur. 1. Par. 1. 17. — 2° Province ou peuple de la Perse appelé Ælam, du fils de Sem, dont les descendants s'y sont établis. Isa. 21. 2. *Ascende, Ælam; obside, Mede* : Marche, Elam; c'est-à-dire, armée des Perses, avancez; Mède, assiége la ville de Babylone. c. 11. 11. c. 22. 6. Jerem. 25. 25. c. 49 v. 34. 35. 36. Ce mot est pris pour toute la Perse, parce que les Perses en sont sortis. — 3° Un lévite descendant de Coré, désigné par David, pour être le cinquième portier du temple. 1. Par. 26. 3. — 4° Un chef de famille, dont les descendants revinrent de Babylone au nombre de 1254. 1. Esdr. 2. 7. 2. Esdr. 7 12. — 5° Un autre de même nom qui en revint avec un pareil nombre. 1. Esdr. 2. 31. 2. Esdr. 7. 34. — 6° Un chef de famille de la tribu de Benjamin. 1. Par. 8. 24.

ÆLAMITÆ. Voy. ELAMITÆ. — 1° Habitants d'une province de Perse. Gen. 14. v. 1. 9. *Adversus Chodorlahomor regem Elamitarum* : Les rois de Sodome et de Gomorrhe marchèrent contre le roi des Elamites. Act. 2. 9. *Medi et Ælamitæ* : Les Mèdes sont distingués des Elamites, qui sont les Perses, ou ceux de la Susiane, province de Perse. Dan. 8. 2. — 2° Les habitants de Samarie, qui étaient une colonie de cette province de Perse. 1. Esdr. 4. 9. *Dievi et Ælamitæ* : Les Dievéens et les Elamites.

ÆLATH, *Fortitudo.* Voy. AILATH.—Ville de l'Idumée. 4. Reg. 14. 22. *Ipse (Azarias) ædificavit Ælath.* Ce fut Azarias qui bâtit Elath. Cette ville ayant été conquise et soumise au royaume de Juda, elle s'était révoltée depuis, et fut reconquise par ce roi : elle s'appelle *Elath.* Deut. 2. 8.

ÆMULARI, ζηλοῦν. Voy. ÆMULATIO. — Ce verbe vient du Grec ἀμιλλᾶν, *certare, contendere,* disputer, et signifie, selon la force du mot ζηλοῦν, auquel il répond, aimer ou désirer fortement une chose, et travailler avec soin à l'acquérir ou la conserver ; de là viennent les passions différentes, ou de colère contre ceux qui veulent nous la ravir, ou de dépit, si on la perd, ou d'envie, de voir d'autres que nous qui la possèdent : ce qui donne lieu ici aux diverses significations de ce verbe :

1° Aimer quelqu'un ou quelque chose, d'un amour de jalousie, s'y attacher fortement. 2. Cor. 11. 2. *Æmulor vos Dei æmulatione.* J'ai pour vous un amour de jalousie. Saint Paul appréhendait, comme il le dit ensuite, que les Corinthiens, qu'il avait convertis, ne fussent pervertis par les faux apôtres, qu'il considérait comme de dangereux rivaux. Galat. 4. 17. *Æmulantur vos non bene, sed excludere vos volunt, ut illos æmulemini* : Les faux docteurs s'attachent fortement à vous ; mais ce n'est pas d'une bonne affection, puisqu'ils veulent vous séparer de nous, afin que vous vous attachiez fortement à eux. v. 18. *Bonum autem æmulamini in bono semper* : Attachez-vous d'affection au bien en tout temps ; ou plutôt, selon le Grec, il est bon de s'attacher d'affection au bien en tout temps ; ou plutôt, il est bon de s'attacher d'affection aux personnes, quand c'est pour le bien. Num. 11. 29. *Quid æmularis pro me?* Pourquoi l'affection que vous me portez vous rend-elle ainsi jaloux ? Moïse reprend Josué du déplaisir qu'il témoignait de voir prophétiser Eldad et Meldad.

2° Porter envie, avoir de la jalousie en mauvaise part. 1. Cor. 13. 4. *Charitas non æmulatur* : La charité n'est point jalouse. Prov. 3. 31. *Ne æmuleris hominem injustum* : Ne portez point envie à l'injuste. c. 23. 17. c. 24. v. 1. 19. Eccli. 37. 12. Isa. 11. 13. 2. Mach. 4. 16. Act. 7. 9.

3° Piquer de jalousie, donner de l'émulation en bien ou en mal : en bien (παραζηλοῦν). Rom. 11. 11. *Illorum delicto salus est Gentibus, ut illos æmulentur* : La chute des Juifs est devenue une occasion de salut aux Gentils, afin que l'exemple des Gentils leur donnât de l'émulation pour les suivre : en mauvaise part. 1 Cor. 10. 22. *An æmulamur Dominum?* Est-ce que nous voulons irriter Dieu et comme le piquer de jalousie ? Ce verbe grec est rendu dans le même sens par *provocare ad æmulationem.* Rom. 11. 14. Ps. 77. 58. Deut. 32. 16.

4° Désirer avec ardeur. 1. Cor. 12. 31. *Æmulamini charismata meliora* : Entre les dons du Saint-Esprit désirez les plus excellents. Galat. 4. 18. *Bonum æmulamini* : Attachez-vous d'affection au bien 1. Cor. 14. v. 1. 39.

5° Travailler avec soin, se porter à quelque chose avec ardeur. Apoc. 3. 19. *Æmulare ergo et pœnitentiam age* : Animez-vous de zèle, et faites pénitence, dit Dieu à l'ange de Laodicée.

6° Etre irrité, avoir de l'indignation contre quelqu'un (παραζηλοῦν). Ps. 36. v. 1. 6. 8. *Noli æmulari in malignantibus* : N'ayez point d'aigreur contre les méchants ; les justes ne doivent point se fâcher de voir les méchants dans la prospérité, Dieu sait pourquoi il les souffre.

ÆMULATIO, NIS. Gr. ζῆλος. Ce nom verbal signifie émulation, désir de faire aussi bien qu'un autre, jalousie, tristesse qu'on a de ce qu'un autre a ce que nous n'avons pas ; dans l'Ecriture :

1° Zèle ou ardent amour que l'on a pour les personnes ou pour les choses, et se peut prendre en bonne ou mauvaise part. Rom. 10. 2. *Æmulationem Dei habent, sed non secundum scientiam* : Les Juifs ont du zèle pour Dieu, mais c'est un zèle qui n'est point selon la science. 2. Cor. 11, 2. *Æmulor vos Dei æmulatione* : J'ai pour vous un zèle et une jalousie, qui non-seulement est selon Dieu, mais qui est celle de Dieu même, qui est jaloux de la pureté de vos âmes. 2. Cor. 7. v. 7. 11. c. 9. 2. Philip. 3. 6. Ainsi, Cant. 8, 6. *Dura sicut infernus æmulatio* : L'amour ardent que j'ai pour vous est aussi insurmontable que la mort : c'est Jésus-Christ qui parle à son Eglise.

2° Envie, jalousie, qui est un déplaisir de n'avoir pas le bien que nous voyons dans un autre, ou un amour passionné d'une chose à laquelle nous ne pouvons souffrir qu'un autre ait part. Rom. 13. 13. *Non in contentione et æmulatione* : Ne vous laissez point aller aux querelles et aux envies. 2. Cor. 12. 20. Gal. 5. 20. d'où vient *Ad æmulationem adducere,* ou *provocare* : Piquer de jalousie. Ps. 77. 58. Ezec. 8, 3.

3° Indignation, vengeance. Heb. 10, 27. *Terribilis quædam exspectatio judicii et ignis æmulatio* : Il ne reste qu'une attente effroyable du jugement, et l'ardeur d'un feu jaloux de la gloire de Dieu, pour ceux qui pèchent, après avoir connu la vérité.

ÆMULATOR, IS, ζηλωτής. Ce nom verbal marque celui qui tâche à imiter quelqu'un. —1° Jaloux, qui ne peut souffrir qu'un autre ait part à la chose qu'il aime : ainsi Dieu, en un sens figuré, est jaloux de sa gloire. Exod. 34. 14. *Dominus, zelotes nomen ejus, Deus est æmulator* : Le Seigneur s'appelle le Dieu jaloux, le Dieu qui veut être aimé uniquement, et qui ne peut souffrir qu'on adore un Dieu étranger. Deut. 4. 24. c. 5. 9. c. 6. 15. Jos. 24. 19. Nah. 1. 2. La jalousie de Dieu n'est pas une passion qui l'agite ; mais une justice et une volonté toute tranquille, par laquelle il ne souffre pas qu'une âme soit heureuse, quand elle cherche hors de lui son bonheur. —2° Qui désire quelque chose avec ardeur. 1. Cor. 14. 12. *Quoniam estis æmu-*

latores spirituum, ad œdificationem Ecclesiæ quærite ut abundetis : Puisque vous avez tant d'ardeur pour ces dons spirituels, désirez d'en être enrichis pour l'édification de l'Eglise. — 3° Qui se porte à quelque chose (μιμητής). 1. Petr. 3. 13. *Quis est qui vobis noceat, si boni œmulatores f. eritis?* Qui vous fera du mal, si vous ne pensez qu'à faire du bien?

ÆMULUS, A, UM. Ce mot, qui vient d'ἅμιλλα, *certamen*, débat, dispute, signifie émulateur, qui tâche d'imiter ou qui aime et poursuit une même chose, et qui la dispute avec un autre; dans l'Ecriture :

1° Jaloux, rival (ἀντίζηλος). 1. Reg. 1. 6. *Affligebat quoque eam œmula ejus :* Phenenna, qui avait de la jalousie contre Anne, qui était plus aimée d'Elcana leur mari qu'elle, l'affligeait, en lui disant que le Seigneur l'avait rendue stérile.

2° Concurrent, qui est l'objet de l'envie d'un autre. 1. Reg. 2. 32. *Videbis œmulum tuum in Templo :* Vous verrez dans le temple un homme qui sera l'objet de votre envie; c'est-à-dire, Sadoc, qui fut premièrement grand prêtre, avec Abiathar, descendu d'Héli, et le premier des deux, et qui enfin demeura seul, Abiathar étant déposé : le prophète dit à Héli, qu'il verrait ce que ses enfants devaient voir. c. 28. 16.

AEN, Heb. *Oculus, aut, fons.* Aën, ville de la tribu de Juda. Jos. 15. 32. 1. Par 4. 32. *Voy.* AIN.

ÆNEAS, *Laudatus*, du Grec αἶνος, *laus*. Enée, habitant de Lydde, Paralytique guéri par saint Pierre. Act. 9. v. 33. 34. *Invenit ibi hominem quemdam nomine Æneam, ab annis octo jacentem in grabato, qui erat Paralyticus, et ait illi Petrus; Ænea, sanat te Dominus Jesus Christus.*

ÆNEUS A, UM. *Voy.* ÆS, χαλκεῖος. Cet adjectif est formé du nom *œs, œris*, et se fait par syncope de l'ancien mot *œrineus, œneus*.

1° Qui est d'airain, de bronze, de cuivre. Job. 6. 12. *Nec caro mea œnea est :* Je n'ai pas un corps de bronze, pour résister à tant de maux. Exod. 26. v. 11. 37. c. 27. 4. etc. Souvent dans ce livre, où il est parlé des vases et des ustensiles d'airain, qui servaient au tabernacle par dehors.

2° Dur et sec comme l'airain. Levit. 26. 19. *Dabo vobis cœlum sicut ferrum, et terram œneam :* Si vous n'exécutez point tous mes commandements, je ferai que le ciel sera pour vous un ciel de fer, et la terre une terre d'airain. Deut. 28. 23. *Sit cœlum quod super te est œneum, et terra quam calcas ferrea :* Ce ciel d'airain marquait une prodigieuse sécheresse, et cette terre de fer une effroyable stérilité, manque de pluie.

ÆNIGMA, TIS, αἴνιγμα. Ce mot vient du grec αἰνίττεσθαι, *Obscure innuere, rem involucris tegere*, et signifie une parabole, ou une allégorie obscure et difficile à comprendre; ainsi toute parabole ou allégorie n'est pas énigme; mais toute énigme est allégorie : ainsi les prophéties de l'Ancien Testament qui se disaient de Jésus-Christ et de son règne, étaient des énigmes comme Gen. 49. 10. *Non auferetur*, etc. Isa. 11. 1. *Egredietur virga de radice Jesse :* Il sortira un rejeton de la tige de Jessé. *Voy.* saint Aug. l. 15. *de Trinit*. c. 9.

1° Discours figuré dont le sens est caché sous l'obscurité des paroles. 3. Reg. 10. 1. *Venit tentare eum in œnigmatibus :* La reine de Saba vint éprouver la sagesse de Salomon, par les questions obscures qu'elle lui proposa. 2. Par. 9. 1. Ezech. 17. 2. Habac. 2. 6. Ce qui renferme aussi les maximes de morale exprimées par certaines paroles allégoriques, pour les faire goûter et respecter davantage. Prov. 1. 6. *Animadvertet verba sapientum et œnigmata eorum :* Le S ge pénétrera les paroles des sages, et leurs énigmes. Job. 13. 17.

2° Vision obscure, connaissance imparfaite. 1. Cor. 13. 12. *Videmus nunc per speculum, in œnigmate :* Nous ne voyons maintenant que comme en un miroir et en des énigmes ; c'est-à-dire, obscurément. Num. 12. 8.

ÆNNON, Heb. *Nubes. Voy.* ENON. — Ville voisine de Salim près du Jourdain, où saint Jean baptisait. Joan. 3. 23.

ÆQUALIS, E, ἴσος. Cet adjectif vient du nom *œquus*; c'est un terme relatif, qui signifie :

1° Qui est de même grandeur qu'un autre, pareil en quantité ou en qualité. Exod. 30 34. *Æqualis ponderis erunt omnia :* Que le tout soit de même poids, tout ce qui entre dans la composition du parfum. Num. 35. 5. Deut. 19. 7. c. 25. 15. Ezech. 45. 11. Apoc. 21. 16. etc.

2° Egal, plain, uni. Levit. 13. v. 31. 32. *Si locus plagæ est carni reliquæ œqualis :* Si l'endroit du mal est égal à tout le reste de la chair, il n'y a pas de lèpre.

3° Egal ou semblable en choses spirituelles, avoir quelque rapport en mérite, ou en pureté, ou en dignité, ou en puissance. Job. 15. 3. *Arguis verbis eum qui non est œqualis tibi :* Vous accusez dans vos discours Dieu même, qui n'est nullement comparable à vous. Luc. 20. 36. *Æquales Angelis sunt :* Ceux qui seront juges dignes d'avoir part au siècle à venir, deviendront égaux aux anges, en ce qu'ils seront immortels comme eux. Phil. 2. 6. *Non rapinam arbitratus est esse se œqualem Deo :* Jésus-Christ n'a point cru que ce fût pour lui une usurpation d'être égal à Dieu; cette égalité est pleine, entière et parfaite. Joan. 5. 18. 2. Mach. 9. 15.

ÆQUALITAS, TIS, ἰσότης — 1° Egalité, parité, ἀκρίβεια ; ce qui rend égal en quantité ou en qualité. Eccli. 42. 4. *Ne confundaris de œqualitate stateræ et ponderum :* N'ayez point de honte de faire garder l'égalité de la balance et des poids ; c'est-à-dire de procurer de bons poids et de bonnes mesures. — 2° Egalité, ce qui rend égal, en parlant d'une place, ὁμαλισμός. Baruch. 5. 7. *Constituit Deus convalles replere in œqualitatem terræ :* Le Seigneur a résolu d'abaisser toutes les montagnes élevées, et de remplir les vallées, en les égalant à la terre unie ; ce discours est figuré et marque que Dieu promettait de lever tous les obstacles au retour des Israélites de Babylone, et de leur faciliter leur marche.

afin de faire éclater par là la gloire de sa puissance. — 3° Egalité de proportion, uniformité. 2. Cor. 8. v. 13. 14. *Fiat æqualitas:* Que tout soit réduit dans l'égalité; cette égalité consiste en ce que tous ont également ce qui suffit, quoique les uns aient plus, les autres moins; ceux qui ont plus suppléant à ce qui manque au besoin des autres.

ÆQUALITER, ἴσως. — 1° Egalement, à une distance égale. Deut. 19. 3. *In tres æqualiter partes totam terræ tuæ provinciam divides:* Vous mettrez ces villes en une distance, qui réponde également à tous les endroits de votre pays, divisé en trois parties. Voyez EFFUGIUM. — 2° Egalement, sans préférence, ou acception de personnes. 1. Par. 24. 31. *Tam majores quam minores, omnes sors æqualiter dividebat:* Les fonctions des prêtres et des Lévites leur étaient distribuées également par le sort; ainsi Dieu a soin de tous, sans avoir égard à la qualité des personnes. Sap. 6. 8. *Æqualiter cura est illi de omnibus:* Dieu a également soin de tous (ὁμοίως, *similiter*).

ÆQUARE, ἰσοῦν. Egaler, rendre égal ou pareil, unir, aplanir; dans l'Ecriture:

Egaler, estimer aussi grand. Job. 32. 21. *Deum homini non æquabo:* Je n'ai garde de croire que l'homme puisse entrer en comparaison avec Dieu; il semble que Job veut se justifier du reproche qu'on lui faisait, qu'il voulait contester avec Dieu même. Ps. 88. 7. *Quis in nubibus æquabitur Domino?* Qui dans les cieux sera égal au Seigneur? Les anges qui ont voulu s'égaler à Dieu dans les cieux éprouvèrent par une triste expérience, combien Dieu était plus grand et plus redoutable que tous ceux qui l'environnaient.

ÆQUE, ἴσως. — 1° Egalement, aussi bien que, comme. Eccl. 9. 2. *Eo quod universa æque eveniant justo et impio:* Tout arrive également au juste et à l'injuste, si l'on ne consulte que les sens et les apparences. Exod. 38. v. 11. 15. Levit. 2. 7. 3. Reg. 20. 11. Ezech. 47. 14. — 2° Autant, avec la même proportion. Eccli. 6. 17. *Qui timet Deum æque habebit amicitiam bonam, id est, amicos bonos;* Gr., *diriget amicitiam suam:* Celui qui craint Dieu, trouvera de sincères amis, à proportion qu'il sera sincère et fidèle à Dieu.

ÆQUITAS, TIS. Ce mot signifie ordinairement équité, Gr. ἐπιείκεια, qui est une vertu qui tempère la rigueur du droit, par la considération des circonstances particulières; mais dans l'Ecriture il signifie une égalité, ou une proportion, ou conformité, telle qu'est celle qui se trouve dans la rectitude d'une mesure, selon laquelle on doit régler toutes les autres choses. Or, la loi est la mesure de la droiture de nos actions; c'est pourquoi elle a une égalité que l'iniquité viole quand elle transgresse la loi, parce que c'est une difformité qui se détourne de la rectitude de la loi; aussi ce mot répond au terme grec εὐθύτης, *rectitudo*, et à l'Hébreu *misor*, qui vient de Jasar, *rectum esse;* et l'Ecriture ne met presque point de différence entre ces trois mots, *rectitudo, æquitas* et *justitia*.

1° Equité, droiture, justice (εὐθύτης). Hebr. 1. 8. *Virga æquitatis virga regni tui:* Le sceptre de votre empire sera un sceptre d'équité et de justice, ou de rectitude, comme porte le texte du Ps. 44. 7. *Virga directionis, virga regni tui:* Cela s'entend du règne de Jésus Christ. Ps. 16. 3. *Oculi tui videant æquitates:* Que vos yeux regardent ce qu'il y a d'équitable et de juste dans ma cause. Eccli. 7. 6. *Ne ponas scandalum in æquitate tua:* Prenez garde que par votre faiblesse vous ne soyez à vous-même une pierre d'achoppement, ou vous empêche d'exercer la justice. Ps. 9. 9. Ps. 64. 6. Ps. 66. 5. Ps. 95. v. 10. 13. etc. En plusieurs endroits le mot *æquitas* est rendu par δικαιοσύνη, *justitia*.

2° Equité, qui modère la rigueur de la justice. Job. 23. 7. *Proponat æquitatem contra me;* Je souhaiterais que Dieu ne proposât contre moi que l'équité et la justice.

3° Equité, bonté, sincérité. Job. 33. 23. *Si fuerit pro eo Angelus loquens ut annuntiet hominis æquitatem:* S'il se trouve quelqu'un des saints esprits qui parle pour lui, et représente sa sincérité. Gr. μέμψιν, *querelam;* Heb. Jaschar, *rectitudo*.

4° Vérité, ce qui est vrai (δικαιοσύνη). Ps. 51. 5. *Dilexisti iniquitatem magis quam loqui æquitatem:* Vous avez mieux aimé faire le mal que de dire la vérité. David parle de Doëg.

5° Jugement, justesse, exactitude (σταθμός). Eccli. 16. 24. *Dicam in æquitate disciplinam:* Je n'enseignerai rien que je ne l'aie bien examiné. v. 25. *In æquitate spiritus:* Avec une mûre délibération.

ÆQUUS, A, UM, ἴσος Voy. ÆQUITAS. Du mot grec εἰκός, ὅτος par, *decens, consentaneum;* ce qui est juste et raisonnable, et signifie égal, plain, uni; dans le sens moral, juste, équitable; mais dans l'Ecriture: — 1° Egal, en même quantité. 2. Mach. 8. 30. *Æquam portionem debilibus, pupillis, et viduis facientes:* Judas et ses gens partagèrent également entre les malades, les orphelins et les veuves; le butin qui avait été fait sur Timothée et Bacchide. Levit. 7. 10. 1. Reg. 30. 24. — 2° Egal, juste, en matière de poids et mesure (δίκαιος). Levit. 19. 36. *Statera justa et æqua sint pondera:* Que la balance soit juste et les poids égaux. Prov. 11. 4. — 3° Juste, droit (εὐθύς). Ezech. 33. 17. *Non est æqui ponderis;* (Gr., *recta*) *via Domini:* La voie du Seigneur n'est pas juste et équitable. Job. 19. 6. *Saltem nunc intelligite quod Deus non æquo judicio afflixerit me:* Comprenez donc que Dieu, en m'affligeant de la sorte, ne fait point justement, eu égard aux crimes que vous m'imputez, puisqu'il me punirait pour des crimes que je n'ai point commis. c. 35. 2. Prov. 8. 9. Ezech. 18. v. 25. 29. — 4° Egal, de même façon, sans distinction (εἷς, μία, ἕν). Levit. 24. 22. *Æquum judicium sit inter vos:* Que la justice se rende également parmi vous. Eccl. 3. 19. *Æqua utriusque conditio:* La condition de l'homme n'est pas meilleure que celle des bêtes, quant au corps, et, selon les apparences, il naît comme elles, il respire comme elles, il meurt comme elles. — 5° Equitable, raisonnable (ἀριστὸν). Act. 6. 2. *Non est œquum nos derelinquere verbum Dei et ministrare mensis*: Il n'est pas juste, disent les apôtres, que nous quittions la prédication de la parole de Dieu, pour avoir soin des tables. Col. 4. 1. — 6° Commode, avantageux. Eccli. 31. 32. *Æqua vita hominibus vinum in sobrietate; œqua vita*, selon le grec, ἐπίσον ζωῆς, c'est une seconde vie que le vin pris avec tempérance.

Æquo animo esse. — 1° Prendre courage, se rassurer. 3. Reg. 21. 7 *Æquo animo esto*: Ayez l'esprit en repos, dit Jézabel à Achab; Gr. σεαυτοῦ γενοῦ, *lui esto*. Judith. 7. 23. c. 11. 1. — 2° Etre dans la joie et de bonne humeur (εὐθυμεῖν). Jac. 5. 13. *Æquo animo est? psallat*, etc. Quelqu'un est-il dans la joie? qu'il chante de saints cantiques.

Ex ÆQUO. — 1° Egalement, autant aux uns qu'aux autres. Num. 31. 27. *Dividesque ex œquo prœdam inter eos qui pugnaverunt*: Partagez le butin également entre ceux qui ont combattu: ce qui arriva après l'entière défaite des Madianites par douze mille Hébreux, etc. 1. Par. 25. 8. c. 26. 13. *Missœ sunt ergo sortes ex œquo et parvis et magnis*: L'on jeta au sort avec une égalité entre chaque famille, soit grands ou petits, pour connaître ceux qui seraient de garde à chaque porte du temple. — 2° Egalement, comme avec son égal. Eccli. 13. 10. *Ne retineas ex œquo loqui cum illo*: N'entretenez pas longtemps un grand, comme si vous étiez son égal. Job. 9. 32.

AER, RIS, ἀήρ, ἀέρος. Air, élément liquide et léger qui environne la mer et la terre. 1, Thess. 4. 17. *Simul rapiemur cum illis obviam Christo in aera*: Nous serons emportés avec eux dans les nuées, pour aller au-devant de Jésus-Christ au milieu de l'air. Num. 11. 31. Deut. 28. 2. Job. 37. 21. Ps. 17. 12. Act. 22. 23. Eph. 2. 2. etc.

D'où viennent ces phrases métaphoriques: *Aerem verberare*: Donner des coups en l'air, travailler en vain. 1. Cor. 9. 26. *Sic pugno, non quasi aerem verberans*: Je combats, et je ne donne point des coups en l'air; je ne travaille pas inutilement. La métaphore se tire des athlètes, qui se battaient à coups de poing. Voy. VERBERARE. Ainsi *In aera loqui*: parler en l'air; c'est parler inutilement, sans qu'on nous entende. 1. Cor. 14. 9. *Eritis in aera loquentes*: Si la langue que vous parlez n'est intelligible, vous ne parlerez qu'en l'air.

AERIUS, A, UM, d'air, qui est en l'air, qui est haut et élevé; dans l'Ecriture:

Aerius color: Couleur d'air; c'est comme on croit, une couleur de bleu céleste. Esth. 1. 6. c. 8. 15. *Mardochœus fulgebat vestibus regiis, hyacinthinis videlicet et aeriis*: Héb. *candidis*: Mardochée sortant d'avec le roi, parut dans un grand éclat, portant une robe royale de couleur d'hyacinthe et de bleu céleste (βύσσινος).

ÆRAMENTUM, 1. χαλκίον. Ce mot qui vient d'*œs*, signifie, ouvrage de cuivre ou d'airain, batterie de cuisine; dans l'Ecriture: — 1° Cuivre, airain (χαλκὸς). Apoc. 18. 12. *Omnia vasa de lapide pretioso, et œramento et ferro*: Des meubles de pierres précieuses, d'airain, de fer et de marbre. Eccli. 12. 10. — 2° Vaisseaux d'airain, comme chaudières, marmites. Marc. 7. 4. *Baptismata calicum, et urceorum et œramentorum*: Les Juifs lavent leurs coupes, leurs vaisseaux d'airain, et leurs bois de lit.

ÆRARIUM, 1. Ce mot qui vient d'*œs, œris*, signifie, — 1° L'épargne, les finances, le trésor public (οἶκος). Gen. 47. 14. *Intulit eam in œrarium Regis*: Joseph porta au trésor du roi l'argent du blé qu'il avait vendu aux Egyptiens. Jos. 6. 24. 1. Mach. 3. 28. — 2° Trésor, lieu où se gardent les titres publics (γαζοφυλάκιον). 1. Mach. 14. 49. *Dixerunt exemplum eorum ponere in œrario*: Il fut ordonné qu'on mettrait une copie de la déclaration des Romains, faite en faveur de Simon, dans le trésor du Temple.

ÆRARIUS, I, adject. Ce nom qui vient d'*œs*, est pris substantivement, quoiqu'il soit adjectif, en sous-entendant *faber* (χαλκεὺς). Ouvrier en cuivre. 2. Tim. 4. 14. *Alexander œrarius multa mala mihi ostendit*: Alexandre l'ouvrier en cuivre m'a fait beaucoup de maux. 3. Reg. 7. 14. Sap. 15. 9. Isa. 41. 7. Jerem. 10. 9.

ÆREUS, A, UM, χαλκοῦς, χάλκειος, α, ον. — 1° Qui est d'airain ou de cuivre. 3. Reg. 7. 15. *Finxit duas columnas Æreas*: Hiram fit deux colonnes d'airain. 1. Reg. 17. 5. *Cassis œrea*: un casque d'airain. v. 6. *clypeus œreus*: un bouclier d'airain. 2. Reg. 8. 10. 3. Reg. 4. 13. c. 8. 64. c. 14. 27. etc. — 2° Ce qui est extrêmement dur, fort et solide. D'où viennent ces phrases métaphoriques:

Arcus œreus: Un arc d'airain, qui marque une force extraordinaire. Ps. 17. 35. *Posuisti ut arcum œreum brachia mea*: Vous avez fait de mes bras comme un arc d'airain. Dieu avait assisté David d'une grande force contre les ennemis du peuple d'Israël. 2. Reg. 22. 35. Ainsi, Job. 20. 24. *Fugiet arma ferrea, et irruet in arcum œreum*: Si l'impie fuit d'un côté les pointes de fer, il sera percé par un arc d'airain. C'est une espèce de proverbe, pour marquer qu'un impie ne peut éviter les châtiments de Dieu. La raison de cette expression vient de ce que les armes étaient faites de cuivre, qui était alors d'une aussi bonne trempe que le fer et l'acier dont on se sert.

Frons œrea: Un front d'airain, qui marque l'impudence et l'opiniâtreté. Isa. 48. 4. *Frons tua œrea*: Vous avez un front d'airain. Dieu parle aux Israélites, et leur reproche leur opiniâtreté et leur effronterie.

Mons œreus: Une montagne d'airain, qui marque quelque chose de fixe et d'immuable. Zach. 6. 1. *Et montes, montes œrei*: Ces montagnes que je voyais étaient des montagnes d'airain. Ces deux montagnes, d'entre lesquelles sortaient les quatre chariots, représentaient les décrets immuables de la sagesse et de la providence de Dieu qui fait régner les rois de la terre, selon l'ordre immuable de ses desseins éternels.

Murus œreus: Un mur d'airain, qui marque une force et une constance invincibles,

Jerem. 1. 18. *Dedi te hodie in murum æreum:* Je vous établis aujourd'hui, dit Dieu à Jérémie, comme un mur d'airain sur toute la terre. c. 15. 20. *Dabo te populo huic in murum æreum:* Je vous rendrai à l'égard de ce peuple comme un mur d'airain. Voyez Murus, 3°.

Porta ærea : Une porte d'airain qui signifie une très-forte résistance. Ps. 106. 16. *Contrivit portas æreas:* Dieu a brisé les portes d'airain ; c'est-à-dire les prisons les plus fortes et les plus resserrées où étaient renfermés les Israélites. Isa. 45. 2. *Portas æreas conteram :* Je romprai les portes d'airain. Dieu promet à Cyrus qu'il forcera la plus grande résistance que ses ennemis pourraient lui faire.

Regnum æreum : Un royaume d'airain, marque la force et la puissance d'un règne qui brise tout par la force de ses armes. Dan. 2. 39. *Regnum tertium aliud æreum quod imperabit universæ terræ:* Il s'élèvera encore un troisième royaume qui sera d'airain, et qui commandera à toute la terre. Ce troisième empire est celui d'Alexandre le Grand, qui s'est rendu maître en peu de temps de la plus grande partie du monde qui était connu en ce temps-là.

Vinculum æreum : Une chaîne forte et pesante. Dan. 4. 12. *Alligetur vinculo ferreo et æreo:* Qu'elle soit liée avec des chaînes de fer et d'airain. Héb. d'acier. Daniel parle de Nabuchodonosor, représenté par la tige d'un arbre, lequel devait être rejeté de la compagnie des hommes, et vivre parmi les bêtes, enchaîné comme une des plus farouches. Dans le sens figuré, *Vinculum æreum,* est une chaîne pesante, fâcheuse et difficile à porter. Eccli. 28. 24. *Vinculum illius vinculum æreum :* La pesanteur de ses chaînes est aussi insupportable que celle de l'airain. Il parle de la langue médisante qui opprime quelquefois ceux qu'elle attaque.

Ungula ærea : Un ongle d'airain, qui marque une grande force pour réduire ses ennemis et les fouler aux pieds. Mich. 4. 13. *Ungulas tuas ponam æreas et comminues populos :* Je vous donnerai des ongles d'airain, et vous briserez plusieurs peuples. Le Prophète prédit la victoire de l'Eglise sur les peuples convertis à Jésus-Christ. Voy. Ungula.

ÆRUGO, ginis, — 1° La rouille de cuivre ou d'airain (βρῶσις). Matth. 6. v. 19. 20. *Ærugo et tinea demolitur:* Les vers et la rouille mangent les trésors dans la terre. Jac. 5. 3. *Ærugo eorum in testimonium vobis erit :* La rouille de l'or et de l'argent que vous cachez, s'élèvera en témoignage contre vous. Baruch. 6 v. 11. 23. — 2° Nielle de blés qui les ronge comme la rouille fait le cuivre (ἐρυσίβη). 3. Reg. 8. 37. *Si fuerit ærugo :* Lorsque la nielle gâtera les blés. 2. Par. 6. 28. Ainsi. Ps. 77. 46. *Dedit ærugini fructus eorum :* Dieu a fait consumer les fruits ou les blés des Egyptiens par la nielle. Néanmoins la plupart des interprètes expliquent cet endroit des petits animaux qui rongent les fruits ; le Grec et l'Hébreu portent *bruchus,* une espèce de chenille; en effet, il n'est point fait mention de nielle ou de rouille de blé dans l'Exode.

ÆRUGINARE, κατιοῦσθαι, *Rubigine infici.* Ce verbe qui se forme d'*ærugo* est inusité, et se prend ici passivement pour signifier, — Etre rouillé, être gâté de la rouille. Jac. 5. 3. *Argentum vestrum æruginavit:* La rouille gâte l'or et l'argent que vous cachez. Eccli. 12. 10. *Sicut æramentum æruginat nequitia illius :* Souvent la malice d'un ennemi même réconcilié revient comme la rouille sur le cuivre après l'avoir nettoyé.

ÆRUMNA, æ. Ce mot vient ou d'*æs, æris,* à cause de la fatigue que l'on a de tirer le métal des mines; ou du grec μέριμνα, *anxietas,* et signifie proprement une fourche qui sert à élever et porter les fardeaux sur les épaules; ensuite il a été pris pour des travaux pénibles. — 1° Fatigue, travail pénible (μόχθος). 2. Cor. 11. 27. *Fui in labore et ærumna :* J'ai souffert toute sorte de travaux et de fatigues. Ce même mot grec est rendu par *fatigatio.* 2. Thess. 3. 8. — 2° Peine, douleur, affliction, inquiétude (μέριμνα). Marc. 4. 19. *Ærumnæ sæculi :* Les inquiétudes de ce siècle. Genes. 3. 16. *Multiplicabo ærumnas tuas et conceptus tuos,* i. e. *ærumnas conceptuum:* Je vous affligerai de plusieurs maux pendant votre grossesse, dit Dieu à Eve (λύπη). Ps. 31. 4. *Conversus sum in ærumna mea :* Je me suis tourné de tous côtés dans mon affliction, comme un malade qui souffre de grandes douleurs (ταλαιπωρία). Eccl. 2. 23. c. 5. 16.

ÆS, *æris,* χαλκὸς l'étymologie de ce mot est fort incertaine; il peut venir, selon Vossius, de l'Hébreu, *esch, ignis.*

1° Airain, cuivre. Job. 28. 2. *Lapis solutus calore in æs vertitur :* La pierre dure que l'on tire des mines se met dans la forge, et se change en airain. c. 37. 18. *Solidissimi quasi ære fusi sunt :* Les cieux sont aussi solides que s'ils étaient d'airain. Voy. Solidus, 4°. Exod. 35. 5. Jerem. 52. v. 17. 20. etc.

2° Ouvrage ou vase d'airain ou de cuivre 1. Cor. 13. 1. *Factus sum velut æs sonans :* Je ne suis que comme un airain sonnant. Une trompette est aussi marquée par le mot *æs , æris.* Jerem. 46. 22. *Vox ejus quasi æris sonabit:* La voix des Chaldéens, ennemis de l'Egypte, retentira comme le bruit de la trompette. Heb. et Gr. *Vox ejus ut serpentes sibilabit :* Sa voix ne s'élèvera pas plus que celle d'un serpent : c'est-à-dire que l'Egypte abbaissera sa voix : ce qui marque l'abbattement où elle devait être réduite sous la domination des Babyloniens.

3° Monnaie de cuivre, et généralement monnaie de quelque métal que ce soit, parce qu'autrefois il n'y en avait que de cuivre (κέρμα). Joan. 2. 15. *Nummulariorum effudit æs :* Jésus-Christ jeta par terre l'argent des changeurs. Marc. 6. 8. Ezech. 16. 36. Ainsi, Luc. 21. 2. *Æra minuta duo,* λεπτά, sont deux petites pièces de monnaie. Voy. Minutum.

§ 1° Qui est dur, opiniâtre et inflexible. Jerem. 6. 28. *Omnes isti Principes, æs et ferrum:* Tous ces princes ne sont que de l'airain et du fer; c'est-à-dire, rebelles et opiniâtres à demeurer dans leur impiété.

2° Ce qui est vil et méprisable, comme est ce métal au prix de l'or et de l'argent. Isa. 60. 17. *Pro œre afferam aurum:* Je vous donnerai de l'or au lieu d'airain: ce qui marque les richesses spirituelles de l'Eglise, qui ont succédé à l'indigence de la Synagogue. Ezech. 22. 18. *Omnes isti œs et stannum:* Les Israélites sont tous devenus comme l'airain et l'étain, et se sont changés en écume. Voy. SCORIA.

Phrases tirée de ce mot.

Æs alienum: Dettes que nous devons, ou qu'on nous doit. 2. Esd. 5. 10. *Æs alienum concedamus:* Remettons ce qu'on nous doit. D'où vient, *Opprimi œre alieno:* Etre accablé de dettes. 1. Reg. 22. 2. *Oppressi œre alieno* (ἀπαίτησις, *repetitio debiti*).

ÆSTAS, ATIS, θέρος. Du mot œstus, Eté, une des quatre parties de l'année. Prov. 20. 4. *Mendicabit œstate:* Le paresseux mendiera pendant l'Eté. c. 6. 8. *Parat in œstate cibum sibi:* La fourmi fait sa provision durant l'Eté. c. 10. 4. c. 26. 1. Matth. 24. 32. Marc. 13. 28. Luc. 21. 30.; mais comme l'année n'avait autrefois que deux parties, *hyems* ou *ver* signifie quelquefois l'autre partie. Genes. 8. 22. *Æstas et hyems:* L'Eté et l'Hiver marquent toute l'année. Ainsi, Zach. 14. 8. Isa. 18. 6. Ps. 73. 17. *Æstatem et ver tu plasmasti ea:* C'est Dieu qui a formé les saisons de l'année.

ÆSTIMARE, τιμᾶν. Ce verbe vient ou d'œs et de τιμᾶν, priser, estimer; ou d'ἐκτιμᾶν, qui signifie la même chose.

1° Estimer, priser, apprécier, taxer. Levit. 27. 8. *Quantum ille œstimaverit, tantum dabit:* Le pauvre donnera pour son vœu le prix que le prêtre taxera. v. 16. 17. 19. 27.

2° Estimer, juger, avoir une certaine estime ou pensée de quelque chose (λογίζεσθαι). Eccl. 10. 3. *Cum ipse insipiens sit, omnes stultos œstimat:* Comme l'imprudent est insensé, il estime que tous les autres le sont aussi. Prov. 23. 7. *Æstimat quod ignorat:* Un envieux juge de ce qu'il ignore. Luc. 7. 43. Act. 2. 15. c. 16. 27. etc. Ainsi, Ps. 43. 22. Rom. 8. 36. *Æstimati sumus sicut oves occisionis:* On nous regarde comme des brebis destinées à la boucherie. Ps. 87. 5. *Æstimatus sum cum descendentibus in lacum:* On me met au rang de ceux qui descendent sous la terre.

3° Estimer, censer, réputer pour tel (λογίζεσθαι). Rom. 9. 8. *Qui filii sunt promissionis œstimantur in semine*, Gr. *in semen:* Ce sont les enfants de la promesse qui sont réputés entre les enfants d'Abraham, et qui doivent passer pour tels. 1. Cor. 4. 1.

4° Estimer autant, comparer. Baruch. 3. 36. *Hic est Deus noster, et non œstimabitur alius adversus eum:* C'est lui qui est notre Dieu, et nul autre ne subsistera devant lui, si on le compare avec ce qu'il est; ainsi *simile œstimare*, Gr. ὁμοιοῦν, c'est comparer. Matth. 11. 16. *Cui similem œstimabo generationem istam?* A qui comparerai-je ce peuple-ci? Luc. 13. v. 18. 20.

5° Compter, nombrer. 1. Par. 22. 4. *Ligna quoque cedrina non poterant œstimari:* Le bois de cèdre y était en si grande quantité, qu'on ne le pouvait nombrer, Gr. οὐκ ἦν ἀριθμός.

6° Savoir par conjecture, arriver à la connaissance de quelque chose, στοχάζεσθαι. Sap. 13. 9. *Si tantum potuerunt scire ut possent œstimare sœculum?* Si les infidèles ont pu avoir assez de lumière pour connaître l'ordre du monde, comment n'ont-ils pas découvert plus aisément celui qui en est le Dominateur?

ÆSTIMATIO, NIS, τιμή. — 1° Estimation, taxe, prisée. Exod. 22. 5. *Quidquid optimum habuerit, pro damni œstimatione restituet:* Si un homme fait quelque dégât dans un champ ou dans une vigne, il donnera ce qu'il aura de meilleur dans son champ ou dans sa vigne, pour payer le dommage, selon l'estimation qui en sera faite. Levit. 5. 18. c. 6. 6. c. 27. v. 2. 8. 13. 15. 25. 27. — 2° Compte, supputation. 3. Reg. 8. 5. *Immolabant oves et boves absque œstimatione et numero:* Ils sacrifiaient des bœufs et des brebis sans prix et sans nombre, Gr. ἀναρίθμητα.

ÆSTIVUS, A, UM, θερινός. Qui est d'Eté, qui appartient à l'Eté. Amos. 3. 15. *Percutiam domum hiemalem cum domo œstiva:* Je renverserai le palais d'Hiver et le palais d'Eté. Judic. 3. v. 20. 24. De là vient, *Æstiva area:* L'aire où se vanne le blé pendant l'Eté. Dan. 2. 35. *Tunc contrita sunt pariter et reducta quasi in favillam œstivœ areœ:* Alors le fer, l'argile, l'airain, l'argent et l'or se brisèrent tout ensemble, et devinrent comme la menue paille que le vent emporte hors de l'aire pendant l'Eté: d'autres disent que l'aire en cet endroit s'appelle aire d'Eté, parce que c'est en Eté qu'elle se préparait. Voy. FAVILLA, 3°.

ÆSTUARE, καυματίζεσθαι. Ce verbe qui vient d'œstus, se dit ou de l'agitation que fait le feu, ou de celle de la mer, et dans le sens figuré, de l'incertitude et de l'agitation de l'esprit; dans l'Ecriture:

1° Etre échauffé ou brûlé par l'ardeur du soleil ou du feu. Matth. 13. 6. *Sole orto œstuaverunt:* Une partie de la semence qui était tombée dans les lieux pierreux, fut brûlée par l'ardeur du soleil. v. 20. 21. Jon. 4. 8. *Æstuabat:* Jonas se trouvait comme étouffé par l'ardeur d'un vent chaud et brûlant ὀλιγοψυχεῖν, *Animo deficere:* Apoc. 16. 9. Ainsi, *Vino œstuare:* Etre échauffé de vin. Isa. 5. 11. *Væ qui consurgitis mane ad ebrietatem sectandam, et potandum usque ad vesperam ut vino œstuetis:* Malheur à vous qui vous levez dès le matin, pour vous plonger dans les excès de la table, pour boire jusqu'au soir, jusqu'à ce que le vin vous échauffe par ses fumées.

Ce verbe est pris activement (ἐκκαίειν). Eccli. 51. 6. *In medio ignis non sum œstuatus:* Je n'ai point été consumé par le feu. On croit que l'auteur de l'Ecclésiastique fut mis au feu pour être brûlé, mais que Dieu l'en tira: d'autres croient que cela se dit par allégorie, pour marquer la violence de la persécution dont il a été délivré.

2° Être agité, être inquiété. Job. 20. 22. *Cum satiatus fuerit, arctabitur, œstuabit:* L'impie, après avoir été rassasié de biens, ne laissera pas d'être dans l'agitation et dans l'inquiétude.

3° Tomber en défaillance (ἐκλύεσθαι, *dissolvi*). Judith. 13. 29. *Æstuavit anima ejus:* Achior tomba en défaillance, voyant la tête d'Holopherne.

ÆSTUS, us, καῦμα. Du mot Hébreu *esch*, *ignis*, et signifie une agitation dans le feu, dans la mer, ou dans l'esprit : or, comme toute agitation excite de la chaleur, il signifie dans l'Ecriture :

1° Le grand chaud, l'ardeur du soleil ou du feu. Gen. 8. 22. *Frigus et œstus non requiescent:* Le froid et le chaud s'entresuivront sur la terre pour jamais. Voy. REQUIESCERE. c. 31. 40. *Die noctuque œstu urebar et gelu:* J'étais pénétré de chaleur pendant le jour, et de froid pendant la nuit, dit Jacob à Laban. Voy. URERE. Job. 38. 24. *Per quam viam dividitur œstus super terram?* Savez-vous comment le soleil répand sa chaleur sur la terre? Isa. 25. 5. c. 49. 10. Jerem. 17. 8. c. 36. 30. Judith. 8. 3. Dan. 3. v. 66. 67. c. 13. 15. Matth. 20. 12. etc.

2° Vent chaud et brûlant (καύσων). Osc. 12. 1. *Ephraim pascit ventum, et sequitur œstum:* Ephraïm se repaît de vent, et suit une chaleur mortelle ; *i. e.* il cherche son malheur par l'alliance qu'il recherche avec les Egyptiens. L'Hébreu porte, *Sequitur eurum:* Le vent d'Orient cause par sa chaleur dans la Palestine des maladies dangereuses. Isa. 27. 8. *Per diem œstus,* Heb. *euri* (θυμός): Dans le temps que le vent d'Orient soufflera, c'est-à-dire dans le temps de la vengeance, Dieu cherchera les moyens de tempérer sa colère.

3° Grande affliction, ou persécution, figurée par l'ardeur excessive du soleil (καῦσις). Isa. 4. 6. c. 25. 4. *Umbraculum ab œstu:* Dieu est une forte protection contre les ardeurs de la convoitise, et tous les autres maux. Voy. UMBRACULUM. 1°.

ÆTAS, TIS, ἡλικία. Ce mot est fait par syncope de l'ancien terme *œvitas,* qui vient d'*œvum,* et signifie :

1° Age, durée, espace de temps (χρόνος). Dan. 2. 21. *Ipse mutat tempora et œtates:* C'est le Seigneur qui change les temps et les siècles

2° Le temps de la vie. Dan. 5. 1. *Unusquisque secundum suam bibebat œtatem:* Chacun buvait selon son âge au festin que fit Balthazar. Luc. 2. 52. *Jesus proficiebat sapientia et œtate:* Jésus avançait en sagesse, à mesure qu'il avançait en âge ; c'est-à-dire il donnait de jour en jour des marques de cette plénitude de sagesse qu'il avait reçue au moment de sa conception. Gen. 18. 11. c. 21. 5. c. 25. 8. c. 35. 29. c. 43. 33. etc. D'où vient *œtas florida:* La fleur de l'âge, qui marque l'embonpoint et la bonne santé. Prov. 17. 22. *Animus gaudens œtatem floridam facit:* La joie de l'esprit rend le corps plein de vigueur. Voy. FLORIDUS, 2°.

3° Age mûr, dans lequel on a le jugement formé. Joan. 9. v. 21. 23. *Ætatem habet :* Il a de l'âge, interrogez-le, disent le père et la mère de l'Aveugle-né aux Juifs. Eccli. 26. 22. *Species faciei super œtatem stabilem:* La beauté d'une femme bien sage est très-estimable, lorsqu'elle se trouve dans un âge mûr, qui la rend capable de bien conduire sa famille.

ÆTERNALIS, E, αἰώνιος, adjectif peu usité. Eternel, qui doit durer longtemps, ou qui représente une chose qui doit toujours durer. Ps. 23. 7. et 9. *Elevamini, portæ œternales:* Portes, levez-vous. Les portes du temple, comme le temple même, sont appelées éternelles ; soit par opposition au Tabernacle de Moïse, qui avait incessamment changé de lieu ; soit à cause que le temple était la figure de l'Eglise, qui doit durer jusqu'à la fin des siècles. Héb. Portes, levez vos têtes ; c'est-à-dire exhaussez-vous, pour donner une plus libre entrée.

ÆTERNITAS, ATIS, αἰών. De l'adjectif *œternus.*

1° Eternité, durée, qui n'a ni commencement ni fin. Isa. 57. 15. *Hæc dicit excelsus, et sublimis habitans œternitatem:* Voici ce que dit le Très-Haut, le Dieu sublime qui habite en soi, lui qui est l'éternité même. Mich. 5. 2. *Egressus ejus a diebus œternitatis:* La génération de Jésus-Christ est de toute éternité, qui est marquée par la pluralité des jours, pour en exprimer la durée qui ne finit point. Habac. 3. 6. *Incurvati sunt colles mundi ab itineribus œternitatis ejus:* Les collines se sont abaissées sous les démarches du Dieu éternel.

2° Eternité qui a eu un commencement ; mais qui n'aura pas de fin. Dan. 12. 3. *Qui ad justitiam erudiunt multos fulgebunt quasi stellæ in perpetuas œternitates:* Ceux qui en auront instruit plusieurs dans la voie de la justice, luiront comme des étoiles dans toute l'éternité. Gr. *In œternum et ultra,* comme porte le Latin, Exod. 15. 18. Non pas qu'il y ait rien au delà de l'éternité ; mais c'est une expression hyperbolique, pour donner une plus forte idée de l'éternité. 2. Petr. 3. 18. *Ipsi gloria et nunc et in diem œternitatis:* A lui soit gloire, et maintenant et jusqu'au jour de l'éternité ; l'éternité est marquée par un seul jour, parce qu'elle est sans succession d'un jour à un autre.

3° Longue durée de temps, soit qu'elle ait une fin, soit qu'elle entre dans l'éternité ; c'est pour cela que le sépulcre est appelé, maison d'éternité. Eccli. 12. 5. *Ibit homo in domum œternitatis suæ :* L'homme s'en ira dans la maison de son éternité. Voy. ÆTERNUS, n. 3.

ÆTERNUS, A, UM, αἰώνιος. De l'ancien mot *œviternus,* s'est fait *œternus,* qui se prend ordinairement pour ce qui n'a jamais commencé, et qui ne finira jamais ; mais il se dit aussi, même dans les auteurs, des choses qui ont commencé, et dont on ne voit pas la fin ; la raison de cette signification vient de ce que les Hébreux se servent du mot *holam, seculum*, pour marquer la durée des choses qui subsistent longtemps, que l'interprète latin a souvent rendu par le mot *œternus*.

1° Ce qui n'a ni commencement ni fin. Dan. 6. 25. *Ipse est Deus vivens et œternus :* Le Dieu de Daniel, dit Darius, est celui qui est le Dieu vivant et éternel, qui vit dans tous les siècles. c. 7. 14. *Potestas ejus, potestas œterna :* Sa puissance est une puissance éternelle. Gen. 21. 33. Sap. 7. 26. 1. Petr. 5. 10. 2. Petr. 1. 11. 1. Joan. 1. 2. c. 5. 20. *Hic est verus Deus et vita œterna :* Il n'y a proprement que Dieu et ses attributs qui soient éternels de la sorte.

2° Ce qui a eu un commencement, mais qui n'aura jamais de fin. Hebr. 9. 12. *Æterna redemptione inventa :* Nous ayant acquis une rédemption éternelle : Matth. 18. 8. c. 25. 41. *Discedite in ignem œternum :* Retirez-vous de moi, maudits, et allez au feu éternel. Ps. 104. 10. Ps. 110. 8. Ps. 111. 6. Matth. 19. v. 16. 29. etc.

3° Ce qui a commencé et qui doit finir. Ps. 76. 6. *Annos œternos in mente habui :* J'ai médité sur les siècles passés. Ce sens paraît par la suite du psaume : ainsi les montagnes et les collines, qui sont depuis le commencement du monde, s'appellent éternelles. Genes. 49. 26. Deut. 33. 15. *De pomis collium œternorum.* Voy. POMUM. La terre est aussi éternelle en ce sens. Baruch. 3. 32. *Paravit terram in œterno tempore :* Gr. *in œternum tempus :* Dieu a affermi la terre pour jamais. 2. Reg. 7. 16. *Regnum tuum usque in œternum :* Votre royaume subsistera éternellement. Ainsi 1. Par. 17. 12. c. 28. 7. Le royaume de David n'a pas subsisté longtemps ; mais il était vraiment éternel, en tant qu'il était la figure de celui de Jésus-Christ, dont parle saint Luc. 1. 33. *Regni ejus non erit finis :* Son règne n'aura point de fin. Sur quoi l'on peut remarquer que souvent l'Ecriture appelle éternel ce qui de soi doit finir, mais qui représente une chose vraiment éternelle, comme la terre de Chanaan, Gen. 17, 8, parce qu'elle est la figure de la demeure éternelle des bienheureux. Joël. 3. 20. *Judœa in œternum habitabitur :* La Judée sera habitée éternellement. Cela ne peut s'entendre que dans le sens figuré. Voy. SEMPITERNUS.

4° Ce mot se dit aussi des choses dont on ne sait point la durée, mais qui doivent durer longtemps, comme le souvenir qu'on aura du juste. Ps. 111. 7. *In memoria œterna erit Justus :* La mémoire du juste sera éternelle parmi les hommes. Sap. 8. 13. c. 10. 14. Eccli. 45. 31. Jerem. 20. 17. c. 23. 40. Baruch. 5. 2. c. 4. 24. 1 Mach. 2. 51. c. 6. 44. Ainsi l'on dit, *In œternum :* pour toujours, sans que le temps soit défini. Joan. 13. 8. *Non lavabis mihi pedes in œternum :* Jamais vous ne me laverez les pieds, dit saint Pierre à Jésus-Christ.

5° Ce qui dispose à ce qui est éternel, comme la pratique de la vertu qui conduit à la vie éternelle. Ps. 138. 24. *Deduc me in via œterna :* Conduisez-moi par la voie qui dure éternellement.

ÆTHER, IS, αἰθήρ. Du verbe αἴθειν, brûler, parce qu'il se prend pour la région du feu élémentaire. *Qui constat ex altissimis ignibus*, dit Cicéron.

Le ciel, le haut de l'air (τὰ ἄνω νέφη). Prov. 8. 28. *Quando œthera firmabat sursum :* Lorsqu'il affermissait la partie supérieure de l'air. Héb. les nuées. Job. 35. 5. *Contemplare œthera :* Regardez le ciel.

ÆTHIOPIA, Æ. du Grec αἴθειν, brûler. Parce que ce pays est exposé aux ardeurs du soleil ; et du mot ὄψ, le visage. — 1° Ethiopie occidentale au delà de l'Egypte. Ps. 67. 32. *Æthiopia prœveniet manus ejus Deo :* Elle se hâtera de tendre ses mains à Dieu pour l'adorer. Cela s'est accompli sous le règne de Salomon, dont la gloire et la puissance jointes à l'éclat du temple de Jérusalem, y attiraient tous les peuples. 4 Reg. 19. 9. Esth. 8. 9. c. 13. 1. — 2° Ethiopie orientale, qui est le pays d'Arabie où habitaient les Ismaélites, les Amalécites, les Madianites, etc. Genes. 2. 13. Ps. 86. 4. Habac. 3. 7. *Pro iniquitate vidi tentoria Æthiopiœ.* Voy. TENTORIUM. Ainsi la femme de Moïse, qui était Madianite, est appellée *Ethiopienne*. Num. 12. 1. Voy. ÆTHIOPISSA.

ÆTHIOPISSA, Æ. Gr. αἰθιοπίσσῃ. Nom féminin du mot *œthiops.* Ethiopienne, du pays d'Arabie. Num. 12. 1. *Locuta est Maria et Aaron contra Moisen, propter uxorem ejus Æthiopissam :* Marie et Aaron parlèrent contre Moïse, à cause de sa femme qui était Ethiopienne ; elle était du pays de Madian.

ÆTHIOPS, IS. Voy. BOCHARD, l. 3. c. 2. — 1° Ethiopien, qui est d'Ethiopie, pays d'Afrique. 2 Par. 12. 3. *Libyes, scilicet et Troglodytœ et Æthiopes :* Ces peuples sont en Afrique. c. 14. v. 9. 12. 13. c. 16. 8. etc. Les habitants de ce pays ont la peau toute noire ; ce qui fait dire à Jérémie. c. 13. 23. *Si mutare potest Æthiops pellem suam :* Si un Ethiopien peut changer sa peau, vous pouvez aussi faire le bien, vous qui vous êtes étudiés à faire le mal : c'est, dit saint Jérôme, par une attache très-forte au péché, que les Israélites s'étaient mis en cet état de ne pouvoir plus faire le bien. Voy. MUTARE, 1°.

2° Ethiopien, qui est de l'Ethiopie orientale. 2 Par. 21. 16. *Qui confines sunt Æthiopibus :* Les Arabes sont voisins des Ethiopiens. c. 14. v. 9. 12. Ps. 73. 14. *Dedisti eum escam populis Æthiopum :* Vous avez donné Pharaon en proie aux peuples d'Ethiopie ; c'est-à-dire aux Arabes qui habitent le long de la mer Rouge ; ils étaient appelés *Icthyophages ;* mais depuis ils ont été nommés *Sarrasins ;* c'est-à-dire voleurs : ce sont chez les auteurs, *Scenitœ, Arabes.* Voy. BOCHARD. lib. 4. c. 29.

3° Barbare, étranger, d'un pays éloigné. Ps. 71. 9. *Coram illo procident Æthiopes :* Les Ethiopiens se prosterneront devant Salomon, c'est-à-dire les peuples les plus éloignés. Ps. 86. 4. Amos. 9. 7. *Ut filii Æthiopum vos estis mihi, filii Israel :* Je vous considérerai comme des Éthiopiens, c'est-à-dire comme des barbares.

ÆVUM, αἰών. Du mot Grec αἰών, comme si c'était ἀεὶ ὤν, *semper existens* : ce qui n'a ni commencement ni fin ; néanmoins, dans l'usage il signifie : — 1° Le temps ou quelque durée de temps que ce soit. Eccli. 1. 1. *Et est ante ævum* : Toute sagesse est avec Dieu avant tous les siècles. c. 42. 19. *Inspexit in signum ævi* : Le Seigneur voit les signes de chaque temps à venir : ainsi la lune marque les différents changements du temps. Eccli. 43. 6. *Est ostensio temporis et signum ævi* : La lune est la marque des temps et le signe des changements de l'année. —2° L'éternité. Eccli. 14. 25. c. 18. 8. *Exigui anni in die ævi* : Cent ans au prix de l'éternité sont peu de chose. c. 41. 16. Baruch. 3. 3.

AFFABILIS, e, adjectif, προσηνής. Du verbe *affari*, qui parle avec accueil et familiarité. Affable, civil, obligeant. Eccli. 4. 7. *Congregationi pauperum affabilem te facito* : Rendez-vous affable à l'assemblée des pauvres ; Il faut soulager la misère des pauvres, du moins par le bon accueil qu'on leur doit faire.

AFFARI, de la préposition *ad* et du verbe *fari*, parler. Parler à quelqu'un (βοᾶν). Dan. 6. 20. *Affatus est eum* : Le roi étant près de la fosse, appela Daniel, et lui parla, pour voir s'il n'avait point été dévoré des lions.

AFFECTIO, nis. Nom verbal du verbe *afficere*, qui signifie proprement, disposition, altération ou émotion qui arrive au corps ou à l'esprit, que l'on nomme passion : dans l'Ecriture :

Affection, amitié, inclination, tendresse pour quelqu'un. Rom. 1. 31. *Sine affectione* : Ils sont sans affection. Gr. ἄστοργοι, dénaturés. Philipp. 2. 20. 2. Tim. 3. 3.

AFFECTUS, us. Ce nom vient du verbe *afficere*, comme *affectio*, et signifie la même chose, passion, affection de l'esprit, qui répond au Grec πάθος, *passio*.

1° Affection, inclination, passion, Ezech. 25. 6. *Gavisa es ex toto affectu super terram Israel* : Vous vous êtes réjouis de tout votre cœur, en voyant les maux de la terre d'Israël : ainsi *affectus cordis* : c'est la passion du cœur, ce que l'on désire le plus. Ps. 72. 7. *Transierunt in affectum cordis* : Ils se sont abandonnés à toutes les passions de leur cœur. Gr. διάθεσιν, disposition.

2° Affection, amour, tendresse pour quelqu'un (εὔνοια). 2 Mach. 14. 37. *Qui pro affectu pater Judæorum appellabatur* : On appelait Razias le père des Juifs, à cause de l'affection qu'il leur portait.

AFFERRE, φέρειν. Ce verbe signifie proprement, porter à quelqu'un ou quelque part : il répond dans l'Ecriture aux verbes hébreux en hiphil, qui marquent faire venir, faire approcher, et se dit non-seulement de ce qu'on apporte, mais aussi de ce qu'on amène, de ce qu'on conduit, etc.

1° Apporter, prendre une chose pour la porter à quelqu'un ou quelque part. Genes. 27. 4. *Affer ut comedam* : Vous m'apporterez ce que vous aurez pris, afin que j'en mange : c'est Isaac qui parle à son fils Esaü. v. 7. 9. 13. 14. 25. Marc. 6. 27. Joan. 4. 33. c. 21. 10. 2 Tim. 4. 13. etc. à quoi se rapporte :

Afferre, emporter, transporter d'un lieu à un autre (κομίζειν). 1. Esdr. 6. 5. *Attulerat ea in Babylonem* : Nabuchodonosor avait fait emporter en Babylone les vases du temple. 1 Par. 13. 6. c. 15. v. 3. 12. Dan. 5. 2. 3. etc. Ainsi, *Afferre vocem* : Faites entendre une voix de quelque lieu. 2 Petr. 1. 18. *Audivimus vocem de cœlo allatam* : Nous entendîmes une voix qui venait du ciel, dit saint Pierre. *Afferre prophetiam* : Faire passer une prophétie de siècle en siècle. 2 Petr. 1. 21. *Non voluntate humana allata est aliquando prophetia* : Ce n'a point été par la volonté des hommes que les prophéties nous ont été anciennement apportées.

2° Présenter, offrir (ἐκφέρειν). Ps. 28. 2. *Afferte Domino filios arietum* : Présentez au Seigneur les petits des béliers. Ps. 44. 15. *Afferentur Regi virgines post eam, proximæ ejus afferentur tibi* : L'on vous présentera celles qui sont les plus proches (ἀποφέρειν). *Afferentur in lætitia et exultatione* : Elles seront présentées avec des transports de joie. Voy. VIRGO, 3°. 2. Esdr. 10. 20. 35. 37. etc. Ainsi, *Afferre Domino gloriam et honorem* : Présenter au Seigneur la gloire et l'honneur ; c'est lui rendre la gloire et l'honneur qui lui sont dus. P. 28. 2. *Afferte Domino gloriam et honorem* : Hebr. Rendez au Seigneur la gloire et la force que vous avez reçues de lui. Apoc. 21. 24. *Reges terræ afferent gloriam suam in illam* : Les rois de la terre apporteront leur gloire et leur honneur dans la Jérusalem céleste, et v. 26. *Afferent gloriam et honorem gentium* : Ils y apporteront l'honneur et la gloire des nations ; c'est-à-dire qu'ayant méprisé ici-bas cet honneur-là même, ils le retrouveront avantageusement dans le ciel, et en recevront une ample récompense : Ceci est tiré d'Isaïe, c. 60. 11. où le prophète dit de l'Eglise militante ce que l'Apocalypse explique de la triomphante.

3° Mener, faire venir. Marc. 9. 16. *Attuli filium meum ad te* : Je vous ai amené mon fils. v. 18. *Afferte illum ad me* : Amenez-le-moi, dit Jésus-Christ. P. 44. v. 15. 16. Isa. 43. 6. ch. 60. 11 ; et dans le sens figuré, *Afferre mala* : Faire venir ou faire tomber des maux sur quelqu'un. Jerem. 23. 12. *Afferam super eos mala* : Je les accablerai de maux (ἐπάγειν, *inducere*). c. 42. 17.

Afferre mortem : Faire mourir. Job. 6. 6. *Potest aliquis gustare quod gustatum affert mortem* ? Se porte-t-on à manger ce qui fait mourir ? Ose. 4. 18. *Afferre ignominiam* : Couvrir de confusion. Amos. 5. 9. *Depopulationem afferre* : Exposer au pillage (ἐπάγειν).

4° Porter, produire (εὐφορεῖν). Luc. 12. 16. *Uberes fructus ager attulit* : La terre a porté beaucoup de fruits. Jean. 12. 24. Apoc. 22. 2. Ezech. 36. 8. c. 47. 12. Joel. 2. 22. Habac. 3. 17. Matth. 13. 23. etc. et dans le sens moral : *Fructum afferre* : Porter du fruit ; c'est-à-dire de bonnes œuvres. Luc. 8. 15. *Fructum afferunt in patientia* : Ils portent du fruit par la patience. Joan. 15. v. 2. 8. 16. (καρποφορεῖν). Voy. Fructus.

5° Alléguer, produire, avancer, mettre en avant. Joan. 18. 29. *Quam accusationem affertis adversus hominem hunc?* Quel est le crime dont vous accusez cet homme? quel reproche lui faites-vous? 2 Joan. v. 10. *Si quis venit ad vos, et hanc doctrinam non affert :* Si quelqu'un vient à vous, et ne fait pas profession de cette doctrine, ne le recevez pas.

6° Avancer, approcher. Joan. 20. 27. *Affer manum tuam :* Approchez votre main, dit Jésus-Christ à Thomas.

7° Donner, accorder, procurer, mettre entre les mains. Ps. 77. 29. *Desiderium eorum attulit eis :* Dieu leur accorda ce qu'ils désiraient. Sap. 10. 14. *Donec afferret illi sceptrum Regni :* La sagesse n'a point quitté Joseph dans ses chaînes, jusqu'à ce qu'elle lui ait mis entre les mains le sceptre royal. A quoi se peut rapporter ce qui est dit. Prov. 30. 15. *Affer, affer :* Apportez, apportez; c'est la convoitise et les passions qui parlent, et qui demandent toujours d'autant plus qu'on leur accorde.

AFFICERE, διατιθέναι. C'est proprement faire et produire une chose dans une autre ; mais c'est ordinairement quelque mouvement ou quelque passion, soit dans le corps, soit dans l'esprit ; mettre en telle ou telle disposition, bonne ou mauvaise ; dans notre Vulgate il n'est mis qu'en mauvaise part. Abattre, affliger. Num 11. 15. *Obsecro ut interficias me, ne tantis afficiar malis :* Je vous conjure, dit Moïse, de me faire mourir, pour n'être point accablé de tant de maux (εἰδεῖν κάκωσιν, *videre afflictionem*) ; ainsi, *morte afficere*, faire mourir (θανατοῦν). Matth. 10. 21. Marc. 13. 12. Luc. 21. 16. et en plusieurs endroits : *Contumeliis afficere :* Faire outrage, traiter outrageusement. Voy. Contumelia.

AFFIGERE. — 1° Ficher ou attacher à quelque chose (περιτιθέναι). Num. 16. v. 38. 39. *Eleazar produxit ea in laminas, affigens altari :* Le prêtre Éléazar prit les encensoirs d'airain, dans lesquels ceux qui furent dévorés par l'embrasement, avaient offert de l'encens au Seigneur, et les ayant fait réduire en lames, il les attacha à l'autel. 3. Reg. 6. 21. 4. Reg. 18. 16. 1 Par. 10. 10. 2. Par. 3. 5. Ainsi, *affigere cruci* ou *patibulo*, ou simplement *affigere*, c'est attacher en croix ou au gibet, soit avec des clous ou avec des cordes. 2. Reg. 21. 13. Esth. 6. 4. c. 8. 7. c. 9. 25. et dans un sens figuré *Affigere cruci :* c'est abolir entièrement, anéantir. Coloss. 2. 14. *Ipsum tulit de medio affigens illud cruci :* Jésus-Christ a entièrement aboli par sa doctrine la cédule qui nous était contraire, en l'attachant à la croix : cette cédule était la loi écrite que les Juifs avaient comme signée en l'acceptant.

2° Outrager, affliger (πτερνίζειν, *supplantare*). Malach. 3. 8. *Si affiget homo Deum, quia vos configitis me?* Un homme doit-il outrager son Dieu comme vous m'avez outragé? Le verbe hébreu signifie ordinairement prendre, enlever, dépouiller, comme si Dieu disait : Faut-il qu'un homme vole Dieu même, et ravisse ce qui lui appartient? en ne lui payant pas les dîmes et les prémices qui lui sont dues? Voy. Configere.

AFFINIS, is, e. De la préposition *ad* et de *finis*, proprement, allié par mariage ; parce que les deux parentés différentes se réunissent par le mariage : il signifie aussi ce qui est voisin, ce qui approche, ce qui a du rapport et de la convenance avec quelque chose.

Allié par mariage (ἐκ τῆς φυλῆς, *e tribu*). Levit. 25. 49. *Consanguineus et affinis :* Celui qui lui est uni par le sang ou par l'alliance.

AFFINITAS, tis. — 1° Affinité, alliance par mariage. Lévit. 18. 14. *Non accedes ad uxorem patrui tui quæ tibi affinitate conjungitur*, συγγενής ἐστιν : Vous ne vous approcherez point de la femme de votre oncle paternel ; c'est-à-dire, vous ne l'épouserez point, parce qu'elle vous est unie par alliance. 3. Reg. 3. 1. 2. Par. 18. 1. On peut voir les degrés d'affinité qui empêchaient les mariages chez les Juifs. Lévit. 18. et 20.

2° Famille, parenté (πατριά, *Familia*). 1. Par. 4. 38. *In domo affinitatum suarum multiplicati sunt vehementer :* Ils s'accrurent extrêmement dans leurs familles : Héb. *In domo patrum suorum :* dans la maison de leurs ancêtres.

AFFIRMARE. διαβεβαιοῦσθαι. — 1° Affirmer, assurer, confirmer. 1. Tim. 1. 7. *Volentes esse Legis Doctores, non intelligentes, neque quæ loquuntur, neque de quibus affirmant :* Ils veulent être les docteurs de la loi, sans qu'ils sachent ni ce qu'ils disent, ni ce qu'ils assurent si hardiment. 2. Par. 32. 11. 2. Mac. 7. 24. Luc. 22. v. 59. Act. 12. 15. c. 25. 19.

2° Montrer par preuves (συμβιβάζειν, *collatis testimoniis probare*). Act. 9. 22. *Saulus confundebat Judæos affirmans quoniam hic est Christus :* Saul confondait les Juifs qui demeuraient à Damas, leur montrant, par des témoignages de l'Écriture, qu'il comparait les uns avec les autres, que Jésus était le Christ.

AFFLIGERE, θλίβειν. Ce mot vient d'*ad*, et du vieux Latin *fligere*, qui représente le bruit que font les coups de main et de fouet, et signifie aussi abattre, opprimer, renverser par terre, mettre sous les pieds : ainsi, le mot *affligere* marque :

Affliger, tourmenter, abattre, faire souffrir quelque chagrin, quelque peine, ou quelque douleur. Exod. 23. 22. *Affligam affligentes te :* J'affligerai ceux qui vous maltraiteront (κοποῦν). Eccl. 10. 15. *Labor stultorum affliget eos :* Le travail des insensés les accablera ; les insensés qui ne travaillent que pour ce qui passe, et non pour l'éternité, après avoir beaucoup travaillé, se trouveront n'avoir rien avancé que leur propre perte. Prov. 10. 3. Act. 12. 1. etc. Ainsi, *Affligere cor*, ou *animam*, Affliger, chagriner, attrister. 1. Reg. 1. 18. *Quamobrem affligitur cor tuum?* Pourquoi vous affligez-vous? 2. Reg. 13. 20. Prov. 13. 12. *Spes quæ differtur affligit animam :* Le retardement de ce que l'on espère cause de l'inquiétude. Job. 19. 2. c. 31. 39. De là vient cette phrase : *Affligere animam* : Se mortifier par les jeûnes et les autres exercices de la pénitence, pour apaiser la colère de Dieu. Lévit. 16. 29. 31. *Affligetis animas vestras.* c. 23. v. 27. 29. *Omnis anima quæ afflicta non fuerit die hac, peribit de populis suis* : Dieu montrait ainsi aux Juifs la nécessité du jeûne et de la pénitence, pour l'expiation des péchés, leur commandant de s'affliger, sur peine de la vie. v. 32. Num. 29. 7. c. 30. 14.

AFFLICTIO, NIS. Voy. AFFLIGERE. Ce mot, qui est fort peu en usage chez les Latins, signifie proprement l'action ou le coup par lequel on est abattu ou renversé par terre; mais dans l'Ecriture il signifie :

AFFLICTIO, κάκωσις. 1° Affliction, misère, désolation. Sap. 3. 2. *Æstimata est afflictio exitus illorum* : Leur sortie du monde a passé pour un comble d'affliction. Prov. 10. 22. Jer. 28. 8. c. 29. 11.

2° Douleur corporelle, plaie sensible, mauvais traitement, oppression. Exod. 3. v. 7. 17. *Vidi afflictionem eorum qui ab Ægyptiis opprimuntur* : J'ai vu leur affliction, et de quelle manière ils sont opprimés par les Égyptiens. c. 4. 31. Deut. 31. v. 17. 21. Thren. 1. v. 3. 7. etc. Ainsi, le pain sans levain que le peuple d'Israël mangea à la sortie d'Egypte est appelé *Pain d'affliction*, à cause qu'il était fade et pesant, et qu'ils furent obligés de s'en servir dans un temps de peine et d'affliction ; outre que Dieu imposait aux Israélites cette obligation rigoureuse pour les faire souvenir des afflictions qu'ils avaient souffertes dans l'Egypte, et dont il les délivrait. Voy. AZYMUS.

3° Jeûne, mortification (ταπείνωσις). 1. Esdr. 9. 5. *Surrexi de afflictione mea* : Je me levai, et je cessai de m'affliger.

4° Peine d'esprit, inquiétude (περισπασμός). Eccli. 3. 10. *Vidi afflictionem quam dedit Deus filiis hominum* : J'ai vu l'occupation pénible que Dieu a donnée aux hommes : ils se tourmentent inutilement pour se procurer des biens périssables, qui les rendent toujours plus malheureux. c. 2. 26. etc. De là vient cette expression, *Afflictio spiritus*, qui se met souvent dans ce livre.

AFFLUERE, ἐπιρρεῖν. Couler vers quelque chose ; ce qui se dit de l'eau et des autres liqueurs ; et par rapport, se dit aussi des choses qui sont en grande quantité. Ainsi il signifie :

1° Abonder, avoir beaucoup de quelque chose. Jerem. 30. 10. *Jacob cunctis affluet bonis* : Jacob sera dans l'abondance de toute sorte de biens. Job. 22. 26. Eccli. 2. v. 1. 25. 2. Petr. 2. 13. etc. Ainsi, Prov. 3. 13. *Beatus homo qui affluet prudentia* : Heureux celui qui est riche en prudence.

2° Etre en abondance, venir en grande quantité (ῥέειν). Ps. 61. 11. *Divitiæ si affluant, nolite cor apponere* : Si vous avez beaucoup de richesses, gardez-vous bien d'y attacher votre cœur. Lettr. Si les richesses vous viennent en abondance.

AFFLUENTER. Abondamment, en grande abondance, en grande quantité ; ainsi il signifie aussi libéralement (ἁπλῶς). Jac. 1. 5. *Qui dat omnibus affluenter* : Dieu donne à tous libéralement, sans reprocher ce qu'il donne : cela s'entend de ceux qui lui demandent comme il faut demander. Gr. *simpliciter* : Ceux qui donnent simplement et sans y prendre garde de si près, donnent libéralement. Voy. SIMPLICITAS.

AFORIS, ἔξωθεν. Par dehors. Matth. 23. 27. *Aforis parent hominibus speciosa* : Les sépulcres blanchis paraissent beaux au dehors aux yeux des hommes. v. 28. Baruch. 2. 22. Cet adverbe se trouve dans les auteurs latins ; mais plusieurs croient qu'il faudrait séparer la préposition *a*, de *foris*, et l'écrivent ainsi.

AFRICA, Æ. Ce mot vient de l'*a* privatif, et de φρίκη, *frigus*, comme qui dirait, *sine frigore* ; parce que ce grand pays est exposé au midi.

L'Afrique, une des quatre parties du monde, laquelle se divise en sept parties, savoir : l'Egypte, la Barbarie, la Numidie, la Libye, le pays des Nègres, le royaume de Congo et l'Ethiopie. Isa. 66. 19. *Mittam ex eis qui salvati fuerint ad gentes, in mare, in Africum* : J'enverrai ceux d'entre eux qui auront été sauvés, vers les nations, dans les mers, dans l'Afrique, etc. Cela s'entend de la prédication de l'Evangile portée par les Apôtres dans tout l'univers.

Bochart croit que le mot *Africa*, en cet endroit, qui répond à l'Hébreu *phul*, est le pays qui est entre l'Egypte et l'Ethiopie, appelé *Elephantine*, et *Phila*, dans les auteurs ; et que la ville de ce nom est sur le Nil, cent stades au-dessus de Syène.

AFRICUS, I. Suppl. *Ventus*. Voy. APHRICUS. Ce mot vient de la même racine qu'*Africa*, et signifie 1° le vent du couchant d'hiver, entre le midi et l'occident (λίψ, λιβός). Ps. 77. 29. *Induxit in virtute sua Africum* : Il fit venir par sa puissance le vent du couchant. Isa. 21. 1. Act. 27. 12.

2° La partie du midi (δαγών, Héb. *Meridies*). Ezech. 20. 46. *Stilla ad Africum* : Parlez vers le vent d'Afrique ; c'est-à-dire prophétisez contre la Judée ; elle était du côté du midi, à l'égard de la Chaldée, où était le prophète. Jos. 18. 14.

AGABUS, I. Héb. *Locusta*. Agabe, prophète, qui prédit la famine qui arriva sous l'empire de Claude. Act. 11. 28. *Super venerunt ab Jerosolymis prophetæ Antiochiam, et surgens unus ex eis nomine Agabus significabat per spiritum famem magnam futuram in universo orbe terrarum quæ facta est sub Claudio* : Il prédit aussi que saint Paul serait mis dans les chaînes à Jérusalem. c. 21. 10. *Supervenit quidam a Judæa propheta nomine Agabus* : Un prophète, nommé Agabus, arriva de Judée.

AGAG, Héb. *Tectum*. Un roi des Amalécites que Saül fit prisonnier, sans le tuer. 1. Reg. 15. v. 8. 9. *Apprehendit Agag regem Amalec vivum* : Il prit vif Agag, roi des Amalécites : *Et pepercit Saul et populus Agag* : Mais Saül avec le peuple épargna Agag ; ce prince fit cela contre l'ordre de Dieu, ce qui fut cause de sa réprobation, comme le prophète Balaam l'avait prédit. Num. 24. 7. *Tolletur propter Agag rex ejus :* Le roi d'Israël sera rejeté pour avoir épargné Agag : ce nom était commun aux rois des Amalécites; Samuel commanda qu'on lui amenât Agag, et le mit en pièces sur-le-champ. 1. Reg. 15. 33.

AGAGITES, Æ. Qui est Amalécite. Esth. 8. 3. *Procidit ad pedes regis, ut malitiam Aman Agagitæ et machinationes ejus pessimas juberet irritas fieri :* Esther alla se jeter aux pieds du roi, et le conjura d'arrêter les mauvais effets de l'entreprise pleine de malice qu'Aman avait formée contre les Juifs. c. 9. 6. Mais d'autres croient qu'Aman est appelé *Agagite*, parce qu'il était descendant du roi Agag, comme en effet il est marqué. Esth. 3. 1. *Qui erat de stirpe Agag.* et v. 10. et c. 9. 24. Voy. AMON.

AGAR, Héb. *Advena*. Femme égyptienne de nation, servante de Sara; Abraham la prit pour sa seconde femme, à la prière de Sara même, qui était stérile, et par une secrète inspiration de Dieu. Genes. 16. 13 *Attulit Agar ancillam suam, et dedit eam viro suo uxorem :* Sara prit sa servante Agar, et la donna pour femme à son mari. Cette esclave égyptienne, se voyant enceinte, méprisa sa maîtresse, croyant que son fils serait l'héritier des grands biens que possédait Abraham. Sara s'en plaignit à Abraham, qui l'abandonna à sa discrétion; Agar, appréhendant d'être châtiée, s'enfuit dans le désert, où un ange lui ordonna de retourner vers sa maîtresse, et de s'humilier devant elle. Sa maîtresse, la voyant soumise, lui accorda le pardon qu'elle demandait. Elle accoucha ensuite d'un fils qui fut nommé *Ismaël*, l'an 2094. Treize ans depuis, Abraham eut de Sara un fils qu'il appela *Isaac;* quand il fut devenu un peu grand, Sara ayant aperçu qu'Ismaël, qui était plus âgé, le maltraitait quelquefois, elle le congédia avec la mère et l'enfant; cette mère infortunée se retira encore dans le désert, où un ange la consola, et lui promit que son fils serait père d'un très-grand peuple.

Agar, servante de Sara, marque l'Ancien Testament, qui ne faisait que des esclaves. Gal. 4. 24. *Quæ est Agar :* L'ancienne loi établie sur le mont Sina était figurée par Agar ; la crainte servile était une propriété essentielle de l'Ancien Testament.

AGARAI, Héb. *Peregrinus*. Nom d'homme, qui fut père de Mibahar. 1. Par. 11. 38. Voy. MIBAHAR.

AGARÆI, Ismaélites descendus d'Agar, mère d'Ismaël, qui, du temps de Saül, furent chassés de leur pays par ceux de la tribu de Ruben. 1. Par. 5. v. 10. 19. 20. c. 27. 31. Jaziz, qui avait la charge des brebis de David, était Agaréen, descendu d'Agar par Ismaël : ils sont appelés enfants d'Agar. Baruch. 3. 23. *Filii quoque Agar :* C'étaient les habitants de l'Arabie Heureuse.

AGARENI. Les Agaréniens, descendus de la même Agar, mais non d'Abraham. Ps. 82. 6. *Moab et Agareni :* Les Moabites et les Agaréniens : ceux-ci habitaient l'Arabie déserte, et ont mieux aimé s'appeler *Sarrasins*, de Sara, pour se faire honneur, qu'*Agaréniens*, d'Agar, leur mère. Ce qui oblige à distinguer ceux-ci des premiers enfants d'Agar, c'est qu'ils sont ici distingués des Ismaélites : *Ismaelitæ, Moab et Agareni*. D'autres néanmoins croient que ce sont les mêmes, mais que les Ismaélites sont ceux qui n'avaient point été réduits sous la puissance des Israélites, et que les Agaréniens sont ceux qui leur avaient été soumis, soit au temps de Saül, soit au temps de Jéroboam second.

AGATE. Voy. ACHATA.

AGÉ, Héb. *Vallis*. Nom d'homme, qui fut père de Semma. 2. Reg. 23. 11. Voy. SEMMA.

AGER, 1. Du Grec. ἀγρὸς.

1° Un champ, une pièce de terre, propre à être cultivée, et semée de grains. Prov. 24. 27. *Diligenter exerce agrum tuum :* Ayez soin de bien cultiver votre champ : chacun a son champ à cultiver, c'est-à-dire son emploi à bien remplir. v. 30. ch. 23. 10. c. 27. 26. c. 31. 16. De là vient, *Agrum agro copulare :* Ajouter les terres aux terres : ce qui se dit de ceux qui ne pensent qu'à acquérir du bien, et à s'agrandir toujours. Isa. 5. 8. *Væ qui conjungitis domum ad domum et agrum agro copulatis :* Une vigne. Levit. 19. 9. Gr. ἀμπελὼν, *Vinetum*. Voy. Deut. 22. 9.

2° Un champ, une place dans les champs. Jos. 5. 13. *Cum esset Josue in agro urbis Jericho :* Josué étant dans un lieu près de la ville de Jéricho. Judic. 13. 9. 1. Reg. 30. 11. etc. De là vient *Ager Fullonis :* Le champ du Foulon; c'était un lieu près de Jérusalem, où les foulons étendaient leurs draps, et les lavaient dans le canal qui était en ce lieu-là. 4. Reg. 18. 17. *In via agri Fullonis :* sur le chemin du champ du Foulon. Isa. 7. 3. c. 36. 2. *Ager Robustorum :* le champ des Vaillants, où douze jeunes gens d'un côté, et douze de l'autre, se battirent et se tuèrent les uns les autres. 2. Reg. 2. 16. *Vocatum est nomen loci illius, ager robustorum in Gabaon*.

3° Le monde ou l'Eglise visible, répandue par tout le monde. Matth. 13. 38. *Ager est mundus :* Le champ où Jésus-Christ sème sa parole, c'est le monde. La parole de Dieu a été répandue par les apôtres dans tout le monde, c'est l'application de la parabole qui est proposée. v. 24. et suiv. Luc. 15. 25.

AGERE. Ce verbe qui vient du grec ἄγειν, a plusieurs sortes de significations, qui répondent en partie au verbe πράττειν, *gerere*, et à ποιεῖν, *facere*.

1° Faire (πράττειν). Prov. 13. 16. *Astutus omnia agit cum consilio :* L'homme habile fait tout avec conseil. Rom. 7. 15. *Non quod volo bonum, hoc ago ; sed quod odi malum, illud facio :* Je ne fais pas ce que je veux, mais je fais ce que je condamne ; il s'agit ici des premiers mouvements qui préviennent la raison. 1. Thess. 4. 1. 1. Mac. 2. 66. Ruth. 3. 13. etc. Ce verbe se met avec plusieurs sortes d'adverbes en cette signification : ainsi, *bene agere*, signifie faire le bien. Gen. 4. 7. Ps. 35. 4. Act. 13. 29. Mais *bene agere*, signifie être libéral et bienfaisant. 1. Tim. 6. 18. *Divitibus hujus sæculi præcipe bene agere :* Ordonnez aux riches de ce monde d'être charitables et bienfaisants, ἀγαθουργεῖν.

2° Faire paraître, témoigner :

A quoi se rapportent ces phrases, *Agere pœnitentiam :* Faire pénitence, témoigner son repentir (μετανοεῖν, *resipiscere*). Jerem. 18. 8. *Si egerit pœnitentiam gens illa a malo suo ; agam et ego pœnitentiam super malo quod cogitavi ut facerem ei:* Si cette nation fait pénitence des maux pour lesquels je l'avais menacée, je me repentirai aussi moi-même du mal que j'avais résolu de lui faire. Ici on attribue à Dieu le repentir, pour marquer le changement qui se fait dans l'homme même : car en Dieu, il n'y a ni regret ni repentir, ni aucun changement. Voy. POENITERE. Job. 21. 2. *Agite pœnitentiam :* Changez de sentiments. Voy. POENITENTIA. Ainsi, *Gratias agere,* signifie témoigner sa reconnaissance (χάριτας ἔχειν, εὐχαριστεῖν). 2. Mac. 3. 33. *Oniæ sacerdoti gratias age.* Luc. 17. 16. c. 18. 11. etc. Matth. 26. 27. *Et accipiens calicem, gratias egit :* Et prenant le calice, il rendit grâces. Jésus-Christ en instituant le sacrement adorable de son corps, rendit grâces à Dieu son Père, et c'est de là que lui vient le nom d'*Eucharistie,* qui signifie action de grâce, a été donné au sacrement même, et l'Eglise ne le célèbre qu'après cette action de grâces solennelle qu'elle fait à la préface de la messe, après en avoir averti le peuple par ces paroles : *Rendons grâces au Seigneur notre Dieu.* Marc. 14. 23. Luc. 22. v. 17. 19. 1. Cor. 11. 24. Il semble que cette phrase se dit de ce que le verbe *agere,* signifie quelquefois pousser, faire avancer ; néanmoins, on croit communément que *gratias agere,* signifie proprement remercier de paroles, parce qu'*ayere* signifie quelquefois *dicere.* Terent. Adelph. 1. 1. *Estne ipsius de quo agebam? c'est-à-dire dicebam.*

3° Conduire, pousser par un mouvement intérieur (ἄγειν). Luc. 4. 1. *Agebatur a Spiritu in desertum :* Il fut poussé par l'Esprit dans le désert. Saint Marc dit *Expulit,* pour marquer la force du mouvement de l'Esprit de Dieu qui le poussait ; mais saint Matthieu dit *Ductus est,* pour faire voir que c'était librement et sans violence. Rom. 8. 14. *Quicumque Spiritu Dei aguntur :* Tous ceux qui sont poussés et conduits par l'Esprit de Dieu, sont enfants de Dieu.

4° Agiter, pousser avec violence (ἐλαύνειν). Luc. 8. 29. *Agebatur a dæmonio in deserta :* Cet homme était poussé dans le désert par le démon, qui l'agitait, comme un cavalier qui pousse son cheval à coups d'éperon.

5° Chasser devant soi, d'où vient *Agere prædam :* Faire butin. Judic. 9. 25. *Exercebant latrocinia, agentes prædas de prætereuntibus :* Ils s'exerçaient à des brigandages, et volaient tous les passants. 1. Reg. 2. 8. *Agere,* en cet endroit, est mis pour *abigere ;* parce qu'ordinairement on fait aller devant soi le butin que l'on fait.

6° Exercer, administrer (πολεμεῖν πόλεμον). 1. Mac. 2. 66. *Ipse aget bellum populi :* Judas Machabée conduira le peuple dans la guerre ; il exercera la charge de la guerre pour la défense du peuple.

7° Faire, célébrer (περὶ τὸ σάββατον γίνεσθαι). Tob. 13. 10. *Agite dies lætitiæ:* Réjouissez-vous dans le Seigneur tous les jours. 2. Mac. 8. 27. *Sabbatum agebant :* Ils célébraient le sabbat. 2. 33. c. 10. v. 6. 8. c. 12. 38. c. 15. v. 3. 4. Ps. 75. 11. Voy. RELIQUIÆ

8° Agir, se conduire bien ou mal (συνιέναι). 1. Reg. 18. 5. *Prudenter se agebat.* v. 14. *Prudenter agebat :* David se conduisait avec beaucoup de prudence. Ps. 93. 1. *Libere egit :* Il a agi avec une entière liberté. 4. Reg. 18. 7. (παρρησιάζεσθαι).

9° Traiter, en user avec quelqu'un bien ou mal (ποιεῖν). Judic. 9. 16. *Si bene egistis cum Jerobaal et cum domo ejus :* Considérez si vous avez bien traité Jérobaal et sa maison. Ezech. 23. 29. 2. Mac. 14. 42. c. 9. 27. Sap. 11. v. 6. 14., etc.

10° Etre, vivre, se trouver en tel ou tel état (ἐπιτυγχάνειν). Gen. 39. 2. *Erat in cunctis prospere agens :* Tout réussissait heureusement à Joseph. Luc. 14. 32. *Illo longe agente :* Lorsqu'il est encore bien loin. Act. 24. 2. *Cum in multa pace agamus per te :* Comme c'est par vous que nous vivons dans une profonde paix. Tit. 3. 3. Ainsi, *Recte agere :* Se porter bien, être en bonne disposition. 1. Reg. 17. v. 18. 2. Reg. 11. 7. On dit aussi, *recte agi,* en ce sens, 1. Reg. 17. 22 (εἰς εἰρήνην, *ad pacem*). *Interrogabat si omnia recte agerentur erga fratres suos :* Il demanda comment ses frères se portaient. 4. Reg. 4. 26., etc. A quoi on peut rapporter, *agi de re aliqua,* pour marquer qu'il s'agit de quelque chose. 1. Reg. 21. 5. *Si de mulieribus agitur :* S'il s'agit des femmes

Enfin le verbe *agere* a plusieurs autres significations, qui ne sont déterminées que par les mots avec lesquels il est joint ; comme *agere vitam,* c'est vivre ; *agere curam,* curare ; *agere iter,* ire ; *agere consilium,* consultare, etc.

AGITE, ἄγε νῦν ; c'est une espèce d'adverbe, qui se fait de l'impératif du verbe *agere,* et ne se met qu'au pluriel, comme *age* au singulier ; mais *agedum* se met avec l'un et l'autre nombre : on s'en sert ordinairement pour exciter et pour exhorter. Jac. 5. 1. *Agite nunc, divites :* Or çà, riches ; après avoir repris l'avarice et l'orgueil des riches, il les excite à considérer les maux dont ils sont menacés.

AGGER, is, ce mot vient du verbe *aggerere,* entasser, d'*ad* et de *gero,* et signifie :

1° Un tas, un amas de quelque chose (θημωνία). Exod. 8. 14. *Congregaverunt eas in immensos aggeres :* On amassa ces grenouilles mortes en de grands monceaux, et la terre en fut infectée.

2° Une levée de terre, une chaussée (διῶρυξ). Isa. 19. 6. *Siccabuntur rivi aggerum :* Les rivières retenues par des chaussées tariront. c. 37. 25. Ces rivières s'appellent *aquæ clausæ,* des eaux fermées. 4. Reg. 19. 24, parce que les chaussées empêchent que les rivières ne se débordent dans des lieux plus bas.

3° Un rempart, une levée de terre qu'on

fait autour d'une place pour la prendre ou pour la défendre (χάραξ). Isa. 29. 3. *Faciam contra te aggerem* : J'élèverai des forts contre toi : le Prophète prédit la ruine de Jérusalem. De là viennent ces expressions figurées :

Comportare aggerem : Faire des remparts et élever des forts autour des villes, en y portant de la terre. Ezech. 4. 2. *Comportabis aggerem* : Faites des levées pour l'assiéger. Dieu ordonne au Prophète de représenter le siége de Jérusalem, en portant de la terre pour faire des terrasses. c. 21. 22. c. 26. 8. Dan. 11. 15. Habac. c. 10.

Fundere aggerem : Etendre et mettre autour d'une place des levées de terre (ἐκχεῖν δύναμιν). Jerem. 6. 6. *Fundite circa Jerusalem aggerem* : Faites un rempart autour de Jérusalem. *Fundere* est mis pour *diffundere* ; *Jacere*, ou *mittere aggerem*, pour *ponere*; mettre des levées de terre autour d'une place. Isa. 37. 33. *Non mittet in circuitu ejus aggerem* (κυκλοῦν χάρακα) : Le roi des Assyriens n'élèvera point des terrasses autour de Jérusalem. c. 29. 3. D'où vient, *Jactus aggeris* : L'élévation d'une terrasse (χαρακοβολία). Ezech. 17. 17.

AGGESTUS, us, du verbe *aggerere*, amasser, entasser, et signifie un tas ou un amas de quelque chose. 2. Mach. 13. 5. *Erat in eodem loco turris quinquaginta cubitorum aggestum undique habens cineris* : Il y avait en cet endroit une tour de cinquante coudées de haut, qui était environnée de toutes parts d'un grand monceau de cendre. C'est de cette tour que l'impie Menelaüs fut précipité.

AGGÆUS, Heb. *festivus*. Aggée est un des douze petits prophètes, qui excita les Juifs à rebâtir le temple : on ne sait point d'où il était. Agg. 1. v. 1. 3. *Factum est verbum Domini in manu Aggæi prophetæ* : Le Seigneur adressa sa parole au prophète Aggée. v. 12. 13 et 1. Esdr. 5. 1. c. 6. 14. Ps. 111. v. 1. Voy. CYRUS.

AGGI, Héb *Festivus*, AGGITÆ, ARUM. Aggi, fils de Gad, et petit-fils de Jacob. Num. 26. 15. *Aggi, ab hoc familia Aggitarum* : Aggi, de qui vient la famille des Aggites. Voy. HAGGI.

AGGITH, Héb. *Festiva*. Aggith, fut une des femmes de David, qui eut d'elle Adonias. 1. Par. 3. 2. *Quartum habuit Adoniam filium Aggith* : Le quatrième fils de David fut Adonias, fils d'Aggith. Voy. HAGGITH.

AGGLUTINARE, προσκολλᾶν, κολλᾶν, coller à quelque chose, et dans le sens figuré :

1° Joindre avec quelque chose. Ezech. 29. 4. *Agglutinabo pisces fluminum tuorum squamis tuis* : J'attacherai à vos écailles les poissons de vos fleuves. Dieu qui compare le roi d'Egypte à un grand poisson, menace de faire périr avec lui tous les grands de son royaume, et tous ses sujets, qui sont comme les poissons de ses fleuves, et dont la perte était attachée à la sienne. Eccli. 25. 16. *Fidei initium agglutinandum est timori* : on doit joindre inséparablement à la crainte de Dieu un commencement de la foi. Pour aimer Dieu, il faut commencer par le craindre ; mais cette crainte doit être un fruit de la foi.

Ainsi, Baruch. 3. 4. *Agglutinata sunt nobis mala* : Les maux que nous nous sommes attirés se sont attachés à nous inséparablement, sans qu'il y ait aucun moyen de nous en garantir.

2° Associer quelqu'un, se l'unir par une étroite affection. Jerem. 13. 11. *Sicut adhæret lumbare ad lumbos viri, sic agglutinavi mihi omnem domum Israel* : Comme une ceinture s'attache autour des reins d'un homme, ainsi j'avais uni étroitement à moi toute la maison d'Israël. Dieu par un effet de son infinie miséricorde, s'était uni très-étroitement le peuple d'Israël, et l'avait consacré à son service par une alliance toute sainte. Voy. LUMBARE.

AGGRAVARE, βαρύνειν. — 1° Appesantir, accabler sous le poids, charger. 2. Reg. 3. 34. *Pedes tui non sunt compedibus aggravati* : Vos pieds n'ont point été chargés de fers. Sap. 2. 3. *Vita nostra sicut nebula dissolvetur calore solis aggravata* · Notre vie disparaîtra comme un brouillard qui tombe étant appesanti par la chaleur du soleil. De là viennent ces expressions figurées :

Aggravare manum : Appesantir sa main sur quelqu'un, c'est l'accabler de maux. 1. Reg. 5. 6. *Aggravata est manus Domini super Azotio* : La main du Seigneur s'appesantit sur ceux d'Azot. *Aggravare jugum* : Appesantir le joug, le rendre très-pesant, réduire sous une dure servitude. 3. Reg. 12. 10. *Pater tuus aggravavit jugum nostrum.* v. 14. 12. Par. 10. 10. Isa. 47. 6. Voy. JUGUM. *Aggravare prælium contra aliquem* : Faire tomber tout le fort du combat sur quelqu'un. 1. Par. 10. 3. *Aggravatum est prælium contra Saul.*

De là viennent aussi ces manières de parler métaphoriques, *Aggravare cor* : Appesantir son cœur, pour marquer l'endurcissement d'un cœur qui ne se laisse point fléchir pour obéir à Dieu. 1. Reg. 6. 6. *Quare aggravatis corda vestra?* Pourquoi appesantissez-vous vos cœurs, comme Pharaon appesantit son cœur? *Aggravare aures* : Appesantir ses oreilles ; se boucher les oreilles pour ne point écouter ce qu'il faut faire. Zach. 7. 11. *Aures suas aggravaverunt* : Ils ont appesanti leurs oreilles. Isa. 59. 1. *Neque aggravata est auris ejus ut non exaudiat* : L'oreille du Seigneur n'est point devenue plus dure, pour ne pouvoir plus écouter; Dieu a toujours été prêt d'écouter ceux qui lui adressent leurs prières. Cet endurcissement d'oreille qui marque l'opiniâtreté d'un esprit rebelle à Dieu, semble être ordonné de Dieu même. Isa. 6. 10. *Excæca cor populi hujus, et aures ejus aggrava* : Aveuglez le cœur de ce peuple, et bouchez ses oreilles ; ce n'est pas que Dieu ait aucune part à la malice des hommes, mais il prédit l'effet que sa parole devait produire dans le cœur des Juifs.

Aggravare animam : Appesantir l'âme. Sap 9. 15. *Corpus quod corrumpitur aggravat animam* : Le corps qui se corrompt appesantit l'âme, parce que la convoitise qui est en nous une source de corruption, obscurcit l'âme par les ténèbres des passions. Ainsi, ces expressions marquent dans ces différentes choses, une espèce d'appesantissement qui empêche qu'on n'en fasse l'usage qu'on en devrait faire.

Aggravari alicui : Ne supporter qu'avec peine. Eccli. 25. 3. *Aggravor valde animæ illorum* : Leur vie m'est insupportable; ils me chargent comme d'un grand poids; Gr. προσώχθισα, *infensus sum valde vitæ illorum*.

2° Rendre plus grief, augmenter le mal. Gen. 18. 20. *Peccatum eorum aggravatum est nimis* : Le péché de Sodome et de Gomorrhe est monté jusqu'à son comble. Job. 23. 2. *Manus plagæ meæ aggravata est super gemitum meum* : La violence de ma plaie est beaucoup au-dessus de mes gémissements et de mes soupirs. Ainsi, Isa. 9. 1. *Novissimo aggravata est via maris trans Jordanem* : Le pays qui est au-delà du Jourdain, le long de la mer Tibériade, a été plus maltraité que les tribus de Zabulon et de Nephtalim. Voy. ALLEVIARE.

3° Amasser, multiplier. Habac. 2. 6. *Usquequo aggravat contra se densum lutum?* Jusqu'à quand amassera-t-il contre lui-même des richesses qui ne lui serviront non plus que des monceaux de boue, quand Dieu aura résolu de le perdre?

AGGREDI. Ce verbe se fait de la préposition *ad* et de *gradior*, comme si l'on disait : avancer vers quelqu'un ou vers quelque chose ; ainsi il signifie :

1° Entreprendre, ou commencer à faire quelque chose (εἰσκυκλεῖσθαι *versari in*). 2. Mach. 2. 25. *Considerantes multitudinem librorum et difficultatem volentibus aggredi narrationes historiarum* : Ayant considéré que la multitude des livres rend l'histoire difficile à ceux qui veulent entreprendre de la lire. c. 10. 36.; d'où vient : *Aggredi iter* : Se mettre en chemin. 2. Mach. 3. 8.

2° Attaquer (ἄρχεσθαι). 2. Reg. 18. 14. *Aggrediar eum coram te* : Je l'attaquerai moi-même devant vous. 3. Reg. 2. 34. 2. Mach. 5. 5. c. 12. 13. c. 13. 15.

AGITARE, σαλεύειν, ἐλαύνειν. Ce verbe, qui se fait d'*agere* et en est le fréquentatif, signifie :

1° Agiter, ébranler, remuer. Matth. 11. 7. *Quid existis in desertum videre? Arundinem vento agitatam?* Un roseau agité du vent? De là vient cette expression métaphorique : *Agitare manum* : Menacer (προκαλεῖν). Isa. 10. 32. *Agitabit manum super montem filiæ Sion* : Le roi d'Assyrie menacera de la main la montagne de Sion. Les menaces se font souvent en remuant la main.

2° Pousser, faire avancer. Eccli. 38. 36. *Stimulo boves agitat* : Il pousse les bœufs en les piquant avec l'aiguillon. 2. Mach. 9. 4. *Jussit agitari currum suum* : Antiochus commanda à celui qui conduisait son chariot de toucher sans cesse.

3° Agiter, troubler. Judith. 15. 1. *Solo tremore et metu agitati* : Les Assyriens n'étaient poussés que par la frayeur dont ils étaient saisis après la mort d'Holopherne. Isa. 24. 20.

4° Traiter de quelque chose, d'où vient :

Agitare judicium : Instruire un procès. 2. Mach. 4. 43. *De his ergo cœpit judicium adversus Menelaum agitari* : On commença donc à accuser Menelaüs de tous ces désordres (ἐνέστη κρίσις).

AGITATIO, NIS, agitation, secousse, ébranlement (σάλος). Isa. 24. 20. *Agitatione agitabitur terra* : La terre sera agitée et ébranlée par de violentes secousses au jugement dernier. Cette expression marque le trouble universel de tout le monde; mais ce trouble et cette agitation regarde plutôt les hommes qui demeurent sur la terre, que la terre même. Heb. *Nutando nutabit sicut ebrius* : Elle chancellera comme un homme ivre.

AGITATOR, IS, qui conduit des chevaux ou un chariot, un cocher (ἱππεύς). Nahum. 2. 3. *Agitatores consopiti sunt* : Ceux qui conduisent les chariots de guerre du roi des Chaldéens sont furieux comme des gens ivres; Heb. leurs dards sont empoisonnés. Voy. CONSOPIRE.

AGMEN, INIS, ἄγημα. Ce nom est formé du verbe *ago*, comme qui dirait *agimen*, et signifie proprement l'action par laquelle on se meut en avant, qui s'appelle marche; mais il se dit plutôt des corps ou des personnes attroupées, que des particuliers, et signifie ordinairement une troupe de gens de guerre en marche (ἀντιλαμβανόμενος, *auxiliator*). Ezech. 12. 14. *Agmina ejus dispergam in omnem ventum* : Je disperserai aux troupes dans tous les climats. Le prophète parle de Sédécias, roi des Juifs. Deut. 25. 18. 1. Reg. 17. 1. etc. Ainsi, Judith. 15. 4. *Filii Israel uno agmine persequentes debilitabant quos invenire potuissent* : Les Israélites, après la mort d'Holopherne, tous ensemble et en bon ordre, poursuivaient les Assyriens et taillaient en pièces tout ce qu'ils rencontraient.

AGNA. Voy. INFRA.

AGNITIO. Voy. INFRA.

AGNITOR. Voy. INFRA.

AGNOSCERE, γινώσκειν, ἐπιγινώσκειν. Ce mot qui vient de *ad* et de *noscere*, ou plutôt de l'ancien verbe *gnoscere*, signifie :

1° Reconnaître, trouver qu'une personne ou une chose est la même qu'auparavant. Gen. 38. 15. *Operuerat vultum suum ne agnosceretur* : Thamar avait couvert son visage, de peur d'être reconnue de son beau-père. v. 26. *Qui agnitis muneribus ait* : Qui ayant reconnu les gages qu'il lui avait laissés, il dit. c. 42. 7. Judic. 18. 3. Tob. 11. 6. Luc. 24. 16. etc.

2° Connaître, avoir une idée dans l'esprit que quelque objet présent rappelle. Matth. 12. 33. *Ex fructu arbor agnoscitur* : C'est par le fruit qu'on connaît l'arbre. Act. 27. 39. Job. 4. 16.

3° Connaître, savoir. Sap. 2. 1. *Non est qui agnitus sit reversus ab inferis* : On ne sait personne qui soit revenu des enfers. Eph. 3. 5 *Quod aliis generationibus non est agnitum, filiis hominum* : Le mystère de la vocation des Gentils a été inconnu aux enfants des hommes dans les autres temps.

4° Reconnaître, avouer. 2. Reg. 19. 20. *Agnosco servus tuus peccatum meum* : Je reconnais le crime que j'ai commis. C'est Seméï qui parle à David. Sap. 12. 27. *Quem olim negabant se nosse, verum Deum agnoverunt.* c. 13. 1.

5° Reconnaître quelqu'un pour ce qu'il est, le traiter selon sa qualité. Deut. 21. 17. *Filium odiosæ agnoscet primogenitum* : Si un homme a deux femmes, dont il aime l'une plus que l'autre, il reconnaîtra pour son aîné le fils de celle qu'il n'aime pas, et lui donnera le double de ce qu'il possède, parce que c'est lui qui est le premier de ses enfants et que le droit d'aînesse lui est dû. Eccli. 44. 26. *Agnovit eum in benedictionibus dulcedinis* : Dieu a traité Jacob comme une personne qu'il chérissait, en le comblant de ses bénédictions.

6° Reconnaître, discerner. 1. Esdr. 3. 13. *Nec poterat quisquam agnoscere vocem clamoris lætantium, et vocem fletus populi* : On ne pouvait discerner les cris de joie de ceux qui voyaient les fondements du nouveau temple, d'avec les plaintes de ceux qui pleuraient après avoir vu le premier temple. Eccli. 16. 17.

7° Reconnaître, remarquer de près. Prov. 27, 23. *Diligenter agnosce vultum pecoris tui* : Remarquez avec soin l'état de vos brebis. Ce précepte regarde les pasteurs, qui doivent s'appliquer avec grand soin au salut des âmes. Dieu veut qu'ils considèrent leurs ouailles de près et non de loin ; par eux-mêmes et non-seulement par d'autres, avec une exactitude de vrais pasteurs et non avec une indifférence de mercenaires.

8° Reconnaître, juger de quelque chose après l'avoir examinée. Eccli. 1. 17. *Agnovi quod in his quoque esset labor et afflictio spiritus* : J'ai reconnu, dit Salomon, après m'être appliqué à la connaissance du bien et du mal, qu'en cela même il y avait bien de la peine et de l'affliction d'esprit. Judith. 5. 28. c. 9. 19. c. 10. 12. Eccli. 1. 16. c. 11. 30. etc.

9° Connaître parfaitement. Joan. 10. 15. *Sicut novit me Pater, et ego agnosco Patrem* : Comme mon Père me connaît, je connais aussi mon Père. Cette connaissance du Père et du Fils vient de l'union intime dont le Saint Esprit, qui est éternellement l'amour du Père et du Fils est le lien divin, et cette union ineffable est un modèle parfait de l'union du pasteur et de ses brebis, dont le Saint-Esprit est aussi le lien. Voy. COGNOSCERE. Eccli. 1. 6. *Astutias illius quis agnovit?* Qui a pénétré et approfondi les artifices divins de la Sagesse, et son adresse toute divine? Voy. ASTUTIA. Eccli. 15. 20. c. 23. 29.

AGNITIO, NIS, ἐπίγνωσις, γνῶσις. Ce mot signifie proprement l'action de reconnaître, ou la reconnaissance d'une personne ou d'une chose. Gen. 45. 1. *Præcepit ut egrederentur cuncti foras, et nullus interesset agnitioni mutuæ* : Joseph commanda que l'on fît sortir tout le monde, afin que nul étranger ne fût présent lorsqu'il se ferait reconnaître à ses frères (ἀναγνωρίζειν).

2° La science, ou la connaissance d'une chose. Soit que cette connaissance soit naturelle. Eccli. 1. 15. *Diligunt eam in visione et agnitione magnalium suorum* : Ceux qui ont vu et ont connu la magnificence des ouvrages de la Sagesse, l'aiment aussitôt ; c'est ce qui a rendu inexcusables tous ceux qui, ayant connu ce qui peut se découvrir de Dieu par les créatures, ont retenu la vérité de Dieu dans l'injustice et ne l'ont point glorifié comme Dieu. c. 38. 6. *Ad agnitionem hominum virtus illorum* : Dieu a fait connaître aux hommes la vertu des plantes ; soit qu'elle regarde le salut éternel. 1. Tim. 2. 4. *Omnes homines vult salvos fieri et ad agnitionem veritatis venire* : Dieu veut que tous les hommes soient sauvés et qu'ils viennent à la connaissance de la vérité. Eph. 1. 17. c. 4. 13. et dans tous les endroits du Nouveau-Testament. Ainsi, Eccli. 24. 24. *Ego mater pulchræ dilectionis, et timoris, et agnitionis, et sanctæ spei* : La sagesse qui inspire le pur amour, la crainte de Dieu et une sainte confiance en lui, donne aussi la science du salut. v. 32.

3° La connaissance de soi-même. Eccli. 51. 27. *In agnitione inveni eam* : C'est dans la connaissance de moi-même que j'ai trouvé la sagesse. Toute la piété consiste, dit saint Augustin, à nous connaître nous-mêmes, et notre indignité pour nous haïr, et à connaître Dieu pour l'aimer. Le Gr. porte : *In purificatione inveni eam* : C'est en se purifiant de ses taches que l'on acquiert la sagesse et il suffit de se connaître bien soi-même pour travailler à se purifier.

4° Le discernement qui se fera des bons et des méchants au Jugement dernier (διάγνωσις). Sap. 3. 18. *Si celerius defuncti fuerint, non habebunt spem, nec in die agnitionis allocutionem* : Que les enfants des adultères meurent jeunes, ils seront sans espérance et au jour où tout sera connu, ils n'auront personne qui les console. Le Sage parle de la sorte des enfants bâtards, parce que les désordres des pères et des mères passent ordinairement aux enfants, et que souvent ces sortes d'enfants sont fort mal élevés. Eccli. 27. 9. *In die agnitionis invenies firmamentum* : Si vous suivez la justice, vous trouverez un ferme appui au jour de la révélation de toutes choses. En cet endroit, il n'y a rien dans le Grec qui réponde à ce mot.

5° La vue d'une personne, son air, sa mine (αἰσχύνη, *pudor*). Isa. 3. 9. *Agnitio vultus eorum respondit eis*; Heb. *habitus, dispositio* : Leur air et leur manière qui se remarque sur leur visage, rend témoignage contre eux. On connaît aisément sur le visage quelle est la disposition du cœur. Le prophète parle des Juifs qui étaient très-déréglés.

AGNITOR, IS, celui qui reconnaît. Ce mot se prend pour celui qui connaît, dans cette expression : *Agnitor cordis* : Celui qui connaît le fond du cœur. Eccli. 7. 5. *Non te justifices ante Deum, quoniam agnitor cordis ipse est* : Ne vous justifiez pas devant Dieu, parce que c'est lui qui connaît le fond du cœur. Le Grec ne fait qu'un mot de ces deux καρδιογνώστης, *Cordis cognitor*. Voy. Act. 1. 24.

AGNA, æ, ἀμνή. Voy. AGNUS. Une jeune brebis. Gen. 21. v. 28. 29. 30. *Septem, inquit, agnas accipias de manu mea :* Vous recevrez, dit Abraham, ces sept jeunes brebis de ma main. Ce fut pour faire alliance avec Abimelech. Levit. 5. 6. *Offerat de gregibus agnam :* Qu'il prenne d'entre les troupeaux une petite brebis. Ce qui est ajouté, *de gregibus*, d'entre les troupeaux, marque le choix qu'on en faisait. C'est ainsi qu'Amos, reprochant aux grands d'entre les Juifs leur délicatesse, dit qu'ils mangeaient les agneaux les plus excellents et les veaux choisis de tout le troupeau. c. 6. 4. *Qui comeditis agnum de grege et vitulos de medio armenti.* C'est de là que vient ce mot *egregius*, exquis, excellent.

AGNUS, I. ἀμνός, ἄρς, νός. Ce mot vient du grec ἀμνὸς, ou du génitif ἀρνὸς, qui signifie la même chose, ou, selon d'autres, de l'adjectif *anniculus*, qui est d'un an; car l'agneau perd son nom dès qu'il a passé l'année. Ce terme a, dans l'Ecriture, plusieurs significations métaphoriques; soit à cause que cet animal est offert en sacrifice, soit à cause de sa douceur. Il signifie donc :

1° Un agneau, jeune animal engendré d'une brebis et d'un bélier. Exod. 12. v. 3. 4. 5. *Erit agnus absque macula, masculus, anniculus :* Cet agneau sera sans tache; ce sera un mâle et il n'aura qu'un an; ce sont les qualités de l'Agneau Pascal, qui était immolé le soir du quatorzième jour du premier mois, avec les cérémonies rapportées dans ce même chapitre. c. 29. v. 38. 39. *Agnos anniculos duos facies per singulos dies jugiter, unum agnum mane, et alterum vespere :* Vous sacrifierez chaque jour deux agneaux d'un an, un le matin et l'autre le soir. Ce mot est souvent répété dans le Lévitique et dans les Nombres.

Il se prend aussi bien souvent pour les brebis. Prov. 27. 26. *Agni in vestimentum tuum :* Les agneaux vous suffisent pour vous vêtir. C'est la règle que saint Paul donne à toute l'Eglise. 1. Tim. 6. 8. *Habentes alimenta et quibus tegamur his contenti simus :* Ayant de quoi nous nourrir et de quoi nous vêtir, Nous devons être contents. Luc. 10. 3. Isa. 30. 23. c. 5. 17. c. 11. 6. c. 40. 11. etc.

Lorsque le mot *ovium* est ajouté, il marque les plus tendres agneaux, qui sont encore sous la mère. Ps. 113. 4. 6. Eccli. 47. 3. *In ursis similiter fecit sicut in agnis ovium :* David a traité les ours comme il aurait fait les petits des brebis.

Ces jeunes animaux sont vifs et bondissent dans les campagnes. Ainsi on compare un jeune homme qui court à sa perte en recherchant les plaisirs, à un agneau qui va à la mort en bondissant. Prov. 7. 22. *Quasi agnus lasciviens :* Les Israélites étant sortis des eaux de la mer Rouge, sont comparés, dans le transport de leur joie, à des agneaux qui bondissent dans leurs pâturages. Sap. 19. 9. *Tanquam agni exultaverunt, magnificantes te, Domine, qui liberasti illos.* On compare encore au bondissement des agneaux le tremblement des montagnes et des collines, que Dieu fait par la terreur que sa présence imprime. Ps. 113. v. 4. 6. *Montes exultaverunt ut arietes, et colles sicut agni ovium :* Les montagnes et les collines sautèrent; c'est-à-dire, furent agitées fortement et tremblèrent par la présence du Seigneur, comme on le vit au mont Sina, qui parut tout ébranlé par les tonnerres et les tempêtes qu'il y excita en donnant sa loi; mais ce fut par un effet de crainte, tel qu'est celui qu'on peut remarquer dans les troupeaux de brebis et d'agneaux, lorsqu'une frayeur subite les fait bondir.

Comme cet animal est fort doux et qu'il ne fait point de résistance, on lui compare un peuple docile et qui suit avec soumission les ordres de son prince. 1. Reg. 15. 4. *Præcipit Saul populo et recensuit eos quasi agnos, ducenta millia peditum et decem millia virorum Juda:* Saül commanda au peuple de prendre les armes; il se trouva, dans la revue qu'il en fit, deux cent mille hommes de pied, et dix mille hommes de la tribu de Juda. C'est pour cela qu'on compare aux agneaux ceux qui sont exposés à la fureur des méchants, comme Jésus-Christ, Act. 8. 32, qui dit de lui-même. Jerem. 11. 19. *Ego quasi agnus mansuetus qui portatur ad victimam :* Pour moi, j'étais comme un agneau plein de douceur qu'on porte pour en faire une victime; et qui dit à ses apôtres, qu'il les envoie comme des agneaux au milieu des loups. Luc. 10. 3. *Ecce ego mitto vos sicut agnos inter lupos.* Voy. LUPUS.

Mais comme cet animal est étourdi et sans prévoyance, on lui compare les méchants qui sont destinés à périr sans le savoir. C'est ainsi que Dieu, par son prophète, dit qu'il conduira les Babyloniens à leur ruine, comme des agneaux qu'on va égorger. Jer. 51. 40. *Deducam eos quasi agnos ad victimam :* De même aussi, il menace les Israélites de les traiter comme un agneau qu'on fait paître dans une large campagne et qu'on destine à la boucherie. Ose. 4. 16. *Pascet eos Dominus quasi agnum in latitudinem.* Le Prophète parle des Israélites des dix tribus.

1° Une pièce d'argent sur laquelle un agneau est gravé. Gen. 33. 19. *Emit partem agri in qua fixerat tabernacula a filiis Hemor patris Sichem, centum agnis :* Jacob acheta une partie du champ dans lequel il avait dressé ses tentes, et en paya aux enfants d'Hémor, père de Sichem, cent agneaux, c'est-à-dire cent pièces de monnaie, sur lesquelles un agneau ou un mouton était gravé; ce qui peut autoriser par un passage des Actes, où il est dit que ce fut à prix d'argent que ce champ fut acheté des enfants d'Hémor. Mais d'autres Interprètes soutiennent que ce passage des Actes ne doit point s'entendre de la sorte, et que ce nom d'*agneaux* signifie, en ce lieu et en d'autres encore, de véritables agneaux, ainsi que l'enseigne S. Jérôme. Voy. ce passage des Actes, expliqué sur le mot de *Hemor*.

2° Le tribut que l'on payait autrefois, est désigné par le mot d'*agneau*, parce qu'on en donnait au lieu d'argent, un certain nombre. 4. Reg. 3. 4. *Porro Mesa rex Moab nutriebat* pecora multa, et solvebat regi Israel centum millia agnorum, et centum millia arietum cum velleribus suis : Or Mesa, roi de Moab, nourrissait de grands troupeaux, et il payait au roi d'Israël cent mille agneaux et cent mille moutons avec leur toison. C'est en ce sens que l'on explique, selon l'Hébreu, ce passage d'Isaïe. 16. 1. *Emitte agnum, Domine*, etc. Heb. *mittite agnum*, id est *agnos, Dominatori terræ*, scil. *Regi Ezechiæ in tributum* (ὡς ἑρπετὰ, *tamquam reptilia*). Mais cela s'entend plutôt de Jésus-Christ; et le Prophète s'adressant au Seigneur, lui dit : Envoyez l'Agneau dominateur de la terre, c'est-à-dire le Sauveur Dieu-Homme, *de Petra deserti*, parce qu'il devait naître de Ruth, du pays de Moab, dont la capitale était Petra. Voy. PETRA.

3° Les plus riches et les plus considérables d'un pays, sont marqués par des agneaux gras. Ezech. 39. 18. *Carnes fortium comedetis, et sanguinem principum terræ bibetis; arietum, et agnorum, et pinguium omnium :* Vous mangerez la chair des forts et vous boirez le sang des princes de la terre; des béliers, des agneaux et de tout ce qu'il y a de plus délicat. Le Prophète invite les oiseaux du ciel et les bêtes de la terre, à venir se soûler de la chair des capitaines et des officiers d'armée, pour marquer, d'une manière poétique, un grand carnage d'ennemis que Dieu devait immoler à sa justice.

4° Les justes et les gens de bien sont aussi marqués par cet animal, à cause de leur douceur et de leur docilité. Isa. 5. 17. *Pascentur agni juxta ordinem suum*, Heb. *juxta caulas suas :* Les agneaux paîtront à leur ordinaire. Le Prophète marque la paix de l'Eglise et le repos des âmes fidèles qui y vivent dans la crainte et l'amour de Dieu. C'est qui est encore marqué par ces expressions. Isa. 11. 6. *Habitabit lupus cum agno*, et Isa. 65. 25. *Lupus et agnus pascentur simul*. Voy. LUPUS. Jésus-Christ promet, par son Prophète, de rassembler les petits agneaux qui étaient dispersés par la violence du démon ; c'est ce qu'il a fait par la prédication de l'Evangile. Isa. 40. 11. *In brachio suo congregabit agnos :* Le Seigneur rassemblera par la force de son bras les petits agneaux. Il a aussi ordonné à S. Pierre et aux pasteurs, dans la personne de cet apôtre, de paître ses agneaux. Joan. 21. v. 15. 16. *Pasce agnos meos :* Paissez mes agneaux, repaissez-les de la parole de Dieu par les exhortations, et des autres secours spirituels et temporels. Voy. PASCERE.

5° Jésus-Christ, notre Sauveur, de qui S. Jean-Baptiste a dit, Joan. 1. v. 29. 36. *Ecce Agnus Dei, ecce qui tollit peccatum mundi :* Voici l'Agneau de Dieu, voici celui qui ôte le péché du monde. Il faisait allusion à l'Agneau pascal que l'on devait immoler, selon la loi de Moïse. Exod. 12. 5. *Erit Agnus sine macula :* Cet Agneau sera sans tache; aussi est-ce lui que S. Pierre appelle l'*Agneau sans tache et sans défaut*, destiné à effacer par son sang, toutes les taches des âmes et tous les péchés du monde. 1. Petr. 1. 19. *Pretioso Sanguine quasi Agni immaculati et incontaminati*. Jésus-Christ qui est notre Agneau Pascal, dit S. Paul, a été immolé pour nous. 1. Cor. 5. 7. *Pascha nostrum immolatus est Christus*. Il désignait aussi ce que le Prophète avait dit de lui, qu'il serait mené comme une brebis, pour être égorgé, et qu'il demeurerait dans le silence, comme un agneau est muet devant celui qui le tond. Isa. 53. 7. *Sicut ovis ad occisionem ducetur, et quasi agnus coram tondente se obmutescet*. Act. 8. 32. C'est aussi ce qu'il dit de lui-même, sous la personne de Jérémie. 11. 19. *Et ego quasi Agnus mansuetus, qui portatur ad victimam*. C'est pour cela qu'il est appelé l'Agneau de Dieu, parce que c'était l'Agneau qui seul était digne d'être offert à Dieu pour satisfaire à sa justice, et que tous les autres agneaux qui avaient été immolés à Dieu depuis le commencement du monde, n'avaient pu lui être agréables, qu'en tant qu'ils représentaient cet Agneau divin destiné pour réconcilier toutes choses ; aussi est-il appelé l'Agneau égorgé depuis le commencement du monde, Apoc. 13. 8. *Qui occisus est ab origine mundi* ; à cause que la vertu et l'efficace de son sang s'étend sur tous les siècles, depuis le commencement jusqu'à la fin du monde.

Cette qualité d'Agneau de Dieu est si précieuse à Jésus-Christ, que son disciple bien-aimé ne le nomme presque point autrement dans l'Apocalypse qui lui a été révélée par son ordre.

AGON, IS, ἀγών. Ce mot qui est tout grec, et qui n'est point en usage chez les Latins, signifie proprement un combat ou une dispute qui se fait avec effort et avec peine : dans l'Ecriture, il marque :

1° Un combat ou un exercice public, tels qu'étaient les quatre sortes de jeux publics qui se célébraient dans la Grèce. 2. Mach. 4.18. *Cum quinquennalis agon Tyri celebraretur :* Comme on célébrait à Tyr les jeux qui se font de cinq ans en cinq ans. 1. Cor. 9. 25. *Omnis qui in agone contendit, ab omnibus se abstinet :* Tous les athlètes gardent une exacte tempérance. 2. Tim. 2. 5. *Qui certatin agone non coronatur nisi legitime certaverit :* Celui qui combat dans les jeux publics, n'est couronné qu'après avoir combattu selon l'ordre et la loi de ces combats.

2° Inquiétude, affliction. 2. Mach. 3. 21. *Erat misera commistæ multitudinis, et magni Sacerdotis in agone constituti*, διαγωνιῶντος, *expectatio :* C'était vraiment un spectacle digne de pitié de voir toute cette multitude confuse de peuple et le grand prêtre accablés d'affliction, dans l'attente où ils étaient de ce qui arriverait.

AGONIA, Æ, ἀγωνία, agonie. Du mot grec ἀγών, *certamen*. Agonie, en français, signifie l'extrémité de la maladie où la nature fait son dernier effort contre le mal qui menace de mort ; mais c'est aussi un combat et une extrême affliction d'esprit. Luc. 22. 43. *Et factus in agonia prolixius orabat :* Et Jésus-Christ étant tombé en agonie, redoublait ses prières. Ce combat et cette tristesse extraordinaire, était la frayeur qu'il ressentait aux approches de la mort. Rien n'est plus capable de nous étonner que cette disposition d'un Homme-Dieu, qui s'était volontairement assujetti à mourir pour nous; mais comme il s'était chargé de nos faiblesses par un excès d'amour, pour nous en guérir nous-mêmes, il a voulu représenter en sa personne la faiblesse de ses membres pour leur consolation, et il nous aurait donné moins de témoignages de son amour, s'il ne s'était revêtu de nos sentiments aussi bien que de notre nature. Voy. Hebr. 5. 7.

AGONIZARI, ἀγωνίζειν. Combattre avec vigueur et avec grand effort. Eccli. 4. 33. *Pro justitia agonizare pro anima tua*: Prenez la défense de la justice pour sauver votre âme. C'est la même chose que ce qui suit : *Usque ad mortem certa pro justitia*: Combattez jusqu'à la mort pour la justice; car ces deux phrases latines se sont faites d'une seule grecque. Cet avis regarde ceux qui doivent résister aux grands du monde, lorsqu'ils exigent d'eux quelque chose d'injuste; et qui perdent leur âme, s'ils négligent de prendre contre eux la défense de la justice et de la vérité.

AGRARIUS, A, UM. Cet adjectif vient du mot *ager*, champ, campagne, et signifie :

Ce qui regarde les terres labourables. Ainsi, *operarius agrarius* est celui qui est occupé au travail de la campagne. Eccli 37. 13. (*Tracta*) *cum operario agrario de omni opere*: Consultez celui qui travaille aux champs, sur ce qui regarde son travail. Cela se dit par ironie de ceux qui voudraient demander l'avis d'une personne qui ne répondrait que selon ses intérêts.

AGRESTIS, E. ἄγριος, α, ον. Champêtre, ce qui est des champs ou de la campagne. Ainsi il marque :

1° Ce qui est sauvage, à l'égard des plantes qui croissent naturellement dans les bois ou à la campagne, par opposition aux plantes qui sont dans les jardins, entées et cultivées. Exod. 12. 8. *Et edent azymos panes cum lactucis agrestibus* : Ils mangeront des pains sans levain, avec des laitues sauvages ; Hebr. avec des herbes amères; Gr. μετὰ πικρίδων, afin que cette amertume les fît ressouvenir de la misère extrême qu'ils avaient éprouvée dans leur esclavage d'Égypte. Num. 9. 11. Deut. 20. 20. *Si qua autem ligna non sunt pomifera, sed agrestia, succide* : Que si ce ne sont point des arbres fruitiers, mais des arbres sauvages, vous les abattrez et vous en ferez des machines pour prendre la ville. 4. Reg. 4. 39.

2° Terrestre, en parlant des animaux (χερσαῖος). Sap. 19. 18. *Agrestia in aquatica convertebantur*: Les animaux de la terre paraissaient changés en ceux de l'eau, lorsque les Israélites passèrent au travers de la mer; et ceux qui nageaient dans les eaux paraissaient sur la terre, savoir, lorsque les grenouilles se trouvèrent dans toutes les maisons d'Égypte.

AGRICOLA, Æ, γεωργός. Ce mot qui vient d'*ager* et de *colo*, se prend, ou en particulier pour un laboureur qui cultive la terre, ou en général pour tous ceux qui travaillent à la terre, comme sont aussi les vignerons et les jardiniers ; c'est l'usage qu'en fait l'Écriture qui distingue quelquefois les laboureurs des vignerons, et quelquefois les confond.

1° Un laboureur qui cultive la terre; ce qui comprend aussi les vignerons et les jardiniers. Genes. 4. 2. *Fuit Abel pastor ovium, et Cain agricola* : Abel fut pasteur de brebis, et Caïn laboureur. c. 9. 20. *Cœpitque Noe vir agricola exercere terram, et plantavit vineam* : Noé étant laboureur commença à cultiver la terre, et il planta la vigne. Voy. VINEA. c. 25. 27. *Factus est Esau vir gnarus venandi et homo agricola* : Esaü devint habile à la chasse, et il s'appliquait à cultiver la terre. Heb. *vir agri*.

2° Un laboureur qui cultive la terre, distingué des vignerons. 1. Par. 27. 26. *Operi rustico et agricolis qui exercebant terram præerat Ezri* : Ezri avait l'intendance sur les ouvrages de l'agriculture, et sur les laboureurs qui travaillaient à la campagne. Ici les laboureurs sont distingués de ceux qui travaillaient aux vignes, comme il paraît dans le verset suivant. 4. Reg. 25. 12. *Et de pauperibus terræ reliquit vinitores et agricolas*: Il laissa seulement les plus pauvres du pays pour labourer les vignes et pour cultiver les champs. Jer. 52. 16. Joel. 1. 11. Jac. 5. 7.

3° Ce mot signifie un vigneron. 1° Dans la parabole où Jésus-Christ se compare à une vigne, et son Père à un vigneron. Joan. 15. 1. *Ego sum vitis vera, et Pater meus agricola est* : Je suis la vraie vigne, et mon Père est le vigneron. Jésus-Christ est à notre égard ce qu'est la racine à l'égard des branches de la vigne; il est la vie en lui-même, et le principe de la vie dans les âmes. Voy. VITIS. Il dit que son *Père est le vigneron*; car quoique les trois personnes divines travaillent conjointement à perfectionner l'Église, le Père, qui est le principe éternel des deux autres personnes divines, est regardé comme faisant par le Fils et le Saint-Esprit, ce que le Fils et l'Esprit-Saint font également avec lui; et d'ailleurs, le Fils s'étant incarné, il parlait souvent aux Apôtres et aux autres Juifs, comme étant soumis à son Père dans la sainte humanité. 2° Dans la parabole où Dieu est représenté comme un père de famille qui loue sa vigne à des vignerons (Marc. 12. 2. Luc. 20. 9.) Matth. 21. 33. *Homo erat paterfamilias, qui plantavit vineam... et locavit eam agricolis*; ces vignerons sont les princes, les prêtres, les docteurs et les magistrats du peuple Juif, qu'il avait chargés du soin de cultiver sa vigne et de la garder ; c'est-à-dire de conduire et de gouverner ce peuple dans l'observation de sa sainte loi. Voy. VINEA.

AGRICULTURA, Æ, γεωργία. 1° Agriculture, l'art de cultiver la terre, de la rendre fertile, de faire venir les fruits et les plantes (φιλογεωργός) 2. Par. 26. 10. *Erat homo agriculturæ deditus*: Osias se plaisait fort à l'agriculture. 2. Mach. 12. 1. *Judæi agriculturæ operam dabant*: Les Juifs s'occupaient alors à cultiver leurs champs.

2° Le champ même que l'on cultive (γεώργιον, *agricolatio*) 1. Cor. 3. 9. *Dei agricultura estis :* Vous êtes le champ que Dieu cultive. Les fidèles sont ce champ que Dieu cultive par les pasteurs et les docteurs qu'il emploie à ce saint exercice : ceux-ci plantent et arrosent, mais c'est Dieu qui donne l'accroissement.

AGRIPPA, Æ. Ce mot vient, selon Vossius, du verbe ἀγρεῖν, *venari*, et de ἵππος, *equus*, qui chasse à cheval : néanmoins les autres étymologistes le font venir *ab œgro partu*, d'un accouchement difficile, parce que ce mot signifie, celui qui est sorti du ventre de sa mère les pieds les premiers, ce qui rend l'enfantement très-dangereux et très-difficile (Ἀγρίππας). Dans l'Ecriture c'est un nom propre. Agrippa *le Jeune*, dernier roi des Juifs, et fils d'Agrippa *le Grand*, que l'Ecriture appelle Hérode: il vint à Césarée pour saluer Festus, et là il entendit saint Paul. Act. 25. 13. *Agrippa Rex et Berenice descendèrunt Cæsaream ad salutandum Festum:* Agrippa et Bérénice vinrent à Césarée pour saluer Festus. v. 22. 23. 24. 26. etc.

AHALAB, Heb. *Frater cordis*, une ville de la tribu d'Aser. Judic. 1. 13.

AHARA, *Frater redolens*, un troisième fils de Benjamin. 1. Par. 8. 1. Il est nommé Ahiram. Num. 26. 38.

AHAREHEL, Heb. *Alter exercitus*, fils d'Arum. 1. Par. 4. 8.

AHASTHARI, Heb. *Cursor*, fils d'Assur, et de Naara sa seconde femme. 1. Par. 4. 6.

AHAVA, Heb. *Essentia*, nom de fleuve au pays des Babyloniens. 1. Esd. 8. 15. *Congregavi eos ad fluvium qui decurrit ad Ahava;* J'assemblai ceux qui devaient partir avec moi de Babylone, auprès d'un fleuve qui se décharge dans celui d'Ahava. v. 21. 31.

AHAZ, Heb. *Apprehendens*, fils de Micha, de la tribu de Benjamin, et père de Joada, autrement Jara. 1. Par. 8. 36. c. 9. 42.

AHER, Heb. *Alter*, un homme de la tribu de Benjamin. 1. Par. 7. 12.

AHI, Heb. *Frater meus*, un homme de la tribu d'Aser, fils de Somer. 1. Par. 7. 34.

AHIA, AHIAS, AHIAM, Heb. *Frater Domini*, 1° Un des trente braves officiers de David. 2. Reg. 23. 33. 1. Par. 11. 34. *Ahiam filius Sachar Ararites.*—2° Un autre de ce nombre du même nom. 1. Par. 11. 36. *Ahia Phelonites:* Ahia de Pheloni.—3° Un secrétaire du roi Salomon, fils de Siza. 3. Reg. 4. 3.— 4° Un prophète de la ville de Silo, envoyé de Dieu à Jeroboam, pour lui assurer le royaume des dix Tribus, en déchirant son manteau en douze parties, dont il lui en donna dix, pour lui marquer la portion du royaume de Salomon. 3. Reg. 11. v. 29. 30. et suiv. 2. Par. 9. 29. c. 10. 15.—5° Le père de l'impie Baasa, roi d'Israël. 3. Reg. 15. v. 27. 33. c. 21. 22. 4. Reg. 9. 9.

AHICAM, Heb. *Frater resurgens*, fils de Saphan, et père de Godolias. 4. Reg. 22. v. 12. 14. c. 25. 22. 2. Par. 34. 20. Jerem. 26. 24. etc.

AHIEZER, Heb. *Frater adjutorii*, fils d'Ammisaddai, chef de la tribu de Dan. Num. 1. 12. c. 7. 66 etc.

AHILUD, Heb. *Frater unitatis*, secrétaire de David, et père de Josaphat et de Bana 2. Reg. 8. 16. c. 20. 24. 3. Reg. 4. v. 3. 12.

AHIMAN, Heb. *Frater præparatus*, 1° Un homme de la race des Géants, qui fut chassé de son pays avec Sesaï et Tolmaï, après la prise de Hebron par Caleb. Jos. 15. 14. Judic. 1. 10. Voy. ENAC.—2° Un lévite ; portier du temple. 1. Par. 9. 17.

AHIMELECH. Voy. ACHIMELECH. Heb. *Frater meus Rex*, grand prêtre, fils d'Abiathar. 1. Par. 18. 16. c. 24. v. 3. 6. 31.

AHIN, Heb. *Frater vini*, fils de Semida. 1. Par. 7. 19. Voy. SEMIDA.

AHINADAB, Heb. *Frater spontaneus*, fils d'Addo, que Salomon envoya intendant en Manaïm. 3. Reg. 4. 14.

AHIO, Heb. *Frater ejus*, 1° Fils d'Abinadab, et frère d'Oza, qui était chargé avec lui de conduire l'arche du Seigneur, lorsque David la fit transporter à Jérusalem. 2. Reg. 6. v. 3. 4. Voy. OZA.—2° Fils d'Abigabaon, et de Maacha. 1. Par. 8. 31. c. 9. 37. — 3° Un autre de la tribu de Benjamin. 1. Par. 8. 14.

AHION, Heb. *Intuitus*, ville de la tribu d'Ephraïm que Benadab prit sur Baasa, roi d'Israël. 3. Reg. 15. 20. 2. Par. 16. 4.

AHIRA, Heb. *Frater iniquitatis*, fils d'Enan, chef de la tribu de Nephthalim. Num. 1. 15. c. 2. 29. c. 7. 78. c. 10. 27.

AHIRAM, Heb. *Frater meus sublimis*, de la tribu de Benjamin, prince et chef de la famille des Ahiramites. Num. 26. 38.

AHISAHAR, Heb. *Frater auroræ*, fils de Balan, de la tribu de Benjamin. 1. Par. 7. 10.

AHISAR, Heb. *Frater principis*, intendant de la maison de Salomon. 3. Reg. 4. 6.

AHIUD, Heb. *Frater laudis*, 1° Fils de Salomi, de la tribu d'Aser, qui fut choisi pour travailler au partage de la terre de Chanaan. Num. 34. 27.

2° Fils de Naaman et frère d'Oza, de la tribu de Benjamin. 1. Par. 8. 7.

AHOBBAN, Heb. *Frater filii*, fils d'Abisur et d'Abihaïl. 1. Par. 2. 29.

AHOD, Heb. *Unitas*. — 1° Troisième fils de Siméon. Genes. 46. 10.—2° Un descendant de Benjamin. 1. Par. 8. 6.

AHOE, Heb. *Tribulus*, sixième fils de Balé et petit-fils de Benjamin. 1. Par. 8. 4.

AHOHIMAN, Heb. *Perturbator*, fils de Lotan. 1. Par. 1. 39.

AHOHITES, E. Heb. *Spinosus*, descendant de Ahohé, fils de Balé ; il se trouve plusieurs braves hommes de cette famille.—1° Eléazar, fils de Bodi, qui était le second entre les trois plus vaillants de l'armée de David ; ce fut lui qui tint ferme contre les Philistins, qui avaient mis en fuite les Israélites, et battit les ennemis, ne cessant de les tuer jusqu'à ce que sa main se lassa de tuer et qu'elle demeura attachée à son sabre, tant à cause du sang qui s'y était figé, qu'à cause que les nerfs s'étaient retirés. 2. Reg. 23. v. 4. 10. *Donec deficeret manus ejus et obrigesceret cum gladio; populus qui fugerat reversus est ad cæsorum spolia detrahenda.* — 2° Selmon. 2. Reg. 23. 28. C'était un des trente braves de l'armée de David. — 3° Haï. 1. Par. 11. 29. C'était encore un des plus vaillants.—4° Dudia, mestre de camp, qui commandait vingt-quatre mille hommes des troupes de Salomon, et entrait en service le second mois. 1. Par. 27. 4. *Secundi mensis habebat turmam Dudia Ahohites.*

AHUMAI, Heb. *Frater aquarum*, fils de Jahath, de la tribu de Juda. 1. Par. 4. 2.

AIA, Heb. *Vultus.* — 1° Fils de Sébéon, de la race d'Esaü. Gen. 36. 24. 1. Par. 1. 40. — 2° Mère de Respha, femme d'Esaü. 2. Reg. 21. 8. c. 21. v. 8. 10. 11.

AIALON, Heb. *Ilex.*— 1° Ville de la tribu de Dan, donnée aux lévites de la famille de Caath. Jos. 10. 12. c. 19. 42. *Sol contra Gabaon ne movearis, et luna contra vallem Aialon:* Soleil, arrête-toi sur Gabaon; lune, n'avance point sur la vallée d'Aïalon. Jonathas y remporta une belle victoire contre les Philistins. 1. Reg. 14. 31. Elle avait d'abord été habitée par les Amorrhéens. Jud. 1. 35. — 2° ville de la tribu de Benjamin, qui fut rebâtie par Roboam, et entièrement ruinée par les Philistins du temps d'Achaz. 1. Par. 8. 13. 2. Par. 11. 10, c. 28. 18.— 3° Ville de refuge donnée aux lévites. Jos. 21. 24. Appelée Hélon. 1. Par. 6. 69. Voy. HELON.

AIATH, Heb. *Hora.* Pays autour d'Haï. Isa. 10. 28. *Veniet in Aiath*: Il viendra à Aïath. Le Prophète parle du roi des Assyriens.

AILA, Æ. Ville et pays d'Idumée. 4. Reg. 16. 6. *In tempore illo restituit Rasin rex Syriæ Ailam Syriæ*: En ce même temps, Rasin, roi de Syrie, reconquit Elam pour les Syriens.

AILATH. Voy. ÆLATH. Heb. *Ilices.* Ville d'Idumée, sur le rivage de la mer Rouge. 3. Reg. 9. 26. *Classem fecit rex Salomon in Asiongaber, quæ est juxta Ailath in littore maris Rubri in terra Idumeæ.* 2. Par. 8. 17. Le roi Ozias l'avait bâtie. 2. Par. 26. 2.

AIN ou AEN, Heb. *Oculus.* Ville de la tribu de Juda. Jos. 15. 32. c. 19. 7. c. 21. 16.

AION, ville de la tribu d'Aser. 4. Reg. 15. 29.

AIO, AIS, AIT, εἰπεῖν, λέγειν. Ce verbe, qui vient ou de φάω, *dico*, selon quelques-uns, selon d'autres de l'hébreu *hajah, fuit, est, erit,* a les mêmes significations que *dico*, et se voit très-souvent dans l'Ecriture à la troisième personne.

1° Dire, parler à quelqu'un, soit que ce soit Dieu qui parle, ou plutôt qui se fasse entendre, de quelque façon que ce soit : car Dieu n'a point de corps ni de langue ; il ne parle point par des paroles qui frappent l'air et qui passent avec le temps. Gen. 3. 14. c. 4. 9. etc., soit que ce soient les créatures.

2° Commander, ordonner, comme Dieu fait avec une autorité souveraine aux créatures. Gen. 1. 11. *Et ait: germinet terra herbam virentem*: Que la terre pousse de l'herbe verte. Depuis que Dieu a ordonné à la terre de porter des herbes et des plantes, elle n'a point cessé de le faire pour obéir à son Créateur. Voy. DICERE.

C'est avec la même autorité qu'il parle par ses prophètes, *ait Dominus.* Isa. 19. 4. *Ait Dominus, Deus exercituum:* C'est le Seigneur, le Dieu des armées, qui parle. Jerem. 1. 15. c. 8. v. 1. 13. 17. etc. Ce verbe a plusieurs autres significations, comme répondre, proposer, assurer, etc., qui se connaissent assez par la suite du discours.

ALA, Æ, πτέρυξ. Ce mot vient par contraction d'*axilla*, aisselle ; parce que c'est proprement la partie de l'oiseau qui l'élève ou qui le soutient en l'air, quand elle est étendue, et ses deux ailes lui tiennent lieu de bras. L'aile de l'oiseau, soit à cause de sa ressemblance ou de son visage, marque plusieurs sens figurés dans l'Écriture, comme il se voit ci-dessous.

1° L'aile d'un oiseau. Exod. 19. 4. *Vidistis quomodo portaverim vos super alas aquilarum* : Vous avez vu vous-mêmes de quelle manière je vous ai portés, comme l'aigle porte ses aiglons sur ses ailes : cette expression latine est abrégée ; l'aigle ne porte point ses petits dans ses serres, comme les autres oiseaux; mais elle les met sur ses ailes. Matth. 23. 37. Job. 39. v. 18. 26. Parce que les ailes sont données pour voler et aller plus vite, l'Ecriture les attribue à plusieurs choses, pour en marquer la vitesse ; comme lorsque Zacharie, 5. 9. représente les deux femmes dont il parle, avec des ailes enflées de vent, pour aller encore plus vite : *Et spiritus in alis earum* : Le vent soufflait dans leurs ailes.

Ainsi on donne deux ailes à la femme, qui signifie l'Eglise. Apoc. 12. 14. pour échapper et se sauver au plus vite.

Les sauterelles de l'Apoc. 9. 9. ont des ailes, pour marquer que les ministres de l'Antechrist, qu'elles représentent, exécuteront ses ordres avec grande diligence.

Cette première bête mystique qui représente l'empire des Babyloniens. Dan. 7. 4. a aussi des ailes, pour marquer la vitesse avec laquelle elle a conquis ses états.

La troisième, qui représente le royaume de Macédoine, sous Alexandre, en a aussi pour la même raison. v. 6.

Les vents ont aussi des ailes, pour marquer leur vitesse. Ose. 4. 19. *Ligavit eum spiritus in alis suis* : Un vent impétueux l'emportera comme lié sur ses ailes : le prophète prédit la captivité des dix tribus.

Enfin l'Ecriture donne des ailes aux anges et aux animaux mystiques, pour marquer avec quelle diligence ils exécutent les ordres de Dieu. Exod. 25. 20. *Expandentes alas*, et souvent ailleurs. Voy. PENNA.

2° Armées ou troupes de gens de guerre, dans lesquelles la cavalerie placée à droite et à gauche, est comme les ailes d'un oiseau. Isa. 8. 8. *Erit extensio alarum ejus implens latitudinem terræ tuæ* : Le roi des Assyriens étendra ses ailes, et couvrira toute l'étendue de votre terre (παρεμβολὴ, *castra*). Jer. 48. 40. c. 49. 22. Dans ces endroits ces ailes étendues sur quelque pays, marquent une grande multitude d'ennemis qui en couvrent l'étendue. Ainsi, Ezech. 17. v. 3. 7. Nabuchodonosor et le roi d'Egypte, sont comparés à des aigles, qui ont de grandes ailes, à cause de leurs armées nombreuses. *Aquila grandis magnarum alarum*: Un aigle puissant qui avait de grandes ailes.

3° Voiles de vaisseaux. Isa. 18. 1. *Væ terræ, cymbalo alarum*: Malheur à la terre qui fait du bruit de ses ailes, Gr. *navium alis*, Hebr. *umbræ alarum*: Le Prophète marque les vaisseaux de guerre de l'Egypte, dont les voiles faisaient beaucoup d'ombre, et l'attirail grand bruit sur la mer. Voy. CYMBALUM.

4° Le soin que l'on prend de la conservation de quelqu'un; comme quand il est dit que Dieu porte son peuple sur ses ailes. Exod. 19. 4. Deut. 32. 11. Ainsi la défense et la protection qu'il lui donne. Ps. 16. 8. *Sub umbra alarum tuarum protege me*. Ps. 35. 8. Ps. 56. 2. Ps. 60. 5. Ps. 62. 8. Ruth. 2. 12. Ps. 70. 4. La métaphore est tirée des oiseaux, et surtout des poules, qui cachent leurs petits sous leurs ailes, pour les défendre et les échauffer, comme Jésus-Christ le dit de soi-même. Matth. 23. 37. Luc. 13. 34. Voy. PENNA.

5° Les bords de la robe ou du manteau. Jerem. 2. 34. *In alis tuis inventus est sanguis innocentum*: Ce qui marque que le meurtre est évident, et qu'il ne se peut point cacher: cela se dit du peuple Juif à l'égard des prophètes. v. 30. Quelques-uns croient que ces paroles de Jérémie s'entendent des mains du peuple Juif, en le comparant à l'épervier, qui a ordinairement les ailes pleines de sang (χείρ, *manus*): ainsi ce serait, *In alis tuis inventus est sanguis animarum pauperum et innocentum*: On a trouvé dans vos mains le sang des âmes pauvres et innocentes.

Ala vestis se dit dans l'Hébreu pour le bord de la robe en plusieurs endroits.

ALABASTRUM, I. ἀλάβαστρον. Ce mot signifie proprement un vase fait d'une pierre nommée *Alabastrites*, qui est fort blanche, et aisée à tailler, propre pour faire des statues et de petits vases; quelques-uns font venir ce mot du latin *albus*, à cause de la blancheur de cette pierre; d'autres du grec ἀλάβαστρον, qu'ils tirent d'ἀ, privatif, et de λαμβάνω, *capio*; parce que cette pierre est si unie, que les mains glissent dessus sans pouvoir s'y attacher: c'est pour cela que ce vase d'albâtre est appelé *onyx*, qui signifie l'ongle de l'homme. Matth. 26. 7. *Accessit ad eum mulier habens alabastrum unguenti pretiosi*: Une femme vint à lui avec un vase d'albâtre plein d'une huile de parfums de grand prix: cette femme était Marie, sœur de Lazare, laquelle rompit même le vase, et répandit le parfum sur la tête de Jésus-Christ. Marc. 14. 3. La pécheresse dont parle saint Luc. c. 7. 37. ayant aussi un vase d'albâtre plein d'huile de parfum, l'avait répandu sur les pieds de Jésus-Christ, quelques années auparavant dans la Galilée, chez un pharisien nommé *Simon*.

ALACER, CRIS, E. Ce mot vient, selon quelques-uns, de *alis acer*: mais la quantité y répugne; d'autres du grec ἄδακρυς, qui ne pleure point, qui a toujours l'œil riant; d'autres enfin croient qu'il se dit comme *non lacer*, entier, qui n'est point inutile, et signifie,

Allègre, délibéré, dispos, gai (ἀγαθός). 3. Reg. 8. 66. *Profecti sunt in tabernacula sua lætantes et alacri corde*: Ils s'en retourneront en leurs maisons avec une allégresse publique, ayant le cœur plein de joie. Esth. 5. 9. *Aman lætus et alacer*.

ALACRITAS, TIS, προθυμία. Allégresse, ardeur avec laquelle on se porte à quelque chose. Eccli. 45. 29. *In bonitate et alacritate animæ suæ placuit Deo pro Israel*: Phinées apaisa la colère de Dieu contre Israël par sa bonté, et le zèle ardent avec lequel il se porta à venger sur ses proches mêmes les offenses qu'ils commettaient contre Dieu. Voy. Num. 25. 11.

ALAM, Heb. *Occultatio*. Un chef de famille, dont les enfants retournèrent de Babylone, au nombre de soixante-dix. 1. Esdr. 8. 7.

ALAMATH, Heb. *Idem*. Fils de Joada, autrement dit Jora, de la tribu de Benjamin. 1. Par. 8. 36. c. 9. 42.

ALAPA, Æ. Ce mot vient, selon Vossius, ou de l'Hébreu al-aph, *super faciem*, ou du Grec ἀλαπάζω, *vacuo, vasto*, et signifie,

Un soufflet, un coup donné du plat de la main sur la joue (ῥάπισμα). Marc. 14. 65. *Ministri alapis eum cædebant*: Les valets donnaient à Jésus-Christ des soufflets. Joan. 18. 22. c. 19. 3. Le mot grec signifie plutôt un coup de verges ou de canne, et ne signifie que par abus un soufflet; quelques-uns veulent que le mot *alapa* signifie la même chose que *colaphus*; mais si *alapa* signifie ici un soufflet, saint Marc le distingue visiblement de *colaphus*, dans ce même verset 65.

ALBUS, A, UM, λευκός. Cet adjectif vient du Grec ἀλφός, qui signifie la même chose.

Blanc ou blanche, qui réfléchit la lumière en toutes ses parties. Luc. 23. 11. *Illusit indutum veste alba*. Hérode traitant Jésus avec moquerie, le revêtit d'une robe blanche. Gr. éclatante. Genes. 30. v. 35. 40. c. 31. 8. Exod. 16. 31. etc. dans le sens figuré, le blanc marque:

1° La pureté et l'innocence. Isa. 1. 18. *Si fuerint peccata vestra ut coccinum, quasi nix dealbabuntur, et si fuerint rubra quasi vermiculus, velut lana alba erunt*: Quand vos péchés seraient comme l'écarlate, ils deviendront blancs comme la neige; et quand ils seraient rouges comme le vermillon, ils seront blancs comme la laine la plus blanche: on ne peut assez admirer la miséricorde de Dieu, qui guérit l'âme lorsqu'elle était tout ensanglantée de ses blessures, et qui, après qu'elle a été souillée en tant de manières, lui donne des vêtements blancs comme la neige: c'est ce qui est aussi marqué par ces vêtements blancs dont il est parlé. Apoc. 3. 18. *Suadeo tibi emere a me aurum ignitum probatum ut locuples fias, et vestimentis albis induaris*: Je vous conseille d'acheter de moi de l'or purifié par le feu, pour vous enrichir, et des vêtements blancs pour vous habiller : c'est encore pour marquer la pureté des anges qu'ils paraissent vêtus de blanc. Joan. 20. 12. Act. 1. 10. Ainsi, Apoc. 6. 2. *equus albus*, la blancheur de ce cheval marque la pureté et l'intégrité des prédicateurs de l'Evangile, qu'il représente. c. 19. 11. La blancheur du cheval sur lequel Jésus-Christ est assis, marque sa pureté et son innocence dans son humanité. 1. 14. Il est suivi des armées de ses élus, montés aussi sur des chevaux blancs, qui marquent la même pureté ; et le fin lin blanc et pur dont ils sont revêtus, représente leurs bonnes œuvres qu'ils ont faites avec une intention pure et droite.

2° La gloire et l'immortalité est marquée par l'éclat de la blancheur. Apoc. 3. 4. *Ambulabunt mecum in albis* : Ils marcheront avec moi habillés de blanc. v. 5. *Qui vicerit, sic vestietur vestimentis albis* : Celui qui sera victorieux, sera ainsi vêtu d'habits blancs. c. 4. 4. c. 6. 11. Voy. STOLA.

3° La prospérité et la paix. Zach. 1. 8. *Post eum equi rufi, varii, et albi* : Il y avait après lui des chevaux, dont les uns étaient roux, d'autres marquetés, et les autres blancs. Ces chevaux de différentes couleurs représentent les anges qui présidaient aux nations, qui tinrent une conduite différente à l'égard des Juifs ; les chevaux roux marquent ceux qui présidaient aux Chaldéens et aux Assyriens, nations ennemies des Juifs ; les chevaux blancs signifiaient les anges, qui présidaient aux nations pacifiques et amies des Juifs, tels qu'ont été les Mèdes et les Perses, et ensuite les Grecs, sous la conduite d'Alexandre ; et les marquetés signifient ceux qui les ont traités différemment. Ainsi, c. 6. v. 3. *Et in quadriga tertia equi albi*. Ces chevaux blancs marquent la bonté avec laquelle Alexandre traita les Juifs : car en cet endroit Dieu fait voir à Zacharie sous ces figures les quatre monarchies qu'il avait fait voir à Daniel, sous la figure de différentes bêtes. v. 6. Ces mêmes chevaux blancs suivirent les chevaux noirs du côté de l'aquilon ; parce que les Grecs, sous la conduite d'Alexandre, s'assujettirent après les Mèdes et les Perses sous celle de Cyrus, la terre de Babylone, qui est appelée dans l'Ecriture, *la terre de l'Aquilon*.

4° La sécheresse et la stérilité. Joel. 1. 7. *Albi facti sunt rami ejus* : Leurs branches demeurèrent toutes sèches et toutes nues : il parle des figuiers dont les sauterelles rongent l'écorce des branches, qui par là même deviennent sèches.

ALBOR, IS. Blancheur (ἀλφός). Levit. 13. 39. *Vir, sive mulier, in cujus cute candor apparuerit, intuebitur eos Sacerdos ; si deprehenderit subobscurum alborem lucere in cute, sciat non esse lepram* : S'il paraît une blancheur sur la peau d'un homme ou d'une femme, le prêtre les considérera ; et s'il reconnaît que cette blancheur paraît sur la peau, étant un peu obscure, qu'il sache que ce n'est point la lèpre. De ce mot se fait cette phrase, *Verti in alborem* : devenir blanc Levit. 13. v. 16. 25. *Quod si rursum versa fuerit in alborem* : Que si la lèpre devient encore toute blanche, etc.

ALBUGO, INIS, λεύκωμα. Une tache blanche dans l'œil, une taie qui se forme par une pellicule blanche qui couvre la prunelle, et qui empêche la vision (πτίλλος, *lusciosus*). Lev. 21. 20. *Si albuginem habens in oculo* : S'il a une taie sur l'œil : c'était un défaut qui excluait de la prêtrise dans l'ancienne loi ; mais ce défaut et tous les autres qui sont ici rapportés, marquent les défauts spirituels qui devraient dans la loi nouvelle rendre incapables du ministère sacré. (*Voyez* saint Grégoire, *in Pastorali*), Tob. 6. 9. c. 11. 14. *Cœpit albugo ex oculis ejus quasi membrana ovi egredi* : Une petite peau blanche, semblable à celle d'un œuf, commença à sortir de ses yeux. Voy. FEL.

ALCIMUS, I. *Fortis*, du grec ἄλκος, *Fortitudo*. Alcime, grand sacrificateur, traître à sa patrie. 1. Mach. 7. 5. *Venerunt ad eum viri iniqui et impii ex Israel, et Alcimus dux eorum, qui volebat fieri Sacerdos* : Des hommes d'Israël, méchants et impies, vinrent trouver Démétrius, ayant à leur tête Alcime, qui aspirait à être établi grand prêtre. v. 9. *Alcimum impium constituit in Sacerdotium* : Bacchides établit grand prêtre l'impie Alcime : il en est souvent parlé dans ce chapitre, et dans le chapitre 9. et 2. Mach. 14. 3.

ALERE, τρέφειν. Ce verbe, qui se fait du Grec ἄλειαρ, *Farina frumenti*, signifie,

1° Nourrir, fournir les aliments nécessaires pour entretenir la vie. Tob. 1. 20. *Esurientes alebat* : Il nourrissait ceux qui n'avaient pas de quoi manger. Exod. 16. v. 32. 35. *Hoc cibo aliti sunt quadraginta annis* : Les Israélites furent nourris de la manne pendant quarante ans. Levit. 22. 13. 2. Mach. 7. 27. Act. 12. 20. De là vient, *Alere animam suam* : Se nourrir. Eccli. 40. 30. Ainsi, *alere greges*, élever des bestiaux pour le ménage de la campagne. Genes. 46. 32. *Sunt viri Pastores ovium, curamque habent alendorum gregum* : Ce sont des pasteurs de brebis qui s'occupent à nourrir des troupeaux. Num. 32. 1.

2° Nourrir spirituellement de la parole de Dieu, et des autres secours spirituels. Apoc. 12. 14. *Datæ sunt mulieri alæ duæ aquilæ magnæ, ut volaret in desertum in locum suum, ubi alitur per tempus et tempora et dimidium temporis* : On donna à la femme deux ailes d'un grand aigle, afin qu'elle s'envolât au désert en son lieu, où elle est nourrie pendant trois ans et demi. Cette femme nous représente l'Eglise dans la persécution, surtout celle de l'Antechrist, qui durera, à ce qu'on croit, comme celle d'Antiochus, trois ans et demi : Dieu donnera aux fidèles le moyen de se retirer quelque part, où ils se nourriront de la parole de Dieu.

ALEXANDER, DRI, *Virorum adjutor*, du Grec ἀλέξω, et d'ἀνήρ. Nous trouvons dans l'Ecriture cinq hommes de ce nom.

1° Alexandre le Grand, fils de Philippe, roi de Macédoine. 1. Mach. 1. 8. *Regnavit*

Alexander annis duodecim, et mortuus est : Alexandre régna douze ans, et après cela il mourut. v. 1. c. 6. 2. *Alexander Philippi Rex Macedo, qui regnavit primus in Græcia :* Alexandre, roi de Macédoine, fils de Philippe, qui établit le premier la monarchie des Grecs. Il en est fait mention dans Daniel, c. 7. 6. c. 8. v. 8. 21. c. 10. 20. c. 12. 3. Ce prince fut élu capitaine-général de toute la Grèce à l'âge de 22 ans, et entreprit la conquête de l'Asie avec une armée composée seulement de trente mille hommes : il mourut âgé de 32 ans, l'an 3680.

2° Alexandre Balé, fils du roi Antiochus Epiphane, qui défit Démétrius. Il en est souvent parlé dans les chapitres 10. et 11. du premier livre des Machabées. Il succéda à son père l'an du monde 3850.

3° Fils de Simon le Cyrénéen, qui porta la croix de Notre-Seigneur. Marc. 15. v. 21.

4° Un de la race Sacerdotale, qui fut de ceux qui défendirent aux apôtres de prêcher. Act. 4. v. 6. 18. On croit que c'est lui qui fut Alabarche d'Alexandrie, c'est-à-dire intendant des Salines, première dignité de magistrature dans Alexandrie.

5° Celui que les Juifs produisirent pour apaiser le peuple d'Ephèse. Act. 19. v. 33. 34. Il semble que ce soit cet ouvrier en cuivre dont saint Paul se plaint. 2. Tim. 4. 14. qui avait été fidèle. 1. Tim. 1. 20.

ALEXANDRIA, Æ. Gr. *Adjutorium virorum* ; Heb. No. *Irritatio.* Alexandrie, ville capitale de l'Egypte, bâtie par Alexandre le Grand ; elle s'appelait auparavant *No.* Jerem. 46. 25. *Ecce ego visitabo super tumultum Alexandriæ :* Je vais visiter dans ma colère le tumulte d'Alexandrie ; c'est-à-dire le grand peuple ou la multitude tumultueuse d'Alexandrie. Le mot hébreu *no*, est ordinairement suivi ou précédé du mot *Amon*, qui est rendu par *populus, tumultus* ou *multitudo ;* parce que cette ville est fort peuplée. Jérémie parle de la conquête de l'Egypte par Nabuchodonosor, qui la désola. Ezech. 30. 14. *Faciam judicia in Alexandria :* J'exercerai mes jugements dans Alexandrie. v. 15. *Interficiam multitudinem Alexandriæ :* Je ferai mourir cette multitude de peuple d'Alexandrie. Heb. No Amon ; *No populosam.* v. 16. *Alexandria erit dissipata :* Alexandrie sera ravagée. Nabuchodonosor ravagea toute l'Egypte. Nahum. 3. 8. *Numquid melior es Alexandria populorum*, i. e. *populosa* ; Heb. *No Amon :* Etes-vous plus considérable que la ville d'Alexandrie, si pleine de peuple ? Le prophète parle à Ninive, détruite par les Chaldéens, sous la conduite de Nabopolassar ; mais dans ces prophètes, le mot *Alexandria* a été mis par l'interprète latin, au lieu de No, située dans l'Egypte, en la place de laquelle Alexandre a bâti depuis la ville d'Alexandrie ; mais Bochard, dans son Phaleg, écrit que No était plutôt Diospolis, et qu'il avait été ruinée par Nabuchodonosor, et que le lieu où Alexandrie a été bâtie n'était qu'un petit lieu appelé *Racotis*, qui ne méritait pas être comparé avec Ninive.

ALEXANDRINUS, A, UM, Ἀλεξανδρεὺς, gr. *Adjutor virorum*. Alexandrin, qui est d'Alexandrie, qui appartient à cette ville. Act. 18. 24. *Judæus quidam, Apollo nomine, Alexandrinus genere :* Un juif nommé *Apollon*, originaire d'Alexandrie. c. 6. 9. c. 27. 6. c. 28. 11.

ALIAN, Heb. *Excelsus*, premier fils de Sobal. 1. Par. 1. 40.

ALICARNASSUS, 1. *Halicarnassus.* Ce mot est grec, composé d'ἃλς *mare*, de κάρα, *caput*, et de·νάω, *habito ;* ainsi c'est *caput maritimæ habitationis.*

Alicarnasse, ville capitale de la Carie, province de l'Asie Mineure. 1. Mach. 15. 23.

ALIAS, ἀλλότε. Cet adverbe vient du mot *alius*, et signifie une autre fois, en un autre temps : dans l'Ecriture :

1° Ailleurs, en un autre endroit (ἐν ἑτέρῳ, *alio loco*). Act. 13. 35. *Ideoque et alias dixit ;* et il dit encore en un autre endroit :

2° D'ailleurs, outre cela (καὶ γὰρ , *etiam, præterea*). Genes. 20. 12. *Alias et vere soror mea est :* D'ailleurs elle est véritablement ma sœur. Voy. SOROR.

ALIBI, de l'adjectif *alius*, et d'*ubi*, pour *aliubi.*

Ailleurs, d'un autre côté (ἀλλαχῆ). Sap. 18. 18. *Et alius alibi projectus semivivus :* Et l'un étant jeté à demi mort d'un côté, et l'autre de l'autre. Le Sage parle des fils aînés des Egyptiens qui furent frappés par l'Ange exterminateur.

ALIENARE, ἀλλοτριοῦν. De l'adjectif *alienus*, et signifie proprement aliéner, **transférer la propriété** d'une chose en quelque manière que ce soit : dans l'Ecriture :

1° Aliéner, détacher, séparer. Ephes. 2. 12. *Eratis sine Christo, alienati a conversatione Israel :* Vous n'aviez point alors de part au Messie ; vous étiez entièrement séparés du peuple d'Israël. Voy. CONVERSATIO. Ephes. 4. 18. *Alienati a vita Dei :* Entièrement éloignés de la vie de Dieu. Coloss. 1. 21. *Et vos cum essetis aliquando alienati :* Vous étiez vous-mêmes autrefois éloignés de Dieu. Ps. 57. 4. *Alienati sunt peccatores a vulva :* Les pécheurs se sont éloignés de la justice dès leur naissance. Ezech. 14. 7.

2° Aliéner se dit aussi figurément de l'affection. 1. Mach. 6. 24. *Filii populi nostri propter hoc alienabant se a nobis :* Ceux de notre peuple nous ont pris en aversion pour ce sujet. c. 11. 12. c. 15. 27.

Aliéner se dit aussi de l'esprit et du bon sens (μετεωρίζεσθαι, *efferri*) ; ainsi, *Alienatus mente :* C'est celui qui a l'esprit troublé, qui est hors de son sens. 2. Mach. 5. 17. *Ita alienatus mente Antiochus fuit :* Ainsi, Antiochus ayant perdu toute la lumière de l'esprit.

ALIENATIO, NIS. ἀπαλλοτρίωσις. Aliénation, action d'aliéner quelque chose, translation de propriété (Heb. Necher ; *rejectio, ablegatio*) : dans l'Ecriture :

Aliénation, retranchement, éloignement de la société civile. Job. 31. 3. *Numquid non perditio est iniquo, et alienatio operantibus iniquitatem ?* Dieu ne perdra-t-il pas le méchant et ne rejettera-t-il pas celui qui commet l'injustice ?

ALIENIGENA, æ. ἀλλόφυλος, ἀλλογενής. D'*alienus* et de *genus*, *alieni generis*, proprement celui qui est d'un autre pays ; mais il s'étend aussi à ceux qui sont d'une autre maison et d'une autre famille, et se dit même de ceux qui tiennent un parti contraire.

1° Un étranger qui est d'un autre pays que nous. Genes. 17. 27. *Omnes viri domus illius, tam vernaculi quam emptitii, et alienigenæ pariter circumcisi sunt* : Et en ce même jour encore furent circoncis tous les mâles de la maison d'Abraham, tant les esclaves nés chez lui, que ceux qu'il avait achetés et qui étaient nés en des pays étrangers 3. Reg. 11. v. 1. 8. 2. Esdr. c. 9. 2. c. 13. v. 3. 26. 30.

2° Celui qui n'est point de la race d'Abraham et du peuple d'Israël, qui n'avait point de part à l'alliance que Dieu avait faite avec lui. Exod. 12. 43. *Omnis alienigena non comedet ex eo* : Nul étranger ne mangera de la Pâque. Levit. 22. 25. *De manu alienigenæ non offeretis* : Vous n'offrirez point à votre Dieu des pains de la main d'un étranger. Luc. 17. v. 18. Act. 10. v. 28. etc.

3° Celui qui n'était point de la famille d'Aaron, quoique lévite. Exod. 29. 33. *Alienigena non vescetur ex eis*. Levit. 22. v. 10. 13. Num. 16. 40. c. 18. 4. Eccli. 46. 16. Voy. **ALIENUS, EXTERNUS.**

4° Les Philistins qui, étant sortis de la Cappadoce, avaient chassé les Evéens du pays que l'on appelle la *Palestine*, où ils se sont établis. Genes. 17. 27. Deut. 2. 23. Il en est fait mention sous ce nom, principalement dans les Psaumes. Psalm. 59. 10. Ps. 82. 8. Ps. 86. 4. Ps. 107. 10. et sont appelés particulièrement *alienigenæ*, parce que les autres nations étant éloignées, les Philistins, non seulement étaient voisins, mais même habitaient parmi les Israélites, et leur faisaient une guerre continuelle ; c'est peut-être pour cela que les Hébreux appelaient *allophylos*, i. e. *alienigenas*, leurs autres ennemis.

5° Les ennemis du peuple d'Israël, et par conséquent du peuple de Dieu, s'appelaient *alienigenæ*. Saint Ambroise, l. 1. des Offices, c. 29. *Adversarios suos Hebræi allophylos* sc. *alienigenas appellabant*. 1. Mach. 4. v. 12. 22. 26. 30. c. 10. v. 12. *Et fugerunt alienigenæ*. c. 11. v. 68. 74. *Ceciderunt de alienigenis in die illa tria millia virorum* : Il demeura sur la place en ce jour-là trois mille hommes de l'armée des étrangers.

6° Etranger qui n'est point ou du pays, ou de la maison où il est. Eccli. 11. 36. *Admitte ad te alienigenam* : Si vous donnez entrée chez vous à l'étranger, il excitera un trouble qui vous renversera. Il faut faire un grand choix de ceux qu'on introduit dans sa maison.

ALIENUS, A, UM, ἀλλότριος. De l'adjectif *alius*, a plusieurs significations, parce qu'il y a plusieurs manières d'être ou d'appartenir à autrui.

1° Ce qui est ou appartient à autrui. Eccli. 21. 9. *Qui ædificat domum suam impendiis alienis* : Celui qui bâtit sa maison, c'est-à-dire qui se fait riche aux dépens d'autrui, est comme celui qui amasse ses pierres pour bâtir durant l'hiver, dont l'édifice tombera en ruine, parce que les biens mal acquis portent avec eux une malédiction qui accable ceux qui en sont chargés. c. 40. 30. *Vir respiciens in mensam alienam, non est vita ejus in cogitatione victus : alit enim animam suam cibis alienis* : La vie de celui qui s'attend à la table d'autrui, n'est pas une vie, parce qu'il se nourrit des viandes des autres. Exod. 21. 35. c. 22. 5. etc. Ainsi les biens de la fortune sont appelés un bien qui n'est point à nous. Luc. 16. 12. *Si in alieno fideles non fuistis, quod vestrum est quis dabit vobis?* Si vous n'avez pas été fidèles dans un bien étranger, qui vous donnera le vôtre propre ? Les biens extérieurs et périssables sont étrangers à notre égard, et ne sont pas proprement à nous ; soit parce qu'étant hors de nous, ils ne peuvent nous rendre heureux ; soit parce qu'ils peuvent à tous moments nous être enlevés ; soit enfin parce qu'étant périssables, il faut que nous les quittions ou qu'ils nous quittent : les seuls biens qui nous sont propres, ce sont les biens de la grâce et les dons de l'Esprit de Dieu ; soit parce qu'ils peuvent seuls nous contenter et remplir notre cœur, soit parce qu'ils sont au dedans de nous et l'ornement de notre âme ; soit enfin parce que nul ne saurait nous les ravir malgré nous. Voy. **VESTRUM.**

C'est à cette signification que se rapporte *Aliena mulier* : Une femme étrangère ; pour marquer une prostituée, qui n'étant point fidèle à son mari, à qui elle appartient, se prostitue à d'autres (ἄλλος). Prov. 5. 9. *Ne des alienis honorem tuum* : Ne prostituez point votre honneur à des étrangers ; c'est-à-dire à des femmes de mauvaise vie et à tous les débauchés qui les accompagnent : un homme qui s'y abandonne perd, non seulement sa réputation qui vaut mieux que les richesses, mais encore son âme qui a l'honneur d'être créée à l'image de Dieu. Prov. 2. 16. c. 5. 20. c. 7. 5. etc. Ainsi, *Species aliena* : La beauté d'une femme étrangère. Eccli. 9. 8. *Ne circumspicias speciem alienam*, v. 11. *speciem mulieris alienæ* : L'Ecriture appelle en général une prostituée, femme étrangère ; soit celle qui étant mariée s'abandonne à celui qui n'est point son mari ; soit celle qui n'étant point mariée s'abandonne à celui à qui elle n'appartient pas.

On appelle aussi *alieni* les hommes adultères, parce qu'ils sont étrangers à l'égard de celles qu'ils séduisent. Ezech. 16. 32. *Facta es quasi mulier adultera, quæ super virum suum induet alienos* : Vous êtes devenue comme une femme adultère qui cherche des étrangers en se retirant de son mari.

On appelle encore de la sorte les enfants illégitimes ou les enfants des femmes étrangères. Ose. 5. 7. *Filios alienos genuerunt* : Ils ont violé la loi du Seigneur, parce qu'ils ont engendré des enfants bâtards.

2° Celui à qui une chose n'appartient pas et qui en est usurpateur, s'appelle étranger. Joan. 10. 5. *Alienum non sequuntur* : Les brebis ne suivent point un pasteur étranger dont elles n'entendent point la voix. Ceux qui sont devenus les propres brebis du vrai Pasteur Jésus-Christ, ne s'attachent qu'aux pasteurs qu'il leur donne lui-même. Voy. Proprius.

C'est en ce sens que les faux dieux et les idoles sont appelés dieux étrangers, parce qu'on leur rend un honneur qui n'est dû qu'au vrai Dieu (ἕτερος). (Matth. 4. 10. Luc. 4. 8. *Dominum Deum tuum adorabis et illi soli servies.*) Exod. 20. 3. *Non habebis deos alienos coram me :* Vous n'aurez point d'autres dieux que moi. Dieu est jaloux de l'honneur qui lui est dû. Genes. 35. v. 2. 4. Deut. 5. 7. c. 6. 14. c. 7. 4. c. 8. 19. etc. Quelquefois le mot *dii* est sous-entendu. Isa. 43. 12. *Non fuit in vobis alienus :* Il n'y a point en parmi vous de dieu étranger. Jerem. 2. 25. *Adamavi alienos :* J'aime les dieux étrangers avec passion. c. 3. 13. c. 8. 19.

3° Étranger, opposé à domestique, qui ne nous touche point. Genes. 31. 15. *Nonne quasi alienas reputavit nos?* Notre père ne nous a-t-il pas traitées comme des étrangères? c. 42. 7. *Quasi ad alienos durius loquebatur :* Joseph parla à ses frères assez rudement, les traitant comme des étrangers. Deut. 22. 3. Job. 19. v. 13. 15. Ose. 8. 12. 1. Mach. 12. 10. Isa. 61. 5.

4° Étranger, qui n'est point lié de parenté avec nous, qui n'est ni notre allié, ni notre parent. Exod. 21. 8. *Populo alieno vendendi non habebit potestatem :* Si une femme du second rang déplaît à celui qui l'a achetée pour l'épouser, il la laissera aller et souffrira qu'on la rachète ; mais il n'aura pas la liberté de la vendre à un étranger qui ne soit point parent de celui qui la doit acheter, selon la loi du Lévitique. 25. v. 48. 49. *Qui voluerit ex fratribus suis redimet eum :* Celui de ses parents qui voudra le racheter, le pourra faire ; c'est le même cas de cette femme. Matth. 17. v. 24. 25. *ab alienis :* C'est des étrangers que les rois reçoivent des tributs et des impôts ; les enfants en sont exempts.

5° Un étranger, qui est de quelque pays éloigné de nous ou d'une autre nation que la nôtre. Deut. 23. 19. *Non fenerabis fratri tuo ad usuram, sed alieno :* Vous ne prêterez point à usure à votre frère, mais seulement aux étrangers. Dieu commandait aux Israélites de prêter gratuitement à leurs frères, c'est-à-dire à ceux de leur nation qui étaient dans le besoin ; mais il permettait l'usure à l'égard des étrangers. Quoique cette permission fût d'une chose non licite, saint Ambroise a cru néanmoins que cette permission était légitime et sans défaut ; mais ce sentiment n'est pas sans difficulté. Isa. 2. 6. *Pueris alienis adhæserunt :* Les Israélites se sont attachés à des enfants étrangers. Ils achetaient de jeunes esclaves pour en abuser. Judic. 19 12. Esth. 16. 10. Eccli. 36. 3. Ezech. 44. 9.

6° Les méchants et les impies qui suivaient les mœurs déréglées des nations profanes, quoiqu'ils fussent nés selon la chair du peuple de Dieu. Ps. 18. 14. *Ab alienis parce servo tuo :* Défendez votre serviteur contre l'insolence des méchants ; Hebr. *superbis*, des superbes, ou des péchés de l'orgueil. Ps. 53. 3. *Alieni insurrexerunt adversum me :* Des étrangers se sont élevés contre moi. Ces étrangers dont il parle étaient ceux de Ziph, qui cherchaient à le faire périr. Eccli 32. 22. c. 45. 22. etc. Ainsi, *Filii alieni*, Heb. *bene necar*, Enfants étrangers ; chez les Hébreux ce sont ceux qui dégénèrent, et qui, au lieu d'imiter la bonté de Dieu, leur Père, en sont différents, comme sont ordinairement les bâtards. Ps. 17. 49. *Filii alieni mentiti sunt mihi :* Des enfants étrangers ont agi avec dissimulation à mon égard. Ps. 143. v. 8. 12. Ezech. 44. v. 7. 9. Joel. 3. 17. Ainsi le peuple juif, qui s'était détourné du culte de Dieu, est appelé une vigne étrangère, qui dégénère et qui devient sauvage. Jerem. 2. 21. *Quomodo conversa es mihi in vineam alienam?* Comment êtes-vous devenu pour moi un plan bâtard? Voy. Vinea.

7° Ennemi, mal affectionné. Isa. 1. 7. *Regionem vestram alieni devorant :* Les étrangers dévorent votre pays devant vous. Les peuples qui environnaient la Terre sainte étaient ennemis des Juifs ou du peuple de Dieu. Levit. 26. 8. *Persequentur quinque de vestris centum alienos :* Cinq d'entre vous en poursuivront cent. Job. 15. 19. Ps. 108. 11. Isa. 25. v. 2. 5. c. 62. 8. Jerem. 30. 8. c. 51. 51. Thren. 5. 2. Ezech. 28. v. 7. 10. c. 30. 12. c. 31. 12. etc. Ainsi, Isa. 61. 1. *Et stabunt alieni :* Les étrangers viendront. Ces étrangers sont les Juifs et les Gentils persécuteurs des chrétiens.

8° Étranger, opposé à celui qui est consacré au service de Dieu. (ἀλλογενής). Exod. 30. 33. *Quicumque tale composuerit, et dederit ex eo alieno, exterminabitur de populo suo :* Quiconque composera de semblable parfum et en donnera à un étranger, qui ne sera point de la race sacerdotale, sera exterminé du milieu de son peuple. Num. 3. 38. *Quisquis alienus accesserit, morietur :* Tout étranger qui approchera du sanctuaire sera puni de mort. Il appelle étranger celui qui n'était point lévite et destiné au service de Dieu dans son sanctuaire. Levit. 10. 1. c. 16. 1. *Offerentes ignem alienum interfecti sunt :* Nadab et Abiu furent tués, pour avoir offert un feu étranger, qui n'avait pas été pris sur l'autel (ἀπαλλοτριοῦν, *alienum facere*). Ainsi, *Alienum facere locum sanctum :* C'est profaner un lieu sacré. Jerem. 19. 4. *Eo quod alienum fecerint locum istum :* Parce que les Israélites ont rendu ce lieu profane en sacrifiant à des dieux étrangers ; je ferai tomber sur Jérusalem de très-grandes afflictions.

9° Étranger, extraordinaire, nouveau, inconnu. 4. Reg. 19. 24. *Bibi aquas alienas :* J'ai bu des eaux étrangères, qui avaient été inconnues jusqu'alors. Sennachérib avait fait creuser la terre pour trouver des eaux qui avaient été cachées jusqu'alors. Isa. 17. 10. *Germen alienum seminabis :* Vous sèmerez des graines étrangères, qui viennent de loin, et inconnues en ce pays.

10° Exempt, dégagé de quelque chose, qui n'y a point de part (ἀθῶος). Jos. 2. 19. *Qui ostium domus tuæ egressus fuerit, sanguis ipsius erit in caput ejus, et nos erimus alieni :* Si ensuite quelqu'un sort de la porte de votre maison, il sera coupable de sa mort, et nous en serons innocents. Deut. 22. 9. 1. Mach. 6. 13. c. 12. 10. c. 15. 33. Voy. ALTER.

11° Contraire, opposé, qui n'est point naturel. Prov. 21. 8. *Perversa via viri aliena est.* La voie corrompue de l'homme est une voie étrangère; c'est-à-dire contraire à la nature de l'homme, car naturellement l'homme doit vivre selon la droite raison et la justice. Ainsi, Isa. 28. 21. *Irascitur, ut fiat opus suum, alienum opus ejus :* Dieu va se mettre en colère contre vous, et il fera son œuvre de votre punition, qui est une œuvre étrangère à sa volonté.

12° Autre, par exclusion (ὁ πέλας, *propinquus*). Prov. 27. 2. *Laudet te alienus, et non os tuum :* Qu'un autre vous loue, et non votre bouche. c. 5. 17. Genes. 45. 1. Ruth. 2. 22. Eccli. 41. 27. Rom. 15. 20.

ALIMENTUM, I, τροφή. Aliment, nourriture, ce qui sert à nourrir l'homme. 1. Tim. 6. 8. *Habentes alimenta et quibus tegamur, his contenti simus :* Ayant de quoi nous nourrir et de quoi nous couvrir, nous devons être contents. Deut. 2. 28. *Alimenta pretio vende nobis, ut vescamur :* Vendez-nous tout ce qui nous sera nécessaire pour manger. 2. Reg. 19. 32. c. 20. 3. etc. Ainsi le blé est appelé *alimentum.* Genes. 41. 1. *Audiens Jacob quod alimenta venderentur in Ægypto :* Jacob ayant ouï dire qu'on vendait du blé en Egypte. c. 47. 17.

ALIMONIA, Æ, τροφή. Aliment, nourriture. 1. Mach. 14. 10. *Civitatibus tribuebat alimonias :* Simon distribuait des vivres dans les villes. c. 13. 21. 2. Mach. 12. 14. De là vient, dans le sens figuré, *Alimonia ignis :* La nourriture du feu, ce qu'on met dans le feu pour y être consumé. Levit. 3. 16. *Adolebit ea super altare sacerdos, in alimoniam ignis :* Le prêtre fera brûler sur l'autel la graisse du foie avec les deux reins, afin qu'ils soient la nourriture du feu. C'est de l'hostie pacifique. Voy. v. 11. 14.

ALIMIS, Heb. *Vestibulum,* ville de la tribu de Gad. 1. Mach. 5. 26. *In Alimis :* Dans Alimas.

ALIOQUI ou ALIOQUIN, — 1° autrement, sans cela, si cela n'était (εἰδεμήγε). Gen. 30. 1. *Da mihi liberos, alioquin moriar :* Rachel dit à son mari : Donnez-moi des enfants, ou je mourrai. Hebr. 9. 26. *Alioquin oportebat eum frequenter pati ab origine mundi :* Autrement il eût fallu qu'il eût souffert plusieurs fois depuis la création du monde. Genes. 42. 16. c. 44. 26. Levit. 10. 7. etc.

2° Puisque, parce que (ἐπεί, *quoniam*). Hebr. 9. 17. *Alioqui nondum valet, dum vivit qui testatus est :* Le testament n'a point de force tant que le testateur est encore en vie.

3° Mais (ἀλλά, *sed*). Job. 2. 5. *Alioquin mitte manum tuam :* Mais étendez votre main et frappez ses os et sa chair. Satan parle ainsi à Dieu de Job.

4° Au moins. Joan. 14. 11. *Alioquin propter opera ipsa credite :* Croyez-le au moins à cause des œuvres que je fais. 2. Cor. 11. 16.

ALIQUANDO, ποτέ. De l'ancien adjectif *alis* pour *alius,* et signifie,

1° quelquefois, parfois. Eccli. 37. 18. *Anima viri sancti enuntiat aliquando vera, quam septem circumspectores sedentes in excelso ad speculandum :* L'âme d'un homme saint, gr. (notre propre conscience), découvre quelquefois mieux la vérité que sept sentinelles qui sont assises dans un lieu élevé, pour contempler tout ce qui se passe. c. 13. 21. Voy. CIRCUMSPECTOR.

2° Autrefois, anciennement, ou ci-devant (olim). Eph. 5. 8. *Eratis aliquando tenebræ :* Vous n'étiez autrefois que ténèbres. Genes. 42. 3. Rom. 7. 9. c. 11. 30. Gal. 1. v. 13. 23. c. 2. 6. etc.

3° Jamais, en parlant du temps passé ou du futur (ποτέ, *umquam*). Deut. 4. 32. *Si facta est aliquando hujuscemodi res :* Considérez s'il s'est jamais rien fait de semblable. 1. Reg. 25. v. 7. 15. 3. Reg. 1. 6. etc. Tob. 4. 6. *Cave ne aliquando peccato consentias :* Gardez-vous de consentir jamais à aucun péché. v. 16. *Quod ab alio oderis fieri tibi, vide ne tu aliquando alteri facias :* Prenez garde de faire jamais à un autre ce que vous seriez fâché qu'on vous fît. Jerem. 17. 8. 2. Petr. 1. 10. Eccli. 13. 21.

4° Un jour, à quelque heure, pour marquer l'avenir. Luc. 22. 32. *Et tu aliquando conversus, confirma fratres tuos :* Lors donc que vous serez converti, fortifiez vos frères. Voy. CONVERTERE. 1. Reg. 25. 29.

5° Enfin. Genes. 30. 30. *Justum est ut aliquando provideam domui meæ :* Il est juste enfin que je prenne quelque soin de mon établissement. 1. Reg. 27. 1. Ps. 93. 8. Rom. 1. 10. Phil. 4. 10.

On peut remarquer sur ce mot que toutes ces différences sont plutôt de différentes manières de parler que de différentes significations ; car, hors la première signification, ce mot ne marque autre chose que le passé ou l'avenir.

ALIQUANTUM. Voy. ALIQUANTUS. Ce mot dans les auteurs est quelquefois adverbe, et signifie un peu, quelque peu ; mais le plus souvent c'est un adjectif neutre pris substantivement, et se met avec un génitif et signifie, Un peu de quelque chose (ἔσχατον, *denique*). Levit. 27. 18. *Sin autem post aliquantum temporis :* S'il donne son champ quelque temps après le jubilé.

ALIQUANTUS, A, UM. Cet adjectif inusité se fait d'*alius* et *quantus,* et signifie *quelque,* sans déterminer la quantité de la chose. Act. 15. 33. *Facto ibi aliquanto tempore :* Après avoir passé là quelque temps. c. 18. 23. c. 28. 3. 3. Reg. 17. 7.

ALIQUANTULUM, I. Ce mot signifie la même chose que *aliquantum,* pour marquer une quantité ou un espace indéterminé (ἡμέρας, *dies*; μεθ'ἡμέρας, *post dies*). Genes. 40. 4. *Aliquantulum temporis fluxerat :* Quelque temps s'était passé pendant lequel le grand échanson et le grand pannetier de Pharaon demeuraient prisonniers ; il y avait bien un an tout entier. Judic. 15. 1. *Post aliquantulum temporis :* Peu de temps après. 1. Cor.

16. 7. *Spero me aliquantulum temporis manere apud vos* : J'espère que je demeurerai assez longtemps chez vous; gr. χρόνον τινά. De là vient : *Modicum aliquantulum* : Fort peu de temps. Heb. 10. 37. *Adhuc modicum aliquantulum*. Gr. μικρὸν ὅσον ὅσον. Cette répétition, à l'imitation des Hébreux, marque une grande brièveté. Voy. MODICUM. Les apôtres regardaient comme un temps fort court ce qui reste à passer jusqu'au second avénement de Jésus-Christ. Voy. HORA.

ALIQUIS, ALIQUID, τίς, τί. Ce pronom vient de *alius quis*. — 1° Aucun, quelque, quelqu'un. Luc. 8. 46. *Tetigit me aliquis* : Quelqu'un m'a touché. Matth. 5. 23. c. 12. 19. c. 18. 12. c. 20. 20. c. 21. 3. c. 22. 16. Luc. 7. 40. *Habeo aliquid tibi dicere* : J'ai quelque chose à vous dire. — 2° Grand, excellent. Act. 5. 36. *Dicens se esse aliquem* : Théodas prétendait être quelque chose de grand. c. 8. 9. 1. Cor. 3. 7. c. 10. 9. Gal. 2. 6. c. 6. 3. — 3° Quelque chose de solide et d'assuré. Jac. 1. 7. *Non ergo æstimet homo ille quod accipiat aliquid a Deo* : Il ne faut donc pas que celui-là s'imagine qu'il obtiendra quelque chose du Seigneur, c'est-à-dire quelque chose qui regarde le salut; car il n'y a que cela qui mérite d'être appelé quelque chose : Dieu donne tout le reste sans qu'on le lui demande, et ce reste peut passer pour rien en comparaison de ce bien solide.

ALIQUOT, τινές. Ce pronom, qui est indéclinable et de pluriel, signifie quelques, quelques-uns, en parlant d'un nombre indéterminé qui est médiocre. Judic. 14. 8. *Post aliquot dies* : Quelques jours après. Act. 9. 19. c. 10. 48. c. 15. 36. etc.

ALIQUOTIES, ἐνίοτε. Adverbe qui se fait d'*aliquot*, quelquefois, un nombre indéterminé. Eccli. 34. 13. *Aliquoties usque ad mortem periclitatus sum* : Je me suis vu quelquefois en danger de perdre la vie. 1. Mach. 16. 2.

ALITER, ἄλλως. Adverbe qui vient d'*alius*, autrement, d'une autre manière. Gen. 42. 12. *Aliter est* : Cela n'est pas. Num. 11. 15. c. 35. 33. etc.

ALIUNDE, ἀλλαχόθεν. Adverbe d'*alius* et d'*unde*, qui signifie d'ailleurs, d'un autre endroit; et dans l'Ecriture, par un autre endroit. Joan. 10. 1. *Qui ascendit aliunde* : Celui qui monte dans la bergerie par un autre endroit que par la porte est un voleur et un larron.

ALIUS, ALIUD, ἄλλος. Cet adjectif vient de l'ancien mot *alis*, et signifie 1° autre, un autre, différent. Act. 12. 17. *Abiit in alium locum* : Saint Pierre, étant sorti de prison, s'en alla en un autre lieu; ce fut à Rome, selon la pensée des anciens. 1. Cor. 15. 41. *Alia est claritas solis, alia claritas lunæ* : Le soleil a un éclat, et la lune le sien. Num. 14. 24. *Plenus alio spiritu* : Caleb était animé d'un autre esprit que les autres Juifs, qui étaient incrédules et rebelles aux ordres de Dieu. 1. Reg. 10. 6. *Mutaberis in virum alium* : Vous serez changé en un autre homme; Dieu changea le cœur de Saül et lui en donna un autre. v. 9. *Immutavit ei Deus cor aliud* : Ce changement se fit en lui donnant des pensées dignes du haut rang où il l'avait fait monter et une grandeur d'âme vraiment royale. Matth. 2. 12. c. 4. 21. c. 8. 21. etc.

2° Tout autre, plus parfait, plus excellent. 2. Cor. 11. 4. *Si is qui venit, alium Christum prædicat* : Si celui qui vous vient prêcher vous annonçait un autre Christ, ou s'il vous faisait recevoir un autre esprit que celui que vous avez reçu. *Aut alium spiritum accipitis, quem non accepistis* : Ou s'il vous prêchait un autre Evangile que celui que vous avez embrassé : *Aut aliud Evangelium quod non recepistis; recte pateremini* : Vous auriez raison de le souffrir.

3° Nouveau qui n'a point encore paru, (καινός). Isa. 65. 15. *Servos suos vocabit nomine alio* : Dieu donnera à ses serviteurs un autre nom; c'est le nom de chrétien. Act. 7. 18. *Alius rex* : Un autre roi; ce même roi est appelé, Exod. 1. 8. *Surrexit novus rex* : Il vient un autre roi, gr. ἕτερος. Ainsi, Act. 2. 4. *Cœperunt loqui variis linguis*; gr. ἑτέραις. Marc. 16. 17. *Novis linguis* : gr. καιναῖς. Ils parlèrent de nouvelles langues. Heb. 7. 11. Judic. 2. 10.

4° Autre, quant à la manière de subsister. Joan. 5. 32. *Alius est qui testimonium perhibet de me* : Il y en a un autre qui rend témoignage de moi; cet autre est le Père éternel. v. 37. qui est autre que le Fils, quant à la manière de subsister, et non pas quant à la manière d'être : car dans les personnes de la sainte Trinité, le Père est autre que le Fils, le Fils est autre que le Saint-Esprit, quoiqu'ils aient la même essence et la même nature; mais on ne peut pas dire que dans la sainte Trinité le Père soit autre chose que le Fils : *Aliud quam filius* : Bien qu'il soit autre, *alius*.

5° Autre, qui succède à quelqu'un pour remplir sa place. Joan. 14. 16. *Alium Paracletum dabit vobis* : Mon Père vous donnera un autre consolateur; savoir, le Saint-Esprit qui devait consoler les disciples au lieu de Jésus-Christ.

6° Autre par exclusion, et qui n'est point de même nature. Marc. 12. 32. *Non est alius præter eum* : Il n'y a qu'un seul Dieu, et il n'y en a point d'autre que lui. Deuter. 3. 24. c. 4. v. 35. 39. etc. Il ne peut y avoir qu'un Dieu; tout hors lui est créature.

7° Autre, qui n'est point de même nation. Joan. 10. 16. *Alias oves habeo* : J'ai encore d'autres brebis. i. e. des élus qui n'étaient point de la nation des Juifs. Ainsi, *alius* marque un étranger qui n'est point de même famille. Prov. 13. 23. *Aliis congregantur* : On amasse des biens pour d'autres qui sont étrangers à notre égard.

8° *Alius* pour *alter*, quand il ne s'agit que de deux. Levit. 14. 6. *Alium autem vivum tinget* : Il teindra l'autre passereau qui est vivant dans le sang du passereau qui aura été immolé.

9° *Alius* pour *alienus*, contraire, opposé. Joan. 5. 43. *Si alius venerit in nomine suo* : Si un autre vient en son propre nom, quelque faux prophète, *vous le recevrez*.

10° *Alius*, pour marquer un ennemi ou un

bourreau. Joan. 21 18. *Alius te cinget :* Un autre vous ceindra, vous enchaînera de liens pour vous conduire à la mort ; c'est ce que Jésus-Christ prédit à saint Pierre.

De ce mot *alius,* vient cette phrase : *Alius ad alium* ou *alterum;* l'un à l'autre pour *ad invicem.* 1. Reg. 10. 12. *Responditque alius ad alterum :* Les uns disaient aux autres (τίς, *aliquis*). Voy. ALTER.

ALLEGARE, κομίζειν. Envoyer vers quelqu'un, adresser à quelqu'un, ou alléguer, citer comme un exemple ; il se prend dans la première signification : Sap. 18. 21. *Proferens servitutis suæ scutum, orationem, et per incensum deprecationem allegans :* Aaron employa la prière comme le bouclier de son ministère saint, et faisant monter sa prière avec l'encens qu'il vous offrait, il s'opposa à votre colère.

ALLEGORIA, ἀλληγορία. Ce mot vient de ἄλλο *aliud,* et d'ἀγορεύω *dico.*

1° C'est une figure par laquelle on dit une chose, et l'on en signifie une autre : elle consiste dans une continuation de métaphores, comme Gal. 4. 19. *Filioli mei, quos iterum parturio, donec formetur Christus in vobis :* Mes petits enfants, pour qui je sens de nouveau les douleurs de l'enfantement, jusqu'à ce que Jésus-Christ soit formé dans vous. Cette première sorte d'allégorie, qui consiste dans les paroles, est commune aux auteurs sacrés et aux profanes.

2° L'allégorie qui consiste dans les choses, est particulière à l'Ecriture sainte ; quand on rapporte une histoire ou quelqu'autre chose qui est vraie à la lettre ; mais dans ce récit il y a une signification cachée de quelque chose plus relevée ; par exemple, l'histoire des deux fils d'Abraham, qui est rapportée, Galat. 4. 22. renferme une signification mystérieuse de quelqu'autre chose plus importante : ce sont les deux alliances de l'ancienne et de la nouvelle loi, qui sont représentées par cette allégorie : *Quæ sunt per allegoriam dicta :* L'ancien Testament est une perpétuelle allégorie des mystères contenus dans le nouveau. Comparez, Deut. 25. 4. *Non alligabis,* etc., expliqué par saint Paul, 1. Cor. 9. 9. comparez Exod. 34. 29. et 2. Cor. 3. v. 7. 13. 14. Ps. 18. 5. et Rom. 10. 18. Genes. 2. 24. et Ephes. 5. 31. 32. Exod. 12. 15. 17. et 1. Cor. 5. v. 7. 8.

ALLELUIA, ἀλληλουία, Alleluiah, mot hébreu, qui signifie louez le Seigneur : il est composé du verbe *halal* que l'on employe dans les Ecritures, principalement pour marquer les faveurs que l'on reçoit de lui ; c'est pour cela que l'on commence ou l'on finit par le mot *Allelu-jah,* plusieurs psaumes (Pss. 103. 105. 110. 111. 112. 113. 150), dans lesquels on publie les grâces qu'il a faites à son peuple : et parce que l'occupation des bienheureux sera de louer Dieu, et le remercier de ses grâces; quelques-uns croient que les bienheureux feront retentir ce mot dans le ciel, pour témoigner leur joie ; aussi se chante-t-il dans l'Eglise seulement dans le temps de joie, comme à Pâques, dès le temps des apôtres, et même dès le temps des prophètes ; car saint Epiphane assure que l'usage de le chanter dans l'Eglise vient du prophète Aggée, qui le chanta le premier, d'abord qu'il vit le temple nouvellement bâti : ce que Tobie avait prédit, c. 13. 22. *Per vicos ejus alleluia cantabitur :* On chantera le long des rues de Jérusalem, *alleluia.* C'est pourquoi nos pères ont mieux aimé retenir le terme original que de ne le pas exprimer en un seul mot avec assez de majesté ; car il ne signifie pas seulement *louez Dieu ;* mais il signifie le louer avec des transports de joie.

Ce mot *alleluia* a passé des premiers Juifs chrétiens aux Grecs et aux Latins, qui l'ont retenu dans leurs langues, pour s'accommoder à l'Eglise des Juifs ; mais depuis que l'Evangile s'est étendu par toutes les nations, on n'a pu changer ce mot hébreu, dont l'usage était reçu partout, comme dit saint Jérôme, *Ep. ad Marcell.*

Dans l'apocalypse, les anges et les autres bienheureux dans le ciel, font retentir *Alleluia,* pour marquer la joie de l'Eglise triomphante, et les louanges qu'elle donne à Dieu de la ruine du paganisme, et de l'établissement de la religion chrétienne. c. 19. v. 1. 3. 4. 6.

ALLEVARE, ἐπαίρειν. Ce verbe est composé d'*ad* et de *levare.*

1° Soutenir, empêcher de choir (ὑποστηρίζειν) Ps. 144. 14. *Allevat Dominus omnes qui corruunt :* Le Seigneur soutient tous ceux qui sont près de tomber.

2° Lever de terre, faire soutenir. Act. 3. 7. *Apprehensa manu ejus dextera allevavit eum :* Saint Pierre ayant pris le boiteux par la main droite, il le leva.

3° Elever. Ps. 72. 18. *Dejecisti eos dum allevarentur :* Vous avez fait tomber au moment même qu'ils s'élevaient : de là vient, *Allevare manum :* Etendre sa main, c'est-à-dire, faire éclater sa puissance. Eccli. 36. 3. *Alleva manum tuam super gentes :* Etendez votre main sur les peuples étrangers ; quand Dieu fait éclater sa puissance par des prodiges, l'Ecriture dit qu'il élève sa main, et qu'il agit avec un bras élevé. Voy. LEVARE.

ALLEVIARE, κουφίζειν. Ce verbe est composé de la préposition *ad,* et du nom *levis,* léger, et signifie,

1° Rendre léger, soulager. Joan. 1. 5. Act. 27. 38. *Alleviabant navem, jactantes triticum in mare :* Ils soulageaient le vaisseau en jetant le blé dans la mer.

2° Soulager un malade, lui donner de la force et du courage (ἐγείρειν). Jac. 5. 15. *Alleviabit eum Dominus :* La prière, qui est la forme du Sacrement de l'extrême-onction, soulagera le malade, soit en le délivrant des peines d'esprit, soit en lui rendant les forces du corps pour soutenir le mal.

3° Traiter plus doucement, avec moins de rigueur (ταχὺ ποίει, *cito fac*). Isa. 9. 1. *Alleviata est terra Zabulon :* Ce pays ne fut pas si maltraité, quand Theglat Phalassar n'emmena qu'une partie de ses habitants en captivité ; mais il fut bien plus maltraité ensuite : *Novissimo tempore aggravata est :* Quand

Salmanasar ruina tout le pays, et emmena captifs dans l'Assyrie le reste des habitants, avec ceux des autres tribus d'Israël, c'est-à-dire, les dix tribus.

ALLICERE. Ce verbe, composé de la préposition *ad*, et de l'ancien verbe *lacere*, signifie,

Attirer, tirer à soi, comme l'aimant attire le fer (μεθιστάναι, *transferre*); d'où vient *allicere animum* : Gagner le cœur de quelqu'un, attirer ses bonnes grâces. Deut. 17. 17. *Non habebit uxores plurimas quæ alliciant animum ejus* : Le roi que vous choisirez n'aura point une multitude de femmes qui attirent son esprit par leurs caresses.

ALLIDERE. De la préposition *ad*, et du verbe *lædere*.

1° Froisser, briser, écraser (ἐδαφίζειν). Ps. 136. 9. *Beatus qui tenebit et allidet parvulos tuos ad petram* : Heureux celui qui prendra tes petits enfants et qui les brisera contre la pierre : David prédit les mauvais traitements que Babylone devait recevoir de la part de Darius et de Cyrus, rois des Mèdes et des Perses, qui détruisirent l'empire des Babyloniens ; mais le Prophète n'appelle heureux ces conquérants que d'un bonheur temporel, qui consistait dans l'établissement paisible de leur empire. V. BEATUS. Isa. 13. 16. *Infantes eorum allidentur in oculis eorum* (ῥηγνύναι, *frangere*) : Les enfants des Babyloniens seront écrasés contre terre à leurs yeux. Ose. 10. 14. *Matre super filios allisa* : La mère sera écrasée sur les enfants ; Osée prédit les maux que les dix tribus devaient souffrir de la part des Assyriens en punition de leurs crimes. Marc. 9. 17. *Allidit illum* : Cet esprit malin muet jette mon enfant contre terre (ῥηγνύναι). Isa. 29. 7. De là viennent ces expressions figurées.

Allidere manum : Se blesser rudement la main, pour marquer un événement fâcheux (ἐπικρούειν). Jerem. 48. 26. *Allidet manum Moab in vomitu suo* : Moab se blessera la main en tombant sur ce qu'il avait vomi ; c'est-à-dire, que la chute des Moabites devait être accompagnée de toutes les circonstances les plus fâcheuses.

Allidere pedem : Battre du pied contre terre (ψοφεῖν). Ezech. 6. 11. *Allide pedem tuum*, heb. *plaude*, ou *pavi* (*terram*) *pede tuo*. Dieu ordonne au prophète de donner des marques de sa douleur, en battant du pied contre terre à cause des grands maux dont les Israélites étaient menacés.

2° Abattre, ruiner, perdre (καταρηγνύναι). Ps. 101. 11. *Elevans allisisti me* : Vous m'avez affligé et humilié après m'avoir élevé. Le peuple d'Israël, dans sa captivité, se plaint d'être si maltraité, après avoir été si favorisé de Dieu. Judith. 9. 11. Isa. 30. 30. c. 64. 7.

ALLISIO, NIS. Brisement ; d'où vient *Allisio manuum* : Ecrasement de mains dans le sens figuré, pour marquer l'abattement du pouvoir de quelqu'un. Isa. 25. 11. *Humiliavit gloriam ejus cum allisione manuum ejus* : Dieu détruira l'orgueil de Moab, en écrasant ses mains, c'est-à-dire, en rendant ses efforts inutiles (ἐπιβάλλειν χεῖρας, *injicere manus*).

ALLIGARE, δεῖν, δεσμεύειν. 1° Lier, attacher. Job. 39. 10. *Numquid alligabis rhinocerota ad arandum?* Pourrez-vous attacher au joug le rhinocéros pour labourer la terre? Dieu veut faire comprendre à Job qu'il ne faut pas qu'il prétende approfondir les secrets de sa conduite dans le gouvernement de l'univers. Genes. 22. 9. 4. Reg. 7. 10. etc. D'où viennent ces phrases métaphoriques.

Alligare manipulos : Lier des gerbes, c'est-à-dire, travailler à la moisson. Judith. 8. 3. *Instabat super alligantes manipulos* : Le mari de Judith mourut au temps de la moisson, lorsqu'il faisait travailler les moissonneurs.

Alligare onera gravia : Lier sur quelqu'un des fardeaux pesants ; c'est faire pratiquer à la rigueur des lois pénibles, qu'on ne se met pas en peine d'observer. Matth. 23. 4. *Alligant onera gravia et importabilia, et imponunt in humeros hominum, digito autem suo nolunt ea movere.* Jésus-Christ blâme dans les pharisiens et les docteurs de la loi, la rigueur excessive avec laquelle ils exigeaient du peuple de Dieu qu'il observât une infinité de traditions très-onéreuses, en même temps qu'ils s'en exemptaient eux-mêmes. Voy. Luc. 11. 46.

Alligare os bovi trituranti ; Voy. TRITURARE.

Alligare peccata : Serrer le nœud du péché en ajoutant péché sur péché, les multiplier (καταδεσμεύειν) : car la continuation dans le péché s'exprime dans l'Ecriture par les termes de liens et de chaînes d'iniquité. Isa. 5. 18 *Væ qui trahitis iniquitatem in funiculis vanitatis* : Malheur à vous qui vous servez du mensonge comme de cordes. Voy. FUNICULUS. Ainsi, Eccli. 7. 8. *Neque alliges duplicia peccata* : Ne vous engagez point à un double péché ; c'est-à-dire, ne continuez pas de pécher : il semble néanmoins, selon la Vulgate, que ce verset se rapporte au précédent : *Nec te immittas in populum* : Ne vous jetez point dans la foule pour vous charger du gouvernement du peuple ; car celui qui s'engage est chargé de ses péchés et de ceux des autres : *Duplicia peccata*.

2° Enchaîner, mettre en prison. Act. 20. 22. *Alligatus ego Spiritu* : Lié par l'Esprit de Dieu ; je prévois par l'Esprit de Dieu mes liens et ma prison. Ps. 149. 8. *Ad alligandos reges eorum* : Pour mettre leurs rois à la chaîne. Voy. COMPEDES. Matth. 12. 19. c. 14. 3. Marc. 3. 27. et souvent dans les Actes ; mais Act. 21. 11. *alligabunt* : c'est-à-dire donneront occasion aux gentils de l'enchaîner. Ainsi, arrêter, tenir attaché en quelque lieu, se dit quelquefois des anges, qui sont liés ou par la vertu de Dieu même, ou par l'opération des bons anges, comme Apoc. 9. 14. *Solve quatuor angelos qui alligati sunt* : Déliez les quatre anges qui sont liés sur l'Euphrate, et Tob. 8. 3. Asmodée avait été lié par Raphaël dans le désert. Voy. LIGARE. Cela se dit aussi de Nabuchodonosor, retenu comme une bête attachée dans les champs. Dan. 4. 12. *Alligetur vinculo ferreo* : Que cette tige soit liée avec des chaînes de fer et d'airain. Voy. GERMEN. Ce mot, en ce sens, se dit figurément de la parole de Dieu. 2. Tim. 2. 9. *Verbum Dei non est alligatum* : La parole de Dieu n'est point enchaînée; si les mains et les pieds sont enchaînés, la langue ne le doit pas être, lorsqu'il s'agit de rendre témoignage à la vérité (καταδεῖν).

3° Bander, lier avec une bande. Luc. 10. 34. *Alligavit vulnera ejus* : Le Samaritain banda les plaies du Juif laissé à demi-mort; dans le sens figuré, *Alligare contritiones* : Bander les plaies; c'est soulager les maux et les afflictions. Ps. 146. 3. *Qui alligat contritiones eorum* : Cela s'entend de ce que Dieu avait fait pour tirer son peuple de l'état misérable où il s'était vu tant de siècles. Voy. CONTRITIO. Ainsi, Ezech. 34. 4. 16. *Quod confractum fuerat non alligastis* : Vous n'avez point soulagé les peines et les afflictions de vos ouailles. Is. 30. 26. *In die qua alligaverit vulnus populi sui* : Lorsque le Seigneur aura bandé la plaie de son peuple, c'est-à-dire qu'il aura guéri ses maux : ce qui n'arrivera entièrement qu'au dernier jour, lorsqu'il guérira en nous toutes nos plaies. Jerem. 30. 13. *Non est qui judicet judicium tuum ad alligandum* : Il n'y a personne qui juge comme il faut de la manière dont votre plaie doit être bandée. Voy. FRACTURA.

4° Lier, retenir dans le devoir et dans l'ordre. Matth. 18. 18. *Quæcumque alligaveritis super terram, erunt ligata et in cœlo* : Tout ce que vous lierez sur la terre sera aussi lié dans le ciel. Les ministres de Jésus-Christ ont reçu le pouvoir ou de lier les pécheurs par l'excommunication, ou de retenir les péchés dans le tribunal de la pénitence. Voy. LIGARE et SOLVERE.

5° Lier, engager. 1. Cor. 7. 27. *Alligatus es uxori? noli quærere solutionem* : Etes-vous lié avec une femme, ne cherchez point à vous délier. Le lien du mariage est indissoluble et ne se rompt que par la mort de l'un ou de l'autre des deux parties. Rom. 7. 2. *Quæ sub viro est mulier, vivente viro alligata est legi* : Une femme mariée est liée par la loi *du mariage* à son mari, tant qu'il est vivant.

6° Tenir dans la servitude et dans l'oppression. Luc. 13. 16. *Hanc filiam Abrahæ quam alligavit Satanas, non oportuit solvi?* Pourquoi ne fallait-il pas délivrer de ces liens cette fille d'Abraham que Satan avait tenue liée durant dix-huit ans. On peut expliquer en ce sens ces paroles de saint Matthieu. 12. 29. *Nisi prius alligaverit fortem.* Voy. FORTIS.

ALLIGATURA. Æ. — 1° Ligature, bandage (χλῶσμα, *vitta*). Eccli. 6. 31. *Vincula illius alligatura salutaris* : Les liens par lesquels la sagesse retient dans le devoir sont des bandages qui guérissent; c'est une heureuse nécessité qui engage à mieux faire. Gr. Ses liens sont des cordons d'hyacinthe, qui sont beaux et qui doivent être agréables. — 2° Un paquet de quelque chose. 2. Reg. 16. 1. *Onerati erant ducentis panibus, et centum alligaturis uvæ passæ* : Siba, serviteur de Miphiboseth, vint au-devant de David avec deux ânes chargés de deux cents pains, de cent paquets de raisin sec.

ALLIUM, I, σκόροδον. Ce mot peut venir du grec ἄγλις qui signifie la tête de l'ail. L'ail, plante de la nature de l'oignon, qui a une odeur très-forte. Num. 11. 5. *In mentem nobis veniunt.... porri et cepe et allia* : Les poireaux, les oignons et les aulx nous reviennent dans l'esprit; les Israélites étaient si charnels et si ingrats, qu'ils avaient du dégoût et du mépris pour une viande aussi délicieuse qu'était la manne, et regrettaient les oignons et les aulx qu'ils avaient mangés en Egypte.

ALLON, heb. *Quercus*. Allon, fils d'Idaïa, et père de Sephaï, de la tribu de Siméon. 1. Par. 4. 37.

ALLOPHYLI, d'ἄλλος et de φυλή, *tribus*. Nom grec, qui signifie étranger ou d'une autre nation. Les Hébreux appelaient de ce nom tous ceux qui n'étaient ni de leur nation, ni de leur religion.
Par ce mot on entend les Philistins. Ps. 55. 2. *Cum tenuerunt eum Allophyli in Geth.* (I Reg. 21. 12). Lorsque des étrangers l'eurent arrêté dans Geth. Voy. ALIENIGENÆ.

ALLOQUI, λαλεῖν. — 1° Parler à quelqu'un. Judith. 4. 12. *Allocutus est eos* : Eliachim, le grand prêtre, parla au peuple (προσφωνεῖν). 2. Reg. 19. 7. — 2° Parler en public. Act. 21. 40. *Allocutus est lingua Hebræa* : Saint Paul leur parla en langue hébraïque, c'est-à-dire en syriaque. Act. 20. 11. — 3° Faire ressouvenir (ὑπομιμνήσκειν). Sap. 12. 2. *Admones et alloqueris* : Vous avertissez et instruisez ceux qui s'égarent, afin que se séparant du mal, ils croient en vous, ô Seigneur. — 4° Entretenir, parler d'affaire. Cant. 8. 8. *Quid faciemus sorori nostræ in die quando alloquenda est* : Quand on lui parlera de ses noces, ou passivement, selon le grec, quand on parlera de la marier; ce mariage s'entend de la vocation des gentils à l'Eglise.

ALLOCUTIO, NIS, παραμυθία. Nom verbal d'*alloqui*, qui signifie proprement l'action de parler ou d'adresser sa parole ou son discours à quelqu'un : dans l'Ecriture,
Consolation, discours qui sert à alléger la douleur d'un affligé. Sap. 3. 18. *Nec habebunt in die agnitionis allocutionem* : Les enfants des adultères, au jour où tout sera connu, n'auront personne qui les console. Voy. AGNITIO. c. 8. 9. *Erit allocutio cogitationis* : La sagesse sera ma consolation dans mes peines. c. 19. 12. *In allocutione desiderii* : Pour contenter leur convoitise. Horat. *Dulcibus alloquiis*.

ALLUVIO, NIS. Du verbe *alluere*, qui se dit des rivières ou de la mer, dont les eaux passent près de quelque lieu ou arrosent un pays, et signifie proprement un accroissement qui se fait peu à peu de ce que la rivière ajoute d'un côté, en ôtant de l'autre. Ainsi, Job. 14. 19. *Lapides excavant aquæ, et alluvione terra consumitur* : Comme les eaux cavent les pierres, et comme l'eau qui bat contre la terre la consume peu à peu, ainsi vous perdez l'homme, et il disparaît.

ALMATH, Heb. *Occultatio*. — 1° Neuvième fils de Béchor, fils de Benjamin. 1. Par. 7. 8. — 2° Une ville de la tribu de Benjamin. 1. Par. 6. 60. On croit que c'est la même qu'Almon.

ALMON. Heb. *Occultum.* Ville de Benjamin, donnée aux enfants d'Aaron. Jos. 21. 18.

ALOE, es, ἀλοή. Ce mot vient de l'hébreu *ahaloth*, que les Grecs ont traduit :

Aloès, herbe très-amère, dont le suc s'appelle du même nom. Cant. 4. 14. *Myrrha et aloe cum omnibus primis unguentis :* La myrrhe, l'aloès et tous les parfums les plus excellents se trouvent dans le jardin de l'Epouse. Cette plante rend une fort bonne odeur (κρόκος, *crocus*). Prov. 7. 17. *Aspersi cubile meum myrrha et aloe :* J'ai parfumé mon lit de myrrhe et d'aloès. L'aloès résiste aux vers et à la pourriture ; c'est pourquoi Nicodème s'en servit pour embaumer le corps sacré de Jésus-Christ. Joan. 19. 39. *Ferens mixturam myrrhæ et aloes :* Nicodème y vint aussi avec environ cent livres d'une mixtion de myrrhe et d'aloès. Voy. MYRRHA. Il faut distinguer l'aloé, arbre, et l'aloès, herbe.

ALOHES, Heb. *Incantator*, père de Sellum. 2. Esdr. 3. 12. Voy. SELLUM.

ALPHA et OMEGA. Ces deux lettres signifient en grec le premier et le dernier, par manière de proverbe, comme chez les Latins, *prora et puppis*; Martial, Epigr. l. 2. *Alpha penulatorum :* Le premier entre les pauvres gens.

1° *Alpha et Omega* sont la première et la dernière lettre dans l'alphabet grec. Jésus-Christ est appelé A et Ω, c'est-à-dire le principe et la fin de toutes choses. Apoc. 1. 8. c. 21. 6. c. 22. 13. *Ego sum Alpha et Omega :* car c'est lui par qui toutes choses ont été faites, et à qui toutes choses doivent se rapporter. Rom. 11. 35.

2° Jésus-Christ est encore appelé α et ω, premier et dernier. Apoc. 1. 11. c. 2. 8. c. 22. 13. parce qu'il n'a jamais commencé, et ne cessera jamais d'être. Cette façon de parler marque la divinité de Jésus-Christ et son éternité. Voy. NOVISSIMUS.

ALPHÆUS, Heb. *Millesimus.* — 1° Père de saint Matthieu. Marc. 2 14. *Vidit Levi Alphæi (filium) sedentem :* Jésus-Christ vit Lévi, fils d'Alphée, assis au bureau des impôts.

2° Père de saint Jacques, apôtre, lequel fut premier mari de Marie, sœur de la sainte Vierge. Matth. 10. 14. *Jacobus Alphæi :* Jacques, fils d'Alphée. Marc. 3. 18. Luc. 6. 15. Act. 1. 13. Voy. CLEOPHAS.

ALTARE, is, θυσιαστήριον. Ce mot vient de l'adjectif *altus*, haut, élevé, et signifiait proprement, chez les Latins, les autels consacrés aux dieux d'en haut ; c'est pourquoi on les bâtissait sur des lieux élevés ; mais dans l'Ecriture il marque ;

1° Autel sur lequel on offrait des victimes, soit au vrai Dieu. Exod. 29. 36. 37. *Septem diebus expiabis altare :* Vous expierez et vous sanctifierez l'autel pendant sept jours. Genes. 8. 20. c. 12. 7. Matth. 5. 24. c. 23. 18. 19. 20. etc. Soit aux faux dieux. 3. Reg. 13. v 1. 2. 3. *Altare, altare, hæc dicit Dominus.*

Ce prophète prédit que Josias immolerait sur cet autel que Jéroboam avait fait bâtir, les prêtres mêmes qui y brûlaient des parfums, et qu'il y brûlerait des os de corps morts ; car les lieux sacrés étaient souillés par les ossements des morts ; c'est ce que Josias fit. 2. Par. 34. 5. 4. Reg. 23. v. 14. 15. 16. 20.

2° La victime que l'on offrait sur l'autel. 1. Cor. 9. 13. *Qui altari deserviunt, cum altari participant :* Ceux qui servent à l'autel ont part aux oblations de l'autel, sur lequel on brûlait une partie de la victime, et l'autre appartenait aux prêtres. Hebr. 13. 10. *Habemus altare :* Nous avons un autel, savoir, Jésus-Christ immolé sur l'autel de la Croix, comme il paraît par le verset 12. Néanmoins saint Jean Chrysostome et quelques autres Pères l'ont entendu de l'autel où se fait le sacrifice de l'Eucharistie. Jésus-Christ est encore marqué par l'autel sous lequel saint Jean vit les âmes des martyrs. Apoc. 6. 9. Voy. SUBTUS ; et par l'autel d'or qui est devant le trône de Dieu. c. 8. 3. c. 9. 13. et par celui d'où sortit l'Ange. c. 14. 18.

3° L'autel avec le culte et l'exercice de la religion des Juifs, établi de Dieu sous la Loi. 3. Reg. 19. v. 10. 14. *Altaria tua destruxerunt*, Rom. 11. 3. *suffoderunt.* Ces autels étaient dressés en l'honneur du vrai Dieu sur les lieux élevés, par la dévotion de ceux qu'on empêchait d'aller en Jérusalem ; ce qu'ils faisaient toutefois contre la défense de la Loi. Jos. 22. 29. Ainsi Ezéchias et Josias ont bien fait de les détruire, et non pas Achab et Jézabel, qui le faisaient en haine du culte que l'on rendait au vrai Dieu. 1. Reg. 2. 33. *Non auferam penitus virum ex te ab altari meo :* Je n'éloignerai pas entièrement de mon autel tous ceux de votre race. Cela s'entend du sacerdoce qui a demeuré dans la famille d'Héli jusqu'à Salomon. *Accedere et ascendere ad altare :* Faire les fonctions du sacerdoce. Voy. ACCEDERE et ASCENDERE.

4° Le lieu même où se faisaient les sacrifices. Ps. 83. 4. *Altaria tua, Domine :* sc. L'autel des holocaustes, et l'autel des parfums.

5° L'autel avec le culte que les Juifs rendaient à Dieu sur l'autel, après l'abolition du sacerdoce dans la tribu de Lévi. 1. Cor. 10. 18. *Nonne qui edunt hostias, participes sunt altaris ·* Ceux qui mangent de la victime immolée, ne prennent-ils pas part à l'autel, et ne font-ils pas profession d'être unis de religion avec les Juifs ?

6° L'autel et le culte que l'on rend à Dieu en général. Ainsi Ps. 25. 6. *Circumdare altare Dei :* S'approcher de l'autel de Dieu. Ps. 42. 4. *Introibo ad altare Dei :* S'approcher de l'autel de Dieu. Matth. 5. 23. *Offerre munus suum ad altare*, c'est assister aux assemblées des fidèles pour faire sacrifice à Dieu. Isa. 19. 19. *Erit altare Domini in medio terræ Ægypti*, marque la conversion de l'Egypte par la prédication de l'Evangile.

7° La partie du rocher où était l'holocauste que Manué et sa femme présentèrent à Dieu, s'appelle *autel*. Judic. 13. 20. *Cum ascenderet flamma altaris in cœlum :* La flamme de l'autel montant vers le ciel; l'Ange du Seigneur y monta aussi au milieu des flammes.

Outre les autels que les patriarches ont élevés avant la Loi, il y en a deux fort mémorables que Dieu a commandé que l'on bâtît au temps de la Loi, savoir :

1° L'autel des holocaustes, qui est décrit, Exod. 27. Cet autel, fait de bois de séthim et couvert d'airain, avait été fait par l'ordre de Dieu, pour brûler les holocaustes et les autres victimes qu'on offrait; il était posé dans le parvis et à l'air, près de la porte : c'est de cet autel qu'il est fait mention, 3. Reg. 3. 54. *Surrexit* (Salomon) *de conspectu altaris Domini* : Salomon s'éleva de devant l'autel du Seigneur; et Exod. 20. 26. *Non ascendes per gradus ad altare :* Vous ne ferez point de degrés à mon autel. C'était de peur de quelque indécence. Exod. 29. 16. Levit. 1. v. 5. 15. et souvent ailleurs, où le mot d'*autel* est ‑ is sans addition. Il n'était point permis d'offrir des sacrifices ailleurs que sur cet autel, Jos. 22. 29. 1. Par. 21. v. 22. 26, si ce n'était par un ordre particulier de Dieu, 3. Reg. 18. 30, ce qui s'entend depuis que le temple a été bâti; car auparavant il avait été permis d'en bâtir d'autres, hors celui qui était à l'entrée du tabernacle, comme il paraît, Jos. 8. 30. Judic. 6. v. 24. 26. 1. Reg. 7. 17. c. 2. 33, etc., mais à ces deux conditions, que ces autels seraient faits de terre ou de pierres nouvellement taillées, et qu'on ne les bâtirait point ailleurs qu'où l'arche se trouverait, Jos. 8. 31, si ce n'est par un ordre particulier de Dieu. Judic. 6. v. 24. 26.

2° L'autel des parfums était destiné à porter les parfums qu'on y brûlait (θυμιατήριον); il était aussi de bois de séthim, couvert d'un or très-pur. La forme en était carrée; il était posé auprès du voile, au dehors du sanctuaire, dans le lieu qu'on appelait *saint*, où étaient la table d'or et le chandelier d'or. Exod. 30. 1. etc. *Facies altare ad adolendum thymiama*, etc. c. 37. 25. *Fecit et altare thymiamatis de lignis setim :* Beseléel fit aussi l'autel des parfums de bois de séthim, etc. Levit. 4. 7. 1. Paral. 6. 49. c. 28. 18. Luc. 1. 11. *Apparuit illi angelus Domini stans a dextris altaris incensi :* Un ange du Seigneur apparut à Zacharie, se tenant debout à la droite de l'autel des parfums; les prêtres, chacun à leur tour, offraient, le matin et le soir, l'encens sur cet autel : Zacharie était dans cette fonction quand l'ange lui apparut. Il est nommé *autel d'or.* Num. 4. 11. *Nec non et altare aureum involvent hyacinthino vestimento :* Aaron et ses fils envelopperont aussi l'autel d'or d'un drap d'hyacinthe. Exod. 40. 5. *Et altare aureum :* Et l'autel d'or qui est devant le Seigneur. Levit. 4. 18. *Ponetque de eodem sanguine in cornibus altaris quod est coram Domino in tabernaculo testimonii :* Le prêtre mettra du même sang sur les cornes de l'autel qui est devant le Seigneur, dans le tabernacle du témoignage. Voy. THURIBULUM.

Il se trouve dans l'Ecriture cinq sortes d'autels.

1° Un autel fait de terre. Exod. 20. 24. *Altare de terra facietis mihi :* Vous me dresserez un autel de terre simple ou de gazon, sans ornements affectés.

2° De pierres non taillées. Exod. 20. 25. *Quod si altare lapideum feceris mihi, non ædificabis illud de sectis lapidibus, si enim levaveris cultrum super eo polluetur :* Que si vous me faites un autel de pierre, vous ne le bâtirez point de pierres taillées, car il sera souillé, si vous y employez le ciseau. Dieu ne voulait pas qu'on lui fît un autel de pierres taillées, pour éviter les embellissements qu'affectaient les idolâtres, qui méprisaient la simplicité naturelle, qui semble plus agréable à Dieu.

3° De bois de séthim couvert de cuivre. Exod. 27. 1. *Facies et altare de lignis setim :* Vous ferez aussi un autel de bois de séthim. v. 2. *Et operies illud ære :* Et vous le couvrirez d'airain. v. 8. *Non solidum, sed inane et cavum :* Vous ne ferez point l'autel solide, mais il sera vide et creux au dedans. C'était l'autel des holocaustes.

4° De bois de séthim couvert d'or très-pur. Exod. 30. 1. *Facies quoque altare ad adolendum thymiama de lignis setim :* Vous ferez aussi un autel de bois de séthim, pour y brûler des parfums. c. 37. 25, etc. 3. Reg. 6. 20. 22. c. 7. 48. etc.

5° Autel d'or. Apoc. 8. 3. *Data sunt illi incensa multa, ut daret de orationibus sanctorum super altare aureum :* On donna à l'ange une grande quantité de parfums, afin qu'il offrît les prières de tous les saints sur l'autel d'or qui est devant le trône de Dieu.

ALTER, A, UM, ἕτερος. Cet adjectif est formé de deux mots grecs, ἄλλος, ἕτερος; car on disait autrefois *alterius*, ou, selon d'autres, du mot éolique ἀλλότερρος, pour ἀλλότριος. Il signifie :

1° Un autre ou l'autre, quand on ne parle que de deux personnes ou de deux choses (ἄλλος). Matth. 5. 39. *Si quis te percusserit in dextram maxillam tuam, præbe illi et alteram :* Si quelqu'un vous donne un soufflet sur la joue droite, présentez-lui encore l'autre, plutôt que de vous venger ou de le haïr. c. 6. 24. *Nemo potest duobus dominis servire; aut enim unum odio habebit, et alterum diliget; aut unum sustinebit, et alterum contemnet :* Nul ne peut servir deux maîtres; car ou il haïra l'un et aimera l'autre, ou il s'attachera à l'un et méprisera l'autre. Genes. 4. 19. c. 25. 23. c. 38. 29. c. 40. v. 2. 21. Luc. 17. v. 34. 33. etc.

Différentes expressions qui viennent de cette signification.

Unum et alterum : L'un et l'autre; ce qui marque une comparaison d'une chose avec une autre. Eccl. 7. 28. *Ecce hoc inveni unum et alterum, ut invenirem rationem :* Voici ce que j'ai trouvé, dit l'Ecclésiaste, après avoir comparé une chose avec une autre, pour trouver une raison; c'est-à-dire pour trouver la vérité de cette pensée : S'il se peut trouver une femme vertueuse. Cela a un rapport particulier à Salomon et à ce qui lui est arrivé. Voy. MULIER.

Alter sermo : Discours rapporté; rapport que l'on fait à un autre. Prov. 17. 9. *Qui altero sermone repetit, separat fœderatos* : Celui qui a fait des rapports sépare ceux qui étaient unis. Ces mots, *altero sermone*, marquent, ou qu'on découvre mal à propos ce qui a été dit, ou qu'on le rapporte autrement.

2° Second, deuxième (δεύτερος). Genes. 27. 36. *Supplantavit me in altera vice* : Voici la seconde fois qu'il m'a supplanté. Jacob signifie *supplantateur*. c. 30. v. 7. 11. 24. *Vocavit nomen ejus Joseph, dicens : Addat mihi Dominus filium alterum* : Rachel appela son fils, Joseph, en disant : Que Dieu me donne encore un second fils. Voy. JOSEPH. Num. 11. 26. c. 29. 17. Judic. 16. 29. 2. Par. 35. 24. Luc. 14. 19. etc.

3° Suivant, qui vient immédiatement après ; ce qui ne se dit guère que du temps. Genes. 19. 34. *Altera die* : Le lendemain (ἡ ἐπαύριον). Matth. 27. 62. *Altera autem die* : Mais le lendemain. Levit. 23. 11. 16. *Numerabitis ab altero die sabbati... usque ad alteram diem expletionis hebdomadæ septimæ* : Vous compterez depuis le lendemain du sabbat jusqu'au lendemain du dernier jour de la septième semaine. Genes. 17. 21. *In anno altero* : L'année suivante. c. 19. 34. Exod. 2. 13. c. 9. 6. c. 18. 13. etc.

4° Ce qui est à venir, ce qui sera dans la suite des temps. Ps. 47. 14. *In progenie altera* : A la postérité. Ps. 77. v. 4. 7. *Ut cognoscat generatio altera* : Afin que les autres races en aient aussi la connaissance. Ps. 101. 19. Joël. 1. 3.

5° Autre, autrui, le prochain. Rom. 2. 1. *In quo judicas alterum, te ipsum condemnas* : En condamnant votre prochain, vous vous condamnez vous-même. Tob. 4. 16. *Vide ne tu aliquando alteri facias* : Prenez garde de ne faire à un autre ce que vous seriez fâché qu'on vous fît. Num. 35. 33. Prov. 17. 5. 1. Cor. 6. 1. c. 10. v. 24. 29. c. 14. 17. etc.

6° Autre, quand on parle de plus de deux personnes ou deux choses, *alter* pour *alius*. Genes. 36. 6. *Abiit in alteram regionem* : Esaü s'en alla dans un autre pays, en Seïr, où il avait dès auparavant choisi sa demeure. Luc. 9. 29. *Et facta est dum oraret, species vultus altera* : Pendant que Jésus-Christ faisait sa prière, son visage parut tout autre, quant aux qualités et à la disposition extérieure. Amos. 4. 3. *Per aperturas exibitis altera contra alteram* : L'une vous fera passer par les brèches des murailles, l'une d'un côté et l'autre de l'autre. Le Prophète prédit la désolation des personnes riches d'entre les Israélites, sous le nom de *vaches grasses*, lorsque, pour échapper à la fureur de leurs ennemis, ils devaient s'enfuir par les brèches des murailles. Exod. 21. v. 18. 35. Num. 30. 15. 1. Cor. 12. 9. Galat. 6. 4. etc. Ainsi, *alter alterius pour alii aliorum*. Gal. 6. 2. *Alter alterius, onera portate* : Portez les fardeaux les uns des autres. Gr. ἀλλήλων.

Expressions figurées qui viennent de cette signification.

Alter ad alterum, pour *alius ad alium* : L'un à l'autre, signifie la liaison ou l'entretien qu'on a avec d'autres. Num. 14. 4. *Dixerunt alter ad alterum* : Ils se dirent les uns aux autres. Isa. 34. 15. *Illuc congregati sunt milvi alter ad alterum* : C'est là que les milans s'assemblent et qu'ils se joignent l'un à l'autre. Genes. 11. 3. *Dixit alter ad proximum suum* : Ils se dirent l'un à l'autre. 1. Reg. 10. 12. *Alius ad alterum* : Ezech. 33. 30. *Unus ad alterum* : Zach. 8. 21.

Altera via : Le chemin qui n'est pas droit et qui détourne de côté ou d'autre. 1. Mach. 2. 22. *Nec sacrificabimus transgredientes legis mandata ut eamus altera via* : Nous ne prendrons point une autre voie que celle que nous avons suivie, pour offrir des sacrifices en violant les ordonnances de notre loi.

Le mot *alter*, pour *alius*, ne se prend pas quelquefois dans toute l'étendue de sa signification, pour tout autre, mais il est restreint. Comme Isa. 42. 8. et 48. 11. *Gloriam meam alteri non dabo* : Je ne donnerai point ma gloire à un autre Le Fils de Dieu et le Saint-Esprit sont autres que le Père, qui leur a communiqué sa gloire en leur communiquant de toute éternité sa nature divine. Isa. 45. 6. *Ego Dominus, et non est alter* : Je suis le Seigneur, et il n'y en a point d'autre. C'est-à-dire d'autre Dieu que le Père, le Fils et le Saint-Esprit. Il exclut les faux dieux, comme il paraît c. 42. 8. Ainsi Babylone dit qu'il n'y en a point d'autre qu'elle, c'est-à-dire qui soit souveraine. Isa. 47. 10. *Ego sum, et præter me non est altera* : Je suis souveraine, et il n'y en a point d'autre que moi. Rome. 7. 4. *Ut sitis alterius* : Pour être à un autre ; c'est-à-dire à un autre mari.

7° Etranger, qui appartient à un autre (ἀλλότριος). Prov. 5. 20. *Quare seduceris fili mi, et foveris in sinu alterius?* Pourquoi vous laissez-vous séduire à une étrangère, et pourquoi reposerez-vous dans le sein d'une autre? c'est-à-dire d'une créature qui n'est point à vous. Voy. ALIENA. Ainsi Judic. 11. 2. *De altera matre natus es* : Vous êtes né d'une femme non légitime.

8° Etranger, qui n'est point ou de la même famille, ou du même peuple (ὁ ἔξω). Deut. 25. 5. *Uxor defuncti non nubet alteri* : Lorsque de deux frères l'un sera mort sans enfants, la femme du mort n'en épousera point d'autre que le frère de son mari ou le plus proche parent. c. 17. 15.

9° Etranger, nouveau, inconnu. Isa. 28. 11. *Lingua altera loquetur ad populum istum* : Le Seigneur parlera désormais d'une autre manière à ce peuple. Soit que Dieu les menace de leur parler d'une manière qui ne leur plairait pas ; soit que, selon l'Hébreu, il dût leur parler par des prophètes qui bégaieraient d'ivresse et qu'ils n'entendraient pas. Baruch. 4. 15.

10° Etranger, qui n'est point naturel, qui est contre l'ordre établi. Jud. 7. *Abeuntes post carnem alteram* : Ces villes s'étaient portées à abuser d'une chair étrangère. Il parle du crime abominable de Sodomie.

11° Etranger, ennemi. Eccli. 11. 6. *Multi potentes oppressi sunt valide, et gloriosi tra-*

diti sunt in manus alterorum : Beaucoup de puissants princes ont été entièrement ruinés, et ceux qui étaient dans la gloire ont été livrés entre les mains des autres ; c'est-à-dire sont tombés en la puissance de leurs ennemis. Jerem. 6. 12. Deut. 28. 32.

ALTERCARI, ἐρίζειν. Ce verbe vient du mot *alter*, et signifie :

1° Contester, disputer avec quelqu'un (διαλέγεσθαι). Jud. v. 9. *Cum Michael archangelus cum diabolo disputans altercaretur de Moysi corpore* : L'archange Michel, dans la contestation qu'il eut avec le diable, au sujet du corps de Moïse. Le sujet de cette contestation fut que le démon, qui feignait vouloir honorer Moïse, entreprenait de le faire ensevelir publiquement, quoiqu'il n'eût point d'autre dessein que de lui faire rendre des honneurs divins par les Juifs, qu'il savait fort portés à l'idolâtrie : saint Michel, au contraire, voulut qu'il fût enseveli secrètement et que son corps fût caché.

2° Folâtrer, disputer pour se divertir. Eccli. 9. 13. *Non alterceris cum illa in vino* : Ne disputez point avec la femme d'un autre en buvant du vin; Gr. συμβολοκοπεῖν. Ce mot grec, qui signifie payer son écot, signifie aussi se débaucher, faire des repas dissolus, comme il est rendu Deut. 21. 20. *Comessationibus vacat* : Cet enfant passe sa vie dans les débauches.

ALTERNIS, sup. *vicibus*. Cette sorte d'adverbe, qui vient de l'adjectif *alternus*, signifie alternativement, l'un après l'autre. Dans notre Vulgate, il signifie,

L'un avec l'autre. 2. Mach. 15. 40. *Sicut vinum semper bibere, aut semper aquam contrarium est, alternis autem uti delectabile* : Comme on a de l'éloignement de boire toujours du vin, ou de boire toujours de l'eau, il paraît plus agréable d'user de l'un et de l'autre; Gr., le vin mêlé d'eau est agréable.

ALTILIS, E, σιτιστός. Cet adjectif qui vient du verbe *alere*, nourrir, signifie :

Ce que l'on nourrit ou soin pour le manger, en parlant de la volaille et d'autres animaux. Matth. 22. 4. *Altilia occisa sunt* : J'ai fait tuer tout ce que j'avais fait engraisser. 3. Reg. 4. 23. Ezech. 39. 18.

ALTITUDO, INIS. Ce nom a plusieurs significations : il marque ou la hauteur, ou la profondeur, tant dans le sens littéral, que dans le sens figuré.

§ 1er. — Hauteur, dans le sens littéral, ὕψος.

1° La hauteur d'un corps, considérée à l'égard de son élévation au-dessus du rez-de-chaussée. Genes. 6. 15. *Triginta cubitorum altitudo illius* : La hauteur de l'arche était de trente coudées. Ps. 94. 4. Eccli. 1. 2. Dan. 4. v. 7. 17. Apoc. 21. 16. et souvent ailleurs. Ainsi, Ps. 102. 11. *Secundum altitudinem cœli a terra* : Autant que le ciel est élevé au-dessus de la terre. *Vide* Isa. 55. 9. Job. 35. 5.

2° Grandeur, hauteur de taille, 1. Reg. 16. 7. e. 17. 4. *Goliath, altitudinis sex cubitorum et palmi* : Goliath avait six coudées et une palme de haut. Amos. 2. 9.

3° Bâtiments fort élevés. Eccli. 50. 2. *Templi etiam altitudo ab ipso fundata est* : Simon, fils d'Onie, a jeté les fondements des édifices élevés autour du temple ; Gr. ἐπὶ αὐτῷ, c'est sous lui qu'on a jeté les fondements de deux édifices élevés autour du temple pour lui servir de rempart. 1. Mach. 12. 36. *Cogitavit exaltare altitudinem magnam inter medium arcis et civitatis* : Jonathas résolut de faire élever un mur d'une très-grande hauteur entre la forteresse et la ville de Jérusalem. Ezech. 41. 8. *Vidi in domo altitudinem* : Je considérai les chambres hautes qui étaient autour de cet édifice.

4° Terre, ou pays plein de montagnes élevées (ἔρημον). Ezech. 36. 2. *Euge altitudines sempiternæ in hæreditatem datæ sunt nobis* : Ces hauteurs éternelles des monts d'Israël nous ont été données pour notre héritage. Le Prophète parle de la Judée qui était pleine de montagnes, qui est appelée, Deut. 32. 13. une terre haute et élevée. *V.* c. 33. 15. Genes. 49. 26. Habacuc. 3. 6.

5° Le ciel, ou ce qu'il y a de plus élevé (ὕψωμα). Rom. 8. 39. *Neque altitudo, neque profundum* : Ni tout ce qu'il y a au plus haut des cieux, ni au plus profond des enfers; ni l'élévation de la prospérité, ni l'abaissement de la misère. Eccli. 43. 1. *Altitudinis Firmamentum pulchritudo ejus est* : Le Firmament est la beauté du ciel, ou des corps les plus hauts. *V.* EJUS.

§ 2. — Hauteur, élévation, dans le sens figuré.

1° Orgueil, arrogance, élévation. Ps. 55. 4. *Ab altitudine diei timebo?* Craindrai-je l'arrogance de mes ennemis, que leur prospérité rend insolents? *V.* DIES. L'Hébreu et quelques éditions grecques joignent *ab altitudine* avec le verset précédent : *Multi bellantes adversum me*, ἀπὸ ὕψους, *desuper* : Mes ennemis viennent en foule m'attaquer par en haut. Isa. 2. 17. *Altitudo virorum* : L'élévation des grands. c. 10. 12. c. 37. 23. Jerem. 48. 29. Ezech. 31. 10. A quoi se rapporte l'orgueil de la science humaine. 2. Cor. 10. 5. *Et omnem altitudinem extollentem se adversus scientiam Dei* (ὕψωμα) : Nous détruisons les raisonnements humains, et toute la vanité de la sagesse qui s'élève contre la science de Dieu.

2° Puissance, autorité, rang élevé (ὑψηλοί, sublimes). Isa. 24. 4. *Infirmata est altitudo populi terræ* : Tout ce qu'il y a de grand parmi le peuple est dans l'abaissement. c. 58. 14. *Sustollam te super altitudines terræ* : Je vous élèverai au-dessus de ce qu'il y a de plus élevé sur la terre (ἀγαθὰ *bona*). Ps. 11. 9. Ezech. 19. 11. c. 31. v. 3. 5. Rom. 8. 39. Ainsi, Jerem. 17. 12. *Solium gloriæ altitudinis à principio* : Le trône de la gloire du Seigneur est élevé dès le commencement ; l'élévation du trône de Dieu marque sa souveraine puissance.

§ 3. — Profondeur, dans le sens littéral, βάθος.

Profondeur, la troisième dimension des corps, quand on la regarde au-dessous du rez-de-chaussée. Matt. 13. 5. *Non habebat altitudinem terræ* : La terre où était la semence n'avait pas de profondeur. Marc. 4. 5.

Sap. 10. 19. *Ab altitudine inferorum eduxit illos*: La sagesse a retiré les Israélites du fond des abîmes au passage de la mer Rouge; Gr. elle a rejeté morts leurs ennemis du fond des abîmes. Habac. 3. 10. *Altitudo manus suas levavit*: L'abîme a élevé ses bras; c'est-à-dire, ses eaux, pour donner passage aux Israélites.

De là vient cette expression métaphorique:

Venire in altitudinem maris: Tomber dans la profondeur de la mer; c'est-à-dire dans un abîme de misère. Ps. 68. 3. *Veni in altitudinem maris*.

§ 4. — Profondeur, dans le sens figuré, βάθος.

1° Profondeur des jugements et des secrets de Dieu. Rom. 11. 53. *O altitudo divitiarum sapientiæ et scientiæ Dei*: O profondeur des trésors de la sagesse et de la sience de Dieu. On explique ordinairement en ce sens le passage du psaume 11. 9. *Secundum altitudinem tuam multiplicasti filios hominum*: Vous avez, selon la profondeur de votre sagesse, multiplié les enfants des hommes; c'est-à-dire le grand nombre de méchants dont les justes sont environnés: néanmoins le Grec porte ὕψος hauteur, ce qui signifierait que Dieu, par la grandeur de sa puissance et de sa bonté, a soin de conserver ceux qui lui appartiennent. V. MULTIPLICARE.

2° Science profonde, en mauvaise part. Apoc. 2. 24. *Altitudines Satanæ*: Connaissances secrètes et cachées venant de Satan, que ses ministres, tels qu'étaient les gnostiques, appelaient *sciences profondes*. *Qui non cognoverunt altitudines Satanæ, quemadmodum dicunt*: Qui ne connaissent point les profondeurs de Satan, qu'ils appellent une *profonde science*. Ces faux prophètes appelaient leurs prétendus mystères, *des profondeurs*; mais l'Esprit de Dieu ajoute que c'étaient des profondeurs de Satan.

ALTRINSECUS, ἑτέρωθεν. Cet adverbe est composé de l'adjectif *alter*, et signifie, de l'autre côté, ou des deux côtés: dans l'Ecriture il signifie:

De côté et d'autre, vis-à-vis l'un de l'autre. Genes. 15. 10. *Utrasque partes contra se altrinsecus posuit*: Abraham mit les deux parties qu'il avait coupées vis-à-vis l'une de l'autre; en laissant un espace pour passer entre deux, selon l'ancienne manière de jurer une alliance. Levit. 24. 6. *Senos altrinsecus super mensam statues*: Vous exposerez les pains l'un sur l'autre sur la table, six d'un côté et six de l'autre. 3. Reg. 6. 34. 2. Par. 9. 18.

ALTUS, A, UM, ὑψηλὸς. Ce nom adjectif vient de l'Hébreu *ghalah*, monter, s'élever, et signifie:

1° Haut, élevé, ce qui se dit d'un corps considéré selon son élévation. Prov. 17. 16. *Qui altam facit domum suam, quærit ruinam*: Celui qui élève sa maison bien haut, en cherche la ruine. Genes. 7. 20. Exod. 25. 25. 1. Machab. 4. 60. c. 13. 27. etc.

2° Grand, de haute taille. 1. Reg. 10. 23. *Altior fuit universo populo ab humero et sursum*: Saül parut plus grand que tous les autres de toute la tête, Gr. ὑψώθη.

3° Haut, élevé, ce qui a quelque degré d'excellence et d'élévation en quelque chose que ce soit. Job. 35. 5. *Contemplare æthera quod altior te sit*: Contemplez combien les cieux sont plus hauts que vous. Eliu témoigne à Job que s'il veut considérer combien le ciel est plus élevé que lui, il jugera aisément que Dieu étant sans comparaison plus élevé que tous les cieux, ni l'impiété des hommes ne peut ni nuire ni servir à Dieu, dont l'Etre infini est absolument indépendant des créatures.

4° Haut, escarpé (ἀκρότομος). Sap. 11. 4. *Invocaverunt te, et data est illis aqua de petra altissima*: Il vous ont invoqué, et vous leur avez fait sortir de l'eau du haut d'un rocher. Le mot grec ἀκρότομος signifie escarpé, sec, fort dur; c'est pourquoi il est rendu dans cette signification, Deut. 8. 15. *Eduxit rivos de petra durissima*: Il a fait sortir des ruisseaux de la pierre la plus dure. Il semble que Moïse veut relever le miracle par la dureté de la pierre d'où l'eau est sortie.

5° Sublime, relevé, difficile à comprendre (χαλεπός). Eccli. 3. 22. *Altiora te ne quæsieris*: Ne recherchez point ce qui est au-dessus de vous; la curiosité et le désir excessif de savoir, est tout à fait contraire à l'Esprit de Jésus-Christ. Le Sauveur est venu dans le monde, non pour éclairer l'esprit par de hautes connaissances, mais pour les assujettir à l'obéissance de la foi. Rien ne suffit à l'avidité de la sience; mais peu suffit à une âme humble qui ne demande de lumière qu'autant qu'il en faut pour discerner le bien d'avec le mal, et pour conduire ses pas dans la voie de Dieu.

6° Grand, élevé, selon le monde, ce qui paraît au-dessus du commun. Luc. 16. 15. *Quod hominibus altum est, abominatio est ante Deum*: Ce qui est grand aux yeux du monde, est en abomination devant Dieu. Rom. 12. 16. *Non alta sapientes, sed humilibus consentientes*: N'aspirez point à ce qui est élevé; mais accommodez-vous à ce qui est de plus bas et de plus humble. Ps. 137. 6. *Humilia respicit, et alta a longe cognoscit*: Le Seigneur regarde favorablement ce qu'il y a de plus rabaissé et de plus petit dans le monde, comme il en avait usé à l'égard de David, en le retirant de la garde des troupeaux pour le placer sur le trône, et il rejette au contraire, et regarde comme de loin ce qui paraît grand, et les personnes les plus élevées; ainsi qu'il en avait usé envers Saül, roi d'Israël. Rom. 11. 20. *Noli altum sapere, sed time*: Prenez garde de vous élever, mais tenez-vous dans la crainte. Voy. SAPERE. De là viennent ces phrases qui marquent ce qui est haut, fier, orgueilleux: *Extollere in altum cornu suum*: Elever sa tête avec insolence. Ps. 74. 6. *Nolite extollere in altum cornu vestrum*: Ne vous élevez point insolemment contre le ciel. Voy. CORNU. Ainsi: *Palpebræ in alta surrectæ*. Les paupières élevées marquent la fierté et l'insolence de ceux qui regardent les autres avec hauteur. Prov. 30. 13. Voy. SURRECTUS.

ALTISSIMUS, I, *le Très-Haut*, ὕψιστος. Ce nom pris substantivement est un des noms de Dieu, qui répond à l'Hébreu *Elion*, dont les Grecs ont fait ἥλιος, le soleil, que les païens adoraient comme le dieu souverain.

1° Un Dieu en trois personnes. Gènes. 14. 18. *Erat sacerdos Dei Altissimi* ; Melchisédech était prêtre du Très-Haut, non pas selon l'ordre d'Aaron, parce que le sacerdoce de l'ancienne loi devait être aboli par celui de Jésus-Christ, dont Melchisédech était la figure, comme saint Paul le montre, Heb. 7. 1. et suiv. Isa. 14. 14. *Similis ero Altissimo* : Je serai semblable au Très-Haut. Voy. LUCIFER. Num. 24. 16. Deut. 32. 8. Job. 31. 28. et souvent dans les Psaumes et dans l'Ecclésiastique. Ps. 98. 9. *Altissimum posuisti refugium tuum* : Vous avez choisi le Très-Haut pour votre refuge. Dan. 4. 21. 31. Luc. 6. 35. etc.

2° Dieu le Père. Luc. 1. 32. *Filius Altissimi vocabitur* : Il sera appelé le Fils du Très-Haut ; Jésus-Christ étant fait homme, devait être Fils de Dieu le Père par nature, comme il l'a été de toute éternité. v. 35. *Virtus altissimi obumbrabit tibi* : La vertu du Très-Haut vous couvrira de son ombre. Le Père qui a engendré son Fils dans lui-même, l'engendre comme homme dans le sein de la Vierge Marie. c. 8. 28.

3° Jésus-Christ, Fils de Dieu. Luc. 1. 76. *Propheta Altissimi vocaberis* : Vous, petit enfant, vous serez appelé *le prophète du Très-Haut* ; Saint Jean a été proprement le prophète du Fils de Dieu fait homme ; car il est venu pour prédire sa venue, et pour préparer les esprits à le recevoir ; néanmoins, la plupart des interprètes l'entendent de Dieu en trois personnes, qui l'a envoyé pour préparer les voies du Seigneur. Jésus-Christ est véritablement dit prophète du Très-Haut en ces deux sens. Malach. 3. 1.

ALTUM, I. ὕψος. Ce mot pris substantivement, signifie :

1° L'air. Job. 39. 18. *In altum alas erigit* : Lorsqu'on vient pour prendre l'autruche, elle élève en haut ses ailes, non pour voler, mais pour courir ; car elle ne se sert de ses ailes que pour courir quand le vent lui est favorable. Judic. 20. 38. Prov. 26. 2. Eccli. 27. 28.

2° Le ciel. Ephes. 4. 8. *Ascendens in altum, captivam duxit captivitatem* : Jésus-Christ étant monté au ciel, il a mené captive une grande multitude de captifs. Voy. CAPTIVITAS. Ps. 143. 7 *Emitte manum tuam de alto* : Faites éclater du haut du ciel votre main toute-puissante. Ps. 112. 5. Ps. 92. 4. *Mirabiles elationes maris, mirabilis in altis Dominus* : Les soulèvements de la mer sont admirables ; mais le Seigneur qui est dans les cieux, est encore plus admirable. Ps. 143. 8. Luc. 1. 78. c. 24. 49. Ainsi : *Extendere manus in altum* : C'est élever ses mains vers le ciel. Eccli. 51. 26. Voy. *Extendere*. De là vient aussi *altissima, orum* : Le plus haut des cieux. Matth. 21. 9. *Hosanna in altissimis* : Salut et gloire, soit au Fils de David, au plus haut des cieux ; ces peuples reconnaissaient que celui à qui ils rendaient ces honneurs était le vrai roi des Juifs. Luc. 2. 14. Voy. EXCELSA ; ainsi, Ps. 70. 19. *Potentiam tuam et justitiam tuam, Deus, usque in altissima* : Et que j'élève jusqu'aux cieux votre puissance et votre justice dans les grandes choses que vous avez faites. Sap. 9. 17. Eccli. 24. 7. c. 26. 22.

3° Un char de triomphe. Ps. 67. 19. *Ascendisti in altum, cepisti captivitatem* : Vous êtes monté en haut sur un char élevé ; vous avez emmené un grand nombre de captifs. Le Prophète, selon le sens littéral, représente Dieu comme un victorieux, qui triomphe, et qui mène après lui un grand nombre de captifs ; c'est-à-dire tous les peuples qui avaient été vaincus par la présence de l'arche ; mais ce triomphe était la figure des mystères que saint Paul explique, Ephes. 4. v. 1. 8. 9. 10.

4° Un trône élevé. Ps. 7. 8. *Propter hanc, in altum regredere* : En considération de cette assemblée, remontez en haut sur votre trône élevé, pour juger ma cause contre mes ennemis : dans la vue de cette assemblée des peuples qui doivent un jour chanter vos louanges, lorsque l'innocent sera délivré des mains de celui qui le voulait opprimer, remontez sur le tribunal, d'où il semblait que vous fussiez descendu, et faites connaître que vous êtes le Seigneur universel, et le Juge de tous les peuples.

ALTUS, A, UM, βαθύς, *profond*. Ce nom adjectif a une autre signification, qui paraît tout opposée, quoiqu'elle ne le soit pas ; car ce qui est profond à l'égard de ceux qui sont au-dessus, est haut à l'égard de ceux qui sont en bas.

1° Profond. Joan. 4. 11. *Puteus altus est* : Le puits est profond. Sap. 4. 3. c. 16. 11. 2. Mach. 1. 19. d'où viennent ces expressions, *Defigere*, ou *fodere in altum* : Enfoncer ou creuser avant dans la terre. Eccli. 12. 11. Luc. 6. 48. et dans le sens moral, ce qui est profond, impénétrable. Ps. 63. 8. *Accedet homo ad cor altum* : L'homme entrera dans le plus profond de son cœur ; ce cœur profond marque une malice cachée. Gr. *et pour ad* ; *Accedet homo et cor altum* : suppl. *illi erat*. Eccl. 7. 25. *Alta profunditas, quis inveniet eam?* Oh ! combien est grande la profondeur de la sagesse, et qui la pourra sonder ? *Voy.* PROFUNDITAS. Sap. 4. 3. c. 16. 11. Ainsi, *Altissima paupertas* ; C'est une pauvreté épuisée et poussée à bout ; c'est-à-dire une très-grande pauvreté. 2. Cor. 8. 2. La métaphore se tire d'un vase épuisé jusqu'au fond.

2° Profond, caché, obscur. Isa. 33. 19. *Populum impudentem non videbis, populum alti sermonis* : Vous ne verrez plus un peuple impudent, un peuple obscur dans ses discours : ce peuple sont les Assyriens, dont les Juifs n'entendaient pas le langage.

ALTUM, I. βάθος. La haute mer. Luc. 5. 4. *Duc in altum* : Avancez en pleine eau. 2. Mach. 12. 4. *Cum in altum processissent, submerserunt non minus ducentos* : Lorsqu'ils furent avancés en pleine mer, ceux de Joppé en noyèrent environ deux cents.

ALVA ou **ALVAN**, Heb. *Ascensus ejus.* Premier fils de Sobal, de la race d'Esaü. Il fut le second duc d'Idumée, et succéda à Thamna. Gen. 36. v. 23. 40. 2. Par. 1. 51.

ALVEUS, 1. κύτος. Ce mot qui vient d'*alvus*, parce que le lit d'une rivière en est comme le ventre, signifie,

1° Un canal, le lit d'une rivière. Jos. 3. 17. *Omnis populus per arentem alveum transibat* : Tout le peuple passait au travers du canal qui était à sec (ξηρά, ᾶς). 4. Reg. 3. 16. *Facite alveum torrentis hujus fossas et fossas*, i. e. *in alveo torrentis multas fossas* : Faites plusieurs fossés le long du lit de ce torrent : ainsi, v. 17. *Alveus iste replebitur aquis* : Ce canal sera rempli d'eau (χειμάρρους). Isa. 19. 7. *Nudabitur alveus rivi a fonte suo* : Le lit des ruisseaux sera sec à sa source même. Les prairies qui sont le long de la rivière, et à son embouchure sécheront : le prophète décrit d'une manière poétique, la désolation de l'Egypte. Jos. 3. 15. c. 4. v. 3. 8. 9. 18. 20. Isa. 27. 12. Ezech. 39. 12.

2° L'eau de la rivière, ou la rivière même (ποταμός). Exod. 2. 5. *Puellæ ejus gradiebantur per crepidinem alvei* : Ses filles allaient le long du bord de l'eau : il parle de la princesse, fille de Pharaon.

ALVEOLUS, 1. σκάφη, *Vas ligneum concavum.* Ce mot, qui est un diminutif d'*alveus*, signifie dans les auteurs latins, une auge, un damier, et d'autres vases creux : ainsi dans l'Ecriture c'est un vase creux, propre à faire cuire de la viande. Dan. 14. 32. *Intriverat panes in alveolo* : Le prophète Habacuc avait apprêté du potage qu'il mit dans un vase ; si ce vase n'était point le pot où il avait fait le potage, ce pouvait être un plat, un bassin, ou un chaudron : mais le mot Grec signifie un vaisseau creux qui est de bois.

ALUMNUS, 1. τρόφιμος. Ce mot qui vient du verbe *alere*, nourrir, signifie un nourrisson ou un élève, qui est nourri, instruit et élevé par quelqu'un. Num. 32. 14. *Vos surrexistis pro patribus vestris, incrementa et alumni hominum peccatorum* : Vous avez succédé à vos pères, comme des enfants et des rejetons d'hommes pécheurs : c'est un reproche que Moïse faisait aux Juifs (σύστρεμμα, turba).

ALUS, Hebr. *Commistio.* Un lieu dans le désert d'Arabie, où les Hébreux firent leur dixième campement. Num. 33. v. 12. 13.

ALVUS, κοιλία. Ce nom vient du verbe *eluere*, laver, nettoyer, parce que c'est du ventre que les excréments s'écoulent.

Le ventre, la partie de l'animal, qui, dans sa capacité, enferme les entrailles et les intestins. 2. Par. 21. 18. *Percussit eum Dominus alvi languore insanabili* : Dieu frappa Joram d'une maladie incurable dans les entrailles. Judic. 3. 22. Voy. SECRETUM. De là vient *purgare alvum*, qui signifie en latin, se purger, prendre médecine ; mais dans l'Ecriture, il marque simplement, aller à la selle. Judic. 3. 24. *Forsitan purgat alvum* : Le roi a peut-être quelque besoin : ce que les Hébreux expriment par *tegere pedes* : Couvrir ses pieds ; expression honnête pour signifier la même chose (πρὸς δίφρους κάθηνται, *ad sellas sedet*).

AMAAD, Heb. *Populus testimonii.* Ville et forteresse de la tribu d'Aser, bâtie par Amathus, fils de Chanaan. Jos. 19. 26. Saint Jérôme l'appelle *Amath.*

AMADATH, Heb. *Conturbans legem.* Père d'Aman, de la race des Amalécites. Esth. 3. v. 1. 10. c. 9. 24. etc.

AMAL, Heb. *Labor*: Quatrième fils d'Helem. 1. Par. 7. 35.

AMALEC, Hebr. *Populus lambens.* 1° Le fils d'Eliphaz, fils d'Esaü, qu'il eut d'une femme nommée *Thamna*. Genes. 36. 12. *Erat autem Thamna concubina Eliphaz, filii Esaü, quæ peperit Amalec.* v. 16. 1. Par. 4. 56. C'est de lui que viennent les Amalécites.

2° Les Amalécites, peuple qui habitait au midi de la terre de Chanaan. Num. 24. 20. *Principium gentium Amalec* ; Amalec a été le premier des peuples qui ont attaqué les Israélites à leur sortie de l'Egypte. Exod. 17. v. 8. 3. 20. etc. ainsi, v. 12. *Fugavitque Josue Amalec, et populum ejus in ore gladii* : Josué mit en fuite les Amalécites et les troupes qui étaient venues à leur secours, et les fit passer au fil de l'épée. C'est dans cette occasion que Moïse, en levant les mains au ciel, rendait les Israélites victorieux ; mais lorsqu'il les abaissait un peu, les Amalécites avaient l'avantage.

AMALECITES, æ, *Idem.* Un Amalécite qui est du pays des Amalécites. Genes. 14. 7. *Percusserunt omnem regionem Amalecitarum* : Chodorlahomor et les rois de son parti, ravagèrent tout le pays des Amalécites. Num. 14. v. 25. 43. 45. etc.

AMAN, Hebr. *Mater* où *timor eorum.* Nom de lieu de la tribu de Juda. Jos. 15. 26.

AMAN, Heb. *Conturbans.* Aman fils d'Amadath, premier ministre d'Assuérus, et son plus grand favori, était de la race d'Agag, ce roi des Amalécites qui fut mis en pièces par Samuel, et Macédonien d'origine : ce qui n'est pas incompatible, parce qu'il s'est pu faire qu'Aman était descendu d'Agag, du côté de son père ou de sa mère, et qu'il était Macédonien de l'autre côté : d'ailleurs il peut être arrivé fort aisément que les restes des Amalécites, après cette défaite générale, et ce grand carnage qui en fut fait sous le règne de Saül, s'étant enfuis et dispersés de toutes parts dans les provinces, ceux qui étaient les ancêtres d'Aman soient venus s'établir dans la Macédoine. Son histoire est rapportée au long dans le livre d'Esther, depuis le chapitre 3. jusqu'à la fin.

AMANA, Heb. *Fides* ou *veritas.* Nom d'une montagne, que plusieurs croient être la même que le mont *Amanus*, qui sépare la Syrie de la Cilicie ; mais d'autres croient que c'est une des montagnes qui composent le mont Liban, Cant. 4. 8. *Veni de Libano, veni, coronaberis de capite Amana* : Venez, mon Epouse, venez du mont Liban, vous serez couronnée de fleurs, qui seront cueillies sur le mont Amana ; d'autres mettent les deux points après *coronaberis*, et sous entendent *veni*, venez de la pointe du mont Amana : ces paroles s'entendent figurément de la vocation des Juifs et des gentils à la foi de Jésus-Christ, qui appelle son Epouse, qui est l'Eglise, composée de ces deux peuples.

AMARE, φιλεῖν, ἀγαπᾶν. Ce verbe peut être tiré du Grec ἀμάω, *Congrego*; parce que l'amitié n'est autre chose qu'une union de cœur, et signifie aimer passionnément, dans les bons auteurs latins, qui le distinguent de *diligere*, pour marquer le plus et le moins, quoique Térence semble dire le contraire; mais dans l'Ecriture, ces deux mots sont synonymes.

1° Aimer, avoir de l'affection pour quelque chose. Matth. 10. 37. *Qui amat patrem aut matrem plusquam me, non est me dignus*: Celui qui aime son père ou sa mère plus que moi, n'est pas digne de moi. Voy. SUPER. Apoc. 3. 19. *Ego quos amo, arguo, et castigo*: Je reprends et châtie tous ceux que j'aime. Genes. 25. 28. c. 29. 32. c. 37. 4. etc. Ainsi Deut. 11. 1. *Ama itaque Dominum Deum tuum*: Aimez donc le Seigneur votre Dieu.

Phrases tirées de cette signification.

Amare animam suam: Aimer sa vie; c'est-à-dire les commodités de la vie, et les préférer à son salut, et à l'amour qu'on doit à Dieu. Jean. 12. 25. *Qui amat animam suam, perdet eam*: Celui qui aime sa vie la perdra. Voy. DILIGERE.

2° Aimer quelque chose passionnément, et d'une manière déréglée. Eccli. 10. 10. *Nihil est iniquius quam amare pecuniam*: Il n'y a rien de plus injuste que d'aimer l'argent; l'attachement au bien est un vice détestable, qui est la source de tous les maux. 2. Reg. 13. 4. *Thamar sororem fratris mei amo*: J'ai pour Thamar, sœur de mon frère Absalom, une passion ardente. Judic. 16. 4. Prov. 21. 17. Eccl. 5. 9. Isa. 56. 10. Voy. SOMNIUM. 2. Petr. 2. 15. Voy. ADAMARE. On peut rapporter à cette signification l'amour qu'on a pour des choses nuisibles et pernicieuses. Eccli. 3. 27. *Qui amat periculum*, (rem periculosam) *peribit in illo*.

3° Affecter quelque chose, la souhaiter avec empressement et avec ostentation. Matth. 23. 6. *Amant primos recubitus in cœnis*: Les docteurs de la Loi, et les pharisiens aiment les premières places dans les festins, et à être salués dans les places publiques. c. 6. 5. Luc. 20. 46. 3. Joan. 9.

AMABILIS, E. ἐράσμιος. 1° Aimable, qui a des qualités qui attirent l'amitié; digne d'être aimé (ἠγαπημένος). 2. Reg. 1. 23. *Saul et Jonathan amabiles*: C'étaient des personnes si aimables. v. 26. *Amabilis super amorem mulierum*: Jonathas méritait d'être aimé de l'amour le plus passionné. Esth. 2. 15. Eccli. 20. 13. Ainsi, Soph. 2. 1. *Gens non amabilis*: Peuple indigne d'être aimé. Heb. sans affection. Gr. (ἀπαιδευτος) sans règle et sans discipline: de là vient cette phrase.

Vir amabilis ad societatem: Un homme dont la compagnie est agréable, et qui est propre à entretenir l'amitié (ἑταῖρος). Prov. 18. 24. *Vir amabilis ad societatem magis amicus erit quam frater*: L'homme dont la société est agréable, sera plus aimé que le frère: Hebr. L'homme qui a des amis, doit bien cultiver leur amitié; car il y a tel ami qui vaut mieux qu'un frère.

2° Ce qui rend aimable, ce qui est bien reçu et approuvé (προσφιλής). Phil. 4. 8. *De cætero, fratres, quæcunque sunt.... amabilia... hoc cogitate*: Enfin, mes frères, que tout ce qui vous peut rendre aimables soit l'entretien de vos pensées. Eccli. 15. 13.

3° Qui est aimé de quelqu'un; ainsi Salomon était appelé, *amabilis Domino*; parce qu'il était aimé de Dieu. 2. Reg. 12. 25. *Et vocavit nomen ejus, Amabilis Domino, eo quod diligeret eum Dominus*: Le Seigneur donna à l'enfant le nom d'Aimable au Seigneur, parce que le Seigneur l'aimait. Heb. Jedidiah, *Amatus Deo*.

AMANS, TIS. Ce participe actif signifie qui aime, qui a de l'amitié; mais, il devient nom; outre sa signification ordinaire, il marque dans l'Ecriture: 1° Un amant, ou une amante, qui est mariable (καταλύων, *delicatus*). Ezech. 16. 8. *Ecce tempus tuum, tempus amantium*; Heb. *tempus amorum*: J'ai vu que le temps où vous étiez, était le temps d'être aimé. Le Prophète compare Jérusalem à une pauvre fille toute sale et vilaine; c'est-à-dire plongée dans le péché, que Dieu néanmoins, sous la figure d'un amant, choisit pour son épouse. Voy. SANGUIS.

2° Cher, chéri, bien-aimé (ἠγαπημένος).Deut. 33. 12. *Amantissimus Domini habitabit confidenter in eo*: Benjamin est le bien-aimé du Seigneur, il habitera en lui avec confiance; c'est la bénédiction que Moïse donne à cette tribu: car comme Benjamin fut aimé tendrement de Jacob; Moïse témoigne que cette tribu sera très-particulièrement aimée de Dieu, et qu'il y établira sa demeure: ce qui s'entend du temple si fameux de la ville de Jérusalem. Isa. 44. 9. *Amantissima eorum non proderunt eis*; Heb. *desiderabilia eorum*: Ce qu'ils chérissent, leurs ouvrages les plus estimés ne leur serviront de rien. Le prophète parle des artisans d'idoles. Osée, 9. 16. *Interficiam amantissima uteri eorum*; Heb. *desideria*: Je ferai mourir leurs enfants pour qui ils auront le plus de tendresse. τέκνα Voy. UTERUS.

3° Excellent, très-agréable (ἐπιθυμητός). Amos. 5. 11. *Vineas plantabitis amantissimas* (Heb. *amœnissimas*), *et non bibetis vinum earum*: Vous ne boirez point du vin de ces excellentes vignes que vous avez plantées.

AMARIAS, Æ. Heb. *Dicit Dominus*. Nom propre de plusieurs hommes qui ont été — 1° Un grand prêtre, fils de Mérajoth, et père d'Achitob. 1. Par. 6. 7. 52. — 2° Un autre grand-prêtre, fils d'Azarias et père d'un autre Achitob. 1. Par. 6. 11. 1. Esdr. 7. 3. — 3° Un lévite, fils d'Hébron. 1. Par. 23. 19. — 4° Un autre lévite, fils de Jériau 1. Par. 24. 23. — 5° Un grand-prêtre du temps de Josaphat. 2. Par. 19. 11. — 6° Un lévite du temps d'Ezéchias. 2. Par. 31. 15. — 7° Un de ceux qui avaient épousé des femmes étrangères. 1. Esdr. 10. 42. — 8° Un de ceux qui signèrent l'alliance du temps de Néhémias. 2. Esdr. 10. 3. — 9° Un habitant considérable de Jérusalem, fils de Saphatias, de la tribu de Juda. 2. Esdr. 11. 4. — 10° Un prêtre, chef de sa famille, qui revint avec Zorobabel à Jérusalem. 2. Esdr. 12. 2. — 11° Le bisaïeul de Sophonie. Soph. 1: 1.

AMARUS, a, um πικρὸς, ά, όν. Ce nom adjectif vient de l'Hébreu *mara*, amer, amertume, d'où se forment plusieurs significations métaphoriques, par rapport à ce qui est amer au goût.

1° Amer, âpre au goût. Prov. 27. 7. *Anima esuriens etiam amarum pro dulci sumet*: Celui qui est pressé de la faim, trouvera même doux ce qui est amer : l'appétit fait le meilleur assaisonnement des viandes. Exod. 15. 23. 2. Reg. 19. 35. Judith. 5. 15. etc. Ainsi, Jac. 3. 11. *Aqua amara*, de l'eau salée. Voy. EMANARE.

Phrase tirée de cette première signification.

Bibere potionem amaram : Boire un breuvage amer : c'est souffrir, être affligé. Isa. 24. 9. *Amara erit potio bibentibus illam* : Ceux qui boiront, trouveront de l'amertume dans leur breuvage ; ceux qui sont dans l'affliction ne goûtent point ce qu'ils mangent et ce qu'ils boivent.

Ponere amarum in dulce, et dulce in amarum : Faire passer pour doux ce qui est amer. Isa. 5. 20. *Ponentes amarum in dulce, et dulce in amarum* : faisant passer pour doux ce qui est amer, et pour amer ce qui est doux : le prophète reprend la corruption du cœur de ceux qui rendent le vice agréable et la vertu odieuse.

Esse amarum quasi absynthium : Etre amer comme de l'absynthe : c'est être pernicieux et affligeant. Prov. 5. 4. *Novissima illius amara quasi absynthium* : La compagnie de la prostituée paraît d'abord agréable; mais cette satisfaction est suivie de douleurs amères et de regrets cuisants.

Dans le sens figuré.

1° Amer, fâcheux, désagréable. Eccli. 41. 1. *O mors quam amara est memoria tua homini pacem habenti in substantiis suis* : O mort, que ton souvenir est amer à un homme qui vit en paix au milieu de ses biens! 1. Reg. 15. 32. 4. Reg. 14. 26. etc. ainsi, Eccli. 29. 32. *Amara audire* : Entendre des discours désagréables : *Potabit ingratos et ad hæc amara audiet* : Il donnera à boire et à manger à des ingrats, et après cela même il entendra des discours désagréables.

2° Amer, misérable, affligeant. Eccli. 30. 17. *Melior est mors quam vita amara* : La mort vaut mieux qu'une vie amère ; ceux qui n'écoutent que les sentiments de la nature, aiment mieux mourir que de traîner une vie languissante ; au lieu que cet état d'affliction serait pour eux le plus grand des biens, s'ils s'en servaient, comme la foi le leur devrait apprendre, pour faire pénitence de leurs péchés, pour apaiser la colère de Dieu et pour prévenir ses jugements : ce sont les sentiments de ces personnes que le Sage représente. Jer. 2. 19. *Vide quia malum et amarum est reliquisse Dominum Deum tuum* : Comprenez quel mal c'est pour vous, et combien il vous est amer d'avoir abandonné le Seigneur votre Dieu ; c'est-à-dire, combien c'est pour vous une source de malheurs. c. 4. 18.

Ista malitia tua quia amara, quia tetigit cor tuum : C'est là le fruit de votre malice, parce qu'elle est pleine d'amertume ; c'est-à-dire parce qu'elle a attiré sur vous des afflictions cuisantes, qui ont pénétré jusqu'au fond de votre cœur. c. 6. 26. Isa. 38. 17. Amos 8. 10. Ezech. 27. 31. Soph. 1. 14. 2. Mach. 6. 7. c. 9. 5. Ainsi : *Aquæ amarissimæ* : Ces eaux très-amères dont il est parlé dans les Nombres, sont appelées de la sorte, à cause de leur effet ; parce qu'elles causaient une grande douleur à la femme qui se trouvait coupable d'adultère. Num. 5. v. 18. 19. 23. 26. Gr. ὕδωρ τοῦ ἐλεγμοῦ, *Aqua redargutionis*.

3° Triste, chagrin, fâché, irrité (κατώδυνος). 1. Reg. 30. 6. *Volebat eum populus lapidare, quia amara erat anima uniuscujusque viri super filiis suis, et filiabus* : Ce peuple voulait lapider David, étant tous outrés de voir leurs enfants enlevés par les Amalécites. Ezech. 3. 14. *Abii amarus in indignatione spiritus mei* : Je m'en allai plein d'amertume et mon esprit rempli d'indignation ; soit que le prophète fût indigné contre l'endurcissement de ce peuple ingrat, à qui sa captivité ne faisait point ressentir la vengeance de Dieu irrité contre leurs crimes; soit qu'il fût affligé de voir tous les maux qui étaient près de tomber sur Jérusalem : ainsi, *amaro animo esse* C'est être triste et affligé, et avoir le cœur dans l'amertume (τοῖς ἐν λύπαις). Prov. 31. 6. *Date vinum his qui amaro sunt animo* : Donnez du vin à ceux qui sont dans l'amertume du cœur ; il faut craindre que ceux qui sont affligés ne tombent dans l'abattement et dans une tristesse excessive. 1. Reg. 1. 10. c. 22. 2. 2. Reg. 17. 8. C'est en ce sens que Noëmi dit qu'elle est amère, c'est-à-dire remplie d'amertume et de tristesse. Ruth. 1. 20. Voy. MARA.

4° Nuisible, dangereux, pernicieux. Eccli. 17. 27. *Inveni amariorem morte mulierem* : J'ai reconnu que la femme est plus amère que la mort ; c'est Salomon qui parle, et qui parle avec indignation contre les femmes qui l'avaient séduit ; mais on peut dire qu'il remonte à la source des maux qui ont inondé toute la terre ; ainsi il déclare que la femme qui a été l'instrument du démon pour faire tomber le premier homme, l'est encore pour perdre les hommes ; et que la douceur apparente par laquelle il les attire, est plus amère et plus dangereuse que le poison. Deut. 32. 32. *Uva eorum, uva fellis, et botri amarissimi* : Leurs raisins sont des raisins de fiel qui donnent la mort par leur amertume ; ces raisins amers marquent les méchantes actions et la corruption des Juifs. Voy. UVA.

5° Malin, méchant. Ps. 63. 4. *Intenderunt arcum, rem amaram*; Heb. *Verbum amarulentum*, i. e. *virulentum*. Ils ont lancé contre moi leurs paroles malignes et médisantes comme des traits empoisonnés. Voyez RES.

6° Cruel, impitoyable. Deut. 32. 24. *Devorabunt eos aves morsu amarissimo* : Des oiseaux de carnage les déchireront par leurs morsures cruelles. Habac. 1. 6. *Ecce ego suscitabo Chaldæos, gentem amaram* : Je vais susciter les Chaldéens, cette nation cruelle.

7° Aigre, rude. Coloss. 3. 19. *Viri diligite uxores vestras, et nolite amari esse ad illas* : Maris, aimez vos femmes, et ne les traitez point avec aigreur et avec rudesse. Jac. 3. 14. *Quod si zelum amarum habetis* : Si vous avez dans le cœur un zèle amer et un esprit de contention, ne vous glorifiez point faussement d'être sages.

AMARE, πικρῶς. Cet adverbe se prend ordinairement dans le sens figuré, et signifie chez les auteurs latins, aigrement, avec aigreur: dans l'Ecriture :

Amèrement, d'une manière amère et douloureuse, avec un grand ressentiment de tristesse et d'affliction. Ezech. 27. 30. *Clamabunt amare* : Ils crieront dans leur douleur amère : le prophète parle des gens de mer qui devaient déplorer la ville de Tyr. Ainsi, *amare flere* : Pleurer amèrement, avec une douleur amère et sensible. Isa. 33. 7. *Angeli pacis amare flebunt* : Les députés qui seront envoyés à Rabsacès pour demander la paix, pleureront amèrement, c. 22. 4. Matth. 26. 75. Luc. 12. 62. *Flevit amare* : Pierre pleura amèrement; de même, *Amare ferre luctum alicujus* : Faire un grand deuil de la mort de quelqu'un. Eccli. 38. 17. Voy. DELATURA.

AMARICARI, πικραίνεσθαι. Etre amer et désagréable, dans le sens figuré, Apoc. 10. 9. 10. *Erat in ore meo tanquam mel dulce; et cum devorassem eum, amaricatus est venter meus* : Ce livre était dans ma bouche doux comme du miel; mais l'ayant avalé, il me causa de l'amertume dans le ventre. La connaissance des mystères qui furent revelés à saint Jean, lui fut douce et agréable; mais la vue des persécutions de l'Eglise lui était amère et désagréable.

AMARITUDO, INIS, πικρία. Amertume, qualité piquante qui rend amer (πονηρόν). 4. Reg. 4. 41. *Non fuit amplius quidquam amaritudinis in olla* : Il n'y eut plus ensuite aucune amertume dans le pot, lorsque Elisée y eut répandu de la farine. Voyez MORS. Os. 10. 4. *Germinabit quasi amaritudo judicium super sulcos agri* : Les jugements de Dieu vous accableront, comme ces herbes amères qui étouffent le blé dans les champs; c'est-à-dire que comme les méchantes herbes croissent en grande quantité dans les champs, de même aussi les maux se multiplieront dans Israël.

1° Amertume, douleur, chagrin, déplaisir. Isa. 38. 17. *Ecce in pace amaritudo mea amarissima* : Cette affliction si cuisante m'est survenue lorsque j'étais dans la paix. Ezéchias parle de la maladie qu'il eut après la défaite des Assyriens. Ruth. 1. 20. Job. 9. 18. c. 17. 2. c. 23. 2. etc. Ainsi Eccli. 31. 39. *Amaritudo animæ vinum multum potatum* : Le vin bu avec excès cause de la tristesse et de l'abattement (λυπηρὸς). Prov. 14. 10. *Cor novit amaritudinem animæ suæ, in gaudio ejus non miscebitur extraneus* : Lorsque le cœur connaîtra bien l'amertume de son âme, l'étranger ne se mêlera point dans sa joie. Heb. *Cor novit amaritudinem animæ suæ, et in gaudio ejus nihil alienum se immiscet* . Le cœur de chacun connaît l'amertume de son âme, et sa joie ne sera point comprise par un étranger (κατώδυνος). 4. Reg. 4. 27. De là viennent ces phrases :

Adducere, ou *perducere ad amaritudinem* : Rendre triste, rendre ennuyeux. Exod. 1. 14. *Ad amaritudinem perducebant vitam eorum* : Les Egyptiens rendaient aux Israélites la vie ennuyeuse par des travaux pénibles (πικραίνειν). Job. 27. 2. *Vivit Deus..., qui ad amaritudinem adduxit animam meam* : Je prends à témoin le Tout-Puissant qui a rempli mon âme d'amertume.

Habitare in amaritudinibus : Etre plongé dans l'amertume. Mich. 1. 12. *Quæ habitat in amaritudinibus* ; Heb. *in Marath* : Jérusalem est plongée dans l'amertume; Gr. κατοικεῖν ὀδύνας. Quelques-uns croient que c'est un nom de ville appelée *Marath* Jos. 15. 59.

2° Impiété, malice, méchanceté. Deut. 29. 18. *Ne sit in vobis radix germinans fel et amaritudinem* : De peur qu'il ne se forme parmi vous une racine et un germe de fiel et d'amertume. Hebr. 12. 15. Voy. RADIX. Eccli. 21. 15. *Non est sensus ubi est amaritudo* : La prudence ne se trouve point où est l'amertume du péché et des passions, qui empoisonnent le cœur. Voy. SENSUS. Ps. 10. 7. Ps. 13. 4. Rom. 3. 14. Ainsi, *Fel amaritudinis*, fiel amer, signifie le poison mortel de l'iniquité. Act. 8. 23. *In felle amaritudinis video te esse* : Je vois bien que vous avez dans le cœur un fiel amer. A quoi se rapporte ce qui est dit, Amos. 6. 13. *Convertistis in amaritudinem judicium*; Heb. *in fel*. Vous avez changé en amertume et en poison les jugements que vous deviez rendre ; et au lieu du doux fruit de la justice, vous ne produisez que l'amertume de la violence et l'absinthe de l'injustice (θυμὸς, *Ira, venenum*).

3° Aigreur, pique, jalousie (τιμωρία, *luctus*). Ephes. 4. 31. *Omnis amaritudo et ira..... tollatur a vobis* : Que toute aigreur et tout emportement soit banni d'entre vous ; d'où vient, *Ad amaritudinem concitare* : Irriter, ce qui se dit de Dieu, Ose. 14. 1.

4° Douleur amère, vif repentir de ses péchés. Jerem. 31. 21. *Pone tibi amaritudines* : Pleurez amèrement; Heb. *Pyramidas, seu columnas fastigiatas, aut acervos lapidum*. Dieu exhorte les Israélites à dresser des colonnes ou des tas de pierres, pour reconnaître le chemin par lequel ils étaient allés en captivité; l'Hébreu, *tamurim*, signifie *amaritudines et hermæ*, ou *columnæ*, pour marquer le chemin.

5° Mal, peine, traitement rigoureux (κακὸν). Job. 13. 26. *Scribis contra me amaritudines* : Vous donnez contre moi des arrêts très-sévères; Heb. *offensas* : Vous m'imputez des crimes qui me causent bien de la peine.

6° Rigueur, cruauté. Job. 20. 25. *Fulgurans (erit gladius) in amaritudine sua* : L'épée qui percera l'hypocrite, sera toute brillante, et terrible par sa cruauté. Heb. brillera de son fiel; *amaritudine sua*, pour *felle ejus*.

7° Obscurité fâcheuse et incommode (γνόφος). Job. 3. 5. *Dies ille involvatur amaritu-*

dine : Que le jour auquel je suis né, soit plongé dans l'amertume; Heb. *æstu diei* : soit couvert de vapeurs chaudes et épaisses, qui obscurcissent la lumière du jour. Voy. MALEDICERE.

AMASA, Heb. *populus parcens*. — 1° Fils de Jether et d'Abigaïl, sœur de David, lequel fut tué par Joab. 1. Par. 2. 17. 2. Reg. 17. 25. Il avait pris le parti d'Absalom contre David; mais il en obtint le pardon de ce bon prince, qui même le confirma dans sa charge de général : ce qui lui attira l'envie de Joab.

2° Un Ephraïmite, fils d'Adali. 2. Par. 28. 12. Il fit mettre en liberté les prisonniers que les Israélites avaient faits sur les tribus de Juda et de Benjamin.

AMASAI, Heb. *fortis*, ou *populi munus*. — 1° Un lévite, fils d'Elcana, descendant de Caath. 1. Par. 6. v. 25. 35. — 2° Un lévite, descendant de Mérari. 1. Par. 6. 46. — 3° Un autre lévite, chef des trente vaillants hommes qui se joignirent à David, lorsqu'il fuyait la persécution de Saül. 1. Par. 12. 18. — 4° Un prêtre qui jouait du bruit de la trompette devant l'arche. 1. Par. 15. 24. — 5° Un lévite, père de Mahath. 2. Par. 29. 12. Voy. MAHATH.

AMASIAS, Heb. *Fortitudo Domini*. — 1° Roi de Juda, fils de Joas, pris et tué par Joas, roi d'Israël. 4. Reg. 12. 22. c. 14. 1. etc. Ce prince fut au commencement fort religieux ; mais ayant gagné une victoire signalée contre les Iduméens, il en devint si superbe qu'il abandonna entièrement le culte de Dieu, et dressa des autels aux idoles des nations qu'il avait vaincues. — 2° Un grand capitaine sous Josaphat. 2. Par. 17. 16. — 3° Un prêtre idolâtre de Béthel, qui s'opposait au prophète Amos. c. 7. v. 10. 12. 14. Il vivait du temps de Jéroboam II, qui fut mené captif en Assyrie par Salmanasar avec les dix tribus, ainsi que Amos avait prédit. Voy. AMOS. — 4° Père de Josa, de la tribu de Siméon. 1. Par. 4. 34. — 5° Fils d'Helcias, lévite, descendant de Mérari. 1. Par. 6. 45.

AMASSAI. Heb. *populi conculcatio*. Amassaï, fils d'Azréel, de la tribu de Benjamin. 2. Esdr. 11. 13.

AMATHÆUS, Heb. *verax*. Amathæus, premier fils de Chanaan, de qui viennent les habitants de la ville d'Emath. Genes. 10. 18. Il y en a deux dans l'Ecriture ; la grande Emath. Amos 6. 2. qui est Antioche ; et la petite Emath, appelée *Epiphanie*. Voy. EMATH.

AMATHI, Heb. *Veritas mea*. Père du prophète Jonas. 4. Reg. 14. 25. de la ville de GETH. Voy. JONAS, 1.

AMATHES, IS, Heb. *Idem*. Pays de Syrie, sur les frontières de la Chananée, près du mont Liban. 1. Mach. 12. 25. Voy. EMATH.

AMATOR, IS, ἐραστής. — 1° Amateur, qui aime quelque chose : il se prend en bonne ou mauvaise part (φιλήδονος). 2. Tim. 3. 4. *Voluptatum amatores magis quam Dei* : Plus amateurs de la volupté que de Dieu. Sap. 8. 2. *Amator factus sum formæ illius* : Je suis devenu amateur de la beauté de la sagesse. c. 15. 6. 2. Mach. 14. 37. c. 15. 14.

2° Amant, celui qui aime d'une passion violente et amoureuse (συνών, τος). Jerem.

3. 20. *Quomodo si contemnat mulier amatorem suum, sic contempsit me domus Israel* : La maison d'Israël n'a eu que du mépris pour moi (dit le Seigneur), comme une femme qui dédaigne un homme qui l'aime. c. 5. 8. *Equi amatores et emissarii facti sunt* : Les princes du peuple sont devenus comme des chevaux qui courent et qui hennissent après les cavales (θηλυμανής, *insanus amator feminarum*).

L'Ecriture, dans les prophètes, appelle de la sorte ceux à qui le peuple juif s'attachait en abandonnant Dieu, et avec lesquels il commettait un adultère spirituel : tels étaient :

1° Les peuples profanes et idolâtres, avec lesquels les Israélites faisaient alliance, et dont ils imitaient l'idolâtrie. Ose. 2. 5. *Vadam post amatores meos qui dant panes mihi* : J'irai après les Assyriens et les Egyptiens, dont je révère les idoles, et qui m'aiment comme attaché à leurs dieux, par le secours desquels j'ai reçu tout ce qui contribue à ma subsistance et au repos de ma vie. v. 7. 10. 12. 13. c. 8. 9. Jerem. 3. 1. *Fornicata es cum amatoribus multis, tamen revertere ad me* : Vous vous êtes corrompue avec plusieurs qui vous aimaient, et néanmoins retournez à moi, dit le Seigneur, et je vous recevrai (ποιμήν, *dux*, *rector*). On voit dans cette figure dont Dieu se sert, son amour incomparable pour les hommes. c. 4. 30. c. 22. 20. c. 30. 14. Ezech. 16. v. 33. 36. 37. c. 23. v. 5. 9. 22.

2° Les princes juifs, et les prophètes qui les entretenaient dans la désobéissance. Jerem. 22. 22. *Amatores tui in captivitatem ibunt* : Tous ceux qui vous aimaient, vos princes, vos prêtres et vos prophètes, seront emmenés captifs.

AMBIGERE. Ce verbe qui vient d'ἀμ, ou ἀμφί, *circum* et d'*agere*, signifie proprement *circumagere*, *circumdare*, tourner à l'entour, environner : il signifie aussi contester, être en dispute, plaider ; mais il marque aussi être en doute, hésiter, ne savoir que faire. Act. 5. 24. *Ambigebant de illis quidnam fieret* : Le grand prêtre et les sénateurs se trouvaient en grande peine de ce qu'ils feraient des apôtres, ne sachant ce que deviendrait cette affaire (διαπορεῖν).

AMBIGUUS, A, UM. Cet adjectif vient d'*ambigere*, et signifie, ambigu, équivoque, qui a plusieurs sens. De plus,

1° Ce qui est douteux et incertain (ἀδύνατεῖν, *difficile esse*). Deut. 17. 8. *Si difficile et ambiguum apud te judicium esse perspexeris* : S'il se trouve une affaire embrouillée, et où il soit difficile de juger... v. 9. adressez-vous aux prêtres de la race de Lévi. Le grand prêtre, assisté des autres prêtres dont il était le chef, était établi juge souverain de toutes les causes difficiles à décider, de quelque nature qu'elles fussent. Ezech. 12. 24. *Non erit ultra omnis visio cassa, neque divinatio ambigua* : Les visions à l'avenir ne seront point vaines, et les prédictions ne seront point incertaines, ni ambiguës, au milieu des enfants d'Israël. Heb. *Divinatio blandientis* : Les prédictions ne se feront plus par flatterie et par complaisance (πρὸς χάριν, *ad gratiam*).

AMBIGUITAS, TIS, ambiguïté, diversité de

sens, doute, incertitude. 1. Reg. 9. 6. *Omne quod loquitur sine ambiguitate venit* (παραγινόμενον πάρεσται); Heb. *veniendo veniet*: Tout ce que ce prophète prédit arrive indubitablement, très-assurément.

AMBIRE, κυκλοῦν. Ce verbe qui se fait d'*am*, *circum*, et du verbe *ire*, *circum ire*, signifie :

1° Environner, entourer. 3. Reg. 7. 15. *Linea duodecim cubitorum ambiebat columnam utramque* : Un réseau de douze coudées entourait chaque colonne. v. 24. 2. Par. 4. 2.

2° Investir. 2. Par. 13. 13. *Ignorantem Judam suo ambiebat exercitu* : Jéroboam qui tâchait de surprendre Juda, l'enfermait avec son armée sans qu'il s'en aperçût.

3° Environner, être autour pour garder. Cant. 3. 7. *En lectulum Salomonis sexaginta fortes ambiunt* : Voici le lit de Salomon environné de soixante hommes des plus vaillants d'entre les forts d'Israël ; ils gardaient ce prince lorsqu'il était dans son lit.

4° Etre situé autour (περιέχειν). Ezech. 16. 57. *Quæ ambiunt te per gyrum*. Le Prophète parle à Jérusalem, qui était devenue un objet d'insultes aux filles de Syrie et aux filles de la Palestine qui l'environnaient de toutes parts.

5° Briguer, ambitionner (ὑπονοθεύειν, *per dolum ambire*). 2. Mach. 4. 7. *Ambiebat Jason frater Oniæ summum sacerdotium* : Jason, frère d'Onias, tâchait d'usurper le souverain sacerdoce.

AMBITIO, NIS. Ce mot qui vient du verbe *ambire*, signifie tour, circuit ; et figurément brigue, poursuite, recherche des honneurs. De plus il signifie :

Eclat, faste, grand appareil (φαντασία, *ostentatio*). Act. 25. 23. *Altera die cum venisset Agrippa et Berenice cum multa ambitione* : Le lendemain Agrippa et Bérénice étant venus avec grande pompe... Paul fut amené par le commandement de Festus. 2. Par. 16. 14. *Combusserunt aromata super eum ambitione nimia* : Ils brûlèrent sur le sépulcre d'Asa des parfums avec beaucoup de faste et de vanité (ἐκφορὰ μεγάλη, παραπομπή). 1. Mach. 9. 37.

AMBITIOSUS, A, UM, nom adjectif qui signifie ce qui a un grand circuit ; et dans le sens figuré, ambitieux, fastueux : dans l'Ecriture :

Dédaigneux, qui craint de s'abaisser pour rendre service. 1. Cor. 13. 5. *Non est ambitiosa* · La charité n'est point dédaigneuse. Gr. οὐκ ἀσχημονεῖ.

Non agit indecore ; ce qui peut signifier aussi : Elle ne fait rien de déshonnête ni de malséant.

AMBITUS, US. Ce nom de la même racine qui signifie figurément brigue, intrigue, signifie proprement :

Tour, circuit, enceinte (ἀτείχιστος, *sine muris*). Prov. 25. 28. *Sicut urbs patens et absque murorum ambitu, ita vir qui non potest in loquendo cohibere spiritum suum* : Celui qui ne peut retenir son esprit en parlant, Heb. (sa colère, ses passions) est comme une ville toute ouverte, qui n'est point environnée de murailles. Esth. 13. 10. 2. Mach. 1. 15.

AMBO, AMBÆ, AMBO, ἀμφότεροι, αι, α. Ce mot vient du Grec ἀμφώ, et ne se dit que de deux dont on a déjà parlé :

Tous deux, l'un et l'autre, les uns et les autres. Matth. 15. 14. Luc. 6. 39. *Numquid potest cæcus cæcum ducere ? nonne ambo in foveam cadunt ?* Un aveugle peut-il conduire un autre aveugle ? ne tomberont-ils pas tous deux dans le précipice ? Eph. 2. v. 16. 18. *Per ipsum habemus accessum ambo in uno spiritu ad Patrem* : C'est par Jésus-Christ que nous avons accès les uns et les autres (les Juifs et les Gentils) vers le Père dans un même esprit. Genes. 3. 7. c. 18. 11. c 21. 27. etc.

AMBULARE, περιπατεῖν, πορεύεσθαι). Ce verbe qui vient du Grec ἀναπολεῖν, puis ἀμπολεῖν, *ire*, *redire*, signifie aller, marcher, se promener ; mais dans l'Ecriture, où il répond au verbe hébreu *halac*, il signifie souvent agir, vivre, se conduire bien ou mal, d'une manière ou d'une autre.

1° Aller, marcher, se promener. Matth. 11. 5. *Claudi ambulant* : Les boiteux marchent. Marc. 12. 38. *Cavete a scribis qui volunt in stolis ambulare* : Gardez-vous des docteurs de la loi qui aiment à se promener avec de longues robes. Genes. 28. 20. c. 33. 13. Exod. 15. 22. Levit. 11. v. 21. 27. Matth. 4. 18. c. 9. 5. etc. ce qui s'attribue improprement à Dieu et à la Sagesse divine. Eccli. 24. 8. *In fluctibus maris ambulavi* : J'ai marché sur les flots de la mer ; ces paroles marquent que la Sagesse gouverne tout, depuis le plus haut des cieux, jusqu'au profond des abîmes. De là viennent ces façons de parler :

Ambulare in atriis Dei : Entrer dans le temple, et marcher dedans (πατεῖν). Isa. 1. 12. *Quis quæsivit hæc de manibus vestris, ut ambularetis in atriis Dei ?* Qui vous a demandé que vous eussiez ces dons dans les mains pour venir dans mon temple, sans que votre cœur y ait sa part ?

Ambulare in via : Marcher à pied. Judic. 5. 10. *Qui ascenditis super nitentes asinos, et ambulatis in via* : Vous qui montez sur des ânes d'une beauté singulière ; et vous qui marchez dans la voie. Débora s'adresse aux personnes de qualité, qui montaient alors sur des mulets et sur des ânes, et les oppose à ceux du commun du peuple, qui marchent à pied dans les chemins.

Ambulare pedibus suis : Marcher à pas mesurés. Isa. 3. 16. *Ambulabant pedibus suis, et composito gradu incedebant* : Les filles de Sion ont mesuré tous leurs pas, et étudié toutes leurs démarches.

Ambulare super aspidem et basiliscum : Marcher sur l'aspic et le basilic ; c'est surmonter de grandes difficultés sans danger. Ps. 90. 13. *Super aspidem et basiliscum ambulabis* : Vous marcherez sur l'aspic et sur le basilic.

2° S'en aller, se retirer (βαδίζειν). Baruch. 4. 19. *Ambulate, filii, ambulate* : Marchez, mes fils, marchez où Dieu vous envoie. La Synagogue, sous le nom de Jérusalem, parle aux Juifs emmenés captifs.

3° Séjourner, demeurer. Joan. 7. 1. *Ambulabat Jesus in Galilæam* (Gr. *in Galilæa*) ; *non enim volebat in Judæam ambulare*; Gr. *in Judea* : Jésus demeurait en Galilée, ne voulant pas demeurer en Judée.

4° Etre, se trouver. Ps. 137. 7. *Si ambulavero in medio tribulationis* : Si je me trouve dans de grandes afflictions. Ps. 22. 4. *In medio umbræ mortis* : Dans un danger de mort. Isa. 43. 2. Job. 18. 8. Ezech. 28. 14. *In medio lapidum ignitorum ambulasti* : Vous avez marché au milieu des pierres brûlantes (γίνεσται). Voy. LAPIS. Cela se dit en figure du roi de Tyr, qui semble être comparé au grand prêtre par l'éclat de ses vêtements ; cela s'entend aussi du premier ange apostat.

5° Vivre, parce qu'une des principales fonctions de la vie, c'est de marcher, et que cette vie n'est qu'un voyage. 2. Cor. 5. 7. *Per fidem ambulamus, et non per speciem* : Nous marchons vers le Seigneur par la foi, et nous n'en jouissons pas encore par la claire vue. 2. Cor 10. 3. *In carne ambulantes* : Nous vivons dans la chair. Ps. 88. 16. Eccl. 4. 15. Job. 2. 2. Isa. 60. 3. Apoc. 21. 24. Voy. LUMEN. Rom. 13. 13. 1. Petr. 4. 3. Ce mot ne signifie pas ordinairement un avancement, mais seulement une continuation d'actions, et un mouvement continuel ; autrement il ne se dirait pas de Jésus-Christ, qui ne pouvait avancer.

6° Se conduire d'une telle ou telle manière. Eph. 4. 17. *Ut jam non ambuletis sicut et gentes ambulant* : Je vous conjure de ne vivre et ne vous conduire plus comme les autres gentils ; et presque partout où ce verbe se trouve dans saint Paul ; souvent dans les Proverbes, c. 10. 9. *Qui ambulat simpliciter, ambulat confidenter*. Marc. 7. 5. Joan. 2. 6. 2. Joan. 4. 3. Joan. 3. 4. etc.

7° Agir, travailler, continuer de faire quelque chose. Luc. 13. 33. *Oportet me hodie, et cras, et sequenti die ambulare* : Il faut que je continue à marcher aujourd'hui, et demain, et le jour d'après. Joan. 8. 12. c. 12. 35. Rom. 8. 4. etc.

8° Avancer toujours de plus en plus dans la piété. Joan. 12. 35. *Ambulate dum lucem habetis* : Marchez pendant que vous avez la lumière. Rom. 6. 4. c. 14. 15. Eph. 5. 2. Col. 2. 6. Isa. 26. 7. Jer. 10. 23. *Nec viri est ut ambulet, et dirigat gressus suos* : L'homme ne marche point et ne conduit point ses pas par lui-même.

9° S'ingérer, se mêler de quelque chose. Coloss. 2. 18. *Quæ non vidit ambulans* : Se mêlant de parler des choses qu'il ne sait point. Gr. ἐμβατεύων.

Inambulans, invadens, se jetant dessus.

Phrases tirées de ce verbe dans le sens figuré.

Ambulare in viis, in semitis Dei : Faire les commandements de Dieu, vivre selon sa loi. Isa. 2. 3. *Ambulabunt in semitis ejus* : Plusieurs peuples marcheront dans les sentiers du Seigneur. Exod. 16. 4. 4. Reg. 10. 31. 2. Par. 6. 16. Ps. 118. 1. etc.

Ambulare in viis, consiliis, peccatis alicujus : Suivre et imiter la conduite ou la méchanceté de quelqu'un. 1. Reg. 8. v. 3. 5. *Filii tui non ambulant in viis tuis*. 3. Reg. 15. 3. *Ambulavitque in omnibus peccatis patris sui* : Abiam marcha dans la voie et dans tous les péchés que son père avait commis. v. 26. 34.

Ambulare post : Suivre quelqu'un, s'attacher à lui. Ose. 11. 10. *Post Dominum ambulabunt* : Ils iront après le Seigneur, i. e., ils s'attacheront à lui.

Ambulare in magnis et mirabilibus super se : Se porter à ce qui est grand et éclatant. Ps. 130. 1. *Neque ambulavi in magnis, neque in mirabilibus super me* : Je ne me suis point porté de moi-même à ce qui est grand, ni à des choses éclatantes qui fussent au-dessus de moi.

AMBULARE *cum aliquo*. — 1° Converser familièrement avec quelqu'un. Joan. 6. 67. *Jam non cum illo ambulabant* : Plusieurs des disciples de Jésus-Christ n'allaient plus avec lui. Prov. 1. 15. *Ne ambules cum eis* : N'allez plus avec les pécheurs. c. 22. 24. Job. 34. 8. — 2° Prendre part au bien ou au mal de quelqu'un. Eccli. 7. 38. *Cum lugentibus ambula*, πενθήσον : Pleurez avec ceux qui pleurent. Apoc. 3. 4. *Ambulabunt mecum in albis* : Ils jouiront du même bonheur que moi. — 3° Protéger, assurer par sa protection (ἐμπεριπατεῖν). Eccli. 4. 18. *Quoniam in tentatione ambulat cum eo* : La sagesse marche dans la tentation avec celui qui a confiance en elle. Levit. 26. 22. *Ambulabo inter vos* : Je marcherai parmi vous. Zach. 3. 7. Deut. 23. 14.

AMBULARE *cum Deo* ou *coram Deo*. — 1° Vivre selon la volonté de Dieu, tâcher de lui plaire comme s'il était présent (εὐαρεστεῖν, *placere*). Genes. 5. 22. *Ambulavit Henoch cum Deo* : Hénoch marcha avec Dieu. c. 6. 9. *Noe cum Deo ambulavit*. Genes. 17. 1. *Ambula coram me, et esto perfectus* : Marchez devant moi, et soyez parfait. c. 24. 40. c. 48. 15. 3 Reg. 8. v. 23. 25. 2. Par. 6. 14. etc. Pers. Satyr. 5. *Vivere cum Jove* : Vivre saintement. — 2° Servir Dieu dans le ministère ecclésiastique (διέρχεσθαι, *præterire*). 1. Reg. 2. 35. *Ambulabit coram Christo meo cunctis diebus* : Je susciterai un prêtre fidèle qui marchera toujours devant mon Christ. Malach. 2. 6. *In pace et æquitate ambulavit mecum* : Il a marché avec moi dans la paix et dans l'équité. Il parle des prêtres qui étaient de la tribu de Lévi, à laquelle Dieu avait attribué son sacerdoce.

AMBULARE *in nomine Dei*. — 1° Rendre à Dieu le culte et l'honneur qui lui sont dus. Mich. 4. 5. *Ambulabunt unusquisque in nomine Dei sui, nos autem ambulabimus in nomine Domini Dei nostri* : Nous marcherons au nom du Seigneur notre Dieu, nous l'invoquerons avec confiance. — 2° Etre assuré sous la conduite de la protection de Dieu (καταυχᾶσθαι, *gloriari*). Zach. 10. 12. *In nomine ejus ambulant* : Les Machabées vivront sous la protection de Dieu.

AMBULARE *contra, ex adverso*. — 1° Quand il se dit des hommes contre Dieu, c'est s'opposer, être rebelle et désobéissant. Levit. 26. v. 21. 23. 27. 40. *Ambulaverunt ex adverso mihi*. — 2° Quand il se dit de Dieu contre les hommes, c'est punir, traiter avec sévérité.

Levit. 26. 41. *Ambulabo et ego contra eos :* Je les traiterai dans toute ma sévérité.

AMÉLECH : — 1° Père de ce Joas qui reçut ordre d'Achab de se saisir du prophète Michée. 3 Reg. 22. 26. 2. Par. 18. 25.—2° Père de Jérémiel. Jer. 36. 26. — 3° Père de Melchias. Jer. 38. 6.

AMEN, ἀμήν, mot hébreu qui est en cette langue ou adverbe ou nom, et signifie la même chose qu'en latin *vere* ou *veritas ;* mais dans l'Ecriture il a différentes significations qui ne peuvent pas bien être rendues par un seul mot latin.

Ce mot a deux usages : l'un, pour assurer ce que l'on a déjà dit, comme Num. 5. 22. Deut. 27. 26. 1. Cor. 14. 16; l'autre, pour assurer ce que l'on veut dire, comme Matth. 5. 18, et en beaucoup d'autres endroits du Nouveau Testament. Le premier usage est fréquent dans l'Ancien Testament, et rare dans le Nouveau ; le second, très-fréquent dans le Nouveau, et très-rare dans l'Ancien, ou peut-être ne se trouve-t-il point. La raison en est que les écrivains de l'Ancien Testament parlaient hébreu et non syriaque : or, ce mot, en hébreu, sert plutôt pour confirmer que pour affirmer ; au lieu qu'en syriaque, il sert plutôt d'affirmation que de preuve. Ainsi, les interprètes grecs et latins ont retenu le mot qui était en usage, quoique les Septante l'aient rendu par γένοιτο, *fiat.* Ainsi :

1° Il sert pour assurer fortement quelque chose, comme quand nous disons : en vérité, cela est ainsi (Ἀμήν, ἀληθῶς, *vere*); c'est en ce sens que notre Sauveur s'en est souvent servi dans l'Evangile. Ainsi, Marc. 12. 43. *Amen dico vobis* se rend par *vere :* Je vous dis en vérité. Luc. 21. 3. *Vere dico vobis,* où il s'agit de la même chose que dans cet endroit de saint Marc. Ainsi, dans le même saint Luc, c. 9. 27. c. 12. 44, il y a *vere* au lieu d'*amen dico vobis ;* et c. 4. 25. *In veritate.* Amen ne se trouve nulle part que dans l'Evangile en ce sens, encore est-ce au commencement de la période.

2° Quoiqu'il signifie proprement cela est ainsi, en vérité (γένοιτο, *fiat*); toutefois, par le consentement que l'on donne, il marque souvent un souhait, et signifie le même que *fiat ,* que cela soit ainsi, ainsi soit-il. Deut. 27. 15. *Respondebit omnis populus, et dicet Amen :* Et tout le peuple répondra et dira *Amen.* Il y est douze fois pour approuver les malédictions qui se prononcent contre ceux qui n'observeront pas ce qu'on leur y prescrit. Il se prend en ce sens dans tous les autres endroits de l'Ancien Testament où il se trouve, excepté dans Isaïe : il est aussi en plusieurs endroits des Epîtres de saint Paul et des autres apôtres, et dans l'Apocalypse, par exemple, c. 19. 4 : *Viginti quatuor seniores et quatuor animalia adoraverunt Deum, dicentes, Amen, Alleluia :* Amen, nous consentons volontiers, ô mon Dieu, que cela soit ainsi, puisque vous le voulez ; *Alleluia,* nous vous en louons et vous en remercions.

L'Eglise a emprunté des Juifs la coutume de donner son consentement, par le mot *amen,* aux prières publiques, aux actions de grâces et aux louanges de Dieu. Matth. 6. 13. *Sed libera nos a malo, amen :* Mais délivrez-nous du mal, ainsi soit-il. 1. Cor. 14. 16. *Quomodo dicet amen super tuam benedictionem?* Comment répondra-t-il *amen* à votre action de grâces, s'il ne vous entend pas ?

3° Il se prend pour un nom, et marque ce qui est ferme, constant et véritable, ou la Vérité même (ἀληθινός, *verus*). Isa. 65. 16. *In quo qui benedictus est super terram, benedicetur in Deo amen :* Celui qui, en ce nom, se verra heureux sur la terre, le sera par le Dieu de vérité ou le vrai Dieu. Apoc. 3. 14. *Hæc dicit Amen :* Voilà ce que dit la Vérité même. Isa. 25. 1. *Quoniam fecisti mirabilia cogitationes antiquas fideles, amen :* Vous avez fait voir la vérité de vos desseins éternels, qui sont immuables. Cette immutabilité est marquée par le mot *amen,* comme s'il y avait *veritas sunt* ou *quæ firmæ sunt. Amen* se peut néanmoins expliquer, selon le Grec, dans la seconde signification. 2. Cor. 1. 20. *Quotquot enim promissiones Dei sunt, in illo est* (supple *sunt*) ; *ideo et per ipsum amen Deo ad gloriam nostram* (*amen,* c'est-à-dire *firmæ sunt*) : Car c'est en lui que toutes les promesses ont leur vérité ; c'est aussi par lui qu'elles ont leur accomplissement à l'honneur de Dieu, ce qui fait la gloire de notre ministère ; selon le Grec, *Deo ad gloriam per nos :* A la gloire de Dieu ce qui s'exécute par notre ministère.

AMENTIA, æ, ἔκστασις, παραφρόνησις, folie, frénésie, manie (ἔκστασις διανοίας). Deut. 28. 28. *Percutiat te Dominus amentia :* Le Seigneur vous frappera de frénésie. Moïse prononce les malédictions qui devaient tomber sur le peuple juif. Ose. 9. 7. Ainsi, *percutere in amentiam,* c'est encore frapper de frénésie. Zach. 12. 4. Voy. ASCENSOR.

AMETHYSTUS, i, ἀμέθυστος. Ce nom vient d'α privatif et de μεθύσκειν, *inebriari,* parce que cette pierre précieuse empêche de s'enivrer ; mais Plutarque dit que ce nom vient plutôt de ce que sa couleur ressemble au vin trempé d'eau, et non pas à cause qu'elle empêche de s'enivrer, comme plusieurs l'ont cru fort légèrement.

Améthyste, pierre précieuse qui est la plus belle après l'émeraude. Il y en a de plusieurs sortes de couleurs ; mais la plus commune est d'un violet clair. Exod. 28. 19. *In tertio, ligurius, achates et amethystus :* Dieu ordonne de mettre sur le rational au troisième rang, le ligure, l'agathe et l'améthyste. c. 39. 12. Dans l'Apocalypse, le douzième fondement de la sainte Jérusalem, est d'améthyste. Apoc. 21. 20. *Duodecimum, amethystus.*

AMI, Heb. *Mater,* nom d'homme qui était chef des Nathinéens. 1. Esdr. 2. 57.

AMICIRE, couvrir, voiler, envelopper. Jer. 43. 12. *Amicietur terra Egypti, sicut amicitur pastor pallio suo :* Nabuchodonosor se revêtira des dépouilles de l'Egypte comme un berger se couvre de son manteau. Toute la terre de l'Egypte devait être à l'égard de Nabuchodonosor, pour l'enrichir, ce qu'est le manteau à un berger pour le couvrir : cela marque qu'il devait la dépeupler avec une promptitude et une facilité incroyables (φθειρίζειν, *depopulari*).

AMICTUS, A, UM, περιβεβλημένος, couvert, vêtu, revêtu (ἐπηρμένος, *clarus*). Marc. 14. 51. *Amictus sindone super nudo :* Ce jeune homme était couvert seulement d'un linceul. Voy. SINDON. Thren. 4. 2. *Amicti auro primo :* Les enfants de Sion emmenés captifs, étaient couverts de l'or le plus pur. 1. Reg. 28. 14. Esth. 8. 15. 2. Mach. 3. 33. etc.

Et dans le sens figuré, Ps. 103. 4. *Amictus lumine sicut vestimento* (ἀναβαλλόμενος) : Dieu se revêt de la lumière comme d'un vêtement, parce que sa gloire et sa majesté éclatent principalement par la lumière qu'il a créée, comme le rang et la dignité d'un homme se connaît par l'éclat de ses habits.

Apoc. 10. 1. *Et vidi alium angelum fortem descendentem de cœlo amictum nube :* Cet ange revêtu d'une nuée éclatante, c'est Jésus-Christ qui descend du ciel, plein de majesté, pour secourir son Église affligée. Ezech. 21. 15. *Dedi conturbationem gladii acuti et limati ad fulgendum, amicti ad cædem :* Je jetterai l'épouvante devant cette épée perçante, polie pour briller, et affilée pour tuer (εὐγέγονεν, *heu, factus est*). Cette épée, dont Dieu veut se venger d'une manière terrible, est toute prête pour faire le carnage, mais encore dans son fourreau. D'autres expliquent l'Hébreu par le mot *acuti*, qui est répété, au lieu d'*amicti*. Apoc. c. 7. v. 9. 13. *Amicti stolis albis :* Vêtus de robes blanches, sont ceux qui jouissent du bonheur éternel, marqué par la blancheur éclatante de ces robes. Voy. STOLA.

Apoc. 12. 1. *Mulier amicta sole :* Cette femme c'est l'Église, dont les enfants qui la composent sont revêtus de Jésus-Christ dans le baptême, qui les entretient par le feu de sa grâce et la lumière de sa doctrine.

AMICTUS, US, στολή, στολισμός, tout ce qui sert à couvrir, habillement, vêtement. Eccli. 50. 12. *Gloriam dedit sanctitatis amictum*, Gr. *glorificavit :* Simon, grand pontife, honora par ses mérites les saints ornements dont il était revêtu en montant à l'autel. c. 19. 27. *Amictus corporis, et risus dentium, et ingressus hominis enuntiant de illo :* Le vêtement du corps, le rire des dents et la démarche de l'homme, font connaître quel il est. Isa. 22. 17. Voy. SUBLEVARE. Ezech. 24. v. 17. 22. 2. Mach. 3. 26.

Dans le sens figuré (περιβόλαιον). Ps. 103. 6. *Abyssus sicut vestimentum amictus ejus :* La mer sert comme de manteau à la terre, parce qu'elle l'environne. Ezech. 16. 8. *Expandi amictum meum super te :* J'ai étendu sur vous mon vêtement (πτέρυγες, *alæ*). Dieu marque, sous la figure d'un époux qu'il a fait rentrer dans ses bonnes grâces Jérusalem, c'est-à-dire la Synagogue qui l'avait abandonné. Hebr. 1. 12. *Velut amictum mutabis eos :* Vous les changerez comme un manteau (περιβόλαιον); Gr. ἑλίξεις, *convolves :* Au jugement dernier, Dieu pliera les cieux comme on fait un manteau.

AMICUS, I, φίλος. Ce nom vient de l'ancien mot *amecus*, fait par contraction d'*animæcus*, formé d'*animus* et d'*æquus :* c'est ce que marque Festus, *ab antiquis ameci, amecæ, per e litteram efferebantur :* Les anciens, dit-il, écrivaient *ameci* et *amecæ* par la lettre *e*, et non par *i*, il signifie :

Ami, qui aime quelqu'un, qui a de l'affection pour lui ; il y a plusieurs sortes d'amis, peu de vrais et beaucoup de faux.

1° Ami véritable. Prov. 17. 17. *Omni tempore diligit qui amicus est :* Celui qui est ami, aime en tout temps, non-seulement dans le temps de l'adversité, mais lors-même que par son ingratitude il a cessé de l'aimer ; et c'est le caractère d'un ami chrétien. C'est ainsi que Jésus-Christ nous a aimés. Joan. 15. 13. *Majorem hac dilectionem nemo habet, ut animam suam ponat quis pro amicis suis :* Personne ne peut avoir un plus grand amour que de donner sa vie pour ses amis ; la charité y engage tous les chrétiens pour leur prochain, et surtout les pasteurs pour les âmes qui leur sont confiées, lorsque l'occasion se présente de le faire : tels sont ceux que Jésus-Christ appelle ses amis. Joan. 15. 14. *Vos amici mei estis, si feceritis quæ præcipio vobis :* Vous serez mes amis, si vous faites ce que je vous commande. v. 15. *Vos dixi amicos :* Je vous ai appelés mes amis, parce que je vous ai fait savoir tout ce que j'ai appris de mon Père. Luc. 12. 4. Joan. 11. 11. Tels sont enfin ceux qui sont amis d'une amitié chrétienne. Luc. 16. 9. *Facite vobis amicos de mammona iniquitatis :* Employez les richesses injustes à vous faire des amis. Voy. MAMMONA. Act. 27. 3. 3. Joan. v. 15. On peut encore compter parmi ces amis, les vrais et fidèles amis dont il est parlé dans les Prov. et dans l'Ecclésiastique en plusieurs endroits. Voy. AMICITIA.

2° Ami, d'une amitié commune, fondée sur l'honnêteté civile. Eccli. 6. 5. *Verbum dulce multiplicat amicos :* La parole douce acquiert beaucoup d'amis ; les paroles douces édifient les plus méchants, et les paroles aigres scandalisent les plus justes. c. 22. 25. *Qui conviciatur amico dissolvet amicitiam :* Celui qui dit des injures à son ami, rompra l'amitié. v. 26. *Ad amicum et si produxeris gladium, non desperes, est enim regressus :* Quand vous auriez tiré l'épée contre votre ami, ne désespérez pas, car il y a encore du retour. v. 27. *Ad amicum si aperueris os triste, ne timeas, est enim concordatio : excepto convicio, et improperio, et superbia, et mysterii revelatione, et plaga dolosa, in his omnibus effugiet amicus :* Quand vous auriez dit à votre ami des paroles fâcheuses, ne craignez pas, car vous pouvez encore vous remettre bien ensemble ; pourvu que cela n'aille point jusqu'aux injures, aux reproches, à l'insolence, à révéler le secret, et à la blessure faite en trahison : car dans toutes ces rencontres votre ami vous échappera. Exod. 22. 7. Ps. 37. 12. et ailleurs, surtout dans les Proverbes et l'Ecclésiastique.

3° Faux ami, qui ne s'aime que lui-même. Prov. 14. 20 *Amici divitum multi :* Les riches ont beaucoup d'amis. c. 9. 14. *Divitiæ addunt amicos plurimos :* Les richesses donnent beaucoup d'amis. Eccli. 6. 8. *Est amicus secundum tempus suum* : Il y a un ami qui ne l'est que tant qu'il y trouve son avantage. v. 9. *Est amicus qui convertitur ad inimicitiam* : Il y a un ami qui se change en ennemi ; qui se pique et qui rompt l'amitié pour très-peu de chose. v. 9. *Et est amicus qui odium et rixam, et convicia denudabit* : Et il y a un ami qui découvre sa haine, et qui se répand en querelles et en injures ; c'est-à-dire traître et violent, qui passe tout d'un coup de l'amour à la haine, et qui, après avoir quitté son ami, le traite outrageusement et se déclare son ennemi. Il y a un ami qui l'est pour la table, et qui ne le sera plus au jour de l'affliction : *Amicus socius mensæ, et non permanebit in die necessitatis.* c. 37. *Est amicus solo nomine amicus* : Il y a un ami, qui n'est ami que de nom. Enfin, Prov. 13. 20. *Amicus stultorum similis efficietur* : L'ami des insensés leur ressemblera. Voy. STULTUS. Prov. 19. v. 6. 7. etc.

4° Ami qui aime son épouse et qui est aimé d'elle. Cant. 5. 16. *Talis est dilectus meus, et ipse est amicus meus* : Tel est mon bien-aimé et celui qui est véritablement mon ami ; cette Epouse qui parle c'est l'Eglise, qui est aussi appelée amie de son Epoux qui est Jésus-Christ. Cant. 1. v. 9. 15. et ailleurs. Voy. AMICA.

5° Ami se dit aussi d'un amant qui aime et qui débauche la femme d'un autre. Ose. 3. 1. *Dilige mulierem dilectam amico et adulteram* : Aimez une femme adultère, qui est aimée d'un autre que de son mari. Cet ordre que Dieu donne au Prophète, marquait l'amitié que Dieu avait pour la Synagogue, après même qu'elle l'avait abandonné en se prostituant aux idoles par un adultère spirituel.

6° Ami, qui est dans les bonnes grâces de son seigneur. Jac. 2. 23. *Abraham amicus Dei appellatus est* : Abraham, par la grandeur de sa foi, fut appelé ami de Dieu. 2. Par. 20. 7. Judith. 8. 22. Isa. 41. 8. Ps. 138. 17. Ainsi, Prov. 22. 11. *Qui diligit cordis munditiam habebit amicum regem* : Celui qui aime la pureté du cœur, aura le roi pour ami, et surtout le roi souverain qui est Jésus-Christ. Joan. 19. 12. *Si hunc dimittis, non es amicus Cæsaris* : Si vous délivrez cet homme, vous n'êtes point ami de César. Voy. GRATIA.

Les conseillers et les confidents des princes sont aussi appelés leurs amis ; c'est-à-dire leurs favoris. Gen. 26. 26. *Ochozath amicus illius.* Ochozath, favori du roi. 2. Reg. 15. 37. 3. Reg. 4. 5. c. 16. 11. Esth. 5. v. 10. 14. c. 16. 13. etc. ce qui est commun dans les auteurs profanes.

7° Ceux que l'époux choisissait entre ses égaux, pour assister à ses noces, s'appelaient ses amis. Judic. 14. 20. *Uxor ejus accepit maritum unum de amicis ejus et pronubis* : Dalila, femme de Samson, épousa un de ces jeunes hommes qui de ses amis, qui l'avaient accompagné à ses noces. c. 15. 2. Ainsi, cant. 5. 1. *Comedite, amici, et bibite* : Mangez, mes amis, et buvez ; l'époux exhorte ses amis à se réjouir, en faisant peut-être allusion à ce qui se pratiquait alors, et qu'on voit encore se pratiquer aujourd'hui en ces pays-là. Après que l'époux est entré avec l'épouse dans la chambre nuptiale, leurs amis se remettent de nouveau à table, pour faire honneur au festin et aux noces ; et l'époux sortant quelquefois, vient se faire voir aux conviés, pour leur applaudir : le Saint-Esprit n'approuve point ces coutumes humaines, lorsqu'il s'en sert seulement comme d'un langage figuré pour exprimer ce qui regarde le grand sacrement, qui est le mystère de son alliance toute divine avec son épouse, la sainte Eglise, c. 8. 13. C'est encore en ce sens que saint Jean-Baptiste est appelé l'*Ami de l'Epoux*. Joan. 3. 29. *Amicus sponsi qui stat et audit eum, gaudio gaudet propter vocem sponsi* : L'Epoux est celui à qui est l'Epouse ; mais l'ami de l'Epoux qui se tient debout et qui l'écoute, est ravie de joie, à cause qu'il entend la voix de l'Epoux : ces amis de l'Epoux mystique, qui est Jésus-Christ, sont les pasteurs et les ministres de l'Eglise.

8° Les voisins et les habitants d'un même lieu s'appellent *amis* (ἄνδρες τοῦ τόπου, *loci*). Genes. 29. 22. *Vocatis multis amicorum turbis, fecit nuptias* : Laban fit les noces, ayant invité au festin ses amis, qui étaient en fort grand nombre (ὁ πλησίον, *propinquus*). Exod. 11. 2. *Postulet vir ab amico suo, et mulier a vicina sua, vasa argentea et aurea* : Que chacun demande à son ami, et chaque femme à sa voisine, des vases d'or et d'argent. Les Israélites avaient un prétexte spécieux pour demander toutes ces choses aux Egyptiens ; parce qu'ils se préparaient à aller dans le désert, comme pour faire un sacrifice à Dieu et pour célébrer en son honneur une grande fête. Tob. 8. 22. Jerem. 29. 23. Zach. 3. 10. Luc. 11. 5. c. 15. 9. Voy. SPOLIARE.

9° Les confédérés qui font entre eux des traités d'alliance et de paix, sont appelés *amis*. Ps. 107. 10. *Mihi alienigenæ amici facti sunt* : Les Philistins sont devenus mes amis ; Gr. ὑπετάγησαν, *subditi sunt*, m'ont été assujettis, comme le porte le texte du ps. 59. 10. 3. Reg. 5. 1. 1. Mach. 14. 40. c. 15. 17.

10° Ceux qui font les mêmes fonctions (ὁ πλησίον). Zach. 3. 8. *Audi, Jesu, sacerdos magne, tu et amici tui* ; Ecoutez, ô Jésus, grand prêtre, vous et vos amis ; ces amis ce sont les autres prêtres, dont il était le chef. Job. 40. 25.

11° Tout homme à qui nous avons affaire, et qui s'appelle notre prochain (ὁ πλησίον). Levit. 19. 18. *Diliges amicum tuum sicut te ipsum* : Vous aimerez votre ami comme vous-même. Exod. 11. 2. c. 32. 27. Deut. 19. 5. c. 23. 25. Job. 31. 9. Zach. 8. 17.

AMICE, *mon ami*. — 1° Ce mot, au vocatif, se dit sérieusement et par amitié (φίλε) ; quand on s'adresse à des amis familiers. Luc. 11. 5. *Amice, commoda mihi tres panes* : Mon cher ami, prêtez-moi trois pains. Luc. 14. 10. *Amice, ascende superius* : Mon ami, montez plus haut. — 2° Quelquefois on s'en sert par ironie, comme pour marquer qu'on est indigne du nom d'ami. Matth. 26. 50. *Amice* (ἑταῖρε), *ad quid venisti?* Qu'êtes-vous venu faire ici ? Saint Luc dit, c. 22. 48 : *Juda, osculo Filium hominis tradis?* Vous trahissez le fils de l'homme par un baiser ? — 3° C'est une façon de parler dont on se sert presque dans toutes les langues, en s'adressant à des personnes qu'on ne connaît pas. Matth. 20. 13. *Amice* (ἑταῖρε), *non facio tibi injuriam*: Mon ami, je ne vous fais point de tort. c. 22. 12. *Amice, quomodo huc intrasti non habens vestem nuptialem?* Mon ami, comment êtes-vous entré en ce lieu, sans avoir la robe nuptiale ?

AMICA, æ, φίλη. Ce nom, pris substantivement, est une amante (γνώριμος, *familiaris, domestica*). Dans l'Ecriture il signifie :

1° Amie familière, avec qui on s'entretient, comme avec sa proche parente. Prov. 7. 4. *Dic sapientiæ, Soror mea es, et prudentiam voca amicam tuam*. Hebr. *cognatam* : Dites à la sagesse : Vous êtes ma sœur, et appelez la prudence votre amie : la sagesse éternelle, qui était notre souveraine, est devenue notre sœur et notre amie, en se revêtant de notre chair, et s'est rendue familière avec nous.

2° La femme mariée s'appelle l'amie de son mari, comme l'Epouse mystique, amie de Jésus-Christ (ἡ πλησίον). Cant. 1. v. 8. 14. c. 2. 2. *Sicut lilium inter spinas, sic amica mea inter filias* : Ce qu'est le lis entre les épines, telle est ma bien-aimée entre les filles. Voy. LILIUM. Cette Epouse bien-aimée c'est l'Eglise. Voy. AMICUS.

3° Commode, favorable (φίλος). Sap. 1. 16. *Æstimantes illam amicam defluxerunt*: Les méchants ont appelé la mort à eux, la croyant amie, ils en ont été consumés : cela s'entend principalement d'Eve, séduite par le démon.

4° Bonne amie, avec qui l'on s'accorde bien. Luc. 15. 9. *Convocat amicas et vicinas* : La femme qui avait perdu sa drachme, appelle ses amies et ses voisines, pour se réjouir avec elles de l'avoir trouvée.

AMICITIA, æ, φιλία. — 1° Amitié, affection qu'on a pour quelqu'un, soit qu'elle soit seulement d'un côté, soit qu'elle soit réciproque. Prov. 25. 10. *Gratia et amicitia liberant, quas tibi serva, ne exprobrabilis fias* : La grâce et l'amitié délivrent, assurez-les vous, de peur de tomber dans le mépris. L'amitié, même civile, est une grande protection selon le monde : mais l'amitié chrétienne en est encore une plus grande selon Dieu : on peut voir sur le mot *amicus* 2° et 3°, la différence des vrais et des faux amis ; mais on peut ajouter ici que les vrais amis, que nous devons rechercher, sont ou ceux qui peuvent nous instruire par leur lumière, ou ceux qui nous peuvent encourager par leur exemple et nous rendre Dieu favorable par leurs prières, ou enfin les pauvres, à qui le royaume du ciel appartient et qui en feront part à ceux qui auront été leurs amis. Eccli. 6. v. 12. 17. c. 22. 25. etc.

2° Affection, bienveillance, dont on est honoré. Sap. 7. 14. *Infinitus thesaurus est hominibus, quo qui usi sunt, participes facti sunt amicitiæ Dei* : La sagesse est un trésor infini pour les hommes ; et ceux qui en ont usé sont devenus les amis de Dieu. Posséder le trésor de la sagesse, c'est en user, non pour s'acquérir une vaine estime parmi les hommes, mais pour devenir, en l'aimant, ami de Dieu. c. 8. 18. Voy. AMICA.

3° Amour déréglé. Jac. 4. 4. *Nescitis quia amicitia hujus mundi inimica est Dei?* Ne savez-vous pas que l'amour de ce monde est une inimitié contre Dieu ? L'amour du monde est l'amour des honneurs, des biens et des plaisirs.

4° Amitié, alliance, confédération (συνθήκη *fœdus*). Exod. 34. 12. *Cave ne umquam cum habitatoribus terræ illius jungas amicitias* : Prenez garde de contracter jamais amitié avec les gens de cette terre ; cette défense que Dieu fait ici est la même qu'au chapitre 23. 32. *Non inibis cum eis fœdus, nec cum diis eorum* : Vous ne ferez point d'alliance avec eux, ni avec les dieux qu'ils adorent. Jos. 23. 12. Ainsi on dit, *Facere, inire, jungere, copulare, statuere amicitias cum aliquo* : Faire amitié, faire alliance avec quelqu'un. 2. Reg. 3. v. 12. 13. 2. Par. 20. 35. Dan. 11. 6. et souvent dans les livres des Machabées.

AMINADAB, Heb. *Populus spontaneus*, nom propre d'homme qui signifie :

1° Un fils d'Aram, père de Naasson. Matth. 1. 4. *Aram genuit Aminadab, Aminadab genuit Naasson*. Exod. 6. 23. Num. 1. 7. etc. Ruth. 4. 19. 1. Par. 2. 10.

2° Un fils de Caath, et père de Coré. 1. Par. 6. 22. *Filii Caath; Aminadab, filius ejus; Core, filius ejus* : Les fils de Caath sont ceux-ci : Aminadab, fils de Caath ; Coré, fils d'Aminadab ; il est nommé *Isaar*. v. 2. 18. 38.

3° Un chef des lévites, descendant d'Oziel. 1. Par. 15. 11. *Vocavitque David Sadoc et Abiathar sacerdotes, et levitas, Uriel... et Aminadab* : David appela donc Sadoc et Abiathar prêtres, avec les lévites Uriel... et Aminadab.

4° Nom propre qui signifie : *Mon peuple, qui me fait la guerre de gaîté de cœur*. Cant. 6. 11. *Nescivi; anima mea conturbavit me propter quadrigas Aminadab* : Je n'ai plus su où j'étais ; mon âme a été toute troublée dans moi, à cause des chariots d'Aminadab. Quelques-uns croient qu'il y avait, du temps de Salomon, un homme de qualité de ce nom, fameux par la vitesse de ses chariots. Ceci peut marquer, selon le sens littéral, que l'épouse étant au jardin des Noyers, où sans doute elle cherchait son époux, elle fut saisie tout d'un coup d'un grand trouble et d'une frayeur extraordinaire, à cause du bruit de quelques chariots qu'elle entendit ; cet endroit est fort obscur.

AMITA, æ. ἀδελφή τοῦ πατρός. Ce nom, qui signifie la sœur du père, vient de l'hébreu *am, mater*, et signifie la tante du côté du père, la sœur du père. Levit. 20. 19. *Turpitudinem materteræ et amitæ tuæ non discooperies* : Vous ne découvrirez point contre la pudeur votre tante maternelle ou votre tante paternelle ; c'est-à-dire : vous n'épouserez point votre tante. On croit que ce mariage n'était point défendu avant la loi écrite. Voy. JOCHABED.

AMITAL, is. Heb. *Calor roris.* Nom propre de femme.

La mère de Joachaz, fils de Josias. 4. Reg. 23. 31. *Nomen matris ejus Amital.* (Heb. Hamuël) *filia Jeremiæ de Lobna:* La mère de Joachaz se nommait *Amital*, et était fille de Jérémie de Lobna: elle fut aussi mère de Sédécias. 4. Reg. 24. 18. Jer. 52. 1.

AMITTERE, ἀποβάλλειν. Ce verbe qui vient de la préposition *a* et de *mittere*, quasi *a se mittere*, signifie proprement laisser aller, ne retenir plus; et outre cela, il signifie :

1° Laisser perdre, laisser échapper. Prov. 23. 34. *Et eris quasi sopitus gubernator amisso clavo:* Si vous vous laissez gagner par le vin, vous serez comme un pilote assoupi qui a perdu le gouvernail. Hebr. 10. 35. *Nolite amittere confidentiam:* Ne laissez pas perdre la confiance que vous avez; c'est-à-dire, cette liberté que vous avez de confesser votre foi avec assurance. Voy. CONFIDENTIA.

2° Perdre, être privé de quelque chose (ἀπολλύειν). Tob. 14. 3. *Quinquaginta et sex annorum lumen oculorum amisit, sexagenarius vero recepit:* Tobie avait cinquante-six ans lorsqu'il perdit la vue, et il la recouvra à soixante. Esth. 2. 7. Prov. 25. 20. Sap. 19. 4. et ainsi Ezech. 36. 15. *Gentem tuam non amittes amplius:* Vous ne perdrez plus votre peuple. Hebr. et Gr. dépeupler, ἀτεκνοῦν. Vous ne serez plus la cause de la destruction de votre peuple.

AMISSIO, NIS , ἀποβολή. — 1° Perte de quelque chose. Judic. 16. 28. *Redde mihi nunc fortitudinem pristinam, ut ulciscar me de hostibus meis, et pro amissione duorum luminum unam ultionem recipiam:* Mon Dieu, dit Samson, rendez-moi maintenant ma première force, afin que je me venge de mes ennemis, et que je prenne d'eux une même vengeance pour la perte de mes deux yeux. Act. 27. 22. — 2° Rebut, réprobation. Rom. 11. 15. *Si amissio eorum:* Si la réprobation des Juifs est devenue la réconciliation du monde : ce mot *amissio* est pris ici dans la signification propre; car ἀποβολή, *abjectio*, c'est un éloignement de soi.

AMIZABAD, Heb. *Populi dos.* Fils de Banaïas, qui commandait l'armée sous son père. 1 Par. 27. 6. *Præerat turmæ ipsius Amizabad filius ejus.* Voy. BANAIAS. Son fils Amizabad commandait l'armée sous lui.

AMMA, Heb. *Obscurata.* Ammaonte, nom de ville de la tribu d'Aser. Jos. 19. 30.

AMMANITES, æ. Heb. *Popularis*, plur. AMMANITÆ, ARUM. Ce nom est mis pour *Ammonites, æ.* Voy. AMMON, et signifie :

Ammonite, du pays des Ammonites. 2. Esdr. 2. 10. *Tobias servus Ammonites:* Tobie, serviteur du roi, était Ammonite, v. 19. c. 4. 3. C'était un seigneur des Ammonites, qui relevait du roi de Perse. Voy. TOBIAS. Ainsi, c. 4. 7. *Ammonitæ et Azotii:* Les Ammonites et ceux d'Azot.

AMMANITIS, IDIS, Heb. *Idem.* Nom féminin, qui vient de la même origine.

1° Femme du pays des Ammonites. 3. Reg. 14. v. 21. *Nomen matris ejus Naama Ammanitis:* La mère de Roboam s'appelait *Naama,* et elle était du pays des Ammonites: elle était idolâtre comme les Ammonites, et apprit à son fils son impiété, et son fils au peuple. 2. Par. 12. 13. Voy. NAAMA.

2° Le pays des Ammonites en Arabie. 2. Mach. 4. 26. *Profugus in Ammanitem expulsus est regionem:* Jason ayant été chassé, se réfugia au pays des Ammonites, c. 5. 7. *Profugus iterum abiit in Ammanitem:* Il fut obligé de s'enfuir de nouveau, et de se retirer au pays des Ammonites : *In Ammanitem* est mis pour *in Ammanitidem.*

AMMAUM, Heb. *Populus abjectus.* Ammaüs, ville de la tribu de Juda. 1. Mach. 9. 50. *Ædificaverunt civitates munitas in Judæa, munitionem quæ erat in Jericho et in Ammaum:* Les gens de Jonathas bâtirent des villes fortes dans la Judée, et fortifièrent les citadelles qui étaient à Jéricho et à Ammaüs. Voy. EMMAUS.

AMMIEL, Heb. *Populus Dei.* — 1° Fils de Gemal, de la tribu de Dan ; il fut nommé avec les autres pour aller reconnaître la terre de Chanaan. Num. 13. 13. — 2° Père de Machir, de la ville de Lodabar, dans la tribu de Siméon. 2. Reg. 9. v. 4. 5. c. 17. 27. et de Bethsabée, femme de David. 1. Par. 3. 5. — 3° Le sixième fils d'Obededom, qui fut établi portier du Temple. 1. Par. 26. 5.

AMMISADDAI, Heb. *Populus omnipotentis.* Un homme de la tribu de Dan, qui fut père d'Ahiezer. Num. 1. 12. c. 2. 25. etc.

AMMIUD, Heb. *Populus laudis.* — 1° Fils d'Ephraïm, et père d'Elisama. Num. 1. 10. c. 2. 18. etc. 1. Par. 7. 26. — 2° Père de ce Samuel, de la tribu de Siméon, qui fut nommé avec d'autres pour faire le partage des terres. Num 34. 20. — 3° Père de Phédaël, de la tribu de Nephthali. Num. 34. 28. — 4° Père de Tholmaï, roi de Gessur, chez qui Absalom se réfugia, après qu'il eut tué son frère Ammon. 2. Reg. 13. 37. — 5° Le fils d'Amri, descendant de Pharès. 1. Par. 9. 4

AMMON, Heb. *Populus ejus.* — 1° Fils de Loth, que ce patriarche eut de sa seconde fille. Gen. 19. 38. *Minor quoque peperit filium, et vocavit nomen ejus Ammon, id est, filius populi mei:* La seconde enfanta un fils, qu'elle appela Ammon ; c'est-à-dire, le fils de mon peuple; ce qui semble marquer la simplicité de cette fille, qui, désirant passionnément avoir quelque enfant, aussi bien que sa sœur, voulut en avoir de son père, qui était du peuple de Dieu, et non pas des habitants de Sodome, qui étaient idolâtres. C'est de lui que viennent les Ammonites : *Ipse est pater Ammonitarum.* Gen. 19. 38.

2° Les Ammonites descendants d'Ammon. 1. Reg. 11. 11. *Percussit Ammon, usque dum incalesceret dies:* Saül défit les Ammonites, qui sont souvent appelés *Filii Ammon,* les enfants d'Ammon ; mais ces mots : *Filii Ammon,* signifient *filii populi sui*; les habitants de son pays. Num. 22. 5. *Misit nuntios ad Balaam filium Beor ariolum, qui habitabat super flumen terræ filiorum Ammon* : Balaam, fils de Béor, à qui Balaac envoya des ambassadeurs, était un devin qui demeurait près du fleuve du pays des enfants d'Ammon, ou bien des habitants de son peuple ; ce fleuve était l'Euphrate, où était le pays de Balaam, qui était de Mésopotamie en Syrie. Deut. 23. 4. Or, le pays des Ammonites est en Arabie, près du Jourdain ; il appelle son pays la terre des enfants de son peuple, *popularium*; par un pléonasme hébreu assez ordinaire à l'Ecriture.

AMMONITES, æ. plur. AMMONITÆ, ARUM, Heb. *Populares.* — 1° Ammonite, du pays des Ammonites. 1. Reg. 11. 1. *Ascendit Naas Ammonites* : Naas, roi des Ammonites, marcha avec son armée, et attaqua Jabés. Deut. 23, 3. *Ammonites et Moabites etiam post decimam generationem non intrabunt Ecclesiam Domini* : L'Ammonite et le Moabite n'entreront jamais dans l'assemblée du Seigneur, non pas même après la dixième génération. Voy. ECCLESIA. Ces mots au singulier sont mis pour le pluriel, *Ammonitæ*, comme 2 Esdr. 13. 1.

2° Des peuples de l'Arabie heureuse. 2. Par. 20. 1. *Congregati sunt filii Moab, et filii Ammon, et cum eis de Ammonitis ad Josaphat* : Les Moabites et les Ammonites s'assemblèrent contre Josaphat avec leurs alliés. Ces peuples alliés, selon quelques interprètes, étaient les Iduméens ou les Amalécites qui avaient pris l'habit des Ammonites pour secouer le joug des rois de Juda. Le Grec porte *Minæi*; c'est pourquoi de fort habiles auteurs croient que ce sont les Minéens, habitants de l'Arabie heureuse, située près de la mer Rouge ; ce sont les mêmes qui sont encore appelés *Ammonites*. c. 26. 8. *Appendebant Ammonitæ munera Oziæ* : Les Ammonites faisaient des présents à Ozias. v. 7. le Gr. *Minæi* ; c'est-à-dire les Minéens. Les auteurs profanes, comme Etienne, Strabon et Pline, reconnaissent ces peuples dans l'Arabie heureuse, près de la mer Rouge. Voy. BOCHART, *in Phaleg*.

AMMONITIS, IDIS, Heb. *Popularis.* Ammonite, femme du pays des Ammonites. 3. Reg. 11. 1. *Rex Salomon adamavit mulieres alienigenas multas... Moabitidas et Ammonitidus* : Le roi Salomon aima passionnément plusieurs femmes étrangères, entre autres, la fille de Pharaon, des femmes de Moab et d'Ammon. 2. Esdr. 13. 23.

AMNIS, IS. ποταμός. Ce mot vient d'*am*, *circum*, et de *no*, *fluo*; parce que les rivières tournaient en coulant, ou du grec ἀμνεῖος, qui signifie *amnis*, dans Suidas.

Un fleuve, une rivière. Gen. 31. 21. *Cum amne transmisso pergeret* : Jacob ayant déjà passé la rivière ; c'était apparemment l'Euphrate, Laban en fut averti. c. 41. v. 3. 18. 1. Par. 1. 48.

AMNON, Heb. *Fidelis, verax.* — 1° Un fils de David et d'Achinoam, qui abusa par violence de sa sœur Thamar. 2. Reg. 3. 2. *Fuit primogenitus ejus Amnon; Amnon* fut le fils aîné de David. c. 13. v. 1. 3. 4. etc. 1. Par. 3. 1. Voy. THAMAR. — 2° Un fils de Simon, 1. Par. 4. 20. *Filii quoque Simon, Ammon et Rinna* : Les fils de Simon sont Amnon et Rinna. Ce Simon n'est pas le chef d'une tribu, mais quelque homme de la tribu de Juda.

AMOC, Heb. *Vallis.* Un chef d'une famille sacerdotale. 2. Esdr. 12. 6.

AMODO, ἀπὸ τοῦ νῦν, ἀπάρτι. Ce mot, composé de la préposition *a* et de l'adverbe *modo*, n'est point usité dans les auteurs latins ; il signifie dans notre Vulgate. — 1° depuis ce temps, dès maintenant. Joan. 13. 19. *Amodo dico vobis priusquam fiat* : Je vous dis ceci dès maintenant avant qu'il arrive. Apoc. 14. 13. *Amodo jam, dicit Spiritus, ut requiescant a laboribus suis* : Dès maintenant, dit l'Esprit, je les assure qu'ils se reposeront de leurs travaux. Ainsi, Isa. 9. 7, et c. 59. 21. *Amodo et usque in sempiternum* : Depuis le temps présent jusque dans l'éternité ; c'est la même chose que ce que dit David, Ps. 112. 2. *Ex hoc nunc et usque in sæculum* : Depuis maintenant jusque dans l'éternité. — 2° Dorénavant, désormais. Joan. 14. 7. *Amodo cognoscetis eum* : Vous le connaîtrez bientôt. Matth. 23. 39. *Non videbitis amodo* : Vous ne me verrez plus désormais. — 3° Maintenant, à présent. Jerem. 3. 4. *Ergo saltem amodo voca me* : Appelez-moi donc, et invoquez-moi au moins maintenant. — 4° Un jour, un temps à venir. Matth. 26. 64. *Amodo videbitis Filium hominis sedentem a dextris Dei* : Je vous déclare que vous verrez un jour le Fils de l'Homme assis à la droite de la majesté de Dieu. Jésus-Christ marquait le jugement dernier.

AMON, Heb. *Fidelis.* — 1° Gouverneur de la ville de Samarie sous Achab. 3. Reg. 22. 26. 2. Par. 18. 25. — 2° Fils de Manassé : Matth. 1. 10. et père de Josias. Impie et idolâtre. Soph. 1. 1. 4. Reg. 21. v. 18. 19. 24. 25. — 3° Un Nathinéen de ce nom. 2. Esdr 7. 59.

AMONA, æ. Heb. *Numerans. Amona*, ville et vallée où le prophète Ezéchiel prédit que devait être la sépulture de Gog et de son peuple (πολυάνδριον, *Cæmeterium, strages*). Ezech. 39. 16. Ce nom, qui signifie *multitude*, marque le lieu où il devait y avoir une grande défaite d'ennemis.

AMOR, IS, ἀγάπη. Ce nom vient du verbe *amare*, et signifie une passion de l'âme qui nous fait aimer quelque personne ou quelque chose ; cette passion peut être bonne ou mauvaise, selon la qualité de l'objet qu'on aime, et du motif par lequel on aime : si c'est Dieu que l'on aime, et les créatures par rapport à Dieu, l'amour est bon et méritoire ; mais si l'on aime les créatures pour elles-mêmes, sans les rapporter à Dieu, cet amour est mauvais et blâmable.

1° Amour pris en général, bon ou mauvais. Eccl. 9. 6. *Amor et odium et invidia simul perierunt* : L'amour, la haine et l'envie ont péri avec eux. Les morts, en quelque éclat ou de dignité, ou de réputation qu'ils aient paru sur la terre, n'ont plus de part à ce siècle et à tout ce qui se passe sous le soleil. Tout le monde est péri pour eux, et ne sont plus l'objet ni de l'amour, ni de la haine, ni de l'envie, parce qu'ils ne peuvent plus ni favoriser, ni nuire.

2° Amour honnête, affection légitime ἀγάπησις. 2. 1. Reg. 26. *Amabilis super amorem mulierum*: Jonathas méritait d'être aimé d'un amour plus grand que n'est celui que les femmes ont pour leurs maris et leurs enfants. D'autres l'expliquent de l'amour que l'on a pour les femmes; mais la comparaison ne marque que la grandeur de cet amour, et non pas le déréglement. Prov. 27. 5. *Melior est manifesta correptio, quam amor absconditus* (φιλία). La correction manifeste vaut mieux qu'un amour secret. Il ne suffit pas qu'un ami véritable nous aime, il faut désirer qu'il nous corrige; car s'il ne veut pas le faire, il ne mérite pas le nom d'ami; que si le voulant il ne l'ose pas, nous ne méritons pas d'avoir des amis. c. 5. 19. Gen. 29. v. 20. 30. Eccli. 24. 2. 2. Mach. 6. 20.

3° Amour déréglé et déshonnête. 3. Reg. 11. 2. *His copulatus est Salomon ardentissimo amore*: Salomon s'attacha aux femmes étrangères avec une passion très-ardente. 2. Reg. 13. v. 2. 15. Dan. 13. 10.

4° Charité, amour spirituel, soit celui de l'Eglise pour Jésus-Christ. Cant. 5. 8. *Adjuro vos, filiæ Jerusalem, si inveneritis dilectum meum, ut nuntietis ei quia amore langueo* : Je vous conjure, ô filles de Jérusalem, si vous trouvez mon bien-aimé, de lui dire que je languis d'amour. L'âme sainte, dit saint Ambroise, ne connaît point d'autre objet de ses désirs que l'Epoux, qui est Jésus-Christ; c'est vers lui qu'elle aspire avec ardeur, c'est à lui qu'elle tend de toutes ses forces; elle s'ouvre et se répand toute en lui. c. 2. 5.

Soit l'amour fraternel, la charité du prochain (φιλαδελφία). 1. Petr. 1. 22. *In fraternitatis amore simplici ex corde invicem diligite attentius*: Que l'affection sincère que vous aurez pour tous vos frères vous donne une attention continuelle à vous témoigner les uns aux autres une tendresse qui naisse du fond du cœur. 2. Petr. 1. 7.

6° Désir honnête de quelque chose. Tob. 6. 22. *Accipies virginem amore filiorum magis, quam libidine ductus*: Vous prendrez cette fille dans le désir d'avoir des enfants, plutôt que par un mouvement de passion.

6° L'amour stable et éternel que Dieu porte à ceux à qui il a préparé le royaume du ciel. Eccl. 9. 1. *Nescit homo utrum amore an odio dignus sit*: L'homme ne sait s'il est digne d'amour ou de haine, parce qu'il ignore s'il est du nombre des élus, et s'il persévérera jusqu'à la fin; nul ne sait certainement s'il fait le bien d'une manière assez pure pour mériter d'être aimé de Dieu.

7° Objet aimé, chose que l'on aime (ἑρμνεύμα τοφορεῖτο *spiritum haurire*). Jer. 2. 24. *Onager assuetus in solitudine in desiderio animæ suæ attraxit ventum amoris sui*: Jérusalem est comme un âne sauvage accoutumé à vivre dans le désert, qui, sentant de loin ce qu'il aime, court après avec ardeur: *Captat auram et odorem femellæ quam amat.* Menoc. Tirin. V. VENTUS.

AMORRHÆUS, 1. Heb. *Amarus* — 1° Amorrhée, fils de Chanaan. Genes. 10. v. 16. 17. *Chanaan genuit Sidonem primogenitum suum, Hethhæum Jebusæum et Amorrhæum*: Chanaan engendra Sidon, qui fut son fils aîné, et Héthée, Jébusée, Amorrhée, etc. 1 Par. 1. 14.

2° Les Amorrhéens qui tiraient leur origine d'Amorrhée, fils de Chanaan. Exod. 32. 2. *Mittam præcursorem tui angelum, ut ejiciam Chananæum et Ammorrhæum*, etc. J'enverrai, dit le Seigneur, un ange pour vous servir de précurseur, afin que j'en chasse les Chananéens, les Amorrhéens. c. 3. v. 8. 17. c. 13. 5. c. 23. 23. c. 34. 11. etc. Ce peuple occupait plusieurs pays en deçà et au delà du Jourdain, et entre autres le pays des montagnes au delà du Jourdain, où ont été depuis les tribus de Ruben, de Gad, et la moitié de celle de Manassès, depuis le fleuve Arnon jusqu'au mont Hermon.

3° Les Amorrhéens, parce qu'ils étaient très-puissants, se prennent quelquefois pour tous les peuples de la Chananée. Gen. 15. 16. *Necdum completæ sunt iniquitates Amorrhæorum*; La mesure des iniquités des Amorrhéens n'est pas encore remplie; c'est-à-dire que les Amorrhéens descendus de Chanaan, et les autres peuples voisins qui habitent ce pays, auquel Chanaan avait donné son nom, n'étaient pas encore montés à ce comble de crimes après lequel Dieu avait résolu de les punir et de les chasser de cette terre qu'ils occupaient, pour y établir en leur place les Israélites. Gen. 48. 22. Jos. 7. 7. c. 24. v. 15. 18. Judic. 6. 10. Amos 2. v. 9. 10. etc. Ils étaient de la race des géants, ou étaient mêlés avec eux.

Les Amorrhéens, avec les Chananéens, se prennent quelquefois pour tous les peuples qui habitaient le pays qui était entre le Jourdain et la mer Méditerranée; mais ceux qui demeuraient près du Jourdain s'appelaient *Amorrhéens*, et ceux qui étaient vers la mer se nommaient *Chananéens*. Jos. 5. 1.

AMOS. — 1° Père du prophète Isaïe. Is. 1. 1. *Visio Isaiæ filii Amos*: Vision prophétique d'Isaïe, fils d'Amos. c. 37. 2. 4. Reg. 19. v. 2. 20. 2. Par. 32. 20. etc. Celui-ci était frère d'Amasias, roi de Juda, et s'écrit avec un Aleph et un tsade, et signifie *fortis*. Dieu l'envoya à Amasias, son frère, pour le reprendre de ses idolâtries; mais ce prince impie le menaça de le faire mourir.

2° Le prophète Amos, qui avait été berger ou bouvier de Thecué. Amos 1. 1. *Verba Amos qui fuit in pastoribus de Thecue*. Ce nom s'écrit avec un ghain et un samec, et signifie *oneratus*. Il prophétisa dans Israël, lorsque Osias régnait en Juda, et Jéroboam, fils de Joas, en Israël, environ huit cents ans avant Jésus-Christ.

3° Le père de Matthathias, dans la généalogie de Jésus-Christ. Luc. 3. 25. *Qui fuit Matthathiæ, qui fuit Amos*: Qui fut fils de Matthathias, qui fut fils d'Amos.

AMOSA, Heb. *Jurgium.* ville de la tribu de Benjamin. Jos. 18. 26.

AMOVERE, ἀφιστάναι. 1° Oter, détourner, retirer. Gen. 29. 10. *Amovit lapidem quo puteus claudebatur :* Jacob ôta la pierre qui fermait le puits. 2. Reg. 20. v. 12. 13. *Amoto illo de via :* Lorsqu'on eut ôté Amosa du chemin. 4. Reg. 4. 27. Act. 5. 6.

2° Déposer, déposséder (μεθιστάναι). 3. Reg. 15. 13. *Maacham matrem suam amovit, ne esset princeps in sacris Priapi :* Asa ôta l'autorité à sa mère Maacha, afin qu'elle n'eût plus l'intendance des sacrifices de Priape; il lui ôta le gouvernement du royaume. c. 20. 24. 2. Par. 36. 3. 2. Mach. 4. 29. Luc. 16. 4. Act. 13. 22.

3° Casser, abolir (παρωθεῖν). 2. Mach. 4. 11. *Amotis his quæ humanitatis causa Judæis a regibus fuerant constituta :* Jason abolit les priviléges que la clémence et la bonté des rois avaient accordés aux Juifs.

Ce verbe est ordinairement pris dans le sens figuré. — *Amovere a se, a facie sua :* Eloigner quelqu'un d'auprès de soi; ce qui est une marque de haine et d'aversion. 1. Reg.18.13. *Amovit eum Saul a se :* Saül éloigna David d'auprès de sa personne. 2. Reg. 7. 15.

Amovere a lacte, sevrer (ἀπογαλακτίζειν). 1. Reg. 31. 1. 23. *Lactavit filium suum, donec amoveret eum a lacte :* Anne nourrit son fils de son lait, jusqu'à ce qu'elle l'eût sevré

Amovere a se præcepta alicujus : Eloigner de soi les préceptes de quelqu'un; c'est ne pas les suivre, ne les pas observer. 2. Reg. 22. 23. *Præcepta ejus non amovi a me :* J'ai toujours observé les préceptes de Dieu. 2. Mach. 2. 3.

Amovere a se sanguinem innocentem : se décharger des crimes commis contre quelques personnes innocentes (ἐξαίρειν). 3. Reg. 2. *Amovebis sanguinem innocentem qui effusus est a Joab, a me et a domo patris mei :* Vous empêcherez qu'on ne m'impute les meurtres commis par Joab.

Amovere plagas ab aliquo : Cesser de tourmenter ou d'affliger quelqu'un. Ps. 38. 13. *Amove a me plagas tuas :* Détournez vos plaies de moi.

Amovere orationem alicujus a se : Rejeter la prière de quelqu'un. Ps. 65. 19. *Benedictus Deus qui non amovit orationem meam :* Dieu soit béni, lui qui n'a point rejeté ma prière.

Amovere misericordiam suam ab aliquo : Cesser de favoriser quelqu'un, et de lui donner des marques de sa bonté. Ps. 65. 19. 2. Mach. 6. 16.

Amovere ab aliquo viam iniquitatis : Ne point permettre qu'on s'écarte de la justice et de la vérité. Ps. 118. 29. *Viam iniquitatis amove a me :* Eloignez de moi la voie de l'iniquité.

Amovere malitiam a carne sua (παράγειν) : Rejeter le dérèglement et la dissolution des plaisirs contraires à la pudeur. Eccl. 11. 10 *Amove malitiam a carne tua :* Eloignez le mal de votre chair.

AMPHIPOLIS, Gr. *Vallata civitas.* Amphipolis, ville de Macédoine, par où saint Paul passa, allant à Thessalonique. Act. 17. 1. On l'appelle Amphipolis, à cause qu'elle est entourée d'eau, du mot grec ἀμφί, *circum*, et de πόλις, *civitas.* Les Grecs l'ont nommée Chrysopolis ou Christopolis; on l'appelle maintenant Amphipoli, Christopoli; et les Turcs l'appellent Emboli

AMPHORA, Æ, Amphore, sorte de vaisseau, ainsi appelé du mot grec ἀμφί, et φέρω, parce qu'il avait deux anses aux deux côtés pour le porter

1° Cette mesure était carrée, et avait un pied de longueur, de hauteur, de largeur et de profondeur; il y en a eu de deux sortes, la romaine et l'attique; celle-ci était d'un tiers plus grande que la romaine et tenait 12 conges, qui étaient 120 livres de 12 onces. La romaine, c'est la même chose que batus et metreta qui tenait 8 conges, et qui revient à 27 pintes, et environ trois demisetiers, mesure de Paris. Dan. 14. 2. *Impendebantur in eo per dies singulos vini amphoræ sex :* On dépensait tous les jours pour l'idole de Bel six grands vases de vin.

2° Vaisseau dont la capacité n'est point déterminée (נֵבֶל, *lagena*). 1. Reg. 1. 24. *Et adduxit eum secum, postquam ablactaverat in vitulis tribus, tribus modiis farinæ, et amphora vini :* Lorsqu'Anne eut sevré son fils Samuel, elle prit avec elle trois veaux, trois boisseaux de farine, et un vaisseau plein de vin.

3° Une cruche pour tenir l'eau (κεράμιον *hydria fictilis*). Luc. 22. 10. *Occurret vobis homo quidam amphoram aquæ portans :* Vous rencontrerez un homme portant une cruche d'eau.

4° Un vase qui parut à Zacharie sortir du Temple ou de la ville de Jérusalem (μέτρον, *mensura*). Ce vase, Hebr. *epha*, mesure de choses sèches, égale au *batus* ou *amphore*, marquait la mesure des péchés des Juifs qui étaient montés à leur comble; et qui devaient être punis par la captivité du peuple qui fut emmené captif dans l'Assyrie et la Chaldée; ce qui est exprimé par les deux femmes, dont l'une représente les dix tribus, et l'autre celle de Juda et de Benjamin, qui porte ce vase en la terre de Sennaar. Zach. 5. 6. *Hæc est amphora egrediens :* C'est un vase qui sort. v. 7. 8. 9. 10.

AMPLECTI. Ce verbe qui vient d'*am*, *circum*, et de *plectere*, entrelacer, signifie proprement embrasser quelqu'un en signe d'amitié, et dans le sens figuré :

S'attacher fortement à quelque chose (ἀντέχεσθαι, *tenaciter capessere*). Tit. 1. 9. (*Oportet episcopum esse) amplectentem cum qui secundum doctrinam est, fidelem sermonem* il faut que l'évêque soit fortement attaché à la parole de vérité, telle qu'on la lui a enseignée. Il n'est pas nécessaire que l'évêque soit éloquent, mais il faut qu'il soit bien instruit des plus pures maximes de la religion, et qu'il y soit fortement attaché, afin d'en instruire les fidèles, et de pouvoir convaincre les opiniâtres.

AMPLEXARI, περιλαμβάνειν, verbe fréquentatif d'*amplecti*, qui signifie 1° embrasser en signe d'amitié. Gen. 33. 4. *Currens Esau obviam fratri suo amplexatus est :* Esaü courut au devant de son frère et l'embrassa. c. 45. 14. Jud. 19. 4. 2. Mach. 13. 24.

2° Ce verbe marque l'usage du mariage. Eccl. 3. 5. *Tempus amplexandi, et tempus longe fieri ab amplexibus :* Il y a temps d'user du mariage qui doit être réglé par la génération des enfants ; d'autres l'expliquent du temps du mariage qui a été sous la vieille loi, au lieu que le temps de vivre dans le célibat est dans la nouvelle.

3° Aimer d'un amour tout pur et tout spirituel. C'est en ce sens que l'Epouse mystique souhaite que son Epoux l'embrasse de sa droite. Can. 2. 6. c. 8. 3. *Læva ejus sub capite meo, et dextra illius amplexabitur me.* V. Dextra. A quoi se peut rapporter l'amour et la recherche de la sagesse dont il est parlé, Prov. 4. 8. *Glorificaberis ab ea, cum eam fueris amplexatus :* La sagesse deviendra votre gloire, lorsque vous l'aurez embrassée, c'est-à-dire, que vous vous serez tout entier donné à elle.

4° Rechercher avec empressement. Job. 24. 8. *Non habentes velamen, amplexantur lapides :* Ceux qui sont tout nus cherchent des rochers et des cavernes pour s'y retirer. Thren. 4. 5. *Qui nutriebantur in croceis, amplexati sunt stercora :* Ceux qui mangeaient au milieu de la pourpre ont embrassé l'ordure et le fumier. Les grands seigneurs de Juda, qui vivaient auparavant dans les délices, cherchaient de la fiente et des viandes sales pour s'en nourrir dans la famine.

5° Prendre, empoigner (ἐκβάλλειν). Isa. 5. 29. *Amplexabitur, et non erit qui eruat :* Il empoignera sa proie et l'emportera, sans que personne la lui puisse ôter. Le Prophète parle des ennemis qui ont ravagé la Judée, soit les Babyloniens, soit les Romains, et les compare à des lions rugissants qui se jettent sur leur proie, et qui la tiennent serrée de telle sorte qu'on ne peut la leur ôter. Heb. il l'emportera tout entière.

AMPLEXUS, us, nom formé du verbe *amplecti*, et signifie embrassement, l'action d'embrasser;

1° Pour marquer une amitié sincère. Gen. 46. 29. *Videns eum, irruit super collum ejus, et inter amplexus flevit :* Joseph voyant Jacob son père, il se jeta à son cou, et l'embrassa en pleurant.

2° Pour marquer un amour passionné, qui est, ou légitime (περίλημμα), Eccl. 3. 5. *Tempus amplexandi, et tempus longe fieri ab amplexibus*, ou qui est illicite (ἔρως ωτος, *amor*). Prov. 7. 18. *Fruamur cupitis amplexibus :* Jouissons de ce que nous avons désiré.

AMPLIARE. Ce verbe vient de l'adjectif *amplus*, qui se forme du Grec ἀνάπλεος, et signifie,

Accroître, augmenter, agrandir. Judith 10. 4. *Ideo Dominus hanc in illam pulchritudinem ampliavit :* Ainsi le Seigneur lui augmenta encore sa beauté : ce qui fait connaître que Judith n'agissait dans son entreprise que par l'Esprit de Dieu, c'est que Dieu même contribua à son dessein, en augmentant sa beauté jusqu'à un tel point, qu'elle paraissait aux yeux de tous dans une beauté incomparable.

AMPLIATUS, ι. Ἀμπλίας, du verbe *ampliare*. Amplias, nom d'un homme qui était particulièrement chéri de saint Paul. Rom. 16. 8. *Salutate Ampliatum, dilectissimum mihi in Domino :* Saluez Amplias, que j'aime particulièrement en Notre-Seigneur.

AMPLIFICARE, μεγαλύνειν. Du nom *Amplus*, et du verbe *facere*. *amplum facere*, —

1° Augmenter, agrandir (ἐμπολιορκεῖν, *circummunire*). Eccli. 50. 5. *Prævaluit amplificare civitatem :* Simon, fils d'Onias, grand pontife, a été assez puissant pour agrandir la ville; Gr. pour la fortifier. Ainsi, *Amplificare super :* Rendre plus grand et plus considérable. 3. Reg. 1. 47. *Amplificet Deus nomen Salomonis super nomen tuum :* Que Dieu rende le nom de Salomon encore plus illustre que le vôtre.

2° Honorer, louer, estimer quelqu'un. Eccli. 49. 13. *Quomodo amplificemus Zorobabel ?* Comment relèverons-nous la gloire de Zorobabel ? c. 48. 4. *Sic amplificatus est Elias in mirabilibus suis :* C'est ainsi qu'Elie a acquis une grande gloire par ses miracles. Gr. Quelle gloire, ô Elie, vous êtes-vous acquise par les merveilles que vous avez faites ? Ainsi, *Amplificare sanctitatem Dei :* C'est louer le saint nom de Dieu par des cantiques, Eccli. 47. 12. c. 50. 20.

3° Honorer, rendre estimable et digne d'être honoré (κοσμεῖν). Eccli. 50. 15. *Consummatione fungens in ara, amplificare oblationem excelsi Regis :* Simon, fils d'Onias, achevait entièrement le sacrifice à l'autel, pour honorer l'oblation du Roi très-haut. Voy. Consummatio.

4. Orner, embellir. Eccli. 50. 5. *Ingressum domus et atrii amplificavit :* Simon fils d'Onias, grand pontife, orna et embellit l'entrée de la maison du Seigneur, et le parvis ; Gr. Il a été honoré par le peuple, lorsqu'il entrait dans la maison du Seigneur, et dans le parvis du temple.

5° Enrichir, combler de faveurs (δοξάζειν). 1. Mach. 2. 18. *Eris tu, et filii tui, inter amicos regis, et amplificatus auro, et argento, et muneribus multis :* Ceux qu'Antiochus avait envoyés dirent à Matthathias : Venez le premier exécuter le commandement du roi, et vous serez, vous et vos fils, au rang de ses amis, comblés d'or et d'argent, et de grands présents.

6° Se laisser emporter à quelque excès (περισσεύειν). Eccli. 33. 30. *Non amplifices super omnem carnem :* Ne commettez point d'excès à l'égard de qui que ce soit.

AMPLIOR, AMPLIUS, περισσότερος, α, ον; πλείων. Comparatif du nom adjectif *Amplus*, qui signifie plus grand en bien des manières.

1° Plus, en plus grande quantité. Exod. 16. 18. *Nec qui plus collegerat, habuit amplius :* Celui qui avait plus amassé de manne, n'en eut pas davantage.

2° Plus grand, plus considérable. Dan. 4.

33. *Magnificentia amplior addita est mihi*: Je devins plus grand que jamais, dit Nabuchodonosor, après que le sens lui fut revenu, et que sa première forme lui fut rendue ($μείζων$). Heb. 3. 3. *Amplioris gloriæ iste præ Moyse est habitus quanto ampliorem honorem habet domus, qui fabricavit illam*: Jésus-Christ a été jugé digne d'une gloire d'autant plus grande que celle de Moïse, que celui qui a bâti la maison est plus estimable que la maison même. c. 9. 11. *Per amplius et perfectius tabernaculum*: Jésus-Christ est entré une fois dans le sanctuaire par un tabernacle plus grand et plus excellent. Ce tabernacle mystique, c'est son corps, qui est un tabernacle plus considérable et plus excellent que celui de Moïse. Voy. TABERNACULUM. Dan. 5. v. 12. 14. c. 6. 3.

3° Plus long, de plus longue durée. Act. 18, 20. *Rogantibus eis ut ampliori tempore maneret*: Les Juifs d'Ephèse prièrent saint Paul de demeurer plus longtemps avec eux, mais il ne voulut point s'y accorder.

4° Plus grand, plus rigoureux. Matth. 23. 14. *Propter hoc amplius accipietis judicium*: C'est pour cela que vous recevrez une condamnation plus rigoureuse.

5° Ce qui est en grande quantité, ce qui abonde. Agg. 1. 9. *Respexit ad amplius*: (Gr. $πολλὰ$, *multum*) *et ecce factum est minus*: Vous avez espéré de grands biens, et vous en avez trouvé beaucoup moins.

6° Excellent, extraordinaire, particulier. Matth. 5. 47. *Quid amplius facitis?* Si vous ne saluez que vos frères, que faites-vous en cela de particulier? Rom. 3. 1. *Quid ergo amplius Judæo est?* Quel est donc l'avantage des Juifs? Eccli. 6. 8. *Quid habet amplius Sapiens a stulto?* Qu'a le sage de plus que l'insensé, en ce qui regarde les commodités de la vie? Après avoir beaucoup travaillé pour amasser du bien, ces grands biens ne peuvent contenter ni l'un ni l'autre. c. 1. 3. c. 3. v. 9. 19.

7° Ce qui est surnuméraire, ce qui est par-dessus un nombre fixe et certain, ce qui excède ($πλεονάζον$). Num. 3. 49. *Tulit Moyses pecuniam eorum qui fuerant amplius*: Moïse prit l'argent de ceux qui passaient ce nombre. Dieu avait ordonné que les Lévites lui seraient donnés en la place des premiers nés des enfants d'Israël qui devaient être consacrés: or, s'étant trouvé 293 aînés qui passaient le nombre des Lévites, Dieu ordonna de prendre cinq sicles pour le prix de chacun de ceux qui étaient surnuméraires. V. *a*, pour *propter*. Ps. 89. 11. *Amplius eorum labor et dolor*: Si les hommes les plus forts vivent quatre-vingts ans, le surplus n'est que peine et douleur; Gr. *amplius eis*; ce qui est de plus que ces années. Ainsi, Levit. 25. 36. *Ne accipias usuras ab eo, nec amplius quam dedisti*: Ne prenez point d'intérêt de votre frère, et ne tirez point de lui plus que vous ne lui avez donné. Ezech. 18. v. 8. 13. Exod. 26. 12. *Unum sagum quod amplius est*: Un rideau qui sera de plus, et qui débordera.

AMPLIUS, adv. ἔτι. Ce comparatif devient adverbe, et signifie plusieurs choses. 1° Plus, davantage, terme comparatif ($περισσότερον$). 2. Cor. 10. 8. *Et si amplius aliquid gloriatus fuero de potestate nostra... non erubescam*: Quand je me glorifierais un peu davantage de la puissance que Dieu m'a donnée... je n'aurais pas sujet d'en rougir. 2. Reg. 20. 41. 4. Reg. 10. 18. Eccl. 12. 12. Heb. 7. 15. Joan. 8. 11.

2° Désormais, dorénavant, lorsqu'il y a un terme négatif avec le futur. Zach. 14. 11. *Jerusalem anathema non erit amplius*: Jérusalem ne sera plus frappée d'anathème; Heb. remplie de meurtres et de carnage. Joel. 3. 17. Tob. 3. 9. Ps. 38. 14. Ps. 61. 3. Hebr. 10. 17. et souvent ailleurs, ce qui revient à la première signification par rapport au temps.

3° Hormis, excepté. Joël. 2. 27. *Ego Dominus Deus vester, et non est amplius*: C'est moi qui suis le Seigneur votre Dieu, et il n'y en a point d'autre que moi. Isa. 47. 8. *Ego sum, et non est præter me amplius*: Je suis souveraine, et après moi il n'y en a point d'autre; c'est Babylone qui parle: la superbe ville de Ninive dit la même chose dans Sophonie. c. 2. 15.

4° Encore. 2. Reg. 12. 23. *Numquid potero revocare eum amplius?* Est-ce que je puis faire revivre encore cet enfant? C'est David qui parle de l'enfant qui lui naquit le premier de Bethsabée.

5° De plus en plus ($ἐπὶ πλεῖον$). Ps. 50. 3 *Amplius lava me ab iniquitate mea*: Lavez-moi de plus en plus de mon iniquité.

6° Plus fortement, avec plus d'instance ($ἐκ περισσοῦ$). Marc. 14. 31. *At ille amplius loquebatur*: Mais Pierre insistait encore davantage. Heb. 13. 19.

7° Excessivement ($περισσῶς$). Act. 26. 11. *Et amplius insaniens in eos, persequebar*: Etant transporté de fureur contre eux, je les persécutais jusque dans les villes étrangères.

AMPUTARE, ἀποκόπτειν. (Voy. PUTARE). Ce verbe vient d'*am*, *circum*, et de *putare*, *resecare*, et signifie, 1° couper, retrancher avec le fer ($ἀφαιρεῖν auferre$), 2. Reg. 16. 9. *Vadam et amputabo caput ejus*: Je m'en vas lui couper la tête; c'est Abisaï qui parle à David de Semeï, qui maudissait ce prince. Levit. 22. 23. Deut. 23. 1. Judic. 1. 7. etc. Ainsi, Judith. 9. 12. *Fac, Domine, ut gladio proprio ejus superbia amputetur*: Faites, Seigneur, que la tête de ce superbe soit coupée de sa propre épée. Voy. SUPERBIA. De cette signification vient cette expression métaphorique:

Amputare manum aut pedem: Couper sa main ou son pied; c'est-à-dire, être disposé à les couper plutôt que de souffrir qu'ils nous soient une occasion de chute. Marc. 9. 44. *Si pes tuus te scandalizat, amputa illum*: Si votre pied vous est un sujet de scandale et de chute, coupez-le; le pied ou la main marque les choses les plus utiles qu'il faut retrancher et éloigner de soi, lorsqu'il s'agit du salut. Et ces autres phrases: *Amputare exsultationem*: Retrancher la réjouissance et les cris de joie. Baruch 4. 34. *Et amputabitur exsultatio multitudinis ejus* : Les cris de ses réjouissances publiques seront étouffés ; Baruch prédit la ruine de Babylone (περιαιρεῖν, *tollere*).

Amputare occasionem : Retrancher l'occasion (ἐκκόπτειν). 2. Cor. 11. 12. *Faciam, ut amputem occasionem eorum* : Je le ferai encore, afin de retrancher une occasion de se glorifier à ceux qui la recherchent en voulant paraître tout à fait semblables à nous. Saint Paul prêchait sans rien recevoir, pour ôter aux Apôtres une occasion de se glorifier en faisant la même chose.

2° Oter, éloigner (περιαιρεῖν). Ps. 118. 39. *Amputa opprobrium meum quod suspicatus sum* : Eloignez de moi l'opprobre que j'ai appréhendé. David demande à Dieu qu'il empêche que ses ennemis ne le chargent de reproches et ne le couvrent de confusion comme ils faisaient. Voy. SUSPICARI.

3° Arrêter (κόπτειν). Sap. 18. 23. *Interstitit et amputavit impetum* : Aaron se mit entre deux, et arrêta la vengeance de Dieu. Voy. INTERSTARE.

4° Abattre, arracher. Amos 3. 14. *Amputabuntur cornua altaris*, i. e. *cujusque altaris* : Les cornes de ces autels seront arrachées. Le Prophète parle des autels de Béthel, où le veau d'or était adoré. Voy. CORNU.

AMRAM, Heb. *Populus excelsus*. — 1° Fils de Caath, père de Moïse et d'Aaron, Exod. 6. v. 18. 20. etc. — 2° Un autre de ce nom, fils de Bani, qui avait épousé une femme étrangère. 1. Esdr. 10. 34.

AMRAMITÆ, Heb. *Idem*. — ceux de la famille d'Amram. Num. 3. 27. 1. Par. 26. 23.

AMRAPHEL, Heb. *Loquens ruinam*, roi de Sennaar. Gen. 14. v. 1. 9. Ce roi se joignit avec Chodorlahomor, et les autres rois qui habitaient au delà de l'Euphrate, pour faire la guerre aux rois de la Pentapole, et les défirent. Voy. CHODORLAHOMOR.

AMRI, Heb. *Amaricans*. — 1° roi d'Israël, père d'Achab : il fut d'abord général des armées d'Ela, roi d'Israël ; mais ayant appris que Zambri avait assassiné son maître, et s'était emparé du royaume, il alla attaquer ce parricide dans Thersa, où il s'était retiré, et, l'ayant obligé de se retirer dans son palais, Zambri y mit le feu lui-même, et se brûla avec toute sa famille, de peur de tomber entre les mains du vainqueur ; n'ayant régné que sept jours. Il eut encore pour compétiteur un appelé Thebni, qui lui disputa le royaume pendant quatre ans ; mais ayant été tué, Amri régna paisiblement pendant douze ans, six dans Thersa, et six dans Samarie, qu'il acheta de Somer, où il bâtit son palais l'an 3082. Ce prince ne fut pas moins impie que ses prédécesseurs ; il inventa toute sorte d'idolâtrie, pour empêcher que le peuple n'allât adorer en Jérusalem ; aussi Dieu l'extermina avec toute sa race : il mourut l'an du monde 3091. Son fils Achab lui succéda. 3. Reg. 16.

2° Fils de Béhor, et petit-fils de Benjamin. 1. Par. 7. 8. — 3° Père d'Ammiud, descendant de Juda. 1. Par. 9. 4. — 4° Un chef de la tribu d'Issachar, fils de Michel. 1. Par. 27. 18. — 5° Père de Zachur. 2. Esdr. 3. 2. Voy. ZACHUR.

AMSI, Heb. *Fortis*, fils de Zacharie et père de Phelebia. 2. Esdr. 11. 12.

AMTHAR, Heb. *Forma*, ville de la tribu de Zabulon, autrefois appelée Damna. Jos. 19. 13.

AMYGDALA, Æ, ἀμυγδαλή, ῆς. Ce mot qui est grec, signifie, ou un amandier, l'arbre qui porte des amandes ; ou une amande, le fruit de l'amandier.

Amande, le fruit de l'amandier. Num. 17. 8. *Eruperant flores qui foliis dilatatis, in amygdalas deformati sunt* : La verge d'Aaron ayant poussé des boutons, il était sorti des fleurs d'où il s'était formé des amandes toutes mûres accompagnées de leurs feuilles. Gen. 43. 11.

AMYGDALUS, 1. Ce nom, qui n'est point en usage chez les Latins, est mis pour *amygdala*, et signifie un amandier ; et dans le sens allégorique,

La tête d'un vieillard couverte de cheveux blancs, comme sont les fleurs de l'amandier (ἀμύγδαλον). Eccl. 12. 5. *Florebit amygdalus* : L'amandier fleurira. Le sage décrit l'état et les incommodités de la vieillesse, sous l'écorce d'une allégorie.

AMYGDALINUS, A, UM. Nom adjectif, qui signifie ordinairement ce qui est fait d'amande, ou qui appartient à l'amande ; mais il peut aussi marquer,

Ce qui est de l'amandier, qui appartient à l'amandier (καρύϊνος). Gen. 30. 37. *Tollens Jacob virgas populeas virides et amygdalinas, et ex platanis, ex parte decorticavit eas* : Jacob prenant des branches vertes de peuplier, d'amandier et de plane, en ôta une partie de l'écorce, et les mit dans les canaux qu'on remplissait d'eau.

AN, ἦ. Adverbe d'interrogation qui vient, ou de l'Hébreu *am*, *utrum*, ou du Grec ἐὰν, *si*, *utrum*, et sert pour les interrogations directes ou indirectes, et pour exprimer les doutes.

1° Pour interroger, soit directement. Rom. 3. 29. *An Judæorum Deus tantum? nonne et Gentium?* Dieu n'est-il Dieu que des Juifs ? ne l'est-il pas aussi des Gentils ? Gal. 1. 10. *An quæro hominibus placere?* Ai-je pour but de plaire aux hommes ? Genes. 18. 21. c. 44. 15. etc. Soit indirectement. Matth. 11. 3. *Tu es qui venturus es, an alium exspectamus?* Etes-vous celui qui doit venir, ou si nous devons en attendre un autre ? Luc. 20. 4. *Baptismus Joannis de cœlo erat, an ex hominibus?* Le baptême de Jean était-il du ciel, ou des hommes ? Matth. 17. 25. c. 22. 17. c. 26. 53. Act. 8. 34. etc.

2° Pour exprimer un doute (εἰ). Matth. 27. 49. *Sine, videamus an veniat Elias liberans eum?* Attendez, voyons si Elie ne viendra point pour le délivrer ? Marc. 13. 35. *Nescitis quando dominus veniet, sero, an media nocte, an galli cantu, an mane* : Vous ne savez pas quand le maître de la maison doit venir, si ce sera le soir, ou à minuit, ou au chant du coq, ou au matin. Joan. 7. 17. 2. Cor. 2. 9. Eccl. 9.

1. etc. Ainsi, 2. Par. 14. 11. *Domine, non est apud te ulla distantia, an in paucis auxilieris, an in pluribus* : C'est une même chose à votre égard de nous secourir avec un petit nombre, ou avec un grand.

3° *An* pour *annon*. 1. Cor. 9. 10. *An propter nos utique hoc dicit?* N'est-pas plutôt pour nous-mêmes qu'il a fait cette ordonnance?

ANA, Æ, Heb. *Respondens.* Ce mot signifie plusieurs noms propres.

1° Un fils de Seïr, Horréen, et frère de Sebéon. Gen. 36. 20. *Isti sunt filii Seir Horræi, habitatores terræ, Lotan et Sobal, et Sebeon, et Ana* : Les fils de Seïr, Horréen, qui habitaient ce pays-là avant que les enfants d'Esaü les eussent assujettis, étaient Lotan, Sobal, Sebéon et Ana. 1. Par. 1. 38.

2° Un fils de Sebéon. Genes. 36. 24. *Et hi filii Sebeon, Aia et Ana; iste est Ana qui invenit aquas calidas* (ou *mulos*, selon l'Hébreu) *in solitudine, cum pasceret asinos patris sui* : Les fils de Sebeon, furent Aïa et Ana : c'est cet Ana qui trouva des eaux chaudes dans la solitude, lorsqu'il faisait paître les ânes de Sebéon, son père : on croit, selon l'Hébreu, que cet Ana fut le premier qui trouva le moyen d'avoir des mulets, en faisant couvrir ses juments par des ânes. 1. Par. 1. 40.

3° Une fille de Sebéon. Genes. 6. 2. *Esau accepit uxores..... Oolibama filiam Anæ filiæ Sebeon Hevæi* : Esaü prit pour femme..... Oolibama, fille d'Ana, et Ana était fille de Sebéon Hevéen. v. 14. Le nom d'Ana était commun aux hommes et aux femmes; et ainsi Sebéon a pu avoir une fille appelée Ana, et un fils du même nom, comme le nom d'Anne, en français, est commun aux deux sexes; le Grec néanmoins porte, fille d'Ana, fils de Sebéon.

ANA, *Commotio*, ville ou pays que les rois d'Assyrie avaient assujetti. 4. Reg. 18. 34. *Ubi est Deus Sepharvaim, Ana et Ava?* Où est le Dieu de Sepharvaïm, d'Ana et d'Ava? c. 19. 13. Isa. 37. 13.

ANAB, Heb. *Uva*, montagne dans la tribu de Juda, au pied de laquelle il y avait une ville de ce même nom, bâtie par les géants appelés *Enacim*. Jos. 11. 21. c. 15. 50. On croit que c'est Nobe, près de Lydda.

ANAGLYPHA, ORUM, *Aspera, cœlaturis inæqualibus eminentia.* Ce mot vient du verbe grec γλύφειν, *scalpere*, et de la préposition ἀνά, ouvrages en relief, relevés en bosse. 3. Reg. 6. 32. *Et sculpsit in eis anaglypha valde prominentia* ; Salomon fit tailler, sur les deux portes de l'entrée de l'oracle, des figures de Chérubins et de palmes, et des basse-tailles avec beaucoup de reliefs.

ANAHARATH, Heb. *Ariditas*, ville de la tribu d'Issachar. Jos. 19. 19. *aut* Naaroth.

ANAMELECH, Heb. *Canticum Regis, sive Rex, sive Deus respondens*, de ghanah, *respondit, id est oracula reddens.* Idole de Sepharvaïm. 4. Reg. 17. 31. *Comburebant filios suos igni, Adramelech et Anamelech diis Sepharvaim* : Ceux de Sepharvaïm faisaient passer leurs enfants par le feu, et les brûlaient pour honorer Adramelech et Anamelech leurs dieux. Voy. ADRAMELECH.

ANAMIN, Hebr. *Fons aquarum*, fils de Mesraim. Genes. 10. 13. C'est de lui que sont sortis les Cyréniens, ou, selon Bochart, les Numides qui sont vers le temple d'Ammon.

ANANI, Heb. *Nubes*, troisième fils d'Eloeinaï. 1. Par. 3. 24.

ANAN, Heb. *Nubes*, un chef du peuple. 2. Esdr. 10. 26.

ANANIA ou ANANIAS, Heb. *Nubes Domini*. — 1° Un compagnon de Daniel, nommé Sidrac. Dan. 1. v. 6. 7. 11. 19. c. 3. 88. *Benedicite, Anania, Azaria, Michael, Domino* : Ananias, Azarias et Misaël, bénissez le Seigneur. 1. Mach. 2. 59. Ce jeune homme ayant été jeté dans une fournaise ardente, en fut délivré par un ange avec ses deux compagnons, qui composèrent en action de grâces le cantique *Benedicite.*

2° Un chrétien de Jérusalem, qui retint une partie du prix de sa terre. Act. 5. 1. *Vir quidam, nomine Ananias, cum Sapphira uxore sua vendidit agrum* : Un homme nommé Ananie, et Sapphire, sa femme, vendirent ensemble un fonds de terre. v. 3. 5.

3° Celui à qui saint Paul fut envoyé pour être baptisé. Act. 9. 10. *Erat quidam discipulus Damasci nomine Ananias* : Il y avait un disciple à Damas nommé Ananie. v. 12. 13. 17. c. 22. 12. Saint Augustin croit que ce disciple était prêtre.

4° Le grand pontife qui fit frapper saint Paul sur le visage. Act. 23. 2. *Princeps sacerdotum Ananias præcipit astantibus sibi percutere os ejus*; c. 24. 1. Ce grand prêtre était fils de Nebedée, comme le dit Josèphe, ou le dernier des fils d'Anne, beau-père de Caïphe, et de la secte des Saducéens.

5° Celui de qui l'ange Raphaël se disait le fils. Tob. 5. 18. *Ego sum Azarias Ananiæ magni filius* : Je suis Azarias, fils du grand Ananias : ces paroles marquent que l'ange Raphaël avait pris véritablement la forme d'Azarias, fils du grand Ananias, qui étaient des gens d'un nom illustre parmi les Israélites; ainsi il pouvait dire qu'il était Azarias, en étant vraiment l'image : d'autres expliquent ces paroles d'une manière figurée, *Azarias*, signifie *secours de Dieu* ; et *Ananias*, signifie *grâce et don de Dieu*; ainsi l'ange Raphaël marquait par cette réponse qu'il était envoyé de Dieu pour assister Tobie et lui procurer plusieurs grâces.

6° Un homme de ce nom, qui, après son retour de la captivité de Babylone, fit bâtir une partie des murs de Jérusalem. 2. Esdr. 3. 8

7° Un autre Ananias, père de Maasias. 2. Esdr. 3. 23. Voy. AZARIAS.

8° Nom de lieu entre ceux où ont habité les Benjamites, après leur retour de la captivité. 2. Esdr. 11. 32.

ANATH, Heb. *Responsio*. Le père de Samgar, un des juges d'Israel. Judic. 3. 31. *Post hunc fuit Samgar, filius Anath* : Après Aod, Samgar, fils d'Anath, fut en sa place. c. 5. 6. Voy. SAMGAR.

ANATHEMA, ατις, anathème : ce mot en français, se dit proprement, dans les auteurs ecclésiastiques, de l'excommunication qui est faite par un évêque ou par un concile, avec de grandes exécrations et malédictions, qu'on ne prononce que contre ceux qui ont commis quelque grand crime avec obstination, ou qui sont incorrigibles. Mais dans l'usage de l'Ecriture, comme *anathema* vient du grec ἀνατίθεσθαι, séparer, éloigner, il signifie proprement un présent consacré à Dieu et suspendu dans un temple, et par conséquent séparé de l'usage commun ; mais ensuite ce mot a passé dans une signification toute contraire, pour marquer une chose qui n'est pas consacrée à Dieu, mais que l'on regarde comme abominable, et qui est séparée du commerce des hommes, parce qu'on en a de l'horreur : c'est un usage reçu dans les auteurs sacrés et profanes, que quand ce mot s'écrit par η, il signifie un présent consacré à Dieu, au lieu que quand il s'écrit par ε, il signifie une chose abominable ; mais quoique saint Chrysostôme et d'autres ne reconnaissent point cette distinction, les Septante et saint Paul écrivent toujours ἀνάθεμα en cette dernière signification, ainsi ce mot signifie :

1° Un don offert et consacré à Dieu dans un temple. Judith 16. 23. *Porro Judith universa vasa bellica Holophernis, obtulit in anathema;* (Grec, ἀνάθεμα) *oblivionis;* i. e. *contra oblivionem :* or Judith ayant pris toutes les armes d'Holopherne, les offrit au Seigneur, comme un anathème d'oubli ; c'est-à-dire, comme un don séparé de tous les usages profanes, et un monument suspendu et consacré à Dieu, qui devait éternellement empêcher l'*oubli* d'une grâce si signalée : ce terme en ce sens est rendu en latin par les mots de *consecratio*, ou *quod consecratum est*, par celui de *donum* ou *donarium*. Levit. 27. 28. *Omne quod Domino consecratur, quidquid semel fuerit consecratum* : v. 29. *Omnis consecratio :* Tout ce qui aura été consacré au Seigneur : Gr. πᾶν ἀνάθημα, ainsi, Luc 21. 5. *Quibus dicentibus de templo, quod bonis lapidibus et donis ornatum esset :* Quelques-uns disant à Jésus que le temple était bâti de belles pierres, et orné de dons magnifiques : *donis;* Gr. ἀναθήμασι.

2° Tout ce qui est séparé de l'usage commun, comme étant exécrable et digne d'être aboli ; Heb. *Cherem;* en syriaque, *Horma*, Num. 21. 3. *Et vocavit nomen loci illius, Horma, id est, anathema :* Israël appela ce lieu *Horma*, c'est-à-dire anathème ; ce qui doit être entièrement aboli et exterminé. Deut. 7. 26. *Nec inferes quidpiam ex idolo in domum tuam, ne fias anathema, sicut et illud est :* Il n'entrera rien dans votre maison qui vienne de l'idole, de peur que vous ne deveniez anathème, comme l'idole même, c'est-à-dire détestable et sujet à être détruit. Jos. 7. 12. *Pollutus est anathemate :* Le peuple s'est souillé d'un anathème, en retenant ce qui devait être détruit et sacrifié. Zach. 14. 11 *Anathema non erit amplius :* Jérusalem ne sera plus frappée d'anathème, c'est-à-dire ne sera plus détruite : Heb. ne sera plus remplie de meurtres et de carnage. 1. Cor. 12. 3. *Nemo in spiritu Dei loquens dicit* (i. e. *vocat*) *anathema Jesum :* Nul homme parlant par l'Esprit de Dieu, ne dit anathème à Jésus, ne le maudit et ne le déteste, en souhaitant qu'il périsse. c. 16. 22. Gal. 1. v. 8. 9. Ainsi, *anathema esse ab aliquo :* c'est être séparé de quelqu'un, et n'avoir non plus de commerce avec lui, que s'il était anéanti. Rom. 9. 3. *Optabam ego ipse anathema esse a Christo pro fratribus meis :* J'eusse désiré, dit saint Paul, de devenir moi-même anathème, et d'être séparé de Jésus-Christ pour mes frères ; l'amour de saint Paul pour les Juifs était si grand, qu'il eût désiré, si cela eût pu se faire, d'être privé de la présence de Jésus-Christ, et de sa gloire éternelle, pour procurer leur salut. Voy. OPTARE.

3° La perte et la ruine entière, par laquelle une chose ou une personne doit être exterminée, s'appelle aussi *anathème* (ἄρδην, *funditus*). Malach. 4. 6. *Ne forte veniam, et percutiam terram anathemate :* De peur qu'en venant je ne frappe la terre d'anathème. Dieu exhorte les Juifs à se convertir, de peur qu'en venant, il ne frappe la terre d'anathème, c'est-à-dire de peur qu'il n'extermine la Judée par une ruine entière, comme il a fait pour venger la mort de son Fils.

On peut remarquer que l'anathème ou la destruction qui se faisait dans la prise des villes ennemies du peuple de Dieu, arrivait en trois manières.

1° Quelquefois on détruisait tout sans rien épargner. Deut. 13. 15. *Percuties habitatores urbis illius in ore gladii, et delebis eam, ac omnia quæ in illa sunt :* Vous ferez passer au fil de l'épée tous les habitants de cette ville, et vous la détruirez avec tout ce qui s'y rencontrera. v. 17. *Et non adhærebit de illo anathemate quidquam in manu tua :* Il ne demeurera rien dans vos mains de cet anathème. Moïse parle d'une ville qui aurait sollicité le peuple à l'idolâtrie.

2° Quelquefois on réservait seulement l'or, l'argent et l'airain pour l'usage du sanctuaire. Jos. 6, 7. *Sit civitas hæc anathema, et omnia quæ in ea sunt Domino :* Que cette ville et tout ce qui s'y rencontre soient frappés d'anathème, et détruits à la gloire du Seigneur. v. 19. *Quidquid autem auri et argenti fuerit, et vasorum æneorum ac ferri Domino consecretur :* cette ville était Jéricho, dont il n'y eut que Rahab de sauvé.

3° On ne défaisait que les personnes, et on réservait tout le butin, comme il arriva à la prise de la ville de Haï. Jos. 8. 27. *Jumenta autem et prædam civitatis diviserunt sibi filii Israel, sicut præceperat Dominus Josue :* Les enfants d'Israël partagèrent entre eux toutes les bêtes de charge et tout le butin de la ville, selon l'ordre que le Seigneur avait donné à Josué.

Les Juifs avaient trois sortes d'anathème ou d'excommunication : ils appelaient le premier degré *Niddui*, c'est-à-dire séparation, qui était comme une excommunication mineure; le second *Cherem* ou *Anathema*, et le troisième *Samatha* ou *Maranatha*. *Voyez* MARAN-ATHA.

ANATHEMATISARE, ἀναθεματίζειν. Ce verbe, qui est formé du grec ἀνάθεμα, signifie, en français, anathematiser, excommunier, retrancher de la société de l'Eglise. Dans l'Ecriture,

1° Dévouer à la mort. 1. Mach. 5. 5. *Anathematisavit eos, et incendit turres eorum igni, cum omnibus qui in eis erant* : Judas anathématisa les Iduméens, c'est-à-dire les dévoua tous à la mort, et leurs biens à Dieu, et brûla leurs tours, avec tous ceux qui étaient dedans. *Voy.* DEVOVERE.

2° Détester, faire des imprécations. Marc. 14. 71. *Ille autem cœpit anathematisare, et jurare* : Pierre se mit alors à détester et à dire, en jurant : Je ne connais point cet homme. C'était contre lui-même qu'il faisait des imprécations.

ANATHOTH, Heb. *Responsiones.* 1° Ville de la tribu de Benjamin, donnée aux Lévites de la famille de Caath, et assignée pour être une ville de refuge. Elle est la patrie de quelques hommes illustres, notamment du prophète Jérémie, d'Abiezer et d'Abiathar. Jos. 21. 18. 2. Reg. 23. 27. 3. Reg. 2. 26. 1. Par. 6. 60. etc.

2° Le huitième fils de Béchor. 1. Par. 7. 8.

ANATHOTHITES, Æ. Qui est d'Anathoth. 1. Par. 11. 28. Abiezer, Anathothites. c. 12. 3. c. 27. 12. Jer. 29. 27.

ANATHOTHIA. Nom d'homme de la tribu de Benjamin. 1. Par. 8. 24.

ANCEPS, ANCIPITIS. Ce nom adjectif vient d'*am*, *circum*, et de *caput*, pour marquer une chose qui a deux têtes ou deux bouts, ou du verbe *capere*, pour marquer une chose qu'on peut prendre d'un côté ou d'un autre, et signifie ce qui a deux côtés, ce qui a double sens et ce qui est ambigu. Dans l'Ecriture,

1° Ce qui a deux tranchants, en parlant d'une épée. Judic. 3. 16. *Fecit sibi gladium ancipitem* : Aod se fit faire une dague à deux tranchants, pour tuer Eglon, roi des Moabites.

2° Mais parce que cette sorte d'épée est pointue, qu'elle coupe aisément et qu'elle pénètre avant, ces mots *gladius anceps*, dans le sens figuré, se expriment pour une chose qui a beaucoup de pouvoir, d'efficace et de vertu. Ps. 149. 6. *Gladii ancipites in manibus eorum* : Ils auront dans leurs mains des épées à deux tranchants. Ces épées à deux tranchants, que les Israélites devaient avoir dans leurs mains, marquent la puissance que Dieu leur devait donner contre tous leurs ennemis, et la manière forte et efficace dont il les établirait dans leur repos; mais dans le sens spirituel, cela s'entend du pouvoir que les saints auront au dernier jour, pour juger, avec Jésus-Christ, les nations et les princes qui les ont persécutés. Heb. 4. 12. *Vivus est sermo Dei et penetrabilior omni gladio ancipiti* : La parole de Dieu est vivante et efficace, et elle perce plus qu'une épée à deux tranchants. Dieu qui considère toutes choses, et qui voit tous les replis de l'âme (soit qu'il promette ou qu'il menace), punit ou récompense chacun selon son mérite, avec un pouvoir insurmontable. *Voy.* ACUTUS.

ANCHORA, Æ. *Voy.* ANCORA.

ANCILLA, Æ, δούλη. Ce nom est un diminutif d'*ancula*, parce qu'on appelait *Anculi* et *Anculæ* les dieux et les déesses qui servaient les autres dieux, du verbe ancien *anculare*, *ministrare*.

1°. Une servante (παιδίσκη). Ps. 122. 2. *Sicut ancillæ in manibus dominæ suæ, ita oculi nostri ad Dominum Deum nostrum* : Comme les yeux de la servante sont attentifs sur les mains de sa maîtresse, de même nos yeux sont fixés vers le Seigneur notre Dieu, en attendant qu'il ait pitié de nous. Prov. 30. 23. *Per ancillam, cum fuerit hæres dominæ suæ* : Une servante devient insupportable, lorsqu'elle est entrée à la place de sa maîtresse. Matth. 26. v. 69. 71. etc.

2° Servante se dit par civilité et par respect, lorsqu'une fille ou une femme marque, par ce terme, sa soumission à l'égard d'une personne qu'elle révère et qu'elle honore. Ruth. 2. 13. c. 3. 9. *Ego sum Ruth ancilla tua* : Je suis Ruth, votre servante. Ce mot, en ce sens, est fréquent dans les quatre livres des Rois.

3°. Servante de Dieu, qui est attachée à son service et soumise à ses ordres. Luc. 1. 38. *Ecce ancilla Domini* : Voici la servante du Seigneur. v. 48. *Quia respexit humilitatem ancillæ suæ* : Il a regardé la bassesse de sa servante. 1. Reg. 1. 11. Joël 2. 29. Ps. 85. 16. Ps. 115. 15. Act. 2. 18. etc.

4° Les prophètes et les apôtres sont appelés les Servantes de la sagesse (δοῦλος *servus*). Prov. 9. 3. *Misit ancillas suas ut vocarent ad arcem* : La Sagesse a envoyé ses servantes, pour les appeler dans la forteresse. Le Grec porte ses serviteurs, que la sagesse éternelle a envoyés pour inviter les hommes à la participation de ses grâces, qui sont le festin qu'il leur préparait dans son Eglise; mais les Juifs les ont maltraités, comme dit saint Luc. 11. 49. *Propterea et Sapientia Dei dixit : Mittam ad illos Prophetas et Apostolos.* C'est pourquoi la Sagesse de Dieu a dit : Je leur enverrai des prophètes et des apôtres, et ils en tueront les uns et persécuteront les autres. Le terme de servante, dont Salomon se sert dans cet endroit des Proverbes, convient mieux que celui de serviteur à la Sagesse, qui est représentée comme une grande reine.

5° La synagogue des Juifs, opposée à l'Eglise de la nouvelle loi, est figurée par Agar, opposée à Sara. Gal. 4, 31. *Non sumus ancillæ* (παιδίσκη) *filii, sed liberæ* : Nous ne sommes point les enfants de la servante, mais de la femme libre. *Voy.* ALLEGORIA.

ANCILLULA. Nom diminutif d'*ancilla*, une petite servante; dans l'Ecriture, une demoiselle suivante, une fille de chambre (ἄβρα). Esth. 15. 10. *Lassum super ancillulam reclinavit caput* : Esther, étant tombée comme évanouie, laissa tomber sa tête sur la fille qui la soutenait.

ANCORA, æ. Ce mot vient du grec ἄγκυρα, et signifie, 1° une ancre de vaisseau. Act. 27. 40. *Et cum ancoras sustulissent, committebant se mari* : Ayant retiré les ancres, ils s'abandonnèrent à la mer. v 29. 30. 2° Dans le sens métaphorique, l'espérance chrétienne est une ancre qui affermit notre âme contre les tempêtes qui peuvent arriver dans les divers événements de la vie présente. Heb. 6. 19. *Quam sicut ancoram habemus animæ tutam ac firmam* : Cette espérance sert à notre âme comme d'une ancre ferme et assurée.

ANDREAS, æ. Ce nom vient du grec ἀνήρ vir, et signifie *virilis*, fort, courageux.

André, apôtre de Jésus-Christ, frère de saint Pierre, et disciple de saint Jean-Baptiste; il était de Bethsaïde, et fut le premier appelé à l'apostolat, avec son frère. Joan. 1. 40. *Erat Andreas frater Simonis Petri, unus ex duobus qui audierant a Joanne, et secuti fuerant eum* : André, frère de Simon Pierre, était l'un des deux qui avaient suivi Jésus. Matth. 4. 18. c. 10. 2. etc. Il a prêché dans la Scythie, dans la Grèce et dans l'Epire, et a été crucifié à Patras, dans l'Achaïe.

ANDRONICUS, Heb. *Vir victor*. Ce nom vient du grec ἀνήρ, vir, et de νίκη, victoria.

1° Un officier du roi Antiochus Epiphane. 2. Mach. 4. 31. *Festinanter Rex venit sedare illos, relicto suffecto uno ex comitibus suis Andronico* : Le roi vint en grande hâte, pour apaiser la sédition, ayant laissé pour son lieutenant un des grands de sa cour, nommé Andronique. Il fit tuer en trahison le saint pontife Onias; mais il expia par sa mort le meurtre d'un si vertueux personnage. v. 32. 34. 38. c. 5. 23.

2° Un parent de saint Paul, et son compagnon dans les chaînes. Rom. 16. 7. *Salutate Andronicum et Juniam cognatos et concaptivos meos* : Saluez Andronique et Junie, qui ont été compagnons de mes liens.

ANEM, Heb. *Responsio eorum*, ville de la tribu d'Issachar. 1. Par. 6. 73. *Anem cum suburbanis suis*. Cette ville fut donnée aux lévites, avec ses faubourgs; elle est appelée *Enganim*. Jos. 19. 21. c. 21. 29. Gr. πηγὴ γραμμάτων, *Fons litterarum*.

ANER, Heb. *Responsio lucernæ*. 1° Aner, Amorrhéen, qui avait fait alliance avec Abraham. Genes. 14. 13. *Habitabat in convalle Mambre fratris Escol et fratris Aner* : Abraham demeurait dans la vallée de Mambré, Amorrhéen, frère d'Escol et d'Aner. v. 24. — 2° Ville de la tribu de Manassés, donnée aux enfants de Caath. 1. Par. 6. 70.

ANETHUM, ἄνηθον. Ce mot vient d'ἄνω, *sursum*, et de θέειν, *crescere*, parce que l'anet croît fort vite.

L'anet est une herbe qui ressemble au fenouil, et qui a des fleurs jaunes en bouquet; sa graine est plate et odoriférante, et sa tige est haute d'une coudée et demie : on en faisait autrefois des chapeaux dans les festins. Jésus-Christ, pour marquer l'hypocrisie des Pharisiens, leur reprochait qu'ils payaient les dîmes de la menthe et de l'anet. Matth., 23. 23. *Væ vobis, Scribæ et Pharisæi, qui decimatis menthamn et anethum et cyminum, et reliquistis quæ graviora sunt legis* : Malheur à vous, Scribes et Pharisiens hypocrites, qui payez la dîme de la menthe, de l'anet et du cumin, pendant que vous négligez ce qu'il y a de plus important dans la loi.

ANGARIARE. Ce verbe vient du grec ἀγγαρεύειν, qui signifie proprement contraindre, de la part du prince ou des magistrats, de rendre quelque service, et est formé du nom persan ἄγγαροι, angari. C'étaient les messagers ou courriers des rois de Perse, qui avaient droit de prendre les chevaux qu'ils rencontraient, pour aller plus vite, et même de contraindre les personnes qu'ils trouvaient d'aller avec eux, pour les conduire. Matth. 5. 41. *Quicumque te angariaverit mille passus* : Si quelqu'un vous veut contraindre de faire mille pas avec lui. c. 27. 32. Marc. 15. 21. *Et angariaverunt prætereuntem quempiam* : Ils contraignirent un homme qui passait de porter la croix de Jésus.

ANGELUS, 1. ἄγγελος, *nuntius*. Ce nom est grec, et signifie proprement un messager qui porte quelque nouvelle. Dans l'usage, le mot d'ange signifie une substance spirituelle et intelligente, qui tient le premier rang entre les créatures de Dieu. L'Ecriture ni les Pères ne nous assurent point qu'il y ait neuf chœurs ou neuf ordres de ces esprits; car l'Ecriture n'en parle presque point, et les Pères en parlent diversement : les uns en mettent plus, les autres moins, et laissent à chacun la liberté de suivre ce qui lui paraîtra plus vraisemblable : on ne peut pas non plus assurer quelle est leur science, leur lumière et la subordination qu'ils ont les uns envers les autres. Aug. Ench. c. 58. *Quomodo se habeat beatissima illa et superna societas, quæ ibi sint differentiæ personarum; et quid inter se distent quatuor illa vocabula quibus universam ipsam cœlestem societatem videtur Apostolus esse complexus, dicendo,* Col. 1. 16. *Sive Throni, sive Dominationes, sive Principatus, sive Potestates, dicant qui possunt, si tamen possunt probare quod dicunt, ego me ista ignorare fateor*.

Néanmoins, sur l'autorité de saint Denis, saint Grégoire le Grand, suivi par saint Thomas, et les autres scolastiques, trouvent dans l'Ecriture neuf chœurs d'anges, divisés en trois hiérarchies : la première comprend les Séraphins, les Chérubins et les Trônes; la seconde, les Dominations, les Vertus et les Puissances; la troisième, les Principautés, les Archanges et les Anges *Voy*. saint Denis, *de Hierarch. Cœlesti*; Gregor. Magn. *Homil*. 34. *in Evang.*

Le mot d'ange se met pour tous les ordres des esprits célestes, quoiqu'il se prenne aussi pour le dernier chœur des anges. Luc. 1. 26. *Missus est Angelus Gabriel* : l'ange Gabriel fut envoyé de Dieu; il était un des archanges, comme le marque saint Jérôme, *in Dan.* 8. 16. Ainsi Raphael est appelé *ange.* Tob. 12. 15. *Ego sum Raphael Angelus unus ex septem qui astant ante Dominum :* Je suis l'ange Raphaël, l'un des sept qui sommes toujours présents devant le Seigneur. L'antiquité a cru que ces sept, qui marquent peut-être un grand nombre, étaient archanges, et d'un ordre supérieur aux autres anges.

Au reste, comme le nom d'ange est un nom de service et de ministère, et non pas un nom de nature, ce sont toujours des esprits; mais ils ne sont appelés anges que quand ils sont envoyés ; ainsi il signifie.

1° Ambassadeur, envoyé. Ps. 103. 5. *Qui facis angelos tuos spiritus :* Vous vous servez des esprits pour en faire vos ambassadeurs et vos anges. Heb. 1. 7. ainsi, Ps. 77. 29. *Panem angelorum manducavit homo :* L'homme mangea le pain des anges ; c'est-à-dire la manne, qui était un pain préparé ou envoyé par le ministère des anges. v. 54. *Immissiones per angelos malos :* Dieu affligea les Egyptiens par les différents fléaux qu'il leur envoya par le ministère des mauvais anges: plusieurs croient que ces anges sont appelés mauvais, à cause des punitions qu'ils exerçaient de la part de Dieu, que c'était néanmoins de bons anges. En effet, comme dit saint Paul, Heb. 1. 14. *Nonne omnes sunt administratorii spiritus in ministerium missi propter eos qui hæreditatem capient salutis ?* Tous les anges ne sont-ils pas des esprits, qui tiennent lieu de serviteurs et de ministres, étant envoyés pour exercer leur ministère en faveur de ceux qui doivent être les héritiers du salut? Ainsi, quelque ambassadeur, ou quelque envoyé que ce soit, est quelquefois appelé du nom d'ange. Prov. 17. 11. *Semper jurgia quærit malus, Angelus autem crudelis mittetur contra eum:* Le méchant cherche toujours querelle ; mais un ange cruel sera envoyé contre lui ; soit que ce soit un messager de mort, envoyé par un ange ; soit que ce soit un mauvais ange pour l'affliger dès cette vie. Isa. 18. 2. *Ite, Angeli veloces :* Allez, anges légers ; ces anges sont ou les ambassadeurs que les Egyptiens envoyaient aux Assyriens, avant que de leur déclarer la guerre, ou, selon d'autres, les Assyriens mêmes que Dieu envoie contre l'Egypte pour la ruiner. c. 23. 7. Ainsi, 2. Cor. 12. 7. *Angelus Satanæ:* L'Ange de Satan : c'était un démon que Lucifer avait envoyé à saint Paul, pour exciter en lui une passion déréglée. Voy. STIMULUS.

2° Les bons anges, ces esprits célestes, qui ont persévéré dans la bonne volonté qu'ils ont reçue de Dieu, et qui sont demeurés dans l'obéissance. Ps. 103. 5. *Qui facis angelos tuos spiritus :* Vous rendez vos anges aussi prompts que les vents, pour exécuter vos ordres. Ps. 137. 2. Gen. 19. 1. c. 28. 12. Ps. 90. 11. Ps. 96. 8. et souvent ailleurs.

3° Les mauvais anges, les malins esprits, qui ayant été créés de Dieu dans la justice, n'y sont pas demeurés, mais se sont révoltés contre Dieu. 1. Cor. 6. 3. *Nescitis quoniam angelos judicabimus?* Ne savez-vous pas que nous serons juges des anges mêmes ? en approuvant la sentence du juge, et montrant par notre exemple la justice de leur condamnation. 2. Petr. 2. 4. Jud. 6. ainsi, Rom. 8. 38. *Neque angeli ;* ni les anges mêmes ; c'est-à-dire, les démons de quelque ordre qu'ils soient, ou qu'ils aient été, ne pourront pas nous séparer de Dieu.

4° Les anges, bons ou mauvais. 1 Cor. 4. 9. *Spectaculum facti sumus mundo, et angelis et hominibus :* On nous fait servir de spectacle au monde, aux anges et aux hommes : les bons anges regardaient saint Paul avec complaisance, et les mauvais avec exécration : il en était de même des bons et des méchants parmi les hommes ; on peut rapporter à cette signification les anges considérés selon leur nature, sans avoir égard à l'état fixe où ils sont. Job 4. 18. *In angelis suis reperit pravitatem :* Dieu a trouvé du déréglement jusque dans ses anges ; parce que, depuis leur création, les bons étant demeurés fermes dans la vérité, les mauvais se sont eux-mêmes éloignés de Dieu par leur propre volonté. Hebr. 2. 16. *Nusquam angelos apprehendit :* Il ne s'est pas rendu le libérateur des anges, comme il a sauvé les hommes par l'incarnation de son Fils.

5° Le nom d'ange est aussi donné à Jésus-Christ Notre-Seigneur, envoyé par son père dans ce monde pour nous déclarer sa volonté, et pour exécuter l'ouvrage de notre salut. Malach. 3. 1. *Veniet ad templum suum Dominator, quem vos quæritis, et angelus testamenti quem vos vultis :* Le Dominateur que vous cherchez, et l'Ange de l'alliance si désiré de vous, viendra dans son temple ; il est appelé l'*Ange de l'alliance,* parce qu'il a été envoyé de Dieu pour être lui-même par son sang le médiateur de l'alliance que Dieu devait faire avec les hommes.

6° Les pasteurs et les ministres de l'Eglise. Malach. 2. 7. *Labia sacerdotis custodient scientiam, et legem requirent ex ore ejus, quia angelus Domini exercituum est :* Les lèvres du prêtre seront les dépositaires de la science, et c'est de sa bouche que l'on recherchera la connaissance de la loi : parce qu'il est l'ange du Seigneur des armées ; c'est-à-dire, l'ambassadeur de Dieu et l'interprète de ses volontés. Apoc. 1. 20. *Septem stellæ, angeli sunt septem ecclesiarum :* Les sept étoiles sont les sept anges ; les évêques des sept Eglises. c. 2. v. 1. 8. 12. 18. c. 3. v. 1. 7. 14. C'est en ce sens qu'on interprète aussi cet endroit de l'Ecclésiaste. c. 5. 5. *Neque dicas coram angelo :* Ne dites pas, devant l'ange, devant les ministres de Dieu, qui sont appelés *anges,* dans l'Ecriture ; autrement, devant l'ange qui garde chacun de nous : ainsi, 1. Cor. 11. 10. *Debet mulier potestatem habere supra caput propter angelos :* La femme doit porter sur sa tête la marque de la puissance que l'homme a sur elle, à cause des anges, à cause du respect qu'elles doivent aux prêtres, qui sont les anges de l'Eglise. Cela se peut entendre aussi des anges mêmes, qui sont présents aux assemblées des chrétiens.

7° Saint Jean-Baptiste, précurseur de Jésus-Christ, est appelé *son ange*. Malach. 3. 1. *Ecce ego mitto angelum meum:* Je vais vous envoyer mon ange, qui préparera ma voie devant ma face. Jésus-Christ explique lui-même ces paroles, Matth. 11. 10. Marc. 1. 2. Luc. 7. 27

8° Les prophètes, ou plutôt les apôtres, représentés par les douze anges qui sont aux portes de la Jérusalem céleste. Apoc. 21. 12. *In portis, angelos duodecim:* Il y avait douze portes, et douze anges, un à chaque porte : ces anges marquent les apôtres, et les autres ministres de Dieu, par le ministère desquels les fidèles entrent dans cette cité bienheureuse.

9° Les magistrats, qui tiennent la place de Dieu, sont appelés *anges*, à cause de leur dignité. Ps. 137, 2. *In conspectu angelorum psallam tibi :* Je célébrerai votre gloire en présence des juges et des conducteurs du peuple : le mot *Elohim*, interprété par celui d'*angeli*, est souvent rendu par le mot *dii*, ou *Judices* : on peut aussi l'entendre des anges mêmes que David veut avoir pour témoins de sa piété

10° Des gens forts et robustes. Job 41. 16. *Timebunt angeli* (Heb. Elim, fortes), *et territi purgabuntur :* Lorsque ce monstre s'élève dans l'Océan au-dessus des eaux, les plus forts sont dans la frayeur, et ne pensent qu'à se purifier de leurs fautes pour se préparer à la mort. Voy. PURGARE. Il y a de l'apparence que l'interprète a lu *Elohim* au lieu d'*Elim*, pour mettre *angeli*, au lieu de *fortes* ; Gr. θηρία τετράποδα, *Feræ quadrupedes*.

ANGELICUS, A UM. Ce mot qui vient d'*angelus*, signifie angélique, qui tient de l'ange ; mais dans le sens figuré

Angélique se dit des qualités excellentes de quelque chose. Judic. 13. 6. *Vir Dei venit ad me habens vultum angelicum:* Un homme de Dieu est venu à moi, qui avait un visage d'ange ; c'est-à-dire, d'une grande majesté, et d'une beauté angélique : c'est la même chose que ce qui est dit de saint Étienne, Act. 6. 15. *Viderunt faciem ejus tamquam faciem angeli :* Son visage leur parut comme le visage d'un ange, tout majestueux et brillant ; parce que les anges ont une nature excellente : ce mot d'ange marque quelquefois ce qui est excellent en quoi que ce soit. 1. Reg. 29. 9. *Bonus es tu in oculis meis, sicut angelus Dei :* Je vous estime, dit Achis à David, comme un ange de Dieu ; c'est-à-dire, comme un homme extraordinaire et d'un grand mérite. Voy. BONUS. 2. Reg. 14. 17. *Sicut angelus Dei, sic est Dominus meus Rex, ut nec benedictione, nec maledictione moveatur :* Le roi, mon Seigneur, est comme un ange de Dieu, qui n'est touché ni de bénédictions ni de malédictions : cette femme loue David de sa fermeté à faire le bien, sans se mettre en peine de ce que les hommes en pensent. v 20. *Sapiens es sicut habet sapientiam angelus Dei :* Vous êtes sage comme le serait un ange de Dieu : c'est à peu près ce que dit aussi Miphiboseth à David, c. 19. 27. *Sicut angelus Dei es :* Vous êtes comme un ange de Dieu, vous avez une sagesse divine, pour démêler toutes choses ; c'est en ce sens que saint Paul appelle un langage excellent, un langage d'ange. 1. Cor 13. 1. Voy. LINGUA.

ANGERE. Ce verbe vient du grec ἄγχειν, *strangulare, præfocare*, et signifie, faire de la peine, fâcher, contrister. 1. Reg. 1. 6. *Affligebat eam æmula ejus, et vehementer angebat :* Phenenna affligeait Anne, et la tourmentait excessivement, jusqu'à lui insulter de ce que le Seigneur l'avait rendue stérile.

ANGULUS, I. γωνία. Ce nom vient du grec ἄγκυλος, *incurvus ;* parce que tout angle est courbé, puisque c'est l'inclination de deux lignes l'une vers l'autre : ainsi il signifie proprement, un angle en terme de géométrie : dans l'Ecriture.

1° Un angle, une encoignure, le coin où aboutissent deux rues ou deux murailles, ou quelques autres corps (μέρος *pars*). Matth. 6. 5. *Amant in Synagogis et in angulis platearum stantes orare :* Les hypocrites affectent de prier en se tenant debout dans les synagogues et aux coins des rues, pour être vus des hommes. Exod. 25. v. 12. 26. *Pones eos in quatuor angulis mensæ :* Vous mettrez quatre anneaux d'or aux quatre coins de la table. c. 26. v. 19. 23. c. 27. 2. 4. etc. d'où vient *Porta anguli :* La Porte des angles. 4. Reg. 14. 13. Jerem. 31. 38. Voy. PORTA.

2° Les tours et les bastions, qui sont ordinairement aux angles des murs. Soph. 1. 16. *Dies tubæ et clangoris super civitates munitas et super angulos excelsos :* Il viendra un jour où les villes fortes et les hautes tours trembleront au fier retentissement de la trompette : le prophète prédit la ruine de Jérusalem par les Chaldéens, c. 3. 6. *Disperdidi gentes, et dissipati sunt anguli earum :* J'ai exterminé les peuples, leurs tours ont été abattues. On peut aussi expliquer ces angles des princes du peuple.

3° L'extrémité, le bout de quelque chose (πτερύγιον, *ala*). Num. 15. 38. *Faciant sibi fimbrias per angulos palliorum :* Qu'ils se fassent des franges aux coins de leurs manteaux. Deut. 22. 12. Voy. FIMBRIA. Ainsi, *anguli terræ :* Les coins de la terre sont les extrémités du monde. Apoc. 7. 1. *Vidi quatuor angelos stantes, super quatuor angulos terræ :* Je vis quatre anges aux quatre coins de la terre. Le monde se divise en quatre parties, qui en sont les extrémités. c. 20. 7.

4° Ce qui fait toute la force et le soutien de quelque chose. Isa. 19. 3. *Deceperunt Ægyptum, angulum populorum ejus :* Les princes de Memphis ont séduit l'Egypte, ils ont détruit la force et le soutien de ses peuples (κατὰ φυλὰς, *per tribus, seu populos*). Ainsi les princes et les chefs qui gouvernent les peuples, s'appellent leurs angles (κλίμα, *Tractus, primates regionis*) Judic. 20. 2. *Omnes anguli populorum et cunctæ Tribus :* Tous les chefs du peuple, et toutes les tribus. 1. Reg. 14. 38. La métaphore se tire des pierres angulaires, qui soutiennent l'édifice (ἐπέβλεψε *respexit;* Heb. Pinnah, *angulus*).

Zach. 10. 4. *Ex ipso angulus.* C'est dans Juda que viendra l'angle qui lie le bâtiment; c'est-à-dire, le prince et le chef qui soutiendra la république des Juifs. Dieu promet, par ce langage figuré, le rétablissement des Juifs, et leur fait espérer des princes et des chefs, qui réuniront toutes les tribus qui voudraient revenir dans leur pays ; mais le Prophète marquait, par ces paroles, principalement Jésus-Christ, qui est la pierre angulaire de l'Eglise, qui lie les deux peuples, *Factus est in caput anguli.* Ps. 117. 22. Matth. 21. 42. Marc. 12. 10. Luc. 20. 17. Act. 4. 11. 1. Petr. 2. 7.

5° Lieu secret et caché. Prov. 25. 24. *Melius est sedere in angulo domatis quam cum muliere litigiosa, et in domo communi:* Il vaudrait mieux demeurer en un coin, sur le haut de la maison, que d'habiter dans une maison commune, avec une femme querelleuse. c. 21. 9. Act. 26. 26. *Neque enim in angulo quidquam horum gestum est :* Ce ne sont pas des choses qui se soient passées en secret : cette signification vient de ce qu'il y a plus d'obscurité dans les angles ou les coins d'un édifice que dans les autres parties.

ANGULARIS, E. ἀκρογωνιαῖος, α, ον. Angulaire, qui a des angles, ou qui se met dans l'angle : ce qui ne se dit guère que de la pierre fondamentale qu'on met à la première assise d'un bâtiment, qui fait l'angle ou le coin du bâtiment, et qui marque dans le sens figuré:

Ce qui soutient, et tient ferme quelque chose de son assiette. Job 38. 6. *Quis demisit lapidem angularem terræ?* Sur quoi les bases de la terre sont-elles affermies, ou, qui en a posé la pierre angulaire? Dieu veut instruire et humilier Job, par la considération des ouvrages de sa puissance infinie.

Ainsi Jésus-Christ est appelé la pierre angulaire de l'édifice (ἀκρογωνιαῖος); c'est-à-dire, la pierre fondamentale qui soutient l'Eglise. Isa. 28. 16. *Ecce ego mittam in fundamentis Sion lapidem, lapidem probatum, angularem :* Je m'en vais mettre, pour fondement de Sion, une pierre; une pierre éprouvée, angulaire, précieuse, qui sera un ferme fondement. Saint Pierre, qui cite ce passage d'Isaïe, l'entend de Jésus-Christ. 1. Petr. 2. 6. aussi bien que saint Paul, Eph. 2. 20. *Ipso summo angulari lapide Christo Jesu :* Jésus-Christ lui-même est la principale pierre de l'angle.

ANGULARE, IS, παραγωνίσκος. Ce nom substantif, qui vient d'*angulus*, et qui n'est point en usage en latin, signifie une équerre, instrument de géométrie, qui sert à mesurer des angles droits. Isa. 44. 13. *Fecit illud in angularibus :* Le sculpteur dresse son idole à l'équerre, et lui donne toutes ses proportions : l'Hébreu porte *in asciis*, avec la doloire.

ANGUSTIA, Æ, ou ANGUSTIÆ, ARUM. Ce nom, qui vient de l'adjectif *angustus*, étroit, signifie proprement, un lieu étroit et de peu d'étendue, ou difficile ; mais il ne se dit guère qu'au pluriel (αὔλαξ, *sulcus*). Num. 22. 24. *Stetit Angelus in angustiis duarum maceriarum :* L'ange qui apparut à Balaam se tint dans un lieu étroit entre deux murailles. 2. Reg. 22. 46. *Contrahentur in angustiis suis:* Ils se renfermeront dans des lieux étroits (συγκλεισμός, *conclave*). Voy. CONTRAHERE. 2. Mach. 12. 21. et dans le sens figuré :

Thren. 1. 3. *Omnes persecutores ejus apprehenderunt eam inter angustias :* Tous les persécuteurs de la fille de Juda se sont saisis d'elle, l'ayant surprise comme dans un détroit (θλίβοντες, *affligentes*). Les Juifs qui, pour éviter la rigueur de la servitude, s'étaient réfugiés en Egypte et dans les pays voisins, furent poursuivis et surpris par leurs ennemis, sans pouvoir ni retourner dans leur pays, ni demeurer où ils étaient. Ainsi, Dan. 13. 22. *Angustiæ sunt mihi undique :* Je ne vois que péril et qu'angoisse de toutes parts: Susanne s'y trouvait prise comme dans un défilé (στενά, *arcta, angusta*).

ANGUSTIA, Æ. στενοχωρία. Ce nom, qui est fort peu usité chez les Latins, dans le sens figuré, se trouve souvent dans l'Ecriture, pour signifier ces vieux mots français : angoisse et détresse ; lorsqu'il arrive quelque affaire fâcheuse qui afflige et tient le cœur serré : d'où vient *Angustia animæ*, ou *spiritus;* serrement de cœur. Genes. 42. 21. Exod. 6. 9. Sap. 5. 3.

1° Affliction, peine d'esprit (θήρα, *venatio;* captura ; παγίς, δος, *laqueus*). Prov. 11. 8. *Justus de angustia liberatus est :* Le Juste a été délivré des maux qui le pressaient. c. 12. 13 *Effugiet justus de angustia:* Le juste sera délivré des maux présents. c. 17. 17. *Frater in angustiis comprobatur :* Le frère se connaît dans l'affliction. 2. Cor. 6. 4. c. 12. 10. *Placeo mihi in infirmitatibus meis......in angustiis pro Christo:* Je sens de la satisfaction et de la joie dans les faiblesses où je me trouve, dans les afflictions pressantes que je souffre pour Jésus-Christ. Deut. 26. 7. c. 28. 53. Judic. 10. 14. etc. *Angustia* se met souvent avec *tribulatio*. Rom. 2. 9. *Tribulatio et angustia in omnem animam hominis operantis malum :* L'affliction et le désespoir accableront l'âme de tout homme qui fait le mal. c. 8. 35. 2. Cor. 2. 4. Esth. 11. 8. Judith. 13. 25. Esth. 11. 8. etc. De là viennent ces phrases : *Dies*, ou *tempus angustiæ:* Temps de malheur et d'affliction. 2. Par. 28. 22. Prov. 24. 10. etc. Ainsi, *Angustia temporum* ; Temps d'affliction, de persécution. Dan. 9. 25. *Rursum ædificabitur platea et mari in angustia temporum:* Les places et les murailles de la ville seront bâties de nouveau, parmi des temps fâcheux et difficiles, quand la place publique et les murs de Jérusalem furent rétablis par l'ordre de Néhémias ; les Juifs qui bâtissaient furent toujours incommodés par leurs voisins : Gr. ἐκκενωθήσονται οἱ καιροί, *Evacuabuntur tempora.*

Aqua angustiæ: De l'eau d'affliction. 3. Reg. 22. 27. *Mittite virum istum in carcerem, et sustentate eum pane tribulationis, et aqua angustiæ:* Renfermez cet homme dans la prison, et qu'on le fasse vivre du pain de douleur et de l'eau d'affliction ; c'est-à-dire, qu'on ne lui donne qu'un peu de pain et un peu d'eau. Voy. AQUA. Ezech. 4. 16.

2° Abaissement, état de souffrance et de patience (ταπείνωσις). Isa. 53. 8. *De angustia et judicio sublatus est:* Après ses souffrances et sa condamnation, il a été mis à mort, où il a été élevé en croix ; ou bien , après les abaissements et sa condamnation, il a été élevé en gloire ; ce même passage est rendu de la sorte , Act. 8. 33. *In humilitate judicium ejus sublatum est :* Dans son abaissement il a été délivré de la mort à laquelle il avait été condamné.

ANGUSTIARE, στενοχωρεῖν. Ce verbe, qui n'est point dans l'usage du latin, se prend pour *angustare,* qui signifie rétrécir, resserrer ; et dans l'Ecriture,

1° Presser, déranger (θλίβειν). Eccli. 16. 28. *Unusquisque proximum sibi non angustiabit in æternum :* Dans toutes les parties du monde, jamais l'une n'a pressé ni dérangé l'autre. Le Sage parle surtout des cieux et des astres, qui tournent toujours sans se presser, ni s'endommager l'un l'autre.

2° Serrer quelque chose de si près, qu'elle ne peut point se dégager (συντλίβειν). Eccli. 27. 2. *Sicut in medio compaginis lapidum palus figitur, sic et inter medium venditionis et emptionis angustiabitur peccatum :* Comme un morceau de bois demeure enfoncé entre deux pierres, ainsi le péché sera comme resserré entre le vendeur et l'acheteur ; c'est-à-dire, qu'il est très-difficile que ceux qui vendent ou achètent soient exempts de péchés; parce qu'il y a une avarice secrète enracinée dans le cœur, qui porte les uns à vendre plus qu'ils ne doivent, les autres à acheter à un prix trop bas.

3° Presser fort, accabler. 2. Cor. 1. 8. *In omnibus tribulationem patimur, sed non angustiamur :* Nous sommes pressés par toute sorte d'afflictions, mais nous n'en sommes point accablés : d'autres l'expliquent du serrement de cœur, que cause l'affliction.

4° Resserrer, mettre à l'étroit. 2. Cor. 6. 12. *Non angustiamini in nobis, angustiamini autem in visceribus vestris :* Mes entrailles ne sont point resserrées pour vous, les vôtres le sont pour moi ; comme s'il disait : Mon cœur est large pour vous y tenir tous ; mais le vôtre est si étroit, que je n'y puis pas tenir même tout seul ; je vous aime beaucoup, vous m'aimez peu.

5° Tourmenter, affliger (θλίβειν). Sap. 5. 1. *Tunc stabunt justi in magna constantia adversus eos qui se angustiaverunt :* Les justes s'élèveront avec une grande hardiesse contre ceux qui les auront accablés d'affliction ; Heb. 11. 37. *Angustiati,* affligés. Eccli. 4. 3. *Non protrahas datum angustianti,* ou *angustiati;* Gr. *indigentis :* Ne différez point de donner à celui qui souffre.

6° Consterner, faire perdre le courage (ἐκλείπειν). Joan. 2. 8. *Cum angustiaretur in me anima mea :* Dans la défaillance extrême où mon âme a été réduite, je me suis souvenu de vous, Seigneur ; Gr. ἐν τῷ ἐκλείπειν, *Cum deficeret.* Judith. 13. 29. *Angustiatus præ pavore cecidit in faciem suam :* Achior voyant la tête d'Holopherne, fut saisi d'une si grande frayeur, qu'il tomba le visage contre terre.

ANGUSTUS, A UM. στενός. Cet adjectif, qui vient du verbe *angere,* presser, mettre à l'étroit, signifie : étroit, serré. Num. 33. 54. *Pluribus dabitis latiorem, paucis angustiorem :* Vous en donnerez une plus grande partie à ceux qui seront en plus grand nombre, et une moindre à ceux qui seront moins. Jos. 17. 15. 4. Reg 6. 1. Isa. 49. v. 19. 20. etc. De là viennent ces expressions figurées.

Puteus angustus : Un puits étroit ; pour marquer un danger dont il est difficile de sortir. Prov. 23. 27. *Puteus angustus, aliena :* La femme étrangère est un puits étroit ; il est aussi difficile de s'en défaire, que de sortir d'un puits étroit quand on y est tombé. Voy. ALIENA. Ainsi, *Os angustum :* Un abîme étroit. Job. 36. 16. *Porta angusta :* Une porte étroite, pour marquer la difficulté qu'il y a de parvenir à quelque chose. Matth. 7. v. 13. 14. Luc. 13. 24. *Contendite intrare per angustam portam :* Faites effort pour entrer par la porte étroite : cette porte étroite est la vie chrétienne, renfermée dans les bornes de la loi de Dieu, qui ne permet point de s'écarter, ni à droite ni à gauche, pour satisfaire les désirs déréglés de la convoitise. Voy. PORTA.

ANI, Heb. *Responsio.* Un lévite destiné à chanter sur les instruments de musique. 1. Par. 15. v. 18. 20

ANIA, Heb. *Canticum Domini.* Un chef du peuple juif du temps d'Esdras. 2. Esdr. 8. 4.

ANIAM, *Dolor populi.* Fils de Semida, de la Tribu de Manassés. 1. Par. 7. 19.

ANILIS, γραώδης. Cet adjectif, qui vient du nom *anus,* vieille, signifie ce qui est de vieille, ce qui convient à une vieille ; d'où vient : *Fabula anilis :* Un conte de vieille. 1. Tim. 4. 7. *Ineptas autem et aniles fabulas devita :* Fuyez les fables impertinentes et puériles, semblables aux contes que les vieilles femmes font aux petits enfants. Les hérésies des premiers temps de l'Eglise, étaient pleines de contes profanes et de fables impertinentes : Saint Paul défend à son disciple de s'en entretenir ou de les enseigner.

ANIM, Heb. *Respondentes,* ville de la tribu de Juda. Josue. 15. 50.

ANIMA, æ. ψυχή. Ce mot vient d'*animus,* comme *domina,* de *dominus,* et *regina* de *rex,* et signifie une forme substantielle, qui rend les corps vivants. Les anciens ont reconnu trois sortes d'âmes : la végétative, dans les plantes ; la sensitive, dans les bêtes ; et l'âme raisonnable et spirituelle dans l'homme : la végétative est simple, et ne donne que la vertu de nourrir et de faire croître ; la sensitive a deux fonctions ; car outre qu'elle a la vertu de donner l'accroissement par la nourriture, elle a aussi le sentiment qui fait recevoir par les organes les différentes impressions des objets. Enfin, l'âme raisonnable de l'homme ajoute à ces deux premières, de nourrir et de sentir, celle de raisonner et de juger. Voy. Aug. *de Doct. Chr. l.* 1. *c.* 8. *Si vitam sine sensu vegetantem invenerint, qualis est arborum, præponunt ei sentientem, qualis est pecorum; et huic rursus intelligentem qualis est hominum:* Les Hébreux distinguent aussi l'âme de l'esprit, et appellent l'âme sensitive: *nephes*; et l'esprit, ou la partie spirituelle de l'âme: *ruach, spiritus*. Voy. SPIRITUS. Ainsi, dans l'Ecriture, on distingue dans l'homme ces trois choses: l'esprit, l'âme et le corps; comme fait saint Paul, 1. Thess. 5. 23. *Ipse autem Deus pacis sanctificet vos per omnia, ut integer spiritus vester, et anima, et corpus sine querela in adventu Domini nostri Jesu Christi servetur;* Que le Dieu de paix vous sanctifie vous-mêmes, et vous rende parfaits en tout, afin que tout ce qui est en vous, l'esprit, l'âme et le corps se conservent sans tache pour l'avénement de Notre-Seigneur Jésus-Christ. Saint Augustin parle de la sorte, en plusieurs endroits: *Tria sunt quibus homo constat, spiritus, anima et corpus, quæ rursus duo dicuntur, quia anima simul cum spiritu nominatur, pars quædam ejusdem rationalis qua carent bestiæ, spiritus dicitur; principale nostrum spiritus est, deinde vita qua conjungimur corpori, anima dicitur, postremo istud quod visibile est ultimum, nostrum est corpus.* Aug. *l. de Fide et Symb.* c. 10. *l.* 83. quæst. 7. *l. de Ortu animæ,* c. 17. *l.* 2. c. 2. *l.* 4. c. 2. *et alibi.* Ainsi ce mot signifie, dans l'Ecriture, l'esprit et la partie animale, quelquefois l'un et l'autre, quelquefois la personne entière, quelquefois le corps vivant, et même le corps mort; enfin, ce mot signifie souvent la vie, et quelquefois les affections de l'âme; et les autres choses qui se verront dans la suite.

1° L'âme, qui est la forme substantielle qui rend les corps vivants, tels qu'ils soient. Job 12. 10. *In cujus manu anima omnis viventis:* Dieu tient dans sa main l'âme de tout ce qui a vie. Genes. 8. 21. c. 9. 16.

2° La partie supérieure et spirituelle de l'âme, l'âme raisonnable. 1. Petr. 2. 11. *Obsecro vos abstinere a carnalibus desideriis quæ militant adversus animam:* Je vous exhorte, mes frères, à vous abstenir, comme étant étrangers et voyageurs en ce monde, des passions charnelles qui combattent contre l'âme. Matth. 10. 28. c. 11. 29. Luc. 12. 20. Act. 10. 10. 2. Cor. 12. 15. Jac. 1. 21. etc. Ainsi, Ps. 15. 10. Act. 2. 27. *Non derelinques animam meam in inferno:* Vous ne laisserez point mon âme dans l'enfer. Voy. INFERNUS.

3° La partie supérieure et inférieure de l'âme. Genes. 2. 7. *Factus est homo in animam viventem:* L'homme devint vivant et animé; car, comme dit saint Augustin: *l.* 2. *de Orig. animæ,* c. 2. *Aliquando duo ista simul nomine animæ nuncupantur, quale est illud, factus est homo in animam viventem.* Gen. 2. *Ibi quippe et spiritus intelligitur.* et qu. 7. lib. 83. *Anima aliquando ita dicitur ut cum mente intelligatur, veluti cum dicimus hominem ex anima et corpore constare.* 1. Cor. 15. 45.

4° La partie animale de l'homme, où est le siége des passions. Heb. 4. 12. *Pertingens usque ad divisionem animæ et spiritus:* La parole de Dieu entre et pénètre jusque dans les replis de l'âme et de l'esprit. Voy. AN-CEPS. Matt. 22. 37. *Diliges Dominum Deum tuum ex toto corde tuo, et in tota anima tua, et in tota mente tua:* Vous aimerez le Seigneur votre Dieu, de tout votre cœur, de toute votre âme, et de tout votre esprit. Dan. 3. 86. Luc. 2. 35. c. 12. 19. 1. Thess. 5. 23. etc. Voy. Grot. *in Matth.* 26. 41. et Fromond, *in Thess.* 5. 23. De là vient, *Affligere animam:* Se mortifier. Voy. AFFLIGERE.

5° L'animal, la bête. Gen. 1. v. 20. 21. *Creavit Deus..... omnem animam viventem atque motabilem:* Dieu créa tous les animaux qui ont la vie et le mouvement, que les eaux produisent chacun selon son espèce. v. 20. ainsi, v. 24. *Producat terra animam viventem in genere suo:* Que la terre produise des animaux vivants, chacun selon son espèce. c. 2. 19. c. 9. v. 10. 12. 15. Levit. 11. 46. c. 24. 18. *Reddet animam pro anima:* Il rendra une bête pour une bête.

6° La personne même, ou l'homme tout entier (ἀνήρ). Gen. 14. 21. *Da mihi animas, cætera tolle tibi:* Donnez-moi les personnes, et prenez le reste pour vous. c. 17. 14. c. 27. 4. 1. Reg. 17. 1. Isa. 29. 8. Matth. 16. 26. (Voy. Luc. 9. 25.) Luc. 9. 56. Act. 2. 27. et souvent ailleurs, comme Apoc. 18. 13. *Merces mancipiorum et animarum hominum:* Les marchandises d'esclaves et d'hommes libres; ainsi: *Omnis anima:* Toute personne; ce qui est fréquent dans le Lévitique. Job 23. 13. *Anima ejus quodcumque voluit, hoc fecit:* Dieu fait absolument tout ce qu'il lui plaît. Gr. αὐτός, Jerem. 31. v. 14. 25.

7° Les esclaves s'appellent du nom d'âmes, parce que leurs corps ne sont point à eux. Gen. 12. 5. *Tulit Abraham animas quas fecerat in Haran:* Abraham emmena avec lui Saraï, sa femme, et Loth, fils de son frère, et tout ce qui leur était né à Haran; les esclaves qui lui étaient nés dans sa maison, ou qu'il avait acquis d'ailleurs; on peut aussi l'entendre des enfants et des troupeaux qu'il avait. Ezech. 27. 13. *Mancipia advexerunt populo tuo:* Ils amenaient à votre peuple des esclaves; Gr. *Animas hominum:* Des âmes d'hommes. Voy. MANCIPIUM.

8° La vie, dont l'âme est le principe. Matth. 2. 20. *Defuncti sunt qui quærebant animam pueri:* Ceux qui cherchaient l'enfant pour lui ôter la vie sont morts. Act. 20. 24. *Nihil horum vereor, nec facio animam meam pretiosiorem quam me:* Je ne crains rien de toutes ces choses, et ma vie ne m'est point plus précieuse que mon salut, dit le grand apôtre saint Paul, Gen. 9. 5. c. 19. v. 17. 19. Esth. 4.13. c.7. v. 3.7. Psal. 7. 2. Matth. 6. 25. Luc. 12 v. 22. 23. et dans une infinité d'autres endroits de l'Ecriture. Thren. 5. 9. *In animabus nostris afferebamus panem nobis:* Nous allions chercher du pain pour nous, au péril de notre vie; cette signification du mot d'âme produit grand nombre de phrases dans le sens figuré.

Amare, ou *servare* ou *salvam facere animam suam:* Aimer sa vie, la vouloir sauver, c'est aimer les commodités de la vie préférablement au salut. Joan. 12. 25. Matth. 16. 25. Marc. 8. 35. Luc. 9. 34. ainsi, Matth. 10 39. *Qui invenit animam suam, perdet illam.*

Celui qui conserve sa vie, la perdra; c'est-à-dire, celui qui veut conserver sa vie dans ce monde, en renonçant à sa foi, ou négligeant les devoirs de chrétien, se perdra pour l'éternité. Voy. AMARE, SERVARE, INVENIRE, PERDERE, ODISSE.

Ponere, ou *portare animam suam in manu sua* : porter son âme dans ses mains, c'est l'exposer à un grand danger de mort. Voy. PONERE, PORTARE, HABERE.

Dare, ou *tradere alicui animam suam* : Donner sa vie pour quelqu'un, s'exposer pour lui. Eccli. 7. 22. *Non lædas servum in veritate operantem, neque mercenarium dantem animam suam* : Ne traitez point mal le serviteur qui travaille fidèlement, ni le mercenaire qui se donne tout pour vous. Voy. DARE. 1. Thess. 2. 8. *Volebamus tradere vobis, non solum Evangelium Dei, sed etiam animas nostras*. Nous aurions souhaité de vous donner non-seulement la connaissance de l'Evangile de Dieu, mais aussi notre propre vie. Act. 15. 26. Thren. 5. 9.

Effundere, *levare*, *possidere*, *quœrere animam*, etc. Voyez ces verbes chacun dans leur lieu.

9° La vie de la grâce, le salut de l'âme. Eccli. 4. 24. *Pro anima tua, ne confundaris dicere verum* : Ne rougissez point de dire la vérité lorsqu'il s'agit de votre âme, c'est-à-dire, de votre salut. v. 33. Voy. AGONIZARE. c. 30. 24. *Miserere animæ tuæ placens Deo* : Ayez pitié de votre âme, en vous rendant agréable à Dieu. Ainsi : *Occidere animam* : Tuer son âme, lui ôter la vie de la grâce. Matth. 10, 28. *Nolite timere eos qui occidunt corpus, animam autem non possunt occidere* : Ne craignez point ceux qui tuent le corps, et qui ne peuvent tuer l'âme, qui ne peuvent ôter à l'âme la vie naturelle, étant immortelle, et encore moins la vie de la grâce, qui est suivie de celle de la gloire. Sap. 1. 11. *Os quod mentitur, occidit animam* : la bouche qui ment tuera l'âme si le mensonge ou la médisance déshonore le prochain, ou lui est préjudiciable; elle ôtera la vie de la grâce à celui qui commet ce crime. Voy. MENTIRI. L'âme a trois sortes de vies: la première est naturelle, qui est l'immortalité qu'on ne peut lui ôter; la seconde, qui est la vie de la grâce; la troisième est la vie dont elle jouit dans la gloire, à laquelle est opposée la damnation, qui est la seconde mort.

10° Le sang est marqué par le mot d'âme. Deut. 12. 23. *Sanguis eorum pro anima est, et idcirco non debes animam comedere cum carnibus* : Le sang des bêtes est leur vie, et ainsi vous ne devez pas manger avec leur chair ce qui est leur vie. Levit. 17. 11. *Anima carnis in sanguine est* : L'âme, ou la vie de la chair est dans le sang, c'est-à-dire, la vie temporelle, qui ne dure qu'autant que notre âme est dans notre corps; car notre vie, dit saint Augustin, est tellement renfermée dans le sang qui conserve la chaleur naturelle et les esprits qui nous font vivre, que la vie se perd en même temps que tout le sang est sorti du corps. Aug. *qu*. 57. *in Levit*.

11° Un corps mort, un cadavre. Num. 9. 7. *Immundi sumus super anima hominis* : Nous sommes devenus impurs parce que nous avons approché d'un corps mort; cette impureté se contractait, soit en le touchant, soit en assistant à ses funérailles. v. 6. 10. Agg. 2. 14. Le mot ψυχή, *anima*, répond à *mortuus*. Levit. 19. 28. c. 21. v. 1. 11. Num. 5. 2. c. 6. 6. et les auteurs profanes se sont servis du mot d'*âme* en ce sens, Virg. 3. Æneid... *Animamque sepulcro condimus* : Nous mîmes son corps dans le tombeau. Quelques-uns néanmoins prétendent que le mot d'*âme*, en ces endroits, ne signifie point le corps mort, mais la personne même à qui l'on rend les derniers devoirs. Voy. Genebr. *in Ps*. 15. 11.

12° Ce qu'il y a de plus intérieur au fond du cœur. Jer. 4. 10. *Pervenit gladius usque ad animam* : L'épée les va percer jusqu'au fond du cœur, c'est-à-dire, il se fera un grand carnage dans Jérusalem.

Le mot d'*âme* marque les affections et les passions.

1° L'état et la disposition de l'âme. Exod. 23. 9. *Scitis advenarum animas* : Vous savez quel est l'état des étrangers, en quelle disposition d'esprit ils sont hors de leurs pays : les étrangers sont ordinairement dans la crainte et dans la retenue.

2° Le désir et la volonté d'obtenir quelque chose. Ps. 26. 18. *Ne tradideris me in animas tribulantium* : Ne me livrez pas au désir et à la volonté de ceux qui m'affligent. Ps. 40. 2. *Non tradat eum in animam inimicorum ejus* : Que le Seigneur ne le livre pas au désir de ses ennemis. Eccl. 6. 7. Ezech. 16. 27. Jerem. 22. 27. Ose. 4. 8. etc. ainsi, Ps. 83. 2. *Deficit anima mea in atria Domini* : Mon âme tombe en défaillance par l'ardeur du désir d'entrer dans la maison du Seigneur. Ps. 18. 81. Voy. DEFICERE. Luc. 12. 19. *Dicam animæ meæ* : Je dirai à mon âme, c'est-à-dire, à ma convoitise et au désir insatiable. Prov. 23. 2. *Si tamen habes in potestate animam tuam* : Si néanmoins vous êtes maître de votre âme, c'est-à-dire, de votre intempérance. Ps. 77. 21. Eccli. 23. 22. Ainsi, *Dilatare animam suam* : Etendre son âme, son avidité insatiable; ce qui se dit de la mort et du tombeau. Isa. 5. 14. *Dilatavit infernus animam suam* : L'enfer a étendu ses entrailles et a ouvert sa gueule jusqu'à l'infini, pour recevoir un grand nombre de morts. Habac. 2. 5. Voy. DILATARE.

3° L'espérance et la confiance. Ps. 24. 1. *Ad te, Domine, levavi animam meam* : J'ai élevé mon âme vers vous; j'ai mis ma confiance en vous. Voy. LEVARE.

4° L'affection, l'amour, la pente et l'inclination du cœur pour quelque objet; 1° en bonne part. Jerem. 15. 1. *Non est anima mea ad populum istum* : Mon cœur n'est point porté pour ce peuple. Ps. 62. 9. *Adhæsit anima mea post te* : Mon âme s'est attachée à vous suivre. Isa. 4. 42. Ainsi l'objet de l'amour est marqué par l'âme. Jer. 12. 7. *Dedi dilectam animam meam* : J'ai exposé celle qui m'était chère comme mon âme, savoir, Jérusalem. 2° En mauvaise part. Gen. 34. 8

Filii mei adhæsit anima filiæ vestræ : Le cœur de mon fils est fortement attaché à votre fille. Sichem aimait éperdument Dina, dont il avait abusé.

5° Le cœur, le courage. Ps. 106. 5. *Anima eorum in ipsis defecit :* Leur âme était tombée en défaillance: le courage leur manquait. v. 26. Thren. 1. v. 11. 16. 19. Act. 14. 21.

ANIMADVERTERE. Ce verbe vient d'*animus*, d'*ad*, et de *vertere*, *animum aliquo vertere*.

1° Prendre garde à quelque chose, y faire attention (συνιέναι). Prov. 28. 5. *Qui inquirunt Dominum animadvertunt omnia :* Ceux qui cherchent le Seigneur prennent garde à tout ; ils examinent leurs moindres défauts ; ils appréhendent et ils punissent leurs moindres fautes. 1. Reg. 4. 20. 1. Par. 19. 3.

2° Apercevoir, remarquer (εἴδειν). Genes. 31. 2. *Animadvertit faciem Laban quod non esset erga se sicut heri et nudius tertius :* Jacob remarqua que Laban ne le regardait pas du même œil dont il le regardait auparavant. 2. Reg. 24. 20. 4. Reg. 4. 9. Eccl. 2. 15. c. 4. 4.

3° Considérer, examiner (γινώσκειν). 1 Reg. 4. 12. *Animadverte et vide, quoniam non est in manu mea malum :* Considérez et voyez vous-même que je ne suis coupable d'aucun mal. 3. Reg. 20. 7. 4. Reg. 5. 7. Dan. 9. v. 23. 25. c. 14. 18.

4° Comprendre, pénétrer (νοεῖν). Prov. 1. 6. *Animadvertet parabolam, et interpretationem :* Le Sage pénétrera les paraboles et leurs sens mystérieux.

5° Faire une sérieuse réflexion sur soi-même, rentrer en soi-même (ἐντιθέναι καρδίαν, *apponere cor*). Prov. 8. 5. *Intelligite parvuli astutiam, et insipientes animadvertite :* Vous, ô imprudents, apprenez ce que c'est que la sagesse ; et vous, ô insensés, rentrez en vous-mêmes. Heb. *corde intelligite*.

ANIMÆQUIOR, is. εὔθυμος. Ce comparatif se fait de l'ancien positif *animæquus*, qui signifie : *qui æquo animo est*, qui est bien content, qui a bon courage et bonne espérance (θαρσεῖν). Marc. 10. 49. *Animæquior esto :* Ayez bonne espérance. Act. 27. 36. *Animæquiores facti omnes, et ipsi sumpserunt cibum:* Tous les autres prirent courage à l'exemple de Paul et se mirent aussi à manger. Sap. 18. 6. Baruch. 4. v. 5. 21. 27. 30.

ANIMAL, ANIMALIS, ζῶον. Ce mot qui vient de l'adjectif neutre *animale*, en retranchant l'*e*, signifie proprement un corps animé qui a du sentiment et du mouvement. Les auteurs latins comprennent l'homme sous le mot d'animal : *animal providum et sagax homo*, dit Cicéron ; les philosophes définissent l'homme, un animal raisonnable, et enferment sous ce genre, non-seulement les bêtes à quatre pieds, mais encore les oiseaux, les poissons et les insectes ; mais dans le discours ordinaire, on entend seulement par ce mot en français, les bêtes à quatre pieds qui vivent sur la terre ; dans l'Ecriture il signifie ordinairement :

1° Animal irraisonnable, qui n'a que le sentiment et le mouvement. Eccli. 13. 19.

Omne animal diligit simile sibi, sic et omnis homo proximum sibi : Tout animal aime son semblable ; ainsi tout homme aime celui qui lui est proche, non-seulement par sa nature, mais aussi par sa condition. Genes. 7. 14. *Ipsi et omne animal secundum genus suum :* Tous les animaux, selon leur espèce, entrèrent dans l'arche avec Noé et sa famille. c. 9. 2. Exod. 9. 6. c. 12. 21. Levit. 11. v. 2. 26. etc.

2° Bête farouche (θηρίον). Habac. 2. 17. *Vastitas animalium deterrebit eos, de sanguinibus hominum :* Le ravage que feront vos ennemis comme des bêtes farouches épouvantera vos peuples, à cause du sang des hommes que vous avez répandu.

3° Les animaux mystiques dans la vision d'Ezech. c. 1. 5. *Et in medio ejus similitudo quatuor animalium :* Au milieu de ce feu, on voyait la ressemblance de quatre animaux. Ces quatre animaux qui paraissent au milieu du feu, nous représentent les esprits célestes qui sont les ministres de Dieu pour exécuter ses ordres à l'égard des hommes ; c'est ce que dit clairement le prophète, c. 10. v. 14. 15. *Et elevata sunt Cherubim, ipsum est animal* (id est *animalia quæ videram*), *quod videram juxta fluvium Chobar :* Les chérubins s'élevèrent en haut, c'étaient les mêmes que j'avais vus près du fleuve de Chobar. Les quatre faces qu'avait chacun de ces animaux sont mystérieuses et marquent que les anges sont intelligents comme les hommes, forts comme des lions, prêts à rendre service comme des bœufs, vites et légers comme des aigles ; ce qui est aussi répété dans la vision de saint Jean, Apoc. 4. v. 6. 7. mais les anciens auteurs et les saints Pères, dans le sens spirituel, considèrent ces quatre animaux comme des figures des quatre évangélistes, et disent que la face de l'*homme* représentait saint Matthieu, qui commence son Evangile par la généalogie de Jésus-Christ, selon sa nature humaine ; que par la face du *lion* on entend saint Marc, dont l'évangile commence par la prédication de saint Jean dans le désert, et par la voix de celui qui crie que l'on fasse pénitence, ce qui était comme le rugissement du lion ; que l'évangile de saint Luc était figuré par la face du *bœuf*, parce que, comme cet animal était destiné pour les sacrifices, aussi cet évangile parle d'abord du sacerdoce de Zacharie ; qu'enfin la face de l'*aigle* figurait saint Jean, qui, s'élevant comme un aigle jusque dans le ciel, décrit la génération éternelle du Fils de Dieu ; tous les Pères ne conviennent pas néanmoins dans l'application de ces figures aux Evangélistes.

4° Les Israélites sont appelés les animaux de Dieu, parce qu'ils étaient comme un troupeau dont il prenait la conduite. Ps. 67. 11. *Animalia tua habitabunt in ea :* Vos animaux demeureront toujours dans votre héritage, c'est-à-dire, dans la terre que vous avez donnée en héritage à votre peuple, après que leurs ennemis ont été défaits.

ANIMALIS, e, ψυχικός. Cet adjectif signifie proprement ce qui concerne l'animal, ou ce

qui est vivant et animé : dans l'Ecriture,
1° Ce qui est animé et qui vit de la vie corporelle et sensitive. 1. Cor. 15. 44. *Seminatur corpus animale, surget corpus spiritale :* Le corps est mis en terre comme un corps tout animal, et il ressuscitera comme un corps tout spirituel. v. 46. *Sed non prius quod spiritale est, sed quod animale :* Mais ce n'est pas le corps spirituel qui a été formé le premier, c'est le corps animal, et ensuite le spirituel.

2° Le fidèle qui est encore faible dans sa croyance, et qui ne peut pas encore comprendre les mystères de la religion. 1. Cor. 2. 14. *Animalis homo non percipit ea quæ sunt Spiritus Dei :* L'homme animal et charnel n'est point capable des choses qu'enseigne l'Esprit de Dieu. Saint Paul s'explique clairement, c. 3. v. 1. 2. où il appelle charnels, ceux qu'il appelle ici animaux. Voy. CARNALIS. Saint Augustin, dans ses Rétractations, liv. 2. c. 27. explique ce passage de la sorte, et rétracte le sens qu'il lui avait donné, entendant ce mot de même qu'il se prend dans l'Epître de saint Jude, v. 19.

3° Animal sensuel, qui est attaché aux plaisirs des sens. Jud. v. 19. *Hi sunt qui segregant semetipsos, animales :* Ce sont des gens qui se séparent eux-mêmes par le schisme; des hommes sensuels, qui n'ont point l'Esprit de Dieu. Jac. 3. 15. *Non est ista sapientia desursum descendens, sed terrena, animalis, diabolica :* Ce n'est pas là la sagesse qui vient d'en haut, mais c'est une sagesse terrestre, animale, diabolique.

ANIMANS, ANIMANTIS. Ce nom se prend pour un nom substantif de tout genre ; mais plus souvent du féminin et du neutre, que du masculin : dans l'Ecriture, on ne peut pas dire s'il se prend autrement qu'au neutre, il signifie presque partout,

Animal, bête à quatre pieds qui vit sur la terre (κτῆνος). Genes. 1. 28. *Dominamini piscibus maris et volatilibus cœli et universis animantibus :* Dominez sur les poissons de la mer, sur les oiseaux du ciel, et sur tous les animaux qui ont mouvement sur la terre. Toute la nature était soumise à l'homme dans sa première naissance ; mais lorsqu'il s'est voulu soustraire à l'empire de Dieu, il a perdu celui qu'il avait sur tout le reste. c. 2. v. 19. 20. c. 3. v. 1. 14, etc. Voy. MUNDUS.

ANIMUS, âme, esprit, καρδία. Ce mot vient du grec ἄνεμος, vent, souffle, parce qu'il n'y a rien dans la nature qui semble plus approcher des choses spirituelles que l'air et le vent ; on met cette différence entre *animus* et *anima*, que le premier est le principe de l'intelligence et de la raison qui nous fait hommes, et que l'autre est le principe de la vie et du sentiment qui nous sont communs avec les bêtes. On confond néanmoins souvent, *animus* et *anima* : L'esprit et l'âme. Il signifie dans l'Ecriture comme en latin,

1° L'esprit, la partie supérieure de l'âme. Prov. 17. 22. *Animus gaudens, ætatem floridam facit :* La joie de l'esprit rend le corps plein de vigueur. c. 15. 13. *In mœrore animi dejicitur spiritus :* La joie du cœur se répand sur le visage, la tristesse de l'âme abat l'esprit ; la disposition du corps dépend beaucoup de la disposition de l'esprit. c. 23. v. 15. 19. Deut. 8. 21. c. 11. 18. c. 18. 22. Eccl. 7. 26. Eccli. 12. 14., etc. Néanmoins, quand le mot *animus* marque l'esprit, il est confondu avec l'âme et la partie sensitive, et la signification en est ordinairement déterminée par l'adjectif avec lequel il se met ; ainsi, *amarus animus*, signifie un esprit plein d'amertume, c'est-à-dire, triste et chagrin. Prov. 31. 6. 1. Reg. 1. 10. c. 22. 2. ou plein de fiel ; c'est-à-dire, outré. 2. Reg. 17. 8. Voy. AMARUS. *Æquus animus :* Un esprit gai, content, résolu. Voy. ÆQUUS.

BONUS ANIMUS. — 1° Un esprit courageux, assuré et plein de confiance (εὐθυμότερον). Act. 24. 10. *Bono animo pro me satisfaciam :* Je me justifierai avec toute sorte de confiance. c. 27. v. 22. 25. 2. Mach. 7. 20. c. 11. 26. Phil. 2. 19.

2° Un esprit libéral et bienfaisant, un cœur plein d'affection (ἀγαθὸς ὀφθαλμός, *bonus oculus*). Eccli. 35. 10. *Bono animo gloriam redde Deo :* Rendez gloire à Dieu de bon cœur, et ne retranchez rien des prémices du fruit de vos mains.

Fortis, promptus animus : Un esprit courageux et délibéré (θαρσεῖν προθύμως). Tob. 5. 13. c. 7. 20. 2. Mach. 6. 28. c. 11. 8, etc. Voy. FORTIS. *Unus animus :* Un même esprit. Jos. 9. 2. *Uno animo :* D'un commun accord (ἐπὶ τὸ αὐτό, ὁμοθυμαδόν). Judith 1. 11. Act. 18. 12. c. 19. 29. Voy. UNUS.

Totus animus : L'esprit tout entier. Jos. 23. 14. *Toto animo cognoscetis :* Vous connaîtrez parfaitement (ἐν ὅλῃ τῇ ψυχῇ).

3° La volonté, l'affection, l'inclination. Judic. 16. 15. *Cum animus tuus non sit mecum :* Puisque vous êtes sans affection pour moi, et que vous ne témoignez que de l'éloignement. Esth. 16. 10. *Aman et animo et mente Macedo :* Aman était Macédonien d'inclination et d'origine. Eccli. 7. 4. *Melior est ira risu, quia per tristitiam vultus corrigitur animus delinquentis :* La colère vaut mieux que le ris, parce que le cœur de celui qui pèche est corrigé par la tristesse qui paraît sur le visage de celui qui le reprend. 2. Mach. 1. 3. 2. Cor. 8. 11. c. 9. 2, etc. De là viennent ces expressions : *Toto animo :* De tout son cœur (ἐκ ψυχῆς, *ex animo*). Ezech. 25. 15. *Ulti se sunt toto animo :* Ils se sont vengés de tout leur cœur. *Ex animo :* De bon cœur, avec affection. Coloss. 3. 23. *Quodcumque facitis ex animo operamini :* Faites de bon cœur tout ce que vous ferez. Ezech. 36. 5. 2. Mach. 14. 24. Eph. 6. 6. 1. Petr. 5. 3. Eccli. 19. 16. Ainsi, c. 6. 27. *In omni animo :* mais, c. 14. 4. *Qui acervat ex animo suo ;* c'est-à-dire, *ex anima sua* (ψυχή) : Celui qui amasse en s'ôtant à lui-même sa propre vie. Voy. ACERVARE.

4° Le courage, la résolution (θυμός). Coloss. 3. 21. *Patres, nolite ad indignationem provocare filios vestros, ut non pusillo animo fiant :* Pères, n'irritez point vos enfants, de peur qu'ils ne tombent dans l'abattement 2. Mach. 7. 12. *Ita ut rex, et qui cum ipso erant, mirarentur adolescentis animum* (ψυχή). De sorte que le roi et ceux qui l'accompagnaient admirèrent le courage de ce jeune homme, qui considérait comme rien les plus grands tourments. c. 10. 28. c. 14. 18. c. 15. 17., etc.

5° La personne même. Genes. 26. 35. *Ambæ offenderant animum Isaac et Rebeccæ* : Toutes deux avaient irrité contre elles Isaac et Rebecca. Deut. 21. 14. *Quæ si postea non sederit animo tuo* : Que si dans la suite du temps elle ne vous plaît pas. Judic. 16. 20. 1. Reg. 14. 7., etc.

6° La conscience, la connaissance de ce qu'on tient caché dans le cœur. Judic. 16. 18. *Vidensque illa quod confessus ei esset omnem animum suum* : Dalila voyant que Sanson lui avait confessé tout ce qu'il avait dans le cœur, envoya vers les princes des Philistins.

ANIMOSITAS, TIS, θυμός. Ce mot qui vient d'*animosus*, courageux, signifie proprement une chaleur ou une ardeur mêlée de colère dans une dispute; dans l'Ecriture, c'est :

1° La colère, l'emportement. 2. Cor. 12. 20. *Ne forte contentiones, æmulationes, animositates... sint inter vos* : J'appréhende que je ne rencontre parmi vous des dissensions, des jalousies, des animosités; c'est-à-dire, des passions qui font témoigner de la colère, de la haine, du ressentiment contre quelqu'un. Hebr. 11. 27. *Fide reliquit Ægyptum, non veritus animositatem regis* : C'est par la foi que Moïse quitta l'Egypte (soit la première fois, soit plutôt lorsqu'on en fit sortir le peuple), sans craindre la fureur du roi.

2° Audace, témérité. Eccli. 1. 28. *Qui sine timore est, non poterit justificari; iracundia enim animositatis illius, subversio illius est* : Celui qui est sans crainte ne pourra devenir juste, parce que la présomption téméraire qui le porte à la colère, est sa ruine; c'est-à-dire, que, n'ayant point la crainte de Dieu, s'il lui arrive quelque accident fâcheux, il aura la hardiesse de murmurer contre Dieu même, et se procurer sa propre perte. Le Grec porte, son inclination à la colère le fera tomber ou périr. c. 31. 40. *Ebrietatis animositas imprudentis offensio* : L'ivrognerie inspire l'audace et fait tomber l'insensé.

ANNA, Æ, Heb. *Gratiosa*. Ce nom qui signifie agréable ou miséricordieuse, est le nom de plusieurs femmes dans l'Ecriture :

1° La femme d'Elcana, qui obtint par ses prières son premier fils Samuel. 1. Reg. 1. 2. *Habuit duas uxores, nomen uni Anna, et nomen secundæ Phenenna* : Elcana avait deux femmes, dont l'une s'appelait Anne, et la seconde Phenenna. *Annæ autem non erant liberi* : Anne n'avait point d'enfants. v. 5. 8. 9.

2° La femme de Tobie le père. Tob. 1. 9. *Accepit uxorem Annam de tribu sua* : Tobie épousa une femme de sa tribu, nommée Anne. c. 2. 19. c. 10. 3. c. 11. 5.

3° La femme de Raguel. Tob. 7. 2. *Intuens Tobiam Raguel dixit Annæ uxori suæ; quam similis est juvenis iste consobrino meo?* Raguel ayant jeté les yeux sur le jeune Tobie, il dit à Anne, sa femme : Que ce jeune homme ressemble à Tobie mon cousin germain! v. 8. 18. c. 8. 16.

4° Anne la prophétesse, qui rendit témoignage à Jésus-Christ, et qui était toujours en prières dans le Temple. Luc. 2. 36. *Et erat Anna prophetissa, filia Phanuel de tribu Aser* : Il y avait aussi une prophétesse nommée Anne, fille de Phanuel, de la tribu d'Aser; plusieurs particuliers des autres tribus se joignirent à celle de Juda au retour de la captivité de Babylone.

ANNALES, IUM, μνημόσυνον, annales, ou histoire des fameux événements d'un État, écrite selon la suite des années. Esth. 2. 23. *Mandatumque est Historiis et Annalibus traditum coram Rege* : Tout cela fut écrit dans les Histoires, et marqué dans les Annales par l'ordre du roi. c. 6. 1.

ANNAS, Æ, *Affligens*, Anne, grand-prêtre, qui était en grande réputation parmi les Juifs : il a exercé longtemps la grande sacrificature, et a vu son gendre et ses enfants dans la même dignité. Luc. 3. 2. *Sub principibus sacerdotum Anna et Caipha* : Anne et Caïphe étant grands prêtres; c'était Caïphe qui était grand prêtre quand saint Jean commença à prêcher; mais il est nommé avec Anne, à cause de la grande autorité que celui-ci se conservait toujours parmi les Juifs; c'est chez lui que Jésus fut mené. Joan. 18. 13. Les apôtres Pierre et Jean furent aussi amenés devant lui, et les autres sénateurs, Act. 4. 6. où il est encore appelé grand prêtre, quoique ce fût Caïphe son gendre qui l'était alors; car, selon Josèphe, *l.* 18. *Antiq.* c. 3. ce fut Cyrénius qui, après le dénombrement qu'il fit du temps d'Archelaüs, ôta la grande sacrificature à Joasar, pour la donner à Anne, que cet historien appelle Ananus, fils de Seth. Il retint toujours cette dignité, jusqu'à ce que Valérius Gratus, qui fut le cinquième gouverneur de la Judée, la lui ôta pour la donner à Ismael, qui fut bientôt après déposé pour mettre en sa place Eléazar, fils d'Ananus, mais un an après on le lui ôta pour la donner à Simon, fils de Camit, qui ne l'exerça qu'un an, et fut obligé de la résigner à Joseph, surnommé Caïphe. Celui-ci demeura grand pontife pendant le temps de la prédication du fils de Dieu, et plusieurs années après sa Passion, jusqu'à l'empire de Vitellius, qui ôta la grande sacrificature à Caïphe, pour en revêtir Jonathas, un autre fils d'Ananus. Voy. CAÏPHAS.

ANNICULUS, A, UM, ἐνιαύσιος. Cet adjectif vient du substantif *annus*, et signifie ce qui est d'un an, qui a un an, ce qui se dit principalement des animaux; on le dit aussi des plantes, du vin, et des autres choses.

Qui est d'un an, qui a un an. Exod. 12. 5. *Erit agnus absque macula, masculus, anniculus* : Cet agneau sera sans tache, ce sera un mâle, et il n'aura qu'un an. L'Agneau Pascal ne devait avoir qu'un an, c'est-à-dire, qu'il devait être né cette même année, et il ne devait pas aussi avoir plus d'un an, parce qu'il n'aurait plus été agneau.

On devait aussi offrir tous les jours deux

agneaux d'un an sur l'autel des holocaustes. Exod. 29. v. 38. 39. *Hoc est quod facies in altari; agnos anniculos duos per singulos dies jugiter, unum mane, alterum vespere* : Voici ce que vous sacrifierez sur l'autel; vous sacrifierez chaque jour, sans jamais y manquer, deux agneaux d'un an, un le matin et l'autre le soir. Num. 28. 3., et deux encore chaque jour de sabbat. Num. 28. 9.

Le huitième jour qu'Aaron fut consacré grand prêtre, entre les autres victimes, il immola un veau et un agneau d'un an pour les enfants d'Israël. Levit. 9. 3. *Tollite hircum pro peccato, et vitulum atque agnum anniculos et sine macula in holocaustum* : Aaron dit aux enfants d'Israël, prenez un bouc pour le péché, un veau et un agneau d'un an sans tache, pour en faire un holocauste.

La femme qui relevait de couche devait porter à l'entrée du tabernacle un agneau d'un an, pour être offert en holocauste. Levit. 12. 6. *Deferet agnum anniculum in holocaustum* : La femme qui aura usé du mariage après les jours de sa purification, portera un agneau d'un an pour être offert en holocauste.

Le lépreux guéri devait offrir le huitième jour deux agneaux sans tache et une brebis de la même année. Levit. 14. 10. *Die octavo assumet duos agnos immaculatos, et ovem anniculam.*

Le jour qu'on offrait à Dieu les prémices de la moisson, on immolait un holocauste d'un agneau d'un an. Levit. 23. 12. *Eodem die quo manipulus consecratur, cædetur agnus immaculatus, anniculus in holocaustum Domini* : Le même jour que cette gerbe sera consacrée, on immolera au Seigneur un holocauste d'un agneau sans tache qui aura un an. Cela se faisait le lendemain de Pâques ; mais le jour de Pâques, on en sacrifiait sept. Levit. 23. 17.

Le jour de la Pentecôte, on offrait à Dieu deux pains de prémices, et avec les pains un holocauste de sept agneaux sans tache qui n'avaient qu'un an, et d'autres pour être des hosties pacifiques. Levit. 23. v. 18. 19.

Le Nazaréen offrait pour son péché un agneau d'un an le jour de sa consécration. Num. 6. 2. et après que son vœu était accompli, un agneau et une brebis de la même année. v. 14.

Lorsque le tabernacle fut achevé, les princes d'Israël offrirent à Dieu, entre les autres présents, un agneau d'un an en holocauste. Num. 7. v. 15. 21. 27., etc.

Si une personne particulière péchait par ignorance, elle devait offrir une chèvre d'un an pour son péché. Num. 15. 27.

Enfin au premier jour de chaque mois, on offrait à Dieu en holocauste sept agneaux d'un an sans tache. Levit. 28. 11., mais au septième mois, on en offrait sept le premier jour, tout autant le dixième ; le quinzième jour quatorze agneaux et tout autant les huit jours suivants. Num. 29. v. 2. 7. 12. etc.

ANNIVERSARIUS, A, UM. Cet adjectif vient d'*annus* et de *verto*, et signifie proprement ce qui se fait tous les ans à l'année révolue : ainsi, on appelle ordinairement *anniversaire* :

Une fête ou une cérémonie qui se fait à certain jour tous les ans. Judic. 21. 19. *Ecce solemnitas Domini est in Silo anniversaria* : ἀφ' ἡμέρων εἰς ἡμέρας, *a diebus in dies* : Voici la fête solennelle du Seigneur qui se célèbre tous les ans à Silo.

ANNONA, Æ. Ce mot qui vient d'*annus*, signifie proprement la récolte ou la provision de blé qui se recueille chaque année, ce qui s'exprime en français par le mot d'*année*, comme quand on dit, l'année sera bonne ou mauvaise, pour marquer la quantité de blé qu'on recueillera : il se dit aussi de toute provision qui regarde l'entretien de la vie.

1° Provisions, vivres, aliments 3. Reg. 4. 7. *Habebat Salomon duodecim præfectos super omnem Israel, qui præbebant annonam regi et domui ejus* : Salomon avait établi douze officiers sur tout Israël, qui avaient soin d'entretenir la table du roi et de toute sa maison 4. Reg. 25. 30. Dan. 1. 5. Ainsi, Judith. 5. 15. *Per annos quadraginta annonam de cœlo consecuti sunt* : Les Israélites durant l'espace de quarante ans reçurent du ciel la nourriture qui leur était nécessaire. Achior parle de la manne.

2° Le revenu ou les appointements d'une charge (βία). 2. Esdr. 5. 14. *Ego et fratres mei annonas quæ ducibus debebantur non comedimus* : Nous n'avons rien pris mes frères et moi des revenus qui étaient dus aux gouverneurs. v. 18 *Annonas ducatus mei non quæsivi* : Je n'ai rien pris de tout ce qui était dû à ma charge.

3° Charge, impôt, levée de deniers pour fournir aux dépenses. 1. Esdr. 7. 24. *Vobis quoque notum facimus, ut vectigal et tributum et annonas non habeatis potestatem imponendi super eos* : Nous vous déclarons que vous n'ayez point le pouvoir d'imposer ni taille, ni tribut, ni d'autre charge sur tous les prêtres, les lévites, les chantres, les portiers, les Nathinéens et les ministres du temple du Dieu d'Israël.

ANNUERE, ἐπινεύειν, διανεύειν, ἐννεύειν. Ce verbe composé d'*ad*, et du vieux mot *nuere*, signifie proprement, faire signe de la tête qu'on est content, qu'on accorde quelque chose.

1° Faire signe de quelque manière que ce soit. Luc. 5. 7. *Et annuerunt sociis qui erant in alia navi ut venirent* : Ils firent signe à leurs compagnons qui étaient dans une autre barque de venir les aider. Act. 12. 17 c. 21. 40. c. 24. 10. De là vient, *annuere oculo* ou *oculis* : Faire signe des yeux, témoigner de l'amitié et flatter pour tromper. Eccli. 27. 25. *Annuens oculo fabricat iniqua* : Celui dont l'œil est complaisant et flatteur, a de noirs desseins dans l'âme. Prov. 6. 13. c. 10. 10. *Qui annuit oculo dabit dolorem* : L'œil flatteur et doux causera de la douleur à celui qu'il trompe par ses flatteries ; ainsi David disait de ceux qui le trahissaient, Ps. 34. 19. *Oderunt me gratis et annuunt oculis* : Ils me trahissent sans aucun sujet, et feignent par leurs regards d'être de mes amis ; *Autr* se moquent de moi par les signes qu'ils font de leurs yeux.

2° Acquiescer, consentir. 2. Mach. 11. 15. *Annuit Machabæus precibus Lysiæ* : Machabée se rendit aux prières de Lysias. c. 14. 20. *Omnium una fuit sententia amicitiis annuere* : Tous furent d'avis d'accepter l'accord

3° Accorder quelque chose à quelqu'un. 2. Mach. 4. 10. *Quod cum rex annuisset* : Le roi ayant accordé à Jason ce qu'il demandait.

ANNULLARE, ἐρημοῦν. Ce verbe peu usité est composé d'*ad* et de *nullus*, et signifie, annuler, rendre nul, dissiper, ruiner. Eccli. 21. 5. *Objurgatio et injuriæ annullabunt substantiam* : Les outrages et les violences dissiperont les richesses : *Et domus quæ nimis locuples est annullabitur superbia* : Et la maison la plus riche se ruinera par l'orgueil.

ANNULUS, I. ou ANULUS, δακτύλιος. Ce mot vient d'*annus* ou *anus*, qui signifie cercle, d'*am*, *circum*; ainsi *annulus* tire son origine de sa figure ronde ou circulaire et signifie ;

1 Anneau ou bague que l'on porte aux doigts, comme ceux que les Israélites offraient pour l'ornement du tabernacle (ἀφαίρεμα). Exod. 35. 22. *Viri cum mulieribus præbuerunt annulos et dextralia* : Les hommes avec les femmes donnèrent leurs chaînes, leurs pendants d'oreilles, leurs bagues et leurs bracelets. Les personnes libres et qui étaient au-dessus du commun portaient des bagues aux doigts. Luc. 15. 22. *Date annulum in manum ejus* : Mettez-lui un anneau au doigt. Genes. 38. v. 18. 25. Num. 31. 50. Judith. 10. 3. Isa. 3. 21. Jac. 2. 2. *Vir aureum annulum habens* : Un homme qui a un anneau d'or; c'était une marque de personne de qualité de porter un anneau d'or. Jer. 22. 24.

2° Anneau ou cachet, dont on scellait les actes publics (ἀποσφράγισμα). Cet anneau était très-précieux, et se portait à la main droite ; d'où vient cette façon de parler, *annulum esse alicui in manu dextera* : Être fort précieux et fort cher à quelqu'un. Jer. 22. 24. *Si fuerit Jechonias, filius Joachim regis Juda, annulus in manu dextera mea, inde evellam eum* : Quand Jechonias, fils de Joachim, roi de Juda, serait comme un anneau dans ma main droite, je ne laisserais pas de l'arracher de mon doigt. C'était ordinairement le cachet du prince portait sur ses édits (σφραγίς). 3. Reg. 21. 8. *Scripsit litteras ex nomine Achab, et signavit eas annulo ejus* : Jezabel écrivit des lettres au nom d'Achab, qu'elle cacheta du cachet du roi. Esth. 3. 12. c. 8. v. 8. 10. Dan. 6. 17. c. 14. 13. Les princes avaient coutume de donner cet anneau à ceux qu'ils voulaient élever à une dignité souveraine. Genes. 41. 42. *Tulit annulum (Pharao) de manu suâ, et dedit eum in manu ejus (Josephi)* : Pharaon ôta son anneau de sa main et le mit en celle de Joseph. Esth. 3. 10. c. 8. 2. 1. Mach. 6. 15.

3° Anneau, pour mettre les bâtons qui servent à porter, ou pour attacher, comme les anneaux d'airain qui servaient à l'autel des holocaustes. Exod. 27. 4. c. 38. 5. ceux d'or qui servaient au tabernacle. c. 26. 29. c. 35. 11. c. 39. 32. ceux qui servaient à l'éphod et au pectoral du grand-prêtre. c. 28. 23 et suivants. c. 11. v. 16. 19. ceux qui servaient à l'autel des parfums. c. 30. 4. ceux qui servaient à l'arche. c. 37. v. 3. 5. *Fecit et coronam aureolam per gyrum et duos annulos aureos sub corona* : Il fit une couronne d'or qui régnait tout autour, et il y avait des deux côtés au-dessous de la couronne des anneaux d'or. Voy. CIRCULUS.

ANNUMERARE, ἀριθμεῖν. 1° — Compter parmi, mettre au nombre (χαλεῖν). 1. Par. 23. 14. *Moysi quoque hominis Dei filii annumerati sunt in tribu Levi* : Les enfants de Moïse qui était l'homme de Dieu furent aussi compris dans la tribu de Lévi. Ils en étaient en effet : ils eurent part au ministère ; mais non pas au sacerdoce, qui fut communiqué à Moïse, mais non pas à ses enfants. Aug. qu. 22. in Levit. Ps. 98. 6. Voy. SACERDOS. Act. 1. 26. *Annumeratus est cum undecim Apostolis* : Matthias fut associé aux onze Apôtres (συγκαταψηφίζειν). Num. 2. 9. Hebr. 7. 6.

2° Compter, nombrer, donner par compte (ἀναφέρειν). 1. Reg. 18. 27. *Et annumeravit ea regi* : David ayant tué deux cents philistins, il en apporta les prépuces au roi, qu'il lui donna par compte. 1. Esdr. 1. 8. *Annumeravit ea Sassabasar principi Juda* : Cyrus donna par compte à Sassabasar les vases du temple.

ANNUNCIARE ou ANNUNTIARE, ἀγγέλλειν, ἀπαγγέλλειν, ἀναγγέλλειν. Annoncer, porter une nouvelle à quelqu'un ; mais il se dit avec emphase des mystères révélés, et surtout du grand mystère de l'Incarnation, que l'ange a annoncé à la sainte Vierge Marie.

1° Annoncer, apporter une nouvelle. Rom. 1. 8. *Fides vestra annuntiatur in universo mundo* : On porte partout la nouvelle de votre foi, on en parle avantageusement dans tout le monde. Joan. 20. 18. *Venit Maria Magdalene annuntians discipulis, quia vidit Dominum* : Marie-Madeleine vint dire aux disciples qu'elle avait vu le Seigneur. Act. 4. 23. Genes. 26. 32. 1. Reg. 11. 9. c. 19. 11. c. 22. 8., etc. Ainsi, Nah. 1. 15. *Ecce super montes pedes evangelizantis et annuntiantis pacem* : Je vois les pieds de celui qui annonce la paix ; qui apporte la nouvelle de la fuite et de la défaite de Sennachérib. Voy. EVANGELIZARE.

2° Déclarer, découvrir. Ps. 37. 19. *Iniquitatem meam annuntiabo* : Je déclarerai mon iniquité. Eccl. 10. 20. *Qui habet pennas, annuntiabit sententiam* : Ne parlez point mal du roi dans votre pensée, et ne médisez point du riche dans le secret de votre chambre, parce que les oiseaux même du ciel rapporteront vos paroles, et ceux qui ont des ailes publieront ce que vous avez dit. Act. 19. 18. Ps. 55. 8. Exod. 19. 3. Deut. 5. 5. c. 32. 7. Dan. 2. 25., etc.

3° Annoncer, publier hautement. Isa. 12. 5. *Annuntiate hoc in universa terra* : Annoncez la grandeur du Seigneur dans toute la terre. Ps. 9. v. 12. 15. Ps. 39. v. 8. 12. Ps. 50. 17. Ps. 54. 18. Ps. 70. v. 15. 18., etc. Ce qui s'attribue aux cieux même, parce que la vue des cieux excite à publier la grandeur de Dieu. Ps. 18. 1. *Cœli enarrant gloriam Dei, et opera manuum ejus annuntiat firmamentum* : Les cieux racontent la gloire de Dieu ; et le firmament, qui est l'ouvrage de ses mains, la publie. Ps. 49. 6. *Annuntiabunt cœli justitiam ejus* : Les cieux annonceront sa justice, publieront la venue de ce juste Juge, qui paraîtra avec éclat dans les cieux et sur les nuées.

4° Annoncer, prédire les choses à venir, découvrir les mystères cachés. Genes. 49. 1. *Congregamini, ut annuntiem quæ ventura sunt vobis in diebus novissimis* : Jacob appela ses enfants, et leur dit : Venez tous ici, afin que je vous annonce ce qui vous doit arriver dans les derniers temps. Eccli. 42. 19. *Annuntians quæ præterierunt, et quæ superventura sunt* : Le Seigneur connaît tout ce qui se peut savoir, il annonce les choses passées et les choses futures ; la connaissance de l'avenir est si particulière au vrai Dieu, qu'il défie les faux dieux de le contrefaire en ce point, et leur dit, comme en leur insultant. Isa. 41. 23. *Annuntiate quæ ventura sunt in futurum, et sciemus quia dii estis vos* : Découvrez-nous ce qui doit arriver à l'avenir, et nous reconnaîtrons que vous êtes dieux. v. 26. *Quis annuntiavit ab exordio ut sciamus?* Qui nous a annoncé ce qui est dès le commencement? *Non est neque annuntians, neque prædicens, neque audiens sermones vestros* : Il n'y a personne parmi vous qui annonce et qui prédise l'avenir, et il n'y a personne qui ait jamais ouï dire un seul mot. c. 19. 12. c. 43. 9. c. 44. v. 7. 8. Osée 4. 12. etc., ainsi, Act. 3. 24. *Omnes prophetæ a Samuel et deinceps, qui locuti sunt, annuntiaverunt dies istos* : Tous les prophètes qui sont venus de temps en temps depuis Samuel ont prédit ce qui est arrivé en ces jours.

5° Déclarer quelque chose à quelqu'un, la lui signifier, ou lui faire entendre διαπειλεῖν, *comminari*. Ezech. 3. 17. *Audies de ore meo verbum, et annuntiabis eis ex me* : Vous écouterez la parole de ma bouche, et vous leur annoncerez ce que vous aurez appris de moi. v. 18. 19. 20. 21. c. 33. v. 3. 7. Isa. 58. 1. etc. Ainsi, *annuntiare clamorem alicui* : avertir quelqu'un de crier, lui apprendre à jeter de grands cris. Jerem. 48. 4. *Contrita est Moab, annuntiate clamorem parvulis ejus* : La ville capitale du royaume de Moab est détruite, apprenez à ses petits enfants à jeter de grands cris.

6° Annoncer aux peuples la parole de Dieu (εὐαγγελίζεσθαι) ; publier les vérités de la religion comme ont fait les prophètes dans l'Ancien Testament ; Jésus-Christ dans le Nouveau ; ses Apôtres et tous les pasteurs qui leur ont succédé. Isa. 52. 7. *Quam pulchri super montes pedes annuntiantis et prædicantis pacem, annuntiantis bonum!* Que les pieds de celui qui annonce et qui prêche la paix sur les montagnes sont beaux ; les pieds de celui qui annonce la bonne nouvelle! Cette bonne nouvelle s'entend à la lettre de la défaite de Sennachérib ; mais le sens principal est de l'Evangile prêché par tout le monde, selon l'application qu'en fait saint Paul. Voy. EVANGELIZARE. c. 61. 1. *Ad annuntiandum mansuetis misit me* : Il m'a envoyé annoncer sa parole à ceux qui sont doux. Jésus-Christ déclare en termes exprès, que ce que dit ici le prophète s'est accompli véritablement dans sa personne. Luc. 4. 18. Act. 10. 36. c. 11. 20. c. 13. 32. c. 17. 23. Phil. 1. 18. Ce mot en ce sens se trouve souvent dans les Prophètes, dans les Actes et dans les Epîtres de S. Paul.

7° Reconnaître un bienfait reçu, en rappeler la mémoire. 1. Cor. 11. 26. *Quotiescumque enim manducabitis panem hunc et calicem Domini bibetis, mortem Domini annuntiabitis, donec veniat* : Toutes les fois que vous mangerez ce pain et que vous boirez ce calice, vous annoncerez, Gr. *vous annoncez*, la mort du Seigneur jusqu'à ce qu'il vienne, c'est-à-dire vous représenterez la mort du Seigneur jusqu'à ce qu'il vienne juger les vivants et les morts. Cette représentation se fait non-seulement par la communion de son corps offert en sacrifice ; mais encore en exprimant par une vie digne de lui la mort qu'il a soufferte pour nous.

8° Publier une assemblée, y appeler (συνάγεσθαι). Isa. 45. 21. *Annuntiate et venite, et consiliamini simul* : Appelez-vous les uns les autres et prenez conseil ensemble. Jerem. 51. 27. *Annuntiate contra illum regibus Ararat* : Appelez contre elle les rois d'Ararat.

9° Attribuer, imputer, mettre au nombre. Ps. 21. 34. *Annuntiabitur Domino generatio ventura* : La postérité qui doit venir sera déclarée appartenir au Seigneur. Cette postérité, c'est le peuple gentil qui devait entrer au service de Dieu ; car le peuple juif, qui était déjà venu, connaissait et adorait le vrai Dieu et était nommé son peuple.

10° Décrier, diffamer, noter (διαγγέλλειν). Ps. 58. 13. *Et de execratione et mendacio annuntiabuntur* : L'on publiera contre eux l'exécration et le mensonge dont ils sont coupables.

ANNUNTIATIO, NIS. Ce nom n'est point latin, et signifie en français la nouvelle que l'ange apporta à la Vierge du mystère de l'incarnation ; on le dit aussi de la fête où on célèbre ce mystère, qui est le 25 de mars ; dans l'Ecriture il signifie :

Ce qui annonce, la chose même qu'on apprend (ἐπαγγελία). 1. Joan. 1. 5. *Et hæc est annuntiatio quam audivimus ab eo* : C'est là ce que nous avons appris de Jésus-Christ. c. 3. 11. *Hæc est annuntiatio quam audistis ab initio, ut diligatis alterutrum* : Ce qui vous a été annoncé et ce que vous avez ouï dès le commencement est que vous vous aimiez les uns les autres.

ANNUNTIATOR, IS, καταγγελεύς. Nom verbal d'*annuntiare*, peu usité et signifie :

Celui qui annonce et qui publie quelque chose. Act. 17. 18. *Novorum dæmoniorum videtur annuntiator esse* : Il semble qu'il prêche de nouveaux dieux.

ANNUS, 1, ἐνιαυτος, ἔτος Ce mot vient de la préposition *am*, qui anciennement se prenait pour *circum*, parce que l'année n'est qu'une certaine révolution de jours. D'autres le font venir du grec ἔτος. L'année est proprement l'espace du temps que le soleil ou la lune emploie pour revenir au même point du zodiaque : ainsi il y a deux sortes d'années, l'année solaire et l'année lunaire : la première est de 365 jours et près de six heures ; la seconde est de 354 jours, pendant lesquels la lune parcourt douze fois le zodiaque.

L'année chez les Hébreux était lunaire, de 12 mois dont chacun avait 29 jours et demi, qui faisaient les 354 jours. Or, ils avaient de deux sortes d'années : la première était civile et commune ; ils s'étaient toujours servis de cette année avant leur sortie d'Egypte, et s'en servirent encore après cette sortie dans leurs affaires civiles ; elle commençait à l'équinoxe d'automne, au mois appelé *tisri* ; ils croyaient que c'était en ce temps-là que le monde avait commencé. Il est fait mention de cette sorte d'année, Exod. 23. 16. *In exitu anni* : A la fin de l'année, lorsque vous aurez recueilli tous les fruits de votre champ ; et c. 34. 22. *Quando redeunte anni tempore cuncta conduntur* : A la fin de l'année, lorsqu'on aura recueilli tous les fruits.

La seconde sorte d'année qui était en usage chez les Hébreux était celle qu'ils appelaient *Sacrée*. Dieu leur ordonna de s'en servir, un peu avant qu'ils sortissent de l'Egypte : elle commençait à l'équinoxe du printemps par le mois *nisan*. Exod. 12. 2. *Mensis iste, vobis principium mensium : primus erit in mensibus anni* : Ce mois-ci sera pour vous le commencement des mois ; ce sera le premier des mois de l'année. Voici les différentes significations de ce mot.

1° Un an, une année composée de douze mois 1. Reg. 13. 1. *Filius unius anni erat cum regnare cœpisset, duobus autem annis regnavit super Israel* : Saül était comme un enfant d'un an lorsqu'il commença de régner, et il régna de la sorte deux ans sur Israël dans une grande innocence. D'autres expliquent ainsi cet hébraïsme : Il y avait un an que Saül régnait déjà quand il fut proclamé roi à Galgala, et il ne régna que deux ans légitimement, avant qu'il eût été réprouvé de Dieu ; car outre que David fut choisi en sa place, il se conduisit dans tout le reste de son règne d'une manière tyrannique, ainsi tout ce temps n'est point compté. Voy. FILIUS. Genes. 1. 14. c. 5. v. 3. 4. etc. (*Greg. in l. Reg. l. 5. c. 3*).

2° Les saisons de l'année. Ps. 64. 12. *Benedices coronæ anni benignitatis tuæ* : Vous couronnerez l'année de toutes sortes de biens ; vous comblez de biens les saisons qui s'entresuivent, et vous les rendez fertiles par votre bonté : *Annus benignitatis tuæ* est mis par un hébraïsme pour : *Annus quem bonis cumulas*.

3° Un temps indéfini. Ps. 76. 6. *Annos æternos in mente habui* : J'ai eu présentes dans l'esprit les années des siècles précédents, dans lesquels vous avez toujours donné des marques de votre bonté à l'égard des affligés. Voy. ÆTERNUS. Dans le sens spirituel, on prend ces années pour l'éternité : de même Isa. 61. 1. *Ut prædicarem annum placabilem Domino* : Le Seigneur m'a rempli de son onction pour publier l'année de sa réconciliation. Luc. 4. 19. *Prædicare annum Domini acceptum* : Pour publier l'année des miséricordes et des grâces du Seigneur. Isa. 63. 4. *Annus redemptionis meæ venit*. Le temps de racheter les miens est venu (l'avénement de Jésus-Christ). Ce temps est celui de l'incarnation du Fils de Dieu, lequel temps saint Paul appelle *tempus acceptabile*. 2. Cor. 6. 2. On fait allusion à l'année du jubilé qui était une année de rémission. Habac. 3. 2. *In medio annorum vivifica illud* : Faites vivre votre ouvrage, c'est-à-dire, conservez les Juifs qui sont votre ouvrage (1° *In medio duorum animalium innotesceris* (ζῶον, animal) : Vous paraîtrez au milieu de deux animaux). Le Prophète prie Dieu d'accomplir l'ouvrage de leur délivrance, dans le temps qu'il en avait lui-même marqué. Ainsi, Ezech. 38. 8. Jac. 4. 13.

De cette signification viennent ces expressions figurées :

Antiqui anni : Les premiers temps du monde. Mal. 3. 4. *Placebit Domino sacrificium Juda et Jerusalem, sicut dies sæculi et sicut anni antiqui* : Le sacrifice de Juda et de Jérusalem sera agréable au Seigneur, comme l'ont été autrefois ceux des premiers temps, c'est-à-dire le sacrifice d'Abel et celui du patriarche Abraham.

Annus retributionum : Le temps de faire justice. Isa. 34. 8. *Dies ultionis Domini, annus retributionis* : Le jour de la vengeance du Seigneur et le temps de faire justice est venu. Ainsi *annus visitationis* : Le temps destiné au châtiment. Jerem. 11. 23. c. 23. 12. c. 48. 44. Voy. VISITATIO.

Anni iniquitatis : Le temps pendant lequel on a offensé Dieu. Ezech. 4. 5. *Ego dedi tibi annos iniquitatis eorum* : Je vous ai donné trois cent quatre-vingt-dix jours pour les années de leurs iniquités. Dieu avait ordonné à Ezéchiel de dormir 390 jours sur le côté gauche et de se charger en cet état des iniquités d'Israël. Ces jours marquaient le nombre de 390 années qu'avait duré l'iniquité d'Israël, depuis que Jéroboam introduisit l'idolâtrie parmi les Hébreux.

4° Le temps de la vie. Job 16. 23. *Breves anni transeunt* : Les années de ma vie coulent et passent vite. Ps. 89. 10. *Dies annorum nostrorum in ipsis septuaginta anni* : Le cours de notre vie est d'ordinaire de 70 ans. Job 10. 5. c. 36. 11. Ps. 30. 12. Ps. 60. 7. Ps. 77. 33. Prov. 5. 9. etc.

5° L'état de la vie. Ezech. 22. 4. *Adduxisti tempus annorum tuorum* : Vous avez hâté le temps de votre ruine qui mettra fin à votre durée. Le Prophète parle de Jérusalem.

6° Les fruits de l'année. Joel. 2. 25. *Et reddam vobis annos quos comedit locusta, bruchus et rubigo, et eruca* : Je vous rendrai les fruits des années que vous ont fait perdre la sauterelle, le ver, la nielle et la chenille. Dieu promet de rendre les fruits de quatre années que chacune de ces bêtes à leur tour avait rongés.

ANNUALIS, E, ἐπέτειος. Qui dure ou qui se fait en un an. Eccli. 37. 14. *Tracta cum operario annuali de consummatione anni* : Allez consulter un ouvrier à l'année sur ce qu'il doit faire pendant un an, vous ne devez pas en être satisfait; il ne faut pas consulter des gens préoccupés par leur passion ou par leur intérêt.

ANNUUS, A, UM. Annuel, qui arrive tous les ans. 1. Esdr. 4. 13. *Annuos reditus non dabunt* : Si les Juifs rebâtissent leur ville, ils ne paieront plus les revenus annuels. Jerem. 5. 24. *Metuamus Dominum Deum nostrum.... plenitudinem annuæ messis custodientem nobis* : Ils n'ont point dit en eux-mêmes : Craignons le Seigneur, notre Dieu.... qui nous conserve tous les ans une abondante moisson.

ANOB, Heb. *Uva*. Un homme de la tribu de Juda, fils de Cos. 1. Par. 4. 8.

ANSA, Æ, λαβή. On disait autrefois *Asa*, et vient de l'hébreu *Ozen*, qui signifie l'oreille, parce que ce qui sert à tenir ou manier un ustensile en est comme l'oreille : ainsi ce mot signifie l'anse d'un vase par où on le prend, les anneaux d'une chaîne ; mais il signifie aussi :

Un cordon qui sert à lier ou à entourer quelque chose (ἀγκύλη.) Exod. 26. 5. *Quinquagenas ansulas cortina habebit in utraque parte, ita insertas ut ansa contra ansam veniat, et altera alteri possit aptari* : Chaque rideau aura cinquante cordons de chaque côté, placés de telle sorte que lorsqu'on approchera les rideaux, les cordons de l'un répondent à ceux de l'autre, et qu'on les puisse attacher ensemble.

ANSULA, Æ, ἀγκύλη. Ce mot signifie petite anse, petit cordon : dans l'Ecriture, la même chose qu'*ansa*.

Un cordon. Exod. 26. v. 4. 5. *Ansulas hyacinthinas in lateribus ac summitatibus facies cortinarum* : Vous mettrez des cordons d'hyacinthe sur le bord et à l'extrémité des rideaux afin qu'ils puissent s'attacher l'un à l'autre.

ANTE, πρός, ἔμπροσθεν, ἐνώπιον. Cette préposition vient du grec ἄντα, qui signifie la même chose, devant, avant, soit qu'on marque la personne, le lieu ou le temps

1° Devant, au devant. Genes. 32. 3. *Misit nuntios ante se ad Esau fratrem suum* : Jacob envoya des gens devant lui pour donner avis de sa venue à son frère Esaü. v. 21. *Præcesserunt munera ante eum* : Les présents marchèrent devant lui. Gen. 3. 24. c. 33. 14. Luc. 5. v. 18. 19. c. 8. 28. etc. *Ante faciem, ante oculos*, signifie la même chose en plusieurs endroits. Thren. 1. v. 5. 6.

2° Pour marquer ce qui marche devant par honneur. Ps. 84. 14. *Justitia ante eum ambulabit* : Il fera marcher la justice devant lui ; David marque que le Messie ne ferait rien qu'avec beaucoup de justice. Ps. 96. 3. *Ignis ante ipsum præcedet* : Le feu marchera devant lui : Dieu s'est souvent servi du feu du ciel et de la foudre pour défaire ses ennemis. Habac. 3. 5. *Ante faciem ejus ibit mors et egredietur diabolus ante pedes ejus* : Lorsque Dieu conduisait son peuple dans le désert, pour le faire entrer dans la terre promise, il se servait du démon et de la mort pour perdre ou les Israélites incrédules à sa parole, ou les Chananéens qui s'opposaient à leur passage : on fait allusion aux huissiers qui marchent devant leurs maîtres pour exécuter leurs ordres. Mal. 3. 1. Matth. 11. 10. Marc. 1. 2. Luc. 7. 27. c. 1. 76. Act. 13. 24. etc.

3° Pour marquer la présence d'une chose ou d'une personne ; *ante* pour *coram*, auprès. Prov. 22. 29. *Vidisti virum velocem in opere suo, coram regibus stabit, nec erit ante ignobiles* : Avez-vous vu un homme prompt à faire son œuvre? Il se tiendra devant les rois, et non devant les hommes du peuple, c'est-à-dire il sera au service des rois. Ainsi, Tob. 12. 15. *Astamus ante Dominum* : Nous sommes toujours présents devant le Seigneur : c'est l'ange Raphaël qui parle. Luc. 1. 19. *Ego sum Gabriel qui asto ante Deum* : Je suis Gabriel, qui suis toujours présent devant Dieu pour recevoir ses ordres. Luc. 1. 8. *Cum sacerdotio fungeretur ante Deum* (ἔναντι) : Zacharie exerçant la charge de prêtre devant Dieu, c'est-à-dire devant l'arche ; ce qui s'exprime souvent par les mots : *Ante faciem, ante oculos*. Ainsi, ce qui se voit et se connaît est dit être en présence, comme Ps. 37. 10. *Ante te omne desiderium meum* : Seigneur, vous connaissez tout mon désir. Luc. 1. 6. *Erant justi ambo ante Deum* : Zacharie et Elisabeth étaient tous deux justes devant Dieu, c'est-à-dire vraiment justes, au jugement de Dieu même qui connaît tout. c. 16. 15. *Quod hominibus altum est, abominatio est ante Deum* : Ce qui est grand aux yeux des hommes est en abomination devant Dieu, c'est-à-dire que Dieu le connaît et le juge tel.

4° Pour marquer ce qui est au pouvoir de quelqu'un, dont il peut user (ἔναντι). Eccli. 15. 18. *Ante hominem vita et mors, bonum et malum* : La vie et la mort, le bien et le mal sont devant l'homme, dépendent de sa volonté ; ces paroles sont claires du premier homme, à qui Dieu laissa une liberté tout entière d'user de toutes choses et de la grâce même dont il avait orné son âme, mais elles peuvent s'entendre aussi des hommes après le péché ; car quoiqu'ils n'aient pas la grâce, l'innocence d'Adam, ni les grâces actuelles soumises au libre arbitre, ils ont néanmoins reçu la loi de Dieu et les grâces intérieures qui les mettent en pouvoir de l'accomplir : ainsi ils sont en état d'user à leur choix du bien et du mal. Voy. CORAM.

5° Pour marquer la présence et la durée de quelque chose. Ps. 71. 15. *Et permanebit cum sole et ante lunam* : Il demeurera autant que le soleil et la lune ; cela s'entend du règne du Messie, qui n'aura point de fin. v. 17. *Ante solem permanet nomen ejus* : Son nom durera éternellement, tant que le soleil sera dans le monde. Ainsi, Genes. 11. 28. *Mortuus est Aram ante Thare* : Aram mourut du vivant même de Tharé, son père. 1. Par. 24. 2.

6° Pour marquer le rang et la préférence. Joan. 1.15. *Qui post me venturus est, ante me factus est* : Celui qui doit venir après moi a été préféré à moi. v. 27. 30. Genes. 48. 20. *Constituitque Ephraim ante Manassem* : Jacob mit Ephraïm devant Manassès ; il préféra le cadet à l'aîné. Ainsi l'on dit : *Ante omnia*, surtout, avant toutes choses, Jac. 5. 12. *Ante omnia autem nolite jurare* : Mais avant toutes choses, ne jurez point.

7° En comparaison (ἐναντίον). Sap. 11. 23. *Sic est ante te orbis terrarum, tamquam gutta roris antelucani* : Tout le monde est devant vous comme une goutte de la rosée du matin qui tombe sur la terre.

8° A la ressemblance (κατέναντι). Rom. 4. 17. *Pater est omnium nostrum... ante Deum cui credidit* : Abraham est le père de nous tous, devant Dieu auquel il a cru ; le Grec κατέναντι signifie *e regione*, en comparant l'un avec l'autre ; car, comme Dieu est le père de tous les hommes par la création, Abraham l'est aussi par l'exemple de sa foi. D'autres disent qu'Abraham est père devant Dieu, c'est-à-dire d'une paternité spirituelle, fondée dans la foi qui rend l'homme recommandable devant Dieu.

9° Pour marquer le temps. Eccli. 11. 30. *Ante mortem ne laudes quemquam* : Ne louez personne avant sa mort, c'est-à-dire n'estimez personne heureux avant sa mort. c. 14. 13. *Ante mortem benefac amico tuo* : Faites du bien à votre ami avant la mort. v. 17. Rom. 16. 7. *Ante me fuerunt in Christo* : Ils ont embrassé la foi de Jésus-Christ avant moi. Matth. 5. 12. c. 8. 29. c. 24. 38. etc., ainsi, Prov. 8. 25. *Ante colles ego parturiebar* : J'étais enfantée avant les collines ; c'est la sagesse qui parle et qui dit qu'elle subsistait avant tous les temps. Eccli. 1. 1. *Est ante ævum* : Elle est avant tous les siècles : de même *ante sæcula, ante constitutionem mundi, ante tempora sæcularia, ante omnes* : Toutes façons de parler qui signifient de toute éternité.

Ante faciem, ante vultum, se mettent quelquefois pour le datif de la personne. 2. Esdr. 2. 5. *Si placet servus tuus ante faciem tuam* : Si votre serviteur vous est agréable. v. 6. *Placuit ante vultum Regis*, i. e. *Regi* : Le roi l'agréa. Ps. 56. *Foderunt ante faciem meam foveam* : Ils ont creusé une fosse devant mes yeux pour m'y faire tomber. Ps. 72. 16. *Labor est ante me* : Mais c'est un grand travail pour moi. Isa. 45. 1. *Ut subjiciam ante faciem ejus gentes* : Pour lui assujettir les nations. Matth. 23. 13. Luc. 2. 31. Eccli. 8. 18. etc.

Quelquefois au lieu du génitif. Matth. 18. 14. *Non est voluntas ante patrem vestrum*, i. e. *patris vestri* : Votre Père, qui est dans le ciel, ne veut pas qu'aucun de ces petits périsse.

ANTE, πρό. Cette particule est aussi adverbe et signifie :

1° Devant, opposé à derrière. Exod. 39. 18. *Hæc et ante et retro ita conveniebant sibi, ut super humerale et rationale mutuo necteren-* *tur* : Tout cela se rapportait si juste devant et derrière que l'éphod et le rational demeuraient liés l'un avec l'autre.

2° Auparavant, par rapport au temps. Judic. 16. 30. *Multo plures interfecit moriens quam ante vivus occiderat* : Samson en tua beaucoup plus en mourant qu'il n'en avait tué pendant sa vie. Genes. 26. 18. c. 27. 36. c. 29. 7. c. 40. 13. etc.

ANTEA, πρότερον. Cet adverbe est composé de la préposition *ante* et du pronom neutre *ea*, et signifie comme *ante* :

Auparavant Jos. 10. 14. *Non fuit antea nec postea tam longa dies* : Jamais jour, ni devant ni après, ne fut si long que celui-là, le soleil et la lune s'étant arrêtés tout court, sans continuer leur course. Exod. 11. 6. c. 34. 4. Luc. 23. 12. etc.

ANTECEDERE, προπορεύεσθαι. Ce verbe, qui vient d'*ante* et de *cedere*, signifie : — 1° Précéder, marcher devant, soit comme un serviteur devant son maître. Genes. 32. 16. *Dixit pueris suis, Antecedite me* : Jacob dit à ses serviteurs : Marchez devant moi. 1. Reg. 17. 7. *Armiger ejus Antecedebat eum* : Son écuyer marchait devant lui, devant Goliath. Ainsi, c. 9. 27. soit pour servir de guide ou de conducteur. Exod. 17. 5. *Antecede populum* : Marchez devant le peuple. Jos. 3. 11. Matth. 2. 9. Luc. 22. 47. — 2° Conduire, diriger (ἡγεῖσθαι). Sap. 7. 12. *Lætatus sum in omnibus, quoniam antecedebat me ista sapientia* : Je me suis réjoui dans toutes ces choses, parce que cette sagesse marchait devant moi, et sa lumière m'éclairait dans toute la conduite de ma vie.

ANTECESSOR, is. Ce nom signifie proprement celui qui va devant, avant-coureur, ou un coureur d'armée ; qui va découvrir l'ennemi ; en français, ce mot signifie un professeur de droit dans une université : dans l'Ecriture : — 1° Avant-coureur, qui marche devant (πρόδρομος, *antecursor*). Sap. 12. 8. *Misisti antecessores exercitus tui vespas ut illos paulatim exterminarent* : Vous leur avez envoyé des guêpes pour être comme les avant-coureurs de votre armée, afin qu'elles exterminassent peu à peu les Chananéens. Dieu leur envoya ces insectes pour les avertir avant que de les perdre, et il ne les extermina que peu à peu. — 2° Celui qui précède par l'ordre du temps (τοὺς πρὸ ἐμοῦ, *qui fuerunt ante me*). Gal. 1. 17. *Neque veni Jerosolymam ad antecessores meos Apostolos* : Je ne suis point retourné à Jérusalem pour voir ceux qui étaient apôtres avant moi. Saint Paul marque qu'il n'a rien appris des autres apôtres et qu'il ne les a point été voir pour se faire instruire par eux de l'Evangile qu'il devait prêcher, quoiqu'il n'ait été appelé qu'après eux.

ANTEIRE, προπορεύεσθαι. Ce verbe signifie aller devant, quelquefois surpasser.

Marcher devant, servir de guide et de protecteur. Isa. 58. 8. *Anteibit faciem tuam justitia tua* : Votre justice marchera devant vous. Le prophète parle de ceux qui assistent les pauvres, et les assure que le fruit de leurs bonnes œuvres les conduira au ciel, où le Seigneur les protégera de sa gloire.

ANTELUCANUS, a, um, ὀρθρινός. Cet adjectif, formé de la préposition *ante* et du nom *lux*, lumière, signifie :

Qui est ou qui se fait avant le jour. Sap. 11. 23. *Sic est ante te orbis terrarum tamquam gutta roris antelucani :* Tout le monde est devant vous comme une goutte de rosée du matin qui tombe sur la terre.

ANTELUCANUM, 1. ὄρθρος, *Diluculum.* Nom substantif qui signifie :

La lumière du matin. Eccli. 24. 44. *Doctrinam quasi antelucanum illumino omnibus :* La lumière de la science que je répandrai sur tout le monde sera comme la lumière du matin ; cette lumière qui paraît le matin chasse les ténèbres de la nuit et se répand par tout le monde : mais étant d'abord un peu obscure, elle croît peu à peu jusqu'à ce que le jour s'avance ; il en est de même de la doctrine du salut que la sagesse a répandue : au temps que l'auteur de ce livre écrivait, la Bible ayant été traduite en grec, la science du salut commença de venir à la connaissance des étrangers ; mais elle s'est bien plus accrue par la venue de Jésus-Christ, qui a paru comme un soleil qui a éclairé toute la terre.

ANTEMURALE, is, περίτειχος. Ce nom inusité vient d'*ante* et de *murus*, comme qui dirait avant-mur, et marque :

Un bastion ou boulevart qui s'avance hors les murailles pour les couvrir. Thren. 2. 8. *Luxitque antemurale :* Les remparts de la ville sont ruinés et dans un état déplorable ; ainsi, dans le sens figuré : *Murus et antemurale :* Le mur et l'avant-mur marquent une protection et une défense forte et puissante qui rend invincible. Isa. 26. 1. *Urbs fortitudinis nostræ Sion, Salvator ponetur in ea murus et antemurale :* Sion est notre ville forte, le Sauveur en sera lui-même le mur et le boulevart : cette ville est l'Eglise, qui est si assurée sous la protection de son Sauveur, que les portes de l'enfer ne prévaudront point contre elle.

ANTEQUAM, πρίν. Devant que, avant que, et marque ordinairement une priorité de temps, par rapport à quelque action ou quelque événement. Joan. 8. 58. *Antequam Abraham fieret, ego sum :* Je suis avant qu'Abraham fût au monde. Matth. 26. 34. *Antequam gallus cantet ter me negabis :* Avant que le coq chante, vous me renoncerez trois fois. Genes. 11. 4. c. 13. 10. c. 27. 4. Matth. 6. 8. etc. Néanmoins ces mots : *avant que*, ne signifient pas toujours que la chose qui est désignée s'accomplisse ; mais c'est dans l'Ecriture une façon de parler qui marque seulement ce qui s'est fait, sans assurer ce qui a pu se faire ensuite (πρὸ τοῦ). Matth. 1. 18. *Antequam convenirent, inventa est in utero habens de Spiritu sancto :* Marie fut reconnue grosse avant qu'ils eussent été ensemble, c'est-à-dire qu'ils eussent usé du mariage : il ne s'ensuit pas qu'ils en aient usé depuis, comme quelques hérétiques ont osé le dire ; mais la sainte mère de Jésus-Christ est demeurée vierge après son enfantement, comme elle l'était auparavant. Genes. 2. 5. *Omne virgultum agri* (fecit) *antequam oriretur in terra :* Dieu créa les plantes des champs avant qu'elles fussent sorties de la terre : ce n'est pas que ces plantes fussent encore sorties de la terre, après avoir été créées ; mais Moïse marque seulement qu'elles n'étaient point sorties de la terre par la vertu des graines et par le travail des hommes. Jerem. 38. 10. *Leva Jeremiam Prophetam de lacu antequam moriatur :* Tirez le prophète Jérémie de cette basse-fosse avant qu'il y meure ; il ne s'ensuit pas que Jérémie y soit mort après ; Gr. ἵνα μὴ, *ut non moriatur.*

ANTE-SABBATHUM, i. Ce mot, composé d'*ante* et de *sabbathum*, signifie le jour de devant le sabbat, auquel on préparait toutes choses pour le lendemain. Voy. PARASCEVE : il est exprimé par un mot grec qui n'est point ailleurs, προσάββατον. Marc. 15. 42. *Parasceve, quod est ante-sabbatum :* ce mot latin se trouve en ce même sens, 2. Mach. 8. 28. *Nam erat ante-sabbathum :* parce que c'était la veille du sabbat ; mais en grec il est rendu par deux mots, πρὶ τοῦ σαββάτου.

ANTICHRISTUS, ἀντίχριστος. Ce mot vient du grec ἀντί, qui signifie *contre*, et de χριστὸς, *Christus*, pour marquer celui qui est opposé à Jésus-Christ dans l'Ecriture :

1° Antechrist se dit particulièrement d'un insigne apostat ou faux prophète, qui doit régner dans l'Eglise d'une manière tyrannique, un peu avant le jugement dernier. 1. Joan. 2. 18. *Sicut audistis quia antichristus venit :* Comme vous avez ouï dire que l'Antechrist doit venir ; saint Paul l'appelle *homme de péché, destiné à périr misérablement.* 2. Thess. 2. 3. et dit quelle sera la conduite et la fin funeste de cet impie. Saint Jean, dans son Apocalypse, en parle aussi, mais d'une manière plus obscure.

2° Les persécuteurs de l'Eglise et les hérétiques, surtout ceux qui ôtent à Jésus-Christ sa nature divine ou sa nature humaine et qui tâchent d'en étouffer le nom et la gloire, sont aussi appelés *antechrists*, 1. Joan. 2. 18. *Et nunc antichristi multi facti sunt :* Il y a déjà plusieurs antechrists ; ce qui nous fait connaître que nous sommes dans la dernière heure. c. 4. 3. *Omnis spiritus qui solvit Jesum, ex Deo non est, et hic est antichristus :* Tout esprit qui divise Jésus-Christ n'est point de Dieu, et c'est là l'Antechrist ; Gr. c'est là l'esprit de l'Antechrist, dont vous avez ouï dire qu'il doit venir. c. 2. 22. *Hic est antichristus qui negat Patrem et Filium :* Celui-là est antechrist, qui nie le Père et le Fils. 2. Joan. v. 7. *Qui non confitetur Jesum Christum venisse in carnem, hic est seductor et antichristus :* Celui qui ne confesse point que Jésus-Christ est venu dans une chair véritable est un séducteur et un antechrist ; l'Apôtre marque Basilide et ses sectateurs.

ANTICIPARE, προκαταλαμβάνειν. Ce verbe qui vient d'*ante* et de *capere*, prendre par avance, signifie, en français, ou faire une chose avant le temps, ou prendre plus qu'il ne faut ; dans l'Ecriture :

Anticiper, prévenir (προφθάνειν). Ps. 76. 5. *Anticipaverunt vigilias oculi mei* : Mes yeux devançaient les veilles et les sentinelles de la nuit : le Prophète représente les Israélites qui racontent au sortir de Babylone l'état déplorable où ils s'étaient vus durant leur captivité; qu'ils y étaient dans une si grande inquiétude, qu'à toutes les heures de la nuit où les gardes étaient changées, ils se trouvaient éveillés. Ps. 78. 8. *Cito anticipent nos misericordiæ tuæ* : Que vos miséricordes nous préviennent promptement, avant que nos péchés passés et ceux de nos pères attirent sur nous la rigueur de vos jugements. 1. Mach. 10. 4. *Anticipemus facere pacem cum eo, priusquam faciat cum Alexandro adversum nos* : Hâtons-nous de faire la paix avec Jonathas avant qu'il la fasse avec Alexandre contre nous.

ANTIOCHIA, Æ. Gr. *Pro vehiculo.*—1° Ville de Syrie, dans laquelle les premiers fidèles furent appelés *chrétiens.* Act. 11. v. 19. 20. 22. 25. 26. 27, etc. Galat. 2. v. 11. 1. Mach. 3. v. 37. c. 4. 35, etc. Elle est appelée *la Grande,* étant la capitale de toute la Syrie, située sur l'Oronte, aujourd'hui, dans la langue du pays, *Antachia.* — 2° Ville de Pisidie. Act. 13. 14. c. 14. 20. 2 Tim. 3. 11. Elle est ville archiépiscopale et capitale de la province; on l'appelle maintenant *Tachia.*

ANTIOCHENUS, A, UM. — 1° Qui est d'Antioche de Syrie. 2. Mach. 6. 1. *Misit rex senem quemdam Antiochenum* : Le roi envoya un certain vieillard d'Antioche pour forcer les Juifs à abandonner la loi de Dieu. — 2° Antiochien, qui a droit de bourgeoisie dans la ville d'Antioche. 2. Mach. 4. 9. *Promittebat et eos qui in Jerosolymis erant, Antiochenos scribere* : Jason promettait de faire les habitants de Jérusalem, citoyens de la ville d'Antioche.

ANTIOCHIS, DIS. Antiochide, concubine du roi Antiochus Epiphanès. 2. Mach. 4. 30. *Contigit Tharsenses et Mallotas seditionem movere eo quod Antiochidi Regis concubinæ dono essent dati* : Il arriva que ceux de Tharse et de Mallo excitèrent une sédition, parce qu'ils avaient été donnés à Antiochide, concubine du roi.

ANTIOCHUS, I. Ἀντίοχος. — 1° Antiochus le Grand, fils de Séleucus, roi de Syrie, dont il est parlé. Dan. 11. 10. jusqu'au 20. sous le nom du roi du Nord. : *Pugnabit adversus regem Aquilonis* : Le roi du Midi combattra contre le roi de l'Aquilon. 1. Mach. 1. 11, c. 8. 5. Voy. AQUILO.—2° Antiochus Epiphanès, fils de ce premier, dont il est parlé, Dan. 8, v. 9. 10. 11. et c. 11. 21. *et seqq.*—Celui-ci a fait des maux infinis aux Juifs, a fait mourir les Machabées, et a été la figure de l'Antechrist. 1. Mach. 1. 11. *Radix peccatrix Antiochus illustris,* etc. Cette racine de péché, Antiochus, surnommé l'*Illustre*, jusqu'au c. 6. 16. 2. Mach. 1. v. 14. 16. c. 4. 7. — 3° Antiochus Eupator, fils d'Antiochus Epiphanès. 1. Mach. 3. v. 33. c. 6. v. 15. 55. c. 7. v. 2. tué par Démétrius. 2. Mach. 9. v. 25. c. 11. v. 22. 27. c. 13. v. 1. 3. 4. c. 14. v. 2.— 4° Antiochus Theos, fils d'Alexandre Ballès, roi de Syrie. 1. Mach. 11. v. 39. 54. 57. c. 12. 39. c. 13. 31. tué par Tryphon. — 5° Antiochus Soter, frère de Démétrius Nicanor, et fils de Démétrius Soter ou Sidetes. 1. Mach. 15. v. 1. 2. 10. 11. 13. 25. — 6° Antiochus, père de Numenius, qui fut un des ambassadeurs envoyés aux Romains et aux Lacédémoniens. 1. Mach. 12. 16. c. 14. 22. Josèphe le nomme *Antimachus.*

ANTIPAS, Gr. *Pro omnibus.* Martyr de Jésus-Christ, sous Domitien; on en fait fête l'onzième d'avril. Apoc. 2. 13.

ANTIPATER, TRIS, Gr. *Pro patre.* Un des ambassadeurs que les Juifs envoyèrent à Rome et à Lacédémone. 1. Mach. 12. v. 16. c. 14. v. 22.

ANTIPATRIS, DIS. Antipatride, ville bâtie par Hérode, où saint Paul fut conduit la nuit. Act. 23. 31. Elle s'appelait *Capharsalama,* dans la tribu de Manassès, deçà le Jourdain, où Judas Machabée tailla en pièces cinq mille hommes de l'armée de Nicanor. 1. Mach. 7. 31. aujourd'hui *Assu.* Voy. CAPHARSALAMA.

ANTIQUARE. παλαιοῦν. Ce verbe qui vient de l'adjectif *antiquus* signifie,

Abroger, abolir, mettre hors d'usage. Hebr. 8. 13. *Quod autem antiquatur et senescit prope interitum est* : Ce qui se passe et vieillit, est proche de sa fin. L'Apôtre parle de l'Ancien Testament, qui s'est passé et a vieilli, puisque Dieu dit, par son Prophète, qu'il devait faire avec son peuple une nouvelle alliance.

ANTIQUITAS, TIS. De l'adjectif *antiquus.* —1° Antiquité, vieux temps, siècles passés (ἀπ' ἀρχῆς, *ab initio*). Isa. 23. 7. *Numquid non vestra hæc est, quæ gloriabatur in antiquitate sua?* N'est-ce pas là une ville qui se glorifiait de son antiquité? Le Prophète parle de Tyr après sa ruine. — 2° Ancien état, premier état, Ezech. 16. 55. *Revertentur ad antiquitatem suam* (ἐπ' ἀρχήν) : Sodome et ses filles retourneront dans leur ancien état ; cela ne se peut guère entendre que dans le sens allégorique ; les Gentils, qui sont marqués par les habitants de Samarie et de Sodome, seront ramenés par Jésus-Christ, de la captivité du diable plus tôt que les Juifs.

ANTIQUITUS, adv. Voy. ANTIQUUS. Anciennement, autrefois (ἀπ' ἀρχῆς). Isa. 1. 26. *Restituam consiliarios tuos, sicut antiquitus* : Je rétablirai vos conseillers comme ils étaient autrefois. Jos. 11. 10. Judic. 1. 10. etc.

ANTIQUUS, A, UM, ἀρχαῖος. Cet adjectif, qui vient d'*ante,* auparavant, s'est écrit d'abord par c, *anticus,* et depuis *antiquus,* qui signifie,

1° Ancien, ce qui est depuis longtemps, ou qui a été autrefois. Isa. 43. 18. *Antiqua ne intueamini* : Ne considérez plus ce qui s'est fait autrefois. 1. Reg. 24. 14. 4. Reg. 17. 34. etc. Ainsi, *Dies antiqui,* c'est l'ancien temps, le temps des premiers siècles. Ps. 76. 5. *Cogitavi dies antiquos.* Malach. 3. 4. *Sicut dies antiqui* : Comme ceux des premiers temps. Ps. 88. 50. *Ubi sunt misericordiæ tuæ antiquæ?* Ainsi, Ps. 138. 5. *Novissima et an-*

tiqua : Ce qui est passé et ce qui est à venir. Voy. Novissima.

2° Ce qui est depuis le commencement du monde (ἀρχή). Deut. 33. 15. *De vertice antiquorum montium, de pomis collium æternorum :* Que la terre de Joseph soit remplie des fruits qui croissent sur le haut des montagnes anciennes et sur les collines éternelles; savoir, les montagnes et les collines qui ont été créées avec le monde. Isa. 44. 7. Apoc. 12. 9. c. 20. 2. *Serpens antiquus :* Le diable, qui, dès le commencement du monde, a séduit la femme, sous la figure du serpent, et a fait entrer la mort dans le monde.

3° Ce qui est éternel. Isa. 25. 1. *Cogitationes antiquas, fideles :* Vous avez fait voir la vérité de vos desseins éternels. c. 37. 26. *Ex diebus antiquis ego plasmavi illud :* J'ai disposé toutes ces choses dès l'éternité. Prov. 8. 23. *Ex antiquis antequam terra fieret* (Gr. *ab initio*, qui signifie souvent *ab æterno*, comme Prov. 8. 22. Eccli. 14. 1. Joan. 1. 1.). Ainsi, Dan. 7. v. 9. 13. 22. Dieu le Père est appelé *Antiquus dierum* (παλαιὸς), par périphrase, comme si on disait, fort avancé en âge ; parce que les Hébreux n'ont point de terme propre pour exprimer l'Eternité; le mot *holam*, dont ils se servent, Gr. αἰών, se rend par l'Interprète de la Vulgate, par *æternum, sæculum,* ou *antiquum,* et chacun de ces mots signifie quelquefois ce qui est depuis le commencement du monde, quelquefois ce qui est fort ancien.

ANTIQUI, orum, ἀρχαῖοι. Nom pluriel qui signifie les anciens.—1° Les vieillards avancés en âge. Job 12. 12. *In antiquis est sapientia :* C'est dans les anciens que se trouve la sagesse, à cause de leur expérience. c. 15. 10. c. 32. 6. — 2° Les anciens qui ont vécu dans les premiers siècles. Eccl. 39. 1. *Sapientiam omnium antiquorum exquiret sapiens :* Le sage aura soin de rechercher la sagesse de tous les anciens; ceux qui ont vécu sous l'ancienne loi, sont appelés *Anciens.* Matth. 5. 21. *Dictum est antiquis :* Il a été dit aux Anciens. 27. 33.

ANTISTES, itis, ἱερεύς. Nom substantif, formé de la préposition *ante* et du verbe *stare,* d'où se fait l'ancien verbe *antistare,* pour *antestare,* exceller. Ce nom signifie proprement le premier, et le principal prêtre de chaque temple, parmi les Anciens : dans l'Ecriture,

Un prêtre. 2. Par. 29. 34. *Donec sanctificarentur antistites :* Jusqu'à ce que l'on eût consacré des prêtres.

ANTRUM, i. Ce mot vient du Grec ἄντρον, qui signifie, 1° Antre, caverne (μάνδρα). Judic. 6. 2. *Fecerunt sibi antra et speluncas :* Les Israélites se retirèrent dans les antres et des cavernes. 1. Reg. 13. 6. Job 37. 8. c. 38. 40. — 2° Caverne, qui sert de sépulcre (σπηλαῖον). Genes. 23. 20. *Confirmatus est ager et antrum quod erat in eo, Abrahæ in possessionem monumenti :* Le champ, avec la caverne qui y était, fut livré en cette manière et assuré à Abraham, par les enfants de Heth, afin qu'il le possédât comme un sépulcre qui lui appartenait légitimement; c'était le champ dans lequel était cette caverne double, qu'Abraham acheta quatre cents sicles d'argent, pour ensevelir Sara, et pour servir de monument à sa famille.

ANUS, i. πρωκτός. Voy. Annus. Ce nom qui signifie l'anus, ou l'orifice du fondement, est appelé de la sorte à cause de sa rondeur ; parce que le mot *anus* ou *annus,* comme on l'a écrit depuis, signifie cercle, rondeur, du mot *am circum.*

Anus (ἕδρα) 1. Reg. 6. 5. *Juxta numerum Provinciarum Philistinorum quinque anos aureos facietis :* Faites cinq anus d'or et cinq rats d'or, selon le nombre des provinces des Philistins ; ces peuples renvoyèrent l'Arche avec ces anus, pour être guéris d'une maladie qui les affligeait à l'anus. v. 11. 17.

ANUS, us. Ce mot vient vraisemblablement de l'*a* privatif, et de νοῦς, *mens,* quasi *sine mente ;* parce que l'esprit s'affaiblit dans les vieilles gens.

Vieille femme âgée (γεγήρακα, senui). Genes. 18. 13. *Num vere paritura sum anus ?* Serait-il bien vrai, dit Sara, que je pusse avoir un enfant, étant vieille comme je suis? 1. Tim. 5. 2. πρεσβυτέρας, *Anus, ut matres ;* Traitez les femmes âgées comme vos mères. Tit. 2. 3. Zach. 8. 4.

ANXIUS, a, um. Cet adjectif vient du verbe *angi,* d'où vient *anxium esse.* — 1° Affligé, abattu de douleur (ἀκηδιᾶν). Ps. 101. 1. *Oratio pauperis cum anxius fuerit :* Oraison du pauvre, lorsqu'il sera dans l'affliction. — 2° Chagrin, inquiet, qui est tourmenté de quelque peine d'esprit (ἐπεχεῖν, *attendere*). Eccli. 5. 10. *Noli anxius esse in divitiis injustis :* Ne vous embarrassez point pour les richesses injustes. Ne vous y attachez point. Baruch. 3. 1. *Spiritus anxius clamat ad te :* L'esprit dans l'inquiétude qui l'agite, crie vers vous.

ANXIARI, ἀκηδιᾶν. Etre triste et abattu. Ps. 60. 3. *Dum anxiaretur cormeum :* Lorsque mon cœur était accablé de tristesse, vous m'avez placé en un lieu élevé sur la pierre. Ps. 142. 4. *Et anxiatus est super me spiritus meus :* Mon esprit a été accablé d'ennui.

AOD, Heb. *Laudans.* Nom propre d'homme. — 1° Fils de Gera, de la tribu de Benjamin, qui gouverna les Hébreux après Othoniel, et qui les délivra de leur servitude par le meurtre d'Eglon, roi des Moabites. Judic. 3. 15. *Suscitavit eis Salvatorem vocabulo Aod :* Le Seigneur suscita aux Israélites un Sauveur nommé *Aod.* — 2° Fils de Balan, descendant de Benjamin. 1. Par. 7. v. 10. 11.

APADNO, Gr., ἐφαδανῶ. Heb. *Ornamentum ejus.* Ce nom vient du mot Hébreu *aphad, cingere,* d'où vient *Ephod, pallium ;* Voy. Ephod, et signifie *Palatium suum.* Dan. 11. 45. *Et figet tabernaculum suum Apadno inter maria ;* Heb. *Figet tentoria palatii sui inter maria ;* Antiochus, qui était la figure de l'Antechrist, devait faire sa demeure entre les deux mers; c'est-à-dire dans la Judée, ou à Jérusalem qui est entre la mer Morte et la Méditerranée. Les Septante ont retenu le mot Hébreu; d'autres font venir ce mot de *padan, campus;* ce qui revient assez bien au Syriaque et à l'Arabe, qui rendent *apadno*, par ces mots, *in loco plano*, dans une pleine campagne.

APAMEA, æ. Gr. *Expellens.* Apamée ou Epiphanie, ville de Célé-Syrie, qui fut bâtie par Seleucus Nicanor, en l'honneur de sa femme qui s'appelait *Apamée.* Judith. 3. 14. *Pertransiens Syriam Sobal et omnem Apameam :* Holopherne traversa la Syrie, Sebal, et toute l'Apamée.

APELLES, Gr. *Expellens.* Un chrétien que S. Paul appelle fidèle serviteur de Jésus-Christ. Rom. 16. 10.

APER, ὗς, ός. Du mot Grec κάπρος, en ôtant la première lettre, et signifie un sanglier, porc sauvage, qui se retire dans les forêts, et qu'on ne peut jamais apprivoiser. Ps. 79. 14. *Exterminavit eam aper de silva :* Le sanglier de la forêt a tout ruiné votre vigne : ce psaume est presque tout allégorique ; ce sanglier est l'ennemi du peuple de Dieu ; sa vigne est ce même peuple que Dieu a quelquefois abandonné en proie à ses ennemis.

APERIRE, ἀνοίγειν. Ce verbe, qui signifie ouvrir ou découvrir, est composé de la préposition *ad* et de *parere*, enfanter, et tire sa signification d'une mère qui met au jour un enfant qui était caché dans son ventre : ce mot *aperire*, qui répond au verbe *patach*, et à quelques autres, a, dans l'Ecriture, une signification bien plus étendue qu'en latin ; car il marque aussi délier, lâcher, laisser aller, etc.

1° Ouvrir. Matth. 25. 11. *Domine, Domine, aperi nobis :* Seigneur, Seigneur, ouvrez nous ; c'est ce que disent les Vierges folles à l'Epoux céleste. 4. Reg. 13. 17. *Aperi fenestram Orientalem :* Ouvrez la fenêtre qui regarde l'Orient. Genes. 8. v. 6. 13. Act. 5. v. 19. 22. 23. c. 12. v. 10. 14. etc.

2° Elargir, agrandir (διαστέλλειν). Jerem. 22. 14. *Cui aperit sibi fenestras, et facit laquearia cedrina :* Il se fait faire de grandes fenêtres et des lambris de cèdre : le prophète parle de Joachim, roi de Jérusalem, qui ne songeait qu'à agrandir et qu'à embellir ses appartements aux dépens de ceux qu'il opprimait. Ainsi, Isa. 51. 14. *Cito veniet gradiens ad aperiendum :* Celui qui vient ouvrir les prisons arrivera bientôt : Cyrus, qui était la figure de Jésus-Christ.

3° Etendre, faire occuper un grand espace (τανύειν). Eccli. 43. 13. *Manus Excelsi aperuerunt illum :* L'arc-en-ciel forme en l'air un cercle éclatant, et son étendue est l'ouvrage du Très-Haut ; il n'y a que Dieu qui ait pu donner à l'arc-en-ciel cette grande étendue de l'un à l'autre bout du ciel. *Voy.* Arcus.

4° Ouvrir, exposer, faire paraître. Prov. 27. 25. *Aperta sunt prata :* Les prés vous sont ouverts, ils sont exposés pour nourrir votre bétail. *Voy.* Pratum ; et par métaphore, Job. 20. 28. *Apertum erit germen domus illius :* Sa postérité paraîtra avec éclat pour quelque temps ; Hebr. sera transportée, passera d'un lieu à un autre, au jour de la fureur de Dieu.

APERIRE COELOS. *Voy.* Coelum. — *Aperire et claudere :* cette manière de parler marque un plein et entier pouvoir de gouverner. Isa. 22. 22. *Aperiet, et non erit qui claudat, et claudet, et non erit qui aperiat :* Eliacim ouvrira, sans qu'on puisse fermer, et il fermera, sans qu'on puisse ouvrir ; Dieu promet à Eliacim tout pouvoir dans la maison du roi, ou dans le temple. Jésus-Christ, dont Eliacim était la figure, a reçu de son Père céleste toute puissance dans le monde, et surtout dans l'Eglise, dont il ouvre l'entrée par la foi, et la ferme à ceux qui restent dans leur aveuglement. Apoc. 3. 7. *Qui aperit et nemo claudit, claudit et nemo aperit :* Qui ouvre, et personne ne ferme ; qui ferme, et personne n'ouvre, pour faire voir la puissance de Dieu. Job se sert aussi de cette expression, c. 12. 14. *Si incluserit hominem, nullus est qui aperiat :* Si Dieu tient un homme enfermé, nul ne lui pourra ouvrir.

APERIRE COR. — 1° Ouvrir son cœur, c'est découvrir tout ce qu'on a dans la pensée. Judic. 16. 18. *Ascendite nunc semel, quia nunc aperuit mihi cor suum :* Venez encore pour cette fois ; parce qu'il m'a maintenant ouvert son cœur ; c'est ce que Dalila dit de Samson.

2° Ouvrir le cœur, c'est éclairer l'esprit et toucher la volonté, pour faire comprendre et faire goûter les vérités que l'on prêche. Act. 16. 14. *Cujus Dominus aperuit cor intendere his quæ dicebantur a Paulo :* Le Seigneur lui ouvrit le cœur, pour entendre avec soumission ce que Paul disait : la prédication de la parole demeure sans fruit, si Dieu n'applique l'esprit et n'ouvre le cœur pour la recevoir.

Aperire iniquitatem : Découvrir à quelqu'un son iniquité, la reprendre pour la lui faire connaître et la faire détester. Thren. 2. 14. *Prophetæ tui viderunt tibi falsa et stulta, nec aperiebant iniquitatem tuam :* Vos prophètes ont eu pour vous des visions fausses et extravagantes, et ils ne vous découvraient point votre iniquité, pour vous exciter à la pénitence.

APERIRE LIBRUM. — 1° Ouvrir un livre. 2. Esdr. 8. 5. *Et aperuit Esdras Librum coram omni populo :* Esdras ouvrit ce livre devant tout le peuple.

2° Dans un sens figuré, découvrir les secrets jugements de Dieu. Apoc. 5. 2. *Quis est dignus aperire Librum et solvere signacula ejus ?* Qui est digne d'ouvrir le livre et de lever les sceaux ? c. 6. v. 1. 3. 5. 7. 9. 12. Ce que personne n'a pu faire, que Jésus-Christ. c. 10. 2. *Et habebat in manu sua libellum apertum :* C'est Jésus-Christ qui a découvert aux peuples les vérités du salut, qui demeuraient cachées.

APERIRE MANUM. *Voy.* Manus.

APERIRE OS, ou labia. — 1° Ouvrir la bouche pour parler. Matt. 5. 2. *Aperiens os suum docebat eos :* Jésus ouvrant sa bouche, il les enseignait. *Ouvrir sa bouche,* est un pléonasme hébreu qui se trouve souvent dans l'Ecriture, pour marquer le commencement de quelque discours sérieux ; mais ici il signifie que Jésus-Christ, qui avait parlé par les prophètes, donne ici par lui-même des instructions importantes ; car ce discours est l'abrégé de toute la doctrine de l'Evangile, en ce qui regarde les mœurs. Job. 3. 1. c. 32. 20. Dan. 10. 16. Act. 8. 35. c. 10. 34. c. 18. 4. etc. Cette phrase hébraïque signifie qu'on se dispose à parler, et qu'on rompt le silence ; au contraire, *Non aperire os* : N'ouvrir pas la bouche, c'est demeurer dans le silence, et n'oser pas ouvrir la bouche. Ps. 38. 13. *Obmutui et non aperui os meum*. Eccli. 24. 31. *Ubi hospitabitur, non fiducialiter aget, nec aperiet os* : Partout où un homme sera comme hôte, il n'agira point avec confiance, et il n'osera ouvrir la bouche. Isa. 10. 14. c. 53. 7. Dan. 3. 33. Ps. 37. v. 14. 15. Prov. 24. 7. Ezech. 16. 63.

Ce pléonasme hébreu, *aperire os*, se dit aussi de la terre qui s'ouvre pour recevoir quelque chose. Genes. 4. 11. *Maledictus eris super terram, quæ aperuit os suum, et suscepit sanguinem fratris tui de manu tua* : Vous serez maudit sur la terre, qui a reçu le sang de votre frère, que vous avez versé de votre main. Num. 16. v. 30. 32. c. 26. 10. Deut. 11. 6.

Cette phrase, *aperire os*, se met aussi avec quelques adjectifs, qui en déterminent la signification ; ainsi, *aperire os triste* ; c'est-à-dire des paroles fâcheuses. Eccli. 22. 27. *Si aperueris os triste, non timeas* : Quand vous auriez dit à votre ami des paroles fâcheuses, ne craignez pas ; car vous pouvez encore vous remettre bien ensemble.

Aperire suum os alicui : Parler pour quelqu'un. Prov. 31. 8. *Aperi os tuum muto* : Ouvrez la bouche pour le muet, défendez sa cause. v. 9. Voy. Mutus. v. 26. *Aperuit os suum sapientiæ* : La femme forte a ouvert sa bouche à la sagesse ; c'est-à-dire avec sagesse, et pour donner des préceptes pleins de sagesse et de bonne conduite.

Aperire os ad aliquem : Ouvrir sa bouche vers quelqu'un, c'est s'adresser à lui ; ainsi, *Aperire os ad Dominum* : S'adresser au Seigneur pour faire un vœu. Judic. 11. 35. *Aperui os meum ad Dominum, et aliud facere non potero* : J'ai fait vœu au Seigneur de lui offrir ce qui se présenterait à moi, et je ne puis faire autrement que j'ai promis.

Aperire os super, ou *contra aliquem* : Ouvrir sa bouche contre quelqu'un, c'est se déchaîner contre quelqu'un, le charger d'injures et de calomnies. Ps. 21. 14. *Aperuerunt super me os suum* : Ils ouvraient leur bouche pour me dévorer. Ps. 108. 2. *Os peccatoris et os dolosi super me apertum est* : Le pécheur et le trompeur ont ouvert la bouche pour me déchirer. Job 16. 11. Thren. 2. 16. c. 3. 46.

Aperire os ad aliquid : Ouvrir la bouche pour prononcer quelque chose. Apoc. 13. 6. *Aperuit os suum in blasphemias ad Deum* : La bête ouvrit sa bouche pour blasphémer contre Dieu.

Aperire os alicujus : Ouvrir la bouche de quelqu'un, c'est 1° donner l'usage de la parole, ou faire parler. Num. 22. 28. *Aperuit Dominus os asinæ* : Le Seigneur ouvrit la bouche de l'ânesse et la fit parler. 2° Rendre l'usage de la parole. Luc. 1. 64. *Apertum est illico os ejus* : Au même instant sa bouche s'ouvrit, il recouvra la parole ; 3° Donner la facilité de s'expliquer ou de parler comme il faut. Eccli. 15. 5. *In medio Ecclesiæ aperiet os ejus* : La sagesse lui ouvrira la bouche au milieu de l'assemblée, et le rendra éloquent. Sap. 10. 21. Ps. 50. 17. *Domine, labia mea aperies* : Vous ouvrirez mes lèvres, Seigneur, pour vous louer : nous ne pouvons pas louer Dieu comme il faut, qu'il ne nous ouvre la bouche pour cela ; c'est pourquoi saint Paul dit, Col. 4. 3. *Orantes simul et pro nobis, ut Deus aperiat nobis ostium sermonis ad loquendum mysterium Christi, ut manifestem illud ut oportet me loqui* : Priez aussi pour nous, afin que Dieu nous ouvre une entrée pour prêcher sa parole : Dieu, qui a fait la bouche de l'homme, ne disposera-t-il pas de sa parole ? Exod. 4. 11. *Quis fecit os hominis*, Ezech. 3. 27. c. 24. 27. c. 29. 21. etc.

APERIRE OS, OU LABIA. *Autres significations de cette phrase* : — 1° Souhaiter quelque chose avec grande ardeur. Job 29. 23. *Os suum aperiebant quasi ad imbrem serotinum* : Quand je parlais ils m'écoutaient, et recevaient mes discours, comme l'on fait une pluie favorable. Ps. 118. 131. *Os meum aperui et attraxi spiritum* : J'ai ouvert ma bouche, et j'ai attiré l'air en moi ; David désirait de recevoir la connaissance des Commandements de Dieu, avec la même ardeur que l'on souhaite une chose après laquelle on aspire. Eccli. 26. 15.

2° Parler librement, avec hardiesse, dire tout, ne rien cacher, soit en bonne part. Job 32. 20. *Aperiam labia mea, et respondebo* : J'ouvrirai mes lèvres et je répondrai. c. 33. 2. Prov. 8. 6. Ainsi, 2. Cor. 6. 11. *Os nostrum patet ad vos, o Corinthii* : Je vous parle librement, parce que je vous aime ; soit en mauvaise part. Apoc. 13. 6. *Aperire os suum in blasphemias* : La bête a vomi des blasphèmes contre Dieu. Ezec. 21. 22. *Ut aperiat os in cæde* : Afin qu'il n'ait que le sang et le carnage dans la bouche.

Aperire Scripturas : Expliquer le sens des Ecritures. Luc. 24. 32. *Nonne cor nostrum ardens erat in nobis, dum loqueretur in via, et aperiret Scripturas?* N'est-il pas vrai que notre cœur était tout brûlant dans nous, lorsqu'il nous parlait durant le chemin, et qu'il nous expliquait les Ecritures ?

Aperire sensum : Eclaircir l'esprit. Luc. 24. 45. *Aperuit illis sensum ut intelligerent Scripturas* : Jésus-Christ leur ouvrit l'esprit afin qu'ils entendissent les Ecritures.

Aperire terram : Ouvrir le sein de la terre ; c'est une expression figurée, qui marque l'incarnation de Jésus-Christ. Isa. 45. 8. *Aperiatur terra, et germinet Salvatorem* : Que la terre s'ouvre, et qu'elle germe le Sauveur. Jésus-Christ est, pour ainsi dire, sorti de la terre ayant pris un corps tel qu'est le nôtre. *Voy.* GERMINARE.

Aperire vulvam. Voy. VULVA.

Ce mot se met avec plusieurs autres mots, qu'on peut voir chacun en leur endroit.

APERTE. Cet adverbe vient d'*aperire*, et signifie : — 1° Evidemment, manifestement. Levit. 13. 36. *Aperte immundus est* : Il est visiblement impur. 1. Reg. 2. 27. — 2° Clairement, distinctement. 2. Esdr. 8. 3. *Et legit in eo aperte in platea* : Esdras lut dans le Livre de la Loi, clairement et distinctement, au milieu de la place, v. 8. *Legerunt in Libro Legis Dei distincte et aperte ad intelligendum* : Ils lurent dans le Livre de la Loi de Dieu distinctement, et d'une manière fort intelligible.

APERTIO, NIS, ἄνοιξις. Ce mot vient aussi d'*aperire*, et signifie ouverture; c'est-à-dire, l'action d'ouvrir; d'où se fait :

1° *Apertio onis*, discours, parole : cette phrase vient d'*aperire os*, qui signifie parler. Ephes. 6. 19. *Ut detur mihi sermo in apertione oris* : Afin que Dieu, m'ouvrant la bouche, me donne des paroles. *Sermo in apertione oris* est un pléonasme ; car c'est dire deux fois la même chose. Eccli. 20. 15.

2° Elargissement de prisonniers. Isa. 61. 1. *Ut prædicarem captivis indulgentiam et clausis apertionem* : Le Seigneur m'a envoyé annoncer la liberté à ceux qui sont dans les chaînes : cette captivité est celle du péché, dont Jésus-Christ a délivré les hommes par son avénement.

APERTURA, Æ. Ouverture, espace percé, rompu, qui est ouvert dans une clôture, comme une brèche dans une muraille. Amos 4. 2. *Et per aperturas exibitis* : L'on vous fera passer par les brèches des murailles ; le prophète marque une ville prise d'assaut, d'où l'on tâche d'échapper par la brèche. c. 9. 11. *Voy.* REÆDIFICARE.

APERTUS, A, UM. — 1° Ouvert, découvert. Isa. 57. 8. *Manu aperta* : Ouvertement, sans rien cacher. *Voy.* MANUS. Job. 29. 19. *Radix mea aperta est* : Ma racine est ouverte aux eaux ; je suis comme un arbre dont la racine s'étend le long des eaux. *Voy.* RADIX, n. 5. — 2° Ouvert jusqu'au fond des entrailles. Hebr. 4. 13. *Omnia nuda et aperta sunt oculis ejus* : τετραχηλισμένα, *intime patentia*, de τράχηλος, *collum, cervix* : la métaphore est tirée des animaux, que l'on fend depuis le cou jusqu'à la queue pour en considérer les entrailles, selon la pensée de saint Jean Chrysostome et de Théophylacte. — 3° Exposé à la violence. Job. 20. 28. *Apertum erit germen domus illius* : Ceux de sa maison seront exposés à la violence. *Voy.* APERIRE, APEX, APHÆREMA.

APHARA, Æ. Hebr. *Vacca*. Ville de la tribu de Benjamin. Jos. 18. 23.

APHARSÆI ou APHARSATHÆI. Hebr. *Dividentes*. Les Apharséens, les Apharsathéens ; ce sont des peuples de l'Idumée, qui voulurent empêcher les Juifs de rebâtir le temple. 1. Esdr. 4. 9.

DICTIONN. DE PHILOL. SACRÉE. I.

APHEC ou APHECA. Hebr. *Pelagus*. — 1° Ville dans la tribu d'Aser. Jos. 19. 30. *Amma et Aphec et Rohob*. c. 13. 4. Jud. 1. 31. 1. Reg. 29. 1. 3. Reg. 20. 26. 4. Reg. 13. 17. — 2° Ville royale dans la tribu de Manassès et d'Issachar. Jos. 12. 18. *Rex Aphec unus*. — 3° Ville de la tribu de Juda. Jos. 15. 53. 1. Reg. 4. 1.

APHIA, Æ. Hebr. *Flans*. Père de Béchorath, de la tribu de Benjamin. 1. Reg. 9. 1.

APHONITES, Æ. Heb. *Saphonæus. Voy.* SAPHON. Qui est originaire d'Aphon, ou plutôt de Saphon ; Gr. Σαφών.

AHPRICA, Æ. *Voy.* AFRICA, Heb. *Pul* ou *Put, Casus* ou *Pinguis*. — L'Afrique, cette partie de l'univers qui est située au midi. Nah. 3. 9. *Africa et Libyes fuerunt in auxilio tuo* : Il vous est venu des secours de l'Afrique et de la Libye : le prophète compare Ninive avec l'Egypte, qui, voulant combattre Nabuchodonosor, avec ses forces et celles de l'Afrique, fut défaite par ce prince. *Voy.* Jer. 46. 9.

APHRICUS, I. sup. *Ventus. Voy.* AFRICUS.

APHSES, Heb. *Comminuens*. La dix-huitième famille sacerdotale. 1 Par. 24. 15.

APHUTEI. *Voy.* PHUTÆI. Les Aphutéens, peuples de Samarie, venus d'Assyrie. 1. Par. 2. 53.

APEX, ICIS. Ce nom vient de l'ancien verbe *apio, necto, ligo*, et signifie proprement une petite houppe de laine en haut sur le bonnet des prêtres de Jupiter ; mais il signifie ordinairement, — 1° Le sommet, le haut de quelque chose. Judith. 7. 3. *Venerunt per crepidinem montis usque ad apicem* : Ils vinrent le long de la montagne jusqu'au sommet. — 2° Un point, un accent de lettre (κεραία). Matth. 5. 18. *Iota unum, aut unus apex, non præteribit a lege donec omnia fiant* : Tout ce qui est dans la loi sera accompli parfaitement, jusqu'à un seul iota et à un seul point. Luc. 16. 17. C'est une expression hyperbolique, pour marquer un entier accomplissement de la loi. Ce mot *apex*, qui répond au Grec κεραία, signifie un trait ou une ligne qu'on tire sur une lettre plutôt qu'un *point* ; mais sans avoir égard à la véritable signification du mot *apex*, on l'a traduit par le mot de *point*, qui est plus français ; bien qu'on sache que, du temps de Jésus-Christ, l'Hébreu était sans points.

APHÆREMA. Ce mot est Grec, et vient du verbe ἀφαιρεῖσθαι, *auferre*, ôter, et signifie : Une contrée sur les frontières de la Judée, du côté de Samarie. 1. Mach. 11. 34. *Statuimus ergo illis omnes fines Judææ, et tres civitates Lydan et Ramathan, quæ additæ sunt Judææ ex Samaria, et confines earum sequestrari omnibus sacrificantibus* : Nous avons ordonné que les trois villes, Lyda, Ramatha et *Aphærema*, qui ont été annexées à la Judée du territoire de Samarie, soient destinées pour les prêtres de Jérusalem. L'interprète Latin a omis *Aphærema*, qui est dans le Grec, et qu'on pourrait interpréter, *Sublatam agri partem* : C'est le pays de Béthel qui avait été détaché de Samarie dès le temps d'Abia. 2 Par. 13. 19.

APHARA; æ, Heb. *Vacca*, ville de la tribu de Benjamin. Jos. 18. 23.

APIS, is, μέλισσα. Ce nom vient du mot *pes*, parce que les abeilles naissent sans pieds et sans ailes, ou, selon d'autres, du verbe *apio*, qui signifie *necto*, parce qu'elles s'attachent par les pieds les unes aux autres.

Abeille, insecte volant, qui a un aiguillon fort piquant et qui fait le miel et la cire. Eccli. 11. 3. *Brevis in volatilibus est apis* : L'abeille est petite entre les animaux qui volent, et néanmoins son fruit a une douceur qui surpasse tout. Judic. 14. 8.

L'Ecriture compare à l'abeille les tyrans et les persécuteurs, parce qu'elle est vindicative et toujours prête à piquer de son aiguillon. Deut. 1. 44. *Amorrhœus persecutus est vos sicut solent apes persequi* : Les Amorrhéens vous poursuivirent comme les abeilles poursuivent celui qui les irrite. Ps. 117. 12. Ainsi, le Saint-Esprit appelle du nom de mouche et d'abeille les ennemis du peuple de Dieu, les rois Egyptiens et les Assyriens. Isa. 7. 18. *Sibilabit Dominus muscœ, quœ est in extremo fluminum Ægypti, et api quæ est in terra Assur :* Le Seigneur appellera, comme d'un coup de sifflet, l'abeille qui est à l'extrémité des fleuves de l'Egypte, et l'abeille qui est au pays d'Assur. Voy. MUSCA.

APOCALYPSIS, is, *Revelatio*. Ce mot, qui est grec, vient du verbe ἀποκαλύπτειν, qui signifie découvrir, révéler.

1° Apocalypse, livre qui fait partie du Nouveau Testament, et qui contient les révélations faites à saint Jean l'évangéliste, de plusieurs choses qui devaient arriver dans les siècles suivants de l'Eglise, et sous l'Antechrist, vers la fin du monde. Apoc. 1. 1. *Apocalypsis Jesu Christi quam dedit illi Deus palam facere servis suis, mittens per Angelum suum servo suo Joanni :* Cette révélation a été faite à Jésus-Christ ; et de la part de Jésus-Christ à saint Jean, par un ange, pour la découvrir aux fidèles.

2° Révélation des mystères ou de l'intelligence de l'Ecriture, pour en donner aux autres l'explication. 1. Cor. 14. 26. *Unusquisque vestrum Psalmum habet, doctrinam habet, Apocalypsim habet :* L'un est inspiré de Dieu pour composer un cantique, l'autre pour instruire, un autre pour révéler les secrets de Dieu.

APOLLO, ô, Ἀπολλὼς, Gr. *Destructor*. Apollon, Juif originaire d'Alexandrie, homme éloquent et fort versé dans les Ecritures, qui a prêché l'Evangile avec grand fruit, à Ephèse et à Corinthe. Act. 18. 24. c. 19. 1. 1. Cor. 1. 12. c. 3. v. 4. 6. etc.

APOLLONIA, Æ, Gr. *Destructio*. Apollonie, ville de Macédoine. Act. 17. 1. C'était une ville épiscopale, sous l'archevêque de Thessalonique, dans la Mygdonie, appelée maintenant *Cères*.

APOLLONIUS, Gr. *Destructor*. 1° Gouverneur de Syrie et lieutenant général des troupes d'Antiochus Epiphane, défait par Judas Machabée. 1. Mach. 3. v. 10. 12. 2. Mach. 5. 24.—2° Un autre général des armées de Démétrius Nicanor, gouverneur de Célésyrie. 1. Mach. 10. v. 69. 74. etc. 2. Mach. 3. 5. c. 4. 4.—3° Fils de Gennée. 2. Mach. 12. 2.

APOLLOPHANES, is, Gr. *Destructor manifestus*. Apollophane, chef des troupes d'Antiochus Eupator, avec Chæreas et Timothée. 2 Mach. 10. 37.

APOLLYON, is, Gr. *Destruens*. Apollyon, ce mot qui signifie, en grec, qui perd et qui détruit, marque le démon, appelé l'ange de l'abîme. Apocal. 9. 11. *Habebant super se regem angelum abyssi, cui nomen Hebraice Abaddon, Grœce autem Apollyon, Latine habens nomen Exterminans :* Ces sauterelles mystiques avaient pour roi l'ange de l'abîme, appelé en Hébreu, Abaddon ; et en Grec, Apollyon : c'est-à-dire l'exterminateur. Saint Jean fait allusion au nom d'Apollon. Voy. ABADDON.

APORIA, æ, ἀπορία. Ce mot est tout grec, et signifie inquiétude, trouble d'esprit, lorsqu'on est irrésolu et qu'on ne sait à quoi se déterminer. Eccli. 27. 5. *Sicut in percussura cribri remanebit pulvis* (σκύβαλον), *sic aporia hominis in cogitatu illius :* Comme lorsqu'on remue le crible, il ne demeure que les ordures : ainsi, lorsque l'homme se tourmente dans sa pensée, il n'y demeure que l'inquiétude et la peine d'esprit, au lieu de songer aux moyens de s'en dégager, et aux biens que l'on a reçus de Dieu.

APORIARI. Ce verbe qui n'est point en usage en latin, vient du grec ἀπορεῖσθαι, et signifie :

1° Etre dans le doute et l'incertitude de ce qu'on doit faire. Eccli. 18. 6. *Cum consummaverit homo, tum incipiet, et cum quieverit, aporiabitur :* Lorsque l'homme se sera longtemps appliqué à la recherche des merveilles de Dieu, il trouvera qu'il ne fait que commencer ; et sera encore, après cette recherche, dans le doute et l'inquiétude, et il ne lui en demeurera qu'un profond étonnement, la petitesse de l'esprit humain ne pouvant pas les comprendre.

2° Etre saisi d'étonnement (κατανοεῖν, *attendere*). Isa. 59. 16. *Et vidit quia non est vir, et aporiatus est :* Dieu a vu qu'il ne restait plus d'homme juste sur la terre, et il a été comme saisi d'étonnement. Le prophète marque, par ce discours figuré, comment Dieu s'est porté à envoyer son Fils pour délivrer les hommes de leurs péchés.

3° Etre dans des peines insurmontables. 2. Cor. 4. 8. *Aporiamur, sed non destituimur :* Nous nous trouvons dans des difficultés insurmontables ; mais nous n'y succombons pas néanmoins, parce que Dieu nous fait la grâce d'en sortir et de les surmonter.

APOSTATA, Gr. ἀποστάτης, *Desertor*. Ce mot, qui vient du verbe ἀφίστασθαι, *deficere*, signifie en français *Apostat*, qui quitte la vraie religion ou qui renonce à ses vœux ; mais dans l'Ecriture il marque :

Un méchant homme, un impie qui a entièrement abandonné Dieu. Job. 34. 18. *Qui dicit regi, Apostata :* Qui dit sans crainte à un roi qui est perverti : Vous êtes un méchant et un impie (παρανομεῖς). Prov. 6. 12.

Homo apostata : Un méchant homme qui a abandonné Dieu (ἄφρων).

APOSTATRIX, icis, rebelle, qui passe du culte de Dieu à celui des idoles (παραπικραίνουσα): Ezech. 2. 3. *Mitto ego te ad filios Israel, ad gentes apostatrices* : Je vous envoie à cette nation qui s'est révoltée contre moi.

APOSTATARE, ἀφίστασθαι. Ce verbe inusité signifie se séparer, ne vouloir point dépendre. Eccli. 10. 14. *Initium superbiæ hominis apostatare a Deo* : Le comble de l'orgueil de l'homme est de se soustraire à l'obéissance et à la conduite de Dieu. c. 19. 2. *Vinum et mulieres apostatare faciunt sapientes* : Le vin et les femmes font tomber les sages mêmes, et les séparent de Dieu et de leur devoir.

APOSTOLUS, i, ἀπόστολος. Ce mot, qui est formé du verbe ἀποστέλλειν, *mittere*, envoyer, signifie :

1° Quelque député ou quelque envoyé. Joan. 13. 16. *Neque apostolus major est eo qui misit illum* : L'envoyé n'est pas plus grand que celui qui l'a envoyé. 2. Cor. 8. 23. *Apostoli Ecclesiarum* : Qui sont les apôtres ou les députés des églises. Phil. 2. 25.

2° Ceux qui ont été envoyés pour procurer le salut des hommes par la prédication de l'Evangile ; de ce nombre sont :

1° Jésus-Christ, Notre-Seigneur, qui a été envoyé dans ce monde pour éclairer les hommes et leur enseigner la doctrine du salut. Hebr. 3. 1. *Considerate apostolum et pontificem confessionis nostræ Jesum* : Considérez Jésus, qui est l'apôtre envoyé de Dieu, et le pontife de la religion que nous professons.

2° Les douze que Jésus-Christ lui-même choisit avant sa passion parmi tous ses disciples, pour être les premiers prédicateurs de l'Evangile. Luc. 6. 13. *Elegit duodecim ex ipsis quos et apostolos nominavit* : Il en choisit douze d'entre eux, qu'il nomma apôtres. Matth. 10. 2. Marc. 6. 30. et souvent ailleurs.

3° Ceux que Jésus-Christ choisit encore après son ascension, pour remplir les fonctions de son apostolat, avec ceux qu'il avait choisis avant sa passion ; tels furent saint Mathias, Act. 1. v. 23. 26. saint Paul, c. 9. 15. et le même avec saint Barnabé, c. 13. 2.

Ces apôtres, établis par Jésus-Christ, sont apôtres à l'égard de toute la terre ; mais ceux qu'on a appelés apôtres dans la suite des temps, parce qu'ils ont été les premiers fondateurs des églises, ne sont apôtres qu'à l'égard des églises qu'ils ont fondées.

4° Tous les ministres et les prédicateurs de l'Evangile, qui sont envoyés pour prêcher la parole de Dieu. Luc. 11. 49. *Mittam ad illos prophetas et apostolos, et ex illis occident, et persequentur* : Je leur enverrai des prophètes et des apôtres, et ils en tueront les uns et persécuteront les autres. Rom. 16. 7. 2. Cor. 8. 23.

APOSTOLATUS, us, apostolat, dignité ou ministère d'apôtre (ἀποστολὴ, *missio*). Galat. 2. 8. *Qui operatus est Petro in apostolatum circumcisionis, operatus est et mihi inter Gentes* : Celui qui a agi efficacement dans Pierre pour le rendre apôtre des circoncis, a aussi agi efficacement en moi pour me rendre apôtre des gentils. Act. 1. 25. 1. Cor. 9. 2. 2. Cor. 12. 12. Cette fonction si relevée et si honorable, est en même temps une grande charge bien redoutable, et une grande grâce. Rom. 1. 5. *Per quem accepimus gratiam et apostolatum* : Par qui nous avons reçu la grâce et l'apostolat ; c'est-à-dire la grâce de l'apostolat. 1. Cor. 15. 10. Eph. 3. 8. Il en est de même à proportion de l'épiscopat, de la prêtrise et des autres ordres.

APOTHECA, æ, ἀποθήκη. Ce mot est grec, et vient du verbe ἀποτίθεσθαι, *reponi*, *reservari*, être mis en réserve ; ainsi il signifie un lieu où l'on serre les meubles, les vivres, les munitions et les marchandises ; on l'appelle magasin. Isa. 39. 2. *Ostendit eis omnes apothecas supellectilis suæ* : Ezechias fit voir aux ambassadeurs de Babylone tout ce qu'il avait de riches meubles. Joel. 1. 17. *Dissipatæ sunt apothecæ* : Les magasins sont ruinés. 1. Par. 27. 28. 2. Par. 32. 28.

APPARATUS, us, ἀποσκευή. Ce nom vient du verbe *apparare*, préparer, apprêter, et signifie préparation, appareil.

1° Appareil somptueux, pompe, magnificence. 1 Mach. 9. 39. *Ecce tumultus et apparatus multus* : Ils virent un grand tumulte et un appareil magnifique.

2° Apprêt, provisions, munitions (παράθεσις). 1. Mach. 9. 52. *Posuit in eis auxilia, et apparatum escarum* : Bacchides mit des gens dans les citadelles pour les garder, avec une grande provision de vivres. 2. Mach. 10. 18. c. 12. v. 14. 27. c. 15. 21.

3° Bagage, équipage. 1. Mach. 9. 35 *Rogavit Nabuthæos amicos suos, ut commodarent illis apparatum suum qui erat copiosus* : Jonathas pria les Nabuthéens qui étaient leurs amis, de leur prêter leur équipage qui était fort grand ; Gr. de trouver bon qu'ils leur remissent entre les mains leur équipage pour le garder ; ainsi il faudrait, dans le latin, *commendarent*, au lieu de *commodarent*. 2. Mach. 12. 21.

APPARERE, φαίνεσθαι, ὄπτεσθαι. Ce verbe signifie proprement, paraître, être vu, être exposé en vue ; mais dans l'Ecriture il a plusieurs significations qui ont quelque rapport à cette première.

1° Paraître, se rendre visible. Genes. 1. 9. *Appareat arida* : Que l'élément aride paraisse. c. 9. 14. *Apparebit arcus meus in nubibus* : Mon arc paraîtra dans les nuées. c. 5. 24. c. 8. 5. c. 15. 17. Matth. 2. 7. Sap. 19. 7. etc.

2° Paraître, être évident (βλέπεσθαι). Hebr. 11. 1. *Est fides argumentum non apparentium* : La foi est une preuve de ce qui ne se voit point ; c'est-à-dire, de ce qui est obscur et ne paraît pas aux sens ni à la lumière de la raison. Genes. 37. 20. *Tunc apparebit quid illi prosint somnia sua* : Après cela on verra à quoi ses songes lui auront servi. 1. Reg. 26. 21. Tob. 2. 22. Job. 6. 3. c. 15. 14. etc. etc.

3° Paraître se dit aussi de ce qui éclate et s'expose en public. Matth. 9. 33. *Numquam apparuit sic in Israel* : On n'a jamais rien vu de semblable en Israël. 2. Reg. 6. 22. *Humilis ero in oculis meis, et cum ancillis de quibus locuta es, gloriosior apparebo* : Je me mépriserai moi-même, dit David à Michol, et je ferai gloire de cet abaissement devant les servantes mêmes dont vous me parlez. Judith. 10. 4. Jerem. 13. 26. Ezech. 21. 24. etc. L'on peut rapporter à cette signification d'autres manières de paraître avec éclat, soit avec estime et par son mérite. Eccli. 39. 4. *In conspectu præsidis apparebit* : Le sage paraîtra devant ceux qui gouvernent, soit avec affection et par vanité (ἀλαζονεύεσθαι). Prov. 25. 6. *Ne gloriosus appareas coram rege* : Ne vous élevez point en honneur devant le roi. Il faut, selon l'Evangile, se tenir dans la dernière place, et attendre en repos que le maître de la maison nous dise, s'il le juge à propos : Mon ami, montez plus haut : mais ceux qui s'élèveront d'eux-mêmes seront abaissés et se perdront. Ps. 91. 8. *Cum exorti fuerint peccatores sicut fenum, et apparuerint omnes qui operantur iniquitatem* : Heb. *effloruerint, ut intereant in sæculum sæculi* : Lorsque les pécheurs se seront produits au dehors comme l'herbe, et que tous ceux qui commettent l'iniquité auront paru avec éclat, ils périront dans tous les siècles. (Διακύπτειν, *perspicere*).

4° Faire paraître son pouvoir, soit pour protéger et pour favoriser. Jerem. 31. 3. *Longe Dominus apparuit mihi* : Il y a longtems, dit la Synagogue, que le Seigneur s'est fait voir à moi et m'a regardé d'un visage favorable. Le prophète représente les Israélites désespérant de la protection de Dieu, parce qu'il les avait livrés à leurs ennemis. Ezech. 20. 9. *Apparui eis in terra Ægypti* : Heb. *cognitus sum* : J'ai fait éclater mon pouvoir en leur faveur dans l'Egypte (γινώσκεσθαι). v. 5. Deut. 33. 2. Rom. 10. 20. etc. Ainsi, Sap. 1. 12. *Apparet eis qui fidem habent in illum* : Le Seigneur se fait connaître à ceux qui ont confiance en lui (ἐμφανίζεσθαι).

Soit pour punir et marquer de l'indignation. Sap. 6. 6. *Horrende et cito apparebit vobis* : Il se fera voir à vous d'une manière effroyable, et dans peu de temps; Gr. il viendra fondre sur vous (ἐφίστασθαι, *supervenire*). Dieu menace de châtiments terribles les grands du monde et ceux qui gouvernent les peuples, s'ils ne s'acquittent pas de leur devoir. Voy. MANIFESTARE.

5° Se produire, se présenter à quelqu'un (ἐμφανίζεσθαι). Heb. 9. 24. *Non in manufacta sancta Jesus introivit, sed in ipsum cœlum, ut appareat nunc vultui Dei pro nobis* : Jésus-Christ n'est point entré dans un sanctuaire fait de la main des hommes, mais il est entré dans le ciel même, afin de se présenter maintenant pour nous devant la face de Dieu. Ps. 62. 3. *In terra deserta... sic in sancto apparui tibi* : dans cette terre déserte où je me trouve, je me suis présenté devant vous comme dans votre sanctuaire. Exod. 10. 28. c. 23. v. 15. 17. Deut. 16. 16. Ps. 16. 15. Ps. 41. 3. etc.

6° Apparaître, se rendre visible; il se dit particulièrement des substances spirituelles, de Dieu, des anges, de Jésus-Christ. Genes. 12. 7. *Apparuit Dominus Abram* : Le Seigneur apparut à Abram c. 17. 1. c. 18. v. 1. 2. etc. Exod. 3. 2. *Apparuit ei Dominus* : Dieu apparut à Moïse sous la forme d'un buisson ardent. v. 16. c. 4. v. 1. 3. Act. 7. 35.

Les anges ont souvent apparu. Luc. 1. 11. *Apparuit illi angelus* : Un ange apparut à Zacharie; à Jésus-Christ. c. 22. 43. c. 1. 26. à saint Joseph. Matth. 1. 20. c. 2. v. 13. 19. etc. Les anges ont plus souvent apparu dans l'Ancien Testament, non-seulement sous le nom d'ange comme Judic. 6. 12. c. 13. v. 3. 9. etc., mais aussi sous le nom du Seigneur.

Jésus-Christ, après sa résurrection, s'est fait voir à ses apôtres et à ses disciples. Marc. 16. 9. *Apparuit primo Mariæ Magdalenæ* : Il apparut premièrement à Marie-Magdeleine. v. 14. Luc. 24. 34. *Et apparuit Simoni*. Act. 1. 3. *Per dies quadraginta apparens eis* : Il apparut à ses apôtres durant quarante jours, et à plusieurs autres. Jésus-Christ s'est fait voir aux anges. 1. Tim. 3. 16. *Apparuit angelis* : Il a été manifesté aux anges, parce qu'ils ont considéré avec admiration et avec un profond respect un Dieu incarné. Mais après avoir paru dans son premier avénement. Tit. 2. 11. *Apparuit gratia Dei Salvatoris nostri omnibus hominibus* : La grâce de Dieu notre Sauveur a paru à tous les hommes; Gr. le Salutaire à tous les hommes a paru dans le monde (ἐπιφαίνεσθαι). c. 3. 4. 1. Jo. 3. 5. Il paraîtra au jugement dernier dans son second avénement. Coloss. 3. 4. *Cum Christus apparuerit, vita vestra, tunc et vos apparebitis cum ipso in gloria* : Lorsque Jésus-Christ, qui est votre vie, viendra à paraître, vous paraîtrez aussi avec lui dans la gloire (φανεροῦσθαι). 1. Joan. 2. 28.

Les morts sont quelquefois ressuscités et se sont rendus visibles. Matth. 27. 53. *Exeuntes de monumentis post resurrectionem ejus, venerunt in sanctam civitatem, et appuruerunt multis* : Plusieurs saints, sortant de leurs tombeaux après la résurrection de Jésus-Christ, vinrent en la ville sainte et furent vus de plusieurs personnes (ἐμφανίζεσθαι). Ces saints étaient, ou des fidèles de ce temps-là, ou des anciens patriarches, ou quelques-uns des uns et des autres.

Les Hébreux n'ont point d'autre mot que le verbe *nireah*, *videri*, être vu, pour marquer toute sorte d'apparitions; mais l'interprète latin se sert ordinairement du verbe *apparere* pour les signifier.

7° Paraître, signifie aussi avoir l'apparence de quelque chose sans en avoir la réalité. Esth. 11. 5. *Apparuerunt voces, et tumultus et tonitrua* : Il lui semblait qu'il entendait des voix, un tumulte, un tonnerre. C'était une vision que Mardochée eut en songe.

APPARITOR, IS. Ce mot vient du verbe *apparere*, paraître devant un prince ou un magistrat pour exécuter ses ordres, et signifie :

Un huissier, un archer. 1. Reg. 19. 14. *Misit Saul apparitores qui raperent David* : Saül envoya dès le matin des archers pour prendre David (ἄγγελες, *nuntius*)

Le mot d'*appariteur*, en français, signifie les bedeaux de l'université qui portent des masses devant le recteur et les quatre facultés. Les exécuteurs de la justice ecclésiastique s'appellent aussi *appariteurs* : ils ne sont pas, comme les huissiers ou sergents, en titre d'office, ils n'ont qu'une simple commission, et tous les clercs peuvent mettre à exécution les mandements des évêques et des officiaux; mais en latin il marque tous les officiers qui sont autour du tribunal de leur maître, tous prêts d'exécuter ses ordres.

APPELLARE, καλεῖν. Ce verbe est formé d'*ad*, et de l'ancien verbe *pellare* qui signifiait parler à quelqu'un, s'adresser à lui; ainsi il marque :

1° Appeler, nommer, donner un nom. Genes. 2. 20. *Appellavit Adam nominibus suis cuncta animantia* : Adam appela chacun des animaux d'un nom qui leur était propre; ce qui marquait la science profonde qu'il avait reçue de Dieu; il n'aurait pu marquer la propriété de la nature de chaque animal sans les connaître parfaitement. c. 17. 5. *Nec ultra vocabitur nomen tuum Abram, sed appellaberis Abraham* : Vous ne vous appellerez plus Abram, mais vous vous appellerez Abraham ; ce nom est mystérieux, aussi bien que plusieurs autres dans les livres saints. c. 22. 24. c. 25. 25. etc. Ainsi, c. 1. 5. *Appellavitque lucem diem, et tenebras noctem* : Dieu donna à la lumière le nom de jour, et aux ténèbres le nom de nuit; c'est-à-dire que les hommes devaient appeler la lumière du nom de jour, et les ténèbres du nom de nuit, Dieu les ayant séparés l'un d'avec l'autre.

2° Qualifier, marquer par quelque nom. Sap. 13. 10. *Infelices sunt qui appellaverunt deos opera manuum hominum* : Ceux-là sont vraiment malheureux, qui ont donné le nom de dieux aux ouvrages de la main des hommes. c. 14. 22. *Tot et tam magna mala pacem appellant* : Les hommes donnent le nom de paix à des maux si grands et en si grand nombre (προσαγορεύειν). Le Sage parle des désordres que cause l'adoration des idoles. 2. Mach. 14. 37.

3° Estimer, réputer, considérer. Prov. 16. 21. *Qui sapiens est corde, appellabitur prudens* : Celui qui a la sagesse du cœur ; c'est-à-dire cette véritable sagesse qui consiste dans la connaissance et la pratique des maximes de la religion, sera estimé sage et prudent, quoiqu'il n'ait point acquis les autres sciences, n'y ayant point d'autre sagesse véritable que celle-là. Eccli. 5. 16. *Non appelleris susurro* : Fuyez de passer pour un semeur de rapports, ou ne soyez point tel. *Etre appelé*, en Hébreu, signifie *être*. Voy. VOCARE. Isa. 32. 5. Jac. 2. 23.

4° Appeler d'un juge inférieur à un supérieur (ἐπικαλεῖσθαι). Act. 25. 11. *Cæsarem appello* : J'en appelle à César. v. 12. c. 26. 32. c. 28. 19.

5° Etablir, déclarer (προσαγορεύειν). Hebr. 5. 10. *Appellatus a Deo pontifex juxta ordinem Melchisedech* : Jésus-Christ a été déclaré pontife selon l'ordre de Melchisédech.

APPENDERE, κρεμᾶν, ἱστάναι.

§ 1. — Pendre ou suspendre à quelque chose. Exod. 13. 16. *Erit quasi signum in manu tua, et quasi appensum quid inter oculos tuos* : Tenez ceci suspendu comme un signe en vos mains, et sur votre front entre vos yeux. Les Juifs observaient ceci à la lettre, ils mettaient sur leurs mains et sur leur front des bandes de parchemin, où étaient écrites les paroles de la Loi. Jos. 2. 21. *Appendit funiculum coccineum in fenestra* : Rahab pendit un cordon d'écarlate à sa fenêtre (δεῖν, *ligare*). Exod. 26. 32. c. 40. 19. Num. 3. 26. etc. Ainsi, Job dit que Dieu suspend la terre sur le néant. c. 26. 7. *Appendit terram super nihilum* : parce que l'ayant créée, selon le sentiment de toute l'antiquité, comme l'élément le plus pesant au centre du monde, elle y est comme suspendue et soutenue par sa propre pesanteur, *ponderibus librata suis*; ou plutôt par sa fermeté que Dieu soutient, et qui la tient suspendue au milieu de l'univers, la terre n'ayant point d'autres fondements : c'est pourquoi le Sage dit, Prov. 8. 29 : *Appendebat fundamenta terræ* : Dieu pesant les fondements de la terre, les tenait suspendus (ἰσχυρὰ ποιεῖν, *firma facere*). C'est ce que dit encore Isa. 40. 12. *Quis appendit tribus digitis molem terræ?* Qui soutient de trois doigts toute la masse de la terre ? Les écrivains sacrés se servent de ces expressions, pour marquer la toute-puissance de Dieu.

C'est à cette première signification que se rapporte le mot de *pendere*, pour marquer le supplice de ceux qu'on attache à la potence. Deut. 21. 22. *Quando peccaverit homo, et adjudicatus morti appensus fuerit in patibulo, non permanebit cadaver ejus in ligno* : Lorsqu'un homme aura commis un crime, et qu'ayant reçu l'arrêt de mort, il aura été pendu, son corps mort ne demeurera point attaché au bois. La raison que Dieu en donne, c'est parce que celui qui est pendu au bois est maudit de Dieu ; car ceux qui étaient ainsi pendus au bois, étaient exposés comme un signal éclatant et infâme de la malédiction du péché, qui défigurait l'image de Dieu, et qui devait être retiré promptement des yeux des hommes. Voy. MALEDICTUM. Esth. 2. 23. c. 5. 14. c. 7. 9.

§ 2. — 1° Peser, examiner le poids de quelque chose. Eccli. 42. 7. *Ubi manus multæ sunt, claude, et quodcumque trades, numera et appende* : Où il y a beaucoup de mains, tenez tout fermé, donnez tout compté et pesé, et ne manquez point d'écrire ce que vous aurez donné et reçu (ἐν σταθμῷ). 1. Esdr. 8. 25. *Appendi eis aurum et argentum, et vasa consecrata domus Dei nostri* : Je pesai devant eux l'argent et l'or, et les vases consacrés de la maison de notre Dieu ; Hebr. offerts, savoir, par le roi et ses conseillers. v. 26. 29. 33.

2° Payer ou donner au poids (ἀπακαθιστάναι). Genes. 23. 16. *Abraham appendit pecuniam quam Ephron postulaverat* : Abraham fit peser à Ephron l'argent qu'il lui avait demandé et le paya. Ce verbe signifie payer, parce que, dans ces premiers temps, l'argent ne se comptait point, mais on le pesait. 2. Reg. 18. 12. *Si appenderes in manibus meis mille argenteos:* Quand vous me donneriez présentement mille pièces d'argent (περιστάναι). Esth. 3. 9. 3. Reg. 20. 39. 2. Par. 25. 8. Job. 28. 15. Isa. 55. 2. Jerem. 32. v. 9. 10. Ainsi, Zach. 11. 12. *Et appenderunt mercedem meam triginta argenteos :* Ils pesèrent alors trente pièces d'argent qu'ils me donnèrent pour ma récompense. Matth. 26. 15. *Constituerunt ei triginta argenteos;* le verbe grec ἱστάναι, qui répond à *constituere,* signifie aussi peser, aussi bien que l'Hébreu *sakal,* d'où vient *siclus.* De là viennent ces façons de parler figurées, *appendere in statera altitudines montium :* Peser dans la balance les plus hautes montagnes ; pour marquer le pouvoir que l'on a sur tout l'univers. C'est ce qu'Antiochus s'attribuait avec une insolence insupportable. 2. Mac. 9. 8. Voy. STATERA. Car cela n'appartient qu'à Dieu, de qui il est dit aussi, Job. 28. 25, *Qui aquas appendit in mensura :* C'est lui qui a pesé et mesuré l'eau, en faisant tomber les pluies sur la terre autant qu'elle en a besoin, et en marquant à la mer les limites qui la doivent resserrer. (Voy. Isa. 40. 12. c. 48. 13.)

3° Peser, avoir de la gravité et du poids, être pesant. Exod. 37. 24. *Talentum auri apdendebat candelabrum :* Le chandelier pesait un talent d'or. 2. Reg. 21. 16. *Ferrum hastæ trecentas uncias appendebat :* Le fer de sa lance pesait trois cents sicles. Voy. UNCIA. Genes. 24. 22. 2. Par. 3. 9. et souvent dans les Nombres.

4° Peser, examiner, considérer. Job. 6. 2. *Utinam appenderentur peccata mea!* Plût à Dieu que mes péchés et les maux que je souffre fussent mis les uns avec les autres dans une balance! Nous ne devons juger de ces paroles que par la sentence de Dieu même, qui a rendu témoignage à la justice de Job. c. 31. 6. *Appendat me in statera justa :* Que Dieu pèse mes actions dans une balance juste, et qu'il connaisse la simplicité de mon âme. Prov. 21. 2. *Appendit corda Dominus :* Le Seigneur pèse les cœurs. Dan. 5. 26. *Appensus es in statera :* Vous avez été pesé dans la balance. Voy. STATERA (κατευθύνειν, *dirigere*).

APPETERE, ἐπιθυμεῖν. — 1° Désirer quelque chose avec passion. Sap. 8. 5. *Si divitiæ appetuntur in vita, quid sapientia locupletius quæ operatur omnia?* Si on souhaite les richesses de cette vie, qu'y a-t-il de plus riche que la sagesse qui fait toutes choses? 1. Tim. 6. 10. Hebr. 11. 16. — 2° Attaquer, atteindre. Num. 5. 14. *Quæ falsa suspicione appetitur :* Une femme qui est atteinte ou accusée par un faux soupçon.

APPETITOR, IS, qui désire quelque chose avec passion (ἀλλοτριεπίσκοπος). 1. Pet. 4. 15. *Nemo vestrum patiatur ut homicida, aut fur, aut maleficus, aut alienorum appetitor :* Que nul de vous ne souffre comme homicide, ou comme larron, ou comme faisant de mauvaises actions, ou comme faisant des desseins sur le bien d'autrui; Gr. ou, comme se mêlant témérairement de ce qui ne le regarde pas.

APPETITUS, US. Ce nom signifie l'appétit sensitif, le désir, et de plus :

Passion, convoitise. Genes. 4. 7. *Sub te erit appetitus ejus, et tu dominaberis illius,* sc. *peccati :* Vous tiendrez sous vous votre concupiscence, et vous la dominerez par votre libre arbitre fortifié de la grâce. Ezech. 21. 16. *Vade ad dexteram, sive ad sinistram, quocumque faciei tuæ est appetitus :* O épée, allez à droite ou à gauche, partout où votre désir violent vous appellera ; le mot *facies* est souvent un pléonasme qui n'ajoute rien à la signification.

APPHAIM, Heb. *Vultus,* fils de Nadab, père de Jési, descendant de Juda. 1. Par. 2. 30.

APPHUS, *indignationis consilium;* Gr. σαπφοὺς. Surnom de Jonathas. 1. Mach. 2. 5.

APPIA, Æ ; Gr. Ἀππία. *Producens.* Appie, dame chrétienne de la ville de Colosse et femme de Philémon. Philem. 1. 2. *Appiæ sorori charissimæ :* Paul.... à notre très-chère sœur Appie.

APPIUS, I, *Idem.* Appius, surnommé l'Aveugle, magistrat romain d'un très-grand mérite; c'est de lui qu'a été appelée la ville ou la place nommée *le marché d'Appius,* où l'on bâtit depuis trois hôtelleries pour la commodité des voyageurs à cinquante milles de Rome. Ce lieu est devenu une ville épiscopale, qui depuis a été détruite. C'est aujourd'hui Casarilio di S. Maria. Voy. FORUM, Voy. TABERNA.

APPLAUDERE, ἐπικροτεῖν. Applaudir, battre des mains pour marquer qu'on approuve quelque chose ; et figurément,

Louer et approuver quelque action. Jerem. 5. 31. *Prophetæ prophetabant mendaciter, et sacerdotes applaudebant manibus suis :* Les prophètes débitaient des mensonges comme des prophéties, les prêtres leur applaudissaient, et mon peuple y trouvait son plaisir.

APPLICARE, προσάγειν. Approcher une chose d'une autre, attacher, accommoder, ajuster; dans l'Ecriture :

1° Approcher, mettre auprès, faire venir auprès (ἐγγίζειν). Genes. 48. 13. *Applicuit ambos ad eum :* Joseph approcha de Jacob ses deux enfants pour les faire bénir. v. 10. Exod. 22. 8. *Dominus domus applicabitur ad deos* (προσέρχεσθαι) : On fera venir le maître de la maison devant les juges. 1. Reg. 10. 20. 21. *Et applicuit Samuel tribus Israel :* Samuel fit venir toutes les tribus devant l'arche, où étaient les urnes qui servaient à jeter le sort. v. 21. c. 14. 18. *Applica arcam Domini :* Approchez l'arche du Seigneur, pour le consulter. Exod. 21. 6. c. 28. 1. c. 29. v. 4. 10. c. 40. 12. etc. D'où vient, *Applicare manum ad os suum :* Porter sa main à sa bouche, c'est-à-dire, manger. Prov. 19. 24. *Abscondit piger manum suam sub ascella, nec ad os suum applicat eam :* Le paresseux porte sa main sous son aisselle, et il ne prend pas la peine de la porter à sa bouche. *Applicare* ou *convertere manum ad os suum,* signifie, manger; ainsi, cacher sa main sous son aisselle, et ne pas prendre la peine de la porter à sa bouche, marque figurément une paresse extrême d'un homme qui aime mieux se laisser mourir de faim, que de travailler pour vivre. Voy. Os. 1. Reg. 14. 26. Ainsi, Ezech. 8. 17. *Applicant ramum ad nares* : Ils portent un rameau à leur nez. Le prophète marque par ces paroles une espèce d'idolâtrie ; car comme il y avait des arbres consacrés à différents dieux, c'était prendre part à l'idolâtrie que d'en prendre un rameau par superstition et le porter à son nez, soit pour le sentir, soit pour marquer l'honneur qu'on rend à la fausse divinité, à laquelle ce rameau était consacré.

2° Prendre, ou mettre sur soi, se revêtir. 1. Reg. 23. 9. *Dixit ad Abiathar sacerdotem : Applica Ephod* : David dit au prêtre Abiathar : Prenez l'Ephod. c. 30. 7. *Applica ad me Ephod; et applicavit Abiathar Ephod ad David* : Mettez pour moi l'Ephod, et Abiathar se revêtit de l'Ephod pour David, afin qu'il y reconnût la volonté de Dieu.

3° Aborder, venir à bord (προσορμίζεσθαι). Marc. 6. 53. *Venerunt in terram Genesareth, et applicaverunt* : Ils vinrent en la terre de Génésareth et abordèrent. Act. 20. 15. Ce verbe est ici actif, et l'on sous-entend le mot *navem;* ainsi aborder, c'est faire avancer le vaisseau sur le bord. C'est en ce sens qu'il se prend, 2. Par. 2. 16. *Cœdemus ligna de Libano et applicabimus ea ratibus per mare in Joppe* (ἄγειν) : Nous ferons couper dans le Liban tout le bois dont vous aurez besoin, et nous le ferons charger sur des barques pour le conduire par mer à Joppé.

4° Débarquer, mettre hors du vaisseau (ἐκτινάσσειν, *dejicere*). 3. Reg. 5. 9. *Applicabo ea ibi* : Je ferai débarquer là les bois de cèdre et de sapin, et vous aurez soin de les faire prendre.

5° Avancer, marcher contre (παραναβάλλειν). 1. Mac. 3. 40. *Applicuerunt Emmaum* : Les ennemis vinrent camper près d'Emmaüs. v. 42. *Vidit Judas et fratres ejus... quia exercitus applicabant ad fines eorum* : Judas et ses frères reconnurent que l'armée ennemie s'approchait de leur pays (παρεμβάλλειν, *castrametari*). c. 4. 2. c. 5. 5. c. 6. v. 26. 31. et souvent ailleurs dans ce livre. Mais ce verbe est encore ici actif, et l'on y sous-entend le pronom ou quelque nom qui est exprimé en d'autres endroits. c. 5. 50. *Applicuerunt se viri virtutis* : Les plus vaillants hommes s'attachèrent aux murailles (παρεμβάλλειν). c. 7. 39. *Castra applicuit ad Bethoron* : Nicanor vint camper près de Béthoron. c. 9. 3. *Applicuerunt exercitum ad Jerusalem* : Bacchides et Alcime se rendirent avec toute l'armée près de Jérusalem.

6° Allier, associer (προστιθέναι). Dan. 11. 34. *Applicabuntur eis plurimi fraudulenter* : Plusieurs se joindront à eux par une alliance feinte. Le prophète parle de ceux qui ayant consenti à l'idolâtrie, du temps des Machabées, devaient se rejoindre à leur parti pour un peu de temps et d'une manière peu sincère.

7° Unir, attacher, engager. Num. 16. 5. *Sanctos applicabit sibi* : Dieu consacrera à son service pour être ses prêtres ceux qui seront sanctifiés. Eccli. 33. 12. *Ex ipsis sanctificavit, et ad se applicavit* : De tous les hommes Dieu en sanctifie quelques-uns, qu'il tient toujours attachés à lui. Zach. 2. 11. *Et applicabuntur gentes multæ ad Dominum in die illa* : En ce jour-là plusieurs peuples s'attacheront au Seigneur (ἐγγίζειν, προσφεύγειν, *confugere*). Le prophète prédit la vocation des gentils. Ainsi, Jerem. 30. 21. *Applicabo eum, et accedet ad me* : Je l'appliquerai moi-même, et il s'approchera de moi. Dieu parle, selon la pensée de saint Jérôme, de cette liaison merveilleuse, par laquelle il a uni très-étroitement le Sauveur avec soi, par l'union hypostatique de la nature humaine avec la nature divine de son propre Fils (συνάγειν, *congregare*).

8° Appliquer, conduire, régler. Job. 40. 14. *Qui fecit eum, applicabit gladium ejus* : Celui qui a fait l'éléphant, appliquera et conduira son épée ; c'est-à-dire, sa trompe où est la principale force de cet animal. Voy. GLADIUS.

9° Appliquer, porter un coup sur quelqu'un, faire tomber dessus (ἐπάγειν). Eccli. 2. 4. *Omne quod tibi applicitum fuerit, accipe* : Acceptez de bon cœur tout le mal qui vous arrivera de la part de Dieu.

10° Appliquer, donner son application. Jerem. 30. 21. *Quis enim est qui applicet cor suum, ut appropinquet mihi?* Qui est celui qui puisse appliquer son cœur pour s'approcher de moi? dit le Seigneur. Nous n'approchons de Dieu qu'autant qu'il nous attire à lui par sa grâce. Nul ne peut venir à moi, si mon Père qui m'a envoyé ne le tire à lui, dit Jésus-Christ (*Joan.* 6. 44. Ose. 7. 6. *Applicuerunt quasi clibanum cor suum* (ἀνακαίειν, *accendere*) : Ils se sont portés à l'idolâtrie avec la même ardeur qu'est celle d'un four chaud. Osée parle des Israélites du temps de Jéhu.

APPONERE, προστιθέναι. Ce verbe signifie mettre une chose auprès d'une autre, ou sur une autre.

1° Mettre auprès, apposer, appliquer. 3. Reg. 7. 36. *Sculpsit Cherubim quasi in similitudinem hominis stantis, ut non cœlata sed apposita per circuitum viderentur* : Hiram fit encore des chérubins représentant un homme qui est debout, en sorte que ces figures paraissaient non point gravées, mais ajoutées tout à l'entour du bassin.

De là vient *Apponere :* Présenter, servir des viandes (παρατιθέναι). Luc. 10. 8. *Manducate quæ apponuntur vobis* : Mangez ce qu'on vous présentera. Genes. 24. 33. *Et appositus est in conspectu ejus panis* : En même temps on lui servit à manger. c. 43. 32. 4. Reg. 4. 43. c. 6. 23. Prov. 23. 2. Eccli. 31. 19. Marc. 8. v. 6. 7. Act. 16. 34. 1. Cor. 10. 27. La raison de cette expression vient de ce qu'on met auprès ou devant les personnes les viandes qu'on leur sert. Ainsi ce qu'on met devant quelqu'un pour le prendre ou le laisser, s'exprime par ce verbe. Eccli. 15. 17. *Apposuit tibi aquam et ignem* : Dieu a mis auprès de vous l'eau et le feu, afin que vous portiez la main du côté que vous voudrez. Ces paroles marquent la liberté qu'a eue le premier homme et qui reste encore dans ses descendants, pour se porter au bien ou au mal. De même aussi *offrir* est rendu par ce mot. Baruch. 6. v. 29. 24.

Apponere, mettre auprès, pour signifier enterrer, appartient à ce premier nombre. Gen. 25. 17. *Appositus est ad populum suum :* Ismaël fut réuni à son peuple. c. 35. 29. *Appositus est populo suo :* Isaac fut joint à son peuple, c'est-à-dire, à ses ancêtres, et est mort aussi bien qu'eux. c. 49. 32. Deut. 32. 50. Judith. 14. 6. Dan. 13. 65. 1. Mac. 2. 69. c. 14. 30. Act. 13. 36. Cette façon de parler est fondée sur la coutume des Hébreux, d'enterrer les morts auprès de leurs proches.

2° Joindre, ajouter. Ps. 119. 3. *Quid detur tibi, aut quid apponatur tibi ad linguam dolosam?* Que pourra-t-on ajouter à la grandeur du mal que vous cause la langue trompeuse ? Apoc. 22. 18. *Si quis apposuerit ad hæc :* Si quelqu'un ajoute quelque chose aux paroles de cette prophétie, Dieu le frappera de plaies. Ajouter à l'Ecriture, c'est la falsifier et la corrompre, c'est l'interpréter en un mauvais sens. Voy. ADDERE. Prov. 3. 2. *Longitudinem dierum, et annos vitæ, et pacem apponent tibi :* La pratique de la loi de Dieu fait trouver la longueur des jours, la multiplication des années et la paix. Ainsi, c. 10. 27. *Timor Domini apponet dies :* La crainte du Seigneur prolonge les jours, quoique les gens de bien vivent ordinairement longtemps par une grâce particulière de Dieu, et par le régime d'une vie sage et réglée. Ces passages s'entendent principalement de la vie éternelle qui est ajoutée à la vie présente, au lieu que les méchants passent de cette vie à une mort éternelle. Ps. 68. 32. *Appone iniquitatem super iniquitatem eorum :* Faites qu'ils ajoutent iniquité sur iniquité, pour en combler la mesure.

On peut rapporter à cette signification le verbe *apponere* avec l'infinitif d'un autre verbe, ou avec *ut* suivi d'un subjonctif, pour dire, continuer de faire, ou faire encore quelquefois. Ps. 77. 17. *Et apposuerunt adhuc peccare ei :* Les Israélites ne laissèrent pas de pécher encore contre le Seigneur, nonobstant toutes les faveurs dont il les comblait. 1. Mach. 9. v. 1. 72. *Non apposuit amplius venire :* Bacchides ne revint plus depuis en Judée. Ainsi, Act. 12. 3. *Apposuit ut apprehenderet et Petrum :* Hérode Agrippa fit encore prendre Pierre. Prov. 19. 19. *Qui impatiens est sustinebit damnum, et cum rapuerit, aliud apponet :* Celui qui ne peut rien endurer en souffrira de la perte, et lorsqu'il aura commencé de prendre quelque chose, il continuera de le faire. Plusieurs l'entendent du pauvre qui souffre impatiemment sa pauvreté. Voy. RAPERE.

Mais ce verbe en plusieurs endroits semble n'être qu'un pléonasme qui n'ajoute rien. Ps. 76. 8. *Non apponet ut complacitior sit adhuc?* Dieu ne pourra-t-il plus se résoudre à nous être favorable? Ps. 88. 23. *Filius iniquitatis non apponet nocere ei :* Le méchant ne pourra lui nuire. Ps. H. 10. 18. Ps. 77. 17. 1. Reg. 7. 13.

3° Joindre, réunir, associer. Jerem. 50. 5. *Apponentur ad Dominum fœdere sempiterno :* Ils se réuniront au Seigneur par une alliance éternelle. Cette prophétie marque l'établissement de l'Eglise par la réunion des Juifs et des Gentils. Act. 2. 41. c. 11. 24. *Apposita est multa turba Domino :* Un grand nombre de personnes crurent et se joignirent au Seigneur.

4° Appliquer, attacher, pour marquer l'affection que l'on a pour quelque chose : d'où vient, *Apponere cor.* Ps. 61. 11. *Divitiæ si affluant, nolite cor apponere :* Si vous avez beaucoup de richesses, gardez-vous bien d'y attacher votre cœur. Exod. 7. 23. Job. 7. 17. Prov. 22. 17. Eccl. 8. 16.

5° Opposer, exposer en butte (ἐπιτιθέναι). Act. 18. 10. *Nemo apponetur tibi ut noceat,* etc. : Personne ne vous pourra maltraiter.

6° Imposer, appliquer, faire ressentir (ἐπιτιθέναι). Apoc. 22. 18 *Si quis apposuerit ad hæc, apponet Deus super illum plagas :* Si quelqu'un ajoute quelque chose à cette prophétie, Dieu le frappera des plaies qui sont écrites dans ce Livre. 2. Reg. 20. 10. *Nec secundum vulnus apposuit :* Joab n'eut pas besoin de frapper Amasa d'un second coup. 2. Par. 10. 11. *Pater meus imposuit vobis grave jugum, et ego majus pondus apponam :* Mon père, dit Roboam, vous a imposé un joug pesant, et je vous déclare que je le rendrai encore plus pesant.

7° Indisposer, aliéner. 2. Mach. 5. 24. *Cumque appositus esset contra Judæos :* Menelaüs étant plein de haine contre les Juifs; Gr. ἀπεχθῶς ἔχειν διάθεσιν, *infensum habere affectum.*

8° Abattre, mettre à bas, rendre inutile κατακεῖσθαι. Sap. 17. 7. *Magicæ artis appositi erant derisus :* C'est alors que toutes les illusions de l'art des magiciens devinrent inutiles; Gr. *jacebant.*

APPOSITIO, NIS, θέμα. Nom verbal qui signifie l'action par laquelle on met une chose auprès d'une autre ou sur une autre; ainsi, *Appositio epularum :* c'est l'action par laquelle on sert des viandes sur table. Eccli. 30. 18. *Bona abscondita in ore clauso, quasi appositiones epularum circumpositæ sepulcro :* Des biens exquis devant une bouche fermée, sont comme un grand festin autour d'un sépulcre. Le Sage parle contre ces hommes riches que Dieu afflige de maladies continuelles, et qui sont dans l'impuissance de jouir des biens qu'ils ont amassés avec tant de soin ; les viandes délicieuses qu'on leur sert sont devant eux comme un festin magnifique que l'on servirait devant un mort. Voy. ABSCONDITUS.

APPORTARE, φέρειν Porter à quelqu'un, apporter. 2. Reg. 18. 31. *Bonum apporto nuntium :* Chusi dit à David : Je vous porte une bonne nouvelle. 2. Esd. 12. 13.

APPREHENDERE, κρατεῖν, ἐπιλαμβάνεσθαι, προλαμβάνεσθαι, καταλαμβάνειν.

1° Prendre avec la main, empoigner (λαμβάνειν) Genes. 8. 9. *Apprehensam intulit in arcam :* Etendant la main, prit la colombe et la remit dans l'arche. c. 19. 16. *Dissimulante illo, apprehenderunt manum ejus :* Les anges voyant que Loth différait toujours de sortir, ils le prirent par la main. c. 39. 12. c. 48. 17. Matth. 14. 31. M rc. 1. 31. etc.

On peut rapporter à cette signification toutes les manières par lesquelles on prend quelqu'un, ou en l'attirant à soi, ou en le tirant à part pour quelque raison que ce soit. Isa. 3. 6. *Apprehendet vir fratrem suum, domesticum patris sui, Vestimentum tibi est, princeps esto, noster :* Chacun prendra son propre frère, né dans la maison de son père, et lui dira, Vous êtes riche en vêtements, soyez notre prince; ce qui marque une grande disette de personnes qui fussent propres pour conduire. c. 4. 1. *Et apprehendent septem mulieres virum unum :* En ce temps-là sept femmes, c'est-à-dire, plusieurs femmes rechercheront en mariage un seul homme; ce qui fait voir encore une grande défaite d'hommes et une grande désolation. Marc. 7. 33. *Et apprehendens eum de turba :* Jésus le tirant de la foule du peuple, et le prenant à part. c. 8. 32. *Et apprehendens eum Petrus :* Pierre le tirant à part, commença à le reprendre. Isa. 41. 9. *Apprehendi te ab extremis terræ :* Je vous ai pris pour vous tirer des extrémités du monde; ce qui se dit figurément de Dieu, qui a tiré son peuple de la Chaldée dans la personne d'Abraham qu'il en a fait sortir (ἀντιλαμβάνεσθαι). Ainsi, *Apprehendere manum alicujus :* Prendre quelqu'un par la main; c'est, 1° le soutenir, le soulager, le secourir. Isa. 42. 6. *Ego Dominus vocavi te in justitia, et apprehendi manum tuam :* Je suis le Seigneur qui vous ai appelé dans la justice, qui vous ai pris par la main. Dieu parle à son Fils Jésus-Christ, à qui il a donné les grâces nécessaires pour être le Médiateur des hommes. c. 41. 13. c. 45. 1. c. 51. 18. Jerem. 31. 32. Hebr. 8. 9. C'est encore en ce sens que s'entend cet endroit de saint Paul. Hebr. 2. 16. *Nusquam angelos apprehendit, sed semen Abrahæ apprehendit :* Jésus-Christ n'a pas pris les anges pour les délivrer, mais il a pris la race d'Abraham. Le mot grec qui est au présent, signifie, prendre un homme par la main, pour le tirer de la servitude ou des liens; on ne fait point Jésus-Christ le libérateur des anges, mais des hommes marqués par la race d'Abraham, de qui il a voulu descendre. Dieu n'a pas racheté les anges, parce qu'ils ne s'étaient pas perdus tous; mais il a racheté la nature humaine, qui était périe tout entière dans la personne de son premier père.

2° Implorer le secours de quelqu'un. Zach. 14. 13. *Apprehendet vir manum proximi sui :* L'un prendra la main de l'autre; Dieu menace les ennemis de Jérusalem de jeter l'épouvante et la confusion parmi eux, ce qui les obligera d'avoir recours à leurs voisins et de faire des alliances avec eux. Voy. CONSERERE. Ezech. 29. 7.

Apprehendere arma : Prendre les armes, se préparer à la guerre. Ps. 34. 2. *Apprehende arma et scutum :* non pas que Dieu ait besoin d'armes pour punir les méchants; mais le Psalmiste se sert de cette expression pour les épouvanter.

2° Prendre, se saisir, se rendre maître (πιάζειν). Joan. 8. 20. *Nemo apprehendit eum, quia necdum venerat hora ejus :* Personne ne se saisit de Jésus-Christ, parce que son heure n'était pas encore venue. 3. Reg. 18. 40. *Apprehendite prophetas Baal, et ne unus quidem effugiat ex eis* (συλλαμβάνειν): Prenez les prêtres de Baal, et qu'il ne s'en échappe pas un seul. c. 13. 4. c. 20. 18. 4. Reg. 14. 7. Joan. 7. v. 30. 32. 44. Act. 16. 19. c. 17. 19. etc. Ce qui se dit aussi des passions de l'âme, des afflictions et des autres choses. Ps. 47. 7. *Tremor apprehendit eos :* Le tremblement les a saisis. Num. 32. 23. *Scitote quoniam peccatum vestrum (pœna peccati) apprehendet vos :* Et ne doutez point que votre péché ne retombe sur vous, et que vous n'en soyez punis. Jerem. 6. 24. c. 49. 24. Job. 41. 17. *Cum apprehenderit eum gladius :* Si on le veut percer de l'épée, nulle arme ne pourra le blesser. Job parle de la baleine, sous le nom de Leviathan.

3° Surprendre, attraper, tromper. Job. 5. 13. *Qui apprehendit sapientes in astutia eorum :* Dieu trompe les sages par leur propre sagesse. c. 27. 20. Ps. 34. 8. Eccli. 7. 1. c. 23. v. 8. 30. Ainsi, 1. Cor. 10. 13. *Tentatio vos non apprehendat nisi humana :* Je désire qu'il ne vous arrive que des tentations humaines et ordinaires. On explique aussi cet endroit des afflictions et des persécutions. Gr. *Non apprehendit.* Jusqu'à maintenant vous n'avez supporté qu'une tentation humaine; c'est-à-dire, une persécution ordinaire. Voy. TENTATIO.

4° Atteindre, parvenir à quelque chose. 1. Tim. 6. 12. *Apprehende vitam æternam, in qua vocatus es :* Travaillez à remporter le prix de la vie éternelle, à laquelle vous avez été appelé. Eccli. 15. 2. *Qui continens est justitiæ apprehendet illam :* Celui qui est affermi dans la justice, Gr. *dans la loi,* possédera la sagesse. v. 7. c. 11. 10. c. 27. 9. Job. 23. 9. Isa. 59. 9. Jerem. 49. 16. Ose. 2. 7. Ainsi, 1. Mac. 10. 23. *Apprehendere amicitiam :* Gagner l'amitié de quelqu'un (φιλίαν κατατεθέσθαι). On peut aussi rapporter à cette signification cet endroit du Lévitique, Levit. 26. 5. *Apprehendet messium tritura vindemiam :* La moisson sera si abondante qu'elle durera jusqu'à la vendange. Voy. COMPREHENDERE. Amos 9. 13.

5° Aimer quelque chose, s'y porter avec ardeur, s'y attacher (δράσσεσθαι). Ps. 2. 12. *Apprehendite disciplinam :* embrassez étroitement la pureté de la discipline; Heb. *osculamini Filium;* embrassez le Fils, adorez-le, et soumettez-vous à sa discipline. 2. Par. 17. 22. Prov. 2. 19. c. 3. 18. Isa. 56. 1. Jerem. 8. 6. Baruch. 4. 2. Rom. 9. 31. Cant. 7. 8. c. 8. 2.

APPRETIARE, τιμᾶν. Ce verbe n'est point en usage dans les auteurs latins; mais en français *Appretiare* signifie estimer, ou mettre un prix à une chose qu'on ne peut payer, ou représenter en espèce, comme les grains des redevances seigneuriales, et autres choses; dans l'Ecriture, *Appretiare* signifie :

Estimer, mettre à prix (δοκιμάζειν). Zach. 11. 13. *Et dixit Dominus ad me, Projice illud ad statuarium, decorum pretium quo appretiatus sum ab eis :* Allez jeter à l'ouvrier en argile cet argent, cette belle somme qu'ils ont cru que je valais. Dieu ordonne au prophète de faire en vision ce que Judas devait faire en effet. Matth. 27. 9. *Tunc impletum est quod dictum est per Jeremiam Prophetam* (Zacharie l'a tiré de Jérémie, ou c'est une faute de copiste, qui met l'un pour l'autre). *Et acceperunt triginta argenteos pretium appretiati (quem appretiaverunt) a filiis Israel, et dederunt eos in agrum figuli :* Ils ont reçu les trente pièces d'argent, qui était le prix de celui qui a été mis à prix, et dont ils avaient fait le marché avec les enfants d'Israel. Voy. STATUARIUS.

APPROBARE. Approuver, donner son approbation.

1° Approuver, en pratiquant ce qui est ordonné. Mich. 6. 9. *Audite tribus, et quis approbabit illud?* Ecoutez, ô tribus; mais combien peu recevront avec soumission ce que Dieu leur dit?

2° Approuver, reconnaître, autoriser (ἀποδεικνύειν). Act. 2. 22. *Jesum Nazarenum, virum approbatum a Deo in vobis* (interemistis) : Vous avez fait mourir Jésus de Nazareth, que Dieu avait rendu célèbre par les merveilles qu'il a faites au milieu de vous.

APPROPINQUARE, ἐγγίζειν. Approcher, venir près de quelque lieu ou de quelque personne ; mais parce qu'en approchant de quelqu'un, c'est pour lui faire du bien ou du mal, ce verbe signifie quelquefois dans l'Ecriture, maltraiter, persécuter ; le verbe Hébreu *karab,* signifie approcher et faire la guerre. |

1° Approcher, venir près. Prov. 5. 8. *Ne appropinques foribus domus ejus :* N'approchez point de la porte de sa maison; le Sage avertit les jeunes gens d'éviter la présence d'une prostituée. Eccl. 4. 17. *Appropinqua ut audias :* Approchez-vous pour écouter. Il parle à ceux qui entrent dans l'Eglise, qui est la maison du Seigneur. Luc. 7. 12. c. 10 34. c. 13. 25. etc.

Or ce verbe *appropinquare* signifie quelquefois être près d'un lieu que l'on a passé. Luc. 18. 35. *Cum appropinquaret Jericho:* Lorsqu'il était près de Jéricho, et qu'il en sortait, comme il paraît. Matth. 20. v. 29. 30. *Egredientibus illis ab Jericho.* Luc. 19. 29. *Et factum est cum appropinquasset ad Bethphage et Bethaniam :* Il avait passé Béthanie. Marc. 11. 1. *Et cum appropinquarent Jerosolymis et Bethaniæ :* Ils avaient passé ce dernier lieu, comme il le voit. Matth. 21. 1. *Et cum appropinquassent Jerosolymis et venissent Bethphage.*

2° Venir, arriver, en parlant du temps. Matth. 3. 2. c. 4. 17. c. 10. 7. *Appropinquavit regnum cœlorum :* Le royaume du ciel est proche, ou est arrivé; c'est-à-dire le temps du Messie, qui promet à ceux qui le recevront de les faire régner dans le ciel, est enfin arrivé. Matth. 26. 45. *Ecce appropinquavit hora :* L'heure est venue que le Fils de l'homme va être livré entre les mains des pécheurs. Luc. 10. v. 9. 11. 3. Reg. 3. 1. Eccl. 12. 1. etc.

3° Etre favorable, secourir, protéger. Thren. 3. 57. *Appropinquasti in die quando invocavi te :* Vous vous êtes approché de moi pour me secourir au jour où je vous ai invoqué. Jac. 4. 8. *Appropinquate Deo, et appropinquabit vobis :* Approchez-vous de Dieu, et il s'approchera de vous; nous approchons de Dieu quand il nous attire à lui par sa grâce, et il s'approche de nous en se communiquant à nous d'une manière particulière, et nous faisant agir par le mouvement de son Saint-Esprit. Deut. 4. 4. *Nec est alia natio tam grandis quæ habeat deos appropinquantes sibi, sicut Deus noster :* Il n'y a point d'autre nation, quelque puissante qu'elle soit, qui ait des dieux aussi proches d'elle; c'est-à-dire, si favorables et si appliqués à faire du bien.

4° Agréable, et bien reçu. 3. Reg. 8. 59. *Et sint sermones mei isti appropinquantes Domino Deo nostro die ac nocte :* Que les paroles de cette prière que j'ai faite devant le Seigneur, lui soient présentes jour et nuit; c'est-à-dire, qu'il les exauce et continue toujours de me protéger. Ps. 118. 169. *Appropinquet deprecatio mea in conspectu tuo, Domine :* Que ma prière s'approche de vous, qu'elle trouve un favorable accès auprès de vous.

5° Approcher pour faire du mal, nuire, incommoder, maltraiter. Ps. 54. 19. *Redimet in pace animam meam ab his qui appropinquant mihi :* Le Seigneur me donnera la paix, et me sauvera la vie d'entre les mains de ceux qui s'approchent pour me perdre. v. 22. *Appropinquavit cor illius :* Il a conçu dans son cœur le dessein de me perdre. Ps. 37. 12. *Amici mei et proximi mei adversum me appropinquaverunt :* Mes amis et mes proches se sont élevés contre moi. Ps. 90. v. 7. 10. Isa. 54. 14. Voy. APPROPIARE, APPROXIMARE.

§ 1er. *Diverses expressions de ce verbe.*

1° *Appropinquare ad aliquid :* Devenir semblable à quelque chose. Eccli. 24. 43. *Fluvius meus appropinquavit ad mare :* Mon fleuve est devenu une mer. La doctrine de la Sagesse est devenue abondante comme un fleuve, quand les écrits des prophètes ont été ajoutés aux livres de Moïse; et ce fleuve est devenu une grande mer, quand cette doctrine s'est répandue par tous les pays où les Juifs étaient dispersés, du temps de l'auteur de l'Ecclésiastique. Ainsi, c. 37. 43. *Aviditas appropinquabit usque ad choleram :* Les viandes prises avec excès se tournent en bile, et donnent la colique.

2° *Appropinquare iniquitati :* S'approcher de l'iniquité; c'est l'aimer et s'y attacher (προσεγγίζειν). Ps. 118. v. 150. *Appropinquaverunt persequentes me iniquitati :* Mes persécuteurs se sont portés à l'iniquité, et se sont éloignés de votre loi. Heb. Ceux qui me persécutent injustement se sont approchés de moi pour me faire du mal. Voy. n. 5.

3° *Appropinquare inferno,* ou *corruptioni :* Approcher du tombeau, être près de mourir.

Ps. 87. 4. *Vita mea inferno appropinquavit :* Ma vie est toute proche de la mort. Job. 33. 22. *Appropinquavit corruptioni anima ejus :* Il se voit près de la corruption. Eccli. 51. 9. Ainsi, ps. 106. 18. *Appropinquaverunt usque ad portas mortis :* Ils ont été en très-grand danger de perdre la vie. Voy. INFERNUS.

4° *Appropinquare pedibus alicujus :* Se tenir aux pieds de quelqu'un. Deut. 33. 3. *Qui appropinquant pedibus ejus accipient de doctrina illius :* Ceux qui se tiennent à ses pieds, comme les disciples se tiennent aux pieds de leur maître, recevront ses instructions et sa doctrine : il faut de la soumission pour recevoir de Dieu ses instructions et ses grâces.

5° *Appropinquare solio iniquitatis :* Être près d'un trône injuste, être près d'y monter pour y commettre des injustices. Amos 6. 3. *Qui appropinquatis solio iniquitatis :* Heb. Qui approchez de vous le siége d'injustice. D'autres expliquent : Qui êtes près d'être assujettis à un roi barbare. Voy. Ps. 93. 20.

6° *Appropinquare uxori :* S'approcher de sa femme ; c'est une expression honnête, pour marquer l'usage du mariage (προσέρχεσθαι) Exod.19. 15. *Ne appropinquetis uxoribus vestris :* N'approchez point de vos femmes. Dieu demande une grande pureté pour recevoir sa loi.

§ 2. — APPROPINQUARE DEO OU AD DEUM, approcher de Dieu.

Cette phrase signifie, 1° servir Dieu dans un ministère sacré. Levit. 10. 3. *Sanctificabor in iis qui appropinquant mihi :* Je serai sanctifié par ceux qui approchent de moi pour me servir. Num. 16. 5. *Quòs elegerit appropinquabunt ei :* Ceux que le Seigneur a élus s'approcheront de lui pour exercer leur ministère (προσάγειν, *Adducere*). Jerem. 30. 21. Ezech. 42. 13. c. 44. 13.

2° Embrasser le culte du vrai Dieu. Isa. 41. 5. *Appropinquaverunt et accesserunt :* Ils se sont approchés, et ils sont venus à moi. Les interprètes qui examinent de plus près le sens de ce passage, l'entendent des infidèles qui, étant épouvantés par les prodiges que Dieu faisait en faveur de Moïse, de Josué et d'Abraham, s'assemblaient pour se fortifier dans la résolution de défendre leur idolâtrie.

3° Se convertir à Dieu par un repentir sincère, et avec les sentiments d'une vraie humilité. Jac. 4. 8. *Appropinquate Deo, et appropinquabit vobis :* Approchez-vous de Dieu, et il s'approchera de vous. On s'approche de Dieu par les mouvements du cœur, excité par sa grâce. Soph. 3. 2. *Ad Deum suum non appropinquavit :* Jérusalem ne s'est point approchée de son Dieu par un sincère repentir de ses crimes, et ne s'est point corrigée. Ce qui se fait quelquefois par hypocrisie. Isa. 29. 13. *Appropinquat populus iste ore suo, et labiis suis glorificat me, cor autem ejus longe est a me :* Ce peuple s'approche de moi de bouche et me glorifie des lèvres ; mais son cœur est éloigné de moi. c. 58. 2. *Appropinquare Deo volunt :* Ils veulent en apparence s'approcher de Dieu. Voy. Matth. 15. 8. Marc. 7. 6.

4° Être particulièrement uni à Dieu, lui appartenir de près. Ps. 148. 14. *Hymnus omnibus sanctis ejus filiis Israel, populo appropinquanti sibi :* Qu'il soit loué par tous les saints, par les enfants d'Israël, par ce peuple qui est proche de lui et consacré à son service ; c'est-à-dire, par tous ceux qu'il a sanctifiés, et dont il s'est approché lui-même par un pur effet de sa bonté ; c'est à ces vrais Israélites-là qu'il convient de louer Dieu.

APPROPIARE, ἐγγίζειν. De la préposition *ad*, et de l'adverbe *prope*, verbe inusité, qui signifie encore :

1° Approcher, venir près. Exod. 3. 5. *Ne appropies huc :* N'approchez point d'ici ; c'est-à-dire, près du buisson ardent. Voy. RUBUS. Luc. 12. 33. *Facite vobis thesaurum non deficientem in cœlis quo fur non appropiat :* Amassez dans le ciel un trésor qui ne périsse jamais, d'où les voleurs ne puissent approcher pour l'enlever. 1. Mac. 6. 42. Luc. 10. 34. Ce qui se dit aussi du temps qui arrive. 1. Mach. 9. 10. *Et si appropiavit tempus nostrum, moriamur in virtute propter fratres nostros :* Si notre heure est arrivée, mourons courageusement pour nos frères.

2° Avancer vers quelqu'un pour lui nuire, maltraiter, persécuter. Ps. 26. 2. *Dum appropiant super me nocentes :* Lorsque ceux qui me veulent perdre sont près de fondre sur moi. Voy. APPROPINQUARE.

3° Arriver, s'exécuter, s'accomplir. Isa. 5. 19. *Appropiet, et veniat consilium Sancti Israel, et sciemus illud :* Que les desseins du saint d'Israël s'avancent et s'accomplissent, afin que nous reconnaissions s'il est véritable. Ce sont là les sentiments des pécheurs endurcis, qui oublient les jugements de Dieu, et veulent les voir pour les croire.

4° Approcher, avancer par les affections de l'âme et les mouvements du cœur. Eccli. 51. 31. *Appropiate ad me, indocti :* Approchez-vous de moi, vous qui n'êtes pas savants. C'est la Sagesse qui parle et qui invite ceux qui ne se croient pas savants, à apprendre d'elle la véritable science, dont elle prive ceux qui se croient savants.

APPROXIMARE, ἐγγίζειν. Ce verbe, qui n'est pas non plus en usage en latin, est formé d'*ad* et de *proximus*, et signifie aussi approcher, avancer de près ; mais il ne se trouve dans notre Vulgate que pour signifier :

Approcher pour nuire et incommoder. Ps. 31. 6. *Verumtamen in diluvio aquarum multarum ad eum non approximabunt :* Afin que dans le déluge des grandes eaux, elles n'approchent point des saints. Ces eaux marquent l'inondation des maux qui viendra fondre sur les méchants, et qui n'incommodera point les bons. v. 9. *In camo et freno maxillas eorum constringe, qui non approximant ad te :* Serrez avec le mords et la bride la bouche de ces animaux, afin qu'ils ne puissent point vous mordre. Ce mords et cette bride marquent les maux dont Dieu afflige les méchants, pour les empêcher de nuire et de faire mal.

APTARE. Ce verbe, qui vient du simple *apere*, du grec ἅπτειν, *nectere, ligare*, signifie : — 1° Ajuster, joindre une chose à une autre. Exod. 28. 27. *Ut aptari possit cum superhumerali* : Afin que le Rational puisse s'ajuster avec l'Ephod. Levit. 8. 8. — 2° Former, composer, καταρτίζειν. *Perficere*. Heb. 10. 5. *Corpus autem aptasti mihi* : Vous m'avez formé un corps, savoir, dans l'Incarnation ; ce qui se peut dire particulièrement de Jésus-Christ. Voy. PERFICERE. c. 11. 3. *Fide intelligimus aptata esse sæcula* (*i. e.* mundum) *verbo Dei* : C'est par la foi que nous savons que le monde a été fait par la parole de Dieu. Le mot Grec signifie faire ou rendre parfait par un juste assemblage de plusieurs parties. c. 13. 21. *Aptet vos in omni bono* : Que le Dieu de paix vous rende parfaits, propres et bien disposés à toute bonne œuvre. Saint Paul les considère comme les membres d'un même corps, lesquels faisant chacun leur fonction, s'accordent tous à faire le bien. Il se sert du même mot, 1. Cor. 1. 10. 2. Cor. 3. 12. pour exciter à la concorde ; *perfecti estote*. — 3° Préparer, bâtir (κατασκευάζειν). Hebr. 11. 7. *Fide Noe metuens aptavit arcam* : C'est par la foi que Noé bâtit l'arche, appréhendant ce qu'on ne voyait point encore.

APTUS, A, UM, ἐπιτήδειος, εὔθυτος. Ce nom qui vient du verbe *apio*, *apere*, ou *apisci*, signifie proprement, joint, lié, attaché, d'où se tire une signification plus commune.

1° Propre, convenable, sortable. Esth. 14. 12. *Fletibus et luctui apta indumenta suscepit*: Esther ayant quitté ses habits de reine, elle en prit de conformes à son affliction et à ses larmes. Eccli. 20. 6. *Est tacens, sciens tempus aptum* : Il y en a qui se taisent, parce qu'ils discernent quand il est temps de parler. Dan. 13. 15. 1. Mach. 4. 46. 2. Mach. 2. 30.

2° Bon, utile. Num. 32. 1. *Filii Ruben et Gad cum vidissent aptas alendis gregibus terras* : Les enfants de Ruben et de Gad, voyant que les terres de Galaad étaient bonnes pour la nourriture des bestiaux. Deut. 20. 20. Sap. 4. 5. Jerem. 13. v. 7. 10. Ezech. 15. 5. 1. Mach. 14. 34. Act. 27. 12.

3° Propre et disposé à quelque chose. 1. Reg. 14. 52. *Quemcumque viderat Saul virum fortem et aptum ad prælium, sociabat eum sibi* : Aussitôt que Saül avait reconnu qu'un homme était propre à la guerre, il le prenait auprès de lui. 1. Par. 7. 40. 2. Par. 26. 13. 1. Mach 13. 40. 2. Mach. 3. 37. Ruth. 1. 12. Luc. 9. 62.

4° Préparé, formé, destiné (κατηρτισμένος). Rom. 9. 22. *Quod si Deus volens ostendere iram et notam facere potentiam suam, sustinuit in multa patientia vasa iræ apta in interitum*: Destinés à la perdition ; *apta*, selon le grec, est mis pour *aptata*. Voy. APTARE, n. 2. Dieu a préparé les vases de miséricorde, et leur a fourni les moyens de parvenir au bonheur auquel il les a destinés de toute éternité : que si les vases de colère sont destinés à périr, ce n'est point par aucun effet de la volonté de Dieu, mais seulement par sa permission.

APUD, πρός, παρά. Cette préposition se fait du vieux mot *aper*, ou *apur*, qui avait la même signification ; car autrefois l'*r* se mettait pour le *d* ; *arventus*, pour *adventus* ; *aper* pour *apud*, dit Victorin. Elle marque, ou le lieu, ou la personne ; si c'est le lieu qu'elle regarde, elle signifie auprès, ou dedans ; si c'est la personne, elle signifie chez, dans, auprès, ou devant, en présence : Voyons les exemples que l'Ecriture nous fournit.

1er. — *Apud*, pour marquer le lieu.

1° Auprès, proche (ἐπί). Ps. 80. 7. *Probavi te apud aquam contradictionis*: Je vous ai éprouvé proche les eaux de contradiction. Voy. CONTRADICTIO.

2° Dedans, en, ou à (κατά). 2. Mach. 4. 36. *Regem adierunt Judæi apud Antiochiam*: Les Juifs allèrent trouver le roi à Antioche. c. 12. 40. *Invenerunt sub tunicis interfectorum de donariis idolorum quæ apud Jamniam fuerunt* : Ils trouvèrent sous les tuniques de ceux qui étaient morts au combat, des choses qui avaient été consacrées aux idoles, qui étaient dans Jamnia. Eccl. 9. 10. *Nec sapientia, nec scientia erunt apud inferos* (ἐν) : Il n'y aura plus ni sagesse, ni science dans le sépulcre où vous courez ; on ne trouvera plus en l'autre vie les vertus que l'on aura méprisées en celle-ci. Eccli. 14. 17. Isa. 10. 28.

§ 2. — *Apud*, quand il regarde la personne.

1° Chez, pour marquer le lieu, ou la demeure (μετά, Cum). Genes. 29. 19. *Mane apud me*: Demeurez avec moi dans ma maison. 1. Reg. 5. 7. c. 22. v. 4. 9. Act. 9. 43. c. 10. v. 6. 48. c. 18. 3. 2. Tim. 4. 13. etc. Chez marque aussi ce qui est au pouvoir et à la disposition de quelqu'un. Genes. 31. 32. *Apud quemcumque inveneris deos tuos, necetur*: Je consens que quiconque sera trouvé avoir pris vos dieux, soit puni de mort. c. 44. v 9. 10. 1. Par. 29. 8. Tob. 4. 15. Job. 14. 5. c. 16. 12. c. 25. 2. Eccli. 44. 19.

2° Parmi. Matth. 13. 56. *Sorores ejus nonne omnes apud nos sunt* : Ses sœurs ne sont-elles pas toutes parmi nous? c. 22. 25. c. 26. 55. c. 28. 15. Marc. 9. 18. etc.

Chez ou parmi, marque aussi l'usage et la coutume d'une nation. Gen. 34. 14. *Non possumus facere quod illicitum et nefarium est apud nos*: Nous ne pouvons faire ce qui est défendu et abominable parmi nous. Judith. 12. 11. *Fœdum est apud Assyrios* : C'est une chose honteuse chez les Assyriens.

3° Avec, pour marquer la liaison et la connexité. Joan. 1. 1. *Verbum erat apud Deum*; v. 2. *Hoc erat in principio apud Deum* : Il était au commencement avec Dieu ; on doit plutôt dire, avec, que, dans Dieu en cet endroit et dans les autres, où il est dit que le Verbe est avec son Père, pour marquer contre Sabellius la distinction des hypostases ou subsistances; comme l'éternité du même Verbe est établie contre Arius par ces paroles. *In principio erat Verbum* : Au commencement était le Verbe. 1. Joan. 1. 2. *Annuntiamus vobis vitam æternam quæ erat apud Patrem* : Nous vous annonçons la vie éternelle qui était avec le Père ou dans le Père. Joan. 14. 17. *Apud vos manebit* : Le Saint-Esprit demeurera avec vous et sera dans vous. Galat. 4. 20. 3. Reg. 2. 8.

4° Dans, en quelqu'un. Joan. 8. 38. *Ego quod vidi apud Patrem meum, loquor* : Pour moi, je dis ce que j'ai vu dans mon Père. 3. Reg. 11. 11. *Quia habuisti hoc apud te*, parce que le péché s'est trouvé en vous. C'est Dieu qui parle à Salomon. 4. Reg. 3. 12. *Est apud eum sermo Domini* : La parole du Seigneur est en lui; c'est un prophète de Dieu. Joan. 14. 23. c. 17. 5. Rom. 2. 11. c. 9. 14. 2. Cor. 1. 17. Ainsi, ps. 129. 4. *Apud te propitiatio est. v. 17. apud Dominum misericordia et copiosa apud eum redemptio* : Dieu est plein de miséricorde, et il se trouve en lui une rédemption abondante. Jac. 1. 17. etc. A quoi se peut rapporter cet endroit du 2. Reg. 19. 43. *Decem partibus major ego sum apud regem* : Je dois être considéré dix fois plus que vous, en ce qui regarde la personne du roi. Gr. *in Rege.*

§ 3. — *Apud*, quand il signifie auprès, par rapport à la personne.

Cette préposition en ce sens marque ordinairement quelque liaison, quelque bonne intelligence, ou quelque familiarité avec la personne. 2. Cor. 7. 4. *Multa mihi fiducia est apud vos* : J'ai beaucoup de confiance en vous; Gr., Je vous parle avec grande liberté. v. 14. *Si quid apud illum de vobis gloriatus sum* : Si je me suis loué de vous auprès de lui. c. 9. 2. *Invenire gratiam apud aliquem* : Trouver grâce auprès de quelqu'un ; mais ce n'est seulement qu'un pléonasme, qui se peut rendre par le génitif, ou le datif, ou l'ablatif, avec la préposition *a* ou *ab*.

1° *Apud*, pris pour le genitif. Prov. 28. 23. *Qui corripit hominem gratiam postea inveniat apud eum, magis quam ille qui per linguæ blandimenta decipit* : Celui qui reprend un homme trouvera grâce ensuite auprès de lui, plus que celui qui le trompe par des paroles flatteuses : *Gratiam invenire apud aliquem*, c'est *gratium alicujus acquirere* : Acquérir la faveur de quelqu'un. Luc. 1. 30.

2° *Apud*, pris pour le datif. Matth. 19. 26. *Apud homines hoc impossibile est, apud Deum autem omnia possibilia sunt* : Cela est impossible aux hommes, mais tout est possible à Dieu. Marc. 10. 27. Luc. 1. 37. c. 18. 27. Phil. 4. 6. Deut. 17. 8. c. 33. 5. etc.

3° Pour l'ablatif, avec la préposition *a* ou *ab*, 1° Pour signifier, de la part. Job. 27. 13. *Hæc est pars hominis impii apud Dominum*; Gr., *a Domino* : Voici le partage que l'homme impie recevra de la part de Dieu. Ps. 108. 20. *Hoc opus eorum qui detrahunt mihi apud Dominum*; Gr., *a Domino* : C'est là la manière dont seront punis de Dieu ceux qui m'attaquent par leurs médisances. Matth. 6. 1. Rom. 4. 2. 2° Pour marquer la cause efficiente. Ps. 36. 23. *Apud Dominum gressus hominis dirigentur*; Gr., *a Domino* : Les pas de l'homme seront conduits par le Seigneur. Isa. 54. 17. 2. Mach. 1. 36. Act. 26. 29. 3° Pour marquer le sujet de quelque chose. Ps. 21. 26. *Apud te laus mea in ecclesia magna*; Gr., *a te*, où *de te* : Vous serez le sujet de mes louanges.

§ 4. — *Apud*, quand il signifie devant, en présence.

1° Devant, en présence, soit d'un juge. Joan. 5. 45. *Nolite putare quia ego accusaturus sim vos apud Patrem* : Ne pensez pas que ce soit moi qui vous accuserai devant le Père. Act. 23. 30. *Denuntians et accusatoribus ut dicant apud te* : Ayant aussi commandé à ses accusateurs d'aller proposer devant vous ce qu'ils ont à dire contre lui. 2. Mac. 10. 13. Act. 24. 19. c. 25. 9. c. 26. 2. 1. Cor. 6. v. 1. 6; soit en présence d'autres personnes. 2. Cor. 12. 19. *Putatis quod excusemus nos apud vos?* Pensez-vous que ce soit notre dessein de nous justifier devant vous? 2. Cor. 1. 18. *Sermo noster qui fuit apud vos* : La parole que j'ai annoncée devant vous. v. 20.

2° Devant, en présence, marque quelquefois figurément la vue et la connaissance qu'on a de quelque chose (ἀπὸ). 2. Reg. 3. 28. *Mundus ego sum et regnum meum apud Dominum* : David dit : Je suis innocent devant le Seigneur, moi et mon royaume, du sang d'Abner; c'est-à-dire Dieu sait que je suis innocent. Ps. 38. 13. *Advena ego sum apud te et peregrinus* : Je suis devant vous comme un étranger et un voyageur; vous voyez que je suis un étranger et un voyageur.

Quelquefois ce mot marque l'état et la situation où l'on se trouve à l'égard de quelqu'un. Ainsi, *apud Deum* signifie le respect et la soumission que l'on doit à Dieu. 1. Cor. 7. 24. *Unusquisque in quo vocatus est in hoc permaneat apud Deum* : Que chacun demeure dans l'état où il était quand il a été appelé, et qu'il s'y tienne devant Dieu, c'est-à-dire avec le respect et la soumission qu'il lui doit. 1. Reg. 2. 21. *Magnificatus est puer Samuel apud Dominum* : Samuel crût et devint grand en servant le Seigneur.

Quelquefois aussi il signifie l'estime et l'approbation de quelqu'un. Sap. 4. 1. *Casta generatio... apud Deum nota est et apud homines* : La race chaste, c'est-à-dire la virginité, est en honneur devant Dieu et devant les hommes. 2. Reg. 23. 5. Judith. 16. 14. Ainsi, Luc. 2. 52. *Jesus proficiebat sapientia et ætate et gratia apud Deum et homines* : Jésus croissait en sagesse, en âge et en grâce devant Dieu et devant les hommes.

3° Devant ou après, marque encore le rapport et la comparaison d'une chose avec une autre. Dan. 4. 32. *Omnes habitatores terræ apud Deum, in nihilum reputati sunt* : Tous les habitants de la terre sont, devant ou auprès du Très-Haut, comme un néant. Ps. 72. 22. *Ut jumentum factus sum apud te* : Je suis devenu comme une bête en votre présence; c'est-à-dire je n'entendais, non plus qu'une bête, la hauteur de vos desseins sur les hommes.

§ 5. — *Apud*, en d'autres significations différentes, παρά.

1° Cette préposition marque ce qui se fait à part et en secret. Ps. 41. 10. *Apud me oratio Deo vitæ meæ* : Voici la prière que j'offrirai à Dieu en secret et au dedans de moi. Marc. 9. 9. *Et verbum continuerunt apud se* : Ils tinrent la chose secrète.

Elle signifie encore ce qui se met en réserve. Sap. 5. 16. *Apud Dominum est merces eorum* : Le Seigneur réserve aux justes leur récompense. 1. Cor. 16. 2. *Per unam Sabbati unusquisque vestrum apud se seponat* : Que chacun de vous mette à part chez soi ce qu'il pourra contribuer. Ainsi, *apud se* signifie quelquefois en soi-même, intérieurement, en particulier. Luc. 18. 11. *Pharisæus stans hæc apud se orabat* : Le Pharisien, se tenant debout, priait ainsi en lui-même. Joan. 6. 62. 2. Cor. 2. 1. c. 10. 7. Jac. 2. 4. Sap. 2. 1.

2° *Apud* marque aussi le sentiment que l'on a et le jugement que l'on porte de quelque chose en soi-même. Prov. 3. 7. *Ne sis sapiens apud temetipsum* : Ne soyez point sage à vos propres yeux. c. 11. 1. Exod. 34. 7. Deut. 22. 5. c. 23. 18. Rom. 2. 13. c. 12. 16. 1. Cor. 3. 19. Galat. 3. 11. etc.

3° Envers. 1. Joan. 2. 1. *Si quis peccaverit, advocatum habemus apud Patrem, Jesum Christum* : Si quelqu'un pèche, nous avons pour avocat envers le Père, Jésus-Christ. 1. Esdr. 9. 8.

4° Contre. 1. Cor. 9. 3. *Mea defensio apud eos qui me interrogant* : Voici ma défense contre ceux qui me reprennent. Gr. τοῖς.

AQUA, æ, ὕδωρ. — Ce nom, dont l'origine est assez incertaine, vient ou du mot *æquitas*, parce que, si l'eau n'est point troublée, elle est égale et unie dans sa surface, d'où vient *æquor*, pour signifier la mer ; ou du mot grec χοά, qui signifie *fusio*.

Eau, élément froid et humide par sa nature. Genes. 1. 6. *Fiat firmamentum in medio aquarum, et dividat aquas ab aquis* : Que le firmament soit fait au milieu des eaux, et qu'il divise les eaux d'avec les eaux. L'on ne sait précisément si le firmament qui divise les eaux d'avec les eaux, se doit entendre ou du ciel dans lequel Dieu a créé le soleil et les astres, ou de l'étendue de l'air à qui on donne le nom de *ciel*. Mais, dans ce doute, il semble qu'on doit plutôt s'en tenir à ce qu'en dit l'Ecriture plus formellement, quoique plus difficile à comprendre. Voy. FIRMAMENTUM. Ce nom se donne à tous les corps clairs et liquides qui coulent sur la terre, comme eau de mer, de rivière, etc. L'eau, en particulier, signifie :

1° La pluie ou les eaux des nuées. 2. Reg. 22. 12. *Cribrans aquas de nubibus cælorum* : Le Seigneur a fait distiller les eaux des nuées du ciel. Ps. 17. 12. Job. 26. v. 5. 10. Prov. 8. 28.

2° Le déluge. Isa. 54. 9. *Juravi ne inducerem aquas Noe ultra super terram* : J'ai juré à Noé de ne répandre plus sur la terre les eaux du déluge. Job. 26. 5.

3° Les larmes. Jerem. 9. 1. *Quis dabit capiti meo aquam* : Plût à Dieu que ma tête s'écoule en pleurs. v. 18. *Palpebræ nostræ defluant aquis* : Qu'il sorte de nos paupières des ruisseaux de larmes. Thren. 1. 16. c. 3. 48. Ps. 118. 136.

4° La sueur (ὑγρασία). Ezech. 7. 17. *Omnia genua fluent aquis* : Saint Jérôme l'explique de l'urine que la peur cause dans les grands dangers. c. 21. 7. *Per cuncta genua fluent aquæ*. Les Hébreux appellent l'urine *aqua pedum*. Voy. URINA.

5° Suc, liqueur. Jerem. 8. 14. *Potum dedit nobis aquam fellis* : Le Seigneur nous a abreuvés d'un suc de fiel : il nous a affligés par de grandes peines. c. 9. 15. c. 23. 15. Voy. FEL.

§ 2. — Significations moins propres et métaphoriques.

1° Toute sorte de breuvage, comme le pain signifie toute sorte d'aliment. Exod. 23. 25. *Servietisque Domino Deo vestro, ut benedicam panibus tuis et aquis* : Vous servirez le Seigneur votre Dieu, afin que je bénisse le pain que vous mangerez et les eaux que vous boirez. Deut. 2. v. 6. 28. c. 23. 4. 1. Reg. 25. 11. Job. 15. 16. Prov. 25. 21. etc.

2° Les terres arrosées d'eau. Isa. 32. 20. *Beati qui seminatis super omnes aquas* : Vous êtes heureux, vous qui semez le long de toutes les eaux, dans les champs qui en sont arrosés. Ces paroles marquent une abondance de biens temporels, par lesquels on entend les biens spirituels. On l'entend ordinairement des apôtres, qui ont semé la parole de Dieu sur les peuples, dont les cœurs étaient arrosés des eaux de la grâce. Eccl. 11. 1. *Mitte panem tuum super transeuntes aquas* : Répandez votre pain (c'est-à-dire votre semence) le long des eaux qui passent ; c'est-à-dire dans des lieux arrosés d'eau, d'où on doit recueillir en son temps beaucoup de fruit : cela s'explique aussi, à la lettre, de la libéralité que l'on exerce à l'égard des pauvres. Voy. OCTO. Isa. 15. 6. Jerem. 48. 34. *Aquæ Nemrim* se prennent pour les pâturages, d'où viennent ces façons de parler. Isa. 19. v. 5. 6. *Arescet aqua de mari* : La mer se trouvera sans eaux, pour marquer la stérilité et la désolation d'un pays.

3° Les biens temporels que l'on possède. Prov. 5. 15. *Bibe aquam de cisterna tua* : Usez des biens qui vous sont propres ; d'autres croient que le Sage enseigne qu'il ne faut point connaître d'autre femme que la sienne ; ce qui convient bien à ce qui suit : *Deriventur fontes tui foras, et in plateis aquas tuas divide* : Qu'on voie paraître vos enfants dans les places publiques, comme des ruisseaux sortis d'une citerne ; *Habeto eas solus* : Qu'il n'y en ait point d'illégitimes (dans le sens mystique, ce passage s'entend de la doctrine de la vérité qui se puise dans l'Eglise) ; Isa. 58. 11. Ezech. 34. 18. *Cum purissimam aquam biberetis, reliquam pedibus vestris turbabatis* : Le prophète marque les riches voluptueux, qui, se rassasiant des mets les plus exquis, en laissent dissiper les restes, sans avoir soin d'en faire part aux pauvres. Ainsi, Ezech. 31. v. 14. 16. *Irrigare aquis* : C'est combler de biens. Voy. IRRIGARE.

4° Le plaisir déshonnête que l'on recherche

avec passion. Eccli. 26. 15. *Ab omni aqua proxima bibet*: La fille dissolue ouvrira sa bouche à la fontaine, comme un voyageur pressé de la soif : elle boira toutes les eaux qui sont près d'elle; c'est-à-dire, qu'elle jouira de tous les plaisirs déshonnêtes qui se rencontreront, en se laissant aller au déréglement de ses désirs.

5° Les faveurs et les grâces de Dieu, ou les effets du Saint-Esprit. Isa. 11. 9. *Repleta est terra scientia Domini sicut aquæ maris operientes* : La terre est remplie de la connaissance du Seigneur, comme la mer des eaux dont elle est couverte. c. 12. 3. *Haurietis aquas in gaudio de fontibus Salvatoris* : Vous puiserez avec joie des eaux des fontaines du Sauveur. Jerem. 2. 13. Ezech. 16. v. 4. 9. etc. Joel. 3. 18. Zach. 14. 8. Voy. Can. p. 7. n. 3. Joan. 4. v. 10. 11. 14. c. 7. 38. Hebr. 10. 22. *Abluti corpus aqua munda* : Ayant le corps lavé dans l'eau pure du Baptême. 1. Joan. 5. v. 6. 8. *Hic est qui venit per aquam et sanguinem*: Jésus-Christ s'est déclaré le Sauveur du monde, tant par le baptême d'eau qu'il a établi, et qui était marqué par l'eau qui a coulé de son côté, que par le sang qu'il a versé pour le salut des âmes : cette eau, ce sang, et l'esprit qu'il a rendu, ont prouvé son humanité. Apocalyp. 7. 17. c. 21. 6. c. 22. v. 1. 17.

A cette signification se rapportent ces façons de parler. Ps. 106. 35. *Ponere desertum in stagna aquarum:* Rendre fertile un pays désert. Isa. 41. 17. *Dare aquas.* c. 43. 20. *Effundere aquas.* c. 44. 3. *Adducere per torrentes aquarum.* Jerem. 31. 9. Mais cela s'entend dans le sens principal des grâces spirituelles et des bénédictions du Nouveau Testament, comme Ps. 64. 10. Voy. FLUMEN.

6° Les afflictions et les misères de la vie. 2. Reg. 22. 17. Ps. 17. 17. *Assumpsit me de aquis multis*: Le Seigneur m'a pris et m'a retiré du milieu des eaux. Ps. 31. 6. Ps. 6. 12. Ps. 68. v. 2. 16. Ps. 87. 18. Ps. 123. v. 4. 5. Ps. 143. 7. Prov. 17. 14. Thren. 3. 54. Ezech. 7. 17. Apoc. 12. 15. Voy. Matth. 7. 27. et Luc. 6. 48. Les afflictions sont représentées par les eaux; parce que (dit saint Grégoire) elles viennent les unes sur les autres comme des vagues.

7° La tige et la source d'une postérité. Isa. 48. 1. *Qui vocamini nomine Israel et de aquis Juda existis* : Qui êtes sortis de la tige de Juda. Ps. 67. 27. *De fontibus Israel* : Des sources d'Israël.

8° La postérité même. Num. 24. 7. *Fluet aqua de situla ejus, et semen illius erit in aquas multas:* Il aura une grande postérité. Prov. 5. 16. *In plateis aquas tuas divide:* Répandez vos eaux dans les rues. Qu'on y voie courir vos enfants.

9° Une armée et des peuples. Isa. 8. 7. *Ecce Dominus adducet super eos aquas fluminis fortes et multas, regem Assyriorum*. Le Seigneur fera fondre sur eux le roi des Assyriens avec toute sa gloire, comme de grandes et violentes eaux d'un fleuve rapide : il oppose ces eaux violentes aux eaux douces et paisibles qui marquent la puissance légitime des successeurs de David. v. 6. *Abjecit populus iste aquas Siloe:* Ce peuple a rejeté les eaux de Siloé. Voy. SILOÉ.

10° Le déréglement des mœurs ou de la doctrine. Isa. 1. 22. *Vinum tuum mixtum est aqua*: Votre vin a été mêlé d'eau; la pureté du vin signifie la pureté des mœurs ou de la doctrine, et le mélange de l'eau marque le mélange du vice ou de l'erreur.

§ 3. — EXPRESSIONS figurées et métaphoriques.

1° *Aqua brevis*, eau courte que l'on ne donne qu'avec mesure et en fort petite quantité; cela signifie l'affliction et les maux que l'on souffre. Isa. 30. 20. *Et dabit vobis Dominus panem arctum et aquam brevem:* Il est vrai que le Seigneur vous affligera; Heb., vous donnera du pain avec affliction. Ainsi, Ezech. 4. 16. 3. Reg. 22. 27. Voy. ANGUSTIA.

2° *Aqua contradictionis*. L'eau que Dieu donna par miracle aux Hébreux dans le désert de Sin, lorsqu'ils s'élevèrent avec des paroles injurieuses contre Moïse, dans la nécessité qui les pressait. Num. 20. 13. *Hæc est aqua contradictionis ubi jurgati sunt filii Israel contra Dominum:* C'est là l'eau de contradiction, où les enfants d'Israël murmurèrent contre le Seigneur. c. 27. 14. etc. Ç'a été depuis le nom du lieu où se fit cette rébellion. Deut. 32. 51. c. 33. 8. etc.

3° *Aquam dimittere*, donner ouverture ou passage à l'eau; c'est être cause de quelques grands maux, auxquels on ne peut plus remédier. Prov. 17. 14. *Qui dimittit aquam, caput est jurgiorum:* Celui qui commence une querelle est comme celui qui donne l'ouverture à l'eau, qui se déborde ensuite et fait de grands maux.

Ainsi, Eccli. 25. 34. *Non des aquæ tuæ exitum nec modicum, nec mulieri nequam veniam prodeundi*: Ne donnez point à l'eau d'ouverture, quelque petite qu'elle soit, ni permission de sortir à une méchante femme: il fait voir, par cette même comparaison, qu'on ne peut plus retenir une méchante femme, si peu qu'on lui donne de liberté.

4° *Aqua et ignis:* L'eau et le feu se prennent pour toute sorte de choses, dont ils sont les principes. Eccli. 15. 17. *Apposuit tibi aquam et ignem:* Il a mis auprès de vous l'eau et le feu; c'est-à-dire, toutes choses pour en user comme on le juge à propos : ce qui s'entend ou du premier homme, qui en pouvait user bien ou mal avec une liberté tout entière, ou de ses enfants, qui n'en peuvent bien user qu'avec le secours d'une plus puissante grâce de Dieu; mais il semble que *aqua et ignis* sont déterminés par ce qui suit: *Vita et mors, bonum et malum;* ainsi Dieu ne donne pas tant ce choix, qu'en proposant deux choses si contraires il déclare ce qu'on doit choisir. Voy. PORRIGERE. Mais *aqua et ignis*, dans un sens figuré, signifient aussi les afflictions et les peines. Ps. 65. 12. *Transivimus per ignem et aquam:* Nous avons passé par le feu et l'eau; c'est-à-dire, nous avons essuyé, disent les Israélites, toute sorte de rigueurs, avant que d'être arrivés dans la Terre promise. Voy. IGNIS.

AQUA FELLIS. Voy. FEL. 5° *Aquæ furtivæ:*

Les choses dérobées, ou que l'on goûte en cachette, sont plus agréables, parce qu'on les a souhaitées avec plus de passion. Prov. 9. 17. *Aquæ furtivæ dulciores sunt*: ce qui se peut entendre de tout ce qui n'est point permis; car la défense qu'on en fait irrite la convoitise.

6° *Aqua lustrationis* ou *aspersionis*; Heb. *Aqua peccati* : Cette eau qui servait à la purification de l'impureté légale, contractée à l'occasion d'un mort, avait été mêlée avec les cendres de la vache rousse, qui avait été immolée pour effacer le péché; c'est-à-dire, toutes les impuretés légales qui étaient la figure du péché : on voit dans le chapitre 19 comment elle se faisait avec les cendres de la vache rousse. Voy. Hebr. 9. 19. Cette eau représentait le sang de Jésus-Christ, qui peut nous purifier de tous nos péchés. Voy. Zach. 13. v. 2.

AQUÆ MULTÆ, OU PLURIMÆ.—1° La mer. Ps. 106. 23. *Facientes operationem in aquis multis*: Qui trafiquent sur mer. — 2° Quelque grand fleuve. Jerem. 51. 13. *Quæ habitas super aquas multas*: Sur l'Euphrate. Esth. 10. 6. c. 11. 10. Ezech. 31. 15. — 3° Lieux arrosés d'eau. Ezech. 17. 5. *Posuit illud in terra pro semine, ut firmaret radicem super aquas multas*, où le long d'une rivière. — 4° Un étang dont il est parlé, Jerem. 41. 12. *Invenerunt eum ad aquas multas quæ sunt in Gabaon*: Ils le trouvèrent auprès des grandes eaux qui sont à Gabaon. 2. Reg. 2. 13. —5° Grande force ou violence. Cant. 8. 7. *Aquæ multæ non potuerunt exstinguere charitatem*: Cet amour est si fort, qu'il n'y a rien qui le puisse étouffer. — 6° Grandes troupes d'ennemis. Ezech. 26. 19. *Cum adduxero super te abyssum et operuerint te aquæ multæ*. Psalm. 92. 4. *A vocibus aquarum multarum*. Selon le sentiment de quelques-uns, ces eaux marquent les peuples qui s'élevaient avec grand bruit contre les Juifs. —7° Les nuées où se forment les tonnerres. Ps. 28. 3. *Vox Domini super aquas, Deus majestatis intonuit, Dominus super aquas multas*: La voix du Seigneur s'est fait entendre sur les eaux, le Dieu de majesté a tonné, le Seigneur a tonné sur les grandes eaux.

AQUA VIVENS, OU VIVA, OU AQUA VITÆ. — 1° L'eau de source qui coule toujours. Genes. 26. 19. *Foderuntque in torrente et repererunt aquam vivam*: Ils fouillèrent au fond du torrent, et ils y trouvèrent de l'eau vive. Levit. 14. v. 5. 50. 51. 52. c. 15. 13. Num. 19. 17.

2° Les faveurs et les grâces de Dieu et de Jésus-Christ. Zach. 14. 8. *Exibunt aquæ vivæ de Jerusalem*: C'est pourquoi Dieu est appelé la source de cette eau vive. Jerem. 2. 13. c. 17. 1. *Dereliquerunt venam aquarum viventium, Dominum*: Ils ont abandonné le Seigneur, qui est la source des eaux vives; et Jésus-Christ est appelé, Cant. 4. 15. *Puteus aquarum viventium*. Ainsi, la grâce de Dieu et la charité sont marquées par l'eau vive. Joan. 4. 10. et les dons du Saint-Esprit, qui doivent être répandus comme de l'eau sur les peuples. Joan. 7. 38. *Qui credit in me, flumina de ventre ejus fluent aquæ vivæ*.

3° La béatitude ou la vie éternelle. Apoc. 7. 17. c. 21. 6. *Ego sitienti dabo de fonte aquæ vitæ, gratis*. c. 22. 17. Si quelqu'un croit en moi, il sortira de son cœur des fleuves d'eau vive.

AQUÆ JERICHUNTIS. Les eaux de Jéricho; c'est la fontaine qui est à côté de Jéricho, du côté du Nord; c'est cette fontaine dont Elisée rendit les eaux douces, d'amères qu'elles étaient, en y jetant du sel. Jos. 16. 1. Cette fontaine est au bas de la montagne qui s'étend jusqu'à Béthel. V. c. 18. 12.

§ 4. — Phrases tirées des propriétés de l'eau.

1° Parce que l'eau est commune, et qu'on n'en fait pas de cas; on dit, *Effundere sanguinem tamquam aquam*: Verser le sang comme l'eau. Ps. 78. 3. *Effuderunt sanguinem eorum tamquam aquam in circuitu Jerusalem*: Les nations ont répandu le sang des saints, comme l'eau autour de Jérusalem. Deut. 12. v. 16. 24. c. 15. 23.

2° L'eau n'a pas de consistance d'elle-même; ainsi Jésus-Christ dit qu'il a été sur la croix comme une eau qui s'écoule. Ps. 21. 15. *Sicut aqua effusus sum*: Je me suis répandu comme l'eau, pour marquer que toute sa vigueur était épuisée. Gen. 49. 4. *Effusus es sicut aqua*: Vous vous êtes répandu comme l'eau. Jacob marque par ces paroles la lâcheté et l'inconstance de Ruben, son fils. Voy. EFFUNDERE. Voy. Jos. 7. 5.

3° L'eau qui coule avec impétuosité se perd, se dissipe et entre dans la terre; ainsi David dit que toute la puissance de ses ennemis disparaîtra comme l'eau d'un torrent, qui paraît d'abord si furieuse, et qui se réduit bientôt à rien. Ps. 58. 8. *Ad nihilum devenient tamquam aqua decurrens*: Ils seront réduits à rien, comme une eau qui passe. Job. 11. 16.

L'eau qui s'amasse en grande abondance, couvre et enveloppe ceux qui s'y trouvent engagés : le prophète-roi se sert encore de cette métaphore, pour exprimer l'état déplorable où il était, se sentant battu par tous les coups de la colère de Dieu, comme par autant de flots dont il se trouvait tout enveloppé. Ps. 87. 18. *Circumdederunt me sicut aqua tota die*: Les maux dont vous m'avez frappé m'ont environné comme une grande abondance d'eaux, dont j'ai été accablé.

Comme l'eau qu'on boit pénètre dans les entrailles, David dit que le méchant homme qu'il décrit est couvert de malédiction au dehors, et qu'il en est pénétré au dedans. Ps. 108. 18. *Intravit sicut aqua in interiora ejus*: Elle a pénétré comme l'eau au dedans de lui, pour marquer la passion qu'il avait de nuire et de médire. Voy. MALEDICTIO.

Comme quand une eau est profonde, on en peut toujours puiser, le sage a toujours de quoi suffire par ses entretiens et ses conseils. Prov. 18. 4. *Aqua profunda, verba ex ore viri*: Les paroles sortent de la bouche d'un homme juste comme une eau profonde. c. 20. 5. *Sicut aqua profunda, sic consilium in corde viri*: Le conseil est dans le cœur d'un homme sage, comme une eau profonde.

Parce que les eaux agitées font grand

bruit, Job compare ses cris, dans l'excès de ses maux, au bruit d'un débordement de grandes eaux. Job. 3. 24 *Tamquam inundantes aquæ, sic rugitus meus* : Les cris que je fais sont comme le bruit d'un débordement de grandes eaux.

Comme l'eau sert à désaltérer la soif; boire l'iniquité comme l'eau, c'est prendre autant de plaisir à mal faire, que des gens altérés à boire de l'eau pour étancher leur soif; ou, selon d'autres, c'est être si porté au mal, que de le commettre aussi aisément que de boire de l'eau : c'est en ce sens que Job est repris comme un homme qui insulte à Dieu avec une impiété qu'il avale comme l'eau; c. 34. 7. *Qui bibit subsannationem quasi aquam.* Job qui insulte à Dieu avec une impiété qu'il avale comme l'eau. Voy. SUBSANNATIO.

Les inondations surprennent tout d'un coup, et l'on s'en trouve accablé; la pauvreté est comparée à ce malheur. Job. 27. 20. *Apprehendet eum quasi aqua, inopia* : Le riche en mourant sera surpris de la pauvreté, comme d'une inondation d'eau, qui, venant à se déborder, entraîne tout avec elle; Hebr. Les frayeurs le surprendront, etc.

Les misères et les afflictions se comparent souvent à des eaux impétueuses et débordées. Job. 22. 11.

Comme il ne reste rien de l'eau qui est dans un vase lorsqu'on le renverse, Jérémie exhorte les habitants qui restaient à Jérusalem après sa ruine, à répandre leur cœur comme de l'eau en la présence de Dieu, pour lui découvrir avec une entière sincérité tout ce qu'il y avait de plus caché au fond de leurs âmes, afin de le toucher de compassion par la vue de leur désolation. Thren. 2. 19. *Effunde sicut aquam cor tuum ante conspectum Domini* : Répandez votre cœur comme de l'eau devant le Seigneur. On peut aussi expliquer ce passage de l'attendrissement du cœur qui se répand en larmes devant le Seigneur. Ainsi :

Comme quand on donne quelque ouverture à une eau arrêtée, on ne peut plus la retenir, ni en empêcher le cours, le Sage fait voir que la cause des suites funestes que causent les querelles, vient de ce qu'on ne les étouffe point d'abord qu'elles commencent. Prov. 17. 14. *Qui dimittit aquam caput est jurgiorum* : Voy. ci-dessus §. 3.

AQUÆDUCTUS, us, ὑδραγωγός. Ce mot vient d'*aqua* et de *ducere*.

1° Aqueduc, canal pour conduire l'eau quelque part (πηγὴ ὑδάτων). Judith. 7. 6. *Holophernes incidi præcepit aquæductum illorum* : Holopherne commanda qu'on coupât l'aqueduc. 2. Reg. 2. 24. Voy. COLLIS. 4. Reg. 18. 17. Ainsi, Eccli. 24. 41. *Sicut aquæductus exivi de paradiso* : La sagesse est sortie du paradis comme un canal tiré d'un grand fleuve, parce qu'elle est écoulée de Dieu à nous. Gr. *in paradisum*; c'est-à-dire, à ce peuple.

2° Rigole, ou fosse pour tenir l'eau. 3. Reg. 18. 32. *Fecitque aquæductum quasi per duas aratiunculas in circuitu altaris* : Élie fit une rigole, et comme deux petits sillons autour de l'autel. v. 35. 38.

AQUATICUS, A, UM. Aquatique, qui aime l'eau, qui croît en l'eau (ἔνυδρος). Sap. 19. 18. *Agrestia enim in aquatica convertebantur* : Les animaux de la terre paraissaient changés en ceux de l'eau, lorsque les Israélites passèrent au travers de la mer.

AQUILA, ἀετός. C'est le nom du plus grand, du plus fort et du plus vite des oiseaux qui vivent de proie. Ce nom lui vient ou de son plumage châtain et brun, qui est chez les Latins, *aquilus color;* ou *ab acuto visu,* de sa vue perçante, parce qu'il regarde fixement le soleil. Exod. 19. 4. *Vidistis quomodo portaverim vos super alas aquilarum* : Vous avez vu comment je vous ai portés comme les aigles leurs petits sur leurs ailes. Dieu a traité les Israélites comme ses enfants avec une bonté paternelle. Job. 39. 27. *Numquid ad præceptum tuum elevabitur aquila?* L'aigle à votre commandement s'élèvera-t-il en haut. C'est Dieu qui donne à l'aigle ce vol par lequel il s'élève au-dessus de tous les autres oiseaux. Levit. 11. 13. Prov. 30. v. 17. 19. etc. Ainsi, Apoc. 8. 13. *Et vidi et audivi vocem unius aquilæ volantis per medium cœli* : Je vis, dit saint Jean, et j'entendis un aigle qui volait par le milieu du ciel. Le Grec porte : un ange; c'était un ange sous la figure d'un aigle qui annonçait les malheurs qui devaient fondre sur les hommes.

§ 1er. — Significations métaphoriques.

1° Un grand conquérant qui domine sur les autres princes. Ezech. 17. 3. *Aquila grandis, magnarum alarum venit ad Libanum et tulit medullam cedri* : Un aigle puissant qui avait de grandes ailes... vint sur le mont Liban, et emporta la moelle d'un cèdre. v. 7. Voy. MEDULLA. Cet aigle était Nabuchodonosor, roi de Babylone, qui emmena Joachin, roi de Judée. Voy. Deut. 28. 49. Jerem. 48. 40. c. 49. 22. Ezech. 17. 7. *Et facta est aquila altera grandis* : Un autre aigle parut ensuite qui était grand, savoir, le roi d'Egypte. Ainsi, Ose. 8. 1. *Quasi aquila super domum Domini* : C'est l'ennemi qui vient fondre sur la Judée, et qui devait ruiner le temple.

2° Le grand animal mystique. Apoc. 4. 7. *Quartum animal simile aquilæ volanti* : Cet aigle représentait saint Jean, le quatrième évangéliste, selon le sentiment le plus commun. Voy. ANIMAL 3°. Ezech. 1. 10. c. 10. 14. *In quarto facies aquilæ* : La quatrième face était celle d'un aigle.

3° les fidèles qui souhaitent avec ardeur se joindre à Jésus-Christ, et se repaître de sa chair et de son sang pour vivre éternellement avec lui, sont appelés des aigles. Matth. 24. 28. *Ubicumque fuerit corpus,* Gr. *cadaver, illic congregabuntur et aquilæ* : Partout où le corps se trouvera, les aigles s'y assembleront. Luc. 17. 37. parce que l'aigle, comme dit Job 39. 30. *Ubicumque cadaver fuerit, statim adest* : En quelque lieu que paraisse un corps mort, il fond dessus.

§ 2. — Phrases tirées des propriétés de l'aigle.

1° L'aigle est un oiseau très-fort et très-vite qui vit de proie; ainsi on lui compare des princes ou des nations puissantes qui se rendent maîtres du pays des autres. Deut. 28. 49. *Adducet Dominus super te gentem de longinquo... in similitudinem aquilæ volantis cum impetu* : Le Seigneur vous amènera un peuple des pays les plus reculés... qui se jettera sur vous comme un aigle fond sur sa proie. Dieu marquait par là les Babyloniens, et encore plus les Romains qui ont ruiné la nation des Juifs de fond en comble. Prov. 30. 17. Jerem. 48. 40. c. 49. 22. Ose. 8. 1. Habac. 1. 8.

2° On dit que les aigles ont cela de particulier qu'ils prennent leurs petits et les portent sur leurs ailes pour leur apprendre à voler, et en voltigeant devant eux, les accoutument doucement à faire de même. Dieu, se comparant à cet oiseau, marque la tendresse de l'amour qu'il portait aux Israélites. Deut. 32. 11. *Sicut aquila provocans ad volandum pullos suos et super eos volitans, expandit alas suas, et assumpsit eum, atque portavit in humeris suis* : Comme un aigle attire ses petits pour leur apprendre à voler, et voltige doucement sur eux; il a de même étendu ses ailes, il a pris son peuple sur lui, comme l'aigle se charge de ses aiglons, et il l'a porté sur ses épaules.

3° L'aigle vole avec une vitesse extraordinaire ; c'est de là que David tire l'éloge qu'il donne à Saül et à Jonathas de leur habileté dans la guerre. 2. Reg. 1. 23. *Aquilis velociores* : Ils étaient plus vites que les aigles. Job. 9. 26. *Sicut aquila volans ad escam* : Ils ont passé avec la même vitesse qu'un aigle qui fond sur sa proie. Prov. 23. 5. c. 30. 19. Jer. 4. 13. Thren. 4. 9.

4° Les auteurs rapportent que l'aigle dans sa vieillesse se renouvelle et rajeunit; soit parce que son bec étant devenu trop crochu dans sa vieillesse, il en émousse le bout sur la pointe des rochers pour mieux prendre sa nourriture; soit parce que les plumes leur reviennent (Voy. Mich. 1. 16), comme il semble que le dit aussi Isaïe, c. 40. 31. *Mutabunt fortitudinem : assument pennas sicut aquilæ* : Ceux qui espèrent au Seigneur trouveront de nouvelles forces, comme font les aigles qui renouvellent leurs plumes. Voy. ASSUMERE; soit enfin parce que l'aigle étant un des animaux qui vivent le plus longtemps, on peut regarder comme un renouvellement de jeunesse la vigueur extraordinaire qui paraît dans sa vieillesse. Quoi qu'il en soit, le prophète se sert de cet exemple pour montrer les faveurs dont Dieu comble les fidèles. Ps. 102. 5. *Renovabitur ut aquilæ juventus tua* : Il renouvelle votre jeunesse comme celle de l'aigle. Voy. RENOVARE.

5° Comme l'aigle vole fort haut, il met aussi son nid dans les lieux les plus élevés et hors d'atteinte de tout danger. L'Ecriture prend cet exemple pour représenter l'orgueil et la fierté des Iduméens. Jerem. 49. 16. *Cum exaltaveris quasi aquila nidum tuum, inde detraham te* : Quand vous auriez élevé votre nid aussi haut que l'aigle, je vous arracherais néanmoins de là, dit le Seigneur. Abd. v. 4.

6° Les plumes de l'aigle sont fort grandes; ainsi Daniel dit que quand Nabuchodonosor fut chassé de la compagnie des hommes, ses cheveux crûrent comme les plumes d'un aigle. c. 4. 30. *Donec capilli ejus in similitudinem aquilarum crescerent* : Non-seulement les cheveux de sa tête, mais aussi tout le poil de sa barbe et de son corps, de sorte qu'il ressemblait bien plus aux oiseaux et aux bêtes féroces qu'à un homme.

AQUILA, Æ. Gr. Ἀκύλας. Nom d'homme, un Juif converti à la foi de Jésus-Christ, lequel était de la province du Pont. Act. 18. 2. *Et inveniens quemdam Judæum nomine Aquilam, Ponticum genere* : Saint Paul venant d'Athènes à Corinthe, trouva un Juif nommé Aquilas, originaire du Pont. Voy. PRISCILLA. Il y a eu un interprète de l'Ancien Testament qui était du temps d'Adrien, qui portait aussi le nom d'Aquila, et qui était un Juif de la province du Pont; ainsi il ne le faut pas confondre avec cet Aquilas.

AQUILO, NIS, Gr. βορέας, ou βορράς. Ce mot vient du grec ἄκρος, l'r changé en l, comme il se voit en plusieurs autres mots.

Aquilon, vent qui souffle du côté du nord du point oriental du cercle polaire.

1° le vent d'aquilon. Prov. 25. 23. *Ventus aquilo dissipat pluvias* : Ce vent dissipe la pluie, comme le visage triste dissipe la médisance. Job. 37. 22. *Ab aquilone aurum venit* : L'or vient du côté de l'aquilon. Il vient une grande quantité d'or dans les pays même septentrionaux, quoiqu'il semblait qu'il ne dût être formé que dans les pays les plus chauds du côté du midi. Eliu fait encore considérer cette merveille que Job ne peut pénétrer; mais la plupart des interprètes entendent ici par l'or l'éclat brillant d'un air serein, et disent que ces paroles ne marquent autre chose, sinon que le vent du nord ramène le temps serein qui est brillant comme l'or. Cant. 4. 16. *Surge, aquilo, veni, Auster* : L'épouse comparée à un jardin appelle les deux vents principaux, celui du nord et celui du midi, pour répandre la bonne odeur dont elle est remplie. Ce jardin est l'Eglise, que le saint Esprit, comparé au vent, rafraîchit, purifie et rend fertile. Eccli. 43. v. 18. 22.

2° Le nord, la partie septentrionale du monde. Ps. 88. 13. *Aquilonem et mare tu creasti* : Vous avez créé l'aquilon et la mer, c'est-à-dire la partie septentrionale du monde, et la partie méridionale où sont les grandes mers. Ps. 103. 3.

3° Les pays qui au regard de la Palestine étaient du côté du nord. Jer. 1. v. 13, 14. *Ab aquilone pandetur malum super omnes habitatores terræ* : Les maux viendront fondre du côté de l'aquilon sur tous les habitants de la terre. Ce côté de l'aquilon marque la Chaldée ou Babylone, d'où Nabuchodonosor devait venir sur la Judée comme un fléau de Dieu, pour la ravager. Ce mot est presque partout en ce sens dans ce prophète, chap.

13. 20. *Levate oculos vestros, et videte qui venitis ab aquilone*: Levez les yeux, et considérez, vous qui venez du nord; qui êtes au nord à l'égard de Jérusalem ; Gr. Levez les yeux, ô Jérusalem, et considérez ceux qui viennent de l'aquilon (contre vous) de même en hébreu. Zach. 2. 6. *Fugite de terra aquilonis*: Fuyez de la terre d'aquilon ; c'est encore Babylone qui est presque toujours appelée le pays d'Aquilon, parce qu'il est au septentrion de la Judée, tirant vers l'orient. c. 6. v. 6. 8. Ezech. 38. v. 6. 15. c, 39. 2.

L'Assyrie est aussi appelée de ce nom. Soph. 2. 13. *Et extendet manum suam super aquilonem*: Le Seigneur étendra sa main contre l'aquilon, il perdra le peuple d'Assyrie. Jerem. 50 3, *Ascendit contra eam gens ab aquilone*: Un peuple vient de l'aquilon contre Babylone. v. 9. 41. c. 51. 48. Il marque les peuples qui devaient venir avec Cyrus pour prendre Babylone, et se rendre maîtres du pays. Ainsi, Jer. 3. 12. *Clama contra aquilonem*: Criez vers l'aquilon ; c'est-à-dire aux Israélites, qui avaient été transportés dans le pays des Assyriens.

La Judée au regard des Philistins. Isa. 14. 31. *Ab aquilone fumus veniet, et non est qui effugiet agmen ejus*: Les bataillons viennent de l'aquilon comme un tourbillon de fumée, et nul ne pourra se sauver. Le prophète parle de l'armée du roi Ezéchias qui devait sortir de Jérusalem, pour venir fondre sur les Philistins qui sont au midi à l'égard de cette ville.

Le mont de Sion, situé au septentrion de la ville de Jérusalem. Ps. 47. 3. *Fundatur exsultatione universæ terræ mons Sion, latera aquilonis*: Le mont de Sion, situé du côté de l'aquilon, est fondé avec la joie de toute la terre. C'est de ce côté-là qu'était le temple. Isa. 13. 14. *Sedebo in monte testamenti, in lateribus aquilonis*: Je m'asseyerai sur la montagne de l'alliance, aux côtés de l'aquilon. C'est ce que dit Nabuchodonosor, qui représente le démon.

L'Ecriture fait mention de plusieurs rois de l'aquilon, c'est-à-dire de Syrie ou d'Asie, principalement dans le prophète Daniel. Les plus considérables étaient :

1° Antiochus, surnommé *le Grand*, à cause de ses beaux exploits dans la guerre, et parce qu'il aimait la justice, fut fils de Séleucus Callinicus, et succéda à Séleucus Ceraune, son frère, dans le royaume de Syrie. Il porta ses armes contre Ptolémée Philopator, roi d'Egypte, prétendant quelques droits dans les provinces de ce prince. Après quelques légers combats, ils se donnèrent une sanglante bataille où Antiochus fut défait : il demanda une trêve pour un an qui lui fut accordée. Ensuite ils firent la paix, mais elle ne dura pas longtemps; car Antiochus, voulant effacer l'affront qu'il avait reçu à la bataille de Raphia, reprit les armes contre les Egyptiens; il défit Philopator et se rendit maître de toutes les villes que le roi d'Egypte tenait dans la Judée. Philopator ayant laissé un fils en bas âge pour hériter de ses Etats, Antiochus résolut de l'en dépouiller; et, pour le surprendre plus aisément, il lui donna en mariage Cléopâtre, sa fille, d'une excellente beauté, afin de se servir d'elle pour savoir les desseins de Ptolémée Epiphanès; mais Cléopâtre aima mieux demeurer fidèle à son mari que de le trahir en faveur de son père (Voy. FILIA). Cependant Antiochus, se laissant persuader par Annibal, entreprit de faire la guerre aux Romains. D'abord il eut quelque succès heureux ; il prit sur eux Chalcide, l'île d'Eubée, Rhodes, Samos et quelques autres (Voy. INSULA). Il arrêta pour quelque temps par ses adresses les Romains en les amusant; mais le consul Scipion l'*Asiatique*, assisté de son frère Scipion l'*Africain*, lui donna bataille près de Magnésie en Carie, et lui défit cinquante-quatre mille hommes. Antiochus fort affaibli fut obligé de demander la paix; elle lui fut accordée avec des conditions très-fâcheuses. Ce prince, dépouillé d'une bonne partie de ses Etats, se retira dans le fond de la Syrie; et, voulant en quelque manière réparer les pertes qu'il avait faites, il résolut de passer dans l'Elymaïde pour piller le temple de Jupiter Bélus, mais il y fut tué avec ses gens, environ l'an du monde 3815. Daniel fait mention de lui sous le nom de roi de l'Aquilon, depuis le v. 10. jusqu'au 20. du chap. 11. Voy. 1. Mach. c. 11. c. 8. 6.

Antiochus Epiphanès, c'est-à-dire l'*Illustre*; d'autres l'appellent Epimanès, *le Furieux*. Il était fils d'Antiochus *le Grand*, et frère de Séleucus Philopator. Après la défaite d'Antiochus, son père, il fut emmené pour otage à Rome, mais il en sortit au bout de trois ans, et Démétrius, fils de Séleucus, fut envoyé à sa place. Séleucus, son frère, étant mort, il se hâta de s'emparer du royaume qui appartenait au petit Démétrius, son neveu, qu'il y établit en son absence, sous l'apparence d'une bonté feinte et d'une fausse clémence. La première année de son règne, il ôta la grande sacrificature à Onias, qui était d'une excellente piété, et la donna à l'impie Jason, son frère; et l'année suivante, il l'ôta encore à Jason pour la donner à Ménélaüs, qui lui en offrait plus d'argent. Depuis, sous prétexte de la tutelle de son neveu, Ptolémée Philométor, qu'on lui refusait, il entra en Egypte et ravagea tout jusqu'aux portes d'Alexandrie, mais il fut obligé de s'en revenir sans rien faire. Il retourna une autre fois en Egypte, mais les Romains s'opposèrent à ses desseins : de sorte qu'à son retour, ayant appris que Jason avait voulu se rendre maître de la ville de Jérusalem, il vint l'assiéger et exerça d'horribles cruautés contre les Juifs. Quatre-vingt mille hommes y furent tués, et quarante mille faits prisonniers et autant de vendus. Ce prince impie entra dans le sanctuaire, profana le temple; il y mit la statue de Jupiter Olympien et lui fit offrir des sacrifices ; il en emporta l'autel d'or, le chandelier, la table où les pains étaient exposés, tous les vaisseaux sacrés et tout l'argent du trésor. A son retour à Antioche, il fit mourir les sept frères Machabée, avec leur mère et le sage vieillard Eléazar. Il envoya Apollonius en Judée, qui tua en un jour de sabbat tous ceux qui s'étaient assemblés pour les sacrifices. Ce fut alors que le généreux Matthathias assembla quelques troupes pour résister aux gouverneurs qu'Antiochus avait laissés dans la Judée : Judas Machabée, son fils, défit trois généraux d'Antiochus; et étant entré dans Jérusalem, il purifia le temple et fit la dédicace de l'autel. Ce prince impie, qui est appelé *radix peccatrix*, race corrompue, 1. Mac. 1. 11. ayant résolu de piller le temple de Persépolis, au pays des Eliméens, il en fut chassé avec les siens. Lorsqu'il fut revenu à Babylone, il apprit les victoires des Juifs et la fuite honteuse de Lysias, le général de ses troupes; ce qui le mit en une si étrange colère, qu'il jura d'exterminer la nation juive; mais, se sentant frappé d'une plaie horrible, il reconnut le pouvoir de la main vengeresse de ses impiétés et de ses blasphèmes, et mourut ainsi misérablement, sans pouvoir fléchir la juste colère de Dieu par sa fausse pénitence et par ses larmes : ce fut l'an du monde 3840. Daniel fait mention de ce prince, ch. 8. v. 9. et suivants, etch. 11 depuis le verset 21. jusqu'à la fin; et 1. Mach. 1. 11. jusqu'au ch. 6. 16. 2. Mach. 1. v. 14. 16. et ch. 4. 7. et suivants.

3° Antiochus, surnommé *Theos* ou *le Dieu*; ce nom lui fut donné par les Milésiens, parce qu'il les avait délivrés du tyran Timarque. Ce prince était fils d'Antiochus Soter, à qui il succéda, et entreprit la guerre contre Ptolémée Philadelphe, roi d'Egypte. Cette guerre ne se termina que par le mariage de Bérénice, fille du dernier, qu'Antiochus épousa, bien qu'il eût déjà deux fils de Laodicé. Cette reine en fut si irritée, qu'elle résolut de s'en venger sur son mari et sur sa rivale. En effet, elle fit empoisonner son mari et fit mettre en son lit un certain Artemon, qui lui ressemblait parfaitement de visage, et feignit que le roi était malade à l'extrémité. Mais n'étant pas satisfaite de cette vengeance, elle fit poignarder Bérénice dans le faubourg d'Antioche, dit *Daphné*. Le règne d'Antiochus *le Dieu* fut de quinze ans, il mourut environ l'an du monde 3807. Daniel en parle, ch. 11. v. 6. *Filia regis austri veniet ad regem aquilonis facere amicitiam* : La fille du roi du midi viendra épouser le roi de l'aquilon.

4° Séleucus, fils d'Antiochus *le Dieu*, fut surnommé par ironie Callinicus, c'est-à-dire l'*heureux combattant*, parce qu'il réussit mal dans toutes ses entreprises. Ptolémée Evergètes, fils de Ptolémée Philadelphe, lui déclara la guerre pour venger la mort de Bérénice, sa sœur, le défit en plusieurs rencontres, ravagea son royaume et lui enleva la meilleure partie de ses Etats. Daniel 11. v. 7. 8. *Veniet cum exercitu, et ingredietur provinciam regis aquilonis, et abutetur ea et obtinebit* : Evergètes viendra avec une grande armée, il entrera dans les provinces du roi de l'aquilon, il y fera de grands ravages et s'en rendra le maître. Il mourut d'une chute de cheval, après avoir régné vingt ans, environ l'an du monde 3827.

4° Le pôle arctique. Job. 26. 7. *Qui extendit aquilonem super vacuum* : C'est lui qui fait reposer le pôle du septentrion sur le vide et qui suspend la terre sur le néant. Ce pôle se prend pour tout le monde, parce qu'il nous est plus connu que l'autre; et comme cette partie septentrionale paraît plus élevée que les autres, elle est appuyée sur celles qui sont dessous, et il ne paraît rien qui soutienne celles-ci.

5° Le froid ténébreux dont est remplie une âme qui meurt dans le péché. Eccli. 11. 3. *Si ceciderit lignum ad austrum aut ad aquilonem, in quocumque loco ceciderit, ibi erit* : Si l'arbre tombe au midi ou au septentrion, en quelque lieu qu'il sera tombé, il y demeurera. Celui qui meurt dans l'amour de Dieu et dans cette chaleur divine qui donne la vie à l'âme, tombe du côté du midi; mais celui qui meurt dans le péché et dans le froid ténébreux qui tue l'âme, meurt du côté de l'aquilon.

AR, Heb. *Urbs*. Ville capitale des Moabites, située sur le torrent d'Arnon, qui donnait son nom à toute la province. Num. 21. v. 15. 28. Deut. 2. v. 9. 18. 29. Isa. 15. 1. Voyez AROER.

ARA. Ce mot, quand il est nom propre, signifie — 1° l'un des fils de Jéther, de la tribu d'Aser (Heb. *maledicens*). 1. Par. 7. 38. — 2° Pays ou contrée où les Israélites furent transportés, qu'on croit être dans la Médie (Heb. *montanus*). 1. Par. 5. 26. Comparez cet endroit avec 4. Reg. 17. 6. et c. 18. 11., c'est le même mot que Haran. Saint Jérôme croit que c'est Ragès, dont il est fait mention Tob. 1. 16.

ARA, Æ, βωμός. Ce nom vient, ou du grec ἀρά, qui signifie prière, ou de l'ancien mot *asa*, pour *ansa*, parce qu'on tenait ou qu'on touchait les autels avec la main lorsqu'on sacrifiait.

Autel, lieu élevé en forme de table, pour sacrifier à quelque divinité ; soit aux faux dieux, Exod. 34. 13. *Aras eorum destrue* : Renversez leurs autels. Num. 23. v. 1. 2. 4. et il se trouve en cette signification très-souvent dans l'Ecriture ; soit au vrai Dieu, Eccli. 50. 13. *Ipse stans juxta aram* : Le pontife Simon se tenant debout à l'autel. v. 15. Baruch. 1. 10. 2. Mac. 2. 20.

ARAAS, Æ, Heb. Harhas, *Calor*. Nom d'homme, fils de Thécuas et gardien des vêtements sacrés. 4. Reg. 22. 14.

ARAB, Heb. *Multiplicans*, ville de la tribu de Juda. Jos. 15. 52.

ARABIA, Æ, Heb. *Vespera*. Ce mot vient du mot hébreu *arab*, qui signifie mêler, obscurcir, négocier : c'est de là que les Arabes ont tiré leur nom, soit parce que c'est une nation mêlée de beaucoup d'autres, soit à cause de leur couleur brune et basanée, soit enfin parce qu'ils se donnent beaucoup au trafic. L'Arabie se divise en trois grandes provinces, Arabie Heureuse, Arabie Pierreuse ou Pétrée, et Arabie Déserte. Dans l'Ecriture ce nom signifie :

1° L'Arabie en général, ce grand et vaste pays. 3. Reg. 10. 15. *Omnes reges Arabiæ :*

Tous les rois d'Arabie. 2. Par. 9. 14. Isa. 21. 13. Ezech. 27. 21. Galat. 1. 17.

2° Partie d'Arabie, savoir les Sabéens dans l'Arabie Heureuse, pays fertile en or (Heb. *Scheba*). Ps. 71. 15. *Dabitur illi de auro Arabiæ* : On lui donnera de l'or de l'Arabie, et tout ce qu'il y aura de plus précieux lui sera offert. Voy. ARABS, quatrième signification.

3° L'Arabie Pétrée ou Pierreuse. Galat. 4. 25. *Sina enim mons est in Arabia* : Car Sina est une montagne de l'Arabie (appelée Pierreuse).

4° L'Arabie Déserte. Jerem. 25. 24. *Cunctis regibus Arabiæ qui habitant in deserto* : A tous les rois d'Arabie qui habitent dans le désert.

ARABS, bis, Heb. *Vespertinus*, Arabe, qui est du pays d'Arabie; mais parce qu'il y a plusieurs provinces ou contrées dans l'Arabie, il y a aussi plusieurs sortes d'Arabes.

1° Les Arabes voisins de la Judée. 2. Par. 17. 11. *Arabes quoque adducebant pecora* : Les Arabes amenaient aussi à Josaphat des troupeaux, sept mille sept cents moutons et autant de boucs. Ce prince s'était rendu maître de quelqu'un de ces peuples, qui lui payait ce tribut. 2. Esdr. 2. 19. c. 4. 7. c. 6. 1. 1. Mach. 5. 39. c. 11. v. 17. 39. c. 21. 31. 2. Mach. 12. v. 10. 11.

2° Les Arabes qui habitaient le pays voisin de l'Ethiopie. 2. Par. 21. 16. *Suscitavit Dominus contra Joram spiritum Philistinorum et Arabum, qui confines sunt Æthiopibus* : Le Seigneur excita contre Joram l'esprit des Philistins et des Arabes voisins des Ethiopiens : ce sont les habitants des deux Arabies, Pétrée et Heureuse. c. 22. 1.

3° Les Arabes qui demeuraient dans Gurbaal. 2. Par. 26. 7. *Adjuvit eum Deus contra Philistim et contra Arabes qui habitabant in Gurbaal* : C'était un quartier qui était au midi de la Judée, et avait les Philistins vers l'occident. Saint Jérôme croit que c'est Gérara, où demeura Abraham. On croit que c'est Pétra, et non Gérara. *Lubin*.

4° Les Arabes qui habitent l'Arabie Heureuse (Heb. *Scheba*). Ps. 71. 10. *Reges Arabum et Saba dona adducent* : Les rois de l'Arabie et de Saba lui apporteront des dons.

5° Les Arabes de l'Arabie Déserte, appelés *Scénites*, parce qu'ils n'ont point de maisons et n'habitent que sous des tentes. Isa. 13. 20. *Nec ponet ibi tentoria Arabs* : Les Arabes ne dresseront pas même leurs tentes à Babylone; elle demeurera si déserte, qu'il n'y aura point de pâturage pour les troupeaux des Arabes.

6° Les Arabes de l'Arabie Pétrée. 2. Mach. 5. 8. *Conclusus ab Areta Arabum tyranno* : Jason fut mis en prison par Arétas, roi des Arabes; c'était apparemment un des ancêtres de celui qui fut beau-père d'Hérode le tétrarque. Voyez. 2. Cor. 11. 32.

7° Les Juifs dispersés dans l'Arabie. Act. 2. 11. *Cretes et Arabes* : Les Crétois et les Arabes étaient étonnés d'entendre les apôtres parler en leurs langues.

ARACÆUS, i, Heb. *Nervus*. Aracæus, un des fils de Chanaan. Genes. 10. 17. 1. Par. 1. 15. Saint Jérôme croit que c'est lui qui a donné son nom à la ville d'Arcas, près du mont Liban. Ce nom peut aussi signifier le peuple descendu d'Arki, ce même fils de Chanaan. Voyez ARCHI.

ARACH, Heb. *Longitudo*, ville célèbre où Nemrod a régné. Genes. 10. 10. *Principium regni ejus Babylon et Arach* : La ville capitale de son royaume fut Babylone et Arach. Saint Jérôme croit que c'est Édesse, mais Bochart la met dans la Susiane, sur le Tigre.

ARACHITES, æ, Heb. *Longus*. Arachien, qui est d'Arach. 2. Reg. 15. 32. *Occurrit ei Chusai arachites* : Chusaï d'Arach vint au devant de David. Chusaï était plutôt de la ville d'Archi, dans la tribu d'Ephraïm, que d'Arach. Il est parlé de cette ville, Jos. 16. 2. 2. Reg. 16. 16. c. 17. v. 5. 14. 1. Par. 27. 33. Le Grec et l'Hébreu portent Chusaï d'Arki. Voyez CHUSAI.

ARAD, Heb. âne sauvage, *Onager*. Nom d'une ville au pays des Amorrhéens, dont le roi fut vaincu par les Israélites. Num. 21. 1. c. 33. 44. Judic. 1. 16. Voyez HERED, EDER, ARATH, HADAR.

ARADA, Heb. *Descensus*. Arada, le vingtième campement des Israélites dans le désert. Num. 33. v. 24. 25.

ARADIUS, i, Heb. *Dominator*. — 1° Neuvième fils de Chanaan. Gen. 10. 18. 1. Par. 1. 16. 2° Aradien, habitant d'Araden, bâtie sur la mer de Tyr. ses habitants étaient de bons matelots et de bons soldats. Ezech. 27. 8. *Aradii fuerunt remiges tui* : Les habitants d'Arad ont été vos rameurs. v. 11.

ARADUS, i, Heb. *Stupor*. Araden, ou Arade, île et ville dans la Méditerranée, aux confins de la Syrie et de la Phénicie, où les Romains tenaient autrefois un conseil, auquel ils écrivirent en faveur des Juifs. 1. Mach. 15. 23.

ARAIA, Heb. *Ira Domini*. Père d'Ezéiel, qui aida à rebâtir Jérusalem. 2. Esdr. 3. 8.

ARAM, Heb. *Excellentia*, — 1° un des fils de Sem. Genes. 10. v. 22. 23. 1. Par. 1. v. 7. 17. — 2° Le fils d'Esron. Ruth. 4. 19. *Esron genuit Aram. Aram genuit Aminadab*. Matth. 1. v. 3. 4. Luc. 3. 33. Il est aussi appelé Ram. 1 Par. 2. v. 9. 10. Voyez RAM. — 3° Un descendant d'Aser. 1. Par. 7. 34. — 4° La Syrie. Num. 23. 7. *De Aram eduxit me Balac* : Balac m'a fait venir de la Syrie, ou de la Mésopotamie, qui en est une partie. 1. Par. 2. 23. *Cepitque Gessur et Aram oppida Jair* : Jaïr prit des villes de Gessurie et de Syrie. Le mot Aram hébreu est exprimé par celui de Syrie ou de Mésopotamie. Genes. 22. 21. c. 24. 10. c. 25. 20. Deut. 23. 4. Judic. 3. 8. et ailleurs. La Syrie est appelée Aram, du fils de Sem, par qui elle a été peuplée, et du petit-fils de Nachor. Voyez Gen. 22. 21.

ARAMA, æ, Heb. *Excelsa*, — 1° Une ville en Nephthali. Jos. 19. 36. Heb. *Rama*, éminence; elle est appelée Horma, v. 29. — 2° Une ville située dans les confins de Juda, mais assignée à ceux de Siméon. 1. Reg. 30. 30. David fit part aux habitants d'Arama : *In Arama*, du butin gagné sur les Amalécites. Heb. *Horma*, anathème. Voy. Jos 12.

14. c. 15. 30. c. 19. 4. On croit que c'est la même que Jérimoth.

ARAN. — 1° Ce mot écrit par He, signifie en hébreu, conçu, ou montagnard, et marque Aran, fils de Tharé, et père de Loth. Genes. 11. v. 26. 27. 28. 29. Il était frère d'Abraham de père, et non pas de mère. Genes. 20. 12. Voy. Sara. — 2° Un fils de Semeï, établi chantre par David. 1. Par. 23. 9. — 3° Par Aleph, Aran signifie coffre, et marque un fils de Disan, et petit-fils de Seïr. Genes. 36. 28. 1. Par. 1. 42. *Filii Disan, Hus et Aran.* — 4° Un fils de Jéraméel. 1. Par. 2. 25. Heb., Oran.

ARANEA, æ. Ce nom vient du Grec ἀράχνη, qui se forme de l'hébreu arag, *texere*, et signifie :

Une araignée, petit insecte venimeux qui se nourrit des mouches qu'il prend avec une toile d'un merveilleux tissu, qu'il fait pour se suspendre en l'air. Ses propriétés sont :

1° Que sa toile qui est déliée se rompt et se dissipe aisément ; ainsi la toile d'araignée marque des soins ou des efforts inutiles. Job. 8. 14. *Sicut tela aranearum fiducia ejus :* Toute la confiance de l'hypocrite se dissipera comme la toile d'araignée. Isa. 59. 5. Ose. 8. 6. Voy. Tela.

2° Qu'elle se consume et s'épuise par un travail continuel ; ainsi Dieu punit l'iniquité de l'homme par les afflictions et les maux qui le consument et le dessèchent. Ps. 38. 12. *Et tabescere fecisti sicut araneam animam ejus :* Vous avez fait dessécher son âme comme l'araignée. Ps. 89. 10. *Anni nostri sicut aranea meditabuntur :* Nos années se passent et se consument en de vaines inquiétudes comme celles de l'araignée, Voy. Meditari : autr. nos années par leur fragilité sont semblables à des toiles d'araignées. Voy. Tela.

ARAPHA, Heb. Rapha. *Medicina.* Arapha, nom d'un géant Philistin, fameux dans l'Ecriture pour avoir eu quatre fils d'une grandeur prodigieuse ; le premier, qui s'appelait Gesbibenob, fut tué par Abisaï, 2. Reg. 21. v. 16. 17. Le second nommé Saph, fut tué par Sobochaïe, en la bataille de Gob, v. 18. le troisième, Goliath, fut tué par David, v. 19. et le quatrième, qui avait 24 doigts, par Jonathan, neveu de David, v. 21. 22. *Hi quatuor nati sunt de Arapha in Geth :* Ces quatre géants étaient fils d'Arapha, ou, selon d'autres, de la race de ce géant, dont les descendants sont appelés Raphaïm. Voy. Raphaïm.

ARARAT, Heb. *Maledictio.* Ararat, signifie l'Arménie Majeure, qui est une province célèbre de l'Asie. Isa. 37. 38. *Fugerunt in terram Ararat :* Les fils de Sennachérib, après l'avoir percé de leurs épées, s'enfuirent à la terre d'Ararat ; c'est-à-dire dans l'Arménie. 4. Reg. 19. 37. Jere. 51. 27. C'est sur les montagnes de ce pays que l'arche de Noé se reposa après le déluge. Genes. 8. 4. *Super montes Armeniæ.*

ARARI, Heb. *Montanus.* Le lieu d'où était Semma, fils d'Agé. 2. Reg. 23. 11. Voy. Semma. D'où vient, *Ararites æ*, Heb. montagnard, qui est d'Arari, lieu plein de montagnes, dans la tribu de Juda ou d'Ephraïm. 2. Reg. 23. 33. *Semma de Orori.* Voy. Orori, et Arorites. 1. Par. 11. v. 33. 34

ARARE, ἀροτριᾶν. Du grec ἀροῦν.

1° Labourer, cultiver la terre en la remuant. Deut. 22. 10. *Non arabis in bove simul et asino :* Vous n'accouplerez point en labourant un bœuf et un âne, parce qu'ils n'ont pas des forces égales. Dieu marquait par là qu'il fallait garder en tout le bon ordre et la simplicité. 1. Cor. 9. 10. *Debet in spe qui arat, arare :* Celui qui laboure doit labourer avec espérance de participer au fruit de son travail. Jerem. 26. 18. Mich. 3. 12. *Sion quasi ager arabitur :* Sion sera labourée comme un champ, elle sera ruinée.

2° Découvrir ce qui est caché (καταδαμάζειν). Judic. 14. 18 *Si non arassetis in vitula mea, non invenissetis propositionem meam :* Si vous ne vous étiez point servi de ma femme pour découvrir ce que j'ai dans l'esprit, vous n'auriez point trouvé mon énigme : de même que les laboureurs qui se servent de génisses pour labourer la terre, découvrent ce qui y était caché ; ou bien : *Arare in vitula aliena :* Labourer avec la génisse d'autrui, c'est user pour son profit de ce qui appartient à d'autres

3° Etre soumis à un joug pénible et difficile. Ose. 10. 11. *Arabit Juda :* Judas labourera, et Jacob hersera ; c'est-à-dire les tribus de Juda et de Benjamin seront affligées de maux auxquels je les assujettirai ; d'autres disent, seront soumises à la loi de Dieu, et porteront son joug comme une génisse qui laboure et qui fend les mottes. Voy. Confringere

4° Travailler avec peine à faire du mal. Ose. 10. 13. *Arastis impietatem :* Vous avez employé tous vos soins à mal faire. Eccli. 7. 13. *Noli arare mendacium adversus fratrem tuum :* Ne travaillez point à inventer des mensonges. Job. 4. 8. *Qui operantur iniquitatem ;* Hebr. *qui arant iniquitatem ;* les méchants se donnent plus de peine pour faire le mal, que les bons n'en ont à faire le bien.

5° Travailler quand il est temps. Prov. 20. 4. *Propter frigus, piger arare noluit, mendicabit ergo æstate, et non dabitur illi :* Le paresseux n'a pas voulu travailler à cause du froid, il mendiera donc pendant l'été, et on ne lui donnera rien. *Arare hieme :* Labourer l'hiver, signifie, prendre de la peine pour avoir du repos.

ARATIUNCULA, æ. Ce mot, qui est un diminutif du nom verbal *aratio*, signifie un peu de terre labourable, un petit labourage : dans l'Ecriture :

Un sillon, une raie faite avec la charrue, ou autre instrument. 3. Reg. 18. 32. *Fecitque aquæductum quasi per duas aratiunculas in circuitu altaris :* Elie fit une rigolle et comme deux petits sillons autour de l'autel. Heb. et Gr. comme un sac de deux mesures de blé ; c'est-à-dire aussi large que le serait un tel sac (μετρήτης).

ARATOR, is, ἀρητὸς. Un laboureur qui s'exerce à labourer la terre. Amos. 9. 13.

Comprehendet arator messorem : Les ouvrages du laboureur et du moissonneur s'entresuivront ; ce qui marque une grande abondance, quand il y tant à moissonner, qu'on ne peut pas avoir assez tôt fait pour labourer la terre, lorsque le temps en est venu. 1. Reg. 8. 12. Le laboureur est marqué par celui qui tient la charrue. Eccli. 38. 26. *Qui tenet aratrum :* Celui qui mène une charrue.

ARATRUM, 1. αροτρον, 1° Une charrue, instrument de laboureur, composé d'un train monté sur deux roues, qui a un gros fer pointu et un autre tranchant pour ouvrir et couper la terre, et y faire des sillons. 3. Reg. 19. 21. *In aratro coxit boum carnes :* Elisée prit une paire de bœufs qu'il tua, et fit cuire la viande des mêmes bœufs, avec le bois de la charrue dont il avait labouré. Luc. 9. 62. *Nemo mittens manum ad aratrum et respiciens retro, aptus est regno Dei :* Quiconque ayant mis la main à la charrue, regarde derrière soi, n'est point propre au royaume de Dieu. Cette expression est prise de l'agriculture, et nous marque que de même qu'un laboureur qui a dessein de conduire droit sa charrue, ne regarde pas derrière lui : un prédicateur évangélique et un pasteur qui travaille au salut des âmes, que saint Paul appelle le champ que Dieu cultive, ne doit pas non plus regarder derrière soi, pour s'embarrasser des soins du siècle qui le détournent de son devoir. Isa. 17. 9.

2° Le contre et le soc de la charrue. Joël 3. 10. *Concidite aratra vestra in gladios, et ligones vestros in lanceas :* Forgez des épées du coutre de vos charrues, et des lances du fer de vos hoyaux. Cette manière de parler est une exhortation à la guerre.

ARBATHITES, Æ. Voy. ARBATA. Qui est de la ville d'Arbathes. 2. Reg. 23. 31. 1. Par. 11. 32. Voy. ALBIALBON.

ARBATHA, ORUM, *Fidejussor.* Ville de la tribu d'Issachar, qui fut détruite par Simon Machabée, et ses habitants menés captifs en Jérusalem, parce qu'elle avait pris le parti des Macédoniens contre les Juifs. 1. Mach. 5. 23. On croit que ce mot vient de l'Hébreu *harabot, loca campestria,* des plaines, et que c'est la plaine ou le pays qui est appelé *Campus magnus,* le Grand Champ. c. 12. 49. Voy. CAMPUS. De là vient Arbathites, qui est du *Grand Champ.*

ARBÉE, Heb. ARBAGH, *Quatuor,* ville située dans les montagnes de la tribu de Juda, la même que Cariath-Arbé et Hebron. Genes. 23. 2. *Mortua est in civitate Arbec quæ est Hebron :* Sara mourut en la ville d'Arbé, qui fut depuis appelée *Hebron.* c. 35. 27.

Cette ville a pris son nom d'un géant célèbre en Chanaan, qui fut nommé *Arbath;* peut-être parce qu'il égalait quatre autres hommes, ou en grandeur ou en force; c'est lui qui est marqué. Jos. 14. 15. *Nomen Hebron ante vocabatur Cariath Arbe; Adam maximus ibi inter Enacim situs est :* C'est là où Arbath, cet homme d'une grandeur prodigieuse est enseveli parmi les autres géants. Voy. ADAM.

ARBELLA, ORUM, Heb. BETH-ARBÉEL, *Domus insidiarum Dei,* ville de la Galilée supérieure, selon Adrichomius, dans la tribu de Nephthali ; cette ville donne le nom à toute la contrée appelée *Arbelles* ou *Arbelite.* 1, Mac. 9. 2. *Abierunt viam quæ est in Galgala, et castra posuerunt in Masaloth quæ est in Arbellis :* Ils marchèrent par le chemin qui mène à Galgala, et campèrent à Mazaloth qui est en Arbelles. D'autres mettent ce canton au delà du Jourdain, fondés sur ce que dit Osée, selon l'Hébreu, que Salmanasar ruina la contrée d'Arbel. c. 10.

ARBI. Hebr. *Locusta.* C'est le lieu d'où était Pharaï, un des braves de David. 2. Reg. 23. 35. On croit que c'était dans la tribu de Benjamin.

ARBITER, TRI. Ce nom, vraisemblablement, vient de l'ancien mot *ar,* pour *ad,* et du verbe *bitere,* pour *ire;* d'où vient *perbitere* ou *perbitare,* pour *perire.* Ainsi, *arbiter* signifie proprement celui qui vient pour voir et considérer quelque chose, et qui peut en rendre témoignage ; en français, un arbitre, c'est un juge, dont les parties conviennent, à qui elles donnent pouvoir par un compromis de juger leur différend : dans l'Ecriture :

1° Arbitre, juge d'un différend. Exod. 21. 22. *Si percusserit quis mulierem prægnantem, et abortivum quidem fecerit, sed ipsa vixerit, subjacebit damno quantum maritus mulieris expetierit, et arbitri judicaverint :* Si un homme frappe une femme grosse, et qu'elle accouche avant terme sans danger de mort, il sera condamné à une amende, telle que le mari de la femme la demandera, et que les juges l'ordonneront.

2° Souverain arbitre, et maître absolu (ὁ κρίνων) Judic. 11. 27. *Judicet Dominus arbiter hujus diei. inter Israel, et inter filios Ammon :* Que le Seigneur, qui est le souverain arbitre, décide aujourd'hui ce différend, entre Israël et les enfants d'Ammon : *Hujus diei,* est mis pour *hodie;* Gr. σήμερον.

3° Témoin oculaire, qui voit ce qui se passe. Genes. 39. 11. *Accidit quadam die ut intraret Joseph domum, et operis quippiam absque arbitris faceret :* Joseph étant entré un jour dans sa maison, et faisant quelque chose sans qu'il y eût personne qui le pût voir.

ARBITRIUM, 1. 1° Arbitre, action de l'esprit de l'homme, par laquelle il choisit librement ce qu'il juge de meilleur; d'où vient libre arbitre, franc arbitre. Num. 30. 14. *In arbitrio viri erit ut faciat sive non faciat :* Si une femme fait un vœu, il dépendra de son mari qu'elle le fasse ou qu'elle ne le fasse pas. 4. Reg. 12. 4. Judith. 8. 13 Ce mot signifie souvent en arbitrage, jugement d'Arbitre.

2° Jugement, décision faite avec autorité. Levit. 13. v. 3. 44. *Plaga lepræ est, et ad arbitrium ejus separabitur :* C'est une plaie de lèpre, et il doit être séparé par le jugement du prêtre.

ARBITRARI, νομίζειν, δοκεῖν. 1° Penser ou juger que quelque chose est. Matth. 34. *Nolite arbitrari quia pacem venerim mittere in terram* : Ne pensez pas que je sois venu apporter la paix sur la terre : Jésus-Christ déclare ce qui devait arriver dans le monde à l'occasion de la prédication de l'Evangile, qui devait causer de grands troubles parmi les hommes. Ainsi, c. 20. 10. Joan. 16. 2. c. 21. 25. Esth. 16. 4. etc. 2° Estimer, considérer (ἡγεῖσθαι; *ducere*). Phil. 3. 7. *Quæ mihi fuerunt lucra hæc arbitratus sum propter Christum detrimenta:* Ce que je considérais comme un gain et un avantage m'a paru depuis, en regardant Jésus-Christ, une perte et un dommage. v. 8. *Propter quem omnia detrimentum feci, et arbitror ut stercora* : Pour l'amour duquel je me suis privé de toutes choses, et je les regarde comme des ordures. c. 2. v. 3. 6. 1. Tim. 6. 1. 2. Petr. 3. 15. etc.

3° Juger, conclure, reconnaître (λογίζεσθαι, *colligere*). Rom. 3. 28. *Arbitramur justificari hominem per fidem sine operibus legis* : Nous devons reconnaître que l'homme est justifié par la foi sans les œuvres de la loi. Philip. 3. 13. Heb. 11. 19. Isa. 10. 7. 1. Mach. 6. 9. *Arbitratus est se mori* : Il jugea qu'il allait mourir (λογίζεσθαι). Voy. EXISTIMARE.

4°. Présumer, conjecturer (ὑπονοεῖν, *suspicari*). Act. 13. 25. *Quem me arbitramini esse, non sum ego* : Je ne suis point celui que vous présumez que je sois.

ARBOR, IS. δένδρον. Voy. LIGNUM. Ce mot vient, ou d'*arvum*, ou du mot hébreu *eb*, *arbor*, en insérant un *r*, et signifie :

1°. Un arbre, le plus grand des végétaux, qui pousse beaucoup de branches et de feuilles, et qui jette beaucoup de bois. Marc. 8. 24. *Video homines velut arbores ambulantes* : Je vois marcher des hommes qui me paraissent comme des arbres ; il n'en apercevait que le mouvement, sans en discerner les traits ni la figure. Matth. 12. 33. *Ex fructu arbor cognoscitur* : C'est par le fruit qu'on connaît l'arbre, et l'homme par ses œuvres. Luc. 13. v. 6. 19. c. 21. 29. Gen. 21. 15. etc. Ainsi, Gen. 18. 4. *Requiescite sub arbore* : Reposez-vous sous cet arbre ; Heb. sous ce chêne. v. 8.

L'Ecriture fait mention de quelques arbres particuliers, comme de celui qui est appelé *arbor pulcherrima* : Le bel arbre (ξύλον, *lignum*). Levit. 23. 40. *Sumatisque vobis die primo fructus arboris pulcherrimæ* : Les Juifs prenaient des branches de cet arbre, où pendaient les fruits pour porter à la main les sept jours de la fête des tabernacles : ils l'entendent du citronnier ; mais on croit que le mot hébreu ne signifie qu'un arbre beau et excellent, comme sont aussi les oliviers, les myrthes et les palmiers. Voy. PULCHER. et 2. Esdr. 8. 15.

Arbor malus, un pommier (μῆλον). Cant. 8. 5. *Sub arbore malo suscitavi te*, etc. Je vous ai ressuscitée autr. réveillée sous un pommier. On l'explique de l'arbre de la croix, où nous avons été rétablis. C'est sous un pareil arbre que nous avions été perdus par Eve, notre première mère : *Ibi violata est mater tua*. Voy. VIOLARE. On peut voir les autres sortes d'arbres chacun en leur endroit.

Expressions figurées tirées de la propriété des arbres.

1°. Le fruit des arbres qui ne fleurissent qu'en automne ne mûrit point ; c'est pour cela que les hérétiques et les docteurs corrompus, sont appelés des arbres d'automne. Jud. v. 12. *Arbores autumnales*; parce que faisant profession de nourrir les peuples des fruits d'une doctrine salutaire, ils n'en portent point, ou sont comme des arbres en automne, dépouillés de fleurs et de fruits ; ou, selon le Grec, n'ont que des fruits gâtés et pourris. Voy. AUTUMNALIS.

2°. Parce que les arbres sont élevés ; ils représentent, dans les prophètes, les rois et les personnes puissantes. Dan. 4. v. 7. 8. *Videbam, et ecce arbor in medio terræ* : Il me semblait que je voyais un arbre au milieu de la terre, qui était excessivement haut : *Magna arbor et fortis* : C'était un arbre grand et fort, dont la hauteur allait jusqu'au ciel ; cet arbre était le roi même qui avait eu cette vision. Voy. Ezech. 17. 23. c. 31. 3.

3°. Il y a des arbres qui portent de bons fruits, et d'autres qui en portent de mauvais. Les justes sont comparés aux premiers, et les méchants aux derniers. Matth. 7. 17. *Omnis arbor bona fructus bonos facit; mala autem arbor malos fructus facit* : Tout arbre qui est bon produit de bons fruits ; tout homme qui est animé de l'esprit de Dieu fait de bonnes actions ; et tout arbre qui est mauvais, produit de mauvais fruits : on connaît les hommes par leurs actions extérieures ; car elles sont ordinairement bonnes ou mauvaises, selon le principe qui les produit, et l'hypocrisie ne peut se cacher longtemps. c. 12. 33. Luc. 6. 43. Ainsi, quand un arbre ne porte pas de bon fruit, on le coupe et on le jette au feu : Dieu menace les Juifs, par la bouche du saint précurseur, d'en user de même à leur égard, et de les exterminer s'ils ne faisaient pénitence. Matth. 3. 10. *Jam securis ad radicem arborum posita est, omnis ergo arbor quæ non facit fructum bonum excidetur, et in ignem mittetur* : La cognée est déjà à la racine des arbres, c'est pourquoi tout arbre qui ne produit point de bon fruit sera coupé et jeté au feu. Luc. 3. 9. Voy. SECURIS.

ARBUSTUM, I. Ce mot qui vient d'*arbor* ou d'*arbos*, signifie proprement un lieu planté d'arbres pour soutenir la vigne, selon l'usage de plusieurs pays ; mais dans l'Ecriture il signifie :

Une branche d'arbre (ἀναδενδράς). Ps. 79. 11. *Operuit montes umbra ejus, et arbusta ejus cedros Dei* : Son ombre a couvert les montagnes, et ses branches les plus hauts cèdres. Le prophète-roi parle de la nation juive, comme d'une vigne qui s'est étendue de tous côtés : ce qui marquait que la gloire et l'élévation des Israélites fut si grande, que plusieurs princes et plusieurs royaumes, figurés par ces *montagnes* et par ces *cèdres*, leur furent assujettis. Ainsi, le roi des Assyriens est comparé à un cèdre dont les branches avaient poussé fortement, et s'étaient élevées. Voy. CEDRUS.

ARCA, æ, κιβωτός. Ce nom vient du verbe *arcere*, qui signifie contenir, renfermer, et signifie un coffre à serrer et à enfermer de l'argent, des hardes et autres choses; dans l'Ecriture :

1°. Un coffre ou un tronc où l'on mettait l'argent que le peuple offrait pour les réparations du temple. 2. Par. 24. 8. *Præcepit ergo rex, et fecerunt arcam, posueruntque eam juxta portam domus Domini forinsecus* : Le roi Joas commanda aux lévites de faire un tronc, et ils le mirent auprès de la porte de la maison du Seigneur en dehors. v. 10. 11. Voy. 4. Reg. 12. 9.

2°. Coffre ou trésor du roi, ou se mettent les finances (ὑπάρχοντα) 1. Esdr. 6. 8. *Sed et a me præceptum est ut de arca regis studiose sumptus dentur viris illis, ne impediatur opus* : J'ai ordonné que de l'épargne du roi on leur fournisse avec soin tout ce qui sera nécessaire pour les frais de cet édifice, afin que rien n'empêche qu'il ne continue à se bâtir.

3°. L'arche d'alliance, faite de bois de sétim, couverte de lames d'or, dans laquelle on gardait les tables de la loi de Moïse (Heb. *Aron, Arca*); c'est à cause de cet usage qu'on l'appelle *Arca fœderis*, ou *Arca testimonii*, ou *testamenti*; quelquefois même *testimonium*, Levit. 24. 3. *Extra velum testimonii*, quelquefois *testamentum*. Heb. 9. 4. *Tabulæ Testamenti* : Les deux tables de l'alliance ; parce que les tables de l'alliance que Dieu avait contractée avec le peuple d'Israël y étaient renfermées : elle s'appelle aussi *facies Dei*, et *Deus*. Ps. 67. 2. *Rex gloriæ*. Ps. 23. 7. parce qu'elle était la marque de la présence de Dieu : elle est encore appelée *Arca fortitudinis Dei*; 2. Par. 6. 41. *Fortitudo et gloria Dei* ; parce que c'était d'elle que Dieu, comme de son trône, faisait paraître sa force et sa puissance en faveur du peuple ; sa forme et sa construction est décrite, Exod. 25. 10. et suiv., elle a été transférée plusieurs fois.

Après la conquête de tout le pays de Chanaan, l'arche fut mise dans le tabernacle, qui fut dressé à Silo, qui était au milieu des tribus, à huit ou neuf lieues de Jérusalem ; mais lorsqu'elle eut été prise par les Philistins, elle fut rendue et mise à Gabaa, chez Abinadab : David étant déclaré roi par toutes les tribus, et se voyant en paix, résolut de tirer l'arche de la maison d'Abinadab, qui la gardait à Gabaa, pour la porter dans sa ville. Comme on la conduisait, Oza ayant été frappé de mort, pour l'avoir touchée, il n'osa l'amener chez lui ; mais il la fit entrer dans la maison d'Obédédom de Geth : cependant trois mois après, ayant appris que le Seigneur avait béni Obédédom, et tout ce qui lui appartenait, à cause de l'arche, il l'en amena dans sa forteresse de Sion avec grande joie, et la plaça sous le tabernacle qu'il y dressa, où elle demeura jusqu'à ce que Salomon, après avoir fait bâtir le temple, l'y fit transporter : enfin, lorsque le peuple devait être emmené à Babylone, Jérémie, par un ordre particulier de Dieu, fit apporter avec lui le tabernacle, l'arche et l'autel des encensements, sur la montagne de Nébo, d'où Moïse avait autrefois considéré la terre promise, et les fit cacher dans une caverne, dont il boucha l'entrée : depuis ce temps on n'a pas ouï parler de l'arche. L'arche d'alliance signifie quelquefois tout le culte de la loi, et les cérémonies. Jer. 3. 16. *Non dicent ultra ; Arca Testamenti Domini* : On ne dira plus : Voici l'arche de l'alliance du Seigneur, dans la loi nouvelle tout le culte de l'ancienne cessera.

4°. L'arche de Noé, qui était plutôt un grand bateau, en forme d'arche ou de coffre fermé de tous côtés (Heb. *Thebath*). Ce Patriarche la bâtit par l'ordre de Dieu, pour se sauver du déluge universel, lui et sa famille. La forme en est décrite Gen. 6. 14. *Fac tibi arcam de lignis levigatis* : Faites-vous une arche de pièces de bois aplanies. Cette arche, qui avait été cent ans à construire, était longue de trois cents coudées, large de cinquante, et haute de trente.

ARCANUM. 1. Ce nom neutre vient de l'adjectif *arcanus*, qui se forme du mot *arca*; parce que ce qui est secret et caché, est comme renfermé, et signifie :

1°. Ce qui est caché (ἀπόκρυφος) Isa. 45. 3. *Et dabo tibi thesauros absconditos, et arcana secretorum* : Je vous donnerai des trésors cachés, et des richesses secrètes et inconnues. Dieu parle à Cyrus, longtemps avant qu'il fût au monde, et lui promet de grands trésors qu'il devait découvrir; Heb. *Thesauros latebrarum*, i. e. *abstrusissimos*.

2°. Secret, chose secrète (βουλή). Prov. 11. 13. *Qui ambulat fraudulenter revelat arcana* : Le trompeur révélera les secrets. Eccli. 27. 17.

3°. Prodiges faits par les secrets de la magie (φαρμακεία). Exod. 7. 11. *Fecerunt ipsi per incantationes Ægyptiacas et arcana quædam similiter* : Les sages d'Egypte et les magiciens firent aussi la même chose par leurs enchantements et par les secrets de leur art.

4°. Instrument de musique (κρύφια), ou quelque air sur lequel se chantait le psaume 45. 1. *Pro arcanis*; ainsi, 1. Par. 15. 20. *In nablis arcana cantabant*; Heb. *super alamoth* (ἀλιμώθ) : Ils chantaient sur un autre instrument des airs sacrés et mystérieux.

ARCANUS, A, UM. Cet adjectif qui vient du nom *arca*, signifie secret et caché ; mais il signifie aussi :

Ineffable, ἄρρητος, qu'on ne peut dire ni comprendre. 2. Cor. 12. 4. *Audivit arcana verba quæ non licet homini loqui* : Saint Paul ayant été ravi au troisième ciel, il y entendit des paroles ineffables, qu'il n'est pas permis à un homme de rapporter.

ARCEUTHINUS, A, UM. ἀρκεύθινος. Du bois de genièvre, du Gr. ἄρκευθος, *juniperus*. 2. Par. 2. 8. *Sed et ligna cedrina mitte mihi, et arceuthina, et pinea de Libano* : Envoyez-moi aussi des bois de cèdre, de sapin et de pins du Liban. Plusieurs tournent le mot hébreu en celui d'*obiegna*. Notre Vulgate rend le mot grec ἀρκεύθινα par *ligna olivarum*; 3. Reg. 6. 23. *et fecit in oraculo duos Cherubim de lignis olivarum*: ainsi, v. 31. 32. 33.

ARCHANGELUS, 1. Ἀρχάγγελος. Ce mot vient d'ἀρχή et d'ἄγγελος, premier des anges; c'est le nom que l'Ecriture donne à saint Michel, que l'on croit avec raison, avoir été donné de Dieu pour protecteur de toute l'Eglise, puisqu'il a été le chef et le prince du peuple de Dieu dans l'ancien Testament, comme il paraît assez dans les 10. et 12. chap. de Daniel, 1. Thess. 4. 16. *In voce Archangeli, et in tuba Dei descendet de cœlo*: Aussitôt que le signal aura été donné par la voix de l'Archange, et par le son de la trompette de Dieu, le Seigneur lui-même descendra du ciel; cet Archange doit publier le second avènement de Jésus-Christ. Jud. v. 9. *Cum Michael archangelus cum diabolo disputans, altercaretur de Moysi corpore, non est ausus judicium inferre blasphemiæ*: Cependant l'archange Michel, dans la contestation qu'il eut avec le diable, touchant le corps de Moïse, n'osa le condamner avec exécration. Le sujet de cette contestation fut que Satan entreprenait, contre l'ordre de Dieu, de faire ensevelir Moïse publiquement, pour le faire adorer par les Juifs; au lieu que saint Michel voulut qu'il fût enseveli secrètement; ce qu'il emporta, non pas en le repoussant avec exécration, mais se contentant de lui opposer l'ordre même et la volonté de Dieu. Saint Michel est appelé *Archange*, non pas qu'il soit de l'ordre des archanges, mais parce qu'il est le prince et le premier de tous les anges; ce qui est encore confirmé par les choses qui se disent de lui dans l'Apocalypse, chap. 12.

ARCHELAUS, Gr. *Qui præest populo*. Ce mot vient du Grec ἀρχή, *imperium*, et de λαός, *populus*, prince du peuple, fils d'Hérode le Grand, qui succéda à son père dans le gouvernement de la Judée seulement. Matth. 2. 22. *Audiens autem quod Archelaus regnaret in Judæa pro Herode patre suo, timuit illo ire*: Joseph ayant appris qu'Archélaüs régnait en Judée en la place d'Hérode, son père, il appréhenda d'y aller; ce prince ayant été obligé de rendre compte à l'empereur Auguste de ses violences et de sa cruauté envers le peuple, fut relégué à Vienne en Dauphiné, où il mourut misérablement.

ARCHI-ATAROTH. Heb. *Latitudo coronarum*. Nom de pays dans la tribu de Manassès, au delà du Jourdain. Jos. 16. 2. *Transitque terminum Archi-Ataroth*: Ce partage passe par les confins d'Archi-Ataroth: quelques-uns croient que le mot *Archi*, marque le peuple descendu de Chanaan, appelé *Araceus*. Genes. 10. 17. *Chanaan autem genuit... Hevæum et Aracæum*: Chanaan engendra..... Heveus et Araceus. Dans notre Vulgate ce sont deux mots, *Archi*, *Ataroth*; les Septante n'en font qu'un, ἀχαταρωθ.

ARCHIPPUS, Gr. *Præfectus equorum*. Ce mot, qui vient d'ἀρχή, et d'ἵππος, signifie le supérieur des chevaux, comme qui dirait le grand écuyer. Un des principaux pasteurs de l'Eglise de Colosse. Coloss. 4. 17. *Dicite Archippo; vide ministerium, quod accepisti in Domino; ut illud impleas*: Dites à Archippe ce mot de ma part: Considérez bien le ministère que vous avez reçu du Seigneur, afin d'en remplir tous les devoirs. Saint Paul l'appelle compagnon de ses combats; c'est-à-dire des peines et des persécutions qu'il souffrait en prêchant l'Evangile. Philem. v. 2. *Et Archippo commilitoni nostro*: A Archippe, le compagnon de nos combats.

ARCHI-SYNAGOGUS, Ἀρχισυνάγωγος. *Princeps Synagogæ*. Chef de la Synagogue; c'étaient ceux qui réglaient les synagogues des Juifs et y donnaient les ordres. Chaque synagogue en avait quelquefois plusieurs, comme il paraît Act. 13. 15.; mais il y en avait un au-dessus des autres qui interprétait la loi et faisait les prières; tel était Jaïre à Capharnaüm, dont Jésus guérit la fille. Marc. 5. 22. *Venit quidam de Archi-Synagogis nomine Jaïrus*: Un chef de synagogue vint trouver Jésus-Christ. Matth. 9. 18. Le second dont parle l'Ecriture fut celui qui conçut de l'indignation de ce que le Sauveur avait guéri, le jour du Sabbat, une femme que le démon tenait courbée depuis dix-huit ans. Luc. 13. 14. Le troisième fut Crispe, chef de la synagogue de Corinthe, qui se convertit, par les prédications de saint Paul, avec toute sa famille.

ARCHITECTUS, 1. ἀρχιτέκτων. *Præfectus fabrorum*. Ce nom grec fait d'ἀρχή et de τέκτων, *faber*, signifie celui qui préside aux ouvriers qui bâtissent.

1° Architecte, qui conduit l'entreprise de quelque bâtiment (ἀρχιτέκτων). 2. Mach. 2. 30. *Sicut novæ domus architecto de universa structura curandum est*: Comme un architecte qui entreprend de bâtir une nouvelle maison est tout appliqué à en régler toute la structure. Eccli. 38. 28.

Ce qui s'attribue par métaphore aux pasteurs qui travaillent à l'édification des âmes. 1. Cor. 3. 10. *Ut sapiens architectus fundamentum posui*: J'ai posé le fondement comme fait un sage architecte.

2° Artisan en général. Isa 3. 3. *Auferet a Jerusalem consiliarium et sapientem et architectis*: Le Seigneur va ôter de Jérusalem ceux qui peuvent donner conseil et les plus sages d'entre les architectes. Hebr. *Peritum artificem*: Les plus habiles artisans.

ARCHITRICLINUS, Gr. *Præfectus convivii*. Ce mot, composé d'ἀρχή et de τρίκλινος, signifie celui qui préside au festin et à la salle où il se fait, et qui en a la direction: on l'appelle ordinairement maître d'hôtel. Joan. 2. 8. *Haurite nunc et ferte Architriclino*: Puisez maintenant et portez-en au maître d'hôtel.

Quelques-uns le prennent en cet endroit pour celui qui était choisi parmi les conviés pour ordonner de tout ce qui se passait au festin, et qui s'appelait le roi ou le maître du festin.

ARCTARE, Voy. ARCTUS. 1° Serrer, retenir (συγκλείειν), etc., d'où vient cette phrase,

Arctare gressus: Resserrer les pas de quelqu'un, c'est-à-dire le traverser dans ses affaires et l'empêcher de réussir en ce qu'il entreprend. Prov. 4. 12. *Non arctabuntur gressus tui*: Vos pas ne se trouveront plus resserrés.

2° Presser, étouffer (θλίβειν). Job. 20. 22. *Cum satiatus fuerit, arctabitur*: Après qu'il se sera bien soûlé, il sentira des étouffements qui le déchireront: en cet endroit, l'impie qui s'est rempli de biens qu'il a ravis aux autres et qui en ressent la punition, est comparé à un homme qui a trop mangé et qui se sent étouffé.

ARCTUS, A, UM. στενός. Cet adjectif vient du verbe *arcere*, *arcitum*, *arctum*, arrêter, empêcher, et signifie:

Étroit, resserré; d'où vient cette façon de parler, *In arcto ponere*: Mettre à l'étroit; c'est-à-dire réduire à l'extrémité. 1. Reg. 13. 6. *Quod cum vidissent viri Israel se in arcto positos*: Les Israélites se trouvèrent alors réduits à l'extrémité: ainsi, l'on dit figurément, *panis arctus*, du pain donné en fort petite quantité; c'est la même chose que *panis tribulationis, et aqua angustiæ*: Du pain de douleur et de l'eau d'affliction. 3. Reg. 22. 27. 2. Par. 18. 26. C'est une nourriture si modique, qu'elle empêche seulement de mourir; Heb. *Panis oppressionis*: Le pain dont on nourrit ceux qu'on tient dans l'oppression. Voy. AQUA.

ARCTURUS, I, Gr. *Cauda ursæ*. Voy. ORION. Ce mot grec vient d'ἄρκτος, *ursa*, et d'οὐρά, *cauda*, et signifie: — 1° L'astre ou l'étoile qui est à la queue de la grande Ourse. Job. 9. 9. *Qui facit Arcturum et Oriona*: C'est Dieu qui a créé les étoiles de l'Ourse et de l'Orion; et par ces deux étoiles brillantes, dont l'une est au septentrion et l'autre au midi, il déclare qu'il est le créateur de toutes les autres. Amos. 5. 8. — 2° L'Ourse, à la queue de laquelle est cette étoile. Job. 38. 31. *Numquid.... gyrum Arcturi poteris dissipare?* Pouvez-vous détourner l'Ourse de son cours? — 3° La plage septentrionale, où est cette étoile brillante (ἀκρωτήρια). Job. 37. 9. *Ab interioribus egredietur tempestas et ab Arcturo frigus*: C'est par l'ordre de Dieu que les orages sortent du milieu des nuées, et le froid vient du septentrion.

ARCUS, US. τόξον. Ce nom vient, à ce qu'on croit, du verbe *arcere*, parce qu'on se servait de l'arc pour repousser l'ennemi; mais outre cette première signification, il marque aussi une arcade, une voûte et l'arc-en-ciel; parce que ces choses sont en forme d'arc.

1° Un arc à tirer des flèches, qui est la première et la plus générale de toutes les armes. 4. Reg. 13. 15. *Affer arcum et sagittas*: Apportez-moi, dit Elisée à Joram, un arc et des flèches. Gen. 21. 6. c. 27. 3. 1. Reg. 18. 4. etc.

§ 1er. — Phrases tirées de ce mot.

Docere arcum: Instruire à tirer de l'arc. 2. Reg. 1. 18. *Præcepit ut docerent filios Juda arcum*: David, après la défaite de Saül et de Jonathas par les Philistins, exhorta ceux de Juda à apprendre à leurs enfants à tirer de l'arc; c'est-à-dire a faire la guerre sans se décourager par une si grande perte. Quelques-uns croient que l'on avait donné le nom d'*arc* à la complainte que fit David sur la mort de Saül et de Jonathas, parce qu'il y est souvent parlé d'*arc*; ce qui formerait ce sens très-clair: il ordonna que ceux de Juda apprissent ce cantique à leurs enfants. Ce mot *arcus* n'est point dans le grec.

Extendere arcum: Bander un arc; d'où vient *Arcus extentus*: Arc bandé et tout prêt à tirer, pour marquer l'approche d'un ennemi prêt à combattre. Isa. 5. 28. *Omnes arcus ejus extenti*: Cette nation avec des arcs toujours bandés. Le prophète parle des Chaldéens qui venaient fondre sur la Judée. c. 21. 15. Ainsi, *Extendere sibi aliquem quasi arcum*: Se servir de quelqu'un comme d'un arc bandé; c'est-à-dire comme d'un puissant moyen pour exécuter ses ordres. Zach. 9. 13. *Extendi mihi Judam quasi arcum*: Juda est mon arc que je tiens tout bandé. Dieu assure aux Juifs qu'il combattra pour eux contre leurs ennemis, et que les enfants d'Israël et de Juda seront *son arc, ses flèches et son épée*, avec lesquels il les terrassera.

Intendere arcum: Tendre l'arc, c'est-à-dire savoir le manier. Ps. 77. 9. *Filii Ephrem intendentes et mittentes arcum, conversi sunt in die belli*: Les enfants d'Ephraïm, quoiqu'habiles à tendre l'arc et à en tirer, ont tourné le dos au jour du combat; d'où vient cette phrase figurée, *Intendere arcum*: Tendre l'arc pour marquer la disposition pleine de fureur d'un ennemi prêt à faire du mal. Ps. 10. 3. *Ecce peccatores intenderunt arcum*: Les pécheurs ont déjà tendu leur arc. Ps. 36. 14. Ps. 57. 8. Ps. 63. 4.

Mittere arcum: Tirer un arc. Voy. ci-dessus INTENDERE.

Tendere arcum: Bander un arc. 3. Reg. 22. 34. *Vir quidam tetendit arcum*: Un homme tendit son arc, et ayant tiré une flèche au hasard, il en perça Achab entre le poumon et l'estomac. 4. Reg. 9. 24. Dans un sens figuré, *tendere arcum*, signifie être habile à tirer de l'arc et à faire la guerre. Jer. 51. 3. *Non tendat qui tendit arcum suum*: Que celui qui s'apprête à tendre son arc ne le tende point; c'est-à-dire que les gens de guerre ne se mettent pas en peine de combattre contre des gens saisis de frayeur. Le prophète prédit la ruine de Babylone, c. 50. v. 14. 20. d'où vient *Tendentes arcum*: Gens habiles à tendre l'arc, pour signifier des soldats aguerris. 1. Par. 5. 18. c. 8 40. c. 12. 2. Et dans le sens métaphorique, *tendere arcum*, signifie être prêt à nuire et à faire du mal. Ps. 7. 13. *Arcum suum tetendit*: Dieu a déjà tendu son arc, c'est-à-dire il est prêt à punir; mais cette phrase marque aussi le mal que Dieu a fait ressentir. Thren. 2. 4. c. 3. 13.

Tenere arcum: Tenir l'arc, c'est-à-dire être armé d'un arc; d'où vient *tenentes arcum*, pour signifier des soldats. 2. Par. 17. 17. Amos. 2. 15.

§ 2. — Expressions figurées tirées de ce mot.

Arcus æreus: Un arc d'airain, pour marquer une force extraordinaire, soit pour attaquer, ou pour se défendre. Ps. 17. 35. *Posuisti ut arcum æreum brachia mea:* Vous avez fait de mes bras comme un arc d'airain. 2. Reg. 22. 35. Job. 20. 24. Voy. IRRUERE. Les anciens forgeaient leurs armes d'airain, manque de fer; car, comme dit Lucrèce, *Et prior æris erat quam ferri cognitus usus.*

Arcus pravus ou *dolosus :* Un arc trompeur, c'est-à-dire qui se rompt lorsqu'on le bande ou qui tire loin du but où l'on vise; ce qui marque l'hypocrite qui se fait paraître tout autre qu'on n'attendait. Ose. 7. 16. *Facti sunt quasi arcus dolosus:* Ils sont devenus comme un arc trompeur; le Prophète parle des Israélites qui ont été rebelles et désobéissants à Dieu. Ps. 77. 57. Voy. CONVERTERE.

Arcus mendacii: Un arc qui lance des traits de mensonge; se dit de la langue qui profère des mensonges, comme un arc lance des flèches. Jer. 9. 3. *Et extenderunt linguam suam quasi arcum mendacii :* Ils se servent de leur langue comme d'un arc, afin d'en lancer des traits de mensonge. Jérémie parle contre la malice du peuple juif.

Arcus nubium : Nuées formées en arc. Sap. 5. 22. *Tamquam a bene curvato arcu nubium exterminabuntur:* Les méchants seront exterminés par les foudres qui seront lancées des nuées, comme les flèches d'un arc bandé avec force. Dieu mit après le déluge un arc d'alliance dans les nuées; mais au jugement dernier il y mettra l'arc de sa colère, dont il tirera des flèches dans le cœur des méchants, qui les perceront d'une douleur vive et cuisante.

§ 3 1° Toute sorte d'armes; parce que c'est la plus ancienne et la plus commune de toutes; l'on y joint souvent le mot de *gladius,* qui est l'arme dont on se sert pour se battre de près, comme l'arc servait pour se battre de loin. Genes. 48. 22. *Do tibi partem unam extra fratres tuos quam tuli de manu Amorrhæi in gladio et arcu meo:* Jacob dit à Joseph, son fils : Je vous donne de plus qu'à vos frères, cette part de mon bien que j'ai gagnée sur les Amorrhéens, avec mon épée et mon arc; cette part que Jacob donne à Joseph au dessus de ses frères est la terre de Sichem, où était ce puits auprès duquel le Fils de Dieu parla à la Samaritaine. Ps. 43. 7. Ose. 2. 18. Zach. 9. 10. etc.

2° La force et le pouvoir de se défendre et de se maintenir. Job. 29. 20. *Arcus meus in manu mea instaurabitur:* Ma gloire se renouvellera de jour en jour, et mon arc se fortifiera dans ma main; c'est-à-dire se renouvelait et se fortifiait; le futur se met souvent, chez les Hébreux, pour le prétérit. Job parle ici du temps de la prospérité, où il était affermi. De là viennent ces phrases.

Confringere, conterere, superare arcum alicujus : Abattre la puissance et la force de quelqu'un. Ps. 36. 15. *Arcus eorum confringatur :* Que leur épée leur perce le cœur à eux-mêmes, et que leur arc soit brisé : cette *épée* que les méchants tirent contre les faibles et les innocents, et cet *arc* qu'ils bandent, signifient, d'une manière figurée, tous les moyens qu'ils emploient pour les perdre. 1. Reg. 2. 4. Ps. 45. 10. Ps. 75. 4. Ose. 1. 5. Ainsi, Jerem. 51. 56. *Amarcuil arcus eorum :* Leur arc a été brisé; c'est-à-dire toute la force des Babyloniens est ruinée. Genes. 49. 24. *Sedit in forti arcus ejus :* Joseph a mis sa force et sa confiance dans le Très-Fort. Zach. 10. 4. *Ex ipso arcus prælii :* C'est de Juda que viendra l'arc pour combattre; c'est-à-dire la force et la valeur avec laquelle les Juifs vaincront leurs ennemis : cela s'est accompli dans les Machabées.

3° La violence et la persécution des ennemis. Ps. 59. 5. *Dedisti metuentibus te significationem ut fugiant a facie arcus :* Vous avez donné à ceux qui vous craignent, un signal, afin qu'ils fuient de devant l'arc : ce signal était David même, établi roi, à qui les Juifs pouvaient avoir recours pour se défendre de leurs ennemis ; mais David était la figure expresse de Jésus-Christ, dont la croix nous sert de signal pour éviter les traits funestes de la colère de Dieu. Jer. 9. 3. Ps. 10. 2. Ps 36. 14. Ps. 63. 5. Voy. INTENDERE.

4° La force que Dieu fait éclater en faveur des bons. Habac. 3. 9. *Suscitans suscitabis arcum tuum :* Vous préparerez et vous banderez votre arc. Le prophète représente Dieu comme un grand capitaine, puissamment armé, pour exterminer les impies. Ps. 7. 13. Thren. 2. 4. c. 3. 12. Zach. 9. 13. Voy. ci-dessus n. 1. TENDERE.

5° L'arc-en-ciel, ainsi appelé, parce qu'il est représenté sur une nuée en forme d'arc. Genes. 9. v. 13. 14. 16. *Arcum meum ponam in nubibus :* Je mettrai mon arc dans les nuées : Dieu l'appelle son *arc,* parce qu'il a voulu que ce fût un signe qui marquât aux hommes qu'il ne les perdrait plus par un déluge, avant lequel l'*arc-en-ciel* était seulement un signe de pluie. Ezech. 1. 28. Eccli. 43. 12. c. 50. 8. Voy. IRIS.

ARDERE, καίεσθαι, κατακαίεσθαι. Ce verbe est fait d'*arere,* en insérant le *d,* et signifie :

Brûler, être tout en feu, être embrasé ou allumé (φλογίζεσθαι) : ce qui se dit proprement du feu. Eccli. 3. 33. *Ignem ardentem exstinguit aqua:* L'eau éteint le feu, lorsqu'il est le plus ardent. Exod. 3. 2. *Videbat quod rubus arderet:* Moïse voyait brûler le buisson, sans qu'il fût consumé. Deut. 5. 23. *Montem ardere vidistis :* Vous avez vu que toute la montagne était en feu. Dan. 3. 6. Joan. 15. 6. Ainsi, Ps. 7. 14. *Sagittas suas ardentibus (carbonibus) effecit :* Dieu a rendu ses flèches brûlantes; *aut.* a préparé ses flèches contre ceux qui me persécutent avec ardeur.

1° Etre consumé, périr. 1. Cor. 3. 15. *Si cujus opus arserit, detrimentum patietur :* Celui dont l'ouvrage sera brûlé en souffrira de la perte. Par cet ouvrage saint Paul entend une doctrine altérée par le mélange des pensées humaines, comparée aux ouvrages de bois, de foin et de chaume, et qu'il oppose à une doctrine saine, qu'il compare à l'or, à l'argent et aux pierres précieuses.

2° Brûler, être enflammé, se dit du feu de

la charité. Luc. 12. 35. *Sint lucernæ ardentes in manibus vestris* : Ayez dans vos mains des lampes ardentes : ces paroles marquent les bonnes œuvres qui doivent avoir pour principe l'ardeur de la charité : ainsi. c. 24. 32. Joan. 5. 35. *Ille erat lucerna ardens et lucens* : Saint Jean était une lampe ardente et luisante. *Ardente*, par le feu de sa charité, et par son zèle pour la vérité; *luisante*, par sa doctrine et par l'exemple de sa vie, comme doivent être tous ceux qui sont dans quelque rang au-dessus des autres.

Il se dit encore du zèle extraordinaire pour la gloire de Dieu. Eccli. 48. *Verbum ipsius quasi facula ardebat* : Les paroles d'Élie brûlaient comme un flambeau ardent; c'est-à-dire qu'elles avaient une force extraordinaire. v. 4. Reg. c. 1. v. 10. 12. 17. Quelquefois du feu de la colère. Esth. 15. 10. *Ignem succendisti in furore meo, usque in æternum ardebit* : Vous avez allumé ma colère comme un feu qui brûlera éternellement : cette colère de Dieu contre les Juifs, causée par leur idolâtrie, fut éternelle; c'est-à-dire dura longtemps, leur captivité ayant été de soixante et dix ans, ou même ne finira jamais contre ceux qui moururent dans leur péché. Enfin, il se dit du feu de la convoitise. Judith. 12. 16. *Cor Holophernis erat ardens in concupiscentia ejus* : Holopherne brûlait de passion pour Judith

ARDENS, TIS. Ce mot est pris ici comme adjectif, et signifie la même chose qu'étant participe, ardent, brûlant, qui est tout en feu; d'où vient le superlatif *ardentissimus*, qui ne se prend que métaphoriquement.

Très-ardent. 3. Reg. 11. 2. *His copulatus est Salomon ardentissimo amore* : Salomon s'attacha à plusieurs femmes étrangères, avec une passion très-ardente.

ARDOR, καύσων. Ardeur, chaleur véhémente comme celle du feu, de l'été, etc. Eccli. 18. 16. *Nonne ardorem refrigerabit ros?* La rosée ne rafraîchit-elle pas l'ardeur du grand chaud. c. 43. 24. *Ros obvians ab ardore venienti humilem efficiet eum* : Une rosée chaude survenant après le froid, dissipera la gelée. Voy. CRYSTALLUS.

1° La colère de Dieu comparée à un feu dévorant. Isa. 33. 14. *Quis habitabit ex vobis cum ardoribus sempiternis?* Qui d'entre vous pourra subsister dans les flammes éternelles : ce feu dévorant et ces flammes éternelles s'entendent à la lettre des armées des Assyriens, qui ruinaient et ravageaient la Judée; mais on l'entend, dans le sens spirituel des flammes qui dévoreront les impies durant toute l'éternité.

2° Maladie, ou feu qui dévore et consume (ἴκτερος). Levit. 26. 16. *Visitabo vos velociter in egestate, et ardore, qui conficiat oculos vestros* : Je vous punirai bientôt par la plaie de l'indigence, et par une ardeur qui desséchera vos yeux. Le Grec explique cette ardeur de la jaunisse (ἐρεθισμός). Deut. 28. 22. *Percutiat te Dominus egestate, febri et frigore, ardore et æstu* : Le Seigneur vous frappera de misère, de fièvre, de froid, d'une chaleur brûlante : Heb. de la fièvre ectique; le Grec, d'une démangeaison par tout le corps. Quelques-uns croient que tous ces mots différents : *Febris, frigus, et æstus*, ne signifient qu'une fièvre très-ardente.

3° Colère, vengeance. Isa. 33. 11. *Concipietis ardorem*, (Heb. *quisquilias*) : Vous concevrez des flammes ardentes. Dieu fait voir les vains efforts des Assyriens contre Jérusalem, qui ne produiront que des pailles.

4° Colère et chaleur inconsidérée, qui porte à parler d'une manière imprudente et peu juste. Job. 15. 2. *Numquid sapiens respondebit quasi in ventum loquens et implebit ardore stomachum suum?* Le sage doit-il dans ses réponses parler comme en l'air, et remplir son cœur d'une chaleur inconsidérée? l'Hébreu porte, remplir son ventre de vent; l'estomac ou le ventre est pris ici pour le cœur ou l'esprit, et le vent pour les pensées vaines.

5° La charité (καῦσις). Isa. 4. 4. *Si abluerit Dominus sordes filiorum Sion in spiritu judicii et spiritu ardoris* : Après que le Seigneur aura purifié les souillures des filles de Sion, par un esprit de justice et par un esprit d'ardeur et de charité

ARDESCERE. Ce verbe vient d'*ardere*, et signifie s'allumer, prendre feu, s'embraser : dans l'Ecriture, il se prend seulement dans un sens figuré. Prov. 16. 27. *In labiis ejus ignis ardescit* : Il y a sur les lèvres du méchant un feu ardent qui allume les querelles, les procès, et qui cause du trouble.

ARDON, IS. Hebr. *Imperans*. Fils de Caleb et d'Azuba. Voy. CALEB. 1. Par. 2. 18.

ARDUUS, A, UM. Ce mot, qui vient du verbe *ardere*, parce que la flamme s'élève en haut, signifie :

Haut, élevé, en parlant du ciel, d'un arbre, d'un lieu (ἐξοχὴ πέτρας, *Prominentia rupis*). Job. 39. 27. *Numquid ad præceptum tuum elevabitur aquila et in arduis ponet nidum suum?* L'aigle à votre commandement s'élèvera-t-il en haut, et fera-t-il son nid dans les lieux les plus élevés? Jerem. 4. 29. *Ingressi sunt ardua* : Les Juifs se sont retirés aux lieux les plus élevés; Gr. σπήλαια, *antra*.

AREA, Gr. ἅλων, ἅλως. Ce mot vient du verbe *areo*, être sec, et signifie place sans maisons, aire, parterre; il signifie aussi l'aire d'une grange, parce que c'est le lieu où les blés sont battus et se sèchent.

1° Aire de grange. Joël. 2. 24. *Implebuntur areæ frumento* : Vos granges seront pleines de blé. Isa. 21. 10. *Filii areæ meæ* : Vous que je laisse dans l'oppression, comme on foule le blé dans la grange : on peut rapporter à cette signification d'aire, qui est un lieu sec, exposé à l'air. ce passage de Joël. 1. 20. *Bestiæ agri quasi area sitiens imbrem* : Les bêtes des champs sont comme la terre altérée qui demande de la pluie.

2° Cour ou place. 3. Reg. 22. 10. *Rex Israel et Josaphat rex Juda sedebant unusquisque in area juxta ostium portæ Samariæ* : Le roi d'Israël et Josaphat, roi de Juda, étaient dans la cour près de la porte de Samarie, assis chacun en leur trône.

3° La place où est plantée la vigne (βόλος). Ezech. 17. 10. *Nonne cum tetigerit eam ventus urens siccabitur, et in areis germinis suis arescet?* Lorsqu'un vent brûlant aura frappé cette vigne, ne séchera-t-elle pas dans la même place où elle a pris son accroissement?

4° Places auprès du marais nommé *Cendevia*, et autres lieux où il y avait des salines qui payaient tribut aux rois qui s'étaient rendus maîtres de la Judée (ἁλὸς λίμναι, *salis stagna*), 1. Mach. 11. 35. *Remittimus eis et areas salinarum quæ nobis deferebantur :* Nous remettons aux Juifs les impôts des salines, et les couronnes que l'on nous apportait; où ici *areæ salinarum* semble signifier, ou le sel même qui était fait, ou le prix du sel ; c'est pourquoi ce tribut, c. 10. 29. s'appelle *Pretium salis*

§ 1. 1° Le blé qui est dans la grange. Num. 15. v. 19. 20. *De cibis vestris sicut de areis primitias separabitis :* Vous mettrez à part les prémices du blé que vous mangez, comme vous mettez à part les prémices du blé de vos granges. Job. 39. 12. *Numquid credes illi quod aream tuam congreget :* Croirez-vous que le rhinocéros amasse des blés dans votre grange? Num. 18. v. 27. 30. Deut. 15. 14. 4 Reg. 6. 27. Ainsi, 1. Reg. 23. 1. *Ecce Philistiim oppugnant Ceilam et diripiunt areas :* Voilà les Philistins qui attaquent Ceïla, et qui pillent les blés des granges. Ose. 9. 2. A quoi se peut encore rapporter ce passage d'Osée. 9. 1. *Dilexisti mercedem super omnes areas tritici :* Vous vous êtes prostituée pour avoir une grande abondance de blé : *Diligere mercedem*, supl. *meretriciam*, i. e. *fornicari :* d'autres expliquent : Vous avez idolâtré dans les aires où vos idoles étaient placées. Voy. SUPER.

2° L'Eglise, dans laquelle les bons sont mêlés avec les méchants, parce qu'elle est comparée à l'aire où le blé est mêlé avec la paille ; mais Notre Seigneur, au jugement dernier, séparera les bons d'avec les méchants, comme on sépare le blé d'avec la paille. Matth. 3. 12. *Permundabit aream suam, et congregabit triticum suum in horreum, paleas autem comburet igni inextinguibili :* Jésus-Christ nettoiera parfaitement son aire; il amassera son blé dans le grenier; mais il brûlera la paille dans un feu qui ne s'éteindra jamais. Luc. 3. 17

§ 2. — Noms propres de lieu.

AREA, ATAD, Heb. la place des épines, ainsi appelée, parce qu'il y en avait beaucoup.

Lieu situé à deux milles du Jourdain, en deçà duquel lieu vinrent Joseph et les Egyptiens, qui conduisaient le corps de son père Jacob. Genes. 50. 10. *Veneruntque ad aream Atad quæ sita est trans Jordanem :* Ils vinrent à l'aire d'Atad, qui est située au delà du Jourdain. Voy. TRANS

AREA AREUNÆ, OU AREA ORNAN. L'aire ou la grange d'Areuna ou d'Ornan, située sur la montagne de Moria, où Abraham avait voulu immoler son fils : David acheta d'Areuna Jébuséen cette aire, pour y dresser un autel au Seigneur. 2. Reg. 24. 18. *Constitue altare Domino in area Areuna :* Allez dresser un autel au Seigneur dans l'aire d'Areuna. *Vide* v. 16. 21. 24. Ainsi. 1. Par. 21. v. 15. 18. 2. Par. 3. 1. Voy. ORNAN.

§ 3. — Noms propres d'hommes.

AREA, Heb. *Via.* 1° Un chef de famille dont les descendants revinrent de Babylone au nombre de sept cents. 1. Esdr. 2. 5. et au nombre de six cent cinq. 2. Esdr. 7. 10. La raison de ce nombre différent vient, à ce qu'on croit, de ce que le premier dénombrement du peuple, rapporté 1. Esdr. 2. 5. fut fait en Babylone même; au lieu que le second, rapporté 2. Esdr. 7. ne fut fait par revue en Judée. que quelque temps après leur retour, s'étant pu faire, par conséquent, que quelques-uns de ceux qui sont marqués dans le premier dénombrement, demeurèrent derrière, ou moururent en chemin.

2° Père de Séchénias. 2. Esdr. 6. 18.

AREBBA, Heb. RABBA, *Multa.* Ville de la tribu de Juda. Jos. 15. 60.

ARECON, Heb. RAKKON, *Ærugo.* Ville de la tribu de Dan. Jos. 19. 46.

ARED, Heb. *Imperans.* Fils de Géra, petit-fils de Benjamin. Genes. 46. 21.

ARÉE, Heb. *Via.* Fils d'Olla, petit-fils d'Aser. 1. Par. 7. 39.

AREFACERE, ξηραίνειν. Ce verbe est formé d'*arere*, et de *facere*, et signifie :

Faire sécher quelque chose, sécher, dessécher quelque chose. Matth. 21. 19. *Arefacta est continuo ficulnea :* Au même moment le figuier sécha. Jac. 1. 11. *Arefecit fenum :* Un soleil brûlant sèche l'herbe.

Perdre, consumer (μαραίνειν). Job. 15. 30. *Ramos ejus arefaciet flamma :* La flamme brûlera ses branches : Eliphas parlant à Job, témoigne ici que l'affliction perdra la postérité de l'impie. Eccli. 10. v. 18. 20. c. 14. 9. D'où viennent encore ces façons de parler. Isa. 42. 15. *Stagna arefaciam :* Je sécherai tous les étangs ; c'est-à-dire j'exterminerai les plus fiers ennemis de mon Eglise, et j'ôterai tous les obstacles qui peuvent empêcher mes fidèles de venir à moi. c. 44. 27. *Flumina tua arefaciam :* Je mettrai tes eaux à sec. Dieu menace Babylone de ruiner toute sa puissance ; et ce passage se peut bien entendre de ce que fit Cyrus pour entrer en Babylone avec son armée, qui fut de détourner le cours de l'Euphrate de Babylone. Ezech. 19. 12. *Arefactæ sunt virgæ roboris ejus :* Ses branches si vigoureuses sont devenues toutes sèches. Le Prophète compare la ville de Jérusalem à une vigne, dont les branches vigoureuses, c'est-à-dire toute la jeunesse de la race royale, sont toutes desséchées.

ARELI, Heb. *Altare.* Dernier fils de Gad. Gen. 46. 16.

ARENA, ψάμμος, ou ἄμμος. Ce mot vient du verbe *areo*, et signifie :

Sable, gravier. Eccli. 1. 2. *Arenam maris et pluviæ guttas... quis dinumeravit?* Qui a compté le sable de la mer? Deut. 33. 19. *Qui inundationem maris quasi lac sugent et the-*

sauros absconditos arenarum : Ils suceront comme le lait les richesses de la mer, et les trésors qu'elle cache dans le sable. Moïse parle de la tribu de Zabulon, qui, étant située sur le bord de la mer, devait s'enrichir par le commerce sur la mer, au fond de laquelle se trouvent les pierres précieuses, et sur les bords, les richesses des vaisseaux qui font naufrage, qui sont couvertes du sable de la mer.

1° Une des propriétés du sable est qu'il ne peut compter ; c'est pourquoi souvent dans l'Ecriture il signifie :

Une multitude innombrable. Ps. 77. 27. *Et pluit super eos sicut arenam maris, volatilia pennata :* Dieu fit pleuvoir sur les Israélites des oiseaux comme le sable de la mer. Ps. 138. 18. *Super arenam multiplicabuntur :* Le nombre des amis de Dieu surpassera celui des grains de sable de la mer. *Vide* Apoc. 7. 9.

2° Une seconde propriété du sable est qu'il est pesant ; c'est ce qui fait dire à Job, 6. 3. *Quasi arena maris hæc gravior appareret :* Si mes péchés et les maux que je souffre étaient mis les uns avec les autres dans une balance, ceux-ci surpasseraient les autres de toute la pesanteur du sable de la mer. Ainsi, Prov. 27. 3. Eccli. 22. 18.

ARENOSUS, A, UM, ἀμμώδης. Ce nom adjectif vient du substantif *arena*, et signifie :

Sablonneux, plein de sable, où il y a quantité de sable. Eccli. 25. 27. *Sicut ascensus arenosus in pedibus veterani :* Une montagne sablonneuse aux pieds d'un vieillard, est la même chose qu'une grande causeuse près d'un homme paisible.

AREOLA, Æ. πρασιά, nom diminutif d'*area*, lorsqu'il marque une planche de jardin, et signifie :

1° Une petite planche, une couche ou parterre de jardin (ιάκλη). Cant. 5. 13. *Genæ illius sicut areolæ aromatum :* Les joues de mon bien-aimé sont semblables à des parterres d'herbes odoriférantes : ces joues ce sont les Ecritures saintes, qui font connaître Jésus-Christ, comme l'on connaît l'homme par le visage, et dont les livres différents sont comme des parterres de parfums.

2° Ruisseaux ou rigoles pour arroser (βόλος, elix, sulcus). Ezech. 17. 7. *Vinea ista palmites suos extendit ad illam*, (sc. aquilam) *ut irrigaret eam de areolis germinis sui :* Cette vigne étendit ses branches vers ce second aigle, afin qu'il l'arrosât des eaux fécondes qu'il pouvait lui procurer : le Prophète, par cette allégorie, marque le secours que les Juifs tâchèrent d'avoir du roi d'Egypte contre Nabuchodonosor, en faisant allusion aux eaux du Nil, qui arrosent l'Egypte par des canaux.

AREOPAGUS, I. Gr. *Collis Martis*. Ce nom vient du Grec ἄρης, *Mars*, et de πάγος, *rupes, collis Martis*.

L'aréopage, cour célèbre d'Athènes, où se jugeaient les causes et les affaires de grande conséquence ; saint Paul y fut conduit. Act. 17. 19. *Ad areopagum duxerunt :* Quelques philosophes épicuriens et stoïciens menèrent saint Paul à l'aréopage ; saint Paul y parla devant les juges. v. 22. *Stans autem Paulus in medio areopagi, ait :* Saint Paul étant au milieu de l'aréopage, leur dit.

AREOPAGITA, Æ, Gr. *De colle Martis*. Ce nom vient d'*Areopagus*.

Aréopagite, juge ou sénateur de l'aréopage. Ces juges qui s'étaient acquis une grande réputation pour leur intégrité, avaient une très-grande autorité dans toute la Grèce. Saint Denis, qui fut converti par saint Paul, était de ce nombre. Act. 17. 34. *Quidam vero viri adhærentes ei, crediderunt, in quibus et Dionysius Areopagita :* Quelques-uns se joignirent à saint Paul, et embrassèrent la foi, entre lesquels fut Denis, sénateur de l'aréopage. Ce même saint Denis fut fait ensuite évêque d'Athènes, selon le rapport de saint Denis de Corinthe et d'Eusèbe. lib. 3. c. 4.

AREM, Heb. *Filius meus*. Chef de famille ; ses enfants revinrent de Babylone au nombre de mille dix-sept. 2. Esdr. 7. 42.

ARERE, ξηραίνεσθαι. Etre fort sec. Job. 7. 5. *Cutis mea aruit et contracta est.* Ma peau est toute sèche et toute retirée. Ose. 9. 14. *Da eis vulvam sine liberis et ubera arentia :* Donnez aux femmes des Israélites des entrailles qui ne portent point d'enfants, et des mamelles qui soient toujours sèches. i. e. rendez-les stériles.

Etre desséché, perdre sa vigueur et sa force. Ps. 21. 16. *Aruit tamquam testa virtus mea :* Ma vigueur s'est desséchée comme l'argile cuite au feu. Ps. 101. 5. *Aruit cor meum :* Mon cœur s'est desséché.

ARESCERE. ξηραίνεσθαι. Devenir sec, se dessécher. Job. 8. 12. *(Carectum) ante omnes herbas arescit :* L'herbe du pré sèche avant toutes les autres. Jerem. 50. 38. *Siccitas super aquas ejus erit et arescent :* La sécheresse tombera sur les eaux de Babylone, et elles sécheront ; l'Euphrate, fleuve qui passait au milieu de Babylone, fut coupé par Cyrus en plusieurs ruisseaux. Ainsi, Job. 14. 11. Isa. 19. v. 5. 7.

1° Déchoir de sa prospérité et de son bonheur (φθείρεσθαι, *corrumpi*) Ps. 36 2. *Tamquam fenum velociter arescent :* Les méchants se sécheront aussi promptement que le foin. Job. 15. 32. *Manus ejus arescent :* Les mains de l'impie se sécheront. Voy. MANUS. Ezech. 17. v. 9. 10.

2° Perdre sa force et sa vigueur. Psal. 89. 6. *Vespere decidat, induret et arescat* (pour *arescet*). L'herbe tombe le soir, elle s'endurcit et se sèche : le Prophète compare à l'herbe, l'homme qui, sur le soir, c'est-à-dire, sur le déclin de sa vie, se consume peu à peu. Isa. 51. 12. Marc. 9. 17.

3° Mourir, rendre l'âme (ἀποψύχειν). Luc. 21. 26. *Arescentibus hominibus præ timore :* Les hommes sécheront de frayeur.

4° Etre privé de la grâce, et de la communion des saints. Joan. 15. 6. *Si quis in me non manserit, ejicietur foras, sicut palmes et arescet :* Si quelqu'un ne demeure pas en moi, il sera jeté dehors comme un sarment inutile, et il séchera.

ARETH. Heb. *Sculptura*. Forêt où David

se retirait en fuyant Saül. 1. Reg. 22. 5. *Et profectus est David, et venit in saltum Areth:* David partit et vint dans la forêt de Areth.

ARETAS. Gr. *Virtute præditus*. — 1° Roi d'Arabie, qui mit Jason en prison. 2. Mach. 5. 8. — 2° Un autre roi de l'Arabie Pierreuse et de Damas, beau-père du roi Hérode le Tétrarque, à qui il avait donné sa fille en mariage. 2. Cor. 11. 32. Voy. HERODIAS.

AREUNA, Heb. *Area.* Un Jébuséen prosélyte, qui vendit à David la place où Salomon bâtit le temple. 2. Reg. 24. v. 16. 18. 20. 22. 23. Voy. AREA. Voy. ORNAN. Il est appelé roi. v. 23. ; ainsi il pouvait avoir été roi des Jébuséens, avant que David eût pris Jérusalem, ou être de la race de leurs rois. Il est dit 2. Reg. 24. 24. que David acheta l'aire et les bœufs d'Areuna cinquante sicles d'argent; et dans le premier des Paralipomènes, c. 21. 25, il est dit que *David* lui donna pour la place six cents sicles d'or : on peut résoudre cette difficulté en disant que David donna pour les bœufs et les chariots cinquante sicles d'argent; mais que voulant avoir la place et en être le maître, il la paya six cents sicles d'or, qui reviendraient environ à treize mille livres, peut-être même que la montagne où le temple fut bâti, était comprise dans cette place. *Dedit pro loco sexcentos auri siclos :* on peut aussi expliquer de même sorte le passage du 2. des Rois, *Emit ergo David Aream;* David acheta la place (six cents sicles d'or;) *et boves,* et donna pour les bœufs (cinquante sicles d'argent).

ARGENTUM, I. Heb. *Cheseph.* Ce mot vient du Grec ἄργυρος, qui se forme d'ἀργός, blanc, parce que c'est la couleur de ce métal; comme en français *argent* signifie non-seulement toute sorte d'argent, soit en lingot, soit en monnaie, mais encore toute sorte de monnaie d'autre métal, parce que la plus commune est d'argent : mais quand l'Ecriture ajoute à ce mot un nom de nombre, il signifie une espèce de monnaie d'argent; or, il y en avait de deux sortes; le denier que les Hébreux, à l'imitation des Latins, nommaient *Denar,* et le sicle, qu'ils ont appelé de ce nom, parce qu'il pesait d'avantage, *Scekel, pondus;* mais quand le mot *Cheseph, argenteus* se met pour une monnaie d'argent, c'est ordinairement le sicle. Voy. DENARIUS. Voy. SICLUS. Il signifie dans l'Ecriture :

1° Argent, le second des métaux, et le plus précieux après l'or. Prov. 17. 3. *Sicut igne probatur argentum; ita corda probat Dominus :* Comme l'argent s'éprouve par le feu, ainsi le Seigneur éprouve les cœurs. Exod. 25. 3. c. 31. 4. c. 35. v. 5. 24. Soph. 1. 11. Ps. 11. 7. Ps. 65. 10.

2° Monnaie, argent monnayé, qui quelquefois s'exprime par *aurum* et *argentum;* et quelquefois par *argentum* seul. 4. Reg. 5. 26. *Accepisti argentum :* Vous avez reçu de l'argent. Le prophète Elisée parle de Giezi, qui reçut deux talents de Naaman. Act. 3. 6. *Argentum et aurum non est mihi* (Saint Pierre dit à cet homme qui était à la porte du temple) : Je n'ai ni or, ni argent. Exod. 38. 27. Ps. 118. 72.

3° Le prix de quelque chose. 1. Par. 21. 22. *Da mihi locum areæ tuæ; ita ut quantum valet argenti accipias* (David dit à Ornan) : Donnez-moi la place qu'occupe votre aire, et je vous en paierai le prix qu'elle vaut. Isa. 55. 1. *Emite absque argento :* Vous tous qui avez soif, qui n'avez point d'argent, venez, achetez sans argent le vin et le lait : Dieu invite ici les hommes aux eaux de sa grâce, que l'on achète, parce qu'on doit travailler pour l'acquérir (mais sans argent); c'est-à-dire sans nos mérites. c. 13. 17. *Suscitabo super eos qui argentum non quærant :* Je vais susciter contre les Babyloniens, les Mèdes, qui ne chercheront point d'argent; c'est-à-dire, qui aimeront mieux les tuer que d'en tirer rançon. Ainsi, c. 43. 24. c. 52. 3.

4° Biens, richesses. Job. 22. 25. *Argentum coacervabitur tibi :* Si vous retournez au Tout-Puissant, vous aurez des monceaux d'argent (dit Eliphaz à Job, qu'il jugeait criminel), et qui (comme font tous les Juifs), lui proposait de grands trésors, pour prix de sa véritable conversion; au lieu que les chrétiens se proposent cette abondance de charité, qui remplit leur cœur dès ce monde, et la plénitude de cette même charité dans l'autre. c. 27. 16. Ose. 9. 6. *Desiderabile argentum eorum urtica hæreditabit :* Leur argent qu'ils aimaient avec tant de passion, sera caché sous les orties : le Prophète parle des Juifs Isa. 2. 7. Zach. 9. 3.

§ 1. — La bonne et saine doctrine est appelée *or et argent,* à cause de son excellence. 1. Cor. 3. 12. *Si quis superædificat super fundamentum hoc, aurum, argentum :* Si l'on bâtit sur ce fondement avec de l'or et de l'argent; c'est-à-dire si quelqu'un prêche une saine doctrine, et conforme aux premiers commencements de la religion chrétienne, que saint Paul avait donnée aux Corinthiens.

§ 2. — La pureté des mœurs. Isa. 1. 22. *Argentum tuum versum est in scoriam :* Votre argent s'est changé en écume; c'est-à-dire vous êtes déchue de votre intégrité. Voy. SCORIA.

ARGENTARIUS, I, ἀργυροχόος. — 1° Orfévre, ouvrier en or et en argent (χωνευτής). Judic. 17. 4. *Dedit eos argentario ut faceret ex eis sculptile :* La mère de Michas donna deux cents pièces d'argent à un orfévre, afin qu'il en fit une image taillée. Act. 19. 24. — 2° Ouvrier en argent. Isa. 40. 19. *Numquid aurifex auro figuravit illud, et laminis argenteis argentarius?* Celui qui travaille en or, n'en forme-t-il pas une statue d'or, et celui qui travaille en argent, ne la couvre-t-il pas de lames d'argent? Sap. 15. 9. *Concertatur aurificibus et argentariis :* Un potier ne s'applique qu'à disputer de l'excellence de son art avec les ouvriers en or et en argent.

ARGENTEUS, A, UM, Gr. ἀργυροῦς. — 1° Qui est d'argent. Eccli. 25. 23. *Columnæ aureæ super bases argenteas :* Des colonnes d'or sur des bases d'argent. Dan. 5. 3. *Tunc allata sunt vasa aurea et argentea :* On apporta aussitôt les vases d'or et d'argent qui avaient été transportés du temple de Jérusalem, et le roi (Balthasar) but dedans avec ses femmes,

2° **Nom substantif**, pièce de monnaie qui se dit, dans l'Ecriture, presque de toutes sortes de pièces d'argent (σίκλος ἀργυρίου); mais toutefois se prend ordinairement pour le sicle. 2. Reg. 18. 11. *Dedissem tibi decem argenti siclos:* Je vous aurais donné dix sicles d'argent. C'est ce que dit Joab à un soldat qui vint lui dire qu'il avait vu Absalon pendu à un chêne, en lui demandant pourquoi il ne l'avait pas tué. v. 12. *Qui dixit ad Joab : Si appenderes in manibus meis mille argenteos, nequaquam mitterem manum meam in filium Regis:* Ce soldat répondit à Joab : Quand vous me donneriez présentement mille pièces d'argent, je ne porterais pas pour cela la main sur la personne du fils du roi. (*Siclus argenti et argenteus.* Heb. Cheseph, *argentum.* 70. σίκλος ἀργυροῦς. Matth. 26. 15. *Constituerunt ei triginta argenteos,* sc. *siclos:* Les princes des prêtres convinrent de donner à Judas trente pièces d'argent (ἀργύριον), autr. complètent trente pièces d'argent (ce qui valait environ 46. liv.). c. 27. v. 3. 4. 6. 9. Gen. 37. 28. *Vendiderunt eum viginti argenteis,* supple *siclis:* Les frères de Joseph le vendirent vingt pièces d'argent aux Ismaélites, qui le menèrent en Egypte. Ainsi, c. 20. 16. c. 45. 22. Judic. 16. 5. c. 17. v. 2. 4. 10. 4. Reg. 6. 25. *Tamdiu obsessa est, donec venundaretur caput asini 80 argenteis:* Le siège de Samarie continua jusque là, que la tête d'un âne fut vendue 80 pièces d'argent; chaque pièce, ou sicle, valait trente sous et quelques deniers; mais il est plus croyable que ces pièces d'argent étaient des sicles communs et profanes, qui ne valaient que la moitié des sicles sacrés, ainsi ces 80 sicles faisaient environ vingt écus; et les cinq pièces d'argent que l'on vendait à ce siège la quatrième partie d'un cabat de fiente de pigeon, ou, selon d'autres, de pois chiches, revenaient à soixante-quinze sous. Jerem. 32. 9 : *Appendi septem siclos et decem argenteos,* supl. *siclos;* d'autres disent *nummulos:* Je donnai à Hananéel sept sicles, et dix pièces d'argent le champ qui est à Anathoth. C'est le prophète qui parle : ce qu'il fit dans le temps même du siège de Jérusalem, et lorsque Dieu lui eut fait comprendre que c'était par son ordre qu'on le pressait d'acheter ce champ. 2. Par. 2. 17. Cant. 8. 11. Isa. 7. 23. Ose. 3. 2. Zach. 11. 11.

3° Petite pièce ou obole d'argent. 1. Reg. 2. 36. *Futurum est ut quicumque remanserit de domo tua veniat, ut oretur pro eo, et offerat nummum argenteum :* Quiconque restera de votre maison viendra, afin que l'on prie pour lui, et il offrira une pièce d'argent et un morceau de pain. Dieu parle à Héli, grand prêtre, qui avait traité les victimes offertes au Seigneur comme une chose profane, ses enfants prenant d'abord le meilleur, et ne laissant à Dieu que leur reste ; et Dieu l'ayant menacé qu'une grande partie de sa maison mourraient, lorsqu'ils seraient venus en âge d'homme, lui marque ce que devaient faire ceux qui resteraient.

4° Précieux, excellent. Eccl. 12. 6. *Ante-*

quam rumpatur funiculus argenteus : Souvenez-vous de votre Créateur avant que la chaîne d'argent soit rompue ; cela s'entend à la lettre de cette belle économie du corps humain, qui est le lien précieux qui unit le corps et l'âme.

ARGILLOSUS, A, UM. Ce nom adjectif vient du substantif *argilla,* qui vient du mot Grec ἀργός, *iners, ac deses,* parce que cette terre est infructueuse.

Argilleux, plein d'argile (παχύς). 3. Reg. 7. 46. *Fudit ea rex in argillosa terra :* Le roi Salomon fit fondre en un champ où il y avait beaucoup d'argile, tous ces vases, c'étaient ceux qui étaient pour la maison du Seigneur. 2. Par. 4. 17.

ARGOB, Heb. *Gleba,* — 1° Pays dans la Galaadite, dont Jaïr se rendit maître. Deut. 3. 14. 3. Reg. 4. 13. — 2° Contrée au pays de Basan, qui échut au partage de Manassé. Deut. 3. v. 4. 13. *Tradidi mediæ tribui Manasse omnem regionem Argob :* Je donnai le pays d'Argob à la moitié de la tribu de Manassé. v. 4. 14. 3. Reg. 13. Ce pays est célèbre pour avoir été la demeure des géants, et pour avoir eu dans son étendue soixante grandes villes qui avaient les portes de fer, les gonds et les serrures de cuivre ; elles furent toutes prises et détruites par Moïse ; et Og, qui en était roi, fut défait et tué. — 3° Un des associés de Phacée, fils de Romelie, en l'assassinat Je Phacéïa, fils de Manahem, roi d'Israël. 4. Reg. 15. 25. *Conjuravit autem adversus eum Phacee filius Romeliæ, dux ejus, et percussit eum in Samaria in turre domus regiæ, juxta Argob et juxta Arie:* Phacée, fils de Romelie, général, fit une conspiration contre Phacéïa ; il l'attaqua à Samarie, dans la tour de la maison royale, près d'Argob et d'Arie. Saint Jérôme semble avoir pris Argob et Arie pour des lieux proche lesquels ce meurtre se soit fait ; mais l'Hébreu et le Grec portent : avec Argob et Arie, complices de la conjuration.

ARGUERE, Gr. ἐλέγχειν. Ce verbe vient du mot grec ἀργός, *clarus ac manifestus.* Faire connaître quelque chose, en être un signe, ou une marque, accuser, avertir, reprendre.

1° Faire connaître (δοκιμάζειν). Eccli. 31. 31. *Vinum corda superborum arguet in ebrietate potatum :* Le vin bu avec excès fait reconnaître les cœurs des superbes. Eph. 5. 13. *Quæ arguuntur a lumine manifestantur :* Tout ce qui se découvre est exposé à la lumière.

2° Avertir, reprendre, blâmer. Prov. 9. 8. *Noli arguere derisorem, ne oderit te ; argue sapientem, et diliget te :* Ne reprenez point le moqueur, de peur qu'il ne vous haïsse ; reprenez le sage, et il vous aimera. c. 13. v. 1. 18. c. 24. 25. c. 25. 12. Tob. 2. 8. *Arguebant eum omnes proximi ejus :* Tobie fut blâmé de tous ses proches ; le sujet fut d'avoir emporté secrètement dans sa maison le corps d'un Israëlite qui avait été tué dans la rue, pour l'ensevelir, après avoir été dépouillé de tout son bien par Sennachérib, et même exposé au péril de la mort, pour une pareille œuvre de charité. Lev. 19. 17. Job. 9. 33.

Eccli. 8. 13. c. 20. 1. Isa. 29. 21. 1. Tim. 5. 20. 2. Tim. 4. 2. Tit. 2. 15. Jud. 22.

3° Accuser. Job. 22. 4. *Numquid timens arguet te?* Dieu vous craindra-t-il lorsqu'il vous accusera? c. 13. 15. c. 15. 3. c. 20. 3. Gen. 31. 32. Act. 19. 40. etc.

4° Contester, disputer, soutenir sa cause contre quelqu'un (διαλέγεσθαι). Isa. 1. 18. *Venite, et arguite me, dicit Dominus:* Venez, et soutenez votre cause contre moi, dit le Seigneur. Hab. 2. 1.

5° Convaincre. Joan. 8. 46. *Quis ex vobis arguet me de peccato?* Qui de vous ne peut convaincre d'aucun péché? c. 16. 8. *Arguet mundum de peccato:* Lorsque le consolateur (le Saint-Esprit) sera venu, il convaincra le monde touchant le péché, *sc.* d'incrédulité. c. 3. 20. Gen. 30. 33. Num. 5. 13. etc.

6° Condamner. Job. 13, 10: *Ipse vos arguet, quoniam in abscondito faciem ejus accipitis:* C'est Dieu même qui vous condamnera, lorsque ce n'est que par dissimulation que vous défendez ses intérêts; c'est ainsi que Job parle à Sophar, qui prétendait par ses mensonges défendre les intérêts de Dieu, en disant qu'il le faisait ainsi souffrir, parce qu'il était criminel, quoique véritablement il fût innocent. Ainsi, c. 19. 5. *Arguitis me opprobriis meis:* Vous prétendez, à cause de mes humiliations, que je suis coupable. L'affliction est plutôt une marque de la bienveillance de Dieu que de son indignation; il châtie ceux qu'il aime. Eccli. 32. 23. Isa. 11. 3. etc.

7° Déshonorer, jeter dans l'opprobre. Eccli. 19. 2. *Vinum et mulieres apostatare faciunt sapientes, et arguent sensatos:* Le vin et les femmes font tomber les sages mêmes, et jettent dans l'opprobre les hommes sensés; les font tomber, *autr.* corrompent, séparent de Dieu et de leur devoir.

8° Traiter indignement, faire insulte (βλασφημεῖν). 4. Reg. 19. 4. *Misit rex Assyriorum ut exprobraret Deum viventem, et argueret verbis:* Le roi des Assyriens envoya Rabsacès pour blasphémer le Dieu vivant, et pour lui insulter par des paroles que le Seigneur votre Dieu a entendues.

9° Reprendre par les menaces ou les afflictions. Gen. 31. 42. *Arguit te heri:* Dieu vous a arrêté cette nuit par ses menaces. Jacob reproche à Laban que si Dieu ne l'eût assisté, il l'eût peut-être renvoyé tout nu de chez lui après l'avoir servi fidèlement l'espace de vingt années. Apoc. 3. 19. *Ego quos amo arguo et castigo:* Je reprends et châtie ceux que j'aime. Ps. 6. 2. Ps. 37. 2. *Domine, ne in furore tuo arguas me:* Seigneur, ne me reprenez pas dans votre fureur. 2. Reg. 7. 14. Job. 13. 10. Ps. 93. 10. etc. Ainsi, Hebr. 12. 5. *Ne fatigeris dum ab eo argueris:* Ne vous laissez pas abattre lorsque le Seigneur vous reprend.

ARGUMENTUM. — 1° Preuve certaine, conviction (ἔλεγχος). Hebr. 11. 1. *Est autem fides, argumentum non apparentium:* La foi est une preuve certaine de ce que ne se voit point.

2° Marque certaine et indubitable. Gen. 39 16. *In argumentum ergo fidei retentum pallium ostendit marito:* La femme de Putiphar montra à son mari le manteau de Joseph qu'elle avait retenu comme une preuve de sa fidélité. Act. 1. 3.

3° Marque, trace, vestige (τεκμήριον). Sap. 5. v. 9. 11. *Transierunt omnia illa, tamquam avis quæ transvolat in aere, cujus nullum invenitur argumentum itineris:* Toutes ces choses sont passées (*sc.* l'orgueil et les richesses), comme un oiseau qui vole au travers de l'air, sans qu'on puisse remarquer par où il passe.

4° Enigme, parabole, discours difficile à comprendre (αἴνιγμα). Sap. 8. 8. *Scit versutias sermonum et dissolutiones argumentorum:* La sagesse pénètre ce qu'il y a de plus subtil dans les discours, et de plus difficile à démêler dans les paraboles.

5° Présage, signe de ce qui doit arriver (τεκμήριον). Sap. 19. 12. *Non sine illis quæ ante facta fuerant argumentis per vim fulminum:* La peine ne tomba point sur les pécheurs, sans leur en avoir donné des présages auparavant par de grands tonnerres. Le Sage parle ici des foudres qui se firent immédiatement avant que les Egyptiens fussent submergés dans les eaux.

ARIARATHES, Heb. *Terror leonis*, roi de l'Arménie Mineure, dont les rois prennent ce nom, comme ceux de l'Arménie Majeure celui de Tigranes. 1. Mach. 15. 22.

ARIDAI, Heb. *Leo abundans*, neuvième fils d'Aman, qui fut tué avec ses frères. Esth. 9. 9.

ARIDATHA, Heb. *Lex leonis*, sixième fils d'Aman. Esth. 9. 8.

ARIDA, supl. γῆ, *terra*, ξηρά. Ce mot est pris d'ordinaire substantivement, en sous entendant *terra*.

La terre. Gen. 1. v. 9. 10. *Appareat arida; et vocavit Deus aridam terram:* Que l'élément aride paraisse; et Dieu donna à l'élément aride le nom de terre. Sap. 19. 7. *Terra arida apparuit; et in mari Rubro via sine impedimento:* La terre sèche parut tout d'un coup; un passage libre s'ouvrit en un moment au milieu de la mer Rouge. Hebr. 11. 29. *Fide transierunt mare Rubrum tamquam per aridam terram:* C'est par la foi que le peuple de Dieu passa au travers de la mer Rouge comme sur la terre ferme. Exod. 4. 9. Ps. 65. 6. Eccli. 39. 28. etc. Matth. 23. 15. Voy. SICCA, et SICCUM.

ARIDUS, A, UM. Gr. ξηρός. Ce nom vient du verbe *arere*, être sec, et signifie :

1° Sec, destitué d'humidité ou de suc. Eccli. 6. v. 2. 3. *Ne relinquaris velut lignum aridum in eremo:* Ne vous élevez point dans les pensées de votre cœur, de peur que vous ne deveniez comme un arbre desséché dans le désert. Ezech. 37. 4. *Ossa arida, audite verbum Domini:* Vous, os secs, écoutez la parole du Seigneur. Ces os secs que Dieu fit voir au prophète sont la figure des Israélites dans la captivité de Babylone, Dieu les retira de leur état misérable, et les rétablit comme par une espèce de résurrection, en les faisant revenir dans leur patrie. De cette signification vient cette façon de parler prise d'une manière figurée. *Aridum facere :* Désoler, détruire. Ezech. 30. 12. *Ecce faciam alveos fluminum aridos :* Je sécherai le lit des fleuves de l'Égypte ; c'est-à-dire, je rendrai l'Égypte stérile en séchant les canaux du Nil qui la rendent fertile ; ou, je rendrai à ses ennemis tous ses chemins aussi aisés à marcher, que s'il n'y avait plus d'eaux.

2° Ce qui est sans mélange d'huile, d'encens, ou d'autres choses semblables dans les sacrifices. Levit. 7. 10. *Sive oleo conspersa, sive arida fuerint :* Soit que cette farine soit mêlée avec l'huile, soit qu'elle soit sèche.

3° Sec, desséché, languissant faute de nourriture (κατάξηρος). Num. 11. 6. *Anima nostra arida est :* Notre âme est toute sèche ; c'est-à-dire, nous sommes hâves et tout desséchés de faim et d'inanition.

§ 1. — Rejeté, méprisé, comme sec et desséché. Isa. 56. 3. *Et non dicat Eunuchus : ecce ego lignum aridum.* Que l'Eunuque ne dise point : je ne suis qu'un tronc desséché. (Le corps du peuple Juif est comparé à un arbre que la bénédiction de Dieu conservait toujours vert et florissant.) Les Eunuques croyaient être sujets à cette malédiction par la loi du Deuter. 23. 1. *Non intrabit Eunuchus Ecclesiam Dei :* L'Eunuque n'entrera point en l'assemblée du Seigneur ; et ne sera point membre de ce corps. Mais Jésus-Christ qui est le salut dont parle Isaïe, c. 56. 1. est venu pour tous ceux qui gardent les règles de l'équité, et agissent selon la justice.

§ 2. — Celui qui a quelque membre sec. Joan. 5. 3. *In his jacebat multitudo magna languentium, cæcorum, claudorum, aridorum, exspectantium aquæ motum :* Dans les galeries de la piscine de Jérusalem étaient couchés par terre un grand nombre de malades, d'aveugles, de boiteux, et de ceux qui avaient les membres secs, qui tous attendaient que l'eau fût remuée. L'évangéliste rapporte en cet endroit la guérison d'un homme qui était malade depuis trente-huit ans, qui attendait, comme les autres, que l'eau eût été troublée par l'ange, et qui eût bien voulu entrer dans la piscine le premier pour être guéri ; mais Jésus-Christ le guérit de sa seule parole, v. 8. 9. Matth. 12. 10. Marc. 3. v. 1. 3. Luc. 6. v. 6. 8.

§ 3. — Sec, qui n'est point arrosé des eaux de la grâce, méchant. Luc. 23. 31. *Si in viridi ligno hæc faciunt, in arido quid fiet?* Si le bois vert est ainsi traité, que sera-ce du bois sec? Ezech. 20. 47. *Ecce ego comburam in te, omne lignum viride et omne lignum aridum :* Je vais brûler tous vos arbres, les verts et les secs. Dieu compare Jérusalem à une grande forêt, et ses habitants à de grands arbres ; les bons (comme ici) sont quelquefois enveloppés dans la ruine des méchants. (Voy. saint Augustin, *lib.* 1. c. 4. *de Civit. Dei*). Matth. 12. 43. *Ambulat per loca arida :* L'esprit impur va dans des lieux arides. Ces lieux arides sont les méchants que le démon néglige comme étant à lui, et qui n'est point en repos qu'il ne rentre dans le juste comparé au bois vert, et qui est arrosé des eaux de la grâce : d'autres expliquent *loca arida*, ἄνυδρα, sans eau, inhabitables, parce que toute autre demeure que celle de l'homme est au démon un désert insupportable. Isa. 35. 7. *Quæ erat arida, erit in stagnum :* La terre qui était desséchée, se changera en un étang. Cette terre sèche représente ceux qui sont destitués des eaux de la grâce ; mais sur qui Dieu promet de les répandre abondamment. c. 44. 3. *Effundam fluenta super aridam :* Je répandrai les fleuves sur la terre sèche : ce qui s'explique comme Isa. c. 35. 7.

ARIDITAS, ξηρασία. — 1° Sécheresse. Nahum. 1. 10. *Consumentur quasi stipula ariditate plena :* Les ennemis de Dieu, tels qu'étaient les Ninivites, seront consumés comme la paille la plus sèche. Zac. 11. 17. *Brachium ejus ariditate siccabitur :* Le bras du pasteur insensé deviendra tout sec ; Heb. *arescendo arescet.* Saint Augustin dit que ce méchant pasteur agira tant que l'on voudra du bras gauche ; c'est-à-dire pour sa grandeur temporelle et ses intérêts humains ; mais son bras droit se séchera, parce qu'il sera sans vie et sans mouvement pour les intérêts de Dieu.

2° Les ardeurs de la soif. Judith. 7. 17. *Sit finis noster brevis in ore gladii, qui longior efficitur in ariditate sitis :* La prière que nous vous faisons est de nous faire trouver une mort prompte par l'épée, au lieu de cette longue mort que la soif qui nous brûle nous fait souffrir ; c'est ce que vinrent dire les habitants de Béthulie, de tout sexe et de tout âge, à Ozias, après qu'ils virent les citernes et les réservoirs d'eaux de Béthulie à sec.

3° Disette et nécessité d'eau. Judith. 11. 10. *Ab ariditate aquæ jam inter mortuos computantur :* La soif dont les Israélites sont brûlés fait qu'ils paraissent déjà comme morts. Ceci est de la première réponse de Judith à Holopherne.

ARIE, Heb. *Lumen Dei*, nom de lieu dans le pays de Galaad : d'autres croient que c'est le nom d'un des associés de Phacée, fils de Romélie, en l'assassinat de Phacéïa, fils de Manahem, roi d'Israel. 4. Reg. 15. Voy. ARGOB.

ARIEL, Heb. *Leo Dei*, Gr. Ἀριήλ, du mot Ari, *Leo*, et d'el, *fortis* ou *Deus*.

1° L'hôtel des holocaustes, parce qu'il dévorait les victimes comme un lion. Isa. 29. 2. *Et erit mihi quasi Ariel :* La ville de Jérusalem sera comme Ariel ; c'est-à-dire, je la réduirai comme l'autel plein du sang des victimes, pour marquer qu'elle devait regorger du sang de ses habitants qui devaient être massacrés. Ainsi Ezech. 43. v. 15. 16 *Ipse autem Ariel quatuor cubitorum :* L'autel appelé Ariel avait quatre coudées de hauteur

2° La ville de Jérusalem. Isa. 29. v. 1. 2. *Væ Ariel, Ariel civitas :* Malheur à Ariel, à Ariel, cette ville qui a été prise par David. Elle est appelée de ce nom, soit à cause de sa puissance, soit à cause de sa fierté à l'égard de Dieu même, et de sa cruauté envers les prophètes ; ou bien, comme veulent quelques-uns, parce qu'elle appartenait en partie à la tribu de Juda, représentée par le lion. Gen. 49. 9. *Catulus leonis Juda :* Juda est un jeune lion.

3° Le dernier fils de Gad, duquel vient la famille des Ariélites. Num. 26. 17. *Ariel, ab hoc familia Arielitarum.*

4° Un de ceux qu'Esdras députa pour faire venir quelques-uns de la tribu de Lévi destinés à faire les sacrifices, pour revenir ensemble de Babylone. 1. Esdr. 8. 16. *Itaque misi Eliezer et Ariel:* J'envoyai donc Eliezer et Ariel.

5° Deux hommes Moabites forts et vaillants, courageux comme des lions. 1. Par. 11. 22. *Banaias.... percussit duos Ariel Moab:* Banaïas a tué deux des plus braves Moabites; d'autres expliquent deux lions dans le pays des Moabites, l'un desquels s'étant laissé tomber dans un puits couvert de neige, Banaïas y descendit et le tua.

ARIELITÆ, ARUM, descendants d'Ariel. Num. 26. 17. *Familia Arielitarum :* La famille des Ariélites.

ARIES, ETIS, Gr. κριός. Ce nom vient du Grec ἄρξ, dont se fait *aris*, et signifie,

Un bélier, soit un animal terrestre, soit une machine de guerre faite comme la tête d'un bélier.

Un bélier. Gen. 22. 13. *Vidit post tergum arietem inter vepres ;* Abraham aperçut derrière lui un bélier qui s'était embarrassé les cornes dans un buisson. Ce mot *aries* se met, en général, pour toute l'espèce, soit bélier, brebis ou agneaux. 2. Par. 7. 5. *Mactavit rex Salomon hostias boum viginti duo millia, arietum centum viginti millia :* Le roi Salomon sacrifia vingt-deux mille bœufs, et cent vingt mille moutons. Mich. 6. 7.

1° Parce que les béliers ont le front très-dur, ou qu'ils reculent pour frapper, on appelle *aries,*

Une machine de guerre, dont, le bout étant garni de fer, est poussé contre les murailles, pour faire des brèches dans le siége des villes. 2. Mach. 12. 15. *Machabœus autem, invocato magno mundi principe, qui sine arietibus et machinis temporibus Jesu præcipitavit Jericho, irruit ferociter muris :* Machabée, ayant invoqué le grand prince du monde, qui, au temps de Josué, fit tomber tout d'un coup sans machines et sans béliers les murs de Jéricho, monta avec furie sur les murailles de Casphin. Ezech. 4. 2. c. 21. 22. c. 26. 9.

2° Parce que les béliers sont les chefs du troupeau, on appelle du nom *aries,*

Les généraux et les capitaines d'une armée. Ezech. 39. 18. *Carnes fortium comedetis, et sanguinem principum terræ bibetis, arietum et agnorum :* Vous mangerez la chair des forts, et vous boirez le sang des princes de la terre, des béliers, des agneaux, etc. Ces noms d'animaux propres aux sacrifices marquent différentes sortes de personnes, comme les princes, les capitaines, les soldats. Voy. AGNUS. On marque aussi par ce mot *aries* les premiers du peuple qui y ont le plus de crédit et d'autorité. Ezech. 34. 17. *Ecce ego judico inter pecus et pecus, arietum et hircorum :* Je viens moi-même pour être le juge entre les brebis et les brebis, entre les béliers et les boucs. Voy. HIRCUS. Dieu promet de juger les bons et les mauvais conducteurs ou pasteurs du peuple, et marque les uns par les béliers, et les autres par les boucs. Dan. 8. 3. *Ecce aries unus stabat ante paludem :* Je vis un bélier qui se tenait devant le marais. Ce bélier marquait le roi des Mèdes et des Perses, comme l'ange Gabriel le déclare au Prophète. v. 20. *Aries quem vidisti habere cornua, rex Medorum est atque Persarum :* Le bélier que vous avez vu qui avait des cornes, est le roi des Perses et des Mèdes.

ARIMATHÆA, Æ, Heb. *Lux mortis Domini.* Petite ville d'Ephraïm, près de Joppé, d'où était Joseph sénateur, qui ensevelit Notre-Seigneur. Matth. 27. 57. *Venit quidam homo dives ab Arimathæa, nomine Joseph :* Sur le soir, un homme riche de la ville d'Arimathie, nommé Joseph, mit le corps de Jésus dans son sépulcre. Joseph avait fait tailler ce sépulcre dans le roc, où il mit le corps de Notre-Seigneur. Marc. 15. 43. Luc. 23. 51. Joan. 19. 38. Quelques-uns veulent que ce soit Rama ; d'autres Ramatha.

ARIOCH, Heb. *Longus* ; Gr. Ἀριώχ.—1° Un roi du Pont, ou, selon l'Hébreu, d'Ellasar, c'est-à-dire de la Haute-Susiane qui appartenait à l'Assyrie. Gen. 14. v. 1. 2. *Factum est autem ut Amraphel, rex Sennaar, et Arioch, rex Ponti.... inirent bellum contra Bara, regem Sodomorum :* En ce temps-là, Amraphel, roi de Sennaar, et Arioch, roi de Pont, firent la guerre contre Bara, roi de Sodome. v. 9. L'on croit que c'était un gouverneur de province du royaume d'Assyrie. Voy. CODORLAHOMOR.

2° Un capitaine des gardes du roi de Babylone, et général de ses armées. Dan. 2. 15. *Cum rem indicasset Arioch Danieli :* Arioch dit toute l'affaire à Daniel. Le Prophète parle de l'arrêt que porta Nabuchodonosor pour faire mourir tous les sages de Babylone, qui n'avaient pu lui dire le songe qu'il avait oublié, pour le lui expliquer.

ARIOLARI, ou HARIOLARI, Gr. οἰωνίζεσθαι. Ce verbe vient de l'adjectif *ariolus*, ou *hariolus*, au lieu duquel les anciens disaient *fariolus*, comme au lieu de *hædus, fædus,* et au lieu de *hordeum, fordeum;* ainsi *fariolus,* ou *ariolus,* comme *ariolari* vient du verbe *fari,* dire, et signifie,

Deviner, faire profession de deviner, de prédire les choses à venir, ou de découvrir une chose passée, mais obscure et inconnue.

Exercer les divinations et la magie. 1. Reg. 15. 23. *Quasi peccatum ariolandi est repugnare :* C'est une espèce de magie de ne vouloir pas obéir à Dieu. La désobéissance à Dieu est un péché aussi grand que celui de la magie, et mérite une aussi grande punition : on ne se peut révolter contre Dieu, qu'en prenant le parti du diable. 4. Reg. 21. 6. *Ariolatus est :* Manassé s'attacha aux devins.

ARIOLUS, Hebr. Ob, *Uter,* parce qu'il rendait des oracles comme de son ventre. Gr. ἐγγαστρίμυθος, *Ventriloquus.* Voy PYTHON.

Ce nom adjectif *ariolus* ou *hariolus*, est de l'ancien mot *fariolus,* qui vient du verbe *fari,* dire. Voy. ARIOLARI, et signifie,

Un devin, qui découvre les choses à venir, ou que l'on consulte pour cet effet, et se dit aussi de celui qui découvre une chose passée, mais obscure et inconnue. Levit. 19. 31. *Non declinetis ad magos, nec ab ariolis aliquid sciscitemini* : N'allez point chercher des magiciens, ne faites point de question à ceux qui devinent, pour vous souiller par ces personnes. c. 20. 6. *Anima quæ declinaverit ad magos et ariolos, et fornicata fuerit cum eis, ponam faciem meam contra eam, et interficiam illam de medio populi sui* : Si un homme va chercher les magiciens et les devins et s'abandonne à eux par une espèce de fornication, il attirera sur lui l'œil de ma colère, et je l'exterminerai du milieu de son peuple. Deut. 18. 10. et se prend toujours en mauvaise part. Il pourrait néanmoins être pris en bonne part. Jos. 13. 22. où Balaam est appelé devin, *ariolus*. Gr. μάντις. Num. 22. 5. *Misit nuntios ad Balaam filium Beor ariolum* : Balaam, fils de Béor, était un devin à qui Balac envoya des ambassadeurs pour le faire venir. Isa. 3.2. Voy. HARIOLUS.

ARISAI, Heb. *Sponsus*, septième fils d'Aman. Esth. 9. 9.

ARISTARCHUS, I. Gr. *Optimus princeps*. Aristarque thessalonicien, compagnon de saint Paul. Act. 19. 29. c. 20. 4. c. 27. 2. Coloss. 4. 10. Philem. v. 24.

ARISTOBOLUS, I. Gr. *Optimus consultor*. Aristobole, précepteur ou gouverneur du roi Ptolémée Latyre. 2. Mach. 1. 10. *Populus qui est in Jerosolymis et in Judæa, Senatusque et Judas; Aristobolo magistro Ptolemæi regis* : Le peuple qui est dans Jérusalem et dans la Judée, le Sénat et Judas; à Aristobole, précepteur du roi Ptolémée et aux Juifs, etc. C'est le commencement d'une lettre.

ARISTOBULUS, I, Gr. *Idem*, un ami de saint Paul. Rom. 16. 10.

ARIUS, II. Gr. *Martius*, un roi des Lacédémoniens, sous qui les Lacédémoniens firent un traité avec les Juifs. 1. Mach. 12. v. 7. 20. Il écrivit au grand prêtre Onias qu'ils avaient trouvé dans leurs archives, que les Juifs et les Lacédémoniens n'avaient qu'une même origine; qu'ils étaient tous descendus d'Abraham; qu'ainsi ils ne devaient avoir que les mêmes intérêts.

ARMA, ORUM, ὅπλα. Ce nom vient du Gr. Ἄρης, εος. *Mars*; d'autres le font venir du verbe *arcere*, empêcher de faire ou d'approcher, parce qu'on s'en sert pour empêcher l'ennemi d'approcher ; d'autres enfin du nom *armus*, épaule, parce qu'autrefois les armes se portaient sur l'épaule, et signifie,

Arme, ce qui sert à se défendre de son ennemi, ou à le combattre; et signifie aussi tout instrument qui sert à faire quelque chose.

Armes, ce qui sert à se défendre de son ennemi, ou à le combattre (σκεύη). Judic. 18. 11 *Profecti sunt de cognatione Dan sexcenti viri accincti armis bellicis* : Il partit de la tribu de Dan un corps de six cents hommes sous les armes. Deut. 1. 14. 1. Reg. 8. 12. c. 17. 54. Ainsi, il se prend aussi pour des boucliers. 2. Reg. 8. 7. *Tulit David arma aurea* : David prit les armes d'or; Heb. *scuta*, les boucliers. Ainsi, Gen. 27. 3. *Sume arma tua*, (σκεύος), *pharetram et arcum* : Prenez vos armes; c'est-à-dire votre carquois et votre arc. C'est ce que dit Isaac à Esaü, pour le disposer à recevoir sa bénédiction.

1° Force, puissance des armes (σκεύη). Eccl. 9. 18. *Melior est sapientia quam arma bellica* : La sagesse vaut mieux que les armes des gens de guerre. 2. Reg. 1. 27. *Quomodo ceciderunt robusti et perierunt arma bellica?* Comment les forts sont-ils tombés ? comment la puissance et la force des armes a-t-elle été anéantie? Ps. 45. 10. *Confringet arma* : Le Seigneur mettra les armes en pièces. 2. Mach. 5. 11.

2° Un grand mal dont on est attaqué. Job. 20. 24. *Fugiet arma ferrea, et irruet in arcum æreum* : Si l'impie fuit d'un côté les pointes de fer, il sera percé par un arc d'airain ; c'est-à-dire, s'il évite un grand danger, il tombera dans un autre plus grand.

3° Armes spirituelles, par lesquelles on entend les moyens dont se servent les bons pour combattre les ennemis de leur salut. Rom. 13. 12. *Abjiciamus ergo opera tenebrarum, et induamur arma lucis* : Quittons donc les œuvres de ténèbres, et revêtons-nous des armes de lumière. Par ces armes de lumière, on entend les bonnes œuvres qu'on ne craint point de produire au jour, et qui rendent assuré celui qui les pratique. Rom. 6. 13. *Exhibete membra vestra arma justitiæ Deo* : Consacrez à Dieu les membres de votre corps, pour lui servir d'armes de justice. L'Apôtre oppose ces armes de justice aux armes d'iniquité, dans le même v. 13. *Sed neque exhibeatis membra vestra arma iniquitatis peccato* : N'abandonnez point au péché les membres de votre corps, pour lui servir comme d'armes et de moyens pour commettre des œuvres d'injustice. Voy. EPHES. 6. v. 11. 13. Ainsi, 2. Cor. 6. 7. *Per arma justitiæ a dextris et a sinistris* : Nous nous rendons recommandables par les armes de la justice pour combattre à droite et à gauche. Ces armes sont la bonne conscience et la pureté de la vie, qui nous garantissent devant Dieu de toutes parts contre tous nos ennemis, soit dans la prospérité, soit dans l'adversité. 2. Cor. 10. 4. *Arma militiæ nostræ non carnalia sunt* : Les armes de notre milice ne sont point charnelles. Les armes des fidèles ministres de l'Évangile sont la science et la sagesse divine, et surtout l'humilité, la patience, la douceur, la charité et les autres vertus chrétiennes. Ces armes ne sont point charnelles, c'est-à-dire, mondaines, comme sont les sciences séculières, la sagesse du monde, et les moyens humains dont se servent les faux apôtres pour faire réussir leurs desseins.

4° Les moyens dont les méchants se servent pour perdre les bons. Ps. 56. 6. *Dentes eorum arma et sagittæ* : Les ennemis de David qui faisaient leur cour auprès de Saül, avaient des dents comme des armes et des flèches, qui sont la calomnie et la médisance. Prov. 22. 5. *Arma et gladii in via perversi.* Les armes et les épées sont dans la voie des méchants; Hebr. les épines et les filets. Eccli. 9. 20.

5° Le pouvoir que Dieu fait paraître dans la protection des bons. Psal. 34. 2. *Apprehende arma et scutum :* Prenez vos armes et votre bouclier. Le prophète parle de Dieu d'une manière figurée, pour faire concevoir aux méchants ce qu'ils doivent attendre d'un Dieu armé de toute sa puissance et de toute sa colère pour les punir.

ARMAGEDDON, Heb. *Mons pomorum.* C'est un nom hébreu d'*ar*, *mons*, et de *mageddo*, de signification mystique, qui signifie,

La montagne de Mageddon : c'est où les rois de la terre doivent s'assembler pour combattre, et où ils doivent être défaits, comme autrefois le furent là même Sisara et les rois de Chanaan. Judic. 4. v. 7. 15. 16. *Perterruit Dominus Sisaram... in tantum ut Sisara de curru desiliens pedibus fugeret, et omnis hostium multitudo usque ad internecionem caderet :* Le Seigneur frappa de terreur Sisara, de sorte que, sautant de son chariot en bas, il s'enfuit à pied, et toute cette multitude si nombreuse d'ennemis fut taillée en pièces, sans qu'il en restât un seul. Ochosias, roi de Juda, y périt, 4. Reg. 9. 27. et Josias fut tué dans le même lieu par Nécao, roi d'Egypte, c. 23. 29. Apoc. 16. 16. *Et congregabit illos in locum qui vocatur Hebraice Armageddon :* Le dragon assemblera ces rois au lieu qui est appelé en hébreu Armageddon. Saint Jean veut dire que les empereurs persécuteurs des chrétiens seront menés dans des guerres où ils périront, et que leur perte sera suivie d'une désolation publique, semblable à celle qui arriva à Mageddon, lorsque Josias y périt. Zachar. 12. 11. Ce passage de Zacharie fait voir que ce lieu, dans le style prophétique, est l'image de grandes douleurs ; d'autres croient que ce mot signifie *internecio exercitus.* Voy. MAGEDDO.

ARMAMENTA, ORUM, Gr. σκεύη τοῦ πλοίου, *apparatus navis.* Ce nom neutre pluriel, qui vient du nom *arma*, pour marquer les instruments dont chacun se sert en son métier, signifie proprement,

L'attirail d'un navire, tout ce qui sert à l'équiper, comme le gouvernail, les antennes, les cordages, les ancres, etc. Act. 27. 19. *Tertia die suis manibus armamenta navis projecerunt :* Trois jours après (savoir, que les matelots eurent jeté les marchandises dans la mer), ils y jetèrent aussi de leurs propres mains l'attirail du vaisseau ; c'est-à-dire, tout ce qui servait à équiper le vaisseau, hors les officiers, les soldats et les matelots, que l'on marque aussi par le mot d'*équipage*. D'autres, pour éviter cette équivoque, traduisent *agrès de rechange*, l'attirail, les choses qui servent à équiper le vaisseau.

ARMAMENTARIUM, II, arsenal, maison royale ou publique, où l'on fabrique les armes et les munitions de guerre (θυρεοὶ καὶ δόρατα, *scuta et hastæ*), et qui sert aussi de magasin à les garder. 2. Par. 11. 12. *In singulis urbibus fecit armamentarium :* Roboam établit dans chaque ville un arsenal. c. 9. 16. c. 12. 11. 3. Reg. 14. 28. Isa. 22. 8.

ARMARE, ὁπλίζειν, ἐξοπλίζειν. Armer quelqu'un, lui donner ses armes, ou bien lui mettre les armes à la main, et signifie,

1° Armer. 2. Reg. 23. 7. *Si quis tangere voluerit eas, armabitur ferro :* Pour arracher des épines, on s'arme de fer. Comme la malice des méchants est comparée aux épines, leur fin y est aussi comparée, ne pouvant attendre d'autre traitement de Dieu, que d'être détruits et brûlés. Num. 31. 3. *Armate, inquit, ex vobis viros ad pugnam :* Moïse dit au peuple : Faites prendre les armes à quelques-uns d'entre vous pour aller combattre, et pour exécuter la vengeance que le Seigneur veut tirer des Madianites. Ezech. 23. 24. 1 Mach. 14. 32. 2. Mach. 15. 11.

2° Armer, faire soulever contre quelqu'un (ὁπλοποιεῖν). Sap. 5. 18. *Armabit creaturam ad ultionem inimicorum :* Le Seigneur armera ses créatures, pour se venger de ses ennemis.

3° Fortifier, affermir. 1. Petr. 4. 1. *Vos eadem cogitatione armamini :* Affermissez-vous dans cette pensée, armez-vous de cette pensée ; *sc.* que celui qui est mort à la concupiscence a cessé de pécher.

ARMATURA, Æ. Gr. ὅπλα. Armure, les armes que l'on porte, la manière de s'armer propre à certains peuples, à certains soldats ; et signifie dans l'Ecriture,

1° Armure, attirail d'armes. 2. Par. 32. 5. *Fecit universi generis armaturam :* Ezéchias, voyant que Sennachérib s'avançait, donna ordre que l'on fît toutes sortes d'armes.

2° Armes. Sap. 18. 22. *Vicit autem turbas non in virtute corporis, nec armaturæ potentia :* Aaron n'apaisa point ce trouble par la force du corps, ni par la puissance des armes. Aaron n'employa que l'oraison, et le sacrifice de l'encens, pour faire cesser le feu qui embrasait le peuple. Voy. Num. 16. v. 47. 48. Ezech. 26. 9. Cant. 4. 4.

— Armes ou armures spirituelles (πανοπλία). Ephes. 6. 11. *Induite vos armaturam Dei :* Revêtez-vous de toutes les armes de Dieu, c'est-à-dire, que Dieu fournit. v. 13. *Propterea accipite armaturam Dei :* Prenez toutes les armes de Dieu ; ces armes sont la vérité et la justice, et toutes les autres que l'Apôtre rapporte. Il explique ensuite dans les versets 14. 15. et suivants, de quelle manière elles sont les armures des chrétiens contre leurs ennemis. Cant. 4. 4. Ainsi, Sap. 5. 18. *Accipiet armaturam zelus illius :* Le Seigneur prendra pour armes son indignation et son zèle.

ARMATUS, A, UM, καθωπλισμένος, εὔζωνος, διασκευασμένος. — 1° Armé, couvert d'armes. 1. Reg. 17. 39. *Cœpit tentare si armatus posset incedere :* David commença à essayer s'il pourrait marcher étant ainsi armé. Ce fut devant Saül, lorsqu'il était près de marcher et de se battre contre Goliath. Luc. 11. 21. *Cum fortis armatus custodit atrium suum* Lorsque le fort armé garde sa maison, tout ce qu'il possède est en paix. Ce fort armé est le démon. Voy. FORTIS.

2° Gens de guerre, soldats. Judic. 7. 11. *Descendit ergo ipse et Phara puer ejus, in partem castrorum ubi erant armatorum vigiliæ*: Gédéon, prenant avec lui son serviteur Phara, s'en alla à l'endroit du camp où étaient les sentinelles de l'armée; ce fut par l'ordre de Dieu, avant qu'il marchât contre ces peuples. Job. 5. 5. *Ipsum rapiet armatus*: L'homme armé s'emparera de l'insensé comme de sa proie. Cet insensé est celui qui, au lieu de reconnaître que ses péchés sont la vraie cause du mal qu'il souffre, s'emporte contre la divine justice, et en accuse Dieu même. Voy. STULTUS.

3° Qui marche en ordre de bataille. Exod. 13. 18. *Armati ascenderunt filii Israel de terra Ægypti*: Les Israélites sortirent ainsi en armes de l'Egypte. Hebr. *quini*; i. e. ils marchaient en ordre cinq à cinq, ou en cinq bataillons; Hebr. *quintati*, c'est-à-dire, que leur cuirasse descendait jusqu'à la cinquième côte. Jos. 1. 14. c. 4. 12

ARMENIA, Hebr. Ararat, *maledictio*. Ce mot vient d'Aram, fils de Sem, peut-être parce que cette province fut premièrement habitée par ses enfants. Il y a deux Arménies, la grande et la petite: la grande s'appelle aujourd'hui Turcomanie et Curdistan: la petite Arménie, dite aujourd'hui Aladuli, est entre la Cappadoce, l'Euphrate et la Cilicie au septentrion.

La grande Arménie, province célèbre de l'Asie. Gen. 8. 4. *Requievit arca super montes Armeniæ*: L'arche se reposa sur les montagnes d'Arménie: ce fut l'arche de Noé, après que les eaux du déluge eurent cessé de tomber. Ces montagnes s'appellent Gordiennes, et font une partie du mont Taurus; ainsi, 4. Reg. 19. 37. Voy. ARARAT. La grande Arménie est séparée de la petite par l'Euphrate, et s'appelle *Thoura Emnué*, ou *Aremnoé*.

ARMENII, ORUM. Peuples de l'Arménie-Majeure. 4. Reg. 19. 37. *Filii ejus percusserunt eum gladio, fugeruntque in terram Armeniorum*: Sennachérib fut tué à coups d'épée par ses deux fils; ce fut après le carnage de cent quatre-vingt-cinq mille hommes de son armée par l'ange, et à son retour à Ninive.

ARMENTUM, I. Ce mot, qui est mis par syncope pour *aramentum*, vient du verbe *arare*, labourer.

Troupeau de gros bétail, comme de bœufs, vaches, chevaux, etc. Isa. 65. 10. *Et erunt campestria in caulas gregum, et vallis Achor in cubile armentorum*: Les campagnes serviront de parc aux troupeaux, et la vallée d'Achor servira de retraite aux bœufs de mon peuple. Amos. 6. 4. *Qui comeditis vitulos de medio armenti*: Malheur à vous qui mangez des veaux choisis de tout le troupeau. Exod. 10. v. 9. 24. c. 12. v. 32. 38. etc.

1° Les richesses qui sont marquées par ces troupeaux (χτῆνος). Gen. 13. 5. *Loth fuerunt greges ovium, et armenta*: Loth avait aussi des troupeaux de brebis et des troupeaux de bœufs. c. 26. 14. c. 45. 10.

2° Les sacrifices des bœufs (μόσχοι). Ose. 5. 6. *In gregibus suis, et in armentis suis venient ad quærendum Dominum, et non invenient*: Les Israélites rechercheront le Seigneur par le sacrifice de leurs brebis et de leurs bœufs, et ils ne le trouveront point: ils ont rejeté Dieu lorsqu'il les recherchait par ses prophètes, et ils le chercheront en vain par leurs sacrifices, lorsque le temps de sa miséricorde sera passé.

ARMENTARIUS, II. Pasteur, qui garde de gros bétail, comme bœufs, etc. Amos. 7. 14. *Armentarius ego sum*: Je mène paître les bœufs, dit Amos de lui-même à Amasias (αἰπόλος).

ARMIGER. Ce nom est composé d'*arma*, et de *gerere*.

Ecuyer d'honneur, qui porte les armes de son maître, et l'accompagne dans les batailles (αἴρων τα σκεύη, *ferens arma*). Les généraux d'armée avaient autrefois de ces sortes d'écuyers. Judic. 9. 54. *Vocavit cito armigerum suum*: Aussitôt Abimélech appela son écuyer; ce fut pour qu'il achevât de le tuer, de peur qu'on ne dît qu'il eût été tué par une femme. 1. Reg. 16. 21. *David factus est ejus armiger*: Saül fit David son écuyer. Ainsi, c. 14. 1. c. 17. v. 7. 41. 2. Reg. 18. 14. Voy. PUER.

ARMILLA, Æ. Ce nom qui est plus en usage en pluriel qu'en singulier, et qui signifie proprement bracelets, ornement qui se met autour des bras, vient du mot *armus*, i. e. épaule, parce que, par ce nom *armus*, les Anciens entendaient l'épaule et le bras tout ensemble: il signifie dans l'Ecriture,

1° Bracelet, ornement qui se met autour des bras (ψέλλιον). Gen. 24. 47. *Armillas posui in manibus ejus*: Le serviteur d'Abraham mit au bras de Rebecca les bracelets qu'il avait reçus d'Abraham; ce fut dans la vue qu'elle épouserait Isaac.

2° Cercle, anneau (κρίκος). Job. 40. 21. *Numquid armilla perforabis maxillam ejus?* Percerez-vous la mâchoire de la baleine avec un anneau? Heb. *spina*, épine, qui se prend pour un hameçon de pêcher fait avec une épine, ou en forme d'épine. Dieu veut faire connaître à Job son impuissance, et que lui seul peut disposer de ses créatures.

ARMON, Heb. *Malum granatum*. Ce mot marque l'Arménie, ou quelqu'autre pays qui n'est pas connu (ὄρος τὸ ῥομμὰν, Hier. *in Armeniam*). Amos. 4. 3. *Projiciemini in Armon*: Vous vous jetterez dans le pays d'Armon: d'autres prennent ce mot pour un palais ou une citadelle; vous vous efforcerez d'entrer dans la citadelle.

ARMONI, Heb. *Aula*, fils de Saül et de Respha, qui fut mis en croix avec ses autres frères par les Gabaonites, excepté Miphiboseth, fils de Jonathas. 2. Reg. 21. 8. Ce fut pour satisfaire le Seigneur, qui avait envoyé une famine, à cause des cruautés que Saül avait exercées contre eux.

ARMUS, I, βραχίων. Ce nom vient du Grec ἁρμός, qui signifie, assemblage de parties unies ensemble avec quelque rapport; et signifie,

L'épaule proprement des animaux à quatre pieds, comme d'un bœuf, d'un mouton, d'un cheval, etc., quoiqu'il se dise aussi de l'homme : dans l'Ecriture,

L'épaule, en parlant des animaux à quatre pieds. Levit. 7. 32. *Armus quoque dexter de pacificorum hostiis cedet in primitias sacerdotis :* L'épaule droite de l'hostie pacifique appartiendra aussi au prêtre, comme les prémices de l'oblation, qui est appelée *armus separationis.* v. 34. parce qu'on la mettait à part pour le prêtre. Ainsi Levit. 7. 33. Exod. 29. v. 22. 27. Num. 18. 18. Deut. 18. 3. aussi ce morceau passait-il pour le meilleur. 1. Reg. 9. 24. *Levavit autem coquus armum et posuit ante Saul.* Saül le lui avait fait garder exprès. v. 23.

Parce que cette partie est un des meilleurs endroits, et qu'en son origine elle marque l'assemblage des parties avec quelque rapport, elle signifie :

Les grands, les magistrats, et les premiers du peuple (ὤμος). Ezech. 24. 4. *(Pone ollam) congere frusta ejus in eam, omnem partem bonam, femur et armum, electa et ossibus plena* (Mettez une marmite sur le feu), remplissez-la de viande de tous les meilleurs endroits; mettez-y la cuisse, l'épaule, les morceaux choisis et pleins d'os. Cette marmite marque la ville de Jérusalem; ces morceaux choisis et pleins d'os marquent tous les Juifs, depuis les plus grands jusqu'aux plus petits; et le feu, ce sont les Chaldéens qui brûlèrent Jérusalem même.

ARNAN, Heb. *Lumen filii,* un des descendants de David. Il était fils de *Raphaïa,* et père d'*Obdius.* 1. Par. 3. 21.

ARNON, Heb. *Idem,* fleuve célèbre, que l'Ecriture appelle torrent, qui sépare les Moabites des Amorrhéens, et se jette dans le lac Asphaltite. Num. 21. v. 13. 24. etc. La ville que ce fleuve arrose porte le même nom : il y a aussi un rocher de ce nom dans les montagnes de l'Arabie Déserte

AROD, ou ARODI, Heb. *Imperans,* — 1° cinquième fils de Gad, qui était fils de Jacob. Num. 26. 17. de qui sont sortis les Arodites. Gen. 46. 16. — 2° Fils de Baria. 1. Par. 8. 15.

ARODITÆ, *Imperantes,* les descendants d'Arod. Num. 26. 17. Voy. AROD. 1°.

AROER, Heb. *Myrica,* ville située entre Arnon et le Jourdain, et de la tribu de Gad. Num. 32. 34. Deut. 2. 36. c. 3. 12. etc. Elle est sur les confins des Moabites, des Amorrhéens et des Ammonites : c'était une ville épiscopale qui avait douze évêchés suffragants.

AROMATA, ἀρώματα. Ce nom *aroma* vient du Grec ἄρωμα, formé du verbe grec. ἀρόω, *aro,* labourer, et signifie toute sorte d'herbes ou de drogues odoriférantes dont on fait des parfums, ou dont on se sert pour faire des sauces, des ragoûts, etc. Dans l'Ecriture il signifie :

Parfums, senteurs, odeurs. Gen. 50. 2. *Præcepitque servis suis medicis, ut aromatibus condirent patrem :* Joseph voyant son père expiré, commanda aux médecins qu'il avait à son service d'embaumer son corps. c. 37. 25.

Les bonnes œuvres et l'odeur de la bonne réputation de l'Epouse mystique, qui est l'Eglise. Cant. 4. 10. *Odor unguentorum tuorum super omnia aromata :* L'odeur de vos parfums est plus agréable que toutes les drogues aromatiques. v. 16. c. 5. 13. c. 6. 1. *Areolæ aromatum :* Ses joues sont comme un parterre de drogues aromatiques. Ce qui s'explique des livres sacrés remplis de parfums spirituels qui marquent les grâces et les douceurs qui y sont répandues. c. 8. 14. *Montes aromatum :* Les montagnes des aromates, ou des parfums : c'est la Jérusalem céleste; ainsi, c. 3. 6.

AROMATIZARE, répandre une odeur de parfums. Eccli. 24. 20. *Sicut cinnamomum et balsamum aromatizans odorem dedi :* J'ai répandu une senteur de parfum, comme la canelle et le baume le plus précieux. La sagesse se compare aux plantes les plus odoriférantes. *Balsamum aromatizans;* ἀρωμάτων : le baume le plus précieux qui répand la plus agréable odeur.

ARORITES, *Montanus.* Voy. ARARITES dans ARARI.

ARPHAD, Heb. *Sternens,* ville de Syrie, gagnée par les Assyriens. Isa. 10. 9 *Numquid non ut Arphad, sic Emath?* Ne me suis-je pas assujetti Emath comme Arphad? dit le roi d'Assyrie. c. 36. 19. c. 13. 37. 4. Reg. 18. 34. Jer. 49. 23. Elle se met toujours avec Emath. Voy. EMATH.

ARPHASACHÆI, Héb *Laceratores.* Arphasachéens, peuples de Samarie, qui s'opposèrent au rétablissement du temple de Jérusalem. 1. Esdr. 5. 6.

ARPHAXAD. Heb. *Laxans quasi prædam.* — 1° Fils de Sem, né deux ans après le déluge. Gen. 10. v. 22. 24. c. 11. 10. 1. Par. 1. v. 17. 18. 24. Luc. 3. 36. Quelques-uns croient que c'est de lui que descendaient les Chaldéens. — 2° Nom commun aux rois des Mèdes. Celui qui régnait du temps de Judith était Déjocès, qui avait succédé à Arbace : ce prince fut défait par Nabuchodonosor ; tout son pays fut ruiné, et Ecbatane rasée. Judith. 1. 1.

ARREPTARE. Ce verbe, qui viendrait proprement d'*ad* et de *repere,* ramper, en cet endroit vient plutôt d'*arripere,* et signifie :

Prendre, enlever. Num. 11. 31. *Ventus egrediens a Domino arreptans trans mare coturnices detulit :* Un vent, excité par le Seigneur, emporta des cailles de delà la mer ; ce fut pour satisfaire le désir du peuple d'Israël. v. 4. et 20. D'autres lisent, *Arreptas detulit.*

ARRHABO, ONIS, ἀρραβών. Ce nom vient du Grec ἀρραβών, et signifie, erres, ou arrhes, gage, assurance. Gen. 38. v. 17. 18. *Quid tibi vis pro arrhabone dari?* Que voulez-vous pour gage ? C'est ce que dit Judas à Thamar, sa belle-fille, au sujet d'une proposition qu'il lui avait faite comme à une femme sans honneur, ne la connaissant pas. Voy. v. 16.

Notre Vulgate latine. 2. Cor. 1. 22. et Ephes. 1. 14. met *pignus* pour *arrhabo :* ce que saint Jérôme reprend en son Commentaire sur l'Epître aux Ephésiens, ch. 2. d'où l'on peut connaître qu'il n'est point auteur de la Vulgate sur saint Paul.

ARRIDERE, γελᾶν. Rire à quelqu'un, sourire. Dan. 14. 6. *Et ait Daniel arridens : Ne erres rex :* Daniel répondit à Cyrus en souriant : O roi, ne vous y trompez pas. Cyrus, qui tenait l'idole pour un Dieu vivant, v. 5. est détrompé par Daniel, v. 20.

ARRIPERE, λαμβάνειν. Prendre une personne ou une chose, et l'enlever avec impétuosité : dans l'Ecriture, il signifie :

1° Prendre. Gen. 22. 10. *Arripuit gladium ut immolaret filium suum :* Abraham prit le couteau à la main pour immoler son fils : ce fut pour obéir à Dieu. Voy. v. 12. c. 34. 25. Exod. 32. 20. Levit. 10. 1. Num. 25. 7. Deut. 9. 21. etc. Ainsi, Isa. 21. 5. ἀνασπάσατε, *Arripite clypeum :* Prenez le bouclier; Heb. *Ungite ;* c'est-à-dire, préparez, nettoyez. Voy. UNGERE. Ainsi, dans le sens figuré, *Arripientes gladium :* Ce sont des gens armés d'épées, prêts à combattre. Ezech. 38. 4.

2° Prendre, se saisir. Deut. 19. 12. *Arripient eum de loco effugii :* Les anciens de cette ville là l'enverront prendre, et le tireront de ce lieu où il s'était mis en sûreté : c'est le cas de la loi qui punit de mort le meurtre commis par haine, et de propos délibéré, contre celui qui aurait fui en quelque ville de refuge, qui est une exception de la loi, rapportée v. 5. Ainsi, 1. Reg. 16. 16. *Quando arripuerit te spiritus Domini malus, psallat manu sua :* Qu'on cherche un homme qui sache toucher de la harpe, afin qu'il en joue lorsque le malin esprit, envoyé par le Seigneur, vous agitera : Saül suivit cet avis de ses officiers, et David lui rendit ce service. Voy. v. 23. Ainsi, Dan. 6. 24. Luc. 8. 29.

3° Faire effort pour atteindre à quelque chose (σπεριχαρακοῦν, *circumvallare*). Prov. 4. 8. *Arripe illam et exaltabit te :* Faites effort pour atteindre jusqu'à la prudence : la métaphore se tire des efforts que font ceux qui veulent prendre une ville.

4° Emporter, enlever (συναρπάζειν). Act. 27. 15. *Cumque arrepta esset navis et non posset conari in ventum :* Comme le vent emportait le vaisseau, sans que nous pussions y résister, nous le laissâmes aller au gré du vent : ce fut dans le voyage de saint Paul en Italie, à la garde du centenier Jule. Exod. 10. 19.

5° *Arripere judicium* (ἀντέχεσθαι) : Prendre la justice; c'est-à-dire, l'exercer avec sévérité et rigueur. Deut. 32. 41. *Si acuero ut fulgur gladium meum et arripuerit judicium manus mea :* Si j'aiguise mon épée, et la rends aussi pénétrante que les éclairs, et si j'entreprends de juger les hommes, je me vengerai de mes ennemis : la métaphore est tirée d'un brave capitaine, qui menace de prendre les armes contre les ennemis.

ARREPTITIUS. Ce mot adjectif est formé d'*arreptus*, participe du verbe *arripere*, et signifie, transporté de fureur, agité du démon : dans l'Ecriture, il signifie :

Transporté d'une fureur prophétique, faux prophète. Jerem. 29. 26. *Dominus dedit te sacerdotem ut sis dux super omnem virum arreptitium et prophetantem :* Le Seigneur vous a établi pontife, afin que vous soyez chef dans la maison du Seigneur, afin que vous puissiez autorité sur tout homme qui prophétise par une fureur prophétique. Dieu reprend Semeïas d'avoir animé dans une lettre Sophonias, l'un des princes des prêtres, contre Jérémie. Voy. v. 27.

ARROGANS, TIS. Ce nom est le participe du verbe *arrogare*, et est plus communément pris pour un nom adjectif, et signifie,

Arrogant, superbe, fier, insolent : et dans l'Ecriture,

1° Insolent, présomptueux (ὑψηλοκάρδιος, *qui alto corde est*, ὑβριστής, *contumeliosus*). Prov. 16. 5. *Abominatio Domini est omnis arrogans :* Tout homme insolent est en abomination au Seigneur. Job. 40. 6. *Respiciens omnem arrogantem humilia :* Humiliez les insolents par un seul de vos regards : ce que Dieu s'attribue à lui seul de pouvoir faire. Isa. 2. 12.

2° Superbe, qui vit dans l'impiété et l'oubli de Dieu. Malach. 3. 15. *Dixistis : Vanus est qui servit Deo ; ergo nunc beatos dicimus arrogantes, siquidem ædificati sunt facientes impietatem :* Vous avez dit : C'est en vain que l'on sert Dieu; c'est pourquoi nous n'appellerons maintenant heureux que les hommes superbes, puisqu'ils s'établissent en vivant dans l'impiété : c'est le reproche que Dieu fait aux Juifs.

3° Impatient, qui s'emporte par impatience; ce qui est un effet d'orgueil (ὑψηλὸς πνεύματι). Eccl. 7. 9. *Melior est patiens arrogante :* Celui qui souffre la persécution avec une douceur persévérante, est sans doute beaucoup meilleur que celui qui, par impatience, se laisse aller à des transports de fureur.

ARROGANTER, arrogamment, insolemment, sans respect (ἐμφανῶς). Soph. 1. 9. *Visitabo super omnem qui arrogantur ingreditur super limen :* Je punirai tous ceux qui entrent insolemment dans le temple : autr. Hebr. Qui n'ose toucher le seuil de la porte du temple : ce qui s'entend de ceux qui, entrant dans le temple, imitaient la superstition des Philistins, qui, entrant dans celui de leurs idoles, n'osaient marcher sur le seuil de la porte. V. 1. Reg. 5. 5.

ARROGANTIA, Æ. Arrogance, orgueil, superbe (ὕβρις, *injuria*) : et dans l'Ecriture,

Insolence, présomption. Prov. 8. 13. *Arrogantiam et superbiam detestor :* Je déteste l'insolence et l'orgueil. Isa. 13. 11. *Arrogantiam fortium humiliabo :* Heb. des tyrans, dit le Seigneur (j'humilierai l'insolence de ceux qui se rendent redoutables).

ARS, TIS. Ce nom vient du nom Grec ἀρετή, *virtus, strenuitas*, force, vaillance.

Art, c'est-à-dire tout ce qui se fait par l'adresse des hommes, artifice, finesse, industrie ; dans l'Ecriture :

1° Art, science, profession (ἔργον). Eccli,

38. 35. *Unusquisque in arte sua sapiens est :* Chacun est sage dans son art : Ici la sagesse oppose celui qui s'applique à la connaissance de la loi de Dieu dans le repos, à l'action continuelle de tous ces ouvriers marqués dans ce chapitre, v. 23. 26.

2° Règles de l'art (μέθοδος). 2. Mach. 13. 18. *Arte difficultatem locorum tentabat :* Antiochus tâchait de prendre les villes fortes par artifices : ce fut depuis que Judas eut attaqué la nuit son quartier, et tué quatre mille hommes dans son camp. Voy. v. 15.

3° Ruse, adresse. Judic. 20. 32. *Fugam arte simulantes :* Les onze tribus d'Israël feignaient de fuir devant la tribu de Benjamin. Ils avaient dressé des embûches autour de Gabaa, qui firent que cette tribu fut enfin taillée en pièces au troisième combat. Voy. v. 29. 37. 43.

ARSA, Heb. *Terra,* gouverneur de la ville de Thersa. 3. Reg. 16. 9. Voy. THERSA.

ARSACES, Heb. *Elevatio clypei.* Roi des Parthes, qui s'étaient rendus maîtres de la Perse et de la Médie. 1. Mach. 14. 2. Ce nom *Arsaces,* était commun aux rois de Perse.

ARTABA, ἀρτάβη. Sorte de mesure chez les Perses, qui tenait soixante-douze setiers. Dan. 14. 2. *Erat idolum apud Babylonios nomine Bel et impendebantur in eo per dies singulos similæ Artabæ duodecim :* Les Babyloniens avaient une idole nommée *Bel,* pour laquelle on sacrifiait tous les jours douze mesures de farine du plus pur froment, quarante brebis, etc. Les Prêtres de cette idole venaient la nuit manger tout ce qui lui était offert. Voy. v. 12. 14.

ARTAXERXES, ἀρθάσασθα. Heb. *Fortis dominator.* De Arats, *fortis,* et de Sarar, *dominari.*

Artaxerxès, nom commun, selon quelques-uns, aux rois de Perse, dans l'Ecriture :

1° Artaxerxès Longimanus, qui, étant sollicité par les ennemis des Juifs, défendit de continuer le bâtiment du temple. 1. Esdr. 4. 7. *In diebus Artaxerxis scripsit Beselam, Mithridates et Thabeel, ad Artaxerxem regem Persarum :* Sous le règne d'Artaxerxès, Béselam, Mithridate et Thabéel écrivirent à Artaxerxès, roi de Perse. Voy. v. 21. Ainsi, v. 8. 11. 23. D'autres croient que cet Artaxerxès était Oropaste, qui feignit d'être fils de Cambyse. Voy. ASSUÉRUS.

2° Artaxerxès Mnemon, dont Néhémias fut l'échanson, lequel permit de bâtir le temple, qui avait été interrompu. 1 Esdr. 6. 14. *Seniores Judæorum ædificaverunt et construxerunt jubente Deo Israel, et jubente Cyro et Dario, et Artaxerxe regibus Persarum :* Les anciens des Juifs travaillèrent à bâtir le temple, par le commandement du Dieu d'Israël et par l'ordre de Cyrus, de Darius et d'Artaxerxès, rois de Perse. c. 7. v. 7. 11. 12. 21. c. 8. 1. 2. Esdr. 1. 1. c. 5. 14. c. 13. 6. Voy. ASSUÉRUS.

ARTEMAN, Gr. *Integer.* Disciple de saint Paul, de qui il se servait dans le ministère de l'Évangile. Tit. 3. 12.

ARTEMON, ἀρτέμων. Ce nom vient du verbe grec ἀρτάω, *appendo, suspenao,* pendre, suspendre, et signifie :

Petite voile qu'on joint aux plus grandes, voile de l'artimon, dans un vaisseau. Act. 27. 40. *Levato artemone secundum auræ flatum tendebant ad littus :* Les matelots, après avoir mis la voile de l'artimon au vent, tiraient vers le rivage : ce fut dans le péril du voyage de saint Paul en Italie.

ARTICULUS, I, ἄρθρον. Ce nom est le diminutif d'*artus,* et signifie :

Jointure dans le corps de l'homme, nœud dans les plantes ; et dans le temps, c'est le moment qu'on prend tout à propos pour faire quelque chose : dans l'Ecriture,

1° Les doigts de la main (ἀστράγαλος). Dan. 5. 5. *Rex aspiciebat articulos manus scribentis :* Balthasar voyait le mouvement des doigts de la main qui écrivait : c'était son jugement que cette main écrivait, comme Daniel le lui explique, v. 25. jusqu'à 29. Ainsi, v. 24. c. 10. 10.

2° Le corps ou la substance de quelque chose, pour marquer la chose même. Gen. 7. 13. *In articulo diei illius ingressus est Noe :* Noé entra dans l'arche en ce jour-là même, savoir : le dix-sept du deuxième mois. Voy. v. 11. Heb. *In substantia diei illius :* Gr. *In illa die :* L'espace de ce jour ou dans ce jour-là même ; à quoi se rapporte, Levit. 23. 14. *Usque ad diem,* où l'Hébreu porte *usque ad substantiam diei illius.*

ARTIFEX, ICIS, τεχνίτης. Ce nom semble venir d'*ars* et du verbe *facere,* comme qui dirait : *Qui scientiam suam per artes exercet,* et signifie :

Ouvrier, artisan, qui exerce quelque art ou métier. Act. 19. 24. *Demetrius præstabat artificibus non modicum quæstum :* Démétrius qui faisait des temples d'argent de Diane, donnait beaucoup à gagner à ceux de ce métier. Ce Démétrius excita une grande sédition contre saint Paul, parce qu'il combattait le culte des dieux. Voy. v. 25. et suivants.

Signification métaphorique. — Dieu est appelé architecte et ouvrier (δημιουργός). Hebr. 11. 10. *Exspectabat enim fundamenta habentem civitatem cujus artifex Deus :* (C'est par la foi qu'Abraham habita sous des tentes) : car il attendait cette cité bâtie sur un ferme fondement, dont Dieu est le fondateur et l'architecte. Sap. 7. 21. *Omnium artifex docuit me sapientia :* La sagesse, qui a créé tout, m'a enseigné tout ce qui était caché (τεχνίτις). C'est Salomon qui parle. c. 8. 6. c. 13. 1.

ARTIFICIUM, 11. Art, métier, artifice, finesse, souplesse, tromperie, fourberie (ἐργασία) ; dans l'Ecriture :

Ouvrage, ce qui est fait par un ouvrier. Act. 19. 25. *Viri, scitis quia de hoc artificio est nobis acquisitio :* Mes amis, vous savez que c'est de ces ouvrages que vient tout notre gain. Démétrius remontre à ses ouvriers de petits temples d'argent de Diane, le tort que faisait saint Paul à leur métier. Voy. v. 27.

ARTUS, US. Ce nom vient du Grec ἄρθρον, ou du verbe *arctare,* joindre ou lier étroitement ; parce que les membres du corps sont liés ensemble étroitement, et signifie :

Les membres du corps. Job. 16. 8. *In nihilum redacti sunt omnes artus mei* : Tous mes membres de mon corps sont réduits à rien. Job parle de l'excès de ses douleurs.

ARUBOTH, Heb. *Insidiæ* ou *Araboth*. Un quartier de la Judée. 3. Reg. 4. 10. Saint Jérôme dit que ce lieu est une plaine dans le pays des Moabites, qui entra dans le partage de la tribu de Ruben.

ARVINA, Æ. Ce nom est proprement le féminin d'*arvinus*, pour *arvignus*, qui vient de l'antique *arvix*, au lieu duquel on a dit *aries*, et signifie :

Du suif, proprement de mouton ; il se dit néanmoins de quelqu'autre sorte de suif que ce soit : dans l'Ecriture,

Suif, graisse. Job. 15. 27. *De lateribus ejus arvina dependet* : La graisse pend à l'impie de tous côtés. L'impie qui s'est fortifié et comme engraissé dans le mal, est comparé à un taureau furieux, dont les flancs regorgent de graisse. Voy. Ps. 72. 7. Ainsi Exod. 29. 22. Levit. 3. 15.

ARVINULA, Æ, στέαρ. Suif, graisse. Levit. 8. 16. *Duos renunculos cum arvinulis suis adolevit super altare* : Moïse fit brûler sur l'autel les deux reins avec la graisse qui y est attachée : l'Ecriture parle du sacrifice d'un veau pour le péché.

ARULA, Æ. Ce nom est le diminutif d'*ara*, et signifie petit autel ; dans l'Ecriture,

1° Petit foyer, brasier ou réchaud (ἐσχάρα). Jerem. 36. 22. *Posita erat arula coram eo plena prunis* : (Le roi Joachim était assis dans son appartement d'hiver) : il y avait devant lui un brasier plein de charbons ardents ; il y brûla le livre que Jérémie avait dicté à Baruch de la part de Dieu, touchant la destruction de la Judée par Nabuchodonosor. Voy. v. 4. 29.

2° Le foyer qui était au milieu de l'autel des holocaustes, sur lequel était le brasier qui servait à brûler les victimes placées sur la grille au-dessus du foyer. Exod. 38. 4. *Craticulamque ejus in modum retis fecit æneam, et subter eam in altaris medio arulum* : Béséléel fit une grille d'airain en forme de rets, et au-dessous un foyer au milieu de l'autel. Il avait été appelé particulièrement de Dieu pour faire tous ces ouvrages. Voy. c. 35. v. 30. et suiv. c. 27. 5.

ARUM, Heb. *Excelsus*, père d'Ahareel, fils de Cos. 1. Par. 4. 8.

ARUNDO, INIS, κάλαμος. Ce nom vient d'*aridus*, sec, ainsi appelé à cause de sa sécheresse, et signifie,

Canne ou roseau. Matth. 27. 29. *Posuerunt arundinem in dextra ejus* : Les soldats du gouverneur mirent un roseau dans la main droite de Jésus-Christ. Marc. 15. 19. Matth. 27. 48.

1° Canne pour mesurer. Apoc. 21. v. 15. 16. *Mensus est civitatem de arundine aurea per stadia duodecim millia* : Un des sept anges qui tenaient les sept coupes pleines des sept dernières plaies, mesura la sainte ville de Jérusalem, et il la trouva de douze mille stades. Voy. v. 9. 16.

2° Flèches faites de cannes ou roseaux. Ps. 67. 31. *Increpa feras arundinis, i. e. calamatas* : Reprenez ces bêtes sauvages armées comme de flèches faites de roseaux : David compare les ennemis armés à des bêtes sauvages pleines de fureur. Voy. FERA.

§ 1. — Parce que le roseau est fort fragile et n'est pas solide : il marque les personnes faibles et qui ont peu de foi pour se soutenir. Matth. 12. 20. *Arundinem quassatam non confringet* : Jésus-Christ ne brisera point le roseau cassé ; c'est-à-dire traitera doucement celui qui est encore faible, tandis qu'il y aura quelque espérance de salut.

§ 2. — Parce que le roseau est fort léger et qu'il cède au gré du moindre vent : il marque l'homme inconstant, qui a une foi chancelante ; c'est pourquoi Jésus-Christ dit de saint Jean-Baptiste, tout rempli de foi. Matth. 11. 7. Luc. 7. 24. *Quid existis in desertum videre ? arundinem vento agitatam ?* Qu'êtes-vous allés voir dans le désert ? un roseau agité du vent ? parce que le roseau étant secoué et agité d'un vent impétueux, tombe enfin dans les eaux.

§ 3. — Il marque les secousses et l'agitation d'une chose jusqu'à ce qu'elle tombe et périsse. 3. Reg. 14. 15. *Percutiet Dominus Deus Israel, sicut moveri solet arundo in aqua* : Le Seigneur frappera Israël et le rendra comme le roseau qui est agité dans les eaux : Dieu menace de ruiner le royaume d'Israël dans la famille de Jéroboam.

ARUNDINETUM, I. Ce nom signifie proprement lieu où il croît des roseaux : dans l'Ecriture.

Nom de lieu appelé, *Vallis arundineti* ; Heb. et Gr. *Torrens kanna*, id est, *arundinis* : C'est une des bornes ou limites de la tribu d'Ephraïm, du côté de la mer Méditerranée, près de Césarée. Jos. 16. 8. c. 17. 9. *Descenditque terminus vallis arundineti in meridiem* : De là les bornes du lieu appelé *la Vallée des roseaux* regardent le midi.

Les roseaux mêmes, pris pour le lieu où ils croissent (καλάμη). Sap. 3. 7. *Fulgebunt justi et tamquam scintillæ in arundineto discurrent* : Les justes étincelleront comme des feux qui courent au travers des roseaux ; Gr. au travers du chaume. Le Sage marque par cette comparaison la clarté de la lumière dont les justes brilleront dans le ciel.

ARUNDINEUS, A, UM. καλάμινος. Ce nom adjectif est formé d'*arundo*, et signifie, de canne ou de roseau. 4. Reg. 18. 21. *An speras in baculo arundineo atque confracto Ægypti, super quem, si incubuerit homo, comminutus ingredietur manum ejus, et perforabit eam ?* Est-ce que vous espérez du soutien du roi d'Egypte ? Ce n'est qu'un roseau cassé ; et si un homme s'appuie dessus, il se brisera et lui entrera dans la main et la transpercera. Dans ce verset les ambassadeurs de Sennachérib, roi des Assyriens, veulent faire entendre à Ezéchias que le secours et la protection qu'il attend du roi d'Egypte, est non-seulement faible et inutile, mais que même elle lui sera nuisible, s'il y met son espérance ; mais c'est ce qui est très-vrai aussi de la protection qu'on n'attend que des hommes. Ezech. 29. 6.

ARUSPEX, icis. Ce nom qui vient d'*aruga*, espèce de victime, et du verbe *aspicio*, signifie : qui devine par la considération des entrailles des victimes, et interprète les prodiges ; dans l'Ecriture :

1° Devin, qui devine par la considération des bêtes immolées (γαζαρηνοί). Dan. 2. 27. *Mysterium quod rex interrogat, sapientes, magi, arioli et aruspices nequeunt indicare*, Daniel répondit au roi : Les sages, les mages, les devins et les augures ne peuvent découvrir au roi le mystère dont il est en peine. Daniel le lui découvre, v. 31. et suiv. ainsi, c. 4. 4. c. 5. v. 7. 11.

2° Devin qui se mêle de prédire l'avenir (γνώστης). 4. Reg. 21. 6. *Et aruspices multiplicavit* Manassès multiplia les enchanteurs : toutes ses abominations et les punitions dont Dieu le menace sont rapportées en ce chapitre.

3° Les Prêtres des faux dieux habillés de deuil (χωμαρίμ), selon l'Hebr. *Camurim*, i. c. *atrati*. 4. Reg. 23. 5. *Et delevit aruspices quos posuerunt reges Juda ad sacrificandum in excelsis :* Josias extermina aussi les augures qui avaient été établis par les rois d'Israël pour sacrifier sur les hauts lieux. Ce même mot hébreu *camurim* est rendu, Ose. 10. 5. et Soph. 1. 4, par *œditui*.

ARVUM, i. Ce nom vient du verbe *aro, as*, labourer (πεδίον), et signifie :

1° Une terre labourée où il n'y a encore rien de semé; dans l'Ecriture :

Champ ou terre labourée et semée. Hab. 3. 17. *Et arva non afferent cibum :* Les campagnes ne porteront point de grain. Voyez CIBUS.

2° Pré, pâturage (νομή). Jerem. 23. 10. *Arefacta sunt arva deserti :* Les pâturages de la campagne sont devenus tout secs ; ainsi, *Arva pacis*, ce sont les campagnes ou pâturages dans lesquels les troupeaux paissent en sûreté et en paix. Jer. 25. 37. *Conticuerunt arva pacis :* Les champs si fertiles durant la paix sont dans un triste silence ; Heb. *Succisa sunt habitacula pacis :* Il entend par ces champs et ces pâturages les provinces, par ces troupeaux les peuples.

ARX. Ce nom vient du Grec ἄκρα, citadelle, lieu élevé, ou le sommet de quelque chose, et signifie,

Forteresse, citadelle (περιοχή). 1. Par. 11. 7. *Habitavit autem David in arce, et idcirco appellata est civitas David :* David prit son logement dans la citadelle, et c'est ce qui la fit appeler la ville de David. v. 5. 2. Reg. 5. v. 7. 9. et souvent dans les livres des Machabées.

L'Eglise, qui est une forteresse invincible à tous les efforts du démon et du monde (κρατήρ). Prov. 9. 3. *Misit ancillas suas;* Gr. (*servos suos*) *ut vocarent ad arcem :* La sagesse, comme une grande princesse, a envoyé ses servantes ; c'est-à-dire, Jésus-Christ a envoyé ses apôtres pour appeler les peuples dans l'Eglise. Voy. ANCILLA.

AS, ASSIS, ἀσσάριον. Ce mot vient ou d'*assus*, pour *unus*, comme *sou, sol*, qui est le même que *as*, vient de *solus ;* d'autres tirent *as, assis*, de *œs, œris*, airain. *As* était anciennement une lame de cuivre d'une livre ; c'est-à-dire de douze onces ; d'abord cette pièce n'était point marquée, mais ensuite elle l'a été ; et a été réduite à six onces qui valaient autant que les douze ; après à une once, et enfin à une demi-once. Voy. Plin. liv. 33. c. 3. Ainsi ce mot dans la suite des temps s'est pris diversement ; dans l'Ecriture, c'est

Une petite pièce de monnaie qui faisait la quatrième partie d'une once. Matth. 10. 24. *Nonne duo passeres asse veneunt?* N'est il pas vrai que deux passereaux ne se vendent qu'une obole ? Voy. DUPONDIUS.

ASA, Hebr. *Medicus*. — 1° Roi de Juda, fils d'Abiam et père de Josaphat, qui suivit la droiture et la justice de David et purgea Jérusalem de toutes les idoles que ses pères y avaient dressées. 3. Reg. 15. 8. et suiv. ; mais n'ayant pu souffrir la réprimande que lui fit Hanani, prophète, il perdit par ses violences toute l'estime qu'il s'était acquise au commencement de son règne ; il mourut l'an du monde 3090. — 2° Un lévite, fils d'Elcana et père de Barachias. 1. Par. 9. 16. — 3° Ville de la tribu d'Ephraïm. 1. Par. 7. 28. Voy. ARA.

ASAA, Heb. et Gr. ASAIA. Un officier de Josias, roi de Juda, qui alla de la part de son maître consulter la prophétesse Olda. 2. Par. 34. 20.

ASAEL, Hebr. *Factura Dei.* — 1° Le frère de Joab, et le neveu de David qui fut tué par Abner, lequel courait extrêmement vite. 2. Reg. 2. 18. *Porro Asael cursor velocissimus fuit :* Or, Asaël courait extrêmement vite. Voy. v. 23. Il était aussi un des trente braves hommes de David. c. 23. 24. 2° Un des lévites députés du roi Josaphat, pour instruire le peuple de Juda de la loi de Dieu. 2. Par. 17. v. 8. 9 — 3° Le père de Jonathan, l'un de ceux qui furent établis chefs dans tout le peuple pour chasser toutes les femmes étrangères que les Israélites avaient prises, avec les enfants qu'ils avaient eus d'elles. 1. Esd. 10. 15.

ASAIA, ASAIAS, Hebr. *Factura Dei.* — 1. Un officier du roi Josias. 4. Reg. 22. v. 12. 14. C'est le même qu'Asaa. 2. Par. 34. 2. Voyez ASAA. — 2° Un des descendants de Siméon. 1. Par. 4. 36. — 3° Le chef des enfants de Merari. 1. Par. 15. 6. *De filiis Merari Asaia Princeps :* Asaïa était chef des enfants de Merari, v. 11. c. 6. 30. — 4° Fils aîné de Siloni, de la tribu de Juda. 1. Par. 9. 5.

ASALELPHUNI, Hebr. *Umbra vultus.* Fille d'Etam et sœur de Jesraël. 1. Par. 4. 3.

ASAN, Hebr. *Fumus.* Ville de la tribu de Juda, qui a été ensuite dans la tribu de Siméon, et qui enfin a été donnée aux lévites. Jos. 15. 42. 1. Par. 4. 32. 1. Reg. 30. 30. *Lacus Asan*, lac d'Asan ; ce lac a pris son nom de la ville ; Hebr. *Chor-Asan*.

ASANA. Hebr. *Rubus.* Père d'Oduia, de la tribu de Benjamin. 1. Par. 9. 7.

ASAPH, Heb. *Congregans.* — 1° Fils de

Barachias, un des chantres de David, de qui le 2. des Par. 29. 30. où il est appelé *Prophète*, fait croire qu'il a composé les Psaumes 49. 72. et suiv. jusqu'au 82. qui portent le nom d'Asaph, ou qu'au moins l'air sur lequel on les chantait était de sa façon, et qu'ils étaient chantés par le chœur où il présidait. Ainsi, 1. Par. 6. 39. *Frater ejus Asaph qui stabat a dextris ejus* : Asaph, frère d'Héman, était à sa droite. c. 25. v. 1. 2. — 2° Le père de Joahe qui était chancelier d'Ezéchias. 4. R g. 18. v. 18. 37. — 3° Un lévite, fils de Coré. 1. Par. 26. 1. Il est appelé c. 9. 19. *Abiasaph*. — 4° Un lévite, père de Zechri, de la famille de Merari. 1. Par. 9. 15.

ASARAMEL, Hebr. *Signum Circumcisionis*. Lieu où se tint la grande assemblée des prêtres et du peuple, des premiers de la nation et des anciens du pays, pour donner à Simon et à ses fils le privilége d'une entière indépendance, en reconnaissance des grands services qu'il leur avait rendus. Ce lieu même peut bien être celui où se tenaient ces sortes d'assemblées. 1. Mach. 14. 28.

ASARELA, Hebr. *Beatitudo Dei*. Un des enfants d'Asaph, qui furent choisis par David pour être chantres dans la maison du Seigneur. 1. Par. 25. 2.

ASARHADDON, Heb. *Acuta Ligatura*. Fils de Sennacherib, qui succéda à son père dans ses Etats. Isa. 37. 38. 4. Reg. 19. 37. Voyez ASENAPHAR.

ASARMOTH, Heb. *Introitus mortis*. Petit-fils d'Héber, par Jectan. 1. Par. 1. 20. Voyez v. 19. ainsi, Gen. 10. 26.

ASASON THAMAR, Heb. *Sagitta palmæ*. Ville dans la tribu de Juda, sur le bord de la mer Morte, qui regarde l'occident. Gen. 14. 7. Elle est appelée *Engaddi*. 2. Par. 20. 2. qui est la même ville dont il est parlé 1. Reg. 24. 1. Ezech. 47. 10. Cant. 1. 14. où elle est aussi appelée *Engaddi*. Voyez ENGADDI.

ASBEL, Heb. *Ignis cadens*. Fils de Benjamin, chef des Asbélites. Num 26. 38. 1. Par. 8. 1. Ce même Asbel est appelé , 1. Par. 7. v. 6. 10. 11. *Jadiel* ; différent néanmoins de ce Jadiel, marqué 1. Par. 26. 2. qui est un des descendants de Mesélémia.

ASBELITÆ, ARUM. Descendants d'Asbel, ou famille d'Asbel. Num. 26. 38.

ASCALON. Hebr. *Ignis infamiæ*. L'une des cinq villes des Philistins, et port de mer sur la mer Méditerranée. Judic. 1. 18. c. 14. 19. etc. La tribu de Juda la conquit après la mort de Josué ; les Philistins la reprirent et s'y maintinrent jusqu'à leur entière destruction.

ASCALONITÆ, ARUM. Habitants d'Ascalon, et se dit aussi des princes ou rois de la ville d'Ascalon. Jos. 13. 3.

ASCELLA, Æ. πτέρυξ. Ce nom, qui est peu usité dans les auteurs latins, vient d'*axilla*, diminutif d'*ala*, et signifie, 1° Aile d'oiseau. Lev. 1. 17. *Confringetque ascellas ejus* : Le prêtre rompra à cet oiseau les ailes sans les couper ; l'Ecriture parle ici du sacrifice d'holocauste d'oiseaux. — 2° Aisselle (κόλπος). Prov. 19. 24. c. 26. 15. *Abscondit piger manum suam sub ascella* : Le paresseux cache sa main sous son aisselle.

ASCENDERE. ἀναβαίνειν. Ce verbe est composé d'*ad* et du simple *scandere*, et signifie proprement,

1° Monter. Luc. 5. 19. *Ascenderunt supra tectum* : Ceux qui portaient le paralytique, montèrent sur le haut de la maison et le descendirent par les tuiles devant Jésus. La foule les empêchait d'entrer. c. 19. 4. *Ascendit in arborem sycomorum* : Zachée monta sur un sycomore pour voir Jésus. c. 8. 22. c. 14. 10. Ainsi. Exode 17. 10. *Moyses autem et Aaron et Hur ascenderunt super verticem collis* : Moïse, Aaron et Hur montèrent sur le haut de la colline, où, lorsque Moïse levait les mains en haut, les Israélites étaient victorieux. c. 19. 3. c. 20. 26. etc. A quoi se rapporte cette signification suivante.

2° Aller d'un lieu moins élevé dans un lieu plus élevé, Gen. 35. 1. *Surge et ascende Bethel* : Allez promptement à Béthel et y dressez un autel au Seigneur, dit Dieu à Jacob. Cette ville était située sur une montagne ; de même quand on parle d'aller en Jerusalem qui était bâtie sur un lieu élevé, on se sert de ce verbe. 1. Esdr. 1. 3. *Ascendat in Jerusalem* : Que celui d'entre vous qui est du peuple de Dieu monte en Jérusalem ; c'est Cyrus, inspire de Dieu, qui ordonne aux Juifs d'aller à Jérusalem rebâtir le temple. Voyez v. 2. 5. Ainsi, Matth. 20. 18. *Ecce ascendimus Jerosolymam* : Nous allons à Jérusalem, et le Fils de l'Homme sera livré, etc. dit Jésus à ses disciples ; quelquefois *ascendere*, sans rien ajouter, signifie aller à Jérusalem. Act. 18. 22. *Ascendit*, ce qui est en usage dans l'Ecriture, à l'égard de toute la Judée, parce qu'elle était plus élevée que les pays circonvoisins. 2. Par. 21. 2. *Ascenderunt in terram Juda* : Les Philistins et les Arabes entrèrent en la terre de Juda, et emportèrent tout ce qu'ils trouvèrent dans le palais de Joram. Ainsi, *Ascendere in montem Sion* : Monter sur la montagne de Sion, s'y rendre, s'y trouver. Abd. v. 21. *Ascendent salvatores in montem Sion* : Ceux qui doivent sauver le peuple, monteront sur la montagne de Sion. Le prophète marque ici les progrès que les Juifs devaient faire après leur retour de Babylone, sous la conduite de Simon Machabée et d'Hircan, son fils. Voyez SALVATOR 1°. Voyez MONS. 3°

3 Aller ou venir, sans avoir égard à la situation des lieux. Gen. 46. 29. *Ascendit obviam patri* : Joseph vint au devant de son père ; ce fut à Gessen. v. 31. *Ascendam et nuntiabo Pharaoni* : Je m'en vas dire à Pharaon que mes frères et tous ceux de la maison de mon père sont venus me trouver. Exod. 16. 13. *Et ascendens coturnix* : Il vint un grand nombre de cailles qui couvrit tout le camp des Israélites. Judic. 4. 5. 2. Reg. 2. 12. 3. Reg. 9. 24. 4. Reg. 1. 3. Ainsi, Joël 3. 12. *Ascendant gentes in vallem Josaphat* : Que les peuples viennent se rendre à la vallée de Josaphat ; dans ce passage de Joël le verbe *ascendere* peut signifier monter, parce

4° Sortir, se retirer de quelque lieu. Gen. 13. 1. *Ascendit ergo Abraham de Ægypto:* Abraham sortit de l'Egypte ; ce fut après que Dieu eut frappé Pharaon à cause de la femme d'Abraham, c. 41. v. 2. 27. Ose. 1. 11. *Filii Israel ascendent de terra:* Les enfants d'Israël sortiront du pays du lieu de leur captivité ; ce qui s'entend figurément des peuples qui devaient sortir de l'idolâtrie, qui est une vraie servitude spirituelle, pour entrer dans l'Eglise, par allusion à la captivité de Babylone. 1. Reg. 28. 13. *Deos vidi ascendentes de terra:* J'ai vu un Dieu qui sortait de la terre ; c'était Samuel qui apparaissait à la magicienne que Saül consultait. Job. 7. 9. *Qui descenderit ad inferos non ascendet:* Celui qui descend sous la terre n'en sortira pas, n'en remontera pas : *sc.* en cette vie mortelle. 1. Esd. 7. 6. Matth. 3. 16. Marc. 1. 10. Luc. 2. 4. Act. 8. 32. Act. 25. 1

5° Sortir ou se retirer d'avec quelqu'un. Genes. 17. 22. *Ascendit Deus ab Abraham:* L'entretien de Dieu avec Abraham étant fini, Dieu se retira.

6° Sortir ou s'élever, soit de la terre : ce qui se dit des herbes, des plantes. Isa. 55. 13. *Pro saliunca ascendet abies;* Le sapin s'élèvera au lieu des herbes les plus viles. Le prophète décrit l'état heureux dont l'Eglise devait jouir par la conversion des gentils. Ose. 10. 8. *Lappa et tribulus ascendet super aras eorum;* Il croîtra des ronces et des chardons sur leurs autels. Le prophète parle contre l'idolâtrie des Juifs. Jonas 4. 6. Marc. 4. v. 7. 8. 32. Isa. 53. 2. *Et ascendet sicut virgultum;* Le Messie s'élèvera comme un arbrisseau. Voyez RADIX. Ce qui se dit aussi des sources d'eau qui sortent de la terre. Gen. 2. 6. *Fons ascendebat e terra:* Il s'élevait de la terre une fontaine qui en arrosait toute la surface ; l'Ecriture parle ici du temps qui précéda la création de l'homme ; soit que ce verbe se dise d'autre lieu ou d'autre chose. 3. Reg. 18. 44. *Ecce nubecula parva quasi vestigium hominis ascendebat de mari:* La septième fois il parut au serviteur d'Elie un petit nuage, comme le pied d'un homme qui s'élevait de la mer. Ce fut le signe d'une grande pluie qu'Elie prédit à Achab, lorsqu'il était sur le point d'aller à Jesraël. Isa. 34. 3. Joël. 2. 20. *Et de cadaveribus eorum ascendet fetor:* Une puanteur horrible s'élèvera des corps de ceux qui auront été tués : Ces deux prophètes parlent des Assyriens, des Babyloniens, et des autres nations ennemies du peuple de Dieu ; mais cette prophétie ne sera entièrement accomplie qu'au dernier jour du jugement, dont elle n'est que la figure. A quoi se rapporte, Ose. 13. 15. *Adducet urentem ventum Dominus de deserto ascendentem:* Le Seigneur fera venir un vent brûlant qui s'élèvera du désert ; ce vent brûlant furent les Assyriens, par qui les Juifs furent désolés. A cela se rapporte aussi, Amos 4. 10. *Et ascendere feci putredinem castrorum vestrorum in nares vestras:* J'ai fait monter à vos narines la puanteur des corps morts de votre armée, et vous n'êtes point revenus à moi ; Dieu fait souvenir son peuple de toutes les afflictions qu'il lui avait envoyées pour le faire revenir vers lui, sans qu'elles aient eu aucun effet.

7° Paraître, s'élever. Ps. 103. 8. *Ascendunt montes et descendunt campi:* Au temps du déluge, lorsque les eaux se retirèrent, les montagnes parurent s'élever et les campagnes s'abaisser.

8° Etre porté sur quelque chose, y être monté comme sur un chariot ou à cheval : — 1° Ce qui se dit des hommes. Judic. 5. 10. *Qui ascenditis super nitentes asinos:* Parlez, vous autres, qui montez sur des ânes d'une force et d'une beauté singulière. Les personnes de la première qualité montaient alors sur des mulets et sur des ânes ; ces animaux étaient grands et forts, et étaient considérés comme les chevaux le sont parmi nous. Jer. 17. 25. *Ascendentes in curribus et in equis:* Des rois et des princes montés sur des chariots et sur des chevaux. c. 12. 4. A quoi se rapporte cette signification figurée. *Ascendere equos:* Mettre sa confiance dans des chevaux. Ps. 75. 7. *Dormitaverunt qui ascenderunt equos:* Les Assyriens qui étaient montés sur des chevaux, se sont endormis, savoir, du sommeil de la mort, en cette nuit où l'ange tua cent quatre-vingt-cinq mille hommes de leur armée. — 2° Ce qui se dit figurément de Dieu en plusieurs endroits. Ps. 67. 4. *Qui ascendit super Occasum:* Dieu est élevé sur le Couchant, c'est-à-dire sur une nuée ténébreuse, parce qu'il nous est invisible et qu'il habite une lumière inaccessible. 1 Tim. 4. 16. Voy. OCCASUS. Ainsi, v. 34. *Qui ascendit super cœlum cœli ad Orientem:* Dieu est élevé au-dessus de tous les cieux vers l'Orient. Hebr. *A principio:* Dès le commencement. Voy. ORIENS. Ainsi, Isa. 19. 7. *Ecce Dominus ascendet super nubem levem:* Le Seigneur sera élevé sur un nuage léger. Le Prophète représente Dieu comme un conquérant qui va combattre les Egyptiens. Habac. 3. 8. *Qui ascendes super equos tuos:* Vous qui montez sur vos chevaux, Hebr. et sur vos chariots, savoir, pour sauver votre peuple. Ps. 17. 13. *Et ascendit super Cherubim, et volavit; volavit super pennas ventorum:* Le Seigneur est monté et élevé sur les chérubins, et il s'en est envolé ; il a volé sur les ailes des vents. Les prophètes représentent Dieu monté sur les nuées et sur les chérubins, comme sur un chariot. Voy. CHERUBIM.

9° Avancer du bord en pleine mer, partir. Luc. 8. 22. *Et ascenderunt;* Gr. ἀνήχθησαν, *provecti sunt.*

10° S'en aller, s'évanouir, se dissiper. Isa. 5. 24. *Germen eorum ut pulvis ascendet:* Les rejetons des méchants seront réduits en poudre. Voy. GERMEN.

Phrases tirées du verbe *Ascendere* dans le sens figuré.

ASCENDERE IN MONTEM DOMINI, c'était, selon l'esprit de l'ancienne loi, aller à Jérusalem adorer le vrai Dieu dans son saint temple, et y offrir des sacrifices qui lui fussent agréables ; Jerem. 31. 6. Voy. Joan. 4. 20. Et selon l'esprit de la loi nouvelle, c'est entrer dans le corps de l'Eglise, pour y servir le vrai Dieu en esprit et en vérité. Voy. Joan. 4. v. 21. 23. Ainsi, Isa. 2. 3. Mich. 4. 2. *Venite et ascendamus ad montem Domini:* Allons, montons à la montagne du Seigneur ; c'est ce que disaient toutes les nations lorsqu'elles sont entrées dans le corps de l'Eglise, après la résurrection de Jésus-Christ. Ps. 23. 3. A quoi se rapporte Jerem. 31. 6. *Clamabunt custodes in monte Ephraim : Surgite et ascendamus in Sion ad Dominum Deum nostrum :* Les gardes crieront sur la montagne d'Ephraïm : Levez-vous, montons en Sion, en la maison du Seigneur notre Dieu ; ce qui marquait que les chefs des dix tribus d'Israël, désignées souvent par Ephraïm, les exhorteraient à s'unir avec les deux autres tribus dans le service du Seigneur, et à l'aller adorer conjointement dans le temple de Jérusalem. Voy. Mons, Voy. Ephraïm, n. 3° Au contraire.

Ascendere in Bethaven, monter à Béthaven, signifie aller adorer les idoles, parce que cette ville est la même que Béthel, où Jéroboam fit placer l'un des deux veaux d'or. Ose. 4. 15. *Ne ascendatis in Bethaven :* Ne montez point à Béthaven, dit Dieu à la tribu de Juda.

Ascendere in coelum, monter dans les cieux, se dit :

1° De l'orgueil et de l'insolence de celui qui se fie dans sa force. Jerem. 51. 53. *Si ascenderit Babylon in cœlum, a me venient vastatrices ejus :* Quand Babylone serait montée jusqu'aux cieux..., je lui enverrais néanmoins des gens qui la renverseraient par terre, dit le Seigneur ; ce qui est opposé à *in infernum descendere*, être réduit dans la dernière faiblesse et dans la dernière humiliation. Voy. Exaltare, Voy. Matth. 11. 23. Luc. 10. 15. A quoi se peut rapporter cet endroit de Jérémie, 46. v. 7. 8. *Quis est iste qui quasi flumen ascendit?* Qui est celui-ci qui s'élève comme un fleuve et qui s'enfle comme les flots des grandes rivières? Le Prophète parle du roi Pharaon, et v. 8, des Egyptiens qui s'élevaient avec insolence contre le peuple de Dieu. Ainsi, Ps. 73. 23. *Superbia eorum qui te oderunt ascendit semper :* L'orgueil de ceux qui vous haïssent monte toujours.

2° Monter au ciel se dit de celui qui pénètre les secrets du ciel, c'est-à-dire de Dieu. Prov. 30. 4. *Quis ascendit in cœlum atque descendit?* Qui est monté au ciel et qui en est descendu? savoir, pour parler de Dieu d'une manière digne de lui: c'est Jésus-Christ seul. Joan. 3. 13. *Nemo ascendit in cœlum, nisi qui descendit de cœlo, Filius hominis, qui est in cœlo :* Personne n'est monté au ciel que celui qui est descendu du ciel, savoir, le Fils de l'homme qui est dans le ciel : c'est Jésus-Christ qui est venu découvrir les secrets aux hommes. Deut. 30. 12. Rom. 10. 6.

Ascendere excelsa montium ou altitudinem montium, monter sur le haut des montagnes, c'est se rendre maître des villes situées sur les montagnes. 4 Reg. 19. 23. *In multitudine curruum meorum ascendi excelsa montium in summitate Libani :* J'ai monté sur le haut des montagnes du Liban avec la multitude de mes chariots ; c'est ce que Dieu reproche à Sennachérib d'avoir dit par orgueil en menaçant de ruiner toutes les forces de la ville de Jérusalem, figurée par le mont Liban. Isa. 37. 24. Voy. Libanus.

Ascendere et descendere, monter et descendre, se dit du ministère des anges, tant à l'égard de Jésus-Christ : Joan. 1. 51. *Videbitis cœlum apertum et angelos Dei ascendentes et descendentes supra Filium hominis;* que pour le salut des hommes; car les anges descendent du ciel pour le leur procurer, et y montent pour présenter à Dieu leurs prières et leurs vœux : ainsi les anges montaient et descendaient le long de l'échelle que vit Jacob, pour l'assurer de leurs secours dans ses voyages. Gen. 28. 12.

Ascendere sursum, monter en haut, se dit de l'âme, pour marquer qu'elle ne meurt point; opposé à *descendere deorsum*, qui se dit de l'âme des bêtes, pour marquer qu'elle meurt. Eccl. 3. 21. *Quis novit si spiritus filiorum Adam ascendat sursum, et si spiritus jumentorum descendat deorsum?* Qu'il y a peu de gens qui connaissent si l'âme des enfants des hommes monte en haut, c'est-à-dire va se réunir à Dieu, Voy. ch. 12. 7. et si l'âme des bêtes descend en bas, c'est-à-dire meurt.

Ascendere in lectum, monter sur son lit, aller se coucher. Ps. 131. 3. *Si ascendero in lectum strati mei .* Si je monte sur le lit qui est préparé pour me coucher, jusqu'à ce que je trouve un lieu propre pour le Seigneur. Ici le Prophète assure qu'il ne prendra aucun repos qu'il n'ait préparé, pour l'arche de l'alliance, qui n'était à couvert que dessous des peaux, un lieu digne d'elle : ce fut le temple que son fils Salomon fit bâtir.

Ascendere cubile alicujus, monter sur le lit de quelqu'un, abuser de la femme d'un autre. Gen. 49. 4. *Quia ascendisti cubile patris tui :* Puissiez-vous ne point croître, parce que vous avez monté sur le lit de votre père : c'est la malédiction que donne Jacob à son fils aîné Ruben.

Ascendere ad aliquem, monter vers quelqu'un, c'est : — 1° Aller trouver quelqu'un. Gen. 45. 9. *Festinate et ascendite ad patrem meum :* Hâtez-vous d'aller trouver mon père, dit Joseph à ses frères, pour le faire venir en Egypte.

2° Aller chez quelqu'un pour y demeurer. 1 Reg. 6. 20. *Ad quem ascendet a nobis?* Chez lequel d'entre nous pourra demeurer le Seigneur, disaient les Bethsamites, tout effrayés de la désolation qu'avait causée chez eux la vue de l'arche du Seigneur?

3° Porter secours à quelqu'un. Jos. 10. 4. *Ad me ascendite :* Venez me secourir, dit Adonisédech aux rois ses alliés, après la prise de Haï par Josué. v. 6. *Ascende cito et libera nos .* Venez au plutôt nous délivrer, dirent les Gabaonites à Josué.

4° Avoir recours à quelqu'un. Ose. 8. 9. *Ipsi ascenderunt ad Assur*: Les Israélites ont eu recours aux Assyriens. Dieu leur reproche d'avoir eu recours à des idolâtres ; à quoi se rapporte ce passage de Job. 36. 20. *Ne protrahas noctem, ne ascendant populi pro eis*: N'allongez point la nuit et le temps de votre sommeil, afin que les peuples puissent avoir recours à vous pour défendre leurs intérêts. Hebr. Ne vous fatiguez point durant la nuit à songer comment vous pourrez renverser les peuples ; ce sont les avis qu'Eliu donne à Job, qui sont comme un reproche de n'avoir pas eu autrefois assez de soin de donner audience au peuple pour juger leurs différends.

ASCENDERE AD OU CONTRA, aller, marcher contre, signifie aller combattre, marcher contre les ennemis. Judic. 1. 1. *Quis ascendet ante nos contra Chananœum? Qui marchera devant nous pour combattre les Chananéens? v. 2. Judas ascendet*: Juda dit : Le Seigneur marchera devant vous. v. 4. *Ascenditque Judas*: Juda marcha contre les ennemis. 1 Reg. 14. 12. *Ascendite ad nos*: Venez contre nous, dirent les Philistins aux Hébreux pour les défier au combat. v. 10. Exod. 15. 14. 2 Reg. 5. 19. 3 Reg. 12. 24. D'où viennent ces façons de parler;

ASCENDERE IN MERIDIE, IN NOCTE, marcher contre l'ennemi à midi ou la nuit, ce qui marque l'ardeur et le courage des soldats pour combattre. Jerem. 6. 4. *Ascendamus in meridie*: Allons attaquer la ville en plein midi. v. 5. *Ascendamus in nocte*: Allons-y la nuit même. C'est ce que les Chaldéens devaient dire pour s'exciter à combattre Jérusalem. A quoi se rapporte cette signification figurée:

ASCENDERE EX ADVERSO, s'opposer à quelqu'un, lui résister. Ezech. 13. 5. *Non ascendistis ex adverso*: Vous n'avez point marché contre l'ennemi et vous ne vous êtes point opposés à lui. Dieu reproche aux faux prophètes de ne s'être point opposés, pour le peuple, par leurs prières, à l'arrêt de sa divine justice, prononcé contre Jérusalem.

ASCENDERE SUPER, monter au-dessus, signifie : — 1° Devenir plus puissant, l'emporter au-dessus. Deut. 28. 43. *Advena qui tecum versatur in terra ascendet super te*: L'étranger qui est avec vous dans votre pays, s'élèvera au-dessus de vous en punition de vos crimes. — 2° S'élever contre quelqu'un pour le perdre. Eccli. 10. 4. *Si spiritus potestatem habentis ascenderit super te, locum tuum ne dimiseris*: Si l'esprit qui a la puissance s'élève sur vous, ne quittez point votre place. Le Sage avertit de ne point perdre courage quand on est attaqué par les calomnies ou par les violences des hommes. — 3° Venir fondre sur, pour accabler. Jerem. 51. 42. *Ascendit super Babylonem mare*: La mer est montée sur Babylone; ce qui s'entend d'une inondation d'ennemis et de maux dont cette ville fut accablée. Ps. 77. 21. *Ignis accensus est in Jacob, et ira ascendit in Israel*: Un feu s'alluma contre Jacob, et la colère du Seigneur s'éleva contre Israël. v. 31. *Ira Dei ascendit super eos*: La colère de Dieu s'éleva contre les Israélites ; elle fut excitée par leurs murmures et par leur ingratitude.

ASCENDERE SUPER CAPUT, passer dessus ou par-dessus la tête. Judic. 16. 17. *Ferrum numquam ascendit super caput meum*: Le rasoir n'a jamais passé sur ma tête; c'était la loi des Nazaréens. Voy. Num. 6. 5. du nombre desquels était Samson, qui découvre ce secret à Dalila. 1 Reg. 1. 11. Voy. NOVACULA. Ainsi,

ASCENDERE SUPER LABIUM LINGUÆ, passer sur les lèvres des hommes, c'est servir de fable et de raillerie. Ezech. 36. 3. *Ascendistis super labium linguæ*: Vous êtes devenus la fable et l'objet des railleries de tout le peuple, dit Dieu aux montagnes d'Israël, après la désolation de tout le pays.

ASCENDERE AD AURES. Monter aux oreilles, c'est-à-dire, être entendu ; ce qui se dit figurément à l'égard de Dieu. 4. Reg. 19. 28. *Insanisti in me, et superbia tua ascendit in aures meas*: Vous m'avez attaqué par votre insolence, et le bruit de votre orgueil est monté jusqu'à mon oreille. Dieu reproche à Jérusalem qu'elle blasphémait à haute voix. V. v. 22. A quoi se rapporte Exod. 2. 23. *Ascenditque clamor eorum ad Deum ab operibus*: Les cris que l'excès des travaux faisait pousser aux Israélites, s'élevèrent jusqu'à Dieu.

ASCENDERE IN MEMORIAM. Monter dans la mémoire : c'est réveiller le souvenir ou l'attention. Act. 10. 4. *Eleemosynæ tuæ ascenderunt in memoriam in conspectu Dei*: Vos aumônes sont montées dans le souvenir de Dieu; Dieu s'en est souvenu, répondit l'ange à Corneille.

ASCENDERE SUPER COR OU IN COR. Monter au cœur, signifie, dans l'Ecriture, 1° se souvenir de quelque chose, y penser. Isa. 65. 17. *Et non erunt in memoria priora, et non ascendent super cor*: Tout ce qui a été auparavant s'effacera de la mémoire, et on ne s'en souviendra plus. Ainsi, Jerem. 3. 16. *Neque ascendet super cor*: On ne se souviendra plus de l'arche de l'alliance. Ces deux prophètes parlent ici de la substitution de l'Eglise à l'ancienne loi, dans laquelle, au lieu de l'arche, l'Eglise, et même chaque fidèle, est devenu le trône et le temple vivant de Dieu.

2° Penser à quelque chose avec affection. Jer. 51. 50. *Recordamini procul Domini, et Jerusalem ascendat super cor vestrum*: Quoique vous soye éloignés de Jérusalem, souvenez-vous du Seigneur, et que Jérusalem soit l'objet de votre cœur et de vos pensées. Le prophète parle du temps de la captivité de Babylone.

3° Venir dans l'esprit, l'agiter diversement, le troubler. Luc. 24. 38. *Quid turbati estis, et cogitationes ascendunt in corda vestra?* Pourquoi vous troublez-vous, et pourquoi s'élève-t-il tant de pensées dans vos cœurs, dit Jésus-Christ aux apôtres assemblés? au moment que les deux disciples leur venaient de raconter ce qui leur était arrivé dans le chemin en allant à Emmaüs.

4° Venir dans l'esprit, être compris. 1. Cor. 2. 9. *Nec in cor hominis ascendit quæ præparavit Deus iis qui diligunt illum* : Le cœur de l'homme n'a jamais conçu ni compris ce que Dieu a préparé pour ceux qui l'aiment.

5° Se souvenir de quelque chose, en être touché, l'avoir agréable. Jerem. 44. 21. *Numquid non sacrificium ascendit super cor ejus?* Le Seigneur n'a-t-il pas été touché, et n'a-t-il pas eu pour agréable les sacrifices que vous avez offerts dans les villes de Juda?

6° Venir dans l'esprit de faire, se porter à faire quelque chose. Act. 7. 23. *Ascendit in cor ejus ut visitaret fratres suos Israel* : Il vint à Moïse dans l'esprit d'aller visiter ses frères, les enfants d'Israel : ce fut pendant leur captivité d'Egypte.

7° Venir dans l'esprit, dans la pensée, former dessein de faire quelque chose. Ezech. 38. 10. *Ascendent sermones super cor tuum* : Vous formerez des desseins dans votre cœur, Dieu parle aux ennemis de son peuple, qui, après avoir établi les Israélites dans leur pays, prendraient le dessein de les troubler dans leur tranquillité ; ce qui se dit aussi figurément de Dieu. Jerem. 19. 5. *Quæ non præcepi, nec locutus sum, nec ascenderunt in cor meum* : Je n'ai point ordonné, ni n'ai point parlé aux Israélites de bâtir un temple à Baal, pour brûler leurs enfants dans le feu, et c'est ce qui ne m'est jamais venu dans l'esprit. C'est Dieu même qui parle aux Israélites : cette phrase vient de ce que le cœur est considéré comme la source des pensées et de tous les mouvements intérieurs. *V.* Matth. 15. 8.

ASCENSIO, ἀνάβασις. Ce nom est dérivé du verbe *ascendere*, et signifie proprement l'action par laquelle on monte : dans l'Ecriture,

1° Montée, colline (πρόσβασις). Jos. 15. 7. *Galgala quæ est ex adverso ascensionis Adommim* : Galgala est vis-à-vis de la montée d'Adommim. 1. Par. 26. 16. *Juxta portam quæ ducit ad viam ascensionis* : Séphim et Hosa furent placés à l'occident, près de la porte qui conduit au chemin par où l'on monte, ou de la ville au temple, ou du temple à la citadelle de Sion. L'Hébreu l'appelle *Porta projectionis*, c'est-à-dire, par où l'on jetait toutes les ordures.

2° Degré par où on monte. Amos 9. 6. *Qui ædificat in cœlo ascensionem suam* : Dieu s'est bâti des degrés pour monter dans le ciel ; soit qu'on entende les nuées, *V.* Ps. 103. 3, soit les sphères des cieux, que l'Ecriture dit figurément servir à Dieu comme d'échelle. Voy. Deut. 33. 26.

3° Voyage, retour. Ps. 83. 6. *Beatus vir cujus est auxilium abs te, ascensiones in corde suo disposuit* : Heureux est l'homme qui attend de vous son secours, et qui a résolu en son cœur d'aller et de s'élever jusqu'au lieu que le Seigneur a établi, c'est-à-dire, qui a résolu de revenir pour vous adorer dans votre sanctuaire. Ose., 2. 15. *Et canet ibi juxta dies juventutis suæ, et juxta dies ascensionis suæ de terra Ægypti* : La Synagogue chantera là des cantiques comme aux jours de sa jeunesse, et comme au temps qu'elle sortit de l'Egypte. Dieu promet toutes sortes de biens à la Synagogue, après qu'elle aura renoncé à l'idolâtrie ; et elle chantera des cantiques d'actions de grâces comme, lorsqu'au sortir de l'Egypte, elle vit Pharaon submergé dans les eaux.

ASCENSOR, ἀναβάτης. Ce nom est dérivé du verbe *ascendere*, et signifie proprement, qui monte. Dans l'Ecriture,

Cavalier monté sur un cheval, un âne ou un chariot. Exod. 15. v. 1. 21. *Equum et ascensorem dejecit in mare* : Le Seigneur a précipité dans la mer le cheval et le cavalier : c'est ici le sujet du cantique de Moïse. Isa. 21. 7. *Vidit currum duorum equitum ascensorem asini, et ascensorem cameli* : La sentinelle vit un chariot conduit par deux hommes montés, l'un sur un âne, et l'autre sur un chameau. Ces chariots et ces cavaliers marquaient les armées des Perses et des Mèdes qui venaient ruiner Babylone. Exod. 49. 17. 4. Reg. 18. 23. De là vient cette phrase qui se dit de Dieu : *Ascensor cœli* : Qui est porté sur les cieux. Deut. 33. 26. *Ascensor cœli, auxiliator tuus*, Heb. *qui insidet*, ou *inequitat cœlis* : Qui est monté sur les cieux, ou sur les nuées ; ce qui est une expression figurée, tirée de la vitesse des nuées, pour marquer que Dieu vient promptement au secours des siens.

ASCENSUS; us, ἀνάβασις. Ce nom est dérivé du verbe *ascendere*, et signifie proprement l'action de monter, ou une montée, un lieu qui va en montant.

1° L'action de monter. Eccli. 50. 12. *In ascensu altaris sancti* : (Simon, fils d'Onias, grand pontife) en montant au saint autel, a honoré ses vêtements saints. Voy. GLORIA.

2° Colline, chemin qui va en montant. Num. 34. 4. etc. *Circuibunt australem plagam per ascensum scorpionis* : Les confins de la terre de Chanaan, du côté du midi, seront le long de la montée du scorpion. Dieu marque ici les bornes de la terre promise. Voy. SCORPIO. Jerem. 48. 5. *Per ascensum Luith plorans ascendet* : Moab montera tout éploré par la colline de Luith. C'est de la ville et du pays des Moabites, dont les habitants, forcés par les ennemis, s'enfuiront tout éplorés par la colline qui conduit à la ville de Luith, étant un lieu plus en sûreté et moins accessible. Eccli. 25. 27. A quoi se peut rapporter, Jon. 4. 7. *Et paravit Deus vermem ascensu diluculi* : Le lendemain, dès le point du jour, le Seigneur envoya un ver qui, ayant piqué la racine du lierre, le rendit tout sec.

Ce qui se dit figurément de Dieu (ἐπίβασις). Ps. 103. 3. *Qui ponis nubem ascensum tuum* : Dieu se sert d'une nuée pour monter, Hebr. comme d'un chariot. Voy. NUBES. Ezec. 40. v. 22. 34. 37. Cant. 3. 10. *Fecit sibi rex Salomon ascensum purpureum* : Salomon fit faire des degrés couverts de pourpre ; d'autres expliquent couverture, ou ciel de lit.

ASCENES, Heb. *Ignis quasi distillans.* — 1° Fils de Gomer, petit-fils de Japheth. Gen. 10. 3. 1. Par. 1. 6. — 2° Peuples du Septentrion, que l'on croit être descendus d'Ascenès, qui se trouvèrent dans l'armée de Darius contre Babylone. Jerem. 51. 27.

ASCIA, Æ. Ce mot vient du grec ἀξίνα pour ἀξίνη, changeant ξ en *cs*, et signifie proprement doloire, instrument de tonnelier, dont l'usage est pour unir et aplanir le bois. Dans l'Ecriture, — Une hache, une cognée (λαξευτήριον). Ps. 73. 6. *In securi et ascia dejecerunt eam* : Vos ennemis ont renversé Jérusalem avec la cognée et la hache. David, pour toucher le cœur de Dieu, lui représente les impiétés d'Antiochus. Jerem. 10. 3.

ASCOPERA, Æ, al. Ascopa. Ce nom vient du grec ἄσκος, et de πήρα, et signifie proprement sac de cuir : dans l'Ecriture, — Un vaisseau de cuir à mettre des liqueurs, un outre de vin (ἀσκοπυτίνη). Judith. 10. 5. *Imposuit itaque abræ suæ ascoperam vini* : Judith mit sur les épaules de sa servante un vaisseau plein de vin.

ASCRIBERE, ajouter quelque chose à quelque écrit, ajouter en écrivant, recevoir ou mettre au nombre, attribuer, imputer quelque chose à quelqu'un : dans l'Ecriture, — 1° Attribuer (καλεῖν). 2. Reg. 12. 28. *Obside civitatem, et cape eam, ne nomini meo ascribatur victoria* : Venez au siége de la ville, et la prenez, de peur qu'on ne m'attribue l'honneur de cette victoire. C'est ce que Joab mande à David, étant sur le point de prendre la ville de Rabbath. Eccli. 29. 22. *Bona repromissoris sibi ascribit peccator* : Le pécheur usurpe le bien de son répondant, en le laissant payer pour lui ; Gr. il ruine le bien que lui a fait son répondant par son ingratitude (ἀναστρέφειν, *evertere*). 2° Mettre au nombre ou au rang des autres, enrôler (προγράφειν). 1. Mach. 10. 36. *Ascribantur ex Judæis in exercitu regis ad triginta millia virorum* : J'ordonne qu'on fera entrer dans les troupes du roi jusqu'à trente mille Juifs ; ce que Démétrius écrit ici aux Juifs était sans prétendre forcer aucun à prendre parti, mais seulement pour leur témoigner par là la confiance qu'il avait en eux.

ASEBAIM, Heb. *Pulchritudines*, Un Israélite, dont les descendants revinrent de Babylone. 1. Esdr. 2. 57. D'autres prennent ce mot pour un lieu inconnu.

ASEDOTH, Heb. *Declivia*, contrée de la tribu de Ruben, près du mont Phasga. Jos. 10. 40. *Asedoth cum regibus suis* : Josué subjugua le pays d'Asedoth avec ses rois. c. 12. 8. et se nomme Asedoth-Phasga. Jos. 12. 3. *Ab Australi parte quæ subjacet Asedoth-Phasga* : Depuis le côté du midi qui est au dessous d'Asedoth-Phasga. c. 13. 20. D'autres croient que ce nom, *Asedoth*, est appellatif et signifie le pays qui est au pied du mont Phasga.

ASEL, Heb. *Prope*. Fils d'Elasa, l'un des descendants de Saül par Jonathan. 1. Par. 8. v. 37. 38 c. 9. v. 43. 44.

ASELLUS, 1. Ce nom est le diminutif d'*asinus*, et signifie,

Anon, petit âne. Num. 16. 15. *Tu scis quod ne asellum quidem umquam acceperim ab eis* : Seigneur, vous savez que je n'ai jamais rien reçu d'aucun d'eux, non pas même un ânon, dit Moïse des Israélites. Joan. 12. 14.

ASEM, Heb. *Os, ossis*, ville frontière de la tribu de Juda et de Siméon. Jos. 9. 3. Voy. ESEM et ASOM.

ASEMONA, Heb. *Os nunc*, ville de la tribu de Juda. Jos. 15. 4. Num. 34. v. 4. 5. On croit que c'est la même que Hassemon, Jos. 15. 27. qui sépare la tribu de Juda de l'Egypte.

ASENA, Heb. *Periculum.* — 1° Ville de la tribu de Juda. Jos. 15. v. 1. 33. — 2° Un Nathinéen. 1. Esdr. 2. 50.

ASENAPHAR, Heb. *Periculum tauri*, Fils et successeur de Sennachérib, roi d'Assyrie. 1. Esdr. 4. 10. *Cæteri de gentibus quas transtulit Asenaphar magnus et gloriosus, et habitare fecit in civitatibus Samariæ* : Les autres d'entre les peuples que le grand et le glorieux Asenaphar a transférés d'Assyrie, et qu'il a fait demeurer en paix dans les villes de Samarie. Dans ce sentiment il est le même qu'Asarhaddon. D'autres croient qu'Asenaphar n'était qu'un des principaux officiers d'Asarhaddon, qui fut chargé de cette commission ; d'autres enfin croient qu'Asenaphar était Sennachérib.

ASENETH, Heb. *Periculum*, fille de Putiphar, prêtre d'Héliopolis et femme de Joseph, de laquelle il eut Ephraïm et Manassé. Gen. 41. v. 45. 50. c. 46. 20.

ASER, Heb. *Beatitudo*, — 1° Le huitième fils de Jacob et de Zelpha. Gen. 30. 13. *Beatam quippe me dicent mulieres, propterea appellavit eum, Aser* : Les femmes m'appelleront bienheureuse ; c'est pourquoi elle le nomma Aser. C'est ce que dit Lia à la naissance du second enfant que Zelpha, sa servante, eut de Jacob. — 2° La postérité d'Aser, l'une des douze tribus d'Israel. Deut. 33. 24. *Benedictus in filiis Aser* : Qu'Aser soit béni entre tous les enfants d'Israel, etc. C'est la bénédiction que Moïse donne avant sa mort à Aser, comme aux autres tribus. Judic. 1. 31. Ainsi, c. 5. 17. *Aser habitabat in littore maris, et in portubus morabatur* : La tribu d'Aser demeurait sur le rivage de la mer, et se tenait dans ses ports. — 3° La terre et l'héritage de la postérité d'Aser en la terre promise, appelée aussi la Tribu d'Aser. Nous avons une description particulière des limites de cette tribu. Jos. 19. depuis le v. 24 jusqu'au 31.

ASER, Heb. *Vinctus*, fils de Coré, des descendants de Lévi. 1. Par. 6. 22. Exod. 6. 24.

ASERGADDA, Heb. *Atrium felicitatis ejus*, ville de la tribu de Juda. Jos. 15. 27.

ASHUR, Heb. *Obscuratus*, fils de Caleb et d'Abia, père de Thecua. 1. Par. 2. 24.

ASIA, Æ ; Gr. Ἀσία, *Limosa*. Ce mot signifie proprement l'Asie, l'une des quatre parties du monde. Dans l'Ecriture, ce mot a trois significations différentes ; car il sert à exprimer l'Asie Majeure, l'Asie Mineure, et l'Asie qui est une partie de cette dernière.

1° L'Asie Majeure, qui comprend l'Asie Mineure, la Syrie, l'Assyrie, la Médie, la Perse, etc. 1. Mach. 8. 6. (*Audivit Judas nomen Romanorum*), *et Antiochum magnum regem Asiæ qui eis pugnam intulerat contritum ab eis* : (Le nom des Romains fut connu de Juda), et il apprit qu'Antiochus *le Grand*, roi d'Asie, les ayant attaqués avec une puissante armée, ils l'avaient défait entièrement. La réputation des Romains porta Juda à faire alliance avec eux. c. 11. 13. c. 12. 39. Ainsi, c. 13. 32. *Imposuit sibi diadema Asiæ* : Tryphon mit sur sa tête le diadème de l'Asie. 2. Mach. 3. 3. *Seleucus Asiæ rex* : Séleucus, roi de l'Asie.

La Grande Asie se peut diviser en deux parties : septentrionale et méridionale. La partie septentrionale de la Grande Asie était bornée à l'occident par le Tanaïs ; au midi, par le Pont-Euxin, le mont Caucase et la mer Caspienne ; mais les bornes du côté de l'orient et du septentrion n'étaient point connues. Cette grande étendue de pays s'appelait Scythie, en général.

La partie méridionale de la Grande Asie avait au septentrion la Scythie, dont elle était séparée par le Pont-Euxin, le mont Caucase et la mer Caspienne ; elle était bornée à l'occident par le Pont-Euxin, l'Asie Mineure, la Méditerranée et une partie de l'Egypte ; au midi elle avait le golfe Arabique, l'Océan, et le golfe Persique et la mer Rouge ; on ne connaissait point ses bornes à l'orient.

2° L'Asie Mineure, qui comprend le Pont, la Galatie, la Cappadoce, l'Ionie, la Bithynie, etc. Act. 19. v. 26. 27. *Quam tota Asia et orbis colit* : Il y a à craindre que la majesté de Diane, qui est adorée dans toute l'Asie, et même dans tout l'univers, ne s'anéantisse peu à peu. L'orfévre Démétrius craignait beaucoup pour son métier, de la part de saint Paul, v. 31. *Quidam de Asiæ principibus* (sive asiarchis) *qui erant amici ejus miserunt ad eum ne se daret in theatrum* : quelques-uns des asiarques qui étaient des amis de saint Paul, l'envoyèrent prier de ne se point présenter au théâtre : ils voyaient tout le peuple irrité pour la défense de la religion de leur Diane. Les asiarques étaient des prêtres du paganisme, choisis des principales villes de l'Asie, dont la seule fonction était de faire représenter à leurs dépens des jeux en l'honneur des dieux. Après que les empereurs eurent embrassé la foi de Jésus-Christ, ils leur laissèrent ce titre sans fonction. Quelques-uns de ceux qui sont marqués comme amis de saint Paul, Act. 19. 31, avaient reçu l'Evangile, à ce qu'on croit, c. 27. 2. *Incipientes navigare circa Asiæ loca* : nous levâmes l'ancre pour côtoyer les terres d'Asie. Saint Paul part pour l'Italie. Cette Asie est aussi appelée Anatolie.

L'Asie Mineure, selon l'étendue qu'elle a eue dans le moyen-âge, était bornée au septentrion par le Pont-Euxin ; à l'occident, par la Propontide et la mer Egée ; au midi, par la Méditerranée ou mer de Cypre ; et à l'orient, par l'Euphrate.

3° La province d'Asie que l'on appelle Ionie, dont Ephèse était la capitale. Act. 2. 9. *Qui habitant Cappadociam, Pontum et Asiam* : Comment les entendons-nous parler chacun la langue de notre pays, ceux d'entre nous qui habitent la Mésopotamie, la Judée, la Cappadoce, le Pont et l'Asie ? disaient ceux des Juifs de toutes les nations qui demeuraient à Jérusalem, entendant ainsi prêcher les apôtres (Voy. v. 5). c. 6. 9. c. 19. v. 10. 22. c. 20. 16. c. 21. 27. c. 24. 19. Ainsi Rom. 16. 5. *Primitivus Asiæ*; Gr. Ἀχαίας : Saluez mon cher Epenète, qui a été les prémices des chrétiens de l'Asie. 1. Cor. 16. 19. 2. Cor. 1. 8. 2. Tim. 1. 15. 1. Petr. 1. 1.

ASIANUS, A, UM, *Limosus*, qui est de l'Asie. Dans l'Ecriture, — 1° Qui est ou appartient à l'Asie Majeure. 2. Mach. 10. 24. *Timotheus congregato equitatu Asiano, advenit, quasi armis Judæam capturus* : Timothée, ayant assemblé de la cavalerie d'Asie, vint en Judée, s'imaginant s'en rendre maître par les armes. — 2° Qui est de la province d'Asie, partie de l'Asie Mineure. Act. 20. 4. *Comitatus est eum Sopater... Asiani vero Tychicus et Trophimus* : Saint Paul fut accompagné par Sopatre et par Tychique et Trophime, qui étaient tous deux d'Asie.

ASIEL, Heb. *Factura Dei*, père de Saraïa, qui devint un des chefs de maison de la tribu de Siméon. 1. Par. 4. 35. Voy. v. 38.

ASIMA, Heb. *Delictum*, le dieu que ceux d'Emath se fabriquèrent. 4. Reg. 17. 30. On croit que c'était un bouc ou l'image d'un bouc.

ASINUS, 1, ὄνος. Ce nom vient de l'*a* privatif et du nom grec σίνος, *noxa*, comme qui dirait *innoxius*, sans malice.

1° Ane, bête de charge et de somme, dont se servent d'ordinaire parmi nous les pauvres gens, et pour la monture et pour la somme ; mais cet animal n'a pas été méprisé dans la première antiquité, comme il l'a été dans la suite des temps. Les anciens Egyptiens le prenaient pour le symbole de la sagesse, de la force, de la patience et de la frugalité. Homère compare à l'âne ses plus grands capitaines. Ainsi il était en estime chez les Hébreux. Voy. 2. Reg. 16. 2. Ces animaux étaient grands et forts dans la Palestine, et étaient considérés comme les chevaux le sont parmi nous : aussi Origène dit, lib. 1. in Job. *Asini veloces similiter ut equi* : Les ânes sont vifs comme les chevaux. Quand Jacob, en mourant, prédit à ses enfants et à leur postérité ce qui leur doit arriver ; pour marquer à Issachar et à sa postérité sa force et son courage à supporter les fatigues et les travaux de l'agriculture, il ne croit pas leur faire déshonneur de les comparer à un âne. Gen. 49. 14. *Issachar, asinus fortis* : Issachar, fort comme un âne dur au travail.

Ce n'était donc pas une marque de pauvreté d'être monté sur un âne : c'était, au contraire, la monture des premiers et des grands seigneurs, et la marque de leur grandeur et de leur dignité. Judic. 5. 10. *Qui ascenditis super nitentes asinos, et sedetis in judicio :* Vous qui montez des ânes polis. Voy. ASCENDERE. Voy. c. 10. v. 3. 4. *Jair judicavit Israelem per viginti duos annos, habens triginta filios sedentes super triginta pullos. asinarum :* Jaïr de Galaad fut juge dans Israël pendant vingt-deux ans; il avait trente fils qui montaient sur trente poulains d'ânesses, et qui étaient princes de trente villes. c. 12. 14. *Abdon habuit quadraginta filios, et triginta ex eis nepotes, ascendentes super septuaginta pullos asinarum :* Abdon, juge d'Israël, eut quarante fils et trente petits-fils qui sortirent d'eux, qui montaient tous sur soixante et dix poulains d'ânesses. Mais depuis que les chevaux devinrent communs par le commerce des Egyptiens, on ne fit pas tant de cas des ânes. Ce commerce était fréquent du temps de Salomon, qui avait dans ses écuries jusqu'à quarante mille chevaux. 2. Par. 9. 25. *Habuit quoque Salomon quadraginta millia equorum in stabulis.* Ainsi, du temps de Notre-Seigneur, que les ânes n'étaient plus considérés, ce fut une marque d'humilité de faire son entrée dans Jérusalem sur un âne. Voy. ASINA.

2° Ane, toute bête de charge immonde, qui n'était pas propre aux sacrifices. Exod. 13. 13. *Primogenitum asini mutabis ove :* Vous changerez pour une brebis le premier-né de l'âne. Dieu donne ici sa loi sur le rachat des premiers-nés.

ASINA, Æ, ἡ ὄνος, ânesse. Matth. 21. 5. *Ecce Rex tuus venit tibi mansuetus, sedens super asinam et pullum filium subjugalis :* Voici votre roi qui vient à vous, plein de douceur, monté sur une ânesse et sur l'ânon de celle qui est sous le joug. L'évangéliste assure que l'entrée de Jésus-Christ dans Jérusalem est l'accomplissement de la prophétie de Zacharie. c. 9. 9. Matth. 21. 7. *Et adduxerunt asinam et pullum, et imposuerunt super eos vestimenta sua, et eum desuper sedere fecerunt :* Les disciples ayant amené l'ânesse et l'ânon, ils les couvrirent de leurs vêtements et le firent monter dessus. Ce dernier passage, joint à celui de Zacharie, donne communément lieu de juger que Notre-Seigneur a monté alternativement sur l'ânesse et sur l'ânon; mais comme les trois autres évangélistes ne font mention que de l'ânon, il est plus vraisemblable que saint Matthieu n'a dit de Notre-Seigneur : *Sedens super asinam et pullum,* que par synecdoche; de même qu'au verset 3. *Dominus his opus habet,* l'un des deux animaux lui ayant pu suffire pour faire le peu de chemin qu'il y avait depuis le lieu d'où Jésus-Christ commençait son entrée en Jérusalem, et que le prophète Zacharie et saint Matthieu ne font mention de l'ânesse que parce qu'elle accompagnait le poulain sur lequel Notre-Seigneur était monté.

ASINARIUS, A, UM, ὀνικὸς, ânier, qui conduit un âne, qui a soin des ânes; dans l'Ecriture, qui appartient à l'âne. Matth. 18. 6. *Expedit ei ut mola asinaria suspendatur in collo ejus :* Si quelqu'un est un sujet de scandale et de chute à un de ces petits qui croient en Jésus-Christ, il vaudrait mieux pour lui qu'on lui pendît au cou une de ces meules qu'un âne tourne. Marc. 9. 41. Cette meule était ainsi appelée, parce qu'on se servait d'ânes pour la tourner; ou, dans le sentiment de quelques-uns, c'est dans un moulin la meule d'en bas, que les Grecs appellent ὄνος, *asinus,* parce qu'elle porte tout le faix. C'était un supplice particulier à la Palestine, d'attacher une meule de moulin au cou des plus criminels, pour les jeter dans la mer.

ASION-GABER, Heb. *Lignum robusti,* ville proche de la mer Rouge, au pays de l'Idumée, où Salomon envoya une flotte pour aller à Ophir, d'où ils apportèrent 420 talents d'or. 3. Reg. 9. 26. Voy. v. 28. et 2. Par. 8. 17. Ce fut un des campements des Israélites. Num. 33. 35. Deut. 2. 8.

ASIR, Heb. *Vinctus.* — 1° Fils de Jéchonias et frère de Salathiel. 1. Par. 6. 17. — 2° Fils de Coré. 1. Par. 6. 22. — 3° Fils d'Abiasaph. 1. Par. 6. v. 23. 37.

ASLIA, Heb. *Juxta Deum,* père d'un secrétaire du temple nommé Saphan. 4. Reg. 22. 3.

ASMODÆUS, Heb. *Destructor,* nom d'un démon fameux chez les Juifs, que l'on croit être le démon de l'impureté, qui tua les sept premiers maris de Sara, fille de Raguel. Tob. 3. 8. *Dæmonium nomine Asmodæus occiderat eos.*

ASNAU, Heb. *Rubus,* chef de famille dont les enfants revinrent de Babylone, et qui bâtirent la porte des Poissons. 2. Esdr. 3. 3, qui est le même que Senaa. 1. Esdr. 2. 35. et 2. Esdr. 7. 38.

ASOM. Voy. ASEM et ESEM. Heb. *Jejunans.* — 1° Ville de la tribu appelée Esem, Jos. 15. 29, et attribuée à ceux de Siméon, Jos. 19, 3, sous le nom d'Asem, et appelée Asom. 1. Par. 4. 29. — 2° Le sixième fils d'Isaï, et frère de David. 1. Par. 2. 15. — 3° Fils de Jerameel et petit-fils d'Esron. 1. Par. 2. 25.

ASOR, Heb. *Atrium.* — 1° Ville très-forte, capitale du royaume de Jabin, roi des Chananéens. Jos. 11. v. 1. 10. Elle fut seule, entre toutes les autres des Chananéens, brûlée par Josué. Jos.11. v. 11. 13. Elle échut, après la conquête de Josué, dans la tribu de Nephthali. Voy. Jos. 19. v. 36. 32. Elle est appelée Hesron. Jos. 15. 25. On croit qu'elle est la même que Heser, rebâtie par Salomon. 3. Reg. 9. 15. Ainsi c. 19. 36. Judic. 4. 2. 1. Reg. 12. 9. 4. Reg. 15. 29. — 2° Ville de la tribu de Juda, Jos. 15. 23, appelée Asor la Nouvelle. v. 25. — 3° Ville de la tribu de Benjamin. 2. Esdr. 11. 33. Voy. v. 31. On croit que c'est la même que Baat-Hasor, qui est près de la tribu d'Ephraïm. 2. Reg. 13. 23. Voy. ASA. — 4° Pays étendu, dans l'Arabie Déserte, près des Cédaréniens, dont la ruine est prédite, Jerem. 49. v. 28. 33. *Et erit Asor in habitaculum draconum :* Asor deviendra la demeure des dragons. Ce pays a pris son nom de la ville capitale des Agaréniens.

ASORHADDAN, Heb. *Ligans lætitiam,* roi d'Assyrie, 1. Esdr. 4. 2, est, selon quelques-uns, le même que Asarhaddon, Voy. ASAR-

HADDON; et, selon d'autres, un de ses généraux ou officiers fort considéré.

ASOTH, Heb. *Factura*, le troisième fils de Jephlat, et petit-fils d'Heber. 1. Par. 7. 33

ASPECTUS, us. Ce nom est dérivé d'*aspicere*, et signifie proprement la vue, la faculté de voir, regard, ou l'action de regarder; dans l'Ecriture,

1° Visage, face, forme (ὀφθαλμός). 1. Reg. 16. 12. c. 17. 42. *Erat rufus et pulcher aspectu* : David, étant petit, était roux, d'une mine avantageuse, et il avait le visage fort beau. Voy. v. 11.

2° Figure, forme extérieure d'une chose. Gen. 3. 6. *Et pulchrum oculis, aspectuque delectabile* : Eve considéra que le fruit de cet arbre était beau et agréable à la vue (ὅρασις, *visio*). C'est le fruit de l'arbre dont Dieu avait défendu à Adam et à Eve de manger. Voy. v. 3. Apoc. 4. 3. *Similis erat aspectui lapidis aspidis et sardinis* : Celui qui était assis sur ce trône paraissait semblable à une pierre de jaspe et de sardoine; Gr. *aspectu*. Ezech. 41. 21. *Aspectus contra aspectum* : La face du sanctuaire répondait à celle du temple, étant en regard l'une devant l'autre; Gr. *Aspectus sicut aspectus* : La figure des uns était semblable à celle des autres. C'est la description des poteaux du sanctuaire du temple de la ville qui lui fut montrée. c. 40. 2. Ainsi c. 1. 16.

3° Vue de quelque objet (πρόσωπον). Gen. 48. 11. *Non sum fraudatus aspectu tuo* : Dieu m'a voulu donner la joie de vous voir. Lettr. Je n'ai point été privé de votre vue. Hebr. Je n'espérais pas de vous voir jamais, dit Jacob à Joseph. c. 30. 38. Levit. 13. 12. Tob. 11. 8. c. 12. 22. Sap. 11. 20. c. 15. v. 5. 19. 2. Petr. 2. 8. Ainsi, Eccli. 43. 2. *Sol in aspectu annuntians* : Le soleil paraissant à son lever annonce à chacun de se mettre à l'ouvrage (ἐν ὀπτασίᾳ, *cum aspicitur*).

4° Beauté, agrément, qui attire la vue. Isa. 53. 2. *Non erat aspectus, et desideravimus eum* : Il n'avait rien d'attirant dans le visage qui pût faire concevoir le désir de le voir; *et* pour *ut, Ut desideraremus eum*, suppl. *videre*.

5° Vision, ou représentation (ὅρασις). Ezech. 43. 3. *Et species secundum aspectum quem videram juxta fluvium Chobar* : Le Seigneur parut dans la même forme que je l'avais vu près du fleuve de Chobar. Dan. 4. v. 8. 17. *Aspectus illius erat usque ad terminos universæ terræ* : Cet arbre paraissait s'étendre jusqu'aux extrémités du monde. Cette étendue marquait la grandeur de l'empire de Nabuchodonosor; Gr. κύτος, *latitudo*.

ASPER, A, UM, τραχύς. Cet adjectif vient du Grec ἄσπορος, qui se dit d'une terre, qui étant pleine de pierres et négligée, est difficile à labourer, et signifie proprement :

Rude, âpre au goût ou au toucher, piquant; et se dit d'une terre malaisée à labourer, d'un lieu raboteux, d'une montagne difficile à monter, d'un homme peu traitable, d'un discours rude; dans l'Ecriture :

1° Raboteux, plein de pierres ou de rochers. Act. 27. 29. *Timentes ne in aspera loca incideremus* : Les matelots craignant que nous n'allassions donner contre quelques écueils, ils jetèrent quatre ancres de la poupe. Ce fut la quatorzième nuit du voyage de saint Paul en Italie. Voy. v. 27. Deut. 21. 4. — Les difficultés et les obstacles qui s'opposent au salut. Isa. 40. 4. Luc. 3. 5. *Erunt aspera in vias planas* : Les chemins raboteux deviendront unis, dit saint Jean-Baptiste en qualité de précurseur. Ce qui marque que la venue du Messie devait changer la rigueur du joug de l'ancienne loi, dans la douceur du joug de l'Evangile.

2° Rude, difficile, laborieux, désagréable. Baruch. 4. 26. *Ambulaverunt per vias asperas* : Mes enfants les plus tendres ont marché en des chemins âpres. Le prophète fait dire à Jérusalem, que les Juifs, ses enfants, même les plus délicats, avaient souffert dans leur captivité : ce qui s'entend moralement de la rigueur de la captivité du péché, où les méchants sont engagés. Voy. Sap. 5. 7. Eccli. 6. 21. *Quam aspera est nimium sapientia indoctis hominibus* : Le Sage assure que les hommes déréglés et ignorants trouvent la sagesse fâcheuse et désagréable.

3° Rude, fâcheux, déplaisant (σκληρός). Gen. 21. 12. *Non tibi videatur asperum super puero* : Que ce que Sara vous a dit touchant votre fils ne vous paraisse pas trop rude. Dieu parle à Abraham sur ce que Sara lui avait dit de chasser Agar avec son fils. Voy. v. 10. Ps. 90. 3. *Liberavit me a verbo aspero* (*verbum* pour *res*) : Dieu m'a délivré d'un danger fâcheux; Heb. d'une peste dangereuse (ταραχώδης, *turbulentus*).

ASPERE. Cet adverbe est dérivé de l'adjectif *asper*, et signifie :

Rudement, âprement, aigrement. Gen. 31. 24. *Cave ne quidquam aspere loquaris contra Jacob* : Prenez garde de ne rien dire d'aigre ni d'offensant à Jacob, dit Dieu à Laban, qui poursuivait Jacob, son gendre.

ASPERGERE, περιρραίνειν, ῥαίνειν. Ce verbe est composé d'*ad* et de *spargo*, et signifie proprement, arroser quelque chose d'une liqueur; dans l'Ecriture :

Faire aspersion, répandre dessus, arroser (διαρραίνειν). Num. 8. 7. *Aspergantur aqua lustrationis* : Vous répandrez sur les lévites de l'eau d'expiation. Voy. AQUA. C'était une cérémonie pour la consécration des lévites. Prov. 7. 17. *Aspersi cubile meum myrrha et aloe* : J'ai parfumé mon lit de myrrhe et d'aloès, dit la femme adroite à surprendre les âmes. Voy. v. 7. 10. Eccli. 43. 19. *Aspergit nivem* : Le Seigneur répand la neige comme une multitude d'oiseaux qui viennent s'asseoir sur la terre (πάσσειν). Hebr. 9. 13. *Cinis vitulæ aspersus*; Gr. *aspergens, inquinatos* : Cette aspersion de la cendre de la génisse mêlée d'eau purifiait proprement des impuretés légales; mais le sang de Jésus-Christ est répandu pour l'expiation des péchés.

— Purifier, justifier (ῥαντίζειν). Ps. 50. 9. *Asperges me hyssopo* : Le Psalmiste faisant ici allusion aux aspersions légales d'eau mêlée avec des cendres faites avec de l'hysope, avait en vue le sang de Jésus-Christ, seul capable de laver les crimes conformément à ce que dit Isa. 52. 15. *Iste asperget gentes multas* : Jésus-Christ arrosera de son sang beaucoup de nations, c'est-à-dire il répandra sur les peuples cette abondance de grâces qu'il nous devait mériter par l'effusion de son sang qu'il a versé pour nos péchés. Hebr. 10. 22. *Aspersi corda a conscientia mala* : Approchons-nous de Dieu, ayant le cœur purifié des souillures de la mauvaise conscience. Ainsi, c. 9. 19. Exod. 12. 22. Levit. 14. 7. Num. 19. 18.

ASPERSIO, ONIS, ῥαντισμός. Aspersion, l'action d'arroser légèrement et de jeter un peu d'une liqueur sur quelque chose. Num. 19. 9. *Ut sint multitudini filiorum Israel in aquam aspersionis* : Les cendres de la vache serviront à tous les enfants d'Israël d'une eau d'aspersion, sc. pour purifier les impuretés légales seulement. Voy. ASPERGERE. 3. Reg. 20. 38. — Justification, nettoiement de nos péchés par le mérite du sang de Jésus-Christ. Heb. 12. 24. 1. Petr. 1. 2. *In obedientiam et aspersionem sanguinis Jesu Christi* : Pierre..... aux fidèles qui sont élus pour être arrosés du sang de Jésus-Christ. Hebr. 12. 24. *Sanguinis aspersionem* : Vous vous êtes approchés du sang de Jésus, dont on fait l'aspersion.

ASPERNARI. Ce verbe composé vient du simple *spernere*, et signifie :
Mépriser (ἐξουθενοῦν). Luc. 18. 9. *Aspernabantur cæteros* : Quelques-uns, dit Jésus-Christ, mettaient leur confiance en eux-mêmes comme étant justes et méprisaient les autres.

ASPERNATIO, ONIS, mépris (ἀτιμία). Eccli. 22. 1. *In lapide luteo lapidatus est piger, et omnes loquentur super aspernationem illius* : Le paresseux est comme lapidé avec la boue, tous parleront de lui pour le mépriser ; Gr. est semblable à une pierre de boue ; tous le siffleront pour lui faire honte.

ASPHAR, Hebr. *Festinatio tauri*, lac dans la tribu de Juda, près de Bethléem. 1. Mach. 9. 33.

ASPHENES, Hebr. *Pharetra aspersionis*, intendant des eunuques du roi Nabuchodonosor. Dan. 1. 3.

ASPICERE, ἐπιβλέπειν. Ce verbe est composé d'*ad* et de l'ancien verbe *specio*, pour *videre*, voir, et signifie proprement : — 1° Regarder, jeter la vue sur quelque chose (εἴδειν). Num. 21. v. 8. 9. *Qui percussus aspexerit eum, vivet* : Celui qui ayant été blessé des serpents regardera ce serpent, sera guéri ; *Lett.* vivra. Jésus-Christ explique en saint Jean, 3. 14. ce passage de lui-même, qui devait être élevé et mourir en croix, et dont la mort devait guérir de la plaie du péché causée par l'ancien serpent, ceux qui le regarderaient par la foi en lui. Zach. 12. 10. *Aspicient ad me quem confixerunt* : Les habitants de Jérusalem jetteront les yeux sur moi qu'ils auront percé de plaies. Ceci se peut entendre des Juifs qui avaient offensé Dieu, et qui devaient lever les yeux vers lui pour implorer sa miséricorde ; mais saint Jean l'explique, Apoc. 1. 7. de Jésus-Christ. Job. 38. 22.

2° Considérer, faire attention (ἀποβλέπειν). Hebr. 11. 26. *Aspiciebat in remunerationem* : Moïse envisageait la récompense : cette récompense était les biens du ciel que Moïse attendait ; ce qui lui fit renoncer à la qualité de fils de la fille de Pharaon, pour être affligé avec le peuple de Dieu. Voy. v. 24. 25. Ainsi, c. 12. 2. *Aspicientes in auctorem fidei* : Jetons les yeux sur Jésus, comme sur l'auteur et le consommateur de la foi (ἀφορᾶν). Saint Paul nous exhorte à regarder Jésus-Christ comme un modèle parfait, pour courir avec joie et avec patience dans cette vie de souffrances. 2. Mach. 7. 6. *Dominus Deus aspiciet veritatem* : Dieu considérera la vérité, disaient les Machabées, pour s'entr'encourager, lorsqu'on faisait rôtir leur frère aîné dans une poêle (ἐφορᾶν). Deut. 9. 27. Tob. 13. 6. Ps. 101. 20. Prov. 1. 24. Hab. 1. 5. Isa. 58. 3.

3° Regarder, voir, considérer dans une vision (εἴδειν). Ezech. 1. 15. *Cumque aspicerem animalia* : Lorsque je regardais ces animaux ; leur forme est décrite v. 10.

4° Regarder, considérer avec quelque affection ou passion de l'âme ; 1° avec amitié, avec plaisir. 1. Reg. 18. 9. *Non rectis oculis aspiciebat David a die illa* : Saül ne regarda plus jamais David de bon œil, depuis le jour que les femmes dirent que Saül en avait tué mille, et David dix mille (ὑποβλέπεσθαι, maligne intueri). Voy. v. 6. 2° avec pitié et compassion. Ps. 118. 131. *Aspice in me, et miserere mei* : Regardez-moi, et ayez pitié de moi. Ainsi, Eccli. 35. 21. 3° avec indignation pour perdre : ce qui s'entend de Dieu par métaphore. Judith. 9. 7. *Aspexisti super castra Ægyptiorum* : Judith représente à Dieu que d'un seul regard il pouvait traiter les Assyriens comme il avait déjà traité les Egyptiens. Habac. 3. 6. *Aspexit et dissolvit gentes* : Dieu a jeté les yeux sur les nations, et il les a fait fondre comme la cire : ce qui marque la facilité toute puissante avec laquelle Dieu extermina les nations, dont Dieu avait promis la terre à son peuple. 4° Avec une affection déréglée et criminelle. Ps. 65. 18. *Iniquitatem si aspexi in corde meo* : Si j'avais entretenu l'iniquité dans mon cœur, le Seigneur ne m'aurait pas exaucé (θεωρεῖν) ; avec quoi s'accorde saint Jean, 9. 31. 5° Avec une joie maligne ; ce qui s'entend du malheur d'autrui. Mich. 4. 11. *Aspiciat in Sion oculus noster* : Que nos yeux se repaissent du malheur de Sion, disent les ennemis de l'Eglise, sur qui elle a remporté la victoire (ἐπόπτεσθαι). Voy. DESPICERE et VIDERE. Ce verbe, selon l'Hébreu, avec *in*, marque une vue attentive, qui excite la passion.

5° Jeter la vue sur quelqu'un, avoir recours à lui (ἐπισκοπεῖν). Mich. 7. 7. *Ego autem ad Dominum aspiciam* : Pour moi je jetterai les yeux sur le Seigneur : c'est ce que doit faire un chrétien qui s'aperçoit que le monde est devenu son ennemi, aussitôt qu'il est devenu ami de Dieu.

6° Connaître, éprouver (ὄπτεσθαι). 1. Reg. b. v. 8. 9. *Dimitte eam ut vadat, et aspicietis* : Après que vous aurez mis l'arche dans le chariot attelé de deux vaches qui nourrissent leurs veaux, laissez-la aller, et vous verrez ce qui en arrivera : c'est l'avis que donnèrent les prêtres idolâtres aux Philistins, pour savoir si leurs maux venaient de Dieu ou par hasard. Voy. v. 9.

ASPIRARE, πνεῖν. Souffler, en parlant du vent, aspirer à quelque chose, y prétendre, tâcher d'y parvenir ; dans l'Ecriture : — 1° Souffler, en parlant du vent. Eccli. 43. 17. *In voluntate ejus aspirabit notus* : Le Seigneur fait souffler le vent du midi quand il lui plaît. Act. 27. 13. — 2° Respirer, vivre. Eccli. 33. 21. *Dum adhuc superes et aspiras* : Tant que vous vivrez et que vous respirerez : le Sage conseille de ne se rendre esclave de personne, en se réduisant à demander de son bien avec prière à celui à qui on l'aurait donné. — 3° Arriver, approcher (διαπνεῖν). Cant. 4. 6. *Donec aspiret dies et inclinentur umbræ* : Avant que le jour soit venu et que les ombres s'enfuient. Voy. UMBRA. n. 6. Ainsi, c. 2. 17.

ASPIS, IDIS, ce mot est grec, ἀσπίς, et signifie proprement, aspic, espèce de serpent fort venimeux. Deut. 32. 33. etc. *Venenum aspidum insanabile* : Le vin de leur vigne est un venin d'aspic qui est incurable. Dieu parle de la méchante conduite des Israélites. Isa. 59. 5. *Ova aspidum ruperunt* : Les pécheurs ont fait éclore des œufs d'aspics : ces œufs, ce sont les noirs desseins des méchants que le démon leur inspire. Job. 20. 6. *Caput aspidum suget* : Toute cette grande prospérité des impies leur sera aussi mortelle et pernicieuse, que l'est aux hommes le venin des aspics. Voy. CAPUT.

Les hommes méchants, pernicieux et ennemis des gens de bien. Isa. 11. 8. *Delectabitur infans ab ubere super foramine aspidis* : Le Prophète assure que les enfants les plus jeunes, et à peine hors de la mamelle, fortifiés de la grâce de Jésus-Christ, devaient ne point craindre les tyrans, ou de converser avec les méchants. Voy. REGULUS.

ASPORTARE, συμφέρειν. Transporter quelque chose d'un lieu à un autre. Gen. 50. 24. *Asportate ossa mea vobiscum*... Transportez mes os avec vous hors de ce lieu, dit Joseph à ses frères ; ce qui est une marque que tant qu'il gouverna toute l'Egypte, il ne s'y était regardé que comme étranger, ayant toujours eu en vue la terre de ses pères.

ASRAEL, Heb. *Beatitudo Dei*, fils de Jaleléel. 1. Par. 4. 16.

ASRIEL, Heb. *Beatitudo Dei*, fils de Galaad, descendant de Manassé. Num. 26. 31. appelé Esriel. Jos. 17, 2. 1. Par. 7. 14.

ASRIELITA, Æ, Asriélite, descendant, ou qui est de la famille d'Asriel. Num. 26. 31.

ASSARE, ὀπτᾶν. Ce verbe vient du grec ἄζω, *Sicco*, et signifie :

Rôtir. 2. Par. 35. 13. *Et assaverunt phase super ignem, juxta quod in lege scriptum est* : Les lévites firent rôtir la pâque sur le feu, comme il est écrit dans la Loi. Cette solennité de pâque est un effet de la piété particulière de Josias. Voy. v. 7. Tob. 6. 6. *Assavit carnes ejus* : Le jeune Tobie fit rôtir une partie de la chair du poisson qu'il avait tiré de l'eau par l'ordre de l'Ange.

ASSATURA, Æ, ἐσχαρίτης. Ce nom, inusité chez les Latins, est formé du supin *assatum*, et signifie dans l'Ecriture,

Morceau rôti. 2. Reg. 6. 19. *Et partitus est universæ multitudini... singulis collyridam panis unam, et assaturam bubulæ carnis* : David donna à tout le peuple d'Israël, à chacun un pain en façon de gâteau, un morceau de bœuf rôti... Ce fut lorsqu'il fit poser l'arche en la place qui lui avait été destinée. Voy. v. 17.

ASSECTARI, être à la suite de quelqu'un, l'accompagner ; dans l'Ecriture,

Poursuivre, rechercher. Ezech. 22. 27. *Ad perdendas animas et avare assectanda lucra* : Les princes de Jérusalem étaient attentifs à perdre les âmes, et à chercher leur gain de tout côté pour satisfaire leur avarice. Dieu se plaint des princes des Juifs ligués avec leurs faux prophètes, pour répandre le sang de ceux qui se voulaient opposer à leur avarice et à leurs désordres.

ASSEDIM, Heb. *Insidiæ*, ville en la tribu de Nephthali. Jos. 19. 35.

ASSEM, Heb. *Nomen*, père d'un des plus vaillants hommes de l'armée de David. 1. Par. 11. 33.

ASSENTIRE, consentir, acquiescer ; dans l'Ecriture :

Favoriser. 2. Mach. 14. 26. *Dicebat Nicanorem rebus alienis assentire* : Alcime vint dire à Démétrius que Nicanor favorisait les intérêts de ses ennemis ; Gr. ἀλλότρια φρονεῖν.

ASSENTIRI, S'accorder avec quelqu'un, entrer dans son sentiment, se rendre à sa volonté (εἰσακούειν). Gen. 34. 24. *Assensique sunt omnes* : Tout le peuple dépendant d'Hémor s'accorda à la proposition que leur fit Sichem, son fils, de circoncire tous les enfants mâles, afin qu'il épousât Dina.

ASSEQUI, Atteindre quelqu'un en marchant ; venir à bout de quelque chose, l'obtenir, l'acquérir ; dans l'Ecriture :

Comprendre et savoir quelque chose, en être convaincu (παρακολουθεῖν). 2. Tim. 3. 10. *Assecutus es meam doctrinam* : Quant à vous, vous savez quelle est ma doctrine, dit saint Paul à son disciple. Luc. 1. 3. 1. Tim. 4. 6.

ASSER, IS. Ce nom vient de l'ancien *axer*, et signifie proprement un solivau, dans l'Ecriture :

Ais (σκέπη). Eccli. 29. 29. *Melior est victus pauperis sub tegmine asserum, quam epulæ splendidæ in peregre sine domicilio* : Ce que mange le pauvre sous quelques ais qui le couvrent, vaut mieux qu'un festin magnifique dans une maison étrangère à celui qui n'a point de retraite.

ASSIDÆI, Heb. *Milvi*. Les Assidéens, secte des Juifs, ainsi appelés du nom hébreu Hasidim, *pii sancti*, parce qu'ils pratiquaient une exacte observation de la Loi. 2. Mach. 4. 6. *Ipsi qui dicuntur Assidæi Judæorum, quibus præest Judas Machabæus, bella nutriunt* : Ceux d'entre les Juifs qu'on nomme

Assidéens, dont Judas Machabée est le chef, entretiennent la guerre, dit Alcime au roi Démétrius, contre Judas Machabée, par qui il avait été dépouillé du souverain sacerdoce. Ainsi, 1. Mach. 2. 42. c. 7. 13. On croit que c'étaient les mêmes que les Esséniens.

ASSIDERE, συγκαθῆσθαι. 1° S'asseoir, ou être assis auprès, ou avec. Act. 26. 30. *Et exsurrexit rex et præses, et Berenice, et qui assidebant eis* : Le roi, le gouverneur, Bérénice, et ceux qui étaient assis avec eux, se levèrent; ce fut pour conclure le jugement de saint Paul sur la permission qu'Agrippa venait de lui donner de parler pour lui-même. Sap. 6. 15. *Assidentem illam foribus suis inveniet* : Celui qui veille dès le matin pour posséder la sagesse, la trouvera assise à sa porte (πάρεδρος).

2° Se rendre assidu auprès de quelqu'un, lui faire la cour (προσεδρεύειν). 1. Mach. 11. 39. *Tryphon assidebat ei ut traderet eum* : Tryphon pressa longtemps Elmalcuel, afin qu'il lui donnât Antiochus, fils d'Alexandre, pour le faire régner en la place de son père.

ASSIDUARE, ἐνδελεχεῖν. Ce verbe inusité vient d'*assidere*, comme qui dirait, qui est comme assis sur l'ouvrage, travailler continuellement; dans l'Ecriture :

Se servir souvent de quelque chose. Eccli. 30. 1. *Qui diligit filium suum, assiduat illi flagella* : Celui qui aime son fils, prend souvent le fouet pour le châtier.

ASSIDUE, ἐνδελεχῶς. Cet adverbe vient de l'adjectif *assiduus*, et signifie continuellement, sans cesse. Eccli. 20. 26. *In ore indisciplinatorum assidue erit* : Le mensonge se trouve sans cesse dans la bouche des gens déréglés. c. 23. 11. c. 51. 15.

ASSIDUITAS, TIS, ἐνδελεχισμός. Ce nom vient d'*assiduus*, et signifie proprement assiduité, persévérance à faire quelque chose presque continuellement; dans l'Ecriture : — 1° Assiduité au travail (ὑπομονή). Eccli. 38. 28. *Assiduitas ejus variat picturam* : Le sculpteur diversifie ses figures par un long travail. — 2° Accoutumance. Eccli. 7. 14. *Assiduitas illius non est bona* : L'accoutumance de mentir n'est pas bonne; c'est-à-dire est très-mauvaise. Hébraïsme. — 3° Conversation, familiarité (ἐθισμός). Eccli. 23. 19. *Ne forte... et assiduitate tua infatuatus, improperium patiaris* : Et, de peur que, devenant insensé par la trop grande familiarité avec les grands, vous ne tombiez dans l'infamie. Le Sage décrit ici les malheurs où s'expose celui qui oublie son père et sa mère pour être au milieu des grands. — 4° Durée perpétuelle. Eccli. 41. 9. *Cum semine illorum assiduitas improperii* : La race des pécheurs sera éternellement déshonorée.

ASSIDUUS, A, UM. Cet adjectif vient du verbe *assidere*, comme qui dirait, qui est assidu sur l'ouvrage, qui travaille continuellement à quelque ouvrage, et signifie proprement, assidu, continuel, ou presque continuel; dans l'Ecriture : — 1° Qui a l'esprit continuellement appliqué à quelque chose. Eccli. 6. 37. *In mandatis Dei assiduus esto* : Méditez sans cesse les commandements de Dieu. c. 12. 3. — 2° Qui converse et se trouve souvent avec quelqu'un. Eccli. 9. 4. *Cum saltatrice ne assiduus sis* : Gr. μὴ ἐνδελέχιζε. Ne vous trouvez pas souvent avec une femme qui danse; gr. avec une femme qui chante. — 3° Fréquent, qui arrive souvent. Eccli. 18. 32. *Ne oblecteris in turbis, nec in modicis, assidua enim est commissio illorum* : Ne vous plaisez point dans les assemblées pleines de tumulte, non pas même dans les plus petites, parce qu'on y pèche sans cesse. c. 20. 21. c. 23. 10. c. 33. 27. Ainsi, c. 37. 21. *Dominatrix illorum est assidua lingua* : Le bien et le mal, la vie et la mort, dépendent ordinairement de la langue, savoir : de son règlement ou déréglement. Il semble qu'il y avait *assidue*, ou *assiduo*, fréquemment, ordinairement; Gr. ἐνδελεχῶς. — 4° Ardent, actif (ἐνεργουμένη). Jac. 5. 16. *Multum valet apud Deum deprecatio justi assidua* : Priez l'un pour l'autre, afin que vous soyez guéris, car la fervente prière du juste est fort efficace.

ASSIGNARE, donner à chacun sa part d'une chose qu'on distribue à plusieurs, attribuer la cause de quelque chose à une personne; dans l'Ecriture :

1° Rendre, représenter (παριστάναι). Act. 9. 41. *Assignavit eam vivam* : Saint Pierre rendit vivante Tabithe, qui était morte, aux disciples et aux veuves qui lui demandèrent cette grâce.

2° Mettre fidèlement un dépôt entre les mains de celui pour qui il est destiné (σφραγίζεσθαι). Rom. 15. 28. *Cum assignavero eis fructum hunc* : Saint Paul promet aux Romains qu'aussitôt qu'il aura distribué à ceux d'entre les saints de Jérusalem qui sont pauvres, l'aumône qui lui a été mise en dépôt pour eux, il passera par Rome en allant en Espagne.

ASSIMILARE, ὁμοιοῦν. Comparer une chose à une autre, et faire voir qu'elle lui est semblable. Dans l'Ecriture : — 1° Rendre semblable (ἀπεικάζειν). Sap. 13. 13. *Si... assimilet illud imagini hŏminis*: Un ouvrier fait l'image d'un homme de ce qu'il lui reste de bois tortu et plein de nœuds; le Sage fait voir la folie de l'idolâtrie, de s'appuyer sur le secours des faux dieux. Job. 30. 19. D'où vient cette signification figurée d'*assimilari* ? 1° Représenter, être la vraie figure d'une chose, y avoir beaucoup de rapport Hebr. 7. 3. *Assimilatus filio Dei*: Melchisédech est semblable à Jésus-Christ, parce que ni le commencement ni la fin de sa vie n'est rapporté (ἀφομοιοῦν). 2° Rendre semblable à quelqu'un, l'imiter. Matth. 6. 8. *Nolite ergo assimilari eis* : Ne vous rendez point semblables aux païens qui affectent de parler beaucoup dans leurs prières, croyant par là mériter d'être exaucés. — 2° Comparer, juger semblable. Cant. 18. *Equitatui meo in curribus Pharaonis assimilavi te* : Je vous ai comparée aux chariots de Pharaon. Cette protection que Dieu donna aux Juifs contre Pharaon était la figure de celle qu'il donne à son Eglise contre tous ses ennemis. c. 7. 7. Eccli. 25. 15. Thren. 2. 13.

Matth. 7. 24. Marc. 4. 30. Ainsi, Jerem. 6. 2. *Speciosæ et delicatæ assimilavi filiam Sion* : Je puis comparer la fille de Sion à une femme qui est belle et délicate. Le prophète parle de la beauté des bâtiments de Jérusalem et de la vie molle de ses habitants. — 3° Donner à une personne un nom ou surnom qui réponde à l'état auquel il est destiné (προσδέχεσθαι). Isa. 45. 4. *Vocavi te nomine tuo : assimilavi te, et non cognovisti me* : Outre le nom de Cyrus, je vous ai encore donné celui de Christ, et vous ne m'avez point connu. Dieu reproche à Cyrus qu'il lui avait donné ce nom, parce qu'il l'avait choisi pour être le libérateur de son peuple; et celui de Christ, parce qu'il le voulait rendre victorieux des rois, et que, néanmoins il attribue toute sa gloire à ses idoles. c. 44. 5. *In nomine Israel assimilabitur* : L'autre fera gloire de porter le nom d'Israël ou d'Israélite, c'est-à-dire, de chrétien et sectateur de la foi d'Israël (βοᾷν, Heb. *Chinneh, cognominare*). — 4° Représenter en figures et sous des images différentes. Ose. 12. 10. *In manu prophetarum assimilatus sum* : Dieu se plaint que c'est inutilement qu'il s'est fait connaître à son peuple par ses prophètes en plusieurs manières.

ASSISTERE, παρίστασθαι. Se tenir debout auprès de, assister à quelque chose, comme à un sacrifice; dans l'Ecr., — 1° Etre, se trouver présent. Gen. 44. 34. *Ne calamitatis quæ oppressura est patrem, testis assistam* : Juda prie Joseph de le prendre pour esclave, plutôt que Benjamin, de qui il avait répondu à Jacob, de peur qu'il ne fût témoin de l'extrême affliction où Jacob aurait été. — 2° Etre, ou se tenir auprès de quelqu'un pour le servir. 1. Reg. 22. 7. *Ait ad servos qui assistebant ei* : Saül dit à tous ceux qui étaient auprès de lui; Saül témoigne à ses officiers le ressentiment qu'il avait de ce que personne ne l'avertissait au sujet de David, qu'il tenait son ennemi. 2. Reg. 13. 31. 3. Reg. 4. 5. c. 12. v. 6. 8. Ainsi, Luc. 1. 19. *Ego sum Gabriel, qui asto ante Deum* : Je suis Gabriel, qui suis toujours présent devant Dieu, dit cet ange à Zacharie, qu'il punit de n'avoir pas cru à ses paroles. Quand l'Ecriture parle des anges, elle ne distingue point entre *assistere*, *astare* et *ministrare*. — 3° Etre proche, être près d'arriver. Jac. 5. 9. *Ecce Judex ante januam assistit* : Voilà le Juge qui est à la porte, dit cet apôtre, de l'avènement de Jésus-Christ. Voy. v. 8. — 4° Assister, soulager. Sap. 19. 20. *In omni loco assistens eis* : Le Seigneur a assisté son peuple en tout temps et en tout lieu, sc. toutes les fois qu'il a mis sa confiance en lui. Rom. 16. 2. — 5° Regorger, se répandre avec abondance. Eccli. 24. 37. *Assistens quasi Gehon* : Comme le Nil rend les terres fertiles quand il se déborde, la sagesse se répand dans les esprits par ses lumières, et dans les cœurs par ses grâces. Rien ne répond à ce mot en Grec; d'autres prennent *assistens* pour *sistens*, actif, qui rend présent, qui fournit. — 6° Se présenter, venir devant. Exod. 18. 13. *Sedit Moyses, ut judicaret populum qui assistebat Moysi* : Moïse s'assit pour rendre la justice au peuple qui se présentait devant lui. Act. 17. 5. *Assistentes, domui Jasonis* : Les Juifs poussés d'un faux zèle, se présentèrent à la maison de Jason. Ce fut pour enlever de force saint Paul et Silas, et les accuser, devant le peuple, de rébellion aux ordonnances de César. — 7° Se faire voir, apparaître à quelqu'un (ἐφιστάναι). Act. 23. 11. *Sequenti nocte assistens ei Dominus* : La nuit suivante, le Seigneur se présenta à Saint Paul, ce fut pour l'encourager, car le Tribun l'avait fait enlever le jour précédent d'entre les mains de l'assemblée des Juifs, de peur qu'il ne fût mis en pièces. — 8° Comparaître devant un juge. Act. 27. 24. *Cæsari oportet te assistere* : Saint Paul, pour assurer tous ceux du vaisseau que personne ne serait perdu dans ce péril, leur raconte qu'un ange de Dieu l'avait assuré qu'il fallait qu'il comparût devant César. — 9° Venir, arriver (παραγίνεσθαι). Hebr. 9. 11. *Christus autem assistens Pontifex futurorum bonorum* : Jésus-Christ, le Pontife des biens futurs, est venu dans le monde.

ASSISTRIX, πάρεδρος. Ce nom semble avoir été mis pour *Assestrix*, qui viendrait naturellement d'*assessor*; ainsi *assestrix*, d'*assidere*; au lieu que s'il venait d'*assisto*, il devrait y avoir *astitrix*, d'*astitor*; mais *assistrix* signifie ici Qui est assise auprès. Sap. 9. 4. *Da mihi sedium tuarum assistricem sapientiam* : Dieu de mes pères, donnez-moi cette sagesse qui est assise auprès de vous dans votre trône; ce que le Sage demande pour bien régner.

ASSON. Gr. de plus près, ou ASSUS, 1. — 1° Ville de l'Eolide, province de l'Asie Mineure, où les disciples joignirent saint Paul et allèrent tous ensemble à Mytilène. Act. 20. v. 13. 14. C'est maintenant Asso, ville épiscopale, sous l'archevêché d'Ephèse; on la nomme aussi Apollonie. — 2° Un lieu. Act. 27. 13. *Cum sustulissent de Asson legebant Cretam* : Ayant levé l'ancre d'Asson, ils côtoyèrent de près l'île de Crète. Il n'y a point de ville de ce nom sur la côte de Candie; mais l'interprète a traduit par un nom propre le mot grec ἆσσον, qui signifie *de plus près*.

ASSUERE, ἐπιῤῥάπτειν. Coudre une chose à une autre. Marc. 2. 21. *Nemo assumentum panni rudis assuit vestimento veteri* : Personne ne coud une pièce de drap neuf à un vieux vêtement. Notre-Seigneur montre par cette comparaison qu'il ne faut point imposer aux faibles des pratiques trop rigoureuses.

ASSUERUS. Nom persan. *Princeps et Dux*. — 1° Roi des Mèdes, père de Darius Médus, et roi de Babylone. Dan. 9. 1. *In anno primo Darii, filii Assueri, de semine Medorum* : La première année de Darius, fils d'Assuérus, de la race des Mèdes. — 2° Roi de Perse. C'est au commencement de son règne que les ennemis des Juifs formèrent des accusations contre eux. 1. Esdr. 4. 6. *In regno autem Assueri, in principio regni ejus, scripserunt accusationem adversus habitatores Judæ et Jerusalem*. Comme ce nom d'Assuérus, aussi bien que celui d'Artaxerxès, était autrefois commun aux princes des Mèdes et des Perses, cet Assuérus convient assez au temps de

Cambyse, fils aîné de Cyrus, et celui d'Artaxerxès à Oropaste, ce mage de Perse qui feignit d'être le fils de Cambyse, et qui régna pendant quelques mois. — 3° Darius, fils d'Hystaspe, est probablement cet Assuérus qui a épousé Esther, et sous le règne duquel tout ce qui regarde l'histoire de Mardochée et d'Aman est arrivé. Esth. 1. 1. *In diebus Assueri qui regnavit ab India usque Æthiopiam*, ce qui convient à ce que dit Josèphe, l. 11. Antiq. c. 4. que sa domination s'étendait sur cent vingt-sept provinces, depuis les Indes jusqu'à l'Ethiopie. Voy. DARIUS.

ASSUESCERE, ἐθίζεσθαι. S'accoutumer, être accoutumé à quelque chose. Eccl. 23. 9. *Jurationi non assuescat os tuum* : Que votre bouche ne s'accoutume point au jurement. v. 17. 20. Jerem. 2. 24.

ASSUMENTUM, ἐπίβλημα. Ce nom est dérivé du verbe *assumere*, et signifie pièce, ou morceau de quelque chose. Marc. 2. 21. Voy. COMMISSURA, ASSUERE.

ASSUMERE, λαμβάνειν, παραλαμβάνειν. Prendre quelque chose pour soi. Dans l'Ecriture, — 1° Prendre avec soi, prendre pour compagnie. Matth. 17. 1. *Et post dies sex assumit Jesus Petrum, et Jacobum, et Joannem fratrem ejus* : Six jours après, Jésus ayant pris avec lui Pierre, Jacques et Jean, son frère. Ce fut pour être témoins de sa transfiguration. 2. Tim. 4. 11. *Marcum assume* : Prenez Marc avec vous, et amenez-le. C'était pour servir à saint Paul dans le ministère de l'Evangile. — 2° Prendre pour aide (συλλαμβάνειν). Exod. 12. 4. *Assumet vicinum suum* : S'il n'y a pas dans la maison assez de personnes pour pouvoir manger l'agneau, il en prendra de chez son voisin autant qu'il en faut pour manger l'agneau, dit Dieu à Moïse. — 3° Prendre, employer, se servir (δέχεσθαι). Eph. 6. 17. *Galeam salutis assumite* : Prenez le casque du salut. Voy. GALEA. Sap. 14. 19. *Volens placere illi qui se assumpsit* : Chacun d'eux voulant plaire à celui qui l'employait. Le Sage parle de l'application des sculpteurs d'idoles à faire des figures parfaitement achevées. — 4° Attacher à quelque chose. Malach. 2. 3. *Assumet vos secum* : Je vous jetterai sur le visage les ordures de vos sacrifices solennels, et elles vous emporteront avec elles; autr., elles s'attacheront à vous; vous en serez tout couverts. Dieu, en punition de ce que les Juifs n'imprimaient point ses paroles dans leur cœur, rejette avec mépris leurs sacrifices. — 5° Prendre pour emporter ou transporter. Matth. 4. v. 5. 8. *Tunc assumpsit eum diabolus* : Le diable alors prit et transporta Jésus : ce fut à la seconde tentation que lui fit le démon. Ezech. 3. v. 12. 34. Ose. 5. 10. Deut. 30. v. 5. — 6° Prendre pour quelque fonction ou pour son service (προσλαμβάνειν). Rom. 14. 3. *Deus illum assumpsit* : On ne doit point condamner celui qui mange de tout, puisque Dieu l'a pris à son service. Hebr. 5. 1. *Omnis namque pontifex ex hominibus assumptus* : Car tout pontife étant pris d'entre les hommes, est établi pour les hommes en ce qui regarde le culte de Dieu, afin qu'il offre des dons et des sacrifices pour les péchés. Exod. 6. 7. c. 19. 4. Sap. 14. 19. Is. 66. 21. Jerem. 25. 9. c. 33. 26. c. 43. 10. Ainsi 3. Reg. 11. 37. *Te autem assumam* : Mais pour vous, je vous prendrai, et vous serez roi dans Israël, dit Dieu à Jéroboam. — 7° Prendre quelqu'un pour le punir ou le perdre (ἀπολλύειν). Jerem. 44. 12. *Assumam reliquias Judæ* : Je perdrai les restes de Juda. Ezech. 17. 12. — 8° Choisir, préférer (βούλεσθαι). Isa. 8. 6. *Abjecit populus iste aquas Siloe quæ vadunt cum silentio, et assumpsit magis Rasin et filium Romeliæ* : Ce peuple a rejeté les eaux de Siloé, qui coulent paisiblement et en silence, et a mieux aimé s'appuyer sur Rasin et sur le fils de Romélie. Voy. SILOÉ, Voy. ROMELIA. Jerem. 3. 4. Matth. 24. v. 40. 41. Ainsi Luc. 17. 34. *Unus assumetur, et alter relinquetur* : De deux personnes qui seront dans le même lit, l'un sera pris et l'autre laissé. — 9° Recevoir, introduire quelqu'un, l'admettre, lui donner place (ἀναλαμβάνειν). Act. 20. 14. *Assumpto eo, venimus Mitylenem* : L'Evangéliste dit que saint Paul étant remonté à Asson dans le vaisseau, alla à Mitylène. — 10° Prendre, recevoir quelqu'un chez soi, le traiter avec bonté et charité (προσλαμβάνειν). Rom. 14. 1. *Infirmum in fide assumite* : Recevez avec charité celui qui est encore faible dans la foi, sans vous amuser à contester avec lui. Act. 18. 26. *Assumpserunt eum* : Quand Priscille et Aquilas eurent ouï Apollon enseigner ce qui regardait Jésus, ils le retirèrent chez eux; comme cet Apollon n'avait connaissance que du baptême de saint Jean, ce fut pour l'instruire plus amplement. Aggée. 2. 24. Voy. SUSCIPERE. Ainsi Ps. 26. 16. *Dominus autem assumpsit me* : Le Seigneur s'est chargé de moi pour en prendre soin. Hebr. *Collegit me* : Le Seigneur m'a recueilli et, pour ainsi dire, levé de terre comme on lève les enfants exposés. — 11° Secourir, délivrer, assister, 2. Reg. 22. 7. *Assumpsit me et extraxit me de aquis multis* : Le Seigneur m'a pris et m'a retiré du milieu des eaux. David témoigne à Dieu sa reconnaissance de l'avoir délivré de tous ses ennemis (ἀντιλαμβάνειν). Voy. AQUA. Ps. 17. 17. Eccl. 29. 12. *Propter mandatum assume pauperem* : Assistez le pauvre, à cause du commandement. Ezech. 37. 21. — 12° Gagner, acquérir (ἔχειν). Amos. 6. 14. *Numquid non in fortitudine nostra assumpsimus nobis cornua?* N'est-ce pas par notre propre force que nous nous sommes acquis une si grande puissance? Voy. CORNU. — 13° Elever en haut, élever au ciel (ἀναλαμβάνειν). Act. 1. 2. *Usque in diem qua assumptus est* : Saint Luc témoigne qu'il a parlé dans son premier livre de toutes les choses que Jésus a faites et enseignées jusqu'au jour qu'il fut élevé dans le ciel. v. 11. 22. Marc. 16. 19. Ainsi 1. Tim. 3. 16. *Assumptum est in gloria* : Le Verbe incarné, appelé mystère d'amour, a été élevé et reçu dans la gloire. — 14° Prendre, recevoir. Eccli. 23. 38. *Longitudo dierum assumetur ab eo* : C'est le Seigneur qui donne des jours sans fin. Gr. Etre reçu de Dieu est une vie qui n'a point de fin. c. 51. 36. *Assumite disciplinam* : Recevez l'instruction comme une grande quantité d'argent. Jerem. 9. 20. —

15° Prendre sur soi, se charger, soutenir. Ezech. 4. 6. *Assumes iniquitatem domus Juda:* Vous prendrez sur vous l'iniquité de la maison de Juda. Le prophète ici est une figure de la patience dont Dieu supporta l'iniquité des Juifs depuis le règne de Josias. v. 4. — 16° Retirer (ἀναβαίνειν). Ezech. 9. 3. *Et gloria Domini assumpta est de Cherub:* La gloire du Dieu d'Israël s'éleva de dessus le chérubin où elle était, et vint à l'entrée de la maison du Seigneur; c'était pour faire connaître que Dieu devait bientôt sortir en effet du temple. — 17° Entreprendre (ἐπιδέχεσθαι). 2. Mach. 2. 27. *Negotium plenum vigiliarum et sudoris assumpsimus :* Nous engageant à rapporter en abrégé dans ce livre ce qui a été écrit en cinq livres par Jason le Cyrénéen, nous avons entrepris un travail qui demande une grande application et beaucoup de peine.

De ce verbe viennent ces façons de parler:

ASSUMERE *cogitationem.* Prendre un dessein, une résolution (ἐπισπᾶν, *attrahere*). Sap. 19. 3. *Aliam sibi assumpserunt cogitationem inscientiæ :* Les Egyptiens, ayant renvoyé avec un grand empressement les Israélites, prirent tout d'un coup follement une autre pensée; ce fut en se mettant à les poursuivre.

ASSUMERE *fletum, lamentum, planctum.* Répandre des larmes, jeter de grands cris, faire un grand deuil (λαμβάνεσθαι). Jerem. 9. v. 10. 18. *Assumam fletum et lamentum :* Je vais répandre des larmes, et jeter de grands cris sur les montagnes, dit le prophète, qui veut confondre l'insensibilité du peuple par l'abondance de ses larmes. Ezech. 19. 1. *Et tu assume planctum super principes Israel :* Vous, ô Ezéchiel, faites un grand deuil sur les princes d'Israël. Dieu commande au prophète de pleurer Josias, qui était un très-bon prince, étant retourné à Dieu de tout son cœur, et qui fut tué ensuite par Pharaon Necao, roi d'Egypte.

ASSUMERE *laudem et orationem*, προσεύχεσθαι. Employer les sollicitations et les prières pour quelqu'un. Jerem. 7. 16. *Nec assumas pro eis laudem et orationem :* Jérémie, n'entreprenez point de me conjurer et de me prier pour ce peuple. Dieu voulait prévenir la douleur qu'eût eue son prophète, de n'être pas exaucé.

ASSUMERE *linguam suam.* N'employer sa langue qu'à dire des paroles de douceur et de flatterie. Jerem. 23. 31. *Qui assumunt linguas suas;* Hebr. *lenificant :* Je viens aux prophètes, dit le Seigneur, qui n'ont que la douceur sur la langue; faux prophètes, qui séduisent par un discours flatteur.

ASSUMERE *parabolam.* User d'un discours grave, figuré ou prophétique (ἀναλαμβάνειν). Num. 23. v. 7. 18. *Assumpta parabola :* Balaam commença à prophétiser : ce fut à Balac, au sujet de Jacob, qu'il bénit de la part de Dieu, au lieu de le maudire, comme le lui avait demandé Balac. c. 24. 3. Job. 29. 1. *Assumens parabolam :* Continuant son discours. Voy. PARABOLA.

ASSUMERE *sibi sapientiam.* S'attribuer la sagesse, s'en flatter. Zach. 9. 2. *Assumpserunt quippe sibi sapientiam valde :* Cette prophétie s'étendra aussi sur Emath, sur Tyr et sur Sidon; parce qu'ils se sont flattés si insolemment de leur sagesse. Alexandre assiégea la ville de Tyr, la prit et la fit brûler : ce qui fut l'accomplissement de cette prophétie.

ASSUMERE *terminum* ou *terminos.* Prendre les bornes des terres, tâcher d'étendre ses terres, y travailler (μετατιθέναι, *transponere*). Ose. 5. 10. *Facti sunt principes Juda quasi assumentes terminum :* Quand les dix tribus furent emmenées en captivité, la tribu de Juda ne pensait qu'à s'emparer de leurs terres; c'est pourquoi, comme cette tribu était obligée de les assister, Dieu la menace de ses châtiments. Ainsi, Deut. 19. 14.

ASSUMERE *vires.* Réparer, prendre des forces. Judic. 19. 8. *Oro te ut paululum cibi capias, et assumptis viribus proficiscaris :* Avant que vous vous en alliez, je vous prie de manger un peu auparavant, afin qu'ayant pris des forces, vous vous en alliez quand le jour sera plus avancé, dit le beau-père au lévite son gendre, qui demeurait au côté de la montagne d'Ephraïm.

ASSUMERE *zelum,* ζηλοῦν. Devenu jaloux de quelque chose. Ezech. 39. 25. *Assumam zelum pro nomine sancto meo :* Je deviendrai jaloux de l'honneur de mon saint nom; savoir : lorsque Dieu devait faire connaître que les Juifs n'auraient été emmenés captifs qu'à cause de leurs péchés, et que Dieu même les aurait livrés entre les mains de leurs ennemis, qui avaient coutume d'attribuer leurs victoires à leurs propres forces

Autres phrases tirées de ce verbe.

ASSUMERE *sermones alicujus in corde suo.* Mettre dans son cœur ce qu'on nous dit, pour en être pénétré. Ezech. 3. 10. *Omnes sermones meos, quos ego loquar ad te, assume in corde tuo :* Mettez dans votre cœur toutes les paroles que je vous dis. Dieu envoie le prophète annoncer sa parole aux Juifs qui avaient été emmenés captifs.

ASSUMERE *aliquid per os suum,* ἀναλαμβάνειν. Ouvrir sa bouche pour parler de quelque chose. Ps. 49. 16. *Cur assumis testamentum meum per os tuum ?* Pourquoi avez-vous toujours mon alliance dans la bouche ; lettr. Pourquoi usurpez-vous mon alliance par vos paroles : ce qui était désagréable à Dieu dans ceux qui, ne parlant que des avantages de son alliance, ne déracinaient pas en eux-mêmes le vice.

ASSUMERE *aliquid in vanum,* λαμβάνειν. Prendre en main, employer une chose sainte pour autoriser une fausseté, ou parler d'une chose sainte sans garder tout le respect qui lui est dû. Exod. 20. 7. *Non assumes nomen Domini Dei tui in vanum :* Vous ne prendrez point en vain le nom du Seigneur, votre Dieu : ce précepte défend non-seulement de se servir du nom de Dieu pour autoriser une fausseté, mais même de le prononcer sans un profond respect.

ASSUMPTIO, NIS. Ce nom signifie proprement l'action de prendre; dans l'Ecriture : 1° Protection, assistance (ἀντίληψις). Ps. 88. 19. *Domini est assumptio nostra :* Le Seigneur est notre protection.

2° Rappel, rétablissement (πρόσληψις). Rom. 11. 15. *Quæ assumptio nisi vita ex mortuis?* Quel sera le rappel des Juifs, sinon un retour de la mort à la vie? savoir, par la grâce que Dieu leur fera de les rappeler à la connaissance du nom de Jésus-Christ.

3° Départ, sortie du monde (ἀνάληψις). Luc. 9. 81. *Cum complerentur dies assumptionis ejus :* Lorsque le temps auquel Jésus-Christ devait être enlevé du monde approchait, il se résolut d'aller à Jérusalem.

4° Vision, prophétie. Thren. 2. 14. *Viderunt tibi assumptiones falsas :* Vos prophètes ont eu pour vous des visions fausses et extravagantes. Ce mot *assumptio,* gr. λῆμμα, répond au mot hébreu *massa,* qui signifie une prophétie, du verbe *nasa,* qui, entre autres significations, marque prophétiser. Voy. ASSUMERE.

ASSUR, Hébr. *Insidiator;* gr. ἀσσούρ, ἀσσύριοι. — 1° Fils de Sem. Gen. 10. 22. qui bâtit Ninive. v. 11. capitale du royaume d'Assyrie. Voy. NINIVE. — 2° L'Assyrie, ou les Assyriens. Num. 24. 22. *Assur capiet te :* L'Assyrie vous doit prendre un jour, dit Balaam des Cinéens : en effet, les Cinéens de Nephtali furent transférés par Salmanasar, et ceux de Juda par les Chaldéens. 4. Reg. 15. 29. Ose. 10. 6. *Ipse in Assur delatus est :* Le veau d'or adoré par les Samaritains comme leur Dieu, a été porté en Assyrie; ils en firent un présent au roi, dont ils voulaient acheter la protection. Isa. 52. 4. *Assur absque ulla causa calumniatus est eum :* Assur a opprimé mon peuple sans aucun sujet; c'est-à-dire, les Assyriens; mais Ezech. 27. 23. Par *Assur,* on doit entendre les Babyloniens, ces deux peuples ensemble ne faisaient qu'un royaume, qui comprenait l'Assyrie, la Mésopotamie, la Chaldée et s'appelait généralement du nom d'*Assyrie,* aujourd'hui *Diarbech* (entre la Turquie et la Perse). — 3° roi d'Assyrie. Ezech. 31. 3. *Ecce Assur quasi cedrus in Libano :* Assur était comme un cèdre sur le Liban. Cette comparaison tend à faire connaître la force et l'éclat de l'empire du roi des Assyriens, c. 32. 22. Ainsi, Num. 24. 22. *Assur enim capiet te :* Combien de temps demeurerez-vous en cet état de force où vous êtes; car Assur vous doit prendre un jour; ce fut Salmanasar qui transféra les Cinéens de Nephtali. Voy. ASSUR. 2° On peut entendre dans ce dernier passage, ou l'Assyrie ou le roi d'Assyrie. 1. Esdr. 6. 22. *Converterat cor regis Assur ad eos :* Le Seigneur avait tourné le cœur du roi d'Assyrie ; c'était Darius, fils d'Hystaspe, lequel ayant recouvré Babylone qui s'était révoltée contre lui, avait l'empire des Assyriens, aussi bien que celui des Perses. Judith. 16. 5. — 4° Roi de Syrie. Zach. 10. 11. Voy. HUMILIARE. — 5° Père de Thécua. 1. Par. 4. 5.

ASSURGERE, ἀνίστασθαι. Se lever, en parlant d'une personne qui était assise ou couchée; ce qui se dit aussi d'un malade qui se porte mieux, d'un homme qui croît et devient grand, d'une colline qui va en montant, d'un auteur qui s'élève dans son style; dans l'Ecriture : Se lever par respect devant quelqu'un. Gen. 31. 35. *Ne irascatur Dominus meus, quod coram te assurgere nequeo :* Que mon Seigneur ne se fâche pas si je ne puis me lever maintenant devant lui, dit Rachel à Laban, laquelle, étant assise sur les idoles que cherchait Laban, s'excusa de ne pouvoir se lever, sur ce que le mal ordinaire aux femmes venait de la prendre. Esth. 5. 9. Ainsi, Job. 29. 8. *Senes assurgentes stabant :* Les vieillards se levant, se tenaient debout; Job fait connaître ici qu'il était honoré et regardé comme le prince du pays.

ASSURIM, Heb. *Insidiatores.* Fils de Dadan, petit-fils d'Abraham et de Céthura, sa seconde femme. 1. Par. 1. 32.

ASSUS, A, UM, ὀπτός. Ce participe *assus,* mis pour *assatus,* vient du verbe grec ἄζω, *sicco,* et signifie rôti. Exod. 12. v. 8. 9. *Et edent carnes nocte illa assas igni :* Les enfants d'Israël, la nuit du quatrième jour du mois de nisan, mangeront la chair rôtie au feu; c'est de l'Agneau pascal. Luc. 24. 43. *At illi obtulerunt ei partem piscis assi :* Et les apôtres présentèrent à Jésus-Christ un morceau de poisson rôti; ce fut après sa résurrection, lorsqu'il leur demanda quelque chose à manger, pour les assurer que ce n'était point un esprit, mais lui-même qu'ils voyaient.

ASSYRIUS, Heb. *Insidiator,* ἀσσύριος. 1° Assyrien, qui est d'Assyrie, généralement prise, qui comprend l'Assyrie, prise plus étroitement pour une province ; la Mésopotamie et la Chaldée, dont la capitale était Babylone. Tob. 1. 2. Judith. 1. 5. etc. Souvent ailleurs, Mich. 5. 5. 2° Assyrien, qui est de l'Assyrie, province distinguée de la Mésopotamie et de la Chaldée. L'Assyrie, proprement dite, est le pays qui est autour de Ninive, lequel a été depuis appelé *Adiabene;* mais plusieurs ont souvent confondu les Syriens et les Assyriens, au lieu que l'usage a voulu, depuis, que ces deux peuples fussent séparés par l'Euphrate ou au moins par le Tigre. Gen. 2. 14. — 3° Syrien, qui est de Syrie. Gen. 25. 18. *Habitavit autem ab Hevila usque Sur, quæ respicit Ægyptum introeuntibus Assyrios :* Le pays où Ismaël habita, fut depuis Hévila jusqu'à Sur, qui regarde l'Egypte, lorsqu'on entre dans la Syrie.

ASTARE. Voy. ADSTARE.

ASTAROTH, Heb. *Reges.* — 1° Ville capitale d'Og, roi de Basan. Cette ville était située dans la plaine des Moabites, au milieu de la tribu de Manassés. Deut. 1. 4. — 2° Pays qui a pris son nom de la ville. Gen. 14. 5. *Percusseruntque Raphaim in Astaroth Carnaim :* Chodorlahomor vint avec les rois qui s'étaient joints à lui, et ils défirent les Raphaïtes dans Astaroth-Carnaïm; or, Astaroth-Carnaïm signifie Astaroth à deux cornes, soit parce que cette ville était située sur une montagne qui avait deux pointes; soit à cause que l'on y adorait Diane, qui était représentée avec un croissant sur la tête. Jos. 9. 10. c. 12. 4. c. 13. v. 12. 31. 1. Par. 6. 71. Voy. BOSRA.—3° Idole des Philistins. 1. Reg. 31. 10. *Et posuerunt arma ejus in templo Astaroth* : Les Philistins mirent les armes de Saül dans le temple d'Astaroth ; ce fut après sa défaite et sa mort, où il est à remarquer que, dans tous les passages du livre des Juges, Baal est toujours joint à Astaroth. Judic. 2. 13. *Dimittentes eum, et servientes Baal et Astaroth* : Les Israélites quittèrent Dieu pour servir Baal et Astaroth; ce fut pour leur idolâtrie que Dieu les livra entre les mains de leurs ennemis. c. 3. 7. c. 10. 6. etc., et ces deux idoles furent rejetées par les Israélites, de l'ordre de Samuel. 1. Reg. 7. v. 3. 4. Cette idole d'Astaroth est la même que celle qui est appelée *Astarthe*, adorée par Salomon. 3. Reg. 11. 5. Voy. ASTARTHE.

ASTARORHITES, Heb. *Greges*. Qui est d'Astaroth. 1. Par. 11. 44. *Ozia Astarorhites*.

ASTARTHE, *Ovis* ou *grex*. Idole des Sidoniens et des Philistins, adorée par Salomon. 3. Reg. 11. 5. *Sed colebat Salomon Astarthen Deam Sidoniorum* : Salomon adorait Astarthé, déesse des Sidoniens ; les auteurs profanes appellent cette idole : *Déesse des Syriens*; quelques-uns croient qu'elle avait la figure d'une brebis; d'autres, que depuis la tête jusqu'à la moitié, elle avait la forme de femme, et le reste la figure de poisson. Les uns croient que c'était la Vénus des Grecs et des Romains, et d'autres l'idole de la lune, ou Diane, qui passait pour la reine des astres ; ainsi son nom pouvait venir de l'hébreu *Asath*, d'où vient ἀστήρ, *astrum*.

ASTRINGERE.—1° Lier, attacher, serrer (προτείνειν). Act. 22. 25. *Cum astrinxissent eum loris* : On lia saint Paul par l'ordre du tribun de la cohorte qui gardait le temple, pour le mettre en état d'être fouetté. Levit. 8. 8. *Quod astringens cingulo aptavit rationali* : Moïse serrant l'éphod avec la ceinture y attacha le rational (συσφίγγειν). Ezech. 27. 24.—2° Engager, obliger de faire. 3. Reg. 8. 31. *Si peccaverit homo in proximum suum, et habuerit aliquod juramentum, quo teneatur adstrictus* : Salomon demande à Dieu d'exaucer celui qui viendra dans son saint temple pour le prier de lui faire rendre la justice contre un dépositaire qui lui aura nié le dépôt qu'il aura reçu de lui. Voy. JURAMENTUM.

ASTRUM. Ce mot est grec ἄστρον, et signifie un astre, et se dit proprement d'une constellation ; il se dit aussi, mais improprement, du soleil, de la lune et de chaque étoile en particulier ; dans l'Ecriture :
Astre. Job. 38. 7. *Ubi eras, cum me laudarent simul astra matutina ?* Où étiez-vous, lorsque les astres du matin me louaient tous ensemble, en me reconnaissant leur créateur ? Voy. MATUTINUS. D'où vient cette façon de parler figurée.
Exaltare solium suum super astra : Elever son trône au-dessus des astres ; c'est-à-dire, s'élever d'une manière orgueilleuse au-dessus de tout. Isa. 14. 13. *Super astra Dei exaltabo solium meum* : Comment as-tu été renversé sur la terre, toi qui disais en ton cœur : J'établirai mon trône au-dessus des astres de Dieu. Cela s'entend du démon, sous la figure du roi de Babylone. Voy. LUCIFER. Deut. 4. 19. c. 10. 22. c. 28. 62.

ASTUTIA, πανούργευμα. Ce substantif signifie proprement, finesse ; dans l'Ecriture :
—1° Finesse, artifice malicieux, sagesse et prudence du siècle (φρόνησις). Job. 5. 13. *Qui apprehendit sapientes in astutia eorum* : Dieu trompe les sages par leur propre sagesse. Saint Paul appelle cette sagesse une vraie folie. 1. Cor. 3. 19. *Sapientia enim hujus mundi stultitia est apud Deum* : La sagesse de ce monde est une folie devant Dieu. 2. Cor. 4. 2. c. 11. 3. Eph. 4. 14.— 2° Prudence, discernement, vertu par laquelle on juge bien des choses et l'on évite d'être trompé (πανουργία). Prov. 1. 4. *Ut detur parvulis astutia* : Salomon dit que ses paraboles sont pour donner de la discrétion aux simples. c. 8. 5. Voy. PARVULUS.— 3° Desseins secrets et cachés, sages conseils. Eccli. 1. 6. *Astutias illius quis agnovit ?* Qui a pénétré les artifices divins du Verbe de Dieu ?—4° Pensées secrètes et cachées (en bonne ou mauvaise part). Eccli. 42. 18. *Et in astutia ejus excogitabit* (pour *astutiam*) : Le Seigneur pénètre les plus secrètes pensées des hommes ; avec quoi s'accorde Luc. 16. 15.

ASTUTUS, A, UM, πανοῦργος. Cet adjectif est dérivé d'*astus*, du nom *Astu*, qui était la ville d'Athènes, et signifie dans l'Ecriture : 1° Fin, rusé, artificieux. 2. Cor. 12. 16. *Cum essem astutus, dolo vos cepi* : On dira peut-être qu'il est vrai que je ne vous ai point été à charge; mais qu'étant artificieux, j'ai usé d'adresse pour vous surprendre. Le saint Apôtre se justifie des calomnies que ses ennemis lui avaient faites ou pouvaient lui faire.—2° Sage, discret, habile. Prov. 13. 16. *Astutus omnia agit cum consilio* : L'homme habile fait tout avec conseil. c. 15. 5. *Qui custodit increpationes, astutior fiet* : Celui qui se rend au châtiment deviendra plus sage. c. 14. 15. c. 15. 18. c. 27. 12. Eccli. 18. 28. c. 37 21.

ASTYAGES, Heb. *Ductor urbis*. Roi des Mèdes et des Perses ; ce prince avait songé que l'enfant qui naîtrait de Mandane, sa fille, lui ôterait un jour la couronne ; pour prévenir ce malheur, il la maria à un homme de fort basse condition, nommé *Cambyses* : laquelle ayant accouché d'un fils, Astyages le fit prendre et le donna à Harpagus, son confident, pour le faire mourir. Harpagus eut horreur d'une si cruelle action, il le donna au pasteur qui gardait les troupeaux du roi, qui le changea pour son fils, et fit croire au roi qu'il était mort. Cet enfant étant devenu grand, apprit de quel sang il était sorti; Harpagus, qui avait perdu les bonnes grâces d'Astyages, fournit des armes et de l'argent à ce jeune prince pour faire la guerre à son aïeul ; il le chassa du trône, et, selon quelques-uns, le fit mourir ; selon d'autres, il lui laissa l'Hyrcanie ; il prit Babylone la 27° année de son règne, avec Darius, son oncle maternel. Dan. 13. 65. *Rex Astyages appositus est ad patres suos, et suscepit Cyrus Perses regnum ejus* : Astyages ayant été joint à ses pères par la mort, Cyrus de Perse succéda au royaume, l'an 3444. Voy DARIUS.

ASYLUM, 1. ἄσυλον. Ce nom latin vient de l'*a* privatif, et du Grec σύλη, qui signifie dépouille; parce qu'il n'était pas permis de dépouiller ceux qui s'étaient refugiés dans quelque lieu d'asile ou refuge, et signifie, Asile, refuge, lieu de sûreté. 2. Mach. 4. 34. *Cum jurejurando... suasisset de asylo procedere, statim peremit eum:* Andronique ayant persuadé à Onias, par la parole qu'il lui donna avec serment de ne lui point faire de mal, de sortir de l'asile où il était; il le tua aussitôt : ce fut à l'instigation de Ménélaüs.

ASYNCRITUS, 1. Gr. *Incomparabilis*. Un chrétien que saint Paul salue. Rom. 16. 14.

AT. δέ. Cette conjonction, qui vient du Grec, ἀτάρ, signifie, *mais*, et est le plus souvent conjonction adversative et corrective. Elle s'oppose souvent à *non-seulement*, pour marquer quelque augmentation ou contrariété. Elle sert souvent de liaison au discours, et il est difficile d'en déterminer la signification.

1° Mais, conjonction adversative ou corrective. Luc. 9. 21. *At ille increpans illos:* Jésus demandant à ses disciples qui ils disaient qui il était, saint Pierre répondit : Le Christ de Dieu ; mais Jésus leur défendit très-expressément de parler de cela à personne. c. 4. c. 12. 14.

On s'en sert pour répondre, et elle peut souvent se rendre par le relatif *qui, quæ, quod.* Matth. 26. 66. *At illi respondentes dixerunt : Reus est mortis* (pour *qui dixerunt*). Le grand-prêtre dit à tout le conseil : Que jugez-vous de ce que vous venez d'entendre de Jésus? Ils répondirent : Il a mérité la mort. Marc. 9. 20. et ailleurs en plusieurs endroits. Marc. 7. 28. etc.

3° Ensuite, après. Gen. 8. 5. *At vero aquæ ibant et decrescebant:* Les eaux commencèrent à diminuer, et le 27° jour du septième mois, l'arche se reposa sur les montagnes d'Arménie, et puis après, les eaux allaient toujours en diminuant. c. 46. 31. Act. 22. 14.

4° Cette particule semble quelquefois superflue. Genes. 24. 65. *At illa tollens pallium suum, operuit se:* Rebecca prenant son manteau, s'en couvrit. 1. Reg. 13. 30. etc.

5° C'est pourquoi, Act 3. 5. *At ille intendebat in eos, sperans se aliquid accepturum ab eis:* Saint Pierre dit au pauvre qui lui demandait l'aumône, et à saint Jean : Regardez-nous; c'est pourquoi il les regardait, espérant qu'il allait recevoir quelque chose d'eux. c. 4. 21. Gen. 30. 3. c. 42. 26. Num. 21. 2. 1. Reg. 20. 41. 4. Reg. 14. 19.

6° Néanmoins (καί). Num. 14. 14. *At illi contenebrati ascenderunt in verticem montis :* Vous tomberez sous l'épée des Amalécites, parce que vous n'avez point voulu obéir au Seigneur, dit Moïse au peuple; néanmoins eux étant frappés d'aveuglement, montèrent sur la montagne; ils y furent battus.

7° Alors (καί). Num. 16. 34. *At vero omnis Israel, qui stabat per gyrum, fugit ad clamorem pereuntium:* Coré et sa troupe descendirent tout vivants dans l'enfer, alors tout le peuple d'Israël qui était là autour, s'enfuit au cri des mourants. Matth. 14. 18. *At illa præmonita a matre sua: Da mihi, inquit, hic in disco caput Joannis Baptistæ :* Hérode promit à la fille d'Hérodiade, de lui donner tout ce qu'elle lui demanderait ; et alors ayant été instruite auparavant par sa mère; lui dit : Donnez-moi présentement dans un bassin la tête de Jean-Baptiste : Ainsi, Ruth. 4. 9. 4. Reg. 4. 19. etc.

ATAD, Heb. *Rhamnus.* Voy. AREA.

ATARA, Heb. *Corona.* Seconde femme de Jéraméel. 1. Par. 2. 26.

ATAROTH, Heb. *Coronæ.* — 1° Ville de la tribu de Gad, delà le Jourdain. Num. 32. v. 3. 34. — 2° Ville ou contrée sur les confins des tribus d'Ephraïm, de Benjamin et de Juda. Jos. 16. 7. Voy. ADARSA ou ADAZER.

ATAROTH-ADDAR, Heb. *Coronæ potentiæ.* — 1° ville dans la tribu d'Ephraïm. Jos. 15. 5. c. 18. 11. — 2° L'une des frontières de Benjamin. Jos. 18. 13.

ATER, Heb. *Sinister.* — 1° Chef de famille, dont les enfants revinrent de la captivité, au nomb. de 98. 1. Esdr. 2. 16. *Filii Ater, qui erant ex Ezechia, nonaginta octo.* — 2° Un des six descendants des portiers, dont les familles, comprises toutes ensemble, revinrent de la captivité de Babylone, au nombre de 139. 1. Esdr. 2. 42. Mais 2. Esdr. 7. 46. ne sont marquées qu'au nombre de 138. La cause de cette différence ou diversité de nombre peut être que 1. Esdr. 2. 42. le dénombrement fait en partant de Babylone pouvait bien contenir ce nombre; mais après le dénombrement qui fut fait après leur retour de captivité en Judée, 2 Esdr. 7. 46, il s'en trouva de manque, soit par la mort ou par quelqueautre accident. L'on peut remarquer que dans le 1° de ce titre, Ather est écrit avec un *h*, Ather, et est écrit sans *h*, dans le 2°.

ATHA, Heb. *Venit.* Voy. MARAN-ATHA.

ATHACH. par ע Heb. *Hora tua.* Ville dans la tribu de Juda, l'une de celles auxquelles David envoya du butin et des dépouilles des Amalécites. 1. Reg. 30. 30.

ATHACH, par ח *he*, Heb. *Percutiens.* Eunuque, ou officier d'Assuérus, à qui il confia la garde d'Esther. Est. 4. v. 5. 6. 9. Voy. EUNUCHUS, Num. 2°.

ATHAIAS, Heb. *Tempus Domini.* Fils d'Aziam et descendant de Juda qui, dans le sort qui fut jeté après le retour de Babylone, afin que la dixième partie du reste du peuple demeurât dans Jérusalem, se trouva de cette dixième partie. 2. Esdr. 11. 4. Voy. v. 1.

ATHALAI, par ע. Heb. *Tempus meum* L'un des enfants de Bébaï, qui, pour se conformer à la volonté de Dieu, fut de ceux qui consentirent à chasser leurs femmes étrangères. 1. Esdr. 10. 28.

ATHALIA, Heb. *Tempus Domino.*—1° Mère d'Ochozias, fille d'Achab, et petite-fille d'A...

ri, qui, entre ses cruautés, après la mort de son fils Ochosias, fit tuer les princes de la race royale, excepté Joas. 4. Reg. 8. 26. *Nomen matris ejus Athalia:* La mère d'Ochosias s'appelait *Athalie*, et était petite-fille d'Amri, roi d'Israël. c. 11. v. 1. 2. *Athalia interfecit omne semen regium* : Athalie fit tuer tous les princes de la race royale. v. 2. c. 8. 26. 2. Par. 22. 10. c. 23. v. 12. 21. Mais Joïada, grand-sacrificateur, ayant fait nourrir secrètement dans le temple ce jeune prince, son neveu, il le fit reconnaître pour roi, et fit mourir Athalie, qui s'était signalée par ses cruautés et ses impiétés, l'an 3126: elle avait régné six ans. — 2° Un des descendants d'Alam, père d'un nommé *Isaïe*; soixante et dix personnes revinrent de Babylone avec cet Isaïe. 1. Esdr. 8. 7.

ATHANAI, Heb. *Fortis*. Un des descendants de Gerson, fils de Lévi, qui servaient devant le tabernacle de l'alliance, jusqu'à ce que Salomon eût bâti le temple. 1. Par. 6. 41.

ATHAR, Heb. *Oratio*. Ville de la tribu de Siméon. Jos. 19. 7. C'est la même que Ether, Jos. 15. 42. et Etam. 2. Par. 11. 6.

ATHENÆ, Gr. *Minervales*. Ce mot vient du Grec Ἀθηνᾶ. *Minerva*, et signifie, — Athènes, qui a été une des villes du monde le plus illustre et la plus florissante: elle était attachée à la philosophie et au culte des idoles. Saint Paul y a prêché l'Evangile dans l'Aréopage. Act. 17. 16. et suiv. c. 18. 1. 1. Thess. 3. 1. Maintenant elle est érigée en archevêché, et se nomme *Setines*.

ATHENIENSIS, is. idem. Athénien, qui est d'Athènes. 2. Mach. 9. 15. *Et Judæos....* *æquales nunc Atheniensibus facturum pollicetur:* Antiochus promet d'égaler les Juifs aux Athéniens: ce fut après avoir été frappé de Dieu. Voy. v. 5. 7. 9. 12. Ainsi, Act. 17. v. 21. 22.

ATHENOBIUS, Gr. *Arcus Minervæ*. Favori et confident d'Antiochus Soter. 1. Mach. 15. v. 28. 32. 35.

ATHERSATHA, mot persian, gouverneur de province, ou lieutenant de roi. Nom d'office ou de charge chez les Chaldéens. Quelques-uns croient que ce nom *Athersatha* est attribué à Zorobabel; et d'autres croient que c'est à Néhémias. 1. Esdr. 2, 63. Leur difficulté vient de ce qu'il est assez difficile de savoir auquel de ces deux cités v. 2. ce mot doit être rapporté. Le même doute est encore 2. Esdr. 7. 70. à cause de pareille difficulté du rapport au v. 7. Quoique, tout examiné, la charge d'échanson, où était Néhémias auprès du roi Artaxerxès, porte plus à lui attribuer ce nom, *Athersata*, qui vient du mot Thersa, *aluit*, et de Satha, *bibit*, et qui lui est clairement attribué 2. Esdr. 8. 9. c. 10. 1.

ATHMATHA, Heb. *Lacerta*. Ville en la tribu de Juda. Jos. 15. 53.

ATQUE, Gr. καὶ. Cette conjonction est formée d'*ac*, et de *que*, changeant *c*, en *t*, et signifie proprement comme son simple *et*, qui a dans l'Ecriture plusieurs significations différentes, qu'il n'est pas aisé de fixer. —

1° *Et*, conjonction copulative. Gen. 1. 21. *Creavit Deus cete grandia, et omnem animam viventem, atque motabilem:* Dieu créa donc les grands poissons et tous les animaux qui ont la vie. — 2° Aussitôt (μετὰ ταῦτα). Gen. 23. 19. *Atque ita sepelivit Abraham Saram uxorem suam:* Le champ qui avait été autrefois à Ephron, étant assuré à Abraham, comme un bien qui était à lui, aussitôt Abraham enterra sa femme dans la caverne double du champ qui regarde Mambré. —3° Ainsi, pour cette raison, Jos. 14. 14. *Atque ex eo fuit Hebron Caleb:* Josué donna à Caleb Hebron pour son héritage: c'est pourquoi, depuis ce temps-là, Hebron a été à Caleb. Num. 36. 34. Heb. 12. 2. — 4° Outre, de plus. Jos. 4. *Atque inde pertransiens in Asemona:* Le pays ou la tribu de Juda, commence au haut de la mer salée, etc. Il s'étend vers la montagne du Scorpion, et passe jusqu'à Sina, etc. et *de plus*, passant delà jusqu'à Asemona, il arrive jusqu'au torrent d'Egypte. c. 18. 13.

ATRAMENTUM, 1. μέλαν, ος. Ce substantif vient primitivement de l'adjectif *ater*, noir; et signifie proprement,

Encre pour écrire. 3. Joan. 13. *Nolui per atramentum et calamum scribere tibi:* Je ne veux point vous écrire avec une plume et de l'encre; parce que j'espère de vous voir bientôt. Saint Jean eût pu écrire plusieurs choses, et il rend raison pourquoi il ne le fait pas. 2. Joan. 12.

Ainsi, 2. Cor. 3. 3. *Epistola estis Christi scripta non atramento, sed Spiritu Dei vivi:* Vos actions font voir que vous êtes la lettre de Jésus-Christ, qui est écrite, non avec de l'encre, mais avec l'esprit du Dieu vivant. Saint Paul, qui témoigne aux Corinthiens que leur conversion est la plus forte lettre de recommandation qu'ils puissent employer auprès de lui, assure aussi que la grâce de Dieu, par laquelle il a écrit sa loi dans leur cœur, en est comme l'encre.

ATRAMENTARIUM, 11. Ecritoire. Ezech. 9. v. 2. 3. 11. *Atramentarium scriptoris ad renes ejus:* Il y en avait aussi un au milieu d'eux qui était revêtu d'une robe de fin lin, et qui avait une écritoire pendue sur les reins. Cet homme est Jésus-Christ, qui reçoit ordre de son Père de délivrer les siens de la ruine des réprouvés, et de marquer un *Thau* sur le front. Voy. v. 4. Le Grec et le Syriaque portent *ad zonam:* ce qui fait croire que l'écritoire se portait à la ceinture.

ATRIUM, 11. αὐλή. Ce mot vient d'*Atria*, ville de Toscane, parce que c'est dans cette ville qu'on commencé ces sortes de bâtiments, et était pris alors pour une sorte de bâtiment qui était devant la maison, où se rendait toute l'eau de pluie qui tombait de dessus toute la couverture de la maison ; présentement il signifie une salle à l'entrée dans l'Ecriture. — 1° Cour d'une maison. Matth. 26. 69. *Petrus vero sedebat foris in atrio:* Pierre cependant était au dehors assis dans la cour. — 2° Salle d'une maison. Esth. 6. v. 4. 5. *Aman stat in atrio:* Aman est dans la salle, dirent les officiers d'Assuérus à ce qu'il leur demandait. — 3° La maison entière. Luc. 11. 21. *Cum fortis armatus custodit atrium suum* : Lorsque le fort armé garde sa maison, tout ce qu'il possède est en paix : la garde se fait à l'entrée d'une maison; mais elle ne se fait que pour garder toute la maison. — 4° Vestibule de maison, entrée de quelque lieu. 2. Esdr. 3. 25. *In atrio carceris* : Le long du vestibule de la prison. Jerem. 32. v. 2. 12. c. 33. 1. Ainsi, 2. Esdr. 8. 16. *Feceruntque sibi tabernacula unusquisque in domate suo et in atriis suis* : Tout le peuple se fit des couverts en forme de tentes, chacun sur le haut de sa maison, dans leur vestibule. Ils exécutèrent en ceci la solennité de la fête des tabernacles, selon que Dieu l'avait ordonné. — 5° Parvis ou place publique, qui est ordinairement devant les grandes églises : tel était le parvis du tabernacle; c'est-à-dire une grande place, longue de cent coudées, et large de cinquante. Exod. 27. 9. c. 38. 9. Ce parvis était double; la partie de devant et plus au dedans du tabernacle, où était l'autel des holocaustes, était pour les prêtres et les lévites. La partie extérieure était pour le peuple, et où il faisait ses prières, et y amenait ses victimes, jusqu'à l'entrée du parvis des prêtres : c'est du premier parvis dont il est parlé, Levit. 6. v 16. 26. *Sacerdos qui offert, comedet eam in loco sancto, in atrio tabernaculi* : Le prêtre qui offre l'hostie pour le péché, la mangera dans le lieu saint, dans le parvis du tabernacle.

Quand Salomon bâtit le temple, il en fit faire le parvis double, à l'imitation de celui du tabernacle. 3. Reg. 6. 36. *Et ædificavit atrium interius* : Il bâtit aussi le parvis intérieur : c'était celui des prêtres dont il est parlé. 2. Par. 4. 9. *Fecit etiam atrium sacerdotum* : Salomon fit aussi le parvis des prêtres : il est parlé de l'un et de l'autre en plusieurs endroits d'Ézéchiel, 8. v. 7. 16. c. 44. 19. c. 10. v. 3. 4. 5. *Usque ad atrium exterius* : Le bruit des ailes des chérubins retentissait jusqu'au parvis extérieur ; ce dernier est appelé *le grand parvis*. 3. Reg. 7. v. 9. 12. Il est fait mention des deux ensemble. 4. Reg. 21. 5. *Extruxit altaria universæ militiæ cœli in duobus atriis templi Dei* : Manassé bâtit des autels à tous les astres du ciel dans les deux parvis du temple du Seigneur. Ainsi, c. 23. 12. 1. Par. 28. v. 6. 12. 2. Par. 23. 5. c. 33. 5. et souvent dans les psaumes. Ainsi :

ATRIA, ORUM. Le Temple même ou l'Église, dont le Temple était la figure. Zach. 3. 7. *Custodies atria mea* : Si vous marchez dans mes voies, vous garderez mon temple, dit l'Ange à Jésus, ou Josué, fils de Josédec. Dieu montre à Zacharie dans cette vision le choix qu'il avait fait de ce Jésus pour avoir part avec Zorobabel au rétablissement du temple, malgré le démon et les ennemis du peuple de Dieu. Ps. 64. 5. Ps. 83. v. 3. 11. Ps. 91. 14. Ps. 95. 8. etc.

ATRIUM ENON, Heb. HATSAR-HENON, *le parvis de la fontaine*. Lieu entre les bornes de la terre promise et les limites de Damas du côté du septentrion. Ezech. 47. 17. *Et erit terminus a mari usque ad atrium Enon* : Les bornes de cette terre seront depuis la mer jusqu'à la cour d'Énon, qui fait les limites de Damas. Ezech. 48. 1. Il semble que ce soit le même lieu appelé le village d'*Enan*. Num. 34. 9.

ATRIOLUM, 1, αὐλή. Petite salle à l'entrée d'une maison : dans l'Écriture,

ρ Petite salle ou petite place. Ezech. 46. 21. *Ecce atriolum erat in angulo atrii, atriola singula per angulos atrii* : Je vis qu'il y avait une petite place à chacun des quatre coins du parvis extérieur v. 22. 23.

ATROCITER. Cruellement. 2. Par. 28. 29. *Et occidistis eos atrociter* : Le prophète Oded alla au-devant de l'armée du roi d'Israël, qui venait à Samarie, et lui reprocha d'avoir tué très-inhumainement Juda que Dieu lui avait livré entre les mains.

ATTACUS, ou ATTELABUS, synonyme. Ces deux noms viennent du même verbe grec ἄττω, *salio*, parce que cet animal saute toujours, et signifie :

Espèce de sauterelle fort petite, qui rampe plutôt qu'elle ne vole (ἀττάκη). Comme ces animaux sont grands dans la Palestine et en grand nombre, Dieu les marque du nombre des animaux que les Juifs pouvaient manger. Levit. 11. 22. *Quidquid ambulat super quatuor pedes, sed habet longiora retro crura per quæ salit super terram, comedere debetis, ut est bruchus in genere suo, et attacus atque ophiomachus* : Vous pouvez manger de tout ce qui marche sur quatre pieds, mais qui ayant les pieds de derrière plus longs, saute sur la terre; comme le *bruchus*, selon son espèce, l'*attacus*, l'*ophiomachus*. C'est de la même espèce que *locusta*, qui était le mets le plus commun et le plus grossier, puisque l'usage qu'en faisait saint Jean est marqué par saint Matthieu comme une des circonstances de la dureté de sa vie. Matt. 3. 4.

ATTALIA, Gr. *Augens*, ville maritime de Pamphilie aux confins de la Lycie, bâtie par Attalus Philadelphe, de qui elle a pris son nom. Act. 14. 24. *Descenderunt in Attaliam* : Saint Paul et saint Barnabé descendirent à Attalie. On l'appelle aujourd'hui *Satalia*; les Turcs la nomment *Satali*.

ATTALUS, Gr. *Auctus*, roi de Pergame et de Phrygie. 1. Mach. 15. 22. Ce prince voulut imiter Ptolémée Philadelphe, dans le soin qu'il se donna de ramasser les livres les plus curieux, pour en composer une très-célèbre bibliothèque. Il institua le peuple romain héritier de ses états et de ses grandes richesses.

ATTAMEN. Cette conjonction est composée d'*at* et de *tamen*, et signifie proprement :

1° Toutefois, cependant, néanmoins (καί). Gen. 38. 26. *Attamen ultra non cognovit eam* : Juda ne connut point néanmoins depuis Thamar.

2° Au moins (πλήν). Soph. 3. 7. *Attamen timebis me* : Au moins après cela vous me craindrez, dit Dieu aux peuples qu'il a désolés et aux villes qu'il a ruinées

3° Et aussi (καί). 3. Reg. 15. 6. *Attamen bellum fuit inter Roboam et Jeroboam* : Il y eut aussi guerre entre Roboam et Jéroboam.

ATTENDERE, προσέχειν. Ce verbe est composé d'*ad* et de *tendere*, et l'accusatif *animum* est, ou exprimé, ou sous-entendu, et signifie proprement, être attentif, dans l'Ecriture : — 1° Considérer quelque chose, faire attention, appliquer son esprit à quelque chose. Ps. 77. 1. *Attendite, popule meus, Legem meam*; i. e. *attendite animum ad Legem* : Ecoutez ma loi, ô mon peuple. Job. 21. 5. *Attendite me* : Jetez les yeux sur moi, dit Job à Sophar, qu'il invite à comparer la fidélité avec laquelle il a toujours servi Dieu, avec ses douleurs présentes qui étaient extrêmes. 1. Tim. 4. 16. *Attende tibi et doctrinæ* : Veillez sur vous-même et sur l'instruction des autres, dit saint Paul à son disciple. — 2° Etre attentif, écouter attentivement. Prov. 7. 24. *Attende verbis oris mei* : Le Sage donne ici à la jeunesse pour armes, contre les attaques de l'impureté, la méditation de la parole de Dieu. Deut. 27. 9. 2. Par. 20.15.c.33. 10.etc. — 3° Prendre garde, veiller, se donner de garde. Matt. 6. 1. *Attendite ne justitiam vestram faciatis coram hominibus, ut videamini ab eis* : Prenez garde de ne faire pas vos bonnes œuvres devant les hommes pour en être regardés. Act. 20 28. *Attendite vobis et universo gregi* : Prenez donc garde à vous-mêmes, et à tout le troupeau sur lequel le Saint-Esprit vous a établis évêques pour gouverner l'Eglise de Dieu, dit saint Paul aux prêtres d'Ephèse. Eccli. 6 13. *Ab amicis tuis attende* : Donnez-vous de garde de vos amis; l'Ecriture entend des amis communs et non de l'ami fidèle. — 4° S'arrêter, s'appuyer sur quelque chose (ἐπέχειν). Eccli. 5. 1. *Noli attendere ad possessiones iniquas* : Ne vous reposez point sur vos richesses injustes. Voy. INIQUUS. c. 34. 2. c. 37. 14. Jerem. 29. 8. Ainsi, 2. Petr. 1. 19. *Et habemus firmiorem Propheticum sermonem cui benefacitis attendentes quasi lucernæ lucenti* : Vous faites bien de vous arrêter aux oracles des prophètes, comme à une lampe qui luit dans un lieu obscur, jusqu'à ce que le jour commence à paraître, et que l'étoile du matin se lève dans vos cœurs. Saint Pierre loue les Juifs dispersés de s'attacher à la lecture des prophètes, les regardant comme la base et le fondement de la foi, puisqu'ils ont suffisamment parlé de la puissance et de la venue de Jésus-Christ. — 5° S'attacher avec estime et respect (προσέχειν). Sap. 14. 30. *Attendentes idolis* : Les hommes idolâtres ont eu des sentiments impies de Dieu en révérant les idoles. Act. 8. 11. 1. Tim. 4. 1.

ATTENTE, ἐκτενῶς. Attentivement, avec attention et application (σφόδρα). Jos. 22. 5. *Ita dumtaxat, ut custodiatis attente mandatum et legem* : Ayez soin seulement d'observer exactement les commandements et la loi que Moïse vous a prescrite, dit Josué aux tribus de Ruben et de Gad, et à la demi-tribu de Manassé, les renvoyant dans leur pays. 1 Petr. 1. 22.

ATTENTIO, ONIS, attention : dans l'Ecriture, précaution, circonspection, mesure (προσευχή, *provida ratio*). Sap. 12. 20. *Inimicos servorum tuorum cum tanta cruciasti attentione* : Vous avez puni les ennemis de vos serviteurs avec tant de précaution. Ces mesures et ces précautions dont Dieu s'est servi pour punir les ennemis de son peuple, leur eussent pu donner lieu de faire pénitence.

ATTENTUS, A, UM, attentif, qui écoute attentivement, ou a l'esprit appliqué à quelque chose; dans l'Ecriture : Qui s'attend à quelque chose, qui s'y arrête. Thren. 4 17. *Defecerunt oculi nostri ad auxilium nostrum vanum, cum respiceremus attenti ad gentem quæ salvare non poterat* : Nos yeux se sont lassés dans l'attente d'un vain secours, en tenant nos regards attachés sur une nation qui ne pouvait nous sauver. Cette nation était les Egyptiens qui ne purent secourir les Juifs contre les Babyloniens.

ATTENUARE. Ce verbe vient de l'adjectif *tenuis*, et signifie proprement, diminuer; dans l'Ecriture : Détruire, consumer, anéantir (ἐξολοθρεύειν). Soph. 2. 11. *Attenuabit omnes deos terræ* : Le Seigneur anéantira tous les dieux de la terre. C'est l'effet de l'incarnation du Fils de Dieu. v. 14. d'où vient le passif en différentes significations.

ATTENUARI, ἐκλείπειν. — 1° Etre atténué, soit de forces, ou de biens, avoir le visage changé, n'être plus le même (ἀσθενεῖν). 2. Reg. 13. 4. *Quare sic attenuaris macie?* D'où vient que vous maigrissez ainsi, dit Jonadab à Amnon, qui brûlait d'amour pour Thamar. Job. 17. 1. *Spiritus meus attenuabitur* : Mes forces sont épuisées, dit Job dans l'excès de ses douleurs. c. 18. 12. Isa. 19. 6. Jerem. 14. 8. 2. Esdr. 5. 18. *Attenuatus erat populus* : Le peuple était extrêmement pauvre; les grandes levées qu'avaient faites les gouverneurs de la Judée avant le gouvernement d'Esdras avaient réduit le peuple en cet état. Voy. v. 15. Ainsi, Isa. 38. 14. Levit. 25. v. 25. 35. 47. — 2° Diminuer, être en moindre quantité. Isa. 19. 6. *Attenuabuntur et siccabuntur rivi aggerum* : Les ruisseaux diminueront; ce qui marque que toute la sagesse du monde qui avait inondé toute la terre, devait céder à l'humble science de la croix de Jésus-Christ.—3° Se consumer, être abaissé. Isa.17.4. *Attenuabitur gloria Jacob*. La gloire de Jacob se flétrira. Jerem. 30 19.

ATTERERE. Ce verbe est composé d'*ad* et de *terere*, et signifie proprement frotter quelque chose contre une autre, user, diminuer en frottant; dans l'Ecriture : — 1° User, consumer, détruire par l'usage, ou autrement (παλαιοῦν). Deut. 29. 5. *Non sunt attrita vestimenta vestra* : Vos vêtements ne sont point devenus vieux : savoir, pendant les quarante ans que les Israélites furent dans le désert. Job. c.18. 16. Isa. 51. 6. Ainsi, Job. 14. 12. *Donec atteratur cœlum* : Quand l'homme est mort, il ne ressuscitera point jusqu'à ce que le ciel soit consumé, mais ensuite renouvelé.—2° Presser, fouler, écraser (ἀποθλίβειν). Num. 22. 25. *Attrivit pedem*: L'ânesse, pressa le pied de Balaam qui était monté dessus ; ce fut en se serrant contre le mur à la vue de l'ange. Deut. 23. 1. *Attritis testiculis*: L'eunuque, dans lequel ce que Dieu a destiné à la conservation de l'espèce aura été écrasé, n'entrera point en l'assemblée du Seigneur.

§. 1. — Tourmenter, opprimer, accabler (ἀδικεῖν). Isa. 3. 15. *Quare atteritis populum meum ?* Pourquoi opprimez-vous, foulez-vous aux pieds mon peuple? dit Dieu aux juges, gouverneurs et magistrats de son peuple. 2. Reg. 21. 5. 3. Reg. 14. 24. 4. Reg. 13. 4. Ainsi, Isa. 53. 5. *Attritus est propter scelera nostra*: Jésus-Christ a été brisé pour nos crimes; Gr. ἐμαλακίσθη, *infirmatus est.*

§ 2. Tourmenter, inquiéter (καθαιρεῖν). Job. 19. 2. *Usquequo atteritis me sermonibus ?* Jusqu'à quand me tourmenterez-vous par vos discours? dit Job à Baldad.

ATTRITUS, A, UM, accoutumé depuis longtemps, endurci à quelque chose (σκληροκάρδιος). Ezech. 3. 7. *Domus Israel attrita fronte est*: La maison d'Israël a le front dur, est impudente. c. 23. 43. *Et dixi ei quæ attrita est in adulteriis*: Je dis de cette femme qui a vieilli dans l'adultère. C'est de Jérusalem ou de Samarie que le prophète dit qu'elle continuera à s'abandonner à ses désordres.

ATTESTATIO, διαμαρτυρία. Témoignage, assurance de quelque chose. Gen. 43. 3. *Denuntiavit nobis vir ille sub attestatione jurisjurandi*: Celui qui commande dans le pays d'Egypte nous a déclaré sa résolution avec serment. Juda raconte comme Joseph leur avait dit de n'être pas assez hardis de revenir se présenter devant lui sans amener avec eux Benjamin.

ATTINERE. Ce verbe qui est pris dans les auteurs quelquefois personnellement, quelquefois impersonnellement, vient d'*ad* et de *tenere*; étant pris impersonnellement tel qu'il est pris seulement en ce sens dans l'Ecriture, il signifie :

Appartenir à quelqu'un en quelque chose, le regarder (ἔχειν). Act. 24. 25. *Quod nunc attinet, vade*: C'est assez pour cette heure. Félix arrête Paul sur la matière du jugement dernier dont il lui parlait.

ATTINGERE, ἅπτεσθαι. Toucher légèrement et comme du bout des doigts ; ce qui se dit aussi d'une chose dans un discours, pour dire la toucher, en parler succinctement ; d'un pays, pour dire y arriver : dans l'Ecriture, 1° Toucher légèrement (ἅπτεσθαι). Levit. 15. 23. *Omne vas, super quo illa sederit, quisquis attigerit, lavabit vestimenta sua* : Quiconque touchera à toutes les choses sur lesquelles une femme, qui souffre ce qui dans l'ordre de la nature arrive chaque mois, se sera assise, lavera ses vêtements. 2° Toucher, être tout près. Ezech. 41. 6. *Et non attingerent parietem Templi* : Il y avait des arcs-boutants qu'on avait disposés pour servir d'appui à la charpenterie des chambres bâties au dehors tout autour du Temple, sans qu'elles touchassent à la muraille du Temple. Le Prophète fait le détail du Temple qui lui est représenté en vision. — 3° Prendre, usurper (βδελύσσειν, *violare*). Gen. 26. 29. *Nos nihil tuorum attigimus* : Nous n'avons pris rien de ce qui est à vous ; nous n'avons touché à rien, etc. Abimélech veut recouvrer l'amitié d'Isaac, et faire alliance avec lui. Prov. 23. 10. *Ne attingas parvulorum terminos* : Ne touchez point aux bornes des petits, en les remuant de la place où elles ont été plantées (μετατιθέναι, *transferre*). — 4° Atteindre, parvenir. Jos. 8. 13. *Ita ut novissimi illius multitudinis occidentalem plagam urbis attingerent* : Les derniers rangs de l'armée de Josué s'étendaient jusqu'à l'occident de la ville de Haï. Sap. 18. 16. *Usque ad cœlum attingebat* : Votre parole était comme un exterminateur impitoyable qui remplit tout de de meurtre, et se tenant sur la terre, il atteignait jusqu'au ciel ; ce qui signifie que tout ce que Dieu veut s'exécute et dans le ciel et sur la terre. c. 8. 2. *Attingit ergo a fine usque ad finem fortiter* : La sagesse atteint avec force depuis une extrémité jusqu'à l'autre ; c'est elle qui commence et achève en nous l'œuvre du salut (διατείνειν, *pertinere*). — 5° Pénétrer (διήκειν). Sap. 7. 24. *Attingit autem ubique propter suam mundiliam* : La sagesse se fait jour partout, jusque dans les replis du cœur de l'homme.

ATTOLLERE. αἴρειν. Hausser, lever en haut. Ps. 23. v. 7. 9. *Attollite portas, Principes, vestras* : Levez vos portes, ô princes ; ces portes s'ouvraient en se haussant ; cela s'entend des portes du Temple qui devait être bientôt bâti pour y faire reposer l'Arche qui est appelée du nom de Dieu même, parce qu'elle marquait sa présence. De cette signification vient cette phrase.

ATTOLERE OCULOS, ἀναβλέπειν. Elever les yeux, c'est-à-dire regarder. Gen. 43. 29. *Attollens autem Joseph oculos vidit Benjamin* : Joseph levant les yeux vit Benjamin, son frère, fils de Rachel, sa mère. Il avait déjà envisagé tous les autres, hors lui.

ATTONDERE. κείρειν, περικείρειν. Tondre, faire les cheveux, la barbe, etc., dans l'Ecriture :

1° Tondre, faire les cheveux. Levit. 19. 27. *Neque in rotundum attondebitis comam* : Vous ne couperez point vos cheveux en rond. Dieu défend ceci aux Israélites, pour ne point imiter les superstitions de plusieurs peuples idolâtres qui en usaient de la sorte pour honorer leurs idoles, et surtout les Arabes pour imiter Bacchus. C'est à ceux qui avaient violé ce précepte que s'adressent les menaces dans Jérémie, 9. 26. c. 49. 32. *Dispergam eos in omnem ventum qui sunt attonsi in comam, i. e. quorum capitis rasura desinit in circum qui in vertice relictus* : Je dispersera dans tous les coins de la terre ces gens qui se coupent les cheveux en rond, c'est-à-dire qui ne laissent qu'un toupet de cheveux sur le haut de la tête. c. 25. 23. Heb. qui habitent aux extrémités du monde ; l'Hébreu en ces endroits est capable de ce sens. Ainsi, Ezech. 44. 20. *Tondentes attondent capita sua* : Les prêtres et les lévites de la race de Sadoc ne raseront point leur tête, ni ne laisseront point non plus croître leurs cheveux, mais ils auront soin de les couper de temps en temps pour les tenir courts.

Quelques-uns croient vraisemblablement que cette défense de se couper les cheveux en rond, n'a été faite aux Juifs que pour les empêcher d'imiter ce que faisaient les païens aux funérailles de leurs parents ou amis, qui non-seulement se coupaient ou s'arrachaient les cheveux et la barbe, mais se les coupaient pour les offrir aux défunts, par superstition, en les jetant sur le visage ou sur le sépulcre du mort; c'est ce qu'on croit qui est précisément défendu par la Loi du Lévitique, 19, 27. comparé avec l'endroit du Deut. 14. 1. puisque d'ailleurs il paraît que les Juifs se coupaient ou s'arrachaient les cheveux aux funérailles de leurs proches, ce qu'on peut inférer de ce que dit Jer. 16. 6. et de ce que les prophètes, en prédisant aux Juifs les malheurs qui devaient leur arriver, les exhortent à se couper les cheveux, Jer. 7. 29. Mich. 1. 16. Ezech. 7. 18. et ailleurs; plusieurs néanmoins croient que les Juifs agissaient en cela contre la Loi du Lévitique et du Deutéronome,

2° Tailler en pièces, exterminer (διαστέλλειν). Nahum. 1. 12. *Sic quoque attondentur* : Ils tomberont comme les cheveux sous le rasoir; ceci s'entend des gens de Sennachérib qui furent tués par un ange, au nombre de 185.000.

ATTONITUS, A, UM. Cet adjectif vient du verbe *tono*, parce qu'un foudre qui tombe proche nous, et le bruit prochain des tonnerres, jettent de l'étonnement, et signifie proprement, étonné; dans l'Ecriture, étonné, qui est dans la crainte et la frayeur (ἐξίστασθαι). Ezech. 26. 16. *Attoniti super repentino casu tuo admirabuntur* : Tous les princes de la mer étant remplis de frayeur seront frappés d'un profond étonnement de votre chute si soudaine. Le Prophète parle de l'effet que la destruction entière de Tyr devait faire sur l'esprit des princes ses voisins. De ce mot vient cette phrase :

ATTONITI OCULI, — 1° Yeux égarés, qui marquent un esprit superbe. Job. 15. 12. *Quasi magna cogitans attonitos habes oculos?* Hebr. et Gr. *quid innuunt oculi tui?* Pourquoi l'égarement de vos yeux témoigne-t-il l'orgueil de vos pensées (ἐπιφέρειν)? — 2° Yeux fixes et arrêtés (στηρίζειν ὀφθαλμούς, *firmare oculos*). Prov. 16. 30. *Qui attonitis oculis cogitat prava* : Celui qui pense à de noirs desseins avec un œil fixe, exécute en mordant ses lèvres : Hebr. avec des yeux fermés, pour méditer avec plus d'attention sur ses mauvais desseins. Ceci est la description d'un méchant homme, qui, ayant résolu de faire une méchante action, l'exécute avec une audace et une résolution qui paraissent sur son visage.

ATTRAHERE, ἑλκύειν. Ce verbe vient d'*ad* et de *trahere*, et signifie proprement :

Tirer à soi, attirer. Tob. 6. 4. *Attraxit eum in siccum*: Tobie tira ce poisson sur la terre; ce fut le foie de ce poisson qu'il mit sur les charbons, pour chasser le démon de la chambre, la première nuit qu'il fut avec Sara, sa femme.

Phrases tirées de cette signification.

ATTRAHERE SPIRITUM OU VENTUM. — 1° Respirer. Ps. 118. 131. *Os meum aperui et attraxi spiritum, quia mandata tua desiderabam* : L'ardeur que j'ai pour votre loi, m'oblige de respirer l'air de temps en temps. 2° Respirer après la jouissance de l'objet d'une passion brutale (πνευματοφορεῖν). Jerem. 2. 24. *Onager assuetus in solitudine præ desiderio animæ suæ attraxit ventum amoris sui* : Jerusalem est un âne sauvage accoutumé à vivre dans le désert, qui, sentant de loin ce qu'il aime, court après avec ardeur, sans que rien l'en puisse détourner. Le Prophète marque comme les Juifs s'abandonnaient aveuglément à l'impiété et à la corruption de leur cœur.

§ 1. Faire approcher, attirer, faire venir à soi. Jerem. 31. 3. *In charitate perpetua dilexi te, ideo attraxi te miserans* : Je vous ai aimée d'un amour éternel. Dieu témoigne aux Juifs qu'il ne les a jamais abandonnés, mais qu'il les a toujours aimés, lors même qu'il les a châtiés, ses châtiments étant un pur effet de sa miséricorde. Ps. 9. 31.

§ 2. Attirer sur soi, se procurer quelque mal. Eccli. 28. 23. *Beatus qui non attraxit jugum illius* : Heureux celui qui n'a point attiré sur lui le joug de la langue maligne.

ATTRECTARE, ψηλαφεῖν. Toucher, manier : dans l'Ecriture, — 1° Tâter avec la main, chercher à tâtons. Gen. 27. 12. *Si attreetaverit me pater meus* : Esaü a le corps velu, et moi je n'ai point de poil ; si donc mon père vient à me tâter, répond Jacob à Rebecca, sur ce qu'elle lui conseille de prendre des moyens pour obtenir la bénédiction de son père, au lieu d'Esaü. Isa. 59. 12. — 2° Trouver comme avec la main, ce qui se dit de la connaissance de Dieu par les créatures. Act. 17. 27. *Quærere Deum si forte attrectent eum* : Dieu a donné aux hommes toute l'étendue de la terre pour demeure.... afin qu'ils le cherchassent et qu'ils tâchassent de le trouver comme avec la main et à tâtons, c'est-à-dire de le connaître par les créatures, comme on tâche au milieu des ténèbres de découvrir à tâtons ce que l'on cherche.

ATTRIBUTUS, A, UM, attribué à quelqu'un, qui lui est imputé, comme en disant qu'il en est l'auteur ou la cause ; donné, ou destiné à quelqu'un comme sa part : dans l'Ecriture, — 1° Donné, attribué. Num. 36. 12. *Possessio quæ illis fuerat attributa, mansit in Tribu et familia patris eorum* : Les filles de Salphaad ayant épousé les fils de leur oncle, le bien qui leur avait été donné demeura dans la tribu et dans la famille de leur père. — 2° Destiné pour quelqu'un, né pour lui appartenir (διανέμειν). Deut. 29. 26 *Servierunt diis alienis et adoraverunt eos quos nesciebant, et quibus non fuerant attributi* : Parce qu'ils ont servi et adoré des dieux étrangers qui leur étaient inconnus, et au culte desquels ils n'avaient point été destinés, la fureur du Seigneur s'est allumée contre eux ; Gr. dont ils n'avaient jamais reçu aucun bien. Moïse témoigne ici la sévérité effroyable avec laquelle Dieu punira ceux qui auront quitté son culte.

AVAH, Heb. *Iniquitas*, pays de l'Arabie Déserte, dont le roi des Assyriens s'était rendu maître, et en avait fait venir les habitants à Samarie. 4. Reg. 17. 24. c. 18. 34. c. 19. 13. Isa. 37. 13. On croit que c'étaient ces anciens habitants de la Palestine Hévéens, qui en ayant été chassés par les Cappadociens, s'étaient réfugiés en Arabie. Ces Cappadociens demeuraient le long de la côte de la mer, depuis Gaza jusqu'à l'Egypte. Deut. 2. 23. Voy. Hevæi.

AVARE, par avarice, avec un esprit d'avarice, avec une passion déréglée pour le bien, pour les richesses (πλεονεξία). Job. 27. 8. *Si avare rapiat, et non liberet Deus animam ejus* : Quelle est l'espérance de l'hypocrite, s'il ravit le bien d'autrui par son avarice, et si Dieu ne délivre point son âme ? Eccli. 22. 27. *Principes ejus in medio illius quasi lupi rapientes... et ad perdendas animas, et avare ad sectanda lucra* : Les princes de la terre d'Israël étaient au milieu d'elle comme des loups toujours attentifs à perdre les âmes, et à chercher leur gain de tous côtés, pour satisfaire leur avarice. c. 22. 12.

AVARITIA, Æ, πλεονεξία. Avarice, passion déréglée pour le bien, pour les richesses : dans l'Ecriture :

1° Avarice, désir excessif d'acquérir ou de conserver du bien. Luc. 12. 15. *Cavete ab omni avaritia* : Ayez soin de vous bien garder de toute avarice. Ici Jésus-Christ entend par avarice, non-seulement le désir d'avoir le bien d'autrui, mais même un désir de cupidité et d'avarice de son propre bien. Heb. 13. 5. *Sint mores sine avaritia* : Que votre vie soit exempte d'avarice. Amos 9. 1.

2° Désir insatiable de contenter ses passions déshonnêtes. Eph. 4. 19. *Desperantes semetipsos tradiderunt impudicitiæ, in operationem immunditiæ omnis in avaritiam* : Les Gentils s'abandonnent à la dissolution pour se plonger avec une ardeur insatiable dans toute sorte d'impuretés ; Gr. ἐν πλεονεξίᾳ. Ce mot signifie la convoitise excessive des biens, des honneurs et des plaisirs. C'est en ce dernier sens que quelques-uns expliquent encore ce mot, Ephes. 5. 3. Rom. 1. 29. quoique d'autres prennent en ces mêmes endroits, le mot *avaritia* dans sa première signification.

3° Effet d'avarice, action sordide. 2. Cor. 4. 5. *Præparent quasi benedictionem, non tamquam avaritiam* : J'ai jugé nécessaire de prier nos frères de vous aller trouver avant moi, afin qu'ils aient soin que la charité que vous avez promis de faire, soit un don offert par la charité, et non arraché à l'avarice. Ces aumônes et charités étaient pour les pauvres de Jérusalem.

AVARUS, A, UM, φιλάργυρος, πλεονέκτης. Cet adjectif est dérivé du verbe *avere*, comme qui dirait *avidus æris*, et signifie :

Avare, passionné pour le bien, pour les richesses, qui agit par avarice. Eccli. 5. 9 *Avarus non impletur pecunia* : L'avare n'aura jamais assez d'argent. Eccli. 10. 9. *Avaro nihil est scelestius* : Rien n'est plus détestable que l'avare. Ephes. 5. 5. *Scitote intelligentes quod omnis avarus, quod est idolorum servitus, non habet hæreditatem in Regno Christi et Dei* : Sachez que nul avare, ce qui est une idolâtrie, ne sera héritier du royaume de Jésus-Christ et de Dieu. Un avare est traité d'idolâtre, en ce qu'il met toute sa confiance en ses biens plutôt qu'en Dieu. 1. Cor. 5. 11.

AUCEPS, 'aucupis, ἰξευτής. Ce nom est composé d'*avis* et de *capere*, et signifie, oiseleur, qui prend des oiseaux à la glu ou aux filets. Jerem. 5. 26. *Quia inventi sunt in populo meo impii insidiantes quasi aucupes, laqueos ponentes et pedicas ad capiendos viros* : Parce qu'il s'est trouvé parmi mon peuple des impies qui dressent des pièges comme on en dresse aux oiseaux, et qui tendent des filets pour y surprendre les hommes. Le Prophète parle de l'hypocrisie et de l'adresse de ceux qui surprennent et dépouillent les simples et de la punition et de la vengeance que Dieu en tire. Prov. 6. 5. Amos 3. 5.

AUCUPIUM, II. Ce nom vient d'*auceps*, et signifie proprement la chasse aux oiseaux; ce qui se dit aussi du gibier; les oiseaux mêmes qu'on a pris ou tués à la chasse : dans l'Ecriture :

Chasse aux oiseaux avec des filets. Levit. 17. 13. *Si venatione atque aucupio ceperit feram vel avem quibus vesci licitum est, fundat sanguinem ejus* : Si quelqu'un prend à la chasse quelqu'une des bêtes, ou au filet quelqu'un des oiseaux dont il est permis de manger, qu'il en fasse sortir tout le sang, et qu'il le couvre de terre. Quiconque mangeait du sang était puni de mort.

AUCTOR, IS. Ce nom vient du supin *auctum*, et signifie proprement, qui augmente; de là, auteur de quelque chose, qui l'a faite par soi-même, et non par un autre : celui qui entreprend et conduit une affaire, et qui en est comme le premier moteur; qui conseille et donne avis; auteur qui a donné quelque livre au public; garant : dans l'Ecriture : 1° Auteur qui a fait quelque chose. Judic. 6. 29. *Cumque perquirerent auctorem facti* : Et cherchant partout qui était l'auteur de cette action, on leur dit : C'est Gédéon ; il avait abattu l'autel de Baal. — 2° Auteur, chef, prince (ἀρχηγός). Act. 3. 15. *Auctorem vero vitæ interfecistis* : Vous avez demandé qu'on accordât la grâce d'un homme qui était un meurtrier; et vous avez fait mourir l'Auteur de la vie. Ce que saint Pierre déclare aux Juifs, en les exhortant de faire pénitence et de se convertir. Voy. v. 19. Heb. 2. 10. *Decebat eum qui multos filios in gloriam adduxerat, Auctorem salutis eorum per passionem consummare* : Dieu a jugé à propos de conduire à la gloire par les souffrances son Fils unique, aussi bien que ses autres enfants, lui qui devait être le chef et le prince de leur salut. c. 12. 2. Act. 24. 5. —

3° Chef, qui conduit, qui porte à quelque

chose (πρωτοστάτης). Act. 24. 5. *Invenimus hunc hominem auctorem seditiónis sectæ Nazarenorum* : Saint Paul était regardé comme le chef des premiers chrétiens, appelés Nazaréens. Voy. NAZARENUS. 1. Esdr. 5. 4. — 4° Auteur, écrivain ; (συγγραφεύς ; *scriptor*). 2. Mach. 2. 29. *Veritatem quidem de singulis, auctoribus concedentes* ; Gr. *auctori* : Un abréviateur, tel qu'est l'auteur de ce livre, n'entre point dans le détail ; mais, v. 31. *Curiosius partes singulas quasque disquirere, historiæ congruit auctori* ; Gr. ἀρχηγέτῃ, au premier auteur ; mais il est du devoir de celui qui compose toute une histoire de rechercher avec un grand soin les circonstances particulières de ce qu'il raconte. — 5° Meurtrier, qui tue de sa main (αὐθέντης). Sap. 12. 6. *Et auctores parentes animarum inauxiliatarum perdere voluisti* : Les Chananéens immolaient leurs propres enfants à l'idole de Moloch. Le mot αὐθέντης, ne signifiait proprement que celui qui tue de sa propre main, ou soi, ou un autre : et ce n'est que depuis mille ans, ou environ, qu'il a signifié la même chose que le mot latin *auctor*, dit Giza.

AUCTORITAS, ATIS, autorité, crédit, pouvoir, puissance. 3. Reg. 21. 7. *Grandis auctoritatis es* : Vous avez sans doute un grand pouvoir, dit à Achab Jésabel, sa femme, qui l'animait à ravir la vigne de Naboth.

AUCUPIUM. Voy. *post* AUCEPS.

AUDACIA, Æ, θράσος, τόλμα. Audace, présomption, hardiesse, courage pour entreprendre quelque chose de difficile : dans l'Ecriture, 1° Hardiesse, effronterie, insolence. 1. Mach. 4. 32. *Tabefac audaciam virtutis eorum* : Faites-les sécher de frayeur en abattant cette audace que leur inspirent leurs forces, dit Judas à Dieu dans sa prière contre l'armée d'Antiochus, commandée par Lysias. 2. Mach. 5. 18. c. 8. 18. Sap. 12. 17. — 2° Confiance, fermeté, résolution. Judith. 16. 12. *Medi audaciam ejus horruerunt* : Les Perses ont été épouvantés de la constance de Judith, et les Mèdes de sa hardiesse ; ce fut quand elle eut coupé la tête à Holopherne. 2. Par. 17. 26. 1, Mach. 4. 35. 2. Mach. 13. 18 D'où vient cette phrase tirée de ce mot.

SUMERE AUDACIAM ; ὑψοῦσθαι, *attolli*, prendre une résolution ferme. 2. Par. 17. 6. *Cum sumpsisset cor ejus audaciam in viis Domini* : Comme le cœur de Josaphat était plein de force et de zèle pour l'observation des préceptes du Seigneur, il fit abattre dans Juda les hauts lieux et les bois consacrés aux idoles. Voy. SUMERE.

AUDACTER, avec audace et présomption, avec hardiesse : dans l'Ecriture, 1° Hardiment, courageusement (θράσει). 1. Mach. 6. 45. *Cucurrit ad eam audacter* : Eléazar alla résolument attaquer cet éléphant ; il crut que le roi était dessus. 2. Mach. 14. 43. Marc. 15. 43. —2° Insolemment, audacieusement. Job. 12. 6. *Abundant tabernacula prædonum, et audacter provocant Deum* : Les maisons des voleurs publics sont dans l'abondance, et ils défient Dieu avec insolence. Gen. 34. 30. 2. Reg. 18. 13. — 3° Hardiment, sans rien craindre. Job. 39. 24. *Exsultat audacter* : Le cheval s'élance avec audace. Judic. 20. 31. D'où vient le comparatif

AUDACIUS, τολμηρότερον. Trop librement. Rom. 15. 15. *Audacius autem scripsi vobis* : Je vous ai écrit un peu trop librement ; ce que saint Paul leur dit, parce qu'il leur avait marqué leurs défauts, les en reprenant apparemment avec plus de force et d'autorité ; que peut-être ils n'attendaient d'un homme comme lui, qu'ils n'avaient point encore vu.

AUDAX, CIS, θρασύς, εῖα. Cet adjectif est dérivé du verbe *audere*, et signifie proprement, audacieux, plein d'audace jusqu'à l'excès : dans l'Ecriture, — 1° Fier, hardi. Sap. 11. 18. *Audaces leones* : Il n'eût pas été difficile à la main toute-puissante de Dieu d'envoyer contre les Egyptiens une multitude d'ours et de fiers lions. — 2° Audacieux, prêt à faire violence et à tout entreprendre (τολμηρός). Eccli. 8. v. 18. 19. *Cum audace non eas in via* : Ne vous engagez point à aller avec un homme audacieux. 2. Petr. 2. 10. — 3° Hardi, impudent. Eccli. 22. 5. *Patrem et virum confundit audax* : La femme hardie couvre de confusion son père et son mari.

AUDENTER. Voy. *post* AUDERE.

AUDERE, τολμᾶν. Ce verbe vient d'*aveo*, insérant un *d*, parce que quand on ose entreprendre quelque chose, on désire qu'elle se fasse, et signifie proprement oser faire, oser dire ; dans l'Ecriture :

1° Oser, ne point craindre. Rom. 5. 7. *Pro bono forsitan quis audeat mori* : Peut-être néanmoins que quelqu'un aurait la force de donner sa vie pour un homme de bien. Ici l'Apôtre témoigne que ce serait l'effet d'une vertu très-rare de donner sa vie pour un juste ; mais que Jésus-Christ a donné la sienne pour tous les hommes, lors même qu'ils étaient dans le péché. 1. Cor. 6. 1. *Audet aliquis vestrum* : Comment se trouve-t-il quelqu'un parmi vous qui, ayant un différend avec son frère, ose l'appeler en jugement devant les méchants et les infidèles, et non pas devant les saints ? Rom. 10. 20. *Isaias autem audet, et dicit* : Isaïe dit hautement, j'ai été trouvé pour ceux qui ne me cherchaient pas. Ici l'Apôtre témoigne qu'Isaïe, dans cet endroit, parle de la vocation et de la conversion des Gentils à l'Evangile. 2. Cor. 10. 2. c. 11. 21. Eph. 6. 20. Philipp. 1. 14.

2° Etre plein de confiance (θαρρεῖν). 2. Cor. 5. 6. *Audentes igitur semper* : Nous sommes donc toujours pleins de confiance. L'Apôtre parle de cette confiance qu'ont les vrais fidèles et chrétiens parmi tous les dangers de cette vie, se tenant assurés de leur salut par ce gage de l'Esprit de Dieu qu'ils ont reçu. v. 8.

AUDENTER, κατὰ παρρησίαν. Hardiment, avec hardiesse et liberté. Act. 2. 20. *Liceat audenter dicere de patriarcha David* : Qu'il me soit permis de vous dire hardiment du patriarche David. Saint Pierre fait voir que ces paroles du Prophète royal : *Vous ne laisserez point mon âme dans l'enfer, et vous ne permettrez point que votre saint éprouve la corruption*, ne peuvent s'entendre de David, puisqu'on voyait encore son tombeau du temps de saint Pierre ; mais de Jésus-Christ, que Dieu a ressuscité, et de la résurrection duquel saint Pierre assure que lui et tous les autres apôtres et disciples sont témoins.

AUDIRE, ἀκούειν. Ce verbe vient du nom grec αὐδή, *sonus*, parce que le son est l'objet de l'ouïe, et signifie proprement, ouïr, ou entendre quelqu'un qui parle, qui chante, qui crie, etc. ouïr ou entendre un son, du bruit, etc. : dans l'Ecriture :

1° Ouïr, entendre des oreilles. Gen. 3. 8. *Et cum audissent vocem Domini deambulantis in Paradiso* : Lorsqu'ils eurent entendu la voix du Seigneur Dieu qui se promenait dans le Paradis. v. 10. Matt. 11. 4. *Surdi audiunt* : Jésus-Christ charge deux disciples de saint Jean de lui dire de sa part que ceux qui étaient auparavant sourds, étaient guéris et entendaient, comme eux-mêmes en étaient témoins. Exod. 19. 9. Deut. 4. 12. Ainsi, Joan. 5. 37. *Neque vocem ejus umquam audistis* : Vous dites que Moïse a entendu la voix de Dieu (Voy. c. 9. 29.) : mais pour vous, il paraît bien par votre conduite que vous n'avez jamais entendu la voix de Dieu, mon Père. C'est ce que Jésus-Christ dit aux Juifs. c. 5. 25. Ps. 30. 14. etc. Ce qui se dit figurément: 1° Des cieux et de la terre ; *Audite cœli quæ loquor; audiat terra verba oris mei* : Cieux, écoutez ce que je vas dire ; que la terre entende les paroles de ma bouche. Isa. 1. 2. 2° De la mort. Job. 28. 22. *Perditio et mors dixerunt auribus nostris, audivimus famam ejus* : La perdition et la mort ont dit : nous avons entendu parler de la sagesse. Voy. Mors, et PERDITIO.

2° Ouïr avec attention, s'appliquer à entendre et comprendre. Ps. 44. 11. *Audi, filia, et vide, et inclina aurem tuam* : Ma fille, ouvrez vos yeux, et ayez l'oreille attentive. Le Prophète invite l'Eglise à entendre la voix de Jésus-Christ, et à considérer ce qu'il a fait depuis pour elle. 1. Reg. 3. v. 9. 10. *Loquere, Domine, quia audit servus tuus* : Parlez, Seigneur, parce que votre serviteur vous écoute, répond Samuel à Dieu qui l'appelle, selon ce que lui avait dit Elie de répondre.

3° Entendre de l'esprit, comprendre. 1. Cor. 14. 2. *Qui enim loquitur lingua, non hominibus loquitur, sed Deo, nemo enim audit* : Personne n'entend celui qui parle une langue inconnue. Par ce langage inconnu, saint Paul entend la parole de Dieu prêchée par un homme qui la comprend, sans avoir le don de la faire comprendre aux autres. Matt. 13. 15. *Auribus graviter audierunt* : Les oreilles de ce peuple sont devenues sourdes. Cette surdité s'entend, et des oreilles du corps et de l'intelligence de l'esprit, les Juifs ne voulant ni écouter ni comprendre les vérités qui leur étaient annoncées. Matt. 11. 15. *Qui habet aures audiendi, audiat* : Que celui qui a reçu de Dieu l'esprit d'intelligence, et le don de la foi, qui est l'oreille de l'âme, prenne garde attentivement à ceci, dit Jésus-Christ sur ce qu'il vient de dire, que la loi et les prophètes n'ont subsisté que jusqu'à saint Jean, et que depuis, le royaume du ciel souffre violence. Gen. 11. 7.

4° Croire, acquiescer aux paroles de quelqu'un, l'écouter, lui obéir, pratiquer ce que l'on entend. Deut. 29. 4. *Non dedit vobis Dominus aures quæ possint audire* : Dieu, jusqu'au temps qu'il délivra les Juifs de la tyrannie de Pharaon, ne leur avait point encore donné des oreilles qui pussent entendre ; c'est-à-dire cette docilité pour obéir. Prov. 13. 1. *Qui illusor est, non audit cum arguitur* : Celui qui se moque, n'écoute point quand on le reprend. Matt. 7. 5. *Ipsum audite* : Celui-ci est mon Fils bien-aimé, écoutez-le, dit de Jésus-Christ le Père éternel. Gen. 3. 17. c. 21. 12. c. 27. v. 13. 43. Exod. 3. 18. c. 4. 1. Luc. 10. 16. Ainsi, Joan. 6. 60. *Quis potest eum audire ?* Qui peut écouter ces paroles et y acquiescer ? Il s'agissait de manger la chair et de boire le sang de Jésus-Christ. c. 4. 5.

5° Apprendre, être enseigné. Habac. 3. 2. *Domine, audivi auditionem tuam* : Seigneur, j'ai entendu votre parole, et j'ai été saisi de crainte, dit le prophète à la vue et à la connaissance qui lui était donnée des effroyables jugements dont Dieu menaçait son peuple. V. AUDITIO 1°. Joan. 3. 32. *Et quod vidit, et audivit, hoc testatur* : Celui qui est venu du ciel rend témoignage de ce qu'il a vu et de ce qu'il a entendu, dit saint Jean de Jésus-Christ ; dans ce sens, qu'étant consubstantiel avec le Père éternel, il n'avait pas appris de nouveau quelque chose qu'il eût ignoré ; mais il parle de cette connaissance éternelle que Jésus-Christ avait reçue de Dieu. c. 6. 45. c. 5. 30. c. 8. v. 26. 40. Prov. 1. 8. c. 4. 1. Amos 3. 1. c. 4. 1. c. 5. 1. 2. Cor. 12. 4.

6° Connaître, voir, et entendre manifestement. 2. Reg. 17. 5. *Audiamus quid etiam ipse dicat* : Sachons aussi l'avis de Chusaï d'Arach, dit Absalom sur l'avis que lui avait donné Achitophel contre David. Ps. 30. 14. *Audivi vituperationem multorum commorantium in circuitu* : J'ai entendu les reproches injurieux de plusieurs de ceux qui demeurent aux environs. Ps. 65. 8.

7° Ouïr dire, apprendre. v. 5. *Audiens charitatem tuam* : Me souvenant sans cesse de vous dans mes prières, je rends grâces à mon Dieu, apprenant votre charité envers les saints. Joan. 9. 32. *A sæculo non est auditum* : Depuis que le monde est, on n'a jamais ouï dire que personne ait ouvert les yeux à un aveugle-né : cet homme apporte sa guérison pour preuve que Jésus-Christ était envoyé de Dieu. Gen. 21. 26. c. 4. 15. c. 42. 2. Luc. 23. 6. etc. Ainsi, Ps. 9. 12. *Et in insurgentibus in me malignantibus audiet auris mea* : Et mon oreille entendra parler de la punition des méchants qui s'élèvent contre moi. David parle dans l'assurance et la confiance qu'il avait en Dieu.

8° **Exaucer**, se rendre favorable aux prières. Joan. 11. 42. *Sciebam quia semper me audis.* Je savais que vous m'exauciez toujours. Jésus-Christ parle à son Père comme homme et comme médiateur des hommes. c. 9. 3. *Scimus quia Deus peccatores non audit*: Dieu n'exauce point les pécheurs qui ne veulent pas se convertir. Gen. 42. 21. Exod. 16. v. 8. 12.

9° **Connaître pour venger**. 2. Esd. 4. 4. *Audi, Deus noster*: Ecoutez, Seigneur notre Dieu. Esdras demande à Dieu de faire tomber sur ceux qui se raillaient, les insultes qu'ils faisaient à ceux qui rebâtissaient les murs de Jérusalem. Ps. 77. 21. *Ideo audivit Dominus*: Dieu écouta les Juifs, qui demandaient s'il pourrait bien leur préparer une table dans le désert; c'est pourquoi ils furent punis par le feu. Num. 11. 1.

Phrase tirée de la première signification, en tant que ce verbe vient du Grec ἀοή, sonus.

Auditum *audire ab aliquo*. Entendre une voix qui vient de quelqu'un, entendre ce qu'il nous dit. Jerem. 49. 14. *Auditum audivi a Domino*: J'ai entendu une voix qui venait du Seigneur. Le prophète prédit l'union que doivent faire les ennemis pour marcher contre les Iduméens.

Phrases tirées de la quatrième signification.

Auditu audire, εἰσακούειν. — **Audire auditionem**. Ecouter avec soumission, écouter pour obéir. Zach. 6. 15. *Erit autem hoc, si auditu audieritis vocem Domini Dei vestri*: Tout ce que le prophète demande des Juifs pour se rendre dignes de la miséricorde de Dieu qu'il leur promet, est qu'ils écoutent la parole de Dieu, et qu'ils y obéissent. Job. 37. 2. *Audite auditionem*; Heb. *audite audiendo*: Ecoutez avec une profonde attention. Ces répétitions *auditus* et *auditio* marquent une plus grande attention.

Phrases tirées de la sixième signification.

Auditum *facere aliquid alicui*, ἀκουτίζειν. Faire connaître, faire ressentir quelque chose à quelqu'un. Ps. 75. 9. *De cœlo auditum fecisti judicium*: Vous avez fait entendre du ciel le jugement que vous avez prononcé; ce qui s'entend de cette condamnation à la mort de cent quatre-vingt cinq mille hommes de l'armée de Sennachérib; et ce qui se peut aussi entendre du dernier jugement des superbes et orgueilleux qui auront foulé aux pieds les pauvres. Ps. 142. 8. *Auditam fac mihi mane misericordiam tuam*: Faites-moi sentir promptement votre miséricorde.

Phrases tirées de la septième signification.

Audire *aliquid in ore alicujus*. Ouïr parler à quelqu'un de quelque chose (εἰς ἀκοὴν εἶναι) Ezech. 16. 56. *Non fuit autem Sodoma soror tua audita in ore tuo*: On ne vous a point entendu parler de la ruine de votre sœur Sodome au temps de votre gloire. Dieu reproche aux Juifs de ne s'être point souvenus de la destruction de Sodome, afin d'éviter les châtiments qu'ils méritaient.

Audire *aliquid de ore alicujus*, ouïr quelque chose de la propre bouche de quelqu'un. Luc. 22. 71. *Ipsi enim audivimus de ore ejus*: Nous l'avons ouï dire nous-mêmes de sa propre bouche qu'il est le Fils de Dieu, disent les Juifs dans leur conseil.

Bene audire, καλῶς ἀκούειν. Etre dans l'estime des hommes. 2. Mach. 14. 37. *Rasias vir amator civitatis, et bene audiens qui pro affectu pater judæorum appellabatur*: On accusa auprès de Nicanor Rasias, homme zélé pour la ville, qui était en grande réputation, et qu'on appelait le père des Juifs, à cause de l'affection qu'il leur portait. Rasias se tua lui-même, plutôt que de tomber entre les mains de Nicanor.

AUDITIO, ONIS, ἀκοή. L'action d'écouter; c'est aussi un bruit commun de quelque chose: dans l'Ecriture, — 1° La chose même qui se dit, et qui est entendue, soit qu'elle soit publique ou non. Habac. 3. 2. *Domine, audivi auditionem tuam*: Seigneur, j'ai entendu ce que vous avez dit, savoir: que vous avez résolu la ruine de votre peuple par les Chaldéens. Nahum. 3. 19. *Omnes qui audierunt auditionem tuam*: Tous ceux qui ont ouï parler de votre ruine s'en sont réjouis. Le prophète parle de Ninive, capitale d'Assyrie. Ose. 7. 12. *Cædam eos secundum auditionem cœtus eorum*: Je les punirai comme ils ont appris dans leurs assemblées que je le ferais. Le prophète parle des tribus qui adoraient les veaux d'or. Ps. 111. 7. *Ab auditione mala non timebit*: Le juste ne craindra point d'entendre mal parler de lui; ou bien, il ne craindra rien pour lui quand il entendra parler de quelque chose d'affligeant. — 2° Bruit, nouvelles de quelque chose. Jerem. 10. 22. *Vox auditionis ecce venit*: On parle de la venue des ennemis. c. 51. 46. *Veniet in anno auditio et post hunc annum auditio*: Le prophète parle du siège de Babylone, dont la nouvelle venait d'année en année. — 3° Ce mot *auditio* marque l'application de l'esprit, lorsqu'il est le cas du verbe *audire*. Job. 37. 2. *Audite auditionem*: Ecoutez avec attention.

AUDITOR, ἀκροατής, ἀκουστής. Auditeur qui écoute une personne qui parle en public, disciple qui étudie ou a étudié sous quelqu'un; dans l'Ecriture:

Qui écoute, qui entend. Rom. 2. 13. *Non auditores legis justi sunt apud Deum*: Pour être juste, il ne suffit pas d'écouter la loi, il faut encore la pratiquer. Job. 31. 35. Jac. 1. v. 22. 23. 25. ce qui se dit figurément de Dieu, pour marquer que Dieu connaît. Sap. 1. 6. *Est spiritus sapientiæ linguæ ejus auditor*: La sagesse est un esprit qui entend les paroles de la langue du médisant. De cette propre signification vient cette façon de parler.

Auditor sermonum Dei. Prophète qui entend les paroles de Dieu (ἀκούων). Num. 24. v. 4. 16. *Dixit auditor sermonum Dei*: Voici ce que dit celui qui entend les paroles de Dieu. C'est Balaam parlant de lui-même, et qui va donner des bénédictions aux Israélites.

AUDITORIUM, ii, ἀκροατήριον. Auditoire, un lieu où l'on écoute ceux qui parlent en public; multitude assemblée pour écouter; une école, une classe, le lieu où l'on enseigne; dans l'Ecriture :

La salle des audiences. Act. 25. 23. *Cum venisset Agrippa et Berenice et introissent in auditorium* : Agrippa et Bérénice entrèrent dans la salle des audiences; ce fut pour entendre saint Paul dans ses défenses.

AUDITUS, us, ἀκοή. — 1° L'ouïe, le sens de l'ouïe. 1. Cor. 12. 17. *Si totum corpus oculus, ubi auditus ?* Si tout le corps était œil, où serait l'ouïe ? Ce raisonnement de l'Apôtre prouve que l'ordre et le bien de tout le corps de l'Église demande, non que tous ses membres aient un seul et même don; mais que les dons spirituels soient différemment distribués à ses ministres. 2. Tim. 4. 4. *Et a veritate quidem auditum avertent :* Il viendra un temps où les hommes fermant l'oreille à la vérité, l'ouvriront à des fables. De cette signification vient cette phrase :

La personne même qui entend. Ps. 50. 10. *Auditui meo dabis gaudium et lætitiam*, pour *mihi audienti* ; Gr. ἀκουτεῖς. Vous me ferez entendre des nouvelles heureuses. Cette joie venait de la rémission qu'il avait déjà reçue de son péché.

2° L'action d'écouter (ἀκρόασις). Eccl. 1. 8. *Nec auris auditu impletur :* L'oreille ne se lasse point d'écouter; la plupart des objets des sens n'étant que vanité, l'âme ne s'en peut jamais remplir. Eccli. 32. 6. *Ubi auditus non est, ne effundas sermonem :* Ne répandez point la parole, lorsqu'on ne vous écoute pas, ou que l'on n'est pas disposé à écouter (ἀκρόαμα); Gr. ne vous mettez point à parler lorsqu'on entend la musique. Le Sage témoigne que la discrétion est autant nécessaire dans l'usage et la distribution de la parole de Dieu que la science même.

3° Le bruit, le rapport qui se fait de quelque chose. Isa. 11. 3. *Non secundum auditum aurium arguet :* Jésus-Christ, ce rejeton de Jessé, ne condamnera point sur un ouï dire; mais selon qu'il aura entendu de son Père. Voy. Joan. 5. 30. Job. 42. 5. Eccli. 42. 1. Jerem. 51. 46. Ezech. 7. 26. c. 21. 7. D'où vient cette façon de parler.

AUDITUS AURIS. Renommée, réputation de quelque chose qui nous en donne la connaissance. C'est aussi l'action par laquelle on entend la voix de quelqu'un. Ps. 17. 45. *In auditu auris obedivit mihi ;* Heb. et Gr. *Ad auditum auris :* Un peuple que je n'avais point connu m'a obéi quand il a ouï parler de moi, dit David des Gabaonites et des Géthéens, qui, étant Gentils, furent assujettis aux Israélites, et se rendirent obéissants à leur chef au seul bruit de leur réputation, les opposant à des Israélites, qui, lui étant devenus étrangers, l'avaient trahi. Jésus-Christ, dont David n'était que la figure, l'a pu dire des Gentils qui lui obéirent promptement, et reçurent sa parole, au lieu que les Juifs ne voulurent point le connaître. 2. Reg. 22. 45. *Auditu auris obedient mihi :* Des enfants étrangers m'obéiront quand ils entendront ma voix. Ce mot n'est quelquefois qu'un pléonasme. Job. 42. 5. *Auditu auris audivi te :* Mon oreille vous avait auparavant entendu.

4° La chose même que l'on entend. 2. Petr. 2. 8. *Aspectu et auditu justus erat :* Loth étant juste était tourmenté par les choses qu'il voyait et entendait dans Sodome. Isa. 28. 19. *Sola vexatio intellectum dabit auditui :* L'affliction seule vous donnera l'intelligence de ce qu'on vous dit; ce que dit le prophète, pour mieux exprimer l'excès de la désolation et de la dure captivité des Juifs en Babylone. Abd. v. 1. *Auditum audivimus :* Nous avons entendu l'arrêt par lequel Dieu a résolu de susciter les Assyriens contre les Iduméens. Jerem. 51. 46. Eccli. 13. 16. c. 27. 16. Ezech. 21. 7.

5° La prédication de la parole de Dieu, la parole de Dieu que ses ministres font entendre et prêchent au peuple. Isa. 53. 1. *Quis credidit auditui nostro ?* Qui a cru à notre parole? Isaïe se plaint du peu de Juifs qui recevaient la parole de Dieu qu'il leur annonçait; et saint Jean, c. 12 emploie aussi ce même passage pour confirmer le peu d'effet que faisaient les miracles sur l'esprit des Juifs, et leur incrédulité. Rom. 16. 17. Galat. 3. v. 2. 5. 1. Thess. 2. 13.

AVE; Gr. χαῖρε, Heb. *Hhave,* l'aspirée est changée en ténue. Ce mot, qui vient de l'hébreu *Hhava, vivere,* signifie *vive,* qui est une espèce de salut ordinaire; et ce *Hhava* des Hébreux était du même usage que *ave* ou *salve* chez les Latins, et que le χαῖρε chez les Grecs. Luc. 1. 28. *Ave, gratia plena :* Je vous salue, ô pleine de grâce, dit l'ange Gabriel à la sainte Vierge. Matth. 28. 9. *Avete :* Le salut vous soit donné, dit Jésus-Christ se présentant à Marie Madeleine et aux autres femmes, lorsqu'elles allaient annoncer aux disciples de Notre-Seigneur ce que l'ange leur avait dit, qu'il était ressuscité; on s'en servait même à l'égard des princes et des grands. Matth. 26. 49. *Ave, Rabbi :* Je vous salue, mon Maître, dit Judas à Notre-Seigneur en le trahissant par un baiser. c. 27. 29. Marc, 15. 18. Joan. 19. 3. *Ave, rex Judæorum :* Salut au roi des Juifs, disaient les soldats du gouverneur à Jésus-Christ, après l'avoir revêtu d'un manteau d'écarlate, et mis une couronne d'épines sur sa tête, avec un roseau dans la main droite. Dans Martial, liv. 14. *Cæsar, ave,* χαῖρε, Καῖσαρ, c'est ce qu'on faisait dire à des oiseaux à l'entrée de l'Empereur. Ce n'était pas une marque de familiarité particulière, puisque saint Jean dit qu'il ne faut pas même dire *ave* aux hérétiques. 2. Joan. v. 10. *Nec ave ei dixeritis :* Ne saluez pas même celui qui ne fait pas profession de demeurer dans la doctrine de Jésus-Christ; bien loin de le recevoir chez vous. v. 11.

AVELLERE, ἀποσπᾶν. 1° Arracher quelque chose, la tirer avec force du lieu où elle est (ἐκρηγνύειν). Job. 18. 14. *Avellatur de tabernaculo suo fiducia ejus :* Les enfants et les richesses de l'impie, en quoi il mettait sa confiance, seront arrachés de sa maison.

Phrase tirée de ce mot.

AVELLERE *aliquem ad se.* Arracher quelqu'un à sa liberté, le réduire sous sa puissance par la force des armes. Isa. 7. 6. *Avellamus eum ad nos :* Rendons-nous-en maîtres, disent les rois de Syrie et d'Israël, du roi de Juda (ἀποστρέψειν, *avertere*).

2° Retirer, éloigner (ἀποσπᾶν). Isa. 28. 9. *Quem docebit scientiam? avulsos ab uberibus?* A qui le Seigneur enseignera-t-il sa loi ? à qui donnera-t-il l'intelligence de sa parole ? Ce sera à ceux qui auront la simplicité des enfants, et qui auront renoncé aux douceurs des plaisirs criminels. Luc. 22. 41. *Et ipse avulsus est ab eis :* Jésus-Christ s'éloigna de ses disciples ; ce fut pour prier sur la montagne des Oliviers, où il fut pris.

AVERSARI, ἀποστρέφεσθαι. Ce verbe vient de la préposition *a*, et de *verto*, et signifie proprement détourner le visage, ou se détourner pour ne pas voir une personne ou une chose que nous avons en horreur ; avoir en horreur, avoir de l'aversion : dans l'Ecriture :
1° Avoir de l'éloignement et de l'aversion pour quelque chose ; ne vouloir acquiescer, et se rendre à quelque chose. Tit. 1. 14. *Non intendentes mandatis hominum aversantium se a veritate;* Gr. *veritatem.* — 2° Haïr, détester (μισεῖν). Exod. 23. 7. *Aversor impium :* J'abhorre le méchant. Deut. 12. 31. c. 25. 16. — 3° Rebuter, parler rudement (ἐκκλίνειν). 1. Reg. 25. 14. *David misit nuntios de deserto ut benedicerent Domino nostro, et aversatus est eos :* Nabal a rebuté avec rudesse les gens de David, qu'il lui avait envoyés pour faire un compliment ; c'est de quoi Abigaïl, femme de Nabal, fut avertie par un de ses gens, laquelle, pour prévenir la vengeance de David, va au-devant de lui avec des présents, se jeter à ses pieds, et lui demander de remettre cet outrage. — 4° Se déclarer contre quelqu'un (ἐπανιστάναι). Job. 19. 19. *Quem maxime diligebam aversatus est me :* Celui que j'aimais le plus s'est déclaré contre moi.

AVERSATRIX, CIS, rebelle. Jerem. 3. 6. *Numquid vidisti quæ fecerit aversatrix Israel ;* Gr. κατοικία τοῦ Ἰσραήλ, Dieu rappelle dans l'esprit du prophète l'idolâtrie des dix tribus d'Israël.

AVERSIO, NIS, ἀποστροφή. L'action de détourner : dans l'Ecriture :
1° Dédain, mépris, qui se fait en détournant le visage. Eccli. 41. 25. *Erubescite... et ab aversione vultus cognati :* Rougissez de détourner votre visage de l'un de vos proches : ce que font souvent même à l'égard de leurs proches ceux qui tiennent quelque rang dans le monde au-dessus d'eux.

2° Egarement, abandon qu'on fait de Dieu, révolte contre Dieu. Prov. 1. 32. *Aversio parvulorum interficiet eos :* Les imprudents seront exterminés, pour avoir eu de l'aversion pour la sagesse ; Gr. pour avoir fait injure aux simples. Voy. PARVULUS. Jerem. 2. 19. *Aversio tua increpabit te :* Votre éloignement de moi s'élèvera contre vous (κακία, *malitia*). Qui quitte Dieu, quitte toute bonté et douceur, pour n'avoir que du mal et de l'amertume, dit saint Jérôme. Jerem. 3. 22. *Sanabo aversiones vestras :* Convertissez-vous, enfants rebelles ; revenez à votre père, et je guérirai le mal que vous vous êtes fait en vous détournant de moi, dit Dieu aux dix tribus d'Israël assujetties aux Assyriens (σύντριμμα, *contritio*). c. 14. 7. *Multæ sunt aversiones nostræ :* Nos révoltes sont grandes, dit le prophète en la personne des Juifs, qui le devaient dire au temps de leur captivité, en se reconnaissant coupables devant Dieu (ἁμαρτία *peccatum*). D'où vient cette

Phrase tirée de la seconde signification.

AVERTI *aversione contentiosa*, se détourner de quelqu'un avec une aversion opiniâtre. Jerem. 8. 5. *Quare ergo aversus est populus iste in Jerusalem aversione contentiosa :* Quand on s'est détourné du droit chemin, n'y revient-on plus? Pourquoi donc ce peuple de Jérusalem s'est-il détourné de moi avec une aversion si opiniâtre ?

AVERSUS, A, UM. *Vide post* AVERTERE.

AVERTERE, ἀποστρέφειν. — 1° Détourner. 2. Par. 18. 31. *Avertit eos ab illo :* Josaphat se voyant environné de tous côtés, et chargé par ceux qui commandaient la cavalerie du roi de Syrie, poussa des cris au Seigneur qui le secourut, et les écarta tous de lui. Jerem. 2. 4. 3. Reg. 21. 4. etc. — 2° Détourner de son devoir, débaucher. Jerem. 8. 4. *Numquid qui aversus est, non revertetur ?* Quand on s'est détourné du droit chemin, n'y revient-on plus ? dit Dieu aux Juifs, qui ne revenaient point de leurs égarements. v. 5. Isa. 59. 13. Act. 19. 26. *Paulus hic suadens avertit multam turbam :* Ce Paul a ici détourné un grand nombre de personnes du culte des dieux, en disant que les ouvrages de la main des hommes ne sont point des dieux, dit l'orfèvre Démétrius aux ouvriers de son métier qu'il employait (μεθιστάναι). Luc. 23. 14. *Obtulistis mihi hunc hominem, quasi avertentem populum :* Vous m'avez présenté cet homme comme portant le peuple à la révolte, dit Pilate de Jésus-Christ, déclarant au peuple qu'il était innocent des crimes dont ils l'avaient accusé. Act. 5. 37. *Judas Galilæus in diebus professionis avertit populum post se ;* Judas de Galilée, dans le temps du dénombrement du peuple, en attira à soi un grand nombre (ἀφιστάναι). — 3° Retirer, détourner, dégager. Jer. 23. 2. *Avertissem utique eos a via sua mala :* Je les aurais retirés de leur mauvaise voie ; l'Hébreu, les Septante, et le Chaldéen ont *avertissent ;* ils auraient retiré le peuple par leurs bons avis de leurs mauvaises voies. — 4° Ce qui se dit de l'homme à l'égard de l'homme qui l'a détourné du mal et du péché (ἐπιστρέφειν). Malach. 2. 6. *Multos avertit ab iniquitate :* Lévi a détourné plusieurs personnes de l'injustice. Par Lévi s'entend Aaron et ses enfants établis prêtres. — 5° De l'homme qui quitte la vie innocente pour s'abandonner au péché. Ezech. 18. 24. *Si autem averterit se justus a justitia sua :* Que si le juste se détourne de sa justice, et s'il commet l'iniquité, tant qu'il y demeurera, toutes les œuvres de justice qu'il avait faites seront oubliées. Il en est de même du pécheur, qui s'étant détourné de son impiété, et ayant agi selon la justice, ses iniquités seront oubliées. Cant. 6. 4. 2. Esdr. 9. 32. Deut. 15. v. 9. 18.

AVERTERE SE, *scapulam, faciem, oculum, oculos, cor, mentem ab aliquo*, et même *Avertere*, sans régime. Quitter, cesser, abandonner quelqu'un, son service, le négliger, ne prendre plus soin de lui. Ce qui se dit 1° de Dieu à l'égard de ses créatures, qui ne peuvent subsister sans lui. Ps. 26. 14. *Ne avertas faciem tuam a me* : Seigneur, ne détournez pas de moi votre face, et ne vous retirez point de votre serviteur dans votre colère. Psal. 103. 29. *Avertente autem te faciem, turbabuntur* : Si vous détournez des animaux votre face, en cessant d'en prendre soin, ils seront troublés. Ps. 88. 47. *Usquequo, Domine, avertis in finem*, pour *avertisti in finem* : Jusqu'à quand, Seigneur, détournerez-vous votre visage de dessus nous? Sera-ce éternellement? Gr. *averteris*; Heb. *absconderis*. 2° Ce qui se dit de l'homme à l'égard de Dieu, qu'il abandonne, ou son culte, ou sa loi. Eccli. 27. 1. *Qui quærit locupletari, avertit oculum suum* : Celui qui cherche de s'enrichir, détourne sa vue de la loi de Dieu. c. 26. 13. Deut. 29. 18. *Ne forte sit inter vos cujus cor aversum est hodie a Domino Deo vestro* : Observez les ordonnances de l'alliance que Dieu fait avec vous, afin qu'il ne s'en trouve point parmi vous dont le cœur se détourne du Seigneur notre Dieu, dit Moïse aux Israélites de la part de Dieu (ἐκκλίνειν *declinare*). c. 30. 17. 3. Reg. 11. 9. *Iratus est Dominus Salomoni, quod aversa esset mens ejus a Domino* : Le Seigneur se mit en colère contre Salomon, de ce que son esprit s'était détourné du Seigneur (ἐκκλίνειν). Ce fut pour avoir adoré les faux dieux contre sa défense. Ainsi, Zach. 7. 11. *Averterunt scapulam recedentem* : Ils se sont retirés en me tournant le dos (διδόναι). C'est de dont Dieu se plaint à l'égard des Juifs. Ainsi, 3. Reg. 9. 6. *Si aversione aversi fueritis vos et filii vestri* : Si vous vous détournez de moi, vous et vos enfants, et que vous alliez adorer les dieux étrangers, j'exterminerai les Israélites de dessus la terre que je leur ai donnée. Ici, *aversione averti*, est un pléonasme. Ps. 77. 63. 3° Ce qui se dit de l'homme à l'égard du péché qu'il quitte. Eccli. 38. 10. *Averte a delicto* : Détournez-vous du péché (ἀφιστάναι). Ezech. 14. 6. *Ab universis contaminationibus vestris avertite facies vestras* : Détournez vos visages de toutes vos abominations, dit Dieu aux Israélites. Ezech. 12. 28. 4° Ce qui se dit de l'homme à l'égard d'un autre qu'il abandonne. 2. Tim. 1. 15. *Scis hoc quod aversi sunt a me omnes qui in Asia sunt* : Vous savez que tous ceux qui sont en Asie, se sont éloignés de moi.

AVERTERE *humerum ab aliquo*. Se retourner en quittant quelqu'un pour aller en quelque lieu (ἐπιστρέφειν). 1. Reg. 10. 9. *Cum avertisset humerum suum, ut abiret a Samuele, immutavit ei Deus cor aliud* : Aussitôt que Saül se fut retourné, en quittant Samuel, Dieu changea le cœur à Saül, et lui en donna un autre : ce fut une des prophéties que lui avait annoncées Samuel, pour preuve que c'était le Seigneur, qui, par l'onction faite par Samuel, l'avait sacré pour roi.

AVERTI *corde aliquo*. Retourner de cœur en quelque lieu, souhaiter et désirer d'y retourner. Act. 7. 39. *Aversi sunt cordibus suis in Ægyptum* : Nos pères ne voulurent point obéir à Moïse ; mais ils le rebutèrent, retournant de cœur en Egypte : dit saint Etienne, dans le discours qu'il fit au conseil des Juifs, sur la demande que lui fit le grand prêtre, si ce dont on l'accusait était véritable.

AVERTERE SE, *furorem, iram avertere ab ira, avertere ab ira furoris*. Apaiser la colère. Num. 25. 4. *Suspende eos contra solem in patibulis, ut avertatur furor meus ab Israel* : Pendez tous les princes du peuple à des potences en plein jour, afin que ma fureur ne tombe point sur Israël. Ce fut à cause que les Israélites s'étaient laissé aller à la fornication avec les filles des Moabites, et au culte de leurs dieux. Ps. 77. 13. *Et abundavit ut averteret iram suam* : Les Israélites ne furent point fidèles dans l'observation de l'alliance que Dieu avait faite avec eux ; mais Dieu usait de miséricorde à leur égard, et il arrêtait beaucoup les effets de sa fureur. Ps. 84. 4. *Avertisti ab ira indignationis tuæ* ; i. e. *avertisti te* : Vous avez arrêté les effets rigoureux de votre indignation : ici le prophète parle de la captivité des Juifs en Babylone, qui était l'effet de l'indignation de Dieu. Deut. 13. 17. Ps. 84. 5. Num. 25. 11.

AVERTERE *Manum, dextram, adjutorium*. Retirer sa main, son secours, se dit 1° de Dieu, pour marquer qu'il refuse ou cesse de protéger et d'assister son peuple, lorsqu'il est attaqué de ses ennemis, ou qu'il arrête les punitions et les châtiments dus aux péchés (ἐξαίρειν, *elevare*). Ezech. 20 22. *Averti autem manum meam* : J'ai menacé les enfants d'Israël de répandre ma fureur sur eux dans le désert : mais j'ai retenu ma main. Ps. 73. 11. *Ut quid avertis manum tuam* : Pourquoi votre main cesse-t-elle de nous protéger. Thren. 2. 3. *Avertit retrorsum dexteram suam a facie inimici* : Le Seigneur a retiré sa main droite de devant l'ennemi ; il a refusé d'assister son peuple, lorsque ses ennemis l'attaquaient. v. 8. *Non avertit manum suam a perditione* : Le Seigneur a tout rasé comme au niveau, et il n'a point retiré sa main, que tout ne fût renversé. Ps. 88. 44. *Avertisti adjutorium gladii ejus* ; Heb. *retudisti aciem* : Vous avez ôté toute la force à l'épée de votre peuple : David se plaint que Dieu ait ôté les forces aux Juifs, en cessant de les secourir.

AVERTERE *Cogitationem alicujus*. Détourner, empêcher l'exécution du dessein. Job. 23. 13. *Nemo avertere potest cogitationem ejus* : Nul ne peut empêcher que ce que Dieu a pensé et résolu ne s'exécute. Isa. 43. 13.

Operabor, et quis avertet illud : Quand j'ai résolu d'agir, qui pourra s'y opposer ? c. 14. 27.

AVERTERE *Captivitatem.* Faire cesser la captivité, y mettre fin. Voy. CAPTIVITAS. Voy. CONVERTERE.

AVERTERE *in humilitatem.* Abattre, humilier, abaisser. Ps. 89. 3. *Ne avertas hominem in humilitatem :* Seigneur, ne réduisez pas l'homme dans le dernier abaissement ; Heb. en poussière.

AVERTERE *mala alicui.* Rendre, faire retourner le mal sur quelqu'un. Ps. 53. 7. *Averte mala inimicis meis :* Mon Dieu, faites retomber sur mes ennemis les maux dont ils veulent m'accabler : ce qui est ici, non un mouvement de vengeance qu'eût David contre ses ennemis ; mais une prophétie des malheurs que la justice de Dieu préparait à ceux qui le persécutaient.

AVERTERE *pedem a sabbato.* Ne point marcher le jour du sabbat, ne faire qu'un certain espace de chemin, ordonné par la loi, ne faire aucune œuvre servile le jour du sabbat, le sanctifier. Isa. 58. 13. *Si averteris a sabbato pedem tuum :* Si vous vous empêchez de marcher le jour du sabbat, alors vous trouverez votre joie dans le Seigneur.

AVERTERE *faciem alicujus, avertere aliquem.* Rebuter quelqu'un, le rejeter, lui refuser quelque chose. 3. Reg. 2. 20. *Neque enim fas est ut avertam faciem tuam* ; Heb. *ut reverti faciam :* Ma mère, dites ce que vous me demandez ; car il ne serait pas juste de vous renvoyer mécontente, dit Salomon à Betsabée, sur ce qu'elle lui dit qu'elle avait une petite prière à lui faire : c'était que Salomon donnât Abisag de Sunam à Adonias.

AVERTERE *retrorsum.* Chasser avec confusion, faire reculer en arrière, faire quitter prise. Ps. 34. 4. *Avertantur retrorsum, et confundantur cogitantes mihi mala :* Que ceux qui ont de mauvais desseins contre moi, soient renversés et confondus. Ps. 69. 4. *Avertantur retrorsum :* Que ceux qui veulent m'accabler de maux soient obligés de retourner en arrière. Ps. 43. 11.

AVERTERE *semitas in quietem.* Changer les chemins passants en une demeure paisible, faire une demeure paisible des chemins passants ; ce qui est une expression figurée, qui se dit de Dieu, pour marquer qu'il rétablit et rend habitables les villes et les pays qui avaient été auparavant foulés aux pieds, et servi comme de chemins passants. Isa. 58. 12. *Et œdificabuntur in te deserta sæculorum..... et vocaberis avertens semitas in quietem :* Les lieux qui avaient été déserts depuis plusieurs siècles, seront dans vous remplis d'édifices. Vous relèverez les fondements abandonnés, et on dira de vous que vous faites une demeure paisible des chemins passants.

Rejeter quelque chose, en avoir du dégoût. Sap. 16. 3. *Ut illi quidem concupiscentes escam... a necessaria concupiscentia avertentur :* Les Egyptiens étant pressés de manger, avaient aversion des viandes même les plus nécessaires, à cause des plaies dont Dieu les avait frappés. Matth. 5. 42. *Volenti mutuari a te ne avertaris :* Ne rejetez point celui qui veut emprunter de vous. Heb. 12. 25. *Multo magis nos qui de cœlis loquentem nobis avertimus :* Si ceux qui ont méprisé celui qui leur parlait sur la terre n'ont pu échapper à la punition : nous pourrions bien moins l'éviter, si nous rejetons celui qui nous parle du ciel.

Changer, quitter ; ce qui se dit, 1° du dessein que l'on avait pris. Jerem. 4. 28. *Cogitavi et non pœnituit me, nec aversus sum ab eo :* J'ai formé mon dessein ; je ne m'en suis point repenti, et je ne le rétracterai point. Dieu parle du dessein qu'il avait pris de réduire la tribu de Juda dans la dure captivité où elle fut depuis réduite. Ce qui se dit, 2° de la dureté et de la malice du cœur de l'homme. Baruch. 2. 33. *Et avertent se a dorso suo duro, et a malignitatibus suis :* Ils quitteront cette dureté qui les rend comme inflexibles, et cette malignité de leurs œuvres. Le prophète prédit que la dure captivité des Juifs leur serait une occasion de rentrer en eux-mêmes, et de retourner à Dieu.

Chasser, éloigner (ἀφιστάναι). Eccli. 47. 30. *Valde averterunt illos a terra sua :* Les péchés ont fait enfin chasser les Israélites de leur terre. Sophon. 3. 15. *Avertit inimicos tuos :* Le Seigneur a éloigné de vous vos ennemis : ces ennemis des Juifs étaient les Assyriens, les Chaldéens ; ce qui s'entend autant, dans le sens spirituel, du monde, de la chair, du diable et de l'enfer, qui sont les plus dangereux ennemis de l'âme, dont la venue de Jésus-Christ devait délivrer les hommes.

Troubler, renverser (ἀπαιτεῖν). Eccli. 31, 2. *Cogitatus præscientiæ avertit sensum :* La pensée inquiète de l'avenir trouble le sens et le jugement ; Gr. interrompt le sommeil. De ce verbe vient cet adjectif :

AVERSUS, A, UM. Qui tourne le dos, que l'on ne voit que par derrière : dans l'Ecriture :

Opposé de l'autre côté. 2. Reg. 2. 23. *Percussit ergo eum Abner aversa hasta in inguine :* Abner frappa Asaël du bas de son dard, du bout opposé à la pointe. Ces dards étaient serrés des deux bouts : le bout d'en haut se portait devant, le bout d'en bas derrière ; Syr. de la queue du javelot ; Gr. ἐκ τῶν ὀπίσω, *Posteriori parte.*

AUFERRE, ἀφαιρεῖν. Ce verbe vient d'*ab*, changeant *b* en *u*, et de *fero*, et signifie :

Emporter quelque chose, ôter quelque chose à quelqu'un. Job. 1, 21. *Dominus dedit, Dominus abstulit :* Le Seigneur m'avait tout donné, le Seigneur m'a tout ôté, dit Job, à la nouvelle qu'il reçut de la mort de tous ses enfants. Luc. 1, 25. *Respexit auferre opprobrium meum :* Le Seigneur m'a regardée favorablement, pour me tirer de l'opprobre où j'étais, c. 10. 42. Apoc. 22. 19. Ainsi, Gen. 47. 10. *Non auferetur sceptrum de Juda :* Le sceptre ne sera point ôté de Juda, savoir, jusqu'à ce que le Messie soit venu (ἐκλείπειν, *deficere*). Cette prophétie eut son effet au temps d'Archélaüs, lorsque le royaume lui ayant été ôté, la Judée devint une province de l'empire romain. Gen. 47. 30. Job. 15. 30. c. 27. v. 19. 30.

Phrase tirée de cette signification.

AUFERRE *caput alicujus*. 1° Oter la tête à quelqu'un, lui faire couper la tête. Gen. 40. 19. *Post quos auferet Pharao caput tuum*. Les trois corbeilles signifient que vous avez encore trois jours à vivre, après lesquels le roi vous fera couper la tête. C'est l'interprétation que Joseph donne au songe du grand panetier de Pharaon. I. Reg. 17. 46. I. Mach. 11. 17. 30.

2° Confisquer (ἀναθεματίζειν) 1. Esdr. 10. 8. *Auferetur universa substantia ejus* : On fit publier, dans Juda et dans Jérusalem, que quiconque ne s'y trouverait dans trois jours, selon l'ordre des princes et des anciens, perdrait tout son bien; ce fut afin de prendre les moyens pour faire que ceux qui avaient épousé des femmes étrangères s'en séparassent.

3°. Rejeter, éloigner, mépriser (ἀθετεῖν). Sap. 5. 1. *Stabunt justi adversus eos qui abstulerunt labores eorum* : Les justes s'élèveront contre ceux qui leur auront ravi le fruit de leurs travaux, c'est-à-dire qui les auront méprisés. A quoi se rapporte, Ps. 9. 29. *Auferuntur judicia tua a facie ejus* : Les jugements de Dieu sont ôtés de devant la vue du pécheur, c'est-à-dire il ne les regarde que de loin (ἀνταναιρεῖν). Hebr. *Altitudo sunt*.

4° Défaire, exterminer, faire mourir (ἐξαιρεῖν). Sap. 18. 5. *Multitudinem filiorum abstulisti* : Seigneur, vous avez fait mourir un très-grand nombre de leurs enfants. L'Ecriture parle de Pharaon et de toute son armée qui fut submergée. 1. Mach. 6. 12. *Misi auferre habitantes Judæam sine causa* : Antiochus reconnaît que la cause de tous ses malheurs vient des maux qu'il avait faits dans Jérusalem, ayant envoyé exterminer sans sujet ceux qui habitaient dans la Judée.

5° Prendre, détacher de quelque chose. Num. 11. 17. *Auferam de spiritu tuo tradamque eis* : Je prendrai de l'esprit qui est en vous, et je leur en donnerai : une chose naturellement ne peut partagée de l'un entre plusieurs, qu'il n'en souffre autant de diminution; mais pour les dons du Saint-Esprit, qui est indivisible, comme il était donné par sa grâce tout à Moïse, il fut aussi donné tout aux septante personnes qui le reçurent.

6° Quitter, mettre bas, se dépouiller de quelque chose. Ezech. 26. 16. *Auferent exuvias suas* : Tous les princes de la mer quitteront leurs habits, savoir, au bruit de la chute de la désolation de Tyr.

AUFERRE *animam*; λαμβάνειν ψυχήν. Oter la vie, faire périr. 1. Reg. 24. 12. *Insidiaris animæ meæ ut auferas eam* : David représente à Saül qu'il cherche tous les moyens de lui ôter la vie, quoique Dieu le lui ayant livré entre ses mains, il n'eût point voulu la lui ôter. 3. Reg. 19. 14. Ps. 39. 25. Ps. 140. v. 8. A quoi se rapporte, Prov. 22. 9. *Victoriam et honorem acquiret qui dat munera; animam autem aufert accipientium* : Celui qui fait des présents remportera la victoire et l'honneur; mais il ravit les âmes de ceux qui les reçoivent; sc. en causant la perte de leur âme, les engageant à commettre quelque injustice en leur faveur.

AUFERRE *cor*. Faire perdre le sens, rendre insensé, aveugler l'esprit, et détourner du service de Dieu. Ose. 4. 11. *Fornicatio et vinum et ebrietas auferunt cor* : La fornication, le vin et l'enivrement, font perdre le sens.

AUFERRE *iniquitatem*. 1° Oter l'iniquité, l'effacer, l'abolir, se dit, 1° du péché que Dieu remet et efface par sa grâce. Exod. 34. v. 9. *Qui aufert iniquitatem* : Marchez, je vous supplie, avec nous, afin que vous effaciez nos iniquités, dit Moïse à Dieu, sur la montagne de Sinaï; il n'y a que Dieu qui puisse remettre le péché. *Voy*. Luc. 5. v. 21. 24. Ainsi, Num. 14. 18. 1. Par. 21. 8. Job. 7. 21. Ce qui se dit, 2° de l'injure, faute, ou offense commise contre quelqu'un. 1. Reg. 25. 28. *Aufer iniquitatem famulæ tuæ* : Remettez l'iniquité de votre servante, dit à David Abigaïl; qui prend sur elle l'offense et l'insulte faite à David par Nabal, son mari. 2° Effacer un arrêt, le révoquer (περιαιρεῖν). Soph. 3. 15. *Abstulit Dominus judicium tuum* : Le Seigneur a effacé l'arrêt de votre condamnation. Le prophète parle des peines et des châtiments que méritaient les péchés des Juifs.

AUFUGERE, φεύγειν. S'enfuir, se sauver. 1. Reg. 19. 12. *Porro ille abiit, et aufugit* : David s'enfuit et se sauva : ce fut sur l'avis que lui donna Michol, que Saül cherchait à se défaire de lui. 3. Reg. 11. 40.

AUGERE, αὐξάνειν. Ce verbe vient du grec αὔξω, ou plutôt de l'inusité αὔξω, et signifie proprement augmenter, accroître; dans l'Ecriture:

1° Augmenter, ajouter à quelque chose. Genes. 34. 12. *Augete dotem et munera* : Augmentez le douaire, demandez des présents, dit Sichem à Jacob et à ses fils, pour les engager à lui donner Dina en mariage : d'où vient cette signification métaphorique. Exod. 9. 34. *Auxit peccatum* : Pharaon augmenta encore son péché, en ce que Moïse fut chassé de devant Pharaon, au lieu d'avoir laissé aller les Israélites, comme Moïse le lui demandait de la part de Dieu.

2° Faire croître, prolonger, multiplier en nombre (πληθύνειν). Gen. 17. 20. *Benedicam ei et augebo et multiplicabo eum* : Je bénirai Ismaël, je lui donnerai une postérité très-grande et très-nombreuse, dit Dieu à Abraham. 1. Par. 21. 3. *Augeat Dominus populum suum centuplum* : Que le Seigneur daigne multiplier son peuple au centuple, dit Joab à David; qu'il tâche de détourner de faire le dénombrement du peuple. Gen. 47. 27. c. 48. 24. Exod. 23. 30. Ps. 104. 24. Act. 2. 47.

Ainsi, Eccli. 50. 24. *Auxit dies nostros a ventre matris nostræ* : Le Dieu de toutes les créatures nous a fait vivre de jour en jour, depuis que nous sommes sortis du ventre de notre mère.

3° Allumer, faire naître (πληθύνειν). Eccli. 11. 34. *Scintilla una augetur ignis, et ab uno doloso augetur sanguis* : Une étincelle seule allume un grand feu ; ainsi, le trompeur multiplie les meurtres, *ou* une injure légère fait naître et croître dans les méchants une haine qui va jusqu'au meurtre.

AUGMENTUM, ι. αὔξησις. Augmentation, accroissement. Coloss. 2. 19. *Totum corpus per nexus et conjunctiones subministratum et constructum crescit in augmentum Dei* : Le corps de l'Église croît et s'augmente par l'accroissement que Dieu lui donne. Ephes. 4. 16. Prov. 4. 9. I. Mach. 9. 11.

AUGUR, ris. Ce nom vient d'*avis* et de *gestus*, ou de *garritus*, parce que les augures jugeaient des choses futures par la considération du vol des oiseaux, et signifie proprement augure, qui prévoit et prédit les choses futures par la considération du chant et du vol des oiseaux. Dans l'Écriture :

1° Augure, devin (κληδών, ὄνος). Deut. 18. 4. *Gentes istæ quarum possidebitis terram augures et divinos audiunt* : Ces peuples, dont vous allez posséder la terre, consultent les augures et les devins, Dieu parle aux Israélites. Isa. 2. 6. Jerem. 27. 9.

2° Astrologue, qui prédit l'avenir par la contemplation des astres (ἀστρόλογος). Isa. 47. 13. *Salvent te augures cœli* : Que ces augures qui étudient le ciel, vous sauvent, dit Dieu, prédisant à Babylone les châtiments qu'il doit exercer sur cette ville.

AUGURARI, οἰωνίζεσθαι. Considérer les oiseaux, pour tirer des augures et des présages de leur chant et de leur vol. Dans l'Écriture :

1° User d'augures et de divination. Levit. 19. 26. *Non augurabimini* : Vous n'userez point d'augure ; c'est ce que Dieu défend aux Juifs par ses lois. Gen. 44. 5. *Scyphus quem furati estis, ipse est in quo augurari solet* : La coupe que vous m'avez dérobée est celle dont mon seigneur se sert pour deviner ce que Joseph ordonne à son intendant de dire à ses frères. Joseph leur parle à peu près en mêmes termes de lui-même. v. 15. *An ignoratis quod non sit similis mei in augurandi scientia* : Ignorez-vous qu'il n'y a personne qui m'égale dans la science de deviner. Joseph, selon saint Augustin, a pu dire ceci d'une manière qui faisait bien voir qu'il n'assurait pas comme véritable ce qu'il leur disait. Plusieurs expliquent le mot *augurari* par *experiri*, *tentare*, éprouver.

AUGURATRIX, icis. Devineresse. Isa. 57, 3. *Vos autem accedite huc, filii auguratricis* : Venez ici, vous autres enfants d'une devineresse. Le prophète parle ainsi des habitants de Jérusalem, qui s'attachaient à l'art des augures.

AUGURIUM, ii. οἰωνός, οἰωνισμός. Augure, présage qu'on tire de la considération du vol ou du chant des oiseaux, l'art des augures. Dans l'Écriture :

Augure, divination. Num. 23. 23. *Non est augurium in Jacob* : Il n'y a point d'augures dans Jacob ; autr. Les augures ne peuvent rien contre Jacob. c. 24. 1. Deut. 18. 10. 4. Reg. 17. 17. c. 21. 6. 2. Par. 33. 6. Eccli. 34. 5.

AUGUSTA, Æ, *Voy.* après Augustus.

AUGUSTUS, I. σεβαστός. Ce mot vient d'*augurium*, qui signifie une marque de la faveur du ciel, comme si ce non marquait un homme à qui les dieux donnaient des marques de leur faveur, et signifie :

1° Octavius, second empereur romain, successeur de Jules-César, sous lequel naquit Jésus-Christ. Luc. 2. 1. *Exiit edictum a Cæsare Augusto ut describeretur universus orbis* : On publia un édit de César-Auguste, pour faire un dénombrement des habitants de toute la terre ; c'est cet édit qui obligea Joseph, qui était de la maison de David, d'aller à Bethléem, pour se faire enregistrer avec la sainte Vierge.

2° L'empereur Néron. Act. 28. v. 21. 25. *Paulo autem appellante ut servaretur ad Augusti cognitionem ; ipso autem appellante ad Augustum, judicavi mittere* : Comme lui-même a appelé à Auguste, j'ai résolu de lui envoyer, dit Festus au roi Agrippa. Ce nom d'Auguste, comme celui de César, est devenu commun à tous les empereurs romains.

AUGUSTUS, a, um. Cet adjectif vient du substantif *augurium*, et signifie proprement ce qui est consacré par augure. Auguste, digne de vénération, à cause de sa sainteté, particulièrement en parlant d'un temple, d'une église. Dans l'Écriture :

Auguste, sacré. 2. Par. 15. 16. *Sed et Maacham matrem Asa Regis ex Augusto deposuit imperio* : Asa ôta à sa mère toute l'autorité qu'elle avait. Hebr. *Ne esset domina* : Soit qu'on l'entende du gouvernement du royaume, soit plutôt qu'on l'entende, comme les Septante, selon le 3. Reg. 15. 13. *Ne esset princeps in sacris Priapi* : Afin qu'elle n'eût plus l'intendance des sacrifices de Priape et de la déesse Astarthé.

AUGUSTA, Æ. (Σεβαστή. Auguste, cohorte, dans laquelle Jule, qui conduisit en Italie saint Paul et d'autres prisonniers, était centenier. Act. 27. 1. *Ut autem judicatum est navigare eum in Italiam, et tradi Paulum cum reliquis custodiis... centurioni nomine Julio, cohortis Augustæ* : Après qu'il eut été résolu que Paul irait en Italie et qu'on le mettrait avec d'autres prisonniers entre les mains d'un nommé Jule, centenier dans la cohorte appelée l'Auguste. Toute la suite de ce chapitre parle du voyage de saint Paul en Italie.

AVIA, Æ. μάμμη. Ce nom vient d'*Avus*, et signifie :

Aïeule, la grand'mère, la mère du père ou de la mère. 2. Tim. 1. 5. *Recordationem accipiens ejus fidei quæ est in te non ficta, quæ et habitavit primum in avia tua, Loïde, et in matre tua Eunice* : Je me représente cette foi sincère qui est en vous, qu'a eue premièrement Loïde, votre aïeule, et Eunice, votre mère. C'étaient cette aïeule et cette mère de Timothée qui l'avaient instruit dès son enfance dans les lettres saintes.

AVIDUS, A, UM, ἄπληστος. Cet adjectif vient du verbe *avere* et signifie proprement avide, qui désire quelque chose avec passion. Dans l'Ecriture :

Avide, insatiable, gourmand. Eccli. 37. 32. *Noli avidus esse in omni epulatione* : Ne soyez jamais avide dans un festin et ne vous jetez point sur toutes les viandes.

AVIDITAS, ATIS, ἀπληστία. Avidité à manger, appétit. Dans l'Ecriture :

1° Avidité, gourmandise, excès dans le manger. Eccli. 37. 33. *Aviditas appropinquabit usque ad choleram* : Le trop manger donne la colique.

2° Affection, ardeur (προθυμία. Act. 17. 11). *Susceperunt verbum cum omni aviditate* : Les Juifs de Bérée reçurent la parole avec beaucoup d'affection et d'ardeur : ce fut à la prédication de saint Paul et de Silas, qui leur annoncèrent l'Evangile.

AVIM, Heb. *Perversi*. Ville en la tribu de Benjamin. Jos. 18. 13.

AVIS, IS, ὄρνις, πετεινόν. Ce nom vient de l'Hébreu *oph*, qui vole, et signifie :

1° Oiseau en général. Job. 5. 7. *Homo nascitur ad laborem, et avis ad volatum* : L'homme est né pour le travail, comme l'oiseau pour voler. Ezech. 39. 17. Bar. 3. 17. Voy. LUDERE.

§ 1.—Cyrus, roi de Perse, qui devait venir fondre sur Babylone comme un aigle sur sa proie, est appelé *Oiseau*. Isa. 46. 11. *Vocans ab Oriente avem et de terra longinqua virum voluntatis meæ* : Je ferai venir de l'Orient, un oiseau, et d'une terre éloignée, un homme qui exécutera ma volonté : c'est par lui que Dieu voulait délivrer son peuple de la captivité.

§ 2—Ceux qui découvrent ce qui se dit en secret sont marqués par les oiseaux. Eccli. 10. 20. *Aves cœli portabunt vocem tuam, et qui habet pennas annuntiabit sententiam* : Les oiseaux même du ciel rapporteront vos paroles ; et ceux qui ont des ailes publieront ce que vous avez dit : c'est une hyperbole, qui signifie le danger qu'il y a de parler mal des princes et de médire des riches.

§ 3.—Le peuple juif comparé à un oiseau de différentes couleurs, sur lequel tous les autres oiseaux viennent fondre pour le perdre. Jer. 12. 9. *Numquid avis discolor hœreditas mea mihi ? Numquid avis tincta* (ou *distincta*) *per totum ?* Le prophète s'étonne que ce peuple soit exposé en proie à tous ses ennemis, comme un oiseau haï de tous les autres : ce qui se dit aussi des autres peuples de la terre. Ezech. 31. 6. *In ramis ejus fecerunt nidos omnia volatilia cœli* : Tous les oiseaux du ciel avaient fait leur nid sur les branches de ce cèdre du Liban. Le prophète parle de tous les peuples qui étaient soumis au roi des Assyriens, comparé à ce cèdre.

2° Poule. Luc. 13. 34. *Quoties volui congregare filios tuos quemadmodum avis nidum suum sub pennis, et noluisti ?* Combien de fois ai-je voulu rassembler les enfants de Jérusalem, comme une poule rassemble ses petits sous ses ailes, et elle ne l'a pas voulu : ce mot grec ὄρνις peut signifier une poule en particulier, comme un oiseau en général, et est rendu par le mot latin, *gallina*, en saint Matth. 30. 37.

AVITH, Heb. *Perversà*. Ville d'où était Adad ou Arad, roi d'Idumée. Gen. 36. 35. 1 Par. 1. 46.

AULA, Æ, αὐλή. Ce nom est grec, αὐλή, et signifie une salle, un vestibule ; de plus le palais royal, où le roi demeure, et le roi même avec ses courtisans ; une salle. Dans l'Ecriture :

1° La cour ou l'entrée d'un palais, l'espace qui est à découvert entre le vestibule et les appartements. Esth. 4. 2. *Non enim erat licitum indutum sacco aulam regis intrare*. Mardochée ayant appris que l'ordre du roi avait été donné de tuer tous les Juifs, il vint en pleurant jusqu'à la porte du palais ; car il n'était pas permis d'entrer dans le palais du roi étant revêtu d'un sac.

2° Le palais d'un roi, le lieu de sa demeure (οἶκος). Gen. 45. 16. *Celebri sermone vulgatum in aula regis* : Aussitôt il se répandit un grand bruit dans toute la cour du roi, et on dit publiquement que les frères de Joseph étaient venus. Ce fut au second voyage qu'ils firent en Egypte pour acheter du blé ; et après que Joseph se fit reconnaître par eux pour leur frère. 4 Reg. 7. 9. *Nuntiemus in aula regis* : Allons donc porter cette nouvelle à la cour du roi. La nouvelle dont parlent ces quatre lépreux juifs, est qu'ils n'avaient pas trouvé un seul homme dans le camp des Syriens, qu'ils avaient abandonné, avec tout ce qui leur appartenait. Esth. 11. 3. c. 12. v. 1. 5. 1. Mach. 11. 46.

3° La réale, la tente du roi. 2 Mach. 13. 15. *Nocte aggressus aulam regiam in castris, interfecit viros quatuordecim millia* : Judas attaqua la nuit le quartier du roi, et tua dans son camp quatorze mille hommes.

AVOCARE. Détourner quelqu'un de quelque chose. Dans l'Ecriture :

Faire aller quelqu'un d'un lieu dans un autre. Eccli. 32. 15. *Præcurre autem prior in domum tuam, et illic avocare* ; d'autres lisent *illuc avoca te* : L'avis que le Sage donne aux jeunes gens qui se trouvent à un festin, est de sortir promptement de table, et de se retirer des premiers en leur logis.

AVOLARE, ἀνίπτασθαι. Ce verbe est inusité dans les auteurs en sa propre signification, qui marque l'action d'un oiseau qui s'envole d'un lieu à un autre. Les auteurs Latins s'en servent pour signifier s'en aller promptement de quelque lieu. Dans l'Ecriture :

S'envoler. Levit. 14. v. 7. 53. *Demittet passerem vivum ut in agrum avolet* : Le prêtre laissera aller le passereau vivant, afin qu'il s'envole dans les champs. L'Ecriture parle ici de la loi de la purification d'un lépreux. Nahum. 3. v. 16. 17.

1° Voler, venir promptement fondre sur quelqu'un (ὄπτεσθαι). Jerem. 49. 22. *Ecce quasi aquila ascendet et avolabit* : L'ennemi va paraître comme un aigle ; il prendra son vol : le prophète parle de Nabuchodonosor, qui devait venir avec son armée se jeter sur l'Idumée.

2° Sortir, se retirer, s'éloigner (ἀπαιρεῖσθαι). Isa. 8. 22. *Non poterit avolare de angustia sua* : Israël ne pourra s'échapper de cet abîme de maux. Ces maux sont destinés aux Juifs, s'ils consultaient plutôt les magiciens et les devins que la loi de Dieu. c. 30. 20. *Non faciet avolare a te ultra doctorem tuum:* Le Seigneur fera que celui qui nous instruisait ne disparaîtra plus de devant vous : le prophète marque les miséricordes de Dieu, lorsque le peuple criera à lui. Cant. 6. 4. *Averte oculos tuos a me, quia ipsi me avolare fecerunt* : Détournez vos yeux, parce qu'ils me mettent hors de moi-même ; je ne puis supporter vos regards (ἀναπτεροῦν). Jésus-Christ comm. époux, témoigne que la foi de l'Eglise lui fait une sainte violence, à laquelle il ne peut rien refuser. Ose. 11. 11. *Et avolabunt quasi avis, ex Ægypto* : Les enfants de la mer s'envoleront de l'Egypte comme un oiseau. Cette prédiction du prophète est que les nations sortiront de l'idolâtrie.

3° Disparaître, s'évanouir (ἐκπετάννυσθαι). Job. 20. 8. *Velut somnium avolans non invenietur* : L'hypocrite s'évanouira comme un songe. Ose. 9. 11. *Ephraim quasi avis, avolavit gloria earum* : La gloire des Israélites les quittera comme un oiseau quitte et s'envole de son nid : cette gloire consistait dans le grand nombre d'hommes et d'enfants mêmes, qui devaient périr dès leur naissance.

AVOTH-JAIR, *Vide* HAVOTH-JAIR.

AURA, Æ, αὔρα. Ce nom, qui a deux significations propres, 1° signifiant un petit vent, vient d'*aer* ; 2° signifiant l'éclat que jette l'or, vient de l'Hébreu *or*, qui signifie lumière, flamme de feu. Dans l'Ecriture :—

1° Vent doux (δειλινόν). Gen. 3. 8. *Cum audissent vocem Domini Dei ambulantis in paradiso ad auram post meridiem* : Heb. *ad auram diei* : Comme Adam et Eve eurent entendu la voix du Seigneur Dieu, qui se promenait dans le paradis après midi, lorsqu'il s'élève un vent doux ; c'est-à-dire vers le soir : ce fut après leur péché qu'Adam et Eve entendirent cette voix. 3 Reg. 19. 12 Job. 4. 16. Isa. 57. 13. Act. 27. 40.—2° Calme, bonace. Ps. 106. 29. *Et statuit procellam ejus in auram* : Le Seigneur a changé cette tempête en un vent doux : le prophète compare l'état des captifs de Babylone, et la joie qu'eurent les Israélites de s'en voir délivrés, à ceux qui, après avoir essuyé la plus grande tempête, se voient échappés et arrivés au port.

AURAN, Heb. *Libertas*. Le pays de l'Auranite, qui borne la Terre-Sainte du côté du nord et de la Syrie, et a pris son nom de la ville du même nom. Ezech. 47. v. 16. 18. Joseph joint toujours l'Auranite avec la Batanée et la Trachonite. Ce pays est au delà du Jourdain, dans la tribu de Manassés.

AURATUS, A, UM, διάχρυσους. Doré. 2 Mach. 5. 2. *Contigit autem per universam Jerosolymam civitatem videri diebus quadraginta per aera equites discurrentes auratas stolas habentes* : Il arriva que l'on vit dans toute la ville de Jérusalem, pendant quarante jours, des hommes à cheval qui couraient en l'air, habillés de draps d'or. Ce fut un signe des grands malheurs qui devaient tomber sur Jérusalem, tel que le carnage que fit peu après Jason dans Jérusalem, et la persécution d'Antiochus et des Juifs apostats, inspirés et soutenus des démons. Les Machabées soutinrent ces assauts secourus de Dieu et protégés des saints anges : ce pouvait être encore un signe du combat futur de ces mêmes saints anges et de ces démons. Voy. Dan. 10. v. 13. 20. 21.

AUREUS, A. UM. Qui est fait d'or, de couleur d'or : dans l'Ecriture :—1° Qui est d'or. Prov. 11. 22. *Circulus aureus in naribus suis, mulier pulchra et fatua* : La beauté dans une femme insensée est comme un anneau d'or au museau d'une truie. Voy. CIRCULUS. c. 25. v. 11. 12.—2° Qui est doré. Exod. 40. 24. *Posuit et altare aureum sub tecto testimonii* : Moïse mit l'autel d'or sous la tente du témoignage : cet autel destiné à brûler les parfums, était fait de bois de sétim. Exod. 30. 1. et couvert d'un or très-pur. v. 3. c. 39. 37. c. 4. 5. 2 Par. 4. 19. Ainsi était appelée la table d'or, qui n'était que dorée.

§ 1. — Précieux, excellent. Eccl. 12. 6. *Antequam recurrat vitta aurea* : Souvenez-vous de votre créature, pendant les jours de votre jeunesse, avant que la bandelette d'or se retire, cette bandelette précieuse c'est l'âme ; ou, selon d'autres, une membrane qui entoure le cerveau. V. VITTA.

§ 2. — Qui est éclatant dans le siècle Jerem. 51. 7. *Calix aureus Babylon in manu Domini* : Babylone est une coupe d'or dans la main du Seigneur, qui a enivré toute la terre : Dieu s'est servi de Babylone, qui était fameuse dans le monde, pour verser son indignation sur les habitants de la terre. Dan. 2. 38 : *Tu es ergo caput aureum* : C'est donc vous qui êtes la tête d'or : ce n'est pas tant à la personne de Nabuchodonosor que Daniel donne ce nom, qu'à son empire qui est celui des Babyloniens : il l'appelle *Tête d'or*, parce que c'est la première des quatre grandes monarchies et qu'elle surpassait de beaucoup en gloire et en magnificence tous les royaumes de la terre.

AUREUS, I. substantif, *Supp. siclus*. χρυσοῦς. Un sicle d'or, qui valait de notre monnaie environ vingt et une livres dix sols dix deniers. 2. Par. 9. v. 15. 16. *Fecit rex Salomon ducentas hastas aureas de summa sexcentorum aureorum qui in singulis hastis pendebantur, trecenta quoque scuta trecentorum aureorum quibus tegebantur singula scuta*: Le roi Salomon fit faire deux cents piques d'or, du poids de six cents sicles d'or, qu'il donna pour chacune : il fit faire aussi trois cents boucliers d'or, de trois cents sicles d'or chacun, que l'on employait à les couvrir. V. MINA.

AUREOLUS, a, um. Qui ressemble à l'or pour la couleur, excellent en son genre et pris substantivement une petite pièce de monnaie d'or: dans l'Ecriture, il n'est pris qu'adjectivement, et signifie :

Qui est d'or : Exod. 25. 25 : *Super illam alteram coronam aureolam :* Dieu ordonne à Moïse de mettre une seconde couronne d'or sur la bordure qu'il devait faire autour de la table ; d'où :

AURICHALCUM, i, Ce mot est mis pour *Orichalcum*, qui vient du Grec ὄρος, *mons*, et de χαλκός, *œs*, comme qui dirait, cuivre de montagne et signifie proprement du laiton, dans l'Ecriture :

1° Airain le plus pur (χαλκοῦν). 3. Reg. 7. 45. *Omnia vasa quæ fecit Hiram regi Salomoni, in domo Domini de aurichalco erant :* Tous les vases qu'Hiram fit, par l'ordre du roi Salomon, pour la maison du Seigneur, étaient d'airain le plus pur.

2° Airain (κασσίτερος). Eccli. 47. 20. *Collegisti quasi aurichalcum aurum :* Vous avez fait des amas d'or comme on en fait d'airain : L'auteur de l'Ecclésiastique parle de Salomon, que Dieu avait comblé de richesses.

3° Espèce d'airain fort luisant (χαλκολίβανον): quelques-uns disent qu'il était fait de verre et de pierre, et qu'il était plus précieux que l'or ; comme Pline : lib. 34. c. 2. et Plaute, en plusieurs endroits ; qui préfèrent à l'or une espèce d'airain exquis. Apoc. 1. 15. *Et pedes ejus similes aurichalco.* c. 2. 18. : Les pieds de Jésus-Christ parurent à saint Jean semblables à cet airain si précieux ; ces pieds, selon quelques-uns, étaient les apôtres et les martyrs ; selon d'autres, c'étaient sa pureté et sa justice, ou son humanité. Dan. 10. 6. Voy. From, *in Apocal.* 1. 15.

AURICULA, æ. οὖς, ὠτίον. Dans l'Ecriture :

L'oreille. Luc. 22. 50. *Amputavit auriculam ejus dexteram :* Pierre, l'un de ceux qui étaient avec Jésus-Christ, coupa l'oreille droite à un des gens du grand prêtre : ce fut pour la défense de Jésus-Christ. Voy. v. 49. et Joan. 18. 10. Exod. 29. 20. *Et pones super extremum auriculæ dextræ Aaron et filiorum ejus et super pollices manus eorum, ac pedis dextri :* Ayant égorgé l'autre bélier, vous mettrez de son sang sur le bas de l'oreille droite d'Aaron et de ses enfants, sur le pouce de leur main droite, et de leur pied droit. L'Ecriture parle des cérémonies pour consacrer prêtres Aaron et ses enfants. Amos 3. 12.

Phrases tirées de ce mot.

Revelare Auriculam. Avertir quelqu'un, lui déclarer quelque chose. 1. Reg. 9. 15. *Dominus autem revelaverat auriculam Samuelis :* Le Seigneur avait révélé à Samuel la venue de Saül : ce fut lui que Samuel sacra roi. 1. Par. 17. 25. Cette façon de parler est propre aux Hébreux, qui disent ouvrir ou percer l'oreille de quelqu'un, pour dire faire entendre. Voy. Auris.

Ponere ad Auriculam *suam.* Admettre quelqu'un dans son conseil secret (πατριά). 1. Par. 11. 25. *Posuit autem eum David ad auriculam suam ;* Heb. *ad auditum suum ;* David mit Banaïas auprès de sa personne pour se servir de son conseil, et pour exécuter ses ordres : il l'avait fait capitaine de ses gardes. Voy. Auricularius.

AURICULARIUS, ii, πρὸς ἀκοάς. Ce nom, formé du féminin *auricula*, s'écrit, dans quelques auteurs latins, *auricularius :* ce qui est commun à d'autres noms pareils, comme : *codex*, pour *caudex* ; *coliculus*, pour *cauliculus* ; et signifie, proprement, qui appartient à l'oreille. Dans l'Ecriture :

Capitaine des gardes, qui est près de la personne du prince, pour exécuter ses ordres. 2. Reg. 23. 23. *Fecitque eum sibi David auricularium :* David prit Banaïas auprès de sa personne pour exécuter ses ordres : ce qui marque qu'il l'établit capitaine de ses gardes ; Heb. et Grec. *Ad auditum suum.*

AURIFEX, χρυσόχοος. Ce substantif est formé d'*aurum*, et du verbe *facio*, et signifie :

Orfévre. Isa. 40. 19. *Numquid aurifex auro figuravit illud ?* Celui qui travaille en or, ne forme-t-il pas une statue d'or ? Le dessein du prophète est : y a-t-il homme assez dépourvu de bon sens pour prendre cette statue pour une divinité ? Sap. 15. 9. Esdr. 3. v. 8. 31. Baruch. 6. 45. ainsi, Isa. 46. 6. *Conducentes aurificem ut faciat deum et procidunt et adorant :* Vous prenez un orfévre pour vous faire un dieu, afin qu'on se prosterne devant lui, et qu'on l'adore : Dieu fait connaître ici aux Juifs la différence qu'il y a entre celui qui ne fait que du bien à son peuple, et les idoles qui ne leur sont qu'à charge, et ne les peuvent délivrer d'aucuns maux.

AURIGA, æ, ἡνίοχος. Ce nom vient de *aurea*, substantif, qui signifie un frein qu'on attachait aux oreilles des chevaux, et signifie proprement cocher, celui qui conduit un carrosse, un coche, un char. Dans l'Ecriture :

Cocher. 3. Reg. 22. 34. 2. Par. 18. 33. *Ille aurigæ suo ait, Converte manum tuam et educ me de acie quia vulneratus sum :* Achab dit à son cocher : Tourne bride, et retire moi du milieu des troupes, parce que je suis fort blessé.

Conducteur, celui qui gouverne et protége (ἱππεύς, *eques*). 4. Reg. 2. 12. *Currus Israel et auriga ejus :* Vous êtes le char d'Israël et celui qui le conduit. Gr. et Hebr. et sa cavalerie : ce que Elisée dit à Elie, Joas, roi d'Israël, le dit à Elisée. c. 13. 14. Parce qu'en effet ces deux prophètes étaient plus puissants pour protéger le peuple d'Israël, que tous les chevaux et tous les chariots de guerre.

AURIS, is. οὖς. Ce nom vient du grec αὐδή, *sonus*, et signifie proprement oreille. Dans l'Ecriture :

1° Oreille. 1. Cor. 12. 16. *Et si dixerit auris ; quoniam non sum oculus, non sum de corpore :* L'Apôtre assure ici que comme chaque membre du corps, tels que l'œil et l'oreille, quoique distingués entre eux par leurs fonctions différentes, sont cependant du même corps; de même les fidèles, quoique distingués par leurs dons différents, sont cependant membres du même corps, qui est l'Eglise, pour laquelle ils doivent les employer. Ps. 113. 6. et 134. 17. *Aures habent et non audient* : Les idoles des nations ont des oreilles, et elles n'entendront point : ainsi, on attribue improprement des oreilles à Dieu; parce que, comme l'oreille dans l'homme est le sens par lequel il comprend ce qu'on lui veut faire entendre ; c'est pour cela qu'on attribue à Dieu des oreilles, pour marquer qu'il reçoit et comprend, et exauce, quoique immédiatement, les prières que nous lui adressons. Ps. 5. 2. *Verba mea auribus percipe, Domine:* Seigneur, prêtez l'oreille à mes paroles; entendez mes cris, dit David à Dieu, étant fort pressé par ses ennemis. Voy. AUDIO, 1°.

2° Tout le corps même, une partie étant prise pour le tout. Ps. 39. 7. *Sacrificium et oblationem noluisti, aures autem perfecisti mihi* : Vous n'avez voulu ni sacrifice ni oblation; mais vous m'avez donné des oreilles parfaites ; le Père éternel ne pouvant être réconcilié avec les hommes, par les sacrifices de l'ancienne loi, a formé un corps mortel à son Fils, qui, par la croix, a satisfait pleinement et avec soumission à la justice de son Père; Hebr. *fodisti*; où ici l'Hébreu fait allusion à la loi rapportée Exod. 21. 6. Deut. 17. 15. Le maître attachait son esclave avec une alène à la porte de sa maison, en lui perçant l'oreille, pour marquer qu'il était étroitement attaché à son service pour toujours, au moins jusqu'à l'année du jubilé : c'est ainsi que Jésus-Christ s'est consacré à Dieu son Père pour lui obéir. Saint Paul, Hebr. 10. 5. dit : *Corpus aptasti* : Ce corps sacré devait tenir lieu de toutes les victimes de l'ancienne loi.

Signification figurée.

1° Celui même qui écoute, soit l'homme. Job. 29. 11. *Auris audiens beatificabat me* : Lorsque le Tout-Puissant était avec moi, ceux qui m'écoutaient me publiaient bienheureux. Sap. 15. 31. c. 18. 15. c. 25. 12. Matth. 13. 16. 1. Cor. 2. 9.

2° Soit Dieu. Ps. 129. *Fiant aures tuæ intendentes, in vocem deprecationis meæ* : Que vos oreilles se rendent attentives à la voix de mon ardente prière, dit David à Dieu, pressé de la douleur de ses péchés.

AURIS ZELI. 1° Dieu qui est jaloux, en tant qu'il écoute. Sap. 1. 10. *Quoniam auris zeli audit omnia* : Parce que l'oreille de Dieu, qui s'appelle un Dieu jaloux, entend tout : gardez-vous donc des murmures. 2° L'esprit même qui juge par l'oreille. Job. 12. 11. c. 34. 3. *Nonne auris verba dijudicat?* L'oreille ne juge-t-elle pas des paroles ?

Phrases tirées de la propre signification.

In aure audire, in aurem loqui : Entendre ou dire quelque chose en secret. Matth. 10. 27. *Quod in aure auditis, prædicate super tecta* : Prêchez sur le haut des maisons ce qu'on vous dit à l'oreille, dit Jésus-Christ à ses apôtres. Luc. 12. 3. *Quod in aurem locuti estis in cubiculis, prædicabitur in tectis* : Ce que vous avez dit à l'oreille dans les chambres, sera prêché sur les toits, dit Jésus-Christ au peuple.

In auribus loqui, dicere, clamare, legere : Dire, prononcer, crier, lire quelque chose, en sorte qu'on l'entende. Gen. 20. 8. *Locutus est hæc in auribus eorum* : Abimelech dit devant les serviteurs ce qu'il avait entendu : ce fut la menace que lui fit Dieu s'il touchait à Sara. Deut. 32. 24. Jerem. 2. 2. *Clama in auribus* : Allez, et criez aux oreilles de Jérusalem : ce sont les reproches que Dieu envoie faire aux Juifs par le prophète, de leur ingratitude. c. 36. 13. *Et nuntiavit eis Michæas omnia verba quæ audivit legente Baruch ex volumine in auribus populi* : Michée rapporta à tous les grands du royaume, qui étaient assis en la maison du roi Joachim, en la chambre du trésor, toutes les paroles qu'il avait entendu dire à Baruch dans ce livre devant le peuple : ces paroles étaient que le roi de Babylone se hâtait pour venir détruire le pays de Jérusalem, et en exterminer les hommes et les bêtes. v. 15. *Sede et lege hæc in auribus nostris* : Asseyez-vous là, et lisez ce livre devant nous, dirent tous les grands du roi Joachim à Baruch.

In auribus alicujus esse aliquid. 1° Se dit d'une chose qu'on entend, ou qu'on se figure entendre. Job. 15. 21. *Sonitus terroris semper in auribus illius* : L'oreille de l'impie est toujours frappée de bruits effrayants. — 2° Se dit d'une chose qui est connue de quelqu'un. Isa. 5. 4. *In auribus meis sunt hæc* : Dieu témoigne qu'il connaît toute la mauvaise conduite des Juifs.

Aurem inclinare, intendere, præbere. — 1° Ecouter attentivement, pour pratiquer ou exaucer. Prov. 5. 1. *Prudentiæ meæ inclina aurem tuam* : Prêtez l'oreille à la prudence que vous montre la sagesse. — 2° Ecouter favorablement, pour exaucer. Ps. 129. 2. *Fiant aures tuæ intendentes, in vocem deprecationis meæ* : Que vos oreilles se rendent attentives à la voix de mon ardente prière, dit David, en gémissant de son péché.

Declinare aures, avertere aurem. Mépriser, rejeter, ne vouloir point acquiescer. Prov. 28. 9. *Qui declinat aures suas ne audiat legem, oratio ejus erit exsecrabilis* : Quiconque détourne l'oreille pour ne point écouter la loi, sa prière même sera exécrable. Thren. 3. 56. *Ne avertas aurem tuam a singultu meo. et clamoribus* : Seigneur, ne détournez point votre oreille de mes gémissements et de mes cris, dit le Prophète dans l'excès de son affliction, commune avec celle du peuple.

Obturare, continere, aures suas. Boucher ses oreilles, ne vouloir point entendre à quelque chose. Isa. 33. 15. *Qui obturat aures suas ne videat sanguinem* : Celui qui bouche ses oreilles pour ne point entendre des paroles de sang, demeurera dans les lieux élevés, c'est-à-dire hors de périls. Voy. SANGUIS. Ps. 57. 5. *Sicut aspidis surdæ obturantis aures suas* : David se plaint que la fureur de Saül et de ses flatteurs, qui ne voulaient pas connaître son innocence, pour avoir lieu de le perdre, était semblable à celle de l'aspic, qui se rend sourd en se bouchant les oreilles, pour éviter la force du charme. Prov. 21. 13. Act. 7. 5.

Habere aures audiendi (seu ad audiendum). Avoir le don d'intelligence, qui comprend une humble soumission, pour pratiquer ce qu'on entend. Matth. 11. 15. *Qui habet aures audiendi, audiat* : Que celui-là entende, qui a des oreilles pour entendre. c. 13. 9. 43. C'est ce don que Dieu n'avait point donné aux Juifs. Deut. 29. 4. *Et non dedit vobis Dominus cor intelligens, et aures quæ possunt audire* : Vous avez vu tout ce que le Seigneur a fait devant vous en Egypte..... et le Seigneur ne vous a point donné jusqu'aujourd'hui un cœur qui eût de l'intelligence et des oreilles qui puissent entendre, leur dit Moïse : ce qui leur ayant été prédit par Isaïe, ch. 6. v. 9. 20. a été accompli, selon le témoignage même de Jésus-Christ. Matth. 13. 14. *Auditu audietis et non intelligetis* : Vous écouterez de vos oreilles, et vous n'entendrez point. Act. 28. 26. Voy. AGGRAVARE, INCIRCUMCISUS.

Erigere aurem. — Exciter à entendre avec docilité et soumission. Isa. 50. 4. *Erigit mane, mane erigit mihi aurem ut audiam quasi magistrum* : Le Seigneur me prend et me touche l'oreille tous les matins, afin que je l'écoute comme un maître : cela s'entend de Jésus-Christ, que Dieu son Père a rempli de son Saint-Esprit et de toutes ses lumières, comme son disciple, pour parler aux hommes, et Jésus-Christ l'a écouté avec une soumission pleine de douceur.

Revelare aurem. — 1° Ouvrir l'oreille ; c'est-à-dire déclarer une chose inconnue, faire savoir, faire entendre, donner avis de quelque chose. 1. Reg. 20. 13. *Si perseveraverit, revelabo aurem tuam* : Si le mauvais dessein de mon père continue toujours contre vous, je vous en donnerai avis, dit Jonathas à David. 2. Reg. 7. 27. *Revelasti aurem servi tui* : Vous avez révélé à votre serviteur que vous lui vouliez établir sa maison : c'est David qui parle. — 2° Ouvrir l'oreille de l'âme, toucher le cœur, pour faire recevoir avec soumission la correction salutaire, qui fait retourner à Dieu. Job. 36. v. 10. 15. *Revelabit aurem eorum ut corripiat, et loquetur ut revertantur ab iniquitate* : Dieu découvrira les œuvres et les crimes à ceux qui sont dans les chaînes : il leur ouvrira aussi l'oreille pour les reprendre ; et il leur parlera, afin qu'ils reviennent de leur iniquité, dit Éliu à Job. Voy. APERIRE AUREM, PRURIRE, TINNIRE, etc. Voy. AURICULA.

AURORA, Æ, ὄρθρος. Ce mot vient de αὔρον, vieux mot grec qui signifie *or*, à cause du rapport qu'a l'aurore à l'éclat que jette l'or, et signifie :

L'aurore, le point du jour, la lueur qui précède le lever du soleil. Gen. 32. 26. *Dimitte me, jam enim ascendit aurora* : Laissez-moi aller, car l'aurore commence déjà à paraître, dit l'ange à Jacob, contre qui il avait lutté toute la nuit, et de qui il voulait avoir auparavant la bénédiction. 2. Reg. 23. 4. 2. Esdr. 4. 21. Job. 3. 9. c. 24. 17. c. 38. 12. Ps. 73. 16. c. 6. 9.

AURUGO, INIS, ἴκτερος. Ce nom vient d'*aurum*, et signifie proprement jaunisse, couleur d'or pâle ; dans l'Ecriture, — 1° jaunisse, maladie qui vient d'un épanchement de fiel ou bile jaune. Jerem. 30. 6. *Quare ergo conversæ sunt universæ facies in auruginem?* Pourquoi les visages des hommes sont-ils tous jaunes et défigurés ? Le prophète parle des Babyloniens effrayés des approches de Cyrus. — 2° Nielle qui gâte le blé (ἀφορία). Amos 4. 9. Agg. 2. 18. *Percussi vos vento urente et aurugine* : Je vous ai frappés par un vent brûlant et par la nielle. 2. Par. 6. 28.

AURUM, I, χρυσός. Ce nom vient du verbe hébreu *or*, lumière, flamme de feu ; ou du grec αὔρον, ou bien encore du verbe ὡρεῖν, *custodire*, parce que ce qu'on garde le plus, c'est l'or, et signifie proprement *or*, le plus excellent des métaux ; dans l'Ecriture,

1° Or, le plus excellent des métaux. Job. 28. 1. *Auro locus est in quo conflatur* : L'or a un lieu où il se forme. v. 6. *Locus sapphiri lapides ejus, et glebæ illius est aurum* : Les saphirs se trouvent dans les pierres de la terre, et ses mottes sont de l'or, etc. Deut. 7. 25. Ainsi, Thren. 4. 1. *Quomodo obscuratum est aurum?* Comment l'or s'est-il obscurci ? Ce qui s'entend de l'or dont Salomon avait revêtu le temple, dans lequel Nabuzardan ayant mis le feu, ce temple perdit tout son éclat, et l'or qui brillait auparavant fut tout obscurci. Ce qui s'entend figurément de l'âme, dont la pureté et l'éclat de la charité sont noircis par les feux criminels du vice. Dan. 2. 32. *Hujus statuæ caput ex auro optimo* : La tête de la statue que vit Nabuchodonosor était d'un or très-pur ; Daniel déclare à Nabuchodonosor que c'est lui-même qui est cette tête d'or, par l'éclat et la splendeur de son empire. v. 28. Apoc. 3. 18.

2° Vêtements précieux tissus d'or. Ezech. 16. 13. *Et ornata es auro et argento* : Dieu reproche à Jérusalem, qu'après l'avoir parée d'or et d'argent et de tout ce qui pouvait contribuer à sa beauté, elle s'est prostituée et abandonnée aux nations. Thren. 4. 2. *Filii Sion inclyti, et amicti auro primo* : Eclatants et couverts de l'or le plus pur ; Hebr. Comparés à l'or le plus fin. Apoc. 17. 4. 1. Tim. 2. 9. 1. Petr. 3. 3. A quoi se rapporte Dan. 10. 5. *Renes ejus accincti auro obryzo* : Je vis un homme dont les reins étaient ceints d'une ceinture d'or très-pur. Ici le prophète rapporte la vision qu'il eut près le grand fleuve du Tigre.

3° Monnaie d'or ou d'argent, biens, richesses. Matth. 10. 9. *Nolite possidere aurum atque argentum* : Ne vous mettez point en peine d'avoir de l'or ou de l'argent, ni de porter de l'argent dans votre bourse : c'est une des instructions que Jésus-Christ donne à ses apôtres avant de les envoyer prêcher. A quoi se rapporte c. 23. 16. *Qui juraverit in auro templi, debet* : Si un homme jure par le temple, cela n'est rien ; mais s'il jure par l'or du temple, il est obligé à son serment. Par l'or, ces mots s'entendent ici, ou des vases d'or à l'usage des sacrifices, ou de la monnaie d'or, ou même des lames d'or dont les murailles du temple étaient revêtues. C'est ce que Jésus-Christ reproche aux scribes et aux pharisiens de dire : et ils tenaient pour rien le serment fait par le temple. Eccli. 31. 6. *Multi dati sunt in auri casus* : L'or en a fait tomber plusieurs. Gr. *In casum, auri causa.*

Significations métaphoriques, tirées de la couleur, de l'éclat, de la pureté, de l'excellence et du prix de l'or.

1° Le sable de la mer, jaune et luisant. Job. 41. 21. *Sternit sibi aurum quasi lutum* : La baleine se couche dans la mer sur le sable aigu et pointu, comme si c'était de la boue ; ce qui revient à l'Hébreu : *Sternit sibi acutas testulas.* — 2° Le temps serein, pur et brillant comme l'or. Job. 37. 22. *Ab aquilone venit aurum* : Le temps serein vient du nord ; ce qui se peut aussi entendre de l'or véritable : cet *Eliu* représente à Job les grandes merveilles de Dieu qu'il ne peut pénétrer. Gr. νέφη χρυσαυγοῦντα, *Nubes instar auri fulgentes.* — 3° La gloire et la majesté de la Divinité. Cant. 5. 11. *Caput ejus aurum optimum* : La tête de mon bien-aimé est un très-fin or. Ici l'Église parle de la gloire de Jésus-Christ considéré comme Dieu. — 4° L'éclat de la Jérusalem céleste. Apoc. 21. 18. *Ipsa civitas aurum mundum* : La ville était d'un or pur. — 5° La doctrine pure, vraie et salutaire. 1. Cor. 3, 12. *Si quis autem superædificat super fundamentum hoc, aurum, argentum* : Que si l'on élève sur ce fondement un édifice d'or, d'argent, etc. Cet édifice d'or est particulièrement cette doctrine qui regarde l'amour de Dieu et les bonnes œuvres. — 6° La charité et l'amour de Dieu. Apoc. 3. 18. *Suadeo tibi emere a me aurum ignitum*, dit saint Jean de la part de Jésus-Christ à l'ange de Laodicée, qui n'était ni chaud ni froid dans l'amour de Dieu. Eccli. 28. 24. *Aurum tuum confla* : Employez tout ce que vous avez de charité et de lumière pour bien peser vos paroles.

AUSCULTARE, ἀκροᾶσθαι. Ce verbe vient de l'hébreu *Sacal, intelligere*, et en Hiphil, *hiscilia, intelligere fecisti*, et signifie proprement, écouter quelqu'un ou quelque chose, une personne ou ce qu'elle dit ; dans l'Ecr. :

1° Ecouter avec attention. Eccli. 21. 27. *stultitia hominis auscultare per ostium* : Le fou montrera sa folie en écoutant par une porte. Job. 33. 1.

2° Obéir, suivre les ordres ou les avis de quelqu'un (ἐπακρόασις). 1. Reg. 15. 22. *Melior est obedientia quam victimæ, et auscultare magis quam offerre adipem arietum* : L'obéissance est meilleure que les victimes, et il vaut mieux se rendre à la voix de Dieu que lui offrir les béliers les plus gras, répond Samuel à Saül.

3° Exaucer les vœux, écouter favorablement (προσέχειν). 2. Esdr. 1. 6. *Fiant aures tuæ auscultantes* : Ayez, je vous prie, l'oreille attentive à la prière de votre serviteur, dit Néhémie à Dieu, qu'il prie de rétablir son peuple résolu de craindre son nom.

4° Faire réflexion à une chose, la prévoir, en être persuadé (γινώσκειν). Isa. 42. 23. *Quis est in vobis qui audiat hoc, attendat, et auscultet futura?* Qui est celui d'entre vous qui écoute ce que je dis et qui croie les choses futures ? dit Dieu à son peuple.

AUSITIS. Hebr. *Hus, consilium.* Province de la Trachonite, entre la Palestine et la Cœlé-Syrie, ainsi appelée de Hus, fils d'Aram, comme si on disait Husitide, appelée *terra Hus*, terre de Hus. Job. 1. 1. Thren. 4. 21, et appelée *Ausitis*. Jerem. 25. 20. *Et universis generaliter, cunctis regibus terræ Ausitidis* : J'ai fait boire de la coupe, que j'ai reçue de la main du Seigneur, à tous les rois du pays d'Ausite, à tous, etc. Le prophète dit qu'il a annoncé à ces peuples que Dieu était prêt à faire éclater sur eux sa fureur. Voyez PROPINO, CALIX. Dans *Ausitis*, selon le dialecte syriaque, l'*o* se change en *au*, d'où vient que Josué est appelé dans les Septante *Ause* pour *Osée* ou *Osea*, qui depuis a été appelé *Josué* ou *Jésus*.

AUSTER, STRI, νότος. Ce nom prend sa racine de la chaleur propre au vent qu'il marque, et vient du verbe grec αὔω, *sicco*, à cause de sa chaleur, quoique ce vent soit humide, et signifie proprement le vent du midi, qui est humide et chaud, le sud ; dans l'Ecriture,

1° Le vent du midi. Ps. 77. 26. *Transtulit austrum de cœlo* : Dieu changea dans l'air le vent du midi : Hebr. *Ventum orientalem* : Dieu fit cesser le vent d'orient. Il est appelé *Auster*, parce qu'il souffle vers le midi, et est opposé au vent appelé *Africus*, sud-ouest, que Dieu fit lever pour emporter au-delà de la mer, les cailles dans le camp des Israélites.

2° Le midi, partie méridionale. Ps. 125. 4. *Converte captivitatem nostram sicut torrens in austro* : Notre délivrance nous sera agréable comme les ruisseaux dans les déserts du midi. Deut. 3. 27. Job. 9. 9. Luc. 13. 29. Ezech. 25. 13. *Faciam eam desertam ab austro* : Je la réduirai en un désert du côté du midi : Heb. depuis Théman jusqu'à Dédan ; ces deux villes étaient situées aux deux extrémités de l'Idumée.

3° La partie de la Judée ou de la tribu de Juda qui est au midi. Abd. 19. 20. *Et hæreditabunt hi qui ad austrum sunt montem Esau* : Ceux qui sont du côté du midi hériteront de la montagne d'Esaü : ceci marque le progrès que les Juifs devaient faire après leur retour de Babylone. Zach. 7. 7. *Urbes in circuitu ejus et ad austrum* : Les villes qui étaient autour de Jérusalem, et le côté du midi où les places de la Judée étaient le moins fortes, où l'on vivait en repos. Hab. 3. 3. *Deus ab austro veniet, de monte Pharan* : Dieu viendra du côté du midi, et le Saint, de la montagne de Pharan : cette montagne était du côté du mont Sinaï, au midi de la Judée. 2° Jérusalem et toutes les villes de la Judée situées vers le midi à l'égard de la Chaldée. Jerem. 13. 19. *Civitates austri clausæ sunt* : Les villes du midi sont fermées. Voyez CLAUDERE.

4° Les pays qui sont au midi, à l'égard de la Judée, sont appelés *Auster.* 1° l'Egypte.

Dan. 11. 2. *Statuto tempore revertetur, et veniet ad austrum* : Le roi Antiochus revint une seconde fois dans l'Egypte, mais il fut battu par les Romains. Isa. 30. 6. 2° Le royaume de Saba, qui est dans l'Arabie Heureuse est appelé *Auster*. Matth. 12. 42. *Regina Austri surget in judicio* : La reine du Midi s'élèvera au jour du jugement contre cette race et la condamnera : Jésus-Christ menace de punition l'incrédulité des Juifs. Luc. 11. 31. Isa. 21. 14. *Qui habitatis terram austri*, Hebr. *Theman* : c'est une ville d'Arabie citée avec Saba. Job. 6. 19. Ezech. 25. 13. *Ab austro*, Hebr. *a Theman*.

Daniel, ch. 11, fait mention de plusieurs rois du Midi, c'est-à-dire d'Egypte, qui sont :

1° Ptolémée Philadelphe, fils de Lagus ; ce nom de *Philadelphe*, qui veut dire amateur de ses frères, lui fut donné par raillerie, parce qu'il s'était défait de ses frères. Il succéda à son père, qui l'avait fait couronner avant sa mort et l'avait associé au gouvernement de son Etat. C'est ce prince qui a fait traduire d'hébreu en grec les Ecritures, et c'est la version célèbre dite des Septante : elle fut faite par les soins de Démétrius Phaleræus, qui ramassa jusqu'à deux cent mille volumes dans la fameuse bibliothèque de ce prince. Daniel parle de lui en ces termes : *Et confortabitur rex austri; et de principibus ejus prævalebit super eum* : Le roi du Midi se fortifiera; l'un de ces princes sera plus puissant que lui. Ptolémée Philadelphe, qui avait reçu de son père un grand empire, devint puissant; mais Séleucus Nicanor, qui avait été un des capitaines d'Alexandre, devint plus puissant que lui : en effet, ce dernier lui enleva toute la Syrie, la Judée et quelques autres pays. Il eut guerre avec Antiochus Théos, petit-fils de Séleucus Nicanor, mais ensuite ils s'accordèrent : cet accord se fit par le mariage de Bérénice, fille de Philadelphe, qu'Antiochus épousa, quoiqu'il eût déjà deux fils de Laodice. Dan. 11. 6. *Et post finem annorum fœderabuntur, filiaque regis austri veniet ad regem aquilonis facere amicitiam* : Ils feront alliance ensemble, et la fille du roi du midi viendra épouser le roi de l'aquilon. Voyez ANTIOCHUS THÉOS. Philadelphe, après avoir régné quarante ans depuis la mort de son père, mourut par ses excès d'intempérance, environ l'an du monde 3758. Son fils Ptolémée Evergètes lui succéda. Voyez PLANTATIO.

2° Ptolémée Philopator, fils d'Evergètes, était un prince très-voluptueux; on lui donna le nom de Philopator par antiphrase, parce qu'ayant fait mourir son père, il se défit aussi de sa mère, de son frère et de sa sœur. Antiochus le Grand lui déclara la guerre, croyant que la vie licencieuse de ce prince lui donnerait le moyen de recouvrer quelqu'une des provinces de l'Egypte, sur laquelle il prétendait quelques droits; mais Ptolémée s'étant préparé à le recevoir avec des troupes nombreuses, l'armée d'Antiochus fut entièrement défaite, et il demanda une trève pour un an, que Ptolémée lui accorda. Dan. 11. 11. *Et provocatus rex austri egredietur, et pugnabit adversus regem aquilonis, et præparabit multitudinem nimiam, et dabitur multitudo in manu ejus* : Le roi du midi étant attaqué, se mettra en campagne et combattra contre le roi de l'aquilon; il lèvera une grande armée, et les troupes nombreuses de ses ennemis lui seront livrées entre les mains. Philopator vint à Jérusalem; il voulut entrer dans le sanctuaire, mais le grand pontife Simon s'y opposa courageusement : ce refus l'irrita; et, quand il fut arrivé à Alexandrie, il voulut s'en venger sur les Juifs et les tourmenta étrangement pour les détourner du culte du vrai Dieu. Il régna dix-sept ans, et mourut l'an du monde 3800.

3° Ptolémée Epiphanes, fils de Philopator : ce prince n'avait que quatre ans quand son père mourut : Agatoclès, sœur d'Agatoclée concubine du feu roi, et leur mère Oenanthe, avaient usurpé le gouvernement. Elles cachèrent quelque temps la mort du roi, pillèrent ses trésors, et voulurent se défaire du jeune prince : mais les Egyptiens le délivrèrent de ce danger, et le mirent sous la protection des Romains. Cependant Antiochus dit le Grand voulut se servir de cette conjoncture pour reprendre les terres que les rois d'Egypte avaient conquises sur les rois de Syrie, mais ce fut inutilement. Pour venir à bout de ses desseins, il lui donna en mariage sa fille Cléopâtre, qui demeura fidèle à son mari. Voy. FILIA. Philippe, roi de Macédoine, et d'autres princes, se liguèrent avec Antiochus contre Ptolémée Epiphanes; et comme la Judée était entre deux, les Juifs prirent parti les uns pour Ptolémée, les autres pour Antiochus. Ce fut alors qu'Onias s'enfuit, avec un grand nombre de Juifs, en Egypte, où il bâtit un Temple semblable à celui de Jérusalem, croyant par là accomplir une prophétie d'Isaïe, qui avait déclaré, ch. 19. 19. : Qu'il y aurait un autel du Seigneur au milieu de l'Egypte : ce qui ne marquait que l'établissement de la foi dans le pays au temps de la loi nouvelle. Dan. 11. 14. *Et in temporibus illis multi consurgent adversus regem austri : filii quoque prævaricatorum extollentur ut impleant visionem, et corruent* : En ces temps-là plusieurs s'élèveront contre le roi du Midi (Ptolémée Epiphanes); les enfants d'entre ceux de votre peuple qui auront violé la loi du Seigneur, s'élèveront pour accomplir une prophétie, et ils tomberont. Voy. PRÆVARICATOR. Ce prince régna 24 ans, et mourut l'an du monde 3824.

4° Ptolémée Philométor, fils de Ptolémée Epiphanes, fut nommé par raillerie Philométor, ami de sa mère, parce qu'il la haïssait pour lui avoir voulu préférer son jeune frère, Ptolémée Physcon. Antiochus Epiphanes lui déclara la guerre, ce prince, de son côté, leva une armée nombreuse pour se défendre; mais étant trahi par ses conseillers et ses ministres corrompus par Antiochus, il fut obligé de demander la paix. Ptolémée le reçut dans son état, le traita magnifiquement à Memphis, où ces deux princes se firent des protestations d'amitié :

mais ce n'était que pour se surprendre l'un l'autre. La guerre se ralluma entre eux; mais Antiochus eut de grands avantages contre Philométor. Tout ceci a été prédit. Dan. 11. v. 25. et suivants. *Et concitabitur fortitudo ejus, et cor ejus adversum regem Austri in exercitu magno, et rex Austri provocabitur ad bellum multis auxiliis, et fortis nimis, et non stabunt, quia inibunt adversus eum consilia, et comedentes panem cum eo conterent illum, exercitusque ejus opprimetur, et cadent interfecti plurimi. Duorum quoque regum cor erit ut male faciant, et ad mensam unam mendacium loquentur, et non proficient.* On voit dans ces paroles l'entreprise d'Antiochus Epiphanes contre Philométor ; on y voit la défaite de ce dernier par la trahison de ses plus confidents qu'il admettait à sa table; enfin, on y voit la réconciliation feinte des deux rois. Le renouvellement de la guerre est rapporté, v. 40. *In tempore præfinito præliabitur adversus eum rex Austri, et quasi tempestas veniet contra illum rex Aquilonis, in curribus, et in equitibus, et in classe magna, et ingredietur terras, et conteret, et pertransiet.* Le roi du Midi combattra contre lui au temps qui a été marqué, et le roi de l'Aquilon marchera contre lui comme une tempête. Philométor donna sa fille Cléopâtre en mariage à Alexandre Ballès, en présence de Jonathas, que son mérite et son pouvoir rendaient considérable à tous ces princes. Ce dernier fit alliance avec lui, et l'établit dans la souveraine sacrificature, qui était demeurée vacante depuis sept ans et demi par la mort d'Alcime; et ainsi il a été le premier souverain pontife de la race des Machabées. Philométor s'étant ligué avec Démétrius Nicanor contre Alexandre Ballès, il fut blessé dans un combat: Alexandre peu de jours après fut tué par les siens, et Ptolémée ayant vu sa tête, meurt l'an du monde 3859. après avoir régné 35 ans.

Parce que le vent du midi est chaud, *Auster* est mis pour marquer dans l'Ecriture la chaleur, l'amour de Dieu; le feu de la charité. Eccli. 11. 3. *Si ceciderit lignum ad Austrum, aut ad Aquilonem, ibi erit* Le sage marque que l'on demeurera éternellement dans l'état où chacun mourra : *Auster*, marque le feu de la charité; *Aquilo*, le froid du péché. Cant. 4. 16. *Surge* (id est, *facesse*), *Aquilo* (id est, *diabole*) : *Veni, auster* : Venez, feu brûlant du Saint-Esprit.

USTRALIS, E. Méridional, austral, qui situé au midi, en parlant d'un pays. Dans l'Ecriture,

1° Qui est du côté du midi (λιψ, *notus*). Gen. 24. 62. *Habitabat enim in terra australi* : Isaac demeurait au pays du Midi. L'Ecriture parle du temps qu'il épousa Rebecca. c. 20. 1. Isa. 49. 12. *Ecce illi ab Aquilone et mari, et illi de terra Australi* : De toutes les parties du monde, les fidèles se rassembleront pour former l'Eglise : le Prophète a en vue le temps de la prédication du saint Evangile.

2° Exposé au midi, sec et brûlé. Jos. 15. 19. *Terram australem et arentem dedisti mihi* : Vous m'avez donné une terre exposée au midi et toute sèche, dit Axa à Caleb, et lui demande encore une autre terre arrosée d'eau (γῆ νότου).

AUSTERUS, A, UM. αὐστηρός. Cet adjectif vient du Grec αὐστηρός, et signifie proprement sévère, rude, en parlant des personnes et de leur vie ou de leur manière d'agir; dans l'Ecriture,

Sévère, rude. Luc. 19. 21. *Timui enim te quia homo austerus es* : Seigneur, voici votre mine que j'ai tenue enveloppée dans un mouchoir; parce que je vous ai craint, sachant que vous êtes un homme sévère, dit le méchant serviteur à son maître. Cet adjectif vient de l'adverbe *austere*, et dans l'Ecriture se trouve le comparatif.

AUSTERIUS, αὐστηρότερον. Le positif *austere*, signifie proprement avec sévérité, sévèrement; et le comparatif *austerius* signifie plus sévèrement, avec plus de sévérité : dans l'Ecriture, plus durement, d'une manière méprisante et dédaigneuse. 2. Mach. 14. 30. *At Machabæus videns secum austerius agere Nicanorem, occultavit se a Nicanore* : Machabée s'étant aperçu que Nicanor le traitait plus durement qu'à l'ordinaire, il se déroba de Nicanor : la cause de cette dureté était qu'il cherchait l'occasion d'envoyer au roi, Machabée enchaîné à Antioche.

AUSTERITAS, ATIS. Sévérité, fierté, rudesse, rigueur. Ezech. 34. 4. *Cum austeritate imperabatis eis et cum potentia* : Vous vous contentiez de dominer les brebis de mon troupeau avec une rigueur sévère et pleine d'empire, dit Dieu aux méchants pasteurs de son peuple. 2. Mach. 14. 30.

AUSTRALIS. Vcy. IN AUSTER.

AUT. Cette conjonction latine vient du Grec αὖ, αὖθις, *rursum, vice versa*, ou peut-être de la conjonction correspondante ἤτοι, et signifie proprement ou, ou bien : dans l'Ecriture,

1° Ou, ou bien. Matth. 6. 24. *Nemo potest duobus dominis servire : aut enim unum odio habebit, et alterum diliget ; aut unum sustinebit, et alterum contemnet* : Nul ne peut servir deux maîtres ; car ou il haïra l'un et aimera l'autre, ou il se soumettra à l'un et méprisera l'autre : l'Evangéliste parle de Dieu et des richesses comme étant incompatibles dans un même cœur.

Significations étrangères de cette conjonction.

2° Mais, autrement, d'ailleurs, car. Matth. 12. 29. *Aut quomodo potest quisquam intrare in domum fortis* : Je chasse les démons par l'Esprit de Dieu, et non par Satan; autrement, comment quelqu'un peut-il entrer dans la maison du fort, et la piller, s'il ne l'a lié auparavant? dit Jésus-Christ. c. 7. 9 c. 20. 15.

3° Et Luc. 20. 2. *Dic nobis in qua potestate hæc facis, aut quis est qui dedit tibi hanc potestatem?* Dites-nous par quelle autorité vous faites ces choses, et qui est celui qui vous a donné ce pouvoir? disent les princes des prêtres, les scribes et les sénateurs à Jésus-Christ, sur ce qu'il instruisait le peuple. Rom. 4. 13. Matth. 1. 21. c. 2. 10. 1. Cor. 12. 21.

4° Ni. Matth. 5. 17. *Nolite putare quoniam*

veni solvere legem, aut prophetas : Ne pensez pas que je sois venu détruire la loi ou les prophètes, c'est-à-dire, ni les prophètes, dit Jésus à ses disciples. Eph. 5. 4.

AUTEM, δέ. Cette conjonction vient du mot grec αὐτάρ, et signifie proprement or, mais : dans l'Ecriture,

1° Mais. Matth. 6. 23. *Si autem oculus tuus fuerit nequam :* Tant que l'œil est pur, il servira de lumière à tout le corps ; mais s'il est mauvais et qu'il ne puisse plus voir, tout le corps est exposé à mille chutes : ce qui est une figure de la lumière de l'âme, par laquelle elle peut être conservée; mais qui étant obscurcie, l'homme se trouve nécessairement engagé dans une infinité de maux.

2° Or. Joan. 17. 13. *Nunc enim ad te venio:* Mais maintenant, c'est-à-dire, or maintenant je viens à vous : et je dis ceci étant encore dans le monde; afin que ceux que vous m'avez donnés aient en eux-mêmes la plénitude de ma joie : Jésus-Christ parle à son Père éternel en faveur de ses élus. 2. Cor. 3. 17.

3° C'est pourquoi (γάρ). Ps. 35. 8. *Filii autem hominum in tegmine alarum tuarum sperabunt :* Vous sauverez, Seigneur, et les hommes et les bêtes : mais (c'est-à-dire, c'est pourquoi) les enfants des hommes espéreront particulièrement étant à couvert sous vos ailes. Voy. SALVARE.

4° Car, parce que. 1. Cor. 15. 25. *Oportet autem illum regnare, donec ponat omnes inimicos sub pedibus ejus :* Alors viendra la consommation de toutes choses, lorsque Jésus-Christ aura remis son royaume à Dieu son père. Car Jésus-Christ doit régner jusqu'à ce que le Père lui ait mis tous ses ennemis sous les pieds. Sap. 14. 9. Luc. 12. 2. Joan. 11. 56.

5° Au contraire. Joan. 16. 20. *Plorabitis, et flebitis vos, mundus autem gaudebit :* Vous pleurerez, et vous gémirez, et, c'est-à-dire, au contraire le monde se réjouira, dit Jésus-Christ à ses disciples. Matth. 23. 4. 1. Petr. 3. 15. Ainsi. Jac. 1. 10. *Dives autem in humilitate sua :* Que celui des frères qui est dans un état humiliant se glorifie de l'élévation qu'il attend; et au contraire que celui qui est riche s'humilie dans la vue de son abaissement.

6° Donc (οὖν). 1. Cor. 8. 4. *De escis autem:* Quant aux viandes qui ont été immolées aux idoles, nous n'ignorons pas que nous avons tous sur ce sujet assez de science, etc. Quant à ce qui est donc de manger des viandes immolées aux idoles, nous savons qu'elles ne sont point capables de souiller par elles-mêmes. Matth. 10. 17. c. 1. 19. c. 9. 36. 2. Petr. 1. 15. Ainsi. Rom. 8. 8. *Qui autem in carne sunt, Deo placere non possunt :* L'amour des choses de la chair est ennemi de Dieu... ceux donc qui vivent selon la chair ne peuvent plaire à Dieu.

7° Ensuite, puis après. Judic. 6. 11. *Venit autem angelus Domini :* Dans le temps que les Israélites demandèrent au Seigneur du secours contre les Madianites, le Seigneur leur envoya un prophète, pour leur reprocher de ne l'avoir point voulu écouter. Or (c'est-à-dire, ensuite) l'ange du Seigneur vint s'asseoir sous un chêne, qui envoya Gédéon délivrer les Juifs des Madianites. c. 18. 5. 1. Reg. 20. 1. 3. Reg. 8. 22.

8° Toutefois (καί). 2. Reg. 19. 28. *Tu autem posuisti me servum tuum inter convivas mensæ tuæ :* Au lieu que vous pouviez traiter toute la maison de mon père comme digne de mort, vous m'avez (toutefois) donné place à votre table, dit Miphiboseth à David.

9° Puisque, vu que (καί). 1. Reg. 18. 23. *Ego autem sum vir pauper et tenuis :* Croyez-vous que ce soit peu de chose que d'être gendre du roi? vu que je suis pauvre, je n'ai point de bien, répond David aux officiers de Saül qui lui disaient de penser à devenir gendre du roi.

10° Même, jusque-là même que (καί). Matth. 10. 30. *Vestri autem capilli capitis omnes numerati sunt :* Il ne tombe aucun passereau sur la terre sans la volonté de votre père ; mais pour vous, les cheveux même de votre tête sont tous comptés, dit Jésus-Christ aux apôtres.

11° Cette particule est souvent superflue, comme le δέ des Grecs. Marc. 2. 5. Act. 14. 5. et n'est souvent qu'un ornement du discours : ce qui se trouve non-seulement dans Homère, mais encore dans la Rhétorique d'Aristote, et dans ses autres ouvrages : au reste, dans le grec des Syriens, il faut peu s'arrêter à ces sortes de particules; et les particules δέ et γάρ ne sont pas toujours si opposées, qu'elles ne se prennent en quelques endroits l'une pour l'autre.

AUTOR. Voy. AUCTOR.

AUTUMNUS, I. Ce nom substantif qui est mis pour *Auctumnus*, ôtant *c*, vient du verbe *augeo*, augmenter, parce que c'est dans cette saison que les richesses des hommes s'accroissent, et signifie Automne, saison où les fruits sont mûrs. Isa. 28. 4. Mich. 7. 1. *Væ mihi, quia factus sum sicut qui colligit in autumno racemos vindemiæ :* Le Prophète qui figure ici les personnes vraiment vertueuses par les raisins, pour en témoigner la rareté dans Israël, qui était la figure de l'Eglise, dit qu'il est dans la même peine qu'un voyageur altéré qui, dans l'automne, après la vendange, ne peut trouver de raisins dans les vignes (ἀμητός). Je suis devenu comme celui qui cueille des raisins après la vendange. Isa. 28. 4.

AUTUMNALIS, E. Qui appartient à cette saison : dans l'Ecr.,

Qui fleurit en Automne. Jud. v. 12. *Arbores autumnales :* Ces personnes qui n'ont soin que de se nourrir eux-mêmes : ce sont des arbres qui ne fleurissent qu'en Automne, et partant qui ne portent point de fruit (φθινοπωρινός).

AVUNCULUS, I. Ce diminutif est dérivé d'*avus*, et signifie:

Oncle maternel. Levit. 20. 20. *Qui coierit cum uxore patrui, vel avunculi sui... portabunt ambo peccatum suum :* Si un homme approche de la femme de son oncle, ou paternel ou maternel, ils porteront tous deux la peine de leur péché. Voy. PORTARE. Gen. 28. 2. c. 29. 10.

AVUS, 1. Ce nom vient de *abba*, qui signifie en Chaldéen et en Syriaque *père*, et signifie aussi aïeul ; il signifie proprement aïeul, grand-père, le père du père ou de la mère : dans l'Écriture,

1° Aïeul paternel, grand-père. Gen. 28. 4. *Ut possideas terram peregrinationis tuæ quam pollicitus est avo tuo* ; Gr. τῷ Ἀβραάμ. Que le Dieu tout-puissant vous fasse posséder la terre où vous demeurez comme étranger, qu'il a promise à votre aïeul, dit Isaac à Jacob.

2° Aïeul, ancêtre (πρόπαππος). Exod. 10. 6. *Quantam non viderunt patres tui et avi*: Si vous ne voulez pas laisser aller mon peuple, je ferai venir demain des sauterelles dans votre pays, dont jamais ni vos pères ni vos aïeuls n'en auront vu une si grande quantité, dit Moïse à Pharaon de la part de Dieu.

AUXILIARI, βοηθεῖν. Secourir assister. Isa. 41. 6. *Unusquisque proximo suo auxiliabitur*: Le prophète avait ici en vue les gentils, qui, étant choqués de la réputation de Jésus-Christ et de l'établissement de l'Église, se sont aidés à la combattre et à conserver le paganisme. Ps. 88. v. 22. 44

AUXILIARIUS, A, UM. σύμμαχος. Qui aide, qui porte secours. Judith. 3. 8. *Assumpsit sibi auxiliarios viros fortes*. Holopherne prit de toutes les villes, pour troupes auxiliaires, les hommes les plus braves : ces villes appartenaient aux rois et aux princes qui s'étaient déjà rendus à Holopherne. 1. Mach. 3. 15.

AUXILIATOR, IS. βοηθὸς. Ce nom vient d'*auxilium*, et signifie :

Qui aide, qui donne secours, protecteur, qui soutient de son secours. Isa. 50. v. 7. 9. *Dominus Deus auxiliator meus* : Le Seigneur, mon Dieu, est mon protecteur. C'est ce que dit Jésus-Christ de son Père éternel contre ses ennemis.

AUXILIUM, II. Ce nom vient du verbe *augeo*, parce que c'était le secours donné pour augmenter et secourir les légions, et signifie proprement aide, secours : dans l'Écriture,

Aide, secours, protection de Dieu à l'égard des hommes. Ps. 120. 2. *Auxilium meum a Domino* : C'est du Seigneur que David dans ses afflictions, ainsi que les Juifs dans leur captivité, et les vrais chrétiens dans leurs persécutions qu'ils ont eu à souffrir, ont attendu du secours, et non des hommes ni de toute autre créature. Judic. 5. 23. *Non venerunt ad auxilium Domini* : Les habitants de la terre de Méroz ne se sont point venus joindre au secours que donnait le Seigneur ; *autr.* secourir le peuple du Seigneur.

AXA, Æ, Heb. *Ornata*, fille de Caleb, donnée en mariage à Othoniel. Judic. 1. v. 12. 13. 14. 15. Elle est appelée Achsa. 1. Par. 2. 49. Voy. ACHSA.

AXAPH, Heb. *Incantator*, ville de Chanaan. Jos. 12. 20. en la tribu d'Azer. Jos. 19. 25. *autr.* Achsaph. C'était autrefois une ville royale dont le roi s'appelait Achsaph

AXIS, IS, Ἄξων. Ce nom vient du Grec Ἄξων et signifie proprement un ais, une table, un essieu de charrette, le pôle : dans l'Écriture,

Essieu. Eccl. 33. 5. *Quasi axis versatilis cogitatus fatui* : L'insensé, celui qui a pour guide son propre esprit, n'a aucune règle stable de justice et de vérité dans la pensée ; mais semblable à un essieu, il tourne à tous les vents des opinions des hommes et s'accommode à toutes leurs inclinations. 3. Reg. 7. 30. 33.

AZA, Heb. *Fortitudo*. — 1° Chef de famille, de la famille des Nathinéens, qui revinrent de la captivité de Babylone avec Zorobabel. 1. Esdr. 2. 49. — 2° Ville de la tribu d'Ephraïm. 1. Par. 7. 28. Voy. ASA, Heb. ADESA.

AZANIAS, Heb. *Auditus Dei*, lévite, père de Josué, qui, avec les autres, souscrivit à l'alliance renouvelée avec Dieu au temps de Néhémias. 2. Esdr. 10. 9.

AZANOTTHABOR, Heb. *Aures electionis*, place limitrophe de Nephthali. Jos. 19. 34.

AZAREEL, Heb. *Adjutorium Dei*.—1° L'un des braves de l'armée de David. 1. Par. 12. 6. — 2° Un lévite, musicien du temple, à qui échut l'onzième sort. 1. Par. 25. 18. L'on jeta au sort vingt-quatre classes, pour régler en quel rang les enfants d'Asaph, d'Idithun et d'Heman, devaient être dans le temple et y chanter.

AZARIAS, Heb. *Auxilium Domini*. — 1° Roi de Juda, qui s'appelait aussi Ozias, fils d'Amasias. 4. Reg. 14. 21. *Tulit universus populus Judæ Azariam annos natum sedecim, et constituerunt eum regem pro patre ejus Amasia* : Tout le peuple prit Azarias âgé de seize ans, et il fut établi roi en la place de son père Amasias : ce fut après la mort et la sépulture d'Amasias. 2. Par. 26. v. 1. 7. 10. 19. Ce prince signala les commencements de son règne par de très-belles actions ; il aimait la justice, et son courage intrépide lui fit entreprendre de très-grandes choses. Il fut fort heureux tant qu'il fut fidèle à Dieu ; mais sa grande prospérité l'ayant enflé d'orgueil, il voulut usurper la dignité de la grande sacrificature ; c'est pourquoi Dieu le frappa d'une lèpre horrible et incurable, de manière qu'il fut contraint de vivre séparé de tout commerce le reste de ses jours. Il régna cinquante-deux ans en Jérusalem, et mourut l'an du monde 3277. Son fils Joatham lui succéda.

2° Un prophète, fils d'Obed. 2. Par. 15. v. 1. 8. Il était aussi, grand capitaine. 2. Par. 13. 1. — 3° Un souverain pontife, fils d'Achimaas et père de Johanan. 1. Par. 6. 9. — 4° Un autre souverain pontife, fils de Johanan. 1. Par. 6. 10. 2. Par. 26. 17. Ce fut lui qui chassa du temple le roi Ozias, qui voulait y offrir de l'encens sur l'autel d'or, environ l'an 3226. — 5° Un autre grand-prêtre, fils de Helcias. 1. Par. 6. v. 13. 14. C'est le même que Saraïa. 2. Esdr. 11. 11. 1. Par. 9. 11 l'an du monde 3426. — 6° Un prêtre, qui tenait le premier rang dans la famille de Sadoc du temps d'Ézéchias. 2. Par. 31. v. 10. 13. — 7° Fils de Nathan et capitaine des gardes de Salomon. 3. Reg. 4. 5. — 8° Un des trois qui furent jetés dans la fournaise, qui fut appelé Abdenago, par le chef des eunuques de Nabuchodonosor. Dan. 1. 7. — 9° L'ange Raphaël, qui se donna lui-même ce nom, pour marquer à Tobie que son fils, de la conduite duquel il se chargeait, recevrait par lui le secours de Dieu. Tob. 5. 18. Ou parce qu'il avait pris la ressemblance d'un Azarias. — 10° Fils de Jéhu et père de Hellés. 1. Par. 2. v. 38. 39. c. 9. 11. — 11° Fils de Séphonias et père de Johel. 1. Par. 6. 36. 2. Par. 19. 12.— 12° Un capitaine des gardes de Joas, fils de Jéroham. 2. Par. 23. 1. — 13° Deux fils de Josaphat. 2. Par. 21. 2. Avec un autre du même nom, fils d'Obed, *ibid.* — 14° Le fils d'Osaïas, qui accusa Jérémie de trahison. Jerem. 43. 2. — 15° Un capitaine de Jérusalem, que Judas avait laissé avec Joseph, fils de Zacharie, à la garde de la ville, et qui voulut mal à propos se signaler par quelque action contre l'ennemi. 1. Mach. 5. v. 18. 56. 60. l'an 3891. — 16° Fils d'Ethan, qui était fils de Zara. 1. Par. 2. 8. — 17° Un officier du roi Ezéchias. 2. Par. 31. 13. — 18° Un de ceux qui rétablirent les murailles de Jérusalem. 2. Esdr. 3. v. 23. 24. — 19° Un personnage considérable parmi les Juifs, qui revint avec Zorobabel. 2. Esdr. 7. 7. c. 8. 8.

AZARICAM, Heb. *Auxilium resurgentis*, lévite, fils d'Hasabias, père de Hasab. 2. Esdr. 11. 15.

AZAU, Heb. *Videns*, un des fils de Nachor, frère d'Abraham. Gen. 22. 22.

AZAZ, Heb. *Fortis*, fils de Samma, père de Bala de la tribu de Ruben. 1. Par. 5. 8.

AZAZIAS, Heb. *Fortitudo Dei*, lévite du temps d'Ezéchias. 2. Par. 31. 13. qui se signala par les débris des idoles de Jérusalem.

AZBAI, Heb. *Hyssopus mea*, père de Naaraï, un des trente vaillants hommes de l'armée de David. 1. Par. 11. 37.

AZBOC, Heb. *Hircus vanitatis*, père de Néhémie. 2. Esdr. 3. 16. Voy. Néhémias.

AZECA, Hebr. *Murata*, ville de la tribu de Juda. Jos. 10. v. 10. 11. c. 15. 35. 1. Reg. 17. 1. etc.

AZER, Heb. *Adjutorium*. — 1° Un de ceux qui rétablirent les murs de Jérusalem, fils de Josué. 2. Esdr. 3. 19. — 2° Ville de la tribu de Manassé au-delà du Jourdain, sur le grand chemin qui va à Sidon. Jos. 17. 7. aut. *Aser.*

ASGAD, Heb. *Fortis exercitus*, chef de famille, dont les enfants revinrent de Babylone au nombre de douze cent vingt-deux. 1. Esdr. 2. 12. c. 8. 12. et au nombre de 2322. 2. Esdr. 7. 17.

AZIAM, Heb. *Fortitudo Domini*, descendant de Pharès, père d'Athaïas. 2. Esdr. 11. 4.

AZIZA, Heb. *Fortis*, fils de Zethua; un de ceux qui répudièrent leurs femmes étrangères. 1. Esdr. 10. 27.

ASMAUETH, Heb. *Fortis mors*, — 1° Un des trente braves de l'armée de David. 2. Reg. 23. 31. — 2° Un chef de famille, dont les enfants revinrent de la captivité en Judée au nombre de quarante-deux. 1. Esdr. 2. 24. — 3° Un petit lieu près de Jérusalem. 2. Esdr. 12. 29.

AZMOTH, Heb. *Fortis mors*, — 1° Fils de Joïada, frère de Zamri, de la famille de Saül. 1. Par. 8. 36. c. 9. 42. — 2° Un des trente braves. 1. Par. 11. 33. Il paraît que c'était le même qu'Azmaueth. 2. Reg. 23. 31. *Beromites* ou *Bauramites*. c. 12. 3. — 3° Fils d'Adiel, intendant des finances de David. 1. Par. 27. 25.

AZOR, Heb. *Auxiliator*, fils d'Eliacim et père de Sadoc. Matth. 1. v. 13. 14.

AZOTUS, Heb. Asdod, *Ignis dilecti*. — Ville considérable de la Palestine, de la tribu de Juda. Jos. 11. 22. 1. Reg. 5. 1. où saint Philippe fut transporté par l'Esprit de Dieu, après avoir baptisé l'eunuque de Candace, reine d'Ethiopie. Act. 8. 40. Elle a été ensuite dans la tribu de Dan. Cette ville est fameuse dans l'Histoire sacrée, surtout par la vengeance que Dieu exerça sur ses habitants pour avoir mis l'arche d'alliance dans le temple de Dagon.

AZOTIUS, A, UM, Heb. *Ignis dilecti*, Qui est d'Azot. Jos. 13. 3.

AZOTIDÆ, Heb. Asdodioth, *ignis amorum*, femmes d'Azot. 2. Esdr. 13. 23.

AZOTICE, *Ignis amoris*, Cet adverbe vient d'*Azotus*, et signifie :
En langue d'Azot. 2. Esdr. 13. 23. *Et filii eorum ex media parte loquebantur Azotice* : Les enfants des Juifs à qui j'avais vu épouser des femmes d'Azot, parlaient à demi la langue d'Azot, et ne pouvaient parler juif; *autr.* parlaient à moitié ; *autr.* une partie ou la moitié de leurs enfants, comme s'ils eussent partagé avec leurs femmes idolâtres les fruits de leurs injustes mariages ; ils en sont punis, v. 25.

AZREEL, Heb. *Adjutorium Dei*, père d'Amassaï. 2. Esdr. 11. 13. Il est appelé Adiel, fils de Maasaï. 1. Par. 9. 12.

AZUBA, Heb. *Delicta*. — 1° Femme en premières noces de Caleb, fils d'Esron. 1. Par. 2. v. 18. 19. — 2° Fille de Salaï, femme d'Asa, roi de Juda et mère de Josaphat. 3. Reg. 21. 42. 2. Par. 20. 31.

AZUR, Heb. *Adjutor*, — 1° Père du faux prophète Ananias. Jerem. 28. 1. — 2° Père de Jézonias, prince du peuple. Ezech. 11. 1.

AZZI, Heb. *Fortitudo mea*, fils de Banni, surveillant des Lévites. 2. Esdr. 11. 22. Voy. Episcopus.

AZYMUS, A, UM, Gr. *Infermentatus*, Cet adjectif vient de l'*a* privatif, et de ζυμη, *fermentum*, c'est-à-dire *sine fermento*, et signifie proprement, qui est sans levain : dans l'Ecriture,

1° Qui est sans levain, d'où vient, pains sans levain. Exod. 12. 8. *Edent azymos panes* : Les Israélites mangeront des pains sans levain. L'Ecriture parle de cette même nuit, où l'ange frappa tous les premiers-nés des Egyptiens. Ces pains sont appelés *pain d'affliction*, Deut. 16. 3. parce que ce pain avait le goût fade et insipide. On usait de ce pain, on communément, Gen. 19. 3. *Coxit azyma et comederunt* : Loth fit cuire des pains sans levain, et les deux anges qu'il avait reçus chez lui en mangèrent : ce fut à Sodome. Jos. 5. 11. 1. Reg. 28. 24. Judic. 6. v. 19. 20.

21. ou en cérémonie, selon l'ordre de Dieu. Exod. 12. v. 8. 15. 18. 20. 39. *Septem diebus azyma comedetis.* Dieu commanda aux Israélites de renouveler cette cérémonie au temps de Pâques, pour les faire souvenir de l'état où ils étaient quand ils sortirent de l'Egypte. On en offrait aussi dans les sacrifices. Exod. 29. v. 2. 23. 4. Reg. 23. 9. etc

2° Les sept jours dans lesquels les Juifs devaient manger du pain sans levain, s'appelaient aussi de ce nom. Exod. 23. 15. c. 34. 18. *Solemnitatem azymorum custodies* : Vous garderez la fête solennelle des pains sans levain. Marc. 14. 1. *Erat autem pascha et azyma post biduum* : La Pâque où l'on commençait à manger du pain sans levain devait être deux jours après. Le saint évangéliste cite cette circonstance pour spécifier le temps auquel les Juifs cherchaient un moyen de se saisir de Jésus-Christ et de le faire mourir.

— Pur et sincère. 1. Cor. 5. 7. *Ut sitis nova conspersio, sicut estis azymi* : Comme vous devez être purs et sans aucun levain d'iniquité. C'est pourquoi l'Apôtre exhorte de célébrer la fête de Pâque avec les pains sans levain, de la sincérité et de la vérité, qui étaient figurées par ces pains sans levain.

B

1° BAALA, Héb. *Idolum ejus*, ville de la tribu de Juda, où l'arche fut en dépôt durant vingt ans dans la maison d'Aminadab. Jos. 15. v. 9. 10. C'est la même que Cariath-Baal et Cariathiarim. — 2° Montagne qui borne la tribu de Juda du côté du nord. Jos. 15. 11. — 3° Ville de la tribu de Juda et ensuite de Siméon. Jos. 15. 29.

BAALATH, Héb. *Subjecta*, ville de la tribu de Siméon ou de Dan. Jos. 19. 8. Elle fut rebâtie par le roi Salomon avec Palmyra. 3. Reg. 9. 18. Voy. BALAATH. Elle est nommée Baal. 1. Par. 4. 33.

BAALAM, ville de la demi-tribu de Manassès. 1. Par. 6. 70. On croit que c'est la même que Gethremmon. Voy. Jos. 21. 25.

BAAL-BERITH, Héb. *Idolum fœderis*. Un temple qui était près de la ville de Sichem, dédié au dieu Baal, duquel les habitants tirèrent soixante-dix livres d'argent en poids, qu'ils donnèrent à Abimélech, pour faire la guerre à ses frères. Judic. 9. 4.

BAAL-GAD, Héb. *Idolum fortunæ*, ville de la Phénicie, dans la tribu d'Aser. Jos. 11. 17. c. 12. 7. c. 13. 5.

BAAL-HASOR, Héb. *Idoli atrium*, ville de la tribu d'Ephraïm où Ammon fut assassiné par les serviteurs d'Absalon. 2. Reg. 13. 23.

BAAL-HERMON, Héb. *Idolum anathematis*, montagne et ville célèbre au septentrion de la tribu de Manassès, delà le Jourdain. Judic. 3. 3. 1. Par. 5. 23. Quelques-uns distinguent ici *Baal* du mot *Hermon*, quoiqu'ils soient joints. Jud. 3. 3.

BAALI, Héb. *Dominans mihi*, ou *Dominus meus*, monsieur ou monseigneur. Le prophète Osée, parlant par l'Esprit de Dieu, dit que le Seigneur ne veut plus qu'on l'appelle *Baal*, de peur que les Israélites, prononçant ce mot, ne rappellent dans leur souvenir cette fausse divinité qu'ils avaient adorée si longtemps. Ose. 2. 16.

BAALIA, Héb. *Deus idoli*, un des trente braves de l'armée de David. 1. Par. 12. 5.

BAALIADA, Héb. *Idolum apertum*, fils de David. 1. Par. 14. 7.

BAALIS, roi des Ammonites, qui envoya Ismaël, fils de Nathanias, pour tuer Godolias. Jer. 40, 13, Voy. BAHALLIS.

BAAL, Héb. *Dominus*. — 1° Ce nom qui est très-commun dans l'Ecriture et qui y est pris le plus ordinairement pour toutes sortes d'idoles et de fausses divinités, selon quelques auteurs, semble venir de Bélus, qu'ils croient avoir été le même que Nemrod, qui fut le premier auteur de l'idolâtrie, de qui il est parlé, Gen. 10. 9. Ce fut lui qui ayant donné le dessein de bâtir la tour de Babel, bâtit ensuite Babylone et qui a affecté l'honneur de la divinité. Ninus, son fils, lui fit bâtir sous le nom de *Bélus*, *Bel* ou *Baal*, un tombeau magnifique et un temple superbe, et commanda à son peuple de l'adorer. Le culte de cette fausse divinité s'étendit chez les Tyriens, les Sidoniens et presque par toutes les nations voisines de la Judée; et Achab ayant épousé Jésabel, fille d'Eth-Baal, roi des Sidoniens, introduisit le culte de cette idole dans le royaume de Samarie. 3. Reg. 16. v. 31. 32. quoiqu'il pût bien être du nombre des idoles des Sidoniens que Salomon adora : ainsi ce culte serait plus ancien que du temps d'Achab. 3. Reg. 18. 40. On adorait sous ce nom toutes sortes de fausses divinités, surtout Jupiter, sous le nom de *Baal-Schamaïm*, seigneur du ciel, ainsi que Saturne, le soleil, Hercule : c'est pour cela que l'Ecriture en plusieurs endroits dit que les Hébreux ont adoré et servi plusieurs *Baals*, *Baalim* au pluriel. Judic. 2. 11. *Servierunt Baalim.* v. 13. c. 3. 7. *Servientes Baalim et Astaroth.* 1. Reg. 7. v. 3. 4. c. 12. 10. Jerem. 2. 23. Par ces mots *Baalim* et *Astaroth*, il semble que l'on entend les dieux et déesses des nations. Saint Augustin lib. 2. ad Jud. qu. 16. explique *Jovi et Junonibus*.

Ce mot qui est naturellement du masculin, se trouve du féminin dans le Grec. Rom. 11. 14. et souvent dans les Septante. 3. Reg. 19. 18. Jerem. 2. 28. c. 11. 13. c. 19. 5. c. 32. 35. Ose. 2. 8. Sophon. 1. 4. parce que c'était le nom d'une déesse chez les Phrygiens. Voy. Boch. lib. 2. c. 17. *in Chanaan.*

Beaucoup de lieux ont été appelés du nom de cette divinité, à cause des temples qu'on y a bâtis en son honneur, comme *Baal-Berith*, *Baal-Gad.* Voy. BEL. Voy. MOLOCH. *Baal-Pharasim.* Voy. PHARASIM, etc.

Fils de Réja, descendait de Ruben. 1. Par. 5. 5.

3° Fils d'Abigabaon et de Maacha, descendant de Benjamin. 1. Par. 8. 30. c. 9. 36.

BAALMÉON, Heb. *Id ilum habitaculi*, ville bâtie par la tribu de Ruben. Num. 32. 38. Baal-Mon. Jos. 13. 17. Voy. BÉELMÉON et BETH-MAHON. Jer. 48. 23.

BAAL-PHARASIM, Heb. *Idolum divisionum*, ville des Philistins dans la tribu de Juda : elle tire ce nom de la confusion qui se mit dans leur camp à la vue de l'armée de David. 2. Reg. 5. 20. 1. Par. 14. 11.

BAAL-SALISA, Heb. *Idolum tertium*, petit village dans la tribu d'Issachar, au pied du mont Carmel. 4. Reg. 4. 42.

BAAL-THAMAR, Heb. *Idolum palmæ*, pleine campagne dans la tribu de Benjamin, où toutes les autres tribus s'assemblèrent pour venger l'outrage qui avait été fait à la femme d'un lévite de celle d'Ephraïm. Judic. 20. 33.

BAANA, Heb. *In afflictione*. 1° Un capitaine des gardes d'Isboseth. 2. Reg. 4. 2. *Duo autem viri principes latronum erant filio Saul, nomen uni Baana* : Isboseth avait auprès de lui deux chefs de larrons ; Hebr. de soldats (qui étaient ceux des gardes), dont l'un s'appelait Baana. v. 5. 9. Voy. RECHAB. Ces deux capitaines coupèrent la tête d'Isboseth, leur maître, et la portèrent à David. — 2° Le père de Héled, un des braves de l'armée de David. 2. Reg. 23. 29. *Heled filius Baana, et ipse Nethophathites* : Héled, fils de Baana, qui était aussi de Nétophath. 1. Par. 11. 30. — 3° Un des douze intendants ou officiers qui avaient soin d'entretenir la table du roi Salomon et toute sa maison, chacun fournissant pendant un mois de l'année. 3. Reg. 4. 16. *Baana filius Husi in Aser et in Baloth* : Il était intendant dans le pays d'Aser et de Baloth. — 4° Un homme de la première qualité parmi les Juifs, du nombre de ceux qui revinrent de la captivité de Babylone. 1. Esd. 2. 2. *Qui venerunt cum Zorobabel, Josue, Nehemia..... Baana*. 2. Esd. 7. 7. c. 10. 27.

BAASA, roi d'Israël, méchant et impie, qui ruina la maison de Jéroboam. 3. Reg. 15. 16. etc. Il avait tué Nadab, son maître, en trahison, usurpa le royaume qu'il garda vingt-trois ans. Son fils Ela lui succéda l'an du monde 3105.

BABEL, nom hébreu qui signifie confusion, parce que c'est là que les langues ont été confondues. Gen. 11. 9. *Vocatum est nomen ejus Babel, quia ibi confusum est labium universæ terræ* : Cette ville fut appelée Babel, c'est-à-dire confusion, parce que c'est là que fut confondu le langage de toute la terre. Du nom Babel vient Babylon. Voy. TURRIS.

BABYLON, Heb. BABEL. — 1° Ville très-considérable, autrefois capitale de toute la Chaldée, située sur l'Euphrate, qui a donné aussi le nom de Babylone à une grande partie de la Mésopotamie et de l'Assyrie. Cette ville fut bâtie par Nemrod ou Bélus. Gen. 10. 10. *Fuit autem principium regni ejus Babylon* : La ville capitale de son royaume fut Babylone. Au moins ce fut Nemrod qui commença d'y régner ; c'est pourquoi le pays de Babylone s'appelle la terre de Nemrod. Mich. 5. 6. Les historiens disent que cette ville avait vingt lieues de tour et cent portes toutes d'airain : ses murs avaient cinquante coudées d'épaisseur sur deux cents de hauteur. Jer. 51. 58. *Murus Babylonis ille latissimus suffossione suffodietur, et portæ ejus excelsæ igni comburentur*. Voy. SUFFODERE.

2° Tout le pays de la Chaldée. Ps. 136. 1. *Super flumina Babylonis*, et même de l'Assyrie, selon que les rois de Babylone étaient plus ou moins puissants. Nemrod qui fit bâtir Babylone, régna dans cette ville et dans le pays d'alentour. Ninus, son fils, ayant conquis l'Assyrie, fit bâtir Ninive et s'y établit : alors Babylone ne passa que pour une province de l'Assyrie. Néanmoins, quelques rois qui étaient maîtres des deux royaumes, ayant mis le siége de leur empire à Babylone : la Chaldée et l'Assyrie, et même la Médie, et d'autres pays qui avaient le même roi, ont été appelés du nom de Babylone. 4. Reg. 17. 24. c. 20. 14. *De terra longinqua venerunt ad me Babylone* : Ils sont venus me trouver d'un pays fort éloigné, ils sont venus de Babylone. c. 24. 1. *Nabuchodonosor, rex Babylonis*, etc. 1. Esd. 5. 13. *Anno primo Cyri regis*. 2. Esd. 13. 6. *Anno vigesimo secundo Artaxerxis, regis Babylonis*. Ces deux derniers étaient rois des Perses aussi.

3° Rome est quelquefois appelée de ce nom par les apôtres, parce qu'alors elle était infestée des erreurs et de l'idolâtrie de toutes les nations. 1. Petr. 5. 13. *Salutat vos Ecclesia quæ est in Babylone coelecta* : L'Eglise de Babylone, qui a eu part à l'élection comme vous, vous salue. Ce qui fait voir que saint Pierre a été à Rome, comme toute l'antiquité l'a cru. Elle est encore appelée de ce nom en plusieurs endroits de l'Apocalypse, à cause de la confusion des vices et de l'idolâtrie qui y régnait. Apoc. 14. 8. c. 16. 19. c. 17. 5. c. 18. v. 2. 10. 21.

BABYLONIA, Æ, ville et pays de Chaldée, et quelquefois d'Assyrie, parce qu'ils obéissaient au même roi. Baruch. 1. v. 1. 4. c. 2. 22. etc.

BABYLONII, ORUM. Les habitants de la ville et du même pays. Dan. 14. 2. *Erat idolum apud Babylonios nomine Bel* : Les Babyloniens avaient alors une idole nommée Bel.

BACBACAR, Heb. *Inanis visitatio*. Lévite qui était charpentier et architecte, et qui s'employa à rebâtir le temple de Jérusalem. 1. Par. 9. 15.

BACBUC, Heb. *vacuitas*. Un Nathinéen. 1. Esd. 2. 51.

BACCHARI, du nom *Bacchæ, arum*, parce que les bacchantes s'assemblaient tous les trois ans avec un thyrse et célébraient la fête de Bacchus avec de grands hurlements, et signifie proprement : Faire la débauche comme les ivrognes, être furieux ou faire le furieux, être dans la fureur poétique, s'emporter, se déchainer (διαφθείρειν). Judic. 20. 25. *Tanta in eos cæde bacchati sunt* : Ceux de Benjamin firent un si grand carnage de l'armée des autres tribus, qu'ils tuèrent sur la place dix-huit mille hommes. Ce fut à la sortie qu'ils firent de Gabaa, se défendant à la seconde attaque que leur firent les autres tribus. Voy. GABAA.

BACCHIDES. Baccide, général de l'armée de Démétrius Soter. 1. Mac. 7. v. 8. 10. 19. etc.

BACENOR ou BACCHENOR, Gr. *ebrius*. Capitaine juif. 2. Mac. 12. 35. *Quidam de Bacenoris* (equitatu) *eques*, Gr. τῶν τοῦ βακήνορος, un des cavaliers de Bacenor.

BACULUS, 1. ῥάβδος. De *viaculum*, à cause du rapport du B à l'U, parce que ceux qui sont trop faibles s'appuient et se soutiennent sur un bâton pour marcher, et signifie :

1° Bâton à s'appuyer. Isa. 10. 15. *Quomodo si exaltetur baculus* : Le Prophète assure que le roi d'Assyrie, dont Dieu s'était servi pour affliger les dix tribus, n'eût dû non plus se glorifier de ses victoires, qu'un bâton aurait lieu de se glorifier pour être remué par un homme. v. 5. Le bâton sert : 1° Pour soutenir. Exod. 21. 19. 2° Pour voyager. Gen. 38. 18. 25. Exod. 12. 11. 1. Reg. 17. 40. 4. Reg. 4. 29. 31. 3° Il marque quelquefois en même temps la grande indigence et le triste état où est un homme qui, en voyageant, n'a pour tout bien que son bâton. Gen. 32. 10. *In baculo meo transivi Jordanem istum* : J'ai passé ce fleuve du Jourdain n'ayant qu'un bâton, et je retourne avec ces deux troupes. Jacob témoigne à Dieu la reconnaissance qu'il avait de ses grâces, lui demandant encore celle de le délivrer de la main d'Esaü ; 4° On s'en sert aussi à frapper et à se battre. 1. Reg. 17. 43. *Numquid ego canis sum, quod tu venis ad me cum baculo?* Suis-je un chien, pour venir à moi avec un bâton? dit Goliath à David, lorsqu'ils s'avançaient l'un contre l'autre pour combattre. 5° Il est une marque d'honneur, d'autorité et de charge publique, et les chefs et les princes qui gouvernaient le peuple le portaient en main dans les fonctions de leur charge. Num. 21. 18. *Paraverunt duces multitudinis in datore legis, et in baculis suis* : L'Ecriture parle du puits que les princes du peuple creusèrent, et que les chefs du peuple préparèrent ayant leurs bâtons en main par l'ordre de Dieu ; savoir, au campement qu'ils firent dans le désert au bord d'Arnon.

2° Fléau dont on bat le blé. Isa. 28. 27. *In virga excutietur gith, et cyminum in baculo* : Le Prophète témoignant que le laboureur ne foule et ne secoue pas tous ses grains d'une même façon, que, par exemple, il ne fait pas passer la roue du chariot sur le cumin, mais qu'il le bat avec un fléau, prouve par cette figure que Dieu ne punit pas toujours d'une même manière, mais différemment, selon les différents crimes et les différentes personnes, le peuple plus légèrement que les prêtres.

3° Idole de bois que l'on consultait pour savoir l'avenir. Osee. 4. 12. *Populus meus in ligno suo interrogavit, et baculus ejus annuntiavit ei* : Mon peuple a consulté un morceau de bois, et des verges de bois lui ont prédit l'avenir ; d'autres l'expliquent des bâtons qui servaient pour deviner l'avenir. Delrio. libr. 4. disq. c. 2. q. 7. On explique aussi ces verges de bois, des flèches sur lesquelles ils écrivaient des noms pour les tirer au sort Ezech. 21. 21.

4° Sceptre qui marque la puissance, la tyrannie même et l'injuste domination (ζυγός). Isa. 14. 5. *Contrivit Dominus baculum impiorum* : Le Seigneur a brisé le bâton des impies, la verge de ces fiers dominants. Le Prophète parle de la dure et cruelle domination des Babyloniens sur les Juifs. Jerem. 48. 17. Ainsi Isa. 10. 24. *Baculum suum levabit super te in via Ægypti* : Assur vous frappera avec sa verge, et lèvera le bâton sur vous comme les Egyptiens ont fait autrefois : c'est-à-dire, que le roi d'Assyrie devait traiter en esclave et avec un dur empire les Israélites, comme autrefois avaient fait les Egyptiens.

5° La protection, l'appui et le soutien de quelqu'un. 4. Reg. 18. 21. *An speras in baculo arundineo atque confracto Ægypto?* Est-ce que vous espérez du soutien du roi d'Egypte? ce n'est qu'un roseau cassé, dit Rabsacès au peuple de Jérusalem. Voy. ARUNDO. Isa. 36. 6. Ezech. 29. 6. Job. 5. 23. c. 10. 4.

6° Houlette de berger, qui marque la défense et le soin que prend un berger pour ses brebis (βακτηρία). Ps. 22. 4. *Virga tua et baculus tuus ipsa me consolata sunt* : Votre verge et votre bâton ont été le sujet d'une grande consolation pour moi : En ce sens le Prophète, faisant allusion à ce qui regarde la conduite des brebis, marque la conduite et la providence particulière de Dieu sur les fidèles au milieu des plus grands maux.

7° La force et la vertu propre que la créature reçoit de son Créateur, telle est la vertu de nourrir dans le pain. Levit. 26. 26. *Postquam confregero baculum panis vestri* : Je briserai la force du pain... et vous en mangerez sans être rassasiés. Dieu menace les Juifs, s'ils ne veulent se corriger de leurs dérèglements, de ne pas donner au pain sa bénédiction ordinaire. Ainsi Ezech. 4. 16. c. 5. 16. Voy. FIRMAMENTUM.

8° Ce qui sert d'armes. Ezech. 39. 9. *Comburent arma... clypeum, baculos manuum*, etc. Les habitants des villes d'Israël en sortiront ; ils brûleront... les armes, les boucliers... et les bâtons que les soldats de Gog et de Magog portaient. Quelques interprètes expliquent ceci de la défaite des armées d'Antiochus par les Machabées, et par les Israélites qui se joigneront à eux.

9° Instrument de la colère de Dieu, dont il se sert pour punir les pécheurs. Isa. 10. 5. *Væ Assur; virga furoris mei et baculus ipse est* : Malheur à Assur ; c'est lui qui est la verge et le bâton de ma fureur. La cause de cette malédiction contre le roi d'Assyrie, est qu'il ne reconnaissait pas Dieu, comme auteur de toutes ses victoires. v. 13. 16. quoiqu'il ne s'en dût rien attribuer.

BADACER, Heb. *in compunctione*. Capitaine des gardes du roi Jéhu. 4. Reg. 9. 25.

BADAD, Heb. *solitarius*. Père d'Adad. Gen. 36. 35. 1. Par. 1. 46. Voy. ADAD.

BADAIAS, Heb. *solus Dominus*. Un de ceux qui se séparèrent de leurs femmes. 1. Esd. 10. 35.

BADAN. 1° Un juge d'Israël que l'on croit être Jaïr, de la famille de Galaal ou de Manassé, ce qui paraît par la suite des noms dont se sert Samuel. 1. Reg. 12. 11. *Misit Dominus Jerobaal et Badan et Jephte*, car ce dernier a succédé à Jaïr. D'autres croient que c'est Samson même, comme si on disait *Badan*, pour *Bendan*, fils de Dan ; car Samson était de la tribu de Dan. — 2° Fils d'Ulam, de la tribu de Manassé. 1. Par. 7. 17. Quelques-uns croient que c'est le même Jaïr dont il est parlé ci-dessus.

BAGATHA, ou BAGATHAN. Un des officiers d'Assuérus qui conspirèrent contre sa personne, et qui furent attachés au gibet, la conjuration ayant été découverte par Mardochée. Esth. 1. 10. c. 2. 21. c. 6. 2. c. 12. 1. Quelques-uns distinguent celui dont il est parlé. c. 1. 10. d'avec l'autre.

BAHALIS, Heb. *in lætitia*. Voy. BAALIS.

BAHE, ES ; βαΐνη. Signifie proprement une île de la mer Persique, où a été de tout temps la pêche des perles ; mais dans l'Ecriture il signifie, selon quelques-uns, un collier d'or et de perles ; selon d'autres, branche de palme d'or. Quoi qu'il en soit, il marque un présent fait à un prince pour reconnaître sa souveraineté. 1. Mach. 13. 37. *Coronam auream et bahem, quam misistis, suscepimus*: Démétrius répondant favorablement à la demande que lui avait faite Simon Machabée touchant une paix solide, et les autres demandes, lui témoigne en même temps qu'il a reçu la couronne d'or et la branche de palme d'or qu'il lui avait envoyée. 2. Mach. 14. 4.

BAHURIM, Heb. *electi*. Ville de la tribu de Benjamin sur le chemin de Jérusalem au Jourdain. 2. Reg. 3. 16. c. 16. 6. c. 17. 18. c. 19. 16. aujourd'hui nommée Bachori.

BAJULARE, du grec βαστάζω, et signifie proprement porter quelque fardeau sur les épaules, comme les crocheteurs et portefaix : dans l'Ecr.,

Porter quelque fardeau, soit sur ses épaules, soit autrement. Marc. 14. 13. *Occurret vobis homo lagenam aquæ bajulans*: Allez-vous-en à Jérusalem, vous rencontrerez un homme qui portera une cruche d'eau : ceci est la marque que Jésus-Christ donna à saint Pierre et à saint Jean, pour connaître qui était celui chez qui il voulait qu'ils allassent préparer la Pâque pour la faire avec ses Apôtres. Act. 3. 2. Ainsi Joan. 19. 17. *Et bajulans sibi crucem exivit in eum qui dicitur Calvariæ locum*: Jésus portant sa croix vint au lieu appelé le Calvaire. La coutume des Romains était que les criminels condamnés au supplice de la croix, portassent eux-mêmes leurs croix jusqu'au lieu du supplice. Voy. SIMON 6°.

Phrase tirée de cette signification dans le sens métaphorique.

BAJULARE *crucem suam*. Porter sa croix : c'est être prêt à souffrir toutes sortes de peines et d'afflictions. Luc. 14. 27. *Qui non bajulat crucem suam et venit post me, non potest meus esse discipulus*: Quiconque ne porte pas sa croix, et ne me suit pas, ne peut être mon disciple, dit Jésus-Christ.

BAJULUS, I. De *Bajulare*, et signifie proprement crocheteur, portefaix. Dans l'Ecriture il se prend dans le sens figuré pour :

Porteur de quelque nouvelle. 2. Reg. 18. 22. *Non eris boni nuntii bajulus*: Vous serez le porteur d'une méchante nouvelle, dit Joab à Achimaas.

BALA, Heb. *inveterata*. — 1° Servante de Rachel, qui la donna pour concubine à son mari Jacob. Gen. 29. 29. c. 30. 3. 1. Par. 7. 13. — 2° Nom de ville de la tribu de Siméon. Jos. 19. 3. *Hasersual, Bala*. 1. Par. 4. 29.

BALA, Heb. *deglutiens*. — 1° Nom d'homme des descendants de Ruben. 1. Par. 5. 8. *Porro Bala filius Arar*. — 2° Nom de petite ville qui a été appelée Segor. Gen. 14. v. 2. 7.

BALAAM, Heb. *vetustas populi*. Célèbre devin, ou magicien, qui était en réputation de pouvoir, par ses enchantements, mettre en fuite des armées. Num. 22. 5. *Misit nuntios ad Balaam filium Beor ariolum*, Heb. de Petor. Balac envoya des ambassadeurs à Balaam, fils de Béor, qui était un devin de Pétor, ville de Mésopotamie. Ce prophète, au lieu de maudire le peuple, le bénissait malgré lui, ce qui, ayant irrité Balac, il lui donna un conseil détestable qui fut funeste aux Israélites. Num. 25. 3. Voy. BEELPHÉGOR.

BALAAN, Heb. *inveteratus*. Fils d'Eser, petit-fils de Séïr. 1. Par. 1. 42.

BALAATH. Ville de la tribu de Dan. Jos. 19. 44. C'est la même qui fut fortifiée par Salomon. 2. Par. 8. 6. Elle est appelée Baalath. 3. Reg. 9. 18. Voy. BAALATH.

BALAC, Heb. *involvens*. Fils de Séphor, roi de Moab, qui fit venir Balaam pour maudire les Israélites. Num. 22. 2. c. 23. 1. etc.

BALADAN, Heb. *absque judicio*. Père de Mérodach, roi de Babylone et des Assyriens. 4. Reg. 20. 12. Son fils Mérodach est aussi surnommé Baladan. Isa. 39. 11. Voy. MÉRODACH. Voy. BÉRODACH.

BALAN, Heb. *inveteratus*. Descendant de Jadihel, père de Jéhu. 1. Par. 7. 10.

BALANAN, Heb. *idoli donum*. — 1° Fils d'Achobor, roi d'Edom, auquel qu'il y eût un roi en Israël. Gen. 36. v. 38. 39. — 2° Intendant de David sur les oliviers et les figuiers de la campagne. 1. Par. 27. 28.

BALARE, κράζειν. Ce verbe vient du cri même et du bêlement des brebis, et signifie proprement bêler comme les brebis : dans l'Ecr.,

Bêler, crier, en parlant d'un chevreau. Tob. 2. 21. *Cum vocem balantis vir ejus audisset*: Tobie ayant entendu crier le chevreau que sa femme avait apporté, lui dit : *Prenez garde que ce chevreau n'ait été dérobé.* Le texte grec du v. 20. porte qu'il lui avait été donné en présent par dessus ce qu'on lui devait pour son travail.

BALBUS, A, UM. Du verbe grec βαζω, parler ; ou peut être du son et de la manière dont s'expriment les bègues en parlant, et signifie :

Bègue, qui a la langue empêchée (ψελλίζων). Isa. 32. 4. *Lingua balborum velociter loquetur et plane :* Le Prophète prédit ce qui devait arriver au temps du Messie ; les muets ont parlé, et ceux qui étaient ignorants sont devenus éloquents dans les choses divines.

BALDAD, Heb. *Vetusta dilectio.* Un des trois amis de Job qui vinrent pour le consoler ; il est appelé *Suhites*, d'un pays de l'Arabie déserte habité par les descendants de Sue, fils de Cétura et d'Abraham. Job. 2. 11. etc.

BALE, Heb. *Deglutiens.* Fils aîné de Benjamin. 1. Par. 8. 1. *Genuit Bale primogenitum suum.* En cet endroit, il y a cinq fils de Benjamin. c. 7. 6. trois seulement. Voy. JADIHEL. Gen. 46. 21. on en compte dix. Num. 26. 38. il y en a cinq. On croit que de ces dix il n'y en a eu que cinq qui aient eu des enfants, ou que leur postérité a fini en eux. Voy. BELA.

BALISTA, Æ. βελόστασις Du grec βάλλειν, jeter, et signifie : — 1° Instrument, machine de guerre qu'on dressait devant une ville pour jeter fort loin de grosses pierres. 1. Mach. 6. 20. *Fecerunt balistas :* Tous les Israélites assemblés par Judas, assiégèrent la forteresse où étaient les Grecs et les Juifs apostats, et firent des instruments pour jeter des pierres. — 2° Arbalète, instrument de guerre à lancer des traits. 1. Mach. 6. 51. *Statuit illic balistas :* Le roi Eupator plaça devant le lieu saint des arbalètes à lancer des traits.

BALOTH, Heb. *Subjecta.* Ville de la tribu de Juda. Jos. 15. 24.

BALSAMUM, 1. ασπάλαθος. De l'Hébreu Bahal-Schemen, i. e. le Seigneur ou souverain de l'huile, et signifie,

Arbrisseau qui porte ce suc odoriférant appelé *baume.* Eccli. 24. 20. *Sicut cinnamomum et balsamum aromatizans odorem dedi :* J'ai répandu une odeur de parfum comme la canelle et le baume le plus précieux. Le baume qui s'appelle *opobalsamum.* v. 21. *Quasi balsamum non mixtum odor meus :* Mon odeur est comme celle d'un baume très-pur et sans mélange. Ezech. 27. 17. *Balsamum... proposuerunt in nundinis tuis :* Les peuples de Juda et d'Israël ont apporté dans vos marchés le baume, etc. Le prophète prédisant à la ville de Tyr sa ruine, raconte en détail le trafic universel que tous les peuples de la terre entretenaient avec elle. Voy. v. 27.

BALTASSAR. — 1° Fils de Nabuchodonosor que l'on croit être le même qu'Evilmérodach, ou son frère aîné mort avant qu'il ait pu succéder à Nabuchodonosor son père. Baruch. 1. v. 11. 12. *Orate pro vita Nabuchodonosor regis Babylonis, et pro vita Baltassar filii ejus :* Priez pour la vie de Nabuchodonosor et pour la vie de Baltassar son fils (Heb. *non thesaurizans*).

2° Petit-fils de Nabuchodonosor ou né de son fils Evilmérodach ou, selon d'autres, de sa fille. Dan. 5. 1. *Baltassar rex fecit grande convivium :* Le roi Baltassar fit un grand festin. Il fut assiégé par Darius, roi des Mèdes, et par Cyrus, roi des Perses, qui prirent Babylone, et le tuèrent, 70 ans depuis que son aïeul eut ruiné Jérusalem.

3° Daniel à qui les Babyloniens donnèrent ce nom. Dan. 1. 7. c. 2. 26. c. 4. 5. *Daniel cui nomen Baltassar, secundum nomen Dei mei :* Daniel à qui j'ai donné le nom de Baltassar, qui est le nom de mon Dieu (Heb. *abscondite thesaurizans*). Ainsi le nom de Baltassar venait de Bel ou de Baal, le faux dieu des Chaldéens. Ce nom, selon quelques auteurs, est composé de trois mots chaldéens, *Belschatzor*, et signifie *Beli abdita thesaurizans.*

BALTEUS, I. ζώνη. Ce nom, selon Varron, est Toscan, ou comme il dit ailleurs, ce nom vient de ce que les baudriers de cuir étaient garnis de bossettes, *Cingulum bullatum*, et signifie :

1° Baudrier ou ceinture pour tenir l'épée. 4. Reg. 3. 21. *Convocaverunt omnes qui accincti erant balteo :* Les Moabites assemblèrent tous ceux qui portaient les armes : c'était pour venir attaquer les rois Joram, Josaphat et le roi d'Edom. 1. Reg. 18. 4. *Dedit eam David, et reliqua vestimenta sua usque ad gladium et arcum suum, et usque ad balteum :* Jonathas s'étant dépouillé de la tunique dont il était revêtu, la donna à David avec le reste de ses vêtements, jusqu'à son épée, son arc et son baudrier. Ce fut un effet de l'amour extrême que Jonathas portait à David. Voy. v. 3. Ainsi, 2. Reg. 18. 11. 3. Reg. 2. 5. Ezech. 23. 15.

2° Ceinture dont les Juifs se ceignaient ordinairement. Deut. 23. 13. *Gerens paxillum in balteo :* Portant un bâton pointu à votre ceinture. Voy. PAXILLUS.

3° Ceinture dont les prêtres étaient ceints. 1° Celle qui était commune à tous les prêtres, qui devait être d'un ouvrage de broderie où l'or devait être employé, ainsi que l'hyacinthe, la pourpre et l'écarlate teinte deux fois. Exod. 28. v. 4. 39. 40. *Porro filiis Aaron tunicas lineas parabis, et balteos ac tiaras :* Vous préparerez des tuniques de lin pour les enfants d'Aaron, des ceintures et des tiares. Levit. 8. 13. 2° Celle qui était propre au souverain pontife, laquelle était aussi en broderie ; mais tissue d'or. Exod. 29. 5. *Quod constringes balteo :* Vous lierez le rational d'Aaron avec la ceinture. c. 39. v. 5. 19. Levit. 8. 7. Voy. Exod. 28. v. 4. 5. 8. — La marque de la dignité, de la puissance et de l'autorité. Job. 12. 18. *Balteum regum dissolvit :* C'est Dieu qui ôte le baudrier aux rois : Hebr. *Vinculum*, qui peut bien signifier le diadème.

BAMAAL, Hebr. *in circumcisione.* Fils de Jephlat. 1. Par. 7. 33.

BAMOTH, Heb. *Altaria.* Ville sur le fleuve

Arnon dans la tribu de Ruben. Num. 21. v. 19. 20. Elle est appelée *Bamoth-Baal*. Jos. 13. 17.

BANA. Fils d'Ahilud, gouverneur pour Salomon de Thanach, de Mageddo et du pays de Bethsan. 3. Reg. 4. 12.

BANAA, Heb. *in motu*. Fils de Mosa et père de Rapha. 1. Par. 8. 37.

BANAI, *idem*. Fils d'Henadad, qui aida à rétablir Jérusalem. 2. Esdr. 3. 18.

BANAIA ou BANAIAS, Heb. *Filius Domini.*—1° Fils de Joïada, qui commandait les gardes du roi. 2. Reg. 8. 18. *Banaïas autem filius Joiadæ super Cerethi et Pheleti*: Banaïas fils de Joïada commandait les Céréthiens et les Phélétiens. c. 22. 25. c. 23. v. 20. 22. etc. 1. Par. 27. 5. etc. Il était d'une force extraordinaire : il tua trois lions, deux dans une plaine des Moabites, et un qui était tombé dans un puits au temps d'une grande neige. Il tua aussi un géant qui avait cinq coudées de haut, et qui était armé de lance et d'épée; et quoiqu'il n'eût qu'un bâton à la main, il le désarma et l'étendit mort sur la place.

2° Banaïa de Pharaton, qui était un des trente vaillants hommes de David. 2. Reg. 23. 30. Banaïa Pharatonites. 1. Par. 11. 31. c. 27. 14.

3° Un des descendants de Siméon. 1. Par. 4. 36.

4° Un lévite, chantre du second rang. 1. Par. 15. 18. *Constitueruntque levitas... Eliab et Banaiam*: Ils choisirent plusieurs lévites... Eliab et Banaïa. Ce choix de lévites se fit par ordre de David, lorsqu'il fit transporter l'arche au lieu qu'il lui avait préparé, pour faire un corps de chantres qui joueraient de toutes sortes d'instruments de musique.

5° Un des prêtres qui sonnaient de la trompette devant l'arche. 1. Par. 15. 24. *Banaia et Eliezer sacerdotes clangebant tubis coram arca Dei*. c. 16. v. 5. 6.

6° Un des descendants d'Asaph. 2. Par. 20. 14.

7° Un des gardes des greniers du temple établis par ordre d'Ezéchias. 2. Par. 31. 13.

8° Deux de ceux qui avaient épousé des femmes étrangères. 1. Esdr. 10. v. 30. 43.

9° Père de Pheltias. Ezech. 11. v. 1. 13. *Pheltias filius Banaiæ mortuus est.*

BANE, Heb. *Filii*. Ville de la tribu de Dan. Jos. 19. 45. l'Hébreu joint par un makaph Bané, Barach, et n'en fait qu'une ville, au lieu que la Vulgate en fait deux.

BANEA ou BANEAS, Heb. *Filius Domini*. Deux de ce nom qui quittèrent leurs femmes étrangères. 1. Esd. 10. v. 25. 35.

BANI, Heb. *Filius meus*.—1° Un de ceux qui revinrent de la captivité. 1. Esd. 2. 10. c. 10. v. 29. 34.—2° Un de ceux qui avaient épousé des femmes étrangères. 1. Esdr. 10. 38.—3° Un de ceux qui faisaient faire silence au peuple, quand Esdras lut le livre de la loi. 2. Esdr. 8. 7. c. 9. 4.—4° Un des lévites qui au retour de la captivité signèrent l'alliance faite avec Dieu. 2. Esdr. 10. 13. — 5° Un des chefs du peuple. 2. Esdr. 10. 14.

BANINU, Heb. *Filii nostri*. Un de ceux qui signèrent le traité. 2. Esdr. 10. 13.

BANNUI, Heb. *Ædificatio*. Un chef de famille. 2 Esdr. 7. 15.

BAPTISMA, ATIS, seu BAPTISMUS, I. βαπτισμός. Du verbe *baptizo*, et signifie proprement, plongement, enfoncement dans l'eau; dans l'Ecriture.,

1° Purification, nettoiement, ablutions prescrites par la loi. 2. Esdr. 4. 23. *Unusquisque tantum nudabatur ad baptismum*: Pour ce qui est de moi et de mes frères, et des gardes qui m'accompagnaient, dit Néhémie, nous ne quittions point nos vêtements, et on ne les ôtait que pour se purifier. Marc. 7. v. 4. 8. *Tenetis traditiones hominum, baptismata calicum et urceorum*: Vous observez avec soin la tradition des hommes, lavant les pots et les coupes, etc. Hebr. 9. 10. *Solummodo in cibis et in potibus et variis baptismatibus*: Les sacrifices de l'ancienne loi ne consistaient qu'en des viandes, en des breuvages, en diverses ablutions. Ces ablutions sont marquées. Levit. 16. 4. 24. v. 26. 28. et ailleurs.

2° Baptême de saint Jean, par lequel il baptisait dans les eaux du Jourdain ceux qui venaient à lui. Luc. 7. 29. Act. 10. 37. *Post baptisma* (Gr. *baptismum*) *quod prædicavit Joannes*: Après le baptême que Jean a prêché. Ce baptême n'était pas pour purifier les hommes de leurs péchés, mais pour les exciter à faire pénitence et les préparer à la venue du Messie en les engageant à croire en Jésus-Christ. Act. 19. 4. *Joannes baptizavit baptismo pœnitentiæ populum, dicens: in eum, qui venturus esset post ipsum, ut crederent, hoc est, in Jesum*. Marc. 3. 11. *Ego quidem baptizo vos in aqua in pœnitentiam*: Pour moi, je vous baptise dans l'eau pour vous porter à la pénitence; mais celui qui doit venir après moi... vous baptisera dans le Saint-Esprit et dans le feu. Marc. 1. 4.

3° Le baptême de Jésus-Christ, qui est un sacrement établi de Jésus Christ pour la rémission des péchés et pour remplir les âmes des dons du Saint-Esprit. Joan. 1. 33. *Hic est qui baptizat in Spiritu sancto*: C'est celui qui baptise dans le Saint-Esprit, dit saint Jean de Jésus-Christ. Voy. v. 29. Ephes. 4. 5. *Unum baptisma*: Il n'y a qu'un baptême. sc. tel que celui ci, par lequel nous renaissons en Jésus-Christ. Rom. 6. 4. Coloss. 2. 12. 1. Petr. 3: 21. Ainsi Hebr. 6. 2. *Non rursum jacientes fundamentum... baptismatum doctrinæ*: Passons à ce qui est de plus parfait, sans nous arrêter à établir de nouveau... ce qu'on enseigne sur les baptêmes. Ce n'est pas qu'il y eût en effet quelque autre baptême, outre celui qu'avait institué Jésus-Christ; mais l'Apôtre parle du baptême comme au pluriel, parce que, dans l'instruction qui se faisait aux catéchumènes, touchant le baptême, on en expliquait toutes les différences, telles que celles que nous avons rapportées ci-dessus.

4° Baptême de douleurs et d'afflictions, tel est celui dont Jésus-Christ dit qu'il doit être baptisé. Luc. 12. 50. *Baptismo autem habeo baptizari*: Je dois être baptisé d'un baptême, sc. de son sang, en souffrant la mort, et tel que celui dont les saints martyrs sont baptisés en mourant pour le nom et la gloire de Dieu, ainsi que le marque Jésus-Christ à saint Jacques et saint Jean, fils de Zébédée. Marc. 10. 39. *Baptismo quo ego baptizor, baptizabimini* : Vous serez baptisés du baptême dont je dois être baptisé, v. 38. L'Ecriture semble marquer ce baptême de douleurs par la submersion dans les eaux.

BAPTISTA, Æ. Gr. βαπτιστης. Plongeur, laveur, arroseur. De *baptizo*, et signifie :

Baptiste, saint Jean-Baptiste, le précurseur de Jésus-Christ. Voy. Luc. 7. 27. qui a été appelé de ce nom par les évangélistes saint Matthieu, saint Marc et saint Luc, parce qu'il avait été envoyé de Dieu pour baptiser les peuples et les disposer à la pénitence et à recevoir Jésus-Christ le Messie. Matth. 11. 11. *Non surrexit inter natos mulierum major Joanne Baptista* : Entre ceux ceux qui sont nés de femmes, il n'y en a point eu de plus grand que Jean-Baptiste, dit Jésus-Christ. c. 3. 1. Marc. 6. 14. Luc. 7. 20.

BAPTIZARE. Gr. βαπτιζειν. Du verbe βαπτω *mergo*, et signifie proprement plonger, enfoncer dans l'eau. Dans l'Ecriture :

1° Laver, baigner pour se purifier des impuretés légales. Judith. 12. 7. *Baptizabat se in fonte aquæ* : Judith se lavait dans une fontaine; Holopherne avait commandé aux huissiers de sa chambre de la laisser toute liberté. Voy. v. 6. Marc. 7. 4. *Et a foro, nisi baptizentur non comedunt* : Lorsque les pharisiens et tous les Juifs reviennent du marché, ils ne mangent point non plus sans s'être lavés, dit Jésus-Christ, les condamnant d'avoir plus de soin de purifier leurs corps que de purifier leurs cœurs. Luc. 11. 38. Eccli. 34. 30.

2° Baptiser, conférer le sacrement de baptême ; ce qui se fait maintenant en versant de l'eau sur la tête de quelqu'un, en disant : *Je te baptise au nom du Père, et du Fils et du Saint-Esprit;* mais il se donnait autrefois en plongeant dans l'eau par trois fois. Par le baptême on obtient la rémission des péchés par les mérites du sang de Jésus-Christ, qui a lui-même institué et ordonné ce sacrement. Matth. 28. 19. *Euntes ergo docete omnes gentes, baptizantes eos in nomine Patris, et Filii et Spiritus sancti* : Toute puissance m'a été donnée dans le ciel et sur la terre. Allez donc, et instruisez tous les peuples, les baptisant au nom du Père, et du Fils et du Saint-Esprit, dit Jésus-Christ aux onze apôtres. Marc. 16. 16. *Qui crediderit, et baptizatus fuerit, salvus erit* : Celui qui croira et qui sera baptisé sera sauvé. Cette croyance s'entend d'une foi actuelle dans les adultes, accompagnée de bonnes œuvres, Gal. 1. v. 11. 12. Jac. 2. 26. et d'une foi habituelle que reçoivent les enfants en recevant ce baptême.

Phrases tirées de cette signification.

BAPTIZARE *Spiritu sancto*. Baptiser du Saint-Esprit, c'est comme baigner, inonder du Saint-Esprit, soit que cela se fasse dans le sacrement du baptême, où nous sommes lavés d'eau, de telle sorte que le Saint-Esprit se répand sur nous avec abondance. Matth. 3. 11. Luc. 3. 16. *Ipse vos baptizabit in Spiritu sancto et igni* : Jésus-Christ vous baptisera dans le Saint-Esprit et dans le feu. Marc. 1. 8. Joan. 1. 33. Ce qui est figuré par cette eau transparente, mêlée de feu, Apoc. 5. 2. Soit que cela se fasse dans le sacrement de la confirmation ; comme quand les apôtres, qui avaient déjà été baptisés, reçurent l'effet de la confirmation ; savoir, la vertu et la force du Saint-Esprit, le jour de la Pentecôte, Act. 1. 5. *Vos autem baptizabimini Spiritu sancto* : Vous serez baptisés dans le Saint-Esprit : ce qu'on doit entendre aussi de tous ceux qui reçoivent ce sacrement avec l'effet ; soit enfin que cela se fasse hors du sacrement ; comme quand Corneille et ceux qui étaient assemblés chez lui, reçurent visiblement le Saint-Esprit avant d'être baptisés. Act. 10. 44. Voy. v. 24. 47. 48. c. 11. 15. A quoi saint Pierre applique ces mêmes termes, v. 16. *Vos autem baptizabimini Spiritu sancto* : Vous serez baptisés dans le Saint-Esprit. Voy. Est. *in Act.* 1. 5.

BAPTIZARE *Pro mortuis*. Baptiser pour les morts. Il semble qu'on peut entendre ceci simplement de ceux qui se faisaient baptiser pour les Catéchumènes qui étaient morts sans avoir reçu le baptême, croyant que ce baptême leur eût servi. 1 Cor. 15. 29. *Quid facient qui baptizantur pro mortuis, si omnino mortui non resurgunt?* Que prétendraient ceux qui sont baptisés pour les morts, si les morts ne ressuscitent point ? Cette coutume était en usage au temps des apôtres, comme Tertullien l'insinue, *Lib. de Resurr. carnis, c. 48. et lib. 5. contr. Marcion. c. 10.*

BAPTIZARE *In nomine alicujus*. Baptiser au nom de quelqu'un ; c'est administrer le baptême par sa vertu, et en invoquant son nom : C'est dans ce sens que s'entend : 1° baptiser au nom du Père, du Fils et du Saint-Esprit : à quoi se rapporte ce que dit saint Paul, 1 Cor. 1. 13. Mais baptiser au nom de Jésus-Christ, c'est baptiser du baptême institué par Jésus-Christ, qui a ordonné de l'administrer au nom du Père, du Fils et du Saint-Esprit. Voy. Matth. 28. 19. Ce qui est la forme ordinaire, sans laquelle on ne peut confesser le baptême de Jésus-Christ, dit saint Augustin, *Lib. 6. de Baptismo, c. 26.* Saint Luc, dans les Actes, l'appelle le baptême de Jésus-Christ ; soit pour le distinguer de celui de saint Jean, soit parce que, comme quelques-uns l'ont cru, le baptême se conférait quelquefois au commencement, seulement en invoquant et en exprimant le nom de Jésus-Christ. Act. 22. 16. Mais ce que Dieu opère par des voies extraordinaires, n'empêche pas que l'Eglise ne garde l'ordre qui lui est propre.

Baptiser en figure, représenter par des signes expressifs le véritable baptême. 1 Cor. 10. 2. *Omnes in Moise*, Gr. *in Moisen, baptizati sunt in nube et in mari* : Tous nos pères ont été baptisés sous la conduite de Moïse, dans la nuée et dans la mer : la nuée et le passage de la mer représentaient le baptême la nuée qui les rafraîchissait, figurait la grâce du Saint-Esprit ; les Egyptiens, plongés dans les eaux de la mer Rouge, figuraient les péchés ensevelis dans les eaux du baptême.

BAPTIZARI in aliquem, εἴς τινα. C'est être baptisé pour être disciple de quelqu'un, et lui être entièrement dévoué. 1 Cor. 10. 2. *Omnes in Moïse baptizati sunt*; Gr. *in Moïsen*. Tous ont été baptisés sous la conduite de Moïse, en se soumettant à lui comme à leur chef, et l'interprète de la volonté de Dieu à leur égard. Exod. 14. 31. *Crediderunt Domino et Moïsi servo ejus* : Ainsi, Rom. 6 3. *Baptysati sumus in Christo* ; Gr. *in Christum* : Nous avons été baptisés en Jésus-Christ ; c'est-à-dire pour être unis à lui, comme les membres le sont à leur chef, et pour être ses disciples, selon l'expression des Hébreux, qui prennent quelquefois le nom de la personne pour le nom de la chose.

Baptiser du baptême de douleurs et d'afflictions : tel a été celui dont Jésus-Christ a été baptisé de son propre sang dans sa passion pour nos péchés, et dont les saints martyrs ont été baptisés par le sang qu'ils ont répandu pour la gloire de Dieu. Marc. 10. 38. *Potestis.... baptismo quo ego baptizor, baptizari ?* Pouvez-vous être baptisés du baptême dont je dois être baptisé, répond Jésus-Christ aux saints Jacques et Jean, fils de Zébédée. Voy. BAPTISMUS, signif. figurée.

BARA, Heb. *In malo.*— 1° Roi de Sodome, un des cinq rois qui firent la guerre à Chodorlahomor, et aux trois autres rois, ses alliés. Gen. 14. 2.— 2° Femme de Saharaïm, répudiée par son mari. 1 Par. 8. 8.

BARABBAS, Heb. *Filius patris.* Voleur, meurtrier et séditieux, qui, à l'instance des Juifs, fut délivré par Pilate, préférablement à Jésus-Christ. Matth. 27. 16.. Marc. 15. 7. Luc. 23. 18. Joan. 18. 40. Act. 3. 14.

BARAC, Heb. *Fulgur.*— 1° Fils d'Abinoëm, créé chef de l'armée des Israélites, avec la prophétesse Débora. Judic. 4. 6. etc. Heb. 11. 32.— 2° Ville de la tribu de Dan. Jos. 19. 45. Voy. BANÉ.

BARACHA, Heb. *Benedictio.* Un de ceux qui prirent le parti de David contre Saül. 1 Par. 12. 3.

BARACHEL, Heb. *Benedicens Deum.* Père d'Eliu, descendant de Buz. Job. 32. v. 2. 6. Voy. Buz.

BARACHIA ou BARACHIAS. Heb. *Benedicens Domino.*—1° Le père de Zacharie, l'un des douze prophètes. Zach. 1. v. 1. 7.—2° Le père d'un autre Zacharie, du temps d'Achaz, qu'Isaïas prit pour témoin des deux noms qu'il devait écrire en des caractères connus et lisibles. Isa. 8. 2. Ces deux noms sont marqués au v. 1.—3° Le père de Zacharie, qui fut tué par les Juifs. Matth. 23. 35. *Ut veniat super vos omnis sanguis justus qui effusus est super terram a sanguine Abel justi usque ad sanguinem Zachariæ filii Barachiæ quem occidistis inter templum et altare* : Afin que tout le sang innocent qui a été répandu sur la terre, retombe sur vous, depuis le sang d'Abel le Juste, jusqu'au sang de Zacharie, fils de Barachie. On croit que ce Zacharie était le fils de Joïada, dont il est parlé, 2 Par. 24. 22. et que Joïadas s'appelait aussi Barachias, parce qu'il était fils d'Achias. D'autres croient que ce Barachie était le père de Zacharie, père de saint Jean Baptiste, qui fut tué par le commandement d'Hérode. —4° Le fils de Zorobabel, petit-fils de Phadaïa. 1 Par. 3. 20. Voy. Zorobabel, 2°. — 5° Le père d'Asaph, lévite, descendant de Gerson. 1 Par. 6. 39. 1 Par. 15. 17. Voy. ASAPH.—6° Fils d'Asa, fils d'Elcana, de la tribu de Lévi, habitant de Nétophati. 1 Par. 9. 16.—7° Un lévite, huissier à l'égard de l'arche. 1 Par. 15. 23. *Barachias et Elcana, Janitores Arcæ*: Barachias et Elcana, huissiers à l'égard de l'arche. Voy. JANITOR. —8° Un prince de la tribu d'Ephraïm, fils de Mosollamoth, qui empêcha que les Juifs ne fussent réduits en captivité par ceux de la même nation. 2 Par. 28. 12.—9° Fils de Mésézebel, et père de Mosollam, qui bâtit une partie de Jérusalem, après son retour de Babylone. 2 Esdr. 3. v. 4. 30. c. 6. 18.

BARAD, Heb. *Grando.* Ville de la tribu de Juda, près de la fontaine d'Agar. Gen. 16. 14.

BARAIA, Heb. *Creatura Domini.* Fils de Sémei. 1 Par. 8. 21.

BARASA, Heb. *In egestate.* Ville de la tribu de Gad, que Judas Machabée prit et brûla. 1 Mach. 5. 26.

BARATHRUM. 1. Gr. βάραθρον. Vient des mots Chaldéens *ber*, qui signifie *puits*, et de *athar*, qui signifie *lac*, et signifie proprement lieu profond ; soit dans l'eau, comme un gouffre ; soit dans la terre, comme une fosse dont on ne voit point le fond : dans l'Ecriture,

Abîme. Judic. 5. 15. *Quasi in præceps ac barathrum se discrimini dedit* : Barac s'est jeté dans le péril, comme s'il se fût précipité dans un abîme, dit Débora dans le Cantique qu'elle chanta après la défaite de Sisara (κοιλάς. *Vallis*). l'Hébr. et le Gr. qui portent *vallis*, font croire que Barac eut une vallée profonde à passer pour venir depuis la montagne de Thabor, jusqu'au lieu où était Sisara.

BARBA, æ. πωγών. De βαρύς, pesant, ou marque de gravité, ou bien de πάππος, *avus*, et, *lanugo, prima barba*, et signifie :

Barbe. 1 Reg. 21. 13. *Diffluebantque salivæ ejus in barbam* : David se contrefit le visage devant les Philistins... et sa salive découlait sur sa barbe : ce fut dans la crainte qu'il eut d'Achis, à qui les officiers racontèrent que David était celui-là même pour qui on avait chanté publiquement que Saül en avait tué mille, et David dix mille. Levit. 13. 29. Ps. 132. 2. *Sicut unguentum in capite quod descendit in barbam, barbam Aaron* : La paix et l'union entre les fidèles, que le baptême a rendus frères, est aussi agréable que l'huile de parfum, qui de la tête descend sur la barbe d'Aaron. Voy. UNGUENTUM. On peut faire quelques observations sur ce mot.

1° C'était une marque de maladie et d'infirmité, que de paraître sans barbe : c'est pour cette raison que le léprenx devait raser sa barbe le septième jour après sa purification, pendant lesquels il était demeuré dans le camp hors de sa tente, selon la loi du Levit. 14. 9.

2° Ce fut une ignominie et pure insulte que fit Hanon aux ambassadeurs de David, lorsqu'il leur fit raser la barbe, et les renvoya en cet état. 1 Par. 19. 4. 2. Reg. 10. 4. Il est dit qu'il leur fit raser la moitié de la barbe ; et David envoya au devant d'eux pour leur ordonner de demeurer à Jéricho. 1 Par. 19. 5.

3° C'était une marque de deuil, d'affliction et de misère, que de s'arracher les poils de la barbe, ou de la raser. 1 Esdr. 9. 3. *Evelli capillos capitis mei et barbæ*: J'arrachai les cheveux de ma tête et les poils de ma barbe : ce fut à la nouvelle que reçut Esdras, que le peuple ne s'était point séparé de l'alliance des peuples étrangers. Voy. les versets précédents. Isa. 15. 2. *Omnis barba radetur*: Les Moabites se feront tous raser la barbe ; savoir, à cause de la grande désolation qui y devait arriver. Voy. c. 16. 14. Ainsi, Jerem. 41. 5. *Venerunt viri..... rasi barba*: Quatre-vingts hommes vinrent de Sichem, de Silo et de Samarie, ayant la barbe rase : ce fut pour marquer la douleur qu'ils avaient de la ruine du temple et de la ville de Jérusalem, par les Chaldéens. c. 48. 37.

4° Il était défendu aux prêtres, même dans le deuil, de se raser la barbe. Levit. 21. 5. pour ne point imiter en cela les prêtres idolâtres de l'Egypte et des pays circonvoisins, Baruch. 6. 30: ce qui est aussi défendu à tous les Israélites. Levit. 19. 27. Quelques-uns croient qu'ils se rasaient seulement la moustache ou le poil qui croît sur la lèvre d'en haut, et que c'est en ce sens qu'il est dit, 2. Reg. 9. 24. que Miphiboseth n'avait point fait faire sa barbe depuis le jour que David était sorti de Jérusalem jusqu'au jour qu'il y retourna en paix.

— Les princes, les grands, les forts et ce qu'il y a d'hommes plus considérables d'un peuple. Isa. 7. 20. *In die illa radet Dominus in novacula conducta... in rege Assyriorum caput... et barbam*: Le Seigneur se servira du roi des Assyriens comme d'un rasoir qu'il aura loué pour raser la tête... et toute la barbe. Voy. l'accomplissement de cette prophétie, 4. Reg. ch 24. v. 14. 16. c. 23. 20. La barbe que Dieu ordonne au prophète Ezéchiel de se raser et d'en partager les poils en trois tiers, d'en brûler une partie, de couper l'autre et de jeter au vent les poils de l'autre tiers, comme on voit, Ezech. 5. v. 1. 2. figurait les trois châtiments que Dieu devait exercer sur les habitants de Jérusalem, chaque tiers devant recevoir un châtiment particulier. Voy. v. 12 ; et ce châtiment devait être exercé par les Chaldéens.

BARBARE, βαρβάρως, barbarement, d'une façon qui sent le barbarisme, en parlant du langage. Dans l'Ecriture :

D'une manière barbare et insolente, et qui combat la sainteté des lois. 2 Mach. 15. 2. *Ne ita ferociter et barbare feceris*: N'agissez pas si fièrement ni d'une manière si barbare ; c'est ce que les Juifs, qui étaient contraints de suivre Nicanor, lui dirent lorsqu'il résolut d'attaquer Judas avec toutes ses forces le jour du sabbat.

BARBARUS, A, UM, Gr. βάρβαρος, du syriaque *bar. extra*, en doublant la syllabe, ou de l'arabe *barbar*, *garrulus*, et signifie proprement barbare, en parlant du langage. Les Arabes ont donné à l'Afrique le nom de Barbarie, parce que le langage d'Afrique leur a semblé un son de bêtes plutôt qu'un langage d'hommes ; et les Grecs appelaient aussi Barbares toutes les autres nations du monde, dont le langage leur paraissait grossier en comparaison du leur. Il signifie aussi grossier, peu poli dans ses mœurs, aussi bien que son langage ; inhumain, cruel. Dans l'Ecriture :

1° Tout peuple ou tout homme qui parle une langue qui n'est point entendue de celui à qui il parle. 1. Cor. 14. 11. *Si nesciero virtutem vocis, ero ei cui loquor, barbarus, et qui loquitur mihi, barbarus*: Si je n'entends pas ce que signifient les paroles, je serai barbare à celui à qui je parle, et celui qui me parle me sera barbare. Saint Paul prouve ici que l'usage du don des langues doit être accompagné de l'interprétation, et que sans cela celui qui l'emploie est exposé à la risée de ses auditeurs, et à passer pour barbare, à l'exemple de celui qui parlant une langue étrangère, passe pour barbare auprès de ceux qui ne l'entendent pas.

2° Tout peuple étranger, peu humain, farouche et éloigné du culte de Dieu. Ps. 113. 1. *In exitu Israel de Ægypto, domus Jacob de populo barbaro*: Lorsqu'Israël sortit de l'Egypte, et la maison de Jacob du milieu d'un peuple barbare, Dieu consacra le peuple juif à son service. 2. Mach. 2. 22. c. 10. 4. *Rogabant Dominum ne barbaris ac blasphemis hominibus traderentur*: Machabée et ceux qu'il avait avec lui conjuraient le Seigneur de ne les plus livrer à des barbares et à des blasphémateurs de son nom ; ce fut après qu'ils eurent repris le temple et la ville de Jérusalem sur Antiochus.

3° Tous les peuples, hormis les Grecs, sous le nom desquels sont compris les Romains même et tous les autres peuples moins policés et distingués des Grecs. Rom. 1. 14. *Græcis ac barbaris... debitor sum*: Je suis redevable aux Grecs et aux Barbares ; ainsi Plaute a dit, *Vertit barbare*, il a traduit en latin.

BARED, Heb. *Grando*. Fils de Suthala, de la tribu d'Ephraïm. 1. Par. 7. 19.

BARIA. Heb. *In societate*. Voy. BERIA. — 1° Quatrième fils d'Aser, père d'Heber. 1. Par. 7.v.30.31. — 2° Le quatrième fils de Séchémias. 1. Par. 3. 22. — 3° Un prince de la tribu de Benjamin. 1. Par. 8. v. 13. 16. Baria et Sama. — 4° Fils de Semeï, descendant de Gersom. 1. Par. 23. 10.

BAR-JESU, *Filius Jesu*, ou *Jehu*, Heb. *In nequitia*. Faux prophète, Juif de grande réputation, appelé aussi *Elymas*, magicien. Act. 13. 6. Il voulut empêcher que le proconsul Sergius Paulus ne crût en Jésus-Christ, mais saint Paul l'aveugla sur-le-champ.

BARJONA, Heb. *Filius columbæ*. Fils de Jona ou de Jean ; c'est ainsi que saint Pierre est nommé. Matth.16.17.Voy. JOANNES, n.10. Jona se dit par contraction pour Johanna, comme Jacob, au lieu de Jahacob.

BARNABAS, Æ. Barnabé, apôtre, compagnon des voyages de saint Paul, lévite et originaire de Chypre, autrement appelé *Joseph*. Act. 4. 36. *Joseph autem qui cognominatus est Barnabas ab apostolis, quod est interpretatum, filius consolationis* : Joseph, surnommé par les apôtres Barnabé, c'est-à-dire, enfant de consolation, parce qu'il était fort propre pour consoler et fortifier les consciences : ou, selon d'autres, : *Filius prophetæ*

BARSABAS, Heb. *Filius conversionis*. — 1° Joseph, surnommé *le Juste*, qui fut choisi avec saint Mathias, pour entrer en la place de Judas. Act. 1. 23.—2° Judas, un des principaux entre les frères, député avec Paul, Barnabé et Silas, de la part du concile des apôtres, aux fidèles d'Antioche. Act. 15. 22.

BARSAITH, Heb. *Filius anguli*. Fils de Melchiel. 1. Par. 7. 31.

BARTHOLOMÆUS, 1. Heb. *Filius suspendentis aquas*. Barthélemi, apôtre. Math. 10.3. Marc. 3. 18. Luc. 6. 14. Act. 1. 13. Plusieurs croient que c'est le Nathanaël de l'Evangile.

BARTIMÆUS. 1. Heb. *Filius Timæi*. Fils de Timée, aveugle mendiant. Marc. 10. 46. Saint Jérôme, *lib. de Nomin. Hebr.*, l'appelle *Barsemia*, c'est-à-dire, *filius cœcus*.

BARUCH, Heb. *Benedictus*.—1° Prophète, fils de Nérie et secrétaire de Jérémie. Baruc. 1. v. 1. 3. *Et hæc verba libri quæ scripsit Baruch filius Neriæ* : Voici les paroles du livre qu'écrivit Baruch, fils de Néric. Jer. 32. 12. *Et dedi librum possessionis Baruch, filio Neri* : Je donnai contrat d'acquisition à Baruch, fils de Néri. v. 13. 16. — 2° Un de ceux qui rétablirent Jérusalem. 2. Esdr. 3. 20. *Baruch, filius Zachaï*.—3° Un prince des Juifs. 2. Esdr. 10. 6. — 4° Père de Maasia, descendant de Pharès. 2. Esdr. 11. 5.

BASAIAS, Heb. *In factura Domini*. Fils de Melchias et père de Michel, de la race des lévites. 1. Par. 6. 40.

BASAN, Heb. *In dente*. — 1° Le pays de Basan, fertile en pâturages et en grands chênes, s'étendait depuis le torrent de Jaboc jusqu'aux monts Liban, Hermon et Seïr. Deut. 22. 14. Ps. 67. 23. *Dixit Dominus : Ex Basan convertam, convertam in profundum maris :* Je chasserai (vos ennemis) de Basan, je les précipiterai dans le fond de la mer, comme j'ai fait Pharaon. Les géants, appelés *Raphaïm*, dont Og était le roi, ont habité ce pays. Jos. 13. 12. (*Et nunc divide*) *universam Basan usque ad Salecha, omne regnum Og in Basan, ipse fuit de reliquis Raphaïm :* Maintenant partagez tout Basan, jusqu'à Salecha, tout le royaume d'Og auprès de Basan, et qui était des restes des géants. v. 30. *Cuncta Regna Og regis Basan,* etc.—2° Tout pays gras et fertile en pâturages. Nah. 1. 4. *Infirmatus est Basan et Carmelus :* La beauté du Basan et du Carmel s'efface. Is. 33. 9. Mich. 7. 4.

BASCAMAN, Heb. *Confusio iræ*. Ville de la tribu de Gad, où le traître Tryphon fit assassiner Jonathas. 1. Mach. 13. 23. Elle est nommée *Basecha*, dans Josèphe, et *Bascath*. Jos. 15. 39. D'autres la distinguent et la mettent dans la tribu de Juda.

BASEMATH, Heb. *Aromata*. — 1° Femme chananéenne, qu'Esaü épousa. Gen. 26. 34. *Esau vero quadragenarius duxit uxores Judith, filiam Beeri Hethæi, et Basemath, filiam Elon, ejusdem loci :* Esaü, ayant quarante ans, épousa Judith, fille de Béer, Héthéen; et Basemath, fille d'Elon, du même pays. Elle est aussi appelée *Ada*. Gen. 36. v. 2, 4. 10. 16.—2° Une autre femme d'Esaü. Gen. 36. 2. *Basemath quoque filiam Ismael, sororem Nabajoth (duxit uxorem)*. v. 4. 10. 13. 17. Elle s'appelait aussi *Maheleth*. c. 28. 9.—3° Une fille de Salomon, femme d'Achimaas. 3. Reg. 4. 15. *Achimaas in Nephtali ; sed et ipse habebat Basemath, filiam Salomonis, in conjugio :* Achimaas était intendant en Nephtali, et il avait aussi épousé Basemath, fille de Salomon.

BASILICA, Æ, du mot grec βασιλεύς, *Rex*. On appelle du nom *Basilica*, les palais et les grandes maisons où le prince et les magistrats rendent la justice; ces maisons autrefois étaient semblables aux églises d'aujourd'hui, c'est-à-dire, qu'elles étaient oblongues et tournées vers l'Orient; ainsi ce mot signifie proprement une basilique, un palais magnifique où le magistrat exerce la justice; dans l'Ecriture :

1° Maison royale ou l'appartement même du roi dans le palais. Esth. 5. 1. *Esther... stetit in atrio domus Regiæ, quod erat interius contra basilicam Regis :* Esther étant allée dans la salle intérieure de l'appartement du roi, qui était devant sa chambre, elle s'y arrêta ; elle allait pour inviter le roi Assuérus de venir chez elle, avec Aman, au festin qu'elle avait préparé. Voy. v 4.

2° Grande place autour du temple (αὐλή). 2. Par. 4. 9. *Fecit etiam atrium sacerdotum et basilicam grandem :* Cette grande place que fit Salomon était pour le peuple et était environnée de galeries autour du temple et de la place destinée aux prêtres. Pour y entrer, il fit faire des portes qu'il couvrit d'airain, et au milieu de cette place, il fit faire un socle d'airain. c. 6. 13. *Fecerat Salomon basim æneam, et posuerat eam in medio basilicæ*.

BASILISCUS, I. Gr. βασιλίσκος. Ce mot, purement grec, signifie en latin *regulus*, et est ainsi appelé, parce qu'il a sur la tête une tache blanche, en façon de diadème, et signifie :

Basilic, serpent venimeux et fort pernicieux. Ps. 90.13. *Super aspidem et basiliscum ambulabis :* Si vous demeurez sous l'assistance du Très-Haut, vous marcherez sur l'aspic et le basilic; i. e. vous surmonterez les plus grands maux et les plus grands dangers où vous serez exposés. Voy. REGULUS.

BASIS, is, βάσις. Ce nom qui, selon son origine, marque proprement l'action de marcher, vient du Grec βάω, ou βαίνω, eo, incedo, marcher; ainsi ce mot se dit proprement des pieds qui sont le bas, ou comme la base de l'homme. Act. 3. 7. *Et protinus consolidatæ sunt bases ejus et plantæ* : Aussitôt que saint Pierre eut soulevé cet homme, qui était boiteux dès le ventre de sa mère, les plantes et les os de ses pieds s'affermirent. Voy. v. 2. Et improprement, des fondements de toute autre chose, parce que les choses qui naissent de la terre, et les bâtiments ont coutume de s'avancer et de s'élever d'en bas et signifient :

1° Soutien, fondement, sur lequel quelque chose est appuyé et soutenu (τρίχος). Job. 38. 5. *Nosti super quo bases illius solidatæ sunt?* Savez-vous sur quoi les bases de la terre sont affermies? dit Dieu à Job. Cant. 5. 15. Eccli. 6. 30. c. 26. 23. Zach. 5. 11.

2° Base, soubassement de colonne ou d'autre chose. Exod. 26. 19. *Quadraginta bases argenteas fundes, ut binæ bases singulis tabulis subjiciantur* : Le tabernacle était composé de vingt planches de chaque côté, soutenues de quarante bases, v. 23. *Habebunt... bases argenteas* : Les colonnes avaient des bases d'argent.

3° Tribune, lieu élevé pour parler. 2. Par. 6. 13. *Fecerat Salomon basim æneam, et posuerat eam in medio Basilicæ*; Hebr. *Labrum æneum* : Salomon avait fait faire une espèce d'estrade d'airain, qu'il avait fait mettre au milieu du temple; Hebr. : une tribune en forme de coquille.

BATHUEL, Heb. *Mensura Dei.*—1° Fils de Nachor et père de Rebecca. Gen. 22. 23. *Bathuel de quo nata est Rebecca* : Bathuel, dont Rebecca était fille. — 2° Nom de lieu, de la tribu de Juda. 1. Par. 4. 30. *In Bathuel, in Horma, in Siceleg.*

BATILLUM ou BATILLUS. Vient de *patulus* et signifie proprement une pelle, comme celles avec lesquelles on prend de la braise; une pelle de bois; une sorte de vase chez les anciens, où l'on portait de la braise ardente pour brûler des odeurs à l'arrivée de ceux qui avaient droit d'hospitalité; dans l'Ecriture :

Pelle à feu. Num. 4. 14. *Ponent cum eo..... ignium receptacula, fuscinulas ac tridentes, uncinos et batilla* : Lorsqu'il faudra décamper, Aaron et ses fils mettront avec l'autel, les cassolettes, les pincettes, les fourchettes, les crochets et les pelles (καλυπτήρ).

BATUS, βάτος. Du mot arabe qui signifie : distribuer, épandre, partager, et signifie :

Mesure de choses liquides, qui tenait autant que l'Ephi (χοῖνιξ); savoir, la dixième partie du corus; celui-ci tenant environ 279 pintes de Paris; le batus contenait par conséquent vingt-sept pintes et un peu plus. Ezech. 45. v. 10. 11. *Ephi et batus æqualia, et unius mensuræ erunt.* Ce mot *batus* est rendu en saint Luc, 16. 6. par *cadus* : *Quantum debes domino meo? Centum cados olei* : Gr. βάτους. Ainsi, 3. Reg. 7. 26. *Mare æneum duo millia batos capiebat* : La mer d'airain contenait deux mille bats ; le bat contenait environ 27 pintes de Paris; deux mille bats faisaient environ cent quatre-vingt-six muids, mesure de Paris; ainsi. v. 38. 1 Esdr. 7. 22. Voy. CADUS. Le bat et la métrète sont la même chose. Comparez 3. Reg. 7. 26. et 2. Par. 4. 5. Voy. METRETA.

BAVAI, Syr. *In luctu.* Fils de Henadad. Il contribua à rebâtir Jérusalem. 2. Esdr. 3. 18.

BAURAMITES, Æ. Heb. *Eligens aquas.* Qui est de Bauram. 1. Par. 11. 32. Voy. AZMOTH. Bauram est le même lieu que Beromi. 2. Reg. 23. 32.

BAZATHA, Heb. *Contemptus.* Un des sept eunuques qui étaient toujours près de la personne d'Assuérus. Esth. 1. 10.

BAZIOTHIA, Heb. *Despectiones ejus.* Une ville de la tribu de Juda, Jos. 15. 18. Samson croit que c'est la même que Bersabée.

BDELLIUM, II. Ce nom, qui est grec, est le diminutif de βδέλλα et signifie gomme odoriférante, qui découle d'un arbre de la grandeur d'un olivier, qui a des feuilles semblables au chêne, et le fruit semblable à celui d'un figuier sauvage (ἄνθραξ). Gen. 2. 12. *Ibi invenitur bdellium* : C'est dans la terre de Hévilath que se trouve le bdellium. Num. 11. 7. *Erat autem man quasi semen coriandri, coloris bdellii* : La manne, pour la couleur, ressemblait à cette gomme transparente comme la cire; en mot hébreu *Bedolach*, *bdellium*, signifie tout ce qui est aqueux, gluant et transparent, et qui se durcit en pierre. Vatable et d'autres traduisent *unio*, perle; les 70, escarboucle, et Num. 11. 7. cristal.

BEAN, Heb. *In afflictione.* Ville de la tribu de Gad, dont les habitants faisaient des maux épouvantables aux Juifs, dans le temps des guerres des Macédoniens. 1. Mach. 4. On croit plutôt que Béan était un homme fort puissant parmi les Iduméens, et même que ce mot est formé de deux, savoir, de Ben *filius*, et de Acan, dont il est fait mention, Gen. 36. 27. Il était fils d'Etzer, et est appelé *Jaacan.* 1. Par. 1. 42 Ainsi, *Filii Jaacan*, sont les peuples de l'Idumée, dont il est parlé, Num. 33. v. 31. 32 et Deut. 10. 6.

BEATIFICARE, μακαρίζειν. De l'adjectif *beatus*, et du verbe *facere*, peu usité en Latin, et signifie dans l'Ecriture :

1° Rendre heureux, combler de bonheur. Eccli. 25. 32. *Manus debiles et genua dissoluta, mulier quæ non beatificat virum suum* : La femme qui ne rend pas son mari heureux, est l'affaiblissement de ses mains, et la débilité de ses genoux, i. e. le jette dans l'abattement. ch. 43. 8.

2° Appeler heureux. Isa. 9. 16. *Et erunt qui beatificant populum istum, seducentes, et qui beatificantur præcipitati* : Ceux qui appellent le peuple d'Israël heureux, se trouveront être des séducteurs; et ceux qu'on flatte de ce bonheur se trouveront avoir été conduits dans le précipice ; le prophète avait crédit que les dix tribus seraient emmenées par Salmanazar; et il parle ici contre les chefs du peuple; parce qu'ils persuadaient faussement le peuple du contraire, et contre le peuple même qui les écoutait. Ainsi Job. 29. 11. Jac. 5. 11.

BEATITUDO, INIS, μακαρισμός. — 1° Félicité, bonheur temporel. Gen. 30. 13. *Hoc pro beatitudine mea* : C'est pour mon bonheur, dit Lia au second fils que Zelpha eut de Jacob; la fécondité passait pour un bonheur.

2° Le bonheur de la justification. Rom. 4. v. 6. 9. *Sicut et David dicit beatitudinem hominis, cui Deus accepto fert justitiam sine operibus* : C'est ainsi que David dit qu'un homme est heureux, à qui Dieu impute la justice sans les œuvres; mais seulement par la foi qu'il a en Dieu, qui le justifie sans aucunes œuvres; savoir, qui précèdent cette foi. L'Apôtre a suivi la phrase hébraïque du Ps. 31. 1. *Beatitudines levati ab iniquitate;* au lieu de quoi les 70 ont traduit *Beati quorum,* etc. Ainsi, Ps. 1. 1. Heb. *Beatitudines viri.* 70, *Beatus vir,* etc.

3° Sentiment de joie que l'on a de se croire heureux. Gal. 4. 15. *Ubi est ergo beatitudo vestra?* Qu'est devenu le bonheur dont vous vous flattiez, lorsque vous annonçant l'Evangile parmi les persécutions et les afflictions, vous m'avez reçu comme Jésus-Christ même ?

BEATUS, A, UM, μακάριος. Du Grec βαω, ou βεω, qui signifie proprement *eo,* aller, s'avancer; et figurément, *beo,* rendre heureux, avancer heureusement quelqu'un; et signifie :

1° Heureux, par la jouissance des biens temporels, qui ne regarde que la vie présente. 3. Reg. 10. 8. *Beati viri tui et beati servi tui* : Heureux sont ceux qui sont à vous, heureux sont vos serviteurs, dit la reine de Saba à Salomon, dans l'admiration où elle était de sa sagesse. Ps. 143. 18. *Beatum dixerunt populum, cui hæc sunt* : Ils ont appelé heureux le peuple qui possède tous ces biens. Luc. 11. 27. *Beatus venter qui te portavit* : Heureuses sont les entrailles qui vous ont porté, dit une femme du milieu du peuple à Jésus-Christ; Jésus-Christ témoignant que ce bonheur, quoique très-grand, cède cependant en lui-même temporel, préfère celui d'entendre la parole de Dieu, et de la pratiquer. v. 28. comme étant un bien éternel. v. 1. Petr. 1. 25. Et souvent dans l'Ancien Testament. Ps. 36. 9. etc.

2° Heureux par la jouissance des biens de la grâce et des avantages spirituels qui ont rapport à l'éternité. Ps. 1. 1. *Beatus vir qui non abiit in consilio impiorum* : Heureux l'homme qui ne s'est point laissé aller à suivre le conseil des impies. Ps. 143. 18. *Beatus populus cujus Dominus Deus ejus* : Heureux est le peuple qui a le Seigneur pour son Dieu. Ps. 111. 1. Matth. 5. 5. Et souvent dans les psaumes et dans le Nouveau Testament, où ceux qui ont reçu de Dieu quelque grâce, qui a rapport au bonheur éternel, sont appelés *Bienheureux.*

3° Heureux par la jouissance de la gloire et du bonheur des saints avec Jésus-Christ, dans l'éternité. Apoc. 19. 9. *Scribe* : *Beati qui ad cœnam nuptiarum Agni vocati sunt* : Heureux ceux qui ont été appelés au souper des noces de l'Agneau, dit l'Ange à saint Jean.

4° Souverainement heureux; ce qui n'appartient qu'à Dieu et à Jésus-Christ, qui l'est par sa nature, en tant que Dieu. 1. Tim. 1. 11. *Quæ est secundum Evangelium gloriæ beati Dei* : La loi est, non pour le juste, mais pour tout ce qu'il y a de contraire à la saine doctrine, qui est selon l'Evangile de la gloire de Dieu *souverainement* heureux.

5° Ce qui rend heureux. Tit. 2. 13. *Expectantes beatam spem* : Attendant la béatitude que nous espérons : *Beata spes,* pour *beatitudo sperata.*

BEBAI, Heb. *Pupilla.* Chef de famille, dont les enfants revinrent au nombre de six cent vingt-trois. 1. Esdr. 2. 11. et 2. Esdr. 7. 17. au nombre de six cent vingt-huit.

BECBECIA, Heb. *Evacuatio Domini.* Lévite, qui tenait le second rang après Asaph. 2. Esdr. 11. 17. *Becbecia secundus.*

BECHER, Heb. *Primogenitus.* Fils d'Ephraïm, de qui vient la famille des Becherites. Num. 26. 35.

BECHOR, Heb. *Idem.* Second fils de Benjamin. 1. Par. 7. v. 6. 8.

BECORATH, Heb. *Primitiæ.* Fils d'Aphia, de la tribu de Benjamin, aïeul de Cis, père de Saül. 1. Reg. 9. 1.

BEELMEON, Heb. *Idoli habitaculum.* Ville de la tribu de Ruben. 1. Par. 5. 8. Ezech. 25. 9. Voy. BAALMEON.

BEELPHEGOR. 1° Une idole des Moabites, qu'ils adoraient sur le mont Phégor ou Phogor; ce qui lui a donné le nom de *Beel-Phegor,* comme si l'on disait, *Dominus montis Phegor* : Le dieu du mont Phégor; selon d'autres, ce mot signifie *Dominus turpitudinis* : Dieu infâme, comme était Priape chez les Romains, ou parce que dieu étant appelé *Baal-reem,* Dieu des tonnerres, les Hébreux l'ont appelé par raillerie, *Dieu des pets.* Voy. PHOGOR. Num. 25. 3. *Initiatusque est Israël Beelphegor* : Israël se consacra à Beelphegor. v. 5. Deut. 4. 3. Ps. 105. 23. Ose. 9. 10. Les plus belles filles des Moabites s'étant présentées, par le conseil détestable de Balaam, devant les Israélites, elles les firent tomber d'abord dans la fornication, et ensuite dans l'idolâtrie; la colère de Dieu s'étant allumée contre Israël, il y en eut 24.000 de tués, à cause de ce double crime. Voy. PHINÉES.

2° Le lieu où on adorait cette idole. Jos. 22. 17. *An parum vobis est quod peccastis in Beelphegor* : N'est-ce pas assez que vous ayez péché, comme nous, à Beelphegor ?

BEEL-SEPHON, Heb. *Idolum aquilonis.* Ville d'Arabie, proche de laquelle les Israélites passaient la mer Rouge. Exod. 14. v. 2. 9. Num. 33. 7.

BEELTEM, Heb. *Magister sapientiæ.* Magistrat, tel qu'est le chancelier, ou conseiller. 1. Esdr. 4. v. 8. 17. 23. Voy. REUM. Quelques-uns croient que *Reum* était gouverneur de Samarie; il s'opposa aux Juifs qui voulaient rebâtir Jérusalem.

BEELZEBUB, *Dominus muscarum;* Hebr. BAALZEBUB. Gr. βεέλζεβυλ. Fr. BEELZEBUT. Ce mot peut bien venir du changement que firent les Juifs, au retour de la captivité, du mot *Baalzebub*, nom d'une idole célèbre du temps de leurs ancêtres, dans celui de *Beelzebub*, que les Juifs attribuèrent à Satan même, en détestation de l'idolâtrie, dont tout le culte se rapportait à lui, où ils l'ont appelé *Beelzebub, Dominus muscarum*, par raillerie; parce que son temple était plein de mouches, ou parce que *Zebul* signifie *stercus*, comme ils ont appelé *Beel-Phegor*, dieu des pets, celui qui était appelé *Baalrem*, dieu des tonnerres ; et signifie :

1° Le prince et le premier des démons, par la vertu duquel les Juifs disaient que Jésus-Christ chassait les démons. Matth. 12. 24. *Hic non ejicit dæmones, nisi in Belzebub principe dæmoniorum.* Marc. 3. 22. Luc. 11. 15. etc. — 2° Le dieu d'Accaron, qu'Ochosias envoya consulter s'il reviendrait de sa maladie. 4. Reg. 1. 2. *Consulite Beeelzebub deum Accaron*, dit Ochosias à ses gens. 3° Un grand scélérat adonné à la magie, et qui a commerce et intelligence avec le démon; c'est en ce sens que les Juifs appelaient Jésus-Christ *Beelzebub*. Matth. 10. 25.

BEERA, Heb. *Puteus.* Chef de la tribu de Ruben, qui fut mené en captivité, avec toute la tribu, par Theglatphalazar. 1. Par. 5. 6.

BEERI, Hebr. *Puteus.* 1° Un Héthéen, père de Judith, femme d'Esaü. Gen. 26. 34. — 2° Le père du prophète Osée. Ose. 1. 1. *Verbum Domini quod factum est ad Osee filium Beeri.*

BEER-RAMATH, Hebr. *Puteus celsitudinis.* Ville de la tribu de Siméon. Jos. 19. 8. D'autres joignent *Beer* avec le mot précédent *Baalath;* d'autres croient que c'est *Baxiothia* ou *Bersabée.*

BEGOAI, Hebr. *In corpore meo.* Un des chefs parmi les Juifs qui revinrent de la captivité. 2. Esdr. 7. 7.

BEGUAI, Hebr. *Idem.* Le même que Begaï. 1. Esdr. 2. 2. Ses enfants revinrent de la captivité au nombre de deux mille cinquante-six. v. 14. et 2. Esdr. 7. 20. de deux mille soixante-sept.

BEGUI, Heb. *Idem.* Chef de famille, qui revint, avec Esdras, à la tête de soixante-dix hommes. 1. Esdr. 8. 14.

BEHEMOTH, Hebr. *Multitudo animalium.* Nom hébreu au pluriel, qui signifie *animal* au singulier. Il semble que c'est l'éléphant, qui est marqué par ce mot, comme étant le plus grand des animaux de la terre; comme par celui de *Leviathan*, on entend la baleine, qui est le plus grand des animaux de la mer. Job. 40. 10. *Ecce Behemoth quem feci tecum :* Considérez Behemoth, que j'ai créé avec vous : le mot *tecum*, est pour, de même que vous, v. 14. *Ipse est principium viarum Dei :* La plus excellente des créatures de Dieu, par sa vaste grandeur; mais Bochart croit que *Behemoth*, c'est l'hippopotame, et *Leviathan* le crocodile. Saint Jérôme et saint Grégoire le Grand interprètent du démon ces mots, *Behemoth Leviathan*, et en font une application de tout ce qui se dit de ces animaux dans Job. Ce mot en d'autres endroits signifie autre chose.

BEL, Hebr. *Vetustus.* Selon quelques-uns, c'est l'abrégé de Baal, seigneur, qui était le dieu des Tyriens et des Sidoniens : idole fameuse et la principale des Babyloniens, qui était aussi honorée dans les villes et les pays voisins. Isa. 46. 1. *Confractus est Bel :* Bel a été rompu : le prophète prédit la ruine des Babyloniens par les Perses. Jerem. 50. 2. c. 51. 4. Baruch. 6. 40. Dan. 14. 2.

BELA, Hebr. *Deglutiens.* 1° Un roi des Iduméens. Gen. 36. 32. *Bela filius Beor :* Il est appelé *Bale.* 1. Par. 1. v. 43. 44. — 2° Un fils de Benjamin. Gen. 46. 22. *Filii Benjamin; Bela :* Il est appelé *Bale.* 1. Par. 8. v. 1. 3. *Benjamin autem genuit Bale primogenitum suum :* Il est la tige de la famille des Balaïtes. Num. 26. 38.

BELGA, Æ. Hebr. *Refrigerium.* — 1° Un homme de la famille d'Eléazar, grand sacrificateur, et le quinzième des vingt-quatre institués par David pour exercer leur ministère. 1. Par. 24. 14. — 2° Un des prêtres qui revinrent avec Zorobabel. 2. Esdr. 12. 5.

BELGAI, Hebr. *Idem.* Un de ceux qui signèrent le traité fait avec le Seigneur. 2. Esdr. 10. 8.

BÉLIAL, Hebr. *sine jugo*, ou sans profit; ce qui est de nulle utilité. Ce nom hébreu signifie :

1° Le démon même, qui le premier a secoué le joug de la soumission qu'il devait à Dieu. 2. Cor. 6. 15. *Quæ autem conventio Christi ad Belial?* Quel accord entre Jésus-Christ et Bélial?

2° Un homme extrêmement méchant et impie. Nahum. 1. 15. *Non adjiciet ultra ut pertranseat in te Belial :* Les impies, les Assyriens ne ravageront plus vos terres. Dieu parle au peuple juif, après la défaite de l'armée de Sennachérib, et peut-être bien même après sa mort. Judic. 19. 22. Ainsi, 2. Reg. 22. 5. *Torrentes Belial terruerunt me :* Les maux qui viennent fondre sur moi de la part des méchants m'ont épouvanté. Voy. TORRENS. De là vient :

FILII ou FILIÆ BELIAL. Enfants de Bélial, déshonnêtes, méchants et détestables, des personnes sans joug, c'est-à-dire sans conscience. Deut. 13. 13. *Egressi sunt filii Belial de medio tui :* Des enfants de Bélial sont sortis de vous : l'Ecriture parle de ceux qui auraient été capables de porter quelques-uns du peuple à l'idolâtrie. 1. Reg. 2. 12. Ainsi, 1. Reg. 1. 16. c. 12. *Ne reputes ancillam tuam quasi unam de Filiabus Belial.* Ne croyez pas que votre servante soit comme l'une des filles de Bélial, sans joug, qui ait secoué le joug de la modestie et de la retenue, qui doit être le partage des femmes, jusqu'à m'être troublée par le vin : Anne répond dans ce verset et dans le verset quinzième à ce que lui dit le grand prêtre Héli, v. 14.

BELLARE, πολεμεῖν. De *bellum*, et signifie :

Combattre, se battre, faire la guerre. 3. Reg. 12. 24. *Non bellabitis contra fratres vestros filios Israel* : Vous ne ferez point la guerre contre les enfants d'Israël, qui sont vos frères, dit Semeïas, de la part de Dieu à Roboam, qui était près de marcher en campagne, avec une armée, pour réduire le royaume des dix tribus sous son obéissance. 1. Par. 22. 8. *Plurima bella ballasti* (ποιεῖν) : Vous vous êtes trouvé en quantité de batailles, dit Dieu à David, comme une raison pour laquelle il ne pourrait bâtir le temple. Jerem. 1. 19.

BELLATOR, oris (ὁπλίτης). Homme de guerre, combattant. Num. 32. 21. *Omnis vir bellator armatus Jordanem transeat* : Moïse parle des deux tribus, de Ruben et de Gad, qui promettent de prendre tous les armes, pour aider à mettre les autres tribus en possession de la terre promise, qui était au delà du Jourdain. Deut. 15. 3. Ainsi, Dieu même est appelé *Combattant*, pour marquer qu'il peut aisément défaire les ennemis. Jer. 20. 11. *Dominus autem mecum est quasi bellator fortis* : Le Seigneur est avec moi comme un guerrier invincible, dit Jérémie. Voy. Ps. 23. 8. Voyez comme Dieu a combattu pour son peuple. Exod. c. 14. v. 14. 24. 25. c. 17. 16. Dieu combat pour les Israélites contre les Egyptiens. Judic. 5. v. 8. 13. Dieu combat pour Barac, chef des Israélites, contre Sisara. La déroute de son armée, c. 4. 15. et c. 7. v. 20. 22. Il combat pour Gédéon contre les Madianites. v. 2. Par. 13. 12. c. 20. 15. et ainsi en plusieurs autres endroits semblables de l'Ecriture :

BELLICOSUS, A, UM. Belliqueux, guerrier, en parlant d'un peuple, d'une nation, d'une ville; dans l'Ecriture,

Brave, vaillant, propre à la guerre (πολεμιστής). 1. Reg. 16. 18. *Vidi filium Isaï scientem psallere, fortissimum robore et virum bellicosum* : J'ai vu l'un des fils d'Isaï de Bethléem, qui sait fort bien jouer de la harpe et qui est propre à la guerre; c'est un officier de Saül, qui lui propose David comme propre à le soulager, par le son de la harpe, du malin esprit qui le tourmentait. 2. Par. 13. 3.

BELLICUS, A, UM, πολεμικός, qui appartient ou qui sert à la guerre. Eccl. 9. 18. *Melior est sapientia quam arma bellica* : La sagesse vaut mieux que les armes des gens de guerre. Judith. 16. 23. *Universa vasa bellica* : Toutes les armes, tout l'équipage d'Holopherne, etc.

BELLIGERARE, πολεμεῖν, de *bellum*, et de *gerere*, et signifie, 1° Faire la guerre, combattre l'un contre l'autre. Mich. 4. 3. *Non discent ultra belligerare* : Les peuples ne s'exerceront plus à combattre l'un contre l'autre; savoir, au temps de la venue du Messie. 2° Quereller, disputer pour quelque intérêt. Jac. 4. 2. *Litigatis et belligeratis* : Vous plaidez, et vous faites la guerre les uns contre les autres.

BELLIGERATOR, oris (πολεμιστάς). Ce nom, qui est inusité chez les Latins, est mis ici pour *belliger*, et signifie dans l'Ecriture :

Homme de guerre, qui combat à pied. 1. Mach. 15. 13. *Applicuit Antiochus super Doram cum centum viginti millibus virorum belligeratorum, et octo millibus equitum* : Antiochus vint se camper au-dessus de Dora avec cent vingt mille hommes de guerre, et huit mille chevaux. Ce fut pour investir cette ville, où s'était réfugié Tryphon, qu'Antiochus poursuivait. Voy. v. 10. 11. 25. Ainsi, ch. 16. 4.

BELLUA, æ, θήρ, ος. De *bellum*; parce que les bêtes se font la guerre, et signifie bête, et le plus souvent bête sauvage, en parlant des plus grandes et des plus féroces; dans l'Ecriture :

Bête sauvage, bête farouche. 2. Mach. 4. 25. *Feræ belluæ iram gerens* : Ménélaüs, qui avait acheté d'Antiochus la souveraine sacrificature, revint à Jérusalem, n'apportant à cette dignité que le cœur d'un cruel tyran, et la colère d'une bête farouche. Eccli. 43. 27. *Illic creatura belluarum* : On voit dans la mer ces bêtes monstrueuses que Dieu y a créées.

BELLUM, I, πόλεμος. De *duellum*, qui marque proprement le combat de deux hommes seuls, au lieu que *bellum* marque le combat de plusieurs; quoiqu'il convienne avec *duellum*, en ce que les combats se livrent aussi entre deux villes, deux peuples ou deux nations, et signifie :

Guerre. Ps. 67. 33. *Dissipa gentes quæ bella volunt* : Dissipez les nations qui ne respirent que la guerre. Sap. 14. 22. *In magno viventes inscientiæ bello, tot et tam magna mala pacem appellant* : Les hommes vivant dans cette ignorance de Dieu comme dans une guerre funeste, donnent le nom de *paix* à des maux si grands et en si grand nombre. Le Sage parle des effets funestes de l'idolâtrie. De là vient :

BELLUM DOMINI. — 1° La guerre du Seigneur; est celle que les bons entreprennent pour maintenir la gloire de Dieu, et pour son service, contre les impies qui l'attaquent. Exod. 17. 16. *Bellum Domini erit contra Amalec* : La guerre du Seigneur sera contre Amalec. Voyez l'accomplissement de cette loi. 1. Reg. 15. 7. 1. Reg. 18. 17. c. 25. 28. Ainsi, *Bellum Domini* marque aussi que c'est Dieu qui est l'arbitre de la guerre, qu'il en est le maître; en parlant d'une guerre faite par sa providence, par son secours et sous sa conduite. 1. Reg. 17. 47. *Ipsius enim est bellum* : C'est le Seigneur qui est l'arbitre de la guerre, dit David à Goliath; et ceci même a donné le nom au livre appelé des *Guerres du Seigneur*, dont il est parlé, Num. 21. 14. Ce livre est perdu, et on croit qu'il était commun entre les mains des Juifs, et qu'il fut fait au temps de Moïse, touchant les voyages du peuple, et sur les guerres et les combats que les Israélites avaient livrés par l'ordre et la providence de Dieu, et dont ils avaient remporté les victoires par son secours et son assistance; ce pouvait bien être un livre en vers, rempli de cantiques, pareils au cantique rapporté v. 18. et 2. Par. 20, 21. etc. et de proverbes, tels que celui qui est rapporté v. 27. qu'ils chantaient en reconnaissance des grâces qu'ils avaient reçues de Dieu dans les combats, dont ils avaient remporté la victoire.

2° Le combat, la bataille. 1. Cor. 14. 8. *Si incertam vocem det tuba, quis parabit se ad bellum?* Si la trompette ne sonnait qu'un son incertain, qui se préparera pour aller au combat? Saint Paul rapporte ceci comme une comparaison, pour dire que, comme si le son de la trompette n'est que général, et non celui qui fait connaître qu'on se doit préparer au combat, personne ne s'y prépare, et ainsi ce son est inutile; de même celui qui parle une langue inconnue, sans interpréter ce qu'il dit, dit des paroles inutiles, c'est comme s'il ne proférait qu'une voix confuse qui ne voulût rien dire. Job. 39. 25. *Ubi audierit buccinam, dicit: Vah. Procul odoratur bellum:* Lorsque l'on sonne la charge, le cheval dit, Allons. Il sent de loin la bataille; *autr.* l'approche des troupes. Judic. 5. 8. Voy. Novus. De là vient cette phrase:

Vir belli. Homme de guerre; pour *Vir bellicosus,* homme propre à la guerre, propre au service. 1. Reg. 18. 5. *Posuit eum Saul super viros belli:* Saül donna à David le commandement sur quelques gens de guerre.

Dies belli. Amos. 1. 14. *Devorabit ædes ejus in ululatu in die belli:* Le feu consumera toutes les maisons de Rabba.... dans l'horreur du combat. Le prophète prédit la défaite des Ammonites et la prise de Rabbath, leur ville capitale. Voy. l'accomplissement de cette prophétie. 2. Reg. 12. 29. etc. Ainsi Ps. 139. 8.

3°. La force des armes et la puissance. Judith. 9. 10. *Qui conteris bella ab initio:* Que les Assyriens périssent, eux qui ne savent pas que c'est vous qui, depuis le commencement du monde, terrassez les armées les plus redoutables, dit Judith à Dieu dans son oraison. Ps. 75. 4.

4° La hardiesse et la témérité avec laquelle on attaque quelque chose de monstrueux et de terrible. Job. 40. 27. *Memento belli:* Souvenez-vous de la guerre, *i. e.* de la hardiesse et de la témérité avec laquelle vous avez osé attaquer la baleine, dit Dieu à Job.

5° La victoire que l'on remporte dans la guerre. Eccli. 9. 11. *Nec fortium, bellum:* La victoire n'est pas toujours pour ceux qui paraissent les plus braves.

§ 1. Effort que l'on fait, tous les moyens que l'on prend pour gagner et surmonter quelqu'un. Apoc. 11. 7. *Bestia quæ ascendit de abysso faciet adversus eos bellum:* La bête qui monte de l'abîme fera la guerre aux deux témoins qui doivent prophétiser pendant trois ans et demi, les vaincra et les tuera. Voy. TESTIS. Ainsi, ch. 13. 7. *Et est datum illi bellum facere cum sanctis:* Cette guerre se fera par l'Antechrist, autant par les caresses que par la violence.

§ 2. Dispute et querelle particulière. Jac. 4. 1. *Unde bella et lites in vobis?* D'où viennent les guerres et les procès, n'est-ce pas de vos passions?

§ 3. Les orages et les tempêtes de la fureur de quelqu'un. Job. 20. 23. *Pluet super illum bellum suum:* Dieu fera pleuvoir sur l'impie les traits et les foudres de sa colère.

§ 4. L'affliction. Job. 38. 23. *Quæ præparavi in tempus hostis in diem pugnæ et belli:* Avez-vous les trésors de la grêle, que j'ai préparés pour affliger et punir ceux que je veux châtier, dit Dieu à Job.

BELMA, Heb. *Nihilum.* Montagne près de Béthulie, célèbre pour avoir été le lieu du campement d'Holopherne et de sa sépulture. Judith. 7. 3. Ce lieu a été autrefois appelé *Helma,* ensuite *Abelina.*

BELSAN, Heb. *In lingua.* Un des plus illustres entre ceux qui revinrent de Babylone avec Zorobabel. 1. Esdr. 2. 2.

BEN, Heb. *Filius.* Un lévite, portier de la famille de Mérari. 1. Par. 15. 18.

BENABINADAB, Heb. *Filius patris vocentis.* Un des douze officiers du roi Salomon, qui avait l'intendance de tout le pays de Nephat-Dor. Il avait épousé Taphet, fille de Salomon. 3. Reg. 4. 11.

BENADAD, Heb. *Filius sonitus.* — 1° Un roi de Syrie qui demeurait à Damas, fils de Tabremon. 3. Reg. 15. 18. *(Asa) misit ad Benadad, filium Tabremon, regem Syriæ:* Asa envoya tout l'argent et l'or qui était demeuré dans les trésors de la maison du Seigneur, et dans les trésors du palais du roi à Benadad, fils de Tabremon, roi de Syrie. c. 20. 16.

2° Un autre roi de Syrie, fils d'Hazaël, qui se rendit maître des Israélites. 4. Reg. 13. 3. *Tradidit eos in manu Hazael regis Syriæ, et in manu Benadad, filii Hazaelis:* Le Seigneur livra Israël entre les mains d'Hazaël, roi de Syrie, et entre les mains de Benadad, fils d'Hazaël. Amos prédit sa ruine. c. 1. v. 3. 4. *Mittam in domum Hazael, et devorabit domos Benadad:* Je mettrai le feu dans la maison d'Hazaël, et les palais de Benadad en seront consumés. Jer. 49. 27.

BENDECAR, Heb. *Filius compunctionis.* — Un des douze officiers du roi Salomon, intendant à Maccez, Salebin et autres contrées. 3. Reg. 4. 9.

BENE, καλῶς. Cet adverbe vient de l'ancien adjectif *benus,* mis pour *bonus,* et signifie,

1° Bien, moralement bien, à propos, avec bienséance, régulièrement. 1. Cor. 7. 38: *Qui matrimonio jungit virginem suam, bene facit:* Saint Paul parle d'un père de famille qui juge que Dieu appelle sa fille au mariage. Gal. 5. 7. *Currebatis bene;* Vous couriez si bien dans la voie de Dieu. Saint Paul fait souvenir ces peuples de l'avancement qu'ils faisaient dans la perfection de la religion chrétienne, sans qu'ils s'assujettissent à la circoncision, et les veut empêcher de s'y assujettir. Jon. 4. 4. *Putasne bene irasceris tu?* Croyez-vous que la colère où vous êtes de ce que je ne punis pas ceux de Ninive, selon que vous les en avez menacés de ma part, soit bien raisonnable? D'où vient *bene loqui.* Voy. LOQUI. 2° Ainsi, 2. Mach. 12. 43.

2° Bien, conformément, convenablement, comme on le doit. 3. Reg. 21. 7. *Bene regis regnum Israel* : Vous gouvernez bien le royaume, à ce que je vois, dit Jezabel à Achab, se moquant de lui, de s'affliger du refus de Naboth. Marc. 7. 19. *Bene irritum fecistis praeceptum Dei* ; Vous êtes des gens bien religieux, de détruire le commandement de Dieu pour garder votre tradition, dit Jésus-Christ aux Pharisiens et aux scribes.

3° Vraiment, avec vérité, en marquant l'approbation de quelque chose qui se fait ou se dit. Joan. 8. 48. *Nonne bene dicimus nos, quia Samaritanus es tu?* N'avons-nous pas raison de dire que vous êtes un Samaritain, disent les Juifs à Jésus-Christ? c. 4. 17. c. 13. 13. Luc. 20. 39. Act. 28. 25. Ainsi Jerem. 1. 12. *Bene vidisti* : Ce que vous voyez est vrai, Dieu répond au prophète que c'était vraiment la verge qui veille, que le prophète voyait comme le prophète le disait.

4° A la bonne heure, cela est bien, j'en suis content (ἀγαθῶς), pour marque d'approbation ou de consentement. 1. Reg. 20. 7. *Si dixerit*, *Bene* : Si, disant : A Saül que vous m'avez permis d'aller au sacrifice de Bethléem, il vous répond, à la bonne heure, il n'y a rien à craindre pour moi. C'est la marque que David donne à Jonathas, pour reconnaître si Saül n'avait point de méchants desseins contre lui. Rom. 11. 20. *Bene* ; à la bonne heure, je vous l'avoue ; savoir, que les Juifs ont été, par leur incrédulité, comme des branches rompues, afin que les Gentils fussent entés en Jésus-Christ à leur place.

5° Commodément, avantageusement, heureusement (εὖ). Ephes. 6. 3. *Ut bene sit tibi* : Honorez votre père et votre mère, afin que vous soyez heureux. Tob. 5. 21. *Bene ambuletis* ; Que votre voyage soit heureux, dit le père de Tobie à l'ange Raphaël. v. 27. Isa. 3. 10. *Dicite justo, quoniam bene* (suppl. *erit ei*): Dites au Juste qu'il espère bien. Jac. 2. 3. *Tu sede hic bene* : Asseyez-vous ici, où vous serez commodément. Saint Jacques avertit de ne faire pas asseoir un homme riche, parce qu'il est bien vêtu, par préférence à un autre qui est pauvre et mal vêtu. Gen. 12. 13. Prov. 11. 27. 1. Mach. 5. 56. Jerem. 44. 17.

6° Habilement, savamment (ὀρθῶς). 1. Reg. 16. 17. *Providete ergo mihi aliquem bene psallentem* : Cherchez-moi quelqu'un qui sache bien jouer de la harpe, dit Saül. C'était afin que par ce moyen il reçût du soulagement contre le malin esprit, lorsqu'il en serait agité. Ainsi Ps. 32. 3. Ps. 150. 5. Isa. 23. 16. 2. Mach. 15. 39.

BENE AGERE, καλῶς ποιεῖν. Ce verbe composé signifie :

1° Faire bien, vivre selon la loi de Dieu et selon la raison. Gen. 4. 7. *Nonne si bene egeris, recipies?* Si vous faites bien, n'en serez-vous pas récompensé? dit Dieu à Caïn. Act. 15. 29.

2° Faire du bien, être charitable (ἀγαθοεργεῖν). 1. Tim. 6. 18. *Divitibus hujus saeculi praecipe... bene agere* : Donnez pour maxime aux riches de ce monde d'être charitables et bienfaisants.

3° En bien user à l'égard de quelqu'un, le traiter favorablement. Judic. 9. 16. *Nunc igitur si bene egistis cum Jero-Baal* : Considérez donc maintenant si vous avez bien traité Jéro-Baal et sa maison, dit Joathan aux Sichimites, leur représentant le peu de justice qu'ils leur avaient fait, en prenant Abimélech pour leur roi, préférablement à lui. Sap. 11. v. 6. 14.

4° Faire bien, réussir, conformément aux lois. De là vient *Bene res acta est*; Ruth. 3. 13. *Si te voluerit propinquitatis jure retinere, bene res acta est*; ἀγαθόν. Si le parent qui vous est plus proche que moi veut vous retenir, sc. en vous épousant, à la bonne heure, dit Booz à Ruth.

BENEDICERE, εὐλογεῖν. Ce verbe composé se joint ou avec l'accusatif, ou avec le datif, et signifie :

1° Louer quelqu'un, en dire du bien, le remercier, lui témoigner par des louanges la reconnaissance que l'on a de ses grâces et de ses faveurs. Ps. 33. 1. *Benedicam Dominum in omni tempore* : Je bénirai le Seigneur en tous temps; sa louange sera toujours dans ma bouche. David veut toujours louer Dieu, en reconnaissance de ce qu'il l'avait tiré d'entre les mains d'Achis, qui le voulait faire mourir. Ps. 102. v. 20. 22. 1. Cor. 14. 16. C'est ainsi que l'on bénit Dieu, en le priant et le remerciant, par exemple, avant le repas. 1. Reg. 9. 13. *Neque enim comesurus est populus donec ille veniat : quia ipse benedicit hostiae, et deinceps comedunt qui vocati sunt* : Le peuple ne mangera point, jusqu'à ce que Samuel soit venu, parce que c'est lui qui bénit l'hostie; et après cela ceux qui y ont été appelés commencent à manger, répondirent les filles à Saül et à son serviteur, qui leur avaient demandé si Samuel n'était pas dans les terres de Suph. Voy. v. 5. Ainsi, quand Jésus-Christ bénissait quelque chose, avant de faire quelque miracle, c'était ordinairement en faisant quelque prière et en remerciant Dieu, ce qui est ici la vraie signification de *benedicere*; ce qui se prouve en ce que parmi les évangélistes, qui rapportent le miracle de la multiplication des pains, saint Matthieu, 14. 19, et saint Marc, 6. 41, usent du terme de *benedicere*, bénir; au lieu duquel le même saint Marc, 8. 6, et saint Jean, 6. 11, usent de *gratias agere*. Et dans ces mêmes endroits, les évangélistes se sont servis indifféremment des verbes εὐλογεῖν, *benedicere*, ou εὐχαριστεῖν, *gratias agere*, parce que Jésus-Christ joignait l'un et l'autre : il bénissait par quelque prière et remerciait Dieu de la grâce qu'il lui faisait, comme on le peut remarquer aussi dans la consécration de son sacré corps, rapportée par les évangélistes. Matth. 26. 26. Marc. 14. 22. Voy. Luc. 22. v. 17. 19. A quoi se rapporte 1. Tim. 4. v. 4. 5. Voy. Marc. 10. 16. Matth. 19. 13.

2° Il est aussi ordonné de rendre grâces après le repas. Deut. 8. 2. *Cum comederis et satiatus fueris, benedicas Domino Deo tuo* :

Après que vous aurez mangé et que vous serez rassasiés de tous ces biens, bénissez le Seigneur votre Dieu.

3° Souhaiter à quelqu'un toutes sortes de bénédictions, soit temporelles ou spirituelles, en reconnaissance de quelque bienfait. 2. Reg. 14. 22. *Cadensque Joab super faciem suam in terram, adoravit et benedixit regi* : Aussitôt que David eut accordé à Joab de faire revenir Absalon de son exil, Joab se jeta à terre, et se tenant prosterné devant le roi, il le remercia en lui souhaitant toutes sortes de bénédictions. Job. 31. 20. 2. Reg. 21. 3. Gen. 1. 22. Rom. 12. 14. Soit qu'il s'entende des bénédictions que l'on souhaite avec droit et autorité, et sans qu'il y ait de motif de reconnaissance : telles étaient les bénédictions des anciens patriarches sur leurs enfants et sur toute leur postérité. Gen. 27. v. 27. 28. *Benedicens illi ait : Det tibi Deus de rore cœli et de pinguedine terræ abundantiam frumenti et vini* : Isaac dit à Jacob, en le bénissant : Que Dieu vous donne une abondance de blé et de vin, de la rosée du ciel et de la graisse de la terre. Ainsi c. 48. v. 9. 15. C'est ainsi que le grand-prêtre Melchisédech bénit Abraham. Heb. 7. 7. *Quod minus est a meliore benedicitur* : Celui qui reçoit la bénédiction est inférieur à celui qui la lui donne. Saint Paul, pour prouver que Jésus-Christ est plus grand qu'Abraham, le prouve par la bénédiction que donna à Abraham Melchisédech, qui était la figure de Jésus-Christ; ainsi, les prêtres de l'ancienne loi bénissaient le peuple, selon qu'il leur était ordonné. Num. 6. 22. Voy. les versets suivants, qui renferment la formule des bénédictions qui se faisaient par les prêtres, lesquelles attirent les grâces et les bénédictions de Dieu, par l'invocation de son saint nom. Voy. v. 27, où *benedicere* marque les biens et les faveurs que Dieu accorde aux hommes, qui est la bénédiction que les hommes en reçoivent. Notre-Seigneur a usé de ces sortes de bénédictions : elles se donnaient aux particuliers en imposant les mains. Marc. 10. 16. *Imponens manus super illos, benedicebat eos* : Jésus-Christ bénit les petits enfants qu'on lui présenta, en leur imposant les mains. Mais elle se donnait à plusieurs ensemble, ou en étendant, ou en élevant les mains vers ceux qu'on bénissait. Levit. 9. 22. *Extendens manus ad populum, benedixit ei* : Aaron, étendant ses mains vers le peuple, le bénit. Luc. 24. 50. *Elevatis manibus suis, benedixit eis* : Jésus-Christ, ayant levé les mains, bénit les apôtres et les disciples. Ce fut en montant au ciel. Ces bénédictions ont toujours été depuis pratiquées dans l'Eglise par les prêtres, en dispensant efficacement aux fidèles la grâce de Dieu, par les sacrements, et en leur rendant Dieu favorable par l'invocation de son saint nom. De là vient cette façon de parler, tirée de ce verbe :

BENEDICERE *in aliquo aliquem*. Bénir quelqu'un en un autre, c'est prendre quelqu'un pour modèle d'une bénédiction qui a été donnée auparavant à un autre, souhaiter à d'autres les mêmes biens que ceux dont un autre jouit. Gen. 48. 20. *In te benedicitur Israel* : Israël sera béni en vous, dit Jacob, touchant les enfants de Joseph, Ephraïm et Manassé; où Jacob ajoute le sens naturel : *Faciat tibi Deus sicut Ephraim et sicut Manasse*; et on dira : Que Dieu vous bénisse comme Ephraïm et Manassé. Ruth. 4. 11. Ainsi David dit que pour bénir tous les peuples de la terre, on souhaitera que Dieu les bénisse comme Salomon, ou plutôt comme Jésus-Christ, dont il n'était que la figure; savoir, en les faisant entrer dans son royaume. Ps. 71. 18. *Benedicentur in ipso omnes tribus terræ* : Tous les peuples de la terre seront bénis en lui.

4° Saluer, faire compliment. Gen. 47. 7. *Introduxit Joseph patrem suum ad regem, et statuit eum coram eo : qui benedicens illi* : Joseph introduisit son père devant le roi, et le lui présenta : Jacob donc salua le roi. v. 10. 1. Reg. 25. 14. 2. Reg. 13. 25. 4. Reg. 13. 15.

5° Flatter, avoir de la complaisance. Deut. 29. 19. *Ne forte benedicat sibi in corde suo* : L'alliance que fait Dieu avec les Juifs est, dit Moïse, pour tous ceux qui sont présents et qui sont absents, de peur que quelqu'un d'entre vous ne se flatte en lui-même et ne dise : Je ne laisserai pas de vivre en paix, quand je ferai le mal. Ps. 9. 24. *Iniquus benedicitur* : Le méchant est béni. Ps. 48. 19. Rom. 16. 18.

6° Faire du bien, accorder des grâces, en parlant des biens temporels : ce qui est dit le plus souvent de Dieu et quelquefois de la créature. Gen. 1. v. 22. 28. *Benedixitque eis* : Dieu bénit tous les animaux, ainsi que l'homme et la femme, et leur donna la fécondité. c. 5. 2 c. 9. 1. c. 12. 2. 3. c. 27. 29. Ps. 106. 38. Prov. 11. 25. *Anima quæ benedicit, impinguabitur* : Celui qui donne abondamment au pauvre sera engraissé lui-même. 2. Reg. 6. 20. Soit en parlant des biens spirituels et qui regardent le ciel. Ephes. 1. 3. *Qui benedixit nos in omni benedictione spirituali* : Béni soit Dieu, qui nous a comblés en Jésus-Christ de toutes sortes de bénédictions spirituelles pour le ciel. De là vient *benedici* ou *benedictum esse* : Etre comblé de biens, jouir d'une grande prospérité : ce qui s'entend, soit des biens temporels et spirituels. Gen. 28. 14. *Benedicentur in te et in semine tuo cunctæ tribus terræ* : Toutes les nations de la terre seront bénies en vous et dans celui qui sortira de vous, dit Dieu à Jacob. c. 12. 3. c. 18. 18. c. 22. 18. Act. 3. 25. Gal. 3. 8. Luc. 1. 42. *Benedicta tu inter mulieres* : Vous êtes bénie entre toutes les femmes. A quoi elle ajoute : *Et benedictus fructus ventris tui* : Et le fruit de vos entrailles est béni. *Ideo benedicta tu, quia benedictus fructus ventris tui*, dit saint Bernard.

7° Sanctifier, retirer d'un usage commun et profane, consacrer. Gen. 2. 3. Exod. 20. 11. *Benedixit Dominus diei sabbati et sanctificavit eum* : Le Seigneur a béni le jour du sabbat et l'a sanctifié, en le consacrant à son honneur, v. 10. Ainsi la bénédiction du pain dans la cène, par Notre-Seigneur Jésus-Christ, avec les paroles, sanctifièrent le pain, en le changeant dans le corps de Jésus-Christ. Matth. 26. 26. Marc. 14. 22. Luc. 24. 30. 1. Cor. 10. 16.

8° Maudire en parlant de Dieu, blasphémer contre Dieu. 3. Reg. 21. v. 10. 13. *Benedixit Naboth Deum et regem*: Naboth a blasphémé contre Dieu et contre le roi, dirent les faux témoins subornés contre Naboth par l'ordre de Jésabel. Job. 1. 5. Cette antiphrase, qui est une façon de parler, peut bien venir de ce que les anciens Hébreux, ayant horreur du blasphème, ont voulu l'exprimer par des termes contraires, pour ne le pas prononcer. Ainsi, c. 2. 5. Lev. 9, *Benedic Deo et morere* se peut entendre dans le même sens : Maudissez Dieu et mourez, selon quelques-uns ; mais d'autres croient que la femme de Job a seulement voulu que Job, son mari, *rendît gloire à Dieu*, en avouant que c'était à cause de ses péchés qu'il était réduit en une si grande misère.

BENEDICTIO, ONIS, εὐλογία. Ce nom verbal signifie :

1° Louange, gloire, estime, soit en parlant de Dieu, soit en parlant des créatures. 2. Esdr. 9. 5. *Benedicant nomini gloriæ tuæ excelso in omni benedictione et laude*: Que le nom de votre gloire soit comblé pour jamais de bénédictions et de louanges. Ps. 36. 26. Prov. 11. 26. c. 24. 25. Sap. 16. 28. Zach. 8. 13. Apoc. 5. v. 12. 13.

2° Flatteries, paroles flatteuses. Rom. 16. 18. *Per dulces sermones et benedictiones seducunt corda innocentum*: Ces gens qui causent parmi vous des divisions et des scandales contre la doctrine de Jésus-Christ séduisent les âmes simples par des paroles douces et flatteuses.

3° Action de grâces, remerciement. 1. Cor. 14. 16. *Quomodo dicet, amen, super tuam benedictionem?* Si vous bénissez Dieu de l'esprit, comment quelqu'un du simple peuple répondra-t-il amen, à la fin de votre bénédiction ? L'Apôtre marque les inconvénients qui venaient des premiers chrétiens, qui n'ayant reçu que le don des langues sans celui de l'interprétation, faisaient publiquement des prières ou actions de grâces, en une langue inconnue, sans les pouvoir interpréter. Apoc. 4. 9. D'où vient cette signification,

Vallis BENEDICTIONIS. La vallée de bénédiction, qui est le nom que donna Josaphat et toute son armée à la vallée, où leurs ennemis, les Ammonites, les Moabites et les peuples de Séïr, se défirent eux-mêmes ; parce que Josaphat et son armée y avaient béni et remercié le Seigneur ; sc. en reconnaissance de la défaite que Dieu leur donna de leurs ennemis. Voy. 2. Par. 20. v. 22. 23. 2. Par. 20. 26. Cette vallée est située entre le désert de Jéruel et le désert de Thécué. Voy. v. 16. 20.

4° Bénédiction qu'on donne à quelqu'un par des désirs et des prières, que tout bien et prospérité lui arrive. Ps. 128. 8. *Benedictio Domini super vos : benediximus vobis*: Ceux qui passaient n'ont point dit : Que la bénédiction du Seigneur soit sur vous, etc. Le prophète entend parler des ennemis de Sion. v. 4. Figure de son Eglise; à qui après les avoir comparés à l'herbe sèche. v. 5. il dit qu'ils ne seront point bénis, comme on bénit, au contraire, un champ qu'on voit chargé de grains. Ps. 108. 17. Prov. 11. 11. *Benedictione justorum exaltabitur civitas*: La ville sera élevée en gloire par la bénédiction des justes. Job. 29. 13. Jac. 3. 10. A quoi se rapportent les bénédictions marquées dans l'ancienne loi. 1° Celles des patriarches ; ainsi Jacob bénit Ephraïm et Manassé, étendant ses mains sur leur tête. Gen. 48. 15. Celles des prêtres. Eccli. 36. 19. *Exaudi orationes servorum tuorum secundum benedictionem Aaron de populo tuo*: Exaucez, Seigneur, les prières de vos serviteurs, selon les bénédictions qu'Aaron a données à votre peuple ; dit l'auteur de l'Ecclésiastique, dans la prière qu'il fait au nom de tout le peuple. Malach. 2. 2. Ezech. 40. 20. 2° La bénédiction des chefs du peuple. Jos. 8. v. 33. 34. *Primum quidem benedixit populo Israel*. Josué bénit premièrement le peuple d'Israël : *Post hæc legit omnia verba benedictionis et maledictionis*: Et après cela, il lut toutes les paroles de bénédiction et de malédiction : Josué par sa bénédiction avait souhaité que les bénédictions et les prospérités que Moïse avait ordonnées. Deut. 28. v. 2 5. et suiv. arrivassent au peuple : ceci se passa sur le mont Hébal. v. 30. après la défaite de la ville de Haï, v. 28. A quoi se peuvent rapporter les prières que Jésus-Christ fit à son Père, lorsqu'il changea le pain et le vin en son sacré corps et en son sang. 1. Cor. 10. 16. Voy. BENEDICERE. 3° Cette bénédiction par laquelle Jésus-Christ produisait un effet nouveau et extraordinaire était accompagnée d'actions de grâces. Voy. Marc. 8. v. 6. 7. De là vient que *benedicere* est mis pour *gratias agere*. Voy. BENEDICERE. 1° Mais la bénédiction n'était pas accompagnée d'actions de grâces dans les autres occasions. Voy. Marc. 10. 16.

5° Exemple de bénédiction, qui sert de modèle pour d'autres. Zach. 8. 13. *Sicut eratis maledictio in gentibus, sic eritis benedictio*: Comme vous avez été un objet de malédiction parmi les peuples, ainsi vous serez un exemple de bénédiction : Le prophète a en vue, dans cette prophétie de la parfaite délivrance des Juifs, qui étaient en captivité, le temps auquel l'Eglise devait être établie et fondée, où alors toutes les malédictions qui avaient été sur les Juifs pour différer la construction du temple que bâtit Zorobabel, devaient être changées dans les plus grandes bénédictions. Ps. 20. 7. *Dabis eum in benedictionem*: Vous le donnerez comme un modèle de bénédiction : ce qui s'entend à la lettre de David, qui était la figure de Jésus-Christ, dont le sens est que les bénédictions dont Dieu devait le combler, seraient si grandes, que la plus grande bénédiction qu'on pouvait souhaiter, ce serait en disant : Que vous soyez béni comme David : cette sorte de bénédiction a quelque rapport à la signification de *Benedicere in aliquo aliquem*. Voy. ci-devant.

6° Bénédiction ou promesse que Dieu a faite aux patriarches Abraham, Isaac et Jacob, de bénir, *i. e.* de combler de grâces toutes les nations en leur race. Eccli. 44. v. 25. 26. *Benedictionem omnium gentium dedit illi Dominus:* Le Seigneur a promis à Abraham, à Isaac et à Jacob, que toutes les nations seraient bénies en leur race. Gal. 1. 14. *Ut in gentibus benedictio Abrahæ fieret in Christo Jesu:* Jésus-Christ nous a rachetés de la malédiction de la loi, afin que la bénédiction donnée à Abraham fût communiquée aux gentils en Jésus-Christ: cette bénédiction est toute spirituelle et signifie la justification par la foi en Jésus-Christ.

7° Prospérité, abondance de biens, soit spirituels, soit temporels. Isa. 19. 24. *Benedictio in medio terræ:* La bénédiction sera au milieu de la terre: Par cette bénédiction, le prophète entend la conversion de tous les gentils, au temps que l'Évangile devait être prêché par tout le monde. c. 65. 8. *Benedictio est:* Ne gâtez pas le beau grain de cette grappe, parce qu'il a été béni de Dieu : les Hébreux entendaient à la lettre par ce mot de *Bénédiction*, tous les fruits de la terre, parce que ce sont des biens qui viennent de la bonté de Dieu: mais il est ici une figure des élus, en considération et en vue desquels Dieu n'a pas voulu entièrement détruire son peuple. c. 34. 26. Joel 2. 14. A quoi se rapportent, Gen. 49. 25. *Benedictiones cœli:* les bénédictions qui viennent du haut du ciel; savoir, les pluies, le beau temps, qui viennent à propos, et dans leur saison, la rosée: *Benedictiones abyssi:* Les bénédictions de l'abîme; *i. e.* des eaux qui sortent de la terre pour la rendre fertile: *Benedictiones uberum et vulvæ:* Quantité de lait, ou de petits, ou d'enfants. Ainsi, Gen. 40. v. 25. 26. Levit. 25. 21. Deut. 12. 15. c. 13. 5. c. 16. v. 10. 17. c. 28. v. 2. 8. Tob. 6. 22. Malach. 3. 10. Hebr. 6. 7. etc.

8° Don, présent, bienfait. Gen. 33. 11. *Suscipe benedictionem quam attuli:* Recevez ces troupeaux pour présent, que je vous ai offert, dit Jacob à Esaü. c. 26. 29. *Ut detur vobis benedictio:* Chacun de vous a consacré ses mains au Seigneur, en tuant son fils, son frère et son ami, afin que la bénédiction de Dieu vous soit donnée: cette bénédiction est le sacerdoce, qui fut donné aux lévites, pour avoir obéi à l'ordre que leur donna Moïse contre leurs frères qui avaient idolâtré. Voy. v. 4. et Deut. 33. v. 9. 10. Ainsi, Jos. 15. 19. *Da mihi benedictionem:* Accordez-moi une grâce: Axa, fille de Caleb, demande à son père une terre qui soit arrosée d'eau. Judic. 1. 15. 1. Reg. 25. 27. c. 30. 26. 4. Reg. 5. 15. Ainsi, Sap. 16. 28. *Oportet prævenire solem ad benedictionem tuam:* Il faut prévenir le lever du soleil, pour recevoir vos dons: comme les Juifs recevaient la manne; *autr.* pour vous bénir. De là vient :

9° Alliance, amitié. Isa. 36. 16. *Facite mecum benedictionem:* Faites alliance avec moi, dit Rabsacès aux Juifs, venant pour assiéger Jérusalem : l'alliance est ainsi appelée, parce que ceux qui la recherchent font des présents. A quoi s'accordent, 4. Reg. 18. 31. *Facite mecum quod vobis est utile, et egredimini ad me:* Prenez un conseil utile, et traitez avec moi. Saint Jérôme explique, *Quod vobis est utile, i. e. quod vobis in benedictionem proficiat,* dont vous tiriez de l'avantage.

10° Dons et biens spirituels. Ps. 38. 8. *Benedictionem dabit legislator:* Dieu qui a donné la loi, donnera les grâces pour l'exécuter. Ps. 132. 3. Rom. 15.2¹. Ephes. 1. 3. 1. Petr. 3. 9. A quoi se rapportent tous les passages qui marquent les dons et les biens temporels que Dieu promettait aux Juifs dans l'ancienne loi, étant pris dans le sens figuré. Voy. Deut. 28. v. 2. 3. et suiv. Gen. 49. 25. et partout ailleurs.

11° Aumône faite avec libéralité. 2. Cor. 9. v. 5. 6. *Præparent repromissam benedictionem, sic quasi benedictionem, non tanquam avaritiam:* Que nos frères aient soin de faire préparer la charité que vous avez promis de faire, en telle sorte que rien n'y sente l'avarice, mais qu'elle soit une aumône libérale qui vous attire des bénédictions.

12° La part des dépouilles prises sur l'ennemi, après une victoire remportée par le secours de Dieu. 1. Reg. 30. 26. *Accipite benedictionem de præda hostium Domini:* Recevez cette bénédiction des dépouilles des ennemis du Seigneur, dit David, en partageant les dépouilles prises sur les Amalécites, qui avaient brûlé et pillé Siceleg.

BENEDICTUS, A, UM, εὐλογητός, εὐλογημένος 1° Béni; *i. e.* digne d'honneur et de louanges; ce qui appartient à Dieu principalement. Marc. 14. 61. *Tu es Christus filius Dei benedicti?* Etes-vous le Christ, le Fils du Dieu béni à jamais? dit le grand-prêtre à Jésus-Christ. Gen. 14. 20. Luc. 1. 68. Rom. 1. 25. c. 9. 5. 2. Cor. 11. 31. Luc. 1. 98. et souvent dans les psaumes. Ainsi, Zach. 11. 5. *Benedictus Dominus, divites facti sumus:* Béni soit le Seigneur, nous sommes devenus riches, disaient les princes des Juifs, qui s'enrichissant aux dépens des pauvres, prenaient ces biens acquis injustement comme des bénédictions de Dieu: ce qui se dit aussi des créatures auxquelles on souhaite la bénédiction, le bonheur et la prospérité, ou qui ont la bénédiction de Dieu. 1. Reg. 25 v. 32. 33. *Benedictum eloquium tuum, et benedicta tu:* Que votre parole soit bénie, et soyez bénie vous-même, dit David à Abigaïl, qui l'avait détourné par ses paroles humbles de se venger de Nabal et de le tuer. Judic. 5. 24. Judith. 13. v. 23. 31. Ainsi, Sap. 14. 7. *Benedictum est lignum:* Le bois qui sert à la justice est un bois béni: le Sage parle de l'arche de Noé.

2° Celui à qui on souhaite du bien, de la prospérité et de la gloire. Gen. 14. 19. *Benedictus Abraham Deo excelso* Béni soit Abraham du Dieu très-haut, dit Melchisédech, offrant un sacrifice au retour d'Abraham, après la défaite de Chodorlahomor et des autres rois. Ps. 117. 26. *Benedictus qui venit in nomine Domini*: Béni soit celui qui vient au nom du Seigneur : cette acclamation, faite par les peuples au temps de l'avénement de David à la couronne, était la figure de l'acclamation des peuples à l'entrée que fit Jésus-Christ en Jérusalem. Matth. 21. 9. Marc. 11. 9. lorsqu'ils le reçurent comme leur roi : *Benedictus qui venit in nomine Domini: Benedictum quod venit regnum patris nostri David*: béni soit celui qui vient au nom du Seigneur: Béni soit le règne de notre père David. Joan. 12. et 13. Mais comme ces acclamations rapportées, Matth. 23. 39, Luc 13. 35, s'entendent du second avénement, où il n'y aura plus rien à souhaiter pour Jésus-Christ, dont le règne sera accompli, *benedictus* s'y doit entendre dans le sens de la première signification, n. 1°. C'est dans ce second sens qu'on se servait de ce mot quand on saluait, qu'on abordait ou qu'on recevait quelqu'un. Ruth. 3. 10. *Benedicta es a Domino, filia*: Ma fille, que le Seigneur vous bénisse, dit Booz à Ruth. 1. Reg. 15. 13. *Benedictus tu Domino*: Béni soyez-vous du Seigneur, dit Saül à Samuel, lorsqu'il vint trouver Saül qui offrait un holocauste au Seigneur, des prémices du butin fait sur les Amalécites. c. 23. 21. 2. Reg. 2. 5. Luc. 1. v. 28. 42.

3° Chéri de Dieu, favorisé de ses grâces. Gen. 12. 2. *Benedicam tibi, erisque benedictus*: Je vous bénirai, dit Dieu à Abraham, lui promettant d'être père d'un grand peuple, etc. v. 3. c. 24. 31. Num. 2. 12. Eccli. 24. 4. 1. Par. 17. 27. Isa. 65. 23. *Semen benedictorum Domini est*: Les élus de Dieu seront la race bénie du Seigneur. Matth. 25. 34. *Venite, benedicti Patris mei*: Venez, vous qui avez été bénis de mon Père. Luc. 1. 42. *Benedicta tu inter mulieres*: O pleine de grâce... vous êtes bénie entre toutes les femmes, dit sainte Elisabeth à la sainte Vierge, qu'elle reconnaît remplie des grâces et des faveurs divines, plus que toutes les autres pures créatures; comme elle reconnaît que toute la plénitude du Saint-Esprit et de la divinité habite en Jésus-Christ. *Et benedictus fructus ventris tui*: Et le fruit de vos entrailles est béni.

BENEFACERE, ἀγαθοποιεῖν. Ce verbe composé signifie :

Faire du bien à quelqu'un, lui accorder des grâces, lui procurer des grâces, lui rendre service. Act. 14. 16. *Benefaciens de cœlo*: Dieu a fait du bien aux hommes, en dispensant les pluies du ciel et les saisons favorables pour les fruits, etc. *sc.* en tout temps, lors même qu'ils marchaient dans leurs voies corrompues. Exod. 20. 20. Eccli. 14. v. 7. 13. Ainsi, Matth. 5. 44. *Benefacite his qui oderunt vos*: Faites du bien à ceux qui vous haïssent. Gr. Bénissez ceux qui vous maudissent. c. 12. 12. Judith. 10. 16. Job. 24. 21.

Phrase tirée de cette signification.

BENEFACERE SECUM, εὐποιεῖν ἑαυτόν.

1° Se faire du bien à soi-même, ne s'épargner point trop les choses nécessaires à la vie. Eccli. 14. 11. *Fili, si habes, benefac tecum*: Si vous avez quelque chose, faites-en du bien à vous-même: L'Ecclésiastique condamne l'avarice, rapportée v. 9.

2° Récompenser une bonne action. Soph. 1. 12. *Non faciet bene Dominus, et non faciet male*: Le Seigneur ne fera ni bien ni mal, disent les méchants, qui croupissent dans leurs péchés.

3° Faire bien une chose, lui donner les perfections qui lui sont propres et nécessaires. Marc 7. 37. *Bene omnia fecit*; i. e. *bene fecit, quoad omnia*: Jésus a bien fait toutes choses, disent ceux qui lui avaient présenté un homme sourd et muet, tout étonnés de ce qu'il l'avait guéri.

4° Faire et agir bien et conformément à la loi de Dieu et aux règles de la raison (καλῶς ποιεῖν). Eccl. 3. 12. *Cognovi quod non esset melius nisi lætari et facere bene in vita sua*: J'ai reconnu qu'il n'y avait rien de meilleur que de se réjouir et de bien faire pendant sa vie. 2. Mach. 2. 16.

5° Faire chose agréable et bien reçue (καλῶς ποιεῖν). Act. 10. 33. *Tu benefecisti veniendo*: Vous m'avez fait grâce de venir, dit Corneille à saint Pierre, à qui il témoigne qu'il lui a fait plaisir d'être venu comme il l'en avait prié. Mach. 12. v. 18. 22. 2. Mach. 2. 16. c. 11. 26.

BENEFACTUM, ι, εὐεργεσία. — 1° Bienfait, grâce. Act. 4. 9. *Si nos hodie dijudicamur in benefacto hominis infirmi*: Puis qu'aujourd'hui l'on nous demande raison du bien que nous avons fait à un homme perclus de ses jambes, saint Pierre déclare aux Juifs que c'est au nom de Jésus-Christ qu'il a opéré cette guérison. Voy. v. 10. Ainsi, Ps. 77. 11.

2° Bonne œuvre, bonne action (ἀγαθοποιία). 1. Petr. 4. 19. *Fideli creatori commendent animas suas in benefactis*: Que ceux qui souffrent selon la volonté de Dieu, persévérant dans les bonnes œuvres, remettent leurs âmes entre les mains de celui qui en est le Créateur, et qui leur sera fidèle.

BENEFICENTIA, εὐποιΐα. Libéralité, inclination naturelle qu'on a à faire du bien, humeur obligeante et bienfaisante; dans l'Ecriture :

Charité pour le prochain, libéralité de ses biens, ou les offices que l'on rend à son prochain dans la vue de Dieu. Heb. 13. 16. *Beneficentiæ et communionis nolite oblivisci*: Souvenez-vous d'exercer la charité envers le prochain.

BENEFICIUM, ιι. εὐεργεσία. — 1° Grâce, bienfait, plaisir, faveur, en parlant des biens temporels (ἀγαθόν). 1. Par. 17. 26. *Locutus es ad servum tuum tanta beneficia*: C'est à votre serviteur que vous avez fait ces grandes promesses: David témoigne à Dieu la reconnaissance de ses bienfaits, et de ce qu'il lui a promis d'établir sa maison. 2. Par. 32. 25. Ainsi, Judic. 9. 16.

2° Bien, grâce spirituelle. 2. Mach. 6. 13. *Multo tempore non sinere peccatoribus ex sententia agere, magni beneficii est indicium*: La marque d'une grande miséricorde de Dieu envers les pécheurs, c'est de les châtier promptement. 1. Tim. 6. 2. *Magis serviant, quia fideles sunt et dilecti, qui beneficii participes sunt :* Que les serviteurs qui ont des maîtres fidèles, les servent encore mieux, parce qu'ils sont fidèles, étant participants de la même grâce : saint Paul ayant déclaré, v. 1. qu'un serviteur devenu chrétien était obligé de rendre toujours les mêmes devoirs et les mêmes services à son maître, quoique infidèle et païen, ajoute qu'il le doit encore faire avec plus d'affection, si son maître est fidèle et chrétien, à cause de la grâce du christianisme, qui leur est commune.

BENEFICUS, A, UM. εὐεργέτης, dérivé de *benefacere*, et signifie :

Bienfaiteur, bienfaisant, libéral, obligeant, qui oblige volontiers, et fait du bien. Luc. 22. 25. *Reges Gentium dominantur eorum, et qui potestatem habent super eos, benefici vocantur :* Les rois des nations les traitent avec empire ; et ceux qui ont l'autorité sur elles en sont appelés les bienfaiteurs : dans le monde ces dignités sont prises pour des vertus. Le mot syriaque *Nedibim*, dont apparemment Notre-Seigneur s'est servi, convient à cette signification ; car il signifie bienfaisant, libéral : c'est de ce nom que les Hébreux appellent leurs princes, lequel mot *Nedibim*, les Septante tournent ordinairement par celui d'ἄρχοντες. D'ailleurs, les princes affectent les titres de bons, bienfaisants, cléments, magnifiques. Voy. PRINCIPALIS.

BENEJAACAN, Heb. *Filii tribulationis.* Station des Israélites. Num. 33. v. 31. 32. Elle est exprimée par la signification du mot hébreu. Deut. 10. 6. *Ex Beroth filiorum Jacan.* Voy. BEROTH. Voy. BEAN.

BENENNOM, Heb. *Filius divitiarum suarum.* Vallée près de Jérusalem, où Manassès, roi de Juda, fit bâtir un temple à l'honneur de Baal. 2. Par. 33. 6. c. 28. 3. Voy. ENNOM, GEHENNA, TOPHET.

BENEPLACERE. Ce verbe, peu usité chez les Latins, signifie dans l'Écriture : Aimer, avoir une affection de tendresse et de complaisance pour quelqu'un, avoir de l'affection pour quelque chose ; c'est en ce sens que s'entend cette

Phrase tirée de la signification de ce mot

Beneplacitum esse in aliquo, ou *super aliquem*. — 1° Cette phrase est hébraïque et a la même signification que *beneplacere* (εὐδοκεῖν). Ps. 149. 4. *Beneplacitum est Domino in populo suo :* Le Seigneur a mis son plaisir et son affection en son peuple. Ps. 146. v. 10. 11. *Beneplacitum est Domino super timentes eum :* Le Seigneur met son plaisir en ceux qui le craignent. Ps. 67. 17. Ainsi, 1. Cor. 10. 5. *Sed non in pluribus eorum beneplacitum est Deo :* D'un aussi grand nombre qu'étaient les Israélites, Voy. Exod. 12. 37, il y en eut peu qui fussent agréables à Dieu, étant tous péris dans le désert ; sc. sans entrer dans la terre promise. Voy. num. 32. v. 11. 12.

2° Être trouvé bon, être jugé à propos (εὐδοκοῦσθαι). 1. Cor. 16. 2. *Unusquisque vestrum recondens quod ei bene placuerit :* Que chacun de vous amasse peu à peu selon sa bonne volonté ce qu'il voudra donner pour aumône. Le Grec porte : ce qu'il aura moyen de donner, selon le gain qu'il aura fait. Voy. COMPLACERE. De là vient :

BENEPLACENS, εὐάρεστος. Agréable, qui plaît, qui est bien reçu. Rom. 12. 2. *Ut probetis quæ sit voluntas Dei boni, beneplacens :* Qu'il se fasse en vous une transformation par le renouvellement de votre esprit, afin que vous reconnaissiez quelle est la volonté de Dieu, ce qui est bon, ce qui lui est agréable.

BENEPLACITUS, A, UM. — 1° Qui est agréable et qui plaît (εὐδοκεῖν). Ps. 118. 108. *Voluntaria oris mei beneplacita fac, Domine :* Faites, Seigneur, que les vœux que ma bouche a prononcés volontairement vous soient agréables. Grec. εὐδόκησον. Eccl. 1. 34. c. 2. 19. c. 34. 21.

2° Qui est approuvé et estimé, digne d'estime (εὐδοκιμεῖσθαι). Eccli. 40. 25. *Super utrumque consilium beneplacitum :* Un conseil sage est plus capable d'affermir l'état de l'homme que l'or et l'argent.

BENEPLACITUM, I, εὐδοκία. 1° Affection gratuite, bon plaisir de quelqu'un, par lequel il agit purement pour nous faire du bien. Ps. 68. 14. *Tempus beneplaciti Deus :* Voilà le temps de montrer votre bienveillance, dit Jésus-Christ demandant à son Père éternel d'être sauvé de la mort par sa résurrection. Ps. 88. 18. Ps. 105. 4. *Memento nostri, Domine, in beneplacito populi tui :* Souvenez-vous de nous, Seigneur, selon la bonté qu'il vous a plu de témoigner à votre peuple. Eph. 1. 9.

2° Tout ce que l'on aime et à quoi on prend plaisir. Ps. 140. 6. *Oratio mea in beneplacitis eorum.* i. e. *Orabo adversus eorum cupiditates :* Bien loin que j'aime ce qui peut venir de la flatterie et des caresses de la part des pécheurs, j'opposerai même ma prière à toutes les choses qui flattent leur cupidité, et prierai Dieu qu'il m'en donne de l'aversion.

3° Volonté absolue de Dieu. Eccli. 41. 6. *Et quid superveniet tibi in beneplacito Altissimi ?* Pour ce qui regarde la mort, que craignez-vous, puisqu'il ne vous peut arriver que ce qu'il plaira au Très-Haut ? Gr. Pourquoi refusez-vous ce qui est ordonné par la volonté du Très-Haut ? Voy. PROPOSITUM.

BENGABER, Heb. *Filius robusti.* Intendant de Ramoth-Galaad, etc. 3. Reg. 4. 13.

BENHAIL, Heb. *Filius fortitudinis.* Un des premiers seigneurs de la cour que Josaphat envoya dans les villes de son royaume, pour instruire le peuple. 2. Par. 17. 7.

BENHESED, Heb. *Filius misericordiæ.* Intendant à Aruboth. 3. Reg. 4. 10.

BENHUR, Heb. *Filius libertatis.* Intendant de la montagne d'Ephraïm. 3. Reg. 4. 10.

BENI, Heb. *Filius meus.* Voy. BANI.

BENJAMIN, Heb. *Filius dexteræ.* — 1° Fils de Jacob, appelé par sa mère Rachel, *Benoni*, fils de douleur, sa mère étant morte en accouchant de lui, et par son père, *Benjamin*, fils de sa droite. Ben signifie *filius*, et Jamin, *dextera*, qui est toujours à la droite de son père comme son bien-aimé. Gen. 35. v. 18. 24. etc. Voy. Jemini. Benjamin, âgé de vingt-quatre ans, descendit en Egypte avec toute sa famille : il y demeura quatre-vingt-sept ans, et y mourut âgé de cent onze ans, l'an du monde 2416.

2° Le pays même de la tribu de Benjamin ou de ses descendants. 3. Reg. 4. 18. *Semei filius Ela in Benjamin*: Séméï, fils d'Ela, intendant en la tribu de Benjamin. Jerem. 17. 26.

3° Les descendants ou la tribu même de Benjamin. Gen. 49. 27. *Benjamin lupus rapax, mane comedet prædam, et vespere dividet spolia*: Benjamin sera un loup ravissant; il dévorera la proie le matin, et le soir il partagera les dépouilles. Ceux de cette tribu étaient violents et portés à la guerre; mais on entend cet endroit d'un de la tribu, savoir, Paul, qui étant jeune, a ravagé et persécuté le troupeau de Jésus-Christ, et dans la suite a distribué à ce même troupeau la nourriture sacrée de la parole de Dieu Deut. 33. 12. Jos. 18. 11. 2. Reg. 2. 9. Ps. 67. 28. *Ibi Benjamin adolescentulus*: Le petit Benjamin se trouve à cette entrée de l'arche. Cette tribu est appelée *petite*, soit à cause qu'elle était peu nombreuse, ou parce que Benjamin était le plus petit des enfants de Jacob : elle a été réunie à celle de Juda, après la révolte des dix tribus, et ont été appelés *Juifs*. Abd. 1. 9.

4° Un de ceux qui étaient revenus de la captivité. 1. Esdr. 10. 32. 2. Esdr. 3. 23. c. 11. 31.

BÉNIGNE Honnêtement, avec bonté et douceur, d'une manière obligeante (ἀγαθά). 4. Reg. 25. 29. *Locutus est ei benigne*: Evilmérodach parla à Joachim avec beaucoup de bonté : ce fut après trente-sept ans de captivité. 2. Mach. 12. 30. Act. 28. 7. D'où vient cette phrase :

BENIGNE FACERE. ἀγαθύνειν. — 1° Faire du bien. Ps. 50. 20. *Benigne fac in bona voluntate tua Sion*: Répandez vos biens et vos grâces sur Sion. — 2° Avec amitié et affection particulière (φιλοστόργως). 2. Mach. 9. 21. *Ego in infirmitate constitutus, vestri autem memor benigne*: Etant maintenant dans la langueur et n'ayant pour vous que des sentiments de bonté: Antiochus, désespérant de sa santé, écrit d'une manière obligeante aux Juifs.

BENIGNITAS, atis. χρηστότης. — 1° Bonté, inclination à bien faire (ἀγαθοσύνη). Ps. 51. 5. *Dilexisti malitiam super benignitatem*: Vous avez plus aimé la malice que la bonté ; David parle de la malice qu'eut Doëg de rapporter à Saül ce que fit le grand-prêtre Achimélech en faveur de David. 1. Reg. 22. v. 9. 10. Tim. 3. 3. *Sine benignitate*: Il y aura à l'avenir des gens sans affection pour le bien ou pour les gens de bien, selon la force du grec, ὀφιλάγαθοι.

2° Affection particulière, amitié (εὔνοια). 1. Mach. 11. 33. *Genti Judæorum decrevimus benefacere propter benignitatem ipsorum quam erga nos habent*: Nous avons résolu de faire du bien à la nation des Juifs, qui sont nos amis... à cause de la bonne volonté qu'ils ont pour nous. Démétrius écrit à Lasthène, son plus grand favori et son parent.

3° Douceur, humanité, opposée aux querelles et aux disputes. Gal. 5. 22. *Fructus spiritus est charitas... benignitas, bonitas*: Les fruits de l'esprit sont la charité, l'humanité, etc. Coloss. 3. 12.

4° Bonté que Dieu a pour les hommes, en leur faisant du bien. Ps. 64. 12. *Benedices coronæ anni benignitatis tuæ*: Vous comblerez de biens tout le cours de l'année dans laquelle vous ferez paraître votre bonté ; ce qui arriva par l'abondance de toutes sortes de biens que produisit la Palestine, l'année après que les Juifs furent revenus de la captivité de Babylone. Rom. 2. 4. Tit. 3. 4.

5° Bien, soit corporel, soit spirituel. Ps. 84. 13. *Dominus dabit benignitatem*: Le Seigneur répandra sa bénédiction, et notre terre portera son fruit : ce que le prophète a exprimé des biens temporels que produisit la terre est la figure de Jésus-Christ qui devait naître comme un fruit de la sainte Vierge.

BENIGNUS, a, um, χρηστός. Cet adjectif est formé de l'adverbe *bene* et de *gigne*, d'où viendrait *bene gignus*, et par contraction *benignus*, et signifie : — 1° Bon, plein de douceur et d'humanité. Eph. 4. 32. *Estote autem invicem benigni*: Soyez bons les uns envers les autres. Ps. 68. 17. Sap. 1. 6. Luc. 6. 35. 1. Cor. 13. 4. Tit. 2. 5. — 2° Qui aime le bien ou les gens de bien (φιλάγαθος). Tit. 1. 8. *Oportet episcopum esse... hospitalem, benignum*: Il faut que l'évêque aime à exercer l'hospitalité, qu'il soit affable.

BENNI, Heb. *Filius meus*. Le père de Rehum. 2. Esdr. 3. 17. Voy. Rehum.

BENNUI, Heb. *Ædificatio*. — 1° Un de ceux qui répudièrent leurs femmes étrangères. 1. Esdr. 10. 30. — 2° Fils d'Hénadad, un de ceux qui rétablirent Jérusalem. 2. Esdr. 3. 24.

BENNO, Heb. *Filius ejus*. Un lévite, fils d'Oziau. 1. Par. 24. 26.

BENNOI, Heb. *Ædificatio*. Un lévite, père de Noadaïa. 1. Esdr. 8. 33.

BENONI, Heb. *Filius doloris mei* Benjamin, fils de Jacob et de Rachel. Gen. 35. 18. Voy. Benjamin.

BENZOHETH, Heb. *Filius separationis*. Fils de Jési. 1. Par. 4. 20.

BEON, Heb. *In afflictione*. Ville de la tribu de Gad. Num. 32. 3. Voy. Bean.

BEOR, Heb. *Incendium*. — 1° Père de Béla, roi des Iduméens. Gen. 35. 32. 1. Par. 1. 43. — 2° Père du prophète Balaam. Num. 22. 5. c. 24. v. 3. 15. *Dixit Balaam, filius Beor*: Voici ce que dit Balaam, fils de Beor. Voy. Boson.

BERA, Heb. *Puteus*. — 1° Ville de la tribu d'Ephraïm, où Joathan, fils de Gédéon, se retira. Judic. 3. 21. — 2° Le dernier fils d'Hélen. 1. Par. 7. 37.

BEREA, Heb. *Puteus ejus*. Gr. βερεα. Ville près de Jérusalem. 1. Mac. 9. 4.

BERCOS, Heb. *Filius concisionis*. Chef d'une famille de Nathinéens. 1. Esdr. 2. 53. 2. Esdr. 7. 57.

BERI, Heb. *Filius meus.* Un descendant d'Aser, et quatrième fils de Supha. 1. Par. 7. 36.

BERIA, Heb. *In malo.* Voy. BABIA et BRIE. — 1° Fils d'Ephraïm. 1. Par. 7. 23. — 2° Fils d'Aser. Gen. 46. 17. Il se nomme *Brié.* Num. 26. 45. *Buria.* 1. Par. 7. v. 30. 31.

BERITH, Heb. *Pactum.* Nom du dieu de Baal. Judic. 9. 46. Ceux qui habitaient dans la tour de Sichem et entrèrent dans le temple de leur dieu Berith, où ils avaient fait alliance avec lui ; ce qui avait fait à ce lieu et à cette idole de Baal le nom de *Berith.* Voy. BAAL.

BERNICE, Heb. *Gravis victoria.* Fille d'Agrippa le Grand, laquelle entretint longtemps un commerce infâme avec le jeune Agrippa, qui était son propre frère : elle assista avec lui aux interrogations que Festus fit à saint Paul à Césarée, Act. 25. v. 23. 25. c. 26. 30.

BERODACH, Heb. *Creans contritionem.* Roi de Babylone, le même que Mérodac. 4. Reg. 20. 12.

BEROEA, Heb. *Gravis.* Ville de Macédoine où saint Paul s'enfuit. Act. 17. v. 10. 13. aujourd'hui *Veria,* ville épiscopale, sous l'archevêché de Thessalonique.

BEROEENSIS, Heb. *Ponderosus.* Qui est de Béroée. Sosipater, compagnon de saint Paul, en était. Act. 20. 4.

BEROMI, Heb. *Filius caloris.* Voy. AZMAVETH. Ville de la tribu de Benjamin. 2. Reg. 23. 31.

BEROTH, Heb. *Putei.* — 1° Une des stations des Israélites, autrement appelée *Benejaacan.* Num 33. v. 31. 32. Deut. 10. 6. *Filii Israel moverunt castra ex Beroth filiorum Jakan* : Les Israélites décampèrent du lieu nommé la des puits des enfants de JAKAN. Voy. BENEJAACAN. — 2° Ville des Gabaonites dans la tribu de Benjamin. Jos. 9. 17. c. 18. 25. 2. Reg. 4. 2. 1. Esd. 2. 25. 2. Esdr. 7. 29. — 3° Ville capitale d'Adarezer, roi de Soba. 2. Reg. 8. 7. Cette ville bornait la terre d'Israël du côté du Nord.

BEROTHA, Hebr. *Idem.* — La même que Béroth. n. 3. Ezech. 47. 16.

BEROTHITES, Æ. Qui est de Béroth, dans la tribu de Benjamin. 2. Reg. 4. v. 2. 3. 5. 9. etc.

BERSA, Æ. Roi de Gomorrhe. Gen. 14. 2.

BERSABEE, Heb. *Puteus juramenti.* Puits du jurement, ainsi appelé, à cause du traité qu'Abraham et Abimélech se sont juré l'un à l'autre en ce lieu. Gen. 21. 31. Lequel fut renouvelé par Isaac, c. 26. v. 23. 33. Ce lieu était dans le pays des Philistins, où on a bâti une ville considérable, où se tenaient les Etats des Juifs. 1. Reg. 8. 2. Cette ville et Dan étaient les deux extrémités de la terre d'Israël. Voy. SABÉE. Aujourd'hui, Bethgebrim.

BERYLLUS, 1. Gr. βήρυλλος. Ce nom, qui est grec, signifie,

Béril ou Turquoise, pierre précieuse, de couleur de l'eau de la mer. Exod. 28. 20. *In quarto Chrysolythus, Onychinus et Beryllus:* Cette pierre était la douzième sur le rational du grand-prêtre, et l'on y avait gravé le nom de Benjamin. Voy. Furetière, sur le mot TURQUOISE.

BERZELLAI, Heb. *Ferreus.* — 1° Homme riche qui avait rendu de grands services à David. 2. Reg. 17. 27. *Berzellai Galaadites de Rogelim :* Berzellaï de Rogelim en Galaad. c. 19. 31. etc. — 2° Un prêtre qui ne pouvant point faire voir sa généalogie, fut exclu de la dignité du sacerdoce. 1. Esdr. 2. v. 61, 62. 2. Esdr. 7. v. 63. 64. — 3° Le père de Hadriel, de la ville de Molathi, dans la tribu de Siméon. 2. Reg. 21. 8. Voy. HADRIEL.

BESAI, Heb. *Conculcatio* — 1° Un de ceux dont la famille revint de Babylone, au nombre de 323. 1. Esdr. 2. 1. et 324. 2. Esdr. 7. 23. — 2° Un chef des Nathinéens. 2. Esd. 7. 54.

BESECATH, Heb. *Massa.* Ville de la tribu de Juda, patrie de Phadaïa, père d'Ida, mère de Josias. 4. Reg. 22. 1. Voy. BASCATH.

BESÉE, Heb. *Contemptio.* Un Nathinéen considérable. 1. Esdr. 2. 49.

BESELAM, Heb. *In pace.* Beselam, surnommé Mithridate, qui se joignit à Réum, pour empêcher les Juifs de rebâtir leur temple. 1. Esdr. 4. 7.

BESELEEL, Heb. *In umbra Dei.* — 1° Fils d'Uri, excellent ouvrier rempli de sagesse par l'Esprit de Dieu, pour travailler au tabernacle. Exod. 31. 2. c. 35. 30. etc. — 2° Un autre qui quitta sa femme étrangère. 1. Esdr. 10. 30.

BESLOTH ou **BESLUTH**, Heb. *In umbris.* Chef des Nathinéens. 1. Esdr. 2. 52. et 2. Esdr. 7. 56.

BESODIA, Heb. *In secreto Domini.* Père de Mosollam. 2. Esdr. 3. 6. Voy. MOSOLLAM.

BESOR, Heb. *Evangelizatio.* Torrent en la tribu de Siméon, où David laissa deux cents soldats fatigués. 1. Reg. 30. v. 9. 10. 21.

BESTIA, Æ. Du grec βόσκημα, changeant x en t. *Pecus, animal quod pascitur,* et signifie

Toute sorte de bête, d'animal, même les oiseaux, les poissons, etc.

1° Bête sauvage (θηρίον). Gen. 31. 39. *Nec captum a bestia ostendi tibi* : Je ne vous ai rien montré de ce qui avait été tué par les bêtes ; Jacob remontre à Laban que sa fidélité touchant la garde des brebis et des chèvres de Laban, allait au delà des bornes, prenant sur son compte ce que le loup pouvait prendre de ceux qui appartenaient à Laban. Isa. 13. 21. *Requiescent ibi bestiæ;* Hebr. *Animalia facientia ah,* id est, *noxia:* Les bêtes sauvages se retireront dans les ruines de Babylone. Ezech. 34. 25. *Cessare faciam bestias pessimas de terra :* J'exterminerai de la terre les bêtes les plus cruelles. Les bêtes farouches se multiplièrent dans la Palestine, après l'enlèvement de ses habitants. Dieu marque qu'il y fera revenir son peuple, en promettant qu'il exterminera ces bêtes.

2° Les bêtes brutes terrestres (κτήνη). Gen. 1. 26. *Præsit piscibus maris et bestiis :* Quo l'homme préside aux poissons de la mer, aux oiseaux du ciel et aux bêtes. c. 2. 20. etc.

3° Les poissons (ζῶον). Eccli. 43. 27. *Illic... varia bestiarum genera :* Il y a dans la mer des animaux de toutes sortes

§ 1. Les hommes, soit 1° à cause de leurs déréglements et de leur indocilité (θηρίον). Tit. 1. 12. *Cretenses semper mendaces, malæ bestiæ* : Les Crétois sont de méchantes bêtes, qui n'aiment qu'à manger et à ne rien faire; saint Paul cite un poëte de Crète qui avait dit ceci de ces peuples. 2° Soit à cause de leur cruauté. Ps. 73. 19. *Ne tradas bestiis animas confitentes tibi* : Ne livrez pas à des hommes furieux comme des bêtes les âmes de ceux qui s'occupent à vous louer; David parle des Egyptiens qui poursuivaient les Israélites; ce qui se peut entendre aussi de Saül et de ses gens, dont il était poursuivi. 2. Par. 25. 18. Jerem. 12. 9. Ezech. 34. 5. Ose. 2. 12. Ainsi, 1. Cor. 15. 32. *Si (secundum hominem) ad bestias pugnavi Ephesi*, etc. *quid mihi prodest, si mortui non resurgunt?* Que m'a-t-il servi, pour parler à la manière des hommes, d'avoir combattu contre ceux d'Ephèse, comme contre des bêtes farouches, si les morts ne ressuscitent point? Quelques-uns croient néanmoins que saint Paul a fut exposé aux bêtes farouches dans le théâtre d'Ephèse pour combattre et en être déchiré, mais que Dieu l'en a délivré; il est plus probable de l'entendre dans le même sens que saint Paul, lorsqu'il parle de Néron, et le traite de lion. 2. Tim. 4. 17. Et ce sens paraît d'autant plus vraisemblable, que ce qui arriva à saint Paul à Ephèse est rapporté Act. 19. v. 29. 30. etc. sans aucune mention de ce combat contre les bêtes. Ainsi, Hérode est appelé *renard*, à cause de sa finesse et de sa politique. Luc. 13. 31. Voy. Apoc. c. 16. c. 17. c. 20. Isa. 56. 9. *Omnes bestiæ agri, venite ad devorandum* : Bêtes des champs, venez toutes pour dévorer votre proie; ces bêtes farouches marquent les peuples ennemis des Juifs, et surtout les Romains, qui ont détruit leur ville et leur temple; mais le prophète prédit aussi le carnage des âmes que font les démons, par la négligence des pasteurs. Jer. 12. 9. Ainsi, Dan. 7. 11. *Vidi quoniam interfecta esset bestia* : Je vis que la bête avait été tuée; après que Dieu eut prononcé l'arrêt de mort contre Antiochus; ce prince fut frappé d'une plaie dont il mourut, avec des douleurs effroyables et dans une angoisse d'esprit inconcevable. § 20. Les empires idolâtres, tel que l'empire romain. Apoc. 13. 1. *Et vidi de mari bestiam ascendentem* : Je vis s'élever de la mer une bête; ainsi, les quatre bêtes dont il est parlé dans Dan. 7. 3. figuraient quatre empires célèbres. Le premier était l'empire des Chaldéens; le second, celui des Mèdes et des Perses; le troisième, l'empire de Macédoine ou d'Alexandre le Grand; et le quatrième pouvait bien être celui des Séleucides en Syrie, et des Lagides en Egypte; quoique quelques autres l'entendent de l'empire romain. Dan. 7. 7. *Ecce bestia quarta terribilis atque mirabilis*: Je vis paraître une quatrième bête, qui était terrible et étonnante: *Dissimilis autem erat cœteris bestiis* : Elle était fort différente des autres bêtes. Les autres empires n'avaient exercé leur violence que sur les corps; au lieu que celui-ci devait l'exercer sur les consciences, pour les forcer à renoncer au culte du vrai Dieu. Voy. LEÆNA. URSUS, PARDUS.

§ 3° La philosophie païenne qui venait au secours de l'idolâtrie romaine avec des raisonnements pompeux et des divinations; elle est appelée *le faux prophète*. Apoc. 16. 13. c 19. 20. c. 20. 10.

BETÉ, Heb. *Fiducia*. Ville de Syrie, que David prit sur Adarezer. 2. Reg. 8. 7. Voy. THEBAC.

BETEN, Heb. *Venter*. Ville de la tribu d'Aser. Jos. 19. 25.

BETHABARA, Hebr. *Domus transitus*. Voy. BÉTHANIA, n. 2.

BETHACARA, Heb. *Domus vineæ*. Une rue de Jérusalem qui appartenait à Melchias. 2. Esd. 3. 14

Une ville de la tribu de Juda, située sur une montagne, près de la tribu de Benjamin. Jerem. 6. 1.

BET-HAGLA, Heb. *Domus festivitatis*. Ville de la tribu de Benjamin, sur les confins de Juda. Jos. 15. 6. autr. BETH-HAGLA.

BETHANAN. Heb. *Domus gratiæ*. autr. BETH HANAN. Ville et contrée de la Judée. 3. Reg. 4. 9.

BETHANATH, Heb. *Domus cantici*. Ville de la tribu de Nephtali. Jos. 19. 38. Jud. 1. 33. D'où sont appelés *Bethanitæ*, ceux de Bethanath, *ibid*.

BETHANIA, Heb. *Domus sive locus afflicti aut pauperis*. Les Hébreux, à l'imitation des Chaldéens, appellent du nom de *maison* toute sorte de lieu. Heb. *Beth*. — 1° Bourg ou village, à deux milles de Jérusalem, où Jésus-Christ a ressuscité le Lazare, et où il s'est souvent retiré chez Marie et Marthe. Matth. 21. 17. c. 26. 6. etc. — 2° Un lieu au delà ou le long du Jourdain, où était le gué par où on passait ce fleuve. c'était là que saint Jean baptisait. Joan. 1. 28. Le Grec porte *Bethabara, domus transitus* : C'est par où les Israélites ont passé le Jourdain.

BETHANOTH, Heb. *Domus canticorum*. Ville de la tribu de Juda. Jos. 15. 59.

BETHARABA, Heb. *Domus planitiei*. Ville dans le désert de la tribu de Juda. Jos. 15. v. 6. 61. c. 18. 22. Cette ville est sur les confins des tribus de Juda et de Benjamin.

BETHARAN, Heb. *Domus montis*. Ville de la tribu de Gad, dans la Pérée, que Josué prit sur Sehon. Num. 32. 36. Jos. 13. 27.

BETHAVEN, Heb. *Domus vanitatis*, ou *iniquitatis*, ou *idoli*. — 1° Ville de la tribu de Benjamin. Jos. 7. 2. *Hai quæ est juxta Bethaven*: Haÿ qui est près de Bethaven. 1. Reg. 15. 5. c. 14. 23. Cette ville a donné ce nom à un désert qui était auprès. Jos. 18. 12.

2° Ce nom a été donné par mépris à la ville de Béthel, dans la tribu d'Ephraïm, à cause de l'idolâtrie qu'on y exerçait, Jéroboam y ayant fait un veau d'or. Ose. 4. 15. *Ne ascenderitis in Bethaven* : Ne montez point à Béthaven. Le prophète avertit et exhorte Juda de ne pas imiter l'idolâtrie des dix tribus. c. 5. 8. c. 10. 5. Voy. BÉTHEL.

BETH-AZMOTH, Heb. *Domus fortitudinis montis*. — Ville de la tribu de Juda. 2. Esdr. 7. 28.

BETH-BERA, Heb. *Domus electa*. Grande campagne dans la tribu d'Ephraïm, où Gédéon défit les Madianites. Judic. 7. 24. D'autres croient que c'est une ville près du Jourdain, dans la demi-tribu de Manassé.

BETH-BERAI, Heb. *Domus sanitatis*. Ville en la tribu de Juda. 1. Par. 4. 31. Voy. BETH-LEBAOTH.

BETH-BESSEN, Heb. *Domus confessionis*. Ville dans le désert de la tribu de Juda, où Simon et Jonathas taillèrent en pièces l'armée de Bacchide. 1. Mac. 9. v. 62. 64.

BETH-CHAR, Heb. *Domus agni*. Ville de la tribu de Dan. 1. Reg. 7. 11.

BETH-DAGON, Heb. *Domus frumenti*. — 1° Ville de la tribu de Juda. Jos. 15. 41. c. 19. 28. Aujourd'hui Caserdago. — 2° Le temple de Dagon, dans la ville d'Azot. 1. Mac. 10. 83.

BETH-HAGLA, Voy. BETH-AGLA.

BETHEL, Heb. *Domus Dei*. — 1° Ville de la tribu de Benjamin, appelée de la sorte, parce que Dieu y apparut à Jacob; car elle s'appelait auparavant *Luza*. Gen. 28. 19. *Appellavitque nomen urbis Bethel, quæ prius Luza vocabatur* : Il donna le nom de *Bethel* à la ville qui s'appelait auparavant *Luza*. c. 35. v. 6. 7. 15. Cette ville est même appelée de ce nom par anticipation. c. 12. 8. c. 13. 3. etc.

2° Ville de la tribu d'Ephraïm, près de Sichem, où Jéroboam fit dresser le veau d'or. 3. Reg. 12. v. 29. 32. 33. c. 13. 1. etc. Cette ville a été nommée *Bethaven*, à cause de l'idolâtrie et du culte impie qu'on y exerçait. Amos, 5. 5. *Nolite quærere Bethel* : Ne cherchez point Bethel, c'est-à-dire le veau d'or qui y était adoré; c'est pourquoi *Bethel* a été appelée *Bethaven*, Maison de vanité, pour Maison de Dieu. Ose. 4. 15. c. 5. 8. c. 10. 5. Voy. BETHAVEN. On confond ordinairement ces deux Bethel en une, comme étant sur les confins de l'une et l'autre tribu.

BETHEMEC, Heb. *Domus vallis*, ville de la tribu d'Aser, aux confins de celles de Zabulon et de Nephthali. Jos. 19. 27.

BETHER, Hebr. *Divisio*. C'est Bethel, de la tribu de Benjamin. Cant. 2. 17. v. 8. Gr. βαιθήλ.

BETH-GADER, Heb. *Domus muri*. Nom de lieu dans la tribu de Juda, le même que Gedor. 1. Par. 2. 51. *Hariph pater Beth-Gader* : Hariph, prince ou seigneur de Gedor, au moins en partie, parce que Phanuel l'était aussi.

BETH-GAMUL, Heb. *Domus retributionis*, ville de la tribu de Ruben, dans le royaume des Moabites. Jer. 48. 23. Quelques-uns croient que c'est un nom de famille; car Gamul était une famille sacerdotale. 1. Par. 17. 24.

BETHIA, æ, Heb. *Filia Domini*. Fille de Pharaon, femme de Mered. 1. Par. 4. 18.

BETHJESIMOTH, Heb. *Domus desolationum*. Ville de la tribu de Ruben. Jos. 13. 20, Ezech 25. 9.

BETH-LEBAOTH, Heb. *Domus leænarum*. Ville de la tribu de Siméon. Jos. 19. 6. La même que Lebaoth. Jos. 15. 32.

BETHLEEM, Heb. *Domus panis* —1° Petite ville dans la tribu de Juda, qui s'appelait *Ephrata*. Ce lieu a été rendu célèbre par la naissance de David, et surtout par celle de Jésus-Christ, Mich. 5, 2. *Et tu Bethleem Ephrata*. Matth. 2. v. 15. 6. *Et tu Bethleem terra Juda*, etc. Voy. LAHEM. L'empereur Adrien profana cette ville l'an 135, en y faisant bâtir un temple à Vénus. Les chrétiens s'étant rendus maîtres de la Terre-Sainte, on y érigea l'an 1110 un évêché, suffragant de Jérusalem ; mais depuis que les Turcs se sont emparés de tout ce pays, Bethléem n'est plus qu'un bourg où demeurent quelques pauvres chrétiens qui gagnent leur vie à faire des croix et des chapelets pour la dévotion des pèlerins qui visitent les lieux saints. Le bourg est situé sur une colline assez agréable, au pied de laquelle est l'église où est la sacrée grotte, célèbre par la naissance du fils de Dieu : sainte Hélène y fit bâtir une chapelle. Il y a eu depuis un monastère qui est aujourd'hui commun aux cordeliers Latins, aux Grecs et aux Arméniens.

2° Une autre ville de la tribu de Zabulon, dans la Galilée inférieure. Jos. 19. 15. Cette ville est appelée *Bethulie* dans le livre de Judith.

BETH-MAACA, Heb. *Domus compressa*. Ville de la tribu de Nephthali. 2. Reg. 20. v. 14. 15. Voy. ABEL.

BETH-MAON, Heb. *Domus habitaculi*. Ville des Moabites, dans la tribu de Ruben. Jer. 48. 23. Quelques-uns croient que c'est un nom de famille ; Maon est un nom d'homme. 1. Par. 2. 45.

BETH MARCABOTH, Heb. *Domus quadrigarum*. Ville de la tribu de Siméon. Jos. 19. 5. Voy. MEDEMENA.

BETH-NEMRA, Heb. *Domus pardi*. Ville de la tribu de Gad. Num. 32. 36. Jos. 13. 27. La même que *Nemra*. Jos. 32. 2.

BETHORON, Heb. *Domus iræ*. De Beth, *domus*, et de Harah, *irasci*.

Ville de Bethoron la supérieure, qui est dans la tribu d'Ephraïm, aux confins de celle de Manassé, deçà le Jourdain, assignée aux lévites de la famille de Caath. Jos. 16. 5. c. 21. 22. 1. Par. 6. 68.

BETHORON, Heb. *Divisio*. De Batar, *dividere*.

Ville de Bethoron l'inférieure, dans la tribu de Benjamin. Jos. 10 v. 10. 11. c. 18. v. 13. 14. 1. Reg. 13. 18. 2. Reg. 2. 29. 1. Mac. 3. v. 16. 24. c. 4. 29. c. 7. 34. c. 9. 50. Il paraît néanmoins que ces deux villes étaient proches l'une de l'autre, puisque c'est la même personne qui les a fait rebâtir. 1. Par. 7. 24, et que Salomon les a fait fortifier toutes deux. 2. Par. 8. 5. et 3. Reg. 9. 17.

BETH-PHAGE. Heb. *Domus oris vallium*. Petit village au pied du mont des Oliviers. Matth. 21. 1. Luc. 19. 24.

BETH PHALET ou **BETH-PHELET**, Heb. *Domus liberationis*. Ville dans la tribu de Juda. Jos. 15. 27. 2. Esdr. 11. 26.

BETH-PHESES, Heb. *Domus divisionis*. Ville de la tribu d'Issachar. Jos. 19. 21.

BETH-PHOGOR, Heb. *Domus hiatus*. Ville de la tribu de Ruben. Jos. 13. 20.

BETH-RAPHA, Heb. *Domus sanitatis*. Fils d'Esthon, de la tribu de Juda. 1. Par. 4. 12.

BETHSABEE, Heb. *Filia juramenti*. Fille d'Eliam, femme d'Urie, de laquelle David eut un enfant par adultère. 2. Reg. 11. 3. c. 12. 24, etc. Elle est appelée *Bethsua*, en hébreu, 1. Par. 3. 5.

BETHSAIDA, Heb. *Domus frugum*. — 1° Petite ville de la Galilée, de la tribu de Zabulon, considérable par la naissance de trois apôtres, Pierre, André et Philippe. Matth. 11. 21. *Væ tibi Bethsaida*: Malheur à toi, Bethsaïde. Philippe le Tétrarque l'a érigée en ville considérable, et l'a nommée *Julie*. Marc. 6. 45. Voy. DESERTUM. — 2° Piscine où les malades étaient guéris quand l'eau avait été troublée par l'Ange, Joan. 5. 2. Le Grec porte *Bethesda*, qui signifie en syriaque maison de miséricorde, à cause de celle que Dieu exerçait; Hebr. *Beth-chesda*. Voy. PROBATICA.

BETHSAMES, Heb. *Domus solis*. — 1° Ville de la tribu de Nephthali, dont le Chananéen ne fut point chassé. Jos. 19. 38. Judic. 1. 33. *Nephthali quoque non delevit habitatores Bethsames*: Nephthali n'extermina point les habitants de Bethsamès. — 2° Ville de la tribu de Juda, donnée aux prêtres. Jos. 15. 10. c. 21. 16. 1. Reg. 6. 9. où fut amenée l'arche. Elle est appelée *Bethsemes*. 1. Par. 6. 59. Voy. ABEL-MAGNUM. — 3° Ville de la tribu d'Issachar. Jos. 19. 22. — 4° Ville de la tribu de Dan. 3. Reg. 4. 9, qui est appelée *Hirsemes*. Jos. 19. 41.

BETHSAMITÆ, ARUM. Habitants de la ville de Bethsamès, de la tribu de Juda. 1. Reg. 6. 13, etc.

BETHSAN, Heb. *Domus eboris*. Ville de la tribu de Manassé, d'où les Chananéens ne furent point chassés. Jos. 17. v. 11. 16, etc. C'est la même que Scythopolis; ç'a été une ville archiépiscopale qui avait neuf suffragants sous le patriarche de Jérusalem; mais le siège a été transféré à Nazareth.

BETH-SETTA, Heb. *Domus extensionis*. Ville et plaine dans la tribu de Manassé, deçà le Jourdain. Judic. 7. 23.

BETH-SIMOTH, Heb. *Domus desolationum*. Le trente-neuvième campement des Israélites dans les déserts de Moab. Num. 33. 49. Jos. 12. 3. C'est Beth-jesimoth.

BETHSUR ou **BETHSURA**, Hebr. *Domus rupis*. Place forte des Juifs, du côté de l'Idumée. 1. Mac. 4. 61, etc. Elle est au septentrion de la tribu de Juda. Jos. 15. 58. 2. Par. 11. 7.

BETHTHAPHUA, Heb. *Domus pomi*. Ville de la tribu de Juda. Jos. 15. 53.

BETHUL, Heb. *Virgo*. Ville de la tribu de Siméon. Jos. 19. 4. La même que Bathuel, laquelle d'abord a été dans la tribu de Juda, et a depuis été donnée à celle de Siméon.

BETHULIA. Béthulie. Voy. BETHLEEM.

BETH-ZACHARA, Æ. Heb. *Domus memoriæ*. Un lieu dans la tribu de Juda, où se donna ce grand combat entre Judas Machabée et Antiochus Eupator. 1. Mac. 6. v. 32, 33.

BETHZECA, Heb. *Domus tribulationis*. Ville de la tribu de Juda, prise par Bacchides. 1. Mac. 7. 19.

BETONIM, Heb. *Ventres*. Ville de la tribu de Gad. Jos. 13. 26.

BEZEC, Heb. *Fulgur*. Ville capitale du royaume d'Adonibezec ou des Bezeceniens, dans la tribu de Manassé, deçà le Jourdain. Judic. 1. v. 4. 5. 1. Reg. 11. 8. On croit que c'est la même que Beth-Setta.

BIBERE, πίνειν. Du verbe grec πίω, changeant π en β, et ajoutant β devant ω et signifie:

1° Boire pour étancher sa soif. Isa. 44. 12. *Non bibet aquam et lassescet*: Le forgeron formant une idole... endurera la soif jusqu'à tomber dans la défaillance; ce qui marque l'attache qu'il a, jusqu'à ne penser pas même ni à boire ni à manger. Joan. 4. 13. *Omnis qui bibit ex aqua hac, sitiet iterum*: Quiconque boit de cette eau aura encore soif, dit Jésus-Christ à la femme Samaritaine. Matth. 6. 31. *Quid bibemus?* Ne vous inquiétez point, en disant... Que boirons-nous? Marc. 16. 18. Deut. 32. 38.

2° Boire au delà de la pure nécessité, faire bonne chère, être en festin. Gen. 43. 34. *Biberuntque et inebriati sunt cum eo*: Les frères de Joseph burent ainsi avec Joseph, et ils firent grande chère. Ici *inebriati* est pour *saturati*. Prov. 31. 5. Gen. 9. 21. Ps. 68. 13. *In me psallebant qui bibebant vinum*: Ceux qui buvaient du vin me raillaient par leurs chansons: c'est sur David même que se disaient ces chansons, où l'Ecriture ajoute quelquefois *abundanter*, pour dire boire beaucoup, s'échauffer de vin. Esth. 5. 6. *Dixit ei rex postquam vinum biberat abundanter; quid petis ut detur tibi?* Assuérus dit à Esther, après avoir bu beaucoup de vin: Que désirez-vous que je vous donne, et que me demandez-vous? où *bibere abundanter* vaut autant pour la signification que *vino incalescere*, c. 17. 2.

§ 1. — S'abreuver d'eau, en être humecté, en parlant de la terre. Heb. 6. 7. *Terra enim sæpe venientem super se bibens imbrem*: Une terre souvent abreuvée des eaux de la pluie: dans ce verset, l'Apôtre apporte une comparaison de ceux qui étant bien instruits et avec soin de la parole de Dieu, en font un bon usage par les fruits de leurs bonnes œuvres.

§ 2. — Apprendre, recevoir avec affection ce qu'on nous enseigne. Prov. 9. 5. *Bibite vinum quod miscui vobis*: Recevez la doctrine salutaire que la Sagesse vous présente; ce que l'Eglise explique aussi de l'adorable sacrement de nos autels. Ainsi, Eccli. 24. 29. *Qui bibunt me, adhuc sitient*: Plus on goûte les douceurs de la Sagesse et de l'Esprit de Dieu, plus on désire les goûter; ce qui s'accorde bien avec saint Jean. 4. 13. *Qui autem biberit ex aqua, quam ego dabo ei, non sitiet in æternum*: Celui qui boira de l'eau que je lui donnerai n'aura jamais de soif. Cette eau, ce sont les lumières et les grâces du

Saint-Esprit, qui, étant devenues comme une source vivante, font que celui qui les a reçues, n'est plus altéré des biens ni des plaisirs de la terre; à quoi est opposée la doctrine qu'enseigne la grande Babylone. Apoc. 18. 3 *De vino iræ fornicationis ejus biberunt omnes gentes*: La grande Babylone a fait boire à toutes les nations du vin de la colère de sa prostitution ; ce vin empoisonné sont les plaisirs du monde et l'idolâtrie. Voy. CALIX.

§ 3. — Jouir des biens d'autrui que l'on a pris. Job. 5. 5. *Bibent sitientes divitias ejus*: Ceux qui séchaient de soif boiront les richesses de l'insensé. Ezech. 25. 4. Mais au contraire, Prov. 5. 15. *Bibere aquam de cisterna sua*, signifie jouir de ses biens et non de ceux d'autrui. Voy. un autre sens au mot *Aqua*.

§ 4. — Se remplir, ou jouir abondamment des biens spirituels. Joan. 7. 37. *Si quis sitit veniat ad me et bibat*: Si quelqu'un a soif, qu'il vienne à moi, et qu'il boive. Par la puissance de ce breuvage, Jésus-Christ entend les grâces vivifiantes du Saint-Esprit ; et Matth. 26. v. 27. 28. *Bibite ex hoc omnes, hic est enim sanguis meus novi Testamenti*: Jésus-Christ invite à boire le calice de son sang. Luc. 22. v. 23. 30. Joan. 4. 13. c. 7. 37. Voy. VINUM.

Phrases tirées de la signification de ce verbe dans le sens figuré.

Bibere calicem ou *Bibere*. Souffrir des maux, supporter des afflictions, être grièvement puni. Cette métaphore est tirée de la coutume ancienne, où le père de famille distribuait à chacun sa portion ; ainsi Dieu distribue les biens et les maux selon les mérites d'un chacun. Isa. 51. 17. *Consurge Jerusalem, quæ bibisti de manu Domini calicem iræ ejus; usque ad fundum soporis bibisti*: Levez-vous, Jérusalem, qui avez bu de la main du Seigneur le calice de sa colère, qui avez bu ce calice d'assoupissement. Le prophète prédit au peuple le retour et la délivrance de la dure captivité de Babylone, v. 22. Job. 21. 20. Ps. 74. 9. Ezech. 23, v. 32. 34. Abd. 10. Apoc. 14. 10. Ainsi, Jerem. 25. 16. etc. *Bibentes bibetis*: Vous boirez certainement de cette coupe; Dieu ordonne au peuple de déclarer que les Babyloniens mêmes éprouveraient la colère de Dieu par les Mèdes et les Perses, à cause de leur orgueil, comme il s'était servi des Babyloniens pour punir les péchés des Juifs. Matth. 20. v. 22. 23. Marc. 10. 38. 39. Joan. 18. 11. *Calicem quem dedit mihi pater, non bibam illum*: Ne faut-il pas que je boive le calice que mon Père m'a donné, dit Jésus-Christ à saint Pierre; ce qui s'entend de la passion et des souffrances de Jésus-Christ. On entend encore dans le même sens, Ps. 109. 8. *De torrente in via bibet*: Il supportera de grandes afflictions pendant le cours de sa vie. Voy. POTARE, INEBRIARE.

Bibere, bibere sanguinem. — 1° Remporter une pleine et entière victoire sur ses ennemis ; ce qui est dit par allusion au lion qui boit le sang des animaux dont il fait sa proie. Num. 23. 24. *Populus... quasi leo erigetur; non accubabit donec devoret prædam, et occisorum sanguinem bibat*: Le peuple d'Israël s'élèvera comme un lion; il ne se reposera point jusqu'à ce qu'il dévore sa proie, et qu'il boive le sang de ceux qu'il aura tués, dit Balaam. Zach. 9. 15. *Bibentes inebriabuntur quasi a vino*: Les Juifs boiront le sang de leurs ennemis; ils en seront enivrés comme de vin ; c'est aussi par cet hébraïsme que quelques interprètes regardent le Messie représenté comme un vainqueur, qui, après avoir fait un grand carnage de ses ennemis, pourrait boire du torrent de leur sang. Ps. 109. 8. *De torrente in via bibet.*

2° Souffrir les dernières cruautés jusqu'à voir tant de sang répandu, qu'on soit forcé d'en boire. Apoc. 16. 6. *Sanguinem eis dedisti bibere, digni enim sunt*: Vous leur avez même donné du sang à boire ; c'est ce qu'ils méritent ; sc. ceux qui ont répandu le sang des saints et des prophètes : ceci a rapport à ce qui est dit, Matth. 23. 35. Le sang des martyrs était vengé par le sang de leurs persécuteurs, et les barbares s'enivraient du sang des Romains parce que les Romains s'étaient enivrés du sang des chrétiens.

Bibere aquas alicujus. 3° Avoir recours à quelqu'un, implorer son assistance. Jerem. 2. 18. *Quid tibi vis in via Ægypti ut bibas aquam turbidam : et quid tibi cum via Assyriorum, ut bibas aquam fluminis?* Qu'allez-vous chercher dans la voie de l'Egypte ? est-ce pour y boire de l'eau bourbeuse ? Et qu'allez-vous chercher dans la voie des Assyriens ? est-ce pour y boire de l'eau de l'Euphrate ? Ici, Dieu témoigne aux Juifs qu'ils n'auraient que faire de recourir ni aux Egyptiens, ni aux Assyriens contre leurs ennemis, s'ils se voulaient tenir attachés à lui.

Bibere quasi aquam. Prendre plaisir à quelque chose, comme ceux qui sont altérés prennent plaisir à boire de l'eau. Job. 15. 16. *Qui bibit quasi aquam, iniquitatem*: Celui qui boit l'iniquité comme l'eau. Prov. 4. 17. *Vinum iniquitatis bibunt*: Les impies boivent le vin de l'iniquité : ils se plaisent à mal faire comme on se plaît à boire du vin. Ainsi, *Bibere quasi aquam, subsannationem*: Etre rempli de railleries, se plaire à railler. Voy. SUBSANNATIO. A quoi se peut rapporter cet endroit des Proverbes, c. 5. 16. *Bibe aquam de cisterna tua*: Buvez de l'eau de votre citerne, c'est-à-dire contentez-vous de l'usage légitime du mariage qui vous est permis. Ainsi, Eccli. 26. 16. *Ab omni aqua proxima bibet*: Elle boira de toutes les eaux qui seront près d'elle : il faut retenir dans la modestie les jeunes filles, de peur qu'elles ne s'échappent.

Comedere et bibere. Voy. COMEDERE.

BIBLIOTHECA, Æ. Ce nom qui est grec, βιβλιοθήκη, vaut autant que βιβλίων θήκη, et signifie proprement armoires où sont resserrés les livres ou autres papiers, et est pris aussi pour un lieu où il y a beaucoup de livres; dans l'Ecriture :

1° **Bibliothèque**, lieu où il y a beaucoup de livres. 2. Mach. 2. 13. *Construens Bibliothecam, congregavit de regionibus libros* : Néhémias fit une bibliothèque, ayant rassemblé de divers pays les livres des prophètes et de David, etc.

2° **Archives** où se gardent les papiers et les choses les plus précieuses (οἶκος). 1. Esdr. 5. 17. *Nunc ergo, si videtur Regi bonum, recenseat in Bibliotheca librorum Regis* : Nous supplions le roi d'agréer, si c'est sa volonté, qu'on voie en la bibliothèque du roi qui est à Babylone, s'il est vrai que le roi Cyrus ait ordonné... que la maison de Dieu fût rebâtie. C'est ce qu'écrit le gouverneur de Judée à Darius, c. 6. 1.

BICEPS, *cipitis*, δίστομος. Dérivé de *bis* et de *caput*, et signifie proprement qui a deux têtes; dans l'Ecriture :

Qui a deux tranchants. Prov. 5. 4. *Acuta quasi gladius biceps: utraque parte scindens* : La prostituée fait périr doublement ceux qui s'attachent à elle; elle cause souvent une mort temporelle et toujours une mort éternelle.

BIDUUM, 1. δύο ἡμέραι. Ce nom neutre, mis pour *bidium*, est formé de l'adverbe *bis* et de *dies*. et signifie l'espace de deux jours; où *spatium* est sous-entendu. Jos. 20. 5. *Nec ante biduum triduumve ejus probatur inimicus* (ἐχθρός) : On ne saurait prouver que deux ou trois jours auparavant, celui qui s'est retiré dans cette ville de refuge ait été l'ennemi de celui qu'il a tué sans y penser; c'est le cas auquel les habitants ne le devaient point livrer entre les mains de celui qui poursuivait le meurtrier. Levit. 19. 7. Num. 9. 22. 2. Mach. 10. 37. Matth. 26. 2. Marc. 14. 1.

BIENNIUM, II. δεύτερον ἔτος. Ce nom, formé de *bis* et de *annus*, signifie :

L'espace de deux ans. Gen. 11. 10. *Sem erat centum annorum quando genuit Arphaxad, biennio post diluvium* : Sem avait cent ans lorsqu'il engendra Arphaxad, deux ans après le déluge.

BIGA, æ. ξυνωρίς. Ce nom, qui est mis comme pour *biaga*, vient de l'adverbe *bis* et du verbe *agere*, et signifie :

Deux chevaux attelés de front, chariot tiré par deux chevaux ou deux autres animaux. Isa. 21. 9. *Ecce iste venit ascensor vir bigæ equitum*. Subaudi, *uterque* : Ces deux hommes qui conduisaient le chariot approchèrent: sc. Cyrus et Darius Médus qui entrèrent dans Babylone.

BILIBRIS, is. χοῖνιξ. Ce nom, composé de *bis* et de *libra*, signifie proprement qui pèse deux livres, qui est du poids de deux livres; dans l'Ecriture :

Mesure de deux livres qui faisait environ le litron; néanmoins le *chenix*; qui répond au mot grec χοῖνιξ, faisait plus de trois livres; c'était le demi-boisseau que l'on donnait chaque jour aux esclaves pour leur suffisance. Apoc. 6. 6. *Bilibris tritici denario, et tres bilibres hordei denario* : La mesure de deux livres, ou le demi-boisseau de blé, vaudra une drachme, et trois mesures pareilles d'orge vaudront autant, ce qui marquait une grande cherté, dont Jésus-Christ faisait avertir ses serviteurs.

BILINGUIS, is. δίλογος. De *bis* et de *lingua*, et signifie proprement qui sait deux langues; il est néanmoins pris aussi dans la signification où il se prend dans l'Ecriture :

Qui parle d'une manière et qui pense de l'autre; qui dit autre chose qu'il ne pense; qui dit tantôt l'un, tantôt l'autre; un fourbe. Prov. 8. 13. *Os bilingue detestor* : Je hais la langue double, dit la Sagesse. 1. Tim. 3. 8. *Diaconos similiter pudicos, non bilingues* : Il faut que les diacres soient chastes et bien réglés; qu'ils ne soient point doubles dans leurs paroles.

BIMATUS, us. διετές οὖς. L'âge ou l'espace de deux ans. Matth. 2. 16. *Mittens occidit pueros a bimatu et infra* : Hérode envoya tuer en Bethléem tous les enfants, depuis l'âge de deux ans, et ceux qui en avaient moins, âgés de deux ans et au-dessous.

BINI, æ, a. δύο, δύο, ou ἀνὰ δύο. De l'adjectif *bis*, et signifie :

1° Deux ensemble ou deux à deux. Marc. 6. 7. Luc. 10. 1. *Misit illos binos ante faciem suam* : Jésus-Christ envoya devant lui soixante-douze autres disciples deux à deux. Gen. 6. 20. c. 7. 15. *Bina et bina ex omni carne* : Il entra dans l'arche de Noé deux mâles et deux femelles de toute chair vivante et animée; *i. e.* des animaux impurs deux couples. Voy. v. 2. Gen. 45. 22. Exod. 26. 19.

2° Deux, sans marquer de combinaison. Joan. 2. 6. *Erant autem ibi lapideæ hydriæ sex positæ... capientes singulæ metretas binas, vel ternas* (δύο) : Il y avait là six grandes urnes de pierre, dont chacune tenait deux ou trois mesures : Ce fut à Cana où Jésus-Christ changea l'eau en vin.

BIPARTITUS, a, um. Ce participe de *bipartior*, signifie :

Divisé, partagé en deux (δίχα). Eccli. 47. 23. *Ut faceres imperium bipartitum* : Salomon, par sa dissolution, a attiré la colère de Dieu sur ses enfants, dont le premier effet fut la division du royaume de Juda et d'Israël sous Roboam.

BIS, δίς. De l'ancien mot *duis*, et signifie :

Deux fois. Marc. 14. v. 30. 72. *Priusquam gallus cantet bis, ter me negabis* : Avant que le coq ait chanté deux fois, vous me renoncerez trois fois, dit Jésus-Christ à saint Pierre. Phil. 4. 16. *Thessalonicam semel et bis in usum mihi misistis* : Vous m'avez envoyé deux fois à Thessalonique de quoi satisfaire à mes besoins. 2. Esdr. 13. 20. 1. Mach. 3. 30. De là vient :

BISACUTUS, a, um. δίστομος. Qui a deux tranchants, qui coupe des deux côtés. Eccli. 21. 4. *Quasi romphæa bis acuta, omnis iniquitas* : Tout péché est comme une épée à deux tranchants. sc. en ce qu'il tue et le corps et l'âme.

BIS MORTUUS, δὶς ἀποθανών. Tout à fait mort. Jud. v. 12. *Arbores..... bis mortuæ*

Saint Jude compare les séducteurs dont il parle, à des arbres morts dans les branches et dans la racine; *i. e.* tout à fait morts.

BITHYNIA, Æ, Gr. *Violenta properatio*, Bithynie, pays de l'Asie Mineure, proche de la Troade. Act. 16. 7. 1. Petr. 1. 1. Il est borné du côté du nord par le Pont-Euxin, par la Galatie du côté du levant, du côté du midi par l'Asie proprement dite, et par la mer de Marmara du côté du couchant.

BITUMEN, INIS, ἄσφαλτος. Du verbe grec πιττόω, et signifie:

Bitume, terre gluante, approchante du soufre; espèce de glu chaude qui a du rapport à la poix : on s'en est quelquefois servi au lieu d'huile pour brûler dans des lampes. Gen. 11. 3. *Habueruntque.... bitumen pro cœmento* : Les enfants de Noé se servirent de bitume comme de ciment ; savoir, pour bâtir la tour de Babylone. c. 6. 14. v. 4. *Bitumine linies* : Vous frotterez l'arche de bitume dehors et dedans, dit Dieu à Noé. Ainsi la mère de Moïse enduit de bitume la corbeille dans laquelle elle le mit pour l'exposer sur le Nil. Exod. 2. 3. De là vient:

Puteus bituminis. Puits plein de bitume, puits où au lieu d'eau il se trouve du bitume. Gen. 14. 10. *Vallis autem silvestris habebat puteos multos bituminis* : Il y avait beaucoup de puits de bitume dans cette vallée des bois.

BIVIUM, II. ἄμφοδος. Composé de *bis* et de *via*, et signifie:

Lieu où deux chemins aboutissent, ou bien où deux chemins se croisent.

Chemin qui se divise en deux. Ezech. 21. 21. *Stetit rex Babylonis in bivio* : Nabuchodonosor s'est arrêté à la tête de deux chemins. Ici le prophète prédit le doute où se devait trouver Nabuchodonosor, s'il devait porter ses armes contre Jérusalem ou contre les Ammonites. Gen. 38. 14. Marc. 11. 4.

BLANDE. D'une manière flatteuse et caressante

1° D'une manière caressante, douce et pleine de bonté (εἰς καρδίαν). Gen. 50. 21. *Solatusque est eos, et blande ac leniter est locutus* : Joseph consola ses frères en leur parlant avec beaucoup de douceur et de modération ; ce fut lorsqu'ils lui vinrent rendre visite après la mort de Jacob, et sur ce qu'ils craignaient que Joseph ne se souvînt du mal qu'ils avaient eu dessein de lui faire.

2° Agréablement, avec un sentiment agréable. Prov. 23. 32. *Ingreditur blande, sed in novissimo mordebit ut coluber* ; Hebr. *incedit recte*, réussit bien au commencement: Le vin entre agréablement, mais il mord à la fin comme un serpent.

BLANDIMENTUM, I. Flatterie, caresse faite à quelqu'un, soit en paroles. Prov. 28. 23. *Qui corripit hominem, gratiam postea inveniet apud eum, magis quam ille qui per linguæ blandimenta decipit* : Celui qui reprend un homme, trouvera grâce ensuite auprès de lui, plus que celui qui le trompe par des paroles flatteuses ; soit que ces caresses se fassent autrement. Tob. 11. 9. *Canis quasi nuntius adveniens, blandimento suæ caudæ gaudebat* : Le chien qui avait suivi l'ange Raphaël et le jeune Tobie, courut devant eux ; et comme s'il eût porté la nouvelle de leur venue, il semblait témoigner sa joie par le mouvement de sa queue.

BLANDIRI. Flatter, caresser (ἀπατᾶν). Judic. 14. 15. *Blandire viro tuo* : Gagnez votre mari par vos caresses et faites qu'il vous découvre ce que son énigme signifie, dirent à la femme de Samson les trente jeunes hommes à qui Samson avait proposé son énigme, rapportée v. 14. c. 19. 3. Esth. 15. 11. Prov. 7. 13. Isa. 66. v. 12. 13. *Super genua blandientur vobis* : On vous caressera comme les mères caressent leurs enfants qui sont sur leurs genoux. Voy. GENU. C'est ici une figure de la bonté avec laquelle Dieu devait traiter son Eglise.

BLANDITIÆ. ARUM. Caresses, flatteries. Gen. 34. 3. *Tristemque delinivit blanditiis* : Sichem, voyant que Dina était triste, tâcha de la gagner par ses caresses ; il venait de lui faire violence.

BLANDUS, A, UM. Du grec πλάνος. Latin *planus*, engeôleur, affronteur, et signifie :

Caressant, flatteur. Prov. 29. 5. *Homo qui blandis fictisque sermonibus loquitur amico suo, rete expandit gressibus ejus* : Celui qui parle à son ami avec un langage flatteur et déguisé, lui dresse un filet pour y engager ses pieds. c. 6. 24.

BLASPHEMARE, βλασφημεῖν. Ce verbe, qui est grec, vient de βλάπτειν et de φήμη, et signifie proprement :

Blesser la réputation, selon saint Augustin, lib. 2. cap. 11. *de Moribus Manichæorum* : Blasphémer, c'est dire du mal des bons : or comme on peut douter des hommes, et que sans difficulté Dieu est bon, ce verbe blasphémer marque ordinairement dire du mal de Dieu même. Dans l'Ecriture:

1° Médire, détracter, dire du mal de quelqu'un, l'accuser faussement, calomnier. Rom. 3. 8. *Et non (sicut blasphemamur et sicut aiunt quidam nos dicere) faciamus mala ut veniant bona* : Pourquoi ne ferons-nous pas le mal afin qu'il en arrive du bien ? comme quelques calomniateurs nous accusent faussement de le dire, c. 14. 16. 1. Cor. 4. 13. *Blasphemamur et obsecramus* : On nous dit des injures et nous répondons par des prières, c. 10. 30. 1. Tim. 6. 1. Tit. 2. 5. c. 3. 2. *Admone illos neminem blasphemare* : Avertissez les peuples de ne médire de personne. 2. Petr. 2. 10. Jud. 8. 10.

2° Blasphémer en parlant de Dieu, déshonorer Dieu par des paroles outrageuses (καταρᾶν). Levit. 24. 16. *Qui blasphemaverit nomen Domini morte moriatur* : Que celui qui aura blasphémé le nom du Seigneur soit puni de mort. Isa. 1. 4. Marc. 3. 28.

3° Blasphémer, signifie, attribuer à soi-même, ou à un autre, l'honneur ou le pouvoir qui est dû à Dieu (et alors ce verbe est mis absolument) : ainsi le grand prêtre et les Juifs dirent que Jésus-Christ blasphémait : 1° Parce qu'il se disait Fils de Dieu. Matth. 26. 65. *Blasphemavit*, dit le grand prêtre, v. 63. 64. Joan. 10. 36. 2° Les Juifs jugeaient que Jésus-Christ blasphémait, parce qu'il s'attribuait le pouvoir de remettre les péchés. Matth. 9. 3. Marc. 2. 7. *Blasphemat : quis potest dimittere peccata, nisi solus Deus ?* Voy. v. 5. Matth. 9. 3.

Blasphemare in Spiritum sanctum. Blasphémer contre le Saint-Esprit, c'est combattre et aller contre la vérité par malice, de propos délibéré, et quoiqu'on en soit convaincu en soi-même par les lumières du Saint-Esprit. Marc. 3. 29. *Qui autem blasphemaverit in Spiritum sanctum, non habebit remissionem in æternum :* Si quelqu'un blasphème contre le Saint-Esprit, il n'en recevra jamais le pardon; *i. e.* rarement et difficilement : Jésus-Christ fait entendre le mal que faisaient les Juifs, en disant que Jésus-Christ, de la sainteté duquel ils étaient persuadés, était possédé de Beelzébut, et qu'il chassait les démons par l'intelligence qu'il avait avec le prince des démons. *Voy.* v. 22. Luc. 12. 10.

BLASPHEMIA, æ. βλασφημία. Ce nom est grec, et signifie :

1° Blasphème contre Dieu, ou en lui attribuant ce qui ne convient point à sa majesté, ou lui déviant, ou ôtant l'honneur qui lui est dû. Isa. 37. 3. 4. Reg. 19. 3. *Blasphemiæ dies iste :* Ce jour est un jour d'affliction et de blasphème; *i. e.* ce jour nous cause beaucoup d'affliction, par les blasphèmes que Rabsacès a prononcés contre Dieu, dit le grand prêtre au prophète Isaïe de la part d'Ezéchias. Matth. 12. 31. *Omnis blasphemia remittetur hominibus, Spiritus autem blasphemiæ non remittetur :* Tout blasphème pourra être remis aux hommes; mais celui par lequel on attribue malicieusement au démon les opérations du Saint-Esprit, ne sera point remis; *i. e.* ne sera remis que très-difficilement. Apoc. 13. v. 5. 6. c. 17. 3. *Vidi mulierem sedentem super bestiam coccineam plenam nominibus blasphemiæ :* L'Antechrist, marqué par la bête, se fera rendre des honneurs qui ne sont dus qu'à Dieu, et portera des titres qui le feront reconnaître, comme s'il était Dieu même.

2° Médisance, calomnie, opprobre, qui ternit la réputation du prochain; discours qui marque le désir qu'on a que quelque mal lui arrive. Jud. v. 9. *Non est ausus judicium inferre blasphemiæ ;* L'archange Michel n'osa condamner le diable avec exécration, en lui disant : Retire-toi, maudit Satan, ou usant d'autres termes injurieux. Is. 43. 28. c. 51. 7. Ezech. 5. 15. Sophon. 2. 8. 2. Mach. 10. 35. c. 15. 24. Matth. 15. 19. Marc. 7. 22. Ephes. 4. 31. Coloss. 3. 8. 1. Tim. 6. 4.

BLASPHEMUS I. βλάσφημος. Ce nom, qui est grec, et qui vient de la même racine que *blasphemare*, signifie : 1° Médisant. 2. Tim. 3. 2. *Erunt homines seipsos amantes.... blasphemi :* Dans les derniers jours il y aura des hommes amoureux d'eux-mêmes..... médisants. 2° Blasphémateur, qui maudit le nom de Dieu, qui fait ou dit quelque chose contre le culte et l'honneur dû au vrai Dieu (καταρώμενος). Levit. 24. 14. *Educ blasphemum extra castra :* Faites sortir hors du camp ce blasphémateur. Voy. v. 10. 11. 2. Mach. 9. 28. c. 10. 4. ainsi, 1. Tim. 1. 13. *Qui prius blasphemus fui :* Avant que Jésus-Christ m'eût établi dans son ministère, j'étais un blasphémateur, dit saint Paul.

BLASTUS, I. Gr. *Germinans*. Chambellan d'Hérode Agrippa. Act. 12. 20.

BOANERGES, Hebr. *Filii tonitrui.* Les deux saints, Jacques, fils de Zébédée, et Jean, frère de saint Jacques, furent appelés de ce nom par Notre-Seigneur. *Boanerges*, mot hébreu corrompu, pour *bene, regesch ; bene, filii, regesch, strepitus :* ou plutôt, *bene recem.* Il signifie, enfants du tonnerre ; *i. e.* tonnants, pour marquer qu'ils étonneraient les hommes par la force de leur prédication. Marc. 3. 17. *Imposuit eis nomina, Boanerges ; i. e. filii tonitrui.*

BOCCI, Hebr. *Vacuus.* — 1° Fils de Jogli, de la tribu de Dan. Num. 34. 21. Il fut commis de la part de sa tribu pour faire le partage des terres aux Israélites. — 2° Fils d'Abisué, souverain pontife, de la race d'Eléazar : il fut père d'Ozi. 1. Par. 6. v. 5. 51. 1. Esdr. 7. 4.

BOCCIAU, Heb. *Evacuatio.* Fils d'Héman ; il jouait de la harpe devant l'arche. 1. Par. 25. v. 4. 13.

BOCHRI, Hebr. *Primogenitus.* Père du séditieux Séba. 2. Reg. 20. v. 1. 2. 6. etc.

BOCHRU. Hebr. *Idem.* Second fils d'Asel, de la tribu de Benjamin. 1. Par. 8. 38. c. 9. 44.

BOEN, Hebr. *Pollex.* Nom de lieu sur les confins de la tribu de Juda et de Benjamin, appelé *Lapis Boen, filii Ruben;* Hebr. *Aben Bohan, filii Ruben.* Jos. 15. 6. c. 18. 18. Il paraît que ce lieu a été appelé de la sorte, parce qu'il y est arrivé quelque chose de remarquable à un descendant de Ruben, nommé *Boën.*

BOLIS, IDIS. Du verbe grec βάλλειν, *jacere*, jeter, et signifie :

Sonde d'un vaisseau, plomb dont les matelots se servent pour sonder le fond de la mer. Act. 27. 28. *Qui et summittentes bolidem, invenerunt passus viginti :* Les matelots la quatorzième nuit que dura la tempête, ayant jeté la sonde, βολίσαντες, trouvèrent vingt brasses d'eau.

BONI, Hebr. *Filius meus.* Fils de Somer, et père d'Amasaï, lévite de la famille de Mérari. 1. Par. 6. 46.

BONIPORTUS, Gr. καλοὶ λιμένες. Bon port sur la côte de l'île de Crète. Act. 27. 8.

BONITAS, ATIS. χρηστότης. — 1° Bonté, inclination à bien faire. Ps. 24. 8. *Memento mei tu, propter bonitatem tuam, Domine :* Souvenez-vous de moi, Seigneur, à cause de votre bonté. 2. Esdr. 9. 26. Gal. 5. 22. Ephes. 2. 7. etc. Ainsi, Rom. 2. 4. c. 11. 22. *Vide... in eos quidem qui ceciderunt, severitatem, in te autem bonitatem Dei :* Considérez la sévérité de Dieu envers ceux qui sont tombés, et sa bonté envers vous, dit saint Paul, comparant les Juifs retranchés avec les gentils qui ont reçu la foi.

2° Le bien, ce qui est bon à faire. Ps. 36. 3. *Spera in Domino, et fac bonitatem* · Mettez votre espérance dans le Seigneur, et faites le bien. Ps. 37. 21.

3° Biens, bienfaits de Dieu. Ps. 103. 28. *Aperiente... te manum tuam, omnia implebuntur bonitate* : Lorsque vous ouvrirez votre main, les animaux seront tous remplis de votre bonté. Ps. 105. 5. *Ad videndum in bonitate electorum tuorum* : Visitez-nous, afin que nous nous voyions comblés des biens de vos élus : ces biens sont la possession de la terre promise aux Juifs ; figure de l'Eglise et du ciel. Ps. 118. 65. *Bonitatem fecisti cum servo tuo*, pour *bonum* ou *bene*, Hebr. tob. Vous avez usé de miséricorde envers votre serviteur.

4° Docilité, simplicité, soumission d'esprit (ἀγαθόν). 1. Esdr. 8. 22. *Manus Dei nostri est super omnes qui quærunt eum in bonitate:* La main favorable de notre Dieu est sur tous ceux qui le cherchent sincèrement. Sap. 1. 1. *Sentite de Domino in bonitate*, pour *bene*, ou selon d'autres, *recte sentite* : Ayez de Dieu des sentiments vrais et orthodoxes, dignes de lui.

5° Sincérité, fermeté dans l'amitié (καλλονή). Eccli. 6. 15. *Non est digna ponderatio auri et argenti contra bonitatem fidei illius* : L'or et l'argent ne méritent pas d'être mis en balance avec la sincérité de la foi d'un ami.

BONNI, Hebr. *Ædificans me.* — 1° Un des trente braves de l'armée de David, natif de Gadi. 2. Reg. 23. 36. — 2° Le père d'Omraï, descendant de Pharès. 1. Par. 9. 4. — 3° Un lévite considérable. 2. Esdr. 9. 4.

BONUM, I. ἀγαθόν. — 1° Bien, soit temporel, soit spirituel. Ps. 15. 2. *Bonorum meorum non eges* : Vous êtes mon Dieu ; car vous n'avez aucun besoin de mes biens. 2. Esd. 9. 36. Prov. 13. 21. *Justis retribuentur bona* : Les biens seront la récompense des justes ; dès ce monde, ce qui s'entend des consolations que Dieu leur donne au milieu des plus grands maux ; et dans l'autre, la jouissance de Dieu même. Ps. 24. 13. Ps. 33. 11. Eccl. 4. 8. Sap. 4. 12.

2° Le bien, les bonnes actions, les bonnes œuvres. Ps. 33. 15. *Diverte a malo, et fac bonum* : Détournez-vous du mal, et faites le bien. 2. Cor. 8. 21. Gal. 4. 18. Prov. 11. 23. Ose. 14. 3. *Accipe bonum* : Recevez nos bonnes œuvres, nos vœux et nos prières, Gr. ἀγαθὰ, Hebr. tob. *bonum.*

3° Délices, joie, plaisirs. Job. 21. 13. *Ducunt in bonis dies suos* : Les enfants des impies passent leurs jours dans les plaisirs. Eccl. 2. v. 1. 24. Luc. 16. 25.

4° Bienfait, faveur que l'on fait. Eccli. 18. 15. *In bonis non des querelam* : Ne mêlez point les reproches au bien que vous faites. c. 20. 17. *Fatuo non erit amicus, et non erit gratia bonis illius* : L'insensé n'aura point d'ami, et le bien qu'il fait ne sera point agréé.

Omne bonum. Le plus grand bien dont l'homme soit capable en cette vie. Exod. 33. 19. *Ostendam omne bonum tibi* : Je vous ferai voir toute sorte de biens : Dieu parle de cette gloire extérieure qu'il fit voir à Moïse, avec une connaissance des attributs de Dieu qu'il reçut.

Bonum et malum. — 1° Toute sorte de bien et de mal, soit physique soit moral. Deut. 1. 39. *Qui hodie boni et mali ignorant distantiam* : Vos enfants qui ne savent pas encore discerner le bien et le mal, seront ceux qui entreront dans la terre promise. Isa. 7. v. 15. 16. Quelque-uns expliquent en ce sens, Gen. 2. 17. *Lignum scientiæ boni et mali* : Un fruit qui donnait la connaissance de toutes choses ; mais il s'entend plutôt du bien et du mal que nos premiers pères devaient éprouver ; le bien, s'ils ne touchaient point à ce fruit ; le mal, s'ils y touchaient. — 2° Les bonnes et les mauvaises actions. *Odientes malum, adhærentes bono* : Ayez le mal en horreur, et attachez-vous fortement au bien. 2. Cor. 5. 10. Mais *bonum et malum*, peut porter aussi quelquefois d'autres significations : ce qui ne se peut reconnaître que par la suite du discours, comme Hebr. 5. 14. *Ad discretionem boni et mali* : L'Apôtre parle de la bonne et de la mauvaise doctrine.

In bonum. Marque un sort heureux et favorable. Ps. 85. 16. *Fac mecum signum in bonum* : Faites éclater quelque signe en ma faveur. 2. Esdr. 13. 31. Ps. 118. 122. *Suscipe servum tuum in bonum* : Affermissez votre serviteur dans le bien. Jerem. 15. 11. *Si non reliquiæ tuæ in bonum* : Je jure que le reste de votre vie sera heureux : ce que Dieu promet ici aux Juifs avec serment, après qu'il les aurait punis par Sennachérib.

BONUS, A, UM. ἀγαθὸς, καλὸς, de l'ancien mot *benus*, qui signifie la même chose, et signifie :

1° Essentiellement bon, qualité qui n'appartient qu'à Dieu, qui est la source de tout bien. Matth. 19. 7. *Quid me interrogas de bono ? unus est bonus Deus* : Pourquoi m'appelez-vous bon ? il n'y a que Dieu seul qui soit bon, dit Jésus-Christ.

2° Bon, d'une bonté métaphysique, de laquelle sont bonnes toutes les choses qui ont leur essence et leurs propriétés essentielles, telles qu'il a plu à Dieu leur donner pour les usages pour lesquels il les a créées : en ce sens toutes les créatures sont bonnes. Gen. 1. 4. *Viditque Deus cuncta quæ fecerat, et erant valde bona.* 1. Tim. 4. 4. *Omnis creatura Dei bona est* : Toute créature de Dieu est bonne. Grec καλόν.

3° Bon, d'une bonté morale et spirituelle, vertueux, bien réglé selon la loi de Dieu κρείσσων. Prov. 12. 2. *Qui bonus est, hauriet gratiam a Domino* : Celui qui est bon, puisera la grâce du Seigneur. 1. Thess. 5. 15. *Semper quod bonum est sectamini in invicem et in omnes:* Soyez toujours prêts à faire du bien et à vos frères, et à tout le monde, v. 21. Luc. 8. 15. Tit. 2. 10. Ps. 124. 4. Matth. 22. 10. etc.

4° Juste, raisonnable, honnête. Prov. 17. 26. *Non est bonum damnum inferre justo* : Il n'est pas bon de faire tort au juste, c. 18. 5. c. 24. 23. Zach. 11. 12. Matth. 15. 26. Rom. 12. 2. *Quæ sit voluntas Dei bona* : Qu'il fasse en vous une transformation par le renouvellement de votre esprit, afin que vous reconnaissiez quelle est la volonté de Dieu : ce qui est bon. 1. Tim. 2. 3. 4. Reg. 20. 19. *Bonus sermo Domini quem locutus est*: La parole du Seigneur que vous m'avez annoncée, est une parole juste, répond Ezéchias à Isaïe, qui lui avait annoncé que tous ses trésors et ses enfants seraient transportés à Babylone. 3. Reg. 2. v. 38. 42. c. 3. 9. Sap. 3. 15. Eccli. 3. 31. *Auris bona audiet cum omni concupiscentia sapientiam* : L'oreille de l'homme de bien écoutera la sagesse avec ardeur. Rom. 7. v. 12. 13.

5° Excellent, louable, exquis. Joan. 1. 46. *A Nazareth potest aliquid boni esse* ? Peut-il venir quelque chose de bon de Nazareth ? dit Nathanael à saint Philippe, au sujet de Jésus-Christ. 4. Reg. 8. 9. 2. Cor. 6. 8. Gal. 4. 18. Philipp. 4. 8. 1. Tim. 1. 18. 2. Tim. 1. 14. c. 4. 7. Jac. 2. 7. *Blasphematur bonum nomen quod invocatum est super nos* : Ne sont-ce pas les riches qui blasphèment le saint nom, d'où vous avez tiré le vôtre? d'où vient *bona terra*, terre de grand rapport. Exod. 3. 8. Num. 13. 20. c. 14. 7. Deut. 1. v. 25. 35. c. 8. 7. Matth. 13. v. 8. 23. *Qui in terram bonam seminatus est, hic est qui audit verbum, et intelligit, et fructum affert* : Ce qui est semé dans la bonne terre, marque celui qui écoute la parole de Dieu, qui y fait attention, et qui porte du fruit. 2° *Pastor bonus*. Joan. 10. v. 11. 14. *Ego sum Pastor bonus*. Je suis le bon Pasteur, dit Jésus-Christ. 3° *Servus bonus*. Matth. 25. 21. *Euge, serve bone et fidelis* : O bon et fidèle Serviteur. 4° *Bonum verbum* : La sainte parole de Dieu, ainsi, Sap. 8. 18. Eccli. 26. 3.

6° Beau, bien fait. 1. Reg. 9. 2. *Et erat ei filius vocabulo Saul, electus et bonus, etc. non erat vir de viris Israel melior illo* : Saül était parfaitement bien fait, et de tous les enfants d'Israël, il n'y en avait point de mieux fait. Hebr. tob. et Gr. καλὸς, signifiue bon et beau. Voy. Gen. 6. 2. c. 24. 16. Exod. 2. 2. Judic. 15. 2. Nahum. 3. 4. Esth. 1. 11.

7° Solide, inébranlable. 1. Tim. 6. 19. (*Divitibus hujus sœculi præcipe*) *thesaurizare sibi fundamentum bonum in futurum* : Donnez pour maxime aux riches de se faire un trésor et un fondement solide pour l'avenir; ce fondement est les aumônes et les bonnes œuvres. 1. Thess. 3. 6. 2. Thess. 2. 16. Sap. 12. 21. Eccli. 6. 12.

8° Bon, utile, commode, profitable. Gen. 2. 18. *Non est bonum hominem esse solum* : Il n'est pas bon que l'homme soit seul, faisons lui un aide semblable à lui. 4. Reg. 10. v. 3. 2. Esdr. 9. 36. Matth. 18. v. 8. 9. c. 26. 24. Matth. 17. 4. *Bonum est nos hic esse* : Nous sommes bien ici, dit saint Pierre à Jésus-Christ au moment de sa transfiguration. 1. Cor. 7. v. 1. 2. 2. Cor. 2. 15. Marc. 9. 49. *Bonum est sal*: Le sel est bon. Luc. 5. 39. *Vetus melius est*; Gr. χρηστότερος, *utilius et magis salubre*. Exod. 3. 8. *Educam de terra illa in terram bonam* : Je ferai passer mon peuple de cette terre en une bonne, dit Dieu à Moïse, touchant les Israélites, que Dieu promet de faire sortir de la captivité d'Egypte, pour les faire entrer dans la terre promise. Num. 13. 20. Deut. 1. 25. c. 8. 7. Matth. 13. v. 8. 23. Ainsi, Ose. 8. 3. *Projecit Israel bonum* : Israël a rejeté son souverain bien. Gr. ἀγαθὰ, ses biens, ses avantages.

9° Courageux, résolu, assuré; d'où vient : *Bono animo esse*, εὐθυμεῖν. — 1° Avoir bon courage, avoir de la confiance. Act. 24. 10. *Bono animo pro me satisfaciam* : J'entreprendrai, plein de confiance, de me justifier devant vous, dit saint Paul, se défendant devant Félix. c. 27. v. 22. 25. — 2° Avoir bon courage, avoir du plaisir à faire quelque chose, la faire avec inclination et avec cœur, et non à regret. Eccli. 35. 10. *Bono animo gloriam redde Deo* : Rendez gloire à Dieu de bon cœur. Ainsi, v. 12. *In bono oculo adinventionem facito manuum tuarum*; i. e. *liberali animo et læto* : Faites à Dieu votre offrande de bon cœur, à proportion de ce que vous avez entre les mains.

10° Bien affectionné, bienfaisant, libéral, obligeant. Rom. 5. 7. *Pro bono forsitan quis audeat mori* : Peut-être que quelqu'un aurait la force de mourir pour un homme de qui il aurait reçu quelque bienfait, ou pour son bienfaiteur; selon d'autres, pour un homme de bien, vertueux. Matt. 20. 15. *An oculus tuus nequam est, quia ego bonus sum* : Votre œil est-il mauvais parce que je suis bon, dit le maître de la vigne à l'un des vignerons qui étaient venus travailler des premiers, qui murmuraient de ce qu'il donnait un égal salaire aux derniers comme aux premiers. Ps. 118. 67. *Bonus es tu* : Vous êtes bon, Seigneur, 1. Petr. 2. 18. 1. Reg. 20. 12. c. 25. 15. 1. Esdr. 7. 9. Eccli. 14, 5. *Qui sibi nequam est, cui alii bonus erit* ? A qui sera bon celui qui est mauvais à lui-même ? Sap. 19. 13. 1. Thess. 5. 15.

Voluntas bona, εὐδοκία. Bonne volonté, bonté qu'on a envers quelqu'un. Ps. 5. 13 *Scuto bonæ voluntatis tuæ coronasti nos* Vous nous avez protégés par votre bienveillance comme avec un bouclier : *Scuto bonæ voluntatis*, pour *bona voluntate*. Luc. 2. 14. *Gloria in altissimis Deo, et in terra pax hominibus bonæ voluntatis* ! i. e. *benevolentia Dei affectis*; Gr. *in quibus est bona voluntas Dei* : Gloire à Dieu au plus haut des cieux, et paix sur la terre aux hommes de bonne volonté ! cette bonne volonté, selon le texte original, s'entend de la bonne volonté de Dieu envers les hommes. Voy. VOLUNTAS.

11° Doux, agréable, délicieux, qui plaît Gen. 3. 6. *Vidit mulier quod bonum esset lignum ad vescendum* : La femme considéra que le fruit de cet arbre était bon à manger. c. 49. 15. 2. Reg. 11. 12. c. 18. 22. 3. Reg. 1. 42. 4. Reg. 7. 9. Sap. 19. 20. Jos. 9. 25. *Quod tibi bonum et rectum videtur, fac nobis* : Faites de nous tout ce que vous jugerez bon, disent les habitants de Gabaon, qui par leur adresse avaient obtenu de Josué qu'on leur sauverait la vie. Ainsi,

Bonum esse in oculis, in conspectu alicujus. Etre agréable à quelqu'un. 1. Reg. 29. 6. *Rectus es tu et bonus in conspectu meo* : Je ne trouve en vous qu'une sincérité et une fidélité tout entière, que j'approuve fort. v. 9. *Scio quia bonus es in oculis meis sicut Angelus Dei* : Il est vrai que, pour moi, je vous estime comme un ange de Dieu, dit Achis à David. Eccl. 2. 26. *Homini bono in conspectu suo dedit Deus sapientiam* : Dieu a donné à l'homme qui lui est agréable la sagesse. Malach. 2. 17. *Omnis qui facit malum, bonus est in conspectu Domini, et tales ei placent* : Tous ceux qui font le mal passent pour bons aux yeux du Seigneur, et ces personnes lui sont agréables, disaient les Juifs, et en quoi Dieu témoigne qu'ils l'avaient fait souffrir par ces discours. Ps. 31. 9.

12° Entier, parfait, à quoi rien ne manque. Luc. 6. 38. *Mensuram bonam et confertam et coagitatam et supereffluentem dabunt in sinum vestrum* : Donnez, et il vous sera donné ; on vous versera dans le sein une bonne mesure. Gen. 15. 15. *Ibis ad patres tuos in pace sepultus in senectute bona* : Vous irez en paix avec vos pères dans une heureuse vieillesse, dit Dieu à Abraham : la vieillesse, dans ce passage, comme dans les suivants, est appelée *bonne et heureuse* ; soit par rapport au grand âge, soit par rapport à la vertu de la personne, soit par rapport à l'un et à l'autre. c. 25. 8. 1. Par. 29. 28. Tob. 14. 15.

13° Heureux, favorable, qui donne de la joie, content (ἀγαθός). Eccli. 14. 14. *Non defrauderis a die bono, et particula boni doni non te prætereat* : Ne vous privez pas des avantages du jour heureux, et ne laissez perdre aucune partie du bien que Dieu vous donne ; *i. e.* Que l'avarice ne vous porte pas à vous priver des plaisirs honnêtes : par ce jour heureux, peut s'entendre aussi l'occasion de faire du bien. Sap. 12. 19. Eccli. 13. v. 31. 32. c. 26. 4. c. 35. v. 10. 12. De là vient :

Bonum verbum, nouvelle, ou promesse favorable. Hebr. 6. 5. *Qui gustaverunt nihilominus bonum Dei verbum* : Ceux qui se sont nourris de la sainte parole de Dieu, qui promet la vie éternelle. Zach. 1. 13. 3. Reg. 14. 13. *Inventus est super eo sermo bonus a Domino* : L'arrêt du Seigneur Dieu d'Israël, touchant la maison de Jéroboam, s'est trouvé favorable pour Abia : il ne devait y avoir que lui de toute la famille de Jéroboam qui, après sa mort, dût être enseveli. Voyez-en la cause, v. 9. Jerem. 29. 10. c. 33. 14. Ps. 44. 2. Ainsi, *Videre dies bonos* : Goûter des jours heureux, vivre heureux. Ps. 33. 13. *Quis diligit dies videre bonos?* Qui est l'homme qui désire de voir des jours comblés de bien ? le prophète en marque les moyens dans les v. suivants. Voy. VERBUM. De là vient cette phrase de signification contraire :

Non bonus. Dur, sévère, Ezech. 20. 25. *Ego dedi eis præcepta non bona* : J'ai donné aux Israélites des préceptes durs, sévères et difficiles à observer ; outre le Décalogue, cette quantité de préceptes, et toutes les cérémonies de la loi.

14° Honorable, magnifique, accompagné de merveilles. Sap. 18. 3. *Solem sine læsura boni hospitii præstitisti*. Voy. HOSPITIUM.

BOOZ, Hebr. *In fortitudine*. — 1° Fils de Salmon et de Rahab, bisaïeul de David, qui épousa Ruth. Matt. 1. 5. *Salmon genuit Booz de Rahab ; Booz autem genuit Obed ex Ruth* : Salmon engendra Booz de Rahab, Booz engendra Obed de Ruth : l'histoire de Booz est rapportée dans le livre de Ruth.

Quelques auteurs croient que Booz, fils de Salmon, n'a pas pu être père d'Obed ; mais qu'il y en a eu trois de même nom, de père en fils, dont le dernier, petit-fils de Salmon, a épousé Ruth, et en a eu Obed : ils se fondent sur ce que dans la supputation des années, depuis l'entrée dans la terre promise jusqu'à la naissance de David, il y a eu 366 ans d'intervalle, qui ne peuvent pas se trouver dans ces quatre hommes, Salmon, Booz, Obed et Jessé ; à moins qu'on ne veuille dire que ces trois derniers ont eu leurs enfants à cent ans ; ce qui n'est pas néanmoins incroyable ; d'autant que cela était assez commun en ce temps-là, où les hommes vivaient plus longtemps et étaient plus robustes qu'ils ne le sont à présent.

2° Le nom que Salomon donna à la colonne qu'il mit à gauche à l'entrée du temple. 3. Reg. 7. 21. *Erexit columnam secundam et vocavit nomen ejus Booz* ; Hebr. *in ipso (est) fortitudo*. Ce nom fut donné à cette colonne parce qu'elle était forte et bien fondée ; ce qui était une prédiction de la force et de la fermeté que le vrai Salomon donnerait à son Eglise. 2. Par. 3. 17. V. JACHIN. Ces deux colonnes avaient dix-huit coudées de hauteur et douze de circonférence, et un chapiteau de cinq coudées de haut avec une couronne composée de deux cents grenades.

BOREAS. Du grec βορά, *cibus, pabulum* ; soit parce que dans les pays du nord, d'où souffle le vent, la nourriture y est abondante ; soit parce que ce vent excite l'appétit, et fait qu'on mange davantage, et signifie proprement le vent de nord-est ; dans l'Ecriture :

Le nord, la partie septentrionale. Num. 8. 2. *Præcipe ut lucernæ contra Boream e regione respiciant ad mensam panum propositionis* : Ayez soin que les lampes, posées du côté opposé au septentrion, regardent en face de la table des pains exposés devant le Seigneur.

BORITH, Hebr. Ce mot hébreu signifie proprement *savon*, ou herbe appelée *saponaria*, qui sert à nettoyer, comme le savon. Jerem. 2. 22. *Si laveris te nitro, et multiplicaveris tibi herbam borith, maculata es* : Quand vous vous laveriez avec du nitre, et que vous vous purifieriez avec une grande abondance d'herbe de Borith, vous demeurerez toujours souillée devant moi, dit le Seigneur : le prophète, par cette figure, fait voir que la loi et les cérémonies ne pouvaient justifier. Cette herbe est appelée *herba fullonum*, l'herbe dont les foulons se servent pour nettoyer les étoffes. Malach. 3. 2.

BOS, BOVIS. Du Grec βοῦς, et signifie, Bœuf ou vache. Deut. 25. 4. *Non ligabis os bovis terentis in area fruges tuas* : Vous ne lierez point la bouche du bœuf, qui brise votre blé dans l'aire : selon saint Paul, cette loi n'était que pour figurer le droit qu'ont les ministres de l'Evangile d'exiger leurs besoins temporels des fidèles, à qui ils font part des biens spirituels, par le travail de leurs prédications. Voy. 1. Cor. 9. 9. où, après avoir cité cette loi, il ajoute : *Numquid de bobus cura est Deo?* Dieu se met-il en peine de ce qui regarde les bœufs, plutôt que de ce qui regarde les hommes?

1° Les bœufs d'airain que Salomon fit faire pour poser la mer de fonte. 3. Reg. 7. 25. *Et stabat super duodecim boves* : Elle était appuyée sur douze bœufs. v. 29. 44. 4. Reg. 16. 17. 2. Par. 4. v. 3. 4. 15.

2° Une personne d'humeur douce et accommodante, à quoi est opposé *leo*, pour marquer un homme fier et cruel. Isa. 11. 7. c. 65. 25. *Leo quasi bos comedet:* Les Gentils, qui sont fiers et cruels comme des lions, seront unis, au temps du Messie, avec les fidèles dans l'Eglise après leur conversion à l'Evangile.

BOSES, Heb. *Cœnum.* Le nom du roc sur lequel Jonathas grimpa lorsqu'il alla attaquer le camp des Philistins avec son écuyer. 1. Reg. 14. 4. près de Gabaa, dans la tribu de Benjamin.

BOSOR, Heb. *Munitio.* — 1° Père de Balaam, qui s'appelait aussi *Beor*, 2. Petr. 2. 15. *Erraverunt secuti viam Balaam ex Bosor:* Ils se sont égarés en suivant la voie de Balaam, fils de Bosor ; Gr. τοῦ βοσόρ. On croit que Bosor s'est glissé pour Beor. — 2° Ville de la tribu de Ruben, une des villes de refuge. Deut. 4. 43. *Bosor in solitudine quæ sita est in terra campestri de tribu Ruben.* Jos. 20. 8. c. 21. 36. etc. — 3° Fils de Supha, descendant d'Aser. 1. Par. 7. 37.

BOSPHORUS, I. Gr. Βόσπορος, sans aspiration. Du mot Grec βοῦς, *bos*, et de πορεία, *transitus:* c'est un détroit appelé de la sorte, parce qu'un bœuf pouvait y passer à gué. Plin. l. 6. c. 1.

Bosphore, détroit de mer : il y a deux bras de mer de ce nom, l'un appelé *le Bosphore de Thrace*, ou *le détroit de Constantinople*, lequel fait la séparation de l'Europe et de l'Asie ; l'autre est le détroit par lequel le Pont-Euxin se décharge dans les Palus-Méotides, et s'appelle *le Bosphore Cimmérien.* Abd. v. 20. *Transmigratio Jerusalem quæ in Bosphoro est, possidebit civitates Austri:* Ceux qui avaient été emmenés de Jérusalem jusqu'au Bosphore, se rendront maîtres des villes du Midi : on doute ce que signifie ce mot en cet endroit : l'Hébreu porte *Bispharad;* c'est-à-dire, *in Sepharad;* d'où semble venir le mot de Bosphore. Les Septante ont traduit *usque Ephrata;* l'Arabe, *usque ad Ephratam:* Le Chaldéen et le Syriaque, *in Hispania.* Cette diversité d'interprétations nous fait voir que les noms de pays dans l'Hébreu sont souvent fort obscurs : quoi qu'il en soit, le prophète marque en cet endroit la conversion de quelques peuples par les Apôtres, ou par les autres fidèles, que la persécution avait fait répandre de tous côtés.

BOSRA, Heb. *Munitio.* —1° Ville capitale de l'Idumée. Is. 63. 1. *Quis est iste qui venit de Edom, et tinctis vestibus de Bosra?* Qui est celui-ci qui vient d'Edom, qui vient de Bosra, avec sa robe teinte de rouge? Le Prophète, ou l'Eglise admire que Jésus-Christ paraisse, avec une robe teinte de sang, venir de l'Idumée, où étaient les plus grands ennemis des Juifs, pour marquer ses victoires contre ses ennemis spirituels. Voy. INDUMENTA. Amos. 1. 12. *Mittam ignem in Theman; et devorabit ædes Bosræ:* Je mettrai le feu dans Theman, et il réduira en cendres les maisons de Bosra. Ces deux villes étaient les capitales de l'Idumée. Gen. 36. 33. etc.

2° Ville des Moabites. Jer. 48. 24. *(Judicium veniet) super Carioth et super Bosra, et super omnes civitates terræ Moab:* Le jugement de Dieu est tombé sur Carioth, sur Bosra, et sur toutes les villes de Moab. Elle est appelée *Bosor.* Jos. 21. 36.

BOSRAM, Heb. *Beesthera, In grege ejus* Ville de la tribu de Manassé qui fut donnée aux Lévites. Jos. 21. 27. *Filiis quoque Gerson dedit de dimidia tribu Manasse, Gaulon in Basan, et Bosram.* Elle est appelée *Astharoth.* 1. Par. 6. 71. Voy. ASTHAROTH.

BOTRUS, I. βότρυς. Ce nom est tout grec, et signifie,

Raisin, grappe de raisin ; d'où vient cette phrase :

Torrens botri ou *Vallis botri;* Heb. Nehel-Escol. Le torrent ou la vallée de la grappe de raisin. Nom du lieu où arrivèrent les douze députés pour considérer la terre promise. Num. 13. 24. *Per gentesque usque ad torrentem botri, absciderunt palmitem cum uva sua:* Les douze princes des Israélites que Moïse envoya pour considérer la terre promise, étant allés jusqu'au torrent de Botri, ils coupèrent une branche de vigne avec sa grappe de raisin, v. 25. Deut. 1. 24. *Veneruntque usque ad vallem botri:* Les douze princes des Israélites, un de chaque tribu, vinrent jusqu'à la vallée de la grappe de raisin. sc. pour juger de la bonté de la terre promise, par les fruits : Ce lieu est ici appelé de la sorte par anticipation, parce que depuis qu'on en eut apporté une grosse grappe de raisin, il fut nommé *le Torrent*, ou *la Vallée du raisin.* Voy. TORRENS.

1° Les méchants et les impies. Apoc. 14. 18. *Mitte falcem tuam acutam, et vindemia botros vineæ terræ:* Jetez votre faux tranchante, et coupez les grappes de la vigne de la terre, parce que les raisins en sont mûrs : Les méchants sont appelés de la sorte, ou parce qu'ils s'enivrent de la douceur des plaisirs de ce monde, ou plutôt parce qu'ils seront exterminés, comme les raisins sont écrasés.

2° Les méchantes actions, les péchés des méchants et des impies. Deut. 32. 32. *Uva eorum, uva fellis, et botri amarissimi:* Les raisins des méchants et des idolâtres sont des raisins de fiel, qui donnent la mort par leur amertume. Voy. UVA.

3° Les gens de bien, les personnes vertueuses. Mich. 7. 1. *Non est botrus ad comedendum.... periit sanctus de terra:* Je ne trouve pas à manger une seule grappe....on ne trouve plus de saints sur la terre.

BRACCÆ, ARUM, σαράβαρα. Ce mot vient de βραχύς, *braies*, parce que c'était un habillement dont usaient les anciens Gaulois, les Scythes et autres nations non encore sujettes aux Romains, qui était court, et par là distingué de la tunique et de la toge romaine, qui descendait jusqu'aux pieds : ce qui fait dire à Martial, *Dimidiasque nates Gallica bracca regit* : Cet habillement était en usage surtout dans la Gaule Narbonnaise, qui, pour cela, a été appelée *Gallia Braccata*; et signifie :

Braies, haut-de-chausses. Dan. 3. 21. *Et confestim viri illi vincti braccis suis.... missi sunt in medium fornacis ignis ardentis* : En même temps que Nabuchodonosor eut donné son ordre, Sidrach, Misach et Abdenago furent liés et jetés au milieu des flammes de la fournaise avec leurs habits.

BRACHIALE, IS. χλιδών, Bracelet. Eccli. 21. 24. *Ornamentum aureum prudenti doctrina, et quasi brachiale in brachio dextro* : La science est à l'homme prudent un ornement d'or, et comme un bracelet à son bras droit. Grec. χλιδών de χλίειν, *deliciis frangere*.

BRACHIOLUM, I. Ἀγκών. Proprement, petit bras; dans l'Écriture :

Bras, ou plutôt ce qui sert d'appui pour les bras, et qui a la forme de bras. 2. Par. 9. 18. *Brachiola duo altrinsecus, et duos leones stantes juxta brachiola* : Salomon avait fait faire à son trône deux appuis en forme de bras. Ce mot *brachiolum* est changé en *manus*. 3. Reg. 10. 19.

BRACHIUM, βραχίων. Ce nom, qui est Grec, est dérivé de βραχύ, *breve*, parce que l'os qui est entre les jointures de l'épaule et du coude, et duquel le bras prend son nom, est plus court que l'os de la cuisse qui lui répond ; et signifie,

1° Bras. Gen. 49. 24. *Dissoluta sunt vincula brachiorum et manuum illius per manus Potentis* : Les chaînes des mains et des bras de Joseph ont été rompues par la main du Tout-Puissant. Jacob reconnaît que Joseph a été tiré de la prison par un effet de la toute-puissance et de la Providence de Dieu. Prov. 31. 17. *Roboravit brachium* : La femme forte a affermi son bras, *sc.* par le travail. 2. Reg. 1. 10. c. 22. 35. P. 17. 35 Eccli. 38. 33.

2° Force, puissance, soutien, secours, protection. Deut. 33. 20. *Quasi leo requievit, cepitque brachium et verticem* : Gad s'est reposé comme un lion, il a saisi le bras et la tête de sa proie. Cette tribu a surmonté la force de ses ennemis, comme il se voit accompli. 1. Par. 5. v. 19. 20. 21. 22. Ps. 43. 4. *Brachium eorum non salvavit eos* : Ce n'a pas été le bras et la propre force du peuple d'Israël qui les a sauvés de leurs ennemis ; *sed dextera tua, et brachium tuum*; mais ç'a été la droite, et le bras tout-puissant de Dieu. Ezech. 17. 9. *Nonne radices ejus evellet.... et non in brachio grandi, neque in populo multo* : Ce premier aigle n'arrachera-t-il pas les racines de cette vigne ; cet aigle figurait **Nabuchodonosor** qui ruina tout le royaume de Judée, sous le règne de Sédécias, figuré par cette vigne. v. 4. Reg. 25. Jerem. 17. 5 *Maledictus homo qui confidit in homine, et ponit carnem brachium suum* : Maudit est l'homme qui met sa confiance en l'homme, qui se fait un bras de chair, qui attribue ce qu'il fait de bien à sa propre vertu, qui s'appuie sur ses propres forces, ou sur celles d'autrui. Dan. 11. 22. *Brachia pugnantis expugnabuntur a facie ejus et conterentur : insuper et dux fœderis* : Un prince combattant contre Antiochus Epiphanes, fuira devant lui, et ses grandes forces seront détruites ; cela s'entend des forces de l'Egypte, qui tâcheront d'arrêter Antiochus, qui, sous prétexte de la tutelle de son neveu Ptolémée-Philométor, qu'on lui refusa, ravagea l'Egypte jusqu'aux portes d'Alexandrie : Ce chef de l'alliance pourrait être le même Philométor qui peut-être avait demandé le premier l'alliance d'Antiochus (Voy. DUX), mais ce prince le trompa, et étant entré dans son pays, s'enrichit des dépouilles de l'Egypte, qu'il distribua à ses soldats. Cependant Ptolémée Philométor, ayant assemblé de grandes troupes, marcha contre lui ; mais il ne put réussir, parce que ses confidents, qu'il admettait à sa table, corrompus par Antiochus, le trahirent : Ptolémée Philométor ayant été défait par Antiochus, fit la paix avec lui, et le traita magnifiquement à Memphis, où ces deux princes se firent des protestations mutuelles d'amitié, mais ils ne cherchaient qu'à se détruire l'un l'autre, ce fut néanmoins sans effet, parce que le temps marqué par la Providence pour la ruine de ces royaumes n'était pas encore arrivé. Dan. 11. v. 22. 23. 24. 25. 26. v. 31. *Brachia ex eo stabunt* : Des hommes puissants soutiendront son parti. Job. 22. 8. Ezech. 22. 6. Ainsi, c. 31. 17. *Brachium uniuscujusque sedebit sub umbraculo ejus in medio nationum* : Chacun d'eux qui lui avait servi de bras et d'appui sera assis sous son ombre ; au milieu des nations; autr. chacun d'eux, *i. e.* des princes de toutes les nations ont abaissé leur puissance sous lui, en se mettant sous sa protection et sous son ombre. Le prophète prédit que tous les princes qui servaient comme d'appui à Pharaon, et qui s'étaient mis sous sa protection, tomberaient et périraient avec lui. Dan. 11. v. 6. 15. 22. 31. Isa. 48. 14. *Dominus dilexit eum, et brachium suum in Chaldæis* : Le Seigneur a aimé Cyrus, et il sera son bras parmi les peuples de Chaldée, *i. e.* Dieu lui donnera sa force pour ruiner cet empire. c. 33. 2. Ainsi, Deut. 33. 27. *Habitaculum ejus sursum, et subter brachia sempiterna* : Dieu protège les siens de toutes parts, il les couvre par dessus et par dessous, il les défend par une force infatigable.

Façons de parler tirées de cette signification.

Brachium excelsum, Extentum. Bras élevé, signifie, — 1° Puissance, vertu, et force extraordinaire. Act. 13. 17. *In brachio excelso eduxit eos ex ea* : Dieu a tiré d'Egypte les Israélites avec un bras fort et élevé. Voy. Exod. 12. v. 29. 30. etc. c. 13. 21. Ainsi, 3. Reg. 8. 42. *Audietur.... brachium tuum* : On entendra parler de la puissance de votre bras ; et souvent ailleurs : cette signification vient de ce que ceux qui portent un grand coup, lèvent le bras. — 2° Orgueil, violence, force et tyrannie. Job. 38. 15. *Brachium excelsum confringetur* : Le bras des impies, quelque élevé qu'il puisse être, sera brisé.

Phrases tirées de cette signification.

Brachium alicujus præcidere. Couper le bras de quelqu'un, c'est lui ôter ses enfants, qui faisaient toute sa force. 1. Reg. 2. 31. *Præcidam brachium tuum* : Je vous couperai votre bras. Dieu fait prédire au grand prêtre Héli que ses deux fils, Ophni et Phinées, mourraient, et qu'il n'y aurait plus de vieillards dans sa maison. Voy. *l'accomplissement*, 1. Reg. 4. 17.

Brachium domus præcidere. Couper le bras de la maison de quelqu'un ; c'est ôter sa magistrature, et sa dignité qui en faisait tout le soutien et la force. 1. Reg. 2. 31. *Præcidam.... brachium domus patris tui* : Je couperai le bras de la maison de votre père. Dieu fait annoncer au grand-prêtre Héli qu'il ôterait de sa maison la grande sacrificature ; ce qui fut accompli dans son fils Abiathar par Salomon. Voy. 3. Reg. 2. v. 27. 35.

Brachium siccare. Sécher le bras ; c'est abattre et ôter la force nécessaire pour agir et exercer ses fonctions. Zach. 11. 17. *Brachium ejus ariditate siccabitur* : Le bras droit du pasteur qui abandonne le troupeau deviendra tout sec ; ce qui s'entend des prêtres qui ne recherchent que leurs intérêts temporels, Dieu leur ôtera la force et la puissance spirituelle, savoir : les grâces qui leur sont nécessaires pour bien faire leurs fonctions.

3° Jésus-Christ qui est la force du Père éternel, par lequel, comme étant son Verbe, il fait toutes choses. Ps. 92. 2. *Salvavit sibi dextera ejus, et brachium sanctum ejus* : La droite du Seigneur et son saint bras nous a sauvés pour sa gloire : dans le même sens que dit Isa. 59. 16. *Salvavit sibi brachium suum* : La force de son bras l'a sauvé ; *i. e.* Jésus-Christ a procuré le salut à son Église par sa même vertu divine, par laquelle il s'est aussi soutenu au fort de ses douleurs, comme le porte Isa. 63. 5. c. 52. 10. *Paravit Dominus brachium sanctum suum in oculis omnium gentium* : Le Seigneur a fait voir son bras saint aux yeux de toutes les nations ; ou dans ce dernier passage, comme en quelques autres semblables, *brachium* se peut entendre de cette force qui parut en Jésus-Christ lorsqu'il annonça l'Évangile, selon ce que dit saint Luc. 1. 51. *Fecit potentiam in brachio suo* : Le Seigneur a déployé la force de son bras. Isa. 40. 10. c. 51. 9. c. 62. 8. Ainsi, Isa. 51. 5. *Brachia mea populos judicabunt* : Mon bras fera justice aux nations ; Gr. εἰς τὸν βραχίονά μου ἐλπιοῦσιν, les nations espéreront en mon bras.

4° L'Évangile, la parole de Dieu qui est la force et la vertu de Dieu pour sauver ceux qui croient. Joan. 12. 38. *Domine, quis credidit auditui nostro? Et brachium Domini cui revelatum est?* Seigneur (dit Isaïe), qui a cru à la parole qu'il a entendue de nous, et à qui le bras du Seigneur a-t-il été révélé? Ici saint Jean cite Isa. 53. 1. comme une prophétie qui s'était accomplie touchant l'incrédulité des Juifs, nonobstant tous les miracles que Jésus-Christ avait employés pour preuve de la vérité de son Évangile.

5° Les proches, les concitoyens, les propres frères et plus proches parents. Isa. 9. 20. *Unusquisque carnem brachii sui vorabit* : Lorsque toutes les nations se seront jointes avec les Assyriens pour détruire les Israélites, chacun dévorera la chair de son bras ; *i. e.* persécutera ses plus proches ; comme ceux qui, mourant de faim, mangeraient leurs propres enfants, ainsi qu'il arriva. 4. Reg. 6. 28. 29.

6° L'épaule droite de l'hostie pacifique qui appartenait au prêtre selon la loi du Lévit. 7. 32. Ainsi, Eccli. 7. 33. *Honorifica sacerdotes et propurga te cum brachiis* : Révérez les prêtres, et purifiez-vous par l'offrande des épaules des victimes ; cette partie de la victime était due aux prêtres, comme le déclare le verset suivant. Voy. Levit. 7. 32. Rien ne répond en Grec à ces mots, *propurga te cum brachiis* ; d'autres l'expliquent du travail des mains : Purifiez-vous en offrant aux prêtres de ce que vous avez acquis de votre travail. Malach. 2. 3. *Projiciam vobis brachium* : Prêtres, si vous ne voulez appliquer votre cœur à la gloire de mon nom, je vous jetterai sur le visage l'épaule de vos victimes ; ce qui marque que Dieu rejetterait leurs sacrifices.

BRACTEA, Æ. πέταλον du verbe grec βράχειν, *crepitare*, pétiller, faire du bruit ; et signifie,

Feuille, lame mince, soit d'or, de fer ou autre métal. Exod. 39. 3. *Inciditque bracteas aureas et extenuavit in fila* : Béséléel coupa des feuilles d'or fort minces qu'il réduisit en fils d'or, qu'il mêlait avec des fils d'hyacinthe, de fin lin retors, de pourpre, pour les faire entrer dans la tissure de l'éphod, du rational et des autres ornements.

BRANCHIA, Æ. Gr. βραγχία. Ce nom, inusité au singulier chez les Latins, signifie en pluriel comme il est pris au singulier. Dans l'Écriture :

Ouïes de poisson, partie par où les poissons prennent et rejettent l'eau ; la partie qui leur tient lieu de ce que les poumons sont aux autres animaux pour respirer. Tob. 6. 4. *Apprehende branchiam ejus* : Prenez ce poisson par les ouïes, dit l'Ange au jeune Tobie.

BRAVIUM, II. βραβεῖον. *Præmium certaminis.* Ce mot, qui est grec, signifie :

Le prix de ceux qui remportent la victoire dans les jeux publics. 1. Cor. 9. 24. *Unus accipit bravium* : Tous courent, mais un seul remporte le prix. L'Apôtre marque, par cette comparaison, qu'il y en aura bien peu qui obtiendront la vie éternelle. Philipp. 3. 14. *Ad destinatum persequor, ad bravium supernæ vocationis Dei in Christo Jesu* : Je cours incessamment vers le bout de la carrière pour remporter le prix que la vocation de Dieu me propose par Jésus-Christ.

BREVI, *in brevi,* ἐν ὀλίγῳ. Ce mot est selon quelques-uns adverbe, et, selon d'autres, c'est l'ablatif de l'adjectif *brevis*, sous-entendant *tempore,* et signifie :

1° Bientôt, dans peu (μικρόν). Job. 10. 20. *Numquid non paucitas dierum meorum finietur brevi :* Le peu de jours qui me restent ne finiront-ils point bientôt, dit Job, où l'on trouve le plus souvent la préposition *in* jointe. Ps. 2. 12. *Cum exarserit in brevi ira ejus :* Lorsque dans peu de temps la colère du Seigneur se sera embrasée, heureux tous ceux qui mettent en lui leur confiance. Isa. 29. 17.

2° En peu de temps, pendant peu de temps, pour marquer la durée. Sap. 4. 13. *Consummatus in brevi :* Le juste a acquis en peu de temps une vertu consommée, ch. 16. v. 3. 6.

3° Brièvement, en peu de mots, et est mis pour *breviter* ou *paucis*. Ephes. 3. 3. *Supra scripsi in brevi :* Je vous ai déjà écrit en peu de paroles.

Breviare, breviatum facere. — 1° Abréger, retrancher (ὀλιγοῦν). Prov. 10. 27. *Anni impiorum breviabuntur :* Les années des méchants seront abrégées; *i. e.* ils mourront plutôt qu'ils ne pensent et qu'ils ne devraient suivant la bonne constitution de leur nature. Ainsi Dieu frappa de mort les deux fils de Juda, Her et Onan. Gen. 38. v. 7. 9. 10. et dont il y a plusieurs autres exemples semblables dans l'Ecriture. Matth. 24. 21. Marc. 13. 20. Rom. 9. 28. *Verbum breviatum faciet Dominus super terram :* Dieu fera un grand retranchement des Juifs ; il n'en sauvera que fort peu. Ainsi Job. 17. 1. *Dies mei breviabuntur :* Mes jours ont été abrégés (κολοβεῖν, συντέμνειν).

2° Mettre en abrégé, réduire en abrégé, et plus succinctement (ἐπιτέμνειν). 2. Mach. 2. 24. *Ab Jasone quinque libris comprehensa tentavimus nos uno volumine breviare :* Nous avons tâché de rapporter en abrégé, dans un seul livre, ce qui a été écrit en cinq livres par Jason le Cyrénéen. v. 27. 32. c. 10. 10.

3° Oter de la force. De là vient :

Breviata manus. Main raccourcie, marque la lâcheté et l'abattement de courage et de force, ce qui est un hébraïsme, parce que la main ou le bras étant raccourci, un homme en est plus faible. Isa. 37. 27. *Habitatores earum breviata manu contremuerunt :* La frayeur a saisi les habitants des villes de Judée, comme s'ils étaient sans cœur et sans main, comme s'ils eussent été manchots; savoir : à cause de l'armée de Sennachérib. Voy. HUMILIS.

BREVIS, E. μικρός, ά. Cet adjectif vient du grec βραχύς, changeant χ en u, et signifie proprement *court,* en parlant d'un discours, d'une pièce de poésie ou autre pièce d'esprit semblable, qui doit être prononcée brièvement ou de l'espace du temps, selon qu'il se prend dans l'Ecriture :

1° Court, bref, qui dure peu. Job. 14. 5. *Breves dies hominis sunt :* Les jours de l'homme sont courts. Judith. 7. 17. *Sit finis noster brevis :* Livrez la ville entre les mains d'Holopherne, et faites-nous trouver par là une mort prompte par l'épée, disent les citoyens de Béthulie a Ozias.

2° Petit, opposé à grand. Eccli. 11. 3. *Brevis in volatilibus est apis :* L'abeille est petite entre les animaux qui volent; petit en nombre ou en quantité. Ps. 104. 12. *Cum essent numero brevi :* Dieu a confirmé aux Israélites ce qui leur avait été dit lorsqu'ils étaient encore en petit nombre ; savoir : qu'il leur donnerait la terre de Chanaan. Voy. v. 10. 11. Isa. 30. 20. *Et dabit vobis panem arctum, et aquam brevem :* Le Seigneur vous donnera de l'eau courte, *i. e.* peu, et avec mesure.

3° Léger, opposé à grief ou à méchant. Eccli. 25. 26. *Brevis omnis malitia super malitiam mulieris :* Toute malice est légère au prix de la malice de la femme. Il parle des méchantes femmes, dont on doit se garder.

4° Etroit, resserré. Isa. 28. 20. *Pallium breve utrumque operire non potest* (στενός) : La couverture est si étroite qu'elle n'en peut couvrir deux. Ce qui marque que le cœur ne doit point être partagé, mais qu'il faut le donner à Dieu uniquement.

BREVITAS, ATIS, ἐπιτομή. Dérivé de *brevis,* et signifie proprement brièveté, dans le même sens que *brevis.* Dans l'Ecriture :

Brièveté dans le discours. 2. Mach. 2. 29. *Secundum datam formam brevitati studentes :* Nous travaillerons selon le dessein que nous avons pris à abréger les auteurs. v. 32. Act. 24. 4. 1. Petr. 5. 12.

BRUCHUS, Gr. βροῦχος. Ce nom est grec, et signifie :

Espèce d'insecte dont il était permis de manger dans l'ancienne loi. Levit. 11. 22. *Comedere debetis, ut est bruchus in genere suo :* Vous pourrez manger de tout ce qui marche sur quatre pieds... comme est le *bruchus,* selon son espèce. Saint Jérôme, après les naturalistes, dit qu'il y a de trois sortes de ces animaux, tous différents, et qui ne prennent leur origine que d'un animal appelé *eruca,* qui est une petite chenille qu'on appelle *chatte velue,* qui s'engendre dans des lieux chauds après qu'il a plu. Ces insectes font leurs nids sur les arbres, et en dévorent toutes les feuilles et les herbes quand elles sont tendres. Cet animal vit trois ans, et, durant ce temps-là, il ne change point; mais, après trois ans, il devient une sauterelle qui a des jambes longues. Ces bêtes vont en troupe, désolant les terres par où elles passent ; étant devenues plus grosses, elles s'appellent *bruchus,* et après *attacus,* ou *attelabus,* ou *ophiomachus,* qui sont la même chose, mais sous divers noms. Joel. 1. 4. *Residuum locustæ comedit bruchus :* Le bruchus mange les restes de la sauterelle. C'est ici le fruit de la sauterelle, comme nouvellement engendrée, et qui est d'abord sans ailes. Il est appelé *attacus* quand il est un peu cru, et, lorsqu'il est encore plus fort et plus grand, il s'appelle *ophiomachus,* parce qu'il se bat contre les serpents; enfin, quand il a des petits, il s'appelle *locusta,* sauterelle ; il peut passer pour chenille, parce qu'il ronge les herbes et les fruits tendres des arbres. Ps. 104. v. 34. 35. Joel. 2. 25. Il paraît être hanneton, parce qu'il va en troupe, Jerem. 51. 14. Nahum. 3. v. 15. 16.; quoiqu'il ne soit pas aisé de spécifier précisément quels animaux sont signifiés par *bruchus* et *locusta* en différents endroits.

BUBALUS, ι, βούβαλος. Du grec βούβαλος, ainsi appelé, selon quelques-uns, à cause de la ressemblance qu'il a avec le bœuf, car on croit ordinairement que c'est un bœuf sauvage; néanmoins, selon Pline et les anciens, c'est un animal qui se trouve en Afrique, et ressemble plus à un veau ou à un cerf qu'à ce qu'on nomme *buffle*, quoique dans Martial il soit pris en cette dernière signification. L'Ecriture met aussi cet animal avec les cerfs et les chèvres; cependant l'usage le fait appeler *buffle*, *bœuf sauvage*. Il était permis d'en manger, selon la loi. Deut. 14. 5. 3. Reg. 4. 23. *Excepta venatione cervorum, caprearum atque b .balorum*. Ce verset marque la quantité de bœufs et de moutons qui était pour la table de Salomon, outre la viande de venaison, les bœufs sauvages, etc. Amos 6. 13. *Aut arari potest in bubalis?* Peut-on labourer sur des rochers avec des bœufs sauvages? Dieu témoigne, par cette comparaison, qu'il ne pouvait non plus bien réussir aux Israélites de mener une vie déréglée que si on entreprenait un labour tel que celui qui est marqué ici, ou que tout ce qu'ils faisaient était aussi peu raisonnable que serait un homme qui entreprendrait de labourer avec ces animaux farouches.

BUBASTUS, ι. Ville d'Egypte. Ezech. 30. 17. *Juvenes Heliopoleos et Bubasti gladio cadent* : Les jeunes hommes d'Héliopolis et de Bubaste seront passés au fil de l'épée. Elle s'appelait *Bubaste le Sauvage*, aujourd'hui *Azioth*. Il y avait tous les ans une fête en l'honneur d'Isis, que l'on appelait pour cela *bubastis*.

BUBO, ONIS, νυκτικόραξ. Ce nom vient du grec βύας, qui vient de βοᾶν, crier, ou est formé du cri même de cet oiseau, comme Varron et Isidore disent la même chose de beaucoup d'autres oiseaux dont le nom s'est fait de leur chant et de leur cri.

Chat-huant, hibou, oiseau de nuit, qui était immonde chez les Israélites. Levit. 11. 17.

BUBULUS, ι. De *bos*, et signifie
Qui est de bœuf. 2. Reg. 6. 19. 1. Par. 16. 3. *Divisit universis per singulos... partem assæ carnis bubulæ* : David distribua à chacun en particulier du peuple un morceau de bœuf rôti; ce fut après qu'il eut fait apporter l'arche de Dieu de la maison d'Obédédom dans la ville de David. Voy. v. 11. 12.

BUCCELLA, Æ, ψωμός. Ce diminutif de *buccea* signifie proprement une petite bouchée. Dans l'Ecriture :

Bouchée, ou morceau qu'on met ou qu'on peut mettre dans la bouche. Ruth. 2. 14. *Intinge buccellam tuam in aceto* : Trempez votre morceau dans le vinaigre, dit Booz à Ruth; c'était au temps de la moisson, où il fait fort chaud, et le vinaigre était en usage pour rafraîchir les moissonneurs. De là vient cette façon de parler.

Buccella panis. — 1° Un peu de pain qu'on sert d'ordinaire d'abord, lorsqu'on n'a pas encore autre chose prêt pour recevoir des hôtes fatigués. Gen. 18. 5. *Ponamque buccellam panis, et confortate cor vestrum* (ἄρτος) : Je vous servirai un peu de pain pour reprendre vos forces, dit Abraham aux trois hommes qui lui parurent proche lui, sous la figure desquels Dieu lui apparaissait.

2° Une bouchée de pain marque une chose de peu de conséquence, de peu de valeur. Prov. 28. 21. *Iste et pro buccella panis deserit veritatem* : Celui qui en jugeant a égard à la personne, pour une bouchée de pain, abandonnera la vérité; *i. e.* pour un petit profit, pour un petit intérêt.

3° Petit morceau ou boulette de quelque chose. Ps. 147. 6. *Mittit crystallum suam sicut buccellas* : Dieu envoie la glace ou la grêle en petits glaçons.

BUCCINA, Æ, σάλπιγξ. Du grec βυκάνη, qui signifie un instrument de musique, ainsi appelé à cause du son qu'il rend, et signifie
Sorte de trompette. Ezech. 33. 5. *Sonum buccinæ audivit, et non se observavit* · Celui qui, ayant entendu le son de la trompette de la sentinelle, ne s'est pas tenu sur ses gardes sera responsable de son sang s'il l'ennemi le tue. Voy. TUBA.

BUCCINARE, σαλπίζειν. De *buccina*, et signifie :
Sonner du cor ou de la trompette. Ps. 80. 4. *Buccinate in neomenia tuba* : Les lévites sonnaient de la trompette pour indiquer les fêtes. Voy. NEOMENIA.

BUGÆUS, βούγαιος. *Magnus jactator*. Ce nom vient du verbe grec γαίειν, s'enfler d'orgueil, et de la particule βου, que les Grecs mettent devant les mots pour marquer quelque chose de grand, comme de λιμός, famine, *bulimia*, une grande famine. C'est ce qui fait dire à Varron, *l. 2. de R. R. c.* 5 : *Novi majestatem boum, et ab his dici pleraque magna* : Qui a beaucoup de présomption et de vanité. C'est ainsi qu'est appelé Aman. Esth. 12. 6. *Aman vero filius Amadathi bugæus erat gloriosissimus coram rege*.

BUL, Heb. *Germen*. C'est le huitième mois des Juifs, qui répond en partie à notre mois d'octobre, en partie à notre mois de novembre. Ce fut en ce mois que s'acheva le temple de Salomon, la onzième année de son règne. 3. Reg. 6. 38.

BULLA, Æ, μηνίσκος. Du verbe grec φλύω, *ferveo*, *bullio*, *ebullio*, bouillir, et signifie proprement petite bouteille, qui s'élève sur l'eau quand il pleut, et, par métaphore, bague d'or, en forme de cœur, que portaient au cou les enfants nobles des Romains jusqu'à l'âge de quatorze ans; grosse tête de clou, tels que ceux dont on garnit le bois de certaines portes. Dans l'Ecriture :

Collier fait en forme de croissant. Judic. 8. 21. *Tulit ornamenta ac bullas quibus colla regalium camelorum decorari solent* : Gédéon, après avoir tué Zébée et Salmana, prit tous les ornements et les bossettes qu'on met d'ordinaire au cou des chameaux des rois.

BULLIRE, ἀναζεῖν, du substantif *bulla*, Voy. BULLA, et signifie bouillir. Job. 41. 22. *Ponet quasi cum unguenta bulliunt* : La baleine fera paraître le fond de la mer comme un vaisseau plein d'onguents qui s'élèvent par l'ardeur du feu.

BUNA, Heb. *Ædificans*, fils de Jéraméel. 1. Par. 2. 25.

BURDO, onis, ἡμίονος, de l'hébreu phéred, qui signifie une espèce de mulet né d'un cheval et d'une ânesse. Ce terme et cet animal commencent à paraître dans l'Ecriture au temps de David, sans qu'il en eût été auparavant parlé.

Mulet. 4. Reg. 5. 17. *Tollam onus duorum burdonum de terra* : Permettez-moi d'emporter la charge de deux mulets, de la terre de ce pays, dit Naaman à Elisée, dans le dessein d'ériger un autel pour ne sacrifier plus qu'au vrai Dieu.

BUTYRUM, I, βούτυρον. Ce nom, pris précisément pour beurre de vache, vient de βοῦς, *bos*, vache, et de τυρὸς, *coagulum*, forme que prend le lait lorsqu'il se caille, et signifie :

1° Beurre. Gen. 18. 8. *Tulit quoque butyrum et lac* : Abraham prit du beurre et du lait avec le veau qu'il avait fait cuire, et il le servit devant ces trois hommes sous l'apparence desquels Dieu lui apparaissait, ainsi qu'il en fut présenté à David dans sa fuite. 2. Reg. 17. 29. Les anciens usaient de beurre comme d'une nourriture ordinaire et commune. Deut. 32. 14. *Ut comederet butyrum de armento* : Dieu a établi son peuple choisi dans un excellent pays, pour s'y nourrir du beurre des troupeaux, dont le meilleur est celui de vache, tel que peut marquer *butyrum de armento*, dans le passage précédent. Ainsi, Isa. 7. 15. *Butyrum et mel comedet* : Ce fils, appelé *Emmanuel*, mangera le beurre et le miel, marque que Jésus-Christ devait être élevé de la même manière et nourri des mêmes aliments que les autres enfants ; mais, v. 22, *butyrum et mel* marque et signifie une abondance de biens.

2° Cette substance dont se fait le beurre, la crème du lait (γάλα). Judic. 5. 25. *Aquam petenti lac dedit, et in phiala principum obtulit butyrum* : Jahel donna à Sisara du lait au lieu d'eau qu'il lui demanda. Elle lui offrit de la crème dans un vase digne d'un prince, lorsqu'il s'enfuyait de Barac, qui tailla son armée en pièces, à moins qu'on n'entende que Jahel ait aussi présenté à Sisara de ce lait qui reste après que le beurre est fait, du lait de beurre, selon l'Hébreu, *butyri* (*lac*).

3° Suc épaissi qui sort de la mamelle, au lieu de lait, lorsqu'on la presse trop. Prov. 30. 33. *Qui fortiter premit ubera ad eliciendum lac, exprimit butyrum* : Celui qui presse fort la mamelle pour en tirer le lait, en fait sortir un suc épaissi.

4° Lait, d'où vient cette façon de parler : *torrentes butyri*, des torrents de lait, pour marquer une abondance de biens. Job. 20. 17. *Non videat... torrentes mellis et butyri* : L'impie ne verra point couler sur lui les torrents de lait ; il ne goûtera point le bonheur qu'il s'était promis.

Phrase tirée de la première signification de ce mot.

Lavare pedes butyro, laver ses pieds dans le beurre, signifie être en une grande abondance de biens. Job. 29. 6. *Quando lavabam pedes meos butyro?* Qui m'accordera d'être encore comme j'étais... lorsque je lavais mes pieds dans le beurre. Cette expression vient de ce que les richesses consistaient dans le grand nombre de leurs troupeaux, qui faisaient toutes leurs richesses.

BUXUS, I, Gr. πύξος. Ce nom vient du grec πύξος, changeant la ténue en sa moyenne, et signifie proprement :

Buis ou bouis, arbre qui est toujours vert, qui a le bois si dur, qu'il ne se gâte point et n'est jamais vermoulu, et est si pesant, qu'il tombe au fond de l'eau : ainsi, ce qui est écrit sur du buis, ne s'efface point ; dans l'Ecriture :

Buis, morceau de buis. Isa. 30. 8. *Ingressus scribe ei super buxum* : Aliez graver ceci sur le buis, en leur présence. Dieu parle ici au prophète du conseil que Dieu donnait aux Juifs de ne point implorer le secours des Egyptiens.

Personnes pieuses et fidèles. Isa. 41. 19. *Ponam in deserto abietem, ulmum et buxum* : Je ferai croître ensemble, dans la solitude, les sapins, les ormes et les buis. Les personnes pieuses et fidèles à Dieu, figurées par ces beaux arbres, seront dans l'Eglise ce que sont ces beaux arbres dans les jardins, et entreront dans la structure de l'Eglise comme le bois de ces mêmes arbres fut employé à la structure du temple, c. 60. 13.

BUZ, Heb. *Contemptus* : — 1° Fils de Nachor, Gen. 21. 21. de qui est appelé *Buzites*, Eliu qui en descendait. Job. 32. 2. — 2° Fils d'Abdiel, un des descendants de Gad. 1. Par. 5. 14. — 3° Le pays qui est appelé du nom de Buz, fils de Nachor. Jer. 25. 23. (*Propinavi*) *Dedan et Thema et Buz* : J'ai fait boire de la coupe du Seigneur à Dédan, à Théma et à Buz.

BUZI, Heb. *Contemptus*, père du prophète Ezéchiel, c. 1. 3.

BYSSUS, I, βύσσος, du grec βύσσος, et signifie proprement plante qui porte de la graine, à peu près comme le chènevis, et dont l'écorce est pleine de filets qui servent à faire de la toile déliée ; il signifie aussi, comme dans l'Ecriture :

Fin lin, lin le plus fin, qui est d'une blancheur très-éclatante, comme il est marqué Apoc. 19. 8. Il croît principalement dans l'Egypte, la Palestine et les Indes, et on en faisait trafic aux foires de Tyr. Ezech. 27. 16. Il servait aussi d'ornement précieux ; par exemple, au tabernacle, Exod. 25. 4 ; ou de vêtements. Prov. 31. 22. *Byssus et purpura indumentum ejus* : La femme forte se revêt de lin et de pourpre. Luc. 16. 19. Apoc. 18. 16. On teignait en pourpre ce fin lin ; c'est pourquoi *byssus* et *purpura* semble être ce lin teint de couleur de pourpre. Ainsi *byssus* se prend pour la pourpre dans les auteurs profanes ; et le mot *purpura*, qui est dans Ezech. 27, semble être mis pour *byssus purpureus*. Quelques-uns croient que, dans les premiers temps, *byssus*, le bysse, était une espèce de soie jaune doré qui croît à de grandes coquilles : notre soie de vers était encore inconnue du temps des Israélites.

Le lin était une marque d'honneur et de gloire dont on était revêtu. Ezech. 16. 13. *Vestita es bysso* : Vous avez été vêtue de fin lin ; ce qui marque la gloire dont Dieu avait relevé son peuple. Voy. Gen. 41. 42.

BYSSINUS, A, UM, qui est de fin lin. Gen. 41. 42. *Vestivitque eum stola byssina* : Pharaon fit revêtir Joseph d'une robe de fin lin, en l'établissant maître sur toute l'Egypte, v. 41. Les habits et les ornements des prêtres, qui étaient de fin lin. Exod. 28. 39. c. 39. 27. Ainsi, 1. Par. 15. 27. Esth. 1. 6. De là vient,

BYSSINUM, I, nom neutre dérivé de *byssinus*, on sous-entend *vestimentum*, et signifie :

Robe précieuse de fin lin. 2. Par. 5. 12. *Levitæ vestiti byssinis* : Les lévites et les chantres, revêtus de fin lin, faisaient retentir leurs timbales lorsque Salomon transporta l'arche du Seigneur dans le saint des saints. Apoc. 19. v. 8. 14. *Exercitus qui sunt in cœlo sequebantur eum in equis albis vestiti byssino albo et mundo* : L'Epouse de l'Agneau et les armées qui sont dans le ciel, paraissaient revêtues de fin lin ; ce qui marque la gloire et la pureté de l'Eglise et des saints anges.

C

CAATH, Heb. *congregatio*.

CAATH, fils de Lévi. Gen. 46. 12. *Levi, Gerson, Caath et Merari*. Il a été père d'Amram et aïeul de Moïse et d'Aaron. Exod. 6. v. 18. 20. Il mourut l'an du monde 2450.

CAATHITÆ, descendants de Caath. Num. 3. 27. *Hæ sunt familiæ Caathitarum*, c. 10. 21. etc.

CABSEEL, Heb. *congregatio Dei*, ville de la tribu de Juda, Jos. 15. 21, d'où était Banaias. 2. Reg. 23. 20. 1. Par. 11. 22.

CABUL, Heb. *compeditus*. Voy. CHABUL. Le pays de cette partie de Galilée où étaient les vingt villes que Salomon donna à Hiram, roi de Tyr, qui donna à ce pays, qui lui déplut, le nom de *Cabul*, terre de boue et de sable. 3. Reg. 9. 13. *Appellavitque eas terram Cabul usque in diem hanc* : Il appela cette contrée la terre de *Cabul*, comme elle s'appelle encore aujourd'hui. Il en est fait mention, Jos. 19. 27. *Egrediturque* (sors Aser) *ad lævam Cabul* : L'héritage d'Aser s'étendait à main gauche vers Cabul ; mais il faut que ce soit Esdras ou quelque autre qui ait vécu après Salomon, qui, ayant rédigé le livre de Josué par l'inspiration du Saint-Esprit, ait donné à ce pays le nom de *Cabul*. Voy. BOCH. l. 2. c. 4. in Chanaan.

CABUS, I, κάβος. Ce nom vient de l'hébreu *cab*, et signifie cabat, mesure de blé qui tient la sixième partie du *satum*, savoir, douze litrons, demi-setier, ou dix-huit livres dix onces. 4. Reg. 6. 25. *Quarta pars cabi stercoris columbarum quinque argenteis* : La ville de Samarie, étant assiégée par Bénadab, fut pressée d'une si grande famine, que la quatrième partie d'un cabat de fiente de pigeon fut vendue cinq pièces d'argent, ce qui revenait environ à soixante-quinze sous, parce que c'étaient des sicles communs ou profanes.

CACABUS, I, χύτρα. Ce nom vient du verbe καίω, *uro*, et du nom κάβη, *cibus*, et signifie :

1° Pot à mettre sur le feu pour y faire cuire les viandes. 1. Reg. 2. 14. *Habebat fuscinulam tridentem... et mittebat eam... in cacabum* : Le serviteur du prêtre *Héli*, tenant à la main une fourchette à trois dents, la mettait... dans le pot ; c'était pour enlever ce qu'il pouvait pour le prêtre, ce que l'Ecriture condamne ici. 2. Par. 35. 13.

2° Pot de terre. Eccli. 13. 3. *Quid communicabit cacabus ad ollam?* Quelle union peut-il y avoir entre un pot de terre et un pot de fer ? Cette figure marque le danger où se met le pauvre en s'approchant du riche, à qui il ne peut résister.

CACUMEN, INIS. Ce nom, qui est mis comme pour *coacumen*, est composé de la préposition *cum* et de *acumen*, parce que les extrémités ou points s'assemblent en un ; ou, selon d'autres, de *caput* et de *acumen* ; comme qui dirait *capitis acumen*, et signifie,

Le sommet, le haut, le bout de quelque chose (κεφαλή). Gen. 8. 5. *Decimo mense apparuerunt cacumina montium* : Le premier jour du dixième mois, le sommet des montagnes commença à paraître, les eaux du déluge qui les couvraient s'étant abaissées ; c. 28. 12. 2. Reg. 5. 24. Ainsi, 1. Par. 14. 15. *Cumque audieris sonitum gradientis in cacumine pyrorum, tunc egredieris ad bellum* : Dès que vous entendrez, au haut de ces poiriers, comme le bruit de quelqu'un qui marche, dit Dieu à David, vous ferez aussitôt avancer vos troupes pour combattre. Plusieurs expliquent *le haut* du sommet de quelque montagne qui était au-dessus de ces poiriers ; d'autres prennent ici *cacumen* pour *caput*, qui signifie souvent l'entrée, le commencement de quelque chose.

CADAVER, IS, θνησιμαῖον. Ce nom vient du verbe *cadere*, parce que sans l'âme le corps ne se peut soutenir ; et signifie,

Corps mort, cadavre soit d'hommes, soit de bêtes. Deut. 14. 8. *Cadavera non tangetis* : Vous ne mangerez point de la chair des animaux qui vous seront impurs, et vous n'y toucherez point lorsqu'ils seront morts. Cette loi était pour exercer la tempérance des Israélites, et les tenir dans la dépendance à l'égard de Dieu. Num. 14. v. 32. 33. Heb. 3. 17. Nahum. 3. 3. *Nec est finis cadaverum* : Il y aura un carnage qui n'aura point de fin. Le prophète prédit la désolation et la prise de Ninive par Nabopolassar, père de Nabuchodonosor, qui prit Ninive, à quoi se rapporte Isa. 66. 24. etc. *Videbunt cadavera virorum qui prævaricati sunt in me* (κῶλον) : Ils verront les corps morts de ceux qui ont violé ma loi, ce qui se peut entendre de l'état où furent réduits les ennemis de Dieu et de l'Eglise, dont parle Isa. c. 34. 3, ou plutôt des damnés mêmes, dont les corps seront dévorés par le feu et par les démons, de même que le sont les cadavres par les bêtes. Jer. 31. 40. *Circuibit omnem vallem cadaverum* : Le cordeau tournera autour de la vallée des corps morts. Cette vallée, qui était entre le Calvaire et les murailles de Jérusalem, était appelée de la sorte ou parce qu'ordinairement on y jetait les corps ou les ossements de ceux qui avaient été exécutés, ou plutôt parce que les Assyriens y avaient été tués par un ange.

CADEMOTH, heb. *Antiquiores*. Voyez CEDIMOTH, Jos. 13. 18.—1° Ville de la tribu de Ruben, donnée aux lévites, et ville de refuge. 1. Par. 6. 79.—2° Un désert près de cette ville. Deut. 2. 26. C'est de là que Moïse envoya des ambassadeurs à Sehon, roi des Amorrhéens, pour lui demander passage sur ses terres ; ce prince non-seulement rejeta cette demande, mais même il vint au devant des Hébreux, pour s'opposer à leur passage avec toutes ses troupes. Les Israélites le défirent, s'emparèrent de ses villes, dont ils tuèrent tous les habitants.

CADERE, πίπτειν. Ce verbe vient de l'adverbe κάτω, *deorsum;* parce que tomber, c'est être emporté en bas et par sa propre pesanteur, et signifie :

1° Choir, tomber. Matth. 15. 27. *Catelli edunt de micis quæ cadunt de mensa dominorum suorum* : Les petits chiens mangent au moins des miettes qui tombent de la table de leurs maîtres, dit la Chananée à Jésus-Christ. V. MICA. Matth.17.14.c.13.4. Luc.13.4.Joan. 18.6. Ainsi Jerem. 8. 4. *Numquid qui cadit, non resurget?* Quand on est tombé, ne se relève-t-on pas ? Voy. RESURGERE. D'où viennent ces phrases :

Cadere in faciem. Tomber le visage contre terre ; ce qui s'entend, ou à la lettre seulement. 1. Reg. 17. 49. *Cecidit in faciem suam super terram* : Goliath tomba le visage contre terre, savoir : après avoir été frappé par David (à quoi est opposée cette phrase : *Cadere retro*, ou *retrorsum* : Tomber à la renverse. 1. Reg. 4. 18. *Cecidit de sella retrorsum* : Heli tomba de son siège à la renverse : ce fut à la nouvelle que l'arche avait été prise par les Philistins. Gen. 49. 17. Voy. CERASTES). Mais cette phrase s'entend aussi figurément pour marquer l'effet de plusieurs affections de l'âme. 1° Tomber de frayeur, d'étonnement. Matth. 17. 6. *Videntes discipuli ceciderunt in faciem suam, et timuerunt valde :* Les trois apôtres, ayant entendu ces paroles, tombèrent le visage contre terre et furent saisis d'une grande crainte. Ce fut à la Transfiguration de Jésus-Christ.

2° Tomber de frayeur, d'étonnnement. Act. 9. 4. *Cadens in terram audivit vocem* : Saul, étant dans le chemin de Damas, tomba par terre et entendit une voix. Levit. 26, 36. Apoc. 1. 17.

3° Se prosterner, s'abaisser. Matth. 4. 9. *Hæc omnia tibi dabo si cadens adoraveris me* : Je vous donnerai toutes ces choses si, en vous prosternant devant moi, vous m'adorez, dit le diable à Jésus-Christ. Luc. 8. 41. c. 17. 16. Joan 11. 32. 1. Cor. 14. 25. Apoc. 5. 8.

4° Se jeter sur quelqu'un, tomber sur lui (ἐπιπίπτειν). Luc. 15. 20. *Accurrens cecidit super collum ejus* : Le père de l'enfant prodigue, courant à lui, se jeta à son cou et le baisa. Apoc. 6. 16. c. 11. 11. Et dans le sens figuré, Matth. 21. 44. Luc 20. 18. *Omnis qui ceciderit super illum lapidem conquassabitur* : Quiconque se laissera tomber sur cette pierre, s'y brisera. Jésus-Christ est cette pierre contre laquelle les hommes se heurtent par leur incrédulité et leur résistance à l'établissement de son Evangile. v. 1. 2. 8. Ainsi, Osée 10. 8. *Dicent montibus : Operite nos; et collibus : Cadite super nos :* Ils diront aux montagnes : Couvrez-nous ; et aux collines : Tombez sur nous ; c'est ce que devaient dire les habitants de Samarie, ne pouvant trouver dans la terre des abîmes assez profonds pour se mettre à couvert de la fureur des Assyriens ; c'est ce que tous les Juifs ont pu dire, à la prise de Jérusalem, selon que Jésus-Christ, allant mourir sur la croix, leur avait prédit, Luc. 23. 30. et c'est ce que diront encore tous les pécheurs en ce jour effroyable où Jésus-Christ paraîtra dans sa majesté pour les juger.

5° Mourir, tomber en mourant, ou après avoir reçu le coup de la mort. 1. Cor. 10. 8. *Ceciderunt una die viginti tria millia :* Pour le crime de fornication, il y en eut vingt-trois mille qui furent frappés de mort en un seul jour. L'Apôtre a en vue ce qui est rapporté Exode 32.28.

6° Tomber, se dit d'un prophète, parce qu'il tombait lorsqu'il était ravi de lui-même en recevant les révélations divines. Num. 24. 4. *Qui cadit, et sic aperiuntur oculi ejus :* Voici ce que dit Balaam, qui est celui qui en tombant a les yeux ouverts. Voy. APERIRE. 1. Reg. 19. 24. et c'est sur cela que Mahomet, qui tombait du haut-mal, semble avoir fondé son imposture. Voy. OBTURARE. Et ce mouvement du prophète était un effet de sa vertu de prophétiser ; mais cette phrase : *Manum Domini cadere super aliquem*, marque la cause de cette vertu dans les prophètes et signifie : qu'un homme reçoit de Dieu des révélations et des prophéties. Ezech. 8. 1. *Cecidit ibi super me manus Domini Dei :* La main du Seigneur mon Dieu tomba tout d'un coup sur moi.

§ 1. — Tomber dans quelque affliction, ou devenir misérable, périr misérablement. Prov. 24. v. 16. 7. *Septies cadet justus :* Le juste tombera sept fois ; cette chute s'entend des fréquentes adversités ou des fautes où tombent les justes par faiblesse, mais la grâce de Dieu les relève, selon le Ps. 36. 24. Ainsi, Isa. 21. 9. *Cecidit, cecidit Babylon!* Babylone est tombée, elle est tombée cette grande ville! Elle fut prise et ruinée par Cyrus. Ps. 19. 9. *Ipsi obligati sunt et ceciderunt :* Quant à eux, ils se sont trouvés comme liés, et ils sont tombés. Il semble que David a en vue la victoire qu'il remporta contre les Ammonites ligués avec les Syriens, dont il semble que le grand nombre d'hommes les embarrassa. Ps. 26. 2. Ps. 90. 7. Ps. 117. 3.

Phrase tirée de cette signification

Cadere ante faciem alicujus, ante aliquem, in conspectu alicujus. Etre surmonté et vaincu par quelqu'un, ne lui pouvoir résister. Esth. 6. 13. *Si de semine Judæorum est Mardochæus, ante quem cadere cœpisti, non poteris ei resistere, sed cades in conspectu ejus* : Si ce Mardochée, devant lequel vous avez commencé de tomber, est de la race des Juifs, vous ne pourrez lui résister; mais vous tomberez devant lui; c'est ce que disent à Aman ses amis. Levit. 11. 8. Prov. 25. 26. Eccli. 28. 22. Mais cette phrase : *Orationem alicujus cadere in conspectu Domini*, marque que l'homme s'humilie et se prosterne devant Dieu par ses prières. Jerem. 36. 7. *Si forte cadat oratio eorum in conspectu Domini* : Lisez devant le peuple les paroles du Seigneur que je vous ai dictées, pour voir s'ils se prosterneront avec une humble prière devant le Seigneur, dit Jérémie à Baruch, sous le règne de Joachim. Voy. c. 37. v. 19. c. 38. 26.

Cadere de cœlo. Tomber du ciel, signifie : tomber d'un rang élevé, d'un état heureux, dans un état misérable. Ce qui se dit : 1° Du démon, Isa. 14. 12. *Quomodo cecidisti de cœlo, Lucifer?* Comment es-tu tombé du ciel, Lucifer? A quoi semble s'accorder, Luc. 10. 18. qui marque que le démon avait beaucoup perdu de son règne; quoique Isaïe l'entende aussi à la lettre de Nabuchodonosor. 2° Des premiers pasteurs, des chefs et de ceux qui, tenant les premiers rangs dans l'Eglise, sont tombés dans l'apostasie ou l'hérésie. Apoc. 8. 10. *Cecidit de cœlo stella magna ardens* : Une grande étoile, ardente comme un flambeau, tomba du ciel; cette étoile peut marquer le faux prophète Barchochebas, dont le nom signifie étoile. c. 6. 13. c. 12. 4. 3° Généralement de la chute des membres de l'Eglise, comme quelques-uns expliquent. Matth. 24. 29. Voy. Dan. 8. 10.

Cadere in terram. Tomber à terre, pour marquer un déchet ou une perte. Job. 29. 24. *Lux vultus mei non cadebat in terram* : Si je riais quelquefois avec ceux à qui je parlais, la lumière de mon visage ne tombait point à terre; *i. e.* ils ne perdaient rien du respect qu'ils me portaient. 3. Reg. 1. 52. *Non cadet ne unus quidem capillus ejus in terram* : Si Adonias est homme de bien, il ne tombera pas en terre un seul cheveu de sa tête, dit Salomon; *i. e.* il ne lui sera pas fait même le moindre mal; ce qui s'entend au même sens, 1. Reg. 14. 45. 2. Reg. 14. 11. à quoi se peut rapporter, Matth. 10. 29. *Unus ex illis non cadet super terram sine patre vestro* : Il ne tombe pas aucun passereau sur la terre sans la volonté de votre père; *i. e.* il n'en meurt pas un sans l'ordre de la divine Providence. Ce qui se dit aussi du blé qu'on jette en terre pour pourrir. Joan. 12. 24. *Nisi granum frumenti cadens in terram mortuum fuerit, ipsum solum manet* : Si le grain de froment ne meurt après qu'on l'a jeté en terre, il demeure seul; Jésus-Christ, par cette comparaison, veut faire entendre qu'il devait mourir et ensuite ressusciter à la gloire, pour amener tous les hommes à la participation du salut.

Suite des significations figurées du verbe *Cadere*.

§ 2.—Arriver, avoir son effet (ἔρχεσθαι). Isa 9. 8. *Verbum misit in Jacob, et cecidit in Israel* : Le Seigneur a envoyé sa parole en Jacob, et elle a été vérifiée dans Israël. Les punitions dont Dieu a menacé les Juifs par ses prophètes ont eu leur effet.

§ 3. — Etre inutile, n'avoir point son effet. Luc. 16. 17. *Facilius est cœlum et terram præterire quam de lege unum apicem cadere* : Il est plus aisé que le ciel et la terre passent que non pas qu'une seule lettre de la loi manque d'avoir son effet. Voy. Rom. 6. 9. Ainsi 3. Reg. 8. 56. *Non cecidit ne unus quidem sermo ex omnibus bonis quæ locutus est per Moysem servum suum* : Tous les biens que le Seigneur nous avait promis par Moïse, son serviteur, nous sont arrivés sans qu'il soit tombé une seule de ses paroles à terre. 1. Reg. 3. 19. 4. Reg. 10. 10.

§ 4.—Tomber dans quelque péché ou dans quelque faute. 1. Cor. 10. 12. *Qui se existimat stare, videat ne cadat* : Que celui qui croit être ferme prenne garde à ne pas tomber, savoir : par trop de présomption; mais d'éviter avec soin toutes les occasions de chute. Prov. 24. 16. c. 25. 26. Ps. 36. 24. etc.

§ 5.—Tomber dans un jugement, être condamné comme coupable. Rom. 14. 4. *Domino suo stat, aut cadit* : Si le serviteur d'autrui tombe, ou s'il demeure ferme, c'est à son maître de le juger; et, s'il ne le condamne point, les autres ne le doivent pas condamner. Ceci prouve qu'on ne doit point juger mal du prochain.

§ 6. — Echoir, arriver par sort, ou comme par sort (ἐπιπίπτειν). Ps. 15. 6. *Funes ceciderunt mihi in præclaris* : Mon partage m'est échu en des lieux excellents; c'est ce que dit Jésus-Christ de son Eglise qu'il a reçue de son Père, et ce que dit réciproquement l'Eglise, qui attend la gloire du ciel par Jésus-Christ.

CADES, heb. *Sanctitas.* — 1° Ville d'Arabie, sur les frontières de l'Idumée, que quelques-uns croient être Cadesbarné. Num. 20. v. 1. 14. *Misit nuntios de Cades ad Regem Edom,* v. 16. *Ecce in urbe Cades, quæ est in extremis finibus tuis, positi, obsecramus* : Nous sommes en la ville de Cades, qui est en l'extrémité de votre royaume. Gen. 14. 7. c. 20. 22. etc. C'est la trente-troisième demeure des Israélites, où Marie, sœur de Moïse, a été inhumée.

2° Le Désert et toute la contrée qui a tiré son nom de la ville. Num. 33. 36. *Inde profecti venerunt in desertum Sin, hæc est Cades* : D'Asiongaber, ils vinrent au désert de Sin, qui est Cades. Ps. 28. 8. *Commovebit Dominus desertum Cades* : Dieu, par la voix de son tonnerre, fait trembler les bêtes farouches qui se trouvent dans ce vaste désert; c'est dans ce désert que les Israélites ont rôdé l'espace de quarante ans. Il est dans l'Arabie, au-dessus de la ville de Pétra.

3° Cadès, ville royale. Jos. 12. 22. *Rex Cades unus*. 1. Mac. 11. v. 63. 73. D'autres lisent *Cedes*, et la prennent pour *Cedes* de Nephthalim.

4° Cadès, ou Cades-Asor, ville de la tribu de Juda. Jos. 15. 23. *Et Cades et Asor*. Sanson croit qu'il faut lire : *Et Cades-Asor*, afin que le nombre se rapporte.

5° Cadès est mis pour Cadesbarné. Gen. 16. 12. Num. 13. 27. *Reversi exploratores terræ... venerunt ad Moysen et Aaron..., in desertum Pharan quod est in Cades* : Ceux qui avaient été explorer la terre, vinrent trouver Moïse et Aaron dans le désert de Pharan qui est à Cadès. Voy. CADESBARNÉ.

6° Il est mis pour Gades ou Engaddi, qui est une ville et une contrée, dans la tribu de Juda, fertile en palmiers. Eccli. 24. 18. *Quasi palma exaltata sum in Cades* : J'ai poussé mes branches en haut, comme les palmiers de Cadès. Joseph. *Antiq. l.* 9. *c.* 1.

CADESBARNE. Lieu situé sur les frontières de la terre promise, dans le désert de Pharan, du côté du midi; ce fut le quinzième campement des Israélites, d'où Moïse envoya les douze espions dans la terre de Chanaan. Num. 32. 8. *Quando misi de Cadesbarne ad explorandam terram.* c. 34. 4. Deut. 1. 46. Heb. et Gr. *in Cades*.

CADUMIM, Heb. *Priores*, torrent dans la tribu de Ruben. Judic. 5. 21. *Torrens Cadumim*, Hebr. *torrens occursuum* : Le torrent de la rencontre; parce que c'est à ce torrent que se rencontrèrent l'armée des Israélites et celle de Sisara.

CADUS, I. Ce nom vient de l'hébreu *cad*, qui signifie : cruche, bouteille, ou autre vaisseau à mettre du vin ou quelque autre liqueur; dans l'Ecriture,

Mesure qui tient environ 27 pintes de Paris (βάτος, baril). Luc. 16. 6. *Quantum debes domino meo? At ille dixit : Centum cados olei* : Combien devez-vous à mon maître? Cent barils d'huile, répond le débiteur à l'économe. C'est le même que *batus*. 3. Reg. 7. 26. et Ezec. 45. v, 10. 14.

CÆCITAS, ATIS. 1° Aveuglement des yeux du corps, en sorte qu'on ne voie aucuns objets. Tob. 2. 13. *Non est contristatus contra Deum, quod plaga cæcitatis evenerit ei* : Tobie ne murmura point contre Dieu, de ce qu'il l'avait frappé par cette plaie de l'aveuglement. Voyez v. 11.

2° Eblouissement, espèce d'aveuglement ou d'étourdissement qui fait qu'on ne peut voir certains objets, quoiqu'on puisse voir les autres (ἀορασία). 4. Reg. 6. 18. *Percute, obsecro, gentem hanc cæcitate* : Frappez, je vous prie, tout ce peuple d'aveuglement. Dieu ayant aveuglé ainsi les troupes de Syrie, Elysée les mena dans la ville de Samarie. Gen. 19. 11. *Eos qui foris erant percusserunt cæcitate* : Les deux anges frappèrent d'aveuglement ceux de Sodome qui étaient au dehors de la maison de Loth. Sap. 19. 16. Le mot grec ἀορασία, qui y répond, ne peut se rendre par un mot latin. Voyez Hieron. in c. 1. Eph.

3° Aveuglement d'esprit, égarement, folie (ἀορασία). Deut. 28. 28. *Percutiat te Dominus amentia et cæcitate* : Le Seigneur vous frappera de frénésie et d'aveuglement d'esprit, sc. si vous n'écoutez sa voix. Zachar. 12. 4. *Omnem equum populorum percutiam cæcitate* : Je frapperai d'aveuglement les chevaux de tous les peuples : ce qui marque l'étourdissement des Syriens, qui furent plusieurs fois défaits par les Machabées, et qui sont la figure des ennemis de l'Eglise, que Dieu frappe d'aveuglement.

4° Aveuglement et endurcissement de cœur (πώρωσις). Marc. 3. 5. *Contristatus super cæcitate cordis eorum* : Jésus-Christ affligé de l'aveuglement du cœur des Juifs. Rom. 11. 25. *Cæcitas ex parte contigit in Israel* : Une partie des Juifs est tombée dans l'aveuglement. Ephes. 4. 18. *Alienati a vita Dei per ignorantiam, quæ in illis est propter cæcitatem cordis ipsorum* : Les nations sont entièrement éloignées de la vie de Dieu, à cause de l'ignorance où elles sont et de l'aveuglement de leur cœur.

CÆCARE. Ce verbe signifie proprement aveugler quelqu'un, lui faire perdre ou lui ôter l'usage de la vue : dans notre Vulgate, il signifie :

Un aveuglement d'esprit (πωροῦν), ou plutôt, selon la force du mot grec, une stupidité qui fait qu'on ne comprend pas aisément ce qu'on dit. Marc. 8. 17. *Adhuc cæcatum habetis cor vestrum?* Votre cœur est-il encore dans l'aveuglement : ce qui paraît par les mots précédents. Voyez OBCÆCARE, et Matth. 16. v. 11. 12.

CÆCUS, A, UM, τυφλός. Ce mot, dont l'origine est obscure, soit qu'il vienne de l'hébreu *cha, caligare*, ou de *cædere*, signifie,

1° Aveugle, privé de la vue corporelle. Joan. 9. 39. *A sæculo non est auditum quia quis aperuit oculos cæci nati* : Depuis que le monde est, on n'a jamais ouï dire que personne ait ouvert les yeux à un aveugle-né. Exod. 4. 11. *Quis fabricatus est... videntem et cæcum?* Qui a formé le muet et le sourd, celui qui voit et celui qui ne voit pas? N'est-ce pas moi? dit Dieu à Moïse. Levit. 21. 18. c. 22. Isa. 59. 10. Luc. 14. 21.

2° Aveugle d'esprit, qui ignore ce qu'il doit savoir et ce qu'il doit faire, comme les ignorants et les infidèles. Job 29. 15. *Oculus fui cæco* : J'ai été l'œil de l'aveugle, savoir, en aidant les pauvres et les simples de ses instructions et de son conseil. Luc. 14. 21. Rom. 2. 19. Isa. 42. 19. c. 43. 8. Soph. 17. etc.

3° Aveugle se dit de celui qui, étant éclairé de la loi de Dieu, néglige de la suivre et de travailler à son salut. Apoc. 3. 17. *Nescis quia tu es... et pauper, et cæcus, et nudus* : Vous ne savez pas que vous êtes pauvre, et aveugle, et nu : Dieu reproche à l'évêque de Laodicée qu'il ne fait point le bien qu'il connaît. 2. Petr. 1. 9.

4° Aveugle, ignorant, mais qui reconnaît son

Ignorance et son peu de lumière. Joan. 9. 41. *Si cæci essetis, non haberetis peccatum* : Si vous étiez aveugles (c'est-à-dire si vous vous reconnaissiez aveugles), vous n'auriez pas de péché : l'ignorance et la simplicité diminuent beaucoup de la grandeur du péché.

5° Aveugle d'un aveuglement volontaire, qui a le cœur endurci. Joan. 9. 39. *In judicium ego in hunc mundum veni, ut qui non vident videant, et qui vident cæci fiant* : Je suis venu dans ce monde, afin que ceux qui ne voient point voient, et que ceux qui voient deviennent aveugles. La vérité éclaire les ignorants humbles, et les orgueilleux. Isa. 42. 18. c. 56. 10. Matth. 13. 14. c. 23. v. 24. 26.

6° Les Jébuséens, marqués par les aveugles et les boiteux dont ils s'étaient servis pour insulter à David. 2. Reg. 5. 8. *Cæcus et claudus non intrabunt in templum* : On dit en proverbe : Les aveugles et les boiteux n'entreront point dans le temple. David voulant prendre sur les Jébuséens la forteresse de Sion, ceux-ci, qui la croyaient imprenable, placèrent sur les murailles les plus faibles d'entre eux pour faire insulte à David ; mais David l'ayant prise, on croit qu'il ordonna que les Jébuséens n'entreraient point eux-mêmes dans le temple ou dans Sion, car l'Hébreu porte *dans la maison*. Voyez Templum. C'est ce qui donna lieu au proverbe.

CÆDERE, δέρειν. On croit que ce verbe vient de l'hébreu catat, qui signifie la même chose, ou de kid, *exitium*, et signifie :

1° Couper, trancher, tailler (νευροκοπεῖν). Deut. 21. 4. *Cædent in ea cervices vitulæ* : Les anciens de la ville la plus proche du lieu du corps d'un homme qui aura été tué, sans savoir l'auteur du meurtre, couperont le cou à la génisse dans une vallée, etc. Voyez v. 3. c. 19. 5. Levit. 1. 8. Matth. 21. 8. Marc. 11. 8. Ainsi, 4. Reg. 12. 12. *Qui cædebant saxa* : Ceux qui taillaient les pierres, les tailleurs de pierres.

2° Battre, frapper, blesser, traiter rigoureusement. Joan. 18. 23. *Quid me cædis ?* Que si j'ai bien parlé, pourquoi me frappez-vous ? dit Jésus-Christ à l'officier dont il reçut un soufflet : d'où vient cette phrase : *Cædere in faciem* : Traiter indignement, outrageusement, et avec le dernier mépris. 2. Cor. 11. 20. *Sustinetis, si quis in faciem vos cædit* : Vous souffrez qu'on vous frappe au visage. Ainsi, Exod. 5. 16. Matth. 21. 35. Ose. 7. 12. D'où viennent ces phrases : *Cædere flagellis, scorpionibus* : Frapper avec des verges, *i. e.* exercer un règne ou un empire dur sur un peuple. 3. Reg. 12. 14. *Pater meus cæcidit vos flagellis* : Mon Père vous a châtiés avec des verges, *i. e.* a exercé un dur empire sur vous. *Ego autem cædam vos scorpionibus* : Mais moi je vous châtierai avec des verges de fer (ce qui marquait un empire encore plus rude), dit Roboam au peuple. Mais *virga cædere* se dit du blé qu'on bat pour en faire sortir le grain. Ruth. 2. 17. *Virga cædens* : Ruth battit avec une baguette les épis qu'elle avait recueillis dans le champ de Booz. *Cædere labiis* : Frapper par les lèvres, s'entend

figurément pour réprimander quelqu'un, l'offenser par les réprimandes qu'on lui fait, quoique justes. Prov. 10. 8. *Stultus cæditur labiis* : L'insensé est frappé par les lèvres : ce qui se peut entendre aussi des propres lèvres de l'insensé, qui dit des choses contre lui-même.

3° Tuer, défaire, immoler. Jos. 10. 9. *Extremos quoque fugientium cædite* : Tuez les derniers des ennemis qui fuient, dit Josué à ses soldats, dans la déroute de l'armée des cinq rois ; et souvent dans l'Ancien Testament, où il est parlé de la défaite des ennemis (σφάττειν). Num. 11. 22. *Numquid ovium et boum multitudo cædetur ?* Ferez-vous égorger une multitude de brebis ou de bœufs ? dit Moïse à Dieu, qui lui promettait de donner à tout le peuple dans le désert des viandes pour se rassasier. Ainsi, Levit. 4. 33. c. 6. 30. c. 23. 12. *Cædetur agnus* : On immolera un agneau.

CÆDES, is, φόνος. Ce nom vient du verbe *cædo*, et signifie :

1° Meurtre, homicide. Act. 9. 1. *Saulus spirans minarum et cædis in discipulos* : Saul ne respirant que le sang des disciples du Seigneur. Deut. 21. 1. 1. Mach. 1. 25. 2. Mach. 6. 13.

2° Carnage fait en un combat, défaite d'ennemis. Judic. 7. 22. *Mutua se cæde truncabant* : Les Madianites, ennemis de Gédéon, se tuaient les uns les autres. Hebr. 7. 1. *Obviavit Abrahæ regresso a cæde regum* : Melchisedech vint au devant d'Abraham lorsqu'il retournait de la défaite des rois, et le bénit.

CÆLARE, γλύφειν. Ce verbe semble venir de *cædere*, changeant *d* en *l*, parce que le graveur coupe et taille le métal sur lequel il travaille, et signifie :

Tailler, graver, ciseler. Exod. 28. 21. *Duodecim nominibus cælabuntur* : Sur chacune des pierres précieuses du Rational était gravé le nom de chacun des douze patriarches. 3. Reg. 7. 36. Zach. 3. 9.

CÆLATOR. Vient de *cælare*, et signifie graveur. Exod. 28. 36. *In lamina sculpes opere cælatoris sanctum Domino.* Voyez Sanctum.

CÆLATURA vient de *cælare*, et signifie sculpture, gravure. 3. Reg. 6. v. 29. 35. *Et sculpsit cherubim, et palmas, et cælaturas valde eminentes* : Salomon fit tailler des chérubins, des palmes et d'autres ornements, avec beaucoup de saillie. Exod. 38. v. 10. 12.

CÆLUM, ι, οὐρανός. Ce nom vient de *cælare*. Les Hébreux n'expriment ce mot que par le duel ou le pluriel *schamaïm*, et ne reconnaissent que trois cieux ou trois régions célestes : la première, celle de l'air ; la seconde, celle des astres ; la troisième est la demeure des anges et des saints, appelée le troisième ciel. 2. Cor. 12. 2. *Scio hominem in Christo raptum usque ad tertium cælum* : Je connais un homme en Jésus-Christ qui fut ravi au troisième ciel. Ce ciel est le plus élevé et est appelé par excellence *cælum cæli, cælum cælorum, cæli cælorum*. Deut. 10. 14. 3. Reg. 8. 27. 2. Par. 2. 6. c. 6. 18. 2. Esdr. 9. 6. Ps. 67. 34. Ps. 113. 16. Ps. 148. 4.

1° Le ciel, le premier ciel, qui est la demeure de Dieu, des anges et des saints. Joan. 8. 13. *Nemo ascendit in cœlum, nisi qui descendit de cœlo, Filius hominis qui est in cœlo:* Personne n'est monté au ciel, sc. pour en découvrir les secrets, que celui qui est descendu du ciel, sc. Jésus-Christ en se faisant homme, qui est dans le ciel et y demeure toujours comme Dieu. Dan. 4. 10. Matth. 28. 2. *Angelus Domini descendit de cœlo :* Un ange du Seigneur descendit du ciel. Ps. 148. 1. *Laudate Dominum de cœlis :* Louez le Seigneur, ô vous qui êtes dans les cieux. Gen. 28. 17. Dan. 4. 28. Joan. 3. 31. c. 6. 33. Matt. 6. 10. Luc. 10. 18. c. 11. 13. c. 19. 38, etc.

2° Tout cet espace qui renferme tous les corps célestes, et même l'air, l'espace qui est depuis la terre jusqu'au plus haut point du monde, et se prend, ou pour le tout, Prov. 25. 3. *Cœlum sursum... inscrutabile :* Le ciel dans sa hauteur... est impénétrable; ou se prend pour une partie, soit cette vaste étendue des sphères célestes, où sont les planètes, les étoiles fixes et le premier mobile. Gen. 22. 17. *Multiplicabo semen tuum sicut stellas cœli :* Je multiplierai votre race comme les étoiles du ciel, dit Dieu à Abraham, Ps. 18. v. 2. 7. *Cœli enarrant gloriam Dei :* Les cieux racontent la gloire de Dieu, *i. e.* ils représentent un tableau des perfections de Dieu, dont la vue porte à publier sa gloire : d'où vient cette expression figurée. 2. Reg. 22. 10. Ps. 17. 10. *Inclinavit cœlos et descendit :* Dieu a baissé les cieux et est descendu, pour marquer d'une manière figurée que Dieu a fait paraître sa présence dans l'air, pour défendre son serviteur contre ses ennemis Ps. 143. 5. D'où viennent ces phrases : *Regina cœli,* pour marquer la lune, ainsi appelée à cause de sa lumière, qui efface toutes les étoiles qui sont au-dessus d'elle. Jerem. 7. 18. *Militia cœlorum,* pour marquer tous les astres, sc. le soleil, la lune et les étoiles. Ainsi l'obscurcissement, le deuil, ou l'ébranlement du ciel ou des astres, et la chûte de quelque étoile, est la figure de quelques grands malheurs et de quelque grande désolation. Isa. 34. 4. *Tabescet omnis militia cœlorum, et complicabuntur sicut liber cœli, et omnis militia eorum defluet :* Toutes les étoiles du ciel seront comme languissantes, les cieux se pliront comme un rouleau, tous les astres en tomberont comme les feuilles tombent de la vigne et du figuier. Le prophète témoigne qu'au temps que Dieu doit tirer vengeance des ennemis de son peuple, tant de la synagogue que de son Église, ils seront en une aussi grande frayeur que si tout ce qu'il rapporte ici arrivait. Voyez v. 5. Ainsi, Apoc. 6. v. 13. 14. Isa. 13. v. 10. 13. Jerem. 4. v. 23. 28. c. 15. 9. Ezech. 32. v. 7. 8. Joel. 2. 10. Amos. 8. 9. Soit qu'il se prenne pour toute l'étendue qui se trouve depuis la terre jusqu'à la lune. Gen. 19. 24. Luc. 17. 29. *Qua die exiit Lot a Sodomis, pluit ignem et sulphur de cœlo :* Le jour que Loth sortit de Sodome, il tomba du ciel une pluie de feu et de soufre. Gen. 7. 19. c. 8. 2. c. 49. 25. Ps. 17. 14. *Intonuit de cœlo Dominus :* Le Seigneur a tonné du haut du ciel. Luc. 12. 55. *Faciem cœli et terræ nostis probare :* Vous savez si bien reconnaître ce que présagent les diverses apparences du ciel et de la terre : Jésus-Christ se plaint de l'aveuglement où sont les Juifs, de ce qu'ils ne jugent point selon le témoignage de leur propre conscience de la venue du Messie, par tous les signes et toutes les marques qu'ils voyaient et qui le devaient précéder, jugeant si bien de la disposition du beau ou du mauvais temps par les signes qui le précèdent. Act. 2. 5. c. 14. 17. Soit que ce mot soit pris pour les nuées qui sont dans l'air, ou pour l'étendue de l'air. Ose. 2. 21. *Exaudiam cœlos :* En ce temps-là j'exaucerai les cieux : Dieu déclare qu'après s'être réconcilié avec son peuple, il fera que les cieux, qui semblent n'être que pour son bien, répandront leurs influences, et les nuages leurs pluies sur la terre. Levit. 26. 19. Deut. 28. 23. Ps. 77. 27. *Januas cœli aperuit, id est nubes aeris :* Dieu ouvrit les portes du ciel, c'est-à-dire fit pleuvoir. Ps. 77. 28. *Panem cœli dedit eis :* Dieu a donné aux Israélites un pain du ciel, c'est-à-dire la manne faite et préparée dans l'air par le ministère des anges. Sap. 16. 20. Ainsi, Ps. 8. 8. *Volucres cœli :* Les oiseaux qui volent dans l'air. Dan. 4. 9. Soit enfin que par ce mot l'on entende toute l'étendue de la terre, dont les extrémités semblent répondre aux extrémités du ciel et être contiguës. Deut. 2. 25. *Qui habitant sub omni cœlo :* Les peuples qui habitent sous le ciel. D'où viennent *cardines, extrema, summum* ou *termini cœli* ou *cœlorum :* L'extrémité du monde. Deut. 30. 4. *Si ad cardines cœli fueris dissipatus, inde te retrahet Dominus Deus tuus :* Quand vous auriez été dispersés jusqu'aux extrémités du monde, le Seigneur votre Dieu vous en retirera, si vous revenez à lui par un vrai repentir. c. 4. 32. 2. Esdr. 1. 9. Isa. 13. 5. Matth. 21. 31.

3° Toutes les créatures sont marquées par le ciel et la terre. Gen. 1. 1. *In principio creavit Deus cœlum et terram:* Au commencement Dieu créa le ciel et la terre. c. 2. v. 1. 4. c. 14. 19. 22. c. 24. 3. Exod. 31. 17. Matth. 11. 25.

4° Lieux élevés, qui sont au-dessus de nous. Ps. 106. 26. *Ascendunt usque ad cœlos:* Les flots étant agités par la tempête, ceux qui sont dans les navires montent jusqu'au ciel ; c'est-à-dire, sur les flots qui semblent s'y élever. Exod. 20. 22. A quoi se peuvent rapporter, Deut. 30. 12. Ps. 52. 3. Ps. 101. 20. Ps. 138. 8. Ainsi, Thren. 2. 1. *De cœlo in terram projecit.* Voy. PROJICERE.

§ 1. — Les habitants du ciel, 1° Dieu même. Joan. 3. 27. *Non potest homo accipere quidquam, nisi fuerit ei datum de cœlo :* L'homme ne peut rien recevoir s'il ne lui a été donné du ciel : toute charge légitime doit venir de Dieu pour y servir avec fruit. Matth. 21. 25. Marc. 11. v. 30. 31. Luc. 20. v. 4. 5. c. 15. v. 18. 21. Rom. 1. 18. D'où est venue cette façon de parler, Ps. 56. 4. *Misit de cœlo ;* pour marquer que quelque grâce ou faveur nous est venue de la part de Dieu : car comme Dieu est appelé *Lieu,* par les

Hébreux, *Macom*, parce que tout lieu est rempli de son immensité, de même Dieu est appelé *Ciel, Schamajim*, parce qu'il remplit les cieux. Ainsi, Ps. 75. 9. Ps. 84. 12. 2° Les anges et les saints qui sont au ciel, les bienheureux. Job. 15. 15. *Cœli non sunt mundi in conspectu ejus*: Les anges, dont une partie est tombée, ne se sont pas trouvés purs devant Dieu : ceci se peut entendre même des bons anges et de tous les saints, qu'on peut dire n'être pas purs, en les comparant avec la souveraine pureté de Dieu. Ps. 148. 1. *Laudate Dominum de cœlis*: Louez le Seigneur, ô vous qui êtes dans les cieux. Ps. 87. 6.

§ 2. — L'Eglise militante, soit la Synagogue. Dan. 8. 10. *Magnificatum est usque ad fortitudinem cœli*: Il éleva sa grande corne jusqu'aux armées du ciel. Antiochus Epiphanes, figuré par cette corne, s'est élevé avec fierté contre ceux qui adoraient le vrai Dieu dans la Judée qui combattait sous sa protection ; soit l'Eglise. Apoc. 12. 4. *Cauda ejus trahebat tertiam partem stellarum cœli*: Ce dragon entraînait avec sa queue la troisième partie des étoiles du ciel : ces étoiles s'entendent des âmes les plus attachées au culte de Dieu, que le démon détourne et attire à lui ; comme aussi des docteurs mêmes, et des pasteurs de l'Eglise : ce qui est marqué par la chute des étoiles, c. 8. 10. c. 9. 1. Mais par ces étoiles qui tombent du ciel, on entend souvent aussi les Hérésiarques qui sortent de l'Eglise, laquelle est aussi appelée souvent, dans l'Evangile, *le royaume du ciel* ; comme Hebr. 12. 22. Elle est appelée *la Jérusalem céleste*. Isa. 51. 16. Voy. PLANETA, n. 4. Ainsi, l'Eglise, soit militante, soit triomphante. Isa. 65. 17. *Ecce ego creo cœlos novos et novam terram*: Je m'en vais créer de nouveaux cieux et une terre nouvelle, cela s'entend ou de la vie du ciel, où les saints, après la résurrection, jouiront de la vue de Dieu dans une paix et une félicité ineffable ; ou de l'Eglise d'ici-bas, telle qu'elle nous est représentée dans les Actes.

Phrases tirées de la nature de ce mot dans le sens figuré.

In cœlo rem esse, usque ad cœlos, ou *ad cœlum rem magnificatam* ou *munitam esse, in cœlum ascendere, usque ad cœlum rem pertingere, crescere, super cœlos rem elevatam esse*. Parce que le ciel est celui de tous les corps le plus haut et le plus élevé ; toutes ces expressions se joignent avec l'attribut d'une chose pour marquer qu'il s'y trouve dans son dernier degré, dans son dernier point, dans sa dernière perfection. Ps. 35. 5. *Domine, in cœlo misericordia tua*: Seigneur, votre miséricorde est dans le ciel ; c'est-à-dire est souveraine et infinie. 2. Par. 28. 9. *Occidistis eos atrociter, ita ut ad cœlum pertingeret vestra crudelitas*: Vous avez très-inhumainement tué les Juifs, en sorte que votre cruauté est montée jusqu'au ciel ; c'est-à-dire, est extrême, dit Oded à l'armée de Samarie. Deut. 1. 28. *Urbes magnæ, et ad cœlum usque munitæ*: Les villes de la terre promise sont grandes et fortifiées de murs, qui vont jusqu'au ciel ; *i. e.* sont très-hauts : c'est ce que dirent ceux qu'on avait envoyés pour reconnaître la terre promise. Gen. 11. 4. Ps. 8. 2. Ps. 112. 4. Ps. 148. 13. Apoc. 18. 5. *In cœlis rem ædificatam, præparatam esse ; in cœlo rem permanere*, marque qu'une chose est ferme et assurée dans sa durée. Ps. 88. 3. *Misericordia tua ædificabitur in cœlis*: Votre miséricorde durera autant que les cieux mêmes. Ps. 118. 89. *In æternum, Domine, verbum tuum permanet in cœlo*: Votre parole, Seigneur, demeure éternellement dans le ciel : David témoigne ici qu'il devait s'assurer sur la promesse de la protection de Dieu, la voyant, pour ainsi dire, gravée au ciel même.

CÆLESTIS, E, ἐπουράνιος, οὐράνιος. Cet adjectif vient du substantif *cœlum*, et signifie,

1° Qui est de la nature des corps célestes, etc. qui est au ciel, ou du ciel étoilé. 1. Cor. 15. 40. *Et corpora cœlestia*: Il y a des corps célestes et des corps terrestres.

2° Qui est dans le ciel, qui appartient aux habitants du ciel ; 1° à Dieu même. Ps. 67. 15. *Dum discernit cœlestis reges super eam*; Pendant que le Tout-Puissant qui est dans le ciel exterminait les rois de la terre qu'il avait promise à son peuple : d'où vient *Pater cœlestis*. Matth. 5. 48. *Estote ergo vos perfecti, sicut et pater vester cœlestis perfectus est*: Soyez donc, vous autres, parfaits, comme votre Père céleste est parfait ; savoir, en tâchant à vous rendre semblables à Dieu par vos bonnes œuvres, en aimant vos ennemis, comme il fait à bon aux bons et aux méchants. 2° Il s'entend des anges. Luc. 2. 13. *Multitudo militiæ cœlestis*: Une grande troupe de l'armée céleste ; qui sont les anges dont Dieu se sert pour la protection des bons, et pour la punition des méchants. Philipp. 2. 10.

3° Céleste, divin, qui est et vient de Dieu, dont Dieu est maître. Dan. 4. 23. *Regnum tuum tibi manebit, postquam cognoveris potestatem esse cœlestem*: Votre royaume vous demeurera, après que vous aurez reconnu que toute puissance vient du ciel, dit Daniel à Nabuchodonosor. Act. 26. 19. *Non fui incredulus cœlesti visioni*. Je ne résistai point à la vision céleste, dit saint Paul au roi Agrippa. 2. Mach. 9. 4. Hebr. 3. 1. c. 6. 4.

4° Sublime et relevé. Joan. 3. 12. *Quomodo si dixero vobis cœlestia, credetis?* Si vous ne me croyez pas, lorsque je vous parle des comparaisons de choses naturelles, pour vous faire comprendre les choses célestes, comment me croirez-vous quand je vous parlerai des choses du ciel? sc. en des termes qui leur conviennent immédiatement et sans comparaison des choses sensibles.

5° Céleste, spirituel, opposé à terrestre. 2. Tim. 4. 18. *Dominus salvum me faciet in regnum suum cœleste*: Le Seigneur, me sauvant, me conduira dans son royaume céleste. Hebr. 12. 22. *Accessistis ad Jerusalem cœlestem*: Vous vous êtes approchés de la Jérusalem céleste ; *sc.* l'Eglise, qui est cette cité du Dieu vivant, laquelle demeurant encore sur la terre, vit déjà dans le ciel, où elle tend comme à sa patrie. Voy. Gal. 4. 26. *Quæ sursum est Jerusalem libera est, quæ est mater nostra.* Hebr. 8. 5. *Qui exemplari et umbræ deserviunt cœlestium :* Ce qu'Aaron et les prêtres de l'ancienne loi faisaient dans leurs sacrifices n'était que la figure de ce que Jésus-Christ fait dans le ciel pour son Église, qui devait être purifiée par une hostie plus excellente. c. 9. 23. c. 11. 16. A quoi se peut rapporter, 1. Cor. 15. 47. *Secundus homo de cœlo cœlestis :* Jésus-Christ, qui étant Dieu s'est incarné, est devenu tout céleste, même dans son corps, par sa résurrection ; et les corps des saints auront les mêmes qualités glorieuses que celui de Jésus-Christ, lors de la résurrection. Voy. v. 48. 49. Voy. Homo.

6° Céleste, éternel, qui dure toujours dans le ciel (αἰώνιος). 2. Tim. 2. 10. *Omnia sustineo propter electos, ut et ipsi salutem consequantur quæ est in Christo Jesu cum gloria cœlesti :* J'endure tout pour l'amour des élus, afin qu'ils acquièrent aussi bien que nous le salut, qui est en Jésus-Christ avec la gloire du ciel. c. 4. 18. Du singulier *cœlestis , e ,* vient le neutre pluriel.

CÆLESTIA, τὰ ἐπουράνια. Ce mot signifie généralement les choses célestes, ou qui appartiennent aux choses célestes : dans l'Ecriture :

1° Le plus haut des cieux, en parlant du siége et de la demeure de Dieu, ou du séjour et de la gloire des anges et des bienheureux. Ephes. 1. 20. *Constituens ad dexteram suam in cœlestibus :* Dieu a fait asseoir Jésus-Christ à sa droite dans le ciel. c. 1. 3. *Benedixit nos in omni benedictione spirituali in cœlestibus,* pour *in cœlestia :* Béni soit le Dieu et le Père de Notre-Seigneur Jésus-Christ, qui nous a comblés en Jésus-Christ de toutes sortes de bénédictions spirituelles, pour nous faire arriver au ciel ; ou, selon d'autres, nous a comblés de grâces et de dons célestes.

2° L'air, et ce bas monde. Ephes. 6. 12. *Nobis est colluctatio.... contra spiritualia nequitiæ in cœlestibus :* Nous avons à combattre contre les démons qui sont dans l'air.

CÆMENTARIUS, ii. Ce nom est dérivé de *cæmentum,* et signifie maçon (δοῦλος). 3. Reg. 5. 18. *Dolaverunt cæmentarii Salomonis, et cæmentarii Hiram :* Les maçons de Salomon et ceux d'Hiram eurent soin de tailler des pierres qui étaient d'un grand prix, pour bâtir les fondements du temple. 4. Reg. 12. 11. c. 22. 6.

CÆMENTUM, i. Vient de *cædo,* ainsi appelé, parce qu'il est coupé et séparé d'une autre pierre plus grande, et signifie proprement du moellon. Ce sont des pierres dont on fait ordinairement les murailles, sans les tailler, et que l'on rompt dans la carrière : dans l'Ecriture,

1° Moellon, pierres dont se font les murailles, sans les tailler. Eccli. 22. 21. *Pali in excelsis, et cæmenta sine impensa posita contra faciem venti non permanebunt :* Une cloison de bois dans un lieu élevé, et une muraille de pierres sans mortier, ne peuvent résister à la violence du vent.

2° Mortier pour bâtir et lier les matériaux (πηλός). Gen. 11. 3. *Habueruntque lateres pro saxis, et bitumen pro cæmento :* Les descendants de Noé se servirent de briques comme de pierres, et de bitume comme de ciment, pour bâtir la tour de Babylone.

CÆRIMONIA. Voy. Cerimonia.

CÆSAR, is. Καῖσαρ. Nom propre du premier empereur des romains, qui a passé à ses successeurs. Ce nom vient ou *a cæso matris utero,* ou de *cæsaries,* la chevelure.

1° — Auguste. Luc. 2. 1. *Exiit edictum a Cæsare Augusto :* On publia un édit de César Auguste, sous l'empire duquel Jésus-Christ est né ; ce fut vers la trente-septième année de son règne. — 2° Tibère. Matth. 22. v. 17. 21. *Licet dare censum Cæsari, an non ?* Nous est-il libre de payer le tribut à César, ou non ? Marc. 12. 14. Joan. 12: 12. c. 19. v. 12. 15. C'est sous cet empereur que Jésus-Christ a paru dans la Judée, et qu'il a été crucifié par les Juifs, la dix-neuvième année de son empire, il régna vingt-sept ans. — 3° Claude. Act. 11. 28. c. 17. 7. *Hi omnes contra decreta Cæsaris faciunt :* Ils sont tous rebelles aux ordonnances de César. — 4° Néron. Act. 25. v. 8. 10. *Cæsarem appello :* J'en appelle à César. Philipp. 4. 22. *Qui de Cæsaris domo sunt :* Saint Paul avait converti des gens dans le palais de Néron.

CÆSAREA, æ. Καισάρεια, du mot *Cæsar,* qui est le nom des empereurs romains.

1° Ville de la Palestine, bâtie en l'honneur d'Auguste par Hérode le Grand, laquelle s'appelait auparavant *la tour de Straton.* Act. 8. 40. (*Philippus*) *Evangelizabat civitatibus cunctis , donec veniret Cæsaream :* Philippe annonça l'Evangile à toutes les villes par où il passa jusqu'à ce qu'il vînt à Césarée. Cette ville est dans la tribu de Manassès deçà le Jourdain, sur la Méditerranée, d'abord épiscopale, ensuite métropole de vingt suffragants ; et enfin la capitale du pays, en laissant à Jérusalem l'honneur du patriarchat : elle était le siége des gouverneurs de la Judée.

2° Ville de la Trachonite, dans la tribu de Nephthali, que Philippe fit rétablir magnifiquement en l'honneur de Tibère. Josèphe, l. 18. Antiq. c. 3, semble dire que ce fut en l'honneur d'Auguste que cette ville fut bâtie ou rétablie, et fut appelée *Césarée de Philippe,* au lieu qu'elle s'appelait *Paneade.* Ce Philippe était fils du grand Hérode, et frère du Tétrarque. Matth. 16. 13. *Cum venisset Jesus in partes Cæsareæ Philippi :* Jésus étant venu aux environs de Césarée de Philippe. Marc. 8. 27. Act. 9. 30.

CÆSARIES, iei. θρίξ, χός, κόμη. Ce nom vient de *cædo ,* et signifie proprement chevelure de l'homme, parce que les hommes font couper leurs cheveux.

1° Chevelure, soit des hommes, soit des femmes (κόμη, θρίξ). Num. 6. 5. *Sanctus erit, crescente cæsarie capitis ejus :* Celui qui se sera consacré au Seigneur sera saint, et il laissera toujours croître les cheveux de sa tête. Lev.

18. marque le temps jusqu'auquel le Nazaréen devait les laisser croître. — 2° Chevelure d'homme. 2. Reg. 14. 26. *Semel in anno tondebatur, quia gravabat eum cæsaries*: Absalom se faisait faire les cheveux une fois tous les ans, parce qu'ils lui chargeaient trop la tête.— 3° Chevelure de femme. Deut. 21. 12. *Tradet cæsariem*: Cette femme rasera ses cheveux.

CÆSOR, IS. λατόμος. Ce substantif vient du participe *cæsus*, et signifie dans l'Ecriture : Ouvrier qui taille la pierre ou coupe le bois. 2. Par. 24. 12. *Illi conducebant ex ea cæsores lapidum*: Les officiers qui conduisaient les ouvrages du Temple, employaient à payer des tailleurs de pierre, l'argent que le peuple avait mis dans le tronc. Deuter. 29. 11. *Exceptis lignorum cæsoribus*: Vous êtes tous ici... outre ceux qui coupent le bois, dit Moïse au peuple assemblé pour faire alliance avec Dieu.

CÆTERUS. Voy. CETERUS.

CAIN, Heb. *Acquisitio*. Fils aîné d'Adam et d'Eve, qui tua son frère Abel. Gen. 4. 1. I. Joan. 3. 12. *Non sicut Cain, qui ex maligno erat et occidit fratrem suum*: Ne faites pas comme Caïn, qui était enfant du malin Esprit, et qui tua son frère. Jud. v. 11. *Væ illis quia in via Cain abierunt*: Malheur sur eux, parce qu'ils suivent la voie de Caïn : ce malheureux fut maudit de Dieu, et finit sa vie comme il l'avait commencée ; car, étant errant et vagabond, il fut tué par son petit-fils Lamech, pensant tirer sur une bête sauvage.

CAINAN, Hebr. *Possessor*. 1° Fils d'Enos et père de Malaleel. Gen. 5. v. 9. 12. 13. 14. 1. Par. 1. 2. *Adam, Seth, Enos, Cainan, Malaleel*. Luc. 3, 37. Il est mort l'an du monde 1235. — 2° Fils d'Arphaxad. Luc. 3. 36. *Qui fuit Cainan, qui fuit Arphaxad*. Ce nom ne se trouve point. Gen. 10. 24. c. 11. 12. 1. Par. 1. v. 18. 24. de notre Vulgate, qui a été traduite en Latin sur le texte hébreu ; mais il se trouve dans les Septante en tous ces endroits ; néanmoins, comme dans la primitive Eglise il n'y était pas, et que les Anciens, savoir, saint Irénée, Josèphe, Eusèbe, saint Jérôme, Théophile d'Antioche, qui suivaient le Grec, ne l'y ont point lu, il est plus vraisemblable que ce mot Caïnan, s'est glissé en cet endroit de saint Luc, aussi bien que dans les Septante : cependant il paraît plus sûr et plus sage, dans ces rencontres, d'avouer que nous ignorons ce qui nous est en effet inconnu, que d'établir quelque sentiment comme certain sur des conjectures incertaines. Voy. BOCH, l. 2 c. 13.

CAIPHAS, Hebr. *Sagax*. Caïphe, souverain pontife, devant qui Notre-Seigneur fut amené. Math. 26. v. 3. 57. *Jesum duxerunt ad Caipham principem sacerdotum*. Il était gendre d'Anne. Joann. 18. 13. *Erat socer Caiphæ qui erat pontifex anni illius*. Gr. *hoc anno*. Il était pontife cette année-là, comme devant et après ce temps-là.

CAIUS, CAIOS, Lat. *Dominus*. — 1° Un Corinthien, hôte de saint Paul. Rom. 16. 23. et baptisé par lui. 1. Cor 1. 1. *Neminem vestrum baptizavi nisi Crispum et Caium*: Je n'ai baptisé aucun de vous, sinon Crispe et Caïus. D'autres lisent, *Gaium*; mais c'est la même chose, *Gaius* est grec et *Caius* est latin. — 2° Un homme de Derbe. Act. 20. 4. *Comitatus est eum Caius Derbeus, et Timotheus*: Saint Paul fut accompagné (Gr. jusqu'en Asie) par Caïus de Derbe et par Timothée. — 3° Un habitant de quelque ville d'Asie, qui n'était pas éloignée d'Ephèse. Saint Jean lui écrit la troisième Epître et le loue de l'hospitalité qu'il exerçait envers les étrangers. 3. Joann. 1.

CALAMITAS, ATIS. θλίψις. Ce nom vient de *calamus*, et signifie proprement la destruction des roseaux, ou des chalumeaux par la grêle (θόρυβος, *tumultus*); mais il signifie ordinairement,

Malheur, misère, affliction. Prov. 1. 27. *Repentina calamitas*: Malheur qui vient tout d'un coup. Isa. 10. 3. *Quid facietis in die visitationis et calamitatis de longe venientis?* Que ferez-vous au jour que Dieu vous visitera, au jour de l'affliction, qui viendra fondre de loin sur vous? Dieu parle aux magistrats et aux juges de la Judée, qu'il menace de ruiner par les Assyriens. Job. 5. 21. c. 6. 2. etc.

CALAMUS, I. Gr. κάλαμος. Ce nom signifie chalumeau, chaume, tuyau de blé ; comme aussi,

1° Canne, roseau qui croît sur le bord de l'eau. Job. 40. 16. *Sub umbra dormit in secreto calami*: L'éléphant dort sous l'ombre, dans le secret des roseaux. c. 19. 6. Marc. 15. 36.

Phrases tirées de la propriété de ce mot dans le sens figuré.

Calamus quassatus. — Roseau cassé, se dit de la faiblesse des pécheurs, en qui on voit quelque espérance d'amendement. Isa. 42. 3. *Calamum quassatum non confringet*: Il ne brisera point le roseau cassé. Le Prophète prédit que Jésus-Christ ne poussera point à bout ses ennemis, et qu'il rétablira en eux ce qu'il trouvera de faible, tant qu'il y aura lieu de le faire. Voy. ARUNDO.

Viror calami. — La verdeur des roseaux se dit de l'abondance des grâces divines répandues dans une âme, et qui en est comme arrosée ; parce que les roseaux ne viennent bien que dans les terres aqueuses et humides. Isa. 35. 7. *In cubilibus, in quibus prius dracones habitabant, orietur viror calami et junci*: Dans les cavernes où les dragons habitaient auparavant, on verra naître la verdeur des roseaux et du jonc : ce qui s'entend des pécheurs qui, servant de demeure au démon par le péché, produisent ensuite des fruits dignes de Dieu par les influences de sa grâce.

2° Bois odoriférant qui ressemble au roseau. Ezech. 27. 19. *Stacte et calamus in negotiatione tua*: O Tyr, vous avez fait un trafic de casse et de cannes d'excellente odeur. Exod. 30. 23. Isa. 43. 24. Jerem. 6. 20. Ce bois croît dans l'Arabie, dans l'Inde et la Syrie, près du mont Liban.

3° Plume pour écrire : cette signification vient de ce que les anciens se servaient de certains roseaux d'Egypte ou de Carie, où croissaient les plus propres pour cela. Ps. 44. 2. *Lingua mea calamus scribæ* : Ma langue est comme la plume de l'écrivain. David témoigne que sa langue n'est que l'organe ou l'instrument dont se sert le Saint-Esprit, pour faire connaître aux hommes les grands mystères dont il va parler. 3. Joan. v. 13.

4° Canne pour mesurer. Apoc. 11. 1. *Datus est mihi calamus similis virgæ* : On me donna une canne semblable à une toise : ce fut pour mesurer le temple. Ezech. 40. v. 3. 1. 6. 7. c. 41. 8. etc. Il y en a de deux sortes : la commune et la sacrée ; la première est de neuf pieds, l'autre est un peu plus grande.

5° Branche du chandelier d'or (καλαμίσκος). Exod. 25. 31. *Facies et candelabrum ductile de auro mundissimo, hastile ejus et calamos* : Vous ferez un chandelier de l'or le plus pur battu au marteau, avec sa tige et ses branches.

CALANE, Hebr. *Consummatio ejus.* Calane, ville célèbre de Babylone, que le roi d'Assyrie s'était assujettie. Isa. 10. 9. Voy. CHALANNE. On croit que c'est l'ancienne Ctésiphonte.

CALATHUS, 1. κάλαθος, vient du grec ξάλον, *lignum*, et de θέω, *curro* ; parce que pour faire un panier, on fait courir du bois autour, et signifie proprement un panier, et quelquefois une tasse ou une coupe : dans l'Ecriture,

Panier. Jerem. 24. 1. *Duo calathi pleni ficis:* Deux paniers pleins de figues. Voy. FICUS, v. 2.

CALCANEUS, CALCANEUM, πτέρνα, vient de *calx*, et signifie dans l'Ecriture :

1° Le talon. Gen. 3. 15. *Tu insidiaberis calcaneo ejus* : Vous tâcherez de mordre la femme par le talon. Si le serpent qui rampe à terre, veut se venger, lorsqu'on veut l'écraser avec les pieds, il ne peut s'attaquer qu'à la plante des pieds ou au talon, ne se pouvant élever plus haut. Les fidèles sont comme les pieds du corps de Jésus-Christ, dont le démon tâche de surprendre les plus faibles, figurés par le talon, et même les plus forts, qu'il attaque par leur faible. — Démarche, conduite de la vie : cette signification vient de ce que le talon se prenant pour tout le pied, il est pris aussi pour les pas et les démarches. Ps. 55. 7. *Ipsi calcaneum meum observabunt* : Mes ennemis observeront mes démarches. David parle de Saül et de sa cour, qui cherchaient tous les moyens de le perdre ; d'où vient dans ce sens : *Iniquitas calcanei* : La méchante conduite, l'iniquité que l'homme commet, et dans laquelle il vit. Ps. 48. 6. *Iniquitas calcanei mei circumdabit me* : Quel sujet aurai-je de craindre au jour mauvais ; *i. e.* du jugement de Dieu ? Ce sera si je me trouve enveloppé dans l'iniquité de ma conduite.

2° Le pied, le dessous du pied, la partie prise pour le tout : d'où vient cette phrase : *Calcaneum levare contra aliquem* : lever le pied contre quelqu'un ; ce qui se dit proprement des chevaux et des autres bêtes qui ruent contre leurs propres maîtres pour les blesser ; et figurément de celui qui, par ingratitude, se porte à faire du mal à ceux dont il n'a reçu que du bien. Joan. 13. 18. *Qui manducabat mecum panem, levabit contra me calcaneum suum* : celui qui mange du pain avec moi, lèvera le pied contre moi. Jésus-Christ marque ici la perfidie par laquelle Judas le devait trahir : ce qu'il tire du Ps. 40. 10. qui porte, *Magnificavit super me supplantationem* ; *i. e. in cursu me supplantavit, me egregie fefellit* : ce qui s'entend d'Achitophel, qui était la figure de Judas.

CALCARE, πατεῖν, καταπατεῖν, vient de *calx*, *i. e. calcibus premere*, et signifie :

Fouler aux pieds, marcher sur quelque chose. 1. Reg. 5. 5. *Propter hanc causam non calcant sacerdotes Dagon et omnes qui ingrediuntur templum ejus super limen Dagon in Azoto* : Les prêtres de Dagon, et tous ceux qui entrent dans son temple dans Azot, ne marchent point sur le seuil de la porte, parce que la tête de Dagon et ses deux mains en ayant été coupées, se trouvèrent sur ce seuil, *sc.* à la présence de l'Arche. Deut. 1. 36. c. 2. 5. c. 11. 24. 25. c. 28. 23. Mich. 5. 6. D'où viennent ces phrases :

Calcare olivam. Presser les olives, en faire la récolte. Mich. 6. 16. *Tu calcabis olivam, et non ungeris oleo* : Vous presserez les olives, et vous ne vous servirez point d'huile : c'est la punition dont Dieu menace les Juifs :

Calcare uvas, vinum, torcular : Calcare in torculari, calcare lacum.

Fouler les grappes, ou le vin dans le pressoir, ou dans la cuve, marque, en signication figurée, et comme il se prend dans l'Ecriture, la vengeance que Dieu tire de ses ennemis, et des ennemis de son Eglise. Isa. 63. 2. *Quare... vestimenta tua sicut calcantium in torculari?* Pourquoi vos vêtements sont-ils comme les habits de ceux qui foulent le vin dans le pressoir ? Le prophète parle en sa personne, ou en représentant l'Eglise, qui parle à Jésus-Christ tout couvert, tant de son sang, qu'il a répandu à sa passion, que de celui de ses ennemis, dont il s'est vengé. Apoc. 19. 15. Isa. 63. 3. *Torcular calcavi solus* : J'ai été seul à fouler le vin. Jésus-Christ marque son souverain pouvoir à réprimer ses ennemis, le démon, le péché et la mort ; et le prophète semble représenter Jésus-Christ comme un victorieux, qui foulerait aux pieds ses ennemis, en sorte que le sang en regorgeât : *Calcavi eos in furore meo* : J'ai foulé mes ennemis dans ma fureur. Ainsi, Thren. 1. 15. *Torcular calcavit Dominus virgini filiæ Juda* : Le Seigneur a foulé lui-même le pressoir pour la vierge, fille de Juda ; c'est-à-dire que Dieu a exercé sa justice et sa fureur extrême contre Jérusalem. Ainsi, Apoc. 14. 20. *Calcatus est lacus extra civitatem* : La cuve fut foulée hors de la ville ; ce qui s'entend des damnés qui sont jetés hors de la Jérusalem céleste, et jetés dans l'enfer. Voy. ch. 22. 15.

Calcare supra serpentes et scorpiones. Fouler aux pieds les bêtes venimeuses, signifie, dans l'Ecriture, n'avoir rien à craindre de ces bêtes. Luc. 10. 19. *Dedi vobis potesta-*

tem calcandi supra serpentes et scorpiones : Je vous ai donné le pouvoir de fouler aux pieds les serpents et les scorpions ; ce qui s'est vérifié, Act. 28. v. 3. 5. Et, par ces serpents et scorpions, s'entendent figurément les démons, et les impies leurs suppôts, de qui la grâce de Jésus-Christ a fait triompher tous les fidèles chrétiens, Ps. 90. 13. Isa. 18. 8.

1° Traiter cruellement, insulter, perdre, gâter, πιέζειν. Isa. 63. 3. *Calcavi eos in furore meo :* J'ai foulé mes ennemis dans ma fureur. Voy. SUPRA. *Calcare uvas.* Jerem. 25. 30. *Celeuma quasi calcantium concinetur adversus omnes habitatores terræ :* Ils exciteront un cri commun contre tous les habitants de la terre, tel qu'en font ceux qui foulent le vin. Voy. Jerem. 48. 33 ; ce qui marque que tous les peuples s'animeront et s'exciteront tous ensemble pour perdre Jérusalem, et ensuite pour se perdre les uns les autres. Isa. 16. 9. 1. Mach. 14. 31. 2. Mach. 8. 2. Mich. 1. 3. c. 5. 5. Malach. 4. 3. Luc. 21. 24. Ainsi, Apoc. 11. 2. *Civitatem sanctam calcabunt :* Ce qui s'entend de l'Eglise sainte, que l'Antechrist et ses sectateurs traiteront d'une manière indigne.

2° S'assujettir entièrement, se rendre maître (ἐπιβαίνειν). Deut. 33. 29. *Tu eorum colla calcabis :* Vous foulerez les têtes de vos ennemis sous vos pieds... dit Moïse des Israélites. Job. 18. 14. *Calcet super eum, quasi rex, interitus :* La mort foulera aux pieds l'impie, comme un roi qui le dominera. Ainsi, Eccli. 24. 11. *Omnium excellentium et humilium corda virtute calcavi :* Tous les grands et petits sont soumis à la sagesse divine.

3° Mépriser quelque chose, la rejeter, en avoir du dégoût (ἐμπαίζειν). Prov. 27. 7. *Anima saturata calcabit favum :* Ceux qui sont rassasiés méprisent les choses les plus douces.

CALCATOR vient de *calcare*, fouler aux pieds ; d'où vient *calcator uvæ*.

Celui qui foule les raisins dans la cuve. Jerem. 48. 33. *Nequaquam calcator uvæ solitum celeuma cantabit :* Dans la terre des Moabites, ceux qui foulent les raisins ne chanteront plus leurs chansons ordinaires ; *i. e.* il n'y aura point de vendange, qui est un temps où ceux qui les pressent, chantaient ensemble, de joie et de réjouissance. Voy. c. 25. 30. Amos. 9. 13. *Comprehendet calcator uvæ mittentem semen :* Les ouvrages de celui qui foule les raisins et de celui qui sème la terre, s'entresuivront ; ce qui marque une grande abondance de vin, puisque les vendanges devaient durer jusqu'au temps des semailles, et cette façon de parler comprend en général les vignerons et tous ceux qui travaillent à la vendange.

CALCEAMENTUM, ι, ὑπόστημα. Ce mot vient de *calceus*, et signifie chaussure de pied, soulier. Exod. 12. 11. *Calceamenta habebitis in pedibus :* Vous mangerez l'agneau, ayant aux pieds des souliers. D'où vient cette phrase :

Solvere ou *tollere calceamenta.* Oter les souliers. Ce qui était, 1° une marque d'humiliation, d'abaissement et de respect, à cause de quelque chose sainte. Exod. 3. 5. *Solve calceamentum de pedibus tuis :* N'approchez pas d'ici ; ôtez les souliers de vos pieds. dit Dieu à Moïse, lorsqu'il allait pour considérer le buisson ardent. Jos. 5. 16. Theodoret remarque que les prêtres d'Aaron, *i. e.* de l'ancienne loi, quittaient leurs souliers, lorsqu'ils devaient sacrifier, pour témoigner un plus grand abaissement devant la majesté de Dieu.

2° A cette phrase se peut rapporter cette autre : *Solvere corrigiam calceamentorum alicujus :* Dénouer les cordons des souliers de quelqu'un, lui rendre les services les plus bas ; et, dans le même sens : *Portare calceamenta*, porter ses souliers. Luc. 3. 16. *Non sum dignus solvere corrigiam calceamentorum ejus :* Je ne suis pas digne de dénouer les cordons de ses souliers, dit saint Jean de Jésus-Christ. Voy. Matth. 3. 11. Marc. 1. 7. 2. Joan. 1. 27. etc.

3° C'était une marque du renoncement et de la cession qu'un homme faisait volontairement à un autre de son droit ; ce qui était une ancienne coutume marquée. Ruth 4. 7. *Si quando alter alteri suo jure cedebat... solvebat homo calceamentum suum, et dabat proximo suo :* S'il arrivait que l'un, *i. e.*, le plus proche des parents de celui dont la femme était veuve, cédât son droit à un autre, celui qui se démettait de son droit ôtait son soulier et le donnait à son parent ; ou c'était un affront et comme une marque d'exhérédation, par laquelle un homme perdait le droit d'hériter à la succession de son proche parent, pour refuser d'en épouser la veuve. Deut. 25. 9. *Tollet calceamentum de pede ejus :* Cette femme lui ôtera son soulier du pied. Voy. v. 7. 8. A quoi est opposé : *Extendere calceamentum in aliquem locum, in gentem :* Etendre ou avancer ses pas sur quelque lieu, s'y avancer, et signifie se l'assujettir, s'en rendre le maître. Ps. 59. 10. Ps. 107. 10. *In Idumæam extendam calceamentum meum :* Je me rendrai maître de l'Idumée, dit David, ce qui peut aussi marquer le mépris qu'il en faisait. Ainsi, marcher sans souliers était une marque de peine, d'affliction et de deuil. Ezech. 24. 17. *Calceamenta tua erunt in pedibus tuis :* Dieu dit au prophète qu'il ait ses souliers à ses pieds, après la mort même de sa femme, parce qu'il ne voulait pas qu'il en fît le deuil. Isa. 20. 2. *Calceamenta tua tolle de pedibus tuis :* Otez les souliers de vos pieds, dit Dieu à Isaïe ; ce qui était une prophétie, que le roi d'Assyrie emmènerait une foule de captifs, nus et sans souliers, d'Egypte et d'Ethiopie. Voy. v. 4.

§ 1. — Chose de vil prix. Amos. 2. 6. *Vendidit... pauperem pro calceamentis :* Israël, *i. e.* les magistrats et ceux qui devaient protéger l'innocent et le pauvre, ont vendu le pauvre pour les choses les plus viles. c. 8. 6. Les Juifs avares se rendaient maîtres nonseulement des biens, mais encore de la personne des pauvres qui étaient obligés de se rendre leurs esclaves, les réduisant à recevoir d'eux, pour le prix de leur liberté, les choses les plus viles.

§ 2.—Ce qu'on foule aux pieds ou sur quoi on marche. Deut. 33. 25. *Ferrum et œs calceamentum ejus* : La chaussure d'Aser sera de fer et d'acier ; *i. e.* la terre qu'il habitera sera remplie de mines de fer et d'airain; ce que dit Moïse, pour marquer la vigueur et la durée constante de cette tribu, comme s'il faisait allusion à des souliers garnis de fer ou d'airain, qui ne s'usent pas aisément.

§ 3. — Chaussure spirituelle. Cant. 7. 1. *Quam pulchri sunt gressus tui in calceamentis!* Que vos démarches sont belles, ô fille du prince, à cause de l'agrément de votre chaussure! La chaussure de l'épouse peut signifier, comme dans saint Paul, la disposition ou préparation pour annoncer l'Evangile. Eph. 6. 15. *Calceati pedes in præparatione Evangelii pacis* : Que vos pieds aient une chaussure spirituelle, pour être toujours préparés à annoncer l'Evangile de paix. Le même saint Paul nous représente encore ailleurs les démarches de cette épouse sacrée, par les paroles du prophète Isaïe, c. 52. 7. *Quam pulchri super montes pedes annuntiantis et prædicantis pacem!* Que les pieds de ceux qui annoncent l'Evangile de paix sont beaux! de ceux qui annoncent les vrais biens, c'est-à-dire que le progrès de la prédication de l'Evangile, faite par l'Eglise, a été véritablement quelque chose d'admirable.

CALCEARE, ὑποδεῖν. Chausser, mettre aux pieds quelque chaussure. Act. 12. 8. *Calcea te caligas tuas* : Chaussez vos souliers, dit l'ange à saint Pierre, le faisant sortir de la prison. 2. Par. 28. 15. D'où vient cette phrase : *Calceatum per flumen transire*, passer un fleuve à pied. Isa. 11. 15. *Percutiet eum in septem rivis, ita ut transeant per eum calceati* : Le Seigneur frappera le fleuve, et le divisera en sept ruisseaux, en sorte qu'on le pourra passer à pied. Le prophète, pour marquer que le Messie ôtera tous les obstacles qui pourraient empêcher les peuples d'entrer dans l'Eglise et de recevoir l'Evangile, fait allusion au Nil, qu'il dit qu'on passera aussi aisément que les Israélites passèrent la mer Rouge. A quoi peut se rapporter cette signification : *Calceare aliquem ianthino*, donner à quelqu'un une chaussure magnifique, de couleur éclatante, telle que le violet. Ezech. 16. 10. *Calceavi te ianthino* : Je vous ai donné une chaussure magnifique. Le prophète fait allusion aux peaux de cette couleur, dont était la couverture du Tabernacle, et fait souvenir Jérusalem de l'éclat où Dieu l'avait élevée.

Chausser, prendre une chaussure, se dit figurément de la fermeté et de la confiance que les prédicateurs du saint Evangile doivent avoir pour le soutenir et le défendre. Ephes. 6. 15. *State... et calceati pedes in præparatione Evangelii pacis* : Que vos pieds aient une chaussure spirituelle, pour être toujours préparés à annoncer l'Evangile de paix ; et dans ce sens, l'Apôtre semble faire allusion à un homme de guerre, qui, étant bien chaussé, est prêt d'agir avec plus de hardiesse et de courage. Ce passage a rapport à Isa. 52. 7. Rom. 10. 15.

CALCEDONIUS, Gr. χαλκηδών. Ce mot vient de *calcedo*, nom de ville, proche laquelle on a commencé de trouver cette pierre, et signifie :

Calcédoine, pierre précieuse, qui ne brille que quand elle paraît au jour : cette pierre a la figure et la couleur d'une escarboucle ou charbon ardent. Apoc. 21. 19. *Tertium Calcedonius*, le troisième fondement était de Calcédoine. Ces pierres précieuses des fondements du temple, dont parle ici saint Jean, peuvent bien figurer les douze apôtres, comme les douze pierres qui étaient dans le Rational du grand-prêtre figuraient les douze patriarches. *Voy.* Exod. 28. v. 15. 17. 21.

CALCITRARE, λακτίζειν. Ce verbe vient de *calx*, comme pour dire : Frapper avec les talons, et signifie :

Ruer, regimber, en parlant du cheval, du mulet, du bœuf, etc. 2. Reg. 6. 6. *Calcitrabant boves et declinaverunt eam.* Oza porta la main à l'Arche de Dieu et la retint, parce que les bœufs regimbaient, et l'avaient fait pencher. D'où vient cette signification métaphorique :

Regimber se dit de la résistance que fait l'homme à la volonté et aux ordres pressants de Dieu. Act. 9. 5. *Durum est tibi contra stimulum calcitrare* : Il vous est dur de regimber contre l'aiguillon, dit Jésus-Christ à saint Paul, terrassé dans le chemin de Damas. Gr. *Durum tibi* : il vous serait nuisible de regimber contre l'aiguillon. *Voy.* DURUS. C'est une expression figurée, prise de l'usage où l'on est de piquer les bœufs, pour les faire aller plus vite ; en sorte que s'ils regimbent contre l'aiguillon, ils se l'enfoncent davantage dans la peau; c'est-à-dire qu'il ne trouverait nullement son avantage à résister à cet avertissement qu'il lui donnait de se soumettre à sa volonté. *Voy.* STIMULUS.

CALCULUS, i. ψῆφος, vient de *calco*, et signifie petite pierre, caillou, gravois, gravelle, dés, dames, jetons, pour calculer. Dans l'Ecriture :

1° Petite pierre, gravier, petit caillou, tel que ceux qui se trouvent dans le pain (χάλιξ, *silex*). Prov. 20. 17. *Suavis est homini panis mendacii, et postea implebitur os ejus calculo* : Le pain du mensonge (c'est-à-dire le bien acquis injustement) est doux à l'homme ; mais sa bouche ensuite sera pleine de gravier : on n'a que du trouble et de la peine, et des remords du bien mal acquis. Eccli. 18. 9. *Calculus arenæ*, grain de sable.

2° Petite pierre, telle que celle qu'on emploie à garnir les murailles ou à les bâtir (λίθος). 2. Reg. 17. 13. *Trahemus eam in torrentem, ut non reperiatur ne calculus quidem ex ea* : Que si David se retire dans quelque ville, tout Israel environnera les murailles de cordes, et nous l'entraînerons dans un torrent, sans qu'il en reste seulement une petite pierre. Chusaï appuie l'avis qu'il donne à Absalom, contraire à celui d'Achitophel.

3° Tesson, petite pierre, ou autre marque,

telle qu'était celle dont usaient les anciens dans leurs suffrages et leurs jugements. Alors ces tessons étaient blancs, lorsqu'ils les donnaient favorables, et étaient noirs, lorsqu'ils les donnaient contraires ; ils y écrivaient le nom de celui dont il s'agissait. A quoi se rapporte, Apoc. 2. 17 : *Vincenti dabo calculum candidum*: Je donnerai au victorieux une pierre blanche. Jésus-Christ témoigne qu'il prononcera un jugement favorable pour ceux qui auront triomphé du démon et du péché : le nom d'enfant de Dieu, qui leur sera donné, sera écrit sur cette pierre.

4° Charbon de feu (ἄνθραξ). Isa. 6. 6. *Et volavit ad me unus de Seraphim, et in manu ejus calculus, quem forcipe tulerat de altari* : Un des séraphins vola vers moi, tenant en sa main un charbon de feu qu'il avait pris avec des pincettes de dessus l'autel. Le mot hébreu, ritspah, signifie charbon et escarboucle. Ce charbon marque l'efficacité du sacrifice de Jésus-Christ, pour purger les péchés.

CALDARIA, æ. Ce nom vient de *caleo*, et signifie chaudière (χαλκεῖον). 1. Reg. 2. 14. *Mittebat fuscinulam tridentem in lebetem vel in caldariam* : Le serviteur du prêtre mettait la fourchette à trois dents dans la chaudière ou dans le chaudron, savoir, pour enlever tout ce qu'il pouvait pour le prêtre.

CALEB, Heb. *Quasi cor.* 1° Fils d'Hesron. 1. Par. 2. 18. *Caleb autem filius Hesron accepit uxorem nomine Azuba* : Caleb, fils d'Hesron, épousa Azuba. v. 19. 24. Il est appelé *Calubi*, v. 8. Mais d'autres croient que c'est le même que le fils de Jephoné, et qu'Hesron était son aïeul. *Voy.* Menoch. *in* 1. Par. 21. 8. et Mas. *in* Jos. 14. 6.

2° Fils de Hur, et petit-fils du précédent Caleb, fils d'Hesron. 1. Par. 2. 50. *Hi erant filii Caleb, filii Hur, primogeniti Ephrata* : Ceux-ci étaient fils de Caleb, fils de Hur, fils aîné d'Ephrata. c. 4. 11.

3° Fils de Jephoné, lequel, avec Josué, s'opposa aux autres dix qui décourageaient le peuple d'entrer dans la terre promise. Num. 13. 7. *De tribu Juda Caleb filium Jephone.* v. 51. *Caleb compescens murmur populi* : Caleb fit ce qu'il put pour apaiser le murmure du peuple. c. 14. v. 6. 24. Deut. 1. 36. 1. Mac. 2. 56. etc.

CALEFACERE, θερμαίνειν, vient des verbes *calere* et *facere*, et signifie :

Chauffer, échauffer, faire échauffer. Eccl. 4. 11. *Unus quomodo calefiet?* Comment un seul échauffera-t-il? Comme deux personnes couchées dans un lit, s'échauffent plus aisément qu'un seul, de même deux ou plusieurs, unis par une sainte société, se soutiennent mieux, soit pour le temporel, soit pour le spirituel. Isa. 44. 16. *Vah, calefactus sum, vidi focum* : Bon, j'ai bien chaud, j'ai fait bon feu, savoir du même bois dont le sculpteur prend le reste pour faire une idole, ce qui en prouve la vanité, à quoi se rapporte Job. 39. 14. *Tu forsitan in pulvere calefacies ea?* Lorsque l'autruche abandonne ses œufs sur la terre, sera-ce vous qui les échaufferez dans la poussière? Cet animal cache ses œufs dans le sable, où, s'échauffant par la chaleur du soleil, les petits s'éclosent sans qu'elle les couve. Ce que Dieu marque à Job, comme un effet de sa providence divine.

Vêtir, couvrir pour échauffer, l'effet mis pour la cause. Jac. 2. 16. *Si dicat aliquis ex vobis, Ite in pace, calefacimini et saturamini : non dederitis autem eis quæ necessaria sunt corpori* : L'apôtre assure qu'une foi qui ne passe pas jusqu'aux bonnes œuvres ne sert, non plus qu'il ne sert de rien aux pauvres qu'on leur dise d'aller en paix, qu'on leur souhaite de quoi se nourrir et de quoi se couvrir, en ne donnant rien. Job. 31. 20. *De Velleribus ovium mearum calefactus est* : Les pauvres ont été échauffés des habits que je leur ai faits des toisons de mes brebis.

CALENDÆ, arum, νεομηνία, ας. Vient du verbe ancien *calare*, καλεῖν, c'est-à-dire convoquer ; car dès que la nouvelle lune paraissait, on convoquait le peuple pour l'en avertir; et signifie :

Calendes, le 1ᵉʳ jour de chaque mois : ce jour était fêté chez les Juifs, appelé *nouvelle lune*; car leurs mois étaient lunaires. 1. Reg. 20. v. 5. 18. *Ecce calendæ sunt crastino* : Il est demain le premier jour du mois, dit David à Jonathas, qu'il prie de lui permettre de se cacher et de ne se trouver point au festin que faisait Saül ces jours-là après le sacrifice offert, selon la coutume. 4. Reg. 4. 23. *Hodie non sunt calendæ* : Ce n'est point aujourd'hui le premier jour du mois, ni un jour de Sabbat, dit le mari de la femme de Sunam, qui voulait aller trouver Elisée.

CALIDUS, a, um, θερμὸς, ή, όν. Vient de *caleo*, et signifie :

Chaud, brûlant. 1. Reg. 21. 7. *Panes propositionis, qui sublati fuerant a facie Domini, ut ponerentur panes calidi*: Il n'y avait que les pains de proposition qui avaient été ôtés de devant le Seigneur, pour y en mettre de chauds en la place. Le grand-prêtre en donna à manger à David. Jos. 9. 12.

§ 1. — Chaud et brûlant se dit de celui qui est possédé de quelque passion. Eccli. 23. 22. *Anima calida quasi ignis ardens non extinguetur, donec aliquid glutiat* : L'âme qui brûle comme un feu ardent ne s'éteindra point jusqu'à ce qu'elle ait dévoré quelque chose : Ce feu, dont l'âme brûle, est celui de la colère, de l'avarice, de l'ambition, ou de quelque autre passion.

§ 2. — Fervent à soutenir la foi et à s'exercer dans les œuvres de charité (ζεστός). Apoc. 3. 15. *Scio opera tua, quia neque frigidus es, neque calidus* : Je sais quelles sont vos œuvres, que vous n'êtes ni froid ni chaud, dit l'ange à l'évêque de Laodicée, de qui Dieu se plaint pour sa tiédeur tant à soutenir la foi qu'à pratiquer le bien.

CALIGA, æ. Vient de *calx*, et signifie sorte de chaussure que portaient les simples soldats des armées romaines; soulier, sandale, qui s'attache aux pieds avec des cordons (ὑπόδημα). Gen. 14. 23. *A filo subtegminis usque ad corrigiam caligæ, non accipiam ex omnibus quæ tua sunt* : Je ne recevrai rien de tout ce qui est à vous, depuis le moindre fil jusqu'à un cordon de soulier, dit Abraham au roi de Sodome. Act. 12. 8.

CALIGARE, ἀμβλύνεσθαι. De l'ancien mot *cala*, pour *lignum*, bois ; parce que cet obscurcissement se dit proprement de la fumée qui se fait du bois qu'on met au feu.

Etre obscurci, troublé et couvert de ténèbres. Gen. 27. 1. *Caligaverunt oculi ejus*: Les yeux d'Isaac s'étant obscurcis, il ne pouvait plus voir, *sc.* de vieillesse. Deut. 33. 28. *Cœlique caligabunt rore*: L'air sera obscurci par l'eau de la pluie et de la rosée, dit Moïse en promettant aux Hébreux la fécondité de la terre.

CALIGINOSUS, A, UM. Obscur, ténébreux, en parlant du ciel, de l'air, d'un lieu (αὐχμηρός), etc. 2. Petr. 1. 19. *Habemus firmiorem Propheticum sermonem, cui benefacitis attendentes, quasi lucernæ lucenti in caliginoso loco*: Vous faites bien de vous arrêter aux oracles des prophètes, comme à une lampe qui luit dans un lieu obscur: *Mons caliginosus*. Voy. Mons.

CALIGO, INIS. γνόφος. Vient de la même racine que *caligare*, et signifie :

Obscurité, ténèbres, soit dans l'air, soit dans un lieu (ὁμίχλη). Job. 38. 9. *Cum caligine mare quasi pannis infantiæ obvolverem*: Lorsque j'enveloppais la mer d'obscurité, comme en enveloppe un enfant de bandelettes. Ces nuages et cette obscurité figurent quelquefois l'incompréhensibilité de Dieu. Ps. 96. 2. *Nubes et caligo in circuitu ejus*: Une nuée est autour du Seigneur, et l'obscurité l'environne; ou marque quelquefois une présence particulière de la majesté de Dieu, comme Exod. 20. 21. *Moyses autem accessit ad caliginem in qua erat Deus*: Moïse s'approcha de l'obscurité où Dieu était ; ce fut sur le mont Sinaï. Voy. Exod. 19. 9. Deut. 4. 11. c. 5. 22. Heb. 12. 18. etc. Job. 28. 3. *Ipse considerat lapidem caliginis* (σκοτία) : Dieu considère la pierre ensevelie dans l'obscurité.

§ 1.—Incertitude, ignorance, erreur. Job. 22. 13. *Quasi per caliginem judicat*: Eliphas accuse Job de juger que Dieu ne peut sûrement voir du ciel ce qui se passe sur la terre, comme les hommes ne peuvent voir de la terre ce qui se passe dans le ciel, à cause des obscurités et de l'éloignement qui se trouve entre deux. Isa. 29. 18. *De tenebris et caligine oculi cæcorum videbunt* (ὁμίχλη) : Les yeux des aveugles, sortant de leur nuit, passeront des ténèbres à la lumière. Cette prophétie s'est accomplie dans le sens littéral, dans les aveugles que Jésus-Christ a guéris; et dans le sens figuré, dans tous les peuples qu'il a éclairés de la lumière du saint Évangile. c. 60. 2. Jerem. 13. 16.

§ 2. — Affliction, misère, qui est souvent exprimée par le mot de ténèbres. Job. 23. 17. *Nec faciem meam operuit caligo*: L'obscurité où je suis n'a point mis un voile sur mon visage; mes afflictions ne m'ont point fait perdre Dieu de vue, ni fait perdre la crainte. Isa. 5. 30. c. 8. 22. Jerem. 13. 16. Thren. 2. 1. Ezech. 34. 12. Joel. 2. 2. Amos. 5. 20. Soph. 1. 15. 2. Petr. 2. 17. Jud. v. 6.

CALITA, Un lévite. Esdr. 10. 23. Voy. CELAIA. Il chassa la femme étrangère qu'il avait épousée.

CALIX, CIS, ποτήριον. Vient du grec κύλιξ, et signifie une coupe, une tasse, un verre, une fleur épanouie qui s'ouvre en forme de coupe ou de panier, la coquille d'un limaçon: dans l'Ecriture :

1° Coupe à boire, tasse, verre, et comprend souvent la coupe et ce qui y est contenu. Matth. 10. 42. *Quicumque potum dederit uni ex minimis istis calicem aquæ frigidæ tantum in nomine discipuli*: Quiconque aura donné seulement à boire un verre d'eau froide par charité, en aura la récompense. Jerem. 16. 7. *Non dabunt eis potum calicis ad consolandum*: On ne donnera point à boire à celui qui pleure la mort de son père et de sa mère pour le consoler. Le prophète prédit que la désolation qui devait arriver sur tous les habitants de Jérusalem par Nabuchodonosor, au temps de Sédécias, serait si grande, qu'étant tous également dans la misère et l'affliction, ils ne pourront être consolés à la mort de leurs proches par aucuns festins, ce qui était en ce temps-là une coutume. Ps. 115. 4. *Calicem salutaris accipiam*: Je prendrai en main la coupe dans le festin que je ferai à l'honneur du Seigneur, pour le remercier de m'avoir conservé, ce qui était une coutume chez les Juifs. Matth. 29. 42. c. 26. 27. Marc. 9. 40.

2° Ce qui est contenu dans le calice, dans la coupe. 1. Cor. 10. 16. *Calix benedictionis cui benedicimus, nonne communicatio sanguinis Christi est?* N'est-il pas vrai que le calice de bénédiction, que nous bénissons, est la communion du sang du Seigneur? Saint Paul veut dire que ceux qui communient participent au sacrement de l'Eucharistie. v. 20. c. 11. 25. *Hic calix novum Testamentum est in meo sanguine*: Ce qui est dans cette coupe est mon sang, par lequel est établie la nouvelle alliance, dit Jésus-Christ, en prenant le calice. v. 26. 27. 28. Ainsi, Ps. 22. 5. *Calix meus inebrians quam præclarus est!* Que mon calice qui a la force d'enivrer est admirable! Cette allégorie du vin délicat qui réjouit le cœur, figure les joies et les consolations divines que David ressentait.

§ 1.—La passion et la mort que Jésus-Christ a souffertes par l'ordre de son Père. Joan. 18. 11. *Calicem quem dedit mihi pater, non bibam illum?* Ne faut-il pas que je boive le calice que mon Père m'a donné? dit Jésus-Christ à saint Pierre, qui venait de couper l'oreille à Malchus. Matth. 26. v. 39. 42. c. 20. v. 22. 23. Marc. 10. v. 38. 39. Luc. 22. 42.

§ 2. — Le partage et le sort d'un chacun, soit bon, soit mauvais. Ps. 15. 5. *Dominus pars hæreditatis meæ et calicis mei*: Le Seigneur est la part qui m'est échue en héritage et la portion qui m'est destinée. Ps. 22. 5. La métaphore est tirée de la coutume qui se pratiquait autrefois, dans les festins, de distribuer à chacun sa portion de vin pour boire ; mais il est pris plus souvent dans l'Ecriture en mauvaise part pour le partage et la punition des méchants. Ps. 10. 7. *Ignis et sulphur et spiritus procellarum pars calicis eorum :* Le feu et le souffre, et le vent impétueux des tempêtes, sont le calice qui sera présenté aux pécheurs pour leur partage. Ps. 74. 9. Isa. 51. v. 17. 22. Ezech. 23. 31. Hab. 2. 16. Apoc. 14. 10. etc. Ainsi, Jer. 51. 7. *Calix aureus Babylon in manu Domini :* Babylone est une coupe d'or dans la main du Seigneur : Dieu se servait de la force et de la puissance de cet empire pour punir les nations.

CALLIDE. Finement, avec ruse et adresse. Deut. 10. 10. *Nec ages quidpiam callide in ejus necessitatibus sublevandis :* Vous soulagerez franchement votre frère dans sa nécessité, sans user de détour ni de finesse. Exod. 32. 12. Jos. 9. 4. 1. Reg. 23. 22.

CALLIDUS, A, UM, πανοῦργος, de *Callis*, et signifie :

1° Fin, rusé, artificieux (φρόνιμος). Gen. 3. 1. *Serpens erat callidior cunctis animantibus terræ :* Le serpent était le plus fin de tous les animaux qui étaient sur la terre, à cause que le démon se servait de lui pour tromper Eve, étant d'ailleurs, par sa finesse naturelle, un instrument convenable à son dessein. Esth. 16. 6. Job. 56. 13.

2° Habile, prudent, avisé. Prov. 14. 8. *Sapientia callidi est intelligere viam suam :* La sagesse de l'homme habile est de bien comprendre sa voie ; *i. e.* de comprendre si, dans toute la conduite de sa vie, il ne recherche que Dieu. c. 12. 16. *Qui dissimulat injuriam callidus est :* Celui qui dissimule l'injure par une vraie patience, et non pour s'en mieux venger, est un homme habile. c. 22. 3.

CALLIS, IS. De *callus*, parce que c'est un chemin qui se durcit à force de marcher.

1° Chemin étroit, sentier (ὁδὸς). Judic. 5. 6. *Qui ingrediebantur per semitas, ambulaverunt per calles devios :* Ceux qui devaient aller par des chemins battus ont marché par des routes détournées : Debora a en vue la consternation où les persécutions des Philistins et des Chananéens avaient mis les Hébreux depuis le temps de Samgar jusqu'au temps de Jahel.

2° Le rang et le poste que chaque soldat tient dans la marche et dans le chemin. Joel. 2. 8. *Singuli in calle suo ambulabunt :* Chacun gardera la place qui lui aura été marquée. Ici le prophète parle du grand nombre des sauterelles, ou des armées des Assyriens et des Babyloniens qui devaient ravager la Judée.

— La conduite, le cours, le train de la vie. Job. 19. 8. *In calle meo tenebras posuit :* Le Seigneur a répandu des ténèbres dans le chemin étroit par où je marchais. Ces ténèbres marquent les maux dont il était environné. Voy. c. 3. 22. Prov. 2. 20. Ainsi, Isa. 26. 7. *Rectus callis justi ad ambulandum :* Le chemin du juste le conduira droit dans sa voie. Hebr. Vous dresserez au niveau le chemin du juste.

CALLISTHENES, IS, Gr. *Pulchrum robur*. Officier de Nicanor, brûlé par les Juifs. 2. Mac. 8. 33.

CALOR, IS, θέρμη, ης. De *caleo*, avoir chaud, brûler, et signifie :

Chaleur, le chaud, l'ardeur. Ps. 18. 7. *Nec est qui se abscondat a calore ejus :* Il n'y a personne qui se cache à la chaleur du soleil. Job. 24. 19. *Ad nimium calorem transeat ab aquis nivium :* L'adultère passera tout d'un coup des eaux froides de la neige à une chaleur excessive ; *i. e.* il sera tourmenté des derniers supplices opposés, tels que sont le dernier degré du froid et le dernier degré de la chaleur. D'autres expliquent ce passage des tourments des damnés, dont le supplice, selon l'Ecriture, est un feu éternel. Le Grec porte : de même que la chaleur d'une terre altérée consume les eaux des neiges, ainsi la mort emporte les pécheurs. Voy. NIX.

Ardeur, transport, emportement (θερμασία). Jerem. 51. 39. *In calore eorum ponam potus eorum, et inebriabo eos :* Je les ferai boire dans leur chaleur, et je les enivrerai. Le prophète prédit ou les maux extrêmes par lesquels Dieu devait tirer des Juifs une juste vengeance, qui est souvent appelée le vin de sa fureur ; ou, c'est une prophétie de ce qui arriva à Balthazar, qui, après s'être rempli de vin, but dans les vases sacrés, et fut tué la même nuit. Voy. Dan. 5. 2. 30.

Autre signification.

CALOR, Heb. *hamath*, chaleur. Nom d'homme appelé *Hamath*, de qui est sortie la famille des Rechabites : ce nom appellatif lui est demeuré au lieu du nom propre. 1. Par. 2. 55.

CALPHI, Heb. *Vox oris*. Père de Juda ; qui était colonel général de la cavalerie de Jonathas. 1. Mac. 11. 70. Voy. JUDAS.

CALUBI, Heb. *Caninus*. Fils d'Hesron. 1. Par. 2. 9. Le même que Caleb.

CALUMNIA, Æ. συκοφαντία. De *calvor*, i. e. *frustror*, ou *decipio*, tromper.

1° Calomnie, fraude, imposture. Gen. 43. 18. *Introducti sumus ut devolvat in nos calumniam :* C'est sans doute à cause de cet argent que nous avons remporté dans nos sacs, qu'il nous fait entrer ici pour faire retomber sur nous ce reproche, disent les frères de Joseph étant introduits en sa maison. Levit. 19. 13. *Non facies calumniam proximo tuo :* Vous ne calomnierez point votre prochain. c. 6. 2. Ps. 118. 134. Eccl. 7. 8. Luc. 2. 14. etc.

2° Oppression, violence, injustice, ou voie injuste. Prov. 28. 16. *Dux indigens prudentia, multos opprimet per calumniam :* Un prince imprudent opprimera plusieurs personnes par ses violences. Isa. 33. 15. *Qui projicit avaritiam ex calumnia... v. 16. Iste in excelsis habitabit :* Celui qui a horreur d'un bien acquis par extorsion, demeurera dans des lieux élevés. Osc. 12. 7. Ainsi, Deut. 28. v. 29. 33. Eccl. 4. 1. c. 5. 7. Isa. 23. 12. etc. D'où vient cette signification suivante :

3° Le puits qu'Isaac fit creuser au fond du torrent fut appelé *injustice* ou *violence* (ἀδικία), parce que les pasteurs de Gerara querellèrent les pasteurs d'Isaac, lorsqu'ils le creusèrent, en leur disant que l'eau était à eux. Gen. 26. 20. *Nomen putei, ex eo quod acciderat, vocavit Calumniam :* Isaac appela le puits, *Injustice,* à cause de ce qui était arrivé. Voy. TORRENS.

CALUMNIARI, συκοφαντεῖν. — 1° User de calomnie, calomnier, accuser faussement quelqu'un, le décrier (ἐπηρεάζειν). Luc. 6. 28. *Orate pro calumniantibus vos:* Priez pour ceux qui vous calomnient; Gr. qui cherbent à vous faire du mal. Matth. 5. 44. Ainsi, 1. Petr. 3. 16. *In eo quod detrahunt vobis, confundantur, qui calumniantur vestram bonam in Christo conversationem:* Conservez en tout une conscience pure, afin que ceux qui décrient la vie sainte que vous menez en Jésus-Christ, rougissent de vous diffamer comme ils font. Ps. 118. 121.

2° Opprimer par des violences et des injustices. Prov. 14. 31. *Qui calumniatur egentem, exprobrat factori ejus:* Celui qui opprime le pauvre fait injure à Dieu qui l'a créé. 1. Par. 16. 21. 1. Reg. 12. v. 3. 4. Job. 10. 3. Isa. 52. 3. Ezech. 22. v. 7. 12. 29. Mal. 3. 5. et ce mot en ce sens répond au verbe Hebr. ghaschaq, qui signifie retenir injustement, et avec violence le bien d'autrui, ne vouloir point le rendre, ou payer ce qu'on doit, au lieu que gazal signifie le prendre par force.

3° Entreprendre, ou attenter malicieusement et injustement sur quelque chose. Prov. 28. 17. *Qui calumniatur animæ sanguinem:* Celui qui répand injustement le sang, en quoi consiste la vie. Mich. 2. 2. Malach. 3. 5. 1. Petr. 3. 16.

CALVARIA, Æ. κρανίον. Vient de *calva,* Voy. CALVUS, et signifie,

1° Le crâne de la tête. 4. Reg. 9. 35. *Non invenerunt nisi calvariam:* Les gens de Jehu ne trouvèrent que le crâne, les pieds, et l'extrémité des mains de Jezabel: Jehu les avait envoyés pour l'ensevelir.

2° Lieu hors la ville de Jérusalem, où Jésus-Christ fut crucifié. Matth. 27. 33. Marc. 15. 22. Luc. 23. 33. Joan. 19. 17. Ainsi appelé, selon saint Jérôme, parce que ce lieu, où l'on suppliciait ordinairement les criminels, était plein de crânes de têtes, et d'ossements de ceux qui y avaient été exécutés: selon plusieurs Pères, parce que Adam, le premier homme, y avait été enterré: mais saint Jérôme, sur saint Matth. 27. 33. réfute ce sentiment (que les Pères ont fondé sur le passage de Jos. 14. 15. qui porte, *Adam maximus ibi inter Enacim situs est:*) par ce passage même de Josué, en ce que le mot de *Adam,* signifie, selon le sens de la langue originale, un homme en général, et non le premier de tous les hommes; et que cet homme dont il est parlé en cet endroit-là de Josué, est Arbe, qui a donné le nom à la ville appelée *Cariath-arbé.* Voy. ADAM.

CALVITIUM, I. φαλάκρωμα. — 1° Défaut de cheveux, soit sur le devant soit au derrière de la tête. Levit. 13. 42. *Sin autem in calvitio sive in recalvatione albus, vel rufus color fuerit exortus:* Que si sur la peau de la tête qui est sans cheveux, il se forme une tache blanche ou rousse: c'était une marque de lèpre. v. 43. — 2° Défaut de cheveux au devant de la tête. Isa. 3. 24. *Et erit... pro crispanti crine, calvitium:* Les cheveux frisés des filles de Jérusalem, seront changés en une tête nue et sans cheveux. — 3° La rasure du devant de la tête, et même de la barbe; ce qui était la marque d'un grand deuil parmi les idolâtres. Deut. 14. 1. *Nec facietis calvitium super mortuo:* Ne vous rasez point en pleurant les morts: Dieu défend aux Juifs de se raser, comme les idolâtres, à la mort de leurs proches.

Grand deuil et affliction (ξύρησις, rasura). Isa. 22. 12. *Vocabit Dominus Deus exercituum in die illa ad calvitium:* Le Seigneur vous invitera à raser vos cheveux: ce qui peut s'entendre de la désolation que fit Sennachérib dans la Judée au temps d'Ezechias. c. 15. 2. Jerem. 16. 6. c. 47. 5. c. 48. 37. Ezech. 7. 18. c. 27. 31. Amos. 8. 10. Ainsi, Mich. 1. 16. *Dilata calvitium tuum sicut aquila:* Demeurez sans aucun poil, comme l'aigle se dépouille de toutes ses plumes: Les prophètes, dans tous ces passages cités, n'ordonnent pas aux Juifs de s'arracher ou se raser les cheveux à la mort de leurs proches, puisque cela était défendu. Deut. 14. 1. Mais ils leur prédisaient que leurs afflictions et leurs misères seraient si grandes, qu'ils donneraient volontiers, ou auraient raison de vouloir donner des marques aussi éclatantes de leur douleur que celles-là, s'il leur était permis. Voy. ATTONDERE.

CALVUS, φαλακρός. Du Grec κείρειν, tondre, ou de l'Hébreu kal, *lavis.*

Chauve, qui a la tête dégarnie de cheveux pour le moins en partie. 4. Reg. 2. 23. *Ascende, calve; ascende, calve:* Monte, chauve. Il y a bien de l'apparence que ces petits enfants qui insultaient à Elisée, suivaient en cela les impressions que leurs parents et leurs proches leur avaient données contre le saint prophète: ce fut pourquoi il livra ces enfants à des ours, pour réprimer l'orgueil des Juifs.

CALVUS. Voy. *supra, post* CALVITIUM.

CALX, CIS. κονία. Ce nom signifiant le bout du pied, vient du Grec λάξ, du verbe λήγω, *desino,* et signifiant de la chaux, vient de κάχληξ, qui signifie pierre, ou moellon, et signifie proprement de la chaux, dont on se sert pour faire le mortier: dans l'Ecriture,

1° Chaux. Deut. 27. v. 2. 4. *Erigite lapides... in monte Hebal, et lævigabis eos calce:* Vous dresserez de grandes pierres sur le mont Hebal, et vous les enduirez avec de la chaux; c'était pour y écrire les paroles de la loi de Dieu.

2° Le pied, la corne du pied d'un cheval (ὁπλή). 2. Mach. 3. 25. *Isque cum impetu Heliodoro priores calces elisit:* Un cheval fondant avec impétuosité sur Heliodore, le frappa, en lui donnant plusieurs coups des deux pieds de devant. Dieu fit paraître sa protection contre Héliodore, qui voulut lui-même faire enlever le trésor du temple.

Calce abjicere. Mépriser, fouler aux pieds. 1. Reg. 2. 29. *Quare calce abjecistis victimam?* Pourquoi avez-vous foulé aux pieds mes victimes? Les enfants d'Eli traitaient indignement et avec mépris les victimes qui étaient offertes à Dieu, et comme une chose profane, en prenant d'abord le meilleur, et ce qui leur plaisait, et ne laissaient à Dieu que le reste.

CAMELOPARDALUS, ι. Gr. καμηλοπάρδαλις. Du Grec κάμηλος, et de πάρδαλις, et signifie, Giraffe, animal de la grandeur du chameau, mais moucheté comme la panthère; il était permis aux Juifs d'en manger. Deut. 14. v. 4. 5.

CAMELUS, ι. κάμηλος. Peut venir du mot Hébreu *gamal*, qui signifie, Rendre, parce que c'est un animal fort vindicatif; ou du verbe Grec κάμνω, *laboro*; parce que cet animal est né pour le travail; ou de κάμπτω, *flecto*; et de μηρός, *femur*; parce qu'il courbe le genou, et signifie :

Chameau, qui sert dans l'Orient à porter les fardeaux, et qui était immonde parmi les Juifs. Deut. 14. 7. Ezech. 25. 5. *Dabo Rabbath in habitaculum camelorum:* J'abandonnerai Rabbath, pour être la demeure des chameaux: Dieu menace les Ammonites qu'il les assujettira aux Arabes pour faire parquer leurs chameaux dans leurs pays, ou du moins aux Chaldéens, dont le roi Nabuchodonosor s'était rendu maître de l'Arabie. Gen. 12. 16. Isa. 60. 6. Ces animaux étaient fort fréquents et de grand usage dans la Judée, et les pays circonvoisins. Ainsi, Matth. 19. 24. *Facilius est camelum per foramen acus transire, quam divitem intrare in regnum cœlorum:* Il est plus aisé qu'un chameau passe par le trou d'une aiguille, que non pas qu'un riche entre dans le royaume des cieux. Quelques uns croient que *camelus* signifie un cable, ou grosse corde, que l'on attache à l'ancre d'un vaisseau, supposant que κάμηλος, a aussi cette signification; mais on n'en trouve point d'autorité: il est vrai que Suidas et quelques autres lisent κάμιλος, en ce sens, et non pas κάμηλος.

CAMERA. Du Grec καμάρα, qui a la même signification, et signifie proprement, une voûte: dans l'Ecriture :

1° Voûte, plafond (οἶκος). 3. Reg. 7. 3. *Tabulatis cedrinis vestivit totam cameram:* Salomon revêtit de lambris de bois de cèdre tout le plafond.

2° Loge ou cabane (Βαιθακάθ). 4. Reg. 10. v.- 12. 14. *Jugulaverunt eos in cisterna juxta cameram quadraginta duos viros:* Les gens de Jehu menèrent à une citerne, près d'une cabane de pasteurs, les frères d'Ochozias: c'étaient ses neveux, tous enfants de ses frères, comme était Loth à l'égard d'Abraham. 2. Par. 22. 8. *Cum everteret Jehu domum Achab, invenit principes Juda et filios fratrum Ochoziæ, et interfecit illos:* Comme Jehu s'en allait pour ruiner la maison d'Achab, il trouva les princes de Juda, et les fils des frères d'Ochozias; ils les égorgèrent tous, au nombre de quarante-deux qu'ils étaient. Quelques auteurs prennent ici ce nom pour un nom propre de lieu; savoir d'un village sur le grand chemin, et proche de Samarie; et croient que ce lieu était ainsi appelé, parce qu'il était propre à tondre les brebis. Hebr. baithacad; *Domus ligationis*, où on liait les brebis pour les tondre.

CAMINUS, ι, κάμινος, du grec καῦμα, ατος, Chaleur, et signifie :

1° Cheminée. Exod. 9. v. 8. 10. *Tulerunt cinerem de camino:* Moïse jeta au ciel la cendre que lui et Aaron avaient prise de la cheminée avec leurs mains: il se forma des ulcères et des tumeurs dans les hommes et les animaux par toute l'Egypte. Eccl. 22. 30.

2° Fournaise, lieu embrasé de feu. Dan. 3. 17. *Deus noster quem colimus, potest eripere nos de camino ignis ardentis:* Notre Dieu, le Dieu que nous adorons, peut certainement nous retirer du milieu des flammes de la fournaise, disent les trois enfants à Nabuchodonosor. v. 23. Apoc. 1. 15. A quoi se peut rapporter le feu dont les damnés seront tourmentés. Matth. 13. 42. *Mittent eos in caminum ignis:* Les anges précipiteront les pécheurs dans la fournaise du feu. Jésus-Christ parle de ce qui arrivera au dernier jugement. v. 50.

3° Creuset pour fondre l'or ou l'argent. Prov. 17. 3. *Sicut igne probatur argentum, et aurum camino, ita corda probat Dominus:* Comme l'argent s'éprouve par le feu, et l'or par le creuset: ainsi le Seigneur éprouve les cœurs.

§ 1.—L'état des afflictions et des misères, par lesquelles Dieu éprouve les siens, est appelé le fourneau de l'affliction, de la pauvreté, pour les éprouver et les purifier. Eccl. 2. 5. *Homines receptibiles probantur in camino humiliationis:* Les hommes que Dieu reçoit au nombre des siens, sont purifiés dans le fourneau de l'affliction. Isa. 48. 10.

§ 2.— La punition terrible des méchants est représentée par une fournaise ardente. Isa. 31. 9. *Caminus ejus in Jerusalem:* Le Seigneur qui a une fournaise ardente dans Jérusalem. Le prophète parle de la défaite de l'armée de Sennachérib par l'ange. Malach. 4. 1. *Dies veniet succensa quasi caminus* (κλίβανος) : Il viendra un jour de feu, semblable à une fournaise ardente: ce qui s'entend de la prise et l'embrasement de Jérusalem, qui fut prédite par Jésus-Christ; mais il s'entend bien aussi du dernier jour du jugement, dont la destruction de Jérusalem fut la figure. Voy. Matth. 13. v. 42. 50.

§ 3. — Feu allumé dans le foyer, ou tison ardent (δαλός), se dit figurément des chefs du peuple de Dieu, qui consument et détruisent leurs ennemis avec la même facilité que le bois sec le peut être par un tison allumé. Zach. 12. 6. *Ponam duces Juda sicut caminum ignis in lignis:* Je rendrai les chefs de Juda comme un tison de feu qu'on met sous le bois: ceci peut être une prophétie des Machabées, qui ont défait leurs ennemis.

CAMON. Ville dans la tribu de Manassès, delà le Jourdain. Judic. 10. 5.

CAMPUS, ι, πεδίον, du Grec καμπός, qui signifie cirque, qui est un champ grand et uni, pour faire les courses des chevaux.

Champ, plaine, campagne. Ps. 103. 8. *Ascenderunt montes et descenderunt campi:* Lorsque les eaux se retirèrent, les montagnes parurent s'élever, et les collines parurent s'abaisser, chacune dans le lieu que vous leur avez marqué : c'est ce qui arriva au troisième jour de la création du monde

Ps. 8. 8. Ps. 95. 12. Judith. 1. 6. Ainsi, Ps. 131. 6. *Invenimus eam in campis silvæ :* Nous avons trouvé l'arche dans les champs de la forêt. Ce lieu est le même que Cariathiarim, où l'arche demeura vingt ans depuis qu'elle fut ramenée du pays des Philistins. v. 1. Reg. 6. 21. et c. 7. 2. Cant. 2. 1. De là vient:

CAMPUS MAGNUS. Ces mots qui répondent à l'Hébreu Haraboth, *Campestria*, signifient dans l'Ecriture :

1° Une plaine commandée par des montagnes. 1. Mach. 5. 52. *Transgressi sunt Jordanem in campo magno, contra faciem Bethsan :* Judas et ses gens passèrent ensuite le Jourdain dans la grande plaine, qui est vis-à-vis de Bethsan. Judith. 1. 6. Voy. ARBELLA.

2° Un nom propre de lieu, une plaine fort étendue située, selon saint Jérôme, entre le mont Thabor et le lac de Tibériade, dans la tribu d'Issachar. 1. Mach. 12. 49. *Misit Tryphon exercitum et equites in Galilæam, et in Campum magnum :* Tryphon envoya ses troupes et sa cavalerie dans la Galilée, et dans le Grand Champ : ce lieu s'appela aussi *Campus Esdrelon, Mageddo, et planities Galileæ ;* et l'on croit qu'il est aussi marqué par le mot, Saron. Isa. 33. 9. *et Campestria.* c. 65. 10. Heb. Saron, comme aussi, Cantic. 2. 1. *Ego flos Campi,* Heb. Saron.

3° *Campus idoli,* Le champ de l'idole. Amos. 1. 5. Voy. IDOLUM.

CAMPESTRIS, E. πεδινός, de *Campus,* et signifie,

Qui est des champs, de la campagne, qui croît et vient dans les champs, dans la plaine, dans un lieu uni. Luc. 6. 17. *Stetit in loco campestri :* Jésus-Christ descendit de la montagne, où il avait passé toute la nuit pour prier, et s'arrêta dans une plaine, c'est-à-dire, dans un lieu sans montagnes. De là vient :

CAMPESTRIA, UM. Plaine, lieu spacieux sans montagnes (δυσμός, *occasus*). Num. 22. 1. *Castrametati sunt in campestribus Moab :* Les Israélites campèrent dans les plaines de Moab près du Jourdain. Gen. 14. 6. Abd. v. 19. Voy. HÆREDITARE.

CAMPUS, I. Voy. supra.

CAMUEL, Heb. *Surrexit Deus.* — 1° Fils de Nachor, frère d'Abraham. Gen. 22. 41. *Camuel patrem Syrorum ;* Heb. *patrem Arami :* Cet Aram fils de Camuel, est différent d'Aram fils de Sem, qui a donné le nom aux Syriens. — 2° Un des premiers de la tribu d'Éphraïm. Num. 34. 24. — 3° Père d'Hasabias, qui commandait aux lévites. 1. Par. 27. 17.

CAMUS, I. du Grec κημός, et signifie, mors fort rude, sorte de bride. Ps. 31. 9. *In camo et freno maxillas eorum constringe, qui non approximant ad te :* Vous resserrerez avec le mors et le frein la bouche de ceux qui, comme des chevaux, vous veulent échapper, dit David : ce qu'Isaïe témoigne que Dieu a fait à l'égard de Sennachérib. 4. Reg. 19. 28. Cette expression marque que Dieu dompte les méchants, comme on dompte les chevaux par le mors. Prov. 26. 3.

CANA, Heb. *Zelus.* — 1° Ville de la tribu

d'Aser dans la Galilée supérieure, près de Tyr et Sidon. Jos. 19. 28. *Hamon et Cana usque ad Sidonem magnam.* Cette ville est appelée Cana la grande, en comparaison de l'autre. — 2° Ville de la tribu de Zabulon dans la Galilée inférieure, où Jésus-Christ, a changé l'eau en vin, et a guéri le fils d'un officier du roi. Joan. 2. v. 1. 11. *Hoc fecit initium signorum Jesus in Cana Galilææ :* Ce fut là le premier des miracles de Jésus-Christ, qui fut fait à Cana en Galilée. c. 4. 46. C'est d'où étaient Nathanael et Simon l'Apôtre.

CANALIS, ληνός, De *canna,* canne, roseau, à cause de sa figure, et signifie proprement, canal, lit d'une rivière : dans l'Ecriture,

1° Canal où on met l'eau pour abreuver le bétail (ληνός). Gen. 30. 41. *Ponebat Jacob virgas in canalibus aquarum :* Lorsque les brebis devaient concevoir au printemps, Jacob mettait les branches vertes de peuplier dans les canaux : c'était afin que, venant boire, elles conçussent des agneaux de diverses couleurs, qui devaient être sa récompense. c. 24. 20. Gr. ποτιστήριον, Exod. 2. 16. Gr. δεξαμένη.

2° Chaudière, ou cuvier dont se servent les teinturiers pour teindre leurs étoffes. Cant. 7. 5. *Comæ capitis tui, sicut purpura regis vincta canalibus* (παρδρομή, *transcursus.* Hebr. *rahit, trabs transversa*) : Les cheveux de votre tête sont comme les fils de la soie de couleur de pourpre, qui sont longtemps attachés sur le bord de la chaudière, pour prendre une forte teinture : cette description des cheveux figure les chrétiens, qui, étant attachés par la foi aux divins canaux des plaies de Jésus-Christ, sont tout pénétrés du double amour et pour Dieu et pour le prochain.

CANANÆUS, Heb. *Zelotes.* De Cana en Galilée (κανανίτης). Matth. 20. 4. *Simon Cananæus.* Marc. 3. 18. Il est appelé Cananéen, pour le distinguer de Simon Pierre. Voy. ZELOTES.

CANATH, Heb. *Emptio.* Ville de la tribu de Manassé de là le Jourdain. Num. 32. 42. 1. Par. 2. 23. dans le pays de Galaad.

CANCELLI, ORUM. Du Grec κιγκλίς, porte fermée avec des barres ou chancels (δικτυωτόν), et signifie,

Barreaux, qui se croisent les uns les autres en ligne droite ou oblique. 4. Reg. 1. 2. *Cecidit que Ochosias per cancellos cænaculi sui quod habebat in Samaria :* Ochosias tomba par la fenêtre d'une chambre haute qu'il avait à Samarie. Prov. 7. 6. Cant. 2. 9.

CANCER, Grec. καρκίνωμα. Ce mot qui a différentes racines selon ses différentes significations, signifie proprement, un cancre, espèce de poisson ; le Cancer, signe céleste ; un cancer, sorte de maladie, ou, comme il est pris dans l'Ecriture, gangrène, maladie, et alors il vient du καρκίνος, ainsi appelée, parce qu'elle s'étend par les parties voisines du corps.

Gangrène, maladie, qui mange et gâte les parties voisines, et s'étend toujours de plus en plus (γάγγραινα). 2. Tim. 2. 17. *Sermo eo-*

rum ut cancer serpit : La doctrine de ceux qui sèment de vains discours gâtera peu à peu, comme la gangrène, ce qui est sain.

CANDACE, Heb. *Possidens contritionem.* Candace, reine d'Ethiopie. Ce nom est commun aux reines de ce pays. Act. 8. 27. *Et ecce vir Æthiops Eunuchus potens Candacis reginæ Æthiopum,* ou *Candaces,* selon le Grec (κανδάκη) : Un Ethiopien eunuque, l'un des premiers officiers de Candace, reine d'Ethiopie, était venu à Jérusalem pour adorer. Voy. *Plin. l.* 6. 26.

CANDELABRUM, I. λυχνία. De *candela,* parce que la chandelle se met sur le chandelier, et signifie :

1° Chandelier, Eccli. 26. 22. *Lucerna splendens super candelabrum sanctum, et species faciei super ætatem stabilem :* L'agrément du visage dans un âge mûr, est comme une lampe qui luit sur un chandelier saint. Levit. 24. 4. *Super candelabrum mundissimum ponentur :* Les lampes seront toujours posées sur un chandelier très-pur devant le Seigneur. Le chandelier que Moïse fit par l'ordre de Dieu, était très-pur, tant parce qu'il était fait de l'or le plus pur, que parce qu'il était destiné à des usages saints. *Voyez-*en la description, Exod. 25. 31. etc. c. 37. v. 17. 18. 19. etc. sur le modèle duquel Salomon en fit faire dix pour le temple.

2° Jésus-Christ, ou l'Eglise qui porte la lumière de la doctrine céleste et des bonnes œuvres, étaient figurés par ce chandelier de Moïse, comme le chandelier d'or décrit dans Zach. 4. 2. était la figure du temple qui devait être rebâti. Voy. LAMPAS. Ainsi les sept chandeliers d'or que vit saint Jean, Apoc. 1. 12. représentaient les sept Eglises. v. 20. *Candelabra septem :* Les sept chandeliers sont les sept Eglises.

3° les vicaires de Jésus-Christ, tels que sont les évêques : d'où vient cette phrase. *Movere candelabrum de loco suo :* Oter le chandelier de sa place, c'est ôter la conduite et le gouvernement d'une église à un évêque qui la gouvernait, pour la donner à un autre. Apoc. 2. 5. *Movebo candelabrum tuum de loco suo, nisi pœnitentiam egeris :* Dieu déclare à l'évêque d'Ephèse qu'il l'ôtera de sa dignité et de son siège, s'il ne fait pénitence et ne rentre dans sa première ferveur : d'autres entendent que Dieu privera entièrement cette Eglise de la lumière et de la prédication de l'Evangile ; ce dernier sens suppose que tout son diocèse s'était relâché à son exemple : c'est la punition dont Dieu menace les Juifs. Matth. 21. 43. De plus les deux prophètes qui doivent porter la lumière de la vérité, sont appelés deux chandeliers. Apoc. 11. 4.

CANDENS. De *candere,* qui vient du Grec καω, ou καίω, *uro,* et signifie :

1° Qui est blanc. Num. 12. 10. *Et ecce Maria apparuit candens lepra :* Marie parut aussitôt toute blanche de lèpre comme de la neige : ce fut en punition d'avoir parlé contre Moïse.

2° Luisant, poli, éclatant (στίλβων). Ezech. 1. 7. Dan. 10. 6. *Brachia et quæ deorsum sunt quasi species æris candentis :* Les bras et tout le reste du corps de l'homme que je vis, était comme d'un airain étincelant : ce qui figurait la force éclatante avec laquelle Jésus-Christ briserait ses ennemis. Ezech. 1. 7. *Scintillæ quasi aspectus æris candentis :* Il sortait de ces quatre animaux des étincelles, comme il en sort de l'airain le plus luisant, Hebr. *poli :* ce qui figure la pureté de la nature et de toutes les actions des quatre premiers anges, figurés par ces quatre animaux du v. 5.

CANDIDUS, A, UM, λευκός, De *Candere :* Etre éclatant et embrasé, briller comme les métaux à la fonte. *Candere,* de *canus, caneo :* Blanc, de couleur éclatante ; et dans le sens figuré, sincère, qui agit avec sincérité.

1° Blanc, de couleur blanche, Gen. 49. 12, *Dentes ejus lacte candidiores :* Les dents de Juda sont plus blanches que le lait. Jacob marque l'abondance du lait qui serait dans le pays de Juda : d'autres l'expliquent spirituellement de la pureté de la vie, et de la doctrine des apôtres et des docteurs, qui sont comme les dents de l'Eglise. Marc. 9. 2. c. 16. 5. Apoc. 1. 14. c. 2. 17. c. 14. 14. c. 20. 11.

2° Eclatant, brillant (λαμπρός). Act. 10. 30. *Ecce vir stetit ante me in veste candida :* Un homme vêtu d'une robe blanche, i. e. éclatante, vint se présenter tout d'un coup devant moi. Corneille raconte à saint Pierre l'apparition qu'il avait eue de l'ange, de qui il avait reçu ordre d'envoyer quérir saint Pierre. Thren. 4. 7. *Candidiores Nazaræi ejus nive :* Les Nazaréens de Jérusalem étaient plus blancs que la neige. Ces Nazaréens étaient la portion la plus sainte parmi les Juifs, et étaient éclatants et bien faits ; Gr. ἐκαθαριώθησαν, *mundati sunt.*

Pur de la pureté de l'âme, accompagnée de celle du corps. Eccl. 9. 8. *Omni tempore sint vestimenta tua candida :* Que vos vêtements soient blancs en tout temps ; ces vêtements sont l'homme intérieur et la pureté dont nous sommes revêtus dans le baptême, ce que d'autres expliquent de la gaîté et de la joie, ce qui convient bien à la suite de ce passage. Aussi les Anciens usaient de robes blanches les jours de fêtes et de joie. Cant. 5. 10. *Dilectus meus candidus :* Cette blancheur et cette couleur vermeille de l'Epoux se prend allégoriquement pour la beauté de l'âme de Jésus-Christ, qui est appelé, *Candor lucis æternæ.* Voy. ci-après.

CANDOR, IS. De *candere ;* et se dit dans les auteurs, outre sa propre signification, pour la sincérité ; dans l'Ecriture :

Blancheur, couleur blanche ; soit commune, Gen. 30. 37. *Candor apparuit* (λευκόν): Les endroits des branches vertes, d'où Jacob avait ôté l'écorce, parurent blancs : il les mettait au printemps dans les canaux où les brebis avaient coutume de boire. Levit. 13. v. 4. 13. soit d'une blancheur éclatante. Eccli. 43. 20. *Pulchritudinem candoris ejus admirabitur oculus :* L'éclat de la blancheur de la neige ravira les yeux.

— Le Fils de Dieu, la seconde personne de

la sainte Trinité, la Sagesse éternelle (ἀπαύγασμα). Sap. 7. 25. *Ideo nihil inquinatum in eam incurrit, candor est enim lucis æternæ :* La Sagesse ne peut être susceptible de la moindre impureté, parce qu'elle est l'éclat de la lumière éternelle : Le Verbe éternel est lumière comme le Père : *Lumen de lumine.*

CANERE, ᾄδειν. Du mot Hébreu *Kana*, qui signifie, chalumeau, ou roseau, dont les gens de la campagne ont coutume de se servir pour jouer au lieu de flageolet ou flûte, et signifie :

1° Chanter, publier par des chants et des cantiques, les louanges de Dieu (λαλεῖν). Judic. 15. 17. *Cumque hæc verba canens implesset, projecit mandibulam de manu :* Après que Samson eut dit en chantant, J'ai défait les Philistins avec la mâchoire d'un poulain d'ânesse, il jeta de sa main la mâchoire. Exod. 15. 1. *Tunc cecinit Moyses et filii Israel carmen hoc Domino :* Après que les Israélites eurent passé la mer Rouge, et qu'ils se virent délivrés des Egyptiens, Moïse et les enfants d'Israël chantèrent le cantique, appelé, de Moïse. Exod. 15. 1. Num. 21. 17. Judic. 5. v. 1. 3. 1. Par. 2. 55. d'où vient cette phrase, *Canere ad vocem psalterii :* Accorder sa voix avec le son de la harpe. Amos. 6. 5. *Væ... qui canitis ad vocem psalterii* (ἐπικροτεῖν, *plaudere. al.* ἐπικρατεῖν).

2° Jouer des instruments de musique, et alors ce verbe est accompagné des ablatifs *tuba, tibia, organis, etc.,* où ils sont sous-entendus. Matth. 6. 2. *Noli tuba canere ante te.* Lorsque vous donnerez l'aumône, ne faites point sonner la trompette devant vous. c. 11. 17. 1. Cor. 14. 7. 4. Reg. 3. 15. etc.

3° Raconter, faire le récit de quelque chose, en parler. Job. 36. 24. *Memento quod ignores opus ejus, de quo cecinerunt viri :* Souvenez-vous que vous ne connaissez point les ouvrages de Dieu, dont les hommes ont parlé dans leurs cantiques, dit Eliu à Job. Isa. 5. 1. D'où vient :

CANENS, TIS, chantre, qui chante les louanges de Dieu. 1. Par. 2. 55. *Canentes atque resonantes hi sunt Cinæi :* Ceux qui chantent les louanges de Dieu avec la voix et sur les instruments, ce sont ceux qu'on nomme Cinéens. Ces mots *canentes et resonantes,* qui sont de la Vulgate, sont chez les Septante des noms propres hébreux, savoir : Tirathim et Scimathim, qui signifient la même chose.

CANI. Voy. CANUS.

CANIS, IS, κυνός du génitif grec de κύων changeant *u* en *a,* et signifie proprement chien ; et se dit aussi chez les auteurs de la canicule, constellation appelée *canis major;* et d'une autre appelée *canis minor :* dans l'Ecriture :

Chien. Exod. 11. 7. *Non mutiet canis :* On n'entendra pas seulement un chien grogner. L'Ecriture marque la grande et générale tranquillité qui serait parmi les Juifs, au même temps qu'on entendrait les cris de tous les Egyptiens, à cause du carnage de tous leurs premiers-nés ; et ce silence des chiens des Juifs parmi ce trouble, était un très-grand miracle. Prov 26. 11. 2. Petr. 26. 17. *Canis reversus ad suum vomitum.* Voy. VOMITUS. Isa. 66. 3. *Qui mactat pecus, quasi qui excerebret canem :* Celui qui sacrifie une brebis sans piété, est comme celui qui assommerait un chien ; c'est-à-dire qui sacrifierait un animal immonde. Prov. 26. 17. Deut. 23. 18. *Non offeres mercedem prostibuli, nec pretium canis :* Vous n'offrirez point dans la maison du Seigneur la récompense de la prostituée, ni le prix du chien. Dieu défendait d'offrir le prix lequel on aurait cru pouvoir racheter le premier-né de la chienne, comme ceux des autres bêtes impures ; ou bien cette défense se faisait pour donner de l'horreur de la superstition des Egyptiens, qui avaient pour cet animal une vénération particulière, puisque d'ailleurs on pouvait offrir au temple les autres animaux immondes qu'on rachetait pour en donner le prix au prêtre. Voy. BOCHART, *l. de Anim. Sac.,* p. 1. l. 2. col. 691.

— 1° Les pasteurs qui doivent être vigilants et fidèles à garder le troupeau qui leur est confié. Cette signification est tirée de la fidélité du chien. Isa. 66. v. 10. 11. *Canes muti non valentes latrare :* Les sentinelles d'Israël sont des chiens muets qui ne sauraient aboyer.

2° Homme de rien, méprisable. 4. Reg. 8. 13. *Quid enim sum servus tuus canis, ut faciam rem istam magnam ?* Qui suis-je, moi, votre serviteur, qui ne suis qu'un chien, sc. pour faire aux Juifs tous les maux que vous dites que je dois faire ? dit à Elizée Hazaël, étant encore un des officiers de Bénadad. 1. Reg. 17. 43. Ce qui est aussi marqué par un chien mort, ou même vivant. 1. Reg. 24. 15. *Canem mortuum persequeris :* Vous poursuivez un chien mort, dit David à Saül. 2. Reg. 9. 8. c. 16. 9. Eccl. 9. 4. *Melior est canis vivus leone mortuo :* Un chien vivant vaut mieux qu'un lion mort : ce qui montre que la vie est naturellement préférable à la mort. On dit aussi dans le même sens, *caput canis;* la tête d'un chien, parce qu'il ne s'y trouve rien de bon. 2. Reg. 3. 8.

3° Infidèles, idolâtres, qui n'ont pas de part à l'alliance que Dieu a faite avec les hommes. Matth. 15. 26. Marc. 7. 27. *Non est bonum sumere panem filiorum et mittere canibus :* Il n'est pas bon de prendre le pain des enfants pour le jeter aux chiens, dit Jésus-Christ à la femme chananéenne.

4° Impies, qui étant plongés dans les plaisirs charnels et dans les autres vices, persécutent ceux qui leur annoncent la vérité ; les persécuteurs des gens de bien. Matth. 7. 6. *Nolite sanctum dare canibus :* Gardez-vous bien de donner les choses saintes aux chien, dit Jésus-Christ. Philip. 3. 2. Apoc. 22. 15. Ps. 21. 17. *Cirumdederunt me canes multi :* Un grand nombre de chiens m'ont environné. v. 21. Ps. 58. v. 7. 15. *Famem patientur ut canes* Ceux qui commettent l'iniquité seront affamés comme des chiens. David marque l'ardeur avec laquelle ses ennemis le cherchaient partout pour le perdre :

Ils étaient la figure des ennemis de Jésus-Christ.

5° Les impurs et les abominables. Apoc. 22. 15 *Foris autem canes, venefici et impudici*: Qu'on laisse dehors les chiens, les empoisonneurs, les impudiques, etc. Prov. 26. 11. 2. Petr. 2. 22.

CANISTRUM, ɪ, κάνης, du grec κάναστρον, changeant *a* en *i*, et signifie,
Panier, corbeille. Gen. 40. 16. *Et ego vidi somnium, quod tria canistra farinæ haberem super caput meum*: J'ai eu aussi un songe : il me semblait que je portais sur ma tête trois corbeilles de farine, dit le grand panetier de Pharaon à Joseph, voyant qu'il avait interprété le songe du grand échanson.

CANTARE, ᾄδειν fréquentatif de *canere*, et signifie :
1° Chanter. Jerem. 48. 33. *Nequaquam calcator, uvæ solitum celeusma cantabit*: Ceux qui foulaient les raisins ne chanteront plus leurs chansons ordinaires. Le Prophète prédit la ruine des terres des Moabites, où il ne devait plus croître de raisins. c. 51. 14. Prov. 25. 20. Mich. 2. 4. Matth. 26. 34. D'où vient, *cantans*, oiseau qui chante. Soph. 2. 14. *Vox cantantis in fenestra* : Les oiseaux crieront sur les fenêtres (κόραξ, *corvus*). Le Prophète, prédisant ici la destruction de Ninive, dit que les maisons seront si désertes, que les oiseaux chanteront sur les fenêtres. Prov. 25. 20. Voy. CARMEN 6°.

2° Chanter en dansant. Exod. 32. 18. *Vocem cantantium ego audio* : J'entends les voix des personnes qui chantent, dit Moïse à Josué, des Juifs qui dansaient autour du veau d'or. Voy. v. 6. Judic. 9. 27. 1. Reg. 18. 6. c. 21. 11. c. 29. 5.

3° Chanter les louanges de Dieu par des psaumes et des cantiques. Exod. 15. 1. *Cantemus Domino* : Chantons des hymnes au Seigneur; Heb. Je chanterai, dit Moïse, à la sortie de la mer Rouge. Ps. 70. 23. Isa. 12. 5. Osée. 2. 15. Voy. MERUM.

4° Chanter, donner des marques d'une grande réjouissance. Tob. 13. 22. *Per vicos ejus alleluia cantabitur*: Le père du jeune Tobie témoigne qu'au temps que Jérusalem serait rebâtie, comme elle le fut par Cyrus, et encore plus au temps de l'établissement éclatant de l'Eglise, on chanterait le long de ses rues : *Alleluia*. 1. Par. 16. 23. Ps. 67. 33. Ps. 136. 5. à quoi se rapporte Isa. 55. 12. *Montes et colles cantabunt coram vobis laudem* : Au temps de la conversion des peuples à l'Evangile, les montagnes et les collines retentiront des cantiques de louanges.

5° Publier, déclarer publiquement à haute voix et d'autorité publique. Exod. 36. 6. *Jussit ergo Moyses præconis voce cantari*: Comme le peuple offrait plus de dons qu'il n'était nécessaire pour les ouvrages du tabernacle, Moïse commanda qu'on fît une déclaration publique, par la voix d'un héraut, qu'on n'en offrît plus.

CANTABILIS, E, IS. Qui mérite d'être chanté, qui est la matière de chant et de cantiques (ψαλτός). Ps. 118. 54. *Cantabiles mihi erant justificationes tuæ, in loco peregrinationis meæ*; Hebr. *Psallendi argumenta*: Vos ordonnances pleines de justice me tenaient lieu de cantique dans le lieu de mon exil.

CANTATIO, chant, sujet de chant et de cantique, matière de louanges (ὕμνησις). Ps. 70. 8. *In te cantatio mea semper* : Vous avez toujours été le sujet de mes cantiques de louanges.

CANTATRIX, chanteuse, musicienne (ᾄδουσα). 2. Reg. 19. v. 3. 5. *Vel audire possum ultra vocem cantorum atque cantatricum?* Puis-je trouver quelque plaisir à entendre la voix des musiciens et des musiciennes ? Berzellaï s'excuse à David sur son grand âge, peu susceptible des plaisirs de la cour, pour ne le pas suivre dans Jérusalem. 2. Par. 35. 25. 1. Esdr. 2. 65. 2. Esdr. 7. 67. Eccl. 2. 8.

CANTHUS, ɪ, Gr. κανθός, bande de fer qu'on met autour d'une roue, les jantes d'une roue. 3. Reg. 7. 33. *Canthi* : Les jantes des quatre roues qui étaient au droit des quatre angles de chaque socle, étaient semblables à celles d'un chariot. Ceci entrait dans la composition de la mer de fonte.

CANTICUM, ɪ. ᾆσμα, ψαλμός, ᾠδή.—1° Chanson gaie, air agréable. Isa. 23. 16. *Frequenta canticum, ut memoria tui sit*. Etudiez-vous à multiplier vos airs, afin qu'on se souvienne de vous. v. 15. *Post septuaginta annos erit Tyro quasi canticum meretricis* : Après ces soixante-dix ans, Cyrus ayant détruit le règne des Babyloniens, la ville de Tyr a été rétablie et a recommencé son commerce qu'elle entretenait par les attraits de ses belles paroles, comme une courtisane entretient le sien par la douceur de son chant. Voy. v. 17. Gen. 31. 27. Isa. 24. 9. Ezech. 26. 13. Amos. 8. 10.

2° Cri militaire, usité pour s'animer au combat, et pour marquer sa joie après la victoire (παιάν, *pæan*.). 2. Mach. 15. 25. *Nicanor autem et qui cum eo erant, cum tubis et canticis admovebant* : Cependant Nicanor marchait avec son armée au son des trompettes et au bruit des voix qui s'animaient au combat.

3° Chant satirique, air fait ou chanté pour railler quelqu'un : d'où viennent ces phrases. — I. *Canticum cantare super aliquem*: Chanter des chansons sur quelqu'un. Mich. 2. 4. *In die illa sumetur super vos parabola, et cantabitur canticum cum suavitate* (παραβολή): En ce temps-là, vous deviendrez la fable des hommes; et l'on prendra plaisir à chanter des chansons sur vous. Le Prophète parle du temps que Salmanasar vint s'emparer des places fortes d'Israël, dans le temps qu'il semblait que les ennemis, sous Teglatphalasar se fussent retirés. — II. *Canticum alicujus fieri, in canticum alicujus verti*: Devenir le sujet des chansons de quelqu'un. Thren. 3. 14. *Factus sum in derisum omni populo meo, canticum eorum tota die* : Je suis devenu le jouet de tout mon peuple, le sujet de leurs chansons pendant tout le jour. Le Prophète parle des chansons injurieuses que faisaient les Chaldéens sur les misères, ou du Prophète ou du peuple, ou plutôt de l'un et de l'autre, après la désolation de Jérusalem. Job. 30. 9. *Nunc in eorum canticum versus sum* (θρύλλημα, *fabula*) : Je suis devenu le sujet des chansons des hommes de la dernière bassesse, dit Job. 3° *In canticum oris sui sermones alicujus vertere* : Ecouter les paroles de quelqu'un pour s'en divertir. Ezech. 33. 31. *Audiunt sermones tuos, et non faciunt eos ; quia in canticum oris sui vertunt illos* (ψαλτήριον) : Dieu avertit le Prophète de reprendre les captifs de Babylone de ce qu'ils écoutaient la parole qu'il leur annonçait touchant la désolation de Jérusalem, et de se convertir, sans qu'ils en fissent rien ; parce qu'ils n'écoutaient tout ce qu'il leur disait que comme des chansons pour s'en divertir.

4° Un air lugubre, cantique fait pour reprocher une infidélité. Isa. 5. 1. *Cantabo dilecto meo canticum patruelis mei vineæ suæ* : Je chanterai maintenant à mon bien-aimé le cantique de mon proche parent pour sa vigne. Le mot Hébreu *sirath*, signifie un air lugubre ; mais il est appelé cantique, parce que cet endroit a été écrit en vers. Voy. PATRUELIS.

5° Les cantiques, tant de l'Ancien que du Nouveau Testament, qui sont des productions du Saint-Esprit, par l'inspiration duquel les gens de bien et les saintes âmes avaient coutume d'en composer sur le champ un tout nouveau, et de le chanter lorsqu'ils avaient reçu quelque bienfait considérable et extraordinaire, où ils en répétaient et chantaient quelqu'un qui avait été déjà composé : comme Marie la prophétesse qui répéta celui de Moïse. Exod. 15. 21.

6° Quand le mot *canticum* sert de titre à quelqu'un des psaumes, il marque, selon quelques auteurs, que ce psaume se chantait de la voix seule, et comme en plain-chant, sans instrument de musique ; comme Ps. 17. 1. Ps. 44. 1. Ps. 38. 1. Ps. 95. 1. au lieu que quand le mot *Psalmus* est seul, il signifie qu'il se chantait avec les instruments seuls, sans les accompagner de la voix : c'est le titre de la plus grande partie des psaumes.

Psalmus, ou *Laus cantici*, marque que le psaume commençait par la voix seule, qui était suivie du son des instruments, comme aux psaumes 29. 1. Ps. 47. 1. Ps. 66. 1. Ps. 67. 1. Ps. 74. 1. Ps. 90. 1. Ps. 94. 1. etc.

Canticum psalmi, signifie qu'il commençait par le son des instruments, qu'on accordait ensuite avec la voix, comme Ps. 65. 1. Ps. 82. 1. Ps. 87. 1. etc.

Ainsi *Vasa cantici*, sont les instruments de musique sur lesquels David chantait, ou faisait chanter les psaumes. 2. Esdr. 12. 35. Amos. 6. 5. Voy. VAS.

CANTICA SION, ᾠδή. Les cantiques de Sion, les cantiques par lesquels on chantait les louanges de Dieu dans le temple de Jérusalem. Ps. 136. 3. *Hymnum cantate nobis de canticis Sion*, disent les Babyloniens aux Israélites dans leur captivité : ces cantiques sont appelés cantiques du Seigneur. v. 4. et 1. Par. 25. 7. à l'imitation desquels les dix tribus chantaient des cantiques dans le culte sacrilège qu'ils rendaient à leurs idoles. Amos. 5. 23. *Aufer a me tumultum carminum tuorum, et Cantica lyræ tuæ non audiam* : Otez-moi le bruit tumultueux de vos cantiques, je n'écouterai point les airs que vous chantez sur la lyre. Voy. v. 52. 26. Ainsi, c. 8. 10.

CANTICUM CANTICORUM. Hebr. *Sir, Hasirim*. Le livre du Cantique des Cantiques, c'est-à-dire le cantique le plus excellent ; ce qui est un hébraïsme, comme *Sancta sanctorum* : Le lieu le plus saint du tabernacle, Exod. 27. 34. et *Servus servorum* : Le serviteur le plus abject. Gen. 9. 25. Ce livre, du Cantique, a été composé par Salomon, à l'occasion de son mariage avec la fille de Pharaon, et qui était la figure de l'entretien de Dieu avec la Synagogue, et de celui de Jésus-Christ avec l'Eglise, ou avec l'âme du juste. On voit dans saint Jérôme, *Proem. in Ezechielem*, qu'il était défendu, chez les Hébreux, de le lire avant l'âge de trente ans : aussi, il n'a été composé que pour les parfaits. Son style, sous les figures d'un amant et d'une amante, est tout spirituel et tout divin.

CANTICUM PRO DILECTO (ᾠδή). C'est le titre du Psaume 44, composé sur le même sujet que le Livre du Cantique ; et c'est pour cela même que saint Paul le cite, pour prouver l'établissement du règne de Jésus-Christ sur ses élus. Hebr. 1. 8. à quoi se peuvent rapporter les Cantiques, que l'auteur de l'Ecclésiastique dit que Salomon a composés, et qu'il exprime par le mot de *Cantilena*, Eccli. 47. 18. et ceux dont il est parlé 3. Reg. 4. 31. sous le mot *Carmen*, où il est dit que Salomon en composa jusqu'au nombre de cinq mille.

CANTICUM AGNI, ᾠδή. Le cantique de l'Agneau : c'est celui par lequel les fidèles de l'Eglise triomphante publient les louanges de Jésus-Christ, à cause de la victoire qu'il a remportée contre ses ennemis spirituels ; et comme cette victoire a été figurée par celle que Moïse et les Israélites ont remportée sur Pharaon et les Egyptiens, le Cantique de Moïse et le Cantique de l'Agneau sont joints ensemble. Apoc. 15. 3. *Cantantes Canticum Moysi et Canticum Agni*.

CANTILENA, æ. De *Canere*, et signifie : Chanson, chant en vers, cantique (ᾠδή). Eccli. 47. 18. *In Cantilenis, et Proverbiis, et Comparationibus miratæ sunt terræ* : Toute la terre a admiré les Cantiques, les Proverbes, les Paraboles de Salomon, et l'interprétation qu'il a donnée aux choses obscures : ces cantiques et ces proverbes étaient des productions de la sagesse qu'il avait reçue de Dieu. 3. Reg. 4. 32. Voy. CANTICUM PRO DILECTO. Voy. CARMEN.

CANTIO, NIS, ᾠδή, De *Canere*, et signifie proprement, chanson, enchantement : dans l'Ecriture,

Chant, cantique, air de réjouissance. D'où vient : *Verba cantionum*. Ps. 136. 3. *Illic interrogaverunt nos, qui captivos duxerunt nos, verba cantionum* : Ceux qui nous avaient emmenes captifs, nous demandaient que nous chantassions quelque chose de nos cantiques.

CANTOR, is. ψαλτωδός. — 1° Chantre, musicien (ᾄδων). 2. Reg. 19. 35. Voy. CANTATRIX. Ainsi 4. Reg. 11. 14. 1. Esd. 2. 65. 2. Esdr. 7. 67. — 2° Musiciens sacrés, et chantres choisis par David, du nombre des Lévites, qu'il établit pour chanter les louanges de Dieu, contenues dans les Psaumes que David avait composés. 1. Par. 23. v. 5. 30. David donna cette fonction aux trois fils de Joël, descendant de Gerson, savoir : Asaph, Heman, et Idithun. v. 2. Par. 35. 15. dont les vingt-quatre enfants ont donné le nom aux vingt-quatre classes de chantres. 1. Par. 6. v. 31. 33. Ces chantres avaient un maître de musique qui réglait le chant. Voy. IN FINEM.

CANTUS, us. Chant. Tob. 8. 11. *Circa pullorum cantum :* Vers le chant du coq. Voy. PULLUS. Ainsi, Marc. 13. 35.

CANUS, A, UM. πολιός. Du mot *Candidus*, ou plutôt de γανᾶν, qu'Hesychius rend par λευκαίνειν, blanchir.

Blanc, selon les anciens auteurs, et se dit de la neige, de la gelée, et de quantité d'autres choses : mais il se dit ordinairement comme dans l'Ecriture :

Blanc, en parlant des cheveux de la tête. Levit. 19. 32. *Coram cano capite consurge :* Levez-vous devant ceux qui ont les cheveux blancs ; c'est-à-dire honorez les personnes âgées. D'où vient cette signification du pluriel :

CANI, πολιαί, supp. τρίχες. Cheveux blancs, sous-entendant *capilli* ; ce qui marque et exprime la vieillesse. Ose. 7. 9. *Cani effusi sunt in eo :* Les cheveux d'Ephraïm sont devenus tout blancs, et il ne s'en est point aperçu. Le prophète témoigne que, de même que quoique la blancheur des cheveux d'un vieillard l'avertisse de sa mort prochaine, cependant il ne s'en aperçoit pas, et vit toujours de même sans y penser ; ainsi les Israélites, quoique proches de leur perte, dont ils étaient menacés de la part des Assyriens, vivaient toujours dans la même insolence et le même endurcissement. Isa. 46. 4. Sap. 4. 9. *Cani autem sunt sensus hominis :* La prudence de l'homme lui tient lieu de cheveux blancs ; i. e. de vieillesse. Eccli. 6. 18. D'où viennent ces phrases :

Cani multi temporis alicujus veterani. Extrêmement vieux, fort âgé. Sap. 2. 10. *Nec veterani revereamur canos multi temporis :* N'ayons aucun respect pour la vieillesse et les cheveux blancs, disent les méchants.

γῆρας, *Canos alicujus deducere ad inferos*. Faire mourir quelqu'un dans sa vieillesse, soit en lui causant quelque tristesse, et quelque affliction extrême. Gen. 42. 38. *Si quid ei adversi acciderit in terra ad quam pergitis, deducetis canos meos cum dolore ad inferos :* S'il arrive à Benjamin quelque malheur au pays où vous allez, vous accablerez ma vieillesse d'une douleur qui m'emportera dans le tombeau, dit Jacob à ses enfants, qui le lui demandaient pour retourner acheter du blé en Egypte. c. 44. 29. Soit en punition de quelque crime. 3. Reg. 2. 9. *Deducesque canos ejus cum sanguine ad inferos :* Ne laissez pas le crime de Séméï impuni ; vous aurez soin qu'en sa vieillesse il ne descende au tombeau que par une mort sanglante, dit David à Salomon. Voy. son crime, v. 8. et sa punition, v. 46. David, pour témoigner son amour pour la justice, laisse à la sagesse de son fils la punition de tous ces coupables dont il est parlé en ce chapitre, lorsqu'on ne pouvait plus le soupçonner du moindre ressentiment de vengeance.

CANITIES, IEI. πολιαί, Cheveux blancs, chevelure de vieillard, le vieillard même, l'âge de la vieillesse. Prov. 20. 29. *Dignitas senum canities :* Les cheveux blancs sont la gloire des vieillards, en ce que la vieillesse est souvent une récompense avancée de la vertu, et que d'ordinaire elle est accompagnée d'expérience et de bon conseil. 2. Mach. 6. 23. *Cogitare cœpit ingenitæ nobilitatis canitiem :* Lorsque les amis d'Eléazar le supplièrent de trouver bon qu'on lui apportât des viandes dont il lui était permis de manger, pour en user, au lieu des viandes du sacrifice, il se représenta ses cheveux blancs qui accompagnaient la grandeur d'âme qui lui était comme naturelle. Eccli. 25. 6. D'où vient cette phrase :

Canitiem alicujus pacifice deducere ad inferos. Laisser mourir quelqu'un en paix dans sa vieillesse. 3. Reg. 2. 6. *Non deduces canitiem ejus pacifice ad inferos :* Vous ne permettrez pas que Joab, après avoir vieilli, descende en paix dans le tombeau. Voy. Ses crimes, v. 5. Voy. sa punition, v. 30. 31.

CAPAX, CIS. D'où vient *Capacissimus*. De *Capio*, et signifie :

Capable, qui tient, ou qui peut tenir beaucoup de personnes ou de choses, en parlant d'un lieu, d'un vase. Ezech. 23. 32. *Calicem sororis tuæ bibes profundum et latum, quæ est capacissima* (πλεόναζον) : Vous boirez de la coupe de votre sœur, de cette coupe large et profonde. Ici *quæ est capacissima*, est mis pour le masculin ; et l'auteur de la Vulgate a suivi l'Hébreu où *calix* est féminin. Le prophète annonce aux peuples de Jérusalem, qui avaient vu emmener en captivité les dix tribus, qu'ils y seraient aussi emmenés, et y souffriraient beaucoup. La grandeur de ces maux est exprimée, 4. Reg. 21. 12.

CAPER, PRI ; Gr. κάπρος, du grec κάπτω, edo, voro, parce que c'est un animal vorace, et signifie :

Bouc. Levit. 16. 8. *Mittens super utrumque sortem, unam Domino, et alteram capro emissario :* Aaron recevra de toute la multitude des enfants d'Israël deux boucs pour le péché. Aaron devait jeter le sort sur ces deux boucs : l'un, destiné pour le Seigneur, et l'autre pour être le bouc émissaire. v. 8. Ces deux boucs étaient la figure de Jésus-Christ : celui qui était immolé marquait son humanité sainte ; et le bouc émissaire, qui était renvoyé libre dans le désert, marquait sa divinité. Voy. EMISSARIUS. Ainsi 10. 16

CAPERE. Voy. post. CAPRINUS

CAPRA, æ. αἴξ, γὸς, de *Caper*, et signifie : Chèvre, animal domestique qu'on pouvait manger et sacrifier. Gen. 15. 9. c. 30. v. 32. 35. Ainsi, Cant. 4. 1. c. 6. 5. *Capilli tui sicut greges caprarum :* Vos cheveux sont comme des troupeaux de chèvres qui sont montées sur la montagne de Galaad. On dit que plus les chèvres sont grasses et bien nourries, telles que celles du mont de Galaad, plus leur poil est fin ; et les Orientaux en font de très-belles étoffes. Cette expression marque que l'Eglise porte, comme sur le front, les ornements de ses bonnes œuvres. 1. Reg. 19. v. 13. 16. Prov. 27. 27.

CAPREA, æ. δορκάς, de *Capra*, à cause du rapport qu'a cet animal avec la chèvre, et signifie, chez les auteurs, le même que *capra* dans l'Ecriture :

Chevreuil, chèvre sauvage, animal fort vite, dont il était permis de manger, mais non d'en sacrifier. Deut. 12. 22. *Sicut comeditur caprea et cervus, ita vesceris eis.* v. 15. 1. Par. 12. 8. *Veloces quasi capreæ in montibus :* Ces jeunes hommes très-forts de la ville de Gaddi, qui vinrent se retirer près de David lorsqu'il fuyait Saül, étaient aussi vites que les chèvres qui sautent sur les montagnes.

1° Parce que les chevreuils sont chéris et aimés des habitants de la campagne, et qu'ils en font leur richesse et leur agrément : cet animal est pris pour marquer ce qu'il y a de plus beau, de plus cher et de plus agréable à ceux qui vivent dans la campagne. Cant. 2. 7. c. 3. 5. *Adjuro vos, filiæ Jerusalem, per capreas, cervosque camporum :* Filles de Jérusalem, je vous conjure par les chevreuils et par les cerfs de la campagne.

2° Parce que cet animal est prompt. Voy. 1. Par. 12. 8. il marque la promptitude et l'affection avec laquelle Jésus-Christ secourt son Eglise. Cant. 2. 9. *Similis est dilectus meus capreæ :* Mon bien-aimé est semblable à un chevreuil. v. 17.

CAPRINUS, A, UM. αἴγειος. Qui est de bouc ou de chèvre. Hebr. 11. 36. *Circuierunt in melotis, in pellibus caprinis :* Les personnes pleines de foi étaient vagabondes, couvertes de peaux de brebis et de peaux de chèvres.

CAPERE, λαμβάνειν. De l'Hébreu *caph*, qui signifie la main, les serres, ou du Grec κάπτειν.

1° Prendre, se saisir de quelque chose. 1. Reg. 4. v. 11. 17. *Arca Dei capta est :* L'arche de Dieu a été prise : c'est ce que vint dire à Héli un homme de la tribu de Benjamin, étant échappé du combat qui se donna contre les Philistins. Ose. 5. 14. *Ego ego capiam, et vadam ; tollam, et non est qui eripiat :* J'irai moi-même prendre ma proie ; je l'enlèverai, et personne ne l'arrachera de mes mains. Dieu, dans ses jugements contre son peuple, se compare à une lionne ou à un lion, à qui on ne peut ôter sa proie. Cant. 2. 15. *Capite nobis vulpes parvulas quæ demoliuntur vineas :* Prenez-nous les petits renards qui détruisent les vignes. Ces renards s'entendent des hérétiques, que l'époux demande qu'on les prenne ; c'est-à-dire qu'on les découvre tels qu'ils sont, et qu'on les convainque de leurs erreurs par la force de la vérité. Ps. 58. 4. *Ecce ceperunt animam meam :* Voilà que mes ennemis se sont rendus maîtres de ma vie. La maison de David était assiégée des soldats de Saül, qui étaient plus forts que lui ; c'est pourquoi il prie Dieu de l'en délivrer. Ainsi, prendre prisonnier. Ose. 6. 2. *Ipse cepit nos :* C'est lui-même qui nous a faits captifs, et qui nous délivrera. Ps. 67. 19. *Cepisti captivitatem :* Vous avez emmené un grand nombre de captifs. Ces captifs se peuvent entendre des peuples qui avaient été vaincus par la présence de l'arche, menée en triomphe au mont de Sion, figure de celui de Jésus-Christ lorsqu'il ressuscita, et emmena avec lui des enfers les âmes des justes qui y avaient été détenues depuis le commencement du monde. Thren. 4. 6. *Et non ceperunt in ea manus* (παίειν. al. ἁρπάζειν) : Les ennemis ne leur ont point pris les mains pour les enchaîner. Hebr. *Et non adhibitæ ei manus :* Les hommes n'ont point eu de part à sa ruine : ce qui revient au Grec, οὐκ ἐπιόνησαν ἐν αὐτῇ χεῖραι, al. χεῖρες, *Non laboraverunt in ea manibus,* ou *manus.* Isa. 49. 24. Num. 31. 9. etc. A cette première signification, se peuvent rapporter les phrases suivantes : 1° *Capere cibum.* 2. Reg. 3. 35. *Cumque venisset universa multitudo cibum capere cum David* (περιδειπνεῖν) : Tous étant revenus pour manger avec David, lorsqu'il était encore grand jour : ce fut au deuil que fit David de la mort d'Abner ; il ne voulut point manger avant le soleil couché. 1. Reg. 1. 7. Judic. 19. 8. Ps. 54. 15. 2° *Capere somnum* (ὕπνον βλέπειν) : Prendre son repos, dormir. Eccl. 3. 16. *Est homo qui diebus et noctibus somnum non capit oculis :* Tel se trouve parmi les hommes qui ne dort et ne pense ni jour ni nuit. 3° On l'entend aussi de la force de la grâce qui se rend maîtresse des cœurs. Luc. 9. 10. *Ex hoc jam eris homines capiens* (ζωγρεῖν, *Vivum capere*) : Votre emploi sera désormais de prendre des hommes, en les gagnant à Dieu par la prédication de l'Evangile, dit Jésus-Christ à saint Pierre, dont l'emploi était auparavant de prendre des poissons. v. 5. Ce que Jésus-Christ a dit au même sens que s'entend Isa. 14. 2. *Erunt capientes eos qui se ceperant* (αἰχμαλωτεύειν) : Ceux qui les avaient pris seront leurs captifs : ceci s'est accompli lorsque les Gentils se sont volontairement soumis à Jésus-Christ par la prédication des Apôtres. v. 2. Cor. 10. v. 5. 6.

Phrases tirées de cette signification.

Capere vindictam de aliquo, prendre, tirer vengeance de quelqu'un. Esth. 8. 13. *Summa epistola hæc fuit, ut... notum fieret paratos esse Judæos ad capiendam vindictam de hostibus suis :* La substance de la lettre qu'Assuérus envoya par toutes les provinces en faveur et en considération de Mardochée, était qu'on fît savoir... que les Juifs étaient prêts à se venger de leurs ennemis, Hebr. se tinssent prêts pour se venger.

Capere experimentum alicujus, éprouver si ce que dit quelqu'un est vrai (φαίνεσθαι, *decla-*

rari). Gen. 42. 15. *Jam nunc experimentum vestri faciam* : Je m'en vais éprouver si vous dites la vérité, dit Joseph à ses frères.

2° Surprendre, prendre par surprise et adresse (διαφθείρειν, *perdere*). Jerem. 5. 26. *Inventi sunt in populo meo impii insidiantes quasi aucupes laqueos ponentes et pedicas ad capiendos viros* : Il s'est trouvé parmi mon peuple des impies qui dressent des pièges comme on en dresse aux oiseaux, et qui tendent des filets pour y surprendre des hommes, c. 18. 22. La métaphore est tirée des oiseleurs, qui tendent des trébuchets ou des filets. Il y a dans l'Évangile plusieurs exemples de cette conduite des Juifs envers Notre-Seigneur, lesquels ne tendaient qu'à le surprendre et à le perdre. Matth. 22. 15. *Pharisæi consilium inierunt ut caperent eum in sermone* : Les pharisiens firent dessein entre eux de le surprendre dans ses paroles (παγιδεύειν, *illaqueare*). Marc. 12. 13. Luc. 20. 20. Ainsi, Luc. 11. 54. *Quærentes aliquid, capere de ore ejus ut accusarent eum* : Les pharisiens et les docteurs tâchaient de tirer quelque chose de sa bouche qui leur donnât lieu de l'accuser (θηρεύειν, *venari*), Prov. 3. 26, et ce mot se prend dans le même sens partout dans les Proverbes.

3° Tromper quelqu'un, le séduire (πλαγιάζειν, *reprehendere*). Ezech. 14. v. 4. 5. *Respondebo ei in multitudine immunditiarum suarum, ut capiatur domus Israel in corde suo* : Je répondrai à tout homme qui a renfermé ses impuretés dans son cœur, quoiqu'il fasse paraître le contraire sur son visage, selon toutes ses impuretés, afin que la maison d'Israël soit surprise dans le déréglement de son cœur; d'autres l'entendent dans ce sens, que Dieu découvrira ce qui était caché dans le cœur, et les fera voir tels qu'ils seront.

4° Tenir, comprendre, contenir (χωρεῖν). 3. Reg. 8. 27. 2. Par. 2. 6. *Cœlum et cœli cœlorum te capere non possunt* : Les cieux et le ciel des cieux ne peuvent comprendre Dieu, dit Salomon. Joan. 21. 25. *Si scribantur per singula, nec ipsum arbitror mundum capere posse eos, qui scribendi sunt, libros* : Si l'on rapportait en détail toutes les autres choses que Jésus-Christ a faites, je ne crois pas que le monde même pût contenir les livres qu'on en écrirait; ce qui est une hyperbole, qui marque qu'il faudrait un discours comme infini et trop étendu, c. 2. 6. Gen. 13. 6. c. 44. 1.

Signification métaphorique tirée de la quatrième signification propre de ce mot.

Capere aliquem : — 1° Recevoir quelqu'un, lui donner place dans son affection (χωρεῖν). 2. Cor. 7. 2. *Capite nos* : Donnez-nous une place dans votre cœur; au même sens qu'il leur dit, c. 6. 13. *Dilatamini et vos* : Étendez aussi votre cœur pour moi, rendez-moi amour pour amour; d'où vient :

2° Avoir place, être reçu et goûté (χωρεῖν). Joan. 3. 37. *Quæritis me interficere, quia sermo meus non capit in vobis* : Vous voulez me faire mourir, parce que ma parole ne trouve point d'entrée en vous, n'en est point bien reçue; Gr. *Non habet locum in vobis.*

3° Recevoir, obtenir, avoir quelque chose comme en partage (χωρεῖν). Matth. 19. 11. *Non omnes capiunt verbum hoc* : Tous ne reçoivent pas le don de continence; Dieu ne la donne que par une grâce particulière, d'où vient que Jésus-Christ ajoute : *Qui potest capere, capiat* : Que celui à qui cette grâce est donnée et qui a le cœur assez grand pour la comprendre, qu'il la comprenne pour la mettre en pratique : tous néanmoins peuvent obtenir ce don par la prière. Matth. 7. v. 7. 8.

CAPHARA, Heb. *Leuncula*, ville de la tribu de Benjamin, Jos. 18. 26, la même que *Caphira.* Jos. 9. 17. Voy. CÉPHIRA.

CAPHARNAUM, Heb. *villa consolationis*, ville de Galilée, proche la mer, sur les confins des tribus de Zabulon et de Nephtalim. Matth. 4. 13. *Relicta civitate Nazareth venit et habitavit Capharnaum* : Jésus, quittant Nazareth, vint demeurer à Capharnaüm. C'était la demeure ordinaire de Jésus-Christ, c'est pourquoi elle est appelée sa patrie. Matth. 9. 1. *Venit in civitatem suam.*

CAPHARSALAMA, Heb. *ager pacis*, ville de la tribu de Manassé, deçà le Jourdain, où Judas Machabée remporta une célèbre victoire contre Nicanor. 1. Mac. 7. 31. Hérode la rebâtit et l'appela Antipatride, du nom de son père.

CAPHETETHA, Heb. *manus doni*, muraille de Jérusalem que Judas Machabée fit redresser. 1. Mac. 12. 37.

CAPHTORIM, Heb. *sphærula*, les descendants de Mesraïm, fils de Cham. Gen. 10. 14 1. Par. 1. 12. *De quibus egressi sunt Philistiim et Caphtorim* : Ces peuples, appelés *Cappadoces*, voisins de l'Égypte, se sont emparés de cette partie de la Palestine qui était habitée par les Evéens. Deut. 2. 23. Aussi sont-ils appelés Philistins. Jer. 47. 4. et Amos. 9. 7. Gen. 10. 14. *De quibus egressi sunt Philistiim et Caphtorim* : Les Philistins et les Caphtorins, qui demeuraient le long de la mer, depuis Gaza jusqu'à l'Égypte, sont descendus de Mesraïm. Voy. CAPPADOCES ET CAPPADUCIA.

CAPIT, impersonnel, il faut, il est convenable (ἐνδέχεται). Luc. 13. 33. *Non capit prophetam perire extra Jerusalem* : Il ne faut pas qu'un prophète souffre la mort ailleurs que dans Jérusalem. Jésus-Christ témoigne qu'il faut que les Juifs le fassent mourir dans Jérusalem comme ils ont fait mourir les autres prophètes, Matth. 23. 34. et leur reproche leur inhumanité et leur animosité contre lui.

CAPILLUS, ι, θρίξ χὸς, comme qui dirait *capitis pilus*, un poil de tête, et signifie : Cheveu de tête. 2. Reg. 14. 26. *Ponderabat capillos capitis sui ducentis siclis pondere publico* : On trouvait que les cheveux d'Absalon pesaient deux cents sicles, selon le poids ordinaire. Voy. SICLUS. D'où viennent ces phrases ou de signification propre, ou de signification figurée? *Capillum de capite alicujus non periisse, non cecidisse*, etc. pour marquer qu'une personne n'a pas reçu la moindre perte ni le moindre dommage, qui au moins ne soit ou ne doive être réparé. Luc. 21. 18. *Capillus de capite vestro non peribit* : Il ne se perdra pas un cheveu de votre tête, dit Jésus-Christ de ceux qui auront souffert pour le témoignage de la vérité. Voy. v. 13. Ce qui s'accorde avec Matth. 10. 29. *Vestri autem capilli capitis numerati sunt* : Pour vous, les cheveux-mêmes de votre tête sont tous comptés. Jésus-Christ pour preuve du soin particulier que Dieu prend de tout ce qui regarde ceux qui lui sont fidèles, assure ses apôtres que Dieu prend même soin de conserver tous leurs cheveux, comme une chose qui aurait été donnée par compte pour la rendre. Dan. 3. 94. 1. Reg. 14. 45. *Vivit Dominus, si ceciderit capillus de capite ejus in terram* : Nous jurons qu'il ne tombera pas sur la terre un seul poil de la tête de Jonathas, dit tout le peuple à Saül, qui avait juré de le faire mourir pour avoir mangé d'un peu de miel. 2. Reg. 14. 11. 3. Reg. 1. 52. Dan. 3. 94. *Contemplabantur viros illos ; quoniam... capillus capitis eorum non esset adustus* : Tous les grands de la cour de Nabuchodonosor admiraient qu'un seul cheveu de la tête des trois enfants sortis de la fournaise n'en avait pas été brûlé.

Les cheveux (τρίχωμα) figurent : 1° les bonnes œuvres que les fidèles font paraître, qui sont leurs ornements comme les cheveux le sont de la tête. Cant. 4. 1. c. 6. 4. Voy. CAPRA. 2° Les cheveux comme de femmes, attribués aux sauterelles, figurent la mollesse et le relâchement de la discipline, caractère propre à toutes les hérésies. Apoc. 9. 8. *Et habebant capillos sicut capillos mulierum* : Ces espèces de sauterelles avaient des cheveux comme des cheveux de femmes. Voy. LOCUSTA. 3° La blancheur des cheveux, figuré en Dieu la pureté. Dan. 7. 9. *Capilli capitis ejus quasi lana munda* : Les cheveux de la tête de Dieu, marqué par *antiquus dierum*, étaient comme la laine la plus blanche et la plus pure, et en Jésus-Christ elle figure sa sagesse et son éternité. Apoc. 1. 14. Voyez v. 13. 4° Les cheveux figurent la fierté et l'insolence. Ps. 67. 24. *Deus confringet capita inimicorum suorum ; verticem capilli (i. e. capillatum), perambulantium in delictis suis* : Dieu brisera les têtes de ses ennemis, les têtes superbes de ceux qui persévèrent dans leurs péchés.

CAPILLUS BARBÆ, poil de la barbe. 1. Esdr. 9. 3. *Evelli capillos capitis mei et barbæ* : J'arracherai les cheveux de ma tête et les poils de ma barbe, dit Esdras à la nouvelle qu'il reçut, v. 1.

CAPILLATURA, Æ, ἐμπλοκὴ τριχῶν. Ce mot, inusité chez les Latins, vient de *capillus*, et signifie, dans l'Ecriture :

Frisure, entortillement de cheveux. 1 Petr. 3. 3. *Quarum non sit extrinsecus capillatura* : Que les femmes ne mettent point leur ornement à se parer au dehors par la frisure des cheveux, mais à parer leur âme de vertus.

CAPITELLUM, I, ἐπίθεμα, de *caput*, et signifie proprement petite tête, le chapiteau d'une colonne. Dans l'Ecriture :

Chapiteau de colonne. 3. Reg. 7. 17. *Utrumque capitellum columnarum fusile erat* : Chaque chapiteau de ces colonnes était jeté en fonte, etc.

CAPITIUM, I, περιστόμιον. Ce mot qui vient de *caput*, signifie proprement espèce d'habillement dont les femmes se couvraient ; dans l'Ecriture :

Ouverture du haut d'une robe, par laquelle on passe la tête pour la vêtir. Exod. 28. 32. *In cujus medio supra erit capitium* : Il y aura au haut de la robe de dessous l'éphod d'Aaron, une ouverture au milieu, c. 39. 21. Job. 30. 18.

CAPITULUM, I, κεφαλαῖον, diminutif de *caput*, et signifie proprement petite tête, et se dit aussi du chapiteau d'une colonne, des grains d'une grenade. Dans l'Ecriture :

Sommaire, abrégé, tout ce à quoi se réduit un discours. Hebr. 8. 1. *Capitulum autem super ea quæ dicuntur* : Tout ce que nous venons de dire se réduit à ceci.

CAPPADOCES, les Caphtorins, descendants de Mesraïm, qui chassèrent les Evéens de leur pays. Deut. 2. 23. Ceux-ci sont autres que les Cappadociens de l'Asie Mineure, qui descendaient de Japhet. Les Philistins leur succédèrent et donnèrent le nom à tout le pays. Voy. Boch. l. 4. c. 32.

CAPPADOCIA, Æ, Gr. καππαδοξία, du fleuve Cappadoce.

1° Province d'Asie où il y avait beaucoup de Juifs chrétiens avec beaucoup d'autres qui faisaient profession de la même religion. Act. 2. 9. 2. Petr. 1. 1. *Electis advenis dispersionis, Ponti, Galatiæ, Cappadociæ* : Aux fidèles qui sont étrangers et dispersés dans les provinces du Pont, de la Galatie, de la Cappadoce, qui sont élus.

2° Pays habité par les Caphtorins, descendants de Mesraïm, fils de Cham, lequel pays quelques-uns croient être l'île de Chypre ; d'autres l'entendent des îles du Nil ou d'une partie de l'Egypte, le long de la côte de la mer, d'où les Caphtorins, appelés Cappadociens par les Septante, sont sortis pour se jeter dans une partie de la Palestine que les Evéens habitaient. Deut. 2. 23. *Qui egressi de Cappadocia deleverunt eos (Hevæos), et habitaverunt pro illis* : Qui étant sortis de Cappadoce, exterminèrent les Evéens, et s'établirent au lieu d'eux en ce pays-là. Jer. 47. 4. *Depopulatus est Dominus Palæstinos reliquias insulæ Cappadociæ* : Le Seigneur a mis au pillage les peuples de la Palestine, les restes de l'île de Cappadoce. Amos. 9. 7. *Numquid non ascendere feci Palæstinos de Cappadocia* ? N'ai-je pas tiré aussi les Philistins de la Cappadoce ? On a de la peine à accorder ces passages avec celui de la Genèse, c. 10. 14. où il paraît que les Philistins et les Caphtorins sont descendus de Chasluim. *Phetrusim et Chasluim, de quibus egressi sunt Philistiim et Caphtorim*. On résout cette difficulté, soit en admettant une transposition qui n'est pas sans exemple, comme s'il y avait *Chasluim et Caphtorim, de quibus egressi sunt Philistiim* ; soit que ces deux peuples se soient ligués pour s'emparer du pays des Evéens, et que les Philistins qui ont donné leur nom à la Palestine, aient ensuite succédé aux Caphtorins en prenant leur place. Il y a encore d'autres solutions que l'on peut voir dans les nouveaux interprètes qui ont examiné cet endroit.

CAPPARIS, Gr. κάππαρις. Ce mot signifie un caprier, arbrisseau dont le bois est ferme, fort bas et plein d'épines, lequel produit un fruit qui s'appelle des capres, qui servent pour assaisonner des viandes, parce qu'elles donnent de l'appétit. Eccl. 12. 5. *Et dissipabitur capparis :* Le caprier se dissipera, c'est-à-dire que l'appétit qui se provoque par l'assaisonnement des capres dans les mets, cessera dans la vieillesse. Le mot hébreu qui signifie l'appétit de manger, signifie aussi cet arbrisseau, qui ne peut point rendre l'appétit aux vieillards. Saint Jérôme, par ce mot, entend les désirs de l'intempérance figurés par ces fruits, qui ont beaucoup de chaleur.

CAPRA. Voy. SUPRA.

CAPSELLA, æ, θήκη. Diminutif de *capsa*, et signifie petite cassette. 1. Reg. 6. v. 8. 11. 15. *Vasa aurea quæ exsolvistis ei pro delicto ponetis in capsellam ad latus :* Mettez à côté de l'arche dans une cassette, les figures d'or que vous lui aurez payées pour votre péché, dirent aux Philistins leurs prêtres et leurs devins, qui leur conseillaient de renvoyer l'arche.

CAPTARE, θηρεύειν. Frequentatif de *capere*, et signifie rechercher quelque chose, tâcher de l'avoir par quelque moyen que ce soit : d'où vient, *captare in alicujus animam* : chercher à perdre quelqu'un. Ps. 93. 21: *Captabunt in animam justi :* Les méchants tendront des piéges à l'âme du juste ; *c.* à sa vie.

CAPTIO, NIS. θήρα, de *capio*. Il se trouve dans Cicéron, *captio verborum*, pour marquer ceux qui tâchent de trouver dans un discours, ou dans une dispute, le moyen de chicaner sur les mots : dans l'Ecriture :

1° Prise, proie. 2. Petr. 2. 12. *Velut irrationabilia pecora, naturaliter in captionem et in pernitiem, in his quæ ignorant blasphemantes, in corruptione sua peribunt :* Ceux qui ne suivent que la corruption de la chair, comme des animaux sans raison, qui sont nés pour être la proie des hommes qui les font périr, attaquant par leurs blasphèmes ce qu'ils ignorent, périront dans les infamies où ils se plongent. Saint Pierre fait allusion aux bêtes qui naturellement sont exposées en proie et à périr. Ps. 123. 8. Rom. 11. 9.

2° Piége dressé pour surprendre. Ps. 34. 8. *Captio quam abscondit, apprehendat eum :* Qu'il soit pris dans le piége qu'il avait caché pour prendre les autres : ce qui se peut entendre : 1° d'Achitophel, qui voyant que le conseil qu'il avait donné à Absalon pour faire périr David, n'avait pas été suivi, périt lui-même, s'étant allé pendre de dépit ; 2° de Judas qui périt de même, après avoir trahi et livré Jésus-Christ.

CAPTIVARE, αἰχμαλωτίζειν. Ce verbe peu usité chez les Latins, vient de *captivus*, et signifie dans l'Ecriture :

1° Rendre captif. Mach. 13. 40. *Captivare populum :* Faire un grand nombre de prisonniers ; ainsi que fit Cendebée à Jamnia du peuple juif, selon l'ordre qu'il avait reçu d'Antiochus d'assiéger les Juifs et les subjuguer.

Captiver se dit en morale des passions, dont la volonté est tellement captive, qu'elle peut néanmoins, avec le secours de la grâce, y résister. Rom. 7. 23. *Video autem aliam legem in membris meis repugnantem legi mentis meæ, et captivantem me in lege peccati quæ est in membris meis :* Je sens dans les membres de mon corps une autre loi qui combat contre la loi de mon esprit, et qui me rend captif sous la loi du péché qui est dans les membres de mon corps. Saint Paul rapporte le combat et l'opposition qui se trouvent entre les mouvements de la concupiscence, de la partie inférieure et de la partie supérieure, et dit que la partie inférieure se rend la maîtresse de la volonté, par le consentement qu'elle lui fait donner aux plaisirs sensuels.

2° Tromper, fourber quelqu'un (ὑπονοθεύειν). 2. Mach. 4. 26. *Et Jason quidem qui proprium fratrem captivaverat, ipse deceptus :* Jason qui avait surpris son propre frère, fut trompé lui-même, *sc.* par Ménélaüs, qui acquit la grande sacrificature. Voy. v. 7. 24.

CAPTIVITAS, αἰχμαλωσία. — 1° Captivité, esclavage, servitude, en parlant de celle des gens de guerre. Tob. 1. 2. *In captivitate tamen positus, viam veritatis non deseruit :* Tobie dans la captivité même, ayant été emmené captif sous Salmanazar, n'abandonna point la voie de la vérité. Judic. 18. 30. *Posueruntque sibi sculptile, et Jonathan ac filios ejus Sacerdos usque ad diem captivitatis suæ* (μετοικησία, *translatio*). Les six cents hommes de la tribu de Dan se dressèrent l'image taillée de Michas, et ils établirent Jonathan, et ses fils en qualité de prêtres dans la tribu de Dan, jusqu'au jour qu'ils furent emmenés captifs. Ce temps de la captivité est, selon les uns, celui où les Philistins, après cette grande victoire, enlevèrent l'arche, et sans doute beaucoup de captifs ; et selon d'autres, le temps où les dix tribus furent emmenées en captivité par Salmanazar. Ps. 13. 7.

2° Les captifs mêmes : d'où vient que, Deut. 21. 10. Judic. 5. 12. 2. Par. 28. 11, le mot hébreu *captivitas* qui s'y trouve, est rendu par *captivi* dans la Vulgate : ce qui se trouve encore ailleurs. Deut. 30. 3. *Reducet Dominus Deus tuus captivitatem tuam :* Lorsque vous reviendrez au Seigneur votre Dieu, il ramènera toute la troupe de vos captifs ; c. 32. 42. *Gladius meus devorabit carnes, de cruore occisorum, et de captivitate nudati inimicorum capitis :* Mon glaive se soûlera de la chair des hommes, pour avoir tué les Israélites, et pour les avoir emmenés captifs, et leur avoir rasé la tête comme à des esclaves qui étaient leurs ennemis. Habac. 1. 9. *Congregabit quasi arenam captivitatem :* Les Chaldéens assembleront des troupes de captifs comme des monceaux de sable, *sc.* des Juifs. Isa. 20. 4. c. 45. 13. c. 49. 25, etc. D'où viennent ces phrases tirées de ce mot.

Filii captivitatis, τῆς ἀποικίας. Les enfants de la captivité : ceux qui sont revenus, qui ont été délivrés de captivité. 1. Esdr. 4. 1. *Filii captivitatis :* Les Israélites revenus de captivité. Dan. 5. 13. c. 6. 13.

Captivitas perfecta. Une troupe de captifs tout entière. Amos. 1. 6. *Eo quod transtulerint captivitatem perfectam* (αἰχμαλωσία τοῦ Σαλομῶν) : Je punirai sans miséricorde les Philistins, parce qu'ils se sont saisis de ceux qui s'étaient réfugiés chez eux, sans en excepter aucun, et les ont emmenés captifs dans l'Idumée. Il semble que le Prophète parle de ce qui devait arriver du temps de Sennachérib. A l'arrivée de ce prince, plusieurs Juifs se retirèrent dans les pays voisins. Les Philistins, au lieu d'être touchés de compassion pour tant de personnes affligées, se saisirent d'eux, et les livrèrent aux Iduméens, qui les firent mourir cruellement. Le mot *perfecta* est rendu en Grec par σαλομῶν, parce que le mot hébreu *Salam*, signifie *perfici*, ou *esse pacificum*, qui est le nom de Salomon. Voy. Theodoret. Ezéchias accomplit la prophétie d'Amos. 4. Reg. 8. 8.

Captivitatem convertère, avertere, reducere. Délivrer des captifs, les faire revenir de captivité. Ps.125. 5. *Converte, Domine, captivitatem nostram :* Faites revenir, Seigneur, nos captifs. v. 1. Ps. 84. 1. Dans tous ces endroits le prophète parle de la captivité de Babylone, figure de celle de l'âme esclave du péché. Ainsi, Jerem. 32. 44. Ezech. 29. 14. c. 39. 25.

3° Oppression, tyrannie. Ps. 13. 11. *Cum averterit Dominus captivitatem plebis suæ, exsultabit Jacob :* Quand le Seigneur aura fait finir la tyrannie et l'oppression où ses ennemis le tiennent : ce qui s'entend particulièrement de celle du péché, qui était et l'effet de celle où les Babyloniens tenaient les Juifs, et la vérité dont celle-ci n'était que la figure. Dan. 11. 33.

4° Sujétion, assujettissement glorieux et salutaire. 2. Cor 10. 5. *In captivitatem redigentes omnem intellectum in obsequium Christi :* Nous réduisons en servitude tous les esprits, pour les soumettre à l'obéissance de Jésus-Christ; sc. les apôtres soumettaient au joug de Jésus-Christ les esprits les plus enflés de leur science humaine, et les plus superbes, en leur faisant recevoir la foi; et leur persuadaient les vérités qui leur paraissaient auparavant dignes de mépris et de railleries.

CAPTIVUS, A, UM. αἰχμάλωτος. De *captus*, et signifie proprement :

Captif, esclave, prisonnier de guerre. Ps. 136. 3. *Qui captivos duxerunt nos :* Les Babyloniens qui nous avaient emmenés captifs. Voy. CANTIO. Luc. 21. 24.

—Captif, esclave, soit de l'asservissement qui vient de la passion qu'on a pour quelque objet. Judith 16. 11. *Pulchritudo ejus captivam fecit animam ejus :* La beauté de Judith a rendu captive l'âme d'Holopherne. Soit de la soumission aveugle avec laquelle on défère au jugement de quelqu'un, et on se rend à sa volonté. 2. Tim. 3. 6. *Captivas ducunt mulierculas oneratas peccatis :* Il y a des faux docteurs... qui traînent après eux comme captives des femmes chargées de péchés : ils en faisaient ce qu'ils voulaient par leurs mauvais principes et les mauvaises doctrines qu'ils leur donnaient; soit enfin de l'esclavage et de la servitude du démon et du péché. Isa. 61. 1. *Misit me... ut... prædicarem captivis indulgentiam :* Le Seigneur m'a envoyé pour prêcher la grâce aux captifs : ce qui s'entend de Jésus-Christ; et c'est cet endroit qui se présenta à Jésus-Christ à l'ouverture du livre qui lui fut donné pour lire dans la synagogue de Nazareth. Luc. 4. v. 17. 18. 19. Ainsi Isa. 52. 2. 2. Tim. 2. 26.

CAPTURA, ἄγρα. De *capere*, et signifie proprement, la prise, ce qu'on a pris; ce qu'un pauvre amasse chaque jour, ce qu'une personne prend pour sa peine, le prix de son travail : dans l'Ecriture :

La prise, la proie, ce qu'on a pris. Luc. 5. 4. *Laxate retia vestra in capturam :* Jetez vos filets pour pêcher, pour prendre des poissons, dit Jésus-Christ à saint Pierre. v. 9.

CAPULUS, I. λάβη. Ce nom signifiant le manche de quelque instrument, s'écrit par *c*, et vient du verbe *capere*; signifiant une bière à porter les morts dans la sépulture, devrait s'écrire par *k*, et vient du Grec κάπαλος, changeant *a* en *u*; il signifie dans l'Ecriture :

La poignée d'une épée. Judic. 3. 22. *Infixitque eam in ventre ejus, tam valide, ut capulus sequeretur ferrum in vulnere :* Aod enfonça sa dague si avant dans le ventre d'Eglon, roi des Moabites, que la poignée entra tout entière avec le fer. v. 16.

CAPUT, ITIS. κεφαλή, du Grec κεφαλή, changeant ε en α, et φ en π, et signifie : — 1° La tête, soit de l'homme. 4. Reg. 4. 19. *Caput meum doleo :* La tête me fait mal, dit l'enfant qu'eut la femme Sunamite par les prières d'Elisée. Matth. 5. 36. Marc. 12. 4. Judic. 9. 36. etc. Soit d'animaux. 4. Reg. 6. 25. *Tamdiu obsessa est, donec venundaretur caput asini octoginta argenteis :* Le siège de Samarie continua jusqu'au point que la tête d'un âne fut vendue quatre-vingts pièces d'argent : ce fut sous Bénadad, roi de Syrie. Job. 20. 16. La tête est attribuée aussi aux choses spirituelles, comme à Dieu; Dan. 7. 9. aux anges, Apoc. 10. 1. et même aux choses inanimées, comme les statues, 1. Reg. 5. 4.

Les royaumes sont figurés par la tête, soit des choses insensibles. Dan. 2. 32. *Hujus statuæ caput ex auro optimo erat :* La tête de la statue que vit en songe Nabuchodonosor, était d'or très-pur. Daniel explique cette tête du règne florissant de Nabuchodonosor même. v. 38. Soit des animaux; ainsi les quatre têtes de la troisième bête semblable à un léopard, dont la vitesse pouvait figurer le règne d'Alexandre de Macédoine, et dont les quatre têtes marquaient les quatre princes qui divisèrent entre eux son Empire après sa mort. Dan. 7. 6.

2° Le cou, considéré comme faisant partie de la tête, ou au moins comme y étant uni immédiatement. 3. Reg. 20. 32. *Posuerunt funiculos in capitibus suis, veneruntque ad regem Israel :* Les serviteurs de Bénadad vinrent la corde au cou trouver Achab : ce fut pour lui demander la vie pour Bénadad, après une défaite de cent mille hommes de pied de son armée par l'armée d'Achab.

§ 1. — La force et la puissance, soit des hommes ennemis du peuple de Dieu, soit du démon, sont figurées par la tête d'animaux venimeux et cruels, dont toute la force consiste dans la tête. Ps. 73. 13. *Contribulasti capita draconum in aquis*, v. 14. *tu confregisti capita draconis* : C'est vous qui avez brisé les têtes des dragons dans le fond des eaux ; c'est vous qui avez écrasé les têtes du grand dragon : ce grand dragon est Pharaon, et les autres dragons sont ses officiers submergés dans la mer Rouge, lorsqu'ils poursuivaient les Israélites. Gen. 3. 15. *Ipsa conteret caput tuum* : La femme vous brisera la tête ; *sc.* par Jésus-Christ, qui est né de la sainte Vierge, qui a brisé la tête du démon figuré par le serpent, dont il a brisé toute la puissance et l'empire. Voy. Luc. 10. 18. Aussi le mot hébreu qui répond à *ipsa*, ne répond pas à *mulier*, mais à *semen mulieris*.

Caput aspidum. Venin, poison mortel (θυμός), parce qu'outre que l'aspic est un des animaux les plus venimeux, c'est principalement dans la tête que son venin est renfermé : et ici l'espèce est prise pour le genre. Job. 20. 16. *Caput aspidum suget* : Le mal que fait le pécheur et l'impie sera pour lui un poison mortel, tel que peut être le venin de la tête d'un aspic ; *i. e.* incurable : et même *venenum*, qui est dans la Vulgate, Deut. 32. 33. répond au mot hébreu qui peut signifier également *caput* ou *venenum*, comme dans le Grec des Septante θυμός, signifie ordinairement *venenum* et *ira*.

§ 2. — L'esprit en tant qu'il pense, parce que c'est dans le cerveau que l'âme fait ses principales opérations. Dan. 2. 32. *Visiones capitis tui in cubili tuo hujuscemodi sunt* : Voici les visions qui vous ont passé dans l'esprit : Daniel révèle à Nabuchodonosor son songe, dont il n'avait pu se souvenir, et lui en donne l'explication. Comme les Hébreux mettent l'esprit et la pensée dans la tête, ils mettent les passions dans le cœur. De là vient cette signification.

3° Le cœur, l'affection, l'âme même en tant qu'elle est toute possédée et occupée par l'attache à quelque objet. Amos. 9. 1. *Avaritia in capite omnium* : Les chefs des Israélites ont tous l'avarice dans la tête ; *i. e.* leur cœur en est tout rempli, ne songeant qu'à leur intérêt et à leur établissement ; Hebr. brisez-leur à tous la tête.

4° La vie, parce que c'est dans le cerveau que l'âme réside particulièrement, d'où elle communique toute sa vigueur au corps. 2. Par. 12. 19. *Periculo capitis nostri revertetur ad Dominum suum Saül* : David fera sa paix aux dépens de notre vie, dirent les Philistins de Saül. 1. Reg. 29. 4. où dans ces deux passages, *caput*, est pour *anima*, dans le même sens qu'il se trouve c. 11. 19. D'où vient cette phrase : *Alicujus caput condemnare alicui* : Etre cause qu'un homme soit condamné à la mort par quelqu'un. Dan. 1. 10. *Condemnabitis caput meum regi* : Si le roi voit vos visages plus maigres que ceux des autres jeunes hommes de votre âge, vous serez cause qu'il me condamnera à la mort, dit le chef des eunuques à Daniel, qui lui demandait en grâce de ne lui point servir du vin ni des viandes qu'on avait servies devant Nabuchodonosor.

5° Chef, principe qui communique la vie, la vigueur, et qui conduit. 1° Dans ce sens, Jésus-Christ est le chef de tous les chrétiens, de chaque fidèle, de toute l'Eglise, parce qu'il est la source de toutes les grâces, qu'il lui a méritées de Dieu son Père par sa passion, et qu'il la conduit. 2° L'homme est le chef de la femme dans le mariage, qui est la figure de l'union de Jésus-Christ avec l'Eglise ; et Dieu est le chef de Jésus-Christ, étant soumis à son Père en tant qu'homme. 1. Cor. 11. 3. *Omnis viri caput Christus est ; caput autem mulieris vir ; caput vero Christi Deus.* Coloss. 2. 19. *Caput ex quo totum corpus, per nexus et conjunctiones subministratum et constructum.* c. 1. 18. Ephes. 1. 22. c. 4. 15. 1. Cor. 11. 3. 3° Ceux de qui d'autres sont descendus, sont appelés, Num. 7. 2. et ailleurs, *Capita familiarum.* 4° Ceux qui ont quelque rang ou dignité, quelque commandement et autorité sur les autres. Habac. 3. 13. *Percussisti caput de domo impii* : Vous avez frappé le chef de la famille de l'impie ; *sc.* Le fils aîné de Pharaon. Num. 1. 16. *Capita exercitus* : Les principaux chefs d'une armée. Ose. 1. 11. c. 11. 6. 1. Reg. 15. 17. *Nonne caput in tribubus Israel factus es?* Lorsque vous étiez petit à vos yeux, n'êtes-vous pas devenu le chef et la tête de toutes les tribus d'Israël? dit Samuel à Saül. *Caput gentium* : Le chef des nations. 2. Reg. 22. 44. Ce qui s'entend du règne de Jésus-Christ, dont David était la figure. Ezech. 38. 2. A quoi se peuvent rapporter ces

Phrases tirées de cette signification.

Constituere in caput. Mettre à la tête, commander ; opposé à *Constituere in caudam* : Mettre derrière, et au-dessous, rendre sujet. Deut. 28. 13. *Constituit te Dominus in caput, et non in caudam* : Le Seigneur vous mettra toujours à la tête des peuples, et non derrière eux ; *sc.* si vous observez ses commandements. v. 44. Mais dans Isa. 19. 15. *Caput* marque les grands et les chefs d'un peuple, opposé à *cauda*, qui marque ceux qui obéissent. Et c. 9. v. 14. 15. marque les vieillards, les personnes vénérables d'un peuple, opposé à *cauda*, qui marque un prophète qui enseigne le mensonge.

Fieri, ou *esse in capite.* — 1° S'élever au-dessus, se rendre maître. Thren. 1. 5. *Facti sunt hostes ejus in capite* ; *i. e. in caput* : Les ennemis de Jérusalem se sont élevés au-dessus d'elle ; *sc.* au temps de sa désolation par les Babyloniens. — 2° Etre à la tête, servir de guide. Mich. 2. 13. *Dominus in capite eorum* : Le Seigneur sera à leur tête ; soit des Israélites, pour les délivrer de leurs ennemis, soit à la tête des ennemis des Israélites, dont Dieu protégeait les armes pour les détruire, car ceci se peut entendre en ces deux sens. — 3° Etre des premiers à faire quelque chose.

Amos. 6. 7. *Nunc migrabunt in capite transmigrantium* : Ces hommes voluptueux vont être emmenés les premiers loin de leur pays. Le Prophète parle des chefs du peuple, et de l'enlèvement des dix tribus dans l'Assyrie. Jer. 31. 7. *Hinnite contra caput gentium* : Faites retentir des cris d'allégresse à la tête des nations; Heb. *in capite*; Gr. ἐπὶ κεφαλὴν, *ad caput*.

6° Commencement, origine, source de quelque chose. Prov. 17. 14. *Qui dimittit aquam, caput est jurgiorum* : Celui qui commence une querelle, est comme celui qui donne une ouverture à l'eau. Gen. 2. 10. *Inde dividitur in quatuor capita* : Le fleuve qui sortait de la terre, après avoir arrosé le paradis, de là se divise en quatre canaux. 2. Par. 32. 3. De là vient :

Caput viæ, viarum, ou *platearum, compitorum*. Entrée de rue. Ezech. 16. 25. *Ad omne caput viæ ædificasti signum prostitutionis tuæ* : Vous avez dressé à l'entrée de toutes les rues la marque publique de votre prostitution. Dieu reproche aux Juifs leur idolâtrie. v. 31. Isa. 51. 20. Thren. 2. 19. c. 4. 1. Nahum. 3. 10.

7° La personne même, soit comme chef et père, en qui tous les descendants soient compris. Deut. 33.16. *Benedictio illius qui apparuit in rubo, veniat super caput Joseph* : Moïse souhaite que la bénédiction de Dieu qui lui apparut dans le buisson, vienne sur la tête de Joseph, et de ses descendants, et de sa postérité. Gen. 49. 26. Eccli. 44. 25. Soit la personne seule. Exod. 16. 16. *Gomor per singula capita* : Prenez un gomor de la manne pour chaque personne. Le v. 22. porte, *Per singulos homines*; où il est dit que la veille du sabbat, ils en recueillaient deux gomors, parce qu'ils n'en devaient point trouver le jour du sabbat. Voy. v. 26. Levit. 19. 32. Num. 3. 47. 1. Reg. 28. 2. Ps. 139. 8. Prov. 10. 6. Amos. 2. 7. Ainsi, Num. 31. v. 30. 47. se dit de la personne seule, ou d'un animal seul, *Quinquagesimum caput hominum, et boum et asinorum* : Un de cinquante ou hommes, ou bœufs, ou ânes. Isa. 35. 10. De là vient cette autre signification :

Un peuple tout entier, considéré tant en général, qu'en chaque particulier. Isa. 1. 5. *Omne caput languidum* : Toute tête est languissante. Dieu témoigne que toute la république des Juifs est en un état si déplorable à cause de la corruption de leurs mœurs, qu'il n'y a point de remède de les en retirer, tous les remèdes les plus forts, tels que les afflictions, leur ayant été inutiles. Ps. 59. 9. Ps. 107. 4. *Ephraim fortitudo capitis mei* : Ephraïm est la force de ma tête; i. e. de mon royaume. Ici par *Ephraim*, s'entend la tribu seule des enfants de Joseph, où il y avait de puissants hommes, et cette tribu marquait ici, comme dans l'Ecriture, les dix tribus du royaume d'Israël.

8° Le point principal, le capital, ce qu'il y a de plus considérable, le sommaire de quelque chose. Ps. 117. 22. *Hic factus est in caput anguli* : La pierre que ceux qui bâtissaient avaient rejetée, a été placée à la tête de l'angle; autr. est devenue la principale pierre de l'angle. Jésus-Christ explique ce passage, et insinue aux Juifs que c'est lui-même qui est cette principale pierre. Matth. 21. 42. Marc. 12. 10. Luc. 20. 17. et saint Pierre l'explique clairement dans le même sens. Act. 4. 11. et 1. Petr. 2. 7. Ainsi Ps. 139. 11. *Caput circuitus eorum*; i. e. *summa insidiarum* : Toute la malignité des détours des pécheurs... les accablera. Eccl. 32. 11. *Si bis interrogatus fueris, habeat caput responsum tuum*; i. e. *ad summam responde, summatim, verbis paucis responde* : Quand vous aurez été interrogé deux fois, répondez en peu de mots. Voy. HABERE. Ainsi, Jerem. 22. 6. *Galaad tu mihi caput Libani* : O maison du roi de Juda, vous êtes la principale de Jérusalem, distinguée par votre richesse et votre puissance, comme Galaad est la partie la plus considérable du mont Liban. L'Ecriture parle de Joachas.

9° Le sort principal de quelque chose. Num. 5. 7. *Reddent ipsum caput, quintamque partem desuper* : Ils rendront à celui contre qui ils ont péché, le juste prix qu'ils lui auront fait, en y ajoutant encore le cinquième. Voy. Levit. 6. 5.

10° Le gros, ou le fort, le milieu d'une assemblée. D'où vient :

Caput medium gentium, ou *turbarum*. La tête, le milieu des nations, les nations assemblées, l'assemblée des nations. Jerem. 31. 7. *Hinnite contra caput gentium*; i. e. *in capite, in medio* : Faites retentir des cris d'allégresse à la tête des nations. Le Prophète exhorte de se réjouir de la délivrance qui devait arriver de la captivité de Babylone, figure de celle du démon, et du péché, à la venue de Jésus-Christ : ce qui se voit accompli. Luc. 19. v. 37. 38. Prov. 1. 21.

11° Le corps, la substance d'une chose, ce qu'elle contient principalement (κεφαλίς). Ps. 39. 8. Hebr. 10. 7. *In capite libri scriptum est* : Heb. *in volumine libri*, pour *in libro plicatili et involuto* : Les Hébreux, et encore à présent les Juifs écrivent leur loi dans des feuilles roulées. Hebr. 10. 7. Je viens, selon qu'il est écrit de moi dans le Livre, dans la Loi et les Prophètes, pour faire, mon Dieu, votre volonté, dit Jésus-Christ, qui est le but de toutes les saintes Ecritures. Voy. VOLUMEN.

12° Le haut de quelque chose, le lieu, ou la partie qui répond à la tête. Zach. 4. 2. *Lampas ejus super caput ipsius* : Il y avait une lampe au haut de la principale tige de ce chandelier d'or. Cette lampe figurait Jésus-Christ, qui éclaire toute l'Eglise. D'où vient :

13° Chapiteau de colonne, qui en est le haut et comme la tête, opposé à *basis*, qui en est le bas (κεφαλίς, *capitellum*). Exod. 26. v. 32. 37. c. 27. v. 10. 11. 2. Par. 4. 12. etc.

14° Le chevet d'un lit est aussi exprimé par *caput lectuli*. Judith. 13. 8. *Accessit ad columnam quæ erat ad caput lectuli ejus* : Judith s'approcha de la colonne qui était au chevet du lit d'Holopherne : ce fut pour prendre son sabre. Gen. 47. 31. *Adoravit Israel Deum, conversus ad lectuli caput* : Jacob se tournant vers le chevet de son lit, adora Dieu.

Voy. ADORARE. Hebr. et les Septante, *Adoravit fastigium virgæ ejus* : Jacob adora. j. e. respecta le sceptre et la puissance de Joseph, et remercia aussi Dieu d'avoir mis dans l'esprit de Joseph, qu'il transporterait son corps dans le tombeau de ses pères, selon la demande qu'il lui en avait faite. Voy. FASTIGIUM.

CAPUT, avec plusieurs verbes de différente signification.

Abjicere caput. Aller la tête baissée, marque être dans le deuil, la tristesse, et la confusion. Thren. 2. 10. *Abjecerunt in terram capita sua virgines Jerusalem* : Les filles de Jérusalem marchaient la tête baissée ; *sc.* au temps de la désolation de Jérusalem par les Chaldéens.

Addere gratiam, dare augmenta gratiæ, capiti. Parer, orner. Prov. 1. 9. *Ut addatur gratia capiti tuo* : Les bonnes instructions que vous recevrez seront un ornement à votre tête. C'est ici une métaphore tirée des ornements qui se mettent autour de la tête des enfants, à qui le Sage témoigne que l'observation qu'ils feront des bonnes instructions, ne les rendront pas moins agréables à Dieu et aux hommes, qu'ils se trouvent à eux-mêmes agréables par ces ornements de tête. Et dans le même sens, c. 4. 9. *Dabit capiti tuo augmenta gratiarum* : La sagesse que vous aurez embrassée mettra sur votre tête un accroissement de grâces.

Confringere, conquassare, conterere, contribulare caput. Abattre la force et le pouvoir de quelqu'un, le ruiner. Gen. 3. 15. Ps. 73. v. 13. 14. Ps. 109. 6. Voy. CAPUT, 2. signif.

Contorquere caput. Courber la tête, baisser le cou, marque la conduite de ceux qui affectaient de faire paraître par leur extérieur, qu'ils jeûnaient, en baissant le cou avec un visage abattu. Isa. 58. 5. *Numquid contorquere quasi circulum caput suum et saccum et cinerem sternere? numquid istud vocabis jejunium?* Le jeûne consiste-t-il à faire... qu'un homme fasse comme un cercle de sa tête en baissant le cou, et qu'il prenne le sac et la cendre? Dieu se plaint ici du trop grand extérieur des exercices de pénitence des Juifs, qui négligeaient la conversion de leur cœur.

Dare caput. Entreprendre quelque chose, se porter à faire quelque chose avec entêtement. 2. Esdr. 9. 17. *Dederunt caput ut converterentur ad servitutem suam* : Les Juifs et leurs pères se sont opiniâtrés à vouloir retourner à leur première servitude. Ceci a rapport à ce qui est décrit Num. 14. 4.

Efferre caput. Elever sa tête avec orgueil et insolence, s'élever contre son Seigneur. Ps. 82. 3. *Qui oderunt te extulerunt caput* : Le Prophète demande à Dieu de punir les Iduméens, et tous les autres peuples ennemis de la Judée, qui se regardaient comme victorieux de Dieu même.

Elevare, sublevare, exaltare caput alicujus. Relever quelqu'un de l'état humble où il est, et le mettre en honneur. Eccli. 11. 13. *Exaltavit caput ejus* : Dieu l'élève en honneur. L'Ecriture parle ici du pauvre qui est juste, et qui semble abandonné, et que Dieu cependant regarde favorablement. v. 1. Ainsi, 4. Reg. 25. 27. Jerem. 52. 31. *Elevavit Evilmerodach caput Joachin regis Juda, et eduxit eum de domo carceris* : Evilmérodach releva Joachin, roi de Juda, de cet abaissement où il avait été jusqu'alors, et le fit sortir de prison : ce fut trente-sept ans depuis sa captivité. Ps. 3. 4. *Tu... exaltans caput meum* : C'est vous, Seigneur, qui élevez ma tête ; *sc.* en me rendant victorieux, et me délivrant de l'injustice d'Absalon. Ps. 26. 6. Ainsi, *Exaltare caput*, Ps. 109. 7. *Exaltabit caput* : Il élèvera sa tête, s'entend ici de la résurrection de Jésus-Christ après sa mort, après laquelle il a été élevé au souverain point de gloire. Philipp. 2. v. 8. 9.

Impinguare caput oleo. Oindre la tête de quelqu'un avec de l'huile de parfum ; c'est, 1° le combler de toute sorte de biens et de contentement. Ps. 22. 7. *Impinguasti in oleo caput meum* : Vous avez oint ma tête avec une huile de parfums. Cette allégorie que David fait à la coutume des festins, qui était de répandre sur la tête des conviés d'excellentes huiles de parfums, tend à marquer et les biens et les consolations qu'il recevait de la part de Dieu. 2° Flatter quelqu'un, lui donner des louanges. Ps. 140. 6. *Oleum autem peccatoris non impinguet caput meum* : Mais que l'huile du pécheur ne parfume et n'engraisse point ma tête : David préfère les corrections du juste aux flatteries des pécheurs.

Imponere homines super capita. Donner des seigneurs et des maîtres cruels, qui oppriment par un pouvoir tyrannique qu'ils exercent sur leurs sujets. Ps. 65. 10. *Imposuisti homines super capita nostra* : Vous avez mis sur nos têtes des hommes qui nous accablaient. Le sens de l'Hébreu porte la comparaison de la manière dont les cavaliers traitent les chevaux sur lesquels ils sont montés.

In ou super caput venire, converti. Venir sur la tête de quelqu'un, se dit des biens et des maux qui lui arrivent. 1° Des biens. Prov. 11. 26. *Benedictio autem super caput vendentium* : La bénédiction viendra sur la tête de ceux qui vendent le blé : ce qui est opposé à ceux qui les cachent sans le vouloir vendre. c. 10. 6. Deut. 33. 16. Isa. 35. 10. c. 51. 11. *Lætitia sempiterna super caput eorum* : Ceux que le Seigneur aura rachetés après leur retour seront couronnés d'une allégresse éternelle : ce qui s'entend de la joie qu'eurent les Juifs de se voir délivrés de la captivité, qui était la figure et de la joie des chrétiens sortis de l'esclavage du péché, et de celle que les saints ont de se voir délivrés des dangers et des misères de cette vie. 2° Ceci se dit aussi des maux qui nous viennent. Ps. 7. 17. *Convertetur dolor ejus in caput ejus* : La douleur que mon ennemi a voulu me causer retournera sur lui-même. David parle des persécutions que lui faisait Saül, à quoi se rapporte 1. Reg. 25. 39. *Malitiam Nabal reddidit Dominus in caput ejus* : Le Seigneur a fait que l'iniquité de Nabal est retombée sur sa tête. David bénit Dieu, et reconnaît que la mort de Nabal est une vengeance de la part de Dieu de l'injustice qu'il avait reçue de lui. Voy. v. 10. 11. Voy. REDDERE, CONVERTERE.

Levare caput. 1° Prendre courage avec espérance de mieux pour l'avenir, espérer mieux. Luc. 21. 28. *Levate capita vestra :* Lorsque ces choses commenceront d'arriver... levez la tête. Jésus-Christ assure que tous les signes extraordinaires qui seront à la fin du monde un sujet de crainte pour les pécheurs, seront pour les justes un signe de leur rédemption. Job. 10. 15. *Si justus, non levabo caput :* Si je suis juste, je ne lèverai point la tête ; i. e. je n'en espèrerai pas plus de bonheur ; ou, selon d'autres, je ne m'en glorifierai pas davantage, puisque Dieu m'afflige comme si j'étais pécheur et superbe. 2° Arriver à la gloire, s'en acquérir. Eccli. 20. 11. *Est qui ab humilitate levabit caput :* Tel trouve sa perte dans sa gloire même, et tel s'élève par son humiliation. Voy. Jac. 4. 16. 3° Résister, se mettre en défense. Zach. 1. 21. *Nemo eorum levavit caput suum :* Il n'y a pas un seul homme de Juda qui ose lever la tête. Les ennemis des Juifs les réduisaient en une si grande servitude, qu'ils les mettaient hors d'état de pouvoir leur résister.

Movere caput. Se dit des différentes passions ou affections où l'on est envers quelqu'un. 1° Secouer la tête, insulter à quelqu'un, se moquer de lui, le menacer. 4 Reg. 19. 21. *Post tergum tuum caput movit :* Sennachérib a secoué la tête derrière vous, ô Jérusalem. Cette phrase représente le geste et les mouvements d'un homme qui en insulte ou qui en menace un autre. Ainsi Ps. 21. 8. qui s'entend de Jésus-Christ. Voy. Matth. 27. 39. Mach. 15. 29. 2° Témoigner par le mouvement de la tête la part que l'on prend au mal d'autrui. Job. 16. 5. *Moverem caput meum super vos :* Si vous souffriez les mêmes choses que moi, je vous consolerais et vous témoignerais sur mon visage ce que je ressentirais pour vous. Ici le mouvement de la tête est l'espèce prise pour le genre, et s'entend de tous les signes extérieurs de compassion. c. 42. 11. Ainsi, *Commovere caput super aliquo :* Être touché du malheur de quelqu'un : ce qui se fait par le mouvement ou l'abattement de la tête. Nahum. 3. 7. Voy. COMMOVERE.

Nudare, discooperire caput. Découvrir la tête, était encore une marque de deuil. Levit. 10. 6. *Capita vestra nolite nudare :* N'ayez point la tête découverte. Moïse défend de faire aucun deuil sur la mort de Nadab et Abiu. Voy. v. 1. Ainsi ; c. 13. 45. c. 21. 10. Ce qui est opposé à :

Habere coronam in capite. Avoir la tête couverte, ne point donner des marques de deuil. Voy. CORONA. Ezech. 24. 23. *Coronas habebitis in capitibus vestris :* Vous aurez des couronnes sur vos têtes. Le prophète témoigne que comme il n'a point donné de marques de deuil à la mort de sa femme, v. 17. de même les Juifs, au temps de la destruction entière de Jérusalem, n'oseraient en témoigner leur deuil, de peur d'irriter leur vainqueur. Mais, Num. 6. 18. *Discooperire caput,* est une marque d'indépendance et de liberté.

Discooperiet caput : Le prêtre lui découvrira la tête. Le grand prêtre découvrant la tête à la femme, pour laquelle il offrait le sacrifice de jalousie, lui donnait le pouvoir de prêter serment, et est opposé au nombre suivant :

Operire caput. Se couvrir la tête, était aussi une marque de deuil et d'affliction. 2 Reg. 19. 4. *Rex operuit caput suum, et clamavit voce magna : fili mi Absalom :* David ayant la tête couverte, criait à haute voix : Mon fils Absalom : il pleurait sa mort. c. 13. 19. c. 15. 30. Esth. 6. 12. Jerem. 14. v. 3. 4. Ce qui vient de ce que ceux qui sont dans une extrême affliction, ne veulent voir personne. A quoi se peut rapporter cette phrase :

Ponere, ou *dare in capite vias alicujus :* τὰς ὁδοὺς εἰς κεφαλὰς διδόναι.

Faire retomber sur la tête de quelqu'un ses crimes. Ezech. 11. 21. *Horum viam in capite suo ponam :* Je ferai retomber leurs crimes sur leurs têtes. c. 16. 43. c. 17. 19.

Spargere pulverem in cœlum super caput suum. Jeter de la poussière en l'air pour la faire retomber sur sa tête. Job. 2. 12. *Scississque vestibus sparserunt pulverem :* Les trois amis de Job déchirèrent leurs vêtements, ils jetèrent de la poussière en l'air pour la faire retomber sur leur tête. Ils témoignaient par là la douleur et la compassion qu'ils avaient de la misère où ils le voyaient réduit.

Tangere nubes capite. Toucher le ciel ou les nuées de sa tête, marque le haut point de réputation et d'honneur que les hommes s'acquièrent dans le monde. Job. 20. 6. *Si... et caput ejus nubes tetigerit :* Quand la tête de l'hypocrite toucherait les nuées, il périra à la fin, etc.

Velare caput. Se couvrir la tête d'un voile ou de quelque autre chose, est une marque où de soumission et d'obéissance, ou de honte. C'est, 1° pour la femme une marque de la soumission et de l'obéissance qu'elle doit à son mari. 1. Cor. 11. 5. *Omnis... mulier orans aut prophetans, non velato capite, deturpat caput suum :* Toute femme qui prie ou qui prophétise, ayant la tête nue, déshonore sa tête. C'est, 2° une marque de l'indépendance de l'homme, et qu'il ne reconnaît que Dieu seul au-dessus de lui, d'avoir la tête découverte lorsqu'il prie dans l'Eglise ; et il déshonore au contraire Jésus-Christ, son chef, lorsqu'il prie dans l'église la tête couverte. 1. Cor. 11. 4. *Omnis vir orans aut prophetans velato capite, deturpat caput suum :* Tout homme qui prie ou qui prophétise ayant la tête couverte, déshonore sa tête ; soit Jésus-Christ, chef de l'Eglise, à qui il doit tout honneur ; soit sa propre tête, comme témoignant par là rougir de sa qualité de chrétien. v. 6. 7.

Ungere caput. Parfumer sa tête ; c'est pour marquer de la joie et du contentement, opposé à paraître triste. Matth. 6. 17. *Cum jejunas, unge caput tuum :* Lorsque vous jeûnez, parfumez votre tête. Ceci se tire de la coutume des anciens, qui se parfumaient dans les festins. Voy. Luc. 7. v. 37. 38. etc.

CARBASINUS, καρβάσινος. De *Carbasus,* κάρπασος, et signifie dans l'Ecriture :

Qui est de fin lin. Esth. 1. 6. *Pendebant ex*

omni parte tentoria aerii coloris, et carbasini : Au festin qu'Assuérus avait fait préparer pour le peuple, on avait tendu de tous côtés des tapisseries de couleur de bleu céleste et de fin lin ; selon d'autres, de couleur verte.

CARBO, NIS, ἄνθραξ, Du Grec καρφῶ, *arefacio*, et signifie proprement :

Charbon de bois brûlé ; soit éteint. Prov. 26. 21. *Sicut carbones ad prunas... sic homo iracundus suscitat rixas* : L'homme colère, *autr.* querelleur, est pour allumer les disputes, ce qu'est le charbon à la braise. Thren. 4. 8. Soit qu'on l'entende d'un charbon allumé de la brise. Isa. 44. 19. *Coxi super carbones ejus panes* : J'ai fait cuire des pains sur le charbon qui s'est fait de la moitié de ce bois. Dieu reproche l'aveuglement des idolâtres, de ne pas considérer que leurs idoles sont faites du plus méchant bois, même le moins propre à brûler et le plus méprisable. Ici *carbo* est pris pour *pruna*, qui se trouve Job. 41. 12. De là vient, *Carbo vivus* : Charbon ardent. Tob. 8. 2. *Posuitque eam super carbones vivos* : Tobie mit une partie du foie du poisson sur des charbons ardents, selon l'avis qu'il avait reçu de l'ange. c. 6. 8.

1° Mal extraordinaire, et qui va à la ruine ; soit de la part des hommes. Ps. 119. 4. *Sagittæ potentis acutæ, cum carbonibus desolatoriis* : La langue trompeuse est de même que des flèches très-pointues, poussées par une main puissante, avec des charbons dévorants. Ces charbons dévorants marquent le mal extrême qu'elle cause ; soit de la part de Dieu, lorsqu'il tire une vengeance extraordinaire des pécheurs. Ps. 139. 11. *Cadent super eos carbones* : Des charbons tomberont sur les pécheurs : ceci a été exercé à la lettre sur les Sodomites. Luc. 17. 29. A quoi se peut rapporter, Ezech. 1. 13. *Aspectus eorum quasi carbonum ignis* : Les quatre animaux paraissaient à les voir comme des charbons de feu brûlants : ce qui figurait les anges ministres de Dieu, tout prêts à lancer les feux et les foudres de la justice sur Jérusalem. 2 Reg. 22. v. 9. 13. Ps. 17. v. 9. 13. *Carbones successi sunt ab eo* : Des charbons ont été allumés du feu dévorant qui est sorti de la bouche de Dieu. David figure la terrible vengeance que Dieu avait tirée de ses ennemis.

2° Ce qui excite et allume quelque passion. 1° L'amour. Prov. 25. 22. Rom. 12. 20. *Hoc enim faciens, carbones ignis congeres super caput ejus* : En donnant à votre ennemi à manger lorsqu'il a faim, et lui donnant à boire lorsqu'il a soif, vous amasserez par là des charbons de feu sur sa tête. Ces charbons de feu marquent l'amour et la charité à quoi cette bonté force alors comme indispensablement cet ennemi : ou marque l'horreur qu'il commence à ressentir de la haine qu'il avait auparavant. 2° La colère, l'emportement. Eccli. 8. 13. *Non incendas carbones peccatorum arguens eos* : N'allumez point les charbons des pécheurs, en les reprenant. Une réprimande faite à contre-temps à un pécheur, ne cause souvent que du mal.

CARBUNCULUS, I, *Escarboucle*. De *Carbo*, parce que cette pierre dans sa couleur, semble jeter, même dans les ténèbres, comme un feu aussi éclatant qu'un charbon. Il signifie aussi chez les auteurs latins, 1° petit charbon de bois brûlé, et semble, en ce sens, être diminutif de *Carbo* : Brûlure des arbres ; charbon pestilentiel ; espèce de petit ulcère qui se forme d'inflammation, ou sur les yeux ou sur les paupières : dans l'Ecriture :

Escarboucle, rubis, pierre précieuse. Eccli. 32. 7. *Gemmula carbunculi in ornamento auri* (ἄνθραξ) : L'escarboucle enchâssée dans l'or. Cette pierre précieuse, ainsi que les autres dont il est parlé Exod. 23. 18. sont toutes mystérieuses. Dans Ezech. c. 28. 13. les pierres précieuses dont il est parlé figurent l'éclat d'un état ou d'un empire heureux, soit qu'on l'entende du premier ange, v. 15. soit du roi de Tyr, v. 11.

CARCAA, Heb. *Pavimentum dissolvens*. Ville aux confins de la tribu de Juda. Jos. 15. 3.

CARCER, RIS, φυλακή, De *coercere*, retenir, ou, selon d'autres, du Grec κάρκαρον, et signifie :

1° Une prison. Luc. 12. 58. *Ne forte exactor mittat te in carcerem* : De peur que le sergent ne vous mette en prison. Jésus-Christ prouve qu'il vaut mieux se réconcilier dès cette vie avec son ennemi, que de s'exposer à être condamné de Dieu après la mort aux peines de l'enfer, par l'exemple de ceux qui, ayant un créancier fâcheux, font mieux de traiter avec lui, que de se faire mener devant le juge, qui les pourrait condamner à la prison. Matth. 5. 25. 2 Cor. 11. 23.

2° Les limbes, lieux souterrains. 1. Petr. 3. 19. *In quo et his qui in carcere erant, spiritibus prædicavit* : Jésus-Christ descendit aux prisons souterraines, pour annoncer aux âmes qui y étaient retenues les heureuses nouvelles de leur rédemption, et les en délivrer avec les saints patriarches. L'Apôtre parle ici particulièrement de ceux qui, avant le déluge, ayant été incrédules aux avertissements de Noé, se convertirent lorsqu'ils aperçurent le déluge qu'il leur avait prédit.

3° L'enfer même ou l'abîme où les démons et les damnés sont tourmentés (δεσμωτήριον). Isa. 21. 22. *Claudentur ibi in carcere* : Les démons et les hommes pécheurs les plus puissants seront jetés dans le lac où ils seront tenus en prison. Voy. v. 21. Ainsi, Apoc. 20. 7.

4° Grande affliction, état misérable, parce que la prison est une peine ; l'espèce prise pour le genre. Job. 7. 12. *Numquid mare sum aut cetus, quia circumdedisti me carcere?* Suis-je furieux, comme la mer ou les baleines, pour m'affliger de la sorte ? Mais, Isa. 47. 7. *Domus carceris*, s'entend de l'état misérable du péché d'où Jésus-Christ est venu nous délivrer, selon le témoignage même de Jésus-Christ. Luc. 4. v. 20. 19.

5° Les ténèbres épaisses dont étaient environnés les Egyptiens sont appelées *prison de ténèbres* (εἱρκτή). Sap. 18. 14. Ainsi, c. 17. 15. *Custodiebatur in carcere sine ferro reclusus* :

Les Egyptiens au milieu des ténèbres ne bougeaient du lieu où ils se trouvaient.

CARDO, INIS. Du grec κράδη, branche ou croc, d'où on pend quelque chose et signifie : le gond, le pivot sur quoi tourne une porte ; le point décisif d'une affaire ; le pôle du monde. Dans l'Ecriture :

1° Le gond d'une porte (στροφιγξ). Prov. 26. 14. *Sicut ostium vertitur in cardine suo, ita piger in lectulo suo* : Comme une porte roule sur ses gonds, en demeurant toujours dans la même place, ainsi un paresseux tourne dans son lit. Les gonds des portes du temple étaient d'or. 3. Reg. 7. 50. De ce mot vient cette phrase dans le sens figuré :

Percutere cardinem : Frapper les gonds marque la destruction et la ruine du temple de Jérusalem. Amos. 9. 1. *Percute cardinem* (ἱλαστήριον, *propitiatorium*) : Frappez les gonds ; *Hebr.* le haut de la porte. Le Seigneur qui paraissait debout sur l'autel des holocaustes, ordonne à l'ange qui était près de lui pour exécuter ses ordres, de frapper le haut de la porte, pour marquer la destruction du royaume des Juifs par le renversement du lieu où ils faisaient les exercices de leur religion. Quelques-uns entendent ce chapitre du royaume des dix tribus : ainsi l'autel s'entendrait du culte des veaux d'or à Bethel.

La porte même. Isa. 6. 4. *et commota sunt superliminaria cardinum* : Le haut de la porte fut ébranlé : ce qui se doit entendre au même sens que, Amos 9. 1. *Voy.* supra : *Percutere cardinem*.

2° Soutien, fondement de quelque chose, ce qui la maintient dans le même état (φάτνωμα, *laquear*). Amos. 8. 3. *Stridebunt cardines templi in die illa* : Au temps de la ruine d'Israël, on entendra un horrible bruit à la chute des principaux soutiens du temple ; et parce que les extrémités du ciel semblent être jointes à celles de la terre, *Cardines cœli* s'entend des extrémités de la terre. Deut. 30. 4. *Si ad cardines cœli fueris dissipatus, inde te retrahet Dominus Deus* : Quand vous auriez été dispersés jusqu'aux extrémités du monde, le Seigneur, votre Dieu, vous en retirera, *sc.* si vous vous convertissez à lui. D'où vient :

Cardines cœli, terræ, maris. Les extrémités 1° du ciel, appelées *les pôles des cieux* (γῦρος). Job. 22. 14. *Nec nostra considerat ; et circa cardines cœli perambulat* : Dieu ne considère point ce qui se passe parmi nous, il se promène dans le ciel d'un pôle à l'autre. Eliphas accuse Job de croire que Dieu ne considère pas ce qui se passe sur la terre : *Hebr.* les chants de joie que l'on entendait dans le palais seront changés en d'horribles cris ; 2° les extrémités de la terre, qui semblent répondre aux extrémités du ciel, sont appelées *les pôles de la terre* (ἄκρον). 1. Reg. 2. 8. Prov. 8. 26. *Cardines orbis terræ, cardines terræ* : les fondements, les pôles de la terre, sur lesquels Dieu a posé le monde ; 3° les extrémités de la mer. Job. 36. 30. *Cardines quoque maris operiet* : Dieu couvre la mer d'une extrémité à l'autre ; *Gr. et Hebr. radices maris*, ῥιζώματα, **les fondements de la mer.**

DICTIONN. DE PHILOL. SACRÉE. I.

CARDUUS, UI, ἄκανος ; LXX ἄκαν, ἄκχούχ. De *carere* pour *carpere*, dans le sens que Varron dit : *Carere lanam* : Carder de la laine, et signifie :

Chardon, herbe piquante, dont il y a plusieurs espèces. 4. Reg. 14. 9 ; 2. Par. 25. 18. *Carduus Libani misit ad cedrum quæ est in Libano* : Le chardon du Liban envoya vers le cèdre qui est au Liban. Joas, roi d'Israël, pour répondre au défi que fit Amasias, de descendre à la tête de leurs troupes dans le combat, se comparant au cèdre, le compare à un chardon qui serait foulé aux pieds par les bêtes, pour lui faire connaître combien il se tenait plus fort que lui.

CARECTUM, I, ἕλος. Ce mot mis par contraction pour *caricetum*, vient de *carex* et signifie :

1° Lieu marécageux où croissent les joncs, les glayeuls et les roseaux. Exod. 2. 3. *Exposuit eum in carecto ripæ fluminis* : La mère de Moïse le mit à l'âge de trois mois dans une corbeille de jonc, et l'exposa parmi des roseaux sur le bord du fleuve.

2° Glayeul, espèce de jonc. Job. 8. 11. *Numquid potest.... crescere carectum sine aqua ? carectum* pour *carex* : Les glayeuls qui croissent dans les prés, peuvent-ils croître sans eau ?

CARÉE, Heb. *Calvus*. Père de Johanan. 4. Reg. 25. 23. Jer. 40. 8. etc.

CAREHIM, Heb. *Calvus*. Patrie de Jesboam, un des braves de l'armée de David. 1. Par. 12. 6. On croit que c'est la ville de Coréa dont parle Josèphe, *Antiqu. l.* 4. *c.* 6. 10. dans la demi-tribu de Manassé en deçà du Jourdain.

CARERE, du grec χηρεύω, je suis dépouillé, j'ai faute, et signifie :

Manquer, être privé de quelque chose. Prov. 20. 21. *Hæreditas ad quam festinatur in principio, in novissimo benedictione carebit* : L'héritage que l'on se hâte d'acquérir ne sera pas à la fin béni de Dieu. Ruth. 4. 6. Eccl. 6. 3. Sap. 18. 4. Ainsi : *Carere vita* : Mourir. 2. Par. 21. 19. *Vita caruit* : Il mourut.

CARIA, Æ, Gr. *Capitalis*. Carie, province de l'Asie-Mineure. 1. Mac. 15. 23. aujourd'hui Aldinelli.

CARIATH. Heb. *Civitas*. Ville de la tribu de Benjamin. Jos. 18. 28. qu'on croit être la même que Cariathiarim.

CARIATHAIM, Heb. *Civitates*. — 1° Ville de la tribu de Nephtgali, donnée aux Lévites ; ville de refuge. 1. Par. 6. 76. appelée Carthan. Jos. 21. 32. Voy. CARTHAN. — 2° Ville des Moabites dans la tribu de Ruben. Jer. 48. v. 1. 23. Ezech. 23. 9. Elle est attribuée aux Moabites, parce qu'ils s'en étaient rendus maîtres. Gen. 14. 5. Num. 32. 37.

CARIATH-ARBE, Heb. *Civitas quatuor*.— Ville de la tribu de Juda, qui depuis a été appelée Hébron. Jos. 14. 15. *Nomen Hebron ante vocabatur Cariath-Arbe* : Hébron se nommait auparavant Cariath-Arbe, c'est-à-dire ville d'Arbé, père d'Enac, lequel Arbé était un géant très-puissant. *Adam maximus ibi inter Enacim situs est* : Cet homme, qui était un grand géant, est inhumé là, parmi ceux à qui il a donné son nom. c. 10. 12. Voy. Hébron.

CARIATH-ARIM, Heb. *Civitas oppidorum.* — Nom d'un chef de famille, qui revint de la captivité. 1. Esdr. 2. 25.

CARIATH-IARIM, Heb. *Civitas silvarum.* — 1° Ville des Gabaonites dans la tribu de Juda, qui s'appelait auparavant Cariath-Baal. Jos. 15. v. 9. 10. quelquefois Baala, où les Philistins renvoyèrent l'arche. 1. Reg. 6. 21. c. 7. 1. etc. *Voy.* Baala et Bala. Jos. 19. 3. 1. Par. 4. 29. — 2° Nom d'homme, fils de Sobal. 1. Par. 2. v. 50. 52. 53.

CARIATH-BAAL, Heb *Civitas idoli.* Voy. Cariathiarim.

CARIATH SENNA, Heb. *Civitas rubi.* Voy. Dabir. Ville de la tribu de Juda, autrement appelée Cariath-Sepher et Dabir. Jos. 15. 49. *Cariath-Senna hæc est Dabir.*

CARIATH-SEPHER. Heb. *Civitas litterarum.* La même ville que la précédente. Jos. 15. v. 15. 16. Judic. 1. v. 11. 12. *Judas abiit ad habitatores Dabir cujus nomen vetus erat Cariath-Sepher*, i. e. *civitas litterarum* : Juda marcha contre les habitants de Dabir, qui s'appelait autrefois Cariath-Sepher, *i. e.* la ville des lettres. Caleb donna sa fille en mariage à Othoniel, qui s'était rendu maître de cette ville, appelée de la sorte, parce que l'on croit que c'était là où étaient les archives et les actes publics, et même une académie où les lettres et les sciences s'enseignaient parmi les Chananéens.

CARICA, æ. Gr. συκῆ. Figue sèche. 1. Reg. 25. 18. *Abigail tulit.. centum alligaturas uvæ passæ et ducentas massas caricarum* : Abigaïl apporta à David cent paquets de raisins secs et deux cents cabas de figues sèches.

CARINA. Le fond d'un navire enfoncé dans l'eau (τρόπος). Sap. 5. 10. *Tamquam navis cujus, cum prætterierit, non est vestigium invenire neque semitam carinæ illius in fluctibus* : Toutes choses sont passées comme un vaisseau qui n'imprime aucune marque de sa route sur les flots.

CARIOTH, Heb. *Civitates.* Voy. Hesron. — 1° Ville de la tribu de Juda. Jos. 15. 25. d'où était Judas qui trahit Jésus-Christ. *Iscariotes*, Hebr. homme de Carioth. — 2° Ville considérable des Moabites. Jer. 48. v. 24. 41. Amos 2. 2. *Et mittam ignem in Moab, et devorabit ædes Curioth* : J'allumerai dans Moab un feu qui consumera les maisons de Carioth.

CARITH, Heb. *Concisio.* Torrent qui était vis-à-vis le Jourdain, de l'eau duquel Elie but jusqu'à ce qu'il fût tari. 3. Reg. 17. v. 3. 5. *Abscondere in torrente Carith, qui est contra Jordanem* : Cachez-vous sur le bord du torrent de Carith, qui est vis-à-vis le Jourdain. Il y fut nourri miraculeusement par un corbeau qui lui portait chaque jour sa provision le matin et le soir, vers l'an du monde 3124.

CARMEL, CARMELUS, κάρμηλος. Heb. *Agnus circumcisus*, ou *cognitio circumcisionis.* Voy. Charmel.

Des mots hébreux *moul*, couper, tailler, et *kerem*, vigne, et signifie en hébreu, épi tendre ou retranché de la vigne ; il signifie :

1° Montagne très-haute, agréable et fort fertile, dans la tribu d'Aser ou d'Issachar, proche la mer. Amos. 9. 3. *Si absconditi fuerint in vertice Carmeli, inde scrutans auferam eos* : S'ils se cachent sur le haut du mont Carmel, j'irai les y chercher et les en ferai sortir : ce qui s'entend de la ruine inévitable de Juda ou des dix tribus. C'est sur cette montagne que demeurait Elie, et où il fit tuer les quatre cent cinquante prophètes de Baal. 3. Reg. 18. v. 18. 20. 42. Jos. 19. 26. 4. Reg. 2. 25. c. 4. 25. Judith. 1. 8. Isa. 33. 9. c. 35. 2. Jerem. 50. 19. *Pascentur Carmelum* : Les Juifs, au retour de la captivité, jouiront, comme auparavant, des avantages de la fertilité du mont Carmel.

— Terre ou plaine fertile, à cause de la fertilité du mont Carmel. Jerem. 48. 33. *Ablata est lætitia et exultatio de Carmelo* (μωαειτις) : La joie et la réjouissance ont été bannies du Carmel ; ce qui s'entend des terres de Moab, qui étaient aussi fertiles que le Carmel. 2. Par. 26. 10. *Vineas quoque habuit et vinitores in montibus et in Carmelo* : Ozias avait des vignes et des vignerons sur les montagnes et dans le Carmel, *i. e.* dans les plaines fertiles. Amos. 1. 2. *Exsiccatus ejus vertex Carmeli* : Le haut du Carmel deviendra tout sec, *i. e.* les terres aussi fertiles que le Carmel. Mich. 7. 14. Nahum. 1. 4. 4. Reg. 19. 23. Isa. 10. 18. c. 16. 10. c. 29. 17. c. 32. v. 15. 16. c. 33. 9. c. 37. 24. Jerem. 2. 7. c. 4. 26. *Voy.* Charmel.

2° Tout ce qui est beau, grand, élevé. Isa. 10. 18. *Gloria saltus ejus et Carmeli ejus, ab anima usque ad carnem consumetur* : La gloire de ses forêts et de ses champs délicieux sera consumée : tout périra depuis l'âme jusqu'au corps ; ce qui s'entend de la gloire de la grande armée de Sennachérib, nombreuse comme une forêt, et de l'élite de ses chefs par rapport au mont Carmel, qui était élevé, fertile et agréable à voir. C'est ainsi qu'on peut interpréter. Cant. 7. 5. *Caput tuum ut Carmelus* : Votre tête est comme le mont Carmel ; Hebr. *coccinum*, est belle comme l'écarlate : d'autres l'entendent de la coiffure de la tête élevée et belle comme cette montagne. Au reste, il paraît que la beauté de cette montagne passait en proverbe, pour marquer tout ce qui était beau, grand, élevé, agréable à la vue. *Voy.* Charmel.

Ville et montagne dans la tribu de Juda, où Nabal avait ses biens. Jos. 12. 22. *Rex Jachanan Carmeli unus* : Dans la terre que les Israélites conquirent au delà du Jourdain, il y avait... un roi de Jachanan du Carmel. c. 15. 55. 1. Reg. 15. 12. 2. Reg. 2. 2. c. 3. 3. etc.

CARMELITES, æ, Heb. *Agnus circumcisus.* Qui est de la ville de Carmel en la tribu de Juda. 2. Par. 11. 37. *Hesro Carmelites* : C'était un des trente braves de l'armée de David.

CARMELITIS. dis, Heb. *idem.* Qui est de la même ville de Carmel. 1. Par. 3. 1. *David hos habuit filios... secundum Daniel de Abigail Carmelitide* : David eut ces enfants-ci... le second Daniel d'Abigaïl de la ville de Carmel. Elle avait été femme de Nabal.

CARMEN, inis. Ce mot, signifiant carde, instrument à carder la laine, vient de *carere*, pour *carpere*; signifiant une chanson, il vient de *casmen*, dérivé de *casno*, pour *cano*, d'où vient *carmen*, changeant *s* en *r*, et signifie proprement les vers, la poésie, opposée à la prose, une pièce de poésie, une ode, une chanson, enchantement, carde, instrument de cardeur; dans l'Ecr. :

1° Chant, chanson, air agréable (ᾶσμα); d'où vient cette façon de parler, Eccl. 12. 4. *Et obsurdescent omnes filiæ carminis* : Souvenez-vous de votre Créateur dès votre jeunesse, avant que les filles de l'harmonie deviennent sourdes ; *i. e.* avant votre vieillesse. Les filles de l'harmonie marquent les oreilles, qui est le sens qui juge de l'harmonie ; cette expression marque le temps de la vieillesse, auquel l'ouïe s'affaiblit. Voy. 2. Reg. 19. 35. De là vient, *Carmen musicum* : Air de musique, agréable à cause de ses accords. Ezech. 33. 32. *Es eis quasi carmen musicum* : Vous êtes à l'égard des Juifs comme un air de musique. Dieu témoigne au prophète que le peuple n'écoutait tous ses discours que pour leur plaisir et pour se divertir, et non pour s'en servir à se corriger. v. 31. La métaphore est tirée des airs et des concerts qui se terminent uniquement à flatter les oreilles.

2° Cantiques, ouvrages de poésie, faits pour chanter et publier la bonté et la puissance de Dieu (ᾠδή); d'où vient *Carmina Scripturarum* : Les cantiques de l'Ecriture. 3. Reg. 4. 32. Eccli. 44. 5. *Fuerunt carmina ejus quinque millia* : De cinq mille cantiques qu'a faits Salomon, il ne nous en est que très-peu resté, entre lesquels le plus excellent de tous ceux qu'il a composés, est le cantique appelé *des cantiques*. Non-seulement Salomon, mais encore David et les autres saints personnages de l'Ancien Testament en ont composé, tant pour chanter, que pour jouer sur les instruments. *Voyez* **Canticum**. Ainsi, 2. Esdr. 12. 45. *In diebus David et Asaph ab exordio erant principes constituti cantorum in carmine laudantium* : Dès le commencement, au temps de David et d'Asaph, il y eut des chefs établis sur les chantres qui louaient Dieu par de saints cantiques. Exod 15. 1. Num. 21. 17. 2. Reg. 22. 1. Par. 16. 35. Ainsi, Job. 35. 10. *Ubi est Deus qui fecit me, qui dedit carmina in nocte?* Où est le Dieu qui m'a créé, qui fait que les siens lui chantent pendant la nuit des cantiques d'actions de grâces? D'autres l'entendent de la joie intérieure que Dieu donne aux siens au milieu des persécutions qu'ils souffrent pour sa gloire.

3° Instruments de musique, sur lesquels on chantait les cantiques et les psaumes (ὕμνος). Ps. 4. 1. *In finem, in carminibus* : Psaume de David qu'on doit chanter sur les instruments de musique jusqu'à la fin des siècles ; selon les Septante, qui doit être chanté parmi les hymnes. Ps. 6. 1. Ps. 53. 1. Ps. 54. 1. Hebr. *in pulsationibus* ; ces instruments étaient de ceux qui résonnaient en les touchant et non en soufflant.

4° Prophétie triste et lugubre, en forme de plainte faite sur le malheur de quelqu'un. Ezech. 2. 9. *Scriptæ erant in eo lamentationes et carmen et væ* : Il était écrit dans le livre qui me fut présenté, des plaintes lugubres, des cantiques et des malédictions ; tout ceci marquait les jugements terribles que Dieu devait exercer contre les Juifs ; d'autres distinguent les plaintes lugubres, comme regardant les réprouvés, à qui les exhortations des pasteurs sont inutiles, des cantiques qui regardaient les justes. Voy. Deut. 32. 36. De là vient *Lugubre canere*, sous-entendu *carmen*, publier une prophétie fâcheuse et lugubre, prophétiser de grands maux à venir. Ezech. 32. 18. *Cane lugubre super multitudinem Ægypti* : Prophétisez la ruine totale des Egyptiens, *sc.* par Nabuchodonosor et par les Chaldéens. Mais Ezech. c. 27. 32. *Carmen lugubre*, est pris pour les plaintes et les marques qu'on donne de la part qu'on prend aux malheurs d'autrui. *Assument super te carmen lugubre:* Tous ceux qui avaient commerce avec vous feront sur vous des plaintes lugubres ; le prophète parle de la désolation de Tyr.

5° Discours de piété, paroles de l'Ecriture. Prov. 25. 20. *Acetum in nitro qui canat carmina cordi pessimo* : Comme le vinaigre aigrit et donne plus de force au nitre ; ainsi les discours salutaires irritent davantage les méchants et les tourmentent : Si l'on entend ceci d'une personne affligée, par le mot de *cor pessimum* ou *malum*, selon l'Hébreu ; par le mot *carmina*, on entendra un discours enjoué ou quelque chanson gaie, qui importune ceux qui sont dans le deuil. Voy. **Cantare**.

CARNAIM, Heb. *Duo cornua*, ville forte dans le pays de Galaad. 1. Mach. 5. v. 26. 43. 44. La même que Astaroth-Carnaïm. Voy. **Astaroth**.

CARNALIS. σαρκικός, σάρκινος. De *caro*, et signifie :

1° Qui est d'une nature composée de chair et d'os, corporel, sujet à périr. Esth. 14. 10. *Prædicent carnalem regem in sempiternum* : Les ennemis de votre peuple veulent fermer la bouche de ceux qui vous louent, pour relever à jamais un roi de chair et de sang. Esther demande à Dieu d'empêcher, pour sa gloire, qu'Assuérus ne rende son nom éternel, en exterminant la race des Juifs qu'il avait toujours regardés pour son peuple.

2° Temporel, ce qui regarde le corps et la vie (κατὰ σάρκα). Coloss. 3. 22. *Servi, obedite per omnia dominis carnalibus* : Serviteurs, obéissez en tout à ceux qui sont vos maîtres selon la chair. L'Apôtre témoigne que le devoir des serviteurs et des esclaves est d'obéir à leurs maîtres en tout ce qu'ils ont droit de leur commander. Ephes. 6. 5.

3° Celui en qui la chair et la concupiscence combattent, soit qu'il y résiste fortement. Rom. 7. 14. *Ego autem carnalis sum*: Pour moi, je suis charnel, dit saint Paul : suit qu'il y résiste faiblement et se laisse encore aller à ses affections charnelles. 1. Cor. 3. 1. *Non potui vobis loqui quasi spiritualibus, sed quasi carnalibus* : Je n'ai pu vous parler comme à des hommes spirituels, mais comme à des personnes charnelles. v. 2. 3. Tous les hommes charnels ne sont point exclus du royaume de Dieu; il ne faut point en désespérer ; mais il faut les ménager, pour les faire avancer. *Non tamen desperandi, sed nutriendi. Aug. in Ps.* 38.

4° Charnel, qui part de la concupiscence, qui excite les passions déréglées, opposé à spirituel. 1. Petr. 2. 11. *Obsecro vos tamquam advenas et peregrinos abstinere vos a carnalibus desideriis* : Je vous exhorte, mes bien-aimés, de vous abstenir, comme étrangers et voyageurs que vous êtes, des désirs charnels. Jud. v. 23.

5° Charnel, humain, qui est selon les maximes du monde. 2. Cor. 1. 12. *In simplicitate cordis... et non in sapientia carnali conversati sumus in hoc mundo* : Nous nous sommes conduits en ce monde avec une simplicité de cœur et une sincérité de Dieu, non dans la sagesse de la chair. Saint Paul oppose sa conduite à celle des faux apôtres, qui était toute charnelle, en ce qu'ils ne recherchaient que leurs intérêts et leur propre gloire. c. 10. 4. *Arma militiæ nostræ non carnalia sunt* : Les armes de notre milice ne sont point charnelles; *i. e.* nous n'employons point la prudence humaine, les belles paroles, la tromperie ou la violence pour gagner les âmes à Dieu.

6° Qui doit finir, mortel, périssable. Hebr. 7. 16. *Non secundum legem mandati carnalis factus est, sed secundum virtutem vitæ indissolubilis* : Jésus-Christ n'est point établi prêtre par la loi d'une succession charnelle, mais par la puissance de sa vie immortelle.

7° Ce qui regarde les nécessités et les commodités de la vie, les biens temporels nécessaires à la vie. 1. Cor. 9. 11. *Si nos vobis spiritualia seminavimus, magnum est si nos carnalia vestra metamus?* Est-ce une grande chose que nous recueillions quelque fruit de vos biens temporels? Rom. 15. 27.

8° Docile, obéissant. 2. Cor. 3. 3. *Epistola estis Christi... scripta... non in tabulis lapideis, sed in tabulis cordis carnalibus* : Vous êtes la lettre de Jésus-Christ qui est écrite, non sur des tables de pierre, mais sur des tables de chair, qui sont vos cœurs. Le saint apôtre loue les Corinthiens de leur docilité et de leur obéissance à l'Evangile et à ce que Dieu demandait d'eux; au contraire, *cor lapideum*, le cœur endurci n'est point soumis à la loi ni à la volonté de Dieu. Ezech. 11. 19.

CARNEUS, A, UM, σάρκινος. De *caro*, et signifie :

1° Qui est de chair, de là vient cette expression, *oculi carnei*, des yeux de chair, ce qui se dit de celui qui juge des choses selon ce qui paraît seulement à l'extérieur, et sans examiner le fond et les raisons d'une cause. Job. 10. 4. *Numquid oculi carnei tibi sunt?* Avez-vous des yeux de chair, *i. e.* jugez-vous des choses comme font le plus souvent les hommes par l'extérieur seulement ?

2° Qui est faible et sans force. 2. Par. 32. 8. *Cum illo est brachium carneum; nobiscum Dominus Deus noster* : Toute l'armée qui est avec Sennachérib n'est qu'un bras de chair ; mais nous avons avec nous le Seigneur notre Dieu, dit Ezéchias à tout le peuple de Jérusalem assemblé.

3° Tendre, flexible, docile. Ezech. 11. 19. *Auferam cor lapideum de carne eorum, et dabo eis cor carneum* : J'ôterai de la chair des Israélites le cœur de pierre, et je leur donnerai un cœur de chair. Voy. CARNALIS, 8°.

CARNIFEX, ICIS. De *caro, carnis* et de *facere*, qui signifie aussi, *conficere, consumere*.

Bourreau, qui met à mort en exécution de sentence portée contre quelqu'un déclaré comme criminel (δήμιος) ; mais il se dit aussi figur. d'un homme cruel, inhumain, qui aime à répandre le sang. 2. Mach. 7. 29. *Ita fiet ut non timeas carnificem istum* : Comprenez bien que Dieu a créé tout le reste du monde, aussi bien que tous les hommes, et ainsi vous ne craindrez point ce cruel bourreau, dit la mère des Machabées, exhortant le dernier et le plus jeune de ses enfants à souffrir généreusement la mort à l'exemple des six autres enfants.

CARNION. Un fort imprenable dans la demi-tribu de Manassé au delà du Jourdain. 2. Mac. 12. v. 21. 26. Judas Machabée prit ce fort et y tua trente mille hommes.

CARO, NIS, σάρξ, κός, du grec κρέας, par une transposition assez commune, comme de ὕρπαξ se fait *rapax*, etc., et signifie proprement :

De la chair des animaux qu'on tue pour manger ; il se dit aussi de la chair vive des hommes et des bêtes, et se dit improprement des poissons, des fruits, des racines ; dans l'Ecriture :

1° Chair, tout animal en général. 1. Cor. 15. 39. *Non omnis caro, eadem caro; sed alia quidem hominum, alia vero pecorum, alia volucrum, alia autem piscium* : Toute chair n'est pas la même chair, etc.

2° Chair d'animal mort, l'animal mort. Exod. 29. 14. *Carnes vero vituli... combures foris* : Vous brûlerez dehors et hors du camp toute la chair du veau, *sc.* après avoir été sacrifié. Voy. v. 11. Levit. 14. 11. Reg. 17. 44. Ps. 78. 2. etc.

3° Chair, partie du corps d'un animal vivant. Luc. 24. 39. *Spiritus carnem et ossa non habet* : Un esprit n'a ni chair ni os, comme vous voyez que j'ai, dit Jésus-Christ aux onze apôtres, qu'il voulait persuader que c'était lui-même qu'ils voyaient et non un esprit. Voy. v. 37. 40. 41. Gen. 2. 21. Exod. 4. 7.

4° La peau, prise pour la chair très-maigre, abattue et mince, d'un corps vivant. Ps. 101. 6. *A voce gemitus mei adhæsit os meum carni meæ* : A force de gémir et de soupirer, je n'ai plus que la peau collée sur les os.

5° La tête, la chair de la tête. Job. 4. 15. *Inhorruerunt pili carnis meæ* : Les cheveux de ma tête se dressèrent, *sc.* à la vue d'un spectre. *Voy.* v. 16.

6° Les parties naturelles de l'homme qui servent à la propagation. Gen. 17. 11. *Circumcidetis carnem præputii vestri*. Vous circoncirez votre chair; cette circoncision dans Abraham et tous ses enfants mâles, était le signe de l'alliance qu'il faisait avec Dieu. v. 13. 14. Ainsi, Rom. 2. 28. *Neque quæ in manifesto, in carne, est circumcisio* : La véritable circoncision n'est pas celle qui se voit dans la chair, mais celle du cœur, *sc.* le retranchement des passions et des déréglements de l'âme. Coloss. 2. 11. Ephes. 2. 11. Ainsi, Ezech. 16. 26. *Fornicata es cum filiis Ægypti vicinis tuis magnarum carnium* : Vous vous êtes prostituée aux enfants de l'Egypte qui sont vos voisins et qui ont de grands corps ; le prophète représente ici les alliances illicites et criminelles qu'ont faites les Juifs avec les Egyptiens, capables de les porter à l'impureté, et le terme *magnarum carnium*, peut figurer les richesses et la puissance des Egyptiens, qui portaient les Juifs à s'attacher à eux et à leur idolâtrie, qui est souvent figurée par la fornication. Ce qui est encore exprimé par ces termes, c. 23. 20. *Quorum carnes sunt ut carnes asinorum*, pour marquer leur prodigieux attachement à l'idolâtrie.

7° Le corps entier, distingué de l'âme. Ps. 15. 9. *Caro mea requiescet in spe* : Ma chair, c'est-à-dire, mon corps se reposera dans l'espérance. Genes. 2. 24. Ephes. 5. 31. *Erunt duo in carne una* ; Gr. *in carnem unam* : De deux qu'ils étaient, savoir : l'homme et la femme, ils deviendront une même chair ; le mari et la femme ont droit sur le corps l'un de l'autre, comme s'il leur était propre, en ce qui regarde le devoir conjugal. Ephes. 5. 29. etc. d'où vient, *carnis resurrectio:*

§ 1. — Tous les animaux en général, tant l'homme même que tous les autres animaux (ἄνθρωπος). Gen. 6. 13. *Finis universæ carnis venit coram me* : J'ai résolu de faire périr tous les hommes et tous les animaux, dit Dieu à Noé, résolu de répandre sur la terre les eaux du déluge. *Voy.* 7. 22. Ainsi, v. 17. 15. c. 7. v. 15. 21. c. 8. 17. c. 9. v. 11. 15, 17. Levit. 17. 11. Num. 16. 22. etc. Mais, Eccli. 17. 4. exclut l'homme : *Posuit timorem illius super omnem carnem* : Dieu a fait craindre l'homme de toute chair, *i. e.* de tous les animaux.

§ 2. L'homme, son corps, comme vivant et animé, la personne même (σῶμα). Levit. 19. 28. *Super mortuo non incidetis carnem vestram* : Dieu défend aux Juifs de faire d'incisions dans leur corps, pour honorer les morts, comme faisaient les idolâtres dans leur deuil et leurs pénitences. *Voy.* Jerem. 16. 6. 3. Reg. 18. 28. Ainsi, Gen. 2. 24. Job. 14. 22. *Caro ejus dum vivet, dolebit* : La chair de l'homme pendant qu'il vivra, sera dans la douleur. Exod. 22. 27. Ps. 37. 4. 8. Ps. 62. 2. etc.

§ 3. L'homme, soit en général, les hommes de toutes les nations. Gen. 6. 12. *Omnis quippe caro corruperat viam suam* : La vie de tous les hommes était devenue toute corrompue. Cette corruption attira le déluge. v. 13. Deut. 5. 26. Ps. 55. 5. Ps. 64. 3. Matth. 24. 22. Marc. 13. 20. Joan. 3. 6. c. 17. 2. Rom. 3. 20. 1. Cor. 1. 29. Gal. 2. 16. 1. Petr. 1. 24. etc. Ainsi, tous ceux que Dieu a appelés à la foi. Isa. 40. 5. Joël. 2. 28. Act. 2. 17. Juifs ou Gentils sans distinction; soit qu'il s'entende avec quelque restriction; tous les sujets de quelque état, tous les Juifs, la nation des Juifs, les habitants de Jérusalem. Eccli. 46. 22. *Pecunias et usque ad calceamenta ab omni carne non accepit*. Samuel à la fin de sa vie protesta devant les Juifs qu'il n'avait jamais rien pris de qui que ce soit, ni argent, ni jusqu'à un cordon de soulier. Jerem. 12. 12. Matth. 24. 22. Marc. 13. 20. Ainsi, Dan. 4. 9. *Ex eâ vescebatur omnis caro*. Tout ce qui avait vie trouvait sous cet arbre de quoi se nourrir ; *i. e.* tous les peuples soumis à Nabuchodonosor représenté par cet arbre. *Voy.* v. 19.

§ 4. L'homme considéré, selon son état naturel, ses lumières et ses affections naturelles, auquel sens se trouve, Matth. 16, 17. *Caro et sanguis non revelavit tibi* : Ce n'est point la chair et le sang qui vous ont révélé que je suis le Christ Fils du Dieu vivant, dit Jésus-Christ à saint Pierre. Joan. 3. 6. Gal. 1. 16. Ainsi, 1. Cor. 15. 50. *Caro et sanguis regnum Dei non possidebunt* : L'homme mortel et sujet à la corruption, est incapable de l'état des bienheureux. *Voy.* Exod. 33. 20. 2. Cor. 10. 3. Hebr. 2. 14. Mais Eccli. 17. 30. marque l'homme selon ses affections corrompues. *Quid nequius quam quod excogitavit caro et sanguis?* Qu'y a-t-il de plus corrompu que ce que pense la chair et le sang? Ephes. 6. 12. *Caro* marque le monde, et nous-mêmes, en tant que nous avons à les combattre.

§ 5. L'homme considéré selon sa fragilité, sa condition mortelle, et sujette à toute sorte de misères. Jerem. 17. 5. *Maledictus homo, qui confidit in homine, et ponit carnem brachium suum;* Maudit est l'homme qui met sa confiance en l'homme, qui se fait un bras de chair. *Voy.* Brachium. Job. 6. 12. Ps. 77. 39. Eccl. 5. 5. Matth. 26. 41. Marc. 14. 38. Joan. 3. 6.

§ 6. Le vieil homme, l'homme charnel, en tant qu'il est remué par les passions, la concupiscence et le péché. Gal. 5. 17. *Caro enim concupiscit adversus spiritum* : La chair a des désirs contraires à l'esprit. L'Apôtre oppose les mauvais désirs de la chair aux saints mouvements que l'esprit de Dieu inspire. v. 13. 16. c. 6. 8. Gen. 6. 3. Joan. 1. 13. c. 2. 16. c. 3. 6. Rom. 7. 18. etc. Ainsi: *In carne esse, secundum carnem esse, secundum,* ou *post carnem ambulare*. Suivre les affections déréglées de la concupiscence. Rom. 7. 5. *Cum enim essemus in carne* : Lorsque nous étions soumis à la chair, les passions des péchés irritées par la loi, agissaient dans les membres de notre corps. c. 8. 1. *Qui non secundum carnem ambulant* : Ceux qui ne marchent point selon la chair. v. 4. Ainsi : v. 5. *Qui secundum carnem sunt :* Ceux qui vivent selon la chair. 2. Petr. 2. 10. *Qui post carnem in concupiscentia immunditiæ ambulant :* Ceux qui pour satisfaire leurs désirs impurs suivent les mouvements de la chair : dans ce sens l'âme, selon la partie inférieure, est appelée *chair.* Gal. 5. 19. *Manifesta sunt autem opera carnis :* Les œuvres de la chair sont aisées à connaître; savoir : la fornication, l'impureté, etc. *Voy.* Matth. 15. 19. A quoi se peut rapporter *pinguedo carnis,* la graisse, la vigueur du corps, pour marquer la gloire et la force dont l'homme se flatte et se glorifie. Isa. 17. 4. *Attenuabitur gloria Jacob, et pinguedo carnis ejus marcescet :* La gloire de Jacob se flétrira, et la vigueur de son corps tombera dans l'affaiblissement et dans la maigreur. Le Prophète prédit la ruine du royaume florissant des dix tribus.

- § 7. Le corps, l'humanité de Jésus-Christ, considérée comme unie au Verbe éternel. Joan. 1. 14. *Et Verbum caro factum est :* Le Verbe a été fait chair. Act. 2. 31. Rom. 1. 3. c. 8. 3. Eph. 2. 14. 1. Tim. 3. 16. Heb. 10. 20. 1. Petr. 3. 18. 1. Joan. 4. 2. 2. Joan. 7. d'où vient Joan. 6. 64. *Caro non prodest quidquam :* La chair ne sert de rien : Jésus-Christ voyant que plusieurs de ses apôtres trouvaient dur qu'il eût dit que sa chair était véritablement une viande, v. 56. 61. leur assure ici que la chair seule considérée en elle-même, ne pouvait donner la vie; mais que sa chair, qui est unie au Verbe éternel, étant reçue dignement, produit la vie éternelle. Ainsi le corps de Jésus-Christ, reçu dans l'Eucharistie, Joan. 6. 56. *Caro mea vere est cibus :* Ma chaire est véritablement viande; *sc.* le corps de Jésus-Christ, reçu avec les dispositions nécessaires, est une véritable nourriture, qui donne la vie. v. 52. 54. 55.

§ 8. Parenté, alliance par le sang, les parents mêmes. Judic. 9. 2. *Considerate quod os vestrum et caro vestra sum :* Considérez que je suis votre chair et votre sang. Abimelech fit faire cette remontrance aux habitants de Sichem, par les parents de sa mère pour se faire établir roi. *Voy.* v. 6. Isa. 9. 20. *Unusquisque carnem brachii sui vorabit :* Chacun dévorera la chair de son bras; *i. e.* chacun sera ennemi mortel de ses frères et de ses plus proches : ce qui arriva au temps que Salmanasar vint ravager la Judée. c. 58. 7. Gen. 2. 23. c. 29. 14. c. 37. 27. Levit. 18. v. 12. 13. 17. 2. Reg. 5. 1. etc. Ainsi, 2. Cor. 5. 16. *Si cognovimus secundum carnem Christum : sed nunc jam non novimus :* Si autrefois nous avons connu Jésus-Christ selon la chair, maintenant nous ne le connaissons plus de la sorte : ici connaître Jésus-Christ selon la chair, c'est se vanter qu'il est sorti de la même nation que nous.

§ 9. Manière naturelle et ordinaire de naître, la naissance même : d'où vient : *Secundum carnem in carne.* Epiph. 2. 11. *Aliquando vos gentes in carne :* Vous étiez autrefois Gentils par votre origine et votre naissance. Gal. 4. 29. *Qui secundum carnem natus fuerat, persequebatur eum qui secundum spiritum :* Ismaël, qui était né selon la chair, persécutait Isaac qui était né selon l'Esprit. Selon la chair; *i. e.* selon le cours ordinaire de la nature. Ainsi, *Filii carnis :* Ceux qui sont nés par la voie ordinaire. Rom. 9. 8. *Non qui filii carnis, i. e. secundum carnem, hi filii Dei :* Les enfants d'Abraham selon la chair, ne sont pas pour cela enfants de Dieu. c. 4. 1.

§ 10. Les qualités et les avantages extérieurs, qui donnent sujet de se glorifier, l'extérieur : Philipp. 3. v. 3. 4. *Quanquam ego habeam confidentiam et in carne: si quis alius videtur confidere in carne, ego magis :* Ce n'est pas que je ne puisse prendre moi-même avantage de ce qui est charnel, et si quelqu'un croit le pouvoir faire, je le puis encore plus que lui : ces avantages de la chair sont marqués, v. 5. Ainsi, 2. Cor. 5. 16. *Nos ex hoc neminem novimus secundum carnem :* Nous ne connaissons plus personne selon la chair. Saint Paul témoigne qu'il ne fait plus de cas de la noblesse, des biens de fortune, ni même des qualités naturelles *Voy.* 8°. Ainsi, c. 11. 13.

§ 11. Ce qui regarde la vie présente, ou les affaires du monde. 1. Cor. 1. 26. *Non multi sapientes secundum carnem :* De ceux que Dieu a appelés, il y en a peu de sages d'une sagesse de la chair; *i. e.* qui soient en réputation de grande science, ou qui soient de grande réputation dans le monde. c. 7. 28. *Tribulationem tamen carnis habebunt hujusmodi :* Quoique ceux qui se marient ne pèchent point, cependant ils ressentiront les afflictions de la chair; *i. e.* de la vie présente. 2. Cor. 10. 3. Philem. v. 16.

§ 12. Les cérémonies, ou les œuvres qui regardent la loi ancienne. Rom. 4. 1. *Quid dicemus invenisse Abraham secundum carnem?* Quel avantage dirons-nous donc qu'a eu Abraham, notre père selon la chair; *i. e.* par la circoncision? Gal. 3. 3. *Sic stulti estis ut cum Spiritu cœperitis, nunc carne consummemini?* Etes vous si insensés, qu'après avoir commencé par recevoir les dons du Saint-Esprit, vous finissiez par les œuvres et les cérémonies de la loi ? c. 6. 12. Hebr. 9. 10.

CARO, joint avec différents verbes. *Carnes alicujus comedere, manducare, devorare, etc.* Manger la chair de quelqu'un, c'est le traiter cruellement, se jeter sur lui pour le perdre, faisant allusion aux bêtes farouches. Ps. 26. 3. *Appropiant super me nocentes, ut edant carnes meas :* ceux qui me veulent perdre, sont prêts de fondre sur moi, comme pour dévorer ma chair; *i. e.* pour m'attaquer, et dans l'intention de me détruire. Mich. 3. 3. Zach. 11. 9. Apoc. 17. 16. c. 19. 18. Ainsi, *Tollere carnem alicujus desuper :* Ôter à quelqu'un la chair de dessus les os ; *i. e.* exercer sur lui une cruauté et une tyrannie. Mich. 3. 2. *Tollitis pelles eorum desuper eis, et carnem eorum desuper ossibus eorum :* Vous arrachez aux pauvres jusqu'à leur peau, et vous leur ôtez la chair de dessus les os. Dieu parle aux chefs et aux magistrats des Juifs, qui les opprimaient. Jac. 5. 3. *Ærugo eorum in testimonium vobis erit, et manducabit carnes vestras sicut ignis* : La rouille de l'argent que vous cachez, s'élèvera en témoignage contre vous, et dévorera votre chair : *i. e.* sera cause que vous serez éternellement dévorés par le feu de l'enfer. Mais, *Saturari carnibus alicujus* : Etre rassasié des chairs de quelqu'un, signifie : 1° Etre rassasié des mets qui sont servis devant quelqu'un. Job. 31. 31. *Quis det de carnibus ejus ut saturemur?* Qui nous donnera de sa chair, afin que nous en soyons rassasiés? Les serviteurs de Job souhaitaient de manger des mets qui étaient servis devant leur maître, ce qu'ils ne pouvaient obtenir à cause de sa grande charité pour les pauvres et les étrangers. *Voy.* SATURARE. 2°. Déchirer quelqu'un de paroles outrageuses, jusqu'à ce qu'on soit content. Job. 19. 22. *Quare... carnibus meis saturamini?* Pourquoi vous plaisez-vous à vous rassasier de ma chair; à me déchirer par vos médisances et vos calomnies? Ainsi :

Comedere carnem suam; i. e. *se ipsum.* Se consumer jusqu'à mourir de faim. Eccl. 4. 5. *Stultus complicat manus suas, et comedit carnes suas* : L'insensé met ses mains l'une dans l'autre, et il mange sa propre chair; *i. e.* il consume ses biens, et se réduit à la dernière pauvreté, en sorte que n'ayant plus rien du tout à vivre, il ne subsiste plus que de la propre substance de son corps, jusqu'à ce qu'elle soit toute consumée : ce qui se peut aussi entendre de l'ennui et du chagrin dont il est rongé. Ainsi :

Lacerare carnes suas dentibus. Se tourmenter, s'affliger extrêmement. Job. 13. 14. *Quare lacero carnes meas dentibus meis?* Pourquoi déchiré-je ma chair avec mes dents ? *i. e.* si Dieu n'afflige que ceux qui sont tout à fait méchants, pourquoi m'afflige-t-il de telle manière que je serais presqu'en état comme un forcené, de me défaire moi-même ? ou, selon d'autres, puisque je perdrai plutôt la vie que l'espérance que j'ai en Dieu, pourquoi me croyez-vous à un tel état de désespoir que de vouloir me défaire moi-même ?

Vetustam facere pellem et carnem alicujus. Mater, dessécher quelqu'un à force de le tourmenter. Thren. 3. 4. *Vetustam fecit pellem meam, et carnem meam* : Le Seigneur a fait vieillir ma peau et ma chair. Ici le Prophète, figurant tout le peuple juif, prouve par cette expression, combien la main de Dieu était appesantie sur tout le peuple, à cause de ses péchés.

Carnem suam crucifigere. Crucifier sa chair, mortifier et réprimer sa concupiscence. Gal. 5. 24. *Qui autem sunt Christi, carnem suam crucifixerunt cum vitiis et concupiscentiis* : Ceux qui sont à Jésus-Christ, ont crucifié leur chair avec leurs vices et leurs désirs déréglés.

CARPENTARIUS, II. De *carpentum*, chariot, peu usité chez les Latins : dans l'Ecr.:

Charpentier, ou intendant des ouvrages de charpentier 1. Par. 9. 15. *Bacbacar quoque carpentarius* (LXX καὶ Ἀρύς) : Bacbacar charpentier : comme les Lévites n'exerçaient point de métiers, le mot de charpentier est pris ici ou pour le surnom de Bacbacar, ou pour marquer qu'il avait l'intendance sur les charpentiers du temple.

CARPENTARIUS, A, UM. Qui appartient aux ouvrages de menuiserie (ἀρχιτεκτονία). Exod. 35. 33. *Implevit Dominus Beseleel spiritu Dei... ad excogitandum et faciendum opus in auro... sculpendisque lapidibus, et opere carpentario* : Le Seigneur a rempli Béseléel de l'esprit de Dieu, pour inventer et pour exécuter tout ce qui se peut faire en or... dans la sculpture des pierres, et dans tous les ouvrages de menuiserie.

CARPENTUM. De *carpere*, pris pour *scindere*, parce que ces chariots étaient faits de bois coupés, et signifie :

Chariot. 2. Reg. 12. 31. *Circumegit super eos ferrata carpenta* : David fit passer sur les habitants de Rabbath des chariots avec des roues de fer. Tous ces supplices furent exécutés en punition de l'insulte que reçut David. c. 10. 4. 1. Par. 20. 3.

CARPERE. De *carpus*, qui signifie la jointure de la main, et signifie prendre, cueillir avec la main, effleurer, entamer, diviser, blesser : dans l'Ecriture :

1° Prendre, cueillir. Levit. 19. 10. *Pauperibus et peregrinis carpenda dimittes* : Vous laisserez prendre aux pauvres et aux étrangers dans vos vignes les grappes qui restent, ou les grains qui tombent. Job. 8. 12. Ainsi se dit improprement,

Carpere iter. Prendre son chemin, marcher, voyager. Judic. 29. 14. *Captum carpebant iter* : Le serviteur du lévite de la montagne d'Ephraïm et son maître continuèrent leur chemin ; ils passèrent la ville de Jébus sans y entrer, pour venir coucher à Gabaa.

2° Paître, brouter. Gen. 41. 18. *In pastu paludis vireta carpebant* : Les sept vaches grasses que Pharaon vit en songe paissaient, ce lui semblait, dans des marécages. Num. 22. 4. *Voy.* Bos.

CARPUS, I. Gr. Κάρπος. Celui chez qui saint Paul avait laissé son manteau à Troade. 2. Tim. 4. 13.

CARRUCA, Æ. Ce mot se dit, ce semble, pour *curruca*, comme *carrus* vient de *currus*, et signifie :

Chariot dont se servaient anciennement les gens d'honneur. Isa. 66. 20. *Adducent omnes fratres vestros... in carrucis, ad montem sanctum* : Ceux que j'enverrai feront venir tous vos frères de toutes les nations... sur des chariots, à ma montagne sainte de Jérusalem. Le prophète prédit que la vocation des gentils à l'Eglise se fera avec une prompte diligence, et par toutes sortes de moyens convenables.

CARRUS, I. ἅμαξα, de *currus*, et signifie : Char, chariot. Eccli. 33. 5. *Præcordia fatui quasi rota carri* : Le cœur de l'insensé est comme la roue d'un chariot, *sc.* par l'inconstance et la volubilité de son esprit.

CARTALLUS, I, ou CARTALLUM, κάρταλλος. De *carectum* :

Panier, corbeille d'osier. Deut. 26. 2. *Tolles de cunctis frugibus tuis primitias, et pones in cartallo* : Vous prendrez les prémices de tous les fruits de la terre et les mettrez dans un panier; c'était pour les offrir à Dieu. Voy. v. 4. 10. Ainsi, Jerem. 6. 9. *Converte manum tuam quasi vindemiator ad cartallum* : Retournez, s'entrediront les vendangeurs, et mettez dans votre panier ce que vous trouverez de reste. Ceci est une figure de ce que firent les Babyloniens, qui vinrent plusieurs fois contre la Judée, et qui en emmenèrent les captifs à plusieurs fois ainsi que les dépouilles.

CARTHA, æ. Heb. *Civitas*. Ville de la tribu de Zabulon, donnée en partage aux lévites de la famille de Mérari. Jos. 21. 34. Il y en a qui croient que c'est la même que Ceseleth-Thabor. Jos. 10. 22. Voy. THABOR.

CARTHAGINENSIS. Carthaginois, qui est de Carthage, ville d'Afrique. Ezech. 27. 12. *Carthaginenses* (Hebr. Tharsis ; *contemplatio gaudii*) *negotiatores tui* : Les Tyriens trafiquaient avec les Carthaginois, qui étaient une colonie de Tyr et de Sidon.

CARTHAN, Heb. *Civitas*. Ville de la tribu de Nephthali, qui tomba en partage aux lévites de la famille de Gerson. Jos. 21. 32. Voy. CARIATHAIM.

CARTILAGO, INIS. De *caro*, carne, *carnilago* : de là se fait *cartilago*, et signifie : Cartilage, partie du corps la plus dure après les os (ῥάχις). Job. 40. 13. *Cartilago illius quasi laminæ ferreæ* : Les cartilages de l'éléphant sont comme des lames de fer; i. e. très-dures.

CASA, Æ. De l'hebr. כסה *casa*, qui signifie *tegere*, couvrir.
Case, cabane, tente (σκηνή). Sap. 11. 2. *In locis desertis fixerunt casas* : Par le secours de la sagesse les Israélites ont marché par des lieux inhabités, et ils ont dressé leurs tentes dans les déserts.

CASAIA, Heb. *Duritia*. Lévite, père d'Etam, de la famille de Mérari. 1. Par. 15. 17.

CASALOTH. Ville de la tribu d'Issachar. Jos. 19. 18.

CASBON, Heb. *Numeratio*. Ville de la Galaadite, dans la tribu de Gad. 1. Mac. 5. 36.

CASED, Heb. *Quasi dæmon*. Fils de Nachor. Gen. 22. 22. C'est lui qui a donné le nom aux Chaldéens. Hieron. Tradit. Hebr. in Gene. *Cased quartus est a quo Chasdim*; i. e. *Chaldæi postea vocati sunt*. Ainsi c'est par anticipation que la ville d'Ur est appelée *Ur-Chaldæorum*. Gen. 11. 31.

CASEUS, I. γάλα, κτος. De *coeo* ou *coago*, assembler, parce que le fromage n'est autre chose qu'un lait qui se prend à force de vieillir et de garder. C'est dans ce sens qu'il se trouve dans Job. 10. 10. *Nonne... et sicut caseum me coagulasti?* Ne m'avez-vous pas fait d'abord... et comme un lait qui s'épaissit et qui se durcit ; i. e. dans le sein de la mère ; et signifie proprement :
Fromage. 1. Reg. 17. 18. *Decem formellas casei has deferes ad tribunum, et fratres tuos visitabis* : Portez ces dix fromages pour le mestre de camp de vos frères ; voyez comment vos frères se portent, dit Isaïe à son fils David.

CASIA, κασσία. Ce mot signifiant une plante très-agréable aux abeilles, vient de ce que son odeur a quelque rapport à la plante aromatique, nommée *casse* ou *cannelle* ; étant pris pour cette même plante, nommée *cannelle*, il vient de *canna*, parce que son écorce ressemble assez au roseau : dans l'Ecriture :
Plante aromatique, que quelques-uns croient être l'ambre, d'autres la cannelle, dont il entrait cinq cents sicles pesant dans la composition que Dieu ordonna à Moïse de faire pour en oindre l'arche et les vases sacrés, et pour en consacrer le grand-prêtre Aaron et ses enfants. Exod. 30. 24. *Casiæ autem quingentos siclos in pondere sanctuarii*. v. 25. etc. Ainsi David parlant de Jésus-Christ, dit, Ps. 44. 9. *Myrrha, et gutta, et casia a vestimentis tuis, a domibus eburneis* : Il sort de vos habits et de vos maisons d'ivoire une odeur de myrrhe, d'aloës et de cannelle. Il le compare à un roi dont les habits sont parfumés, et ce parfum marque l'odeur de ses vertus, par lesquelles il attire toutes les nations à l'observation de sa loi.

CASIS, ou **VALLIS CASIS**, Heb. *Concisio*. Plaines de la tribu de Benjamin. Jos. 18. 22. Voy. VALLIS. Le mot *Casis* signifie toute sorte de plaine ou vallée, de *Kitsets*, *amputare*.

CASLEU, Heb. *Spes ejus*. Neuvième mois, qui répond à notre mois de novembre et décembre. 2. Esdr. 1. 1. Zach. 7. 1. *Quarta mensis noni qui est Casleu*. 1. Mac. 1. 57. c. 4. 52. etc.

CASLUIM, Heb. *Tegumentum tabularum*. Peuples voisins de l'Egypte, descendants de Mesraïm, desquels sont sortis les Philistins et les Caphtorins, sont, selon *Bochart*, l. 4. 31. les Colches. Gen. 10. 14. 1. Par. 1. 12. Voy. CHASLUIM.

CASPHIN, Heb. *Argentaria*. Ville de Palestine du côté de l'Arabie. 2. Mac. 12. 13. *Aggressus est civitatem quamdam firmam... cui nomen Casphin* : Il attaqua une bonne place nommée Casphin. Adriconius la met dans la tribu de Dan, près de Jamnia.

CASPHOR, Heb. *Argenteus*. Ville de la tribu de Gad. 1. Mac. 5. 16. Quelques auteurs croient que c'est la même que Casbon. Voy. CASBON.

CASSIA, Gr. κασία, Nom de la seconde fille qu'eut Job depuis son rétablissement. Job. 42. 14. *Vocavit nomen secundæ Cassiam* : Ce nom lui fut donné à cause de sa beauté excellente ou de sa vertu, comme ce parfum était exquis et fort précieux chez les Orientaux. Voy. CASIA.

CASSIDILE, IS. De *cassis*, qui signifie rets, filet ; et dans l'Ecriture :
Sac ou poche fait en forme de rets. Tob. 8. 2. *Protulit de cassidili suo partem jecoris* : Le jeune Tobie étant entré au lieu où était Sara, fille de Raguel, tira de son sac une partie du foie du poisson, et la mit sur des charbons ardents. *Voyez-en l'usage*. c. 6. 19.

CASSIS, IDIS. Ce nom pris pour *galea*

casque, est toscan, et, ce semble, comme qui dirait *carassis*, de κάρα, *caput :* dans l'Ecriture :

Casque (περικεφαλαία). 1. Reg. 17. 5. *Cassis ærea super caput ejus :* Goliath portait sur la tête un casque d'airain.

CASSUS, A, UM. De *careo*, et signifie :

Vain, qui n'a qu'une vaine et fausse apparence, inutile, de nul effet. 1. Reg. 19. 10. *Lancea autem casso vulnere perlata est in parietem :* Le dard, sans blesser David, alla donner contre la muraille. Saül, en le lançant, tâchait de l'en percer. Eccl. 2. 26. *Cassa sollicitudo mentis :* Tous les soins d'amasser sans cesse du bien, est un tourment inutile de l'esprit pour le pécheur qui les amasse. Ezech. 13. 7. *Numquid non visionem cassam vidistis ?* Les visions que vous avez eues ne sont-elles pas vaines? Les faux prophètes flattaient malicieusement les Juifs, que la désolation de la Judée par les Chaldéens ne leur arriverait pas, contre la prophétie qu'en faisait le prophète Ezéchiel. Ainsi, c. 12. 24.

CASTELLUM, I. Diminutif de *castrum*, et signifie proprement château : dans l'Ecriture :

1° Place forte, château (οἴκησις). 2. Par. 27. 4... *Ædificavit... et in saltibus castella et turres :* Joatham fit bâtir des châteaux et des tours dans les bois. Num. 31. 10. Judith. 2. 12.

2° Bourg, village (κώμη). 1. Mach. 7. 46. *Exierunt de omnibus castellis :* Au son des trompettes qui avertissaient derrière l'armée de Judas de la victoire remportée sur Nicanor; les peuples de tous les villages de la Judée qui étaient aux environs vinrent *sc.* pour aider à achever la victoire. 2. Mach. 8. v. 1. 6. c. 14. 16. Il se trouve souvent dans les évangélistes en cette signification.

CASTIFICARE, ἁγνίζειν. De *castus* et de *facere*, inusité; et il signifie dans l'Ecriture :

Rendre chaste et pur, purifier. 1. Petr. 1. 22. *Animas vestras castificantes in obedientiam charitatis :* Rendez vos âmes pures par une obéissance d'amour; *Gr.* purifiez vos âmes en obéissant à la vérité par le Saint-Esprit. Cette purification se fait par la foi jointe à l'amour; *sc.* en croyant à Jésus-Christ, et étant disposés à vivre selon sa loi.

CASTIGARE, παιδεύειν. Du Grec, κεστός pour κεστός, *torum*, et s'entend des auteurs latins des réprimandes qui se font de paroles; il signifie reprendre quelqu'un, lui faire une réprimande; ou comme dans l'Ecriture :

1° Châtier, punir quelqu'un par affection, pour corriger, et non pour perdre. Ps. 117. 18. *Castigans castigavit me Dominus :* Par la persécution que Dieu a permis de la part de mes ennemis, et dont il m'a délivré, le Seigneur m'a châtié pour me corriger, comme un bon père, et selon ce qui est dit, Hebr. 12. 6. Apoc. 3. 19. Ainsi, Tob. 11. 17. *Benedico te, Domine Deus Israël, quia tu castigasti me :* Je vous bénis, Seigneur Dieu d'Israël, parce que vous m'avez châtié, dit le père de Tobie après avoir recouvré la vue. c. 13. v 5. 11. Jerem. 31. 18. 2. Cor. 6. 9, de là vient :

Castigare in judicio. Châtier selon la justice, s'entend d'une justice mêlée de miséricorde. Jerem. 46. 28. *Te vero non consumam, sed castigabo te in judicio :* Pour vous, mon serviteur Jacob, je ne vous perdrai point, mais je vous châtierai avec une juste modération, *autr.* en jugement; *sc.* pour faire connaître que vous n'êtes pas innocent. c. 30. 11.

2° Traiter rudement, mortifier (ὑπωπιάζειν). 1. Cor. 9. 27. *Castigo corpus meum :* Je traite rudement mon corps. La métaphore semble tirée du combat des athlètes, qui surmontaient leurs adversaires à grands coups de poing.

CASTIGATIO, ἔλεγχος. Châtiment, l'action de châtier, châtiments, affliction, punition. Ps. 72. 14. *Castigatio mea in matutinis :* J'ai été châtié dès le matin; *i. e.* j'ai toujours eu de nouvelles afflictions qui commencent dès le matin. Jerem. 30. 14. 1. Mach. 2. 49.

CASTITAS, ATIS, ἁγνεία. De *castus*, et signifie :

1° Chasteté, pureté de corps et d'esprit. Judith. 15. 11. *Fecisti viriliter, et confortatum est cor tuum, eo quod castitatem amoveris :* Vous avez agi avec un courage mâle, et votre cœur s'est affermi, parce que vous avez aimé la chasteté, dit Joacim à Judith. c. 16. 26. Act. 24. 25. Gal. 5. 23. 1 Tim. 4. 12. c 5. 2.

2° Intégrité, honnêteté (σεμνότης). 1. Tim. 2. 2. *Ut quietam et tranquillam vitam agamus, in omni pietate et castitate :* Que l'on fasse des prières, des demandes et des actions de grâces pour les rois... afin que nous menions une vie paisible et tranquille dans toute sorte d'exercice de piété et de vertu. c. 3. 4. 2. Cor. 6. 6.

3° La pureté et la sainteté du culte de Dieu. 1. Mac. 14. 36. *Inferebant plagam magnam castitati :* Les ennemis faisaient une grande plaie à la sainteté du temple, et détruisaient tout ce qu'il y avait de plus saint.

CASTORES, Gr. διόσκουροι, *Jovis filii,* Castor et Pollux; c'était l'enseigne que portait le vaisseau où monta saint Paul. Act. 28. 11. *Navigavimus in navi Alexandrina, cui insigne erat Castorum.* Nous nous embarquâmes sur un vaisseau d'Alexandrie qui portait pour enseigne Castor et Pollux. Ils présidaient aux combats et à la navigation ; les idolâtres avaient beaucoup de confiance en ces deux divinités, qu'ils croyaient être favorables aux nautonniers dans les tempêtes.

CASTRA, ORUM, παρεμβολή. De *casa*, parce que les loges que faisaient les soldats pour être à l'ombre, s'appelaient *casæ*, et signifie :

1° Camp, lieu où campe une armée. L'Ecriture appelle de ce nom les lieux où s'arrêtaient les Israélites, depuis leur sortie d'Egypte, jusqu'à leur entrée dans la terre sainte, où ils venaient pour la conquérir. *Voy.* Num. 33. où le terme *castrametari* est fréquent. Ps. 105. 16. *Irritaverunt Moisen in castris* : Ils irritèrent dans le camp Moïse et Aaron. Le prophète entend parler de la révolte de Coré et de ceux de sa troupe. *Voy.* Num. 16. 15. Le camp des Hébreux était distingué dans le désert en trois parties. La première était le camp de Dieu, appelé *Castra Domini* ou *Dei*. *Voy.* INFRA, *Castra Domini*. La seconde était le camp des lévites, Num. 1. 50, avec qui il était défendu au peuple de se joindre, v. 51. Et la troisième était le camp du peuple. v. 52. Le camp était de forme carrée, et partagé en quatre bataillons, dont chacun était formé de trois tribus ; et il y en avait une principale dont les deux autres suivaient l'étendard : elles environnaient le tabernacle ; mais laissant un assez grand intervalle à celle de Lévi, qui formait toute seule comme un second camp plus petit tout autour du tabernacle, étant destinée à la garde et au ministère des choses saintes. Les Juifs ont toujours gardé depuis le même ordre dans les assemblées qu'ils faisaient dans le temple pour y adorer Dieu.

Les interprètes remarquent que non-seulement dans le camp, mais dans la marche même, les lévites devaient être environnés de l'armée des Israélites, autant que cela se pouvait, afin que l'armée fût toujours en état de garder le Tabernacle avec ses ministres.

Castra Domini. Le Tabernacle et le temple autour duquel le peuple s'assemblait, est appelé de la sorte, et les lévites étaient placés pour le garder et empêcher d'y entrer, comme des sentinelles autour d'un camp. 1. Par. 9. 19. *Hi sunt Coritæ super opera ministerii custodes vestibulorum Tabernaculi, et familiæ eorum per vices castrorum Domini custodientes introitum* : Les Corites établis sur les ouvrages qui regardent le ministère, ayant la garde des portes du Tabernacle, que chaque famille gardait à son tour, comme on fait dans les armées, pour défendre l'entrée de la maison du Seigneur, étaient de ceux qui revinrent de captivité. 2. Par. 31. 2.

Castra ponere, metari castra, movere castra, camper (στρατοπεδεύειν). Exod. 14. 2. *In conspectu ejus castra ponetis super mare* : Vous camperez sur le bord de la mer, dit Moïse aux Juifs. c. 13. 20. Num. 1. 52. c. 33. *Voy.* MOVERE.

2° L'armée, ou les gens de guerre en marche ou rangés en bataille. Exod. 14. 19. *Tollensque se Angelus Dei qui præcedebat castra Israel ; abiit post eos* : L'ange de Dieu qui marchait devant le camp des Israélites, alla derrière eux ; ce fut lorsque l'armée de Pharaon, qui était déjà proche, les poursuivait. Ezech. 1. 24. De là vient :

Castra vertere, percutere, fugare, défaire une armée, mettre en fuite. 2. Reg. 5. 24. *Egressus est enim Deus ante te, ut percutiat castra Philisthiim* : La marque que vous aurez que le Seigneur marche devant vous pour défaire l'armée des Philistins, ce sera lorsque vous entendrez au haut des poiriers comme le bruit de quelqu'un qui marche, dit Dieu à David. *Voy.* CACUMEN. 1. Mach. 6. 5. Hebr. 11. 34.

3° Château, forteresse. Act. 22. 24, *Jussit tribunus induci eum in castra* : Le tribun fit mener saint Paul dans la forteresse de Jérusalem : Il y fut lié par l'ordre du tribun en état d'être fouetté. *Voy.* v. 25. 29. Ainsi, c. 21. v. 34. 37. c. 23. v. 10. 16. 32.

4° Nom de lieu dans la tribu de Gad au-delà du Jourdain. 2. Reg. 2. v. 8 12. 29. c. 17. v. 24. 27. c. 19. 32. 3. Reg. 2. 8. Hebr. Mahanaïm. Ainsi, *castra Dan* : Le camp de Dan était un lieu près de Cariathiarim. Judic. 13. 25. c. 18. 12.

§ 1. La synagogue, les cérémonies de l'ancienne loi. Hebr. 13. v. 12. 13. *Horum corpora cremantur extra castra ; propter quod et Jesus..... extra portam passus est : exeamus igitur ad eum extra castra* : Les corps des animaux immolés pour l'expiation du péché, sont brûlés hors le camp ; et c'est pour cette raison que Jésus... a souffert hors la porte de Jérusalem : sortons donc hors le camp, et allons à lui en portant l'ignominie de sa croix. Saint Paul assure que, comme ces victimes brûlées hors le camp étaient une figure que Jésus-Christ devait sortir pour souffrir hors de la porte de Jérusalem ; ainsi cette sortie même de Jésus-Christ marquait que les Juifs devaient sortir de la synagogue, c'est-à-dire quitter les cérémonies légales, pour suivre Jésus-Christ avec toute son Eglise dans ses souffrances et ses ignominies.

§ 2. L'Eglise militante sur la terre. Apoc. 20. 8. *Circuierunt castra Sanctorum, et civitatem dilectam* : Je les vis environner le camp des saints et la ville bien-aimée. L'Ecriture parle du ravage que doit faire à la fin du monde le diable qui sera délié, et tous ceux des nations qu'il aura séduits et engagés dans son parti. De là vient :

Acies ordinata castrorum : Armée rangée en bataille ; c'est à quoi l'Eglise sainte est comparée. Cant. 6. 3. *Terribilis ut castrorum acies ordinata* : Vous êtes terrible comme une armée rangée en bataille ; sc. à ses ennemis contre qui elle combat avec les armes non point charnelles, mais toutes spirituelles et puissantes. v. 2. Cor. 10. 4. Hebr. comme une armée avec ses étendards, qui est la croix de Jésus-Christ. Ainsi, Cant. 6. 9.

5° Les anges qui vinrent au devant de Jacob, lorsqu'il continuait son chemin depuis qu'il eut quitté Laban avec qui il avait fait alliance, pour s'en retourner en Chanaan, sont appelés *Castra Dei*. Gen. 32. 2. *Castra Dei sunt* : Ces anges de Dieu sont le camp de Dieu. *Voy.* c. 31. v. 44. 55. c. 32. 21. c. 33. 18. Ainsi Jacob appela le lieu où il rencontra ces anges, Mahanaïm, c'est-à-dire *Castra,* le camp. Ainsi :

6° Les astres sont dans le ciel comme un camp bien ordonné. Eccli. 43. 9. *Vas castrorum in excelsis in firmamento cœli resplendens gloriose* : Un camp militaire luit au haut du ciel, et jette une splendeur étincelante dans le firmament.

Castrametari. De *castra* et *metari*, et signifie :

Camper. Voy. *supra* **Castra ponere.**

CASTRARE, εὐνουχίζειν. De *castus*, parce qu'en faisant un homme eunuque, le feu des passions se ralentit; selon d'autres, de *castor*, comme qui dirait *castorare*, parce que cet animal se châtre lui-même, et signifie proprement, *châtrer un animal* : dans l'Écriture :

Rendre eunuque, se dit figurément de ceux qui se sont proposé de vivre dans la continence et hors le mariage, pour servir Dieu avec plus de liberté et de dégagement : ce que Jésus-Christ appelle *se rendre eunuque*. Matth. 19. 12. *Sunt eunuchi qui se ipsos castraverunt, propter regnum cœlorum* : Il y a des eunuques qui se sont rendus eunuques eux-mêmes, pour gagner le royaume des cieux. Cette explication combat le sentiment de quelques hérétiques, qui ont interprété ce mot dans sa propre signification.

CASTRUM, 1. βάρις. De *casa*, Voy. **Castra.**
Château, forteresse, le fort d'une ville. 1. Esdr. 6. 2. *Inventum est in Ecbatanis, quod est castrum in Medena provincia* : Il se trouva à Ecbatanes, qui est un château ; Gr. dans un château de la province de Mède, un livre : c'était le mémoire qui portait l'ordre que Darius avait donné pour rebâtir le temple. 2. Esdr. 1. 1. Dan. 8. 2. *Cum essem in Susis castro* : Lorsque j'étais au château de Suse. Suse était une très-grande ville : elle est appelée *château*, à cause qu'elle était fortifiée de bons remparts, et de fortes tours, comme Ecbatanes.

CASTUS, a, um, ἁγνός, de *cestus*, du grec καστὸς, *ornatus*, *decorus*, de κάζειν, *ornare*, et signifie :

Pur, chaste, pudique. Sap. 4. 1. *O quam pulchra est casta generatio cum claritate !* Oh ! combien est belle la race chaste, lorsqu'elle est jointe avec l'éclat de la vertu ! Gr. il vaut mieux n'avoir point d'enfants, et avoir de la vertu. Le S.ge oppose et préfère à la race des adultères, l'état des vierges et des personnes vertueuses qui n'ont point d'enfants dans le mariage. Tit. 2. 5. 1. Petr. 3. 2. 1. Tim. 5. 22. *Te ipsum castum custodi* : Conservez-vous pur vous même. Plusieurs interprètes, après saint Augustin, l'entendent de la pureté, qui consiste à n'avoir point de part aux péchés d'autrui, le rapportant à ce qui est dit au même endroit : *Neque communicaveris peccatis alienis*.

1° Pur, chaste, d'une chasteté spirituelle, qui consiste dans l'intégrité de la foi, animée de l'espérance et de la charité. 2. Cor. 11. 2. *Despondi enim vos uni viro virginem castam exhibere Christo* : Je vous ai fiancés à cet unique époux qui est Jésus-Christ, pour vous présenter à lui comme une vierge chaste. L'Apôtre compare l'Église de Corinthe à une épouse qu'on a soin de conserver pure, pour la présenter à son époux.

2° Pur, saint, opposé au mensonge, à la vanité et aux affections terrestres. Ps. 11. 17. *Eloquia Domini, eloquia casta* : Les paroles du Seigneur sont des paroles pures et chastes. Ici le Prophète assure que ce que Dieu vient de dire, qu'il procurera le salut des justes qui sont sans secours et dans le gémissement, est très-certain, et qu'il ne manquera pas d'accomplir sa parole.

CASULA, æ, σκηνή, de *casa*, et signifie :

1° Petite cabane. Eccli. 14. 25. *Beatus vir qui in parietibus illius figens palum statuet casulam suam ad manus illius* : Heureux est l'homme qui, enfonçant un pieu dans les murailles de la maison de la Sagesse, se bâtit une petite cabane auprès d'elle : ce qui est une façon de parler, pour dire qui s'attachera à elle sans la quitter.

2° Tente. Hebr. 11. 9. *In casulis habitando cum Isaac et Jacob* : Abraham habita sous des tentes avec Isaac. Les patriarches se sont toujours regardés comme des voyageurs et des étrangers dans cette vie, aspirant à leur vraie patrie qui est le ciel.

CASUS, πτῶσις, πτῶμα, de *cadere*, et signifie proprement chute, l'action de choir ou de tomber; et figurément faute, hasard, malheur, infortune; dans l'Écriture :

1° Chute, action par laquelle on tombe de quelque lieu élevé. 2. Mach. 14. 44. *Quibus velociter locum dantibus casui ejus.* Lorsque Rasias se précipita lui-même du haut de la muraille en bas sur le peuple, tous se retirèrent promptement, pour n'être pas accablés de sa chute. Rasias voulut, par ce genre de mort, éviter d'être pris par cinq cents soldats que Nicanor, ennemi juré des Juifs, avait envoyés pour cet effet.

2° Chute, ruine, malheur. Eccli. 3. 34. *In tempore casus sui inveniet firmamentum* : Celui qui a fait l'aumône trouvera un appui au temps de sa chute. c. 11. 32. c. 20. 20. c. 27. 32. c. 28. 30. Baruch. 4. 32. Ezech. 26. 16. 1. Mach. 6. 12. De là vient, *Auri casus* : Les chutes que cause l'or. Eccli. 33. 7. *Multi dati sunt in auri casus* : L'or en a fait tomber plusieurs.

3° Chute, faute, péché (ἁμαρτία). Eccli. 23. 9. *Jurationi non assuescat os tuum; multi enim casus in illa* : Que votre bouche ne s'accoutume point au jurement; car en jurant on tombe en bien des manières. c. 34. 20. *Oculi Domini super timentes eum... adjutorium casus* : Les yeux du Seigneur sont sur ceux qui le craignent... il les assiste quand ils sont tombés, soit dans le péché, soit dans quelque malheur et affliction. c. 4. 27. *Ne reverearis proximum tuum in casu suo* : Ne respectez point votre prochain dans sa chute. Voy. **Revereri** 2°.

4° Hasard, aventure. Eccli. 9. 11. *Vidi sub sole... tempus casumque in omnibus* : J'ai vu que sous le soleil, tout se fait par rencontre et à l'aventure. 1. Reg. 6. 9. *Sin autem minime, sciemus quia nequaquam manus ejus tetigit nos, sed casu accidit* (σύμπτωμα) : Que si l'arche du Seigneur ne va pas par le chemin qui mène en son pays vers Betsames, nous reconnaîtrons que ce n'a point été la main de Dieu qui nous a frappés, mais que ces maux sont arrivés par hasard : c'est ce que disent aux Philistins leurs prêtres et leurs devins. 2. Reg. 1. 6. Ainsi, 3. Reg. 22.

84. *In incertum sagittam dirigens, et casu percussit regem Israel inter pulmonem et stomachum* : Il arriva cependant qu'un homme ayant tendu son arc, tira une flèche au hasard, et elle vint percer Achab, roi d'Israël, entre le poumon et l'estomac. Le prophète Michée l'avait assuré, v. 28. qu'il ne reviendrait point de cette guerre.

CATA, κατά, préposition propre aux Grecs, dont l'usage leur est commun avec l'accusatif : elle est mise dans l'Ecriture avec *mane*, adverbe de temps, pour *unoquoque mane*. Ezech. 46. v. 14. 15. *Cata mane* : Tous les matins ; Hebr. babboker, *in mane*.

CATACLYSMUS, Grec κατακλυσμός, de la préposition κατά, et de κλύζειν, *lavare*. Le déluge qui est arrivé du temps de Noé. Eccli. 39. 28. *Cataclysmus aridam inebriavit* : Le déluge a inondé toute la terre. c. 40. 10. *Propter illos factus est cataclysmus* : Le déluge est arrivé à cause des méchants.

CATAPLASMARE, καταπλάττειν, de *cataplasma*, terme de médecine, et signifie, Faire un cataplasme, un emplâtre. Isa. 38. 21. *Jussit Isaias ut tollerent massam de ficis, et cataplasmarent super vulnus et sanaretur* : Isaïe commanda que l'on prît une masse de figues, et qu'on en fît un cataplasme sur le mal d'Ezéchias, afin qu'il recouvrât la santé.

CATARACTA, Æ, καταράκτης, du grec καταράσσω, *Cum impetu accido, vel defluo* : et signifie proprement *cataracte*, chute de l'eau d'une rivière qui se précipite de dessus quelque haut rocher : dans l'Ecr. :

1° Cataracte, lieu élevé, d'où tombe une eau impétueuse : telle était la source des eaux qui tombèrent du ciel au temps du déluge. Gen. 7. 11. *Cataractæ cœli apertæ sunt* : Les cataractes du ciel furent ouvertes. c. 8. 2.

2° Cataracte se dit de la source, soit des grâces et des bénédictions que Dieu répand du ciel sur les hommes. Malach. 3. 10. *Probate me super hoc, dicit Dominus ; si non aperuero vobis cataractas cœli* : Après que vous aurez apporté toutes mes dîmes dans mes greniers, et qu'il y aura dans ma maison de quoi nourrir mes ministres ; considérez si je ne vous ouvrirai pas toutes les sources du ciel. 4. Reg. 7. 2. *Si Dominus fecerit cataractas in cœlo, numquid poterit esse quod loqueris* : Quand le Seigneur ferait pleuvoir des vivres du ciel, ce que vous dites pourrait-il être ? dit l'un des favoris de Joram à Elisée, lorsqu'il prophétisait au roi, lors de la plus grande cherté des vivres, que le lendemain à la même heure qu'il parlait, la mesure de pure farine ne vaudrait qu'environ 30 sols ; *lettr.* ferait des fenêtres ou des ouvertures au ciel ; *sc.* pour en faire pleuvoir du froment ; soit de la source des maux dont Dieu afflige les hommes. Isa. 24. 18. *Qui se explicaverit de foveâ, tenebitur laqueo, quia cataractæ de excelsis apertæ sunt* (θυρίς) : Celui qui se sera sauvé de la fosse, sera pris au piége, parce que les cieux s'ouvriront pour faire pleuvoir des déluges. Le prophète prédit la source intarissable de la colère de Dieu, dont les Juifs ne pourraient s'échapper au temps que les Chaldéens viendraient ravager la Judée. Ps. 41. 9. *Abyssus abyssum invocat, in voce cataractarum tuarum* : Un abîme appelle et attire un autre abîme, au bruit des tempêtes et des eaux que vous envoyez. Par ces eaux et ces tempêtes, le prophète entend l'abondance des maux et des afflictions qui viennent fondre sur lui l'une après l'autre, sans en voir la fin.

CATECHIZARE, κατηχεῖν, de κατηχεῖν, raisonner, enseigner.

Verbe inusité parmi les Latins : il signifie dans l'Ecriture :

Instruire quelqu'un de vive voix des mystères de la religion. Gal. 6. 6. *Communicet autem is qui catechizatur verbo, ei qui se catechizat, in omnibus bonis* : Que celui que l'on instruit dans les choses de la foi, fasse part de tous ses biens à celui qui l'instruit.

CATELLUS, κυνάριον. Diminutif de *canis*, parce que c'est proprement le petit d'un chien, ou de *catus*, pour *sagax*, qui est dit du chien, parce qu'il n'y a rien qui ait un meilleur sentiment, qui soit de plus haut nez ; et signifie :

Petit chien. Marc. 7. 28. *Catelli comedunt sub mensa de micis puerorum* : Les petits chiens mangent au moins sous la table des miettes du pain des enfants. Par ces petits chiens se doivent entendre généralement toute sorte de chiens. Ces chiens marquaient les Gentils ainsi traités par les Juifs à cause de leurs mœurs corrompues. La femme Chananéenne témoigne par cette réponse que, comme on souffrait que les chiens mangeassent quelquefois de ces miettes afin qu'ils ne mourussent pas de faim, aussi elle le suppliait de lui accorder la grâce qu'elle lui demandait, qui était d'empêcher sa fille de mourir de sa maladie. Matth. 15. 27.

CATENA, Æ. ἅλυσις, du Grec κάθημα, qui signifie, chaîne ou collier.

Chaîne (πέδη). 4. Reg. 25. 7. *Vinxitque eum catenis, et adduxit eum in Babylonem* : Nabuchodonosor chargea Sédécias de chaînes, et l'emmena à Babylone. Jer. 27. 2. *Fac tibi vincula et catenas, et pones eas in collo tuo* : Faites-vous des liens et des chaînes, et mettez-les à votre cou. Ces chaînes figuraient la captivité du peuple d'Israël, et des autres peuples ses voisins. Dieu ordonna à Jérémie de se faire des chaînes, et de les envoyer à divers rois, en les exhortant de se soumettre au roi de Babylone, qu'autrement ils devaient périr par l'épée, la famine et la peste. Il reçut cet ordre au commencement du règne de Joakim, pour ne les envoyer qu'onze ans après par les ambassadeurs de ces rois, qui devaient venir à Jérusalem vers Sédécias, pour se liguer avec lui contre les Chaldéens. Quelques-uns croient que le Prophète ne reçut que sous le règne de Sédécias, le second ordre d'envoyer ces chaînes à tous les rois dont il est parlé, quoique l'ordre de Dieu de les envoyer lui eût été donné au commencement du règne de Joakim. Exod. 28. 22. Jud. 16. 21. 4. Reg. 25. 7. Marc. 5. 3. etc.

1° Prison, captivité, emprisonnement. 2. Tim. 1. 16. *Catenam meam non erubuit :* Onésiphore n'a point rougi de mes chaînes. Ephes. 6. 20. Ainsi, Levit. 26. 13. *Ego confregi catenas cervicum vestrarum :* C'est moi, dit Dieu, qui vous ai brisé les chaînes qui vous faisaient baisser le cou. Dieu fait souvenir les Juifs qu'il les avait tirés de la captivité d'Egypte ; Hebr. *temones jugi.*

2° Chaîne de ténèbres, ténèbres épaisses et palpables, où l'on est détenu comme en prison : telles étaient les ténèbres dont Dieu affligea les Egyptiens. Sap. 17. 17. *Una enim catena tenebrarum omnes erant colligati :* Les Egyptiens étaient tous liés par une même chaîne de ténèbres. Cette chaîne était la figure de celle des réprouvés et des démons dont il est parlé. Apoc. 20. 1. *Et vidi Angelum... habentem... catenam magnam in manu sua :* Je vis un ange... qui avait une grande chaîne dans sa main. Cette chaîne est la force et la vertu de Dieu même pour retenir le démon dans l'enfer, qui a pour chaînes les ténèbres mêmes. *Voy.* 2. Petr. 2. 4. Jud. 6.

3° Joug, charge, servitude. Isa. 59. 8. *Si abstuleris de medio tui catenam :* Si vous ôtez la chaîne du milieu de vous ; Heb. *jugum*, c'est-à-dire, si vous ne tenez point vos frères dans l'oppression par des contrats usuraires et injustes.

CATELUNA, Æ. Petite chaîne, chaînette (κροσσωτόν). Exod. 28. 14. *Facies duas catenulas auri purissimi...* Vous ferez deux petites chaînes d'un or très-pur.

CATERVA, Æ. Ce mot dont on ne sait point l'origine, signifie proprement une légion Gauloise, comme la Phalange était propre aux Macédoniens. Ainsi il signifie, 1° une troupe de gens de pied ; 2° quelque troupe de gens que ce soit : dans l'Ecr. :

Une grande troupe ou une multitude de personnes (συναγωγή). Exod. 35. 4. *Et ait Moyses ad omnem catervam filiorum Israel :* Moïse parla à tous les enfants d'Israël, à toute leur assemblée.

CATHEDRA, Æ. Gr. καθέδρα. De κατά, et de ἕζεσθαι, *sedere*, d'où vient ἕδρα et καθέδρα.

1° Chaise, siège pour s'asseoir. 1. Reg. 20. 25. *Cumque sedisset rex super cathedram suam :* Saül étant assis sur son siège : ce fut le premier jour du festin que fit Saül au jour des Calendes, où David ne se trouva point.

2° Chaire, siège élevé pour marque d'honneur et d'autorité (δίφρος). Job. 29. 7. *In platea parabant cathedram mihi :* Qui m'accordera d'être comme j'ai été autrefois, lorsque l'on me préparait un siège élevé dans la place publique ? Les jugements se rendaient aux portes de la ville. Matth. 23. 6. Marc. 12. 39. Luc. 11. 43. c. 20. 46. Ainsi :

Sedere in cathedra. Etre assis dans la chaire, se dit, 1° de ceux qui ayant l'autorité et le pouvoir de juger, délibèrent et jugent touchant les affaires publiques. 2. Reg. 23. 8. *Sedens in cathedra sapientissimus :* i. e. Il excellait par sa sagesse dans les conseils. Ici la Vulgate a marqué par ces termes la force et la signification du nom propre du premier d'entre les plus vaillants hommes de David, qu'elle a mis pour le nom propre qui est marqué, 1. Par. 11. 11. Jesbaam, *autrement*, Jasob, fils d'Hacamoni, était égal à cet Adino Hesnite, qui a tué autrefois huit cents hommes dans un seul combat; il est dit, 1. Par. 11. 11. qu'il blessa 300 hommes tout en une fois, c'est-à-dire, 300 d'abord, et les autres ensuite. *Voy.* VERMICULUS. 2° Il se dit de ceux qui enseignent avec pouvoir et autorité. Matth. 23. 2. *Super cathedram Moysi sederunt Scribæ et Pharisæi :* Les Scribes et les Pharisiens sont assis sur la chaire de Moïse. Les docteurs et les Pharisiens avaient l'autorité d'enseigner et d'ordonner au peuple les choses que Moïse avait reçues de la part de Dieu. A quoi se peut rapporter, Ps. 1. 1. *Beatus vir qui in cathedra pestilentiæ non sedit :* Heureux l'homme qui ne s'est point assis dans la chaire contagieuse des libertins ; Heb. la chaire des moqueurs ; *i. e.* qui ne fait point profession de communiquer aux autres la contagion, soit du péché, soit d'une mauvaise doctrine pour corrompre les âmes. Ainsi :

Sedere in cathedra Dei. Etre assis sur la chaire de Dieu, se dit du roi de Tyr, à qui Dieu reproche d'avoir dit en son cœur qu'il était Dieu, et comme assis sur le trône de Dieu. Ezech. 28. 2. *Deus ego sum, et in cathedra Dei sedi in corde maris :* Je suis Dieu, et je suis assis sur la chaire de Dieu au milieu de la mer. Ce roi se croyait autant inaccessible, et à couvert de tout mal dans Tyr élevée sur un rocher escarpé, que Dieu qui est élevé dans le ciel.

3° Dignité, charge honorable, magistrature, marquée par la chaire et le siège destiné pour ceux qui y sont établis. Eccli. 7. 4. *Noli quærere... a Rege cathedram honoris :* Ne demandez point au roi une chaire d'honneur. c. 12. 12.

4° Assemblée publique où l'on est assis. Ps. 106. 32. *In cathedra seniorum laudent eum :* Qu'on loue le Seigneur dans l'assemblée des anciens ; *i. e.* parmi les juges et les magistrats qui s'assemblaient pour les affaires publiques, et pour juger les causes du peuple. Ainsi, Ps. 1. 1. *In cathedra pestilentiæ non sedit :* Heureux l'homme qui ne s'est point trouvé dans l'assemblée contagieuse des impies.

CATHETH, Heb. *Tædium.* Ville de la tribu de Zabulon. Jos. 19. 15.

CATHOLICUS, A, UM; Gr. καθολικός, Universel. Les épîtres des apôtres S. Jacques, S. Pierre, S. Jean, S. Jude, sont appelées *Catholiques*, parce que si on en excepte les deux petites de S. Jean, elles sont écrites aux chrétiens dispersés dans tout le monde ; au lieu que celles de S. Paul sont écrites seulement ou aux fidèles d'une ville, ou à des particuliers. *Epistola catholica beati Jacobi apostoli.* Voy. ECCLESIA.

CATINUS, I. Ce nom qui se trouve dans Priscien au neutre *catinum*, vient du Grec κάτινον, et signifie,

1° Plat, écuelle (τρύβλιον). Marc. 14. 20. *Qui*

intingit mecum manum in catino : L'un des douze qui met la main avec moi dans le plat, me trahira ; *sc.* l'un de ceux qui mangent journellement avec moi : ce qui est l'accomplissement du Ps. 40. 10. Jésus-Christ ne voulait par cette expression marquer Judas que généralement ; ainsi Judas n'avait pas pour cela la main au plat au même moment que Jésus-Christ. *Voy.* Joan. 13. 18.

2° Le corps, l'extérieur de l'homme (πίναξ). Luc. 11. 39. *Quod deforis est calicis et catini mundatis :* Jésus-Christ répondant à la pensée du Pharisien qui se scandalisait de ce qu'il s'était mis à table pour manger avant de s'être lavé, reproche aux Pharisiens le soin qu'ils prenaient pour les purifications et les lavements extérieurs du corps, sans penser à purifier les impuretés et toutes les imperfections de leurs cœurs et de leurs âmes.

CATTA, Æ ; Gr. αἴλουροι, *Feles, catti.* Ce mot, inusité chez les auteurs Latins, vient de *captare*, ou de κατιδεῖν, et signifie,

Chat, ou chatte. Baruch. 6. 21. *Aves etiam similiter et cattæ :* Les oiseaux volent, et les chats courent sur le corps et sur la tête des idoles.

CATULUS, I. De *canis*, et signifie proprement, le petit d'un chien, et est pris aussi pour les petits de tous les autres animaux terrestres à quatre pieds : dans l'Ecriture :

Petit de quelque bête terrestre à quatre pieds que ce soit (σκύμνος). De là vient, *Catulus leonis* ou *ursæ.* Ps. 103. 22. *Catuli leonem rugientes ut rapiant :* Les petits des lions rugissent après leur proie, étant sortis de leur tanière. 2. Reg. 17. 8. Isa. 34. 15.

Signification figurée.

Catulus leonis, marque la cruauté et la violence des ennemis. Ps. 16. 12. *Susceperunt me sicut... catulus leonis habitans in abditis :* Mes ennemis ont aspiré à me perdre. *Voy.* ABDITUM. Ps. 56. 5. Il marque aussi la force et la vigueur. Gen. 49. 9. *Catulus leonis Juda :* Juda est un jeune lion : ce qui s'entend des descendants de Juda, qui, par la force et la puissance, ont assujetti leurs ennemis. *Voy.* Judic. 1. 2. 1. Reg. 17. 1. 2. Reg. 8. v. 12. 13. 3. Reg. 9. 20. etc. ce qui s'entend aussi de Jésus-Christ qui s'est assujetti les nations par la loi de l'Evangile, et a vaincu le démon et le péché par la mort. Ainsi, Deut. 33. 22. *Dan catulus leonis :* Dan est comme un jeune lion. Ici tous les interprètes conviennent que Moïse fait allusion à Samson qui était de cette tribu, et qui fut comme un lion au milieu des Philistins ; et Samson même était la figure de Jésus-Christ.

CAUDA, Æ. οὐρά. De l'ancien mot *coda* et signifie :

La queue d'une bête, d'un animal. Levit. 8. 5. *Adipem vero et caudam... separavit :* Moïse mit à part la graisse et la queue du bélier, etc. c. 3. 9. Exod. 4. 4. De là vient :

Cauda draconis. La queue du dragon, se dit de l'Antechrist et des faux prophètes, qui sont comme la queue du diable, dont il se sert pour faire tomber beaucoup de personnes, même distinguées par leur science et leur dignité. Apoc. 12. 4. *Cauda ejus trahit tertiam partem stellarum.* Voy. STELLA. c. 9. 19. Par les queues semblables à celles des serpents, s'entendent les faux docteurs, qui par artifice inspirent au peuple le poison de leur mauvaise doctrine.

1° Le bout, l'extrémité de quelque chose (ξύλον). De là vient, *cauda titionis fumigantis :* Le bout d'un tison fumant : ce qui se dit d'un homme plein de fureur, mais peu capable de nuire. Isa. 7. 4. *Cor tuum ne formidet a duabus caudis titionum fumigantium :* Que votre cœur ne se trouble point devant ces deux bouts de tisons fumants. Dieu assure Achas qu'il n'a rien à craindre de la fureur du roi d'Israël, dont les révoltes du peuple et les guerres civiles avaient beaucoup diminué les forces. *Voy.* 4. Reg. 15. v. 15. 16. etc. non plus que de Bénadad, roi de Syrie, qui venait d'être battu par trois fois de Joas. *Voy.* 4. Reg. 13. 25. Ceci est une allusion faite, par mépris, à deux tisons presque consumés, qui ne font plus que fumer.

2° Le dernier rang, la servitude, le rang le plus méprisable, opposé à *caput.* Voy. CAPUT. D. ut. 28. 44. *Ipse erit in caput, et tu eris in caudam :* Si vous ne gardez et ne pratiquez la loi du Seigneur, l'étranger sera toujours à la tête ; *i. e.* vous dominera, et vous ne marcherez qu'après lui ; *i. e.* vous le servirez, lui serez soumis. Ainsi, Isa. 9. v. 14. 15. *Propheta docens mendacium ipse est cauda :* Le Seigneur retranchera dans un même jour la tête et la queue. Le vieillard et les personnes vénérables sont la tête du peuple, et le Prophète qui enseigne le mensonge en est la queue : ceci fut accompli par Salmanazar. 4. Reg. 17. 6.

3° La partie de l'animal qui sert à la génération, est marquée par ce terme honnête. Job. 40. 12. *Stringit caudam suam quasi cedrum :* La queue de l'éléphant se serre et s'élève comme un cèdre. L'éléphant n'a point de queue ; d'autres l'expliquent de sa trompe.

CAUDA, ou plutôt CLAUDA ; Gr. κλαύδη, *Vox fracta.* Petite Ile proche de Crète. Act. 27. 16. On croit que c'est maintenant Gozo.

CAVEA, Æ. De *cavus*, creux, et signifie cave ou cage.

Cage, ou filet. Eccli. 11. 32. *Sicut perdix inducitur in caveam... sic et cor superborum, et sicut prospector videns casum proximi sui* (χάρταλλος) *:* Comme la perdrix est conduite dans le filet, au chant d'autres oiseaux par qui elle est attirée ; ainsi est le cœur des superbes, et de celui qui est attentif à regarder la chute de son prochain. Ici celui qui se laisse prendre aux tromperies des pêcheurs qui se moquent du simple après l'avoir trompé, est comparé à une perdrix de qui se moque l'oiseleur qui l'a attrapée.

Prison. Ezech. 19. 9. *Miserunt eum in caveam* (κημὸς.) *:* Ils le mirent dans une cage ; *i. e.* en prison : ce que quelques-uns entendent de Joachim qui fut emmené en prison à Babylone, d'où le tira Evilmérodach. 4. Reg. 25. 27. d'autres de Sédécias. v. 6. 7

CAVERE, φυλάττεσθαι, προσέχειν. De cavare, parce que la plupart des anciens qui occupaient le pays Latin demeuraient dans des cavernes (ainsi appelées, parce qu'elles avaient été creusées), où ils étaient à couvert de la chaleur, du froid, etc., et où ils étaient en plus grande sûreté ; et signifie :

1° Prendre garde avec soin de faire ou d'éviter quelque chose. Deut. 8. 1. *Omne mandatum... cave diligenter ut facias* : Prenez bien garde d'observer avec grand soin toutes les choses que je vous ordonne aujourd'hui. Levit. 22. 2. *Caveant ab his quæ consecrata sunt filiorum Israël* : Qu'Aaron et ses enfants prennent bien garde à la manière dont ils useront des oblations sacrées des enfants d'Israël. c. 15. 30. *Caveant immunditiam* : Que les enfants d'Israël se gardent de l'impureté (εὐλαβής ἀπό).

2° Se défier, se donner de garde de quelqu'un, ou de quelque chose, de peur qu'elle ne nous soit ou une cause, ou une occasion de quelque mal (προσέχειν). De là vient, *Cavere sibi*. Eccli. 13. 16. *Cave tibi* : Prenez garde à vous. L'Ecriture marque ici les précautions qu'on doit avoir lorsqu'on parle aux grands, pour ne s'en pas laisser surprendre. *Cavere aliquem.* 1. Reg. 18. 17. *Cœpit cavere eum* : Saül, voyant que David était extrêmement prudent, commença à s'en donner plus de garde. *Cavere aliquid* : Eviter quelque mal, s'en donner de garde, Prov. 11. 15. *Qui cavet laqueos securus erit* : Celui qui évite les pièges sera en sûreté. *Cavere se ab aliquo*. Eccli. 9. 21. *Secundum virtutem tuam cave te a proximo tuo* : Examinez autant que vous le pourrez ceux qui vous approchent (στοχάζειν). explorare). *Cavere ab aliquo*. Matth. 10. 17. *Cavete ab hominibus* : Donnez-vous de garde des hommes.

CAVERNA, Æ. τρώγλη. De cavare, et signifie dans l'Ecr. :

1° Caverne, cavité, creux sous terre où dans des rochers. 1. Reg. 14. 11. *En Hebræi egrediuntur de cavernis* : Voilà les Hébreux qui sortent de leurs cavernes, dit la garnison des Philistins apercevant Jonathas et son écuyer qui allaient vers eux. *Voy.* v. 8. Judith. 14. 12. *Egressi mures de cavernis suis, ausi sunt provocare nos ad prælium* : Ces rats sont sortis de leurs trous, et ont eu la hardiesse de nous appeler au combat, disent les principaux officiers de l'armée d'Holoferne. Job. 30. 6. *Habitabant in cavernis terræ* : Je suis méprisé de gens dont les pères habitaient dans les cavernes de la terre. Cant. 2. 14. *Voy.* MACERIA. Isa. 11. 8. *Voy.* REGULUS.

Caverna laci. 2° Carrière Is. 51. 1. *Attendite... ad cavernam laci de qua præcisi estis* : Rappelez dans votre esprit cette carrière profonde dont vous avez été tirés. Le prophète propose aux Juifs pour les consoler, l'exemple d'Abraham et de Sara, dont ils sont nés, nonobstant leur stérilité qu'il compare ici à un rocher ou à une carrière, pour leur marquer que Dieu pouvait bien les rétablir contre toute espérance.

CAULA, Æ. ἔπαυλις. Ce nom, peu usité au singulier, vient du Grec αὐλή, et signifie proprement, étable de brebis, bergerie : dans l'Ecriture :

Un parc où l'on renferme la nuit les brebis à la campagne. Isa. 65. 10. *Erunt campestria in caulas gregum* : Les campagnes serviront de parc aux troupeaux. Ceci marque l'abondance des grâces et des bénédictions spirituelles, dont l'Eglise et chaque fidèle devaient être comblés, figurées par les bénédictions temporelles de la terre promise. Ezech. 25. 4. Mich. 2. 12. Sophon. 2. 6.

CAUMA, TIS. καῦμα. De καίω, *uro*, et signifie grand chaud : dans l'Ecriture :

Chaleur, ardeur qui dessèche et consume. Job. 30. 30. *Ossa mea aruerunt præ caumate* : Mes os se sont desséchés dans l'ardeur qui me consume.

CAUPO, NIS. Du Grec κάπηλος, et signifie, Hôtelier, tavernier, cabaretier, qui tient hôtellerie. Eccli. 26. 28. *Non justificabitur caupo a peccatis labiorum* : Celui qui vend du vin ne s'exemptera pas du péché de la langue. *Labiorum* n'est point dans le Grec.

CAUSA. Æ; Gr. αἰτία. De cavere, supin *cavitum*, d'où est fait *cavissa*, d'où *caussa*, puis *causa*, et signifie :

1° Cause, ce qui produit réellement quelque effet. Jos. 5. 4. *Hæc autem causa est secundæ circumcisionis* : Voici la cause de cette seconde circoncision. Elle fut ordonnée à Josué sur tous les enfants des Israélites qui étaient sortis d'Egypte, et qui moururent dans le désert, dont le campement fréquent et incertain avait empêché qu'ils pussent être circoncis. Cette circoncision est appelée *seconde*, par rapport à la première marquée, Gen. 17. 10 Sap. 14. 27. *Infandorum enim idolorum cultura omnis mali causa est* : Le culte des idoles abominables est la cause de tous les maux. Philipp. 1. 28. *Quæ illis est causa perditionis* : Cette patience qui vous fait supporter les persécutions de vos adversaires, est pour eux la cause de leur perte, et pour vous celle de votre salut ; Gr. ἔνδειξις, *indicium*. Gen. 37. 5. 3. Reg. 11. 27. etc.

2° La cause, l'auteur de quelque chose (αἴτιος). Hebr. 5. 9. *Factus est omnibus obtemperantibus sibi, causa salutis æternæ* : Jésus-Christ est devenu l'auteur du salut éternel pour tous ceux qui lui obéissent.

3° Motif, sujet, raison. Matth. 27. 37. *Et imposuerunt super caput ejus causam ipsius scriptam : Hic est Jesus rex Judæorum* : Ils mirent aussi au-dessus de sa tête le sujet de sa condamnation écrit en ces termes : C'est Jésus le roi des Juifs. Luc. 8. 47. Act. 10. v. 21. 29. c. 19. 32. Jud. v. 16. etc.

4° Etat, condition, engagement. Matth. 19. 10. *Si ita est causa hominis cum uxore, non expedit nubere* : Si la condition d'un homme est telle à l'égard de sa femme, il n'est pas avantageux de se marier. Cette condition est au v. 9.

5° Crime, faute. Luc. 23. 4. Joan. 18. 38.

c. 19. v. 4. 6. *Non invenio in eo causam*: Je ne trouve en lui aucun crime, dit Pilate aux Juifs touchant Jésus-Christ. Act. 13. 28. c 23. 28. c. 25. v. 7. 18. 27.

6° Cause, affaire, procès, différend. Prov. 29. 7. *Novit justus causam pauperum*: Le juste prend connaissance de la cause des pauvres. c. 22. 10. c. 25. 9. Eccli. 32. 10. *Adolescens, loquere in tua causa vix*: Parlez, jeune homme, dans ce qui vous regarde, mais que ce soit avec peine. Ps. 42. 1 *Discerne causam meam de gente non sancta*: Faites le discernement de ma cause, en me défendant d'une nation qui n'est pas sainte. David parle de ses ennemis, tels qu'étaient Saül, Absalom et Achitophel. De là vient: *Causa Domini*. Les affaires qui regardent le Seigneur, les causes ecclésiastiques. 2. Par. 19. 8. *Constituit Josaphat Levitas et Sacerdotes, et principes familiarum ex Israel, ut judicium et causam Domini judicarent habitatoribus ejus*: Josaphat établit aussi dans Jérusalem des lévites, des prêtres, et des chefs des familles d'Israël, afin qu'ils y rendissent la justice à ceux qui y demeuraient dans les affaires qui regardaient le Seigneur et dans celles qui regardaient les particuliers. v 10. Ainsi, Ps. 73. 22.*Exurge, Deus, judica causam tuam*: Levez-vous ô Dieu, jugez votre cause. La cause des fidèles qui souffrent pour l'honneur et la gloire de Dieu, est celle de Dieu même.

Causam agere adversus aliquem. Parler avec force à quelqu'un contre sa conduite déréglée, ou le désordre dont il est coupable. 2. Esdr. 13. 11. *Egi causam adversus Magistratus* (μάχεσθαι): Je parlai avec force aux magistrats, pour les reprendre de tous les abus qu'ils avaient laissé introduire.

Sine causa, μάτην. — 1° Sans sujet, sans raison. Job. 5. 6. *Nihil in terra sine causa fit*: Rien ne se fait dans le monde sans sujet. c. 9. 17. *Multiplicabit vulnera mea etiam sine causa* (διακένως): Dieu multipliera mes plaies sans que j'en sache même la raison. c.22. 6. Prov. 23. 29. Ps. 3. 7. 1. Mach. 6. 12.

2° Inutilement, sans fruit, sans effet. Matth. 15. 9. *Sine causa colunt me*: C'est en vain qu'ils m'honorent. Jésus-Christ ayant en vue ce qui est dit, Isa. 29. 13. témoigne aux Juifs que l'honneur qu'ils rendaient à Dieu étant fondé sur une tradition des hommes, contraire aux commandements de Dieu, Matth. 15. 3. ne leur servait de rien pour la vie éternelle. Deut. 4. v. 1. 2. Rom. 13. 4. *Non enim sine causa* (εἰκῆ) *gladium portat*: Ce n'est pas en vain que le prince porte l'épée: c'est pour punir celui qui fait mal. Ainsi, Gal. 3. 4. c. 4. 12. Job. 27. 12. Ps. 72. 13.

CAUSARI, αἰτιᾶσθαι, de *causa*, et signifie:

1° Alléguer des raisons, prendre prétexte (προαιτιᾶσθαι). Eccli. 29. 6. *Tempus causabitur*: Ceux qui ont emprunté, prennent prétexte que le temps est mauvais quand il s'agit de rendre. Deut. 30. 13.

2° Donner des preuves, prouver par raisons, convaincre. Rom. 3. 9. *Causati sumus Judæos et Græcos omnes sub peccato esse*: Nous avons convaincu et les Juifs et les gentils d'être tous dans le péché.

CAUTE, ἀσφαλῶς, de *cautus*, et signifie

1° Sûrement, avec précaution. Marc. 14. 44. *Ducite caute*: Emmenez-le sûrement, dit Judas, touchant Jésus-Christ qu'il allait trahir. 1. Mach. 6. 40. Tob. 2. 4.

2° Sagement, prudemment, avec circonspection (ἀκριβῶς). Ephes. 5. 15. *Videte... quomodo caute ambuletis*: Ayez soin de vous conduire avec circonspection.

CAUTERIATUS, A, UM. κεκαυτηριασμένος, de *cauterium ii*, et signifie proprement: marqué d'un fer rouge de feu. Il se dit dans l'Ecriture dans le sens figuré, de la conscience des pécheurs, noircie de crimes et qui porte le caractère et la marque du péché. 1. Tim. 4. 2. *Attendentes spiritibus erroris... cauteriatam habentium suam conscientiam*: Dans le temps à venir, quelques-uns abandonneront la foi en en suivant des esprits des erreurs... des personnes dont la conscience est noircie de crimes. La métaphore est tirée de la coutume de marquer ou de flétrir d'un fer chaud les malfaiteurs sur le front, selon la qualité de leurs crimes.

CAUTIO, NIS. Du supin *cautum*, et signifie proprement, circonspection, assurance, cédule qu'on donne par écrit; dans l'Ecriture,

Assurance, cédule qu'on donne par écrit pour assurance de dette (γράμμα) Luc. 16. 6. *Accipe cautionem tuam*: Reprenez votre obligation. Cet économe de la parabole fit venir chez lui les fermiers de son maître, et leur fit faire des obligations: à l'un d'une somme la moitié moins que n'était la première; à l'autre d'un cinquième moins que la première. D'autres croient néanmoins que ce mot signifie *quittance*, ce qui marquerait que cet économe faisait remplir par chacun de ces créanciers une quittance en blanc signée de sa main, par laquelle il reconnaissait avoir reçu ce qu'il leur disait d'y écrire. Voy. *Analys. Dissertation* 26.

CAUTUS, A, UM. De *caveo*, et signifie proprement, fin, rusé: delà vient dans l'Ecr.:

Cautus scientia, γινώσκων γνῶσιν. Habile dans les sciences et les lettres. Dan. 1. 4. *Pueros... eruditos omni sapientia, cautos scientia*: Des enfants instruits dans tout ce qui regarde la sagesse, habiles dans les sciences et dans les arts.

CAVUS, A, UM, κοῖλος. De l'ancien verbe Grec χάω pour χαίνω *hisco*, et signifie:

Creux, concave, vide. Exod. 8. 7. *Ipsum autem altare non erat solidum, sed cavum*: L'autel des holocaustes que fit Béséleel n'était pas solide, mais il était composé d'ais, et vide au dedans.

CAZALOTH, ou CASALOTH. Ville de la tribu d'Issachar. Jos. 1. 18. *Voy.* CASALOTH.

CEDAR, Heb. *Nigredo*, inis. 1° Second fils d'Ismaël. Gen. 25. 13 *Primogenitus Ismaelis Nabajoth, deinde Cedar*. 1. Par. 1. 29.

2° Pays d'Arabie habité par les Ismaélites, et depuis par les Sarrazins. Ezech. 27 21. *Arabia et universi principes Cedar*: L'Arabie et tous les princes de Cedar. Ps. 119.

5. *Habitavi cum habitantibus Cedar :* David se plaint d'être obligé de rôder parmi les Arabes, qui n'avaient point de demeures fixes et qui logeaient dans des tentes, comme porte le Grec et l'Hébreu. Ce qui est marqué, Cant. 1. 4. *Nigra sum, sed fromosa, filiæ Jerusalem, sicut tabernacula Cedar, sicut pelles Salomonis :* Je suis noire comme les tentes des Cédarénites, noircies par dehors par les ardeurs du soleil ; mais je suis belle comme les riches tentures de Salomon. l'Eglise qui est défigurée par les persécutions, est ornée au dedans par les richesses de la grâce. Isa. 21. v. 16. 17. etc. Ainsi, Isa. 42. 11. *In domibus habitavit Cedar :* Les Arabes qui n'habitaient que dans des tentes, en recevant l'Evangile, de sauvages qu'ils étaient, deviendront doux et sociables.

3° Ville ou contrée au delà du Jourdain, dans la tribu de Manassé. Judith. 1. 8. *Misit ad gentes quæ sunt in Carmelo et Cedar ;* le Grec porte *Galaad,* au lieu de *Cedar.*

CEDERE, εἴκειν. De l'aoriste χαδεῖν, changeant *a* en *e,* de l'indic. χάζω, *cedo,* et signifie :

1° Se retirer, faire place, reculer (θραύεσθαι). Deut. 20. 3. *Nolite cedere :* Ne reculez point ; *sc.* devant l'armée de vos ennemis, quoique plus grande que la vôtre, dit Dieu aux Juifs. Jos. 8. 15. *Josue vero et omnis Israel cesserunt loco :* En même temps que le roi de Haï eut conduit ses troupes de la ville de Haï vers le désert, Josué et tout Israël lâchèrent le pied ; *sc.* en fuyant vers le désert, afin que tous ceux de Haï les poursuivant, ceux qui étaient en embuscade proche la ville, pussent aisément la prendre. v. 19.

2° Céder, renoncer. Ruth. 4. 6. *Cedo juri propinquitatis :* Je vous cède mon droit de parenté, dit le plus proche parent de Noëmi à Booz. La formule de la ratification de ces sortes de cessions, au v. 7.

3° S'accommoder, se rendre, fléchir, ne point s'opposer. Gal. 2. 5. *Quibus neque ad horam cessimus :* La considération des faux frères ne nous porta pas à leur céder, ni à nous assujettir même pour un moment à ce qu'ils voulaient. 3. Reg. 12. 7. *Si petitioni eorum cesseris :* Si vous vous rendez à la demande des Juifs, ils s'attacheront pour toujours à votre service, disent les vieillards à Roboam, sur la demande que lui faisaient les Juifs de diminuer quelque chose de la rigueur du gouvernement de Salomon. Sap. 18. 25. *His autem cessit qui exterminabat :* L'exterminateur céda à ces choses ; savoir, à la majesté et à la dignité qui parut en Aaron. Voy. v. 24. Ceci a rapport à ce qui est Num. 16. 48. Ainsi, Job. 39. 22.

4° Appartenir, revenir à quelqu'un (εἶναι) Exod. 29. 26. *Cedet in partem tuam :* La poitrine du bélier qui aura servi à la consécration d'Aaron, sera réservée pour la part du sacrifice, *sc.* pour Moïse. v. 28. Levit. 7. 32. Ainsi, Num. 24. 18. *Hæreditas Seïr cedet inimicis suis :* L'héritage de Seïr passera à ses ennemis. v. 13. 18. Mais, c. 18. 9. *Quidquid pro peccato atque delicto redditur mihi, et cedit in sancta sanctorum, tuum erit et filiorum tuorum :* Tout ce qui m'est rendu pour le péché et pour l'offense, et qui devient une chose très-sainte, etc. c'est le sens de l'Hébreu.

5° Echoir, réussir. 2. Mach. 4. 17. *In leges enim divinas impie agere impune non cedit :* On ne viole point impunément les lois de Dieu, c. 12. 11. *Cumque... auxilio Dei prospere cessisset :* Judas ayant réussi heureusement par le secours de Dieu ; savoir, contre les Arabes qu'il vainquit. Num. 14. 41.

CEDES, Heb. *Sanctitas.* — 1° Ville de la tribu de Nephthalim. Jos. 19. 37. Judic. 4. v. 6. 9. 11. 4. Reg. 15. 29. Ville de refuge. Jos. 20. 7. Donnée aux Lévites, c. 21. 32. 1. Par. 6. v. 72. 76. Voy. CADES. — 2° Ville de la tribu d'Issachar, donnée aux Lévites. 1. Par. 6. 72. Elle est nommée *Cesion.* Jos. 2. 28.

CEDIMOTH, Heb. *Antiquiores.* Ville de la tribu de Ruben, donnée aux Lévites. Jos. 13. 18. Voy. CADEMOTH.

CEDMA, Heb. *Antiquus* ou *Orientalis.* Dernier fils d'Ismaël. Gen. 25. 15. 1. Par. 1. 31. Il est appelé en hébreu *Cedem.* Jer. 49. 28. Vulg. *Oriens.*

CEDMIEL, Heb. *Orientis Deus.* Nom d'un Lévite, fils d'Odovias. 1. Esd. 2. 40. c. 3. 9. 2. Esd. 7. 43. etc.

CEDMONÆI, Heb. *Antiquiores.* Peuples de la Chananée. Gen. 15. 19. Il n'en est point fait mention autre part ; il y avait dix peuples en ce pays quand Abraham y vint ; mais avant que les Israélites s'en fussent emparés, ces trois peuples, les Cinéens, les Cénéséens, et les Cedmonéens, étaient exterminés ou confondus avec les autres. Voy. HEVÆUS et BOCH, l. 4. c. 36.

CEDRINUS, A, UM, κέδρινος. De cèdre, fait de bois de cèdre. 3. Reg. 6. 10. *Operuit domum lignis cedrinis :* Salomon couvrit la maison du Seigneur de bois de cèdre.

Somptueux, magnifique. 2. Reg. 7. v. 2. 7. 1. Par. 1. 1. *Videsne quod ego habitem in domo cedrina ?* Ne voyez-vous pas que je demeure dans une maison de cèdre ? dit à Nathan David, résolu de bâtir une maison pour l'arche de Dieu. Voy. v. 5. Cant. 1. 16. *Tigna domorum nostrarum cedrina :* Les solives de nos maisons sont de cèdre : *autr.* ces poutres : Ces poutres et ces solives sont les prêtres qui soutiennent l'Eglise, qui est la maison de Dieu, qui doivent être de bonne odeur et incorruptibles comme le cèdre, c. 8. 9.

CEDRON, Heb. *Obscuritas.* — 1° Nom propre d'un torrent qui passe entre le mont des Oliviers et la ville de Jérusalem. Ce mot en hébreu signifie obscur et ténébreux, parce qu'il est situé dans une vallée que l'ombre des arbres rend obscure. 2. Reg. 15. 23. *Rex quoque transgrediebatur torrentem Cedron :* David, dans sa persécution, représentait notre Sauveur qui a passé ce torrent dans sa passion. Joan. 18. 1. *Egressus est trans torrentem Cedron :* Jésus s'en alla au delà du torrent de Cedron ; Gr. τῶν κέδρων, *cedrorum :* Ce qui a fait croire que ce torrent a été appelé de la sorte à cause d'une espèce de cèdres ; Hebr. *cidron,* qui étaient sur le bord ; mais

DICTIONN. DE PHILOL. SACRÉE. I.

21

on croit qu'il faut en grec, τοῦ κεδρών au singulier, comme 2. Reg. 15. 23. et 3. Reg. 15. 13. où le grec porte, τῶν κέδρων, *cedrorum*.

2° Cédro ou Cédron était une place forte que Cendebée avait réparée (κέδρων, Hebr. *obscuritas*). 1. Mac. 16. 9. *Venit Cedronem quam ædificavit*: La même ville que Gédor. c. 15. v. 39. 40.

CEDRUS, ι. Du Grec κέδρος, et signifie,

1° Cèdre, arbre fort haut, dont le bois n'est point sujet à se carier. Il y en avait une grande quantité sur le mont Liban. 3. Reg. 4. 33. *Disputavit super lignis, a cedro quæ est in Libano usque ad hyssopum*: Salomon traita de tous les arbres depuis le cèdre qui est sur le Liban, jusqu'à l'hyssope.

Toute sorte de grands arbres. Ps. 28. 5. *Vox Domini confringentis cedros*: La foudre abat les plus grands arbres. Ps. 148. 9. *Ligna fructifera et omnes cedri*: Louez le Seigneur, vous arbres qui portez du fruit, avec tous les cèdres. Ps. 103. 16. Cant. 5. 15. Isa. 37. 24.

2° Palais magnifique bâti de bois de cèdre. Jerem. 22. 7. *Succident electas cedros tuas*: Les ennemis abattront les maisons bâties de cèdres, aussi élevées que ces arbres le sont sur le Liban: ce qui se peut entendre aussi des grands seigneurs de la cour de Joachaz, qui fut lui-même emmené captif par le roi d'Egypte. 4. Reg. 23. 34. Ainsi, Jerem. 22. 23. *Qui... nidificas in cedris*: O vous, Jéchonias, qui faites votre nid dans les cèdres. Zach. 10. 1.

3° Peuples ou princes et rois puissants. Ezech. 17. 3. *Aquila grandis... venit ad Libanum et tulit medullam cedri*: Un aigle puissant... vint sur le mont Liban, et emporta la moelle d'un cèdre: Ce cèdre est Jéchonias, emmené de Jérusalem par Nabuchodonosor à Babylone. v. 32. Ainsi Amos. 2. 9. Judic. 9. 15. 4. Reg. 14. 9. 2. Par. 25. 18. Eccli. 24. 17. Isa. 2. 13. Zach. 11. 2. A quoi se peut rapporter cette phrase: *Comparare se cedro*: S'élever par son orgueil. Jerem. 22. 15. *Numquid regnabis, quoniam confers te cedro*: Prétendez-vous affermir votre règne, parce que vous vous comparez au cèdre? Dieu parle à Joachim, qui ne pensait qu'à s'agrandir. De là vient:

Cedri Dei. Les cèdres de Dieu; ce qui est un Hébraïsme; pour marquer les plus beaux cèdres et les plus élevés, qui signifient les peuples les plus puissants de la terre. Ps. 79. 11. *Operuit montes umbra ejus, et arbusta ejus cedros Dei*: L'ombre de votre vigne a couvert les montagnes, et ses branches les cèdres de Dieu: Ces cèdres sont tous les peuples puissants qui furent assujettis aux Israélites, figurés par la vigne. Voy. v. 9. et ces peuples mêmes sont tous les Gentils qui devaient être soumis à l'Eglise.

4° Le bonheur de l'Eglise, et la bénédiction des justes et des fidèles, est comparée au cèdre planté sur le bord des eaux. Num. 24. 6. *Quasi cedri prope aquas*: Les tentes d'Israël sont comme des cèdres plantés sur le bord des eaux, dit Balaam, bénissant les Israélites, figure de l'Eglise. A quoi se rapporte, Ps. 91. 13. *Sicut cedrus Libani multiplicabitur*: Le Juste se multipliera comme le cèdre du Liban.

CEELATHA, Heb. *Cœtus*. Le dix-neuvième campement des Israélites, mémorable par la sédition de Coré. Num. 33. v. 22. 23.

CEILA, Heb. *Scindens eam*. — 1° Ville dans la tribu de Juda. Jos. 15. 44. 2. Esdr. 3. v. 17. 18. délivrée par David d'entre les mains des Philistins. 1. Reg. 23. 5. etc. — 2° Nom propre d'homme, fils de Nahum. 1. Par. 4: 19.

CELAI, Heb. *Vox mea*. Chef de la famille sacerdotale de Sellaï. 2. Esd. 12. 20. *Sellai, Celai*; Celaï était chef de la famille de Sellaï.

CELAIA, Heb. *Vox Domini*. C'est le même que Calita. 1. Esd. 10. 23. Voy. CALITA.

CELARE, κρύπτειν. De l'Hébreu cala, *claudere, cohibere*.

1° Céler, cacher, ne point déclarer. Gen. 18. 17. *Num celare potero Abraham quæ gesturus sum*? Pourrais-je cacher à Abraham ce que je dois faire? *sc.* touchant Sodome et Gomorrhe. Voy. v. 20. Ainsi, Gen. 37. 26. *Quid nobis prodest si occiderimus fratrem nostrum, et celaverimus sanguinem ipsius?* Que nous servira d'avoir tué notre frère, et d'avoir caché sa mort, dit Judas à ses frères touchant Joseph. 4. Reg. 4. 27. Prov. 17. 9. Ainsi, Job. 31. 33. *Si... celavi in sinu meo iniquitatem*: Si j'ai caché dans mon sein mon iniquité. Job proteste sous de grandes peines qu'il ne s'est point caché en couvrant ses défauts, afin par là d'en imposer aux hommes. De là vient,

2° Dire, ou croire qu'une chose est cachée à la connaissance de quelqu'un. Job. 42. 3. *Quis est iste qui celat consilium absque scientia*? Qui est celui-là qui, par un effet de son ignorance, prétend dérober à Dieu le conseil et la sagesse?

3° Couvrir, cacher. Levit. 16. 4. *Feminalibus lineis verenda celabit*: Quand Aaron entrera dans le sanctuaire, il couvrira ce qui doit être couvert avec un vêtement de lin. Deut. 31. 18. *Ego autem celabo faciem meam*: Je couvrirai à ce peuple ma face, dit Dieu, pour ne point voir l'idolâtrie à laquelle il se sera abandonné après la mort de Moïse. Cette phrase se doit entendre au même sens qu'*avertere faciem*. 2. Par. 30. 9. ce qui marque que Dieu ne répand plus ses grâces et ses bénédictions. Prov. 25. 2. *Gloria Dei est celare verbum*: La gloire de Dieu est de cacher sa parole sous des voiles. 1. Reg. 20. 19. De là vient:

Celare se. Se mettre à couvert contre quelque chose. Isa. 32. 2. *Et erit vir sicut qui celat se a tempestate*: Le prophète prédit que Jésus-Christ devait servir de retraite contre la tempête. Amos 9. 3.

4° Retenir, arrêter. Job. 20. 13. *Celabit in gutture suo*: Le pécheur, qui avale l'iniquité comme l'eau, goûte le mal avec plaisir, comme un morceau délicieux que l'on retiendrait dans sa bouche pour le savourer plus longtemps.

CELEBER, is. De κλείω, *celebro*, ou de *celer*, et signifie :

1° Célèbre, en réputation, considérable (τιμᾶσθαι, *honorari*). 1. Reg. 18. 30. *Celebre factum est nomen ejus nimis* : Le nom de David devint très-célèbre, savoir, par la prudence qu'il fit paraître dans la guerre contre les Philistins.

2° Public, commun (ἐπίσημος). 1. Mach. 11. 37. *Ponatur in monte sancto et in loco celebri* : Qu'on expose cette ordonnance sur la montagne sainte, en un lieu où elle soit vue de tout le monde. C'est celle de Démétrius en faveur des prêtres, rapportée v. 34. 35. c. 14. 48. A quoi se peut rapporter, Gen. 45. 16. *Celebri sermone vulgatum est* : On dit publiquement que les frères de Joseph étaient venus.

3° Célèbre, solennel (κλητός). Levit. 23. 7. *Dies primus erit vobis celeberrimus* : Le premier jour, *i. e.* de la fête de Pâque, vous sera le plus célèbre. v. 8. 21.

CELEBRARE. 1° Rendre considérable, distinguer, faire connaître d'une manière avantageuse (ποιεῖν ὄνομα). Gen. 11. 4. *Celebremus nomen nostrum* : Rendons notre nom célèbre, disent les enfants de Noé dans le dessein de faire la tour de Babel. v. 9. 1. Par. 17. 8. Job. 18. 17. De là vient :

Emptionem celebrare ab aliquo. Acheter de quelqu'un quelque chose rare et de grand prix. 2. Par. 1. 17. *De universis regnis Hetæorum, et a regibus Syriæ emptio celebrabatur* : L'attelage de quatre chevaux revenait à six cents sicles d'argent et un cheval à cent cinquante ; et l'on en achetait ainsi de tous les rois des Hethéens et de ceux de Syrie.

2° Fêter, solenniser, célébrer avec joie (ἑορτάζειν). Exod. 23. 14. *Tribus vicibus per singulos annos mihi festa celebrabitis* : Vous célébrerez des fêtes en mon honneur trois fois chaque année ; ces fêtes sont marquées v. 15. 16.

3° Exécuter, pratiquer avec les cérémonies ordonnées. Levit. 16. 11. *His rite celebratis* : Aaron ayant fait tout ceci selon l'ordonnance, savoir : ce qui était nécessaire avant d'entrer dans le sanctuaire. Deut. 15. 2. 2. Par. 31. 1.

CELEBRATIO, nis. L'action de louer quelque chose, et se dit aussi de la célébration des jeux et des compagnies assemblées ; dans l'Ecriture :

Fête, jour solennel (ἑορτή). Eccli. 47. 12. *Dedit in celebrationibus decus* : David a rendu les fêtes plus solennelles ; savoir : par les chantres qu'il a établis, etc. Voy. v. 11.

CELEBRITAS, atis. De *celeber*, et signifie proprement grande assemblée, réputation ; dans l'Ecriture :

1° Fête solennelle, solennité (ἀπαρασ;μαντοή, *absque celebritate*). 2. Matth. 15. 36. *Decreverunt nullo modo diem istum absque celebritate præterire* : Il fut arrêté qu'on ne devait point laisser passer ce jour si célèbre sans en faire une fête particulière, *sc.* de la victoire que Judas remporta contre Nicanor. v. 28. Le jour de la célébration est v. 37.

2° Réjouissance dans une solennité ou fête solennelle (εὐφροσύνη). 2. Par. 30. 26. *Facta est grandis celebritas* : Il se fit une grande solennité à Jérusalem ; *sc.* à la célébration de la Pâque qu'Ezechias recommanda d'être célébrée à Jérusalem par tous les Juifs.

CELER, ris, re, ταχύς, εῖα, ύ. De l'Eolique κέληρ pour κέλης, et signifie :

1° Vite, prompt, qui va vite, en parlant de l'action de marcher ou avancer. Esth. 8. 14. *Egressi sunt veredarii celeres nuntia perferentes* : Les courriers partirent promptement portant ces nouvelles.

2° Soudain, en parlant de quelque chose qui nous arrive en bref, soit avantageuse ou désavantageuse. 2. Petr. 2. 1. *Superinducentes sibi celerem perditionem* : Les faux docteurs, *sc.* d'hérésies, attireront sur eux-mêmes une soudaine ruine.

CELERITAS, atis. De *celer*, et signifie :
Vitesse, promptitude, s'entend dans l'Ecriture de la brièveté du temps. Baruch. 4. 24. *Viderunt in celeritate salutem vestram a Deo* (ἐν τάχει) : Les provinces voisines de Sion verront bientôt le salut que Dieu vous enverra : Baruch parle aux Juifs qui étaient captifs en Babylone.

CELERITER, ταχέως. — 1° Vitement, promptement. 1. Reg. 20. 6. *Rogavit me David ut iret celeriter in Bethleem civitatem suam* : David m'a prié que j'agréasse qu'il fit promptement un tour à Bethléem, d'où il est ; ce voyage n'était que supposé et afin que Jonathas connût par les marques que Saül donnerait au sujet de l'absence de David, si Saül voulait ôter la vie à David.—2° Avec ardeur et empressement (σπουδαίως). Sap. 2. 6. *Utamur creatura tamquam in juventute celeriter* : Hâtons-nous d'user des créatures comme on fait dans la jeunesse, disent les méchants ; d'où vient le comparatif

CELERIUS, τάχιον.—1° Plus tôt (ὀξέως). Sap. 3. 18. *Si celerius defuncti fuerint, non habebunt spem* : Quand bien même les enfants des adultères mourraient plus tôt que dans la vieillesse, ils seront sans espérance, s'ils sont semblables à leurs pères. Hebr. 13. 19. *Amplius autem deprecor vos hoc facere, quo celerius restituar vobis* : Je vous conjure de prier pour nous avec encore plus d'ardeur, afin que je retourne plus tôt vers vous. — 2° Bientôt (ταχέως). Sap. 4. 16. *Condemnat ...juventus celerius consummata longam vitam injusti* : La jeunesse du juste mort sitôt est la condamnation de la longue vie de l'injuste.

CELEUSMA, du Grec κέλευσμα, de κελεύειν, *jubere*, et signifie proprement le cri de plusieurs personnes qui s'entr'excitent dans le combat ou dans le travail ; dans l'Ecriture il s'écrit *celeuma*, et signifie :

Cri de plusieurs personnes qui s'encouragent et s'animent à faire quelque chose, ou, les cris de joie qu'ils poussent en la faisant. Ainsi les cris de joie, les chansons de ceux, 1° qui foulent les raisins. Jerem. 48. 33. *Nequaquam calcator uvæ solitum celeuma cantabit* : Les Moabites qui foulaient le vin ne chanteront plus leurs chansons ordinaires.

2° Les cris de ceux qui s'animent et s'encouragent au combat ou se réjouissent de la victoire. Jerem. 25. 30. *Celeuma quasi calcantium concinetur adversus omnes habitatores terræ* : Il s'excitera un cri commun contre tous les habitants de la terre, tel qu'en font ceux qui foulent le vin ; c'est-à-dire, comme ceux qui foulent le vin poussent des cris pour s'encourager au travail ou pour se réjouir : de même les Babyloniens s'encourageront les uns les autres, pour venir fondre sur Jérusalem et se réjouiront de sa perte; mais c. 51. 14. *Super te celeuma cantabitur* : Les hommes jetteront des cris de joie en vous détruisant ; s'entend des armées de Darius et de Cyrus, qui détruisirent et ravagèrent le royaume de Babylone.

CELITA, Heb. *Refugium*. Nom d'un lévite. 2. Esd. 8. 7. qui est appelé *Celaia* ou *Calita*. 1. Esd. 10. 23.

CELLA, Æ. De *cala*, Heb. ou de *cellare*, parce qu'il signifie cellier ou office, qui sert à cacher ce qu'on y met, le lieu où l'on serre les provisions de blé, d'huile, de vin, de chair ; dans l'Ecriture :

Chambre, lieu à serrer quelque chose (οἶκος). Isa. 39. 2. *Ostendit eis cellam aromatum* : Ezéchias montra aux ambassadeurs de Mérodach Baladan, le lieu où étaient les aromates ; de là vient : *cella vinaria*, cave. 1. Par. 27. 27. *Præsidebat cellis vinariis, Zabdias Aphonites* : Zabdias d'Aphoni avait l'autorité sur les caves et les celliers de David. Cant. 2. 4. *Introduxit me in cellam vinariam*: Mon bien-aimé m'a fait entrer dans le cellier où il met son vin ; Grec, οἶκος οἴνου. Comme les Orientaux comparent l'amour au vin, cette expression est aussi toute métaphorique et signifie que Jésus-Christ a fait entrer l'Eglise dans son cœur, qui est comme le dépositaire de cet amour tout brûlant qu'il a pour elle.

CELLARIUM, II, ταμεῖον. De *cella*, et signifie proprement le même que *cella*; dans l'Ecriture :

1° Lieu où on réserve les provisions, cellier. Luc. 12. 24. *Quibus non est cellarium, neque horreum* : Les oiseaux n'ont ni cellier, ni grenier. Prov. 24. 4. *In doctrina replebuntur cellaria* : La prudence et la bonne conduite remplit de biens une maison. Deuter. 28. 8.

2° Lieu retiré, cabinet, garde-meuble, où sont les trésors et les choses les plus précieuses. Jerem. 38. 11. *Ingressus est domum regis quæ erat sub cellario*: Abdemelech entra dans le palais du roi, dans un lieu qui était sous le garde-meuble, et il en tira de vieux drapeaux. Voy. pour quel usage, v. 12. 13. Mais Cant. 1. 4. *Introduxit me rex in cellaria sua* : Le roi m'a fait entrer dans ses appartements secrets ; marque que l'Eglise est entrée, par la grâce de Jésus-Christ, dans la connaissance des mystères du royaume de Dieu. Voy. Joan. 15. 15. 2. Cor. 3. 18. et ailleurs.

3° Lieu autour du temple pour garder les ornements et les oblations qu'on y faisait (ἀποθήκη). 1. Par. 28. 11. *Dedit David Salomoni filio suo descriptionem... cellariorum*: David donna à Salomon le dessin et le modèle des garde-meubles : David l'avait reçu de Dieu même. Voy. v. 19.

CELLON, Heb. *Consummatio*. Pays entre l'Euphrate et l'Arabie, où étaient les Ismaélites. Judith. 2. 13. *Prædavit filios Ismael qui erant ad austrum terræ Cellon*. Holopherne pilla les enfants d'Ismaël, qui étaient au midi de la terre de Cellon. Voy. CHELLON.

CELLULA. De *cella*, et signifie proprement une petite chambre ; dans l'Ecriture :

Lieu où se mettaient les meubles et tout ce qui servait au temple. 1. Par. 26. 18. *In cellulis quoque janitorum ad occidentem quatuor in via, binique per cellulas* : Il y avait quatre lévites au logis des portiers à l'occident, sur le chemin, deux à chaque chambre.

CELTIS, ou CELTE, IS. Ce mot ne se trouve nulle part dans les auteurs, hormis dans les inscriptions de Gruter, où sont ces termes : *Malleolo et celte litteratus silex* : Une pierre gravée avec le marteau et le ciseau ; ainsi il peut bien signifier ici, comme dans cet auteur :

Un ciseau pour graver sur la pierre. Job. 19. 24. *Quis mihi det ut sermones mei... celte sculpantur in silice?* Qui m'accordera que mes paroles soient gravées sur la pierre avec le ciseau? Ce qui est une expression figurée dont Job se sert pour marquer le désir qu'il a que la mémoire de son innocence et de son espérance en Dieu fût éternelle ; il n'y a rien dans le Grec qui réponde à ce mot ; l'Hébreu porte *ghed*, qui signifie éternité. On lit dans la plupart des manuscrits et même des plus anciens : *vel certe*.

CENCHREÆ, Heb. *Milium*. Cenchrée, port de Corinthe où saint Paul s'était fait couper les cheveux à cause d'un vœu. Act. 18. 18. Rom. 16. 1. *In Cenchris*, pour *Cenchreis*, à Cenchrée.

CENDEBÆUS, Heb. *Possessio doloris*. Cendebée, général d'armée d'Antiochus Soter. 1. Mac. 15. v. 38. 40. etc. Ce capitaine étant venu avec une grande armée pour assujettir les Juifs, fut défait par les fils de Simon et fut si étonné de sa défaite qu'il n'osa plus retourner en Judée.

CENERETH, Heb. *Cithara*.—1° Ville de la tribu de Nephthalim ou de Zabulon. Jos. 19. 35. Qui a donné le nom à toute la contrée voisine et au lac sur lequel cette ville est située.—2° Lac de Cénéreth ou Génésareth, que les Hébreux appellent *Mer de Galilée*. Num. 34. 11. *Pervenient ad mare Cenereth*: Les confins s'étendront jusqu'à la mer de Cénéreth. Deut. 3. 17. Jos. 3. 27. Voy. GENESARETH.

CENEROTH, Heb. *Idem*. 1° Pays d'alentour de la ville de Cénéreth ou Cénéroth. Jos. 11. 2. 3. Reg. 15. 20. *Benadad, rex Syriæ, misit principes exercitus sui in civitates Israel et percusserunt universam Ceneroth, omnem scilicet terram Nephtali* : Ils ravagèrent toute la contrée de Cénéroth ; c'est-à-dire tout le pays de la tribu de Nephthali.—2° Le lac de Tibériade ou de Génésareth. Jos. 12. 3. *A solitudine usque ad mare Ceneroth* : Depuis le désert jusqu'à la mer de Cénéroth. Voy. GENESARETH.

CENEZ, Heb. *Nidus iste.* 1° Fils d'Héliphaz et petit-fils d'Esaü, prince des Iduméens. Gen. 36. v. 11. 15. 1. Par. 1. v. 36. 53.—2° Aïeul de Caleb troisième et d'Othoniel. Jos. 15. 7. *Cepit eam Othoniel filius Cenez frater, i. e. cognatus Caleb :* Othoniel, fils de Cenez, cousin de Caleb, prit cette ville. Judic. 1. 12. c. 3. v. 9. 11. 12. 1. Par. 4. 11. D'autres croient que Cenez était père d'Othoniel et beau-père de Caleb, dont il avait épousé la mère.—3° Fils d'Ela, petit-fils de Caleb. 1. Par. 4. 15. *Filii Caleb, filii Jephone, Hir et Ela, filii Ela.*

CENEZÆUS, Heb. *Idem.* — 1° Le peuple de Chananée, dont il n'est point fait mention autre part. Gen. 15. 19. *(Semini tuo) dabo Cinæos, Cenezæos, Cedmonæos.* Voy. CEDMONÆI. Il y a de l'apparence que ces peuples ont été défaits. — 2° Descendant de Cenez, père ou aïeul d'Othoniel. Num. 32. 12. *Præter Caleb filium Jephone Cenezæum.* Jos. 14. v. 6. 14. Ce nom pouvait lui être donné à cause que celui de Cenez pouvait être célèbre dans sa famille.

CENI, Heb. *Possessio.* Pays ou contrée de la tribu de Juda, dans laquelle David feignit à Achis de faire des courses. 1. Reg. 27. 10. c. 30. 29. *Contra meridiem Ceni.* Quelques-uns croient que ce sont les Cinéens, amis des Israélites. c. 15. 6.

CENSUS, US. De *censeo*, et signifie : — 1° Registre ou état public des personnes, ou biens de chaque particulier. 2. Esdr. 7. 64. *Hi quæsierunt scripturam suam in censu, et non invenerunt; et ejecti sunt de sacerdotio :* Les Juifs marqués v. 63. cherchèrent l'écrit de leur généalogie dans le dénombrement, et ne l'ayant point trouvé, ils furent rejetés du sacerdoce.

— 2° Tribut, impôt, qui se paie par les sujets d'un prince ou d'une république, selon l'état de leur bien (κῆνσος). Matth. 17. 24. *Reges terræ a quibus accipiunt tributum vel censum?* De qui ou que les rois de la terre reçoivent les tributs et les impôts? dit Jésus-Christ à saint Pierre, à qui les receveurs du tribut de deux drachmes avaient demandé si Jésus-Christ, son maître, ne le payait pas; et il lui fait connaître que, comme Fils de Dieu, suivant même la pratique des rois qui n'en exigent pas de leurs enfants, il n'était point obligé de payer ce tribut ordonné par Moïse pour être offert au Seigneur. Exod. 30. 13. Ce tribut fut appliqué, sous Joas, aux réparations, à l'entretien et au service du temple, 2. Par. 24. v. 9. 12. et, depuis, les Romains se le firent payer, selon Matth. 22. v. 17. 19. De plus, Voy. Josèphe de la guerre des Juifs, liv. 7. 26. Jésus-Christ le fit payer pour lui par saint Pierre.

3° Cens, biens en revenu, richesses (πλοῦτος). Eccli. 30. 16. *Non est census super censum salutis corporis :* Il n'y a point de richesses plus grandes que celles de la santé du corps. v. 15.

CENTENARIUS, A, UM. De *centum*, et signifie proprement de cent, où il y a le nombre de cent; de là vient, dans l'Ecriture : — 1° L'âge de cent ans. Gen. 17. 17. *Putasne centenario nascetur filius* (ἑκατοντάετης)? Un homme de cent ans aurait-il un fils? dit Abraham en lui-même, sur la promesse que Dieu lui fait de lui donner un fils de Sara. v. 16. Abraham n'avait pour lors que quatre-vingt-dix-neuf ans. — 2° Centenier, capitaine de cent hommes. Judith. 7. 10. *Constituit per gyrum centenarios per singulos fontes :* Holopherne commanda qu'on mît cent hommes en garde autour de chaque fontaine.

CENTENI, ἑκατοντάς, άδος. Ce nom, qui est rare au singulier, n'y est mis par les auteurs latins que pour le pluriel, *centeni*, et signifie cent; dans l'Ecriture :

Cent à la fois, par cent (ἑκατόν). 2 Reg. 18. 4. *Centeni et milleni :* Toute l'armée de David sortait de Mahanaim, en diverses troupes de cent hommes et de mille hommes; ils allaient contre Absalom. De là vient le pluriel neutre,

CENTENA MILLIA, χίλιαι, χιλιάδες, cent mille. II. Par. 14. 19. *Egressus est autem contra eos Zara Æthiops cum exercitu suo decies centena millia :* Zara, roi d'Ethiopie, vint attaquer l'armée d'Asa, avec une armée d'un million d'hommes. *Voy.* v. 13. Ainsi, Dan. 7. 10. *Decies millies centena millia,* mille millions, *i. e.* un nombre innombrable.

CENTESIMUS, A, UM, ἑκατοστός. 1° Centième, le dernier de cent. I. Mach. 1. 11. *Regnavit in anno centesimo trigesimo septimo regni Græcorum :* Antiochus, surnommé l'Illustre, régna la cent trente-septième année du règne des Grecs. c. 10. v. 21. 57. etc. De ce mot vient l'adjectif féminin *centesima, æ.* suppl. *usura*, qui est mis pour marquer une usure par laquelle on rend un pour cent chaque mois, ce qui revient au denier douze. 2. Esdr. 5. 11. *Quin potius et centesimam pecuniæ, frumenti, vini et olei quam exigere soletis ab eis, date pro illis :* Ne vous contentant pas de rendre à vos frères leurs champs, etc., payez même pour eux le centième de l'argent, du blé, du vin et de l'huile, que vous avez accoutumé d'exiger d'eux, dit Esdras aux Juifs. 2° Nombre de cent, cent à la fois, d'où vient *fructus, centesimus,* cent pour un. Matth. 13. 8. *Dabant fructum, aliud centesimum :* De la semence qui tomba dans la bonne terre, quelques grains rendirent cent pour un. *Voyez* l'explication de ce passage. v. 23. Le mot *centesimum* est mis ici pour *centum*, et se trouve en cette signification dans Pline, et le Grec même porte *centum*, *sexaginta, triginta,* parce que les Grecs n'ont point de nombre distributif.

CENTIES. De *centum*, et signifie proprement cent fois. Dans l'Ecriture :

Cent fois est pris comme adverbe indéfini, pour marquer plusieurs fois, une grande quantité de fois. Ecc. 8. 12. *Peccator ex eo quod centies facit malum, et per patientiam sustentatur, ego cognovi quod erit bonum timentibus Deum qui verentur faciem ejus :* Cette patience de Dieu, avec laquelle le pécheur est souffert, après avoir cent fois commis des crimes, m'a fait connaître que ceux qui craignent Dieu et qui respectent sa face, seront heureux. Marc. 10. 30. *Nemo est qui reliquerit domum aut fratres propter me... qui non accipiat centies tantum* : Personne ne quittera pour moi et pour l'Evangile sa maison ou ses frères... que présentement, dans ce siècle même, il ne reçoive cent fois autant de maisons, de frères, etc. Outre que celui qui quitte ainsi toutes choses est comblé des grâces de Dieu et des bénédictions spirituelles, dont la moindre vaut mieux que tous les biens du monde, Dieu rend son esprit parfaitement heureux, en faisant qu'il se contente du peu qu'il a. De plus, ceci a été accompli à la lettre, à l'égard des apôtres, qui n'avaient quitté que peu de chose. *Voy.* Act. 4. v. 34. 35.

CENTUM. Du grec ἑκατόν. 1° Cent, nombre de cent. Luc. 15. 4. *Centum oves*, cent brebis. *Voy.* OVIS. Rom. 4. 19. *Cum jam fere centum esset annorum*. Abraham ne fut point faible dans sa foi, et il ne considéra point qu'étant âgé de près de cent ans, son corps était déjà comme mort, *i. e.* hors d'état naturellement d'avoir un fils, comme Dieu le lui avait promis. Quand il reçut cette promesse, il était âgé de quatre-vingt-dix-neuf ans, et eut Isaac à cent. Gen. 25. 5. Marc. 4. 8. *Afferebat unum triginta, unum sexaginta, et unum centum* : Quelques grains qui avaient été semés rapportaient trente pour un, d'autres soixante et d'autres cent. Ceci est expliqué v. 20. Il est marqué qu'Isaac recueillit cent pour un. Gen. 26. 12. *Voy.* CENTESIMUS 2°.

2° Cent, pris pour un grand nombre indéterminé. Prov. 17. 10. *Plus proficit correptio apud prudentem, quam centum plagæ apud stultum* : Une réprimande sert plus à un homme prudent, que cent coups à l'insensé. Levit. 26. 8. Isa. 65. 20. Apoc. 21. 17. Ainsi, les cent quarante-quatre mille marqués Apoc. 7. 4. c. 14. v. 1. 3, signifient un très-grand nombre. *Voy.* MILLE. Mais Amos 5. 3. *centum*, comparé avec *mille*, est pour marquer un très-petit nombre indéterminé. *Urbs de qua egrediebantur mille, relinquentur in ea centum* : S'il se trouve mille hommes dans une des villes d'Israël, il n'en restera plus que cent, *i. e.* très-peu.

CENTUPLICARE, προστιθέναι ἑκατονταπλασίονα. Augmenter, multiplier au centuple; *i. e.* beaucoup, pour un nombre indéterminé. 2. Reg. 24. 3. *Adaugeat Dominus Deus tuus ad populum tuum... iterumque centuplicet* : Je prie le Seigneur votre Dieu de multiplier votre peuple, et même au centuple de ce qu'il est, dit Joab, sur l'ordre que lui donne David de faire le dénombrement du peuple.

CENTUPLUM, ἑκατονταπλασίων. De *centum* et de la réduplication ordinaire, à l'imitation du grec, comme *septuplum*, etc.

1° Centuple, cent pour un. Gen. 26. 12. *Sevit autem Isaac in terra illa et invenit in ipso anno centuplum* : Isaac sema dans le pays des Philistins, et il recueillit, l'année même, le centuple ; ce fut sous le règne d'Abimelech. Luc. 8. 8. *Ortum fecit fructum centuplum* : une partie du grain qui tomba dans de bonne terre ayant levé, elle a porté du fruit, et a rendu cent pour un.

2° Centuple marque quelquefois un grand nombre indéterminé. 1. Par. 21. 3. *Voy.* CENTUPLICARE. Matth. 19. 29. *Centuplum accipiet* : Celui qui abandonnera pour mon nom sa maison ou ses frères... en recevra le centuple. *Voy.* CENTIES 1°.

CENTURIA, Æ, ἑκατοντάς. De *centum*, et signifie proprement, dans l'agriculture, cent arpents de terre ; dans l'art militaire, ainsi qu'il est pris dans l'Ecriture, cent hommes. Centurie, compagnie de cent hommes. 1. Reg. 29. 2. *Satrapæ Philistiim incedebant in centuriis et millibus* : Les princes des Philistins marchaient dans leurs rangs de cent hommes et de mille hommes.

CENTURIO, NIS, ἑκατόνταρχος. 1° Centenier qui conduit cent hommes. Ce qui était un rang élevé chez les Israélites, parce que les tribuns ou chefs de mille hommes, les centeniers et les autres officiers établis par Moïse, faisaient le sénat des Hébreux, le conseil public, et toute l'autorité était entre leurs mains. Exod. 18. v. 21. 25. *Constituit eos principes populi, tribunos et centuriones* : Moïse ayant choisi d'entre le peuple... des hommes fermes et courageux, il les établit princes du peuple, pour commander, les uns mille hommes, les autres cent, etc. I. Reg. 22. 7. Num. 31. v. 14. 48. 52. etc. Comme il était sorti de l'Egypte six cent mille hommes, on créa six mille centeniers. Deut. 1. 15. *Tulique de tribubus vestris viros sapientes et nobiles, et constitui eos prncipes, tribunos et centuriones* : Je pris de vos tribus des hommes sages et nobles, je les établis pour être vos princes, vos tribuns, etc. pour vous instruire de chaque chose : c'étaient plutôt des magistrats que des capitaines ; ils tenaient conseil et jugeaient les causes. Josèphe dit qu'il y en avait sept en chaque ville, à chacun desquels on donnait deux hommes de la tribu de Levi, pour exécuter leurs ordres. *Voy.* TRIBUNUS.

2° Centenier, capitaine de cent hommes, pour la guerre ou la garde du prince, soit des Juifs. 4. Reg. 11. 14. *Assumens centuriones et milites... ostendit eis filium regis* : Joïada envoya quérir les centeniers et les soldats.... et leur fit prêter serment dans la maison du Seigneur, en leur montrant le fils du roi, sc. Joas. v. 9. 15. 19. 2. Par. 23. v. 1. 9. 14. 20. soit des Romains ; ainsi les centeniers de l'Evangile et des Actes. Matth. 8. 5. *Accessit ad eum centurio*. Un centenier vint trouver JÉSUS-CHRIST, sc. pour le prier de guérir son serviteur de paralysie. v. 6. V. CORNELIUS, JULIUS.

CEPE, κρόμμυον. De *caput*. L'oignon et l'ail ne sont que des têtes, ou du Grec κεφαλή ; *caput*.

Oignon. Num. 11. 5. *In mentem nobis veniunt... porrique et cepe* : Les poireaux et les oignons nous reviennent dans l'esprit, disent les Israélites, dégoûtés de la manne. V. v. 6.

CEPHAS, Gr. κηφᾶς, nom syriaque, qui signifie la même chose que le Grec πέτρος rocher ou pierre ; c'est le nom que Jésus-Christ a imposé à Simon, fils de Jean ou Jonas, qui depuis a été appelé Pierre. Joan. 1. 42. *Tu es Simon filius Jona, tu vocaberis Ce-*

phas : Vous êtes Simon, fils de Jonas, vous serez appelé Cephas. Le mot hébreu est *Ceph;* le Syriaque *Cepha;* le Grec ajoute *s. Céphas,* qui signifie *petra, rupes.* Saint Pierre est appelé de ce nom 1. Cor. 12. c. 3. 32. c. 9. 5. c. 15. 5. Gal. 2. v. 9. 14.

CEPHIRA, Heb. *Leuncula.* Ville de la tribu de Benjamin, dont les habitants revinrent de la captivité. 1. Esd. 2. 25. 2. Esd. 7. 24. La même que *Caphara.* Jos. 18. 26. et *Caphira*, c. 9. 17.

CERA, Æ. κηρὸς. Cire. Judith. 16. 18. *Petræ sicut cera liquescent ante faciem tuam :* Les pierres se fondront comme la cire devant votre face, dit Judith dans son cantique; de même, Ps. 96. 5. *Montes sicut cera fluxerunt.* Mich. 1. 4. *Valles scindentur sicut cera :* Toutes ces expressions marquent la grandeur et la majesté de Dieu, comme les autres expressions marquées Ps. 17. v. 9. 10. Ps. 67. 2.

CERASTES. De κέρας, cornu. Voy. Plin. lib. 8. c. 23.

Ceraste (ὄφις), espèce de serpent qui a deux cornes, comme les limaçons, extrêmement fin et rusé, duquel on dit que, ne pouvant atteindre les cavaliers qui l'incommodent, il blesse le pied du cheval pour le faire entrer en fureur, et renverser l'homme qui le monte. Gen. 49. 17. *Fiat Dan coluber in via, cerastes in semita :* Que Dan devienne comme un serpent dans le chemin, et comme un céraste dans le sentier. Jacob marque par cette expression que cette tribu attaquerait aussi subtilement ses ennemis, que font ces serpents les hommes. Voy. la conduite de Samson, qui était de cette tribu. Judic. c. 14. c. 16. c. 17. Néanmoins, quelques-uns entendent cette prophétie de l'Antechrist, que l'on dit devoir être de cette tribu, et qui emploiera surtout l'artifice et l'adresse.

CEREBRUM, i. De κάρα, *caput,* quasi *carabrum,* ou de κέρας, qui signifie aussi la tête.

1° Le cerveau, la cervelle d'un homme ou d'un animal (ἡ γνάθος). Judic. 4. 21. *Percussumque malleo defixit in cerebrum usque ad terram :* Jahel transperça avec un grand clou le cerveau de Sisara, l'enfonçant jusque dans la terre.

2° Le cerveau en tant que joint au crâne de la tête (κρανίον). Judic. 9. 53. *Ecce una mulier fragmen molæ desuper jaciens, illisit capiti Abimelech, et confregit cerebrum ejus;* Abimelech s'approchant de la porte de la tour de Thèbes pour tâcher d'y mettre le feu, une femme jetant d'en haut un morceau d'une meule de moulin, frappa Abimelech à la tête, et lui en fit sortir la cervelle.

CEREMONIA, Æ, ou CÆRIMONIA. Ce mot vient de la ville de Coere en Toscane, où les Romains transportèrent ce qu'ils croyaient avoir de plus saint, quand Rome fut prise par les Gaulois. Et les Romains ont appelé du mot de *Cérémonie* les ordonnances sacrées qu'ils observaient dans leurs sacrifices, en reconnaissance de ce bienfait.

1° Cérémonies de la religion qui s'observent dans les sacrifices (δικαίωμα) : ainsi les cérémonies de l'ancienne loi, ou les ordonnances que Dieu a prescrites pour régler le culte extérieur qu'il voulait qu'on lui rendît. Gen. 29. 5. *Eo quod Abraham.... ceremonias legesque servaverit;* Parce qu'Abraham a observé les cérémonies et les lois que je lui ai données. Ce verset marque ce qui a attiré sur Isaac les bénédictions de Dieu ; ces cérémonies et ces lois sont comme celle de la circoncision, et toutes les autres marquées dans l'Écriture, comme dans l'Exode. 12. 25. *Observabitis ceremonias istas;* Lorsque vous serez dans la terre promise, vous observerez ces cérémonies, sc. de la pâque ; c'était en reconnaissance de la délivrance d'Egypte, que Dieu leur avait procurée par l'ange exterminateur. Voy. v. 26. 27. *Audi Israel ceremonias atque judicia;* Ecoutez, Israël, les cérémonies et les ordonnances que je propose aujourd'hui devant vous. Exod. 38. 21. *Hæc sunt instrumenta tabernaculi testimonii quæ enumerata sunt juxta præceptum Moisi in ceremoniis levitarum per manum Ithamar :* Ce sont là toutes les parties qui composaient le tabernacle du témoignage que Moïse commanda à Ithamar de donner par compte aux Lévites, afin qu'ils en fussent chargés. Gr. λειτουργίαν εἶναι τῶν λευιτῶν, *Ut essent ministerium Levitarum ;* Les Lévites étaient chargés de transporter toutes les parties du tabernacle. Ces cérémonies ont été établies pour représenter la vérité des mystères de la loi nouvelle, dont elles étaient la figure. 1. Cor. 10. 11.. Et elles étaient aussi pour détourner le peuple juif de l'idolâtrie. Voy. LEX.

2° Le ministère et la fonction de ceux qui étaient occupés au culte de Dieu (λειτουργία). Exod. 38. 21. *Enumerata sunt juxta præceptum Moisi in ceremoniis Levitarum per manum Ithamar, filii Aaron sacerdotis ;* Moïse commanda à Ithamar, fils d'Aaron, de donner par compte aux Lévites toutes les parties qui composaient le tabernacle du témoignage, afin qu'ils en fussent chargés.

CERETHI, Heb. *Consilio.* — 1° Céréthiens (Χελεθί), peuples de la Palestine. 1. Reg. 30. 14. *Erupimus ad australem plagam Cerethi :* Nous avons fait une irruption vers la partie méridionale des Céréthiens. v. 16. *De terra Philistiim;* Ezech. 25. 16. Voy. SOPH. 2. 5. *Gens perditorum;* L'Hébreu porte *Gens Cerethim.* Voy. JANS. IPRENS. in 2. cap. Sophoniæ. v. 5. Voy. BOCH. l. 1. c. 15. *Chanaan.*

2° Soldat de la garde de David. 2. Reg. 8. 18. *Banaias, filius Joiada, super Cerethi et Pheleti;* Banaïas, fils de Joïada, commandait les Céréthiens et les Phélétiens. c. 15. 18. c. 20. v. 7. 23. 3. Reg. 1. v. 38. 44. 4. Reg. 11. 19. On croit qu'ils ont été appelés de la sorte, parce qu'ils ont été tirés des garnisons des villes que David a prises sur ces peuples du pays des Philistins, où parce que ce mot hébreu signifie meurtriers, exterminateurs. Ezech. 25. 16. *Interfectores.* Soph. 2. 5. *Perditores.* Au reste, Cerethi se dit indéclinable du mot hébreu *Cerethim,* en ôtant l'*m.* au lieu de *Cerethæi.*

CERETHÆI, Heb. *Idem.* Les soldats de la

garde de David, les mêmes que ceux appelés *Cerethi*. 2. Reg. 20. 23. *Banaias, filius Joiada, super Cerethœos et Phelethœos.* Voy. CRETENSES.

CERNERE, ὁρᾶν, εἴδειν, du verbe grec κρίνειν, et signifie voir, discerner, combattre; dans l'Ecriture,

Voir, proprement des yeux du corps. Eccl. 5. 10. *Quid prodest possessori, nisi quod cernit divitias oculis suis?* A quoi sert-il à celui qui possède beaucoup de bien, sinon qu'il voit de ses yeux beaucoup de richesses? Num. 22. 23. Ce qui se dit de Dieu ou des anges. Exod. 3. 4. *Cernens autem Dominus quod pergeret ad videndum :* Le Seigneur voyant venir Moïse pour considérer ce qu'il voyait, v. 2. Dieu appela Moïse, comme eût pu faire un homme, s'il eût vu Moïse approcher ainsi. Voy. Exod. 14. 24. Esth. 16. 4. *Dei quoque cuncta cernentis arbitrantur se posse fugere sententiam;* Plusieurs.... s'imaginent qu'ils pourront se soustraire au juste arrêt de Dieu, qui voit tout. Gen. 30. 1. c. 31. 43. c. 50. 20. Deut. 4. 38. Ezech. 28. 17.

Juger, connaître, apercevoir. Gen. 47. 29. *Cumque appropinquare cerneret diem mortis suæ :* Comme Jacob vit que le jour de sa mort approchait, il se fit promettre par Joseph, avec serment, qu'il ferait transporter son corps, après sa mort, dans le sépulcre de ses ancêtres. Voy. v. suivants. Ainsi, c. 50. 20. Exod. 34. 10. Deut 4. 38. Jos. 23. 3. Judic. 12. 3. Ezech. 28. 17. etc. Ce qui s'attribue encore à Dieu et aux anges par ressemblance. Exod. 32. 9. Deut. 9. 13. *Cerno quod populus iste duræ cervicis sit :* Je vois que ce peuple a la tête dure, dit Dieu à Moïse, se plaignant de ce que les Juifs avaient adoré le veau d'or.

CEROS, Heb. *Uncinus.* Nom propre d'homme nathinéen. 1. Esd. 2. 44. 2. Esd. 7. 47.

CERTAMEN, INIS, μάχη, αγών. De *certo*, et signifie proprement Combat, soit dans les jeux publics, soit à la guerre ou ailleurs; dans l'Ecriture :

1° Combat contre les ennemis. Judic. 7. 8. *Ipse cum trecentis viris se certamini dedit ;* Gédéon marcha avec les trois cents hommes, sc. contre les Madianites. Voy. v. 7. 1. Reg. 17. v. 8. 19. *Eligite ex vobis virum, et descendat ad singulare certamen* (μονομαχεῖν). Choisissez un homme d'entre vous, et qu'il vienne se battre seul à seul, dit Goliath, se venant présenter devant les bataillons des Israélites. Zach. 14. 3. *Prœliabitur contra gentes illas, sicut prœliatus est die in certaminis* (πόλεμος) : Le Seigneur combattra contre ces nations (sc. qui auront désolé Jérusalem, figure de l'Eglise. Voy. v. 2.), comme il a fait quand il a combattu pour son peuple. Ici le prophète a en vue ce qui se passa à la défense que Dieu prit lui-même des Israélites au passage de la mer Rouge. Voy. Exod. 14. v. 14, 24. 25. A la protection qu'il donna à Gédéon contre les Madianites. Judic. 7. 22. Ainsi qu'à tous les autres saints personnages qui ont eu confiance en lui; tels furent Josué, dans la conquête de la terre promise;

Débora, dans la défaite de Sisara. Judic. 4. v. 14. 15. David, dans toutes ses victoires, etc.

Combat spirituel pour la défense de la justice, de la vérité et de la foi (ἆθλος). Sap. 4. 2. *Incoinquinatorum certaminum præmium vincens :* la chasteté remporte le prix dans les combats qu'elle livre à ses passions, pour demeurer pure de corps et d'esprit. Grec, *Certamen præmiorum vincens :* Elle remporte la victoire dans un combat dont le prix est incorruptible. Mais Philipp. 1. 30. *Idem certamen habentes :* C'est une grâce que Dieu vous a faite de soutenir le même combat où m'avez vu, s'entend des afflictions et des souffrances ; et ce combat même est représenté par celui de la course établie à qui remportera le prix Heb. 12. 1. *Per patientiam curramus ad propositis nobis certamen :* Courons par la patience dans cette carrière qui nous est ouverte. Voy. AD. Ainsi, 2. Tim, 4. 7. *Bonum certamen certavi :* J'ai bien combattu, s'entend de la défense et des combats que saint Paul a soutenus pour la défense de la foi. 1. Tim. 6. 11.

2° Combat, épreuve de force. Sap. 10. 22. *Certamen forte dedit illi ut vinceret :* Ce combat, dans lequel la Sagesse engagea Jacob pour l'éprouver, fut celui qu'il soutint contre l'ange, contre qui il lutta, et de qui Jacob ne put être surmonté. Gen. 32. v. 24. 25. pour l'assurer en le laissant victorieux qu'il était au-dessus de tous les hommes, puisqu'il avait prévalu contre Dieu même ; ce qui est marqué par le nom d'*Israël* qu'il reçut alors. v. 28.

3° Disputes de paroles, querelle (ἔρις). Eccli. 28. 13. *Certamen festinatum incendit ignem :* La promptitude à disputer allume le feu de la colère.

4° Exercice, conférence (γυμνασία). Sap. 8. 18. *In certamine loquelæ illius sapientia :* On acquiert la sagesse en conversant et s'exerçant avec elle.

CERTARE, (μάχεσθαι). De *cernere*, d'où viendrait *cernitare*, et par syncope *certare*, et signifie :

1° Combattre contre les ennemis, faire la guerre. Judic. 3. 2. *Ut postea discerent filii eorum certare cum hostibus :* Voici les peuples que le Seigneur laissa.... afin que les enfants des Israélites apprissent après eux à combattre contre leurs ennemis. Voy. v. 3. 5. Dieu les laissa, afin d'éprouver si les Israélites étaient véritablement à lui, et d'empêcher qu'ils ne se relâchassent par un trop grand repos.

2° Combattre, disputer le prix dans les jeux publics (ἀθλεῖν). 2. Tim. 2. 5. *Qui certat in agone, non coronatur nisi legitime certaverit :* Celui qui combat dans les jeux publics n'est couronné qu'après avoir combattu selon la loi des combats.

§ 1. — Combattre pour la justice et pour la foi contre les ennemis de la vérité (ἀγωνίζεσθαι). Eccli. 4. 33. *Usque ad mortem certa pro justitia :* Combattez jusqu'à la mort pour la justice. Coloss. 1. 29. 1. Tim. 6. 12. 2. Tim. 4. 7.

§ 2. — Disputer à l'envi, soit avec union d'esprits, pour procurer quelque avantage public (διακρίνεσθαι). 2. Reg. 19. 9. *Omnis quoque populus certabat in cunctis tribubus Israel :* Le peuple, dans toutes les tribus, s'entredisait à l'envi l'un de l'autre ; *sc.* qu'il ne fallait point différer de ramener David, et le reconnaître pour roi ; ce fut après la défaite d'Absalom ; soit avec discussion. Eccli. 11. 9. *De ea re quæ te non molestat, ne certeris :* Ne disputez point des choses qui ne vous regardent point. Du verbe *certari*, inusité.

CERTATIM. A l'envi, à qui fera le mieux. Judic. 9. 49. *Certatim ramos de arboribus præcidentes sequebantur ducem.* Tous les gens d'Abimélech coupèrent à l'envi des branches d'arbres, et suivirent leur chef ; ils s'en servirent pour mettre le feu à la tour de Sichem.

CERTE. — 1° Certainement, assurément, sans doute. 1. Reg. 20. 9. *Si certe cognovero completam esse patris mei malitiam contra te :* Si je reconnais au vrai que la haine que mon père a conçue contre vous est sans remède, je vous le ferai savoir, dit Jonathas à David. Dan. 2. 8. *Certe novi quod tempus redimitis :* Je vois bien que vous ne cherchez qu'à gagner le temps, dit Nabuchodonosor aux Chaldéens, qui, ne pouvant lui dire quel était son songe, lui dirent qu'il se souvînt quel il était, et qu'ils lui en donneraient l'interprétation. Ce mot *certe* ne se trouve point ordinairement dans le Grec ni dans l'Hébreu ; mais quand l'interrogation se trouve aux endroits de l'Hébreu ou du Grec qui y répond, l'interrogation a la force de la signification de cet adverbe. Ezech. 8. 12. *Certe vides?* Hebr. *Nonne vidisti...*

2° Au moins, à tout le moins (ἀλλά). Eccli. 12. 3. *Si non ab ipso, certe a Domino :* Si ce n'est pas du Juste que vous recevez cette grande récompense du bien que vous lui avez fait, ce sera au moins du Seigneur. Gen. 38. 23. et dans tous les autres endroits où il y a *vel* ou *aut certe*.

3° Néanmoins, toutefois, cependant. 2. Esd. 13. 26. *Et certe in gentibus multis non erat rex similis ei :* N'est-ce pas pour avoir épousé des femmes étrangères que pécha Salomon ? Cependant il n'y avait point de roi qui pût l'égaler dans tous les peuples. Jerem. 2. 11. *Si mutavit gens deos suos, et certe ipsi non sunt dii :* Voyez si les peuples des îles ont changé leurs dieux, qui néanmoins ne sont pas des dieux.

4° Outre cela, de plus (διότι). Tob. 9. 5. *Et certe vides quomodo adjuravit me Raguel :* Outre que si je tarde un jour de plus que ne s'attend mon père, il sera accablé d'ennui ; vous voyez de plus de quelle manière Raguel m'a conjuré de demeurer ici, dit le jeune Tobie à l'ange Raphaël, qu'il prie d'aller recevoir de Gabélus l'argent qu'il lui devait, et le prier de venir à ses noces.

CERTO, ἀκριβῶς, De *certus*, et signifie : Manifestement, clairement. Sap. 19. 17. *Unde æstimari ex ipso visu certo potest :* On peut voir clairement que les éléments changent d'ordre entre eux, sans perdre néanmoins l'harmonie qui leur est propre, comme dans un instrument de musique l'air se diversifie par le changement des tons : d'où vient :

CERTIUS, ἀκριβέστερον. Plus exactement, avec un soin plus exact. Act. 23. 20. *Quasi aliquid certius inquisituri sint de illo :* Les Juifs ont résolu ensemble de vous prier que demain vous envoyiez Paul dans leur assemblée, comme s'ils voulaient connaître plus exactement de son affaire, dit le fils de la sœur de saint Paul au tribun, lui donnant avis de la conspiration des Juifs contre saint Paul.

CERTISSIME. De *certus*, et signifie :

1° Très-exactement (ἀκριβέστερον). Act. 24. 22. *Distulit autem illos Felix, certissime sciens de via hac :* Félix ayant ouï très-exactement les accusations de Tertulle et des Juifs contre saint Paul, et les défenses que proposa saint Paul, il les remit jusqu'au retour de Lysias, et jusqu'à ce qu'il se fût mieux informé de la secte dont était saint Paul.

2° Très-certainement. 1. Reg. 24. 21. *Scio quod certissime regnaturus sis :* Je sais très-certainement que vous régnerez, dit Saül à David. 3. Reg. 11. 2. *Certissime enim avertent corda vestra ut sequamini deos earum :* Vous ne prendrez point des femmes étrangères, car ces nations vous perverteront le cœur très-certainement pour vous faire adorer leurs dieux, dit Dieu aux enfants d'Israël. 1. Reg. 26. 4. 2. Mach. 4. 33. Act. 2. 36.

CERTUS, A, UM. Du supin de *cerno*, signifiant arrêter, résoudre, établir, et signifie,

1° Assuré, persuadé, convaincu (πεπεισμένος). Luc. 20. 6. *Certi sunt Joannem prophetam esse :* Tout le peuple était persuadé que Jean était un prophète, disent en eux-mêmes les princes des prêtres, etc. sur la question que Jésus-Christ leur fait. v. 4. Cette certitude n'est souvent que morale. Rom. 15. 14. *Certus sum autem, fratres mei, et ipse de vobis :* Pour moi, mes frères, je suis persuadé que vous êtes pleins de charité. c. 8. 33.

2° Certain, assuré, hors de doute, en parlant des choses (ἀληθής). Deut. 13. 14. *Si inveris certum esse quod dicitur :* Si vous trouvez que ce qu'on vous a dit est très-certain ; savoir que l'abomination de l'idolâtrie ait été commise dans quelqu'une de vos villes. Voy. la punition, v. 15. Ainsi, Jos. 22. 11. 1. Reg. 23. 23. Tob. 3. 21. Judith. 11. 12. Esth. 13. 18. Act. 25. 26.

3° Arrêté, fixe, déterminé, soit pour le temps. Esth. 9. 27. *Nulli liceat duos hos dies absque solemnitate transigere : quos scriptura testatur, et certa expetunt tempora :* Les Juifs s'obligèrent de faire en ces deux jours une fête solennelle, selon qu'il est marqué dans cet écrit, et ce qui s'observe exactement chaque année aux jours destinés à cette fête ; soit pour le lieu. Sap. 5. 22. *Ad certum locum insilient :* Les insensés fondront au lieu qui leur aura été marqué, par la force des foudres qui seront lancées contre eux.

4° Infaillible, qui ne peut se tromper (ἀσφαλής). Sap. 7. 23. *Est enim in illa spiritus intelligentiæ... certus :* Il y a dans la Sagesse un esprit d'intelligence... infaillible.

5° Immuable, qui ne change point, inviolable. Prov. 8. 27. *Aderam quando certa lege et gyro vallabat abyssos :* J'étais présente lorsque le Seigneur environnait les abîmes de leurs bornes; *c'est-à-dire*, lorsqu'il resserrait les fontaines des abîmes, en leur donnant un cours constant et continuel, *ou* les enfermant dans les cavités de la terre, comme dans de forts remparts, d'où elles ne peuvent se répandre que lorsqu'il lui plaît. Eccli. 22. 33. *Quis dabit... super labia mea signaculum certum?* Qui mettra un sceau inviolable sur mes lèvres? Gr. le sceau de la prudence.

6° Certain, très-probable, dont on ne doute pas (βέβαιος). 2. Petr. 1. 10. *Per bona opera certam vestram vocationem et electionem faciatis :* Efforcez-vous d'affermir votre vocation et votre élection par les bonnes œuvres qui en sont des signes assurés et qui l'affermissent de plus en plus.

7° Sincère, qui n'est point déguisé, qui ne sait ce que c'est que dissimuler (ἀνυπόκριτος). Sap. 5. 19. *Accepit pro galea judicium certum :* Dieu prendra pour casque l'intégrité de son jugement ; *i. e.* il jugera sans déguisement.

8° Certain, assuré, qui ne manque point. Judic. 20. 16. *Sic fundis lapides ad certum jacientes, ut capillum quoque possent percutere, et nequaquam in alteram partem ictus lapidis deferretur :* Il se trouva dans la tribu de Benjamin... sept cents hommes habitants de Gabaa, qui étaient si adroits à jeter des pierres avec la fronde, qu'ils auraient pu même frapper un cheveu, sans que la pierre qu'ils auraient jetée se fût tant soit peu détournée de part ou d'autre; ceci prouve la force de cette tribu. 2. Mach. 14. 43.

9° Clair, évident, manifeste (σαφής) Sap. 7. 22. *Est in illa spiritus intelligentiæ, sanctus... certus :* Il y a dans la sagesse un esprit d'intelligence qui est saint... clair, (Gr. incapable de nuire, à qui rien ne peut nuire) *i. e.* on reconnaît évidemment l'Esprit de la Sagesse par les choses qu'elle a créées.

10° Exact, habile, ingénieux (ἀκριβής). Eccli. 19. 22. *Est solertia certa, et ipsa iniqua :* Il y a une adresse qui est habile, mais qui est injuste.

11° Raisonnable, de bon sens. Eccli. 19. 23. *Est qui emittit verbum certum :* Il y en a qui usent de paroles de bon sens; Gr. qui usent de détours pour prononcer un jugement favorable à celui qui l'a corrompu.

CERVICAL, IS, προσκεφάλαιον. De *cervix*, et signifie :

Oreiller à mettre sous la tête quand on veut se reposer. Marc. 4. 38. *Et erat ipse in puppi super cervical dormiens :* Pendant que la barque s'emplissait de vagues, Jésus était sur la poupe où il dormait sur un oreiller; de là vient cette phrase tirée de cette signification dans le sens métaphorique.

Facere cervicalia sub capite. Faire des oreillers pour en appuyer la tête, *c'est-à-dire* flatter quelqu'un dans ses désordres, l'entretenir dans son dérèglement par des promesses trompeuses. Ezech. 13. 18. *Væ... quæ faciunt cervicalia sub capite universæ ætatis ad capiendas animas :* Malheur à celles qui font des oreillers pour en appuyer la tête des personnes de tout âge, afin de surprendre ainsi les âmes: Le prophète parle contre certaines prophétesses qui prédisaient au peuple que ceux qui s'étaient rendus à Nabuchodonosor perdraient la vie, et que ceux qui ne s'y rendraient point la conserveraient, quoique le prophète eût déclaré tout le contraire de la part de Dieu. Quelques-uns croient qu'elles attachaient effectivement des coussins sous les bras, et des voiles à la tête des personnes pour marquer la protection de Dieu.

CERVICATUS, A, UM. Cet adjectif inusité chez les Latins, est dérivé de *cervix*, et signifie dans l'Ecriture:

Opiniâtre, rebelle. Eccli. 16. 11. *Et si unus fuisset cervicatus, mirum, si fuisset immunis* (σκληροτράχηλος) : Dieu aurait-il donc pardonné à un seul homme, s'il eût été opiniâtre comme les Sodomites et les six cent mille Israélites qui moururent dans le désert? ici le prophète conclut que Dieu ayant tant puni d'hommes pour le péché, sans avoir égard au nombre, il manquera moins à en punir un seul coupable des mêmes crimes.

CERVIX, CIS, τράχηλος, αὐχήν. De *curvus*, parce qu'on ploie et on courbe le cou, ou de l'Hébreu *oraph*. Ce mot est plus fréquent au pluriel chez les auteurs latins, et signifie:

Le cou, proprement, 1° le derrière du cou dans les hommes. Judith. 13. 10. *Percussit bis in cervicem ejus :* Judith frappa sur le cou d'Holopherne par deux fois, et lui coupa la tête. 2. Par. 18. 33. *Accidit autem ut unus... percuteret Regem Israel inter cervicem et scapulas :* Gr. Entre le poumon et l'estomac; il arriva qu'un homme du peuple frappa Achab entre le cou et les épaules. 3. Reg. 22. 34. Il est dit aussi que la flèche le vint percer entre le poumon et l'estomac; ainsi il fallut que venant d'en bas, elle entrât par là, pour sortir par entre le cou et les épaules. 1. Mach. 1. 64. *Suspendebant pueros a cervicibus :* Les exécuteurs des ordres d'Antiochus pendaient les enfants au cou de leurs mères après les avoir tués, parce qu'elles les avaient circoncis. De là vient cette phrase tirée de ce mot dans le sens figuré :

Manus alicujus esse in cervicibus alterius. Avoir, mettre la main sur le cou de quelqu'un, c'est le réduire comme sous le joug et sous sa puissance. Gen. 49. 8. *Manus tua in cervicibus inimicorum tuorum* (νῶτος, *dorsum*) : Juda, votre main mettra sous le joug vos ennemis. Ceci est une prophétie des Gentils que Jésus-Christ devait soumettre au doux joug de l'Evangile. Ainsi, Thren. 5. 5. *Cervicibus nostris minabamur :* On nous a entraînés les chaînes au cou, lorsqu'on menait les Juifs en captivité.

2° Le dessus du cou dans les animaux. Deut. 21. 4. *Cædent in ea cervices vitulæ :* Ils couperont le cou à la génisse. Gr. νευροκοπήσουσι.

§ 1. — La tête. 1. Reg. 4. 18. *Heli, fractis cervicibus, mortuus est* (νῶτος, *dorsum*) : Héli tombant de son siége à la renverse... se cassa la tête et mourut : ce fut à la nouvelle qu'il reçut de la prise de l'arche, v. 17. On baisse la tête, soit de tristesse et d'affliction. Eccli. 38. 19. *Tristitia cordis flectit cervicem*; soit de confusion. Jerem. 48. 39. *Quomodo dejecit cervicem Moab et confusus est* (ἰσχὺς, *robur*) : Comment la ville de Moab a-t-elle enfin baissé la tête dans la confusion dont elle est couverte. Ainsi, 2. Mach. 14. 44. *Venit per mediam cervicem*; Gr. *per medium ventrem* : Razias tomba sur le ventre, en se froissant à terre la moitié de la tête. Rom. 16. 4. *Qui pro anima mea suas cervices supposuerunt* : Prisque et Aquila ont exposé leur vie pour moi ; comme s'il disait, ils ont présenté leur tête à couper pour me sauver la vie.

§ 2. — Orgueil, opiniâtreté (νῶτος) : la métaphore se tire des animaux indomptables, comme des chevaux qui ne veulent point se laisser conduire avec la bride, ou plutôt des bœufs qui ne veulent point baisser le cou pour recevoir le joug. Job. 15. 26. *Pingui cervice armatus est* : L'impie s'est armé d'un orgueil inflexible ; *lettr.* d'un cou gras. c. 13. 12. Isa. 48. 4. *Nervus ferreus cervix tua* : Votre cou était comme une barre de fer ; *autr.* Vous avez une tête de fer. Dieu témoigne aux Juifs leur inflexibilité et leur désobéissance. Ainsi, ceux qui ne ploient point et qui sont toujours rebelles à Dieu, sont marqués par ceux qui ont une tête dure. Act. 7. 51. *Dura cervice... vos semper Spiritui Sancto resistitis* : Têtes dures, vous résistez toujours au Saint-Esprit, dit saint Etienne (σκληροτράχηλος, *qui dura cervice est*). Ainsi, Exod. 32. 9. c. 33. v. 3. 5. c. 34. 9. Prov. 29. 1. De cette signification viennent ces façons de parler.

Ascendere super cervicem alicujus. Fouler un ennemi aux pieds, marcher sur sa tête, l'abattre, le soumettre. Baruch. 4. 25. *Super cervices ipsius ascendes* : Vous verrez bientôt la ruine de votre ennemi, et vous foulerez sa tête sous vos pieds, dit le prophète aux captifs de Babylone, les encourageant à la patience ; ils étaient une figure de l'Eglise, dont les ennemis devaient être soumis aux pasteurs. Isa. 60. 4.

Concidere cervicem. Couper la tête, c'est abattre l'orgueil et la force. Ps. 128. 4. Le Seigneur qui est juste, coupera la tête des pécheurs ; (*Hebr*. et *Gr*. a coupé) *i. e.* leur ôtera toute espérance et toutes leurs forces : au lieu de *cervices* ; Hebr. *lora, funes* ; les liens par lesquels les pécheurs tiennent les justes opprimés.

Curvare cervicem alicujus. Courber le cou à quelqu'un ; *i. e.* le rendre souple et obéissant. Eccli. 30, 12. *Curva cervicem ejus in juventute* : Courbez le cou à votre fils pendant qu'il est jeune ; il faut abattre l'orgueil des enfants, et les soumettre pendant qu'ils sont jeunes.

Dejicere cervicem. Baisser la tête avec confusion, c'est être vaincu et soumis (νῶτος). Jer. 48. 39. *Quomodo dejicit cervicem Moab, et confusus est?* Comment la ville de Moab a-t-elle enfin baissé la tête dans la confusion dont elle est couverte ?

Elevare cervices, excutere jugum de cervicibus. Lever la tête, se soustraire du joug et de l'obéissance du vainqueur. Gen. 27. 40: *Fratri tuo servies : tempusque veniet cum excutias et solvas jugum ejus de cervicibus tuis* : Vous servirez votre frère, dit Isaac à Esaü, en parlant de Jacob ; ce qui s'accomplit par David qui soumit les Iduméens. 2. Reg. 8. 14. et le temps viendra que vous secouerez son joug, et que vous vous en tirerez : Voy. l'accomplissement de cette prophétie, 4. Reg. 8. v. 20. 22. où les Iduméens se dégagèrent pour toujours de la domination de Joram. Judic. 8. 28. *Nec potuerunt ultra cervices elevare* : Les Madianites ne purent plus lever la tête ; savoir, depuis leur défaite par Gédéon.

Inclinare cervicem. Baisser le cou, c'est se soumettre et s'assujettir avec soumission à quelqu'un (ὦμος, *humerus*). Baruch. 2. 21. *Inclinate... cervicem vestram, et opera facite regi Babylonis* : Baissez le cou et assujettisez-vous au roi de Babylone : Dieu promet aux Juifs que s'ils le font, ils retourneront dans leurs pays.

Indurare cervicem. Résister opiniâtrément, devenir inflexible (νῶτος, *dorsum*). 4. Reg. 17. 14. *Induraverunt cervicem suam juxta cervicem patrum suorum* : Avant que Salmanasar eût transféré les Israélites en Assyrie, leur tête était devenue dure et inflexible, comme celle de leurs pères ; *savoir*, pour ne point obéir aux commandements de Dieu. Ceci est à égard à ce qui est dit. Exod. 32. 9.

Tenere cervicem. Faire plier le cou, forcer à fléchir par la violence (κόμη). Job. 16. 13. *Tenuit cervicem meam* : Le Seigneur m'a fait plier le cou sous sa main puissante ; il m'a comme pris par le cou pour m'abattre : Cette métaphore est tirée d'un combat du géant qui prendrait un homme faible par le cou pour le jeter contre terre et l'y écraser. Voy. JUGUM.

CERVA, æ, ἔλαφος. Biche. Job. 39. 1. *Numquid parturientes cervas observasti?* Avez-vous observé l'enfantement des biches ? dit Dieu à Job. Jerem. 14. 5. *Cerva in agro peperit, et reliquit quia non erat herba* : La biche s'est déchargée de son faon dans la campagne, et elle l'a abandonné, parce qu'elle ne trouve point d'herbe. Ceci marque que tous les animaux, aussi bien que les hommes, souffrirent, soit de la sécheresse qui arriva sous Sédécias, ou de celle qui arriva sous Joachim.

La femme chaste et honnête est comparée à la biche. Prov. 5. 19. *Cerva charissima* : Que votre femme vous soit comme une biche très-chère ; soit parce que cet animal est doux et aimable, soit pour marquer le soulagement mutuel qu'il doit y avoir entre le mari et la femme, faisant allusion à ce que font les cerfs, qui, passant la mer à la nage, se soulagent l'un l'autre, et celui qui suit repose sa tête sur celui qui le précède.

CERVUS, I. ἔλαφος, de κέρας, et signifie proprement cerf. Varron et Virgile prennent souvent le pluriel *cervi* pour certaines pièces de bois fourchues par le haut, dont les paysans se servaient pour soutenir le toit de leurs cabanes : dans l'Ecriture,

1° Cerf, bête fauve, sauvage, dont il était permis aux Juifs, selon la loi, de manger. Deut. 12. v. 15. 22. c. 14. 5. c. 15. 22. *Nephtali, cervus emissus* : Nephtali sera comme un cerf qui s'échappe. Jacob semble ici marquer Barac, qui était de cette tribu, lequel craignit d'abord, mais ensuite poursuivit et défit courageusement les ennemis, comme le cerf ne craint plus rien quand il est fort pressé. Voy. Judic. 4. v. 6. 10. c. 5. 18. D'autres l'expliquent de la fertilité de cette tribu, ou de ses habitants, qui se devaient réjouir comme des daims. Voy. Eloquium, ce qui a rapport à la prédiction de Moïse. Deut. 33. 23. Ainsi, Ps. 103. 18. *cervus* est pris pour les daims et les chèvres sauvages.

2° Biche, *cervus*, pour *cerva*. Ps. 28. 8. *Vox Domini præparantis cervos* : C'est la voix du Seigneur qui prépare les cerfs. Le mot Grec est douteux, et l'Hebr. porte : *Quæ parturire facit servas* : Les biches effrayées au bruit de tonnerre se déchargent plus facilement de leurs petits.

CESELETH-THABOR, 1. Heb. *Ilia montis Thabor*. Voy. Cartha. Ville de la tribu de Zabulon, aux confins de celle d'Issachar. Jos. 19. 12. Cette ville était comme sur les flancs du mont Thabor. Voy. Azanoth-Thabor. *Aures Thaboris*.

CESIL, Heb. *Arcturus*. Ville dans la tribu de Juda. Jos. 15. 30. On croit que c'est la même que Bathuel, 1. Par. 4. 30. et Bethul, Jos. 19. 4.

CESION, Heb. *Duritia*. Ville dans la tribu d'Issachar, Jos. 19. 20. donnée aux Lévites, c. 21. 28. Elle est appelée Cèdes. 1. Par. 6. 72.

CESSARE, παύεσθαι, ἀναπαύεσθαι, de *cedere, cessum*, et signifie,

1° Cesser, désister, ne point continuer (καταπαύειν). Gen. 2. 3. *Sanctificavit illum; quia in ipso cessaverat ab omni opere suo* : Dieu sanctifia le septième jour, parce qu'il s'était reposé en ce jour après tous les ouvrages qu'il avait créés : de là vient la loi, Exod. 23. 12. *Septimo die cessabis* : Au septième jour, vous ne travaillerez point. 3. Reg. 22. 33. *Et cessaverunt ab eo* : Les capitaines des chariots ne pressèrent pas davantage Josaphat : ils ne vinrent fondre sur lui pour le combattre, que parce qu'ils l'avaient pris pour Achab; sur quoi Voy. v. 31. 32. Ainsi, act. 21. 32. Prov. 21. 26. Isa. 30. 11. *Cesset a facie nostra Sanctus Israel* : Que le Saint d'Israël cesse de paraître devant nous. Les Juifs demandaient aux prophètes de ne leur parler plus des menaces que Dieu leur commandait de leur annoncer de sa part. Voy. ces menaces, Jerem. 38. 18. etc. Eccli. 31. 20. *Cessa prior causa disciplinæ* : Cessez le premier de manger par modestie. Ce verbe, par imitation des Grecs, se trouve avec les participes au lieu de l'infinitif. Ephes. 1. 16. *Non cesso gratias agens* : Je ne cesse point de rendre à Dieu des actions de grâces pour vous. Coloss. 1. 9. *Non cessamus pro vobis orantes* : Nous ne cessons point de prier Dieu pour vous. Act. 5. 42. c. 20. 31. Il se trouve aussi joint avec l'ablatif de la personne avec la préposition *a* ou *ab*, parce que παύεσθαι se met en Grec avec le génitif. Num. 25. 8. *Cessavitque plaga a filiis Israel* : Après que Phinées eut tué d'un seul coup l'Israélite et la femme Madianite débauchée, la plaie dont les enfants d'Israël avaient été frappés cessa aussitôt. Voy. v. 5. 1. Par. 21. 22. Ainsi, Jon. 1. v. 11. 12. *Quid faciemus tibi, et cessabit mare a nobis* (κοπάζειν)? Que vous ferons-nous pour nous mettre à couvert de la violence de la mer? disent le pilote et les matelots au Prophète. *Tollite me, et mittite in mare, et cessabit mare a vobis* : Prenez-moi, et me jetez dans la mer, et elle s'apaisera aussitôt, leur répond le prophète. Judith. 5. 11.

2° Demeurer en repos, ne point entreprendre. Judic. 19. 23. *Cessate ab hac stultitia* : Cessez de penser à faire une aussi grande folie que celle-là. Voy. v. 22. 3. Reg. 22. 15. *Ire debemus... an cessare* (ἐπέχειν)? Devons-nous aller à la guerre, ou demeurer en paix? dit Achab au prophète Michée. Jerem. 38. 27. *Cessaverunt ab eo* : Jérémie ayant parlé aux grands de la cour de Sédécias, selon que le roi le lui avait commandé, ils le laissèrent en paix; *i. e.* ne lui parlèrent plus, ou ne lui firent rien (ἀποσιωπᾶν, *silere*).

3° Tarder, négliger de faire. Judic. 18. 9. *Surgite, ascendamus ad eos... nolite cessare* (ὀκνεῖν) : Allons trouver les habitants de Laïs... ne différez point, disent à ceux de la tribu de Dan les cinq hommes qu'ils avaient envoyés pour reconnaître ce pays. Voy. v. 2. De là vient, *Non cessare* : Ne tarder point de faire, faire quelque chose avec soin. Act. 5. 42. *Omni die non cessabant in templo et circa domos docentes* : Les Apôtres ne cessaient point tous les jours d'enseigner, etc. c. 20. 31. *Nocte et die non cessavi monens* : Je n'ai point cessé ni jour ni nuit d'avertir avec larmes chacun de vous. Voy. v. 29. 30.

4° Cesser, prendre fin, n'être pas (κοπάζειν). Matth. 14. 32. Marc. 4. 39. *Cessavit ventus* : Le vent cessa. Act. 20. 1. *Postquam cessavit tumultus* : Le tumulte ayant cessé. 1. Cor. 13. 8. *Linguæ cessabunt* : Le don des langues finira, mais la charité ne finira jamais. Judic. 5. 7. *Cessaverunt fortes in Israel* : Les vaillants hommes avaient cessé dans Israël (ἐκλείπειν, *deficere*). De là vient,

Cessare facere; καταπαύειν,

Faire cesser, abolir, faire finir. Eccli. 10. 4. *Curatio cessare faciet peccata maxima* : Les remèdes qu'on vous appliquera vous guériront des plus grands péchés; *Hebr.* la douceur vous fera éviter de grands péchés. La douceur et l'humilité est le plus grand remède qu'on puisse appliquer à la colère des grands. Osée 2. 11. *Cessare faciam omne gaudium ejus* : Je ferai cesser tous les cantiques de joie de Jérusalem (ἀποστρέφειν, *avertere*). Eccli. 10. 20.

CESSIO. De *cedere*, cession, l'action de céder un droit ou un bien à quelqu'un. Ruth, 4. 7. *Si quando alter alteri suo juri cedebat*;

Que s'il arrivait que l'un cédât son droit à l'autre. *Hoc erat testimonium cessionis in Israel* : Cette marque était de donner son soulier à son proche parent.

CETE. Voy. CETUS. Du Grec κήτη, neutre pluriel.

Grand poisson de mer; tels sont les baleines, les marsouins, les thons et autres qui ne font point d'œufs. Gen. 1. 21. *Creavit Deus cete grandia* : Dieu créa les grands poissons. Le mot Hébreu *thann* signifie généralement toutes les bêtes monstrueuses, non-seulement de la mer, mais même de la terre, comme les serpents, les dragons.

CETEI; Gr. κιτιεῖς. Les Macédoniens qui sont appelés de la sorte, parce que le mot *Cethim* signifie les habitants des côtes de la mer Méditerranée. 1. Mac. 8. 5. *Philippum et Persen Ceteorum regem contriverunt in bello*, sc. *Romani* : Les Romains ont vaincu Philippe et Persée, rois des Macédoniens. Ainsi, c. 1. 1. *Alexander egressus est de terra Cethim* : Alexandre sortit de la Macédoine. Voy. CETHIM.

CÆTERUS, A, UM. λοιπός. Cet adjectif *cæterus*, venant du Grec ἕτερος, est inusité au nominatif singulier, et ne se trouve que rarement dans les auteurs latins au singulier en tout genre, sinon dans les anciens, et est plus usité au pluriel, et signifie :

Le reste, les autres, en faisant quelque exception, exclusion ou restriction. Gen. 14. 21. *Da mihi animas, cætera* (ἡ ἵππος, *equitatus*) *tolle tibi* : Donnez-moi les personnes, et prenez le reste pour vous, dit le roi de Sodome à Abraham; après qu'Abraham eut délivré Loth d'entre les mains des quatre rois marqués, v. 9. et les eut taillés en pièces. Luc. 18. 11. *Non sum sicut cæteri hominum* : Je ne suis point comme le reste des hommes, dit le pharisien dans sa prière. Jac. 3. 7. *Omnis natura bestiarum, volucrum... et cæterorum;* Gr. *cetorum* : Toutes sortes d'animaux, les bêtes de la terre, les oiseaux... et tous les autres. De là viennent ces adverbes.

DE CÆTERO, λοιπόν, 1° Au reste, enfin, manière de parler pour servir de conclusion à un discours, et qui ne se trouve guère que dans saint Paul. 2. Cor. 13. 11. *De cætero, fratres, gaudete* : Enfin, mes frères, soyez dans la joie. Gal. 6. 17. Philipp. 3. 1. c. 4. 8. 1. Thess. 4. 1. — 2° Dorénavant, désormais. Hebr. 10. 13. *Hic... sedet in dextera Dei, de cætero exspectans donec ponantur inimici ejus scabellum pedum ejus* : Jésus-Christ s'est assis à la droite de Dieu pour toujours, attendant que ses ennemis soient désormais réduits à lui servir de marchepied. 2. Mach. 12. 31.

CÆTERUM. λοιπόν. — 1° Au reste, pour ce qui est du reste. 1. Cor. 1. 16. *Cæterum nescio si quem alium baptizavi* : Je n'ai baptisé que Crispe et Caïus, avec la famille de Stéphanas; au reste, je ne me souviens point d'en avoir baptisé d'autres.

2° Mais (πλήν), Eccli. 45. 27. *Cæterum in terra gentes non hæreditabit* : Aaron et ses descendants avaient des prémices et des sacrifices, mais ils n'avaient point de part aux conquêtes des Israélites.

3° En effet, si cela n'était. 1. Cor. 14. 16. *Cæterum si benedixeris spiritu, qui supplet locum idiotæ, quomodo dicet, Amen, super tuam benedictionem?* Je prierai de cœur, mais je prierai aussi avec intelligence; *i. e.* dans une langue intelligible : *autr.* si vous bénissez Dieu de l'esprit en parlant une langue inconnue, comment quelqu'un du simple peuple répondra-t-il Amen, à la fin de votre bénédiction?

CETHÆA, Heb. *Confracta*. Qui est de la race des Héthéens, nation méchante et maudite, qui descendait d'un fils de Chanaan nommé *Cethæus*. Ezech. 16. v. 3. 45. *Pater tuus Amorrhæus et mater tua Cethæa* : Le prophète reproche à Jérusalem ses crimes, par lesquels elle s'est rendue semblable aux Amorrhéens et aux Héthéens. Voy. HETHÆI.

CETHIM, Heb. *Conterentes*. — 1° Fils de Javan, petit-fils de Japhet. Gen. 10. 4. 1. Par. 1. 7. — 2° Les îles et les pays qui sont sur les côtes de la mer Méditerranée, parce que *Cethim* s'est établi en Cypre ou dans la Cilicie, et ses descendants sur les côtes de la Grèce et de l'Italie. Jer. 2. 10. *Transite ad insulas Cethim* : Passez aux îles de Cethim. Isa. 23. v. 1. 12. 1. Mac. 1. 1. *De terra Cethim* : Cela s'entend de la Grèce et de la Macédoine, d'où Alexandre est sorti. Num. 24. 24. *De Italia* : Heb. *de Cethim*, comme, Ezech. 27. 7. et Dan. 11. 30. S. Epiphane, *Hæres.* 30. rapporte comme une chose évidente, que *Cetei* ou *Cethim* sont les habitants de l'île de Cypre où est *Citium*, ville considérable, mais qu'il est sorti de Cypre et de Rhodes une colonie, qui est allée faire sa demeure dans la Macédoine.

CETHLIS, Heb. *Paries est*. Ville de la tribu de Juda. Jos. 15. 40.

CETRON, Heb. *Aromatizans*. Ville de la tribu de Zabulon. Judic. 1. 30.

CETURA, Æ. Heb. *Aromatizans*. Femme d'Abraham qu'il épousa après la mort de Sara. Gen. 25. 1. *Abraham vero aliam duxit uxorem nomine Ceturam* : Ses enfants sont nommés, v. 2. 2. Par. 1. v. 32. 33. Ce n'était point par incontinence qu'il l'épousait, mais afin que le culte du vrai Dieu s'étendît au milieu des nations par le moyen de ses enfants.

CETUS, I. κῆτος ους, Voy. CETE. Du Grec κῆτος.

Toute sorte de grand poisson; tels sont les baleines, marsouins et autres, qui ne viennent point d'œufs. Job. 7. 12. *Numquid mare ego sum, aut cetus?* Suis-je une mer, ou une baleine? Job semble demander à Dieu s'il faut autant de force pour l'arrêter et le réduire par d'aussi grands maux qu'il souffre, lui qui n'est qu'un homme, qu'il en faut pour arrêter ou la mer, ou une baleine. L'Hébreu signifie toute sorte de grands poissons; ainsi celui qui engloutit Jonas, que quelques-uns croient avoir été une espèce de chien marin, appelé *charcharias*, ne pouvait être une baleine, laquelle respirant avec le poumon, a le gosier trop étroit pour avaler un homme, Matth. 12. 40. *Fuit Jonas in ventre ceti tribus diebus et tribus noctibus* : Jonas fut trois jours et trois nuits dans le ventre d'un grand poisson. C'était la figure des trois jours que Jésus-Christ devait être dans le tombeau. Voyez Piscis.

Prince puissant et orgueilleux, un tyran puissant, tel qu'était Nabuchodonosor, qui était la figure du démon même, appelé dans l'Ecr. le *Prince du monde.* Isa. 27. 1. *In illa die... Dominus... occidet cetum qui in mari est* : En ce temps-là le Seigneur fera mourir la baleine qui est dans la mer : le démon rôde et règne dans le monde comme une baleine dans la mer.

CHABRI, Heb. *Socius*. Un des deux anciens de Béthulie marqué, Judith. 8. 9. *Misit ad presbyteros Chabri et Charmi* : Judith envoya quérir les anciens du peuple Chabri et Charmi.

CHABUL. Voy. Cabul.

CHÆREAS, Gr. *Gaudens*. Frère de Timothée, qui fut tué dans le fort de Gazara où il commandait. 2. Mac. 10. v. 32. 37.

CHALAL, Heb. *Consummatio*. Il quitta sa femme étrangère. 1. Esd. 10. 30.

CHALANNE, ou CHALANE, Hebr. *Omnes nos*. Chalane, ville de Chaldée, que l'on croit être Ctésiphonte sur l'Euphrate, capitale des Parthes. Gen. 10. 10. Amos. 6. 2. *Transi in Chalane* : Passez à Chalane, Séleucie, selon saint Jérôme.

CHALCAL, ou CALCHOL, Heb. *Nutriens*. Fils de Mahol, célèbre par sa sagesse. Il excellait dans les sciences, et avait une profonde connaissance de toutes les choses qui regardaient le culte de Dieu. 3. Reg. 4. 31. *Salomon sapientior erat Ethan Ezrahita, et Heman, et Chalcal et Dorda filiis Mahol* : Salomon était plus sage qu'Ethan Ezrahite, qu'Héman, et Chalcal, et Dorda, enfants de Mahol. Ce Chalcal était des descendants de Zara. 1. Par. 2. 6. Ils étaient petits-fils du patriarche Juda.

CHALDÆA. Æ. Heb. *Quasi dæmones*. Pays de l'Asie, dont la capitale était Babylone, qui a donné son nom à tout le pays. Jer. 50. 10. *Et erit Chaldæa in prædam* : La Chaldée sera livrée en proie. c. 51. v. 24. 35. Ezech. 11. 24. c. 23. 16. C'est dans ce pays que les Israélites furent emmenés en captivité. Elle s'appelle terre d'Aquilon en plusieurs endroits. D'autres disent que la Chaldée est le pays qui est entre Babylone, l'Arabie, le Tigre et l'Euphrate. *Hieron. in loc.* C'est maintenant une partie qu'on appelle Yerach.

CHALDÆUS, Heb. *Idem*. — 1° Chaldéen, de la Chaldée. Dan. 3. 8. *Viri Chaldæi accusaverunt Judæos* : Des Chaldéens accusèrent les Juifs, etc. — 2° Babylonien, de Babylone. 1. Esdr. 5. 12. Dan. 5. 31. *Eadem nocte interfectus Baltasar, rex Chaldæus* : Cette même nuit Baltazar, roi de Babylone, fut tué. Les Babyloniens et les Chaldéens se mettent réciproquement les uns pour les autres. Les rois d'Assyrie s'appellent rois d'Assur, des Chaldéens, des Babyloniens. Voy. Assyrius. — 3° Les astrologues ou devins qui font profession de prédire l'avenir par le cours des astres, s'appellent particulièrement Chaldéens, à cause que ces peuples étaient attachés à l'astrologie judiciaire. Dan. 2. v. 2. 4. 5. 10. c. 4. 4. c. 5 v. 7. 11. *Exclamavit rex fortiter ut introducerent magos, chaldæos et aruspices* : Le roi fit un grand cri et ordonna qu'on fit venir les mages, les devins et les augures.

CHALE, Heb. *Opportunitas*. — Ville bâtie par Assur; ou, comme disent d'autres, par Nemrod. Gen. 10. v. 11. 12. *Ædificavit Niniven et plateas civitatis et Chale* : Assur bâtit Ninive et les rues de cette ville et Chale. Cette ville est appelée *Hala*, 4. Reg. 17. 6. c. 18. 11. et *Lahela*, 1. Par. 5. 26. Elle est située à la source du fleuve Lycus.

CHALI, Heb. *Infirmitas*. Ville dans la tribu d'Aser dans la Phénicie. Jos. 19. 25.

CHAM, Heb. *Calidus*. — 1° Second fils de Noé. Gen. 5. 31. *Noe cum quingentorum esset annorum genuit Sem, Cham et Japhet* : Noé ayant cinq cents ans engendra Sem, Cham et Japhet. c. 6. 10. c. 7. 13. c. 9. v. 18. 22. etc. Voy. Chanaan. — 2° L'Egypte est appelée *Cham*, parce que les Egyptiens sont descendus de Mesraïm, fils de Cham, Ps. 104. v. 23. 27. *Jacob accola fuit in terra Cham* : Jacob demeura dans la terre de Cham. Ps. 77. 51. Ps. 105. 22. On croit que c'est lui qui y a été adoré sous le nom de Jupiter Hammon. Ce mot semble venir de Ham ou Cham, qui était le Jupiter des païens. Cham en Hébreu, signifie *brûler* : les Grecs l'ont traduit ζεὶς de ζεω, ferveo. Voy. Diospolis.

CHAMAAM, Heb. *Sicut illi*. — 1° Fils de Berzellaï qu'il recommanda à David. 2. Reg. 19. v. 37. 38. 40. *Est servus tuus Chamaam*; Gr. υἱός μου, (*filius meus*) *ipse vadat tecum* : Voilà Chamaam, votre serviteur, que vous pouvez emmener avec vous. — 2° Lieu proche de Bethléem, qu'on croit que David donna à Chamaam. Jer. 41. 17. *Sederunt peregrinantes in Chamaam* : Johanan et tous les officiers de guerre qui étaient avec lui s'arrêtèrent en passant à Chamaam.

CHAMÆLEON, tis. De χαμαί, humi, et de λέων, leo, et signifie proprement un caméléon, animal qui change facilement de couleur, prenant celle des corps dont il est proche, excepté le rouge et le blanc ; herbe épineuse qui ressemble aux artichaux : cette herbe est ainsi nommée, parce qu'elle change de couleur selon la terre où elle vient : dans l'Ecr.

Caméléon, animal selon la première signification de ce mot. Il était immonde chez les Hébreux. Levit. 11. 30. C'est une espèce de lézard.

CHAMOS, Heb. *Quasi palpans*. Idole ou Dieu des Moabites qui sont appelés peuple de Chamos. Num. 21. 29. Jer. 48. 76. *Peristi, popule Chamos* : Vous êtes perdu, peuple de Chamos. C'était ou Bacchus, ou Priape dont les sacrifices étaient très-abominables. 3. Reg. 22. 7. *Tunc ædificavit Salomon fanum Chamos idolo Moab* : En ce même temps Salomon bâtit un temple à Chamos, idole des Moabites, etc.

CHANAAN, Heb. *Negotiator*. De *Chanah, negotiari*.

1° Fils de Cham, maudit par Noé, son aïeul, parce qu'il s'était moqué de lui, et qu'il avertît Cham, son père, de son indécence. Gen. 9. 25. *Maledictus Chanaan* : Que Chanaan soit maudit. D'autres croient plutôt qu'il n'y eut que Cham, cadet de Sem, qui se moqua de son père, et que son fils Chanaan a été maudit en sa place, de peur que sa malédiction ne passât à ses autres enfants ; mais elle est demeurée dans la postérité de Chanaan qui avait imité l'impiété de son père. Gen. 9. 18. c. 10. v. 6. 15. 1. Par. 1. 8. On croit que c'est le Mercure du paganisme. Voy. *Boch. l.* 1. c. 2.

2° Toute la Palestine ou la Terre sainte, laquelle ayant été possédée par sept peuples, fut appelée terre de Chanaan ou Chananée, du nom de celui qui l'emportait au-dessus des autres. Gen. 17. 8. *Dabo tibi et semini tuo, terram peregrinationis tuæ omnem terram Chanaan*: Je vous donnerai à vous et à votre race la terre où vous demeurez comme étranger, toute la terre de Chanaan. c. 11. 31. c. 12. 5. c. 28. v. 1. 6. 8. Act. 13. 19. *Destruens gentes septem in terra Chanaan*: Ayant détruit sept nations dans la terre de Chanaan, etc. Ainsi, ce mot signifie quelquefois, Hébreu, comme *lingua Chanaam*, i. e. *Hebræa*. Isa. 19. 18. parce que les Hébreux s'en sont rendus maîtres.

3° Une partie de la terre promise habitée par les descendants de Chanaan, située le long de la mer Méditerranée et du Jourdain. Gen. 13. 12. *Abram habitavit in terra Chanaan*: Abram demeura dans la terre de Chanaan. c. 10. 19. *Factique sunt termini Chanaan venientibus a Sidone Geraram usque Gazam, donec ingrediaris Sodomam*: Les limites de Chanaan furent depuis le pays qui est en sortant de Sidon jusqu'à Gérara et Gaza, jusqu'à ce qu'on entre dans Sodome. Is. 23. 11.

4° Marchand, qui trafique et qui entend le commerce. Ezech. 17. 4. *Transportavit eam in terram Chanaan*: Il la transporta dans la terre de Chanaan. Le prophète parle allégoriquement de Jéchonias qui fut transporté à Babylone, ville célèbre par son commerce. Les marchands sont appelés du nom de Chanaan, parce que les Phéniciens, descendants de Chanaan, ont été depuis longtemps fameux en leur trafic. Ose. 12. 7. *Chanaan in manu ejus statera dolosa*: Israël est comme un marchand qui tient en sa main une balance trompeuse. Soph. 1. 11. *Conticuit omnis populus Chanaan* : Toute cette race de Chanaan sera réduite au silence. Le prophète qui prédit aux Juifs qu'ils périront, appelle de ce nom ceux de Jérusalem, parce qu'ils imitaient les Chananéens par leur impiété comme par leur trafic. Job. 40. 25. Is. 23. 8. *Negotiator*, Hebr. *Chanaan*. Zach. 14. 21. *Mercator*. H b. et Gr. *Chananœus*.

CHANAANA, Heb. *Mercatrix*. — 1° Père du faux prophète Sédécias. 3. Reg. 22 v. 11. 24. *Sedecias, filius Chanaana, percussit Michæam in maxillam*: Sédécias, fils de Chanaana, donna à Michée un soufflet sur la joue. 2 Par. 18. 23. — 2° Un des descendants de Benjamin. 2. Par. 7. 10.

CHANANÆUS, CHANANÆI, pour CHANAANÆUS. Voy. PHERESÆI. — 1° Tous les peuples qui sont descendus de Chanaan, petit-fils de Noé, qui sont rapportés. Gen. 10. 15. etc. c. 15. v. 19. 20. 21. c. 10. 18. *Post hæc disseminati sunt populi Chananæorum* ; C'est de ceux-là que les peuples des Chananéens se sont répandus en divers pays. Voy. *Boch.* l. 4. c. 36.

2° Précisément, les peuples descendus de Chanaan, dont les terres ont été occupées par les Israélites. Gen. 12. 6, *Chananæus tunc erat in terra illa*, i. e. *Chananæi*: Les Chananéens occupaient alors ce pays. c. 13. 7. c. 38. 2. *Vidit ibi filiam hominis Chananæi, etc.* Cette signification est fréquente dans l'Ecriture. Les Israélites s'en emparèrent avec droit, parce que ce pays ayant été assigné aux enfants de Sem, les Chananéens s'y étaient jetés.

3° Plus précisément les Chananéens qui habitaient le long de la mer et sur le bord du Jourdain. Num. 13. 30. *Chananæus vero moratur juxta mare et circa fluenta Jordanis*. Gen. 15. 21. c. 34. 30. Exod. 3. v. 8. 17 c. 13. 5. etc. Eu un mot quand les Chananéens sont spécifiés et distingués des autres peuples, c'étaient les Phéniciens, comme est appelée la femme Chananéenne. Marc. 7. 26. *Syrophœnissa genere*. Matth. 15. 22. *Mulier chananæa a finibus illis egressa*: Une femme Chananéenne étant sortie de ce pays-là. Les Septante rendent souvent ce mot par φοίνικες.

4° Marchand, qui trafique. Prov. 31. 24. *Cingulum tradidit Chananæo*: Elle a donné une ceinture au marchand. La femme forte travaillait à faire des ceintures pour les vendre.

5° Chananéen, surnom de Simon l'apôtre. Matth. 10. 4. *Simon Chananæus*; Gr. κανανίτης. Voy. CANANÆUS.

CHANANI, Heb. *Præparatio mea*. Un lévite. 2. Esdr. 9. 4.

CHANANITIS, IDIS, Hebr. *Mercatrix*. Chananéenne, qui est de la Chananée. Gen. 46. 10. *Saul filius Chananitidis* : Exod. 6. 15. Siméon avait eu Saül d'une Chananéenne. 1. Par. 2. 3.

CHANATH. Voy. CANATH. Ville de la tribu de Manassé, au delà du Jourdain. Num. 32. 42. Voy. NOBE.

CHAOS, χάσμα. De l'ancien verbe χάω pour χαίνω, *hisco*, et signifie proprement confusion de choses : dans l'Ecriture :

Profondeur extrême et comme immense, gouffre, abîme, comme quand la terre s'entr'ouvre. Luc. 16. 26. *Inter nos et vos chaos magnum firmatum est*: Il y a pour jamais un grand abîme entre vous et nous, dit Abraham au riche enseveli dans l'enfer. Cette distance profonde qui est entre les bienheureux et les damnés est devenue entièrement insurmontable par la volonté immuable et la puissance de Dieu.

CHARACTER, IS. χάραγμα, de χαράσσω, *insculpo, inscribo*, et signifie proprement marque que l'on imprime sur les animaux pour les reconnaître de ceux d'autrui, le style, le caractère, la manière de s'exprimer qui est propre à chaque orateur ou écrivain: dans l'Ecriture :

Caractère, marque imprimée pour reconnaître. Apoc. 13. 16. *Et faciet omnes... habere characterem in dextera manu sua, aut in frontibus suis :* Cette autre bête fera encore que tous les hommes reçoivent le caractère de la bête à la main droite ou au front. Cette marque, selon le sentiment commun, sera celle que recevront ceux qui seront soumis à l'Antechrist, pour les distinguer des vrais Chrétiens. Voy. v. 17. c. 14. v. 9. 11. c. 16. 2. c. 19. 20 c. 20. 4. et le caractère que recevront les vrais Chrétiens, est le nom de Dieu que Dieu écrira sur eux. Voy. c. 3. 12.

CHARADRIUS ou CHARADRION, Heb. Chasida de Chesed, *Misericordia* : χαράδριος. Ce nom est dérivé du bien que cet animal fait à ses père et mère, les nourrissant dans leur vieillesse à cause de leur faiblesse ; et signifie :

Cigogne, oiseau qui était immonde parmi les Hébreux. Levit. 11. 19. Deut. 14. 18. D'autres disent que c'est une espèce de faucon ou de milan ; d'autres que c'est un geai ou un pivert.

CRARAN. Voy. HARAN, ARAN ou ARA. Heb. *Ira.* — 1° Ville de Mésopotamie, où Tharé, père d'Abraham, vint demeurer avec Abraham et Loth, en quittant Ur de Chaldée. Act. 7, v. 2. 4. *Exiit de terra Chaldæorum et habitavit in Charan* ; Gr. *Charran* : Il sortit de la Chaldée, et vint demeurer à Charan. Judith, 5. 8. Quelques-uns croient qu'il y a eu deux vocations d'Abraham différentes l'une de l'autre ; mais il paraît plus vraisemblable que son père étant mort, il ne voulut point demeurer à Charan, et passa jusqu'au pays de Chanaan, pour accomplir ce que Dieu lui avait commandé. C'est cette ancienne ville de Carres, célèbre par la défaite de Crassus. Elle a été bâtie par Aran, frère d'Abraham. Voy. *Boch. l. 2, c. 14.*

2° Ville entre Rages et Ninive, où arriva Tobie avec l'Ange le onzième jour. Tob, 11, 1. *Pervenerunt ad Charan quæ est in medio itinere* : Ils arrivèrent à Charan qui est au milieu du chemin. Le Grec n'en dit rien.

CHARAN, Heb. *Quasi cantans.* Fils de Dison, Gen. 36, 26, 1, Par. 1. 41.

CHARAX. Ville de l'Arabie Pétrée. 2. Mach. 12, 17. *Venerunt in Characa ad eos, qui dicuntur Tubianæi Judæos* : Ils vinrent à Characa vers les Juifs, qui s'appellent Tubianéens, V. Tob.

CHARCAMIS, Heb. *Agnus quasi ablatus.* Ville située sur l'Euphrate, forcée par le roi des Assyriens, Is. 10. 9. où Nécao allait pour faire la guerre aux Babyloniens, quand Josias s'opposa à son passage. 2. Par. 35. 20. Jer. 46. 2. On croit que c'est *Cercusium*.

CHARCAS, Heb. *Agni thronus.* Un des eunuques ou premiers officiers d'Assuérus. Esth. 1. 10.

CHARISMA, ATIS χάρισμα, du Grec χάρις, *gratia*; et signifie dans l'Ecriture :

Don spirituel, tel que celui des langues, de faire des miracles, etc. que le Saint-Esprit donnait à quelques-uns au commencement, pour l'édification et l'établissement de l'Eglise. 1. Cor. 12. 31. *Æmulamini autem charismata meliora* : Désirez les dons les plus parfaits ; *sc.* qui sont les plus utiles à l'Eglise.

CHARITAS, ATIS, ἀγάπη, ης. De *charus*, et signifie charité, amour, soit pour Dieu, pour sa patrie, pour le père, la mère, les enfants, etc. dans l'Ecriture.

1° Amour, tendresse, bienveillance, amitié (ἀγάπησις). Ose. 11. 4. *In funiculis Adam traham eos, in vinculis charitatis* : Je les ai attirés à moi par tous les attraits qui gagnent les hommes, par tous les attraits de la charité, *lettr.* par les cordeaux de la charité, *sc.* pour me servir et observer mes commandements. La metaphore semble tirée de l'engagement où les laboureurs mettent adroitement et avec douceur les animaux qu'ils accoutument insensiblement au labourage ou au charroi. Prov. 10. 12. c. 15. 17. 2. Mach. 14. 26. Rom. 12. 10. 1. Cor. 4. 21. 1. Thess. 4. 9. 2. Thess. 2. 5. 1. Joan. 4. 8. De là vient cette façon de parler :

Labia charitatis. Lèvres d'amour, de tendresse, paroles qui font paraître de la tendresse et de l'affection, des paroles tendres, un discours engageant qui touche et pénètre le cœur. Judith. 9. 13. *Percuties eum ex labiis charitatis meæ* : Frappez ce superbe par l'agrément des paroles qui sortiront de ma bouche, dit Judith à Dieu au sujet d'Holopherne. Voy. c. 12. v. 13. 14. 15. 16.

2° Amour essentiel qui convient à Dieu et aux trois personnes de la sainte Trinité. 1. Joan. 4. 16. *Deus charitas est* : Dieu est amour par essence, par laquelle il s'aime soi-même comme parfaitement bon et infiniment aimable, et comme principe et source de toute charité. De là vient : *Qui manet in charitate, in Deo manet, et Deus in eo* : Quiconque demeure dans l'amour demeure en Dieu, et Dieu demeure en lui ; néanmoins ce nom qui est commun aux trois personnes, est attribué au Saint-Esprit, comme la sagesse au Fils. Voy. Est. *Dist.* 10. §. 1. §. 4.

3° Charité, amour de Dieu et du prochain. Matth. 24. 12. *Refrigescet charitas multorum* : La charité de plusieurs se refroidira ; *sc.* au temps des persécutions qui précéderont le dernier jugement. Luc. 11. 42. Rom. 14. 15. 1. Cor. 8. v. 1. 4. c. 13. 1. Ainsi 1. Petr. 1. 22. *Animas vestras castificantes in obedientia charitatis* : Rendez vos âmes pures par une obéissance d'amour ; *Gr.* de vérité ; *sc.* par la foi, excitée et formée en vous par l'application à entendre l'Evangile par l'opération du Saint-Esprit. Voy. Act. 15. 9. Ainsi, 1. Joan. 4. 16. mais Ephes. 1. 4. *Elegit nos in ipso ante mundi constitutionem, ut essemus sancti et immaculati in conspectu ejus in charitate* : Dieu nous a élus en lui avant la création du monde par l'amour qu'il nous a porté, afin que nous fussions saints et sans tache devant ses yeux ; d'autres l'entendent de l'amour de l'homme envers Dieu, rapportant *in charitate* à *sancti et immaculati.*

4° Amour que Dieu a pour les hommes, qui est exprimé allégoriquement Cant. 2. 4. *Ordinavit in me charitatem :* Il a réglé dans moi mon amour; *lettr.* Il a ordonné dans moi la charité, qui est cet amour dont Jésus-Christ nous a aimés. Ephes. 5. 2. 2. Thess. 2. 16. Rom. 5. 5. Ainsi Cant. 8. 7. Cet amour était figuré par celui que Dieu a porté au peuple d'Israël. Jerem. 2. 2. *Recordatus sum tui, miserans adolescentiam tuam, et charitatem desponsationis tuæ :* Je me suis souvenu de vous, ayant compassion de votre jeunesse; je me suis souvenu de l'amour que j'eus pour vous, lorsque je vous pris pour mon épouse ; cet amour fut celui qui porta Dieu à faire alliance avec le peuple juif, en lui donnant sa loi et le choisissant pour son peuple. c. 31. 3. Rom. 5. 8. Ephes. 2. 4. 1. Joan. 3. 1. c. 4. 9. 10. 16. Voy. Supra 3°. sur Ephes. 1. 4. De là viennent ces phrases :

CHARITAS *Dei, Christi, Patris.* — 1° L'amour que Dieu, que Jésus-Christ a eu pour nous. Ephes. 3. 10. *Dei vobis... ut possitis scire etiam supereminentem scientiæ charitatem :* Que Dieu vous fasse la grâce de pouvoir connaître cet amour de Jésus-Christ envers nous, qui surpasse toute connaissance. 2. Cor. 13. 13. 1. Joan. 3. 1. *Videte qualem charitatem dedit nobis pater, ut filii Dei nominemur et simus :* Considérez quel amour le Père nous a témoigné de vouloir que nous soyons appelés, et que nous soyons en effet enfants de Dieu.

2° L'amour que nous lui portons. 2. Thess. 3. 5. *Deus dirigat corda vestra in charitate :* Que le Seigneur conduise vos cœurs dans l'amour de Dieu et dans la patience de Jésus-Christ, *i. e.* vous porte à l'aimer; selon le Grec, Qu'il conduise et porte vos cœurs à l'amour de Dieu et à l'attente de Jésus-Christ. *i. e.* de son avénement. 1. Joan. 2. v. 5. 15. *Si quis diligit mundum, non est charitas Patris in eo :* Si quelqu'un aime le monde, l'amour du Père n'est point en lui; parce qu'il aime le monde qui est ennemi du Fils de Dieu, Joan. 15. 18. et par conséquent il devient ennemi du Fils de Dieu, d'où il arrive qu'il hait le Père Eternel. v. 23. Ainsi c. 3. 17.

3° L'amour que Dieu a pour nous ou que nous avons pour lui. Rom. 5. 5. *Charitas Dei diffusa est in cordibus nostris :* L'amour de Dieu a été répandu dans nos cœurs : cet amour est celui que Dieu nous porte en Jésus-Christ, lequel excite en nous l'amour de Dieu et du prochain. Voy. Rom. 8. v. 35. 38. 39. Ainsi 2. Cor. 5. 14.

CHARITAS *spiritus, sancti Spiritus.* Charité spirituelle dont le Saint-Esprit est auteur. Gal. 5. 13. *Per charitatem spiritus servite invicem :* Assujettissez-vous les uns aux autres par une charité spirituelle. L'Apôtre témoigne aux Galates que quoique les Juifs soient délivrés de la loi servile des cérémonies légales par celle de l'Evangile, cependant elle ne les dispense pas de l'assujettissement à la mutuelle charité et à cette union d'esprit qui est une parfaite liberté. Rom. 15.

DICTIONN. DE PHILOL. SACRÉE. I.

30. *Obsecro vos... per charitatem sancti Spiritus :* Je vous conjure... par la charité du Saint-Esprit.

CHARITAS *fraternitatis,* φιλαδελφία. Amour fraternel que les fidèles ont les uns pour les autres. Rom. 12. 10. *Charitate fraternitatis invicem diligentes :* Gr. *in invicem amanter affecti :* Que chacun ait pour son prochain une affection vraiment fraternelle. Cet amour est non-seulement celui qui est entre ceux qui sont unis par le sang; mais encore entre ceux que la foi a rendus frères en Jésus-Christ, et enfants et héritiers du même Père céleste Voy. 1. Thess. 4. 9. Heb. 13. 1. 1. Pet. 1. 22. etc.

5° Zèle, ferveur. Apoc. 2. 4. *Habeo adversum te quod charitatem tuam primam reliquisti :* J'ai un reproche à vous faire, qui est que vous vous êtes relâché de votre première charité; *lettr.* que vous avez laissé votre, etc. dit Dieu à l'évêque d'Ephèse, qui s'était relâché dans les fonctions de sa charge et dans la pratique des bonnes œuvres. Voy. v. 5.

6° Ce qui est brillant, éclatant et aimable. Cant. 3. 10. *Media charitate constravit propter filias Jerusalem :* Salomon a orné le milieu de la litière qu'il s'est faite de bois du Liban, de tout ce qu'il y a de plus précieux en faveur des filles de Jérusalem ; *autr.* de la charité même ; ces choses précieuses peuvent être l'or, les pierres précieuses. Quelques interprètes disent que Salomon, pour reconnaître l'affection que tout Jérusalem avait pour lui, écrivit au milieu de son chariot : *Je t'aime, ma chère Jérusalem.*

CHARMEL, Heb. *Agnus circumcisus.* Plaine fertile. Is. 29. 17. *Nonne convertetur Libanus in Charmel, et Charmel in saltum reputabitur ?* Le Liban avec ses grands arbres ne sera-t-il pas bientôt changé en plaine, et la plaine en une forêt ? C'est une allégorie par laquelle le prophète prédit que quand le Messie sera venu, les orgueilleux seront humiliés, les humbles seront élevés. Ainsi, c. 32. 15. *Erit desertum in Charmel, et Charmel in saltum reputabitur :* Alors tout changera de face ; les terres stériles deviendront fertiles, les âmes abandonnées seront remplies des dons du Saint-Esprit, et ceux qui paraissaient florissants et heureux seront dénués de tous leurs biens. Voy. CARMEL. Il paraît que le mot *saltus* se peut prendre en bonne et mauvaise part. Voy. LIBANUS.

CHARMI, Heb. *Vinea.* — 1° Un des fils de Ruben. Gen. 46. 9. *Filii Ruben, Henoch et Phallu et Hesron et Charmi.* Exod. 6. 14. Num. 26. 6. 1. Par. 5. 3. — 2° Le père d'Achan des descendants de Juda. Jos. 7. v. 1. 18. 1. Par. 2. 7. *Filii Charmi, Achar (ou Achan) qui turbavit Israel et peccavit in furto anathematis :* Charmi n'eut d'enfant qu'Achar qui troubla Israël, et pécha par un larcin du butin destiné à être brûlé. — 3° Un des anciens qui gouvernaient la ville de Béthulie. Judith. 6. 11. *Charmi qui et Gothoniel.* c. 8. 9.

CHARMITÆ, Heb. *Idem.* Descendants de Charmi, fils de Ruben. Num. 26. 6. *Charmi a quo familia Charmitarum.*

CHARRAN. Voy. CHARAN.

CHARSENA, Heb. *Agnus anniculus*. Un des sept conseillers d'Assuérus, sages et habiles dans l'interprétation des lois. Esth. 1, 14.

CHARTA, Æ. χάρτης, de χαράσσω, *insculpo, inscribo, imprimo*, et signifie proprement du papier; le pluriel est pris, dans Ovide et dans Perse, pour les livres, la matière, pour l'ouvrage : dans l'Ecriture :
Papier pour écrire (βιβλίον). Tob. 7. 16. *Et accepta charta, fecerunt conscriptionem conjugii* : Ayant pris un papier, on fit l'écrit du mariage entre le jeune Tobie et Sara, fille de Raguel. 2. Joan. v. 12. *Scribere nolui per chartam et atramentum* : Quoique j'eusse plusieurs choses à vous écrire, je n'ai pas voulu le faire sur du papier et avec de l'encre.

CHARUS, A, UM. Du Grec χάρις, ou χαρίεις, et signifie proprement cher, qui est cher à quelqu'un, qui est aimé de lui; dans l'Ecriture :
1° Cher, bien aimé. 2. Mach. 14. 24. *Habebat autem Judam semper charum ex animo* (ἐν προσώπω) : Nicanor aimait toujours Judas d'un amour sincère.
2° Ami, allié, en parlant de l'alliance et de l'union qui se trouve entre deux ou plusieurs peuples (ἀγαπῶν, *diligens*). Thren. 1. 2. *Non est qui consoletur eam ex omnibus charis ejus* : De tous ceux qui étaient chers à Jérusalem, il n'y en a pas un qui la console dans l'affliction où elle est de sa perte et de sa captivité. De là vient : 1° :
CHARIOR, Comparatif de *charus*, est pris dans l'Ecriture pour le superlatif, et signifie :
Le plus cher, le plus précieux (τιμιώτατος). Sap. 12. 7. *Tibi omnium charior est terra* : La terre qui était la plus chère à Dieu est la Terre-Sainte. 2° Le superlatif,
CHARISSIMUS, A, UM. ἀγαπητός. Du positif *charus*, et signifie dans l'Ecriture :
Bien-aimé, très-cher, qu'on aime tendrement. Marc. 9. 6. *Hic est filius meus charissimus* : Celui-ci est mon Fils bien-aimé ; c'est ce que fit entendre la voix qui sortit de la nuée à la Transfiguration de Jésus-Christ. Voy. v. 1. 6. Ce mot ἀγαπητός, que l'interprète latin rend très-souvent par *charissimus*, au moins dans les Epîtres des Apôtres, semble avoir une signification plus forte que le mot latin *dilectus;* mais il ne marque pas partout également la grandeur de l'affection. Anciennement, dans l'Eglise, on saluait de ce nom tous les fidèles. L'interprète latin met volontiers le superlatif pour le positif, non-seulement en ces mots : *charissimi, dilectissimi*, mais encore en beaucoup d'autres qui se trouveront en leur lieu. Cant. 5. 1. c. 7. 6. Rom. 11. 28. c. 12. 19.

CHASELON, Heb. *Fiducia ejus*. Père d'Eliab, de la tribu de Zabulon. Num. 34. 21. Voy. ELIAB.

CHASLUIM, Heb. *Tegumentum tabularum*. Sixième fils de Mesraïm. Gen. 10. 14. Voy. CASLUIM, CASPHIAS, etc.

CHASPHIAS, Heb. *Argentaria*. Casphie,

lieu ou quartier près de Babylone. 1. Esd. 8. 17.

CHEBBON, Heb. *Exstinguens*. Ville de la tribu de Juda. Jos. 15. 40.

CHEBRON. Heb. *Societas*. Ville. 1. Mach. 5. 65. *Percussit Chebron* : Il prit par force Chebron. C'est une ville d'Idumée, située sur une montagne de Judée, que les Iduméens occupaient alors. Judas accomplissait en cela ce qui avait été prédit longtemps auparavant par Abdias, Sophonie, et d'autres prophètes.

CHELEAB, Heb. *Totus pater*. Second fils de David qu'il eut d'Abigaïl. 2 Reg. 3. 3. *Et post eum Cheleab de Abigail uxore Nabal Carmeli*. Il est appelé Daniel. 1. Par. 3. 1.

CHELIAU, Heb. *Totus ipse*. Un de ceux qui se séparèrent de leurs femmes. 1. Esd. 10. 35.

CHELION, Heb. *Consummatus*. Fils d'Elimelech et de Noemi. Ruth. 1. 2. c. 4. 9.

CHELLON, Heb. *Consummatio*. Voy. CELLON.

CHELMAT, Heb. *Quasi docens*. Pays parmi les Mèdes. Ezech. 27. 23. Les peuples de ce pays trafiquaient à la foire de Tyr, ou étaient marchands pour la ville de Tyr.

CHELMON, Heb. *Exercitus*. Ville près de Béthulie. Judith. 7. 3.

CHELUB, Heb. *Canistrum*. Père d'Esri. 1. Par. 27. 26.

CHENNE, Heb. *Basis*. Ville située sur le Tigre, autr. Chalane. Ezech. 27. 23. Haran, Chene et Eden. Cette ville a été depuis appelée Ctésiphon par les Parthes. Voy. CHALANE et CALANO.

CHERUB, Heb. *Quasi puer*. Un de ceux qui ne purent fournir de preuves de leur origine. 1. Esd. 2. v. 59. 2. Esd. 7. 61. Cherub et Addon et Emmer : d'autres croient que ce sont les noms propres des lieux où ils étaient exilés pendant leur captivité.

CHERUB, au pluriel CHERUBIM. χερουβίμ. Ce mot, qui vient de l'Hebr. *Charab, formavit,* signifie proprement toute sorte d'image ou de figure dans l'Ecriture :
1° Chérubins représentés sous la figure d'homme. 2. Par. 3. v. 10. 11. 12. 13. *Ipsi autem stabant erectis pedibus, et facies eorum erant versæ ad exteriorem domum* : Les deux chérubins que fit faire Salomon dans le sanctuaire, étaient représentés droits sur leurs pieds, et leurs faces tournées vers le Temple extérieur. 3. Reg. 6. 23. On croit que ces deux chérubins que fit Salomon étaient de la même figure que ceux que Moïse avait fait faire aux deux côtés de l'arche, qui avaient le visage tourné vers le propitiatoire. Exod. 25. v. 18. 19. 20. *Respiciebantque se mutuo;* Hebr. *et facies eorum erat viri ad fratrem suum*: En se regardant l'un l'autre ils étendaient leurs ailes sur le propitiatoire, d'où Dieu donnait ses ordres à Moïse. v. 22. *Inde præcipiam et loquar ad te supra propitiatorium, ac de medio duorum cherubim*. C'est pour cela qu'il est dit que Dieu est assis sur les chérubins. 1. Reg. 4. 4. 2. Reg. 6. 2. 4. Reg. 19. 15. *Qui sedes super cherubim*. Ainsi Ps. 79. 2. et Ps. 98. 1. Dan. 3. 55. Mais parce

que ces chérubins sont représentés comme étant ailés, il est dit que Dieu est monté dessus : ce qui est une façon de parler figurée, pour marquer la vitesse avec laquelle il vient secourir. 2. Reg. 22. 11. Ps. 17. 10. *Et ascendit super cherubim.* De là vient,

2° Les chérubins que Salomon fit faire dans le sanctuaire du temple. 3. Reg. 6. 23. 1. Par. 28. 18. 2. Par. 3. v. 10. 11. 12. 13. Ezech. 41. v. 18. 20. 25. Ainsi les figures de chérubins en broderie que Salomon fit faire sur le voile du temple. 2. Par. 3. 14. Les figures des chérubins dont il orna toutes les murailles du temple, 3. Reg. 6. 29. 2. Par. 3. 7. celles qu'il fit mettre sur les portes de l'entrée de l'oracle, v. 32. et du temple, v. 33. 35. et en plusieurs autres endroits. Il est à remarquer que quand ce mot *cherubim* ne s'écrit point avec la lettre *vau*, il marque des ouvrages de tapisseries ou de broderies: quand il s'écrit avec cette lettre, il signifie plutôt des animaux que des ouvrages.

3° Chérubins sous la figure de quelques animaux. Eccli. 49. 10. Ezech. 1. 5. *In medio ejus similitudo quatuor animalium:* Au milieu du feu, on voyait la ressemblance de quatre animaux. v. 13. 15. Le prophète marque, c. 10. v. 20, que ces mêmes animaux étaient des chérubins. Voy. c. 1. v. 3. 5. Ainsi, le mot *bovis*, qui est, c. 1. 10. est rendu, ch. 10. 14. par celui de *Cherub*. Ces chérubins sont appelés *pleins de gloire*, Heb. 9. 5. par rapport à ce qui est dit Eccli. 49. 10. Il semble que ces animaux dont parle Ezech. c. 1. v. 3. 5. avaient le visage d'homme, les ailes d'aigle, les crins du lion, et les pieds du bœuf. Le prophète appelle ces quatre formes du nom d'*animaux*, v. 5. 13. 15. et quelquefois *animal*, au singulier, c. 10. 5. *Et elevata sunt Cherubim, ipsum est animal quod videram;* où le mot *cherubim* ou *cherub* est mis de neutre; parce qu'il est de ces noms étrangers qui n'ont point de sexe. Or, ces quatre formes ne marquent autre chose que ce que Moïse, à qui Dieu apparut sur la montagne de Sinaï, lui dit, Exod. 34. 6. savoir, qu'il était plein de compassion et de clémence, et lent à se venger: ce qui est marqué par le visage de l'homme et les pieds du bœuf, et qu'il est prompt à secourir et à faire du bien. 2. Reg. 22. 11. Ps. 17. 10. Le visage de l'homme est le symbole de la bonté, l'aigle de la vitesse, le lion marque la vengeance, et le bœuf la lenteur: on peut voir Grotius, *in Exod.* 25. 18. et Heb. 4. 5. et Spencer, Dissert. 5. sect. 2. qui font voir que chaque chérubin avait ces quatre formes, et approchait plus de celle du bœuf, pour marquer les différentes propriétés de Dieu et des anges.

4° Les anges sont appelés *Chérubins.* Gen. 3. 24. du mot Heb. *cherub*, qui signifie toute sorte de forme, d'homme ou d'animal; parce qu'ils avaient coutume de paraître sous différentes formes. Ezech. 10. v. 9. 10. c. 10. v. 14. 15. 20. Plusieurs ont cru qu'ils étaient appelés *Cherubim*, à cause de la grandeur et de la plénitude de leur science; parce que כרב signifie multitude, le כ est marque de similitude, et רב signifie docteur, maître: ce qui a donné occasion de dire, que les chérubins appartiennent à la première hiérarchie; parce qu'ils excellent en science au-dessus des autres anges. Voy. Saint Grégoire le Grand, dans l'Homel. 34. sur les Evangiles. D'autres croient que ce nom est commun à tous les anges. Les anges étaient connus aux Israélites sous ce nom, à cause des chérubins qui étaient sur l'arche, et étaient regardés comme des armées bienheureuses que Dieu employait à son service. 2. Reg. 22. 11. Aussi quelques-uns croient que le nom de *Cherub*, en Syriaque et Chaldéen, marque la force et la puissance; parce qu'il signifie un bœuf, dont on connaît la force. Voy. Spencer, *Dissert.* V. DE CHERUBINIS.

5° Les rois puissants, pleins de gloire et de majesté, par rapport aux chérubins éclatants qui couvraient l'arche, sont appelés de ce nom: tel était le roi de Tyr. Ezech. 28. v. 14. 16. *Tu Cherub extentus et protegens:* Vous étiez le chérubin qui étendiez vos ailes : Ce roi était aussi la figure du démon tombé de sa gloire. Voy. LAPIS.

6° Le char de triomphe ou trône de justice, composé des quatre animaux mystérieux. Ezech. 8. 3. *Gloria Domini assumpta est de Cherub.*

CHESELETHTHABOR, Heb. *Temeritates electionis.* Ville ou Canton qui borne la tribu de Zabulon, Jos. 19. 12. Voy. CESELETH.

CHESLON, Heb. *Fiducia ejus.* Ville qui borne la tribu de Juda du côté du nord. Jos. 15. 10. 70. πόλις ιαρίμ. Ainsi il paraît que c'est Cariathiarim.

CHIDON. Heb. *Jaculum.* Nom propre d'homme ou de lieu. 1. Par. 13. 9. appelé *Nachon.* 2. Reg. 6. 6. Voy. AREA.

CHIROGRAPHUM, I, ou CHIROGRAPHUS, I. χειρόγραφον. Ce nom vient de χείρ, *manus*, et de γράφω, *scribo*, et signifie,

1° Ecrit de la main propre de quelqu'un, cédule, obligation. Tob. 1. 17. *Sub chirographo dedit illi memoratum pondus argenti:* Tobie, pendant sa captivité, donna à Gabelus sous son seing la somme de dix talents d'argent. Voy. v. 16. Ainsi 4. 21. c. 5. 3. c. 9. 3.

2° La loi de Moïse, reçue et observée par les Juifs, était comme une cédule et une reconnaissance écrite de leur propre main, tant du sang qu'ils versaient dans la circoncision, que du sang des bêtes qu'ils sacrifiaient, en se reconnaissant débiteurs à la justice divine pour leurs péchés, et que Jésus-Christ a effacés par sa mort sur la croix. Coloss. 2. 14. *Delens quod adversus nos erat, chirographum decreti.* D'autres entendent par cette cédule l'engagement à la damnation éternelle, selon l'arrêt que Dieu avait prononcé contre Adam, à cause de son péché, et contre ses descendants, qui semblaient la ratifier par leurs péchés; mais que Jésus-Christ a aboli par ses souffrances.

CHIUS, χίος, *Aperta.* Chio ou Scio, île de l'Archipel. Act. 20. 15. *Venimus contra Chium:* Nous arrivâmes vis-à-vis de Chio.

CHLAMYS, YDIS. Grec, χλαμίς, de l'Hébreu galam, *involvit;* parce que c'était proprement une robe qui enveloppe tout le corps : dans l'Ecriture,

1° Manteau. Matth. 27. 28. *Exuentes eum, chlamydem coccineam circumdederunt ei*: Les soldats du gouverveur ôtèrent à Jésus ses habits, et le revêtirent d'un manteau d'écarlate. Saint Marc. 15. 17. porte *purpura*; saint Jean, 19. 5. *purpureum vestimentum*: ce qui marque que c'était une sorte de pourpre très-exquise, qui n'était portée que par les rois et les grands seigneurs. Dan. 5. 7.

2° Casaque, sorte d'habit dont usaient les rois. 1. Reg. 24. v. 5. 12. *David... præcidit oram chlamydis Saul silentio*: David coupa tout doucement le bord de la casaque de Saül. Voy. v. 12. la fin pour laquelle il le fit. Ainsi v. 6.

CHLOE, Gr. Χλόη, Veuve chrétienne de Corinthe. 1. Cor. 1. 11. *Significatum est mihi ab iis qui sunt Chloes*: J'ai été averti par ceux de la maison de Chloé.

CHOBAR, Heb. *Fortitudo*. Petite rivière près de Babylone. C'était un bras de l'Euphrate. Ezech. 1. v. 1. 3. c. 3. 15. etc. C'est sur cette rivière qu'étaient les Juifs dans leur captivité. Ce nom de *Chobar*, lui a été donné par un intendant de ce nom, qui sépara l'Euphrate en deux branches au-dessus de Babylone. Voy. *Plin. l. 6. c. 26*. Quelques-uns néanmoins croient que c'est l'Euphrate, appelé *Chobar*, à cause de la rapidité de ses eaux.

CHOD-CHOD, *Jaspis*. Ce mot est l'hébreu même; l'interprète latin ne l'a point rendu, peut-être parce qu'on ne sait pas précisément ce qu'il signifie; il est rendu par *jaspis* Isa. 54. 12. Les Septante et l'Arabe le rendent par le mot *chorchor*, qui n'est que l'hébreu corrompu. La version Chaldaïque, et la plupart des interprètes le rendent par quelqu'une des pierres précieuses: quoi qu'il en soit, il signifie marchandise précieuse en général, ou certaine espèce de marchandise précieuse, telles que quelques pierres précieuses. Ezech. 27. 16. *Sericum et chod-chod proposuerunt in mercatu tuo*: Les Syriens ont exposé en vente dans vos marchés... de la soie, et toute sorte de marchandises précieuses.

CHODORLAHOMOR, Heb. *Quasi generatio servitutis*. Roi ou gouverneur de quelque contrée de Perse. Gen. 14. 9. *Rex Elamitarum*. Voy. ÆLAM. Ce roi avec trois autres qui demeuraient au delà de l'Euphrate, vint contre les rois de Pentapole, qui refusaient de leur payer le tribut qu'ils leur payaient auparavant; ces derniers furent défaits, leur pays fut ravagé; mais Loth s'étant trouvé parmi les captifs qu'on emmenait, Abraham, son oncle, ayant assemblé tous ses domestiques, au nombre de 318, alla attaquer les victorieux, les tailla en pièces, et ramena Loth, avec tous les autres prisonniers, et tout le butin, l'an du monde 2118.

CHOEROGRYLLUS, 1. Gr. χοιρόγυλλος. Petit animal qui se cache sous les rochers, porc-épic, hérisson, lapin, qui était impur chez les Juifs. Levit. 11. 5. *Chærogryllus qui ruminat ungulamque non dividit, immundus est*. Deut. 14. 7. Le même mot Heb. *saphan*, est rendu, Prov. 30. 26. par *lepusculus*, et est rendu, Ps. 103. 18. par *herinacius*. Gr. λαγώος, *lepus*. Ainsi, on ne convient point de la vraie signification de ce mot.

CHOLERA, Æ. χολέρα. Du Grec χολή, *bilis*. Choléra, maladie qui fait rendre par le haut quantité d'humeurs bilieuses et amères comme du fiel, colique bilieuse. Eccli. 37. 33. *Aviditas appropinquabit usque ad choleram*: Le trop manger donne la colique. c. 31. 23.

CHOLOZA, Heb. *Omnis propheta*. Père de Sellum. 2. Esd. 3. 15. et c. 11. 5.

CHONENIAS, Heb. *Præparatio*. Nom de plusieurs Lévites.

1° Un maître de musique du temps de David, 1. Par. 15. v. 22. 27. *Chonenias autem Princeps Levitarum propheticæ præerat ad præcinendam melodiam*: Chonenias, chef des Lévites, présidait à toute cette musique, pour commencer le premier cette sainte symphonie. v. 27.

2° Un autre qui conduisait les ouvrages qui se faisaient pour le temple hors la ville. 1. Par. 26. 29. *Isaaritis (de Isaaritis) præerat Chonenias et filii ejus, ad opera forinsecus*: Ceux de la famille d'Isaar avaient à leur tête Chonenias et ses enfants; et ils avaient soin des choses du dehors qui regardent Israël. v. 2. Esd. 11. 16.

3° Un autre du temps d'Ezechias, chargé de distribuer des vivres aux Lévites. 2. Par. 31. v. 12. 13. c. 35. 9.

CHORDA, Æ. Du Grec χορδὴ, qui signifie proprement intestin; parce que les cordes d'instruments se font des plus déliés boyaux des animaux; et signifie proprement corde de luth, ou de quelque autre instrument de musique; un cordeau dont on se sert pour planter en ligne droite des arbres : dans l'Ecriture,

Corde d'instrument de musique, instrument de musique à corde. Ps. 150. 4. *Laudate eum in chordis et organo*: Louez Dieu avec les instruments de musique à corde, tels que le luth et l'orgue.

CHORRÆI, ORUM, Heb. *Furores*. Chorréens ou Hevéens, qui habitaient les montagnes du pays qui a été depuis appelé l'*Idumée*. Gen. 14. 6. *Chorræos in montibus Seir*.

CHORUS, I, χορός. — 1° Chœur, ou compagnie de gens qui chantent ou qui dansent, soit en signe d'une joie sainte. Exod. 15. 20. *Egressæque sunt omnes mulieres post eam cum tympanis et choris*: Toutes les femmes allèrent après Marie prophétesse, sœur d'Aaron, avec des tambours, ne faisant qu'un même chœur : elles chantèrent le Cantique de Moïse. D'autres l'entendent des instruments de musique. Cant. 7. 1. *Quid videbis in Sulamite, nisi choros castrorum?* Que verrez-vous dans la Sulamite, sinon des chœurs de musique dans un camp d'armée? L'époux, Jésus-Christ, compare l'Epouse, qui est l'Eglise, à un concert de musique, grave et mâle, dans lequel toutes les parties sont parfaitement d'accord; soit en signe d'une joie profane. c. 32. 19. *Vidit vitulum et choros*: Moïse vit le veau et les danses, sc. des Israélites autour du veau d'or.

2° Instrument de musique. Ps. 149. 3. *Lau-*

dent nomen ejus in choro : Que les enfants d'Israël louent le nom du Seigneur au son de la flûte. Ps. 150. 4. *Laudate eum in tympano et choro* : Louez le Seigneur avec le tambour et la flûte ; soit la flûte ou quelque autre semblable instrument de musique ; Hebr. Machol.

CHRISTIANUS, 1, de *Christus*, et signifie, Chrétien, disciple de Jésus-Christ. Act. 11. 26. *Ita ut cognominarentur primum Antiochiæ discipuli christiani* : Ce fut à Antioche que les disciples furent premièrement nommés *chrétiens*. c. 26. 28. 1. Petr. 4. 16. *Si autem ut christianus, non erubescat* : Si quelqu'un souffre comme chrétien, qu'il n'en ait point de honte. Les chrétiens s'appelaient plus fréquemment *frères*. Act. 1. 15, etc., et par mépris *Nazaréens*. Act. 24. 5. Les païens les appelaient *Chrestiani* et *Galilæi*.

CHRISTUS, 1, χριστὸς, *Unctus* ; Heb. Maschiahh, *Messias*. Du verbe χριειν, *Ungere*.

Ce nom, qui est grec, signifie :

1° Ceux qui étaient choisis et appelés de Dieu à quelque œuvre excellente pour son service et pour sa gloire : ainsi Cyrus, que Dieu destinait à la délivrance du peuple juif. Isa. 45. 1. *Hæc dicit Dominus christo meo Cyro* : Voici ce que dit le Seigneur à Cyrus, qui est mon christ. Voyez. v. 13.

2° Les prophètes, les vrais serviteurs de Dieu et ceux qui étaient particulièrement chéris de lui et remplis de ses grâces : tels étaient Abraham, Isaac, Jacob, etc. 1. Par. 16. 22. Ps. 104. 15. *Nolite tangere christos meos, et in prophetis meis nolite malignari* : Gardez-vous bien de toucher à mes oints, et ne faites point de mal à mes prophètes : ceci a rapport à l'affliction que Dieu envoya à Pharaon à cause de Sara. Gen. 12. 17, et à la défense que fait Dieu à Laban à l'égard de Jacob. c. 31. 24. Ainsi Moïse est appelé *le christ de Dieu*. Habac. 3. 1. *Egressus es in salutem populi tui, in salutem cum christo tuo* : Vous êtes sorti pour donner le salut à votre peuple, vous êtes sorti avec votre christ pour le sauver : il parle de la délivrance des Juifs de l'Egypte, sous la conduite de Moïse, que Dieu avait rempli de l'onction de son Esprit.

3° Les rois, qui, selon l'ordre de Dieu, 1. Reg. v. 12. 13, étaient sacrés rois d'une huile matérielle. c. 2. 35. *Ambulabit coram christo meo cunctis diebus* : Le prêtre fidèle que je susciterai marchera toujours devant mon christ, dit Dieu à Héli, lui prédisant qu'il retirerait la grande sacrificature de sa maison. Voyez-en l'accomplissement 3. Reg. 2. 27. Ainsi, 1. Reg. 16. 6. *Num coram Domino est christus ejus?* Est-ce là celui que le Seigneur a choisi pour être son christ, dit Samuel touchant Eliab. Voyez le sacre de David, v. 13. 1. Reg. 12. 5. Thren. 4. 20. Voyez SPIRITUS.

4° Les prêtres, qui étaient aussi sacrés. 2. Mach. 1. 10. *Aristobulo magistro Ptolemæi regis, qui est de genere christorum sacerdotum* : Le peuple qui est dans Jérusalem... écrit à Aristobule, précepteur du roi Ptolomée, et de la race des prêtres sacrés.

5° Le Messie promis aux Juifs et prédit par les prophètes. 1. Reg. 2. 10. *Sublimabit cornu Christi sui* : Le Seigneur comblera de gloire le règne de son Christ, dit Anne, mère de Samuel, dans sa prière ; Hebr. *cornu* pour *regnum*. Ps. 2. 2. *Astiterunt reges terræ adversus Christum ejus* : Les rois de la terre se sont opposés contre le Christ et l'oint du Seigneur. Voyez Act. 4. v. 18. 24. 26. Ainsi, Dan. 9. v. 25. 26. *Usque ad Christum ducem* : Jusqu'au Christ, chef de mon peuple ; c'est-à-dire jusqu'au baptême de Jésus-Christ, qui fut proprement le temps où il commença d'exercer son ministère : c'est le terme où aboutit le temps marqué par les soixante-dix semaines. Ce mot, depuis le temps des prophètes, n'a plus signifié que le Messie que les Juifs attendaient, qui est Jésus-Christ, Dieu et homme tout ensemble, que Dieu a consacré par une onction spirituelle pour opérer le salut des hommes. Matth. 1. v. 1. 16. *De qua natus est Jesus qui vocatur Christus* : Marie, de laquelle est né Jésus, qui est appelé le *Christ* ; et cette onction n'est autre que l'union substantielle de la Divinité même à l'humanité sainte dans l'Incarnation.

6° L'Eglise unie à Jésus-Christ, son chef, dont les fidèles font le corps, chacun en étant un des membres. 1. Cor. 12. 12. *Sicut enim corpus unum est, et membra habet multa ; omnia autem membra corporis cum sint multa, unum tamen corpus sunt : ita et Christus* : L'Apôtre compare toute l'Eglise unie à son chef avec tous les membres, qui ne font ensemble qu'un même corps. Voyez v. 27. Eph. 1. 23. Act. 9. 4. Hebr. 11. 26.

Phrases tirées de ce mot.

Esse Christi signifie proprement appartenir à Jésus-Christ ; ce qui se connaît en plusieurs manières ; ainsi il signifie :

1° Etre chrétien, disciple de Jésus-Christ. Marc. 9. 40. *Quia Christi estis* : Parce que vous appartenez au Christ ; ce qui est dit au même sens que Matth. 10. 42.

2° Etre ministre de Jésus-Christ pour prêcher sa divine parole. 2. Cor. 10. 7. *Si quis confidit sibi Christi se esse, hoc cogitet iterum apud se, quia sicut ipse Christi est, ita et nos* : Si quelqu'un se confie en soi-même d'être à Jésus-Christ, qu'il considère aussi en son cœur que nous sommes à Jésus-Christ aussi bien que lui. Voyez v. 5.

3° Etre serviteur de Jésus-Christ, lui appartenir de droit, être à lui ce qu'est un serviteur à son maître. 1. Cor. 3. 23. *Omnia vestra sunt..., vos autem Christi, Christus autem Dei* : Tout est à vous..., mais vous êtes à Jésus-Christ, et Jésus-Christ est à Dieu : Dieu a donné gratuitement aux hommes toutes les choses de la terre pour en user à sa gloire ; mais Jésus-Christ nous a acquis à lui par le prix de son sang, par lequel il nous a rachetés de la damnation éternelle. c. 1. 12. *Ego autem Christi* : Et moi je suis à Jésus-Christ. Saint Paul marque, v. 13, le peu de fondement qu'avaient les Corinthiens de cette division entre eux ; cette phrase s'entend au même sens que Rom. 14. 8.

4° Être membre vivant de Jésus-Christ, être animé de son Esprit. Rom. 8. 9. *Si quis autem Spiritum Christi non habet, hic non est ejus* : Que si quelqu'un n'a point l'Esprit de Jésus-Christ, il n'appartient point à Jésus-Christ, *i. e.* il n'est point un de ses membres vivants. Voyez v. 10. Ainsi, 1. Cor. 15. 23. Gal. 3. 29. c. 5. 24.

Esse sine Christo, être sans Jésus-Christ, signifie dans l'Ecriture :
1° Etre sans la connaissance et la foi de Jésus-Christ. Ephes. 2. 12. *Eratis illo in tempore sine Christo* : Dans le temps que vous étiez gentils vous étiez sans la connaissance de Jésus-Christ.
2° Etre séparé de Jésus-Christ, ne lui être point uni par la foi, n'être point uni avec lui. Joan. 15. 5. *Sine me nihil potestis facere* : Vous ne pouvez rien faire sans moi, *i. e.* vous ne pouvez ni commencer, ni continuer, ni achever aucune œuvre sainte pour le salut éternel, sans m'être uni. Rom. 14. 23.

Esse cum Christo, être avec Jésus-Christ, être heureux, voir Dieu et jouir de la vie bienheureuse dans le ciel avec Jésus-Christ. Philipp. 1. 23. *Desiderium habens dissolvi et esse cum Christo* : Je désire de mourir et d'être avec Jésus-Christ. Voy. 2. Cor. 5. 8. Luc. 23. 43. Coloss. 3. 3. Joan. 14. 3. c. 17. 24. 1. Thess. 4. 17.

Esse in Christo, être en Jésus-Christ, s'entend :
1° Du Verbe éternel uni hypostatiquement avec l'humanité sainte de Jésus-Christ. 2. Cor. 5. 19. *Deus erat in Christo, mundum reconcilians sibi* : Dieu était en Jésus-Christ, se réconciliant le monde.
2° Du chrétien uni avec Jésus-Christ par la grâce du baptême, et signifie être chrétien, faire profession de la foi de Jésus-Christ. Rom. 16. 5. *Salutate Epænætum..., qui est primitivus Asiæ in Christo* : Saluez Epénète, qui a été les prémices de l'Asie et de l'Achaïe, ayant cru le premier en Jésus-Christ. v. 7. 11. Ainsi, Gal. 1. 22. Philipp. 4. 21. Coloss. 1. 2. 1. Thess. 2. 14. et s'entend quelquefois du chrétien qui a une foi vive et animée de la charité et des bonnes œuvres. Rom. 8. 1. *Nihil... damnationis est iis qui sunt in Christo Jesu, qui non secundum carnem ambulant* : Il n'y a plus de condamnation pour ceux qui sont en Jésus-Christ et qui ne marchent point selon la chair. 2. Cor. 5. 17. 1. Petr. 5. 14. 1. Joan. 2. 5. c. 5. 20. Voy. Joan. 15. 2. De là vient *homo in Christo* : Un chrétien, 2. Cor. 12. 2. *Scio hominem in Christo* : Je connais un homme en Jésus-Christ qui fut ravi... jusqu'au troisième ciel. Saint Paul parle de lui-même.

In Christo signifie en général l'état heureux par lequel nous sommes en Jésus-Christ, et lui en nous.
1° Par Jésus-Christ, par la grâce et les mérites de Jésus-Christ. 1. Cor. 15. 22. *In Christo omnes vivificabuntur* : Comme tous meurent en Adam par le péché, tous vivront aussi en Jésus-Christ par sa grâce et ses mérites. 2. Cor. 2 14. Philip. 4. 7. 13. 1. Thess. 5. 18.
2° Par Jésus-Christ; espèce de serment, comme qui dirait : Jésus-Christ m'est témoin; pour confirmer et assurer dans la nécessité quelque chose de conséquence que l'on dit. Rom. 9. 1. *Veritatem dico in Christo, non mentior* : Je dis la vérité en Jésus-Christ, je ne mens point; ou on Jésus-Christ, *i. e.* d'un mouvement qui n'est point charnel, mais qui procède de l'esprit de Jésus-Christ, ou comme doit parler un homme qui est en Jésus-Christ, *i. e.* qui est membre de son corps.
3° A cause, en vue des mérites de Jésus-Christ. Ephes. 1. 3. *Benedixit nos in omni benedictione spirituali in cœlestibus in Christo* : Béni soit Dieu, le Père de Notre-Seigneur Jésus-Christ, qui nous a comblés en Jésus-Christ de toutes sortes de bénédictions spituelles pour le ciel. Gal. 3. 14. 2. Tim. 1. 9.
4° Par la faveur, par le bienfait de Jésus-Christ. Gal. 2. 4. *Subintroierunt explorare libertatem nostram quam habemus in Christo Jesu* : De faux frères s'étaient glissés secrètement parmi nous pour observer la liberté que nous avons en Jésus-Christ.
5° Dans le christianisme. Rom. 12. 5. *Multi unum corpus sumus in Christo* : Nous ne sommes tous qu'un seul corps en Jésus-Christ. 1. Cor. 3. 1. c. 4. v. 10. 15. Gal. 5. 6. Philip. 2. 12. Tim. 3. 12.
6° Dans la foi de Jésus-Christ. 1. Cor. 15. 18. *Ergo qui dormierunt in Christo perierunt* : Si Jésus-Christ n'est point ressuscité, votre foi est vaine et vous êtes encore dans vos péchés : d'où il s'ensuit que ceux qui sont morts en Jésus-Christ sont perdus. 1. Thess. 4. 15.
7° Dans l'avancement de l'Evangile. Rom. 16. 3. *Salutate Priscam et Aquilam, adjutores meos in Christo Jesu* : Saluez de ma part Prisque et Aquilas, son mari, qui ont travaillé avec moi pour le service de Jésus-Christ. v. 9. 1. Cor. 4. v. 10. 17.
8° Pour le nom et pour la gloire de Jésus-Christ. Philipp. 1. 13. *Ita ut vincula mea manifesta fierent in Christo* : Mes liens ont été connus pour la gloire de Jésus-Christ.
9° Selon l'instruction de Jésus-Christ. 1. Thess. 5. 18. *Hæc est enim voluntas Dei in Christo Jesu, in omnibus vobis* : Dieu vous ordonne à tous en Jésus-Christ de rendre grâces à Dieu en toutes choses.
10° Par la prédication de l'Evangile. 1. Cor. 4. 10.

CHRYSOLITHUS, ι, de χρυσός, *aurum*, et de λίθος, *lapis*.
Chrysolite, pierre précieuse de couleur d'or mêlé de vert, avec un feu agréable. Exod. 28. 20. c. 39. 13. Apoc. 21. 20.

CHRYSOPRASUS, ι, de χρυσός, *aurum*, et de πράσον, *porrus*, et est une espèce de béryl.
Chrysoprase, pierre précieuse. Apocal. 21. 20.

CHUB, Heb. *Exstinguens*, l'Arabie. Ezech. 30. 5. *Chub et filii terræ fœderis cum eis gladio cadent* : Les Arabes et les peuples alliés des Egyptiens périront avec eux : Ptolomée met les Chubiens dans la Maréotide.

CHUN, Heb. *Præparatio*. Ville de l'obéissance d'Adarezer, roi de Soba. 1. Par. 18. 8. Voyez BEROTH.

CHUS, Heb. *Niger*. Fils de Cham et père de Nemrod. Gen. 10. 8. 1. Par. 1. v. 8. 9. 10. On croit qu'il a habité l'Éthiopie, que l'on appelle de son nom; l'Éthiopie orientale, *i. e.* l'Arabie, est aussi appelée *Chus*. V. Boch. l. 3. c. 2. Il était frère de Mesraïm, de Phul et de Chanaam; il est reconnu pour le père des Arabes et des Éthiopiens ou Africains.

CHUSA, Heb. *Videns*. Intendant de la maison d'Hérode. Luc 8. 3. *Joanna uxor Chusæ procuratoris Herodis.*

CHUSAI, Heb. *Festinans*. Sage conseiller de David, lequel renversa les desseins d'Achitophel. 2. Reg. 15. v. 32. 37. *Ecce occurrit Chusai Arachites :* Chusaï de la ville d'Arach vint au-devant de lui. c. 16. 16. etc.

CHUSAN, Heb. *Æthiops*. Roi de Syrie et de Mésopotamie, sous la domination duquel les Israélites ont été assujettis, et dont ils ont été délivrés par Othoniel. Judic. 3. v. 8. 10.

CHUSI, χουσι, Heb. *Æthiops*. — 1° Un Éthiopien, officier de David. 2. Reg. 18. 21. *Ait Joab Chusi*, *vade*. v. 22. 23. 31. 32. Il porta à David la nouvelle de la mort d'Absalon.

2° Le bisaïeul de Juda. Jer. 36. 14. *Miserunt ad Baruch, Judi filium Nathaniæ, filii Selemiæ, filii Chusi :* Tous les grands envoyèrent à Baruch Judi, fils de Nathanias, fils de Sélémias, fils de Chusi.

3° Père du prophète Sophonie. Soph. 1. 1.

4° Le roi Saül est désigné par ce nom, qui signifie *Éthiopien*, à cause de sa méchanceté et de la perfidie qu'il exerçait contre David. Ps. 7. 1. *Psalmus David quem cantavit Domino pro verbis Chusi filii Jemini :* Psaume que David composa sur le sujet de Saül, de la tribu de Benjamin, ou petit-fils de Jemini.

CHYTRAPUS, **CHYTRAPODIS**, de χύτρα *lebes*, *olla*, et de πούς, *pes*.

Marmite, pot de fer ou de fonte. Lévit. 11. 35. *Sive clibani, sive chytrapodes, destruentur, et immundi erunt.*

CIBARE, ψωμίζειν, de *cibus*.

1° Nourrir quelqu'un, le rassasier comme une personne qui nous est chère. Deut. 8. 16. *Cibavit te manna in solitudine :* Le Seigneur vous a nourri, dans cette solitude, de la manne inconnue à vos pères. Voy. Exod. 16. 15. Ainsi, Ps. 80. 16. *Cibavit eos ex adipe frumenti :* Le Seigneur les a nourris de la plus pure farine; *Hebr.* les eût nourris, avec rapport au v. 12. Voy. Deut. 32. 14.

Cibare absinthio, cinere, pane lacrymarum. Nourrir d'absinthe, de cendre, etc., signifie : Affliger, faire souffrir, réduire à une extrême nécessité et misère. Ps. 79. 6. *Quo usque... cibabis nos pane lacrymarum?* Jusqu'à quand nous nourrirez-vous d'un pain de larmes? Cette façon de parler marque les souffrances continuelles et fréquentes où était le peuple au temps que parle ici David, comme l'usage du pain est journalier. Jerem. 9. 15. c. 23. 15. *Ecce ego cibabo eos absinthio :* Je nourrirai les prophètes de Jérusalem d'absinthe. Cette herbe est amère : ce qui marque les plaies amères dont Dieu les devait punir, à cause de leurs prophéties trompeuses. Voy. 3. Reg. 22. v. 11. 12. 24. 25. Thren. 3. 16. *Cibavit me cinere :* Le Seigneur m'a nourri de cendres. *Hebr. Operuit me pulvere.* Voy. CINIS.

Cibare aliquem carnibus filiorum suorum, et carnibus filiarum suarum. Réduire à un tel point de nécessité et de misère, que de manger ses propres enfants (ἔδεσθαι, *edere*). Jerem. 19. 9. *Cibabo eos ex carnibus filiorum suorum, et carnibus filiarum suarum :* Je nourrirai les habitants de Jérusalem de la chair de leurs fils, et de la chair de leurs filles. Voyez-en l'accomplissement 4. Reg. 6. 29.

Cibare aliquem populum carnibus ipsius. Faire manger à un peuple sa propre chair ; *i. e.* faire en sorte qu'ils se déchirent, se tuent, et se consument les uns les autres. Isa. 49. 26. *Cibabo hostes tuos carnibus suis :* Je ferai manger à vos ennemis leur propre chair. Voy. 4. Reg. 19. 37. Ce qui a quelque rapport à Judic. 7. 22.

2° Donner à manger à quelqu'un, avoir soin de lui, lui faire du bien. Rom. 12. 20. *Si esurierit inimicus tuus, ciba illum :* Si votre ennemi a faim, donnez-lui à manger : ce qui est tiré des Prov. 25. 21. De là vient:

Cibare aliquem hæreditate. Donner quelque héritage à quelqu'un pour se nourrir. Isa. 58. 14. *Cibabo te hæreditate Jacob patris tui :* Je vous donnerai pour vous nourrir l'héritage de Jacob votre père. Dieu promet aux Israélites de leur faire habiter la terre promise, où ils auraient pleinement de quoi se nourrir, s'ils observent ses commandements.

§ 1. — Faire manger, faire avaler, se dit de la parole de Dieu, lorsque Dieu donne à quelqu'un le zèle et l'ardeur pour la recevoir et pour s'en nourrir, et la lui fait prendre à cœur. Ezech. 3. 2. *Cibavit me volumine illo :* Le Seigneur me fit manger ce livre. Voy. v. 3. 10. Jerem. 15. 16. Ainsi, *voyez* une pareille expression Apoc. 10. 9.

§ 2. — Nourrir, se dit de l'intelligence de la sagesse et de la parole de Dieu, qui est la vraie nourriture de l'âme. Eccli. 15. 3. *Cibavit illum pane vitæ et intellectus :* Dieu l'a nourri du pain de vie et d'intelligence. Voy. Joan. 6. 35.

CIBARIA, ἐπισιτισμός, de *cibus*.

Aliments, vivres pour une ville, un peuple, une armée. Ps. 77. 25. *Cibaria misit eis in abundantia :* Dieu envoya en abondance aux Israélites de quoi se nourrir ; *sc.* la manne répandue dedans et autour du camp des Israélites, en une telle quantité que beaucoup d'autres personnes en eussent été rassasiées. Eccli. 33, 25. *Cibaria et virga, et onus asino :* Le fourrage, le bâton et la charge est pour l'âne (χόρτασμα).

CIBSAIM, Heb. *Congregationes*. Ville de la tribu d'Ephraïm, donnée aux Lévites. Jos. 21. 22. Voy. JECMAAN.

CIBUS, τ. τροφή, du grec κίβος, ou κιβώτιον, parce que les Grecs appellent ainsi un sac à resserrer le pain, ou de l'hébreu *saba*, *cibare*.

1° Viande, nourriture que l'on prend, ce que l'on mange. Prov. 6. 8. *Parat in æstate cibum :* La fourmi fait sa provision durant l'été. c. 23. v. 3. 6. 3. Reg. 10. 5. c. 11. 18.

Ps. 54. 15. Act. 14. 16. De là viennent ces phrases :

Cibum sumere, capere cum aliquo (συνεσθίειν). Manger avec quelqu'un, signifie, ou passer toute sa vie avec lui dans une union étroite. Ps. 54. 15. *Mecum dulces capiebas cibos ;* (ἔδεσμα) : Vous qui trouviez tant de douceur à vous nourrir des mêmes viandes que moi. David parle du traître Achitophel, chef de son conseil, qui le quitta pour passer du côté d'Absalon ; ou signifie avoir quelque liaison avec quelqu'un, telle que de manger avec lui. 1. Cor. 11. *Scripsi vobis non commisceri si is qui frater nominatur est fornicator, avarus, etc., cum ejusmodi nec cibum sumere :* Le saint Apôtre défend de ne manger pas même avec un chrétien qui est ou fornicateur, ou qui a quelque autre vice semblable, bien loin d'avoir commerce avec lui.

Cibos evomere. Rejeter les viandes que l'on a mangées, signifie : Souhaiter n'avoir point mangé de viandes, être fâché et mécontent d'avoir pris son repas (ψωμός, *buccella*). Prov. 23. 8. *Cibos quos comederas, evomes :* Si vous mangez avec un homme envieux, vous rejetterez les viandes que vous aviez mangées ; i. e. vous serez fâché d'avoir mangé chez lui à cause de ses manières indignes. Voy. Evomere.

2° Le blé, les fruits qui croissent dans la campagne (βρῶσις). Habac. 3. 17. *Arva non afferent cibum :* Les campagnes ne porteront point de grain. Prov. 13. 23. Ainsi, Num. 15. 19. *Separabitis primitias Domino de cibis vestris :* Vous mettrez à part les prémices du blé que vous mangez pour les offrir au Seigneur. De là vient :

3° Les dîmes et les prémices qui étaient offertes à Dieu, dont une partie servait pour la nourriture et l'entretien de ses ministres. Malach. 3. 10. *Inferte omnem decimam in horreum, et sit cibus in domo mea* (διαρπαγή) : Apportez toutes mes dîmes dans mes greniers, et qu'il y ait dans ma maison de quoi nourrir mes ministres. Dieu promet en ce même verset toute sortes de bénédictions en échange. 2. Esdr. 10. 37. *Primitias ciborum nostrorum... afferemus* (σῖτος) : Nous apporterons les prémices de nos aliments, Hebr. *massarum*, de la farine pétrie pour être mise au four.

4° Les douceurs de la vie (βρῶμα). Habac. 1. 16. *In ipsis incrassata est pars ejus, et cibus electus :* Parce que les rets et les filets de l'ennemi lui auront servi à accroître son empire, et à se préparer une viande choisie et délicieuse. Le prophète parle des Chaldéens, qui s'étaient procuré plus de douceurs de la vie, et avaient enrichi et augmenté leur empire par la victoire qu'ils avaient eue sur les Juifs, et l'attribuaient à leur prudence.

§ 1. — Nourriture de l'âme, telle est la parole de Dieu, ou incarnée, le corps de Jésus-Christ, l'Eucharistie. *Caro mea vere est cibus :* ou prêchée et enseignée ; Hebr. 5. 14. *Perfectorum autem est solidus cibus :* La nourriture solide est pour les parfaits : cette nourriture solide est *la connaissance des plus grands mystères*. v. 12. Mais Joan. 6. 27. s'entend de la parole de Dieu considérée sous ces deux égards, et en tant qu'elle est opposée à *panis*, dont il est parlé, v. 26.

§ 2. — Le contentement, le plaisir de l'esprit, ce qui le contente, ce qu'on fait le plus volontiers (βρῶμα). Joan. 4. 34. *Meus cibus est, ut faciam voluntatem ejus qui misit me :* Ma nourriture est de faire la volonté de celui qui m'a envoyé, dit Jésus-Christ, v. 32.

CICATRIX, ICIS, οὐλή, de *cœcare*, Couvrir, cacher, parce que la cicatrice couvre la plaie ; ou de l'hébreu sacac, *tegere*, *obducere*.

1° Cicatrice, la marque qui reste d'une plaie, après qu'elle est guérie. Chez les Juifs, certaines circonstances que le prêtre remarquait à la cicatrice d'un ulcère qui avait été guéri, lui faisait juger si c'était la lèpre ou non. Lévit. 13. 19. Voy. v. 18. Ainsi v. 21. 23. 25. 28. c. 14. 56.

2° Blessure, plaie, ulcère. Lévit. 22. 22. *Si cicatricem habens... non offeretis ea Domino :* Si c'est une bête qui ait une blessure, vous n'offrirez point de bête de cette sorte au Seigneur : c'est le terme de l'Hébreu ; *lettre*, une cicatrice. Ps. 37. 6. *Putruerunt et corruptæ sunt cicatrices meæ* (μώλωψ) : Mes plaies ont été remplies de corruption et de pourriture. David put bien être affligé de quelque vilain ulcère, en punition de son péché d'homicide et d'adultère, quoique, communément et selon la suite du verset, il s'entende des plaies que le péché avait faites en lui ; de ce mot vient cette phrase :

Cicatrix parietum. Fente, brèche de muraille (μῆκος, *longitudo*). 2. Par. 24. 13. *Obducebatur parietum cicatrix :* Les ouvriers réparèrent toutes les fentes et les ouvertures des murs de Jérusalem au temps de Joas. 2. Esdr. 4. 7. Gr. Φυή, *Germen*.

3° Les malheurs et les afflictions (ἴασις, *sanitas*). Jerem. 8. 22. *Quare igitur non est obducta cicatrix filiæ populi mei ?* Pourquoi donc la blessure de la fille de mon peuple n'a-t-elle point été fermée ? Dieu demande s'il n'y avait point de remèdes spirituels pour corriger les fautes du peuple, ce qui lui eût procuré la délivrance de tous les maux dont il était accablé par les Babyloniens. c. 33. 6. *Obducam eis cicatricem* (συνούλωσις, *cicatricum obductio*) : Je refermerai leurs plaies ; sc. des Juifs, dont la plaie universelle était la captivité où ils étaient, et dont Dieu leur promet de les délivrer. Voy. v. 7. Ainsi c. 30. 17. La métaphore est tirée des blessures qui se referment.

CICER, ERIS. De κίκυς, *robur*, à cause de la force qu'il a de brûler la terre, par la liqueur salée qu'il renferme, c'est pourquoi il ne se sème point qu'il n'ait été mis à tremper du jour précédent, et signifie, proprement, pois chiche ; dans l'Écriture :

Pois, en général (ἄλφιτον, *polenta*). 2. Reg. 17. 28. *Obtulerunt ei stratoria... et frixum cicer :* David étant venu au camp, ils lui offrirent des tapis... et des pois fricassés ; il avait passé le Jourdain pour fuir Absalon ; le mot hébreu est le même que *polenta*, ce que l'on explique d'une farine faite de légumes.

CICONIA, æ. πέλαργος. Ce mot semble venir de *cicur*, à cause du naturel privé et domestique de cet oiseau.

Cigogne, oiseau. Jerem. 8. 7. *Hirundo et ciconia custodierunt tempus adventus sui...* L'hirondelle et la cigogne savent discerner la saison de leur passage ; *sc.* par la disposition et le changement de l'air ; car Dieu a donné aux animaux l'instinct de le connaître, lequel ils suivent ; et Dieu se plaint que le peuple n'ait point de même suivi sa loi.

CIDARIS, IS, ou CITARIS, ἡ κίδαρις, de l'Hébreu *catar*, ceindre, couronner ; et signifie :

1° Tiare, diadème, ornement de tête des anciens rois de Perse. Ezech. 21. 26. *Aufer cidarim* : Otez-lui le diadème ; Dieu parle du roi Sédécias, parce qu'il s'était retiré de l'obéissance du roi de Babylone. Voy. 4. Reg. 24. 20. Voy. l'accomplissement de cette prophétie, c. 25. v. 6. 7.

2° Tiare, mitre du grand-prêtre chez les Juifs, sur laquelle était gravé un nom de lame d'or pur le nom sacré de Jéhova. Exod. 28. 4. Levit. 8. 9. Mais c. 16. 4. elle est appelée *Cidaris linea* : Habillement de lin que le grand-prêtre devait mettre sur sa tête lorsqu'il entrait dans le sanctuaire au dedans du voile : *Cidarim lineam imponet capiti* : Aaron mettra sur sa tête l'habillement de lin ; Hebr. S'entortillera de la tiare de lin. Le mot hébreu exprime la façon de la tiare faite en forme de turban qui a divers doubles de toile entortillés l'un dans l'autre. Ainsi, Zach. 3. 5. *Ponite cidarim mundam super caput ejus* : Mettez sur la tête de Jésus une tiare éclatante ; ce qui figurait que Dieu l'établissait et le confirmait dans la charge du grand-prêtre, après l'avoir purifié de ses péchés, et l'avoir comme couronné des grâces du Saint-Esprit, nécessaires pour s'en acquitter.

CILICIA, Gr. *Revoluta*, Cilicie, province de l'Asie Mineure appelée *la Caramanie*. Judith. 1. 7. *Misit ad omnes qui habitabant in Cilicia.* c. 2. v. 12. 15, etc. Quelques-uns croient que cet endroit de Judith s'entend de quelque ville ou pays sur le Tigre, où commença ce voyage. Act. 22. 3. *Ego sum vir Judæus, natus in Tarso Ciliciæ* : Je suis Juif, né à Tarse en Cilicie. Voy. TARSUS.

CILICIUM, II, κιλίκιον. Ce nom, auquel est sous-entendu *textum*, vient de *Cilicia*, parce que c'était la coutume de faire particulièrement en ce pays-là des cilices, tissus de poils de divers animaux, et particulièrement de boucs et de chèvres, pour l'usage du camp et des matelots. C'étaient, chez les Orientaux, des vêtements contre la pluie. Dans l'Ecriture :

CILICIUM, σάκκος, Heb. *sak*, cilice, ou sac fait de poil piquant, était une marque d'affliction et de deuil. Gen. 37. 34. *Scissis vestimentis, indutus est cilicio* : Jacob voyant la robe sanglante de Joseph, qu'il crut avoir été dévoré de quelque bête cruelle, déchira ses vêtements et se couvrit d'un cilice, pleurant son fils fort longtemps. Ps. 68. 12. Et l'on se couvrait aussi souvent la tête de cendres. Matth. 11. 21. Luc. 10. 13. *Si in Tyro et Sidone factæ fuissent virtutes quæ factæ sunt in vobis, olim in cilicio et cinere sedentes pœniterent* : Si les miracles qui ont été faits en vous avaient été faits dans Tyr et dans Sidon, il y a longtemps qu'elles auraient fait pénitence dans le sac et dans la cendre : Jésus-Christ parle aux villes de Corozaïn et de Bethsaïde. Levit. 11. 32. Thren. 2. 10. Isa. 3. 24. Jerem. 48. 37. De là vient :

CILICINUS, A, UM, τρίχινος, adjectif inusité chez les Latins, et signifie, dans l'Ecriture, qui est de poil de chèvre ou de poil en général. Exod. 26. 7. *Facies et saga cilicina undecim* : Vous ferez encore onze autres couvertures de poil de chèvre, pour couvrir le haut du tabernacle. Apoc. 6. 12. *Sol factus est niger tanquam saccus cilicinus* : Le soleil devint noir comme un sac de poil. L'Ecriture parle des signes qui précèderont le dernier jugement.

CIN, Heb. *Possessio*, père des Cinéens. Num. 24. 22. *Si fueris electus de stirpe Cin* : Quoique vous ayez été choisis de la race de Cin. Balaam parle aux Cinéens, qui descendaient de Jethro et qui s'étaient établis, sous la conduite de Jobab, son fils, parmi les Israélites, en partie dans la tribu de Juda et en partie dans celle de Nephthali, et leur prédit que les Assyriens les emmèneraient un jour.

CINA, Heb. *Idem*, ville de la tribu de Juda. Jos. 15. 24.

CINÆUS, I, Heb. *Possessio*. — 1° Peuples qui habitaient dans le désert d'Arabie, près des Amalécites. Les Cinéens étaient un des dix peuples que Dieu devait exterminer en faveur des Israélites. Gen. 15. 19. *Semini tuo dabo... Cinæos, Cenezæos, Cedmonæos*. Il semble qu'ils ont été exterminés avant le temps de Josué.

2° Les descendants de Jethro, beau-père de Moïse, qui avait tiré son origine de ce peuple : et c'est de là qu'il a été appelé *Cinéen*, et ses descendants *Cinéens*, qui, s'étant établis en partie dans la tribu de Juda et en partie dans la tribu de Nephthali, furent depuis transférés, les uns par Salmanazar, et les autres par les Chaldéens. Num. 24. 21. *Vidit quoque Cinæum*, Judic. 1. 16. c. 4. v. 11. 17. c. 5. 24. 1. Reg. 15. 6. 1. Par. 2. 55.

Les Cinéens ont toujours été très-célèbres parmi le peuple de Dieu, depuis que Moïse eut engagé Hobab, fils de Jethro, son beau-père, descendu de ces Cinéens, à suivre le peuple d'Israël : car ce peuple était un de ceux que Dieu avait livrés aux Israélites, et leur pays faisait partie de la terre que Dieu avait donnée en héritage à la postérité d'Abraham. Mais l'alliance qu'eut Moïse avec la famille de Jethro fit éviter à cette famille le malheur de toute la nation. Ainsi elle s'établit d'abord dans le territoire de Jéricho ; et ensuite, s'étant venue établir dans le désert de la tribu de Juda, elle y devint célèbre par l'austérité de vie et l'exactitude de la discipline dont firent profession ceux qu'on nomma *Réchabites*, et qui étaient de leurs descendants.

CINCINNUS, 1, βόστρυχος, du grec κίκιννος. Touffe de cheveux tressés, tresses de cheveux. Ezech. 8. 3. *Similitudo manus apprehendit me in cincinno capitis mei* : Je vis comme une main qui me vint prendre par les cheveux. C'est de la vision dont le prophète parle au verset précédent. Judith. 16. 10. *Colligavit cincinnos suos mitra* : Judith a ajusté ses cheveux et les a couverts d'un ornement superbe. Ainsi, Cant. 5. 2. *Aperi mihi... quia caput meum plenum est rore, et cincinni mei guttis noctium* : Jésus-Christ demande à l'Epouse de lui ouvrir la porte de son cœur, parce qu'il a beaucoup souffert pour la racheter et la purifier de ses péchés. Ceci est tiré de la peine qu'ont ceux qui souffrent d'être mouillés de la rosée de la nuit.

CINCTORIUM, II, de *cingere*; dans l'Ecriture :
Ceinture, baudrier. Isa. 11. 5. *Erit et fides cinctorium renum ejus* : La foi sera le baudrier dont il sera toujours ceint. C'est-à-dire, la vérité et la fidélité se trouveront toujours dans les promesses du Messie, et en seront inséparables ; *autrement*, la foi sera le baudrier et l'épée dont il est toujours ceint pour repousser les attaques des ennemis.

CINGERE. Ce mot, qui est comme qui dirait *zongere*, vient du verbe grec ζωννύειν, qui a la même signification.

1° Ceindre d'une ceinture. Exod. 29. 8. *Cingesque balteo* : Vous ceindrez Aaron et ses enfants de leurs ceintures. Levit. 8. 13. 3. Reg. 7. 23. Eccli. 45. 10. Ainsi Joan. 21. 18. *Cum esses junior, cingebas te* : Lorsque vous étiez plus jeune, vous vous ceigniez vous-même. Les anciens ceignaient leurs robes par-dessus les reins, à cause de la longueur de leurs habits, lorsqu'ils se préparaient à marcher ou à agir (Voy. 4. Reg. 9. 1. Luc. 17. 8. Joan. 13. 4). *Alius te cinget* : Mais lorsque vous serez vieux... un autre vous ceindra. Jésus-Christ parle du bourreau qui devait lier saint Pierre pour le mener au supplice.

2° Environner, investir (παρεμβάλλειν). 1. Reg. 23. 26. *In modum coronæ cingebant David* : Saül et ses gens environnaient David et ceux qui étaient avec lui, en forme de couronne, pour le prendre.

3° Clore de murailles (φραγμὸς, *sepes*). Num. 22. 24. *Stetit angelus in angustiis duarum macieriarum quibus vineæ cingebantur* : L'ange se tint dans un lieu fort étroit, entre deux murailles de deux clos de vignes. Ce fut dans le chemin par où passait Balaam avec son âne.

§ 1. — Investir, envelopper de toutes parts, en parlant des maux inévitables. Job. 19. 6. *Saltem nunc intelligite quia Deus non æquo judicio... flagellis suis me cinxerit* : Comprenez au moins maintenant que ce n'est point par un jugement proportionné à mes fautes que Dieu... m'a frappé de ses plaies ; *Hebr.*, en me tendant un filet pour m'y faire tomber. La métaphore est tirée du filet dont se trouvent enveloppées les bêtes que l'on prend ; Gr., ὀχύρωμα ὕψωσεν, *munitionem erexit*.

§ 2. — Couvrir, vêtir. Ezech. 16. 10. *Cinxi te bysso* : Je vous ai ornée du lin le plus beau. Dieu remontre à Jérusalem tous les bienfaits dont il l'a comblée. Voy. v. 2.

CINGULUM, I, ζώνη, de *cingere*.

1° Ceinture (περίζωμα). Les anciens, qui portaient de longues robes, usaient de ceintures. Prov. 31. 24. *Cingulum tradidit Chananæo* : Elle a donné une ceinture au Chananéen ; *Hebr.*, au marchand chananéen. L'Ecriture décrit la conduite d'une femme forte. Les gens de guerre en usaient aussi. Isa. 5. 27. *Neque solvetur cingulum renum ejus* : Ce peuple éloigné ne quittera jamais le baudrier dont il est ceint. Le prophète parle du roi de Babylone, qui marcherait avec ses troupes contre Jérusalem.

2° La ceinture était ou un ornement des prêtres, dans l'ancienne loi, Exod. 39. 28. Levit. 8. 8, ou de quelque autre dignité. Isa. 22. 21. *Cingulo tuo confortabo eum* : J'honorerai Eliacim, fils d'Helcias, de votre ceinture ; Gr., de votre couronne. Le prophète prédit à Sobna, préfet de la maison du roi ou du temple, v. 15, qu'il serait dépouillé de cette charge. On voit l'accomplissement de cette prophétie 4. Reg. 18. 18.

§ 1. — Les vertus sont appelées du mot de ceinture, pour marquer qu'elles font l'ornement et la force dans quelqu'un. Isa. 11. 5. *Et erit justitia cingulum lumborum ejus* : La justice sera le baudrier de ses reins. C'est du Messie dont parle le prophète.

§ 2. — Tout ce qui entoure et environne : tel était le bras de mer qui environnait la ville de Tyr. Isa. 23. 10. *Non est cingulum ultra tibi* : Toute votre enceinte a été détruite ; *i. e.* La mer ne vous servira plus comme de ceinture ; elle n'environnera plus votre ville ; votre ville tiendra au continent. Ce qui se peut entendre aussi des murailles mêmes. Gr. Il ne vous viendra plus de vaisseaux de Carthage.

CINIPHES ou **CYNIPHES**, Gr. κνίψ, de l'infinitif κνίζειν, qui est de même signification que ξύειν, *radere*.
Moucherons qui ont un aiguillon fort piquant. Ps. 104. 31. *Venit cœnomyia et cinifes* : Dieu parla, et on vit venir toutes sortes de mouches et de moucherons dans tout le pays. C'est la troisième plaie dont Dieu affligea les Egyptiens. Voy. Exod. 8. 17. Le mot hébreu signifie *pediculi*. Voy. **Sciniphes**.

CINIS, ERIS, σποδὸς, du grec κόνις.

1° Cendre (τέφρα). 2. Petr. 2. 6. *Civitates Sodomorum et Gomorrhæorum in cinerem redigens* : Dieu a réduit en cendres les villes de Sodome et de Gomorrhe. Hebr. 9. 13. *Cinis vitulæ* : La cendre d'une génisse. 2. Mach. 13. 8. *Cujus ignis ignis erat sanctus* : Le feu et la cendre de l'autel de Dieu étaient des choses saintes. Ps. 147. 10. *Nebulam sicut cinerem spargit* : Dieu répand la gelée blanche comme de la cendre. Souvent les moissons et les fleurs des arbres souffrent autant de certaines gelées à contre-temps, ou certains brouillards, que si c'eût été la cendre chaude qui fût tombée dessus. Jer. 31. 40. *Super vallem cadaverum et cineris.* Voy. CADAVER. La vallée des cendres était un lieu où l'on portait les cendres des sacrifices.

2° Chaux, pierre ou marne, qu'on brûle et qu'on fait cuire dans un four (κονία). Isa. 27. 9. *Et iste omnis fructus, ut auferatur peccatum ejus, cum posuerit omnes lapides altaris, sicut lapides cineris allisos*: Le fruit de tous ses maux sera l'expiation de son péché, lorsque Israël aura brisé toutes les pierres de l'autel de ses idoles comme des pierres de chaux. La chaux qu'on laisse à l'air sans l'éteindre se réduit en poudre très-menue. Isa. 33. 12. *Et erunt populi quasi de incendio cinis*: Les peuples seront semblables à des cendres qui restent après un embrasement; *gr.* κεκαυμένα, Heb. *Exusti sicut calx*: comme des fourneaux de chaux.

§ 1. — Chose abjecte et méprisable. Gen. 18. 27. *Loquar ad Dominum cum sim pulvis et cinis*: Je parlerai encore à mon Seigneur, quoique je ne sois que poudre et que cendre, dit Abraham à Dieu. Eccli. 10. 9. c. 17. 31. c. 40. 3. Job. 13. 12. c. 30. 19. Malach. 4. 5. c. 10. 3. Ainsi Ezech. 28. 18. *Dabo te in cinerem*: Je vous réduirai en cendres; *i. e.* Je vous rendrai méprisable comme la cendre; ou ceci se peut entendre comme faisant allusion à ceux qu'on brûle vifs; *i. e.* Je vous ferai souffrir des tourments horribles. L'Ecriture parle du roi de Tyr. De là vient cette phrase :
Cinerem esse sub planta pedum alicujus. Etre assujetti à quelqu'un d'une manière honteuse. Malach. 4. 3. *Calcabitis impios, cum fuerint cinis sub planta pedum vestrorum*: Vous foulerez aux pieds les impies, lorsqu'ils seront devenus comme de la cendre sous la plante de vos pieds. Ce qui se peut entendre des impies, qui, au jugement dernier, seront comme sous les pieds des saints.

§ 2. — Affliction, deuil, misère. Isa. 61. 3. *Ut darem eis coronam pro cinere*: Le Seigneur m'a envoyé pour donner à ceux de Sion une couronne au lieu de la cendre. Cette façon de parler vient de ce que les Juifs, dans le deuil et l'affliction, se couvraient la tête de cendres. Thren. 2. 10. Jerem. 6. 26. c. 25. 34. *ou* ils étaient assis et couchés sur la cendre. Joan. 3. 6. *Sedit in cinere*: Le roi de Ninive s'assit sur la cendre. Ce fut à la menace de sa destruction que fit Jonas de la part de Dieu. Voy. v. 2. 4. Matth. 11. 21. Luc. 10. 13. De là vient que la cendre se mêlait aisément avec le pain. Thren. 3. 16. *Cibavit me cinere*: Le Seigneur m'a nourri de cendres. Ps. 101. 10. *Cinerem tamquam panem manducabam*: Je mangeais la cendre comme le pain; *ou* c'est une hypallage pour *panem sicut cinerem*: Je ne trouvais pas plus de goût au pain qu'à la cendre.

CINNAMOMUM, i, Gr. κιννάμωμον. Ce mot grec vient de ce que cette plante est semblable à l'*amome*, et signifie cinnamome, plante odoriférante, petit arbre de la hauteur d'environ trois ou quatre coudées et de la grosseur du bras, qui pousse de son tronc six ou sept branches, que l'on coupe tous les ans; on en tire l'écorce, que l'on fait sécher pour envoyer dans les pays étrangers; elle se trouve dans l'Inde orientale. Eccli. 24. 20. *Sicut cinnamomum et balsamum aromatizans odorem dedi*: J'ai répandu une senteur de parfum, comme la cannelle et le baume, dit la Sagesse. Exod. 30. 23. Prov. 7. 17. Cant. 4. 14. Apoc. 18. 13. Cet arbrisseau ressemble à la cannelle; mais il est de différente espèce.

CINYRA. Du Grec κινύρα et de l'Hébreu *cinor*.
Lyre, guitare, instrument de musique. 1. Mach. 4. 54. *Renovatum est in canticis et citharis et cinyris*: Le nouvel autel fut dédié de nouveau au bruit des cantiques des harpes, des lyres et des timbales; souvent *cinyra* est confondu avec *cithara*; comme 2. Par. 29. 25. La Vulgate porte *cithara*, où le Grec porte *cinyra*: on peut voir le même, 1. Mach. 13. 51. et 1. Reg. 10. 5. et 2. Reg. 6. 5. Ce qui porte à croire que ces deux instruments avaient beaucoup de rapport, et pouvaient bien ne différer que pour la grandeur, ou le nombre des cordes. En effet, l'Hébreu *cinor*, d'où vient *cinyra*, est souvent rendu par *cithara*.

CIRCA, περί, de *circus*.
1° Autour. Marc. 1. 16. *Zona pellicea circa lumbos ejus*: Saint Jean avait une ceinture de cuir autour de ses reins. c. 3. 32. *Sedebat circa eum turba*: Ce peuple était assis autour de Jésus.

2° Le long, aux environs d'un lieu (πρός). Matth. 3. 5. *Omnis regio circa Jordanem*: Tout le pays des environs du Jourdain venait à Jésus. Marc. 3. 8. *Qui circa Tyrum et Sidonem*: Ceux des environs de Tyr et de Sidon. c. 4. 1. *Omnis turba circa mare super terram erat*: Tout le peuple se tenant sur le rivage de la mer: v. 4. *Aliud cecidit circa viam*: Une partie de la semence tomba le long du chemin. c. 5. 11. *Erat... circa montem grex porcorum magnus*: Il y avait là un grand troupeau de pourceaux.

3° Environ, vers, pour marquer le temps. Matth. 27. 46. *Circa horam nonam clamavit Jesus*: Sur la neuvième heure Jésus jeta un grand cri. c. 20. 3. *Et egressus circa horam tertiam*: Le père de famille sortit encore sur la troisième heure du jour.

4° Touchant, à l'égard, pour marquer l'objet ou la personne. 1. Tim. 1. 19. *Circa fidem naufragaverunt*: Quelques-uns ont fait naufrage dans la foi, c. 6. 4. *Languens circa quæstiones*: Celui qui ne suit pas la doctrine de Jésus-Christ est un malade d'esprit, qui s'amuse à des questions qui sont inutiles et dangereuses. Luc. 10. 40. *Martha autem satagebat circa frequens ministerium*: Marthe était fort occupée à préparer tout ce qu'il fallait. Tob. 11. 19. *Narravit parentibus suis omnia beneficia Dei, quæ fecisset circa eum*: Tobie raconta à son père et à sa mère tous les bienfaits dont Dieu l'avait comblé. v. 20. Sap. 14. 22. Eccli. 18. 12. 2. Mach. 4. 14.

Marc. 4. 19. Et marque aussi où quelqu'un se trouve, et ce qui se passe à son égard. Ephes. 6. 21. *Ut autem et vos sciatis quæ circa me sunt :* Quant à ce qui regarde l'état où je suis. Philipp. 1. 12. c. 2. 19. 23. Coloss. 4. v. 7. 8. etc.

5° Avec, dans la compagnie de quelqu'un, pour marquer l'attachement ou l'engagement que l'on a avec quelqu'un. Luc. 22. 49. *Qui circa ipsum erant:* Ceux qui étaient avec Jésus. Saint Luc parle de ses disciples qui étaient avec Jésus-Christ, lors qu'il fut pris.

6° Proche, près (κατά). Act. 2. 10. *Partes Libyæ quæ est circa Cyrenem:* Cette partie de la Lybie qui est proche de Cyrène. Tob. 4. 5. c. 14. 12. 2. Mach. 3. 23. c. 15. 13. Marc. 5. 21.

7° Dans, pour marquer ce qui se fait en quelque lieu (κατά). Act. 2. 46. *Frangentes circa domos panem :* Ceux qui croyaient à l'Evangile, rompaient le pain dans leurs maisons; *i. e. ou* ils prenaient souvent leurs repas ensemble, les pauvres avec les riches, *ou* participaient à la sainte Eucharistie. c. 5. 42.

8° Contre. Judith. 3. 2. *Cesset indignatio tua circa nos :* Faites cesser votre colère contre nous, disent à Holopherne tous les peuples qui se venaient rendre à lui. Mach. 3. 32.

Circa, adverbe. 9° A l'entour, aux environs. Gen. 13. 10. *Vidit omnem circa regionem;* Loth considéra tout le pays situé le long du Jourdain. c. 19. 25. Luc 7. 17. c. 9. 12.

CIRCINUS, i. De *circus*, ou de l'ancien verbe *circare*.

Compas avec quoi l'on tire des lignes en rond, et l'on mesure diverses choses. Isa. 44. 13. *In circino tornavit illud:* Le sculpteur donne au bois des traits et ses proportions avec le compas.

CIRCITER, ὡσεί, de *circus*.

Environ, et se dit du temps et du nombre. Act. 2. 41. *Appositæ sunt in die illa animæ circiter tria millia :* Au jour que saint Pierre prêcha, il y eut environ trois mille personnes qui se joignirent aux disciples de Jésus-Christ. c. 5. 36. Judic. 3. 29. c. 16. 27. c. 20. 31. 3. Reg. 22. 6. Tous ces endroits ne regardent que le nombre et non le temps.

CIRCUIRE. Voy. CIRCUMIRE.

CIRCUITUS, us, κύκλος, de *circum ire*.

1° Tour, enceinte de quelque chose ou de quelque lieu. Tob. 13. 21. *Ex lapide pretioso omnis circuitus murorum ejus :* Toute l'enceinte des murailles de Jérusalem sera de pierres précieuses; ce qui s'entend dans le sens spirituel, de même que Apoc. 21. 18. et marque l'assurance où seront les saints dans la gloire, qui est la Jérusalem céleste. De là viennent ces phrases : — *In circuitu, per circuitum*, κύκλῳ. 1° A l'entour, tout autour. Ps. 127. 3. *Filii tui... in circuitu mensæ tuæ:* Vos enfants seront tout autour de votre table; soit pour y servir et attendre qu'on leur commande, soit qu'ils y soient à table pour manger : c'est ici la bénédiction de ceux qui gagnent leur vie au prix de leur travail dans la crainte de Dieu. Marc. 3. 34. c. 6. 6. Apoc. 4. v. 3. 8. Ainsi, Ps. 17. 12. *In circuitu ejus tabernaculum ejus:* Le Seigneur a sa tente tout autour de lui : les nuées l'environnent et le couvrent comme une tente. Cette expression, comme Ps. 49. 4. marque la grandeur et la puissance de Dieu. Levit. 1. 5. *Sanguinem ejus fundentes per altaris circuitum :* Les prêtres répandront le sang du veau autour de l'autel. c. 3. 8. Deut. 21. 2. — 2° En tout, entièrement, totalement. Job. 10. 8. *Manus tuæ fecerunt me, et plasmaverunt me totum in circuitu:* Ce sont vos mains, Seigneur, qui m'ont formé; ce sont elles qui ont arrangé toutes les parties de mon corps. Voy. PLASMARE. — 3° De tous côtés, de toutes parts, en grand nombre. Ps. 11. 9. *In circuitu impii ambulant:* Les impies rôdent de toutes parts, pour maltraiter les bons. Thren. 2. 22. *Vocasti... quasi ad diem solemnem qui terrerent me de circuitu:* Vous avez fait venir contre moi des ennemis de toutes parts. c. 1. 17. Deut. 17. 14. 1. Reg. 14. 47. Ps. 30. 14. Eccl. 1. 6. Jerem. 46. 14. etc. Ainsi, Rom. 15. 19. *Ab Jerusalem per circuitum usque ad Illiricum :* Saint Paul témoigne qu'il a prêché l'Evangile dans toute l'étendue du pays, qui est depuis Jérusalem de tous côtés jusqu'à l'Illyrie.

In circuitu alicujus esse. — 1° Environner quelqu'un, être autour de lui. Ps. 49. 4. *In circuitu ejus tempestas valida :* Une tempête violente environne Dieu. Le prophète a en vue ce qui est dit, Exod. 19. 16. et se sert de cette expression pour marquer la majesté de Dieu. — 2° Accompagner quelqu'un pour le défendre, pour le servir. Ps. 33. 7. *Immittet Angelus Domini in circuitu timentium eum :* L'Ange du Seigneur environnera ceux qui le craignent. Voy. Tob. 5. 20. c. 7. 12. Ainsi, 4. Reg. 6. 17. Ps. 75. 12. *Vovete et reddite Domino Deo vestro, omnes qui in circuitu ejus affertis munera:* Faites des vœux au Seigneur votre Dieu, et vous acquittez de ces vœux, vous tous qui environnez son autel pour lui offrir des présents : Le Prophète parle au peuple de Dieu. Ps. 88. 8. *Terribilis super omnes qui in circuitu ejus sunt :* Dieu est redoutable à tous ceux qui l'environnent; *i. e.* à ses anges, à ses saints. v. 9. *Veritas tua in circuitu tuo :* Votre vérité est sans cesse autour de vous ; *i. e.* vous accompagne toujours. Ps. 124. *Dominus in circuitu populi sui:* Le Seigneur est toujours prêt à assister son peuple. — 3° Etre voisin, en parlant de plusieurs personnes ou peuples qui demeurent de tous côtés auprès de nous. Ps. 30. 14. Ps. 78. 4. *Facti sumus opprobrium vicinis nostris, subsannatio et illusio his qui in circuitu nostro sunt :* Nous sommes devenus un sujet d'opprobre à nos voisins; ceux qui sont autour de nous se moquent de nous, etc. Isa. 49. 18. c. 60. 48. *Leva in circuitu oculos tuos:* Levez vos yeux, et regardez tout autour de vous : Le Prophète parle des peuples voisins de la Judée, qui devaient venir de toutes parts, ainsi que du reste du monde, pour entrer dans l'Eglise.

Ezech. 36. v. 3. 4. c. 16. 57. 1. Mach. 5. v. 10. 38. 57.

2° Tour, circuit qu'on fait en marchant autour de quelque lieu (κύκλωμα). Heb. 11. 30. *Fide muri Jericho corruerunt circuitu dierum septem.* C'est par la foi que les murs de Jéricho tombèrent, après qu'on en eut fait le tour sept jours durant; ce qui se voit, Jos. 6. 16.

3° Conspiration, entreprise cachée à l'encontre de quelqu'un. Ps. 139. 10. *Caput circuitus eorum... operiet eos:* Toute la malignité des détours des pécheurs les accablera eux-mêmes. Voy. Caput. n. 8.

CIRCULUS, I, κύκλος, de *circus*, et signifie proprement, un cercle, figure de mathématiques, ronde et plate, ligne tirée en rond, cercle, assemblée de gens qui s'entretiennent de diverses choses : dans l'Ecriture :

1° Cercle, anneau (δακτύλιος). Exod. 25. 12. *Facies... et quatuor circulos aureos:* Vous ferez quatre anneaux d'or ; c'était pour mettre aux quatre coins de l'Arche. v. 14. 15.

2° Tour, circuit. Eccl. 1. 6. *Spiritus... in circulos suos revertitur:* Le vent qui emporte les nuées autour du ciel, revient comme sur ses traces ; mais, selon quelques-uns, *spiritus*, marque le soleil qui anime toutes choses, et qui, dans le tour du ciel qu'il fait, reprend toujours son même cours.

3° Révolution de temps. Judic. 11. 40. *Post anni circulum:* Au bout d'un an, une fois l'année. 1. Reg. 1. 20. *Post circulum dierum concepit Anna:* Quelque temps après qu'Héli eut souhaité que Dieu accordât à Anne la demande qu'elle lui avait faite, elle conçut d'Elcana son mari, et en eut Samuel.

4° Crochet ou hameçon (κρίκος). Job. 40. 21. *Numquid pones circulum in naribus ejus?* Mettrez-vous à Leviathan un cercle au nez? ceci semble avoir rapport aux pécheurs à la ligne, qui passent un fil de fer au nez du poisson qu'ils ont pris, pour le porter à la main. De là vient cette signification métaphorique :

— La force et la puissance qu'on emploie pour arrêter la fureur de quelqu'un, et pour le dompter. 4. Reg. 19. 28. Isa. 37. 29. *Ponam ergo circulum in naribus tuis* (ἄγκιστρον): J'ai su cette fureur extravagante que vous avez conçue contre moi... c'est pourquoi je vous mettrai un cercle aux narines : Dieu parle à Sennachérib, et proteste qu'il n'entrera point dans Jérusalem, et qu'il emploiera sa puissance pour l'en empêcher. Voy. 4. Reg. 19. 35. Le prophète semble faire allusion aux anneaux, semblables à ceux qu'on met au nez des buffles, pour les tourner où l'on veut.

5° Jante ou cercle de roue (τροχός). Ezech. 10. 12. *Omne corpus earum et colla, et manus. et pennæ, et circuli plena erant oculis:* Le corps des quatre roues qui parurent à Ezéchiel, leur cou, leurs mains et leurs ailes, et leurs cercles étaient pleins d'yeux.

6° Pendant d'oreille. Ezech. 16. 12. *Dedi... circulos auribus tuis:* Je vous ai donné des pendants d'oreille : Dieu représente aux Juifs les grâces dont il les a comblés. Prov. 11. 22. *Circulus aureus in naribus suis, mulier pulchra et fatua:* La femme belle et insensée est comme un anneau d'or au museau d'une truie : le vice et les défauts de l'âme font perdre toute l'estime de la plus grande beauté d'une femme. Voy. Inauris.

CIRCUM, περὶ, du nom *circus*, et signifie, Autour, à l'entour (κύκλῳ). Ezech. 6. 5. *Dispergam ossa vestra circum aras vestras:* Je répandrai vos os autour de vos autels, en punition de l'idolâtrie des Juifs, à qui Dieu parle. 4. Reg. 11. 11. 2. Mach. 12. 20. Matth. 8. 18.

CIRCUMÆDIFICARE. Ce verbe composé signifie:

Bâtir autour, clore des bâtiments, clore, enfermer (ἀνοικοδομεῖν). Thren. 3. 7. *Circumædificavit adversum me, ut non egrediar:* Le Seigneur a élevé des forts contre moi pour m'empêcher de sortir. Le prophète peut bien parler ici de la noire prison où il fut lui-même enfermé dans Jérusalem.

CIRCUMAGERE. Ce verbe composé signifie :

1° Tourner, faire tourner, mener où l'on veut. Ezech. 38. 4. c. 39. 2. *Circumagam te, et ponam frænum in maxillis tuis* (συνάγειν): Je vous ferai tourner, et je mettrai un frein dans vos machoires. Le prophète parle à Magog. Voy. Frænum.

2° Faire avancer. 2. Reg. 12. 31. *Circumegit super eos ferrata carpenta:* David fit passer sur les habitants de Rabbath des roues de fer. Voy. Carpentum.

CIRCUMAMICIRE. De ce verbe inusité vient le participe

Circumamictus, a, um. περιβεβλημένος, vêtu. Ps. 44. 15. *Circumamicta varietatibus:* La fille du roi est revêtue de divers ornements : ceci marque les différentes grâces du Saint-Esprit qui sont dans l'Eglise. Apoc. 4. 4. *Circumamicti vestimentis albis:* Les vingt-quatre vieillards étaient vêtus de robes blanches. Voy. Albus.

CIRCUMCIDERE, περιτέμνειν, de *circum* et de *cædere*, et signifie proprement, couper tout autour ? dans l'Ecriture :

1° Couper. Deut. 21. 12. *Circumcidet ungues*, περιονυχεῖς αὐτήν. Cette femme coupera ses ongles. C'est une choses que devait faire une femme faite prisonnière de guerre lorsque le Juif qui l'avait prise la voulait épouser.

2° Circoncire, de la manière que Dieu l'avait ordonné aux Juifs, et avant la loi à Abraham. Gen. 17. v. 10. 11. *Circumcidetur ex vobis omne masculinum; et circumcidetis carnem præputii vestri:* Tous les mâles d'entre vous seront circoncis ; vous circoncirez votre chair. C'est sur cette loi que quelques-uns qui étaient venus de Judée enseignaient aux chrétiens d'Antioche la circoncision et la pratique de la loi de Moïse étaient nécessaires pour être sauvé. Act. 15. 1. Saint Pierre remontre au contraire, dans le concile de Jérusalem, que c'est par la grâce de Jésus-Christ, et non par la circoncision, que les chrétiens seront sauvés. v. 11. Sur quoi ce même concile écrit à l'Eglise d'Antioche qu'ils ne croient point la circoncision nécessaire. v. 28. 29. Et saint Paul défend aussi la circoncision aux Galates, sous peine même de n'avoir point de part à la grâce de Jésus-Christ, c. 5. v. 2. 4. Sur quoi il faut remarquer que, depuis la publication de l'Evangile, la circoncision et les autres cérémonies de la loi ont cessé d'être de nécessité et d'obligation, et c'est ce que le concile de Jérusalem a prétendu ; mais on n'a pas laissé d'en tolérer l'usage pour condescendre à la faiblesse des Juifs, qui y étaient attachés jusqu'à ce qu'ils fussent plus instruits. Ainsi saint Paul a fait circoncire Timothée par condescendance, et n'a pas voulu que Tite le fût, parce qu'on l'exigeait comme par nécessité.

— Circoncire d'une circoncision spirituelle. C'est retrancher les vices et les convoitises du cœur, ce qui était figuré par la circoncision de la chair. Deut. 10. 16. *Circumcidite igitur præputium cordis vestri* : Ayez soin de circoncire, *i. e.* de retrancher ce qu'il y a de charnel dans votre cœur. c. 30. 6. *Circumcidet Dominus Deus tuus cor tuum, et cor seminis tui, ut diligas Dominum Deum in toto corde tuo* : Cette prédiction devait être regardée comme une promesse toute visible de la grâce. Jerem. 4. 4. Coloss. 2. 11. La circoncision spirituelle marque la pureté de l'âme, et l'incirconcision en marque l'impureté, selon laquelle on dit que le cœur et les oreilles sont incirconcis. Jerem. 9. 26. c. 6. 10.

CIRCUMCINGERE, Heb. περιζωννύειν. Ce verbe composé signifie

Ceindre, vêtir. Eccli. 45. 9. *Circumcinxit eum zona gloriæ*, i. e. *gloriosa* : Le Seigneur a ceint Aaron d'une ceinture d'honneur ; cette ceinture était un des ornements du grand pontife.

CIRCUMCISIO, περιτομή, de *circumcidere*, et signifie dans l'Ecriture :

1° Circoncision charnelle, retranchement du prépuce. C'était une loi ordonnée aux Juifs, qui leur figurait celle du retranchement des vices. Joan. 7. 22. *Moyses dedit vobis circumcisionem* : Moïse vous a donné la loi de la circoncision ; elle venait d'Abraham, à qui elle avait été ordonnée de Dieu et à tous ses descendants, Gen. 17. 10. et comme il paraît. Act. 7. 8. *Dedit illi testamentum circumcisionis* : Le Seigneur confirma par la circoncision l'alliance qu'il faisait avec Abraham et les Israélites, qu'il voulait distinguer des autres nations par cette marque.

2° L'état des circoncis. Gal. 5. 6. *In Christo Jesu, neque circumcisio aliquid valet, neque præputium, sed fides, quæ per charitatem operatur* : En Jésus-Christ ni la circoncision, ni l'incirconcision ne servent de rien, mais la foi qui opère par la charité. c. 6. 15. Rom. 4. 9. Coloss. 3. 11.

§ 1. — Circoncision spirituelle. Coloss. 2. 11. *Circumcisi estis circumcisione non manufacta* : C'est en Jésus-Christ que vous avez été circoncis, non d'une circoncision faite par la main des hommes, mais de la circoncision de Jésus-Christ. Cette circoncision n'est autre chose que le retranchement des vices et des convoitises du cœur, et l'observation exacte des commandements de Dieu. Rom. 2. 29. Voy. v. 26.

§ 2. — Les Juifs circoncis, qui avaient reçu cette marque dans leur chair pour être distingués de toutes les autres nations. Rom. 4. 12. *Pater circumcisionis* : Abraham est le père des circoncis qui non-seulement ont reçu la circoncision, mais encore qui suivent les traces de la foi qu'il eut, lorsqu'il était encore incirconcis. v. 9. c. 3. v. 1. Et sont opposés aux autres peuples qui sont incirconcis, et qui sont marqués par *præputium*. Rom. 3. 30. c. 4. 9. *Unus est Deus, qui justificat circumcisionem ex fide, et præputium per fidem* : Il n'y a qu'un Dieu qui justifie par la foi ceux qui sont circoncis, et par la même foi encore ceux qui sont incirconcis. Ainsi c. 15. 8. *Dico enim Christum Jesum ministrum fuisse circumcisionis* : Jésus-Christ a été lui-même le ministre de l'Evangile, à l'égard des Juifs circoncis, *i. e.* est venu pour les Juifs, selon qu'il avait été promis aux patriarches. Gen. 49. 10. Ainsi Gal. 2. v. 7. 8. 9. et dans les autres endroits où les Juifs sont désignés par ces paroles : *Qui sunt ex circumcisione* ou *de circumcisione*, si ce n'est v. 12. et Tit. 1. 10. où l'on entend par ces mots tous ceux qui voulaient joindre la circoncision et l'observation des cérémonies de la loi de Moïse avec l'Evangile.

§ 3. — Les vrais chrétiens circoncis de cette circoncision spirituelle, qui consiste dans le retranchement des vices et des convoitises. Philipp. 3. 3. *Nos enim sumus circumcisio, qui spiritu servimus Deo* : C'est nous qui sommes les vrais circoncis, puisque nous servons Dieu en esprit.

CIRCUMDARE, κυκλοῦν. Ce verbe composé gouverne l'accusatif de la personne ou de la chose qui est environnée ou entourée, et l'ablatif de la chose ou de la personne qui environne ; ou gouverne l'accusatif de la chose ou de la personne qui environne, avec le datif de la chose ou de la personne qui est environnée.

1° Environner, ceindre, mettre autour τειχίζειν. *Muro cingere*. Judith. 4. 4. *Muris circumdederunt vicos suos* : Les Israélites environnèrent les bourgs de murailles pour se mettre en état de résister à Holopherne. Gen. 27. 16. *Pelliculasque hædorum circumdedit manibus* : Rebecca mit autour des mains de Jacob la peau de ces chevreaux, etc. ; ce fut afin que les mains de Jacob parussent semblables à celles d'Esaü, et qu'Isaac le prît pour Esaü. Ainsi Baruch. 6. 42. *Mulieres autem circumdatæ funibus* : Voy. Funis 5°.

2° Vêtir, revêtir, (περιβάλλεσθαι). Act. 12. 8. *Circumda tibi vestimentum tuum* : Prenez votre vêtement, dit l'Ange à saint Pierre pour le faire sortir de la prison où Hérode l'avait fait mettre. Job. 19. 26. *Rursum circumdabor pelle mea* : Je serai encore revêtu de cette peau. Job. 40. 5. Psal. 44. 10. Isa. 61. 10. Ainsi Esth. 15. 4. *Circumdata est gloria sua*, i. e. *vestes magnificas induit* : Esther se para de ses plus riches ornements ; et, dans le sens figuré, *Circumdari infirmitate* : Etre environné de faiblesse, être si faible qu'on tombe souvent en une infinité de fautes et de péchés.

Hebr. 5. 2. *Quoniam et ipse circumdatus est infirmitate :* Tout pontife est pris d'entre les hommes, afin qu'il puisse être touché d'une juste compassion pour ceux qui pêchent, comme étant lui-même environné de faiblesse.
3° Orner, embellir, faire servir d'ornement (ἀμφιεννύειν). Job. 40. 5. *Circumda tibi decorem :* Revêtez-vous d'éclat et de beauté, dit Dieu à Job, lui faisant connaître la différence qu'il y a de la créature au Créateur. Prov. 3. 3. *Circumda eas gutturi tuo :* Mettez la miséricorde et la vérité comme un collier autour de votre cou (ἀφάπτεσθαι. *Alligare*). L'Ecriture exhorte à avoir toujours devant les yeux la miséricorde et la justice, de même que nous avons toujours la vue sur ce qui nous est cher et qui pend à notre cou. c. 6. 21. Baruch. 5. 2. *Circumdabit te Deus diploide justitiæ* (περιβάλλεσθαι) : Le Seigneur vous revêtira de justice comme d'un double vêtement. Dieu promet à Jérusalem de la délivrer de la captivité pour la combler de gloire, comme par une espèce de justice, selon la promesse qu'il lui en avait faite : ce qui figurait l'Eglise, qui devait être délivrée de la captivité du péché pour être ornée de vertus comme d'une belle robe. Isa. 61. 10. Dan. 5. 29. 1. Cor. 12. 23. Ainsi Isa. 49. 18. *Circumdabis tibi eos quasi sponsa* (περιτιθέναι, *circumponere*) : L'Eglise est ornée de gens de bien, comme une épouse l'est de ses perles et de ses atours.
4° Assiéger. Luc. 21. 20. *Cum autem videritis circumdari ab exercitu Jerusalem :* Lorsque vous verrez une armée environner Jérusalem. Le saint évangéliste parle de l'armée romaine, commandée par Tite, *autr.* par Cestius Gallus. Isa. 29. 3. *Circumdabo quasi sphæram in circuito tuo :* Je ferai tout autour de tes murailles comme un cercle. Dieu parle à Jérusalem du siége que devaient faire les Assyriens devant cette ville, par la permission de Dieu. Ezech. 4. 3. *Circumdabis eam :* Vous assiégerez Jérusalem. Ce siége, que Dieu ordonnait au prophète de tracer sur une brique, figurait celui que les Assyriens devaient effectivement former devant Jérusalem. c. 26. 8. 3. Reg. 20. 12.
5° Faire le tour de quelque lieu ou place pour le bien considérer. Ps. 47. 13. *Circumdate Sion et complectimini eam :* Faites le tour de Sion, et comprenez bien quelle elle est. Le prophète invite les rois et les peuples étrangers de bien considérer la force et la magnificence de l'Eglise, qu'elle tient de la présence de Dieu.
6° Défendre, protéger, secourir, 2. Par. 23. 7. *Levitæ circumdent regem :* Que les lévites demeurent toujours auprès de la personne du roi avec leurs armes, dit le grand-prêtre Joïada du roi Joas. Ps. 90. 5. *Scuto circumdabit te veritas ejus :* La fidélité avec laquelle Dieu fait ce qu'il promet vous tiendra lieu de bouclier. David parle d'un homme qui demeure ferme sous l'assistance de Dieu. Zach. 9. 8. *Circumdabo domum meam ex his qui militant mihi euntes et revertentes.* Cette prophétie peut bien regarder les Machabées, qui défendirent le culte de Dieu contre les nations, et ce qui se passa envers Héliodore lorsqu'il voulut enlever le trésor du temple. Voy. 2. Mach. 3. v. 6. 25. 26. Ainsi Job. 40. 17. Ps. 31. 10.

7° Attaquer de toutes parts, persécuter, accabler, conspirer pour perdre (περιέχειν). Ps. 16. 11. *Inimici mei animam meam circumdederunt :* Mes ennemis me persécutent. v. 10. Ps. 3. 7. Ps. 21. v. 13. 17. Ps. 31. 7. Ps. 87. 18. etc., et, par métaphore, *Circumdare lanceis.* Voy. LANCEA 1°.

8° Surprendre, saisir (περιέχειν), en parlant de maux, de douleurs, de peines, d'ennemis, affliger. 2. Reg. 22. v. 5. 6. Ps. 17. v. 5. 6. Ps. 114. 3. *Circumdederunt me dolores mortis :* Les douleurs de la mort m'ont environné; David a en vue l'occasion où Saül avec ses gens environnait David pour le prendre, en sorte que David désespéra de pouvoir échapper des mains de Saül. Voy. 1. Reg. 23. 26. Ainsi Ps. 39. 13. Ps. 48. 6. Ps. 87. 18. Job. 22. 10. Luc. 5. 9.

9° Approcher pour rendre ses respects et ses devoirs. Ps. 25. 6. *Circumdabo altare tuum :* Je me tiendrai, Seigneur, autour de votre autel pour chanter les louanges de Dieu, selon le v. suivant; ce que David peut bien dire pour témoigner les saints désirs qu'il avait de pouvoir un jour adorer Dieu dans le temple lorsqu'il était au pays des Philistins, chez Achis, et qu'il y détestait leur idolâtrie. Voy. 1. Reg. 26. 19. c. 27. v. 2. 6. Ainsi Ps. 7. 8. *Synagoga populorum circumdabit te :* L'assemblée des peuples vous environnera, *sc.* s'assemblera pour vous louer et vous rendre leurs actions de grâces; c'est le motif par lequel le prophète veut engager Dieu de le délivrer de ses ennemis de ce qu'il était injustement persécuté.

10° Remplir, combler, en parlant des affections dont l'âme est capable (περιζωννύειν). Ps. 29. 12. *Circumdedisti me lætitia :* Vous m'avez tout rempli de joie, *sc.* lorsque Dieu délivra David de ses ennemis. Ps. 54. 11. *Die ac nocte circumdabit eam super muros ejus iniquitas :* Cette ville de Jérusalem est si remplie d'iniquité qu'elle s'élève jusque sur les murailles; ce qui peut marquer que le désordre et la confusion était non-seulement parmi les magistrats, mais même parmi les généraux, dont le devoir était de la défendre. Hebr. 5. 2. *Ipse circumdatus est infirmitate :* Le prêtre qui offre des sacrifices pour les péchés est rempli lui-même de faiblesse; soit du péché, tels qu'étaient les prêtres de l'ancienne loi; soit de la faiblesse seule de la nature humaine, tel qu'était Jésus-Christ. Voy. v. 3. 7. 10. Thren. 3. 5. *Circumdedit me felle et labore :* Le Seigneur m'a environné de fiel et de peine. Habac. 2. 16. *Circumdabit te calix dexteræ Domini :* Ce calice que vous recevrez de la main du Seigneur vous enivrera. Hebr. *Vertet se super te :* Vous boirez le calice tout entier, en sorte que vous en verrez le fond. Le prophète marque l'excès de la colère et de la fureur que Dieu devait exercer sur les rois de Babylone.

11° Renfermer dans son sein, en parlant d'une femme à l'égard de l'enfant qu'elle a conçu (περιέρχεσθαι). Jerem. 31. 22. *Fæmina circumdabit virum :* Une femme renfermera dans son sein et concevra un homme parfait. Le prophète marque la sainte Vierge, qui a conçu et enfanté Jésus-Christ, dont le corps était petit comme celui d'un autre enfant, mais qui, dès le moment de sa conception miraculeuse, sera un homme parfait, étant uni personnellement, dès cet instant, à la sagesse suprême, le Fils unique du Père éternel.

12° Tromper. Osée. 11. 12. *Circumdedit me in negotiatione Ephraïm :* Le royaume d'Israël, des dix tribus marquées par Ephraïm, m'a trompé en rendant à une idole, au veau d'or, le culte qu'il me devait.

CIRCUMDATIO, περίθεσις. Ce dérivé, qui signifie proprement l'action d'environner, suit, dans l'Ecriture, la seconde signification du verbe *circumdare*, vêtir, et signifie :

Vêtement. 1. Petr. 3. 3. *Quarum non sit... circumdatio auri :* Que les femmes ne mettent point leur ornement à se parer au dehors par les riches habits d'or. L'Apôtre parle également aux hommes comme aux femmes.

CIRCUMDUCERE, περιάγειν. Ce verbe composé signifie proprement, conduire tout autour ; dans l'Ecriture :

1° Tourner pour mettre en mouvement (σφενδονεῖν). 1. Reg. 17. 49. *Circumducens percussit Philistœum :* David donna le mouvement à sa fronde pour lancer la pierre sur Goliath.

2° Conduire par divers chemins, mener de côté et d'autre (κυκλοῦν) ; ce qui est opposé à mener tout droit. Exod. 13. 18. *Circumduxit per viam deserti :* Le Seigneur fit faire aux Israélites un long circuit par le chemin du désert, à leur sortie de l'Egypte. L'Ecriture donne la raison pourquoi Dieu ne les conduisit point par le chemin du pays des Philistins, qui est leur voisin (v. 17). Num. 32. 13. *Circumduxit eum per desertum :* Le Seigneur a fait errer le peuple d'Israël par le désert pendant quarante ans : ce fut à cause du murmure qui s'excita parmi le peuple qui refusait de conquérir la terre promise. Voy. c. 14. v. 2. 3. Deut. 32. 10. 1. Reg. 5. 8. Ainsi, v. 9. *Illis autem circumducentibus eam :* Pendant que les Philistins menaient de ville en ville l'arche de Dieu, le Seigneur tuait un grand nombre d'hommes.

3° Mener partout avec soi. 1. Cor. 9. 5. *Numquid non habemus potestatem mulierem sororem circumducendi ?* N'avons-nous pas le pouvoir de mener avec nous une femme d'entre nos sœurs en Jésus-Christ ? Les apôtres menaient avec eux de saintes femmes chrétiennes qui les assistaient de leurs biens pour leur faciliter le moyen de prêcher l'Evangile : ils tenaient cette coutume de Jésus-Christ. Luc. 8. 3. et qui était reçue parmi les Juifs.

— Mener et conduire comme l'on veut, tenir en bride (χαλιναγωγεῖν). Jac. 3. 2. *Potest etiam frœno circumducere totum corpus :* Que si quelqu'un ne fait point de fautes en parlant, c'est un homme parfait, et il peut tenir tout le corps en bride ; *sc.* se rendre maître de tous les autres membres du corps, de leurs actions et de leurs mouvements.

CIRCUMFERRE, περιφέρειν. Ce verbe composé signifie :

1° Porter à l'entour, porter çà et là, de tous côtés. Deut. 3. 27. *Oculos tuos circumfer ad occidentem et ad aquilonem, austrumque et orientem :* Portez vos yeux de tous côtés, et regardez vers l'occident, vers le septentrion, vers le midi et vers l'orient, dit Dieu à Moïse, lui montrant la terre promise, mais dans laquelle Dieu ne voulut point qu'il entrât. Voy. v. 25. 26. 1. Par. 10. 9. Ainsi, Marc. 6. 55. *Cœperunt in grabatis eos, qui se male habebant, circumferre ubi audiebant eum esse :* Jésus-Christ étant abordé avec ses disciples au territoire de Génézareth, les habitants l'ayant reconnu, commencèrent à lui apporter de tous côtés les malades dans les lits partout où ils entendaient dire qu'il était.

2° Porter, emporter de tous côtés, tourner comme on veut (ῥιπίζειν). Jac. 1. 6. *Qui enim hœsitat similis est fluctui maris qui a vento movetur et circumfertur :* Celui qui doute est semblable au flot de la mer, qui est agité et emporté çà et là par la violence du vent. Saint Paul compare aussi au mouvement des flots un homme qui se laisse emporter l'esprit à tout ce qu'on lui veut persuader. Eph. 4. 14. *Ut jam non simus parvuli, fluctuantes et circumferamur omni vento doctrinœ :* Afin que nous ne soyons plus comme des enfants, comme des personnes flottantes, et que nous ne nous laissions pas emporter à tous les vents des opinions. De même saint Jude compare au mouvement des nuages que le vent emporte où il veut, la légèreté et l'inconstance que les hérétiques ont dans leurs erreurs, passant incessamment de l'une à l'autre. Jud. v. 12. *Nubes sine aqua, quœ a ventis circumferuntur :* Ils sont des nuées sans eau, que le vent emporte çà et là.

3° Tourner où l'on veut et comme on veut (μετάγειν). Jac. 3. 4. *Omne corpus illorum circumferimus :* Nous faisons tourner tout le corps des chevaux où nous voulons, par le moyen du mors qu'on a mis dans leur bouche : c'est à quoi saint Jacques compare l'empire que l'on a pris une fois sur sa langue, dont il dit qu'un homme sage s'étant rendu maître, en sorte qu'elle ne fasse point de fautes, il peut aisément bien régler toutes les actions de sa vie. Voy. v. 2.

4° Porter partout avec soi, ce qui s'entend figurément des maux et des afflictions continuelles. 2. Cor. 4. 10. *Semper mortificationem Jesu in corpore nostro circumferentes :* Nous portons toujours dans notre corps les afflictions qui représentent celles que Jésus-Christ a souffertes pendant sa vie.

CIRCUMFODERE, περιορύσσειν. Ce verbe composé signifie :

Creuser ou fouiller tout autour. Isa. 34. 15. *Ericius... circumfodit et fovit* (catulos) *in umbra ejus :* Le hérisson nourrit ses petits, et ayant fouillé tout autour de son trou, il fait croître ses petits dans l'ombre de sa caverne.

CIRCUMFULGERE, περιλάμπειν. Ce verbe composé signifie :

Environner de clarté, éclairer. Ainsi, dans

saint Luc. 2. 9. *Claritas Dei circumfulsit illos* : Les pasteurs à qui l'Ange apparut pour leur annoncer la naissance de Jésus-Christ, furent environnés d'une lumière divine. Voy. v. 11. Et saint Paul. Act. 9. 3. se vit environné par une lumière plus éclatante que le soleil, dans son voyage de Damas, où il allait dans le dessein de persécuter les chrétiens. Act. 22. 6. c. 26. 13.

CIRCUMFUNDERE, περιχεῖν. Ce verbe composé signifie : Epandre, répandre partout jusqu'à remplir; ce qui s'entend figurément des choses qui regardent l'âme. 2. Mach. 3. v. 16. 17. *Circumfusa enim erat mæstitia quædam viro* : Le jour qu'Héliodore entra dans le temple pour exécuter l'ordre de Séleucus, au sujet de l'argent qui était en dépôt dans le temple, une certaine tristesse était répandue dans l'âme du grand prêtre Onias. A quoi se peut rapporter 2. Mach. 3. 27. *Eumque multa caligine circumfusum rapuerunt, atque in sella gestatoria positum ejecerunt* : Ils prirent Héliodore qui était tout enveloppé d'obscurité et de ténèbres, et l'ayant mis dans une chaise, on l'emporta de là et on le chassa hors du temple.

CIRCUMIRE, CIRCUIRE, κυκλοῦν. Ce verbe composé signifie :

1° Aller autour, faire le tour de quelque lieu. Jos. 6. 7. *Ite et circuite civitatem armati* : Allez, et faites le tour de la ville de Jéricho étant sous les armes, dit Josué au peuple. v. 3. 4. Job. 1. 7. c. 2. 2. *Circuivi terram et perambulavi eam* (περιέρχεσθαι) : J'ai fait le tour de la terre, et je l'ai parcourue tout entière, dit Satan. Eccli. 24. 8. *Gyrum cœli circuivi sola* : J'ai fait seule le tour du ciel, pour marquer que Dieu a créé sans le secours d'aucune créature, et a soin de toutes choses hautes et basses.

2° Rouler, avancer en roulant. Isa. 28. 27. *Nec rota plaustri super cyminum circuibit* (περιάγειν) : On ne fait point passer la roue du chariot sur le cumin : ce qui marque que Dieu ne traite pas avec la même sévérité les faibles que les forts.

3° Aller çà et là, non pas le droit chemin, aller de côté et d'autre. Gen. 2. 11. *Phison, ipse est qui circuit omnem terram Hevilath* : L'un des quatre canaux du fleuve qui arrosait le paradis terrestre s'appelle Phison, et c'est lui qui coule tout autour du pays de Hévilath. v. 13. Eccl. 12. 5. *Circuibunt in platea plangentes* : Les pleureuses et le peuple marcheront en pleurant autour des rues aux funérailles du mort. Gen. 41. 46. *Circuivit omnes regiones Ægypti* (διέρχεσθαι) : Joseph fit le tour de toutes les provinces d'Egypte; ce fut aussitôt après avoir reçu de Pharaon le commandement sur toute l'Egypte. Matth. 9. 35. *Circuibat Jesus omnes civitates et castella* (περιάγειν) : Jésus allait de tous côtés dans les villes et dans les villages, pour enseigner et prêcher l'Evangile. c. 4. v. 23. 15. *Circuitis mare et aridam, ut faciatis unum proselytum* : Vous courez la mer et la terre pour faire un prosélyte. Jésus-Christ condamne en ceci les scribes et les pharisiens, soit parce qu'ils ne cherchaient à gagner les idolâtres à leur religion qu'en vue d'un plus grand profit qui leur reviendrait par le plus grand nombre des sacrifices, soit qu'ils eussent moins d'ardeur à leur faire observer la loi de Moïse, qu'ils n'en avaient à les gagner à la religion judaïque. Hebr. 11. 37. *Circuierunt in melotis* (περιέρχεσθαι) : Ils ont été vagabonds, couverts de peaux de brebis. 1. Tim. 5. 13. *Otiosæ discunt circuire domos* : Les jeunes veuves étant fainéantes s'accoutument à courir par les maisons. Amos. 8. 12.

4° Tourner de quelque côté, s'étendre vers quelque lieu (ἐκπεριπορεύεσθαι). 15. 3. *Ascendens ad Addar et circuiens Carcaa* : La tribu de Juda... monte vers Addar et tourne vers Carcaa.

5° Tourner de tous côtés avec empressement pour trouver ce que l'on cherche (περιπατεῖν). 1. Petr. 5. 8. *Adversarius vester diabolus tamquam leo rugiens circuit, quærens quem devoret* : Le démon, votre ennemi, tourne autour de vous comme un lion rugissant, cherchant qui il pourra dévorer. Sap. 6. 17. *Dignos seipsa circuit quærens* (περιέρχεσθαι) : La sagesse tourne elle-même de tous côtés pour chercher ceux qui sont dignes d'elle. c. 8. 18. Amos. 8. 12. Act. 13. 11. Ainsi, Ps. 58. v. 7. 15. *Circuibunt civitatem* : Mes ennemis tourneront autour de la ville. Le Prophète marque l'ardeur qu'avaient ses ennemis à trouver les moyens de le surprendre.

6° Aller comme en procession ou danser autour (πομπεύειν). 2. Mach. 6. 7. *Cogebantur hedera coronati libero circuire* : Lorsqu'on célébrait la fête de Bacchus, on contraignait les Juifs d'aller par les rues couronnés de lierre à l'honneur de ce faux dieu : c'était de l'autorité de ce vieillard d'Antioche envoyé en Judée par Antiochus pour affliger la Judée.

7° Approcher, être souvent près. Ps. 26. 6. *Circuivi et immolavi* : J'ai souvent approché de votre autel, dit David, *ou* j'en approcherai pour vous y offrir des sacrifices par le ministère des prêtres.

8° Attaquer de tous côtés, persécuter. Ps. 117. 10. *Omnes gentes circuierunt me* : Tous les peuples voisins m'ont attaqué. Amos. 3. 11. *Circuietur terra, desolabitur* : La terre sera environnée et attaquée de gens de guerre. Le Prophète parle de l'armée de Salmanasar contre Samarie. Voy. 4. Reg. 17. v. 5. 6. Ainsi, 1. Mach. 10. 8. c. 15. 14. Apoc. 20. 8.

CIRCUMLEGERE. Voy. LEGERE. Ce verbe qui est inusité chez les Latins, signifie dans l'Ecr. :

Côtoyer, naviguer le long d'une côte. Act. 28. 13. *Inde circumlegentes devenimus Rhegium* (περιέρχεσθαι) : De Syracuse nous vînmes à Rhège en côtoyant la Sicile.

CIRCUMLIGARE. Ce verbe composé signifie :

1° Lier tout autour, comme on lie une bande autour de quelque chose, ou qu'on la bande (καταδεῖν). Isa. 1. 6. *Plaga tumens, non est circumligata* : Tout le peuple juif n'est qu'une plaie enflammée, qui n'a point été bandée; c'est à quoi le Prophète compare la corruption des mœurs des Juifs, pour marquer leur état déplorable et combien ils étaient abandonnés au déréglement.

2° Lier, attacher à quelque chose en l'y entortillant (δεῖν). Judic 16. 13. *Si... clavum his circumligatum terræ fixeris, infirmus ero* : Si ayant attaché cette tresse à un clou, vous enfoncez ce clou dans la terre, je deviendrai faible comme un autre, répond Samson à Dalila, à la troisième question qu'elle lui fait touchant la manière qu'il le faudrait lier pour lui ôter le moyen de se sauver. Voy. v. 6. Ezech. 24. 17. *Corona tua circumligata sit tibi* (συμπλέκειν) : Lorsque je vous aurai ôté votre femme (en la faisant mourir), la couronne de votre tiare sera liée autour de votre tête, *i. e.* vous aurez la tête couverte, dit Dieu à Ézéchiel ; ce qui lui marquait de n'en porter point le deuil, parce que ceux qui étaient en deuil allaient la tête nue. Voy. Levit. 10. 6. Levit. 21. 10. 1. Reg. 4. 12.

CIRCUMLINIRE. Ce verbe composé signifie :

Frotter à l'entour. Ezech. 23. 40. *Quibus te lavisti et circumlinisti stibio oculos tuos* (στιβίζειν) : Pour plaire aux Chaldéens, vous vous êtes fardée. Voy. STIBIUM.

CIRCUMORNARE, περικοσμεῖν. Ce verbe composé signifie :

Parer, embellir. Ps. 143. 14 *Circumornatæ ut similitudo templi* : Les filles des étrangers sont ornées comme des temples. Le Prophète représente à Dieu l'état florissant où sont ses ennemis.

CIRCUMPEDES. Ce mot est pris, selon quelques auteurs latins, pour un seul mot indéclinable ; il est pris, selon d'autres, pour deux mots, comme *a pedibus* sont deux mots en sous-entendant *servi*, et ont la même signification, *servi circumpedes* ou *servi a pedibus*, et signifie proprement, valets de pied, des laquais ; dans l'Ecr. :

Robe qui descend jusqu'en bas (ποδήρης). Eccli. 45. 10. *Circumpedes et femoralia et humerale posuit ei* : Dieu a donné à Aaron la robe qui descendait jusqu'en bas, c'est la robe dont il est parlé, Exod. 28. v. 4. 31.

CIRCUMPLECTI, περιπλέκειν. Ce verbe, dérivé de *circumplico*, signifie :

1° Embrasser. Gen. 48. 10. *Applicitosque ad se deosculatus et circumplexus eos* (περιλαμβάνειν) : Jacob ayant fait approcher de lui Ephraïm et Manassès, il les embrassa et les baisa ; Joseph les avait menés avec lui, en allant voir Jacob, de qui on lui était venu annoncer la maladie. v. 1.

2° Envelopper, engager. Ps. 118. 61. *Funes peccatorum circumplexi sunt me* : Je me suis trouvé enveloppé par les filets des pécheurs ; David parle des pièges que lui tendaient les méchants pour le surprendre : ces pièges étaient leurs discours étudiés et artificieux.

CIRCUMPONERE, περιτιθέναι. Ce verbe composé signifie :

1° Mettre, placer autour. Gen. 41. 42. *Collo torquem auream circumposuit* : Pharaon fit mettre autour du cou de Joseph un collier d'or. Eccli. 30. 18. Marc. 15. 36. Joan. 19. 29.

2° Ériger, dresser autour de quelque chose en parlant de quelque ouvrage d'architecture. 1. Mach. 13. 29. *His circumposuit columnas magnas* : Simon Machabée fit dresser de grandes colonnes tout autour des sept pyramides qu'il avait fait dresser à son père, à sa mère et à ses quatre frères.

CIRCUMSEDERE, περικάθησθαι. Ce verbe composé signifie proprement : assiéger une place : dans l'Ecr.

1° Se jeter avec impétuosité sur quelqu'un, et l'investir. 1. Mach. 5. 3. *Quia circumsedebant Israelitas* : Judas était occupé à battre les enfants d'Ésaü dans l'Idumée et ceux qui étaient dans Acrabathane, parce qu'ils tenaient toujours les Israélites comme investis.

2° Être assis ensemble (συγκαθίζειν). Luc. 22. 55. *Circumsedentibus illis* : Les officiers du grand prêtre étant assis ensemble auprès du feu, Pierre s'assit aussi parmi eux.

CIRCUMSEPIRE, περιφράσσειν. Ce verbe composé signifie :

1° Ceindre et environner de toutes parts pour fortifier ou défendre. 2. Mach. 10. 30. *Armis suis circumseptum incolumem conservabant* : Deux d'entre les cinq hommes que les ennemis virent paraître du ciel, couvraient Machabée de leurs armes, afin qu'il ne pût être blessé : ce fut dans la bataille qui se donna contre Timothée, après celle où il avait été défait par les Juifs. Voy. v. 25. et 1. Mach. 5. v. 34. 43. 44.

2° Renfermer, mettre comme en prison. Baruch. 6. 17. *Sicut alicui qui regem offendit circumseptæ sunt januæ... ita tutantur Sacerdotes ostia clausuris et seris* : Comme un homme qui a offensé un roi est renfermé sous beaucoup de portes dans une prison, ainsi les prêtres des faux dieux les renferment sous beaucoup de serrures et de verroux. Ainsi, Job. 19. 8. *Semitam meam circumsepsit* : Le Seigneur a fermé de toutes parts le sentier que je suivais. Job veut dire que Dieu l'a tellement comme environné et accablé de maux, qu'il ne voyait aucun moyen d'en sortir.

CIRCUMSPECTARE. Ce verbe composé signifie :

Voir de tous côtés. Job. 15. 22. *Circumspectans undique gladium* : L'impie étant dans la nuit, n'espère plus de retour à la lumière, et il ne voit de tous côtés que des épées nues.

CIRCUMSPECTIO, De *circumspicere*, et signifie :

Regard, vue de tous côtés, connaissance de tout ce qui se passe. Eccli. 14. 22. *Beatus vir... qui in sensu cogitabit circumspectionem Dei* : Heureux est l'homme qui pense et repense à cet œil de Dieu qui voit toutes choses.

CIRCUMSPECTOR, σκοπός. Ce dérivé de *circumspicere* signifie :

1° Qui regarde de tous côtés. Eccli. 37. 18. *Anima viri sancti enuntiat aliquando vera, quam septem circumspectores sedentes in ex-*

celso ad speculandum : L'âme d'un homme saint découvre quelquefois mieux la vérité, que sept sentinelles qui sont assises dans un lieu élevé pour contempler tout ce qui se passe : ceci peut marquer qu'un homme de bien juge quelquefois mieux de ce qui lui est propre, que plusieurs docteurs ne pourraient faire ; ce qui est néanmoins extraordinaire.

2° Qui connaît tout, et voit tout. Eccli. 7. 12. *Est qui humiliat et exaltat circumspector Deus :* Il y a un Dieu qui voit tout, et c'est lui qui élève et qui humilie. L'Ecriture marque ce qui doit empêcher de se moquer d'un homme qui est dans l'amertume de l'affliction et de l'humiliation.

CIRCUMSPICERE, περιβλέπειν. Ce verbe composé signifie :

1° Regarder de tous côtés. Eccli. 9. 7. *Noli circumspicere in viis civitatis :* Ne jetez point les yeux de tous côtés dans les rues de la ville. L'Ecriture défend ceci, parce qu'on est, par là, exposé à jeter la vue sur quelque objet dangereux au salut de l'âme. c. 23. 28.

2° Regarder, fixer la vue. Eccli. 9. 8. *Ne circumspicias speciem alienam :* Ne regardez point curieusement une beauté étrangère. Marc. 3. 5. *Circumspiciens eos cum ira :* Jésus-Christ regarda avec colère les docteurs de la loi et les pharisiens. Voy. Luc. 6. v. 7. 10. Ce fut lorsque Jésus-Christ les vit dans le silence à la question qu'il leur fit, savoir : s'il était permis de faire du bien ou du mal au jour du sabbat, ceux qui épiaient s'il guérirait le jour du sabbat un homme dont la main droite était sèche, pour l'accuser. v. 6. 7.

CIRCUMSTANTIA, æ. Ce dérivé de *circumstare* signifie proprement : l'action d'environner, en parlant de l'eau, de l'air qui entourent les corps ; circonstance d'une affaire : dans l'Ecr. :

Clôture qui puisse arrêter (περιοχή). Ps. 140. 3. *Pone, Domine, custodiam ori meo, et ostium circumstantiæ labiis meis ;* i. e. *ostium circumstans et claudens :* Mettez à mes lèvres une porte qui les tienne fermées : ce qui se doit entendre de la modération que David demande à Dieu dans ses paroles, afin qu'il ne sorte de sa bouche aucune parole d'impatience ou de murmure contre ses ennemis, de qui il se voyait outrageusement persécuté.

CIRCUMSTARE, περιίστασθαι. Ce verbe composé signifie :

1° Etre autour, se trouver présent. Gen. 37. 7. *Putabam vestros... manipulos circumstantes adorare manipulum meum :* Il me semblait que les gerbes que vous aviez liées, étaient autour de la mienne, et qu'elles l'adoraient. Le récit que fit Joseph à ses frères de ce songe qu'il avait eu, augmenta leur haine contre lui. Voy. v. 8. c. 23. 13. Joan. 37. 7. Joan. 11. 42. *Propter populum qui circumstat, dixi, ut credant quia tu me misisti :* Je dis ceci pour ce peuple qui m'environne, afin qu'ils croient que c'est vous qui m'avez envoyé.

2° Environner, escorter (ἐπιστάναι). 1. Reg. 22. 17. *Ait rex emissariis qui circumstabant eum :* Saül dit aux archers qui l'environnaient : *sc.* de tuer Achimélech et toute sa famille, pour avoir favorisé David, comme il est marqué, v. 10. 13. Ainsi, v. 6. Job. 29. 25.

3° Assaillir, attaquer, se présenter ou être présent pour attaquer. Eccli. 46. 19. *Invocavit Dominum omnipotentem in oppugnando hostes circumstantes undique :* Samuel a invoqué le Seigneur tout-puissant... lorsque ses ennemis l'attaquaient de tous côtés. Ceci regarde ce qui est dit. 1. Reg. 7. v. 7. 9. 10. Ainsi, 2. Mach. 3. 26. Act. 25. 7. *Circumsteterunt eum qui ab Jerosolyma descenderant Judæi :* Les Juifs, qui étaient venus de Jérusalem, se présentèrent tous autour du tribunal de Festus, à Césarée, où ils accusèrent saint Paul de plusieurs crimes, mais sans preuves.

4° Se présenter à quelqu'un, s'assembler autour de lui. Act. 9. 39. *Circumsteterunt illum omnes viduæ flentes :* Toutes les veuves se présentèrent à saint Pierre en pleurant. Les disciples, après la mort de Tabithe, l'avaient envoyé prier de venir de Lydde à Joppé, où étant venu il la ressuscita. Voy. v. 38. 40. 41.

5° Couvrir, envelopper, en parlant des passions de l'âme, que l'Ecriture regarde comme un vêtement qui tient le corps étroitement serré. Hebr. 12. 1. *Deponentes omne pondus et circumstans nos peccatum :* Dégageons-nous de tout ce qui nous appesantit, et de tout péché dont nous nous trouvons enveloppés : ce qui s'accorde avec saint Paul. Coloss. 3. 9. *Expoliantes vos veterem hominem.*

CIRCUMTEGERE, περικαλύπτειν. Ce verbe composé signifie :

Couvrir de tous côtés. Heb. 9. 4. *Aureum habens thuribulum, et arcam testamenti circumtectam ex omni parte auro :* Dans le tabernacle appelé *le Saint des Saints*, était l'encensoir d'or, et l'Arche d'alliance toute couverte d'or.

CIRCUMVALLARE, ἐκθλίβειν. Ce verbe composé signifie :

Faire la circonvallation d'une place, assiéger, serrer de près. Isa. 29. 2. *Circumvallabo Ariel :* J'environnerai Ariel de tranchées : Le prophète assure que Dieu sera comme le général des armées des Babyloniens, qu'il devait envoyer assiéger Jérusalem. Voy. ARIEL.

CIRCUMVENIRE. Ce verbe composé signifie proprement, envelopper, fourber, surprendre par fourberie : dans l'Ecr. :

1° Tromper, prendre adroitement, prendre plus qu'il ne faut, et ce qui ne nous appartient pas (παρακρούειν). Gen. 31. 7. *Sed et pater vester circumvenit me :* Vous savez que votre père a usé envers moi de tromperie, en changeant par dix fois ce que je devais avoir pour récompense, dit Jacob à Rachel et à Lia. Voy. v. 41. et c. 30. 32. 2. Cor. 7. 2. *Neminem circumvenimus* (πλεονεκτεῖν) : Nous n'avons pris le bien de personne : L'Apôtre déclare aussi, c. 12. 17. qu'il n'a tiré le bien d'aucun par adresse. Ainsi, c. 2. 11.

2° Dresser malicieusement des embûches pour perdre. (ἐνεδρεύειν). Sap. 2. 12. *Circumveniamus ergo justum :* Faisons tomber le juste dans nos pièges, disent les méchants ; comme il paraît que les Juifs ont tâché de faire à l'égard de Jésus-Christ. En saint Luc, 20. 20. Ainsi, Act. 7. 19. *Hic circumveniens genus nostrum* (κατασοφίζεσθαι) : Pharaon usa d'une malice artificieuse contre notre nation, dit saint Etienne dans son discours. Voy. Exod. 1. v. 10. 11. 16. 22.

3° Surprendre son prochain, en sollicitant sa femme à lui manquer de fidélité (πλεονεκτεῖν). 1. Thess. 4. 6. *Neque circumveniat in negotio fratrem suum:* Que personne ne fasse tort à son frère ; quoique quelques-uns expliquent ceci du tort que l'on peut faire dans les affaires : cependant ce premier sens convient bien avec ce qui suit. v. 7. et ce qui précède, v. 3. 4. 5. Voy. Ephes. 4. 19.

CIRCUMVENTIO. Adresse, finesse à inventer des moyens (μεθοδεία). Ephes. 4. 14. *Ad circumventionem erroris:* Ne nous laissons pas emporter à tous les vents des opinions... par l'artifice dont les faux docteurs se servent pour engager dans l'erreur.

CIS, Heb. *Durus.* — 1° Père de Saül, de la tribu de Benjamin, et de la ville de Gabaon. 1. Par. 8. v. 33. 39. *Ner autem genuit Cis, et Cis genuit Saül.* 1. Reg. 9. v. 1. 3. c. 10. v. 11. 21. Act. 13. 21. etc. — 2° Fils de Jéhiel Abigabaon, prince de Gabaon. 1. Par. 8. 30. *Filius ejus primogenitus Abdon et Sur, et Cis.* c. 9. 36. Celui-ci fut oncle du père de Saül. — 3° Fils de Moholi, et petit-fils de Mérari, qui était fils de Levi. 1. Par. 23. 21. *Filii Moholi, Eleazar et Cis.* v. 22. c. 24. 29. — 4° Un Lévite, de la race de Mérari, du temps d'Ezéchias. 2. Par. 29. 12. *Porro de filiis Merari, Cis filius Abdi.* — 5° Bisaïeul de Mardochée. Esth. 2. 5. c. 11. 2.

CISSON ou CISON, Heb. *Durus.* Torrent ou rivière qui coule du mont Thabor dans la tribu de Manassé, se décharge dans la mer de Galilée. Ps. 82. 10. *Fac illis sicut Madian et Sisaræ, sicut Jabin in torrente Cisson.* Traitez-les comme les Madianites, comme vous avez traité Sisara et Jabin, proche le torrent de Cisson. Judic. 4. v. 7. 14. c. 5. 21. 3. Reg. 18. 40.

CISTERNA, Æ. λάκκος. De *cista, æ.*

Citerne, lieu creusé exprès pour recevoir les eaux de pluie. Deut. 6. 11. *Cum... Dominus... dederit tibi... quas non exstruxisti cisternas... ne obliviscaris Domini :* Lorsque le Seigneur vous aura donné des citernes que vous n'aurez point creusées, prenez bien garde de ne pas oublier le Seigneur, dit Dieu dans les ordonnances qu'il donne aux Israélites, pour être observées dans la terre promise qu'ils allaient posséder. Gen. 37. v 20. 22. 24. etc. 2. Reg. 23. 14. *Desideravit David, et ait : O si quis mihi daret potum aquæ de cisterna quæ est in Bethleem :* David, étant pressé de la soif : Oh ! si quelqu'un, dit-il, me donnait à boire de l'eau de la citerne qui est à Bethléem : aussitôt, trois des plus vaillants hommes passèrent au travers du camp des Philistins, et allèrent puiser de l'eau dans cette citerne, et la portèrent à David ; mais David n'en voulut point boire : Dieu me garde, dit-il, de faire cette faute ; boirai-je le sang de ces hommes, et ce qu'ils ont acheté au péril de leur vie ?

1° Le culte des idoles qui n'est point capable de contenter et de désaltérer l'homme. Jerem. 2. 13. *Me dereliquerunt fontem aquæ vivæ, et foderunt sibi cisternas dissipatas :* Les Juifs m'ont abandonné, moi, qui suis une source d'eau vive, et ils se sont creusé des citernes entr'ouvertes qui ne peuvent retenir l'eau.

2° La femme légitime que Dieu a donnée à chaque mari (ἀγγεῖον). Prov. 5. 15. *Bibe aquam de cisterna tua :* Buvez de l'eau de votre citerne ; *i. e.* ne recherchez point d'autre femme que la vôtre. Voy. AQUA. Voy. BIBERE.

3° Le cœur, dont la tête, où se font tous les sentiments, tire toutes ses forces. Eccl. 12. 6. *Antequam... confringatur rota super cisternam :* Souvenez-vous de votre Créateur... avant que la roue se rompe sur la citerne ; *i. e.* avant que la tête, ne pouvant plus avoir de communication avec le cœur, ne puisse plus laisser à l'âme lieu d'exercer ses jugements ou pensées, alors il faut que l'homme meure,

CITARE, καλεῖν. Ce verbe vient de *cieo*, et signifie —

1° Citer, appeler. Act. 24. 2. *Citato Paulo cœpit accusare Tertullus :* Saint Paul ayant été appelé, Tertulle commença de l'accuser : ce fut à Césarée, devant le gouverneur Félix.

2° Agiter, émouvoir : de là vient :

CITATUS, ταχύς. Léger, opposé à modéré ; léger, subtil, qui passe vite. Eccli. 4. 34. *Noli citatus esse in lingua tua :* Ne soyez point prompt de la langue ; *i. e.* en paroles. c. 18. 26. Ainsi, *Citatus aer :* L'air le plus subtil, comme Sap. 13. 2.

CITHARA, Æ. Gr. κιθάρα. Ce nom, qui est grec, signifie —

1° Harpe, instrument de musique à huit cordes. Ps. 56. 9. *Exsurge, psalterium et citharæ :* Excitez-vous, mon luth et ma harpe. Le Prophète, pour s'exciter à chanter les louanges de Dieu, s'adresse ainsi à ses instruments de musique dont il se servait. 1. Par. 25. 1. De là vient :

Cithara Dei. Harpe de Dieu ; *i. e.* belle, rare, exquise ; ce qui est un Hébraïsme commun dans l'Ecriture. Voy. Gen. 23. 6. Ps. 36. 7. ou harpe donnée de Dieu. Apoc. 15. 2. *Vidi... eos qui vicerunt bestiam... habentes citharas Dei :* Je vis ceux qui étaient demeurés victorieux de la bête... qui avaient des harpes de Dieu ; *i. e.* propres et convenables pour célébrer ses louanges.

2° Joie, ou marque de joie, prospérité. Job. 30. 31. *Versa est in luctum cithara mea :* Ma harpe s'est changée en de tristes plaintes : c'est parce que cet instrument sert pour exciter la joie. Isa. 23. 16. c. 24 8. 1 Mach. 3. 45.

CITHAROEDUS, 1. grec κιθαρῳδός. De *cithara* et du verbe ᾄδειν, *canere*.

Joueur de harpe. Apoc. 14. 2. *Audivi vocem... sicut citharœdorum citharizantium :* J'entendis une voix qui venait du ciel, qui était comme le son de plusieurs joueurs de harpe qui touchent leurs harpes. Ceci a quelque convenance avec 1. Par. 25. 1. où il est parlé des joueurs de harpe choisis par David et destinés pour chanter les louanges de Dieu dans le temple de Salomon. Voy c. 23. v. 1. 5. et à ce qui est dit Apoc. 5. 8.

CITHARIZARE. Du grec κιθαρίζειν.

Toucher la harpe, jouer des airs sur la harpe ou sur quelque autre instrument semblable. 1. Cor. 14. 7. *Sive tibia, sive cithara, nisi distinctionem sonituum dederint, quomodo scietur id quod... citharizatur?* Si le son de la flûte ou de la harpe n'est distinct, comment connaîtra-t-on ce qui est chanté sur la flûte ou sur la harpe? Apoc. 14. 2.

CITO, ταχύ, adverbe de temps, qui vient de *citus*, et signifie :

1° Tôt, en peu de temps, bientôt. Ps. 36. 2. *Quemadmodum olera herbarum cito decident :* Les méchants se faneront aussi vite que les herbes et les légumes Prov. 29. 25. *Qui timet hominem cito corruet :* Celui qui craint les hommes (*sc.* plus que Dieu) tombera bientôt. Voy. 2. Mach. 15. 28. et c. 14. 28. Apoc. 1. 1. *Quæ oportet fieri cito :* Les choses qui doivent arriver bientôt, c. 22. 12. *Ecce venio cito :* Je m'en vais venir bientôt. Tout le temps en comparaison de l'éternité est compté pour rien. Quelques-uns disent que quand Jésus-Christ dit qu'il viendra bientôt, cela marque qu'il viendra assurément. Ainsi, v. 20. c. 11. 14.

2° Vite, diligemment. Deut. 9. 12. *Descende hinc cito* (τοτάχος) : Descendez vite de cette montagne, dit Dieu à Moïse, lui donnant les deux Tables de la loi, et se plaignant du peuple qui idolâtrait. Exod. 32. 8. *Recesserunt cito de via.* Matth. 5. 25. *Esto consentiens adversario tuo cito :* Accordez-vous au plutôt avec votre adversaire. Jésus-Christ marque ici l'obligation de se réconcilier avec ses ennemis. c. 28. v. 7. 8.

3° A la hâte, avec empressement. Joan. 11. 29. *Ut audivit, surgit cito :* Marie (sœur de Lazare) n'eut pas plutôt entendu dire à Marthe (que Jésus-Christ était venu) qu'elle se leva et l'alla trouver. Jésus-Christ était venu pour ressusciter Lazare. Voy. v. 11. 14. Ainsi, v. 31. Luc. 16. 6. De là vient :

Cito facere, ταχύνειν, Faire quelque chose négligemment, s'en lasser aussitôt. Ps. 105. 13. *Cito fecerunt :* Les Israélites se lassèrent bientôt de faire retentir les louanges de Dieu. Le v. 11. fait juger que le Prophète parle du cantique de Moïse qu'ils chantèrent. Exod. 15. 1. et trois jours après ils murmurèrent contre Moïse. v. 22. 24.

4° Légèrement, indiscrètement (ταχέως). Gal. 1. 6. *Miror quod sic tam cito transferimini ab eo qui vos vocavit in gratiam Christi :* Je m'étonne que vous abandonniez sitôt celui qui vous a appelés à la grâce de Jésus-Christ. Saint Paul reprend les Galates de ce qu'ils suivaient certains docteurs qui voulaient joindre la pratique de la loi à la foi de Jésus-Christ. 2. Thess. 2. 2. 1 Tim. 5. 22. *Manus cito nemini imposueris :* N'imposez pas légèrement les mains à personne, mais après un sérieux examen.

5° Dans son temps, ce qui se dit d'une chose qui se doit accomplir aussitôt que le temps propre sera arrivé (ἐν τάχει). Luc. 18. 8. *Cito faciet vindictam illorum :* Dieu fera justice dans peu de temps à ses élus. Ce temps semble être marqué, Apoc. 5. v. 6. 11. Ainsi, c. 2. v. 5. 16. c. 3. 11. c. 22. v. 12. 20. *Ecce venio cito :* Je vais venir bientôt. Il semble que Jésus-Christ marque ce temps. Voy. Luc. 18. 8.

6° Facilement, aisément, sans répugnance. Marc. 9. 38. *Nemo est qui faciat virtutem in nomine meo, et possit cito male loqui de me :* Il n'y a personne qui ayant fait un miracle en mon nom puisse aussitôt après parler mal de moi, dit Jésus-Christ à saint Jean. Voy. v. 37. De là vient le comparatif.

CITIUS, τάχιον. 1° Plus vite. Joan. 20. 4. *Ille alius discipulus præcucurrit citius Petro :* Cet autre Disciple (que Jésus aimait) courut plus vite que saint Pierre et arriva le premier au sépulcre

2° Tôt, au plus tôt. Joan. 13. 27. *Quod facis, fac citius :* Faites au plus tôt ce que vous faites, dit Jésus-Christ à Judas. Voy. v. 26. Ainsi, 1. Mach. 2. 40. 2. Mach. 14. 27. Isa. 58. 8.

3° Après, dans la suite. 1. Mac. 6. 62. *Rupit citius juramentum :* Il rompit bientôt le traité qu'il avait fait avec serment. Il paraît, 2. Mach. 6. 62. que cette rupture n'arriva que depuis son départ de Jérusalem, après avoir vaincu Philippe.

CIVILITAS, ATIS. De *civis,* et signifie proprement civilité, honnêteté, manière de converser, telle que doit être celle des citoyens d'une ville entre eux. Dans l'Ecriture :

Droit de bourgeoisie (πολιτεία). Act. 22. 28. *Ego multa summa civilitatem hanc consecutus sum :* Il m'a bien coûté de l'argent pour acquérir ce droit d'être citoyen romain, dit le Tribun à saint Paul. On ne convient pas s'il faut lire ici *civilitas* ou *civitas;* les textes sont différents; mais le mot *civitas* est plus latin en ce sens, au lieu que *civilitas* signifie civilité, politesse.

CIVIS, IS. πολίτης. De *cieo, cito,* assembler.

1° Citoyen, bourgeois, qui jouit des droits de bourgeoisie dans une ville; ce qui se peut entendre ou des bourgeois nés originairement dans une ville, comme 2. Mach. 5. 5. *Civibus ad murum convolantibus :* Les citoyens de Jérusalem accoururent de tous côtés aux murailles, pour défendre la ville contre Jason, qui sur un faux bruit de la mort d'Antiochus l'attaqua et la prit : ou de ceux qui étant nés des colonies d'une ville étaient allés habiter d'autres villes et jouissaient des privilèges de la ville d'où ils étaient partis, et même leurs descendants en étaient appelés *bourgeois.* Saint Paul, natif de Tarse, en Cilicie, Act. 21. 39. était citoyen romain, c. 22. v. 26. 27. 23. Ceux qui avaient acheté le droit de bourgeoisie d'une ville en étaient appelés *bourgeois*. v. 28.

2° Compatriote, soit qu'il soit de la même ville ou du même pays (υἱὸς τοῦ λαοῦ). Levit. 19. 18. *Nec memor eris injuriæ civium tuorum*: Ne conservez point le souvenir de l'injure de vos citoyens pour vous en venger. Voy. ce commandement pratiqué par Joseph et par Jephté. Gen. 50. v. 17. 21. et Judic. 11. v. 2. 6. 11. Ainsi, Luc. 19. 14. *Cives ejus oderant eum*: Les citoyens de cet homme de grande naissance le haïssaient. Voy. v. 12. Jésus-Christ, qui figure ici la haine que les Juifs avaient contre lui, la marque clairement dans saint Jean. 15. v. 24. 25.

3° Habitant du pays. Luc. 15. 15. *Adhæsit uni civium regionis illius*: Le jeune homme qui avait reçu de son père la part de son bien, l'ayant tout dissipé dans un pays étranger, s'attacha au service d'un des habitants du pays.

Ce mot *civis* étant opposé à *peregrinus*, comprend dans sa signification tous les habitants d'un pays. Levit. 24. v. 16, 22. Num. 15. 30. De là vient :

Les membres de l'Eglise, les fidèles opposés aux païens (συμπολίτης). Ephes. 2. 19. *Jam non estis hospites et advenæ, sed estis cives sanctorum et domestici Dei*: Vous êtes citoyens de la même cité que les saints. Cette cité et cette maison est l'Eglise. Voy. Philip. 3. 20.

CIVITAS, TIS. πόλις. 1° Ville, cité, ou assemblée de citoyens. Hebr. 13. 14. *Non habemus hic manentem civitatem*: Nous n'avons point ici de ville permanente. Ps. 138. 20. *Accipient in vanitate civitates tuas*: C'est en vain que les justes posséderont les villes que vous leur aurez données, disent les ennemis du peuple de Dieu, se voyant chassés de leurs terres par les Israélites secourus de Dieu. Num. 24. 19. *Perdet reliquias civitatis*: Le dominateur de Jacob perdra les restes de la cité; *i. e.* de chaque ville de l'Idumée : ce qui a rapport au 3. Reg. 11. v. 15. 16. D'autres l'expliquent de Rome qui était la capitale de l'idolâtrie au temps du Messie.

2° Ville sans rapport aux citoyens. Matth. 5. 14. *Non potest civitas abscondi supra montem posita*: La vie des apôtres et des ministres de l'Eglise est en vue comme une ville située sur une haute montagne.

3° La ville de Jérusalem est appelée *Civitas* par les Chaldéens. Voy. 4. Reg. 25. v. 9. 10. Ezech. 33. 21. *Vastata est civitas*: La ville a été ruinée. Zach. 14. 2. *Capietur civitas*: La ville sera pillée par Antiochus Epiphanes, qui, en trois jours, fit tuer quatre-vingt mille personnes, en fit enchaîner quarante mille et en vendit encore autant. 2. Mac. 5. 14. Ainsi, Habac. 2. v. 8. 17. Matth. 26. 18. c. 28. 11. Marc. 14. v. 13. 16. Luc. 22. 10. c. 23. 19. Joan. 19. 20. Isa. 52.

4° Village ou bourg. Luc. 8. 4. *Cum de civitatibus properarent ad eum*: Le peuple se pressant de sortir des villes pour venir vers Jésus. Marc. 1. 38.

5° Ville avec ses dépendances, une province, un gouvernement, un état, une republique, tout un pays entier, une contrée (νόμος). 1. Mach. 10. 30. *Ne accipiatur a terra Juda, et a tribus civitatibus quæ additæ sunt illi ex Samaria et Galilæa*: Je ne veux plus qu'on lève (tout ce que j'avais droit de prendre) sur le pays de Juda ni sur les trois villes qui lui ont été ajoutées de Samarie et de Galilée. Démétrius remet aux Juifs tous les tributs qu'il levait dans la Judée, en reconnaissance de leur fidélité. Ces villes appelées en grec νόμος à l'imitation des Egyptiens. Ps. 126. 2. *Nisi Dominus custodierit civitatem*: Si le Seigneur ne garde une ville, c'est en vain que veille celui qui la garde. Ose. 6. 8. Voy. v. 12. 11. Mich. 6. 9. *Vox Domini ad civitatem clamat*: Le Seigneur parle à la ville avec une voix puissante, c'est-à-dire à tous les Juifs.

Les habitants d'une ville. 1. Reg. 4. 13. *Ululavit omnis civitas*: Il s'éleva un grand cri parmi tout le peuple (de Silo); ce fut à la nouvelle de la défaite de l'armée des Israélites et de la prise de l'Arche par les Philistins. Voy. v. 17. Voy. c. 24. 16. 3. Reg. 1. v. 41. 45. Esth. 8. 15. Prov. 11. 10. c. 29. 8. Jer. 4. 29. etc.

Le paradis, le ciel des bienheureux, est appelé *Ville*, par excellence. Apoc. 14. 20. Hebr. 11. 10. Ps. 72. 20. *Domine, in civitate tua, imaginem ipsorum ad nihilum rediges*: Vous réduirez au néant dans votre cité la vaine image du bonheur des pécheurs.

Façons de parler.

Civitas nostra. 1° La ville où nous sommes nés ou du ressort de laquelle nous sommes seulement, soit que nous y demeurions ou non. 1. Reg. 1. 3. *Ascendebat de civitate sua*; *sc.* de Ramatha. 2. Reg. 15. 12. 3. Reg. 21. 8. Joan. 1. 44. Luc. 2. 3. C'est dans ce sens que la ville de Bethléem est appelée *Civitas David*. Luc 2. v. 3. 4. *Ascendit... Joseph a Galilæa de civitate Nazareth in Judæam in civitatem David, quæ vocatur Bethleem*: Joseph partit de la ville de Nazareth, qui est en Galilée, et vint en Judée à la ville de David appelée *Bethléem*, pour se faire enregistrer avec la sainte Vierge. v. 11. 1. Reg. 2. 6. Joan. 7. 42. *Civitas nostra*, s'entend aussi de la ville d'où nos ancêtres sont sortis, quoique nous n'y soyons pas nés. 1. Esd. 2. v. 1. 70. c. 3. 1. c. 10. 14. 2. Esdr. 7. v. 6. 73. c. 8. 15. c. 11. 3.

2° Ville où nous faisons notre demeure, quoique nous n'y soyons pas nées. Matth. 9. 1. *Venit in civitatem suam*: Jésus vint à sa ville; il paraît selon saint Marc, 2. 1. que c'était Capharnaum où il faisait sa demeure. Voy. Matth. 4. 13. Luc. 2. 39. *Reversi sunt in Galilæam in civitatem suam Nazareth*: Le père et la mère de Jésus s'en retournèrent en Galilée, à Nazareth, leur ville; Joseph y était venu demeurer. Matth. 2. 23. Ainsi, les villes des lévites qui leur avaient été données, les villes des rois qui sont leurs capitales; dans ce sens la forteresse de Sion, ou la ville de Jérusalem est appelée, *civitas David*. 2. Reg. 5. v. 7. 9. c. 6. v. 10. 12. 16. Voy. URBS.

3° Ville où nous sommes nés, ou que nous habitons. Levit. 26. v. 31. 33. *Civitates vestræ dirutæ* : Toutes vos villes seront ruinées. Deut. 28. 52. Jos. 20. 6. 1. Reg. 8. 22. *Vadat unusquisque in domum suam* : Que chacun retourne en sa ville, dit Samuel à tout le peuple, après que Dieu lui eut répondu sur la demande qu'avait faite le peuple d'avoir un Roi. c. 31. v. 7. 3. Reg. 22. 36. Thren. 3. 51. Matth. 11. 1. c. 22. 7. Act. 16. 20. etc.

Civitas Dei, Domini, Regis magni, civitas sancta. La ville de Jérusalem est appelée de la sorte par excellence, parce que de tous les lieux du monde c'était le seul où l'on exerçait le culte du vrai Dieu, dans le temple qui y avait été bâti à son honneur (Voy. Joan. 4. 20.) Ps. 45. 5. *Fluminis impetus lætificat civitatem Dei* : Un fleuve réjouit la cité de Dieu par l'abondance de ses eaux ; ces eaux viennent de la piscine de Siloé, de la fontaine de Gihon et de l'aqueduc. Voy. 4. Reg. 20. 20. 2. Par. 32. 30. Joan. 9. 7. Ps. 100. 8. Ps. 47. v. 1. 2. 9. Ps. 86. 2. Jérusalem était la figure de l'Eglise, soit triomphante, Apoc. 21. 2. Ps. 72, 20. A quoi se rapporte, Apoc. 14. 20. Hebr. 11. v. 10. 16. soit militante, Hebr. 12. 12. Apoc. 3. 12. c. 11. 2. etc. Elle est nommée, Isa. 52. 1. *Civitas Sancti* : La ville du Saint ; *i. e.* la ville de Dieu, qui est saint par excellence ; Hebr. *Civitas sancta*, comme en plusieurs endroits de notre Vulgate. Ainsi Zach. 7. 3. *Vocabitur Jerusalem civitas veritatis* : Jérusalem sera appelée *la ville de la vérité*. Cette prophétie regarde l'Eglise, car c'est elle proprement qui mérite d'être appelée *la ville de la vérité*, parce qu'elle rend à Dieu un culte véritable et sincère. Voy. Mons.

Civitas magna. Jérusalem est encore appelée de ce nom, si ce n'est plutôt Rome païenne. Apoc. 11. 8. *Corpora eorum jacebunt in plateis civitatis magnæ* : Les corps de mes deux témoins seront étendus dans les rues de la grande ville qui est marquée par la prostituée, à cause de son idolâtrie. c. 17. 18. etc.

Civitas David. — 1° La citadelle de Jérusalem que David gagna sur les Jébuséens. 2. Reg. 5. v. 7. 9. c. 6. v. 10. 12. 16. etc. — 2° La ville de Bethléem, lieu de la naissance de David. Luc. 2. v. 4. 11. 1. Reg. 20. 6.

CLADES, is. συμφορά. De κλάω, *frango*, rompre, surtout les branches des arbres, qui se nomment pour cela κλάδοι. Ainsi, originairement, *clades* est une grande destruction de branches, comme *calamitas* une destruction de roseaux, et signifie proprement grande perte d'hommes qui périssent dans un combat sur terre ou sur mer ; dans l'Ecriture :

Malheur, perte, défaite. 2 Mach. 14. v. 14. 40. *Putabat... si illum decepisset se cladem Judæis maximam illaturum* : Nicanor croyait que, s'il séduisait Rasias, il ferait aux Juifs un grand mal.

CLAM, κρυφῇ, λάθρα. Cet adverbe, qui semble être mis comme pour *celam*, vient du verbe *celare*, et signifie :

1° A l'insu de quelqu'un, sans qu'il le sache. Gen. 31. 26. *Quare ita egisti ut clam me abigeres filias meas?* Pourquoi m'avez-vous traité de la sorte, en m'enlevant ainsi mes filles sans m'en rien dire? dit Laban à Jacob. 1. Reg. 18. 22. *Loquimini ad David clam me* : Parlez à David comme de vous-même ; Saül fait proposer à David de penser à être son gendre, de là vient

Clam aliquo rem esse. Une chose est à l'insu de quelqu'un quand il l'ignore et qu'il ne la sait pas. Gen. 47. 18. *Nec clam te est quod absque corporibus et terra nihil habeamus* : Vous n'ignorez pas qu'excepté notre corps et la terre, nous n'avons rien, disent les Egyptiens à Joseph.

2° Secrètement, en secret, sans que d'autres l'entendent. Matth. 2. 7. *Herodes clam vocatis magis* : Hérode fit venir les mages en particulier pour s'informer du temps que l'étoile leur était apparue. Deut. 13. 6.

CLAMARE, κράζειν, κραυγάζειν, βοᾶν. Ce verbe vient de κράζω, *clamo*, ou de κλάζω, *clango*, ou de l'Hébreu *col, vox, sonus.*

1° Crier, pousser des cris, s'écrier en parlant (φωνεῖν). Ps. 113. 15. *Non clamabunt in gutture suo* : Avec la gorge qu'ont les idoles, elles ne pourront crier. Joan. 19. 6. *Pontifices et ministri clamabant* : Les princes des prêtres et leurs gens se mirent à crier à Pilate de condamner Jésus-Christ à être crucifié ; ces sortes de cris marquent de la légèreté, de l'emportement et de la fureur ; mais les sages, qui sont posés, doux et paisibles, ne crient point. Matth. 12. 19. *Non contendet, neque clamabit* : Mon bien-aimé ne disputera point, il ne criera point. Saint Matthieu cite ce passage comme un accomplissement de la prophétie d'Isaïe, 42. 2. sur ce que Jésus-Christ se retira ayant appris que les pharisiens cherchaient à le perdre ; crier s'entend aussi dans ce dernier passage pour criailler, faire grand bruit.

2° Crier, marquer par des cris quelque grand malheur ou affliction, soit qu'on le ressente, soit pour le voir seulement tomber sur un autre. Isa. 15. 4. *Clamabit Hesebon et Eleale* : Hésebon et Eléale jetteront de grands cris ; ce sont deux villes des Moabites ; ces peuples furent réduits par David. 2. Reg. 8. 2. Apoc. 18. v. 18. 19. Isa. 15. 5. Jerem. 48. 31. Ainsi, Ps. 31. 3. Ps. 21. 4.

3° Publier hautement, reprendre avec zèle, annoncer de la part de Dieu. Isa. 40. 3. Voy. Luc. 3. 4. *Vox clamantis in deserto* : On entendra la voix de celui qui crie dans le désert. v. 6. *Vox dicentis clama ; et dixi : quid clamabo* : Une voix m'a dit : Criez ! et j'ai dit : Que crierai-je ? Dieu ordonne au Prophète de faire connaître que tous les hommes sont périssables. c. 58. 1. Luc. 8. 8. Joan. 7. 28. c. 12. 44. Rom. 9. 27.

4° Faire connaître quelque chose qui est caché, et en porter hautement témoignage. Luc. 19. 40. *Si hi tacuerint, lapides clamabunt* : Si ceux-ci se taisent, les pierres mêmes crieront ; si les disciples de Jésus-Christ n'eussent pas fait entendre leurs acclamations avec celles du peuple à son entrée dans Jérusalem, Dieu, par un miracle, eût fait crier les pierres, dit saint Jérôme. Ainsi, Habac, 2, 11. *Lapis de pariete clamabit* : La pierre criera du milieu de la muraille contre celui qui aura bâti sa maison de rapines et d'injustices : ce qui est une hyperbole qui marque qu'une chose sera certainement.

5° Faire crier et demander miséricorde. Gal. 4. 6. *Misit Deus spiritum Filii sui in corda vestra clamantem : Abba, Pater* : Dieu a envoyé dans vos cœurs l'esprit de son Fils pour vous faire crier : Mon Père, mon Père. Voy. Rom. 8. 15.

6° Marquer par des cris le transport de sa joie. Gal. 4. 27. *Erumpe et clama quæ non parturis* : Eclatez et poussez des cris de joie, vous qui n'enfantez point. L'Apôtre cite Isa. 54. 1. pour prouver combien l'état de l'Eglise de Jésus-Christ, figurée par Sara, était préférable à la synagogue, figurée par Agar.

Phrases tirées de ce mot, soit en signification propre, soit en signification métaphorique.

Clamare ad aliquem. Adresser ses cris à quelqu'un, pousser vers lui ses cris : 1° pour en obtenir du secours. Job. 30. 20. *Clamo ad te et non exaudis me* : Je crie vers vous, ô mon Dieu ! et vous ne m'écoutez point. Ps. 129. 1 Ps. 65. 17. et souvent ailleurs dans les psaumes : ce qui s'entend aussi des cris du cœur vers Dieu, sans que la voix y ait part, comme, Exod. 14. 15. *Quid clamas ad me ?* Pourquoi criez-vous à moi, dit Dieu à Moïse ; où dans le v. 10. non plus qu'ailleurs, il ne paraît point que Moïse ait crié en cette rencontre ; 2° pour lui demander vengeance, ce qui doit s'entendre métaphoriquement, et comme une expression qui marque l'énormité et l'excès de quelques crimes dont il s'agit. Dans ce sens quatre choses crient à Dieu : 1° l'homicide et le meurtre commis volontairement. Gen. 4. 10. 2° le péché de Sodome. Gen. 18. 20. 3° le salaire des ouvriers que l'on retient, Jac. Jac. 5. 4. Voy. Levit. 19. 13. Deut. 24. 15. 4° l'oppression des veuves, des orphelins et des pauvres. Exod. 22. v. 22. 23. c. 2. 23.. Ainsi, Habac, 2. 11.

CLAMITARE. Fréquentatif de *clamare*, et signifie proprement crier souvent ; dans l'Ecriture :

1° Dire hautement, se faire entendre à tout le monde. Prov. 1. 21. *In capite turbarum clamitat* : La Sagesse crie à la tête des assemblées du peuple. c. 8. v. 1. 4. La Sagesse parle aux hommes par la raison, par les créatures, par les apôtres et par les prophètes.

2° Avertir à haute voix, prédire hautement (ἐπικαλεῖσθαι). Jerem. 20. 8. *Vociferans iniquitatem et vastitatem clamito* : Il y a longtemps que je crie contre les iniquités des Juifs et que je leur prédis une désolation générale de la part des Chaldéens, qui arriva enfin au temps d'Osée. 4. Reg. 17. 6.

CLAMOR, is. κραυγή. Ce nom vient de κράζω, *clamo*.

1° Cri, ce qui est quelquefois un effet de douleur et d'affliction (φωνή). Gen. 27. 34. *Irrugiit clamore magno* : Esaü jeta un grand cri, lorsque Isaac lui eut dit qu'il avait donné sa bénédiction à Jacob en sa place. Les cris marquent quelquefois un esprit hautain, farouche, impérieux, irrité. Job 39. 7. Eccl. 9. 17. *Clamor principis inter stultos* : Les cris de celui qui domine entre les insensés. Ephes. 4. 31. *Omnis amaritudo, et ira... et clamor... tollatur a vobis* : Bannissez loin de vous toute aigreur, toute colère, toute crierie.

2° Cri de joie, et en témoignage de reconnaissance au jour d'une fête. Esth. 9. 31. *Illi observanda susceperunt... jejunia et clamores, et sortium dies* : Les Juifs s'engagèrent à observer ces jours solennels du sort, en jeûnant et en adressant leurs cris à Dieu ; d'autres l'entendent des prières ferventes.

3° Cri par lequel on implore le secours du ciel. Ps. 5. 1. *Intellige clamorem meum* : Entendez mes cris ; Hebr. Mon gémissement. Ps. 9. 13. Exod. 2. 23. Heb. 5. 7. *Preces supplicationesque... cum clamore valido et lacrymis offerens* : Jésus-Christ a offert avec un grand cri et avec larmes ses prières et ses supplications au Père éternel pour le tirer de la mort. Voy. Ps. 15. 10. Le mot hébreu signifie *Clamor et oratio*.

§ 1. — Injure, violence, oppression faite avec impudence. Isa. 5. 7. *Et ecce clamor* : J'ai attendu que les Juifs (que je regardais comme une vigne agréable) portassent des fruits de justice, et je n'entends qu'injustice et injure dont on se plaint contre eux. Voy. ces injustices aux versets suivants. Job. 34. 28. L'oppression est marquée par les cris de ceux qu'on opprime.

§ 2. — Affliction, ruine, grande défaite (βοή). Isa. 15. v. 5. 8. *Clamorem contritionis levabunt* : Les Moabites feront retentir leurs cris et leurs plaintes de l'affliction où ils seront. Voy. CLAMARE 2°. Jerem. 50. 46. Ps. 143. 14. Apoc. 21. 4. etc.

§ 3. — L'excès et l'énormité des crimes qui demandent vengeance à Dieu est marquée par ce mot. Gen. 18. v. 20. 21. c. 19. 13. *Eo quod increverit clamor eorum coram Domino* : Nous allons détruire Sodome, parce que le cri des abominations de ces personnes s'est élevé de plus en plus devant le Seigneur, disent les deux anges à Loth. Voy. v. 1. Ainsi, Exod. 22. 23. Job. 34. 28. Quand l'iniquité de l'homme est venue jusqu'à ne se plus cacher et à perdre toute honte, alors elle crie en quelque sorte et demande à Dieu vengeance. Aug. *Locut. l.* 1. Voy. Isa. 3. 9. Quatre sortes de cris demandent vengeance de la sorte, comme il est remarqué dans *clamare*.

Phrase tirée de la signification de ce verbe.

Clamorem audire. Etre dans des frayeurs continuelles. Jerem. 20 16. *Audiat clamorem mane* : Que l'homme qui porta la nouvelle de ma naissance à mon père, entende les cris dès le matin ; le Prophète parle des cris, comme d'ennemis qui assiégeraient une ville où serait cet homme, ou de personnes mourantes autour de lui, et il parle de sa propre naissance.

CLAMOSUS, a, um. Grand crieur, criard, qui crie volontiers en parlant des personnes (θρασύς). *Prov.* 9. 19. *Mulier stulta et clamosa* : Femme insensée et querelleuse

CLANGERE, κλάγγειν, σαλπίζειν. Ce verbe qui est grec vient du son même de la trompette, et signifie :

Sonner du cor, de la trompette. *Ose.* 5. 8. *Clangite buccina* : Sonnez du cor à Gabaa, pour faire entendre l'arrivée des ennemis. *Amos* 3. 6. *Si clanget tuba in civitate, et populus non expavescet* (φωνεῖν)? La trompette sonne-t-elle dans la ville sans que le peuple soit dans l'épouvante? *Num.* 10. 4. *Si semel clangueris*, pour *clanxeris*; et ce prétérit ne se trouve qu'en cet endroit. v. 9. Voy. SEMEL.

CLANGOR. Son de trompette, *Amos.* 2. 2. *Morietur in sonitu Moab in clangore tubæ* (κραυγή) : Les Moabites périront parmi le bruit des armes et l'effroyable son des trompettes. *Job.* 39. 24. *Nec reputat tubæ sonare clangorem* (σημαίνειν) : Le cheval de guerre est intrépide au bruit des trompettes.

CLARE. — 1° Clair, clairement, distinctement, avec clarté. *Gen.* 48. 10. *Clare videre non poterat* : Jacob ne pouvait bien voir; *i. e.* assez bien pour distinguer Ephraïm de Manassé, sans être proche de lui. Voy. v. 9. 13. 14. *Marc.* 8. 25. De là vient cette phrase : *Clare incedere.* Etre en mouvement étant plein de lumière; se parlant de la lune lorsqu'elle est pleine. *Job.* 31. 26. *Si vidi... lunam incedentem clare* : Si j'ai regardé la lune lorsqu'elle était la plus claire, dans le dessein de lui rendre un culte religieux à la façon des païens qui adoraient le soleil et la lune. Voy. *Jer.* 43. 13.

2° Haut, hautement, en sorte qu'on l'entende. *2. Esdr.* 12. 41. *Clare cecinerunt cantores* : Les chantres firent retentir bien haut leurs voix en chantant; lors de la dédicace du mur de Jérusalem. *1. Reg.* 14. 19. (*Tumultus*) *clarius resonabat* : Le bruit confus qui venait du camp des Philistins retentissant de plus en plus, lorsqu'ils se percèrent l'un l'autre dans l'effroi et le trouble que Dieu causa dans leur armée par le moyen de Jonathas accompagné de son écuyer. Voy. v. 13. 15. 20.

CLARERE, δοξάζεσθαι, Etre illustre, glorieux, éclatant, paraître avec éclat. *2. Cor.* 3. 10. *Nec glorificatum est quod claruit in hac parte*: Le ministère de la loi de Moïse, quelque glorieux qu'il ait été, n'est point en comparaison de celui de l'Evangile.

CLARIFICARE, δοξάζειν, Eclaircir, rendre plus clair, en parlant des yeux, de la vue; dans l'Ecr.

1° Rendre glorieux, glorifier quelqu'un, faire connaître quelle est sa gloire, et en donner des preuves. *Joan.* 12. 23. *Venit hora ut clarificetur filius hominis* : L'heure est venue que le Fils de l'Homme doit être glorifié, dit Jésus-Christ. v. 28. *Et clarificavi, et iterum clarificabo* : Je l'ai déjà glorifié, *sc.* (par les miracles qu'il a faits) et je le glorifierai encore; cette gloire par laquelle Jésus-Christ devait être glorifié, et devait glorifier son Père, était celle qu'il devait acquérir par sa Passion, sa Résurrection, son Ascension et la conversion du monde. c. 13. v. 31. 32. c. 15. 8. c. 16. 14. *Ille me clarificabit, quia de meo accipiet*: Le Saint-Esprit me glorifiera, parce qu'il recevra de ce qui est à moi; *sc.* la plénitude de ma divinité et de ma sagesse, procédant de moi comme de mon Père. c. 17. v. 1. 4. 5. *Clarifica me tu, Pater, apud temetipsum.* Faites connaître que je suis Dieu, dit Jésus-Christ. c. 21. 19. *Hoc autem dixit, significans qua morte clarificaturus esset Deum*: Jésus-Christ dit cela à saint Pierre, pour marquer de quelle mort il devait glorifier Dieu. Le martyre rend gloire à Dieu. Voy. Maldon. *in Joan.* 21. 19.

2° Approuver, relever avec louange et avec estime. *Act.* 4. 21. *Omnes clarificabant id quod factum fuerat* : Tous rendaient un témoignage éclatant du miracle qui s'était fait; *sc.* de la guérison qu'avait faite saint Pierre de l'homme boiteux dès le ventre de sa mère. Voy. *Act.* 3. v. 2. 6. 7. 8. Ainsi, *2. Thess.* 3. 1.

3° Remercier publiquement, rendre gloire. *Gal.* 1. 24. *In me clarificabant Deum* : Les églises chrétiennes de Judée rendaient gloire à Dieu de la grâce qu'il m'avait faite, en me changeant de persécuteur de son Eglise en prédicateur de l'Evangile. Voy. v. 23. *Act.* 4. 21. selon le Grec.

4° Elever en dignité. *Hebr.* 5. 5. *Christus non semetipsum clarificavit ut Pontifex fieret*: Jésus-Christ n'a point pris de lui-même la qualité glorieuse de pontife.

CLARITAS, atis, δόξα. Clarté, lumière. *1. Cor.* 15. 41. *Alia claritas solis, alia claritas lunæ, alia claritas stellarum* : Autre est la clarté du soleil, autre celle de la lune, autre celle des étoiles. *Act.* 22. 11. De là vient,

Claritas Dei. Lumière très-éclatante, très-grande clarté. Voy. DEUS. *Luc.* 2. 9. *Claritas Dei circumfulsit illos* : Une lumière divine environa les bergers à la présence de l'ange qui leur annonça la naissance de Jésus-Christ.

Parce que la lumière et la clarté est la plus noble de toutes les qualités sensibles, et approche le plus de la qualité spirituelle, elle marque souvent la gloire et l'honneur tant de Dieu que de la créature spirituelle.

1° Gloire, majesté divine. *2. Cor.* 3. 18. *Nos omnes in eamdem imaginem transformamur a claritate in claritatem*. Nous autres nous sommes transformés par la foi en la ressemblance de Dieu par de nouveaux accroissements de gloire. c. 14. 6. *Ipse illuxit in cordibus nostris ad illuminationem scientiæ claritatis Dei* : Dieu a éclairé nos cœurs pour éclairer les autres de la connaissance de la gloire de Dieu. *Coloss.* 1. 11. *Sap.* 7. 25. *Joan.* 17. v. 5. 22. 24. *Apoc.* 7. 12. c. 21. v. 11. 23.

2° Gloire, honneur, estime. *Sap.* 8. 10. *Habebo propter hanc, claritatem ad turbas*: La sagesse me rendra illustre parmi les peuples. *Sap.* 10. 14. *Joan.* 4. 41. *Claritatem ab hominibus non accipio* : Je ne tire point ma gloire des hommes, dit Jésus-Christ.

3° Gloire, qualité des corps glorieux. *Philipp.* 3. 21. *Reformabit corpus humilitatis nostræ configuratum corpori claritatis suæ*:

Jésus-Christ rendra notre corps vil et corruptible conforme à son corps glorieux.

4° Rétablissement glorieux. Tob. 13. 20. *Beatus ero, si fuerint reliquiæ seminis mei ad videndam claritatem Jerusalem*: Je serai heureux s'il reste encore quelqu'un de ma race pour voir la lumière et la splendeur de Jérusalem. Tobie disait ceci, prévoyant la ruine de Jérusalem, et la future captivité du peuple; et ce qu'il dit regarde le rétablissement qui s'en devait faire sous Cyrus. Voy. 1. Esdr. 5. 13.

5° Vertu, intégrité (ἀρετή). Sap. 4. 1. *O quam pulchra est casta generatio cum claritate!* O combien est belle la race chaste, lorsqu'elle est jointe avec l'éclat de la vertu! La virginité tire sa gloire de la vertu. Voy. CASTUS.

6° Magnificence, richesses. 1. Mach. 15. 32. *Athenobius... vidit gloriam Simonis, et claritatem in auro et argento*: Athénobius vit la gloire de Simon, l'or et l'argent qui brillait chez lui de toutes parts.

CLARUS, A, UM, λαμπρός, ά, όν. Ce mot qui est mis comme pour *calarus*, vient de *calare*, id est, *vocare*, et signifie:

1° Clair, lumineux. 2. Reg. 3. 35. *Clara adhuc die juravit David*: Tous étant revenus pour manger avec David lorsqu'il était encore grand jour, David jura. David fait des imprécations contre lui, en cas qu'il mange avant le coucher du soleil; il disait dans le deuil de la mort d'Abner. 3. Reg. 3. 21. Isa. 18. 4. Ainsi dans un sens figuré, Sap. 6. 13. *Clara est, et quæ numquam marcescit, sapientia*: La sagesse est pleine de lumière et sa beauté ne se flétrit point.

2° Visible, manifeste (ἀμαυρός, *obscurus, non clarus*). Levit. 13. 28. *Sin autem in loco suo candor steterit non satis clarus*. Que si cette tache blanche s'arrête au même endroit, et devient un peu plus sombre, etc.

3° Illustre, considérable (ἔνδοξος). 1. Mach. 2. 17. *Princeps, et clarissimus, et magnus es in hac civitate*: Vous êtes le premier, le plus grand et le plus considéré de cette ville, disent à Mathatias les envoyés d'Antiochus, pour lui proposer de sacrifier et d'abandonner la loi de Dieu.

CLASSIS, de καλεῖν, *calare*, id est, *vocare*, ou de κλῆσις, du même καλεῖν, parce que les anciens appelaient de ce nom non-seulement les armées de mer, mais même les armées de terre, et signifie, armée navale, classe, rang; un vaisseau, un corps de cavalerie.

Flotte de vaisseaux (πλοῖον). Deut. 28. 68. *Reducet te Dominus classibus in Ægyptum*: Le Seigneur vous ramènera en Egypte dans une flotte de vaisseaux, pour y être en esclavage; Dieu avait défendu aux Israélites de retourner en Egypte. Voy. c. 17. 16. Ezech. 27. 28. *Conturbabuntur classes*: Les cris et les plaintes de vos pilotes épouvanteront les flottes entières; *sc.* au bruit de la ruine de Tyr.

CLAUDERE, κλείειν, ἀποκλείειν, συγκλείειν. Du verbe grec Dorique κλάζω, pour κληΐζω, *claudo*.

1° Fermer, clore, enfermer, mettre sous la clef. Joan. 20. v. 19. 26. *Venit Jesus, januis clausis*. Jésus vint les portes fermées; *sc.* la seconde fois qu'il apparut à ses disciples, et que saint Thomas s'y trouva. Judic. 3. 23. Eccli. 42. 7. *Ubi manus multæ sunt, claude*: Où il y a beaucoup de mains, tenez tout fermé. De là vient:

2° Terminer, aboutir, borner. Num. 34. v. 6. 12. *Salsissimo claudentur mari*: Les confins de la terre promise du côté de l'Orient se termineront à la mer salée. Jos. 17. 10.

Façons de parler.

Claudere et aperire. Avoir pleine et entière autorité de gouverner, exercer même cette autorité. Isa. 22. 22. *Aperiet et non erit qui claudat, claudet, et non erit qui aperiat*: Il ouvrira sans qu'on puisse fermer, et il fermera sans qu'on puisse ouvrir; ce qui s'entend du Messie. Apoc. 3. 7. Voy. CLAVIS.

Porta clausa. Une porte du temple vers l'Orient qui était fermée. Ezech. 44. 2. *Porta hæc clausa erit*: Cette porte demeurera fermée... et nul homme n'y passera, c. 46. 1. parce que le Seigneur est entré par cette porte. Le Prophète y avait vu passer Dieu dans sa majesté. c. 43. v. 2. 11. *Ecce gloria Dei Israel ingrediebatur per viam Orientalem*: Je vis la gloire du Dieu d'Israël qui venait par ce côté de l'Orient, *sc.* par le côté de la porte qui regarde vers l'Orient. Cette porte toujours fermée, et par laquelle le Seigneur d'Israël avait seul passé, renferme quelque mystère; on l'explique de la bienheureuse Marie qui est toujours demeurée Vierge, et comme fermée avant et après avoir enfanté le Fils de Dieu.

Phrase tirée de la signification de ce verbe.

Claudere cœlum, συνέχειν, *continere*. Fermer le ciel, empêcher que la pluie ne tombe; d'où vient la stérilité, qui est la punition dont Dieu menace les Israélites, en cas qu'ils abandonnent son culte. Deut. 11. 17. *Cavete ne... iratus... Dominus claudat cœlum*: Prenez bien garde d'adorer les dieux étrangers, de peur que le Seigneur étant en colère, ne ferme le ciel, et que les pluies ne tombent plus. 3. Reg. 8. 35. 2. Par. 6. 26. Luc 4. 25. Apoc. 11. 6. à quoi est opposé, Gen. 8. 2. *Clausi sunt fontes abyssi*: Les sources de l'abîme cessèrent de monter en haut, au temps que les eaux du déluge cessèrent de croître.

Claudere omnem domum. Fermer toutes les maisons d'un lieu ou d'une ville, faire qu'il ne soit plus habité. Isa. 24. 10. *Clausa est omnis domus*: Toutes les maisons de cette ville, (de Jérusalem) sont fermées; *sc.* abandonnées à cause de sa désolation. Jerem. 13. 19. *Civitates Austri clausæ sunt*: Les villes de la Judée qui étaient au midi de la Chaldée, sont fermées; ces deux prophètes prédisent la désolation de la Judée par les Chaldéens; *autr.* sont assiégées.

Claudere oculos. Fermer les yeux, signifie,

1° Rendre les derniers devoirs à ses parents; c'était le plus proche qui leur fermait les yeux en mourant. Tob. 14. 15. *Ipse clausit oculos eorum*: Le jeune Tobie ferma les yeux de son beau-père et de sa belle-mère.

2° S'obstiner à ne vouloir point comprendre (κατομύειν). Matth. 13. 15. *Oculos suos clauserunt* : Ces peuples ont fermé leurs yeux, de peur que leurs yeux ne voyent. Mais quand Dieu ordonne à Isaïe de fermer les yeux des Juifs, il prédit l'effet que la prédication de la parole de Dieu devait produire dans leurs cœurs. Isa. 6. 10. *Oculos ejus claude*: Éclairez ce peuple, mais il fermera les yeux à la vérité; et quand Isaïe dit, c. 29. 10. que Dieu fermera les yeux de ce peuple, il veut marquer l'aveuglement de leur esprit, qui est la terrible punition dont Dieu frappe ceux qui n'ont pas voulu recevoir ses avis et ses remontrances : *Claudet oculos vestros*.

3° Fermer les yeux pour ne point voir le mal, n'y prendre aucune part, en avoir horreur (καταμύειν) Isa. 33. 15. *Qui claudit oculos suos ne videat malum*: Celui qui ferme ses yeux afin de ne point voir le mal.

Claudere ora. Fermer la bouche; c'est ne point permettre, et ne donner point lieu ni sujet qu'on use de sa voix. Esth. 13. 17. *Ne claudas ora ranentium*: Ne fermez pas la bouche de ceux qui vous louent, dit Mardochée dans sa prière à Dieu, au sujet de la lettre d'Artaxerxès contre les Juifs. c. 14. 9.

Claudere ostia. Fermer les portes, signifie,

1° Exercer quelque ministère ou fonction ecclésiastique. Malac. 1. 10. *Quis est qui claudat ostia... gratuito?* Qui est celui d'entre vous qui ferme les portes de mon temple gratuitement? Le Prophète parle de la charge des portiers du temple, et taxe d'avarice tous les ministres de Dieu, qui n'exercent leurs fonctions que par quelque vue d'intérêt.

2° Fermer les portes de la rue, est une façon de parler énigmatique, qui se dit par rapport aux vieillards qui ne sortent plus de leur maison. Eccl. 12. 4. *Quando... claudent ostia in platea*: Quand on fermera les portes de la rue. On ne doit point attendre le temps de la vieillesse pour servir Dieu. Voy. v. 1.

3° Oter les moyens de bien faire. Apoc. 3. 8. *Ecce dedi coram te ostium apertum quod nemo potest claudere*: Je vous ai ouvert une porte que personne ne peut fermer; *id est*, personne ne vous pourra empêcher de prêcher l'Évangile, et de convertir les peuples, dit le Fils de Dieu à l'évêque de Philadelphe.

Claudere ostium. Fermer l'entrée du ciel. Luc. 13. 25. *Cum... Paterfamilias... clauserit ostium*: Quand Jésus-Christ, le Père de famille, aura fermé la porte. Voy. v. 27. 28. Ainsi, Matth. 25. 10.

Claudere regnum cœlorum. Fermer l'entrée du royaume des cieux, c'est empêcher autant qu'il est en soi par sa conduite et par son mauvais exemple, de marcher dans la voie étroite des Commandements de Dieu. Matth. 23. 13. *Clauditis regnum cœlorum*: Vous fermez aux hommes le royaume des cieux, dit Jésus-Christ aux scribes et aux pharisiens, qui détournaient les peuples de suivre Jésus-Christ. Voy. Joan. 10. 20. et Marc. 3. 22.

Claudere sermones. Tenir caché ce qui a été révélé (ἐμφράττειν). Dan. 12. 4. *Claude sermones*: Tenez vos paroles fermées sans en donner l'éclaircissement; car l'intelligence de ces paroles n'est point pour le temps présent, mais pour le *temps marqué* de Dieu, auquel il a ordonné qu'elles s'accomplissent, et elles ne seront point entendues qu'elles ne soient accomplies.

Claudere stellas sub signaculo, κατασφραγίζειν. Enfermer les étoiles comme sous le sceau; Job. 9. 7. *Qui claudit stellas sub signaculo*: C'est Dieu qui tient les étoiles enfermées comme sous le sceau; *sc.* par la lumière du jour qui empêche qu'elles ne paraissent : ce qui se peut entendre d'un obscurcissement miraculeux des astres.

Claudere viscera sua ab aliquo. Fermer à quelqu'un son cœur et ses entrailles, c'est être sans compassion pour les besoins de quelqu'un. 1. Joan. 3. 17. *Qui... clauserit viscera sua ab eo, quomodo caritas Dei manet in eo?* Si quelqu'un, ayant des biens de ce monde et voyant son frère en nécessité, il lui ferme son cœur et ses entrailles, comment aurait-il encore de l'amour pour Dieu?

CLAUDIA, æ. Claudie, femme dévote. 2. Tim. 4. 21. *Salutant te Eubulus, et Pudens, et Linus, et Claudia*: Eubule, Pudens, Lin et Claudie vous saluent. On croit qu'elle était femme de Pudens, sénateur romain.

CLAUDICARE. De *claudo*, ou de l'ancien verbe *claudeo*; les anciens disaient *claudere*, pour *claudicare*, et signifie,

Boiter, être boiteux (ἐπισκάζειν). Gen. 32. 31. *Ipse vero claudicabat pede*: Jacob demeura boiteux d'une jambe; ce fut après que l'Ange lui eut touché le nerf de la cuisse qui se sécha, pour lui marquer que ce combat était réel, et qu'il connût la force de celui-là même contre qui il avait lutté.

S'écarter du droit chemin, ne point marcher droit (χωλαίνειν). 3. Reg. 18. 21. *Usquequo claudicatis in duas partes?* Jusqu'à quand serez-vous comme un homme qui boite des deux côtés? Élie reprend les Juifs de vouloir adorer en même temps le vrai Dieu et Baal, et de ne pouvoir se déterminer auquel ils devaient s'attacher, vu qu'ils ne pouvaient ignorer qu'il n'y a qu'un seul Dieu. Hebr. 12. 13. Ps. 17. 46. Ainsi, Mich. 4. v. 6. 7. *Ponam claudicantem in reliquias* (συντετριμμένην, *afflicta*). Je réserverai les restes de celle qui était boiteuse; *sc.* de la synagogue, qui ne marchait pas droit dans son culte, et s'était portée tantôt au culte de Dieu, tantôt à ce lui des Idoles. Ainsi, Soph. 3. 19. *Salvabo claudicantem*: Je sauverai celle qui boitait; Gr. ἐκπεπιεσμένην, celle qui était dans l'accablement; c'est encore la synagogue, ou plutôt l'Église dans laquelle on verra tous ses enfants marcher droit dans la voie de Dieu.

CLAUDIUS, Κλαύδιος, Claude. De *claudus*, boiteux.

1° L'empereur Claude, fils de Drusus, successeur de Caligula. Act. 11. 28. c. 18. 2. *Eo quod præcepisset Claudius discedere omnes Judæos a Roma*: Parce que l'empereur Claude avait ordonné à tous les Juifs de sortir de Rome : cet empereur mourut la vingt-quatrième année de la passion de Jésus-Christ, ayant régné treize ans.

2° Le tribun Lysias, qui tira saint Paul d'entre les mains des Juifs. Act. 23. 26. *Claudius Lysias optimo præsidi Felici, salutem*: Claude

Lysias au très-excellent gouverneur Félix, salut.

CLAUDUS, A, UM. χωλός, du grec κλάω, frango, claudus quasi fractus pedibus.

Boiteux. Luc. 14. 13. *Cum facis convivium, voca pauperes... claudos* : Lorsque vous faites un festin, conviez-y les pauvres... les boiteux : Jésus-Christ condamne ceux qui ne convient chez eux que les riches et les grands. Isa. 35. 6. *Tunc saliet sicut cervus, claudus* : Le boiteux bondira comme le cerf : sc. au temps du Messie. Voy. Matth. 15. 30. Act. 3. v. 2. 8.

§ 1. Misérable, affligé. Job. 29. 15. *Fuipes claudo* : J'ai été le pied du boiteux. Job témoigne qu'il a assisté de ses biens les pauvres affligés, et qui étaient dans la misère.

§ 2. — Faible et méprisable. 2. Reg. 5. 6. *Non ingredieris huc, nisi abstuleris cæcos et claudos* : Vous n'entrerez point ici que vous n'en ayez chassé les aveugles et les boiteux, disent à David les Jébuséens, qui étaient assiégés dans Jérusalem, pour insulter à David, et comme pour lui marquer que leur ville était imprenable. v. 8 Voy. CÆCUS.

§ 3. — Les nations, les païens et les idolâtres. Luc. 14. 21. *Claudos introduc huc* : Amenez ici les boiteux, dit à ses serviteurs l'homme qui, ayant fait un grand souper, se vit méprisé de ceux qu'il avait conviés. Les gentils, qui ne savaient ce que c'était que marcher dans la voie de Dieu, ont été appelés à son service au lieu des Juifs.

CLAVIS, IS, κλείς, δός. De κλάξ pour κλείς. Clef avec quoi l'on ouvre ou l'on ferme une porte, un coffre, etc. Judic. 3. 25. *Tulerunt clavem* : Les serviteurs d'Eglon prirent la clef : comme Aod avait fermé à clef les portes de la chambre où il tua Eglon, ils avaient attendu inutilement que le roi leur ouvrît.

§ 1. — La puissance de gouverner, marquée par la clef ; parce qu'elle était en quelques charges la marque de la dignité et du pouvoir de ceux qui en étaient revêtus. Isa. 22. 22. *Dabo clavem domus David super humerum ejus* : Voy. HUMERUS. Je mettrai sur l'épaule d'Eliacim la clef de la maison de David ; i. e. la charge de grand maître de la maison du roi Ezéchias, et de gardien du temple, ou même, selon quelques-uns, la charge de grand prêtre des Juifs, marquée par cette clef, et qui était une figure de la puissance absolue de Jésus-Christ sur l'Eglise. Cette puissance est marquée, Apoc. 3. 7. *Sanctus et verus qui habet clavem David* : Jésus-Christ est encore maître de la mort et de l'enfer. Apoc. 1. 18. *Habeo claves mortis et inferni* : J'ai les clefs de la mort et de l'enfer. c. 9. 1.c. 20.1. et la puissance que Jésus-Christ a donnée à saint Pierre et aux autres pasteurs dans la personne de ce chef, pour gouverner l'Eglise, est marquée par les clefs. Matth. 16. 19. *Tibi dabo claves regni cælorum* : Je vous donnerai les clefs du royaume des cieux, dit Jésus-Christ à saint Pierre : ce qu'il accomplit: Joan. 21. 15. Voy. REMITTERE. Voy. LIGARE.

§ 2. — Le droit et le pouvoir d'interpréter la Loi et les Ecritures. Luc. 11. 52. *Tulistis clavem scientiæ* : Vous vous êtes saisis de la clef de la science. Quelques-uns disent que c'était la coutume des Hébreux de donner en main une clef pour marque de copouvoir.

CLAUSTRUM, I. De *Claudere*.

Tout ce qui se ferme et s'ouvre. Mich. 7. 5. *Ab ea quæ dormit in sinu tuo, custodi claustra oris tui* : Tenez fermée la porte de votre bouche, et ne vous ouvrez pas même à votre propre femme.

CLAUSURA, Æ, κλεῖθρον. Ce mot, peu usité chez les Latins, vient :

De *claudere*, et signifie dans l'Ecr. :

Barre, ce qui sert à fermer. Bar. 6. 17. *Tutantur sacerdotes ostia clausuris et seris, ne a latronibus expolientur* : Les prêtres des faux dieux les renferment sous beaucoup de serrures et de verroux, de peur que les voleurs ne les viennent emporter.

CLAUSUS, A, UM. Fermé, en parlant d'une porte, d'une maison, d'un coffre ; renfermé, en parlant du bétail : dans l'Ecriture :

1° Clos enfermé. 4. Reg. 19. 24. Isa. 37. 25; *Siccavi vestigiis pedum meorum omnesaquas clausas* : J'ai séché par les traces des pieds de mes gens les eaux qui étaient fermées, dit Sennachérib ; sc. mon armée était si nombreuse qu'elle séchait les rivières (ποταμοὶ περιοχῆς, *fluvii muniti*. Voy. AGGER.

2° Prisonnier, qui est arrêté par ses ennemis. Isa. 61. 1. *Misit me... ut prædicarem... clausis apertionem* : L'esprit du Seigneur m'a envoyé... prêcher la liberté à ceux qui sont dans les chaînes ; sc. du péché (αἰχμάλωτος, *captivus* : ceci s'entend du Messie, de Jésus-Christ. Voy. Luc. 4. v. 18. 19. Ainsi, Jerem. 36. 5. c. 39. 15. Gen. 39. 20. *Erat ibi clausus* : Joseph était renfermé dans ce lieu-là ; étant accablé par une telle calomnie, il choisit plutôt d'être traité comme criminel, que d'accuser sa maîtresse.

3° Qui est renfermé dans une place forte qui est gardée chèrement (ἐπεχόμενος). 3. Reg. 14. 10. 4. Reg. 9 8. *Percutiam... clausum et novissimum* : Je ferai mourir ceux qui étaient renfermés dans les fortes places, et ceux qui étaient abandonnés ; *autr.* Celui que l'on conservait précieusement et jusqu'au dernier. Deut. 32. 36. *Clausi quoque defecerunt* : Ceci est une sorte de proverbe, pour marquer que, dans une ruine entière, il n'est resté personne, ni ceux qui étaient dans les places fortes, ni ceux qui étaient abandonnés. Ainsi, 3. Reg. 14. 10. *Clausum et novissimum* : C'est-à-dire tout le reste, soit précieux, soit méprisable, *pretiosum et vile*.

Façon de parler.

Os clausum. Bouche fermée, marque une personne dégoûtée et malade. Eccli. 30. 18. *Bona abscondita in ore clauso* : Des biens répandus devant une bouche fermée, sont comme un grand festin autour d'un sépulcre.

CLAVUS, I. ἧλος. Du grec ἧλος, ou de κλείω, *claudo*, et signifie :

1° Clou, pieu (σκόλοψ). Num. 33. 53. *Qui re-*

manserint erunt vobis quasi clavi in oculis : Ceux des habitants de la terre promise, qui y seront restés sans que vous les ayez tués, vous serez comme des clous dans les yeux ; *i. e.* ils seront le sujet de votre ruine. Voy. Deut. 7. 16. Voy. LANCEA. Eccl. 12. 11. *Verba sapientum quasi clavi in altum defixi :* Les paroles des sages sont comme des clous enfoncés, et pénètrent avant dans le cœur, à cause de leur force et de leur autorité. Joan. 20. 25. *Nisi videro in manibus ejus fixuram clavorum, non credam:* Si je ne vois dans les mains de Jésus-Christ la marque des clous qui les ont percées, je ne croirai point que vous ayez vu le Seigneur, dit saint Thomas aux autres apôtres. Voy, v. 24. On avait coutume de se servir de quatre clous pour crucifier.

Phrase tirée de cette signification dans le sens figuré.

Clavos suos consolidare. Rendre les clous, les pieux de sa tente bien affermis ; c'est se faire un établissement solide (πάσσαλος, *paxillus*). Isa. 54. 2. *Clavos tuos consolida:* Rendez les clous et les pieux de votre tente bien affermis. Le Prophète marque par ces paroles le ferme établissement de l'Eglise. c. 33. 20. La métaphore est tirée des clous et des pieux qui tiennent les tentes bien fermées. Voy. PAXILLUS.

2° Gouvernail de vaisseau. Prov. 23. 34. *Quasi sopitus gubernator amisso clavo:* Celui qui a trop bu de vin est comme un pilote assoupi qui a perdu le gouvernail ; *sc.* il n'est plus en état de se conduire.

CLEMENS, de l'Hébreu *chamal,* pardonner.

1° Doux, paisible, bon, compatissant, qui est porté à faire du bien. Ruth. 2. 2. *Ubicumque clementis in me patrisfamilias repero gratiam :* J'irai partout où je trouverai quelque père de famille qui me témoigne de la bonté : Ruth demande à Noëmi la permission d'aller glaner en quelque endroit où elle pourra trouver. 2. Par. 10. 7. *Si... lenieris eos verbis clementibus servient tibi omni tempore* (ἀγαθὸς) Si vous apaisez le peuple par des paroles douces, ils s'attacheront pour toujours à votre service, disent à Roboam les vieillards qu'il consultait sur les prières que lui fit le peuple de relâcher quelque chose du dur empire de Salomon.

2° Clément, doux, qui pardonne aisément et n'use pas de cruauté (ἐλεῶν, *misericors*). 3. Reg. 20. 31. *Audivimus quod reges domus Israel clementes sint :* Nous avons ouï-dire que les rois de la maison d'Israël sont doux et cléments, disent les serviteurs de Bénadad à Bénadad, lui conseillant, dans sa fuite et la déroute de son armée, d'aller demander la vie à Achab. Exod. 33. 19. *Clemens ero in quem mihi placuerit :* J'userai de clémence envers qui il me plaira, dit Dieu à Moïse.

3° Clément, pape qui a succédé à saint Pierre, dans le siège de Rome (κλήμας). On met saint Lin et saint Anaclet avant lui. Philip. 4. 3. *Adjuva illas quæ mecum laboraverunt in Evangelio cum Clemente :* Je vous prie d'aider Évodie et Syntiche comme des personnes qui ont eu part avec moi dans mes peines pour l'Evangile, avec Clément, etc. Saint Paul les recommande à quelque excellent disciple dont il ne marque pas le nom.

CLEMENTER, Avec bonté et douceur. Gen. 43. 27. c. 45. 4. *Ad quod ille clementer : accedite, inquit, ad me :* Joseph dit avec douceur à ses frères : approchez-vous de moi : Joseph se fait reconnaître à eux pour leur frère. Voy. v. 3.

CLEMENTIA, æ, ἐπιείκεια. 1° Bonté, douceur, bienveillance, équité. Judic. 5. 11. Est. 13. 2. Prov. 11. 19. *Clementia præparat vitam :* La bonté et l'humanité servent à faire vivre davantage. c. 6. 15. *Clementia regis quasi imber serotinus :* La clémence du roi est comme les pluies de l'arrière saison; *i. e.* comme celles qui venant après une grande sécheresse du printemps, donne la nourriture aux fruits de la terre; ainsi les bonnes grâces d'un roi bienfaisant sont agréables à ceux qui en sont honorés. c. 20. 28. c. 31. 26. Act. 24. 4. *Breviter audias pro tua clementia :* Je vous prie d'écouter avec votre équité ordinaire ce que nous avons à vous dire en peu de paroles : L'orateur Tertulle accuse saint Paul devant Félix. 2°. Clémence, inclination à obliger, à pardonner (ἔλεος). Jos. 11. 20. *Domini sententia fuerat, ut non mererentur ullam clementiam :* C'avait été la volonté du Seigneur qu'ils ne méritassent aucune clémence. Esth. 4. 11. c. 8. 4.

CLEOPATRA, æ. G. *Gloria Patriæ.* 1° Cléopâtre, femme de Ptolémée, roi d'Egypte. Esth. 11. 1. *Anno quarto regnantibus Ptolomæo et Cleopatra :* La quatrième année du règne de Ptolémée et de Cléopâtre. Ptolémée Epiphanes, Ptolémée Philométor, et Ptolémée Evergète ont épousé chacun une femme de ce nom. On ne sait sous lequel des trois cette lettre a été apportée en Égypte. — 2° Fille de Ptolémée Philométor, laquelle il donna en mariage à Alexandre, fils d'Antiochus Epiphanes. 1. Mac. 10. 57. *Et exivit Ptolemæus de Ægypto, ipse et Cleopatra filia ejus :* Ptolémée sortit d'Egypte avec sa fille Cléopâtre. v. 58.

CLEOPHAS, æ. Gr. *Gloria omnis.* — Cléophas, disciple de Jésus-Christ, qui fut un des deux qui le reconnurent, allant à Emmaüs. Luc. 24. 18. Il était frère de Joseph, comme le dit Hégésippus au rapport d'Eusebe, *l.* 3. c. 11. et saint Epiphane, *Hæres.* 78. c. 7. et, comme l'on croit plus probablement, avait épousé en secondes noces Marie, sœur de la sainte Vierge, après la mort d'Alphée, son premier mari, dont il porta le nom, et en eut Jude et Siméon, qui avec Jacques le Mineur et Joseph, sont appelés cousins de Notre-Seigneur. Voy. MARIA.

CLERUS, i. Gr. κλῆρος, *Sors.* Ce nom grec signifie dans l'Ecr. :

Sort, partage. Ps. 67. 14. *Si dormiatis inter medios cleros :* Quand vous serez en repos au milieu des terres qui vous sont échues en partage. Le mot hébreu qui répond ici à *clerus,* est rendu par *terminus.* Genes. 49. 14. *Issachar asinus fortis accubans inter ter-*

minos : Issachar fort comme un âne dur au travail, se tiendra dans les bornes de son partage ; *c'est-à-dire* que ceux de cette tribu devaient vivre du travail de leurs mains, et en labourant la terre sans trafiquer.

Le troupeau de Jésus-Christ qui a été donné en partage aux Evêques. 1. Petr. 5. 3. *Pascite... neque ut dominantes in cleris :* Paissez le troupeau de Dieu, non en dominant sur l'héritage du Seigneur; *sc.* sur les peuples que Jésus-Christ, à qui ils appartiennent, vous a donnés à gouverner. D'autres l'entendent du clergé qui est principalement l'héritage du Seigneur, et dont le Seigneur est le seul héritage.

CLIBANUS, Gr. κλίβανος. Ce nom, qui est grec, signifie en général un four, ou un vase dans lequel on fait cuire quelque chose : dans l'Écr. :

Four. Ose. 7. 4. *Omnes adulterantes quasi clibanus succensus :* Tous les Israélites se portent à l'idolâtrie et aux autres péchés avec la même ardeur qu'est celle d'un four chaud. v. 6. 7. Gen. 15. 17. *Apparuit clibanus fumans :* Il parut à Abraham un four d'où sortait une grande fumée : ce four figurait la dure captivité des Israélites dont il est parlé ; v. 13. et est marquée par *Fornax ferrea.* Deut. 4. 20. etc. Voy. FORNAX.

Ce qui est tout desséché et brûlé par l'ardeur du four. Ps. 20. 10. *Pones eos ut clibanum ignis :* Vous consumerez vos ennemis au jour de votre colère, comme le bois qui brûle dans le four. Thren. 5. 10. *Pellis nostra quasi clibanus exusta est :* Notre peau s'est brûlée et s'est noircie comme si elle avait été dans un four, à cause de l'extrémité de la faim ; soit que le prophète parle du temps du siége de Jérusalem, ou plutôt depuis : ce qui doit s'entendre de ceux qui restèrent dans le pays.

CLIVUS, 1. Gr. ἀνάβασις. Ce nom vient de l'Éolique κλιτός, et signifie, coteau, penchant ou descente d'une colline. 2. Reg. 15. 30. *David ascendebat clivum Olivarum :* David montait la colline des Oliviers. David alors fuyait Absalom. 2. Par. 20. 16. De là vient : *Clivus civitatis :* Coteau qui mène, qui conduit à la ville. 1. Reg. 9. 11. *Cumque ascenderent clivum civitatis :* Lorsque Saül et son serviteur montaient par le coteau qui mène à la ville ; *sc.* de Rama : ils cherchaient les ânesses de Cis, son père.

CLUSOR, is. Ce nom inusité vient du verbe inusité *cludere,* pour *claudere,* et signifie dans l'Ecriture :

Qui enferme ou une ville de murailles, ou un camp de lignes et de fossés, ingénieur, maréchal de camp (συγκλείων). 4. Reg. 24. 14. *Transtulit... omnem artificem et clusorem :* Nabuchodonosor emmena en Babylone tous les ouvriers qui travaillaient en bois et en fer, et tous les ingénieurs qui entendaient les fortifications : c'était pour ôter aux Juifs toute occasion de se révolter, comme les Philistins avaient fait, en sorte qu'il n'y eût aucun forgeron dans la Judée pour la même fin. Voy. 1. Reg. 13. 19.

CLYPEUS, 1. ἀσπίς, θυρεός. De καλύπτειν, *tegere;* parce que le bouclier couvre ; ou de γλύπτειν, *insculpere;* parce qu'on y gravait son image ou ses exploits, et signifie :

Bouclier. 1. Mach. 14. 24. *Simon misit Numenium Romam, habentem clypeum aureum magnum pondo mnarum mille, ad statuendam cum eis societatem :* Simon envoya à Rome Numénius avec un grand bouclier d'or du poids de mille mines, pour renouveler l'alliance avec eux. c. 15. v. 18. 20. Ainsi, c. 6. 39. Jos. 8. 18. *Leva clypeum qui in manu tua est, contra urbem Haï :* Levez contre la ville de Haï le bouclier que vous tenez en la main : Dieu parle à Josué, et cette élévation était le signal pour faire lever l'embuscade qui était entre Béthel et Haï. Voy. v. 9. 19. 26. *Josue vero non contraxit manum quam in sublime porrexerat, tenens clypeum donec interficerentur omnes habitatores Haï :* Josué tenant son bouclier, ne baissa point la main qu'il avait élevée en haut, jusqu'à ce que tous les habitants de Haï fussent tués : ce qui semble dire la même chose que Josué ne sonna point la retraite, jusqu'à ce que, etc. L'Hébreu, l'Arabe, le Syriaque et le Chaldéen l'entendent d'une pique avec l'étendard, ou d'une pique seule : le bouclier pouvait être attaché au bout de la pique qu'il tenait élevée. Ainsi, 1. Reg. 17. v. 6. 45. 2. Par. 12. 9. c. 17. 17. c. 23. 9. Cant. 4. 4.

1° Toute sorte d'armes défensives, opposées aux armes offensives, exprimées par le mot *hasta* (σκέπη), Judic. 5. 8. *Clypeus et hasta si apparuerint in quadraginta millibus Israel :* On ne voyait ni bouclier ni lance parmi quarante mille soldats d'Israël : *si* pour *non,* Debora a en vue l'oppression où avaient été pendant vingt ans les Israélites : (Voy. c. 4. 3.) à qui Jabin avait bien pu ôter toutes les armes, pour les mettre hors d'état de se révolter ; ce qui est le sentiment de quelques auteurs. Nabuchodonosor et les Philistins en usèrent à peu près de même. Voy. 4. Reg. 24. 14. 1. Reg. 13. 19. Ainsi, 1. Par. 12. v. 8. 24. 34. *Clypeus* est pris quelquefois pour les armes offensives. Ezech. 26. 8. Voy. ci-après.

2° La force, l'éclat des armes des soldats qui se servent des boucliers. Isa. 37. 33. 4. Reg. 19. 32. *Non occupabit eam clypeus :* La force des soldats du roi des Assyriens ne forcera point cette ville. Judith. 4. 13. Job. 39. 23.

3° Protection, défense (ὑπερασπισμός). 2. Reg. 22. 36. *Dedisti mihi clypeum salutis :* Vous m'avez couvert de votre protection comme d'un bouclier. Le Ps. 17. 36. porte *Protectionem salutis.* Prov. 30. 5. *Omnis sermo Dei ignitus, clypeus est sperantibus in eo :* Toute parole de Dieu est purifiée par le feu ; il est un bouclier pour ceux qui espèrent en lui.

Phrases tirées de la signification de ce mot.

Clypeum abjicere. Jeter son bouclier, c'est être vaincu par les ennemis. 2. Reg. 1. 21. *Ibi abjectus est clypeus fortium, clypeus Saul :* C'est sur les montagnes de Gelboé qu'a été abandonné le bouclier de Saül. Voy. 3. Reg.

31. v. 1. 8. Le bouclier abandonné était la marque d'une défaite honteuse.

Clypeum elevare contra aliquem. Lever le bouclier contre quelqu'un, c'est combattre contre lui, l'assiéger. Ezech. 26. 8. *Elevabit contra te clypeum* : Nabuchodonosor levera le bouclier contre vous : Dieu parle à la ville de Tyr.

Clypeis nudare parietem : Détacher ses boucliers des murailles : c'est se préparer à la guerre, prendre les armes ; parce qu'elles étaient suspendues aux murailles. Isa. 22. 6. *Parietem nudavit clypeis* : Nabuchodonosor détache ses boucliers des murailles : cette prophétie marque la ruine de Jérusalem par Nabuchodonosor.

COA, Heb. *Spes*, 70. θεκουέ. Ville d'Egypte, ou pays près d'Egypte ou de Syrie ; car il est incertain. 3. Reg. 10. 28. *Educebantur equi Salomoni de Ægypto et de Coa* : On faisait venir de l'Egypte et de Coa des chevaux pour Salomon. 2. Par. 1. 16. Le mot hébreu signifie, comme plusieurs croient, toile de fin lin. Les païens s'en servent en ce sens, *Vestes Coæ*, de l'île de Cos ; mais il semble que ce mot *coa* est formé du mot hébreu *mikuah*, composé de la lettre *mem*, qui se met pour *a, ab, de*, et *kavah, sperare, exspectare* : de là vient *mikuah*, que l'on interprète diversement, *netum* ou *byssus, congregatio* ; mais le *mem* ne doit pas être ici le *min* des Hébreux, qui signifie, *de* : ce doit être *mem* affixe, qui se met à la tête des noms ; et ce passage peut être entendu de la sorte. 2. Reg. v. 22. *Educebantur equi Salomoni de Ægypto et de Coa, Hebr.* Vemikuah, *et netum* ou *byssum* : On faisait venir de l'Egypte des chevaux pour Salomon, et de la toile fine : *Negotiatores enim regis emebant de Coa; Heb. mikue, netum* : Car ceux qui trafiquaient pour le roi, achetaient de ces toiles : Le texte du second des Paralipomènes, c. 1. 16: peut s'expliquer de même selon l'Hébreu ; à moins qu'on n'explique ce mot. hébreu *mikue* par celui d'*assemblée*, pour dire simplement que les marchands s'assemblaient par troupes pour aller querir ces chevaux.

COACERVARE, πληθύνειν. Amasser, assembler. Prov. 28. 8. *Qui coacervat divitias usuris et fenore liberali in pauperes congregat eas* : Celui qui amasse de grandes richesses par les usures et des intérêts, les amasse pour un homme qui sera libéral envers les pauvres.

Phrases tirées de cette signification.

Coacervare sibi magistros ad sua desideria. Attirer auprès de soi, se choisir une foule de docteurs qui soient propres à satisfaire ses désirs (ἐπισωρεύειν). 2. Tim. 4. 3. *Sanam doctrinam non sustinebunt, sed ad sua desideria coacervabunt sibi magistros* : Il viendra un temps que les hommes ne pourront plus souffrir la saine doctrine, et qu'ils attireront auprès d'eux une foule de docteurs propres à satisfaire leurs désirs.

Coacervare ad se. Rassembler sous sa conduite, s'assujettir (συνάγειν). Ezech. 38.

7. *Instrue te et omnem multitudinem tuam, quæ coacervata est ad te* : Disposez-vous avec toute cette troupe nombreuse, qui a été rassemblée auprès de vous, et soyez le chef dont ils prennent l'ordre : Dieu parle à Gog. Voy. Gog. Habac. 2. 5. *Coacervabit ad se omnes populos* : Le superbe travaille à s'assujettir tous les peuples.

COACTE, ἀναγκαστῶς. Par contrainte, non point volontiers et d'inclination. 1. Petr. 5. 2. *Providentes non coacte, sed spontanee secundum Deum* : Veillez sur la conduite du troupeau de Dieu, non par une nécessité forcée ; mais par une affection toute volontaire qui soit selon Dieu.

COADUNARE. Ce verbe est composé des prépositions *cum, ad*, et de l'adj. *unus, a, um*. Assembler (ἐκλέγειν). Joël. 2. 16. *Coadunate senes* : Assemblez les vieillards.

COÆDIFICARE, συνοικοδομεῖν. Faire entrer dans la structure d'un édifice : ce qui s'entend figurément dans l'Ecriture, des peuples, qui recevant la foi de Jésus-Christ deviennent des pierres vivantes de l'Eglise qui est la maison et le temple de Dieu, dont Jésus-Christ est le fondement. Ephes. 2. 22. *In quo et vos coædificamini in habitaculum Dei* : Et vous aussi, gentils, vous faites partie de l'édifice bâti sur Jésus-Christ : cette pierre principale de l'angle pour devenir le temple et l'habitation de Dieu.

COÆQUALIS, is. — 1° Qui est de même âge, compagnon de même âge (ἑταῖρος). Matth 11. 16. *Clamantes coæqualibus* : Des enfants qui crient à leurs compagnons. — 2° Egal, de même prix ou de même rang (ἰσότιμος). 2. Petr. 1. 1. *Iis qui coæqualem nobiscum sortiti sunt fidem* : Saint Pierre écrit à ceux qui ont reçu comme lui le précieux don de la foi : la foi est une et la même en tous, en ce qu'elle propose à tous les mêmes mystères et les mêmes promesses ; mais elle n'est pas égale en tous. Voy. Ephes. 4. v. 5. 7. Ainsi, Eccli. 6. 11. *Erit tibi coæqualis* (ὡς σύ, *sicut tu*) : Si votre ami demeure ferme et constant, il vivra avec vous comme égal.

COÆQUARE, ὁμοιοῦν, unir, aplanir la terre : dans l'Ecrit

1° Egaler, rendre égal. Gen. 41. 49. *Tantaque fuit abundantia tritici, ut arenæ maris coæquaretur* : Il y eut une si grande quantité de froment en Egypte, qu'elle égalait le sable de la mer ; *i. e.* il y en avait une multitude innombrable. Voy. Gen. 22. 17. Judic. 7. 12. etc. Ainsi, 2. Reg. 22. 34. *Coæquans pedes meos cervis* : c'est Dieu qui rend mes pieds aussi vites que ceux des cerfs : David reconnaît les bienfaits de Dieu.

2° Combler, aplanir. 3. Reg. 11. 27. *Salomon coæquavit voraginem civitatis David patris sui* : Salomon avait rempli l'abîme qui était dans la ville de David, son père : ce fut l'un des deux sujets de la rébellion de Jéroboam contre Salomon ; parce qu'il fut obligé de lever pour cette entreprise un grand tribut sur le peuple. Voy. MELLO.

3° Comparer. Eccli. 27. 27. *Multa odivi, et non coæquavi ei* : Je hais bien des choses ; mais je ne hais rien tant qu'un homme dont l'œil est complaisant et flatteur.

4° Traiter de même. Eccli. 36. 14. *Miserere Israel quem coæquasti primogenito tuo* : Ayez pitié d'Israël, que vous avez traité comme votre fils aîné.

Phrase tirée de ce mot.

Coæquare funditus terræ. — 1° Renverser, jeter entièrement par terre. Judic. 16. 13. *Subcinericius ex hordeo... percussit illud atque subvertit, et terræ funditus coæquavit* : Le pain d'orge cuit sous la cendre que vit en songe le soldat madianite, lui parut renverser et jeter tout à fait par terre l'une des tentes du camp des Madianites. — 2° Défaire, vaincre entièrement. 2. Reg. 8. 2. *Mensus est eos funiculo coæquans terræ* : David ayant réduit les Moabites jusqu'en terre, il les partagea comme il voulut (κομίζειν ἐπὶ τὴν γῆν, *prosternere in terram*). Voy. Funiculus.

COÆTANEUS, A, UM. συνηλικιώτης. Qui est de même âge. Gal. 1. 14. *Proficiebam in Judaismo supra multos coætaneos* : Je ravageais l'Eglise, me signalant dans la profession de la religion juive.

COÆVUS, A, UM. συνήλικος, compagnon de même âge. Dan. 1. 10. *Si viderit vultus vestros macilentiores præ cæteris adolescentibus coævis* : Si le roi voit vos visages plus maigres que ceux des autres hommes de votre âge : l'Eunuque marque ici à Daniel ce qui pourrait arriver, s'il lui permettait de ne point manger des viandes impures qui venaient de la table du roi, quoique le roi eût ordonné qu'ils en mangeassent.

COAGITARE, σαλεύειν, agiter, remuer des choses ensemble pour les entasser. Luc. 6. 38. *Mensuram bonam et confertam et coagitatam... dabunt in sinum vestrum...* Donnez, et on vous versera dans le sein une bonne mesure, pressée et entassée; on secoue et on agite la mesure que l'on veut faire meilleure.

COAGULARE, de *coagulum*, dérivé de *cogo*, et signifie proprement, faire prendre et cailler le lait : dans l'Ecriture :

Former d'un sang épaissi (πήγνυμι). Sap. 7. 2. *Decem mensium tempore coagulatus sum* : Mon corps a pris sa figure dans le ventre de ma mère pendant dix mois, et j'ai été formé d'un sang épaissi; *i. e.* qui s'épaissit et se durcit à peu près comme un lait qui se change en fromage, selon Job. 10. 10. *Sicut caseum me coagulasti* : de là vient :

COAGULATUS. Caillé et pris, en parlant de lait : dans l'Ecriture :

Fertile, gras, abondant en lait et en beurre (τετυρωμένος). Ps. 67. 17. *Mons coagulatus, mons pinguis* : La montagne de Dieu est une montagne très-fertile et remplie de graisse : cette montagne est le mont de Selmon, qui est très-haut, et le bas duquel est très-fertile. Voy. Mons. *Ut quid suspicamini montes coagulatos?* Pourquoi croyez-vous qu'il y ait des montagnes aussi fertiles que celles de Selmon? Le Prophète compare à cette montagne l'Eglise comblée des dons et des grâces du Saint-Esprit.

Endurci, obstiné. Ps. 118. 70. *Coagulatum est*, Gr. ἐτυρώθη, *sicut lac cor eorum* : Le cœur des superbes s'est endurci comme se durcit le fromage qui se fait de lait caillé. Hebr. Leur cœur est devenu épais et comme de graisse : La métaphore est tirée de l'épaisseur et de la dureté de la graisse.

COAMBULARE, ἐμπεριπατεῖν, marcher. Sap. 19. 20. *Flammæ... corruptibilium animalium non vexaverunt carnes coambulantium* : Les flammes et le feu (dont il est parlé, Exod. 9. 24.) épargnaient la chair fragile des animaux qui marchaient au milieu des flammes; *sc.* par l'ordre de Dieu, pour punir Pharaon de son opiniâtreté : l'auteur de ce livre pouvait savoir par tradition ce qu'il avance ici : car l'Exode ne parle point de ces animaux dans la huitième plaie marquée, Exod. 9. 24.

COANGUSTARE, στενοχωρεῖν. — 1° Etrécir, rétrécir, rendre plus étroit, resserrer. Isa. 28. 20. *Coangustatum est... stratum ita ut alter decidat* : Le lit est trop étroit pour y tenir deux ensemble : cette expression figurée marque, selon quelques-uns, que le roi de Babylone et celui de Juda ne pouvaient pas régner ensemble dans le royaume de Juda : ce qui peut bien marquer aussi qu'on ne peut servir deux maîtres; que le culte du vrai Dieu est incompatible avec celui des idoles; ou même ceci peut marquer la dure captivité des Juifs dans l'Egypte. Voy. Brevis.

Serrer de près, assiéger étroitement. (συνέχειν). Luc. 19. 43. *Coangustabunt te undique* : Tes ennemis te serreront de toutes parts : Jésus-Christ prédit le siége de Jérusalem par les Romains.

2° Presser de maux, affliger extrêmement (θλίβειν). 2. Par. 33. 12. *Qui postquam coangustatus est, oravit Dominum Deum suum; et egit pœnitentiam valde* : Manassé étant réduit dans cette grande extrémité, pria le Seigneur son Dieu, et il conçut un très-vif repentir : Manassé était à Babylone, où il avait été emmené avec les fers aux pieds et aux mains.

COAPTARE. Ajuster ensemble, tenir serré. Exod. 36. 32. *Ad coaptandas tabulas* : On fit cinq autres bâtons de setim, qui traversaient les ais de l'autre côté du tabernacle pour tenir ces ais serrés ensemble.

COARCTARE. Etrécir, abréger, raccourcir, en parlant du discours : dans l'Ecr. :

Resserrer sans pouvoir échapper, presser quelqu'un, en sorte qu'il ne soit point au large (ἀπέχειν). Exod. 14. 3. *Coarctati sunt in terra* : Les Israélites sont embarrassés en des lieux étroits, dit Pharaon, les poursuivant après être sortis d'Egypte. Joël. 2. 8. *Unusquisque fratrem suum non coarctabit* : Ils ne se presseront point l'un l'autre : le Prophète semble ici parler d'une multitude innombrable d'insectes, marqués v. 2. sous le mot de peuple, qui devaient venir comme une armée rangée ruiner le pays, et qui peuvent bien figurer l'armée des Assyriens.

2° Repousser en serrant, mettre en fuite (ἐκθλίβειν). Ps. 34. 5. (*fiat*) *Angelus Domini coarctans eos* : Que l'ange du Seigneur les pousse en les serrant de fort près : David demande à Dieu un secours particulier contre ses ennemis

Phrase tirée de la signification de ce mot.

Coarctare in unum. Confondre, réduire tout en un. Job. 11. 10. *Si subverterit omnia, vel in unum coarctaverit :* Si Dieu renverse tout, s'il confond tout ensemble, qui pourra s'opposer à lui, dit Sophar à Job ?

Serrer, presser, en parlant des afflictions extrêmes et nécessités où l'on se trouve. 1. Reg. 28. 15. 2. Reg. 24. 14. *Coarctor nimis :* Je suis dans une étrange nécessité, dit Saül à Samuel, lui témoignant l'extrême nécessité qui l'avait forcé à chercher les moyens qu'il lui apparût pour le consulter sur ce qu'il avait à faire. David dit aussi la même chose au prophète Gad, dans la peine et le doute où il se trouva, lequel des trois châtiments il devait accepter. Luc. 12. 50. *Quomodo coarctor* (συνέχεσθαι) *usque dum perficiatur :* Combien me sens-je pressé, jusqu'à ce que le baptême que je dois être baptisé s'accomplisse. Philip. 1. 23. *Coarctor e duobus :* Je me trouve pressé des deux côtés : saint Paul désirait mourir pour jouir de la présence de Jésus-Christ ; et il voit, d'un autre côté, qu'il est plus utile qu'il vive encore pour le bien de l'Eglise. Job. 32. 18.

COCCINUM. 1. Grec, κόκκινος. Voy. Coccus. — 1° Ecarlate. 2. Par. 2. v. 7. 14. *Novit operari in auro... et coccino :* L'ouvrier qu'Hiram, roi de Tyr, envoya à Salomon, savait travailler en or, en écarlate et en plusieurs autres choses. — 2° Robe ou autre habillement d'écarlate. 2. Reg. 1. 24. *Vestiebat vos coccino in deliciis :* Saül vous revêtait d'écarlate parmi la pompe et les délices. David marque les motifs qui peuvent porter les Juifs à pleurer la mort de Saül. Jerem. 4. 30. — 3° Ruban d'écarlate. Gen. 38. v. 27. 30. *Egressus est frater in cujus manu erat coccinum :* Zara, frère de Pharès, sortit ensuite, qui avait le ruban d'écarlate à la main ; l'Ecriture entend parler de leur naissance.

Ce qui est de couleur de sang, horrible et affreux à voir. Isa. 1. 18. *Si fuerint peccata vestra sicut coccinum :* Quand vos péchés seraient comme l'écarlate ; *i. e.* quand vous seriez tout teints et infectés de crimes, qui sont représentés par la rougeur du sang, vous deviendrez blancs comme la neige, si vous vous convertissez sérieusement.

COCCINEUS, A, UM, κόκκινος, de *coccinum*, et signifie :

1° D'écarlate ou de pourpre. Matth. 27. 28. *Chlamidem coccineam circumdederunt ei :* Voy. Joan. 19. 2. Les soldats ôtèrent à Jésus-Christ ses habits, et le revêtirent d'un manteau d'écarlate : après que Pilate eut livré Jésus-Christ au peuple pour être crucifié. Nahum. 2. 3. *Viri exercitus in coccineis* (*suppl.* vestimentis). Les soldats de Nabuchodonosor sont vêtus d'habillements précieux, tel qu'est l'écarlate. Jos. 7. 21. Ce mot *coccineus* est changé en *vermiculus*. Levit. 14. v. 4. 49. 52. V. VERMICULUS. Voy. PURPURA. Voy. LANA.

2° Rouge comme l'écarlate ; soit que l'Ecriture parle en bonne part. Cant. 4. 3. *Sicut vitta coccinea labia tua :* Vos lèvres sont comme une bandelette d'écarlate : ces lèvres rouges, qui sont l'organe de la parole, figurent quelle devait être la beauté et la pureté du langage des vrais docteurs de l'Eglise, et combien il est agréable à ceux qui l'écoutent. Voy. Ephes. 4. 29. Coloss. 4. 6. soit en mauvaise part. Apoc. 17. 3. *Vidi mulierem sedentem super bestiam coccineam :* Je vis une femme assise sur une bête de couleur d'écarlate : cette bête figure par sa couleur d'écarlate la majesté des empereurs romains, et leur cruauté, étant comme teinte du sang des martyrs.

COCCUS ou COCCUM, 1. Grec κόκκος. Ce nom grec signifie proprement la graine dont se teint l'écarlate : cette graine vient d'un arbrisseau fort branchu, sur lequel ces grains sont attachés comme des lentes ; et ces grains sont pleins de petits vermisseaux dont le sang sert à teindre l'écarlate, qui a toujours été estimée et admirée dans tous les siècles. Il y a en France un petit arbre dont les feuilles sont pointues comme celles du houx, sur lequel croissent des grains rouges que l'on appelle *graine d'écarlate :* c'est peut-être le *coccus* des Hébreux : ce mot signifie aussi ce qui est teint en écarlate. Cette graine est fort différente de la pourpre, qui est une huitre, dont le sang fait cette précieuse teinture ; *coccus* et *purpura* n'ont pas laissé de se confondre, et dans les livres des Evangiles et dans les auteurs profanes ; dans l'Ecriture :

1° Ecarlate, teint en écarlate. Exod. 25. v. 4. 5. *Accipere debetis aurum et argentum, coccumque bis tinctum* (κόκκινον) : Voici les choses que vous devez recevoir des Israélites, et qu'ils m'offriront comme des prémices ; *sc.* de l'or, de l'argent, et de l'écarlate teinte deux fois, afin que la couleur en soit plus vive.

Phrase tirée de cette signification.

Tortum coccum. Ouvrage fait de fil retors d'écarlate. Eccli. 45. 13. *Torto cocco opus artificis :* Cet ouvrage était fait avec un grand art de fil retors d'écarlate, et il y avait douze pierres précieuses. Cet auteur marque le Rational d'Aaron, dont il est parlé Exod. 28. 15.

2° Un ruban d'écarlate. Levit. 14. 6. *Alium autem vivum cum ligno cedrino et cocco et hyssopo tinget in sanguine passeris :* Le prêtre trempera le bois de cèdre, l'écarlate et l'hyssope dans le sang du passereau qui aura été immolé. On faisait de ces trois choses un aspersoir ou goupillon, dont le bois de cèdre faisait le manche, et l'on y attachait une poignée d'hyssope avec un fil ou ruban d'écarlate, et on liait par les ailes et la queue le passereau vivant au bois de cèdre, afin qu'on pût tremper le tout ensemble dans le sang du passereau immolé. Saint Thomas, 1. 2. qu. 102. art. 5. ad 7. explique ce que signifiait cette cérémonie.

COCHLEA, Æ. Grec, κοχλίας du verbe grec κοχλῶ, qui signifie le même que γυρίζω *gyro,* aller, tourner en rond, et signifie coquille, limaçon, pompe, qui en a la figure, ou ma-

DICTIONN. DE PHILOL. SACRÉE. I.

chine pour faire monter l'eau ; et dans l'Ecriture :

Escalier, degré en rond (ἑλικτὴ ἀνάβασις, *gradus orbicularis*). 3. Reg. 6. 8. *Per cochleam ascendit in medium cœnaculum* : On montait par un degré qui allait en tournant ; ce degré conduisait dans les trois étages qui étaient sur les murailles du temple. Ezech. 41. 7.

COCUS, I. pour COQUUS, cuisinier. 1. Reg. 9. 24. *Levavit cocus armum* : Le cuisinier prit une épaule, et la servit devant Saül par l'ordre de Samuel, qui l'avait fait réserver exprès pour Saül ; afin que, comme c'était la part du grand prêtre, Exod. 29. 22. le Prophète marquât par là que Dieu appelait Saül à une dignité sacrée, telle qu'est celle de roi.

COCYTUS, I. Ce mot vient du grec κωκυτός pleurs, de κωκύω *fleo*, *lamentor* ; d'où les poètes ont fait la rivière des pleurs en enfer ; il y a quelque rivière de ce nom, que les uns mettent en Arcadie, d'autres dans la Campanie, qui a pu donner occasion à cette fiction ; sur ce que les habitants du pays enterraient leurs morts sur le bord de ce fleuve, afin que le gravier qu'il traîne les eût plutôt consumés.

Cocyte, fleuve, que les poètes ont feint être un fleuve de l'enfer. Job. 21. 33. *Dulcis fuit glareis Cocyti* (χείμαρρος *torrens*) : La présence du méchant a été agréable dans les sablons du Cocyte ; cette phrase poétique marque que l'impie qui meurt réjouit l'enfer ; Hebr. *Dulcescunt ei cespites vallis* ; Gr. *torrentis*, *torrens*, et *vallis* se prennent souvent l'un pour l'autre. Les tombeaux étaient ordinairement dans les vallées.

CODEX, ICIS. De *caudex*, et signifie proprement tronc d'un arbre ; livre fait de tablettes enduites de cire, toute sorte de livres ; dans l'Ecr. :

Livre (βιβλίον). Eccli. 50. 29. *Doctrinam sapientiæ et disciplinæ scripsit in codice isto Jesus filius Sirach Jerosolymita* : Jésus, fils de Sirach de Jérusalem, a écrit dans ce livre des instructions de sagesse et de science.

COELECTUS, A, UM, συνεκλεκτός, ή, élu avec un autre, ou élu comme lui. 1. Pr. 5. 13. *Salutat vos Ecclesia quæ est in Babylone coelecta* : L'Eglise qui est dans Babylone est élue comme vous... vous salue ; *i. e.* appelée à la même grâce de la foi : saint Pierre écrit de Rome, qu'il nomme Babylone. *Voy.* BABYLON.

COELESYRIA. La Cœlésyrie, la basse Syrie (κοίλη Συρία, *Cava Syria*). 1. Mac. 10. 69. *Et constituit Demetrius rex Apollonium ducem qui præerat Cœlesyriæ* : Le roi Démétrius fit général de ses troupes Apollonius gouverneur de Syrie. 2. Mac. 3. v. 5. 8. Ce pays est renfermé entre le Liban et l'Antiliban.

COELUM. *Voy.* CÆLUM.

COEMPTIO, NIS, ἀγορασμός, de l'inusité *coemere*, et marque proprement la coutume des Romains, par laquelle l'homme et la femme s'achetaient l'un l'autre, entraient en société de biens ; en sorte qu'en vertu de cet achat, ils s'assuraient l'hérédité l'un de l'autre ; dans l'Ecriture

Achat. 2. Mach. 8. 11. *Convocans ad coemptionem Judaicorum mancipiorum* : Nicanor envoya vers les villes maritimes pour inviter les marchands à venir acheter des esclaves juifs ; c'eût été pour acquitter Antiochus de deux mille talents qu'il devait aux Romains, v. 10. Mais il n'avait pas encore livré la bataille, v. 14. qu'il perdit, v. 27.

COENA, Æ, δεῖπνον ; du grec κοινός. *communis* ; parce que ce mot signifie le souper, le repas du soir, qui était le repas commun, où toute la famille s'assemblait ; on déjeunait, ou on dînait le matin en particulier.

1° Souper (πότος, *symposium*). Judith. 6. 19. *Osias... fecit ei cœnam magnam* : Osias donna un grand souper à Achior ; ce fut en reconnaissance de la liberté avec laquelle il avait parlé des Juifs devant Holopherne, c. 5. depuis v. 5. jusqu'au v. 26. Ainsi, Joan. 12. 2. 1. Cor. 11. 21. *Unusquisque... suam cœnam præsumit ad manducandum* (dans les assemblées que vous faites dans l'église) chacun y mange le souper qu'il y apporte, sans attendre les autres ; ces festins des premiers chrétiens dans l'église s'y faisaient pour communier et célébrer le mystère de l'eucharistie, comme Jésus-Christ l'avait institué, et étaient appelés *Agapes*, et les riches y traitaient les pauvres, v. 2. Luc. 14. v. 12. 16. 24. *Nemo virorum illorum qui vocati sunt, gustabit cœnam meam* : Nul de ces hommes que j'avais conviés, ne goûtera de mon souper ; Jésus-Christ, par ce souper, entend celui qui sera préparé dans le ciel pour les bienheureux. Voy. Luc. 12. 37. et dont les Juifs qui y étaient appelés, seront exclus lorsqu'ils voudront y entrer. Luc. 13. v. 24. 26. 27.

2° Cène, repas dans lequel Jésus-Christ institua l'adorable sacrement de l'Eucharistie, et la sainte table où les chrétiens se nourrissent de la sainte Eucharistie. Joan. 21. 20. *Qui et recubuit in cœna super pectus ejus* : Le disciple que Jésus aimait... pendant la Cène s'était reposé sur le sein de Jésus. Voy. PECTUS. Ainsi, c. 13. 2. 1. Cor. 11. 20. *Jam non est Dominicam cœnam manducare* : De vous assembler comme vous faites, ce n'est plus manger la cène du Seigneur ; *i. e.* communier dignement. Voy. *supr.* 1°.

3° Festin, grand repas (πότος). Judith. 12. 10. *Holophernes fecit cœnam servis suis* : Holopherne fit un festin à ses serviteurs. Baruch. 6. 31. Matth. 23. 6. Marc. 12. 39. c. 6. 21.

§ 1. — Table où l'on mange. Joan. 13. 4. *Surgit a cœna* : Jésus-Christ se leva de table ; ce fut pour laver les pieds des apôtres. Voy. v. 5.

§ 2. — La jouissance de la gloire éternelle dans la compagnie de Jésus-Christ et des saints, marquée sous la figure d'un festin de noces. Apoc. 19. 9. *Beati qui ad cœnam nuptiarum agni vocati sunt* : Heureux ceux qui ont été appelés au souper des noces de l'agneau. Voy. Can. pag. 8. n. 4.

§ 3. — La vengeance que Dieu tire des ennemis de son peuple, figurée par la joie d'un festin. Apoc. 19. 17. *Venite et congregamini ad cœnam* (θυσία) *magnam Dei* : Venez et assemblez-vous pour être au grand souper de Dieu, pour manger la chair de tous les rois, etc. Ceci est aussi dans le prophète Ezéchiel, c. 39. 17. pour marquer la rigueur de la justice de Dieu, sous la figure d'une grande défaite, qui ne signifie pas seulement la destruction temporelle des idolâtres persécuteurs ; mais aussi leur supplice éternel.

CŒNACULUM, ɪ. Du mot *cœna*, et signifie proprement, le lieu où l'on soupe ; et parce qu'on avait coutume de souper dans le lieu le plus élevé, où on montait par un escalier ; *Cœnaculum* marque aussi tout le haut de la maison ; Gr. ἀνώγεων ou ὑπερῷον ; dans l'Écr. :

1° Chambre haute destinée pour manger (ὑπερῷον). 1. Par. 28. 11. *Dedit ... David Salomoni descriptionem... cœnaculi*; i. e. *cœnaculorum*: David donna à Salomon le dessein du vestibule.... et des chambres hautes destinées pour y manger. Marc. 14. 15. *Ostendet vobis cœnaculum grande* : Le maître de la maison vous montrera une grande chambre haute toute meublée ; cette chambre est celle où Jésus-Christ a fait la Cène avec ses apôtres, v. 17. 22. 23. Ce mot se prend encore communément parmi les fidèles pour le lieu où étaient assemblés les apôtres le jour de la Pentecôte, et où ils s'étaient retirés depuis que Jésus-Christ monta au ciel, pour y attendre le Saint-Esprit qui leur était promis. Act. 1. 13. *Cum introissent cœnaculum* : Les disciples et les apôtres de Jésus-Christ étant entrés dans une maison, montèrent à une salle haute, où demeuraient les onze apôtres. Act. 9. 37. *Posuerunt eam in cœnaculo* : On mit Tabithe dans une chambre haute, selon la coutume, afin qu'elle ne fût à personne un sujet d'impureté légale.

2° Chambre (διώροφον). Gen. 6. 16. *Cœnacula et tristega facies in ea* : (Au-dessous du comble de l'arche) vous ferez des chambres jusqu'à trois étages ; d'autres prennent ce mot pour les chambres du second étage; *deorsum et cœnacula*; sont le premier et le second étage. 3. Reg. 6. 8. *Medium cœnaculum* ; la chambre du milieu ; autr. la seconde chambre.

3° Étage, chambre de quelque étage (τρίστεγον). Act. 20. 9. *Ductus somno cecidit de tertio cœnaculo deorsum* : Un jeune homme tomba du troisième étage en bas ; ce fut en dormant, pendant le long discours que fit saint Paul à Troade : il mourut ; mais saint Paul le ressuscita. v. 10.

Façon de parler.

Cœnaculum anguli: La chambre de l'angle, était un nom de lieu dans la ville de Jérusalem. 2. Esd. 3. v. 30. 31. *Inter cœnaculum anguli in porta gregis, œdificaverunt aurifices et negotiatores* : Les orfèvres et les marchands bâtirent à la porte du troupeau le long de la chambre de l'angle.

CŒNARE, δειπνειν, souper. Luc. 17. 8. *Para quod cœnem* : Préparez-moi à souper ; ce que dit ici le maître à son serviteur, après qu'il a travaillé tout le jour aux champs, marque que nous devons être persuadés que, quelques travaux que nous ayons endurés pour le service de Dieu, Dieu ne nous doit rien.

Voy. v. 10. Ainsi, c. 22. 20. 1. Cor. 11. 25. *(Accepit) similiter et calicem, postquam cœnavit* : (Jésus-Christ après la consécration de son corps sous les espèces du pain) prit de même le calice après avoir soupé ; c'était pour le consacrer, comme il venait de consacrer le pain. Voy. v. 27. Matth. 26. 26. Ainsi, Tob. 8. 1. Se réjouir ensemble, avec familiarité, comme font les amis dans un festin. Apoc. 3. 20. *Cœnabo cum illo* : Je souperai avec celui qui entendra ma voix, et qui m'ouvrira la porte ; Jésus-Christ promet au chrétien fidèle ses biens spirituels dans cette vie, et une intime union avec lui-même après la mort ; le bonheur éternel est ordinairement représenté dans l'Écriture sous l'idée d'un festin.

CŒNOMYIA, æ, κοινομυῖα ou κυνομυῖα. Ce mot est tout grec, et vient de κοινός *communis*, et de μυῖα, *musca*; parce qu'il signifie :

Toute sorte de mouches. Ps. 77. 50. *Misit in eos cœnomyiam* : Dieu envoya aux Égyptiens une infinité de mouches différentes ; cette leçon convient mieux à l'Hébreu que *cynomyia, musca canina* : Le Prophète a en vue ce qui est dit, Exod. 8. 24.

CŒNUM, ɪ. βόρβορος ; de κοινόν, *sordidum*, comme nous voyons que, dans le Nouveau Testament, κοινός et *communis* signifient les choses qui sont réputées sales, impures et profanes. —Boue, bourbier, lieu plein de fange et de boue. Jerem. 38. 6. *Descendit itaque Jeremias in cœnum* : Jérémie descendit dans cette boue ; ce fut dans la basse fosse qui était dans le vestibule de la prison. Grand danger de périr, malheur dont on ne peut se retirer. Jerem. 38. 22. *(Te) demerserunt in cœno* (ὀλίσθημα, *via lubrica*) : Ceux qui paraissaient vos amis vous ont plongé dans la boue. Le Prophète prédit à Sédécias que, s'il ne se rend pas au roi de Babylone, toutes les femmes qui auraient été emmenées captives avec lui à Babylone, lui témoigneraient que ceux qui lui auraient conseillé de ne point se rendre au roi de Babylone, seraient cause de son malheur.

CŒPISSE, ἄρχεσθαι ; de l'ancien *cœpio*, du verbe *capio*. — 1° Commencer, avoir commencement. Gen. 4. 26. *Iste cœpit* (ἐλπίζειν) *invocare nomen Domini* : Énos commença d'invoquer le nom du Seigneur par un culte public du vrai Dieu, et par de certaines cérémonies. Philipp. 1. 6. etc.

2° Se mettre, se porter à quelque chose. Matth. 11. 20. *Cœpit exprobrare civitatibus ... quia non egissent pœnitentiam* : Jésus-Christ commença à faire des reproches aux villes ... de ce qu'elles n'avaient point fait pénitence, à la vue de tous les miracles qu'il y avait faits. c. 12. 1. Marc. 2. 23. c. 4. 1. Luc. 3. 8.

3° Ce verbe est souvent superflu. Luc. 7. 38. *Lacrymis cœpit rigare pedes ejus* : Une femme de mauvaise vie commença à arroser de ses larmes les pieds de Jésus-Christ. c. 3. 8. *Ne cœperitis dicere*: N'allez pas dire, nous avons Abraham pour père. c. 15. v. 24. 28. Marc. 10. 32. c. 11. 15. Act. 1. 1. etc.

COERCERE. Composé de *cum* et d'*arcere*.

1° Retenir, arrêter, réprimer (παύειν). 1.

Petr. 3. 10. *Coerceat linguam suam a malo :* Si quelqu'un veut être heureux, qu'il empêche que sa langue ne se porte à la médisance. David use du verbe *prohibere.* Ps. 33. 13.

Phrase tirée de cette signification dans le sens figuré.

Coercere aquas multas. Retenir les grandes eaux (κωλύειν); c'est cesser de combler de biens temporels, ne plus donner ses bénédictions temporelles. Ezech. 31. 15. *Coercui aquas multas :* J'ai cessé de combler de biens le roi d'Assyrie, et de lui donner mes bénédictions, en le faisant réussir comme il faisait auparavant dans toutes les guerres.

2° Reprendre, réprimander. Deut. 21. 18. *Si coercitus obedire contempserit :* Si un enfant ayant été repris de son père et de sa mère, refuse avec mépris de leur obéir. Voy. dans la suite la punition.

COETUS, us. De *coire*. — 1° Assemblée. Joël. 1. 14. *Vocate cœtum :* Convoquez l'assemblée. Exod. 2. 3. *Loquimini ad universum cœtum filiorum Israel :* Parlez à toute l'assemblée des enfants d'Israël. Dieu commande à Moïse d'ordonner au peuple ce qui est nécessaire pour la célébration de la Pâque avant leur sortie d'Egypte.

2° Liaison, société, compagnie (βουλή). Gen. 49. 6. *In cœtu illorum non sit gloria mea ;* A Dieu ne plaise que j'aie aucune part aux conseils de Siméon et de Lévi : Jacob déteste l'emportement de Siméon et de Lévi contre les Sichimites. Voy. Gen. 34. 25. et suiv. Ainsi, Prov. 21. 16. Jerem. 9. 2.

3° Peuple, multitude. Jerem. 30. 20. *Cœtus* (μαρτύριον) *ejus coram me permanebit :* J'aurai un soin particulier de ce peuple ; ce qui commença à s'accomplir au temps de Zorobabel et d'Esdras, où alors Dieu les protégea et les favorisa de son assistance parce qu'ils lui demeurèrent fidèles. c. 31. 8. Ezech. 26. 7. c. 38. 15.

Façon de parler tirée de cette signification.

Cœtus Domini, ἐκκλησία, l'assemblée du Seigneur ; c'est le peuple d'Israël chez qui le culte de Dieu avait été établi. Mich. 2. 5. *Non erit tibi mittens funiculum in cœtu Domini :* Il n'y aura plus personne d'entre vous qui ait d'héritage dans l'assemblée du Seigneur ; *i. e.* parmi les Israélites ; le Prophète parle du partage que devaient faire entre eux les Assyriens, des terres de la Judée, après la défaite des Juifs, à l'exclusion des Juifs. Voy. PERIRE.

COGERE. De *cum* et d'*agere*.

1° Assembler. Isa. 16. 3. *Coge concilium :* Faites des assemblées pour prendre conseil : Dieu parle aux Moabites pour les exhorter à ne traiter point mal son peuple qui se devait retirer chez eux.

2° Epaissir, condenser. Job. 37. 21. *Subito aer cogetur in nubes :* L'air s'épaissit tout d'un coup en nuées.

3° Contraindre, obliger à faire quelque chose par contrainte ou par honnêteté. Esth. 1. 8. *Nec erat qui nolentes cogeret ad bibendum :* Nul ne contraignait à boire ceux qui ne le voulaient pas ; quoique ce fut l'usage parmi les Perses de forcer les conviés à boire.

Voy. *Joseph. Antiq. lib.* 11. c. 6. Ainsi, Luc. 24. 29. Gal. 2. 14.

4° Pousser, agiter, faire avancer. Isa. 59. 19. *Cum venerit quasi fluvius violentus quem spiritus Domini cogit :* Ceux qui sont du côté de l'Orient révèreront la gloire du Seigneur lorsqu'il viendra comme un fleuve impétueux dont le souffle de Dieu agite les eaux ; *i. e.* un grand vent. Voy. DEUS. Le Prophète figure ici la force et les effets de l'Evangile et de la prédication de Jésus-Christ et des apôtres.

COGITARE, λογίζεσθαι, διαλογίζεσθαι, de *cum* et d'*agitare*.

1° Penser, former des pensées ou des résolutions (ἐνθυμεῖσθαι). Matth. 1. 20. *Hæc autem eo cogitante :* Lorsque saint Joseph était dans la pensée, *ou* dans la résolution de renvoyer secrètement Marie, la sainte Vierge, un ange lui apparut. 2. Cor. 3. 5. *Non quod sufficientes simus cogitare aliquid a nobis :* Non que nous soyons capables de former de nous-mêmes aucune bonne pensée comme de nous-mêmes.

2° Penser avec soin et inquiétude, se mettre en peine (μεριμνᾶν). Matth. 10. 19. *Cum autem tradent vos, nolite cogitare quomodo, aut quid loquamini :* Lorsque l'on vous livrera entre les mains des gouverneurs et des rois (a cause de moi), ne vous mettez point en peine comment vous leur parlerez, dit Jésus-Christ aux apôtres ; et, en leurs personnes, à tous ceux qui souffrent pour l'Evangile : ce qui s'entend dans le même sens qu'il est dit, Luc. 12. 11 : *Nolite solliciti esse qualiter aut quid respondeatis :* Ne vous mettez point en peine comment vous vous défendrez devant les magistrats et les puissants du monde ; Jésus-Christ ne défend point aux prédicateurs de son Evangile et à tous ceux qui sont persécutés à cause de lui, de penser à ce qu'ils peuvent avoir à répondre ; mais il défend d'y penser avec recherche, inquiétude et avec défiance. C'est ce que signifie le terme grec, comme Matth. 6. 27. Ps. 37. 19. Eccli. 8. 16. 1. Cor. 7. 34.

3° Penser en soi-même à quelque chose, en raisonnant dans son esprit, y méditer, y faire attention (διαλογίζεσθαι). Luc. 1. 29. *Cogitabat qualis esset ista salutatio :* La sainte Vierge pensait en elle-même quelle pouvait être cette salutation de l'ange. c. 5. 21. Joan. 11. 50. Act. 10. 19. 2. Mach. 5. 6. Ps. 4. 8. Ps. 76. 6. Ainsi, Malach. 3. 16. *Scriptus est liber monumenti coram eo... cogitantibus* (εὐλαβουμένοις) *nomen ejus :* Le Seigneur a fait écrire un livre qui lui doit servir de monument et pour le faire souvenir de traiter favorablement ceux qui s'occupent de la grandeur de son nom. Ainsi les rois avaient des histoires et des annales où étaient marquées les actions de ceux qui leur avaient rendu quelques bons services pour les en récompenser. Voy. Esth. 2. v. 3. 10. De là vient dans le même sens : *Cogitare intra se,* Matth. 21. 25. Marc. 2. 8. Luc. 12..17. c. 20. v. 5. 14. *Cogitare secum.* Marc. 11. 31. *Cogitare in corde suo, in cordibus suis.* Esth. 6. 6. Marc. 2. v. 6. 8. Luc. 3. 22. c. 3. 15.

4° Raisonner, faire usage de sa raison. 1. Cor. 13. 11. *Cum essem parvulus... cogitabam ut parvulus :* Quand j'étais enfant, j'avais des pensées d'enfant; l'apôtre marque par cette figure que, quelque parfaits que soient les plus grands hommes apostoliques, leurs jugements et leurs connaissances de Dieu, en comparaison de celle des bienheureux, est autant différente que ceux d'un enfant à ceux d'un homme parfait.

5° Délibérer, et prendre dessein de faire, résoudre. Gen. 37. 18. *Cogitaverunt* (πονηρεύεσθαι, *machinari*) *illum occidere* : Les frères de Joseph résolurent de le tuer; ce fut dans la plaine de Dothaïn. 1. Reg. 24. 11. *Cogitavi ut occiderem te* : On m'a voulu porter à vous tuer. Ce sens, qui est celui de l'Hébreu, semble s'accorder plus naturellement avec le v. 7. que celui-ci : *J'ai eu la pensée de vous tuer.* Gen. 31. 53. c. 50. 20. 1. Reg. 18. 25. 3. Reg. 5. 5. c. 8. 18. 2. Cor. 1. 7.

6° S'entretenir, se communiquer l'un à l'autre ses pensées (διαλογίζεσθαι). Marc. 8. v. 16. 17. *Quid cogitatis quia panes non habetis?* Pourquoi vous entretenez-vous de ce que vous n'avez point de pain?

Phrases tirées de cette signification.

Cogitare animo suo : βουλεύεσθαι ἑαυτῷ, Regarder ses intérêts en quelque chose et penser à ce qui est utile par rapport à soi-même. Eccli. 37.9. *A consiliario serva animam tuam… ipse enim animo suo cogitabit* : En demandant conseil à un homme … (sachez auparavant quels sont ses intérêts), car il vous donnera conseil selon qu'il lui sera plus utile.

Cogitare malum, iniquitatem, cogitationem, consilia.—1° Avoir de mauvais desseins contre quelqu'un (μνησικακεῖν). Zach. 7. 10. *Malum vir fratri suo non cogitet in corde suo* : Que nul ne forme dans son cœur de mauvais desseins contre son frère. Gen. 31. 53. c. 50. 20. Ps. 34. 4. Prov. 12. 20. ce qui se dit aussi figurément de Dieu qui prend vengeance des méchants. Jerem. 18. 8. *Agam et ego pœnitentiam super malo quod cogitavi ut facerem ei* : Si la nation contre laquelle j'avais prononcé l'arrêt de la perdre pour ses péchés, fait pénitence, je me repentirai aussi du mal que j'avais résolu de lui faire. c. 26. 3. c. 36. 3. c. 49. 20. c. 50. 45.

2° Faire des jugements faux, juger d'une chose autrement qu'elle n'est. Matth. 9. 4. *Ut quid cogitatis* (ἐνθυμεῖσθαι) *mala in cordibus vestris?* Pourquoi avez-vous de mauvaises pensées dans vos cœurs, dit Jésus-Christ à quelques-uns des scribes qui jugeaient que Jésus-Christ blasphémait, parce qu'il avait dit au paralytique que ses péchés étaient remis.

Avoir de mauvais soupçons, des soupçons mal fondés, se persuader mal à propos et sans fondement qu'une chose est mauvaise. 1. Cor. 13. 5. *Charitas… non cogitat malum* : La charité n'a point de mauvais soupçons, elle compte pour rien le mal qu'on lui fait.

Cogitare vias suas. Examiner ses voies ; c'est examiner sa vie et sa conduite, pour voir si elle a été conforme à la loi de Dieu et pour en corriger les défauts. Ps. 118. 59. *Cogitavi vias meas* : J'ai examiné mes voies et j'ai dressé mes pieds pour marcher, etc.

COGITANS, TIS, διανοούμενος, qui ne fait rien qu'il n'y ait bien pensé, sage, bien avisé. Eccli. 27. 13. *In medio… cogitantium assiduus esto* : Trouvez-vous sans cesse parmi les personnes sages.

COGITATIO, NIS ; διαλογισμός, ce mot qui vient de *cogitare* pour *coagitare*, signifie : 1° l'action de l'esprit, par laquelle nous pensons à quelque chose ; 2° ce que nous pensons, ou l'objet de la pensée ; 3° l'idée ou l'image que l'esprit se forme des choses qu'il conçoit, et l'on peut dire que ce mot vient de l'assemblage de ces trois choses, comme saint Augustin dit : Que la pensée se fait de la mémoire, de la vision intellectuelle et de la volonté qui lie l'une avec l'autre : *Ex memoria et interna visione, et, quæ utrumque copulat, voluntate, quæ tria cum in unum coguntur, ab ipso coactu cogitatio dicitur* (l. 11. de Trin. c. 3). Mais l'Écriture, qui parle d'une manière populaire, considère plutôt les effets de la pensée, comme les desseins et les sentiments, que l'action par laquelle nous pensons. Ainsi ce mot signifie :

1° Pensée bonne ou mauvaise. Matth. 15. 19. *De corde exeunt cogitationes malæ* : C'est du cœur que partent les mauvaises pensées, quoiqu'elles ne paraissent pas toujours au dehors par les paroles et les actions. Sap. 1. 9. *In cogitationibus* (διαβούλιον) *impii interrogatio erit* : Dieu demandera compte à l'impie de ses pensées. Osc. 4. 9. Ps. 138. 2. *Intellexisti cogitationes meas de longe* : Vous avez découvert de loin mes pensées. Ainsi : *Voluntas carnis et cogitationum*, sont les désirs de la chair et des mauvaises pensées, Eph. 2. 3. *Facientes voluntatem carnis et cogitationum* (διάνοια) : La volonté des pensées, opposée à la volonté de la chair, est celle qui porte aux péchés spirituels, comme sont l'orgueil, l'envie, l'hérésie, etc.

2° Pensée, sentiment où l'on est sur quelque point. Rom. 14. 1. *Infirmum… assumite non in disceptationibus cogitationum* : Supportez celui qui est encore faible, sans disputer aigrement contre lui sur ses sentiments. L'apôtre parle de la faiblesse de ceux qui jugeaient qu'il n'était pas permis de manger de la chair offerte aux idoles.

3° Considération, estime de quelque chose. Eccli. 40. 30. *Vir respiciens in mensam alienam, non est vita ejus in cogitatione* (λογισμός) *victus* : La vie de celui qui s'attend à la table d'autrui n'est pas une vie ; *i. e.* elle est si déplorable qu'elle ne mérite pas d'être estimée pour une vie.

4° Dessein, projet, entreprise. Ps. 145. 4. *In illa die peribunt omnes cogitationes eorum* : En ce jour tous leurs desseins et toutes leurs entreprises s'évanouiront ; David parle de la mort des grands du monde. Job. 17. 11. c. 21. 27. Prov. 16. 3. Sap. 2. 14. 2. Cor. 2. 11 etc. A quoi se rapportent les desseins et les décrets de Dieu, soit de justice, soit de miséricorde. Job. 23. 3. *Nemo avertere potest cogitationem ejus* : Nul ne peut empêcher ce que Dieu a résolu ne s'exécute. Ps. 39. 6. *Cogitationibus tuis* (διαλογισμός) *non est qui similis sit tibi* : Il n'y a personne qui vous soit semblable dans vos pensées. Jer. 29. 11. *Ego scio cogitationes quas ego cogito super vos* : Je sais les pensées que j'ai sur vous, qui sont des pensées de paix. c. 23. 20. c. 30. 24. c. 49, 20. c. 50. 45. c. 51. 29. Mich. 4. 12. etc.

5° Soin qu'on prend de quelqu'un, ou soin, peine d'esprit (φροντίς). Sap. 5. 16. *Cogitatio illorum apud Altissimum* : Le Très-Haut a soin des justes. c. 8. 9. *Erit allocutio cogitationis et tædii mei* : La sagesse sera ma consolation dans mes peines et dans mes ennuis.

6° Intentions, dispositions cachées d' l'âme. Prov. 19. 21. Act. 8. 22. Jac. 2. 4. Voy. REDDERE.

7° Doute, scrupule, trouble d'esprit. Luc. 24. 38. *Quid... cogitationes ascendunt in corda vestra?* Pourquoi s'élève-t-il tant de pensées dans vos cœurs? dit Jésus-Christ aux apôtres et aux disciples troublés de le voir paraître. Cet Hébraïsme vient de ce que l'esprit est plus élevé que toutes les choses terrestres qui sont les objets ordinaires des pensées humaines. Dan. 5. v. 6,10. c. 7,28. Eccli. 22. 22.

8° Raisonnement, recherche de la vérité. Rom. 1. 21. *Evanuerunt in cogitationibus suis* : Les hommes se sont égarés dans leurs vains raisonnements; l'apôtre parle des philosophes païens.

9° Le souvenir d'une grâce, la reconnaissance qu'on en a (ἐνθύμιον). Ps. 75. 10. *Cogitatio hominis confitebitur tibi* : Le souvenir que l'homme aura de vos bienfaits fera qu'il vous en témoignera ses reconnaissances ; *Et reliquiæ cogitationis diem festum agent tibi* : et le souvenir qui lui en restera, le tiendra dans une reconnaissance et comme dans une fête perpétuelle devant vous; Hebr. *Furor hominis* : La fureur de l'homme tournera à votre gloire. Voy. RELIQUIÆ.

Phrase tirée de cette signification.

Cogitationes inire : Former des desseins, faire les entreprises. Dan. 11. 24. *Cogitationes* (λογισμός) *inibit* : Antiochus formera des entreprises contre les villes les plus fortes de l'Egypte. Voy. FIRMUS.

COGITATUS, us ; βουλή. — 1° Pensée, action de l'entendement. Jerem. 32. 19. *Incomprehensibilis cogitatu*: Dieu est incompréhensible dans ses pensées. Eccli. 42. 20. *Non præterit illum omnis cogitatio*: Il n'y a point pour Dieu de pensées secrètes. c. 9. 23. c. 27. v. 5. 7. c. 33. 5.

2° Soin, application (διήγησιν). Eccli. 6. 37. *Cogitatum tuum habe in præceptis Dei* : Appliquez toute votre pensée à ce que Dieu vous ordonne. c. 31. 1.

3° Conduite, manière dont l'on raisonne pour prendre des mesures. Eccli. 19. 19. *Non est cogitatus peccatorum prudentia* : La conduite des méchants n'est point une prudence. c. 30. 11. *Ne despicias cogitatus illius* : Ne négligez point ce que fait et ce que pense votre fils ; il faut observer et prendre garde à ses vues et à ses inclinations pour les redresser.

4° Résolution (διανόημα). c. 22. 20. *Cogitatus sensati in omni tempore, metu non depravabitur* : La résolution d'un homme sensé ne s'affaiblira point par la crainte en quelque temps que ce soit.

5° L'esprit (διανόημα). Eccli. 23. 2. *Quis superponet in cogitatu meo flagella* Qui: fera ressentir à mon esprit une verge qui le frappe ? La connaissance de la vraie sagesse est capable de redresser les pensées d'un esprit qui s'écarte. c. 27. 5.

6° Chagrin, inquiétude (μέριμνα). Eccli. 30. 26. *Ante tempus senectam adducet cogitatus*; L'inquiétude fait venir la vieillesse avant le temps. c. 31. 2.

COGNATIO, NIS, συγγένεια. — 1° Parenté, famille, lignée, race (πατριά). Il y en avait plusieurs en chaque tribu. Num. 36. 7. *Omnes enim viri ducent uxores de tribu et cognatione sua ;* Tous les hommes ne prendront des femmes que de leur tribu et de leur famille. Le peuple juif a été premièrement divisé en tribus, puis en familles, que l'interprète latin appelle *generationes, gentes, cognationes, familias*. Ainsi, on passait des tribus aux familles, des familles aux maisons, et des maisons aux particuliers, comme il se voit. Jos 7. 14. Ainsi, Gen. 12. 1. c. 10. v. 20. 31. Jerem. 33. 24. etc.

2° Tribu. Num. 17. 2. *Accipe ab eis virgas singulas per cognationes suas* : Prenez des enfants d'Israël une verge pour la race de chaque tribu : celle de toutes qui devait fleurir était celle de la tribu que Dieu devait avoir élue pour les fonctions du sacerdoce. Voy. v. 5.

3° Le peuple juif entier, toutes les tribus (φυλή). Amos. 3. 1. *Audite verbum quod locutus est Dominus super vos, filii Israel, et super omnem cognationem* : Enfants d'Israël, écoutez ce que j'ai dit sur votre sujet, sur vous tous qui êtes ce peuple né d'un même sang, que j'ai fait sortir de l'Egypte. Il parle à tout le peuple des deux royaumes d'Israël et de Juda ; mais il a particulièrement en vue celui d'Israël, auquel toute la suite se rapporte.

4°. Les peuples entiers qui se sont formés de différentes familles (φυλή). Gen. 12. 3. *In te benedicentur universæ cognationes terræ* : Tous les peuples de la terre seront bénis en vous, ou à cause de vous, dit Dieu à Abraham. Ezech. 20. 32. *Erimus sicut gentes, et sicut cognationes terræ*: Nous serons comme les nations et comme les autres peuples de la terre, et nous adorerons comme eux le bois et la pierre. Jer. 1. 15. c. 25. 9. Amos. 3. 2.

5° Compagnie, assemblée jointe à un chef qui conspire au même dessein. Ps. 73. 8. *Dixerunt in corde suo cognatio eorum simul*: Ils ont conspiré tous ensemble, et dit au fond de leur cœur : Cette prophétie, qui regarde le culte du vrai Dieu et l'abolissement des fêtes consacrées en son honneur, s'est accomplie sous Antiochus Epiphanes, au temps des Machabées. Voy. 2. Mach. 6. v. 6. 7. 8. etc. Ainsi, Jerem. 34. c. 25. 9.

6° Alliance, confédération. 2. Mach. 5. 9. *Lacedemonas profectus, quasi pro cognatione ibi refugium habiturus* : Jason périt hors de son pays, étant allé à Lacédémone pour y trouver quelque refuge à cause de la parenté.

7° Union, liaison. Sap. 8. 17. *Immortalitas est in cognatione sapientiæ* : On trouve l'immortalité dans l'union de la sagesse.

§ 1. Parent, qui est proche. Levit. 20. 20. *Qui revelaverit ignominiam cognationis suæ* : Si un homme découvre ce qu'il aurait dû cacher par le respect qu'il doit à ses proches. L'Ecriture condamne ici l'inceste. Tob. 7. 14.

§ 2° Sort, partage de pays. 1. Par. 6. 71. *De cognatione* (i. e. *in sorte*) *dimidiæ tribus Manasse, Gaulon in Basan* : Ceux de la demi-tribu de Manassé eurent Gaulon en Basan avec ses faubourgs, etc.

COGNATUS, I. COGNATA, Æ, συγγενής — 1° Parent, qui est de même race, de même sang, de même famille, soit homme ou femme. Luc. 1. 58. *Vicini et cognati ejus* : Les voisins et les parents de sainte Elisabeth. c. 2. 44. Joan. 18. 26. Act. 10. 24. Rom. 16. 21 Num. 21. 3. c. 35. 12. Tob. 2. 15. Eccli. 41. 25. Dan. 13. 30. 2. Mach. 8. 1. c. 15. 18. Ainsi, *cognata*, parente, cousine, de même famille. Luc. 1. 36. *Elisabeth cognata tua et ipsa concepit filium* : Elisabeth, votre cousine, a conçu aussi elle-même un fils.

2°. Beau-père. Exod. 18. 1. *Jetro... cognatus Moisi* : Jétro, beau-père de Moïse. Hebr. et Gr. *socer*. v. 5. 6. etc. En effet, Moïse épousa Séphora, fille aînée de Jétro. Voy. Exod. 2. 21. c. 3. 1. Ainsi, Judic. 1. 16. c. 4. 11.

3° De même nation, qui reconnaît les mêmes ancêtres et le même père dont ils sont sortis, Rom. 9. 3. *Optabam ego ipse anathema esse a Christo pro fratribus meis, qui sunt cognati mei secundum carnem* : J'eusse désiré de devenir moi-même anathème, et d'être séparé de Jésus-Christ pour mes frères, qui sont de même race que moi selon la chair. c. 16. v. 7. 11. 2. Mach. 5. 6.

Façon de parler tirée de la première signification.

Cognati regis. Princes du sang, alliés à la couronne, les plus grands seigneurs de la cour d'un roi. 1. Mach. 10. 89. *Et misit ei fibulam auream, sicut consuetudo est dari cognatis regum* : Alexandre, fils d'Antiochus, envoya à Jonathas une agrafe d'or, telle que l'on en donnait d'ordinaire aux princes du sang royal.

COGNITIO, ONIS, ἐπίγνωσις, διάγνωσις, — 1° Connaissance. Rom. 3. 20. *Per legem cognitio peccati* : La loi naturelle était si obscurcie par le péché, que, pour la faire connaître, il a fallu une loi écrite. — 2° Connaissance, accompagnée d'honneur et de respect rendu avec affection. 2. Petr. 1. 2. *Pax adimpleatur in cognitione Dei* : Que la paix... croisse en vous de plus en plus par la connaissance de Dieu. v. 3. 8. c. 2. 20. c. 3. 18.

— 3° Connaissance et examen, ou jugement d'une affaire, d'une cause. Act. 25. 21. *Paulo... appellante ut servaretur ad Augusti cognitionem*. Sur ce que Festus demanda à saint Paul s'il voulait aller à Jérusalem pour y être jugé... Saint Paul en appela, et voulut que sa cause fût réservée à la connaissance d'Auguste : c'était Néron qui était alors empereur.

COGNITOR, IS, γνώστης, Qui connaît, qui a la connaissance de quelque chose. Dan. 13. 42. *Deus æterne, qui absconditorum es cognitor* : Dieu éternel qui pénétrez ce qui est de plus caché.

COGNITUS, A, UM, ἐπιγινωσκόμενος, connu ; dans l'Ecriture :

Considérable, reconnu fidèle dans l'exercice et les fonctions de son ministère. 2. Cor. 9. *Sicut cui ignoti, et cogniti* : Dans les fonctions de notre ministère, nous sommes regardés comme des inconnus, quoique nous soyons bien connus.

COGNOMEN, INIS. De *cognoscere*. et signifie proprement surnom ; dans l'Ecriture :

Nom (ὄνομα). 2, Reg. 20. 21. *Homo Seba, filius Bochri cognomine* : Un homme appelé Séba, fils de Bochri. Eccli. 47. 19. *Cui cognomen Deus Israel* : Le Seigneur s'appelle le Dieu d'Israël.

COGNOMENTUM. Nom ajouté au nom propre. Gen. 35. 6. *Venit Jacob Luzam,.. cognomento Bethel* : Jacob, avec tous ceux qui étaient avec lui, vint à Luza, qu'il avait nommée auparavant Bethel ; il y vint par l'ordre de Dieu. v. 1. Dan. 10. 1. *Verbum revelatum est Danieli cognomento Balthasar* : Une chose fut révélée à Daniel, surnommé Balthasar.

COGNOMINARE, ἐπικαλεῖν, ὀνομάζειν, ἐπονομάζειν, — 1° Surnommer, donner un second nom. Luc. 22. 3. *Intravit Satanas in Judam qui cognominabatur Iscariotes* : Satan entra dans Judas, surnommé Iscariote. Joan. 5. 2. 1. Mach. 2. 2. Act. 10. 5.

2° Nommer, donner un nom (τιθέναι ὄνομα). 4. Reg. 17. 34. *Jocob, quem cognominavit Israel* : Jacob, que le Seigneur surnomma Israël. Sap. 14. 8. *Illud cum esset fragile, Deus cognominatus est* : Le bois dont on fait l'idole n'étant qu'un bois fragile, porte le nom de Dieu. Luc. 6. 14. (*Elegit duodecim*) *Simonem quem cognominavit Petrum* : Jésus-Christ choisit douze d'entre les disciples, Simon auquel il donna le nom de Pierre. Rom. 2. 17. *Si autem tu Judæus cognominaris* : Vous qui portez le nom de Juif. Act. 11. 26. *Ita ut cognominarentur* (χρηματίζειν) *primum Antiochiæ discipuli christiani* : Ce fut à Antioche que les disciples furent premièrement nommés Chrétiens : ces noms ne sont pas tant les surnoms que le nom principal des personnes à qui il a été donné. De là vient :

COGNOMINARI, καλεῖσθαι. Etre, durer. Hebr. 3. 13. *Donec hodie cognominatur* : Pendant que dure ce temps marqué par ce mot, *aujourd'hui*; sc. tant que dure la vie présente ; où *cognominatur* est pour *vocatur*, et *vocari* est mis pour *esse*.

COGNOSCERE, Gr. γινώσκειν, ἐπιγινώσκειν, Ce verbe qui répond à l'Hébreu *jadah*, en a toutes les significations ; savoir, apprendre, éprouver, ressentir, examiner, faire sentir ; et quand il se dit de Dieu, approuver, favoriser, etc.

1° Connaître, savoir quelque chose qu'on ne savait pas. Rom. 11. 34. *Quis... cognovit sensum Domini?* Qui a connu les desseins de Dieu? c. 1. 21.

2° Examiner avec soin, considérer avec attention. Ps. 138. 24. *Cognosce semitas meas:* Seigneur, interrogez-moi, et connaissez les sentiers par lesquels je marche. Joan. 7. 51. *Numquid lex nostra judicat hominem, nisi prius... cognoverit quid faciat?* Notre loi permet-elle de condamner personne... sans s'être informé auparavant de ses actions, dit Nicodème aux Pharisiens. Matth. 24. 39. Luc. 19. 42. Ps. 73. 5.

3° Reconnaître, comprendre. Luc. 1. 22. *Cognoverunt quod visionem vidisset in templo;* Le peuple reconnut que Zacharie avait eu une vision dans le temple. c. 20. 19. c. 23. 7. Joan. 4. 1. c. 7. v. 17. 26. c. 8. v. 27. 42. Ainsi, Ps. 73. 4. *Posuerunt signa sua, signa et non cognoverunt:* Ceux qui vous haïssent ont placé leurs étendards en forme de trophée, sans reconnaître l'honneur et le respect qu'ils devaient à ce saint lieu. David a en vue les abominations que commit Antiochus dans le temple de Jérusalem. v. 1. Mach. 1. v. 23. 41. 49. 57. et ce que firent depuis les armées romaines dans leur victoire, sous le commandement de Tite. Voy. Josèphe.

4° Savoir certainement, connaître à fond. Ps. 138. 1. *Domine, probasti me, et cognovisti me:* Seigneur, vous m'avez éprouvé, et connu parfaitement. Ps. 19. 7. Osée 5. 3. Ainsi, Gen. 22. 12. *Nunc cognovi quod times Deum:* Je connais maintenant que vous craignez Dieu, dit l'ange qui représentait Dieu, à Abraham, sur l'obéissance que lui rendait Abraham de sacrifier son propre fils: ce qui est une manière de parler des hommes, qui lorsqu'ils éprouvent en quelque occasion importante la vertu et la fidélité d'un homme qui leur était déjà connue, ne laissent pas de dire aussitôt: C'est maintenant que je connais la fermeté et la fidélité de cette personne. Voy. *infra* 9°. Ainsi Luc. 6. 44. 1. Par. 17. 18.

5° Sentir éprouver. Marc. 5. 30. *Statim Jesus... cognoscens virtutem, quæ exierat de illo:* Aussitôt que la femme malade d'une perte de sang eut touché le vêtement de Jésus-Christ et qu'elle se sentit guérie, Jésus-Christ connut en soi-même la vertu qui était sortie de lui. 1. Cor. 4. 19. 2. Cor. 2. 9. Philipp. 3. 10. Ps. 13. 4.

6° Approuver. Ose. 8. 4. *Principes exstiterunt, et non cognovi:* Ils ont été princes, et je ne l'ai point su. Quoique Dieu eût résolu que Jéroboam et Jéhu seraient rois des dix tribus, ils ont néanmoins régné par leur propre ambition et non selon sa volonté; ce qui est encore plus vrai des rois d'Israël qui régnaient du temps du prophète Osée, Sellum, Manahem et Phacée. Eccli. 18. 28. Voy. Matth. 7. 23.

7° Recevoir, reconnaître une personne pour telle qu'elle est. Matth. 17. 12. *Elias jam venit, et non cognoverunt eum:* Elie est déjà venu, et ils ne l'ont point connu, dit Jésus-Christ, en parlant de saint Jean, selon qu'il est expressément marqué, c. 11. 14. Ainsi, Joan. 1. 10.

Connaître par la foi, croire ce que la foi nous enseigne. Joan. 17. 3. *Hæc est autem vita æterna, ut cognoscant te solum Deum verum, et quem misisti Jesum Christum:* La vie éternelle consiste à vous connaître, vous qui êtes le seul Dieu véritable, et Jésus-Christ, que vous avez envoyé, dit Jésus-Christ dans la prière qu'il fait au Père éternel, pour lui recommander ses élus. v. 8. 23.

9° Faire connaître. *Heb.* en Hiphil. Gen. 22. 12. *Nunc cognovi quod times Deum:* Je connais maintenant que vous craignez Dieu, dit Dieu à Abraham, sur l'obéissance qu'il lui rendit d'être prêt à sacrifier son fils. Ce que saint Augustin explique en ce sens: C'est maintenant que je vous ai fait connaître par votre propre expérience jusqu'où va la crainte pleine de respect et d'amour que je vous ai donnée pour moi; dans le même sens que saint Paul dit que le Saint-Esprit gémit en nous. Voy. Rom. 8. 28. Voy. *supra* 4°. Ainsi, 1. Cor. 8. 3. *Si quis... diligit Deum, hic cognitus est ab eo:* Si quelqu'un aime Dieu, il est connu de Dieu; *cognitus est;* selon quelques auteurs: *Cognitione vera donatus est:* Il a la vraie connaissance de Dieu. Voy. *infra* 11°.

10° Ressentir, reconnaître avec douleur. Ps. 50. 4. *Quoniam iniquitatem meam cognosco:* (Purifiez-moi de mon péché) parce que je connais mon iniquité. Isa. 42. 25. c. 59. 12. Jerem. 14. 20. 3. Reg. 8. 38. 2. Par. 6. 29.

11° Connaître, se dit aussi de Dieu, qui connaît les choses en deux manières; 1° Dieu connaît d'une vue simple et absolue toutes choses, non-seulement avant qu'elles soient; mais même de toute éternité. Heb. 4 13. *Omnia nuda sunt et aperta oculis ejus.* Ps. 49. 11. *Cognovi omnia volatilia cæli:* Je connais tous les oiseaux du ciel. 2° Dieu connaît, ou si vous voulez, reconnaît particulièrement comme lui appartenant les choses qu'il approuve et qui lui sont agréables. Gal. 4. 9. *Cum cognoveritis Deum, imo cogniti sitis a Deo:* Puisque vous connaissez Dieu, ou plutôt que vous êtes connus de lui. 1. Cor. 8. 3. *Si quis... diligit Deum, hic cognitus est a Deo.* Voy. ci-dessus, n° 9°. Ainsi, *Cognoscere in bonum:* Traiter favorablement. Jerem. 24. 5. *Cognoscam transmigrationem Juda in bonum:* Je traiterai bien ceux qui ont été transférés de Juda dans le pays des Chaldéens, v. 8. J'abandonnerai Sédécias, ses princes, et ceux qui sont restés dans Jérusalem, ou ceux qui se sont retirés en Egypte.

§ 1. — Embrasser, suivre et approuver. Apoc. 2. 24. *Qui non cognoverunt altitudines Satanæ:* Ceux qui n'ont point connu les profondeurs de Satan: Les Gnostiques appelaient leurs mystères, des profondeurs de science. 1. Tim. 4. 3. 2. Tim. 2. 25. Ps. 94. 11. Ps. 90. 14.

§ 2. — Connaître quelqu'un avec amour et affection, en l'aimant et en prenant soin de lui. 1. Cor. 8. 3. *Si quis diligit Deum, hic cognitus est a Deo* · Si quelqu'un aime Dieu, il a été prévenu de sa grâce. Voy. 9° et 11° Ainsi, c. 13. 12. *Tunc autem cognoscam sicut et cognitus sum* : Lorsque nous serons dans l'état parfait, alors je connaîtrai Dieu, comme je suis moi-même connu de lui. Amos. 3. 2. Gal. 4. 9. Rom. 3. 17. Heb. 3. 10. Joan. 10. v. 14. 27. Ps. 100. 4. Ainsi, Osc. 13. 5. *Ego cognovi te in deserto* : J'ai eu soin de vous dans le désert. Exod. 2. 25. *Cognovit eos*; Il se rendit attentif à leurs maux.

§ 3. — Connaître charnellement; cette signification vient de ce que les Hébreux appliquent les verbes, qui appartiennent à l'entendement, aux affections de la volonté. Gen. 4. v. 1. 25. *Cognovit Adam uxorem suam et peperit* : Adam connut sa femme, et elle enfanta un fils. Luc. 1. 34. *Quomodo fiet istud, quoniam virum non cognosco?* Comment cela se fera-t-il, car je ne connais point d'homme : ces paroles font voir que la sainte Vierge avait fait vœu de virginité. Matth. 1. 25. *Et non cognoscebat eam donec peperit filium suum primogenitum* : Joseph n'avait point connu la sainte Vierge, quand elle enfanta son premier né. Voy. DONEC. Ce qui se dit aussi du péché contre nature (συγγίνεσθαι). Gen. 19. 5. *Educ illos ut cognoscamus eos* : Faites sortir ces hommes, afin que nous les connaissions, dirent les Sodomites à Loth, touchant les deux anges qu'il avait fait entrer chez lui. Judic. 19. 22.

Phrases tirées de cette signification.

Cognoscere personam. Connaître les personnes, c'est avoir égard à leur qualité, en faire acception. Prov. 24. 23. *Cognoscere personam in judicio non est bonum* : Il n'est pas bon de faire acception des personnes dans le jugement. c. 28. 21. Voy. ACCIPERE.

Cognoscere Deum. 1° Connaître Dieu par la lumière naturelle, sans l'aimer et le servir. *Cum cognovissent Deum, non sicut Deum glorificaverunt* : Ayant connu Dieu, ils ne l'ont point glorifié comme Dieu : Saint Paul a en vue les philosophes païens qui, connaissant Dieu par les créatures, n'ont pas laissé d'adorer toujours les idoles. Voy. v. 20. 22.
— 2° Connaître Dieu et le servir par une affection sincère. Isa. 1. 3. *Israel... me non cognovit* : Israël ne m'a point connu. c. 19. 21. c. 55. 5. Osée 5. 4. 1. Joan. 2. v. 3. 13. 14. etc. Mais cette connaissance de Dieu était plus obscure dans l'Ancien Testament, qu'elle ne l'est dans le Nouveau, comme on le peut voir, 2. Petr. 1. 19. Jer. 31. 34. *Non docebit ultra vir proximum suum... dicens; cognosce Dominum; omnes enim cognoscent me* : On n'aura plus besoin d'enseigner son prochain, en disant : Connaissez le Seigneur; parce que tous me connaîtront; c'est-à-dire qu'au lieu que dans l'ancienne loi, les préceptes n'étaient point écrits dans le cœur des hommes; mais seulement sur les tables de pierre, qui leur mettaient continuellement devant les yeux ce qu'ils devaient faire, sans que l'amour y eût de part : Les lois saintes de la nouvelle, étant gravées dans le cœur des chrétiens par la charité que le Saint-Esprit y devait répandre, ils se trouveraient enseignés de Dieu, comme dit Isaïe, d'une manière sans comparaison plus avantageuse que les Juifs.

COGNOSCIBILITER, adverbe inusité, de *cognoscibilis*; et signifie dans l'Ecriture : Visiblement, évidemment. Sap. 13. 15. *A Magnitudine speciei et creaturæ*; (Gr. *et specie*, pour *pulchritudine creaturæ*) *cognoscibiliter poterit creator horum videri* : La grandeur et la beauté de la créature peuvent faire connaître et rendre en quelque sorte visible le Créateur par le rapport qu'elle a avec lui.

COHABITARE, συνοικεῖν. — 1° Demeurer ensemble, vivre ensemble. 1. Petr. 3. 7. *Viri similiter cohabitantes secundum scientiam* : Maris, vivez sagement avec vos femmes. — 2° Habiter, demeurer en même lieu (κατοικεῖν). Act. 22. 12. *Ananias... testimonium habens ab omnibus cohabitantibus Judæis* : Ananie à la vertu duquel tous les Juifs qui demeuraient à Damas rendaient témoignage.

COHÆRERE, ἔχεσθαι, tenir l'un à l'autre, y être joint ou attaché. Exod. 26. 3. *Aliæ quinque nexu simili cohærebunt* : Les cinq autres rideaux seront joints de même.

Se tenir attaché auprès de quelqu'un, comme un disciple l'est auprès de son maître. Zach. 13. 7. *Framea suscitare super... virum cohærentem mihi* (πολίτης, *civis*) : O épée, réveille-toi, viens contre l'homme qui se tient toujours attaché à moi. Si c'est Dieu qui parle de Jésus-Christ, comme les interprètes en conviennent, on doit entendre cette liaison ou union de la consubstantialité du Verbe: l'Hébreu porte *socium*. Voy. PERCUTERE.

COHÆRES, EDIS, συγκληρονόμος, Cohéritier, qui a part avec un autre au même héritage Rom. 8. 17. *Cohæredes... Christi* : De ce que nous sommes enfants de Dieu, et par conséquent ses héritiers ; il s'ensuit que nous sommes cohéritiers de Jésus-Christ. Ephes. 3. 6. (*Mysterium Christi*) *Gentes esse cohæredes* : Le mystère de Jésus-Christ, dont saint Paul a eu l'intelligence, c'est que les gentils sont héritiers avec les Juifs. Heb. 11. 9. Eccli. 22. 29. 1. Petr. 3. 7.

COHELETH, Gr. *Ecclesiastes*; Lat. *Concionator*. Ce mot hébreu qui est le titre du livre de l'Ecclésiaste, est féminin en hébreu; mais les hébreux usent quelquefois de ce genre au lieu du masculin, pour marquer l'excellence d'une chose : ainsi, Salomon, comme un grand prédicateur, représente dans ce livre avec une force et une autorité dignes de Dieu, la vanité des choses du monde.

COHIBERE. Composé de *cum*, et d'*habere*. Arrêter, retenir (ἀνέχεσθαι). Gen. 45. 1. *Non se poterat ultra cohibere Joseph* : Après que Juda eut fait ses remontrances à Joseph, qui voulait que Benjamin demeurât son esclave, Joseph ne pouvait plus se retenir de pleurer. Voy. v. 2. Prov. 25. 28. *Sicut urbs patens... ita vir qui non potest in loquendo cohibere spiritum suum* : Celui qui ne peut retenir son esprit en parlant, est comme une ville tout ouverte, et exposée à l'ennemi. Num 17. 5. 2. Reg. 44. 25. Job. 29. 10.

COHORS, TIS. σπεῖρα; de χόρτος, et signifie

proprement, basse-cour d'une métairie, où l'on nourrit de la volaille; il est pris aussi pour *Cohorte*, qui chez les Romains était composée dans l'infanterie de quatre cent vingt hommes, et quelquefois de cinq à six cents ; dans l'Ecriture :

Compagnie de soldats, gens de pied, qui était la dixième partie d'une légion. Matth. 27. 27. Marc. 15. 16. *Convocant totam Cohortem :* Les soldats assemblèrent toute la compagnie pour faire leur jouet de Jésus-Christ, et pour lui insulter. Act. 10. 1. *Cornelius, Centurio Cohortis quæ dicitur Italica :* Cornélius était un centenier dans une cohorte appelée l'*Italienne :* ce fut lui qui envoya quérir saint Pierre, selon l'ordre que lui avait donné l'ange. v. 3. 5. Voy. ITALICA.

COHORTARI. Encourager (ἐνισχύειν). Jos. 8. 16. *Illi... se mutuo cohortantes, persecuti sunt eos :* Ceux de Haï, s'encourageant mutuellement, poursuivirent Josué et toute l'armée d'Israël : ce fut à la dernière fois qu'ils firent une sortie générale de Haï, où ils furent tous défaits.

COINQUINARE, μολύνειν, — 1° Souiller, rendre impur par le péché. Eccli. 21. 31. *Susurro coinquinabit animam suam :* Le semeur de rapports souillera son âme. Matth. 15. v. 11. 18. 20. *Non quod intrat in os coinquinat hominem, sed quod procedit ex ore :* Ce n'est pas ce qui entre dans la bouche qui souille l'homme; mais c'est ce qui sort de sa bouche. Judith. 13. 20. 2. Mach. 14. 3. Apoc. 14. 4.

2° Profaner ce qui est saint. 1. Mach. 1. 45. *Multi ex Israel... coinquinaverunt sabbatum :* Plusieurs entre les Israélites violèrent le sabbat par l'ordre d'Antiochus. Voy. v. 43. Ainsi, v. 49. (*Jussit*) *coinquinari sancta :* Antiochus commanda qu'on souillât les lieux saints.

3° Souiller, rendre impur d'une impureté légale (βεβηλοῦν). 1. Mach. 1. 65. *Elegerunt magis mori quam cibis coinquinari immundis :* Plusieurs du peuple d'Israël aimèrent mieux mourir que de se souiller des viandes impures. Baruch. 3. 11. Ezech. 22. 26. etc.

COINQUINATIO, NIS. Souillure, saleté (ἀκαθαρσία).—1° Idolâtrie, souillure contractée par le culte des idoles. Esdr. 6. 21. *Omnes qui se separaverant a coinquinatione Gentium :* Tous ceux qui s'étaient séparés de la corruption des peuples du pays, mangèrent la Pâque au retour de la captivité. c. 9. 11. 2. Mach. 5. 27. — 2° Souillure et corruption du péché (μίασμα). 2. Petr. 2. 20. *Fugientes coinquinationes mundi :* Ceux qui se retirent des corruptions du monde. Judith. 9. 2. — 3° Honte, opprobre (σπίλος). 2. Petr. 2. 13. *Coinquinationes et maculæ :* Ils sont la honte et l'opprobre de la religion : c'est ainsi que saint Pierre appelle les gnostiques, tout souillés de corps et d'esprit; et c'est d'eux que parle aussi saint Jude.

COINQUINATUS, A, UM, μεμιασμένος, souillé, gâté. — Qui a l'esprit souillé par l'erreur, et la conscience par les péchés. Tit. 1. 15. *Omnia munda mundis, coinquinatis autem et infideli bus nihil est mundum :* Tout est pur pour ceux qui sont purs, et rien n'est pur pour ceux qui sont impurs : ce n'est point la qualité des choses ; mais c'est la disposition de celui qui en use, qui les rend bonnes ou mauvaises.

COIRE. — 1° S'assembler (συντρέχειν). 2. 6. 11. *Alii vero, ad proximas coeuntes speluncas et latenter Sabbati diem celebrantes :* D'autres Juifs s'étant assemblés en des cavernes voisines, y célébrèrent secrètement le jour du Sabbat : ce fut par la crainte des persécutions.

2° Ce verbe marque la connaissance d'une femme, et l'accouplement du mâle et de la femelle (εἰσέρχεσθαι πρός τινα). Gen. 26. 10. *Potuit coire* (κοιμᾶσθαι) *quispiam de populo cum uxore tua :* Quelqu'un de nous aurait pu abuser de votre femme, dit Abimélech à Isaac, qui avait dit de Rébecca sa femme, qu'elle était sa sœur. c. 38. 16. Ainsi, Exod. 22. 19. *Qui coierit cum jumento morte moriatur.* Celui qui aura commis un crime abominable avec une bête, sera puni de mort. Lev. 19. 19. etc.

COITUS, us. Connaissance de femme; accouplement de bête. Gen. 30. 39. *Factumque est ut, in ipso calore coitus, oves intuerentur virgas et parerent :* Il arriva que les brebis étant en chaleur, conçurent à la vue des branches : Jacob avait mis ces branches dans les canaux où devaient boire les brebis, afin d'avoir des brebis de diverses couleurs : La vue d'un objet dans le temps de la conception contribue beaucoup à la ressemblance.

COLAIAS, Heb. *Vox Domini.* Fils de Masia, descendant de Benjamin. 2. Esd. 11. 7.

COLAPHUS, I. Gr. κόλαφος, du verbe κολάπτειν, *tundere*, et signifie : — 1° Coup de poing. Matth. 26. 67. *Colaphis eum ceciderunt :* Ils frappèrent Jésus-Christ à coups de poing : ce fut sur ce qu'il répondit au grand prêtre qu'il était Fils de Dieu. Voy. v. 64. Ainsi, Marc. 14. 65. — 2° Coup, mauvais traitement : de là vient cette phrase, 1. Cor. 4. 11. *Nudi sumus, et colaphis cædimur :* Jusqu'ici nous avons souffert la nudité et les coups; *i. e.* les mauvais traitements.

COLAPHIZARE, κολαφίζειν. — 1° Frapper à coups de poing, donner des soufflets, ou souffrir tous autres mauvais traitements. 1. Petr. 2. 20. *Quæ enim est gloria, si peccantes et colaphizati suffertis?* Quel sujet de gloire aurez-vous, si c'est pour votre faute que vous endurez de mauvais traitements? saint Pierre parle ici aux esclaves. — 2° Traiter honteusement et avec ignominie. 2. Cor. 12. 7. *Datus est mihi stimulus carnis angelus Satanæ qui me colaphizet :* Dieu a permis que je ressentisse dans ma chair un aiguillon qui est l'ange et le ministre de Satan pour me donner des soufflets : saint Paul parle des mouvements honteux de la convoitise que le démon excitait en lui par la permission de Dieu.

COLARE. De *colum*, une couloire, et signifie proprement, couler, passer quelque chose de liquide par un linge.

Epurer par le feu en faisant fondre. Malach. 3. 3. *Filios Levi colabit quasi aurum* : L'ange de l'alliance purifiera les enfants de Lévi, et les rendra purs comme l'or : Le Prophète parle de Jésus-Christ, qui devait purifier par le feu de la charité, non-seulement les prêtres, mais généralement tous les chrétiens, qui sont participants de son sacerdoce royal.

COLERE. Ce verbe signifie, cultiver, orner, habiter, honorer ; mais toutes ces significations ne viennent pas d'une même racine : *colere*, honorer, révérer, vient de l'Hébreu, *chala*, prier, supplier ; *colere*, habiter, vient de *coul*, contenir ; *colere*, cultiver les terres, les sciences, les vertus ; de *cala*, achever, perfectionner ; dans l'Ecriture :

1° Cultiver (γεωργεῖν). 1. Mach. 14. 8. *Unusquisque colebat terram suam* : (Pendant tout le temps que Simon fut chef dans la Judée) chacun cultivait alors sa terre. Jerem. 8. 11. Amos. 9. 13. Heb. 6. 7.

2° Honorer, respecter, considérer (θεραπεύειν). Prov. 19. 6. *Multi colunt personam potentis* : Plusieurs honorent la personne d'un homme puissant. Esth. 13. 6. (*Aman*) *quem patris loco colimus* : Aman que nous honorons comme notre père ; c'est Assuérus qui parle.

3° Honorer d'un culte divin, adorer (λατρεύειν). Exod. 20. 5. *Non adorabis ea, neque coles* : Vous n'adorerez point les idoles, et vous 'ne leur rendrez point le souverain culte ; *i. e.* celui qui n'est dû qu'à Dieu. Ose. 10. 5. Matth. 15. 9. *Sine causa autem colunt me* (σέβεσθαι). C'est en vain que ces hypocrites m'honorent : Jésus-Christ dit ceci des Juifs, comme ayant été prédit par Isaïe, 29. 13. De là vient :

COLENS, TIS, Gr. σεβόμενος. Ce mot qui vient de *colere*, honorer, signifie :

Les Gentils convertis, qui vivaient parmi les Juifs sans être circoncis, et sans observer la loi de Moïse ; ils étaient appelés *Prosélytes de la porte* ; parce qu'ils demeuraient dans l'enceinte d'un même lieu parmi les Juifs : il peut aussi marquer ceux qui avaient appris à servir le vrai Dieu par le commerce des Juifs, quoiqu'ils fussent séparés de demeure. Act. 13. 43. *Secuti sunt multi Judæorum, et colentium advenarum* : Plusieurs des Juifs et des prosélytes craignant Dieu, suivirent Paul et Barnabé. c. 17. 4. *Quidam ex eis crediderunt, et de colentibus Gentilibusque multitudo magna* : Quelques-uns crurent, comme aussi une grande multitude de ceux qui adoraient Dieu, et de Gentils ; *i. e.* qui étaient Gentils ; *Gr.* Une grande multitude de Grecs craignants Dieu. v. 17. Ainsi, c. 13. 16.

COLIAS, Æ. Heb. *Vox Domini*. Père du faux prophète Achab. Jer. 29. 21.

COLLABI. Tomber, se laisser tomber (παραφέρεσθαι). 1. Reg. 21. 13. *Collabebatur inter manus eorum* : David contrefaisant le fou devant Achis, se laissait tomber entre les mains des gens d'Achis. Dan. 8. 18.

COLLABORARE. Travailler ensemble. — 1° Travailler, combattre ensemble, se soutenir l'un l'autre (συναθλεῖν). Philipp. 1. 27. *Collaborantes fidei Evangelii* : Qui travaillent tous ensemble pour la foi de l'Evangile. — 2° Souffrir en travaillant avec un autre (συγκακοπαθεῖν). 2. Tim. 1. 8. *Collabora Evangelio secundum virtutem Dei* : Travaillez et souffrez avec moi pour l'Evangile ; *autr.* avec l'Evangile : il n'est pas juste qu'un ministre de Jésus-Christ soit mieux traité que la vérité de Dieu.

COLLACTANEUS, σύντροφος. Ce composé est dérivé de *lac*. Frère de lait. Act. 13. 1. *Manahem qui erat Herodis Tetrarchæ collactaneus* : Manahen, frère de lait d'Hérode le Tétrarque. 2. Mach. 9. 29.

COLLATIO. Ce que chaque particulier contribue d'argent pour le public, comme aumône ou argent dont les particuliers contribuent pour quelque œuvre de piété (κατ' ἀνδρολογίαν κατασκεύασμα). 2. Mach. 12. 43. *Facta collatione duodecim millia drachmas argenti, misit Jerosolymam* : Judas, ayant recueilli d'une quête qu'il fit faire deux mille drachmes d'argent, les envoya à Jérusalem : ce fut pour le péché de ceux qui étaient morts dans le combat qu'il donna contre Gorgias. Voy. ce péché, v. 40. Ainsi, Rom. 15. 26. *Probaverunt Macedonia et Achaia collationem aliquam* (κοινωνία) *facere in pauperes Sanctorum, etc.* (les Eglises) de Macédoine et d'Achaïe ont trouvé bon de contribuer quelque chose pour ceux d'entre les Saints de Jérusalem qui sont pauvres. Voy. COMMUNICATIO. Voy. COLLECTA.

COLLAUDARE. Louer, relever par des louanges (θαυμάζειν). Eccli. 38. 3. *In conspectu Magnatorum collaudabitur* : Le médecin sera loué devant les grands, à cause de sa science, c. 17. 8. c. 39. v. 12. 41. 1. Mach. 4. 33. Act. 2. 47.

Façon de parler.

Collaudare Canticum, i. e. Collaudare Cantico Deum. Louer Dieu par des cantiques, chanter des cantiques à l'honneur et à la louange de Dieu. Eccli. 39. 19. *Collaudate canticum* : Chantez des cantiques.

COLLAUDATIO. Louange, ou action de louer ; dans l'Ecriture :

Louange du Seigneur (αἴνεσις). Ps. 32. 1. *Rectos decet collaudatio* : C'est à ceux qui ont le cœur droit qu'il appartient de donner des louanges au Seigneur.

COLLECTA, Æ ? Ecot, ce que chacun paie pour sa part d'un repas ; et par métaphore :

1° Ce que chacun contribue en son particulier à quelque chose, tels sont les aumônes que chacun des fidèles contribuait pour les besoins de l'Eglise ou des pauvres (λογία, ας). 1. Cor. 16. v. 1. 2. *De collectis autem quæ fiunt in Sanctos* : Quant aux aumônes qu'on recueille pour les Saints. *Collecta* est mis pour *collectio*, comme *missa* pour *missio*.

2° Assemblée solennelle pour la célébration de quelque fête (ἐξόδιον). 2. Par. 7. 9. *Fecitque die octavo collectam* : Salomon (après la consécration du milieu du parvis, qui était devant le Temple, le huitième jour de la fête solennelle qu'il fit) il célébra la fête de l'assemblée solennelle : il est parlé de cette fête. Levit. 23. 36. qui était la septième fête des Juifs, ainsi appelée, parce qu'après la fête des Tabernacles, qui durait sept jours, au huitième jour se célébrait cette fête, en mémoire de l'assemblée et de la réunion qui se fit des Israélites en sortant du désert, où ils étaient sous des tentes pour s'assembler, et être réunis dans la terre promise. 2. Esd. 8. 18.

COLLECTIO, NIS. — 1° Amas de quelque chose. Judith. 7. 11. *Defecerunt cisternæ et collectiones aquarum* (λάκκος) : Au bout de vingt jours de garde que fit faire Holopherne autour de chaque fontaine, toutes les citernes et les réservoirs d'eaux qui étaient dans la ville de Béthulie, furent à sec.

2° Récolte, recueillement de blés (τρυγητὸς). Isa. 32. 10. *Collectio ultra non veniet* : On ne recueillera plus rien dans les blés : Le prophète parle du temps que les Assyriens viendront désoler la Judée, et emmener les Juifs en captivité.

3° Assemblée séditieuse (ἐκκλησία). Eccli. 26. 6. (*Timuit cor meum*) *collectionem populi* : Une des trois choses que mon cœur a appréhendées, est l'émotion séditieuse d'un peuple.

4° Assemblée des fidèles dans l'Eglise (ἐπισυναγωγὴ). Hebr. 10. 25. *Non deserentes collectionem nostram* : Ne nous retirons point de l'assemblée ; d'autres l'expliquent de l'union et de la concorde ; en sorte que cet abandonnement de l'assemblée des fidèles soit celui qui se fait par le schisme ou l'apostasie.

COLLEGA, Æ. De *legare*, et se dit de ceux qui sont envoyés ensemble en une même ambassade ; dans l'Ecr. :

Collègue, celui qui participe avec quelqu'un à la même charge ou à la même fonction. Dan. 4. 5. *Collega ingressus est in conspectu meo Daniel* : Daniel notre collègue parut devant nous, (devant Nabuchodonosor), pour lui expliquer son songe : Nabuchodosor l'avait associé au gouvernement de ses Etats. Voy. c. 3. 97. Ainsi, Jon. 1. 7. *Et dixit vir ad collegam suum* (ὁ πλησίον) : Après que le pilote eut fait lever Jonas qui dormait pendant la tempête, les mariniers se dirent l'un à l'autre, jetons le sort.

COLLIDERE, συγκροτεῖν. 1° Heurter, frapper l'un contre l'autre (σκιρτᾶν). Gen. 25. 22. *Collidebantur in utero ejus parvuli* : Les deux enfants, Jacob et Esaü, dont Rébecca était grosse, s'entrebattaient dans son ventre : ce combat était la figure de celui qui devait être un jour entre les Iduméens descendus d'Esaü, et les Juifs descendus de Jacob, comme il se vit au temps de David. Voy. 3. Reg. 11. v. 15. 16. etc. et au temps des Machabées. 2. Mach. 10. 17. etc. Ainsi, Eccli. 13. 3. Nahum. 2. 4. *Quadrigæ collisæ sunt in plateis* (συμπλέκειν) : Les chariots dans les places se heurtent l'un contre l'autre : Le Prophète prédit la réduction de Ninive sous le pouvoir de ses ennemis. Ainsi, le heurtement des genoux l'un contre l'autre marque une grande frayeur. Dan. 5. 6. *Genua ejus ad se invicem collidebantur* : Les genoux du roi Balthazar se choquaient l'un contre l'autre. Voy. GENU.

2° Détruire entièrement, défaire sans ressource (καταράσσειν). Ps. 36. 24. *Cum ceciderit, non collidetur* : Lorsque le juste tombera, il ne se brisera point. Ps. 88. 45. Judic. 5. 10. Jerem 48. 12. c. 51. 20. *Collidis tu mihi vasa belli, et ego collidam in te gentes* (διασκορπίζειν) : Vous êtes le marteau dont je briserai les traits et les armes ; je briserai par vous les nations : Dieu parle au roi de Babylone. v. 21. 22. 23.

COLLISIO. L'action par laquelle deux choses se heurtent l'une l'autre.

1° Cliquetis, fracas de choses qui font beaucoup de bruit pour se toucher l'un l'autre (συγκρουσμὸς). 1. Mach. 6. 41. *Commovebantur omnes..... collisione armorum* : Tous les habitants de la Judée étaient épouvantés du fracas des armes de l'armée d'Antiochus.

2° Brisement, meurtrissure. 2. Mach. 9. 7. *Contigit illum..... gravi corporis collisione membra vexari* : Il arriva que, les chevaux d'Antiochus courant avec impétuosité, il tomba de son chariot, et eut tout le corps froissé.

COLLIGARE. Lier, attacher plusieurs choses ensemble (δεῖν). Judith. 16. 10. *Colligavit cincinnos suos* : Judith a ajusté ses cheveux. Eccli. 22. 19. Dan. 3. 23.

1° Attacher par affection, donner de l'attache et de l'affection pour quelque chose (ἐφάπτειν). Prov. 22. 15. *Stultitia colligata est in corde pueri* : La folie est liée au cœur de l'enfant. c. 30. 4. Sap. 17. 17. Ainsi, Isa. 25. 7. *Præcipitabit in monte isto faciem vinculi colligati super omnes populos* : Le Seigneur brisera sur cette montagne cette chaîne qui tenait liés tous les peuples : *faciem vinculi*, pour *vinculum* : ce lien est le péché qui tenait tous les peuples dans l'esclavage.

2° Tenir plusieurs choses dans sa mémoire et dans son esprit ; se souvenir de toutes sans qu'il en échappe aucune à l'esprit. Ose. 13. 12. *Colligata est iniquitas Ephraim et absconditum peccatum ejus* (συστροφὴ colligatio) : Je tiens toutes les iniquités d'Ephraïm liées ensemble : la métaphore est tirée de plusieurs choses qu'on lie ensemble, de peur qu'il n'en tombe, et ne s'en perde quelqu'une : Dieu n'oublie point les péchés des hommes ; mais il les réserve dans le secret de sa justice, pour les punir au temps qu'il a destiné.

Phrases tirées de ce verbe dans le sens figuré.

Colligare aliquem. Faire liaison avec quelqu'un, se réconcilier avec lui. Eccli. 27. 23. *Ultra eum non poteris colligare* (θηρεύειν, venari) : Vous ne pouvez plus avoir de liaison avec un ami, dont vous aurez révélé le secret.

Colligare vulnera. Voy. VULNUS. Bander les plaies, c'est travailler à arrêter ses passions, afin qu'elles ne paraissent pas au dehors (καταδεσμεύειν). Eccli. 30. 7. *Pro animabus filiorum colligabit vulnera sua* : Ce père qui aime ses enfants, travaillera à arrêter ses passions, de peur qu'il ne lui échappe quelque chose qui donne mauvais exemple à ses enfants ; *Gr.* Celui qui châtie son fils bande ses plaies, quoiqu'à chaque cri qu'il jette, ses entrailles soient émues.

COLLIGATIO, NIS. Action par laquelle on lie plusieurs choses ensemble; dans l'Ecriture :

Lien, chaîne ; soit qu'il s'entende proprement et selon la lettre ; Jerem. 48. 37. *In cunctis manibus colligatio* : Il y aura des chaînes dans les mains de tous les Moabites pour être menés en captivité; *Hebr.* il y aura des incisions. Les Orientaux se faisaient des incisions sur les bras et sur les mains dans leurs grandes afflictions : soit que ce mot se prenne figurément pour les liens du péché, qui rend coupable de peines et de châtiments. Isa. 58. 6. *Dissolve colligationes impietatis* (σύνδεσμος) : Rompez les chaînes de l'impiété. Par ces liens s'entendent bien aussi les obligations usuraires, et les autres engagements par lesquels le prochain est ou durement ou injustement opprimé.

COLLIGERE ; (συνάγειν) — Cueillir, recueillir, ramasser. Deut. 16. 13. *Quando collegeris fruges.* Quand vous aurez cueilli les fruits de vos champs. Ps. 103. 28. *Dante te illis colligent.* Lorsque vous donnerez à tous les animaux, ils recueilleront. Eccl. 3. 5. *Tempus colligendi.* Il y a un temps de rejeter les pierres, et un temps de les ramasser. Judic. 1. 7. De là vient, *Colligere lilia.* V. LILIUM. Mais, Job. 16. 10. s'entend figurément de la violence de quelques passions. *Collegit furorem suum in me.* Un homme s'est armé contre moi de toute sa fureur.

2° Assembler, réunir (ποιεῖν συστροφήν. *facere cœtum*). Act. 23. 12. *Collegerunt se quidam ex Judæis* : Quelques Juifs s'assemblèrent et se liguèrent ; *sc.* contre saint Paul, et firent vœu de le tuer. Gen. 49. 32. *Collegit pedes suos super lectulum* : Jacob joignit ses pieds sur son lit et mourut. Joan. 11. 47. 1. Mach. 2. 44. Baruch. 4. 37. c. 5. 5. Mich. 4. 6. Soph. 3. 8. Act. 15. 25. c. 21. 18 (ἐξαίρειν, *removere*).

3° Protéger, recevoir en sa protection. Isa. 58. 8. *Gloria Domini colliget te* : La gloire du Seigneur vous protégera (περιστέλλειν , *circumdare*).

Phrases tirées de ce mot.

Colligere aliquem. Recevoir quelqu'un en son logis, le loger, lui donner le couvert. Matth. 25. 35. *Hospes eram et collegistis me* : J'ai eu besoin de logement, et vous m'avez logé, dira Jésus-Christ à ses saints placés à sa droite.

Colligere, ou *colligere ad patres.* Réunir quelqu'un avec ses pères, faire qu'il soit mis avec eux dans le même tombeau, l'inhumer (προστιθέναι, *apponere*). 4 Reg. 22. 20. *Idcirco colligam te ad patres tuos* : Parce que vous vous êtes humilié après avoir appris les maux dont Dieu menace Jérusalem, je vous ferai reposer avec vos pères, et vous serez enseveli en paix, dit le prophète Holda à Josias. 2 Par. 34. 28. Num. 20. 26. c. 31. 2. Ezech. 29. 5.

Super faciem terræ cades, non colligeris : Vous tomberez sur la face de la terre, on ne vous relèvera point pour vous ensevelir. Dieu parle de la défaite du roi d'Egypte par Nabuchodonosor. Jerem. 8. 2. c. 25. 33. *Non plangentur et non colligentur* : Ceux que le Seigneur aura tués (par les Chaldéens) ne seront point pleurés ni relevés pour être ensevelis (κατορύσσειν, *infodere*). Isa. 57. 1.

Colligere cum aliquo. Amasser avec quelqu'un ; c'est travailler dans le même esprit, réunir les hommes à Dieu. Luc. 11. 23. *Qui non colligit mecum dispergit* : Celui qui n'amasse point avec moi, dissipe au lieu d'amasser : Les Pharisiens qui réunissaient à eux-mêmes les hommes, et non à Dieu, les écartaient du droit chemin.

Colligere intellectum, ἐμβατεύειν. Ramasser tout son esprit pour approfondir quelque chose. 2 Mach. 2. 31. *Intellectum colligere et ordinare sermonem... historiæ congruit auctori* : Il est du devoir de celui qui compose une histoire de s'appliquer pour ramasser les différentes matières, et de les raconter dans un certain ordre.

Colligere manum ad dandum. Fermer la main pour donner ; c'est être peu disposé à exercer la libéralité, être porté à garder ce qu'on a, au lieu d'en faire part aux autres. Eccli. 4. 36. *Non sit... manus tua ad dandum collecta* : Que votre main ne soit point fermée pour donner (συστέλλειν, *contrahere*).

COLLIS, IS, βουνός ; du grec κολώνη, Colline, lieu en pente. Luc. 23. 30. *Incipient dicere... collibus : Operite nos.* Au jour du jugement les méchants commenceront à dire aux collines : Couvrez-nous. Ose. 10. 8. Isa. 54. 10. Ainsi, Prov. 8. 5. *Ante colles ego parturiebar* : J'étais enfantée avant les collines ; *i. e.* la sagesse est avant le commencement du monde. Job. 15. 7.

Propriétés que l'Ecriture attribue figurément aux collines.

1° Les collines coulent de lait, pour marquer que les animaux qui paissent sur les collines ont beaucoup de lait ; et cette façon de parler figure une grande quantité de biens, et même de grâces spirituelles. Joel. 3. 18. *In die illa colles fluent lacte* : Au temps du Messie le lait coulera des collines.

2° Les collines sont revêtues de joie, quand les hommes ont un grand sujet de se réjouir à cause de la grande quantité de vin qui y croît. Ps. 64. 13. *Exsultatione colles accingentur* : Voy. ACCINGERE.

§ 1.—Ville bâtie sur une colline. Sophon. 1. 10 *Vox clamoris... et contritio magna a collibus* : Le cri d'un grand carnage qui retentit du haut des collines. 4 Reg. 19. 25. Isa. 27. 26. c. 10. 32. Ainsi, l'Eglise qui est comparée à une ville où Dieu habite avec les fidèles, est appelée *colline.* Ezech. 34. 26. *Ponam eos in circuitu collis mei benedictionem* : Je comblerai mes brebis de bénédictions autour de la colline où j'habite : cela se peut entendre de Jérusalem dans le sens littéral ; c'est là que Dieu avait choisi sa demeure, et le temple élevé sur une colline.

§ 2.—Les hommes apostoliques et les prodicateurs de l'Evangile, qui répandent la parole de Dieu sur les peuples, sont figurés par les collines. Ps. 71. 3. *Suscipiant colles justitiam* : Que les collines reçoivent la justice.

§ 3.—Les superbes et les orgueilleux sont marqués par les collines. Isa. 2. 14. *Dies Domini super omnes colles elevatos* : Le jour du Seigneur va éclater sur les collines les plus élevées. c. 40. 4. Luc. 3. 5. *Omnis mons et collis humiliabitur* : Toute montagne et toute colline sera abaissée ; *i. e.* tout obstacle qui vient d'orgueil et d'élévation sera ôté à l'arrivée du Messie : Le prophète fait allusion à ce qui se fait à l'arrivée d'un grand roi, où l'on aplanit les collines et les élévations pour faciliter les chemins.

§ 4.—Les rois et les princes puissants, et tous les grands ennemis de L'Eglise, sont marqués par les collines. Isa. 41. 15. c. 42. 15. *Colles quasi pulverem pones* : Vous réduirez en poudre les collines : ce qui s'est fait à la venue de Jésus-Christ, qui a toujours confondu les Juifs, ses ennemis. Ainsi, Isa. 2. 2. Habac. 3. 6. *Incurvati sunt colles mundi* : Les montagnes du siècle ont été abaissées : Ceci s'entend des princes et des rois de la terre de Chanaan, subjugués par les Israélites, lorsqu'ils y entrèrent sous la conduite de Josué. 4 Reg. 19. 25. Isa. 37. 26. Mich. 6. 2.

Façons de parler tirées de ce mot.

Collis Dei. La colline de Dieu. La ville de Gabaa était appellée de ce nom, parce que les prophètes de Dieu y habitaient. 1 Reg. 10. v. 5. 10. D'autres entendent la colline de Cariathiarim où était l'arche. Voy. c. 13. 3.

Collis præputiorum. La colline de la circoncision, ou des prépuces, Jos. 5. 3. c'est celle où tous les Israélites, qui étaient nés dans le désert pendant les 40 ans qu'ils y marchèrent, furent circoncis, ne l'ayant pu être pendant le voyage, à cause des fréquents décampements qu'ils y étaient obligés de faire.

Collis aquæductus. La colline de l'aqueduc, nom de lieu dans la tribu de Benjamin, 2 Reg. 2. 24. où Abner perça d'un coup de lance Asaël, frère de Joab.

Colles æterni. Collines éternelles. Les patriarches et les prophètes sont appelés de ce nom. Gen. 49. 26. Deut. 33. 15. *Benedictiones patris tui confortatæ sunt benedictionibus patrum ejus, donec veniret desiderium collium æternorum* : Les bénédictions que vous donne votre père passeront celles qu'il a reçues de ses pères, jusqu'à ce que le désir des collines éternelles soit accompli ; *i. e.* jusqu'à la venue du Messie, tant désiré des patriarches et des prophètes. Jacob donne sa bénédiction à Joseph.

§ 5.—Les idoles qu'on adorait sur les collines et les montagnes. Jer. 3. 23. *Vere mendaces erant colles et multitudo montium* : Nous reconnaissons maintenant que toutes les collines et les montagnes n'étaient que mensonge. Ces fausses divinités ne pouvaient que tromper ceux qui y mettaient leur confiance.

COLLOCARE.—1° Mettre, placer (τάττειν). Gen. 3. 25. *Collocavit ante paradisum voluptatis Cherubim* : Dieu, après avoir chassé Adam, mit un chérubin devant le jardin de délices. Exod. 27. 21. c. 30. 8. Ps. 142. 3.—

2° Etablir (καθίζειν). Job. 36. 7. *Reges in solio collocat in perpetuum* : Dieu établit les rois sur le trône pour toujours. 1 Reg. 12. 8. Ps. 22. 1. Ps. 112. 9. Ps. 106. 36.

Phrases tirées de cette signification dans le sens figuré.

Collocare in obscuris, in tenebris, in terra novissima. Réduire dans l'obscurité, mettre dans des lieux ténébreux, dans le fond de la terre ; réduire comme au tombeau, dans l'oubli, et à la dernière misère. Ps. 142. 3. *Collocavit* (καθίζειν) *me in obscuris* : Le Seigneur m'a réduit dans l'obscurité. Thren. 3. 6. *In tenebrosis collocavit me* : Le Seigneur m'a mis en des lieux ténébreux : Le prophète parle de la prison où il fut réduit à Babylone. Ezech. 26. 20. *Cum... collocavero te in terra novissima* ; Hebr. *inferiori* : Lorsque je vous aurai placée au fond de la terre ; *i. e.* Lorsque je vous aurai mise dans un tel état, que vous serez mise en oubli.

Collocare castra; παρεμβάλλειν Camper. 1 Mach. 3. 57. *Moverunt castra, et collocaverunt ad austrum Emmaum* : L'armée de Judas Machabée marcha et vint camper près d'Emmaüs. C'était pour aller contre l'armée d'Antiochus, qui y était aussi campée proche.

COLLOQUI, ὁμιλεῖν. 1° Se parler l'un à l'autre, s'entretenir (λέγειν μετ' ἀλλήλων) Joan. 11. 56. *Colloquebantur ad invicem* Les Juifs se disaient les uns aux autres dans le temple : Que pensez-vous de ce que Jésus-Christ n'est pas venu à la fête de Pâques ? Gen. 50. 15. Dan. 13. 54. Luc. 4. 36. c. 6. 9.

2° Traiter d'affaires, s'aboucher (διαλέγεσθαι). 2 Mach. 11. 20. *Mandavi colloqui vobiscum* : Je les ai chargés de conférer avec vous du reste.

3° Méditer sur quelque chose, en faire tout son entretien. Eccli. 11. 21. *Sta in testamento tuo, et in illo colloquere* : Que l'alliance que vous avez faite avec Dieu soit toujours votre entretien.

4° Parler et agir librement et contre la pudeur. Dan. 13. 54. *Dic sub qua arbore videris eos colloquentes sibi* : (Si vous avez surpris cette femme) dites-moi sous quel arbre vous les avez vus parler ensemble, dit Daniel à l'un des accusateurs et faux témoins de Susanne. Voy. v. 58. L'interprète exprime par un terme honnête cette action déshonnête.

COLLOQUIUM, n.—1° Entretien, conversation. Eccli. 9. 11. *Colloquium* (φιλία) *illius quasi ignis exardescit* : L'entretien de ces femmes brûle comme un feu : L'Ecriture parle des femmes d'une rare beauté. 1 Mach. 15. 33. — 2° Entrevue pour traiter d'affaires. 1 Mach. 11. 22. *Scripsit Jonathæ... occurreret sibi ad colloquium* (τοῦ συμμίσγειν, *ad colloquendum*) *festinato* : Démétrius écrivit à Jonathas de le venir trouver promptement pour conférer avec lui, au sujet du siège qu'il avait formé pour prendre la forteresse de Jérusalem. Voy. v. 20. 2. Mach. 14. 22.

COLLUCTARI, διαμάχεσθαι. Lutter avec quelqu'un, faire de grands efforts. Eccli. 51. 25. *Colluctata est anima mea in illa* : Mon âme a lutté longtemps pour atteindre à la sagesse.

COLLUCTATIO, NIS, πάλη. Lutte, combat. Ephes. 6. 12. *Non est nobis colluctatio adversus carnem et sanguinem* : Nous n'avons pas à combattre contre la chair et le sang ; *i. e.* contre des hommes. Voy. CARO. Voy. SANGUIS.

COLLUM, I, τράχηλος. Ce mot mis pour le mot ancien *colum*, parce qu'ils ne mettaient point une double consonne, vient du Grec κῶλον.

Le cou, cette partie de l'homme sur laquelle la tête est soutenue et appuyée. Marc. 9. 41. *Bonum est ei magis si circumdaretur mola asinaria collo ejus* : Il vaudrait mieux pour lui qu'on lui attachât au cou une de ces meules de moulin qu'un âne tourne, et qu'on le jetât dans la mer. Jésus-Christ parle contre ceux qui causeraient du scandale. Deut. 33. 29. *Tu eorum colla calcabis* : (O Israël) vous foulerez la tête de vos ennemis sous vos pieds. L'accomplissement de cette prophétie se voit. Jos. 10. 24. *Ponite pedes super colla Regum istorum* : Mettez le pied sur le cou de ces rois, dit Josué aux principaux officiers de son armée, touchant les cinq rois qu'ils avaient pris. *Qui cum... subjectorum colla pedibus calcarent* : Après que ces officiers eurent été les fouler aux pieds, lorsqu'ils marchaient sur leur cou. Ces rois sont marqués, v. 3. Ainsi, Cant. 1. 9. *Collum tuum sicut monilia* : Votre cou est comme de riches colliers. L'Ecriture marque ici le prix de la douceur et de l'humilité des chrétiens. c. 4. 4. c. 7. 4. *Collum tuum sicut turris eburnea* : Votre cou est comme une tour d'ivoire. Ceci marque la pureté de la loi et de la doctrine de l'Evangile, à laquelle les chrétiens se soumettent.

Façons de parler dans le sens figuré.

Collum durum. Cou dur et inflexible, marque l'opiniâtreté et la résistance à obéir. Eccli 33. 27. *Jugum et lorum curvant collum durum* : Le joug et les cordes font courber le cou le plus dur. L'Ecriture parle ici du traitement qu'on doit employer envers les esclaves rebelles.

Collum extentum, erectum. La tête haute et élevée, marque l'insolence et l'orgueil. Isa. 3. 16. *Ambulaverunt extento collo* : Les filles de Sion ont marché la tête haute. Job. 15. 26. *Cucurrit adversus eum erecto collo* : L'impie a couru contre Dieu la tête levée.

Usque ad collum. Jusqu'au cou ; cette façon de parler s'emploie dans l'Ecriture pour signifier une ruine et une destruction entière. Habac. 3. 13. *Denudasti fundamentum ejus usque ad collum* ; *i. e. Evertisti domum ejus a fundamento usque ad collum, hoc est ab imo ad summum* : Vous avez ruiné la maison de l'impie de fond en comble : Le Prophète témoigne à Dieu sa reconnaissance de la punition qu'il exerça sur la famille de l'impie Pharaon, qu'il ruina entièrement, en tirant son peuple de l'Egypte. Isa. 8. 8. *Inundans et transiens, usque ad collum veniet* : Le roi d'Assyrie, comme un torrent qui gagne jusqu'au cou, ravagera toute la Judée et la ruinera entièrement. Isa. 30. 28. *Spiritus ejus velut torrens inundans usque ad medium colli* : La colère de Dieu est comme un torrent débordé où l'on se trouve jusqu'au cou ; Hebr. partage le cou : Ceci se dit par comparaison à ceux qui sont dans l'eau jusqu'à la moitié du cou : le haut du cou paraissant au-dessus de l'eau, et le bas étant au-dessous de l'eau.

Phrases tirées de la signification de ce mot.

Collum auferre a malo. Oter sa tête, son cou du mal ; c'est se dégager d'un malheur. Mich. 2. 3. *Ego cogito super familiam istam malum unde non auferetis colla vestra* : J'ai résolu de faire fondre sur ce peuple des maux dont vous ne dégagerez point votre tête : Dieu parle du joug et de la servitude des Chaldéens, qui sera inévitable aux Juifs. Isa. 52. 2. *Solve vincula colli tui* : Tirez-vous de la servitude.

Colla supponere in opere aliquo. Baisser son cou pour travailler à quelque ouvrage. 2. Esdr. 3. 5. *Optimates... eorum non supposuerunt colla sua in opere Domini sui* : Les principaux d'entre ceux de Thécua ne voulurent point s'abaisser pour travailler à l'ouvrage de leur Seigneur : *i. e.* à rebâtir Jérusalem. Par leur Seigneur, les uns entendent Dieu, pour la gloire duquel ils refusèrent de bâtir ; les autres entendent Néhémie même, gouverneur de la nation, aux ordres duquel ils purent bien refuser d'obéir. Voy. DOMINUS.

Collum jugo subjicere. Soumettre son cou au joug ; c'est se rendre obéissant et docile. Eccli. 51. 34. *Collum vestrum subjicite jugo*. Soumettez votre cou au joug ; *i. e.* soumettez-vous à la conduite de la sagesse. Jerem. 27. v. 8. 12.

COLLYRIDA, Æ ; κολλυρίς. De *collyra*, qui signifie du pain cuit sous la cendre pour les enfants, et signifie :

Gâteau fait dans la poêle. 2. Reg. 6. 19. *Partitus est... singulis collyridam panis unam* : Après que David eut offert les sacrifices d'action de grâces, pour le transport de l'arche dans la ville de David, il donna à tout le peuple chacun un pain en façon de gâteau. Levit. 7. 12. c. 8. 26. *Offerrent... collyridas* (ἄρτος) *admixtione conspersas* : Dans les hosties pacifiques, si c'est une oblation pour l'action de grâces, on offrira... les petits tourteaux de farine arrosés d'huile.

COLLYRIUM, II ; κολλύριον. Ce mot qui est grec signifie proprement un collyre, médicament pour le mal des yeux, où plusieurs drogues sont jointes ; dans l'Ecriture :

Collyre, onguent pour le mal des yeux, s'entend figurément de la lumière du Saint-Esprit, qui est nécessaire pour guérir les ténèbres de notre âme. Apocal. 3. 18. *Collyrio inunge oculos tuos ut videas* : Achetez de moi un collyre pour vous l'appliquer sur les yeux : l'ange a ordre de dire ceci à l'évêque de Laodicée, qui, se disant comblé de biens, ne savait pas qu'il était pauvre et misérable. Voy. v. 17.

COLOCYNTHIS, IDIS. Ce mot est tout grec, κολόκυνθις.

Coloquinte, espèce de petite courge sauvage, dont l'effet est de lâcher le ventre : cet effet est mortel, s'il est trop grand. 4. Reg. 4. v 3. 39. *Collegit ex ea colocynthidas agri* : L'un des serviteurs d'Elisée cueillit d'une herbe qui ressemblait à une vigne sauvage, des coloquintes sauvages : elles sont très-amères, et grosses comme des citrons ou des oranges.

COLONIA, Æ, κολωνία, de *colere*. — 1° Colonie romaine, ville habitée par des gens venus de Rome ou d'Italie. Act. 16. 12. *Venimus inde Philippos quæ est prima partis Macedoniæ civitas, Colonia*; Gr. κολωνία. De Naples, nous vînmes à Philippes, qui est la première colonie romaine qu'on rencontre de ce côté-là dans la Macédoine ; autr. colonie romaine, qui est la première ville de cette partie de la Macédoine. Cette ville était composée de vieux soldats, ou de pauvres Romains, à qui on avait distribué les terres des anciens habitants, lorsque ce pays fut assujetti à l'empire. — 2° Compagnie, société. Exod. 12. 48. *Si... in vestram voluerit transire coloniam* : Que si quelqu'un des étrangers veut être associé à vous : L'Ecriture parle des Gentils, qui pour être reçus dans la synagogue des Juifs, devaient être circoncis ; Gr. προσήλυτος.

COLONUS, I. προσήλυτος. De *colere*, et signifie : — 1° Qui travaille à une terre qui lui a été mise entre les mains pour la cultiver (γεωργὸς). Marc. 12. v. 7. 9. *Dominus vineæ veniet, et perdet colonos, et dabit vineam aliis* : Le seigneur de cette vigne viendra lui-même et exterminera ces vignerons, et il donnera sa vigne à d'autres : Le crime dont ils étaient coupables est marqué dans les deux versets précédents. Luc. 20. v. 9. 14. 16. Levit. 25. 23. *Advenæ et coloni mei estis* : Vous êtes dans la terre promise comme des étrangers à qui je la loue. v. 40. *Quasi mercenarius et colonus eris* : Dieu s'était réservé d'être le maître et le propriétaire de cette terre. — 2° Etranger, qui habite dans un pays étranger (πάροικος). Isa. 52. 4. *In Ægyptum descendit populus meus... ut colonus* : Mon peuple (dit Dieu) descendit autrefois en Egypte pour habiter dans ce pays étranger. Gen. 21. 34. Exod. 12. 49. Levit. 18. 26. 1. Par. 16. 18. Ainsi, Jerem. 14. 8. *Quare quasi colonus futurus es in terra?* Pourquoi négligez-vous votre terre, comme un étranger qui n'a point de demeure stable ?

COLOR, IS. Du grec χρωννύω, *coloro*. — 1° Couleur. Prov. 23. 31. *Ne intuearis vinum quando flavescit, cum splenduerit in vitro color ejus* : Ne regardez point le vin lorsqu'il paraît clair ; lorsque sa couleur brille dans le verre.

— L'éclat et la beauté de quelque chose très-pure d'elle-même. Thren. 4. 1. *Quomodo mutatus est color optimus* (supple. auri) : Comment l'or a-t-il changé sa couleur qui était si belle ? Hebr. l'or le plus fin. Le Prophète parle de l'or du temple qui fut tout changé par les Chaldéens, qui ruinèrent le temple : d'autres expliquent cet or des premiers du peuple.

2° Etoffe teinte. Job. 28. 16. *Non conferetur tinctis Indiæ coloribus* : On ne mettra point la sagesse en comparaison avec les marchandises des Indes, dont les couleurs sont les plus vives.

COLOSSÆ, Gr. *Punitio*. Colosses, ville de Phrygie, qui est maintenant ruinée. C'est aux habitants de cette ville que saint Paul a écrit une de ses lettres. Coloss. 1. 2. *Eis qui sunt Colossis... Gratia vobis et pax* : Aux frères fidèles en Jésus-Christ, qui sont à Colosses, Dieu notre Père et notre Seigneur Jésus-Christ vous donnent la grâce et la paix : cette ville fut abîmée quelque temps après par un tremblement de terre avec Laodicée et Hiérapolis ; les habitants la rebâtirent en un lieu plus élevé, et lui donnèrent le nom de *Choné*.

COLUBER, BRI, ὄφις ; de *colere*, parce que le serpent habite les campagnes, ou est dit par corruption du Grec χέλυδρος.

Serpent, couleuvre. Eccli. 21. 2. *Quasi a facie colubri fuge peccata* : Fuyez le péché comme un serpent.

1° Ennemi fin et rusé, qui attaque avec finesse et adresse. Gen. 49. 17. *Fiat Dan coluber in via* : Que Dan devienne comme un serpent dans le chemin : Jacob prédit que cette tribu attaquerait ses ennemis subtilement et finement comme font les serpents : on le peut juger du Deut. 33. 22. et de ce que Samson, qui était de cette tribu, a accompli. Voy. Judic. 13. v. 2. 24. c. 14. 4. etc. c. 15. v. 4. 5. c. 16. et c. 17.

2° Qui nuit et qui ruine, comme le serpent blesse par sa morsure. Isa. 14. 29. *De radice... colubri egredietur regulus* : De la race du serpent il sortira un basilic : Cette façon de parler est proverbiale, et cette prophétie figure qu'Ezéchias, qui devait s'opposer comme un basilic aux Philistins, les désolerait encore plus qu'Osias, son aïeul. Voy. 4 Reg. 18. 8.

3° Constellation qui environne les deux ourses (δράκων). Job. 26. 13. *Obstetricante manu ejus, eductus est coluber tortuosus* : L'adresse de la main puissante de Dieu a fait paraître ou sortir le serpent plein de replis ; d'autres entendent de la foudre ; d'autres de Lucifer ou du diable, appelé ancien serpent : ce qui revient au Grec qui porte : Le dragon apostat a été tué par l'ordre de Dieu. Voy. Gen. 3. v. 14. 15.

COLUMBA, Æ ; Gr. περιστερὰ). Ce nom vient de la voix des pigeons, ou de *colere*, parce que les pigeons habitent par troupes, et on les cultive.

Colombe, pigeon. Ps. 67. 14. *Pennæ columbæ deargentatæ* : La colombe dont les ailes sont argentées : le Psalmiste compare les Israélites aux ailes de la colombe, dont le plumage est blanc comme l'argent, ce qui marque leur bonheur. Voy. CLERUS. Isa. 60. 8. *Qui sunt isti quasi columbæ ad fenestras suas?* Qui sont ceux qui... volent comme des colombes lorsqu'elles retournent à leur colombier ? Le Prophète compare les nations qui devaient entrer avec joie et avec promtitude dans l'Eglise, à des colombes qui se retirent promptement dans leur colombier. Voy. FENESTRA. c. 38. 14. c. 59. 11.

1° Qui est simple, stupide et insensible. Sophon. 3. 1. *Vœ... redempta civitas, columba :* Malheur à la ville de Jérusalem, qui, après avoir été rachetée de la servitude et de la captivité, demeure stupide et insensible comme une colombe. Voy. REDIMERE. Ose. 7. 11. *Factus est Ephraim quasi columba seducta, non habens cor :* Ephraïm est devenu comme une colombe facile à séduire et sans intelligence : cet animal simple et sans prévoyance ne sait point éviter le mal qu'on lui veut faire.

2° Les rois d'Assyrie qui se sont rendus maîtres de Babylone. Jerem. 25. 38. *Facta est terra eorum in desolationem a facie iræ columbæ :* La terre des Israélites a été désolée par la colère de la colombe. On dit de Sémiramis, qui a bâti Babylone, qu'elle fut changée à sa mort en colombe, et qu'elle a été considérée depuis comme la déesse tutélaire des Babyloniens, qui portèrent une colombe sur leurs étendards ; et ici Nabuchodonosor est appelé du nom de *colombe*, de même que c. 40. 16. parce qu'il portait sur ses étendards une colombe, comme les Romains portaient un aigle. Mais, c. 50. 16. *A facie gladii columbæ unusquisque ad populum suum convertetur :* Tous les habitants de Babylone fuiront devant l'épée de la colombe, s'entend de Cyrus qui prit Babylone, et qui portait aussi une colombe sur ses étendards. Dans ces passages du Prophète, l'Hébreu porte : *A facie iræ vastatoris :* ce qui vient de ce que le mot hébreu peut signifier l'un et l'autre. Les Septante ont traduit μάχαιρα μεγάλη, *la grande épée,* c'est-à-dire, l'épée puissante de Nabuchodonosor, qui était le plus puissant des princes de l'Orient.

3° L'Eglise est marquée par la colombe, à cause de sa pureté et de sa simplicité. Cant. 6. 8. *Una est columba mea :* Une seule c'est ma colombe : c'est l'Epoux mystique qui parle de l'Eglise, son épouse. c. 2. v. 10. 14. c. 5. 2.

COLUMNA, Æ, στύλος; de *columen* pour *culmen*, et les colonnes sont ainsi appelées, parce qu'elles soutiennent le haut de l'édifice ; et signifie :

Colonne. Eccli. 26. 23. *Columna aureæ super bases argenteas, et pedes firmi super plantas stabilis mulieris :* La femme posée demeure ferme sur ses pieds, comme des colonnes d'or sur des bases d'argent. Ceci marque que la vertu d'une femme se fait connaître par sa démarche grave et posée, et par sa stabilité à demeurer dans son logis sans courir çà et là.

1° Cette colonne qui conduisait les Israélites dans le désert, et qui paraissait une colonne de nuée pendant le jour, et une colonne de feu pendant la nuit, et qui représentait Dieu même. Exod. 13. 21. *Dominus... præcedebat eos ad ostendendum viam per diem in columna nubis et per noctem in columna ignis, ut dux esset itineris utroque tempore,* v. 22. c. 14. v. 13. 24. etc. Outre la colonne de nuée qui servait de guide au peuple, il y avait encore une nuée répandue dans l'air par un long espace, qui, comme une grande tente, couvrait tout le camp, et le mettait à l'abri des grandes ardeurs du soleil, comme il est marqué, Ps. 34. 38. D'autres néanmoins croient que c'était la même colonne de nuée qui conduisait le peuple, qui couvrait tout le camp, et qui couvrait aussi le tabernacle et le remplissait de la gloire de Dieu. Exod. 40. 32. Voy. GLORIA. C'est dans cette colonne de nuée que Dieu parla à Moïse et à Aaron. Ps. 98. 7. *In columna nubis loquebatur ad eos ;* à quoi se peut rapporter *columna fumi :* Une fumée qui s'élève d'un embrasement en forme de colonne. Judic. 20. 40. *Cum viderent quasi columnam fumi de civitate conscendere :* Les Israélites virent comme une colonne de fumée qui s'élevait de la ville de Gabaa au-dessus des maisons.

2° Appui, soutien, fondement. Ps. 74. 4. *Ego confirmavi columnas ejus :* C'est moi qui ai affermi les colonnes de la terre ; c'est Dieu qui parle. Job. 9. 6. 1. Tim. 3. 15. *Ecclesia quæ est columna et firmamentum veritatis :* L'Eglise visible est la colonne et la base de la vérité ; *i. e.* la véritable dépositaire de la vérité.

3° Qui est ferme et stable, et pour durer toujours, comme les colonnes le sont dans un édifice. Apoc. 3. 12. *Qui vicerit, faciam illum columnam in templo Dei mei :* Quiconque sera victorieux, je ferai de lui une colonne dans le temple de mon Dieu.

4° Les apôtres et les docteurs dans l'Eglise qui la soutiennent comme les colonnes soutiennent un édifice. Prov. 9. 1. *Sapientia ædificavit sibi domum... excidit columnas septem :* La sagesse a taillé sept colonnes ; *i. e.* plusieurs. Ce nombre déterminé est mis pour le nombre indéterminé. Ainsi, les colonnes, dans ce sens, marquent proprement les saints, les prélats, qui soutiennent l'Eglise par leurs paroles et par leurs exemples. Gal. 2. 9. *Jacobus et Cephas et Joannes qui videbantur columnæ esse :* Jacques, Céphas et Jean, qui étaient considérés comme les colonnes de l'Eglise. C'est des apôtres qu'on entend aussi ces paroles du Psalmiste. Ps. 74. 4. *Ego confirmavi columnas ejus :* C'est moi qui ai affermi les colonnes de la terre.

Façons de parler.

Columnæ cœli, les colonnes du ciel ; *i. e.* les montagnes qui paraissent soutenir le ciel, ce qui a donné lieu à la fable du mont Atlas. Job. 26. 11. *Columnæ cœli contremiscunt* · Les colonnes du ciel tremblent devant lui. Plusieurs expliquent ces paroles de toute la machine du ciel, qui paraît être ébranlée dans ses fondements par l'épouvantable fracas des foudres et des tonnerres ; et d'autres les expliquent des anges, qui sont sans cesse dans une sainte frayeur en présence de la majesté divine.

Columnæ terræ, les fondements de la terre qui n'est toutefois, à proprement parler, soutenue que par la toute-puissance de Dieu. Job. 9. 6. *Qui commovet terram de loco suo, et columnæ ejus concutiuntur :* C'est Dieu qui remue la terre de sa place par des tremblements extraordinaires, et qui fait que ses colonnes sont ébranlées. Ps. 74. 4. *Ego confirmavi columnas ejus* : C'est moi qui ai affermi ses colonnes ; c'est Dieu qui soutient la terre, et en peut réparer les ruines ; d'autres l'entendent des hommes justes, qui empêchent que le monde ne périsse.

COMA, Æ, Gr. κόμη : — 1° Cheveux longs, chevelure. 1. Cor. 11. v. 14. 15. *Vir quidem si comam nutriat, ignominia est illi; mulier vero si comam nutriat, gloria est illi* : La nature ne nous apprend-elle pas qu'il est honteux à un homme d'avoir de longs cheveux, et qu'il est au contraire honorable à une femme de les faire croître. Les cheveux longs ne conviennent qu'aux femmes ou aux efféminés. Ezech. 44. 20. *Neque comam nutrient; sed tondentes attondent capita sua* : Les prêtres et les lévites ne laisseront point croître leurs cheveux ; mais ils auront soin de les couper de temps en temps pour les tenir courts, pour ne point imiter la superstition des Egyptiens et des autres peuples, qui, dans le deuil, se rasaient quelquefois la tête, et quelquefois laissaient croître leurs cheveux. Néanmoins, comme les Hébreux ne quittaient pas aisément les pratiques superstitieuses qu'ils avaient apprises dans l'Egypte, Dieu a permis à Moïse d'en établir de pareilles, afin qu'ils se défissent de ces anciennes erreurs ; comme dans les Nazaréens, de laisser croître leurs cheveux, et en certain temps de se tondre, pour s'acquitter d'un vœu. S. Cyrill. *de Adorat. l.* 16. de là vient cette façon de parler :

Attondere in comam aliquem, couper à quelqu'un les cheveux en rond. Jer. 9. 26. *Qui attonsi sunt in comam* : Tous ceux qui se font couper les cheveux en rond; par lesquels le prophète entend les Arabes. Voy. ATTONDERE.

2° Feuillages, branchage touffu (θερισμὸς). Job. 14. 9. *Ad odorem aquæ germinabit et faciet comam* : Un arbre, quoiqu'il ait le tronc desséché et comme mort dans la poussière, ne laissera pas de pousser aussitôt qu'il aura senti l'eau.

COMBURERE, κατακαίειν, brûler. Ps. 45. 10. *Scuta comburet igni* : Le Seigneur brûlera les boucliers en les jetant dans le feu, ce qui est une façon de parler pour marquer que Dieu abattra toutes les forces des ennemis de son Eglise. Jos. 11. v. 6. 9. *Currusque combussit igni* (ἐμπρῆθειν) : Josué brûla les chariots de Jabin et de tous les rois que Jabin s'était associés contre Josué. Amos. 6. 10. *Comburet eum, ut efferat ossa de domo* : Leur plus proche les brûlera dans la maison pour emporter les os. Dans cette désolation publique, les Israélites n'embaumeront point leurs proches, selon leur coutume; mais il les brûleront promptement ou parce qu'il y en aura un trop grand nombre, ou pour n'être pas surpris par les ennemis.

1° Ternir, rendre livide, dessécher. Isa. 13. 8. *Facies combustæ vultus eorum* : Leurs visages seront desséchés comme s'ils avaient été brûlés par le feu. Cette prophétie regarde les Babyloniens.

2° Perdre, ruiner de réputation (καίειν).

Eccli. 28. 6. *In flamma sua non comburet justos* : La langue maligne ne consumera point le juste dans ses flammes, parce que Dieu les en préservera et les en délivrera.

3° Perdre, ruiner, consumer (ἀναλάμπειν). Amos. 5. 6. *Ne forte comburatur ut ignis domus Joseph* : De peur qu'il ne fonde sur la maison de Joseph comme un feu qui la réduise en cendre.

4° Tourmenter par des supplices horribles. Dan. 7. 11. *Vidi quoniam ejus corpus traditum esset ad comburendum igni* : Je vis que le corps de la bête avait été détruit et livré au feu pour être brûlé; *i. e.* le corps de la quatrième bête, qui marque Antiochus. Apoc. 18. 8. *Igne comburetur* : Babylone sera brûlée par le feu. Cette Babylone est Rome païenne, qui fut saccagée ; son empire fut mis en proie, et (comme dit saint Jérôme) Rome fut consumée par un seul embrasement. Matth. 3. 12. Luc. 3. 17. Voy. INEXTINGUIBILIS.

COMBUSTIO, NIS, καῦσις. — 1° Brûlement, action de brûler. Jerem. 51. 25. *Dabo te in montem combustionis* : Je te rendrai une montagne consumée par les flammes. Isa. 10. 16. *Subtus gloriam ejus succensa ardebit quasi combustio ignis* : Sous la victoire du roi d'Assyrie, Dieu formera un feu qui la consumera. Ces deux prophéties regardent la désolation d'Assyrie. Isa. 9. 5. Ainsi, Heb. 6. 8. *Cujus consummatio in combustionem* : On mettra à la fin le feu à une terre infructueuse. Ainsi, 2. Par. 21. 19. *Secundum morem combustionis* : Le peuple ne rendit point à Joram les honneurs qu'on avait rendus à ses ancêtres en brûlant pour lui des parfums, selon la coutume. Jer. 34. 5. — 2° Espèce de brûlure, ulcère (κατάκαυμα). Levit. 13. 28. *Plaga combustionis est* : C'est l'effet d'une brûlure; l'Ecriture parle de la marque pour reconnaître la lèpre.

§ 1. — Chose brûlée. Num. 19. 17. *Tollent de cineribus combustionis* : Ils prendront des cendres de la vache brûlée pour le péché.

§ 2. — Supplice du feu de l'enfer. Isa. 9. 5. *Omnis violenta prædatio... erit in combustionem* : Tous ceux qui oppriment les autres par violence et par meurtre, seront punis du feu de l'enfer. Heb. 8. *Cujus consummatio in combustionem* : L'âme qui ne produira aucune bonne œuvre figurée par une terre stérile, sera enfin jetée au feu d'enfer.

COMBUSTURA, Æ, κατάκαυμα, brûlure. Levit. 13. 28. *Cicatrix est combusturæ* : La cicatrice d'une brûlure.

COMEDERE, φάγειν, ἐσθίειν : — 1° Manger, consumer et dépenser du bien pour les nécessités de la vie. Eccl. 5. 10. *Multi et qui comedunt eas* : Où il y a beaucoup de bien, il y a aussi beaucoup de personnes pour le manger. — 2° Prendre son repas. Marc. 7. 4. *A foro nisi baptizentur, non comedunt* : Les Pharisiens et tous les Juifs, lorsqu'ils reviennent du marché, ne mangent point sans s'être lavés. Gen. 7. v. 31. 54. c. 43. 16. 3. Reg. 19. 5. et Prov. 23. 1. *Quando sederis ut comedas cum principe* : Lorsque vous serez assis pour manger avec le prince. Ainsi, Gen. 37. 25. c. 43 v. 25. 32. Exod. 2. 20. c. 18. 12. Voyez

Panis. Levit. 7. 23. *Adipem ovis et bovis et capræ non comedetis:* Vous ne mangerez point la graisse de la brebis, du bœuf et de la chèvre ; soit que vous les immoliez à Dieu, soit que vous les tuiez pour votre usage. La raison était qu'ils devaient par respect s'abstenir de manger ce qui était, préférablement à toutes choses, offert à Dieu dans les sacrifices. Voy. Adeps. Ils pouvaient manger de la graisse des animaux qui ne s'offraient point en sacrifice.

§ 1. — Vivre, être en vie (φάγειν). Exod. 24. 11. *Viderúntque Deum, et comederunt ac biberunt :* Ces princes d'Israël, après avoir vu Dieu, s'en retournèrent, et ils burent et mangèrent comme auparavant. Les Juifs croyaient mourir quand ils avaient vu Dieu, comme il se voit. Judic. 6. v. 22. 23. et c. 13. 22. Peut-être sur ce qui est dit, Exod. 33. 20. Ainsi, Eccli. 5. 17. Amos. 7. 12. Voyez Manducare.

§ 2. — Jouir, posséder, avoir part (ἔδεσθαι). Gen. 45. 18. c. 49. 27. *Mane comedet prædam:* Benjamin, comme un loup ravissant, dévorera la proie le matin ; ce qui peut marquer que cette tribu était naturellement guerrière et maligne. Voy. l'accomplissement de cette prophétie, Judic. c. 20. 3. Reg. c. 12. c. 14. c. 15. Ainsi, Gen. 31. v. 15. 38. 1. Esdr. 9. 12. Isa. 1. 19.

§ 3. — Recevoir avec plaisir la nourriture spirituelle. Isa. 55. v. 1. 2. *Comedite, comedite bonum :* Nourrissez-vous de la bonne nourriture. Cette bonne nourriture est la grâce du Sauveur, marquée ici par le vin et par le lait, et qui est marquée par le pain. Prov. 9. 5. *Venite, comedite panem meum :* Venez, mangez le pain que je vous donne ; l'Eglise applique ce pain à la nourriture de l'Eucharistie. Ainsi, *Comedere sermones Dei,* c'est se nourrir de la parole de Dieu. Jerem. 13. 16. *Inventi sunt sermones tui, et comedi eos :* J'ai trouvé vos paroles, et je m'en suis nourri. Ezech. 2. 8. c. 3. v. 3. 4. Apoc. 2. 9. 10.

§ 4. — Consumer, user, ronger. Jac. 5. 2. *Vestimenta vestra a tineis comesta sunt :* Les vers mangent les vêtements que vous avez en réserve ; l'apôtre blâme ici les riches, le devoir desquels on peut voir Luc. 3. 11. Job. 30. 18. *Qui me comedunt, non dormiunt ; i. e.* les vers qui me dévorent, ne dorment point. Ps. 68. 10. *Zelus domus tuæ comedit me :* Jésus-Christ était comme brûlé du zèle de rétablir le bon ordre pour conserver l'honneur et le respect qui était dû au temple de Jérusalem, que Dieu avait choisi pour sa demeure. Voy. saint Jean, 2. v. 14. 15. 16. 17.

§ 5. — Piller, ruiner. Jerem. 50. v. 17. *Primus comedit eum rex Assyrius :* Le roi des Assyriens (*sc.* Salmanasar ou Sennachérib) a dévoré Israël le premier. c. 51. 34. Ps. 78. 8. Nahum. 3. 12. Prov. 30. 14. Ose. 7. 9. c. 11. 6. Matth. 23. 14. La métaphore est tirée des bêtes farouches, comme il se voit. Ezech. 19. 3. Dan. 7. v. 5. 7. 9. *Comede carnes plurimas :* Rassasiez-vous de carnage. Cette seconde bête représentait l'empire des Perses, qui se soumit plusieurs royaumes.

§ 6. — Offenser, faire tort, déchirer par injures et médisances. Gal. 5. 15. *Si invicem mordetis et comeditis* (κατεσθίειν) : Si vous vous mordez et dévorez les uns les autres ; ici, mordre, c'est faire de moindres injures, et dévorer, c'est en faire de plus grandes ; ce verbe est en ce sens dans Térence, Eunuc. *Hunc comedendum et deridendum vobis propino.* La métaphore est tirée des bêtes carnassières et cruelles.

Phrases tirées de cette signification.

Comedere panem suum, manger de son pain, c'est gagner sa vie de son travail, de sa peine et de ses soins. Isa. 4. 1. *Panem nostrum comedemus :* Nous nous nourrirons nous-mêmes. Le Prophète, par cette proposition, que plusieurs femmes feront à un seul Juif, qu'il les épouse, et qu'elles gagneront leur vie sans lui être à charge, marque la grande défaite d'hommes qui devait arriver par le roi de Syrie. Voy. 2. Par. 28. v. 6. 8. Ainsi, Prov. 31. 27.

Comedere panem impietatis, se nourrir du pain de son impiété, c'est vivre de rapines, d'injustices et des torts faits à son prochain. Prov. 4. 17. *Comedunt panem impietatis :* Les impies se nourrissent du pain de l'impiété. Voy. v. 14.

Comedere peccata populi, se nourrir des péchés du peuple, c'est s'enrichir et faire bonne chère des sacrifices offerts pour les péchés du peuple. Ose. 4. 8. *Peccata populi mei comedent :* Les prêtres se nourrissent des péchés de mon peuple. Dieu se plaint qu'ils étaient bien aises que le peuple offrît beaucoup de sacrifices, parce qu'ils en profitaient, et cette vue faisait qu'ils ne portaient pas le peuple à se convertir de leurs péchés.

Comedere cibos lugentium. Manger des viandes qu'on donne à ceux qui sont dans le deuil, c'est recevoir de la consolation de la mort de ses proches, souffrir qu'on nous en console. Ezech. 24. 17. *Nec cibos lugentium comedes :* A la mort de votre femme vous ne mangerez point de viandes, qu'on donne à ceux qui sont dans le deuil. Cette situation du prophète était la figure de celle où seraient les Juifs au temps de leur désolation, qui n'auraient pas alors loisir de pleurer leurs parents et amis. v. 22. *Et facietis sicut feci... cibos lugentium non comedetis :* Vous ferez comme j'ai fait : vous ne mangerez point des viandes qu'on donne à ceux qui sont dans le deuil. Voy. Lugens.

Comedere de ovis aspidum. Manger des œufs d'aspic, c'est avoir part aux noirs desseins des méchants. Isa. 59. 5. *Qui comederit de ovis eorum, morietur :* Celui qui mangera de ces œufs d'aspic, en mourra.

Comedere fructus viæ suæ, frugem mendacii. Comedere fructum adinventionum suarum. — 1° Manger le fruit de sa voie, c'est recevoir la punition que méritent ses mauvaises actions (ἔδεσθαι). Prov. 1. 31. *Comedent igitur fructus viæ suæ :* Les pécheurs mangeront du fruit de leur voie. c. 18. 21 : *Qui diligunt eam, comedent fructus ejus.* Ceux qui l'aiment (il parle de la langue), mangeront de ses fruits ; *i. e.* ceux qui aiment à parler beaucoup, seront punis des fautes qui sont ordinaires aux grands parleurs. Ose 10. 13. *Comedisti frugem mendacii :* Vous vous êtes nourris du fruit du mensonge ; *i. e.* puisque vous avez agi avec tromperie et mensonge, vous en porterez aussi la peine ; *ou*, selon d'autres, vous vous trouverez trompés de votre travail, qui était fondé sur le mensonge, dans l'espérance que vos idoles vous rendraient heureux. — 2° Manger, recueillir le fruit de ses œuvres, s'entend en bonne part ; *i. e.* recevoir la récompense de ses bonnes œuvres. Isa. 3. 10. *Dicite justo quoniam bene, quoniam fructum adinventionum suarum comedet :* Dites au Juste qu'il espère bien, parce qu'il recueillera le fruit de ses œuvres.

Comedere fructus agrorum terræ. Manger des fruits d'une terre, c'est demeurer et habiter dans un pays fertile, et y vivant des fruits qu'on y cultive, et qui y croissent. Deut. 32. 13. *Constituit eum super excelsam terram, ut comederet fructus agrorum :* Dieu a établi le peuple d'Israël dans un excellent pays pour y manger les fruits de la terre.

Comedere mel et oleum. Se nourrir et vivre délicatement, faire bonne chère. Ezech. 16. 13. *Mel et oleum comedisti :* (Jérusalem) vous avez mangé du miel et de l'huile.

Comedere butyrum et mel. Manger le beurre et le miel, c'est vivre d'une manière commune et ordinaire, et être nourri et élevé comme les autres hommes. Isa. 7. 15. *Butyrum et mel comedet :* Le Fils de cette Vierge ; *i. e.* Jésus-Christ mangera le beurre et le miel ; *i. e.* sera nourri comme les autres enfants. Voy. BUTYRUM.

Comedere cum aliquo. Manger avec quelqu'un, à sa table, c'est vivre familièrement avec lui comme avec son intime ami, avoir alliance avec lui. Abd. 7. *Qui comedunt tecum, ponent insidias subter te :* Ceux qui mangeaient à votre table vous ont dressé des embûches. Le Prophète parle des Assyriens, qui devaient venir contre les Iduméens, quoique ces deux peuples eussent été autrefois alliés contre le peuple juif. Dan. 11. 26. Ainsi, Isa. 11. 7. c. 65. 25. *Leo quasi bos comedet paleas :* Le lion mangera la paille comme le bœuf ; *i. e.* au temps du Messie, les personnes qui étaient autrefois les plus fières et les plus hautaines, après leur conversion, vivront en grande intelligence avec les fidèles qui sont paisibles. Voy. LEO.

Comedere et bibere. Manger et boire marquent :

1° Etre en vie et en bonne santé. Exod. 24. 11. *Videruntque Deum, et comederunt ac biberunt.* Voy. ci-dessus, n. 1.

2° Manger, faire festin avec grande réjouissance. 1. Reg. 30. 16. *Ecce illi discumbebant... comedentes et bibentes :* Ils trouvèrent les Amalécites mangeant et buvant, et faisant une grande fête. David les trouva qui goûtaient le plaisir des dépouilles qu'ils venaient d'enlever de Sicéleg. 2. Reg. 11. 11. 3. Reg. 4. 20. c. 18. 41. 4. Reg. 6. 23. etc. Ainsi, l'oubli de manger, *ou* ne point manger, marque une grande affliction. Ps. 101.

5. *Oblitus sum comedere panem meum :* J'ai oublié de manger mon pain. 1. Reg. 20. 34. c. 1. 8. c. 28. v. 20. 23.

3° Vivre gaiement et dans la prospérité. Eccl. 2. 24. *Nonne melius est comedere et bibere, et ostendere animæ suæ bona de laboribus suis :* Ne vaut-il pas mieux manger et boire, et faire du bien à son âme du fruit de ses travaux ; *sc.* qu'en travaillant de se refuser le nécessaire pour amasser. c. 5. 18. c. 8. 5. Isa. 65. 13. Jerem. 22. 15.

4° Se divertir, s'abandonner à la débauche. Isa. 22. 13. *Gaudium et lætitia... comedere carnes et bibere vinum :* Vous ne penserez qu'à manger de la chair et à boire du vin. *Comedamus et bibamus, cras enim moriemur :* Nos prophètes disent que nous mourrons bientôt : divertissons-nous donc autant que nous pourrons dans le peu de temps que nous avons, disaient les impies entre les Juifs. c. 21. 5. Luc. 12. 19.

5° Vivre comme les autres et avec eux sans distinction, manger aux heures ordinaires, ne point jeûner. Voy. Luc. 7. 34.

Comedere et tergere os suum. Manger et essuyer sa bouche, c'est faire le mal, et le dissimuler sans qu'il y paraisse. Prov. 30. 20. *Talis est et via mulieris adulteræ quæ comedit, et tergens os suum dicit : Non sum operata malum :* Telle est la voie de la femme adultère, qui, après avoir mangé, s'essuie la bouche, et dit : Je n'ai point fait de mal. Elles contrefont les honnêtes femmes, et nient hardiment qu'elles aient fait de mal, parce qu'il ne paraît point.

Comedere carnes suas. Manger sa propre chair, c'est laisser consumer ses entrailles faute d'avoir de quoi manger ; se faire mourir de faim plutôt que de travailler. Eccl. 4. 5. *Stultus complicat manus suas, et comedit carnes suas :* Il y en a d'assez fous pour mettre leurs mains l'une dans l'autre, et manger leur propre chair.

Comedere mane. Etre déréglé, se donner à ses plaisirs, et à la bonne chère, au lieu de s'acquitter de sa charge. Eccl. 10. 16. *Væ tibi, terra... cujus principes mane comedunt :* Malheur à toi, terre, dont les princes mangent dès le matin ; *sc.* dans le temps où ils devraient rendre la justice au peuple.

COMES, ITIS. De *cum*, et du verbe *eo*, et signifie :

1° Qui accompagne, ou qui est à la suite de quelqu'un (ὁ μετὰ) Gen. 24. 59. *Dimiserunt ergo eam, et nutricem illius, servumque Abraham, et comites ejus :* Bathuel et Laban laissèrent aller Rébecca, accompagnée de sa nourrice, avec le serviteur d'Abraham, et ceux qui l'avaient suivi : Rébecca allait pour épouser Isaac. Jerem. 40. 9. 2. Mach. 14. 18. Act. 22. 11.

2° Compagnon de voyage (συνέκδημος). Act. 19. 29. *Rapto Gaio et... comitibus Pauli :* Ceux du métier de Démétrius ayant entendu de lui le danger que courait leur métier, et le culte de Diane, à cause de la doctrine de saint Paul, entraînèrent Gaïus et Aristarque, Macédoniens, qui avaient accompagné saint

Paul dans son voyage; *sc.* au théâtre devant le peuple assemblé. 2. Cor. 8. 19.

3° Grand seigneur de la cour d'un prince. 2. Mach. 4. 31. *Relicto suffecto uno ex comitibus suis Andronico :* Antiochus, surnommé l'*Illustre,* laissa pour son lieutenant un des grands de sa cour, nommé *Andronique; sc.* pendant qu'il allait pour apaiser la sédition des deux villes de Tharse et de Mallo. De *comes,* comme qui dirait comte ou baron, vient *comitatus;* la cour d'un prince dans les auteurs ecclésiastiques.

4° Général d'armée. 2. Reg. 20. 11, *Ecce qui esse voluit pro Joab Comes David :* Voilà celui qui voulait être général de David, au lieu de Joab, disent les gens de Joab, d'Amasa qui venait d'être tué par Joab. *Hebr.* Qui aime Joab, et qui est pour David, suive Joab.

5° Qui dure, qui subsiste. Gen. 18. 14. *Revertar ad te hoc eodem tempore vita comite :* Je vous reviendrai voir dans un an en ce même temps; je vous trouverai tous deux en vie, dit le Seigneur à Abraham et à Sara, lui promettant la naissance d'Isaac. v. 10. 4. Reg. 4. 16. *In hac eadem hora si vita comes fuerit, habebis in utero filium :* A cette même heure, si Dieu vous conserve la vie, vous aurez un fils dans vos entrailles, dit Elisée à la femme considérable de Sunam.

COMESSATIO, nis. Repas de dissolution, débauche (κῶμος). Prov. 23. 20. *Noli esse in comessationibus eorum qui carnes ad vescendum conferunt :* Ne vous trouvez point dans les débauches de ceux qui apportent des viandes pour manger ensemble. Deut. 21. 20. *Filius noster comessationibus vacat :* Notre fils passe sa vie dans les débauches : c'est ici la formule dont un père et une mère accusaient un fils opiniâtre et rebelle, devant le peuple. 2. Mach. 6. 4. Rom. 13. 13. Gal. 5. 21. 1. Petr. 4. 3.

COMESSATOR, is. Gourmand, débauché. Prov. 28. 7. *Qui comessatores* (LXX ἀσωτίαν) *pascit :* Celui qui nourrit des gens de bonne chère.

COMESTOR, is. Qui mange, qui dévore. Sap. 12. 5. *Comestores viscerum hominum* (σπλαγχνοφάγος) : Les anciens habitants de la Terre-Sainte se repaissaient de la chair des hommes. Le Sage marque ici tous les crimes pour lesquels Dieu a détruit ces peuples, en y faisant succéder les Israélites.

COMINUS. Cet adverbe, que les Anciens écrivaient *comminus,* vient de *manus,* et signifie :

De près, de main à main, en parlant de ceux qui se battent. 3. Reg. 20. 39. *Servus tuus egressus est ad prœliandum cominus :* Votre serviteur s'était avancé pour combattre les ennemis de près, dit l'un des prophètes à Achab, s'étant rendu méconnaissable. 2. Mach. 5. v. 3. 8. 13.

COMITARI, ἀκολουθεῖν. Ce verbe vient de *comes, itis,* et se met dans l'Ecriture avec *cum,* et l'ablatif; et régit le datif, aussi bien que l'accusatif.

1° Accompagner quelqu'un, par exemple dans un voyage. Tob. 5. 21. *Angelus ejus comitetur vobiscum :* Que l'ange de Dieu vous accompagne toujours, dit le père de Tobie à son fils et à l'ange Raphaël, les envoyant chez Gabélus. v. 27. *Credo quod Angelus Dei bonus comitetur ei :* Je crois que le bon ange de Dieu l'accompagne. Act. 9. 7. c. 10. 23. Act. 20. 4. *Comitatus est eum Sopater :* Paul fut accompagné par Sopatre; *Gr.* jusqu'en Asie ; c'est-à-dire jusqu'en Jérusalem. 2. Mach. 24. etc.

2° Converser familièrement, être souvent avec quelqu'un (προσάγειν). Eccli. 12. 13. *Quis miserebitur incantatori a serpente percusso... sic qui comitatur cum viro iniquo :* Qui aura pitié de l'enchanteur, lorsqu'il sera piqué par le serpent? Ainsi on n'en aura point de celui qui s'unit avec le méchant, et qui se trouve enveloppé dans ses péchés.

COMITATUS, us. —1° Compagnie, troupe de gens qui accompagnent ou qui sont à la suite de quelqu'un. Gen. 50. v. 9. 14. *Habuit quoque in comitatu currus et equites :* Joseph, dans le voyage qu'il fit pour aller ensevelir son père, eut à sa suite des chariots et des cavaliers qui le suivirent. — 2° Compagnie de gens qui font voyage ensemble (συνοδία). Luc. 2. 44. *Existimantes autem illum esse in comitatu :* Le père et la mère de Jésus-Christ, qui était resté à Jérusalem sans qu'ils le sussent, s'en retournant chez eux de Jérusalem sans lui, et pensant qu'il serait avec quelqu'un de ceux de leur compagnie..., le cherchaient parmi leurs parents, etc.

COMMACULARE. —1° Souiller, rendre impur, d'une impureté légale. Num. 19. 7. *Commaculatusque erit usque ad vesperum :* Le prêtre sera impur jusqu'au soir. — 2° Violer, profaner une chose sacrée (βεβηλοῦν). Jerem. 34. 16. *Commaculastis nomen meum :* Vous avez violé l'alliance que vous aviez faite en mon nom, par laquelle vous étiez convenus de renvoyer libres vos esclaves, et vous les avez repris sous le joug. Esth. 16. 10. *Aman pietatem nostram sua crudelitate commaculans :* Aman qui a voulu déshonorer notre clémence par sa cruauté : Artaxerxès attribue à la cruauté d'Aman les premières lettres du roi, qui avaient été publiées contre les Juifs, et qu'il révoque.

COMMANDERE, κατεσθίειν. — Ce verbe inusité, composé de *cum* et de *mandere,* mâcher, signifie :

Manger tout ensemble, briser en mâchant; dans l'Ecriture il se prend par métaphore pour perdre, opprimer, ruiner. Prov. 30. 14. *Commandit molaribus suis :* Il y a une race qui, au lieu de dents, a des épées, qui se sert de ses dents pour déchirer et pour dévorer ceux qui n'ont rien sur la terre : Salomon décrit la cruauté des riches avares, qui oppriment les pauvres, et les réduisent à la dernière extrémité, comme on brise avec les dents un morceau de pain que l'on mange.

COMMANDUCARE, μασσᾶν. De *manducare* et signifie proprement, mâcher avec les dents; dans l'Ecriture:

Mordre, ronger. Apoc. 16. 10. *Commanducaverunt linguas suas præ dolore :* Les hommes se voyant tourmentés par l'ardeur du feu, se rongèrent la langue; cette expression marque une douleur extrême qui rend furieux.

COMMEARE, καταπορεύεσθαι. Passer d'un pays en un autre, faire voyage. 2. Mach. 11. 30. *His igitur qui commeant... damus dextras securitatis* : Nous donnons un passeport pour ceux qui voudront venir; ce qu'Antiochus écrit au sénat des Juifs qui désiraient aller pour conférer avec les Juifs qui étaient auprès du roi, sur ce qui regardait la conservation de leurs droits et de leur religion.

COMMEMORARE. Faire mention; dans l'Ecriture : — 1° Représenter, faire souvenir (μνᾶν) Act. 10. 31. *Eleemosynæ tuæ commemoratæ sunt in conspectu Dei* : Dieu s'est souvenu de vos aumônes, dit l'ange à Corneille. Sap. 18. 22. — 2° Repasser en soi-même, méditer (λογίζεσθαι). Sap. 8. 17. *Hæc commemorans in corde meo* : Ayant médité ces choses dans mon cœur; sc. tous les avantages de la sagesse:

COMMEMORARI, dépon. μνᾶσθαι. Ce verbe n'est pas en usage chez les auteurs latins comme déponent; dans l'Ecriture, il signifie étant joint avec le génitif.

* 1° Se souvenir de quelqu'un. Eccli. 33. 17. *In die tribulationis commemorabitur tui* : Dieu se souviendra de vous au jour de l'affliction ; savoir, en vous secourant alors : L'Ecriture parle des récompenses des enfants, pour la charité qu'ils auront exercée envers leurs pères et mères.

2° Faire mention de quelque chose, marquer quelque chose. Eccli. 49. 11. *Commemoratus est inimicorum in imbre* : Ezéchiel a marqué par une pluie ce qui devait arriver aux ennemis du Seigneur. L'auteur de l'Ecclésiastique témoigne que les torrents de pluie dont il est parlé dans Ezéchiel, 13. 13. figuraient la vengeance que Dieu devait tirer de ses ennemis. Ce verbe étant joint avec l'accusatif, signifie :

3° Découvrir, ressentir, reconnaître (συνιέναι). Baruch. 3. 23. *Viam sapientiæ nescierunt, neque commemorati sunt semitas ejus* : Les Ismaélites qui ne sont que des conteurs de fables, n'ont point connu la voie de la vraie sagesse, et n'en ont pu découvrir les traces et les sentiers. Sap. 11. 14. *Commemorati sunt Dominum* : Les Egyptiens ayant appris que ce qui avait fait leur tourment était devenu un bien pour les autres, ils commencèrent à reconnaître le Seigneur. Le Sage parle des eaux de l'Egypte, qui ayant été changées en sang, au lieu d'étancher la soif des Egyptiens, les faisaient mourir; et Moïse au contraire fit sortir des eaux de la pierre pour désaltérer les Israélites.

COMMEMORATIO, NIS. ἀνάμνησις. — 1° Souvenir de quelque chose. Sap. 16. 6. *Signum habentes salutis ad commemorationem mandati legis tuæ* : Vous donnâtes aux Israélites un signe de salut, pour les faire souvenir des commandements de votre loi : le Sage a en vue le serpent d'airain que fit Moïse. Voy. Num. 21. 8. Ainsi, Sap. 19. 4.

2° Mémoire et souvenir, tel qu'il n'exclue point la présence de la chose dont on fait mémoire. Luc. 22. 19. *Hoc facile in meam commemorationem* : Faites ceci en mémoire de moi, dit Jésus-Christ consacrant son sacré corps sous les espèces du pain, et communiant ses apôtres. Le Grec porte, *in mei rememorationem*, pour renouveler et représenter ma passion, sc. d'une manière non sanglante.

Façon de parler.

Commemoratio peccatorum. La mémoire des péchés; c'était la confession publique qui se faisait tous les ans des péchés parmi les Juifs sous l'ancienne loi. Heb. 10. 3. *In ipsis commemoratio peccatorum per singulos annos fit* : Sous la loi, on renouvelle tous les ans la mémoire et la confession des mêmes péchés à expier, parce que l'ancienne loi n'avait pas la vertu de les remettre; et saint Paul a en vue ce qui est dit, Levit. 16. 21. Num. 19. 4. etc.

COMMENDARE, παρατίθεσθαι. — 1° Recommander, confier quelque chose comme un dépôt entre les mains de quelqu'un pour le garder avec soin. Ps. 30. 6. Luc. 23. 46. *In manus tuas commendo spiritum meum* : Je remets mon âme entre vos mains, ce que dit David étant assiégé de tant d'ennemis; il le disait comme s'il eût été à l'heure de la mort dans le danger où il était, et il était la figure de Jésus-Christ, qui dit ces paroles à son Père en mourant. 1. Petr. 4. 19. Ainsi, Luc. 12. 48. *Cui commendaverunt multum plus petent ab eo* : On fera rendre un plus grand compte à celui à qui on aura confié plus de choses.

2° Louer, estimer, approuver (συνιστάναι). 2. Cor. 10. 18. *Non enim qui seipsum commendat, ille probatus est* : Ce n'est pas celui qui se loue lui-même qui est louable, mais celui qui est tel au jugement de Dieu. c. 3. 1. c. 4. 2. c. 5. 12. c. 10 v. 12. 18. c. 12. 11. Sap. 7. 14.

3° Faire paraître, faire éclater (συνιστάναι). Rom. 3. 5. *Si iniquitas nostra justitiam Dei commendat* : Si notre malice sert à faire paraître davantage la justice de Dieu; saint Paul dit qu'il ne faut pas conclure que Dieu soit injuste, de ce qu'il punit les péchés. c. 5. 8. *Commendat autem charitatem suam in nobis* : Dieu fait éclater la grandeur de son amour envers nous; en ce que Jésus-Christ est mort pour nous tous qui étions pécheurs et ses ennemis.

4° Rendre agréable (παριστάναι). 1. Cor. 8. 8. *Esca nos non commendat Deo* : L'usage des viandes par lui-même ne nous rend point plus agréables à Dieu.

COMMENDATITIUS, A, UM; συστατικός. Qui sert à la recommandation. 2. Cor. 3. 1. *Num quid egemus... commendatitiis Epistolis ad vos, aut ex vobis?* Avons-nous besoin de lettres de recommandation des autres envers vous, ou de vous envers les autres : le saint apôtre reprend les faux apôtres qui se servaient de ce moyen pour se faire estimer.

COMMENTARIUS, II. ὑπόμνημα. De *commentari*, et signifie proprement, livre où on marque diverses choses pour s'en souvenir; dans l'Ecriture :

1° Un mémoire ou livre dans lequel on écrit les choses mémorables, chroniques, histoires. 1. Esdr. 4. 15. *Invenies scriptum in commentariis, et scies quoniam urbs illa... rebellis est :* Vous trouverez dans l'histoire, et vous y reconnaîtrez que Jérusalem est une ville rebelle : les ennemis des Juifs veulent porter Artaxerxès à défendre aux Juifs de rétablir le temple. V, v. 22. etc. Ainsi, Esth. 12. 4. 2. Mach. 2. 13.

2° Mémoire, acte, ordonnance. 1. Esdr. 6. 2. *Inventum est... volumen unum, talisque scriptus erat in eo commentarius:* Il se trouva à Ecbatane un livre où était écrit ce qui suit; sc. l'ordonnance de Cyrus touchant le rétablissement du temple.

Façon de parler tirée de la première signification.

A *Commentariis.* Celui qui est chargé des registres et des requêtes, et qui a soin de les faire expédier : comme est un chancelier ou un secrétaire d'Etat. 2. Reg. 8. 16. c. 20. 24. *Josaphat filius Ahilud, erat a commentariis :* Josaphat, fils d'Ahilud, avait la charge des requêtes; sc. sous le règne de David. Isa. 36. v. 3. 22.

COMMERERE. De *merere*, et signifie : Mériter récompense ou punition. 1. Par. 21. 17. *Ego, qui malum feci; iste grex quid commeruit?* C'est moi qui ai commis tout le mal; mais pour ce troupeau qu'a-t-il mérité? dit David, voyant l'ange ayant encore l'épée nue et tournée contre Jérusalem, qu'il avait déjà désolée par tant de morts. Num. 22. 29. Judic. 12. 3.

COMMILITO, ONIS, συστρατιώτης. Compagnon de guerre : dans l'Ecrit., il se prend figurément :

Compagnon de guerre spirituelle, qui travaillé avec quelqu'un dans le ministère ecclésiastique. Philipp. 2. 25. *Necessarium existimavi Epaphroditum...commilitonem meum... mittere ad vos :* J'ai cru qu'il était nécessaire de vous renvoyer mon frère Epaphrodite, qui est mon compagnon dans mes combats. Philem. v. 2. Le ministère ecclésiastique est une milice dans laquelle les ministres de l'Eglise doivent toujours être en garde pour sa défense.

COMMINARI, ἀπειλεῖν. 1° Menacer. Ps. 102. 9. *Non in perpetuum irascetur (μηνίειν), neque in æternum comminabitur :* Le Seigneur ne sera pas toujours en colère, et n'usera pas éternellement de menaces : par ces menaces on peut ici entendre les châtiments que Dieu exerce sur les justes, comme un père envers ses enfants. Voy. Sap. 11. 10. Ainsi, 1. Petr. 2. 23. *Cum pateretur, non comminabatur :* Quand on a maltraité Jésus-Christ, il n'a point fait de menaces : en quoi les chrétiens doivent l'imiter. Voy. v. 21. Ainsi, Judith. 8. 15.

Reprendre rudement. Eccli. 19. 17. *Corripe proximum antequam commineris :* Reprenez doucement votre ami avant que d'user paroles rudes. Marc. 8. 33. c. 10. v. 13. 48.

Défendre fortement et avec menaces (ἐπιτιμᾶν). Matth. 9. 30. *Comminatus est illis Jesus :* Jésus-Christ défendit fortement aux deux aveugles qu'il venait de guérir, qu'ils prissent garde que personne ne sût qu'ils les eût guéris. Marc. 1. v. 25. 43. c. 3. 12. c. 4. 39. c. 8. 30. c. 9. 24. Act. 4. 17.

COMMINATIO, NIS. Menaces, colère de Dieu. Jerem. 10. 10. *Non sustinebunt gentes comminationem ejus :* Les nations ne peuvent soutenir les menaces du Dieu vivant. Isa. 30. 30. Ainsi, Jerem. 15. 17. *Solus sedebam, quoniam comminatione replesti me (πικρία) :* Je me suis tenu retiré et solitaire, parce que vous m'avez rempli de la terreur de vos menaces contre ce peuple : j'en ai été tout effrayé.

COMMINUERE, λεπτύνειν. Briser en morceaux, réduire en poudre. Num. 33. 52. *Statuas comminuite (ἐξαίρειν) :* Rompez les statues de la terre de Chanaan. Isa. 28. 28. *Panis autem comminuetur :* Le blé dont on fait le pain se brise avec le fer, Deut. 9. 21. c. 12. 3. Jos. 9. 5. Judic. 8. 16. Ainsi, Ps. 28. 6. *Et comminuet eas tamquam vitulum Libani :* Le Seigneur brisera les cèdres du Liban, aussi aisément que si c'étaient de jeunes taureaux ; Hebr. *Exsilire faciet eas :* Il les fera sauter, Voy. VITULUS.

1° Affliger, perdre, réduire à un état misérable. Dan. 7. v. 7. 19. 23. *Conculcabit et comminuet (universam terram).* La quatrième bête, figure du quatrième royaume, foulera aux pieds toute la terre, et la réduira en poudre. c. 2. v. 40. 44. Ce royaume était l'empire romain. v. 1. Mach. 8. Ainsi, 2. Reg. 22. 43. etc. Job. 22. 9. Isa. 14. 29. etc.

2° Perdre sans ressource, et comme briser en si petites pièces que le vent les emporte (λικμᾶν). Luc. 20. 18. *Super quem... ceciderit, comminuet illum :* Cette pierre écrasera celui sur qui elle tombera : cette pierre est Jésus-Christ, qui perdra les impies et les incrédules qui seront tombés sous son jugement. Voy. Ps. 2. 9. Mich. 4. 13. *Comminues populos multos :* Vous briserez plusieurs peuples : cela peut se rapporter à la victoire que l'Eglise a remportée dans toute la terre sur ses persécuteurs et sur ses ennemis, qu'elle a convertis à Jésus-Christ.

COMMISCERE. — 1° Mêler, confondre l'un avec l'autre. Ezech. 21. 21. *Stetit... rex Babylonis in bivio... commiscens* (LXX, τοῦ ἀναβράσαι) *sagittas :* Le roi de Babylone s'est arrêté à la tête de deux chemins; il a mêlé des flèches dans un carquois : Nabuchodonosor étant en peine à qui des Ammonites ou de Jérusalem il devait faire la guerre, mêla ainsi deux flèches; l'une marquée du nom de Rabbath, et l'autre de celui de Jérusalem, et il mit la main sur celle qui était marquée de Jérusalem; ce qui le détermina. Num. 36. 7. Sap. 14. 25. Isa. 30. 24. 2 Mach. 3. 21. Ainsi, Levit. 21. 15. *Ne commisceat stirpem generis sui vulgo gentis suæ* (τοῦ βεβηλῶσει, *non profanabit*) : Le grand-prêtre ne pourra épouser qu'une fille noble du peuple d'Israël; en sorte qu'il ne mêle point le sang de sa race avec une personne du commun du peuple. 1. Esd. 9. 2. — 2° Pétrir. Gen. 18. 6. *Tria sata similæ commisce :* Pétrissez vite trois mesures de farine, dit Abraham à Sara. 2. Reg.

13. 8. De là vient cette phrase tirée de ce mot :

Commisceri ou commiscere se alicui, ou cum aliquo. 1° Converser familièrement, avoir commerce avec quelqu'un (μίγνυσθαι). Prov. 20. 19. *Ei qui revelat mysteria, ne commiscearis* : Ne vous mêlez point avec un homme qui découvre les secrets. c. 24. 21. Ose 7. 8. 2. Mach. 13. 3. 1. Cor. 5. v. 9. 11. 2. Thess. 3. 14. — 2° Se mêler, se fourrer dans quelque affaire (προΐστασθαι). Prov. 26. 17. *Sicut qui apprehendit auribus canem, sic qui transit impatiens, et commiscetur rixæ alterius* : Celui qui en passant se mêle dans une querelle qui ne le regarde point, est comme celui qui prend un chien par les oreilles. — 3° Connaître charnellement (κοιμᾶσθαι). Levit. 18. 22. *Cum masculo ne commiscearis* : Vous ne commettrez point cette abomination exécrable, qui se sert d'un homme comme si c'était une femme. Dan. 13. v. 20. 38. Ainsi, faire des alliances, contracter des mariages. Ps. 105. 35. *Cummixti sunt inter gentes* : Les Israélites se mêlèrent parmi les nations, en leur donnant et prenant d'eux des filles en mariage au lieu de les avoir toutes exterminées. Ezech. 16. 37. Dan. 2. 43.

COMMISSIO. — 1° Faute, péché. Eccli. 18. 32. *Assidua enim est commissio illorum* : On pèche sans cesse dans les assemblées pleines de tumulte. Le Grec, qui a τρυφή, *deliciæ*, porte : Ne vous plaisez point à la bonne chère, et ne vous liez point avec ceux qui l'aiment.

2° Calomnie, faux rapport (διαβολὴ). Eccli. 19. 15. *Corripe amicum, sæpe enim fit commissio* : Reprenez votre ami, parce qu'on fait souvent de faux rapports : il faut toujours s'expliquer avec son ami.

COMMISSUM, I. Ce qui nous a été confié, secret (πρᾶγμα). Prov. 11. 13. *Qui fidelis est animi, celat animi commissum* : Celui qui a la fidélité dans le cœur, garde avec soin ce qui lui a été confié.

COMMISSURA, Æ. Jointure, assemblage. 1. Par. 22. 3. *Ferrum quoque plurimum... ad commissuras atque juncturas præparavit* : David fit aussi provision de fer pour joindre les ais ou les pierres ensemble.

1° Ouvrages qui se font par l'assemblement des pièces de bois. 2. Par. 34. 11. *Dederunt... ligna ad commissuras œdificii* : Ceux qui faisaient travailler les ouvriers à l'édifice du Temple, donnèrent de l'argent aux ouvriers pour acheter du bois pour la charpente.

2° Pièce que l'on met sur quelque chose pour remplir une place (ἐπίβλημα). Math. 9. 1. *Nemo immittit commissuram panni rudis in vestimentum vetus* : Personne ne met une pièce de drap neuf à un vieux vêtement. Luc. 5. 36. *Nemo commissuram a novo vestimento immittit*; Gr. *novi vestimenti* : Jésus-Christ, par cette parabole, veut marquer qu'il ne faut point obliger des personnes encore faibles, telles qu'étaient alors les apôtres, à des pratiques austères qu'elles ne pourraient pas supporter.

COMMISTIO, NIS. — 1° Mélange. Num. 19. 13. *Omnis qui tetigerit humanæ animæ morticinum, et aspersus hac commistione non fuerit, polluet tabernaculum Domini* : Quiconque ayant touché le corps mort d'un homme, n'aura point reçu l'eau d'aspersion, dans laquelle on a mêlé les cendres de la vache rouge, souillera le tabernacle du Seigneur. Ose. 7. 4. *Quievit paululum civitas a commistione fermenti, donec fermentaretur totum* : La ville ne s'est reposée depuis que le levain a été mêlé avec la pâte, que jusqu'à ce que la pâte ait été toute levée. Le Prophète déclare, par cette comparaison du levain qui est mis avec la pâte, que Jéhu faisant assez connaître qu'il favorisait le culte des veaux d'or, fit que l'impiété des peuples voisins, comme un levain détestable, s'augmenta peu à peu, jusqu'à ce qu'elle fût arrivée à son comble.

2° Connaissance charnelle (κοίτη). Levit. 18. 20. *Cum uxore proximi tui non coibis, nec seminis commistione maculaberis* : Vous ne vous approcherez point de la femme de votre prochain, et vous ne vous souillerez point par cette alliance honteuse et illégitime.

3° Conversation, liaison particulière. 2. Mach. 14. 3. *Alcimus... voluntarie coinquinatus est temporibus commistionis* (ἀμιξία) : Alcime... qui s'était volontairement souillé dans le temps du mélange des Juifs avec les payens; ou, selon le Grec, *Temporibus incommistionis*, ou *segregationis* : Quand les autres Juifs se séparèrent des Gentils, il se souilla par leurs sacrifices ; Gr. ἀμιξίας.

COMMITTERE. Commettre, faire joindre ensemble; mais, d'ailleurs, l'on ne peut en exprimer les significations différentes que dans les phrases où il se trouve.

1° Mettre entre les mains, confier (πιστεύειν). 1. Mach. 8. 16. *Audierunt quia committunt uni homini magistratum suum per singulos annos dominari universæ terræ suæ* : Judas et ses gens avaient ouï dire que les Romains confiaient chaque année leur souveraine magistrature à un seul homme pour commander dans tous leurs Etats : il y avait bien deux consuls tous les ans, mais ils commandaient chacun à leur tour. c. 7. 20. 2. Mach. 13. 13. Matth. 25. 27. Ainsi, Act. 27. 40. *Committebant se mari* : Les matelots s'abandonnèrent à la mer ; *i. e.* leur vaisseau (εἶαν, *permittere*).

2° Faire, commettre, en parlant de quelque méchante action. Marc. 10. 11. *Quicumque dimiserit uxorem suam et aliam duxerit, adulterium committit super eam* (μοιχᾶσθαι) : Si un homme quitte sa femme, et en épouse une autre, il commet un adultère à l'égard de sa première femme, parce qu'il demeure toujours lié à elle. Gen. 44. 7. Num. 12. 11.

3° Se battre, livrer le combat (προσβάλλειν, *irruere*). 2. Mach. 13. 23. *Commisit* (pour *commiserat*) *cum Juda, superatus est* : Antiochus Eupator combattit contre Judas, et il fut vaincu : on doit juger que ce combat fut livré avant la paix qu'Antiochus fit avec ceux de Bethsura, dont il est parlé v. 22. et apparemment même après son départ de Ptolémaïde. Voy. v. 25. 26. parce qu'il est dit qu'Antiochus embrassa Machabée, v. 24. Ce temps supposé de ce combat ôte la contradiction qui paraît entre 1. Mach. 6. v. 60. 61. 62. et cet endroit, dans lequel il paraît qu'aussitôt la paix faite, Antiochus alla à Ptolémaïde, et ensuite à Antioche, d'où, après avoir défait Philippe, il put bien rompre cette paix. Ainsi, c. 14. 17. De là viennent ces phrases tirées de ce mot :

Committere pugnam, bellum. Combattre, faire la guerre (εἰσπορεύεσθαι εἰς πόλεμον). Deut. 20. 3. *Vos hodie contra inimicos pugnam committitis* : Vous devez aujourd'hui combattre contre vos ennemis. c. 2. 24. 1. Mach. 5. 19. *Nolite bellum committere adversus Gentes* (συνάπτειν) : Ne combattez point contre les nations, jusqu'à ce que nous soyons revenus, dit Judas Machabée à Joseph, fils de Zacharie, et les autres chefs qu'il laissait pour garder la Judée.

COMMIXTIM. Ensemble et confusément, pêle-mêle, sans discernement. 2. Par. 35. 8. *Dederunt Sacerdotibus ad faciendum Phase pecora commixtim duo millia* : Helcias, et les deux autres qui étaient les premiers officiers de la maison du Seigneur, donnèrent ensemble aux prêtres, pour célébrer cette pâque, deux mille six cents bêtes de menu bétail : cette pâque fut célébrée au temps de Josias, après l'alliance qu'il fit avec Dieu, comme tout le peuple. 1. Esd. 3. 13. *Commixtim populus vociferabatur clamore magno* : Tout était confus dans cette grande clameur du peuple; lorsqu'on eut jeté les fondements du Temple, au temps de Zorobabel, où les anciens qui avaient vu le premier Temple poussaient des cris mêlés de larmes, au lieu que les autres poussaient des cris de joie.

COMMODARE, χιχράναι. Accommoder, prêter. — 1° Prêter, donner l'usage de quelque chose pour un temps (ἐκτοκίζειν). Deut. 23. 20. *Fratri... tuo absque usura id quo indiget commodabis* : Vous prêterez à votre frère ce dont il aura besoin, sans en tirer aucun intérêt. c. 15. 9. Exod. 12. 36. Ps. 111. 5. *Jucundus homo qui miseretur et commodat* : L'homme qui est touché de compassion, et qui prête à ceux qui sont pauvres, est vraiment heureux. Ps. 36. 26.

2° Mettre entre les mains, donner, vouer, consacrer au service de quelqu'un. 1. Reg. 1. 28. *Ego commodavi eum Domino* : Je remets entre les mains du Seigneur cet enfant, dit Anne, mère de Samuel, le présentant à Héli. c. 2. 20. 1. Malach. 9. 35.

COMMODUS, A, UM. Utile, avantageux. Judic. 17. 8. *Peregrinari voluit ubicumque sibi commodum reperisset* : Un jeune lévite sortit de Bethléem, dans le dessein de s'aller établir ailleurs, partout où il trouverait son avantage. De là vient le comparatif :

COMMODIUS. Plus utile, plus avantageux. 3. Reg. 21. 2. *Dabo, si commodius tibi putas, argenti pretium, quanto digna est* : Si cela vous accommodait mieux ; Gr. εἰ ἀρέσκει ἐνώπιόν σου, si placet tibi; je vous paierai votre vigne en argent au prix qu'elle vaut : La première offre que fait Achab à Naboth, pour qu'il lui donne sa vigne, est qu'il lui en donnera une meilleure

COMMOLERE. Moudre, écraser avec une meule. De là vient,

Dans le sens figuré,

Commolere facies pauperum. Meurtrir de coups le visage des pauvres, c'est les traiter avec outrage et violence, les affliger (καταισχύνειν). Isa. 3. 15. *Quare facies pauperum commolitis?* Pourquoi meurtrissez-vous de coups le visage des pauvres?

COMMONEFACERE. Faire souvenir quelqu'un de quelque chose, lui en rappeler la mémoire (ἀναμιμνήσκειν). 1. Cor. 4. 17. *Vos commonefaciet vias meas, quæ sunt in Christo Jesu* : Timothée vous fera ressouvenir de la manière dont je vis en Jésus-Christ.

COMMONERE. 1° Avertir, faire ressouvenir, représenter (ὑπομιμνήσκειν). 2. Tim. 2. 14. *Hæc commone* : Avertissez de ces choses, et de ces vérités que je vous marque, ceux à qui vous parlez. 3. Joan. v. 10. *Si venero, commonebo ejus opera quæ facit* : Si je viens jamais chez vous, je ferai bien connaître à Diotrèphe quel est le mal qu'il commet, en médisant de nous. 2. Par. 36. 15. 2. Petr. 1. 11. Jud. v. 5.

2° Exhorter, donner des avis (νουθετεῖν). Coloss. 3. 16. *Commonentes vosmetipsos* (i. e. *vos invicem*) : Instruisez-vous et exhortez-vous les uns les autres.

COMMONITIO, NIS, ὑπόμνησις : — 1° Avertissement, avis. 2. Mach. 6. 17. *Hæc nobis ad commonitionem legentium dicta sint paucis* : J'ai dit ce peu de paroles pour l'instruction des lecteurs ; cette instruction, contenue dans les quatre versets précédents, prouve que les malheurs des Juifs contenus dans cette histoire, ne devaient pas scandaliser les lecteurs. — 2° Avertissement, exhortation. 2. Petr. 1. 13. *Vestram excito in commonitione sinceram mentem* : Je tâche de réveiller vos âmes simples par mes avertissements.

COMMORARI, séjourner, s'arrêter, et demeurer quelque temps en quelque lieu ; c'est ainsi que la vie n'est pour l'homme que comme un séjour assez court, sur quoi Cicéron a dit : *Natura domicilium nobis non habitandi, sed commorandi dedit.* Il signifie aussi arrêter, retarder.

1° Demeurer, être quelque part, séjourner, habiter (συνοικεῖν). Eccli. 25. 23. *Commorari leoni et draconi placebit quam habitare cum muliere nequam* : Il vaut mieux demeurer avec un lion et avec un dragon que d'habiter avec une méchante femme. c. 42. 12. *In medio mulierum noli commorari* : Ne demeurez point au milieu des femmes. v. 9. 10.

2° Demeurer ferme, tenir à la racine. Job. 8. 17. *Inter lapides commorabitur* : L'hypocrite qui paraît dans un bonheur stable, est comparé ici à une plante qui, quoiqu'elle demeure ferme au milieu des cailloux, se sèche néanmoins aussitôt, et n'a point d'humeur pour l'entretenir longtemps (κοιμᾶσθαι).

§ 1. — Habiter, demeurer, se dit aussi figurément de Dieu qui est dit habiter avec les hommes fidèles qu'il protège, qu'il favorise et qu'il honore de sa présence (κατασκηνοῦν). Num. 35. 34. *Ita emundabitur vestra possessio, me commorante vobiscum* : C'est ainsi que votre terre deviendra pure, et que je demeurerai parmi vous. Joel. 3. 21. *Dominus commorabitur in Sion;* i. e. *in Ecclesia* : Le Seigneur habitera dans Sion. Zac. 5. 4. *Volumen commorabitur in medio domus ejus* (καταλύειν) : Ce livre demeurera au milieu de la maison du voleur et du parjure, jusqu'à ce qu'il la consume : ceci figure l'aveuglement volontaire de la loi de Dieu, qui dure jusqu'au jour qu'il plaît à Dieu que cette loi leur paraisse malgré eux comme un Juge sévère pour les perdre.

§ 2. — Vivre en repos (αὐλίζεσθαι). Ps. 90. 1. *In protectione Dei cœli commorabitur* · Celui qui demeure ferme sous l'assistance du Très-Haut, se reposera sûrement sous la protection du Dieu du ciel.

§ 3. — Se plaire à quelque chose, s'y attacher. Prov. 23. 30. *Cui væ... nonne his qui commorantur* (ἐγχρονίζειν) *in vino ?* A qui dira-t-on malheur ? sinon pour ceux qui passent avec plaisir le temps à boire du vin.

§ 4. — Etre placé (αὐλίζεσθαι). Cant. 1. 13. *Inter ubera mea commorabitur* : Mon bien-aimé est pour moi comme un bouquet de myrrhe ; il demeurera entre mes mamelles. Ce bien-aimé est Jésus-Christ, qui se plaît avec l'Eglise son épouse.

§ 5. — Etre du nombre. Prov. 15. 31. *Auris quæ audit increpationes vitæ, in medio sapientium commorabitur* : C'est être vraiment sage que d'aimer les réprimandes.

COMMORATIO, onis. Retardement ; dans l'Ecriture :

Le lieu de la demeure, domicile (ἔπαυλις). Act. 1. 20. *Fiat commoratio eorum deserta* : Que leur demeure devienne déserte. Ce passage, que saint Pierre tire du Ps. 68. 26. qui porte *habitatio*, et qu'il applique à Judas, s'entend également des Juifs ennemis de Jésus-Christ.

COMMORI, συναποθνῄσκειν. — 1° Mourir avec quelqu'un. Marc. 14. 31. *Etsi oportuerit me simul commori tibi, non te negabo* : Quand il me faudrait mourir avec vous, je ne vous renoncerai point, dit saint Pierre à Jésus-Christ. 2. Cor. 7. 3. *In cordibus nostris estis ad commoriendum et ad convivendum* : Vous êtes dans mon cœur à la mort et à la vie. — 2° Mourir, cesser d'être. Eccli. 19. 10. *Audisti verbum adversus proximum tuum, commoriatur in te* : Avez-vous entendu une parole contre votre prochain, faites-la mourir dans vous.

— Mourir avec Jésus-Christ, signifie souffrir les afflictions et la mort même, pour les vérités de l'Evangile. 2. Tim. 2. 11. *Si commortui sumus, et convivemus* : Si nous mourons avec Jésus-Christ, nous vivrons aussi avec lui.

COMMOTIO, nis, κίνησις. — 1° Action par laquelle une chose est mise en mouvement : de là viennent ces façons de parler :

Commotio castrorum. Le mouvement du camp, le décampement d'un corps d'armée. Num. 4. 15. *Cum involverint Aaron et filii ejus sanctuarium, et omnia vasa ejus in commotione castrorum* : Après qu'Aaron et ses enfants auront enveloppé le sanctuaire avec tous ses vases, quand le camp marchera.

Commotio capitis. Mouvement de tête, geste qui marque le mépris et la raillerie que l'on fait. Ps. 43. 15. *Posuisti nos... commotionem capitis in populis* : Vous avez fait que les peuples secouent la tête en nous regardant : cette prophétie faite ou contre les Juifs, ou contre les chrétiens, a été accomplie à la lettre, à l'égard de Jésus-Christ, par les Juifs. Voy. Ps. 21. 19. Matth. 27. v. 39. 40. etc. Voy. MOVERE CAPUT.

2° Ebranlement, tremblement de terre (συσσεισμός). 3. Reg. 19. 11. *Post spiritum commotio; non in commotione Dominus* : Lorsque le Seigneur passa, après le vent impétueux qu'on entendit devant le Seigneur, il se fit un tremblement de terre, et le Seigneur n'était pas dans ce tremblement de terre, non plus que dans ce vent : ce qui peut marquer que Dieu ne se découvre à l'âme que dans la paix, et non dans le bruit.

3° Bruit, remuement de quelque chose (σεισμός). Ezech. 37. 7. *Ecce commotio* : On entend un bruit ; ce bruit peut s'expliquer de l'Edit de Cyrus pour renvoyer les Juifs dans leur pays.

§ 1. — Traverse, trouble, affliction (ἔκστασις). 2. Par 29. 8. *Tradiditque eos in commotionem* : Dieu a livré les Juifs à tous les mauvais traitements de leurs ennemis. Isa. 19 16. Jerem. 34. 17.

§ 2. — Chute, ruine (σάλος). Ps. 65. 9. *Non dedit in commotionem pedes meos* ; Heb. *nostros* : C'est Dieu qui n'a point permis que mes pieds aient été ébranlés, i. e. que je sois tombé, et que j'aie péri. Ps. 120. 3.

§ 3. — Plaie, défaite (θραῦσις). Sap. 18. 20. *Commotio in eremo facta est multitudinis.* Le peuple fut frappé d'une plaie dans le désert : Le Sage peut avoir eu en vue la plaie qui est marquée, Num. 16. 46. qu'Aaron apaisa, v. 48 ; d'autres entendent par cette même plaie celle dont parle David, Ps. 105. 30. *Cessavit quassatio* : Phinées s'opposa à leur impiété, et il fit cesser cette plaie dont Dieu les avait frappés.

COMMOVERE, κινεῖν, σείειν, σαλεύειν. Remuer, faire changer de place, transférer. 4. Reg. 23. 18. *Nemo commoveat ossa ejus* : Que personne ne touche à ses os : Josias défendait qu'on touchât au sépulcre du prophète, qui avait prédit de lui, 3. Reg. 13. 2. qu'il immolerait sur l'autel de Béthel les prêtres idolâtres. Ps. 92. 1. Ainsi, Jerem. 4. 1. *Si reverteris Israel... non commoveberis* : Si vous revenez, ô Israélites, en abandonnant l'idolâtrie, vous ne serez point ébranlés. Hebr. *Non emigrabis* : Vous ne serez point transférés pour être menés en captivité. 1. Par. 17. 9. Isa. 19. 1. *Commovebuntur simulacra Ægypti a facie ejus* : Les idoles d'Egypte seront transportées par les Egyptiens, pour les mettre en sûreté à l'arrivée du roi des Assyriens. Matth. 24. 29.

Phrases tirées de cette signification.

Commovere terram, orbem terræ. Ébranler la terre, signifie, 1° dans la signification propre, la faire changer de place. Ps. 92. 2. *Firmavit orbem terræ, qui non commovebitur :* Dieu a affermi le corps de la terre, en sorte qu'il ne sera point ébranlé ; 2° dans le sens figuré, c'est remplir quelque peuple de terreur et de consternation. 2. Reg. 22. 8. Ps. 17. 9. *Commota est et contremuit terra :* La terre s'est émue, et elle a tremblé : David témoigne que, lorsque Dieu a pris sa défense, ses ennemis, figurés par cette terre, ont été fort ébranlés de crainte et de frayeur, ou plutôt c'est une description poétique, pour exprimer quels sont les effets de la puissance d'un Dieu irrité contre les méchants qui habitent la terre, et qui y sont attachés. David marque donc que la colère de Dieu est si redoutable, qu'elle peut en un moment ébranler la terre jusqu'aux fondements. Voy. Conturbare. Cette description règne depuis le v. 9. du Ps. 17. jusqu'au v. 19. Ps. 76. 19. Ps. 95. 11. Ps. 17. 10. etc. Mais Aggée 2. 7. *Commovere terram*, peut signifier, apporter un changement extraordinaire dans l'ordre de la nature: *Adhuc modicum est, et ego commovebo cœlum et terram :* Encore un peu de temps, et j'ébranlerai le ciel et la terre ; comme il arriva au temps de la mort de Jésus-Christ. Mais cette expression marque plutôt le changement que l'incarnation de Jésus-Christ, la prédication de l'Évangile et la foi devaient faire dans tout l'univers, en détruisant sur la terre le règne du démon, pour y établir celui de Dieu.

1° Faire tomber, causer la perte de quelqu'un. Ps. 15. 8. *A dextris est mihi ne commovear :* Le Seigneur est à mon côté droit pour empêcher que je ne sois ébranlé. Ps. 12. 3. Ps. 20. 8. Ps. 45. 6. Ps. 59. 4. Ps. 111. 6. Ps. 124. 1. Prov. 10. 30. etc. De là vient :

Phrases tirées de cette signification.

Commovere pedes ou *in commotionem dare pedes alicujus.* Faire tomber en de grands maux ou en de grands dangers. Ps. 37. 17. *Dum commoventur pedes mei, super me magna locuti sunt :* Mes ennemis ayant vu mes pieds ébranlés ont parlé avec orgueil sur mon sujet : Ce que dit ici David a rapport à ce qui est marqué, 2. Reg. 15. 30. Voy. c. 16. v. 5. 6. etc. David était la figure de Jésus-Christ. Ainsi, Ps. 65. 9. Ps. 120. 3. Voy. Pes.

2° Exciter, porter à faire quelque chose (ἐπισείειν). 2. Reg. 24. 1. *Commovitque David in eis dicentem ; vade, numera Israel et Judam :* Dieu permit que David donna ordre que l'on comptât tout ce qu'il y avait d'hommes dans Israël et dans Juda. 1. Par. 21. 1. *Satan... incitavit David ut numeraret Israel :* Ainsi, Dieu laissa le démon exciter et porter David à faire cette faute. Job. 2. 3. *Tu autem commovisti me adversus eum, ut affligerem eum frustra :* Tu m'as porté à m'élever contre Job pour l'affliger, sans qu'il l'ait mérité, dit Dieu à Satan ; Satan porta Dieu à affliger Job, parce qu'il dit à Dieu, c. 1. v. 9. 10. 11. De là vient :

Commovere populum. Exciter, faire soulever et révolter une populace (ἀνασείειν). Luc. 23. 5. *Commovet populum :* Cet homme soulève le peuple par sa doctrine, disent tous les Juifs à Pilate, accusant faussement Jésus-Christ de dire qu'il ne fallait point payer le tribut à César. Voy. v. 2. et c. 20. 25. Ainsi, Act. 6. 12. c. 17. 13.

3° Effrayer, faire trembler, jeter dans le trouble (συσσείειν). Eccli. 16. 18. *In conspectu illius commovebuntur :* Le ciel et la terre, et tout ce qui y est compris, tremblera à la seule vue de Dieu, c. 43. 17. Ps. 28. 8. *Commovebit Dominus desertum cades :* Le tonnerre effraie les bêtes sauvages qui sont dans les déserts : on dit que la frayeur que cause le tonnerre aux biches, les dispose à se décharger plus aisément de leurs petits. Ps. 47. 6. Ps. 111. 8. v. 8. 12. Matth. 21. 10. A quoi se peut rapporter, Eccli. 12. 3. *Quando commovebuntur custodes domus :* Souvenez-vous de votre Créateur avant votre vieillesse ; et lorsque les gardes de la maison commenceront à trembler : Par ces gardes s'entendent les bras et les mains qui tremblent dans la vieillesse, et qu'il semble que la vieillesse fasse trembler.

4° Agiter l'âme par quelque forte passion ; comme 1° par la colère et l'indignation. Num. 25. 11. *Phinees zelo commotus est contra eos :* Le zèle de Dieu, dont Phinées fut animé contre cet Israélite, et cette Madianite, détourna la colère de Dieu. Voy. v. 6. 8. 9. Ainsi, Thren. 4. 15. Jerem. 51. 7. *De vino ejus biberunt gentes, et ideo commotæ sunt :* Toutes les nations ont bu de la coupe qui était dans la main de Dieu, et elles en ont été agitées : cette coupe de Dieu sont les Babyloniens, par lesquels les peuples se voyant désolés, s'emportaient contre Dieu, et le blasphémaient ; ou plutôt en étaient si troublés, qu'ils eussent pu être comparés à un homme ivre, qui est tout agité ; 2° agiter, comme transporter de joie et d'allégresse. Ps. 95. 11. *Commoveatur mare et plenitudo ejus :* Que la mer, avec ce qui la remplit, soit tout émue de joie, comme participant à la joie que les élus auront du second avènement de Jésus-Christ, leur libérateur ; 3° agiter de crainte et de respect : de là vient, *Commovere terram a facie sua :* Faire trembler toute la terre à sa seule vue, c'est imprimer à tous les hommes la crainte et le respect à sa présence. 1. Par. 16. 30. Ps. 95. 9. *Commoveatur a facie ejus universa terra :* Que toute la terre tremble devant la face du Seigneur. Voy. Terra : le Prophète exhorte les hommes d'être dans la crainte à la venue et à la prédication du Messie, et de le recevoir avec respect. Ps. 32. 8.; 4° Émouvoir de compassion ou de tendresse. Gen. 43. 30. *Festinavitque, quia commota fuerant viscera ejus* (συστρέφειν) : Joseph se hâta de sortir, parce que ses entrailles avaient été émues au sujet de Benjamin. 3. Reg. 3. 26. A quoi se peut rapporter *Commovere caput super aliquo* : Être touché de compassion, à cause du malheur de quelqu'un. Nahum. 3. 7. *Quis commovebit super te caput ?* Qui sera touché de votre malheur? Le Prophète parle de Ninive: cette expression vient du mouvement de tête de ceux qui témoignent de la compassion. Gr. στενάζειν, *lugere*.

<small>Phrase tirée de ce verbe dans le sens figuré.</small>

Commovere, simulacra regionis. Ebranler les idoles d'un pays, c'est en renverser le culte, en abattre tout l'honneur et le respect qui leur était rendu. Isa. 19. 1. *Commovebuntur simulacra Ægypti a facie ejus* : Les idoles d'Egypte seront ébranlées devant la face du Seigneur : ce qui se peut entendre, ou de la présence de Nabuchodonosor, à qui Dieu avait livré l'Egypte et toutes ses idoles, comme un ministre de sa justice, ou du renversement de l'idolâtrie par la conversion des Egyptiens.

COMMUNICARE, κοινωνεῖν, ἐπικοινωνεῖν. — 1° Communiquer, faire part aux autres de ce qu'on a. Rom. 12. 13. *Necessitatibus sanctorum communicantes* : Faites part de vos biens aux pauvres pour les soulager dans leurs besoins. Philipp. 4. 14. *Verumtamen benefecistis communicantes tribulationi meæ* : Quoique je puis tout en celui qui me fortifie, cependant vous avez bien fait de prendre part à l'affliction où je suis, en m'assistant de vos biens. Voy. v. 15. Ainsi, Gal. 6. 6. 1. Tim. 6. 18. Sap. 7. 13. c. 8. 9. A quoi se peut rapporter, Eccli. 26. 9. *In muliere zelotypa flagellum linguæ, omnibus communicans* : La langue de la femme jalouse est perçante, et elle communique ses plaintes à tous ceux qu'elle rencontre.

2° Prendre part à quelque chose, en être participant (συγκοινωνεῖν). Ephes. 5. 11. *Nolite communicare operibus infructuosis tenebrarum* : Ne prenez point de part aux œuvres infructueuses des ténèbres ; *i. e.* du péché 1. Tim. 5. 22. Heb. 2. 14. 1. Petr. 4. 13. 2. Joan. v. 12. Ainsi, Ps. 140. 4. *Non communicabo cum electis eorum* (συνδυάζειν) : Je n'aurai point de part à leurs délices. Voy. ELECTA.

3° Converser familièrement, avoir commerce et liaison avec quelqu'un (προσπαίζειν). Eccli. *Non communices homini indocto* : N'ayez point de commerce avec un homme mal instruit. c. 13. 1. *Qui communicaverit superbo, induet superbiam* : Celui qui se joint au superbe, deviendra superbe. v. 2. 3. 21. *Si communicabit lupus agno aliquando, sic peccator justo* : Comme le loup n'a point de commerce avec l'agneau ; ainsi le pécheur n'en a point avec le juste. Ainsi, 1. Tim. 6. 18. *Communicare*, κοινωνικοὺς εἶναι, est pris par plusieurs interprètes, pour se rendre facile, être doux et bon. Voy. *supra* 1°.

4° Souiller, rendre impur. Marc. 7. 15. *Quæ de homine procedunt, illa sunt quæ communicant hominem* : Ce qui sort de l'homme est ce qui le souille : Jésus-Christ prouve plus amplement ceci v. 18. 19 et suiv. Voy. COMMUNIS.

COMMUNICATIO, NIS. — 1° Communication de discours, entretien, conférence. Sap. 8. 18. *Præclaritas in communicatione sermonum ipsius* : On trouvera une grande gloire dans la communication des discours de la Sagesse.

2° Rapport, liaison, convenance, sympathie (εἰρήνη, *pax*). Eccli. 13. 22. *Quæ communicatio sancto homini ad canem?* Quel rapport a un homme saint avec un chien ? *i. e.* avec un homme impur et profane ; *Gr.* Qu'y a-t-il de commun entre l'hyène et le chien ? On dit qu'il y a naturellement une grande antipathie entre l'hyène et le chien.

3° Communion, participation de quelque chose en commun. Act. 2. 42. *Erant perseverantes... in communicatione fractionis panis* : Les fidèles persévéraient dans la communion de la fraction du pain : ce pain se peut entendre ou des repas qui se faisaient en commun, ou de l'Eucharistie ; (Gr. *Et fractione panis*; et ici *communicatio* s'entend aussi des aumônes et de la part que l'on faisait de ses biens). Ainsi, 1. Cor. 10. 16. *Nonne communicatio sanguinis Christi est* : Le calice de bénédiction que nous bénissons n'est-il pas la communion du sang de Jésus-Christ ?

4° Communication, part que l'on fait de ses biens, libéralité. 2. Cor. 9. 13. *Glorificantes Deum... in simplicitate communicationis in illos et in omnes* : L'assistance qu'éprouvent les saints de Jérusalem, les porte à glorifier Dieu de la charité avec laquelle vous faites part de vos biens, soit à eux, soit à tous les autres. c. 8. 4. *Cum multa exhortatione obsecrantes nos gratiam, et communicationem ministerii quod fit in sanctos* : Les églises de Macédoine nous ont conjuré de recevoir leur aumône et la part qu'ils font de leurs biens pour assister les saints de Jérusalem. Philipp. 1. 5. *Gratias ago Deo meo super communicatione vestra in Evangelio Christi* : Je rends grâces à mon Dieu de la libéralité que vous avez exercée pour la prédication de l'Evangile de Jésus-Christ. Philem. v. 6. *Ut communicatio fidei tuæ evidens fiat* : Je rends grâces à Dieu de ce que j'apprends de quelle sorte la libéralité qui naît de votre foi, se fait connaître à tout le monde.

COMMUNICATOR, IS. κοινωνός, de *communicare*, et signifie proprement, qui fait part de ce qu'il a ; dans l'Ecriture :

Qui a part à quelque chose, qui y participe. 1. Petr. 5. 1. *Qui ejus, quæ in futuro revelanda est gloriæ communicator* : Moi qui dois participer à la gloire qui sera un jour découverte.

COMMUNIO, NIS. κοινωνία. Ce mot veut dire la même chose que liaison, société, communication, union : c'est dans ce sens que, dans le Symbole, l'union qui est entre tous les membres de l'Eglise, se nomme *la communion des saints*, qui sont unis ensemble par la profession d'une même foi, par la participation aux mêmes sacrements et par l'obéissance aux mêmes pasteurs ; dans l'Ecriture :

1° Communication par laquelle on fait part de ses biens. Hebr. 1. 16. *Beneficentiæ... et communionis nolite oblivisci* : N'oubliez point d'exercer la charité et de faire part de vos biens aux autres.

2° Proximité, d'où vient, *communio mortis* : approche de la mort. Eccli. 9. 20. *Communionem mortis scito* : Souvenez-vous que la mort est proche, et qu'on y est continuellement exposé.

COMMUNIS, E, κοινός, de la préposition *cum*, et de l'adj. *unus*, parce que ce qui est commun entre plusieurs, devient entr'eux comme une seule et même chose.

1° Commun, ce qui appartient à plusieurs, dont l'un ne s'attribue pas plus la propriété que les autres. Act. 2. 44. c. 4. 32. *Erant illis omnia communia* : Toutes choses étaient communes entre la multitude de ceux qui croyaient en Jésus-Christ ; parce que nul ne considérait les richesses qu'il possédait, comme étant à lui en particulier, mais à tous également. Tit. 1. 4. *Paulus Tito dilecto filio, secundum communem fidem* : Paul écrit à Tite, son fils bien-aimé, en la foi qui leur est commune. Jud. v. 3. Sap. 7. 2. etc.

2° Grand, spacieux, qui en peut tenir plusieurs. Prov. 21. 9. *Sedere... in domo communi* : Demeurer dans une maison commune. A *domus communis*, est opposé *angulus* : Un petit coin à demeurer. c. 25. 24.

3° Ce qui est de l'usage commun, dont on peut user, dont l'usage est permis, et qui n'est point consacré à Dieu. Deut. 20. 6. *Quis est homo qui plantavit vineam, et necdum fecit eam esse communem ; de qua omnibus vesci liceat?* S'il y a quelqu'un qui ait planté une vigne qui ne soit pas encore en état que tout le monde ait la liberté d'en manger, qu'il s'en aille : c'est ce que devait crier chaque officier à la tête de ses soldats, avant qu'on livrât la bataille. Ce qui est dit ici a rapport à ce qui est, Levit. 1. 25., où il est ordonné que les Israélites étant entrés dans la terre promise, ne pouvaient manger des fruits des arbres, que la cinquième année après leur entrée ; les fruits de la quatrième devant être consacrés à Dieu, et ceux des trois premières devant être regardés d'eux comme impurs. Voy. v. 23. 24.

§. 1. — Souillé et impur, d'une impureté légale ; telles étaient certaines viandes, dont l'usage était défendu aux Juifs. Act. 10. v. 14. 15. 28. *Nunquam manducavi omne commune et immundum* : Je n'ai garde de manger des reptiles et des oiseaux, Seigneur ; car je n'ai jamais rien mangé de tout ce qui est impur et souillé, dit Pierre. Voy. v. 12. et Deut. 14. 19. Ainsi, Act. 11. 8. Rom. 14. 14. C'était une impureté, selon les Juifs pharisiens, que de manger sans laver auparavant ses mains ; et cette impureté venait de la tradition des anciens. Matth. 2. 15. v. 5. *Quare discipuli tui transgrediuntur traditionem seniorum? non enim lavant manus suas cum panem manducant :* Pourquoi vos disciples violent-ils la tradition des anciens ? car ils ne lavent point leurs mains lorsqu'ils prennent leurs repas, disent les pharisiens à Jésus-Christ. Les Juifs appelaient *commun*, c'est-à-dire, impur et souillé, ce qui était en usage chez les gentils, lorsque la loi des Juifs ne leur permettait pas d'en user de même : ce mot en ce sens n'est ni hébreu, ni grec, ni latin. 1. Mac. 1. 50.

§ 2. Condescendant, accommodant. 2. Mac 9. 27. *Confido eum... communem vobis fore* : J'espère que mon fils vous donnera des marques de sa bonté ; c'est ce qu'écrit l'impie Antiochus aux Juifs, lorsqu'il se vit frappé de la maladie dont il mourut, pour les porter à se soumettre à l'obéissance de son fils. Gr. συμπεριφέρεσθαι, *Obsecundaturum esse* : c'est en ce sens qu'il est dit, Eccli. 25. 2. *Vir et mulier sibi consentientes* : Un mari et une femme qui s'accordent bien ensemble.

Phrase tirée de ce mot.

In commune ou *in communi*. — 1° En commun et d'intelligence. Judic. 20. 9. *Hoc contra Gabaa, in commune faciamus* : Exécutons ceci tous ensemble contre Gabaa. Les Israélites forment le dessein de faire une punition éclatante de ceux qui avaient outragé la femme du lévite. Heb. *Sorte* : en tirant au sort, ce que chacun de nous fera. c. 21. 7. 2. Esdr. 5. 10. Dan. 13. 14.

2° Ensemble, en une assemblée commune et générale. Judic. 19. 30. *In commune decernite, quid facto opus sit* : Ordonnez tous ensemble ce qu'il faut faire, dit le lévite, mari de la femme violée et outragée par ceux de Gabaa.

COMMUNITER. De *communis*, et signifie :

1° Ensemble, en un même lieu, et en société (ἅμα). Gen. 13. 6. *Nequibant habitare communiter* : Les biens d'Abraham et de Loth étaient si grands qu'ils ne pouvaient demeurer ensemble. 2. Machab. 8. 29.

2° Familièrement et avec amitié. 2. Mach. 14. 25. *Communiterque vivebant* : Judas et Nicanor vivaient l'un et l'autre familièrement ensemble. Gr. *Communem vitam instituit* : Judas après son mariage, continua toujours à vivre selon les manières des Esséniens, qui n'avaient rien en propre, mais qui possédaient tout en commun. *Menoch.*

3° Indifféremment, sans discernement (ὡσαύτως). Deut. 12. 22. *Mundus et immundus in commune vescentur* : Le pur et l'impur mangeront indifféremment de cette chair ; parce que ces viandes n'étaient point consacrées ni offertes à Dieu.

4° En tout, totalement, tout compté. Num. 7. 85. *Ita ut centum triginta siclos argenti haberet unum acetabulum, et septuaginta siclos haberet una phiala ; i. e. in commune vasorum omnium ex argento sicli duo millia quadringenti, pondere sanctuarii* : Chaque plat d'argent pesant cent trente sicles, et chaque vase soixante-dix (comme il y en fut consacré douze de chaque) ; tous les vases d'argent, par conséquent, pesaient en tout deux mille quatre cents sicles, au poids du sanctuaire

COMMUTARE. Changer, échanger.

1° Echanger, faire échange (ἀλλάσσειν). Job. 28. 17. *Nec commutabuntur pro ea vasa auri* : On ne donnera point la sagesse en échange pour des vases d'or, i. e. pour les choses les plus précieuses, en sorte qu'on les puisse égaler à la sagesse. Osée. 4. 7.

2° Changer, rendre tout autre (ἀλλοιοῦν). 3. Reg. 14. 2. *Commuta habitum* : Changez d'habit, dit Jéroboam à sa femme, pour n'être point connue du prophète Ahias, vers qui il l'envoie consulter touchant la maladie de son fils Abia. Osée. 4. 7. *Gloriam eorum in ignominiam commutabo* (τιθέναι) : Je changerai leur gloire en ignominie : Dieu parle aux prêtres des faux dieux que Jéroboam avait choisis des derniers du peuple. Ps. 72. 21. Job. 12. 20. *Commutans labium veracium* (διαλλάσσειν) : C'est Dieu qui fait changer de langage à ceux qui doivent dire la vérité. Heb. *Removet labium veracibus* : Il fait taire les sages et leur fait dire le contraire de ce qu'ils voulaient, comme il paraît par l'exemple de Balaam. Ps. 44. *Pro iis qui commutabuntur* : Pour ceux qui seront changés, qui deviendront fidèles, d'infidèles qu'ils étaient; de pécheurs, justes; de mortels, immortels. D'autres croient que ces paroles sont le nom d'un air, ou d'un instrument de musique; Heb. *pro liliis*.

3° Transférer, faire passer de l'un à l'autre (μεταλλάττειν). Rom. 1. 25. *Commutaverunt veritatem Dei in mendacium* : Les philosophes païens ont changé la vérité de Dieu en mensonge, en attribuant à de fausses divinités ce qu'ils avaient connu du vrai Dieu. Mich. 2. 4. *Pars populi mei commutata est* (καταμετρεῖν, metiri). Le pays qui était à nous est passé à d'autres.

Phrase tirée de la seconde signification.

Commutare faciem ou *vultum*. Changer de visage, c'est paraître, ou être tout autre qu'on était auparavant. Job. 9. 27. *Commuto faciem meam* : Je sens que mon visage se change ; i. e. de chagrin que j'étais, je deviens gai en prenant la résolution de ne plus me plaindre. Eccl. 8. 1. Eccl. 12. 19. Dan. 5. 6. Voy. MUTARE.

COMMUTATIO, NIS : Gr. ἀντάλλαγμα. —
1° Echange, permutation d'une chose avec une autre. Matth. 16. 26. *Quid dabit homo commutationis pro anima sua?* Par quel échange l'homme pourra-t-il racheter son âme après qu'il l'aura perdue ? Marc. 8. 37. Gen. 47. 17. Job. 28. 13. Ainsi, Isa. 55. 1. *Emite absque argento et absque ulla commutatione* (τιμή, *pretium*) *vinum et lac* : Venez et achetez sans argent et sans aucun échange le vin et le lait, c'est-à-dire la grâce et la nourriture spirituelle, pour laquelle Dieu ne demande autre chose, sinon que nous répondions à ses faveurs par nos bonnes œuvres, notre amour et notre reconnaissance. —2° Vente (ἀλάλαγμα, al. ἄλλαγμα), Ps. 43. 15. *Non fuit multitudo in commutationibus eorum* : Dans l'achat qui s'est fait des Israélites, ils ont été donnés presque pour rien et à vil prix; le prophète parle des différentes captivités des Juifs et du mépris qu'on y faisait d'eux.—3° Vicissitude, révolution (μεταβολή). Sap. 7. 18. *Ipse dedit mihi ut sciam commutationes temporum* : C'est Dieu même qui m'a donné connaissance de la vicissitude des saisons.

COMPAGES, IS. De *pango*, et signifie assemblage de plusieurs parties en un tout; dans l'Ecr. :

Les nerfs et les liens qui tiennent les os et les autres parties du corps en état de se soutenir (σύνδεσμός). Dan. 5. 6. *Compages renum ejus solvebantur* : Les reins de Balthasar se lâchèrent ; i. e. il tombait en défaillance. c. 10. 16.

Les plus secrètes pensées figurées par les nerfs et les jointures qui attachent les parties les plus intérieures du corps (ἁρμός). Hebr. 4. 12. *Vivus est sermo Dei... pertingens usque ad divisionem animæ ac spiritus, compagum quoque ac medullarum* : La parole de Dieu est vivante, elle pénètre jusque dans les replis de la partie animale et spirituelle ; cette divine parole, qui est la vérité éternelle, discerne sans se tromper les pensées les plus secrètes et les intentions cachées.

COMPAGO, INIS. Du verbe *pango*.
Assemblage, liaison (σύμβλησις, *commissura*). Exod. 26. 24. *Una omnes compago retinebit* : Ces ais seront tous emboîtés l'un dans l'autre : l'Ecriture parle de la structure du tabernacle. c. 36. 29. Eccl. 27. 2. V. ANGUSTIARE.

COMPAR. Pareil, égal ; dans l'Ecr. :

1° Compagnon de travaux (σύζυγος). Phillip. 4. 3. *Etiam rogo et te germane compar* : Je vous prie... fidèle compagnon de mes travaux ; la métaphore est tirée des bœufs que l'on attache ensemble pour labourer. Le mot grec σύζυγος ne signifie point ici *conjux*; saint Paul témoigne lui-même qu'il n'était point marié. 1. Cor. 7. 7. mais l'on ne sait point précisément quel est ce fidèle compagnon de saint Paul.

2° Prochain, premier venu (ὁ πλησίον). 2. Reg. 2. 16. *Apprehenso unusquisque capite comparis sui* : Chacun des douze hommes de l'armée d'Isboseth et chacun des douze de l'armée de David, ayant pris par la tête celui qui se présenta devant lui, ils se passèrent tous l'épée au travers du corps et se tuèrent l'un l'autre.

COMPARARE, συγκρίνειν, ὁμοιοῦν.—1° Comparer. Job 25. 3. *Numquid justificari potest homo comparatus Deo?* L'homme peut-il être justifié étant comparé à Dieu ? Isa. 46. 5. *Cui comparastis me, et fecistis similem?* Qui avez-vous comparé avec moi, qui avez-vous rendu semblable à moi? *Hebr.* à qui me compareriez-vous ? Ceci marque que toute la force de l'intelligence de l'homme ne peut exprimer l'essence de Dieu. Job. 22. 2. 2. Cor. 10. 12. Num. 13. 34. Deut. 3. 24. etc.

2° Rendre semblable (παρασυμβάλλειν). Ps. 48. v. 13. 21. *Homo... comparatus est jumentis* : L'homme a été comparé aux bêtes qui n'ont aucune raison, en ce qu'étant en honneur, il n'a pas compris qu'il devait mourir comme elles. Job. 13. 12. c. 30. 19. Sap. 13. 14.

3° Acquérir une chose, entrer en possession, l'acheter (κτᾶσθαι). Eccli. 33. 31. *In sanguine animæ comparasti illum* : Comme les premiers esclaves furent ceux que l'on avait pris dans la guerre, c'est pourquoi ceux mêmes qui les avaient achetés, disaient qu'ils les avaient eus au prix de leur sang. c. 1. 33. *Comparate vobis sine argento*. Voy. COMMUTATIO, 1°. Ainsi, Thren. 5. 4.

4° Entrer en combat (συναναστρέφεσθαι, *versari cum* : Hebr. : *Niphtal, colluctor*). Gen. 30. 8. *Comparavit me Deus cum sorore mea* : Le Seigneur m'a fait entrer en combat avec ma sœur.

5° Accommoder, proportionner. 1. Cor. 2. 13. *Spiritualibus spiritualia comparantes* : Nous enseignons les choses spirituelles à ceux qui en sont capables; *autr.* nous enseignons les choses spirituelles d'une manière spirituelle, avec le langage qu'inspire l'esprit de Dieu.

6° Préparer, disposer (διασκεδάζειν, *distringere*). 1. Mach. 6. 33. *Comparaverunt se exercitus in prælium* : Les armées, celle de Jonathas et d'Antiochus Eupator, se préparèrent au combat.

Phrase tirée de la première signification.

Comparare invicem. Mesurer ses forces l'un avec l'autre, en faire essai (συγκρίνεσθαι) 1. Mach. 10. 71. *Comparemus illic invicem* : Faisons-là l'essai de nos forces, dit à Jonathas, Apollonius, général de Démétrius étant à Jamnia.

COMPARATIO, NIS. — 1° Rapport. Job. 4. 17. *Numquid homo Dei comparatione justificabitur ?* L'homme peut bien être innocent par rapport aux hommes, mais non pas par rapport à Dieu. c. 28. 18. — 2° Prix égal et équivalent (ἀντάλλαγμα). Eccli. 6. 15. *Amico fideli nulla est comparatio* : L'ami fidèle n'a point de prix, il n'y a rien qu'on lui puisse comparer. — 3° Accord de plusieurs parties, concert (σύγκριμα). Eccli. 32. 7. *Gemmula carbunculi in ornamento auri, et comparatio musicorum in convivio* : Un concert de musique dans un festin est comme l'escarboucle enchâssé dans l'or. v. 21. *Peccator homo vitabit correptionem, et secundum voluntatem suam inveniet comparationem* : Le pêcheur évitera d'être repris, et il trouvera des interprétations de la loi qui s'accorderont avec ses désirs. — 4° Parabole, sentence allégorique qui s'exprime souvent par des comparaisons (παραβολή). Eccli. 47. v. 17. 18. *Replesti in comparationibus ænigmata* : Vous avez renfermé des énigmes dans une multitude de paraboles. De trois mille paraboles que l'Ecriture dit que Salomon a faites (3. Reg. 4. 32), il nous en est resté ce qui s'en trouve dans le livre appelé, *les Proverbes de Salomon*, qui sont au nombre d'environ six ou sept cents.

COMPARERE, εἶναι. Paraître, comparaître, subsister, être en nature.

Paraître, se voir, se trouver. Gen. 37. 30. *Puer non comparet* : L'enfant ne paraît plus, dit Ruben, ne trouvant point Joseph dans la citerne d'où ses autres frères l'avaient tiré et vendu à des Ismaélites dans l'absence de Ruben. c. 44. 28. De là vient,

Non comparere. Disparaître. 3. Reg. 20. 40. *Subito non comparuit* : Cet homme est disparu tout d'un coup, dit à Achab celui des prophètes du Seigneur qui lui figurait par cet ennemi qu'il avait mal à propos laissé échapper Bénadad que ce prince avait laissé aller, après avoir fait alliance avec lui. v. 34. 42. Ainsi, 2 Mach. 3. 35.

COMPARTICEPS, CIPIS. Qui participe à la même chose (συμμέτοχος). Ephes. 3. 6. *Revelatum est Gentes esse... comparticipes promissionis ejus in Christo Jesu per Evangelium* : Il est révélé que les Gentils participent tous ensemble aux promesses de Dieu par l'Evangile.

COMPARTIRI. Partager ensemble : dans l'Ecr.,

Verser, répandre comme une pluie abondante (ἐξομβρίζειν). Eccli. 1. 24. *Scientiam et intellectum prudentiæ sapientia compartietur* : La sagesse répand, comme une pluie abondante, la science et la lumière de la prudence.

COMPATI, συμπάσχειν, — 1° Etre compatissant, avoir de la compassion pour les maux d'autrui. Job. 30. 25. *Compatiebatur anima mea pauperi* : Mon âme était compatissante envers le pauvre : Ce qui est dit aussi de Jésus-Christ, quoiqu'il soit maintenant incapable de douleur. Hebr. 4. 15. *Non... habemus pontificem, qui non possit compati infirmitatibus nostris* : Jésus n'est pas un pontife qui ne puisse compatir à nos infirmités; *sc.* en ce qu'il a dans le ciel le même désir de soulager les hommes dont il connaît la misère.

2° Souffrir avec quelqu'un. Rom. 8. 17. *Si tamen compatimur, ut et conglorificemur* : Il faut souffrir avec Jésus-Christ pour être glorifiés avec lui. 1. Cor. 12. 26 *Si quid patitur unum membrum, compatiuntur omnia membra* : L'Apôtre assure que comme lorsque l'un des membres du corps souffre, tous les autres souffrent avec lui ; de même un chrétien doit compatir à la misère de son frère, comme étant membre d'un même corps qui est l'Eglise.

3° Compatir réciproquement, compatir aux maux les uns des autres. 1. Petr. 3. 8. *Omnes... compatientes* : Que tous aient une bonté compatissante; *autr. Gr.* que tous aient les mêmes affections.

COMPEDITUS, A, UM, πεπεδημένος. De *compes, dis*. Lié de chaînes, captif. Ps. 78. 11. *Introeat in conspectu tuo gemitus compeditorum* : Que les gémissements de ceux qui sont captifs s'élèvent jusqu'à vous : Ce psaume regarde l'oppression et la persécution de Nabuchodonosor ou d'Antiochus, que le prophète a prévue. Ps. 101. 21. Ps. 145. 8. Dan 3. 91.

Arrêté et retenu par quelque empêchement et obstacle que ce soit (κατακλεισθείς). Sap. 17.

2. *Vinculis tenebrarum et longæ noctis compediti*. Les Egyptiens qui se persuadaient pouvoir dominer la nation sainte, ont été liés par une chaîne de ténèbres et d'une longue nuit : Ceci a rapport à ce qui est dit, Exod. 10. 23.

COMPELLERE, ἀναγκάζειν. — 1° Obliger, forcer, contraindre. Act. 26. 11: *Puniens eos compellebam blasphemare* : J'ai été souvent dans toutes les synagogues où je forçais plusieurs saints de blasphémer à force de tourments. Saint Paul parle de la violence qu'il a exercée contre les chrétiens avant sa conversion. Luc. 14. 23. *Compelle intrare* : Allez dans les chemins, et le long des haies, et forcez les gens d'entrer : Jésus-Christ figure ici la vocation des Gentils à la foi, au refus des Juifs, pour lesquels néanmoins il était venu particulièrement. Voy. Matth. 15. 24. Saint Augustin l'a expliqué de la contrainte que l'on fait aux hérétiques de rentrer dans le sein de l'Eglise : Cette expression peut bien signifier l'ardent désir que le père de famille a de faire part de ses biens, *ou* la force et l'efficace de la prédication de l'Evangile.

2° Chasser, faire fuir (καταδιώκειν). Judic. 9. 40. *In urbem compulit*: Abimelech contraignit Gaal de fuir dans la ville de Sichem : Comme il y avait deux partis dans Sichem, l'un pour Zébul qui en était gouverneur pour Abimelech, et l'autre pour Gaal, Zébul ne put empêcher d'abord Gaal de se venir réfugier dans la ville; mais il l'en chassa ensuite. Voy. v. 41.

COMPENDIUM, I. Du verbe *pendere*, peser ; et signifie, gain, profit, manière courte et facile de faire quelque chose, parce que quand on pèse beaucoup de choses à la fois, on épargne le temps, et on y gagne : dans l'Ecriture,

Chemin court et abrégé. 2. Reg. 18. 23. *Currens autem Achimaas per viam compendii* (χεχὰρ, *nom de lieu;* Hebr. : *Planities*), *transivit Chusi*: Achimaas courant par un chemin plus court, passa Chusi pour aller annoncer le premier à David la mort d'Absalon, et la défaite de son armée.

COMPERIRE, Gr. καταλαμβάνεσθαι. De l'ancien *perire*, qui vient de πειρᾶν, expérimenter. Voy. EXPERIRI.

Découvrir, savoir pour certain. Act. 10. 34. *In veritate comperi, quia non est personarum acceptor Deus*: En vérité je vois bien que Dieu n'a point d'égard aux diverses conditions des personnes, dit saint Pierre, sur le récit que Corneille lui fit de l'ordre qu'il reçut de l'ange de l'envoyer quérir pour être instruit de lui. Act. 4. 13. *Comperto quod homines essent sine litteris... mirabantur*: Anne le grand-prêtre... et tous ceux qui étaient de la race sacerdotale connaissant que saint Pierre et saint Jean étaient des hommes sans lettres... furent étonnés de la constance avec laquelle saint Pierre leur rendit raison de la guérison qu'ils avaient faite du boiteux. Voy. v. 9.

COMPES, EDIS, πέδη. — 1° Chaîne, entrave dont on charge les pieds des criminels ou des captifs. Eccli. 21. 22. *Compedes in pedibus, stulto doctrina* : L'instruction est à l'imprudent comme des fers aux pieds. c. 33. 28. 2. Reg. 3. 34. etc. Ainsi, Ps. 149. 8. *Ad alligandos Reges eorum in compedibus* : Les saints auront dans leurs mains des épées pour se venger des nations, et pour lier leurs rois en leur enchaînant les pieds. Ceci se peut entendre des victoires que Dieu a accordées à son peuple sur les rois leurs ennemis, du temps des Machabées et auparavant : il s'entend bien aussi de la prédication du saint Evangile, par laquelle Jésus-Christ et les apôtres se sont soumis les grands du monde.

— Discipline, règlement qui retient les saillies de l'esprit, comme les fers retiennent les pieds, Eccli. 6. 25. *Injice pedem tuum in compedes illius* : Mettez vos pieds dans les fers de la sagesse. v. 30. *Erunt tibi compedes ejus in protectionem fortitudinis* : Les préceptes de la sagesse qui étaient à charge au commencement, deviennent dans la suite la force de celui qui s'y est soumis. Voy. Eccli. 4. v. 19. 20.

2° Grande affliction. Thren. 3. 7. *Aggravavit compedem meum* (χαλκὸς, *ferrum*) : Le Seigneur a appesanti mes fers; *sc.* il a augmenté ma misère et mes maux.

COMPESCERE. De l'ancien *pascere*.

1° Arrêter, réprimer (κατασιωπᾶν). Num 13. 31. *Caleb compescens murmur populi qui oriebatur contra Moysen* : Caleb dit ce qu'il put pour apaiser le murmure du peuple contre Moïse, à qui ils refusaient d'obéir, pour aller s'assujettir la terre de Chanaan, et Caleb les encourageait à y aller. *Qui oriebatur*, est mis pour *quod*, et se rapporte à *murmur;* mais l'Hébreu ni le Grec n'ont point ces mots : *Murmur qui oriebatur*, mais seulement : *Compescens populum erga Moysen*.

2° Faire retirer et chasser, éloigner. Tob 12. 3. *Dæmonium ab ea compescuit* : Ce saint homme a éloigné de ma femme le démon qui la tourmentait dit le jeune Tobie à son père, au sujet de l'ange Raphaël.

3° Arrêter et empêcher d'agir, faire demeurer en repos (καταπραΰνειν). Ps. 82. 1. *Ne taceas, neque compescaris Deus* : Ne vous taisez pas, ô mon Dieu, et n'arrêtez pas plus longtemps les effets de votre puissance : David demande à Dieu qu'il réprime la violence des méchants.

COMPETERE. Demander en concurrence, convenir, échoir.

1° Etre convenable, s'accorder. 2. Mach. 15. 39. *Et si quidem bene, et ut historiæ competit, hoc et ipse velim* : Si la relation que j'ai faite est bien, et telle que l'histoire le demande, c'est ce que je souhaite.

2° Appartenir de droit (κρίμα εἶναι). Jerem. 32. v. 7. 8. *Eme tibi agrum meum... tibi enim competit ex propinquitate ut emas* : Achetez mon champ, parce que c'est vous qui avez droit de l'acheter comme étant le plus proche parent : Le contrat de cet achat mis dans un pot de terre, pour qu'il se pût conserver plus longtemps, figurait que les Juifs reviendraient de captivité posséder la Judée. Voy. v. 14. 37.

COMPINGERE. De *pangere*. — 1° Lier et unir ensemble, ajuster, former (ποιεῖν) Exod. 25. 10. *Arcam de lignis setim compingite* : Vous ferez une arche de bois de sétim, dit Dieu à Moïse. Job. 10. 11. *Ossibus et nervis compegisti me* : Vous m'avez affermi d'os et de nerfs, dit Job à Dieu. c. 38. 38. c. 41. 6. Jerem. 10. 4.

2° Fermer, boucher. Cant. 8. 9. *Si ostium est, compingamus* (διαγράφειν) *illud* : Si notre sœur est comme une porte, fermons-la avec des ais et des bois de cèdre : Ceci figure qu'il faut par la charité fermer la porte de son cœur à tout ce qui est opposé à Jésus-Christ. Voy. OSTIUM.

— Joindre et unir avec une juste proportion, en parlant de l'union qui se doit trouver entre les fidèles (συναρμολογεῖσθαι). Ephes. 4. 16. *Ex quo totum corpus compactum... augmentum corporis facit* : C'est de Jésus-Christ que tout le corps de l'Église bien uni par la charité... reçoit l'accroissement.

COMPITUM, ἡ ἔξοδος. Ce mot est mis comme pour *competum*, du verbe *competit* ; parce que c'est un lieu où deux chemins se joignent.

Carrefour, coin de rue, place publique. Thren. 2. 19. *Defecerunt in fame in capite omnium compitorum* : Les petits enfants de Jérusalem sont tombés morts de faim à tous les coins des rues de cette ville : Le prophète décrit la désolation où fut réduite Jérusalem par Nabuchodonosor lorsqu'il l'assiégea et la prit. Voy. c. 4. 1.

COMPLACERE, εὐδοκεῖν — Plaire, être agréable. Ps. 18. 15. *Erunt ut complaceant eloquia oris mei* : Si je ne suis point dominé des péchés, alors les paroles de ma bouche seront agréables à mon Dieu. Voy. Joan. 9. 31. De là vient cette façon de parler.

Complacere sibi, ou *in aliqua re complacere*. — 1° Mettre son affection en quelque chose, y mettre sa complaisance. Matth. 3. 17. *Hic est Filius meus dilectus in quo mihi complacui* : Celui-ci est mon Fils bien-aimé dans lequel j'ai mis toute mon affection, ou dans lequel je me plais uniquement. Le ch. 12. 18. porte : *In quo bene complacuit animæ meæ* : Dans lequel mon âme a mis toute son affection, qui est le même sens. c. 17. 5. Levit. 26. v. 43. 4. Ps. 43. 4. Marc. 1. 11. Luc. 3. 22. 2. Petr. 1. 17. ce qui est la signification du mot grec εὐδοκεῖν, qui est particulier à l'Ecriture sainte, lequel mot se rend quelquefois par le réciproque ; en sorte que c'est la même chose de dire que quelqu'un plaît à Dieu, et Dieu aime quelqu'un et se plaît en lui. 2. Reg. 22. 20. *Liberavit me quia complacui ei* ; ηὐδόκησεν ἐν ἐμοί. Psalm. 17. 20. *Salvum me fecit quoniam voluit me* : Le Seigneur m'a sauvé par un effet de sa bonne volonté pour moi, dit David, figure de Jésus-Christ. 3. Reg. 10. 9. *Sit Dominus Deus tuus benedictus cui complacuisti* : Béni soit le Seigneur votre Dieu qui a mis son affection en vous, dit la reine de Saba à Salomon. Le mot εὐαρεστεῖν, *bene placere*, signifie quelquefois la même chose. Ps. 25. 4. *Complacui in veritate tua*; Heb. *ambulavi* : Je me suis plu en

votre vérité, et me suis conduit selon ses règles. Ps. 34. 17. *Quasi proximum et quasi fratrem nostrum sic complacebam* : J'avais de la complaisance pour mes ennemis comme pour un proche et pour un frère. Le mot εὐδοκεῖν, *bonam opinionem habere*, ne marque pas seulement l'affection de la volonté, mais encore le décret et la résolution. De là vient :

2° Etre d'avis, trouver bon. Ps. 39. 14. *Complaceat tibi, Domine, ut eruas me* : Qu'il vous plaise, Seigneur, de me délivrer par votre puissance, de mes iniquités. 1. Mach. 14. 46. Luc. 12. 32. Ainsi, Coloss. 1. 19. *In ipso complacuit omnem plenitudinem inhabitare* : Il a plu au Père éternel que toute plénitude de grâce résidât en Jésus-Christ.

Cette phrase, *Complacere sibi in aliquo*, signifie mettre son affection en quelqu'un, ou en quelque chose, parce que le verbe δοκεῖν signifie estimer, penser, d'où vient εὐδοκεῖν, qui signifie approuver; et parce que nous nous portons d'inclination pour ce que nous approuvons, et qui nous donne de la satisfaction, de là vient que ce verbe εὐδοκεῖν signifie :

Se reposer en quelque chose, y mettre sa complaisance. Ainsi, Ps. 48. 14. *Postea in ore suo complacebunt* : La voie par laquelle les méchants marchent leur est une occasion de scandale et de chute ; et ils ne laisseront pas néanmoins de s'y complaire ; sc. ils se reposeront dans cette mauvaise conduite.

COMPLACITUS, A, UM; εὐδοκῶν, *bene affectus*. De cet adjectif participe peu usité vient le comparatif.

COMPLACITIOR, US, ORIS. Ce comparatif signifie dans l'Ecr.

Qui a de la bonne volonté, qui se rend favorable. Ps. 76. 8 *Aut non apponet ut complacitior sit adhuc* ? Dieu ne pourra-t-il plus se résoudre à nous être favorable ?

COMPLANARE, ὁμαλίζειν. De l'adjectif *planus*, et signifie aplanir, unir, polir, raser (ἰσόπεδον ποιεῖν).

Raser, abattre, renverser. 2. Mach. 8. 3. *Invocabant Dominum ut misereretur exterminio civitatis quæ esset illico complananda* : Judas Machabée et ses gens invoquaient le Seigneur, afin qu'il eût pitié des ruines de Jérusalem qui allait être détruite et rasée.

Aplanir, rendre aisé et facile, donner de bons succès (τιθέναι, *ponere*). 2. Reg. 22. 33. *Complanavit perfectam viam meam* : C'est Dieu qui a aplani la voie parfaite où je marche. Le Ps. 17. 33. porte : *Posuit immaculatam viam meam* ; ce qui fait voir que le Prophète entend parler ou de son innocence, ou de ses bons succès. Eccli. 34. 8. *Sapientia in ore fidelis complanabitur* (τελείωσις [ἐστί], *perfectio* [est]): La sagesse sera claire et aisée à comprendre dans la bouche de celui qui dit la vérité. Ainsi, *Complanare viam lapidibus* : Paver de pierres, c'est-à-dire rendre un chemin uni, aisé et facile. Eccli. 21. 11. *Via peccantium complanata lapidibus* : Le chemin des pécheurs est uni et pavé de pierres, mais il se termine à l'enfer.

COMPLANTATUS, A, UM. Cet adjectif

inusité qui vient de *planta*, une plante, signifie dans l'Ecr.

Ce qui est enté sur un arbre, croît ensemble, et vit du même suc (σύμφυτος), et se prend dans le sens figuré, Rom. 6. 5. *Si enim complantati facti sumus similitudini mortis ejus, simul et resurrectionis erimus* : Si nous sommes entés en Jésus-Christ, et que nous représentions sa mort en mourant au péché, nous représenterons aussi sa résurrection en menant une vie nouvelle et exempte de péché. Dans l'ordre de la nature, les greffes changent la nature de l'arbre pour lui faire porter les fruits qui sont propres à la greffe ; mais dans l'ordre de la grâce, c'est l'arbre ; sc. Jésus-Christ qui change la nature mauvaise des chrétiens qui sont comme entés sur lui par le baptême, pour leur faire porter des fruits qui lui soient proportionnés.

COMPLECTI, déponent. De *plectere*. —
1° Embrasser, tenir dans ses bras. 2. Mach. 14. 46. *Complexus* (προβάλλειν, *proferre*) *intestina sua, utrisque manibus projecit super turbas* : Rasias tira ses entrailles hors de son corps, et les tenant entre ses bras, il les jeta avec ses deux mains sur le peuple avant que de mourir. Gen. 29. 13. Eccli. 30. 20 : Marc. 4. 35. Act. 20. 10.

2° Entrelacer (περιπλέκειν). Nahum. 1. 10. *Sicut spinæ se invicem complectuntur, sic convivium eorum pariter potantium* : Comme les épines s'entrelacent et s'entr'embrassent dans les halliers ; ainsi les habitants de Ninive s'unissent dans les festins où ils s'enivrent ensemble : le Prophète marque comment ces peuples conféraient ensemble pour se défendre contre le roi d'Assyrie. 2. Par. 3. 5.

3° Faire le tour de quelque chose pour la considérer (περιλαμβάνειν). Ps. 47. 13. *Circumdate Sion et complectimini eam* : Faites le tour de Sion, et considérez-la. Le Prophète invite les nations de considérer la force et la magnificence de l'Eglise figurée par Jérusalem. La figure est tirée de la coutume de mener les étrangers voir toute la force et la magnificence d'une ville, afin qu'ils en publient la beauté ; Hebr. *circumlustrate*.

4° Aimer mieux, choisir, préférer (ἀναδίχεσθαι). 2. Mach. 6. 19. *Gloriosissimam mortem magis quam odibilem vitam complectens* ; Eléazar préféra une mort pleine de gloire (en voulant plutôt mourir que de manger de la chair de pourceau) à une vie criminelle, qu'il n'aurait eue qu'en se rendant coupable.

Jouir de quelque chose, la posséder tranquillement. Eccli. 4. 13. *Qui vigilaverint ad illam complectentur placorem ejus* : Ceux qui veillent pour trouver la sagesse, jouiront de sa paix ; *Gr*. seront comblés de joie, ἐμπλησθήσονται εὐφροσύνης.

COMPLÈRE, συντελεῖν, πληροῦν. Du simple inusité *plere*, qui vient du Grec πλῶ. —
1° Remplir, soit en nombre et en quantité (πλήθειν). Zach. 8. 5. *Plateæ civitatis complebuntur infantibus* : Les rues de Jérusalem seront remplies de petits garçons. Cette prophétie qui marque que Jérusalem serait encore rebâtie et habitée, est accomplie. 2. Esdr. 2. v. 1. 17. et c. 3. Soit en abondance ou en grandeur. Luc. 8. 23. *Navigantibus illis... descendit procella venti... et complebantur* (συμπληροῦσθαι), *et periclitabantur* : Comme Jésus-Christ et ses disciples passaient le lac, un si grand tourbillon de vent vint fondre sur le lac, que leur barque s'emplissant d'eau, ils étaient en péril. 2. Par. 5. 14. *Compleverat gloria Domini domum Dei* (ἐμπλῆσθεν) : La gloire du Seigneur avait rempli la maison de Dieu. C'est ce qui arriva après que Salomon ayant fait placer l'arche dans le Temple, le cantique *Confitemini* eut été entonné. Esth. 14. 2. Ezech. 3. 3.

2° Achever et parfaire, terminer, accomplir, finir. Gen. 2. 2. *Complevitque Deus die septimo opus suum quod fecerat* : Dieu acheva son œuvre le septième jour ; *c'est-à-dire*, il l'avait achevé, et cessa d'agir. Le prétérit chez les Hébreux signifie souvent le-plus-que parfait. 2. Par. 7. 11. *Complevitque Salomon domum Domini* : Salomon acheva la maison du Seigneur et le palais du roi. 1. Esdr. 6. 16. 2. Esdr. 4. 2. Dan. 12. 7. Ainsi, 1. Thess. 3. 10. *Orantes, ut videamus faciem vestram, et compleamus* (καταρτίζειν) *ea quæ desunt fidei vestræ* : Nous prions Dieu que nous puissions vous revoir pour achever ce qui manque à votre foi. Luc. 9. 31. *Dicebant excessum ejus quem completurus erat in Jerusalem* : Moïse et Elie parlaient à Jésus-Christ de sa sortie du monde qui devait arriver et s'accomplir dans Jérusalem : Ce fut à la transfiguration de Jésus-Christ. Voy. EXCESsus. Ainsi, Jos. 19. 49. *Cum complesset sorte dividere terram* : Josué ayant achevé de faire les partages de la terre promise. 1. Reg. 13. 10. c. 18. 1. 2. Reg. 6. 18. et ce verbe est quelquefois joint ou avec un participe pour l'infinitif, selon la phrase grecque. 1. Reg. 24. 17. *Cum complesset loquens* : Après que David eut cessé de parler à Saül, lui exposant pour preuve qu'il était innocent à son égard, le bord de sa casaque qu'il avait coupé, sans lui avoir voulu faire aucun mal. 3. Reg. 3. 1. *Cum compleret ædificans* : c. 8. 54. *cum complesset orans*, etc. Soit que ce verbe soit joint avec l'infinitif convenable qui est sous-entendu. Deut. 26. 12. *Quando compleveris* (suppl. *dare*) *decimam* : Lorsque vous aurez achevé de donner la dîme de tous vos fruits. c. 32. 23. *Sagittas meas complebo in eis* : Je tirerai contre eux toutes mes flèches ; sc. je ne cesserai de les tirer jusqu'à la dernière. Dieu menace les Israélites de toute sorte de maux, à cause de leur idolâtrie et de leur ingratitude. 1. Reg. 16. 11. *Numquid jam completi sunt filii?* (*adduci* est sous-entendu) : Sont-ce là tous vos enfants que vous ayez à me présenter ? dit Samuel à Isaï qui lui venait de présenter sept de ses enfants. Apoc. 6. 11. *Adhuc tempus modicum, donec compleantur, conservi eorum*. Il fut dit aux âmes qui ayant souffert la mort, criaient à Dieu de venger leur sang, qu'ils attendissent encore un peu de temps jusqu'à ce que fût accompli le nombre des serviteurs de Dieu comme eux. *Interfici* est sous-entendu. Eccli. 48. 13. De là viennent ces phrases tirées de cette signification.

Complere hostias, holocausta, pacifica. Achever d'offrir des victimes et de faire des sacrifices (ποιεῖν). Levit. 9. 22. *Completis hostiis pro peccato, et holocaustis et pacificis:* Aaron ayant achevé les oblations des hosties pour le péché, des holocaustes et des pacifiques. 4. Reg. 10. 25. 2. Par. 29. 28.

Complere cultum Dei. Ne rien oublier de ce qui regarde le service ou le culte de Dieu, selon les ordonnances de la loi. 2. Par. 29. 35. *Completus est cultus domus Domini :* L'on rétablit entièrement le culte de la maison du Seigneur : Ce fut au temps d'Ezéchias. c. 35. 16.

Complere iniquitates suas, ou *alicujus*, ou *malitiam alicujus*. — 1° Combler la mesure de ses crimes ; c'est en commettre jusqu'au nombre et au temps que Dieu a arrêté de punir le pécheur, après qu'il les aura commis. Gen. 15. 16. *Necdum enim completæ sunt* (ἀναπληροῦσθαι) *iniquitates Amorrhæorum :* La mesure des iniquités des Amorrhéens n'est pas encore remplie, pour être chassés de leur pays. — 2° Accomplir la peine de l'iniquité de quelqu'un ; c'est y mettre fin, faire cesser la punition d'un crime, ne le punir plus. Thren. 4. 22. *Completa est* (ἐκλείπειν, *deficere*) *iniquitas tua, filia Sion :* O fille de Sion, la peine de votre iniquité est accomplie : Dieu promet aux Juifs de les faire revenir de captivité. Voy. Iniquitas. — 3° Finir les maux de quelqu'un (λύειν). Isa. 40. 2. *Completa est malitia ejus :* Les maux de Jérusalem sont finis ; Dieu voulant consoler son peuple, témoigne que ses péchés lui sont pardonnés.

Complere sermones, verba. — 1° Achever et finir un discours. Gen. 24. 15. *Necdum intra se verba compleverat :* Le serviteur d'Abraham avait à peine achevé ces paroles, lorsqu'il vit paraître Rébecca. Deut. 31. 30. c. 32. 45. 2. Reg. 11. 19. — 2° Prendre la parole, et achever ou appuyer un discours qu'un autre a commencé de proposer. 3. Reg. 1. 14. *Te loquente cum rege, ego veniam post te, et complebo sermones tuos :* Lorsque vous parlerez encore avec le roi, je viendrai après vous, et j'appuierai tout ce que vous aurez dit : Le prophète Nathan dit à Bethsabée de faire ressouvenir David de la promesse qu'il lui avait faite de faire régner Salomon après lui.

Complere manus alicujus. Perfectionner, rendre les mains propres et parfaites, pour faire les fonctions de quelque charge ou dignité (ἐκπληροῦν). Dans ce sens cette phrase signifie :

Sacrer les mains de quelqu'un, l'établir prêtre pour offrir à Dieu des sacrifices. Eccli. 45. 18. *Complevit Moyses manus ejus, et unxit illum oleo sancto :* Moïse a sacré les mains d'Aaron, et l'a oint de l'huile sainte. Le mot hébreu est pris pour *perficere*, et est traduit par *consecrare*. Exod. 32. 29. *Consecrastis manus vestras hodie Domino :* En tuant votre frère, votre ami et celui qui vous était le plus proche, chacun de vous a consacré ses mains au Seigneur ; sc. s'est rendu digne de recevoir la bénédiction de Dieu, et l'honneur d'entrer dans le sacerdoce.

Complere pulchritudinem. — Accomplir la beauté de quelqu'un ; c'est contribuer à sa beauté, en sorte qu'il n'y manque rien (τελειοῦν). *Complere* pour *perficere.* Ezech. 27. 11. *Compleverunt pulchritudinem tuam :* Ils contribuaient beaucoup à entretenir la beauté de votre ville : Le Prophète rapporte ce qui faisait la beauté de Tyr.

3° Finir, terminer, mettre fin à quelque chose. Dan. 5. 26. *Numeravit Deus regnum tuum, et complevit illud :* Dieu a compté les jours de votre royaume, et il en a marqué l'accomplissement. C'est ce que Daniel dit au roi Balthasar. Gen. 35. 28. *Et completi sunt* (ἐκλείπειν) *dies Isaac centum octoginta annorum :* Lorsque Jacob vint trouver Isaac en la plaine d'Hébron, Isaac avait alors cent quatre-vingts ans accomplis. Isa. 60. 20. *Complebuntur dies luctus tui :* Les jours de vos larmes seront finis au temps de l'établissement de l'Église. Isa. 40. 2. Selon la phrase hébraïque, le temps destiné à quelque chose est dit être fini et accompli ; soit lorsque la fin de ce temps commence d'arriver. Act. 2. 1. *Cum complerentur dies Pentecostes* (συμπληροῦσθαι) : Quand les jours de la Pentecôte furent accomplis ; Gr. *Cum compleretur dies.* Quand le jour de la Pentecôte, sc. le cinquantième jour après la fête de Pâque, fut arrivé, ou commencé. Luc. 2. 21. c. 9. 51. Soit quand le temps destiné à quelque chose est arrivé. Jerem. 25. 34. *Completi sunt dies vestri ut interficiamini :* Le temps est accompli auquel vous devez être tués : Le Prophète parle contre les méchants pasteurs. Thren. 4. 18. Esthr. 1. 5. Deut. 34. 8. Dan. 9. 2.

4° Accomplir et faire voir en effet, ou exécuter ce qui a été prédit, promis ou résolu. Num. 11. 23. *Jam nunc videbis utrum meus sermo opere compleatur* (LXX, ἐπικαταλήψεται σε) : Vous allez voir présentement si l'effet suivra ma parole. Dieu qui avait promis à tout le peuple de les rassasier de chair, assure Moïse qu'il en verra l'accomplissement. Voy. v. 18. 21. 22. 31. Isa. 44. 28. *Omnem voluntatem meam complebis* (ποιεῖν) : Vous accomplirez ma volonté en toutes choses. Le prophète parle du rétablissement de Jérusalem marqué 1. Esdr. 1. 2. et suivants. Jerem. 23. 20. Dan. 4. 3. c. 8. 17. Ainsi, Luc. 1. 1. *Multi conati sunt ordinare narrationem quæ in nobis completæ sunt rerum* (πληροφορεῖσθαι) : Beaucoup de personnes ont entrepris d'écrire l'histoire des choses qui ont été accomplies parmi nous ; *aut. Gr.* dont la vérité a été connue parmi nous avec une entière certitude. Voy. Plenitudo.

5° Amasser, recueillir, combler de biens (πληθύνειν). Eccli. 47. 20. *Ut plumbum complesti argentum :* Vous avez fait amas d'argent, comme on en ferait de plomb. Sap. 10. 10. *Complevit labores illius :* Dieu a multiplié les fruits des travaux de Jacob par une grande quantité de bétail.

§ 1. — Contenter, assouvir (ποιεῖν ἀγαθὸν, *facere quod bonum videtur*). Judic. 19. 24.

Educam eas ad vos... ut vestram libidinem compleatis : J'amènerai ma fille qui est vierge et la concubine de cet homme, pour satisfaire votre passion, dit aux habitants de Gabaa le vieillard qui avait chez lui le lévite dont ils voulaient abuser. Thren. 4. 10. *Complevit Dominus furorem suum* : Le Seigneur a satisfait sa fureur. Ezech. 5. 13. *Complebo furorem meum.* Il ne faut point attribuer à Dieu aucun mouvement de trouble et de passion. Il s'exprime par un langage qui nous est connu, dit saint Jérôme, pour nous faire comprendre, par ce que chacun de nous sent en lui-même, ce que nous nous sommes rendus dignes d'éprouver de la part de sa justice.

§ 2.—Résoudre, arrêter. 1. Reg. 20. v. 7. 9. *Scito quia completa est malitia ejus* : Sachez que le mal que Saül me veut faire est résolu et déterminé. Le mot hébreu est le même que dans le v. 33. Ainsi c. 25. 17.

COMPLETIO, NIS, πλήρωσις, accomplissement, achèvement. Ezech. 5. 2. *Tertiam partem igni combures in medio civitatis juxta completionem dierum obsidionis* : Vous brûlerez un tiers de vos cheveux au milieu de Jérusalem, jusqu'à ce que les jours du siége soient accomplis ; sc. à mesure que les trois cent quatre-vingt-dix jours, pendant lesquels il devait représenter dans sa maison le siége de Jérusalem, s'accompliraient. *Voy.* c. 4. v. 5. 8.

COMPLEXARI. Ce verbe, qui est un fréquentatif de *complecti*, se forme du participe *plexus*.

Embrasser (ἐναγκαλίζειν). Marc. 10. 16. *Complexans eos.* Jésus-Christ embrassa les petits enfants qu'on était venu lui présenter, et les bénit.

COMPLICARE. ἑλίσσειν. 1° Plier, rouler, envelopper. Isa. 34. 4. *Complicabuntur sicut liber, cæli* : Les cieux se plieront comme un rouleau, au terrible et dernier jour du jugement. 2° Joindre l'un avec l'autre. De là vient cette phrase, tirée de cette signification.

Complicare manus suas, mettre ses mains l'une dans l'autre ; c'est être dans la paresse et l'oisiveté. Eccl. 4. 5. *Stultus complicat manus suas* (περιλαμβάνειν) : L'insensé met ses mains l'une dans l'autre. *Voy.* v. 6.

COMPLODERE. ἐκπατάσσειν, frapper et heurter, froisser l'un contre l'autre. Judic. 7. 19. *Cœperunt complodere inter se lagenas.* Gédéon avec ses trois cents hommes... ayant amené réveillé les gardes des ennemis, commencèrent à sonner de la trompette et à heurter leurs pots de terre l'un contre l'autre.

Phrase tirée de cette signification.

Complodere manus. Frapper des mains, en signe de colère et d'indignation. Num. 24. 10. *Iratusque Balac contra Balaam, complosis* (συγκροτεῖν) *manibus ait.* Balac se mettant en colère contre Balaam, frappa des mains, et lui dit qu'il l'avait fait venir pour maudire Israël, et cependant il l'avait béni, et se dit figurément de Dieu. Ezech. 22. 13. *Complosi manus meas super avaritiam* (πατάσσειν χεῖρα πρὸς χεῖρα) : J'ai frappé des mains, en me déclarant contre les excès de votre avarice. Ce frappement des mains marque ou la douleur ou l'étonnement, ou la colère de Dieu, qui prend la figure d'un homme qui est en colère.

COMPLUERE, βρέχειν, arroser de pluie, Amos. 4. 7. *Pars una compluta est, et pars, super quam non pluit, aruit* : J'ai fait qu'il a plu sur un endroit, et que l'autre est demeuré sec, parce que j'ai empêché qu'il n'y plût. Le Prophète dit que Dieu avait fait pleuvoir sur une partie ou en de certains cantons de terres semées de blé, et non en d'autres ; et il parle de cette pluie qui vient avant la moisson, pour en attendrir l'écorce et la faire mûrir. *Voy.* Joël. 2. 23. et cette explication s'accorde bien avec Ezech. 22. 24. *Tu es terra immunda, et non compluta in die furoris* : Vous êtes une terre impure, qui n'a point été arrosée de pluie au jour de la fureur. Le Prophète parle de la sécheresse qui arriva au temps d'Élie. *Voy.* 3. Reg. 17. 1.

COMPLURES, πολλοί Plusieurs, un grand nombre. Marc. 5. 26. *Mulier quæ fuerat multa perpessa a compluribus Medicis*, une femme malade d'une perte de sang, depuis douze ans, qui avait beaucoup souffert entre les mains de plusieurs médecins ; elle fut guérie en touchant le vêtement de Jésus-Christ.

COMPONERE. 1° Composer, faire (ποιεῖν). Exod. 37. 29. *Composuit et oleum ad sanctificationis unguentum* : Béséléel composa aussi l'huile pour en faire les onctions de consécration. c. 30. 25. Levit. 16. 12. Eccl. 12. 9. Sap. 15. 12. 1. Mach. 9. 70.

2° Préparer, disposer, accommoder, ajuster, arranger. Gen. 22. 9. *De super ligna composuit* (ἐπιτιθέναι) : Abraham disposa sur l'autel le bois pour l'holocauste, lia son fils. Exod. 18. 7. Levit. 1. 7. 3. Reg. 5. 9. 2. Mac. 15. 20. Hebr. 9. 6. Ainsi, Prov. 8. 30. *Cum eo eram cuncta componens* ; Gr. ἁρμόζουσα. Eccli. 43. 23.

3° Parer, embellir (καλλωπίζειν). Ps. 143. 13. *Filiæ eorum compositæ* : Les filles des enfants des étrangers sont parées et ornées comme les temples. Le prophète rapporte le faux bonheur des méchants dans cette vie. Esth. 2. 13. Jerem. 4. 30. *Frustra componeris* : Tous les ornements que vous emploierez à vous embellir seront inutiles, en ce qu'ils ne pourront gagner par là les Chaldéens.

4° Feindre, controuver, inventer (ψεύδεσθαι). 2. Esdr. 6. 8. *De corde tuo tu componis hæc* : Tout ce que vous dites, vous l'inventez de votre tête, dit Néhémie à Sanaballat, qui disait de lui que le bruit courait qu'il avait dessein, en rétablissant Jérusalem, de se révolter contre Artaxerxès. Dan. 2. 9. c. 13. 43.

5° Affermir, fortifier. 2. Reg. 22. 35. *Componens quasi arcum æreum brachia mea* (κατάξας τόξον ἐν βραχίονί μου) : C'est Dieu qui rend mes bras fermes comme un arc d'airain. Ps. 17. 38. *Posuisti ut arcum æreum*, etc.

6° Comparer. Job. 9. 2. *Vere scio quod...*

non justificetur homo compositus Deo : Je sais que l'homme, si on le compare avec Dieu, ne sera point juste. *Voy.* JUSTIFICARE. c. 28. 19.

7° Mettre, placer (συντιθέναι). 2. Mach. 8. 31. *Omnia composuerunt in locis opportunis* : Jonathas et son armée mirent en réserve, dans des lieux avantageux, les armes de leurs ennemis. c. 15. 20.

8° Raccommoder, refaire, rétablir (καταρτίζειν). Marc. 1. 19. *Vidit... ipsos componentes retia in navi* : Jésus-Christ vit Jacques, fils de Zébédée, et Jean, son frère, qui étaient dans une barque, où ils raccommodaient leurs filets. Ce fut alors que Jésus-Christ les appela. 4. Reg. 22. 6. 1. Esd. 4. 12.

Phrase tirée de cette signification.

Componere pacem, pactum. Faire la paix, faire alliance avec quelqu'un (συντιθέναι). 1. Mach. 9. 70. *Misit ad eum legatos componere pacem* : Jonathas envoya des ambassadeurs pour faire la paix avec Bacchides. Jonathas avait cependant défait son armée; mais ce fut apparemment à cause du désespoir où il voyait Bacchides. c. 11. 9. *Veni componamus inter nos pactum* : Venez, afin que nous fassions alliance ensemble. C'est ce qu'envoya dire Ptolémée à Démétrius, à qui il voulait donner sa fille en mariage, en l'ôtant à Alexandre qui l'avait épousée.

COMPORTARE. 1° Porter ensemble, apporter (συνάγειν). Gen. 6. 21. *Tolles ex omnibus escis et comportabis apud te* : Vous prendrez avec vous de toutes les choses qui se peuvent manger, et vous les porterez dans l'arche, dit Dieu à Noé. Deut. 29. 11. 2. Par. 14. etc.

2° Amasser, mettre ensemble, entasser, mettre en monceaux. Judic. 15. 5. *Comportatæ jam fruges, et adhuc stantes in stipula, concrematæ sunt* : Les blés qui étaient déjà en gerbe et ceux qui étaient encore sur pied, furent tous brûlés par les flambeaux que Samson avait attachés à la queue des renards. Job. 27. 16. Isa. 62. 9. De là vient cette phrase, tirée de cette signification :

Comportare aggerem, βάλλειν χάρακα, faire des levées de terre, pour assiéger une ville. Ezech. 21. 22. *Ad dextram ejus facta est divinatio super Jerusalem ut... comportet aggerem* : Le sort est tombé sur Jérusalem, et a fait prendre à Nabuchodonosor la droite, afin qu'il fasse de grandes levées de terre autour de ses murs. Le Prophète parle du sort que jeta Nabuchodonosor avec deux flèches, pour savoir s'il irait contre les Ammonites ou contre Jérusalem. c. 4. 2. c. 26. 8. Dan. 11. 15. Hab. 1. 10.

COMPOSITIO, NIS. 1° Composition, mélange, fait de quelques drogues ou d'autres choses (σύνθεσις). Exod. 30. v. 9. 32. 37. *Talem compositionem non facietis in usus vestros* : Vous ne composerez point de semblable parfum pour votre usage. La composition de ce parfum, destiné pour brûler sur l'autel appelé *des parfums*, est rapportée dans les trois versets précédents. Eccli. 49. 1. *Memoria Josiæ in compositionem odoris facta opus pigmentarii* : La mémoire de Josias est comme un parfum d'une odeur admirable, composé par un excellent parfumeur. Num. 4. 16.

2° Ornement, ajustement, embellissement. Judith. 10. 4. *Quoniam omnis ista compositio non ex libidine, sed ex virtute pendebat* : Dieu ajouta un nouvel éclat à toute la parure qu'employa Judith, parce que tout cet ajustement n'avait pour principe aucun mauvais désir, mais la vertu seule. 1. Mach. 2. 11.

3° Amas, assemblage. Ezech. 24. 10. *Coquetur universa compositio* : On arrangera toutes les pièces de la chair, et on les fera cuire ensemble. Le Prophète parle de la désolation des habitants de Jérusalem, figurée par une chaudière remplie de viandes.

4° Ornement, magnificence (κόσμος). 1. Mach. 2. 11. *Omnis compositio ejus ablata est* : Toute sa magnificence lui a été enlevée.

COMPOSITUS, A, UM. De *componere*, et signifie composé, mêlé, assorti, paisible, rangé, établi, fini.

1° Grave, excellent (πιστός). Prov. 17. 7. *Non decent stultum verba composita* : Les paroles graves ne conviennent pas à un homme insensé.

2° Bien composé, agréable, touchant, persuasif. Esth. 14. 13. *Tribue sermonem compositum in oro meo in conspectu leonis* : Mettez dans ma bouche des paroles sages et composées en la présence du lion, dit Esther à Dieu, résolue d'aller trouver Artaxerxès. *Voy.* ch. 15. v. 9 et suivants. Job. 41. 3. Prov. 16. 24.

3° Mesuré, étudié et affecté. Isa. 3. 16. *Composito gradu incedebant* : Les filles de Jérusalem ont mesuré tous leurs pas et étudié toutes leurs démarches.

COMPREHENDERE, καταλαμβάνειν, συλλαμβάνειν. 1° Prendre, saisir, arrêter. Exod. 15. 9. *Persequar et comprehendam, dividam spolia* : Je les poursuivrai et je les prendrai, je partagerai leurs dépouilles. Moïse décrit la description du cœur de Pharaon, lorsqu'il poursuivait les Israélites. Act. 1. 16. *Fuit dux eorum qui comprehenderunt Jesum.* Judas a été le chef de ceux qui ont pris Jésus, dit saint Pierre, proposant à l'assemblée des disciples de choisir l'un d'eux pour être apôtre en la place de Judas. *Voy.* v. 25. Matth. 4. 24. à quoi se peut rapporter, dans le sens métaphorique. Ps. 9. 17. *In laqueo isto... comprehensus est pes eorum* : Le pied des nations a été pris dans le même piège qu'ils avaient tendu en secret.

2° Surprendre, prendre à l'impourvu (δράσσειν). 1. Cor. 3. 19. *Comprehendam sapientes in astutia eorum* : Je surprendrai les sages dans leurs subtilités. Ps. 9. v. 17. 23. Ps. 58. 13. Jerem. 42. 16. Ezech. 17. 20. Dan. 13. 58. John. 12. 35. 1. Thess. 5. 4.

3° Accabler, fondre sur quelqu'un, maltraiter. Ps. 39. 12. *Comprehenderunt me iniquitates meæ* : Mes iniquités m'ont enveloppé. Ce qui s'entend principalement de Jésus-Christ, qui s'est chargé de tous les péchés des hommes. Ps. 68. 25. *Furor iræ tuæ comprehendat eos* : Que mes ennemis (ô mon Dieu,) se trouvent exposés à toute la violence de vos fureurs. Ce que dit ici le Prophète est plutôt une prophétie qu'un dédésir. Ose. 10. 9. *Non comprehendet eos (sicut) in Gabaa prœlium super filios iniquitatis :* Les Israélites ne seront pas traités dans la guerre que je leur susciterai, comme lorsqu'ils combattirent à Gabaa, contre les enfants d'iniquité. Voy. GABAA. Ainsi Mich. 2. 6. c. 4. 9. Zach. 1. 6. Matth. 4. 24.

4° Atteindre, suivre de fort près. Amos. 9. 13. *Comprehendet arator messorem :* Il viendra un temps que les ouvrages du laboureur et du moissonneur s'entre-suivront ; ce qui marque ici une abondance de biens temporels, comme Lev. 26. 5. c'est la figure des grâces et des bénédictions spirituelles que Dieu promet à son Eglise.

5° Connaître parfaitement, comprendre. Job. 11. 7. *Forsitan vestigia Dei comprehendes* (εὑρίσκειν)? Prétendez-vous sonder ce qui est caché en Dieu? Eccli. 43. 34.

6° Atteindre à la connaissance d'une chose sans l'approfondir. Eph. 3. 18. *Ut possitis comprehendere... quæ sit latitudo, et longitudo, et sublimitas, et profundum :* Je prie Dieu afin que vous puissiez comprendre avec tous les saints quelle est la largeur, la longueur, la hauteur et la profondeur du mystère de Jésus-Christ. Voy. ce mystère; v. 6. Les mystères de Dieu sont incompréhensibles en cette vie. Ainsi, Joan. 1. 5. *Tenebræ eam non comprehenderunt :* Les ténèbres n'ont point compris la lumière qui était dans le Verbe de Dieu.

7° Obtenir, gagner, atteindre, acquérir. 1. Cor. 9. 24. *Sic currite ut comprehendatis :* Courez de telle sorte que vous remportiez le prix : l'Apôtre, par cette course des athlètes, figure l'obligation où sont les Chrétiens de s'exercer dans la pratique des vertus chrétiennes, nécessaires pour arriver à la gloire éternelle. Philipp. 3. v. 12. 13.

8° Comprendre et renfermer. Gen. 41. 26. *Septem boves pulchræ et septem spicæ plenæ... eamdem vim somnii comprehendunt :* Les sept vaches si belles, et les sept épis si pleins de grains que le roi a vus en songe, marquent la même chose; sc. sept années d'abondance dans l'Egypte. Esth. 9. 20. Dan. 7. 1. 2. Mach. 2. 24.

— Prendre, s'attacher, s'entend, dans l'Ecriture, des choses inanimées; comme du feu. Exod. 22. 6. *Si egressus ignis comprehenderit* (προςεμπίπτειν, *adurere*) *acervos frugum :* Si le feu prend à un tas de gerbes de blé.

COMPREHENSIO, NIS, σύλληψις, prise, pensée, découverte.

Prise de corps. Jerem. 34. 3. *Comprehensione capieris;* phrase hébraïque, pour *certissime capieris :* Jérémie avertit Sédécias qu'il serait infailliblement pris par le roi de Babylone.

COMPRIMERE. Presser, cacher, apaiser :

1° Presser fort et comme étouffer (συνέχειν). Luc. 8. 45. *Turbæ te comprimunt :* La foule du peuple vous presse, dit à Jésus-Christ saint Pierre, et ceux qui étaient avec Jésus-Christ. v. 42. Marc. 3. 9, c. 5. v. 24. 31.

Faire cesser, apaiser, arrêter (παύειν) Prov. 18. 18. *Contradictiones comprimit sors :* Le sort apaise les différends et les contestations ; on jetait le sort pour décider des choses cachées. Voy. c. 16. 33. Jon. 1. 7. etc.

2° Presser quelqu'un de faire quelque chose. De là vient :

COMPRIMI. S'empresser, faire paraître de l'empressement à faire quelque chose (συνθλίβεσθαι). Eccli. 31. 17. *Ne comprimaris in convivio :* Ne vous empressez point étant au festin, comme font ceux qui prennent au plat plus vite qu'il ne faut, sans attendre que d'autres y prennent à leur tour.

Phrases de ce verbe.

Comprimere labia. Fermer la bouche, la tenir fermée, se taire. Prov. 17. 28. *Stultus si compresserit labia sua intelligens reputabitur :* L'insensé passe pour intelligent, lorsqu'il tient la bouche fermée.

Comprimere manum super aliquem. Frapper des mains en signe de joie (κροτεῖν, *plaudere*). Nahum. 3. 19. *Qui audierunt auditionem tuam, compresserunt manum super se :* Tous ceux qui ont appris votre ruine ont applaudi à vos maux : le Prophète prédit la ruine de Ninive et des Assyriens.

Comprimere oculos suos. Se boucher les yeux. c'est s'opiniâtrer à ne vouloir point connaître la vérité. Act. 28. 27. *Oculos suos compresserunt* (καταμύειν, *claudere*), *ne forte videant oculis :* Ils ont fermé leurs yeux, de peur que leurs yeux ne voient. Saint Paul regarde l'incrédulité des Juifs, à qui il annonce le royaume de Dieu à Rome, dans la maison où il logeait, comme un accomplissement de la prophétie d'Isa. c. 6. 9. qu'il cite.

COMPROBARE. — 1° Prouver, assurer et vérifier avec preuve. Num. 35. 24. *Si hoc audiente populo fuerit comprobatum :* S'il se prouve qu'un homme en ait frappé un autre par hasard seulement, et qu'il en meure, il sera délivré comme innocent. Deut. 19. 4. Jos. 20. 4. Job. 9. 20.

2° Faire connaître, faire apercevoir, donner des marques d'une chose. Prov. 17. 17. *Frater in angustiis comprobatur :* Le frère se connaît dans l'affliction. 2. Cor. 8. 8. 2. Esdr. 13. 13.

3° Trouver bon, approuver, louer. Eccli. 39. 40. *Non est dicere : hoc illo nequius est; omnia enim in suo tempore comprobabuntur :* On ne peut point dire des ouvrages du Seigneur : ceci est plus mal que cela, car toutes choses seront trouvées bonnes en leurs temps ; toutes les œuvres de Dieu sont parfaites, quoiqu'on n'en connaisse pas toujours les raisons.

4° Rendre manifeste, mettre en évidence. Deut. 10. 15. c. 29. 28. *Sicut hodie comprobatur :* Comme il paraît visiblement en ce jour; Gr. ὡσεὶ νῦν, *Sicut nunc.*

COMPTUS, A, UM ; ajusté, affecté. De *comere*, et signifie proprement, qui a les cheveux bien ajustés : dans l'Ecriture :

Paré, bien fait, agréable (εὔμορφος). Eccli. 9. 8. *Averte faciem tuam a muliere comptâ :*

Détournez vos yeux d'une femme parée ; *Gr.* agréable.

COMPUGNARE. S'entre-battre. Isa. 37, 26. *Factum est in eradicationem collium compugnantium :* J'ai fait ces choses merveilleuses en renversant les collines qui s'entre-battent. Ces collines sont ou les princes qui se font la guerre, ou les forts dans lesquels se retranchent les peuples. Le Grec porte ἔθνη ἐν ἰσχυροῖς, les peuples dans leurs forts.

COMPUNGERE, κατανύσσειν. Piquer fort : dans l'Ecriture :

1° Percer, tuer. Judith. 16. 14. *Filii puellarum compunxerunt eos :* Les enfants des jeunes femmes ont percé de coups et ont tué les Assyriens. Judith rapporte comment après la mort d'Holopherne, ses soldats étaient facilement tués par les plus faibles dans leur fuite ; de là vient :
Compungi. Etre touché de regret. Ps. 4. 5. *Quæ dicitis in cordibus vestris, in cubilibus vestris compungimini :* Soyez touchés de componction dans le repos de vos lits, sur les choses que vous méditez contre le juste. Ps. 34. 15. *Dissipati sunt nec compuncti :* Mes ennemis ont été divisés ou dissipés, sans être néanmoins touchés de componction. Le prophète peut regarder le renversement du conseil d'Achitophel, par celui de Chusaï. 2. Reg. 17. 14. *Hebr.* Ils m'ont déchiré par leurs calomnies, et n'ont point cessé. Act. 2. 37. *Compuncti sunt corde.*

2° Causer à quelqu'un de la douleur et de l'affliction. Ps. 29. 16. *Ut cantet tibi gloria mea, et non compungar.* Vous m'avez tout environné de joie, afin qu'au milieu de ma gloire je chante vos louanges, et que je ne sente plus les pointes de la tristesse. Ps. 108. 17. *Persecutus est hominem inopem et mendicum, et compunctum corde, mortificare :* Mon ennemi a persécuté un homme pauvre, dans l'indigence, et celui qui avait le cœur brisé de douleur, pour le faire mourir. David parle de lui-même, qui était persécuté ; mais il figure Jésus-Christ.

COMPUNCTIO, NIS, κατάνυξις. Douleur, componction.

Douleur, affliction. Ps. 59. 5. *Potasti nos vino compunctionis ; i. e. vino pungente et cruciante :* Vous nous avez fait boire un vin fort amer et empoisonné, qui nous a ôté le sentiment. Cette punition, qui vient de la transgression de la loi de Dieu, a été prédite. Deut. 28. 28. Le mot hébreu répond à *compunctio*, par celui de tremblement, étourdissement, assoupissement ; dans le sens qu'il est dit, Rom. 11. 8. *Dedit illis spiritum compunctionis :* Dieu leur a donné un esprit d'assoupissement et d'insensibilité ; ce passage est pris d'Isaïe, c. 29. 10. *Miscuit vobis Dominus spiritum soporis :* Le Seigneur va répandre sur vous un esprit d'assoupissement ; ce qui est selon l'Hébreu ; mais les Septante mettent κατανύξεως. Ainsi, ce mot, selon saint Chrysostome, étant pris en bonne part, marque une stabilité dans le bien, qui n'est pas comme sujette au changement ; et en mauvaise part, il marque une habitude de l'âme par laquelle elle se porte au mal avec une opiniâtreté comme inflexible ; car être dans la *componction*, c'est être comme percé par la pointe des clous qui attachent un homme si fermement et si solidement à quelque chose, qu'il ne puisse plus s'en séparer ; et c'est pourquoi saint Paul se sert à dessein de cette expression : *Esprit de componction*, pour marquer l'endurcissement des Juifs dans le mal.

COMPUTARE. Compter, supputer (ψηφίζειν). Luc. 14. 28. *Quis ex vobis volens turrim ædificare, non prius sedens computat sumptus :* Qui est celui d'entre vous qui, voulant bâtir une tour, ne suppute auparavant en repos et à loisir la dépense qui y sera nécessaire : Jésus-Christ, par cette comparaison, assure que si ceux qui entreprennent de suivre Jésus-Christ n'ont assez de force et de résolution pour persévérer et pour surmonter les obstacles qui s'opposent à leur vocation, les premiers efforts leur seront inutiles. Levit. 25. 25. Tob. 10. 9. etc.

2° Estimer, considérer. 2. Reg. 18. 3. *Tu unus pro decem millibus computaris :* Vous êtes considéré vous seul, *sc.* par les ennemis, comme dix mille hommes, disent à David les gens de son armée, l'empêchant d'aller avec eux à la guerre, par la crainte qu'ils avaient qu'il n'y fût tué. 1. Par. 23. 11. Tob. 5. 29.

3° Croire, juger, penser, s'imaginer (λογίζεσθαι). Sap. 17, 12. *Dum ab intus minor est expectatio, majorem computat inscientiam ejus causæ de qua tormentum præstat :* Moins la crainte attend de soulagement au dedans d'elle, plus elle grossit, sans les bien connaître, les sujets qu'elle a de se tourmenter.

COMPUTRESCERE. — 1° Se pourrir, se corrompre (ἐποζεῖν). Exod. 7. 18. *Computrescent aquæ :* Les eaux se pourriront, dit Moïse à Pharaon, de la part de Dieu. v. 21. Num. 5. 27. *Inflato ventre computrescet femur* (διαπίπτειν) : La femme coupable d'adultère sera pénétrée par ces eaux de malédiction ; son ventre s'enflera et sa cuisse pourrira. L'Ecriture parle des eaux amères que buvait une femme soupçonnée d'adultère, dans le sacrifice de Jalousie. Joel. 1. 17. *Computruerunt jumenta in stercore suo :* Les animaux sont pourris dans leurs ordures, périssant de faim dans leurs étables ; *Gr.* ἐσκίρτησαν, *Subsultaverunt vituli in præsepibus suis.* Cet endroit dans l'Hébreu s'explique différemment. Quelques-uns y donnent ce sens : Les blés que l'on avait semés se sont réduits en cendres dans la terre, n'ayant pas eu assez d'humidité pour germer.

Se relâcher, se rompre, cesser. Isa. 10. 27. *Computrescet* (καταφθείρεσθαι) *jugum a facie olei :* Le joug (du roi des Assyriens) sera relâché par l'abondance de l'huile. Le prophète fait allusion aux nœuds les plus durs qui se lâchent à force d'huile, pour marquer que Dieu, par sa miséricorde, les délivrerait du joug fâcheux de Sennachérib, qu'ils ne pouvaient d'eux-mêmes secouer. Dans le sens allégorique, ce joug est celui de notre inclination naturelle et corrompue, qui ne se peut rompre que par Jésus-Christ, et par l'onction de sa grâce.

2° Perdre sa force et sa vigueur, tomber par terre (ἀσθενεῖν). Jerem. 46. 15. *Quare computruit fortis tuus?* Pourquoi les plus vaillants d'entre vous sont-ils tombés morts et pourris sur la terre. Le Prophète prédit la défaite et le carnage que Nabuchodonosor devait faire des Egyptiens. Voy. v. 13. La métaphore est tirée des arbres qui se pourrissent et tombent par terre.

CONARI. De κονεῖν, ou κονίζειν, *certare, ad certamen se parare*, et signifie :

1° Tâcher, faire effort (ἀντιλαμβάνειν, *sustentare*). Jerem. 48. 30. *Scio... quod non juxta quod poterat conata sit facere* : Je sais que les efforts de Moab ont été beaucoup au delà de son pouvoir. Gen. 48. 17. *Apprehensam manum patris levare conatus est de capite Ephraim, et transferre super caput Manasse* : Joseph prenant la main (droite) de son père, tâcha de la lever au-dessus de la tête d'Ephraïm, pour la mettre sur celle de Manassé; Jacob donnait à ces deux enfants de Joseph sa bénédiction. Esth. 10. 8. c. 16. 5.

2° Entreprendre (διώκειν). Eccli. 29. 26. *Qui conatur multa agere incidet in judicium* : Celui qui cherche à entreprendre beaucoup d'affaires, sera exposé à la rigueur des jugements; *Gr.* se trouvera engagé à bien des procès. Jerem. 48. 30.

3° Attenter de faire (πειρᾶν) Act. 24. 6. *Etiam templum violare conatus est* : Cet homme a même attenté de profaner le temple, dit Tertulle dans son accusation contre saint Paul. Esth. 12. 2.

Phrase tirée de la première signification.

Conari in, ou *contra aliquid*. S'opposer, résister à quelque chose. Eccli. 4. 32. *Nec coneris contra ictum fluvii* (βιάζεσθαι). C'est vouloir arrêter le cours d'un fleuve que de résister en face à un homme puissant. Act. 27. 15. *Cum... navis non posset conari in ventum* : Le navire étant emporté par le vent, sans que nous pussions y résister (ἀντοφθαλμεῖν, *Obniti, obverso vultu resistere*).

CONATUS, us. Effort, essai, inclination. Entreprise. Esth. 9. 23. *Ingressa est Esther ad regem, obsecrans ut conatus ejus, litteris regis irriti fierent* : Esther alla trouver le roi, et le supplia de prévenir le mauvais dessein d'Aman par une lettre nouvelle. Voy. c. 8. 5. Ce dessein était de tuer tous les Juifs, selon l'ordre du roi, marqué c. 3. v. 13. et suiv. et ces ordres sont révoqués, c. 16. 2. Mach. 4. 41.

CONCALESCERE, θερμαίνεσθαι. S'enflammer, en parlant du feu : dans l'Ecriture il se prend figurément de quelque violente passion de l'âme.

S'enflammer. Ps. 38. 4. *Concaluit cor meum intra me* : Mon cœur s'est échauffé au dedans de moi; David témoigne qu'après avoir longtemps gardé le silence sur la violence que lui faisaient ses ennemis, et sur leur longue prospérité, il s'était enfin laissé aller par faiblesse à murmurer avec chaleur contre ses ennemis : Ce feu se peut entendre aussi du zèle et de l'indignation qu'il avait contre lui-même à cause de ses péchés.

CONCAPTIVUS. A. UM. συναιχμάλωτος. Qui est captif et prisonnier avec d'autres. Tob. 1. 3. *Ita ut omnia quæ habere poterat quotidie concaptivis fratribus impertiret* : Tobie distribuait tous les jours ce qu'il pouvait avoir à ceux de sa nation, qui étaient captifs avec lui. Rom. 16. 7. Coloss. 4. 10. Philem. v. 23.

CONCATENATUS, A, UM. Tissu de chaînettes ou de mailles, attachées ou liées ensemble. 1. Mach. 6. 35. *Astiterunt singulis elephantis mille viri in loricis concatenatis* : Mille hommes armés de cottes de maille (de l'armée d'Antiochus Eupator) accompagnaient chaque éléphant, pour aller contre Judas Machabée.

CONCEDERE. S'en aller, céder, quitter, mourir.

1° Permettre (δοῦναι). Num. 21. 23. (*Sehon*) *concedere noluit ut transiret Israel per fines suos* : Séhon ne voulut point permettre qu'Israël passât par son pays. 1. Reg. 12. 2. 4. Reg. 5. 17. Job. 9. 18. 2. Par. 20. 10. Marc. 5. 13. etc.

2° Donner, accorder (ἀνιέναι) 1. Reg. 11. 3. *Concede nobis septem dies* : Accordez-nous sept jours, *sc.* avant que de nous rendre à vous, disent les anciens de Jabès à Naas, roi des Ammonites. Esth. 8. 7. etc.

3° Faire remise, accorder (ἐγκαταλείπειν) 2. Esdr. 5. 10. *Æs alienum concedamus quod debetur nobis* : Accordons-nous tous à quitter à nos frères ce qu'ils nous doivent, dit Néhémie aux magistrats des Juifs. 1. Mach. 11. 36.

4° User de douceur, traiter avec indulgence (οἰκτείρειν). Jerem. 13. 14. *Non parcam, et non concedam* : Je ne pardonnerai point et je n'userai point d'indulgence : Dieu menace les Juifs de les traiter à la dernière rigueur par les Babyloniens.

CONCENTUS, us. Harmonie, concert, accord de musique, union, liaison.

Ordre et juste proportion qui se trouve dans les choses. Job. 38. 37. *Concentum cœli quis dormire faciet?* Qui fera cesser toute l'harmonie du ciel? dit Dieu à Job.

CONCEPTIO, nis. Conception, formule.

Conception du fruit au ventre de la mère (καταβολή). Heb. 11. 11. *Fide et ipsa Sara sterilis virtutem in conceptionem seminis accepit* : C'est par la foi que Sara étant stérile, reçut la vertu de concevoir un fruit dans son sein.

Pensée (ἐνθύμημα). Eccli. 32. 16. *Age conceptiones tuas* : Repassez dans votre esprit vos pensées.

CONCEPTUS, us. Conception, la portée des animaux.

1° Conception, formation du fruit au ventre de la mère. Gen. 25. 21. *Dedit conceptum Rebeccæ* : Dieu donna à Rebecca la vertu de concevoir, à la prière d'Isaac : car elle était stérile. Jerem. 20. 17. *Ut fieret mihi mater mea sepulcrum, et vulva ejus conceptus æternus* : Plût à Dieu que ma mère fût devenue mon sépulcre, et que son sein ayant conçu, n'eut jamais enfanté. Gen. 30. 42. *Quando serotina admissura erat, et conceptus extremus*: Lorsque les brebis devaient concevoir en automne, Jacob ne mettait point les branches devant elles : Ces brebis étaient pleines deux fois l'année, ou quelques-unes l'étaient au printemps, et les autres à l'automne.

2° Les douleurs de l'enfantement et de la grossesse (στεναγμός). Gen. 3. 16. *Multiplicabo œrumnas tuas et conceptus tuos* : Je vous affligerai de plusieurs maux pendant votre grossesse.

CONCERTARI, ἀντεριδεσθαι. Ce verbe déponent n'est point en usage chez les Latins; dans l'Ecriture :

Disputer avec quelqu'un. Sap. 15. 9. *Concertatur aurificibus et argentariis* : Le potier (ne pensant point à la peine qu'il aura) ne s'applique qu'à disputer de l'excellence de son art avec les ouvriers en or et en argent.

CONCERTATIO, NIS, πόλεμος. Démêlé, défi.

Guerre. 2. Reg. 3. 1. *Facta est.... longa concertatio inter domum Saul et inter domum David* : Il se fit une longue guerre entre la maison de Saül et la maison de David : Il est parlé de cette guerre c. 2. 12. laquelle a duré environ cinq ans, *sc.* depuis le temps que David et Isboseth commencèrent de régner, jusqu'à la mort d'Isboseth.

CONCESSIO, NIS. Cession, accord. Ruth. 4. 7. *Ut esset firma concessio* : Afin que la cession de son droit fût ferme.

CONCHA, Æ, Gr. κόγχη. Coquillage, trompe, gondole.

1° Bassin, cuve, grand vase creux (λουτήρ). 2. Par. 4. v. 6. 14. *Fecit quoque conchas decem*: Salomon fit faire dix bassins, dont il en mit cinq au côté droit de la mer d'airain, et cinq au gauche, pour y laver tout ce qui devait être offert en holocauste : ces bassins sont appelés en latin *Luteres*. 3. Reg. 7. 38. 43.

2° Vase, coupe, petit bassin (λεκάνη). Judic. 6. 38. *Expresso vellere concham rore implevit*: Gédéon remplit une tasse de la rosée qui sortit de la toison qu'il avait mise dans l'aire, quoique toute la terre fût demeurée sèche : C'est le premier signe que Gédéon avait demandé à Dieu, pour lui faire connaître qu'il voulait se servir de lui pour délivrer son peuple.

CONCIDERE. De *cædere*. —1° Couper, diviser, ou tailler en pièces. Levit. 1. 6. *Artus in frusta concident* (μερίζειν) : les prêtres couperont les membres de l'hostie par morceaux. Gen. 22. 3. Exod. 29. 17.—2° Blesser, déchirer de blessures (κόπτειν). Jerem. 47. 5. *Usquequo concideris?* Le prophète se moque des Philistins qui, dans leur deuil, se faisaient des incisions. Marc. 5. 5.

§ 1. — Tailler en pièces, en parlant de la défaite d'une armée (καθαιρεῖν). Eccli. 28. 18. *Virtutes populorum concidit* : La langue de celui qui se met entre deux personnes ou deux partis pour les diviser par de faux rapports, a taillé en pièces les armées des deux nations. Ps. 83. 24.

§ 2. — Maltraiter, perdre, affliger. Job. 16. 15. *Concidit me vulnere super vulnus* : Dieu m'a déchiré et m'a fait plaie sur plaie. Mich. 3. 3. *Ossa eorum confregerunt et conciderunt*: Les princes et les chefs du peuple ont brisé les os des pauvres, et les ont hachés. Zach. 11. 6. *Concident* (κατακόπτειν *terram* : La terre des méchants pasteurs sera ruinée. Hab. 2. 10.

Façon de parler tirée de la première signification dans le sens figuré.

Concidere aratra sua in gladios. Diviser, rompre et mettre en pièces ses charrues pour en faire des épées (συγκόπτειν). Joel. 3. 10. *Concidite aratra vestra in gladios* : Forgez des épées du coutre de vos charrues : Le Prophète par cette expression, marque la chaleur que les ennemis de l'Eglise auront pour la combattre, mais inutilement : au contraire, *Concidere gladios in vomeres* : Rompre les épées pour en faire des socs de charrue, marque un temps de paix. Mich. 4. 3. Voy. VOMER.

CONCIDERE, συμπίπτειν. Ce verbe venant de *cadere*, signifie :

Tomber (συγκαθίζειν). Num. 22. 27. *Concidit sub pedibus sedentis* : L'ânesse voyant l'ange devant elle, tomba sous Balaam. Isa. 14. 11. c. 25. 12.

1° Périr, mourir, être perdu, être sans force et vigueur, être défait. Prov. 28. 18. *Qui perversis graditur viis, concidet semel* (ἐμπλέκεσθαι) : Celui qui marche par des voies corrompues, tombera sans ressource. Jos. 8. 25. Judic. 21. 27. Sap. 3. 15.

2° Etre abattu, soit de crainte, de tristesse et d'affliction, ou même de colère. 1. Mach. 6. 10. *Concidi et corrui corde præ sollicitudine* : Mon cœur est tout abattu, et Antiochus tout troublé de la nouvelle qu'il reçut de la défaite de son armée dans le pays de Judée. Gen. 4. v. 5. 6. *Concidit vultus ejus* : Caïn voyant que Dieu n'avait point regardé ce qu'il lui avait offert, entra dans une étrange colère, et son visage en fut tout abattu. Judit. 6. 5. *Non concidat vultus tuus* : Que votre visage ne s'abatte point, dit Holopherne à Achior, tout triste et déconcerté des menaces qu'il lui faisait. 1 Reg. 17. 32. *Non concidat cor cujusquam in eo* : Que personne ne s'épouvante des insultes de ce Philistin, *sc.* Goliath, dit David à Saül, lui témoignant qu'il était prêt à l'aller combattre. 2. Esdr. 6. 16.

CONCILIARE. Ce verbe, qui signifie concilier, joindre, unir, vient de *cilia* : comme réunir les cils ou les poils des yeux, dans les sourcils tirent leur nom : dans l'Ecriture, il signifie unir, assortir, gagner.

Réunir, faire convenir, accorder. Eccli. 48. 10. *Scriptus es conciliare* (ἐπιστρέφειν) *cor patris ad filium*: Vous avez été destiné pour réunir les cœurs des pères à leurs enfants : ce passage qui est tiré de Malach. 4. 6. s'entend communément des Juifs qui, à la fin du monde, par la prédication d'Elie, se réconcilieront avec leurs patriarches, et entendront comme eux la loi d'une manière spirituelle. Ces deux passages ont donné à plusieurs Pères lieu de croire qu'Elie viendrait au dernier avènement de Jésus-Christ;

d'autres cependant les entendent de saint Jean-Baptiste, et du premier avénement selon ce qui est dit, Marc. 9. v. 10. 12. Luc 1. 17. Il paraît que le premier sens est le littéral, et le second, le mystique.

CONCILIUM, η. συνέδριον. Ce mot, qui est mis comme pour *concalium*, vient de *concalare*, pour *convocare*, assembler, et signifie, assemblée, assemblage.

1° Conseil, assemblée. Ps. 25. 4. *Non sedi cum concilio vanitatis:* Je ne me suis point assis dans l'assemblée de la vanité et du mensonge; *i. e.* des hommes vains. Ps. 1. 5. Ps. 21. 17. Num. 16. 2. Joan. 11. 47. etc.

2° Les personnes même qui composent l'assemblée (συμβούλιον). Act. 25. 12. *Festus cum concilio locutus:* Festus conféra avec son conseil, sur ce que saint Paul avait appelé à César. Num. 16. 6..

3° Le grand conseil appelé *Sanhédrin*, qui était composé de douze princes des tribus, des vingt-quatre chefs des familles sacerdotales, des princes des synagogues et des docteurs de la loi. Matth. 5. 22. *Reus erit concilio:* Celui qui dira à son frère, *Racha* (qui est une parole de mépris) méritera d'être condamné par le conseil. Il y avait chez les Juifs trois sortes de tribunaux : L'un de trois hommes dans chaque ville; le second, de vingt-trois juges, dans les villes plus considérables, et s'appelait *le petit Sanhédrin*, ou *le Jugement, Reus erit judicio;* le troisième était le conseil des Septante, appelé *le grand Sanhédrin*, qui n'était qu'à Jérusalem. Jésus-Christ dans ce v. 22..fait allusion aux deux derniers tribunaux, dont les jugements s'étendaient au dernier supplice, et assure que devant Dieu les fautes de ceux dont il parle, seront aussi extraordinaires que celles qui sont condamnées dans ces deux tribunaux. V. Marc. 14. 55. c. 15. 1. Joan. 15. 47. Act. 4. 15. c. 5. v, 21. 27. 34. 41. c. 6. v. 12. 15. c. 23. v. 1. 6. 15. 20. 28. Mais les assemblées dont il est parlé, Matt. 10. 17, peuvent s'entendre *ou* des quatre tribunaux que Gabinius, gouverneur de Syrie, avait établis en différents endroits de la Judée, outre celui de Jérusalem, *ou* des tribunaux des vingt-trois juges. Marc. 13. 9. Quelques-uns croient qu'il y avait encore un conseil composé des prêtres ou des lévites, ou docteurs de la loi, distingué du grand Sanhédrin, qui était composé de soixante et dix hommes, lequel Hérode, disent-ils, avait aboli, et croient que c'est de ce conseil sacerdotal et ecclésiastique, qu'il est parlé. Matth. 26. 59. Marc. 14. 55. c. 15. 1. Luc. 22. 66. Joan. 11. 47.

CONCINERE, ᾄδειν. Chanter par accords, comme quand plusieurs chantent en concert; dans l'Ecriture :

1° Chanter ensemble. Num. 21. 17. *Tunc cecinit Israel carmen istud; ascendat puteus, concinebant:* (Lorsqu'il parut un puits) Israël chanta ce cantique au bord d'Arnon dans le désert, et ils chantaient tous ensemble. 2. Par. 5. 13. c. 23. 13. 1. Esd. 3. 11.

2° Crier haut, faire éclater sa voix. Jer. 25. 30. *Celeuma quasi calcantium concinetur.* Voy. CELEUMA.

CONCINNARE. Accommoder, disposer ; dans l'Ecriture :

Mettre en état, entretenir. Exod. 25. 6. *Oleum ad luminaria concinnanda:* (Vous offrirez au Seigneur) de l'huile pour entretenir les lampes du tabernacle; Heb. *Ad accendendum.* c. 35. v. 8. 28. Levit. 24. 2. Num. 4. v. 9. 16.

Inventer avec adresse, concerter des moyens avec artifice, et se prend en mauvaise part (περιπλέκειν). Ps. 49. 19. *Lingua tua concinnabat dolos:* Votre langue ne s'exerçait qu'à déduire des tromperies, dit Dieu au pécheur. Ps. 57. 3. Job. 6. 26. Isa. 32. 7. Prov. 12. 19. *Qui testis est repentinus concinnat linguam mendacem:* Le témoin précipité se fait avec peine une langue de mensonge, *i. e.* a bien de la peine à mentir d'une telle sorte que ses mensonges ne puissent se découvrir; la vérité est au contraire toujours la même.

CONCIO, NIS, ἐκκλησία. De *ciere*, et signifie, assemblée du peuple, auditoire, harangue.

Peuple ou multitude de gens assemblés. Deut. 9. 10. *Quando concio populi congregata est:* Lorsque tout le peuple était assemblé. c. 18. 16. 2. Esd. 5. 7.

CONCIONARI, δημαγορεῖν, Haranguer le peuple. Act. 12. 21. *Herodes concionabatur ad eos:* Hérode haranguait devant les Tyriens et les Sidoniens.

CONCIPERE, συλλαμβάνειν, du verbe *capere*, quasi *simul capere*, prendre plusieurs choses ensemble, et concevoir, méditer, entendre, contenir :

Concevoir : ce qui se dit de la femme et des animaux qui conçoivent leur fruit. Ps. 50. 7. *Ecce.. in iniquitatibus conceptus sum:* Vous savez, Seigneur, que ma mère m'a conçu dans le péché : David se reconnaît devant Dieu coupable de la mort et de la condamnation éternelle, en qualité d'enfant d'Adam, et à cause du péché originel. Luc. 1. 31. *Concipies in utero:* Vous concevrez dans votre sein, dit l'ange à la sainte Vierge; ce qui est l'accomplissement de la prophétie d'Isaïe, marquée, c. 7. 14. Ainsi, Luc. 1. 36. 2. Reg. 11. 5. *Nuntiavit David, et ait, concepi:* Bethsabée fit avertir David qu'elle avait conçu, afin qu'il pourvût à sa propre sûreté, en détournant le châtiment que la loi ordonnait contre son crime, ou qu'il empêchât qu'elle ne fût dans la suite couverte d'infamie.

1° Produire, donner l'être (ἐν γαστρὶ λαμβάνειν). Num. 11. 12. *Numquid ego concepi omnem hanc multitudinem?* Est-ce moi qui ai conçu toute cette grande multitude, dit Moïse à Dieu, le priant de le décharger du poids de conduire lui seul tout le peuple d'Israël, Ose. 2. 5. Prov. 8. 24. *Nondum erant abyssi, et ego jam concepta eram* (LXX, γεννᾷ με [Θεός]) : La Sagesse éternelle dit qu'elle a été conçue et formée; c'est-à-dire qu'elle était et subsistait avant la création du monde; d'où il suit qu'elle était de toute éternité et qu'elle était Dieu même, puisque avant les créatures, il n'y avait rien hors Dieu. L'Ecriture sainte explique quelquefois les choses élevées et qui passent la portée de l'esprit humain, par des termes qui renferment de l'imperfection; mais on n'en doit prendre que ce qui convient au sujet dont il s'agit : ainsi quand la Sagesse dit qu'elle a été créée ou conçue avant les créatures, cela veut dire qu'elle était avant toutes choses. Quoiqu'on puisse dire que la Sagesse éternelle étant conçue et cachée en Dieu, elle devait être comme engendrée, et paraître au dehors par les ouvrages merveilleux qu'elle devait faire. Voy. Est. dist. 7. 1. 1.

2° Méditer, avoir dans l'esprit. Job. 4. 2. *Conceptum sermonem tenere quis poterit?* Qui pourrait retenir ses paroles en une telle rencontre? dit Éliphas à Job. Isa. 59. 13.

3° Délibérer, penser à faire quelque chose, former quelque dessein dans son esprit. Isa. 59. 4. Ps. 7. 15 Job. 15. 35. *Concepit dolorem et peperit iniquitatem :* L'hypocrite conçoit la douleur, et il enfante l'iniquité, *i. e.* ne pense qu'à faire du mal, et il l'exécute. Jac. 1. 15. *Concupiscentia cum conceperit, parit peccatum* : Quand la convoitise a formé le dessein de faire le mal, elle le produit. Isa. 26. 18. c. 33. 11; etc.

Phrase tirée de ce verbe.

Ignem concipere de ignitis lapidibus. Faire sortir des étincelles de pierres à feu. 2. Mach. 10. 3. *De ignitis lapidibus igne concepto :* Machabée et ceux qu'il avait avec lui, firent sortir quelques étincelles des pierres à feu, pour offrir des sacrifices, après avoir repris le Temple et la ville de Jérusalem sur Antiochus.

CONCISE. De *concidere*, et signifie d'une manière concise : dans l'Ecr. il est pris dans un sens figuré.

D'une manière entrecoupée, d'un son entrecoupé et serré, et non suivi. Num. 10. 7. *Simplex tubarum clangor erit, et non concise ululabunt :* Lorsqu'il faudra assembler le peuple, les trompettes sonneront d'un ton plus bas, et non de ce son entrecoupé et serré.

CONCISIO, NIS. 1° Blessure, meurtrissure. Zach. 12. 3. *Omnes qui levabunt eum concisione lacerabuntur :* Le Prophète compare ceux qui maltraiteront ou voudront transporter les habitants de Jérusalem, à ceux qui, pour éprouver leur force, tâchent de lever quelque grosse pierre dont ils sont ordinairement fort blessés ou brisés, pour marquer qu'eux-mêmes en seront rigoureusement punis et affligés de Dieu.

Carnage, perte, défaite. Joel 3. 14. *Populi, populi, in valle concisionis* (δίκη) : Accourez, peuples, accourez dans la vallée du carnage (qui est la vallée de Josaphat) selon le Grec, dans cette vallée où sera le jugement dernier et définitif : *In valle Judicii*. C'est le sentiment de saint Jérôme et de quelques nouveaux interprètes; mais elle est appelée *Vallis concisionis*, parce que les ennemis de Josaphat y ont été taillés en pièces. Voy. JOSAPHAT.

2° Les Juifs qui sont aussi appelés *Circumcisio* (κατατομή), sont appelés par saint Paul, *Concisio :* parce que, dans la nouvelle Loi, la circoncision charnelle n'est plus qu'une coupure ou blessure inutile; au lieu que la vraie circoncision est le retranchement de la corruption du vieil Adam. Philipp. 3. 2. *Videte concisionem :* Gardez-vous des faux circoncis.

CONCISUS, A, UM. Coupé, divisé; dans l'Ecriture, il signifie dans un sens figuré :

Coupé, entrecoupé, inégal, et qui n'est point continué et suivi. Num. 10. 5. *Concisus clangor :* Son serré et entrecoupé. Jos. 6. 5. Ce son est celui que les Latins expriment par le mot *taratantara.* Voy. CLANGERE.

CONCITARE. De *conciere*. — 1° Émouvoir, exciter, provoquer. Prov. 28. 25. *Qui se jactat, et dilatat, jurgia concitat :* Celui qui se vante et qui s'enfle d'orgueil, excite des querelles. Num. 5. v. 14. 30. c. 11. 33. c. 27. 3. etc.

2° Troubler (θορυβοῦν). Act. 17. 5. *Zelantes autem Judæi... turba facta concitaverunt civitatem :* Les Juifs poussés d'un faux zèle, ayant excité un tumulte, troublèrent toute la ville de Thessalonique. v. 6. De là vient :

CONCITATUS, A, UM. Furieux, emporté. Prov. 27. 4. *Impetum concitati ferre quis poterit?* Qui pourra soutenir la violence d'un homme emporté?

CONCITUS, participe de *conciere*.

Prompt, vite (ταχύς). 2. Reg. 17. 18. *Illi vero concito gradu ingressi sunt domum cujusdam viri in Bahurim :* Jonathas et Achimaäs entrèrent promptement chez un homme de Bahurim pour s'y cacher, se doutant bien que le garçon ayant averti Absalon qu'il les avait vus avec David, Absalon enverrait les chercher. Jerem. 46. 5.

CONCLAMARE, ἀνακράζειν, Crier, s'écrier ensemble. Jos. 6. 5. Judic. 7. 18. *Conclamate, Domino et Gedeoni :* Criez tous ensemble, que la victoire soit au Seigneur et à Gédéon : C'est ce que dit Gédéon à ses trois cents soldats de faire lorsqu'ils le verraient sonner de la trompette, allant contre les Madianites. c. 10. 17. 1. Reg. 14. 20. etc.

CONCLAVE. De *clavis*. — 1° Chambre qui ferme à clef. 2. Reg. 4. 7. *Dormiebat super lectum suum in conclavi* (κοιτών) : Isboseth dormait sur son lit dans sa chambre, lorsque Rechab et Baana le tuèrent.

2° Cabinet (ταμιεῖον). 2. Reg. 13. 10. *Infer cibum in conclave :* Portez dans mon cabinet ce que vous avez apprêté, dit Amnon à Thamar, dans le dessein d'abuser d'elle. 4. Reg. 6. 12.

CONCLUDERE, συγκλείειν; de *cludere*, ou plutôt *claudere*, enfermer, fermer, conclure

1° Enfermer, envelopper, serrer. Luc. 5. 6: *Concluserunt piscium multitudinem copiosam.* Simon ayant jeté le filet sur la parole de Jésus-Christ, lui et ceux qui étaient avec lui, prirent une grande quantité de poissons : A quoi se peut rapporter dans le sens figuré, Rom. 11. 32. *Conclusit.... Deus omnia in incredulitate ;* Gr. *Omnes :* Dieu a renfermé tous les hommes dans l'incrédulité, *i. e.* a permis qu'ils y fussent comme dans une prison d'où ils ne pussent sortir sans sa grâce. Gal. 3. 22.

2° Fermer le passage, fermer, boucher. Ps. 34. 4. *Conclude adversus eos qui persequuntur me :* Fermez le passage à ceux qui me poursuivent. 2. Esd. 4. 7. Judith. 13. 1. Job. 3. 10. c. 38. 8. Thren. 3. 9. Abd. v. 14. Ainsi, 1. Mac. 6. 18. *Concluserunt Israel in circuitu Sanctorum :* Ils fermaient à Israël les avenues du Temple.

3° Garder, fortifier. Cant. 4. 12. *Hortus conclusus soror mea sponsa :* L'Eglise est ce jardin bien fermé de tous côtés, dans lequel sont les parfums de la charité et où croissent les plantes du Père céleste : quelques Pères entendent aussi ce passage de la sainte Vierge, parce qu'elle a enfanté et est toujours demeurée vierge.

§ 1. — Livrer aux ennemis, réduire quelqu'un à une telle extrémité, qu'il vienne au pouvoir de ses ennemis, sans qu'il puisse l'éviter (παραδιδόναι). Deut. 32. 30. *Dominus conclusit illos :* C'est le Seigneur qui a livré les Israélites en proie à leurs ennemis. Amos 1. 6. Ainsi, 1. Reg. 23. 7. c. 26. 8. 2. Reg. 18. 28. Job. 16. 12. Ps. 30. 9. Ps. 77. v. 50. 62. etc.

§ 2. — Rendre stérile. Gen. 16. 2. *Conclusit me Dominus :* Le Seigneur m'a mise en état de n'avoir point d'enfants, dit Sara à Abraham, l'engageant de prendre Agar pour femme. 1. Reg. 1. v. 5. 6. Mais les passages suivants s'entendent ou du pouvoir qui est ôté aux femmes d'user du mariage, ou de concevoir ou d'accoucher. Gen. 20. 18. *Concluserat enim Dominus omnem vulvam domus Abimelech :* Depuis qu'Abimelech fit venir chez lui Sara, Dieu avait frappé de maladie et de stérilité toute la maison d'Abimelech, à cause de Sara; sc. avant qu'Abraham eût prié Dieu qu'il les guérît. Job. 3. 10. *Quia non conclusit ostia ventris :* Que la nuit en laquelle il a été dit (de moi) un homme est conçu, périsse; parce qu'elle n'a point fermé le ventre qui m'a porté, *i. e.* ne m'a pas empêché de naître. Il ne faut point accuser Job d'impatience, puisque Dieu même le justifie.

CONCLUSIO, NIS. La fin ou la conclusion de quelque chose ; dans l'Ecriture :

1° Chaîne , prison (δεσμὸς). Isa. 42. 7. *Dedi te ut educeres de conclusione vinctum :* Je vous ai établi pour tirer des fers ceux qui étaient enchaînés : Le Père Eternel adresse ces paroles à Jésus-Christ qui devait venir au monde pour racheter les hommes.

2° Discours abrégé. Ezech. 7. 23. *Fac conclusionem :* Abrégez en peu de mots les menaces et les peines des Juifs.

CONCORDARE, συμφωνεῖν, S'accorder, et convenir. Act. 15. 15. *Huic concordant verba Prophetarum :* Les paroles des prophètes s'y accordent : saint Jacques, dans le concile de Jérusalem, appuie du témoignage des prophètes le sentiment de saint Pierre, qu'il ne fallait point obliger les Gentils à la loi de la circoncision.

CONCORDATIO, NIS. διαλλαγὴ. Réunion, réconciliation. Eccli. 22. 27. c. 27. 23. *Maledicti est concordatio :* Après des injures, il y a encore lieu de se réconcilier : L'Ecriture dit ceci par opposition au mal qu'on fait de révéler le secret d'un ami ; ce qui l'éloigne de nous sans ressource.

CONCORDIA, ὁμόνοια, concorde, accord, union, bonne intelligence. Eccli. 25. 2. *Probata coram Deo et hominibus concordia fratrum :* L'union des frères est approuvée de Dieu et des hommes. 2. Par. 16. 3. Esth. 13. 45. Sap. 18. 9.

Ordre et accord, qui se dit de celui que Dieu a établi dans les corps célestes et dans leurs mouvements. Job. 25. 2. *Qui facit concordiam* (LXX, τὴν σύμπασαν) *in sublimibus suis :* Celui-là seul est puissant et redoutable, qui fait régner la paix dans ses hauts lieux, *i. e.* dans les cieux.

CONCORPORALIS, IS. De *corpus*, et signifie, dans le sens figuré :

Qui est membre d'un même corps mystique avec un autre (σύσσωμος). Eph. 3. 6. *Revelatum est Apostolis.... Gentes esse concorporales :* Il est révélé par le Saint-Esprit aux saints apôtres, que les Gentils sont incorporés avec les Juifs en Jésus-Christ.

CONCREARE. Créer avec : de là vient, CONCREARI. Être créé avec quelqu'un. Eccli. 1. 16. *Cum fidelibus in vulva concreatus est :* La crainte de Dieu, ou plutôt la sagesse, est créée avec les hommes fidèles dès le sein de leur mère; soit que ce soit à cause de l'inclination que quelques enfants ont pour la piété; soit à cause de leur prédestination. c. 11. 16. *Error et tenebræ peccatoribus concreata sunt :* L'erreur et l'aveuglement sont inséparables des pécheurs, parce qu'ils sont la peine du péché.

CONCREMARE, Gr. κατακαίειν. Brûler avec : dans l'Ecriture :

Brûler. Apoc. 17. 16. *Ipsam igni concremabunt :* Les rois saccageront la Rome païenne. c. 8. 7. Judic. 15. 5. 2. Mach. 10. 36.

CONCREPARE. Faire du bruit.

1° Retentir du bruit, raisonner. Jos. 6. 9. *Buccinis omnia concrepabant :* Le bruit des trompettes retentissait de toutes parts, lorsque les Israélites faisaient le tour de Jéricho, selon l'ordre de Dieu.

2° Déplorer le malheur de quelqu'un par des lamentations (κλαίειν). Jerem. 22. 18. *Non concrepabunt ei : væ, domine, et væ, inclyte :* Les étrangers, et tous les sujets de la maison de Joachim, ne plaindront point Joachim, en criant : Ah! prince déplorable! ah! grandeur bientôt finie! sc. au temps qu'il sera emmené en captivité.

CONCRESCERE. — 1° S'amasser, s'épaissir. Levit. 15. 3. *Cum concreverit* (συνίστασθαι) *fœdus humor :* Lorsqu'il se fait une obstruction de cette humeur.

2° Se former. Prov. 3. 20. *Nubes rore concrescunt :* La pluie et les nuées se forment des vapeurs; ou, selon l'Hébreu et le Grec, Les nuées en s'épaississant forment la pluie et la rosée qui tombe. Job. 37. 10. *Flante vento concrescit gelu :* La glace se forme au souffle de Dieu. A quoi se rapporte, dans le sens métaphorique. Deut. 32. 2. *Concrescat ut pluria doctrina mea* : Que les vérités que j'enseigne entrent dans les âmes, comme une pluie, qui s'est formée des vapeurs en gouttes d'eau, entre dans la terre pour la rendre fertile ; Gr. προσδοκάσθω, *exspectetur*.

CONCUBINA, παλλακή, de *cubare*. Concubine : dans l'ancienne loi, l'on entendait par ce mot, une femme légitime, laquelle était ordinairement servante et soumise à la femme principale, qui était mère de famille; et ses enfants n'avaient point de part à l'héritage, si le père ne le voulait ; mais le père leur faisait seulement des présents. Gen. 25. v. 5. 6. *Deditque Abraham cuncta quæ possederat, Isaac : filiis autem concubinarum largitus est munera* : Abraham donna à Isaac tout ce qu'il possédait, et fit des présents aux fils de ses autres femmes : quoique Jacob en ait usé autrement. Voy. Gen. 46. v. 8. et suiv. et c. 49. Ainsi, 3. Reg. 11. 3. *Fueruntque ei uxores quasi reginæ septingentæ, et concubinæ trecentæ* : Salomon eut sept cents femmes, qui étaient comme des reines, et trois cents, qui étaient comme ses concubines : celles-ci étaient femmes légitimes, mais sans la dignité de reine; *i. e.* du second rang, et comme étaient celles de David, dont il est parlé, 2. Reg. 12. 11. c. 16. 22. Salomon n'en avait pas encore un si grand nombre au temps qu'il composa le Livre des Cantiques, c. 6. v. 7. 8. *Sexaginta sunt reginæ et octoginta concubinæ... una est columba* : Il y a soixante reines et quatre-vingts femmes du second rang... mais une seule est ma colombe : ces premières femmes s'épousaient avec les cérémonies ordinaires ; et les secondes sans contrat et sans cérémonies, quoiqu'elles fussent aussi appelées *femmes légitimes* ; mais d'un moindre rang. Voy. 2. Reg. 12. 11. comparé avec c. 16. 22. Judic. 19. v. 10. 25.

CONCUBITOR, is. De *concumbere*; d'où vient cette façon de parler.

CONCUBITOR MASCULORUM, ἀρσενοκοίτης. Sodomite, abominable. 1. Cor. 6. 10. *Neque molles, neque masculorum concubitores regnum Dei possidebunt* : Ni les impudiques, ni les sodomites n'hériteront point du royaume de Dieu.

CONCUBITUS, us, συνουσιασμός. — 1° Connaissance de fille ou de femme, soit qu'elle soit légitime ou non. Eccli. 23. 6. *Concubitus concupiscentiæ ne apprehendant me* : Que la passion de l'impureté ne s'empare point de moi. Gen. 38. 16. Rom. 9. 10. *Sed et Rebecca ex uno concubitu habens Isaac patris nostri* : Ce n'est pas seulement dans Sara que la promesse de Dieu a paru, mais encore dans Rébecca, qui conçut en même temps deux enfants d'Isaac, notre père. Gr. *Sed et Rebecca ex uno patre nostro concubitum, i. e. fetum*, ou *conceptum habens* ; κοίτην, *cubile* pour *fetum*, ou *conceptum* : Jacob et Esaü étaient nés d'un même père, d'une même mère, tous deux ensemble ; néanmoins l'un a été élu, l'autre rejeté, selon la promesse que Dieu en avait faite à Rébecca. Au lieu de ce mot *concubitus*, on trouve *coitus feminis*; Gr. κοίτη, dans la même signification. Levit. 18. 20. c. 19. 20. et ailleurs. — 2° Passion, attachement que l'on a pour quelqu'un. Ezech. 23. 20. *Insanivit libidine super concubitum eorum* : Jérusalem a eu une passion furieuse de se joindre aux Chaldéens pour exercer avec eux l'idolâtrie, exprimée figurément par les amours infâmes.

CONCULCARE, καταπατεῖν ; du simple, *calcare*.

Fouler aux pieds, marcher dessus. Luc. 12. 1. *Multis turbis circumstantibus, ita ut se invicem conculcarent* : Une grande multitude de peuple s'étant assemblée autour de Jésus, en sorte qu'ils marchaient les uns sur les autres. 4. Reg. 7. 17. 20. c. 9. 33. c. 14. 9.

1° Perdre, ruiner. Ezech. 36. 3. *Pro eo quod desolati estis, et conculcati* (μισεῖσθαι) *per circuitum* : (Vous, montagnes) parce que vous avez été désolées, que vous avez été foulées aux pieds de tous les passants : Dieu promet que la Judée, dont les Iduméens s'étaient rendus maîtres après l'avoir ruinée, serait rétablie pour les Juifs. Voy. v. 5. 9. 10. Ainsi, Dan. 7. 23. c. 8. 7.

2° Maltraiter, tâcher de perdre et d'exterminer. Ps. 55. v. 1. 2. *Miserere mei, Deus, quoniam conculcavit me homo* : Ayez pitié de moi, mon Dieu ! parce que l'homme m'a foulé aux pieds : David parle de Saül, dont il était persécuté, et qui cherchait à lui ôter la vie. Ps. 56. 4. L'Hébreu, en ces endroits et ailleurs, porte : *Deglutire, absorbere*.

3° Mépriser, traiter avec mépris et ignominie. Hebr. 10. 29. *Quanto magis putatis deteriora mereri supplicia, qui filium Dei conculcaverit* : Combien pensez-vous que celui-là sera jugé digne d'un plus grand supplice (que celui qui aurait violé la loi de Moïse) qui aura foulé aux pieds le Fils de Dieu ? c'est ce que font particulièrement ceux qui renoncent à leur foi. Eccli. 9. 10. *Omnis mulier fornicaria quasi stercus in via conculcabitur* : Toute femme prostituée est comme de l'ordure dans un chemin, qui est foulée aux pieds de tous les passants. Isa. 26. 6. Ezech. 16. 6. c. 35. 18. 1. Mach. 3. 45. c. 4. 60. Matth. 7. 6. Mais ce verbe signifie aussi, traiter cruellement et ignominieusement. Isa. 16. 4. *Defecit qui conculcabat terram* : Le roi de Babylone, qui foulait la terre aux pieds, est réduit en cendre. c. 18. 2. c. 63. 18. Jerem. 12. 10. c. 50. 26. Ezech. 52. 2. Dan. 7. 7. Ps. 7. 9. etc.

4° Surmonter, vaincre, s'assujettir entièrement. Ps. 90. 13. *Conculcabis leonem et draconem* : Vous vous assujettirez ce qu'il y a de plus terrible et de plus dangereux. Isa. 63. v. 3. 6. *Conculcavi populos in furore meo* : Je les ai foulés dans ma fureur ; Jésus-Christ parle des démons, dont il a détruit l'empire par sa Passion. Judic. 5. 21. 4. Reg. 14. 4. 2. Par. 25. 18. Isa. 14. 25. Mich. 5. 8. Habac. 3. 12. Zach. 10. 5.

5° Couvrir, cacher, dérober à la vue. Ps. 138. 11. *Et dixi, forsitan tenebræ conculcabunt me* Hebr. *operient me* : J'ai dit : peut-être que les ténèbres me cacheront à l'égard de Dieu, parce que ce qui se foule aux pieds ne paraît point ; l'Egypte est appelée pour cela, Isa. 18.

v. 2. 7. *Conculcata*, parce qu'elle est couverte du limon du Nil.

CONCULCATIO, NIS, καταπάτημα. — 1° L'action de fouler aux pieds, ou le lieu même où l'on marche. Isa. 7. 25. *Erit in pascua bovis, et in conculcationem pecoris* : La Judée, dans le temps de sa ruine et de sa captivité, servira aux bœufs de pâturages, et les troupeaux y viendront en foule sans que personne les empêche.

2° Perte, dégât, ravage. Isa. 5. 5. *Erit in conculcationem* : La Judée sera exposée aux injures et au pillage. c. 10. 6. c. 22. 5. c. 28. 18. Mich. 7. 10.

3° Chose vile et sale, telles que sont les choses que la mer rejette. Isa. 57. 20. *Impii... quasi mare redundans, fluctus ejus in conculcationem et lutum* : Les méchants sont comme une mer dont les flots vont se rompre sur le rivage avec une écume sale et bourbeuse.

CONCUMBERE, κοιμᾶσθαι. Ce verbe vient de *cum* et du simple inusité *cumbere*.

Coucher avec, et dans un sens figuré, *concumbere cum viro* : Si c'est un mari légitime, c'est user du mariage; sinon c'est commettre un crime, soit un inceste, comme. Genes. 19. 57. *Dormivit cum eo et ne tunc quidem sensit quando concubuerit, nec quando surrexit* : La seconde fille de Loth dormit avec lui sans qu'il sentît ni quand elle se coucha ni quand elle se leva ; soit un adultère, comme, Num. 5. 20. *Sin polluta est, concubuisti cum altero viro* : Si vous êtes souillée en approchant d'un autre homme. Ainsi, *concumbere cum aliqua*, si c'est une femme mariée, c'est commettre un adultère, comme les vieillards en voulurent commettre un avec Suzanne. Dan. 13. 11. *Volentes concumbere cum ea* : Ayant dessein de la corrompre. v. 37. Si c'est une fille qui, étant fiancée, se laisse corrompre, alors ils doivent être lapidés l'un et l'autre. Deut. 22. v. 23. 24. *Si concubuerit cum ea, educes utrumque ad portam civitatis illius, et lapidibus obruentur* : Mais s'il la déshonore en lui faisant violence, il sera lui seul puni de mort. v. 25. *Sin apprehendens concubuerit cum ea, ipse morietur solus* : S'il l'a déshonorée en lui faisant violence, n'étant point fiancée, il donnera au père de la fille cinquante sicles d'argent, et il la prendra pour femme. v. 28. Si cette fille est une sœur, c'est un inceste, tel qu'est le crime d'Amnon. 2. Reg. 13. 20.

CONCUPISCENTIA, Æ. ἐπιθυμία. Ce mot, qui signifie proprement *concupiscence*, se prend plus ordinairement en mauvaise part, soit quand il se dit seul, soit quand on ajoute dans sa signification la chose que l'on désire, ou la personne qui désire, hormis en quelques endroits.

1° Ce mot, pris en bonne part signifie désir, souhait. Sap. 6. 18. *Initium illius verissima est disciplinæ concupiscentia* : Le commencement de la sagesse est le désir sincère de l'instruction. v. 21. Eccli. 3. 31.

2° En mauvaise part, passion, concupiscence ; soit qu'elle se prenne pour la source de tous les mouvements déréglés. Jac. 1. v. 14. 15. *Concupiscentia cum conceperit, parit peccatum* : Quand la concupiscence a conçu, elle enfante le péché. 1 Joan. 2. 16. *Omne quod est in mundo concupiscentia carnis est, et concupiscentia oculorum* : Tout ce qui est dans le monde, *i. e.* tout ce que les hommes recherchent, n'est que sensualité, avarice et orgueil. Ps. 105. 14. *Et concupierunt concupiscentiam in deserto* : Les Israélites désirèrent de manger des viandes dans le désert : Ceci a rapport à ce qui est dit, Exod. 16. 3. Num. 11. v. 4. 6. 33. Cette façon de parler est un Hébraïsme pour marquer la grandeur et l'injustice de cette convoitise ; soit que ce mot soit pour exprimer les mauvais désirs et les péchés qui sont les effets de cette concupiscence. Rom. 7. 8. *Occasione... accepta peccatum per mandatum operatum est in me omnem concupiscentiam* : Le péché prenant occasion du commandement (de s'irriter davantage,) a produit en moi toutes sortes de mauvais désirs : Ce commandement est : *Non concupisces*. De là viennent ces façons de parler.

1° *Ire post concupiscentias* : Se laisser aller à ses mauvais désirs. Eccli. 18. 30. *Post concupiscentias tuas non eas* : Ne vous laissez point aller à vos mauvais désirs. 2° *Præstare animæ suæ concupiscentias* : Contenter son âme dans ses mauvais désirs ; c'est contenter et satisfaire sa passion. Eccli. 18. 31. *Si præstes animæ tuæ concupiscentias ejus, faciet te in gaudium inimicis tuis* : Si vous contentez votre âme dans ses désirs déréglés, elle vous rendra la joie de vos ennemis. *In concupiscentia alicujus esse* : Brûler de passion pour quelqu'un. Dan. 13. 20.

3° La chose même que l'on désire. Sap. 16. 2. *Quibus dedisti concupiscentiam delectamenti* : Vous avez donné à votre peuple la nourriture délicieuse qu'il avait désirée ; ceci a rapport à ce qui est dit num. 11. 31. Ainsi, Sap. 16. 3. *Ut illi... etiam a necessaria concupiscentia averterentur* : Les Egyptiens, étant pressés de manger, avaient aversion des viandes même les plus nécessaires, à cause des plaies dont Dieu les avait frappés ; ces plaies sont marquées entre autres, Exod. 8. v. 3. 14, etc. Ainsi, Sap. 6. 21. *Concupiscentia itaque sapientiæ deducit ad regnum perpetuum* : Le sage marque dans les trois versets précédents de quelle manière le désir de la sagesse conduit au royaume éternel. *Concupiscentia sapientiæ, i. e. sapientia quam concupiscis.*

4° Nom de lieu, appelé *les Sépulcres de concupiscence*, parce qu'ils y ensevelirent le peuple qui avait désiré de la chair. Ce lieu était près du désert de Sinaï. Num. 33. 16. Deut. 9. 2. Voyez SEPULCRUM.

CONCUPISCERE. ἐπιθυμεῖν. De *cupere*, et signifie proprement souhaiter, désirer.

Ce verbe, dans l'Ecriture, se prend en bonne ou en mauvaise part ; si ce qu'on désire est un bien de l'âme qui puisse rendre meilleur, le désir en est bon ; si c'est un bien temporel, ce désir se prend dans l'Ecriture en mauvaise part, et surtout quand on n'ajoute rien avec le verbe *concupiscere* (S. Aug. Ps. 118. Conc. 8. lib. 14. c. 7. de Civit.).

1° Souhaiter, désirer, pris en bonne part. Ps. 44. 12. *Et concupiscet rex decorem tuum :* Jésus-Christ aime son Eglise et conçoit de l'amour pour sa beauté. Ps. 83. 3. Ps. 118. v. 20. 40. 174. Sap. 6. v. 12. 14. Eccli. 1. 33. c. 24. 26. Jac. 4. 5. 1. Petr. 2. 2.

2° En mauvaise part. Exod. 20. 17. Rom. 7. 7. c. 13. 9. *Non concupisces :* Vous n'aurez point de mauvais désirs. Deut. 5. 21. c. 7. 25. Jac. 4. 2. Ainsi Prov. 21. 26. *Tota die concupiscit et desiderat :* Il passe toute la journée à faire des souhaits ; ce qu'on rapporte ordinairement au paresseux dont il est déjà parlé ; mais l'Hébreu peut se traduire, d'après Drusius : *Omni die avet aviditas,* i. e. *avarus ;* ce qui semble bien s'accorder avec ce qui suit dans ce même verset : *Qui autem justus est, tribuet* (pauperibus) *et non cessabit.*

CONCUPISCIBILIS, IS, E, ἐπιθυμητός. Désirable, précieux, de grand prix. 1. Mach. 1. 24. *Et accepit argentum et aurum, et vasa concupiscibilia :* Antiochus entra dans le lieu saint et y prit l'argent, l'or et tous les vases précieux.

CONCURRERE, συντρέχειν. 1° Courir, ensemble, accourir en foule pour s'assembler. 2. Reg. 15. 12. *Populus concurrens augebatur cum Absalom :* La foule du peuple, qui accourait de toutes parts pour suivre Absalom, croissait de plus en plus, sc. lors de sa révolte contre David pour se faire roi. c. 19. 41. 2. Esdr. 4. 20. Judith. 13. 15.

2° Courir sus, se jeter sur quelqu'un (ἐφιστάναι). Act. 6. 12. *Concurrentes rapuerunt eum :* Ils se jetèrent sur saint Etienne ; ce fut à la sédition qu'excita contre lui cette secte de Juifs, marquée v. 9, voyant qu'elle ne lui pouvait résister.

§ 1. — Se déborder, sortir de ses bornes. Sap. 5. 23. *Flumina concurrent* (συγκλύζειν) *duriter :* Les fleuves se déborderont avec furie contre les insensés, sc. au jour de la colère et du jugement de Dieu.

§ 2. — Etre excités les uns contre les autres (ἐπεγείρεσθαι). Isa. 19. 2. *Concurrere faciam Ægyptios adversus Ægyptios :* Je ferai que les Egyptiens s'élèveront contre les Egyptiens ; ce qui marque leur division entre eux.

§ 3. — S'accorder et conspirer ensemble pour un même dessein et pour la même fin (συντρέχειν). 1. Petr. 4. 4. *Admirantur non concurrentibus vobis in eamdem luxuriæ confusionem :* Les païens trouvent étrange que vous ne couriez plus avec eux comme vous faisiez à ces débordements de débauche et d'intempérance.

CONCURSIO, NIS (συνδρομή). Concours, assemblée. Act. 21. 30. *Facta est concursio populi :* Aussitôt... il se fit un concours du peuple (de Jérusalem) contre saint Paul, par le moyen des Juifs d'Asie, sur la fin des sept jours de sa purification.

CONCURSUS, US (συνδρομή). 1° Concours tumultuaire. Act. 19. 40. *Periclitamur argui seditionis hodiernæ cum nullus obnoxius sit* (de quo possimus reddere rationem) *concursus istius :* Nous sommes en danger d'être accusés de sédition pour ce qui se passe aujourd'hui, ne pouvant alléguer aucune raison pour justifier ce concours tumultuaire de peuple, dit le greffier de la ville d'Ephèse, après avoir apaisé le tumulte excité par Démétrius et ceux de son parti. Voy. OBNOXIUS.

2° Amas de peuple, assemblée séditieuse (ἐπίστασις et ἐπισύστασις). Act. 24. 12. *Neque... invenerunt me concursum facientem turbæ :* Mes accusateurs ne m'ont point trouvé amassant le peuple, dit saint Paul, contre l'accusation de Tertulle. Voy. v. 5. 9.

CONCUSSIO. NIS. Agitation, ou l'action de secouer, en parlant de quelque vase : dans l'Ecriture il signifie :

Agitation, mauvais traitement (θυμός). Isa. 14. 3. *Cum requiem dederit tibi Deus a... concussione tua :* Lorsque le Seigneur aura terminé votre oppression. Le Prophète parle aux Juifs de la délivrance de leur captivité des Assyriens.

CONCUTERE, (συσσείειν). De *quatere.*

Secouer, ébranler (σαλεύειν). Nahum. 3. 12. *Omnes munitiones tuæ sicut ficus cum grossis suis, si concussæ fuerint, cadent in os comedentis :* Toutes vos fortifications tomberont aussi aisément que les premières figues, qui, aussitôt qu'on a secoué les branches du figuier, tombent dans la bouche de celui qui les veut manger. Le prophète prédit la destruction inévitable de Ninive. Judic. 16. 30. Job. 1. 19. c. 9. 6. 2. Reg. 22. 8.

1° Faire trembler (συσσείειν). Ps. 28. 8. *Vox Domini concutientis desertum :* C'est la voix du Seigneur qui ébranle le désert ; sc. le tonnerre fait trembler les bêtes sauvages des déserts. Ezech. 31. 15. *Ligna agri concussa sunt* (ἐκλύεσθαι) : Tous les arbres des champs ont tremblé de crainte. Le Prophète figure la crainte qu'eurent tous les rois et les peuples lorsqu'ils apprirent la fin funeste de Sennachérib et la défaite de son armée par l'Ange. Exod. 20. 18. Job. 7. 14. c. 21. 6.

2° Troubler de quelque passion. Judith. 12. 16. *Cor Holophernis concussum est* (ἐξιστάναι) : Holopherne, voyant Judith fut frappé au cœur, parce qu'il brûlait de passion pour elle.

3° Maltraiter, ravager, agiter, remplir de terreur (le Grec porte ici *manifestum fieri*). Isa. 33. 9. *Concussa est Basan et Carmelus :* Basan et le Carmel ont été dépouillés de leurs fruits. Ces deux pays étaient pleins de bons pâturages. Voy. Deut. 32. 14. etc. Voy. 1. Reg. 25. 2. Ainsi Isa. 14. 16. Amos. 9. 9. *Concutiam in omnibus gentibus domum Israel, sicut concutitur triticum in cribro* (λικμᾶν. *ventilare*) : Je ferai que la maison d'Israël sera agitée parmi toutes les nations comme le blé est agité dans le crible, pour discerner ceux qui sont véritablement à Dieu d'avec les autres comme le grain se distingue par sa solidité d'avec la paille en agitant le crible ou le van.

4° User de violence et intimider pour tirer de l'argent ou autre chose, rançonner (διασείειν). Luc. 3. 14. *Neminem concutiatis :* N'usez de violence envers personne, répond saint Jean aux soldats qui lui demandaient ce qu'il leur fallait faire pour être sauvés.

CONDECERE. Il convient, il appartient, il

est du devoir (πρέπειν). Eccli. 33. 30. *In opera constitue illum, sic enim condecet illum :* Tenez l'esclave dans le travail, car c'est là où il doit être.

CONDELECTARI, συνήδεσθαι. Se plaire à quelque chose. Rom. 7. 22. *Condelector legi Dei secundum interiorem hominem :* Je me plais dans la loi de Dieu, selon l'homme intérieur.

CONDEMNARE. κατακικάζειν. 1° Condamner, juger. Luc. 6. 37. *Nolite condemnare et non condemnabimini :* Ne condamnez point, et vous ne serez point condamnés, dit Jésus-Christ à ceux qui écoutaient sa parole avec soumission. Job. 10. 2. Prov. 17. 15. Ps. 93. 21. Isa. 50. 9. Ainsi, Dan. 13. 41. *Condemnaverunt* (κατακρίνειν) *eam ad mortem :* Toute l'assemblée condamna Susanne à la mort, non par une sentence juridique, puisque le peuple n'avait pas cette autorité, mais par un consentement tacite et un avis commun, parce qu'ils savaient que la loi condamnait les adultères à la mort. Levit. 20. 10. Il est à croire qu'elle fut ensuite condamnée dans les formes de la justice par les juges.

2° Convaincre. Job. 9. 20. *Si justificare me voluero, os meum condemnabit me :* Si j'entreprends de me justifier, ma propre bouche me convaincra que je suis coupable. c. 15. 6. Sap. 4. 16. Matth. 12. v. 37. 41. 42. Ainsi Tit. 3. 11. *Cum sit proprio judicio condemnatus* (αὐτοκατάκριτος) : Étant convaincu par son propre jugement. L'Apôtre parle d'un hérétique qui, ayant été averti une ou deux fois, ne se convertit point en rétractant son erreur.

3° Punir d'une amende (ἐπιβάλλειν φόρον). 2. Par. 36. 3. *Condemnavit terram centum talentis argenti et talento auri :* Néchao, roi d'Egypte, condamna le pays de Judée à lui donner cent talents d'argent et un talent d'or, au temps qu'il déposa Joachas du royaume et y établit Eliakim, son frère. Sap. 11. 11. Deut. 22. 19.

4° Punir de peines éternelles, y condamner (κατακρίνειν). Marc. 16. 16. *Qui non crediderit, condemnabitur :* Celui qui ne croira point (à l'Evangile) sera condamné. Tob. 13. 16.

5° Troubler, inquiéter (Sept. καταδικάζειν condemnare). Job. 34. 29. *Ipso concedente pacem, quis est quis condemnet ?* Si Dieu donne la paix, qui est celui qui la troublera ?

CONDEMNATIO, nis, (κατάκριμα, κατάκρισις). — 1° Condamnation. Sap. 17. 10. *Cum sit timida nequitia, dat testimonium condemnationis :* Comme la méchanceté est timide, elle se condamne par son propre témoignage (Sept. κατακεκριμένη, *condemnata*). Rom. 5. v. 16. 18. *Judicium quidem ex uno in condemnationem :* Le jugement de notre condamnation vient d'un seul péché ; *sc.* tous les hommes, même avant l'usage de la raison, méritent la damnation, à cause du péché d'Adam.

2° Peine, punition (κατάδικη). Sap. 12. 27. *Finis condemnationis eorum venit super illos :* Les Egyptiens furent enfin accablés par la dernière punition, étant submergés dans la mer Rouge. 1. Esdr. 7. 26.

3° Blâme, reproche. 2. Cor. 7. 3. *Non ad condemnationem vestram dico :* Ce n'est pas pour vous accuser d'ingratitude que je vous parle de la sorte.

CONDENSUS, a, um, δασύς, épais, touffu. 2. Reg. 18. 9. *Cum ingressus fuisset mulus subter condensam quercum et magnam :* Lorsque Absalom passait sous un grand chêne fort touffu (Sept. δάσος τῆς δρυός, *densitas quercus*). Ce fut là qu'il demeura suspendu, sa chevelure s'étant embarrassée dans les branches. Ezech. 31. v. 3. 9. 10. De là vient :

CONDENSA, orum. Ce pluriel neutre, qui est pris substantivement, signifie :

Épais, épaisseur des forêts (δρυμοί). Ps. 28. 9. *Vox Domini revelabit condensa :* Le tonnerre et les foudres brisent les forêts, et en découvrent les lieux les plus sombres, en arrachant par la force de la tempête un grand nombre des plus hauts arbres. Ps. 117. 27. *Constituite diem solemnem in condensis, in τοῖς πυκάζουσιν :* Rendez ce jour solennel, et ornez le temple de branches d'arbres touffus : d'autres expliquent, entrez en foule ; Hebr. liez la victime de la fête avec des cordes : Ceci regarde le temps du Messie. Isa. 10. 34. *Subvertentur condensa saltus ferro :* Les forêts les plus épaisses (Sept. ὑψηλοί, *sublimes*) seront abattues par le fer. Le Prophète parle de la défaite des armées de Sennachérib, dont les troupes nombreuses devaient être taillées en pièces. Voy. SALTUS.

CONDERE, οἰκοδομεῖν ; de la préposition *cum* et du verbe *dare* ; comme qui dirait : *Simul in interiorem locum dare* ; et signifie :

1° Edifier, bâtir. Num. 13. 23. *Hebron septem annis ante Tanim urbem Ægypti condita est :* Hébron a été bâtie sept ans avant la ville de Tanis, en Egypte. Ecci. 47. 14.

2° Etablir, former, ordonner. Isa. 10. 1. *Væ qui condunt* (γράφειν) *leges iniquas !* Malheur à ceux qui établissent des lois d'iniquité ! 2. Mach. 6. 23. Ainsi, Exod. 9. 24. *Ex quo gens illa condita est* (γίγνεσθαι, *γίνεσθαι*) : Cette grêle fut d'une telle grosseur, qu'on n'en avait jamais vu auparavant de semblable dans toute l'étendue de l'Egypte, depuis l'établissement de son peuple.

3° Créer, former de rien ; ce qui n'appartient qu'à Dieu. Coloss. 1. 16. *In ipso condita sunt* (κτίζειν) *universa :* C'est par le Fils de Dieu que tout a été créé. Marc. 13. 19. A quoi se peut rapporter, au sens figuré, Ephes. 2. 15. *Ut duos condat in semetipso in unum novum hominem :* Jésus-Christ par sa doctrine a aboli la loi chargée de tant de préceptes, afin de renouveler et comme créer de nouveau, par la vertu du Saint-Esprit, les Juifs et les Gentils, et de les réunir en lui-même comme membres d'un même corps, pour en former un homme nouveau qui vécût d'une vie toute nouvelle.

4° Garder, mettre en réserve (συνάγειν). Gen. 41. v. 35. 48. *Omne frumentum sub Pharaonis potestate condatur servaturque in ur-*

bibus : Il est de la prudence du roi que tout le blé se serre et se garde dans les villes, et demeure sous la puissance du roi, dit Joseph à Pharaon, en l'avertissant de pourvoir pour les sept années de famine qui devaient arriver dans l'Egypte. Exod. 34. 22. Ruth. 2. 23. 4. Reg. 20. 17. Isa. 23. 18. Jerem. 40. 10. Mais, Deut. 32. 34. s'entend, dans le sens métaphorique, du souvenir et de la mémoire que l'on conserve de quelque chose. *Nonne hæc condita sunt apud me :* Ne tiens-je pas tous ces crimes comme en dépôt pour les venger dans leur temps ?

5° Ensevelir, enterrer (θάπτειν). Gen. 49. 31. *Ibi et Lia condita jacet :* C'est où Lia est encore ensevelie ; sc. dans l'antre double qui est dans le champ d'Ephron l'Héthéen. c. 47. 30.

CONDICERE. Du verbe *dicere*, et signifie décider quelque chose ensemble, le dénoncer, en tomber d'accord, en convenir ensemble : dans l'Ecriture :

1° Convenir de quelque chose avec quelqu'un (τάσσεσθαι. Med.). Exod. 8. 12. *Clamavit Moyses ad Dominum pro sponsione ranarum quam condixerat Pharaoni :* Moïse cria au Seigneur pour la promesse qu'il avait faite à Pharaon de le délivrer des grenouilles au jour qu'il avait marqué : Pharaon avait promis réciproquement à Moïse de laisser aller le peuple. Voy. v. 8.

2° Donner rendez-vous, ou donner jour pour quelque affaire (διαμαρτυρεῖσθαι) 1. Reg. 21. 2. *Nam et pueris condixi in illum et illum locum :* J'ai même donné rendez-vous à mes gens en tel et tel lieu, dit David au grand prêtre Achimélech, feignant d'avoir été député de la part de Saül pour quelque ordre secret. Job. 2. 11. c. 24. 16. Ainsi, Jerem. 47. 7. *Quomodo quiescet cum Dominus ibi condixerit illi* (ἐντέλλεσθαι) *?* Comment l'épée du Seigneur se reposerait-elle, puisque le Seigneur lui a donné ordre de se trouver à Ascalon et dans tout le pays de la côte de la mer ? Cette prophétie parle du roi des Assyriens contre les Iduméens, dont il se devait servir pour exercer sur eux la rigueur de sa justice. La même prophétie est, Ezech. 25. 16. Sophon. 2. v. 4. 5. 6.

CONDICTUM, i. Promesse, accord. Gen. 18. 14. *Juxta condictum revertar ad te* (εἰς τὸν καιρὸν τοῦτον, *ad hoc tempus*) : Je vous reviendrai voir comme je l'ai dit, dans un an : le Seigneur réitère cette promesse qu'il avait faite à Abraham. v. 10.

CONDIGNUS, a, um, ἄξιος, — 1° Digne, qui a mérité. Esth. 6. 11. *Hoc honore condignus est :* C'est ainsi que mérite d'être honoré celui qu'il plaira au roi d'honorer : c'est ce que crie Aman pour honorer Mardochée, selon l'ordre d'Assuérus. Voy. les trois versets précédents.

2° Pareil, égal, qui a de la proportion avec quelque chose, comparable. Rom. 8. 18. *Existimo quod non sunt condignæ passiones hujus temporis ad futuram gloriam :* Je suis persuadé que les (plus grandes) souffrances de la vie présente n'ont point de proportion avec cette gloire que Dieu doit un jour dé-

couvrir dans nous. Tob. 9. 2. *Si me ipsum tradam tibi servum, non ero condignus providentiæ tuæ :* Quand je me donnerais à vous pour être votre esclave, je ne pourrais pas reconnaître dignement tous les soins que vous avez pris de moi, dit le jeune Tobie à l'ange Raphaël, qu'il croyait un homme. 2 Mach. 4. 38.

CONDIRE. De *cum* et de l'ancien verbe *duo* pour *do*, comme qui dirait : *Res plures in unum dare ;* et signifie proprement mêler une ou plusieurs choses avec quelque autre, pour la rendre plus savoureuse et agréable : dans l'Ecriture :

1° Assaisonner (ἀρτύειν). Luc. 14. 34. *Si sal evanuerit, in quo condietur ?* Si le sel devient fade, avec quoi l'assaisonnera-t-on ? Marc. 9. 49. Jésus-Christ compare la vertu des pasteurs au sel. Si ceux qui doivent préserver les autres de la corruption, sont eux-mêmes corrompus, à quoi seront-ils bons ? Levit. 2. 13. Job. 6. 6. Voy. SAL. A quoi se rapporte dans un sens figuré ce qui est dit, Col. 4. 6. *Sermo vester semper in gratia sale sit conditus :* Que votre entretien, étant toujours agréable et édifiant, soit assaisonné du sel de la discrétion.

2° Embaumer. Genes. 50. 2. *Præcepit servis suis Medicis ut aromatibus condirent* (ἐνταφιάζειν) *patrem :* Joseph commanda aux médecins qu'il avait à son service d'embaumer le corps de son père. v. 3. 26.

3° Mêler pour rendre plus délicieux. De là vient cette façon de parler :

Vinum conditum. Vin mêlé de parfums, c'est-à-dire vin de liqueurs, tel que l'hypocras ou autre semblable. Cant. 8. 2. *Dabo tibi poculum ex vino condito* μυρεψικός) : Je vous donnerai un breuvage d'un vin mêlé de parfums. Voy. VINUM.

CONDISCIPULUS, i, συμμαθητής. Qui apprend avec d'autres sous un même maître : dans l'Ecriture :

Condisciple, et qui est du nombre des disciples de Jésus-Christ. Joan. 11. 16. *Dixit Thomas... ad Condiscipulos :* Saint Thomas dit aux autres disciples, (c'est-à-dire aux autres apôtres).

CONDITIO, nis. De *condere.*—1° Condition, loi, traité. Gen. 47. 26. *Libera ab hac conditione fuit :* La seule terre des prêtres a été libre de cet assujettissement ; sc. de payer au roi d'Egypte la cinquième partie du revenu des terres. Levit. 25. 24. *Cuncta regio possessionis vestræ sub redemptionis conditione vendetur :* Dans la terre promise, les Israélites ne pouvaient vendre le fonds que sous la condition de le pouvoir racheter ; soit eux, soit leurs parents. *Voyez*-en la raison v. 23. et l'exception v. 30.

2° Condition, état. Eccli. 3. 19. *Æqua utriusque conditio* (συνάντημα) :L'homme naît, respire et meurt comme les bêtes, quoique son âme soit immortelle.

3° Création (κτίσις). Ezech. 28. 15. *Perfectus in viis tuis a die conditionis tuæ :* Vous étiez parfait dans votre voie au jour de votre création : Le prophète parle du roi de Tyr, dont la vie a été réglée et heureuse dans le commencement. Les Pères, sous la figure de ce roi, entendent le premier ange qui a été parfait jusqu'à sa chute, comme le roi de Babylone est la figure du même ange dans Isa. 14. v. 4. 12. 13. 14.

CONDITOR, is, δημιουργός. —1° Fondateur d'une ville ; ce qui se dit figurément de Dieu. Hebr. 11. 10. *Cujus artifex et conditor Deus* : Dieu même est le fondateur et l'architecte de cette cité ; sc. du ciel, qui est cette Jérusalem céleste.—2° Qui ordonne, qui établit : d'où vient :

Conditor legum. Législateur. Prov. 8. 15. *Per me legum conditores justa decernunt* : C'est par la sagesse que les législateurs ordonnent ce qui est juste (γράφουσι, δικαιοσύνην).

CONDOLERE. Etre affligé ou touché du malheur et de la misère de quelqu'un : prendre part à sa douleur. Hebr. 5.2. *Omnis Pontifex... constituitur... qui condolere* μετριοπαθεῖν *possit iis qui ignorant et errant* : Le pasteur doit être touché de compassion pour ceux qui sont dans l'ignorance et dans l'erreur. Eccli. 37. v. 5. 16.

CONDUCERE, personnel.—1° Mener, amener ensemble ; d'où vient :

Conducere in unum, εἰς τὸ αὐτὸ τιθέναι. Rassembler, réunir. Mich, 2. 12. *In unum conducam reliquias Israel* : Je réunirai les restes d'Israël : ceci s'entend communément de la réunion de toute l'Eglise sous la conduite de Jésus-Christ. Voy. 4 Reg. 17. 4. c. 18. 10. c. 25. v. 6. 7.

2° Louer, et prendre à louage, louer des gens à prix pour travailler (μισθοῦσθαι et μισθοῦν). Matth. 20. 1. *Simile est regnum cœlorum homini patri familias qui exiit primo mane conducere operarios in vineam suam* : Le royaume du ciel est semblable à un père de famille, qui sortit dès la pointe du jour, afin de louer des ouvriers pour travailler à sa vigne. Deut. 23. 4. *Conduxerunt contra te Balaam* : Les Ammonites et les Moabites ont soudoyé contre vous, Balaam : Ceci a rapport à ce qui est dit, Num. 22. v. 5. 6. 7. Ainsi, Judic. 18. 4. Gen. 30. 16. Exod. 20. 16. 2. Par. 24. 12.

Phrase tirée de cette signification.

Conducere milites. Soudoyer, prendre des troupes à la solde (μισθοῦσθαι). 2 Par. 25. 6. *Mercede conduxit de Israel centum millia robustorum* : Amasias prit à sa solde cent mille hommes forts et robustes du royaume d'Israël ; pour lesquels il leur donna cent talents d'argent : c'était pour marcher contre les Iduméens. Voy. v. 11. Mais il ne s'en servit pas, suivant ce que le ciel l'ordre de Dieu. Voy. v. 8. 10. Judic. 4. 4. 2. Reg. 10. 6. 4. Reg. 7. 6. etc. Ainsi, Isa. 7. 20. *In novacula conducta* : Voy. NOVACULA.

CONDUCERE, impersonnel. Etre utile, avantageux, être à propos (ἀγαθὸν εἶναι). Eccl. 7. 1. *Quid necesse est homini majora se quærere, cum ignoret quid conducat sibi in vita sua* ? Est-il nécessaire à un homme de rechercher ce qui est au-dessus de lui, lui qui ignore ce qui lui est avantageux en sa vie. 2 Par. 31. 16.

CONDUCTITIUS, A, UM, (μισθωτής). Qui se loue à quelqu'un pour certain prix, mercenaire. 1 Mach. 6. 29. *Venerunt ad eum exercitus conductitii* : Des troupes auxiliaires des royaumes étrangers et des pays maritimes, et qu'Antiochus Eupator entretenait à ses dépens, vinrent se joindre à celles d'Antiochus, pour marcher contre Judas, qui assiégeait Jérusalem. Voy v. 26.

CONDUCTUM, I. Substantif neutre de *conducere*, et signifie :

Logement pris à louage (μίσθωμα). Act. 28. 30. *Mansit autem biennio toto in suo conducto* : Saint Paul demeura (à Rome) deux ans entiers dans un logis qu'il avait loué. Ce fut au temps qu'il y fut mené prisonnier.

CONDULCARE (γλυκαίνειν). Ce verbe inusité vient de l'adjectif *dulcis*, doux, et signifie :

Rendre doux et agréable ; d'où viennent ces phrases,

Condulcare os. Ne rien dire qui ne soit agréable. Eccli. 27. 26. *In conspectu oculorum tuorum condulcabit os suum* : Le flatteur n'aura devant vous que de la douceur sur la langue.

Condulcare vitam. Rendre sa vie douce et agréable à passer. Eccli. 40. 18. *Vita sibi sufficientis operarii condulcabitur* : La vie de celui qui se contente de ce qu'il gagne de son travail, sera remplie de douceur. v. 32. *In ore imprudentis condulcabitur inopia* : L'insensé trouvera de la douceur à demander son pain ; *Gr*. Il se rend méprisable en se nourrissant des viandes des autres.

CONFABULARI. S'entretenir, parler de quelque chose (λαλεῖν). Job. 7. 11. *Confabulabor cum amaritudine animæ meæ* · Je m'entretiendrai dans l'amertume de mon cœur.

CONFECTUS, A, UM. De *conficere*, et signifie proprement, achevé, terminé : dans l'Ecriture :

Affaibli, abattu, exténué (κοπιᾶν, *defessum esse*). Deut. 25. 18. *Quando eras fame et labore confectus* : Souvenez-vous de quelle sorte Amalech a taillé en pièces ceux de votre armée, qui étaient extrêmement fatigués, lorsque vous étiez vous-mêmes exténués de faim et de travail. Ceci peut bien avoir rapport à ce qui est rapporté, Exod. 17. v. 3. 8. etc. Ainsi, Ruth 1. 12. *Jam enim senectute confecta sum* : Je suis cassée de vieillesse, dit Noémi à ses belles-filles. Thren. 1. 13.

CONFERRE (φέρειν). Porter ou apporter ensemble. Deut. 12. 11. *Illuc omnia quæ præcipio, conferetis holocausta* ; Ce sera dans le lieu que Dieu aura choisi... que vous apporterez tous vos holocaustes, etc. Ce lieu fut premièrement Silo, Voy. 1 Reg. 18. etc. puis le temple de Jérusalem, Voy. 3 Reg. 8. 29. De là vient cette façon de parler :

CONFERRE SE (διαχωρίζεσθαι). — 1° Aller quelque part. 2 Mach. 4. 4. *Ad regem se contulit* : Onias alla trouver le roi Séleucus, il s'adressa au roi pour faire cesser les folles entreprises de Simon contre les Juifs, ne le pouvant autrement.

2° **S'assembler**, conspirer (συγχεῖσθαι, confundi). Sap. 10. 5. *Hoc et in consensu nequitiæ cum se nationes contulissent, scivit justum*: Et lorsque les nations conspirèrent ensemble pour s'abandonner au mal ; c'est elle qui connut le juste, lorsque les Chaldéens et les peuples voisins s'adonnèrent à l'idolâtrie ; la Sagesse connut Abraham par une connaissance d'approbation et d'amour.

§ 1. — **Donner, contribuer** (δοῦναι). 4 Reg. 23. 35. *Argentum et aurum dedit Joakim Pharaoni, cum indixisset terræ per singulos ut conferretur juxta præceptum Pharaonis*: Joachim donna à Pharaon de l'argent et de l'or, selon la taxe qu'il avait faite par tête sur le pays, pour payer le tribut imposé par Pharaon. Il ne l'avait établi roi qu'à condition qu'il lui paierait cent talents d'argent, et un talent d'or. Job. 22. 3. *Quid ei confers, si immaculata fuerit via tua?* (τίς ὠφέλεια, quæ utilitas). Que donnez-vous à Dieu, quand votre conduite sera sans tache? dit Éliphas à Job. Sap. 5. 8. Exod. 30. 16. Isa. 46. 6. 2. Mach. 2. 26. Judith 10. 4. Esth. 16. 2.

§ 2. — **Communiquer, apprendre** quelque chose à quelqu'un (προσανατίθεσθαι). Gal. 2. 6. *Mihi enim qui videbantur esse aliquid, nihil contulerunt*: Ceux de Jérusalem avec qui je conférai de l'Evangile que j'annonce parmi les Gentils, et qui paraissaient les plus considérables, ne me communiquèrent rien, ni autorité nouvelle, ni connaissance des mystères.

§ 3. — **Rejeter**, en parlant d'un crime ou d'une faute dont on se prend à quelqu'un (ἐπιτιθέναι). Judic. 9. 24. *Scelus interfectionis septuaginta filiorum Jerobaal et effusionem sanguinis eorum conferre in Abimelech cœperunt*: Les habitants de Sichem commencèrent à imputer à Abimélech et aux principaux des Sichimites le crime du meurtre de soixante et dix fils de Jérobaal.

§ 4. — **Comparer, priser autant** (συμβαστάζεσθαι). Job. 28. 16. *Non conferetur tinctis Indiæ coloribus*: On ne mettra point la sagesse en comparaison avec les marchandises des Indes. Jerem. 22. 15.

§ 5. — **Méditer, examiner, repasser** en son esprit (συμβάλλειν). Luc. 2. 19. *Maria conservabat omnia verba hæc conferens in corde suo*: Marie conservait toutes ces choses en elle-même, les repassant dans son cœur.

§ 6. — **Demeurer, séjourner** (διατρίβειν). Act. 16. 12. *Eramus autem in hac urbe diebus aliquot conferentes; conferentes pour consistentes*: Nous demeurâmes quelques jours dans la ville nommée *Philippes*; ce fut alors qu'il y vint de Naples. Le verbe διατρίβειν signifie séjourner ou s'entretenir ; ce qui a donné lieu à cette signification.

§ 7. — **S'appliquer** (δοῦναι πρόσωπον). 2 Par. 20. 3. *Totum se contulit ad rogandum Dominum*: Josaphat.... s'appliqua entièrement à Dieu ; *sc.* pour implorer son assistance, lui et tout son peuple, contre les Moabites et les Ammonites assemblés pour lui faire la guerre. Voy. v. 1.

Phrase tirée de la signification de ce verbe.

Conferre cum aliquo, conferre inter se, conferre sermones ad invicem. — 1° **Conférer, consulter, délibérer ensemble**, s'entretenir de quelque chose (ἀντιτίθεσθαί τινι). Gal. 2. 2. *Contuli cum illis Evangelium quod prædico in Gentibus*: Je conférai à Jérusalem avec ceux qui étaient là, de l'Evangile que j'annonce parmi les Gentils. Luc. 24. 17. *Qui sunt hi sermones quos confertis* (ἀντιβάλλειν) *: ad invicem?* De quoi vous entretenez-vous ainsi, dit Jésus-Christ aux deux disciples qui allaient à Emmaüs. Act. 4. 15 ; *Conferebant ad invicem* (συμβάλλειν) : Les chefs du peuple, les sénateurs et les scribes, se mirent à délibérer entre eux sur la raison que saint Pierre leur avait rendue de la guérison du boiteux. Voy. v. 9. Voy. leur délibération, v. 17. 18. Ainsi, c. 16, 12. 2 Mach. 11. 36.

2° **Faire du bien, rendre service** à quelqu'un (συμβάλλεσθαι). Act. 18. 27. *Contulit multum his qui crediderunt*: Apollon servit beaucoup aux fidèles (d'Achaïe) *Gr.* dans plusieurs exemplaires, *par la grâce*, *sc.* dont il était rempli.

CONFERTUS, A UM (πεπιεσμένος). Pressé, foulé, entassé. Luc. 6. 38. *Mensuram bonam et confertam dabunt in sinum vestrum*: On vous versera dans le sein une bonne mesure serrée et entassée ; ceci figure la récompense de la charité, et du bien que l'on fait aux pauvres.

CONFESSIO, NIS (ὁμολογία). Confession, aveu, l'action d'avouer ; dans l'Écriture :

Profession ouverte, déclaration extérieure et publique. Rom. 10. 10. *Ore autem confessio fit ad salutem*: Il faut croire de cœur pour être justifié, et confesser sa foi par ses paroles pour être sauvé. L'Apôtre attribue la justice à la foi, et le salut à la confession ; parce que celui qui est justifié par la foi, ne peut point se sauver qu'il ne fasse profession ouverte de la foi qu'il a dans le cœur. 1. Tim. 6. v. 12. 13.

1° **La foi et la doctrine** dont nous faisons profession dans la religion. Heb. 3. 1. *Considerate Apostolum et Pontificem confessionis nostræ Jesum*: Jésus-Christ est l'apôtre de la religion que nous professons ; parce qu'il l'a annoncée lui-même, et il en est le pontife, parce qu'il y entretient son peuple. c. 4. 14. *Teneamus confessionem*; Demeurons fermes dans la foi et la confession du nom de Jésus. c. 10. 23. 2. Cor. 9. 13.

2° **Louange de Dieu** (ἐξομολόγησις), par laquelle les Israélites publiaient dans les sacrifices, ses faveurs et sa miséricorde, avec le son des instruments, en répétant souvent : *Confitemini Domino quoniam bonus, quoniam in sæculum misericordia ejus.* Ps. 99. 1. *Psalmus in confessione*; Psaume de louange, ou pour la louange. v. 4. *Introite portas ejus in confessione*; Entrez par les portes du tabernacle du Seigneur, en l'honorant par vos louanges. Eccli. 17. 26. *A mortuo quasi nihil, perit confessio*: La louange de Dieu n'est plus pour les morts ; parce qu'ils sont comme s'ils n'étaient plus ; *id est*, les morts ne sont plus capables de louer Dieu. Isa. 38. 19. *Vivens, vivens ipse confitebitur tibi*. Ps. 103. 1. Ps. 111. 3. Ps. 148. 13. etc.

3° Gloire, sujet de louange (ἐξομολόγησις). Ps. 95. 6. *Confessio et pulchritudo in conspectu ejus* : Le Seigneur ne voit devant lui que gloire et que sujets de louange. Tout ce qui l'environne nous porte à le glorifier, et lui rendre des actions de grâces. Ps. 110. 3. *Confessio et magnificentia opus ejus* : Tout ce qu'il fait publie sa louange et sa grandeur; *autr.*, La gloire et la magnificence éclatent dans ses ouvrages. Ps. 148. 13. *Confessio ejus super cœlum et terram* : Le ciel et la terre sont pleins de la gloire du Seigneur. 1. Par. 16. 27. Ps. 103. 2. De là vient :

CONFESSIONEM DARE (ὑμνεῖν). Rendre gloire et honneur. Eccli. 47. 9. *In omni opere dedit confessionem* : David a rendu gloire à Dieu dans toutes ses œuvres. 1. Esd. 10. 11. Eccli. 17. 25.

CONFESTIM (παράχρημα, εὐθέως). Ce mot, qui vient de *festinare*, est mis comme pour *confertim*; comme qui dirait, *Confertis et condensatis gressibus*.

1° Incontinent, aussitôt après. Ps. 39. 21. *Ferant confestim confusionem suam qui dicunt mihi; Euge, Euge* ; Que ceux qui me disent des paroles de raillerie et d'insulte, en reçoivent promptement la honte. Jésus-Christ demande à son Père qu'il confonde les Juifs par la gloire de sa résurrection. Matth. 26. 49. Ainsi, Matth. 3. 16. *Confestim ascendit de aqua* : Jésus ayant été baptisé, sortit aussitôt hors de l'eau. Voy. Marc. 1. 10. *Statim ascendens de aqua, vidit* : Aussitôt que Jésus fut sorti de l'eau, il vit les cieux ouverts.

2° Sur l'heure même, sur-le-champ. Matth. 8. 3. *Et confestim mundata est lepra ejus* : A l'instant (que Jésus eut touché ce lépreux, et qu'il eut dit : Je veux vous guérir, soyez guéri) sa lèpre fut guérie. Isa. 29. 6. *Eritque repente confestim* : Tous ces maux surprendront en un moment Jérusalem. Cette répétition marque la surprise et la célérité. Voy. REPENTE.

CONFICERE. Ce verbe composé de *facere*, signifie deux choses opposées : 1° Faire, achever, terminer ; 2° Abattre, ruiner, perdre, consumer, tuer, procurer, amasser.

1° Faire, confectionner. Exod. 5. 7. *Nequaquam ultra dabitis paleas populo ad conficiendos lateres* : Vous ne donnerez plus comme auparavant, de paille au peuple d'Israël pour faire leurs briques, ordonna Pharaon à ceux qui avaient l'intendance des ouvrages. c. 35. 8.

2° Affaiblir, abattre, consumer, ruiner (σφακελίζειν). Levit. 26. 16. *Visitabo vos in ardore qui conficiat oculos vestros* : Je vous punirai par une ardeur qui desséchera vos yeux. L'Ecriture marque les punitions des Juifs pour le violement de la loi de Dieu. Gen. 41. 3. *Aliæ quoque septem fœdæ confectæque macie* : Il sortit du Nil sept autres vaches horribles et extraordinairement maigres. Voyez ce qu'elles figuraient, v. 27.

CONFIDENTER (ἐν παρρησίᾳ).—1° Hardiment et avec assurance ou confiance. Coloss. 2. 15. *Et expolians principatus et potestates traduxit confidenter palam triumphans* : Jésus-Christ ayant désarmé par sa Passion les principautés et les puissances, il les a menées hautement comme en triomphe. Gen. 44. 18. 2. Par. 20. 17. c. 25. 11. Levit. 13. 37.

2° Hardiment, avec témérité et présomption (ἀσφαλῶς). Gen. 34. 25. *Simeon et Levi gladiis ingressi sunt urbem confidenter* : Siméon et Lévi entrèrent hardiment dans la ville l'épée à la main ; ils s'y vengèrent de la violence que Sichem avait faite à leur sœur Dina. Voy. v. 26.

3° Avec assurance et sécurité, en pleine paix et en repos (πεποιθώς). Prov. 10. 9. *Qui ambulat simpliciter, ambulat confidenter* : Celui qui marche simplement dans sa conduite, marche en assurance ; de là vient *Habitare confidenter* : habiter, demeurer en assurance. Deut. 33. 12. *Habitabit confidenter in Domino* : Benjamin habitera dans le Seigneur avec confiance. Moïse prédit la demeure que Dieu devait faire dans le temple de Jérusalem, qui était de cette tribu. 1. Reg. 12. 11. etc.

CONFIDENTIA, Æ. (πεποίθησις). Confiance, présomption.

1° Confiance qu'on a en quelqu'un. Ephes. 3. 12. *In quo habemus fiduciam et accessum in confidentia per fidem ejus* : C'est par la foi en Jésus-Christ que nous avons accès auprès de Dieu, pouvant nous en approcher avec confiance. 2. Cor. 8. 22. *Misimus autem cum illis et fratrem nostrum confidentia multa in vos* : Nous avons encore envoyé avec eux un autre de nos frères, et nous nous assurons que vous les recevrez bien. Saint Paul parle de Tite et de deux autres qu'il envoie recueillir les aumônes pour les pauvres de Jérusalem. c. 1. 15. Philip. 3. 4.

2° Fermeté de courage et liberté ; soit pour punir les crimes. 2. Cor. 10. 2. *Ne præsens audeam per eam confidentiam qua existimor audere* : Je vous prie qu'étant présent, je ne sois point obligé d'user avec confiance *de cette hardiesse qu'on m'attribue* ; soit pour confesser sa foi avec assurance (παρρησία). Heb. 10. 35. *Nolite itaque amittere confidentiam vestram* : Ne perdez point la confiance que vous avez, ou la liberté de confesser votre foi avec assurance.

3° Protection, appui, support (ἐλπίς). Jerem. 2. 37. *Obtrivit Dominus confidentiam tuam* : Le Seigneur brisera cet appui où vous avez mis votre confiance. Ezech. 29. 16. *Neque erunt ultra domui Israel in confidentia* : Les Egyptiens ne seront plus l'appui et la confiance des enfants d'Israël. Cette confiance des Israélites est exprimée, Thren. 4. 17.

4° Repos, sécurité (ἐλπίς). Sophon. 2. 15. *Hæc est civitas gloriosa habitans in confidentia* : Voilà, dira-t-on (de Ninive) cette orgueilleuse ville qui se tenait si fière et si assurée ; le Prophète en prédit la ruine. Ezech. 30. 9.

CONFIDERE (πεποιθέναι).—1° Se fier, s'appuyer, mettre sa confiance. Jer. 17. 5. *Maledictus homo qui confidit in homine* : Maudit est l'homme qui met sa confiance en l'homme ; le Prophète dit ceci à l'occasion de la confiance que les Juifs mettaient plutôt dans les

Egyptiens qu'en Dieu. v. 7. *Benedictus qui confidit in Domino :* Heureux est l'homme qui met sa confiance au Seigneur. Ps. 117. 8. Prov. 11. 28. Ainsi, c. 28. 26. *Qui confidit in corde suo stultus est; id est, in animo et consiliis :* Celui qui met sa confiance dans son courage, sa sagesse et sa prudence est un insensé. Judic. 20. 22. *Filii Israel et fortitudine et numero confidentes :* Les enfants d'Israel s'appuyant sur leur force et sur leur grand nombre, se remirent en bataille; ils marchèrent par l'ordre de Dieu ; mais il permet qu'ils soient vaincus, à cause de leur vaine confiance en leurs forces. Et il les punit en même temps de ce qu'étant si zélés contre leurs frères, ils l'étaient si peu contre eux-mêmes , pour châtier leurs propres crimes. *Theodor. Hieron.* Ps. 145. 2. *Nolite confidere in principibus ;* Gardez-vous bien de mettre votre confiance dans les princes. Les Juifs retenus captifs parmi les Babyloniens, se confiaient peut-être trop dans la protection de quelque prince, tel qu'était Cyrus, que les prophètes leur avaient prédit devoir être leur libérateur. Voy. Isa. 44. 28. c. 45. v. 1. 4.

2° Présumer, s'attribuer quelque chose avec complaisance et vanité, s'en glorifier. Rom. 2. 19. *Confidis te ipsum esse ducem cœcorum :* (Vous qui portez le nom de Juif) vous vous persuadez être le conducteur des aveugles. L'Apôtre fait voir que les Juifs ne peuvent non plus être sauvés, en ne s'appuyant précisément que sur les œuvres de la loi écrite; que les Gentils le peuvent être, en ne s'appuyant que sur les œuvres de la loi de nature.

3° Se tenir comme assuré de la fidélité de quelqu'un, avoir bonne espérance et bonne opinion de lui (θαρρεῖν). 2. Cor. 7. 16. *Gaudeo quod in omnibus confido in vobis :* Je me réjouis de ce que je puis me promettre tout de vous. c. 2. 3. Gal. 5. 10. Philipp. 2. 24. 2. Thess. 3. 4. Philem. 21. Hebr. 6. 9.

4° Croire certainement, être persuadé en soi-même. Hebr. 13. 18. *Confidimus quia bonam conscientiam habemus in omnibus bene volentes conversari :* Nous ne croyons pas en notre conscience avoir autre désir que de nous bien conduire en toutes choses. Philipp. 1. v. 6. 25. 2. Mach. 9. 27.

5° Etre assuré, et ne point s'étonner, ne rien craindre; ce qui s'entend; soit en bonne part d'une assurance bien fondée (πεποιθέναι, θαρρεῖν). Prov. 28. 1. *Justus quasi leo confidens :* Le juste est hardi comme un lion. Eccli. 4. 16. D'où viennent ces façons de parler. Matth. 9. 2. *Confide, fili;* Ayez confiance, dit Jésus-Christ au paralytique, v. 22. Marc. 6. 50. Ainsi, Joan. 16. 33. *Confidite;* Ayez confiance (en moi) dit Jésus-Christ à ses apôtres, et aux autres fidèles; soit en mauvaise part, se croire assuré, avoir une fausse confiance (θαρρεῖν, πεποιθέναι). Prov. 14. 16. *Stultus transilit et confidit ;* L'insensé se croit en sûreté. Isa. 32. v. 9. 11. *Conturbamini, confidentes;* Pâlissez, femmes audacieuses. 2. Cor. 10. 1. *Confido in vobis;* Gr. *in vos :* J'agis envers vous avec hardiesse :

les Corinthiens disaient que saint Paul était trop hardi quand il était absent.

CONFIGERE (πηγνύναι, ἐμπηγνύναι).—1° Percer, transpercer. 1. Reg. 19. 10. *Nisusque est Saul configere* (πατάσσειν) *David :* Saül tâcha de percer David avec son dard. Judith. 6. 4. Mais ce mot est pris dans le sens figuré, Ps. 31. 4. *Conversus sum in ærumna mea, dum configitur spina :* Je me suis tourné vers vous; autr., de tous côtés, pendant que j'étais percé par la pointe de l'épine. Le Prophète peut bien parler ici des douleurs qu'il avait pu ressentir dans quelque grande maladie après son péché, ou de la douleur qu'il sentait en lui-même de se voir dans la disgrâce de Dieu. — 2° Pendre, attacher en croix 1. Esdr. 6. 11. *Erigatur et configatur* (κρημᾶσθαι) *in eo :* Si quelqu'un contrevient à cet édit fait en faveur des Juifs, qu'on plante en terre une pièce de bois de sa maison, et qu'on l'y attache; c'est l'édit de Darius pour rebâtir Jérusalem et le temple. Zach. 12. 10. c. 13. 3.

3° Lier, attacher (δεῖν, *ligare.*) Nahum. 3. 10. *Optimates ejus confixi sunt in compedibus :* Les plus grands seigneurs du peuple d'Egypte ont été chargés de fers, ou par Nabuchodosor, ou par son fils.

§1. Arrêter, réprimer, mortifier. Ps. 118. 120. *Confige* (καθηλοῦν) *timore tuo carnes meas :* Arrêtez par votre crainte comme avec des clous mes affections charnelles. Gal. 2. 19. *Christo confixus sum cruci :* J'ai été crucifié avec Jésus-Christ; id est, toutes mes affections vicieuses sont mortifiées (συσταυροῦν, *configere cruci).*

§ 2. — Maltraiter, outrager (πτερνίζειν). Prov. 22. 23. *Configet eos qui confixerunt animam ejus :* Dieu punira rigoureusement celui qui maltraite le pauvre. Malach. 3. v. 8. 9. *Vos configitis me :* Vous m'avez outragé, dit Dieu par son prophète au peuple qui ne payait pas les dîmes. C'est ainsi qu'on peut entendre ce mot, Zach. 12. 10. *Aspicient ad me quem confixerunt :* Ils jetteront les yeux sur moi qu'ils ont crucifié. D'après le Grec, on peut traduire : qu'ils ont offensé par leurs crimes, afin d'obtenir, par une sincère pénitence, le pardon de tant d'outrages qu'ils m'ont faits (ἀνθ' ὧν κατωρχήσαντο). Voy. DOMUS DAVID.

CONFIGURATUS, A, UM. Ce mot inusité chez les Latins, vient de *figura,* et signifie dans l'Ecriture :

1° Qui devient conforme (συμμορφιζόμενος). Philipp. 3. 10. *Configuratus morti ejus :* Je deviens conforme à la mort de Jésus-Christ. v. 21. *Reformabit corpus humilitatis nostræ configuratum corpori claritatis suæ* (σύμμορφος) : Jésus-Christ changera notre corps, tout vil et corruptible qu'il est ; en un corps glorieux et conforme à la clarté du sien.

2° Qui se rend semblable, qui vit conformément (συσχηματιζόμενος). 1 Petr. 1.14. *Quasi filii obedientiæ non configurati prioribus ignorantiæ vestræ desideriis :* Ne vous laissant point emporter aux anciennes passions, auxquelles vous vous abandonniez dans le temps de votre ignorance : les mœurs, i. e.

les actions bonnes ou mauvaises, sont comme le vêtement ou la figure qui nous environne.

CONFINGERE. Controuver, façonner.
Feindre, inventer. Deut. 18. 22. *Per tumorem animi sui Propheta confinxit:* Si ce qu'un prophète a prédit au nom du Seigneur n'arrive point, c'est une marque que ce prophète l'avait inventé, par l'orgueil et la présomption de son esprit. Cette règle regarde les prophéties absolues, et non celles qui sont énoncées sous condition ; comme on voit dans Jonas; c. 3. v. 4. 10.

CONFINIS (ὅμορος). De *fines, ium.*
1° Voisin, proche, tenant. 2. Par. 21. 16. *Qui confines sunt Æthiopibus:* Les Arabes sont voisins des Ethiopiens. Voy. ARABS. Baruch. 4. v. 9. 14. (Gr. πάροικος). Judic. 11. 13.

2° Qui appartient, qui est de la dépendance (προσκυροῦν). 1. Mach. 10. 39. *Ptolemaida, et confines ejus quas dedi donum sanctis qui sunt in Jerusalem :* Je donne Ptolemaïde et son territoire en don au sanctuaire de Jérusalem, dit Démétrius aux Juifs. c. 11. v. 28. 34.

CONFINES, IUM. subst. — 3° Etat, terre, et pays d'un souverain (ὅρια, *fines*). 1. Mach. 14. 2. *Audivit Arsaces quia intravit Demetrius confines suos :* Arsacès apprit que Démétrius était entré sur ses états.

CONFINIUM (ὅριον). Frontières, voisinage.
Frontière, limite. Judic. 11. 18. *Arnon quippe confinium est terræ Moab:* Arnon est la frontière de la terre de Moab. Ezech. 45. 9. *Separate confinia vestra :* Marquez les limites de vos terres, en les séparant d'avec celles de mon peuple, dit Dieu aux princes des Israélites, qui avaient pris les terres des pauvres.

CONFIRMARE (στηρίζειν, βεβαιοῦν).—1° Affermir, rendre ferme et assuré Ps. 50. 14. *Spiritu principali confirma me:* Affermissez-moi, en me donnant un esprit de force. Voy. PRINCIPALIS. Coloss. 2. 7. *Confirmati fide:* Etant fortifiés dans la foi. Ps. 88. 22. Job. 4. 4. Eccli. 51. 25. etc.

2° Ratifier, accomplir ce qui a été dit ou promis (κυροῦν). Gal. 3. 15. *Hominis confirmatum testamentum, nemo spernit:* Nul ne peut casser un testament, qui est confirmé, v. 17. Hebr. 9. 17. Marc. 16. 20. *Domino cooperante et sermonem confirmante:* Le Seigneur coopérait avec les apôtres et les disciples qui prêchaient l'Evangile, et confirmait sa parole par les miracles qui l'accompagnaient. 1. Cor. 1. 6. *Sicut testimonium Christi confirmatum est in vobis :* Ce qui a confirmé en nous le témoignage qu'on vous a rendu de Jésus-Christ. Rom. 15. 8. Eccli. 29. 3. Ezech. 18. 6. Dan. 6. 8. c. 9. 27. Ps. 116. 2.

3° Etablir, rendre stable et fixe, affermir, consacrer sous le nom de (ἐπονομάζειν), 2. Par. 12. 13. *Jerusalem elegit Dominus, ut confirmaret nomen suum ibi:* Le Seigneur a choisi Jérusalem pour y établir la gloire de son nom. Jérusalem était la figure de l'Eglise. Voy. c. 6. 6. Ps. 131. 13. Ainsi, Ps. 40. 13. *Confirmasti me in conspectu tuo in æternum:* Vous m'avez établi et affermi pour toujours devant vous, dit David à Dieu. Ps. 110. 8. *Mandata ejus confirmata in sæculum sæculi:* Les préceptes du Seigneur sont stables dans tous les siècles. Eccli. 22. 19. c. 40. 19. c. 43. 28.

4° Rendre ferme et solide (κραταιοῦν). Ps. 73. 13. *Tu confirmasti in virtute tua mare:* C'est vous qui avez affermi la mer par votre puissance, en resserrant ses eaux, dont vous fîtes comme deux murs, pour y faire passer les Israélites. Exod. 14. 22. *Erat enim aqua quasi murus a dextra eorum et læva.* Act. 3. 19. *Hunc quem vidistis et nostis confirmavit nomen ejus* (στερεοῦν) : C'est sa puissance qui, par la foi en son nom, a affermi les pieds de cet homme. v. 7. *Protinus consolidatæ sunt bases ejus.*

5° Soutenir, appuyer, maintenir (ἐπιστηρίζειν), Ps. 20. 6. *In te confirmatus sum ex utero :* Je me suis appuyé sur vous dès mon enfance ; *autr.* Vous m'avez conservé et fait croître dans le sein de ma mère. 2. Par. 11. 17. *Confirmaverunt Roboam* (κατισχύειν) : Ils appuyèrent et soutinrent Roboam. Ps. 36. 17. Ps. 103. 16. Ps. 79. v. 16. 18. etc. Ainsi, Eccli. 38. 39. *Creaturam ævi confirmabunt* (στηρίζειν) : Les artisans ne maintiennent l'état de ce monde qu'en entretenant ce qui se passe avec le temps. Voy. CREATURA.

6° Achever, accomplir, et faire réussir, mettre en exécution (πληροῦν). Ps. 19. 5. *Omne consilium tuum confirmet:* Que le Seigneur accomplisse tous vos desseins. Ps. 67. 26. Eccli. 39. 33. *In furore suo confirmaverunt tormenta sua:* Ces esprits augmentent par leur fureur les supplices des méchants : ces esprits sont les démons, exécuteurs de la justice de Dieu.

7° Appuyer sur quelque chose, appesantir (ἐπιστηρίζειν). Ps. 37. 3. *Confirmasti super me manum tuam:* Vous avez appesanti votre main sur moi. Ps. 87. 8. Cet appesantissement marque la force du bras.

8° Encourager, fortifier (στηρίζειν). Luc. 22. 32. *Tu aliquando conversus, confirma fratres tuos :* Lorsque vous serez convertis, ayez soin d'affermir vos frères. Act. 15. 32. c. 18. 23. Rom. 1. 11. 1. Cor. 1. 8. 2. Cor. 2. 21. etc. Ainsi, Ps. 37. 20. *Confirmati sunt super me* (κραταιοῦν) : Mes ennemis, dit David, se sont fortifiés de plus en plus contre moi.

9° Assurer et faire connaître par des preuves effectives (κυροῦν). 2. Cor. 2. 8. *Obsecro vos ut confirmetis in illum charitatem:* Je vous prie de lui donner des preuves effectives de votre charité : l'Apôtre parle de l'incestueux.

10° Assurer avec force et autorité (διαβεβαιοῦν). Tit. 3. 8. *Fidelis sermo est et de his volo te confirmare:* Je veux que vous affermissiez et assuriez constamment les fidèles de cette vérité, je veux que vous les en persuadiez. Eccli. 39. 38.

11° Assurer la possession de quelque chose. Gen. 23. 17. *Confirmatusque est ager quondam Ephronis Abrahæ in possessionem :* Le champ qui avait été autrefois à Ephron, fut livré et assuré à Abraham, comme un bien qui était à lui, après l'avoir acheté en présence de témoins, quatre cents sicles d'argent.

CONFIRMATIO, NIS (βεβαίωσις). — 1° Affermissement, accroissement. Philipp. 1. 7. *In defensione et confirmatione Evangelii*: Pour la défense et l'affermissement de l'Evangile. — 2° Certitude et assurance. Heb. 6. 16. *Omnis controversiæ finis ad confirmationem est juramentum*: Le serment termine toutes les difficultés, et arrête tous les doutes. — 3° Etablissement, possession assurée (κατάσχεσις). Eccli. 4. 17. *Erunt in confirmatione creaturæ illius*: Les enfants *ou* les descendants de celui qui a confiance en la sagesse, s'établiront dans sa possession.

CONFITERI (ὁμολογεῖν, ἐξομολογεῖν). 1° Avouer, déclarer une chose telle qu'elle est. Gen. 26. 7. *Soror mea est, timuerat enim confiteri quod sibi esset sociata conjugio*... Les Philistins demandant à Isaac qui était Rebecca, il leur répondit que c'était sa sœur, craignant que, s'il avouait qu'elle fût sa femme, ils ne formassent le dessein de le tuer, à cause de la beauté de Rebecca. c. 41. 9. *Confiteor peccatum meum* (ἀναμιμνήσκειν, *in memoriam revocare*): Je confesse ma faute dit l'échanson à Pharaon: cette faute est d'avoir mérité la disgrâce du roi. Voy. c. 40. v. 1.

2° Publier, déclarer hautement, reconnaître publiquement. Matth. 7. 23. *Tunc confitebor illis, quia numquam novi vos*: Au dernier jour plusieurs me diront: Seigneur, Seigneur, n'avons-nous pas prophétisé en votre nom, etc. et je leur déclarerai: Je ne vous ai jamais connus. c. 10. 32. *Omnis qui confitebitur me coram hominibus, confitebor et ego eum coram patre meo*: Quiconque me confessera et me reconnaîtra devant les hommes, je le reconnaîtrai aussi moi-même devant mon Père, dit Jésus-Christ. Luc. 12. 8. Joan. 1. 20. Rom. 14. 11. Philipp. 2. 11. Tit. 1. 16. Heb. 11. 3. etc. Cette profession publique, suivant l'usage des Juifs Hellénistes, s'exprime par le verbe Heb. ידה au Hiphil, qui a plus de force que le Grec ὁμολογεῖν, d'où vient le mot latin *confessor*, qui marquait celui qui souffrait ou qui avait souffert pour le nom de Jésus-Christ. 1. Tim. 6. 12. *Confessus bonam confessionem coram multis testibus*: Vous Timothée, qui avez si courageusement confessé la Foi en présence de plusieurs témoins. Cette confession de Jésus-Christ renferme la Foi, accompagnée de la Charité.

3° Promettre avec serment (ὀμνύειν). Act. 7. 17. *Cum autem appropinquaret tempus promissionis quam confessus erat Deus Abrahæ*: Comme le temps de la promesse que Dieu avait faite à Abraham s'approchait, qui était de mettre sa postérité en possession de la terre de Chanaan. Il s'en fallait encore près de cent ans; mais devant Dieu, mille ans sont comme un jour.

4° Louer, célébrer, rendre publiquement des actions de grâces (ἀνθομολογεῖσθαι). Luc. 2. 38. *Confitebatur Domino*: Anne la prophétesse se mit à louer le Seigneur; (Gr. ἀνθωμολογεῖτο, loua à son tour). Ce fut au temps de l'oblation de Jésus-Christ au temple où elle survint. Gen. 29. 35. *Modo confitebor Domino*: Maintenant je louerai le Seigneur; ce que dit ici Lia accouchant de son quatrième fils, fut cause qu'elle l'appela *Juda*. Ce mot se trouve souvent en ce sens dans les Psaumes, et marque, comme ailleurs, le sentiment de ceux qui louent, avouent et reconnaissent les belles actions, ou les bienfaits de celui qu'ils relèvent par leurs louanges. Luc. 10. 21. *Confiteor tibi, Pater*; Je vous rends gloire, mon Père. Matth. 11. 25. Rom. 15. 9. Ps. 91. 2. Ps. 104. Ps. 105. Ps. 106. etc. Ainsi, Eccli. 17. v. 26. 27. *Ante mortem confitere*: Louez Dieu avant la mort: ce n'est que pendant la vie que toutes les louanges que l'on publie de Dieu, et les bonnes actions sont méritoires, et non après la mort.

Façon de parler tirée de la seconde signification.

Confiteri peccata, iniquitates. — 1° Avouer sa faute, la découvrir (ὁμολογεῖν; ἐξηγεῖσθαι). Dan. 13. 14. *Confessi sunt concupiscentiam suam*: Ces deux vieillards s'entr'avouèrent leur passion criminelle pour Suzanne. v. 10. 11. Gen. 41. 9. Num. 5. 7. Jos. 7. 19. Esth 12. 3. Eccli. 4. 31. c. 20. 1. Ainsi, Prov. 28. 13. *Qui confessus fuerit et reliquerit (scelera sua), misericordiam consequetur*: Celui qui confesse ses péchés et qui s'en retire, obtiendra miséricorde. Levit. 16. 21. Dan. 9. 3. 2. Esd. 1. 6.

2° Confesser ses péchés en particulier et en détail, avec douleur et résolution de s'en corriger (ἐξομολογεῖσθαι). Matth. 3. 6. *Baptizabantur ab eo confitentes peccata sua*: Ils confessaient leurs péchés, et étaient baptisés par saint Jean dans le Jourdain. Le baptême de saint Jean était une profession extérieure de pénitence, et ceux qui en étaient baptisés, demandaient à saint Jean les avis nécessaires pour mieux vivre. Voy. Luc. 3. depuis, v. 10. jusqu'au v. 15. Ainsi, Marc. 1. 5. Act. 19. 18. 1. Joan. 1. 9. *Si confiteamur peccata nostra, fidelis est et justus ut remittat*: Si nous confessons nos péchés, Dieu est fidèle et juste pour nous les remettre. Jac. 5. 16. *Confitemini alterutrum peccata vestra*: Cela s'entend des péchés que l'on se découvre les uns aux autres pour demander avis, et le secours des prières, ou même que l'on découvre sacramentalement aux prêtres, selon le sentiment de plusieurs; mais la confession qui se doit faire au prêtre, est suffisamment prouvée ailleurs; comme Joan. 20. 23. *Quorum remiseritis peccata, remittuntur eis*: Les péchés seront remis à ceux à qui vous les remettrez, dit Jésus-Christ à ses disciples; parce qu'on ne peut remettre une faute qu'on ne la connaisse; et on ne la peut connaître, que parce qu'elle est confessée. L'usage de confesser ses péchés se voit, Levit. 5. v. 5. 18. c. 26. 40. Num. 5. 7.

Les Juifs étaient obligés de confesser leurs péchés avec cet ordre et cette méthode:

1° Devant le prêtre, en déclarant distinctement le péché pour lequel ils faisaient pénitence, promettant de n'y plus retourner.

2° En mettant les mains sur la tête et entre les cornes de l'hostie qui devait être immolée pour le péché. Voy. Levit. 5. et Num. 5.

CONFLARE (χωνεύειν), de *flare*, et signifie souffler ensemble, fondre, forger, faire, exciter.

Jeter en fonte une statue ou autre chose, fondre, forger. Exod. 28. 26. *Centum talenta argenti e quibus conflatæ sunt bases sanctuarii*: On offrit cent talents d'argent, dont furent faites les bases du sanctuaire. c. 37. 3. Isa. 40. 19. c. 44. 10.

Phrases tirées de cette signification dans le sens métaphorique.

Aurum et argentum suum conflare. Fondre son or et son argent pour en faire des balances pour peser ses paroles; c'est se servir de tout ce qu'on peut avoir de connaissance et d'amour de Dieu, pour ne parler qu'avec poids et mesure (συνδεῖν, *colligare* ou *colligere*). Eccli. 28. 29. *Aurum tuum et argentum tuum confla*: Fondez votre or et votre argent, et faites une balance pour peser vos paroles (καταδεῖν). Voyez Aurum, Argentum.

Conflare furorem et indignationem suam super locum aliquem. Faire fondre ou répandre sa fureur et son indignation sur quelque lieu (χέειν). Jerem. 7. 20. *Ecce furor meus et indignatio mea conflatur super locum istum*: Ma fureur et mon indignation s'est embrasée et va se répandre sur vous : la métaphore est tirée du métal qui se répand lorsqu'il fond. c. 42. 18. c. 44. 6.

Conflare gladios suos in vomeres. Forger des socs de charrue de ses épées, c'est jouir d'une parfaite paix, sans songer davantage à la guerre. Isa. 2. 4. *Conflabunt gladios in vomeres* : Au temps du Messie, les peuples forgeront de leurs épées des socs de charrue : ce qui marque dans le prophète Michée, c. 4. 3, la défaite des ennemis de Jésus-Christ; à quoi est opposé forger des épées du coutre de ses charrues. Voyez Concedere.

Façon de parler tirée de cette même signification dans le sens figuré.

Ignis conflans (πῦρ χωνευτηρίου), feu qui fond les métaux. Malach. 3. 2. *Ipse quasi ignis conflans* : Le prophète, sous la figure d'un feu ardent, capable de fondre et purifier les métaux, représente Jésus-Christ dans son premier avènement, tout brûlant du feu de la charité dont il embrase, et les prêtres, qui sont les ministres du sacrifice qu'il était venu offrir à son Père, et généralement tous les chrétiens, qui sont aussi en leur manière participants de son sacerdoce royal.

1° Former et produire. Job. 28. 1. *Auro locus est in quo conflatur* (διηθεῖν) : L'or a un lieu où il se forme; *autr.* où il se fond

2° Assembler, amasser. 4. Reg. 22. 9. *Conflaverunt* (χωνεύειν) *servi tui pecuniam quæ reperta est in domo Domini* : Vos serviteurs ont amassé tout l'argent qui s'est trouvé dans la maison du Seigneur : le secrétaire Saphan témoigne à Josias qu'on a donné cet argent pour payer les ouvriers du temple, selon l'ordre qu'il en avait donné. v. 4. 5. 6. Ainsi, 2. Par. 34. 17.

3° Examiner, éprouver, épurer par les afflictions (πυροῦν). Jerem. 9. 7. *Ecce ego conflabo et probabo eos* : Je vais faire passer par le feu les habitants de Jérusalem, et les éprouver (ἀργυροκοπεῖν, *argentum conflare*). c. 6. 29. *Frustra conflavit conflator* : Dieu a perdu sa peine (pour ainsi parler) en voulant purifier les habitants de la Judée de leur malice et de leurs péchés : la métaphore est tirée de ce que fait un orfèvre qui tâche de purifier l'or ou l'argent de leur écume. Dan. 11. 35.

4° Perdre, ruiner, consumer. Ezechiel. 22. 20. *Requiescam et conflabo* (χωνεύειν) *vos* : Je me satisferai, et je vous éprouverai par le feu et vous consumerai. Le prophète dit, v. 18, qu'ils ne sont tous que de l'écume, et Dieu la veut séparer de l'argent.

CONFLATILIS, E (χωνευτός). Qui est de fonte, qui se jette en fonte. Exod. 34. 17. *Deos conflatiles non facies tibi* : Vous ne vous ferez point de dieux qu'on jette en fonte. Levit. 19. 4. Exod. 32. 8. *Fecerunt sibi vitulum conflatilem* : Les Israélites se sont fait un veau jeté en fonte, dit Dieu à Moïse. Isa. 30. 22. Par ces dieux de fonte doivent s'entendre par synecdoche toutes les idoles faites de quelque façon que ce soit, selon ce que dit saint Augustin, l. 2. Locut. *Non enim quia fusiles* (i. e. *conflatiles*) *tantummodo nominavit, fieri sculptiles, ductiles, fictilesque permisit*.

CONFLATILE, is (χωνευτόν). Cet adjectif neutre, pris ici comme substantif, signifie :

Idole jetée en fonte. Deut. 27. 15. *Maledictus homo qui facit sculptile et conflatile* : Maudit celui qui fait une image de sculpture ou jetée en fonte. Isa. 42. 17. Nahum. 1. 14. Voyez Interficere.

CONFLATIO (χώνευσις), de *conflare*, et signifie dans l'Ecriture :

Ouvrage jeté en fonte. Jerem. 51. 17. *Mendax est conflatio eorum* : L'ouvrage de ceux qui font ces statues n'est que mensonge : l'Ecriture parle des idoles.

CONFLATOR, oris, de *conflare*, et signifie dans l'Ecriture :

Celui qui fond du métal, qui le jette en fonte (χρυσοχόος). Jerem. 51. 17. *Confusus est omnis conflator in sculptili* : L'ouvrier qui jette en fonte une idole n'en tire que de la confusion. Jerem. 6. 29.

CONFLATORIUM, ii (χωνευτήριον, Sept. πύρωσις, *ignitio*). Fourneau, fonderie; de plus : Creuset où l'on éprouve l'argent. Prov. 27. 21. *Quomodo probatur in conflatorio argentum, sic probatur homo ore laudantis* : Comme l'argent s'éprouve dans le creuset, ainsi l'homme est éprouvé par ce qui obtient ses louanges. Selon le Grec : Par la bouche de ceux qui le louent.

CONFLICTATIO, nis. Attaque, choc, rencontre de deux corps.

Dispute et contradiction (παρατριβή). 1. Tim. 6. 5. *Ex quibus oriuntur conflictationes hominum mente corruptorum* : Des questions inutiles naissent les disputes pernicieuses.

CONFLIGERE, combattre avoir un démêlé.

Combattre, en venir aux mains (ἐμφέρεσθαι, *impetum facere*). 2. Mach. 15. 17. *Statuerunt dimicare et confligere fortiter* : Les soldats de Judas, après ses exhortations, résolurent d'attaquer et de combattre vigoureusement les ennemis, Nicanor et son armée.

CONFLUERE, couler ensemble, en parlant des eaux; dans l'Ecriture, il signifie dans le sens figuré :

Venir en foule, s'assembler de plusieurs lieux (προσάγεσθαι). Dan. 13. 4. *Ad ipsum confluebant Judæi* : Les Juifs allaient souvent chez Joakim, parce qu'il était le plus considérable de tous.

Phrase tirée de cette signification.

Confluere ad bona Domini. Venir en foule et de tous côtés pour participer aux grâces et aux dons spirituels que Dieu répand sur les fidèles dans son Eglise (ἥκειν) : ces grâces sont figurées par le blé, le vin et les autres biens temporels. Jerem. 31. 12. *Confluent ad bona Domini, super frumento et vino*, etc. Au temps que le Messie aura racheté le peuple d'Israël, ils accourront en foule pour jouir des biens du Seigneur, du froment, du vin, etc.

CONFODERE, fouir la terre; dans l'Ecr. : Percer quelqu'un, le blesser à mort, le tuer (πατάσσειν). 2. Reg. 2. 22. *Noli me sequi, ne compellar confodere te in terram* : Retirez-vous, ne me suivez pas davantage, de peur que je ne sois obligé de vous passer mon dard au travers du corps, dit Abner à Asaël dont il était poursuivi. c. 18. 11, etc.

CONFORMARE (συσχηματίζειν). Conformer, rendre conforme. Rom. 12. 2. *Nolite conformari huic sæculo* : Ne vous conformez point, ni ne vous rendez point semblables aux hommes de ce siècle.

CONFORMIS, IS, E (σύμμορφος). Conforme, semblable. Rom. 8. 29. *Quos præscivit et prædestinavit conformes fieri imaginis Filii sui* : Ceux que Dieu a connus dans sa prescience, il les a aussi prédestinés pour être conformes à l'image de son Fils, *i. e.* pour être semblables à Jésus-Christ, qui est notre modèle et à qui nous devons être conformes par les souffrances, pour lui être conformes par la gloire.

CONFORTARE, ἐνδυναμοῦν, κραταιοῦν. — 1° fortifier et affermir, donner de la force et du courage. Philipp. 4. 13. *Omnia possum in eo qui me confortat* : Je puis tout en celui qui me fortifie, sc. en Dieu. Rom. 4. 20. 1. Cor. 16. 13. Ephes. 6. 10. Coloss. 1. 11. 1. Tim. 1. 12. 2. Tim. 2. 1. c. 4. 17, etc. Ainsi, Deut. 31. 23. *Confortare et esto robustus* : Soyez ferme et courageux, dit Dieu à Josué, lui promettant que ce serait lui qui ferait entrer les Israélites dans la terre promise (ἰσχύειν). v. 6. *Viriliter agite et confortamini* : Soyez courageux et magnanimes, dit Dieu aux Israélites, leur promettant de les rendre victorieux des peuples de la Terre promise. Ainsi, Eph. 6. 10. *Confortamini in Domino* (ἐνδυναμοῦσθαι) : Fortifiez-vous dans le Seigneur, mettez en lui toute votre force et votre confiance. Zach. 12. 5. Au contraire, *Non confortari*, c'est être sans force et tomber. Ezech. 7. 13. *Vir in iniquitate vitæ suæ non confortabitur* : Tout homme trouvera sa perte dans le déréglement de sa vie.

Phrases tirées de cette signification.

Confortare seras portarum urbis. Fortifier les serrures des portes d'une ville (ἐνισχύειν), c'est la fortifier tellement, que l'ennemi n'y puisse entrer. Ps. 147. 2. Voyez SERA.

2° Arrêter, faire tenir quelque chose (ἰσχυροῦν). Isa. 41. 7. *Confortavit eum clavis ut non moveretur* : Ceux qui faisaient des idoles arrêtaient un dieu avec des clous, afin qu'il ne branlât point du lieu où il avait été mis.

3° Accroître et agrandir, faire devenir plus fort (ἰσχύειν). Exod. 1. 20. *Crevit populus, confortatusque est nimis* : Le peuple des Israélites s'accrut et se fortifia extraordinairement, d'autant plus que Pharaon tâchait de le faire périr. Judic. 1. 28. Jerem. 5. 6. Job. 21. 7. *Quare sunt confortati divitiis?* Pourquoi les impies sont-ils devenus si forts par leurs richesses (παλαιοῦν, *senescere*)? Ps. 138. 17. *Nimis confortatus est principatus eorum* : Les justes se sont multipliés et sont devenus extrêmement forts dans votre règne (κραταιοῦσθαι). 1. Mach. 2. 49. De là vient :

Confortare aliquem cingulo alicujus. Honorer quelqu'un de la ceinture d'un autre; c'est lui donner la charge et la dignité de grand-prêtre, et en dépouiller celui qui la possédait : la ceinture était la marque de la dignité sacerdotale. Isa. 22. 21. *Cingulo tuo confortabo eum* : Dieu déclare à Sobna qu'il le dépouillera de la dignité sacerdotale pour en revêtir Eliacim : la charge de grand prêtre était l'appui et la force d'une maison. Voy. 1. Reg. 2. 31. De cette signification vient encore :

CONFORTARI. — 1° Etre plus fort, l'emporter. Ps. 9. 20. *Non confortetur homo* : Que l'homme pécheur ne s'affermisse pas dans sa puissance. Ps. 68. 5. Gen. 49. 26. *Benedictiones patris tui confortatæ sunt benedictionibus patrum ejus* : Les bénédictions que vous donne votre père passeront celles qu'il a reçues de ses pères; *i. e.* vous serez plus heureux que moi, dit Jacob à Joseph, non-seulement à cause du commandement que vous avez reçu en Egypte, mais encore à cause de celui qu'auront vos enfants sur les dix tribus. Ps. 138. 8. *Confortata est, et non potero ad eam* : Votre connaissance, Seigneur, est infiniment relevée, et je n'y puis atteindre. v. 17. *Nimis confortatus est principatus eorum* : Les justes sont devenus plus grands en nombre et en pouvoir dans votre royaume, ô mon Dieu; le Grec et l'Hébreu mettent *principatus* au pluriel, ἀρχαί; la préposition *super* est quelquefois ajoutée, Eccl. 7. 20. *Sapientia confortavit sapientem super decem principes civitatis* (βοηθεῖν, *adjuvare*) : La sagesse rend le sage plus fort que dix princes d'une ville. Ps. 17. 18. Ps. 41. 7. Isa. 42. 13, Jerem. 9. 3. Dan. 11. 5. Ose. 12. 4. — 2° Se réunir et rassembler ses forces (ἰσχύειν, *prævalere*). Isa. 8. 9. *Confortamini et vincimini*, Assemblez-vous, peuples, et vous serez vaincus : le prophète parle des Assyriens qui devaient venir assiéger Jérusalem, et qui furent obligés de se retirer avec confusion. Voyez l'accomplissement, 4. Reg. 19. v. 34. 35. et suiv. Ainsi, Isa. 10. 31.

4° Garder, conserver, maintenir (φέρω, adduco). Dan. 11. 6. *Tradetur ipsa et qui confortabant eam in temporibus* : La fille du roi du Midi sera livrée elle-même avec les jeunes hommes qui l'avaient soutenue en divers temps : le prophète Daniel parle de Bérénice, fille du roi d'Egypte, qui fut prise, elle et tous ceux qui étaient avec elle, et d'Antiochus Théos même, son mari, qui fut empoisonné aussi bien qu'elle par Laodice, sa première femme.

5° Exhorter, exciter, encourager. Isa. 41. 7. *Confortavit faber ærarius eum qui cudebat tunc temporis, dicens : Glutino bonum est* : Celui qui travaillait autrefois en airain exhortait son compagnon en ces termes : Il est bon de faire tenir avec du mastic les pièces de cet ouvrage. L'Ecriture parle des idoles.

CONFOVERE. Echauffer et entretenir dans sa chaleur, couver. Isa. 59. 5. *Quod confotum est erumpet in regulum* : Si l'on fait couver des œufs d'aspic, il en sortira un basilic : les méchants desseins que les impies couvent dans leur cœur sont comparés à des œufs d'aspic, dont il ne peut sortir rien que de très-pernicieux.

CONFRACTIO, NIS (θραῦσις), rupture. Ruine, destruction, brisement. Isa. 24. 19. *Confractione* (ταραχῃ, *turbatione*) *confringetur terra* : La terre, au dernier jugement, souffrira des élancements qui la déchireront. *Confractione confringere* est une façon de parler hébraïque, pour marquer une grande désolation. Ainsi, Ps. 105. 23. *Dixit ut disperderet eos, si non Moises electus ejus stetisset in confractione* : Dieu avait résolu de perdre les Israélites, si Moyse qu'il avait choisi ne s'y fût opposé en se mettant, par ses prières, comme à la brèche au-devant de lui. Cette métaphore est tirée d'une ville où les ennemis seraient près d'entrer par la brèche. Ce passage a rapport à ce qui est marqué, Exod. 32. v. 11. 32.

CONFRICARE (ψώχειν), de *fricare*, et signifie :

Frotter ensemble et presser. Luc. 6. 1. *Vellebant discipuli ejus spicas et manducabant confricantes manibus* : Les disciples de Jésus se mirent à rompre des épis, et les froissant dans leurs mains, en mangeaient : comme c'était le jour du sabbat, les Juifs leur en firent une affaire, v. 2. Sur quoi Jésus-Christ les défend, v. 3. et suiv.

CONFRINGERE, συντρίβειν, rompre, briser. Exod. 12. 46. *Nec os illius confringetis* : Vous ne romprez aucun os de l'agneau pascal. La vérité de cette figure se voit en Jésus-Christ, le vrai agneau. Joan. 19. v. 33. 36. Ainsi, Num. 9. 12. Ezech. 9. 25. Job. 30. 22. Ezech. 26. 2. Ainsi, dans le sens figuré, Ezéchiel 29. 7. *Quando apprehenderunt te manu, et confractus es* (θλᾶν) : Lorsque les Israélites se sont attachés à vous, en vous prenant avec la main, vous vous êtes rompu : le prophète compare le secours des Egyptiens à un roseau qui se casse et qui blesse ceux qui s'appuient dessus. Voyez ARUNDO.

1° Fléchir, apaiser, arrêter, réprimer. Prov. 25. 15. *Lingua mollis confringet* (συντρίβει) *duritiam* : La langue douce rompt; *i. e.* apaise et fléchit l'homme le plus furieux et le plus emporté, *ou*, le cœur le plus dur. Eccl. 12. 6. Sap. 4. 5. Ezech. 29. 7. c. 31. 12. 1. Reg. 24. 8.

2° Affliger, faire souffrir de grands maux, réduire dans la misère et la faiblesse (καταπατεῖν). Amos. 4. 1. *Confringitis pauperes* : Ecoutez, vous qui réduisez les pauvres en poudre, qui les opprimez. Ezech. 34. v. 4. 16. *Quod confractum est non alligastis* : (Pasteurs) vous n'avez point bandé les plaies des brebis qui étaient blessées. Jésus-Christ semble faire un semblable reproche aux prêtres dans saint Luc, 10. v. 30 et suiv., où le Samaritain a plus de compassion du blessé que le prêtre et le lévite. Mich. 3. 3. *Ossa eorum confregerunt* (συνθλᾶν) : Les princes et les chefs des Israélites ont brisé les os des pauvres. Voy. 4. Reg. 17. 4. c. 18. 21. Thren. 4. 17. Ainsi, Job. 16. 13. c. 20. 19, etc. Isa. 58. 6. *Dimitte eos qui confracti sunt* (τεθραυσμένους) *liberos*. Renvoyez libres ceux qui sont opprimés par la servitude. A quoi se rapporte dans le sens figuré, Luc. 4. 19. *Misitque dimittere confractos in remissionem* : Il m'a envoyé pour rendre libres ceux qui sont brisés sous les fers (du péché). Jésus-Christ a été envoyé par le Père éternel pour les en délivrer. Ceci est tiré d'Isaïe, 61. 1.

3° Perdre, ruiner, défaire (συντρίβειν). Ps. 2. 9. *Tamquam vas figuli confringes eos* : Vous briserez les nations comme le vaisseau d'un potier ; *i. e.* entièrement et sans ressource. La métaphore est tirée d'un pot brisé en si petites pièces, qu'on ne les puisse rassembler. Matth. 1. 20. Jerem. 50. 23. 2. Reg. 22. v. 39. 43. P. 17. 39. Ps. 55. 8, etc. Apoc. 2. 27.

Phrases tirées de la signification de ce mot.

Confringere arcum, arma, brachium ou *brachia, capita, cornua, malleum, ossa, potentiam* ou *potentias, vectes ferreos, virgam fortem, baculum gloriosum* : Abattre la force, défaire entièrement et humilier. Ps. 36. 15. Ps. 45. 10. Ps. 67. 22. Ps. 73. 14. Ps. 74. 11. Jerem. 50. 23, etc. Mais Num. 9. 12 et Job. 31. 32 sont rapportés à la signification propre de ce verbe. Ainsi Eccli. 48. 6. Ps. 75. 4. Ps. 106. 16. Isa. 45. 2. Jerem. 48. 17.

Confringere baculum panis : Briser la force du pain (θλίβειν σιτοδείᾳ ἄρτων, *tribulare penuria panum*). C'est ôter la vertu et la force au pain, et même aux autres aliments, de nourrir et de soutenir la vie, envoyer la famine. Levit. 26. 26. *Postquam confregero baculum panis vestri* : Je briserai la force du pain. Ceci est une des peines dont Dieu menace ceux qui ne se voudront point corriger. Voy. BACULUS.

Confringere catenas ou *jugum* : Briser les chaînes. C'est délivrer de l'esclavage et de la servitude, mettre en liberté. Levit. 26. 13. *Confregi catenas cervicum vestrarum* : C'est moi (dit Dieu) qui ai brisé les chaînes qui vous faisaient baisser le cou. Le prophète marque la délivrance de la captivité d'Egypte, dont il est parlé, Exod. 12. 42, sous la figure du joug des bœufs ou des chevaux. Voy. Jerem. 27. 8, etc. Mais *Confringere ju-*

gum Domini : Briser le joug du Seigneur, c'est se retirer de son obéissance et de sa conduite, c'est ne vouloir point le servir. Jerem. 2. 20. *A sæculo confregisti jugum meum :* Vous avez brisé mon joug dès le commencement. Ce temps peut être celui qui est marqué 1. Reg. 8. 7 et Exod. 32. v. 8. 9.

Confringere lapides grandinis : Faire sortir la grêle comme des pierres (διαθρύπτειν). Eccli. 43. 16. *Confracti sunt lapides grandinis* : Dieu fait sortir des nuages la grêle comme des pierres ; *i. e.* comme de petits morceaux de pierres rompues.

Confringere mammas, ou *ubera pubertatis* : Corrompre une fille et lui ravir son honneur, se dit figurément pour faire tomber dans l'idolâtrie un peuple consacré au vrai Dieu (διαπαρθενεύειν). Ezech. 23. 8. *Illi confregerunt ubera pubertatis ejus* : Les Egyptiens avaient déshonoré le sein d'Ooliba ; *i. e.* de la nation d'Israël, lorsqu'elle était vierge ; *sc.* par l'idolâtrie à laquelle les Israélites s'abandonnèrent en Egypte, d'après une tradition, au désert, et ensuite sous Jéroboam, à l'exemple des Egyptiens. Voy. Exod. 32. 6. 3. Reg. 12. 30.

Confringere sulcos : Travailler, s'acquitter de son devoir avec soumission. Ose. 10. 11. *Confringet sibi sulcos Jacob* : Le prophète témoigne qu'après la captivité des dix tribus, celles de Juda et de Benjamin se soumettront avec crainte sous le joug de la loi de Dieu : la métaphore est tirée des bœufs, qui, étant sous le joug, laboureront la terre. Quelques-uns entendent par *Jacob* plusieurs du peuple des dix tribus qui se réfugièrent dans le royaume de Juda, et qui, par l'exhortation d'Ezéchias, quittèrent les idoles et vinrent adorer le vrai Dieu en Jérusalem.

CONFUGERE (καταφεύγειν), s'enfuir, se sauver. Act. 14. 6. *Confugerunt ad civitates Lycaoniæ* : Saint Paul et saint Barnabé ayant su que les Gentils et les Juifs qui étaient à Icone allaient les outrager, ils s'enfuirent à Lystre et à Derbe, villes de Lycaonie. Exod. 9. 20. Levit. 26. 25.

1° Avoir recours, implorer l'assistance de quelqu'un. Ps. 142. 9. *Ad te confugi* : C'est à vous que j'ai eu recours, Seigneur. Deut. 23. 15. *Non trades servum domino suo, qui ad te confugerit* : Vous ne livrerez point l'esclave qui s'est réfugié auprès de vous entre les mains de son maître (Grec : ὃς προστέθειται, qui appositus est tibi a domino suo). Ruth. 2. 12. Sap. 14. 6. Isa. 10. 3, etc.

2° Mettre son secours dans la recherche de quelque chose. Heb. 6. 18. *Confugimus ad tenendam propositam spem* : Nous avons tâché de rechercher les biens qui nous sont proposés par l'espérance ; *sc.* les biens éternels. Telles étaient aussi les villes de refuge chez les Juifs, où l'on tâchait de se retirer pour y être en sûreté dans le cas marqué. Deut. 4. v. 41. 42.

CONFUNDERE, αἰσχύνειν, καταισχύνειν, verser plusieurs choses ensemble, les mêler ; de plus :

1° Confondre et troubler, mettre de la confusion (συγχεῖν). Gen. 11. 7 *Confundamus ibi linguam eorum* : Descendons en ce lieu, et confondons-y leur langage. Cette confusion de langues que Dieu mit parmi ces peuples fit donner à la ville qu'ils bâtissaient le nom de *Babel*. Voy. v. 9. Ainsi Num. 36. 4. Dan. 2. 3. *Mente confusus* ; Gr. ἐξέστη τὸ πνεῦμά μου, *Attonitus est spiritus meus, ignoro quid viderim* : Je ne sais ce que j'ai vu dans mon songe, parce que rien ne m'en est resté dans l'esprit qu'une idée confuse, dit Nabuchodonosor à tous les devins et magiciens de son royaume. Zach. 10. 5. *Confundentur ascensores equorum* : La cavalerie des ennemis sera mise en désordre.

— Outrager et couvrir de confusion, déshonorer. 1. Reg. 20. 34. *Non comedit panem, contristatus est enim super David, eo quod confudisset eum* (Grec : συνετέλεσεν ἐπ' αὐτόν, consummavit super eum) *pater suus* : Jonathas ne mangea point le second jour du sacrifice (que Saül avait offert le premier jour du mois), parce qu'il était affligé de l'état de David, et de ce que son père l'avait outragé lui-même. Voy. cet outrage de paroles v. 30. Ainsi 2. Reg. 10. 5. *Erant viri confusi* (ἠτιμασμένοι) *turpiter valde* : Les ambassadeurs de David avaient été outragés honteusement par Hanon. Voy. cet outrage v. 4. Ainsi c. 19. 5. Job 19. 3. c. 40. 7. Ps. 13. 6. Prov. 13. 5. *Impius confundit et confundetur* : Le méchant confond les autres et sera confondu lui-même. c. 28. 7. Eccli. 25. 35. 1. Cor. 11. 22.

2° Tromper l'espérance de quelqu'un, lui faire de la confusion en trompant son espérance. Rom. 5. 5. *Spes non confundit* (καταισχύνει) : Cette espérance que produit l'épreuve ne nous confond point. Ps. 30. 1. Ps. 118. 116. *Non confundas me ab exspectatione mea* : Ne permettez pas, Seigneur, que je sois confondu dans mon attente. Ps. 24. v. 3. 4. Ps. 43. 8. 4. Reg. 19. 26. Job. 6. 20, etc De là vient :

Confundere faciem, vultum alicujus (ἀποστρέφειν τὸν πρόσωπον) : Rendre confus quelqu'un : 1° En rejetant sa prière et lui refusant la grâce qu'il demande. 3. Reg. 2. 16. 20. *Ne confundas faciem meam* : Ne me donnez pas la confusion d'être refusée, dit Bethsabée à Salomon, étant venue pour lui demander qu'il donnât en mariage à Adonias Abisag de Sunam. v. 16. 2° En témoignant du mécontentement. 2. Reg. 19. 5. *Confudisti hodie vultus* (κατῄσχυνας τὰ πρόσωπα) *omnium servorum tuorum* : Vous avez aujourd'hui couvert de confusion tous les serviteurs qui ont sauvé votre vie. Joab représente à David le peu de raison qu'il a de témoigner tant d'affliction de la défaite et de la mort d'Absalom, son ennemi, vaincu par ses gens, qui revenaient victorieux.

3° Piquer d'honneur, engager par une fausse honte à faire quelque chose. Eccli. 13. 1. *Confundet te in cibis suis* : Le riche fera festin à un homme pauvre, pour le porter à faire de même. C'est afin de se moquer de lui, l'ayant par ce moyen bientôt épuisé.

4° Gâter, perdre, ruiner (ξηραίνειν, arefacere). Joel. 1. 17. *Confusum est triticum* .

Tout le froment est perdu et manque. v. 12. *Vinea confusa est :* La vigne est perdue : la métaphore est tirée de ceux qui n'oseraient paraître, n'ayant pas ce qu'on attendait d'eux. v. 12. *Confusum est* (ἠσχυνᾶν, *confuderunt*) *gaudium a filiis hominum :* Il ne reste plus rien de ce qui faisait la joie des enfants des hommes.

5° Confondre et jeter dans la confusion, en convainquant de quelque chose. 1. Cor. 1. 27. *Quæ stulta sunt mundi elegit Deus ut confundat sapientes,* etc. : Dieu a choisi les plus ignorants, selon le monde, pour confondre les sages.

6° Rendre honteux de faire ou dire quelque chose, en faire rougir de honte. Eccli. 4. v. 24. 31. *Pro anima tua ne confundaris dicere verum :* Ne rougissez point de dire la vérité lorsqu'il s'agit de votre âme. Ps. 118. 46. *Et non confundebar :* Je n'avais point de confusion de parler devant les rois de la loi de Dieu. 1. Esdr. 9. 6. Eccli. 22. 31. Du verbe *confundere* vient le passif

Confundi aliquem, et aliquid confundi, de ou *ab aliquo* ou *aliqua re, in aliquo,* pour marquer :

1° Avoir de la confusion, rougir à cause ou en présence de quelque chose. Eccli. 21. 25. *Homo peritus confundetur a persona potentis :* L'homme qui sait vivre a de la pudeur devant une personne puissante ; *autr.*, n'ose pas seulement jeter la vue sur elle ; *Gr.*, ne regarde les personnes qu'avec pudeur. c. 4. 30. *De mendacio ineruditionis tuæ confundere :* Ayez confusion du mensonge où vous êtes tombé par ignorance ; *sc.*, reconnaissez-le avec confusion. Isa. 1. 29. *Confundentur ab idolis :* Les idolâtres seront confondus par les idoles mêmes à qui ils ont sacrifié. Le prophète marque la confusion qu'ils auraient de n'être ni écoutés, ni secourus par leurs idoles. Voy. 3. Reg. 18. 29. c. 19. v. 35. 37, etc. Ainsi Eccli. 5. 14. Isa. 24. 23. 1. Joan. 2. 28, etc.

2° Etre en peine, ne savoir comment se conduire à l'égard de quelqu'un (ἀπορεῖσθαι). Gal. 4. 20. *Confundor in vobis :* Je suis en peine comment je dois vous parler.

3° Avoir honte de reconnaître quelqu'un, rougir de lui et de soutenir ses parti et ses intérêts, le méconnaître (ἐπαισχύνεσθαι). Marc. 8. 38. *Qui me confusus fuerit et verba mea in generatione ista adultera, et Filius hominis confundetur eum, cum venerit in gloria Patris sui,* etc. : Si quelqu'un rougit de moi et de mes paroles parmi cette race adultère, le Fils de l'homme rougira aussi de lui lorsqu'il viendra dans la gloire de son Père. Devant ces accusatifs, la préposition κατά est sous-entendue : *Qui propter me confusus fuerit et propter verba mea,* ce qui est une phrase grecque. Saint Paul change cette phrase par *Erubescere aliquid.* Rom. 1. 16. Ainsi Hebr. 2. 11. c. 11. 16. La confusion est attribuée improprement à Dieu. Hebr. 11. 16. *Non confunditur Deus vocari Deus eorum :* Dieu ne rougit point d'être appelé le Dieu des patriarches. Ceci a rapport à ce qui est dit, Exod. 3. v. 15. 16, etc.

4° Etre desséché et tari (ξηραίνεσθαι). Zach. 10. 11. *Confundentur omnia profunda fluminis :* Tous les fleuves seront confondus ; *Hebr.* Les fleuves seront desséchés jusqu'au fond. Ceci a rapport à ce qui est marqué du Jourdain. Jos. 3. v. 15. 16 ; *i. e.*, que Dieu vaincra en leur faveur tous les obstacles qui pourraient s'opposer à leur retour.

CONFUSIO, NIS, αἰσχύνη, action par laquelle on brouille et on mêle plusieurs choses liquides ensemble ; dans l'Ecriture :

1° Confusion, trouble, désordre (σύγχυσις). Act. 19. 29. *Impleta est civitas confusione :* Au cri que firent les ouvriers de Démétrius, pour soutenir le culte de Diane, toute la ville d'Ephèse fut remplie de confusion. Luc. 21. 25. *Præ confusione sonitus maris et fluctuum* (ἀπορία, *consternatio*) : Sur la terre, les nations seront dans l'abattement et la consternation, la mer faisant un bruit effroyable par l'agitation des flots. Ce bruit et cette agitation seront un effet du dernier jugement, comme si la mer était sensible à la terreur de ce jugement effroyable. 1. Reg. 5. 6.

2° Honte, pudeur bonne ou mauvaise. Eccli. 4. 25. *Est confusio adducens peccatum, et est confusio adducens gloriam et gratiam :* La honte qui nous fait pécher est celle qui nous empêche de faire le bien et qui nous fait plus craindre les hommes que Dieu ; et la honte qui attire la gloire est celle qui nous empêche de faire le mal et qui nous fait plus craindre Dieu que les hommes. c. 20. v. 24. 25. *Est qui præ confusione promittit amico :* Tel promet à son ami par une honte indiscrète ; qui le rend ainsi gratuitement son ennemi. c. 29. 19. Soph. 3. 5. *Nescivit autem iniquus confusionem :* Ce peuple converti n'a ni honte, ni repentir. Ps. 43. 17.

3° Honte, opprobre, ignominie, misère. Hebr. 12. 2. *Sustinuit crucem confusione contempta :* Jésus-Christ a souffert la croix en méprisant la honte et l'ignominie. Ps. 131. 18. *Inimicos ejus induam confusione :* Je couvrirai de confusion les ennemis de mon Christ. Ps. 108. 29. Voy. DIPLOIS. Abd. v. 10. 1. Reg. 20. 30. 1. Esdr. 9. 7. 1. Petr. 4. 4. *Non concurrentibus vobis in eamdem luxuriæ confusionem,* i. e. *in eamdem luxuriam ignominiosam* (ἀνάχυσις). Jud. v. 13.

4° Sujet de confusion ; ce qui doit rendre confus. Jerem. 3. 24. *Confusio comedit laborem patrum nostrorum :* Les idoles qui sont notre confusion ont consumé ce que nos pères avaient pu gagner par leur travail, à cause de la dépense à laquelle ils étaient obligés pour entretenir l'idolâtrie. c. 10. 17. *Congrega de terra confusionem tuam* (θλίψις) : Rassemblez vos idoles qui ne vous serviront à rien contre les Chaldéens. D'autres l'entendent des Chaldéens mêmes : *Congrega confusionem tuam ; Hebr. humiliationem* ou *contractionem :* Retirez-vous maintenant, ô Babylone, cessez de vous assujettir les peuples, vous allez être ruinée vous-même. c. 11. 13. 1. Petr. 4. 4. Jud. v. 13. *Despumantes suas confusiones :* Ces faux docteurs sont comme des vagues furieuses de la mer, d'où sort comme une écume sale. Leurs infamies, ce sont leurs discours sales et diffamatoires contre les gens de bien, et leurs actions infâmes. Prov. 10. 5. *Filius confusionis* (παράνομος *iniquus*) : Un enfant qui par sa conduites attire de laconfusion, et fait déshonneur à ses parents. c. 19. 26.

CONFUTARE. De l'ancien *futare*, selon Festus.

Confondre, convaincre, réfuter (ἀντικρίνεσθαι). Job. 11. 3. *A nullo confutaberis?* Après vous être moqué des autres, n'y aura-t-il personne qui vous confonde ? dit Sophar à Job.

CONGAUDERE, συγχαίρειν, se réjouir avec, participer à la joie. 1. Cor. 12. 26. *Sive gloriatur unum membrum, congaudent omnia membra* : Si l'un des membres du corps reçoit de l'honneur, tous les autres membres s'en réjouissent avec lui. L'Apôtre figure ici ce que doivent faire les Chrétiens qui sont les membres les uns des autres. v. 27. Ainsi, c. 13. 6. *Congaudet veritati* : La charité se réjouit avec le prochain de tout le bien qui se fait.

CONGEMERE, καταστενάζειν, s'affliger avec quelqu'un, lui témoigner par ses gémissements qu'on prend part à son affliction : dans l'Ecr.

Pousser des cris, pleurer, s'affliger. Jerem. 22. 23. *Quomodo congemuisti!* Que de larmes vous verserez, ô ville de Jérusalem, au temps que les Babyloniens se rendront maîtres de vous !

CONGEMINARE. Redoubler, augmenter et accroître (συνάγεσθαι). 2. Reg. 3. 34. *Congeminansque populus flevit super eum* : Tout le peuple redoubla ses larmes : ce que dit David dans ses complaintes de la mort d'Abner après qu'il eut été enseveli, excita les larmes du peuple.

CONGERERE, σωρεύειν. Amasser, entasser (ἐμβάλλειν, *injicere*). Ezech. 24. v. 4. 10. *Congere frusta ejus in eam* : Remplissez cette marmite de viande de tous les meilleurs endroits. Ces morceaux entassés figuraient les citoyens et, entre autres, les grands de Jérusalem qui devaient beaucoup souffrir de la part des Babyloniens. Ainsi, Ruth. 2. 14. *Congessit polentam sibi* : Ruth prit de la bouillie pour elle. Voy. POLENTA.

Phrases dans le sens figuré.

Congerere carbones super caput alicujus : Amasser des charbons sur la tête de son ennemi. Voy. CARBO 3°.

Congerere maledicta. Charger d'imprécations ou de malédictions. Num 5. v. 19. 23. *Non te nocebunt aquæ istæ in quas maledicta congessi* (ὕδωρ τοῦ ἐλεγμοῦ τὸ ἐπικαταρώμενον) : Si vous êtes innocente du crime d'adultère, ces eaux très-amères que j'ai chargées de malédictions, ne vous nuiront point. C'est ce que disait le prêtre dans le sacrifice de jalousie, en tenant entre ses mains ces eaux avant que de les donner à boire à la femme soupçonnée d'adultère. De ce verbe vient le participe.

CONGESTUS, A, UM. Amassé ensemble, en un même lieu.

Façon de parler tirée de cette signification

Congestorum sepulcrum, πολυάνδριον, sépulcre de morts entassés les uns sur les autres, sépulture commune. 2. Mach. 9. 14. *Civitatem ad quam veniebat ut sepulcrum congestorum faceret, nunc optat liberam reddere* : L'impie Antiochus, dans le temps qu'il est frappé de la justice de Dieu, souhaite rendre libre Jérusalem, lui qui se hâtait auparavant d'y aller pour n'en faire qu'un sépulcre de corps morts entassés les uns sur les autres. Dans ce verset le Grec porte : *Congeries sepulcrorum*, comme v. 4. Voy. CONGERIES.

CONGERIES, I, θημωνία, de *congerere*. —
1° Amas, monceau. Eccli. 39. 22. *In verbo oris stetit aqua sicut congeries* : A la parole du Seigneur l'eau s'est arrêtée comme un monceau. Voy. Jos. 3. 16.

—2° Grand nombre, grande quantité. Job. 21. 32. *In congerie mortuorum vigilabit* : Le méchant demeurera pour jamais parmi la foule des morts, ne devant ressusciter que pour être jugé à sa condamnation, et non pour jouir de la vie éternelle. Voy. Joan. 5. 29. De là vient :

Congeries sepulcri. Amas de tombeaux, cimetière, lieu de sépultures communes (πολυάνδριον). 2. Mach. 9. 4. *Superbe locutus est se venturum Jerosolymam, et congeriem sepulcri Judæorum eam facturum* : Antiochus dit qu'il irait à Jérusalem, et qu'il en ferait le tombeau de tous les Juifs ; c'est-à-dire qu'il y ferait un tel carnage, que toute la ville paraîtrait comme un tombeau, les corps morts y étant entassés les uns sur les autres. Voy. CONGESTUS.

CONGLOBARE. Entasser et assembler en rond, serrer tout autour : dans l'Ecriture :

Assembler en un, faire un gros d'armée pour attaquer. Jos. 7. 9. *Chananæi pariter conglobati circumdabunt nos* : Les Chananéens et tous les habitants de la terre promise s'unissant ensemble, nous envelopperont, etc. Judic. 9. 47. 2. Reg. 2. 25.

CONGLORIFICARE, συνδοξάζειν, glorifier l'un aussi bien que l'autre. Rom, 8. 17. *Si tamen compatimur, ut et conglorificemur* : Nous ne pouvons avoir part à la gloire de Jésus-Christ, que nous n'ayons part à ses souffrances.

CONGLUTINARE, συγκολλᾶν, κολλᾶν, de *gluten*, et signifie proprement unir, et faire tenir ensemble avec de la colle : dans l'Ecriture :
1° Coller, joindre l'un à l'autre. Eccli. 22. 7. *Qui docet fatuum quasi qui conglutinat testam* : C'est vouloir rejoindre les pièces d'un pot cassé, que d'instruire un imprudent. Ces deux choses sont également difficiles. *Testa* est ici ce que dit David, Ps. 30. 16. *Vas perditum.*

2° Attacher et faire tenir contre quelque chose. D'où vient :

Façon de parler dans le sens métaphorique.

Conglutinari ventrem in terra. Avoir le ventre collé et comme attaché à terre ; c'est-à-dire, être dans un état misérable et si abattu, qu'on ne puisse espérer de s'en relever. Ps. 43. 25. *Conglutinatus est in terra venter noster* : Notre ventre est comme collé à terre. La figure est tirée des animaux qui ne vont qu'en se traînant contre terre.

3° Unir étroitement par les liens de l'amour et de l'affection. Deut. 10. 15. *Patribus tuis conglutinatus est Dóminus* (προσῆλε τοάγιπᾶν) : Le Seigneur s'est uni très-étroitement avec vos pères, dit Moïse aux Juifs. Voy. Gen. 15. 18. c. 17. 7. etc. c. 26. 3. etc. Ainsi, 1. Reg. 18. 1. *Anima Jonathœ conglutinata est animœ David* (συνδεῖν, *colligare*) : L'âme de Jonathas s'attacha étroitement à celle de David. Gen. 34. 3.

CONGRATULARI, συγχαίρειν, se réjouir avec quelqu'un du bien qui lui arrive, témoigner qu'on prend part à sa joie. Luc. 1. 58. *Congratulabantur ei* : Les voisins et les parents de sainte Elisabeth se réjouissaient avec elle de la naissance de saint Jean. c. 15. v. 6. 9. Ruth. 4. 17. 2. Reg. 8. 10. 1. Par. 18. 10. Tob. 11. 20. Philipp. 2. v. 17. 18.

CONGREDI. De *gradior*, comme qui dirait *cum* ou *simul gradi* : S'assembler, s'approcher, se battre.

Combattre par la force des armes, en venir aux mains (συμπροσπλέκεσθαι). Dan. 11. 10. *Congredietur cum robore ejus* : Antiochus le Grand combattra avec les forces de Ptolémée, roi d'Egypte; *Gr.* ἕως τῆς ἰσχύος αὐτοῦ, jusqu'à sa force *ou*, sa ville la plus forte. 1. Mach. 4. 14. 2. Mach. 12. 34.

Façon de parler dans le sens figuré.

Congredi per orationes. Combattre par ses prières ; c'est attirer de la part de Dieu par ses prières la force et le secours nécessaires pour battre et défaire ses ennemis (συμμιγνύναι, *commiscere*). 2. Mach. 15. 26. *Judas vero et qui cum eo erant, invocato Deo, per orationes congressi sunt* : Judas et ceux qui étaient avec lui, ayant invoqué Dieu, combattaient par leurs prières.

CONGREGARE, συνάγειν, de *grex*, et signifie proprement assembler un troupeau : dans l'Ecr. :

1° Assembler, amasser. Prov. 10. 5. *Qui congregat in messe filius sapiens est* : Celui qui amasse pendant la moisson est sage.

2° Apporter ou traîner dans un tas ce qui est amassé (εἰσφέρειν). Job. 39. 12. *Numquid credes illi quod sementem reddat tibi, et aream tuam congregat?* Croirez-vous que le rhinocéros vous rendra ce que vous aurez semé, et qu'il remplira votre aire de blé, en apportant *ou* traînant les gerbes de votre champ au temps de la moisson. Par l'exemple de cet animal indomptable, Job prouve que les hommes ne peuvent se servir des animaux contre la nature que Dieu leur a donnée. Voy. Num. 23. 22.

3° Assembler ce qui est dispersé (ἐπισυνάγειν). Ps. 105. 47. *Congrega nos de nationibus* : Seigneur, rassemblez-nous du milieu des nations ; parmi lesquelles plusieurs des Juifs étaient ou dispersés ou même en servitude. Amos. 3. 9. *Congregamini super montes Samariœ* : Assemblez-vous sur les montagnes de Samarie ; Dieu invite ses prophètes à assembler les Philistins et les Egyptiens, de la puissance desquels il avait délivré ce peuple ingrat, pour les prendre à témoins des impiétés extravagantes qu'il commettait dans Samarie, et les persuader de l'équité de ses jugements. 1. Esdr. 9. v. 7. 9. Dan. 1. 2. etc. Ainsi, Matth. 13. 20. Luc. 3. 17. *Congregabit triticum in horreum suum* : Par ce blé qui doit être ramassé dans le grenier, sont figurés les élus que Jésus-Christ assemblera un jour dans le ciel. Voy. Matth 25. v. 32. 33. 34. Joan. 4. 36. *Congregat fructum in vitam œternam* : Celui qui moissonne reçoit la récompense, et amasse les fruits pour la vie éternelle. Ce qui s'entend des ministres de l'Eglise, ou qui se sauvent, ou qui par leur ministère sauvent les autres. Soph. 1. 2. *Congregans congregabo omnia a facie terrœ* : Je rassemblerai tout ce qui se trouvera dans cette terre de la Judée, pour tout perdre entièrement (ἐκλείπειν, *deficere*).

4° Recueillir, faire provision, acquérir, gagner. Matth. 25. v. 24. 26. *Congregas ubi non sparsisti* : Vous recueillez où vous n'avez rien mis. Le serviteur paresseux avance cette calomnie contre son maître pour couvrir sa paresse. 3. Reg. 10. 26. 2. Par 1. 14. Ps. 38. 7. Prov. 13. 23. c. 21. 6. c. 28. 8. Eccl. 2. 26. Hab. 1. 15. Eccli. 25. 5. Agg. 1. 6. Ce qui s'entend aussi en mauvaise part. Prov. 6. 33. *Turpitudinem et ignominiam congregat sibi* : L'adultère s'attire l'opprobre et l'ignominie.

5° Multiplier, augmenter avec avidité. Hab. 2. 9. *Vœ qui congregat avaritiam malam domui suœ* : Malheur à celui qui amasse du bien par une avarice criminelle pour établir sa maison ; Heb. *Vœ sectanti avaritiam* (πλεονεκτεῖν, πλεονεξίαν, *multiplicare avaritiam*).

6° Conquérir, se rendre maître (περιποιεῖσθαι, *acquirere*). Isa. 10. 14. *Sic ego universam terram congregavi* : J'ai réuni sous ma puissance tous les peuples de la terre, comme on ramasse quelques œufs que la mère a abandonnés, dit le roi d'Assyrie.

7° Recevoir chez soi, ramener et retirer du danger. Isa. 13. 14. *Non erit qui congreget* : Il n'y aura personne qui remène Babylone et la retire du danger, au jour que Dieu exercera sa fureur contre elle par les Perses et les Mèdes. c. 11. 12. *Congregabit profugos Israel* : Le Seigneur réunira les fugitifs d'Israël ; *i. e.* tous les élus qui devaient être convertis à Jésus-Christ par la prédication de l'Evangile, *ou* le petit nombre des Juifs qui devaient embrasser l'Evangile. Ps. 105. 47. Ps. 146. 2. Ps. 106. 3. Isa. 27. 12. Jerem. 49. 5. Nahum. 3. 18. 2. Mach. 2. 18. 1. Par. 16. 35.

8° Conspirer, se révolter (ἐπισυνάγειν). Eccli. 16. 11. *Non miseratus est perdens sexcenta millia peditum qui congregati sunt in duritia cordis sui* : Dieu a perdu sans compassion les six cent mille hommes de pied qui avaient conspiré ensemble dans la dureté de leur cœur. L'Ecriture prouve par ces exemples que Dieu a plus forte raison ne pardonnera pas à un particulier, s'il demeure opiniâtre dans son péché.

9° Appeler et faire venir par la prédication au culte du vrai Dieu. Matth. 12. 30. *Qui non congregat mecum, spargit* : Celui qui n'amasse point avec moi, dissipe, dit Jésus-Christ. c. 23. 37. Joan. 11. 52. *Ut filios Dei qui erant dispersi congregaret in unum* : Jésus devait mourir, non-seulement pour la nation des Juifs, mais aussi pour rassembler et réunir les enfants de Dieu qui étaient dispersés; *i e.* ses élus d'entre les Gentils. Ps. 46. 10. Ps. 105. 47. Ps. 106. 3. Ps. 146. 2. etc. Ainsi, Isa. 49. 18. *Omnes isti congregati sunt* : Toute cette grande assemblée de monde vient se rendre à vous, dit Dieu à Jérusalem. Ce verbe est souvent mis dans ce prophète et dans les autres, pour marquer la réunion des fidèles dans l'Eglise, sous la figure du rappel de la captivité dans Jérusalem, comme Jer. 8. 13. etc.

10° Enterrer, mettre au tombeau (ἐκδέχεσθαι). Ose. 9. 6. *Ægyptus congregabit eos* : Ils n'iront en Egypte que pour y mourir; d'où vient cette phrase :

Congregari ad populum suum. Etre réuni à son peuple par la mort; c'est mourir et être enseveli dans la terre avec son peuple (προστίθεσθαι). Gen. 25. 8. *Mortuus est in senectute bona congregatusque est ad populum suum* : Abraham mourut dans une heureuse vieillesse, et fut réuni à son peuple, *i. e.* à ses ancêtres, son âme allant se joindre à celles des patriarches qui avaient vécu avant lui. c. 49. 29. On dit aussi dans le même sens, *Ire ad patres suos*, c. 15. 15. ce qui s'entend des méchants comme des bons. Voy. COLLIGERE.

Cor alicujus congregare iniquitatem sibi. Former en soi-même de mauvais et d'injustes desseins. Ps. 40. 7. *Cor ejus congregavit iniquitatem sibi* : Son cœur s'est amassé un trésor d'iniquité. Le prophète parle de ses ennemis.

11° Assembler pour instruire, d'où vient : *Congregans*. Qui assemble les peuples pour les instruire ; c'est le nom que Salomon se donne, qui revient au nom grec *Ecclesiastes*, *Concionator*. Prov. 30. 1. *Verba congregantis* : Paroles de celui qui assemble. Quelques-uns disent que c'est le nom d'un prophète, *Heb.* paroles d'Agur, fils d'Iaque. Voy. VOMENS.

De ce verbe vient ce participe pris substantivement.

CONGREGATI, ORUM. Pour marquer, 1° les Gentils qui devaient se réunir en Jésus-Christ avec les Juifs, pour former l'Eglise et ne faire qu'un corps. Isa. 56. 8. *Adhuc congregabo ad eum congregatos ejus* : Je réunirai encore à Israël ceux qui viendront pour se joindre à lui (συναγωγή).

2° Les dieux que les Israélites avaient assemblés de tous côtés, *ou* les Assyriens que les Juifs avaient fait venir à leur secours. Isa. 57. 13. *Cum clamaveris, liberent te congregati tui* : Lorsque vous crierez dans vos maux, que tous ceux que vous avez assemblés vous délivrent. Voy. Deut. 32. v. 37. 38.

CONGREGATIO, ONIS, συναγωγή, action par laquelle on assemble quelque chose; dans l'Ecr. :

1° Amas, assemblage. Gen. 1. 10. *Congregationes aquarum appellavit maria* : Dieu appela mers les amas d'eaux. Levit. 11. 36. Eccli. 43. 22. Isa. 24. 22. Ezech. 22. 20.

2° Assemblée, congrégation. Ps. 110. 1. *Confitebor tibi... in concilio justorum et congregatione* : Seigneur, je vous louerai dans la société et dans l'assemblée des justes qui aiment à entendre les louanges de Dieu. Eccli. 4. 7. *Congregationi pauperum affabilem te facito* : Rendez-vous affable à l'assemblée des pauvres. Il faut se conduire envers les pauvres, *ou*, selon le Grec qui n'a point *pauperum*, envers le peuple avec beaucoup de civilité et d'honnêteté. Exod. 26. 29. Num. 1. 2. Ps. 61. 9. Ainsi, Ps. 67. 31. *Congregatio taurorum* : Assemblée de peuples semblable à un troupeau de taureaux. Ceci figure les princes et les généraux des armées ennemies du peuple de Dieu qui étaient fiers et orgueilleux.

3° Troupe mutinée, faction. Num. 16. 16. *Tu et omnis congregatio tua state seorsum coram Domino* : Présentez-vous demain vous et toute votre troupe d'un côté devant le Seigneur, dit Moïse à Coré. Ps. 105. 17. Eccli. 45. 22.

4° Le peuple que Dieu a réuni pour être particulièrement attaché à son service, et qui est la figure de l'Eglise. Ps. 73. 2. *Memor esto congregationis tuæ quam possedisti ab initio* : Souvenez-vous de ceux que vous avez assemblés et réunis en un peuple, et que vous avez possédés dès le commencement, dès le temps que Dieu donna à Abraham la loi de la circoncision pour en être la marque. Gen. 17. 10. Eccli. 46. 17. Jerem. 6. 18. 2. Mac. 2. 7. *Ignotus erit locus, donec congreget Deus congregationem populi* : Jérémie dit que le lieu où il avait caché le tabernacle et l'arche demeurerait inconnu, jusqu'à ce que Dieu eût rassemblé son peuple. Quelques-uns entendent cela du retour de Babylone sous Esdras ; on ne voit pas néanmoins que ce lieu ait été alors découvert ; d'autres croient avec plus de raison qu'il faut l'entendre que de la fin du monde, où les restes d'Israël seront rassemblés dans l'Eglise de Jésus-Christ, et auront part à la miséricorde de Dieu.

5° Amas de biens, acquisition. Job. 15. 34. *Congregatio hypocritæ sterilis* : Tout ce qu'amasse l'hypocrite sera sans fruit. D'autres l'entendent des enfants, figurés par le raisin qui tombe étant encore vert. Eccli. 31. 3.

6° Réunion des membres mystiques à leur chef (ἐπισυναγωγή). 2. Thess. 2. 1. *Per adventum Domini nostri Jesu Christi et nostræ congregationis in ipsum* ; ou plutôt, selon le Grec, *per nostri aggregationem in ipsum* : Par l'avénement de Notre-Seigneur et par notre union en lui. Cette réunion se fera au jugement dernier, où les élus seront emportés dans les nuées pour aller au-devant de Jésus-Christ au milieu de l'air. Voy. 1. Thess. 4. 17. Luc. 17. 37.

Façon de parler tirée de la première signification dans le sens figuré.

Congregatio spiritus. Tourbillon de vent

(συστρυφή), qui n'est autre chose qu'un amas de vent, ou un vent qui, étant ramassé et réuni, a la force qui se voit dans les tourbillons. Eccli. 43. 18. *Verberabit terram congregatio spiritus* : Le Seigneur frappe la terre par les tourbillons des vents.

CONGRESSIO, nis. Combat, bataille. Judith. 7. 9. *Ut sine congressione possis superare eos* : Si vous voulez vaincre les Israélites sans combat, mettez des gardes à toutes les fontaines, dirent à Holopherne les Ammonites et les Moabites. Voyez quel fut l'effet de ce conseil dans les versets 14. 15. 23. 25. 2. Mach. 5. 3. *Contigit videri congressiones fieri cominus* : Au temps qu'Antiochus se préparait pour faire une seconde fois la guerre en Egypte, on vit dans l'air des combats de main à main (προσβολή, *incursus*).

CONGRESSUS, us. Conversation, combat de deux armées ; dans l'Ecriture :

Entreprise de guerre. 1. Mach. 9. 68. *Consilium ejus et congressus ejus erat inanis* (ἔφοδος) : Les desseins et l'entreprise de Bacchide furent sans effet. Cette entreprise était de prendre Bethbessen avec Jonathas. Voy. 64. 67.

CONGRUERE. De l'ancien verbe *gruere*, qui vient de *grus* ; et parce que les grues ne se séparent point et vont toujours ensemble, ce verbe signifie :

S'accorder, convenir, se rapporter. 2. Par. 30. 21. *Levitæ quoque et Sacerdotes per organa quæ suo officio congruebant laudabant Dominum* : Les Lévites et les prêtres louaient le Seigneur en touchant les instruments qui étaient convenables à leur fonction, au temps de la célébration de la Pâque qui se fit sous Ezéchias pour la première fois. 2. Mach. 2. 31. c. 11. 36.

CONGRUUS, a, um. Qui s'accorde, convenable, propre. Gen. 40. 5. *Viderunt que ambo somnium nocte una juxta interpretationem congruam sibi* : L'échanson et le panetier de Pharaon eurent chacun un songe qui leur marquait ce qui leur devait arriver conformément à leur sort. Voy. v. 21. 22. Ainsi, Exod. 15. 23. 2. Mach. 14. 22.

CONGYRARE, περικυκλοῦν. Ce verbe inusité de *gyrare* se fait de *gyrus*, tour qu'on fait en rond, et signifie :

1° S'assembler autour de quelqu'un. Judith. 13. 16. *Accendentes luminaria congyraverunt circa eam universi* : Les Juifs allumèrent des flambeaux, et ils s'assemblèrent tous autour de Judith. Elle arrivait avec la tête d'Holopherne. Voy. v. 11.

CONJECTOR, is. ἐξηγητής, qui devine, qui prédit l'avenir. Prov. 23. 7. *In similitudinem arioli et conjectoris æstimat quod ignorat* : L'avare qui vous invite à manger avec lui, jugeant des autres par lui-même, agit à votre égard comme un homme qui devine, il s'imagine que la joie que vous témoignez n'est pas sincère. Gen. 40. 22. c. 41. v. 8. 24.

CONJECTURA, æ. Conjecture, opinion appuyée sur certains signes, qui ne sont pas tout à fait convaincants ; dans l'Ecriture :

1° Devination par sort (μαντεία). Ezech. 21. 19. *Manu capiet conjecturam* : Le roi de Babylone étant à la tête de deux chemins, mit des flèches dans un carquois, l'une desquelles portait le nom de *Jérusalem*, et une autre celui de *Rabbath*, ville des Ammonites, après les avoir brouillées, celle qu'il tira la première portait le nom de *Jérusalem*. Voy. v. 20. 22. 23.

2° Interprétation de songe (σύγκρισις). Dan. 2. v. 5. 6. *Nisi indicaveritis mihi somnium, et conjecturam ejus, peribitis* : Si vous ne me déclarez ce que j'ai songé, et ce que mon songe signifie, vous périrez tous, dit Nabuchodonosor aux Chaldéens.

CONJICERE. De *jacere*, et signifie proprement, jeter, ruer ensemble, comme aussi, conjecturer, deviner une chose par conjectures ; dans l'Ecr. :-

1° Deviner, user de sort. Ezech. 21. 19. *In capite viæ civitatis conjiciet* : Le roi de Babylone tirera au sort pour reconnaître lequel des deux chemins il doit prendre. Voy. CONJECTURA, 1°.

2° Interpréter un songe, prédire ce qu'il signifie (συγκρίνειν). Gen. 41.15. *Somnia audivi te sapientissime conjicere* : On m'a dit que vous aviez une grande lumière pour expliquer les songes, dit Pharaon à Joseph. Le grand échanson venait de faire récit à Pharaon de l'interprétation que Joseph avait autrefois donnée aux songes de l'échanson et du grand panetier. v. 9. 13.

CONJUCUNDARI, ἥδεσθαι. De *jucundus*. Se réjouir, se divertir avec quelqu'un. Eccli. 37. 4. *Sodalis amico conjucundatur in oblectationibus, et in tempore tribulationis adversarius erit* : L'ami se divertit avec son ami pendant sa prospérité, et il deviendra ennemi au temps de l'affliction.

CONJUGALIS, e. Qui est accouplé de joug ; dans l'Ecr. :

Qui concerne le mariage, qui est du mariage. Ruth. 1. 12. *Nec apta sum vinculo conjugali* : Je ne suis plus en état d'être mariée, dit Noëmi congédiant ses deux belles-filles.

CONJUGIUM, ii. De *jugum*.

Mariage. Tob. 6. 17. *Qui conjugium ita suscipiunt ut suæ libidini vacent, habet potestatem dæmonium super eos* : Lorsque des personnes ne s'engagent dans le mariage que par brutalité, le démon a pouvoir sur eux. c. 8. 4. *Tertia autem transacta nocte, in nostro erimus conjugio* : Après la troisième nuit nous vivrons dans notre mariage, dit le jeune Tobie à Sara ; il l'exhorte à s'unir ensemble à Dieu par la prière, pendant les trois premières nuits de leur mariage.

CONJUNCTIO, nis. 1° Union, liaison (σύνδεσμος). Coloss. 2. 19. *Caput, ex quo totum corpus per nexus et conjunctiones subministratum et constructum crescit in augmentum Dei* : Jésus-Christ est le chef duquel tout le corps de l'Eglise recevant l'influence par les vaisseaux qui en joignent les parties, prend son accroissement en Dieu. Cette expression figurée est tirée de la liaison naturelle des membres entre eux et leur chef.

2° Mariage (γάμος). Esth. 2. 18. *Jussit convivium præparari permagnificum pro conjunctione et nuptiis Esther* : Le Roi commanda qu'on fît un festin très-magnifique pour le mariage et les noces d'Esther.

CONJUNGERE, συζευγνύναι, joindre, lier, unir. Exod. 36. 10. *Conjunxit cortinas quinque; conjunxit*, pour *conjunxerunt*: Cinq rideaux du tabernacle tenaient l'un à l'autre, et les cinq autres étaient joints de même. c. 26. v. 10. 24. Jos. 17. 10. Job. 38. 31. c. 41. 7.

1° Approcher, rendre voisin. Zach. 14. 5. *Fugietis ad vallem montium eorum, quoniam conjungetur vallis montium usque ad proximum* (ἐγκολλᾶν); *eorum* pour *meorum*: Vous fuirez à la vallée enfermée entre mes montagnes, parce qu'elle sera proche, dit Dieu aux Juifs, parlant du dernier jugement, lorsque Jésus-Christ viendra. Cette vallée est celle de Meilo, enfermée entre les montagnes de Sion et de Moria. Exod. 12. 4. Act. 18. 7.

2° Lier et faire quelque chose qui se tienne et qui soit continu (κολλᾶν). 2. Esdr. 4. 6. *Ædificavimus murum, et conjunximus totum usque ad partem dimidiam*: Nous bâtîmes la muraille de Jérusalem, et toutes les brèches en furent réparées jusqu'à la moitié. L'Ecriture parle du temps d'Artaxerxès.

3° Attacher et unir étroitement. Eccli. 2. 3. *Conjungere Deo, et sustine*: Demeurez uni à Dieu, et ne vous lassez point d'attendre ses retardements; *Gr*. et ne vous séparez pas de Dieu.

4° Unir par le lien du mariage. Matth. 19. 6. *Quod ergo Deus conjunxit, homo non separet*: Jésus-Christ conclut du raisonnement précédent, que le mariage est indissoluble, parce que Dieu en est l'auteur. Marc. 10. 9. Tob. 7. v. 14. 15. *Ipse conjungat vos*: Que Dieu lui-même vous unisse, dit Raguel, mettant la main droite de Sara, sa fille, dans celle du jeune Tobie pour les marier. c. 8. 5.

5° Allier et unir par alliance. Levit. 14. 18. *Non accedes ad uxorem ejus, quæ tibi affinitate conjungitur*: Vous ne vous approcherez point de la femme de votre oncle paternel, parce qu'elle vous est unie par alliance. 3. Reg. 3. 1. *Affinitate conjunctus est Pharaoni Regi Ægypti, accepit namque filiam ejus*: Salomon s'allia avec Pharaon, roi d'Egypte; car il épousa sa fille. Dieu avait défendu, Deut. 7. 3. aux Israélites d'épouser des femmes étrangères; mais cette défense ne doit s'entendre que de celles du pays de Chanaan; ou si on l'entend de toutes, ce n'est qu'en supposant qu'elles n'embrassent pas le culte et la religion du vrai Dieu: ce qui paraît par beaucoup d'exemples de l'Ecriture. Salomon pécha, dans la suite, lorsqu'il n'observa pas cette condition; et c'est ce qui fut cause qu'il tomba dans l'idolâtrie. 2. Par. 18. 1.

6° Lier, faire liaison et société (κολλᾶν). Act. 5. 13. *Cæterorum nemo audebat se conjungere illis*: Aucun des autres, qui n'étaient pas chrétiens et fidèles, n'osait se joindre aux apôtres, à cause de la frayeur qu'ils eurent de la mort d'Ananie et de Saphire, aux pieds de saint Pierre. 1. Mach. 3. 2.

Phrase tirée de ce verbe dans le sens figuré.
Conjungere domum ad domum. Joindre maison à maison; c'est avoir une passion insatiable et sans bornes d'acquérir des biens (συνάπτειν). Isa. 5. 8. *Væ qui conjungitis domum ad domum*: Malheur à vous, qui joignez maison à maison. Voy. la punition, v 9.

CONJUNCTUS, A, UM. Joint, uni, lié: dans l'Ecriture:

1° Qui est comme uni à quelqu'un, qui l'accompagne, qui le suit de près (ἐχόμενός τινος). Ps. 67. 26. *Prævenerunt principes conjuncti psallentibus*: Les princes, conjointement avec ceux qui chantent de saints cantiques, se sont hâtés de venir au devant de l'Arche: Le prophète parle ici de lui-même et des grands de sa cour qui allaient devant l'Arche de Dieu. Voy. 2. Reg. 6. 5. etc.

2° Qui est dans le même rang, qui est semblable, qui représente (συστοιχεῖν, *ejusdem seriei esse*). *Sina mons est in Arabia, qui conjunctus est ei quæ nunc est Jerusalem*: Sina, qui figure la même chose qu'Agar, est une montagne d'Arabie, qui représente la Jérusalem que nous voyons maintenant. C'est sur le mont Sina qu'a été donnée la loi ancienne, qui ne fait que des esclaves.

CONJURARE. S'obliger avec d'autres par serment de faire quelque chose; dans l'Ecr.:
Conjurer, conspirer, faire une conspiration (συντίθεσθαι). 1. Reg. 22. v. 8. 13. *Quare conjurastis adversum me tu et filius Isai*? Pourquoi avez-vous conjuré contre moi, vous et le fils d'Isaïe? dit Saül au grand prêtre Achimélech, sur le rapport de Doëg, v. 9. 10. Voy. leur innocence, c. 21. v. 1. 2. etc. et v. 10. Ainsi, 4. Reg. 15. 30. *Conjuravit et tetendit insidias Osee, filius Ela, contra Phacee*: Osée, fils d'Ela, fit une conspiration contre Phacée, pour le surprendre (συστρέφειν).

CONJURATIO, NIS. 1° Conspiration, trahison (συνδεσμός). 4. Reg. 11. 14. *Conjuratio, conjuratio!* Trahison, trahison ! s'écria Athalie, voyant Joas assis sur le trône, lorsqu'on le reconnaissait pour roi de Juda: elle voulait conserver son règne. Voy. v. 3. Ezech. 22. 25. *Conjuratio prophetarum in medio ejus*: Les prophètes ont conjuré ensemble au milieu de Jérusalem, en s'unissant à tromper par leurs fausses prophéties, et à persécuter les vrais prophètes. Voy. 4. Reg. 22. v. 12. 24.

2° Obstination dans l'impiété, volonté délibérée de ne point obéir à Dieu, et d'attendre de lui le secours. Isa. 8. 12. *Non dicatis: Conjuratio*: *omnia enim quæ loquitur populus iste, conjuratio est* (σκληρόν): Prophète, et vous tous fidèles, ne dites point comme les autres: Faisons une conspiration tous ensemble, en faisant une ligue offensive et défensive avec le roi d'Assyrie contre nos ennemis: car tout ce que dit ce peuple n'est qu'une conspiration contre moi, dit Dieu. Jerem. 21. 9.

CONJUX, GIS, γυνή; de *jugum*.
Femme mariée, épouse. Matth. 1. 20 *Noli timere accipere Mariam conjugem tuam*: Ne craignez point de prendre avec vous

Marie, votre femme, dit l'ange à Joseph, qui ignorant le mystère marqué v. 18, avait résolu de renvoyer secrètement la sainte Vierge, v. 24.

CONNECTERE. Lier et joindre une chose avec une autre; soit dans le sens propre, comme Exod. 26.17, soit dans le sens figuré, comme Ephes. 4. 16. *Ex quo totum corpus compactum et connexum;* συμβιβαζόμενον. Le corps de l'Eglise dont Jésus-Christ est le chef, est uni et lié par la charité. Voy. SUBMINISTRARE.

CONNUBIUM, II, γάμος. Mariage. Heb. 13. 4. *Honorabile connubium (sit).* Que le mariage soit traité de tous avec honnêteté : ce sens paraît le plus naturel dans la suite de ce chapitre; et l'Apôtre donne souvent des préceptes, où le verbe *sit* est sous-entendu; comme Rom. 12. 9. Tit. 2. 8; quoique dans cet endroit il se puisse entendre absolument en ce sens : Le mariage est honorable en toutes choses, dans les choses qui lui sont propres, telles que le sacrement, la fidélité, les enfants. Ainsi, Gen. 34. 9. Jos. 23. 12.

CONNUMERARE, καταριθμεῖν, compter avec d'autres, mettre au même rang que les autres. Act. 1. 17. *Connumeratus erat in nobis :* Judas était dans le même rang d'apôtre que nous, dit saint Pierre, proposant à tous les disciples d'en élire un autre en sa place.

CONOPOEUM, I. κωνώπιον. Ce mot est grec, κωνωπεῖον, de κώνωψ, moucheron, cousin, et signifie un voile, ou plutôt un roseau, que les cousins ne pouvaient traverser.

1° Pavillon, tente. Judith. 10. 19. *Videns Judith Holophernem sedentem in conopœo :* Judith voyant Holopherne assis sous son pavillon, se prosterna en terre devant lui.

2° Rideau de lit, rideau d'un pavillon de lit, une partie du pavillon. Judith. 13. 19. *Abstulit conopœum ejus a columnis :* Judith tira un rideau du lit hors des colonnes; comme les rideaux d'Holopherne n'étaient pas moins reconnaissables que sa tente, c. 13. 19. elle prit ce rideau pour le montrer aux Juifs avec la tête d'Holopherne, afin qu'il servît de preuve que c'était aussi sa tête même. v. 19. *Ecce caput Holophernis, et ecce conopœum illius :* Voici la tête d'Holopherne, et voici un rideau du pavillon dans lequel il était couché, c. 16. 23.

CONQUASSARE, σείειν, ébranler avec ; dans l'Ecriture :

1° Ebranler. 2. Reg. 22. 8. *Fundamenta montium concussa sunt et conquassata :* Les fondements des montagnes ont été agités et ébranlés; David figure ici par un tremblement de terre l'agitation et la terreur où furent ses ennemis, lorsque Dieu prit sa défense.

2° Briser, abattre (συνθλᾶν). Ps. 109. 6. *Conquassabit capita in terra multorum :* Le Messie, comme un victorieux qui fait un grand carnage de ses ennemis, brisera les têtes de plusieurs; ou, selon l'Hébreu, abattra le pouvoir des tyrans qui règnent sur des peuples riches et nombreux. Luc. 20. 18. *Omnis qui ceciderit super illum lapidem, conquassabitur.* Celui qui se laissera tomber sur cette pierre, s'y brisera; celui qui s'enfle et se scandalise de la vie ou de la doctrine de Jésus-Christ, en sera grièvement puni dans cette vie; mais sans qu'il périsse, s'il fait pénitence; mais celui qui le persécute avec opiniâtreté, en résistant à la vérité, et renonçant à son Evangile, en sera entièrement écrasé; Jésus-Christ fait allusion à la coutume que gardaient les Juifs en lapidant un coupable; un des témoins le faisait tomber de haut sur une grosse pierre; s'il n'en mourait pas, on lui en laissait tomber une autre sur le cœur.

CONQUERI. Se plaindre (συμμισοπονηρεῖν). 2. Mach. 4. 36. *Adierunt Judæi apud Antiochiam simul et Græci conquerentes de iniqua nece Oniæ :* Les Juifs, avec les Grecs, allèrent trouver Antiochus l'Illustre à Antioche, et lui firent leurs plaintes contre Andronique, du meurtre si injuste qu'il avait commis dans la personne d'Onias.

CONQUIESCERE. Se reposer, être en paix et en repos (προσαναπαύεσθαι). Sap. 8. 16. *Intrans domum meam, conquiescam cum illa :* Entrant dans ma maison, je trouverai mon repos avec la sagesse. 4. Reg. 11. 20. Isa. 14. 7.

1° S'apaiser, cesser (ἡσυχάζειν). Prov. 26. 20. *Susurrone subtracto, jurgia conquiescent :* Quand il n'y aura plus de semeurs de rapports, les querelles s'apaiseront.

2° Demeurer dans le silence, et n'avoir pas de quoi répondre. Job. 39. 32. *Numquid qui contendit cum Deo, tam facile conquiescit ?* Celui qui dispute contre Dieu, se réduit-il si facilement au silence ? Dieu dit ceci par ironie à Job, qui se reconnaît entièrement convaincu et confus. Voy. v. 34.

3° Tomber et fondre sur quelqu'un, en parlant de quelque grand mal (ἥκειν). Jerem. 30. 23. *Procella ruens in capite impiorum conquiescet :* La fureur du Seigneur, comme une tempête toute prête à fondre, va se reposer sur la tête des impies.

CONQUIRERE. 1° Acquérir, gagner, chercher, ou tâcher d'acquérir; de là vient :

Conquirere animam. Gagner ou tâcher de gagner sa vie. Eccli. 38. 29. *In operatione artis, accommodantes animam suam, et conquirentes in lege Domini :* Les artisans doivent en travaillant aux ouvrages de leur art y appliquer leur esprit, et chercher d'y vivre selon la loi du Très-Haut.

Attirer sur soi quelque qualité, la contracter (καθιστάναι). 2. Mach. 6. 25. *Non est dignum ut per hoc maculam atque execrationem meæ senectuti conquiram :* Il est indigne de moi d'user de cette fiction; car j'attirerais une tache honteuse sur moi, et l'exécration des hommes sur ma vieillesse; cette fiction est marquée v. 21.

2° Rechercher la vérité de quelque chose, par demandes et par réponses, disputer ensemble (συζητεῖν). Marc. 1. 27. *Mirati sunt omnes, ita ut conquirerent inter se :* Tous furent étonnés qu'au commandement de Jésus-Christ, l'esprit impur sortit de l'homme qui en était possédé; en sorte qu'ils se demandaient les uns aux autres d'où cela pouvait venir, c. 9. 9. c. 8. 11. *Cœperunt conquirere cum eo* : Les pharisiens commencèrent à disputer avec Jésus-Christ; ce fut dans le pays de Dalmanutha, c. 9. v. 13. 15. c. 12. 28. On disputait dans ces temps-là, en se proposant les uns aux autres des questions pour y répondre et les résoudre; comme il paraît que faisait Jésus-Christ à l'âge de douze ans avec les docteurs, dans saint Luc, 2. 46.

CONQUISITIO, NIS. Recherche; dans l'Ecriture :

Dispute, conférence (συζήτησις). Act. 15. 7. *Cum autem magna conquisitio fieret* : Après que les apôtres eurent beaucoup conféré ensemble; savoir s'il fallait circoncire les gentils, les obliger à garder la loi de Moïse pour être sauvés, saint Pierre et saint Jacques proposèrent leur sentiment, qui fut suivi.

CONQUISITOR, συζητητής, qui a mission de lever des gens de guerre; dans l'Ecriture :

Qui dispute et recherche avec curiosité la connaissance des choses. 1. Cor. 1. 20. *Ubi conquisitor hujus sæculi?* Où sont les curieux des sciences du siècle? Dieu ne choisit point ces sortes de gens pour prêcher l'Evangile.

CONREGNARE, συμβασιλεύειν, régner avec quelqu'un. 2. Tim. 2. 12. *Et conregnabimus* : Si nous souffrons avec Jésus-Christ, nous régnerons aussi avec lui.

CONRESUSCITARE, συνεγείρειν, ressusciter quelqu'un avec, rendre la vie à plusieurs. Ephes. 2. 6. *Conresuscitavit* : Dieu nous a ressuscités avec Jésus-Christ; cette résurrection s'entend de la mort du péché à la vie de la grâce; et on la peut bien entendre aussi de la résurrection générale des corps des élus avec Jésus-Christ.

CONSANGUINEUS, A, UM. De *sanguis*.

De même sang, proche parent (ὁ ἔγγιστα). Levit. 21. 2. *Non contaminetur sacerdos nisi tantum in consanguineis* : Que le prêtre, à la mort de ses citoyens, ne fasse rien qui le rende impur selon la loi, à moins que ce ne soient ceux qui lui sont unis plus étroitement par le sang; cela s'étendait jusqu'au frère. c. 25. 49. Ruth. 2. 1.

CONSCENDERE, ἀναβαίνειν, monter, sortir de quelque lieu profond. Jerem. 48. 44. *Qui conscenderit de fovea, capietur laqueo* : Qui sera tiré et sortira de la fosse, sera pris au piége; le prophète marque le malheur et la perte inévitable des Moabites.

Façon de parler dans le sens figuré.

Conscendere in cœlum. Monter au plus haut des cieux, est une hyperbole, pour exprimer l'orgueil de ceux qui s'élèvent au-dessus de tout. Isa. 14. 13. *In cœlum conscendam* : Je monterai au ciel, ce qui s'entend du premier ange, sous la figure de Nabuchodonosor.

CONSCIENTIA, Æ, συνείδησις. 1° Conscience, jugement que la raison forme de ce qui est moralement bon ou mauvais, et qui condamne ou excuse ce qu'on a fait de bien ou de mal. Rom. 2. 15. *Testimonium reddente illis conscientia ipsorum, et inter se invicem cogitationibus accusantibus* : La conscience des Gentils leur rend témoignage que les œuvres de la loi sont écrites dans leur cœur, par les réflexions de leur esprit qui les accusent ou les défendent. c. 13. 5. c. 9. 1. 2. Cor. 4. 2. c. 5. 11. Ainsi, Heb. 10. 2.

2° Science, connaissance. Gen. 43. 22. *Non est in nostra conscientia quis posuerit pecuniam in marsupiis nostris* : Nous ne savons en aucune sorte qui a pu remettre cet argent dans nos sacs, dirent les frères de Joseph à son intendant.

3° La volonté et les affections de l'âme. Tit. 1. 15. *Coinquinatæ sunt eorum et mens et conscientia* : La raison et la conscience des impurs et des infidèles sont impures et souillées : les souillures et les taches des péchés sont proprement dans la volonté comme dans leur sujet : mais on peut dire qu'elles sont dans la conscience comme une chose est dans celui qui la connaît, dit saint Thomas, 1. p. qu. 79. art. 13. ad. 2. 1. Cor. 8. 7. *Conscientia ipsorum polluitur* : La conscience de ceux qui en ce cas mangent des viandes offertes aux idoles, est souillée. Ainsi, Heb. 9. 14. *Quanto magis sanguis Christi emundabit conscientiam nostram ab operibus mortuis* : A combien plus forte raison le sang de Jésus-Christ purifiera-t-il nos consciences des œuvres mortes. L'Apôtre prouve que le sang de Jésus-Christ peut bien effacer les péchés, qui sont les souillures de l'âme, si le sang des victimes avait la vertu de purifier les souillures du corps.

4° L'opinion, le doute, le scrupule, ou le sentiment qu'on a de quelque chose. 1. Cor. 8. 7. *Quidam cum conscientia usque nunc idoli, quasi idolothytum manducant* : Il y en a qui, croyant que l'idole est quelque chose, mangent des viandes qui lui sont offertes : ce que l'Apôtre condamne, 1. Cor. 10. 27. *Manducate, nihil interrogantes propter conscientiam* : Chez les Gentils, mangez de tout ce qu'on vous servira, sans vous informer d'où il vient, par scrupule de conscience, v. 28. 29. *Nolite manducare propter conscientiam* : Mais si on vous dit qu'il a été immolé aux idoles, n'en mangez pas, pour ne pas blesser la conscience de ceux qui vous l'ont dit, et de ceux devant qui on vous l'a dit.

5° Sentiment de respect, de devoir et de considération. 1. Pet. 2. 19. *Hæc est gratia, si propter conscientiam Dei*, i. e. *de Deo, sustinet quis tristitias patiens injuste* : Ce qui est agréable à Dieu est que, dans la vue de lui plaire, nous endurions et nous souffrions injustement. Prov. 12. 18. *Est qui promittit, et quasi gladio pungitur conscientiæ* : Tel promet qui est percé ensuite comme d'une épée, par le sentiment du devoir où il est de s'acquitter de sa parole; *Hebr.* Il y en a dont les paroles sont perçantes comme des épées.

CONSCINDERE, διαρρηγνύναι, 1° Couper en morceaux, déchirer. 4. Reg. 4. 39. *Conscidit* (al. *concidit*) *in ollam pulmenti* : L'un des serviteurs d'Elisée coupa des coloquintes sauvages par morceaux, et les mit cuire dans le pot : comme il ne savait ce que c'était, il les prépara pour servir à manger aux disciples d'Élisée. 1. Mach. 14. Act. 14. 13. *Barnabas et Paulus conscissis tunicis*: Les saints Apôtres Barnabé et Paul déchirèrent leurs vêtements, lorsque les habitants de Lystre voulurent leur sacrifier, ce culte n'étant dû qu'à Dieu : le déchirement des vêtements était l'effet du sentiment ou d'affliction, ou de douleur, qu'on avait d'entendre quelque blasphème. Ps. 29. 12.

2° Dévêtir, dépouiller. Ps. 29. 12. *Conscidisti saccum meum, et circumdedisti me lætitia.* Voy. Saccus.

CONSCIUS, a, um, συνειδώς. 1° Celui qui sait et qui connaît certainement quelque chose. Job. 16. 20. *Conscius meus in excelsis* (συνίστωρ): Celui qui connaît le fond de mon cœur est dans les cieux. Levit. 5. 1.

2° Celui qui sait quelque chose qui s'est faite de son aveu et de son consentement. Act. 5. 2. *Fraudavit de pretio agri conscia uxore sua*: Ananie retint, de concert avec sa femme, une partie du prix d'un fonds de terre qu'il avait vendu : ce qu'il apporta aux apôtres, il le leur apporta comme en étant la somme entière ; ce qui faisait son péché. Voy. v. 3. 4. Ainsi, 3. Reg. 2. 44.

3° Coupable, à qui la conscience reproche quelque chose. 1. Cor. 4. 4. *Nihil mihi conscius sum*: Quoique la conscience ne reproche rien, on ne sait néanmoins si l'on est agréable à Dieu.

CONSCRIBERE, γράφειν, de *scribere*, et signifie :

1° Écrire et rédiger par écrit, renfermer dans un livre. Eccl. 12. 10. *Ecclesiastes conscripsit sermones rectissimos*: L'Ecclésiaste écrivit des discours pleins de droiture, etc. Deut. 30. 10.

2° Écrire avec ; d'où vient cette phrase :
Mettre et recevoir au nombre, ou destiner pour être du nombre. 1. Mach. 8. 20. *Miserunt nos ad vos conscribere nos socios et amicos vestros*: Judas, ses frères et le peuple Juif nous ont envoyés pour faire alliance avec vous, afin que vous nous mettiez au nombre de vos amis et de vos alliés, disent au sénat romain les ambassadeurs de Judas: cette alliance est contenue dans les versets 23. 24. et suiv. Ainsi, c. 13. 40. *Si qui ex vobis apti sunt conscribi inter nostros, conscribantur*: S'il s'en trouve parmi vous qui soient propres à être enrôlés dans nos troupes. Démétrius met ceci dans la réponse qu'il fait à la demande de Simon, grand prêtre. Heb. 12. 23. *Accessistis ad... Ecclesiam primitivorum qui conscripti sunt in cœlis*: Vous vous êtes approchés des premiers-nés qui sont écrits dans le ciel. Voy. saint Luc, 10. 20. Philipp. 4. 3. Apoc. 13. 8. etc.

CONSCRIPTIO, nis. συγγραφή, de *conscribere*, et signifie proprement action de mettre quelque chose par écrit ; dans l'Ecriture :
Écrit, contrat, acte d'autorité publique. 1. Mach. 14. 43. *Ut scribantur in nomine ejus omnes conscriptiones in regione*: Les Juifs avaient consenti que tous les actes publics fussent écrits au nom de Simon Machabée dans le pays. Tob. 7. 16.

CONSCRIPTUS, a, um. Écrit, composé ; dans l'Ecriture :
Prescrit, arrêté, déterminé. Ps. 149. 9. *Ut faciant in eis judicium conscriptum*: Les saints auront dans leurs mains des épées pour exercer contre leurs ennemis le jugement qui est marqué et prescrit. Les commandements et les ordres que Dieu avait marqués dans le Deutéronome, de quelle manière les Israélites devaient combattre et détruire les anciens habitants de la terre promise, étaient la figure de ceux que les fidèles doivent exercer contre les ennemis de l'Eglise.

CONSECRARE, ἁγιάζειν, de *sacrare*.
1° Consacrer et dédier à Dieu, destiner une chose ou une personne à un usage sacré. 1. Par. 18. 11. *Omnia vasa aurea et argentea consecravit rex David Domino*: Le roi David consacra au Seigneur tous les vases d'or et d'argent ; ce qui était consacré de la sorte était mis dans le trésor du temple : Ainsi l'on dédiait et l'on offrait à Dieu les lévites ; Num. 8. 13. les prêtres, Exod. 28. 41. c. 29. 1. les Nazaréens, Num. 6. 18. les premiers-nés, les victimes et plusieurs autres choses. 2. Par. 17. 16.

2° Offrir à Dieu, présenter et donner pour toujours. 1. Esdr. 8. 25. *Appendi eis et vasa consecrata domus Dei nostri*: Je pesai les vases consacrés de la maison de notre Dieu : c. 7. 15. Judic. 17. 3. *Consecravi et vovi hoc argentum Domino*: J'ai consacré cet argent au Seigneur, et j'en ai fait vœu : Il paraît que la mère de Michas adorait Dieu ; mais qu'elle faisait un mélange monstrueux du culte du vrai Dieu avec celui des idoles.

Phrase tirée de la première signification.

Consecrare manus alicujus, consecrare manus suas. 1° Consacrer les mains à quelqu'un ; c'est le consacrer à Dieu, en lui consacrant les mains pour le rendre capable de le servir dans quelque fonction sacrée. Exod. 28. 41. c. 29. 35. *Cunctorum consecrabis manus* (ἐμπλήθειν); Voy. Complere, implere.

2° Consacrer les mains ; c'est faire quelque action par obéissance, aussi agréable à Dieu, que de lui offrir un sacrifice. Exod. 32. 29. *Consecrastis* (ἐκπληροῦν) *manus vestras hodie Domino unusquisque in filio et in fratre suo*: Chacun de vous a consacré ses mains au Seigneur, en tuant son fils et son frère, dit Moïse aux lévites, qui venaient d'exécuter l'ordre qu'il leur avait donné pour punir le peuple de l'idolâtrie du veau d'or. Souvent le mot *consecrare*, ou *consecratio*, est mis en hébreu pour *implere*.

CONSECRATIO, nis, τελείωσις, consécration, action de consacrer et dédier : Ainsi,

1° La consécration du pontife et des autres prêtres de la loi. Levit. 7. 37. v. 8. 33. *Septem diebus finitur consecratio*: Cette consécration durait sept jours, et se faisait de la sorte : on présentait à l'autel celui qui devait être consacré, où, après l'avoir lavé par tout le corps, on le vêtait des habits sacerdotaux ; on lui versait sur la tête des parfums consacrés pour cet usage ; enfin on immolait pour lui un bélier, appelé *Aries consecrationis*.

Exod. 29. v. 22. 31. Levit. 8. 29. Ensuite on arrosait du sang de ce bélier l'autel et les vêtements du prêtre; alors on en faisait cuire la chair, dont le prêtre mangeait avec des pains que l'on mettait à l'entrée du tabernacle, qui sont appelés, Exod. 29. 31, *Panes consecrationis.*

2° La consécration du Nazaréen, ou le vœu par lequel il se consacrait à Dieu, pour vivre à son service, séparé du monde (εὐχή). Num. 6. v. 12. 13. *Ista est lex consecrationis:* Voilà la loi pour la consécration du Nazaréen. v. 6. 21. Voy. NAZARÆUS.

§ 1. — Le signe et la marque de la consécration du Nazaréen; *sc.* sa chevelure qu'il laissait croître. Num. 6. 7. *Consecratio* (εὐχή) *Dei sui super caput ejus est:* La consécration de son Dieu est sur sa tête; *i. e.* la marque de sa consécration est sa longue chevelure. v. 9. *Polluetur caput consecrationis ejus:* i. e. *consecratio capitis:* La chevelure du Nazaréen, qui est la marque de sa consécration, sera souillée d'une impureté légale; *sc.* si quelqu'un meurt subitement devant lui.

§ 2. — La chose même consacrée à Dieu (ἀνάθημα). Levit. 27. 29. *Omnis consecratio* (Hebr. *cherem*) *quæ offertur ab homine non redimetur, sed morte morietur:* Tout ce qui aura été offert par un homme, et consacré au Seigneur, ne se rachètera point; mais il faudra nécessairement qu'il meure : Ce que les Hébreux appelaient *cherem*, était tellement consacré à Dieu, qu'il fallait qu'il fût détruit, ou qu'il changeât de nature : si c'étaient des animaux, on les immolait s'ils étaient propres pour cela; que s'ils ne l'étaient pas, on les changeait. Voy. ASINUS. Si c'étaient des hommes, ils étaient aussi immolés quand c'étaient des ennemis ou de grands pécheurs; ou étaient consacrés au service de Dieu pour toujours, comme les Nazaréens, la fille de Jephté et d'autres. On en faisait de même des terres et de l'argent, ce que l'on appelle *amortir.* Voy. ANATHEMA. Ainsi, *Panes consecrationis* (i. e.) *panes consecrati:* Les pains de consécration, *i. e.* qui ont été consacrés. Le mot *consecratio*, pris pour une chose consacrée, Lev. 8. 31. se trouve dans les auteurs ecclésiastiques. C'est dans ce sens qu'il faut entendre ce passage tiré des Offices de saint Ambroise, où saint Laurent dit à saint Sixte qu'il lui avait confié *la consécration du corps et du sang de Jésus-Christ*, c'est-à-dire, *le corps et le sang consacré.* Ce mot est en ce même sens dans la vie de saint Magloire faite par saint Eloi, et en plusieurs autres endroits.

CONSEDERE, καθίζειν. 1° Etre assis, s'asseoir ensemble. Eccli. 11. 1. *Sapientia humiliati in medio magnatorum considere faciet illum:* La sagesse de celui qui est dans la bassesse, le fera siéger au milieu des grands. c. 32. 2. Tob. 11. 12.

2° Demeurer, faire sa demeure. 1. Mach. 2. 1. *Et consedit in monte Modin:* Mathathias sortit de Jérusalem et se retira sur la montagne de Modin.

3° Camper (παρεμβάλλειν). 1. Reg. 13. 16. *Philisthiim consederant in Machmas:* Les Philistins étaient campés à Machmas, lorsque Saül et Jonathas étaient à Gabaa de Benjamin. 1. Mach. 9. 33.

Façons de parler dans le sens figuré.

Consedere in cœlestibus. Etre assis dans les cieux, s'y asseoir (συγκαθίζειν); c'est y être par une vie toute céleste, par affection et par l'espérance que nous avons d'y régner un jour avec Jésus-Christ. Ephes. 2. 6. *Nos consedere fecit in cœlestibus in Christo Jesu.* Dieu nous a fait asseoir dans le ciel en Jésus-Christ. Voy. 2. Tim. 2. 12.

Consedere in dextra sedis magnitudinis in cœlis. Etre assis dans le ciel à la droite du trône de la majesté de Dieu. Hebr. 8. 1. Cela s'entend de Jésus-Christ; ce qui est une façon de parler pour exprimer le grand honneur qui est rendu à son humanité sainte unie hypostatiquement à la divinité, et sa prééminence au-dessus de tous les bienheureux.

CONSENESCERE. De *senescere*, et signifie :

Devenir vieux avec, vivre ensemble jusqu'à une extrême vieillesse (συγκαταγηράσκειν). Tob. 8. 10. *Consenescamus ambo pariter sani:* Seigneur, que nous puissions vivre ensemble jusqu'à la vieillesse, dans une parfaite santé : Sara prie Dieu qu'il les conserve en santé, elle et le jeune Tobie dans leur mariage. Ce qui les porte tous deux à faire cette prière à Dieu, est la mort des sept maris de Sara marquée c. 3. 8.

Signification figurée.

Persévérer et demeurer ferme jusqu'à la mort. Eccli. 11. 16. *Qui exultant in malis consenescunt in malo:* Ceux qui se glorifient dans le mal, demeurent impénitents.

CONSENIOR, συμπρεσβύτερος, de *senex*, *senior*. Ce comparatif signifie proprement qui est fort âgé aussi bien que les autres; mais, dans l'Ecriture, il signifie :

Qui est prêtre aussi bien que les autres qui le sont. 1. Petr. 5. 1. *Seniores obsecro, consenior et testis Christi passionum:* Je vous prie, vous qui êtes prêtres, étant prêtre comme vous. Voy. SENIOR.

CONSENSUS, us, ὁμόνοια : — 1° Consentement, conformité de sentiments et d'affections, accord, union. Ps. 54. 15. *In domo Dei ambulavimus cum consensu:* Nous marchions ensemble avec tant d'union dans la maison du Seigneur. Le prophète, se plaignant de l'ingratitude d'Achitophel, lui objecte ici l'union qui était entre eux, et dans l'amitié, et dans le culte du même Dieu. Voy. 2. Reg. 15. v. 12. 20. Ainsi, 1. Cor. 7. 5.

2° Convenance, rapport proportion (συγκατάθεσις). 2. Cor. 6. 16. *Qui consensus templo Dei cum idolis?* Quel rapport entre le temple de Dieu et les idoles? *i. e.* entre les fidèles, qui sont le temple de Dieu, et les infidèles.

CONSENTIRE, συμφωνεῖν : 1° Consentir, s'accorder à quelque chose et l'approuver, être de même avis. Tob. 4. 6. *Cave, ne peccato consentias:* Gardez-vous de consentir jamais à aucun péché. Matth. 18. 19. *Si duo ex vobis consenserint super terram:* Peu de persönnes qui s'unissent pour prier, sont capables d'obtenir tout ce qu'elles demanderont. Luc. 11. 48. Rom. 12. 16.

2° S'accommoder, condescendre, obéir (συναπάγεσθαι). Rom. 12. 16. *Non alta sapientes, sed humilibus consentientes* : Ne vous élevez point par des pensées présomptueuses, mais rabaissez-vous jusqu'aux personnes les plus basses, et ne méprisez point leur conversation. D'autres expliquent ce passage des choses : Accommodez-vous à ce qui est de plus bas et de plus humble. Jac. 3. 3. *Equis fræna in ora mittimus ad consentiendum nobis* : Nous mettons des mors dans la bouche des chevaux, afin qu'ils nous obéissent (πείθεσθαι).

CONSEPELIRE, συνθάπτειν, ensevelir avec, ce qui s'entend figurément du péché et du vieil homme, qui est détruit dans le baptême par les mérites de Jésus-Christ. Rom. 6. 4. *Consepulti sumus cum illo per baptismum in mortem* : Nous avons été ensevelis avec Jésus-Christ par le baptême, pour représenter sa mort. Coloss. 2. 12.

CONSEQUENS, TIS, ce qui suit et ce qui a pu se faire en conséquence d'une autre chose. Gen. 44. 8. *Pecuniam reportavimus ad te et quomodo consequens est ut furati simus aurum vel argentum?* Nous vous avons rapporté de Chanaan l'argent que nous avons trouvé à l'entrée de nos sacs ; comment donc se pourrait-il faire que nous eussions dérobé de la maison de votre seigneur de l'or ou de l'argent? dirent les frères de Joseph à son intendant, qui les accusait d'avoir dérobé la coupe de son maître.

CONSEQUENTER : — 1° Conséquemment, par conséquent, ce qui est un terme dont on se sert pour marquer qu'on fait un jugement et qu'on tire une conclusion des propositions qui précèdent. 2. Par. 32. 15. *Si nullus potuit Deus cunctarum gentium liberare populum suum de manu mea... consequenter nec Deus vester poterit eruere vos de manu mea* : Si aucun dieu des nations n'a pu délivrer son peuple de ma main, votre Dieu, par conséquent, ne pourra non plus vous en tirer : ce sont les paroles de Sennachérib au peuple de Jérusalem.

2° Conformément, par rapport à quelque chose (κατὰ). Gen. 43. 7. *Nos respondimus ei consequenter juxta id quod fuerat sciscitatus* : Nous répondîmes à celui qui commande en Egypte, selon ses demandes : les enfants de Jacob se justifient de la faute qu'il leur impute, d'avoir déclaré qu'ils avaient encore un frère.

CONSEQUI, ἀκολουθεῖν, παρακολουθεῖν :
1° Suivre, aller après, poursuivre (διώκειν). Sap. 19. 2. *Consequebantur illos pœnitentia acti* : Les Egyptiens se repentirent aussitôt d'avoir renvoyé les Israélites, et ils se résolurent d'aller après eux ; ceci a rapport à ce qui est dit, Exod. 14. 8. 1. Cor. 10. 4. *Bibebant autem de spirituali, consequente eos petra* : Les Israélites buvaient de l'eau de la pierre, qui les suivait, par les ruisseaux qui en coulaient, et qui les accompagna jusqu'au lieu où ils en trouvèrent suffisamment. Voy. SPIRITUALIS. L'apôtre a en vue ce qui est dit Num. 20. v. 8. 11.

2° Atteindre, joindre. 1. Reg. 31. 3. *Consecuti sunt* (εὑρίσκειν) *eum viri sagittarii* : Les archers de l'armée des Philistins joignirent Saül. Gen. 31. 25. Mais, 2. Mach. 8. 11, ce mot s'entend dans le sens figuré, *Non respiciens ad vindictam quæ eum ab Omnipotente esset consecutura* : Nicanor, invitant ainsi les marchands de venir acheter à bon marché des esclaves juifs qu'il devait faire, ne faisait pas réflexion sur la vengeance du Tout-Puissant, qui devait bientôt tomber sur lui. Voy. v. 34. 35. 36.

3° Acquérir, obtenir, trouver (ἐπιτυγχάνειν). Rom. 11. 7. *Quod quærebat Israel hoc non est consecutus, electio autem consecuta est* : Israël n'a pas obtenu ce qu'il cherchait (sc. le salut qu'il croyait trouver, se confiant dans ses mérites) ; et le peuple élu l'a obtenu ; sc. les chrétiens ont obtenu ce salut par la foi en Jésus-Christ. Ainsi, *Consequi misericordiam*, s'entend dans la même signification. Voyez MISERICORDIA, Voy. HÆREDITAS.

Phrases tirées de cette signification.

Consequi summam infelicitatem, trouver le comble de ses malheurs (δυσημερεῖν, *infeliciter agere*). 2. Mach. 8. 35. *Summam infelicitatem de interitu sui exercitus consecutus* : Nicanor trouva le comble de ses malheurs dans la perte de son armée ; sc. par Machabée, après quoi il s'enfuit seul à Antioche.

Consequi ultionem, λαμβάνειν ἐκδίκησιν, se venger. Jerem. 20. 10. *Consequamur ultionem ex eo* : Tâchons de nous venger de lui ; les ennemis de Jérémie ne cherchaient qu'à le perdre.

CONSERERE, CONSEVI, CONSITUM, φυτεύειν, planter, semer. Esth. 1. 5. *In vestibulo horti et nemoris, quod regio cultu et manu consitum erat* : Assuérus fit préparer au peuple de Suse un festin dans le vestibule de son jardin et d'un bois qui avait été planté par la main des rois. Eccl. 2. 5.

CONSERERE, CONSERUI, joindre une chose à une autre.

Phrases tirées de cette signification.

Conserere manus, mettre les mains l'une dans l'autre ; c'est demeurer sans travailler. Prov. 6. 10. c. 24. 33. *Paululum conseres manus ut dormias* : Vous mettrez un peu vos mains l'une dans l'autre pour vous reposer ; Gr. ἐναγκαλίζειν, mettre les bras l'un dans l'autre, comme font ceux qui s'endorment ; le Sage parle du paresseux qui sommeille ou s'endort souvent au lieu de travailler.

Conserere manum super manum proximi, mettre sa main dans celle de son voisin, la joindre avec la sienne, c'est implorer son secours et avoir recours à lui (συμπλέκεσθαι). Zach. 14. 13. *Conseretur manus ejus super manum proximi sui* : Les ennemis des Juifs, dans la consternation où ils seront, auront recours à leurs voisins pour attaquer Jérusalem, mais ce sera inutilement.

CONSERVARE, συντηρεῖν, διατηρεῖν —
1° Conserver et retenir (ζωογονεῖν, *vivificare*). Exod. 1. 17. *Conservabant mares* : Les sages-

femmes conservèrent les enfants mâles des Hébreux ; Pharaon leur avait ordonné de les tuer. Voy. v. 16. Luc. 2. v. 19. 51. *Maria... conservabat omnia verba hæc, conferens in corde suo* : Marie conservait toutes ces choses en elle-même, les repassant dans son cœur ; ces choses étaient ou tout ce qu'elle entendait dire à la gloire de Jésus-Christ, ou toutes les paroles qu'elle entendait sortir de sa bouche. Eccli. 39. 2. *Narrationem virorum nominatorum conservabit* : Le Sage conservera dans son cœur les instructions des hommes célèbres ; *autr.* les histoires.

2° Sauver, délivrer. Judith. 10. 15. *Conservasti animam tuam* : Vous avez sauvé votre vie par cette résolution que vous avez prise de venir trouver Holopherne, disent à Judith les soldats d'Holopherne. Eccli. 33. 1.

3° Observer, prendre garde. Eccli. 4. 23. *Conserva tempus* : Ménagez le temps, et observez celui qui est propre pour faire le bien, et donnez-vous de garde de la malignité du siècle. Eccli. 2. 18. *Conservabunt viam illius* : Ceux qui craignent le Seigneur demeureront fermes dans sa voie ; *i. e.* s'appliqueront et s'attacheront à garder ses commandements. c. 6. 27. c. 35. 1.

4° Réserver, garder pour ne faire paraître qu'en un certain temps. Isa. 48. 6. *Audita feci tibi nova ex tunc, et conservata sunt quæ nescis* : Je vous ferai entendre maintenant des nouvelles prédictions que je vous ai réservées et qui vous sont inconnues ; ces choses nouvelles sont les victoires de Cyrus contre les Babyloniens et contre tous ses ennemis. Voy. v. 14. 15. Ainsi, 1. Petr. 1. 14.

CONSERVATIO, NIS, τήρησις, conservation, observation. Eccli. 32. 27. *Hoc est conservatio mandatorum* : C'est ainsi qu'on garde les commandements de Dieu ; *sc.* en écoutant souvent plutôt sa propre conscience que les conseils des autres.

CONSERVUS, I, σύνδουλος : — 1° Serviteur qui sert avec d'autres dans une même maison, et figurément chacun des chrétiens qui servent et adorent un seul et même Dieu dans son Eglise. Matth. 18. v. 28. 29. 31. 33. *Nonne ergo oportuit et te misereri conservi tui, sicut et ego tui misertus sum?* Ne fallait-il donc pas que vous eussiez aussi pitié de votre compagnon, comme j'avais eu moi-même pitié de vous ? Jésus-Christ marque, par cette figure, l'obligation que nous avons de pardonner à notre prochain les offenses que nous en avons reçues, en conséquence du pardon que Dieu nous accorde de nos péchés, ce qui s'entend de chaque ministre de l'Eglise. Matth. 24. 49. *Si cœperit percutere conservos ejus* : Si ce serviteur (que son maître avait établi sur ses autres serviteurs) est si méchant que de se mettre à battre ses compagnons au lieu de leur distribuer leur nourriture. Voy. v. 45. Ainsi, Coloss. 1. 7. c. 4. 7. Apoc. 6. 11. *Donec compleantur conservi eorum* : Il fut dit aux martyrs, qui demandaient la vengeance de leur mort, qu'ils attendissent en repos jusqu'à ce que le nombre fût accompli de ceux qui, étant serviteurs de Dieu comme eux, devaient souffrir la mort aussi bien qu'eux. Voy. v. 9. 10. c. 19. 10. *Vide ne feceris ; conservus tuus sum* : Gardez-vous bien de faire une si grande faute que celle de m'adorer ; je suis serviteur de Dieu comme vous, dit l'ange à saint Jean. c. 22. 9.

CONSIDERARE, σκοπεῖν, κατασκοπεῖν, κατανοεῖν. Ce mot vient de *sidera*, et se dit proprement de la contemplation des astres :

1° Considérer des yeux, regarder attentivement. Exod. 2. 4. *Sorore ejus considerante eventum rei* : La sœur de Moïse se tint loin du bord du Nil, par l'ordre de sa mère, pour voir ce qui arriverait de lui ; il avait été exposé sur le Nil parmi des roseaux, d'où la fille de Pharaon le fit tirer. Levit. 13. 17. *Considerabit eum sacerdos* : Le prêtre considérera ce lépreux pour juger s'il est lépreux (ὄπτεσθαι). Jac. 1. v. 23. 24. *Consideravit se et abiit* : Il jette les yeux sur son visage naturel qu'il voit dans un miroir, et s'en va, et oublie à l'heure même quel il était ; la parole de Dieu s'évanouit de même dans celui qui se contente de l'écouter sans l'observer. Levit. 25. 50. Ps. 93. 9. Ps. 141. 5. Act. 7. 31. etc.

2° Considérer quelque chose avec attention, y faire réflexion (κατανοεῖν). Luc. 12. 24. *Considerate corvos quia non seminant neque metunt, et Deus pascit illos... v. 27. Considerate lilia quomodo crescunt, non laborant neque nent* : Jésus-Christ, pour faire juger aux hommes de la providence que Dieu a de pourvoir à tous leurs besoins, les exhorte à considérer comme elle s'étend sur tous les corbeaux mêmes, qui trouvent de quoi se nourrir sans semer ni moissonner, et sur les lis, revêtus d'une si grande beauté sans aucun travail. Hebr. 3. 1. *Considerate apostolum et pontificem confessionis nostræ Jesum* : L'Apôtre fait considérer quel est Jésus-Christ, afin qu'après l'avoir comparé avec Moïse, on juge qu'il est autant au-dessus de lui que l'est un fils de famille au-dessus d'un serviteur. Deut. 32. 20. *Considerabo novissima eorum* (δεικνύναι) : Je considérerai la fin malheureuse des pécheurs, dit Dieu. Isa. 5. 12. Rom. 4. 9.

3° Considérer avec joie, voir avec plaisir. Ps. 90. 8. *Oculis tuis considerabis (retributionem peccatorum)...* : Vous verrez avec plaisir la punition des pécheurs.

4° Examiner, penser sérieusement à quelque chose (συνιδεῖν). Act. 12. 12. *Considerans que venit ad domum Mariæ matris Joannis* : Saint Pierre, ayant pensé à ce qu'il ferait, vint en la maison de Marie, mère de saint Jean, surnommé Marc ; ce fut après que l'ange qui venait de le tirer de la prison, l'eut quitté. Gal. 6. 1. *Considerans te ipsum, ne et tu tenteris*. Que chacun de vous fasse réflexion sur soi-même et craigne d'être tenté aussi bien que celui qui aurait pu tomber par surprise en quelque péché. Ps. 118. 15. *Considerabo vias tuas* : Je considérerai vos voies ; *sc.* vos commandements et vos lois. Job. 11. 11. Prov. 14. 15.

5° Regarder avec mépris (βλέπειν). Cant. 1. 5. *Nolite me considerare quod fusca sim* : Ne considérez pas que je suis devenue brune. La beauté de l'Eglise ne consiste que dans l'intérieur, où elle est pleine de charité et de l'amour de Dieu, et de toutes les autres vertus surnaturelles, et non dans l'extérieur, où elle paraît toute défigurée dans cette vie par les persécutions de ses ennemis. Voyez Ps. 44. 15.

6° Observer, épier (φυλάττειν). Job. 13. 27. *Vestigia pedum meorum considerasti* : Vous avez observé toutes mes démarches. Prov. 10. 32. *Labia justi considerant placita* : Les justes prennent bien garde de rien dire qui ne soit agréable à Dieu et au prochain ; *Gr.* distillent les grâces (ἀποστάζειν, *distillare*).

Façons de parler.

Considerare invicem. Veiller les uns sur les autres, prendre garde réciproquement les uns sur les autres, pour s'avertir charitablement. Hebr. 10. 14. *Consideremus invicem in provocatione charitatis* : Prenons garde les uns sur les autres, afin de nous entr'exciter à la charité, etc.

Phrase tirée de ce verbe.

Considerare personam. Voy. PERSONA.

CONSIGNARE, κατασφραγίζειν, cacheter, apposer le sceau. Sap. 2. 5. *Non est reversio finis nostri quoniam consignata est* : Après la mort il n'y a plus de retour, le sceau est posé.

CONSILIARI, de *consiliare*. Ce verbe est déponent, et signifie dans l'Ecriture :

1° Délibérer, consulter, résoudre (βουλεύεσθαι). Ps. 30. 14. *Acciperae animam meam consiliati sunt* : Mes ennemis ont tenu conseil pour m'ôter la vie. Eccl. 37. 7. *Noli consiliari cum eo qui tibi insidiatur* : Ne prenez point conseil de celui qui vous dresse un piège ; *Gr.* qui vous regarde de mauvais œil. c. 51. 24. *Consiliatus sum ut facerem illam* : Je me suis résolu à faire ce que la sagesse me prescrit. Isa. 45. 21. *Venite et consiliamini simul*: Venez et prenez conseil tous ensemble. Le prophète exhorte tous les hommes à venir ensemble comment ils se pourront conduire les uns les autres à la communion de l'Eglise.

2° Méditer, s'entretenir seul (διανοεῖσθαι). Eccli. 39. 10. *In absconditis suis consiliabitur* : Le sage méditera les secrets de Dieu. v. 16. 38.

CONSILIARIUS, II, σύμβουλος. —1° Qui conseille et donne avis de faire, ou de quelle manière on doit faire quelque chose ; conseiller, 1° d'un homme particulier. Eccli. 6. 6. *Consiliarius sit tibi unus de mille* : Choisissez pour conseil un homme entre mille. Prov. 15. 22. Eccli. 37. v. 8. 9. Isa. 3. 3. 2° d'un roi, d'un prince, d'une ville ou même d'une république. 1. Par. 27. 32. *Jonathan autem patruus David consiliarius* : Jonathan, oncle de David, était un des conseillers de David. Job. 12. 17. *Adducit consiliarios* (βουλευτὰς) *in stultum finem* : Dieu fait tomber ceux qui donnent conseil aux autres en des pensées extravagantes, *sc.* en permettant qu'ils y tombent. Il permet que ceux qui méprisent ses lumières, et qui veulent suivre leur propre sagesse, tombent dans des extravagances qui les conduisent à leur perte. 2. Reg. 17. 14. Job. 19. 19. *Abominati sunt me quondam consiliarii mei* (εἰδότες με) : Ceux du conseil de qui je me servais autrefois, m'ont eu en exécration : Job qui parle était autrefois ou prince ou grand seigneur. Voy. c. 29. v. 14. 21. Ainsi, 2. Reg. 15. 12. 1. Par. 27. 33. 2. Par. 22. 4. c. 25. 16. Esth. 13. 3. Isa. 19. 11. 3° Conseiller de Dieu, en parlant d'un homme. Isa. 40. 13. Rom. 11. 34. *Quis consiliarius ejus fuit ?* Qui a donné conseil à Dieu, et qui a été son conseiller ? *sc.* pour lui remontrer de faire ce qu'il pût ignorer, ou pour lui conseiller qui des hommes, et comment il devait les sauver. Isa. 9. 6. *Admirabilis, Consiliarius, Deus*. Ce petit enfant sera appelé l'Admirable, le Conseiller, Dieu : Jésus-Christ est appelé conseiller par sa doctrine.

2° Magistrat, juge d'une ville, ou l'un de ses conseillers, et de ceux qui tiennent un des premiers rangs dans l'État. Isa. 1. 26. *Restituam consiliarios tuos sicut antiquitus* : Je rétablirai vos juges et vos conseillers comme ils étaient autrefois. Le rétablissement florissant de Jérusalem, que Dieu promet ici, est la figure du rétablissement de l'Eglise. c. 3. 3. *Aufert consiliarium* : Le Seigneur va ôter de Jérusalem ceux qui peuvent donner conseil, en punition des péchés. Mich. 4. 9.

3° Associé, et qui est entré dans le même dessein, complice (σύνδουλος, *conservus*). 1. Esdr. 4. v. 7. 9. 23. *Exemplum edicti Artaxerxis regis lectum est coram Reum, Beelteem et Samsai scriba et consiliariis eorum* : La copie de l'édit qui ordonnait d'empêcher les Juifs de rebâtir Jérusalem, porté par Artaxerxès, fut lue devant Reum, Béeltéem, Samsaï, secrétaire et leurs conseillers.

CONSILIATOR, RIS, σύμβουλος, — 1° Qui donne conseil, qui donne avis de faire quelque chose. 1. Esdr. 4. 5. *Conduxerunt adversus eos consiliatores* (LXX, βουλὰς δημαγωγοῦντο), *ut destruerent consilium eorum* : Le peuple, qui était venu habiter le pays de Judée, gagna par argent des ministres du roi, pour ruiner le dessein que Zorobabel et ses associés avaient de rebâtir Jérusalem, en les engageant à donner avis au roi d'empêcher l'exécution de ce dessein.

2° Conseiller d'un prince. 1. Esdr. 7. v. 14. 15. 28. *A facie regis et septem consiliatorum ejus missus es* : Vous êtes envoyé par le roi et par ses sept conseillers, dit le roi dans sa lettre qu'il donna à Esdras, pour l'autoriser dans le pouvoir qu'il lui donnait d'aller rétablir le culte de Dieu à Jérusalem. v. 8. 29.

CONSILIUM, II, βουλή. Ce nom vient du verbe *consulere*, et signifie :

1° Conseil, opposé au précepte. 1. Cor. 7. 25. *De virginibus consilium do* : Pour ce qui regarde les vierges (je n'ai point reçu de commandement du Seigneur, mais), voici le conseil que je vous donne : saint Paul le rapporte dans la suite. Voyez saint Augustin, *Serm.* 61. *de Tempore*. Ainsi, conseil, avis. Prov. 13. 10. *Qui omnia agunt consilio, reguntur sapientia* (γνώμη) : Ceux qui font tout avec conseil sont conduits par la sagesse. Ps. 1. 1. *Beatus vir qui non abiit in consilio impiorum* : Heureux l'homme qui ne s'est point laissé aller à suivre le conseil des impies. Ps. 118. 24. *Consilium meum justificationes tuæ :* La justice de vos ordonnances me tenait lieu de conseil. Num. 24. 14. Jerem. 23. v. 18. 22. c. 49. 30. Act. 27. v. 12. 47.

2° Conseil, intelligence sage et éclairée, qui sait ce qu'il faut faire dans les occasions. Prov. 8. 14. *Meum est consilium :* C'est de la sagesse que vient le conseil. Ainsi, v. 12. *Ego sapientia habito in consilio :* Moi, qui suis la sagesse, j'habite dans le conseil; *c'est-à-dire* que c'est moi qui inspire aux hommes tous les conseils sages et justes qu'ils prennent. Jerem. 18. 18. *Non peribit consilium a sapiente :* Quand nous nous serons défaits de Jérémie, nous ne laisserons pas de trouver sans lui des sages qui nous feront part de leurs conseils, disent ses ennemis, ne le regardant point comme un vrai prophète. Isa. 28. 29. Jerem. 32. 19. Ezech. 7. 26. A quoi se peut rapporter, Prov. 31. 13. *Operata est consilio manuum suarum :* La femme forte a travaillé avec des mains sages et ingénieuses; *sc.* ses mains ont su faire les ouvrages de fil et de laine, que sa sagesse et sa prudence ont jugés nécessaires pour les besoins de sa famille. Chaque ouvrage extérieur se conduit par des règles et des idées intérieures, qui sont comme le conseil des mains ; mais afin que l'ouvrage réussisse, il faut que le conseil n'abandonne pas les mains, que es mains suivent la règle, et que l'esprit, qui règle les mains, ne la perde pas de vue. On peut traduire selon l'Hébreu : *Operata est in voluntate manibus suis :* Elle a travaillé de ses mains volontiers et avec plaisir; Gr. *fecit quod utile est* (εὔχρηστον).

3° Pensée secrète. 1. Cor. 4. 5. *Manifestabit consilia cordium :* Le Seigneur découvrira les plus secrètes pensées des cœurs. Prov. 20. 5. *Sicut aqua profunda, sic consilium in corde viri :* Le conseil est dans le cœur de l'homme sage comme une eau profonde ; *sc.* par l'abondance des bons avis qu'il est toujours en état de donner. Prov. 15. 22.

4° Dessein, entreprise, soit bonne, soit mauvaise. Ps. 19. 3. *Omne consilium tuum confirmet :* Que le Seigneur accomplisse tous vos desseins, *i. e.* les fasse réussir. Ps. 9. 23. *Comprehenduntur in consiliis quibus cogitant:* Les impies sont trompés dans les pensées dont leur esprit est occupé.

5° Attachement opiniâtre à sa mauvaise volonté, désobéissance (ἀσέβεια). Prov. 1. 31. *Consiliis suis saturabuntur :* Les pécheurs seront rassasiés de leurs conseils; *sc.* seront comblés de malheurs, pour s'être attachés à vivre selon leur mauvaise volonté. Ps. 105. 43. *Ipsi autem exacerbaverunt eum in consilio suo :* Les Israélites irritèrent de nouveau, par l'impiété de leurs desseins, le Seigneur qui les avait souvent délivrés de leurs ennemis.

6° Sentiment, avis, opinion. Job. 29. 21. *Intenti tacebant ad consilium meum :* Ils recevaient mon avis avec un silence plein de respect. 1. Cor. 7. v. 25. 40.

7° Jugement, prudence pour résoudre les choses douteuses et embarrassées. Isa. 11. 2. *Requiescet super eum spiritus consilii :* L'esprit de conseil se reposera sur lui ; *sc.* sur le Messie, qui est Jésus-Christ. Deut. 32. 28.

8° Recherche inquiète et chagrine des moyens pour éviter le mal dont on est affligé, ou pour jouir du bien qu'on n'a pas. Ps. 12, 2. *Quamdiu ponam consilia in anima mea ?* Jusqu'à quand remplirai-je mon âme de l'inquiétude de tant de desseins différents ? *sc.* pour trouver le moyen d'échapper à mes ennemis. Isa. 47. 13. *Defecisti in multitudine consiliorum tuorum :* Cette multitude de conseillers n'a fait que vous fatiguer. Les augures et les enchanteurs des Babyloniens leur devaient être inutiles au temps de la ruine de Babylone. Ps. 32. 10. *Reprobat consilia principum :* Le Seigneur renverse les conseils des princes.

9° Résolution, dessein arrêté, décret. Isa. 46. 10. *Consilium meum stabit :* Toutes mes résolutions seront immuables, dit Dieu. Voy. Ps. 32. 11. Hebr. 6. 17. etc. Ainsi, Prov. 21. 30. *Non est consilium contra Dominum :* Il n'y a point de conseil contre le Seigneur. Act. 2. 23. Isa. 5. 19. c. 4. 28. c. 5. 38. 2. Par. 25. 16. Ephes. 4. 11. Hebr. 6. 17. Ainsi, Ps. 13. 10. *Consilium inopis confudistis :* Vous avez voulu confondre le pauvre dans le dessein qu'il a pris; *sc.* de n'espérer qu'en Dieu et de ne dépendre que de lui. 1. Mach. 14. 22. *Scripsimus quæ ab eis erant dicta in consiliis populi :* Nous avons écrit en ces termes dans les registres publics ; Gr. *in actis publicis.*

10° Ordonnance, commandement. 1. Esdr. 10. 8. *Qui non venerit juxta consilium principum et seniorum :* On publia dans toute la Judée que quiconque ne se trouverait pas à Jérusalem dans trois jours, selon l'ordre des princes et des anciens, perdrait tout son bien.

11° Dessein, moyen pour parvenir à quelque fin pour exécuter quelque chose. Job. 42. 3. *Quis est iste qui celat consilium absque scientia ?* Qui est celui-là qui, par un effet de son ignorance, prétend dérober à Dieu les moyens dont sa sagesse se sert ? Ps. 105. 13. *Non sustinuerunt consilium ejus :* Les Israélites n'attendirent pas avec patience (et sans murmure) que Dieu accomplît les desseins qu'il avait sur eux de les faire entrer dans la terre promise. Voy. Exod. 15. 24. et c. 17. 2. Ainsi, Ps. 65. 5. Ps. 105. 13. Ps. 106. 11. Luc. 7. 30. Act. 20. 27.

12° Volonté libre, ou libre arbitre (διαβούλιον). Eccli. 15. 14. *Deus ab initio reliquit illum in manu consilii sui :* Dieu, dès le commencement, a laissé l'homme dans la main de son conseil ; ce qui s'entend clairement du premier homme, à la volonté duquel Dieu soumit l'usage de toutes choses, et la grâce même dont il avait orné son âme, afin qu'il pût se porter, avec une égale facilité, au bien ou au mal; mais on peut l'entendre aussi des autres hommes qui, ayant reçu la loi naturelle ou la loi écrite, et d'ailleurs, recevant des grâces intérieures pour accomplir la loi que Dieu leur donne, pèchent par une désobéissance volontaire.

13° Assemblée. Ps. 88. 8. *Deus qui glorificatur in consilio sanctorum :* Dieu, qui est rempli de gloire au milieu des saints. Ps. 110. 1. Jerem. 6. 11. Ezech. 13. 9. De là vient :
Consilium facere, συμβούλιον λαμβάνειν, Tenir conseil. Matth. 12. 14. *Pharisæi consilium faciebant adversus eum :* Les Pharisiens tinrent conseil ensemble contre Jésus-Christ. Marc. 3. 6.
Consilium accipere, συμβούλιον λαμβάνειν. Délibérer sur quelque chose. Matth. 28. 12. *Consilio accepto :* Les princes des prêtres avec les sénateurs délibérèrent ensemble, sur ce que quelques gardes du tombeau de Jésus-Christ leur vinrent dire ce qui s'était passé à la résurrection.
Consilium inire ou *cogitare*, βουλεύεσθαι βουλήν, συμβουλεύεσθαι. Résoudre, former des desseins. Isa. 7. 5. *Inite consilium :* Formez des desseins, et ils seront dissipés. Le Prophète parle des desseins inutiles que feront les Juifs contre le roi d'Assyrie c. 8. 10 c. 14. 26. *Hoc consilium quod cogitavi :* C'est là le dessein que j'ai formé. Matth. 12. 14. c. 22. 15. c. 26. 4.

CONSIMILIS, is, ὅμοιος. Pareil, semblable. Gen. 41. 39. *Numquid sapientiorem et consimilem tui* (τοιοῦτος) *invenire potero?* Où pourrais-je trouver quelqu'un plus sage que vous, ou semblable à vous? répond Pharaon à Joseph, sur ce qu'il lui avait dit de choisir un homme sage pour pourvoir à la famine que figurait son songe. 3. Reg. 7. 37. 2. Mach. 4. 16.

CONSISTERE, συνίστασθαι, ἵστασθαι, avoir une consistance solide, subsister solidement, avoir toutes ses parties ; dans l'Ecriture :
1° S'arrêter, être quelque part, se trouver présent. Ps. 38. 2. *Posui ori meo custodiam cum consisteret peccator adversum me :* J'ai mis une garde à ma bouche dans le temps que le pécheur s'élevait contre moi : Le Prophète parle entr'autres de Séméï. Voy. 2. Reg. 16. v. 8. 11. Ainsi Job. 33. 5. *Adversus faciem meam consiste :* Présentez-vous devant moi pour me répondre. Gen. 47. 1. Jos. 3. 13. 1. Reg. 23. 3. 2. Par. 20. 2. Prov. 7. 21. Eccli. 14. 23. c. 23. 18.
2° Consister, dépendre (κατισχύειν, *valere*). 2. Par. 25. 8. *Si putas in robore exercitus bella consistere :* Si vous vous imaginez que le succès de la guerre dépend de la force de l'armée, Dieu fera que vous serez vaincu par vos ennemis, dit l'homme de Dieu à Amasias.
3° Etre rangé en ordre de bataille (παρατάσσεσθαι). Ps. 26. 3. *Si consistant adversum me castra :* Quand les armées seraient campées contre moi et prêtes à combattre (le Seigneur me défendant), je n'en serai point effrayé. Jerem. 50. 29.
4° Etre fondé, être affermi (ἑδράζεσθαι). Prov. 8. 5. *Necdum montes gravi mole constiterant :* La pesante masse des montagnes n'était pas encore formée.
5° S'asseoir avec d'autres (συνεδρεύειν). Eccli. 11. 9. *In judicio peccantium ne consistas :* Ne vous arrêtez point avec les méchants pour juger des actions d'autrui.

6° Demeurer ferme, tenir bon (καθιστάναι). 2. Mach. 12. 27. *Robusti juvenes pro muris consistentes :* Les murailles de la ville d'Ephron étaient bordées de jeunes hommes fort vaillants, qui étaient pour les défendre vigoureusement; sc. lorsque Judas y alla pour la prendre.
7° Subsister solidement, avoir toutes ses parties bien liées. 2. Petr. 3. 5. *Terra de aqua et per aquam consistens Dei verbo :* La terre sortit du sein de l'eau, et elle ne subsiste que par l'eau depuis la création du monde.

CONSISTORIUM, ii. En français, consistoire, le conseil du pape ; dans l'Ecriture :
Un lieu retiré où l'on s'entretient en secret. Esth. 5. 1. *Ille sedebat super solium suum in consistorio palatii :* Heb. *in domo regia :* Assuérus était assis sur son trône dans l'alcôve de sa chambre ; *i. e.* dans le lieu le plus retiré de son palais ; ce fut lorsque Esther alla se présenter devant lui sans y être appelée.

CONSOBRINUS. Ce mot vient de *soror* et signifie proprement : cousin germain, du côté des deux sœurs, dont les enfants sont *consobrini*, comme les enfants des deux frères sont *patrueles*.
1° Cousin germain (θυγατήρ τοῦ ἀδελφοῦ τῆς μητρός). Gen. 29. 10. *Cum Jacob sciret consobrinam suam :* Jacob sachant que Rachel était sa cousine germaine; les pasteurs lui venaient de dire qu'elle était fille de Laban. Coloss. 4. 10. *Marcus consobrinus Barnabæ :* Marc cousin de saint Barnabé.
2° Parent, cousin. Tob. 11. 20. *Veneruntque Achior et Nabath consobrini Tobiæ gaudentes ad Tobiam :* Achior et Nabath, cousins de Tobie ; on croit que cet Achior est le même que le Grec appelle *Achiacarus*, neveu de Tobie.

CONSOCIARE. Joindre une chose avec une autre. Judic. 4. 21. *Soporem morti consocians defecit, et mortuus est :* Sisara, joignant à son sommeil celui de la mort, fut tué par Jahel, laquelle lui perça la tête d'un clou, lorsqu'il reposait.

CONSOLARI, παρακαλεῖν. Ce verbe est pris en signification ou active ou passive :
Consolari, en signification active :—1° Consoler et soulager les maux ou les afflictions des autres. 2. Cor. 1. 4. *Consolatur nos in omni tribulatione nostra, ut possimus et ipsi consolari eos qui in pressura sunt :* Béni soit Dieu qui nous console dans tous nos maux, afin que nous puissions aussi consoler les autres, etc.; par cette consolation, il semble que l'Apôtre entende parler de celle que Dieu lui a donnée du bon fruit qu'avait fait sa lettre précédente adressée aux Corinthiens. Ps. 22. 5. *Virga tua et baculus tuus, ipsa me consolata sunt :* Votre soin pastoral et votre protection (Seigneur) m'ont consolé.
2° Donner du repos, faire cesser la peine (διαναπαύειν). Gen. 5. 29. *Iste consolabitur nos ab operibus et laboribus manuum nostrarum :* Celui-ci, nous soulageant parmi nos travaux et les œuvres de nos mains, nous consolera dans la terre que le Seigneur a maudite; Lamech marque ici la raison pourquoi il donne à son fils le nom de Noé; et

cette prédiction fut accomplie en ce qu'outre les autres biens que Noé a faits aux hommes, il a inventé les instruments qui servent à labourer la terre et commença de se servir des animaux pour la cultiver; bien plus, il a sauvé le monde du déluge et a été la figure de Jésus-Christ. Job. 7. 13.

3° Fortifier, maintenir. Ephes. 6. 22. *Quem misi ad vos ut cognoscatis quæ circa nos sunt, et consoletur corda vestra*: J'ai envoyé Tychique vers vous, afin qu'il console vos cœurs en vous apprenant ce qui se passe à notre égard; saint Paul, entr'autres choses, entend peut-être bien parler de la liberté qui fut donnée à saint Paul étant à Rome; marquée Act. 28. 16. Ainsi, Coloss. 2. 2. c. 4. 8. 1. Thess. 5. 14.

4° Marquer de la tendresse pour quelqu'un, prendre soin de lui avec une affection particulière. Isa. 66. 13. *Quomodo si cui mater blandiatur, ita ego consolabor vos*: Comme une mère caresse son petit enfant, ainsi je vous consolerai, dit Dieu aux Israélites.

5° Rétablir, remettre en bon état. Isa. 51. 5. *Consolabitur omnes ruinas ejus*: Le Seigneur rétablira les lieux ruinés par tout le pays; ceci figure la vocation des Gentils en la place des Juifs qui devaient être incrédules à la parole de Dieu.

6° Exhorter, encourager. Heb. 10. 25. *Non deserentes collectionem nostram, sed consolantes*: Ne nous retirant point de nos assemblées, mais nous exhortant les uns les autres; le verbe παρακαλεῖν signifie exhorter et consoler; ainsi, en plusieurs endroits où est le mot latin *consolari*, on le peut rendre par *exhortari*. Ephes. 6. 22. Coloss. 2. 2. c. 4. 8. 1. Thess. 5. 14. comme il faut rendre quelquefois *exhortari* par celui de *consolari*. Voy. EXHORTARI.

Consolari, en signification passive, παρακαλεῖσθαι: — 1° se tenir assuré et en paix en quelque chose. Isa. 66. 13. *In Jerusalem consolabimini*: Vous trouverez votre paix dans Jérusalem; *i. e.* dans l'assemblée des fidèles. c. 57. 5. *Qui consolamini in diis*: Vous qui cherchez votre consolation dans vos faux dieux.

2° Se consoler de quelque affliction ou malheur, en être consolé. 2. Reg. 13. 39. *Cessavit rex David persequi Absalom, eo quod consolatus esset super Amnon interitu*: Le roi David cessa de poursuivre Absalom, parce qu'il s'était enfin consolé de la mort d'Amnon. Ps. 76. 3. Ps. 118. 52. Ainsi, Eccli. 35. 21. *Donec propinquet, non consolabitur*: Un homme qui s'humilie, étant dans la prière, ne se consolera point que sa prière n'ait été jusqu'à Dieu. Ps. 125. 1. *Facti sumus sicut consolati*: Nous avons été comme des personnes remplies de consolation. Hebr. *Ut somniantes*: Notre délivrance nous parut un songe; non pas qu'ils ne fussent très-assurés de cette délivrance, mais parce qu'elle était si admirable et qu'elle paraissait si difficile à obtenir qu'elle semblait impossible.

3° Se consoler par la joie et la satisfaction que l'on reçoit de se voir vengé de ses ennemis. Ezech. 5. 13. *Complebo furorem meum, et requiescere faciam indignationem meam in eis, et consolabor*: Je contenterai ma fureur, je satisferai mon indignation dans leurs maux, et je me consolerai. 2. Mach. 7. 6. *Consolabitur in nobis*: Le Seigneur Dieu sera consolé en nous, *sc.* en nous vengeant de nos ennemis; les six Machabées, avec leur mère, disent ceci comme un accomplissement de ce qu'avait dit Moïse. Deut. 32. 36. *In servis suis consolabitur*: Le Seigneur tirera vengeance de ses ennemis en faveur de ses serviteurs; notre Vulgate, Deut. 32. 36. d'où ce dernier passage est tiré, porte : *miserebitur* au lieu de *consolabitur*. L'Ecriture se sert souvent du mot παρακαλεῖσθαι, *consolari*; lorsqu'elle marque que Dieu se rend de nouveau propice à son peuple, après l'avoir châtié à cause de ses péchés. Ps. 134. Isa. 1. 24. *Consolabor super hostibus meis* (ποιεῖν κρίσιν, *facere judicium*): Je me consolerai dans la perte de mes ennemis; ce qui se dit de Dieu par comparaison de ce que font les hommes. Voy. COMPLERE.

4° Goûter une joie spirituelle dans les afflictions, soit dans cette vie. Rom. 1. 12. *Desidero simul consolari in vobis per eam quæ in invicem est, fidem vestram atque meam*: Je désire de me voir en état que nous consolions mutuellement dans la foi que nous professons vous et moi; soit dans l'autre vie, où la joie sera accomplie. Matth. 5. *Beati qui lugent quoniam ipsi consolabuntur*: Bienheureux ceux qui pleurent, parce qu'ils seront consolés. Luc. 16. 25.

CONSOLATIO, NIS, παράκλησις. —1° Consolation. Ose. 13. 14. *Consolatio abscondita est ab oculis meis*: Je ne vois rien maintenant qui me console de votre endurcissement dans le péché, dit Dieu en parlant des Israélites. On peut donner ce sens au verset entier : S'ils avaient eu recours à moi, je les aurais délivrés de la mort et de tous les efforts de leurs ennemis, et je leur aurais donné part à la victoire que je dois un jour remporter sur la mort; mais leur endurcissement me rend inconsolable et je ne puis que plaindre leur malheur. Ps. 93. 19. *Consolationes tuæ lætificaverunt animam meam*: Vos consolations ont rempli de joie mon âme, en calmant mes inquiétudes et en apaisant mes troubles. Isa. 66. 11. *Ut sugatis et repleamini ab ubere consolationis ejus*: Afin que vous suciez et que vous tiriez des mammelles de Jérusalem le lait de ses consolations; Jérusalem est la figure de l'Eglise, dans le sein de laquelle ses enfants goûtent les consolations de la parole et de l'Esprit de Dieu, qui ne se trouvent point hors d'elle.

2° Secours, défense. Judith. 8. 20. *Expectemus humiles consolationem ejus*: Attendons avec une humble soumission les consolations de Dieu, et il nous vengera.

3° La joie et le contentement que l'on reçoit de se voir vengé de ses ennemis (καιρὸς). Thren. 1. 21. *Adduxisti diem consolationis, et fient similes mei*: Quand le jour sera arrivé auquel vous devez me consoler, mes ennemis deviendront semblables à moi; *sc.* les

Babyloniens qui devaient être réduits et désolés par Cyrus. Voy. Isa. 46. 11.

4° Les biens de la terre, dans lesquels les impies mettent leur consolation. Luc. 6. 24. *Habetis consolationem vestram*: Les riches qui se plaisent uniquement dans leurs biens n'en doivent point attendre d'autres.

5° Le bonheur et la jouissance des biens de l'autre vie. 2. Cor. 1. 7. *Sicut socii passionum estis, sic eritis et consolationis*: Si vous avez part à nos maux, vous aurez part aussi à notre consolation. 2. Thess. 2. 15.

6° Exhortation consolante. Heb. 12. 5. *Et obliti estis consolationis quæ vobis tamquam filiis loquitur?* Avez-vous oublié cette parole de consolation que Dieu vous adresse dans l'Ecriture, comme à ses enfants ? *sc.* que Dieu ne châtiant que ceux qu'il aime, on ne se doit pas décourager lorsqu'il nous reprend.

Façon de parler.

Consolatio Israel. Jésus-Christ est appelé ainsi parce que, dans son premier avènement, il est venu combler de ses grâces son peuple ; ou plutôt son Eglise, représentée par ce peuple. Luc. 2. 25. *Homo iste justus et timoratus exspectans consolationem Israel*: Siméon, homme juste et craignant Dieu, vivait dans l'attente de la consolation d'Israël.

Filius consolationis. Saint Barnabé appelé de ce nom. Act. 4. 36. Voy. BARNABAS.

CONSOLATOR, IS, παρακλήτωρ, consolateur, qui console. Job. 16. 2. *Consolatores onerosi vos estis*: Vous êtes tous des consolateurs importuns. c. 29. 25. *Eram tamen mærentium consolator*: J'étais le consolateur des affligés.

CONSOLATORIUS, A, UM, παρακλητικός, qui sert de consolation, qui est bien capable de consoler. Zach. 1. 13. *Respondit Dominus Angelo qui loquebatur in me verba bona, verba consolatoria*: Ces paroles de consolation étaient le rétablissement de Jérusalem et du Temple, figure de l'Eglise. Voy. v. 16. 17.

CONSOLIDARE, κατισχύειν,—1° Affermir, rendre ferme et stable. Isa. 54. 2. *Clavos tuos consolida*: Rendez les pieux de vos tentes bien affermis : ce discours figuré est pour marquer que l'Eglise doit subsister toujours la même et sans changer jusqu'à la fin du monde. Act. 3. 7.

2° Fortifier, rétablir (ἐνισχύειν). Ezech. 34. v. 4. 16. *Quod infirmum fuit non consolidastis*: Pasteurs, vous n'avez point travaillé à fortifier les brebis qui étaient faibles, savoir : en préparant les peuples et les affermissant par la parole de Dieu contre tous les maux de ce monde.

CONSONUS, A, UM, qui s'accorde avec, en parlant de la voix, du son, etc. accordant, du même ton. 2. Par. 20. 21. *Statuit cantores Domini ut laudarent Deum ac voce consona dicerent*: Josaphat établit des chantres pour louer le Seigneur et pour ne faire tous qu'un concert en chantant ce cantique ; *sc.* le Ps. 135.

CONSOPIRE.—1° Assoupir, ou endormir quelqu'un, le frapper d'assoupissement. Habac. 2. 16. *Bibe tu quoque et consopire* (διασαλεύεσθαι) : Buvez aussi vous-même (de la coupe du vin de la colère de Dieu), et soyez frappé d'assoupissement ; Hebr. et qu'on voie votre nudité ; il semble que le Prophète fasse allusion à ce qui arriva à Noé et qui est marqué Gen. 9. v. 21. 22. Le Prophète menace le roi de Babylone d'une ruine entière. Voy. Jerem. 25. 26. c. 51. 57. Voy. CIRCUMDARE.

2° Etre transporté de furie, comme des gens ivres (θορυβεῖσθαι). Nahum. 2. 3. *Et agitatores consopiti sunt*: Ceux qui conduisent les chariots de celui qui vous doit détruire, sont furieux comme des gens ivres ; Hebr. leurs sapins ; *i. e.* leurs dards faits de sapin, sont empoisonnés : le Prophète parle des Babyloniens qui devaient venir détruire Ninive.

CONSORS, TIS, κοινωνός, μέτοχος, participant, qui a part à quelque chose. Esth. 16. 13. *Consortem regni nostri Esther cum omni gente sua expetivit in mortem*: Aman avait fait dessein de perdre Esther, la compagne de votre royaume, avec tout son peuple, dit Assuérus. 2. Petr. 1. 4. *Pretiosa nobis promissa donavit ; ut per hæc efficiamini divinæ consortes naturæ*: Dieu nous a communiqué par Jésus-Christ les précieuses grâces qu'il avait promises, pour vous rendre par ces grâces participants de la nature divine, en devenant semblables à Jésus-Christ et devenant ses cohéritiers. Ps. 44. 8. *Unxit te Deus, Deus tuus, oleo lætitiæ præ consortibus tuis*: Votre Dieu vous a oint d'une huile de joie, d'une manière plus excellente que tous ceux qui ont part avec vous. Si ce passage s'entend de Salomon, comme figure de Jésus-Christ, par le mot *consortes*, on entendra ses frères, qui étaient ses aînés, auxquels il a été préféré, ou les autres rois d'Israël qui l'avaient précédé ou qui devaient régner après lui ; *ou*, si on l'entend de Jésus-Christ, comme saint Paul, Heb. 1. 9, le mot *consortes* signifie ceux qui auront part à sa gloire et au même héritage céleste, sur lesquels il a été établi roi et a reçu une puissance souveraine au ciel et sur la terre.

CONSORTIUM, II. Compagnie, association, communauté de gens qui ont part aux mêmes avantages ; dans l'Ecriture :

1° Participation, compagnie, société. Tob. 1. 5. *Hic solus fugiebat consortia omnium*: Tobie fuyait seul la compagnie de tous les autres, qui idolâtraient. Jos. 22. 19. Isa. 14. 20.

2° Entretien, conversation (τὸ λαλεῖν). Exod. 34. 29. *Ignorabat quod cornuta esset facies sua ex consortio sermonis Domini*: Moïse ne savait pas que de l'entretien qu'il avait eu sur la montagne avec le Seigneur, il était resté des rayons de lumière sur son visage ; *lettr*. Cornuta, cornu, pour *radius*.

CONSPECTOR, IS. Qui voit, qui regarde. Eccli. 36. 19. *Tu es Deus conspector sæculorum*: Vous êtes le Dieu qui voyez tous les siècles devant vous ; *Gr.* le Dieu des siècles.

CONSPECTUS, US. πρόσωπον, — 1° Vue, présence. Eccli. 6. 23. *Permanes usque ad conspectum Dei*: La vraie sagesse dans ceux à qui elle est connue, demeure ferme jusqu'à ce qu'elle les conduise à la vue de Dieu : cette proposition ne peut s'entendre absolument que des élus et des prédestinés ; car il y en a qui ont goûté le don du ciel, et qui ont été rendus participants du Saint-Esprit, qui ne laissent pas de tomber ensuite. Deut. 28. 32. *Oculis tuis deficientibus ad conspectum eorum tota die* : Vos yeux seront dans l'attente et le désir continuel de revoir vos enfants délivrés d'un peuple étranger.

2° Face, visage et présence particulière. Ps. 16. 16. *Apparebo conspectui tuo* ; i. e. *tibi* : Je me présenterai devant votre visage ; Hebr. *Videbo faciem* ; David espérait que Dieu lui ferait la grâce de revoir l'arche, qui était la figure de la claire vue de Dieu, dont jouissent les bienheureux. Voy. 2. Reg. 15. 25.

3° Vision, révélation (ὅρασις). Eccli. 49. 10. *Ezechiel qui vidit conspectum gloriæ quam ostendit illi in curru Cherubim* : Qu'Ezéchiel soit béni, lui qui a vu cette vision de gloire que le Seigneur lui présenta dans le char des chérubins : cette vision est rapportée Ezech. 1. depuis v. 4.

4° Ce mot, en beaucoup d'endroits, est mis pour la personne même. Act. 3. 20. *Cum venerint tempora refrigerii a conspectu Domini* ; i. e. *a Domino data* : Quand les temps du rafraîchissement que le Seigneur doit donner par sa présence seront venus. Act. 5. 41. *Ibant gaudentes a conspectu concilii* ; i. e. *a concilio* : Les apôtres sortirent du conseil tout remplis de joie d'avoir eu l'honneur de souffrir pour Jésus-Christ. Levit. 18. 24. *Gentes ejiciam ante conspectum vestrum* : Je chasserai devant vous les peuples qui se sont souillés : ces peuples sont les habitants de la terre promise. Ps. 16. 16. *Apparebo conspectui tuo* ; i. e. *tibi*. Voyez ci-dessus 2°. et souvent dans les endroits où il y a *in conspectu*. Gen. 24. 33. *Appositus est in conspectu ejus panis* ; i. e. *ei* : On servit à manger au serviteur d'Abraham : ce fut chez Nachor, après que le frère de Rebecca l'eut fait entrer.

Phrase tirée de ce verbe.

Conspectus mutuos sibi præbere ; ὅπτεσθαι ἀλλήλους. Se mettre en présence les uns des autres, en parlant de deux armées qui s'avancent l'une devant l'autre pour en venir aux mains et donner la bataille. 2. Par. 25. 21. *Mutuos sibi præbuere conspectus* : L'armée d'Amasias et celle de Joas se mirent en présence.

Façon de parler.

A conspectu, ou *de conspectu* ; ἀπὸ προσώπου. Cette façon de parler signifie : — 1° de la part. Act. 3. 20. *Cum venerint tempora refrigerii a conspectu Domini*. Voyez ci-dessus 4°. — 2° Hors de la présence. Exod. 2. 15. *Qui fugiens de conspectu ejus* : Moïse s'enfuit et ne parut plus devant Pharaon, depuis qu'il sut que Pharaon avait été averti qu'il avait tué un Egyptien. Voy. v. 11. 12. Ainsi, c. 10. Levit. 10. 4. A quoi se rapporte, dans le sens métaphorique, 3. Reg. 9. 7. *Templum quod sanctificavi nomini meo projiciam a conspectu meo* : Je rejetterai loin de moi ce temple que j'ai consacré à mon nom, dit Dieu, si Salomon transgresse ses commandements. Cette expression marque une grande indignation. 4. Reg. 17. 18. Jon. 2. 5. — 3° En présence, et est mis comme pour *ad aspectum*. Ps. 97. 9. *Montes exultabunt a conspectu Domini* : Les montagnes tressailliront de joie : ce qui se peut entendre des princes, qui ont eu part à l'avènement de Jésus-Christ, en embrassant l'Evangile.

IN CONSPECTU, ἐναντίον, ἐνώπιον. 1° A la vue, en présence. 2. Reg. 12. 12. *Ego autem faciam verbum istud in conspectu omnis Israel* : Pour moi, le mal que je ferai contre vous en punition du crime que vous avez fait secrètement, je le ferai à la vue de tout Israël. Voyez cette punition exécutée contre David, c. 16. 22., ce qui est très-commun dans l'Ecriture, Ps. 68. 21. *In conspectu tuo sunt omnes qui tribulant me* : Tous ceux qui me persécutent sont exposés à vos yeux.

2° Cette façon de parler est quelquefois un pléonasme, qui n'ajoute rien à la signification ; mais tient lieu du cas du verbe. Ps. 21. 30. *Adorabunt in conspectu ejus* ; i. e. *eum* : Tous les peuples différents adoreront le Seigneur. v. 2. *In conspectu ejus cadent omnes qui descendunt in terram* ; i. e. *ipsi procident* : Tous ceux qui descendent dans la terre tomberont en sa présence ; i. e. adoreront le Seigneur. Ps. 51. 11. *Bonum est in conspectu sanctorum tuorum* ; i. e. *sanctis tuis* : Il est avantageux pour vos saints ; sc. que j'attende les effets de votre assistance. Ps. 115. 5. Ps. 18. 14. Act. 10. v. 4. 31. Voyez ci-dessus 4°. Ainsi Ps. 9. 20. *Judicentur gentes in conspectu tuo* : Que les nations soient jugées devant vous. Jerem. 18. 23.

3° Cette façon de parler sert pour exprimer différentes choses. 1° Le pouvoir et la liberté que l'on reçoit d'user et de jouir de quelque chose. Gen. 47. 6. *Terra Ægypti in conspectu tuo est* : Vous pouvez choisir dans toute l'Egypte, dit Pharaon à Joseph, touchant la demeure qu'il accorde à la famille de Jacob. Jerem. 40. 4. Deut. 7. 23. Isa. 41. 2. 2° Elle marque l'entretien et la méditation d'une chose. 2. Reg. 22. 23. *Omnia judicia ejus in conspectu meo* (κατεναντίον) : J'ai eu toutes les ordonnances du Seigneur mes yeux. Ps. 17. 23. Voy. Rom. 3. 8. 3° Elle marque la faveur et l'approbation de quelqu'un. Job. 13. 16. *Non veniet in conspectu ejus omnis hypocrita* : L'hypocrite ne sera point agréable à Dieu. Ps. 5. 9. Ps. 115. 5. Ps. 78. 11. 4° Le jugement exact, l'opinion, le sentiment. Ps. 142. 2. *Non justificabitur in conspectu tuo omnis vivens* : Nul homme vivant ne sera trouvé juste devant vous, en ce qu'étant pécheur, il a besoin de la miséricorde de Dieu. 1. Cor. 1. 29. 1. Petr. 3. 4. 5° La connaissance exacte que l'on a de quelque chose. et par le détail. Ps. 55. 9. *Posuisti lacrymas meas in conspectu tuo* : Vous avez vu mes larmes. Ps. 49. 8.

In conspectu Dei, Domini. Dans la présence du Seigneur marque :

1° La présence de l'Arche ou du tabernacle, d'où Dieu donnait des marques particulières de sa présence divine. Ps. 67. v. 3. 5. *Justi exultent in conspectu Dei* : Que les justes se réjouissent en la présence de Dieu. Mais Ps. 115. 5. marque Dieu même. *Pretiosa in conspectu Domini mors sanctorum ejus* : C'est une chose précieuse devant le Seigneur que la mort de ses saints.

2° Il marque l'impiété des grands pécheurs, que la crainte de Dieu, qui voit tout, ne retient nullement (ἔναντι). Gen. 38. 7. *Fuit Her nequam in conspectu Dei* : Her, fils aîné de Juda, fut un très-méchant homme. Ps. 35. 2. *Dolose egit in conspectu ejus* : L'injuste a agi avec tromperie en la présence de Dieu ; ce qui se trouve en beaucoup d'endroits des Rois et des Paralipomènes, où il est dit de plusieurs, qu'ils ont fait le mal en présence de Dieu ; parce qu'ils n'ont point craint sa vue et sa présence pour le commettre.

CONSPERGERE, φύρειν, φυρᾶν. — 1° Arroser, parsemer, couvrir en répandant dessus. Dan. 4. 20. *Rore cœli conspergatur* : Que cet arbre soit mouillé par la rosée du ciel : Gr. ἐν τῇ δρόσῳ αὐλισθήσεται: *In rore cœli commorabitur*. Cette vision prophétique fut accomplie dans Nabuchodonosor. Voy. v. 30. 1. Reg. 4. 12. *Conspersus pulvere caput* : Celui qui vint annoncer au peuple et à Héli la déroute de l'armée, la mort des deux fils d'Héli et la prise de l'Arche par les Philistins avait la tête couverte de poudre. 2. Reg. 20. 12. *Amasa autem conspersus sanguine* : Amasa, que Joab venait de tuer, était tout couvert de son sang. Jerem. 6. 26. Thren. 2. 10. Ezech. 27. 30. Mich. 1. 10. 2. Mach. 14. 15.

2° Mêler, détremper. Levit. 2. 7. *Simila oleo conspergetur* (ποιεῖσθαι) : La fleur de farine sera mêlée avec de l'huile ; L'Ecriture parle d'un sacrifice de farine cuite dans la poêle. v. 4. Exod. 29. 40. Num. 7. 13. Ce qui est répété souvent dans le Lévitique et les Nombres dans cette même signification.

3° Pétrir. Exod. 12. v. 39. *Tulit populus conspersam farinam antequam fermentaretur* : Le peuple prit la farine qu'il avait pétrie, sans qu'il y eût de levain, lorsqu'ils sortirent d'Egypte. c. 29. v. 2. *Tolles crustulam absque fermento quæ consparsa sit* (φυράσθαι) *oleo* : Prenez des gâteaux sans levain, pétris ou arrosés d'huile. Jerem. 7. 18. *Mulieres conspergunt adipem* : Les femmes mêlent de la graisse avec la farine pour servir à l'idolâtrie. Num. 6. 15.

CONSPERSIO, NIS, φύραμα, de *conspergere*, et signifie proprement arrosement ; dans l'Ecriture :

Pâte. 1. Cor. 5. 7. *Expurgate vetus fermentum, ut sitis nova conspersio* : Purifiez-vous du vieux levain, afin que vous soyez une pâte nouvelle : L'Apôtre exhorte à se purifier des péchés de sa vie passée, pour mener une vie toute pure et nouvelle : L'Apôtre fait allusion à la coutume des Juifs, d'ôter tout le pain levé de leurs maisons, et de faire une nouvelle pâte sans levain, pour faire la pâque avec des pains azymes. Voy. MASSA 6°. Voy. Rom. 9. 21.

CONSPICERE. Du simple inusité *specere*.

1° Voir, regarder, soit des yeux du corps, soit de l'esprit (ὁρᾶν). Job. 19. 27. *Quem visurus sum ego ipse, et oculi mei conspecturi sunt* : Je verrai Dieu moi-même, et je le contemplerai de mes propres yeux, dit Job, parlant de l'espérance de la béatitude. Gen. 13. 15. *Omnem terram quam conspicis, tibi dabo* : Toute cette terre que vous voyez, je vous la donnerai à vous et à votre postérité... Exod. 2. 13. Eccli. 16. 19. Ainsi, Ps. 94. 5. *Altitudines montium ipse conspicit* : Selon le Psautier romain : Le Seigneur regarde les hautes montagnes. *Et altitudines montium ipsius sunt*; selon la Vulgate, le Grec et l'Hébreu : Les hautes montagnes lui appartiennent.

2° Arrêter sa vue ou ses regards sur quelque objet (καταμανθάνειν). Eccli. 9. 5. *Virginem ne conspicias* : N'arrêtez point vos regards sur une fille.

3° Veiller et être attentif à quelque chose (προσέχειν). Ps. 21. 20. *Ad defensionem meam conspice* : Appliquez-vous, Seigneur, à me défendre.

§ 1. — Jeter ses regards de tous côtés, en parlant du soleil qui, parcourant le ciel, darde partout ses rayons. Eccli. 17. 31. *Virtutem altitudinis cœli ipse conspicit* (ἐπισκέπτεσθαι) : Le soleil contemple ce qu'il y a de plus élevé au haut des cieux ; et étant placé parmi les astres comme leur prince, en fait comme la revue.

§ 2. — Voir ou connaître (καθορᾶν). Rom. 1. 20. *Invisibilia ipsius a creatura mundi per ea quæ facta sunt intellecta conspiciuntur* : Les grandeurs invisibles de Dieu deviennent comme visibles par la vue des créatures.

§ 3. — Juger, estimer à la vue. Sap. 15. 19. *Sed nec aspectu aliquis ex his animalibus bona potest conspicere* : Nul ne peut même, en voyant les animaux que les idolâtres adorent, les regarder comme bons et aimables, tant ils sont vils et méprisables.

Phrase tirée de ce mot.

Conspicere ignominiam alicujus : Voir en quelqu'un ce que la pudeur veut être caché, c'est connaître charnellement une personne. Levit. 20. 17. Voy. IGNOMINIA.

CONSPIRARE, conspirer contre quelqu'un pour le perdre, convenir, résoudre plusieurs ensemble de faire quelque chose (συντίθεσθαι). Joan. 9. 22. *Conspiraverant Judæi ut si quis eum confiteretur esse Christum, extra synagogam fieret* : Les Juifs avaient conspiré et résolu ensemble que quiconque reconnaîtrait Jésus pour être le Christ, serait chassé de la synagogue.

CONSPUERE, ἐμπτύειν, cracher sur ou contre par mépris ; ce qui est un traitement très-ignominieux. Isa. 50. 6. *Faciem meam non averti à conspuentibus in me* : Je n'ai point détourné mon visage de ceux qui me couvraient d'injures et de crachats ; c'est une prophétie qui regarde Jésus-Christ, dont l'accomplissement est Matth. 27. 30. Marc. 10. 34. c. 14. 65. c. 15. 19. Ainsi, *Faciem alicujus conspuere* : C'est insulter quelqu'un avec le dernier mépris. Job. 30. 10. *Faciem meam conspuere non verentur* : Ils ne craignent pas de me cracher au visage, c'est-à-dire de me traiter avec ignominie.

CONSTABILIRE. Etablir sur, affermir, fonder sur (ἀντιστηρίζειν); dans le sens figuré. Isa. 48. 2. *Super Deum Israel constabiliti sunt* : Les Israélites s'appuient au moins en apparence sur le Dieu d'Israël.

CONSTANS, TIS. Qui a de la constance et de la fermeté d'esprit, ferme dans sa résolution, qui dure et se fait constamment et toujours de la même manière; dans l'Ecriture :

1° Brave, résolu à bien combattre (εὐχαρής). 2. Mach. 8. 21. *His verbis constantes effecti sunt* : Les paroles que dit Machabée à ses gens, pour les animer à combattre Nicanor, les remplirent de courage. 1, Mach. 9. 14.

2° Qui se rassure, qui prend courage. Act. 23. 11. *Constans esto*; θάρσει, Paul, ayez bon courage, dit Notre Seigneur à saint Paul, lui apparaissant, la nuit, dans la forteresse de Jérusalem.

CONSTANTER. — 1° Avec constance, fermeté, résolution. 1. Mach. 2. 16. *Mathathias et filii ejus constanter steterunt* : Mathathias et ses fils demeurèrent fermes à résister et à ne pas obéir à ceux qu'Antiochus avait envoyés pour forcer les Juifs de sacrifier et d'abandonner la loi. 2. Mach. 7. 10.

2° Avec confiance et liberté (παρρησιαζόμενος). Act. 26. 26. *Scit de his Rex, ad quem et constanter loquor* : Le roi est bien informé de tout ce que je dis, et je parle devant lui avec bien de liberté. Saint Paul se défend devant Agrippa, Festus et Bérénice.

3° Avec force, véhémence et chaleur (εὐτόνως). Luc. 23. 10. *Stabant constanter accusantes eum* : Les princes des prêtres et les scribes accusaient Jésus-Christ avec une grande opiniâtreté devant Hérode.

CONSTANTIA, Æ, παρρησία. —1° Constance, fermeté, résolution. Judith. 16. 12. *Horruerunt Persæ constantiam ejus* : Les Perses n'ont été épouvantés de sa constance. Voy. PERSA.

2° Confiance, assurance, liberté de parler. Act. 4. 13. *Videntes Petri constantiam* : Les chefs du peuple, les sénateurs et les autres qui étaient assemblés virent la constance de saint Pierre et de saint Jean, en la manière dont ils rendirent raison de la guérison de l'homme perclus de ses jambes. Sap. 5. 1. *Tunc stabunt justi in magna constantia adversus eos qui se angustiaverunt* : Après la mort et au jour du jugement les justes s'élèveront avec une grande hardiesse contre ceux qui les auront accablés d'affliction.

CONSTARE, ἱστάναι. — 1° Demeurer, être toujours dans le même état. Sap. 10. 7. *Quibus fumigabunda constat* (Gr. καθέστηκεν) *deserta terra* : La terre de Sodome fume encore, depuis que les quatre villes furent brûlées. 1. Mach. 13. 38. *Quæcumque constituimus vobis constant* : Tout ce que nous avons ordonné en votre faveur; *sc.* avant la guerre de Tryphon, demeurera ferme et constant : Démétrius écrit à Simon et aux Juifs.

2° Subsister, être conservé (συνιστασθαι). Coloss. 1. 17. *Omnia in ipso constant* : Toutes choses subsistent en Jésus-Christ et par lui, et en dépendent.

3° Coûter, valoir. Levit. 25. 16. *Quanto minus temporis numeraveris, tanto minoris et emptio constabit* : Plus on approchait du Jubilé, moins les choses coûtaient.

CONSTARE, impersonnel. Etre certain et indubitable. Judith. 11. 8. *Constat Deum peccatis offensum* : Il est certain que notre Dieu est irrité par les péchés de son peuple, dit Judith.

CONSTERNARE. Ce verbe vient de la même racine que *sternere*, et signifie :

Consterner, mettre dans le trouble et l'épouvante. II. Par. 12. 6. *Consternatique* (αἰσχύνεσθαι) *principes Israel et rex dixerunt : Justus est Dominus* : Les princes d'Israël et le roi, apprenant de la part de Dieu qu'il les avait abandonnés au pouvoir de Sesac, furent fort consternés, et dirent : Le Seigneur est juste, Hebr. *Humiliati sunt*, reconnurent humblement leurs fautes. Luc. 24. 4. *Dum mente consternatæ essent de isto* : Ces femmes furent dans une grande consternation, de ne point trouver le corps de Jésus-Christ, etc. Gr. furent dans l'incertitude de ce qu'elles devaient faire. Gen. 27. 34. etc.

CONSTERNERE. Etendre par terre, couvrir; dans l'Ecriture :

Embellir, orner. Cant. 3. 10. *Media charitate constravit* : Salomon a orné le milieu de la litière qu'il s'est faite, de tout ce qu'il y a de plus précieux. Voy. CHARITAS.

CONSTIPARE. De *stipare*, qui vient de στύφειν, ou de στείβειν, et signifie, presser, amasser ensemble; dans l'Ecriture :

Presser, serrer, en parlant d'une multitude de personnes. 1 Mach. 6. 38. *Residuum equitatus hinc et inde statuit in duas partes... perurgere constipatos in legionibus ejus* : Antiochus Eupator rangea le reste de la cavalerie sur les deux ailes pour animer son infanterie serrée dans ses bataillons, l'autre partie de la cavalerie accompagnait les trente-deux éléphants.

CONSTITUERE, καθιστάναι, τάσσειν. — 1° Etablir. Gen. 17. 7. *Patrem multarum gentium constitui te* : Je vous ai établi pour être le père d'une multitude de nations, dit Dieu à Abraham. Hebr. 1. 2. *Quem constituit heræedem universorum* : Dieu a établi Jésus-Christ son Fils héritier de toutes choses. Isa. 62. 6. Luc. 12. v. 14. 42. 44. Gen. 9. 17. 19. etc. Ainsi, 2 Par. 19. 8. *In Jerusalem quoque constituit Levitas et Sacerdotes, et Principes familiarum ut judicium et causam Domini judicarent* : Josaphat établit aussi dans Jérusalem des lévites, des prêtres et des chefs des familles d'Israël, afin qu'ils y rendissent la justice dans les affaires qui regardaient le Seigneur, et dans celles qui regardaient les particuliers; Hebr. *Ad judicium Domini et ad litem* : Josaphat établit, ou plutôt il rétablit, l'autorité du conseil, qu'ils appelaient *Sanhedrin*, qui avait été fort troublée sous le règne des mauvais rois. Ce n'est pas que les fonctions sacerdotales dépendissent alors de l'autorité royale; et s'il *établit des prêtres et des lévites*, ce fut par le ministère du souverain pontife Amarias; d'ailleurs, les deux puissances sont clairement distinguées au v. 11. du même ch. 19.

2° *Commander, ordonner.* Matth. 27. 10. *Sicut constituit mihi Dominus* : Comme le Seigneur me l'a ordonné. Cet ordre du Seigneur, qui est marqué Zach. 11. 13. tombe sur l'action par laquelle Judas reporta les trente pièces d'argent qu'il avait reçues pour avoir livré Jésus-Christ. Matth. 26. 19. 1. Mach. 15. 41.

3° *Ordonner, résoudre, arrêter* (ἀνιστάναι). 2. Reg. 23. 1. *Vir cui constitutum est de Christo Dei Jacob :* David, cet homme en faveur de qui il a été résolu qu'il serait roi de la part du Dieu de Jacob; ou que le Christ du Dieu de Jacob, le Messie, naîtrait de lui. Ps. 40. 9. *Verbum iniquum constituerunt adversum me* (κατατιθέναι) : Mes ennemis ont arrêté une chose très-injuste contre moi ; *sc.* de m'ôter la vie. 3. Reg. 2. 15. c. 4. 28. 1. Par. 16. 17. Baruch. 1. 20. c. 5. 7. Dan. 5. 11. Ainsi, Exod. 29. 42. *Ad ostium tabernaculi testimonii coram Domino, ubi constituam ut loquar ad te* : A l'entrée du tabernacle du témoignage devant le Seigneur, où j'ai résolu de parler à vous, *Hebr.* où je me dois trouver avec vous. Il y avait deux lieux d'où le Seigneur déclarait sa volonté à son peuple : le propitiatoire, au-dessus de l'Arche, et l'entrée du tabernacle où était l'autel des holocaustes.

4° *Mettre, poser, placer* (ἀναβιβάζειν). Deut. 32. 13. *Constituit eum super excelsam terram :* Le Seigneur a établi son peuple dans un excellent pays. Baruch. 6. 16. Tob. 4. 18. *Panem tuum et vinum tuum super sepulturam justi constitue :* Mettez votre pain et votre vin sur le tombeau du juste. Ce qui marque les festins de charité où on invitait les pauvres, et c'était une œuvre de miséricorde même pour le repos des âmes de ceux qui étaient morts dans la justice et la crainte de Dieu. Baruch. 6. 16.

5° *Marquer, régler, fixer* (ἀφορίζειν, *separare*). Exod. 19. 12. *Constituesque terminos populorum per circuitum* : Vous marquerez tout autour de la montagne les limites que le peuple ne passera point, dit Dieu à Moïse. 1. Deut. 32. 8. Job. 14. 5. Dan. 17. 12.

6° *Assigner, déterminer* (διατάσσειν). Luc. 3. 13. *Nihil amplius quam quod constitutum est vobis, faciatis :* N'exigez rien au delà de ce qui vous a été ordonné. Ce qui se dit aussi, soit d'un lieu où est le rendez-vous, Matth. 28. 16. *Abierunt in montem, ubi constituerat illis Jesus :* Les onze disciples s'en allèrent en Galilée sur la montagne où Jésus-Christ leur avait commandé de se trouver. Exod. 21. 13. Jos. 20. 9. Soit du temps. Act. 28. 23. *Cum constituissent illi diem :* Les Juifs de Rome ayant pris jour avec saint Paul, ils vinrent en grand nombre chez lui. Exod. 8, 9. c. 9. 2. 2. Reg. 20. v. 5. 9. 2. Esdr. 2. 6. Judit. 8. 13. Job. 14. 13. Soit le prix où la récompense. Matth. 26. 15. *Constituerunt illi triginta argenteos* (ἱστάναι) : Les princes des prêtres assignèrent à Judas trente pièces d'argent, ou convinrent de lui donner trente pièces d'argent; ce qui convient avec saint Luc. 22.

5. D'autres expliquent le mot ἱστάναι en une autre signification, pour *peser ;* Ils lui payèrent ou comptèrent trente pièces d'argent Gen. 30. 28. Levit. 27. 14. 3. Reg. 11. 18. 4. Reg. 25. 30. Dan. 1. v. 5. 10. etc.

7° *Ordonner, ranger, placer.* Matth. 8. 9. *Ego homo sum sub potestate constitutus :* Je ne suis qu'un homme soumis à d'autres. Luc. 7. 8. 1. Reg. 11. 11. Judith. 7. 10.

8° *Faire, rendre tel* (συνιστάναι). Gal. 2. 18. *Prævaricatorem me constituo :* Si je rétablissais de nouveau ce que j'ai détruit, je me ferais voir un prévaricateur ; si, en quittant la loi de Moïse, je m'abandonnais au péché, comme n'ayant plus de loi qui le défendrait, je serais prévaricateur, en commettant ce que j'ai condamné par ma prédication. Jac. 4. 4. *Inimicus Dei constituitur :* Quiconque voudra être ami de ce monde, se rend ennemi de Dieu.

9° *Rendre présent, faire comparaître* (περιστάναι). 2. Cor. 4. 14. *Nos cum Jesu suscitabit et constituet vobiscum :* Celui qui a ressuscité Jésus, nous ressuscitera avec Jésus, et nous mettra dans sa gloire avec vous. Jud. 29. *Potens est vos conservare sine peccato et constituere ante conspectum gloriæ suæ immaculatos :* Celui qui est puissant pour vous conserver sans péché, et pour vous faire comparaître devant le trône de sa gloire purs et sans tache. Exod. 29. 42. *Ubi Constituam me ut loquar ad te :* Je me trouverai à l'entrée du tabernacle pour parler à vous, dit Dieu à Moïse.

10° *Créer, produire* (κτίζειν). Ps. 88. 48. *Numquid enim vane constituisti omnes filios hominum :* Est-ce en vain que vous avez créé tous les enfants des hommes? *sc.* pour les retirer du monde dès qu'ils y sont entrés. Sap. 11. 25. *Nec enim odiens aliquid constituisti :* Si vous aviez haï quelqu'une des choses que vous avez faites, vous ne l'auriez pas créée. c. 13. 3. Eccli. 15. 14. Dan. 12. 21.

11° *Préparer, entreprendre, machiner* (παρατάσσεσθαι). Ps. 129. 3. *Tota die constituebant prælia :* Ils ne songeaient qu'à me livrer tous les jours des combats. 1 Mach. 1. 2. *Constituit prælia multa :* Alexandre, roi de Macédoine, donna plusieurs batailles. c. 2. 32. Eccli. 8. 2. *Ne forte contra te constituat litem tibi* (ἀντιστάναι ὁλκῇ) : Ne disputez point avec un riche, de peur qu'il ne forme un procès contre vous ; Gr. de peur que se mettant contre vous dans la balance, il ne vous emporte par son poids.

12° *Presser, obliger.* Eccli. 38. 30. *In opera constitue illum :* Obligez votre esclave à travailler (ἐμβάλλειν).

13° *Mettre, placer.* Joan. 5. 13. *Jesus... declinavit a turba constituta in loco :* Jésus s'était retiré de la foule du peuple qui était là. Jac. 3. 5. *Lingua constituitur in membris nostris et maculat totum corpus :* La langue n'étant qu'un de nos membres, elle infecte tout le corps. Eccli. 46. 10. *Atque hi duo constituti,* Gr. δύο ὄντες, n'étant que deux. Dan. 2. 22.

Ordonner, consacrer par l'imposition des

mains (χειροτονεῖν καθιστάναι). Act. 14. 22. *Cum constituissent illis per singulas ecclesias presbyteros* : Les saints Paul et Barnabé ordonnèrent des prêtres en chaque église : à Lystre, à Icone et à Antioche. Tit. 1. 5. et dans l'ancienne loi. Exod. 29. 30. 2. Par. 35. 2. etc. ce qui se faisait par l'imposition des mains. Voy. 1. Tim. 4. 14. c. 5. 22. 2. Tim. 1. 6. 2. Cor. 8. 19.

Façon de parler.

Constituere super. Relever au-dessus, donner pouvoir sur. Ps. 8. 7. *Constituisti eum super opera manuum tuarum* : Seigneur, vous avez établi l'homme sur les ouvrages de vos mains. Ps. 44. 17. *Constitues eos principes super omnem terram* : Vous les établirez princes sur toute la terre : ce qui s'entend des chrétiens qui, après avoir été fidèles, auront part au règne spirituel de Jésus-Christ. Esth. 8. 2. *Esther constituit Mardochæum super domum suam* : Esther fit aussi Mardochée intendant de sa maison ; *Hebr.* de la maison d'Aman ; *Chald.* des biens ; *Gr.* de tout ce qui avait appartenu à Aman. Voy. Luc. 22. 30.

CONSTITUTIO, nis. Affermissement, établissement. Eccli. 40. 25. *Aurum et argentum est constitutio pedum* (ἐπιστήσουσι πόδα) : L'or et l'argent affermissent l'état de l'homme ; *i. e.* met les gens sur les pieds et les empêche de tomber dans la misère ; mais un conseil sage passe l'un et l'autre.

Création, d'où vient *Constitutio mundi* : La création du monde. Matth. 25. 34. *Possidete paratum vobis regnum a constitutione mundi* (καταβολή) : Venez, possédez le royaume qui vous a été préparé dès le commencement du monde, dira Jésus-Christ à ceux qu'il aura placés à sa droite. c. 13. 35. Luc. 11. 51. Joan. 17. 24. Ephes. 1. 4. 1. Petr. 1. 20. Dans le même sens se trouve *Institutio*, Hebr. 4. 3. et *Origo*, c. 9. 26. Apoc. 13. 8.

CONSTITUTUM, i. 1° Ordonnance, règlement (νομοθεσία). 2. Mach. 6. 23. *Secundum sanctæ et a Deo conditæ legis constituta, respondit cito* : Eléazar répondit aussitôt selon les ordonnances de la loi sainte établie de Dieu : c'est le refus qu'il fait de consentir à ce qu'on lui propose. v. 21.

2° Traité, convention, accord (στάσις). 1. Mach. 7. 18. *Transgressi sunt constitutum* : Ils ont violé la parole qu'ils avaient donnée, dit tout le peuple du perfide Alcime et de Bacchides. Voy. v. 15. 16. 2. Mach. 12. 25. Ainsi, 1. Mac. 8. 7. *Statuerunt : ut daret obsides et constitutum* : Ils avaient obligé Antiochus de donner des ôtages, et tout ce dont ils étaient convenus ; Gr. διαστολήν, *divisionem*, c'est-à-dire une partie de son royaume ; savoir : celle qui était à l'égard des Romains au delà du mont Taurus.

CONSTRINGERE, ἄγχειν. — 1° Serrer, lier, brider. Ps. 31. 9. *In camo et fræno maxillas eorum constringe* : Resserrez leur bouche avec le mors et le frein. Exod. 29. 5. — 2° Durcir, glacer. Job. 38. 30. *Superficies abyssi constringitur* : La surface des eaux profondes et de la mer même devient solide.

Dictionn. de Philol. Sacrée. I.

§ 1. — Obliger, engager, lier ; soit par serment. Num. 30. 3. *Si quis se constrinxerit juramento* : Si un homme se lie par serment. v. 4. 11. 14. Soit par vœu. Num. 30. 11. *Uxor in domo viri cum se voto constrinxerit et juramento* : Si une femme étant dans la maison de son mari se lie par vœu et par serment ; soit par les chaînes de ses péchés. Prov. 5. 22. *Funibus peccatorum suorum constringitur* : Le méchant est lié par les chaînes de ses péchés (σφίγγεσθαι). 2. Par. 6. 22.

§ 2. — Presser et pousser à bout par de fortes raisons. Job. 34. 37. *Inter nos interim constringatur* : Que Job soit cependant pressé de nouveau par nos raisons.

Phrase de ce verbe dans le sens figuré.

Constringere vincula alicujus. Resserrer encore les chaînes de quelqu'un davantage ; c'est rendre sa captivité plus dure (ἰσχύειν). Isa. 28. 22. *Nolite illudere, ne forte constringantur vincula vestra* : Cessez de vous moquer, de peur que vos chaînes ne se resserrent encore davantage. Le prophète parle de la captivité de Babylone qui se pouvait adoucir par le repentir de leurs péchés.

CONSTRUERE. Bâtir, édifier, construire (κατασκευάζειν). Num. 21. 27. *Construatur civitas Sehon* : Que la ville de Sehon s'élève et se bâtisse.

1° Mettre, poser. Tob. 4. 2. *Verba mea in corde tuo quasi fundamentum construe* : Mettez mes paroles dans votre cœur comme le fondement sur lequel vous établirez votre conduite. Ceci est une allusion du fondement sur lequel on pose tout un édifice.

2° Lier et unir avec une juste proportion de toutes les parties (συναρμολογεῖν). Ephes. 2. 21. *In quo omnis ædificatio constructa crescit in Templum sanctum in Domino* : C'est sur Jésus-Christ que tout l'édifice (de l'Eglise) étant posé, s'accroît avec proportion et symétrie, pour être un saint Temple consacré au Seigneur. Coloss. 2. 19. Ephes. 4. 16.

CONSTUPRARE. Corrompre une femme ou une fille, en abuser ; ce qui se dit figurément des peuples que l'on porte à l'idolâtrie (καταπαίζειν) Jerem. 2. 16. *Filii Mempheos et Taphnes constupraverunt te usque ad verticem* : Les Egyptiens vous ont tellement corrompue par leur idolâtrie, qu'ils n'ont laissé aucune partie de vous-même qu'ils n'aient souillée.

CONSUERE. Coudre l'un avec l'autre, joindre ensemble (ῥάπτειν). Gen. 3. 7. *Consuerunt folia ficus* : Adam et Eve ayant reconnu qu'ils étaient nus, entrelacèrent des feuilles de figuier pour s'en couvrir. Job. 16. 16. *Saccum consui super cutem meam* : J'ai étendu un sac pour m'en couvrir, au lieu des habits éclatants qu'avait eus Job ; ce qui marque le grand changement de son état. Eccli. 3. 7. *Tempus scindendi et tempus consuendi* : Il y a un temps de déchirer et un temps de rejoindre. Ezech. 16. 16. *Fecisti tibi excelsa hinc inde consuta* : Vous avez cousu de vos vêtements l'un à l'autre pour en faire les ornements de vos hauts lieux, c'est-à-dire, vous vous êtes plongée dans la fornication. Le Prophète compare le peuple idolâtre à une courtisane qui se prépare des lits sur des lieux élevés pour recevoir ses amants.

Phrase tirée de cette signification dans le sens figuré.

Consuere pulvillos sub cubito. Coudre des coussins sous les coudes, c'est-à-dire flatter les pécheurs (συρράπτειν). Ezech. 13. 18. *Væ quæ consuunt pulvillos sub omni cubito manus* : Malheur à celles qui préparent des coussinets pour les mettre sous les coudes. Le Prophète parle de certaines prophétesses qui ne prédisaient que la paix et du bonheur à ceux qui les consultaient ; soit que ce soit une manière de parler figurée ; soit qu'en effet elles leur cousissent des coussins sous les coudes, pour marquer le repos de leurs consciences ; car les prophètes prédisaient aussi bien par les actions que par les paroles. Quelques-uns croient que le féminin est mis pour *Prophetæ molles et effeminati.*

CONSUESCERE, εἴθειν, Avoir coutume, être accoutumé. Matth. 27. 15. *Per diem solemnem consueverat præses populo dimittere vinctum unum quem voluissent* : Le gouverneur avait accoutumé à toutes les fêtes de Pâque de délivrer celui des prisonniers que le peuple lui demandait. Esth. 14. 2. *Omnia loca in quibus antea lætari consueverat, crinium laceratione complevit* : Esther remplit de ses cheveux qu'elle s'était arrachés les mêmes endroits où elle avait accoutumé de se réjouir auparavant, etc. D'où vient :

CONSUETUS, A, UM, Usité, accoutumé, ordinaire. Num. 16. 29. *Si consueta hominum morte interierint* : Si Coré et sa suite qui m'accusent meurent d'une mort ordinaire aux hommes, le Seigneur ne m'a point envoyé. Voy. leur mort, versets suivants. Ainsi Exod. 5. 18. 2. Mach. 14. 30.

CONSUETUDO, ἔθος, — 1° Habitude, usage, longue pratique (ἕξις). Hebr. 5. 14. *Est solidus cibus eorum qui pro consuetudine exercitatos habent sensus ad discretionem boni ac mali* : La nourriture solide est pour ceux dont l'esprit s'est accoutumé par l'exercice à discerner le bien et le mal. Judic. 3. 2. 1. Reg. 17. 39.

2° Ce qui arrive à tous selon le cours naturel et ordinaire (ἐθισμός). Gen. 31. 35. *Juxta consuetudinem feminarum nunc accidit mihi* : Le mal qui est ordinaire aux femmes me vient de prendre, dit Rachel à Laban, pour excuse de ce qu'elle ne se levait pas devant lui.

3° Coutume, loi, manière d'agir que l'on suit, soit dans la religion. Luc. 1. 9. *Secundum consuetudinem Sacerdotii* : Selon ce qui s'observe entre les prêtres, de tirer au sort les fonctions qu'ils devaient faire. c. 2. v. 27. 42. Soit dans les affaires civiles. Act. 25. 16. *Non est Romanis consuetudo* : Ce n'est point la coutume des Romains de condamner un homme avant de lui donner la liberté de se justifier. Voy. ABLUERE.

4° Culte, forme de religion établie et prescrite ; soit en l'honneur des faux dieux. 4.

Reg. 17. 33. *Diis quoque serviebant juxta consuetudinem gentium* : Les peuples qui étaient venus d'Assyrie pour habiter la Samarie, servaient en même temps leurs dieux, selon la coutume des nations, en adorant aussi le Seigneur. v. 40. Soit en l'honneur du vrai Dieu, et conformément aux cérémonies de la loi. Act. 21. 21. *Dicens non debere eos circumcidere filios suos, neque secundum consuetudinem ingredi* : Les Juifs de Jérusalem ont ouï dire que vous enseignez aux Juifs qui sont parmi les nations, qu'ils ne doivent pas circoncire leurs enfants, ni vivre selon les coutumes reçues parmi les Juifs.

CONSUL, IS, ὕπατος. Ce mot vient du verbe *consulere*; ou parce que *consules consulebant Reip.* ou parce que *consulebant senatum* : dans l'Ecriture. — 1° Magistrat des Romains. 1. Mac. 15. 16. *Lucius consul Romanorum Ptolomæo regi, salutem* : Lucius consul des Romains au roi Ptolémée, salut. — 2° Grand seigneur, des premiers d'un Etat dont le conseil sert au gouvernement du royaume (βουλευτής). Job. 3. 14. *Requiescerem cum regibus et consulibus terræ* : Je me reposerais avec les rois et les consuls de la terre. Job aurait préféré la mort à l'état déplorable où il était.

CONSULERE. Ce verbe vient ou de *salire*, quand plusieurs s'assemblent pour dire leur avis, ou de *considere*, parce qu'on délibère étant assis.

1° Consulter, demander conseil (Ζητεῖν). 2, Par. 18. 4. *Consule obsecro, impræsentiarum sermonem Domini* : Consultez, je vous prie, aujourd'hui la volonté du Seigneur, dit Josaphat à Achab. 1. Mac. 8. 15. A quoi se peut rapporter, Ezech. 21. 21. *Exta consuluit.* Le roi de Babylone a consulté les entrailles des bêtes mortes, pour connaître le succès de son entreprise.

2° Pourvoir, veiller, avoir égard (φροντίζειν). 2. Mach. 11. 15. *In omnibus utilitati consulens* : Machabée se rendant aux prières de Lysias, n'avait pour but en toutes choses que l'intérêt public. c. 4. 21. c. 14. 8.

CONSUMERE, ἀναλίσκειν. — 1° Consumer, détruire, user, perdre, ruiner (καταφθείρειν). Exod. 18. 18. *Stulto labore consumeris* : C'est à vous une imprudence de vous consumer inutilement vous et le peuple ; de juger seul, et que tout le peuple eût à attendre le jugement de vous seul dans tous leurs différends. Heb. 12. 29. *Deus noster ignis consumens est* : Notre Dieu est un feu dévorant. Voy. IGNIS. Deut. 4. 24. c. 9. 3. Levit. 26. 16. *Visitabo vos in ardore qui consumat animas vestras* : Je vous punirai bientôt par une ardeur qui vous consumera (ἐκτήκειν). Jerem. 24. 10. Ainsi l'on dit : *Consumere fame, mœrore, gladio*, etc. A quoi se rapporte dans le sens métaphorique, Gal. 5. 15. *Videte ne ab invicem consumamini* : Prenez garde que vous ne vous consumiez les uns les autres ; que par vos disputes, votre foi ne s'affaiblisse, et que vous ne ruiniez le repos, la paix et la prospérité de toute l'Eglise.

2° Vaincre, défaire. 2. Reg. 22. 38 (συντελεῖν). *Non convertar donec consumam eos* : Je ne retournerai point que je n'aie défait mes ennemis. v. 39. 4. Reg. 13. 17. Dan. 2. 44.

3° **Affliger, faire souffrir, soit de douleurs et de peines** (ἀπολλύειν). Job. 9. 22. *Innocentem et impium ipse consumit* : Dieu afflige le juste comme l'impie, en cette vie, soit de la mort même. 2. Mach. 7. 41. *Post filios et mater consumpta est* : La mère des Machabées souffrit aussi la mort après ses enfants.

4° **Finir, faire cesser** (συντελεῖν). Ps. 7. 10. *Consumetur nequitia peccatorum* : La malice des pécheurs finira à mon égard, dit David. Ce verbe est mis ici pour *consummetur*, et marque que la malice des méchants cessera; qu'elle cesse, et qu'elle vienne à son comble. Ainsi que, 2. Mach. 1. 30. *Psallebant hymnos, usquequo consumptum* (pour *consummatum*) *esset sacrificium* : Les prêtres chantaient des hymnes jusqu'à ce que le sacrifice fût achevé. c. 2. 10. Eccli. 45. 17. Job. 7. 6. *Dies mei consumpti sunt absque ulla spe* : Mes jours se sont écoulés sans me laisser aucune espérance (de retour).

5° **Réduire à l'indigence et à la misère** (πτωχεύειν). Prov. 23. 21. *Vacantes potibus, et dantes symbola consumentur* : Passant le temps à boire et à se traiter ainsi, ils seront consumés.

6° **Paître, manger.** Isa. 27. 10. *Vitulus consumet summitates ejus* : Les jeunes bœufs mangeront les herbes qui seront crues dans Jérusalem. 1. Mach. 6. 53. Gen. 43. 2.

CONSUMMARE, συντελεῖν, τελειοῦν, τελεῖν. Ce verbe vient de l'adjectif *summus, a, um*, et signifie :

1° **Finir, achever, mettre fin à quelque chose.** Dan. 9. 24. *Ut consummetur prævaricatio* : Afin que les prévarications du peuple soient abolies. Isa. 33. 1. *Cum consummaveris deprædationem* : Lorsque vous aurez achevé de dépouiller les autres. Matth. 7. 28. *Cum consummasset verba hæc* : Jésus ayant achevé tous ces discours. Luc. 4. 13. *Consummata omni tentatione diabolus recessit ab illo* : Le diable ayant achevé toutes ces tentations se retira de lui pour un temps. Sap. 4. 16. *Juventus celerius consummata longam vitam injusti condemnat* : La jeunesse du juste sitôt finie est la condamnation de la longue vie de l'injuste. Joan. 17. 4. Act. 20. 24. 2. Tim. 4. 7. Isa. 32. 10. Ainsi, Luc. 2. 21. *Postquam consummati sunt dies octo ut circumcideretur puer* (πλησθῆναι) : Le huitième jour que l'enfant Jésus devait être circoncis étant arrivé; or, il est à remarquer que dans l'Ecriture, selon la phrase hébraïque, il est souvent dit que le temps est achevé et fini, lorsque sa fin commence d'arriver; ainsi l'on dit que huit jours sont achevés lorsque le huitième jour, qui en est la fin, arrive et commence. Mais quelquefois aussi ce verbe marque que le temps est entièrement fini. v. 43. *Consummatisque diebus* : Après que les jours que dure la fête de Pâque furent passés. Voy. **COMPLERE**. Voy. **POST**.

2° **Consommer, achever, rendre parfait** (ἐπιτελεῖν) ; soit en parlant de la perfection des ouvrages, ou de Dieu. Eccli. 34. 8. *Sine mendacio consummabitur verbum legis* : La parole de la loi est parfaite, car venant de Dieu, elle ne peut être taxée de mensonge ; *autr.* s'accomplira entièrement. Eccli. 38. 7. *Non consummabuntur opera ejus* : Dieu a donné aux plantes tant de vertus secrètes pour guérir les maladies du corps, qu'on en peut diversifier les compositions à l'infini ; *ou* en parlant des ouvrages de l'art. Luc. 14. 30. *Cœpit ædificare, et non potuit consummare* : Cet homme avait commencé à bâtir, mais il n'a pu achever; ce qui s'entend dans le sens figuré de la perfection de l'ouvrage du salut. Jac. 2. 22. Soit en parlant de la perfection qui vient des qualités naturelles, des habitudes *ou* des vertus morales. Sap. 9. 6. *Etsi quis erit consummatus inter filios hominum, si ab illo abfuerit sapientia tua, in nihilum computabitur* : Encore que quelqu'un paraisse consommé parmi les enfants des hommes, il sera néanmoins considéré comme rien, si votre sagesse n'est point en lui. c. 15. 3. *Nosse te, consummata justitia est* : Vous connaître est la parfaite justice. c. 16. 16. c. 12. 17. Soit en parlant de la perfection qui vient de la sainteté. Hebr. 10. 14. *Una oblatione consummavit in sempiternum sanctificatos* : Jésus-Christ a rendu parfaits pour toute l'éternité, ceux qu'il a sanctifiés. Joan. 17. 23. *Ut sint consummati in unum* : Afin qu'ils soient consommés en l'unité; par la foi jointe aux bonnes œuvres qui sanctifie. Soit de la perfection qui vienne des œuvres auxquelles la foi est jointe. Jac. 2. 22. *Ex operibus fides consummata est* : Les œuvres ne sont pas seulement connaître la foi, mais encore elles l'augmentent et la rendent plus parfaite. Soit que cette perfection vienne des cérémonies de la loi. Gal. 3. 3. *Sic stulti estis, ut cum spiritu cœperitis, nunc carne consummemini* (ἐπιτελεῖν) ? Etes-vous si insensés, qu'après avoir commencé par l'esprit, vous finissiez maintenant par la chair ? *i. e.* vous attendiez votre perfection de l'observance de la loi, comme de celle de la circoncision ? D'autres expliquent ici le mot *consummari*, par finir, être conduit à sa fin. Soit en parlant de la perfection qui conduit à la gloire des bienheureux, ou qui vient de cette gloire. Hebr. 2. 10. *Decebat eum qui multos filios in gloriam adduxerat, auctorem salutis eorum per passionem consummare* : Il était convenable que le Père Éternel, qui avait élevé plusieurs enfants à la gloire, perfectionnât par les souffrances l'auteur de leur salut; *sc.* Jésus-Christ. c. 5. 9. Ainsi, c. 11. 40. *Ut non sine nobis consummarentur* : En sorte qu'ils ne reçussent point sans nous l'accomplissement de leur bonheur : L'Ecriture parle des saints, morts avant la venue de Jésus-Christ, qui n'ont point joui du bonheur éternel avant que Jésus-Christ ait satisfait pour les péchés; mais qu'il a emmenés avec lui dans le ciel au jour de son ascension. Voy. Ephes. 4. v. 8. 9. Ps. 67. 19.

3° **Achever, cesser de, avec un infinitif**; soit qu'il soit sous-entendu. Matth. 10. 23. *Non consummabitis civitates Israel donec veniat filius hominis*; sous-entendant *ad fidem* *et Evangelium adducere :* Vous n'aurez pas achevé d'instruire toutes les villes d'Israël, avant que le Fils de l'Homme vienne; à la fin du monde; *autr.* pour punir les Juifs. c. 13. 53. *Cum consummasset Jesus parabolas istas,* (suppl. *eloqui*): Lorsque Jésus eut achevé ces paraboles ; comme aussi, c. 7. 28. c. 19. 1. c. 26. 1. Eccli. 18. 6. *Cum consummaverit homo* (suppl. *quærere*): Lorsque l'homme sera à la fin de cette recherche des merveilles de Dieu. 1. Esdr. 10. 17. *Consummati sunt omnes viri* (suppl. *recenseri*): Le dénombrement de ceux qui avaient épousé des femmes étrangères, fut achevé ; soit que l'infinitif soit exprimé. Matth. 11. 1. *Cum consummasset Jesus præcipiens duodecim discipulis suis*, où *præcipiens*, est , selon la phrase grecque, pour *præcipere.* Amos 7. 2. *Cum consummasset comedere herbam terræ* : Lorsque la sauterelle achevait de manger l'herbe de la terre.

4° Accomplir, exécuter ce qui a été prédit dans les Ecritures. Joan. 19. 28. *Sciens Jesus quia omnia consummata sunt, ut consummaretur Scriptura, dixit* : *Sitio.* Ps. 68. 22 : Jésus sachant que toutes choses étaient accomplies, afin qu'une parole de l'Ecriture s'accomplît encore, il dit : J'ai soif. v. 30. *Cum accepisset Jesus acetum, dixit* : *Consummatum est* : Jésus ayant pris le vinaigre, dit : Tout est accompli ; *sc.* tout ce qu'il fallait faire pour mériter le salut et la rédemption du genre humain. Apoc. 10. 7. *Consummabitur mysterium Dei* : Le mystère de Dieu s'accomplira. Ce mystère est la délivrance et la glorification de l'Eglise. c. 17. 17. Marc. 13. 4. Luc. 18. 31. Act. 13. 29.

5° Accomplir, pratiquer, exécuter, exercer. Rom. 2. 27. *Legem consummans* : Celui qui garde et pratique la loi, c. 9. 28. *Verbum consummans et abrevians in æquitate* : Dieu exécutera par un juste jugement la résolution qu'il a prise de retrancher son peuple. c. 15. 8. Hebr. 9. 6. 1. Petr. 4. 3. Eccli. 34. 18.

6° Perdre, ruiner, anéantir, faire prendre fin, soit en parlant des personnes. Ps. 118. 87. *Paulo minus consummaverunt me in terra :* peu s'en est fallu que ceux qui me persécutent ne m'aient fait périr sur la terre. Luc. 13. 32. *Sanitates perficio hodie et cras, et tertia die consummor* : J'ai encore à rendre la santé aux malades aujourd'hui et demain, et le troisième jour je serai consommé par ma mort, dit Jésus-Christ, Prov. 28. 2. Isa. 16. 4. c. 29. 20. Soit en parlant des choses, Luc. 15. 14. *Postquam omnia consummasset* (δαπανᾶν); Le plus jeune des deux enfants, auxquels leur père avait fait le partage de son bien, ayant tout dépensé.

7° Faire, entreprendre (ἐπιτελεῖν) Heb. 8. 5. *Cum consummaret tabernaculum* : Lorsque Moïse faisait, *ou*, selon le Grec, lorsqu'il devait faire et dresser le tabernacle. Gen. 6. 15. Voy. Cubitus.

Phrases tirées de ce verbe.

Consummare furorem, indignationem, iram. Punir rigoureusement et dans toute l'étendue de sa colère et de sa fureur Isa. 10.25. *Consummabitur* (παύεσθαι, *quiescere*) *indignatio et furor meus super scelus eorum* : Je m'en vais punir leurs crimes dans toute l'étendue de mon indignation et de ma fureur; *sc.* les crimes des Assyriens. Apoc. 15. 1.

Consummare malitiam. Faire outrage, maltraiter. 2. Mach. 3. 32. *Considerans ne forte rex suspicaretur malitiam aliquam ex Judæis circa Heliodorum consummatam* : Le grand-prêtre considérant que le roi pourrait peut-être soupçonner les Juifs d'avoir commis quelque attentat contre Héliodore.

Consummare testamentum. Faire un traité ou une alliance. Heb. 8. 8. *Consummabo super domum Israel, et super domum Juda, testamentum novum* : Je ferai une alliance avec la maison d'Israël et la maison de Juda : Ceci est tiré de Jérém. 31. 31.

CONSUMMATIO, NIS, συντέλεια. Perfection, en parlant de quelque art : dans l'Ecriture :

1° Achèvement, consommation (ἐξόδιον). Ps. 28. 1. *In consummatione tabernaculi* : David chanta ce psaume quand il eut achevé le tabernacle, et qu'il y mit l'arche; selon le Grec, *In exitu tabernaculi* : les derniers mots de ce titre *du tabernacle*, ne se trouvent point dans l'Hébreu : quelques auteurs croient que David l'a composé à l'occasion de quelque grande tempête qui arriva de son temps. 2. Cor. 13. 9. *Oramus vestram consummationem* (κατάρτισις) : Nous demandons à Dieu dans nos prières qu'il vous rende parfaits. Eccli. 37. 14. c. 38. 31.

2° Fin (τέλος); soit en parlant de l'issue et du succès de quelque chose. Sap. 3. 19. *Nationis iniquæ diræ sunt consummationes* : Les méchants auront une fin funeste. Eccli. 21. 10. Soit en parlant de la consommation, par laquelle quelque chose finit et cesse d'être. Heb. 6. 8. *Cujus consummatio in combustionem* : A la fin un maître met le feu à une terre qu'il a, qui ne cesse de ne produire que des ronces et des épines : ce qui est une figure des méchants que Dieu précipite dans le feu éternel, pour n'avoir fait aucunes bonnes œuvres. Sap. 7. 18. Ce mot dans ce sens s'entend, 1° de la mort. Eccli. 1. 19. *In diebus consummationis illius benedicetur* : Celui qui craint le Seigneur, sera béni au jour de sa mort ; 2° il se dit aussi du dernier jour, ou de la fin des siècles. Eccli. 16. 22. *Interrogatio omnium in consummatione est* : Dieu remet à examiner toutes choses au dernier jour; *i. e.* à la mort et au dernier jugement. c. 18. 24. c. 33. 24. de là vient :

Consummatio sæculi. — 1° Le temps de la fin du monde. Matth. 13. 39. *Sic erit in consummatione sæculi :* A la fin du monde, les Anges sépareront les méchants du milieu des justes , de même qu'un pêcheur jetterait hors de son filet tous les méchants poissons pour mettre ensemble tous les bons dans des vaisseaux. v. 40. 49. c. 24. 3. c. 28. 20.

Consummatio sæculorum. — 2° Le temps qui a commencé depuis l'avènement du Messie, et qui durera jusqu'à la fin du monde, le dernier âge du monde. Heb. 9. 26. *Semel in consummatione sæculorum ad destitutionem peccati, per hostiam suam ap-*

paruit : Jésus-Christ n'a parlé qu'une fois à la fin des siècles, pour détruire le péché, en s'offrant lui-même pour victime : ce temps est appelé le dernier âge du monde, ou la fin des siècles ; parce que depuis la venue du Messie, il n'y a plus à attendre que le jugement dernier : et pour le distinguer de l'âge, auquel a duré la loi de nature, et de celui de la loi écrite.

3° Perfection, avancement dans la voie de Dieu ; soit celle qui se fait par la rémission des péchés et la justification (τελείωσις). Hebr. 7. 11. *Si consummatio per sacerdotium Leviticum erat* : Si c'était par le sacerdoce de Lévi, que les hommes pouvaient être rendus parfaits, qu'était-il besoin qu'il vînt un autre prêtre selon l'ordre de Melchisédech : saint Paul témoigne que l'attente où étaient les Juifs du Messie, prouvait que la loi de Moïse n'avait point la force de mener à la dernière perfection, qui est celle de la justification, *ou* celle qui se fait par la continuation des grâces que Dieu donne à un chacun pour le rendre parfait. 2. Cor. 13. 9. Voy. ci-dessus 1. Ephes. 4. 12. *Ad consummationem sanctorum* · Les dons du Saint-Esprit ne se donnent que pour la perfection des fidèles (καταρτισμός). Cette perfection est tirée d'un édifice que l'on achève. Eccli. 21 13. *Consummatio timoris Dei, sapientia et sensus* : La parfaite crainte de Dieu fait la vraie sagesse.

4° Le plus haut point où quelque chose peut aller. Eccli. 43. v. 7. 8. *Luna minuitur in consummatione* : La lune diminue toujours après sa plénitude. *Crescens mirabiliter in consummatione* : Et croît toujours jusqu'à sa plénitude.

5° Chose parfaite, précieuse et exquise. Ps. 118. 96. *Omnis consummationis vidi finem* : J'ai vu finir tout ce qu'il y a de plus beau au monde ; il n'y a que votre loi, Seigneur, qui subsiste. Voy. LATUS.

6° Multitude consommée et entière ; *ou*, selon d'autres, consumée et ruinée. Isa. 10. 22. *Consummatio abbreviata inundabit justitiam* : Le peuple Juif réduit à un petit nombre, recevra une justice abondante. Voy. INUNDARE.

7° Perte, ruine. Ps. 58. 14. *De exsecratione et mendacio annuntiabuntur in consummatione* : L'on publiera contre mes ennemis l'exécration et le mensonge dont ils sont coupables au temps de leur ruine. *In ira consummationis* : Et la vengeance de Dieu les consumera, non pas entièrement ; mais ils ne subsisteront plus comme auparavant, ne formant plus un peuple particulier, mais se trouvant dispersés parmi tous les peuples. 1. Esdr. 9. 14. Eccli. 39. 34. c. 40. 14.

Phrase tirée de cette signification.

Consummationem facere, in consummationem facere. Ruiner de fond en comble. Jerem. 4. 27. *Deserta erit omnis terra, sed tamen consummationem non faciam* : Toute la terre sera déserte, et néanmoins je ne la perdrai pas entièrement. c. 5. 10. Ainsi, v. 18. *Non faciam vos in consummationem* : Je ne vous exterminerai pas entièrement. Nahum. 1. 8.

In diluvio prætereunte consummationem faciet loci ejus : Le Seigneur détruira Ninive par l'inondation d'un déluge qui passera ; les grandes afflictions sont marquées par les inondations et le débordement des eaux. Voy. DILUVIUM. Soph. 1. 18.

8° Sommaire, abrégé (τέλος). Eccli. 43. 29. *Consummatio sermonum ipse est in omnibus* : Tout ce qu'on peut dire de Dieu, c'est qu'il est l'âme de tout.

Façons de parler.

Consummatio virtutis. L'éclat et l'ornement de quelque charge ou dignité. Eccli. 50. 11. *In accipiendo ipsum stolam gloriæ et vestiri eum in consummationem virtutis* : Lorsque Simon fils d'Onias, grand prêtre, a pris sa robe de gloire, et qu'il s'est revêtu de tous les ornements de sa dignité. Voy. VIRTUS.

CONSUMMATOR, IS ; τελειωτής. Qui achève, qui perfectionne et met la dernière main à un ouvrage. Heb. 12. 2. *Aspicientes in auctorem fidei et consummatorem Jesum* : Jésus-Christ est appelé l'auteur et le consommateur de la foi ; parce qu'il l'a commencée en nous, et l'a perfectionnée ; et comme il nous dispose à commencer la course de notre salut, v. 1, il nous donne aussi la force d'aller jusqu'au bout. Ce mot se peut prendre ici absolument et sans le rapporter à *fidei*, et alors il signifie que Jésus-Christ, par le sacrifice de la croix nous a non-seulement justifiés, mais encore conduits à une béatitude consommée.

CONSUMMATUS, A, UM. Achevé, parfait, consommé. Sap. 12. 17. *Virtutem ostendis tu, qui non crederis esse in virtute consummatus* (ἐν δυνάμεως τελειότητι) : Vous faites voir votre puissance, lorsqu'on ne vous croit pas souverainement puissant. Voy. 4. Reg. 7. v. 1. 2. 16. Ainsi c. 6. 16. c. 9. 6. c. 15. 3.

CONSUMPTIO, NIS. L'action de consumer, de détruire et d'anéantir : dans l'Ecr. :

1° Perte, ruine. 4. Reg 13. 19. *Percussisses Syriam usque ad consumptionem* (συντέλεια) : Si vous eussiez frappé la terre cinq ou six, ou sept fois, vous eussiez battu la Syrie, jusqu'à l'exterminer entièrement, dit Elisée à Joas. Isa. 41. 12. *Erunt quasi non sint* (ὡς οὐκ ὄντες), *et veluti consumptio, homines bellantes adversum te* : Ceux qui vous combattront deviendront comme rien.

2° Corruption, biens corruptibles et périssables (διαφθορά). Eccli. 31. 5. *Qui insequitur consumptionem, replebitur ex ea* : Celui qui recherche la corruption en sera rempli ; l'amour des richesses ne peut apporter que du malheur.

CONSURGERE, ἀνίστασθαι, ἐξανίστασθαι. —
1° Se lever de quelque place. Judic. 19. 7. *Ille consurgens cœpit velle proficisci* : Le lévite se levant, voulut s'en aller de chez son beau-père, chez qui il était allé pour ramener sa femme. Tob. 11. 10. Esth. 8. 4. Baruch. 6. 26.

2° Se lever par honneur et pour faire civilité. Levit. 19. 32. *Coram cano capite consurge* : Levez-vous devant ceux qui ont les cheveux blancs; saluez-les, portez-leur honneur et respect. Isa. 49. 7.

3° Se lever du lit. Luc. 5. 25. *Consurgens coram illis, tulit lectum in quo jacebat*: Le paralytique se leva en la présence des docteurs de la loi et des pharisiens au commandement que lui fit Jésus-Christ et le guérissant. Gen. 19. 27. *Abraham consurgens mane*: Abraham s'étant levé le matin, vint au lieu où il avait été auparavant avec le Seigneur: ce lieu était celui où Abraham avait demandé à Dieu grâce pour Sodome. Voy. c. 18. c. 20. 8. c. 22. 3. c. 31. 55. d'où viennent ces deux termes opposés: *Dormiens atque consurgens*: La nuit et le jour. Deut. 6. 7. Vous méditerez les ordonnances du Seigneur, la nuit dans les intervalles du sommeil, et le matin à votre réveil. Ainsi, Judic. 14. 5. *De nocte consurgens*. Voy. Nox.

4° Se dresser, se relever et se tenir droit. Gen. 37. 7. *Putabam quasi consurgere manipulum meum et stare*: Il me semblait que ma gerbe se levait et se tenait debout, dit Joseph à ses frères, qui interprètent ce songe de son élévation. Voy. vers. 8. Job. 30. 28. 2. Esdr. 9. 3.

5° S'élever pour faire violence. Num. 23. 24. *Ecce populus ut leæna consurget*: Ce peuple s'élèvera comme une lionne; ce que dit Balaam du peuple d'Israël. Dan. 12. 1. Ainsi:

Consurgere in, super, ou *adversus aliquem*.
— 1° Attaquer, maltraiter, tâcher de perdre. Gen. 4. 8. *Consurrexit Cain adversus fratrem suum Abel*: Caïn se jeta sur son frère Abel et le tua. Deut. 22. 26. c. 33. 11. 1. Par. 21. 1. Marc. 3. 26. c. 13. 12. — 2° Faire la guerre à quelqu'un (ἐγείρεσθαι). Matth. 24. 7. *Consurget gens in gentem*: On verra se soulever peuple contre peuple. Deut. 28. 7. Abd. v. 1. *Surgite et consurgamus adversus eum in prœlium*: Allons, disent-elles, conspirons toutes ensemble contre Edom pour le combattre. Le Prophète représente les nations, surtout les Assyriens, qui s'animent à marcher contre les Iduméens, y étant suscités par un ange de la part de Dieu. — 3° Se soulever, se révolter (ἐπανίστασθαι). 2. Reg. 14. 7. *Ecce consurgens universa cognatio adversum ancillam tuam*: Tous les parents se soulèvent contre votre servante, dit à David la femme de Thécua, envoyée par Joab. Mich. 2. 8. *Populus meus in adversarium consurrexit*: Mon peuple s'est révolté contre moi. 1. Reg. 22. 13.

§ 1. — Naître, sortir, croître. Num. 24. 17. *Consurget virga de Israel*: Un rejeton s'élèvera d'Israël: cette prophétie de Balaam s'entend de Jésus-Christ. Dan. 8. 22. Prov. 24. 22.

§ 2. — S'élever et paraître, soit avec éclat et avec gloire (ἀνατέλλειν). Job. 11. 17. *meridianus fulgor consurget tibi ad vesperam*: Lorsque votre vie semblait être dans son couchant, vous paraîtrez avec le soleil dans l'éclat de son midi. c. 38. 32. Cant. 6. 9. Prov. 24. 22. Eccl. 4. 15. Dan. 2. 39. etc. Soit avec une nouvelle vigueur pour quelque entreprise. Isa. 33. 10. *Nunc consurgam, dicit Dominus*: Je me lèverai maintenant, dit le Seigneur, c. 51. 9. Zach. 2. 13. Soit en reprenant courage. Isa. 51. 17. *Consurge, Jerusalem*. Levez-vous, Jérusalem: Dieu exhorte le peuple qui était accablé de la servitude, à prendre courage, c. 52. v. 1. 2.

§ 3. — Subsister, se maintenir, se relever (ἵστασθαι). 1. Reg. 13. 14. *Nequaquam regnum tuum ultra consurget*: Votre règne ne subsistera point à l'avenir, dit Samuel à Saül, après que Saül eut offert l'holocauste. Deut. 33. 11. *Qui oderunt eum, non consurgant*: Que ceux qui le haïssent tombent sans pouvoir se relever, dit Moïse, bénissant la tribu de Lévi. 2. Reg. 22. 39. Job. 8. 15. Isa. 14. 21. Jerem. 51. 39. Mich. 7. 8.

§ 4. — Commencer, se disposer à faire quelque chose, aller et partir pour le faire. Deut. 31. 16. *Populus iste consurgens fornicabitur post deos alienos*: Ce peuple s'abandonnera à l'idolâtrie après votre mort, dit Dieu à Moïse. Gen. 27. 42. 1. Par. 22. 19. 1. Reg. 9. 3. c. 25. 1. 41. 2. Reg. 17. 1. 2. Par. 6. 41. Ainsi, Jos. 8. 1. *Consurgens ascende in oppidum Hai*: Marchez contre la ville d'Haï. 3. Reg. 14. 4. *Consurgens abiit in Silo*: La femme de Jéroboam partit pour aller à Silo. c. 19. 21. Jos. 8. 7. *Consurgetis de insidiis*: Vous sortirez de votre embuscade, sc. pour aller détruire la ville d'Haï, dit Josué à ses gens.

§ 5. — Ressusciter avec quelqu'un à une vie nouvelle (συνεγείρεσθαι). Coloss. 3. 1. *Si consurrexistis cum Christo*. Si vous êtes ressuscités avec Jésus-Christ, recherchez ce qui est dans le ciel et ce qui y conduit: cette résurrection se fait en mourant au péché pour vivre par la grâce de Jésus-Christ d'une vie toute nouvelle, comme il est mort pour vivre d'une vie glorieuse.

§ 6. — S'allumer, s'échauffer, s'exciter. 2. Par. 16. 9. *Ex præsenti tempore adversum te bella consurgent* (εἶναι); Des guerres vont s'élever dès à présent contre vous, dit le prophète Hanani à Asa, qui avait imploré le secours de Bénadad contre Basa, plutôt que le secours de Dieu. Exod. 13. 17. Ose. 10. 14.

§ 7. — Etre, se trouver, arriver et survenir, en parlant de quelque malheur. Nahum. 1. 9. *Non consurget duplex tribulatio*: Dieu vous perdra tout d'un coup, il n'en fera point à deux fois. Prov. 24. 22.

Phrases de ce verbe.

Consurgere alicui adversus aliquem: Porter, donner secours à quelqu'un. Ps. 93. 16. *Quis consurget mihi adversus malignantes?* Qui est-ce autre que Dieu qui m'assistera contre mes ennemis?

Consurgere mane diluculo. — 1° Se lever au matin. Deut. 16. 7. *Maneque consurgens, vades in tabernacula tua*: Vous levant le matin, vous retournerez dans vos maisons. Le matin dont il est parlé ici se doit entendre du jour d'après toute la solennité, qui durait sept jours. 2. Par. 30. 21. c. 35. 17. — 2° Faire quelque chose avec soin, avec affection. Jerem. 7. 13. *Locutus sum ad vos mane consurgens*; Je vous ai parlé avec toute sorte d'application. Voy. MANE, c. 7. 25. *Per diem consurgens diluculo et mittens* : Je me suis hâté d'envoyer aux Israélites mes serviteurs et mes prophètes, dit Dieu. 2. Par. 36. 15. Jer. 11. 7. c. 35. 14. etc.

CONTABESCERE, τήκεσθαι, ἐντήκεσθαι. — 1° Devenir sec ou languissant, *in viduitate permanere*. 2. Reg. 13. 20. *Mansit...Thamar contabescens* (χηρεύειν) *in domo Absalom fratris sui* : Thamar demeura dans la maison d'Absalom son frère, séchant d'ennui et de douleur, Hebr. sans voir personne. Ezech. 4. 17. *Ut contabescant in iniquitatibus suis* : Afin qu'ils sèchent de famine dans leur iniquité. Zach. 14. 12. — 2° Se fondre, devenir liquide (δειλυῶν). Isa. 13. 7. *Omne cor hominis contabescet* : Tous les cœurs des Babyloniens se fondront comme la cire de crainte et de frayeur. — 3° Se pourrir, tomber en pièces. Isa. 46. 2. *Contabuerunt et contrita sunt simul* : Les idoles des Babyloniens ont été brisées et mises en pièces, Gr. ἐκλύεσθαι.

CONTAGIO, NIS. Ce mot vient de *cum* et de *tangere*.

Communication ou conjonction qui est entre des choses qui se touchent, comme entre l'âme et le corps; contagion, en parlant des maladies du corps qui se communiquent, et se dit figurément de la participation de quelque crime, vice ou malheur : dans l'Ecriture :

Attouchement de quelque chose impur. Num. 19. 18. *Asperget ex eo homines hujuscemodi contagione pollutos* : Un homme pur fera les aspersions sur toutes les personnes qui auront été souillées par cet attouchement. Voy. v. 16. La cendre de la vache brûlée mêlée avec l'eau, purifiait les impuretés légales par l'aspersion.

CONTAMINARE, μιαίνειν. Souiller, gâter, de l'Hébreu, tame, *Immundus, pollutus fuit*.

Souiller, salir, parlant figurément de quelque crime ; dans l'Ecr. :

1° Souiller, rendre impur d'une impureté légale. Joan. 18. 28. *Non introierunt in prætorium, ut non contaminarentur* : Ceux qui menèrent Jésus de la maison de Caïphe au palais du gouverneur, n'entrèrent point dans le palais, afin de ne se pas souiller : les Juifs croyaient être souillés d'entrer dans le logis d'un gentil. Levit. 11. 26. *Qui tetigerit illud contaminabitur* : Quiconque touchera de ces sortes d'animaux sera impur (ἀκάθαρτος). v. 43. *Nolite contaminare* (βδελύσσειν) *animas vestras, i. e. vos ipsos* : Ne souillez point vos âmes en touchant quelqu'une de toutes ces choses. c. 7. 18. Levit. 22. 2. *Loquere ut caveant ab his quæ consecrata sunt, filiorum Israel, et non contaminent nomen sanctificatorum mihi* (βεβηλοῦν) : Parlez à Aaron et à ses enfants, afin qu'ils prennent bien garde à la manière dont ils useront des oblations sacrées des enfants d'Israël, pour ne pas souiller ce qu'ils m'offrent. v. 15. Num. 5. 3. c. 6. 7. Deut. 24. 23. Tob. 1. 12. Ezech. 44. 25. Dan. 1. 8. Agg. 2. 14. etc.

2° Déclarer impur d'une impureté légale ; ce qui était une fonction sacerdotale. Levit. 13. 11. *Contaminabit itaque eum sacerdos*.

Quand le grand prêtre avait trouvé les marques de la lèpre dans un homme, il le déclarait immonde. v. 20. 27. 30. 59.

3° Souiller par des crimes. Levit. 18. 24. *Ne polluamini in omnibus his, quibus contaminatæ sunt universæ gentes* : Vous ne vous souillerez point par toutes ces infamies dont se sont souillés tous les peuples que je chasserai devant vous : ainsi, il est dit que la terre même en est souillée. Levit. 19. 29. *Ne prostituas filiam tuam, ne contaminetur terra* (ἐκπορνεύειν, *stupro inquino*) : Ne prostituez point votre fille, de peur que la terre ne soit souillée, *autr.* afin que toute la terre ne se souillent point. Ps. 105. 39. Jerem. 2. 7. Ezech. 7. 21. Osée. 5. 3. c. 6. 11. Agg. 2. 15. Malach. 2. 11. etc.

4° Souiller et profaner, *i. e.* mettre au rang des choses profanes et souillées. 4. Reg. 25. 8. *Contaminavit excelsa* : en les déclarant profanes par des usages communs et vils, et en y faisant porter des ossements de corps morts. Isa. 43. 28. *Contaminavi principes sanctos* : J'ai fait voir l'impureté des princes du sanctuaire, *sc.* de Moïse et d'Aaron, qui ne sont point entrés dans la terre sainte. c. 30. 22. Ainsi, c. 47. 6. *Contaminavi hæreditatem meam* : J'ai profané mon héritage, *i. e.* j'ai souffert que mon peuple fût traité comme une chose profane, et l'ai fait transférer dans un pays d'idolâtres et profanes. Ezech. 7. 21. c. 9. 7.

5° Déshonorer, mépriser, faire affront (ἀλισγεῖν). Malach. 1. 12. *Mensa Domini contaminata est* : La table du Seigneur est méprisée, disaient les sacrificateurs de l'ancienne loi, parlant du second autel qui avait été érigé au lieu du premier que les Chaldéens avaient détruit, afin qu'en donnant par là du mépris de cet autel, ils se fissent un droit de prendre toutes les offrandes qui leur seraient offertes, soit pures ou impures. Voy. MENSA. Eccli. 31. 16.

Phrases tirées de ce verbe.

Contaminare sanctuarium, templum, sanctificationem. — 1° Profaner la sainteté du temple et du sanctuaire par des meurtres et autres abominations (μολύνειν). 1. Mach. 1. 39. *Effuderunt sanguinem innocentem et contaminaverunt sanctificationem* : Ils répandirent le sang innocent devant le Dieu saint, et ils souillèrent le sanctuaire. c. 3. 51. c. 4. v. 45. 54. et souvent dans les autres endroits des Machabées.

2° Profaner le temple, en y faisant des fonctions contre la bienséance et l'ordre de la loi (βεβηλοῦν). Lev. 21. 23. *Contaminare non debet sanctuarium meum* : Celui de la race d'Aaron qui avait quelque défaut de corps apparent, ne pouvait point faire les fonctions dans le temple.

3° Faire quelque sacrifice autre part que dans le temple ; c'est le profaner par le mépris qu'on en fait. Levit. 20. 3. *Ponam faciem meam contra eum, eo quod contaminaverit sanctuarium meum* : J'arrêterai l'œil de ma colère contre celui qui aura sacrifié de ses enfants à Moloch, parce qu'il a profané mon sanctuaire, en faisant ce sacrifice abominable et ailleurs que dans le temple. Voy. MOLOCH.

Contaminare testamentum. Violer le traité de l'alliance qu'on a faite. Ps. 54. 20. *Contaminaverunt testamentum ejus :* Les Israélites ont violé l'alliance faite avec Dieu, en transgressant ses lois et ses commandements.

CONTAMINATIO, NIS. L'action par laquelle on souille ; dans l'Ecriture :

1° Profanation, violement de l'honneur dû à Dieu par des actions d'idolâtrie (ἀσέβεια). Ezech. 14. 6. *Recedite ab idolis et ab universis contaminationibus vestris avertite facies vestras :* Quittez vos idoles, et détournez vos visages de toutes vos abominations.

2° Viande immolée aux idoles (ἀλίσγημα). Act. 15. 20. *Abstineant se a contaminationibus simulacrorum :* Qu'ils s'abstiennent des souillures des idoles, *i. e.* de l'usage des viandes immolées aux idoles, que saint Jacques appelle *souillures,* parce qu'elles souillent ceux qui en mangent pour honorer l'idole. Le verset 29 porte : *Ab immolatis simulacrorum :* Ce fut un des chefs qui furent ordonnés par les apôtres aux gentils convertis à la foi (εἰδωλόθυτον). De là vient :

Lapides contaminationis; λίθοι μιασμοῦ. Les pierres d'un autel profané par des sacrifices profanes. 1. Mach. 4. 43. *Tulerunt lapides contaminationis in locum immundum :* Judas et ses frères emportèrent en un lieu impur les pierres profanées ; *sc.* depuis trois ans, qui est le temps que dura la désolation du sanctuaire sous Antiochus.

CONTEGERE. Couvrir, cacher en mettant quelque chose dessus ou devant (περιβάλλειν). Levit. 13. 45. *Habebit os veste contectum :* Le lépreux, qui aura été séparé comme tel, aura le visage couvert de son vêtement.

Abattre, opprimer. Ps. 54. 5. *Contexerunt* (καλύπτειν) *me tenebræ :* Les afflictions m'ont environné de toutes parts, j'en suis accablé ; comme la joie fait qu'on se produit, la tristesse fait aussi qu'on se cache ; *autr.* J'ai été tout couvert de ténèbres ; je ne savais quel conseil prendre, ni m'enfuir.

Phrase de ce verbe.

Contegere corpus. Ensevelir le corps de quelque mort (περιστέλλειν). Eccli. 38. 16. *Secundum judicium contege corpus illius :* Ensevelissez le corps d'un mort selon la coutume ; *Gr.* selon qu'il l'a désiré.

CONTEMNERE, καταφρονεῖν. — 1° Mépriser, ne point faire cas. Matth. 18. 10. *Videte ne contemnatis unum ex his pusillis :* Prenez bien garde de ne mépriser aucun de ces petits, dit Jésus-Christ, parlant des petits enfants qui lui étaient présentés. Tit. 2. 15. *Nemo te contemnat :* Vivez de telle sorte que personne ne vous méprise. 1. Cor. 11. 22. 1. Tim. 4. 12.

2° Négliger, ne se pas soucier de quelque chose, n'y avoir aucun égard (περιφρονεῖν). Rom. 2. 4. *An divitias bonitatis ejus, et longanimitatis contemnis ?* Est-ce ainsi que vous méprisez les richesses de la bonté et de la longue tolérance de Dieu ? *sc.* en commettant les mêmes crimes que vous condamnez dans les autres. 2. Petr. 2. 10. *Qui dominationem comtemnunt :* Ceux qui méprisent les puissances sont du nombre de ces pécheurs que Dieu réserve à punir au jour du jugement. Matth. 6. 24. Luc. 16 13. Levit. 6. 2. c. 26. 15. Eccl. 9. 16. Sap. 14. 30.

3° Désobéir, être rebelle (ἀπειθεῖν). Exod. 23. 21. *Audi vocem ejus, nec contemnendum putes :* Ecoutez la voix de l'ange que je vais vous envoyer, et gardez-vous de le mépriser : Cet ange est celui que Dieu donna aux Israélites pour aller dans la terre promise.

CONTEMPLARI, σκοπεύειν, σκοπεῖν. Ce verbe vient de *templum,* qui signifie originairement un lieu découvert, que les augures choisissaient pour voir et considérer de tous côtés : ainsi il pourrait venir de θεάομαι, *specto.*

1° Contempler, regarder attentivement (καταμανθάνειν). Job. 35. 5. *Contemplare æthera quod altior te sit :* Contemplez combien les cieux sont plus hauts que vous ; *autr.* l'air : ce qui se dit de Dieu même. Prov. 15. 3. *In omni loco oculi Domini contemplantur bonos et malos :* Les yeux du Seigneur contemplent en tout lieu les bons et les méchants, etc.

2° Considérer et prévoir par l'Esprit. Isa. 52. 15. *Qui non audierunt, contemplati sunt :* Les Gentils, qui n'avaient point entendu parler du Messie, de Jésus-Christ, l'ont connu par la foi. C'est ainsi que l'explique saint Paul, Rom. 15. 21. *Intelligent ;* ils entendront sa doctrine, 2. Cor. 4. 18. *Non contemplantibus nobis quæ videntur, sed quæ non videntur :* Nous ne considérons point les choses visibles, parce qu'elles sont temporelles ; mais les invisibles, parce qu'elles sont éternelles.

3° Veiller, prendre garde (ἐπισκοπεῖν). Heb. 12. 15. *Contemplantes ne quis desit gratiæ Dei :* Prenez garde qu'il ne se trouve quelqu'un parmi vous, qui, manquant de répondre à la grâce de Dieu, en demeure privé. Jerem. 9. 17. *Contemplamini, et vocate lamentatrices :* Ayez soin de faire venir des pleureuses.

CONTEMPLATIO, NIS. Contemplation, considération attentive : dans l'Ecriture :

Vue, regard. Gen. 30. 42. *Ponebat Jacob virgas in canalibus aquarum ante oculos orietum et ovium, ut in earum contemplatione conciperent :* Au temps du printemps que les brebis devaient concevoir, Jacob mettait les branches dans les canaux devant les yeux des béliers et des brebis, afin qu'elles conçussent en les regardant.

CONTEMPTIBILIS, IS, E, εὐτελής. 1° Vil, méprisable, de peu de valeur, peu considéré. Sap. 10. 4. *Per contemptibile lignum, justum gubernans :* Au déluge, la sagesse sauva le monde, ayant gouverné le Juste sur les eaux par un bois, *sc.* l'Arche qui paraissait méprisable. 1. Cor. 6. 4. *Contemptibiles qui sunt in Ecclesia, illos constituite ad judicandum* (ἐξουθενημένος) : Prenez plutôt pour juges, dans vos différends touchant les choses séculières, les personnes de l'Eglise les moins considérables. L'Apôtre exhorte les fidèles à prendre pour arbitres de leurs différends les moindres de l'Eglise, qui seraient capables d'en juger, plutôt que des juges païens : ce qui n'est point opposé à ce qui est dit, Exod. 18. 21. où il est ordonné de choisir les plus sages. c. 1. 28. Malach. 1. 12. c. 2. 9.

2° Méprisé, soit qu'on mérite ce mépris (εὐκαταφρόνητος) : Jer. 49. 15. *Dedi te contemptibilem inter homines :* Je vous ai rendu méprisable entre les hommes : Dieu parle de Bosra, capitale de l'Idumée, prise pour tout le pays. Abd. 2. Soit qu'on ne soit pas méprisable. Isa. 49. 7. *Hæc dicit Dominus ad contemptibus animam* (φαυλίζων ψυχήν) : Voici ce que dit le Seigneur à celui qui a été dans le dernier mépris : ce que saint Jérôme a entendu de Jésus-Christ.

CONTEMPTIO, NIS, ἐξουδένωσις. Honte, infamie, confusion. Ps. 106. 40. *Effusa est contemptio super principes :* Les princes sont tombés dans le dernier mépris ; *sc.* lorsque Dieu les a voulu punir.

CONTEMPTOR, IS , καταφρονητής, De *contemnere*, et signifie proprement qui méprise : dans l'Ecr. :

Qui méprise une chose, d'elle-même estimable, telle qu'est la vérité, la parole de Dieu. Prov. 13. 15. *In itinere contemptorum vorago :* La voie des moqueurs mène au précipice. Act. 13. 41. *Videte contemptores et admiramini :* Voyez, vous qui méprisez (ma parole). Saint Paul rapporte ici la prophétie d'Habacuc, 1. 5. exhortant le peuple d'éviter qu'elle ne s'accomplisse en eux.

CONTEMPTUS, US, ἐξουδένωσις, — 1° Mépris. Prov. 12. 8. *Qui vanus et excors est patebit contemptui :* (μυκτηρίζεσθαι). Celui qui est vain et n'a point de sens, tombera dans le mépris. Gen. 29. 33. Esth. 16. 24. 2. Mach. 5. 18.

2° Le mépris qu'on fait de Dieu, en violant sa loi et ses commandements (ἀπόστασις). 2. Par. 33. 19. *Oratio quoque ejus et exauditio, et cuncta peccata atque contemptus scripta sunt in sermonibus Hosai :* La prière que Manassé fit à Dieu, la manière dont Dieu l'exauça, tous les crimes qu'il commit, et le mépris qu'il fit de Dieu, sont écrits dans les livres d'Hosaï : ce livre est perdu, c. 28. 19. Eccl. 9. 3.

3° Fierté, insolence. Judith. 13. 28. *Qui in contemptu superbiæ suæ, Deum Israel contempsit :* Voici la tête d'Holopherne, qui, dans l'insolence de son orgueil, méprisait le Dieu d'Israël, dit Judith.

4° Affront, ignominie. Ps. 118. 22. *Aufer a me opprobrium et contemptum :* Délivrez-moi de l'opprobre et du mépris dont les superbes me chargent.

CONTENDERE, φιλοτιμεῖσθαι. De *tendere*, et signifie :

1° Tâcher, faire effort. Luc. 13. 24. *Contendite intrare per augustam portam :* Faites effort pour entrer par la porte étroite : ce qui marque la violence qu'il faut se faire pour vaincre ses passions, afin d'entrer dans le ciel. 2. Cor. 5. 9. *Contendimus placere illi :* Nous nous efforçons d'être agréables à Dieu. 2 Mach. 3. 4.

2° Contester, disputer (ἐρίζειν). Matth. 12. 19. *Non contendet, neque clamabit :* Mon serviteur ne disputera point, il ne criera point : Saint Matthieu marque le caractère de l'humilité et de la douceur de Jésus-Christ, qu'Isaïe représente, c. 42. 2. Ainsi Gen. 26. 22. 3. Reg. 3. 22. Job. 9. 3. c. 33. 13. c. 39 32. Prov. 29. 9. Eccli. 8. 2. 2. Tim. 2. 14.

3° Faire procès à quelqu'un, plaider contre lui (φιλεχθρεῖν). Prov. 3. 30. *Ne contendas adversus hominem frustra :* Ne faites point de procès à un homme sans sujet ; et, en plusieurs endroits, *Judicio contendere*. Matth. 5. 40. *Ei qui vult tecum judicio contendere, et tunicam tuam tollere, dimitte ei et pallium* (χρίνεσθαι) : Si quelqu'un veut plaider contre vous pour vous prendre votre robe, quittez-lui encore votre manteau, dit Jésus-Christ, 1. Cor. 6. 6.

4° Combattre, soit par raisons (ἐπέρχεσθαι). Job. 23. 6. *Nolo multa fortitudine contendat.* Si j'allais me présenter à Dieu pour lui représenter les preuves de mon innocence, je ne voudrais point qu'il me combattît de toute sa force, dit Job ; *i. e.* selon la rigueur de sa justice ; soit par les armes, 2. Mach. 8. 30. *Ex his qui erant contra se contendentes super viginti millia interfecerunt* (συνερείδειν, conjunctim obniti) : Les gens de Machabée, outre plus de neuf mille hommes qu'ils tuèrent de l'armée de Nicanor, ils tuèrent encore, dans la suite, plus de vingt mille hommes des gens de Timothée et de Bacchides, qui combattaient contre eux, v. 16. soit en disputant à qui aura le prix. 1. Cor. 9. 25. *Omnis qui in agone contendit ab omnibus se abstinet* (ἀγωνίζεσθαι) : Les Athlètes gardent en toutes choses une exacte tempérance : L'Apôtre se sert de cette comparaison comme une preuve de la nécessité qu'ont les Chrétiens de l'exacte tempérance qu'ils doivent garder aussi pour remporter le prix de la gloire éternelle. Jerem. 12. 5. *Si cum peditibus currens laborasti ; quomodo contendere poteris cum equis* (παρασκευάζειν) : Si vous avez eu tant de peine à suivre à la course ceux qui étaient à pied, comment pourrez-vous courir contre ceux qui sont à cheval ? Dieu témoigne au Prophète, que s'il n'a pu résister aux citoyens d'Anathoth, figurés par les gens de pied, il pourrait bien moins résister aux habitants de Jérusalem, figurés par des gens de cheval, qui sont beaucoup des autres.

5° Se révolter, Deut. 9. 7. *Semper adversum Dominum contendisti* (παροξύνειν τινά) : Vous avez toujours été rebelles au Seigneur (depuis votre sortie d'Egypte, jusqu'à votre arrivée au lieu où nous sommes), dit Moïse aux Israélites.

6° Etre piqué de jalousie et d'indignation (ζηλοῦν). Prov. 24. 19. *Ne contendas cum pessimis :* Ne vous indignez point contre la prospérité des méchants : Ce sont les mêmes termes, en hébreu, que ceux du Ps. 36. 1. *Noli æmulari in malignantibus.*

CONTENEBRARE, σκοτίζειν. Ce verbe, inusité, qui vient du mot *tenebræ*, signifie, dans l'Ecr. :

1° Obscurcir, couvrir de ténèbres ; dans le sens propre et littéral. Marc. 13. 24. *In illis diebus so. contenebrabitur :* Après les afflictions qui arriveront au dernier jugement, le soleil s'obscurcira. 3. Reg. 18. 45. Thren. 5. 17. *Contenebrati sunt oculi nostri* (σκοτάζειν): Nos yeux ont été couverts de ténèbres ; *sc.* à cause de nos pleurs.

2° Aveugler par la passion et l'opiniâtreté. Num. 14. 44. *Contenebrati* (διαβιασάμενοι) *ascenderunt in verticem montis :* Les Israélites, étant frappés d'aveuglement, montèrent sur la montagne; *sc.* pour combattre les Amalécites et les Chananéens contre l'ordre de Dieu. Voy. v. 41.

CONTENEBRESCERE, συσκοτάζειν. Faire obscur, faire nuit; et marque, dans le sens figuré, le temps auquel on est accablé de misères et d'afflictions. Jerem. 13. 16. *Date Domino Deo vestro gloriam antequam contenebrescat (sol) :* Rendez gloire au Seigneur votre Dieu, avant que les ténèbres vous surprennent; *i. e.* avant que l'affliction arrive.

CONTENTIO, nis. — 1° Dispute, contestation, différend, querelle (φιλονεικία). Luc. 22. 24. *Facta est autem et contentio inter eos :* Il s'excita, parmi les apôtres, une contestation; *sc.* lequel d'entre eux devait être estimé le plus grand. Judic. 5. v. 15. 16. *Diviso contra se Ruben, magnanimorum reperta est contentio* (ἀκριβασμός, *accurata examinatio*) : Au temps de la guerre et du combat contre Sisara, Ruben était divisé contre lui-même, et les plus vaillants de cette tribu n'ont fait autre chose que disputer. Ceux de cette tribu ne se trouvèrent point à cette bataille, parce qu'ils eurent quelques différends entre eux. Isa. 58. 4. Rom. 1. 29. c. 13. 13. 1. Cor. 1. 11. c. 3. 3. 2. Cor. 12. 20.

2° Opiniâtreté, entêtement à ne vouloir point céder ou obéir (ἐρεθισμός). Deut. 31. 27. *Scio contentionem tuam, et cervicem tuam durissimam :* Je sais quelle est votre opiniâtreté ; et plus bas : *Semper contentiose egistis.* Vous avez toujours résisté au Seigneur. Rom. 2. 8. *Qui sunt ex contentione* (ἐριθεία), *et qui non acquiescunt veritati :* Les esprits opiniâtres et contentieux qui n'acquiescent point à la vérité. 2. Esd. 9. 17.

3° Pique, jalousie (ἐριθεία). Philipp. 1. 17. *Quidam autem ex contentione Christum annuntiant, non sincere :* Les uns prêchent Jésus-Christ par amour, les autres annoncent Jésus-Christ par jalousie, et sans sincérité : Cette jalousie était dans les ambitieux, qui voulaient s'attirer de l'honneur en prêchant aussi bien que saint Paul. Jac. 3. 14. 16.

4° Émulation, effort que l'on fait pour imiter les autres. Eccli. 18. 33. *Ne fueris mediocris in contentione ex fenore* (συμβολοκοπῶν ἐκ δανεισμοῦ) : Ne vous réduisez point à la pauvreté, en empruntant à usure pour contribuer autant que les autres à faire des festins.

5° Malheur, accident, affliction (περίστασις, *infortunium*). 2. Mach. 4. 16. *Quarum gratia periculosa eos contentio habebat :* Il s'excitait une dangereuse émulation entre les prêtres ; Gr. *Quarum gratia occupavit eos gravis calamitas :* C'est ce qui leur attirait de grands maux.

CONTENTIOSE. Avec querelle et dispute : dans l'Ecr. : Opiniâtrement, avec rébellion et désobéissance. Deut. 31. 27. *Semper contentiose egistis contra Dominum* (παραπικραίνειν) : Vous avez toujours résisté au Seigneur, dit Moïse.

CONTENTIOSUS, a, um. — 1° Contentieux, qui aime à disputer (φιλόνεικος). 1. Cor. 11. 16. *Si quis autem videtur contentiosus esse :* Si quelqu'un veut contester. — 2° Effronté, opiniâtre (ἀκαιδής). Jerem. 3. 5. *Quare.... aversus est populus iste in Jerusalem aversione contentiosa?* Pourquoi ce peuple de Jérusalem s'est-il détourné de moi avec une aversion si opiniâtre?

CONTENTUS, a, um. Quand ce mot vient de *contendere*, il est participe, et signifie tendu, bandé ; mais quand il signifie *content*, satisfait de quelque chose, il est nom et non point participe. Dans l'Ecriture :

1° Content, satisfait, qui s'en tient à quelque chose (ἀρκεῖσθαι, *contentum esse*). Luc. 3. 14. *Contenti estote stipendiis vestris :* Contentez-vous de votre paye, dit saint Jean aux soldats, comme un des moyens de se sauver. 1. Tim. 6. 8. *Habentes alimenta et quibus tegamur, his contenti simus :* Ayant de quoi nous nourrir et de quoi nous couvrir, nous devons en être contents. Hebr. 13. 5. *Sint mores sine avaritia, contenti præsentibus :* Que votre vie soit exempte d'avarice ; soyez contents de ce que vous avez.

2° Prêt, disposé à quelque chose. 2. Mac. 14. 38. *Animam tradere contentus :* Rasias était prêt à abandonner son corps et sa vie pour persévérer jusqu'à la fin dans le judaïsme.

CONTERERE, συντρίβειν, — Briser, écraser, rompre. Exod. 32. 20. *Vitulum.... contrivit usque ad pulverem :* Moïse réduisit le veau d'or en poudre. 23. 3. Reg. 19. 11. *Spiritus grandis et fortis conterens petras ante Dominum :* On entendit devant le Seigneur un vent violent et impétueux, capable de briser les rochers. Ce vent si impétueux marquait la présence redoutable de Dieu. Jerem. 23. 29. *Numquid non verba mea sunt quasi ignis et quasi malleus conterens petram* (κόπτειν) ? Comme le feu vient à bout de tout et qu'un marteau de fer peut briser les choses les plus dures, ainsi la parole de Dieu est si forte, qu'il n'y a rien qui en puisse empêcher l'effet. Exod. 32. 20. Judic. 8. v. 7. 16. 4. Reg. 11. 18. c. 18. 4. c. 23. 14. 1. Par. 20. 3. etc.

1° Opprimer, maltraiter, affliger (ἀτιμάζειν). Prov. 22. 22. *Neque conteres egenum in porta :* N'opprimez point dans le jugement celui qui n'a rien. Isa. 53. 7. *Dominus voluit conterere eum in infirmitate* (καθαρίζειν, *expiare*) : Le Seigneur l'a voulu briser dans son infirmité. Ce qui s'entend du Fils de Dieu incarné, qui a souffert toutes sortes d'afflictions, parce qu'il s'était chargé de nos crimes. Dan. 7. 25. *Sanctos Altissimi conteret* (πλανᾶν, *seducere*) : Il foulera aux pieds les saints du Très-Haut ; ce qu'a fait Antiochus l'Illustre et ce que fera l'Antechrist à la fin du monde Job. 9. 17. Mich. 5. 13. c. 16. 12. Amos 8. 4. D'où vient, *conterere super pulverem terræ capita pauperum.* Amos 2. 7. Briser contre terre la tête des pauvres, *ou,* jeter les pauvres dans la poussière et leur marcher sur la tête, pour marquer la violence par laquelle les riches accablent les pauvres.

Phrases tirées de cette signification.

Conterere hostes, inimicos, etc. Défaire l'ennemi. 1. Mach. 13. 51. *Contritus est inimicus magnus ex Israel :* Un grand ennemi a été exterminé d'Israël. Cet ennemi était la garnison de soldats ennemis que Simon chassa de la forteresse de Jérusalem. c. 36. etc.

Conterere arcum, bellum, i. e. *potentiam bellicam.* Défaire et ruiner les ennemis. Ps. 45. 10. *Arcum conteret :* Le Seigneur brisera l'arc des ennemis. Judith. 9. 10. *Conteris bella :* Seigneur, vous terrassez les armées les plus redoutables. Osc. 2. 18. c. 1. 5. *Conteram arcum Israel in valle Jezrael :* Je briserai l'arc d'Israël dans la vallée de Jezraël ; j'anéantirai la puissance et le courage des dix tribus dans la vallée de Jezraël, où les Israélites seront taillés en pièces, *ou* par les Assyriens, selon saint Jérôme, par Manahem dans les guerres civiles, selon quelques autres.

Conterere virgam, jugum. Briser le joug, délivrer de la servitude, mettre de force en liberté. Jerem. 28. 2. *Contrivi jugum regis Babylonis :* J'ai brisé le joug du roi de Babylone, v. 4. *Conteram jugum :* Je vous retirerai de la captivité où vous tient le roi de Babylone, dit le Seigneur, Ps. 106, 16. Ezech. 34. 27. Nahum. 1. 13.

Conterere sub pedibus. Fouler aux pieds ; c'est non seulement traiter avec rigueur et ignominie, mais encore dompter et assujettir. Rom. 16. 20. *Deus pacis conterat Satanam sub pedibus vestris velociter ;* Grec, *conteret :* Saint Paul espérait que Dieu assujettirait bientôt à l'Eglise le démon et ses ministres, ennemis de l'Évangile. Judith. 14. 5. Thren. 3. 34.

Conterere in porta. Fouler ou écraser aux pieds à la porte de la ville (κολαβρίζειν) ; c'est faire succomber quelqu'un en jugement, et faire qu'il y soit regardé comme indigne de participer au droit commun. Job. 5. 4. *Conterentur* (κολαβρισθείησαν) *in porta :* Les enfants de l'insensé seront foulés aux pieds à la porte : C'était à la porte de la ville que se rendaient les jugements. Prov. 22. 22.

2° Perdre, ruiner, exterminer (τιτρώσκειν). Job. 6. 9. *Qui cœpit, ipse me conterat :* Plaise au Seigneur qu'ayant commencé à me réduire en poudre, il achève. c. 40. 7. *Contere impios in loco suo :* Foulez aux pieds les impies dans le lieu même où ils s'élèvent. Deut. 33. 27. Matth. 21. 44. *Super quem vero ceciderit, conteret eum* (λικμᾶν) : Cette pierre écrasera celui sur qui elle tombera. Jésus-Christ, qui est cette pierre, viendra perdre sans ressource au dernier jugement ceux qui n'auront point voulu croire en lui. Deut. 9 20. *Voluit eum conterere :* Dieu voulut perdre Aaron ; mais Moïse l'apaisa en priant pour lui. Cette grande colère du Seigneur contre Aaron, et l'effet de la prière de Moïse en sa faveur, ne sont point marquées dans l'Exode. C'est ainsi que plusieurs particularités omises en leur lieu, sont rapportées en d'autres endroits de l'Ecriture. Voy COMMINUERE, CÆDERE. Habac. 3. 6. Ps. 47. 8. Eccli. 27. 3. etc.

Phrases tirées de cette signification.

Conterere caput, brachia, dentes, molas, ossa, cornua, baculum, virgam. Ruiner, abattre le pouvoir de quelqu'un (τείρειν). Gen. 3. 15. *Ipsa conteret caput tuum ;* Grec, *Ipse :* Hebr., *Ipsum ;* sc. *Semen mulieris :* Jésus-Christ qui a voulu naître de la sainte Vierge, pour ruiner la puissance du démon et détruire sa tyrannie. Ps. 36. 17. *Brachia peccatorum conterentur :* Les bras des pécheurs seront brisés. Ps. 3. 8. Ps. 33. 21. Isa. 14. 20. c. 45. 2. Ps. 106. 16.

Conterere spiritum. Briser l'esprit ; c'est l'abattre, l'aigrir, le troubler, le faire sortir de sa bonne disposition. Prov. 15. 4. *Lingua quæ immoderata est, conteret spiritum :* La langue qui se laisse aller aux excès de paroles ou d'emportement, trouble l'esprit et de celui qui parle et de celui qui écoute.

Phrase tirée de la signification propre, dans le sens figuré.

Conterere baculum, firmamentum, virgam panis. Oter la force du pain, c'est lui ôter la force qu'il a de sustenter et nourrir. Ps. 104. 16. Ezech. 5. 16. Voy. BACULUS.

CONTERNANS, TIS. Ce participe inusité, qui vient de *conternare,* verbe formé de *cum* et de *tres,* trois, signifie :

Qui est de trois ans (τριετής). Isa. 15. 5. *Vectes ejus usque ad Segor, vitulam conternantem :* Les plus vaillants de Moab fuient jusqu'à Ségor, qui tremble comme une génisse de trois ans. L'*Hebr.* comme le *Gr.* rapporte ces derniers mots aux Moabites, qui étaient vigoureux et florissants, comme une génisse de trois ans ; ils se prennent dans le même sens Jerem. 48. 34.

CONTERRERE. Epouvanter. Isa. 33. 14. *Conterriti sunt in Sion peccatores* (ἀφίστασθαι, *expavescere*) : Les méchants ont été épouvantés en Sion. Le prophète parle de la frayeur qu'auraient les Juifs à l'arrivée des Assyriens. 1. Mach. 7. 30. 2. Mach. 14. 17. Luc. 24. 37. Dan. 2. 1. *Conterritus est spiritus ejus :* L'esprit de Nabuchodonosor fut extrêmement effrayé, *sc.* lorsqu'il eut le songe rapporté v. 31. et suiv. (ἐξίστασθαι, *extra se esse*).

CONTESTARI, διαμαρτύρεσθαι, μαρτύρεσθαι.—
1° Déclarer à quelqu'un, en présence de témoins, qu'il ait à faire quelque chose, sommer, faire sa protestation comme en présence de témoins. Exode. 21. 29. *Si bos cornupeta fuerit et contestati sunt dominum ejus, nec recluserit eum :* S'il y a quelque temps qu'un bœuf frappait de la corne, et que le maître ne l'ait point renfermé après en avoir été averti : cette protestation se faisait même devant le juge. 4. Reg. 17. 15. 2. Esdr. 13. v. 15. 21. Ainsi Exod. 19. 21. *Descende, et contestare populum :* Descendez,

et déclarez ma volonté au peuple. Act. 20. 26. *Contestor vos hodierna die, quia mundus sum a sanguine omnium :* Je vous déclare aujourd'hui que je suis pur et innocent du sang de vous tous, dit saint Paul aux prêtres d'Éphèse, étant à Milet. Ps. 80. 10. *Contestabor te :* Écoutez mon peuple, et je vous attesterai ma volonté. Amos 3. 13. Apoc. 22. 18. — 2° Prendre à témoin quelqu'un ou quelque chose, en faisant déclaration. Judith 7. 17. *Contestamur hodie cœlum et terram :* Nous prenons aujourd'hui à témoin le ciel et la terre, disent tous les Juifs à Ozias, le priant de rendre la ville à Holopherne.

3° Témoigner, rendre témoignage (συνεπιμαρτύρεσθαι). Heb. 2. 4. *Contestante Deo signis et portentis et variis virtutibus :* Dieu a confirmé par plusieurs miracles la foi des premiers Chrétiens (Voy. Marc 16. 30). Ainsi, 2. Mach. 12. 30. 1. Pet. 5. 12.

4° Faire voir, faire paraître, faire voir des preuves sensibles de quelque chose (ἐνδείκνυσθαι). 2. Mach. 9. 8. *Manifestam Dei virtutem in semetipso contestans :* Antiochus attestait publiquement la toute-puissance de Dieu, qui éclatait en sa propre personne.

Contestari passif, μαρτυρεῖσθαι, être déclaré, être attesté. Heb. 7. 8. *Et hic quidem decimas morientes homines accipiunt, ibi autem contestatur quia vivit;* i. e. *testimonium ei perhibetur :* Les prêtres de l'ancienne loi qui recevaient la dîme, mouraient et avaient des successeurs; mais celui dont on rend ici témoignage n'est représenté que comme vivant; on n'y parle ni de sa mort ni de sa succession; en quoi Melchisédech était la figure de Jésus-Christ.

CONTEXERE, ὑφαίνειν : 1° Faire un tissu de deux ou plusieurs choses ensemble. Deut. 22. 11. *Non indueris vestimento quod ex lana, linoque contextum est :* Cette défense d'user d'un habillement tissu de laine et de lin, marquait qu'il n'est point permis de mêler ce que le bon ordre nous apprend devoir être séparé; comme faire profession d'être chrétien, et vivre en même temps dans la mollesse et faire une union incompatible de deux états tout opposés. Aug. cont. Faust. l. 6. c. 9. Joan. 19. 23. *Erat autem tunica inconsutilis desuper contexta per totum :* La tunique de Jésus-Christ était sans couture et d'un seul tissu, depuis le haut jusqu'en bas. Exod. 26. 31

2° Entrelacer. 3. Reg. 7. 17. *Quasi in modum retis et catenarum sibi invicem miro opere contextarum :* Sur les chapiteaux des colonnes, il y avait une espèce de rets et de chaînes entrelacées l'une dans l'autre.

CONTICERE ou CONTICESCERE, παύεσθαι, se taire tout court, demeurer sans dire mot. Dans l'Écriture :

1° Cesser de se faire entendre. Isa. 24. 8. *Conticuit dulcedo citharæ* · On n'entendra plus les doux accords de la harpe. Voy. SILERE.

Être défait et ruiné, comme si l'on n'était plus (πίπτειν). Dans ce sens, les poëtes appellent les morts *Silentes.* Jerem. 49. 26. *Viri prælii conticescent :* Tous ces hommes de guerre seront dans un profond silence. c. 25. 37. *Conticuerunt arva pacis :* Les champs si fertiles durant la paix, *ou* dans lesquels les troupeaux paissaient paisiblement, sont dans la désolation. Par ces champs s'entendent les provinces, et par ces troupeaux les peuples. 1. Reg. 2. 9. *In tenebris conticescent :* Les impies seront réduits au silence dans leurs ténèbres. Ose. 4. 6.

2° Être dans l'épouvante et l'effroi (ἀπορίπτεσθαι). Abd. 5. *Si fures introissent ad te, quomodo conticuisses?* Si des voleurs étaient entrés chez vous, n'auriez-vous pas crié, dans l'effroi et le trouble où ils vous auraient mis? *autr.* Heb. Sont-ce des voleurs qui sont entrés chez vous? ils ne vous auraient pas réduits à une si extrême misère.

3° Être dans le deuil et l'affliction (σιωπᾶν). Thren. 2. 10. *Conticuerunt senes filiæ Sion :* Les vieillards de la fille de Sion, *i. e.* de Jérusalem, demeurent dans le silence.

CONTIGNATIO, NIS; δόκωσις. Voy. TIGNUM. Charpente, étage dans une maison. 2. Par. 34. 11. *Illi dederunt eam artificibus ut emerent ligna ad contignationem domorum :* Ils donnèrent cet argent à des ouvriers, afin qu'ils en achetassent du bois pour la charpente des maisons que les rois de Juda avaient détruites. Eccl. 10. 18. *In pigritiis humiliabitur contignatio :* La charpente du toit se gâtera peu à peu par la paresse; *i. e.* les maisons et les familles vont peu à peu en ruine et en décadence.

CONTINENS, ἐγκρατής. — 1° Qui a en soi-même, qui possède quelque chose; soit la vertu. Eccli. 15. 1. *Qui continens est justitiæ :* Celui qui a acquis la justice, et qui la pratique, possédera la sagesse; *Gr.* Celui qui a une parfaite connaissance de la loi. c. 6. 28. Soit les vices, c. 27. 33. *Vir peccator continens erit illorum :* Le pécheur entretiendra toujours dans lui-même la colère et la fureur, il en sera possédé.

2° Qui est chaste, qui garde la continence. Tob. 6. 18. *Per tres dies continens esto :* Vivez en continence avec Sara pendant trois jours, dit l'ange Raphaël au jeune Tobie. Sap. 8. 21. *Scivi quoniam aliter non possem esse continens, nisi Deus det :* Je savais que je ne pouvais avoir la continence, si Dieu ne me la donnait : d'autres, suivant le sens du Grec, l'entendent plutôt de la retenue pour toute sorte de vices; et le vrai sens du Grec est de le rapporter à la première signification, et de l'entendre dans le même sens que les passages de l'Ecclésiastique, c. 6. 28. c. 15. 1. Je savais que je ne pouvais posséder ou acquérir la sagesse si Dieu ne me la donnait, Eccli. 26. 20. *Omnis ponderatio non est digna continentis animæ :* Tout le prix de l'or n'est rien, au prix d'une âme vraiment chaste.

3° Tempérant, qui s'abstient de toute sorte de vices; mais surtout de l'impureté et de la gourmandise. Tit. 1. 8. *Oportet episcopum esse sobrium, justum, sanctum, continentem :* Il faut que l'évêque soit un homme sobre, juste, saint, et gardant la continence.

CONTINENTIA, æ. ἐγκράτεια, — 1° Continence, vertu qui règle les plaisirs, et détourne de ceux qui sont défendus, et de ceux particulièrement qui regardent l'impureté et la gourmandise. Gal. 5. 23. *Fructus Spiritus est charitas... continentia, castitas*: Les œuvres que produit l'Esprit de Dieu dans un chrétien, sont la charité... la continence, la chasteté. — 2° Fermeté et persévérance dans la pratique du bien. 2 Mach. 14. 38. *Hic multis temporibus continentiæ propositum tenuit in Judaismo*: Rasias vivait depuis longtemps dans le judaïsme, d'une vie très-pure, et éloignée de toutes les souillures du paganisme: c'est le sens que tous les interprètes ont donné à cet endroit.

CONTINERE; Gr. συνέχειν. — 1° Retenir, arrêter, réprimer. 2. Reg. 24. 16. *Nunc contine manum tuam*: Retenez votre main, dit Dieu à l'ange, qui étendait sa main, et se préparait à ravager Jérusalem. Job. 12. 15. *Si continuerit aquas, omnia siccabuntur*: Si Dieu retient les eaux, tout deviendra sec. Voy. 3. Reg. 17. v. 1. 7. Ainsi, Ps. 76. 10. *Aut continebit in ira sua, misericordias suas?* La colère de Dieu retiendra-t-elle ses miséricordes? Exod. 26. 20. Prov. 30. 4. Eccli. 48. 3.

2° Retenir, tenir secret (κρατεῖν) Marc. 9. 9. *Verbum continuerunt apud se*: Saint Pierre, saint Jacques et saint Jean tinrent la chose secrète; *i. e.* la Transfiguration de Jésus-Christ, selon l'ordre qu'il leur en donne, v. 8.

3° Contenir, comprendre en soi, renfermer (περιέχειν). Sap. 1. 7. *Hoc* (πνεῦμα, *hic Spiritus*) *quod continet omnia, scientiam habet vocis*: L'esprit du Seigneur contient et conserve tout; parce que tout subsiste en lui et par lui; il connaît tout ce qui se dit, et ce qui se fait. Esth. 13. 10. *Quidquid cœli ambitu continetur*: Toutes les créatures qui sont sous le ciel. 1. Petr. 2. 6. *Continet Scriptura*: Il est dit dans l'Ecr. Gr. *Continetur in Scriptura*. Sap. 18. 14. etc.

4° Régler, gouverner, tenir dans le devoir (κρατεῖν). Sap. 6. 3. *Qui continetis multitudines*: Vous qui gouvernez les peuples. 1. Cor. 7. 9. *Quod si non se continent*: que ceux qui ne peuvent garder la continence se marient: c'est un don particulier de Dieu que de garder la continence. Voy. Sap. 8. 21. Ainsi c. 10. 2.

5° Tenir comme par la main, soutenir, empêcher de tomber (ἐπέχειν). Eccli. 15. 4. *Continebit illum et non confundetur*: La Sagesse tiendra de sa main celui qui est affermi dans la justice.

6° Posséder et avoir une parfaite connaissance de quelque chose (κατακρατεῖν). Eccli. 21. 12. *Qui custodit justitiam continebit sensum ejus*: Celui qui garde la justice (Gr. la Loi), en pénétrera l'esprit.

7° Avoir et conserver en soi (ἐπέχειν). Philip. 2. 16. *Verbum vitæ continentes*; portez en vous la parole de vie: d'autres expliquent, porter et soutenir comme un flambeau pour éclairer les autres.

8° Porter, supporter en soi avec peine dans son cœur (ὑπέχειν). Ps. 88. 51. *Memor esto, Domine, opprobrii servorum tuorum, quod continui in sinu meo, multarum gentium*: Souvenez-vous, Seigneur, de l'opprobre que vos serviteurs ont souffert de la part de plusieurs nations, et que j'ai tenu comme renfermé dans mon sein; *i. e.* que j'ai caché et dissimulé dans mon cœur avec peine.

9° Occuper, donner de l'occupation et de l'emploi. Sap. 17. 19. *Omnis orbis terrarum non impeditis operibus continebatur*: Tout le reste du monde s'occupait à son travail sans aucun empêchement; sc. hors les Egyptiens, qui étaient tous liés par les ténèbres. Voy. v. 17.

10° Soumettre, obliger et engager. Gal. 5. 1. *State, et nolite iterum jugo servitutis contineri* (ἐνέχεσθαι): Demeurez fermes dans la foi (de l'Evangile) et ne vous laissez point engager de nouveau sous le joug de la servitude: un juif qui ayant été converti, se faisait encore circoncire, se soumettait à garder toute la loi de Moïse: c'est pourquoi l'Apôtre le défend; on l'entend ordinairement des Galates, qui étaient Gentils. Voy. ITERUM.

Phrases de ce verbe.

Continere aures. Se boucher les oreilles, en retenir l'usage. Act. 7. 56. *Continuerunt aures suas*: les Juifs se bouchèrent les oreilles; *sc.* pour ne pas entendre ce que disait saint Etienne. Voy. v. 55.

Continere os suum. N'oser ouvrir la bouche, se tenir dans le silence; ce qui est une marque de respect. Isa. 52. 15. *Super ipsum continebunt reges os suum*: Les princes et les rois étonnés des merveilles qu'ils apprendront du Messie, n'oseront ouvrir la bouche, par le grand respect qu'ils auront pour lui, jusqu'à se soumettre humblement à lui. Voy. Job. 29. 9. c. 39. 35. ou c'est un effet et une marque d'étonnement et d'admiration. Voy. Job. 21. 5.

Continere se, ἐγκρατεύεσθαι, ἀπέχεσθαι. 1° Se modérer, se retenir, ne plus continuer; soit ses mauvais désirs, et le déréglement de ses passions. 1. Cor. 7. 9. *Quod si non se continent, nubant*; Voyez ci-dessus 4°. Eccli. 30. 24. *Contine* (suppl. *te*) Retenez vos mauvais désirs; selon le Grec; il s'entend du soin qu'on doit avoir de ne point s'abandonner à la tristesse. Eccli. 3. 4. A quoi l'on peut ajouter ce que dit David au grand prêtre Achimélech, 1. Reg. 21. 5. *Si de mulieribus agitur, continuimus nos ab heri et nudiustertius*: Pour ce qui regarde les femmes, depuis hier et avant-hier que nous sommes partis, nous ne nous en sommes point approchés; soit en arrêtant ses larmes. Gen. 43. 31. *Lota facie egressus continuit se*: Joseph ayant lavé son visage revint ensuite, se faisant violence; *sc.* pour s'empêcher de pleurer; soit en arrêtant les effets de sa bonté et de sa miséricorde ou de sa vengeance. Isa. 64. 12. *Numquid super his continebis te* (ἀνέχεσθαι)? Après toutes ces afflictions, Seigneur, vous retiendrez-vous encore? *sc.* de nous faire miséricorde et de nous venger de nos ennemis. c. 63. 15.

2° Se tenir arrêté, se renfermer (ἀποκεχωρηκώς).2.Mach.4.33.*Ipse in loco tuto se continens*

Antiochiœ secus Daphnem : Onias reprochait à Ménélaüs le vol qu'il avait fait des vases du temple, et l'emploi injuste qu'il en avait fait, se tenant cependant à Antioche dans un lieu sûr près de Daphné.

3° Tenir, être arrêté et appuyé sur quelque chose, Ezech. 41. 6. *Ut continerent, et non attingerent parietem templi :* Les arcs-boutants servaient d'appui à la charpenterie des chambres qui étaient bâties autour du temple, sans qu'elles touchassent à la muraille du temple.

CONTINGERE, ἅπτεσθαι. — 1° Toucher, Levit. 11. 8. *Nec cadavera contingetis :* Vous ne toucherez point au corps des bêtes marquées dans les versets précédents, parce que vous les tiendrez comme impurs. Jos. 6. 18. 3. Reg. 6. 27. 2. Par. 3. 12. Judith. 11. 12.

2° Atteindre en touchant. 2. Mach. 9. 10. *Paulo ante sidera cœli contingere se arbitrabatur :* Antiochus s'imaginait (avant que Dieu l'humiliât par sa chute, dont il eut les membres tout meurtris) qu'il pourrait atteindre jusqu'aux étoiles du ciel. Dan. 4. 8.

3° Toucher à quelqu'un et lui nuire, le maltraiter. Jos. 9. 19. *Idcirco non possumus eos contingere :* Puisque nous avons juré l'alliance au nom du Seigneur, avec les Gabaonites, nous ne leur pouvons faire aucun mal. Chald. *Nocere.*

4° Toucher à quelque chose pour la soustraire, et la prendre pour soi. Tob. 2. 21. *Non licet nobis, aut edere ex furto aliquid, aut contingere :* Il ne nous est pas permis de manger ou de toucher à quelque chose qui ait été dérobé. Esth. 9. 16.

5° Toucher quelque chose consacrée à Dieu, l'employer à un usage commun et profane. Judith. 11. 12. *Sancta Domini Dei sui, quæ præcepit Deus non contingi, in frumento, vino et oleo; hæc... voluit consumere quæ nec manibus deberent contingere :* Les Juifs ayant du froment, du vin et de l'huile, qui sont consacrés au Seigneur leur Dieu, et auxquels Dieu leur a défendu de toucher, ils veulent les consumer, quoiqu'il ne leur soit pas même permis d'y toucher des mains.

6° Toucher du palais, goûter, discerner au goût (γεύεσθαι). Eccli. 36. 21. *Fauces contingunt cibum feræ :* Le palais discerne au goût la venaison.

7° Appartenir, revenir de droit à quelqu'un (ἐπιβάλλειν). Luc. 15. 12. *Da mihi portionem substantiæ quæ me contingit :* Donnez-moi ce qui me doit revenir de votre bien, dit l'enfant prodigue à son père. 1. Mach. 10. 40.

Contingere, impersonnel. Arriver (γένεσθαι). Rom. 11. 25. *Cæcitas ex parte contigit in Israel :* Une partie des Juifs est tombée dans l'aveuglement (συμβαίνειν). 1. Cor. 10. 11. *Hæc omnia in figuris contingebant illis :* Toutes ces choses qui arrivaient aux Israélites étaient des figures; *i. e.* des images grossières des afflictions qui devaient arriver aux chrétiens qui tomberaient dans ces crimes.

CONTINUO; παραχρῆμα, εὐθέως, εὐθύς. De l'adjectif *continuus.*

1° Aussitôt, à l'instant même. Matth. 21. 19. *Arefacta est continuo ficulnea :* Le figuier sécha aussitôt que Jésus-Christ y eut donné sa malédiction. Marc. 1. 31. *Continuo dimisit eam febris;* au même instant que Jésus-Christ eut fait lever la belle-mère de saint Pierre, en la prenant par la main, la fièvre la quitta. Gal. 1. 16. *Continuo non acquievi carni et sanguini :* J'ai obéi aussitôt, sans en conférer avec qui que ce soit. Sap. 5. 13. *Nos nati continuo desivimus esse :* Nous ne sommes pas plutôt nés que nous avons cessé d'être, diront les méchants.

2° Bientôt, dans peu. Joan. 13. 32 *Continuo clarificabit eum :* Dieu glorifiera bientôt Jésus-Christ, en faisant voir dans sa mort même qu'il est le Fils de Dieu.

CONTINUUS, A, UM. Du verbe *continere.*

1° Continuel, qui n'est point interrompu (ἀδιάλειπτος). Rom. 9. 2. *Tristitia mihi magna est, et continuus dolor cordi meo :* Je suis saisi d'une grande tristesse, et mon cœur est dans une douleur continuelle. 2. Mach. 10. 37. c. 13. 12.

2° Fort et persévérant (ἐκτενής). 1. Petr. 4. 8. *Ante omnia autem mutuam in vobismetipsis charitatem continuam habentes :* Surtout ayez une charité forte et persévérante les uns pour les autres.

CONTORQUERE. Tourner, ou faire tourner quelque chose : dans l'Ecr. —

Courber, baisser (κάμπτειν). Isa. 58. 5: *Numquid tale est jejunium, hominem contorquere quasi circulum caput suum :* Le jeûne que j'ai choisi consiste-t-il à faire qu'un homme fasse comme un cercle de sa tête, en baissant le cou avec un air mortifié, ce qu'on appelle *torti colli ?* Hebr. *Quasi juncum.* Le jonc représente assez bien cette posture : sa tige étant trop faible pour en soutenir la tête, elle penche, et fait courber le jonc en forme de cercle.

CONTRA. Ce mot vient de *cum* et de la particule *tra,* ajoutée, comme on fait d'*in, intra,* et d'*ex, extra.*

Contra, préposition, κατά, avec le génitif. — 1° Contre, à l'encontre. Prov. 21. 30. *Non est consilium contra Dominum :* Il n'y a point de conseil contre le Seigneur; *i. e.* qui puisse s'opposer à lui. Matth. 12. 30. Luc. 11. 23. *Qui non est mecum; contra me est :* Celui qui n'est point avec moi, s'oppose à moi. Rom. 8. 31. *Si Deus pro nobis, quis contra nos ?* Si Dieu est pour nous, qui sera contre nous, et qui pourra nous nuire ? Eccli. 35. 15. Ps. 49. 21. etc.

Phrase tirée de cette signification.

Ambulare, vadere contra. S'opposer. Prov. 14. 7. *Vade contra virum stultum :* Opposez-vous à l'homme insensé; *Hebr.* éloignez-vous de l'homme insensé. Voy. AMBULARE.

2° Vis-à-vis, à l'opposite (ἀντίπεραν). Luc. 8. 26. *Navigaverunt ad regionem Gerasenorum, quæ est contra Galilæam :* Ils abordèrent au pays des Géraséniens, qui est sur le bord opposé à la Galilée. Gen. 15. 10. *Utrasque partes contra se altrinsecus posuit* (ἀντιπρόσωπα ἀλλήλοις) : Abraham mit les deux parties de ces animaux qu'il avait coupées vis-à-vis l'une de l'autre et dans leur ordre naturel;

sc. le côté droit de chaque animal vis-à-vis du côté gauche, et en laissant un espace pour passer entre deux, selon l'ancienne manière de jurer une alliance. Voy. v. 17. Ainsi, c. 49. 30. c. 50. 13. Deut. 11. 30. Dan. 10. 16. Marc. 12. 41. c. 13. 3. etc.

3° Vers, du côté (κατὰ, avec l'accusatif). Act. 8. 26. *Vade contra meridianum* : Allez vers le midi, dit l'ange à saint Philippe : Dieu l'y envoyait pour instruire l'eunuque de la reine Candace, qui s'en retournait dans son pays, de Jérusalem d'où il venait d'adorer Dieu. Ps. 76. 3. *Deum exquisivi, manibus meis nocte contra eum* (ἐναντίον) : J'ai cherché Dieu au jour de mon affliction, j'ai tendu mes mains vers lui durant la nuit. Gen. 2. 14. c. 12. 8. c. 18. 16. c. 31. 21. 3. Reg. 22. 35. c. 8. v. 44. 48. Voy. VIA. Ainsi, Num. 19. 4. *Asperget contra fores Tabernaculi* : Il en fera sept fois les aspersions vers la porte du tabernacle, c'est-à-dire en se tournant seulement vers la porte du tabernacle, quoiqu'il en fût éloigné.

4° Devant, en présence (ἀπέναντι). Matth. 21. 2. Marc 11. 2. *Ite in castellum, quod contra vos est* : Allez à ce village qui est devant vous, dit Jésus-Christ à deux de ses disciples. Num. 25. 4. *Suspende eos contra solem in patibulis* (κατέναντι) : Pendez les princes des Israélites à des potences en présence du soleil, c'est-à-dire en plein jour : Ce fut lorsqu'ils étaient à Sétim, à cause de la fornication qu'ils commirent avec les filles des Moabites, et à cause de leur idolâtrie. c. 11. 13. Eccli. 6. 1. c. 47. 11. Jerem. 31. 7. Soit que l'objet présent touche et fasse impression. Ps. 50. 5. *Peccatum meum contra me est semper* (ἐνώπιον, coram) : J'ai toujours mon péché devant les yeux, i. e. devant l'esprit, et en ressens continuellement les remords. Ps. 43. 16. *Tota die verecundia mea contra me est* (κατεναντίον) : J'ai devant les yeux ma confusion durant tout le jour, i. e. j'ai sujet d'avoir de la confusion de mon péché. Ps. 49. 21. *Arguam te et statuam contra faciem tuam* (κατὰ) : Je vous reprendrai sévèrement, et je vous exposerai vous-même devant votre face, dit Dieu au pécheur. Ps. 43. 16. Ps. 108. 15.

5° Près, auprès, proche (ἀπέναντι). Exod. 30. 6. *Ponesque altare contra velum* : Vous mettrez l'autel des parfums auprès du voile qui est suspendu devant l'arche. c. 40. 24. *Posuit et altare.... contra velum* : Moïse mit l'autel d'or sous la tente du témoignage près du voile, *ou* devant et vis-à-vis le voile qui pendait devant l'arche. Cet autel était, à la vérité, hors du sanctuaire, mais il n'y avait que le voile qui le séparât de l'arche qui était au-dedans. Num. 26. 3. *In campestribus Moab super Jordanem contra Jericho* (κατὰ) : Moïse et Eléazar, grand prêtre, étant dans la plaine de Moab le long du Jourdain, près ou vis-à-vis de Jéricho, parlèrent aux Israélites capables de porter les armes, sc. pour les disposer à aller combattre les Madianites. v. 63. c. 31. 12. c. 33. 48. c. 34. 15. c. 36. 13.

6° Au-dessous (ὑπὸ). Exod. 37. 14. *Fudit et quatuor circulos aureos, quos posuit in quatuor angulis per singulos pedes mensæ contra coronam* : Beseléel fit fondre quatre anneaux d'or qu'il mit aux quatre coins de la table, un à chaque pied, au-dessous de la couronne. Cette signification de *contra* est tirée du ch. 25. v. 27.

7° D'un côté, d'un parti opposé à l'autre en parlant de personnes (καθὼς οἱ ἀδελφοί). 1. Par. 24. 31. *Miseruntque et ipsi sortes contra fratres suos filios Aaron* : Ceux-ci jetèrent aussi au sort avec leurs frères, enfants d'Aaron ; se mettant autant de lévites d'un côté qu'il y avait de prêtres de l'autre : l'Ecriture parle de la distribution des offices qui se faisait au sort entre les familles sacerdotales et lévitiques.

Contra pour *ad* (ἐπὶ). Jer. 31. 7. Voy. CAPUT.

Contra pour *de* ou *super* (ἐν). Jer. 47. 2. *Non est ultra exsultatio in Moab contra Hesebon* : Moab ne se glorifiera plus d'Hesebon.

Contra pour *super*, sur, dessus (ἐπὶ). 1. Mach. 1. 62. *Sacrificabant super aram quæ erat contra altare* : Ils sacrifiaient le vingt-cinq du mois sur l'autel qui était sur l'autel de Dieu : L'autel des holocaustes étant fort grand, ils en avaient mis dessus un autre plus petit, pour offrir des sacrifices à l'idole de Jupiter. 3. Reg. 7. 20. *Contra retiacula* : Au-dessus des rets.

CONTRA, adverbe. 1° Vis-à-vis (ἀπέναντι), Gen. 21. 16. *Sedensque contra, levavit vocem* : Agar se tenant vis-à-vis son fils Ismaël, se mit à crier et à pleurer, parce qu'il était sur le point de mourir faute d'eau à boire qui avait manqué à Agar. v. 15. Jos. 13. 25. *Usque ad Aroer quæ est contra Rabba*. Rabba était proche du torrent Jaboc vers le Nord, et Aroër sur le torrent d'Arnon vers le Midi.

2° Au delà, de l'autre côté, de l'autre bord (πέραν). Marc. 4. 35. *Transeamus contra* : Passons de l'autre côté de l'eau, au pays des Géraséniens.

CONTRADICERE, ἀντιλέγειν. — 1° Opposer, contredire. Luc. 2. 34. *Ecce positus est hic in signum cui contradicetur* : Cet enfant (dit saint Siméon) est pour être en butte à la contradiction des hommes : Jésus-Christ s'est exposé aux injures de tous les hommes, comme un but l'est à toutes les flèches qu'on y veut tirer. Isa. 45. 9. *Væ qui contradicit* (ἀποκρίνεσθαι) *fictori suo* : Malheur à l'homme qui dispute contre celui qui l'a créé. Act. 21. 21. Rom. 10. 21. Tit. 1. 9. c. 2. 9. etc.

2° Résister, répliquer (ἀντειπεῖν). Luc. 21. 15. *Non poterunt resistere et contradicere omnes adversarii vestri* : Vos ennemis ne pourront résister ni contredire à la sagesse que je vous donnerai, dit Jésus-Christ à ses disciples, leur enjoignant de ne point préméditer ce qu'on aurait à répondre aux ennemis de la foi, devant les rois. Voy. RESISTERE.

CONTRADICTIO, NIS, ἀντιλογία, — 1. Contradiction, opposition de paroles ou d'actions. Jud. v. 11. *In contradictione Core perierunt* : Ces sortes de personnes, imitant la rébellion de Coré (sc. en se soulevant contre la puissance des apôtres) périront comme lui : Ceci a rapport à ce qui est dit Num. 16. 32. Ainsi,

2. Reg. 22. 44. *Salvabis me a contradictionibus populi mei* (μαχὴ. al. μάχαιρα) : Vous me délivrerez des contradictions de mon peuple : David parle des persécutions où il s'était vu au temps de Saül, d'Isboseth, d'Absalon, etc. Hebr. 12. 3. *Recogitate eum qui talem sustinuit a peccatoribus adversus semetipsum contradictionem :* Cette contradiction a été non-seulement les railleries et les calomnies, mais encore les coups et les blessures que Jésus-Christ a soufferts jusqu'à la mort de la croix de la part de ceux qui s'opposaient à sa doctrine. De là vient :

Contradictio linguarum. La contradiction des langues signifie les médisances et les calomnies. Ps. 30. 21. *Abscondes eos a contradictione linguarum :* Vous cachez ceux qui espèrent en vous dans le secret de votre face, afin qu'ils soient à couvert de tout trouble du côté des hommes.

2° Différend, contestation, dispute, murmure. Prov. 18. 18. *Contradictiones comprimit sors :* Le sort apaise les différends : C'était par le sort que se partageaient les successions, et que se vidaient ces sortes de différends indécis. Ps. 54. 10. *Vidi iniquitatem et contradictionem in civitate :* Je n'ai vu dans la ville que des injustices et des dissensions. Hab. 1. 3. *Factum est judicium et contradictio potentior :* Si l'on juge d'une affaire, c'est la passion qui la décide ; *autr.* si l'on veut juger selon la justice, ceux qui combattent l'emportent : ce qui revient assez à l'Hébreu : il y a des procès, mais il n'y a point de justice.

, açon de parler.

Aqua contradictionis : l'eau de contradiction. Nom de lieu, ainsi appelé à cause du murmure et de la dispute opiniâtre que les Israélites excitèrent contre Moïse, lorsqu'ils manquèrent d'eau dans leur demeure à Cadès. Num. 20. 13. *Hæc est aqua contradictionis ubi jurgati sunt filii Israel contra Dominum :* C'est là l'eau de contradiction où les enfants d'Israël murmurèrent contre le Seigneur. Voy. AQUA. Voy. PETRA.

3° Doute, controverse, contredit. Hebr. 7. 7. *Sine ulla autem contradictione quod minus est a meliore benedicitur :* Il est hors de doute que le moindre est béni par le plus grand.

CONTRAHERE. 1° Amasser, assembler (συνάγειν). 2. Reg. 10. 17. *David contraxit omnem Israelem :* David assembla toutes les troupes d'Israël, pour se préparer contre les Syriens qui se disposaient à une seconde guerre. 1. Mach. 11. 38. c. 14. 1. — 2° Renfermer, retirer, resserrer. 2. Reg. 22. 46. *Contrahentur* (σφάλλειν) *in angustiis suis :* Les enfants des étrangers se renfermeront dans des lieux étroits. Job. 7. 5. *Cutis mea aruit et contracta est :* Ma peau est toute retirée.

Resserrer, en parlant de quelque affection ou passion de l'âme. Mich. 4. 9. *Quare mœrore contraheris ?* Pourquoi donc êtes-vous maintenant si affligée ? Zach. 11. 8. *Contracta est anima mea in eis* (βαρύνεσθαι) : Mon cœur s'est resserré à leur égard, *i. e.* j'ai moins d'affection pour eux. Esth. 15. 8.

Phrases tirées de la signification de ce verbe dans le sens figuré.

Contrahere manum. — 1° Retirer sa main, c'est cesser de faire quelque chose, ne la point continuer (συνάγειν). 1. Reg. 14. 19. *Contrahe manum tuam :* C'est assez, je n'ai pas le loisir d'attendre que vous ayez consulté le Seigneur : Retirez votre main étendue pour prier, *ou* pour prendre l'Ephod, dit Saül à Achias ; *sc.* au bruit confus qui venait du camp des Philistins qui se tuaient eux-mêmes. Jos. 8. 26. *Non contraxit manum quam in sublime porrexerat* (ἐπιστρέφειν) : Josué tenant son bouclier, ne baissa point la main qu'il avait élevée en haut, jusqu'à ce que tous les habitants de Haï fussent tués. Voy. l'ordre qu'il en reçoit de Dieu, v. 18.

2° Resserrer, ou fermer la main, c'est être chiche ou avare (συσφίγγειν χεῖρα). Deut. 15. 7. *Non contrahes manum :* Vous ne serez point impitoyable envers les pauvres.

Contrahere os , ἐμφράττεσθαι. Fermer la bouche, c'est demeurer muet et confus. Job. 5. 16. *Iniquitas contrahet suum :* Les méchants seront chargés de confusion et sans oser rien dire.

CONTRAIRE. S'opposer, résister, aller à l'encontre (ἀντίθετον εἶναι). Esth. 13. 5. *Videntes unam gentem nostris jussionibus contraire :* Nous voyons qu'une seule nation combat nos ordonnances : Artaxerxès parle des Juifs.

CONTRARIUS, A, UM. — 1° Contraire, opposé, qui résiste. Eccli. 25. 30. *Mulier si primatum habeat, contraria est viro suo :* Si la femme a la principale autorité, elle s'élève contre son mari. Matth. 14. 24. Coloss. 2. 14. Ezech. 16. 34. Ainsi, Levit. 26. 28. *Et ego incedam adversus vos in furore contrario* (πλάγιος, *obliquus*) : Si vous continuez à marcher contre moi, je marcherai aussi contre vous.

2° Préjudiciable, nuisible (πολέμιος). 2. Mach. 15. 40. *Vinum semper bibere, aut semper aquam contrarium est :* On a de l'éloignement de boire toujours du vin, ou de boire toujours de l'eau, et il parait plus agréable d'user de l'un et de l'autre successivement.

3° Celui qui se trouve devant, qui se présente contre (πλάγιος, *obliquus*). 2. Reg. 2. 16. *Unusquisque defixit gladium in latus contrarii :* Chacun de ces hommes qui se présentèrent pour combattre l'un contre l'autre, se passèrent tous l'épée au travers du corps.

4° Qui est en butte aux traits de la vengeance (κατενεύκτης). Job. 7. 20. *Quare posuisti me contrarium tibi ?* Pourquoi m'avez-vous mis dans un état contraire à vous ? L'homme étant faible et coupable, est en cela opposé à la sainteté de Dieu.

5° Adversaire, ennemi (ἀνθεστηκώς). Sap. 2. 18. *Liberabit eum de manibus contrariorum :* Il le délivrera des mains de ses ennemis, disent les Juifs, du Père Éternel à l'égard de Jésus-Christ. Voy. Matth. 27. 43. Ainsi, Eccli. 46. 7. *In descensu perdidit contrarios.* Josué défit les troupes des ennemis (*sc.* les cinq rois Amorrhéens qui habitaient les montagnes), à la descente de la vallée (de Béthoron). Voy. Jos. 10. v. 5. 11. Ainsi, Eccli. 47. 8.

6° Qui répond à quelque chose, qui y est exposé et destiné (ἀντιπεριδεδλημένος). Eccli. 23. 15. *Est et alia loquela contraria morti*: Il y a une autre parole qui doit être punie de mort; à qui la mort répond et est due; *Gr.* revêtue et enveloppée de la mort : par cette parole s'entend le blasphème que les Hébreux n'osent nommer.

CONTRECTARE, θιγειν, ψηλαφεῖν, toucher, manier (λαμβάνειν) 2. Mach. 5. 16. *Sancta vasa contrectabat indigne*: L'impie Antiochus maniait d'une manière indigne les vases sacrés. Coloss. 2. 21. *Neque contrectaveritis*: Ne touchez pas à cela, vous dit-on : saint Paul désapprouve les faux docteurs qui défendaient de manger certaines viandes. 1. Joan. 1. 1. *Quod manus nostræ contrectaverunt de verbo vitæ*: Nous vous annonçons la parole de vie (*i. e.* Jésus-Christ), que nous avons touchée de nos mains. Voy. Luc. 24. 30. Joan. 20. 27.

CONTREMISCERE, πτοεῖν, σαλεύεσθαι. — 1° Être effrayé, trembler de peur (φρίσσειν). Jac. 2. 19. *Dæmones credunt et contremiscunt*: Les démons croient et tremblent: La croyance et la connaissance qu'ont les démons qu'il y a un Dieu, les fait trembler à cause des supplices éternels auxquels Dieu les réserve à la fin du monde. Voy. 2. Petr. 2. 4. Ainsi, Habac. 3. 16. *A voce contremuerunt labia mea*: Quand j'ai entendu les maux, dont votre peuple était menacé, j'ai tremblé de frayeur; *autr.* mes lèvres au bruit de votre voix ont tremblé : Dieu les avait révélés au Prophète. Deut. 2. 25. 4. Reg. 19. 26. Isa. 37. 27.

2° Etre ébranlé. Job. 26. 11. *Columnæ cœli contremiscunt* (διαπίπτασθαι) : Les colonnes du ciel tremblent devant Dieu. Ceci convient assez avec, Luc. 21. 26. Plusieurs l'entendent des anges qui tremblent devant la majesté de Dieu, selon l'esprit de l'Eglise, comme il paraît dans la préface de la messe, *Tremunt Potestates*: Ainsi, 2. Reg. 22. 8. Ps. 17. 8. Ps. 76. 19. Isa. 34. 10. Joël 2. 10. Nahum. 1. 5. A quoi se rapporte dans le sens figuré, Jerem. 23. 9. *Contremuerunt omnia ossa mea*: Tous mes os ont été ébranlés ; pour marquer la douleur sensible dont le Prophète était pénétré.

CONTRIBULARE, συντρίβειν. — 1° Briser, casser, mettre dans la dernière désolation ; d'où vient :

Contribulare dorsum. Briser les reins: c'est affliger et accabler de maux. Eccli. 35. 22. *Fortissimus non habebit in illis patientiam, ut contribulet dorsum ipsorum*: Le Très-Fort n'usera plus à l'égard des justes, de sa longue patience ; mais il accablera de maux ceux qui les ont opprimés.

Contribulare sceptra, contribulare capita. Détruire la puissance. Eccli. 35. 23. *Gentibus reddet vindictam, donec sceptra iniquorum contribulet*: Dieu se vengera des nations, jusqu'à ce qu'il brise les sceptres des injustes. Ps. 73. 13. *Contribulasti capita draconum in aquis*: C'est vous, mon Dieu, qui avez brisé les têtes des dragons dans le fond

des eaux ; *i. e.* vous avez fait périr Pharaon, ses officiers et toute son armée.

2° Affliger, mettre dans la peine et la douleur (θλίβειν), soit à cause de la nécessité et de la pauvreté. Eccli. 4. 4. *Rogationem contribulati ne abjicias*: Ne rejetez point la demande de l'affligé, et de celui qui est dans la pauvreté ; soit à cause des péchés et du repentir vif et sensible que l'on en a. Ps. 50. 13. *Sacrificium Deo, spiritus contribulatus*. Un esprit brisé de douleur, est un sacrifice digne de Dieu.

CONTRIBULIS, is, ὁμόφυλος, συμφυλέτης, de *Tribus*, et signifie :

1° Qui est de la même tribu. 1. Reg. 20. 6. *Quia victimæ solemnes ibi sunt universis contribulibus suis*: Parce qu'il y a à Bethléem un sacrifice solennel pour tous ceux de sa tribu. C'est la raison que David dit à Jonathas de rendre à Saül, si Saül demande pourquoi il ne se trouve pas au repas du sacrifice qui se devait faire le lendemain. Voy. v. 5.

2° Qui est de la même nation ou du même pays. 2. Mach. 4. 10. *Statim ad Gentilem ritum contribules suos conferre cœpit*: Jason, frère d'Onias, n'eut pas plutôt obtenu la souveraine sacrificature, qu'il commença à faire prendre à ceux de son pays les mœurs et les coutumes des Gentils. c. 15. 31. 1. Thess. 2. 14. *Eadem passi estis et vos a contribulibus vestris, sicut et ipsi a Judæis*: Vous avez souffert les mêmes persécutions de la part de vos concitoyens, que les Eglises qui ont embrassé la foi de Jésus-Christ dans la Judée. Térence se sert de *tribulis*, pour *civis*.

3° Le prochain, celui à qui nous avons affaire (ὁ πλησίον). Levit. 25. 17. *Nolite affligere contribules vestros*: N'affligez point ceux qui vous sont unis par une même tribu ; *i. e.* ne vous faites point tort les uns aux autres.

CONTRISTARE, λυπεῖν. — 1° Attrister, fâcher, causer du chagrin, affliger. 2. Cor. 2. 2. *Si ego contristo vos*: Si je vous avais attristés, qui me pourrait réjouir ? Eccli. 30. 9. *Lude cum eo, et contristabit te*: Jouez avec votre fils, et il vous attristera. Ephes. 4. 30. *Nolite contristare Spiritum sanctum*: On fâche et on attriste le Saint-Esprit, quand, par les scandales et les mauvais discours, on le chasse honteusement par le péché, des cœurs de ceux qui l'avaient reçu par le baptême. Voy. Isa. 63. 10. etc.

2° Refuser, rejeter (ἀθετεῖν). Marc. 6. 26. *Noluit eam contristare*: Hérode ne voulut pas refuser la fille d'Hérodiade qui lui demandait la tête de saint Jean-Baptiste. Le même mot grec est en ce sens, Luc. 7. 30. c. 10. 16. Joan. 12. 48. De *contristare*, vient :

CONTRISTARI. Se fâcher en murmurant, s'indigner. Tob. 2. 13. *Non est contristatus contra Deum*: Tobie ne s'attrista et ne murmura point contre Dieu de ce qu'il l'avait frappé par cette plaie de l'aveuglement.

Contristari super aliquo, ou *aliquem*. Avoir compassion de quelqu'un, être affligé de son mal. Isa. 51. 19. *Quis contristabitur super te ?* Qui compatira à votre douleur ? Ezech. 31. 15. Marc. 3. 5.

DICTIONN. DE PHILOL. SACRÉE. I.

CONTRISTATUS, A, UM. Qui est dans le deuil et l'affliction (σκυθρωπάζων). Ps. 34. 14. *Quasi lugens et contristatus* : Je m'abaissais comme étant touché d'une vraie douleur qui me portait à gémir pour mes ennemis; Heb. *atratus*. Voy. HUMILIARE. Ps. 37. 7. Ps. 41. 10. Ps. 42. 2. Jerem. 8. 21. Ezech. 31. 15.

CONTRITIO, NIS, σύντριμμα, συντριμμός, συντριβή.—1° Brisement, rupture. Isa. 30. 14. *Sicut conteritur lagena figuli contritione pervalida* : Comme un vase de terre qu'on casse avec effort en mille morceaux. v. 13.

2° Grand mal, grande affliction. 2. Reg. 22. 5. *Circumdederunt me contritiones mortis* : Les douleurs de la mort m'ont assiégée. Ce qui revient au sens du Ps. 59. 3. Ainsi, Ps. 146. 3. *Alligat contritiones eorum* : C'est le Seigneur qui bande les plaies des Israélites. Isa. 65. 14. Jerem. 10. 19: *Væ mihi super contritione mea !* Hélas! malheureuse que je suis, dira alors Sion, je me sens toute brisée. c. 30. 15. Osée. 14. 5. Thren. 2. 13.

3° Perte, ruine, désolation. Prov. 16. 18. *Contritionem præcedit superbia* : L'orgueil précède la ruine des superbes, soit qu'elle arrive par les afflictions, soit qu'elle arrive par les péchés qui font la ruine de l'âme. Prov. 18. 7. *Os stulti, contritio ejus* : La bouche de l'insensé le brise lui-même. Eccli. 40. 9. Isa. 51. 19. Ainsi, *Contritio* : La désolation et les ruines du pays. Isa. 24. 19. *contritione conteretur terra* : La terre souffrira des renversements qui la briseront ; la terre sera entièrement ruinée. Jerem. 4. 20. *Contritio super contritionem, et vastata est omnis terra* : On a vu venir malheur sur malheur, et toute la terre a été détruite. Thren. 2. 13.

4° Les maux que l'on fait souffrir aux autres. Ps. 13. 3. *Contritio et infelicitas in viis eorum* : Toutes les voies des hommes pécheurs ne tendent qu'à affliger et qu'à opprimer les autres. Jerem. 17. 18. *Duplici contritione conteré eos* : Brisez par divers maux dont vous frapperez ceux qui me persécutent.

5° Carnage, grande défaite d'ennemis. Sophon. 1. 10. *Erit in die illa contritio magna a collibus* : Au temps que les Chaldéens désoleront Jérusalem, le bruit d'un grand carnage retentira du haut des montagnes ; *i. e.* du côté de Jérusalem située sur des montagnes. Jerem. 50. 22. 1. Mach. 4. 32. Osée. 13. 13. *Non stabit in contritione filiorum* : Il sera exterminé parmi le carnage de tout son peuple ; Hebr. *In parturitione filiorum* : Il ne pourra subsister, lorsque ses crimes auront enfanté la peine qui leur est due.

CONTRITUS, A, UM, συντετριμμένος. — 1° Affligé, qui est dans la douleur (σκοτίζεσθαι, *obtenebrari*). Jerem. 8. 21. *Super contritione populi mei, contritus sum et contristatus* : Je suis fort affligé des maux de Jérusalem. c. 14. 17. — 2° Blessé et malade ; soit de maladie corporelle ou spirituelle. Zach. 11. 16. *Ecce ego suscitabo Pastorem qui contritum non sanabit* : Je m'en vais susciter un pasteur qui ne guérira point les brebis malades. Ces sortes de pasteurs pouvaient être ceux qui, après ce prophète, s'emparèrent de la grande sacrificature et du gouvernement ; tels furent Jason et Ménélaüs, et autres. Voy. 2. Mach. 5. etc. 4. etc.

Façon de parler.

Contritus corde, spiritu, cor contritum. Celui qui est affligé et humilié par le sentiment de sa misère, dont il est pénétré. Ps. 146. 3. *Qui sanat contritos corde* : C'est le Seigneur qui guérit ceux dont le cœur est brisé d'affliction. Si cela s'entend de ceux qui étaient dans la captivité de Babylone, Dieu les a guéris en plusieurs manières ; mais ce mot s'entend principalement de ceux qui étant vivement touchés de leur misère et des péchés qui en sont la cause, ont le cœur contrit et brisé de douleur et de repentir. Ps. 50. 19. *Cor contritum et humiliatum, Deus, non despicies* : Vous ne mépriserez point, mon Dieu, un cœur contrit et humilié ; et ce sont là ceux pour qui Jésus-Christ a été envoyé, selon Isa. 61. 1. *Misit me Dominus ut mederer contritis corde* : Le Seigneur m'a envoyé pour guérir ceux qui ont le cœur brisé. Luc. 4. 18. Isa. 66. 2. c. 57. 15.

CONTROVERSIA, Æ, ἀντιλογία. Ce nom vient de *contra*, et de *vertere*, et signifie :

Différend, dispute, contestation. Hebr. 6. 16. *Omnis controversiæ eorum finis ad confirmationem, est juramentum* : Le serment assure les hommes, et il termine tous leurs différends. Ezech. 44. 24.

CONTUBERNIUM. Ce mot vient de *cum*, et du nom *taberna*, loge faite d'ais et de solives, et signifie proprement pavillon, sous lequel logeaient ensemble dix soldats à la guerre ; société de personnes qui logent dans une même chambre ou maison ; dans l'Ecr. :

1° Conversation, et union étroite et familière qu'on a avec quelqu'un (συμβίωσις). Sap. 8. 3. *Generositatem illius glorificat contubernium habens Dei* : La sagesse fait voir la gloire de son origine, en ce qu'elle est étroitement unie à Dieu.

2° Troupe de gens qui mangent ensemble (συμπόσιον). Marc. 6. 39. *Præcepit illis ut accumbere facerent omnes secundum contubernia* : Jésus-Christ commanda à ses disciples de faire asseoir toute cette grande multitude de peuple en diverses troupes. Ce fut lorsque Jésus-Christ multiplia les cinq pains et les deux poissons. Voy. DISCIPULUS.

CONTUMAX, CIS, ἐρεθιστής, du verbe *tumere*, être enflé d'orgueil.

1° Opiniâtre, rebelle. Deut. 21. v. 18. 20. *Filius noster iste protervus et contumax est* Voici notre fils qui est un enfant opiniâtre et rebelle. C'est ce que devaient dire un père et une mère en présentant aux anciens de la ville leur enfant qui ne s'était point voulu corriger de sa rébellion et de son opiniâtreté. Prov. 29. 21. *Postea sentiet eum contumacem* (ὀδυνᾶσθαι, *dolere*): Un maître qui son serviteur révolté contre lui, après qu'il l'aura nourri délicatement dès son enfance.

2° Effronté et outrageant (ὑβριστής). 1. Mach. 3. 20. *Ipsi veniunt ad nos in multitudine contumaci* : Les troupes de Syrie marchent contre nous avec une multitude de gens superbes et insolents pour nous outrager, dit Jonathas encourageant son armée.

CONTUMELIA, æ, ὕβρις. Ce nom vient du même verbe *tumere*, être enflé d'orgueil.

1° Outrage de fait ou de parole, affront. Hebr. 10. 29. *Quanto magis putatis deteriora mereri supplicia qui spiritui gratiæ contumeliam fecerit* : Combien pensez-vous que celui qui aura fait outrage à l'esprit de la grâce, *sc.* en abandonnant la foi, *ou* en le chassant de son cœur par de nouveaux péchés commis après le baptême, sera jugé digne d'un plus grand supplice. Prov. 10. 18. 2. Cor. 12. 10.

2° Honte, déshonneur, opprobre, infamie (ἀτιμία). Prov. 12. 11. *Qui suavis est in vini demorationibus, in suis munitionibus relinquit contumeliam* : Celui qui passe le temps à boire du vin avec plaisir, laissera des marques de sa honte dans ses places fortes. Prov. 10. 2. *Ubi fuerit superbia, ibi erit et contumelia* : Où sera l'orgueil, là sera la confusion. L'orgueil attire le mépris des hommes, et conduit dans des maux qui ont souvent de honteuses suites. Sap. 4. 19. c. 17. 7. Eccli. 3. 11. Jerem. 14. 21. Act. 5. 41. Rom. 1. 24. c. 9. 21. 2. Tim. 2. 20. etc.

CONTUMELIOSUS, A, UM, ὑβριστής. — 1° Outrageux, injurieux. Eccli. 8. 14. *Ne contra faciem stes contumeliosi* : Ne résistez point en face à un homme insolent et capable d'outrager. c. 19. 28. Rom. 1. 30. — 2° Violent, outrageux en toute manière. 1 Tim. 1. 13. *Qui prius blasphemus fui, et persecutor, et contumeliosus* : J'étais auparavant un blasphémateur. Saint Paul parle du temps qui a précédé sa conversion.

CONTUNDERE. Piler, broyer quelque chose dans un mortier ou autrement (μαστιγοῦν). Prov. 27. 22. *Si contuderis stultum in pila quasi ptisanas feriente desuper pilo, non auferetur ab eo stultitia ejus* : Quand vous pilerez l'imprudent dans un mortier comme on bat du grain en frappant dessus avec un pilon, vous ne lui ôterez pas son imprudence. Exod. 27. 20. c. 30. 36.

CONTURBARE, ταράσσειν, συνταράσσειν. — 1° Troubler, agiter ; soit dans le sens propre et des choses sensibles. Ps. 64. 8. *Qui conturbas profundum maris* : C'est vous, ô mon Dieu, qui troublez la mer jusque dans son fond ; Hebr. *Compescis* : Vous calmez. Isa. 51. 15. *Ego qui conturbo mare* : C'est moi qui fais soulever les flots de la mer, dit Dieu. Ezech. 32. v. 2. 13. Soit dans le sens figuré, en parlant de l'âme capable du trouble de ses passions. Ps. 38. v. 7. 12. *Vane conturbatur omnis homo* : C'est bien en vain que tous les hommes se troublent et s'inquiètent. Ps. 41. v. 6. 12. Ps. 42. 5. Ps. 54. v. 3. 5. Voy. ci-dessous 9°.

2° Exciter quelque tumulte et émotion, remuer les esprits par quelque trouble. Act. 20. *Hi homines conturbant civitatem nostram cum sint Judæi* (ἐκταράσσειν) : Ces hommes troublent toute notre ville, car ce sont des Juifs, disent les maîtres de la servante dont saint Paul chassa un esprit de Python, présentant et accusant saint Paul et Silas devant ceux qui commandaient dans la ville de Philippes. Ps. 45. 7. *Conturbatæ sunt gentes* : Les nations ont été remplies de trouble. David peut bien entendre parler du secours que Dieu a souvent procuré aux Juifs. Voy. 2. Par. 14. 12. c. 20. 23. Ainsi, Gal. 1. 7. c. 5. 10. 3. Reg. 18. 17. Nahum. 1. 4. 1. Mach. 3. 5. etc.

3° Étonner, jeter dans la frayeur et la consternation Ps. 6. 11. *Erubescant et conturbentur omnes inimici mei* : Que tous mes ennemis rougissent et soient remplis de trouble. 4. Reg. 6. 11. *Conturbatum est cor regis Syriæ pro hac re* (ἐκκινεῖσθαι) : Le cœur du roi de Syrie fut troublé de cet accident; *sc.* de ce que le roi d'Israël évitait toujours les embuscades qu'il se proposait de lui dresser. Ps. 45. 6. *Conturbatæ sunt gentes* : Les nations ont été remplies de trouble : les nations qui s'opposaient à l'établissement de l'Eglise ont été remplies de trouble, humiliées et toutes changées, lorsque le Verbe incarné, et après lui les apôtres ont fait entendre la voix de son Evangile. Ce trouble, dans le sens littéral, regarde quelques peuples ennemis des Juifs que Dieu a affligés. Ps. 29. 8. Ps. 47. 6. Ps. 56. 5. Ps. 82. 18. Job. 23. 16. Marc. 6. 15. Luc 24. 37, 1. Petr. 3 14.

4° Agiter par de violentes convulsions. Marc. 9. 19. *Spiritus conturbavit illum* (σπαράσσειν, *ruptura discerpere*) : L'esprit muet commença à agiter le jeune homme avec violence : ce que Jésus-Christ permit pour faire voir aux hommes la haine et la cruauté du démon.

5° Affliger, tourmenter. Ps. 41. 7. *Ad me ipsum anima mea conturbata est* : Mon âme a été toute troublée. c. 6. 4. Reg. 8. 11. 2. Par. 15. 6. Isa. 32. v. 10. 11.

6° Ruiner, perdre, dissiper. Prov. 11. 29. *Qui conturbat domum suam, possidebit ventos* : Celui qui met le trouble dans sa maison, *sc.* en dissipant son bien, n'aura rien de reste. c. 15. 27. Jos. 10. 10. Ps. 2. 5. Ps. 20. 10 Ps. 143. 6.

7° Ebranler, donner des secousses. Ps. 17. 8. *Fundamenta montium conturbata sunt et commota sunt* : Les fondements des montagnes ont été secoués : David, par ses expressions figurées, marque que Dieu l'a délivré de ses ennemis d'une manière tout extraordinaire et surnaturelle. Ps. 45. 4. Isa. 5. 25. Jerem. 4. 24.

8° Affaiblir, rendre faible ou languissant. Ps. 30. 10. *Conturbatus est in ira oculus meus, anima mea et venter meus* : Mon œil, mon âme, mes entrailles et toute ma force est devenue faible et languissante. v. 12. *Ossa mea conturbata sunt* : Je suis dans le trouble jusque dans mes os ; Hebr. mes os se sont desséchés. Ps. 6. 3. Ps. 37. 10. Eccl. 7. 8. Ezech. 7. 27.

9° Toucher, émouvoir par quelque affection ou quelque passion. Jerem. 31. 20. *Conturbata sunt viscera mea, super eum* : Mes entrailles sont émues de l'état où est le peuple d'Israël : ce qui marque la tendresse et l'affection de Dieu comme d'une mère pour son enfant. Eccli. 51. 29. *Venter meus conturbatus est :* Mes entrailles ont été émues; *sc.* de soin et d'empressement en cherchant la sagesse. Thren. 1. 20. *Conturbatus est venter meus :* Mes entrailles sont émues, *sc.* de peines, d'afflictions et de chagrin, de la désolation de Jérusalem. c. 2. 11. Osée 11. 8. *Conturbata est pœnitudo mea :* Mon cœur est agité de trouble et de repentir : Dieu témoigne qu'il a changé le sentiment d'exterminer les Israélites. Hab. 3. 16. *Conturbatus est venter meus :* Mes entrailles ont été émues de trouble, de frayeur et d'épouvante; *sc.* des maux dont Dieu menace le peuple d'Israël. Voy. ci-dessus 1°.

Tromper, séduire (ἀπατᾶν, *decipere*). Isa. 36. 18. *Nec conturbet vos Ezechias ;* Hebr. *hic,* et 4. Reg. 18. 29. *decipiat :* Qu'Ezéchias ne vous trompe point, dit Rabsacès au peuple qui était sur les murailles de Jérusalem. Mich. 7. 3. *Magnus locutus est desiderium animæ suæ, et conturbaverunt eam* (ἐπαίρειν, *efferre*) : Un grand fait éclater dans ses paroles la passion de son cœur, et ceux qui l'approchent troublent son âme en flattant sa passion.

Phrase tirée de la troisième signification.

Conturbare terram. Jeter le trouble et l'épouvante parmi les habitants de la terre (παροξύνειν). Isa. 14. 16. *Numquid iste est vir qui conturbavit terram?* Est-ce là cet homme qui a épouvanté la terre? dira-t-on du roi de Babylone après sa ruine et sa défaite. Ainsi, 1. Reg. 14. 15. Isa. 9. 19. Voy. TERRA.

CONTURBATIO. NIS, ταραχή. — 1° Tempête, orage, bouleversement. Esth. 11. 5. *Apparuerunt terræ motus, et conturbatio super terram :* Il sembla à Mardochée (*sc.* en songe) qu'il entendait un tonnerre, et que la terre tremblait et était agitée d'un grand trouble. — 2° Trouble, renversement, mauvaise fortune. Prov. 15. 6. *In fructibus impii, conturbatio :* Dans tous les desseins et toutes les actions de l'impie, ce n'est que trouble et inquiétude. Isa. 65. 23. *Non generabunt in conturbatione* (εἰς κατάραν) : Mes élus n'engendreront point d'enfants qui leur causent de la peine. — 3° Menaces, injures, insultes (ἀντιλογία). Ps. 30. 21. *Abscondes eos in abscondito faciei tuæ a conturbatione hominum :* Vous cacherez ceux qui vous craignent dans le secret de votre visage contre les violences des hommes. — 4° Affliction, misère, Ezech. 7. 26. *Conturbatio super conturbationem veniet :* Les malheurs se succéderont les uns aux autres. c. 12. 18. — 5° Frayeur, épouvante. Ezech. 21. 15. *In omnibus portis eorum dedi conturbationem* (σφάγιον) *gladii acuti :* Je jetterai l'épouvante à toutes les portes de Jérusalem devant cette épée perçante; (*sc.* des Babyloniens) c. 12. 19.

CONTUS, ι. κοντός. Ce mot vient de κέντειν, *pungere*, et signifie proprement, une longue perche avec quoi l'on conduit un bateau : dans l'Ecriture :

1° Croc, perche armée d'un crochet de fer par le bout. Amos. 4. 2. *Levabunt vos in contis* (ὅπλον) ; Hebr. *hamis :* On vous enlèvera avec des crocs; *autrem. Hebr.* : Ils vous enlèveront comme des poissons avec des hameçons, et vos enfants dans des barques de pêcheurs; pour marquer que ceux qui auront opprimé les pauvres, tomberont dans une dure captivité, et seront accablés de toutes sortes de maux.

2° Bâton aiguisé par le bout et armé de fer ; soit une pique. Ezech. 39. 9. *Comburent arma, clypeum, sagittas, baculos manuum et contos :* Ils brûleront les armes, les boucliers, les lances, les arcs et les flèches, les bâtons qu'ils portaient à la main et les piques ; soit un dard ou un javelot. Judith. 9. 9. *Qui confidunt in multitudine sua, et in curribus suis et in contis gloriantur :* Que nos ennemis qui s'appuient sur leur grande multitude, et qui se glorifient dans leurs chariots et dans leurs dards, périssent.

CONTUTARI. Mettre en lieu sûr (κατασφαλίζειν). 2. Mach. 1. 19. *In eo contutati sunt eum :* Au temps que les Juifs furent emmenés captifs en Perse, ceux d'entre les prêtres qui craignaient Dieu, mirent secrètement dans un puits profond et sec qui était dans une vallée, le feu qui était sur l'autel pour y être gardé sûrement.

CONVALERE ou CONVALESCERE ; ἐνδυναμοῦσθαι. — 1° Se remettre, et revenir peu à peu en santé, reprendre ses forces, être guéri (ἀνίστασθαι). Isa. 39. 1. *Audierat enim quod ægrotasset et convaluisset :* Mérodach Baladan envoya des lettres et des présents à Ezéchias, parce qu'il avait appris qu'ayant été fort malade, il avait été guéri. c. 38. 9. Ainsi, Heb. 11. 34. *Per fidem convaluerunt de infirmitate :* C'est par la foi qu'ils ont été guéris de leurs maladies. Ainsi, 1. Reg. 28. 21. Dan. 10. 19.

2° Se fortifier, devenir plus fort, croître en forces (κατισχύειν). Jos. 17. 13. *Postquam convaluerunt filii Israel :* Après que les enfants d'Israël se furent fortifiés, ils s'assujettirent les Chananéens. Sap. 14. 16. 1. Mach. 1. 36. Act. 9. 22.

Façon de parler.

Convalescere animis. S'encourager, prendre une forte résolution (ἐπιρρώννυσθαι). 2. Mach. 11. 9. *Convaluerunt animis :* Les troupes de Machabée s'animèrent d'un grand courage ; *sc.* à la vue de l'homme qui leur parut à cheval marcher devant eux à leur sortie de Jérusalem.

CONVALLIS, LIS, κοιλάς, δος. — 1° Plaine entourée de montagnes ou de collines, vallée. Jos. 19. 9. *Ascendit per convallem filii Ennon ;* Le pays de la tribu de Juda monte par la vallée du fils d'Ennon. Jerem. 2. 23. *Vide vias tuas in convalle* (πολυάνδρον) : Voyez les traces de vos pas ; *i. e.* les marques de votre idolâtrie qui sont encore dans la vallée. Cette vallée s'entend ou en général de toutes celles où les Juifs idolâtraient, qui étaient souvent sur le bord des torrents, ou de la vallée d'Ennon qui était proche de Jérusalem, selon Jos. 19. 9. et dont il est parlé 4. Reg. 23. 10.

Façon de parler de ce mot.

Convallis illustris; δρῦς ὑψηλή: la Vallée Illustre; nom de lieu, qui selon l'Hébreu pourrait signifier chêne ou chênaie, parce que peut-être y avait-il beaucoup de ces sortes d'arbres. Mais d'autres croient que le mot hébreu qui a été traduit par *illustre,* est le nom propre ou de la vallée ou de celui à qui elle appartenait. Cette vallée s'étendait le long du Jourdain, depuis la mer de Galilée jusqu'à la mer Morte, et est selon quelques-uns, le même lieu qui est appelé *Mambré.* Gen. 12. 6. *Pertransivit Abram terram usque ad convallem illustrem:* Abram passa au travers du pays de Chanaan jusqu'à la Vallée Illustre : il sortait de Haran, d'où Dieu l'avait fait sortir.

Mons convallis. Voy. Mons. Jos. 13. 19.

2° Un pays, une contrée; d'où vient,

Convallis tabernaculorum. La vallée des tabernacles, qui est le pays de Socoth, qui signifie en grec *tabernacula,* où Isboseth régna après la mort de Saül son père. Ps. 59. 8. *Convallem tabernaculorum metibor :* Je prendrai les mesures de la vallée des tentes ; *i. e.* je m'en rendrai le maître. Ps. 107 8.

CONVENIRE; συνέρχεσθαι. — 1° Venir ensemble, s'assembler. 1. Cor. 11. 17. *In deterius convenitis:* Vos assemblées vous sont préjudiciables. Ps. 101. 23. *In conveniendo populos in unum et reges* (ἐπισυνάγεσθαι) : Lorsque les peuples et les rois s'assembleront pour servir le Seigneur ; phrase Grecque pour, *Dum convenirent in unum populi et reges.*

2° Ce verbe s'emploie pour marquer l'usage du mariage. Matth. 1. 18. *Antequam convenirent, inventa est in utero habens de Spiritu sancto :* La sainte Vierge fut reconnue grosse, ayant conçu par l'opération du Saint-Esprit, avant qu'ils eussent été ensemble : la sainte Vierge et saint Joseph habitaient et vivaient ensemble, mais sans user du mariage. Voy. Antequam. Voy. la signification de συνελθεῖν, *convenire,* et sa différence d'avec συνοικεῖν, *simul habitare,* dans Josèphe, l. 4. c. 8.

3° S'accorder, traiter ensemble, être de concert pour faire quelque chose (συμφωνεῖν). Act. 5. 9. *Quid utique convenit vobis tentare Spiritum sanctum Domini?* Comment vous êtes-vous ainsi accordés ensemble, pour tenter l'Esprit du Seigneur? dit saint Pierre à Sapphire, femme d'Ananie. Amos. 3. 3. 2. Mach. 14. 28. Matth. 20. 13. Act. 23. 20.

4° Convenir, être juste, convenable, sortable et proportionné (συμφωνεῖν). Luc 5. 36. *Veteri non convenit commissura a novo :* Une pièce de drap neuf ne convient point à un vieux vêtement : Jésus-Christ témoigne par cette expression figurée, que la trop grande sévérité fait perdre courage aux imparfaits. Gen. 48. 18. *Non ita convenit, pater :* Vos mains ne sont pas bien, mon père, dit Joseph à Jacob, sur ce qu'il avait mis sa main droite sur la tête d'Ephraïm qui était le plus jeune. Rom. 1. 28. *Tradidit illos Deus in reprobum sensum, ut faciant ea quæ non conveniunt;* (i. e. *rationi*) : Dieu les a abandonnés à un sens réprouvé; en sorte qu'ils ont commis des actions contre la raison (καθήκειν). Exod. 29. 18. Sap. 7. 2.

5° Aller au-devant l'un de l'autre pour s'aider mutuellement et s'entre-secourir(ἀπαντᾶν). Eccli. 4. 23. *Amicus et sodalis in tempore convenientes :* L'ami aide son ami dans l'occasion ; de là vient :

CONVENIENS, tis. — 1° Qui s'accorde, qui se rapporte l'un avec l'autre (ἴσος, *par*). Marc. 14. 56. *Convenientia testimonia non erant :* Les dépositions de ceux qui déposaient faussement contre Jésus-Christ, ne s'accordaient pas. — 2° Qui concourt, qui se rencontre avec (συνελθών). Sap. 7. 2. *Delectamento somni conveniente.* J'ai été formé de de la substance de l'homme, dans le repos du sommeil ; *somni,* i. e. *concubitus*

CONVENTICULUM, 1. συναγωγή, petite assemblée : dans l'Ecr. :

Assemblée. Ps. 15. 4. *Non congregabo conventicula eorum de sanguinibus :* Je ne veux point que l'on fasse d'assemblées où l'on fasse des sacrifices sanglants, tels qu'étaient ceux des Juifs et des Gentils ; parce que je ne formerai plus qu'une assemblée générale de tous les peuples de la terre : qui renonçant aux sacrifices sanglants, se réuniront tous ensemble pour ne plus offrir que le seul sacrifice non sanglant de l'Agneau sans tache. Voy. Heb. 9. v. 11. 12. c. 10. v. 5. 9. 10.

CONVENTIO, nis ; συμφώνησις. — 1° Accord, convention, composition. Matt. 20. 2. *Conventione autem facta cum operariis ex denario diurno :* Le maître de la vigne étant convenu avec les ouvriers d'un denier pour leur journée, il les envoya à sa vigne. Sap. 12. 21. 2. Mach. 13. 25. c. 14. v. 26. 27. —

2° Accord, consentement, union, intelligence. 2. Cor. 6. 15. *Quæ conventio Christi ad Belial ?* Quel accord entre Jésus-Christ et Bélial?

CONVENTUS, us; συναγωγή. — 1° Assemblée de personnes en un lieu. Jac. 2. 2. *Si introierit in conventum vestrum vir aureum annulum habens* : S'il entre dans votre assemblée un homme qui ait un anneau d'or. Ps. 63. 3. *Protexisti me a conventu malignantium* (συστροφή) : Vous m'avez protégé contre l'assemblée des méchants.

2° Troupe de gens, multitude. 1. Mach. 3. 44. *Congregatus est conventus ut essent parati in prælium :* Judas et ses frères s'assemblèrent pour se préparer à combattre ; *sc.* contre Ptolémée, Nicanor et Gorgias. Mach. 2. 14. 15.

Façon de parler.

Conventus forenses, ἀγραῖοι. audience de juge où l'on plaide les causes. Act. 19. 38. *Conventus forenses aguntur* : On tient l'audience, dit le greffier de la ville d'Ephèse, au peuple qui était dans un tumulte extraordinaire.

CONVERSARI, ἀναστρέφεσθαι. — 1° se conduire, vivre de telle ou telle manière (πολιτεύεσθαι). Philipp. 1. 27. *Digne Evangelio Christi conversamini :* Vivez d'une manière digne de l'Evangile de Jésus-Christ. 1. Petr. 1. 17. *In timore incolatus vestri tempore conversamini :* Ayez soin de vivre dans la crainte, durant le temps que vous demeurerez comme étrangers sur la terre. 1. Tim. 3. 15. Hebr. 10. 33. c. 13. 18. etc.

2° Converser, fréquenter, vivre familièrement. Baruch. 3. 38. *In terris visus est, et cum hominibus conversatus est :* Dieu qui est celui qui a donné la loi aux Israélites, a voulu vivre avec les hommes. Tous les Pères expliquent ce verset de l'Incarnation du Fils de Dieu ; toutefois quelques auteurs ont cru que, selon le sens littéral, on pouvait entendre par là ce qui se voit dans l'Exode, c. 24. 9. Qu'après que Dieu eut donné la loi sur la montagne de Sina, Moïse, Aaron, Nadab, Abiu et les septante Anciens d'Israël, virent Dieu sur un marche-pied, qui paraissait un ouvrage fait de saphir, et semblable au ciel, lorsqu'il paraît le plus serein. *Estius.* 1. Reg. 25. 15. Judith. 6. 18. Osée, 4. 14. Eccli. 41. 8.

3° S'occuper, s'entretenir de quelque chose, s'y appliquer. Eccli. 8. 9. *In proverbiis eorum conversare :* Entretenez-vous des paraboles des sages vieillards. c. 38. 26. c. 39. 3.

4° Être en quelque lieu, y demeurer (κατοικεῖν). Dan. 4. 9. *In ramis ejus conversabantur volucres cœli*, v. 18. *portc : aves commorantes :* Les oiseaux du ciel demeuraient dans les branches du grand arbre, que vit en songe Nabuchodonosor. Voy. l'explication, v. 19. Matth. 17. 22. Act. 11. 26.

CONVERSATIO, ONIS, ἀναστροφή. — 1° Bonne vie, conduite réglée. Eccli. 18. 21. *In tempore infirmitatis ostende conversationem tuam :* Faites voir le règlement de votre conduite au temps de la maladie ; Gr. ἐπιστροφήν, *conversionem :* Quand vous aurez péché, donnez des preuves de votre conversion. Voy. INFIRMITAS. c. 38. 14. *Ipsi vero Dominum deprecabuntur ut dirigat requiem eorum et sanitatem propter conversationem illorum* (ἐμβίωσις) : Les médecins prieront eux-mêmes le Seigneur, afin qu'il les conduise, à cause de leur bonne vie, dans le soulagement et la santé qu'ils veulent procurer aux malades : par les médecins les peuvent bien entendre aussi ceux de l'âme ; *sc.* les prêtres. c. 50. 5. Hebr. 13. 7. *Quorum intuentes exitum conversationis, imitamini fidem :* Considérant quelle a été la fin de la sainteté de vie de vos pasteurs, imitez leur foi. 1. Petr. 3. 1. *Per mulierum conversationem sine verbo lucrifiant :* Que s'il y a des femmes dont les maris ne croient pas à la parole de Dieu, qu'ils y soient engagés par la bonne vie et la soumission de leurs femmes, sans le secours de la parole. Deut. 1. 13.

2° État, société civile (πολιτεία). Ephes. 2. 12. *Eratis illo in tempore sine Christo, alienati a conversatione Israel :* Dans le temps que vous étiez Gentils, vous étiez sans la connaissance de Jésus-Christ, exclus de la société du peuple d'Israël. Philipp. 3. 20. *Nostra autem conversatio in cœlis est* (πολίτευμα) : Pour nous, notre conversation est dans les cieux ; *i. e.* nous y vivons, nous en sommes citoyens ; c'est notre patrie et notre république ; Gr. πολίτευμα, *civilitas.*

3° Conversation, familiarité (συναναστροφή). Sap. 8. 16. *Non habet amaritudinem conversatio illius :* La conversation de la sagesse n'a rien de désagréable. Dan. 2. 11.

4° Usage, service (ὑπηρεσία). Sap. 13. 11. *Diligenter fabricat vas utile in conversatione vitæ :* Un ouvrier habile se servant de son art, fait d'un arbre bien droit quelque meuble utile pour l'usage de la vie.

Façons de parler.

Conversatio vitæ ; βίος, *vita.* Le cours de la vie, ou la vie même. Sap. 15. 12. *Æstimaverunt esse conversationem vitæ compositam ad lucrum :* Ils se sont imaginés que notre vie n'est qu'un trafic pour amasser de l'argent ; Grec, *Nundinas quæstuosas.*

Conversatio faciei ; Gr. ἀποστροφή. La conduite de la vie, juste ou injuste. Eccli. 18. 24. *Memento tempus retributionis in conversatione faciei :* Souvenez-vous du temps auquel Dieu rendra à chacun selon qu'il aura vécu ; Grec, *aversionis,* du temps de la vengeance auquel Dieu détournera son visage de vous.

CONVERSIO, ONIS, ἐπιστροφή. L'action par laquelle on se retourne vers quelqu'un, ou par laquelle on revient en un lieu que l'on avait quitté : dans l'Ecr. : — 1° Retour (ἐπάνοδος, *regressus*). Eccli. 38. 22. *Neque enim est conversio :* N'oubliez pas votre dernière fin, car après cela il n'y a point de retour ; *sc.* naturellement de la mort à la vie. — 2° Conversion, en parlant de ceux qui embrassent la foi. Act. 15. 3. *Narrantes conversionem gentium :* Saint Paul et saint Barnabé partant d'Icone, traversèrent la Phénicie et la Samarie, racontant la conversion des Gentils : cette conversion est comme un retour et une réconciliation avec Dieu. — 3° Affection, amour réciproque. Cant. 7. 10. *Ego dilecto meo., et ad me conversio ejus :* Je suis à mon bien-aimé, et son cœur se tourne vers moi ; il m'aime uniquement : A quoi se rapporte, Gen. 3. 16. *Sub viri potestate eris ;* Hebr. *Ad virum conversio tua :* Votre affection vous attachera à votre mari.

Façon de parler, dans le sens figuré.

Conversio populi. Les captifs qui reviennent de la captivité. Jer. 30. 3. *Convertam conversionem* (ἀποικία) *populi mei Israel et Juda :* Je ferai revenir les Israélites qui sont en captivité : quoique les dix tribus ne soient pas revenues, il en revint néanmoins plusieurs parmi les tribus de Juda et de Benjamin : le Prophète entend principalement ceci dans un sens figuré, du retour des vrais Israélites dans le sein de l'Eglise. v. 18. *Convertam conversionem tabernaculorum Jacob :* Je ferai revenir les captifs qui habitaient dans les maisons que les Israélites avaient bâties comme des tentes parmi les Chaldéens pour n'y demeurer qu'un temps. c. 33. v. 7. 11. 26. Ainsi, Ezech. 16. 53. *Convertam restituens eas conversione Sodomorum cum filiabus suis et conversione Samariæ et filiarum ejus* · Je ferai revenir les captifs de la Pentapole et du pays de Samarie.

CONVERTERE, ἐπιστρέφειν, στρέφειν. La signification de ce verbe doit se tirer du mot hébreu שוב que les Septante ont rendu par ἐπιστρέφειν, et l'interprète latin par *convertere*, qui a les significations de l'Hébreu.

Retourner, revenir, et en hiphil, faire retourner, corriger, changer, détourner, faire revenir, rétablir : Ainsi, ce verbe signifie :

1° Tourner (ἀποστρέφειν). 3. Reg. 8. 14. *Convertitque rex faciem suam et benedixit...* Le roi Salomon tournant le visage souhaita les bénédictions du ciel à toute l'assemblée d'Israël, étant dans le temple au temps que l'Arche y fut transportée. 4. Reg. 20. 2. *Convertit faciem suam ad parietem* : Ezechias tourna son visage vers la muraille : ce fut pour demander à Dieu la santé. Matth. 9. 22. *Jesus conversus* : Jésus se retournant, c. 7. 6. et se trouve souvent dans ce sens au passif dans le nouveau Testament. Gen. 47. 31. Voy. CAPUT. Ps. 31. 4. *Conversus sum in œrumna mea* : Je me suis tourné vers vous dans mon affliction ; *autr.* je me suis tourné de tous côtés ; *sc.* comme un malade qui souffre de grandes douleurs. Jer. 21. 4. *Ecce ego convertam vasa belli quæ in manibus vestris sunt* : Je ferai retourner contre vous vos armes. *Convertere manum.* V. MANUS.

2° Changer, transformer, faire passer d'un état à un autre (μεταστρέφειν). Exod. 7. 15. *Conversa est in draconem* : La verge de Moïse fut changée en serpent. Voy. v. 10. 12. Ps. 77. 44. *Convertit in sanguinem flumina eorum* : Moïse changea en sang les fleuves d'Egypte. Voy. Exod. 7. 17. Ps. 65. 6. *Qui convertit mare in aridam* (μεταστρέφειν) : C'est Dieu qui a changé la mer en une terre sèche. Voy. Exod. 14. 21. Ps. 29. 12. *Convertisti planctum meum in gaudium mihi* : Vous avez changé mes gémissements en réjouissance ; *sc.* en me délivrant de mes ennemis. Ps. 104. 29. Ps. 113. 8. Jac. 4. 9. *Convertere in absinthium judicium* : Changer les jugements en absinthe. Amos, 5. 7. Les pauvres trouvent une grande amertume dans les jugements injustes ou négligés. Voy. ABSINTHIUM.

3° Convertir, faire revenir à Dieu, réconcilier à lui. Jerem. 31. 18. *Converte me, et convertar* : Changez-moi le cœur, et me faites revenir par votre sainte grâce, et je serai converti. v. 19. *Postquam enim convertisti me, egi pœnitentiam* : Car après que vous m'avez converti, j'ai fait pénitence. Ps. 84. 5. *Converte nos, Deus, salutaris noster* : Convertissez-nous, ô Dieu, notre Sauveur ; Chal. *Converte ad nos* ; Ce qui n'est point contraire à ce que disent Zach. 1. 3. *Convertimini ad me, et convertar ad vos* : Retournez-vous vers moi, *sc.* par la pénitence, et je me retournerai vers vous, *sc.* par ma miséricorde et mes bienfaits, et Isa. 31. 6. *Convertimini sicut in profundum recesseratis* : Convertissez-vous à Dieu dans le fond du cœur, selon que vous étiez éloignés de Dieu. c. 45. 22. Jerem. 3. v. 14. 22. Car quoiqu'il soit vrai que nous nous convertissons à Dieu par un mouvement volontaire de notre liberté, nous ne le faisons néanmoins que quand nous sommes prévenus par la grâce, qui coopère avec notre libre arbitre. Ps. 104. 25. *Convertit cor eorum ut odirent populum ejus* (μεταστρέφειν) : Dieu permit que les Egyptiens changeassent leur affection en haine contre son peuple. Luc 22. 32. *Tu aliquando conversus confirma fratres tuos* : Lorsqu'après m'avoir renié, vous serez converti et revenu de votre égarement, dit Jésus-Christ à saint Pierre, c. 1. 17. c. 17. 4. Act. 28. 6. *Videntibus illis nihil mali in eo fieri, convertentes se* (μεταβάλλεσθαι) *dicebant eum esse Deum* : Les Barbares voyant qu'il n'arrivait aucun mal à saint Paul (de la morsure de la vipère), ils changèrent de sentiment, et dirent que c'était un Dieu : ils le prenaient auparavant pour un scélérat. Ps. 7. 13. Malach. 4. 6. Matth. 13. 15. c. 18. 3. Ce qui se dit aussi figurément de Dieu à notre égard. Ps. 6. 5. *Convertere, Domine* : Seigneur, qui vous êtiez détourné de moi, tournez-vous vers moi ; *sc.* en me soulageant par votre bienveillance. Ps. 79. 15. Ps. 89. 13. Job. 42. 10. Joël, 2. 14. Voy. POST.

4° Changer de lieu, faire passer de l'un à l'autre (ἀποστρέφειν). Gen. 18. 22. *Converteruntque se inde* : Deux de ces hommes partirent de là et s'en allèrent à Sodome. Il n'y en eut que deux qui allèrent à Sodome ; le troisième ange demeura avec Abraham et lui parla toujours en la personne de Dieu. Ps. 9. 18. *Convertantur peccatores in infernum* : Que les pécheurs soient précipités dans l'enfer ; *autr.* dans le sépulcre. Act. 13. 46. *Ecce convertimur ad gentes* : Nous nous en allons présentement vers les Gentils, dit saint Paul aux Juifs d'Antioche de Pysidie, sur le refus qu'ils faisaient de recevoir la parole de Dieu ; et marque ceci comme l'accomplissement de la prophétie d'Isaïe 49, 6. Ainsi, Deut. 3. 1. Prov. 26. 15. *Laborat si ad os suum eam converterit* (ἐπιφέρειν) : Le paresseux a peine de porter sa main jusqu'à sa bouche. 1. Reg. 14. 27.

5° Remettre en son lieu (καθιέναι). 1. Par. 21. 27. *Convertit gladium suum in vaginam* : L'ange remit son épée dans le fourreau. Matth. 26. 52.

6°. Faire retourner en arrière, chasser, mettre en fuite, faire retirer. Ps. 9. 4. *In convertendo inimicum meum retrorsum* : En donnant la fuite à mes ennemis ; *autr. Postquam converteris*, après que vous aurez donné la fuite à mes ennemis. Ps. 39. 15. Ps. 55. 10. Ps. 59. 2. Ps. 88. 24. Ps. 113. v. 3. 5. Ps. 128. 5. Ps. 67. 23. *Ex Basan convertam, convertam in profundum maris* : Je chasserai, ou j'ai chassé mes ennemis de Basan ; je les précipiterai dans la mer, comme autrefois j'ai fait les Egyptiens ; *autr.* selon l'Hébreu, je vous retirerai d'entre les mains du roi de Basan, et je vous retirerai du fond de la mer. Voy. RETRORSUM.

7° Détourner, retourner, tourner le dos. Act. 7. 42. *Convertit autem Deus* (suppl. *se*) Dieu se détourna des Israélites ; *sc.* lorsqu'ils sacrifièrent au veau d'or. Ps. 17. 38.

Non convertar, donec deficiant : Je ne m'en retournerai point que mes ennemis ne soient entièrement défaits. Ps. 77. 9. Jos. 24. 20.

8° Faire revenir, rappeler, rétablir, remettre en son premier état. Ps. 22. 3. *Animam meam convertit :* Dieu a fait revenir mon âme ; il m'a retiré de la misère où j'étais ; *autr.* a fait revivre mon âme, m'a redonné la vie. Thren. 1. 16. *Longe factus est a me consolator, convertens animam meam;* i. e. *quasi abeuntem revocans :* Dieu qui me devait consoler en me redonnant la vie, s'est retiré loin de moi, dit Jérusalem. Ps. 34. 13. *Oratio mea in sinu meo convertetur* (ἀποστρέφειν): (Lorsque mes ennemis m'accablaient) je répandais ma prière dans le secret de mon sein ; Hébraïsme, le futur pour le prétérit. Anciennement, ceux qui étaient dans l'affliction priaient étant courbés, et ayant la tête dans le sein ; *autrem.* ma prière retournera à mon avantage, elle ne sera pas inutile ; *ou*, selon d'autres, je la répéterai souvent en secret. Ps. 125. v. 1. 4. *In convertendo Dominus captivitatem Sion* ; i. e. *cum Dominus converteret,* ou, *reduceret captivos :* Lorsque le Seigneur a fait revenir ceux de Sion qui étaient captifs. Ps. 52. 7. Ps. 70. 20. Ps. 79. v. 4. 8. 20. Ps. 84. 7. Ps. 118. 59. Ezech. 16. 53.

9°. Détourner du droit chemin et de son devoir. Ps. 72. 10. *Convertetur populus meus hic :* Mon peuple se détournera, *sc.* en jugeant mal de la connaissance de Dieu sur les méchants. Ps. 77. 41. *Et conversi sunt et tentaverunt Deum, sæpius tentaverunt;* Hebr. pour *rursum tentaverunt Deum :* Les Israélites recommencèrent sans cesse à tenter Dieu. v. 57. *Conversi sunt in arcum pravum* (μετα-στρέφειν) : Les Juifs devinrent comme un arc renversé, dont on tire de travers ; *i. e.* qui tire ailleurs qu'il ne doit. Voyez Arcus, i. Tim. 1. 6. *Conversi sunt in vaniloquium :* Quelques-uns se sont égarés en de vains discours, c. 5. 15. 2. Tim. 4. 4.

10° Réduire en acte, exécuter. Ps. 93. 15. *Quoadusque justitia convertatur in judicium :* (Le Seigneur ne rejettera point son peuple) jusqu'à ce que la divine justice fasse éclater son jugement.

11° Renverser, abolir (μεταστρέφειν). Gal. 1. 7. *Volunt convertere Evangelium Christi :* Il y a quelques personnes qui veulent renverser l'Evangile de Jésus-Christ. Osée 11. 8. *Conversum est in me cor meum :* Mon cœur est tout ému et troublé en moi-même ; *sc.* par l'excès d'affection que je porte à mon peuple.

Ce verbe, en tant qu'il tient de la signification du mot *redire*, marque proprement un retour et signifie qu'une chose se fait un seconde fois. Ps. 84. 7. *Deus, tu conversus vivificabis nos :* O mon Dieu, vous vous tournerez de nouveau vers nous, et vous nous donnerez la vie. Ps. 77. 41. *Et conversi sunt et tentaverunt Deum :* Ils recommençaient sans cesse à tenter Dieu, en éprouvant sa patience, *ou* sa puissance en lui donnant des bornes. Ps. 103. 9. *Neque convertentur operire terram :* Les eaux ne reviendront point couvrir la terre ; *sc.* depuis que Dieu les a bornées. Ps. 70 v. 20. 21. Ce que les Septante expriment par le mot πάλιν, *rursus* ou *vicissim;* quelques-uns même expliquent dans ce sens. Luc. 22. 32. *Tu aliquando conversus,* i. e. *vicissim.* Ainsi, 4. Reg. 21. 3. *Conversusque est, et ædificavit,* i. e. *iterum ædificavit :* Manassès rebâtit les hauts lieux que son père avait détruits. 1. Esdr. 9. 13. Ps. 77. 41. Isa. 6. 13. Jerem. 8. 6.

Phrase tirée de ce verbe.

Convertere se, ou *converti,* ou même *convertere aliquem,* pour *convertere se ad aliquem.* Changer de sentiment, de disposition envers quelqu'un, devenir autre, être changé (μεταβάλλεσθαι, *mutari*). Act. 28. 6. (*Convertentes se,* i. e., *mutati*) *dicebant eum esse Deum.* Voyez ci-dessous 3° Jos. 24. 20. *Dominus convertet se, et affliget vos,* Si vous abandonnez le Seigneur, il se tournera contre vous et vous affligera. Jerem. 2. 21. *Quomodo conversa es mihi in pravum vinea aliena ?* Comment êtes-vous devenus pour moi un plant bâtard, ô vigne étrangère ? Dieu parle contre les Juifs, qui étaient devenus méchants. Osée 11. 9. Amos. 1. 3. *Super tribus sceleribus Damasci, et super quatuor, non convertam eum.* Après les crimes que Damas a commis trois et quatre fois, je le punirai sans miséricorde. *Non convertam eum,* pour *non convertam me ad eum.* Voyez Quatuor. v. 6. 9. 11. 13. c. 2. v. 2. 4, etc.

Convertere cor ad aliquem. Réunir, réconcilier (ἀποκαθιστάναι). Malach. 4. 6. *Convertet cor patrum ad filios, et cor filiorum ad patres eorum ;* Elie réunira le cœur des pères avec leurs enfants, et le cœur des enfants avec leurs pères ; Elie, au second avénement de Jésus-Christ, fera revivre dans le cœur des Juifs, la piété de leurs pères, ou les réconciliera et les réunira tous par le lien d'une même foi et d'une même charité. Ce que l'ange Gabriel a aussi prédit à Zacharie de saint Jean-Baptiste, à qui il a appliqué ce passage; il a, en effet, réuni les esprits et les cœurs des Juifs pour recevoir le Messie à son premier avénement, et les a comme réconciliés avec leurs pères, qui étaient fâchés contre eux à cause de leur incrédulité. Voyez Luc. 1. 17. De l'actif vient :

Converti, passif, ἐπιστρέφειν, ou *Convertere se.* Ce verbe passif, qui vient de l'actif, a deux significations particulières; dans l'Ecriture :

1° Se porter et se tourner à quelque chose. Levit. 19. 4. *Nolite converti ad idola* (ἐπακο-λουθεῖν) : Ne vous tournez point vers les idoles, *sc.* pour les adorer. Ps. 72. 10. *Convertetur populus meus hic :* Mon peuple se portera à considérer ces choses. Ps. 84. 9. *Qui convertuntur ad cor :* Qui retournent dans eux-mêmes ; Gr. *Qui convertunt cor ad ipsum,* i. e. *Deum.* Prov. 1. 23. Gal. 4. 9. 1. Thes. 1. 9.

2° Retourner, revenir. Ps. 58. v. 7. 15. *Convertentur ad vesperam :* Ils reviennent sur le soir pour me chercher; d'autres expliquent : Ils tournent de tous côtés. Ps. 7. 7. Ps. 114. 7. *Convertere, anima mea, in requiem tuam :* Retourne, ô mon âme, dans ton repos. 4. Reg. 23. 16. *Conversus Josias :* Josias retourna en ce lieu. Ps. 118. 79. Prov. 16. 7. Isa. 21. 12. Ainsi, 1. Mach. 1. 21. *Et Convertit se :* Antiochus revint.

Phrase de ce verbe.

Converti ad aliquem. S'adresser à quelqu'un Job. 5. 1. *Ad aliquem sanctorum convertere* (ὄπτεσθαι) : Adressez-vous à quelqu'un des saints ou des anges. Quelques-uns lisent ce passage par interrogation : A qui des saints aurez-vous recours? Ose. 8. 13. *Ipsi in Ægyptum convertentur :* Ils ont tourné leurs pensées vers l'Egypte; lorsque Samarie fut prise, ceux qui purent s'échapper des mains des Assyriens se réfugièrent en Egypte, comme il est marqué, c. 9. 6.

CONVESCI; συναλίζεσθαι, *convesci, seu congregari.* Manger ensemble. Act. 1. 14. *Convescens, præcepit eis ab Jerosolymis ne discederent :* Jésus-Christ mangeant avec ses apôtres, leur commanda de ne point partir de Jérusalem ; ceci a rapport à ce qui est dit Luc. 24. 49. Le mot grec signifie aussi se trouver ensemble, être assemblés.

CONVINCERE, ἐλέγχειν. — 1° convaincre. Dan. 13. 61. *Convicerat eos Daniel ex ore suo falsum dixisse testimonium :* Daniel avait convaincu les deux vieillards par leur propre bouche d'avoir porté faux témoignage contre Susanne. Exod. 21. 16. *Convictus noxæ, morte moriatur :* Un homme étant convaincu de ce crime sera puni de mort.

2° Piquer, toucher quelqu'un vivement, lui donner occasion de reconnaître ses fautes. 1. Cor. 14. 24. *Convincitur ab omnibus :* Tous ceux qui expliquent les difficultés de la foi, et s'instruisent par la doctrine de l'Ecriture, font connaître aux infidèles qui entrent dans leurs assemblées leur erreur, et les convainquent de leur égarement.

3° Accuser, faire avouer. Levit. 6. 4. *Convicta delicti reddet omnia :* Ayant été convaincu de son péché, il rendra tout. Ce chapitre comprend le tort que l'on faisait au prochain en secret, dont on ne pouvait être convaincu ; ainsi, *Convicta delicti* signifie : avouant sa faute, en étant convaincu par le remords de sa conscience, et non pas par des témoins en justice.

CONVICTUS, us, συμβίωσις, conversation, entretien, compagnie ordinaire. Sap. 8. 16. *Nec tædium habet convictus illius :* La compagnie de la sagesse n'a rien d'ennuyeux.

CONVITIARI, ὀνειδίζειν, dire des injures, outrager de paroles. Eccli. 22. 25. *Qui convitiatur amico dissolvit amicitiam :* Celui qui dit des injures à son ami rompra l'amitié. c. 8. 22. Marc. 15. 32. *Et qui cum eo crucifixi erant convitiabantur ei :* Les deux voleurs qui avaient été crucifiés avec Jésus-Christ l'outrageaient aussi de paroles; soit qu'au commencement tous deux l'outrageassent de paroles, et que l'un d'eux ait ensuite reconnu sa faute; soit que le pluriel soit mis pour le singulier, comme si on disait : Les voleurs même qui étaient crucifiés avec lui lui disaient des injures.

CONVICIUM, ii, ὀνειδισμός, du mot *vicus*, place publique, parce que c'est un outrage fait en public.

Injure, outrage de paroles. Eccli. 6. 9. *Est amicus qui odium et iram, et convicta denudabit :* Cet ami qui devient ennemi découvre les injures que vous avez faites, soit celles que vous lui avez déclarées en secret, soit celles par lesquelles vous avez rompu amitié avec lui. c. 22. 27. c. 29. 9.

CONVIVA, Æ, σύνδειπνος, qui mange à un festin, y ayant été convié; dans l'Ecriture :

Qui mange avec un autre, qui mange à la table de quelqu'un. Prov. 9. 18. *Ignoravit quod in profundis inferni convivæ ejus :* Ceux qui mangent à la table de la femme débauchée sont dans le plus profond des enfers; *i. e.* ils sont dans la compagnie des démons et sont déjà dans l'enfer. Eccli. 9. 22. *Viri justi sint tibi convivæ :* Invitez à votre table des hommes justes. Dan. 14. 1. 2. Reg. 19. 28.

CONVIVARI, συνευωχεῖσθαι, être en festin, manger dans un festin, faire bonne chère avec d'autres. Jud. v. 12. *Convivantes sine timore :* Ces personnes déréglées mangent sans aucune retenue dans vos festins de charité.

CONVIVERE, Gr. συζῆν. — 1° vivre ensemble ou avec quelqu'un, faire société avec lui. Sap. 8. 9. *Proposui hanc adducere mihi ad convivendum :* J'ai résolu de prendre la sagesse avec moi pour être la compagne de ma vie. 2. Cor. 7. 3. *In cordibus nostris estis ad commoriendum et ad convivendum :* Vous êtes dans mon cœur à la mort et à la vie. — 2° Faire bonne chère, être en festin (συμβιοῦν). Eccli. 13. 6. *Si habes, convivet tecum :* Si vous avez du bien, le riche fera bonne chère avec vous, et il vous épuisera.

Vivre spirituellement et de la vie de l'âme avec Jésus-Christ. 2. Tim. 2. 11. *Si commortui sumus, et convivemus :* Si nous mourons avec Jésus-Christ, nous vivrons aussi avec lui.

CONVIVIFICARE, συζωοποιεῖν, composé de *cum,* de *vivus* et de *facere*.

Faire revivre, rendre la vie ; ce qui s'entend, dans le sens figuré, de la vie de l'âme. Coloss. 2. 13. *Vos cum mortui essetis in delictis, convivificavit cum illo :* Lorsque vous étiez morts dans vos péchés, Jésus-Christ vous a fait revivre avec lui. Ephes. 2. 5.

CONVIVIUM, ii. — 1° Banquet, festin, repas magnifique (δοχή). Luc. 14. 13. *Cum facis convivium, voca pauperes :* Lorsque vous faites un festin, conviez-y les pauvres, etc. 2. Par. 9. 20. *Vasa convivii regis erant aurea :* Les vases de la table du roi Salomon étaient d'or. Ose. 4. 18. *Separatum est convivium eorum :* Les festins idolâtres d'Ephraïm sont bien différents des vôtres, ô Juda! — 2° Festin de charité des premiers chrétiens (ἀπάτη, pour ἀγάπη). 2. Petr. 2. 13. *In conviviis suis luxuriantes :* Ces faux docteurs s'abandonnent à des excès de bouche dans les festins de charité qu'ils font avec vous. Voy. EPULÆ.

§ 1. — Grande joie marquée par le festin (πότος). Eccl. 7. 3. *Melius est ire ad domum luctus, quam ad domum convivii :* Il vaut mieux aller à une maison de deuil qu'à une maison de festin. Mais, Prov. 15. 15. il signifie grande satisfaction, grand contentement. *Secura mens quasi juge convivium* : L'âme tranquille est comme un festin continuel.

§ 2. — Salle du banquet (συμπόσιον). 1. Machab. 16. 16. *Intraverunt convivium* : Ptolémée et ses gens entrèrent dans la salle du festin et tuèrent Simon, etc.

§ 3. — Une compagnie ou un certain nombre de personnes placées par ordre, pour faire séparément et par troupes leur repas (κλισία, *discubitus*). Luc. 9. 14. *Facite illos discumbere per convivia quinquagenos* : Faites asseoir ce peuple par diverses troupes, cinquante à cinquante. Marc. 6. 39. porte : *Secundum contubernia* : En diverses troupes; Gr. συμπόσια, συμπόσια, convivia, convivia, i. e. *per convivia*. Les Hébreux ont coutume de répéter le même mot pour exprimer la distribution qui se fait des choses que l'on distingue par parties avec ordre. v. 40. πρασιαί, πρασιαί, areolæ, areolæ, i. e. *per areolas*, en plusieurs rangs.

§ 4. — Les biens spirituels et les grâces que Dieu fait aux hommes qui sont marqués par des festins (πότος). Isa. 25. 6. *Et faciet dominus exercituum omnibus populis in monte hoc, convivium pinguium, convivium vindemiæ* : Cette montagne est l'Eglise sur laquelle Dieu répand ses grâces, et les fidèles participent à ce banquet spirituel, dans lequel Jésus-Christ se fait lui-même notre nourriture. Voy. c. 55. 1. 2. Prov. 9. v. 1. 2. 3. 4. 5. Matth. 22. Luc. 14. 16. Apoc. 19. 9.

CONVOCARE, συγκαλεῖν. — 1° Convoquer, assembler, appeler plusieurs ensemble. Marc. 15. 16. *Milites convocant totam cohortem* : Les soldats assemblèrent toute la compagnie. 1. Mach. 14. 44. *Consenserunt ne liceat convocare conventum sine ipso* (ἐπισυστρέφειν): Les Juifs et les prêtres avaient consenti qu'il ne fût permis à aucun de convoquer aucune assemblée dans la province, sans l'autorité de Simon. — 2° Susciter, faire naître (καλεῖν). Ezech. 38. 21. *Convocabo adversus eum in cunctis montibus meis gladium* : J'appellerai contre Gog l'épée sur toutes mes montagnes.

CONVOLARE, συνελαύνεσθαι. Voler ensemble ; dans l'Ecriture :

Aller promptement, au plus vite. 2. Mach. 5. 5. *Civibus ad murum convolantibus* : Les citoyens accouraient de tous côtés aux murailles de Jérusalem; sc. pour la défendre contre Jason.

CONVOLVERE, συμπλέκειν. — 1° Rouler, envelopper. Thren. 1. 14. *Vigilavit jugum iniquitatum mearum, in manu ejus convolutæ sunt, et impositæ collo meo* : Dieu a comme enveloppé et comme lié en un faisceau toutes mes iniquités (ou la peine de mes péchés), pour me les mettre sur les épaules et m'en accabler. Voy. Ose. 13. 12. De là vient :

CONVOLVI, passif. — 1° Cesser, finir, se terminer, se retirer, se séparer. Isa. 38. 12. *Generatio mea ablata est et convoluta est a me, quasi tabernaculum pastorum* : Ma vie et ma demeure sur la terre est finie, comme la demeure d'un berger qui plie sa tente pour aller d'un lieu en un autre, dit Ezéchias.

Voy. GENERATIO. — 2° Se dissiper, s'évanouir. Isa. 9. 18. *Convolvetur* (καίεσθαι) *superbia fumi*; i. e. *ut elevatio fumi* (καυθήσεται ὡς πῦρ ἡ ἀνομία) : L'impiété se dissipera comme un tourbillon de fumée poussée en haut.

CONVULNERARE. Blesser, affliger. Job. 16. 14. *Convulneravit* (βάλλειν εἰς) *lumbos meos* : Dieu m'a percé les reins de ses flèches : Job exprime par ces termes si pathétiques la manière excessive dont Dieu l'affligeait.

CONVULSUS, A, UM. Arraché : dans l'Ecriture :

1° Aboli, ruiné, exterminé, détruit. 2. Mach. 8. 17. *Ante oculos habentes veterum instituta convulsa* (πολιτείας κατάλυσιν) : Machabée dit à ses gens d'avoir devant les yeux le violement et l'anéantissement des ordonnances des anciens. Isa. 18. 2. *Ite, angeli veloces, ad gentem convulsam et dilaceratam* : Ces anges prompts et légers sont les Assyriens qui devaient venir fondre sur l'Egypte, qui promettait aux Juifs du secours contre eux. Le mot hébreu *mimesech* peut signifier ce qui est étendu en long comme est l'Egypte, *gens tracta*.

2° Battu, tourmenté, agité (ἀκατάστατος). Isa. 54. 11. *Paupercula paupertate convulsa, absque ulla consolatione* : C'était là l'état où était l'Eglise avant Jésus-Christ, pauvre, désolée et battue par la tempête des afflictions, comme un arbre battu par des vents furieux jusqu'au point d'être presque arraché.

COOPERARI, συνεργεῖν. — 1° Travailler avec d'autres, aider en quelque entreprise. 1. Cor. 16. 16. *Subditi sitis omni cooperanti, et laboranti* : Soyez soumis à tous ceux qui coopèrent et travaillent avec nous à l'œuvre de Dieu.

Il est dit aussi que Dieu coopère avec ses ministres à la conversion des âmes; mais c'est comme cause principale qu'il agit avec eux, puisqu'ils n'agissent dignement dans leurs fonctions, comme dit saint Pierre, 1. Epit. 4. 11, que par la vertu que Dieu leur donne : *Ex virtute quam administrat Deus*. Marc. 16. 20. *Domino cooperante*: Le Seigneur coopérant avec eux.

La foi coopère aussi, et agit efficacement dans les bonnes œuvres des fidèles, parce qu'en les conduisant, elle les fortifie, les augmente et les perfectionne. Jac. 2. 22. *Vides quoniam fides cooperabatur operibus illius?* Ne voyez-vous pas que la foi d'Abraham était jointe à ses œuvres ? Ce fut sa foi qui le porta à offrir son fils, et à faire les autres bonnes œuvres agréables à Dieu.

2° Contribuer au bien de quelqu'un, réussir à son avantage. Rom. 8. 28. *Diligentibus Deum omnia cooperantur in bonum* : Toutes choses contribuent au bien de ceux qui aiment Dieu ; et non-seulement les afflictions et les persécutions, mais encore les chutes et les péchés contribuent au salut des élus, en les rendant plus humbles et plus avisés.

COOPERATOR, συνεργός. — 1° Qui travaille avec un autre, qui aide de son travail et de sa peine à l'avancement de quelque œuvre. Philipp. 2. 25. *Necessarium existimavi Epaphroditum fratrem et cooperatorem meum mittere ad vos :* J'ai cru qu'il était nécessaire de vous renvoyer mon frère Epaphrodite, qui est mon aide dans mon ministère.

2° Qui contribue en quelque chose à l'avancement d'une œuvre. 3. Joan. 8. *Nos ergo debemus suscipere hujusmodi ut cooperatores simus veritatis :* Nous sommes obligés de traiter favorablement les fidèles étrangers qui voyagent pour prêcher la foi, afin de contribuer quelque chose à la publication de la vérité ; Gr. *veritati.*

COOPERIRE, καλύπτειν. — 1° Couvrir, cacher, mettre quelque chose dessus. Hab. 2. 19. *Iste coopertus est auro et argento :* Cette idole de bois ou de pierre est couverte au dehors d'or et d'argent. Eccli. 23. 26. *Parietes cooperiunt me :* Les murailles me couvrent, dit celui qui commet secrètement le péché. Ainsi, couvrir, 1° de vêtement, vêtir. Matth. 25. 38. *Quando te vidimus nudum, et cooperuimus te* (περιβάλλειν)? Quand est-ce que nous vous avons vu nu, et que nous vous avons revêtu ? diront les justes à Jésus-Christ au jour du jugement dernier. c. 6. 29. Dan. 13. 32. *Illi jusserunt ut discooperiretur, erat enim cooperta* (κατακαλύπτειν) : Les deux vieillards commandèrent qu'on ôtât à Susanne le voile dont son visage était couvert. Marc. 16. 5. Apoc. 19. 8. 3. Reg. 11. 30. 2° Couvrir et être dessus ou au-dessus. Exod. 16. 13. *Ascendit coturnix, cooperuit castra :* Il vint un grand nombre de cailles qui couvrit tout le camp. Judith. 2. 11. *Cooperuerunt faciem terræ, sicut locustæ :* Toutes les troupes et les gens qui accompagnaient Holopherne couvrirent toute la face de la terre, comme des nuées de sauterelles. c. 16. 5.

2° Envelopper, environner (περιβάλλειν). Sap. 19. 16. *Cum subitaneis cooperti essent tenebris, unusquisque transitum ostii sui quærebat :* Les Egyptiens ayant été couverts tout d'un coup d'épaisses ténèbres, ils ne pouvaient plus trouver la porte de leurs maisons : Ceci a rapport à ce qui est marqué, Exod. 10. depuis v. 21. jusqu'à v. 24. Ainsi, Judith. 5. 13. *Ita aquis coopertus est, ut non remaneret vel unus :* Toute l'armée des Egyptiens fut tellement ensevelie dans les eaux, qu'il n'en demeura pas un seul, etc.

§ 1. — Couvrir, charger. Ps. 43. 16. *Confusio faciei meæ cooperuit me :* La confusion qui paraît sur mon visage me couvre entièrement : La honte fait que nous n'osons lever les yeux.

§ 2. — Charger, accabler, perdre. Ps. 43. 20. *Cooperuit nos umbra mortis :* L'ombre de la mort nous a tous couverts ; *pour dire.* Nous sommes accablés d'afflictions. Voy. UMBRA. Eccli. 37. 3. *O præsumptio nequissima, unde creata es cooperire aridam malitia!* Que c'est une chose commune de voir un ami se changer en ennemi ! La terre est tout infectée, et, pour ainsi dire, couverte de ce mal détestable (κάμπτειν, *inflectere*). c. 38. 19. *Tristitia cooperit virtutem :* La tristesse accable toute la vigueur de l'esprit et du corps. Voy. VIRTUS.

COPHINUS, ι ; Gr. κόφινος. Panier d'osier, corbeille. Ps. 80. 7. *Manus ejus in cophino servierunt :* Dieu a délivré son peuple de ce travail pénible, où leurs mains étaient employées à porter dans des paniers de la boue, de la paille et de la tuile. Matth. 14. 20. *Tulerunt reliquias duodecim cophinos fragmentorum plenos :* On emporta douze paniers pleins des morceaux qui étaient restés ; *sc.* des cinq pains et des deux poissons.

COPIA, Æ. Ce nom vient du vieux adjectif *cops* ou *copis*, pour *coopis*, quasi, *cum ope*, riche, opulent.

1° Abondance de quelque chose, grande quantité. Gen. 41. 49. *Tanta erat abundantia tritici ut... copia mensuram excederet :* Il y eut dans l'Egypte une si grande quantité de froment, qu'il ne pouvait pas même se mesurer ; *sc.* au temps de Joseph. 1. Par. 12. 40. *Afferebant farinam, boves, arietes, ad omnem copiam* (πλῆθος, *multitudo*) : Ces trois tribus apportaient de la farine, et amenaient des bœufs et des moutons, afin qu'ils eussent toutes choses en abondance. C'était pour la subsistance des troupes qui étaient venues pour établir David roi. 1. Par. 26. 16. 2. Par. 9. 27, etc.

2° Richesses (χρήματα). 2. Mach. 3. 6. *Nuntiavit communes copias immensas esse :* Simon, garde du temple, déclara à Apollonius qu'il y avait dans Jérusalem des sommes immenses, et qui étaient destinées pour les affaires publiques.

3° Entretien, subsistance (ξένια). 1. Mach. 10. 36. *Dabuntur illis copiæ.* Les Juifs qui entreront dans les troupes du roi seront entretenues, comme le doivent être les troupes des armées du roi.

4° Permission, liberté. Judith. 12. 5. *Petiit ut daretur ei copia nocte et ante lucem egrediendi foras ad orationem :* Judith demanda qu'on lui permit de sortir la nuit et avant le jour pour aller faire sa prière.

COPIOSE. Abondamment, autant et plus qu'il ne faut. Judith. 2. 8. *Omnem expeditionem suam fecit præire cum his quæ exercitibus sufficerent copiose :* Holopherne fit marcher devant lui tout son bagage avec toutes les provisions dont l'armée pouvait avoir besoin.

COPIOSUS, A, UM. Copieux, ample, riche, abondant (πολύς). Ps. 129. 7. *Copiosa apud eum redemptio :* Dieu nous fait de grands biens, et nous délivre souvent de nos maux. Eccli. 51. 36. *Copiosum aurum possidete in ea :* En possédant la sagesse, vous posséderez une grande abondance d'or. Act. 22. 6. etc.

COPULA, Æ. Ce mot vient du Grec πλοκή, par transposition, ou de l'Hébreu כבל, *capal, duplicare*, et signifie lien, attache : dans l'Ecriture :

Le devoir du mariage. Gen. 29. 27. *Imple hebdomadam dierum hujus copulæ :* Passez la semaine avec celle-ci, *sc.* avec Lia que Laban avait donnée à Jacob au lieu de Rachel.

COPULARE, συνάπτειν. — 1° Joindre, assembler, lier, unir des choses. Isa. 5. 8. *Væ qui agrum agro copulatis :* Malheur à vous qui ajoutez les terres aux terres, *sc.* par des voies injustes. Exod. 26. 49.

2° Unir, attacher des personnes, soit par le lien de l'amitié, ou d'un amour honnête (φιλιάζειν). Eccli. 37. 1. *Et ego amicitiam copulavi :* J'ai fait aussi amitié avec cet homme. Jos. 23. 12. Gen. 29. 34. Soit par le lien d'un amour violent et passionné. 3. Reg. 11. 2. *His copulatus est Salomon ardentissimo amore* (κολλᾶσθαι) : Salomon s'attacha à plusieurs femmes étrangères avec une passion très-ardente ; soit par le lien de quelque ligue ou alliance. Judic. 3. 13. *Copulavit ei filios Ammon et Amalec* (συνάγειν πρός). Dieu joignit à Eglon les enfants d'Ammon et d'Amalec, *sc.* contre les Israélites, à cause de leurs péchés; soit enfin par celui de la religion. Esth. 9. 27. *Susceperunt Judæi super se et super cunctos qui religioni eorum voluerunt copulari* (συνάγειν) : Les Juifs s'obligèrent eux et leurs enfants et tous ceux qui se voudraient joindre à leur religion ; *sc.* de faire une fête solennelle du quatorzième et du quinzième jour du mois d'adar, pour la raison marquée v. 22.

COPULATIO, NIS. Conjonction, liaison, union ; dans l'Ecriture :

Participation, société. Tob. 6. 20. *In copulatione sanctorum patriarcharum admitteris :* La seconde nuit vous serez associé aux saints patriarches ; *sc.* vous aurez part à leurs mérites et à leur sainteté, pour pouvoir vivre chastement avec Sara, ainsi qu'ils ont vécu avec leurs femmes.

COCTIO, NIS. ἕψημα. La coction des viandes dans l'estomac ; dans l'Ecriture : — 1° Mets cuits. Gen. 25. 30. *Da mihi de coctione hac rufa :* Donnez-moi, je vous prie, de ce mets tout roux, dit Esaü à Jacob : C'était un plat de lentilles. Voy. v. 34. Ainsi, 4. Reg. 4. 40. — 2° L'eau même dans laquelle on fait cuire quelque chose. Ezech. 24. 5. *Efferbuit coctio :* Heb. *bullire fac :* Faites bouillir la chair de ces bêtes à gros bouillons : Ce qui figurait les maux et les afflictions que Dieu devait envoyer sur les Juifs.

COQUERE, ἑψεῖν. Ce verbe vient ou de κόχος, *humor copiosus,* ou de *coaquo, cum aqua coquo.*

Cuire, faire cuire, ou rôtir. Exod. 23. 19. c. 34. 26. Deut. 14. 21. *Non coques hædum in lacte matris suæ :* Vous ne ferez point cuire le chevreau avec le lait de sa mère ; *sc.* parce que ce serait une espèce de cruauté de prendre ce qui sert de nourriture à un animal pour l'assaisonner après sa mort. D'autres expliquent : Vous ne ferez point cuire le chevreau lorsqu'il tette encore le lait de sa mère ; on ne l'offrait point en cet état : d'autres enfin interprètent ce passage de la sorte : Vous ne ferez point cuire le chevreau avec sa mère lorsqu'il la tette encore. Voy. LAC. Gen. 11. 3. *Faciamus lateres et coquamus :* Faisons des briques, et cuisons-les au feu (ὀπτᾶν). Thren. 4. 10. De là vient,

COQUENS, TIS. Ce participe, qui vient de *coquere,* est pris dans l'Ecriture pour *pistor.*

Qui fait cuire le pain. Ose. 7. 4. *Quasi clibanus succensus a coquente :* Les Israélites des dix tribus se portaient à l'adultère spirituel, et en étaient embrasés avec la même ardeur que se trouve un feu allumé. v. 6. *Tota nocte dormivit coquens :* Jéhu, qui favorisait l'idolâtrie, les voyant enflammés pour le culte des idoles, se tint en repos, souffrant avec complaisance qu'ils s'y abandonnassent tous, comme un boulanger qui se repose jusqu'à ce que son pain soit cuit.

COR, CORDIS, Gr. καρδία. Ce mot vient de κὴς, de l'Hébreu kereb קרב, *medium,* et signifie :

1° Le cœur ; l'une des principales et des plus nobles parties du corps de l'animal. 2. Reg. 18. 14. *Infixit eas in corde Absalom :* Joab perça de trois dards le cœur d'Absalom. 4. Reg. 9. 24, etc.

2° La poitrine. Cant. 8. 6. *Pone me ut signaculum super cor tuum :* Mettez-moi comme un sceau sur votre cœur : Jésus-Christ veut que le caractère de son image soit empreint sur le *cœur* et sur le *bras* de son Epouse : l'Ecriture fait ici allusion aux noms des douze tribus gravées sur le pectoral du grand-prêtre. Voy. Exod. 28. 29.

3° Le corps même. Ps. 103. 15. *Vinum lætificet cor hominis, et panis cor hominis confirmet :* Vous faites sortir le pain de la terre et le vin qui réjouit le cœur de l'homme. Gen. 18. 5. 1. Reg. 25. 37. Act. 14. 16. Jac. 5. 5.

4° Tout l'homme, l'homme entier. Ps. 36. 15. *Gladius eorum intret in corda ipsorum :* Que l'épée des pécheurs leur perce le cœur. Ps. 101. 6. *Aruit cor meum :* Dans le même sens que le porte, v. 12. *Sicut fœnum arui :* Je suis devenu sec comme de l'herbe, *sc.* de tristesse. Ezech. 28. 2. *Dedisti cor tuum quasi cor Dei :* Vous vous êtes élevé comme si vous étiez un Dieu ; ceci s'adresse au roi de Tyr. Estius, *in Rom.* 1. 21.

Parce que le cœur, selon les Hébreux, est le propre et le principal siége de l'âme, et la source de toutes les affections et de tous les désirs ; le cœur se prend en général dans l'Ecriture pour les pensées, les délibérations, les desseins, les entreprises, les vœux, les passions ; et enfin pour toute la nature et l'esprit de l'homme, et pour tout ce qui est caché dans son esprit et dans ses affections. Ainsi ce mot signifie.

§ 1. — L'âme de l'homme. 1. Petr. 3. 4. *Qui absconditus est cordis homo ;* L'homme invisible caché dans le cœur. Luc. 8. 15. et dans les autres endroits où il est parlé de la circoncision du cœur et de son incirconcision, de sa purification, etc.

§ 2. — L'esprit, qui est le principe des pensées et des affections. Ps. 13. 1. *Dixit insipiens in corde suo,* id est, *in mente :* L'insensé a dit dans son cœur, *id est,* en lui-même, Il n'y a point de Dieu. Luc. 24. 38. *Quid cogitationes ascendunt in corda vestra ?* Pourquoi s'élève-t-il tant de pensées dans vos cœurs ? dit Jésus-Christ. 3. Reg. 4. 29. *Dedit Deus Salomoni latitudinem cordis :* Dieu donna à Salomon une étendue de cœur, *id est,* d'esprit, et il est pris en ce sens dans tous les endroits où il est dit que le cœur est docile, sage, éclairé, insensé, aveugle. Exod.

31. 6. c. 36. 8. Prov. 16. 9. c. 6. 32. Eccli. 1. 16. Is. 6. 10. Osée 4. 11. Matth. 13. 14. Joan. 12. 40. Marc. 4. 15. Rom. 2. 15. 2. Cor. 4. 6. Hebr. 10. 16. Ainsi, Jer. 24. 7. *Dabo eis cor ut sciant me* : Je leur donnerai un cœur docile, afin qu'ils me connaissent.

§ 3. — Prudence, sagesse, bon sens. Job. 12. 3. *Et mihi est cor, sicut et vobis* : J'ai du sens aussi bien que vous. De ce mot en ce sens vient, *excors, vecors*, insensé; *cordatus*, bien sensé.

§ 4. — La volonté. Ps. 94. 8. *Nolite obdurare corda vestra* : Gardez-vous bien d'endurcir vos cœurs. Exod. 14. 5. *Immutatumque est cor Pharaonis* : Le cœur de Pharaon et de tous ses serviteurs fut changé à l'égard du peuple; *sc.* en ce que Pharaon poursuivit le peuple, qu'il avait peu auparavant laissé aller. Act. 4. 32. *Multitudinis credentium erat cor unum et anima una* : Toute la multitude de ceux qui croyaient n'avait qu'un cœur et qu'une âme. c. 16. 14. 1. Par. 12. 38. c. 29. 18. Jerem. 32. 39. Ezech. 11. 19. et souvent ailleurs, et partout où l'Ecriture appelle le cœur droit, déréglé, tendre, dur, net, impur, et semblables; et quand le mot *renes* est ajouté à ce mot, l'Ecriture marque ce qui est de plus caché et de plus secret dans l'homme. Ps. 7. 10. *Scrutans corda, et renes Deus* : O Dieu, c'est vous qui sondez les cœurs et les reins. Apoc. 2. 23. A cette signification se peut rapporter, Judic. 16. 18. *Nunc mihi aperuit cor suum* : Samson m'a maintenant ouvert son cœur, *id est*, le secret de son cœur, dit Dalila aux Philistins.

§ 5. — La mémoire. Deut. 8. 9. *Ne excidant de corde tuo* : Que les grandes merveilles que vos yeux ont vues, ne s'effacent point de votre cœur et de votre esprit; *id est*, de votre mémoire, en sorte que vous les oubliiez. Ps. 30. 13. *Oblivioni datus sum tamquam mortuus, a corde*, id est, *e memoria* : J'ai été mis en oubli et effacé de leur cœur, comme si j'eusse été mort. Deut. 6. 6. Isa. 51. 7. Luc. 2. 51. Philipp. 1. 7.

§ 6. — La conscience. 1. Reg. 24. 6. *Post hæc percussit cor suum* : David se repentit en lui-même, *sc.* d'avoir coupé le bord de la casaque de Saül. 1. Joan. 3. v. 20. 21. Si notre cœur nous condamne, 1. Reg. c. 25. 31. 2. Reg. 24. 10. Ezech. 14. 5. Ainsi, *Redire ad cor* : Rentrer en soi-même. Isa. 46. 8. *Redite prævaricatores ad cor* : Rentrez dans votre cœur, violateurs de la loi; *Hebr.* agissez avec courage.

§ 7. — Les affections et les passions, parce que le cœur en est le siége. Matth. 15. v. 18. 19. *Quæ... procedunt de ore, de corde exeunt* : Ce qui sort de la bouche, part du cœur; Jésus-Christ oppose les paroles que l'on profère aux choses qui se mangent. Dan. 7. 4. *Cor hominis datum est ei* : Il lui fut donné un cœur d'homme, *sc.* à Nabuchodonosor, qui après avoir été défait par Cyrus, eut le cœur de lion changé en cœur d'homme faible, abattu et terrassé. Dan. 4. 13. c. 5. 21. De là vient : *Corde tabescere* : Etre abattu et affligé. Ezech. 21. v. 7. 17. *Tabescet omne cor* : Tous les cœurs sécheront de crainte, *sc.* à la venue de l'ennemi; et souvent ailleurs où quelque passion est marquée. Marc. 7. v. 21. 22. A quoi se rapporte ce passage suivant de saint Paul, qui marque l'appétit sensitif. Rom. 1. 24. *Tradidit illos Deus in desideria cordis eorum* : Dieu a abandonné aux désirs de leurs cœurs les sages du monde.

§ 8. — La vigueur, le courage; d'où viennent souvent ces façons de parler : *Cor languidum, dissolutum, tabescens, liquefactum*, pour marquer un courage abattu et dans la frayeur. Jos. 2. 11. *Elanguit cor nostrum, id est, admodum territi sumus;* Hebr. La frayeur nous a saisis jusqu'au fond de l'âme. c. 5. 1. etc. Voy. ELANGUERE. A quoi se rapporte cette phrase : *Invenire cor*. Voy. ci-dessous.

§ 9. Inclination, affection, en parlant, soit de Dieu, soit des hommes. 3. Reg. v. 9. 3. *Erunt oculi mei et cor meum ibi cunctis diebus ; id est, erit cara mihi* : Mes yeux et mon cœur s'appliqueront toujours à cette maison, dit Dieu à Salomon. 2. Par. 7. 16. Matth. 5. v. 6. 21. Luc. 12. 34. *Ubi thesaurus vester est, ibi et cor vestrum erit* : Où est votre trésor, là sera aussi votre cœur. 1. Reg. 13. 14. 2. Reg. 14. 1. c. 15. 13. Act. 13. 22.

§ 10. Ce mot par un Hébraïsme, parce qu'il vient de *kereb, medium*, signifie souvent le dedans ou le fond de quelque chose. Matth. 12. 4. *Erit filius hominis in corde terræ tribus diebus et tribus noctibus* : Le Fils de l'homme sera trois jours et trois nuits dans le cœur de la terre. Ps. 45. 3. *Cor maris* : Le fond de la mer. Ezech. 27. 27. Jon. 2. 4. Le milieu de la mer. Ezech. 27. v. 4. 25. 26. c. 28. 8.

§ 11. Quand ce mot est répété, il marque un esprit double et dissimulé. Ps. 11. 3. *Labia dolosa in corde, et corde locuti sunt* : Les lèvres des enfants des hommes sont pleines de tromperie, et ils parlent avec un cœur double; ils ont autre chose dans la bouche, et autre chose dans l'esprit; ce qui est le même sens que *cor duplex*, marqué 1. Par. 12. 33. *Non in corde duplici* : Tous ces gens allaient au service de David sans aucune duplicité de cœur; et ainsi il est opposé au cœur sincère, appelé *cor verum, cor perfectum*. Hebr. 10. 22. 1. Par. 12. 38. Mais *cor duplex*, Eccli. 1. 36. signifie celui qui hésite entre la foi et la défiance.

Façons de parler.

In, de, ex corde, corde perfecto, in toto corde. Sincèrement, de bon cœur, avec affection. Ose. 7. 14. *Et non clamaverunt ad me in corde suo*. Ils n'ont point crié à moi du fond de leurs cœurs. Ephes. 5. 19. Coloss. 3. 16. Matth. 18. 35. *Si non remiseritis unusquisque fratri suo de cordibus vestris* : Si chacun de vous ne pardonne du fond de son cœur à son frère qui l'a offensé. Rom. 6. 17. *Obedistis ex corde* : Vous avez embrassé du fond du cœur la doctrine de l'Evangile. 2. Par. 15. 15. Jerem. 31. 41. Ainsi, 3. Reg. 2. 4. *Si filii tui ambulaverint coram me in veritate, in corde suo* : Si vos enfants marchent devant moi dans la vérité, et de toute leur âme, *sc.* en pratiquant ma loi. c. 8. 23. 4. Reg. 10.

30. 1. Par. 29. 9. Mais quand Dieu nous commande de l'aimer et le servir de tout notre cœur, cela s'entend non-seulement tout de bon, avec affection et sans hypocrisie, mais encore sans partage, en sorte que nous l'aimions par-dessus tout et tout pour lui; comme s'entend, Matth. 22. 37. *Diliges Dominum Deum tuum ex toto corde tuo.* Marc. 12. 30. Luc. 10. 27. Deut. 6. 5. c. 10. 12. Voy. ci-dessous Phrases.

Il est dit des choses que nous aimons, qu'elles sont dans notre cœur. Deut. 6. 6. Ps. 36. 31. *Lex Dei ejus in corde ipsius :* La loi de Dieu est dans le cœur du juste. Ps. 39. 9. 2. Cor. 7. 3. c. 3. 2. Philipp. 1. 7.

Juxta, ou *secundum cor.* Ce qui plaît, que l'on aime et que l'on approuve. 1. Reg. 13. 14. *Quæsivit Dominus virum juxta cor suum :* Le Seigneur s'est cherché un homme selon son cœur, dit Samuel à Saül, parlant de David. 1. Par. 17. 19. Act. 13. 22.

Phrases tirées de ce mot.

De, ou *ex corde aliquid facere.* Faire quelque chose de son mouvement, sans ordre et sans vocation. Num. 16. 28. *Scietis quod non ex proprio ea corde protulerim :* Vous reconnaîtrez à ceci que c'est le Seigneur qui m'a envoyé pour faire ce que je fais, et que ce n'est point moi qui l'ai inventé de ma tête, dit Moïse. c. 24. 13. Ezech. 13. v. 2. 17. Ainsi, Thren. 3. 33. *Non enim humiliavit ex corde suo, et abjecit filios hominum :* Car il n'a pas humilié volontairement et de bon cœur les enfants des hommes, les Israélites.

Dicere in corde. Penser en soi-même. Ps. 13. 1. *Dixit insipiens in corde suo :* L'insensé a dit dans son cœur : Il n'y a point de Dieu. Ps. 34. 25. Isa. 47. v. 8. 10. c. 49. 21. Baruch. 6. 5. Apoc. 18. 7. Quelques-uns expliquent tous ces passages de l'affection du cœur. Dans ce sens, Ps. 13. 1. marque que l'impie souhaiterait qu'il n'y eût point de Dieu pour punir ses crimes; mais il faut excepter, 1. Mach. 6. 11. qui ne se peut entendre que dans le premier sens. *Dixi in corde meo :* J'ai dit au fond de mon cœur; sc. j'ai fait réflexion à quelle affliction je suis réduit, dit Antiochus.

Habere aliquem in corde. Avoir, porter quelqu'un dans son cœur; c'est se souvenir toujours des marques de bonté et d'affection qu'on a reçues de lui. Philipp. 1. 7. *Eo quod habeam vos in corde :* Parce que je vous porte dans mon cœur.

Invenire cor suum. Trouver son cœur pour faire quelque chose; c'est se trouver disposé à faire quelque chose avec confiance. 2. Reg. 7. 27. *Invenit servus tuus cor suum ut oraret te :* Votre serviteur a trouvé son cœur pour vous adresser cette prière. Voy. 1. Par. 17. 25. D'autres expliquent : J'ai jugé à propos de vous adresser cette prière.

Levare cor. Voy. LEVARE.

Loqui ad cor. Parler au cœur; c'est dire à quelqu'un des choses agréables, et le consoler. Isa. 40. 2. *Loquimini ad cor Jerusalem :* Parlez au cœur de Jérusalem. Voy. LOQUI.

Mittere in cor. Faire entrer dans le cœur, persuader. Joan. 13. 2. *Cum diabolus jam misisset in cor :* Le diable ayant déjà mis dans le cœur de Judas le dessein de trahir Jésus-Christ.

Ponere in corde. Voy. PONERE.

Possidere, ou *habere cor.* Posséder son cœur; c'est être sage et bien sensé, Eccli. 51. 28. *Possedi cum ipsa cor ab initio :* J'ai dès le commencement possédé mon cœur avec la sagesse. Prov. 15. 32. Jerem. 5. 2. *Popule stulte, qui non habes cor :* Peuple insensé, qui êtes sans entendement et sans esprit. Voy. POSSESSOR.

CORAM, ἐναντίον, ἔναντι, ἐνώπιον. Ce mot vient ou de κόρη, *oculi pupilla;* en sorte qu'il signifie proprement, ce qui est devant les yeux; ou de l'Hébreu *goram, nudus nuditas;* comme si on disait à nu, ouvertement.

1° En présence, à la vue, devant. Ps. 31. 1. *David, cum immutavit vultum suum coram Abimelech :* A David, lorsqu'il changea son visage en présence d'Abimelech. Ps. 77. 12. *Coram patribus eorum fecit mirabilia ;* Dieu a fait devant les yeux de leurs pères des œuvres vraiment merveilleuses dans la terre de l'Egypte. Exod. 30. 8. Matth. 5. 16. 1. Tim. 6. 12. Ce qui se dit aussi à l'égard des autres sens. Gen. 19. 13. *Eo quod increverit clamor eorum coram Domino ;* id est, *audiente Domino :* Nous allons détruire ce lieu; parce que le cri des abominations de ces personnes s'est élevé de plus en plus devant le Seigneur.

2° Cette préposition, avec son cas, souvent ne signifie autre chose que le datif. Ps. 55. 13. *Ut placeam coram Deo :* Afin que je puisse me rendre agréable devant Dieu. Eccli. 25. 1. *Probata coram Deo et hominibus :* Choses qui sont approuvées de Dieu et des hommes. Apoc. 3. 8. *Dedi coram te ostium apertum quod,* etc. Je vous ai ouvert une porte que personne ne peut fermer. 1. Tim. 2. 3. c. 5. 4. Hebr. 13. 21. 1. Joan. 3. 22. Ainsi, Ps. 84. 5. *Adorabunt coram te, Domine ;* i. e. *adorabunt te :* Toutes les nations viendront se prosterner devant vous, Seigneur, et vous adorer. Luc. 4. 7. Le verbe grec gouverne le datif; quoique cette préposition se mette pour le cas du verbe quel qu'il soit. 4. Reg. 14. 12. *Percussusque est Juda coram Israel* (ἀπὸ προσώπου) : L'armée de Juda fut taillée en pièces par celle d'Israël; sc. sous Amasias, roi de Juda, et sous Joas, roi d'Israël. Ainsi, *fugere,* et *cadere coram hostibus ;* i. e. *ab hostibus.*

3° Du vivant de quelqu'un, de son temps. Num. 3. 4. *Functique sunt sacerdotio Eleazar et Ithamar, coram Aaron patre suo* (μετὰ) · Eleazar et Ithamar exercèrent les fonctions du sacerdoce, du vivant de leur père Aaron; Gr. avec leur père. Voy. *Ante, in oculis; cum.* Gen. 11. 28. 1. Par. 24. 2. Luc. 4. 21. Isa. 65. 23. Ps. 71. v. 5. 17. Ps. 78. 10. Ps. 117. 22. Luc. 7. 16. Ainsi, Gen. 25. 18. *Coram cunctis fratribus suis obiit :* Il mourut, laissant après lui ses frères vivants; selon d'autres, il mourut au milieu de tous ses frères ; parce que sa demeure était entre celle d'Isaac, et celle des enfants de Cétura.

4° Par l'ordre et la volonté. Isa. 53. 2. *Ascendet sicut virgultum coram eo :* Jésus-

Christ naîtra, comme une plante, d'une terre qui ne sera point arrosée ; *sc.* de la sainte Vierge, par l'ordre et la providence de Dieu. Gen. 6. 13. *Finis universæ carnis venit coram me* ; J'ai résolu de faire périr tous les hommes, dit Dieu à Noé. Num. 32. 20. *Si facitis quod promittitis, expediti pergite coram Domino, ad pugnam* : Si vous faites ce que vous promettez, marchez devant le Seigneur tout prêts à combattre. v. 29. 32. Gen. 17. 1.

5° Selon l'avis et le jugement. Act. 8. 21. *Cor tuum non est rectum coram Domino* : Votre cœur n'est pas droit devant Dieu. Rom. 3. 20. c. 14. 22. Luc. 16. 15. Les phrases suivantes s'entendent en la même signification. *Quod bonum, rectum*, ou *quod malum est coram aliquo* : Au jugement de quelqu'un. 3. Reg. 11. 38. etc. c. 16. 7. etc.

6° Ce mot marque l'état d'un serviteur toujours prêt à obéir. 1. Reg. 16. 16. *Servi tui qui coram te sunt* : Vos serviteurs qui sont auprès de votre personne ; ce sont les officiers de Saül. c. 3. 1. *Puer Samuel ministrabat Domino coram Heli* : Le jeune Samuel servait le Seigneur en la présence d'Héli ; *i. e.* sous la conduite et la charge d'Héli.

7° Le mot *coram* marque la faveur et les bonnes grâces de quelqu'un. Gen. 17. 18. *Utinam Ismael vivat coram te* : Faites-moi seulement la grâce qu'Ismaël vive sur la terre. Num. 32. 22. Ainsi, *Manducare et bibere coram aliquo* : Boire et manger à la table de quelqu'un. Luc. 13. 26. *Manducavimus coram te, et bibimus* : Nous avons mangé et bu en votre présence, diront inutilement ceux qui seront dehors, après que le père de famille sera entré. 3. Reg. 1. 24. Jerem. 52. 33.

8° Ce mot sert encore pour marquer qu'une chose plaît et qu'on l'approuve. Luc. 24. 19. *Fuit potens in opere et sermone coram Deo et omni populo* : Jésus-Christ a été un prophète puissant en œuvres et en paroles, devant Dieu et devant tout le peuple. Apoc. 8. 4. *Ascendit fumus coram Deo*, *i. e. Deo gratus* : La fumée des parfums, composée des prières des saints, monta devant Dieu. 1. Reg. 16. 6. 1. Tim. 2. 3. c. 5. 4. etc.

Cette préposition est souvent mise pour d'autres prépositions. — 1° Pour *apud*, auprès. 2. Reg. 16. 4. *Oro ut inveniam gratiam coram te* (ἐν ὀφθαλμοῖς) : Ce que je souhaite, c'est d'avoir quelque part à vos bonnes grâces, dit Siba à David. Gen. 19. 19. c. 34. 11. 3. Reg. 11. 19.

2° Pour *contra*, contre. Luc. 15. v. 18. 21. *Pater, peccavi in cœlum, et coram te* : Mon père, j'ai péché contre le ciel et contre vous.

3° Pour *præter*, hormis (πλήν). Exod. 20. 3. *Non habebis deos alienos coram me* : Vous n'aurez point d'autres dieux que moi.

4° Pour *propter*, à cause, par respect ou par crainte de quelqu'un (πρὸ προσώπου). Malach. 3. 14. *Ambulavimus tristes coram Domino* : Nous avons marché avec un visage abattu devant le Seigneur.

5° Pour *penes*, au pouvoir, en la disposition, au choix de quelqu'un. Gen. 13. 9. *Universa terra coram te est* : Vous voyez devant vous toute la terre, dit Abraham à Loth, lui donnant le choix de la droite ou de la gauche. c. 20. 15. *Terra coram vobis est* : Vous voyez devant vous toute cette terre, dit Abimélech à Abraham, lui permettant de demeurer où il lui plairait dans son royaume. c. 24. 51. c. 40. 10. c. 62. 11.

Façon de parler.

Coram Deo, ἐνώπιον, ἐναντίον. — 1° En présence de Dieu, marque que Dieu est témoin de quelque chose, qu'il la voit, qu'il la sait et qu'il en est le juge. 2. Cor. 12. 19. *Coram Deo in Christo loquimur* : Nous parlons devant Dieu en Jésus-Christ. c. 4. 2. 1. Reg. 11. 15. c. 12. 3. c. 23. 18. 2. Reg. 5. 3. Ose. 7. 2. Ainsi, cette phrase sert pour attester quelque chose par jurement. Gal. 1. 20. *Quæ autem scribo vobis, ecce coram Deo, quia non mentior* : Dieu m'est témoin que je ne mens point en ce que je vous écris ; quelques-uns entendent dans ce même sens 2. Cor. 7. 12. et sert aussi pour conjurer quelqu'un de faire quelque chose, et afin de toucher davantage, en faisant ressouvenir que Dieu est présent. 1. Tim. 5. 21. *Testor coram Deo, et Christo Jesu* : Je vous conjure devant Dieu et devant Jésus-Christ, etc. c. 6. 13. 2. Tim. 2. 14. c. 4. 1.

2° Cette façon de parler marque qu'une chose est vraiment telle, comme l'étant au jugement de Dieu, qui ne se peut tromper. Luc. 1. 15. *Erit enim magnus coram Domino* ; *i. e. valde magnus* : Le fils qu'Élisabeth vous enfantera sera grand devant le Seigneur. Cette façon de parler marque la vérité, la perfection et l'excellence de quelque chose ; car, comme les Hébreux ajoutent le génitif du nom de Dieu, pour marquer l'excellence de cette même chose : *Cedri Dei, montes Dei* ; ainsi, ils ajoutent à certains noms adjectifs le datif *Deo*, pour signifier la vérité, la perfection et l'excellence de la chose marquée par ces adjectifs, comme *Justum esse Deo, robustum esse Deo* : Être vraiment juste et fort. Les interprètes latins ont rendu ce datif hébreu par *coram Deo, Domino* ; *apud Deum*, etc. Gen. 7. 1. c. 10. 9. *Et erat Nemrod robustus venator coram Domino* : Nemrod fut chasseur, et le plus violent qui fût sous le ciel ; d'autres expliquent *coram Deo*, au mépris de Dieu, et comme en sa présence ; car *coram Deo*, en présence de Dieu, se dit des choses qui lui plaisent et qui lui déplaisent, comme étant faites en sa présence. Gen. 7. 1. *Te vidi justum coram me* : Je n'ai reconnu que vous qui fût juste devant moi, dit Dieu à Noé. c. 6. 11. *Corrupta est autem terra coram Deo* : La terre était corrompue devant Dieu. Luc. 1. 75. *Ut serviamus illi in sanctitate et justitia coram ipso* : Afin de servir Dieu dans la sainteté et dans la justice, nous tenant en sa présence. Act. 8. 21. Voy. paragraphe 1, 5°. Ainsi, les impies en plusieurs endroits de l'Écriture font le mal en présence de Dieu, parce qu'ils le font sans aucun respect pour lui, quoiqu'ils sachent qu'il les voit; ce qui marque une malice consommée.

3° En présence de Dieu; soit devant la colonne, qui était la marque de la présence de Dieu. Exod. 16. 9. *Accedite coram Domino* : Approchez-vous devant le Seigneur. c. 18. 12. etc. Soit devant l'arche, qui était encore une marque de la présence de Dieu, ou dans le tabernacle ou dans le temple. Exod. 16. 33. c. 18. 12. c. 23. 17. c. 28. 12. 29. 30. Deut. 16. 11. etc.

4° Sincèrement et sans hypocrisie; comme en la présence de celui qui sonde les cœurs. Gen. 17. 1. *Ambula coram me* : Marchez devant moi, et soyez parfait, dit Dieu à Abraham. 3. Esdr. 1. 6. Luc. 1. 75. 2. Cor. 7. 13. Coloss. 1. 22.

CORBAN. Gr. κορβᾶν. *Donum Dei.* Ce mot, qui signifie proprement, offrande, vient de karab, *appropinquare*, ou plutôt de hikrib, *appropinquare facere*, ou *offerre*; ainsi il signifie :

Don, ou présent consacré à Dieu. Marc. 7. 11. *Si dixerit homo patri aut matri : Corban (quod est donum) quodcumque ex me, tibi profuerit* ; Gr. *Quocumque ex me juvari posses*, suppl. *est* : Si un homme dit à son père ou à sa mère : Le bien dont je pouvais vous assister est un don consacré à Dieu, *il satisfait à la loi*. Les Pharisiens, qui étaient avares, enseignaient aux enfants à faire à Dieu des présents dont ils eussent dû assister leurs parents, et leur persuadaient que leurs parents en recevaient aussi bien qu'eux un grand avantage spirituel : or ce don que l'on appelait *corban*, était comme un vœu que l'on faisait à Dieu. Voy. Matth. 15. 5. Ce mot *corban* est en Hébreu. Levit. 1. 2. Num. 31. 50. Ezech. 40. 43. C'était même une espèce de jurement, dont il est parlé, Matth. 23. 18. Voy. MUNUS.

CORBONA, Gr. κορβωνᾶν. Ce mot est syriaque, formé de l'Heb. *corban*, et signifie :

La trésorerie, le trésor sacré, le lieu où l'on mettait les présents consacrés à Dieu. Matth. 27. 6. *Non licet eos mittere in corbonam* : Il ne nous est pas permis de mettre ces pièces d'argent dans le trésor, parce que c'est le prix du sang, disent les princes des prêtres. Le mot *corban*, qui signifie présent fait à Dieu, en syriaque *corbanan*, signifie par métonymie, le lieu où l'on mettait ces présents. Luc. 21. 4. *Miserunt in munera Dei*, i. e. *in corban*. Marc. 12. 41. porte *gazophylacium*, le tronc.

CORDATUS, A, UM. De *cor*, sage, prudent, qui a le bon sens, Job. 34. 10. *Viri cordati, audite me* : Vous qui avez du sens et de la sagesse, écoutez-moi.

CORÉ, Heb. *Corahh, Calvities.* — 1° Fils d'Esaü et d'Oolibama. Gen. 36. v. 5. 14. 18. *Oolibama genuit Jehus, et Ihelon et Core.* — 2° Fils d'Eliphaz, aîné d'Esaü. Gen. 36. 16. *Dux Core*, il succéda au royaume d'Idumée à Cenez, et Gatham à Coré. — 3° Fils d'Isaar et petit-fils de Caath, fils de Lévi. Exod. 6. 22. *Filii Isaar, Core, Nephos et Zechri* : Ce Coré est celui qui fut le principal auteur de la sédition qui se fit contre Moïse dans le désert, et qui fut consumé par le feu avec deux cent cinquante autres lévites. Num. 16. v. 1. 2. etc. Ses enfants ne furent point enveloppés dans sa punition, parce qu'ils n'avaient pas consenti à sa rébellion. Num. 26. v. 10. 11. *Factum est grande miraculum ut Core pereunte filii ejus non perirent* : Quand la terre s'entr'ouvrit, Coré périt avec Dathan et Abiron et toutes leurs familles, selon la Vulgate latine ; mais, selon l'Hébreu, il périt avec les deux cent cinquante autres par le feu. v. 10. *Aperiens terra os suum devoravit Core* (Hebr. *devoravit eos; deinde Core (periit*); Gr. Κατέπιεν αὐτοὺς καὶ Χορέ, *devoravit eos et Core*), *morientibus plurimis quando combussit ignis ducentos quinquaginta viros*: Et Coré périt avec plusieurs, qui moururent avec lui, lorsque le feu brûla deux cent cinquante hommes. Il est parlé des enfants de Coré, 1. Par. 9. 19. et c. 26. v. 1. 19. et souvent au commencement des Psaumes, comme étant de ceux qui devaient les chanter. — 4° Fils de Sellum, descendant du vieux Coré. 1. Par. 9. 19. — 5° Fils d'Hébron, descendant de Caleb. 1. Par. 2. 43. — 6° Fils de Jemna, Lévite. 2. Par. 31. 14.

CORIANDRUM, I, κόριον, du Grec κορίαννον; de κόρη, *pupilla oculi*, parce que c'est une graine ronde qui ressemble à la prunelle de l'œil.

Coriandre, herbe dont la graine est noire, et on la couvre de sucre; la manne qui était de petites graines blanches, ressemblait au coriandre pour le goût et pour la figure, mais non pour la couleur. Exod. 16. 31. *Erat quasi semen coriandri album* : La manne ressemblait à la graine de coriandre, elle était blanche. Num. 11. 7.

CORIARIUS, II, Gr. βυρσεύς. Corroyeur, qui prépare les peaux. Act. 9. 43. c. 10. v. 32. *Petrus hospitatur in domo Simonis coriarii* : Simon, surnommé Pierre, est logé en la maison de Simon, corroyeur, dit l'ange à Corneille.

CORINTHUS, I; Gr. Κόρινθος, de κόρος, *satietas*. Corinthe, ville célèbre d'Achaïe sur la mer; Saint Paul y a enseigné la parole de Dieu un an et demi. Act. 18. 1. *Ab Athenis venit Corinthum* : Saint Paul étant parti d'Athènes, vint à Corinthe. Cette ville devint la maîtresse de toute la Grèce, et ses richesses la rendirent si orgueilleuse, qu'elle avait peine à céder à Rome.

CORINTHIUS, κορίνθιος. Corinthien, qui est de Corinthe Act. 18. 8. *Multi Corinthiorum* : Plusieurs des Corinthiens. 2. Cor. 6. 11. Saint Paul a écrit deux Epîtres aux Corinthiens ; quelques-uns croient qu'il leur en a écrit encore une autre qui est perdue, fondés sur ce que dit cet apôtre, 1. Cor. 5. 9. *Scripsi vobis in epistola* : Je vous ai écrit dans une lettre.

CORITÆ, ARUM, Les descendants de Coré, fils d'Isaar. Exod. 6. 24. *Hæ sunt cognationes coritarum* : 1 Par. 9. v. 19. 31. c. 26. 1.

CORIUM, II, δέρμα. Ce mot vient de l'Hébreu *gour* qui signifie la même chose.

Cuir, peau des animaux. Exod. 29. 14.

Carnes vituli et corium et fimum combures foris : Vous brûlerez dehors, et hors du camp, toute la chair du veau, sa peau et ses excréments.

CORNELIUS, ii, Gr. Κορνήλιος. Ce nom est romain, et est formé de *cornu*.

Corneille, qui demeurait dans la ville de Césarée, était centenier dans une cohorte de la légion appelée *Italienne*. Act. 10. v. 1. 3. 17. 22. etc. *Cornelius centurio, vir justus ac timens Deum* : Corneille, centenier, homme juste et craignant Dieu. Ç'a été le premier des Gentils converti à la foi ; ce qui s'est fait par le ministère de saint Pierre ; il avait déjà un commencement de foi en un seul Dieu dans l'attente du Messie, ce qui était conforme à la créance des Juifs. Et quoiqu'il n'eût point encore été baptisé, et que l'Evangile ne lui eût point encore été annoncé, on ne peut douter qu'il ne fût dès lors justifié devant Dieu, par un effet extraordinaire de la grâce, et en vertu des mérites de Jésus-Christ, qui devaient lui être appliquées plus particulièrement dans le baptême. S. Thom. 2. 2. qu. 10. art. 4. ad 3.

CORNEUS, a, um, κεράτινος, Qui est fait de corne. Ps. 97. 6. *Psallite Domino in tubis ductilibus et voce tubæ corneæ* : Chantez des cantiques au Seigneur, au son des trompettes battues au marteau, et de celle qui est faite avec la corne. Dans les premiers temps il y avait des trompettes faites de cornes d'animaux recourbées.

CORNICULA, æ. Diminutif de *cornix*, du Gr. κορώνη, et signifie proprement petite corneille ; dans l'Ecriture :

Corneille, oiseau. Baruch 6. 33. *Nihil possunt sicut corniculæ inter medium cœli et terræ* : Les idoles et tous les faux dieux n'avaient pas plus de pouvoir de faire du bien aux hommes qu'en ont les corneilles qui volent en l'air.

CORNU, Gr. κέρας. Ce nom neutre, qui est indéclinable au singulier et se décline au pluriel, vient de l'Hébreu *keren*.

Corne d'un bœuf, d'un bélier et des autres animaux. Gen. 22. 18. *Viditque post tergum arietem inter vepres hærentem cornibus* : Abraham aperçut derrière lui un bélier qui s'était embarrassé les cornes dans un buisson ; il l'offrit à Dieu au lieu d'Isaac. Exod. 21. 28.

1° Les choses faites à la ressemblance des cornes d'un animal sont appelées de ce nom, comme :

Les cornes des autels. Exod. 27. 2. *Cornua autem per quatuor angulos ex ipso erunt* : Quatre cornes s'élèveront des quatre coins de l'autel (fait de bois de setim). c. 29. 12. 3. Reg. 22. 11. 2. Par. 18. 10. etc. Zach. 9. 15. *Replebuntur ut phialæ, et quasi cornua altaris* : Ils seront remplis du sang de leurs ennemis ; comme les coupes des sacrifices et comme les cornes de l'autel, qui sont remplies du sang des victimes : on versait le sang des victimes aux coins des autels. Dieu avait fait attacher des cornes à son autel pour le rendre plus majestueux et plus vénérable : c'étaient des ornements qui étaient aux quatre coins de l'autel. Ainsi,

DICTIONN. DE PHILOL. SACRÉE. I

Jer. 17. 1. *Peccatum Juda scriptum est... in cornibus ararum eorum* : Le péché de Juda est écrit... sur les coins de leurs autels ; les Juifs y écrivaient les noms des faux dieux, à qui ils offraient des sacrifices et faisaient trophée de leur infidélité.

2° Petit vase fait de corne. 1. Reg. 16. v. I. 13. *Imple cornu tuum oleo* : Emplissez d'huile la corne que vous avez, dit Dieu à Samuël, l'envoyant pour consacrer David : c'était ou un vase de corne plein d'huile ou une corne qui servait de vase.

3° Une éminence ou colline, lieu élevé à la ressemblance des cornes d'un animal. Isa. 5. 1. *Vinea facta est dilecto meo, in cornu filio olei* : Mon bien-aimé avait une vigne sur un lieu élevé, gras et fertile. Voy. FILIUS et OLEUM. Ce lieu élevé marque le pays de Chanaan, montagneux et fertile.

4° Bataillon rangé en pointe, aile d'une armée. 1. Mach. 9. 12. *Bacchides erat in dextro cornu* : Bacchide était à l'aile droite.

5° Force, puissance ; parce que la force des animaux cornus est dans leurs cornes. Deut. 33. 17. *Cornua rhinocerotis cornua illius* : La force de Joseph, *i. e.* d'Ephraïm et de Manassé, ses descendants, est entre les autres tribus, ce qu'est celle du rhinocéros parmi les autres animaux : d'où vient *Extollere, levare cornu*. Voy. EXTOLLERE et LEVARE. *Assumere sibi cornua* (ἔχειν κέρατα) : Se rendre redoutable par sa force. Amos. 6. 14. *Assumpsimus nobis cornua.* Voy. ASSUMERE. Mich. 4. 13. *Cornu tuum ponam ferreum* : Je vous donnerai une corne de fer. Les anciens faisaient fouler le blé par des bœufs qui le brisaient avec la corne de leurs pieds. Voy. UNGULA. *Dare cornu* : Donner pouvoir, permettre. 1. Mac. 2. 48. *Et non dederunt cornu peccatori* : Ils ne permirent point au pécheur d'abuser impunément de son pouvoir. Mathathias et ceux qui l'accompagnaient ne permirent pas qu'Antiochus se fortifiât et s'élevât davantage. Hab. 3. 4. *Cornua in manibus ejus* : La force du saint. *i. e.* du Messie, est dans ses mains ; *i. e.* son bras est tout-puissant. Ainsi, *Cornu salutis*, est une forte protection et une puissance invincible pour sauver. Ps. 17. 3. 2. Reg. 22. 3. *Deus cornu salutis meæ* : Dieu est la force de laquelle dépend mon salut. Ce nom est donné au Messie par Zacharie. Luc. 1. 69. *Erexit cornu salutis nobis* : Dieu nous a suscité un puissant Sauveur : cette puissance toute divine est marquée par les sept cornes attribuées à l'agneau. Apoc. 5. 6. et par les deux qui lui sont atribuées, c. 13. 11. Il est dans cette signification souvent dans les Psaumes, dans Daniel et dans l'Apoc. etc.

6° Gloire, éclat de lumière. Hab. 3. 4. *Cornua in manibus ejus*. Il paraît devant Dieu un grand éclat de lumière, ou des éclairs ; d'autres l'expliquent de la lumière qui environnait le visage qui donnait la loi, et qui rejaillit sur le visage de Moïse ; Héb. *Cornua a manu ejus ei.* Voy. ci-dessus, 3°.

7° Gloire, prospérité. 21. Reg. 1. *Exaltatum est cornu meum* : Mon Dieu m'a comblé de gloire, v. 10. *Sublimabit cornu Christ sui* : Le Seigneur comblera de gloire le règne de son Christ, dit Anne, présentant au Seigneur son fils Samuël. Ezech. 29. 21. Judith. 9. 11.

8° Dignité, puissance royale. Ps. 131. 17. *Illuc producam cornu David* : C'est en Sion que je ferai paraître le règne de David, *ou*, je susciterai une puissance royale à la gloire de David : ce qui a été accompli dans Notre-Seigneur. Voy. Luc. 1. 69. Voyez ci-dessus, 5°. Cette expression vient de ce qu'on se servait d'un vase de corne pour oindre d'huile sacrée ceux qu'on sacrait rois. Zach. 1. v. 18. 19. 21. Apoc. 13. 1. c. 17. v. 3. 4. ou plutôt parce qu'anciennement les cornes étaient une marque d'excellence, de dignité ou de puissance ; c'est pourquoi les païens représentaient leurs dieux et leurs rois avec des cornes, comme il se voit dans Jupiter-Ammon, Bacchus, Isis et d'autres. Dan. 7. 7. *Habebat cornua decem* : Cette quatrième bête avait dix cornes ; ces *dix* cornes marquaient dix rois, tant de Syrie que de l'Egypte, qui ont beaucoup affligé le peuple de Dieu avant la venue de Jésus-Christ. Ainsi, les dix cornes dont il est fait mention, Apoc. 13. 3. et c. 17. 3. sont les princes qui ont ruiné Rome et qui ont démembré l'empire romain. Mais cette petite corne qui sortait du milieu des autres, v. 8. figurait assez clairement Antiochus Epiphanes, qui était le plus petit de tous ses frères, à qui le royaume n'appartenait pas de droit et qui s'était rendu fort méprisable par ses mœurs fanatiques qui le firent appeler *Epimanès*, c'est-à-dire l'Insensé. Ce prince a persécuté outrageusement le peuple Juif et a été la figure de l'Antechrist. Ces trois cornes qui furent arrachées de devant cette bête, sont trois rois du nombre des dix, et qui furent détruits par Antiochus. Dan. 8. v. 3. 4. *Ecce aries unus stabat habens cornua excelsa, et unum excelsius altero* : Je vis un bélier qui avait les cornes élevées, et l'une l'était plus que l'autre. Ce bélier signifie l'empire des Perses et des Mèdes, marqué par les deux cornes : celle qui était plus grande que l'autre, c'était Cyrus, roi de Perse, qui augmenta beaucoup ses Etats par les conquêtes qu'il fit en différents temps. v. 5. *Hircus habebat cornu insigne* : Ce bouc avait une corne fort grande : cette corne désignait Alexandre le Grand, par les armes duquel le royaume des Grecs a triomphé de celui des Perses, v. 8. *Fractum est cornu magnum et orta sunt quatuor cornua subter illud, per quatuor ventos cœli* : Sa grande corne se rompit, et il se forma quatre cornes au-dessous, vers les quatre vents du ciel. Alexandre mourut dans la fleur de son âge ; et dans le cours si rapide de ses victoires, son empire fut divisé en quatre royaumes, que quatre officiers de son armée partagèrent, et qui étaient tournés vers les quatre parties du monde : celui de Babylone à l'orient, celui d'Asie au septentrion, celui de Grèce à l'occident, celui de l'Egypte au midi. v. 9. *De uno autem ex eis egressum est cornu unum modicum, et factum est grande* : Mais de l'une de ces quatre cornes il en sortit une petite qui s'agrandit si fort. De l'un de ces royaumes, *c'est-à-dire* de celui des Seleucides qui ont régné en Asie et en Babylone, sortit le roi Antiochus Epiphanes, qui s'empara de l'Egypte, poussa ses conquêtes dans la Perse et maltraita étrangement le peuple juif. Voy. FORTITUDO. Ainsi, les quatre cornes que vit Zacharie, c. 1. 18. sont les princes et les peuples qui avaient jusqu'alors assujetti et opprimé le peuple juif. *Extollere cornu, ventilare cornu* ou *cornibus*. Voy. EXTOLLERE, EXALTARE, VENTILARE.

9° Victoire, avantage glorieux. 1. Mach. 2. 48. *Non dederunt cornu peccatori* : Mathathias et ses amis ne permirent point à ce prince impie (Antiochus) d'abuser impunément de son pouvoir.

CORNUPETA, Æ ; κερατιστής. Ce nom est comme qui dirait : *Qui petit cornu* ; et signifie :

Qui attaque ou frappé avec la corne. Exod. 21. 29. *Si bos cornupeta fuerit ab heri et nudiustertius* : S'il y a quelque temps que le bœuf frappait de la corne. v. 36.

CORNUSTIBII ; Gr. ἀμαλθαίας κέρας, *Amalthæa cornu*. Cornustibie, nom de la troisième fille que Job eut après que Dieu l'eut retiré de ses souffrances. Job. 42. 14. *Nomen tertiæ Cornu stibii : stibium*, antimoine, marque le fard dont se servaient les femmes pour se rendre plus belles ; ainsi ce nom signifierait abondance de beauté. Voy. STIBIUM. Le Grec l'appelle corne d'abondance pour marquer que Job, de pauvre qu'il était auparavant, devint fort riche. Voy. CASSIA, DIES.

CORNUTUS, A. UM. Qui a des cornes, en parlant d'un animal (κέρας ἔχων). Dan. 3. 6. *Venit usque ad arietem illum cornutum* : Ce bouc vint jusqu'à ce bélier qui avait des cornes : ce bélier à deux cornes figurait l'empire des Mèdes et des Perses dans lequel est venu Alexandre, figuré par le jeune bouc.

Qui est brillant, qui jette des rayons de lumière. Exod. 34. 30. *Moyses ignorabat quod cornuta esset facies sua ex colloquio divino* ; Gr. δεδόξασθαι : Moïse ne savait pas que de l'entretien qu'il avait eu avec le Seigneur, il était resté des rayons de lumière sur son visage. Le mot Hebr. *keren* signifie corne et éclat de lumière ; il se peut faire que ses rayons paraissaient sortir en manière de cornes. Voy. 2. Cor. 3. 7.

CORONA, Æ. Gr. στέφανος. Du mot grec κορώνη, proprement un bouquet de fleurs entrelacées.

1° Tout ce qui se fait en rond, ou de figure ronde, de quelque matière ou manière qu'elle se fasse, pourvu qu'elle serve à environner quelque chose. 1. Reg. 23. 26. *Saul et viri ejus in modum coronæ cingebant David et viros ejus* : Saül et ses gens environnaient David et ceux qui étaient avec lui en forme de couronne ; *sc.* pour les prendre. Judith. 3. 10. *Excipientes eum cum coronis et lampadibus* : Les princes et les plus considérables avec tous les peuples recevaient Holopherne avec des couronnes et des lampes. Eccli. 32. 3. Jerem. 52. 22.

2° **Couronne, diadème, ornement royal.** Ps. 20. 4. *Posuisti in capite ejus coronam de lapide pretioso* : L'humilité de David le fait ressouvenir d'où Dieu l'avait tiré pour le faire roi de son peuple; *ou*, peut-être fait-il allusion à ce qui est dit, 2. Reg. 12. 30. qu'après la défaite des Ammonites et la prise de Rabbath, leur ville capitale, il prit la couronne de leur roi, enrichie de pierres précieuses, et se la mit sur la tête, 1. Par. 20. 2. Jer. 13. 18. Ezech. 21. 26. Esth. 8. 15. On donna à Jésus-Christ une couronne d'épines pour se moquer de sa royauté. Voyez Matth. 27. 29. Marc. 15. 17. Joan. 17. 2. La couronne périssable destinée aux victorieux des jeux profanes est opposée à la couronne de Jésus-Christ et des bienheureux. Voy. 1. Cor. 9. 25. *Illi quidem ut corruptibilem coronam accipiant, nos autem incorruptam* : Les athlètes s'abstiennent de tout ce qui les peut affaiblir pour gagner une couronne périssable, au lieu que nous en espérons une incorruptible. Apoc. 6. 2. c. 14. 14. On donnait aux époux une couronne le jour de leurs noces, aussi bien qu'aux épouses. Cant. 3. 11. Isa. 61. 10. Ezech. 16. 12. *Dedi coronam decoris in capite tuo* ; *i. e. pulcherrimam* : O Jérusalem, je vous ai donné une couronne éclatante sur votre tête.

§ 1. — **Royaume, royauté, dignité royale ou sacerdotale,** Isa. 28. v. 1. 3. *Væ coronæ superbiæ* : Malheur au royaume orgueilleux et insolent des dix tribus! *Pedibus conculcabitur corona superbiæ ebriorum Ephraim* : La couronne d'orgueil des ivrognes d'Ephraïm sera foulée aux pieds. Ezech. 47. 7. Jerem. 13. 18. Zach. 6. 11. *Facies coronas et pones in capite Jesu* : Vous ferez des couronnes que vous mettrez sur la tête du grand prêtre Jésus, fils de Josedec. Ce Jésus, comme il paraît par la suite, était la figure de Jésus-Christ, qui devait être roi et prêtre tout ensemble. Thren. 5. 16. *Cecidit corona capitis nostri* : La couronne est tombée de notre tête : la royauté et le sacerdoce, qui faisaient tout l'honneur de notre nation. Ezech. 21. 26. *Tolle coronam*.

§ 2. — **La vie éternelle et la gloire céleste** promise aux fidèles qui remporteront la victoire, en s'acquittant de leur devoir. 2. Tim. 4. 8. *Reposita est mihi corona justitiæ* : Dieu me réserve la couronne de justice, la récompense qui est justement due à ceux qui combattent selon les règles ; cette récompense est appelée *couronne de justice*, puisqu'elle est due au mérite du travail et du combat, en vertu de la promesse de Dieu ; mais c'est aussi une couronne de grâce et de miséricorde, parce que c'est la grâce qui fait les mérites, et la miséricorde qui pardonne les démérites. Jac. 1. 12. *Accipiet coronam vitæ* : Lorsque la vertu de celui qui souffre patiemment les maux aura été éprouvée, il recevra la couronne de vie. 1. Petr. 5. 4. Prov. 27. 24. Apoc. 2. 10. c. 3. 11. c. 4. v. 4. 10. Ainsi, c. 12. 1. *Corona stellarum duodecim* : L'Eglise est conduite à la vie éternelle par la doctrine des douze apôtres.

§ 3. — **Ornement glorieux, gloire, honneur.** Eccli. 1. 11. *Timor Domini corona exultationis* : La crainte du Seigneur est une couronne d'allégresse, *i. e.* qui donne de la joie. v. 22. *Corona sapientiæ* : C'est un ornement dont la sagesse honore les siens. Apoc. 9. 7. Prov. 4. 9. *Corona inclyta proteget te* : La Sagesse vous couvrira d'une éclatante couronne ; *sc.* après que vous l'aurez acquise, et elle vous protégera et vous affranchira des mauvais desseins de vos ennemis par la gloire et la réputation qu'elle vous donnera, qui seront comme une couronne éclatante dont elle couvrira votre tête : David parle à Salomon. Ainsi, Eccli. 6. 32. Voy. GRATULATIO. Job. 31. 36. *Ut circumdem illum quasi coronam mihi* : Job assure qu'il tirerait un avantage glorieux d'un livre où Dieu aurait bien voulu écrire toutes les raisons qu'il avait alléguées contre ses amis. Prov. 14. 24. c. 16. 31. Isa. 28. 5. c. 6. 2. Thren. 5. 16, Ezech. 16. 12. Philipp. 4. 1. 1. Thess. 2. 19. etc. Ainsi, Apoc. 12. 1. *In capite ejus corona stellarum duodecim* : La doctrine des apôtres est la gloire de l'Eglise. Voy. *supra* 2°.

§ 4. — **L'Etablissement, les richesses, les enfants.** Job. 19. 9. *Abstulit coronam de capite* : Dieu m'a ôté la couronne de dessus la tête.

§ 5. — **Toute sorte de cordon qui avance,** et toute autre chose qui environne, est appelée couronne, quoiqu'il soit carré ou d'autre figure (κυμάτιον). Exod. 25. 11. *Faciesque supra, coronam auream per circuitum* : Vous ferez sur l'arche une couronne d'or qui régnera tout autour : L'arche étant carrée, le cordon par conséquent qui régnait autour l'était aussi. v. 25. 27. c. 30. 3. c. 37. 2. Ainsi, Eccli. 45. 14. *Corona aurea super mitram ejus* : Aaron avait une couronne d'or sur sa mitre. Cette couronne d'or sur la mitre du grand prêtre, était la lame d'or qui ne faisait qu'un demi-cercle dont il est parlé Exod. 28. 36.

§ 6. — **Un tribut qui se donnait au prince** pour faire sa couronne, *ou* une couronne d'or due au prince. 1. Mach. 10. 29. *Coronas remitto* : Je vous remets et à tous les Juifs les couronnes d'or que vous étiez obligés de me présenter tous les ans, comme mes prédécesseurs : ce qu'écrit Démétrius à Jonathas et au peuple Juif, ce tribut s'appelle *aurum coronarium*. Les provinces offraient quelquefois gratuitement et de leur propre mouvement aux princes de l'or, comme pour faire une couronne ; mais ensuite on l'exigeait comme une dette.

§ 7. — **Cercle, révolution de temps.** Ps. 64. 12. *Benedices coronæ anni benignitatis tuæ* : Vous couronnerez l'année de toute sorte de biens ; *corona anni*, est mis pour *circulus anni*. *Annus in se ipsum rediens* : Vous nous comblerez de biens pendant tout le cours de l'année.

§ 8. — **Assemblée de gens pour accompagner quelqu'un.** Eccli. 50. 13. *Circa illum corona fratrum* : Quand le grand prêtre Simon, fils d'Onias, servait à l'autel, il était environné des autres prêtres, comme l'est un grand cèdre d'autres plus petits.

§ 9. — Nom de lieu exprimé, parce qu'il signifie, en hébreu, les habitants mêmes de ce lieu, qui est un petit canton sur les frontières des tribus d'Ephraïm, de Juda et de Benjamin. 1 Par. 2. 54. *Coronæ domus Joab :* Les couronnes de la famille de Joab ; *Heb.* et *Gr.* Ataroth, i. e. *Atarothani.* L'Interprète latin a traduit ce mot hébreu par *coronæ,* qui est la signification propre, au lieu de traduire *Atarothani,* ceux d'Ataroth, dont il est fait mention, Jos. 16. v. 2. 5. 7. Ils étaient de la famille de Joab.

CORONARE, στεφανοῦν, Couronner, mettre une couronne sur la tête. Cant. 3. 11. *Videte regem Salomonem in diademate quo coronavit illum mater sua :* Filles de Sion, venez voir le roi Salomon avec le diadème dont sa mère l'a couronné : Ceci peut s'entendre seulement de ce que Bethsabée procura le royaume à Solomon (Voy. 3. Reg. 1. v. 16. 17. 29. 30.) ; quoiqu'elle pût bien aussi lui mettre la couronne sur la tête, selon le sentiment de quelques-uns, qui disent que la fonction de couronner les époux appartenait à leurs mères ; Salomon était la figure de Jésus-Christ. Voy. DIADEMA. Isa. 61. 10. Sap. 2. 8. *Coronemus nos rosis, antequam marcescant* (στέφειν): Les païens se couronnaient de fleurs dans les festins et dans les fêtes de leurs dieux ; mais cette coutume n'a point passé aux Israélites. (Voy. Tertull. *de Cor milit.* Clem. Alex. *l.* 2. *Pædagog. c.* 8). 2. Mach. 6. 7. Ainsi, Cant. 4. 8. *Veni, coronaberis :* Venez, vous serez couronnée ; Hebr. *spectabis me.*

— 1° Orner, revêtir de quelque ornement précieux. Eccli. 45. 9. *Coronavit* (στεφερόν) *eum in vasis virtutis :* Dieu a revêtu Aaron d'un appareil plein de majesté. Voy. VIRTUS. — 2° Couronner, donner la couronne de l'immortalité. 2. Tim. 2. 5. *Qui certat in agone, non coronatur nisi legitime certaverit :* Celui qui combat dans les jeux publics n'est couronné qu'après avoir combattu, selon la loi de ces combats : ce qui est la figure des chrétiens qui combattent pour avoir la couronne de la gloire du ciel. Tob. 3. 21. Sap. 4. 2. Cant. 4. 8. — 3° Protéger, défendre de toutes parts en comblant de biens. Ps. 5. 13. *Ut scuto bonæ voluntatis tuæ coronasti nos :* Seigneur, votre bienveillance nous sert d'une puissante protection ; Hebr. *scuto , bona voluntate.* — 4° Environner, charger, combler ; soit de gloire et d'honneur. Ps. 8. 6. *Gloria et honore coronasti eum:* (Seigneur), vous avez couronné l'homme de gloire et d'honneur, Hebr. 2. v. 7. 9. Soit de biens et de richesses. Isa. 23. 8. *Quis cogitavit hoc super Tyrum quondam coronatam?* Qui a prononcé cet arrêt contre Tyr, autrefois la reine des villes ? Ps. 102. 4. *Qui coronat te in misericordia et miserationibus:* C'est lui qui vous environne de sa miséricorde et de ses grâces : Dieu avait délivré David plusieurs fois des périls évidents de la mort, et l'avait enfin élevé sur le trône, le comblant des effets de sa miséricorde. Soit même des maux dont on est accablé et environné. Isa. 22. 18. *Coronans coronabit te tribulatione :* Le Seigneur vous couronnera d'une couronne de maux ; Heb. *Circumligabit te fascia :* Sobna devait être lié pour être mené en captivité.

CORONULA, æ. 1° Petite couronne. Exod. 39. 26. *Fecerunt mitras cum coronulis :* Ils firent pour Aaron et pour ses enfants des mitres de fin lin, avec leurs petites couronnes. 2° Couronne, ceinture, cordon, 3. Reg. 7. 29. *Inter coronulas et plectas, leones, et boves:* Sur les socles d'airain, il y avait des lions et des bœufs gravés entre les couronnes et les entrelas.

COROZAIN, Heb. *Hoc mysterium meum ;* Gr. χοραζάϊν, Chorazin. Ville de la tribu de Manassé, delà le Jourdain, sur la mer de Galilée. Matth. 11. 21. Luc. 10. 13. *Væ tibi, Corozain :* Malheur à toi, Corozaïn : Jésus-Christ menace les habitants de cette ville d'un châtiment plus rigoureux que ne devait être celui de Tyr et de Sidon, pour n'avoir pas profité de ses instructions.

CORPORALIS, IS, n. e. σωματικός. 1° Corporel, qui regarde et concerne le corps. 1. Tim. 4. 8. *Corporalis exercitatio ad modicum utilis est :* Les exercices corporels, tels que sont ceux de la lutte ou de la course, servent à peu de chose, *sc.* à la conservation de la santé et à l'augmentation des forces du corps : L'Apôtre oppose à cet exercice, l'exercice de la piété comme très-nécessaire. — 2° Qui a un corps, qui en a les qualités qui tombent sous les sens. Luc. 3. 22. *Descendit Spiritus sanctus corporali specie, sicut columba, in ipsum :* Le Saint-Esprit descendit sur Jésus-Christ en forme corporelle, comme une colombe : Il ne semble pas que ce fût une vraie colombe, puisqu'elle ne parut que pour marquer que Jésus-Christ était rempli du Saint-Esprit. Voy. Joan. 33. 1.

CORPORALITER, Gr. σωματικῶς. A la façon d'un corps ; dans l'Ecriture :

Substantiellement, et personnellement, et non en figure. Coloss. 2. 9. *In ipso habitat omnis plenitudo Divinitatis corporaliter :* Ce n'est point seulement par la grâce que la plénitude de la Divinité habite en Jésus-Christ ; mais elle y habite hypostatiquement, en sorte que l'humanité de Jésus-Christ était vraiment l'humanité de Dieu. Voy. ci-dessous *Corpus Christi* 2°.

CORPULENTIOR, US, ORIS. Qui a plus de corps, qui est plus charnu, plus gras, qui est dans un embonpoint meilleur (ἰσχυρὸς ταῖς σαρξίν). Dan. 1. 15. *Apparuerunt vultus eorum meliores et corpulentiores :* Dix jours après que Daniel et ses compagnons eurent vécu de légumes et d'eau à boire, leur visage parut meilleur et en un embonpoint meilleur que tous les jeunes hommes qui mangeaient des viandes du roi : La bonne santé et l'embonpoint s'entretiennent par la tempérance et la frugalité, et se perdent par la bonne chère.

CORPUS, ORIS, Gr. σῶμα. On fait venir ce mot du génitif de χρώς χρωτός.

1° Toute substance matérielle ; soit qu'elle soit animée ou non. Job. 41. 6. Jac. 3. 3. *Omne corpus illorum circumferimus :* Nous faisons tourner tout le corps des chevaux où nous voulons, *sc.* par le moyen des mors. 1.

Cor. 15. 40. *Et corpora cælestia, et corpora terrestria :* Il y a des corps célestes, il y a des corps terrestres. v. 37. 38. etc. Gen. 41. 4. Heb. 13. 11.

2° Corps qui est animé d'une âme raisonnable. Sap. 9. 15. *Corpus quod corrumpitur aggravat animam :* Le corps qui se corrompt appesantit l'âme. Eccli. 31. 25. *Non adduces corpori tuo infirmitatem :* Vous n'attirerez point une maladie à votre corps. c. 2. 3. Matth. 10. 28. Rom. 8. 23.

3° Corps mort, corps d'homme mort (πτῶμα). Matth. 10. 28. Luc. 17. 37. *Ubicumque fuerit corpus,* σῶμα, *illic congregabuntur et aquilæ :* Jésus-Christ, qui paraîtra au dernier jugement avec ses sacrées plaies, se compare à un cadavre que les aigles sentent de loin, pour exprimer avec quelle vitesse les justes se réuniront à lui. Nahum. 3. 3. *Corruent in corporibus suis ;* i. e. *inter suorum cadavera :* Des monceaux de corps tomberont les uns sur les autres : Le Prophète parle des peuples de Ninive défaits par les Chaldéens. Matth. 14. 12. Joan. 19. 31. Act. 9. 40. Jud. v. 9. Eccli. 44. 14.

4° Corps d'animal tué, soit homme, soit bête. Dan. 14. 31. *Dabantur eis duo corpora quotidie, et duæ oves :* On donnait chaque jour aux lions qui étaient dans la fosse de Babylone deux corps, sc. deux animaux tués, avec deux brebis vivantes : Le lion aime une proie vivante qu'il puisse déchirer avec les ongles.

§ 1.—Les parties du corps qui servent à la génération. 1. Cor. 7. 4. *Mulier corporis sui potestatem non habet, sed vir ; similiter et vir corporis sui potestatem non habet, sed mulier :* Le corps de la femme n'est point en sa puissance, mais en celle du mari ; de même le corps du mari n'est point en sa puissance, mais en celle de la femme. Voy. S. Aug. l. 5. c. 4. contra Julianum. *Membra corporis quibus concubitus peragitur, honeste corpus vocat.*

§ 2 — Le dos de l'homme. 3. Reg. 14. 9. *Me autem projecisti post corpus tuum* (ὀπίσω σώματός σου. *Poste*): Vous m'avez rejeté derrière vous, vous m'avez méprisé. Ezech. 23. 35.

§ 3. — La personne même. 2. Cor. 5. 10. *Ut referat unusquisque propria corporis, prout gessit, sive bonum, sive malum :* Chacun recevra (au tribunal de Jésus-Christ) ce qui est dû au bien ou au mal qu'il aura fait pendant qu'il était revêtu de son corps. Gen. 47. 18. *Nec clam te est quod, absque corporibus et terra, nihil habeamus :* Vous n'ignorez pas que, excepté notre corps et la terre, nous n'avons rien, disent les Egyptiens à Joseph. 2. Esdr. 9. 37. Ainsi, l'homme tout entier. Jac. 3. 6. *Maculat totum corpus :* La langue infecte toute le corps, *i. e.* l'homme tout entier, si on ne la retient, et si on ne la règle. Esth. 14. 2. c. 15. 6. Eccli. 51. 3. Sap. 1. 4. Tous ces passages s'entendent dans le même sens que Jon. 4. 3. Matth. 28. 6. Act. 8. 2. où la personne est exprimée.

§ 4. — Le vieil homme, le corps du péché. Coloss. 2. 11. *Circumcisi estis circumcisione non manu facta in exspoliatione corporis* (Gr. *peccatorum*) *carnis :* Vous avez été circoncis d'une circoncision qui n'est pas faite par la main des hommes ; mais qui consiste dans le dépouillement du vieil homme, ou du corps des péchés que produit la concupiscence. Selon la Vulgate latine, *exspoliatio corporis* s'entendrait de la circoncision extérieure, à cause de *sed in circumcisione Christi ;* mais il est à remarquer que *sed* n'est point dans le Grec, mais qu'il est nécessaire dans le Latin où il n'y a point le mot *peccatorum.* Rom. 6. 6. *Vetus homo noster simul crucifixus est ut destruatur corpus peccati :* Notre vieil homme a été crucifié avec Jésus-Christ, afin que le corps du péché soit détruit. c. 7. 24. 1. Cor. 9. 27.

§ 5. — L'assemblée de deux ou plusieurs choses qui, étant unies ensemble par un lien très-étroit, ne font qu'un corps. Rom. 12. 5. *Multi unum corpus sumus in Christo :* Nous ne sommes tous qu'un seul corps en Jésus-Christ. 1. Cor. 6. 12. c. 10. 17. c. 12. 13. Coloss. 3. 15. Ephes. 2. 16.

§ 6. — Toutes les actions de la vie. Jac. 3. 2. *Potest etiam freno circumducere totum corpus :* Si quelqu'un ne fait point de faute en parlant, il peut régler toutes les actions de sa vie. D'autres l'entendent du corps même, dont on est capable de régler toutes les parties, si on est maître de sa langue. Matth. 6. v. 22. 23. Luc. 11. v. 34. 36. *Si oculus tuus fuerit simplex, totum corpus tuum lucidum erit :* On sait ordinairement bien les choses dont on juge sainement. Voy. LUCERNA.

§ 7.—La chasteté, la pureté du corps. Eccli. 7. 26. *Filiæ tibi sunt ? serva corpus illarum :* Avez-vous des filles ? conservez la pureté de leurs corps.

Phrase tirée de ce mot.

Corpus Christi.—1° Le corps de Jésus-Christ s'entend en quatre manières dans l'Ecriture. 1° Le corps vivant et naturel de Jésus-Christ qui a été formé dans le sein de la bienheureuse Vierge, par l'opération du Saint-Esprit. Hebr. 10. 5. *Corpus autem aptasti mihi ;* Vous m'avez formé un corps, dit Jésus-Christ à son Père éternel. v. 10. Matth. 26. 12. Joan. 2. 21. Rom. 7. 4. Coloss. 1. 23. 2° Ce même corps mort et enseveli. Matth. 27. v. 58. 59. *Petiit corpus Jesu, tunc Pilatus jussit reddi corpus :* Joseph d'Arimathie ayant demandé à Pilate le corps de Jésus, Pilate commanda qu'on le lui donnât. 3° Ce même corps glorieux, après la résurrection de Jésus-Christ. Philipp. 3. 21. *Reformabit corpus humilitatis nostræ, configuratum corpori claritatis suæ :* Jésus-Christ changera notre corps tout vil et corruptible qu'il est, en un corps glorieux et conforme à la clarté du sien. 4° Le corps de Jésus-Christ qui se trouve réellement et substantiellement, après la consécration, sous les apparences du pain et du vin. Matth. 26. 26. *Hoc est corpus meum :* Ceci est mon corps, dit Jésus-Christ. 1. Cor. 11. 27. *Reus erit corporis et sanguinis Domini :* Quiconque mangera ce pain indignement, il sera coupable de la profanation du corps et du sang du Seigneur. v. 24. 29. c. 10. 16. Marc. 14. 22. Luc. 22. 19.

2° La vérité des ombres et des figures de l'ancienne loi, qui sont accomplies en Jésus-Christ, sont appelées le corps de Jésus-Christ, ou plutôt corps en Jésus-Christ. Colos. 2. 17. *Quæ sunt umbra futurorum, corpus autem Christi*, pour *corpus Christus est* : Toutes ces choses (*sc.* qui s'observaient dans l'ancienne loi) n'ont été que l'ombre de celles qui devaient arriver, et Jésus-Christ en est le corps et la vérité. Ainsi la Vulgate, qui porte *corporaliter*, marque que la Divinité habite en Jésus-Christ substantiellement, et non en figure, ni seulement par une inhabitation de grâce. Voy. CORPORALITER.

3° Le corps mystique de Jésus-Christ, qui est l'Eglise. 1. Cor. 12. 27. *Vos autem estis corpus Christi* : Vous êtes le corps de Jésus-Christ. Colos. 1. 24. *Adimpleo ea quæ desunt passionum Christi in carne mea pro corpore ejus, quod est Ecclesia* : J'accomplis dans ma chair ce qui manque aux souffrances de Jésus-Christ, pour son corps, qui est l'Eglise. v. 18. c. 2. 19. Ephes. 1. 23. c. 4. v. 4. 12. 16. c. 5. v. 23. 30.

CORRECTIO. — 1° Correction, réformation (διόρθωσις). Heb. 9. 10. *Usque ad tempus correctionis* : Les cérémonies de la loi n'ont été imposées que jusqu'au temps qu'elle a été réformée ou perfectionnée par la nouvelle loi. c. 6. 16.

2° Fondement, établissement (κατόρθωσις). Ps. 96. 2. *Justitia et judicium correctio sedis ejus* : La justice et l'équité sont les bases et le soutien du trône du Seigneur. Saint Jérôme, *Firmamentum throni ejus*. Voy. CORRIGERE, 4°.

CORREPTIO, NIS; ἔλεγχος. — 1° Correction, réprimande, reproche. Prov. 27. 5. *Melior est manifesta correptio quam amor absconditus* : La correction manifeste vaut mieux qu'un amour secret. Le Sage parle d'une correction qui se fait non publiquement, mais en particulier à un ami, franchement et sans dissimuler sa faute, par un amour véritable, non feint et dissimulé, tel qu'est l'amour de celui qui n'ose reprendre son ami de ses défauts, de peur de le choquer. *Manifesta correptio* : Correction manifeste. Sap. 17. 7. *Sapientiæ gloriæ correptio cum contumelia*; *i. e. redargutio contumeliosa gloriationis de sua sapientia* : La sagesse dont les Egyptiens faisaient gloire, fut déshonorée honteusement; *sc.* dans le temps des ténèbres palpables où ils furent. Eccli. 29. 35. *Correptio domus, et improperium feneratoris* (ἐπιτίμησις) : Les reproches de celui qui nous a logés chez lui, et les insultes d'un créancier, sont deux choses pénibles à un homme qui a du sens. c. 19. v. 5. 28. Job. 13. 6.

2° Remontrance, avertissement (νουθεσία). Prov. 1. 23. *Convertimini ad correptionem meam* : Faites attention aux instructions que je vous donne, v. 30. Sap. 16. 6. 1. Cor. 7. v. 10. 11. Ephes. 6. 4. Tit. 3. 10.

3° Correction, châtiment, punition. Prov. 29. 15. *Virga atque correptio tribuit sapientiam* : La verge et la correction donnent la sagesse. Eccli. 20. 31. *Avertit correptiones eorum* : Les présents et les dons empêchent les juges de châtier les coupables. Sap. 1. 9. c. 3. 10.

4° Correction, amendement. Prov. 29. 20. *Stultitia magis speranda est qu'm illius correptio* : Pour un homme qui est prompt à parler, attendez plutôt de lui des folies que non pas qu'il se corrige; *autr.* il y a plus à espérer d'un fou que de lui.

CORRIDERE, συγγελᾶν. Rire avec quelqu'un, s'amuser à rire avec lui. Eccli. 30. 10. *Non corrideas illi, ne doleas* : Un enfant avec qui le père rit, perd le respect et se familiarise trop.

Se réjouir avec quelqu'un, le congratuler du bien qui lui est arrivé. Gen. 21. 6. *Risum fecit mihi Deus, quisquis audierit corridebit mihi*; Gr. συγχαρεῖται μοι, *congaudebit mihi* : Le Seigneur m'a donné un sujet de ris et de joie; *sc.* en la naissance d'Isaac, quiconque l'apprendra, s'en conjouira avec moi, dit Sara.

CORRIGERE, κατορθοῦν, διορθοῦν; de *regere*. — 1° Corriger, redresser, rectifier, changer de mal en bien. Esth. 8. 5. *Novis epistolis veteres Aman litteræ corrigantur* : Je vous conjure de vouloir ordonner que la première lettre d'Aman, ennemi des Juifs, soit cassée par une nouvelle lettre du roi, dit Esther à Assuérus. Sap. 9. 18. — 2° Réformer les mœurs et la conduite. Eccle. 1. 15. *Perversi difficile corriguntur* (ἐπικοσμεῖν); Les âmes perverses se corrigent difficilement. c. 7. 14. *Considera opera Dei quod nemo possit corrigere, quem ille despexerit* : La correction du cœur est l'ouvrage de Dieu. Ps. 17. 36. Ps. 118. 9. Sap. 9. 18.

§ 1. — Ordonner, régler (ἐπιδιορθοῦν). Tit. 1. 5. *Reliqui te Cretæ, ut ea quæ desunt, corrigas* : Je vous ai laissé en Crète, afin que vous y régliez tout ce qui reste à y régler. Act. 24. 2. *Cum multa corrigantur per tuam providentiam* : Comme plusieurs ordres, très-salutaires à ce peuple, ont été établis par votre sage prévoyance, dit l'orateur Tertulle au président Félix.

§ 2. — Aiguiser ce qui est émoussé. 1. Reg. 13. 21. *Usque ad stimulum corrigendum* (χαλκεύειν) : Il fallait aller chez les Philistins pour faire aiguiser tout, jusqu'à la pointe d'un aiguillon. Voy. la raison, v. 19.

§ 3. — Affermir, établir. Ps. 95. 10. *Correxit orbem terræ qui non commovebitur* : Dieu a affermi toute la terre (*sc.* au temps de sa création), sans qu'elle puisse être ébranlée; c'est le même mot en Hébreu qu'au Ps. 92. 2. *Firmavit orbem terræ* : car les Septante rendent le mot Hébreu *koum*, tantôt par ἑτοιμάζειν, *corrigere*, tantôt par κατορθοῦν, *parare*, et tantôt par στερεοῦν, *firmare*; ce dernier est la signification de *corrigere*, en plusieurs endroits.

CORRIGIA, Æ; ἱμάς, ατος; du mot *corium*.

Courroie, cordon de souliers. Isa. 5. 27. *Nec rumpetur corrigia calceamenti ejus* : Un seul cordon de ses souliers ne se rompra dans sa marche. Le Prophète parle des

Chaldéens, qui venaient contre Jérusalem, forts et vigoureux; d'autres expliquent: Ils seront toujours sous les armes, et ne se déchausseront point pour reposer. Marc. 1. 7. *Non sum dignus solvere corrigiam calceamentorum ejus*: Je ne suis pas digne de délier les cordons de ses souliers, en me prosternant devant lui; *i. e.* de lui rendre les services les plus bas : ce que saint Jean dit à l'égard de Jésus-Christ. Luc. 3. 16. Joan. 1. 27.

Chose très-vile et de peu de conséquence. Gen. 14. 23. *A filo subtegminis usque ad corrigiam* (σφυρωτήρ) *caligæ, non accipiam ex omnibus quæ tua sunt*: Je ne recevrai rien de tout ce qui est à vous, depuis le moindre fil jusqu'à un cordon de soulier, dit Abraham au roi de Sodome.

CORRIPERE; παιδεύειν, ἐλέγχειν, de *rapere*.

1° Prendre, saisir. Act. 10. 4. *Timore correptus* : Saisi de crainte.

2° Reprendre, réprimander. Ps, 140. 5. *Corripiet me justus in misericordia* : Le juste me reprendra par charité. Eccli 7. 6. *Melius est a sapiente corripi, quam stultorum adulatione decipi* (ἐπιτίμησις) : Il vaut mieux être repris par un homme sage, que d'être séduit par les flatteries des insensés. Matth. 18. 15. Luc. 3. 19. Voy. *infra*, signif. figurée 3°.

3° Châtier, punir. 1. Reg. 3. 13. *Eo quod noverit indigne agere filios suos, et non corripuerit* (νουθετεῖν) *eos* : Parce que le grand prêtre Heli sachant que ses fils se conduisaient d'une manière indigne, il ne les a point punis, je punirai pour jamais sa maison de son iniquité. Lev. 26. 28. *Corripiam vos septem plagis*; *i. e. multis*: Si vous ne voulez point vous corriger, après vous avoir tant châtié, je vous châtierai de sept plaies, à cause de vos péchés. Mich. 4. 3. *Corripiet gentes fortes* (ἐξελέγχειν) : Dieu châtiera des nations puissantes. Le Prophète prédit la conversion des nations qui ne pouvaient pas embrasser la foi de Jésus-Christ, qu'elles ne fussent domptées et humiliées sous le joug de ses préceptes. Job. 5. 17. *Beatus homo qui corripitur a Deo* : Heureux est l'homme que Dieu corrige lui-même. Ps. 6. 1. *Neque in ira tua corripias me* : Ne me punissez pas dans votre colère, Seigneur. Judith 8. 27. Ps. 37. 2.

§ 1. — Convaincre. Sap. 1. 3. *Probata autem virtus corripit insipientes* : Lorsque les hommes veulent tenter la puissance de Dieu, elle les convainc de folie.

§ 2. — Chasser, faire retirer. Sap. 1. 5. *Corripietur a superveniente iniquitate*: L'iniquité survenante bannit de l'âme le Saint-Esprit; selon le Grec, rebuté et confus, et comme contraint de se retirer.

§ 3. — Avertir, faire des remontrances (νουθετεῖν, *monere*). Col. 1. 28. *Corripientes omnem hominem* : Nous prêchons Jésus-Christ, avertissant tous les hommes de leurs déréglements. Les Apôtres ont trouvé le genre humain dans l'ignorance de Dieu, et dans l'abandon à leurs passions. Le mot grec peut aussi signifier reprendre, réprimander.

§ 4. — Corriger, réformer (ἐπανόρθωσις, *correctio*). 2. Tim. 3. 16. *Omnis scriptura divinitus inspirata utilis est ad corripiendum*: Toute écriture qui est inspirée de Dieu, est utile pour corriger les mœurs.

§ 5. — Avertir, rapporter quelque chose à quelqu'un. Eccli. 19. v. 13. 14. 15. *Corripe amicum* : Reprenez votre ami, représentez-lui le mal qu'on dit de lui.

CORROBORARE, (κατισχύειν). 1° Fortifier, donner des forces, encourager. Deut. 3. 28. *Corrobora eum atque conforta* : Affermissez Josué, et fortifiez-le, dit Dieu à Moïse. Ephes. 3. 16. *Flecto genua mea ut det vobis virtute corroborari* (κραταιωθῆναι) *per Spiritum ejus in interiorem hominem* : Je fléchis les genoux devant le Père de Notre-Seigneur Jésus-Christ, afin qu'il vous fortifie dans l'homme intérieur par son Saint-Esprit.

2° Affermir, augmenter. Ps. 102. 11. *Secundum altitudinem cœli a terra, corroboravit misericordiam suam super timentes se* : Autant que le ciel est élevé au-dessus de la terre, autant le Seigneur a affermi la grandeur de sa miséricorde sur ceux qui le craignent. Eccli. 49. 7. Ainsi, Eccli. 49. 12. *Corroboraverunt Jacob* (παρακαλεῖν) : Les prophètes ont soutenu par leurs prophéties et fait revenir de ses impiétés le peuple de Dieu descendant de Jacob, et l'ont consolé dans ses afflictions.

CORRODERE, κατέδεσθαι, ronger. Exod. 10. 5. *Corrodet omnia ligna quæ germinant in agris* : Si vous ne voulez pas laisser aller le peuple, les sauterelles rongeront tous les arbres qui poussent dans les champs, disent Moïse et Aaron à Pharaon.

CORROGATIO, NIS. Prière faite à quelques personnes de faire quelque chose, *ou*, demande qu'on fait à plusieurs personnes, comme en mendiant ; dans l'Ecriture:

Assemblée de gens qui contribuent chacun du leur. Eccli. 32. 3. *Ut dignationem consequaris corrogationis* : Afin que vous receviez de la louange de la part de tous ceux qui sont à table, à cause de l'ordre que vous aurez établi ; *ou*, afin qu'ils vous fassent honneur, en contribuant chacun leur plat pour en faire comme un tribut qu'ils vous offrent comme à leur Roi.

CORRUERE, πίπτειν, tomber par terre, choir en ruine, périr. Heb. 11. 30. *Fide muri Jericho corruerunt* : C'est par la foi que les murs de Jéricho tombèrent. Voy. Jos. 20. 31. Ps. 144. 14. *Allevat Dominus omnes qui corruunt* : Le Seigneur soutient tous ceux qui sont près de tomber. Il soutient tous ceux qui ne tombent point durant la tentation, et tous ceux qui se relèvent de leur chute, s'en relèvent, parce que Dieu les relève. Prov. 11. 28. *Qui confidit in divitiis suis corruet* : Celui qui se fiera en ses richesses tombera. Isa. 59. 14. *Corruit in platea veritas* : La vérité a été renversée dans les places publiques, *sc.* où l'on rendait la justice. v. 5. 14. c. 29. 25. Levit. 26. 37. Jos. 6. v. 5. 20. c. 7. 5.

1° Se prosterner par terre. Gen. 44. 14. *Om-*

nes ante eum pariter in terram corruerunt : Les frères de Joseph se prosternèrent tous ensemble devant lui. Num. 20. 6. 2. Reg. 9. 6. etc. A quoi se peut rapporter, Esth. 7. 8. *Reperit Aman super lectum corruisse*(ἐμπίπτειν): Assuérus trouva qu'Aman s'était jeté sur le lit où était Esther ; il s'y était jeté pour la conjurer de lui sauver la vie. Voy. v. 7.

2° Succomber, être vaincu et défait. Levit. 26. 17. *Corruetis coram hostibus vestris* : Vous tomberez devant vos ennemis ; *sc.* si vous n'observez mes lois. v. 7. Num. 14. 22. 43. Deut. 28. 7. 26.

3° Etre saisi de crainte et de douleur. Isa. 21. 3. *Corrui cum audirem ;* ce que j'entends m'effraie, dit le Prophète parlant de la ruine des Babyloniens, dont il prévoyait la désolation par les Perses et les Mèdes. 1 Mach. 6. 16.

4° Tomber dans un état misérable (ἀσθενεῖν). Ose. 14. 2. *Corruisti in iniquitate tua* : C'est votre iniquité qui vous a fait tomber en de si grands maux. Prov 30. 10. *Ne forte corruas* (ἀφανίζεσθαι): De peur que vous ne tombiez dans la malédiction de Dieu ou dans le péché, n'accusez point légèrement le serviteur devant son maître. Jer. 14. 9. Hab. 1. 11.

CORRUMPERE, διαφθείρειν, φθείρειν. Corrompre, gâter. Prov. 25. 26. *Vena corrupta* : Une source corrompue. Ps. 37. 6. *Putruerunt et corruptæ sunt cicatrices meæ* (σήκειν) : Mes plaies ont été remplies de corruption et de pourriture, à cause de mon extrême folie. Mich. 2. 10. Deut. 28. 22. 3. Reg. 8. 37. Sap. 9. 15. Nahum. 2. 2.

1° Ruiner, ravager, détruire (ἐξολοθρεύειν). Exod. 8. 24. *Corruptaque est terra ab hujuscemodi muscis* : La terre d'Egypte fut corrompue de cette multitude de mouches. Jer. 51. 25. Ose. 2. 12. 1. Mach. 15. 4.

2° Perdre, exterminer, faire périr. 2 Cor. 4. 16. *Licet is, qui foris est, noster homo corrumpatur* : Encore que dans nous l'homme extérieur se détruise, néanmoins l'homme intérieur se renouvelle de jour en jour. Voy. Homo. Luc. 12. 33. *Facite vobis thesaurum non deficientem in cœlis ; quo fur non appropiat, neque tinea corrumpit* : Amassez-vous dans le ciel un trésor qui ne périsse jamais ; d'où les voleurs n'approchent point, et que les vers ne peuvent corrompre : ce trésor se fait par l'aumône. Ps. 74. 1. *Ne corrumpas* : Ne nous détruisez pas : c'est le titre de ce psaume, Eccli. 47. 24. Mal. 3. 11. Dan. 7. 14.

3° Corrompre les mœurs ou l'esprit, rendre plus méchant. Apoc. 19. 2. *Judicavit de meretrice magna quæ corrupit terram in prostitutione sua* : Cette prostituée que Dieu a condamnée, est la Rome païenne, qui a corrompu toute la terre par son idolâtrie et ses autres crimes. 1 Cor. 15. 33. *Corrumpunt bonos mores colloquia prava* : Les mauvais entretiens gâtent les bonnes mœurs. 2 Cor. 7. 2. *Neminem corrupimus* : Nous n'avons corrompu personne, soit par le mauvais exemple, soit par la fausseté de la doctrine. Cant. 8. 5. *Ibi corrupta est mater tua* : C'est sous un arbre qu'Eve a été corrompue par les artifices du démon (ὠδύνειν, *parere*).

4° Souiller, profaner, rendre impur. Levit. 22. 25. *Corrupta et maculata sunt omnia* : On n'offrait point à Dieu les présents des païens, parce qu'ils étaient souillés par leur idolâtrie, et qu'ils étaient estimés profanes au regard des Juifs.

5° Donner du goût, aigrir (ζυμοῦν, *fermentare*). 1 Cor. 5. 6. Gal. 5. 9. *Modicum fermentum totam massam corrumpit* : Quoique cette aigreur que le levain donne à la pâte soit bonne et utile en soi-même ; néanmoins, dans l'application, elle marque la corruption qui se fait d'une compagnie, par la méchanceté d'un seul ou d'un petit nombre.

CORRUPTIBILIS, is ; φθαστός. Corruptible, sujet à la corruption. Eccli. 14. 20. *Omne opus corruptibile in fine deficiet* : Tout ce qui est corruptible sera détruit enfin. 1 Cor. 15. 53. *Oportet enim corruptibile hoc induere corruptionem* : Il faut que ce corps corruptible soit revêtu de l'incorruptibilité.

CORRUPTIO. NIS, φθορά, διαφθορά, Corruption, perte, dégât. 1. Cor. 15. 42. *Seminatur in corruptione* ; Le corps de l'homme se corrompt en terre comme les graines que l'on sème : Ainsi, *Videre corruptionem*, signifie, ressentir, éprouver la corruption dans le tombeau. Ps. 15. 10. *Nec dabis Sanctum tuum videre corruptionem* : Vous ne souffrirez point que votre Saint soit sujet à la corruption : ce qui ne peut s'entendre de David, mais de Jésus-Christ seulement, comme saint Pierre le prouve, Act. 2. v. 27. 29. 31. et saint Paul, Act. 13. v. 34. 35. 36. *David appositus est ad patres suos, et vidit corruptionem* : David a été mis avec ses pères, et il a éprouvé la corruption. v. 37. *Quem vero Deus suscitavit a mortuis, non vidit corruptionem* : Mais celui que Dieu a ressuscité n'a point éprouvé la corruption.

1° Le Sépulcre. Act. 13. 34. *Suscitavit eum a mortuis, amplius jam non reversurum in corruptionem* : Dieu a ressuscité Jésus-Christ d'entre les morts pour ne plus retourner au sépulcre. Ce mot *corruptio* est mis pour le sépulcre, parce que les corps y sont corrompus, ce qui ne se peut dire de Jésus-Christ.

2° La mort (θάνατος) ; soit temporelle, celle du corps, qui est suivie de la corruption du corps. Jon. 2. 7. Job. 33. 18. *Eruens animam ejus a corruptione* : Dieu tire l'âme de l'homme de la corruption ; *ou*, de sa perte, v. 30. Ainsi, *Descendere in corruptionem* : C'est mourir. v. 24. *Libera eum, ut non descendat in corruptionem* : Délivrez l'homme, afin qu'il ne descende point dans la corruption. Ps. 29. 10. Soit la mort éternelle de l'âme. Gal. 6. 8. *Qui seminat in carne* (Gr. *in carnem*) *de carne et metet corruptionem* : Celui qui sème dans sa chair recueillera de la chair la corruption et la mort.

3° Dégât, dommage. Dan. 3. 91. *Nihil incorruptionis in eis est* : Le feu ne les a point incommodés ni endommagés, dit Nabuchodonosor, des enfants jetés dans la fournaise.

4° Dérèglement d'esprit et de mœurs. Sap. 14. 12. *Inventio illorum corruptio vitæ est* : L'établissement des idoles a été la corruption de la vie humaine. Ainsi il signifie aussi, Infamies, ordures, saletés, impuretés. 2 Petr. 2. 19. *Cum ipsi servi sint corruptionis* : Ils sont esclaves de la corruption : Saint Pierre parle des Gnostiques, disciples de Simon, qui se vautraient dans toute sorte d impuretés. v. 12. c. 1. 4. D'autres entendent ces passages de la concupiscence et du péché, comme le passage suivant, 1. Cor. 15. 50. *Neque corruptio incorruptelam possidebit* : La corruption ne possèdera point l'incorruptibilité. On entend aussi cet endroit de la corruptibilité des choses qui changeront de qualité après la résurrection générale.

5° Abus, et mauvais usage que l'on peut faire des créatures. Rom. 8. 21. *Ipsa creatura liberabitur a servitute corruptionis* : Les créatures gémissent d'être soumises à l'abus que font d'elles les hommes et le démon même, jusqu'à ce qu'elles en soient délivrées aussi bien que des altérations qui les corrompent.

6° Fraude, tromperie, supercherie. Sap. 14. 25. *Omnia commixta sunt, sanguis, homicidium, furtum et fictio, corruptio et infidelitas* : Tout est dans la confusion, le sang, le meurtre, le vol, la tromperie, la corruption, l'infidélité. Eccli. 42. 5. (*Ne confundaris*) *de corruptione emptionis et negotiatorum* : Ne rougissez point de faire justice des corruptions qui arrivent entre les vendeurs et les acheteurs ; *autr.* ne rougissez point de reprendre ou d'éviter les corruptions qui arrivent, etc. C'est ainsi qu'on est obligé de suppléer quelque chose de semblable si on lit *corruptio* ; car l'auteur en ce chapitre ne parle que de bonnes choses, dont il ne faut pas avoir honte. Le Grec porte περὶ ἀδιαφόρου, *De indifferenti venditione* : N'ayez point de honte de vendre autant aux uns qu'aux autres, aux grands qu'aux petits : d'autres lisent διαφόρου, *differenti* : il y a apparence que l'Interprète a lu διαφθόρου, *corruptione*.

CORTEX, ICIS, λέπισμα, λέπυρος, φλοιὸς ; De *corium*, parce que c'est la peau des arbres.

Ecorce (ἁλμιόν). Job. 30. 4. *Mandebant herbas et arborum cortices* : Job témoigne qu'il se voit méprisé de ceux qui s'étaient vus réduits dans la dernière pauvreté, jusqu'à manger l'herbe et les écorces des arbres. Gen. 30. 37. Cant. 6. 6. Sap. 13. 11.

CORTINA, Æ, de *cors*, ou *cortes*, *cortis*, à cause de sa rondeur ; ou de l'Hébreu *cour*, *catinus*, *fornax* : mais quand *cortina* est une tapisserie, il vient de *corium*, cuir.

Ce mot signifie chaudière, marmite ou tapisserie : dans l'Ecrit. :

Voile, tente (αὐλαία). Exod 26. 1. *Decem cornitas de bysso retorta facies* : Il y aura au tabernacle dix rideaux de fin lin retors, *sc.* pour le couvrir. v. 2. 3. 4. etc. Judith. 14. 13. *Stetit ante cornitam* : Vagao, étant entré dans la chambre d'Holopherne, se tint devant son pavillon. v. 14.

CORUS, I. De l'Hébreu *kor*, *frigus*, χῶρος, Vent d'aval, nord-ouest ou couchant d'été. Act 27. 12. *Si quomodo possent, devenientes Phœnicem, hiemare, portum Cretœ respicientem ad Africum et ad Corum* : La plupart furent d'avis de se remettre en mer, pour tâcher de gagner Phénice, qui est un port de Crète, qui regarde les vents du couchant d'hiver et d'été, afin d'y passer l'hiver.

CORUS, 1, Κόρος ; du Grec κόρος, de l'Hébreu *cor*.

Une mesure des Hébreux, pour les choses sèches, contenait huit cents livres de l'ancien poids romain, *ou*, près de deux setiers, mesure de Paris ; et pour les choses liquides, elle contenait environ deux cent quatre-vingts pintes, qui font presque un muid, mesure de Paris. Luc. 16. 7. *Quantum debes? Centum coros tritici*. Combien devez-vous ? (dit l'économe de l'homme riche.) Le serviteur répondit : Cent mesures de froment. Ezech. 45 14. *Batus olei decima pars Cori est* : Le batus d'huile est la dixième partie du Corus.

CORUSCARE ; ἀστράπτειν, διαστράπτειν. De κόρυς, *galea* ; comme si ce verbe se disait proprement de l'éclat d'un casque : ou de *karan*, *splendere*.

Eclater, briller, étinceler. Exod. 40. 33. *Majestate Domini coruscante* : La majesté du Seigneur éclatait de toutes parts ; *sc.* dans le tabernacle, lorsque Moïse l'eut achevé. Sap. 16. 22. *Ignis in grandine et pluvia coruscans* : Un feu étincelait au milieu de la grêle et de la pluie ; *sc.* dans l'Egypte. (Voy. Exod. 9. v. 23. 24.) Ainsi, Ezech. 1. 14. Luc. 17. 24.

CORUSCATIO, NIS ; ἀστραπή. Eclair. Eccli. 32. 14. *Ante grandinem* (Gr. tonitruum) *præibit coruscatio* : On voit l'éclair avant que d'entendre le tonnerre. Ps. 143. 6. Ps. 76. 19. Eccli. 43. 14.

CORVINUS, A, UM ; κόραξ, qui appartient au corbeau. Levit. 11. 15. Deut. 14. 14. *Omne corvini generis in similitudinem suam* : Le corbeau et tout ce qui est de la même espèce.

CORVUS, I ; κόραξ, ce nom vient de κόραξ. Corbeau, oiseau. Luc. 12. 24. *Considerate corvos* : Jésus-Christ donne pour exemple et pour preuve de la providence particulière qu'il a de nourrir ses fidèles serviteurs, qui s'appuient sur sa divine providence, celle par laquelle il nourrit les corbeaux, qui ne sèment ni ne moissonnent. Prov. 30. 17. (*Oculum*) *effodiant eum corvi de torrentibus* : Que l'œil de celui qui insulte à son père, soit arraché par les corbeaux qui sont dans les torrents ; *i. e.* que celui-là soit pendu, et que les corbeaux le dévorent. Ps. 146. 9. Gen. 8. 7. *Dimisit corvum qui egrediebatur et non revertebatur* : Noé laissa aller le corbeau qui, étant sorti, ne revint plus. Heb. *Egressus est egrediendo et revertendo* : Il y a apparence que, quand Noé eut laissé aller le corbeau, il s'attachait à des charognes, et qu'il volait ensuite sur le toit de l'arche pour s'y reposer, et qu'il retournait encore sur les charognes sans rentrer dans l'arche. C'est dans ce sens qu'on peut accorder la contradiction apparente qui se trouve entre la Vulgate et les Septante d'avec l'Hébreu. 3 Reg. 17. v. 4. 6. *Corvis præcepi ut pascant te* : J'ai commande aux corbeaux de vous nourrir : En effet, les corbeaux portaient, le soir et le matin, du pain et de la viande à Elie. Job. 38. 41. *Quis præparat corvo escam suam, quando pulli ejus clamant ad Deum* : Qui prépare au corbeau sa nourriture lorsque ses petits crient à Dieu, parce qu'ils n'ont rien à manger. Les auteurs remarquent que les corbeaux, soit par un effet de leur cruauté naturelle, soit parce qu'ils voient leurs petits d'autre couleur que de la leur, les abandonnent lorsqu'ils sont encore dans le nid ; ainsi, ces petits s'adressent à Dieu, qui les nourrit de mouches et de vermisseaux, qui se trouvent proche d'eux, jusqu'à ce qu'ils soient devenus plus forts et capables de voler pour chercher leur nourriture : c'est ce que dit aussi David, Ps. 146, 10 : *Qui dat escam... pullis corvorum invocantibus eum* : Dieu nourrit les petits des corbeaux qui invoquent son secours.

COS, Heb. *Spina*. Père d'Anob et de Soboha. 1. Par. 4. 8

COSAN, Heb. *Divinans*. Un parent de Jésus-Christ, fils d'Elmadan, et père d'Addi. Luc. 3. 28.

COSTA, æ, du Grec, ὀστέον, Hébreu *Gerem*, *os, ossis* ; comme *caula* se fait d'αὐλή. Côte d'un homme ou d'un animal. Job. 18. 12. *Inedia... invadat costas illius* : Que la faim décharne les côtes de l'impie ; *i. e.* que son estomac, faute de nourriture, devienne tout faible.

COTURNIX, icis, d'ὄρτυγος, gen. d'ὄρτυξ. Caille, oiseau. Ps. 104. 40. *Petierunt, et venit coturnix* : Les Israélites demandèrent à manger, et Dieu fit venir des cailles. Exod. 16. 13. Num. 11. v. 31. 32.

COOS, ou COUS, *Vertex, summitas* : Ile de Cos ou Co, vis-à-vis d'Halicarnasse dans l'Archipel, pays d'Hippocrate et d'Appellès. Act. 21. 1. *Recto cursu venimus Coum* : Nous vinmes droit à Cos. 1 Mach. 15. 23. (*Hæc eadem scripta sunt*) *et in omnes regiones et Lyciam, et in Halicarnassum', et in Coo*, pour *in Con* : Les Romains écrivirent ces mêmes choses en faveur des Juifs dans tous les pays... en Lycie, à Halicarnasse, à Cos, etc.

COUTI ; συγχρᾶσθαι, Avoir commerce avec quelqu'un, le hanter et converser familièrement. Joan. 4. 9. *Non coutuntur Judæi Samaritanis* : Les Juifs et les Samaritains pouvaient bien entretenir quelque commerce par nécessité ; mais ils ne mangeaient point ensemble, et avaient de l'aversion les uns pour les autres.

COZBI, Hebr. *Mendax*, fille de Sur, prince des Madianites, qui fut tuée avec Zambri par Phinées. d'un seul coup d'épée. Num. 25. 5.

CRABRO, onis. Ce mot vient de l'Hébreu *garob*. *Colluvies muscarum*. Exod. 8. 24. Frelon, sorte de grosse mouche (σφηκία). Jos. 24. 12. *Misi ante vos crabrones* : J'ai envoyé devant vous des mouches piquantes, dit Dieu au peuple. Exod. 23. 28. Deut. 7. 20. Voy. Vespa. Sap. 12. 8.

CRAPULA, æ, du grec κραιπάλη. Intempérance, excès de boire et de manger. Luc. 21. 34. *Attendite a vobis ne forte graventur corda vestra in crapula et ebrietate* : Prenez bien garde à vous, de peur que vos cœurs ne s'appesantissent par l'excès des viandes et du vin. Eccli. 37. 34. *Propter crapulam multi obierunt* (ἀπληστία) : L'intempérance en a tué plusieurs. Zach. 12. 2. Voy. Superliminare.

CRAPULATUS, a, um, κεκραιπαληκώς, qui s'est enivré, qui a bu du vin par excès. Ps. 77. 65. *Tamquam potens crapulatus a vino* : Le Prophète représente Dieu comme venant au secours de son peuple comme un puissant guerrier, qui tire de son ivresse même de nouvelles forces pour terrasser ses ennemis.

CRAS, αὔριον, du mot hébreu *acher*, qui signifie *alter*, comme si c'était *altera die*. Demain, le jour suivant. Exod. 8. 10. *Cras* : Demain, priez le Seigneur qu'il me délivre, moi et mon peuple, de ces grenouilles, dit Pharaon à Moïse. c. 9. 5. Jos. 11. 6. 1. Reg. 20. 18. 4. Reg. 7. 1. 18. etc.

1° A l'avenir, dorénavant (ἐπαύριον). Gen. 30. 33. *Respondebitque mihi cras justitia mea, quando placiti tempus advenerit coram te* : Quand le temps sera venu de faire cette séparation selon notre accord, mon innocence me rendra témoignage devant vous, dit Jacob à Laban. Exod. 13. 14. Deut. 6. 20. Jos. 4. v. 6. 21. 1. Reg. 28. 19. Ainsi, Prov. 3. 28. *Cras dabo tibi* : Ne dites point à votre ami : Je vous donnerai demain, lorsque vous pouvez lui donner à l'heure même. 1. Reg. 28. 19. *Cras tu et filii tui mecum eritis* : Vous serez dans peu avec moi, vous et vos fils.

2° Bientôt, incontinent, au temps qu'on y pensera le moins. Isa. 22. 13. *Cras moriemur* : Mangeons et buvons, direz-vous, nous mourrons demain. 1. Cor. 15. 32. Jos. 22. 18.

Phrase tirée de ce mot.

Hodie et cras, aujourd'hui et demain, signifie un peu de temps, pendant un temps fort court. Luc. 13. 32. *Ecce sanitates perficio hodie et cras* : J'ai encore à rendre la santé aux malades aujourd'hui et demain, v. 33 ; ce qui est dit dans le même sens que *post duos dies*, qui se trouve, Ose. 6. 3. Voyez Hodie.

CRASSITUDO, inis, πάχος, grosseur, épaisseur. Ps. 140. 7. *Sicut crassitudo terræ erupta est super terram* : Comme les mottes d'une terre grasse sont dispersées çà et là par le laboureur ; ainsi nos ennemis nous ont tellement affligés et abattus, qu'ils nous ont presque réduits au tombeau.

1° Graisse, embonpoint (στέαρ). Job. 15. 17. *Operuit faciem ejus crassitudo* : La face de l'impie regorge de graisse ; ce qui figure son orgueil, dans le même sens que s'entend *incrassatus*. Deut. 32. 15. et Ps. 72. 7. Voyez Adeps.

2° La santé et l'embonpoint de l'âme (ἀγαθὰ, bona). Isa. 55. 2. *Delectabitur in crassitudine anima vestra* : Votre âme, étant comme engraissée de la bonne nourriture que je vous donne, sera dans la joie ; cette nourriture est la parole de Dieu.

CRASSUS, a, um, παχύς ; de κρέας, *caro*, ceux

qui mangent beaucoup de chair deviennent gros.

1° Gros et gras. Ps. 143. 14. *Boves eorum crassæ* : Les vaches des étrangers sont grasses et puissantes. Gen. 41. 2. Deut. 31. 26. Judic. 3. 17. Ezech. 34. 3.

2° Épais, bourbeux. 2. Mach. 1. 20. *Non invenerunt ignem, sed aquam crassam* : Les petits-fils des prêtres (qui avaient caché le feu qui était sur l'autel) ne trouvèrent point ce feu, mais seulement une eau épaisse. Le prêtre Néhémias ayant fait des aspersions de cette eau épaisse sur les sacrifices et sur le bois, le feu s'y alluma, ce qui causa une grande admiration.

CRASTINUS, A, UM, le jour de demain, le jour suivant, le lendemain. 1. Reg. 20. 5. *Ecce calendæ sunt crastino die,* αὔριον : C'est demain le premier jour du mois, dit David à Jonathas. v. 12. c. 11. 11. Joan. 1. 43. Act. 20. 7. etc.

Quelque temps à venir que ce soit. Prov. 27. 1. *Ne glorieris in crastinum* : Ne vous glorifiez point pour l'avenir. Jac. 4. 13. *Hodie aut crastino in illam civitatem* : Nous irons aujourd'hui ou demain en une telle ville, dit-on communément. v. 14. *Qui ignoratis quid erit in crastino* : Et vous ne savez pas même ce qui arrivera demain ; c'est de quoi avertit l'Apôtre sur les desseins de l'avenir. Matth. 6. 34. *Nolite sollicili esse in crastinum, crastinus enim dies sollicitus erit sibi ipsi* : Ne soyez point en inquiétude pour le lendemain, car le lendemain aura soin de lui-même. Ces passages se peuvent bien aussi entendre précisément du lendemain, *in crastinum* pour *ob crastinum*. Voy. IN.

CRATER, IS, CRATERA, Æ, κρατήρ, du grec κρατήρ, de κεράω.

Coupe, tasse. Exod. 24. 6. Num. 4. 7. *Ponent cum ea thuribula, et mortariola, cyathos et crateras* . Aaron et ses fils mettront avec la table des pains exposés devant Dieu, les encensoirs, les petits mortiers, les vases et les coupes ; sc. pour les emporter lors du décampement. 1. Esdr. 8. 25. Cant. 7. 2. Isa. 22. 24.

CRATICULA, Æ, de *crates*, et signifie :

1° Gril qui sert à rôtir les viandes. Levit. 2. 7. *Sin autem de craticula* (ἐσχάρα) *fuerit* : Si le sacrifice se fait d'une chose cuite sur le gril. c. 7. 9.

2° Grille d'airain qui était sur l'autel des holocaustes, sur laquelle on mettait les victimes pour les brûler. Exod. 27. v. 4. 5. *Craticulamque in modum retis æneam* (*facies*) : Vous ferez aussi une grille d'airain en forme de rets. Voyez sa forme, Exod. 27. 4. et suiv. Ainsi, la grille ou la table de l'autel des parfums était percée à jour comme une claie. Exod. 30. 3. *Vestiesque illud auro purissimo, tam craticulam ejus quam parietes per circuitum et cornua* : Vous couvrirez d'un or très-pur la table de cet autel, et les quatre côtés avec ses cornes.

CREAGRA, Æ, κρεάγρα, des mots κρέας, *caro*, et d'ἀγρεῖν, *capere*.

Fourchette. 2. Par. 4. 11. *Fecit autem Hiram lebetes et creagras* : Hiram fit aussi des chaudières et des fourchettes, etc. v. 16. Jer. 52. 18.

CREARE, κτίζειν, de l'ancien verbe *cereo*, ou de l'Hébreu *gores*, produire, mettre dehors, en parlant des fruits de la terre.

1° Créer, produire son effet, sans aide et sans dépendance, par une puissance absolue, soit en produisant de rien et tirant purement du néant, ce qui est propre à Dieu. Gen. 1. 1. *In principio creavit Deus cœlum et terram* : Dieu a créé l'univers, compris dans le ciel et la terre ; soit en se servant de quelque matière. v. 21. 27. *Creavit Deus hominem ad imaginem suam* : Dieu créa l'homme à son image ; la terre dont l'homme fut créé, n'étant pas propre pour cet effet, doit être comptée pour rien. Eccli. 17. 1. On en peut dire de même des animaux et des autres choses qui furent créées au commencement du monde, ce qui est exprimé par le mot κατασκευάζειν, *fabricare*. Hebr. 3. 4. *Qui autem omnia creavit, Deus est* : C'est Dieu qui est l'architecte et le créateur de toutes choses ; c'est lui qui leur a donné l'être ; car, quoique l'action par laquelle les animaux produisent leurs semblables soit une vraie génération, l'action par laquelle Dieu les produit est une création aussi véritable que celle par laquelle il a fait, au commencement du monde, la matière de laquelle il les forme tous les jours. Ainsi, créer n'est pas seulement produire de rien, mais encore produire sans dépendre de rien, par une puissance absolue. Eccli. 18. 1.

2° Produire de quelque façon que ce soit. 1. Tim. 4. 3. *Abstinere a cibis quos Deus creavit ad percipiendum cum gratiarum actione* : S'abstenir des viandes que Dieu a créées pour être prises avec action de grâces par les fidèles. Gen. 1. 21. *Creavit Deus cete grandia* (ποιεῖν) : Dieu créa les grands poissons ; on peut dire que les animaux et les autres choses matérielles et terrestres ne sont pas proprement créées, mais formées de cet amas confus d'êtres sans forme que Dieu créa d'abord, comme les semences et les éléments de toutes les choses qu'il démêla ensuite : ainsi il créa l'homme du limon de la terre. Gen. 1. 27. c. 2. 7. *Formavit Deus hominem de limo terræ*. A moins qu'on ne veuille dire qu'une chose est créée quand elle reçoit un être nouveau, soit qu'elle le tire d'une matière ou non ; dans ce sens, les hommes sont créés quand ils sont conçus et produits selon le cours naturel. Ps. 103. 30. *Emittes spiritum tuum et creabuntur* : Vous enverrez l'esprit de vie, qui fera naître d'autres animaux en la place de ceux qui sont morts.

3° Changer de disposition, et donner de nouvelles qualités, qui rendent une chose autre qu'elle n'était. Isa. 65. 19. *Ecce ego creo cœlos novos* : Je m'en vais créer de nouveaux cieux et une terre nouvelle. Voy. NOVUS. Ps. 50. 12. *Cor mundum crea in me, Deus* : Purifiez mon cœur, qui est souillé, ô mon Dieu. Voy. Ezech. 36. 26.

4° Faire, produire généralement quoi que ce soit. Isa. 57. 19. *Creavi fructum labiorum pacem* : J'ai produit la paix, qui est le fruit de mes paroles. Eccli. 17. 6 *Creavit illis scientiam spiritus;* i. e. *scientiam rerum spiritualium* : Dieu a créé dans l'homme et la femme la science de l'esprit; ce verbe se dit aussi des choses qui n'ont point d'être réel. Isa. 45. 7. *Creans tenebras, creans malum* : C'est Dieu qui forme les ténèbres, qui crée les maux ; tels que sont la guerre, la peste, la famine, mais non le péché. Eccli. 37. 3. *Unde creata es;* Gr. ἀνεχυλίσθης, *devoluta es.*

5° Ordonner, destiner, établir. Eccli. 7. 16. *Non oderis laboriosa opera et rusticationem creatam ab Altissimo* : Ne fuyez point les ouvrages laborieux ni le travail de la campagne, qui a été créé par le Très-Haut; *i. e.* destiné et établi. Eccli. 10. 22. *Non est creata hominibus superbia* : L'orgueil n'a point été créé avec l'homme comme une chose qui lui fût naturelle et convenable.

6° Former un dessein, une résolution. Isa. 46. 11. *Creavi et faciam illud* : J'ai formé ce dessein, et je l'accomplirai. c. 48. 7. *Nunc creata sunt et non ex tunc* : Ce sont des résolutions que je fais présentement, et non d'autrefois.

7° Créer, donner un être spirituel, faire enfants de Dieu pour former un corps mystique, qui est l'Eglise. Ps. 101. 19. *Populus qui creabitur laudabit Dominum* : Le peuple qui sera créé, louera le Seigneur. Ephes. 2. 10. *Creati in Christo Jesu* : Créés en Jésus-Christ, c. 4. 24. Isa. 43. v. 1. 7.

8° Créer se prend improprement et par abus pour donner l'être de toute éternité. Eccli. 1. 4. *Prior omnium creata est Sapientia* : La Sagesse a été créée et a subsisté avant toutes choses. v. 9. c. 24. v. 12. 14. *Ab initio et ante sæcula creata sum* : La Sagesse incréée est engendrée de toute éternité ; l'Ecriture se sert souvent, pour exprimer les choses divines, d'expressions basses et tirées de choses imparfaites dont il ne faut prendre que ce qui sert au sujet. Ainsi, *creata sum*; i. e. *fui, substiti*. La production du Verbe est quelquefois appelée *création*, pour nous faire concevoir que le Fils n'est pas formé d'une portion de la substance du Père, et que la naissance du Fils n'ôte rien au Père. Quelques-uns de ces passages se peuvent entendre de la Sagesse incarnée. Le Verbe, comme Dieu, a créé son humanité sainte, comme les Pères ont expliqué cet endroit, Prov. 8. 22. selon le Grec ἔκτισατο, *Dominus possedit me in initio viarum suarum* : Le Seigneur m'a possédée au commencement de ses voies. 70. *Creavit me*, ἔκτισατο. D'ailleurs le mot hébreu *kana, acquirere, possidere*, signifie aussi *gignere*, comme il parait, Gen. 4. 1. Voy. Possidere. D'ailleurs Hesychius met pour synonymes κτήτορες, et κτίσται, *possesseurs et créateurs, diction.*

CREATIO, nis, κτίσις, création; dans l'Ecriture,

Structure, composition. Hebr. 9. 12. *Amplius et perfectius tabernaculum non manufactum;* i. e. *non hujus creationis* : Saint Paul dit que le corps naturel de Jésus-Christ n'a point été l'ouvrage de l'homme, comme fut l'ancien tabernacle de Moïse, puisqu'il a été conçu et formé par l'opération du Saint-Esprit dans le sein d'une Vierge; d'autres prennent ce tabernacle pour l'Eglise militante, par laquelle Jésus-Christ a passé pour entrer dans la triomphante, dont le Saint des saints était la figure.

CREATOR, is, κτίστης, créateur, qui donne un être nouveau. Eccli. 12. 1. *Memento Creatoris tui in diebus juventutis tuæ* : Souvenez-vous de votre Créateur pendant les jours de votre jeunesse. Rom. 1. 25. 1. Petr. 4. 19. etc.

Qui donne un être spirituel ou surnaturel (τρέφων). Deut. 32. 18. *Oblitus es Creatoris tui* : Vous avez oublié celui qui vous a fait ses enfants et son peuple.

CREATURA, æ. κτίσις, Créature, chose créée. 1. Tim. 4. 4. *Omnis creatura Dei bona est* : Toute créature de Dieu est bonne. Rom. 8. 22. *Omnis creatura ingemiscit* : Toutes les créatures gémissent. v. 19. 20. 21. 39. Eccli. 24. 5. Coloss. 1. 15. *Primogenitus omnis creaturæ* : Le Fils de Dieu est né avant toutes les créatures et de toute éternité. Heb. 4. 13. Marc. 13. 19. Ainsi, Apoc. 8. 9. *Tertia pars creaturæ eorum, quæ habebant animas in mari;* i. e. *piscium* : La troisième partie des créatures qui étaient dans la mer. Tob. 8. 7. Voy. Principium.

1° La création du monde. Marc. 10. 6. *Ab initio autem creaturæ, masculum et feminam fecit eos* : Dès le commencement que le monde fut créé, Dieu forma un homme et une femme. Rom. 1. 20. *A creatura mundi* : Depuis la création du monde : d'autres expliquent par les créatures, qui sont le monde même. Eccli. 36. 17. 2. Petr. 3. 4.

2° L'état et le maintien des choses créées (κτίσμα). Eccli. 38. 39. *Creaturam ævi confirmabunt* : Les ouvriers sont occupés à entretenir par leurs ouvrages l'état des choses du monde.

3° Les hommes ou le genre humain. Marc. 16. 15. *Prædicate Evangelium omni creaturæ* : Prêchez l'Evangile à toutes les créatures ; *i. e.* à toute sorte de personnes, tant Juifs que Gentils. Ce mot en ce sens était en usage du temps de Jésus-Christ. Jac. 1. 18. *Ut simus initium aliquod creaturæ ejus* (κτίσματα) : Le Père des lumières nous a engendrés par la parole de la vérité, afin que nous fussions comme les prémices de ses créatures, ou les premiers parmi les hommes qui lui soient offerts. Eccli. 16. 17. Coloss. 1. 23

4° Enfants, descendants, postérité (γένεσις). Sap. 5. 13. *Maledicta creatura eorum* : La postérité de ceux qui rejettent la sagesse est maudite. Eccli. 4. 17.

5° Genre, espèce, race (γένεσις). Sap. 19. 11. *Viderunt novam creaturam avium* : Les cailles que Dieu envoya aux Israélites étaient une nouvelle espèce d'oiseaux, au moins dans la manière de les avoir. Voyez cette manière extraordinaire, Num. 11. 31.

6° Ordre, règlement, police. 1. Petr. 2. 13. *Subjecti estote omni humanæ creaturæ propter Deum* : L'Apôtre veut que les fidèles soient soumis à tous ceux que Dieu a établis sur eux pour les gouverner, et aux ordonnances qu'ils font pour le règlement de l'état et du public.

7° L'homme régénéré par le baptême, et

reformé par la grâce de Dieu. 2. Cor. 5. 17. *Si qua ergo in Christo nova creatura*: Si donc quelqu'un est devenu une nouvelle créature en Jésus-Christ; ou plutôt selon le Grec: Si quelqu'un est à Jésus-Christ, il est devenu une nouvelle créature. Gal. 5. 15.

CREBER, A, UM. Ce mot vient ou de *cresco*, comme *faber* de *facio*, ou plutôt de *kebir*, hébreu, *creber, copiosus*.

Fréquent, réitéré. 2. Par. 26. 8. *Divulgatum est nomen ejus usque ad introitum Ægypti propter crebras victorias*: La réputation d'Osias se répandit jusqu'à l'Egypte, à cause de ses fréquentes victoires.

CREBRIUS. Du simple *crebro*.

Souvent, beaucoup de fois. 4. Reg. 21. 13. *Ducam crebrius stylum super faciem ejus*: Je passerai et repasserai souvent la plume de fer par-dessus. Dieu parle de Jérusalem, qu'il menace de raser, comme on efface l'écriture de dessus des tablettes. Esth. 3. 4.

CREBRO, πολλάκις, πλειστάκις. Souvent, fréquemment (πυγμή, *pugno*). Marc. 7. 3. *Nisi crebro laverint manus, non manducant*: Les Pharisiens et tous les Juifs ne mangent point sans avoir souvent lavé leurs mains. Matth. 17. 14. Eccl. 7. 23

CREDERE, πιστεύειν. Ce verbe, qui vient de χρήζειν, *mutuum dare*, signifie quelquefois: Être persuadé d'une chose et y donner son consentement; et quelquefois: Se confier en quelqu'un ou en quelque chose; ou enfin: Confier quelque chose à quelqu'un. Il signifie dans l'Ecriture:

1° Croire, penser, estimer. Tob. 5. 27. *Credo quod Angelus Dei bonus comitetur ei*: Je crois que le bon Ange de Dieu accompagne notre fils, dit Tobie, consolant sa femme du long retardement de leur fils. Job. 29. 24. *Si quando ridebam ad eos, non credebant*: Si je riais quelquefois avec ceux qui m'écoutaient, ils ne pouvaient pas le croire; parce qu'ils croyaient qu'il y avait quelque chose de sérieux dans mon ris même, tant ils avaient de respect pour moi. Gen. 21. 7. Deut. 2. 21. Job. 15. 22. Act. 9. 26.

2° Croire, reconnaître pour vrai et assuré. Joan. 17. 21. *Ut credat mundus quia tu me misisti*: Afin que le monde croie que vous m'avez envoyé. c. 13. 19. c. 16. 27. c. 17. 8. Jac. 2. 19. *Dæmones credunt, et contremiscunt*: Les démons croient qu'il n'y a qu'un Dieu, et jusqu'à en trembler. Rom. 14. 2.

3° Croire quelqu'un, lui ajouter foi, se fier à lui. Luc. 22. 67. *Si vobis dixero, non credetis mihi*: Si je vous dis que je suis le Christ, vous ne me croirez point, dit Jésus-Christ à l'assemblée des sénateurs, des prêtres et des scribes. Joan. 5. 46. *Si crederetis Moysi, crederetis forsitan et mihi*: Si vous croyiez Moïse, vous me croiriez aussi. v. 47. Luc. 24. v. 11. 42. Matth. 24. v. 23. 26. 1. Joan. 4. 1. Ainsi, Eccli. 2. 6. *Crede Deo*: Ayez confiance en Dieu; *autr.* Fiez-vous en Dieu, et il vous retirera de tous ces maux. v. 8. *Credite illi*: Vous qui craignez le Seigneur, croyez en lui; *autr.* fiez-vous à lui. 1. Cor. 13. 7. *Omnia credit* (supl. *Deo*): La charité croit tout, sc. quand Dieu parle. Ainsi, Ps. 115. 1. *Credidi propter quod locutus sum*: J'ai cru avec une égale fermeté aux promesses du Seigneur; c'est ce qui m'oblige de publier sans cesse ses louanges. Saint Paul cite ce passage, 2. Cor. 4. 13. pour témoigner qu'encore qu'ils fussent exposés à tous les périls et à toutes les souffrances de la mort, ils ne laissaient pas de prêcher l'Evangile avec toute sorte de liberté; parce qu'ils étaient remplis de ce même esprit de foi dont le prophète David était animé, et qui le faisait parler avec hardiesse au milieu de ses plus grands périls et de ses plus violentes persécutions.

4° Confier quelque chose à quelqu'un, l'en charger. Rom. 3. 2. *Credita sunt illis eloquia Dei*: Les oracles de Dieu ont été confiés aux Juifs. 1. Cor. 9. 17. *Dispensatio mihi credita est*: La charge (de prêcher l'Evangile) m'a été imposée. Gal. 2. 7. 2. Thess. 1. 4. 2. Mac. 3. 12. Voy. DECIPERE, etc.

5° Croire, s'attacher à Dieu par la foi de Jésus-Christ. Heb. 11. 6. *Credere oportet accedentem ad Deum*: Il faut croire qu'il y a un Dieu. Act. 5. 14. *Augebatur credentium in Domino multitudo*: Le nombre de ceux qui croyaient au Seigneur se multipliait de plus en plus. c. 16. 31. c. 18. 8. Tit. 3. 8. Act. 11. 17. c. 14. 22. Marc. 1. 15. *Credite Evangelio*: Croyez à l'Evangile. Isa. 28. 16. Marc. 5. 36. Joan. 14. 1. *Creditis in Deum, et in me credite*: Vous croyez en Dieu, croyez aussi en moi, dit Jésus-Christ, etc.

6° Ce mot se dit quelquefois pour croire de plus en plus, en parlant de l'augmentation de la foi. Joan. 2. 11. *Et manifestavit gloriam suam, et crediderunt in eum Discipuli ejus*: Jésus-Christ fit connaître sa gloire (par le miracle du changement de l'eau en vin), et ses disciples crurent en lui; *i. e.* leur foi en fut affermie. c. 11. 15. *Gaudeo propter vos ut credatis, quoniam non eram ibi*: Je me réjouis pour vous autres de ce que je n'étais pas là (au lieu où Lazare est mort), afin que vous croyiez davantage, voyant que je le ressusciterai. c. 12. 19. c. 14. 29. 1. Joan. 5. 13. et renferme souvent tout ce qu'il faut pour être à Dieu. Marc. 16. 16. *Qui crediderit et baptizatus fuerit*: Celui qui croira et sera baptisé, sera sauvé. Il paraît par ces passages que, *credere alicui, in aliquo,* ou *in aliquem*, c'est la même chose; car ce que les Latins disent *credere alicui*, se dit en hébreu par *credere in aliquo*, ou *in aliquem* : ce que l'interprète de notre Vulgate latine a suivi indifféremment, comme 1. Joan. 5. 10. *Qui credit in Filium Dei, habet testimonium Dei in se; qui non credit Filio, mendacem facit eum, quia non credit in testimonium quod testificatus est Deus de Filio suo*: Celui qui croit au Fils de Dieu, a dans soi le témoignage de Dieu; celui qui n'y croit pas, fait Dieu menteur, parce qu'il ne croit pas au témoignage que Dieu a rendu de son Fils. v. 13. Rom. 4. v. 3. 5. et dans quantité d'autres expressions semblables, où *credere* se prend en même sens, pour marquer la soumission et le respect qu'on doit rendre à

Dieu et à sa parole. Cela n'empêche pas que les théologiens, après saint Augustin, n'aient bien pu distinguer *credere Deum*, *credere Deo*, et *credere in Deum*. Dans ce sens, *Credere Deum*, c'est croire seulement qu'il y a un Dieu ; *Credere Deo*, croire que ce que Dieu a révélé est véritable : ce qui peut se faire sans la charité ; *Credere in Deum*, c'est avoir une créance animée de la charité, et mettre toute son espérance en Dieu ; ce qui n'est pas toujours selon le style de l'Ecriture, comme il a déjà été remarqué sur Joan. 12. 42. *Ex principibus multi crediderunt in eum :* Plusieurs des sénateurs mêmes crurent en Jésus-Christ. Ceux-ci n'avaient point la charité, comme il paraît par la suite, et par v. 43. *Dilexerunt enim gloriam hominum magis quam gloriam Dei :* Ils ont plus aimé la gloire des hommes, *i. e.* leur propre gloire que celle de Dieu ; au contraire, *credere Deo*, se dit quelquefois de ceux qui ont une foi parfaite. c. 5. 24. *Qui verbum meum audit, et credit ei qui misit me, habet vitam æternam :* Celui qui entend ma parole, et qui croit à celui qui m'a envoyé, a la vie éternelle, dit Jésus Christ ; mais puisque ces idées sont distinguées entre elles, il a été bon, pour une plus grande netteté, de les attacher à ces différents régimes du mot de croire. On en peut dire de même des articles du *Credo* : l'usage veut qu'on ne mette point la préposition *in* quand il ne s'agit point de la Divinité, mais seulement quand il s'agit des créatures et des mystères, comme *Credo... Sanctam Ecclesiam, remissionem peccatorum, vitam æternam ;* cependant les Pères en ont usé indifféremment. Voyez S. Cypr. *contra Demetrianum*, et ailleurs ; S. Jérom. *Comment. in Ephes.* 4. S. Epiph. 8. S. Iren. *libr.* 5. 12. V. Drusium, *Observat. libr.* 3. c. 1.

7° Obéir, acquiescer, s'attacher d'affection (πείθεσθαι). Rom. 2. 8. *Non acquiescunt veritati, credunt autem iniquitati :* Ces esprits contentieux qui n'acquiescent point à la vérité, mais s'abandonnent à l'injustice. Ps. 118. 66. *Quia mandatis tuis credidi :* J'ai cru à vos commandements ; je les ai observés avec attachement et avec affection.

8° Ce verbe, joint avec le datif, signifie : Espérer beaucoup de quelque chose, s'y appuyer. Deut. 28. 66. *Non credes vitæ tuæ :* Votre vie sera toujours exposée aux dangers dont vous désespérerez de pouvoir échapper : ce qui est la punition de l'inobservance de la loi. Eccli. 16. 2. Job. 24. 22.

CREDENS, TIS. Qui croit en Jésus-Christ. Rom. 1. 16. *Virtus... Dei est in salutem omni credenti :* L'Evangile est la vertu de Dieu pour sauver tous ceux qui croient ; c'est le moyen dont Dieu veut se servir. c. 10. 4. 1. Cor. 1. 21. Gal. 3. 22. D'où vient :

Non credens, ἀπειθῶν. Infidèle, qui n'a point la foi en Jésus-Christ. Ps. 67. 19. *Etenim non credentes (accepisti), inhabitare Dominum Deum :* Vous avez reçu aussi sous votre obéissance les incrédules et les rebelles, afin que Dieu habite même dans ceux qui ne croyaient pas en vous.

CREDIBILIS, IS. 1° Croyable, vraisemblable. 2. Par. 6. 18. *Ergone credibile est ut habitet Deus cum hominibus super terram?* Est-il donc croyable que Dieu habite avec les hommes sur la terre?

2° Certain, ferme, assuré. Ps. 92. 5. *Testimonia tua credibilia facta sunt nimis ;* Grec : ἐπιστώθησαν. On a reconnu la vérité de vos oracles. Les paroles de l'Ecriture sont les témoignages de Dieu même.

CREDITOR, IS. Créancier, celui qui a prêté de l'argent. Prov. 29. 13. *Pauper et creditor* (χρεωφειλέτης) *obviaverunt sibi :* Il se rencontre toujours des gens qui prêtent, et d'autres qui empruntent. Isa. 50. 1. *Quis est creditor meus* (ὑπόχρεως)*, cui vendidi vos?* Dieu témoigne que si les Juifs sont réduits en servitude, ce n'est point qu'il les ait vendus à son créancier, comme les pères (parmi les Juifs) livraient leurs enfants pour s'acquitter de leurs dettes ; mais qu'ils étaient en esclavage à cause de leurs crimes. 4. Reg. 4. v. 1. 7.

CREDITUS, A, UM. Fidèle, ferme, constant. Ps. 77. 8. *Non est creditus*, Gr. οὐκ ἐπιστώθη, *cum Deo spiritus ejus :* L'esprit du peuple juif n'a point été fidèle à Dieu.

CREDULUS, A, UM. Crédule, qui croit aisément. Gen. 39. 19. *Nimium credulus verbis conjugis :* Putiphar crut trop légèrement sa femme contre Joseph.

CREMARE, κατακαίειν, du grec ἀκρέμων, ou κρέμων, *ramus grandior*, une grande branche propre à brûler ; ou de *camar*, qui signifie aussi :

Brûler, faire brûler. Hebr. 13. 11. *Horum corpora cremantur extra castra :* Les corps des animaux, dont le sang est porté par le grand pontife dans le sanctuaire pour l'expiation du péché, sont brûlés hors le camp. Levit. 4. 12. c. 6. 9. *Cremabitur in altari tota nocte usque mane :* Il parle de l'holocauste qui s'offrait tous les soirs. On ne brûlait la victime que par parties, afin qu'elle pût durer toute la nuit ; et c'est pour cela que le prêtre était obligé de veiller, priant et offrant ainsi sans cesse pour le peuple.

CREMIUM, II, φρύγανον, de *cremare*.

Matière aisée à brûler, telle que de menu bois, qui sèche aisément et qui est propre à allumer le feu. Ps. 101. 4. *Ossa mea sicut cremium aruerunt :* Je suis devenu comme du bois sec par l'excès de la tristesse ; ce peut être une description de l'extrémité où se trouvait réduit le peuple d'Israël lorsqu'il était captif en Babylone ; mais c'est aussi la peinture de l'état d'une âme abattue sous le poids de la colère de Dieu que ses péchés lui ont attirée.

CREPARE. Ce verbe est formé du bruit qu'il marque par sa prononciation, ou de l'Hébreu *karab*, *prœliari*.

Faire bruit, comme quand on ouvre une porte, etc. ; dans l'Ecriture.

Crever, se crever (λάσκειν). Act. 1. 18. *Suspensus crepuit medius :* Judas s'est pendu et a crevé par le milieu du ventre ; Gr. *Præceps factus est :* Judas s'étant pendu, la corde se rompit, et tomba le ventre sur quelque chose qui le fit crever; ou, selon d'autres, son ventre s'enfla et se creva; mais quelques autres croient que saint Luc par ces paroles a voulu marquer ce qui était arrivé à son cadavre depuis sa mort, qu'ayant été jeté à la voirie, il y avait des pointes de rochers qui faisaient crever les corps que l'on y précipitait. 2. Par. 25. 12. *Præcipitaveruntque eos de summo in præceps, qui universi crepuerunt* (διαρρήγνυσθαι, *disrumpi*).

CREPIDO, INIS. Du Grec κρηπίς, base, fondement.

Il signifie proprement quai, muraille qu'on élève au bord de l'eau pour empêcher qu'elle n'emporte la terre; le bord de l'eau même; dans l'Ecriture :

1° Le bord d'une rivière. Exod. 2. 5 *Gradiebantur per crepidinem alvei* : Les filles suivantes de la fille de Pharaon allaient le long du bord de l'eau.

2° Le bord de quelque chose (βάσις). Levit. 1. 15. *Decurrere faciet sanguinem super crepidinem altaris* : Le prêtre fera couler le sang de la plaie sur le bord de l'autel. Judith. 7. 3. Ce mot s'entend des limites ou frontières d'un pays. Judic. 7. 23. *Fugientes usque ad Bethsetta, et crepidinem Abelmehula in Tebbath* (χεῖλος *labium*) : Ceux des Madianites qui étaient échappés de ce carnage, s'enfuirent jusqu'à Bethsetta et jusqu'au bord d'Abelmehula en Tebbath; l'Ecriture parle des restes des Madianites qui se défirent eux-mêmes du temps de Gédéon.

CREPUSCULUM, I. De *creperus*, qui signifie douteux et marque le faux jour qui paraît ou avant le lever du soleil, ou à l'entrée de la nuit, et s'appelle l'*entre chien et loup*; dans l'Ecriture :

Le point du jour. 2. Reg. 2. 32. *In ipso crepusculo pervenerunt in Hebron* : Joab, avec ses gens qui étaient avec lui, arriva à Hebron au point du jour.

CRESCENS , Κρήσκης , Crescent , nom d'homme, disciple de saint Paul. 2. Tim. 4. 10 (*Abiit, Crescens in Galatiam* : Crescent s'en est allé en Galatie, sc. du consentement de saint Paul.

CRESCERE, αὐξάνεσθαι, de l'Hébreu *geres*, ou, selon d'autres, du nom grec κρέας, *caro*, d'où vient chez les Æoliens κρείσκω, et chez les Latins *cresco*.

1° Croître, s'augmenter, devenir grand. Gen. 21. 8. *Crevit igitur puer et ablactatus est* : (Isaac), enfant (d'Abraham et de Sara), crût et on le sevra. v. 20. c. 38. v. 11. 14. Exod. 2. 11. *Postquam creverat Moyses, egressus est ad fratres suos* : Lorsque Moïse fut devenu grand, il sortit pour aller voir ses frères. Matth. 6. 28. c. 13. 7. etc.

2° Croître, 1° en nombre, se multiplier. Gen. 1. v. 22. 28. *Crescite et multiplicamini* : Croissez et multipliez, dit Dieu; Hebr. *fructificate*. Ces paroles : Croissez, ne sont point un précepte, ou ce n'en pouvait être un tout au plus que pour le temps de la Loi écrite; encore ce précepte n'était-il pas indispensable, puisque quelques saints, dans l'Ancien Testament, ont vécu dans le célibat. c. 8. 17. c 9. 7. c. 17. 6. c. 49 4 *Non crescas* : Puissiez-vous ne point croître, dit Jacob à Ruben, Act. 6. 1. Voy. ABUNDARE. 2° Croître, s'étendre, se fortifier. Gen. 41. 56. *Crescebat autem quotidie fames in omni terra* : La famine croissait tous les jours dans toute l'Egypte. 1. Esdr. 4. 22. c. 9. 6. Dan. 8. 23 2. Mach. 4. 50.

§ 1. — S'avancer d'un lieu en un autre. 4. Reg. 20. 10. *Facile est umbram crescere* (κλινεῖν) : Il est aisé que l'ombre s'avance de 10 lignes, dit Ezechias au prophète Isaïe ; ces lignes marquaient les heures, comme il se fait dans les montres au soleil.

§ 2. — Croître, devenir plus grand, s'étendre. Job. 31. 18. *Crevit mecum miseratio* : La compassion est crue avec moi. Eccli. 2. 3. *Sustine, ut crescat in novissimo vita tua* : Ne vous lassez point d'attendre, afin que votre vie soit à la fin plus abondante. Rien ne fait tant croître la vertu que la souffrance : elle passe, et la récompense qu'on en reçoit à la fin de la vie, demeure éternellement. Esth. 9. 4. Prov. 4. 18. Act. 9. 66. Act. 6. 7. c. 12. 24. c. 19. 20.

§ 3. — Devenir plus puissant, plus heureux, plus florissant. Joan. 3. 30. *Illum oportet crescere, me autem minui* : Il faut qu'il croisse et que je diminue, dit saint Jean parlant de Jésus-Christ et de lui-même. Gen. 26. 22. 1. Par. 11. 4. 2. Par. 17. 12. Eccli. 2. 3.

§ 4. — Croître, avancer dans la piété et dans la connaissance de Dieu. Ephes. 4. 15. *Crescamus in illo per omnia* : Croissons en toutes choses dans Jésus-Christ, sc. par une vraie charité. c. 2. 21. *In quo omnis ædificatio constructa crescit* (αὐξάνειν) *in templum sanctum in Domino* : C'est sur Jésus-Christ que tout l'édifice (de l'Eglise) étant posé s'élève et s'accroît pour être un temple consacré au Seigneur. Coloss. 1. 10. 1. Petr. 2. 2. 2. Petr. 3. 18.

CRES, ETIS, Κρής, De *Creta*, l'île de Crète. Crétois, Candiot. Act. 2. 11. *Cretes et Arabes* : Crétois et Arabes.

CRETA, Æ, Gr. *Carnea*, ou *carnalis*, Κρήτη, Crète ou Candie.

L'île de Candie. Tit. 1. 5. *Hujus rei gratia reliqui te Cretæ* : Le sujet pourquoi je vous ai laissé en Crète, est afin que vous y régliez tout ce qui reste à y régler ; cette île est située à l'entrée de l'Archipel et à la vue de l'Europe, de l'Asie et de l'Afrique.

CRETENSIS, IS, Κρής , Crétois, Candiot. Tit. 1. 12. *Cretenses semper mendaces* : Les Crétois sont toujours menteurs ; saint Paul cite ceci d'un vers d'Epiménide, l'un de leurs poètes.

CRIBRARE. 1° Cribler, passer quelque chose par le crible. Dan. 14. 13. *Cinerem... cribravit per totum templum coram Rege* : Daniel répandit par tout le temple de Bel de la cendre devant le roi, la faisant passer par un crible. A quoi se rapporte, dans le sens figuré, 2. Reg. 22. 31. *Cribrans aquas de nubibus* : Dieu a fait distiller les eaux des nuées du ciel.

2° Agiter et ébranler de diverses et fréquentes tentations pour faire succomber (συνιάζειν). Luc. 22. 31. *Ecce Satanas expetivit vos ut cribraret sicut triticum* : Satan vous a demandé pour vous cribler comme on crible le froment, dit Jésus-Christ à saint Pierre.

CRIBRUM, I, λικμός. De l'Hébreu kebara, qui signifie la même chose, ou du verbe *cernere*, sasser, bluter, tamiser, qui vient de κρίνειν.

Crible. Amos. 9. 9. *Sicut concutitur triticum* : Je ferai que la maison d'Israël sera agitée parmi toutes les nations, comme le blé est remué dans le crible. Eccli. 27. 2.

CRIMEN, INIS. De κρίμα, *judicium*, parce que c'est pour des crimes qu'un homme est jugé et condamné.

Crime, grand péché. Tit. 1. 7. *Oportet episcopum sine crimine* (ἀνέγκλητον) *esse* : Il faut que l'évêque soit un homme irréprochable. v. 6. 1. Cor. 8. Matth. 12. 5.

Tache, reproche, déshonneur (αἰτία). 1. Mach. 9. 10. *Non inferamus crimen gloriæ nostræ* : Ne souillons point notre gloire par aucune tache, dit Judas à ses gens.

CRIMINATIO, NIS, διαβολή, accusation, action d'accuser ou de blâmer quelqu'un de quelquelque chose; dans l'Ecriture :

Fausse accusation, calomnie. 2. Mach. 14. 27. *Pessimis hujus criminationibus irritatus* : Le roi (Démétrius) fut tout à fait irrité par les calomnies détestables du méchant Alcime.

CRIMINATOR, IS, διάβολος, calomniateur. Levit. 19. 16. *Non eris criminator* : Vous ne serez point un inventeur de crimes. 2. Tim. 3. 3.

CRIMINATRIX, ICIS, διάβολος, médisante, qui calomnie. Tit. 2. 3. *Anus (sint) non criminatrices* : Apprenez aux femmes âgées... à n'être point médisantes.

CRINIS, IS, θρίξ, de κείρειν, *tondere*, ou de κρίνειν, *discernere*.

Cheveu, les cheveux (κόσυμβος, *nodus capillorum*). 1. Tim. 2. 9. *Mulieres... non in tortis crinibus*, ἐν πλέγμασιν : Je veux que les femmes ne se parent point avec des cheveux frisés. Judith. 10. 3. etc. Ainsi, Isa. 3. 17. *Crinem earum nudabit* : Le Seigneur arrachera tous les cheveux des filles de Sion ; Hebr. *pubem*, *ignominiam*. Voy. NUDARE.

Tresse de cheveux. Cant. 4. 9. *Vulnerasti cor meum in uno crine* (ἔνθεμα) *colli tui* : Vous avez blessé mon cœur par un cheveu de votre cou; Hebr. *torque*, par le collier. Judic. 16. 19. *Rasit septem crines ejus* (βόστρυχος) : Dalila fit raser à Samson les sept touffes de ses cheveux; *i. e.* toute la tête. Voy. le v. 13. et 17.

CRISPANS, TIS. Qui est frisé. Isa. 3. 24. *Erit pro crispanti crine calvitium* : Les cheveux frisés des filles de Sion seront changés en une tête nue et sans cheveux.

CRISPUS, I, κρίσπος, De *carpas*, Héb. fin lin; de là vient l'adjectif *crispus, a, um*, crêpe, crêpon ; dans l'Ecr. :

Crispe, chef d'une synagogue. Act. 18. 8. *Crispus autem Archisynagogus credidit Domino* : Crispe, chef d'une synagogue, crut aussi au Seigneur avec toute sa famille, *sc.*, à la prédication de saint Paul, à Corinthe. 1. Cor. 1. 14.

CROCEUS, A, UM. De couleur de safran, ou de pourpre, riche, précieux.

Thren. 4. 5. *Qui nutriebantur in croceis* (κόκκος), *amplexati sunt stercora* : Ceux des Juifs qui avaient été élevés dans la pourpre et revêtus d'habits précieux, ont recherché des ordures pour se nourrir ; Hebr. *in coccino*.

CROCODILUS, I, κροκόδειλος, *Crocum metuens*. Crocodile, espèce de grand lézard aquatique et immonde, ainsi appelé de ce qu'il abhorre le safran. Levit. 11. 29.

CROCUS, I. De κρόκος,

Safran. Cant. 4. 14. *Nardus et crocus* : Le nard et le safran. Cette plante jette une fleur bleue où il se trouve des filaments de très-bonne odeur.

CRUCIARE, Gr. ὀδυνᾶν. Tourmenter, affliger, punir. Luc. 16. v. 24. 25. *Crucior in hac flamma* : Je souffre d'extrêmes tourments dans cette flamme, dit le mauvais riche. Eccl. 4. 19. *Cruciabit illum in tribulatione doctrinæ suæ* : La sagesse tourmentera par les peines dont ses instructions sont accompagnées celui qui l'écoute, jusqu'à ce qu'elle se soit assurée du fond de son âme. 2. Petr. 2. v. 4. 9. Joel. 2. 6.

Inquiéter, faire de la peine, chagriner (βασανίζειν). 2. Petr. 2. 8. *Animam justam iniquis operibus cruciabant* : Le juste Loth était tourmenté dans son âme par les actions détestables des habitants de Sodome et de Gomorrhe. Eccl. 2. 22.

CRUCIATIO, NIS. Peine, supplice. Sap. 6. 9. *Fortioribus fortior instat cruciatio* (ἔρευνα) : Les plus grands sont menacés des plus grands supplices.

CRUCIATUS, ûs. Peine, tourment, supplice. (ἀλγηδών). 2. Mac. 7. 1. *Ita ut rex, et qui cum ipso erant, mirarentur adolescentis animum, quod tamquam nihilum duceret cruciatus* : Le roi Antiochus et ceux qui l'accompagnaient admirèrent le courage de ce jeune Machabée, qui considérait comme rien les plus grands tourments. c. 9. 6. Apoc. 9. 6.

CRUCIFIGERE, σταυροῦν. 1° Crucifier, attacher à une croix. Joan. 19. 15. *Tolle, tolle, crucifige eum !* Otez-le, ôtez-le du monde; crucifiez-le! disent les Juifs à Pilate, touchant Jésus-Christ.

2° Pendre, suspendre (ἐξηλιάζειν, *Soli exponere*: Heb. *Nakagh*, *suspendo*). 2. Reg. 21. v. 6. 9. *Dentur nobis septem viri de filiis ejus, ut crucifigamus eos Domino* : Qu'on nous donne au moins sept des enfants de Saül, afin que nous les pendions pour satisfaire le Seigneur ; le crucifiement n'était point en usage chez les Hébreux.

Crucifigere aliquem alicui. Crucifier quelqu'un pour satisfaire et apaiser la colère de quelqu'un, 2. Reg. 21. 6. *Dentur nobis septem viri de filiis ejus, ut crucifigamus eos Domino* : Qu'on nous donne au moins sept des enfants de Saül, afin que nous les mettions en croix pour satisfaire le Seigneur. Matth. 20. 19. etc.

— Crucifier, mortifier, faire mourir. Rom. 6. 6. *Vetus homo noster simul crucifixus est* : Notre vieil homme a été crucifié avec Jésus-Christ, *sc.* par le baptême; soit parce qu'il représente la mort de Jésus-Christ, soit parce qu'en effet les péchés y sont effacés par la vertu de sa croix. Gal. 6. 14. *Mihi mundus crucifixus est et ego mundo* : Le monde est à mon égard comme un mort ou un pendu, et me hait de même que je le hais. c. 5. 24. Hebr. 6. 6. *Rursum crucifigentes sibimetipsis Filium Dei* : Celui qui pèche grièvement après son baptême, crucifie de nouveau le Fils de Dieu autant qu'il est en lui, parce qu'il commet ce qui a été la cause et le sujet de la mort de Jésus-Christ. *ou*, selon d'autres, il méprise autant Jésus-Christ que les Juifs qui l'ont crucifié.

CRUDELIS, IS, E, ἀνελεήμων. De l'adjectif *crudus, a, um.* Cruel, inhumain, barbare. Job. 30. 21. *Mutatus es mihi in crudelem* : Vous êtes changé et devenu cruel envers moi. Prov. 5. 9. *Ne des annos tuos crudeli* : Ne prostituez point vos années à un cruel ; Gr. *crudelibus*, Hebr. *crudeli* au féminin. Le Sage appelle cruelle une femme de mauvaise vie, parce qu'elle est cause de la perte des biens, de la santé et de l'âme de ceux qui en approchent ; d'autres l'entendent du mari, *ou* du démon.

CRUDELITAS, TIS. Cruauté, inhumanité. 2. Par. 28 9. *Ita ut in cœlum pertingat vestra crudelitas* : Votre cruauté est montée jusqu'au ciel, dit le prophète Oded, se présentant à l'armée d'Israël, qui emmenait deux cent mille captifs du royaume de Juda. 1. Mach. 7. 42. *De nimiis crudelitatibus satis dictum est* : Nous avons assez parlé des excessives cruautés d'Antiochus.

CRUDELITER. Cruellement, avec cruauté et inhumanité. Isa. 14. 6. *Contrivit Dominus baculum impiorum persequentem crudeliter* : Le Seigneur a brisé le bâton des impies qui persécutaient les nations cruellement.

CRUDELIUS. Plus cruellement (χειριστως). 2. Mach. 7. 39. *In hunc super omnes crudelius desœvit* (χειριστως ἀπήντησε): Antiochus fit éprouver sa cruauté au plus jeune des sept Machabées, encore p.us qu'à tous les autres.

CRUDUS, A, UM, ὠμός ; de *cruor*, ou de l'hébreu *kor*, *frigus*.

1° Cru, qui n'est point cuit. Exod. 12. 9. *Non comedetis ex eo crudum quid* : Vous ne mangerez rien de l'agneau qui soit cru. 1. Reg. 2. 15.

2° Cru, rude, qui n'est point apprêté. Eccli. 49. 4. *Ab eo qui portat coronam usque ad eum qui operitur lino crudo* : Depuis celui qui porte la couronne, jusqu'à celui qui n'est couvert que de toile crue, *i. e.* qui n'est point préparée. Cette toile semble être plutôt de chanvre que de lin.

CRUOR, IS, αἷμα. De κρύος, *frigus*, parce que c'est le sang répandu et refroidi ; au lieu que *sanguis* est le sang chaud dans les veines.

Sang hors des veines et répandu. 4. Reg. 24. 4. *Implevit Jerusalem cruore innocentium* : Manassé a rempli Jérusalem du carnage des innocents. 3. Reg. 2. 5. *Posuit cruorem prælii in balteo suo* : Joab a ensanglanté son baudrier du sang d'Abner et d'Amasa, pendant la paix, comme il aurait fait durant la guerre, dit David à Salomon en mourant. Deut. 32. 42. *Voy.* CAPTIVITAS.

CRUS, URIS, σκέλος. De l'hébreu *caragh*, d'où vient *karagnaïm*, *crura*.

La cuisse, la jambe. Joan. 19. 33. *Non fregerunt ejus crura* : Les soldats ne rompirent point les jambes de Jésus-Christ. Isa. 47. 2. *Revela crura* : Levez vos vêtements (ô Babylone), *sc.* pour passer les rivières, Heb. avec les pieds nus. Cant. 5. 15. *Crura illius columnæ marmoreæ quæ fundatæ sunt super bases aureas* : Ses jambes sont comme des colonnes de marbre, posées sur des bases d'or. L'humanité de Jésus-Christ peut être figurée par ces *jambes*, aussi fermes que des *colonnes de marbre* ; et ces *bases d'or*, sur lesquelles elles sont posées, nous figurent la divinité et la personne du Verbe, qui était le fondement et le principal soutien de la nature humaine dans Jésus-Christ.

CRUSTULA, Æ. Ce mot, au féminin, se fait de *crusta*, qui signifie croûte de quelque corps matériel, comme de pierre, de bois, de pain, et d'autres choses semblables ; mais *crustula*, neutre pluriel, vient de *crustulum* et de *crustum*, un gâteau croquant, un croquet de pain d'épice ou d'oublie.

— *pueris dant crustula blandi*
Doctores elementa velint ut discere prima.

Mais *crustula* ne se trouve qu'au féminin dans l'Ecriture, pour signifier :

Gâteau, tourteau (κολλύριον). 3. Reg. 14. 3. *Tolle in manu tua decem panes et crustulam* : Prenez en votre main dix pains et un tourteau, etc., dit Jéroboam à sa femme, l'envoyant consulter le prophète Ahias. Exod. 29. v. 2. 23.

CRUX, CIS, σταυρός, de l'Hébreu *cara*, fouir, creuser ; *ou* de *kor, tignum, trabs*.

Croix, gibet. Gen. 40. 19. *Suspendet te in cruce* : Pharaon, après vous avoir fait couper la tête, vous fera ensuite attacher à une croix. *Voyez* l'accomplissement de cette prophétie de Joseph au grand panetier de Pharaon. v. 22. Ainsi, c. 41. 13. etc.

La croix de Jésus-Christ, c'est le bois de la croix à laquelle il a été attaché. Matth. 27. 32. *Hunc angariaverunt ut tolleret crucem ejus* : Les soldats du gouverneur contraignirent Simon le Cyrénéen de porter la croix de Jésus-Christ. Les criminels portaient leur croix jusqu'au lieu du supplice, et Jésus-Christ l'avait portée jusqu'à ce lieu, où ils rencontrèrent Simon ; mais Jésus-Christ étant trop épuisé de forces, les soldats contraignirent Simon de continuer à la porter jusqu'au lieu du supplice de Jésus-Christ. Philipp. 2. 8. *Factus obediens usque ad mortem, mortem autem crucis* : Jésus Christ s'est rendu obéissant jusqu'à la mort, et jusqu'à la mort de la croix. La loi ordonnait que celui qui serait mort attaché en croix, en fût ôté avant le soleil couché. Deut. 21. 23. *Non permanebit cadaver ejus in ligno, sed eadem die sepelietur, quia maledictus a Deo est qui pendet in ligno* : Celui qui est pendu au bois est maudit de Dieu, c'est-à-dire, en exécration devant Dieu, à cause du péché qui avait mérité un tel supplice ; ainsi il falait le retirer au plus tôt de la vue des hommes, comme un objet infâme et horrible à voir. Jésus-Christ, qui s'est chargé des péchés de tous les hommes, pour les expier par sa croix, a bien voulu passer pour maudit : *Cum sceleratis reputatus est.* Joan. 19. *Voy.* MALEDICTUM. Marc. 15. 21. Luc. 23. 26.

Accipere, bajulare, tollere crucem suam. Cette façon de parler vient de la coutume des criminels de porter leur croix jusqu'au lieu du supplice, et signifie :

Porter sa croix ; c'est souffrir courageusement pour Jésus-Christ toutes sortes de tourments, d'afflictions, d'ignominies, et la mort même. Luc. 9. 23. *Tollat crucem suam quotidie* : Si quelqu'un veut venir avec moi, qu'il renonce à soi-même, et qu'il porte sa croix tous les jours, dit Jésus-Christ. c. 14. 27. Matth. 10. 38. c. 16. 24. Marc. 8. 34.

§ 1. — La mort et la passion de la croix. Hebr. 12. 2. *Proposito sibi gaudio sustinuit crucem* : Jésus-Christ, dans la vue de la joie qui lui était préparée, a souffert la croix. *Gr.*, au lieu de la joie qu'il pouvait choisir sur la terre, a souffert la croix. Philipp. 3. 18.

§ 2. — Le mérite de la mort et passion que Jésus-Christ a soufferte sur la croix. I. Cor. 1. 17. *Ut non evacuetur crux Christi* : Le mérite de la croix de Jésus-Christ serait inutile, si c'était l'éloquence des prédicateurs qui persuadât la Foi. v. 18. Gal. 6. 14. Ephes. 2. 16. Philipp. 3. 18.

§ 3. — La prédication de l'Evangile. Gal. 5. 11. *Ergo evacuatum est scandalum crucis* : Les Juifs se choquaient principalement de ce que l'on prêchait qu'il fallait chercher son salut dans le mérite de la croix, et non pas dans la pratique de la loi. c. 6. 12. 1. Cor. 1. 18.

CRYPTA, æ. Du verbe κρύπτειν, *abscondere.* Lieu sous terre, caverne. Jerem. 43. 9. *Abscondas eos in crypta* (πρόθυρον) : Hebr. *Maltha* : Vous cacherez ces pierres dans la voûte. C'était une caverne d'où on tirait du bitume, *ou* une terre grasse pour faire de la tuile.

CRYSTALLUS, I, κρύσταλλος. Cristal, pierre claire et transparente, qui se forme par la gelée la plus forte (qui est appelée horrible dans Ezech. 1. 22). Apoc. 4. 6. *Mare vitreum simile crystallo* : Vis-à-vis du trône, il y avait une mer transparente comme le verre.

Glace ou verglas. P. 147. 6. *Mittit crystallum suam sicut buccellas* : Dieu envoie sa glace, divisée en une infinité de parties. Le mot grec κρύσταλλος, signifie glace, parce que le crystal se forme comme de la glace. Eccli. 43. 22. *Gelavit crystallus ab aqua* : Lorsque Dieu fait souffler le vent froid de l'aquilon, l'eau se glace aussitôt comme du cristal ; car le vrai cristal est une espèce de pierre transparente, que la grande froid glace et endurcit sous terre et parmi les rochers ; c'est pourquoi on l'appelle *cristal de roche*, qui n'est point une eau glacée, autrement elle fondrait au soleil. L'Interprète de la Vulgate fait ce mot masculin, v. 24. Aug. qu. 49. in lib. Judic. *Solet Scriptura masculinum genus pro quolibet sexu ponere.*

CUBARE, κοιμᾶν, de κύπτειν, *Incurvari*, se courber.

Être courbé, être au lit, se reposer. 2. Reg. 13. 5. *Cuba super lectum tuum* : Couchez-vous sur votre lit, et faites semblant d'être malade, dit Jonadab à Amnon, lui conseillant un moyen d'abuser de Thamar. Gen. 19. 4. Deut. 23. v. 54. 56. Job. 38. 40, etc.

Phrase tirée de cette signification.

Cubare cum muliere. Se coucher avec une femme ; c'est abuser d'une femme ou d'une fille. 2. Reg. 13. v. 11. 14. *Prævalens viribus oppressit eam, et cubavit cum ea* : Amnon étant plus fort que Thamar, il lui fit violence et abusa d'elle. Ainsi, *cubare in sinu*, être couché auprès. Deut. 28. 54. *Quæ cubat in sinu suo* ; *suo* pour *ejus*. *Voy.* SINUS.

1° Vivre en repos, en grande sécurité. Ezech. 19. 2. *Mater tua leæna inter leones cubavit* (γίνεσθαι) : La ville de Jérusalem vivait autrefois parmi les rois des nations, sans rien craindre.

2° Faire reposer (κοιτάζειν). Cant. 1. 6. *Indica mihi ubi cubes in meridie?* Dites-moi où vous faites reposer votre troupeau, durant la grande chaleur?

CUBICULARIUS, II. Valet, homme de chambre. Judith. 12. 6. *Præcepit cubilariis suis.* Holopherne ordonna aux huissiers de sa chambre de laisser entrer et sortir Judith. c. 14. 16.

CUBICULUM, I, ταμεῖον ; de *cubare*, et signifie,

1° Chambre. Gen. 43. 30. *Introiens cubiculum flevit* : Joseph passant dans une autre chambre, il pleura de tendresse qu'il ressentit à la vue de Benjamin. Act. 12. 20. *Qui erat super cubiculum regis* (κοιτών) : Blaste qui était chambellan du roi (Hérode). De là vient :

Cubiculum lectorum. La chambre où est le lit pour manger. 2. Par. 22. 11. *Abscondit eum cum nutrice sua in cubiculo lectorum* : Josabeth cacha Joas et sa nourrice dans la chambre des lits. *Voy.* TRICLINIUM. D'autres entendent ce passage des salles où étaient logés les prêtres qui faisaient leurs fonctions, et couchaient tous en un même lieu.

2° Cabinet, chambre secrète, où l'on serre ce que l'on a de plus précieux. Matth. 6. 6. *Intra in cubiculum tuum*, i. e. *in conclave* : Lorsque vous voudrez prier, entrez dans votre chambre, dit Jésus-Christ. 3. Reg. 20. 30. *Benadad fugiens ingressus est civitatem in cubiculum*, i. e. *in locum intimum et abditissimum.* Benadad, s'enfuyant, entra dans la ville d'Aphec, et se retira dans le lieu le plus secret d'une chambre, *sc.* après une défaite de cent mille hommes de son armée. c. 22. 25.

CUBILE, IS, κοίτη ; de *cubare.*

1° Lit (κοίτη). Joel. 2. 16. *Egrediatur sponsus de cubili suo* : Que l'époux sorte de sa couche, *sc.* pour honorer son jeûne par la continence. Ps. 35. 5. *Iniquitatem meditatus est in cubili suo* L'injuste a médité l'iniquité dans le secret de son lit, *i. e.* les mauvais desseins qu'il doit exécuter le lendemain. Ainsi, Mich. 2. 1. *Væ qui operamini malum in cubilibus vestris* : Malheur à vous qui prenez dans votre lit des résolutions criminelles, *in luce matutina faciunt illud*, que vous exécutez dès le point du jour.

2° La retraite des bêtes, étable, tanière, caverne. Isa. 65. 10. *Vallis Achior in cubile* (ἀνάπαυσις) *armentorum* : La vallée d'Achior servira de retraite aux bœufs de mon peuple, de ceux qui m'auront recherché. Ps. 103. 22. *In cubilibus suis collocabuntur* : Toutes les bêtes se vont coucher dans leurs retraites (μάνδρα), *sc* au lever du soleil. Cant. 4. 8. De là vient :

Facere, dare in cubile pecorum, Rendre un pays, une ville, la retraite des bêtes ; c'est la ruiner entièrement. Ezech. 25. 5. *Dabo filios Ammon in cubile pecorum* : J'abandonnerai le pays des enfants d'Ammon, pour être la retraite des bêtes (νομή). Soph. 2. 15.

§ 1. — Repos, lieu de repos, et où l'on est en grande sécurité. Ps. 149. 5. *Lætabuntur in cubilibus suis* : Les Juifs, après leur captivité, ont joui d'un grand repos. Ainsi, les justes reposent dans leur tombeau avec confiance. Isa. 57. 2. *Requiescat in cubili suo qui ambulavit in directione sua* (ταφή, *sepulcrum*) : Que celui qui a marché dans un cœur droit, se repose dans son lit. On l'entend de Josias.

§ 2. — Impudicités, plaisirs déshonnêtes, marqués par le mot *cubile*. Rom. 13. 13. *Non in cubilibus et impudicitiis* : Ne vous laissez point aller aux impudicités et aux dissolutions. Ainsi, Gen. 49. 4. *Ascendisti cubile patris tui* : Vous avez souillé le lit de votre père ; *sc.*, en commettant un inceste avec votre belle-mère.

De là vient cette façon de parler : *Dilatare cubile* : Agrandir son lit. C'est avoir un désir insatiable de se prostituer. Isa. 57. 8. *Dilatasti cubile tuum* : Vous avez agrandi votre lit. Ceci s'entend de l'inclination à l'idolâtrie marquée par la prostitution. v. 7. *Super montem excelsum posuisti cubile tuum* : Vous avez mis votre lit sur une haute montagne et élevée. Les idolâtres faisaient leurs sacrifices sur des lieux élevés. Ezech. 23. 17. *Cubile mammarum*; Hebr., *amorum*; i. e., *amatorum* : Couche de prostitution. Ce sont les temples où les Juifs sacrifiaient aux idoles avec les Chaldéens.

§ 3. — Le tombeau où le corps repose. Ezech. 32. 25. *Posuerunt cubile ejus in universis populis ejus* : Ils ont mis son lit parmi tous ses peuples. La mort égale tous les hommes : les rois et leurs sujets.

CUBITUS, ι, πῆχυς, de *cubare*, parce que les anciens étaient sur des lits à table, de manière qu'ils étaient appuyés sur le coude.

1° Le coude, la jointure du bras sur quoi on s'appuie. Eccli. 9. 12. *Non accumbas cum ea super cubitum* : Ne vous appuyez point, avec la femme étrangère, sur le coude pour manger. Ezech. 13. 18. *Væ quæ consuunt pulvillos sub omni cubito manus* (ἀγκών). Voy. CONSUERE. Jérem. 38. 12.

2° Coudée, mesure et hauteur du coude. Matth. 6. 27. Luc. 12. 25. *Quis vestrum cogitando potest adjicere ad staturam suam cubitum unum?* Qui est celui d'entre vous qui puisse, avec tous ses soins, ajouter à sa taille la hauteur d'une coudée? Gen. 6. v. 15. 16. *Trecentorum cubitorum erit longitudo arcæ... in cubito consummabis summitatem ejus* : La longueur de l'arche de Noé était de trois cents coudées ; sa largeur, de cinquante ; sa hauteur, de trente ; le comble qui la couvrait était haut d'une coudée, et descendait en pente pour faire écouler les eaux.

Il est à remarquer que la coudée ancienne avait vingt-quatre doigts ; et que l'autre, moins ancienne, n'en avait que vingt ; les Hébreux s'en servirent durant leur captivité. La coudée hébraïque était de trois pouces plus grande que la grecque ou la romaine : celle-ci était de dix-huit pouces, et l'autre de vingt-un. La coudée se prend depuis le bout du coude jusqu'à l'extrémité du doigt le plus long de la main étendue.

3° *Cubitus* est mis pour *calamus*, coudée pour canne. Ezech. 43. 20. *Mensus est murum ejus undique per circuitum, longitudinem quingentorum cubitorum, et latitudinem quingentorum cubitorum* : L'ange mesura la muraille de toutes parts, en tournant tout autour, et il trouva qu'elle avait cinq cents coudées de longueur et autant de largeur. Saint Jérôme et plusieurs autres interprètes croient qu'il faut mettre *cannes* au lieu de *coudées*; comme en effet dans l'Hébreu il y a seulement *quingentorum*, où l'on doit suppléer *calamorum*, exprimé quatre fois auparavant. La coudée commune est un pied et demi ; la coudée des Hébreux était un pied trois quarts. Jos. 3. 4. *Sit inter vos et arcam spatium cubitorum duum millium* : Qu'il y ait entre vous et l'arche un espace de deux mille coudées ou cinq stades, revenant à six cent vingt-cinq pas géométriques. Cet espace était nécessaire, parce qu'ils n'eussent pu voir l'arche, à cause de leur nombre prodigieux, s'ils en eussent approché. 3. Reg. 6. 2. Voy. TRIGINTA.

CUCUMIS ou CUCUMER ; de σίκυος, qui vient de l'hébreu *kasa* ou *kisa*, qui signifie la même chose.

Concombre. Num. 5. *In mentem nobis veniunt cucumeres* : Les concombres nous reviennent dans l'esprit. Les Hébreux et les Egyptiens en usaient beaucoup.

CUCUMERARIUM, ιι ; σικυήρατον, champ de concombres, ou jardin dans lequel sont des melons et des concombres. Isa. 1. 8. *Sicut tugurium in cucumerario* : La Judée devait être comme une cabane dans un champ de concombres, après qu'on les a cueillis ; *i. e.*, déserte et désolée. Baruch. 6. 69.

CUDERE, de l'hébreu *cathat, tundere, atterere.*

Battre du marteau, forger. Isa. 41. 7. *Confortavit faber ærarius percutiens* (ἐλαύνειν) *malleo, eum qui cudebat tunc temporis* : L'ouvrier qui frappait du marteau, pour former son idole, exhortait celui qui travaillait alors avec lui.

CUJUSMODI; ὅς, ἥ, ὅ. Ce nom indéclinable, composé du génitif de *quis* et du génitif de *modus*, signifie :

De quelle sorte. 1. Reg. 21. 2. *Nemo sciat cujusmodi præcepta tibi dederim* : Que personne ne sache ce que je vous ai commandé. David dit à Achimélech que Saül lui avait parlé en ces termes.

Il est à remarquer que le datif *cui* ou le génitif *cujus* est quelquefois un pléonasme hébreu; *sc.*, quand l'antécédent est exprimé, comme Rom. 16. 27. *Soli sapienti Deo, per Jesum Christum, cui honor et gloria in sæcula sæculorum* : Honneur et gloire soit à Dieu, qui est le seul sage, par Jésus-Christ, dans tous les siècles des siècles.

CULEX, icis ; de κώνωψ.

Moucheron, cousin. Matth. 23. 24. *Excolantes culicem* : Vous qui avez grand soin de passer ce que vous buvez, de peur d'avaler un moucheron. Jésus-Christ représente aux scribes et aux pharisiens leur aveuglement.

CULINA, æ ; μαγειρεῖον, de *colere*, a colendo igne, dit Varron, ou plutôt de l'hébreu *kala*, cuire, rôtir.

Cuisine, lieu dans une maison où l'on apprête les viandes. Ezech. 46. v. 23. 24. *Culinæ fabricatæ erant subter porticus per gyrum* : L'on voyait les cuisines bâties sous les portiques, tout autour.

CULMEN, is, de *columen*, qui vient du grec κάλαμη, *calamus* ou *culmus* (κεφαλή), parce que, anciennement, les toits des maisons se couvraient de chaume. Or, le mot *culmen* se dit principalement du toit des maisons, le faîte, le comble, le haut d'un édifice, et signifie aussi :

Le sommet, le haut de quelque chose. Gen. 11. 4. *Faciamus nobis civitatem et turrim cujus culmen pertingat ad cœlum* : Faisons-nous une ville et une tour qui soit élevée jusqu'au ciel. C'est de la ville et de la tour de Babel dont il est parlé ici, 2. Reg. 18. 26. *Vociferans in culmine* : La sentinelle, voyant un second courrier, cria d'en haut : *i. e.*, de la muraille au haut de la porte de la ville. Ce courrier qu'il voyait était Chusi.

Un logement, une maison (δοκοί). Gen. 19. 8. *Ingressi sunt sub umbra culminis mei* : Ces hommes sont entrés dans ma maison comme dans un lieu de sûreté, dit Loth aux habitants de Sodome.

CULMUS, i, de *colmus* ou *colomus*, pour *calamus*.

Le tuyau du blé, qui porte l'épi, le chaume (πυθμήν). Gen. 41. 5. *Septem spicæ pullulabant in culmo uno plenæ atque formosæ* : Voyez l'explication que Joseph donne à Pharaon de ce second songe qu'il eut de ces sept épis pleins de grains et si beaux, qui sortaient d'une même tige. v. 26. Ainsi, Osée 8. 7.

CULPA, æ, de κολάπτειν, châtier, ou de l'hébreu *chalaph*, percussit.

Faute, offense, blâme. Prov. 6. 30. *Non grandis est culpa, cum quis furatus fuerit, furatur enim ut esurientem impleat animam* : Ce n'est pas une grande faute qu'un homme dérobe pour avoir de quoi manger, lorsqu'il est pressé par la faim; *Hebr.* On ne méprise point un larron. Ici ce genre de larron est mis en parallèle avec l'adultère, qui est beaucoup plus coupable. Gen. 31. 36.

Défaut, imperfection. Heb. 8. 7. *Si illud culpa vacasset* (Gr. ἄμεμπτον εἶναι); *non utique secundi locus inquireretur* : Si la loi ancienne avait été assez parfaite pour sanctifier et donner la grâce, on n'aurait pas eu besoin du nouveau Testament.

CULPARE; μέμφεσθαι, blâmer, reprendre. 2. Mach. 2. 7. *Jeremias culpans illos dixit quod ignotus erit locus* : Jérémie blâma ceux qui s'étaient approchés pour remarquer la caverne où il avait mis le tabernacle, l'arche et l'autel des encensoirs.

CULTER, tri ; μάχαιρα, de l'hébreu *catzl*, occidit, ou bien *a cultu terræ*, parce que ce mot a signifié d'abord le coutre d'une charrue, et depuis il signifie aussi :

1° Couteau. Jos. 5. 2. *Fac tibi cultros lapideos* : Faites-vous des couteaux de pierre, dit Dieu à Josué lui ordonnant de circoncire les Israélites nés dans le désert, qui ne l'avaient point été, à cause des décampements fréquents. Voy. v. 7. 8. Ainsi Prov. 23. 2. *Statue cultrum in gutture tuo* : Mettez un couteau à votre gorge. Le Sage, par cette expression parabolique, avertit ceux qui sont invités à la table des grands, de garder une grande retenue, soit pour parler, soit pour manger, comme si on avait un couteau à la gorge qui arrêtât l'intempérance.

2° Instrument de fer propre à tailler et polir les pierres. Exod. 20. 25. *Si levaveris cultrum* (ἐγχειρίδιον) *super eo, polluetur* : Si vous employez le ciseau à tailler les pierres pour bâtir à Dieu un autel de pierres, cet autel sera souillé.

Façon de parler tirée de cette signification.

Levare cultrum : Se servir d'un instrument qu'on lève en haut pour en travailler. Exod. 2. 25. Voy. *supra* 2°.

CULTIOR, us, plus propre, plus précieux. Ruth. 3. 3. *Induere cultioribus vestimentis* : Prenez vos plus beaux habits, dit Noémi à Ruth.

CULTOR, is, γεωργός ; de *colere*.

1° Habitant d'un pays, qui cultive les terres ou les vignes, laboureur ou vigneron. Gen. 34. 21. *Quæ spatiosa et lata cultoribus indiget* : Cette terre, étant spacieuse et étendue comme elle est, a besoin de gens qui la bourent, disent Hemor et Sichem, son fils, proposant à leurs sujets de s'allier avec les Juifs. c. 47. 14. Luc. 20. 10. *Misit ad cultores servum* : Le maître de la vigne (ἀμπελουργός, *vinitor*) envoya un de ses serviteurs vers ses vignerons, afin qu'ils lui en donnassent du fruit. Ces vignerons figuraient les Juifs, auxquels Dieu a envoyé inutilement ses prophètes. c. 13. 7. Num. 13. 29. 1. Par. 27. 27. Isa. 24. 6.

2° Adorateur, qui rend un culte particulier, soit à Dieu, soit à quelque fausse divinité (λατρευών). Hebr. 10. 2. *Nullam haberent ultra conscientiam peccati, cultores semel mundati* : Les ministres de l'ancienne loi n'auraient plus senti leur conscience chargée de péché, en ayant été une fois purifiés. Saint Paul fait voir que les sacrifices de l'ancienne loi n'effaçaient point les péchés, parce qu'il les fallait réitérer tous les ans, avec la confession des mêmes péchés. Deut. 4. 3. *Oculi vestri viderunt quomodo contriverit omnes cultores ejus de medio vestri* : Vos yeux ont vu de quelle sorte le Seigneur a exterminé tous les adorateurs de Belphégor du milieu de vous. 4. Reg. 10. v. 19. 23. 2. Mach. 1. 19. Joan. 9. 31.

3° Qui entretient, maintient et défend quelque chose. Job. 13. 4. *Cultores perversorum dogmatum* : Défenseurs d'une doctrine corrompue.

CULTRIX. icis, de *colere*, et signifie proprement celle qui cultive, soit la terre, la vigne, etc.; dans l'Ecriture :

Celle qui adore une divinité. Act. 19. 35. *Quis est hominum qui nesciat Ephesiorum civitatem cultricem esse magnæ Dianæ* (νεωκόρον) : Y a-t-il quelqu'un qui ne sache pas que la ville d'Ephèse rend un culte particulier à la grande Diane ? dit le greffier de la ville aux Éphésiens.

CULTURA. Æ, λατρεία; de *colere*, et signifie proprement culture, l'action ou l'art de cultiver la terre, les vignes, etc.; dans l'Ecriture :

Culte, service, honneur que l'on rend à quelque divinité. 1. Cor. 10. 14. *Fugite ab idolorum cultura* : Fuyez l'idolâtrie. Eccli. 1. 32. *Execratio peccatori, cultura Dei* : Le culte de Dieu est en exécration au pécheur; Gr. θεοσέβεια, la piété, la religion. Hebr. 9. 1. *Habuit justificationes culturæ* : La première alliance a eu des règlements touchant le culte de Dieu. 2. Par. 31. 21, etc.

CULTUS. us. — 1° Culte, respect, honneur que l'on rend à Dieu ou aux idoles. Exod. 10. 26. *Necessaria sunt in cultum Domini Dei nostri* : Nous avons nécessairement besoin de tous nos troupeaux pour le culte du Seigneur notre Dieu. Moïse rend raison à Pharaon pourquoi il fallait que les Israélites les emmenassent avec eux, allant offrir des sacrifices à Dieu. Jos. 22. 16.

2° Cérémonie, règlement du culte de Dieu (νόμιμον). Exod. 12. 14. *Celebrabitis eam solemnem Domino cultu sempiterno* : Vous célébrerez de race en race la fête de Pâque avec un culte perpétuel, comme une fête solennelle au Seigneur. c. 13. 10. c. 27. 21. Levit. 24. 3. Num. 3. 7.

3° Fonction, ministère qui regarde le service de Dieu. Num. 3. 10. *Aaron autem et filios ejus constitues super cultum sacerdotii* : Vous établirez Aaron et ses enfants pour les fonctions du sacerdoce. v. 36. c. 4. v. 28. 30. c. 7. 8. c. 16. 9. 1. Par. 23. 23. 2. Par. 29. 35.

4° Pratique, observation (ἔργα, *opera*). Isa. 32. 17. *Erit cultus justitiæ, silentium* . L'observation de la justice apportera la paix et la tranquillité.

5° Ornement, entretien. Exod. 25. 9. *Juxta omnem similitudinem omnium vasorum in cultum ejus* : Les Israélites me dresseront un sanctuaire selon la forme du tabernacle que je vous montrerai, et de tous les vases qui y serviront. c. 35. 21. Num. 4. 16.

6° Ornement, propreté, habits précieux κόσμος). 1. Petr. 3. 3. *Quarum non sit indumenti vestimentorum cultus* : Que les femmes ne mettent point leur ornement à se parer par la beauté des habits. Exod. 33. 4. 2. Reg. 1. 24. 3. Reg. 22. 10. Esth. 2. v. 12. 15.

CUM, σύν, μετά, préposition. Avec, 1° soit pour marquer la présence. Rom. 12. 15. *Gaudete cum gaudentibus, flete cum flentibus* : Soyez dans la joie avec ceux qui sont dans la joie. pleurez avec ceux qui pleurent

2° Soit pour marquer qu'on est familier, ou dans la compagnie de quelqu'un. Joan. 15. 27. *Qui ab initio mecum estis* ; Vous rendrez témoignage de moi (aussi bien que le Saint-Esprit), parce que vous êtes dès le commencement avec moi. c. 17. 12. Act. 4. 13. c. 9. 28 c. 24. 1. etc. Ce qui marque aussi quelquefois une compagnie et un attachement inséparable. Rom. 7. 3. *Si fuerit cum alio viro* : Si une femme épouse un autre homme durant la vie de son mari, elle est appelée adultère. Ps. 138. 18. *Exurrexi, et adhuc sum tecum* ; i. e. *persisto* : Quand je me lève, je me trouve encore au même état devant vous.

3° Soit pour marquer l'aide, le secours et la protection, la faveur. Luc. 1. 28. *Dominus tecum* ; i. e. *tibi adest* : Le Seigneur est avec vous; i. e. vous assiste et vous favorise de ses grâces, dit l'ange à la sainte Vierge Ruth. 2. 4. *Dominus vobiscum* : Que le Seigneur vous assiste de ses grâces, dit Booz à ses moissonneurs, arrivant de Bethléem : l'Eglise emprunte cette salutation dans l'office divin, à laquelle on répond. *Et cum spiritu tuo* ; i. e. *tecum sit*, ou *tibi adsit*; ce qui est emprunté de saint Paul, Gal. 6. 18 *Gratia Domini nostri Jesu Christi cum spiritu vestro* : La grâce de Notre-Seigneur Jésus-Christ demeure avec votre esprit : le mot *anima* et *spiritus*, est souvent pris pour la personne. 1. Cor. 15. 10. *Abundantius illis omnibus laboravi; non ego autem, sed gratia Dei mecum* : J'ai travaillé plus que tous les autres (sc. à la prédication de l'Evangile), non pas moi toutefois, mais la grâce de Dieu avec moi; Gr. *Quæ mecum est.* Judic. 16. 15. Mais *Esse cum aliquo*, signifie particulièrement le secours et la protection dont Dieu soutient ses ministres dans leurs fonctions. Matth. 28. 20. *Ecce ego vobiscum sum* : Jésus-Christ promet à ses apôtres, et dans leurs personnes à son Eglise et à ses ministres, une assistance continuelle. Joan. 8. 29. *Qui me misit mecum est* : Celui qui m'a envoyé est avec moi; ce ne m'a point laissé seul : Jésus-Christ parle du Père éternel. Exod. 3. 12. c. 18. 29. etc. Judic. 6. 16. Ps. 54. 19.

4° Soit pour marquer qu'on suit et qu'on prend le parti de quelqu'un et qu'on lui est attaché. 4. Reg. 6. 16. *Plures nobiscum sunt quam cum illis* : Il y a plus de gens armés avec nous, qu'il n'y en a avec les gens du roi de Syrie, dit le prophète Elisée à son serviteur surpris de se voir assiégé de tant de gens de guerre. Voy. le v. 17. Ainsi, Luc 11. 23.

Qui non est mecum, contra me est : Celui qui n'est point avec moi est contre moi, dit Jésus-Christ. Matth. 12. 30. 1. Reg. 14.21. Act. 14. 4. c. 19. 38.

Cette préposition est mise pour plusieurs autres.

1° Pour *Æque ac,* Comme, de même que, aussi bien, également, de même façon, en même état. Ps. 105. 6. *Peccavimus cum patribus nostris :* Nous avons péché aussi bien que nos pères. Ps. 72. 5. *Cum hominibus non flagellantur :* Les méchants n'éprouvent point les fléaux auxquels les autres hommes sont exposés. Ps. 87. 5. *Æstimatus sum cum descendentibus in lacum :* J'ai été regardé comme étant du nombre de ceux qui descendent dans la fosse. Eccli. 40. 8. *Cum omni carne :* Ces fantômes qui se voient dans le sommeil, et de semblables accidents, sont communs à toutes les bêtes, comme aux hommes. 1. Reg. 28. 19. *Cras autem tu et filii tui mecum eritis :* Demain vous serez morts et hors du monde comme moi, dit Samuel à Saül. 4. Reg. 24. 6. Ps. 119. 4. Job. 40. 10. Isa. 65. 23. Jerem. 6. 11. Ezech. 16. 26. Malach. 1. 12. 2. Cor. 4. 14. Heb. 11. 9.

2° Pour *Quandiu,* Autant de temps que. Ps. 71.5. *Permanebit cum sole :* Il demeurera autant que le soleil : le Prophète parle de Jésus-Christ, figuré par Salomon. Isa. 65. 29. *Nepotes cum eis;* i. e. *ipsis viventibus :* Les élus verront une grande postérité.

3° Pour *Contra,* Contre, à l'encontre. Ps. 54. 19. *Inter multos erant mecum;* i. e. *contra me :* Ceux qui s'approchent de moi pour me perdre, étaient en grand nombre contre moi. Matth. 12. v. 41. 42. Luc. 11. v. 31. 32. Apoc. 2. 16.

4° Pour *Inter,* Parmi. Marc. 10. 30. *Cum persecutionibus :* Au milieu même des persécutions.

5° Pour *Per,* Par le moyen, par le ministère. Act. 14. 25. *Retulerunt quanta fecisset Deus cum illis;* i. e. *per illos :* Saint Barnabé et saint Paul racontèrent (à l'Eglise d'Antioche assemblée) combien Dieu avait fait de grandes choses avec eux; *i. e.* par leur ministère. c. 15. 4.

6° Pour *In,* Dans, en. Job. 7. 11. *Confabulabor cum amaritudine animæ meæ :* Je m'entretiendrai dans l'amertume de mon âme, ou de mes maux : c'est le même sens que *in.* c. 7. 11. c. 10. 1.

7° Pour *Penes,* En la puissance, en la disposition. Ps. 49. 11. *Pulchritudo agri mecum est :* Toute la beauté de la campagne m'est présente, je puis en disposer. 1. Reg. 25. 25. *Secundum nomen suum stultus est, et stultitia est cum eo;* i. e. *stultissimus est :* Nabal est insensé, et son nom marque sa folie. Voy. NABAL. Apoc. 22. 12. *Merces mea mecum est :* J'ai ma récompense avec moi; sc. pour rendre à chacun selon ses œuvres. Ps. 37. 11. *Lumen oculorum meorum ipsum non est mecum :* Ma vue m'a abandonné. Jerem. 8. 8. *Lex Domini nobiscum est :* Nous sommes instruits dans la loi. Isa. 49. 4. c. 40. 10. c. 62. 11.

8° Pour *Coram* ou *contra,* en présence, à la vue. Isa. 59. 12. *Scelera nostra nobiscum :* Nos crimes nous sont présents : dans le même sens qu'est pris *contra.* Ps. 50. 5. Ainsi, Ps. 15. 11. *Cum vultu tuo :* En votre présence. Ps. 139. 14. Act. 2. 28. Elle est quelquefois sous-entendue, 1. Par. 26. 23. *Amramitis Isaaritis;* i. e. *cum Amramitis;* etc. comme en Grec, Apoc. 8. 3. *Ut daret de orationibus sanctorum,* de pour *cum :* Afin qu'il en accompagnât les prières de tous les saints. Voy. DE.

Cum ou *quum,* conjonction; ὅτι, ἐπεί. Ce qui s'exprime souvent par un participe.

1° Quand, lorsque. Tit. 3. 4. *Cum benignitas, et humanitas apparuit Salvatoris :* Lorsque, ou depuis que la bonté de Dieu notre Sauveur, et son amour pour les hommes a paru dans le monde. Matth. 15. 2. *Non lavant manus suas cum panem manducant :* Vos disciples ne lavent point leurs mains lorsqu'ils prennent leurs repas, disent les Scribes et les Pharisiens à Jésus-Christ. c. 2. 4. Luc 9. 42.

2° Vu que, puisque. Heb. 5. 12. *Cum deberetis magistri esse :* Vu que depuis le temps qu'on vous instruit, vous devriez déjà être maîtres. 1. Cor. 3. 3. *Cum sit inter vos zelus;* Puisqu'il y a parmi vous des jalousies, etc.

3° Cette conjonction est quelquefois sous-entendue. Isa. 12. 1. *Confitebor tibi quoniam iratus es mihi;* i. e. *quoniam cum iratus fueris, conversus est furor tuus :* Je vous rends grâces, Seigneur, de ce qu'après vous être mis en colère, votre fureur s'est apaisée. Rom. 6. 17. *Gratias Deo quod fuistis servi peccati, obedistis autem ex corde;* i. e. *quod cum fueritis :* Dieu soit loué de ce qu'ayant été auparavant esclaves du péché, vous avez embrassé du fond du cœur la doctrine de l'Evangile. 1. Petr. 4. 6. *Ut judicentur... vivant autem;* i. e. *ut cum judicati fuerint :* L'Evangile a été prêché aux morts, afin qu'ayant été punis devant les hommes, selon la chair, ils reçoivent devant Dieu la vie de l'esprit.

CUMI; Hebr. *Surge.* Ce mot est Hébreu; c'est l'impératif du verbe *Coum, surgere.* Marc. 5. 40. *Talitha, cumi; quod est interpretatum ; puella (tibi dico) surge :* Jésus-Christ dit à la fille du chef de la Synagogue, *Talitha, cumi;* i. e. Ma fille, levez-vous. Voyez TALITHA.

CUMULARE. Combler, augmenter. 2. Par. 28. 13. *Quare vultis vestra cumulare delicta?* Pourquoi voulez-vous mettre le comble à vos anciens crimes? dirent les principaux officiers d'Ephraïm à l'armée d'Israël, leur persuadant de renvoyer les deux cent mille captifs qu'ils avaient faits sur le royaume de Juda.

CUMULUS, i, σωρός. Du mot inusité *cumus,* qui vient de *cum,* pour marquer un amas de quelque chose.

Tas, monceau, ce qu'on donne par-dessus la mesure; dans l'Ecriture,

Poussière (χοῦ, *pulvis*). Eccli. 44. 22. *Jurejurando dedit illi crescere illum quasi terræ cumulum :* Le Seigneur a juré à Abraham de faire croître sa postérité comme la poussière de la terre. Voy. Gen. 22. 17.

CUNCTARI; ὀκνεῖν. De *cunctus*, tout, tout ensemble, il faut du temps pour tout parcourir : Ainsi, il signifie :

1° Différer, user de remises, temporiser. Num. 22. 16. *Ne cuncteris venire ad me* : Ne différez plus à venir vers moi, dit Balac à Balaam.

2° Etre paresseux de faire, faire quelque chose à regret, et chercher des prétextes pour s'en défendre. Eccli. 10. 29. *Noli cunctari in tempore angustiæ* : Ne refusez point de travailler quand vous êtes dans le besoin; ne croyez point que cela soit indigne de votre naissance : Gr. μὴ δοξάζου, Ne soyez point glorieux.

CUNCTATIO, NIS. Hésitation, délai, retardement. Esth. 4. 11. *Omnes norunt quod sive vir, sive mulier, non vocatus interius atrium regis intraverit, absque ulla cunctatione statim interficiatur, nisi*, etc. Tous savent que qui que ce soit, homme ou femme, qui entre dans la salle intérieure du roi sans y avoir été appelé par son ordre, est mis à mort infailliblement à la même heure, à moins que, etc.

CUNCTUS, A, UM; πᾶς. De *conjunctus*, par contraction, pour marquer un tout assemblé, Ascon. *Cuncti simul omnes quasi conjuncti.*

1° Tout ensemble. Eccl. 1. 8. *Cunctæ res difficiles* : Toutes les choses du monde sont difficiles à connaître, et l'on ne peut savoir les arts et les sciences exactement sans beaucoup de peine. Gen. 1. v. 30. 31. etc. Voy. OMNIS.

2° Quelque, quoique ce soit, aucun. 3. Reg. 8. 38. *Cuncta devotatio, et imprecatio quæ acciderit omni homini*; i. e. *quævis supplicatio*, etc. Quelques prières et vœux que fasse un homme.

CUNEUS, I. De l'Hébreu *koun*, être droit et ferme, et signifie proprement,

Coin, soit de bois ou de fer, avec quoi l'on fend le bois; et de là, un escadron de soldats joints en forme de coin; dans l'Ecr. :

Bataillon en forme de coin, bandes de gens de guerre, troupes de gens. Num. 1. 52. *Metabuntur castra filii Israel unusquisque per turmas* (ἡγεμονία) *et cuneos* ; Hebr. *vexilla* : Les enfants d'Israël camperont par diverses bandes, chacun dans sa compagnie. 1. Reg. 10. 10. *Ecce cuneus Prophetarum obvius ei* (χορὸς, cœtus) : Saül fut rencontré par une troupe de prophètes : le v. 5. porte, *Grex Prophetarum.*

CUNICULUS, I. Ce mot vient de *cuneus*, et signifie :

Un trou en terre, semblable à ceux que les coins font au bois; le lapin même qui fait ces trous pour s'y cacher : c'est aussi ce qui a fait donner ce nom aux mines qu'on fait en terre pour prendre les villes. D'autres tirent *cuniculus*, conil ou lapin, de κύω, *uterum gesto*; parce qu'il porte plus et plus souvent que les autres animaux : dans l'Ecriture :

Artifice, fourbe. Esth. 16. 5. *In tantum vesaniæ proruperunt, ut eos... qui ita cuncta agunt ut omnium laude digni sint, mendaciorum cuniculis conentur subvertere* : La présomption de plusieurs courtisans passe quelquefois dans un tel excès, que s'élevant contre ceux qui se conduisent d'une telle sorte, qu'ils méritent d'être loués de tout le monde, ils tâchent de les perdre par leurs mensonges et leurs artifices.

CUPERE. ἐπιθυμεῖν. De l'Hébreu *chaphets*, désirer, aimer.

Désirer, souhaiter (θέλειν, *velle*). Prov. 1. 21. *Usquequo stulti ea quæ sibi sunt noxia cupient?* Jusqu'à quand les insensés désireront-ils ce qui les perd ? Luc. 23. 8. *Erat cupiens ex multos tempore videre eum* : Hérode eut une grande joie de voir Jésus : car il y avait longtemps qu'il souhaitait de le voir. Phil. 1. 23.

1° Aimer quelqu'un affectueusement, lui vouloir du bien (ἐπιποθεῖν). Philipp. 1. 8. *Testis mihi est Deus, quomodo cupiam omnes vos in visceribus Christi* : Dieu m'est témoin combien je vous chéris dans les entrailles de Jésus-Christ.

2° Tâcher de faire quelque chose, en chercher l'occasion (ζητεῖν). Esth. 6. 2. *Regem Assuerum jugulare cupientium* : Mardochée avait donné avis de la conspiration des deux eunuques qui avaient voulu assassiner le roi Assuérus.

CUPIDE. Avec inclination et affection. 1. Thess. 2. 8. *Cupide volebamus* (εὐδοκοῦμεν) *tradere etiam animas nostras* : Nous aurions souhaité de vous donner même notre vie.

CUPIDITAS, ATIS. 1° Convoitise, désir, passion (ὄρεξις). Sap. 14. 2. *Illud cupiditas acquirendi excogitavit* : Le désir de gagner a inventé la structure de ce bois; i. e. des idoles. Esth. 13. 12. Rom. 15. 23.

2° Avarice (φιλαργυρία). 1. Tim. 6. 10. *Radix omnium malorum cupiditas* : La passion pour le bien est la racine de tous les maux. 2. Mach. 10. 20.

CUPIDO, INIS. Convoitise, désir, amour. 2. Par. 19. 7. *Non est apud Dominum cupido munerum* : Il n'y a aucun désir de présents dans le Seigneur. Ezech. 23. 6. *Insanivit in juvenes cupidinis*; i. e. *cupitos*, *amabiles* : Oolla, qui est Samarie, a aimé d'un amour furieux les Assyriens, jeunes et propres à allumer sa passion ; *autr.* aimables, charmants, agréables ; *Gr.* ἐπίλεκτοί.

CUPIDUS, A, UM. 1° Désireux, passionné pour quelque chose. Gal. 5. 26. *Non efficiamur inanis gloriæ cupidi* (Gr. κενόδοξοι) : Ne désirons point la vaine gloire. Tit. 1. 7.

2° Avare (φιλάργυρος). 1. Tim. 3. 3. *Oportet episcopum esse non litigiosum, non cupidum* : Il faut qu'un évêque ne soit point plaideur ni avare, mais au contraire désintéressé. 2. Tim. 3. 2. Eccli. 14. v. 3. 9.

CUPITUS, A, UM. Souhaité, désiré. Prov. 7. 18. *Fruamur cupitis amplexibus donec illucescat dies* : Jouissons de ce que nous avons désiré, jusqu'à ce qu'il fasse jour.

CUR, ἵνα τί, de *cure*, qui se fait de *cui rei*, et est le même que *quare*, et signifie :

1° Pourquoi (πῶς). Prov. 5. 12. *Cur detestatus sum disciplinam?* Pourquoi ai-je détesté la discipline? Gen. 24. 31. Jer. 49. 1. Act. 5. 3. etc. Voy. QUARE.

2° Autrement, et est pris pour *alioqui*. 2. Par. 25. 19. *Sede in domo tua, cur malum adversum te provocas*; i. e. *alioqui provocabis* : Demeurez chez vous en paix, autrement vous vous attirerez votre malheur et votre perte, répond Joas à Amasias. Ainsi, Prov. 22. 27.

CURA, æ: φροντίς, σπουδή, de κάρ, *cor*, Avoir soin de quelque chose, et l'avoir à cœur, est la même chose.

1° Diligence, soin que l'on prend de quelque chose, application. 1. Petr. 5. 7. *Ipsi cura est de vobis*; Gr. αὐτῷ μέλει : Dieu a soin de ceux qui rejettent dans son sein leurs inquiétudes. Sap. 5. 8. *Æqualiter cura est illi de omnibus* : Il a également soin de tous : il n'y a eu Dieu aucune acception de personnes dans la distribution qu'il fait des récompenses ou des supplices, selon les décrets de sa providence, et le mérite d'un chacun. Luc. 10. 35. *Curam illius habe*; ἐπιμελήθητι, Ayez bien soin de cet homme, dit le Samaritain à l'hôte chez qui il avait amené, le jour précédent, l'homme maltraité par les voleurs. 2. Petr. 1. 5. Sap. 6. 18. Rom. 13. 14. *Carnis curam* (πρόνοια) *ne feceritis in desideriis* : Que le soin de votre chair ne se porte point à satisfaire ses désirs déréglés.

2° Chagrin, inquiétude (μέριμνα). Luc 21. 34. *Ne forte graventur corda vestra in curis hujus vitæ* : Prenez bien garde que vos cœurs ne s'appesantissent par les inquiétudes de cette vie. Ps. 54. 23. *Jacta super Dominum curam tuam* : Abandonnez au Seigneur le soin de tout ce qui vous regarde.

3° Cure, guérison (θεραπεία). Luc. 9. 11. *Eos qui cura indigebant sanabat* : Jésus-Christ guérissait ceux qui avaient besoin d'être guéris.

CURARE. 1° Soigner, prendre soin de quelque chose ou de quelqu'un (φροντίζειν). Eccli. 50. 4. *Curavit gentem suam* : Simon, fils d'Onias, a eu un soin particulier de son peuple. Act. 8. 2. *Curaverunt Stephanum* (συγκομίζειν) : Quelques hommes qui craignaient Dieu, prirent soin d'ensevelir saint Etienne.

2° Avoir égard, se soucier (μέλειν). Marc. 12. 14. *Non curas quemquam* : Nous savons que vous n'avez égard à qui que ce soit, disent à Jésus-Christ quelques-uns des Pharisiens et des Hérodiens. 2. Reg. 1. 3. Dan. 6. 13. c. 11. 37.

3° Guérir, soit en parlant des maladies corporelles (ἰᾶν). Deut. 28. 27. *Ita ut curari nequeas* : Vous ne pourrez être guéris ; sc. de galle et d'une démangeaison. Matth. 10. 8. *Infirmos curate* (θεραπεύειν) : Rendez la santé aux malades, dit Jésus-Christ aux douze apôtres. Luc. 4. 23. Soit dans le sens métaphorique, en parlant des maladies de l'âme, soit de tout le péché. Job. 14. 17. *Curasti iniquitatem meam* : Vous avez guéri mon iniquité (σφραγίζειν *signore*). Isa. 1. 6. Ose. 6. 2.

4° Réparer, rétablir. 3. Reg. 18. 30. *Curavit altare quod destructum fuerat* : Elie rétablit l'autel du Seigneur qui avait été détruit. Elie agit ici par une dispense particulière de la loi générale, qui défendait à ceux qui n'étaient pas prêtres d'offrir le sacrifice. Levit. 16. 5. Mais quand celui qui a donné la loi commande de faire une chose que la loi défend, ce commandement tient lieu de loi, puisqu'il est le maître de la loi qu'il a établie. *Aug. in Levit. quæst.* 56.

5° Consoler en flattant, tâcher d'adoucir (ἰᾶσθαι). Jer. 6. 14. *Curabant contritionem filiæ populi mei* : Les faux prophètes tâchaient de consoler mon peuple du mal qui leur devait arriver, et leur persuadaient qu'il ne leur arriverait rien de fâcheux. Voy. c. 8. 14.

CURATIO. NIS; ἴαμα, ἴασις, Guérison des malades. 1. Cor. 12. v. 28. 30. *Numquid omnes gratiam habent curationum* : Tous ont-ils la grâce de faire des guérisons ?

Remède et guérison ; soit pour pardonner les péchés. Eccli. 10. 4. *Curatio faciet cessare peccata maxima* : Les remèdes qu'on vous appliquera vous guériront des plus grands péchés. Selon l'Hébreu : La douceur ou la retenue, et la fermeté de l'esprit vous fera éviter de grands péchés. 2. Par. 36. 16. Soit pour adoucir l'esprit. Eccli. 36. 25. *Lingua curationis* : Langue qui peut guérir les maux ; soit pour délivrer de grands maux. Jerem. 14. 19. *Expectavimus tempus curationis, et ecce turbatio* : Nous espérions la guérison, et nous voici dans le trouble. c. 30. 13. *Curationem utilitas non est tibi* : Les remèdes qu'on emploie pour vous guérir sont inutiles.

CURIA, æ ; βουλευτήριον, de *cura* et signifie : Cour, où on traite des affaires publiques : dans l'Ecriture :

La Cour, le sénat romain. 1. Mach. 8. 15. *Quia curiam fecerunt sibi* : Judas sut que les Romains avaient établi un sénat parmi eux. v. 19. c. 12. 3.

CURIOSE, CURIOSIUS. 1° Curieusement, avec curiosité. 2. Thess. 3. 11. *Curiose agentes* ; περιεργαζόμενοι. Gens qui se mêlent de tout par curiosité ; des choses même qui ne les regardent point.

2° Avec soin, avec diligence. Eccl. 9. 1. *Ut curiose intelligerem* : Je me suis mis en peine de trouver l'intelligence de toutes ces choses. Reg. 23. 22. Dan. 6. 11. 2. Mach. 2. 31.

CURIOSITAS, ATIS. Curiosité, envie de voir ou de savoir les choses. Num. 4. 2. *Alii nulla curiositate videant quæ sunt in sanctuario* : Que les autres n'aient point de curiosité pour voir ce qui est dans le sanctuaire, avant qu'il soit enveloppé.

CURIOSUS, A, UM, περίεργον, de *cura*. Curieux, Eccli. 3. 22. *In pluribus operibus ejus ne fueris curiosus* : N'ayez point la curiosité d'examiner la plupart des ouvrages de Dieu. Act. 19. 19. *Qui fuerant curiosa sectati* : La plupart de ceux qui avaient exercé les arts curieux : ce que l'on entend de la magie. 1. Tim. 5. 13.

CURRERE ; τρέχειν, de l'Hébreu *kara*, *evenit*, *obvenit*, *occursit*.

1° Courir ; avancer vite, promptement. Joan. v. 2. 4. *Currebant duo simul* : Saint

Pierre, et le disciple que Jésus aimait, couraient l'un et l'autre ensemble. Ps. 18. 6.

Ce qui se dit d'une manière figurée de différentes choses. 3. Reg. 18. 35. *Currebant aquæ:* Les eaux couraient autour de l'autel; sc. tant on en avait jeté par trois fois sur le bœuf qu'Elie avait préparé pour être offert à Dieu. Ps. 147. 5. *Velociter currit sermo ejus:* La parole de Dieu est portée partout avec une extrême vitesse : ce qu'il ordonne s'exécute aussitôt. Jerem. 12. 5.

2° Courir dans la lice, disputer le prix à la course. 1. Cor. 9. 24. *Omnes quidem currunt, sed unus accipit bravium:* Tous courent, mais un seul emporte le prix.

§ 1. — Se répandre tôt, avoir un cours heureux. 2. Thess. 3. 1. *Orate pro nobis, ut sermo Dei currat:* Priez pour nous, afin que la parole du Seigneur se répande de plus en plus.

§ 2. — Se porter à quelque chose avec ardeur; soit au mal. Prov. 1. 13. *Pedes illorum ad malum currunt:* Les pieds des pécheurs courent au mal. Jerem. 23. 21. Voy. VENIRE. Ps. 49. 18. Soit au bien et à l'affaire de son salut. 1. Cor. 9. 24. *Sic currite ut comprehendatis:* Courez de telle manière, que vous remportiez le prix (du salut). Gal. 5. 7. *Currebatis bene;* Vous couriez si bien dans la voie de Dieu. De là vient, *Currere cum Deo:* Courir dans la voie de Dieu, se porter à le suivre avec ardeur. Job. 33. 9. Rom. 9. 16. *Igitur non volentis, neque currentis, sed miserentis est Dei:* Ce qui peut s'entendre à la lettre d'Esaü, qui se porta avec beaucoup d'ardeur et d'empressement pour recouvrer son droit d'aînesse sur Jacob, et la bénédiction d'Isaac, son père, qui néanmoins fut donnée à Jacob, qui ne la demanda qu'avec répugnance. Mais de ce que Dieu a dit à Moïse, qu'il fera miséricorde à qui il lui plaira, l'Apôtre conclut que le salut ne dépend, par conséquent, ni de celui qui veut, ni de celui qui court; mais de Dieu qui fait miséricorde. *Velle,* marque l'action de la volonté; et *currere,* l'action extérieure. Voy. VELLE. Prov. 4. 12. Ce qui se dit aussi des fonctions du ministère sacré. Philipp. 2. 16. *Non in vacuum cucurri:* Je n'ai pas couru ni travaillé en vain; sc. à prêcher l'Evangile. Gal. 2. 2. A quoi se peut rapporter, Jerem. 23. 21. *Non mittebam Prophetas, et ipsi currebant:* Je n'envoyais point ces prophètes, et ils couraient d'eux-mêmes: La métaphore est tirée des messagers qui font diligence, ou de ceux qui courent dans la carrière. (1. Cor. 9. 26.) Cant. 1. 3. Voy. UNGUENTUM.

§ 3. — Avoir recours promptement à quelqu'un. Ps. 61. 5. *Cucurri in siti:* Lorsque mes ennemis conspiraient ma perte, j'ai eu promptement recours à vous : mais le Grec, conformément à l'Hébreu, met une troisième personne du pluriel : *Cucurrerunt;* ils ont couru avec ardeur pour me perdre.

Currere in petris: Courir au travers des rochers, pour marquer une chose impossible (διώκεσθαι). Amos 6. 13. *Numquid currere queunt in petris equi, aut arari potest in bubalis:* Les chevaux peuvent-ils courir au travers des rochers, ou y peut-on labourer avec des bœufs sauvages? Le Prophète fait voir, par ce langage figuré, que ce peuple rebelle à son Dieu ne pourrait espérer d'en recevoir aucun secours dans ses malheurs, tant qu'il vivrait dans l'impiété et dans sa rébellion.

CURRENS, TIS. Coureur, postillon, courrier (διώκων). Jerem. 51. 31. *Currens obviam currenti veniet :* Les courriers se rencontreront les uns les autres, sc. pour aller dire au roi de Babylone que sa ville a été prise d'un bout à l'autre.

CURRILIS, IS. de *currus.*

Qui sert ou appartient à un chariot. 3. Reg. 4. 26. *Habebat Salomon quadraginta millia præsepia equorum currilium.* Voy. PRÆSEPE. Salomon avait quarante mille chevaux dans ses écuries pour les chariots; Gr. εἰς ἅρματα. Il avait quatre mille écuries, dix chevaux en chacune. 2. Par. 9. 25.

CURRUS, US ; ἅρμα, de *currere,* ou de *kara.*

1° Chariot, Gen. 41. 43. *Fecit cum ascendere super currum suum secundum:* Pharaon fit monter Joseph sur le char qui suivait le sien; sc. pour le faire reconnaître commandant de l'Egypte. c. 46. 29. c. 50. 9. etc.

2° Chariot de guerre, qui marque la force et la puissance des ennemis. Ps. 19. 8. *Hi in curribus et hi in equis:* Des ennemis du peuple de Dieu, les uns se confient dans leurs chariots, et les autres dans leurs chevaux. 4. Reg. 2. 12. c. 13. 14. Voy. AURIGA. Jerem. 51. 21. Exod. 15. 4. 4. Reg. 18. 24.

§ 1. — Chevaux attelés aux chariots. 2. Reg. 8. 4. *Dereliquit autem ex eis centum currus:* De dix-sept cents chevaux que David prit en guerre à Adarezer, il ne réserva que ce qu'il en fallait pour cent chariots; (sc. sans couper les nerfs des jambes à tous les chevaux des chariots) i. e. quatre cents chevaux. (Voy. 1. Par. 18. 4.) Ainsi, *Jungere currum.* i. e. *Jungere equos ad currum:* Atteler les chevaux au chariot pour y monter. Gen. 46. 29. Exod. 14. 6. etc. Voy. JUNGERE.

§ 2. — Gens de guerre qui combattent de dessus les chariots. 2. Reg. 10. 18. *Occidit David de Syris septingentos currus et quadraginta millia equitum:* David tailla en pièces sept cents chariots des troupes des Syriens, et quarante mille chevaux : ce qui semble opposé à 1. Par. 19. 18. *Interfecit de Syris septem millia curruum et quadraginta millia peditum:* David tailla en pièces sept mille hommes des chariots, et quarante mille hommes de pied. Pour accorder ces deux passages, on peut dire : 1° Qu'il faut lire dans ce dernier passage, sept cents au lieu de sept mille; 2° Qu'il y avait sept cents chariots, sur chacun desquels combattaient dix hommes; ce qui fait sept mille hommes; et qu'outre ceux-là il défit encore quarante mille hommes d'infanterie, et quarante mille de cavalerie. Exod. 14. 9.

§ 3. — Les troupes et les armées des anges sont exprimées par les chariots de Dieu. Ps. 67. 18. *Currus Dei decem millibus multiplex:* Ce grand nombre de chariots sont les anges mêmes qui servent à Dieu comme de char, pour aller en diligence punir les méchants, ou délivrer les justes. Jerem. 4. 13. *Ecce quasi tempestas currus ejus*: Ses chariots seront plus rapides que la tempête : ces chariots sont de feu. 4. Reg. 6. 17. Voy. Isa. 66. 15. Habac. 3. 8. Voy. CHERUBIN.

CURSIM. En courant fort vite. Isa. 20. 29. *Transierunt cursim*: ils passeront comme un éclair ; *sc.* les Assyriens venant à Jérusalem.

CURSOR, IS; δρομεύς. Coureur, courrier, postillon. Job. 9. 25. *Dies mei velociores fuerunt cursore*: Les jours de ma vie ont passé plus vite qu'un homme qui court à perte d'haleine. Prov. 24. 34. Jer. 2. 23. *Cursor levis* : Vous êtes comme un chevreuil qui court légèrement : C'est le sens du mot hébreu *bichrah*, *dromedaria*; Gr. φωνή, Aqu. et Symm. δρομείς.

CURSUS, US; δρόμος. Cours, course. Judic. 5. 20. *Stellæ manentes in ordine et cursu suo*: Les étoiles, demeurant dans leur rang et dans leur cours ordinaire, ont combattu contre Sisara : Les vents et la tempête par laquelle Dieu épouvanta Sisara, sont attribués aux influences des étoiles ; *ou* aux anges, qui étant des esprits célestes, sont appelés *étoiles*. 2. Reg. 18. 27. etc. 1° Le prix de la course. Eccl. 9. 11. *Vidi nec velocium esse cursum*: J'ai vu que le prix de la course n'est point pour ceux qui sont les plus vites.

2° La conduite et les actions de la vie (τροχιά). Prov. 4. 27. *Rectos faciet cursus tuos*: Ce sera Dieu lui-même qui redressera votre course ; *i. e.* la conduite de votre vie. Jerem. 8. 6. *Omnes conversi sunt ad cursum suum*: Ils courent tous où leur passion les emporte : ils retournent tous à la conduite déréglée qu'ils ont coutume de tenir. c. 22. 7. c. 23. 10.

3° Course, exercice des fonctions de l'apostolat et du sacerdoce. 2. Tim. 4. 7. *Cursum consummavi*: J'ai achevé ma course : L'Apôtre fait allusion à ceux qui couraient dans la carrière. Act. 13. 25. c. 20. 24.

CURVARE ; κάμπτειν. Courber, ployer. Judic. 7. v. 5. 6. *Qui curvatis genibus biberint, in altera parte erunt* : Dieu ordonne à Gédéon de séparer ceux qui auront mis les genoux en terre pour boire de l'eau : c'étaient ceux dont Dieu ne voulait point se servir pour livrer les Madianites entre les mains de Gédéon. Eccli. 38. 33. *Ante pedes suos curvabit virtutem suam*: Le potier courbera son corps sur la terre qu'il prépare avec les pieds ; *ou*, si l'on prend *suam* pour *ejus*, il la pétrira, et la rendra flexible avec les pieds. Voy. VIRTUS.

Façon de parler de cette signification.

Bene curvatus, a, um; Grec. εὔκυκλος, *bene rotundus*. Courbé, bandé avec force. Sap. 5. 22. *Tanquam a bene curvato arcu nubium exterminabuntur*: Les foudres seront lancés des nuées (*sc.* sur les ennemis de Dieu), comme les flèches d'un arc bandé avec force.

1° Humilier, dompter, soumettre, assujettir. Eccli. 7. 25. *Curva illos a pueritia illorum*: Accoutumez vos fils au joug dès leur enfance. c. 33. 30. En ce sens se dit : *Curvare cervicem, collum*. Eccli 30. 12. Jerem. 27. 18.

2° Courber, abaisser, humilier ; soit par la misère et l'affliction. Ps. 37. 7. *Miser factus sum et curvatus sum* : Je suis devenu misérable et tout courbé.

Soit qu'on s'abaisse et qu'on se prosterne par respect. Job. 9. 13. *Sub quo curvantur qui portant orbem* : Ceux qui gouvernent le monde fléchissent sous Dieu. Exod. 34. 8. *Curvare genua*, signifie la même chose. Isa. 45. 23. *Mihi curvabitur omne genu* : Tout genou fléchira devant moi, etc. Voy. FLECTERE.

CURVUS, A, UM ; σκολιός, De κυρτός, Æolice κυρβός, d'où se fait *curvus*.

Courbé, tortu. Sap. 13. 13. *Lignum curvum* : Un bois tortu.

Courbé, humilié ; soit par un vif regret de ses fautes (κυπτός) Baruch. 2. 18. *Anima quæ incedit curva* : L'âme triste qui marche toute courbée et toute abattue, *sc.* de la grandeur de son péché, rendra gloire à Dieu ; soit qu'on s'abaisse et qu'on se prosterne devant quelqu'un. Isa. 60. 14. *Venient ad te curvi*: Les enfants de ceux qui vous avaient humiliée, ô Jérusalem, viendront se prosterner devant vous : ce qui marque la conversion des Gentils à la foi. Eccli. 12. 11. *Etsi humiliatus vadat curvus* : Quoiqu'il s'humilie et qu'il aille tout courbé, ne vous fiez point à lui. L'ecclésiastique parle d'un ennemi réconcilié : Cet avis ne tend pas à ne point pardonner à notre ennemi, ou à ne nous point réconcilier avec lui ; mais il nous avertit seulement de nous donner de garde d'un homme qui ne déguise sa haine que pour nous tromper.

CUSTODIA, Æ ; φυλακή. 1° Garde, veille, observation, soin de garder. Prov. 4. 23. *Omni custodia serva cor tuum* : Appliquez-vous avec tout le soin possible à la garde de votre cœur. Sap. 6. 16. *Dilectio, custodia legum illius est* (τήρησις). L'amour est l'observation des loix de la sagesse. Exod. 22. 7. Levit. 8. 35. Num. 1. 53. Hab. 1. 1.

2° Emploi, fonction. Num. 8. 26. *Sic dispones Levitis in custodiis suis* : C'est ainsi que vous réglerez les Lévites touchant les fonctions de leurs charges.

3° Garde, sentinelle, gens qui veillent à la garde de quelque chose ou de quelqu'un. Jerem. 51. 12. *Augete custodiam*: Augmentez la garde de Babylone. Act. 12. 10. 1. Par. 26. 16. *Custodia contra custodiam*: Ces corps-de-garde se répondaient l'un à l'autre : il y avait un corps-de-garde à la porte du temple, et l'autre à la porte du vestibule, tant à cause que cette partie du temple était la plus riche par le dedans, que parce que le sanctuaire y était. Matth. 27. 65. *Habetis custodiam*: Vous avez des gardes, dit Pilate aux princes des prêtres et aux Pharisiens (κουστωδία). Voy. COHORS.

4° Frein, bride, muselière. Ps. 38. 2. *Posui ori meo custodiam* : J'ai mis une garde à ma bouche ; Heb. *Clausura, capistrum* : Le soin et la vigilance que l'on a de réprimer sa langue, est comme la bride que l'on met à la bouche des animaux pour les retenir. Ps. 140. Eccli. 22. 33.

5° Lieu où l'on garde, prison, cachot. Luc. 21. 12. *Tradentes in Synagogas et custodias* : Les ennemis de l'Evangile vous entraîneront dans les synagogues et dans les prisons, dit Jésus-Christ. Act. 4. 3. Gen. 39. 22. c. 40. 4. c. 42. 17. De là vient :

6° Le corps humain regardé comme une prison à l'égard de l'âme. Ps. 141. 8. *Educ de custodia animam meam* : Tirez mon âme de la prison où elle est; plus littéralement, délivrez-moi de ce grand péril où je suis de perdre la vie, étant assiégé et resserré dans cette caverne comme dans une prison.

7° Prisonnier que l'on garde (δεσμώτης). Act. 27. 42. *Militum consilium fuit ut custodias occiderent* : Les soldats étaient d'avis de tuer les prisonniers. v. 1.

8° Lieu élevé, d'où on peut regarder et observer de loin ce qui se passe, poste, lieu assigné. Hab. 2. 1. *Super custodiam meam stabo* : Je me tiendrai en sentinelle au lieu où j'ai été mis. Isa. 21. 8. Ainsi, Baruch. 3. 34. *Stellæ... dederunt lumen in custodiis suis* : Les étoiles ont répandu leur lumière chacune en sa place; *i. e.* dans le poste qui leur a été assigné

9° Durée d'une veille qui était de trois heures. Ps.89. 4. *Tamquam custodia in nocte* : Mille ans devant les yeux de Dieu sont comme une veille de la nuit. Ps. 129. 6. *A custodia matutina usque ad noctem* : Qu'Israël espère au Seigneur depuis la veille du matin jusqu'à la nuit ; *i. e.* depuis le point du jour : cette veille du matin finissait au point du jour. Voy. MATUTINUS.

10° Réceptacle, lieu de retraite. Apoc. 18. 2. *Babylon facta est custodia omnis spiritus immundi, et omnis volucris immundæ* : Babylone est devenue la retraite des esprits impurs, et des oiseaux impurs : Les hiboux et les démons aiment habiter les lieux déserts et abandonnés : ce que les prophètes disent des villes ruinées. Isa. 13. v. 21. 22. etc

Façons de parler.

Custodia pomorum; ὀπωροφυλάκιον. Loge, lieu pour garder des fruits. Ps. 78. 1. *Posuerunt Jerusalem in pomorum custodiam* : Les nations ont réduit Jérusalem en un lieu désert et abandonné; les loges et les cabanes qui servaient pour garder les fruits, étaient abandonnés après qu'on les avait cueillis ; Hebr. *In acervos.*

Custodia Domini. Commandement de Dieu (πρός) 3. Reg. 2. 3. *Observa custodias Domini* : Observez tout ce que le Seigneur vous commande. Zach. 3. 7. πρόσταγμα.

CUSTODIRE ; Gr. φυλάττειν. 1° Garder, conserver, protéger, défendre. Joan. 17. 12. *Quos dedisti mihi, custodivi* : J'ai conservé ceux que vous m'avez donnés, dit Jésus-Christ : Ainsi, garder avec tout le soin possible comme une chose très-chère : *Custodire ut pupillam oculi* : Garder comme la prunelle de l'œil. Ps. 16. 8. Voy. PUPILLA. *Custodire ingressum et egressum alicujus* : Garder quelqu'un, tant dans ses affaires domestiques qu'étrangères. Ps. 120. 8. *Pedem alicujus* : Prendre garde qu'il ne soit surpris dans le piège. Prov. 3. 26. *Omnia ossa alicujus* : Conserver ses os. Ps. 33. 20. Ce qui se dit principalement par rapport à la résurrection générale, particulièrement des corps des saints, que Dieu promet de conserver, même dans cette vie jusqu'à leurs cheveux. Voy. Luc. 21. 18. Voy. OSSA. Ainsi, Apoc. 16. 15. *Beatus qui vigilat et custodit vestimenta sua, ne nudus ambulet* (τηρεῖν). Heureux celui qui veille et qui garde bien ses vêtements, afin qu'il ne marche pas nu : ces vêtements sont la sainteté et les bonnes mœurs : Saint Jean fait allusion à la coutume des anciens, qui, pour obliger tous ceux qu'on mettait en garde de veiller exactement, mettaient le feu à leurs habits quand on les surprenait dans le sommeil.

2° Garder et réserver comme un trésor (θησαυρίζειν), mettre en lieu sûr. Prov. 2. 7. *Custodiet rectorum salutem* ; Gr. *thesaurizabit rectis salutem* : Le Seigneur réserve le salut comme un trésor pour ceux qui ont le cœur droit. Voy. SALUS. Le mot hébreu signifie plus ordinairement la sagesse : Ainsi, cela veut dire que Dieu garde sa grâce et sa sagesse comme un trésor, pour en assister tous les gens de bien dans le besoin.

3° Garder, s'assurer d'une chose en y mettant garnison (φρουρεῖν). 2. Cor. 11. 32. *Custodiebat civitatem Damascenorum* : Etant à Damas, celui qui gouvernait la province de Damas pour le roi Arétas, faisait faire garde dans la ville pour me prendre. A quoi se rapporte dans le sens métaphorique, Philipp. 4. 7. *Pax Dei custodiat corda vestra* : Que la paix de Dieu garde fidèlement vos cœurs. 1. Petr. 1. 5.

4° Garder, arrêter, retenir (φρουρεῖν). Gal. 3. 23. *Sub lege custodiebamur conclusi* : Avant que la foi fût venue, nous étions sous la garde de la loi. Ezech. 33. 8. *Se custodiat impius a via sua* : Que l'impie se retire de sa méchante voie. Sap. 1. 11. 2. Reg. 22. 24. Isa. 56. 2. Ainsi Nahum. 2. 1. *Ascendit qui custodiat obsidionem* : Voici celui qui doit vous assiéger de toutes parts, ô Ninive.

5° Observer, veiller sur quelque chose, par devoir et obligation. Ps. 38. 1. *Custodiam vias meas* : J'observerai avec soin mes voies, je veillerai sur ma conduite. Prov. 4. 4. *Custodi præcepta mea* : Gardez mes préceptes et vous vivrez, dit Salomon. Ps. 18. 12. Jerem. 8. 7. Ps. 16. 4. Ainsi Prov. 22. 12. *Oculi Domini custodiunt scientiam* : Les yeux du Seigneur gardent la science ; il considère et conserve la connaissance des vérités de sa religion, et protège ceux qui en instruisent d'autres; *Hebr.* le savant, le vigilant. Ps. 70. 11. *Qui custodiebant animam meam* : Ceux qui veillaient auparavant pour me conserver la vie, ont tenu conseil pour me perdre; *autr.* Qui m'observaient et m'épiaient à mauvais dessein.

Custodire os suum. Garder sa bouche; c'est être circonspect dans ses paroles. Prov. 13. 3. *Qui custodit os suum, custodit animam*

suam : Celui qui veille sur ces paroles, préserve son âme de beaucoup de maux. c. 21. 23.

6° Respecter, honorer (συντηρεῖν). Marc. 6. 20. *Herodes metuebat Joannem, et custodiebat eum* : Hérode craignait saint Jean-Baptiste, et avait du respect pour lui. Ose. 4. 10. *Dominum dereliquerunt in non custodiendo* : Ils ont abandonné le Seigneur sans lui rend e le respect et l'honneur qui lui est dû. Ainsi Zach. 11. 11. *Qui custodiunt mihi*. pour me; Hebr. *qui me observant* : Ce respect à l'égard de Dieu, paraît dans la pratique de ses commandements : Gr. τὰ πρόβατα φυλασσόμενά μοι, *oves quæ custodiantur mihi*.

7° Aimer quelque chose, s'y appliquer, s'y attacher. Jon. 2. 8. *Qui custodiunt vanitatem frustra* : Ceux qui s'attachent à la vanité ou aux idoles. Voy. OBSERVARE.

8° Rapporter à quelqu'un quelque chose, lui en conserver le mérite. Ps. 58. 10. *Fortitudinem meam ad te custodiam* : Je remettrai entre vos mains toute ma force.

— CUSTODITIO, NIS. Observation exacte, pratique (προσοχή). Sap. 6. 19. *Custoditio legum consummatio incorruptionis est* : L'attention à observer les lois de la sagesse, est l'affermissement de la parfaite pureté de l'âme.

CUSTOS, DIS; φύλαξ. De *cum* et d'*asto* ; Etre avec ou auprès.

1° Garde, gardien, qui conserve et défend. Gen. 4. 9. *Numquid custos fratris mei sum ego ?* Suis-je le gardien de mon frère ? répond Caïn à Dieu. c. 28. 15. Prov. 27. 18. *Qui custos est Domini sui glorificabitur* : Celui qui garde son Seigneur sera élevé en gloire ; i. e. celui qui l'honore et gagne son amitié par ses services, etc., d'où vient : *Turris custodum*. Voy. TURRIS.

2° Garde, sentinelle, soldat qui garde (τηρῶν). Matth. 28. 4. *Exterriti sunt custodes* : Les gardes furent saisis de frayeur ; sc. au tremblement de terre et à la vue de l'ange qui était descendu pour renverser la pierre du sépulcre. v. 11. c. 27. 66. Judic. 7. 19. Cant. 3. 5. 7. Jerem. 51. 12. Ainsi, Isa. 21. v. 11. 12. *Custos, quid de nocte?* Sentinelle, qu'avez-vous vu cette nuit ? Les Iduméens, dont Duma était la capitale, demandant à leur sentinelle ce qu'elle avait aperçu, si elle découvrait les ennemis ; la sentinelle répondit qu'ils avaient beau l'interroger le matin et le soir, aller et venir, qu'ils perdaient leur peine, et que c'était fait d'eux.

3° Soldat, gendarme, homme d'armée. Jer. 4. 16. *Auditum est in Jerusalem custodes venire de terra longinqua* : On a fait entendre à Jérusalem qu'il vient des gens d'armes d'une terre éloignée; i. e. de Babylone; Gr. συστροφή, *caterva*.

4° Qui garde et entretient une chose qu'il a prise à louage (τηρῶν). Cant. 8. 11. *Tradidit cum custodibus* : Le pacifique a donné sa vigne à des gens pour la garder. Voyez PACIFICUS.

Chefs, princes. Cant. 5. 7. *Invenerunt me custodes... percusserunt me* : Les gardes m'ont rencontrée, ils m'ont frappée et blessée ; on l'entend des gouverneurs et des princes qui se sont élevés contre l'Eglise par les cruelles persécutions qu'ils lui ont suscitées. Jerem. 31. 6. *Erit dies in qua clamabunt custodes in monte Ephraim* : Il viendra un jour que les gardes crieront sur la montagne d'Ephraïm ; ces gardes sont les chefs des dix tribus, qui les exhorteront à s'unir avec les deux autres tribus dans le service du Seigneur, et à aller adorer dans le temple de Jérusalem ; ou les apôtres et les hommes apostoliques inviteront les peuples à entrer dans l'Eglise. Nahum 3. 17. *Custodes tui quasi locustæ* : Vos gardes sont comme des sauterelles ; d'autres l'entendent des soldats et des gardes. Jerem. 4. 16. Job. 7. 20. *O custos hominum* ; selon quelques-uns, ô Dieu, non-seulement sauveur et protecteur, mais aussi qui observe le mal que font les hommes pour les punir ; ἐπιστάμενος νοῦν, *sciens cogitationem*. Ainsi, *custos animæ suæ* : Celui qui veille sur ses actions et qui a soin de tenir son âme pure et exempte de péché. Prov. 16. 17. *Custos animæ suæ servat viam suam* : Celui qui a soin de garder son âme, fait attention sur sa conduite. c. 22. 5.

Custodes domus, gardes de la maison. Eccl. 12. 3. *Quando commovebuntur custodes domus* : Lorsque les gardes de la maison commenceront à trembler ; il semble qu'on doit entendre par là les bras et les jambes, qui tremblent dans les vieillards : d'autres l'entendent des côtes, qui enferment les entrailles.

CUTHA, Æ, χουθά, pays de Perse. 4. Reg. 17. 24. C'est de là que sont nommés *Cuthéens* les peuples qui furent envoyés par le roi d'Assyrie pour habiter la Samarie. 4. Reg. 17. 30.

CUTIS, IS, Gr. δέρμα ; de σκύτος, *pellis, corium*.

Peau. Job. 7. 5. *Cutis mea aruit* : Ma peau est toute sèche. Thren. 4. 8. *Adhæsit cutis eorum ossibus* : La peau des Nazaréens de Jérusalem est collée sur leurs os. Levit. 13. 2. 3. etc.

CYATHUS, I, de κύαθος.

Coupe, tasse, gobelet. Exod. 25. 29. *Parabis thuribula et cyathos* : Vous ferez, d'un or très-pur, des encensoirs et des tasses. c. 37. 16. Num. 4. 7. Jerem. 52. 19. C'étaient les vases où l'on mettait le vin que l'on offrait avec les pains exposés. Un cyathe ou un verre tenait la douzième partie d'un setier ; il pèse une once et deux tiers.

CYGNUS, I, de κύκνος.

Cygne, oiseau immonde. Levit. 11. 18. *Cygnum et onocrotalum* : Le cygne et le butor. Deut. 14. 16. Cet oiseau, qui est aquatique, a le cou fort long, est agréable à voir à cause de sa blancheur.

CYMBALUM, I, de κύμβαλον.

Cymbale, instrument d'airain sur lequel on chantait les louanges de Dieu. 1. Cor. 13. 1. *Factus sum velut cymbalum tinniens* : Sans la charité, quoiqu'on parle éloquemment, on n'est que comme une cymbale retentissante. 1. Par. 16. 5. c. 13. 8. c. 15. v. 16. 19. 28. etc. Cet instrument était comme un bassin creux, qui rendait un son harmonieux en le frappant avec un autre. Voy. *Aug.* Ps. 150

CYMINUM, I, de κύμινον,
Cumin ou anis aigre, herbe de peu de conséquence. Matth. 23. 23. *Decimatis cyminum :* Vous payez la dîme du cumin. Isa. 28. v. 25. 27. Elle ressemble au fenouil pour les feuilles.

CYPRESSINUS, A, UM, qui est fait de cyprès. Cant. 1. 16. *Laquearia nostra cypressina :* Les lambris de nos maisons sont de cyprès. Les temples et les palais magnifiques étaient autrefois bâtis de cyprès.

CYPRESSUS, I, du grec κυπάρισσος,
Cyprès. Eccli. 24. 17. *Quasi cypressus in monte Sion :* La sagesse s'est élevée comme le cyprès de la montagne de Sion. c. 50. 11.

CYPRIARCHES, de κύπρος, et d'ἀρχὴ, *imperium.*
Gouverneur de Chypre. 2. Mach. 12. 2. *Nicanor Cypriarches.*

CYPRIUS, II, κύπριος, de l'île de Chypre. Act. 4. 36. *Barnabas... levites, cyprius genere :* Barnabé, lévite et originaire de Chypre.

CYPRUS, I, κύπρος, de κύπρος, *pulchra* ou *pulchritudo.*
1° L'île de Chypre, la plus grande de toutes celles de la mer Méditerranée. Act. 13. 4. *Inde navigaverunt Cyprum :* Saül et Barnabé, de Séleucie, s'embarquèrent pour passer en Chypre. c. 11. 19. c. 15. 39. c. 21. 3. c. 27. 4. 1. Mach. 15. 23. 2. Mach. 10. 13. maintenant appelée *Cypro.*
2° Cypre, plante odoriférante. Cant. 1. 13. *Botrus cypri dilectus meus mihi :* Mon bien-aimé est pour moi comme une grappe de raisin de Chypre ; les raisins qui croissaient parmi ces sortes d'arbrisseaux, en tiraient un goût admirable. Quelques-uns néanmoins prennent *botrus* pour le fruit de cette même plante. c. 4. 13. Le cypre est une espèce d'arbre d'où on tire une huile qui échauffe. *Théodor.*

CYRENE, *paries*, de κυρήνη :
1° Cyrène, pays de la Lybie pentapolitaine, où il y avait une grande quantité de Juifs. Act. 2. 10. *Partes Lybiæ, quæ est circa Cyrenem :* Cette partie de la Lybie, qui est proche de Cyrène. 1. Mach. 15. 23. maintenant *Corena* ou *Caruenna.*
2° Pays d'Assyrie ou de la haute Médie. 4. Reg. 16. 9. *Transtulit habitatores ejus Cyrenem :* Le roi des Assyriens transféra les habitants de Damas à Cyrène. Amos. 1. 5. c. 9. 7.

CYRENÆUS, A, UM, κυρηναῖος, qui est de Cyrène. Marc. 15. 21. *Angariaverunt Simonem Cyrenæum :* Les soldats contraignirent un certain homme de Cyrène, nommé Simon, de porter la croix de Jésus-Christ. Matth. 27. 32. Act. 11. 20. 2. Mach. 2. 24.

CYRENENSIS, IS, κυρηνιος, qui est de Cyrène. Luc. 23. 26. *Apprehenderunt Simonem quemdam Cyrenensem :* Comme les soldats menaient Jésus-Christ à la mort, ils prirent un homme de Cyrène, appelé Simon. Act. 6. 9. c. 13. 1.

CYRINUS, κυρήνιος, *Cyrenius*, Cyrinus ou Quirinus, gouverneur de Syrie. Luc. 2. 2. *Hæc descriptio prima facta est a præside Syriæ Cyrino :* Ce fut le premier dénombrement qui se fit par Cyrinus, gouverneur de Syrie. Voy. DESCRIPTIO.

CYRUS, I, Gr. κύρος, de *cneres*, qui signifie le soleil, en langue persane.
Cyrus, roi des Perses, que Dieu porta à délivrer les Israélites. Isa. 44. 28. *Qui dico Cyro : Pastor meus es :* C'est moi qui dis à Cyrus : vous êtes le pasteur de mon troupeau, parce qu'il a ramené le peuple de Dieu. 2. Par. 36. 22. 1. Esdr. 1. 1. *Anno primo Cyri regis Persarum :* Ce fut dans la première année de Cyrus, roi des Perses ; sc. la première année qu'il régna à Babylone, qu'il ordonna de rebâtir le temple de Jérusalem, et de fournir aux Juifs qui retournaient en Judée, toutes les choses nécessaires pour ce sujet. Zorobabel et les autres chefs de famille qui étaient revenus avec lui, se mirent en état de relever les fondements du temple ; mais les ennemis du peuple de Dieu traversèrent ce dessein et en empêchèrent l'exécution pendant tout le règne de Cyrus et jusqu'au règne de Darius, fils d'Hystaspes. Ce prince, étant informé de l'ordre que Cyrus avait donné de rebâtir le temple de Jérusalem, fit un nouvel édit par lequel il ordonna expressément que l'on continuât de travailler au rétablissement de ce temple. Or, il paraît, par les prophéties d'Aggée, que l'ouvrage du temple de Jérusalem ayant été interrompu par la violence et par les intrigues des peuples voisins, les Juifs, plus attachés à leurs propres intérêts qu'à ceux de Dieu, ne songèrent plus qu'à se bâtir des maisons et qu'à les orner, et négligèrent insensiblement son temple, qu'ils laissaient désert pendant qu'ils se faisaient à eux-mêmes des bâtiments magnifiques. C'est la raison pour laquelle Dieu leur envoya deux prophètes, qui étaient Aggée et Zacharie, qui, leur ayant parlé avec beaucoup de force de la part de Dieu, les excitèrent à continuer l'ouvrage qui avait été interrompu pendant quinze ans. Ainsi, Zorobabel et le grand prêtre Josué recommencèrent à bâtir le temple de Jérusalem, et les saints prophètes, qui leur avaient inspiré cette généreuse résolution, les aidèrent dans l'exécution d'une si sainte œuvre, soit par leurs sages conseils, soit par la force des exhortations qu'ils employèrent pour les soutenir contre tous leurs ennemis. Cyrus avait donc été destiné de Dieu pour délivrer le peuple juif de sa captivité, en ayant été informé par les Juifs ; c'est pour cela qu'il lui donna le royaume de Babylone : il était roi des Mèdes, et ensuite des Perses, ayant laissé le Mède à Darius, son oncle. Ce prince, après avoir subjugué en trente ans toute l'Asie, porta la guerre chez les Scythes, gagna une grande bataille contre le jeune roi, qui y fut tué ; mais, Thomyris, sa mère, s'étant mise à la tête de ses troupes, attira Cyrus dans un détroit où elle tailla en pièces toute son armée. Cyrus fut au nombre des morts. On lui coupa la tête, que la princesse victorieuse plongea dans un tonneau de sang humain, en proférant ces paroles : *Assouvis-toi maintenant du sang dont tu as toujours été si altéré.* Sa mort arriva l'an 3523, cinq ans après le retour du peuple dans la Judée : son fils Cambyse lui succéda.

D

DABERETH, Hebr. *Verbum, res.* Ville de refuge donnée aux Lévites dans la tribu d'Issachar, arrosée par le torrent de Cison. Isa. 19. v. 12. 20. c. 21. 28. 1. Par. 6. 72.

DABIR, Hebr. *Oratorium, verbum, subjectio.* 1° Roi d'Eglon. Jos. 10. 3. *Gr.* Dabir, roi d'Odollam; mais il se trouve toujours beaucoup de diversité dans les noms propres.

2° Ville royale, qui d'abord a été dans la tribu de Juda, ensuite à celle de Siméon. Jos. 10. 38. c. 12. 13. Ville de refuge, c. 21. 15., donnée aux Lévites. 1. Par. 6. 58. Elle était aussi nommée Cariatsepher, *Civitas litterarum.* Jos. 15. 15. Jud. 1. 11. et Cariathsenna. Jos. 15. 49.

3° Une ville dans la tribu de Gad, sur le Jourdain. Jos. 13. 26.

DABRI, Hebr. *Verbum meum.* Père de Salumith, de la tribu de Dan. Levit. 24. 11.

DADAN. Voy. DEDAN.

DÆMON, is, δαίμων, nom grec, qui signifie savant; c'est le nom que les païens donnaient à leurs dieux; mais dans l'Ecriture, il signifie toujours :

Esprit malin, diable (δαιμόνιον). Jac. 2. 19. *Dæmones credunt et contremiscunt :* Ceux qui ont la foi sans la charité, accompagnée des bonnes œuvres, sont comme les démons qui croient qu'il y a un Dieu jusqu'à en trembler. Levit. 17. 7. Matt. 8. 31. etc.

DÆMONIUM, II, δαιμόνιον, du Grec δαίμων. 1° Divinité, Dieu. Act. 17. 18. *Novorum dæmoniorum annuntiator :* Qui prêche de nouveaux dieux. Mais il semble qu'il se prend ici pour une fausse divinité, et en mauvaise part, parce que ce sont les Gentils qui parlent; ainsi, l'on peut dire qu'il ne se prend qu'en mauvaise part dans l'Ecriture. Voy. Apoc. de M. de Meaux, dans l'avertissement, pag. 637.

2° Démon, esprit malin, diable. Ps. 95. 5. *Omnes dii gentium, dæmonia :* Tous les dieux des nations sont des démons. Ps. 90. 6. *Non timebis a dæmonio meridiano :* Vous ne craindrez point les attaques du démon du midi, ni d'aucun ennemi qui vous attaque ouvertement. Voy. MERIDIANUS. Luc. 8. 27. *Vir qui habebat dæmonium :* Gr. *dæmonia :* Un homme qui depuis longtemps était possédé du démon : il en avait une légion. Voy. v. 30. Joan. 7. 20. *Dæmonium habes :* Vous êtes possédé du démon, *ou* bien, vous êtes fou. c. 8. 48. etc. Les esprits impurs qui étaient adorés comme des dieux par les païens, sont appelés de ce nom, savants et sages, à cause des oracles qu'ils rendaient.

3° Spectre, lutin, sous l'apparence de quelque monstre. Isa. 34. 14. *Occurrent dæmonia onocentauris :* Les démons et les onocentaures se rencontreront dans cette ville ruinée. Bar. 4. 36. Ces sortes de spectres se trouvent volontiers dans les villes désolées et abandonnées.

DAGON, δαγών, ce mot vient de l'Hébreu *Dagan;* latin *frumentum;* parce que les Phéniciens lui attribuaient l'invention du blé. Euseb. lib. 1. *Præpar. Evangel.,* pag. 24. D'autres le font venir de Dag, *piscis,* et prétendent qu'il était moitié homme et moitié poisson. Il signifie :

Dagon, idole des Philistins, en l'honneur de laquelle ils avaient fait bâtir un temple à Azot. Judic. 16. 23. *Convenerunt ut immolarent hostias magnificas Dagon deo suo :* Les princes des Philistins firent une grande assemblée pour immoler des hosties solemnelles à leur dieu Dagon. 1. Reg. 5. 5. *Dagon solus remanserat in loco suo :* Le tronc seul de Dagon était demeuré en sa place, dans son sanctuaire, mais par terre devant l'arche.

DALAIA ou **DALAIAS**, Hebr. *Pauper Domini.* 1° Fils d'Eliœnaï, descendant de Zorobabel. 1. Par. 3. 24.

2° Fils de Séméïas. Jerem. 36. v. 12. 25.

DALAIAU, Hebr. *Pauper Domini.* Un des chefs des familles sacerdotales. 1. Par. 24. 18. *Vigesima tertia Dalaiau :* Le rang de cette famille fut le vingt-troisième échu par sort.

DALILA, Hebr. *Paupertas.* Dalila, femme philistine, aimée de Samson. Judic. 16. 4. *Vocabatur Dalila :* La femme que Samson aima s'appelait Dalila. v. 10. etc.

DALMANUTHA, Gr δαλμανουθά, Hebr. *Macies.* Contrée de la tribu d'Issachar, *ou,* selon d'autres, de Manassé, de là le Jourdain, proche le lac de Génésareth. Marc. 8. 10. *Venit in partes Dalmanutha :* Jésus-Christ vint dans le pays de Dalmanutha. Voy. MAGEDAN.

DALMATIA, Hebr. *Lampas frustratoria,* Δαλματία, Dalmatie, province de l'Illyrie, maintenant Sclavonie. 2. Tim. 4. 10. *Abiit Titus in Dalmatiam :* Tite s'en est allé en Dalmatie.

DAMARIS, Gr. *Uxorcula, parva uxor.* De δάμαρ ou δάμαρς τος, *uxor.*

Une femme qui crut et embrassa la foi de Jésus-Christ, avec quelques autres, entre lesquels fut Denys, sénateur de l'Aréopage, lorsque saint Paul y fit cet excellent discours rapporté Act. 17. 22. Quelques pères ont cru que Damaris, *ou,* selon d'autres, Damalis, était femme de S. Denis, aréopagite, mais sans fondement; elle était apparemment une dame athénienne de grande considération.

DAMASCENUS, A, UM. De *Damascus,* et signifie :

Qui est de Damas, qui en est habitant. Ezech. 27. 18. *Damascenus negotiator :* Marchand de Damas. 2. Cor. 11. 32. 1. Par. 18. 5.

DAMASCUS, I. Hebr. *Sanguinis saccus,* Δαμασκός, Damas, ville capitale de Syrie. Gal. 1. 17. *Reversus sum Damascum :* D'Arabie je retournai à Damas. 2. Cor. 11. 3. Act. 9. 2. etc., ce qui se prend pour tout le pays.

4. Reg. 5. 12. *Fluvii Damasci*: Les fleuves de Damas. Amos. 5. 27. *Migrare vos faciam trans Damascum*: Je vous ferai transporter au delà de Damas, jusque dans l'Assyrie et l'Arménie, comme l'on voit par saint Luc, qui, en citant cet endroit, dit au delà de Babylone. Act. 7. 43. Cette ville a été longtemps la capitale de la Syrie et de la Phénicie, jusqu'à ce que Seleucus Nicanor fit bâtir Antioche, et y transféra le siége impérial. Elle avait été tributaire aux Juifs jusqu'après la mort de Salomon, et s'est vue soumise en des temps différents à plusieurs maîtres. Les rois d'Assyrie y ont fait d'étranges désordres. Theglatphalasar, le grand Nabuchodonosor, et ensuite Alexandre, l'ont prise et ruinée chacun dans leur temps; les Romains ont voulu à leur tour être maîtres de Damas, et en ont fait une province soumise à leur empire. Tamerlan, dans ces derniers siècles, environ l'an 1396, irrité des pertes qu'il avait souffertes en l'assiégeant contre les Sarrasins, la désola toute et en fit un cimetière. Selim, empereur des Turcs, la prit sur les Egyptiens, l'an 1517, et ses successeurs l'ont gardée jusqu'à présent.

DAMNA, Hebr. *Sterquilinium, cruentatio, similitudo*. Ville de la tribu de Zabulon, donnée aux Lévites. Jos. 21. 35.

DAMNARE, Gr. χρίνειν, χαταχρίνειν, de δαμνάω, qui vient de l'Hébreu *dama*, perdre, détruire.

Condamner. 1. Cor. 11. 32. *Corripimur, ut non cum hoc mundo damnemur*: Le Seigneur nous châtie, afin que nous ne soyons pas condamnés avec le monde. Rom. 8. 3. *De peccato damnavit peccatum in carne*: Dieu a condamné le péché dans la chair de Jésus-Christ, à cause du péché des hommes. Voy. PECCATUM. c. 14. 23. etc. Amos. 2. 8. Ainsi, Matth. 27. 3. *Videns Judas quia damnatus esset*: Judas voyant que Jésus-Christ était livré pour être condamné. Act. 25. 16. *Non est Romanis consuetudo damnare aliquem*, etc. Ce n'est point la coutume chez les Romains d'abandonner un homme à ses ennemis pour le faire mourir. Voy. ABLUERE, ACCUSARE.

DAMNATIO, χρίμα, condamnation, jugement. Rom. 3. 8. *Quorum damnatio justa est*: Ceux-là seront justement condamnés. 2. Cor. 3. 9. *Si ministratio damnationis gloria est*: La loi est appelée *condamnation*, parce qu'elle a été cause de la perte des Juifs, par occasion et par leur faute. Act. 25. 15., d'où vient *Habere damnationem*: Etre engagé dans la condamnation. 1. Tim. 5. 12.

DAMNUM, 1. Ζημία, du Grec δαμνᾶν.
Perte, dommage, tort, injure. Prov. 12. 26. *Qui negligit damnum propter amicum, justus est*: Celui qui pour son ami néglige une perte, est juste. Heb. Le juste est plus dans l'abondance que son prochain, sc. qui n'est pas juste comme lui c. 17. 26.

DAMULA, æ, δορχάς; de δεῖμα, *metus*, ou de χεμμάς, chez les Siciliens ταμμὰς, *dama*.
Daim. Prov. 6. 5. *Eruere quasi damula de manu*: Sauvez-vous comme un daim qui échappe de la main. Isa. 13. 14.

DAN, Hebr. *Judicans*. 1° Le cinquième fils de Jacob qu'il eut de Bala, servante de Rachel. Gen. 30. 5. c. 35. 25. etc.

2° La postérité ou les descendants de Dan. Gen. 49. 16. *Dan judicabit populum suum*: Dan jugera son peuple. Jacob fait allusion à la signification de Dan; d'ailleurs il y a eu des juges de cette tribu. Deut. 33. 22. *Dan quoque ait; Dan catulus leonis*: Moïse dit à Dan: Dan est comme un jeune lion. Moïse marque ici la force de cette tribu; Samson, qui en était, a paru comme un lion au milieu des Philistins. Jud. 5. 17. *Dan vacabat navibus*: Dan s'occupait à ses vaisseaux. Débora marque ceux qui ne se sont point trouvés au combat contre Sisara. Il n'est point fait mention de cette tribu, 1. Par. 7. et Apoc. 7. Soit parce qu'il ne restait presque plus personne dès le temps d'Esdras, *ou*, selon d'autres, parce qu'elle avait abandonné le culte de Dieu, comme il paraît, Judic. 18., ou enfin (comme l'ont cru la plupart des pères et des interprètes) parce que l'antechrist devait naître de sa race; et c'est en ce sens qu'ils expliquent le passage du chap. 49. 17. de la Genèse, et celui du chap. 8. 16. de Jérémie.

3° Une ville de ce nom qui s'appelait *Laïs*, du temps d'Abraham; et c'est par anticipation qu'elle est nommée Dan, Gen. 14. 14. *Et persecutus est eos usque Dan*: Abraham poursuivit les ennemis jusqu'à Dan. Le nom de Dan fut donné à cette ville par occasion; le partage qui était échu à ceux de cette tribu, ne pouvant pas leur suffire, à cause que les Chananéens en possédaient une très-grande partie, six cents hommes en sortirent pour aller attaquer la ville de Laïs; et s'en étant rendus maîtres, ils s'y établirent comme il est rapporté plus au long dans le chapitre 18 des Juges; elle était à l'extrémité de la terre promise dans la tribu de Nephthali, du côté du Nord: il est souvent fait mention, sous le nom de Dan, pour marquer les deux extrémités de la Terre-Sainte. *A Dan usque Bersabee*. Amos 8. 14. Elle a été appelée *Paneade*, par les Grecs, et *Diospolis*; ensuite *Césarée de Philippe*. Voy. CÆSAREA; et enfin *Néroniade*, parce qu'Agrippa l'a fait rétablir en l'honneur de Néron.

DANIEL, is; Hebr. *Judicium Dei*. Gr. Δανιὴλ, 1° Un fils de David. 1. Par. 3. 1. Il est appelé *Cheleab*. 2. Reg. 3. 3. 2° Un des descendants d'Ithamar, 1. Esdr. 8. 2., qui semble être le même que celui du 2. Esdr. 10. 6.

DANIEL, Heb. *Judicium Dei*. — Prince du sang des rois de Juda et cousin du roi Joachim; il fut emmené tout jeune en captivité à Babylone, lorsque Joachim fut livré entre les mains de Nabuchodonosor, qui assiégeait Jérusalem; il fut choisi avec quelques autres de son âge et de son rang pour leur apprendre la langue du pays, et pour les instruire dans la science des Chaldéens, afin qu'ils se rendissent capables des emplois auxquels on les destinait: Dieu avait rempli ce jeune prince de ses grâces, et même du don de prophétie, qu'il fit paraître dans le jugement si fameux qu'il rendit en faveur de la chaste

Susanne, lorsqu'il n'avait encore que douze ans, comme l'a cru saint Ignace, martyr, et plusieurs autres. C'est cet esprit de prophétie qui le rendit si célèbre, et le fit considérer, tant par Nabuchodonosor que par les autres rois des Mèdes et des Perses, au-dessus de tous les mages et de tous les sages de l'Orient, ayant découvert à Nabuchodonosor et à Balthasar ce que nul homme sur la terre n'aurait pu leur révéler; de sorte que Nabuchodonosor s'écria tout effrayé : *Le Dieu de Daniel est véritablement le Dieu des dieux et le Seigneur des rois, qui peut révéler les mystères les plus cachés.* Mais ce qui a rendu le saint prophète Daniel très-recommandable, c'est ce qu'il a prédit touchant la venue du Christ; car il n'a pas seulement écrit, dit saint Jérôme, que le Christ devait venir dans le monde, ce qui lui était commun avec les autres prophètes, il a encore marqué le temps précis auquel il devait venir; la suite des rois qui précéderaient sa venue; le nombre exact des années, et les signes très-évidents par lesquels on le pourrait reconnaître. On peut voir dans toute la suite de son Livre quelle a été la sainteté de la conduite de sa vie, et tous les différents événements qui l'ont signalée. Ce prophète mourut âgé de cent dix ans, selon Torniel et Salien, l'an de la création 3535. On ne sait ni le lieu où il est mort, ni de quelle façon. Il a écrit son Livre, partie Chaldaïque, depuis le 4. verset du 2. chap. jusqu'au 8. ; le reste est en Hébreu, jusqu'aux deux derniers chapitres qui sont en Grec, et depuis le 24. verset du 3. chapitre jusqu'au 90.

DANNA, Hebr. *Judicium.* Ville de la tribu de Juda. Jos. 15. 49.

DAPHCA, Hebr. *Pulsatio.* Un des campements des Israélites dans le désert de Sin. Num. 33. v. 12. 13.

DAPHNE, ES; Gr. *Laurus.* Faubourg près d'Antioche, où était un fameux temple d'Apollon. 2. Mac. 4. 33.

DAPHNIS, IS; Gr. *Laurus.* Nom d'une fontaine près de Rebla. Num. 34. 11. Ce mot n'est ni dans le Grec ni dans l'Hébreu; Gr. ἐπὶ πηγάς, *ad fontes.*

DARA, Hebr. *Generatio.* Ce dernier fils de Zara, et frère d'Eman, Ethan et Chalcol. 1. Par. 2. 6.

DARCON; Hebr. *Generationis possessio.* Un chef des Nathinéens. 1. Esdr. 2. 56.

DARE, Gr. διδόναι. Du Grec δίω, d'où se fait διδόναι.

1° Donner, communiquer, accorder, fournir, mettre entre ses mains. Prov. 28. 27. *Qui dat pauperi non indigebit :* Celui qui donne au pauvre n'aura besoin de rien. Act. 20. 35. Matt. 5. 42. *Qui petit a te, da ei :* Donnez à celui qui vous demande; sc. ce qui lui convient, même une réprimande; s'il en a besoin. Job. 21. etc. ce qui se dit aussi du mal, Apoc. 18. 7. *Tantum date illi tormentum et luctum :* Multipliez les tourments et les douleurs de Babylone, à proportion de ce qu'elle s'est élevée dans son orgueil, et de ce qu'elle s'est plongée dans ses délices. Apoc. 2. 23.

2° Donner par prêt, prêter. Matth. 25. 8. *Date nobis de oleo vestro :* Donnez-nous de votre huile, disent les vierges folles aux sages. Luc. 11. v. 7. 8. *Non possum surgere et dare tibi :* Je ne puis me lever pour vous donner trois pains que vous me demandez à emprunter. Voy. v. 5.

3° Laisser avoir, permettre que l'on ait, qu'une chose arrive. Eccli. 23. 5. *Extollentiam oculorum meorum ne dederis mihi :* Ne permettez pas j'aie un cœur élevé qui se fait paraître par des yeux altiers. Ps. 54. 23. *Non dabit in æternum fluctuationem justo :* Le Seigneur ne laissera point le juste dans une éternelle agitation. Ps. 120. 3. *Non det in commotionem pedem tuum :* Que le Seigneur ne permette point que votre pied soit ébranlé ; c'est à lui-même que le Prophète parle. Act. 2. 27.

4° Produire, faire paraître, envoyer. Matth. 24. 24. *Dabunt signa magna :* De faux prophètes feront de grands prodiges. Marc. 13. 2. Act. 21. 9. Jœl : 2. 30. 1. Reg. 12. v. 17. 18. Le verbe hébreu, *Nathan,* se met quelquefois en ce sens. Ainsi, *dare,* faire naître, faire croître. Isa. 41. 19. *Dabo in solitudinem cedrum et spinam :* Je ferai naître dans le désert le cèdre, et le bois de sétim, etc. Voy. IN. Joël. 2. 22. *Ficus et vinea dederunt virtutem suam :* Les figuiers et les vignes pousseront avec vigueur.

5° Livrer, abandonner, exposer. Job. 31. 30. *Non dedi ad peccandum guttur meum :* Je n'ai point abandonné ma langue au péché. Ps. 15. 10. Ps. 120. 3. Apoc. 6. v. 4. 8. c. 7. 2. c. 9. v. 3. 3. Matth. 7. 6. *Nolite dare sanctum canibus :* Gardez-vous bien de donner les choses saintes aux chiens. Jerem. 20. 4. *Dabo te in pavorem :* Je vous remplirai de frayeur vous et vos amis, dit Jérémie à Phassur de la part de Dieu. Isa. 53. 9. *Dabit impios pro sepultura :* Le Seigneur donnera les impies pour le prix de sa sépulture. Chald. *Tradet in gehennam.* c. 35. 15. Jos. 1. 2. Mich. 5. 3. Voy. PARERE.

6° Confier, donner en garde, mettre en dépôt. Luc. 19. v. 13. 15. *Dedit eis decem minas :* Cet homme de grande naissance donna dix mines d'argent à dix de ses serviteurs, sc. pour les faire profiter, Luc. 20. 16. *Dabit vineam aliis :* Le maître donnera sa vigne à d'autres serviteurs.

7° Donner en mariage. 1. Reg. 17. 25. *Filiam suam dabit ei ;* Le roi Saül donnera sa fille en mariage à celui qui pourra tuer Goliath. Gen. 29. 19. Deut. 7. 3. v. Esdr. 9. 12. etc.

8° Établir, ordonner. Ephes. 1. 22. *Ipsum dedit caput supra omnem Ecclesiam :* Dieu le Père a établi Jésus-Christ chef de toute l'Eglise. c. 4. 11. *Dedit quosdam quidem Apostolos :* Jésus-Christ a donné à son Eglise, les uns pour être apôtres. Act. 4. 12. Exod. 16. 29. Num. 18. 6. 1. Reg. 12. 13. 3. Reg. 14. 7. 2. Par. 34. 16. Jerem. 1. 5. Isa. 46. 13. c. 49. 8. etc. A quoi se peut rapporter, *Dare caput.* 2. Esd. 9. 17. *Dederunt caput, ut converterentur ad servitutem suam :* Par un esprit de révolte ils se sont opiniâtrés à vouloir retourner à leur première servitude; *Hebr.* Nathan rosch: *Dare* ou *ponere caput,* ou *principem :* Ce que le Grec exprime plus clairement, ἔδωκαν ἀρχήν, *Dederunt principem, elegerunt ducem;* Vatab. Ils se sont donné un chef pour retourner en Egypte.

9° Employer, appliquer. Ose. 5. 4. *Non dabunt cogitationes suas ut revertantur ad Deum suum :* Ils n'appliqueront point leurs pensées à revenir à leur Dieu. Ezech. 21. 29.

10° Mettre, faire devenir, rendre, réduire. Ps. 105. 46. *Dedit eos in misericordias :* Dieu fit éclater sa miséricorde envers les Israélites. Ezech. 3. 8. *Ecce dedi faciem tuam valentiorem faciebus eorum :* J'ai rendu votre visage plus ferme que le visage de toute la maison d'Israël. Jerem. 1. 18. *Dedi te in murum æreum :* Je ferai que vous soyez à leur égard comme un mur d'airain. Voy. MURUS. Isa. 40. 23. *Qui dat secretorum scrutatores quasi non sint :* C'est Dieu qui anéantit et réduit à rien ceux qui recherchent avec tant de soin les secrets de la nature. A quoi peut se rapporter, Ose. 11. 8. *Quomodo dabo te, Ephraïm ;* Comment vous traiterai-je, ô Ephraïm !

11° Rendre. Gen. 30. 18. *Dedit Deus mercedem mihi :* Dieu m'a récompensée. 2. Par. 8. 2. Voyez 3. Reg. 9. v. 11. 12. 13.

12° Rejeter, faire tomber. Ezech. 23. 49. *Dabunt scelus vestrum super vos :* Ils feront retomber vos crimes sur vos têtes.

13° Attribuer quelque chose à quelqu'un. 1. Reg. 18. 8. *Dederunt David decem millia, et mihi mille dederunt :* Ils ont donné, dit Saül, dix mille hommes à David, et à moi mille. Saül est irrité de ce que les femmes chantaient plus à la gloire de David qu'à la gloire de Saül. Voy. Eccli. 47. 7.

14° Placer, mettre. 1. Thess. 4. 8. *Dedit Spiritum suum sanctum in nobis :* Dieu nous a donné son Saint-Esprit. Ezech. 26. 20. c. 32. 29.

15° Proposer. Jerem. 9. 13. *Dereliquerunt legem meam quam dedi eis :* Ils ont abandonné la loi que je leur ai donnée. c. 21. 8. c. 26. 4. c. 44. 10.

16° Faire passer, laisser par tradition. Joan. 17. v. 8. 14. *Dedi eis sermonem tuum;* i. e. *tradidi :* Je leur ai donné votre parole : Jésus-Christ parle à son Père touchant ses apôtres et ses disciples qu'il avait enseignés.

Phrases et façons de parler.

Dare animam suam. Donner, livrer son âme; signifie 1° Exposer sa vie. Voy. ANIMA. 2° Donner son bien et sa liberté. Eccli. 29. 20.

Dare in benedictionem. Voy. BENEDICTIO.

Dare certamen. Proposer un combat, engager à combattre. Sap. 10. 12. *Certamen forte dedit illi ut vinceret :* La sagesse a engagé Jacob dans un rude combat, afin qu'il demeurât victorieux. Voy. ce combat de l'Ange avec Jacob. Gen. 22. v. 24. 28.

Dare cor suum. Se porter à quelque chose. 2. Par. 11. 16. *Quicumque dederant cor suum ut quærerent Dominum :* Tous ceux qui dans toutes les tribus s'étaient appliqués de tout leur cœur à chercher le Seigneur. Eccli. 38. v. 27. 28. 31. 34. etc. Eccli. 1. 17. c. 8. 9. A quoi se rapporte.

Dare in cor. Mettre dans le cœur, exciter et porter à faire quelque chose. Apoc. 17. 17. *Deus dedit in corda eorum ut faciant quod placitum est illi :* Dieu leur a mis dans le cœur d'exécuter ce qu'il lui plaît.

Dare in nomen. Voy. NOMEN.

Dare alicui aliquem dorsum. Faire tourner le dos, mettre en fuite. Ps 17. 41. *Inimicos dedisti mihi dorsum :* Vous avez fait tourner le dos à mes ennemis. Hebr. *Inimicorum meorum dabitur mihi tergum.*

Dare manum. Donner la main, ou les mains en les mettant les unes dans celles des autres, se dit; 1° Pour marquer la soumission et l'assujettissement. Thren. 5. 6. *Ægypto dedimus manum :* Nous avons tendu la main à l'Egypte; *sc.* ou en faisant alliance avec eux, *ou* en leur demandant du pain; 2° Pour marquer son consentement. 1. Esdr. 10. 19. *Dederunt manus suas ut ejicerent uxores suas :* Les enfants des prêtres consentirent à chasser leurs femmes étrangères; 3° Pour faire un traité et une alliance. Ezech. 17. 18. *Ecce dedit manum suam :* Sédécias s'est allié à l'Egypte. Voy. MANUS.

Dare oblivioni ; ἐπιλανθάνειν, *oblivisci.* Mettre en oubli. Ps. 30. 13. *Oblivioni datus sum tamquam mortuus a corde :* J'ai été mis en oubli et effacé de leur cœur, comme si j'eusse été mort. Ps. 136. 5. *Oblivioni detur dextera mea :* Que ma main qui me sert à toucher les instruments, soit mise en oubli; et selon l'Hébreu, s'oublie elle-même, soit comme engourdie et desséchée.

Dare operam, φιλοτιμεῖσθαι. S'appliquer à, avoir soin de faire quelque chose. 1. Thess. 4. 11. *Operam detis ut quieti sitis :* Etudiez-vous à vivre en repos.

Dare parvulum. Rendre petit; c'est abattre, humilier. Jerem. 49. 15. *Ecce parvulum dedi te in gentibus :* Je vous rendrai petit entre les peuples : Le Prophète parle contre Bosra capitale de l'Idumée. Abd. 2.

Dare pœnas, δίκην τίειν. Etre puni, souffrir la peine. 2. Thess. 1. 9. *Pœnas dabunt in interitu æternas :* Ils souffriront la peine d'une éternelle damnation.

Dare semetipsum alicui. S'accommoder à la volonté de quelqu'un, faire tout ce qui lui est agréable. 2. Cor. 8. 5. *Semetipsos dederunt, primum Domino, deinde nobis :* Les fidèles de l'Eglise de Macédoine se sont donnés eux-mêmes premièrement au Seigneur, et à nous ensuite.

Dare sortes. Tirer au sort. Act. 1. 26. *Dederunt sortes :* Ils tirèrent Joseph appelé Barsabas, surnommé *le Juste,* et Mathias, au sort, et le sort tomba sur Mathias.

Dare terga. Tourner le dos, s'enfuir. Judic. 20. 37. Voy. TERGUM.

Dare vindictas. Venger quelqu'un, donner le pouvoir de se venger. 2. Reg. 22. 48. Ps. 17. 48. *Deus, qui das vindictas mihi :* C'est vous, Seigneur, qui prenez soin de me ven-

DICTIONN. DE PHILOL. SACRÉE. I.

ger de mes ennemis : David parle au sujet de la mort de Saül. Ezech. 25. 17. 2. Thess. 1. 8.

DARIUS, ii : Gr. Δαρεῖος. Heb. *Inquirens*. Ce nom signifie :

1° Darius Medus, appelé Cyaxares (1), oncle de Cyrus, et fils d'Astyages. Ce Darius-ci et Cyrus ont régné conjointement à Babylone. Dan. 5. 31. *Darius Medus successit in regnum annos natus sexaginta duos :* Darius, qui était de Mède, succéda à Balthasar au royaume des Chaldéens, étant âgé de 62 ans. c. 6. v. 6. 9. 25. 28. c. 9. 1. c. 11. 1.

2° Darius, fils d'Hystaspes, choisi roi par les grands seigneurs persans. 1. Esdr. 4. 5. et dans tous les autres endroits de ce même Livre. Agg. 1. 1. c. 2. v. 1. 11. Zach. 1. v. 1. 7. c. 7. 1. On croit que c'est l'Assuérus, mari d'Esther. Ce prince ayant vu l'édit que Cyrus donna pour le bâtiment du Temple, en fit un nouveau pour le confirmer, et ordonna que l'on prît du trésor royal tout ce qui était nécessaire pour les frais de cet édifice, 1. Esd. 6. Il est nommé le grand roi Artaxerxès, Esth. 11. 2. parce que ce nom était le nom ordinaire des rois de Perse, comme celui d'Assuérus le nom des rois des Mèdes ; et comme il était l'un et l'autre, il est nommé tantôt Assuérus et tantôt Artaxerxès. Il avait subjugué presque tout l'Orient, qui comprend plusieurs grandes provinces, depuis les Indes jusqu'en Éthiopie. Esth. 13. 1.

3° Darius Nothus, auparavant appelé Ochus. 2. Esdr. 12. 22. fils du roi Artaxerxès *Longuemain*.

4° Darius Codomannus, qui fut vaincu par Alexandre. 1. Mach. 1. 1. *Postquam percussit Alexander Darium regem Persarum :* Après qu'Alexandre, roi de Macédoine, eut vaincu Darius, roi des Perses.

DATHAN, Heb. *Ritus*, *Lex*. Fils d'Éliab, un des chefs de la conspiration qui se fit contre Moïse, rapportée dans le Livre des Nombres, chap. 16. Deut. 11. 6. Ps. 105. 17. *Et deglutivit Dathan :* La terre s'entr'ouvrit, et engloutit Dathan. Eccli. 45. 22. etc. Voy. CORE.

DATHEMAN, Heb. *Legis praeparatio*. Une forteresse dans le pays de Galaad, et dans la tribu de Gad, où se retirèrent les Israélites, 1. Mac. 5. 9.

DATIO, NIS, δόσις. 1° Don, bienfait. Eccli. 11. 17. *Datio Dei permanet justis :* Le don de Dieu demeure ferme dans les justes. — 2° Distribution, partage. Eccli. 42. 3. *De datione hæreditatis amicorum :* Ne rougissez point de garder l'égalité dans le partage d'un héritage où vos amis sont intéressés.

DATOR, IS, δότης, donneur, qui donne. 2. Cor. 9. 7. *Hilarem datorem diligit Deus :* Dieu aime celui qui donne avec joie. Num. 21. 18. *In datore Legis :* Sous la conduite de Moïse qui a donné la loi.

DATUM, I, δόμα. 1° Don, grâce, bienfait (δόσις). Jac. 1. 17. *Omne datum optimum :*

(1) Darius le Mède n'était point Cyaxare. Il est bien prouvé maintenant que ce Cyaxare, présenté par Xénophon, dans sa Cyropédie, n'est qu'un être fabuleux. *Voyez* l'addition que M. l'abbé James a faite, d'après M. Quatremère et M. Paul Mazio, à l'article de Darius le Mède, dans le *Dictionnaire de la Bible*.

Toute grâce excellente et tout don parfait vient d'en haut ; Gr. *datio bona, et donatio perfecta*. On croit que ce n'est qu'une répétition de la même chose. Matth. 1. 11. Philip. 4. 17. Eccli. 7. 37. etc.

2° Don, qui convient à chacun (δόσις). Eccli. 1. 10. *Secundum datum suum ;* i. e. La sagesse est répandue sur tous les ouvrages de Dieu selon le partage qu'il en a fait ; *i. e.* selon ce qui convient à chaque chose.

3° Offrande faite à Dieu. Eccli. 7. 35. *Datum brachiorum tuorum.... offeres Domino :* Offrez au Seigneur les épaules des victimes. Voy. BRACHIUM.

Façons de parler.

Datum et acceptum, δόσις καὶ λῆψις, la dépense et la recette d'un compte. Eccli. 42. 7. *Datum et acceptum omne describe :* Ne manquez point d'écrire tout ce que vous aurez donné et reçu. c. 41. 24. Philipp. 4. 15. Voy. ACCEPTUM.

DAVID, Δαβίδ, Heb. *Dilectus*. 1° Le plus jeune des fils d'Isaï, ou Jessé selon les Septante, naquit l'an du monde 2950. Il fut occupé dans ses premières années à garder les troupeaux de son père ; mais Dieu qui le destinait à de grandes choses, le tira de cette occupation pour le faire roi de son peuple, et la tige de la postérité de laquelle devait naître le Sauveur du monde : c'est pourquoi il ordonna au prophète Samuel d'aller dans la maison de son père à Bethléem, pour le sacrer roi en la place de Saül qui vivait encore. Isaï, son père, l'ayant envoyé vers ses frères qui étaient dans l'armée des Israélites rangée en bataille contre celle des Philistins ; David indigné de voir qu'un géant philistin insultait les Israélites, en défiant au combat quelqu'un d'entre eux, s'offrit de répondre à ce défi ; et quelque instance qu'on lui fit pour l'en détourner, il se présenta au combat contre Goliath, et le renversa par terre d'un coup de pierre qu'il lui tira dans le front, et lui coupa la tête avec son épée. Cette victoire remportée sur un ennemi si redoutable, donna à David tant de réputation, qu'on lui fit ouvertement plus d'applaudissements qu'au roi même. Saül fut si choqué de cette préférence, qu'il ne chercha plus que les moyens de le perdre. Saül étant mort, David fut sacré roi à Hébron sur la tribu de Juda ; et après la mort d'Isboseth, il fut reconnu par toutes les tribus. Après avoir gagné plusieurs belles victoires contre les ennemis du peuple de Dieu, ayant souffert de grandes afflictions dans sa famille, pour expier l'adultère qu'il avait commis avec Bethsabée, et le meurtre d'Urie, il mourut en paix l'an du monde 3020. Le détail de sa vie est rapporté dans le premier et le second Livre des Rois. Son zèle pour faire célébrer les louanges de Dieu par les lévites, et la composition de ses psaumes, l'ont rendu très-considérable dans l'Église de Dieu en qualité de prophète.

2° La postérité, les descendants de David. 3. Reg. 12. 16. *Quæ nobis pars in David ?*

Qu'avons-nous de commun avec David ? dit le peuple d'Israël quittant Roboam. 2. Par. 10. 16. Ainsi Roboam, fils de David, est marqué par le nom de David, son père. 3. Reg. 12. 16. *Vide domum tuam, David* : David, pourvoyez maintenant à votre maison. 2. Par. 10. 19.

3° Le Messie, Notre-Seigneur Jésus-Christ, ainsi appelé, parce qu'il est né de sa race, et que David en était la figure. Jerem. 30. 9. *Servient Domino Deo suo, et David regi suo quem suscitabo eis* : Ceux qui seront alors serviront le Seigneur leur Dieu et David leur roi que je leur susciterai. Ezech. 34. v. 23. 24. c. 37. v 24. 25. Ose. 3. 5. A quoi on peut rapporter ces endroits, Ps. 131. 10. Isa. 37. 35. c. 55. 3. Amos. 9. 11. Act. 13. 34. c. 15. 16.

4° Le Livre des Psaumes de David. Hebr. 4. 7. *Hodie in David dicendo* : Aujourd'hui en disant dans les Ps. 94. 8. de David. D'autres expliquent, en disant par David.

DE, préposition, ἐκ ; Hebr. *Min.* Cette préposition vient de διά, autrefois *di*, ou *dis*, comme il se trouve en plusieurs verbes ; et signifie, de, des, pour, à cause, touchant : dans l'Ecriture :

1° Cette préposition marque la séparation qui se fait d'une chose ; soit en la tirant de quelque nombre. Joan. 17. 6. *Quos dedisti mihi de mundo* : Les hommes que vous m'avez donnés en les séparant du monde : Jésus-Christ parle à son Père éternel de ses élus. 2. Reg. 7. 8. Ps. 77. 7. Soit que l'Ecriture marque l'origine d'où sort quelque chose, ou la matière dont elle est composée. 2. Cor. 4. 6. *Qui dixit de tenebris lucem splendescere* : Dieu qui commanda que la lumière sortît des ténèbres. 1. Cor. 11. 12. *Mulier de viro* : La femme a été tirée de l'homme ; *sc.* Eve d'Adam. Joan. 3. 31. *Qui est de terra, de terra est* : Celui qui tire son origine de la terre, est de la terre ; *i. e.* terrestre. Gen. 15. 4. Ps. 21. 10. Ainsi pour marquer d'où l'on tire la connaissance de quelque chose. 1. Joan. 3. 24. *Scimus quoniam manet in nobis de Spiritu (sancto)* : C'est par le Saint-Esprit que nous connaissons que Dieu demeure en nous.

2° Cette préposition marque souvent une distribution, ou partition, pour marquer une partie de quelque chose (ἀπό). 1. Par. 9. 3. *Commorati sunt in Jerusalem de filiis Juda* : Entre les Israélites, il s'en établit plusieurs à Jérusalem de la tribu de Juda. c. 12. 19. c. 20. 4. 1. Esdr. 10. 1. 2. Joan. v. 4.

3° Elle marque la privation ou l'éloignement d'une chose. Jerem. 48. 2. Ps. 82. 5. *Venite, et disperdamus eos de gente* : Exterminons-les du milieu des peuples, disent les ennemis du peuple de Dieu ; *i. e.* ruinons-les tellement qu'ils ne soient plus un peuple ou une nation. Prov. 25. 5. *Aufer impietatem de vultu regis* : Otez l'impiété de devant le roi : ce qui se met par *min* en Hébreu, et se rend par *ne* en Latin. 1. Reg. 15. v. 24. 26. *Ne sis rex*, Heb. mimelech, *a Rege*.

4° Dès, ou depuis (ἀπό). Gen. 22. 3. *De nocte consurgens* : Abraham se leva dès lors, lorsqu'il faisait encore nuit, et avant le jour ; *sc.* pour aller offrir Isaac. Ps. 21. 11. *De ventre matris meæ* : Dès le temps de ma naissance.

5° Cette préposition jointe avec son ablatif est mise quelquefois, 1° pour le génitif. Ps. 15. 4. *Non congregabo conventicula eorum de sanguinibus* ; *i. e. conventicula sanguinum* : Je ne prendrai point de part à leurs assemblées sanguinaires. Ps. 118. 8. *Considerabo mirabilia de Lege tua* ; *i. e. Legis tuæ* : Je considérerai les merveilles qui sont enfermées dans votre loi. Sap. 6. 8. Deut. 32. 42. Voy. A, ou AB. 2° Pour l'accusatif. Ps. 93. 12. *Beatus homo quem tu erudieris, Domine, et de Lege tua docueris eum* ; *i. e. Legem tuam* : Heureux est l'homme à qui vous avez enseigné votre loi. 1. Joan. 1. 1. *De verbo vitæ* ; *i. e. quod fuit ab initio verbum vitæ* : La parole qui était dès le commencement. Act. 2. 17. 3° Pour le seul ablatif. Isa. 33. 4. *Velut cum fossæ plenæ fuerint de eo* (supl. *brucho*) : comme on remplit des fosses de hannetons. 2. Mach. 15. 17.

Cette préposition est souvent mise pour d'autres prépositions.

1° Pour *a, ab, e, ex*. Ps. 118. 110. *De mandatis tuis non erravi* : Je ne me suis point écarté de vos commandements. Prov. 23. 14. *Animam ejus de inferno liberabis* : En frappant votre enfant avec la verge, vous délivrerez son âme de l'enfer. Eccli. 24. 41. *Sicut aquæductus exivi de paradiso* : La sagesse est sortie du ciel comme le canal qui conduit ses eaux. A quoi se rapporte, 2. Mach. 18. 22. *Congregabit de sub cælo in locum sanctum* : Nous espérons que Dieu nous rassemblera dans son saint lieu de tous les pays qui sont sous le ciel. 1. Thess. 2. 3. *Exhortatio nostra non de errore* ; *i. e. non ex fallacia* : Nous ne vous avons point prêché une doctrine d'erreur. Ps. 113. 1.

2° Pour *propter*, à cause. Ps. 58. 13. *De execratione et mendacio annuntiabuntur* : L'on publiera contre les orgueilleux l'exécration et le mensonge dont ils sont coupables ; *i. e.* ils seront diffamés à cause de leurs blasphèmes et de leurs mensonges. Deut. 32, 42. *Gladius meus devorabit carnes de cruore occisorum et de captivitate* (ἀπό) ; *i. e. propter sanguinem Israelitarum occisorum et propter captivitatem eorum* : A cause du sang répandu des Israélites, et de la captivité où leurs ennemis les ont réduits.

3° Pour *pro*, pour, en faveur (περί). Ps. 71. 15. *Adorabunt de ipso semper* : On priera sans cesse pour lui. Joan. 16. 26. *Non dico vobis quia ego rogabo patrem de vobis* : Je ne vous dis point que je prierai mon Père pour vous ; car il vous aime. Eccli. 36. 19. c. 28. 4. c. 21. 1. La raison de cette signification est que περί signifie aussi bien *pour*, comme *de*.

4° Pour *contra*, contre Ps. 42. 1. *Discerne causam meam de gente non sancta* : Faites le discernement de ma cause en me défendant contre une nation qui n'est pas sainte. Ezech. 25. 2. c. 29. 2. c. 34. 2. c. 38. 2. 1. Esdr. 4. 8

5° Pour *cum*, avec. Eccli. 22. 2: *De stercore boum lapidatus est piger* : Le paresseux est lapidé avec la fiente des bœufs. Apoc. 8. v. 3. 4. *Ut daret de orationibus sanctorum omnium* : On donna à cet ange une grande quantité de parfums, afin qu'il en offrît avec les prières de tous les saints ; on sous-entend σὺν, *cum*.

6° Pour *post*, après. Isa. 53. 8. *De angustia et de judicio sublatus est* (ἐν τῇ ταπεινώσει ἡ κρίσις αὐτοῦ ἤρθη) : Il a été mis à mort, ou en croix après ses souffrances et sa condamnation : Le Prophète parle du Messie, de Jésus-Christ.

7° Pour *in*, dans, pour marquer le lieu, ou l'état où on est. Ps. 117. 5. *De tribulatione invocavi Dominum* : J'ai invoqué le Seigneur du milieu de l'affliction qui me tenait comme resserré. Marc. 15. 46. *Quod erat excisum de petra* : Le sépulcre de Jésus-Christ était taillé dans le roc. Sap. 19. 7. *Campus germinans de profundo nimis* : Un champ couvert d'herbes parut au plus profond des abîmes des eaux. Et quelquefois avec mouvement. Deut. 33. 2. *De Sinaï venit* ; i. e. *in Sinaï* ; et marque aussi le lieu de la demeure. Ps. 148. 1. *Laudate Dominum de cœlis* ; i. e. *qui estis in cœlis* : Louez le Seigneur, ô vous qui êtes dans les cieux. v. 7. *De terra* : et vous, qui êtes sur la terre. Ps. 71. 16. *Florebunt de civitate* ; i. e. *cives* : Les habitants de la ville. Ainsi, 117. 15. *Benediximus vobis de domo Domini* : Nous vous bénissons, vous qui êtes de la maison du Seigneur.

8° Pour *per*, par. Ps. 118. 29. *De Lege tua miserere mei* ; Gr. τῷ νόμῳ. Ayez pitié de moi en me faisant marcher par votre loi. Prov. 12. 14. c. 13. 2. *De fructu oris sui lætabitur bonis* : L'homme sera rassasié de biens par les fruits de sa bouche. Isa. 53. 8. *De angustia et judicio sublatus est* ; i. e. *per angustiam et judicium* : Il a été mis à mort, parce qu'il a été affligé et jugé : Le מ *mem* en Hébreu, se met pour la préposition *per*.

9° Pour ce qui est, au sujet, en ce qui regarde. Ps. 61. 10. *Ut decipiant ipsi de vanitate in idipsum* : Si l'on mettait tous les hommes ensemble dans une balance, et la vanité ou le néant dans l'autre, on les trouvera plus légers que le néant même ; *lettr.* en sorte qu'ils trompent en ce qui regarde la vanité. Voy. DECIPERE.

DEA, Θεά, de *Deus*, du Grec Θεός, Déesse, divinité des Païens (βδέλυγμα, *abominatio*). 3. Reg. 11. v. 5. 33. *Colebat Salomon Astarthen deam Sidoniorum* : Salomon adorait Astarthe, déesse des Sidoniens. Act. 19. 37.

DEALBARE, λευκαίνειν, blanchir, faire blanc (κονιᾶν). Matth. 23. 27. *Similes estis sepulcris dealbatis* : Vous êtes semblables à des sépulcres blanchis ; vous Scribes et Pharisiens. Act. 23. 3. *Percutiet te Deus, paries dealbate* : Dieu vous frappera vous-même, ô muraille blanchie, dit saint Paul à Ananie, ne sachant pas qu'il fût grand prêtre, *i. e.* hypocrite : Les murailles et les autres choses qu'on blanchit par dehors n'en sont pas meilleures, ni plus belles au dedans. On croit que c'était une prophétie de ce qui arriva bientôt après à ce souverain pontife, qui, après avoir contribué à avancer la ruine de son pays, par une faction puissante qu'il y forma, fut tué lui-même par des Juifs d'une autre faction, dont son propre fils était chef. *Josèphe l. 2. de la Guerre des Juifs.*

1° Purger, purifier. Ps. 50. 9. *Super nivem dealbabor* : Je deviendrai plus blanc que la neige, après que vous m'aurez lavé, ô mon Dieu ! Isa. 1. 18. Apoc. 7. 14. *Dealbaverunt stolas suas in sanguine Agni* : Ceux-ci se sont purifiés et sanctifiés par le sang et les mérites de Jésus-Christ. Dan. 11. 35. c. 12. 10. *Eligentur et dealbabuntur* : Plusieurs seront élus et seront purifiés par les afflictions.

2° Rendre heureux, combler de joie et de prospérité. Ps. 67. 15. *Nive dealbabuntur in Selmon* : Les habitants de la terre promise deviendront blancs comme la neige qui est sur la montagne de Selmon : La blancheur marque la gloire, la prospérité et le bonheur. *Nive dealbabuntur* ; Hebr. et Gr. *nivescent* ; i. e. *candescent ut nix*, comme v. 34. *Probati sunt argento* ; i. e. *ut argentum*.

DEAMBULARE, περιπατεῖν, marcher, se promener (διαπορεύεσθαι). Gen. 24. 62. *Deambulabat Isaac per viam* : Isaac se promenait dans le chemin. Job. 38. 16. *Numquid in novissimis abyssi deambulasti?* Avez-vous pénétré aux extrémités de l'abîme pour les connaître? Esth. 2. 11. etc.

DEAMBULACRUM, galerie (στίχος) 3. Reg. 7. 2. *Quatuor deambulacra inter columnas cedrinas* : Salomon fit faire quatre galeries entre des colonnes de bois de cèdre ; il y en avait deux entre les colonnes mêmes, et deux entre les colonnes et la muraille.

DEAMBULATIO, NIS, περίπατος, allée, galerie. Ezech. 42. 4. *Ante gazophylacia deambulatio* : Devant les chambres du trésor il y avait une allée de dix coudées de large.

DEARGENTATUS, περιπηργυρωμένος, argenté, couvert d'argent ou de couleur d'argent. Ps. 67. 14. *Pennæ columbæ deargentatæ* : Vous serez comme des colombes dont les plumes sont argentées : cette blancheur d'argent marque la prospérité du peuple d'Israël. Voy. CLERUS.

DEAURARE, καταχρυσοῦν, χρυσοῦν, couvrir, garnir d'or. Exod. 25. 11. *Deaurabis eam auro mundissimo* : Vous couvrirez l'arche d'un or très-pur dedans et dehors. Ps. 44. 10. *In vestitu deaurato* (διάχρυσος) : Qui a un habit enrichi d'or ou tout d'or. Apoc. 18. 16. etc.

DEBBASETH, heb. *Melliflua*. Un lieu près de la mer dans la tribu de Zabulon. Jos.19.11.

DEBELAIM, heb. *Palathæ seu caricæ*. Père de Gomer, femme du prophète Osée. c. 1. 2.

DEBELLARE, πολεμεῖν, vaincre, surmonter, défaire, se rendre maître. Isa. 63. 10. *Et ipse debellavit eos* : L'ange les a lui-même détruits (ceci peut avoir rapport à, Luc. 19. 27. l'entendant des Juifs). c. 7. 1. *Non potuerunt debellare eam* : Rasin et Phacée ne purent prendre Jérusalem. Jerem. 50. 14. etc.

DEBELLATOR, IS, πολεμιστής, vainqueur qui a remporté la victoire, gagné une bataille ; dans l'Ecriture :

Exterminateur, qui ruine, qui ravage,

Sap. 18. 13. *Sermo tuus... durus debellator in mediam exterminii terram prosilivit* : L'ordre de Dieu vint fondre sur cette terre d'Egypte destinée à la perdition, comme un exterminateur impitoyable.

DEBERA, heb. *Verbum, res*. Ville de la tribu de Benjamin, dans la vallée d'Achor. Jos. 15. 7.

DEBERE, ὀφείλειν, de la préposition *de*, et du verbe *habere*, quasi *de alio habere*.

1° Devoir pour marquer ce qu'il faut et ce qui est à propos. 1. Cor. 9. 10. *Debet in spe qui arat arare* : Celui qui laboure doit labourer avec espérance. c. 11. 10. Matth. 3. 14. *Ego a te debeo baptizari* (χρείαν ἔχειν) : C'est moi qui dois être baptisé par vous, dit saint Jean à Jésus-Christ. Hebr. 2. 17. Levit. 11. 2. *Hæc sunt animalia quæ comedere debetis* : Ce sont ici les animaux dont il vous est permis de manger.

2° Devoir, par obligation, être obligé; soit à faire quelque chose. Luc. 17. 10. *Quod debuimus facere, fecimus* : Nous sommes des serviteurs inutiles, nous n'avons fait que ce que nous étions obligés de faire : c'est ce que doivent dire tous les fidèles après avoir accompli tous les commandements de Dieu. Rom. 15. v. 1. 27. Ephes. 5. 28. *Viri debent diligere uxores suas* : Les maris doivent aimer leurs femmes, etc. Soit à payer ce que l'on doit. Matth. 18. v. 24. 28. *Redde quod debes* : Rends-moi ce que tu me dois. Joan. 19. 7. etc.

DEBILIS, IS, E. De la même préposition *de*, et d'*habilis*, qui n'est pas bien dispos.

1° Faible, languissant, malade (διεφθαρμένος). Malach. 1. 14. *Maledictus dolosus, qui masculum immolat debile Domino* : Malheur à l'homme trompeur, qui ayant dans son troupeau une bête saine, en sacrifie au Seigneur une malade.

2° Manchot, estropié (κυλλός). Matth. 15. 30. c. 18. 8. *Bonum tibi est ad vitam ingredi debilem... quam duas manus habentem mitti in ignem æternum* : Il vaut bien mieux pour vous que vous entriez dans la vie n'ayant qu'un pied ou qu'une main, que d'en avoir deux, et d'être précipité dans le feu éternel. — Qui n'a point de courage, qui a l'esprit abattu (παραλελυμένος). Isa. 35. 3. *Genua debilia roborate* : Soutenez les genoux tremblants. Eccli. 25. 32.

DEBILITARE, συντρίβειν. 1° Affaiblir, rendre languissant. 2. Esdr. 4. 10. *Debilitata est fortitudo portantis* : Ceux qui sont occupés à porter sont fatigués.

2° Blesser, estropier, tuer (ἀναπείρειν). 2. Mach. 12. 22. *Ita ut gladiorum suorum ictibus debilitarentur* : Les gens de Timothée étaient percés plutôt par leurs propres épées que par celles des troupes de Judas. Exod. 22. v. 10. 14. Judith. 15. 4. *Debilitabant omnes quos invenire potuissent* : Les Juifs tuaient ou blessaient tous ceux de l'armée d'Holopherne qu'ils pouvaient rencontrer.

DEBITOR, IS, ὀφειλέτης. 1° Un débiteur qui doit, soit en parlant d'une dette, soit par devoir ou reconnaissance. Isa. 58. 3. *Omnes debitores vestros repetitis* : Vous redemandez tout ce qu'on vous doit. Rom. 1. 14. *Sapientibus et insipientibus debitor sum* : Saint Paul témoigne qu'il se sent obligé, en conséquence de sa vocation, à prêcher l'Evangile à toute sorte de peuples de quelque nation et condition qu'ils soient. Voy. BARBARUS. Rom. 15. 27. *Debitores sunt eorum* : Saint Paul prouve ici comment les Eglises de Macédoine, comme toutes les autres des Gentils convertis, sont redevables aux Eglises de Jérusalem. Rom. 8. 12.

2° Pécheur, qui s'est engagé à quelque peine par ses péchés. Luc. 13. 4. *Putatis quia et ipsi debitores fuerint præter omnes?* etc. Croyez-vous que ces dix-huit hommes sur lesquels la tour de Siloé est tombée... fussent plus redevables à la justice de Dieu que tous les habitants de Jérusalem? Le v. 2. porte *Peccatores*. Matth. 6. 12. *Sicut et nos dimittimus debitoribus nostris* : Remettez-nous nos dettes, comme nous les remettons à ceux qui nous doivent : Les Syriens appelaient dette un péché, et débiteur un pécheur. Hebr. Chajab. Syr. Chojebim, *Debitores*.

DEBITUM, ὀφείλημα. Dette, ce qui est dû, soit par obligation, soit par charité. Matth. 18. 27. *Debitum dimisit ei* (δάνειον) : Le maître du serviteur lui remit sa dette. v. 30. 32. 34. Voy. à quelles conditions, v. 32. 33. Prov. 22. 26. Eccli. 4. 8. *Redde debitum tuum* : Acquittez-vous de ce que vous devez; sc. de l'aumône et de l'affabilité envers les pauvres. Rom. 13. 7. 1. Mach. 15. 8.

1° Péché, offense. Matth. 6. 12. *Dimitte nobis debita nostra* : Remettez-nous nos dettes. Voy. Luc. 11. 4. *peccata nostra*; ce qui vient de l'idiome Syriaque : d'ailleurs celui qui pèche doit à Dieu la peine et la satisfaction au péché.

2° Devoir du mariage. 1. Cor. 7. 3. *Uxori vir debitum* (τὴν ὀφειλήν, al. ὀφειλομένην εὔνοιαν) *reddat, similiter autem et uxor viro* : Que le mari rende à sa femme ce qu'il lui doit, et la femme à son mari.

3° Dépôt, chose confiée (χρέος). Sap. 15. 8. *Repetitus animæ debitum quam habebat* : On redemandera au potier qui fait des idoles, l'âme qu'il avait reçue en dépôt.

DEBLATHA, Heb. *Palatha* ou DEBLATHAIM, *Palathæ*. Ville de la tribu de Ruben, dans un désert du pays des Moabites. Jer. 48. 22. Quelques-uns croient que c'est plutôt Reblatha; le Daleth et le Resch se prennent aisément l'un pour l'autre. Ezech. 6. 14. *Faciam terram desolatam a deserto Deblatha* : Je rendrai la terre désolée, depuis le désert de Deblatha; Hebr. et Gr. depuis le désert jusqu'à Deblatha. Quelques-uns expliquent cela comme s'il y avait : Je rendrai la terre aussi désolée et abandonnée qu'est le désert de Deblatha; et ils entendent par ce désert, celui dont Moïse fait mention. Deut 8. 25.

DEBORA, Heb. *Apis* ou *Verbum*. Nourrice de Rebecca. Gen. 35. 8. *Debora nutrix Rebeccæ*.

DEBBORA, Heb. le même. Debbora femme de Lapidoth, prophétesse et juge d'Israël, qui défit Sisara. Judic. 4. 4. *Erat autem Debbora prophetissa*. v. 9. 10. 14. etc. Elle chanta un excellent cantique en action de grâces. Judic. 5. et mourut l'an 2721.

DECACHORDUM, δεκάχορδον, de δέκα, *decem* et de χόρδη, *chorda*.

Instrument à dix cordes, que l'on croit être le même que le psalterion qui avait aussi dix cordes, comme il paraît par le Ps. 32. 2. *In psalterio decem chordarum psallite illi* : Chantez la louange du Seigneur sur l'instrument à dix cordes; et dans les autres endroits, Ps. 91. 4. *In decachordo psalterio* : Chantez sur l'instrument à dix cordes. Ps. 143. 9. *In psalterio decachordo*, quoiqu'il y ait, Ps. 91. 4. dans l'Hébreu, *In decachordo et psalterio*; mais ce *vau*, qui signifie *et*, peut signifier *id est*.

DECALVARE, ξυρᾶν. 1° Rendre chauve. Isa. 3. 17. *Decalvabit* (ταπεινοῦν) *Dominus verticem filiorum Sion* : Dieu menace de rendre les filles de Jérusalem chauves, *Hebr.* couvrir de gale, parce qu'elles se plaisaient à leur chevelure. 1. Par. 19. 4.

2° Raser. 1. Cor. 11. 5. *Unum est ac si decalvetur* : La femme doit porter un voile qui est la marque de sa soumission à son mari; car de paraître dévoilée ou rasée, c'est la même chose. 2. Esdr. 13. 25. *Gr.* μαδαροῦν.

3° Arracher les cheveux, mettre dans le deuil et l'affliction. Mich. 1. 16. *Decalvare et tondere super filios deliciarum tuarum* : Arrachez-vous les cheveux, et coupez-les entièrement pour pleurer vos enfants qui étaient toutes vos délices. Comme la loi défendait de s'arracher les cheveux à la mort de leurs proches, le Prophète veut seulement marquer par ces paroles que leur douleur sera si excessive, qu'ils ne pourront trouver de marques de deuil assez vives pour en exprimer la violence. Ezech. 29. 18. *Omne caput decalvatum* (φαλάκρωμα, *calvitium*) : Toutes les têtes des soldats de Nabuchodonosor ont perdu les cheveux au siége de Tyr; *i. e.* y ont beaucoup souffert par les coups qu'ils ont reçus sur la tête.

DECANTARE, ὑμνεῖν. Chanter, célébrer la louange de quelqu'un. Isa 54. 1. *Decanta laudem* (ῥηγνύειν, *erumpere*) : Chantez des cantiques de louange. Deut. 31.19. Sap. 10. 20. c. 18. 9. προαναμέλπειν, *præcinere*.

DECANUS, δεκάδαρχος, dérivé de *decem*. Qui commande à dix hommes. Exod. 18. 21. *Constitue ex eis quinquagenarios, et decanos* : Donnez la charge aux uns de commander mille hommes, aux autres cent, aux autres cinquante et aux autres dix : c'est ce que conseille Jéthro à Moïse. Deut. 1. 13.

DECAPOLIS, εος. De δέκα, *decem*, et de πόλις, *urbs*.

Il y avait dans la Palestine du temps de Jésus-Christ, un canton qu'on appelait Decapole, ainsi nommé du nom des principales villes qui le composaient. On le met ordinairement aux environs du lac de Tibériade à droite et à gauche; mais il y a des auteurs qui pensent que ces dix villes étaient toutes au delà de ce lac. On convient qu'elles étaient habitées par des Gentils, quoiqu'on ne s'accorde pas sur les villes qui formaient ce canton. Matth. 4. 25. *Secutæ sunt eum turbæ de Galilæa et Decapoli* : Une grande multitude de peuple suivit Jésus-Christ de Galilée et de Décapolis. c. 7. 31. Marc. 5. 20.

DECEDERE. S'en aller, partir de quelque lieu (μεταλλάττειν : dans l'Ecr., mourir; l'Ecriture ajoute l'ablatif *vita* 2. Mach. 6. 31. *Hoc modo vita decessit* : Eléazar mourut en disant ces paroles.

DECEM, δέκα. — 1° Dix, considéré comme nombre fixe et parfait. Gen. 18. 32. *Non delebo propter decem* : Je ne perdrai point Sodome, s'il y a dans cette ville dix justes, répond Dieu à Abraham. Deut. 4. 13. *Ostendit vobis decem verba quæ scripsit in duabus tabulis lapideis* : Moïse fait souvenir les Israélites que le Seigneur leur fit entendre les dix Commandements qu'il écrivit sur les deux tables de pierre. c. 10. 4. Sap. 7. 4. Voy. FIGURARE.

2° Dix, considéré comme nombre indéfini; soit pour marquer un petit nombre comparé à un plus grand. Amos. 5. 3. *De qua egrediebantur centum, relinquentur in ea decem in domo Israel* : S'il se trouvait cent hommes dans la maison d'Israël, il n'y en restera plus que dix. Agg. 2. 17. *Ponite corda vestra cum accederetis ad acervum viginti modiorum, et fierent decem* : Rappelez dans votre esprit le temps auquel vous veniez à un tas de blé, vingt boisseaux se réduisaient à dix; *sc.* avant la construction du temple; soit pour marquer un grand nombre, *ou* plusieurs fois et souvent, parce que le nombre de dix est l'accomplissement de tous les nombres, et que toutes les unités s'y réduisent. Levit. 26. 26. *Ita ut decem mulieres in uno clibano coquant panes* : La disette sera si grande qu'un four suffira à plusieurs familles. Num. 14. 22. *Tentaverunt me jam per decem vices* : Ceux qui m'ont déjà tenté plusieurs fois, différentes; *sc.* dans le désert, ne verront et n'entreront point dans la terre promise. 2. Esdr. 4. 12. Gen. 31. 41. *Immutasti quoque mercedem meam decem vicibus.* v. 7. vous avez changé par dix fois; *i. e.* plusieurs fois, ce que je devais avoir pour récompense. Voy. Eccli. 7. 23. 1. Reg. 1. 8. Isa. 5. 10. Zach. 8. 23. Matth. 25. 1. A quoi se rapporte :

Decem millia, μύριοι. — 1° Dix mille, nombre fini. Matth. 18. 24. *Oblatus est ei unus, qui debebat ei decem millia talenta* : On lui présenta un de ses serviteurs qui lui devait dix mille talents; plus de quarante millions de livres de notre monnaie. Esth. 5. 11.

2° Pour marquer un grand nombre regardé comme infini (μύριοι). Ps. 67. 18. *Currus Dei decem millibus multiplex* : Le char de Dieu est environné de plus de dix mille; Hebr. *bis decem millia*; *i. e. innumerabilis multitudo.* V. CURRUS MULTIPLEX.

DECERE, πρέπειν. Du verbe Grec εἴκει, qui est le même que *decet*.

Etre juste, bienséant, convenable, συμφέρειν. Prov. 19. 10. *Non decent stultum deliciæ*. Les délices siéent mal à l'insensé. Les plaisirs ne lui sont pas dus; mais plutôt les peines et les châtiments; mais ils conviennent aux sages à qui ils sont nécessaires pour délasser leurs esprits, après les fatigues des occupations sérieuses auxquelles ils se sont appliqués. Ps. 32. 1. *Rectos decet collaudatio* : C'est à ceux qui ont le cœur droit qu'il appartient de donner des louanges à Dieu. Ps. 64. 2. Ps. 92. 5. Ephes. 5. 3. etc.

DECERNERE. 1° Juger, ordonner (γράφειν). Prov. 8. 15. *Per me legum conditores justa decernunt* : C'est par la sagesse que les législateurs ordonnent ce qui est juste. v. 16. c. 31. 9. 1. Esdr. 6. 5. *Cyrus rex decrevit* (τιθέναι γνώμην, ponere sententiam) : Le roi Cyrus a ordonné, sc. que le temple de Jérusalem fût rebâti. Voy. v. 12. Ainsi, prononcer, déclarer et décider. Levit. 13. 17. *Mundum esse decernet* (καθαρίζειν) : Le prêtre déclarera qu'il est pur, sc. de la lèpre.

2° Ordonner, résoudre, former un dessein. Esth. 13. 9. *Si decreveris salvare Israel* : Si vous avez résolu de sauver Israël, nul ne peut résister à votre volonté, dit Judith à Dieu. Job. 22. 28. *Decernes rem, et veniet tibi* : Si vous retournez à Dieu, vous formerez des desseins, et ils vous réussiront. 1. Mach. 6. 23. Ainsi, Act. 4. 28. *Quem unxisti facere quæ manus tua et consilium tuum decreverunt fieri* (προορίζειν) : Vous avez consacré votre Fils Jésus-Christ pour faire tout ce que votre puissance et votre conseil avaient ordonné devoir être fait.

3° Destiner à quelque chose, l'appliquer et la consacrer par quelque cérémonie (διαστέλλειν). Jos. 20. 7. *Decreveruntque Cedes in Galilæa* : Ils ordonnèrent pour ces villes de refuge Cedés en Galilée sur la montagne de Nephtali ; *Hebr.* Kiddesch, sanctificare, seu consecrare. D'où vient *Dies decreti* : Les fêtes instituées. 1. Mac. 10. 34. Les fêtes d'une institution particulière, qui n'étaient point de l'ordonnance de la loi.

4° Donner des préceptes, imposer des lois (δογματίζειν). Coloss. 2. 20. *Quid adhuc tamquam viventes in mundo decernitis?* Comment recevez-vous ces premières et plus grossières instructions du monde ? sc. si vous êtes morts à Jésus Christ ; *Gr. Quid adhuc decretis teneminî?* Pourquoi vous laissez-vous imposer ces sortes de lois ?

DECERPERE. Tirer, prendre quelque partie. Baruch. 6. 27. *Mulieres eorum decerpentes* : Les femmes des prêtres idolâtres profitant des victimes offertes aux idoles, en avaient souvent plus qu'elles n'en pouvaient manger. Et, *selon le Grec*, elles les salaient pour les vendre sans en donner aux pauvres. ταριχεύουσαι.

DECERTARE. Combattre, entrer en combat pour la défense de quelqu'un. Joan. 18. 36. *Ministri mei utique decertarent* : Si mon royaume était de ce monde, mes gens auraient combattu, dit Jésus-Christ.

DECIDERE, ἀποπίπτειν, πίπτειν. Tomber, choir. Levit. 19. 10. *Neque in vinea tua racemos et grana decidentia congregabis* : Vous ne recueillerez point dans vos vignes les grappes qui restent ou les grains qui tombent. Act. 22. 7. c. 26. 14. Sap. 7. 8. 1. Petr. 1. 24. Judith. 14. 4. Ainsi, Jac. 5. 12. *Ut non sub judicio decidatis*, pour *in judicium* : Contentez-vous de dire : cela est, *ou* cela n'est pas, afin que vous ne soyez point condamnés.

1° Tomber, périr, mourir. Ps. 36. 2. *Tamquam olera herbarum cito decident* : Ceux qui commettent l'iniquité se faneront aussi vite que les herbes et les légumes. Ps. 89. 6. *Vespere decidat* : L'homme ressemble à l'herbe qui tombe et se sèche ; *Hebr.* il est coupé, sc. par la mort. Sap. 4. 19.

2° Tomber dans la disette, devenir pauvre. Eccli. 19. 1. *Qui spernit modica, paulatim decidet* : L'ouvrier qui néglige les petits gains qu'il pourrait faire, tombera peu à peu dans une grande indigence. Ce passage, pris dans un sens plus général, se peut appliquer à ceux qui, négligeant d'éviter de petites fautes, tombent dans de grands désordres. Voy. Luc. 16. 10.

3° Déchoir, être frustré. Ps. 5. 11. *Decidant a cogitationibus suis* : Faites déchoir mes ennemis de leurs pensées et de leurs prétentions, et que leurs desseins soient sans effet.

4° Succomber, être vaincu. Ps. 7. 5. *Decidam merito ab inimicis meis inanis* : Je consens de succomber sous mes ennemis, si j'ai rendu mal pour mal.

Façons de parler.

Decidere in lectum. Tomber malade, tomber dans la langueur. 1. Mach. 6. 8. *Decidit in lectum* : Antiochus tomba dans la langueur. c. 1. 6.

DECIES. De *decem*.

1° Dix fois ; soit pour marquer un nombre fini et déterminé. 2. Par. 14. 9. *Egressus est contra eos Zara Æthiops cum exercitu suo decies centena millia* ; *Gr.* ἐν χιλίαις χιλιάσι, Zara roi d'Ethiopie vint attaquer Asa et ses armées, avec une armée d'un million d'hommes ; dix fois cent mille. Soit en parlant d'un nombre infini ou indéfini. Dan. 7. 10. *Decies millies centena millia assistebant ci* : Mille millions assistaient devant l'ancien des jours, *i. e.* devant celui qui est avant tout. Bar. 4. 28. *Sicut fuit sensus vester ut erraretis a Deo ; decies tantum iterum convertentes requiretis eum* (δεκαπλασιάζειν, *decies tantum facere*) : Votre esprit vous a portés à vous égarer en vous détournant de Dieu ; mais en retournant à lui de nouveau, vous vous porterez avec dix fois plus d'ardeur à le rechercher. On entend ceci ou d'un précepte que Dieu donnait à son peuple de faire paraître dans leur conversion dix fois plus d'ardeur qu'ils n'en avaient témoigné dans leur égarement ; ou plutôt d'une prédiction de ce qui devait arriver par rapport aux Juifs qui se convertirent à la mort de Jésus-Christ, et qui par leur ferveur ont servi d'un excellent modèle aux chrétiens de tous les siècles.

DECIMA, æ, δεκάτη, ἐπιδέκατον ; de *decem*.

Les décimes ou les dîmes.

Tous les peuples, même les nations barbares, par une équité naturelle, ont donné à leurs rois la dixième partie de leurs biens, comme il paraît par l'histoire de Melchisédech, Gen. 14. 29. et par le discours que fait

Samuel au peuple, 1. Reg. 8. v. 15. 17. Voy. ADDECIMARE. La loi que Dieu en a faite n'a point dû paraître onéreuse aux Hébreux. Dans l'Ecriture :

Les décimes ou les dîmes étaient la dixième partie des fruits et du bétail que l'on offrait à Dieu. Gen. 28. 22. *Cunctorum quæ dederis mihi, decimas offeram tibi.* Malach. 3. v. 8. 10. *In quo configimus te? in decimis, et in primitiis :* En quoi, dites-vous, vous avons-nous outragé? en ne payant pas les dîmes et les prémices qui me sont dues. *Inferte omnem decimam in horreum?* Apportez toutes mes dîmes dans mes greniers; *et probate si non aperuero vobis cataractas cœli :* et considérez si je ne vous ouvrirai pas toutes les sources du ciel. La disette et la famine viennent, selon le sens de ce passage, de ce que l'on ne paie pas les dîmes. (Voy. Masium, in Jos. c. 13. 14.(Abraham et les autres les ont offertes dans la loi naturelle, comme on le voit, Gen. 14. 19. etc. 1. Reg. 15. 17. mais elles ont été commandées dans la loi écrite. Il y en avait de quatre sortes.

1° Les dîmes que le peuple donnait aux lévites. Num. 18. 21. *Filiis Levi dedi omnes decimas Israelis in possessionem :* Pour ce qui regarde les enfants de Lévi, je leur ai donné en possession toutes les dîmes d'Israël. 2. Esdr. 10. 37. c. 13. 12. Hebr. 7. 5. tant à cause de leur ministère qu'à cause qu'ils n'avaient point d'autres possessions.

2° Les décimes que les lévites donnaient aux prêtres; car les lévites leur donnaient la dixième partie de celles qu'ils recevaient du peuple. Num. 18. 26. *Primitias eorum offerte Domino;* i. e. *decimam partem decimæ :* Offrez au Seigneur les prémices des dîmes que vous aurez reçues d'Israël; *i. e.* la dixième partie de la dîme. 2. Esdr. 10. 38.

3° Les dîmes que chacun du peuple séparait tous les ans, et réservait dans ses greniers pour faire un festin dans le temple avec les prêtres et les lévites, les orphelins et les veuves. Deut. 14. 22. *Decimam partem separabis de cunctis fructibus tuis, et comedes in conspectu Domini Dei tui :* Vous mettrez à part chaque année le dixième de tous vos fruits, et vous mangerez en la présence du Seigneur votre Dieu dans le lieu qu'il aura choisi, afin que son nom y soit invoqué. c. 12. v. 11. 12. 17. Comme toutes ces choses appartenaient au Seigneur, ils ne pouvaient en manger que ce qu'on leur en donnait près du tabernacle où ces choses mêmes étaient offertes. Theod. qu. 10.

4° Les dîmes qui se gardaient tous les trois ans pour la subsistance des pauvres, des veuves et des orphelins et des lévites. Deut. 14. 28. *Anno tertio separabis aliam decimam ex omnibus quæ nascuntur tibi :* De trois ans en trois ans, vous séparerez encore une autre dîme de tous les biens qui vous seront venus en ce temps-là (Voy. v. 29.). c. 26.12.

5° Les décimes, depuis le retour de la captivité, se portaient au trésor dans le temple. 2. Esdr. 10. v. 37. 38. Il semble que ce soit de ces dîmes que Judith entend parler. c. 11. 12.

DECIMARE. En terme de guerre, décimer ; c'est lorsque dans un régiment ou dans une compagnie qui a commis quelque faute, on prend de dix soldats un pour le punir; dans l'Ecriture :

1° Payer la dîme, ou la dixième partie de tout ce qu'on recueille (ἀποδεκατοῦν), Luc. 11. 41. *Quia decimatis mentham et rutam, et omne olus :* Malheur à vous, pharisiens, qui payez la dîme de la menthe, de la ruë et de toutes les herbes, et qui négligez la justice. Les pharisiens, pour paraître plus religieux, payaient la dîme des moindres choses qui n'étaient point commandées par la loi. Matth. 23. 23.

2° Exiger, faire payer la dîme (δεκατοῦν). Hebr. 7. 9. *Per Abraham et Levi, qui decimas accepit, decimatus est :* La tribu de Lévi qui recevait la dîme des autres, l'a payée elle-même en la personne d'Abraham, qui était son premier aïeul, qui la paya à Melchisédech. Gen. 14. 19.

DECIMATIO, NIS, ἐπιδέκατον. — 1° Décimation, quand de dix on en prend un, *ou*, il n'en reste qu'un. Isa. 6. 13. *Adhuc in ea decimatio :* Dieu la décimera encore; i. e. de dix hommes, à peine lui en restera-t-il un. Le prophète marque quelque grande défaite des Israélites.

2° Dîme, ou dixième partie des fruits (δεκάτη). Tob. 1. 7. *Ita ut in tertio anno proselytis et advenis ministraret omnem decimationem :* La troisième année, Tobie distribuait aux prosélytes et aux étrangers toute sa dîme. Voy. ci-dessus Decimæ 4°.

DECIMUS, A, UM; δέκατος.— Dixième, nombre certain. Exod. 16. 36. *Gomor decima pars est ephi :* Le gomor est la dixième partie de l'éphi ; et souvent le substantif *pars* est sous-entendu. Levit. 14. 10. *Assumet tres decimas similæ in sacrificium :* Il prendra trois dîmes de fleur de farine. Num. 28. 13. *Offeretis decimam decimæ similæ :* Vous offrirez la dixième partie d'un dixième de fleur de farine, qui est la dixième partie d'une autre mesure nommée *corus;* Heb. *decimam, decimam.* i. e. *singulas decimas*, V. Levit. 23. 13. 17. etc. Voy. GOMOR.

DECIPERE, du verbe *capere,* ἀπατᾶν, πλανᾶν.

1° Tromper ; soit qu'il signifie séduire, abuser. Gen. 3. 33. *Serpens decepit me :* Le serpent m'a trompée, répond Eve à Dieu. Isa. 3. 12. *Qui te beatam dicunt, ipsi te decipiunt :* Ceux qui vous disent bienheureux, ô mon peuple, vous séduisent, Job. 12. 16. Ps. 14. 4, Ainsi, Eccli. 13. 26. *Diviti decepto* (σφαλείς, ἐντος) *multi recuperatores:* Lorsque le pauvre commence à tomber, ses amis même contribuent à sa chute; si le riche au contraire a été trompé, plusieurs l'assistent. Soit qu'il signifie jeter dans l'erreur par de faux raisonnements. Coloss. 2. 8. *Videte ne quis vos decipiat per philosophiam et inanem fallaciam* (συλαγωγεῖν, *deprædari*) *:* Prenez garde que personne ne vous trompe par la philosophie et par de faux et de vains raisonnements. v. 4. Prov. 5. 23. *In multitudine stultitiæ suæ decipietur :* Il sera trompé par l'excès de sa folie. Il s'était imaginé, *ou* qu'il pouvait cacher ses crimes aux yeux de Dieu, *ou* qu'il ne les punirait point avec la rigueur prédite par la loi et les prophètes. Prov. 12. 26. *Iter impiorum decipiet eos* : La voie des méchants les séduira. Ceux qui ne songent qu'à leurs propres intérêts, seront trompés lorsque, tombant dans le besoin, il n'y aura personne qui les secoure.

2° Laisser tromper, permettre qu'on soit séduit. Ezech. 12. 9. *Ego Dominus decepi prophetam illum* : Dieu permet que les prophètes intéressés se trompent et séduisent les autres, pour punir l'hypocrisie de ceux qui ne s'adressent pas à lui avec sincérité. Job. 12. 24. *Decepit eos qui frustra incedunt per invium* : Dieu ne peut tromper personne; mais il permet que ceux qui s'éloignent de sa lumière et de sa vérité tombent dans l'égarement.

3° Tromper, être en effet tout autre que l'on ne nous croit (ἀδικεῖν). Ps. 61. 10. *Mendaces in stateris, ut decipiant* (τοῦ ἀδικῆσαι) *ipsi de vanitate in idipsum id est quoad vanitatem* : Si l'on mettait tous les hommes ensemble dans une balance, et la vanité ou le néant dans l'autre, on les trouvera plus légers que le néant même ; c'est le sens de l'Hébreu.

4° Tromper, faire tort (ἀδικεῖν, *afficere injuria*). 2. Mach. 3. 12. *Decipi vero eos qui credidissent loco et templo quod per universum mundum honoratur, omnino impossibile esse* : Onias représenta à Heliodore qu'on ne pouvait, sans injustice, ravir le bien de ceux qui l'avaient mis en dépôt dans un temple qui était en vénération à toute la terre.

DECEPTIO, NIS, ἀπάτη. — 1° Tromperie, illusion, fourbe. Marc. 4. 19. *Ærumnæ seculi et deceptio divitiarum suffocant verbum* : Les sollicitudes de ce siècle, et l'illusion des richesses étouffent la parole de Dieu dans les esprits, sc. sans rapporter aucun fruit. Sap. 14. 21. Dan. 2. 9. Mich. 1. 14. 2. Petr. 3. 3.
—2° Crime énorme, tel que la trahison (ἀδικία). 1. Mach. 16. 17. *Fecit deceptionem magnam in Israel* : Ptolémée commit, dans Israël, une grande perfidie, sc. en tuant Simon, ses deux fils, et quelques-uns de ses serviteurs, après leur avoir fait un grand festin.

DECIPULA, Æ, παγίς, δος. Piége, trébuchet, lacet, Jer. 5. 27. *Sicut decipula plena avibus, sic domus eorum plenæ dolo* : Les maisons de quelques impies, qui sont parmi mon peuple, sont pleines des fruits de leurs tromperies, comme un trébuchet est plein des oiseaux qu'on y a pris. Job. 18. 10.

DECLA, Heb. *Comminutio ejus*. Fils de Jectan. Gen. 10. 27. 1. Par. 1. 21. Il s'est établi dans l'Arabie-Heureuse, près de la mer Rouge, au pays que l'on appelle *des Miniens*. Cette contrée est fertile en palmiers, ce qui semble lui avoir donné ce nom; car Dicla, en syriaque, signifie un palmier, ou un lieu planté de palmiers. Boch. l. 2. c. 23.

DECLARARE, δηλοῦν. De *clarus*.
Déclarer, montrer, faire connaître. 1. Cor. 3. 13. *Dies Domini declarabit* : Le jour du Seigneur déclarera quel est l'ouvrage de chacun. Hebr. 12. 27. 1. Mach. 4. 20. etc.

DECLARATIO, NIS, δήλωσις. Déclaration, manifestation, explication. Ps. 118. 130. *Declaratio sermonum tuorum illuminat* : L'explication de vos paroles éclaire les âmes.

DECLINARE, ἐκκλίνειν. De l'ancien verbe *clino*, dont il ne reste que les composés, qui sont neutres et actifs.

1° Se détourner, se retirer. Num. 22. 33. *Nisi asina declinasset de via* : Si l'ânesse ne se fût retirée du chemin, je vous eusse tué, et elle serait demeurée en vie; dit l'ange à Balaam. Cant. 5. 6. *At ille declinaverat* : L'époux s'en était déjà allé : Dieu retire quelquefois ses grâces, pour se faire chercher avec plus d'empressement. c. 5. v. 20. 29. Ps. 138. 19. Prov. 14. 27. etc. Ainsi, fuir, éviter. Prov. 16. 17. *Semita justorum declinat mala* : Le sentier des justes s'écarte des maux. A quoi se peut rapporter cet hébraïsme. 2. Reg. 19. 3. *Declinavit populus ingredi civitatem* : Les troupes entrèrent dans la ville sans bruit; i. e. *Declinando clam et furtim ingressus est*, un verbe pour un adverbe ; *Gr*. διεκλίπτετο.

2° S'égarer, s'écarter du droit chemin, vivre dans le déréglement (παροιστρεῖν, *rebellare*). Ps. 13. 3. *Omnes declinaverunt* : Tous se sont détournés de la vraie voie ; Hebr. *recesserunt*; sont tombés dans la corruption : ce mot se dit proprement du vin qui se passe. Rom. 3. 12. Ose. 4. 16. *Sicut vacca lasciviens declinavit Israel* : Israël s'est détourné du Seigneur comme une génisse qui ne peut souffrir le joug ; *autr*. échappée, A quoi se peut rapporter :

Declinare post ; κλίνειν ὀπίσω. Se retirer du parti de quelqu'un, pour prendre celui d'un autre. 3. Reg. 2. 28. *Quod Joab declinasset post Adoniam, et post Salomonem non declinasset, fugit ergo* : Joab, qui avait suivi le parti d'Adonias, et non celui de Salomon, s'enfuit dans le tabernacle ; *sc*. à la nouvelle de l'exil d'Abiathar par Salomon. 1. Reg. 12. 21.

3° Se détourner, se retirer, s'éloigner. Ps. 138. 18. *Si occideris, Deus, peccatores, viri sanguinum declinate a me* : Si vous tuez, ô Dieu, les pécheurs, hommes de sang, éloignez-vous de moi. Le Prophète témoigne, que si Dieu considère les justes comme ses amis, et menace de détrire les impies, il ne veut avoir rien de commun avec ces derniers, qui se révoltent contre Dieu même.

4°. Détourner, faire pencher, baisser. Ps. 54. 4. *Declinaverunt in me iniquitates* : Mes ennemis m'ont chargé de crimes, et ont fait tomber sur moi plusieurs iniquités, *i. e.* des calomnies. Amos. 2. 7. *Viam humilium declinant* ; i. e. *declinare faciunt* : Ils obligent les faibles à changer de mesures ; ils traversent toutes leurs entreprises. Isa. 30. 10. Ose. 5. 2. Luc. 24. 5. *Cum declinarent vultum in terram* (κλίνειν) : Les femmes qui étaient venues au sépulcre, tenaient les yeux baissés contre terre, sc. de frayeur qu'elles eurent des deux hommes qui parurent avec des robes brillantes. Ps. 16. 11. *Oculos suos statue-*

runt declinare in terram: Mes ennemis ont résolu de tenir leurs yeux baissés vers la terre ; soit pour observer mes démarches et me faire tomber ; soit par dureté pour ne pas voir ma misère. Dan. 9. 11. c. 13. 9.

5° Baisser, pencher, s'abaisser, (κλίνειν) ; soit en parlant du temps, du jour et de la lumière. Luc. 9. 12. *Dies cœperat declinare :* Le jour commençait à baisser. Jerem. 6. 4. A quoi se peut rapporter, dans le sens figuré, déchoir, tomber peu à peu de son premier état. Eccli. 12. 14. *Si autem declinaveris :* Que si le méchant, avec qui vous vous serez uni, vous voit pencher tant soit peu, il ne pourra plus durer avec vous, si la fortune se change à votre égard. Soit en parlant d'un supérieur qui s'abaisse en faveur de son inférieur. Ose. 11. 4. *Declinavi ad eum ut vesceretur :* J'ai présenté aux Israélites de quoi manger ; *autr.* je me suis abaissé vers eux pour leur donner à manger : c'est Dieu qui parle. Voy. VESCI.

6° Laisser pencher, permettre qu'on se porte à quelque chose. Ps. 140. 4. *Non declines cor meum in verba malitiæ :* Ne souffrez point que mon cœur se laisse aller à des paroles de malice.

7° Faire, écarter, détourner. Ps. 43. 19. *Et (non) declinasti semitas nostras a via tua :* Vous n'avez point permis que nos pas se soient écartés de vos sentiers. Voy. SEMITA. Il est difficile d'entendre ceci des Israélites emmenés captifs en Assyrie ; mais on l'explique des saints Machabées, *ou*, avec saint Augustin, des saints martyrs et des confesseurs de Jésus-Christ. Jer. 5. 25. *Iniquitates vestræ declinaverunt hæc :* Vos iniquités ont détourné mes grâces. Ose. 5. 2. *Victimas declinastis :* Vous avez détourné les hosties de Dieu en les transférant aux idoles.

DECOLLARE, de *collum*, ἀποκεφαλίζειν. — 1° Décoller, décapiter, trancher la tête. Matth. 14. 10. *Decollavit Joannem in carcere :* Hérode envoya couper la tête à saint Jean dans la prison. Marc. 6. v. 16. 27. Luc. 9. 9. Judich. 15. 1.

2° Tuer, faire mourir pour Jésus-Christ, martyriser (πελεκίζειν). Apoc. 20. 4. *Vidi animas decollatorum :* Saint Jean vit tous les saints, et entre autres les Martyrs dont la plupart ont été décollés.

DECOLORARE. De *color*.
Ternir, faire perdre la couleur et l'éclat (παραβλέπειν). Cant. 1. 5. *Decoloravit me sol :* C'est le soleil qui m'a ôté ma couleur.

DECOR, ORIS, δόξα, κάλλος, du verbe *decet*.

1° Beauté, bonne grâce, agrément, ornement. Judith. 10. 4. *Ut incomparabili decore omnium oculis appareret :* Dieu augmenta la beauté de Judith, afin de la faire paraître aux yeux de tous dans une beauté incomparable. Exod. 28. v. 2. 40. 2. Par. 3. 6. Eccli. 9. 5. Isa. 53. 2. etc. Ainsi, Ezech. 16. 12. *Dedi coronam decoris* (καύχησις, *gloriatio*) ; i. e. *pulcherrimum in capite tuo :* J'ai mis une couronne éclatante sur votre tête. L'Ecriture, parlant de l'honneur que Jérusalem avait reçue de Dieu, fait allusion à la coutume qui se pratiquait, de couronner les filles qui se mariaient.

2° Beauté d'une campagne, sa fertilité, en quoi consiste sa beauté. Isa. 35. 2. *Decor* (τιμή) *Carmeli et Saron :* La beauté du Carmel et de Saron sera donnée à la terre déserte. Par cette terre, s'entendent les Gentils, qui devaient être participants des grâces de Dieu.

3° Gloire, magnificence, état florissant (πρέπεια). Ps. 92. 1. *Dominus regnavit, decorem indutus est :* Le Seigneur a régné, et a été revêtu de gloire et de majesté, comme l'est un roi d'habits magnifiques. Psal. 20. 6. Job. 40. 5. Ps. 23. 8. Ps. 49. 2. Ps. 103. 1. etc. Ainsi, Ps. 29. 8. *Præstitisti decori meo virtutem :* Vous avez affermi mon éclat et ma grandeur.

4° Honêteté, beauté intérieure, ornement spirituel de vertu. Ps. 44. 12. *Concupiscet rex decorem tuum.* Par cette beauté s'entendent les vertus de l'Eglise pour lesquelles Dieu devait concevoir de l'amour : ce qui se pourrait entendre à la lettre de la beauté intérieure et extérieure de la fille de Pharaon. Jerem. 50. 7. *Peccaverunt Domino decori justitiæ* (νομή, *habitaculum*) : Les Juifs avaient offensé le Seigneur, qui est la beauté de la justice : Dieu est ainsi appelé, parce qu'il récompensait son peuple avant qu'il eût péché.

§ 1. Beauté spirituelle, éclat de vertu. Eccli. 4. 28. *Non abscondas sapientiam in decore suo :* Ne cachez point votre sagesse dans sa beauté ; *autr.* lorsqu'il est temps de la découvrir ; lorsqu'elle est parfaite et en état de servir aux autres ; *ou*, lorsqu'il est temps de la produire pour la gloire de Dieu, et l'édification du prochain. Ezech. 16. 25.

§ 2. Le temple de Jérusalem, qui faisait la beauté et le plus bel ornement du peuple d'Israël. Jerem. 25. 30. *Rugiet super decorem suum :* Dieu se servira des Chaldéens pour venir fondre avec fureur sur son temple. 1. Par. 16. 29.

§ 3. Le nom d'une verge ou houlette, que Zacharie dit qu'il prit et appela de ce nom pour marquer les grâces et les faveurs dont Dieu avait comblé, et voulait encore combler les Juifs, pour leur rendre son gouvernement doux et aimable. Zach. 11. v. 7. 10. *Unam vocavi decorem :* Des deux houlettes que je pris, j'en appelai une, *la beauté :* le mot hébreu *noam*, signifie aussi *douceur*. Voy. FUNICULUS. Le Prophète représente la conduite que Dieu avait tenue jusqu'alors sur son peuple, et celle qu'il voulait tenir sur l'Eglise par Jésus-Christ, son véritable Pasteur.

DECORARE, κοσμεῖν. — 1° Orner, embellir, parer (κατακοσμεῖν). Jos. 61. 10. *Circumdedit me, quasi sponsum decoratum corona :* Le Seigneur m'a parée des ornements de la justice, comme un époux qui a la couronne sur la tête. Le prophète parle des grâces que Jésus-Christ a données à son Eglise, qu'il compare à un époux et à une épouse parée de ses habits de noces. Judic. 8. 21. Esth. 1. 5. Jerem. 10. 4. Hab. 2. 4.

2° Honorer, gratifier. Eccli. 48. 11. *Beati sunt qui in amicitia tua decorati sunt* : Heureux sont ceux qui ont été honorés de votre amitié. L'Ecriture parle de l'amitié du prophète Elie.

3° Faire éclater. Eccli. 42. 21. *Magnalia sapientiæ tuæ decoravit* : Le Seigneur a fait éclater la beauté des merveilles de sa sagesse.

DECORTICARE, de *cortex*, λεπίζειν. — Oter l'écorce. Gen. 30. 37. *Ex parte decorticavit eas* : Jacob ôta une partie de l'écorce de ces branches d'arbres. Joël. 1. 7. *Ficum meam decorticavit* : Ce peuple, fort et innombrable, arrachera l'écorce de mes figuiers. On croit que cela s'entend des sauterelles qui devaient ronger l'écorce des arbres, ensuite de quoi les feuilles et les fruits tombent : d'autres l'entendent du ravage que les Chaldéens devaient faire dans la Judée.

DECORUS, ὡραῖος. — 1° Beau, bien fait, qui a bonne grâce. Cant. 1. 15. *Tu pulcher es, dilecte mi, et decorus* : Que vous êtes beau, mon bien-aimé ; que vous avez de grâces et de charmes ! Gen. 49. 22. Judith. 10. 18. etc.

2° Bien fait d'esprit, belle âme. 2. Reg. 1. 23. *Amabiles et decori in vita sua* : Saül et Jonathas, les princes si dignes d'être aimés, et d'une majesté si haute.

3° Bienséant, juste, convenable. Ps. 146. 1. *Jucunda decoraque laudatio* : Offrons à Dieu des louanges qui lui soient agréables et dignes de lui ; qui naissent d'un cœur pénétré d'amour, et qui soient un fruit de la foi qui agit par la charité. Zach. 11. 13. *Projice illud ad statuarium, decorum pretium quo appretiatus sum ab eis* : Allez jeter à l'ouvrier en argile cet argent, cette belle somme qu'ils ont cru que je valais lorsqu'ils ont voulu me mettre à prix : ce qui se dit par ironie. Voy. APPRETIARE.

4° Illustre, remarquable (ἔκπρεπής). 2. Mach. 3. 26. *Alii etiam apparuerunt duo juvenes virtute decori* : Deux autres jeunes hommes parurent en même temps pleins de force et de beauté ; ils fouettèrent Héliodore chacun de leur côté. c. 15. 12.

5° Beau, ou le Beau, nom propre d'homme, dont le nom hébreu, *Is-chod*, a été ainsi traduit (ἰσσούδ) : Ce fut un des fils de Molechet, sœur de Galaad. 1. Par. 7. 18. *Soror ejus regina peperit virum decorum* : La sœur de Galaad, qui s'appelait Reine ; *Hebr.* Molechet, eut un fils nommé le Beau ; *Hebr.* Is-chod.

DECREPITUS, I. De *Creperus, dubius, cujus crepera est vita* : Dont la vie est sur son déclin ; ou, selon Scaliger, le mot décrépit vient du bruit que fait une lampe en s'éteignant ; du verbe *crepare*.

Décrépit, vieillard fort âgé. 2. Par. 36. 17. *Non est misertus senis nec decrepiti quidem* : Dieu n'eut point pitié des personnes âgées, ni même de ceux qui étaient dans la dernière vieillesse ; il les livra tous entre les mains du roi des Chaldéens (Voy. Deut. 28. 50).

DECRESCERE, du verbe *crescere*. Décroître, diminuer, aller en diminuant (ἐλαττονεῖσθαι). Gen. 8. 5. *Aquæ ibant et decrescebant* : Depuis le septième jour du septième mois, les eaux allaient toujours en diminuant jusqu'au dixième mois ; *sc.* au temps du déluge.

S'affaiblir, déchoir (ἀσθενεῖν). 2. Reg. 3. 1. *Domus autem Saul decrescens quotidie* : La maison de Saül s'affaiblissait de jour en jour ; *sc.* au temps que David se fortifiait de plus en plus pendant la guerre qui était entre ces deux maisons.

DECRETUM, I, δόγμα ; de *decernere*.

1° Arrêt, ordonnance. Dan. 3. 10. *Tu, rex, posuisti decretum* : Vous avez fait une ordonnance, ô roi, disent les Chaldéens à Nabuchodonosor, accusant Daniel devant lui d'avoir violé son ordonnance marquée, v. 5. Aussi, v. 12. 96. Deut. 17. 12.

2° Lois, préceptes (πρόσταγμα). 3. Reg. 8. 61. *Ut ambulemus in decretis ejus* : Afin que nous marchions selon les préceptes de Dieu.

3° Coutume, façon de faire accoutumée. 1. Reg. 27. 11. *Hoc erat decretum* (δικαίωμα) *illi* ; Hebr. *judicium* : Ce que David avait coutume de faire.

4° Doctrine de l'Evangile, dogme évangélique : Ephes. 2. 15. *Legem mandatorum decretis evacuans* : Jésus-Christ, par sa doctrine, a aboli la loi chargée de tant de préceptes. Coloss. 2. 14. *Delens quod adversus nos erat chirographum decreti* ; le Grec porte δόγμασιν : Jésus-Christ a effacé par sa doctrine, *i. e.* par l'Evangile, la sentence qui nous était contraire ; la loi de Moïse qui nous condamnait à la mort. Ainsi les chrétiens ne sont plus sujets à la loi écrite.

DECUMBERE, κατακεῖσθαι, du simple *cubare*, ou de l'inusité *cumbere*.

Etre couché, être au lit. Marc. 1. 30. *Decumbebat autem socrus Simonis febricitans* : La belle-mère de Simon était au lit, ayant la fièvre.

DECUPLUM, I ; δεκαπλασίων, de *decem*.

Dix fois autant, dix fois plus ; ce qui est pris pour un nombre indéfini ; beaucoup plus. Dan. 1. 20. *Rex invenit in eis decuplum super cunctos ariolos* : Nabuchodonosor trouva en Daniel, Ananias, Misaël et Azarias, dix fois davantage de lumière qu'il n'en avait trouvé dans les devins, etc.

DECURIO, NIS. De *decem*, comme *centurio* de *centum*.

1° Sénateur (βουλευτής), conseiller dans une petite ville, appelé décurion ; parce que quand on menait quelque part une colonie, on choisissait entre ceux que l'on y menait, de dix un pour en composer le conseil public. Marc. 15. 43. *Joseph ab Arimathæa, nobilis decurio* : Joseph d'Arimathie, qui était un homme de considération et sénateur ; *sc.* de la ville de Jérusalem, et non pas du grand Sanhédrin. Luc. 23. 50.

2° Un décurion (δέκαρχος), officier qui commandait à dix hommes. 1. Mach. 3. 55. *Constituit Judas pentacontarchos et decuriones* : Judas établit des officiers de cinquante hommes et de dix, et d'autres pour combattre Ptolémée, Nicanor et Gorgias. Voy. DECANUS.

DECURRERE, du verbe *currere*, κατατρέχειν. 1° Courir. Act. 21. 32. *Decurrit ad illos* : Le tribun de la cohorte, qui gardait le temple de

Jérusalem, courut à ceux qui tenaient saint Paul.

2° Couler, s'écouler (διαπορεύεσθαι). Ps. 57. 8 *Ad nihilum devenient tamquam aqua decurrens* : Les pécheurs seront réduits à rien, comme une eau qui passe. Levit. 1. 15. Jos. 3. 13. 1. Esdr. 8. 15. Sap. 17. 17. Mich. 1. 4. Luc. 22. 44.

3° Etre poussé (ὑποτρέχειν), en parlant de gens, qui étant dans un vaisseau, sont poussés par le vent avec le vaisseau vers quelque lieu. Act. 27. 16. *In insulam autem quamdam decurrentes* : Nous fûmes poussés au-dessous d'une petite île, appelée Caude. Voy. CAUDA.

DECURSUS, US; διέξοδος, le cours, le courant. Ps. 1. 3. *Lignum quod plantatum est secus decursus aquarum* : Un arbre qui est planté proche le courant des eaux; Hebr. *super divisiones*, i. e. *rivos*; sur le bord des ruisseaux qui se partagent de côté et d'autre. Voy. DIVISIO.

DECUS, DECORIS; εὐπρέπεια. Voy. DECOR. De *decet*.

1° Gloire, honneur. Jerem. 18. 7. *Tuum est enim decus* : La gloire vous appartient, Seigneur; Gr. σοὶ πρέπει.

2° Ornement, nouvel éclat. Eccli. 47. 12. *Dedit in celebrationibus decus* : David a rendu les fêtes plus célèbres.

3° Beauté d'un pays, ce qui en fait la beauté, ce qu'il y a de plus beau et de plus agréable. Jerem. 10. 25. *Decus ejus dissipaverunt* : Les nations ont détruit tout ce qu'il y avait de beau dans Jacob; *i. e.* dans la Judée : ce qui est exprimé par ces mots du ps. 78. 6. *Et locum ejus desolaverunt* : Ils ont désolé le lieu de sa demeure.

4° C'est le nom que le prophète Zacharie donna à une houlette, c. 11. 10. *Et tuli virgam meam quæ vocabatur Decus* (καλή). Voy. DECOR.

DEDAN, ou DADAN, Heb. דדן, *Mamilla, patruus*.

1° Fils de Regma, Gen. 10. 7. 1. Par. 1. 9. de qui sont venus les peuples qui habitent le pays et la ville qui s'appelle Dadan. Ezech. 27. v. 15. 20. *Filii Dedan negotiatores tui* : Les enfants de Dedan ont trafiqué avec vous, c. 38. 13. Les Grecs lisent *Filii Rhodiorum*, par le changement qui s'est fait du Daleth en Resch.

2° Fils de Jecsan. Gen. 25. 3. 1. Par. 1. 32. et petit-fils d'Abraham et de Cétura, duquel sont venus les habitants d'un pays dans l'Idumée, dont parle Jerem. 25. 23. *Et Dedan et Thema*, c. 49. 8. Ezech. 25. 13.

DEDANIM, Heb. *mamillæ*. Les mêmes peuples dans l'Idumée. Isa. 21. 13.

DEDECUS, ORIS; ἀτιμία, ὄνειδος, de *decus*, dans une signification contraire.

Honte, infamie, déshonneur. Eccli. 3. 13. *Dedecus filii, pater sine honore* : Un père sans honneur est le déshonneur du fils. c. 23. 31. *Erit dedecus omnibus* : L'homme qui viole la foi du lit conjugal sera déshonoré devant tout le monde. γ. 36. 2. Cor. 4. 2.

DEDICARE, ἐγκαινίζειν. — 1° Dédier, consacrer, sanctifier. 3. Reg. 8. 63. *Dedicaverunt templum Domini* : Salomon, avec le peuple d'Israël, dédièrent le temple du Seigneur.

2. Par. 7. v. 5. 9. c. 15. 8. Non-seulement la dédicace du temple et des autels se faisait avec beaucoup de cérémonies, mais aussi celles des portes du temple, 1. Mach. 4. 57. comme aussi celles des maisons nouvellement bâties et des vignes nouvellement plantées, avant qu'on les employât aux usages ordinaires. Deut. 20. v. 5. 6. Il paraît néanmoins que la dédicace que Salomon fit du temple ne se fit que par l'immolation des victimes. Dieu, suppléant à toutes les autres cérémonies par la nuée miraculeuse qui, en remplissant tout le temple, faisait connaître que Dieu acceptait ce lieu pour servir à son culte. Ainsi se fit la dédicace de la ville de Jérusalem rétablie, 2. Esdr. 12. 27. *In dedicatione muri Jerusalem* : Au temps de la dédicace des murs de Jérusalem. Quoique la dédicace ne convînt proprement qu'au temple, néanmoins parce que la ville de Jérusalem était destinée pour la conservation du culte sacré de la religion dans le temple, qui était dans son enceinte, et qu'elle était, à cause de cela, nommée *la Ville sainte*; c'est pourquoi on crut devoir faire une dédicace solennelle de ses murailles.

2° Etablir, confirmer. Hebr. 9. 18. *Nec primum quidem sine sanguine dedicatum est* : Le premier testament qui ne fut point établi sans effusion de sang, figurait que le second se devait confirmer par l'effusion du sang de Jésus-Christ.

3° Offrir, présenter (φέρειν). Exod. 35. 29. *Voluntaria Domino dedicaverunt* : Tous les Israélites firent leurs offrandes au Seigneur avec une pleine volonté, *sc.* pour la construction du tabernacle.

4° Assigner, attribuer. 1. Par. 25. 1. *Dedicato sibi officio servientes* : Les chantres que David avait établis, s'employaient, chacun à leur tour, à remplir les offices qui leur étaient destinés.

DEDICATIO, NIS; ἐγκαινισμός. — 1° Dédicace, consécration de quelque chose faite à Dieu par des cérémonies. 2. Mach. 2. v. 9. 12. *Salomon octo diebus celebravit dedicationem* : Salomon célébra, pendant huit jours, la dédicace du temple : c'est de cette sorte de dédicace qu'il est fait mention Joan. 10. 23. Ps. 29. 1. Num. 7. v. 10. 11. 84. 88. Ps. 29. *Psalmus cantici, in dedicatione domus David* : On croit que ce psaume a été composé pour être chanté à la dédicace solennelle de la maison que David s'était bâtie dans Jérusalem, en rendant grâces à Dieu de la santé qu'il lui avait rendue après une grande maladie : ce qui fut le sujet du psaume.

2° Dédicace profane. Dan. 3. v. 2. 3. *Ut convenirent ad dedicationem statuæ* : Nabuchodonosor envoya un ordre à tous les princes, les magistrats, etc., afin qu'ils se trouvassent au jour qu'on dédierait la statue qu'il avait dressée.

DEDITUS, A, UM, de *datus*. Adonné, appliqué, attaché, ou sujet à quelque chose (προσέχων). 1. Tim. 3. 8. *Diaconos non multo vino deditos* : Il faut que les diacres ne soient point sujets à boire beaucoup de vin. 2. Mach. 4. 14. *Ita ut sacerdotes jam non circa altaris officia dediti essent* (πρόθυμος, *promptus*) : Les prêtres même ne s'attachaient plus aux fonctions de l'autel de Jérusalem, lorsque Jason, frère d'Onias, eut fait faire une académie pour les jeunes gens, et en fut venu jusqu'à les exposer dans des lieux infâmes. Act. 17. 16. 2. Paral. 26. 10.

DEDUCERE, du verbe *ducere*; κατάγειν.
— 1° Conduire, mener, guider (ὁδηγεῖν) d'un lieu dans un autre. Ps. 77. 14. *Deduxit eos in nube diei* : Dieu conduisit les Israélites, durant le jour, à l'ombre de la nuée. v. 53. Ps. 79. 1. *Qui deducis velut ovem, Joseph* : Vous, qui conduisez Joseph comme une brebis. Ps. 106. v. 7. 30. etc. Ainsi, Act. 17. 15. *Qui autem deducebant Paulum*; Gr. *constituentes* (καθιστάναι) : Ceux qui conduisaient saint Paul pour le mettre en lieu de sûreté. *Deducere* pour *perducere*.

2°. Reconduire, accompagner par honneur (προπέμπειν). 3. Joan. 6. *Quos benefaciens deduces digne Deo* : Vous ferez bien de faire conduire les frères, et particulièrement les étrangers chrétiens en leurs voyages, d'une manière digne de Dieu. 1. Cor. 16. 11. Rom. 15. 24. Act. 20. 58. etc. Ce qui se faisait en leur fournissant même les choses nécessaires pour leur voyage. Voy. PRÆMITTERE.

3° Faire descendre. Rom. 10. 6. *Quis ascendet in cœlum?* i. e. *Christum deducere* : Il n'est pas nécessaire de monter au ciel pour en faire descendre Jésus-Christ : L'Apôtre recommande seulement la foi en Jésus-Christ. v. 8.

4°. Faire tomber, réduire à rien, ou à un état déplorable (κατασχνοῦν). Ps. 7. 6. *Gloriam meam in pulverem deducat* : Que mon ennemi réduise toute ma gloire en poussière, si j'ai rendu le mal à ceux qui m'en avaient fait. Ps. 14. 4. *Ad nihilum deductus est* ἐξουδένωται : Le méchant est comme réduit au néant devant Dieu; *i. e.* méprisé et tenu pour rien. Ps. 58. 9. etc. Ainsi,

Phrases tirées de cette signification.

Deducere ad inferos, ad portas mortis : Réduire à la mort ou au tombeau; c'est ou accabler de grandes afflictions, ou faire mourir. Ps. 21. 16. *In pulverem mortis deduxisti me* : Vous m'avez conduit jusqu'à la poussière du tombeau. 1. Reg. 2. 6. Gen. 42. 38. c. 44. 29. etc.

Deducere ad solum, in planitiem; ἰσόπεδον ποιεῖν, raser une ville. 2. Mach. 9. 14. *Veniebat ut eam ad solum deduceret* : Antiochus, qui venait auparavant pour raser Jérusalem jusqu'en terre, souhaite la rendre libre, lorsqu'il se sent frappé de Dieu. c. 14. 33.

5° Tirer, attirer, faire couler, faire sortir. Ps. 77. 16. *Deduxit tamquam flumina aquas* : Dieu fit couler l'eau comme des fleuves, lorsque Moïse eut frappé la pierre : d'où vient : *Deducere lacrymas* : Tirer les larmes, faire pleurer. Eccli. 22. 24. *Pungens oculum deducit lacrymas* : Celui qui pique ou presse l'œil, en tire les larmes. c. 35. 18. Ce qui s'attribue aux yeux même qui les versent. Jer. 9. 18. *Deducant oculi nostri lacrymas* : Que nos yeux fondent en pleurs. c. 13. 17. c. 14. 17. Thren. 2. 18.

DEESSE; ὑστερεῖν. 1° Manquer à quelqu'un. Luc. 22. 35. *Numquid aliquid defuit vobis?* Avez-vous manqué de quelque chose, quoique je vous aie envoyé sans sac, sans bourse, ni souliers, dit Jésus-Christ à ses apôtres? 2. Cor. 9. 12. c. 11. 9. etc.

2° Manquer, n'être pas présent, être absent (ἐπισκέπτεσθαι, *desiderari*). 4. Reg. 10. 19 *Quicumque defuerit, non vivet* : Quiconque des prophètes de Baal, de tous ceux qui le servent, et de tous ses prêtres, ne se trouvera pas au grand sacrifice que je lui veux faire, sera puni de mort, dit Jéhu. (Voy. v. 15). Gen. 44. 30. *Si puer defuerit* (μὴ ᾖ, *non sit*) : Si je me présente à mon père, et que l'enfant n'y soit pas, il mourra : Judas remontre à Joseph la raison pour laquelle il le supplie de le retenir esclave en la place de Benjamin. Judic. 21. 5. Num. 31. 44. Ainsi, 1. Cor. 16. 17. *Id quod vobis deerat, ipsi suppleverunt* : Stéphanas, Fortunat et Achaïque ont suppléé à ce qui manquait, à cause de votre absence ὑμῶν ὑστέρημα, *Quod vestri deerat*; Ils ont suppléé à votre absence; ils ont fait en votre place ce que vous ne pouviez faire par vous-mêmes à cause de votre absence; *sc.* de me consoler. Philip. 2. 30. *Tradens animam suam ut impleret id, quod vobis deerat erga meum obsequium* : Epaphrodite a abandonné sa vie, afin de suppléer par son assistance à celle que vous ne pouviez me rendre vous-mêmes.

3° Manquer, n'être plus. 2. Reg. 2. 30. *Defuerunt de pueris David decem et novem viri* (ἐπισκέπτεσθαι, *desiderari*) : On ne trouva de morts, du côté de David, que dix-neuf hommes (sans compter Asaël), *sc.* contre l'armée de Benjamin, commandée par Abner. Eccli. 44. 10. *Quorum pietates non defuerunt* : Leurs œuvres de piété subsisteront pour jamais, sans être mises en oubli; Gr. ἐπιλανθάνεσθαι : *Oblivioni tradi*.

4° Rester, être de reste. Matth. 19. 20. *Quid adhuc mihi deest* : J'ai gardé tous ces commandements dès ma jeunesse; que me manque-t-il encore? dit le jeune homme riche à Jésus-Christ. Col. 1. 24. *Adimpleo ea quæ desunt passionum Christi* : J'accomplis dans ma chair ce qui manque aux souffrances de Jésus-Christ dans son corps mystique. Tit. 1. 5. Marc. 10. 21. Luc. 18. 22.

5° Manquer, ne pas répondre, ou correspondre. Hebr. 12. 25. *Contemplantes ne quis desit gratiæ Dei* : Prenez garde qu'il ne se rencontre quelqu'un parmi vous, qui, manquant de répondre à la grâce de Dieu, en demeure privé : La métaphore est tirée de ceux qui, faute de courage ou de force, demeurent en chemin, ne pouvant suivre les autres.

6° Etre exclus ou privé de quelque chose par sa faute. Hebr. 4. 1. *Ne existimetur aliquis ex vobis deesse* : Craignons qu'il n'y ait quelqu'un d'entre vous qui soit exclus d'entrer dans le repos de Dieu; *sc.* en négligeant la promesse qui nous en a été faite.

DEFÆCATUS, A, UM. De *fœx, cis.*

Pur, dont on a tiré la lie. Isa. 25. 6. *Faciet Dominus convivium vindemiæ defæcatæ :* Le Seigneur préparera un festin d'un vin tout pur et sans aucune lie. Ce festin commence dans l'Eglise, et continue dans l'éternité.

DEFATIGARI; κο-άζειν, être las, lassé, fatigué. 1. Reg. 14. 31. *Defatigatus est autem populus nimis :* Le peuple était extrêmement las ; *sc.* après qu'ils eurent battu et poursuivi les Philistins, depuis Machmas jusqu'à Ajalon.

DEFENDERE. De l'ancien verbe inusité *fendo;* d'où vient aussi *offendere, infensus,* etc.

1° Défendre, garder, protéger, maintenir (ὑπερασπίζειν). Judith. 5. 25. *Deus eorum defendet illos :* Le Dieu des Israélites prendra leur défense, s'ils ne l'ont point offensé. Rom. 2. 15. *Cogitationibus accusantibus, aut etiam defendentibus* (ἀπολογεῖσθαι) : Les réflexions de l'esprit des Gentils les accusent (s'ils ont péché) ou les défendent; *i. e.* lorsqu'ils ont fait naturellement ce que la loi commande.

2° Venger (ἐκδικεῖν). Rom. 12. 19. *Non vos metipsos defendentes :* Ne vous vengez point vous-mêmes ; c'est à Dieu que la vengeance est réservée. Judith. 1. 12. c. 2. 1.

3° Excuser, justifier. Eccli. 19. 9. *Quasi defendens peccatum odiet te :* Cet ami commun, ou cet ennemi faisant semblant d'excuser votre faute, vous haïra. L'Ecriture persuade de ne point découvrir son péché à ces sortes de gens, qui n'ont pas reçu, comme les prêtres, la puissance de l'absoudre. Act. 25. 16. c. 26.

DEFENSIO. — 1° Défense, protection (ἀντίληψις). Ps. 21. 20. *Ad defensionem meam conspice :* Appliquez-vous à me défendre (Seigneur.) Philipp. 1. 16. *In defensionem Evangelii positus sum* (ἀπολογία) : Je suis établi pour défendre l'Evangile. v. 7.

2° Vengeance, punition (δίκησις, *ultio*). Eccli. 47. 31. *Usque dum perveniret ad illos defensio :* Les Israélites ont recherché toutes les manières de faire le mal, jusqu'à ce que la vengeance fût venue fondre sur eux. c. 48. 7. Judith. 9. 2. *Dedisti illi gladium ad defensionem alienigenarum :* Seigneur, Dieu de mon père Siméon, qui lui avez mis l'épée entre les mains, pour se venger des étrangers. Judith ne loue dans Siméon que le zèle qu'il avait eu à venger l'outrage fait à sa sœur Dina, sans approuver néanmoins ce qu'il y avait de criminel dans les circonstances de cette action. Voy. Gen. 34. 25, etc. et c. 45. 5. etc.

3° Défense, justification (ἀπολογία). 2. Tim. 4. 16. *In prima mea defensione nemo mihi adfuit :* La première fois que j'ai défendu ma cause, nul ne m'a assisté. 1. Cor. 9. 3. 2. Cor. 7. 11. *Ecce quantam in vobis operatur sollicitudinem, sed defensionem :* Les Corinthiens poussés par cette tristesse selon Dieu, que leur avait causé la lettre de saint Paul, non-seulement défendirent son procédé contre l'incestueux ; mais même ils s'excusèrent auprès de lui, et lui firent satisfaction de la négligence avec laquelle ils avaient souffert un si grand crime.

DEFENSOR. Défenseur, protecteur. Judith. 6. 13. *Deus cœli defensor eorum est :* Le Dieu du ciel est le défenseur des Israélites. (Voy. **DEFENDERE** 1°) Eccli. 30. 6. 2. Mach. 4. 2.

DEFERRE; ἐπιφέρειν, 1° Porter d'un lieu en un autre, apporter. Act. 19. 12. *Ita ut etiam super languidos deferrentur a corpore ejus sudaria :* Dieu faisait des miracles extraordinaires par saint Paul, jusque-là même que les mouchoirs et les linges qui avaient touché son corps, étant appliqués aux malades, ils étaient guéris. Gen. 43. v. 2. 11. Exod. 22. 13. etc. Ainsi, Ose. 10. 6. *Si quidem et ipse in Assur delatus est, munus regi ultori* (αὐτὸν εἰς Ἀσσυρίους) : Leur Dieu même a été porté en Assyrie, et ils en ont fait un présent au roi, dont ils voulaient acheter la protection. Il paraît qu'Osée, roi d'Israël, avait envoyé pour présent à Phul, roi des Assyriens, l'idole du veau d'or qu'il adorait, quoiqu'il n'en soit rien dit ailleurs. Num. 11. 31. *Ventus egrediens a Domino arreptans trans mare coturnices detulit* (ἐκπερᾶν, *transmittere*) : Un vent excité par le Seigneur, emportant des cailles de delà la mer, les amena, et les fit tomber dans le camp. Voy. **ARREPTARE.**

2° Donner, offrir, présenter (φέρειν). 3. Reg. 10. 25. *Singuli deferebant ei munera :* Chacun (des rois) envoyait tous les ans des présents à Salomon. Gen. 30. 14. 2. Par. 9. 24. Tob. 13. 14. Isa. 18. 7. 1. Mach. 11. 35.

3° Etendre, avancer, en parlant de quelque ouvrage. Ezech. 41 7. *Et platea erat in rotundum et in cœnaculum templi deferebat (se) per gyrum :* Il y avait un espace et un degré fait en rond qui allait d'étage en étage, montant jusqu'à la chambre la plus haute, toujours en tournant.

4° Respecter, honorer, avoir de la déférence pour quelqu'un (θαυμάζειν). Deut. 28. 50. *Adducet Dominus gentem procacissimam, quæ non deferat seni :* Le Seigneur amènera contre vous un peuple fier et insolent, qui ne sera point touché de respect pour les vieillards ; *sc.* lorsque vous ne servirez point Dieu. Esth. 1. 20.

5° Rapporter, apprendre, faire savoir. Jos. 22. 11. *Cum ad eos certi nuntii detulissent :* Les enfants d'Israël surent par des nouvelles certaines. Esth. 2. 22. 2. Mach. 3. v. 7. 11. etc.

6° Accuser, calomnier, reprocher. Act. 25. 18. *Nullam causam deferebant :* Les accusateurs de ce prisonnier ne lui reprochèrent aucun des crimes dont je m'étais attendu qu'ils l'accuseraient, dit Festus au roi Agrippa, touchant saint Paul.

Phrase de ce verbe.

Deferre negotium ad aliquem, δικαιολογίαν ποιεῖν, remettre au jugement de quelqu'un une affaire. 2. Mach. 4. 44. *Ad ipsum negotium detulerunt missi tres viri a senioribus :* Trois députés envoyés à Tyr par les anciens de la ville de Jérusalem, vinrent porter leurs plaintes au roi Antiochus sur cette affaire ; *sc.* sur l'accusation formée contre Ménélaüs, comme coupable de tous les désordres et sacriléges commis par Lysias.

Deferre sententiam; κατκφέρειν ψῆφον, Porter son suffrage, donner sa voix et son consentement. Act. 26. 10. *Cum occiderentur, detuli sententiam :* Lorsqu'on faisait mourir plusieurs des saints, j'y ai donné mon consentement. *Gr.* κατήνεγκα ψῆφον.

DEFERVESCERE; κοπάζειν, se refroidir, se rallentir, s'apaiser. Esth. 2. 1. *Postquam regis Assueri indignatio deferbuerat :* Lorsque la colère du roi Assuérus fut adoucie, *sc.* contre la reine Vasthi.

DEFECTIO, nis ; ἔκλειψις, — 1° Défaut, manquement. Sap. 8. 18. *Honestas sine defectione,* ἀνεκλιπής. Il y a dans l'amitié de la Sagesse des richesses inépuisables. c. 11. 5. Eccli. 30. 23.

2° Défaillance, abattement de cœur (ἀθυμία). Ps. 118. 53. *Defectio tenuit me :* Je suis tombé en défaillance, *sc.* à la vue des pécheurs qui abandonnaient la loi de Dieu. Nahum. 2. 10.

3° Sortie, bannissement. Baruch. 2. 22. *Defectionem vestram faciam de civitatibus Juda et a foris Jerusalem :* Je vous ferai sortir, je vous chasserai des villes de la Judée, et hors de Jérusalem.

DEFICERE, ἐκλείπειν ; du verbe *facere*.

1° Défaillir, cesser, manquer. Gen. 47. 18. *Deficiente pecunia, pecora simul defecerunt :* Il ne nous reste ni troupeaux ni argent, disent à Joseph les Egyptiens, lui demandant de quoi semer leurs terres. Luc. 22. 32. *Ego rogavi pro te, ut non deficiat fides tua :* J'ai prié pour vous, afin que votre foi ne défaille point, dit Jésus-Christ à saint Pierre. c. 12. 33. A quoi se rapportent les significations suivantes : 1° Se terminer, prendre fin. Ps. 101. 28. *Anni tui non deficient :* Vos années, Seigneur, ne passeront point. 2° Etre réduit à un petit nombre. Ps. 11. 1. *Defecit sanctus :* Il n'y a plus aucun saint. 3° Disparaître, s'évanouir. Ps. 67. 3. *Sicut deficit fumus, deficint :* Que les ennemis du Seigneur disparaissent, de même que la fumée disparaît. Voy. PERIRE. Ps. 36. 20. etc.

2° Succomber, perdre courage (ἐκκακεῖν). Luc. 18. 1. *Oportet semper orare, et non deficere :* Il faut toujours prier, et ne se lasser point de le faire. Ps. 38. 12. *A fortitudine manus tuæ ego defeci in increpationibus :* Je suis tombé en défaillance sur la force de votre main, lorsque vous m'avez repris. Eccli. 17. 20. *Confirmavit deficientes sustinere :* Il affermit ceux qui sont tentés de perdre la patience ; *Gr.* ἐκλείποντας ὑπομονὴν, *deserentes tolerantiam :* Jac. 1. 4. 2. Cor. 4. v. 1. 16. Gal. 6. 9. *Bonum facientes non deficiamus* (ἐκκακεῖν), *tempore enim suo metemus non deficientes :* Ne nous lassons point de faire le bien ; car lorsque le temps sera venu, nous ferons la récolte sans nous lasser, 2. Thess. 3. 13. Ps. 89. 7. A quoi se peuvent rapporter les significations suivantes : 1° Languir, se consumer ; soit dans l'attente de quelque chose que l'on désire avec ardeur. Ps. 118.

81. *Deficit in salutare tuum anima mea :* Mon âme est tombée en défaillance, dans l'attente de votre secours salutaire. Tomber dans cette défaillance, c'est penser uniquement à la chose qu'on désire, c'est s'y attacher, et y faire comme une transfusion de soi-même. S. Ambr. Ps. 118. v. 82. 123. Ps. 68. 4. Ps. 72. 26.; soit de tristesse, d'affliction et de misère. Ps. 30. 12. *Deficit in dolore vita mea :* Ma vie se consume par la douleur. Ps. 76. 4. Ps. 141. 4. *In deficiendo ex me spiritum meum;* Hellen. *Dum deficit spiritus meus :* Lorsque mon âme est toute prête à me quitter. 2° Tomber en défaillance, être abattu (ἐκλύεσθαι, *fatiscere*). Matth. 15. 32. *Ne deficiant in via ;* Je ne veux pas renvoyer ce peuple sans avoir mangé, de peur qu'ils ne tombent en défaillance sur le chemin. Marc. 8. 3. 1. Reg. 14. 28. etc. De là vient cette phrase, *Deficere animam;* 1° Avoir le courage abattu. Ps. 106. v. 5. 26. *Anima eorum in malis deficit ;*ἐτήκετο, *tabuit;* L'âme de ceux qui naviguaient, tombait en défaillance à la vue de tant de maux ; *sc.* des périls où ils se voyaient exposés. Job. 17. 5. Thren. 1. v. 11. 16. 19. 2° Etre épuisé de force. Jerem. 15. 9. *Defecit anima ejus;* Celle qui avait eu plusieurs enfants, est devenue faible ; *i. e.* elle est devenue incapable de concevoir ; *Gr.* ἀπεκάκησεν.

3° S'écouler, se passer. Ps. 89. 9. *Omnes dies nostri defecerunt :* Tous nos jours s'écoulent.

4° Mourir, périr, expirer. Luc. 16. 9. *Ut, cum defeceritis, recipiant vos :* Employez vos richesses à vous faire des amis (des pauvres) afin que, lorsque vous viendrez à manquer, ils vous reçoivent. Gen. 25. v. 8. 17. Ps. 70. 13. Ps. 103. 29. Sap. 17. 18. etc. A quoi se rapporte cette signification : Etre défait, être exterminé. Ps. 17. 38. *Non convertar donec deficiant :* Je ne m'en retournerai point que mes ennemis ne soient entièrement défaits. Ps. 103. 35.

5° Manquer, avoir besoin de quelque chose. Eccli. 3. 15. *Si defecerit* (ἀπολείπειν) *sensu, veniam da :* Si l'esprit de votre père s'affaiblit, supportez-le. c. 11. 12. Eccli. 43. 29. Ezech. 4. 17. A quoi se rapporte, 1° Avoir moins, être dans un pire état. 1. Cor. 8. 8. *Neque, si manducaverimus, deficiemus* (ὑστερεῖν) *:* Si nous ne mangeons pas, nous n'aurons rien moins devant Dieu, nous ne lui serons pas moins agréables. 2° Manquer à quelqu'un. Hebr. 11. 32. *Deficiet* (ἐπιλείπειν) *me tempus enarrantem de Gedeon.* etc. Le temps me manquera, si je veux parler encore de Gédéon, et des autres.

6° Se retirer, se séparer (ἀφίστασθαι). Eccli. 7. 2. *Discedite ab iniquo, et deficient mala abs te :* Retirez-vous de l'injuste et le péché se retirera de vous.

7° Manquer, ne pouvoir pas atteindre, n'avoir pas assez de force. Prolog. Eccli. *Deficiunt verba Hebraica, quando fuerint translata ad alteram linguam :* Les mots hébreux n'ont plus la même force, lorsqu'ils sont traduits en une langue étrangère ; *Gr.* Les mêmes choses n'ont plus la même force, lorsqu'on les fait passer de la langue hébraïque en une langue étrangère.

8° Souffrir quelque défaillance. Eccli 17. 30. *Quid lucidius sole? et hic deficiet* : Qu'y a-t-il de plus lumineux que le soleil? et néanmoins il souffre des défaillances par des éclipses.

DEFIGERE ; ἐμπηγνύειν. Ficher, enfoncer. 2. Reg. 2. 16. *Defixit gladium in latus contrarii* : Chacun des douze hommes de Benjamin du côté d'Isboseth, et chacun des douze du côté de David, se passèrent l'épée au travers du corps les uns des autres. Judic. 4. 21. Eccl. 12. 11. Thren. 2. 9. *Defixæ sunt in terra portæ ejus* : Les portes de Jérusalem sont enfoncées dans la terre, y étant comme ensevelies sous les ruines des murs.

Phrase tirée de ce verbe.

Defigere manum apud aliquem. S'engager à quelqu'un en touchant dans sa main (παραδιδόναι), ou autrement. Prov. 6. 1. *Si defixisti apud extraneum manum tuam* : Si vous avez engagé votre foi et votre main à un étranger. c. 22. 26. Il fait allusion à la manière dont on s'engageait à un autre.

Façon de parler.

Defixus in fæcibus. Enfoncé dans ses ordures. Soph. 1. 12. Voy. Fæx.

DEFINIRE , ὁρίζειν, déterminer, résoudre, arrêter, soit qu'il s'entende des hommes. 1. Mach. 1. 65. *Definierunt apud se, ut non manducarent immunda* (ὠχυρώθησαν τοῦ μὴ φαγεῖν, *confirmati sunt ut non manducarent*) : Plusieurs du peuple d'Israël résolurent en eux-mêmes de ne rien manger de ce qui serait impur; *sc.* sous la persécution d'Antiochus. 1. Reg. 20. 33. Soit en parlant des décrets éternels. Luc. 22. 22. *Filius hominis secundum quod definitum est vadit* : Le Fils de l'Homme s'en va selon ce qui en a été déterminé de toute éternité. Act. 2. 23. c. 17. 26.

DEFINITIO, NIS. — 1° Décret, décision, détermination. Dan. 11. 36. *Perpetrata quippe est definitio* : Dieu a déterminé un certain temps pour punir Antiochus ou le peuple. — 2° Bord, clôture, ce qui borne (γεῖσος). Ez. 43. 13. *Definitio ejus usque ad labium ejus* : Depuis la clôture de l'autel jusqu'à son bord.

DEFLECTERE, ἐκκλίνειν.— 1° Se Détourner. Eccli. 22. 16. *Deflecte ab illo* : Détournez-vous de l'insensé. c. 2. 7. — 2° Se retirer quelque part (καταλύειν). Eccli. 36. 28. *Deflectens ubicumque obscuraverit* : Un homme qui va chercher le couvert partout où la nuit le prend? qui est-ce qui s'y fiera?

DEFLUERE, ἀπορρεῖν.—1°Couler en bas, s'écouler. 2. Mach. 14. 45. *Cum sanguis ejus deflueret* : Des ruisseaux de sang coulaient à Razias de tous côtés, à cause de ses grandes plaies. Eccl. 51. 13. *Pro morte defluente deprecatus sum* : Je vous ai prié de me délivrer d'un torrent de mort; Gr. *Pro mortis liberatione* (ὑπὲρ θανάτου ῥύσεως) : La mort est semblable à un torrent qui coule et entraine avec elle les hommes. 1. Reg. 21. 13. Jer. 9. 18. c. 18. 14. etc.

2° Tomber, choir. Ps. 1. 3. *Folium ejus non defluet* : Le juste sera comme un arbre planté proche le courant des eaux et dont la feuille ne tombera point ; Heb. Ne se flétrira point. Jerem. 8. 13. Ezech. 47. 12. Isa. 34. 4. Ainsi, Esth. 15. 7. *Defluentia in humum indumenta* : Robe qui traîne à terre.

3° Fondre, se dissiper, tomber en ruine, être détruit (φθείρεσθαι). Isa. 24. 4. *Luxit et defluxit terra, defluxit orbis* : La terre est dans les larmes, elle fond, le monde périt. c. 64. v. 1. 3. Sap. 1. 16. *Æstimantes illam amicam, defluxerunt* : La croyant amie, ils en ont été consumés, ἐτάκησαν, comme la cire l'est par le feu qui la fait fondre. Amos. 8. 8. c. 9. 5. 1. Mach. 9. 7.

DEFODERE, d'où vient *defossus.*

Fouillé, creusé, comme la terre qu'on fouille.

Enterré, caché en terre. Job. 11. 18. *Defossus securus dormies* : Vous dormirez en repos, enfoncé dans votre tente ; Heb. *et fodies.* Les Arabes creusaient la terre pour planter leurs tentes; ce qui signifie aussi : Qui est entré dans le sépulcre; selon la paraphrase chaldaïque : *Præparabis domum sepulturæ et securus dormies* : Vous vous préparerez le lieu de votre sépulture, et vous y dormirez, vous ne serez plus exposé aux insultes de vos ennemis.

DEFORMARE, τυποῦν, d'où vient *deformatus.*

1° Formé, transformé, changé. Num.17.8. *Flores in amygdalas deformati sunt* : Il sortit des fleurs de la verge d'Aaron, d'où il se forma des amandes toutes mûres, accompagnées de leurs feuilles.

2° Gravé. 2. Cor. 3. 7. *Ministratio mortis litteris deformata in lapidibus* : La loi de mort (*sc.* la loi de Moïse), dont les lettres étaient gravées sur des pierres.

DEFORMIS; πονηρός, du substantif *forma.*

1° Difforme, laid, contrefait, horrible. Gen. 41. 19. *Boves deformes et macilentæ* : Des vaches horribles à voir à cause de leur maigreur. Levit. 14. 37.

2° Défectueux, qui a quelque défaut considérable et remarquable. Deut. 15. 21. *Sin autem fuerit in aliqua parte deforme* : Que si le premier né entre les mâles qui naissent parmi vos bœufs ou vos brebis a quelque difformité, il ne sera point immolé au Seigneur.

DEFORIS , ἔξωθεν. — 1° Par dehors. Matth. 23. 25. *Mundatis quod deforis est* : Vous nettoyez le dehors de la coupe et du plat : Jésus-Christ blâme les scribes et les pharisiens d'affecter d'avoir une justice extérieure et de paraître justes, quoique esclaves de leurs passions. v. 27. Gen. 7. 16. Ezech. 46. 2. Luc. 11. v. 39. 40. — 2° De dehors les rues. Jerem. 9. 21. *Mors ingressa est domos nostras disperdere parvulos deforis* : La mort est entrée dans nos maisons pour en exterminer tous nos enfants; de sorte qu'il n'en reste plus pas un qui paraisse dans les rues comme auparavant.

DEFRAUDARE , ἀποστερεῖν ; du substantif *fraus, fraudis.*

Oter, frustrer, priver. Eccli. 4. 1. *Eleemo-*

synam pauperis ne defraudes : Ne privez pas le pauvre de son aumône. c. 14. 34. Luc. 19. 8. *Si quid aliquem defraudavi, reddo quadruplum :* Si j'ai fait tort à quelqu'un en quoi que ce soit, je lui en rendrai quatre fois autant.

DEFRICARE, ἐκτρίβειν, frotter, nettoyer. Levit. 6. 28. *Si vas æneum fuerit, defricabitur :* Si le vase dans lequel aura cuit l'hostie pour le péché est d'airain, on le nettoiera avec grand soin.

DEFUNCTIO, NIS, τελευτή, ce mot inusité signifie dans l'Ecriture :

La mort. Eccl. 1. 13. *In die defunctionis suæ benedicetur :* Celui qui craint le Seigneur, sera béni au jour de sa mort.

DEFUNGI, ἀποθνήσκειν, θνήσκειν, s'acquitter de son devoir, et se délivrer de quelque affaire fâcheuse; dans l'Ecriture :

Mourir, se dégager des inquiétudes de la vie. Hebr. 11. 13. *Juxta fidem defuncti sunt :* Tous ceux-là sont morts dans la foi ; l'Ecriture parle des justes de l'ancienne loi, morts dans la foi du Messie. 2. Mach. 12. 46. *Pro defunctis exorare :* Prier pour les morts. Deut. 25. 5. etc. Voy. LIBER.

DEGLUTIRE, καταπίνειν, avaler, engloutir, dévorer. Jon. 2. 1. *Et præparavit Dominus piscem grandem ut deglutiret Jonam :* Aussitôt que les mariniers eurent jeté Jonas dans la mer, Dieu fit qu'un gros poisson se trouva là qui engloutit Jonas. Num. 16. v. 30. 34.

Détruire, faire périr, 1. Petr. 3. 22. *Deglutiens mortem :* C'est Jésus-Christ qui a détruit la mort.

Phrases tirées de cette signification.

Deglutire aliquem vivum. Dévorer quelqu'un tout vivant, c'est le perdre entièrement, en sorte qu'il n'en reste plus rien du tout ; en faisant allusion aux bêtes farouches qui dévorent les petits animaux. Prov. 1. 12. *Deglutiamus eum sicut infernus viventem :* Dévorons l'innocent tout vivant comme l'enfer, disent les pécheurs, Ps. 123. 2.

DEHONESTARE, ὀνειδίζειν, déshonorer. Prov. 25. 8. *Ne cum dehonestaveris amicum :* De peur qu'après avoir ôté l'honneur à votre ami, vous ne puissiez plus le réparer.

DEJERARE, du verbe simple *jurare.*

1° Jurer, faire serment. Eccl. 9. 2. *Ut perjurus, ita et ille qui verum dejerat :* Dans cette vie le parjure est traité comme celui qui jure dans la vérité.

2° Conjurer, prier instamment (ὀμνύειν). 1. Reg. 20. 17. *Addidit Jonathas dejerare :* Jonathas conjura encore David de ceci.

DEJECTIO, NIS, καθαίρεσις, abattement, chute, renversement, ruine. 1. Mach. 3. 43. *Erigamus dejectionem populi nostri :* Relevons les ruines de notre nation, disent Judas et ses frères, résolus de combattre l'armée que Lysias envoya contre la Judée.

DEJICERE, καταβάλλειν, du verbe *jacere.*

1° Abattre, faire tomber, renverser, précipiter, chasser, faire sortir (ῥίπτειν). Exod. 15. 1. *Equum et ascensorem dejecit in mare :* Le Seigneur a précipité dans la mer le cheval et le cavalier, dit Moïse, parlant de Pharaon. Ps. 73. 6. Eccl. 22. 25. c. 47. 3. c. 48. 6. A quoi se rapporte,

Abattre et décourager. Prov. 18. 8. *Pigrum dejicit timor :* La crainte abat le paresseux. c. 7. 26.

2° Perdre, ruiner, vaincre, défaire, faire tomber. Ps. 72. 18. *Dejecisti eos dum allevarentur :* Vous avez renversé les pécheurs, ô mon Dieu, dans le temps même qu'ils s'élevaient. Judith. 4. 13. *Præcibus sanctis orando dejicit* · Moïse vainquit Amalec avec l'ardeur et la sainteté de sa prière. Ainsi, *dejicere in ignem ;* c'est faire périr. Ps. 139. 11. *In ignem dejicies eos ;* vous jetterez les pécheurs dans le feu.

3° Faire déchoir de son état éclatant (ἐρημοῦν). Dan. 8. 11. *Dejecit locum sanctificationis ejus :* Antiochus ne ruina pas le temple de Jérusalem, mais il lui fit perdre l'honneur d'être le temple de Dieu, en le profanant et le consacrant à Jupiter.

4° Jeter dans de grands dangers qui nous menacent d'une ruine prochaine. 2. Cor. 4. 9. *Dejicimur, sed non perimus :* Nous sommes abattus, mais non pas perdus.

Phrase de ce verbe.

Dejicere vultum. Baisser la vue, ce qui marque le respect et la crainte. Dan. 15. 15. *Dejeci vultum meum ad terram, et tacui :* J'avais le visage baissé contre terre et je me taisais.

DEINCEPS, ἔτι, composé de *dein* et de *capio.*

1° Désormais, dorénavant, dans la suite du temps, à l'avenir. Gen. 9. 11. *Neque erit deinceps diluvium dissipans terram :* Nul déluge à l'avenir n'exterminera plus toute la terre. Jac. 4. 15 etc.

2° Peu de temps après, incontinent après, ensuite. Levit. 9. 23. *Et ingressi et deinceps egressi :* Moïse et Aaron entrèrent dans le tabernacle du témoignage, et sortirent ensuite pour bénir le peuple. 1. Reg. 9. 13.

3° Le lendemain, le jour suivant (ἑξῆς). Luc. 7. 11. *Et factum est deinceps ibat in civitatem :* Le jour suivant celui auquel Jésus-Christ avait guéri le serviteur du centenier, Jésus-Christ allait dans une ville appelée Naïm ; ce *deinceps* de la Vulgate est expliqué par le Grec, τῇ ἑξῆς, *sequenti die.*

4° Par ordre, de suite (καθεξῆς). Act. 3. 24. *Omnes prophetæ a Samuel et deinceps :* Tous les prophètes qui ont prophétisé de temps en temps depuis Samuël. Esth. 10. 13.

5° Encore, derechef. Gen. 1. 11. *Ac deinceps ; ecce, ait ;* l'ange dit encore à Agar ; *sc.* qu'elle nommât son fils, Ismaël. Exod. 34. 1. 1. Reg. 3. 9.

DEINDE, ἔπειτα, de l'adverbe *inde.*

1° Après, ensuite, en second lieu. 1. Par. 29. 20. *Adoraverunt Deum, et deinde regem :* Les Israélites assemblés se prosternant, adorèrent Dieu et rendirent ensuite leur hommage au roi. Voy. ADORARE. Joan. 20. 27. etc.

2° Outre cela, de plus. 1. Cor. 12. 28. *Po-*

suit Deus deinde virtutes : Dieu a établi ensuite ceux qui ont le don des miracles ; *sc.* après avoir établi ceux des apôtres, etc. c. 15. 7. Jac. 3. 17. Sap. 17. 15.

DEINTUS, ἔσωθεν, au dedans. Luc. 11. 40. *Nonne etiam id quod deintus est fecit?* Celui qui a fait le dehors (*sc.* le corps), n'a-t-il pas fait aussi le dedans (*sc.* l'âme)? dit Jésus-Christ aux pharisiens. v. 7. *Deintus respondens :* Un homme qui répond du dedans de sa maison, *sc.* sans ouvrir la porte.

DELABI, tomber de quelque lieu ; dans l'Ecriture :
Delapsus, a, um.
Qui vient d'en haut, qui se fait entendre d'en haut (ἐνεχθείς, *illatus*). 2. Petr. 1. 17 *Voce delapsa ad eum :* On entendit cette voix de la nuée, qui s'adressa à Jésus-Christ : Voici mon Fils bien-aimé, etc. Voy. Matth. 17. 5.

DELATIO, NIS, dénonciation, rapport. Esth. 12. 5. *Datis ei pro delatione muneribus :* Assuérus fit des présents à Mardochée pour l'avis qu'il lui avait donné. Voy. cet avis, v. 2.

DELATOR, IS, ἐνδείκτης, accusateur, dénonciateur, délateur. 2. Mach. 4. 1. *Simon pecuniarum et patriæ delator :* Simon, qui avait donné l'avis touchant l'argent, et qui s'était déclaré contre sa patrie.

DELATURA, Gr. διαβολὴ; inusité, du verbe *deferre;* dans l'Ecriture :
Médisance, reproche, calomnie. Eccl. 38. 17. *Propter delaturam amare fer luctum illius :* Faites un grand deuil sur un mort (pendant un jour) dans l'amertume de votre âme, pour ne pas donner sujet de mal parler de vous. c. 26. 6.

DELEAN, Heb. *Pauper.* Ville de la tribu de Juda. Jos. 15. 38.

DELECTABILIS, IS, E, agréable, qui plaît, qui réjouit (ἀγαθός). Eccl. 11. 7. *Delectabile est oculis videre solem :* L'œil se plaît à voir le soleil. Genes. 3. 6. Isa. 5. 7. 2. Mach. 15. 40.

DELECTAMENTUM, I, ἡδονή. — 1° Plaisir qu'on prend à quoi que ce soit. Sap. 7. 2. *Delectamento somni conveniente :* J'ai été formé de la substance de l'homme dans le repos du sommeil.

2° Ce qui est agréable au goût, et délicieux. Sap. 16. v. 2. 20. *Paratum panem de cœlo præstitisti illis, omne delectamentum in se habentem :* Vous avez fait pleuvoir du ciel (aux Israélites) un pain préparé, qui renfermait en soi tout ce qu'il y a de délicieux. Le Sage parle de la manne; on croit que les Israélites, surtout ceux qui craignaient Dieu, y trouvaient tel goût qu'ils souhaitaient.

DELECTARE, τέρπειν. De l'ancien verbe *lacere,* d'où vient *lactare,* pour *allicere.*

1° Réjouir, donner du plaisir, recréer. Eccli. 1. 12. *Timor Domini delectabit cor :* La crainte du Seigneur réjouira le cœur. Ps. 44. 9. Prov. 13. 19. etc.

2° Rendre agréable. Ps. 64. 9. *Exitus matutini et vespere delectabis :* Vous réjouirez les hommes par le lever de l'étoile du matin et de celle du soir. D'autres l'expliquent :

Vous réjouirez les peuples d'Orient, où le soleil se lève, et ceux d'Occident, où la nuit commence; *autr.* : Vous répandrez la joie jusque dans l'Orient et dans l'Occident parmi votre peuple dispersé partout.

3° Se jouer, se divertir. Isa. 11. 8. *Delectabitur infans ab ubere super foramine aspidis :* L'enfant qui sera encore à la mamelle se jouera sur le trou de l'aspic; ce qui marque la sécurité qui devait être sous le règne de Jésus-Christ, où même les fidèles devaient insulter au démon et mépriser ses forces et sa malice.

DELECTATIO, NIS, τερπνότης. Joie, délices, contentement. Sap. 8. 18. Ps. 15. 11. *Delectationes in dextera tua usque in finem :* Les délices dont on jouit à votre droite sont éternelles.

DELEGARE. Donner une charge, commission ou gouvernement (δοῦναι). 3. Reg. 11. 18. *Terram delegavit :* Pharaon, roi d'Egypte, donna à Adad le gouvernement d'un certain pays.

DELERE, ἐξαλείφειν. De l'ancien verbe *leo, levi,* du Grec λύω.

1° Effacer, abolir, ôter le souvenir. Ps. 68. 29. *Deleantur de libro viventium :* Que mes ennemis soient effacés du livre des vivants. Ceci est plutôt une prophétie qu'un souhait. V. LIBER. Act 13. 19. *Convertimini, ut deleantur peccata vestra :* Convertissez-vous, afin que vos péchés soient effacés. Coloss. 2. 14.

Phrase tirée de cette signification, dans le sens figuré.

Delere de libro viventium. Ne point écrire sur le livre de vie. Ps. 68. 29. *Deleantur de libro viventium :* Que mes ennemis ne soient point du nombre des élus. Voy. ci-dessus DELERE. Exod. 32. v. 32. 33. Mais *Non delere de libro,* c'est y être écrit. Apoc. 3. 5. *Non delebo nomen ejus de libro vitæ :* Je n'effacerai point du livre de vie le nom de celui qui sera victorieux.

2° Perdre, ruiner, exterminer (ἀπαλείφειν). Gen. 6. 7. *Delebo hominem :* J'exterminerai de dessus la terre l'homme que j'ai créé (ce qui s'entend par le déluge qui devait arriver). Sap. 10. 4. *Cum aqua deleret terram :* Lorsque le déluge inonda la terre (κατακλύζειν, *demergere*). Ps. 17. 43. etc., d'où vient :

Delere de populo, ἐξολοθρεύειν. Exterminer quelqu'un du milieu du peuple; s'entend du retranchement de la compagnie des saints, soit dans cette vie, soit dans l'autre. Gen. 17. 14. *Delebitur anima illa de populo suo :* Tout mâle qui n'aura point été circoncis sera exterminé du milieu de son peuple, ne sera point censé Juif, et n'aura point de part aux promesses de Dieu faites à son peuple.

DELIBARE. Goûter, tâter de quelque chose, effleurer ; dans l'Ecriture :
Goûter du vin qui servait d'aspersion sur les victimes qui devaient être immolées ; d'où vient :
Delibari, σπένδεσθαι. Etre sur le point d'être immolé, près d'être sacrifié. 2. Tim. 4. 6. *Jam delibor :* Je suis comme une victime

qui a déjà reçu l'aspersion pour être immolée et sacrifiée. Voy. Philipp. 2. 17.

DELIBATIO, NIS, Gr. ἀπαρχή. *Primitiæ.* Détachement, une partie que l'on détache d'une masse. Rom. 11. 16. *Si delibatio sancta est, et massa* : Si les prémices du peuple juif sont saintes, la masse l'est aussi. Ces prémices sont les patriarches, ou bien les apôtres et les disciples qui ont embrassé la foi et ont eu part au salut; ainsi le corps des Juifs, dont ils ont été tirés, y peut avoir part aussi. L'Apôtre fait allusion à la loi, qui ordonnait au peuple de détacher de ses blés ou de son vin les prémices pour les offrir à Dieu, afin que le reste pût être saint.

DELIBERARE. De *libella*, un niveau, une balance.

Délibérer, résoudre. 2. Reg. 24. 13. *Nunc ergo delibera* : Délibérez, γνῶθι, sur ces trois fléaux dont le Seigneur vous donne le choix, dit le prophète Gad à David.

DELIBUTUS, A, UM, χριόμενος. De l'ancien verbe *delibuo*, du Grec λείβειν, *irrigare*, d'où vient *libo* et *libuo*, comme on disait *do* et *duo*.

Oint, parfumé. Amos. 6. 6. *Optimo unguento delibuti* : Coupes parfumées des huiles de senteur les plus précieuses.

DELICATE. Délicatement. Prov. 29. 21. *Qui delicate a pueritia nutrit servum suum* : Celui qui nourrit délicatement son serviteur dès son enfance le verra ensuite révolté contre lui. *Delicate nutrire*, κατασπαταλᾶν.

DELICATUS, A, UM, ἁπαλός. De *deliciæ*, arum.

1° Tendre, délicat. 1. Par. 22. 5. *Puer parvulus est et delicatus* : Mon fils Salomon est encore jeune, et d'une complexion faible et délicate. Deut. 28. v. 54. 56. Dan. 13. 31. Baruch. 4. 26.

2° Qui vit dans la mollesse, dans les délices et l'abondance des biens (τρυφερός). Isa. 47. 8. *Audi hæc delicata* : Ecoutez, ô Babylone, vous qui vivez dans les délices! Hebr. *voluptaria*. Jerem. 49. 4. *Filia delicata* : O ville abîmée dans les délices! *Gr.* impudente, effrontée. c. 6. 2.

3° Cher, précieux, dont on fait ses délices (τρυφερός). Isa. 58. 13. *Si vocaveris sabbatum delicatum* : Si vous faites vos délices de l'observation du sabbat. Voy. VOCARE. Jerem. 31. 20.

4° Faible, et peu affermi. 2. Reg. 3. 39. *Ego autem adhuc delicatus συγγενής (cognatus), et unctus rex* : Pour moi, je ne suis pas assez fort pour venger un aussi grand crime que celui de Joab et Abisaï, qui ont tué Abner, n'étant roi que par l'onction, et non par la succession, et encore peu affermi. La métaphore est tirée de la faiblesse des gens délicats. 1. Par. 21. 5.

DELICIÆ, ARUM, τρυφή. De l'ancien verbe *delicere*, qui vient de *lacio*, *delicio*.

Proprement, tout ce qui excède les besoins que demande la nature, et qui va au delà, s'appelle *délices*; dans l'Ecriture :

1° Délices, plaisir. Prov. 8. 31. *Deliciæ meæ esse cum filiis hominum* : Mes délices sont d'être avec les enfants des hommes, dit la Sagesse divine. Elle se plaît d'une manière plus particulière dans les hommes, qui sont les plus excellents de ses ouvrages, et qu'elle a formés à son image et à sa ressemblance. Quelques-uns rapportent ceci à l'amour infini que le Fils de Dieu, qui est la Sagesse éternelle du Père, a témoigné à l'homme, en s'incarnant et se faisant homme pour le sauver et le racheter. Luc. 7. 25. Mich. 1. 16. *Tondere super filios deliciarum tuarum*, i. e. *charissimos* : Arrachez-vous les cheveux entièrement pour pleurer vos enfants, qui étaient toutes vos délices, ô Israël! Ps. 138 11. *Et nox illuminatio mea in deliciis meis*; hebr. *circa me* : La nuit même devient toute lumineuse pour me découvrir dans mes plaisirs. Voy. ILLUMINATIO. A quoi peut se rapporter :

Joie, satisfaction. Job. 30. 7. *Esse sub sentibus delicias computabant* : Je suis maintenant méprisé par des personnes qui faisaient leurs délices d'être sous les ronces et sous les épines.

2° Amour tendre. Cantic. 7. 6. *Charissima in diliciis* : Ma très-chère, et les délices de mon cœur, i. e. aimée tendrement.

3° Délicatesse. Esth. 15. 6. *Super unam quidem innitebatur, quasi præ deliciis et nimia teneritudine* : Esther s'appuyait sur l'une de ses servantes, comme ne pouvant soutenir son corps, à cause de son extrême délicatesse, sc. lorsqu'elle alla parler à Assuérus.

4° Paix, repos, sécurité. Mich. 2. 9. *Mulieres populi mei ejecistis de domo deliciarum suarum* : Vous avez chassé les femmes de mon peuple des maisons où elles étaient en repos et en grande union avec leurs maris.

5° Terre ou pays plein de délices, espèce de paradis terrestre (παράδεισος). Isa. 51. 3. *Ponam desertum ejus in delicias*; hebr. *eden* : Je ferai un paradis terrestre de la Judée, qui est maintenant désolée et abandonnée.

DELICTUM, I, παράπτωμα. Hebr. *Ascham*.

1° Un péché, proprement d'omission, étant opposé à *peccatum*. Levit. 7. 7. *Sicut pro peccato offertur hostia, ita et pro delicto* : Comme on offre une hostie pour le péché, on l'offre aussi pour la faute. La raison de cette signification est que *delinquere* signifie la même chose que *deficere*, manquer, ou laisser passer ce qu'on ne doit point omettre, comme dit Festus, au lieu que *peccatum*, c'est lorsqu'on fait le contraire de ce qu'on doit : *Delictum omissio boni; peccatum, perpetratio mali*. Voy. Jans. Gand. *in Eccli.* 24. 26. De là vient que ce mot signifie :

2° Péché d'ignorance ou de faiblesse (παράπτωμα). Ps. 18. 13. *Delicta quis intelligit?* Qui est celui qui connaît ses fautes? Ps. 24. 7. Il y avait un sacrifice particulier pour cette sorte de péché, comme il y en avait un pour les péchés de malice. Heb. *Chatthat*. Levit. 7. v. 7. 37. *Ista est lex holocausti, et sacrificii pro peccato atque delicto* : C'est là la loi de l'holocauste et du sacrifice pour le péché et pour la faute. Ezech. 40. 39. c. 42. 13. c. 46. 20. Néanmoins l'interprète de notre Vulgate confond souvent *delictum* et *peccatum*. Levit. 5. v. 4. 5. (Si) *intellexerit delictum suum, agat pœnitentiam pro peccato suo* : Si un homme se souvient de sa faute, qu'il fasse pénitence pour son péché. v. 15. *Si peccaverit, offeret pro delicto suo arietem* : Si un homme pèche par ignorance contre les cérémonies, il offrira pour sa faute un bélier sans tache. v. 17. *Si peccaverit per ignorantiam, et peccati rea intellexerit*, etc., *quia per errorem deliquit*. v, 31. Ainsi le mot grec παράπτωμα, qui est rendu par *delictum* Ephes. 2. 1. est rendu par *peccatum*. v. 5. Ce même mot signifie toutes sortes de péchés. Rom. 4. 25. 2. Cor. 5. 19.

3° Crime, faute, péché (παράπτωμα). Ephes. 2. 1. *Mortui delictis* : Hommes morts par leurs déréglements. Prov. 10. 12. *Universa delicta operit charitas* : La charité couvre toutes les fautes. Matth. 6. 14. Ps. 58. 13. *Delictum oris eorum* (*depone eos ob delictum oris eorum*) : Faites déchoir mes ennemis de l'état d'élévation où ils sont, à cause du crime sorti de leur bouche, du refus injurieux qu'ils ont fait de reconnaître Jésus-Christ ou de la voix meurtrière par laquelle ils demandèrent sa mort.

4° Peine encourue par le péché. Levit. 5. 3. *Subjacebit delicto* : Un homme reconnaissant avoir touché quelque chose d'un homme qui soit impur, d'une impureté légale, sera coupable de péché, *i. e.* à moins qu'il n'expie ce péché, il en portera la peine. Jerem. 50. 5.

5° Le péché d'idolâtrie. Amos. 8. 14. *Qui jurant in delicto Samariæ* : Ceux qui jurent par le péché de Samarie, par le culte impie des veaux d'or que les rois d'Israël avaient introduits dans Samarie, où était leur siége principal. Le Prophète donne à ce culte le nom de *péché*, parce qu'il avait irrité Dieu et qu'il avait inspiré l'idolâtrie à tout le peuple des dix tribus.

6° Faute, défaut (ἥττημα). 1. Cor. 6. 7. *Omnino delictum est in vobis, quod judicia habetis inter vos* : Il y a certainement du défaut parmi vous, de ce que vous avez des procès les uns contre les autres ; cela marque peu de courage, et que l'on succombe à ses passions.

DELINIRE. Du simple *lenire*.
Apaiser, flatter, caresser, gagner. Gen. 34. 3. *Tristemque delinivit blanditiis* : Sichem, voyant Dina triste, *sc.* de la violence qu'il lui avait faite, tâcha de la gagner par ses caresses. 2. Par. 24. 17.

DELINQUERE, Gr. πλημμελεῖν. Du simple inusité *linquere*. 1° Commettre une faute ou un péché. Eccli. 27. 1. *Propter inopiam multi deliquerunt* : La pauvreté en a fait tomber plusieurs dans le péché.

2° Pécher grièvement, se perdre, périr. Ps. 33. 22. *Qui oderunt justum, delinquent* : Ceux qui ont de la haine pour le juste pécheront contre eux-mêmes ; hebr. *Devastabuntur*, ils périront ; Dieu permettra qu'ils meurent dans leurs péchés. Au contraire, v. 23. *Non delinquent omnes qui sperant in eo* : Tous ceux qui mettent leur espérance dans le Seigneur ne pécheront point grièvement, ou, s'ils pèchent, ils se relèveront et ne mourront point dans leur péché. Il se peut prendre dans le même sens. Tit. 3. 11. *Subversus est, et delinquit*, ἁμαρτάνει.

DELIRAMENTUM, I. λῆρος, de *delirare*, qui vient de *lira*, un sillon bien droit ; ainsi, *delirare*, c'est s'éloigner de la droite raison.

Radotement, rêverie. Luc. 24. 11. *Visa sunt ante illos, sicut deliramentum verba ista* : Ce que les femmes qui étaient revenues du sépulcre dirent aux onze apôtres, et à tous les autres, leur parut comme une rêverie.

DELONGE. Voy. DEPROPE. Adverbe composé de la préposition *de* et de *longe*. De loin. Jer. 25. 26.

DELOS ; Gr. *Ostensa*. Ile de la mer Egée, la plus fameuse des Cyclades, célèbre par la naissance d'Apollon et de ses oracles 1. Mach. 15. 23.

DELPHON, Hebr. *Stillicidium*. Le nom du second fils d'Aman. Esth. 9. 7.

DELUBRUM, I. Du verbe *deluere*, et signifie proprement, un temple, devant lequel il y a quelque fontaine, où on se lavait avant d'y entrer ; dans l'Ecriture.

1° Temple consacré aux idoles (εἴδωλον). Isa. 27. 9. *Non stabunt luci et delubra* : Les bois et tous les temples consacrés aux idoles, seront renversés. Jerem. 43. v. 12. 13.

2° Palais, maison magnifique (οἶκος). Isa. 13. 22. *Sirenes in delubris voluptatis* : Les cruelles sirènes habiteront dans les palais de délices de Babylone. Le mot hebr. *hecal*, signifie, palais ou temple.

DELUDERE. Amuser, tromper, se moquer. Prov. 3. 34. *Ipse deludet illusores* : Le Seigneur se moquera des moqueurs. Gen. 31. 35. 2. Par. 32. 15.

DEMAS ; Gr. *Popularis*. Demas, compagnon de saint Paul. Col. 4. 14. Philem. v. 24. *Demas et Lucas adjutores mei*. 2. Tim. 4. 9. *Demas me reliquit* : Demas m'a abandonné, s'étant laissé aller à l'amour du siècle. Ce disciple était avec saint Paul dans sa première prison, et l'a abandonné, lorsqu'il y était pour la seconde fois ; ce qui fait voir que l'Epître 2. à Timothée est postérieure à celle à Philémon.

DEMENS ; ἄνους. Du substantif *mens*, et de la prépositition *de*, privative.

Insensé, fou, extravagant. 2. Mach. 15. 33. *Manum autem dementis contra templum suspendi* (*jussit*) : Judas commanda qu'on suspendît vis-à-vis le temple la main de ce furieux. Il parle de Nicanor. Voy. c. 14. v. 32. 33.

DEMENTARE ; ἐξιστάναι. Inusité de l'adjectif *demens*.

Infatuer, renverser l'esprit. Act. 8. 11. *Propter quod multo tempore magiis suis dementasset eos* : Il y avait déjà longtemps que Simon le magicien avait renversé l'esprit des habitants de Samarie par ses enchantements : *sc.* lorsque saint Philippe y alla prêcher l'Evangile.

DEMENTIA, Æ ; ἄνοια. Folie, extravagance ou méchanceté. 2. Mach. 4. 40. *Duce quodam tyranno, œtate pariter et dementia provecto* : Les trois mille hommes que Lysimaque ärma pour user de violence contre le peuple de Jérusalem, avaient pour chef un certain tyran également avancé en âge et consommé en malice.

DEMERGERE, καταποντίζειν. — 1° Plonger, submerger, enfoncer, Ps. 68. 3. *Tempestas demersit me* : La tempête m'a submergé. Job. 40. 8. *Facies eorum demerge in foveam* : Jetez les impies au fond de la terre; *i. e.* du sépulcre. Sap. 10. 19. etc.

2° S'abattre, s'abaisser (καταλύειν). Eccli. 43. 19. *Sicut locusta demergens* (supl. *se*) *descensus ejus* : La neige tombe comme une troupe de sauterelles qui s'abat à terre, et qui la couvre de leur grand nombre.

DEMETERE; θερίζειν, moissonner. Job. 24. 6. *Agrum non suum demetunt* : Il y en a qui moissonnent le champ qui n'est point à eux. Apoc. 14. 16. *Demessa est terra* : La terre fut moissonnée; *i. e.* les hommes en furent enlevés.

Retrancher de dessus la terre, en parlant des hommes 3. Reg. 16. 3. *Ego demetam posteriora Baasa* : Je retrancherai de dessus la terre la postérité de Baasa et de sa maison. c. 21. 21.

DEMETRIUS, ι. De Δημήτηρ, *Cerès*, la déesse des blés.

1° Démétrius Soter, fils de Séleucus, fils aîné d'Antiochus, avait été en ôtage à Rome. 1. Mach. 7. 2. *Exiit Demetrius Seleuci filius ab urbe Roma* : Antiochus le Grand ayant été vaincu par les Romains, dans la bataille que lui donna Scipion, surnommé l'*Asiatique*, n'eut la paix qu'à condition qu'il enverrait tous les ans à Rome vingt otages, pour assurance de l'accord fait avec eux. Son fils Antiochus Epiphanès fut choisi d'abord pour être un de ces otages : mais dans la suite Démétrius, fils de Séleucus *Philopator* son cousin germain, fut envoyé en sa place. Après la mort d'Antiochus, Démétrius se sauva de Rome, et vint d'abord aborder à Tripoli, ville maritime de Syrie, où ayant été reconnu pour roi, il y amassa des troupes, et étant venu à Antioche, capitale du royaume de Syrie, il fit mourir Antiochus, surnommé *Eupator*, fils d'Antiochus Epiphanès, et Lysias, que les soldats de leur propre armée, ou de la sienne, avaient arrêtés. 1. Mach. 7. v. 1. 2. 3. 4. c. 8. 31. c. 9. 1. c. 10. v. 2. 3. 22. 25. etc. 2. Mach. 14. v. 1. 2. 4. 5. etc.

2° Démétrius, fils aîné de Démétrius Soter, voulant venger la mort de son père, et posséder son royaume, vint de Crète au pays de ses pères; *c'est-à-dire* dans la Cilicie, qui faisait partie du royame de ses pères, l'an du monde 3856. 1. Mach. 10. 17. *Venit Demetrius filii Demetrii, a Creta in terram patrum suorum*. Il fit général de ses troupes, Apollonius, gouverneur de la Cœlésyrie, qui vint en Judée pour combattre les Juifs, qui avaient fait alliance avec Alexandre. Jonathas et Simon combattirent plusieurs fois contre lui. Ptolémée Philométor ayant ôté sa fille à Alexandre, la donna à Démétrius, et se ligua avec lui pour se défaire de leur commun ennemi. Ptolémée fut blessé dans le combat : Alexandre peu de jours après fut tué par les siens; et Ptolémée ayant vu sa tête mourut trois jours après. Ainsi, Démétrius resta seul roi de Syrie, à cause de quoi il fut surnommé *Nicanor*; *c'est-à-dire* vainqueur. Tout était assez paisible dans la Judée : mais Jonathas ayant attaqué la forteresse de Jérusalem, Démétrius le fit venir pour lui faire rendre compte de cette action. Jonathas ne laissa pas de continuer le siège, et apaisa ce prince par ses présents. Démétrius ayant congédié ses vieilles troupes, comme n'en ayant plus besoin, Tryphon en prit occasion pour faire roi le petit Antiochus, surnommé *le Divin*, qui était fils d'Alexandre. Démétrius étant entré dans la Médie pour se fortifier contre Tryphon, fut pris par le général de l'armée du roi de Perse et de Médie, et fut mené à ce prince, qui lui fit épouser sa fille Rodogune. Cléopâtre, sa première femme, outrée de dépit, se donna elle et son armée à Antiochus, appelé *Sidétès*, frère de Démétrius. Après sa mort, Démétrius fut remis sur le trône, qu'il tint quatre années; ses sujets, ne pouvant le supporter, à cause de son orgueil, demandèrent à Ptolémée Physcon, roi d'Egypte, qu'il leur donnât quelqu'un de la famille des Séleucides pour les gouverner. Alexandre dit *Zebina*, fut choisi par lui; et venant en Syrie, tous les peuples le reconnurent pour roi, et contraignirent Démétrius de prendre la fuite. On le chassa de tous les lieux où il voulut chercher un asile; et enfin il fut tué par quelques gens apostés par ses ennemis, l'an du monde 3880.

3° Démétrius l'orfévre, qui souleva le peuple contre saint Paul. Act. 19. v. 24. 38.

4° Un homme de piété. 3. Joan. 12. *Demetrio testimonium redditur ab omnibus* : Tout le monde rend un témoignage avantageux à Démétrius.

DEMINORATIO, NIS ; Gr. ἐλάττωσις, inusité de *minor*, *is*.

Diminution, perte, dommage. Eccli. 22. 3. *Filia autem in deminoratione fiet* : Une fille immodeste sera peu estimée, *ou*, ne causera pas peu de dommage.

DEMITTERE. Abaisser, envoyer, mettre dedans.

1° Baisser, abaisser. Job. 32. 6. *Demisso capite veritus sum vobis indicare meam sententiam* ; Je suis demeuré la tête baissée, sans oser seulement dire mon avis. Exod. 40. 3. *Demittes ante illam velum* (σκεπάζειν, *tegere*). Vous suspendrez le voile au-devant de l'arche. 3. Reg. 21. 27. Isa. 49. 23.

2° Faire descendre, faire tomber (ἐπιβάλλειν). Num. 11. 31. *Coturnices detulit, et demisit in castra* : Un vent excité par le Seigneur, emporta des cailles de delà la mer, les amena, et les fit tomber dans le camp et autour du camp (des Israélites). Jos. 2. 15. *Demisit ergo eos per funem de fenestra* (καταχαλᾶζειν) : Rahab fit descendre les deux espions de Josué par une corde qu'elle attacha à sa fenêtre.

3° Enfoncer. Job. 38. 16. *Quis demisit lapidem angularem ejus?* Savez-vous qui a posé la pierre angulaire des fondements de la terre?

DEMOLIRI; ἀφανίζειν. 1° Abattre, renverser, détruire, ravager. Joel. 2. 8. *Per fenestras cadent, et non demolientur* (καὶ οὐ μὴ συντελεσθῶσι): Ils se glisseront par les ouvertures, sans avoir besoin de rien abattre. 1. Reg. 15. 3. *Demolire universa ejus* : Détruisez tout ce qui est à Amalec, dit Samuel à Saü. 2. Reg. 20. 20. Prov. 15. 25. Cant. 2. 15. Ce verbe se prend passivement Amos 7. 9. *Demolientur excelsa idoli* : Les hauts lieux consacrés à l'idole seront détruits. Heb. *Excelsa Isaac* : Les hauts lieux d'Israël ou des Israélites descendus d'Isaac. Ezech. 6. 6. Joel 1. 17. 1. Mach. 11. 4.

2° Perdre, ruiner. 1. Reg. 5. 6. *Demolitus est eos* : Dieu ruina le pays de ceux d'Azot. Jerem. 31. 28.

3° Gâter, user, ronger. Matth. 6. 19. *Ubi ærugo et tinea demolitur* : La rouille et les vers mangent les trésors que l'on met en terre. v. 20.

DEMONSTRARE; δεικνύναι, ἐπιδεικνύναι. — 1° Faire voir, montrer évidemment, déclarer. 1. Cor. 12. 31. *Excellentiorem viam vobis demonstro* : Je m'en vais vous montrer une voie beaucoup élevée au-dessus de ces dons surnaturels. Saint Paul entend parler de la charité. Voy. c. 13. v. 1. 2. 3. 13. Ainsi, Ps. 24. 4. *Vias tuas, Domine, demonstra mihi* (γνωρίζειν) : Montrez-moi, Seigneur, vos voies. Voy. Via.

2° Montrer, enseigner, faire entendre. Joan. 5. 20. *Omnia demonstrat ei quæ ipse facit* : Le Père éternel donne au Verbe éternel avec sa nature divine, la connaissance de tout ce qu'il fait. La comparaison se tire d'un maître qui a un disciple qu'il instruit en particulier, à qui il découvre les secrets de son art, ou bien, selon d'autres, le Père éternel marque à son Fils, et lui fait connaître ce qu'il veut qu'il fasse en chaque temps. Voy. c. 8. 28. D'autres l'expliquent par la conjugaison hébraïque *hiphil*, le Père fait faire au Fils tout ce qu'il fait lui-même. Voy. Ostendere.

3° Instruire, avertir de quelque chose. Matth. 3. 7. *Quis demonstravit vobis fugere a ventura ira*? Qui vous a avertis de fuir la colère qui doit tomber sur vous? Saint Jean demande avec admiration aux Pharisiens et aux Sadducéens s'il est possible qu'ils songent sérieusement à leur salut.

DEMOPHON; Gr. *Populi interfector*. Un capitaine de l'armée d'Antiochus Eupator, qui fit beaucoup de mal aux Juifs. 2. Mach. 12. 2.

DEMORARI; αὐλίζεσθαι, διατρίβειν.— 1° S'arrêter, demeurer. Eccli. 17, 26. *Non demoreris in errore impiorum* : Ne demeurez point dans l'erreur des méchants. Joan. 3. 22. *Illic demorabatur cum eis, et baptizabat* : Jésus-Christ demeurait en Judée avec ses disciples, et y baptisait. Act. 14. 3.

2° Etre, se trouver. Ps. 29. 6. *Ad vesperum demorabitur fletus, et ad matutinum lætitia* : Dieu est si bon, que si la tristesse ou les pleurs se trouvent en nous et nous affligent le soir, il nous remet le matin dans la joie.

3° Se reposer en quelque chose. Ps. 24. 13. *Anima ejus in bonis demorabitur* : L'âme de celui qui craint le Seigneur se reposera dans l'abondance des biens, et en jouira avec une grande sécurité.

4° Continuer, persévérer. 2. Mach. 5. 27. *Fœni cibo vescentes demorabantur* : Judas demeurait lui dixième sur les montagnes, sans manger autre chose que l'herbe des champs (διατελεῖν).

5° Tarder, différer (ἐμμένειν). Eccli. 6. 22. *Non demorabantur projicere illam* : Les imprudents ne différeront point à rejeter la sagesse. Ici l'Ecriture fait allusion à la coutume où les hommes s'éprouvait en leur faisant porter de grosses pierres.

DEMORATIO, nis; διατριβή. Demeure, retardement, amusement. Prov. 12. 11. *Qui suavis est in vini demorationibus* : Celui qui se plaît à passer le temps à boire, laissera des marques de sa honte, etc.

DEMUM. De δή et de *mum*, ou du verbe *demere*, ôter, pour marquer ce qui reste en dernier lieu.

Enfin, à la fin. Gen. 41. 9. *Tunc demum reminiscens pincernarum magister* : Alors le grand échanson commença à se souvenir de Joseph. Num. 19. 7. 2. Mach. 6. 15.

DENABA; Heb. *Judicium ejus in ea*. Ville de l'Idumée, où a régné Béla. Gen. 36. 32. 1. Par. 1. 43.

DENARIUS, ii; δηνάριον. De *denus, a, um*, qui vient de *decem*.

Pièce de monnaie d'argent en usage chez les Romains, valant autant que la drachme, et qui revient environ à sept sous huit deniers de notre monnaie; mais elle a été de diverses valeurs, selon les différents temps. Matth. 18. 28. *Debebat ei centum denarios* : Un de ses compagnons lui devait cent deniers, qui font un peu plus de trente-huit livres. Marc. 6. 37. etc. Cette pièce est appelée *denarius*, parce qu'elle valait dix livres d'airain, ou dix *asses*, dont chacun revenait à neuf deniers de notre monnaie.

DENEGARE. 1° Dénier, refuser (ἀφαιρεῖν). Prov. 30. 7. *Ne deneges mihi* : Ne me refusez pas avant que je meure les deux choses que je vous ai demandées.

2° Renoncer à quelque chose (ἀπαρνεῖσθαι). Marc. 8. 34. *Si quis vult me sequi, deneget semetipsum* : Si quelqu'un veut venir après moi, qu'il renonce à soi-même, dit Jésus-Christ.

DENI, æ, a, δέκα. De *decem*. Dix. Exod. 26. 16. *Singulæ denos cubitos in longitudinem habeant* : Chacun des ais pour le tabernacle aura dix coudées de haut. Num. 7. 88. Apoc. 9. 16. *Numerus equestris exercitus vicies millies dena millia* (μυριάδες μυριάδων) : Le nombre de cette armée était de deux cents millions.

DENIGRARE, σαποῦν, du simple *nigrare* peu usité. Noircir, rendre noir. Job. 30. 30. *Cutis mea denigrata est super me* : Ma peau est devenue noire sur ma chair. Thren. 4. 8.

DENIQUE. De *dein* et de *que*, en transposant *in*. Enfin. Judic. 20. 5. *Denique mortua est* : Enfin ma femme est morte, sc. de la brutalité furieuse et incroyable que les hommes de Gabaa ont exercée sur elle, dit le Lévite à tous les Israélites. Esth. 9. 23.

DENOTARE. Marquer, noter d'infamie, déshonorer. Eccli. 19. 5. *Qui gaudet iniquitate denotabitur :* Celui qui aime l'iniquité sera déshonoré, sera blâmé, *ou* condamné.

DENOTATIO, NIS, κατάγνωσις, marque d'infamie, reproche, condamnation. Eccli. 5. 17. *Denotatio pessima super bilinguem :* La langue double s'attire une très-grande condamnation.

DENS, TIS, Gr. du Grec. ὀδούς, ὀδόντος.

1° Dent. Ps. 111. 10. *Dentibus suis fremet :* Le pécheur grincera les dents. Prov. 25. 19. 3. Reg. 10. 22. *Deferens dentes elephantorum :* Entre les marchandises qui venaient de Tharsis dans la flotte de Salomon et du roi Hiram, étaient des dents d'éléphant dont on faisait l'ivoire. Ezech. 27. 15. *Dentes eburneos ,* des dents d'ivoire ; d'où vient : *Dentem pro dente restituere :* Rendre dent pour dent. Levit. 24. 20. C'était la loi du Talion qui ordonnait de souffrir le même mal qu'on avait fait à un autre.

2° La force, la violence, la cruauté des méchants. Ps. 57. 7. *Deus conteret dentes eorum in ore ipsorum :* Dieu brisera les dents des pécheurs dans leur bouche. Ps. 123. 6. *Qui non dedit nos in captionem dentibus eorum :* Que le Seigneur soit béni, lui qui ne nous a point donnés en proie aux dents des hommes qui s'élevaient contre nous, etc. La métaphore est tirée des bêtes farouches, dont la force et la violence consistent principalement dans les dents. Mich. 3. 5. *Qui mordent dentibus suis :* Voici ce que dit le Seigneur contre les prophètes qui mordent avec les dents. Voy. MOLA. Dan. 7. 5. *Tres ordines erant in ore ejus et in dentibus ejus :* La seconde bête qui parut à Daniel et qui ressemblait à un ours, avait trois rangs de dents dans la gueule. L'empire des Mèdes et des Perses nous est figuré par cette seconde bête ; les trois rangs de dents pouvaient figurer la réunion des trois puissances des Chaldéens, des Perses et des Mèdes, *ou* peut-être l'avidité insatiable de ceux dont cet ours était la figure.

Façon de parler tirée de cette signification.

Frangere ad numerum dentes. Casser les dents les unes après les autres ; c'est faire souffrir à quelqu'un de grands maux. Thren. 3. 16. *Fregit ad numerum dentes :* Le Seigneur m'a rompu les dents sans m'en laisser une seule.

3° Médisance, calomnie. Ps. 56. 5. *Dentes eorum arma et sagittæ :* Les enfants des hommes ont des dents qui sont comme des armes et des flèches. Prov. 30. 14.

4° Les ministres de l'Eglise qui dispensent la parole de Dieu. Gen. 49. 12. *Dentes ejus lacte candidiores :* Les dents de Juda sont plus blanches que le lait. Voy. CANDIDUS. Cant. 4. 2.

DENSARE. Grossir, épaissir ; dans l'Ecriture :

Multiplier, fortifier. Job. 8. 17. *Super acervum petrarum radices densabuntur :* L'hypocrite est comme une plante, dont les racines se multiplient dans un tas de pierres.

DENSITAS, δάσος. Epaisseur. Isa. 9. 18. *Succendetur in densitate saltus :* L'impiété s'embrasera comme dans l'épaisseur d'une forêt, *autr.* dans la foule du peuple. Voy. SALTUS.

DENSUS, A, UM. De l'adjectif grec, δασύς, εῖα, δασύ, qui signifie la même chose. — 1° Epais, grossier, Exod. 10. 21. *Sint tenebræ super terram Ægypti tam densæ ut palpari queant :* Qu'il se forme sur toute l'Egypte des ténèbres si épaisses qu'elles soient palpables. c. 19. 16. Hab. 2. 6. — 2° Serré, pressé, touffu. Levit. 23. 40. *Sumetis ramos ligni densarum frondium :* Vous prendrez les branches de l'arbre le plus touffu : du myrthe. Hieron. *in Zachar.* c. 14. 16. Josèphe. Ant. l. 3. c. 10.

DENUDARE, ἀποκαλύπτειν. 1° Découvrir, mettre à nu, faire paraître à découvert. Isa. 47. 2. *Denuda turpitudinem tuam :* Dévoilez ce qui vous fait rougir, ô Babylone. Cette façon de parler marque la servitude où l'on est réduit, parce que les esclaves étaient à la discrétion de leurs maîtres. Judith. 9. 2. Hab. 3. 13, *Denudasti fundamentum ejus usque ad collum* (ἐξεγείρειν , *suscitare*) : Vous avez ruiné la maison de l'impie de fond en comble. Voy. COLLUM.

2° Dépouiller (ἐκδύειν). Ezech. 16. 39. c. 23. 26. *Denudabunt te vestimentis tuis :* Les Babyloniens vous dépouilleront de vos vêtements : le Prophète parle contre les Juifs.

3° Faire paraître, faire éclater. Eccli. 6. 9. *Est amicus qui odium et rixam et convitia denudabit :* Il y a un ami qui découvre sa haine et qui se répand en des querelles et en des injures, *autr.* qui découvrira les mésintelligences et les disputes, accompagnées de paroles injurieuses qui se seront passées entre vous, *Gr.* il y a un ami qui devient tellement votre ennemi, qu'en vous querellant, il découvre des choses qui vous sont honteuses.

4° Découvrir, révéler. Eccli. 19. 8. *Si est tibi delictum, noli denudare :* Si vous avez commis un péché, ne le leur découvrez point, ni à votre ami, ni à votre ennemi. La Vulgate peut aussi signifier : Et si vous avez connaissance de la faute de votre prochain, ne la découvrez pas à vos amis : ce qui est conforme au Grec : Ne déclarez point ni à votre ami ni à votre ennemi les fautes d'autrui. Voy. NARRARE. *Gr.* Si le péché ne retombe point sur vous, ne le découvrez point ; on ne peut quelquefois pas se justifier d'un crime, sans en charger d'autres. c. 27. 17. *Qui denudat arcana amici, fidem perdit :* Celui qui découvre les secrets de son ami, perd toute créance. v. 19. 24. etc. Ainsi c. 6. 9.

DENUDATIO, NIS, ἀποκάλυψις, manifestation, exposition. Eccli. 11. 29. *In fine hominis denudatio operum illius :* A la mort de l'homme, toutes ses œuvres seront découvertes.

DENUNTIARE. — 1° Déclarer, faire entendre, avertir (διαμαρτυρεῖσθαι). Gen. 43. v. 3. 5. *Denuntiavit nobis vir ille :* Celui qui commande dans le pays d'Egypte nous a déclaré sa résolution : Judas témoigne à Jacob que Joseph leur avait déclaré qu'ils ne le verraient point, s'ils ne lui menaient Benjamin. Num. 18. 26. 1. Mach. 9. 63. 1. Tim. 1. 3. Eccli. 16. 31. *Anima omnis vitalis denuntiavit ante faciem ipsius :* Tous les animaux, dont la surface de la terre est couverte, font connaître que la terre est remplie des biens que Dieu y a mis : *selon le Grec :* Tous les animaux couvrent la surface de la terre. Gr. ἐκάλυψε. L'interprète a peut-être lu ἀπεκάλυψεν.

2° Ordonner commander (παραγγέλλειν). Act. 4. 18. *Denuntiaverunt ne omnino loquerentur :* Tous ceux de la race sacerdotale défendirent à saint Pierre et à saint Jean de parler en quelque manière que ce fût... de Jésus-Christ. c. 5. 40. 2. Thess. 3. v. 6. 10. Voy. PRÆCIPERE.

DENUO, Gr. πάλιν, de *novus* quasi *de novo.*

1° Derechef, de nouveau, une autre fois. Joan. 3. 7. *Oportet vos nasci denuo :* Il faut que vous naissiez encore une fois ; cette seconde naissance est expliquée, v. 5. Ainsi, v. 3. Levit. 14. 48. Marc. 14. 40.

2° Ce mot se prend abusivement pour marquer, non pas la même chose, mais quelque chose de semblable. Gal. 4. 9. *Quomodo convertimini iterum ad infirma et egena elementa, quibus denuo servire vultis ?* Comment ? vous allez-vous encore assujettir aux observations légales, qui n'étaient que des éléments faibles et pauvres ? Or, les Galates n'avaient point été assujettis aux cérémonies de la loi.

DEORSUM, κάτω, de *de* et de *vorsum* ou *versum.*

1° En bas, de haut en bas. Matth. 4. 6. *Mitte te deorsum :* Jetez-vous en bas, dit à Jésus-Christ le démon, après l'avoir mis sur le haut du temple. Luc. 4. 9. Prov. 25. 3. *Cœlum sursum, et terra deorsum, et cor regum inscrutabile* (βαθύς, εἴα) : Le ciel dans sa hauteur, la terre dans sa profondeur, et le cœur des rois, trois choses impénétrables. Act. 2. 19.

Façon de parler tirée de cette signification.

De deorsum esse : Etre d'ici bas, c'est être engagé dans les affections terrestres. Joan. 8. 23. *Vos de deorsum estis :* Vous êtes d'ici-bas, vous êtes de la terre ; ainsi vous n'avez que des pensées basses et terrestres.

2° La partie la plus basse (κατάγαιος). Gen. 6. 16. *Deorsum cœnacula et tristega facies in ea :* Au-dessous du comble de l'arche, vous ferez jusqu'à trois étages. *Deorsum, i. e. quæ deorsum sunt, seu partem infimam, infima tabulata, cœnacula, i. e. media tabulata ; tristega, tertia tabulata, seu suprema.* Voy. TRISTEGA.

DEOSCULARI, φιλεῖν. Baiser, embrasser tendrement, soit par amour et amitié pure et tendre. Gen. 48. 10. *Applicitosque ad se, deosculatus et circumplexus eos :* Jacob ayant fait approcher les enfants de Joseph, il les embrassa et les baisa. c. 50. 1. Cant. 8. 1. Soit impure, Prov. 7. 13. *Apprehensumque deosculatur juvenem :* Une courtisane prend ce jeune homme et le baise. Soit par respect et comme une marque de soumission. 1. Reg. 10. 1. *Samuel deosculatus est eum :* Samuel baisa Saül, sav. après l'avoir sacré roi. Prov. 24. 26. *Labia deosculabitur qui recta verba respondet :* Celui qui répond à un homme dans la droiture, est autant chéri de lui que s'il lui donnait un baiser. Ainsi, *Vestigia pedum deosculari :* Baiser les traces des pieds, *i. e.* donner des marques de la plus grande soumission. Esth. 13. 13.

DEPASCERE, νέμειν. Paître, manger. Sap. 19. 9. *Tanquam equi depaverunt escam :* Les Israélites se réjouirent comme des chevaux dans de gras pâturages, *sc.* après qu'ils eurent passé la mer Rouge.

Dévorer, consumer (ποιμαίνειν). Ps. 48. 15. *Mors depascet eos :* La mort dévorera les pécheurs ; *Hebr.* et *Gr.* La mort sera le pasteur qui les conduira.

DEPASCI, κατεδόσκειν. Paître. Exod. 22. 5 *Si quispiam dimiserit jumentum suum ut depascatur aliena :* Si un homme laisse aller sa bête dans un champ ou une vigne, pour manger ce qui n'est pas à lui. A quoi se rapporte dans le sens métaphorique, Ezech. 34. 18. *Nonne satis vobis erat pascua bona depasci :* Ne vous devait-il pas suffire, ô riches, qui tourmentez les pauvres de mon peuple, de vous nourrir en d'excellents pâturages ?

Ravager, détruire (κατανέμειν). Ps. 79. 14. *Singularis ferus depastus est eam :* La bête sauvage a dévoré votre vigne. Isa. 3. 14. Voy. VINEA.

DEPELLERE, ὠθεῖν, Ebranler, mettre en état de tomber. Ps. 61. 4. *Quousque interficitis universi vos tanquam parieti inclinato et maceriæ depulsæ ?* Jusqu'à quand vous joignant tous ensemble pour tuer un homme seul, le pousserez-vous comme une muraille qui penche déjà et une masure tout ébranlée ?

DEPENDERE. Pendre de quelque lieu, être suspendu. Job. 15. 27. *De lateribus ejus arvina dependet :* La graisse a couvert tout son visage, et elle lui pend de tous côtés ; *i. e.* il s'est fortifié et comme engraissé dans le mal.

DEPERIRE. — 1° Périr, se perdre, en parlant des personnes. Eccli. 31. 7. *Omnis imprudens deperiet in illo* (ἁλίσκεσθαι) : L'or fera périr tous les insensés. — 2° Aimer éperdûment. 2. Reg. 18. 2. *Factum est autem ut Amnon deperiret eam valde :* L'amour qu'Amnon eut pour Thamar fut excessif.

DEPILATUS, A, UM, μαδῶν ; du substantif *pilus.*

A qui on a arraché le poil, pelé, usé. Ezech. 29. 18. *Omnis humerus depilatus est :* Les gens de Nabuchodonosor ont toutes les épaules écorchées, *sc.* faute d'habits et à force de porter des fardeaux au siége de Tyr.

DEPINGERE, διαγράφειν. — 1° Peindre,

représenter. Ezech. 8. 10. *Universa idola domus Israel depicta erant in pariete* : Toutes ces idoles étaient peintes sur la muraille tout autour. c. 23. 14.

2° Peindre, teindre, farder (στιβίζειν). 4. Reg. 9. 30. *Depinxit oculos suos stibio* : Jésabel, ayant appris l'arrivée de Jehu, se peignit les yeux avec du noir; *sc.* d'un fard fait d'antimoine, propre pour cela. Voy. STIBIUM.

DEPLORARE. Déplorer son malheur, ou celui des autres, pleurer, gémir (προσοδύρεσθαι). Sap. 19. 3. *Adhuc deplorantes ad monumenta mortuorum* : Lorsque les Égyptiens pleuraient encore aux tombeaux de leurs enfants morts, ils poursuivirent les Israélites comme des fugitifs.

DEPONERE, ἀποτιθέναι. — 1° Quitter, mettre bas (περιελομένη τὰ ἱμάτια). Gen. 38. 14. *Depositis riduitatis vestibus* : Thamar quitta ses habits de veuve, à dessein de surprendre Judas, et se venger de lui. Levit. 16. 23. Deut. 21. 13. etc.

Quitter, laisser, s'abstenir. Ephes. 4. 25. *Deponentes mendacium* : Renoncez au mensonge. Coloss. 3. 8. 1. Petr. 2. 2. Job. 36. 19.

2° Descendre quelque chose, tirer en bas (καθαιρεῖν). Marc. 15. 46. *Deponens eum involvit sindone* : Joseph descendit Jésus de la croix, et l'enveloppa dans le linceul. v. 36. Act. 13. 9. Jos. 8. 29. etc.

— Faire descendre, faire tomber, Tob. 6. 15. *Timeo ne deponam senectutem illorum ad inferos* : Je crains que je ne cause à mon père et à ma mère une affliction capable de conduire leur vieillesse jusqu'au tombeau ; si je viens à mourir après avoir épousé Sara : C'est le jeune Tobie qui parle.

— Abattre, renverser, perdre, chasser (κατάγειν). Ps. 58. 12. *Depone eos* : Faites tomber mes ennemis de cet état d'élévation où ils sont, Seigneur. Luc. 1. 52. *Deposuit potentes de sede* : Dieu a arraché les grands de leurs trônes. Isa. 22. 19. Dan. 5. 20. Exod. 15. 7. Thren. 1. 9. etc.

Abolir, effacer, détruire (καταδύνειν). Mich. 7. 19. *Deponet iniquitates nostras* : Le Seigneur détruira nos iniquités.

3° Porter d'un lieu à un autre (κατάγειν). 3. Reg. 5. 9. *Servi mei deponent ea de Libano ad mare* : Mes serviteurs porteront les cèdres qu'ils auront coupés, du Liban sur le bord de la mer : Hiram écrit à Salomon.

4° Descendre, s'abattre, venir de haut en bas (κατίπτασθαι). Eccli. 43. 19. *Sicut avis deponens ad sedendum, aspergit nivem* : Dieu répand la neige comme une multitude d'oiseaux qui vient s'asseoir sur la terre.

5° Mettre en dépôt, donner en garde (παρακατατίθεσθαι). 2. Mach. 3. 15. *Invocabant ut his qui deposuerant ea, salva custodiret* : Les prêtres invoquaient Dieu, qui avait fait la loi touchant les dépôts, le priant de conserver les dépôts de ceux qui avaient mis dans le Temple cet argent qu'Héliodore voulait enlever.

DEPOSITIO, NIS, ἀπόθεσις ; l'action par laquelle on quitte quelque chose. 2. Petr. 1. 14. *Certus quod velox est depositio tabernaculi mei* : Je sais que dans peu de temps je dois quitter cette tente, *i. e.* mon corps. c. 3. 21.

DEPOSITUM, παραθήκη, παρακαταθήκη, dépôt, chose donnée en garde. Levit. 6. 2. *Anima quæ negaverit proximo suo depositum* : L'homme qui refuse à son prochain ce qui avait été commis à sa bonne foi. 2. Mach. 3. v. 10. 15. *De depositis Legem posuit* : Dieu a fait la loi touchant les dépôts. Exod. 22. 7. 1. Tim. 6. 20. *Depositum custodi* : Gardez le dépôt qui vous a été confié : Les pasteurs doivent avoir grand soin de garder la pureté de la doctrine. 2. Tim. 1. 12. *Potens est depositum meum servare* : Je suis persuadé que celui à qui j'ai confié mon dépôt est assez puissant pour me le garder jusqu'à ce grand jour : Ce dépôt est le trésor et le mérite des bonnes œuvres que saint Paul avait faites par sa grâce.

DEPOPULARE. De *populus*, et signifie, *in populo prædas agere* (ταλαιπωρεῖν). Ravager, ruiner. Joel. 1. 10. *Depopulata est regio* : Tout le pays est ravagé. Ezech. 36. 4.

DEPOPULARI, déponent, διαρπάζειν, du même nom.

Piller, ravager, détruire. Gen. 34. 27. *Depopulati sunt urbem* : Les autres frères de Dina pillèrent toute la ville de Sichem, pour venger l'outrage fait à Dina. Num. 31. 9. Jerem. 47. 4. Ezech. 45. 8. Ose. 10. 2.

DEPOPULATIO, NIS, συντριμμός, pillage, ravage. Amos. 5. 9. *Qui depopulationem super potentem affert* : Celui qui expose au pillage les plus puissants, c'est Dieu. Mich. 2. 4.

DEPOPULATOR. Qui pille, qui ravage, qui désole (ἀνομῶν). Isa. 21. 2. *Qui depopulator est, vastat* : Celui qui dépeuplait continue encore de dépeupler tout.

DEPORTARE, ἀνάγειν, porter, transporter. 1. Par. 15. 25. *Ierunt ad deportandam arcam* : David et les autres s'en allèrent pour transporter l'arche, de la maison d'Obédédom à Jérusalem. Num. 18. 13.

DEPRÆDARE, du substantif *præda*. Piller, dépouiller (ἀθετεῖν). Isa. 33. 1. *Cum consummaveris deprædationem, deprædaberis* : Lorsque vous aurez achevé de dépouiller les autres, vous serez dépouillé.

DEPRÆDARI, déponent. 1° Piller, emporter par force (προνομεῖν). Isa. 10. 13. *Principes eorum deprædatus sum* : J'ai pillé les trésors des princes des peuples, dit le roi d'Assyrie par orgueil. Ezech. 39. 10. *Deprædabuntur eos* : Les Israélites pilleront les nations dont ils avaient été la proie, etc.

2° Épuiser, consumer. Thren. 3. 51. *Oculus meus deprædatus est* (ἐπιφυλλίζειν) *animam meam* : Mes yeux, à force de pleurer, m'ont tout épuisé et desséché : J'ai tant pleuré que j'ai fait tort à ma vie, *i. e.* à ma santé.

DEPRÆDATIO, NIS. Pillage, ravage. Judith. 10. 12. *Futurum agnovi, quod dentur vobis in deprædationem* : Je m'en suis enfuie d'avec les Hébreux, ayant reconnu que vous devez prendre et piller leur ville, dit Judith aux gardes avancées des Assyriens. Isa. 33. 1.

DEPRAVARE. De l'adjectif *pravus, a, um*.

Corrompre, dérégler, pervertir (στρεβλοῦν). 2. Petr. 3. 16. *Quæ indocti et instabiles depravant* : Des hommes ignorants et légers détournent quelques endroits, difficiles à entendre, des Lettres de saint Paul, à de mauvais sens, pour leur propre ruine, aussi bien que les autres Ecritures. Eccli. 22. 20. *Cogitatus sensati metu non depravabitur* : La résolution d'un homme sensé ne s'affaiblira point par la crainte, en quelque temps que ce soit; *Gr.* Le cœur qui s'appuie sur un sage conseil, est comme une muraille bien crépie avec un enduit de chaux et de sable, qui résiste à la pluie et au mauvais temps.

DEPRECABILIS. Facile, qui se laisse fléchir (παρακαλεῖσθαι). Ps. 89. 13. *Deprecabilis esto super servos tuos* : Laissez-vous fléchir en faveur de vos serviteurs.

DEPRECARI, παρακαλεῖν, détourner quelque mal par la prière, Gell. *l.* 6. 16; dans l'Ecr. :
1° Prier avec soumission, supplier. Prov. 28. 27. *Qui despicit deprecantem, sustinebit penuriam* : Celui qui méprise le pauvre lorsqu'il le prie, tombera lui-même dans la pauvreté. Eccli. 28. 4. etc. Ps. 29. 9. *Ad Deum meum deprecabor* : J'adresserai à Dieu mes prières. *Ad* se met pour marquer celui à qui les prières se doivent adresser, comme on voit encore cette préposition mise après *obsecratio* et *oratio*, pour marquer la même chose. Rom. 10. 1. Act. 12. 5.

2° Exhorter en priant. Philipp. 4. 2. *Syntychen deprecor idipsum sapere* : Je conjure Syntyche de s'unir aussi dans le sentiment de demeurer ferme dans le Seigneur.

3° Intercéder, tâcher d'apaiser. Sap. 18. 21. *Properans homo sine querela deprecari* (προμαχεῖν, *propugnare*) *pro populis* : Un homme irrépréhensible se hâta d'intercéder pour le peuple; *Gr.* de combattre.

4° S'apaiser, se réconcilier, se laisser fléchir. Ps. 134. 14. *In servis suis deprecabitur* : Le Seigneur se laissera fléchir aux prières de ses serviteurs; Hebr. *Super servos suos miserebitur*. Voy. Deut. 32. 36. 2. Mach. 7. 6. Voy. CONSOLARI.

Façon de parler.

Deprecari vultum ou *faciem*. Se présenter devant quelqu'un par respect et pour obtenir sa faveur (λιτανεύειν). Ps. 44. 13. *Vultum tuum deprecabuntur omnes divites plebis* : Tous les riches d'entre le peuple vous offriront leurs humbles prières : L'Ecriture parle de Salomon, figure de Jésus-Christ.

DEPRECATIO, NIS, δέησις. — 1° Prière, supplication. Jac. 5. 16. *Multum valet deprecatio Justi assidua* : La fervente prière du juste peut beaucoup. Jerem. 33. 6. *Revelabo illis deprecationem pacis et veritatis*, i. e. *pacem quam postularunt* : J'accorderai aux habitants de Juda la paix qu'ils m'ont demandée avec instance; *autr.* je leur enseignerai à me demander, comme ils le doivent, la paix et la vérité. Eccli. 4. 6. *Maledicentis in amaritudine animæ exaudietur deprecatio illius* : Celui qui vous maudit dans l'amertume de son âme, sera exaucé dans son imprécation. Voy. MALEDICERE. c. 21. 6. *Deprecatio pauperis ex ore usque ad aures ejus perveniet, et judicium festinato adveniet illi* : La prière du pauvre s'élèvera de sa bouche jusqu'aux oreilles *de Dieu*, et il se hâtera de lui faire justice; *autr.* La prière qui sort de la bouche du pauvre, ne va que jusqu'aux oreilles *du riche sans toucher son cœur*, mais il en sera bientôt puni. Ps. 21. 25. etc.

2° Garde, soutien (φυλακή). Eccli. 34. 20. *Deprecatio offensionis* : Dieu garde et soutient ceux qui le craignent, de peur qu'ils ne tombent.

DEPRECATORIUS, A, UM. Qui prie, qui exhorte à faire quelque chose (παράκλησις, *exhortatio*). 1. Mach. 10. 24. *Scribam et ego illis verba deprecatoria* : Je veux écrire d'une manière obligeante à Jonathas, pour lui demander la paix et son alliance, aussi bien qu'Alexandre, dit Démétrius.

DEPREHENDERE. 1° Prendre, surprendre, découvrir. Gen. 20. 16. *Quocumque perrexeris memento te deprehensam* : En quelque lieu que vous alliez, souvenez-vous que vous avez été prise, dit Abimelech à Sara. 1. Reg. 14. 41. *Deprehensus est Jonathas et Saul* (κληροῦσθαι, *sorte designari*) : Le sort découvrit que c'était Jonathas qui était coupable. Joan. 8. v. 3. 4. etc.

2° Reconnaître, comprendre, remarquer (εἰδέιν) Eccl. 3. 22. *Deprehendi nihil esse melius quam lætari hominem in opere suo* : J'ai reconnu qu'il n'y a rien de meilleur à l'homme que de se réjouir dans ses œuvres, *i. e.* dans son travail.

DEPRIMERE du verbe *premere*. — 1° Rabaisser, ravaler, humilier, abattre (βρίθειν). Sap. 9. 15. *Terrena inhabitatio deprimit sensum multa cogitantem* : Cette demeure terrestre (ce corps), abat l'esprit dans la multiplication des soins qui l'agitent. Eccli. 2. 3.

2° Opprimer, maltraiter, accabler (θλίβειν). Ps. 88. 43. *Exaltasti dexteram deprimentium eum* : Vous avez relevé la main de ceux qui travaillaient à accabler votre Christ. Sap. 10. v. 14. 15. Isa. 58. 6. etc.

DEPROPE, ἐγγύς, qui est voisin, qui est proche. Jerem. 25. 26. (*Propinavi*) *cunctis regibus Aquilonis de prope et de longe* : J'ai fait boire de la coupe du Seigneur à tous les rois de l'Aquilon, soit qu'ils soient plus proches ou plus éloignés pour les animer les uns contre les autres.

DEPUTARE, λογίζεσθαι. — 1° Estimer, considérer comme tel, mettre au même rang. Eccli. 18. 8. *Centum anni quasi gutta aquæ maris deputati sunt in die ævi* : Cent ans, au prix de l'éternité ne seront considérés que comme une goutte d'eau de la mer...... Luc. 22. 37. *Cum iniquis deputatus est* : Jésus-Christ a été mis au rang des scélérats : Ce qui est l'accomplissement de la prophétie d'Isa. 53. 4. Baruch. 3. 1. — 2° Attribuer, assigner. Esth. 14. 8. *Robur manuum suarum idolorum potentiæ deputantes* : Les nations attribuent la force de leurs bras à la puissance de leurs idoles. Exod. 27. 14. Num. 35. 26. 2. Mach. 4. 19.

DERBE; Heb. *Vallata*. Derbé, ville de Lycaonie. Act. 14. 6. *Confugerunt ad civitates*

Lycaoniæ, Lystram et Derben : Saint Paul et saint Barnabé s'enfuirent (d'Icone) à Lystre et à Derbe, v. 20. c. 16, 1. D'autres mettent Lystre et Derbe dans l'Isaurie, qui confine à la Lycaonie, et interprètent ce passage de la sorte : Ils s'enfuirent dans les villes de la Lycaonie, et à Lystre et à Derbe.

DERBEUS, A, UM. Du substantif *Derbe*, et signifie :

Qui est de Derbe. Act. 20. 4. *Comitatus est autem et Gaius Derbeus :* Gaïus de Derbe fut un de ceux qui accompagnèrent saint Paul de Grèce en Syrie.

DERELINQUERE, καταλείπειν, ἐγκαταλείπειν.

1° Délaisser, quitter. Prov. 27. 8. *Sic vir qui derelinquit locum suum* (ἀποξενοῦσθαι) *:* Un homme qui abandonne son propre lieu, est comme un oiseau qui quitte son nid. Ps. 26. 16. *Pater meus et mater mea dereliquerunt me :* Mon père et ma mère m'ont quitté ; soit qu'ils fussent morts, *ou* hors d'état de le secourir, David étant plutôt lui-même obligé d'avoir soin d'eux.

2° Abandonner, ne prendre plus soin. Ps. 21. 1. *Quare me dereliquisti? Pourquoi m'avez-vous abandonné ?* Jésus-Christ comme homme se plaint que Dieu son Père l'abandonne à la fureur des Juifs, non pas qu'il refuse de souffrir la rigueur des tourments, puisqu'il n'avait pris un corps que pour les endurer ; mais c'est pour marquer combien ils étaient grands et cruels, et pour faire voir l'énormité du péché, que l'Homme-Dieu pouvait seul expier par sa mort. Matth. 27. 46. Ps. 36. 26. etc. De là vient :

Derelinquere viam rectam legem Dei. Quitter le droit chemin ; c'est s'éloigner de la piété et vivre dans le dérèglement. 2. Petr. 2. 15. *Derelinquentes rectam viam erraverunt :* Ils ont quitté le droit chemin et se sont égarés. Jud. v. 6. *Dereliquerunt suum domicilium :* Les anges apostats ont quitté la demeure que Dieu leur avait assignée. Voy. DOMICILIUM.

Abandonner la loi de Dieu. Jerem. 9. 13. *Dereliquerunt legem meam :* Ils ont abandonné la loi que je leur avais donnée, dit le Seigneur. A quoi se rapporte cette signification ?

Rejeter, répudier. Isa. 62. 4. *Non vocaberis ultra derelicta :* On ne vous appellera plus la répudiée, ô Jérusalem !

3° Laisser quelqu'un dans l'état où on l'a trouvé. Act. 25. 14. *Vir quidam est derelictus a Felice vinctus :* Il y a ici un homme que Félix a laissé prisonnier, dit Festus au roi Agrippa.

4° Réserver, conserver, mettre sous la protection. 3. Reg. 19. 18. *Derelinquam mihi in Israel septem millia virorum :* Je me suis réservé sept mille hommes dans Israël qui n'ont point fléchi le genou devant Baal. v. 10. 14. *Prophetas tuos occiderunt gladio, derelictus sum ego solus :* Les enfants d'Israël ont tué vos prophètes par le fer, et étant demeuré seul, ils cherchent encore à m'ôter la vie. 4. Reg. 13. 7. Ps. 9. 38. *Tibi derelictus est pauper :* C'est à vous que le soin du pauvre a été laissé.

DEREPENTE, ἐξάπινα. Du simple *repente*, et signifie :

Vitement, bientôt, promptement. 2. Par. 29. 36. *Derepente hoc fieri placuerat :* La résolution de rétablir le culte du Seigneur fut prise tout d'un coup ; *sc.* sous Ezéchias.

DERIDERE, ἐκμυκτηρίζειν. Se moquer, se railler, mépriser. Job. 12. 4. *Deridetur justi simplicitas :* On se moque de la simplicité du juste. Ps. 21. 8. etc.

DERISOR, IS ; ἀκόλαστος. Moqueur, impie, qui se moque de Dieu et des maximes de la religion. Prov. 19. 29. *Parata sunt derisoribus judicia :* Le jugement est préparé pour les pécheurs. *Qui erudit derisorem ipse injuriam sibi facit :* Celui qui instruit le moqueur se fait injure. Il n'est pas à propos de vouloir instruire ceux qui se rient des choses sacrées et des bonnes instructions qu'on leur donne. c. 22. 10. etc. L'Ecriture marque aussi par ce terme le comble de l'impiété, comme il paraît par le Ps. 1. 1. où les mots *Cathedra pestilentiæ* répondent à ceux de l'Hébreu *Letsim :* La chaire des moqueurs. Voy. ILLUSOR.

DERISUS, US ; ἐμπαιγμός. — 1° Moquerie, raillerie, dérision. Sap. 12. 25. *Tamquam pueris insensatis judicium in derisum dedisti :* Vous vous êtes joué des idolâtres en les punissant comme des enfants insensés. Ps. 43. 14.

2° Illusion, prestige. Sap. 17. 7. *Magicæ artis appositi erant derisus :* Toutes les illusions de l'art des magiciens devinrent inutiles ; *sc.* lors des ténèbres et des objets effroyables qui paraissaient dans l'Egypte.

DERIVARE. Du substantif *rivus*, et signifie proprement conduire de l'eau d'un lieu dans un autre par des canaux, par des rigoles. Dans l'Ecriture il est pris figurément :

Faire paraître au dehors (ὑπερεκχύνειν). Prov. 5. 16. *Deriventur fontes tui foras :* Que les ruisseaux de votre fontaine coulent dehors ; *i. e.* que vos enfants nés d'un légitime mariage paraissent dans les places publiques. Voy. AQUA.

DEROGARE. Il se prend, en terme de droit, pour retrancher une partie de quelque loi, l'abolir ; dans l'Ecriture :

Médire, décréditer (μεγαλορρημονεῖν). Ezech. 35. 13. *Derogastis adversum me :* Vous avez diminué de ma gloire par vos médisances.

DESÆVIRE. Etre en fureur, faire rage, exercer sa cruauté (καταφάγεσθαι). 2. Reg. 2. 26. *Num usque ad internecionem tuus mucro desæviet?* Votre épée tuera-t-elle jusqu'à ce qu'il n'y ait plus de sang à répandre ? s'écrie Abner à Joab. 2. Mach. 7. 39. etc.

DESCENDERE, καταβαίνειν. — 1° Descendre. Act. 10. 20. *Surge, descende :* Levez-vous et descendez, dit le Saint-Esprit à saint Pierre qui était sur le haut de la maison. C'était pour aller parler aux deux domestiques de Corneille et à un de ses soldats qui venaient de sa part vers saint Pierre. Matth. 27. 40. *Descende de cruce :* Si tu es le Fils de Dieu, descends de la croix, disaient à Jésus-Christ ceux qui passaient par le lieu du Calvaire lors de la Passion. 1. Thess. 4. 15. Isa. 30. 2. c. 31. 1. Ps. 138. 8. ce qui s'entend aussi de Dieu d'une manière figurée, dans ces passages. Gen. 11. 5. *Descendit Dominus ut videret civitatem* : Le Seigneur descendit pour voir la ville et la tour de Babylone, quoique Dieu soit partout. Gen. 18. 21. *Descendam et videbo* : Je descendrai et je verrai si leurs œuvres répondent à ce cri qui est venu jusqu'à moi. Dieu, qui connaît parfaitement toutes choses, parle un langage humain; mais il nous apprend par là à ne juger pas témérairement de nos frères, puisqu'il dit qu'il *descendra* du ciel pour considérer les abominations de Sodome, quoiqu'elles fussent publiques et criantes. Greg. Mor. l. 19. c. 14. *Ambros. hic.* L'Ecriture, qui dit qu'il habite particulièrement dans le ciel, Isa. 66. 1. Act. 7. 49. etc. semble marquer aussi que Dieu en descend, lorsque, sans changer de lieu, il fait paraître sur la terre sa puissance dans la protection des bons et la punition des méchants. v. 7. *Descendamus* : Descendons. Ce pluriel marque le mystère de la sainte Trinité. Joan. 6. 38. *Descendi de cœlo* : Je suis descendu du ciel. Jésus-Christ, comme Dieu, est, pour ainsi dire, descendu du ciel; i. e. la nature divine s'est unie hypostatiquement à la nature humaine. v. 33. c. 3. 13. Matth. 3. 16. Mich. 1. 12. Jac. 1. 17. c. 3. 15. Isa. 64. 1.

2° Aller ou venir quelque part, sans avoir égard à la situation des lieux. 4. Reg. 13. 14. *Descenditque ad eum Joas* : Joas, roi d'Israël, vint voir Elisée qui était malade. c. 3. 12. Gen. 42. 2. Exod. 11. 8. Ainsi, Joan. 4. v. 47. 49. *Descende priusquam moriatur filius meus* : Seigneur, venez avant que mon fils meure, dit un officier touchant son fils qui était malade à Capharnaum, ville située sur une montagne. Judic. 5. 11. c. 15. 11. 3. Reg. 18. 44. 4. Reg. 3. 12. Ps. 106. 23. *Qui descendunt mare in navibus* : Ceux qui descendent sur mer dans les navires. Isa. 42. 10. Jer. 22. 1. Judic. 5. 14. *De Machir principes descenderunt* : Les princes sont venus de la tribu de Manassé, dont Machir était le fils aîné. Ose. 11. 12. *Judas descendit cum Deo* : Juda marchait avec Dieu. La tribu de Juda, sous le règne d'Ezéchias, fit connaître par ses actions que le Seigneur était son Dieu. Ainsi, *descendere in prœlium*, ou *ad certamen*, ou *ad aliquem*, c'est : Venir combattre, se présenter au combat. 1. Reg. 17. 8. c. 29. 4. c. 30. 24. 2. Reg. 23. 21. etc.

3° Tomber. Agg. 2. 23. *Descendent equi, et ascensores eorum* : Les chevaux et les cavaliers tomberont les uns sur les autres.

4° Tomber avec précipitation, survenir tout d'un coup (καταράσσειν). Sap. 17. 4. *Sonitus descendens perturbabat illos* : Il s'élevait des bruits qui effrayaient les Egyptiens; sc. pendant le temps de la plaie des ténèbres; Gr. *soni cum impetu decidentes.*

5° S'abaisser, être bas. Ps. 103. 8. *Ascendunt montes et descendunt campi* : Les montagnes s'élèvent et les plaines sont abaissées. Au commencement du monde, quand Dieu eut fait retirer les eaux qui couvraient la terre, on vit paraître les montagnes et les vallées. D'autres, selon l'Hébreu, l'entendent des eaux qui s'écoulèrent par les montagnes et les vallées dans le lieu que Dieu leur avait établi.

Tomber dans la misère, être réduit dans un misérable état. Deut. 28. 43. *Tu autem descendes, et eris inferior* : Si vous n'écoutez le Seigneur, vous descendrez, et vous serez au dessous de l'étranger. Ezech. 32. 19. *Descende* : Vous descendrez (sc. dans le tombeau) : le Prophète prédit la ruine des Egyptiens, et parle à Pharaon. Jerem. 48. 18. *Descende de gloria* : Descends de ta gloire : le Prophète parle contre les Moabites. c. 13. 18.

Façons de parler.

Descendere deorsum, in infernum, lacum, foveam, corruptionem, terram. — Mourir Ps. 27. 1. *Assimilabor descendentibus in lacum* : Je serai semblable à ceux qui descendent dans la fosse; mais, *descendere in infernum, ad inferos*, se prend diversement. Voy. INFERI, INFERNUS. *Descendere in terram.* Ps. 21. 30. *In conspectu ejus cadent omnes qui descendunt in terram* : Tous les mortels qui seront réduits en terre ou en poussière, l'adoreront en cette vie, ou seront éternellement assujettis à sa justice en l'autre. *Descendere deorsum* : Etre réduit en poussière et s'évanouir. Eccl. 3. 21. *Quis novit si spiritus jumentorum descendat deorsum ?* Qui connaît si l'âme des bêtes descend en bas ? Ce passage semble marquer qu'il y a peu de gens qui connaissent la différence qu'il y a entre l'âme de l'homme et celle de la bête.

DESCENSIO, NIS. Chute, ruine, Isa. 32. 19. *Grando in descensione saltus* : La grêle ruinera la forêt ; Hebr. *Descendente* ; i. e. *ruente silva* : Les malheurs figurés par la guerre tomberont sur la synagogue, qui est comme une forêt stérile.

DESCENSUS, US ; κατάβασις. — 1° Action de descendre. Eccli. 43. 19. *Sicut locusta demergens descensus ejus* : Dieu répand la neige comme une troupe de sauterelles qui descendent en bas.

2° Descente, pente de colline ou de montagne. Luc. 19. 37. *Cum appropinquaret jam ad descensum montis Oliveti* : Lorsque Jésus-Christ approcha de la descente de la montagne des Oliviers. Jerem. 48. 5. etc.

DESCRIBERE. — 1° Ecrire, décrire, copier, transcrire (γράφειν). Deut. 17. 18. *Describet sibi Deuteronomium legis hujus in volumine* : Après que celui que vous aurez établi pour roi sera assis sur son trône, il fera décrire le Deutéronome et cette loi que je vous prescris. c. 22. 20. et dans le sens figuré, c. 3. 3. *Describe in tabulis cordis tui* : Gravez la miséricorde et la vérité sur les tables de votre cœur. Ainsi, Num. 33. 2. 1. Par. 24. 6.

2° Faire un rôle, un dénombrement, tenir registre (ἀπογράφειν). Luc. 2. 1. *Exiit edictum a Cæsare Augusto ut describeretur universus orbis* : Auguste ordonna qu'on fît le dénombrement des habitants de toute la terre; *i. e.* de l'empire romain. 1. Par. 9. 22.

3° Dessiner, faire le plan de quelque pays ou de quelque lieu (διαγράφειν). Jos. 18. 4. *Eligite ternos viros ut mittam eos, et describant eam juxta numerum uniuscujusque multitudinis referantque ad me quod descripserint :* Choisissez trois hommes de chaque tribu, afin que je les envoie et qu'ils fassent la description de la terre (promise), selon le nombre de ceux qui la doivent posséder, et qu'ils me la rapportent quand ils l'auront faite, dit Josué aux sept tribus des Israélites qui n'étaient pas encore entrées en possession de la terre promise. v. 6. 8. Ezech. 4. 1.

Façon de parler.

Describere in manibus. — C'est se souvenir toujours de quelque chose, comme si on l'avait gravée sur ses mains (ζωγράφειν). Isa. 49. 16. *Ecce in manibus meis descripsi te :* Je vous porte gravée sur ma main, ô Sion !

DESCRIPTIO, NIB ; ἀπογραφή. — 1° Dénombrement, rôle. Luc. 2. 2. *Hæc descriptio prima facta est a præside Syriæ Cyrino :* Ce fut le premier dénombrement qui se fit par Cyrinus, ou Quirinus, étant gouverneur de Syrie ; ce dénombrement est appelé le premier, soit qu'on n'en eût point fait jusqu'alors, soit par rapport à Quirinus qui en fit encore un autre vingt ans depuis, dont Josèphe fait mention à cause de la sédition de Judas dont il est parlé, Act. 5. 37. Ainsi, 2. Reg. 24. 9.

2° Plan, dessin (παράδειγμα). 1. Par. 28. 11. *Dedit David Salomoni descriptionem porticus:* David donna à son fils Salomon le dessin du vestibule. Ezech. 43. 11.

3° Livre, monument. 2. Mach. 2. 1. *Invenitur in descriptionibus Jeremiæ prophetæ :* On trouve dans les écrits du prophète Jérémie qu'il, etc. Ce livre est perdu ; *Gr.* dans les histoires que le prophète Jérémie commanda, etc. v. 13.

DESERERE. De *serere*, approcher, mettre en ordre.

Quitter, délaisser, abandonner. Heb. 13. 5. *Non te deseram, neque derelinquam :* Je ne vous laisserai point et je ne vous abandonnerai point. Saint Paul prouve, par cette promesse que Dieu fait, l'engagement où l'on est de se contenter de ce que l'on a. c. 10. 25. D'où viennent :

DESERTA, Æ. Femme abandonnée, qui n'a point de mari ou d'enfants. Isa. 54. 1. Gal. 4. 27. *Multi filii desertæ, magis quam ejus quæ habet virum :* Celle qui était délaissée a plus d'enfants que celle qui a un mari. Cette femme non mariée ou stérile est l'Eglise chrétienne, qui était fort petite au commencement de la prédication de l'Evangile au prix de la synagogue. Voy. DESOLATA.

DESERTOR, IS; ἀποστάτης. Déserteur, qui abandonne. Isa. 30. 1. *Væ, filii desertores :* Malheur à vous, enfants rebelles : Dieu se plaint que les Israélites ont recours au roi d'Egypte, plutôt qu'à lui seul. 1. Mach. 7. 24.

DESERTUM, I; ἔρημος. De *Deserere.*

Les Juifs appelaient de ce nom tous les endroits qui n'étaient point cultivés ; soit qu'ils fussent abandonnés, soit qu'ils fussent stériles.

1°. Désert, solitude, lieu vaste qui n'est point habité. Matth. 15. 33. *Unde nobis in deserto panes tantos?* Comment pourrons-nous trouver dans ce lieu désert assez de pain pour rassasier tant de personnes? disent les disciples à Jésus-Christ ; Gr. *tam multos.* c. 24. 26.

Il y a plusieurs déserts dont il est parlé dans l'Ecriture. 1° Le désert de l'Arabie, où les Israélites ont été 40 ans. Ps. 67. 8. Ps. 77. v. 19. 40. 52. Ps. 94. 9. etc. Joan. 3. 14. 2° Le désert de Ziph. 1. Reg. 23. 15. 3° Celui de Maon. v. 24. 4° Celui d'Engaddi. 1. Reg. 24. 2. 5° Celui de Pharan. c. 25. 1. 6° Celui de Bethsaïde. Luc. 9. 10. *Secessit in locum desertum qui est Bethsaïdæ :* Jésus se retira à l'écart dans un lieu désert vis-à-vis de Bethsaïde. Ce lieu était appelé *le désert de Bethsaïde,* non qu'il fût du même côté que la ville, étant au delà du lac, comme il paraît, Matth. 14. 22. Marc. 6. 45, mais parce qu'il était vis-à-vis, *ou,* selon d'autres, parce qu'il appartenait à la ville de Bethsaïde, quoiqu'il fût de l'autre côté. D'autres croient que ce lieu désert était près ou à côté de Bethsaïde sur le bord du lac, mais cela est difficile à accorder avec tout le reste. 7° Celui d'Idumée, du côté du midi, 4. Reg. 3. 8. Ps. 62. 1. Mais quand on appelle *désert* absolument sans rien ajouter, on entend le désert de la Judée, entre le levant et le nord, le long du Jourdain. Matth. 4. 1. c. 11. 7. c. 13. 33. Marc. 1. v. 3. 4. Luc. 3. 2, à moins que le contraire ne paraisse par les circonstances, comme Joan. 3. 14, par lequel on entend le désert d'Arabie. Ainsi, Joab fut enseveli dans sa maison dans le désert. 3. Reg. 2. 34. *in deserto.* On peut l'entendre dans un lieu stérile et non habité.

2° Lieu peu habité. Gen. 21. 21. *Habitavit in deserto Pharan :* Ismaël demeura dans le désert de Pharan. Isa. 42. 11. 3. Reg. 2. 34. Ainsi, le désert où habitait saint Jean-Baptiste semble être le pays des montagnes où était la maison de Zacharie, son père, où alla la sainte Vierge. Luc. 1. 80. c. 3. 2. Matth. 3. 1. *ou bien,* le désert de la Judée, le long du Jourdain.

3° Lieu sec et stérile. Ps. 106. 33. *Posuit flumina in desertum :* Le Seigneur a changé les fleuves en un désert ; *i. e.* a changé les lieux arrosés des fleuves qui les rendaient fertiles, en des lieux secs et stériles : ce qui signifie aussi mettre la stérilité et la désolation dans un pays. Isa. 41. 18. c. 50. 2. Job. 30. 6. *In desertis habitabant torrentium :* Ceux qui me méprisent habitaient autrefois dans les déserts ; Hebr. *in scissuris ;* dans les creux des rochers qui se trouvent sur les torrents.

4° La campagne et les prairies, lieu désert, parce qu'on ne cultive d'ordinaire que les lieux les plus proches des villes et des villages, et que ce n'est que dans les lieux les plus écartés qu'on laisse croître l'herbe pour les troupeaux. (Voy. Jerem. 9. 10.) Joel. 1. 19. *Ignis comedit speciosa deserti* : Le feu a dévoré ce qu'il y avait de plus beau dans les prairies. Cant. 3. 6. c. 8. 5. *Ascendit de deserto* : L'épouse, dans le sens littéral, revient de la campagne dans Jérusalem. L'épouse s'élève, dit saint Grégoire, *étant appuyée sur son bien-aimé*, c'est-à-dire que, mettant sa confiance en Jésus-Christ seul, elle trouve dans sa grâce la force de sortir de cet exil, et de s'élever vers le ciel, qui est sa patrie. Thren. 5. 9. Dans l'Hebr. le même mot signifie pâturage et désert.

§ 1.—Les bêtes sauvages qui habitent dans les déserts. Ps. 28. 8. *Vox Domini concutientis desertum* : Le tonnerre épouvante les bêtes farouches ; *autr.* ébranle les déserts les plus reculés.

§ 2.—Le côté du midi par rapport à la Judée. Ps. 74. 7. *Neque ab Oriente, neque ab Occidente, neque a desertis montibus* : Il ne vous viendra point de secours des montagnes désertes ; *Hebr.* des déserts des montagnes ; *i. e.* du côté du midi où il y a des déserts pleins de montagnes. Jos. 1. 4. *a deserto.* Ce désert est celui de *Sin* et *Cades.* Voy. CADES. Ainsi, le côté de l'Orient. Exod. 23. 31. *A deserto usque ad fluvium* : Depuis l'Arabie déserte jusqu'à l'Euphrate. Ezech. 22. 42. *Veniebant de deserto* : Jerusalem suivait les superstitions non-seulement des Assyriens, mais encore de plusieurs peuples qui étaient du côté du désert ; *i. e.* de l'Arabie.

§ 3.—Lieu d'exil, qui est un désert à ceux qui y sont, quelque agréable qu'il soit d'ailleurs. Isa. 40. 3. *Vox clamantis in deserto* : On a entendu la voix de celui qui crie dans le désert par ces paroles que saint Jean a appliquées à lui-même (Luc. 3. 4). Le Prophète, sous la figure du retour des Juifs dans la Judée, représente l'arrivée de Jésus-Christ dans le monde. Ezech. 20. 35. *Adducam vos in desertum* : Je vous mènerai dans un désert écarté : Quelques-uns l'entendent en ce même sens de la ville de Babylone ; d'autres l'entendent du chemin par lequel les Juifs devaient passer, qui était dénué d'habitants.

§ 4.—Lieu ou pays ; soit qu'il doive être ravagé et désolé. Isa. 21. 1. *Onus deserti maris* : Prophétie contre Babylone appelée *désert*, parce qu'elle devait être détruite ; et *désert de la mer*, parce qu'elle était située sur de grandes eaux. Soit que ce pays soit déjà ruiné et désolé. c. 51. 4. *Ponet desertum ejus quasi delicias* : Dieu fera habiter de nouveau la Judée qui était déserte, et en fera un paradis terrestre. Voy. DELICIÆ. Ce qui s'entend à la lettre du rétablissement des Juifs, et principalement de l'établissement de l'Eglise par le concours des Gentils. De là vient, *Deserta a sæculo ; deserta sæculorum* : Lieux déserts depuis plusieurs siècles. Isa. 58. 12. c. 61. 4.

DESERTUS, A, UM. 1° Qui n'est point habité ni cultivé. Act. 8. 26. *Hæc est deserta* : Allez au chemin qui descend de Jérusalem à Gaze qui est déserte : Gaze avait été ruinée par Alexandre. c. 1. 20. Ps. 68. 26. Matth. 14. v. 13. 15. — 2° Qui est entièrement ruiné et renversé. Matth. 23. 38. *Relinquetur vobis domus vestra deserta* : Le temps s'approche, ô Jérusalem, que votre maison demeurera déserte : ce qui s'entend du temple de la ville.

DESERVIRE ; ὑπηρετεῖν. — 1° Servir, rendre service, obéir. Sap. 16. 24. *Creatura tibi factori deserviens* : La créature vous est asservie, à vous qui en êtes le Créateur. 1. Cor. 9. 13.

2° Servir, rendre à Dieu un culte de religion (λατρεύειν). Hebr. 8. 5. *Qui exemplari et umbræ deserviunt cœlestium* : Qui rendent à Dieu un culte qui consiste dans des figures et dans l'ombre des choses du ciel. c. 13. 10. Act. 24. 14. c. 26. 7. c. 27. 32.

3° S'accommoder, avoir de la complaisance (δουλεύειν). Sap. 14. 21. *Regibus deservientes* : Les hommes se sont rendus trop complaisants aux rois ; *sc.* pour regarder comme un dieu le père de leur roi, parce qu'il le leur commandait. Voy. v. 15. c. 16. 21.

4° Demeurer, être toujours prêt pour le service de quelqu'un (προσκαρτερεῖν). Marc. 3. 9. *Dixit discipulis suis ut navicula sibi deserviret* : Jésus-Christ dit à ses disciples qu'ils lui tinssent là une barque, afin qu'elle lui servît.

DESIDERABILIS, IS, E ; ἐπιθυμητός. Souhaitable, qui mérite d'être désiré, agréable, précieux, aimable. Ps. 18. 11. *Desiderabilia super aurum et lapidem pretiosum* : L'observation des commandements de Dieu est plus à désirer que l'or et les pierres précieuses. Cant. 5. 16. *Totus desiderabilis* : Mon bien-aimé est tout aimable. Job. 33. 20. etc. L'Hébreu emploie le génitif *desiderii* ou *desideriorum*, gouverné du substantif qui le précède, au lieu de l'adjectif *desiderabilis* dont l'interprète s'est servi ; *comme vasa desiderii : terra desiderii* : Un vase précieux, une terre agréable, et ainsi du reste pour signifier tout ce qu'on veut marquer, comme aimable, précieux, agréable, excellent. Dan. 10. 3. *Panem desiderabilem non comedi* : Je ne mangeai d'aucun pain agréable au goût ; *sc.* pendant trois semaines. Ezech. 24. 16. *Ecce ego tollo a te desiderabile oculorum tuorum* : Je vais vous ravir ce qui est de plus agréable à vos yeux ; *sc.* votre femme. Ainsi, les ornements du temple et tous les meubles précieux qui servaient au culte de Dieu, sont rendus dans la Vulgate par le mot *desiderabilia.* Joel. 3. 5. *Desiderabilia mea intulistis* : Vous avez emporté dans vos temples ce que j'avais de plus précieux et de plus beau. Thren. 1. 10. De même les bâtiments somptueux du temple et de la ville. Isa. 64. 11. *Omnia desiderabilia nostra versa sunt in ruinas* : Tous nos bâtiments les plus somptueux ne sont plus que des ruines. Thren. 1. 7. Voy. DESIDERIUM 4°.

DESIDERARE, ἐπιποθεῖν, ἐπιθυμεῖν. Du nom *sidus*, et répond au verbe ἀποχειμάζειν, qui marque le temps de la belle saison qui se passe.

1° Désirer, souhaiter, soupirer après quelque chose. Ps. 118. 20. *Concupivit anima mea desiderare justificationes tuas* : Mon âme a désiré avec ardeur de s'entretenir de votre loi. *Concupivit desiderare*, est une phrase hébraïque pour *vehementer desideravit*, de la même signification que, Luc. 22. 15. *Desiderio desideravi* : J'ai souhaité avec ardeur. Ps. 41. 1. etc. 1. Tim. 3. 1. Ainsi, aimer avec grande affection, soupirer après une chose absente. Philipp. 2. 26. *Quoniam omnes vos desiderabat* : Je vous ai envoyé Epaphrodite, parce qu'il désirait de vous voir tous. 1. Cor. 9. 14. D'où vient, *Non desiderare*, mépriser, rejeter. Isa. 53. 2. *Non erat aspectus, et desideravimus eum* : Le bras du Seigneur, sc. Jésus-Christ, n'avait rien qui attirât l'œil, et nous l'avons méprisé; *i. e.* en sorte que même il paraissait méprisable. Voy. ASPECTUS.

2° Désirer, avoir besoin (χρείαν ἔχειν). 1. Thess. 4. 11. *Operam detis ut nullius aliquid desideretis* : Etudiez-vous à vous mettre en état que vous ne désiriez rien du bien d'autrui, de n'en avoir pas besoin. De là vient:

DESIDERATUS, A, UM; ἐκλεκτός. Qui est désiré et souhaité. Agg. 2. 8. *Veniet desideratus cunctis gentibus* : Le désiré de toutes les nations viendra. Ce nom est un de ceux du Messie qui était l'objet du désir des nations; soit à cause de l'extrême désir qu'elles avaient de sa venue, soit à cause des désirs des élus.

DESIDERATISSIMUS; ἐπιπόθητος, Superlatif de *desideratus*.

Très-cher et très-aimé. Philipp. 4. 1. *Fratres mei charissimi et desideratissimi* : Mes très-chers et très-aimés frères; Gr. *Desiderati*.

DESIDERIUM, II; ἐπιθυμία. — 1° Désir, souhait, regret. Prov. 13. 19. *Desiderium si compleatur, delectat animam:* L'accomplissement du désir est la joie de l'âme. c. 21. 25. *Desideria occidunt pigrum* : Les désirs tuent les paresseux. Ainsi, le désir de revoir. 2. Cor. 7. v. 7. 11. *Consolatus est nos Deus referens nobis vestrum desiderium:* Dieu nous a consolé, non-seulement par l'arrivée de Tite, mais encore par la consolation qu'il a reçue de vous, m'ayant rapporté le désir que vous avez de me revoir.

2° Dessein, entreprise. Joan. 8. 44. *Desideria patris vestri vultis facere* : Vous voulez accomplir les désirs de votre père qui est le diable : ici le mot *desideria* est rendu par *opera, studia, adinventiones;* Hbr. *hhaliloth*, ou *mahaalilim*. A quoi se rapporte aussi, convoitise. 2. Tim. 3. 6. *Ducuntur variis desideriis* : Ces faux docteurs traînent après eux, comme captives, des femmes possédées de diverses passions. c. 2. Ephes. 4. 22. *Corrumpitur secundum desideria erroris:* La vie, selon l'homme intérieur, se corrompt en suivant l'illusion de ses passions; *i. e. cupiditates deceptrices*. 1. Thess. 4. 5. Tit. 3. 3. 1. Petr. 4. v. 2. 3. Sap. 19. 12. *In allocutione desiderii.* Voy. ALLOCUTIO.

3° Le besoin qu'on a de quelque chose (χρεία). Philipp. 4. 19. *Deus autem meus impleat omne desiderium vestrum; i. e. quidquid vobis opus est* : Je souhaite que mon Dieu remplisse tous vos besoins : ce que saint Paul dit comme en reconnaissance de la libéralité que les Philippiens avaient exercée envers lui. (Voy. v. 18.). A quoi se rapporte dans le sens figuré cette autre signification. La chose même que l'on désire, l'objet désiré. Ps. 20. 3. *Desiderium cordis ejus tribuisti ei*: Vous avez accordé au roi le désir de son cœur. Ps. 77. 29. *Desiderium eorum attulit eis* : Dieu accorda aux Israélites ce qu'ils désiraient, sc. des viandes qui furent des cailles dont ils mangèrent. *Non sunt fraudati a desiderio suo* : Ils ne furent point frustrés de ce qu'ils avaient tant désiré. Ps. 111. 10. Ps. 10. 17. Ezech. 24. 25. *Tollam ab eis desiderium oculorum eorum* : J'ôterai aux Israélites ce qu'ils ont de plus cher et de plus précieux ; *sc.* la royauté et le temple saint. Eccli. 45. 14. Job. 30. 15. Ainsi, Gen. 49. 26. *Desiderium collium æternorum* (εὐλογία): Le Messie qui est l'objet des désirs des patriarches marqués par les collines qui sont depuis le commencement du monde.

4° *Desiderium* mis au génitif gouverné d'un substantif, signifie une chose chère, précieuse, agréable, excellente. Apoc. 18. 14. *Poma desiderii animæ tuæ discesserunt a te*: Les fruits dont tu faisais tes délices t'ont quittée, ô Babylone; *autr.* le temps de la jouissance de tes désirs est passé. Ainsi, *vir desideriorum*, Dan. 9. 23. c. 10. v. 11. 19. est un nom attribué au prophète Daniel, ou parce qu'il était très-aimable et agréable à Dieu, ou, parce qu'il était très-recommandable pour sa vertu ; ou enfin il se prend activement pour signifier le grand désir que ce prophète avait du salut de son peuple.

DESIGNARE, ἀναδεικνύναι. Désigner, nommer, choisir. Luc. 10. 1. *Designavit Dominus et alios septuaginta duos* : Le Seigneur choisit encore soixante et douze autres disciples; Gr. soixante-dix. 2. Mach. 9. 25.

DESILIRE. Du simple *salire*.

Sauter du haut en bas, descendre promptement (καταβαίνειν). Judic. 4. 15. *In tantum ut Sisara, de curru desiliens, pedibus fugeret* : Le Seigneur frappa de terreur Sisara et toutes ses troupes, et les fit passer au fil de l'épée aux yeux de Barac, de sorte que Sisara sautant de son chariot en bas, s'enfuit à pied. 4. Reg. 5. 21.

DESINERE; ἐκλείπειν. 1° Cesser, finir, s'arrêter. Sap. 5. 13. *Nati continuo desivimus esse* : Nous ne sommes pas plutôt nés, que nous avons cessé d'être. Eccli. 28. 6. Esth. 9. v. 17. 18. etc.

Façon de parler de cette signification.

Desinere a re aliqua. Cesser de faire quelque chose, s'en abstenir (παύειν). Ps. 36. 8. *Desine ab ira* : Quittez tous ces mouvements de colère. 1. Petr. 4. 1. Job. 34. 36. *Ne desinas ab homine iniquitatis* : Ne cessez point de frapper un homme injuste; *sc.* pour l'obliger de reconnaître la justice de votre conduite; *ou* si Eliu parle à Eliphas comme à son ancien, ces paroles signifient : Ne cessez point de presser Job par de fortes raisons pour le confondre.

2° Cesser d'être, ou de subsister. Eccli. 24. 46. *Non desinam in progenies illorum usque in ævum sanctum :* Je ne cesserai point d'être présente de race, en race jusqu'au siècle saint, à ceux qui me recherchent : C'est la Sagesse qui parle.

DESISTERE. Cesser, s'arrêter (ἀναστρέφειν). 1. Reg. 23. 28. *Reversus est ergo Saul desistens persequi David :* A la nouvelle que reçut Saül que les Philistins étaient entrés en grand nombre dans la Judée, Saül cessa de poursuivre David ; *sc.* pour marcher contre les Philistins.

Façons de parler.

Desistere a re aliqua. S'abstenir de quelque chose, cesser de la faire, ou en quitter le dessein. Gen. 11. 6. *Nec desistent a cogitationibus suis :* Les enfants d'Adam ne quitteront point le dessein qu'ils ont ; *sc.* de bâtir la ville et la tour, appelée depuis Babel. Eccli. 16. 28.

DESOLARE ; ἐρημοῦν, ἀφανίζειν. De l'adj. *solus, a, um.*

1° Désoler, ravager, ruiner. Sophon. 3. 6. *Desolatæ sunt* (ἐξίλιπον) *civitates eorum :* Les villes des peuples sont désolées. Zach. 7. 14. *Terra desolata est ab eis :* Ils sont cause que leur pays est désolé ; *autr.* leur pays est demeuré abandonné par leur exil, Gr. κατόπισθεν *a tergo,* derrière eux : ce qui marque leur enlèvement. Ps. 78. 7. etc. A quoi se rapporte dans le sens métaphorique, Isa. 11. 15. *Desolabit Dominus linguam maris Ægypti :* Le Seigneur dessèchera la langue de la mer d'Egypte ; *i. e.* il dessèchera la mer Rouge voisine de l'Egypte, *ou* l'Isthme, qui est entre la Méditerranée et la mer Rouge : ce qui figure la destruction de l'idolâtrie, et l'entrée facile des apôtres dans l'Egypte ou l'Assyrie. Le Prophète fait allusion au passage des Israélites au travers de la mer Rouge.

2° Perdre, affliger, persécuter, réduire à la dernière désolation (χερσοῦν). Sap. 4. 19. *Usque ad supremum desolabuntur :* Le Seigneur réduira les méchants dans la dernière désolation. Apoc. 17. 16.

3° Saisir de frayeur, effrayer (φρίσσειν). Jerem. 2. 12. *Portæ ejus, desolamini* (οὐρανὸς ἔφριξε) *vehementer :* Portes du ciel, frémissez d'horreur, et brisez-vous par les éclairs et les foudres, pour marquer la colère de Dieu : on peut aussi entendre par ces portes du ciel, les anges ; *Menoch.*

4° Laisser, destituer, abandonner seul. 2. Reg. 17. 2. *Percutiam regem desolatum ;* μονώτατον : Le roi se trouvant seul, je le désolerai ; c'est la proposition et l'offre que fait Achitophel à Absalom. 1. Tim. 5. 5. 1. Thess. 2. 17. *Nos desolati a vobis ad tempus horæ, aspectu, non corde :* Nous avons été séparés de vous pour un peu de temps, de corps, non de cœur. Baruch. 4. v. 12. 16. Ce mot se dit particulièrement d'une veuve, d'une mère sans enfants, ou d'une ville sans citoyens, 1. Tim. 5. 5. *Quæ vere vidua est, et desolata speret in Deum :* Que celle qui est véritablement veuve et abandonnée, espère en Dieu. Thren. 1. 13. *Posuit me desolatam :* Le Seigneur m'a rendu toute désolée ; c'est Jérusalem qui se plaint. 2. Reg. 13. 20. *Mansit Thamar contabescens in domo Absalom :* Thamar demeura dans la maison d'Absalom, son frère, séchant d'ennui. Hebr. *desolata,* sans être mariée, *ou,* sans voir personne.

DESOLATIO, NIS ; ἐρήμωσις, ἀφανισμός. 1° Désolation, ruine, ravage. Luc. 21. 20. *Scitote quia appropinquavit desolatio ejus :* Lorsque vous verrez une armée environner Jérusalem, sachez que sa désolation est proche, dit Jésus-Christ. Jerem. 12. 11. *Desolatione desolata est omnis terra :* La terre est dans une extrême désolation. c. 18. 16. Matth. 24. 15. *Cum videritis abominationem desolationis ; i. e. desolantem.* V. ABOMINATIO. Ainsi, Dan. 8. 13. *Usquequo peccatum desolationis ?* Jusqu'à quand durera le péché qui causera cette désolation ? D'où vient, *Dare,* ou *ponere abominationem in desolationem :* Causer une désolation abominable. Dan. 11. 31. *Dabunt abominationem in desolationem :* Cela s'entend du ravage que fit Antiochus Epiphanes dans la Judée, et surtout dans Jérusalem et dans le temple. *Gr.* βδελύγματα ἠφανισμάτων, *Abominationes hominum desolatorum :* Ainsi, c. 2. 11. 1. Mac. 1. 57. *Ædificavit rex Antiochus abominandum idolum desolationis super altare Dei :* Le roi Antiochus dressa l'abominable idole de la désolation sur l'autel de Dieu ; c'était l'idole de Jupiter Olympien.

2° Affliction, tristesse, chagrin, douleur. Ezech. 12. 19. *Aquam suam in desolatione bibent :* Ceux qui habitent dans Jérusalem boiront leur eau dans l'affliction.

DESOLATORIUS, A, UM ; ἐρημικός. Qui consume vite. Ps. 119. 4. *Sagittæ potentis acutæ, cum carbonibus desolatoriis :* La langue trompeuse est semblable à des flèches aiguës, lancées par un homme fort, aussi bien qu'à des charbons ardents qui consument promptement, et qui réduisent bientôt en cendre ; *autr.* avec des charbons dévorants : ce qui marque le grand mal que les calomniateurs causent par leurs médisances, qui est incurable et sans remède. L'Hébreu porte, *des charbons de genièvre,* qui sont solides et fort brûlants.

DESPECTIO, NIS ; ἐξουδένωσις. — 1° Mépris, dédain, abandon. Ps. 122. 4. *Repleti sumus despectione :* Nous sommes remplis de confusion et dans le dernier mépris.

2° Sujet, objet de mépris, qui est méprisé. Ps. 122. 5. *Opprobrium abundantibus et despectio superbis :* Nous sommes devenus un sujet d'opprobre à ceux qui sont dans l'abondance, et de mépris aux superbes.

DESPECTUS, US ; ἀτιμία. Mépris. Gen. 16. 5. *Videns quod conceperit, despectui me habet :* Agar voyant qu'elle est devenue grosse, me méprise : Sara s'en plaint à Abraham.

DESPECTUS, A, UM ; ἄτιμος. — 1° Que l'on méprise, qui est un objet de mépris. Isa. 53. 3. *Vidimus eum despectum :* Ce bras du Seigneur, Jésus-Christ nous a paru un objet de mépris.

2° Infâme, indigne du rang qu'il tient, ἐξουδενωθείς. Dan. 11. 21. *Stabit in loco ejus despectus :* Un homme très-méprisable et indigne du nom de roi prendra la place du roi Seleucus; par ce roi méprisable, s'entend Antiochus Epiphanes, qui n'avait point de qualités royales, quoiqu'il fût appelé l'*Illustre*; il s'est rendu infâme par ses impiétés, ses fourberies, ses violences et ses cruautés contre les Juifs. Voy. FRAUDULENTIA.

DESPERABILIS, IS, E. Incurable, dont on désespère. Jerem. 15. 18. *Quare plaga mea desperabilis* (στερεὸς) *renuit curari?* Pourquoi ma plaie est-elle désespérée et refuse-t-elle de se guérir? Voy. PLAGA. n. 5.

DESPERARE; ἀπελπίζειν. Désespérer, perdre espérance. 1. Reg. 23. 26. *David desperabat se posse evadere*: David désespérait de pouvoir échapper: *Gr.* σκιπαζόμενος, *tegens se*; *Hebr.* nahhats, *festinabat*; David se hâtait de sortir de là. Prov. 19. 18. *Erudi filium tuum, ne desperes*: Corrigez votre enfant et n'en désespérez pas; *Hebr.* Ne vous arrêtez point à ses cris. 2. Mach. 9. 22. *Non desperans memetipsum* (ἀπογινώσκειν): Ce n'est pas que je désespère de ma santé, dit Antiochus. Ephes. 4. 19. *Desperantes semetipsos tradiderunt impudicitiæ* (ἀπαλγεῖν, *dedolere*): Les Gentils n'ayant point d'espérance se sont abandonnés à l'impudicité; *Gr.* ἀπηλγηκότες, *Qui dolere lesierunt*; sans aucun remords. Job. 7. 16. *Desperavi, nequaquam ultra jam vivam*: Il ne me reste aucune espérance de vivre davantage; *Hebr.* La vie m'est devenue insupportable.

Ne pouvoir se résoudre à faire quelque chose. Jerem. 2. 25. *Desperavi, nequaquam faciam*: Je ne puis me résoudre à faire ce que vous désirez de moi. c. 18. 12. de là vient,

DESPERARI. Etre désespéré, être dans un état dans lequel on n'espère plus de guérison (ἀῤῥωστεῖν). 2. Reg. 12. 15. *Desperatus est*: L'enfant que la femme d'Urie avait eu de David, fut désespéré; *Hebr.* devint extrêmement malade. Mich. 1. 9. *Desperata est plaga ejus*: La plaie de Samarie est désespérée: le Prophète parle de la contagion de l'idolâtrie; *Gr.* κατεκράτησεν, *invaluit*. On peut l'entendre de la peine dont Dieu a puni l'idolâtrie des dix tribus; *Venit usque ad Judam, tetigit portam populi mei usque ad Jerusalem*: Elle est venue jusqu'à Juda, elle a gagné jusqu'à la porte de mon peuple, jusque dans Jérusalem; parce que les Assyriens, sous Salmanasar, ayant ruiné Samarie, vinrent ensuite, sous Sennachérib, assiéger même Jérusalem.

DESPERATIO, NIS. Désespoir. 2. Reg. 2. 26. *An ignoras quod periculosa sit desperatio?* Ignorez-vous qu'il est dangereux de jeter son ennemi dans le désespoir? *Hebr.* Ne savez-vous pas qu'il en pourra arriver du malheur? Eccli. 27. 24. *Denudare amici mysterium desperatio est animæ infelicis*: Il n'y a plus d'espérance de rentrer dans l'amitié, quand on a été assez malheureux pour révéler le secret de son ami.

DESPICERE. De l'ancien verbe *specere*.

Mépriser, faire peu de cas, négliger; à quoi répond le verbe Grec ἐξουθενεῖν, *ou*, rejeter, refuser; ce qui répond au verbe ἀθετεῖν.

1° Mépriser, négliger (ἐξουθενεῖν). Prov. 1. 7. *Sapientiam atque doctrinam stulti despiciunt*: Les insensés méprisent la sagesse et la doctrine. Ps. 10. 1. Ps. 21. 25. Gen. 29. v. 31. 33. Mal. 1. 7. Voy. MENSA. Prov. 11. 12. *Qui despicit amicum suum indigens corde est* Celui qui méprise son ami n'a point de sens, etc.

2° Blâmer (ἐξουδενοῦν). Cant. 8. 1. *Quis mihi det ut jam me nemo despiciat?* Qui me procurera le bonheur de vous avoir pour frère, afin qu'à l'avenir personne ne me méprise? C'est la Synagogue qui parle et qui désire d'être assez heureuse pour posséder en personne la vérité même, qu'elle ne possédait encore que par la foi. Car, avant Jésus-Christ, elle était exposée en quelque sorte au mépris, comme étant stérile, pour le dire ainsi, à l'égard de celui qu'elle promettait.

3° Dissimuler, laisser passer, faire semblant de ne pas voir (ὑπερεῖδεν). Deut. 22. 4. *Si videris asinum fratris tui aut bovem cecidisse in via, non despicies*: Si vous voyez que l'âne ou le bœuf de votre frère tombe dans le chemin, vous ne passerez point sans vous en mettre en peine, mais vous l'aiderez à le relever. Act. 17. 30. *Et tempora quidem hujus ignorantiæ despiciens Deus*: Dieu ayant laissé passer et comme dissimulé ces temps d'ignorance; *autr.* Dieu ayant regardé avec indignation les égarements des hommes, qui s'étaient abandonnés à toutes sortes de crimes. Eccli. 7. 14. *Considera opera Dei quod nemo possit corrigere quem ille despexerit*: Considérez les œuvres de Dieu, et que nul ne peut corriger celui qu'il méprise, qu'il ne touche point par sa grâce, et qu'il abandonne par sa justice. Voy. *Gregor. in Job. l.* 11. 5. Eccli. 28. 9.

4° Voir, regarder avec assurance (ἐπιδεῖν). Ps. 53. 9. *Super inimicos meos despexit oculus meus*: Mon œil a regardé avec assurance mes ennemis; l'Hébreu et le Grec portent: Mon œil a vu dans mes ennemis; on sous-entend la vengeance qu'il souhaitait. Les Hébreux sous-entendent souvent de pareilles choses. (Voy. Ps. 34. 21.) Ps. 111. 8. Ps. 117. 7. *Ego despiciam inimicos meos*: Je mépriserai mes ennemis; *Gr.* ἐπόψομαι, Je regarderai leur châtiment. Hebr. *Videbo in hostibus meis* (supl. optatam ultionem); Voy. VIDERE. Le Prophète forme ces désirs dans la seule vue de la gloire de Dieu, qui devait paraître dans la confusion de ses ennemis, qui étaient en même temps les ennemis de Dieu. Ce verbe, suivi de la préposition *in*, marque une vue attentive qui émeut les affections de celui qui regarde. Voy. Mich. 1. 2. 13. *Non despicies in die fratris tui*; μὴ ἐπίδῃς. Ne vous moquez point de votre frère au jour de son affliction. Voy. Mich. 4. 11.

DESPOLIARE; ἐκδύειν. Dépouiller. Luc. 10. 30. *Qui etiam despoliaverunt eum*: L'homme qui, descendant de Jérusalem à Jéricho, tomba entre les mains des voleurs, fut dépouillé par eux, et grièvement blessé.

DESPONDERE; μνηστεύεσθαι. 1° Fiancer, accorder, promettre en mariage. Deut. 20. 7. *Homo qui despondit uxorem*: Un homme qui a été fiancé à une fille. c. 22. 23. Exod.

21. 9. 2. Cor. 11. 2. *Despondi vos uni viro virginem castam exhibere Christo :* Je vous ai fiancés à cet unique époux, qui est Jésus-Christ, pour vous présenter à lui comme une vierge chaste. Saint Paul parle de l'Eglise de Corinthe : Jésus-Christ est l'époux des âmes, et il les a confiées à ses ministres, qui sont les amis de l'époux pour veiller sur elles et pour les lui conserver sans tache jusqu'au jour des noces, auquel elles lui doivent être présentées.

2° Epouser, prendre en mariage (λαμβάνειν).
2. Reg. 3. 14. *Redde uxorem meam Michol, quam despondi mihi centum præputiis Philistiim :* Rendez-moi Michol, ma femme, que j'ai épousée pour cent prépuces de Philistins, dit David à Isboseth. (Voy. 1. Reg. 18. v. 25. 27.) D'autres prennent encore ce mot en cet endroit pour accorder en mariage. Voy. 1. Reg. 18. 25.

DESPONSATIO, nis. Fiançailles, promesse de mariage, mariage (νύμφευσις). Cant. 3. 11. *Videte regem Salomonem in diademate quo coronavit illum mater sua in die desponsationis illius :* Filles de Sion, venez voir le roi Salomon avec le diadème dont sa mère l'a couronné le jour de ses noces. Jerem. 2. 2. *Recordatus sum tui miserans adolescentiam tuam, et caritatem desponsationis tuæ* (τελείωσις) : Je me suis souvenu de l'amour que j'eus pour vous (ô Jérusalem!), lorsque je vous pris pour mon épouse, quand vous me suivîtes dans le désert. Dieu parle du peuple qu'il avait choisi pour le servir, comme d'une jeune fille qu'il aurait prise pour son épouse ; les autres peuples n'ont été consacrés à son service qu'après les Juifs.

DESPONSATUS, A, UM. Du verbe *despondere*, d'où vient :

DESPONSATA, Æ, μνηστευθεῖσα. 1° Fiancée, accordée, promise en mariage. Exod. 22. 16. *Si seduxerit quis virginem necdum desponsatam :* Si quelqu'un séduit une vierge qui n'était point encore fiancée. Deut. 22. 25.

2° Epousée donnée en mariage. Matth. 1. 18. *Cum esset desponsata mater ejus Maria Joseph :* Marie, mère de Jésus, ayant épousé Joseph. Le mot *desponsata* est mis en cet endroit, parce que la sainte Vierge vivait avec saint Joseph comme si elle n'eût été que fiancée. (Quelques-uns croient que la sainte Vierge n'était en effet que promise à saint Joseph.) Ce mot signifie aussi *mariée*. Luc. 1. 27. c. 2. 5.

DESPUMARE, ἐπαφρίζειν, Ecumer, jeter de l'écume. Jud. v. 13. *Fluctus feri maris, despumantes suas confusiones :* Ces gens sont comme des vagues furieuses de la mer, d'où sortent, comme une écume sale, leurs ordures et leurs infamies. Cet apôtre parle de quelques infâmes qui déshonoraient la sainteté du nom de chrétien par leurs dissolutions honteuses, tels qu'étaient les anciens hérétiques dont parle saint Irénée, les nicolaïtes et les gnostiques, qui, regorgeant de passions déshonnêtes, laissaient partout des marques de leurs infamies.

DESSAU, Heb. *Pinguedo, aut cinis.* Nom d'un fort assez près de Jérusalem, où Nicanor se jeta à la prière de quelques Juifs, qui se mirent sous sa protection. 2. Mach. 24. 16.

DESTERNERE, ἀποσάττειν. Oter une housse, une couverture, décharger. Gen. 24. 32. *Introduxit eum in hospitium, ac destravit camelos :* Laban fit entrer le serviteur d'Abraham dans le logis, et il déchargea ses chameaux ; *autr.* fit décharger.

DESTINARE, προαιρεῖσθαι. De l'ancien *stino*, qui n'est demeuré que dans les composés ; il vient de *sto*.

Destiner, résoudre, déterminer, assigner, députer. Eccli. 17. 20. *Destinavit illis sortem veritatis :* C'est Dieu qui destine à ceux qui sont tombés et qui se relèvent, le sort et le partage qui est dû à leur justice et à leurs bonnes œuvres, et non pas celui qui est dû à leur iniquité. 2. Cor. 9. 7.

DESTINATUS, A, UM. 1° Destiné, fixe, proposé. Philipp. 3. 14. *Ad destinatum persequor :* Je cours incessamment vers le bout de la carrière ; *i. e.* je tâche d'atteindre le but qui m'est proposé. Gr. κατὰ σκοπὸν διώκω, de même que καταδιώκω σκοπὸν, *Scopum persequor, versus scopum feror*.

2° Prompt, fervent, zélé. 2. Cor. 8. 19. *Ad Domini gloriam et destinatam voluntatem nostram :* Pour la gloire de Dieu, et pour faire paraître notre zèle dans une si bonne œuvre. Gr. προθυμίαν. *Ad vestram promptitudinem :* Pour seconder votre bonne volonté.

DESTITUERE. Du simple *statuere*.

1° Délaisser, quitter, abandonner, destituer. 2. Cor. 4. 8. *Aporiamur, sed non destituimur* (ἀπορούμενοι ἀλλ' οὐκ ἐξαπορούμενοι, *hæsitantes, sed non prorsus hærentes*) : Nous nous trouvons dans des difficultés insurmontables, mais Dieu ne nous abandonne pas, et nous n'y succombons pas par sa grâce. Eccl. 4. 1. Isa. 49. 21. Ezech. 6. 14. 2. Mach. 4. 11.

2° Perdre, ruiner, dissiper (ἐρημοῦν). Apoc. 18. 17. *Una hora destitutæ sunt tantæ divitiæ :* Comment tant de richesses se sont-elles évanouies en un moment ? Ezech. 36. 35.

DESTITUTIO, ἀθέτησις. Abandon, action par laquelle on abandonne quelque chose ; dans l'Ecriture :

Abolition. Hebr. 9. 26. *Nunc autem semel ad destitutionem peccati per hostiam suam apparuit :* Jésus-Christ n'a paru qu'une fois pour détruire le péché, en s'offrant lui-même pour victime.

DESTRUCTIO, ONIS, καθαίρεσις. Destruction, renversement. 2. Cor. 10. 4. *Arma militiæ nostræ potentia Deo ad destructionem munitionum :* Les armes de notre milice sont puissantes en Dieu pour détruire et renverser tout ce que peuvent opposer de plus fort à la prédication de l'Evangile les philosophes, les princes païens, le monde et les démons.

Obstacle, empêchement au salut. 2. Cor. 10. 8. *Quam dedit nobis Dominus in ædificationem et non in destructionem vestram :* Dieu m'a donné la puissance que j'ai pour votre édification, et non pour votre destruction. c. 13. 10.

DESTRUERE, καθαιρεῖν. 1° Abattre, démolir, détruire. Luc. 12. 18. *Destruam horrea mea* : J'abattrai mes greniers, et j'en bâtirai de plus grands, dit l'homme riche. Matth. 26. 61. etc.

Ruiner, abolir (καταργεῖσθαι). Rom. 6. 6. *Vetus homo noster simul crucifixus est, ut destruatur corpus peccati* : Notre vieil homme a été crucifié avec Jésus-Christ, afin que le corps du péché soit détruit. c. 14. 30. 2. Tim. 1. 10. 2. Cor. 10. 4. Prov. 14. 1.

2° Perdre, exterminer. Ps. 27. 5. *Destrues illos, et non ædificabis eos* : Vous perdrez les pécheurs, sans qu'ils puissent se relever. Ps. 8. 3. Ps. 51. 7. Jerem. 45. 4. Thren. 2. 17. Ps. 88. 40.

3° Oter, priver, dépouiller (καταλύειν) Ps. 88. 45. *Destruxisti eum ab emundatione* : Vous avez dépouillé votre serviteur de ses ornements et de son éclat (Hebr. Vous avez fait cesser son éclat); *autr.* Vous avez ôté ce qui servait à le purifier, *i. e.* tous les exercices de la religion.

DESUDARE, μοχθεῖν. Faire quelque chose avec beaucoup de peine et de travail, travailler fort. Eccl. 2. 19. *Dominabitur in laboribus meis quibus desudavi et sollicitus fui* : Je ne sais si celui qui sera le maître de tous les ouvrages où je me suis appliqué avec tant de peine et de travail, sera sage ou insensé.

DESUPER. 1° Dessus, au-dessus, par-dessus (ὑπεράνω). Matth. 21. 7. *Eum desuper sedere fecerunt* : Les disciples firent monter Jésus-Christ dessus (*sc.* ou dessus les deux animaux l'un après l'autre, ou dessus les vêtements qui étaient dessus ; ce qui est le sens du Grec). Voy. ASINUS. Gen. 22. 9. Exod. 4. 17. etc.

2° Par en haut, depuis le haut (ἄνωθεν). Joan. 19. 23. *Desuper contexta per totum* : La robe de Jésus-Christ était d'un seul tissu, depuis le haut jusqu'en bas.

3° D'en haut, ou du ciel (ἄνωθεν). Ps. 77. 23. *Mandavit nubibus desuper* : Dieu commanda aux nuées qui étaient au-dessus des Israélites. Isa. 45. 8. Joan 19. 11. *Nisi tibi datum esset desuper*, *i. e. e cœlo a Deo* : Vous n'auriez aucun pouvoir sur moi, s'il ne vous avait été donné d'en haut, dit Jésus-Christ à Pilate. Deut. 5. 8. Job. 36. 30.

4° De plus, encore, outre cela. Num. 5. 7. *Reddent ipsum caput, quintamque partem desuper* : L'homme ou la femme rendront à celui contre qui ils ont péché, le juste prix du tort qu'ils lui auront fait, en y ajoutant encore le cinquième.

5° Pour *deinceps*, tout de suite, tout ensemble (ἐπάνω) 4. Reg. 3. 21. *Convocaverunt omnes qui accincti erant* (Heb. et.) *balteo desuper* : Les Moabites assemblèrent, tant ceux qui commençaient à porter les armes, que ceux qui avaient leur congé ; *sc.* pour se défendre contre Joram, Josaphat et le roi d'Edom. Voy. ACCINGERE.

DESURSUM, ἄνωθεν. D'en haut, du ciel. Joan. 3. 31. *Qui desursum venit, super omnes est* : Celui qui est venu d'en haut (du ciel), est au-dessus de tous. Saint Jean parle de Jésus-Christ ; le même verset porte *de cœlo*. Jac. 1. 17. c. 3. v. 15. 17. Ps. 49. 4.

DETERIOR, us, χείρων. Du verbe *deterere*, user.

1° Pire, plus méchant. 1. Tim. 5. 8. *Si quis suorum et maxime domesticorum curam non habet est infideli deterior* : Si quelqu'un n'a pas soin des siens, et particulièrement de ceux de sa maison, il est pire qu'un infidèle ; *sc.* en ce que les infidèles ont une affection naturelle pour ceux qui les touchent. 2. Petr. 2. 20.

2° Qui est moins bon, moins parfait, au dessous. Sap. 15. 18. *Insensata comparata his, illis sunt deteriora* : Les animaux que les Egyptiens adorent étant comparés aux autres bêtes sans raison, sont au-dessous d'elles. Joan. 2. 10.

3° Pire, plus fâcheux, plus sensible, plus affligeant. Marc. 5. 26. *Nec quidquam profecerat, sed magis deterius habebat* : Tout le bien que la femme malade d'une perte de sang avait dépensé (pour sa guérison), ne lui avait procuré de la part des médecins aucun soulagement ; mais elle s'en était trouvée toujours plus mal. Gr. (*in deterius.*) Sap. 17. 6. Joan. 5. 14. Heb. 10. 29.

4° Plus pernicieux, plus nuisible au salut (ἥττων). 1. Cor. 11. 17. *Non in melius, sed in deterius convenitis* : Vos assemblées vous nuisent plutôt qu'elles ne vous servent.

DETERMINARE. Déterminer, décider. Prov. 26. 10. *Judicium determinat causas* : La sentence décide les procès ; Hebr. Le Très-Haut est l'auteur de toutes choses.

DETERRERE, ἐκφοβεῖν ; Intimider, épouvanter, faire peur. Mich. 4. 4. *Non erit qui deterreat* : Chacun se reposera sous sa vigne et sous son figuier, sans avoir aucun ennemi à craindre ; *sc.* au temps du Messie. Zach. 1. 21. Hab. 2. 17. 1. Esdr. 3. 3.

DETESTABILIS Détestable, abominable. Gen. 38. 10. *Idcirco percussit eum Dominus, quod rem detestabilem faceret* : Le Seigneur frappa de mort Onan, parce qu'il faisait une chose détestable ; cette chose est rapportée, v. 9. d'où vient :

DETESTABILIOR. Plus détestable, plus inhumain (χαλεπώτερος). Sap. 19. 13. *Detestabiliorem inhospitalitatem instituerunt* : Les Egyptiens traitèrent les Israélites comme étrangers, d'une manière plus inhumaine que les Sodomites n'avaient fait les deux anges, puisque ceux-ci ne traitaient pas mal des étrangers qui leur fussent connus ; au lieu que les Egyptiens réduisaient en servitude des gens qui ne leur avaient fait que du bien.

DETESTARI, composé de *de* et de *testari*, prop. rejeter pour témoin. 1° Détester, avoir en horreur, en exécration. Prov. 8. 13. *Os bilingue detestor* : Je déteste la langue double. c. 5. 12. *Cur detestatus sum disciplinam ?* Pourquoi ai-je détesté la discipline ? dit un homme soupirant de voir la vigueur de son corps consumée par la dissolution.

2° Faire des imprécations contre soi-même (καταναθεματίζειν). Matth. 26. 74. *Cœpit detestari et jurare* : Pierre se mit à faire des serments exécrables et à jurer; *sc.* qu'il n'avait aucune connaissance de Jésus-Christ.

DETENTIO, ONIS. Demeure (κατοχή). Eccli. 24. 16. *In plenitudine sanctorum detentio mea* : J'ai établi ma demeure dans l'assemblée des saints ; *sc.* de ceux qui craignent Dieu et le servent, dit la Sagesse.

DETINERE, du simple *tenere* (κατέχειν).
— 1° Retenir, arrêter, retarder. Tob 10. 1. *Putasne quare detentus est ibi?* Qui peut retenir si longtemps mon fils? dit Tobie de son fils, lorsqu'il différait à revenir à cause de ses noces. 2. Thess. 2. 6. *Nunc quid detineat scitis* : Maintenant vous savez ce qui empêche la venue de l'homme de péché, de l'Antechrist.

2° Retenir comme dans les liens et l'esclavage. Rom. 1. 18. *Qui veritatem Dei in injustitia detinent* : Les philosophes païens étouffaient la connaissance de la vérité qu'ils avaient reçue de Dieu pour la déclarer. Joan. 5. 4. Rom. 7. 6.

3° Retenir, refuser de restituer (κρατεῖν). 1. Mach. 15. 33. *Neque alienam terram sumpsimus, neque aliena detinemus* : Nous n'avons point usurpé le pays d'un autre, et nous ne retenons point le bien d'autrui, répond Simon Machabée aux propositions d'Antiochus.

DETRACTIO, καταλαλιά, Médisance, calomnie. Sap. 1. 11. *A detractione parcite linguae* : Ne souillez point votre langue par la médisance. Eccli. 38. 18. *Fac luctum secundum meritum ejus, uno die vel duobus, propter detractionem* : Faites un deuil, selon le mérite de la personne, un jour ou deux, pour ne point donner lieu à la médisance, de peur qu'on ne nous croie indifférents, sans affection et sans sentiment. 2. Cor. 12. 20. etc.

DETRACTOR, IS, κατάλαλος. Médisant, calomniateur. Prov. 24. 9. *Abominatio hominum detractor* : Le médisant est l'abomination des hommes ; Hebr. Le moqueur, v. 21. *Cum detractoribus ne commiscearis* : N'ayez point de commerce avec les médisants; Hebr. avec les hommes remuants, qui aspirent à des nouveautés et à des changements dans l'état. Rom. 1. 30. Ezech. 22. 9.

DETRAHERE. 1° Ôter, arracher, tirer dehors (προδιβάζειν). Act. 19. 33. *De turba autem detraxerunt Alexandrum* : Alexandre fut tiré de la foule : ce fut lorsque Gaïus et Aristarque furent entraînés au théâtre par les ouvriers de Démétrius, orfèvre. Isa. 8. 1. *Velociter spolia detrahe* : Hâtez-vous de prendre les dépouilles : c'est un nom du Messie, qui devait dépouiller le diable de sa puissance. (Voy. Luc. 11. v. 20. 22.) Gen. 30. 37. Levit. 1. 6.

2° Faire tomber, faire périr, précipiter. 2. Petr. 2. 4. *Deus rudentibus inferni detractos in tartarum tradidit cruciandos* : Dieu a précipité les anges qui ont péché, dans l'abîme, où les ténèbres leur servent de chaînes. Voy. RUDENS. Job. 24. 22. Prov. 21. 7. Isa. 14. v. 11. 15. etc. Ezech. 32. 18. *Detrahe eam ipsam ad terram ultimam* : Précipitez-la elle-même au fond de la terre : Le Prophète parle de l'Egypte, et Dieu lui ordonne de prédire que les Egyptiens périront tous. On dit que les prophètes font ce qu'ils annoncent, aussi bien que les poëtes ce qu'ils feignent.

3° Médire, parler mal de quelqu'un (καταλογεῖν). Jac. 4. 11. *Nolite detrahere alterutrum* : Ne parlez point mal les uns des autres. *Qui detrahit fratri, detrahit legi* : Celui qui parle contre son frère, parle contre la loi. Exod. 22. 28. *Diis non detrahes, i. e. judicibus* (κακολογεῖν) : Vous ne parlerez point mal des juges. Voy. JUDEX.

4° Mépriser, rejeter (μυκτηρίζειν). Prov. 1. 30. *Non invenient me eo quod detraxerint universæ correptioni meæ* : Les insensés ne me trouveront point, parce qu'ils n'ont eu que du mépris pour toutes mes remontrances. Job. 6. 25. *Quare detraxistis sermonibus veritatis?* Pourquoi formez-vous des médisances contre des paroles de vérité? Job fait voir à ses amis qu'ils ont blessé la charité et la vérité, en prenant en mauvaise part ce qu'il leur disait, pour justifier son innocence. Deut. 31. 20.

Outrager, irriter (παροξύνειν). Num. 14. 11. *Usquequo detrahet mihi populus iste?* Jusqu'à quand ce peuple m'outragera-t-il par ces paroles? v. 23.

5° Retrancher du monde, exterminer. Job. 20. 28. *Germen domus illius detrahetur in die furoris Dei* : Les enfants de la maison de l'impie seront retranchés du monde au jour de la fureur de Dieu : La postérité de l'impie est comparée à une plante qui est tout à fait déracinée.

6° Ruiner, renverser (παραλύειν). Isa. 23. 9. *Cogitavit hoc, ut detraheret superbiam omnis gloriæ* : Le Seigneur a résolu de traiter Tyr de la sorte, pour renverser toute la gloire des superbes.

DETRECTARE, du simple *tractare*; καταλαλεῖν. Refuser de faire, d'obéir; dans l'Ecriture :

Parler mal, médire. 1. Petr. 1. 12. *Ut in eo quod detrectant de vobis tamquam de malefactoribus* : Conduisez-vous parmi les gentils d'une manière sainte, afin qu'au lieu qu'ils médisent de vous, comme si vous étiez des méchants, ils rendent gloire à Dieu.

DETRIMENTUM, ζημία, composé du verbe *deterere*. Perte, dommage, désavantage. Philipp. 3. 7. *Hæc arbitratus sum propter Christum detrimenta* : Ce que je regardais comme un avantage, lorsque j'étais zélé pour le judaïsme, m'a paru depuis, en regardant Jésus-Christ, une perte. v. 8. *Propter quem omnia detrimentum feci* : Pour l'amour de Jésus-Christ, je regarde toutes choses comme des ordures; Gr. ἐζημιώθην. Je me suis privé de toutes choses ; comme on dit, *jacturam facere*, on peut dire, *detrimentum facere*, perdre, supporter quelque perte.

DETURBARE, μεθιστάναι. Renverser, abattre, mettre dehors. 1 Mach. 8. 13. *Quos vellent, regno deturbabant* : Les Romains faisaient perdre le royaume à ceux qu'ils voulaient.

DETURPARE, καταισχύνειν. Déshonorer. 1.

Cor. 11. v. 4. 5. *Omnis vir orans velato capite deturpat caput suum :* Tout homme qui prie ayant la tête couverte, déshonore sa tête; *sc.* parce que c'est une marque de sujétion que d'avoir la tête couverte : or, l'homme n'est sujet qu'à Dieu : il n'en est pas de même de la femme, qui doit être assujettie à son mari.

DEVASTARE, διαφθείρειν. Gâter.

1° Dépeupler, ravager, perdre, ruiner, gâter. Judic. 6. 5. *Quidquid tetigerant devastantes :* Les Madianites et les Amalécites gâtaient toutes les terres des Israélites par où ils passaient. Isa. 23. 14. *Devastata est fortitudo vestra :* Votre force est détruite. Joel. 1. 10. *Devastatum est triticum :* Le blé est gâté.

2° Incommoder fort, faire grand tort, λυμαίνεσθαι. Act. 8. 3. *Saulus autem devastabat Ecclesiam :* Saul ravageait l'Eglise.

DEVENIRE; καταντᾶν, du simple *venire.*

1° Venir, arriver. Act. 18. 19. *Devenitque Ephesum :* saint Paul arriva à Éphèse. c. 9. 32. etc.

Ad nihilum devenire, ἐξουδενοῦσθαι, arriver, tomber, être réduit. Ps. 57. 8. *Ad nihilum devenient tamquam aqua decurrens :* Les pécheurs seront réduits à rien, comme une eau qui passe. 1. Mach. 6. 11. Voy. DEDUCERE.

2° Se rencontrer, tomber sur quelque chose, s'y trouver. 1. Cor. 10. 11. *Scripta sunt ad correptionem nostram, in quos fines seculorum devenerunt :* Toutes ces choses qui arrivaient en figure aux Israélites, ont été écrites pour nous servir d'instruction à nous autres, qui nous sommes rencontrés dans la fin des temps.

3° Arriver, échoir en héritage. Tob. 8. 24. *Fecit scripturam ut pars dimidia quæ superperat post obitum eorum Tobiæ dominio deveniret :* Raguel fit un écrit, afin que la moitié du bien qui lui restait appartînt à Tobie après sa mort : Raguel lui avait donné déjà une moitié de son bien pour le mariage de Sara sa fille, s'étant réservé la jouissance de l'autre pour vivre.

DEVIARE; ἐκκλίνειν, du substantif *via.*

Se détourner. Num. 22. 26. *Ubi nec ad dextram nec ad sinistram poterat deviare; obvius stetit :* L'ange se présenta devant l'ânesse de Balaam, en un lieu où il n'y avait pas moyen de se détourner, ni à droite ni à gauche.

Façon de parler dans le sens figuré.

A vero deviare. Se détourner de la vérité. Exod. 23. 2. *Nec in judicio plurimorum acquiesces sententiæ, ut a vero devies :* Dans le jugement, vous ne vous rendrez point à l'avis du plus grand nombre pour vous détourner de la vérité. C'est se tromper, lorsqu'on viole la justice et la vérité, de se défendre par la multitude de ceux avec qui on fait le mal. August. in Exod. quæst. 27.

DEVIRGINARE, du substantif *virgo*; ἀποπαρθενοῦν, ôter l'honneur à une fille. Eccli. 20. 3. *Concupiscentia spadonis devirginabit juvenculam, sic qui facit per vim judicium iniquum :* Celui qui viole la justice par un jugement injuste, est comme l'eunuque qui veut faire violence à une jeune vierge. Voy. SPADO.

DEVITARE, παραιτεῖσθαι. 1° Eviter, fuir, se détourner, rejeter. Eccli. 2. 3. *Cogitavi abstrahere a vino carnem meam ut devitarem stultitiam :* J'ai pensé en moi-même de retirer ma chair du vin pour porter mon esprit à la sagesse pour éviter l'imprudence. Eccli. 4. 23. *Devita a malo ;* Gardez-vous du mal. Judic. 11. 3. 1. Tim. 6. 20. A quoi se rapporte :

Rejeter, ne point écouter. Tit. 3. 10. *Hereticum hominem post unam et secundam correptionem devita :* Evitez celui qui est hérétique, après l'avoir averti une ou deux fois.

2° Eviter, se donner de garde de quelqu'un, se garder de lui (φυλάσσεσθαι, *observare*). 2. Tim. 4. 15. *Quem et tu devita :* Gardez-vous d'Alexandre ; saint Paul en avait reçu beaucoup de mal. Ainsi, c. 3. 5. *Et hos devita aversare :* Fuyez ces personnes.

3° Rejeter, ne point admettre au nombre des autres. 1. Tim. 5. 11. *Adolescentiores autem viduas devita :* N'admettez point les jeunes veuves au nombre de celles que l'Eglise nourrit.

DEVIUS, A, UM, du substantif *via.*

Détourner, hors du chemin. Prov. 12. 28. *Iter devium ducit ad mortem :* Le chemin détourné conduit à la mort : soit que ce chemin soit détourné à droite ; *sc.* lorsque l'on présume de ses propres forces ; soit à gauche ; *sc.* lorsqu'on se néglige, dit saint Augustin.

DEVOLVERE ; ἀποκυλίειν. 1° Rouler de haut en bas, avaler, faire tomber. Gen. 29. 3. *Moris erat, ut cunctis ovibus congregatis devolverent lapidem :* C'était la coutume de ne lever la pierre (*sc.* qui bouchait le puits auquel les bergers menaient boire leurs troupeaux), que lorsque tous les troupeaux étaient assemblés. (Ce puits est celui où se trouva Jacob, lorsque Rachel y vint abreuver son troupeau.)

2° Faire tomber, en parlant de quelque mal. Gen. 43. 18. *Introducti sumus ut devolvat in nos calumniam :* C'est à cause de l'argent que nous avons remporté dans nos sacs qu'il nous fait entrer ici, pour faire tomber sur nous ce reproche, disent les frères de Joseph. Eccli. 27. 30. 2. Mach. 6. 15.

DEVOLVI, passif. Ce verbe est pris ici dans le sens métaphorique.

Venir fondre sur quelqu'un pour l'accabler. Job. 30. 14. *Irruerunt super me, et ad meas miserias devoluti sunt :* Des gens de néant se sont jetés sur moi, et sont venus m'accabler dans ma misère. Cette métaphore est tirée de troupes qui entrent avec violence par la brèche ou la porte ouverte d'une ville pour la ravager.

DEVORARE, καταφάγειν ; ce verbe répond à l'Hébreu *acal, comedere,* et s'attribue à la bouche, au feu, et à l'épée.

1° Dévorer, manger, avaler. Gen. 37. 33. *Bestia devoravit Joseph :* La bête a dévoré Joseph, dit Jacob, voyant la robe de son fils trempée dans le sang d'un chevreau. c. 44. 28. Deut. 28. 38. etc.

2° Consumer, ruiner. 2. Cor. 11. 20. *Sustinetis si quis devorat* : Vous souffrez qu'on prenne votre bien. Marc. 12. 40. Luc. 15. 30. Ps. 20. 10. Deut. 32. 22. Num. 13. 33. *Terra quam lustravimus, devorat habitatores suos* : La terre que nous avons été considérer, dévore ses habitants, disent aux Israélites ceux qui avaient été considérer avec Caleb la terre promise. La grande intempérie de l'air consume et fait mourir promptement les peuples, ou la violence tyrannique des géants qui y dominent, accable bientôt ceux qui sont plus faibles qu'eux. Ose. 7. 7. *Devoraverunt judices suos* : Leur passion pour l'idolâtrie a consumé leurs juges avec eux. Thren. 4. 11. Voy. GLADIUS. Isa. 9. 12. Voy. Os. Num. 14. 3. Voy. PANIS. A quoi approche cette signification.

Dépenser, faire de grandes dépenses (φάγεσθαι). Eccli. 2. 25. *Quis ita devorabit et deliciis affluet ut ego?* Qui fera autant de dépenses, et qui jouira de toutes sortes de délices autant que moi? dit Salomon.

3° Perdre, détruire, exterminer, faire mourir. Levit. 10. 2. *Egressusque ignis a Domino devoravit eos* : En même temps que Nadab et Abiu eurent offert devant le Seigneur un feu étranger, un feu envoyé par le Seigneur les dévora. Deut. 32. v. 24. 42. Ezech. 7. 15. Ps. 20. 10. Zach. 9. 4. *Hæc igni devorabitur* : Tyr sera consumée par le feu. Cette prophétie fut accomplie environ deux cents ans après, lorsque Alexandre, s'étant rendu maître de toute la Syrie et de la Phénicie, l'assiégea durant six mois, s'en rendit maître avec des travaux prodigieux et incroyables, et fit brûler toute la ville. v. 15. *Et devorabunt et subjicient lapidibus fundæ* : Les Israélites dévoreront leurs ennemis, et les assujettiront avec les pierres de leurs frondes.

4° Maltraiter, persécuter. Prov. 20. 25. *Ruina est homini devorare sanctos, et post vota retractare* : C'est une ruine à l'homme de piller et persécuter les saints, et de penser ensuite à faire des vœux; Hebr. les choses saintes, et convertir à son usage les choses consacrées à Dieu. Voy. RETRACTARE. A cette signification de l'Hébreu revient la signification du mot *devorare*, qui signifie quelquefois faire quelque chose avec précipitation. Ainsi, *Devorare sanctos*, ou *sancta* (καταπίνειν), c'est faire des vœux téméraires; comme, c. 19. 28. *Devorare iniquitatem* (πίνειν), c'est commettre l'iniquité avec ardeur; de même qu'il est dit, boire l'iniquité. Job. 15. 16.

§ 1.—Dévorer, prendre avec avidité. Apoc. 10. v. 9. 10. *Et accepi librum de manu angeli et devoravi illum* : Je pris le livre de la main de l'ange (comme l'ange me l'avait dit), et le dévorai; *i. e.* je le lus, et le mis avant dans mon esprit : La métaphore est tirée de ce qu'on mange durant quelque temps avec appétit, et est reçu au fond des entrailles. Ainsi Caton était appelé *helluo librorum*, parce qu'il ne se pouvait rassasier de lire les livres. Job. 20. 15. Prov. 19. 28. Num. 23. 24. *Non accubabit donec devoret prædam* (φάγειν) : Le peuple d'Israël ne se reposera point jusqu'à ce qu'il dévore sa proie; *i. e.* qu'il ait défait ses ennemis, dit Balaam. Voy. COMEDERE.

§ 2.—Absorber, accabler. Job. 37. 20. *Etiamsi locutus fuerit homo, devorabitur* : Que si quelque homme entreprenait d'en parler, il sera accablé par la grandeur du sujet; *sc.* des merveilles et des ouvrages de la Providence divine. Ps. 106. 27. D'où vient :

DEVORANS, insecte qui ronge et dévore les fruits de la terre. Malach. 3. 11. *Increpabo pro vobis devorantem* : Je ferai entendre mes ordres en votre faveur aux insectes qui mangent les fruits; ils ne mangeront point ceux de vos terres; *sc.* si vous payez bien à Dieu les dîmes qui lui sont dues.

DEVORATIO, NIS.—1° L'action de dévorer. Tob. 12. 3. *Meipsum a devoratione piscis eripuit* : Ce saint homme m'a délivré du poisson qui m'allait dévorer; le jeune Tobie raconte ceci à son père, comme l'un des services qu'il avait reçus de l'ange Raphaël dans son voyage. Ezech. 34. 58.

2° Affliction, perte, ruine. Deut. 31. 17. *Erit in devorationem* (κατάβρωμα) : Lorsque ce peuple aura violé l'alliance que j'avais faite avec lui, il sera exposé à toute sorte de malheurs, dit Dieu à Moïse.

DEVORATOR. IS, φάγος. — 1° Qui mange, qui dévore. Sap. 12. 5. *Devoratores sanguinis* (σπλαγχνόφαγος) : Les Chananéens dévoraient le sang; *sc.* des hommes; ils étaient des anthropophages et offraient en sacrifice leurs propres enfants.

2° Grand mangeur, qui aime à faire bonne chère. Luc. 7. 34. *Ecce homo devorator, et bibens vinum* : C'est un homme de bonne chère, et qui aime à boire du vin; Jésus-Christ se plaint des Juifs qui faisaient de lui cette calomnie.

DEVORATRIX, CIS. Qui dévore, qui perd, qui consume (κατεσθίουσα). Ezech. 36. 13. *Dicunt de vobis, devoratrix hominum es, et suffocans gentem tuam* : On a dit de vous, ô Israël, que vous étiez une terre qui dévorait les hommes, qui étouffait son propre peuple; la comparaison est tirée d'une mère qui fait mourir ses propres enfants. Voy. NECARE.

DEVOTATIO, nom verbal du verbe inusité *devotare*.

Vœu fait à Dieu pour obtenir quelque chose (προσευχή). 3. Reg. 8. 38. *Cuncta devotatio et imprecatio quæ acciderit omni homini, tu exaudies*; *i. e. quodcumque votum*; Hebr. *omnem orationem et deprecationem exaudies* : Vous exaucerez les vœux et les prières qu'un homme quel qu'il puisse être de votre peuple, vous offrira, *sc.* ayant les dispositions nécessaires; d'autres prennent ici *devotatio* pour une imprécation de la part des ennemis.

DEVOTIO, NIS, vœu et obligation de faire quelque chose à quoi on s'engage par serment et par imprécation (ἀνάθεμα). Act. 23. 14. *Devotione devovimus nos* : Nous avons fait vœu, avec de grandes imprécations, de ne point manger que nous n'ayons tué Paul, dirent quarante Juifs aux princes des prêtres et aux sénateurs.

DEVOTUS, A UM, affectionné, zélé. Exod. 35. v. 21. 29. *Obtulerunt mente promptissima atque devota primitias Domino* : Les Israélites firent leur offrande au Seigneur avec une volonté prompte et pleine d'affection. 2. Par. 29. 31.

DEVOVERE. — 1° Vouer, s'obliger par vœu (εὔχεσθαι). Num. 6. 21. *Juxta quod mente devoverat, ita faciet* : Le Nazaréen exécutera ce qu'il avait arrêté dans son esprit, lorsqu'il fit son vœu.

2° S'engager par vœu avec serment et imprécation contre soi-même (ἀναθεματίζειν). Act. 23. v. 12. 14. 21. Voy. DEVOTIO.

DEUS, I. Ce nom vient du Grec Θεός,

Et se prend, ou dans sa signification propre ou impropre ; étant pris dans sa signification propre, il signifie l'Etre souverain.

Significations propres de ce mot.

Dieu, qui est un esprit infiniment parfait, qui a créé toutes choses, qui les gouverne et les conserve, est pris, ou pour les trois personnes qui ont la même essence et nature divine, ou pour l'une des trois personnes.

1° Toute la Trinité. Deut. 6. 4. *Dominus Deus noster, Dominus unus est* : Le Seigneur notre Dieu est le seul Seigneur. Matth. 4. 10. *Dominum Deum tuum adorabis* : Vous adorerez le Seigneur votre Dieu ; Jésus-Christ cite ce passage du Deuter. 6. 13. pour confondre le démon qui demandait qu'on l'adorât. v. 7. Joan. 4. 24. *Spiritus est Deus* : Dieu est esprit. C'est en ce sens qu'il est dit souvent dans l'Ecriture que Dieu est l'auteur et le conservateur de toutes choses, qu'il est sage, juste et miséricordieux.

2° Le nom de Dieu pris pour les personnes, signifie : 1° Le Père éternel, principalement lorsqu'il est comparé au Fils. Matth. 16. 16. *Tu es Christus Filius Dei vivi* : Vous êtes le Christ, Fils du Dieu vivant, dit saint Pierre à Jésus-Christ. Joan. 1. 1. *Verbum erat apud Deum* : Le Verbe était avec Dieu ; autr. c. Dieu. c. 3. 16. c. 14. 1. Rom. 1. 4. c. 8. 3. Ephes. 1. 14. Hebr. 1. 1. 1. Joan. 4. v. 9. 10. et dans les commencements des Épîtres de saint Paul, où cet apôtre souhaite aux fidèles la grâce et la paix. Comme Gal. 1. 3. *Gratia vobis et pax a Deo Patre* : Que Dieu le Père et Notre-Seigneur Jésus-Christ vous donnent la grâce et la paix ; le Père est appelé Dieu par excellence, en tant qu'il est la source de la divinité, et le principe et l'origine du Saint-Esprit. 1. Cor. 12. 6. *Idem vero Deus* : C'est le même Dieu qui opère tout en tous. 2. Tim. 4. 1. *Testificor coram Deo et Jesu Christo* : Je vous conjure devant Dieu et devant Jésus-Christ ; ainsi l'on peut dire : *Deus de Deo*. Voy. DOMINUS. 2° Le Fils de Dieu, le Verbe éternel, qui est de même nature que le Père. Joan. 1. 1. *Deus erat Verbum* : Le verbe était Dieu. Act. 20. 28. *Vos Spiritus sanctus posuit episcopos regere Ecclesiam Dei quam acquisivit sanguine suo* : Le Saint-Esprit vous a établis évêques pour gouverner l'Eglise de Dieu qu'il a acquise par son propre sang, dit saint Paul aux prêtres d'Ephèse. Tit. 2. 13. c. 3. 4. Rom. 9. 5. et, selon le Grec, 1. Tim. 3. 16, etc. 3° Le Saint-Esprit qui est de même nature que le Père et le Fils. Act. 5. 4. *Non es mentitus hominibus, sed Deo* : Ce n'est pas aux hommes que vous avez menti, mais à Dieu (le v. 3. porte, *mentiri Spiritui sancto*), dit saint Pierre à Ananie. 2. Cor. 6. 16. *Vos estis templum Dei vivi* : Vous êtes le temple du Dieu vivant ; c'est la même chose que 1. Cor. 6. 19. *An nescitis quoniam membra vestra templum sunt Spiritus sancti?* Ne savez-vous pas que vos membres sont les temples du Saint-Esprit ? Voy. Joan. 5. 7. etc.

§ 1. — L'arche d'alliance qui était une marque illustre de la présence de Dieu. 1. Reg. 4. 7. *Venit Deus in castra* : Dieu est venu dans leur camp, disent les Philistins. c. 6. 20. 2. Reg. 7. 6. 1. Par. 13. 8. *Ludebant coram Deo* : David et tout Israël témoignaient leur joie devant l'arche ; *sc.* lorsqu'ils la conduisaient de la maison d'Abinadab. Ps. 23. v. 7. 8. Ps. 41. 3. Ps. 46. 6. Ps. 67. v. 8. 25. Ps. 131. 5. Voy. Num. 10. v. 35. 36. Ps. 67. 2.

§ 2. — Fausse divinité ou idole, ainsi appelée, parce que quelques-uns la croient faussement telle. Amos. 2. 8. *Vinum damnatorum bibebant in domo Dei sui* : Les Israélites ont bu dans la maison de leur dieu le vin de ceux qu'ils avaient condamnés injustement. c. 5. 26. Jon. 1. 5. 1. Cor. 8. 5. Ps. 95. 5. etc. Ainsi, Habac. 1. 11. *Hæc est fortitudo ejus dei sui* : C'est à quoi se réduira toute la puissance de son dieu ; le Prophète parle de Nabuchodonosor qui mettait sa confiance en Bel son dieu, ou en lui-même, lui qui avait eu l'orgueil de se faire adorer comme dieu.

§ 3. — Le diable même, ou le prince des mauvais anges. 2. Cor. 4. 4. *Deus hujus sæculi excæcavit mentes infidelium* : Le dieu de ce siècle a aveuglé l'esprit des infidèles ; le démon est appelé le dieu et le prince de ce monde, soit parce qu'il est l'auteur de toute la corruption qui s'y voit, soit parce que les gens du monde vivent selon sa volonté et lui obéissent en tout. Voy. Joan. 8. 44.

§ 4. — Tout ce qui est le principal objet de l'affection et du cœur de l'homme, ce qu'il aime et estime le plus, tels sont le plaisir et la bonne chère à ceux qui les aiment. Philipp. 3. 19. *Quorum Deus venter est* : Ces gens qui se conduisent en ennemis de Jésus-Christ, font leur dieu de leur ventre. Rom. 16. 18. *Hujuscemodi Christo Domino nostro non serviunt, sed suo ventri* : Ces sortes de gens ne servent point Notre-Seigneur Jésus-Christ, mais sont esclaves de leur ventre.

§ 5. — Le mot *Elohim* pluriel qui marque quelque chose de majestueux et d'excellent, se rend souvent en latin par *Deus* au singulier ; comme Gen. 20. 13. *Postquam eduxit me Deus de domo patris mei* : Depuis que Dieu m'a fait sortir de la maison de mon père ; Héb. *Elohim quando fecerunt errare me*.

c. 35. 7. *Domus Dei, ibi enim apparuit ei Deus cum fugeret fratrem suum* : Jacob appela *Luza*, la maison de Dieu, parce que Dieu lui avait apparu en ce lieu-là, lorsqu'il fuyait Esaü, son frère, Hebr. *Quia ibi revelati sunt ad eum Elohim.* Jos. 24. 19. *Deus enim sanctus*, Heb. *Elohim sancti* : Le Seigneur est un Dieu saint. 1. Reg. 17. v. 26. 36. 2. Reg. 7. 23. Ps. 57. 12. Sur quoi il faut remarquer que le mot hébreu *Elohim* comprend tous ceux qui commandent aux autres et qui les gouvernent, ou à qui Dieu a donné pouvoir sur eux ou sur ce qui leur appartient. Exod. 7. 1. *Ecce constitui te Deum Pharaonis* : Je vous ai établi le dieu de Pharaon ; Dieu rend ici Moïse le juge de Pharaon, et comme l'arbitre souverain des éléments et de la nature. Ainsi les anges qui gouvernent les hommes sont appelés dieux. Num. 22. 8. *Venit Deus* : Dieu vint à Balaam ; *i. e.* un ange, tel que celui qui parlait à Moïse ; et souvent ailleurs dans l'Ancien Testament. Ps. 8. 6. Ps. 96. 7. Ps. 137. 1. etc. Mais *Elohim* signifie vrai Dieu, quand il s'attribue absolument à un seul ; comme Hebr. 1. 8. ou quand il est joint à un verbe du nombre singulier, comme Gen. 1. 1.

Les noms de Dieu, chez les Hébreux, sont, ou essentiels et désignent l'essence de Dieu, comme le nom de quatre lettres, *Jehova*, ou *Jah*, ou *Jive*, car les Hébreux ne savent eux-mêmes comment il le faut prononcer. Voy. DOMINUS ; ou marquent les propriétés de Dieu, comme *El, Elohim, Adonai*, etc. Voy. *Hieron. Epist.* 136 *ad Marcellam*. Néanmoins plusieurs théologiens croient que le mot *Elohim* au pluriel marque la trinité des personnes. Voy. *Estius, Dist.* 2, *libr.* 1 ; mais d'autres croient que ce n'est qu'une propriété de la langue hébraïque, qui se sert du pluriel pour exprimer l'excellence et la majesté de Dieu ; comme Dan. 4. v. 5. 6. 15. c. 11. 14. *Qui habet spiritum Deorum sanctorum, in semetipso* : Balthasar qui a dans lui-même l'esprit des Dieux saints. Parce que le mot *Elohim* est au pluriel, l'interprète a mis aussi celui de *sanctorum*, et sert aussi pour exprimer des créatures. 1. Reg. 28. 13. *Deos vidi* : J'ai vu un homme plein de majesté. Voy. Isa. 19. 4. *Tradam Ægyptum in manu dominorum crudelium* ; Hebr. *in manu dominorum duri* : Je livrerai l'Egypte entre les mains d'un maître cruel. Voy. *libellum Elohim Joan. Drusii qu.* 45, *p.* 36, où il cite ce passage : *Nomen Elohim significationem judicis habet* ; et lib. *Miscel. cent.* 2, *qu.* 53, *p.* 36, où il est dit qu'il est dangereux de dire que le mot *Elohim* est mis au pluriel pour marquer la trinité des personnes en Dieu : parce que l'Ecriture s'en sert pour signifier les faux dieux et qu'il se dit du veau d'or. Exod. 32. 4. *Hi sunt dii vestri* : Voici vos dieux, disent les Israélites, etc.

Enfin, il faut remarquer que le mot *Deus* répondant à l'Hébreu *Tsour, Petra*, il signifie asile, force, protection, puissance. Ps. 17. 32. *Quis Deus præter Deum nostrum?* Y a-t-il un autre asile que notre Dieu ? aussi ce mot est-il rendu par *fortis*. 2. Reg. 22. 32. *Quis fortis præter Deum nostrum?* Deut. 32. 4. *Dei perfecta sunt opera* : Les œuvres de Dieu sont parfaites. v. 18. 30. 31. 37.

§ 6. — Les rois, les princes, les juges, les magistrats, sont appelés des dieux. Exod. 21. 6. c. 22. v. 8. 9. *Applicabitur ad deos* : Le maître de la maison sera obligé de se présenter devant les juges, et jurera qu'il n'a point pris ce qui était à son prochain ; l'Ecriture parle d'un homme chez qui il aurait été volé quelque dépôt à son insu, le voleur ne se trouvant pas. v. 28. *Diis non detrahes* : Vous ne parlerez point mal des juges, Ps. 81. v. 1. 6. Joan. 10. v. 34. 35. La raison de cette signification est que ces personnes tiennent la place de Dieu pour juger et protéger les hommes, et que Dieu leur fait part de sa puissance et de son autorité ; ainsi ce mot se trouve quelquefois dans ce sens au singulier, comme Levit. 24. 15. *Homo qui maledixerit Deo suo, portabit peccatum suum* : Celui qui aura maudit son Dieu, portera la peine de son péché ; *i. e. magistratui suo*, selon quelques-uns. Ainsi, Ps. 28. 1. *Afferte Domino, filii Dei* ; Hebr. Elim ; *i. e. fortium, seu principum* : Enfants des princes qui s'attribuent plus aisément la gloire de ce qu'ils possèdent.

Façons de parler tirées de la force du génitif *Dei*, comme *Montes Dei, Vultus Dei*, etc., pour marquer :

Tout ce qui est excellent, grand, fort, abondant ; ce qui est une façon de parler propre aux Hébreux, comme les Grecs et les Latins se servent de l'adjectif *divinus*, pour signifier la même chose. Ps. 35. 7. *Justitia tua sicut montes Dei* : Votre justice est comme les montagnes les plus élevées. Ps. 79. 11. Ps. 64. 10. Gen 23 : 6. *Princeps Dei es apud nos* : Vous êtes parmi nous comme un grand prince, dirent les enfants de Heth à Abraham. c. 33. 10. c. 35. 5. Job. 1. 16. Act. 7. 20. *Moyses fuit gratus Deo* : Moïse était agréable à Dieu (Gr. *venustus Deo*, fort beau); Jon. 1. 2. c. 3. 3. *Civitas magna*; Hebr. et Gr. *Deo*; i. e. *Multo maxima* : Ninive était une grande ville. Ruth. 2. 20. *Benedictus sit a Domino*; Hebr. *Domino*; i. e. *Summe benedictus* : Que Booz soit béni du Seigneur ; i. e. qu'il reçoive toute sorte de bénédictions. c. 3. 10. 1. Reg. 14. 15. *Accidit quasi miraculum a Deo* : Il parut que c'était Dieu qui avait fait ce miracle. Voy. MIRACULUM. 3. Reg. 3. 28. 1. Par. 12. 22. 1. Reg. 26. 16. Gen. 33. 10. *Sic vidi faciem tuam quasi viderim vultum Dei* : J'ai vu aujourd'hui votre visage, comme si je voyais le visage de Dieu ; *i. e.* votre visage m'a paru très-beau ; ce sens est que, comme Dieu est plein de bonté, Jacob compare le bon accueil qu'il avait reçu de son frère Esaü, à une bonté toute divine.

DEUTERONOMIUM, II. Ce nom vient de δεύτερος, et de νόμος, *Secunda Lex*, et signifie :

1° Deutéronome, le cinquième livre du Pentateuque, qui signifie seconde Loi, ou plutôt répétition de la même Loi que Moïse écrivit en faveur de ceux ou qui n'étaient pas encore nés, ou qui étaient encore fort petits lorsque la Loi de Dieu fut donnée. Ce livre, qui est un précis de tout ce qui était arrivé dans le désert, ne rapporte que ce qui s'est passé depuis le commencement de l'onzième mois jusqu'au septième jour du douzième de la même année, qui est la quarantième depuis la sortie de l'Egypte. On croit que c'est ce livre qui fut trouvé du temps de Josias, dont il est parlé, 4. Reg. 22. 8. et 2. Par. 34. 14.

2° Le Décalogue, ou la Loi qui est comprise dans le Deutéronome. Deut. 17. 18. *Describet sibi Deuteronomium Legis hujus in volumine*: Après que le roi se sera assis sur son trône, il fera décrire ce Deutéronome, et cette Loi que je vous prescris. Jos. 8. 32. Cette Loi s'appelle Deutéronome, parce que Moïse n'a écrit son dernier livre, que pour donner cette Loi : d'autres croient que Deutéronome signifie double, ou copie de la Loi: d'autres enfin croient que ce qui est dit dans Josué, c. 8. 32. ne marque que les bénédictions et les malédictions du Deut. ch. 28.

DEXTER, Dextera, Dexterum, ou Dextra, Dextrum; δεξιὸς. Du Grec δεξιτερὸς, nom poétique, pour δεξιὸς, or, δεξιὸς vient ou de δείκνυν, montrer, ou de δέχεσθαι, recevoir; parce que c'est avec la main droite qu'on montre, ou qu'on reçoit.

Droit, qui est du côté droit; ce qui se dit de la différente situation des choses ou des personnes. Joan. 21. 6. *Mittite in dextram navigii rete*: Jetez le filet au côté droit de la barque. La droite du vaisseau se prend de la droite de celui qui tient le gouvernail. Matth. 27. 38. De là vient:

DEXTERA, Æ, δεξιά, ᾶς. A cet adjectif est sous-entendu le substantif *manus*, et signifie:

1° La main droite. Matth. 27. 29. *Posuerunt arundinem in dextera ejus*: Les soldats du gouverneur mirent un roseau dans la main droite de Jésus-Christ. Cant. 2. 6. c. 8. 3. *Læva ejus sub capite meo, et dextera illius amplexabitur me*: Sa main gauche est sous ma tête, et il m'embrassera de sa main droite. Cet embrassement signifie la présence de Jésus-Christ, et le secours qu'il donne à son Eglise dans ses besoins, et marque aussi l'union étroite qui se forme entre le Verbe divin et l'âme sainte, lorsqu'elle devient l'épouse de Jésus-Christ; et que, tombant dans une espèce de défaillance, à la vue d'une si grande majesté, elle a besoin d'être soutenue en cet état par la puissance et par la bonté de son époux, figurées par ses deux mains, dont l'une sert à l'embrasser, l'autre à la soutenir. Voy. **Amplexari**.

2° Chez les Hébreux, la droite du monde est le midi, et la gauche est le septentrion, parce qu'on se trouve dans cette situation quand on est tourné du côté de l'orient. Gen. 13. 9. *Si ad sinistram ieris, ego dexteram tenebo ; si tu dexteram elegeris, ego ad sinistram pergam*: Si vous choisissez la gauche, je prendrai la droite; si vous prenez la droite, je prendrai la gauche, dit Abraham à Loth: Ainsi, les bénédictions de la Loi contenues, Deut. c. 28. furent prononcées du côté du mont Garizim, qui était au midi, et les malédictions du côté du mont Hébal, qui était au nord. Deut. 27. 12. Jos. 8. 33. Exod. 28. 18. 1. Reg. 23. 19. Ps. 88. 13. Ezech. 16. 46 *Soror tua minor te quæ habitat a dextris tuis, Sodoma et filiæ ejus*: Votre sœur puinée, qui habite à votre main droite, est Sodome avec ses filles. La ville de Sodome était plus méridionale que Samarie par rapport à Jérusalem, etc.

§ 1. — La droite et la gauche, qui signifient à l'entour. Ps. 90. 7. *Cadent a latere tuo mille, et decem millia a dextris tuis*: Mille tomberont à votre côté (gauche), et dix mille à votre droite; *i. e.* une infinité de gens périront autour de vous. 3. Reg. 22. 19. 2. Reg. 16. 6. ou marquent quelquefois indifféremment toutes sortes de situations et de lieux. Gen. 24. 49. *Hoc dicito mihi, ut vadam ad dexteram, sive ad sinistram*: Dites-moi si vous voulez donner Rebecca en mariage à Isaac, faites-le moi savoir, afin que j'aille chercher une fille ailleurs, dit le serviteur d'Abraham aux parents de Rebecca. Zach. 12. 6. *Devorabunt ad dexteram et ad sinistram omnes populos in circuitu*: Les chefs de Juda dévoreront à droite et à gauche tous les peuples qui les environnent. Isa. 9. 20. *Declinabit ad dexteram, et esuriet; et comedet ad sinistram, et non saturabitur*: Il ira à droite, et la faim le tourmentera; il ira à gauche, et ce qu'il aura mangé ne le rassasiera point. Num. 22. 26. 2. Reg. 2. 21. Isa. 54. 3. Job. 23. 9. et quelquefois *dextera* se trouve seul dans ce même sens. Ps. 141 5. *Considerabam ad dexteram, et videbam, et non erat qui cognosceret me*: Je considérais à ma droite, et je regardais, et il n'y avait personne qui me connût.

§ 2. — La droite et la gauche se prennent quelquefois comme deux extrémités vicieuses qui s'éloignent du droit chemin. Deut. 5. 32. *Non declinabis neque ad dexteram, neque ad sinistram, sed per viam quam præcepit Dominus*: Vous ne vous détournerez ni à droite, ni à gauche, mais vous marcherez par la voie que le Seigneur vous a prescrite. c. 17. v. 11. 20. c. 28. 14. etc. Num. 20. 17. Prov. 4. 27. etc.

§ 3. La droite marque quelquefois la prospérité, et la gauche l'adversité. 2. Cor. 6. 7. *Per arma justitiæ a dextris, et a sinistris*: Nous montrons que nous sommes fidèles ministres de Dieu par les armes de justice pour combattre à droite et à gauche. Ces armes sont principalement l'humilité, pour ne nous pas élever dans la prospérité, et la force pour ne nous point laisser abattre dans l'adversité. La droite et la gauche marquent aussi la possession et le pouvoir que l'on a de disposer des biens que l'on a entre les mains. Prov. 3. 16. *Longitudo dierum in dextera ejus, et in sinistra illius divitiæ et gloria*: La sagesse a la longueur des jours dans sa droite, et dans sa gauche les richesses et la gloire, *c'est-à-dire* la santé et une heureuse vieillesse, et les biens temporels dans une grande prospérité. *La droite*, selon saint Augustin, *in* Ps. 120. marque les biens de l'éternité ; et *la gauche*, les biens temporels. Dieu néanmoins est l'unique dispensateur des uns et des autres.

§ 4. — La droite marque l'alliance et l'union que l'on fait ordinairement, en se mettant la main droite l'une dans l'autre : d'où vient *dare dextras*, présenter la main pour marque de cette union. Gal. 2. 9. *Jacobus et Cephas, et Joannes dextras dederunt mihi*: Jacques, Céphas et Jean, ayant reconnu la grâce que j'avais reçue, nous donnèrent la main, à Barnabé et à moi, pour marque de notre association. 1. Mach. 13. 50. c. 13. 45. De même, *dextras accipere*; recevoir les conditions de paix, traiter de quelque accord, accepter la paix ; comme *dare*, l'accorder. 1. Mach. 11. 66. *Postulaverunt ab eo dextras accipere* : Ceux qui étaient investis dedans Bethsura demandèrent, après un long temps à faire composition. *Et dedit illis* : et Simon le leur accorda. c. 13. 50. 2. Mach. 12. 12. c. 13. 22. c. 14. 19.

§ 5. — La droite marque ce qui est bon, juste, droit et digne d'être approuvé ; soit que cette justice ait rapport à la récompense éternelle ou non. Eccl. 10. 2. *Cor sapientis in dextera ejus, et cor stulti in sinistra illius*: Le cœur du sage est dans sa main droite (le sage ne goûte que les biens spirituels); le cœur de l'insensé est dans sa main gauche (l'insensé n'a de pensées que pour la terre). Prov. 4. 27. *Vias quæ a dextris sunt novit Dominus, perversæ vero sunt quæ a sinistris sunt* : Le Seigneur connaît (i. e. aime et approuve) les voies qui sont à droite ; mais celles qui sont à gauche sont des voies de perdition. Jon. 4. 11. Matth. 25. 33. Cant. 2. 6. c. 8. 3. Ainsi, la partie droite a quelque prérogative sur la gauche, comme il paraît, Exod. 29. v. 20. 22. 24. 25. Levit. 8. v. 23. 24. c. 14. v. 17. 25. 28.

§ 6. — La droite marque un rang d'honneur et de gloire. Ps. 109. 1. *Sede a dextris meis*: Régnez avec moi, jouissez de ma gloire ; ce qui s'entend de la parole qu'adresse le Père éternel à Jésus-Christ. Voy. SEDERE. Matth. 22. 44. c. 26. 64. Marc. 16. 19. etc. La comparaison est prise des princes qui font asseoir à leur droite ceux qu'ils honorent particulièrement. 3. Reg. 2. 19. Ps. 44. 10 Voy. SEDERE.

La même chose est marquée par la droite et la gauche. Matth. 20. v. 21. 23. *Sedere autem meam ad dexteram vel sinistram, non est meum dare vobis*: Pour ce qui est d'être assis à ma droite ou à ma gauche, il ne dépend pas de moi de vous le donner, dit Jésus-Christ aux deux enfants de Zébédée. Marc. 10. v. 37. 40.

§ 7. — La promptitude à faire du bien, à favoriser, à protéger, est marquée par la droite. Ps. 15. 11. *Delectationes in dextera tua usque in finem* : Dieu est bienfaisant et prêt à combler de plaisirs. Ps. 47. 9. *Justitia plena est dextera tua* : Vous êtes toujours prêt à faire du bien à ceux qui le méritent. Prov. 3. 16. Cant. 2. 6. c. 8. 13. *Dextera illius amplexabitur me* : Mon bien-aimé me comblera de ses faveurs *ou* des biens éternels. Voy. ci-dessus 5°.

§ 8. — La droite marque la force, la vigueur et la puissance. Job. 40. 9. *Confitebor quod salvare te possit dextera tua* ; Je confesserai que votre droite a le pouvoir de vous sauver. Ps. 88. 43. Gen. 35. 18. d'où vient : *Dextera Dei* : La force et la souveraine puissance de Dieu. Exod. 15. 6. *Dextera tua, Domine, magnificata est in fortitudine*: Votre droite, Seigneur, a fait éclater sa force. *Dextera tua percussit inimicum* : Votre droite a frappé (Pharaon) ce fier adversaire. Ps. 16. 9. *A resistentibus dexteræ tuæ custodi me* : Gardez-moi de ceux qui résistent à votre droite, qui s'opposent à l'autorité souveraine, par laquelle vous avez daigné me choisir pour conduire votre peuple. Ps. 47. 9. *Justitia plena est dextera tua* : Votre droite est pleine de justice ; votre Église qui est étendue dans toute la terre s'est établie, non par une puissance injuste et tyrannique, mais toute pleine de justice et d'équité ; car vous ne faites rien qui ne soit très-juste. Ps. 17. 36. Ps. 19. 7. etc.

§ 9. — La main droite, *ou*, l'œil droit, marquent ce qui est cher et précieux à quelqu'un, parce que ces parties sont très-nécessaires à l'homme. Matth. 5. v. 29. 30. *Si oculus tuus dexter scandalizat te, erue eum, et si dextra manus tua scandalizat te, abscide eam, et projice abs te* : Que si votre œil droit vous est un sujet de scandale et de chute, arrachez-le et jetez-le loin de vous ; et si votre main droite vous scandalise, coupez-la et jetez-la loin de vous. Gen. 35. 18. *Pater vero appellavit eum Benjamin*, i. e. *filius dexteræ* : Le père nomma cet enfant Benjamin, c'est-à-dire le fils de ma droite, *i. e.* très-cher et bien-aimé : Jacob lui donna ce nom. Ps. 79. 18. Le Messie est appelé en ce même sens : *Vir dextræ Dei*. D'autres expliquent ces deux passages de la force, et d'autres veulent que le Messie soit dit l'homme de la droite de Dieu, parce qu'il a été formé par le Saint-Esprit dans le sein de la sainte Vierge.

Façons de parler.

A dextris esse ou stare, ou ad dexteram. — 1° Être prêt à soulager. Ps. 15. 8. *A dextris est mihi ne commovear* : Le Seigneur est à mon côté droit, pour empêcher que je ne sois ébranlé. Ps. 120. 5. *Dominus protectio tua super manum dexteram tuam* : Le Seigneur est à votre main droite pour vous donner sa protection, comme c'est de la main droite principalement que nous agissons. Le Prophète dit que Dieu sera à notre droite pour nous faire agir et combattre, et qu'il combattra lui-même avec nous pour nous faire vaincre.

2° Être toujours prêt de nuire. Ps. 108. 6. *Diabolus stet a dextris ejus* : Que le démon soit toujours à son côté droit. Cette prophétie de David s'entend ou de Doeg ou d'Achitophel, figure de Juda. Job. 30. 12. *Ad dexteram orientis calamitates meæ illico surrexerunt* : Aussitôt que j'ai commencé à paraître, mes maux se sont élevés à côté de moi. Voy. ORIENS.

Nescire quid sit inter dexteram et sinistram. Ne savoir pas discerner la main droite de la main droite de la main gauche ; manière de proverbe, qui marque la simplicité des personnes. Jon. 4. 11. *Sunt plusquam centum viginti millia hominum qui nesciunt quid sit inter dexteram et sinistram suam* : Il y a dans Ninive plus de six vingt mille personnes qui ne savent pas discerner leur main droite d'avec leur main gauche : cela se peut entendre aussi des personnes extrêmement simples, qui n'auraient su faire aucun discernement entre le bien et le mal.

DEXTRALIA, orum, περιδέξια, Bracelets. Exod. 35. 22. *Viri cum mulieribus præbuerunt armillas et dextralia* : Les hommes avec les femmes donnèrent leurs chaînes et leurs bracelets, *i. e.* les offrirent au Seigneur. Num. 31. 50.

DEXTRALIOLA, orum. Bracelets. Judith. 10. 3. *Assumpsitque dextraliola* : Entre les ornements que prit Judith pour aller trouver Holopherne, étaient des bracelets.

DIABOLICUS, A, UM, δαιμονιώδης. Diabolique, impie, très-méchant (ἀποστάτης). 3. Reg. 21. 13. *Illi ut viri diabolici* : Les deux hommes qui portèrent témoignage contre Naboth, étaient comme n'ayant ni foi ni conscience. Jac. 3. 15. *Sapientia terrena animalis, diabolica* : Une sagesse terrestre, animale et diabolique ; *i. e.* une sagesse qui n'aime que les biens de la terre, les plaisirs, les honneurs et la gloire comme les démons.

DIABOLUS, I. Gr. διάβολος, *calumniator*. Ce nom Grec vient du verbe διαβάλλειν, *trajicere*, percer ; ce qui se dit des accusations injustes, qui sont comme des traits dont on est percé.

1° Le diable, le malin esprit et le mauvais ange. Ephes. 4. 27. *Nolite locum dare diabolo* : Ne donnez point de lieu et d'entrée au diable ; celui qui retient sa colère, qui entretient dans son cœur la haine et la vengeance, donne entrée au diable pour régner dans son cœur. 1. Tim. 3. 6. Matth. 13. 39. Luc. 8. 12. Habac. 3. 5. *Egredietur diabolus ante pedes ejus*. Le mot Hébreu *rescheph* signifie la peste, le charbon, et tout ce qui brûle en volant, comme la foudre, des flèches de feu, etc. Gr. εἰς πεδία, *In campos*. Lorsque Dieu conduisait son peuple dans le désert, pour le faire entrer dans la terre promise, il faisait marcher devant lui *la mort et le démon*, comme les exécuteurs de sa justice, pour perdre, ou les Israélites incrédules à sa parole, ou les Chananéens qui s'opposaient à leur passage. Voy. EGREDI.

Le diable est appelé *calomniateur*, soit parce qu'il calomnie les justes auprès de Dieu. Job. 1. v. 9. 10. 11. c. 2. 5. Apoc. 12. 10 ; soit parce qu'il calomnie Dieu même auprès des hommes. Gen. 3. v. 1. 4. 5 ; soit enfin parce qu'il porte les hommes à calomnier et à médire les uns des autres. Ce mot *diable* comprend le plus souvent toute l'assemblée des mauvais anges.

2° Le prince des démons et des mauvais esprits s'appelle particulièrement et par excellence de ce nom. Matth. 4. 1. *Jesus ductus est in desertum a Spiritu, ut tentaretur a diabolo* : Jésus fut conduit par l'Esprit dans le désert, pour y être tenté du diable. v. 5. 8. 11. c. 25. 41. *Qui paratus est diabolo et angelis ejus* : Allez, maudits, au feu éternel qui avait été préparé pour le diable et pour ses anges, dira Jésus-Christ à ceux qui seront à sa gauche. Luc. 4. 2. Jud. v. 9. Apoc. 12. 9. Voy. Matth. 9. 34. Apoc. 12. v. 7. 12. etc.

3° Le nom de *diable* se donne quelquefois : 1° à des scélérats qui ressemblent au diable par leurs méchancetés. Joan. 6. 71. *Ex vobis unus diabolus est* : Un de vous douze apôtres que j'ai choisis est un démon ; ce diable était le perfide Judas. 1. Mach. 1. 38. *Factum est hoc ad insidias sanctificationi, et in diabolum malum in Israel*; *i. e. in hostem perpetuum ad nocendum paratum* : Ils dressèrent sans cesse des pièges et des embûches à tous ceux qui venaient se sanctifier dans le temple, et ils furent comme le mauvais démon d'Israël ; c'est-à-dire qu'ils firent tout le mal possible, tâchant, par leur violence, d'abolir tous les exercices de la religion judaïque ; 2° ce nom se donne à un calomniateur qui accuse faussement. Ps. 108. 6. *Diabolus stet a dextris ejus* : Qu'il soit toujours suivi d'un calomniateur qui le charge de crimes devant un juge cruel. On peut aussi l'entendre du démon (σατανᾶς). Eccli. 21. 30. *Dum maledicit impius diabolum, maledicit ipse animam suam*: Lorsque l'impie maudit un calomniateur, il se maudit lui-même ; parce qu'il est souvent lui-même aussi calomniateur et médisant qu'est celui qu'il maudit ; d'autres l'entendent du diable même, que l'impie ne laisse pas d'imiter, quoiqu'il le déteste.

DIACONUS, I, et DIACON, I, *dans les auteurs ecclésiastiques*. Ce mot vient du Grec κονέω, *festino, curro, servio*; Ainsi, διακονεῖν signifie servir, et διάκονος, un serviteur ; dans l'Ecriture :

Diacre, premier dans l'ordre des ministres qui servent dans l'Eglise au-dessous des évêques et des prêtres. 1. Tim. 3. 12. *Diaconi sint unius uxoris viri* : Que ceux que l'on fait diacres n'aient été mariés qu'une fois. v. 8. Philipp. 1. 1. *Cum episcopis et diaconibus* : Avec les évêques et les diacres. On peut voir comment et en quelle occasion les premiers diacres furent choisis. Act. 6.

DIADEMA, TIS, διάδημα, Du verbe δέω *ligo*, d'où vient διαδέω, *circumligo* ; ainsi, *diadema*, diadème ; c'était un bandeau blanc que les rois se mettaient autour du front.

1° Diadème, ornement royal. 2. Reg. 1. 10. *Tuli diadema* (βασιλεῖον) *quod erat in capite ejus* : J'ai ôté à Saül son diadème de dessus la tête. Le jeune homme Amalécite qui avait tué Saül marque en détail à David sa mort. c. 12. 30. Job. 29. 14. *Vestivi me sicut vestimento et diademate, judicio meo* : L'équité que j'ai gardée dans mes jugements m'a servi comme d'un vêtement royal et d'un diadème. Cant. 3. 11. *Videte regem Salomonem in diademate quo coronavit illum mater sua* : Venez voir le roi Salomon avec le diadème dont sa mère l'a couronné ; cela s'entend de l'humanité sainte dont la bienheureuse Vierge a couronné et revêtu Jésus-Christ, son Fils ; *ou*, selon d'autres, de sa passion et de sa mort, dont la synagogue, de laquelle il était sorti, l'a couronné, selon l'expression du prophète Isa. 22. 18. *Coronans coronabit te tribulatione.*

2° La tiare du grand pontife de l'ancienne loi. Sap. 18. 24. *Magnificentia tua in diademate capitis illius sculpta erat :* Votre grand nom (*sc.* le nom de Dieu), était écrit sur le diadème de la tête du grand prêtre.

Grande gloire, récompense magnifique. Sap. 5. 17. *Accipient diadema speciei de manu Domini :* Les justes recevront de la main du Seigneur un diadème éclatant de gloire.

DIANA, Æ, ἄρτεμις. De *Jana*, qui signifie la lune, et c'est proprement *Dea Jana*, d'où s'est fait *Dejana*, et ensuite *Diana*, dont la première syllabe est longue ou brève, à cause de cette contraction.

La déesse Diane. Act. 19. 34. *Magna Diana Ephesiorum :* Vive la grande Diane des Ephésiens, s'écria toute l'assemblée des Ephésiens ; ce fut à l'occasion de la prédication de saint Paul, qui ruinait insensiblement par la conversion de plusieurs le culte qu'on rendait à Diane. Voy. l'histoire, Act. 19.

DIBON, Hebr. *Abundantia intelligentiæ.* — 1° Ville des Moabites au delà du Jourdain, prise par les Israélites sur Sehon, roi des Amorrhéens, et ensuite donnée à la tribu de Ruben. Jerem. 13. v. 9. 17. Num. 21. 30. c. 32. 3. Isa. 15. 2. Jer. 48. v. 18. 22. — 2° une autre ville au même pays bâtie par ceux de la tribu de Gad. Num. 32. 34. — 3° Un fleuve des Moabites. Isa. 15. 9. *Hebr.* Dimon, *sanguineus.* — 4° Une ville de la tribu de Juda. 2. Esdr. 11. 25.

DIBONGAD. *Abundantia filii felicis.* Le trente-neuvième campement des Israélites. Num. 33. 45.

DICERE, λέγειν, εἰπεῖν. Du Grec δεικειν, déclarer, faire connaître. Quand ce verbe se dit de Dieu, il signifie ordonner, découvrir, annoncer, déclarer, et souvent dire en Dieu, c'est faire. Voy. ci-après. Ce verbe a tant de significations différentes dans l'Ecriture, qu'il est difficile de les déterminer ; mais on peut les connaître par la suite du discours ; on peut néanmoins les réduire à deux, qui sont : dire en soi-même et parler aux autres.

1° Dire, parler. Matth. 8. 8. *Tantum dic verbo, et sanabitur puer meus :* Dites seulement une parole, et mon serviteur sera guéri (Voy. 60). Ps. 10. 1. *Quomodo dicitis animæ meæ (ἐρεῖ)?* Comment me dites-vous, passez promptement sur la montagne comme un passereau ? Prov. 23. 7. *Comede et bibe, dicet tibi :* Buvez et mangez, vous dira l'homme envieux, lorsque vous serez chez lui pour manger ; mais son cœur n'est point avec vous. Ce verbe se met souvent avec *ad.* 1. Reg. 17. 17. *Dixit Isai ad David filium suum :* Isaï dit à David son fils ; *i. e.* d'aller à ses frères au camp. Marc. 16. 3. *Dicebant ad invicem :* Les femmes qui venaient pour embaumer Jésus disaient entre elles : Qui nous ôtera la pierre de devant l'entrée du sépulcre ? De là vient : *Dicere verbum contra aliquem ;* Parler contre quelqu'un. Matth. 12. 32. *Quicumque dixerit verbum contra filium hominis ; qui autem dixerit contra Spiritum sanctum :* Quiconque aura parlé contre le Fils de l'Homme, il lui sera remis ; mais si quelqu'un a parlé contre le Saint-Esprit, il ne lui sera point remis.

Ce verbe, par un pléonasme Hébreu, se met avec tous les autres verbes, par lesquels on exprime sa pensée ou sa disposition ; soit de parole, comme interroger, répondre, rapporter, etc., soit par écrit. Luc. 1. 63. *Scripsit dicens : Joannes est nomen ejus,* Zacharie écrivit sur des tablettes : Jean est le nom qu'il doit avoir : Ainsi, Job. 39. 25. *Ubi audierit buccinam dicit, vah :* Lorsque l'on sonne la charge, le cheval dit : allons ; *i. e.* il marque par ses frémissements et ses autres mouvements l'ardeur qu'il a d'entrer dans le combat ; soit sans s'exprimer par signes, en parlant de ceux qui se parlent en eux-mêmes. Eccl. 4. 8. *Nec recogitat dicens ;* De plus ce verbe n'est souvent qu'une répétition, familière aux Hébreux, qui s'exprime par ces mots : *dicendo dicens*, et autres semblables. Luc. 15. 3. *Ait ad illos parabolam istam dicens ;* Jésus-Christ proposa aux pharisiens et docteurs de la loi, la parabole d'un homme qui va chercher la brebis qu'il a perdue.

2° Dire vraiment, assurer. Prov. 20. 9. *Quis potest dicere: Mundum est cor meum, purus sum a peccato ?* Qui peut dire : Mon cœur est net, je suis pur de péché ? 1. Cor. 12. 3. *Nemo potest dicere, Dominus Jesus, nisi in Spiritu sancto :* Nul ne peut dire : Jésus est le Seigneur, que par le Saint-Esprit.

3° Dire la vérité, répondre selon que la chose est. Matth. 26. 64. *Tu dixisti :* Vous l'avez dit : Je suis le Christ. Marc. 14. 62. porte : *Ego sum :* Je le suis ; ce qui est le même sens. Matth. 27. 11. Marc. 1, 2. Luc 23. 3. Joan. 18. 37. etc. Cette façon de parler est une manière honnête et modeste, pour répondre à ce qu'on nous demande ; c'est une affirmation, et non point un doute.

4° Envoyer dire, faire savoir. 2. Reg. 2, 5: *Misit David nuntios ad viros Jabes Galaad, dixitque ad eos : Benedicti vos a Domino :* David envoya des gens à ceux de Jabès en Galaad, qui avaient enseveli Saül, et il leur fit dire : Bénis soyez-vous du Seigneur. Matth. 8. 6. *Accessit ad eum Centurio, rogans eum, et dicens :* Un centenier vint trouver Jésus-Christ, et lui fit cette prière, *sc.* au sujet de son serviteur, qu'il prie de guérir : Le centenier se jugea indigne d'aller trouver lui-même Jésus-Christ ; mais il envoya vers lui des sénateurs des Juifs. (Voy. Luc. 7. v. 3. 7.) Luc. 22. 11.

5° Déclarer son sentiment, dire son avis. Joan. 8. 5. *Tu ergo quid dicis ?* Quel est donc sur cela votre sentiment, disent à Jésus-Christ les scribes et les pharisiens, au sujet de la femme surprise en adultère. Jérem. 3. 1. 3. Reg. 22. 20. 2. Par. 18. 19.

6° Commander, ordonner, vouloir qu'une chose se fasse, la faire même en le disant, ce qui est le propre de Dieu (ἔπειν). Ps. 148. 5. Ps. 32. 9. *Ipse dixit, et facta sunt :* Le Seigneur a parlé, et toutes choses ont été ailes. Matth. 17. 19. 3. Reg. 13. 13. 2. Cor. 4. 6. *Deus qui dixit de tenebris lucem splendescere, ipse illuxit in cordibus nostris :* Le même Dieu qui commanda que la lumière sortit des ténèbres, a éclairé nos cœurs. Gen. 1. 3. Hebr. 12. 20. Matth. 8. 8. *Tantum dic verbo :* Commandez d'une seule parole ; ou bien, parlez seulement (Voy. 1°). Luc. 12. 13. Matth. 9. 5. *Quid est facilius dicere : Dimittuntur tibi peccata tua, an dicere : Surge et ambula ?* Lequel est le plus aisé, ou de dire : Vos péchés vous sont remis ; ou de dire : Levez-vous et marchez ? Voy. v. 6. 7. Ps. 109. 1. *Dixit Dominus Domino meo :* Le Seigneur a dit à mon Seigneur : Asseyez-vous à ma droite : Le dire du Père Éternel à l'égard de son Fils dans l'éternité, dont il est parlé ici ; c'est l'engendrer comme sa parole éternelle ; et à l'égard de son humanité, c'est la glorifier, et la mettre en possession de tous les droits de sa naissance divine. Gen. 1. v 6. 9. Ps. 106. 25. Jon. 2. 11. Matth. 4. 3. c. 20. 21. c. 23. 3. Apoc. 13. 14.

7° Prier, requérir, demander quelque grâce. Esth. 5. 10. *Dic mane regi ut appendatur super eam Mardochœus :* Dites au roi demain matin qu'il fasse pendre Mardochée à une potence. Jerem. 15. 2. Marc. 9. 17. *Dixi discipulis tuis ut ejicerent illum :* J'ai prié vos disciples de chasser l'esprit muet de mon fils, qui en est possédé. Philem. 21. *Sciens quoniam et super id, quod dico, facies :* Je sais que vous en ferez encore plus que je ne vous dis. Ainsi, Exod. 18. 19. *Esto tu populo ut referas quæ dicuntur ad eum :* Donnez-vous au peuple pour ce qui regarde Dieu, pour rapporter à Dieu les demandes et les besoins du peuple, dit Jethro à Moïse. Ainsi,

8° Demander, faire des questions, interroger. Joan. 9. 10. *Dicebant ergo ei : Quomodo aperti sunt tibi oculi ?* (Les voisins de l'aveugle-né que Jésus avait guéri) lui demandaient : Comment est-ce que vos yeux ont été ouverts ? 26. Luc. 20. 41. c. 12. 11. c. 22. 11. Act. 19. 1. Rom. 10. v. 18. 19. c. 11. 1.

9° Penser, dire en soi-même. Luc. 17. 10. *Dicite, servi inutiles sumus :* Dites, lorsque vous aurez accompli tout ce qui vous est commandé, nous sommes des serviteurs inutiles. Matth. 21. 37. Jos. 7. 8. 2. Par. 13. 8. c. 25. 19. Job. 1. 5. Isa. 47. v. 7. 10. Jerem. 2. 6. c. 20. 9. Ose. 7. 2. Ce qui est souvent exprimé par cette phrase : *Dicere in corde, intra se, apud se.* Ps. 13. 1. *Dixit insipiens in corde suo :* L'insensé a dit dans son cœur : Il n'y a point de Dieu. Ps. 4. 5. Luc. 12. 19. *Dicam animæ meæ ;* i. e. *apud me ;* Je dirai à mon âme ; i. e. en moi-même. c. 1. 66. Matth. 9. 21. *Dicebat intra se ;* Cette femme, affligée d'une perte de sang, disait en elle-même : Si je puis seulement toucher son vêtement, je serai guérie. Rom. 10. 6.

10° Délibérer, résoudre, prendre en soi-même une résolution. Ps. 38. 1. *Dixi (εἴπειν), custodiam vias meas :* J'ai dit en moi-même : J'observerai avec soin mes voies ; i. e. de prendre garde à ma conduite. Ps. 31. 6. *Dixi, confitebor adversum me :* J'ai dit : Je confesserai contre moi-même mon injustice. Ps. 37. 17. Ps. 105. 23. Luc. 18. 6.

11° Arrêter, ordonner (εἴπειν). Deut. 17. 14. *Cum dixeris : Constituam super me regem :* Si vous venez à dire : Je choisirai un roi pour me commander. Luc. 12. 20. Ps. 27. Ps. 109. 1. Gen. 6. v. 3. 7. 1. Mac. 14. 48.

12° Enseigner. Matth. 15. 5. *Vos autem dicitis :* Vous autres vous dites : Jésus-Christ prouve aux scribes et aux pharisiens que leur doctrine est contraire aux commandements de Dieu. c. 17. 10. Marc. 7. 11. etc.

13° Appeler, nommer Marc. 12. 37. *David dicit eum Dominum :* David appelle lui-même le Christ son Seigneur ; Jésus-Christ prouve par là qu'il est non-seulement descendant de David selon la chair, mais encore son Seigneur selon la divinité. Luc. 20. 37. Joan. 15. 15. 1. Cor. 12. 3. Ainsi, *dicere alicui,* c'est quelquefois appeler quelqu'un. Matth. 7. 21. *Non omnis qui dicit mihi, Domine, Domine, intrabit in regnum cœlorum :* Ceux qui me disent, Seigneur, Seigneur, n'entreront pas tous dans le royaume des cieux.

14° Témoigner, marquer, faire entendre. Joan. 8. 27. *Non cognoverunt quia patrem ejus ;* Gr. εἰς dicebat Deum : Les Juifs ne comprirent point que Jésus-Christ disait que Dieu était son Père ; ce qui se dit aussi de l'Ecriture et des prophètes. Ephes. 5. 14. *Propter quod dicit : Surge qui dormis ;* Il est dit : Réveillez-vous, vous qui dormez ; saint Paul cite ce passage d'Isaïe, c. 60. 1. pour être une preuve et un éclaircissement de ce qu'il a avancé. Joan. 1. 23. De là vient cette autre signification :

15° S'expliquer plus nettement. Gal. 3. 17. *Hoc autem dico : testamentum confirmatum a Deo :* Ce que je veux dire est que Dieu a contracté une alliance avec Abraham. c. 4. 1.

16° Conseiller, donner avis, porter à quelque chose. 1. Cor. 7. 12. *Cæteris ego dico, non Dominus :* Pour ce qui est des personnes non mariées, ce n'est point le Seigneur qui le leur ordonne, mais moi qui le leur conseille de demeurer en cet état s'ils le peuvent (Voy. v. 7. 25). D'autres rapportent le sens de ces paroles avec la suite et l'expliquent autrement.

Où il faut remarquer que, dans ce passage, le verbe *dicere,* par rapport à *ego,* signifie conseiller.

17° Ce verbe, par une circonlocution Hébraïque, signifie : 1° Faire la chose que l'on dit. Ps. 34. 3. *Dic animæ meæ : salus tua ego sum :* Dites à mon âme : c'est moi qui suis ton salut ; i. e. *Serva me ipsum.* Malach. 1. 12. *Dicitis, mensa Domini contaminata est ;* i. e. *contaminatis mensam Domini :* Vous avez déshonoré mon nom en ce que vous dites, la table du Seigneur est méprisée. Isa. 8. 14. *Non dicatis : conjuratio :* Ne dites point comme les autres : Faisons une conspiration tous ensemble ; i. e. Ne conspirez point avec les autres. Joel. 3. 10. 2° Reconnaître qu'une chose est telle qu'elle est en effet, ou qu'on le dit. Ps. 90. 2. *Dicet Domino : Susceptor meus es tu :* Celui qui demeure sous l'assistance du Très-Haut, dira au Seigneur : Vous êtes mon défenseur. Isa. 42. 17. *Qui dicunt conflatili, vos dii nostri* : Ceux qui disent à des images de fonte : Vous êtes nos dieux, seront couverts de confusion. Ps. 15. 2. Ps. 34. 11. etc.

18° Publier, louer, célébrer. Ps. 39. 13. *Veritatem tuam et salutare tuum dixi* : J'ai déclaré votre vérité et votre miséricorde salutaire. Ps. 28. 9. Isa. 5. 20. Matth. 26. 13.

19° Promettre. Joël. 2. 32. 1. Thess. 5. 3. *Cum dixerint pax, et securitas* : Lorsque les hommes diront : Nous sommes en paix et en sûreté, ils seront surpris par une soudaine ruine. Gal. 3. 16. Gen. 28. 15.

20° Prononcer, proférer, dire. Ps. 44. 1. *Dico opera mea regi* : Gr. λέγω, C'est au roi suprême que j'adresse et que je chante mes ouvrages. Voy. ERUCTARE.

Enfin ce verbe a plusieurs autres significations qu'il est aisé de connaître par la suite du discours ; comme interroger, répondre, expliquer, rapporter, etc. Il s'attribue aussi aux morts et aux choses animées. Job. 28. 22. Isa. 14. 10. Num. 22. 30. Judic. 9. 8. etc.

DICTARE. — Verbe fréquentatif de *dicere*. Dicter à quelqu'un quelque chose, afin qu'il l'écrive, suggérer, enseigner ; dans l'Ecriture :

Présenter, fournir (ὑπογράφειν). 1. Mach. 8. 25. *Auxilium feret gens Judæorum, prout tempus dictaverit, corde pleno* : Les Juifs assisteront les Romains avec une pleine volonté (contre leurs ennemis) selon que le temps le permettra.

DICTIO, NIS ; λέξις, exposition, récit, discours. 2. Mach. 2. 32. *Brevitatem dictionis sectari brevianti concedendum est* : On ne doit pas trouver mauvais que celui qui fait un abrégé, affecte d'être court dans ce qu'il écrit.

DICTUM, I. Mot, parole, ordre que l'on donne ; d'où vient, *dicto obedire*, πειθαρχεῖν : Obéir aux ordres et aux commandements de quelqu'un. Tit. 3. 1. *Admone illos Principibus et Potestatibus subditos esse, dicto obedire* : Avertissez-les d'être soumis aux princes et aux magistrats, de leur rendre obéissance.

DIDRACHMA, Æ. Ce mot vient de δίς, *bis*, et de δραχμή, *drachma, æ*, pièce de monnaie qui valait deux drachmes, dont chacune revenait au denier romain.

Pièce de monnaie des Athéniens, de la valeur de deux drachmes. 2. Mach. 4. 19. *Misit Jason viros peccatores portantes didrachmas trecentas in sacrificium Herculis* : L'impie Jason envoya de Jérusalem des hommes couverts de crimes, portant trois cents drachmes d'argent pour le sacrifice d'Hercule. Le Grec porte *drachmes*, aussi bien que le ch. 10. 20. Voy. DRACHMA.

DIDRACHMUM, I ; δίδραχμον, de δίς, *bis*, et de δραχμή, se fait *diarachmum, i*, pour signifier une pièce de deux drachmes, qui valait chez les Hébreux environ 5 sous de notre monnaie.

Pièce de deux drachmes d'argent. Matth. 17. 13. *Magister vester non solvit didrachma?* Votre maître ne paie-t-il pas le tribut des deux drachmes? Gr. τὰ δίδραχμα, ce tribut se payait tous les ans par tête, pour les réparations du temple, selon l'ordre de Dieu écrit, Exod. 30. 12. Jésus-Christ, comme fils de Dieu, par l'ordre duquel ce tribut avait été imposé, n'y était point sujet.

DIDYMUS, I. Gr. δίδυμος, *Geminus*. Ce mot qui est grec signifie : Jumeau, qui naît avec un autre ; ce n'est point le surnom de saint Thomas, mais c'est l'interprétation du mot hébreu *theomim* ou *thomim*, qui signifie *gemini* ; ainsi saint Thomas a été appelé de ce nom, soit qu'il fût né avec un autre frère, soit que ce fût un nom de famille. Joan. 11. 16. *Thomas qui dicitur Didymus*. c. 20. 24. etc. Voy. THOMAS.

DIES, EI, ἡμέρα, du mot *dies*, jour.

Die, nom de la première des filles que Job eut après son état d'affliction, dans lequel Dieu l'éprouva. Job. 42. 14. *Vocavit nomen unius Diem* : Job appela la première de ses filles, Die ; *i. e.* le jour, parce qu'elle était belle comme le jour qui commence à paraître.

DIES, EI ; ἡμέρα, du génitif de Ζεύς, Διός, que les païens prenaient souvent pour le ciel et qu'ils nommaient *Diespiter*.

On doit distinguer avec les meilleurs interprètes trois sortes de jours parmi les Juifs. Le premier est le jour naturel de vingt-quatre heures, qui dure depuis un minuit jusqu'à l'autre, qui est celui dont il est dit, Gen. 1. 5. *Factum est vespere et mane dies unus* : Du soir et du matin se fit le premier jour. Le second est la durée du temps que le soleil paraît sur l'horizon depuis son lever jusqu'à son coucher, qui peut être dit jour artificiel et qui est inégal selon la différence des lieux et des saisons, et le troisième jour est le jour légal, ou le jour de fête qui se célébrait depuis un soir jusqu'à l'autre, et c'est touchant cette sorte de jours que Moïse a fait le réglement contenu Levit. 23, v. 32. 33. Chaque fête commençait dès le soir, mais chaque soir ne commençait pas un jour. Voy. Analyse de l'Evangile, Dissertation 31, p. 586.

1° Jour naturel de vingt-quatre heures, qui comprend la nuit et le jour. Gen. 1. 5. *Factumque est vespere et mane dies unus* : Du jour artificiel qui finit au soir et de la nuit suivante jusqu'au matin, se fit un jour naturel qui se compte ordinairement d'un lever du soleil à un autre. Afin de concilier la Genèse avec les systèmes de la science moderne, on peut aussi supposer, sans blesser la foi, que les jours dont parle Moïse représentent simplement des périodes de temps indéterminées Voy. Ps. 138. 16 *Dies (i. e. per dies) formabuntur, et nemo in eis* : Les hommes se forment tous les jours dans le sein de leurs mères et nul d'eux ne vous est inconnu, *ou*, selon d'autres, les membres du corps se forment de jour à autre dans le sein de la mère et il n'en manque aucun. Rom. 14. 5. *Alius judicat diem inter diem ; alius autem judicat omnem diem* : L'un met de la différence entre les jours (*sc.* en ce que quelques Juifs convertis voulaient encore au commencement observer le sabbat et les nouvelles lunes), l'autre considère tous les jours également. De là vient cet hébraïsme contenu, Marc. 2. 1. *Post dies*; i. e. *multis post diebus* : Plusieurs jours après.

2° Jour artificiel, distingué de la nuit, espace de temps, depuis le lever du soleil jusqu'au coucher. Ps. 18. 3. *Dies diei eructat verbum* : La vicissitude si réglée des jours qui se succèdent les uns aux autres, fait voir la puissance de Dieu; cette suite de jours le loue d'une manière miraculeuse. Ps. 55. 3, *Ab altitudine diei timebo* : La hauteur du jour me donnera de la crainte; c'est-à-dire, le grand jour, où il est moins sûr de se produire quand on a des ennemis; David persécuté par Saül se cachait où il pouvait. Ps. 77. 14. *Deduxit eos in nube diei* : Dieu a conduit les Israélites durant le jour avec la nuée; *diei* est mis pour *die* ou *interdiu*. Ce que l'interprète latin a mis en régime avec *nube*, est en grec au génitif pour marquer le temps. Sap. 10. 17. *Fuit illis in velamento diei*; i. e. *die* : La sagesse a servi aux justes d'un couvert pendant le jour, d'où vient *die ac nocte*, pour dire souvent, avec application. Jos. 1. 8, *Meditaberis in eo diebus ac noctibus* : Ayez soin de méditer le livre de la loi jour et nuit, dit Dieu à Josué. Ps. 1. 2. Ainsi, 1. Reg. 2. 34. *In die uno morientur ambo* : Vos deux fils Ophni et Phinées mourront tous deux en un même jour; la mort des deux fils du grand prêtre Heli, que l'homme envoyé de Dieu lui prédisait, devait être la marque assurée que toutes les punitions qu'il lui annonçait lui arriveraient. Deut. 24. 15. Jos. 10. v. 12. 13. 14. *Non fuit antea nec postea tam longa dies* : Jamais jour, ni devant ni après, ne fut si long que celui-là; le jour qui devait durer douze heures de soleil en dura vingt-quatre; un jour fut aussi long que deux. Eccli. 46. 5. Joan. 2. 1. etc.

3° Le jour légal, ou le jour de fête qui se célébrait depuis un soir jusqu'à l'autre; et c'est touchant cette sorte de jour que Moïse a fait le règlement du Lévitique, c. 23. v. 32. 33. Eccli. 33. 7. *Quare dies diem superat?* D'où vient qu'un jour est préféré à un autre jour? Le Sage entre, comme saint Paul, dans le mystère de la prédestination et il l'explique par une comparaison excellente : Les jours, *dit-il*, ayant été tous égaux, les uns, néanmoins, sont préférés aux autres; parce que Dieu les a séparés et qu'il a fait lui-même cette distinction entre les jours de fête et les jours profanes; ainsi les hommes ont été tirés de la même boue dont Adam a été formé, et son péché a passé dans tous. Et cependant Dieu en sanctifie quelques-uns et laisse les autres dans la malédiction et la corruption commune à toute la nature; mais ses jugements sont toujours très-justes, dit saint Augustin, quoiqu'ils soient souvent incompréhensibles.

§ 1. — Le temps, soit certain et défini. Joan. 7. v. 2. 8. 10. 11. *Judæi ergo quærebant eum in die festo* : Les Juifs cherchaient Jésus-Christ pendant la fête des Juifs, appelée des *Tabernacles*. Gen. 2. 4. *In die quo fecit Dominus Deus cœlum et terram* : C'est ainsi que le ciel et la terre furent créés au jour que le Seigneur Dieu fit l'un et l'autre. c. 21. 34. Num. 3. 1. c. 8. 17. Deut. 4. 32. 1. Reg. 27. 7. Dan. 8. 14. *Dies duo millia trecenti, et mundabitur sacrificium* : Il se passera deux mille trois cents jours et le sanctuaire sera purifié. Antiochus demeura maître de la ville de Jérusalem et de la forteresse de Sion, trois ans et demi, pendant lesquels il fit des maux infinis aux Juifs; mais la profanation ayant commencé dès avant ce temps-là, il n'est pas difficile de trouver plus de six ans de désolation. *Estius*. Voy. 1. Mac. 1. Ainsi, c. 12. 1. *A tempore cum ablatum fuerit juge sacrificium, et posita fuerit abominatio in desolationem*, *dies mille ducenti nonaginta* : Depuis le temps que le sacrifice perpétuel aura été aboli et que l'abomination de la désolation aura été établie, il se passera mille deux cent quatre-vingt-dix jours. Il semble que l'Ange fasse ici particulièrement allusion aux trois années et demie que dura la profanation du temple sous Antiochus et qui reviennent à ce nombre de 1290; mais les pères et plusieurs interprètes ont cru que cela marquait principalement le temps de la dernière persécution de l'Antechrist, figurée par celle de l'impie Antiochus. v. 12. *Beatus qui exspectat, et pervenit usque ad dies mille trecentos triginta quinque* : Heureux celui qui attend et qui arrive jusqu'à mille trois cent trente-cinq jours; *c'est-à-dire*, heureux celui qui souffre sans se décourager et qui attend avec patience la fin de la persécution. Il y a bien de l'apparence que les quarante-cinq jours qui se trouvent ici de plus qu'au verset précédent se passèrent depuis la purification du temple de Jérusalem, jusqu'à la maladie dont Dieu frappa Antiochus, et dont il mourut misérablement. Alors les Juifs furent délivrés, non-seulement de tous leurs maux, mais aussi de la crainte des maux. Soit indéfini. Matth. 3. 1. *In diebus autem illis venit Joannes Baptista prædicans*, etc. En ce temps-là Jean-Baptiste vint prêcher au désert de Judée. Il y a près de trente ans d'intervalle entre la fin du chapitre précédent et le commencement de celui-ci. 4. Reg. 3. 6. Act. 5. 36. Hebr. 8. 10. *Post dies illos* : Après le temps de l'Ancien Testament. 2. Petr. 3. 18. Gen. 2. 17. Ps. 60. 6. *Dies super, dies regis adjicies* : Vous multiplierez les jours du roi; *autrement*, Vous ajouterez de nouveaux jours aux jours du roi; vous étendrez ses années de race en race; David parle de lui-même en troisième personne. Deut. 4. 42. *Ante unum et alterum diem* : Deux ou trois jours auparavant; ainsi, Exod. 13. 10. *A diebus in dies* : Vous observerez le culte (sc. de la Pâque) tous les ans, dans toute la suite des années; et en plusieurs endroits où l'Hébreu porte, de jour en jour, saint Jérôme l'a exprimé par années. Levit. 25. 9. Judic. 11. 40. c. 17. 10. c. 21. 19. 1. Reg. 1. 3. *Ascendebat vir ille de civitate sua statutis diebus ut adoraret*, etc. : Cet homme (surnommé Elcana) allait de sa ville à Silo, aux jours ordonnés pour adorer le Seigneur; ce qui est rendu v. 7. par les mots *per singulos annos.* c. 2. 19. c. 27. 7. *Fuit numerus dierum quibus habitavit David in regione Philistinorum quatuor mensium;* Hebr. *dies et quatuor menses :* Ce que quelques-uns expliquent d'un an et quatre mois; d'autres de quatre mois et quelques jours; d'autres disent que David demeura dans les terres des Philistins seulement quatre mois. 2. Reg. 14. 26. *Semel in anno tondebatur :* Absalom faisait faire ses cheveux une fois tous les ans; Hebr. de jours en jours; comme Exod. 13. 10. *A diebus in dies;* i. e. *ab anno in annum,* seu, *quotannis :* Tous les ans, au jour ordonné. Ps. 88. 30 (Voy. *infra* 2°). A quoi se rapporte cette façon de parler, *Altera die :* Une autre fois, en un autre temps, dans une autre occasion. Judic. 20. 24. *Cumque filii Israel altera die contra filios Benjamin ad prælium processissent :* Le lendemain (qui est la seconde fois), les enfants d'Israël s'étant présentés encore pour combattre les enfants de Benjamin. Ainsi, v. 30. *Tertia vice;* Hebr. *tertia die :* Les Israélites marchèrent en bataille pour la troisième fois. Ainsi, *Una die;* i. e. *brevi.* En peu de temps. Apoc. 18. 8. *In una die venient plagæ ejus :* Les plaies de Babylone viendront fondre sur elle en un même jour. Ainsi, Dan. 10. 14. *Adhuc visio in dies;* i. e. *in multa tempora :* Cette vision ne s'accomplira qu'après bien du temps.

§ 2. — L'âge, ou le temps de la vie, la durée des choses. Isa. 65. 20. *Non erit ibi amplius infans dierum, et senex qui non impleat dies suos :* On ne verra plus dans Jérusalem d'enfants qui ne vivent que peu de jours, ni de vieillard qui n'accomplisse pas le temps de sa vie : Ceci marque que les chrétiens doivent être hommes parfaits. Hebr. 7. 3. Prov. 10. 27. c. 28. 16. Zach. 8. 4. Gen. 9. 29. c. 35. 29. *Appositus est populo suo senex et plenus dierum;* i. e. *senex decrepitus :* Jacob étant mort fut joint à son peuple, étant fort vieux. 3. Reg. 3. 11. etc. Ainsi, *Processisse in diebus suis :* C'est être fort avancé en âge. Luc. 1. 7. *Non erat illis filius, eo quod esset Elisabeth sterilis, et ambo processissent in diebus suis :* Zacharie et Elisabeth n'avaient point de fils, parce qu'Elisabeth était stérile, et qu'ils étaient déjà tous deux avancés en âge. Ainsi, Baruch. 1. 11. *Orate ut sint dies eorum sicut dies cœli super terram :* Priez Dieu que les jours de Nabuchodonosor et de son fils Balthasar sur la terre soient comme les jours du ciel; i. e. de longue durée; que leurs règnes soient longs. Ps. 88. 30. *Ponam thronum ejus sicut dies cœli :* Je ferai subsister le trône de David autant que les cieux.

§ 3. — Jour de fête, jour solennel. Ose. 7. 5. *Dies regis nostri :* C'est ici, disaient-ils, c'est ici le jour de notre roi, le jour qu'il a consacré aux idoles.

§ 4. — Choses mémorables marquées par le temps où elles ont été faites. Deut. 32. 7. *Memento dierum antiquorum :* Consultez les siècles les plus reculés, voyez ce qui s'y est passé. Act. 3. 24. *Omnes prophetæ a Samuel, et deinceps annuntiaverunt dies istos :* Tous les prophètes qui ont prophétisé de temps en temps depuis Samuel, ont prédit ce qui est arrivé en ces jours. Ps. 76. 6. *Cogitavi dies antiquos :* Je songeais aux jours anciens. Isa. 63. 11. Mal. 3. 4. *Placebit Domino sacrificium Juda et Jerusalem, sicut dies sæculi et anni antiqui :* Le sacrifice de Juda et de Jérusalem sera agréable au Seigneur, comme l'ont été ceux des siècles passés, ceux des premiers temps; i. e. ceux d'Abel, de Noé, de Melchisédech, d'Abraham, etc. comme il est marqué dans le canon de la messe.

§ 5. — Une journée de chemin. Deut. 1. 2. *Undecim diebus de Horeb per viam montis Seir usque ad Cadesbarne :* Il y avait onze journées de chemin depuis la montagne d'Horeb en venant par la montagne de Seïr jusqu'à Cadesbarne.

§ 6. — Temps propre et commode pour agir. Joan. 9. 4. *Me oportet operari... donec dies est :* Il faut que je fasse les œuvres de celui qui m'a envoyé pendant qu'il est jour : parce que le jour est destiné à l'action et au travail, comme la nuit au repos. c. 11. 9. Rom. 13. 13.

§ 7. — Jugement que l'on fait. 1. Cor. 4. 3. *Mihi pro minimo est ut a vobis judicer, aut ab humano die :* Pour moi je me mets fort peu en peine d'être jugé par vous, ou par quelque homme que ce soit : saint Paul ne reconnaît pour souverain juge que Dieu seul. Ce mot en ce sens est un terme Cilicien, ou bien un idiotisme des Hébreux qui appellent le jugement dernier, *le jour du Seigneur :* quoique d'ailleurs on appelle en latin du nom de *dies,* le jugement des parties; *Diem dicere,* ajourner. Ainsi Jérémie dit, c. 17. 16. *Diem hominis non desideravi :* Je n'ai point recherché les jugements avantageux des hommes.

§ 8. — Lumière et connaissance plus claire de la vérité. Rom. 13. 12. *Nox præcessit, dies autem appropinquavit :* La nuit est déjà avancée, et le jour s'approche. 1. Thess. 5. v. 5 8. *Nos autem qui diei sumus :* Nous qui sommes enfants du jour : ce jour et cette lumière est celle de l'Évangile. 2. Petr. 1. 19.

§ 9. — Le jour de l'éternité. Prov. 4. 18. *Justorum semita quasi lux splendens procedit, et crescit usque ad perfectam diem :* Le chemin, dans lequel marchent les justes, est éclairé des rayons célestes : et cette lumière les conduit enfin à un beau jour qui n'est obscurci d'aucun nuage, et qui n'est point suivi de la nuit.

Ce jour est appelé, *Dies æternitatis.* 2. Petr. 3. 18. parce que l'éternité est comme un jour, ou plutôt comme un instant qui demeure toujours le même, et renferme tous les temps sans distinction de passé, de présent, ni de futur, sans succession ni division, sans aucun rapport aux créatures. A quoi se peut rapporter dans le sens figuré, *Dies ævi.* Ainsi, Eccli. 18. 8. *Sicut calculus arenæ, sic exigui anni in die ævi :* Ce peu d'années de la vie, au prix de l'éternité, ne sera considéré que comme un grain de sable.

§ 10. — L'état où l'on se trouve dans le

cours de la vie; soit heureux et de prospérité : d'où vient cette façon de parler, *Dies boni* : Temps de festin, de joie et de prospérité. Ps. 33. 13. Eccli. 7. 15. Eccli. 14. 14. *Non defrauderis a die bono* : Ne vous privez pas, par avarice, des avantages de votre prospérité : c'est dans ce même sens que l'on explique, Job. 9. 25. *Dies mei* : Le temps de ma prospérité; et, Ps. 55. 4. *Ab altitudine diei timebo*. Voy. ALTITUDO. Ainsi, Zach. 14. 7. *Erit dies una quæ nota est Domino, non dies, neque nox* : Il y aura un jour connu du Seigneur, qui ne sera ni jour, ni nuit; *i. e.* qui n'aura ni l'agrément du jour, ni le repos de la nuit.

§ 11. — Le temps des grâces extraordinaires de Dieu. Ps. 117. 23. *Hæc est dies quam fecit Dominus, exultemus et lætemur in ea* : C'est ici le jour qu'a fait le Seigneur, réjouissons-nous-y donc... 2. Cor. 6. 2. Isa. 49. 8. Ps. 41. 9. Joan. 8. 56. etc. Soit qu'on se trouve dans le cours d'une vie remplie de peines et d'afflictions : ce qui est exprimé par *Dies malus, dies mali parvi.* Ephes. 5. 16. *Redimentes tempus, quoniam dies mali sunt* : Rachetez le temps, parce que les jours sont mauvais; *i. e.* pleins de traverses. Ephes. 6. 23. *Accipite armaturam Dei, ut possitis resistere in die malo* : Prenez les armes de Dieu, afin que vous puissiez résister au jour mauvais; *i. e.* dans le temps que le démon attaque vivement par la tentation. Ps. 49. 5. *Cur timebo in die mala?* Quel sujet aurai-je de craindre au jour mauvais ? Ce *jour mauvais* est, ou le jour terrible du jugement dernier, *ou* le temps où on se trouve exposé à quelque affliction ou quelque grand danger, et surtout celui de la mort. Gen. 47. 9. Zach. 4. 10. *Quis despexit dies parvos?* Qui est celui qui fait peu d'état de ce temps de la faiblesse et de l'abaissement des Juifs? *autr.* de ces faibles commencements du Temple. Voy. PARVUS. Ainsi :

§ 12. — Le temps des afflictions, de la vengeance ou de la mort. Isa. 2. 17. *Elevabitur Dominus solus in die illa* : Le Seigneur seul paraîtra grand en ce jour-là. v. 11. 12. c. 7. 17. 1. Reg. 26. 10. Ps. 36. 13. Ps. 118. 84. Ps. 136. 7. et souvent dans les prophètes. Ainsi, Ezech. 22. *Numquid prævalebunt manus tuæ in diebus quos ego faciam tibi?* Vos mains prévaudront-elles contre moi, dans le temps des maux que je ferai fondre sur vous ?

§ 13. — Il est à remarquer que quand le génitif *dierum* est ajouté, dans l'Écriture, aux noms qui marquent les années ou les mois, il marque que ces années ou ces mois sont entiers et parfaits. Num. 11. 20. *Det vobis Dominus carnes usque ad mensem dierum*, pour *mense integro et suis diebus constante* : Le Seigneur vous donnera de la chair, afin que vous en mangiez pendant un mois entier, dit Dieu dans le désert au peuple qui murmurait. Jerem. 28. v. 3. 11.

Façons de parler.

Dies cœli. Les jours du ciel. Bar. 1. 11. *Orate pro vita Nabuchodonosor, regis Babylonis, et pro vita Balthasar, filii ejus, ut sint dies eorum sicut dies cœli super terram* : Priez pour la vie de Nabuchodonosor et pour la vie de Balthasar, son fils, afin que leurs jours sur la terre soient comme les jours du ciel, *i. e.* de longue durée.

Dies Domini. Le jour du Seigneur; c'est le temps où Dieu fait éclater sa puissance par les châtiments des méchants. Soph. 1. 14. *Juxta est dies Domini magnus* : Le jour du Seigneur est proche. v. 15. *Dies iræ, dies illa* : Ce sera un jour de colère. Jerem. 30. 7. Joel. 2. 11.. Amos. 5. 18. Ainsi, Zach. 14. 1. *Ecce venient dies Domini* : Les jours du Seigneur vont venir : ces jours dont Dieu menace les Juifs sont des jours de colère et de vengeance, pendant lesquels ils devaient être pillés par les Grecs; car ce chapitre regarde encore les guerres que leur firent les rois de Syrie, du temps des Machabées. Job. 24. 1. *Qui autem noverunt eum, ignorant dies illius* : Ceux qui connaissent le Tout-Puissant, ne connaissent point ses jours; *i. e.* ne connaissent point le temps qu'il s'est réservé pour faire éclater sa justice envers les impies.

Dies Christi, Domini. Le jour de Jésus-Christ, le jour du Seigneur, signifie :

1° La venue et la présence de Jésus-Christ dans sa chair. Joan. 8. 56. *Abraham exsultavit ut videret diem meum* : Abraham, votre père, a désiré avec ardeur de voir mon jour ; *i. e.* le temps de mon avénement, dit Jésus-Christ aux Juifs. Mal. 4. 5. *Mittam vobis Eliam prophetam, antequam veniat dies Domini* : Je vous enverrai le prophète Elie avant que le grand et l'épouvantable jour du Seigneur arrive : ici, *dies* marque l'avénement de Jésus-Christ, si l'on entend par Elie saint Jean-Baptiste, comme l'explique saint Matth. 17. 12.

2° Le temps du second avénement de Jésus-Christ ou du jugement dernier. 1. Cor. 3. 13. *Uniuscujusque opus manifestum erit, dies enim Domini declarabit* : L'ouvrage de chacun paraîtra enfin, et le jour du Seigneur déclarera quel il est. c. 1. 8. Luc. 17. v. 24. 26. Act. 2. 20. Joel. 2. 31. 1. Cor. 5. 5. 2. Cor. 1. 14. Philipp. 1. v. 6. 10. c. 2. 16. Ainsi, 1. Thess. 5. 2. *Dies Domini, sicut fur in nocte, ita veniet* : Le jour du Seigneur viendra comme le larron qui vient dans la nuit. 2. Thess. 2. 2. ce qui est exprimé par *dies illa*. 2. Tim. 1. v. 12. 18. et c. 4. 8. etc. Ce jour est appelé le jour du Seigneur; *i. e.* celui auquel Dieu se doit venger dans toute l'étendue de sa puissance : le temps de cette vie est appelé le jour de l'homme ; et celui qui commence l'éternité est le jour du Seigneur.

DIEVI, Heb. *Dehavæi, Existentes*. Un des peuples qui conspirèrent contre les Juifs, pour les empêcher de rebâtir Jérusalem. 1. Esdr. 4. 9.

DIFFAMARE, διαφημίζειν, du substantif *fama*, et de la préposition *dis*, qui marque diversion.

1° Divulguer, faire connaître à tout le monde, publier, faire courir un bruit :

Soit en mauvaise part· ce qui signifie, décrier (ἐκφέρειν). Deut. 22. 19. *Diffamavit nomen pessimum super virginem Israel* Cet homme a déshonoré par une accusation infâme une vierge d'Israël. (Voy. cette accusation, v. 13. 14.) Sap. 2. 12.

Soit en bonne part. Matth. 9. 31. *Diffamaverunt eum in tota terra illa* : Les deux aveugles que Jésus-Christ venait de guérir, s'en étant allés, répandirent sa réputation dans tout ce pays. Marc. 1. 45. 1. Thess. 1. 8. *A vobis... diffamatus est sermo Domini* (ἐξήχειν) : Vous avez été cause que la parole du Seigneur s'est répandue avec éclat dans la Macédoine, etc. Gr. ἐξήχηται, *personuit* : la métaphore est tirée du son d'une trompette qui se répand loin avec éclat.

2° Accuser, ou faussement, ou malignement; déférer (διαβάλλειν). Luc. 16. 1. *Hic diffamatus est apud illum* : L'économe d'un homme riche fut accusé devant lui d'avoir dissipé son bien.

DIFFERENS, TIS; διάφορος, 1° Différent, qui est dissemblable. Rom. 12. 6. *Habentes donationes secundum gratiam, quæ data est nobis, differentes* : Nous avons tous des dons différents, selon la grâce qui nous a été donnée.

2° Excellent : d'où vient *Differentius*, plus excellent. Hebr. 1. 4. *Tanto melior angelis effectus, quanto differentius præ illis nomen hæreditavit* : Le Fils de Dieu est devenu même dans son incarnation d'autant plus excellent que les anges, que le nom qu'il a hérité est plus relevé que le leur.

DIFFERENTIA, Æ; διαφορά, différence. Sap. 18. 2. *Ut esset differentia* (τοῦ διενεχθῆναι) *donum petebant* : Vos saints (les Israélites au temps des ténèbres épaisses d'Egypte) vous priaient de continuer à faire cette différence entre eux et leurs ennemis ; sc. que les saints ne souffrirent pas les mêmes choses que leurs ennemis ; Gr. (les Egyptiens) leur demandaient pardon d'avoir été leurs ennemis. Voy. FIGURA. c. 7. 20. Levit. 11. 47. 1. Mach. 3. 18.

DIFFERRE, actif; ἀναβάλλεσθαι, du simple *ferre*, et de *dis*, qui marque en ce mot ou prolongation, ou diversité, ou diversion.

1° Différer, prolonger, remettre. Prov. 13. 12. *Spes quæ differtur affligit animam* : L'espérance différée afflige l'âme. Deut. 32. 27. *Propter iram inimicorum distuli* : J'ai différé ma vengeance pour ne satisfaire pas la fureur des ennemis de mon peuple. Eccli. 7. 20. Act. 24. 22. etc.

2° Rejeter, éloigner de soi. Ps. 77. 21. *Audivit Dominus, et distulit* : Le Seigneur, ayant ouï ces discours (marqués v. 22. 24), différa de s'acquitter de ses promesses. Ps. 88. 89. *Distulisti Christum tuum* : Vous avez éloigné de vous celui à qui vous avez fait conférer l'onction royale : L'Hébreu porte en ces deux endroits, se mettre en colère · comme v. 59. *Audivit Deus et sprevit*.

DIFFERRE, neutre ; διαφέρειν. Différer, être différent. 1. Cor. 15. 41. *Stella a stella differt in claritate* : Les étoiles sont différentes en clarté. Gal. 4. 1. Eccl. 2. 13

DIFFICILE ; δυσκόλως. Difficilement, avec peine. Eccl. 1. 15. *Perversi difficile corriguntur* : Les âmes perverses se corrigent difficilement. Matth. 19. 23. Marc. 10. 23. etc.

DIFFICILIS, IS, E. — 1° Difficile, malaisé. Gen. 18. 14. *Numquid Deo quidquam est difficile?* Y a-t-il rien de difficile à Dieu, dit Dieu à Abraham, sur ce que Sara avait ri à la promesse qu'il avait faite qu'elle aurait un fils. Prov. 30. 18. Eccl. 1. 8.

2° Rude, âpre, par où l'on ne peut passer qu'avec beaucoup de peine (ἄβατος). Sap. 5. 7. *Ambulavimus vias difficiles* (Gr. *solitudines invias*) : Nous avons marché dans des chemins âpres, diront les damnés.

DIFFICULTAS. Difficulté, peine, empêchement. Gen. 35. 17. *Ob difficultatem partus periclitari cœpit* : Rachel ayant grande peine à accoucher de Benjamin, elle se trouva en péril de sa vie. Num. 20. 19. etc.

DIFFIDENS, TIS ; ἀπειθῶν. Incrédule, qui ne croit point. Baruch. 1. 17. *Non credidimus diffidentes in eum* : Nous n'avons point cru le Seigneur, et nous n'avons eu aucune confiance en lui.

DIFFIDENTIA ; ἀπιστία.— 1° Défiance, appréhension de n'avoir pas quelque chose, incrédulité. Rom. 4. 20. *In repromissione etiam Dei non hæsitavit diffidentia* : Abraham n'eut point de doute ni de défiance sur la promesse de Dieu.

2° Incrédulité, désobéissance, rébellion (ἀπείθεια). Ephes. 2. 2. *Nunc operatur in filios diffidentiæ* : Le prince des puissances de l'air exerce maintenant son pouvoir sur les enfants d'incrédulité : ce qui s'entend de ceux qui demeurent opiniâtres à ne vouloir point recevoir la foi de Jésus-Christ, ni l'esprit de l'Evangile. c. 5. 6.

DIFFUGERE. Fuir çà et là en désordre ; en parlant de plusieurs (διασπείρεσθαι). Jerem. 52. 8. *Omnis comitatus ejus diffugit ab eo* : (Lorsque Sédécias fut pris par l'armée des Chaldéens), tous ceux qui l'avaient suivi s'enfuirent et l'abandonnèrent. Jos. 8. 20. 1. Reg. 14. 16.

DIFFUNDERE, διαχεῖν. ἐκχεῖν. — 1° Répandre, étendre. Prov. 23. 32. *Sicut regulus venena diffundet* : Le vin répand son venin comme un basilic. 2. Mach. 8. 7. 2. Reg. 5. v. 18. 22. Act. 1. 18. et dans le sens métaphorique. Rom. 5. 5. *Charitas Dei diffusa est in cordibus nostris* : L'amour de Dieu a été répandu dans nos cœurs par le Saint-Esprit. Ps. 44. 3. *Diffusa est gratia in labiis tuis* : Une grâce admirable s'est répandue sur vos lèvres ; *i. e.* vos discours sont forts et persuasifs : ce qui s'entend de Jésus-Christ. Voy. Luc. 4. 22.

2° Dissiper, faire disparaître peu à peu. Sap. 2. 3. *Spiritus diffundetur tamquam mollis aer* : L'esprit se dissipera comme un air subtil, disent les méchants. c. 5. 15.

DIGERERE. Du verbe *gerere*, et signifie porter çà et là, distribuer, ordonner, disposer, rédiger par écrit ; digérer (en terme de médecine).

1° Distribuer par ordre, ranger, ordonner. 2. Mach. 5. 3. *Contigit videri cursus equorum per ordines digestos* : Il arriva que l'on vit dans Jerusalem des chevaux rangés par escadrons, qui couraient les uns contre les autres.

2° Digérer, dissiper, consumer (περιαιρεῖν). 1. Reg. 1. 14. *Digere paulisper vinum quo mades* : Laissez un peu reposer le vin qui vous trouble, dit Héli à Anne. c. 25. 37.

3° Rédiger, décrire par ordre (γράφειν). Jos. 8. 32. *Deuteronomium quod ille digesserat curam filiis Israel* : Josué écrivit sur des pierres le Deutéronome de la loi de Moïse, que Moïse avait exposé devant les enfants d'Israël ; *Hebr.* avait écrit. 2. Par. 20. 34. Dan. 5. 25.

DIGITUS, I. δάκτυλος. De δείκειν, montrer, faire connaître, montrer au doigt, *indigitare, indicare*.

1° Doigt de la main. Joan. 8. 6. *Jesus inclinans se deorsum, digito scribebat in terra* : Jésus-Christ, se baissant, écrivait avec son doigt sur la terre. c. 20. 27. *Infer digitum tuum huc* : Portez ici votre doigt, dit Jésus-Christ à saint Thomas. v. 25. Marc. 7. 33. De là vient dans le sens figuré :

Phrase. — *Ponere digitum super os suum*. Mettre le doigt sur sa bouche, c'est se taire, n'oser parler. Judic. 18. 19. *Tace et pone digitum tuum super os tuum* : Taisez-vous, n'ouvrez pas seulement la bouche, dirent au prêtre de Michas les cinq hommes qui emportaient l'image sacrée, l'éphod, etc. Job. 21. 5. c. 29. 9.

Digito loqui. Parler avec les doigts, signifie faire signe avec les doigts, aux complices, ce qu'il faut faire pour surprendre. Prov. 6. 13. *Digito loquitur* ; L'homme apostat fait signe des yeux et des doigts. Ces mouvements extérieurs témoignent ou la légèreté de sa conduite, ou l'emportement de sa passion.

Les doigts se prennent pour la main. Ps. 143. 1. *Benedictus Dominus qui docet... digitos meos ad bellum* : Que le Seigneur mon Dieu soit béni, qui apprend à mes doigts à faire la guerre. Isa. 2. 8. c. 17. 8. c. 59. 3. Ps. 8. 4. etc.

2° L'action, la vertu et la puissance ; parce que les doigts sont les instruments de l'opération la plus subtile. Exod. 31. 18. Deut. 9. 10. *Deditque Dominus Moysi duas tabulas testimonii lapideas, scriptas digito Dei* : Le Seigneur donna à Moïse les deux tables du témoignage, qui étaient de pierre, et écrites du doigt de Dieu. Exod. 8. 19. *Digitus Dei est hic* : C'est le doigt de Dieu qui agit ici ; *i. e.* c'est ici un pouvoir tout divin, qui arrête l'effet de notre art, disent les magiciens à Pharaon : selon le sens mystique, le doigt de Dieu marque le Saint-Esprit. Luc. 11. 20. *Si in digito Dei ejicio dæmonia* : Si c'est par le doigt de Dieu que je chasse les démons, il est donc visible que le royaume de Dieu est venu jusqu'à vous, dit Jésus-Christ. Saint Matthieu porte, c. 12. 28. *Si in spiritu Dei* ; Si je chasse les démons par l'Esprit de Dieu.

Façon de parler.

Digito onera gravia et importabilia tangere, movere. Remuer du bout du doigt des fardeaux pesants et insupportables. Luc. 11. 46. Matth. 23. 4. Voy. Movere, Tangere.

DIGNARI ; ἀξιοῦν, de *dignus*, et signifie daigner, condescendre à faire une chose pour quelqu'un, au-dessous de soi ; juger et estimer quelqu'un digne d'une chose.

1° Daigner, vouloir bien. Judith. 5. 5. *Si digneris audire, Domine mi* ; Seigneur, s'il vous plaît de m'écouter, dit Achior à Holopherne. Ruth. 2. 10. Tob. 12. 4. etc.

2° Rendre digne. 2. Thess. 1. 11. *Oramus ut dignetur vos vocatione sua Deus noster* : Nous prions Dieu sans cesse que notre Dieu vous rende dignes de sa vocation ; *i. e.* que Dieu les fasse persévérer dans leur vocation à la foi, et qu'il les y conserve.

DIGNATIO, NIS. Honneur, rang, dignité, réputation ; dans l'Ecriture :

Honneur, estime. Eccli. 32. 3. *Curam illorum habe ut dignationem consequaris corrogationis* : Ayez soin de ceux sur lesquels vous avez été établi pour les gouverner, et après cela prenez votre place, afin que vous vous acquériez de la louange de tous les conviés, à cause de l'ordre que vous y aurez établi. Voy. Corrogatio.

DIGNE ; ἀξίως. — 1° Dignement, convenablement, comme il faut. Coloss. 1. 10. *Ut ambuletis digne Deo* : Nous demandons à Dieu qu'il vous remplisse de la connaissance de sa volonté, afin que vous viviez d'une manière digne de Dieu. Rom. 16. 2. *Ut eam suscipiatis in Domino digne sanctis* : Recevez notre sœur Phœbé au nom du Seigneur, comme on doit recevoir les saints. Ephes. 4. 1. etc.

2° Dignement, selon le mérite, en mauvaise part. Sap. 16. 1. *Passi sunt digne tormenta* : Les Egyptiens ont été tourmentés selon qu'ils le méritaient. c. 14. 30.

DIGNITAS, TIS ; ἀξία. — 1° Dignité, état élevé, charge honorable. Eccli. 45. 30. *Ut sit illi et semini ejus sacerdotii dignitas in æternum*. Dieu a donné à Phinées la principauté, afin que lui et sa race possèdent pour jamais la dignité du sacerdoce. Eccli. 10. 6. etc.

— Magistrat, personnage élevé en dignité. Esth. 9. 3. *Procuratores omnisque dignitas extollebant Judæos timore Mardochæi* : Les intendants et tous ceux qui avaient quelque dignité, relevaient la gloire des Juifs, par la crainte qu'ils avaient de Mardochée.

2° Honneur, gloire, ornement. Prov. 14. 28. *In multitudine populi dignitas regis* : Le grand nombre des sujets fait la gloire d'un prince. c. 16. 31. *Corona dignitatis, senectus* : La vieillesse est une couronne d'honneur (καύχησις, *gloriatio*). Baruch. 3. c. 20. 29. Eccli. 44. 13. *Nuntiantes in prophetis dignitatem prophetarum* : Les prédictions que nos pères ont annoncées, leur ont acquis la dignité de prophètes.

Majesté, grandeur (καύχησις). Ezech. 24. 25. *Tollam ab eis gaudium dignitatis* : J'ôterai la force et la joie que donnait aux habitants de Jérusalem ce qui faisait leur gloire et leur dignité (sc. le temple de Jérusalem).

DIGNOSCERE ; γινώσκειν, discerner, distinguer. Eccli. 4. 29. *In lingua sapientia dignoscitur* : La sagesse se fait connaître par la langue.

DIGNUS, A, UM ; ἄξιος, du verbe grec δεκνύειν, montrer avec le doigt, comme on montre les personnes éminentes en mérite et en dignité : *Quam pulchrum est digito monstrari et dicier, Hic est!* dit un poëte.

Digne de quelque chose, s'appelle dans l'Ecriture, ce qui a une valeur, ou ce qui a un mérite suffisant pour l'avoir ou l'acquérir.

1° Digne, qui mérite, soit la récompense. Matth. 10. 10. *Dignus est operarius cibo suo* : Celui qui travaille mérite qu'on le nourrisse. Luc. 10. 7. *Dignus mercede sua* : La nourriture n'est pas la principale récompense de ceux qui travaillent au salut des âmes; mais c'est une chose qui est due par ceux à qui on rend service. 1. Tim. 5. 18. Act. 5. 41. *Ibant gaudentes a conspectu concilii, quoniam digni habiti sunt pro nomine Jesu contumeliam pati* (ἀξιοῦσθαι, *dignum haberi*) : Les apôtres sortirent du conseil tout remplis de joie de ce qu'ils avaient été jugés dignes, ou avaient eu cet honneur, que de souffrir cet outrage, d'être fouettés pour le nom de Jésus. Apoc. 4. 11. c. 5. 12. Soit la peine et la punition. Luc. 12. 48. *Qui non cognovit, et fecit digna plagis, vapulabit paucis* : Celui qui n'aura pas su la volonté de son maître, et qui aura fait des choses dignes de châtiment, sera moins battu; sc. que celui qui, l'ayant sue, ne l'aura pas faite.

2° Digne, convenable, proportionné, qui a du rapport. Matth. 3. 8. *Facite ergo fructum dignum pænitentiæ* : Faites des actions qui soient des marques indubitables d'une vraie pénitence, et qui soient proportionnées à vos péchés, dit saint Jean à plusieurs des pharisiens et saducéens, qui venaient à son baptême. Luc. 3. 8. Act. 26. 20. 1 Cor. 16. 4. 2. Thess. 1. 3. Job. 14. 3. 2. Mach. 6. 24. etc.

3° Ce qu'il faut, ce qui est juste et raisonnable. Gen. 23. 9. *Intercedite pro me apud Ephron, ut pecunia digna tradat eam mihi* : Intercédez pour auprès moi d'Ephron, fils de Séor, afin qu'il me cède devant vous la caverne double qui est à l'extrémité de son champ pour le prix qu'elle vaut : Abraham avait dessein d'y enterrer Sara. 3. Reg. 21. 2.

4° Digne, ce qui mérite de l'attention et qu'on y fasse réflexion. 2. Reg. 23. 21. *Interfecit virum ægyptium, virum dignum spectaculo* : Banaïas tua un Egyptien digne d'être regardé, *i. e.* d'une grandeur extraordinaire : il avait cinq coudées de haut. (Voy. 1. Par. 11. 23.) 2. Mach. 7. 18. *Digna admiratione facta sunt in nobis* : Ces choses étonnantes, *ou* les crimes énormes et les impiétés que les Juifs avaient commis, *ou* les fléaux épouvantables qu'ils s'étaient attirés.

5° Digne, qui a le pouvoir et l'autorité de faire quelque chose. Apoc. 5. v. 2. 9. *Quis est dignus aperire librum?* Il n'y a que Jésus-Christ qui ait reçu le pouvoir de découvrir aux hommes les mystères contenus dans les Ecritures, comme il l'a fait. V. Luc. 24. 45.

DII, DEORUM. Voy. DEUS; θεοί, pluriel de *Deus*; on disait autrefois indifféremment *Dius* et *Deus*, comme il paraît par les mots *Me dius fidius*, et parce qu'on dit *dii* pour *dei*, et *diis* aussi bien que *deis*; dans l'Ecr. :

1° Faux dieux, idoles que l'on honorait comme dieux. Ps. 95. 5. *Omnes dii gentium dæmonia* : C'étaient ordinairement les démons qui se faisaient rendre les honneurs divins qui étaient dus à Dieu. Exod. 12. 12. *In cunctis diis Ægypti faciam judicia* : J'exercerai mes jugements sur tous les dieux de l'Egypte, non-seulement en ce que l'ange tua les premiers-nés de plusieurs animaux qu'ils adoraient comme des dieux, mais encore parce que, selon la tradition des Hébreux, toutes les idoles des Egyptiens tombèrent alors, et que leurs temples furent détruits, soit par quelque tremblement de terre, soit par les foudres du ciel. Num. 33. 4.

2° Ce nom *Dii*, répondant au mot *Elohim*, peut signifier *Deus* aussi bien que *dii*. Gen. 3. 5. *Eritis sicut dii* : Vous serez comme des dieux, ou comme Dieu. 1. Reg. 28. 13. *Deos vidi ascendentes de terra* : J'ai vu un dieu qui sortait de la terre; c'est ce que dit la pythonisse à Saül, en parlant de Samuël. Voyez DEUS. Nomb. 5.

3° Les juges, les princes, les personnes puissantes. Hebr. Elohim. Ps. 46. 10. *Quoniam dii fortes terræ vehementer elevati sunt* : Parce que les princes des tribus et des familles du peuple se sont rendus recommandables par les victoires qu'ils ont remportées; *autr.* les grands seigneurs des nations se sont unis avec nous pour adorer le Dieu d'Abraham. Saint Chrysostome et d'autres l'entendent des apôtres, dont la force toute divine a éclaté dans la conquête de l'univers; ce qui a porté les grands de la terre à embrasser la foi de Jésus-Christ. L'Hébreu et le Grec mettent *Dei*, au génitif singulier : Les grands de la terre qui dépendent de Dieu. Esth. 14. 12. Voyez DEUS, significations impropres, 6°.

DIJUDICARE, διακρίνειν, ἀνακρίνειν. — 1° Juger, discerner, distinguer le vrai d'avec le faux. Job. 12. 11. *Nonne auris verba dijudicat?* L'oreille ne juge-t-elle pas des paroles? c. 34. 3. 1. Cor. 11. 29. *Non dijudicans corpus Domini* : Quiconque boit et mange indignement le corps et le sang du Seigneur Jésus-Christ, mange et boit sa propre condamnation, parce qu'il ne fait pas le discernement qu'il doit du corps et du sang de Jésus-Christ, et qu'il le mange comme si c'était une viande commune, sans en faire l'estime qu'il doit. Matth. 16. 4.

2° Discuter, examiner. 1. Cor. 11. 31. *Quod si nosmetipsos dijudicaremus, non utique judicaremur* : Que si nous nous jugions nous-mêmes, nous ne serions pas jugés de cette sorte. De là vient le passif :

Dijudicari. Etre examiné, rendre raison de sa conduite, se défendre et se justifier (διαλέγχεσθαι). Mich. 6. 2. *Cum Israel dijudicabitur* : Le Seigneur veut se justifier devant Israël. Act. 4. 9.

3° Juger, être juge ou arbitre, condamner. Ps. 81. 1. *In medio deos dijudicat* : Dieu se trouve au milieu des juges, et les juge eux-mêmes. 1. Cor. 14. 24. *Dijudicatur ab omnibus* : Si tous expliquent intelligiblement dans les assemblées les mystères divins, et qu'un infidèle ou un ignorant y entre, il sera convaincu de tous et jugé de tous ; *i. e.* il reconnaîtra ses désordres et les avouera pour s'en corriger. v. 29. Isa. 66. 16. Dan. 13. 51. Proverb. 18. 18.

DILABI. S'écouler, se glisser; dans l'Ecr., 1° S'écouler, se perdre, se dissiper (καταφέρεσθαι). 2. Reg. 14. 14. *Quasi aquæ dilabimur in terram, quæ non revertuntur :* Nous mourons tous et nous nous écoulons tous sur la terre comme des eaux qui ne reviennent plus.

2° Se retirer (διασπείρεσθαι). 1. Reg. 13. 11. *Vidi quod populus dilaberetur a me :* J'ai vu que les Israélites me quittaient l'un après l'autre : Saül s'excuse à Samuël de ce qu'il a offert l'holocauste. v. 8.

DILACERARE, διασπᾶν, — 1° déchirer, mettre en pièces. Judic. 14. 6. *Dilaceravit leonem quasi hædum in frusta discerpens :* Samson déchira un jeune lion furieux et rugissant, comme il aurait fait un chevreau, sans avoir rien dans la main. Jerem. 23. 1.

2° Ruiner, détruire. Nahum. 2. 10. *Dissipata est, et scissa, et dilacerata :* Ninive est détruite, elle est renversée, elle est déchirée. Isa. 18. 2. Voyez CONVULSUS.

DILACERATIO, NIS. Action de déchirer; dans l'Ecriture il signifie, dans le sens figuré : Rapine, brigandage (ἀδικία). Nahum. 3. 1. *Væ, civitas sanguinum, universa mendacii dilaceratione plena, i. e. tota mendax et plena rapto;* Hebr. *Mendacio et laceratione :* Malheur à toi, ville de sang, qui es toute pleine de fourberie et qui te repais sans cesse de tes rapines : le mot *dilaceratio* marque la violence du brigandage.

DILANIARE, mettre quelqu'un en pièces, déchirer, briser (συντρίβειν, conterere). Luc. 9. 39. *Vix discedit dilanians eum :* A peine l'esprit malin quitte-t-il mon fils, après l'avoir tout déchiré.

DILATARE, πλατύνειν, du substantif *latus.* Elargir, étendre. Exod. 34. 24. *Cum dilatavero terminos tuos :* Lorsque j'aurai étendu les limites de votre terre. Num. 37. 8. Matth. 23. 5. De là vient cette façon de parler hébraïque, *dilatare alicui* (suppl. *locum*). Gen. 9. 27. *Dilatet Deus Japhet,* Hebr. *Japheto* (suppl. *locum*) : Que Dieu étende la demeure de Japhet; outre l'Europe, il a eu encore une grande partie de l'Asie. Ps. 4. 1. *In tribulatione dilatasti mihi* (suppl. *viam, spatium*) : Lorsque j'étais resserré dans l'affliction, vous m'avez mis au large. Gen. 26. 22. *Dilatavit nos Dominus et fecit crescere super terram;* Hebr. *nobis* : Le Seigneur m'a mis dans l'abondance (ἐμπλατύνειν). Prov. 18. 16. *Donum hominis dilatat viam ejus;* Hebr. *dilatabit ipsi* (suppl. *viam*). Isa. 57. 8. *Dilatasti cubile tuum :* Vous avez élargi votre lit, *sc.* pour y recevoir un plus grand nombre d'adultères ; *i. e.* vous avez augmenté votre idolâtrie. Mich. 1. 16. *Dilata calvitium sicut aquila :* Demeurez sans poil, comme l'aigle se dépouille de toutes ses plumes. Voy. CALVITIUM. Ainsi, *Dilatare animam suam :* Etendre son sein et sa capacité pour tenir davantage. Isa. 5. 14.

Hab. 2. 5. *Dilatavit quasi infernus animam suam :* Les désirs du superbe sont vastes comme l'enfer, *i. e,* il a une avidité insatiable de s'assujettir les peuples : le prophète parle des rois de Babylone, qui envahissaient les Etats de tous les peuples voisins. Il fait allusion au tombeau, qui ne se rassasie point de morts ; ainsi l'on dit *dilatare os,* ouvrir sa bouche, soit pour se défendre par raisons, 1. Reg. 2. 1. *Dilatatum est os meum super inimicos meos :* Ma bouche s'est ouverte pour répondre à mes ennemis ; soit pour se moquer et insulter, Ps. 34. 21. Isa. 57. 4. *Super quem dilatasti os?* Contre qui avez-vous ouvert la bouche? soit pour demander à Dieu de grandes grâces avec confiance, Ps. 80. 11. *Dilata os tuum, et implebo illud :* Ouvrez et élargissez votre bouche, et je la remplirai; c'est-à-dire, je vous comblerai de biens temporels, autant que vous en désirerez et que vous en pourrez recevoir; soit enfin pour parler sans retenue, Prov. 20. 19. *Dilatat labia sua :* Qui ne peut donner de bornes à ses paroles.

1° Faire croître, multiplier. Gen. 28. 14. *Dilataberis ad occidentem et orientem, et septentrionem et meridiem :* Vous vous étendrez de l'orient à l'occident, et du septentrion au midi, dit Dieu à Jacob. c. 32. 12.

2° Dégager, rendre plus libre, mettre au large. Ps. 4. 2. *In tribulatione dilatasti mihi* (i. e. *latitudinem fecisti*); Gr. me, Hebr. *mihi :* Vous m'avez délivré des maux dont j'étais pressé : la métaphore est tirée de ceux qui, étant renfermés dans un lieu étroit, sont mis au large. Voyez ci-dessus, Signification propre. Gen. 26. 22. *Dilatavit nos Dominus :* Dieu nous a délivrés de l'oppression; d'où vient : *Dilatare gressus subtus aliquem,* élargir le chemin sous les pas de quelqu'un; c'est le dégager et le rendre plus libre. 2. Reg. 22. 37. Ps. 17. 37. *Dilatasti gressus meos subtus me :* Vous avez élargi le chemin sous mes pas : Dieu avait tiré David de beaucoup de dangers pressants. Prov. 18. 16. Ainsi, *dilatare cor,* élargir le cœur par la joie, en délivrant des maux. 2. Cor. 6. 11. *Cor nostrum dilatatum est :* Mon cœur est dans la joie; d'autres croient qu'il faut entendre cet endroit de l'étendue de la charité de l'Apôtre. v. 13. *Dilatamini et vos :* Ayez pour moi un amour réciproque. Ps. 118. 32.

Façon de parler.

Dilatare se. S'enorgueillir, être bouffi d'orgueil. Prov. 28. 25. *Qui se jactat et dilatat, jurgia concitat :* Celui qui se vante et s'enfle d'orgueil excite les querelles.

DILATATIO, NIS, dilatation, étendue. Ezech. 31. 7. *Erat pulcherrimus in dilatatione* (πλῆθος) *arbustorum suorum :* Ce cèdre était beau dans l'étendue de ses branches : le roi des Assyriens est représenté par ce cèdre, à qui se rapporte *pulcherrimus.*

Enflure, orgueil. Prov. 21. 4. *Exaltatio oculorum et dilatatio cordis :* L'enflure du cœur rend les yeux altiers. Voy. EXALTATIO.

DILATATUS, A, UM. Comblé de biens. Deuter. 32. 15. *Impinguatus, dilatatus, dereliquit Deum :* Le repos et l'abondance de ce peuple l'ont aveuglé jusqu'à abandonner Dieu

DILATIO, nis, ἀναβολή. Délai, remise. Gen. 43. 10. *Si non intercessisset dilatio, jam vice altera venissemus* : Si nous n'avions point tant différé, nous aurions déjà fait deux fois le voyage, sc. en Egypte pour y acheter du blé, dit Juda à Jacob. 2. Reg. 17. 16. Act. 25. 17.

DILECTIO, nis. Gr. ἀγάπη, amour, charité. Cet amour de dilection s'appelle ordinairement amour de préférence, par le choix qu'on fait d'un objet. Ephes. 5. 2. *Ambulate in dilectione* : Vivez dans l'amour et la charité. Cant. 8. 6. *Fortis est ut mors dilectio* : L'amour de l'Epoux est plus insurmontable que toutes les forces de la mort et de l'enfer. Cet amour s'entend de l'amour de Dieu, soit de celui qu'il nous porte, soit de celui que nous avons pour lui, soit de celui qu'il nous commande et qu'il fait en nous, comme Rom. 13. 10. *Plenitudo ergo legis est dilectio* : L'amour est l'accomplissement de la loi. Ce que la mort fait sur les sens de notre corps, qui est de mettre fin à tous les péchés, la charité le fait aussi à l'égard des passions de notre âme.

DILECTUS, a, um. ἀγαπητός, ἠγαπημένος. — 1° Cher, bien-aimé. 1. Tim. 1. 2. *Timotheo dilecto filio in fide* : Paul à Timothée, mon cher fils dans la foi; Gr. γνησίῳ, *genuino.* Tit. 1. 4. *Tito dilecto filio secundum communem fidem* · Paul à Tite, son fils bien-aimé en la foi qui leur est commune. C'est ici l'adresse des deux lettres que saint Paul écrit à ses deux disciples, qui lui étaient très-chers parce qu'ils l'imitaient dans la pureté de leur doctrine et dans la sincérité de leur désintéressement : ce qui se dit de Jésus-Christ, chéri et aimé par excellence et absolument du Père éternel. Matth. 17. 5. *Hic est Filius meus dilectus* : Celui-ci est mon fils bien-aimé. Marc. 4. 6. 2. Petr. 1. 17. Ephes. 1. 6. Isa. 5. 1. Ps. 44. *Canticum pro dilecto* : Cantique pour le bien-aimé, *i. e.* à la gloire de Jésus-Christ, Fils unique du Père éternel, qui a mis en lui son amour, ses complaisances. Cant. 5. 9. *Qualis est dilectus tuus ex dilecto?* Quel est celui que vous appelez votre bien-aimé entre tous les bien-aimés? Ce sont les compagnes de l'épouse qui lui font cette demande; ces compagnes, qui sont appelées *Filles de Jérusalem*, sont les Eglises nées de celle de Jérusalem. V. Ex. n. 7. Et des saints personnages. Ps. 67. 13. *Rex virtutum dilecti, dilecti* : Le roi le plus fort tombera sous celui qui est chéri, et le bien-aimé de Dieu (ce qui s'entend de Moÿse, de David et de Jésus-Christ même. V. ci-dessous 3°). V. PATRUELIS.

2° Cher, bien-aimé, qui mérite d'être aimé (ἀγαπητός). 1. Tim. 6. 2. *Quia fideles sunt et dilecti* : Les serviteurs ou esclaves convertis à la foi doivent servir avec plus d'affection les maîtres qui sont aussi chrétiens, comme étant de même religion : le mot *dilectus* était un des noms qu'on donnait aux chrétiens, frères, fidèles, bien-aimés, on peut rendre le mot grec par *diligibiles.*

3° Le peuple de Dieu. Deut. 32. 15. *Incrassatus est dilectus, et recalcitravit.* Ce peuple si aimé, qui avait tout à souhait, est devenu rebelle; Hebr. *rectus.* Ps. 67. 13. *Rex virtutum dilecti, dilecti* : Le Tout-Puissant est le roi de son peuple bien-aimé : les Hébreux, qui n'ont point de superlatif, le rendent de la sorte. Voyez *De regulis* sur le superlatif.

4° Tendre, délicat. Ps. 28. 6. *Dilectus quemadmodum filius unicornium* : Le Seigneur brisera les cèdres du Liban aussi aisément qu'il mettrait en pièces un faon de licornes tendre et délicat; ou, selon d'autres, *dilectus* est mis ici parce que le petit des licornes est beau et bien joli. Voy. RECTUS, d'où vient le superlatif.

DILECTISSIMUS, ἀγαπητός, cher, bien-aimé. Jac. 1. 16. *Nolite errare, fratres mei dilectissimi* : Ne vous y trompez pas, mes chers frères. c. 2. 5. Rom. 16. 8.

DILIGENS, tis, de *diligere.* On est diligent pour les choses qu'on aime.

Diligent, soigneux, vigilant. Prov. 12. 4. *Mulier diligens* (ἀνδρεία) *corona est viro suo* : La femme vigilante et soigneuse fait toute la gloire et l'ornement de son mari.

DILIGENTER, ἀκριβῶς, ἐπιμελῶς, avec soin, diligemment, exactement. Prov. 24. 27. *Diligenter exerce agrum tuum* : Remuez votre champ avec grand soin (παρασκευάζεσθαι, *præparari*). Matth. 2. v. 7. 8. etc.

DILIGENTIA, æ, de *diligens.* — 1° Diligence, soin, exactitude (ἀσφάλεια). Act. 5. 23. *Carcerem quidem invenimus clausum cum omni diligentia* : Nous avons trouvé la prison bien fermée, disent au conseil et aux sénateurs du peuple les officiers envoyés pour tirer de prison les apôtres. Sap. 14. 18. *Artificis eximia diligentia* : Le soin affecté, l'adresse étudiée de l'artisan (φιλοτιμία, *ambitio*). 2. Par. 11. 12, etc.

2° Soin, conduite, gouvernement. 1. Tim. 3. 5. *Quomodo Ecclesiæ Dei diligentiam habebit?* Gr. *Quomodo Ecclesiam Dei curabit?* ἐπιμελήσεται. Si quelqu'un ne sait pas gouverner sa propre famille, comment pourra-t-il conduire l'Eglise de Dieu?

3° Réserve, retenue, circonspection (ἀκρίβεια). Sap. 12. 21. *Cum quanta diligentia judicasti filios tuos!* Avec combien de circonspection avez-vous jugé vos enfants!

DILIGERE, ἀγαπᾶν, de *legere*; et l'on disait indifféremment *diligere* ou *deligere* : On aime ce qu'on choisit.

Aimer par choix et par préférence.

1° Aimer, chérir. Luc. 7. 47. *Remittuntur ei peccata multa, quoniam dilexit multum* : Beaucoup de péchés sont remis à cette femme, parce qu'elle a beaucoup aimé, dit Jésus-Christ à Simon le pharisien. Cet amour a été la cause qui a disposé à la rémission des péchés; et c'est de cet amour dont parle le concile de Trente, sess. 6, par lequel on commence d'aimer Dieu comme la source de toute justice. Voy. QUONIAM. 1. Joan. 3. 14. *Qui non diligit, manet in morte* : Celui qui n'aime point demeure dans la mort. Deut. 6. 5. *Diliges Dominum Deum tuum ex toto corde tua, et ex tota anima tua, et ex tota fortitudine tua* : Vous aimerez le Seigneur votre Dieu de tout votre cœur, de toute votre âme et de toutes vos forces. Tout l'homme est obligé à aimer Dieu; *c'est-à-dire* qu'il ne doit point y avoir aucune partie, ni dans l'homme, ni dans toute l'étendue de sa vie, qui n'aime Dieu, ou qui aime quelque autre chose que ce que Dieu lui commande. *August. de Doctr. Chr., l.* 1. *c.* 22. Ce précepte est très-possible à l'homme avec la grâce de Dieu, et il a été accompli dans l'ancienne loi par plusieurs personnes. *Estius*, Deut. 10. 12. Matth. 22. 37. Marc. 12. 30. Ps. 108. 3. *Pro eo ut me diligerent, detrahebant mihi*: Au lieu qu'ils devaient m'aimer, ils me déchiraient par leurs médisances. *Hebr. S. Jerom.* Au lieu de l'amitié que je leur portais, ils se sont déclarés mes ennemis. Prov. 8. 17. *Ego diligentes me diligo*: Dieu aime ceux qui l'aiment; mais il les a aimés avant qu'ils l'aimassent et afin qu'ils l'aimassent. Sap. 11. 24. *Diligis omnia quæ sunt.* Voy. MISERERI. Eccli. 3. 19. Voy. GLORIA. c. 8. 20. *Cum fatuis consilium non habeas, non enim poterunt diligere nisi quæ eis placent*: Ne délibérez point de vos affaires avec des fous; car ils ne pourront aimer que ce qui leur plaît. *Gr.* Il ne pourra garder ce qui lui aurez confié; στέξαι, al. στέρξαι. Eccli. 31. 29. *Diligentes in vino*, i. e. *vinum, noli provocare*: N'excitez point à boire ceux qui aiment le vin. *Gr.* Ne vous piquez point de boire beaucoup de vin; ἐν οἴνῳ μὴ ἀνδρίζου.

2° Donner des marques d'amitié. Marc. 10. 21. *Jesus autem intuitus eum dilexit eum*: Jésus, jetant la vue sur cette personne (qui lui avait dit qu'elle avait observé tous les commandements de Dieu dès sa jeunesse), l'aima, *i. e.* Jésus-Christ fit paraître qu'il l'aimait sans fiction, parce qu'elle observait les commandements de Dieu, quoique ce ne fût peut-être pas de cet amour dont il aime ses élus. *Estius*.

3° Flatter, faire semblant d'aimer. Ps. 77. 36. *Dilexerunt eum in ore suo*: Les Israélites aimaient Dieu seulement de bouche.

4° Se porter d'inclination à aimer, aimer avec tendresse. Rom. 12. 10. *Charitate fraternitatis invicem diligentes*: Que chacun ait pour son prochain une tendresse fraternelle. Ainsi Ps. 114. 1. *Dilexi*: J'ai mis en Dieu toute ma confiance. Il dit absolument: *J'ai aimé*, parce qu'il suppose qu'on ne peut douter que ce ne soit Dieu qui est le souverain bien et souverainement aimable. *Basil. Bellarm.*

5° Désirer, affecter, rechercher, être attaché à quelque chose. Luc. 11. 43. *Diligitis primas cathedras in synagogis*, etc. Vous aimez à avoir les premières places dans les synagogues, dit Jésus-Christ aux pharisiens. Joan. 3. 19. c. 12. 43. 2. Tim. 4. 8. Prov. 21. 17. 2. Tim. 4. 9. Isa. 57. 8. *Dilexisti stratum eorum manu aperta*: Vous avez aimé leur couche honteuse, sans vous en cacher. Voy. STRATUM.

6° Se porter à quelque chose, qui en attire une autre contre son dessein. Ps. 108. 17. *Dilexit maledictionem, et veniet ei*: Le pécheur ayant aimé la malédiction, elle tombera sur lui. Prov. 8. 36. *Qui me oderunt diligunt mortem*: Ceux qui me haïssent, dit la Sagesse, aiment la mort. *i. e.* Ils se procurent en aimant les choses qui leur causent la mort. c. 17.

7° Garder, observer, suivre avec inclination. Ps. 98. 4. *Honor regis judicium diligit*: La puissance et la majesté de notre Roi, quelque grande qu'elle soit, aime et garde l'équité et la justice. Voy. HONOR. Ps. 10. 5. *Qui diligit iniquitatem, odit animam suam*: Celui qui aime l'iniquité hait son âme. *Hebr.* Son âme hait celui qui aime l'iniquité; c'est-à-dire que Dieu le hait véritablement.

DILUCESCERE, luire; ce qui se dit du jour qui commence à paraître. 1. Reg. 29. 10. *Cum de nocte surrexeritis, et cœperit dilucescere, pergite*: Levez-vous la nuit, et quand le jour commencera à paraître, allez-vous-en, dit Achis à David. 2. Reg. 17. 22. 4. Reg. 10. 9.

DILUCULO, adv. πρωΐ, au matin, au point du jour (ἐν πρωΐ). Joan. 8. 2. *Diluculo iterum venit in templum*: Dès la pointe du jour, Jésus-Christ retourna dans le temple. Act. 5 21. Marc. 1. 35. *Diluculo valde surgens*: Jésus-Christ se leva de fort grand matin; *i. e* longtemps avant le jour. Ps. 138. 9. *Si sumpsero pennas meas diluculo*: Si je prends des ailes dès le matin; *Hebr. Ad Orientem, et habitavero in extremis maris*: Ou si je me retire aux extrémités de l'Occident. Luc. 24. 1.

1° D'abord, au commencement. Job. 7. 18. *Visitas eum diluculo, et subito probas illum*: D'abord vous traitez l'homme doucement, vous le remplissez de consolations, et vous l'éprouvez aussitôt après par des tentations que vous permettez qui lui arrivent. D'autres expliquent *visitas* au même sens que *probas*: Vous affligez l'homme et l'exercez dès le commencement de sa vie.

2° De bonne heure, promptement, quand il faut, à temps, à propos. Ps. 45. 6. *Adjuvabit eam. Deus mane diluculo*: Dieu protégera la cité de Dieu dès le grand matin. Isa. 18. 29. Voy. MANE.

3° Avec soin, avec empressement. Job. 8. 5. *Si diluculo consurrexeris ad Deum*: Si vous vous empressez d'aller à Dieu. Ps. 45. 7. Ps. 77. 34. Jerem. 7. 25. c. 25. 4. c. 32. 33. c. 35. 14. Soph. 3. 7.

4° Tous les jours. Thren. 3. 23. *Novi diluculo* (εἰς τὰς πρωΐας), pour *novæ*; Hebr. (suppl.), *miserationes tuæ*: Vous me faites toujours de nouvelles grâces, ô Seigneur! vous les répandez toujours; Hebr. *quolibet mane*. Voy. NOVUS.

DILUCULUM, I; ὄρθρος, de *dilucescere*. L'aurore, le point du jour. Ose. 6. 3. *Quasi diluculum præparatus est egressus ejus*: Le lever du Seigneur sera semblable à celui de l'aurore. Voy. EGRESSUS. Job. 38. 12. *Numquid post ortum tuum præcepisti diluculo* (ἑωσφόρος, *stella matutina*)? Est-ce vous qui, depuis que vous êtes au monde, avez donné les ordres à l'étoile du matin? c. 41. 9. *Oculi ejus ut palpebræ diluculi*: Les yeux du léviathan étincellent comme la lumière du point du jour.

DILUVIUM; κατακλυσμὸς, de *diluere*, détremper, de l'ancien *luo*, laver, purger.

1° Déluge, inondation, débordement d'eau. Gen. 9. 15. *Non erunt ultra aquæ diluvii* : Il n'y aura plus de déluge universel, comme celui du temps de Noé. Ps. 28. 10. *Diluvium inhabitare facit* : C'est Dieu qui a fait inonder la terre par le déluge. Hébreu, *Sedit*, i. e. *Præsedit diluvio*. Matth. 24. v. 38. 39, etc.

2° Peines, afflictions marquées par les eaux. Ps. 31. 6. *Verumtamen in diluvio aquarum multarum ad eum non approximabunt* : Quoique les maux viennent à fondre comme un déluge, celui qui se repent de ses péchés n'en sera point endommagé. Cela s'entend ou des maux de cette vie, ou plutôt des peines temporelles de l'autre. Nahum. 1, 8.

DIMETIRI ; διαμετρεῖν, mesurer, prendre la mesure. Eccli. 1. 2. *Altitudinem cœli, et latitudinem terræ, et profundum abyssi quis dimensus est* (ἐξιχνιάζειν)? Qui a mesuré la hauteur du ciel, l'étendue de la terre et la profondeur de l'abîme ?

Posséder, être maître et disposer de quelque chose, en faire le partage après s'en être rendu maître. Ps. 107. 7. *Convallem tabernaculorum dimetiar* : Je partagerai la vallée des tentes ; *i. e.* la vallée de Socoth. Voy. CONVALLIS.

DIMICARE, de *micare*, ou bien de διαμάχεσθαι, *pugnare*.

Combattre, livrer bataille (συνεκπολεμεῖν). Deut. 20. 4. *Dominus pro vobis contra adversarios dimicabit* : Le Seigneur combattra lui-même contre vos ennemis. Jos. 10. 25, etc.

DIMIDIARE ; ἡμισύειν, de *medium*. 1° Retrancher par la moitié. Job. 21. 21. *Quid ad eum pertinet si numerus mensium ejus dimidietur* (διαιρεῖσθαι)? Qu'importerait à l'impie, quand même Dieu retrancherait par la moitié le nombre de ses années ?

2° Mener, faire aller jusqu'à moitié, en parlant de la durée. Ps. 54. 24. *Viri sanguinum et dolosi non dimidiabunt dies suos* : Les hommes sanguinaires et trompeurs n'arriveront point à la moitié de l'âge qu'ils eussent dû vivre selon leur complexion naturelle. Ces paroles ne se doivent pas prendre à la rigueur, comme si ces sortes de gens mouraient d'une mort anticipée ; mais le prophète parle en particulier de ceux qui s'étaient révoltés contre lui, dont un grand nombre périt par l'épée et dans la forêt. 2 Reg. 10. v. 7. 8.

DIMIDIUM, nom propre. Hebr. *Halsi*, rendu par sa signification latine. 1. Par. 2. v. 52. 54. Voy. REQUIETIO.

DIMIDIUS, A. UM ; ἥμισυς, εια, υ, de *medius*, d'où vient *dimidium, ii*.

Demi, la moitié de quelque chose. Luc. 19. 8. *Ecce dimidium bonorum meorum, Domine, do pauperibus* : Seigneur, je m'en vas donner la moitié de mon bien aux pauvres, dit Zachée à Jésus-Christ. Ps. 101. 25. *Ne revoces me in dimidio dierum meorum* : Seigneur, ne me retirez pas à la moitié de mes jours, au milieu du cours de ma vie. Marc. 6. 23, etc.

DIMINUERE, diminuer, briser, casser, faire déchoir ; dans l'Ecriture :

Diminuer, retrancher (ἀφαιρεῖν). Apoc. 22. 19. *Si quis diminuerit de verbis libri prophetiæ hujus* : Si quelqu'un retranche quelque chose des paroles du livre de cette prophétie. Ps. 11. 1. *Diminutæ sunt veritates a filiis hominum* (ὀλιγοῦσθαι) : Les vérités sont fort diminuées parmi les hommes. *Hebr.* Il n'y a plus d'hommes sincères et fidèles.

DIMINUTIO, NIS ; ἐλάττωσις, ἐλάσσωμα, diminution, retranchement. Eccli. 31. 4. *Laboravit pauper in diminutione victus, et in fine inops fit* : Le pauvre travaille en se retranchant ce qui lui est nécessaire pour vivre, et à la fin il tombe dans une extrême nécessité ; *Gr.* lorsqu'il se veut donner du repos.

2° Perte, dommage. 2. Mach. 11. 13. *Secum ipse reputans factam erga se diminutionem* : Lysias considérant en lui-même la perte qu'il avait faite. Voy. cette perte, v. 11.

DIMITTERE ; ἀφιέναι, envoyer çà et là, de côté et d'autre, renvoyer, congédier, licencier, quitter, laisser, laisser échapper, baisser, abaisser ; dans l'Ecriture :

1° Laisser aller, renvoyer, donner la liberté (ἀποστέλλειν). Gen. 8. 6. *Aperiensque fenestram arcæ quam fecerat, dimisit corvum* : Noé ouvrit la fenêtre de l'arche qu'il avait faite, et laissa aller le corbeau. v. 10. *Rursum dimisit columbam ex arca* : Noé envoya ensuite la colombe hors de l'arche, sept jours après qu'il l'eut reprise dans l'arche. Ainsi, dans le sens figuré, Luc. 2. 19. *Nunc dimittis servum tuum, Domine* (ἀπολύειν) : C'est maintenant que vous laisserez aller votre serviteur. Siméon se considérait dans la vie comme dans une prison. Matth. 14. 15, etc. Ce mot répond au grec ἀπολύειν et à l'hébreu *shalach*, et signifie délier ou affranchir d'un crime, d'une dette et des liens, et répudier ; comme se dit : *Dimittere uxorem*. Voy. AQUA.

2° Laisser, quitter, renoncer. Marc. 10. 28. Luc. 18. 28. *Ecce nos dimisimus omnia, et secuti sumus te* : Vous voyez que nous avons tout quitté pour vous suivre, dit saint Pierre à Jésus-Christ. Voy. RELINQUERE.

3° Abandonner, 1° en parlant de l'homme qui abandonne Dieu (ἐγκαταλείπειν). Judic. 2. v. 12. 13. *Dimiserunt Dominum* ; les enfants d'Israël abandonnèrent Dieu ; 2° En parlant de Dieu, qui abandonne l'homme à la corruption de son cœur. Ps. 80. 13. *Dimisit eos secundum desideria cordis eorum* (ἐξαποστέλλειν). Act. 14. 15. *Qui in præteritis generationibus dimisit omnes gentes ingredi vias suas* : Dans les siècles passés, Dieu a laissé vivre à leur gré toutes les nations ; il les a abandonnées à leurs propres ténèbres, depuis le commencement du monde, pour punir leurs crimes, et pour leur faire désirer le Libérateur qu'il voulait leur donner.

Répudier (ἀπολύειν). Matth. 5. 32. *Omnis qui dimiserit uxorem suam, excepta fornicationis causa, facit eam mœchari* : Quiconque aura quitté sa femme, si ce n'est en cas d'adultère, la fait devenir adultère. v. 31. Deut. 24. v. 1. 2. Jerem. 3. 8. 1. Cor. 7. 11. Mal. 2. 16. *Cum odio habueris, dimitte ; dicit Dominus* : Vous direz peut-être le Seigneur a dit : Lorsque vous aurez conçu de l'aversion pour votre femme, renvoyez-la.

4° Quitter quelqu'un, se séparer de lui,

Marc. 8. 13. *Et dimittens eos, ascendit iterum navim :* Jésus-Christ, quittant les pharisiens à Dalmanutha, remonta dans la barque. Ainsi, Joan. 10. 12. *Mercenarius videt lupum venientem, et dimittit oves et fugit :* Le mercenaire voyant venir le loup, abandonne les brebis et s'enfuit. A quoi se peut encore rapporter, Matth. 19. 5. *Dimittet homo patrem et matrem et adhærebit uxori suæ* (καταλείπειν) : L'homme abandonnera son père et sa mère, et demeurera attaché à sa femme ; *i. e.* il quittera la maison de ses parents pour prendre un soin particulier de sa femme et de sa famille. Voy. RELINQUERE. On peut rapporter à cette signification, quitter quelqu'un en mourant. Marc. 12. 19. *Si cujus frater mortuus fuerit et dimiserit uxorem, et filios non reliquerit :* Que si un homme en mourant laisse sa femme sans enfants, etc. c'est la loi du Deut. 25. 5. qui semble avoir pour fin que chaque famille pût se conserver séparée et distinguée. c. 25. v. 5. 6.

5° Laisser quelque chose à quelqu'un, lui en donner la possession. Ps. 16. 14. *Dimiserunt reliquias suas parvulis suis :* Les ennemis de votre droite ont laissé ce qui leur restait de biens à leurs petits enfants. Eccli. 44. 18. *Dimissum est reliquum terræ, cum factum est diluvium :* Dieu a laissé quelques hommes de reste sur la terre, lorsqu'il a envoyé le déluge. c. 47. 25. Voy. RELIQUUM.

6. Laisser, permettre, souffrir qu'on fasse ou qu'on dise, Gen. 20. 6. *Non dimisi ut tangeres eam ;* Hebr. *non dedi te :* Je ne vous ai pas permis de toucher à la femme que vous avez enlevée ; Dieu parle à Abimelech au sujet de Sara. c. 31. 7. *Non dimisit eum Deus ut noceret mihi ;* Gr. et Hebr. *non dedit :* Dieu n'a pas permis à votre père de me faire tort, dit Jacob aux deux filles de Laban. Job. 10. 1. *Dimittam adversum me eloquium meum* (ἐπαφιέναι) : Je m'abandonnerai aux plaintes contre moi-même ; *autrem.* Je romprai enfin le silence sur ce qui me regarde : *adversum* se prend quelquefois pour *envers*, dans le sens de ces paroles de Cicéron : *Pietas adversus deos ;* Job veut dire qu'il se plaindra avec une entière liberté de la misère qu'il souffre. Matth. 3. 15. c. 8. 22. 2. Reg. 16. v. 10. 11. Exod. 3. 19. Jos. 10. 19. Jud. 3. 28. 2. Reg. 21. 10. Dans tous ces endroits, l'Hébreu porte *dare.* Ainsi, Isa. 65. 15. *Dimittetis nomen vestrum in juramentum electis meis :* Vous rendrez votre nom à mes élus un nom d'imprécation. Voy. JURAMENTUM.

7° Remettre, pardonner, faire grâce. Exod. 23. 21. *Non dimittet* (ὑποστέλλειν) *cum peccaveris :* Mon ange ne vous pardonnera point, lorsque vous pécherez ; Dieu parle de l'ange qui conduit les Israélites dans la terre promise. Matth. 18. 21. *Quoties peccabit in me frater meus, et dimittam ei ?* Seigneur, pardonnerai-je à mon frère toutes les fois qu'il péchera contre moi ? v. 27. 32. c. 6. v. 12. 14. Luc 11. 4. c. 17. 3. 4. etc. Ainsi, Luc 6. 37. *Dimittite, et dimittemini* (ἀπολύειν) : Remettez, et il vous sera remis Gr. *Absolvite et absolvemini ; i. e.* Supportez ; les injures et les pardonnez, et l'on en usera de même envers vous. Ainsi :

8° Epargner, donner queique relâche. Job 7. 19. c. 10. 20. *Dimitte ergo me, ut plangam paululum dolorem meum :* Donnez-moi un peu de relâche, afin que je puisse respirer dans ma douleur.

9° Omettre, laisser, excepter. Hebr. 2. 8. *In eo quod omnia ei subjecit, nihil dimisit non subjectum ei ;* En disant que Dieu a assujetti Jésus à toutes choses, il n'a rien laissé qui ne lui soit assujetti. Gen. 45. 20.

10. Ce verbe est mis pour *demittere*, descendre (χαλᾶζειν). Act. 9. 25. *Nocte per murum dimiserunt eum :* Les disciples descendirent saint Paul durant la nuit par la muraille dans une corbeille ; ce fut à Damas. 2. Cor. 11. 32.

DIMONA ; Hebr. *Coacervatio.* de Daman, inus, *stercoravit.* Ville de la tribu de Juda du côté du midi, voisine de l'Idumée. Jos. 15. 22.

DINA ; Hebr. *Judicans.* De *doun*, *juges.* Dina, fille de Jacob et de Lia, naquit l'an 2289. Gen. 30. 21. *Peperit filiam nomine Dinam :* Lia eut une fille nommée Dina. c. 46. 15. Elle fut enlevée par Sichem. c. 34. v. 1. 25. 26. Voy. SICHEM.

DINÆI, Hebr. *Judices.* Dinéens, un peuple entre ceux qui conspirèrent contre les Juifs, pour les empêcher de rebâtir Jérusalem. 1. Esdr. 4. 9.

DINUMERARE ; ἐξαριθμεῖν. — 1° Nombrer, compter. Eccli. 1. 2. *Arenam maris et pluviæ guttas, et dies sæculi quis dinumeravit ?* Qui a compté le sable de la mer, les gouttes de la pluie, et les jours de la durée du monde ? v. 9. 23. *Vidit et dinumeravit eam :* La crainte du Seigneur connaît la sagesse et le nombre de ses merveilles. Job. 14. 16. *Tu quidem gressus meos dinumerasti :* Je sais que vous avez compté tous mes pas ; mais pardonnez-moi mes péchés. Ps. 21. 18. etc.

2° Faire le dénombrement de quelque chose. 1. Par. 9. 1. *Universus ergo Israel dinumeratus est* (καὶ πᾶς Ἰσραὴλ ὁ συλλοχισμὸς αὐτῶν) : Voici donc le dénombrement de tout Israël : ce dénombrement est contenu dans les huit premiers chapitres de ce livre, et a été tiré du livre des Rois d'Israël et de Juda.

3° Comprendre la grandeur de quelque chose. Ps. 89. 12. *Quis novit potestatem iræ tuæ, et præ timore tuo iram tuam dinumerare ?* Qui peut comprendre votre colère autant qu'elle est redoutable ?

DINUMERATIO, NIS. Compte, dénombrement (ἀριθμός). 2. Par. 2. 17. *Numeravit igitur Salomon omnes viros proselytos post dinumerationem quam dinumeravit David, pater ejus :* Salomon fit faire un dénombrement de tous les prosélytes (qui étaient en Israël) depuis le dénombrement qu'en avait fait faire David, son père.

DIONYSIUS, II. Gr. Διονύσιος, *Bacchicus.* De Διόνυσος, qui est un des noms de Bacchus, et peut signifier, *Divinitus stimulatus*, de δῖος, *divinus ;* et de νύσσειν, *compungere.*

Denys, sénateur de l'Aréopage, l'un de ceux qui, après le discours que fit saint Paul dans l'aréopage, embrassèrent la foi. Act.

17. 34. Il fut créé évêque d'Athènes, et après lui Quadratus, au rapport d'Eusèbe; et par conséquent différent de celui qui a souffert le martyre à Paris, qui n'a vécu que sous l'empire de Dèce.

DIORYX, cis. Gr. διώρυξ, *Fossa*. Du verbe ὀρύσσω, *Fodio*.
Fossé ou canal, pour conduire l'eau d'une rivière en quelque lieu. Eccli. 24. 41. *Ego quasi fluvii dioryx* : Je suis comme l'écoulement d'une rivière. dit la Sagesse. Voy. AQUÆDUCTUS.

DIOSCORUS; Gr. *Divina saturitas*. De δῖος, *divinus*, et de κορέω, *satio*, κόρος, *satietas* ; ou bien δῖος, *Jovis*, et κόρος, *filius*, ou κοῦρος, nom de mois des Macédoniens ; Gr. διοσκορίνθιος, *Jovis Corinthii* : Quelques-uns croient que c'est *Dioscurus*, du nom de Castor, fils de Jupiter, et que c'est le septième mois, mais parce qu'il ne se trouve point parmi les mois, on croit, ou qu'il est intercalaire, ou que c'est un nom d'un mois qui a deux noms. 2. Mac. 11. 21.

DIOTREPHES; *A Jove nutritus*. De Ζεύς, δεὸς, *Jupiter*, de τρέφειν, *nutrire*.
Diotrèphe, homme ambitieux, dont saint Jean se plaint, de ce qu'il ne le recevait point. 3. Joan. 9. *Qui amat primatum gerere Diotrephes non recipit nos* : Ce passage donne lieu de croire qu'il pouvait bien être évêque de quelque église d'Asie, mais hérétique.

DIPLOIS, IDIS, Gr. διπλοΐς. De δίπλοος, διπλοῦς, *duplex*, quasi *pannus duplex*. Espèce de robe double fort commune.
Manteau double. Ps. 108. 29. *Operiantur sicut diploide confusione sua* : Que la confusion de ceux qui médisent de moi, soit comme une double robe dont ils seront revêtus. Il marque par là la confusion et du dedans et du dehors. *Aug*. D'autres l'entendent de celle de la vie présente et de la vie future. Voy. CONFUSIO. Baruch. 5. 2. *Circumdabit te Deus diploide justitiæ* : Le Seigneur vous revêtira de justice comme d'un double vêtement, ô Jérusalem ; i. e. *Justitia sicut diploide*.

DIPONDIUS ou **DIPONDIUM**, II. ἀσσάρια δύο. De dis, *bis*, et de *Pondus*, nom indéclinable, qui signifie une livre ; ainsi, ce mot marque :
Une pièce de monnaie ancienne parmi les Romains, qui pesait deux livres ou deux *as*, dont chacun valait environ neuf deniers de notre monnaie. Luc. 12. 6. *Nonne quinque passeres veneunt dipondio* : N'est-il pas vrai que cinq passereaux se donnent pour deux doubles ; mais le mot grec ἀσσαρίων, marque que c'étaient plutôt ces petites pièces de monnaie qui s'appelaient *Minuta*, pite ou obole, dont les deux ne faisaient que la quatrième partie de l'*as*, ou de la livre d'airain. Saint Matthieu, c. 10. 29. dit qu'on donne deux passereaux pour une de ces deux petites pièces ; et saint Luc dit qu'on en donne cinq pour deux ; comme qui dirait pour deux doubles ; mais les marchands font meilleur marché à ceux qui prennent plus de marchandise.

DIPSAS, DIS; Gr. δίψὰς, δος. Ce mot vient de δίψα, ης, *sitis*, soif ; parce que ce serpent cause une soif extrême à ceux qu'il a piqués.

Dipsade, espèce de vipère, qui cause une soif extraordinaire par sa morsure. Deut. 8. 15. *Ductor tuus fuit in solitudine in qua erat dipsas* ; Dieu a été votre conducteur dans ce désert vaste et affreux, où il y avait des dipsades.

DIRECTE. Directement, suivant l'ordre naturel des choses ; dans l'Ecriture :
Droit, directement, en droite ligne (εὔστοχος). Sap. 5. 22. *Ibant directe emissiones fulgurum* : Les foudres iront droit aux insensés.

DIRECTIO, NIS ; εὐθύτης, Proprement, l'action de dresser ou de tirer en droite ligne, l'action de viser droit, et d'aller au but ; dans le sens métaphorique, à la vérité, à la vertu ; dans l'Ecriture :
1. Droiture, rectitude (εὐθύτης). Ps. 44. 7. *Virga directionis, virga regni tui* : Le sceptre de votre règne sera un sceptre de rectitude et d'équité ; *id est*. Votre gouvernement sera droit et juste. Ps. 118. 7. etc.
2° Réglement juste, loi faite selon la droite raison. Ps. 98. 4. *Tu parasti directiones* : Vous avez établi des règles droites, *id est*, des lois justes.

DIRECTUS, A, UM ; εὐθύς, εῖα, ὺ. 1° Droit, dressé, aplani ; ce qui s'entend plus souvent dans le sens métaphorique. Luc. 3. 5. Isa. 40. 4. *Erunt prava in directa* : Les chemins tortus deviendront droits ; *id est*. Ce qui était difficile, deviendra facile. Ps. 25. 12. *Pes meus stetit in directo* : Mon pied est demeuré ferme dans la droiture de la justice. Voy. Pfs. Sap. 9. 9. d'où vient : *Iter directum* ; chemin droit et aplani. Eccli. 4. 20. Voy. ADDUCERE, c. 20. 19.
2° Directement opposé, qui est vis-à-vis. Ezech. 47. 20. *Plaga maris, mare magnum a confinio per directum, donec venias Emath* : La région de la terre promise du côté de la mer sera la grande mer, à prendre en droite ligne, depuis un bout jusqu'à Emath.
3° Haut, élevé. Jerem. 3. 2. *Leva oculos tuos in directum* : Levez vos yeux sur les lieux élevés ; regardez les collines et les montagnes, sur lesquelles vous sacrifiiez aux idoles. c. 7. 20. *Sume in directum planctum* : Faites retentir vos cris vers le ciel, jusque sur les lieux élevés.

DIREPTIO, NIS ; διαρπαγή. Pillage, saccagement, renversement. Tob. 3. 4. *Ideo traditi sumus in direptionem* : Seigneur, vous nous avez abandonnés au pillage, parce que nous n'avons point obéi à vos préceptes. Isa. 5. 5. *Auferam sepem ejus, et erit in direptionem* : J'arracherai la haie de ma vigne, et elle sera exposée au pillage, dit Dieu, parlant de Jérusalem et du pays de Judée, et figurément de la synagogue, etc.

DIRIGERE, κατευθύνειν, εὐθύνειν. De *regere*, proprement dresser, pointer, viser, tirer droit, tirer à la ligne et au niveau.
1° Conduire, régler, faire marcher droit, rapporter quelque chose à sa fin, ce qui s'entend dans le sens figuré (κατορθοῦν). Jerem. 10. 23. *Nec viri est ut ambulet et dirigat gressus suos* : L'homme ne marche point et ne conduit pas ses pas par lui-même. 2. Thess. 3. 5. *Dominus dirigat corda vestra in*

charitate Dei, et patientia Christi: Gr. *in charitatem Dei, et exspectationem Christi*: Que le Seigneur conduise et porte vos cœurs à l'amour de Dieu et à l'attente de Jésus-Christ. Ps. 24. 5. *Dirige me in veritate tua*: Conduisez-moi dans la voie droite de votre vérité. Luc. 1. 79. Prov. 23. 19. Ps. 58. 5. *Sine iniquitate cucurri, et direxi*; (suppl. *vias meas*). J'ai couru et j'ai conduit tous mes pas sans injustice. Eccli. 49. 3. *Ipse est directus divinitus in pœnitentiam gentis*; Josias a été destiné divinement pour faire rentrer le peuple dans la pénitence. Judith. 13. 24.

2° Conduire jusqu'au bout, faire arriver. Ps. 140. 2. *Dirigatur oratio mea sicut incensum in conspectu tuo*: Que ma prière s'élève vers vous comme la fumée de l'encens.

3° Tourner vers quelque côté, pointer, viser (ἀποστρέφειν). Num. 24. 1. *Dirigens contra desertum vultum suum*: Balaam tourna le visage vers le désert, et vit Israël campé dans ses tentes.

4° Rendre heureux, faire réussir heureusement (ὁδηγεῖν). Ps. 89. 18. *Respice in servos tuos, et in opera tua, et dirige filios eorum*: Jetez vos regards sur vos serviteurs et sur vos ouvrages, et conduisez leurs enfants. Il semble que les Israélites n'osant espérer par eux-mêmes que Dieu daigne les regarder, le suppliant de *jeter* au moins ses yeux sur leurs pères, ses anciens et fidèles *serviteurs*, et de se souvenir de tant d'*ouvrages* miraculeux qu'il avait faits pour l'établissement de son peuple. Ps. 139. 12. *Vir linguosus non dirigetur in terra*: Le calomniateur ne réussira point. Deut. 28. 29. *Non dirigas vias tuas*: Vous ne réussirez point en ce que vous aurez entrepris. Jos. 1. 8. Ps. 100. 7. *Qui loquitur iniqua* (Hebr. *mendacia*) *non direxit* (suppl. *viam suam*) *in conspectu oculorum meorum* (εὐοδοῦν). Le menteur ne fera point sa fortune avec moi. Eccli. 29. 24. *Repromissio nequissima multos perdidit dirigentes*: L'engagement à répondre mal à propos en a ruiné plusieurs qui réussissaient bien dans leurs affaires. c. 41. 2. Voy. OPUS. Ps. 101. 29. 1 Mach. 3. 6. *Directa est salus*, (i. e. *prospere successit*) *in manu ejus*: Le bras de Judas procura le salut du peuple.

5° Rendre fort et vigoureux (ἐνισχύειν). Ose. 12. 3. *In fortitudine sua directus est cum angelo*: Jacob a été rendu assez fort pour lutter contre l'ange; *Gr.* contre Dieu.

Façon de parler.

Dirigere cor. 1° Se tourner vers quelqu'un, s'appliquer à lui. Job. 34. 14. *Si direxerit ad eum cor suum, spiritum illius et flatum ad se trahet*: Si Dieu regardait le monde dans sa rigueur, il retirerait à soi dans l'instant l'esprit qui l'anime; (*i. e.* l'esprit de tout homme.) L'Hébreu et le Grec portent: *Si Dieu retirait son esprit, et s'il cessait de communiquer aux créatures son souffle divin et sa vertu, toute chair expirerait dans l'instant, et l'homme retournerait dans la poussière.* Ps. 77. 11. Ainsi, *Dirigi*, être tourné, être porté vers quelqu'un. 1 Reg. 16. 13. *Directus est Spiritus Domini a die illa in David*: Depuis ce temps-là l'Esprit du Seigneur fut toujours en David; Gr. ἐφήλατο, *Insiluit*; Se saisit de lui; Hebr. *agitare cœpit*.

2° Redresser son cœur; c'est s'appliquer, faire attention à quelque chose. Jerem. 31. 21. *Dirige cor tuum in viam rectam in qua ambulasti*: Songez, ô vierge d'Israël, à redresser votre cœur, et à vous remettre dans la voie droite dans laquelle vous avez marché.

Dirigere manus. Redresser ses mains; c'est-à-dire régler toutes ses actions selon la justice et l'équité. Eccli. 38. 10. *Dirige manus*: Le Sage exhorte celui qui est tombé dans quelque infirmité, de purifier sa conscience, et se mettre en bon état auprès de Dieu, avant que de s'adresser au médecin. Les mains sont les instruments de la plupart des actions.

DIRIPERE; διαρπάζειν, De *rapere*, prendre, saccager, ravir, voler.

1° Piller, voler, dépouiller. Ps. 43. 11. *Qui oderunt nos, diripiebant sibi*: Nous sommes devenus la proie de ceux qui nous haïssaient. Ps. 34. 12. Ps. 88. 42. Marc. 3. 27. etc.

2° Détruire, démolir. Is. 18. v. 2. 7. *Cujus flumina diripuerunt terram ejus*: Les grandes inondations ruinent un pays.

3° Déchirer, dévorer (ἐκριπτεῖν). 2 Mach. 9. 15. *Judæos quos avibus ac feris diripiendos traditurum, et cum parvulis exterminaturum dixerat*: Antiochus avait dit des Juifs qu'il exposerait en proie leurs corps morts aux oiseaux du ciel et aux bêtes farouches, et qu'il les exterminerait jusqu'aux plus petits enfants.

DIRUERE. Abattre, renverser, jeter par terre, démolir, détruire.

Abattre, ruiner, renverser, détruire. Levit. 26. 33. *Civitates vestras diruæ*; ἔρημοι, Toutes vos villes seront ruinées. Isa. 5. 5. Nahum. 2. 6.

DIRUMPERE; ῥηγνύειν, διαρρηγνύειν, Rompre, briser, crever, mettre en pièces. Marc. 2. 22. *Dirumpet vinum utres*: Le vin nouveau rompait des vaisseaux (vieux.) Eccli. 19. 10. Baruch. 6. 42. Voy. FUNIS. Dans le sens figuré. Isa. 64. 1. *Utinam dirumperes cœlos, et descenderes!* Oh! si vous vouliez ouvrir les cieux, et en descendre!

1° Décharger, délivrer (διαλύειν). Isa. 58. 6. *Omne onus dirumpe*: Brisez tout ce qui vous charge: brisez les fardeaux des pauvres, et délivrez-les de l'oppression où ils sont; Hebr. brisez tout joug. Ps. 2. 3. Ps. 115. 16. etc. Ainsi, *Dirumpere*, ou *disrumpere vincula*: Rompre les liens, c'est mettre en liberté.

2° Déchirer, mettre en pièces, outrager. Matth. 7. 6. *Neque mittatis margaritas vestras ante porcos, ne forte conculcent eas pedibus suis, et conversi dirumpant vos*: Ne jetez point vos perles devant les pourceaux, de peur qu'ils ne les foulent aux pieds, et que, se tournant contre vous, ils ne vous déchirent.

3° Faire sortir en brisant quelque chose. Ps. 73. 15. *Tu dirupisti fontes et torrentes*: Vous avez fait sortir des fontaines de la pierre dans le désert. Ps. 104. 41.

4° Piller, ruiner. Jerem. 52. 7. *Disrupta est civitas* : La ville de Jérusalem fut ravagée par les Chaldéens qui y firent irruption.

5° Anéantir, faire périr (ταράσσειν). Isa. 19. 3. *Dirumpetur spiritus Ægypti in visceribus ejus* : L'esprit de l'Egypte s'anéantira dans elle, et je rendrai sa prudence inutile.

DIRUS, A, UM ; δεινός, Du nom grec δεινός, *terribilis*.

Violent, cruel, funeste (χαλεπός). Sap. 3. 19. *Nationis iniquæ diræ sunt consummationes* : La race injuste aura une fin funeste. Eccli. 33. 16.

DIRUTUM, I. Ruine, débris (κατεσκαμμένα). Act. 15. 16. *Diruta ejus reædificabo* : Je reviendrai de nouveau, et je réparerai les ruines de la maison de David : Saint Jacques confirme par le prophète Amos, c. 9. 11. la vocation des Gentils dans l'Eglise en la place des Juifs. (Voy. REÆDIFICARE. 1 Matth. 9. 62.

DISCALCEATUS, A, UM ; ἀνυπόδητος. De *calceus*, soulier, et de la préposition *dis*, qui marque souvent la division ou la séparation d'une chose d'avec une autre.

Déchaussé, qui n'a point de souliers aux pieds ; dans l'Ecriture ;

Déchaussé : C'était, 1° un nom d'opprobre dans celui qui n'avait pas voulu épouser la femme de son frère qui était mort sans enfants. Deut. 25. 10. *Vocabitur nomen illius in Israel*, *domus discalceati* : La maison de cet homme sera appelée dans Israël la maison du déchaussé ; (sc. parce que la femme qu'il ne voulait pas épouser lui ôtait son soulier du pied et lui crachait au visage. 2° C'était aussi une marque de misère et d'infamie tout ensemble dans ceux que l'on emmenait en captivité. Isa. 20. v. 2. 3. 4. *Sicut ambulavit servus meus Isaias nudus, et discalceatus, sic minabit Rex Assyriorum captivitatem Ægypti et transmigrationem Æthiopiæ, juvenum et senum nudam et discalceatam* : Comme mon serviteur Isaïe a marché nu et sans souliers, ainsi le roi des Assyriens emmènera d'Egypte et d'Ethiopie une foule de captifs et de prisonniers de guerre, les jeunes et les vieillards tout nus, sans habits et sans souliers.

DISCEDERE ; ἀποχωρεῖν. — 1° Se retirer, partir, s'en aller. Matth. 7. 23. *Discedite a me, qui operamini iniquitatem* : Retirez-vous de moi, vous qui faites des œuvres d'iniquité, dira Jésus-Christ au jour du jugement à plusieurs qui lui remontreront qu'ils auront fait beaucoup de miracles en son nom. Luc. 2. 15. c. 4. 42.

2° Se séparer, se quitter l'un l'autre. Act. 15. 39. *Facta est dissensio, ita ut discederent ab invicem* : Il se forma entre saint Paul et saint Barnabé une contestation, qui fut cause qu'ils se séparèrent l'un de l'autre : Le sujet est contenu, v. 37. 38. 1 Cor. 7. v. 10. 11. 15. et dans le sens métaphorique. Ps. 21. 12. Ps. 34. 22. Ps. 37. 22. *Ne discesseris a me* : Mon Dieu, ne vous retirez pas de moi. Hebr. 3. 12. etc.

3° Se retirer de l'obéissance (ἀφίστασθαι). Ps. 79. 19. *Non discedimus a te*. Nous ne nous retirerons point de votre obéissance.

DISCEPTARE ; διακρίνεσθαι. De *capto*, et de *dis*, qui répond à la préposition grecque διά ; d'autres disent qu'il se fait de l'ancien verbe *scepto*, qui vient de l'Hébreu *schapat*, juger, rendre justice.

1° Disputer, contester. Act. 11. 2. *Disceptabant adversus illum qui erant ex circumcisione* : Les fidèles circoncis disputaient contre saint Pierre. Job. 31. 13. c. 34. 19. Ce mot se prend au même sens dans la terminaison passive. c. 32. 11. *Audivi prudentiam vestram, donec disceptaremini sermonibus* ; Hebr. donec *pervestigaretis sermones* : J'ai voulu voir, tant que vous avez disputé contre Job, quelle pouvait être votre sagesse, dit Eliu.

2° Plaider, entrer en jugement, poursuivre son droit en jugement. Joël. 3. 2. *Disceptabo cum eis ibi super populo meo et hæreditate mea Israel* : Dieu, à son dernier jugement, reprochera aux infidèles et aux impies les maux qu'ils auront faits aux fidèles. Jerem. 2. 9. *Judicio contendam vobiscum, et cum filiis vestris disceptabo* : J'entrerai encore en jugement avec vous, dit le Seigneur, et je soutiendrai la justice de ma cause contre vos enfants. *Disceptabo* ; i. e. *Jus meum persequar* : J'en userai à toute rigueur ; Gr. κριθήσομαι.

DISCEPTATIO, NIS ; διάκρισις, Différend, dispute, contestation. Rom. 14. 1. *Infirmum in fide assumite, non in disceptationibus cogitationum* : Recevez favorablement celui qui est encore faible dans la foi, sans vous emporter en des disputes avec lui sur ses sentiments. 1 Tim. 2. 8.

DISCERE ; μανθάνειν. Du Grec δάσκειν, qui vient de δαίειν, et δάειν, *scire*.

1° Apprendre, acquérir la connaissance de quelque chose. Joan. 7. 15. *Quomodo hic litteras scit, cum non didicerit ?* Comment cet homme sait-il l'Ecriture, lui qui ne l'a point étudiée ? Matth. 11. 29 Prov. 17, 16. Ephes. 4. 20. *Vos autem non ita didicistis Christum* : Pour vous, ce n'est pas ainsi que vous avez été instruits en Jésus-Christ ; i. e. comme les Gentils qui vivent dans le dérèglement. Ainsi ;

2° Recevoir avec soumission d'esprit et de cœur la doctrine de Jésus-Christ, qui consiste non-seulement dans la foi, mais aussi dans les bonnes œuvres. Joan. 6. 45. *Omnis qui audivit a Patre, et didicit, venit ad me* : Tous ceux donc qui ont ouï la voix du Père éternel, et ont été enseignés de lui, viennent à moi. Coloss. 2. 7. 1 Thess. 4. 9. *Ipsi vos a Deo didicistis, ut diligatis invicem* : Vous avez appris de Dieu même à vous aimer les uns les autres.

3° Apprendre, connaître, être instruit ; soit par expérience, comme par les châtiments et les afflictions (παιδεύεσθαι). 1 Tim. 1. 20. *Tradidi Satanæ, ut discant non blasphemare* : J'ai livré Hyménée et Alexandre à Satan, pour leur apprendre à ne plus blasphémer ; soit après une recherche exacte de quelque chose. Esth. 12. 2. *Cum curas eorum diligentius per-*

vidisset, didicit quod conarentur in Regem Artaxerxem manus mittere : Mardochée ayant approfondi les pensées de Bagatha et de Thara, eunuques du roi, et reconnu par une exacte recherche tous leurs desseins, il découvrit qu'ils avaient entrepris sur la vie du roi Artaxerxès.

4° Apprendre, ouïr dire (γινώσκειν). Gen. 9. 24. *Cum didicisset quæ fecerat ei filius suus minor, ait ; Maledictus Chanaan :* Noé ayant appris de quelle sorte l'avait traité son petit-fils, dit : Que Chanaan soit maudit.

DISCERNERE ; διακρίνειν. De *cernere*, et de la préposition *dis*, qui répond à διά.

1° Discerner, distinguer, faire de la différence. Act. 15. 9. *Nihil discrevit inter nos et illos :* Dieu n'a point fait de différence entre les Gentils et nous autres Juifs. Levit. 10. 10. 2 Reg. 19. 35. 3 Reg. 3. 9. 1 Cor. 4. 7. *Quis te discernit ?* Qui est-ce qui met de la différence entre vous et ceux à qui vous vous préférez ? C'est Dieu qui est auteur de tous les biens dont vous devez vous glorifier.

2° Distribuer, partager (διαστέλλειν). Ps. 67. 15. *Dum discernit Cœlestis Reges super eam :* Lorsque le roi du ciel distribua ceux qui devaient gouverner son héritage ; *autr.* pendant que le roi du ciel exerce son jugement sur les rois en faveur de notre terre ; *Hebr.* lorsque le Tout-Puissant défit et extermina les rois de cette terre.

3° Juger (διαξειν). Ps. 42. 1. *Discerne causam meam :* Jugez ma cause : D'autres joignent ces mots avec les suivants , *de gente non sancta,* séparez ma cause d'avec les impies. Ps. 49. 4. Baruch. 6. 53. *Judicium quoque non discernent ;* (Gr. *Non judicabunt :*) Les idoles, les faux dieux ne feront point rendre la justice, ne la rendront point.

DISCERPERE ; διασπᾶν, De *dis* et de *carpere*.

1° Déchirer , mettre en pièces. Act. 23. 10. *Timens Tribunus ne discerperetur Paulus ab ipsis :* Le Tribun ayant peur que Paul ne fût mis en pièces, le fit mener dans la forteresse. Judic. 14. 6.

2° Agiter par de violentes convulsions. Marc. 1. 26. *Discerpens eum spiritus immundus (exiit) :* c. 9. 25. Jésus-Christ permettait que ce possédé fût si maltraité, pour faire voir quelle est la cruauté et la rage du démon qui tuerait cruellement les hommes, si Dieu ne l'en empêchait.

DISCESSIO, NIS ; Gr., ἄφιξις, 1° Départ. Act. 20. 29. *Intrabunt post discessionem meam lupi rapaces in vos :* Je sais qu'après mon départ, il entrera parmi vous des loups ravissants.

2° Renoncement, révolte, apostasie (ἀποστασία). Act. 21. 21. *Audierunt de te, quia discessionem doceas a Moyse eorum:* Ces milliers de Juifs ont ouï dire que vous enseignez à tous les Juifs qui sont parmi les Gentils de renoncer à Moïse, disent à saint Paul tous les prêtres assemblés chez saint Jacques. 2. Thess. 2. 3. *Nisi venerit discessio primum :* Le jour auquel Jésus-Christ doit arriver, ne viendra point que la révolte et l'apostasie ne

soient arrivées auparavant. On croit probablement que cette révolte qui précédera la venue de l'Antechrist, sera l'abandonnement presque général de la véritable religion catholique, apostolique et romaine.

DISCINCTUS, A, UM. De *cingere* et de *dis*. Qui n'a plus de ceinture, à qui on a ôté la ceinture. 3. Reg. 20. 11. *Ne glorietur accinctus æque ut discinctus* (ὁ κυρτὸς ὡς ὁ ὀρθός) : Celui qui se ceint et se prépare au combat, ne doit pas se vanter, mais celui qui ôte sa ceinture après avoir remporté la victoire. Voy. ACCINCTUS.

DISCIPLINA, Æ ; παιδεία, De *Discipulus ;* l'instruction qu'un disciple reçoit de son maître ; l'éducation, la manière d'élever la jeunesse ; la méthode d'instruire, la science, la doctrine : c'est premièrement la règle et la manière véritable de vivre dans la vertu, comme Dieu l'a enseigné dans ses Ecritures ; *ou bien* l'art de se régler soi-même, et de profiter des châtiments de Dieu et des hommes (φρόνησις).

1° Instruction, réglement, éducation dans la piété, accompagnée de correction et de châtiment s'il est nécessaire. Ps. 49. 17. *Odisti disciplinam :* Vous haïssez la discipline. Sap. 6. 18. *Cura disciplinæ dilectio est :* Le désir de l'instruction est l'amour : Ce désir produit et augmente en nous l'amour de Dieu et de la divine Sagesse. Eccli. 1. 34. *Sapientia et disciplina, timor Domini :* La crainte du Seigneur est la sagesse et la science véritable ; *i. e.* la science qu'on reçoit par l'instruction. c. 16. 25. *Dicam in æquitate disciplinam:* Je vous donnerai des instructions très-exactes ; Gr. ἐν σταθμῷ, aussi exactes que ce qui se pèse dans la balance. Prov. 1. v. 2. 29. c. 3. 4. c. 4. v. 1. 13. etc. Jer. 7. 28. *Hæc est gens quæ non recepit disciplinam :* Voici le peuple qui n'a point voulu recevoir les instructions de son Dieu.

2° Châtiment, correction, réprimande, peine, affliction, qui s'appelle du nom de discipline, parce que l'affliction est une grande instruction ; παθήματα, μαθήματα. Isa. 53. 5. *Disciplina pacis nostræ super eum :* Le châtiment qui nous devait procurer la paix est tombé sur lui : (Le prophète parle du Messie, de Jésus-Christ). Heb. 12. 11. *Omnis disciplina in præsenti quidem videtur non esse gaudii, sed mœroris:* Toute correction semble sur l'heure causer de la tristesse, et non de la joie. v. 5. 7. 8. Prov. 5. 23. *Ipse morietur, quia non habuit disciplinam :* Il mourra parce qu'il n'a pas reçu la correction : il a rejeté la vérité, lorsqu'on lui a représenté ses désordres. Ainsi, *Dare disciplinam :* C'est faire souffrir quelque châtiment. Sap. 12. 22. Levit. 26. 23. Deut. 11. 2. Prov. 3. 11. Sap. 11. 10. c. 12. 22. Eccli. 33. 25. etc. Ainsi, Ps. 17. 36. *Disciplina tua ipsa me docebit ;* Gr. παιδεία, Heb. ghanotecha ; *mansuetudo tua*, comme 2. Reg. 22. 36. Gr. ὑπακοή, *placabilitas :* le mot hébreu peut souffrir l'une et l'autre signification. Voy. MANSUETUS, n. 3.

3° La loi ancienne. Eccli. 17. 9. *Addidit illis disciplinam, et legem vitæ hæreditavit illos :* Dieu a prescrit aux hommes le réglement de leur conduite, et les a rendus les dépositaires de la loi divine. Ce réglement est la loi que Dieu donna aux Israélites.

4° Sagesse, intelligence. Job. 17. 4. *Cor eorum longe fecisti a disciplina*; Heb. *Intellectu*: Vous avez éloigné de leur cœur l'intelligence; vous les avez laissés dans la fausse persuasion où ils sont, qu'on ne peut être affligé sans être criminel. c. 33. 16. c. 34. 35. Ps. 2. 12. Ps. 118. 66. Sap. 7. 14. c. 8. 4. etc. Ainsi Eccli. 1. 7. *Disciplina sapientiæ cui revelata est?* A qui la conduite de la sagesse a-t-elle été révélée?

5° Conduite, manière de vivre, soit bonne ou mauvaise. Sap. 2. 12. *Diffamat in nos peccata disciplinæ nostræ:* Le juste nous déshonore en décriant les fautes de notre conduite. Sap. 7. 16. Eccli. 31. 20. *Cessa prior causa disciplinæ:* Cessez le premier de manger par modestie. c. 10. 33. c. 17. 9. Philipp. 4. 8. Ainsi:

6° Art, science humaine. Judith. 11. 6. *Disciplina tua omnibus provinciis prædicatur:* Votre discipline militaire est louée dans tous les pays, dit Judith à Holopherne.

DISCIPLINATUS, A, UM. Savant, bien instruit (ἐπιστήμων). Eccli. 10. 28. *Vir prudens et disciplinatus non murmurabit correptus*: Celui qui est prudent et bien instruit, ne murmurera point étant châtié. Jac. 3. 13.

DISCIPULA, Æ; μαθήτεια. Celle qui apprend d'une autre, une disciple, une écolière; dans l'Ecriture:

Une femme chrétienne. Act. 9. 36. *In Joppe autem fuit quædam discipula:* Il y avait à Joppé entre les disciples une femme nommée Tabithe.

DISCIPULUS, I; μαθητής. Ce mot dans le Nouveau Testament signifie ordinairement un disciple de Jésus-Christ; et c'est un des noms dont les fidèles étaient désignés. Voy. CHRISTIANUS.

1° Disciple, qui s'est mis sous la conduite d'un maître pour en être instruit. Isa. 8. 16. *Signa legem in discipulis meis*: Tenez ma loi scellée et comme cachetée parmi mes disciples: Il n'y a que les vrais disciples de Dieu qui connaissent bien sa loi. Matth. 10. 24. Luc. 6. 40. *Non est discipulus super Magistrum*: Le disciple n'est pas plus que le maître *sc*. tant qu'il demeure disciple.

Outre les douze disciples qui ont été élevés à la dignité de l'apostolat, et les soixante-dix ou soixante-douze, tous les premiers chrétiens étaient désignés par ce nom. Act. 6. 7. *Multiplicabatur numerus discipulorum in Jerusalem valde*: Le nombre des disciples augmentait fort dans Jérusalem. v. 1. 2. c. 9. v. 10. 19. 25. etc.

2° Serviteur, ou sujet, prêt à obéir. Mal. 2. 12. *Disperdet Dominus virum qui fecerit hoc, magistrum et discipulum*: Le Seigneur perdra celui qui aura commis ce crime, soit maître, *ou* disciple; *i. e.* Magistrat *ou* sujet; Hebr. *respondentem.* Voy. RESPONDERE, n. 4.

DISCOLOR, IS; ποικίλος, η, ον. Du nom *color, is*, et de la préposition *dis*, qui marque diversité.

De diverses couleurs. Jerem. 12. 9. *Numquid avis discolor hæreditas mea mihi?* Mon peuple ne m'est-il pas devenu comme un oiseau étranger? Les oiseaux étrangers sont ordinairement battus par tous les autres; d'autres expliquent: Mon peuple m'est-il encore précieux comme le sont les oiseaux étrangers? Ezech. 16. 10. *Vestivi te discoloribus*: Je vous ai revêtu de robes précieuses et de diverses couleurs; *i.e.* faites en broderie.

DISCOOPERIRE, ἀποκαλύπτειν. — 1° Découvrir. Num. 5. 18. *Discooperiet caput ejus*: Le prêtre découvrira la tête à la femme; *sc*. dans le sacrifice de jalousie. Isa. 47. 2. *Discooperi humerum*: Découvrez votre épaule; (peut-être bien pour recevoir les coups des Assyriens). c. 57. 8. *Juxta me discooperuisti*: (suppl. *te*, ou *lectum*): Quoique je fusse auprès de vous, vous n'avez pas rougi de vous découvrir. Ruth. 2. v. 4. 7. Levit. 18. v. 7. *Turpitudinem patris tui et turpitudinem matris tuæ non discooperies*: Vous ne découvrirez point la nudité de votre père ou de votre mère; *c'est-à-dire*, une fille n'épousera point son père, ni un fils sa mère (Voy. TURPITUDO). On croit néanmoins que *Turpitudo patris et turpitudo matris*, est la même chose; comme Ezech. 22. 10. Ainsi, Exod. 21. 10. *Pontifex caput suum non discooperiet*; Grec, οὐκ ἀποκιδαρώσει, Le grand prêtre n'ôtera point sa tiare de dessus sa tête; *i. e.* il n'assistera point aux funérailles de personne: Les Juifs marquaient leur deuil en se découvrant la tête et en déchirant leurs habits. Thren. 4. 22. *Discooperiet peccata tua;* Dieu fera connaître la grandeur de vos péchés par la rigueur de vos maux. 2. Reg. 6. 20. *Quam gloriosus fuit hodie rex Israel, discooperiens se ante ancillas servorum suorum, et nudatus est*: Que le roi d'Israël a eu de gloire aujourd'hui en se découvrant; ce prince n'était pas entièrement découvert; mais, pour faire plus d'honneur à l'arche, il s'était dépouillé de ses ornements royaux pour se revêtir de l'Ephod.

2° Découvrir, tirer de l'obscurité (κατασύρειν, *detrahere*). Jer. 49. 10. *Ego discooperui Esaü*: J'ai fouillé, et j'ai découvert Esaü; *c'est-à-dire*, les Iduméens; en quelque lieu qu'ils se soient cachés, je les découvrirai, pour les livrer à leurs ennemis; le passé pour le futur.

DISCOQUERE; ἕψειν. De *coquere*, et de *dis*, qui marque ici, augmentation.

Faire bouillir dans l'eau. Ezech. 24. 5. *Discocta sunt ossa illius in medio ejus*: Les os mêmes ont cuit au milieu de la chaudière: Le Prophète marque par ces os les plus vaillants hommes de Jérusalem, qui y devaient être consumés avec le peuple, par le siége que les Chaldéens y mirent.

DISCORDIA, Æ. De *cor*, et de *dis*, qui marque division.

1° Discorde, dissension, querelle, division (μάχη). Prov. 17. 19. *Qui meditatur discordias, quærit ruinas*: Celui qui est d'une humeur contrariante, aime les querelles. c. 6 9. c. 3. 33.

2° Injure, affront, reproche, outrage. Jerem. 15. 10. *Væ mihi! mater mea, quare genuisti me, virum rixæ, virum discordiæ in universa terra?* Hélas! ma mère, que je suis malheureux! pourquoi m'avez-vous mis au monde, pour être un homme de contradiction, un homme de discorde dans toute la terre; *i. e.* pour être en butte aux reproches et aux insultes de tout le monde; Gr. διακρινόμενον.

DISAN. Voy. col. 1159, avant DISON.

DISCRETIO, NIS. διάκρισις, De *discernere*, discernement, différence. Hebr. 5. 14. *Est solidus cibus eorum qui pro consuetudine exercitatos habent sensus ad discretionem boni et mali :* La nourriture solide est pour les parfaits, *i. e.* pour ceux dont l'esprit s'est accoutumé par l'exercice à discerner le bien et le mal : de là vient cette façon de parler. *Discretio spirituum.* Le don du discernement des esprits. 1. Cor. 12. 10. *Alii discretio spirituum:* Un autre reçoit le don du discernement des esprits: Ce don consistait à connaître par quel esprit les prophètes parlaient.

DISCRETOR ; κριτικός. Qui discerne, qui distingue. Heb. 4. 12. *Sermo Dei discretor cogitationum :* La parole de Dieu discerne les pensées et les mouvements du cœur, et fait connaître par quel motif et dans quelle intention se font toutes les actions.

DISCRIMEN. Du même verbe *discernere*. Différence, distinction, danger, combat; dans l'Ecriture :
Danger, péril. Judic. 5. v. 9. 15. *Quasi in præceps ac barathrum se discrimini dedit :* Barac s'est jeté dans le péril, comme s'il se fût précipité dans un abîme. Esth. 11. 8.

DISCRIMINALE, IS. Une aiguille ou poinçon de tête pour ajuster les cheveux et les séparer : on peut prendre aussi ce mot pour les rubans qui les séparaient.
Ruban qui servait à lier ou tresser les cheveux. Isa. 3. 20. *Auferet Dominus discriminalia et periscelidas :* Un jour viendra que le Seigneur ôtera aux filles de Sion leurs rubans de cheveux, leurs jarretières, etc.

DISCRIMINARE. Séparer, distinguer, mettre séparément, tresser (διατάσσειν, *disponere*). Judit. 10. 3. *Discriminavit crinem capitis sui :* Judith frisa ses cheveux avec l'aiguille qui sert à cet usage.

DISCUBITUS, US. Le coucher, action de se coucher ; dans l'Ecriture :

1° Séance à table, à la manière des anciens qui se couchaient sur des lits pour prendre leurs repas (πρωτοκλισία). Marc. 12. 39. *Cavete a Scribis qui volunt primos discubitus in cœnis:* Gardez-vous des docteurs de la loi, qui aiment à avoir les premières places dans les festins. Luc. 20. 46.

2° L'action de mettre le coude sur la table dans un repas. Eccli. 41. 24. *Erubescite de discubitu in panibus:* Rougissez de mettre le coude sur la table ou sur le pain; ce qui est une grande incivilité; Gr. πῆξις ἀγκῶνος, *fixio cubiti.*

DISCUMBERE. De l'inusité *cumbere*, se coucher, se mettre au lit, s'asseoir, se mettre à table sur des lits pour manger; dans l'Ecriture :
Etre à table comme les anciens sur des lits. Luc. 14. 8. *Non discumbas in primo loco* (κατακλίνεσθαι) : Quand vous serez convié à des noces, ne prenez point la première place : Jésus-Christ en rend la raison dans la suite. Ainsi, c. 12. 37. 1. Reg. 16. 11. c. 30. 16. Voy. ACCUMBERE.

Façons de parler.

Simul discumbere. συναναχεῖσθαι. Etre à table avec d'autres, être du nombre des conviés. Luc. 14. v. 10. 15. Marc. 2. 15. c. 6. 26. etc. Voy. SIMUL.

DISCURRERE, διατρέχειν, de *currere*, et de *dis*, qui marque diversion.
Courir, courir çà et là. Gen. 43. 22. *Joseph decorus aspectu; filiæ discurrerunt super murum :* Le visage de Joseph est beau et agréable; les filles (d'Egypte) ont couru sur la muraille pour le voir revêtu d'habits royaux, Deut. 33. 26. *Magnificentia ejus discurrunt nubes:* C'est par sa haute puissance que Dieu règle le cours des nuées, *ou* plutôt des cieux. Voy. NUBES. Exod 9. 23. Prov. 6. 3.

1° N'être point fixe, paraître et disparaître. Levit. 13. 12. *Sin autem effloruerit discurrens lepra in cute :* Si la lèpre paraît comme en fleur, en sorte qu'elle coure sur la peau. Voy. VOLATILIS.

2° S'étendre (ἐπιβλέπειν). Zach. 4. 10. *Septem isti oculi sunt Domini, qui discurrunt in universam terram :* Ce sont là les sept yeux du Seigneur, qui s'étendent dans toute la terre. Ces sept yeux, selon quelques-uns, étaient gravés sur le plomb de Zorobabel ; mais ils figuraient les lumières secrètes, par lesquelles la providence de Dieu, à qui rien n'est caché, gouverne le monde ; selon d'autres, ce sont sept anges, exécuteurs des ordres de Dieu. Zach. 6. 7. Voy. 2. Par. 16. 9.

DISCUS, I. δίσκος, du Gr. δίσκος, de δίκω, *jacio*, un disque, un palet, dont usaient ceux qui disputaient le prix aux jeux publics ; et celui-là gagnait qui jetait le disque ou plus haut, ou plus loin, ou plus près d'un but, selon qu'ils en convenaient; il signifie aussi, un plat.

1° Palet à jouer, jeu du palet. 2. Mach. 4. 14. *In exercitiis disci :* Les prêtres se présentaient aux exercices du palet ; *sc.* au temps que Jason, usurpateur du nom de grand prêtre, fit bâtir un lieu d'exercice public.

2° Plat, bassin (πίναξ). Matth. 14. 8. 11. *Da mihi, inquit, hic in disco caput Joannis Baptistæ :* Donnez-moi présentement dans un bassin la tête de Jean Baptiste, dit la fil*e* d'Hérodiade à Hérode. Marc. 6. v. 25. 27. 28.

DISERTITUDO, NIS. Inusité de *disertus*. Eloquence aisée, discours coulant ; dans l'Ecriture :
Eloquence affectée, langage étudié. Isa. 33. 19. *Non videbis populum alti sermonis, ita ut non possis intelligere disertitudinem linguæ ejus, in quo nulla est sapientia :* Vous ne verrez point un peuple obscur dans ses discours, vous ne pourrez entendre le langage étudié ; *Hebr.* : Le bégaiement, et qui n'a aucune sagesse. Dieu parle aux Juifs justes, touchant le langage des Assyriens, qui était si obscur, qu'on ne l'entendait pas, et leur promit alors qu'ils ne seraient plus assujettis à ces peuples barbares.

DISERTUS, A, UM. De *disserere*, discourir, parler aisément, du verbe *serere*, d'où vient *Sermo*.

Disert, éloquent, bien-disant. Sap. 7. 22. *Est in illa spiritus intelligentiæ .... disertus* : Il y a dans la sagesse un esprit d'intelligence qui est disert ; parce qu'elle rend éloquents ceux en qui elle habite. c. 10. 21. Voy. INFANS.

DISAN, Hebr. *Trituratio*. Fils de Seïr, Horréen. Gen. 36. v. 21. 26. 28. 30. 1. Par. 1. v. 38. 42.

DISON, Hebr. *Trituratio*. — 1° Autre fils de Seïr, Horréen. Gen. 36. v. 21. 30. 1. Par. 1. v. 38. 41. — 2° Fils d'Ana. Gen. 36. 25. 1. Par. 1. 40. Cet Ana était fils de Sebéon, fils de Seïr.

DISPENDIUM, II, ζημία, de *dispendere*, dépenser, employer ; dépense, perte, dommage ; dans l'Écriture :

Perte, dommage. Prov. 27. 12. *Parvuli transeuntes sustinuerunt dispendium* : Les imprudents ont passé outre, et ils en ont souffert la perte. Voy. PARVULUS.

DISPENSATIO, NIS. Gr. οἰκονομία, de *dispensare*, dispensation, administration.

1° La dispensation, l'administration de quelque affaire, de quelque chose ; comme 1° de la parole de Dieu et de ses mystères. 1. Cor. 9. 17. *Si autem invitus ; dispensatio mihi credita est* : Si je ne prêche l'Évangile que par nécessité, je m'acquitte seulement de la charge qui m'a été imposée. Ephes. 3. 2. Coloss. 1. 25. 2° De l'ouvrage même de l'incarnation et du mystère de la rédemption. Ephes. 3. 9. *Mihi data est gratia hæc illuminare omnes, quæ sit dispensatio Sacramenti absconditi a sæculis in Deo* (κοινωνία, *communio*) : J'ai reçu cette grâce d'illuminer tous les hommes, en leur découvrant quelle est l'admirable économie du mystère qui depuis tous les siècles a été caché en Dieu.

2° Préparation, disposition, ménagement. Eph. 1. 10. *Proposuit in eo in dispensatione plenitudinis temporum instaurare omnia in Christo* : Dieu a résolu en lui-même que les temps ordonnés par lui étant accomplis, il rassemblerait et réunirait tout en Jésus-Christ ; comme Dieu par sa sagesse a disposé tous les temps de toute éternité, Jésus-Christ est venu au monde quand il a été à propos, et que le temps qui avait été arrêté, est arrivé.

DISPENSATOR, IS. οἰκονόμος. — 1° Econome, intendant, maître-d'hôtel. Gen. 43. v. 16. 19. *In ipsis foribus accedentes ad dispensatorem domus* : Les frères de Joseph étant encore à la porte de la maison de Joseph, où ils devaient manger avec lui, s'approchèrent de l'intendant de Joseph, *sc.* pour s'excuser de l'argent qu'ils avaient trouvé dans leurs sacs au second voyage. c. 44. v. 1. 4. 3. Reg. 18. 3. Luc. 14. 42.

2° Dispensateur, soit des mystères de Dieu dans le ministère sacré. 1. Cor. 4. v. 1. 2. *Hic jam quæritur inter dispensatores ut fidelis quis inveniatur* : Ce qui est à désirer dans les dispensateurs, est qu'ils soient trouvés fidèles. Tit. 1. 7. Soit des talents et des biens que chaque fidèle reçoit de Dieu, pour les employer à l'utilité du prochain. 1. Petr. 4. 10. *In alterutrum illam administrantes, sicut boni dispensatores multiformis gratiæ Dei* : Que chacun de vous rende service aux autres, selon le don qu'il a reçu, comme étant de fidèles dispensateurs des différentes grâces de Dieu.

DISPERDERE, ἐξολοθρεύειν, διαφθείρειν. — 1 Perdre, ruiner, détruire, exterminer. Ps. 105. 23. *Dixit ut disperderet eos* : Dieu avait résolu de perdre les Israélites (si Moïse ne s'y fût opposé). Ps. 82. 5. *Venite et disperdamus eos de gente* : Venez et exterminons-les du milieu des peuples, disent les ennemis de Dieu touchant son peuple. Levit. 17. 10. 1. Cor. 3. 17. Ps. 56. 1. *Ne disperdas* (ἐκτρίβειν) : Ne m'exterminez pas ; *Hebr.* ne me laissez pas périr : C'est l'inscription que mit David pour titre de ce psaume, lorsqu'il s'enfuit devant Saül dans une caverne. Ps. 57. 1. Ps. 58. 1. De là vient, *Plaga disperdens* : Une plaie qui tue. Exod. 12. 13. *Nec erit vobis plaga disperdens quando percussero terram Ægypti* : La plaie de mort ne vous touchera point, lorsque j'en frapperai toute l'Egypte.

Prédire ou annoncer la perte et la destruction de quelqu'un (ἀπολλύειν). Jerem. 1. 10. *Ecce constitui te hodie super gentes ut evellas, et destruas, et disperdas* : Je vous établis aujourd'hui sur les nations pour arracher et pour détruire, pour perdre et pour dissiper. Ezech. 43. 3

2° Rejeter, négliger (παρεῖδειν). Eccli. 32. 22. *Vir consilii non disperdet intelligentiam*: L'homme considéré ne perdra aucune occasion de s'éclaircir de ce qu'il doit faire.

3° Abattre, déconcerter (ἀφανίζειν). Act. 13. 41. *Videte contemptores, et admiramini, et disperdimini* : Voyez, vous qui méprisez ma parole, soyez dans l'étonnement et dans l'abattement ; ce passage est tiré d'Habacuc. c. 1. 5. où l'Hébreu porte, *Obstupescite* : Soyez dans l'étourdissement ; mais l'interprète latin a rendu le verbe grec ἀφανίζεσθαι, *evanescere*, par le terme *disperdi* ; soit qu'il marque ceux qui disparaissent, parce qu'ils sont perdus, *ou*, parce qu'ils se cachent de honte ou de crainte.

DISPERGERE, διασκορπίζειν, du simple *spargere*, et de *dis*, qui marque diversion.

1° Dissiper, écarter, répandre, disperser. Matth. 26. 31. *Percutiam pastorem, et dispergentur oves gregis* : Je frapperai le pasteur, et les brebis du troupeau seront dispersées. C'est l'accomplissement du prophète Zacharie. c. 13. 7. Joan. 10. 12. Luc. 11. 23. (Voy. COLLIGERE.) c. 1. 51. *Dispersit superbos mente cordis sui* : Dieu a dispersé les Juifs et les a dissipés, à cause de leurs pensées présomptueuses, *ou bien*, il les a dispersés, enflés d'orgueil dans leurs pensées présomptueuses. Gen. 49. 7. *Dispergam eos in Israel* : Je les disperserai dans Israël. Jacob prédit à Levi, qu'en punition du meurtre des Sichimites, sa tribu serait toute dispersée ; mais Dieu changea depuis cette malédiction en bénédiction ; car le zèle que ceux de cette tribu firent paraître pour venger l'injure faite à

Dieu après l'adoration du veau d'or, leur fit mériter la bénédiction de Dieu même; et s'ils furent dispersés dans toutes les tribus, ce fut par bonheur, pour servir au culte que Dieu avait établi. Act. 5. 37. Voy. VENTILARE.

2° Dissiper, perdre, détruire. Ps. 91. 10. *Dispergentur omnes qui operantur iniquitatem* : Tous ceux qui commettent l'iniquité, seront dissipés. Luc. 1. 51. *Dispersit superbos mente cordis sui* : Le Seigneur a perdu les superbes par leurs desseins. *ou*, il les a renversés en dissipant leurs desseins. Job. 40. 6. Habac. 3. 14. Ps. 88. 11. Jerem. 18. 17. Isa. 41. 16. De là vient. *Dispergere ossa*. Voy. Os. Nahum. 2. 1. *Ascendit qui dispergat coram te* : Voici celui qui doit renverser vos murailles à vos yeux; Gr. ἐμφυσῶν εἰς πρόσωπόν σου, *Insufflans in faciem tuam* : Le Prophète parle à Ninive.

3° Séparer, détacher, désunir. Ps. 21. 15. *Dispersa sunt omnia ossa mea*: Mes os se sont séparés les uns des autres. Notre Sauveur Jésus-Christ, sur la croix, avait le corps aussi maltraité, que si ses os avaient été tout disloqués. Voy. OSSA.

§ 1. — Répandre, distribuer largement (σκορπίζειν). Ps. 111. 9. *Dispersit, dedit pauperibus* : Le juste a répandu ses biens avec libéralité sur les pauvres. 2. Cor. 9. 9. A quoi se peut rapporter, *Dispergere vias suas* : Se répandre et s'abandonner. Jerem. 3. 13. *Dispersisti vias tuas alienis* : Vous vous êtes prostituée à des dieux étrangers ; Gr. διέχεας, *diffudisti*.

§ 2. — Retirer, ôter, éloigner (διασκεδάζειν). Ps. 88. 34. *Misericordiam autem meam non dispergam ab eo* : Je ne retirerai point ma bonté de dessus David; je ne rétracterai point mes promesses.

§ 3. — Détester, rejeter avec abomination (ὠθεῖν). Isa. 30. 22. *Disperges ea, sicut immunditiam menstruatæ* : Vous rejetterez les vêtements précieux de vos statues d'or, comme le linge le plus souillé.

DISPERIRE. ἐξολοθρεύεσθαι, de *perire* et de *dis*, pour marquer une augmentation.

1° Périr, être perdu, sans ressource, être détruit ou défait. Ps. 36. v. 22. 38. *Injusti disperibunt simul* : Les injustes périront également. Ps. 82. 11. etc.

2° Etre aboli, cesser, s'évanouir (ἀπόλλυσθαι). Num. 21. 30. *Jugum ipsorum disperiit ab Hesebon usque Dibon* : Le joug dont les Moabites opprimaient Hésébon a été brisé jusqu'à Dibon. Sap. 16. 29. Voy. HIBERNALIS.

DISPERSIO, NIS, διασπορά. 1° Dispersion (διασκορπισμός); ce qui se peut entendre des choses; mais dans l'Ecriture, il s'entend des personnes; ce qui signifie, éloignement par lequel les personnes sont écartées les unes des autres, ou éloignées de leur patrie. Dan. 12. 7. *Usquequo finis horum mirabilium? cum completa fuerit dispersio manus populi sancti, complebuntur universa hæc* : Quand sera-ce que l'accomplissement de ces prodiges arrivera? Toutes ces choses s'accompliront lorsque la dispersion de l'assemblée du peuple saint sera achevée; *i. e.* quand l'Antechrist aura dissipé les fidèles, et les aura fait en-

fuir çà et là; *ou bien*, la fin du monde arrivera, lorsque le peuple chrétien aura été répandu par toute la terre, selon l'oracle du Fils de Dieu Matth. 24. 14. *ou*, selon d'autres, que la fin de tous les maux qu'Antiochus ferait aux Juifs devait arriver, lorsque l'assemblée de ce peuple, saint et consacré au Seigneur, serait toute dispersée par la fureur de ce prince impie, comme on le peut voir dans l'histoire des Machabées. Judith. 5. 23. *Nuper reversi ad Dominum Deum suum, ex dispersione, qua dispersi fuerant, adunati sunt*: Les Israélites, depuis peu, étant retournés vers le Seigneur leur Dieu, ils se sont réunis après leur dispersion, dit Achior à Holopherne. Il semble que cette dispersion est celle qui se fit par le roi d'Assyrie sous le règne d'Achaz. 2 Par. 28. 5. Jac. 1. 1. *Jacobus duodecim tribubus quæ sunt in dispersione, salutem* : Saint Jacques salue les douze tribus qui sont dispersées parmi les nations. 1. Petr. 1. 1. *Voyez* ADVENA.

2° Les captifs dispersés. Ps. 146. 2. *Ædificans Jerusalem Dominus dispersiones Israelis congregabit* : Le Seigneur, qui bâtit Jérusalem, doit rassembler tous les enfants d'Israël qui sont dispersés. Quand David prit Jérusalem et la fit rebâtir, beaucoup de Juifs avaient été emmenés en captivité par les nations voisines que David subjugua. Joan. 7. 35. *Numquid in dispersionem Gentium iturus est, et docturus Gentes?* Ira-t-il vers les Gentils qui sont dispersés par tout le monde, et instruira-t-il les Gentils? disent entre eux les Juifs, de Jésus-Christ. Ce qui peut s'entendre des Juifs mêmes dispersés parmi les Gentils, ou des Gentils répandus par tout le monde (*Voyez Maldon. ibid.*). 2. Mach. 1. 27. 1. Petr. 1.

Les Juifs ont été dispersés et emmenés captifs plusieurs fois, comme Dieu les en avait menacés. Levit. 26. 33. Deut. 4. 27. c. 28. 64. etc. Or, il y a eu trois dispersions ou captivités principales avant qu'ils aient été dispersés sans retour par les Romains.

La première est celle des dix tribus par Salmanasar, qui les emmena dans la Médie, où elles sont encore : c'est d'eux qu'il est parlé, Act. 2. 9. *Parthi et Medi*.

La seconde est celle des deux tribus sous Nabuchodonosor, dont une grande partie n'est point revenue à Jérusalem : c'est de ceux-ci qu'il est parlé, Act. 2. 9. *Qui habitant Mesopotamiam* : Ceux qui habitent la Mésopotamie.

La troisième est celle qui s'est faite sous Ptolémée, fils de Lagus, qui emmena grande quantité de Juifs en Egypte, qui ont été appelés *Hellénistes*, parce qu'ils parlaient Grec. Les Juifs, dispersés de la sorte, se sont répandus par toutes les nations. Ainsi Dieu appelle les Juifs son peuple dispersé. Soph. 3. 10. *Inde filii dispersorum meorum deferent munus mihi* : Les enfants de mon peuple dispersé en divers lieux m'apporteront leurs présents. Le Prophète a en vue l'établissement de l'Eglise, dans laquelle plusieurs d'entre les dispersés par toutes les nations sont entrés en recevant la foi; c'est pourquoi saint Jacques adresse son Epître aux douze tribus; et saint Pierre la sienne aux Juifs étrangers dans l'Asie Mineure.

DISPERTIRE; διαιρεῖσθαι, διαμερίζειν. De *partire*, qui vient de *pars*.

1° Partager, distribuer, donner en partage. Exod. 21. 35. *Cadaver mortui inter se dispertient*: Ils partageront entre eux le bœuf mort. Isa. 53. 12. *Dispertiam ei plurimos*: Je lui donnerai en partage une multitude de personnes: Le Père éternel parle des élus qu'il doit donner à Jésus-Christ. Act. 2. 3. De là vient:

2° Diviser, mettre la division (μερίζειν). Marc. 3. v. 25. 26. *Si domus super semetipsam dispertiatur, non potest domus illa stare*: Si une maison est divisée contre elle-même, il est impossible que cette maison subsiste.

DISPLICERE. Du simple *placere*, et de *dis*, qui marque division, ou opposition.

Déplaire, causer du déplaisir et de la tristesse (κόπτεσθαι, plangere). Eccli. 5. 3. *Displicet ei infidelis et stulta promissio*: La promesse infidèle et imprudente faite à Dieu lui déplaît. Ezech. 6. 9. *Displicebunt sibimet super malis quæ fecerunt in universis abominationibus suis*: Ils se déplairont à eux-mêmes, à cause des maux qu'ils auront faits dans toutes les abominations où ils sont tombés. c. 20. 43. Jerem. 40. 4. etc.

DISPONERE, διατάσσειν, διατίθεσθαι; de *ponere*, et de *dis*, qui marque une distribution ou un arrangement.

1° Disposer, régler, ordonner, donner ordre (τάσσειν). 1. Cor. 11. 34. *Cætera autem, cum venero, disponam*: Pour les autres choses, je les réglerai lorsque je serai venu vous visiter (ποιεῖν). Isa. 38. 1. *Dispone domui tuæ*: Donnez ordre aux affaires de votre maison, dit Isaïe à Ezechias qui était malade jusqu'à la mort. Voy. PRÆCIPERE. Num. 8. 26. *Sic dispones Levitis in custodiis suis*: C'est ainsi que vous réglerez les Lévites, touchant les fonctions de leurs charges. Act. 20. 13. Tit. 1. 5. 2. Reg. 17. 23.

Ordonner, commander. Act. 7. 44. *Sicut disposuit illis Deus, loquens ad Moysen, ut faceret illud secundum formam quam viderat*: Nos pères eurent au désert le tabernacle du témoignage, comme Dieu parlant à Moïse, lui avait ordonné de le faire selon le modèle qu'il avait vu.

2° Disposer, préparer. Prov. 16. 9. *Cor hominis disponit viam suam*: Le cœur de l'homme prépare sa voie.

3° Assurer, préparer, destiner. Luc. 22. 29. *Et ego dispono vobis, sicut disposuit mihi Pater meus regnum*: Parce que vous êtes demeurés fermes avec moi dans mes tentations, je vous prépare le royaume, comme mon Père me l'a préparé, dit Jésus-Christ à ses Apôtres: Ce royaume s'acquiert par les souffrances, comme Jésus-Christ l'a acquis. Num. 24. 7.

4° Etablir, contracter. Ps. 82. 6. *Cogitaverunt unanimiter, simul adversum te testamentum disposuerunt, tabernacula Idumæorum et Ismaelitæ*: On a vu conspirer ensemble et faire alliance contre vous les tentes des Idu-

méens et les Ismaélites. 1. Mach. 1. 12. *Eamus, et disponamus testamentum cum gentibus quæ circa nos sunt*: Allons, et faisons alliance avec les nations qui nous environnent, dirent des enfants d'iniquité qui étaient d'Israël, au temps du règne d'Antiochus. Ps. 88. 4. Ps. 104. 9. Act. 3. 25. Hebr. 8. 10. Sap. 18. 9. etc.

5° Régler, conduire, gouverner (διοικεῖν). Sap. 8. 14. *Disponam populos*: Je gouvernerai les peuples par la sagesse. Ps. 111. 6. *Jucundus homo qui disponet sermones suos in judicio* (οἰκονομεῖν): L'homme qui règle tous ses discours avec prudence et jugement est vraiment heureux; Hebr., qui règle ses affaires avec prudence. Sap. 8. 1. c. 9. v. 3. 12. etc.

Façon de parler.

6° *Bene disponere*; εὐεργετεῖν, faire du bien, traiter favorablement. Sap. 3. 5. *In paucis vexati, in multis bene disponentur*: L'affliction des justes a été légère, et leur récompense sera grande: ils seront comblés de bienfaits. c. 16. 2. *Pro quibus tormentis bene disposuisti populum tuum*: Au lieu de ces peines que souffraient les Egyptiens, vous avez traité favorablement votre peuple. Tob. 5. 27. *Credo quod Angelus Dei bene disponat omnia*: Je crois que le bon ange de Dieu accompagne notre fils, et qu'il règle tout ce qui le regarde.

7° Résoudre, méditer de faire (ἐθέλειν). 2. Par. 7. 11. *Salomon omnia quæ disposuerat in corde suo ut faceret prosperatus est*: Salomon réussit dans tout ce qu'il s'était proposé de faire. c. 8. 6. Ps. 83. 6. 1. Reg. 23. 10. Judith. 8. 31. etc.

DISPOSITIO, NIS. 1° Disposition, ordre, arrangement. 2. Par. 8. 14. *Constituit juxta dispositionem David patris sui, officia Sacerdotum in ministeriis suis* (κρίσις judicium): Salomon, suivant l'ordre de David, son père, établit les devoirs des prêtres dans leur ministère. c. 23. 18. c. 29. 25. c. 30. 16.

2° Discrétion, prudence (κυβέρνησις). Prov. 24. 6. *Cum dispositione initur bellum*: La guerre se conduit par la prudence.

3° Disposition, état (σύστασις, constitutio). Sap. 7. 17. *Ipse dedit mihi ut sciam dispositionem orbis terrarum et virtutes elementorum*: C'est Dieu même qui m'a fait savoir la disposition du monde, les vertus des éléments, etc. C'est Salomon qui parle. v. 19. 29.

4° Pratique, observation, exécution (ποίησις). Eccli. 19. 18. *In omni sapientia dispositio legis*: La souveraine sagesse consiste toujours à exécuter les lois de Dieu.

5° Volonté, discrétion, plaisir; fantaisie (εὐδοκία, beneplacitum). Eccli. 33. 14. *Omnes viæ ejus secundum dispositionem ejus*: Le potier emploie l'argile à tous les usages qu'il lui plaît.

6° Ministère, entremise (διαταγή). Act. 7. 53. *Qui accepistis legem in dispositione angelorum*: Vous avez reçu la loi par le ministère des anges, dit saint Etienne dans le discours qu'il fit aux Juifs.

DISPUTARE, διαλέγεσθαι ; de *putare*, Gr. πεύθειν, *opinari*, et de *dis* pour marquer diversité.

1° Discourir, raisonner, traiter de quelque chose. 3. Reg. 4. 33. *Disputavit super lignis a cedro quæ est in Libano, usque ad hyssopum quæ egreditur de pariete* : Salomon traita de tous les arbres, depuis le cèdre qui est sur le Liban, jusqu'à l'hyssope qui sort de la muraille. Eccli. 6. 10. *Verba sunt plurima, multamque in disputando habentia vanitatem* : On discourt beaucoup, on se répand en beaucoup de paroles dans la dispute, et ce n'est que vanité ; *Hebr*. Il y a beaucoup de choses qui augmentent la vanité ; et quel avantage l'homme en retire-t-il ? Act. 24. 25.

2° Parler en public, prêcher. Act. 18. 4. *Disputabat in synagoga per omne sabbatum*; Saint Paul prêchait dans la synagogue tous les jours de sabbat (*sc*. à Corinthe). c. 19. 9. c. 20. v. 7. 9.

3° S'entretenir, raisonner familièrement, conférer (λαλεῖν). Job. 13. 3. *Disputare cum Deo cupio* : Je désire m'entretenir avec Dieu : Job ne prétendait pas contester avec Dieu, mais lui représenter la justice de sa cause. Act. 17. 17. c. 18. 19. c. 19. 8.

4° Disputer, contester (συζητεῖν, *conquirere*). Jerem. 12. 1. *Justus quidem tu es, Domine, si disputem tecum* : Seigneur, vous êtes trop juste pour que j'ose disputer avec vous. Marc. 9. 33. Act. 6. 9. c. 9. 29. *Disputabat cum Græcis* : Saint Paul disputait avec les Juifs ; *Gr*. Hellénistes. Ces disputes en fait de religion se faisaient par demandes et réponses. Voyez-en un exemple en Jésus-Christ. Luc. 2. v. 46. 47. Ainsi, Act. 24. 12. Jud. 9. etc. *Michael archangelus cum diabolo disputans* : L'archange Michel eut contestation avec le diable touchant le corps de Moïse.

DISPUTATIO, nis. Discours sur quelque sujet, dissertation ; dispute, contestation : dans l'Ecriture :

1° Entretien familier, conférence (ἔλεγξις, *redargutio*). Job. 21. 4. *Numquid contra hominem disputatio mea est?* Est-ce avec un homme que je prétends disputer ? Hebr. *eloquium meum* : Job ne voulait point disputer avec les hommes pour sa justification ; mais en conférer avec Dieu, qui pouvait seul lui faire connaître les raisons de sa conduite.

2° Examen, recherche. Eccli. 3. 11. *Mundum tradidit disputationi eorum* ; Gr. ἐν καρδίᾳ αὐτῶν, Dieu a livré le monde aux disputes des hommes ; *sc*. afin qu'ils s'élevassent à la contemplation du Créateur par la recherche des créatures.

DISQUIRERE. De *quærere*, et de *dis*, qui marque augmentation.

Chercher avec soin, considérer attentivement (πολυπραγμονεῖν). 2. Mach. 2. 31. *Curiosius partes singulas quasque disquirere, historiæ congruit auctori* : Il est du devoir de celui qui compose une histoire de rechercher avec un grand soin les circonstances particulières de ce qu'il raconte.

DISRUMPERE ; ῥηγνύναι, διαρρηγνύειν. De *rumpere*, et de *dis*, qui marque diversion.

1° Rompre, crever, casser, briser. Job. 32. 19. *Venter meus quasi mustum absque spiraculo quod lagunculas novas disrumpit* : Mon estomac est comme un vin nouveau qui n'a point d'air, qui rompt les vaisseaux neufs où l'on le renferme. Num. 5. 21. *Tumens uterus tuus disrumpatur* (πρήθειν) : Que votre ventre s'enfle, et qu'il crève enfin. Ceci est de la malédiction du sacrifice de jalousie. Sap. 4. 19. Ps. 106. 14. etc.

2° Séparer, diviser, démembrer. 3. Reg. 11. 11. *Disrumpens scindam regnum tuum* : Parce que vous n'avez point gardé mon alliance, je déchirerai et diviserai votre royaume ; *sc*. dans Roboam ; Hebr. *Scindendo scindam*, où cette répétition peut bien en marquer la certitude : Dieu parle à Salomon après qu'il eut péché.

DISSECARE ; διαπρίειν. Disséquer, couper, faire la dissection ou l'anatomie d'un corps : dans l'Ecriture :

1° Couper en morceaux, tailler et briser en pièces. 1. Par. 20. 3. *Fecit super eos tribulas, trahas, et ferrata carpenta transire, ita ut dissecarentur et contererentur* : David fit passer sur les peuples de la ville de Rabba des traîneaux, des chariots armés de fers et de tranchants, pour les briser et les mettre en pièces.

2° Fendre, couper par la moitié. Amos. 1. 13. *Non convertam eum, eo quod dissecuerit prægnantes Galaad ad dilatandum terminum suum* (ἀνασχίζειν) : Je ne changerai point l'arrêt que j'ai prononcé contre les enfants d'Ammon, parce qu'ils ont fendu le ventre des femmes grosses de Galaad pour étendre les limites de leur pays.

3° Fâcher quelqu'un : de là vient :

DISSECARI. Crever de rage, être transporté de fureur. Act. 5. 33. *Hæc cum audissent, dissecabantur* : Le conseil des Juifs ayant entendu la réponse que saint Pierre et les Apôtres firent au grand prêtre, ils étaient transportés de rage. c. 7. 54.

DISSEMINARE ; διασπείρειν, διαφέρειν. De *seminare*, et de *dis*, qui marque diversion.

Epandre, répandre comme une semence. Prov. 15. 7. *Labia sapientium disseminabunt scientiam* (δέδεται αἰσθήσει) : Les lèvres des sages répandront la science comme une semence. Gen. 9. 19. c. 10. 18. Act. 13. 49. — Disperser, écarter, en parlant des personnes. Jer. 13. 24. *Disseminabo eos quasi stipulam quæ vento raptatur in deserto* : Je les disperserai en divers lieux, comme la paille que le vent emporte dans le désert ; *sc*. à cause de leur idolâtrie. Ezech. 12. 15.

DISSENSIO, nis. 1° Dissension, discorde, contestation (ἀκαταστασία). 1. Cor. 14. 33. *Non est dissensionis Deus, sed pacis* : Dieu n'est pas un Dieu de confusion, mais de paix. Rom. 16. 17. Gal. 5. 20. Act. 15. 39. etc.

2° Division, schisme (σχίσμα). Joan. 7. 43. *Dissensio itaque facta est in turba propter eum* : Le peuple était ainsi divisé sur le sujet de Jésus-Christ : les uns disant qu'il était un prophète, les autres qu'il était le Christ, et les autres le niant. c. 10. 19.

3° Sédition, tumulte (στάσις). Act. 23. 7.

Cum hæc dixisset, facta est dissensio inter Pharisæos et Sadducæos : Sur ce que saint Paul dit qu'il était Pharisien, il s'émut une dissension entre les Pharisiens et les Saducéens. Quoique Dieu déteste ceux qui sèment la discorde entre les frères, Prov. 6. 19, il n'y a point de mal de mettre la division entre ceux qui ne s'accordent que pour faire du mal. Act. 23. v. 6. 7. 1. Mach. 3. 29.

DISSENTIRE. De *sentire*, et de *dis*, qui marque division.

Etre de sentiment contraire, n'être pas d'accord. 2. Par. 18. 12. *Quæso ergo te ut et sermo tuus ab eis non dissentiat* : Je vous prie que vos paroles ne soient point différentes des paroles de tous les autres prophètes, qui prédisent tous un bon succès au roi, dit au prophète Michée celui qui avait été envoyé par Achab, pour faire venir ce prophète, afin de le consulter.

DISSERERE, διαλέγεσθαι; de *serere*; ce verbe, quand il vient de *sero, sevi, satum*, signifie semer çà et là, en parlant de graines; quand il fait *serui, sertum*, il signifie traiter de quelque chose, s'en entretenir, en discourir. Voy. SERERE.

1° Discourir, raisonner, parler, traiter de quelque chose (λαλεῖν, *loqui*). 3. Reg. 4. 35. *Disseruit de jumentis et volucribus, et reptilibus, et piscibus* : Salomon traita des animaux de la terre, des oiseaux, des reptiles, et des poissons. Act. 17. 2.

2° Conférer, s'entretenir avec quelqu'un (συμβάλλειν). Act. 17. 18. *Quidam Epicurei et Stoici Philosophi disserebant cum eo* : Il y eut quelques philosophes épicuriens et stoïciens qui conférèrent avec saint Paul, à Athènes.

3° Expliquer clairement (ἐπιλύειν). Marc. 4. 34. *Seorsum Discipulis suis differebat omnia* : Jésus-Christ étant en particulier, expliquait tout à ses disciples ; c'est-à-dire, toutes les paraboles dont il avait usé dans les discours qu'il avait faits aux peuples.

DISSILIRE. De *salire*, sauter çà et là par éclats, parlant d'une chose qui se rompt avec violence ; dans l'Ecriture :

Sauter, se jeter dans (ἐμπηδᾶν, *insilire*). 1. Mach. 9. 48. *Dissiliit Jonathas, et qui cum eo erant, in Jordanem* : Jonathas, et ceux qui étaient avec lui, se jetèrent dans le Jourdain ; c'est-à-dire, ils s'y jetèrent à la nage, désespérant de remporter la victoire.

DISSIMILIS, IS, E. De *similis*, et de *dis*, qui marque diversité.

1° Dissemblable, différent, opposé, contraire (ἀνόμοιος). Sap. 2. 15. *Dissimilis est aliis vita illius* : La vie du Juste n'est point semblable à celle des autres. Prov. 15. 7. *Cor stultorum dissimile erit* : Le cœur des insensés n'est point disposé à édifier les autres comme celui des sages, *ou bien*, le cœur des insensés est inégal. Dan. 7. v. 7. 19.

2° Faible, inconstant, inégal, qui ne se soutient pas (οὐχ οὕτως, *non sic*). Jerem. 23. 10. *Fortitudo eorum dissimilis* ; i. e. *iniquissima* : Toute la puissance des adultères n'a servi qu'à l'injustice. Prov. 15. 7.

DISSIMULARE. De *simulare*, et de *dis*, pour marquer quelque diversité, et signifie, ou ne pas faire semblant de voir ou d'entendre une chose, *ou bien*, user de dissimulation, en déguisant, ou cachant sa pensée.

1° Dissimuler, cacher sa pensée, ne faire pas semblant de voir ou de savoir. Prov. 12. 16. *Qui dissimulat injuriam, callidus est* : Celui qui dissimule par une vraie patience, et non pour s'en mieux venger, l'injure qu'on lui a faite, est habile homme. 1. Reg. 10. 27. 3. Reg. 14. 5. Esth. 5. 10. Sap. 11. 24. *Dissimulas* (παρορᾶν) *peccata hominum propter pœnitentiam* : Vous dissimulez les péchés des hommes, afin qu'ils fassent pénitence.

2° Tarder, différer, temporiser. Gen. 19. 16. *Dissimulante illo, apprehenderunt manum ejus, et manum uxoris ac duarum filiarum ejus* : Les anges voyant que Loth différait toujours de sortir de Sodome, ils le prirent par la main, et prirent de même sa femme et ses deux filles. 1. Reg. 23. 13.

3° Etre dans la retenue, se tenir en paix (εἰρηνεύειν, *quietem agere*). Job. 3. 26. *Nonne dissimulavi* ? N'ai-je pas toujours conservé la retenue et la patience ; *ou* dans le gouvernement de mon peuple, *ou* dans les maux qui me sont arrivés ? Prov. 12. 16. Sap. 11. 24.

4° Négliger, mépriser (ὑπεριδεῖν). Eccli. 23. 13. *Si dissimulaverit, delinquit dupliciter* : Si celui qui a promis avec serment de faire quelque chose, y manque par mépris, il péchera doublement.

DISSIPARE ; διασκορπίζειν, de l'ancien verbe *sipare*, et de *dis*, qui signifie diversion.

1° Dissiper, disperser, répandre çà et là (διασπείρειν, *disperdere*). Deut. 30. 4. *Si ad cardines cæli fueris dissipatus, inde te retrahet Dominus Deus noster* : Quand vous aurez été dispersé jusqu'aux extrémités du monde ; sc. à cause de vos péchés, le Seigneur votre Dieu vous en retirera ; sc. lorsque vous vous en repentirez du fond de votre cœur. Ezech. 34. 12. Isa. 61. 4. etc.

2° Ruiner, gâter, détruire, exterminer (διασκεδάζειν). Ps. 67. 31. *Dissipa gentes quæ bella volunt* : Dissipez les nations qui ne respirent que la guerre. v. 2. Ps. 118. 126. *Dissipaverunt legem tuam* : Les superbes ont renversé votre loi. Ps. 143. 6. Act. 5. 36. Ainsi, *Dissipare ossa*, Briser et renverser les os, c'est ruiner la force et la puissance. *Dissipata sunt ossa nostra secus infernum* : Nos os ont été brisés et renversés, jusqu'à nous voir aux approches du sépulcre. Ps. 52. 6.

3° Dissiper, dépenser, consumer. Luc. 15. 13. 16. *Dissipavit substantiam suam vivendo luxuriose* : Le plus jeune des deux enfants à qui leur père avait fait le partage de son bien, dissipa tout son bien, dans un pays étranger, en excès et en débauches. c. 16. 1.

4° Travailler, agiter par de grandes convulsions (σπαράσσειν). Luc. 9. 42. *Elisit illum dæmonium, et dissipavit* : Le démon jeta l'enfant par terre, et l'agita par de grandes convulsions ; sc. lorsque cet enfant approchait de Jésus-Christ. v. 39.

5° Détendre, plier. Num. 9. 21. *Si post diem et noctem recessisset, dissipabant ten-*

toria : Si la nuée se retirait après un jour et une nuit, les Israélites détendaient aussitôt leurs pavillons.

6° Arrêter, empêcher de tourner (ἐξεγείρειν, *excitare.* Symm. διαλύειν). Prov. 25. 23. *Ventus Aquilo dissipat pluvias :* Le vent d'Aquilon empêche la pluie ; *sc.* en écartant les nuées. Job. 38. 31.

7° Troubler, déconcerter (ἐκτρίβειν). Job. 30. 13. *Dissipaverunt itinera mea :* Ils m'ont rempli de trouble et de confusion. Voy. ITER. De là vient le passif.

DISSIPARI. — 1° S'évanouir, disparaître, cesser. Job. 6. 17. *Tempore quo fuerint torrentes dissipati :* Au temps que les torrents disparaîtront en s'écoulant, ils périront : Job assure que ses amis, qui avaient tant de dureté pour lui, périront comme les torrents qui se dessèchent lorsque le soleil paraît. Judic. 15. 14.

2° Etre de sentiment différent, ne s'accorder point ensemble (διασχιζέσθαι). Ps. 34. 16. *Dissipati sunt :* Mes ennemis ont été divisés et partagés dans leurs sentiments. Voy. COMPUNGERE.

DISSIPATIO, NIS ; προνομή, perte, ruine, destruction (κριός, *aries*). Jerem. 25. 34. *Completi sunt dies vestri, ut interficiamini, et dissipationes vestræ :* Le temps est accompli auquel vous devez être tués, et auquel vous serez dispersés ; *c'est-à-dire*, votre ruine est arrêtée et déterminée. Isa. 24. 3.

DISSOLVERE ; διαλύειν, de *solvere*, et de *dis*, qui marque quelque augmentation.

1° Délier, détacher, désunir, rompre. Eccli. 22. 19. *Loramentum ligneum colligatum in fundamento ædificii non dissolvetur :* Comme le bois bien lié et attaché ensemble sur le fondement d'un édifice, ne se désunit point : ainsi le cœur établi sur un conseil solide, demeurera ferme. Gen. 49. 24. *Dissoluta sunt* (ἐκλύεσθαι) *vincula brachiorum et manuum illius per manum potentis Jacob :* Les chaînes des mains et des bras de Joseph ont été rompues par la main du tout-puissant Dieu de Jacob. Jerem. 10. 4. Zach. 11. 16. Ainsi, dans le sens figuré, Eccli. 22. 25. *Sic et qui conviciatur amico, dissolvit amicitiam :* Celui qui dit des injures à son ami rompra l'amitié ; ainsi que celui qui jette une pierre contre des oiseaux le fera envoler. Zach. 11. 14. Isa. 58. 6. Voy. COLLIGATIO. Ezech. 17. 15. c. 44. 7.

2° Fondre, dissoudre, faire fondre, consumer (ῥαφαίνειν). Sap. 19. 20. *Nec dissolvebant illam, quæ facile dissolvebatur sicut glacies, bonam escam :* Les flammes ne faisaient point fondre cette viande délicieuse, qui se fondait néanmoins aisément comme la glace : il parle de la manne. Nahum. 1. 6. *Petræ dissolutæ sunt ab eo* (διαθρύπτεσθαι): La colère de Dieu, qui se répandra comme un torrent de feu, fera fondre les pierres ; *i. e.* brisera ce qu'il y a de plus fort et de plus ferme. Voyez LIQUESCERE.

3° Détruire, ruiner, abattre (καταλύειν). Marc 14. 58. *Ego dissolvam templum hoc manu factum :* Je détruirai ce temple bâti par la main des hommes : c'est le faux témoignage que quelques-uns portèrent contre Jésus-Christ (la fausseté y paraît en le comparant avec ce qui est dit, Joan. 2. v. 19. 20. 21). 2. Petr. 3. 11. Jerem. 51. 64. Ce qui s'entend dans le sens métaphorique dans les passages suivants. 2. Cor. 5. 1. *Si terrestris domus hujus habitationis dissolvatur* · Si cette maison de terre où nous habitons (*sc.* notre corps fait de terre), vient à être détruite. Sap. 2. 3. Philipp. 1. 23. Act. 5. v. 38. 39. 1. Joan. 3. 8. La métaphore est tirée d'un édifice qu'on démolit.

§ 1. — Affaiblir, défaire, abattre la force, le courage, rendre languissant (τήκειν, *liquefacere*). Habac. 3. 6. *Aspexit, et dissolvit gentes :* Dieu a jeté les yeux sur les nations, et il les a fait fondre comme la cire. Hebr. *liquefecit.* Judith. 16. 8. 1. Mach. 9. v. 7. 55. Eccli. 28. 18. Jer. 49. 24. D'où vient :

§ 2. — *Dissolvere manus, genua, cor, renes.* Affaiblir, abattre la force, faire perdre le courage (ἀνιέναι, *remittere*). Isa. 35. 3. *Confortate manus dissolutas :* Fortifiez les mains languissantes. Sophon. 2. 26. *Non dissolvantur manus tuæ :* Ne vous affaiblissez point. Jos. 5. 1. Eccli. 2. 23. c. 25. 32. Ezech. 29. 7. etc. Job. 12. 18. Voy. BALTEUS.

§ 3. — Soudre, résoudre, interpréter, expliquer (συγκρίνειν). Gen. 40. 16. *Videns pistorum magister quod prudenter somnium dissolvisset, ait :* Le grand panetier voyant que Joseph avait interprété si sagement le songe du grand échanson, il lui déclara aussi son songe, afin qu'il le lui expliquât. Dan. 5. 16. Voy. LIGARE 3°, et SOLVERE 8°. De là vient :

DISSOLVI, DISSOLUTUM ESSE. Etre lâche et nonchalant (ἀποστρέφεσθαι). Jerem. 31. 22. *Usquequo deliciis dissolveris, filia vaga ?* O Israël, jusqu'à quand voulez-vous laisserez-vous abattre par une molle délicatesse ? Prov. 18. 9. c. 19. 15.

DISSOLUTIO, NIS. Dissolution, séparation, renversement, solution d'une question.

Solution, éclaircissement, explication (λύσις). Sap. 8. 8. *Scit dissolutiones argumentorum :* La Sagesse pénètre ce qu'il y a de plus difficile à démêler dans les paraboles.

Relâchement, langueur, abattement de courage (θλῖψις). Isa. 8. 22. *Ecce dissolutio et angustia :* Ils ne verront partout qu'abattement et que serrement de cœur ; *sc.* ceux qui consulteront les magiciens. Nahum. 2. 10. *Dissolutio geniculorum* (ἔκλυσις) : On ne voit dans Ninive que des hommes dont les genoux tremblent. 2. Mach. 3. 24.

DISSUTUS, A, UM. Décousu, défait (παραλελυμένος). Levit. 13. 45. *Habebit vestimenta dissuta :* Tout homme qui aura été séparé des autres par le jugement du prêtre, comme infecté de lèpre, aura ses vêtements décousus.

DISTANTIA, Æ. Distance, intervalle, différence, disproportion : dans l'Ecriture, il est pris dans le sens figuré.

Différence, distinction. Deut. 1. 17. *Nulla erit distantia personarum :* Il n'y aura aucune différence entre ceux que vous jugerez. v. 39. *Filii qui hodie boni ac mali ignorant distantiam ipsi ingredientur :* Vos enfants qui ne savent pas encore discerner le bien et le mal, seront ceux qui entreront dans la terre promise : Moïse raconte aux Israélites ce que Dieu lui avait dit. Eccl. 6. 5. etc.

DISTARE ; ἀπέχειν, de *stare*, être éloigné, être différent.

Être éloigné. Ps. 102. 12. *Quantum distat ortus ab occidente* : Autant que l'orient est éloigné du couchant, autant il a éloigné de nous nos iniquités.

DISTENDERE. Tendre, étendre, élargir, emplir (τυμπανίζειν).

1° Etendre, bander. Hebr. 11. 35. *Alii autem distenti sunt* : Les uns ont été étendus sur une roue, ou un chevalet, pour y être cruellement tourmentés. Saint Paul parle des saints personnages de l'Ancien Testament.

2° Occuper, exercer, donner de la peine (περισπᾶν). Eccl. 3. 10. *Vidi afflictionem quam dedit Deus filiis hominum, ut distendantur in ea* : J'ai vu l'occupation que Dieu a donnée aux enfants des hommes qui les travaille pendant leur vie.

DISTENTIO, NIS. Bandement, contention; dans le sens figuré:

Occupation d'esprit, pénible et laborieuse (περισπασμός). Eccl. 8. 16. *Apposui cor meum ut intelligerem distentionem quæ versatur in terra* : J'ai appliqué mon cœur pour remarquer les soins différents qui travaillent les hommes sur la terre.

DISTERMINARE ; διορίζειν, de *terminare*, et de *dis*, qui marque division.

Borner, séparer. Ezech. 47. 18. *Jordanis disterminans ad mare Orientale* : Le Jourdain bornera la terre promise, en tirant vers la mer Orientale.

DISTILLARE; ἀποστάζειν, στάζειν, jeter une liqueur goutte à goutte, distiller, dégoutter. Prov. 5. 3. *Favus distillans labia meretricis* : Les lèvres de la prostituée sont comme le rayon d'où coule le miel. Cant. 4. 11. *Favus distillans labia tua* : Vos lèvres, ô mon épouse, sont comme un rayon que distille le miel : les lèvres de l'épouse mystique sont les saintes Ecritures. Ps. 67. 9. *Cœli distillaverunt a facie Dei Sinai* : Les cieux ont dégoutté ou versé la manne ; selon d'autres, sont fondus en eau par les grands orages qui se firent, lorsque Dieu donna sa loi à son peuple au milieu des foudres et des éclairs. Levit. 5. 9. Judic. 5. 4. Cant. 5. 13. Voy. STILLARE.

DISTINCTE. Clairement, nettement. 2. Esd. 8. 8. *Legerunt in libro legis Dei distincte* : Ils ont lu dans le livre de la loi de Dieu distinctement ; le peuple entendait, étant debout.

DISTINCTIO, NIS. διαστολή. Distinction, différence, diversité.

Distinction, soit de personnes. Rom. 10. 12. *Non enim est distinctio Judæi et Græci* : Tous ceux qui croient en Jésus-Christ ne seront point confondus, tous, sans distinction, tant des Juifs que des Gentils, c. 3. 22. 1. Cor. 14. 7. *Nisi distinctionem sonituum dederint* : Si les instruments de musique ne forment des sons différents, on ne peut distinguer ce que l'on joue dessus.

DISTINCTUS, A, UM. Distingué, diversifié, orné, embelli. Exod. 36. 35. Cant. 5. 14. *Venter ejus eburneus, distinctus sapphiris* : La poitrine de mon bien-aimé est comme d'un ivoire enrichi de saphirs : ce qui figure la pureté de Jésus-Christ, dont le cœur est orné de vertus, comme de saphirs précieux.

DISTINGUERE, διαστέλλειν, de l'ancien verbe inusité stinguo, qui vient de *stigo* , Gr. στίζω, *pungo*. Ainsi, *distinguere*, c'est le même que *dispungere* , marqueter, tacheter, entremêler, et ensuite distinguer, séparer.

1° Distinguer. Eccli. 16. 26. *Ab institutione ipsorum distinxit partes illorum* : Dieu a distingué les parties du monde aussitôt qu'il les a créées. 1. Mach. 6. 40.

2° Prononcer distinctement, et déclarer. Ps. 65. 14. Ps. 105. 33. *Distinxit in labiis suis*. Dieu déclara ouvertement aux Israélites, sc. qu'ils n'entreraient point dans la terre promise, ou, reprit hautement son peuple, de ce qu'il n'extermina pas ses ennemis ; mais si ce verbe se rapporte à Moïse, c'est-à-dire qu'il fit paraître de la défiance dans ses paroles, lorsqu'il frappa la pierre.

DISTRAHERE. Tirer en diverses parties, diviser, séparer avec violence, diviser, partager, vendre, parce que les marchands font des lots des marchandises, et les divisent. Dans l'Ecriture :

Vendre, en parlant, soit des biens, soit des marchandises (παραχωρεῖν). 2. Mach. 8. 11. *Promittens se nonaginta mancipia talento distracturum*. Nicanor manda aux marchands des villes maritimes qu'il leur promettait de leur donner quatre-vingt-dix Juifs pour un talent ; sc. de ceux qu'il ferait prisonniers, après la bataille dont il se promettait la victoire.

DISTRIBUERE, διδόναι, διαδιδόναι. 1° Distribuer, départir, partager. Luc. 9. 16. *Distribuit discipulis suis* : Jésus-Christ rompit et donna à ses disciples les cinq pains et les deux poissons, sc. après les avoir bénis, et pour les distribuer aux cinq mille hommes du peuple qui suivaient Jésus-Christ. 1. Cor. 13. 3. *Si distribuero in cibos pauperum omnes facultates meas* (ψωμίζειν) : Quand j'aurais distribué tout mon bien pour nourrir les pauvres, Gr. *Si frustulatim concisum in os ingessero*. Luc. 11. 22. Joan. 6. 11. Act. 13. 19. κατακληροδοτεῖν. *Sorte distribuere*.

2° Considérer en détail, visiter par ordre. P. 47. 14. *Distribuite* (καταδιαιρεῖσθαι) *domos ejus* : Faites la distribution et le dénombrement des maisons de Sion, afin d'en faire le récit aux autres races. D'autres expliquent : Distribuez ses places pour y bâtir des maisons.

DISTRIBUTIO, NIS, μερισμός, partage, division, distribution (κληροδοσία). Ps. 77. 54. *Sorte divisit eis terram in funiculo distributionis* : Dieu distribua aux Israélites, par sort, la terre promise, après l'avoir partagée au cordeau : les Hébreux se servaient de cordes pour partager leurs terres. Hebr. 2. 4. *Contestante Deo signis et Spiritus sancti dis-*

tributionibus secundum suam voluntatem : Dieu a rendu témoignage de sa vérité, par les miracles et les prodiges et par la distribution des dons du Saint-Esprit, selon son bon plaisir. Num. 36. 4. 1. Par. 4. 33.

DISTRINGERE, ἐκσπᾶν, σπᾶν. De *stringere* et de *dis*, qui marque augmentation, serrer fort, occuper, embarrasser, frotter, étriller; de plus,

1° Dégaîner, tirer hors (σπασμὸς, *extractio*). 2. Mach. 5. 3 *Contigit videri galeatorum multitudinem gladiis districtis :* On vit dans Jérusalem une multitude de gens armés de casques et d'épés nues.

2° Abattre, faire choir. Ezech. 17. 9. *Nonne fructus ejus distringet ?* Ce premier aigle n'abattra-t-il pas le fruit de cette vigne? Le Prophète parle de Nabuchodonosor, qui devait emmener Sedecias captif en Babylone.

3° Cueillir à la main (λαμβάνειν). Ezech. 17. 22. *De vertice ramorum ejus tenerum distringam :* Je prendrai une greffe tendre du plus grand cèdre, et la planterai sur une montagne haute et élevée : ceci s'entend de Jésus-Christ.

DITARE, πλουτίζειν. De *dis, ditis*, riche, opulent, le dieu des richesses ; Gr. πλούτων.

Enrichir. 1. Reg. 2. 7. *Dominus pauperem facit et ditat :* C'est le Seigneur qui fait le pauvre et qui fait le riche. Prov. 23. 4. *Noli laborare ut diteris.* Ne travaillez point à vous enrichir. c. 28. v. 20. 22. etc.

DITHALASSUS, A, UM, διθάλασσος, Bimaris. De θαλάσσα, *mare*, et de δίς, *bis*.

Qui a la mer des deux côtés. Act. 27. 41. *Cum incidissemus in locum dithalassum :* Ayant rencontré un isthme ou une langue de terre enfermée entre deux bras de mer : c'est où le vaisseau qui portait saint Paul à Rome échoua.

DITIO, NIS. De *dis, ditis*, dieu des richesses, les richesses donnent grand crédit dans le monde. Eccl. 10. 19. *Pecuniæ obediunt omnia.*

Autorité, empire, domination, puissance. Gen. 37. 8. *Numquid rex noster eris ? aut subjiciemur ditioni tuæ ?* Est-ce que vous serez notre roi, et que nous serons soumis à votre puissance ? disent les frères de Joseph, sur le songe qu'il leur raconta. 3. Reg. 4. 21. *Salomon autem erat in ditione* (βασιλεία) *sua habens omnia regna a flumine terræ Philistiim usque ad terminum Ægypti.* Salomon avait sous sa domination tous les royaumes, depuis le fleuve d'Euphrate jusqu'au pays des Philistins. Esth. 4. 11. etc.

DIU, Gr. ἐπὶ πολὺ, ἐπὶ πλεῖον. De *dies*, et se met quelquefois pour *die, diu noctuque*, jour et nuit ; mais quand il est adverbe, il signifie continuation de temps.

Longtemps, pendant un long temps. Sap. 18. 20. *Non diu permansit ira tua :* Votre colère ne dura que peu de temps, *sc.* contre les Israélites, lorsque Dieu les frappa d'une plaie dans le désert (*Voy.* Num. c. 16). Act. 20. 9. c. 28. 6. etc.

DIVERSORIUM, II. Gr. κατάλυμα. De *divertere*, tourner son chemin quelque part, aller loger.

1° Auberge, hôtellerie. Luc. 2. 7. *Reclinavit eum in præsepio ; quia non erat eis locus in diversorio :* La sainte Vierge coucha son fils dans une crèche, parce qu'il n'y avait point de place pour eux dans l'hôtellerie. Gen. 42. 27. c. 43. 21. Exod. 4. 24.

2° Logis, ou lieu où l'on se retire en passant. Luc. 22. 11. *Ubi est diversorium, ubi Pascha cum discipulis meis manducem?* Où est un lieu où je puisse manger la pâque avec mes disciples, disent saint Pierre et saint Jean au père de famille, chez qui Jésus-Christ fit la pâque avec ses apôtres. Judic. 18. 3. Jerem. 9. 2. *Quis dabit me in solitudine diversorium viatorum?* (Hebr. *remotorum*.) Plût à Dieu que j'eusse dans le désert une retraite pour m'y cacher, afin de ne point voir les crimes de mon peuple (σταθμός) !

DIVERSITAS, ATIS. Diversité, différence. 1. Par. 28. v. 15. 16. *Pro diversitate mensarum :* A proportion des différentes mesures que devaient avoir les tables. v. 17.

DIVERSUS, A, UM. De *divertere*.

1° Différent, divers. Deut. 25. 13. *Non habebis in sacculo diversa pondera, majus et minus :* Vous n'aurez point dans vos balances plusieurs poids, l'un plus fort et l'autre plus léger. Judic. 20. 45. *In diversa tendentes, occiderunt quinque millia virorum :* Comme les Benjamites étaient tous dispersés, l'un d'un côté et l'autre d'un autre, ceux d'Israël en tuèrent encore cinq mille. Job. 20. 2.

2° Contraire. Esth. 16. 9. *Si diversa jubeamus, pro qualitate et necessitate temporum :* Si nous ordonnons des choses qui paraissent différentes, c'est parce que la diversité du temps et la nécessité de nos affaires le demandent, dit Assuérus, dans la lettre qu'il adresse dans tout son royaume en faveur des Juifs.

3° Autre qu'il ne faut, contraire à l'état naturel. 1. Reg. 1. 18. *Vultusque illius non sunt amplius in diversa mutati :* Le visage d'Anne ne fut plus abattu par la tristesse, *sc.* depuis que Heli lui eut souhaité que Dieu lui accordât sa demande.

DIVERTERE ou **DIVERTERE SE**, ἐκκλίνειν.

1° Se détourner, se retirer. Ps. 33. 15. *Diverte a malo, et fac bonum :* Détournez-vous du mal, et faites le bien. 1. Mach. 6. 47. *Diverterunt se ab eis :* Les Juifs se retirèrent du combat. Num. 20. 21. Judith. 6. 9.

S'échapper, s'esquiver. 1. Mach. 9. 45. *Non est locus divertendi :* Il ne nous reste aucun moyen d'échapper, dit Jonathas à ses gens. 1. Mach. 9. 47. *Divertit ab eo retro.* Bacchides évita le coup de Jonathas, en se retirant en arrière.

2° Aller quelque part, s'y retirer (καταλύειν). Luc. 9. 12. *Dimitte turbas ut euntes in castella villasque quæ circa sunt, divertant, et inveniant escas ;* Renvoyez le peuple, afin qu'ils s'en aillent dans les villages et dans les lieux d'alentour, pour se loger et pour y trouver de quoi vivre, disent les douze apôtres à Jésus-Christ. Ainsi,

Aller loger chez quelqu'un. Gen. 19. 3. *Compulit illos oppido ut diverterent ad eum.* Loth pressa les deux anges avec grande intance de venir chez lui (*sc.* à Sodome). c. 38. 1. Judic. 19. 15. c. 20. 4, etc. Ainsi,

Venir, approcher. Ruth. 4. 1. *Qui divertit et sedit.* Le parent qui était le plus proche de Ruth vint et s'assit (*sc.* à la porte de la ville), d'où Booz l'appela. *Voy.* Declinare.

3° Faire aller ou transporter, amener. 2. Reg. 6. 10. *Noluit divertere ad se arcam Domini in civitatem David; sed divertit eam in domum Obededom Gethæi*: David ne voulut pas que l'on amenât l'arche du Seigneur chez lui, en la ville de David; mais il la fit entrer dans la maison d'Obededom, de Geth.

4° Retirer, soustraire (ἀφιστάναι). Ps. 80. 7. *Divertit ab oneribus deorsum ejus*: Dieu a déchargé le dos des Israélites des fardeaux qui les accablaient.

DIVES, ITIS, πλούσιος. De *divus*, qui, *ut Deus*, dit Varron, *nihil indigere videtur*.

1° Riche, opulent, abondant, à qui il ne manque rien pour les biens temporels Prov. 14. 20. *Amici divitum multi*: Les riches ont beaucoup d'amis. Luc. 6. 24. *Væ vobis divitibus!* Malheur à vous, riches! Prov. 13. 7. *Est quasi dives cum nihil habeat, et est quasi pauper cum in multis divitiis sit*: Tel paraît riche qui n'a rien, et tel paraît pauvre qui est fort riche. Il y en a qui veulent paraître riches, quoiqu'ils soient très-pauvres, et d'autres qui paraissent pauvres et qui feignent de l'être, encore qu'ils soient riches; ou bien cela veut dire que quelques-uns manquant de tout, ne laissent pas d'être riches, en ce qu'ils sont aussi contents du peu qu'ils ont, que s'ils possédaient de grandes richesses; et que d'autres, au contraire, tels que sont les avares, ayant de grands biens, agissent comme s'ils étaient pauvres, parce qu'ils ne se servent pas des biens que Dieu leur a donnés. Luc 1. 53. *Divites dimisit inanes*. Dieu a renvoyé vides ceux qui étaient riches; ce qui peut s'entendre des richesses spirituelles, qui sont les vertus qu'on se flatte d'avoir. Eccli. 11. 10. *Si dives fueris, non eris immunis a delicto*: Si vous êtes riche, vous ne serez pas exempt de faute; Gr. ἐὰν πληθυνῇς, si vous êtes multiplié, c'est-à-dire si vous entreprenez beaucoup d'affaires. Eccli. 44. 6. c. 25. 4.

2° Qui se fie et se repose sur ses richesses, qui y est attaché. Matth. 19. v. 23. 24. *Dives difficile intrabit in regnum cœlorum*: Un riche entrera difficilement dans le royaume des cieux. Marc. 10. v. 23. 24. 25. Luc. 18. 25. c. 6. 24. Ps. 33. 11. *Divites eguerunt*: Les riches ont été dans le besoin, Hebr. *leones*; les riches sont ordinairement comme des lions qui se jettent sur ce qui les accommode comme sur leur proie.

3° Riche, abondant en quelque chose que ce soit. 1. Cor. 4. 8. *Jam divites facti estis*: Vous êtes déjà riches (en sagesse et en biens spirituels); ce que dit saint Paul par ironie. 2. Cor. 8. 9. *Ut illius inopia divites essetis*: Jésus-Christ, étant riche, s'est rendu pauvre pour l'amour de vous, afin de vous enrichir par sa pauvreté. Apoc. 2. 9. c. 3. 17.

4° Personne considérable, soit pour l'habileté, la vertu, le mérite et les autres qualités. Eccl. 10. 9. *Vidi positum stultum in dignitate sublimi, et divites sedere deorsum*: J'ai vu l'imprudent élevé dans une dignité sublime, et les riches assis en bas.

Soit pour sa noblesse, son rang et sa dignité. Eccl. 10. 20. *In secreto cubiculi tui ne maledixeris diviti*·Ne médisez point du riche dans le secret de votre chambre. Isa. 53. 9. *Dabit divitem pro morte sua*: Le bras du Seigneur (Jésus-Christ) donnera les riches pour la récompense de sa mort; *i. e.* il perdra les puissants et les grands qui l'ont fait mourir. Apoc. 6. 15. Ps. 44. 13.

5° Libéral, qui donne avec libéralité. Rom. 10. 12. *Idem Dominus omnium, dives in omnes qui invocant illum*: Tous n'ont qu'un même Seigneur qui répand ses richesses sur tous ceux qui l'invoquent. Ephes. 2. 4.

6° Parfaitement heureux, qui dispose souverainement de tous les biens. 2. Cor. 8. 9. *Propter vos egenus factus est, cum esset dives*: Jésus-Christ étant riche, en tant que Dieu, s'est rendu pauvre (se faisant homme), pour l'amour de vous.

Façon de parler.

Dives in Deum. Riche en Dieu, ou des biens de Dieu; c'est s'acquérir ou s'être acquis beaucoup de mérite auprès de Dieu par les aumônes et les autres œuvres de charité. Luc. 12. 21. *Sic est qui sibi thesaurizat, et non est in Deum dives*: C'est ce qui arrive à celui qui amasse des trésors pour soi-même, et qui n'est pas riche en Dieu: Ces paroles pourraient encore signifier, qui n'est pas riche selon l'ordre et l'esprit de Dieu; *i. e.* qui met sa confiance dans ses richesses, et qui en fait un autre usage que celui que Dieu veut qu'on en fasse.

DIVIDERE; διαιρεῖσθαι, μερίζειν, διαμερίζειν. De la préposition *di* ou *dis*, et du mot toscan *iduo*, qui signifiait *diviser*, d'où venait *Idus*, parce que les Ides divisaient les mois.

1° Diviser, séparer (διασχίζειν). Exod. 14. v. 16. 21. *Divisaque est aqua*: L'eau se divisa en deux; *sc.* lorsque Moïse étendit sa main sur la mer. Dan. 11. 4. Ps. 16. 14. Voy. Pauci. Ose. 13. 15. *Ipse inter fratres dividet*: L'enfer séparera les frères les uns des autres. *Ipse*, se peut rapporter à la mort, le tombeau ou l'enfer: tous ces mots sont de masculin en grec. *Hebr.* selon quelques-uns, Ephraïm a porté ses crimes plus loin que ses frères; selon d'autres, *fructificabit*, ou *multiplicabitur.* Ezech. 16. 25. Voy. Pes.

2° Partager, distribuer. Prov. 11. 24. *Alii dividunt propria* (σπείρειν) *et ditiores fiunt*: Les uns distribuent leur propre bien, et en deviennent plus riches. Luc. 15. 12. Job. 21. 17.

3° Partager comme son héritage, vaincre, se rendre maître. Ps. 107. 8. *Dividam Sichimam*: Je ferai le partage de Sichem. Job. 27. 17. Jos. 13. 1. *Terra latissima derelicta est, quæ necdum sorte divisa est*; Hebr. *occupata est, et in potestatem redacta*: Il reste un très-grand pays qui n'a point été divisé par sort, dit Dieu à Josué qui était vieux. Ainsi, partager les dépouilles est une marque de victoire et d'opulence. Exod. 15. 9. *Dividam spolia* : Je partagerai les dépouilles des Israélites, disait Pharaon. Gen. 49. 27. Prov. 16. 19. Voy. SPOLIA

4° Défaire, mettre en déroute (διακόπτειν). 2. Reg. 5. 20. *Divisit Dominus inimicos meos coram me, sicut dividuntur aquæ* : Le Seigneur a dispersé mes ennemis devant moi, comme les eaux qui se dispersent et qui se perdent dans la campagne ; *autr.* selon l'Hébreu, a rompu mes ennemis comme des eaux qui rompent tout en se débordant. 1. Par. 14. 11. Ps. 54. 22. *Divisi sunt ab ira vultus ejus* : Mes ennemis qui ont souillé l'alliance de Dieu, ont été dissipés par la colère de son visage. Sap. 5. 24. Thren. 4. 16.

5° Désunir, diviser, commettre ensemble (καταδιαιρεῖσθαι). Ps. 54. 10. *Divide linguas eorum* : Que mes ennemis soient divisés de sentiments et d'inclinations. Act. 14. 4. Isa. 59. 2. Ainsi:

6° Mettre la dissension et la division. Matth. 12. v. 25. 26. *Omne regnum divisum contra se desolabitur* : Tout royaume divisé contre lui-même, sera ruiné. Marc. 3. 24. Luc. 11. v. 17. 18. c. 12. 53.

7° Prédire la dispersion et la division. Gen. 49. 7. *Dividam eos in Jacob* : Je les diviserai dans Jacob : Cette prophétie s'accomplit lorsque la tribu de Siméon fut dispersée dans celle de Juda, la tribu de Lévi n'ayant point eu aussi de partage fixe, comme les autres tribus. Voy. Jos. 19. 1. Voy. DISPERGERE.

8° Retrancher du milieu, séparer du nombre des siens, chasser. Matth. 24. 51. *Dividet eum* (διχοτομεῖν) : Le maître séparera ce méchant serviteur. Luc. 12. 46. ce qui peut signifier, tuer, faire mourir, en faisant allusion à ceux que l'on tue et que l'on coupe par morceaux ; ce qui est exprimé par *scindere*, ou *secare medium*. Dan. 13. v. 55. 59. Gr. διχοτομεῖν (Voy. 1. Reg. 15. 33.), ce qui est conforme à la phrase hébraïque, où *dividere* se met quelquefois pour tuer, défaire, massacrer. Exod. 19. 22. *Sanctificentur, ne percutiat eos* : Que les prêtres qui s'approchent du Seigneur se sanctifient, de peur qu'ils ne soient frappés de mort, dit Dieu à Moïse ; Hebr. *dividat in eis.* v. 24. *ne interficiat eos* : c'est le même mot hébreu. Ainsi, 1. Par. 13. 11. *Contristatusque est David, eo quod divisisset Dominus Ozam* (διακόπτειν): David fut affligé de ce que le Seigneur avait frappé (de mort) Oza ; et *divisio Ozæ*, qui est au même passage, est mis pour *percussio, interfectio, separatio animæ a corpore*.

9° Répandre, épancher au dehors. Prov. 5. 16. *In plateis aquas tuas divide* (διαπορευέσθω τὰ σὰ ὕδατα, *aquæ tuæ per plateas divagentur*): Répandez vos eaux dans les rues. Voy. AQUA. Job. 38. 24.

10° Arrêter, empêcher (διασχίζειν). Sap. 18. 23. *Divisit illam quæ ad vivos ducebat viam* : Aaron se mettant entre les morts et les vivants, arrêta le cours et la violence du feu qui allait consumer ceux des Israélites qui restaient. Voy. VIA.

Façon de parler.

Petra dividens. Le rocher de séparation ; un nom de lieu dans le désert de Maon, où Saül et ses gens environnant David et ceux qui étaient avec lui en forme de couronne pour le prendre, cessèrent de le poursuivre, à la nouvelle qu'il reçut que les Philistins étaient entrés en grand nombre sur les terres d'Israël. 1. Reg. 23. 28.

Phrase.

Dividere vulnus. Ouvrir une plaie, blesser. Eccli. 27. 28. *Plaga dolosa, dolosi dividet vulnera* : La blessure que le traître fait, ouvrira les siennes ; le mal qu'il fait à son prochain, le blessera aussi, et la plaie sera partagée entr'eux. Voy. PLAGA.

Dividere pedes. Voy. PES. n. 5.

DIVIDI. — 1° Etre distant, être éloigné. 1. Reg. 20. 3. *Uno tantum (ut ita dicam), gradu, ego morsque dividimur* : Pour user de ce terme, il n'y a qu'un point entre ma vie et ma mort ; *lettr.* qu'un pas entre la mort et moi, dit David à Jonathas.

2° Etre agité et troublé de soins et d'inquiétudes. 1. Cor. 7. 33. *Et divisus est* : Celui qui a une femme, s'occupe des choses du monde, et de plaire à sa femme, de sorte qu'il est partagé.

3° Se séparer, se détacher, se désunir (μερίζειν). Ose. 10. 2. *Divisum est cor eorum* : Leur cœur s'est séparé de Dieu. Gen. 25. 23. *Duo populi ex ventre tuo dividentur* : Deux peuples, sortant de votre sein, se diviseront l'un contre l'autre: les Juifs et les Iduméens, par l'opposition de leurs mœurs, de leurs lois, et de leur religion. Judic. 5. 15. *Diviso contra se Ruben* : Ruben était divisé contre lui-même : les plus vaillants de cette tribu s'arrêtaient à disputer, au lieu de s'unir à leurs frères pour combattre leurs ennemis.

DIVINARE ; μαντεύεσθαι. Deviner, prédire l'avenir, prophétiser. 1. Reg. 28. 8. *Divina mihi in Pythone* : Découvrez-moi l'avenir, dit Saül à la femme magicienne possédée de l'esprit de Python ; afin qu'elle lui fît voir le prophète Samuël. Mich. 3. 11. *Prophetæ ejus in pecunia divinabant* : Les prophètes de Jérusalem devinent pour de l'argent. Ezech. 13. v. 6. 9. *Erit manus mea super prophetas qui divinant mendacium* : Ma main s'appesantira sur les prophètes qui prophétisent le mensonge. c. 21. 29. c. 22. 28. Act. 16. 16.

DIVINATIO, NIS ; μαντεία. — 1° Divination, prédiction de devin ou de faux prophète. Num. 23. 23. *Non est augurium in Jacob, nec divinatio in Israel* : Il n'y a point d'augure dans Jacob, ni de devins en Israël ; *autr.* les devins ne peuvent rien contre Israël. Levit. 20. 27. 4. Reg. 17. 17. etc.

2° Oracle, jugement sage et divin (μαντεῖον). Prov. 16. 10. *Divinatio in labiis Regis* : Les rois bons et sages rendent comme des oracles : Dieu leur donne souvent une grande lumière pour conduire les peuples.

DIVINITAS, ATIS ; θειότης. Divinité. Rom 1. 20. *Sempiterna quoque ejus virtus et divinitas* : La puissance éternelle et la divinité de Dieu sont devenues comme visibles. Coloss. 2. 9. Apoc. 5. 12. *Dignus est Agnus, qui occisus est, accipere virtutem et divinitatem :* L'Agneau qui a été égorgé est digne de recevoir la puissance et la divinité; *Gr.* les richesses ; *ou*, selon d'autres, il est digne de recevoir la louange qui lui est due à cause de sa puissance, de sa divinité ; mais on croit que le mot *divinitatem* s'est glissé pour *divitatem,* comme l'interprète avait apparemment écrit au lieu de *divitias,* Gr. πλοῦτον.

DIVINITUS. Cet adverbe signifie : par une inspiration divine, par l'ordre de Dieu; divinement, *ou* excellemment ; dans l'Ecr. : Divinement, par la volonté de Dieu. Eccli. 49. 3. *Ipse est directus divinitus in pœnitentiam gentis :* Josias a été destiné divinement pour faire rentrer le peuple dans la pénitence. 2. Tim. 3. 16. *Omnis Scriptura divinitus inspirata* (θεοπνεύεσθαι) : Toute l'Ecriture est inspirée de Dieu.

DIVINUM, I ; θεῖον. Nom neutre pris substantivement.
Divinité. Act. 17. 29. *Non devemus æstimare auro aut argento divinum esse simile :* Nous ne devons pas croire que la divinité soit semblable à de l'or ou à de l'argent.

DIVINUS, I ; μάντις. De *dius, a, um :* Ce nom se donne à ceux qui se mêlent de deviner, parce que les Païens croyaient que c'était par l'instinct des dieux qu'ils prédisaient ; c'est pourquoi ils étaient appelés ἔνθεοι, pleins de Dieu.
Devin, qui prédit les choses à venir. Deut. 18. 11. *Nec inveniatur in te qui Pythones consulat, nec divinos :* Qu'il ne se trouve personne parmi vous qui consulte les devins, v. 14. 1. Reg. 6. 2. etc.

DIVINUS, A, UM ; θεῖος. Du nom adjectif *divus.*
1° Divin, de Dieu, qui vient de Dieu (ὅσιος). Eccli. 39. 17. *Obaudite me, divini fructus :* Ecoutez-moi, ô germes divins, enfants de Dieu ; c'est ainsi qu'il appelle les fidèles parmi les Israélites. Les saints sont dans cette vie comme des *germes divins,* parce que la racine de tout le bien qui est en eux, est l'esprit de Dieu. 2. Petr. 1. v. 3. 4. *Ut per hæc efficiamini divinæ consortes naturæ:* Pour vous rendre par ces grâces participants de la nature divine. Rom. 11. 4. etc.
2° Agréable à Dieu (ὀσμὴ εὐωδίας, *odor suavitatis*). Eccli. 50. 17. *Effudit in fundamento altaris odorem divinum excelso Principi :* Simon, fils d'Onias grand pontife, a répandu le vin au pied de l'autel, pour monter comme une odeur divine devant le Prince très-haut (Gr. *Odorem suavitatis*) : Il a versé l'odeur d'un vin excellent qui lui est agréable. Voy. ODOR.

DIVISIO, NIS ; διαίρεσις, μερισμός. — 1° Division, séparation. Ps. 135. 13. *Divisit mare Rubrum in divisiones :* Dieu a divisé et séparé en deux la mer Rouge, *sc.* une partie étant à droite, et l'autre à gauche des Hébreux qui la passaient : Quelques-uns croient que les eaux de la mer furent partagées en douze sentiers ou passages. Dans le sens métaphorique, Hebr. 4. 12. *Est sermo Dei pertingens usque ad divisionem animæ ac spiritus :* La parole de Dieu pénètre jusque dans les replis de la partie animale et de la spirituelle.
2° Distribution, partage (προνομή, *præda*). Judith. 9. 3. *Dedisti omnem prædam in divisionem servis tuis :* Vous avez donné en partage à vos serviteurs toutes les dépouilles des étrangers. c. 4. 10. Eccli. 14. 15.
3° Distribution, ordre, rang. 1. Par. 26. v. 1. 19. *Hæ sunt divisiones janitorum :* Voilà de quelle manière on partagea les fonctions des portiers, et l'ordre dans lequel ils furent placés. c. 27. 5. c. 28. v. 13. 21. etc.
4° Diversité, différence. 1. Cor. 12. v. 4. 5. 6. *Divisiones gratiarum sunt, idem autem Dominus :* Il y a diversité de dons spirituels ; mais il n'y a qu'un même esprit. Ce mot se peut rendre aussi par distribution.
5° Distinction, différence, avantage sur un autre (διαστολή). Exod. 8. 23. *Ponamque divisionem inter populum meum et populum tuum:* Je séparerai mon peuple d'avec votre peuple ; *sc.* en ce que Dieu devait envoyer contre les Egyptiens toutes sortes de mouches, et non contre les Israélites.

§ 1. — Bornes, limites. Jos. 13. 24. *Cujus hæc divisio est :* Voici la division de la terre promise que Moïse donna à la tribu de Gad.

§ 2. — Ruisseau, appelé selon l'Hébreu *divisio,* parce qu'il est séparé de sa source (ὁρμή, *impetus*). Prov. 21. 1. *Sicut divisiones aquarum, ita cor Regis in manu Domini :* Le cœur du roi est dans la main du Seigneur, comme une eau courante entre les mains d'un habile jardinier qui la fait couler où il veut pour en arroser tout son jardin. Thren. 3. 45.

§ 3. — Chose divisée (διχοτόμημα). Gen. 15. 17. *Apparuit lampas ignis transiens inter divisiones illas :* Lorsque le soleil fut couché, l'on vit une lampe ardente qui passait au travers de ces bêtes qu'Abraham avait divisées. Jerem. 34. v. 18. 19.

§ 4. — Noms de lieux (διακοπή). 1. Par. 13. 11. *Vocavit locum illum : Divisio Osæ :* David appela le lieu (où Dieu frappa Oza), la Plaie d'Oza, *ou* la Division d'Oza ; parce que Oza y fut ôté du nombre des vivants par la séparation de son âme d'avec son corps. Isa. 28. 21. *Sicut in monte divisionum stabit Dominus :* Le Seigneur va s'élever contre vous, comme il fit sur la montagne de division : Ce même lieu est appelé *Baal-pharasim,* qui signifie, plaine de division, où David défit les Philistins. (Voy. 2. Reg. 5. 20. Voy. PHARASIM.)

DIVISOR, IS ; μεριστής. Distributeur, qui divise, qui partage. Luc 12. 14. *Homo, quis me constituit judicem aut divisorem super vos?* O homme, qui m'a établi pour vous juger, ou pour faire vos partages? dit Jésus-Christ.

DIVITIÆ, ARUM ; Gr. πλοῦτος. Du nom *dives, itis.*
1° Richesses, abondance de biens temporels. Prov. 22. 1. *Melius est nomen bonum, quam divitiæ multæ :* La bonne réputation vaut mieux que les grandes richesses. c. 8. 18. c. 17. 16. *Quid prodest stulto habere divitias, cum sapientiam emere non possit?* Que

sert à l'insensé d'avoir de grands biens, puisqu'il ne peut pas en acheter la sagesse? c. 3. 16. De là vient : *Viri divitiarum.* Ps. 75. 5. *Nihil invenerunt omnes viri divitiarum in manibus suis:* Tous ces gens qui se glorifient de leurs richesses, ne trouvent rien dans leurs mains en mourant, étant destitués de toutes choses. D'autres l'entendent en particulier des Assyriens, qui, s'étant enrichis des dépouilles de la Judée, furent tous exterminés par un ange. 4. Reg. 19. 35. Prov. 31. 3. *Ne dederis mulieribus substantiam tuam, et divitias tuas ad delendos reges:* Ne donnez point votre bien aux femmes, et n'employez point vos richesses pour perdre les rois; *Hebr.* Ne donnez point votre affection aux femmes: ce qui perd les plus grands rois. Gen. 45. 23. Jos. 22. 8. etc. Voy. OPES.

2° Grandeur, ou abondance de biens spirituels. Rom. 2. 4. *An divitias bonitatis ejus contemnis?* Est-ce ainsi que vous méprisez les richesses de la bonté de Dieu? c. 9. 23. c. 11. v. 12. 33. *O altitudo divitiarum sapientiæ et scientiæ Dei!* (i. e. *profunditas abundantis,* ou *magnæ sapientiæ*): Que la grandeur de la sagesse et de la science de Dieu est profonde et impénétrable ! 2. Cor. 8. 2. Ephes. 1. v. 7. 18. Ps. 36. 3. Ps. 111. 3. etc. Ce mot est ordinaire et familier en ce sens dans saint Paul. Voy. MULTITUDO.

DIURNUS, A, UM. Du mot *diu,* pour *die.* D'un jour, d'une journée. Matth. 20. 2. *Conventione autem facta cum operariis ex denario diurno;* τὴν ἡμέραν : Le père de famille étant convenu avec les ouvriers d'un denier pour leur journée, il les envoya à sa vigne.

DIUTIUS; μακρότερον. De *diu,* adverbe. Longtemps. Sap. 12. 24. *In erroris via diutius erraverunt:* Ils s'étaient égarés longtemps dans la voie de l'erreur. 2. Mach. 12. 36. Act. 24. 4.

DIUTURNUS, A, UM; πολυχρόνιος. Du même *diu,* adverbe. Qui dure longtemps, de longue durée. Sap. 4. 8. *Senectus venerabilis est non diuturna:* Ce qui rend la vieillesse vénérable, n'est pas la longueur de la vie, mais la prudence et la vie sans tache.

DIVULGARE; διαφημίζειν, διαλαλεῖν, publier, divulguer, rendre une chose publique. Eccli. 47. 17. *Ad insulas longe divulgatum est nomen tuum:* Votre nom s'est rendu célèbre jusqu'aux îles les plus reculées, ô Salomon. Matth. 28. 15. *Et divulgatum est verbum istud apud Judæos usque in hodiernum diem:* Et ce bruit que les soldats répandirent (*sc.* que les disciples de Jésus-Christ étaient venus la nuit et avaient dérobé son corps pendant qu'ils dormaient), dure encore aujourd'hui parmi les Juifs. Luc. 1. 65. etc.

DOCERE; Gr. διδάσκειν. Du Gr. δοκεῖν, δοκάζειν, *existimare.*

1° Enseigner, apprendre, instruire. 1. Tim. 2. 12. *Docere autem mulieri non permitto:* Je ne permets point aux femmes d'enseigner (publiquement, mais bien en particulier.) Tit 2. 3. *Anus bene docentes;* Gr. καλοδιδασκάλους. Apprenez aux femmes âgées à donner de bonnes instructions. Apoc. 2. 20. etc.

2° Faire pratiquer ce qu'on enseigne, ou rendre capable de le faire (δηλοῦν, *ostendere*). 2. Par. 6. 27. *Doce eos viam bonam per quam ingrediantur :* Enseignez à votre peuple une voie droite par laquelle ils marchent, dit Salomon à Dieu. Ps. 24. 5. *Dirige me in veritate tua, et doce me :* Seigneur, conduisez-moi dans la voie droite de votre vérité, et instruisez-moi. v. 9. Isa. 2. 3. Mich. 4. 2. Joan. 14. 26. *Ille vos docebit omnia* : Le Consolateur, qui est le Saint-Esprit, sera celui qui vous enseignera toutes choses. 1. Joan. 2. 27. *Unctio ejus docet vos de omnibus:* L'onction que vous avez reçue du Fils de Dieu vous enseignera toutes choses. Ps. 143. 1. Ps. 118. v. 12. 66. *Bonitatem et disciplinam et scientiam doce me.* Cette manière d'enseigner est propre à Dieu, qui, par le mouvement de sa grâce, fait vouloir et faire ce qu'il inspire. Voy. OSTENDERE. Voy. DOCIBILIS.

3° Accoutumer à quelque chose. Jerem. 9. 5. *Docuerunt* (μανθάνειν) *linguam suam loqui mendacium:* Ils ont instruit leurs langues à débiter le mensonge. 2. 23. c. 9. 19. c. 12. 16. Ose. 10. 11. *Ephraim vitula docta diligere trituram;* Ephraïm est une génisse qui s'est accoutumée, et qui se plaît à fouler le grain, etc.

4° Avertir, faire savoir, déclarer. Marc. 8. 31. *Cœpit docere eos quoniam oportet Filium hominis pati multa :* Jésus-Christ commença à déclarer à ses disciples, qu'il fallait que le Fils de l'Homme souffrît beaucoup. c. 9. 30. Apoc. 2. 14. Jerem. 32. 33. Hab. 2. 19. Ps. 70. 18. 1. Cor. 11. 14.

5° Ordonner, prescrire. Joan. 8. 28. *A me ipso facio nihil, sed sicut docuit me Pater, hæc loquor :* Je ne fais rien de moi-même; mais je dis ce que mon Père m'a enseigné : Jésus-Christ, comme Dieu, a reçu du Père éternel toute lumière et toute connaissance, en recevant l'être de toute éternité; et comme homme, a obéi à ses ordres. Voy. AUDIRE. Ainsi, Deut. 1. 15. 1. Par. 26. 29. Voy. MAGISTER.

6° Reprendre, Corriger (παιδεύειν). Eccli. 30. 13. *Doce filium tuum, et operare in illo :* Instruisez votre fils et travaillez à le former. Ps. 17. 36. *Disciplina tua ipsa me docebit.* Votre sainte discipline m'instruira; διδάξει, *Hebr.* Rabab, de Rab, *Magister.* Voy. MULTIPLICARE.

7° Instruire, suggérer. Job. 15. 5. *Docuit iniquitas tua os tuum :* Votre iniquité a instruit votre bouche; vous dites tout ce que vous suggère la malignité de votre esprit.

8° Maltraiter, perdre, ruiner. Isa. 27. 10. *Mulieres venientes docebunt eam :* Des femmes viendront la désoler ; *Hebr.* y mettront le feu : Ces femmes marquent les Mèdes qui vivaient dans la mollesse.

DOCH, Heb. *Commotus.* Un petit fort, où Ptolémée fit tuer Simon par trahison. 1. Mac. 16. 15.

DOCIBILIS, IS, E. Cet adjectif est peu en usage en latin (on ne le rencontre que dans Térence); il est mis pour *docilis,* celui qui peut être enseigné, qui peut apprendre : dans l'Ecriture :

1° Qui a appris, qui a été instruit et enseigné (διδακτὸς). Joan. 6. 45. *Erunt omnes docibiles Dei* : Ils seront tous enseignés de Dieu : Ce passage est pris d'Isa. 54. 13. qui porte : *Ponam universos filios doctos a Domino* : Ce qui est une prédiction du Nouveau Testament, où les fidèles sont enseignés intérieurement par l'Esprit de Dieu. Voy. Jerem. 31. 34.

2° Capable d'instruire et d'enseigner (διδακτικὸς). 2. Tim. 2. 24. *Servum Domini... oportet esse docibilem* : Il faut que le serviteur du Seigneur soit prêt à enseigner. Voy. 1. Tim. 3. 2. *Doctor*.

DOCILIS, is, e. De *docere*, docile, qui apprend aisément.

Docile, obéissant. 3. Reg. 3. 9. *Dabis servo tuo cor docile* : Je vous supplie de donner à votre serviteur un cœur docile; dit Salomon à Dieu; Gr. et Heb. *audiens*.

DOCTE ; εὐμαθῶς. Doctement, en homme intelligent; dans l'Ecriture :

Adroitement. Sap. 13. 11. *Si quis hujus docte eradat omnem corticem* : Un ouvrier habile ôte adroitement toute l'écorce de l'arbre qu'il a coupé dans une forêt : l'Ecriture décrit l'origine des idoles.

DOCTISSIMUS, a, um. 1° Très-savant, très-sage. 1. Esdr. 7. 12. *Artaxerxes Rex Regum Esdræ Sacerdoti Scribæ Legis Dei Cœli doctissimo, salutem* : Artaxerxès, roi des rois, à Esdras, prêtre et docteur très-savant dans la loi du Dieu du ciel; salut.

2° Très-habile, fort expérimenté (διδιδαγμένος). Cant. 3. 8. *Omnes ad bella doctissimi* : Les soixante hommes qui environnent le lit de Salomon sont tous expérimentés dans les guerres.

DOCTOR, is ; διδάσκαλος. — 1° Docteur, maître, qui enseigne. 1. Tim. 2. 7. *Positus sum ego Doctor gentium in Fide* : J'ai été établi docteur des nations pour les instruire dans la foi. 1. Tim. 1. 7. Isa. 30. 20. c. 33. 18.

2° Docteur établi pour enseigner; soit dans l'église Judaïque, comme ceux qui étaient appelés docteurs de la loi. 2. Par. 15. 3. Luc. 2. 46. *Invenerunt illum in Templo sedentem in medio doctorum* : Le père et la mère de Jésus-Christ le trouvèrent dans le temple (de Jérusalem) assis au milieu des docteurs, les écoutant et les interrogeant. c. 5. 17. Matth. 22. 35. Voy. SCRIBA, LEGISPERITUS.

Soit dans l'Eglise des chrétiens. Act. 13. 1. *Erant in Ecclesia quæ erat Antiochiæ, Prophetæ et doctores* : Ceux qu'on appelait prophètes, dans la loi nouvelle, étaient particulièrement ceux qui le Seigneur remplissait de son Esprit, pour expliquer d'une manière surnaturelle ce qu'il y avait de plus caché dans les Ecritures : Les *docteurs* étaient ceux qui instruisaient aussi les fidèles, mais en un degré inférieur à celui des prophètes. Il y avait dans l'Eglise d'Antioche des prophètes et des docteurs. 1. Cor. 12. 29. *Numquid omnes doctores?* Tous sont-ils docteurs? 28. Ephes. 4. 11. Joel. 2. 23. *Dedit vobis doctorem justitiæ* : Dieu vous a donné un maître qui vous enseignera la justice; propr. Dieu vous a donné des aliments pour la justice, βρώματα εἰς δικαιοσύνην. Ce qui s'entend du Messie.

3° Docte, habile, et capable d'instruire et d'enseigner (διδακτικός). Soit en ce qui regarde la foi. 1. Tim. 3. 2. *Oportet episcopum esse doctorem* : Il faut que l'évêque soit capable d'enseigner ; Gr. διδακτικὸν. Soit en quelque art ou science, comme la musique et les instruments de musique. 1. Par. 25. 7. *Cuncti doctores* (συνιῶν, *intelligens*) : Tous ceux qui instruisaient les autres à chanter les louanges du Seigneur, qui étaient au nombre de deux cent quatre-vingt huit : c'étaient des enfants d'Asaph.

4° Magistrat établi dans les villes pour y régler la manière de rendre la justice, et y être consulté par les juges mêmes (γραμματοεισαγωγεύς, *Litium introductor*, Hebr. *Schoterim præfecti*). Deut. 29. 10. *Vos statis hodie coram Domino Deo vestro, Principes vestri et tribus, ac majores natu, atque doctores* : Vous êtes tous ici présents aujourd'hui devant le Seigneur votre Dieu, les princes qui sont parmi vous, les tribus, les Anciens et les docteurs. c. 38. 28. Ces mêmes magistrats étaient appelés *magistri*. Deut. 16. 18. Voy. MAGISTER, PRINCEPS.

5° Prince, juge, législateur. Deut. 33. 21. *Vidit principatum suum quod in parte sua doctor esset repositus* : La tribu de Gad ayant prévu que Moïse le législateur et le chef d'Israël devait être enseveli deçà le Jourdain, elle y demanda son partage quelques mois auparavant : d'autres expliquent le mot de *docteur*, par celui qui devait instruire dans le partage de Gad. 2. Par. 26. 11. *Fuit exercitus bellatorum ejus sub manu Jehiel Scribæ, Maasiæque doctoris* : Gr. κριτοῦ. L'armée des braves de Josias était commandée par Jehiel secrétaire, par Maasie, docteur de la Loi; Hebr. *Præfecti*.

DOCTRINA, æ ; διδασκαλία. — 1° Doctrine, science (γνῶσις). Prov. 8. 10. *Doctrinam magis quam aurum eligite* : Choisissez plutôt la science que l'or. 2. Tim. 4. 3. *Erit tempus cum sanam doctrinam non sustinebunt* : Il viendra un temps que les hommes ne pourront plus souffrir la saine doctrine. Prov. 14. 6. *Doctrina prudentium facilis* (αἴσθησις) : La science se communique facilement à l'homme sage. Prov. 12. 8. etc.

2° Instruction, fonction d'enseigner. 1. Tim. 4. v. 13. 16. *Attende tibi et doctrinæ* : Veillez sur vous-même et sur l'instruction des autres. 1. Tim. 5. 17. Tit. 2. 7. Rom. 12. 7.

3° Manière d'instruire (διδαχὴ). Marc. 12. 38. *Dicebat eis in doctrina sua* : Jésus-Christ disait, en sa manière d'instruire, au peuple qui prenait plaisir à l'écouter.

4° L'effet et le bruit de la doctrine et de l'instruction (ὑπήκοος, *obediens patri*). Prov. 13. 1. *Filius sapiens, doctrina Patris* : La sagesse du Fils fait connaître la sagesse du Père : d'autres lisent selon l'Hébreu, *doctrinam*, en sous-entendant le verbe *audit*.

5° Preuve de quelque chose, ce qui la fait

connaître. Jer. 10. 8. *Doctrina vanitatis eorum lignum est* : Le bois qu'ils adorent est la preuve de la vanité de leur culte.

6° Correction, châtiment, punition (παιδεία). Isa. 26. 16. *In tribulatione murmuris, doctrina tua eis* : La correction salutaire que vous faites sentir aux Juifs, leur sert dans l'affliction qui les presse. Prov. 15. 10. *Doctrina mala deserenti viam* : Le châtiment et l'instruction déplaît à celui qui quitte le droit chemin. Prov. 1. 7. *Sapientiam atque doctrinam stulti despiciunt* : Les insensés méprisent la sagesse et la science. Eccli. 18. 14. Le mot *doctrina* est le même que *disciplina*, v. 2.

7° Reproche, correction (παιδεία). Job. 20. 3. *Doctrinam qua me arguis, audiam* : Je veux bien écouter les reproches que vous me faites.

8° Sagesse, jugement, bon sens (σύνεσις). Job. 12. 20. *Doctrinam senum auferens* : C'est Dieu qui retire la science des vieillards. c. 20. 3. Prov. 24. 4. Voy. CELLARIUM.

9° Don d'enseigner les autres (διδαχή). 1. Cor. 14. 29. *Doctrinam habet* : Si quelqu'un est inspiré de Dieu pour instruire. Cette grâce du Saint-Esprit consiste à enseigner les mystères du salut.

10° La vraie doctrine, la science des mystères du salut. 1. Tim. 6. 1. *Ne nomen Domini et doctrina blasphemetur* : Afin qu'on ne blasphème point contre le nom et la doctrine du Seigneur. Prov. 12. 8. *Doctrina sua noscetur vir* : L'homme sera connu par la pureté de sa doctrine; c'est une marque ordinaire de la vertu, principalement lorsqu'elle est jointe à la pureté des mœurs; Hebr. sera loué selon sa prudence. Ainsi, Isa. 24. 15. *In doctrinis glorificate Dominum* : Rendez gloire au Seigneur par une doctrine pure. Hebr. באורים (*baurim*), de אור (*or, lux*), proprement *in luce, in igne*. Aq. Sym. Théod. le traduisent par φωτισμοί, *illuminationes* ; mais toutes ces significations sont implicitement et éminemment renfermées dans le mot *doctrina*, choisi par la Vulgate ; parce que la doctrine est tout à la fois une lumière qui éclaire l'esprit et un feu qui échauffe le cœur : voilà pourquoi l'Eglise dit des prédicateurs de la *doctrine*, qu'ils sont comme des lampes ardentes et luisantes, *lucerna ardens et lucens*. Joan. 5. 35.

Façon de parler.

Doctrina et veritas ; Heb. אורים ותמים *urim et thummim*; Gr. δήλωσις καὶ ἡ ἀλήθεια, la doctrine et la vérité marquent la science et la pureté des mœurs. Exod. 28. 30. *Pones in rationali judicii Doctrinam et Veritatem* : Vous graverez ces deux mots sur le Rational du jugement : *Doctrine et Vérité* ; Hebr. *illuminationes et perfectiones*. Levit. 8. 8. Ces deux mots étaient gravés sur le Rational que portait le grand prêtre, pour marquer qu'il fallait que le pontife fût éclairé en science et parfait en vertus. Voy. 1. Esdr. 2. 63. Deut. 33. 8. Voy. PERFECTIO. D'autres l'expliquent autrement : ils pensent que ces deux mots désignaient les douze pierres précieuses du Rational, ainsi nommées à cause de leur brillant éclat; c'est par ces pierres précieuses que le grand prêtre faisait connaître la volonté de Dieu, soit par leur lueur différente, soit par quelqu'autre manière qui ne nous est pas connue. Num. 27. 21. 1. Reg. 28. 6. C'est en particulier le sentiment de Josèphe, Antiq. 3, c. 8, mais le plus sage est de reconnaître, avec RR. D. Kimchi et Aben-Ezra, qu'on ne sait positivement ce que ces deux mots signifiaient.

DOCTRIX, cis, Gr. μύστις, *initiatrix*, du nom *doctor*.

Maîtresse qui enseigne les mystères et les secrets de la science de Dieu. Sap. 8. 4. *Doctrix est disciplinæ Dei* : La Sagesse est la maîtresse de la science de Dieu ; cette Sagesse est Jésus-Christ même.

DOCTUS, A, UM, δεδιδαγμένος, διδακτός, qui a été enseigné, à qui on a appris ; de plus :

1° Docte, savant, intelligent, bien instruit. σοφός. Eccl. 2. 16. *Moritur doctus, similiter et indoctus* : L'homme savant meurt comme l'ignorant. c. 9. 11. *Vidi nec doctorum* (τοῖς συνετοῖς) *esse divitias* : J'ai vu que les richesses temporelles ne sont point pour les plus habiles. 1. Par. 25. 8. Prov. 17. 27. c. 24. 5. Dan. 1. 4. c. 11. 33.

2° Savant et docteur qui enseigne la loi de Dieu (συνιείς, *intelligens*). Dan. 12. 3. *Qui docti fuerint fulgebunt* : Ceux qui auront été savants, brilleront comme les feux du firmament. Voy. Maldon. in Matth. 13. 43. Dan. 11. 32. Matth. 13. 52. *Scriba doctus in regno cœlorum*; Gr. *in regnum* (μαθητευθείς) : Docteur qui est bien instruit en ce qui regarde le royaume de Dieu *ou* pour prêcher les mystères du royaume de Dieu. 1. Esdr. 2. 63. *Dixit Athersatha, ut non comederent de sancto sanctorum, donec surgeret sacerdos doctus atque perfectus* : Athersatha leur dit de ne point manger des viandes sacrées jusqu'à ce qu'il s'élevât un pontife docte et parfait. 2. Esdr. 7. 65. Voy. SACERDOS. Dan. 12. 10.

3° Habile, adroit, expert en quelque chose (σοφός). Exod. 35. 25. *Mulieres doctæ, quæ neverant, dederunt* : Les femmes qui étaient habiles au travail, donnèrent ce qu'elles avaient filé d'hyacinthe, de pourpre, etc.; *sc.* pour le tabernacle du témoignage. 1. Mach. 4. 7. c. 6. 30.

4° Ingénieux, subtil, fait avec esprit (σεσοφισμένος, *arte politus*).| 2. Petr. 1. 16. *Non doctas fabulas secuti* : Ce n'est point en suivant des fables et des fictions ingénieuses, que nous vous avons fait connaître la puissance et l'avénement de Notre-Seigneur Jésus-Christ. 1. Cor. 2. 13. *Loquimur, non in doctis humanæ sapientiæ verbis* : Nous annonçons les dons que Dieu nous a faits, non pas avec le langage étudié de la sagesse humaine. Gr. διδακτοῖς, subtilement inventés pour persuader.

5° Accoutumé, fait à quelque chose (εἰδώς, *sciens*). 1. Mach. 6. 30. *Elephanti triginta duo, docti ad prælium* : Il y avait, dans l'armée d'Antiochus contre Judas, trente-deux éléphants dressés au combat. Ose. 10. 11.

DODAV, Hebr. *dilectio ejus, patruus ejus*, père du prophète Eliézer. 2. Par. 20. 37.

DODANIM. Hebr. *dilecti*, fils de Javan. Gen. 10. 4. 1. Par. 1. 7. Gr. ῥόδιοι, *Rhodii*; les Septante ont lu *Rodanim*, et on l'entend de l'île de Rhodes.

DOEG, Hebr. *anxius*, un officier de Saül, iduméen, qui était en grand crédit auprès de ce prince. 1. Reg. 21. 7. c. 22. v. 9. 18. 22. etc. C'est cet officier perfide qui a fait le sujet du psaume 51, et qui tua, par ordre de Saül, sur le rapport qu'il lui avait fait, le grand sacrificateur Achimélech, et quatre-vingt-cinq autres prêtres, revêtus de leurs habits sacerdotaux, l'an du monde 2976. 1. Reg. 21. 7.

DOGMA, ατις, δόγμα; du verbe δοκεῖν, se fait δέδογμαι, d'où vient δόγμα,

Dogme, maxime ou opinion particulière; dans l'Ecriture:

1° Dogme, doctrine. Job. 13. 4. *Cultores perversorum dogmatum*: Défenseur d'une doctrine corrompue; Hebr., faux médecins.

2° Edit, ordonnance (γράμμα). Esth. 4. 3. *In omnibus provinciis ad quæ crudele regis dogma pervenerat, planctus ingens erat apud Judæos*: Dans toutes les provinces (et autres lieux) où ce cruel édit du roi avait été envoyé, les Juifs faisaient un grand deuil. Act. 16. 4. *Tradebant eis custodire dogmata quæ erant decreta ab apostolis et senioribus qui erant Jerosolymis*: Saint Paul et Timothée donnaient pour règle aux fidèles, de garder les ordonnances qui avaient été établies par les apôtres et par les prêtres de Jérusalem. Les ordonnances et les édits des princes sont rendus par le même mot grec *dogma*. Voyez Luc. 2. 1. etc.

DOLARE, λαξεύειν, de *dalal*, *extenuare*, diminuer; ce qui se fait sur le bois en le dolant:

1° Doler, et se dit proprement du bois qu'on aplanit et unit avec la doloire. Ezech. 27. 6. *Quercus de Basan dolaverunt in remos tuos* (ἐκ τῆς Βασανίτιδος ἐποίησαν τὰς κώπας σου): Ils ont mis en œuvre les chênes de Basan pour faire vos rames; le Prophète parle de Tyr sous la figure d'un vaisseau.

2° Tailler, polir. Deut. 10. 1. *Dola tibi duas tabulas lapideas*: Taillez-vous deux tables de pierre, comme étaient les premières, dit Dieu à Moïse. v. 3. 3. Reg. 3. 18. c. 6. 7. etc.

3° Traiter rudement, tourmenter (ἀποθερίζειν, *demetere*). Ose. 6. 5. *Dolavi in prophetis*: J'ai inquiété et maltraité les Israélites par mes prophètes; sc. en ce qu'ils les ont étourdis par des reproches continuels et les ont épouvantés par la terreur des jugements de Dieu. D'ailleurs l'Ecriture dit que les prophètes font ce qu'ils prédisent qui se fera (Voy. DIVIDERE, 5°, EVELLERE, etc.). La métaphore est tirée de ce que l'on retranche et qu'on taille ce qu'on polit.

DOLERE, πονεῖν, ἀλγεῖν, du même mot hébreu *dal* ou *dalal*, *attenuavit*, parce que la douleur abat et maigrit le corps; ce verbe se dit de la douleur du corps, et des peines d'esprit:

1° Etre fâché, être affligé ou malade. 1. Reg. 22. 8. *Non est qui vicem meam doleat*: Il n'y en a pas un d'entre vous qui soit touché de mon malheur, dit Saül à tous ceux qui étaient autour de lui. 3. Reg. 15. 23. *In tempore senectutis suæ doluit pedes*: Asa eut un grand mal de jambes lorsqu'il était déjà vieux. Jerem. 4. 19. *Ventrem meum doleo*; i. e. *viscera*: Je suis pénétré de douleur et d'affliction; le Prophète parle au nom de la ville de Jérusalem, qui pressentait les maux dont elle était menacée. Judic. 10. 16. *Doluit super miseriis eorum* (ὀλιγοψυχεῖν, *deficere animo*): Le Seigneur fut touché de la misère que les Israélites souffraient de la part des Ammonites; ce qui se dit de Dieu improprement. Luc. 2. 48.

2° Ressentir son mal, s'en apercevoir. Prov. 23. 35. *Verberaverunt me, sed non dolui*: Ils m'ont battu, et je n'en ai rien senti. Jer. 5. 3.

3° Trembler, être effrayé (ὠδίνειν). Habac. 3. 10. *Viderunt te, et doluerunt montes*: Les montagnes vous ont vu, et elles ont été saisies de douleur; Hebr. ont tremblé; ces montagnes marquent les rois qui ont été saisis de frayeur à l'arrivée du peuple de Dieu dans la terre promise; Gr. λαοί, *populi*. Jer. 5. 22. *A facie mea non dolebitis?* Ne serez-vous point saisis de frayeur devant ma face? Gr. εὐλαβηθήσεσθε, Hebr. *parebitis*.

4° Etre transporté de fureur. Eccli. 9. 20. *Super dolentium arma ambulabis*; i. e. *hostium furentium*: Souvenez-vous que vous marchez au travers des armes d'ennemis pleins de colère; Gr. vous vous promenez sur les créneaux de la ville.

5° Causer de la douleur et de l'affliction. Isa. 17. 11. *Ablata est messis in die hæreditatis, et dolebit graviter*; i. e. *dolere faciet*: Lorsque le temps de recueillir sera venu, vous ne trouverez rien, et vous serez percée de douleur; Hebr. *cheëb*, dans une conjugaison active; c'est la punition de l'oubli de Dieu.

DOLOR, IS, ὀδύνη, de la même racine *dalal*:

1° Douleur, affliction, mal, tristesse, ennui (λύπη). Gen. 3. 16. *In dolore paries filios* (τέκνων): Vous enfanterez dans la douleur, dit Dieu à Eve après son péché. Ainsi, Ruben, l'aîné de Jacob, est appelé *principium doloris*. Gen. 49. 3. Voy. PRINCIPIUM. Act. 2. 24. *Quem Deus suscitavit solutis doloribus* (λύσας τὰς ὠδῖνας) *inferni*: Dieu a ressuscité Jésus-Christ en arrêtant les douleurs de l'enfer; Gr., de la mort; i. e. Dieu l'a délivré de l'état où sont les morts, ce qui est exprimé par le mot *infernus*. Saint Pierre avait en vue le Psaume 17. v. 5. 6. *Circumdederunt me dolores mortis; dolores inferni circumdederunt me*; Hebr:, *funes, vincula*: Je suis environné de douleurs mortelles, comme de chaînes (David, dans le sens littéral, parle des grands périls où il s'était vu lorsque Saül le faisait chercher partout pour le tuer). Saint Augustin explique ce passage des âmes que Jésus-Christ a délivrées des peines de l'autre vie, par sa descente aux enfers. Ainsi, Matth. 24. 8. *Hæc autem omnia initia sunt dolorum*: Toutes ces choses; sc. les guerres, les pestes, ne seront que le commencement des douleurs qui arriveront ou à la destruction de Jérusalem ou au jugement dernier, dont elle a été la figure; Gr., ὠδίνων, ce mot signifie le mal que souffre une femme dans l'enfantement. L'Écriture se sert souvent de cette comparaison pour exprimer les plus grands maux. Voy. Jerem. 22. 23. Ose. 13. 13. 1. Thess. 5. 3. etc. Ainsi, Jésus-Christ est appelé *Vir dolorum*. Isa. 53. 2. ἄνθρωπος ἐν πληγῇ ὤν, un homme qui est dans la souffrance, parce que sa vie en a été remplie.

2° Grande maladie. Job. 33. 19. *Increpat quoque per dolorem* (μαλακία) *in lectulo*: Dieu châtie l'homme par la douleur qu'il souffre dans son lit.

3° Peine, travail, sueur (ὀδύνη). Ps. 126. 2. *Surgite postquam sederitis, qui manducatis panem doloris*; i. e. *labore et œrumna partum*: Levez-vous après que vous vous serez reposé, vous qui mangez d'un pain de douleur.

4° Frayeur, epouvante. Exod. 15. 14. *Dolores* (ὠδίν) *obtinuerunt habitatores Philistiim*: Les Philistins ont été saisis d'une profonde douleur. Isa. 13. 8.

5° Mal que l'on fait à d'autres (πόνος). Ps. 7. 17. *Convertetur dolor ejus in caput ejus*: La douleur que l'ennemi a voulu me causer, retournera sur lui-même. v. 15. Job. 4. 8. c. 20. 10. Ps. 9. v. 2. 36.

6° Peine, châtiment, supplice (ὀδύνη). Isa. 53. 4. *Dolores nostros ipse portavit*: Il s'est chargé lui-même de nos douleurs; i. e. des peines que nos péchés méritaient; le Prophète parle de Jésus-Christ. Apoc. 16. v. 10. 11. Job. 21. 7.

7° Peine d'esprit, agitation. Dan. 13. 10. *Non indicaverunt sibi vicissim dolorem suum*: Ils ne s'entredirent point le sujet de leurs peines.

DOLOSE, du substantif *dolus*, avec finesse et tromperie, malicieusement. Ps. 5. 10. *Linguis suis dolose agebant* (ἐδολιοῦσαν): Mes ennemis se sont servis de leurs langues pour tromper. Ps. 13. 3. Ps. 35. 3. Rom. 3. 13.

DOLOSITAS, ATIS, δολιότης, perfidie, infidélité. Eccli. 37. 3. *Unde creata es cooperire aridam malitia et dolositate illius?* O pensée détestable, d'où as-tu pris ton origine pour venir couvrir la terre de ta malice et de la perfidie? l'Ecriture parle d'un ami, de nom seulement, qui se change en ennemi.

DOLOSUS, A, UM, δόλιος, α, ον, trompeur, malicieux, fourbe, traître. Ps. 11. 4. *Disperdat Dominus universa labia dolosa*: Que le Seigneur perde entièrement toutes les lèvres trompeuses. Malach. 1. 14. *Maledictus dolosus*: Malheur à l'homme trompeur. Prov. 11. 1. Ose. 7. 16. Voy. ARCUS, PLAGA.

DOLUS, I, δόλος, du Grec:

1° Fourbe, tromperie, finesse, mensonge. Job. 15. 35. *Uterus ejus præparat dolos* (Gr. ὀδύνας, *dolores*): Le cœur de l'impie s'occupe à inventer des fourbes et des piéges. Ps. 33. 14. *Labia tua ne loquantur dolum*: Gardez-vous que vos lèvres ne proférent aucune parole de tromperie. Ps. 72. 18. *Propter dolos* (δολιότης) *posuisti eis* (supl. *mala*): A cause des tromperies dont les pécheurs ont usé pour amasser des richesses, vous les avez perdus. D'autres expliquent: c'est pour les surprendre que vous leur avez donné des biens; ce qui s'accorde avec l'Hébreu: Vous les avez mis en des lieux bien glissants. 1. Petr. 2. 22.

2° Hypocrisie, déguisement. Joan. 1. 47. *Ecce vere Israelita, in quo dolus non est*: Voici un vrai Israélite, sans déguisement et sans artifice, dit Jésus-Christ touchant Nathanaël.

3° Vice, corruption. 1. Petr. 2. 2. *Rationabile sine dolo lac concupiscite*: Désirez ardemment le lait spirituel et tout pur; Gr. ἄδολον, *sincerum*: Ce lait est la doctrine de l'Evangile. Voy. LAC.

4° Homme fourbe et trompeur. Jerem. 9. 6. *Habitatio tua in medio doli*: supl. *hominum*: Votre demeure, ô Jérémie, est au milieu d'un peuple tout rempli de fourberie, dit Dieu. Voy. Isa. 6. 5.

5° Biens acquis par fraude et tromperie. Jer. 5. 27. *Sicut decipula plena avibus, sic domus eorum plenæ dolo*: Les maisons des impies qui sont parmi mon peuple, sont pleines des fruits de leurs tromperies, comme un trébuchet est plein des oiseaux qu'on y a pris. Soph. 1. 9.

6° Mauvais succès, désavantage. Prov. 12. 20. *Dolus in corde cogitantium mala*: Ceux qui forment de mauvais desseins dans leur cœur, s'en trouveront mal, y seront trompés.

DOMA, ATIS, du verbe Grec δέμω, *ædifico*, δῶμα, τος, un dôme, dans l'Ecriture:

Le toit, ou le haut de la maison, qui chez les Juifs et les autres peuples du Levant était plat, et en forme de terrasse, sur lequel ils se promenaient et faisaient la plupart de leurs affaires. (Voy. Jos. 2. 6. 2. Reg. 16. 22.) 2 Reg. 5. 8. *Proposuerat David in die illa præmium qui percussisset Jebusæum, et tetigisset domatum fistulas* (Voy. FISTULA): David prit la forteresse de Sion; car il avait proposé une récompense pour celui qui battrait les Jébuséens, et qui pourrait gagner les gouttières du toit; *c'est-à-dire*, le haut de la forteresse. 2. Esdr. 8. 16. *Feceruntque sibi tabernacula unusquisque in domate suo, et in atriis suis*: Les Israélites se firent des couverts en forme de tentes, chacun sur le haut de sa maison, dans leur vestibule, etc. Ce fut pour célébrer la fête des Tabernacles, Prov. 21. 9. c. 25. 24. Jerem. 19. 13. c. 32. 29. Voy. TECTUM.

DOMARE, δαμάζειν. Du verbe Grec δαμάω, ou δαμάζω, qui vient de l'Hébreu Domam, *Silere facere, sedare*.

1° Dompter, vaincre, subjuguer. Marc. 5. 4. *Nemo poterat eum domare*: Nul homme ne pouvait dompter cet homme possédé de l'esprit impur, qui faisait sa demeure ordinaire dans les sépulcres. Jac. 3. v. 7. 8. *Linguam autem nullus hominum domare potest*: La nature de l'homme a dompté tous les animaux; mais nul homme ne peut dompter la langue.

2° Rompre, briser. Dan. 2. 40. *Ferrum comminuit et domat omnia*: Le fer brise et dompte toutes choses.

DOMESTICUS, A UM; οἰκεῖος, α, ον, οἰκιακός,

de *Domus*; ce mot se prend, ou pour ce qui est nourri et élevé à la maison, ou pour ce qui regarde et qui concerne la maison ou la famille.

1° Qui est de la maison ou de la famille, qui y demeure. Isa. 3. 6. *Apprehendet vir fratrem suum domesticum patris sui*: Chacun prendra son propre frère, né dans la maison de son père. Matth. 10. 36. *Inimici hominis domestici ejus*: L'homme aura pour ennemis ceux de sa propre maison : Ce que l'Evangéliste entend des vrais fidèles, attachés à la loi de l'Evangile, combattue en lui par ses plus proches (Voy. v. 21. 35.). Mich. 7. 6. 1. Tim. 5. 8. Eccli. 6. 11. etc.

2° Domestique, serviteur, officier. 2. Reg. 16. 2. *Asini domesticis* (τὰ ὑποζύγια τῇ οἰκίᾳ) *regis ut sedeant* : Les ânes que j'amène, sont pour les officiers du roi, dit Siba à David. Prov. 31. \, 21. Eccli. 4. 35 (οἰκέτης). Act. 10. 7.

Les fidèles sont appelés *domestique de Dieu* ou *de la Foi*; parce qu'ils vivent tous dans l'Eglise comme dans une même maison, sous la conduite de Dieu, qui en est comme le Père de famille. Ephes. 2. 19. *Estis cives Sanctorum, et domestici Dei*: Vous êtes citoyens d'une même ville avec les saints et les domestiques de Dieu. Matth. 10. 25. Gal. 6. 10.

DOMICILIUM, II. Gr. οἰκητήριον. De *domus*, et de *cilium* ajouté.

1° Le lieu de la demeure. Jud. 6. *Dereliquerunt suum domicilium*: Les anges qui n'ont pas conservé leur première dignité, mais qui ont quitté leur propre demeure, sc. le ciel, que Dieu leur avait assigné pour le louer et l'adorer. Ps. 101. 7. *Factus sum sicut nycticorax in domicilio*: Je suis devenu comme le hibou qui se retire dans les lieux obscurs des maisons, qui fait sa retraite dans une maison ruinée. Gr., ἐν οἰκοπέδῳ. Ce mot signifie la place d'une maison ruinée. Eccli. 29. 29. 2. Mach. 8. 33.

2° La demeure dans quelque lieu (κατοίκησις). Marc. 5. 3. *Domicilium habebat in monumentis*: Cet homme, possédé de l'esprit impur, faisait sa demeure ordinaire dans des sépulcres: C'est celui qui se présenta à Jésus-Christ au pays des Géraséniens.

DOMINA, Æ; κυρία. 1° Dame et maîtresse, reine, souveraine (ἄρχουσα). Isa. 47. v. 5. 7. *In sempiternum ero Domina*: Je régnerai éternellement, dit Babylone. Jerem. 29. 2. *Rex et Domina* (βασίλισσα); Le roi Jéchonias et la reine. Thren. 1. 1.

2° Maîtresse, par rapport aux serviteurs et servantes. Isa. 24. 2. *Sicut ancilla, sic Domina ejus*: La maîtresse sera comme la servante; sc. au temps que Dieu désertera toute la terre : ce qui s'entend de la ruine générale qui arrivera à la fin du monde. Ps. 122. 2. etc.

3° Femme relevée par son mérite ou son rang, à laquelle on donne le nom de *Dame*, par honneur. 2. Joan. v. 1. 5. *Senior Electæ Dominæ et natis ejus*: Le prêtre à la dame Electe et à ses enfants : c'est saint Jean qui donne cette qualité. Voy. SENEX.

DOMINARI, δεσπόζειν, κυριεύειν, κατακυριεύειν; de *Dominus*.

1° Dominer, être maître ou seigneur, user d'une autorité souveraine. Ps. 65. 7. *Qui dominatur in virtute sua in æternum*: Dieu a par lui-même un empire souverain. Luc. 22. 25. *Reges gentium dominantur eorum* (*eorum* se rapporte au neutre Grec ἔθνος, *gens*). Les rois des nations les traitent avec empire. Dan. 4. 14. Joel. 2. 17. 2. Cor. 1. 23. 1. Petr. 5. 3. etc.

2° Exercer une domination impérieuse (κατακυριεύειν). Marc. 10. 42. *Hi, qui videntur principari gentium, dominantur eis*: Ceux qui ont l'autorité de commander aux peuples, exercent une domination sur eux. Luc. 22. 25.

3° Etre plus fort, l'emporter par-dessus. Ps. 48. 15. *Dominabuntur eorum justi in matutino* : Les justes prendront le dessus sur les méchants, sc. au temps de la résurrection générale. Prov. 16. 32. Isa. 40. 10. Rom. 6. v. 9. 14. Ps. 18. 14. Ps. 118. 133. etc.

4° Punir avec rigueur, traiter en maître. Jerem. 31. 32. *Ego dominatus sum eorum* (LXX ἀμελεῖν, *negligere*): J'ai fait sentir mon pouvoir aux Israélites; parce qu'ils ont violé l'alliance que j'avais faite avec eux : Dieu parle de ceux qu'il fit périr dans le désert. Voy. Hebr. 8. 9.

5° Etre époux, ou uni d'une pareille union. Isa. 54. 5. *Dominabitur tui qui fecit te*: Celui qui vous a créé vous dominera (Gr., Κύριος , le Seigneur) ; Hebr. Sera votre époux: ce qui s'accorde avec le mot *Baghal*, qui signifie, Seigneur ou mari. Voy. Ose. 2. 16. Le Prophète parle de l'Eglise.

DOMINATIO, NIS; δεσποτεία, 1° Domination, empire souverain. Ps. 144. 13. *Dominatio tua in omni generatione et generationem*: Seigneur, votre empire passe de race en race dans toutes les générations.

2° Empire, pays sur lequel on domine (κυρεία). 1. Mach. 8. 24. *Si institerit bellum Romanis prius, aut omnibus sociis eorum in omni dominatione eorum, auxilium feret gens Judæorum* : S'il survient une guerre aux Romains ou à leurs alliés dans toute l'étendue de leurs Etats, les Juifs les assisteront : c'est le traité et l'alliance des Romains et des Juifs. Ps. 102. 22.

3° Magistrat politique, ou prince souverain (κυριότης). 2. Petr. 2. 10. Jud. 8. *Dominationem spernunt* : Ces personnes méprisent la domination : quelques-uns néanmoins entendent ces passages de la puissance souveraine et de la providence de Dieu, que les disciples de Simon déshonoraient par leurs opinions ridicules.

4° Un des chœurs des anges, appelé *Domination* (κυριότης). Ephes. 1. 21. *Et constituens ad dextram suam in cœlestibus supra omnem Principatum et Dominationem*: Dieu a ressuscité Jésus-Christ, et l'a fait asseoir à sa droite dans le ciel, au-dessus de toutes les principautés et de toutes les dominations. Coloss. 1. 16. *Sive Throni, sive Dominationes*: Jésus-Christ est infiniment élevé au-dessus de tous les ordres des anges, tels que les trônes et les dominations ; puisque, comme Fils de Dieu, il les a créés : l'Ecriture, ni les anciens pères, ne nous disent point si les anges ont été créés dans l'ordre que nous les a décrits saint Denis, et saint Grégoire après lui. Voy. ANGELUS.

DOMINATOR, IS; κύριος. 1° Dominateur, maître souverain ; ce qui se dit, ou de Dieu absolument. Exod. 34. 6. *Dominator Domine, Deus*: Dominateur souverain, Seigneur, mon Dieu. 2. Reg. 23. 3. ou des hommes. Isa. 52. 5. *Dominatores ejus inique agunt*: Ceux qui dominent mon peuple le traitent injustement, dit Dieu. Jerem. 51. 46. ou du Messie, c. 16. 1. *Emitte agnum, Domine, dominatorem terræ*: Seigneur, envoyez l'agneau, dominateur de la terre; Hebr. Envoyez de la pierre du désert, ou de Pétra, ville des Moabites, à la montagne de la fille de Sion, le tribut des agneaux pour le Seigneur de la terre : mais le Prophète demande plutôt ici le vrai agneau dominateur de la terre; c'est-à-dire, le Sauveur Dieu et homme ; il devait venir de la pierre du désert, parce qu'il devait descendre de Ruth, étrangère et Moabite, qui ayant épousé Booz, fut mère d'Obed, Obed de Jessé, Jessé de David, et par lui de Jésus-Christ. Voy. AGNUS.

2° Dominateur, maître, qui possède quelque chose; comme les biens, les esclaves (δεσπότης). Jud. 4. *Solum dominatorem et Dominum nostrum Jesum Christum negantes*: Il s'est glissé parmi vous des gens qui renoncent Jésus-Christ, notre unique maître. Voy. DOMINUS.

DOMINATRIX. Dominatrice, maîtresse absolue.

1° Reine, princesse. Jerem. 13. 18. *Dic Regi et Dominatrici* (LXX, καὶ τοῖς δυναστεύουσι): *humiliamini* : Dites au roi et à la reine: humiliez-vous : cette reine était ou la mère de Jéchonias, ou la femme de Sédécias.

2° Qui peut beaucoup en quelque chose. Eccli. 37. 21. *Dominatrix* (κυριεύουσα) *illorum est assidua langua*: La langue est ordinairement cause du bien et du mal qui se fait, et par conséquent de la vie et de la mort.

DOMINICUS, A, UM ; κυριακός, ή, όν. Du maître, qui appartient au maître, au Seigneur ; dans l'Ecriture il ne se dit que de Dieu ou de Jésus-Christ ;

Qui appartient au Seigneur. Jerem. 23. 19. *Ecce turbo Dominicæ indignationis egredietur*: Le tourbillon de la colère du Seigneur va éclater sur la tête des impies. Lovit. 3. 14. 1. Cor. 11. 20. *Jam non est Dominicam cœnam manducare*: Lorsque vous vous assemblez avec aussi peu d'édification que vous faites, ce n'est plus manger la cène du Seigneur. Apoc. 1. 10. *Fui in spiritu in Dominica die*: Je me trouvai ravi en esprit au jour de dimanche: les chrétiens ont pris ce jour en la place du sabbat, pour honorer la résurrection de Jésus-Christ, notre divin maître.

DOMINIUM, II. Domaine, possession, jouissance. 1. Mach. 11. 8. *Ptolemæus obtinuit dominium* (κυριεύειν) *civitatum* : Le roi Ptolémée se rendit maître des villes jusqu'à Seleucie; sc. qui étaient à Alexandre, son gendre. Tob. 8. 24. *Fecit scripturam ut pars dimidia, quæ supererat post obitum eorum, Tobiæ dominio deveniret* : Raguel déclara, par un autre écrit, que l'autre moitié de son bien qui restait, reviendrait à Tobie après sa mort.

DOMINUS, I, κύριος. De *domus*, parce que chacun domine en sa maison, et signifie proprement :

Maître, seigneur, qui a pouvoir et autorité sur quelque personne ou sur quelque chose ; dans l'Ecriture :

1° Seigneur et souverain maître, qui est Dieu. Ps. 18. 9. *Timor Domini sanctus* : La crainte du Seigneur, qui est sainte, subsiste dans tous les siècles. Ce mot *Dominus* est mis pour *Deus* dans notre Vulgate, toutes les fois que se trouve en Hébreu le nom ineffable *Jehova*, ou le mot *Adonaï*, qui, au lieu de *Jehova*, se prononce et se lit par les Hébreux, qui font scrupule de prononcer et de lire ce nom. Les Septante l'ont rendu par celui de κύριος, et les Latins par *Dominus*. Ps. 8. 1. *Domine, Dominus noster* : Seigneur, notre souverain maître. Hebr. *Jehova, Adone-nou*; *Deus, Domine noster*; Gr. κύριε ὁ κύριος ἡμῶν. Ce n'est pas que le mot *Dominus* ne réponde quelquefois au mot Elohim, *Deus*. Exod. 6. 2. *Locutusque est Dominus* (Hebr. Elohim) *ad Moysen, dicens: ego Dominus*; Hebr. *Ego Jehova* : Le Seigneur parla encore à Moïse, et lui dit : Je suis le Seigneur. Ce nom, *Jehova*, qui marque l'essence de Dieu, vient du verbe hébreu Havah, *fuit*, et les quatre lettres qui le composent sont telles qu'on peut y reconnaître à la fois les signes distinctifs du présent, du passé et de l'avenir; ce qui exprime bien la triple et incommunicable propriété de celui qui dit encore à Moïse. c. 3. 14: *Ego sum qui sum* : Je suis celui qui est, *i. e.* celui dont l'être est éternel, et la source de tous les êtres. Jerem. 16. 21. *Scient quia nomen mihi Dominus* : Ils sauront que mon nom est celui qui est, ce nom sacré, qui ne doit être transféré à aucun autre. Amos. 5. 8. Voy. JEHOVA, ADONAI, ELOHIM, DEUS. Apoc. 19. 16. *Rex regum, et Dominus dominantium* : Le Roi des rois, et le Seigneur des seigneurs; ce qui s'entend de Jésus-Christ même, selon son humanité. c. 17. 14. 1. Tim. 6. 15. Ce nom, *Dominus*, qui se donne à Dieu, se donne par conséquent aux personnes de la sainte Trinité; soit au Père. Ps. 2. 2. *Convenerunt in unum, adversus Dominum et adversus Christum ejus* : Les princes de la terre se sont assemblés contre le Seigneur et contre son Christ; Voy. l'accomplissement de cette prophétie. Act. 4. v. 7. Ps. 2. 7. *Dominus dixit ad me: Filius meus es tu* : Le Seigneur m'a dit : Vous êtes mon Fils. Ps. 109. 1. *Dixit Dominus Domino meo* (Hebr. Jehova Ladoni, *Deus Domino*) : Le Seigneur a dit à mon Seigneur, à son Fils, à Jésus-Christ, Fils éternel de Dieu. Voy. DICERE. Ce nom, *Dominus*, s'attribue au Fils. Jerem 23. 6. *Hoc est nomen, quod vocabunt eum: Dominus justus noster*: Voici le nom que les Israélites donneront à ce roi ;

le Seigneur; qui est notre juste. Thren. 4. 20. Voy. Spiritus. Malac. 4. 5. *Mittam vobis Eliam prophetam, antequam veniat dies Domini magnus* : Je vous enverrai le prophète Elie, avant que le grand et épouvantable jour du Seigneur arrive; ce jour s'entend ou du dernier jour du jugement, et alors par Elie on entend le prophète de ce nom, ou du premier avénement de Jésus-Christ, et alors par Elie s'entend saint Jean-Baptiste. Voy. Matth. 17. v. 10. 11. Ps. 2. v. 11. 12. Ps. 101. 26. Hebr. 1. 10. etc. Ainsi, Gen. 19. 24. *Dominus pluit sulphur et ignem a Domino de cœlo* : Le Seigneur répandit sur Sodome et Gomorrhe une pluie de soufre et de feu qu'il fit descendre du ciel. La plus grande partie des interprètes, après les Pères, expliquent ces paroles du Père éternel, qui fit descendre cette pluie de soufre et de feu par le Fils. *Dominus a Domino*, parce que c'est par lui que le Père agit dans les choses extérieures. Néanmoins d'autres l'expliquent par un hébraïsme, qui répète le nom au lieu du pronom, *Dominus a Domino*; i. e. *a semetipso*; soit au Saint-Esprit, dans le Nouveau Testament. 1. Cor. 12. v. 4. 5. *Divisiones ministrationum sunt, idem autem Dominus* : Il y a diversité de ministères; mais il n'y a qu'un même Seigneur; sc. le Saint-Esprit. (Voy. 2. Cor. 3. 18.) 2. Thess. 3. 5.

2° Le Messie, Jésus-Christ, Notre-Seigneur Dieu. Ps. 109. 1. *Dixit Dominus Domino meo* : Le Seigneur a dit à mon Seigneur : Voyez comme Jésus-Christ l'explique, Luc. 20. 44. Act. 10. 36. *Annuntians pacem per Jesum Christum, hic est omnium Dominus* : Dieu a annoncé aux Israélites la paix en Jésus-Christ, qui est le Seigneur de tous. Luc. 1. v. 16. 17. 43. 76. c. 2. v. 11. 38. 1. Cor. 2. 8. c. 12. 3. etc. Ce qui est commun dans le Nouveau Testament, où ce mot *Dominus* signifie presque toujours Notre-Seigneur Jésus-Christ, qui a acquis par son sang le nom de *Seigneur*. Ainsi, Isa. 40. 3. Luc. 3. 4. *Parate viam Domini* : Préparez la voie du Seigneur; Hebr. *Lajehovah*, qui est le nom ineffable de Dieu. On peut remarquer en cet endroit que depuis que Domitien et les autres empereurs, après lui, se furent attribué le titre de *Dominus*, les chrétiens, apprenant par l'Ecriture que ce nom se donnait particulièrement à Jesus-Christ, ne donnèrent plus aux princes que le titre de *domnus, dom*; les rois mêmes n'en prenaient pas d'autre; le pape se nommait *domnus apostolicus*.

3° Les anges sont appelés de ce nom. Dan. 10. 19. *Loquere, Domine mi* : Parlez, mon Seigneur, dit Daniel à l'ange Gabriel. v. 16. 17. c. 12. 8. Ac. 10. 4. Ce nom se donne à l'ange qui représente Dieu dans l'Ancien Testament, quand même il prend le nom de *Jehova*. Ainsi, Exod. 3. 2. *Apparuitque ei Dominus in flamma ignis de medio rubi* : Le Seigneur apparut à Moïse dans une flamme de feu qui sortait du milieu d'un buisson. v. 14. *Dixit Deus ad Moysen* (Hebr. *Jehova*) : *Ego sum qui sum* : Dieu dit à Moïse : Je suis celui qui est. Saint Etienne, Act. 7. 30. dit que c'était un ange. *Apparuit illi in deserto montis Sina angelus in igne flammæ rubi* : Et ce mot, dans cette signification, est attribué à l'ange, parce qu'étant envoyé de Dieu, il prend, comme ambassadeur, la qualité de celui qu'il l'envoie. Gen. 19. 2. Jer. 1. 9.

4° Les idoles ont quelquefois été appelées du nom ineffable de Dieu. Exod. 32. 5. *Cras solemnitas Domini est* (Hebr. Jehova) : Demain sera la fête de celui qui est : Aaron attribue ce nom au veau d'or que les Israélites adoraient sous le nom du vrai Dieu. Voy. Ps. 105. 20. Sap. 14. 21. 3. Reg. 12. 28. Jud. 17. v. 3. 13. Ils adoraient en même temps, comme les Israélites ont fait depuis, le vrai Dieu et les idoles.

5° La gloire ou la puissance de Dieu. Levit. 9. 4. *Hodie Dominus apparebit vobis* : Le Seigneur vous fera paraître aujourd'hui sa puissance par le feu dont il consumera visiblement vos victimes.

6° Le lieu où Dieu était adoré et d'où il faisait éclater sa puissance. Levit. 9. 4. *Immolate eos coram Domino* : Immolez un bœuf et un bélier pour les hosties pacifiques devant le Seigneur; i. e. le tabernacle sur l'autel des holocaustes. c. 10. 2. *Egressus ignis a Domino devoravit eos* : Il sortit un feu du Seigneur; i. e. du sanctuaire ou de l'autel des parfums, qui dévora Nadab et Abiu. Ps. 23. 8. *Dominus fortis et potens, Dominus potens in prælio* : Ce roi de gloire est le Seigneur fort et puissant, le Seigneur puissant dans les combats; par le Seigneur s'entend ici l'arche même; de même, Ps. 131. 5. *Si dedero requiem temporibus meis, donec inveniam locum Domino* : J'ai juré au Seigneur, dit David, que je ne permettrai pas à ma tête de se reposer, jusqu'à ce que je trouve un lieu propre pour le Seigneur. 1. Reg. 6 20. 2. Reg. 7. 6. Voy. Arca. Deus. Levit. 4. v. 4. 16. c. 16. 18. 2. Reg. 6. 14. Num. 32. v. 20. 32.

7° Les hommes sont appelés de ce nom en plusieurs manières; comme : — 1° Les maîtres à l'égard des serviteurs. Ephes. 6. 5. *Servi, obedite Dominis carnalibus* : Vous, serviteurs, obéissez à ceux qui sont vos maîtres selon la chair. v. 9. Coloss. 3. 22. 1. Tim. 2. 9. etc.—2° Les rois, les princes, les magistrats. 2. Reg. 14. 9. *Domine, mi rex* : Mon Seigneur et mon roi. La femme sage de Thécua, députée par Joab, parle à David en faveur d'Absalom. c. 15. 21. Num. 32. 25. Matth. 27. 63. Act. 25. 26. — 3° Les pasteurs et les ministres de l'Eglise, tels qu'étaient les prêtres et les prophètes. 1. Reg. 1. 26. *Obsecro, mi Domine* : Je vous prie, mon Seigneur. Anne parle au prophète Elie. v. 15. 3. Reg. 18. 7. 13. 4. Reg. 2. 19. c. 4. 16. Ainsi, Jésus-Christ était appelé *Seigneur* par ceux qui le reconnaissaient pour prophète. Matth. 8. 8. *Domine, non sum dignus, ut intres sub tectum meum* : Seigneur, je ne suis pas digne que vous entriez dans ma maison, dit le centenier à Jésus-Christ. — 4° Tous ceux qui étaient favorisés de Dieu. Gen. 23. 6 *Audi nos, Domine, princeps Dei es apud nos* : Seigneur, écoutez-nous, vous êtes parmi nous comme un grand prince, disent les enfants de Heth à Abraham. Act. 16. 30. — 5° Les pères à l'égard des enfants. Matth. 21. 30. *Ego, Domine* : Je m'en vas travailler à votre vigne, Seigneur, dit celui qui n'alla pourtant pas y travailler : ce ne fut pas lui qui fit la volonté de son père. Voy. v. 31. Ps. 109. 1. Gen. 31. 35. — 6° Les maris à l'égard de leurs femmes. 1. Petr. 3. 6. *Sicut Sara obediebat Abrahæ, dominum eum vocans* : Sara obéissait à Abraham, l'appelant son Seigneur. L'Apôtre propose l'honneur que Sara rendait à Abraham, comme le modèle du respect que les femmes chrétiennes doivent à leurs maris. Gen. 18. 12. Judic. 19. 26. Ps. 44. 12. — 7° Les Hébreux marquaient par le mot *Dominus* ou *Deus* ce qui est grand, excellent, extraordinaire. 1. Par. 5. 22. *Fuit enim bellum Domini* : La bataille fut furieuse. Voy. Deus. — 8° Le frère aîné à l'égard des puînés. Gen. 32. 5. *Mitto nunc legationem ad Dominum meum, ut inveniam gratiam in conspectu tuo* : J'envoie maintenant vers mon Seigneur, afin que je trouve grâce devant lui : c'est ce que mande Jacob à Esaü. v. 4. Le même nom est encore attribué à tous ceux qui ont quelque rang ou quelque degré au-dessus de nous. — 9° Enfin, les Hébreux appelaient du nom de seigneur ou maître, comme nous faisons, tous ceux qu'ils ne connaissaient pas et les étrangers. Joan. 4. 15. *Domine, da mihi hanc aquam* ; Seigneur, donnez-moi de cette eau que vous avez et qui rejaillit jusque dans la vie éternelle, dit à Jésus-Christ la femme de Samarie. Voy. v. 9. v. 11. 14. c. 5. 7. c. 9. v. 36. 38. c. 12. 21. c. 20. 15. etc.

Façons de parler.

A Domino. — 1° De la part de Dieu. Luc. 1. 45. *Perficientur ea, quæ dicta sunt tibi a Domino* : Ce qui vous a été dit de la part du Seigneur, sera accompli, dit sainte Elisabeth à la sainte Vierge.

2° Du ciel. Gen. 19. 24. *Dominus pluit super Sodomam et Gomorrham sulphur et ignem a Domino de cælo* (Voy. Dominus, 1°) : Num. 11. 31. *Ventus egrediens a Domino* : Un vent excité par le Seigneur; *i. e.* qui s'éleva : ce qui s'entend dans le même sens que, Ps. 77. 26. *Transtulit austrum de cælo* : Dieu changea dans l'air le vent du midi.

In Domino : dans le Seigneur ; signifie :—
1° Ce qui regarde Jésus-Christ. 1. Cor. 4. 17. *Fidelis in Domino* : Timothée qui est très-fidèle en Notre-Seigneur.

2° Avec piété et dans la charité du Seigneur. 1. Cor. 7. 39. *Cui vult nubat, tantum in Domino* : La femme dont le mari est mort, est libre de se marier à qui elle voudra, pourvu que ce soit selon le Seigneur ; *i. e.* à un fidèle.

3° Au nom et à l'honneur du Seigneur, à cause de lui. Rom. 16. 2. *Eam suscipiatis in Domino digne sanctis* : Recevez notre sœur Phébé au nom du Seigneur, comme on doit recevoir les saints. v. 13. 22. etc.

4° Dans la foi et la grâce de Dieu. Apoc. 14. 13. *Beati mortui qui in Domino moriuntur* : Heureux sont les morts qui meurent dans le Seigneur. Act. 7. 59. *Cum hoc dixisset, obdormivit in Domino* : Saint Etienne, après cette parole, s'endormit au Seigneur.

Esse in Domino. Etre fidèle et faire profession de la foi de Jésus-Christ. Rom. 16. 11. *Salutate eos qui sunt in Domino* : Saluez ceux de la maison de Narcisse qui sont au Seigneur. Voy. In Christo.

DOMMIM, Heb. *Sanguinei* ou *Silentes*. Un canton de la tribu de Juda, entre Sochoth et Areca. 1. Reg. 17. 1. *In finibus Dommim*, Heb. *Béphes-Dammim*, le même lieu que *Phes-Dommim*. 1. Par. 11. 13. où les Philistins étaient campés quand David tua Goliath.

DOMUNCULA, Æ, οἰκίδιον. — 1° Petite maison, petit lieu de retraite (οἰκίον). 3. Reg. 7. 8. *Domuncula in qua sedebatur ad judicandum erat in media porticu* : Il y avait au milieu de la galerie un parquet où était le lit de justice de Salomon.

2° Tente ou voile pour couvrir. 4. Reg. 23. 7. *Mulieres texerant quasi domunculas luci* : Les femmes travaillaient à faire des tentes ou des voiles destinés au culte infâme de l'idole du bois sacrilége : les jeunes gens étaient prostitués dans ce bois.

DOMUS ; οἶκος, οἰκία. Du Grec δόμος, de δέμω, *Ædifico*.

Ce mot, en Hébreu *Beth*, se met en général pour signifier tout ce qui contient quelque chose. Voy. *infra*, 1°. C'est un idiotisme chaldéen dont les Hébreux se servent pour marquer quelque lieu que ce soit ; *Bethania, Bethesda, Bethabora, Bethel,* etc.

1° Maison, logis, édifice fait pour y habiter. 1. Cor. 11. 22. *Numquid domos non habetis ad manducandum et bibendum* ? N'avez-vous pas vos maisons pour y boire et pour y manger ? Matth. 8. 14. *Cum venisset Jesus in domum Petri* : Jésus-Christ vint en la maison de Pierre. On croit que cette maison appartenait à la belle-mère de saint Pierre. Hebr. 33. *Amplioris gloriæ iste præ Moyse dignus est habitus, quanto ampliorem honorem habet domus qui fabricavit illam* : Il a été jugé digne d'une gloire d'autant plus grande que celle de Moïse, que celui qui a bâti la maison est plus estimable que la maison même. Prov. 17. 16. Palais, maison superbe. 3. Reg. 7. 2. *Ædificavit quoque domum saltus Libani* : Salomon bâtit le palais appelé la maison du bois du Liban. 2. Esdr. 2. 8.

2° Nid, tanière, lieu de retraite ou de refuge (οἰκίον). Ps. 83. 4. *Passer invenit sibi domum* : Le passereau s'est trouvé une retraite pour s'y retirer. Ps. 30. 3. *Esto mihi in domum refugii* : Seigneur, que je trouve en vous un asile assuré. Matth. 12. 44. Ps. 103. 17. etc.

3° Niche, loge où l'on place quelque chose. Isa. 44. 13. *Fecit imaginem viri quasi speciosum hominem habitantem in domo* : Le sculpteur fait l'image d'un homme qu'il fait le plus beau qu'il peut, et il le loge dans une niche.

4° Quelque lieu que ce soit où l'on renferme, où se met quelque chose. 4. Reg. 20. 13. *Ostendit eis aromatum, et aurum et argentum, et domum vasorum suorum*: Ezéchias montra ses parfums, son or et son argent, et tous ses vases précieux aux ambassadeurs du roi de Babylone. Ps. 44. 9. *Myrrha et gutta, et casia a vestimentis tuis a domibus eburneis*: Il sort de vos habits et de vos maisons d'ivoire, une odeur de myrrhe, d'aloës et de cannelle. 1. Esdr. 6. 4. *Sumptus de domo regis dabuntur*; i. e. *ærario*: Cyrus a ordonné que l'argent pour la dépense nécessaire pour bâtir la maison de Dieu qui est à Jérusalem, fût fourni de la maison du roi, du trésor royal; ceci se trouva écrit dans un livre qui était au château d'Ecbatanes.

5° Une prison, lieu où l'on est retenu captif. Jerem. 37. 15. *Ingressus est Jeremias in domum laci, et in ergastulum*: Jérémie fut mis dans la basse fosse et dans le cachot; *sc.* par l'ordre des grands du roi Sédécias. v. 17. c. 20. 2. Deut. 5. 6. c. 6. 13. c. 7. 8. etc., et, dans le sens figuré, le corps, parce qu'il est la prison ou la demeure de l'âme. Job. 4. 19. *Quanto magis hi qui habitant domos luteas*: Dieu a trouvé du déréglement jusque dans ses anges; comment donc ceux qui habitent en des maisons de boue ne seront-ils pas beaucoup plutôt consumés? c. 7. 10. *Nec revertetur ultra in domum suam*: Son âme ne reviendra plus jamais dans sa demeure, qui est le corps, pour y souffrir les mêmes maux qu'il souffrait; ce qui ne fait rien contre l'espérance que nous avons de la résurrection établie si fortement au ch. 19. 2.; car ici Job ne parle que du retour de l'homme sur la terre qu'il a quittée, dans la place qu'il y a occupée: *Neque cognoscet eum amplius locus ejus*, ibid. En sorte que, vu le sens du second membre de ce verset, le mot *domus* pourrait tout aussi bien conserver sa signification naturelle de *maison, demeure*. Il ne reviendra plus dans sa demeure; il ne reverra plus les lieux qu'il a habités. Cor. 5. 1. etc. *Si terrestris domus nostra hujus habitationis dissolvatur*: Si cette maison de terre où nous habitons vient à se dissoudre, Dieu nous donnera dans le ciel une autre maison. Eccl. 12. 3.

6° Maison, partie d'une famille appelée *Cognatio*; i. e. *prosapia*; Jos. 7. 14. *Accedet per cognationes suas, et cognatio per domos, domusque per viros*: De la tribu sur laquelle sera tombé le sort, on passera aux familles qui la composent, des familles aux maisons, et de la maison à chaque particulier. *A tribubus ad prosapias, a prosapiis ad familias, a familiis ad singula capita descendebatur. Tribuum duces erant phylarchi, aut tribuni, prosapiarum, seu gentilitatum erant* δήμαρχοι, *tum patresfamilias*. Isa. 22. 10. *Domos Jerusalem numerastis*: Vous ferez le dénombrement des maisons de Jérusalem; *sc.* ou pour distribuer également des vivres, ce qui convient à cette signification; ou pour les réparer, ce qu'il faudrait rapporter à la première signification.

7° Famille, tous ceux qui sont de la maison. Matth. 12. 25. *Omnis civitas vel domus divisa contra se non stabit*: Toute ville ou maison qui est divisée contre elle-même ne pourra subsister. Philip. 4. 22. *Salutant vos omnes sancti, maxime autem qui de Cæsaris domo sunt*: Tous les saints vous saluent; mais principalement ceux qui sont dans la maison de César. Il y avait alors plusieurs officiers de César convertis, et c'est de ceux-là dont parle l'Apôtre. Ps. 111. 3. *Gloria et divitiæ in domo ejus*: La gloire et les richesses sont dans la maison de celui qui craint le Seigneur. Voy. GLORIA, DIVITIÆ, etc. Gen. 35. 2. c. 42. 19. 1. Reg. 1. 21. Act. 10. 2. Ainsi, *Facere alicui domum*: Faire la maison de quelqu'un, c'est établir sa famille. 2. Reg. 7. 11. *Prædicitque tibi Dominus, quod domum faciat tibi Dominus*: Le Seigneur vous promet qu'il fera votre maison, dit Nathan à David. Voy. ÆDIFICARE. De là vient *Habitare in domo*: Voy. HABITARE.

8° Les enfants et ceux qui en naissent, la postérité. Exod. 1. 1. *Singuli cum domibus suis introierunt*: Voici les noms des enfants d'Israël qui entrèrent en Egypte, chacun avec sa famille. De là vient *Ædificare domum*: Etablir la maison de quelqu'un; c'est augmenter le nombre de ses enfants et de ses richesses. Exod. 1. 21. *Ædificavit eis domos*: Dieu établit les maisons des sages-femmes qui accouchèrent les femmes des Hébreux, parce qu'elles n'avaient pas obéi à l'ordre de Pharaon, qui était de tuer leurs enfants mâles. Les enfants sont une bénédiction de Dieu.

9° La maison ou la famille d'où nous sommes venus. 2. Reg. 7. v. 16. 18. *Quis ego sum, Domine Deus, et quæ domus mea?* Qui suis-je, ô Seigneur mon Dieu! et quelle est ma maison? dit David. Luc 16. 27. *Rogo ergo te, pater, ut mittas eum in domum patris mei*: Je vous supplie donc, père Abraham, d'envoyer Lazare dans la maison de mon père, dit le mauvais riche. c. 15. v. 17. 18. 1. Par. 17. 16. Mais quelquefois *Domus patris* marque tous les parents. Esth. 4. 14. *Et tu, et domus patris tui peribitis*: Si vous demeurez maintenant dans le silence, Dieu trouvera quelque autre moyen pour délivrer les Juifs, et vous périrez, vous et la maison de votre père, dit Mardochée à Esther. 2. Reg. 24. 17. *Vertatur, obsecro, manus tua contra me et contra domum patris mei*: Que votre main se tourne contre moi et contre la maison de mon père. Jer. 12. 6.

10° Les tribus et les peuples qui viennent d'un patriarche. Abd. 18. *Erit domus Jacob ignis, et domus Joseph flamma, et domus Esau stipula, et succendentur in eis et non erunt reliquiæ domus Esau*: La maison de Jacob sera un feu, la maison de Joseph une flamme, et la maison d'Esaü une paille sèche; elle en sera embrasée, et ils la dévoreront, sans qu'il en reste la moindre chose. Ceci marque que le royaume de Juda avec le peu des dix tribus qui se seront joints à eux, attaqueront l'Idumée, la brûleront et se l'assujettiront; ce qui peut bien être une prophétie de l'état où ont été les Juifs sous Simon Machabée et Hircan, son fils; et cette prospérité même des Juifs, qui n'était que passagère, a été la figure de la religion chrétienne et des progrès de l'Evangile. Voy. *infra* Domus Jacob.

11° La ville ou le pays de la demeure. Matth. 23. 38. *Ecce relinquetur domus vestra deserta* : Le temps s'approche que votre maison demeurera déserte. Luc. 13. 35. Ce qui se peut aussi entendre du temple. Amos. 7. 13. *In Bethel non adjicies ultra ut prophetes, quia sanctificatio Regis est, et domus Regni est* ; i. e. *civitas regia* : Qu'il ne vous arrive plus de prophétiser dans Béthel, parce que c'est là qu'est la religion du roi et le siége de son état, dit Amasias au prophète Amos. Voy. n. 8.

12° Les habitants d'une ville ou d'un pays. Mich. 1. 14. *Domus mendacii in deceptionem regibus Israel* : Les gens du roi d'Israël ne trouveront dans les princes de Geth qu'une maison de mensonge qui les trompera.

13° Une nation, un peuple. Ezech. 2. v. 5. 6. 8. *Domus exasperans* : Les Israélites sont un peuple qui m'irrite sans cesse. c. 3. v. 9. 26. 27. Ainsi, Amos. 6. 12. *Percutiet domum majorem ruinis, et domum minorem scissionibus* : Il ruinera la grande maison, et il ébranlera les murailles de la petite ; i. e. il ruinera le royaume des dix tribus par Salmanasar, roi des Assyriens, et fera de grands ravages par Sennachérib, dans le royaume de Juda, qui subsistera néanmoins, parce que Dieu frappera par un ange l'armée de ce roi et conservera Jérusalem.

14° Les biens, les richesses. Matth. 23. 14. *Comeditis domos viduarum* : Vous dévorez les maisons des veuves. Jésus-Christ parle aux scribes et aux pharisiens hypocrites. Marc. 12. 40. Luc. 20. 47. 2. Reg. 12. 8. *Dedi tibi domum domini tui, et uxores domini tui in sinu tuo* : Je vous ai mis entre les mains la maison et les femmes de votre seigneur, dit Nathan, de la part de Dieu, à David, parlant de Saül. 3. Reg. 13. 8. Esth. 8. v. 1. 7. Prov. 11. 29. c. 15. 27. Ps. 35. 9. Ps. 73. 20. Voyez Obscurare.

15° Le tombeau. Isa. 14. 18. *Omnes Reges gentium universi dormierunt in gloria, vir in domo sua* : Tous les rois des nations sont morts avec gloire, et chacun d'eux a son tombeau. Dieu parle au roi de Babylone, comme plus misérable qu'eux, en ce qu'il n'aura pas son tombeau. Job. 17. 13. c. 30. 23. Le tombeau est appelé, Eccl. 12. 5. *Domus æternitatis* : La maison de l'éternité.

Façons de parler tirées de la première signification; soit dans le sens propre ou figuré.

Domus Aaron. La maison d'Aaron signifie la postérité d'Aaron, et par conséquent les prêtres. Ps. 113. 10. *Domus Aaron speravit in Domino* : La maison d'Aaron a espéré dans le Seigneur. v. 12. Ps. 117. 3. Ps. 134. 19. 1. Reg. 2. v. 27. 28. 30. 31. etc.

Domus David. — 1° Un palais que David fit bâtir à Jérusalem. 2. Reg. 5. 11. *Misit Hiram rex Tyri nuntios ad David, et ligna cedrina, et artifices... et ædificaverunt domum David* : Hiram, roi de Tyr, envoya des ambassadeurs à David, avec du bois de cèdre, des charpentiers et des tailleurs de pierre ; et ils bâtirent la maison de David. 1. Par. 14. 1. 2. Reg. 7. v. 1. 2. etc.

2° La maison de David, c'est la famille royale de David et sa postérité. 2. Reg. 7. 19. *Hoc parum visum est in conspectu tuo, Domine Deus, nisi loquereris etiam de domo servi tui in longinquum* : Il vous a paru peu de chose de m'élever à l'état glorieux où je me trouve aujourd'hui, si vous n'assuriez encore votre serviteur de l'établissement de sa maison pour les siècles à venir. 1. Reg. 20. 16. *Pepigit ergo Jonathas fœdus cum domo David* : Jonathas donc fit alliance avec la maison de David. 2. Reg. 3. v. 1. 6. c. 7. v. 16. 26. 3. Reg. 12. v. 16. 19. 20. c. 13. 2. etc.

3° Tous les Juifs descendus de Jacob. Zach. 12. 10. *Effundam super domum David et super habitatores Jerusalem, spiritum gratiæ et precum* : Je répandrai sur la maison de David et sur les habitants de Jérusalem un esprit de grâces et de prières. Le sens principal de ces paroles regarde Jésus-Christ et son Eglise. Dieu répandit, le jour de la Pentecôte sur son Eglise, qui était assemblée à Jérusalem, le Saint-Esprit qu'il avait promis à ses Apôtres ; et il répandit encore, le même jour, sur les Juifs qui entendirent la prédication de saint Pierre, cet esprit de grâces et de prières qui toucha leur cœur, et leur fit reconnaître pour leur Sauveur et leur Dieu celui qu'ils avaient percé et attaché à une croix. c. 13. 1. Voy. Fons.

Domus Jacob, Domus Israel. La maison de Jacob signifie :

1° La postérité de Jacob, tous les Israélites qui sont venus de Jacob par les douze patriarches. Exod. 19. 3. *Hæc dices domui Jacob* : Voici ce que vous direz à la maison de Jacob. Ps. 113. 1. Isa. 2. 5.

2° Quelquefois les deux tribus de Juda et de Benjamin seulement. Abd. v. 17. *Possidebit domus Jacob eos qui se possederant* : La maison de Jacob possédera ceux qui l'avaient possédée ; *autrem.* et *Hebr*. La maison de Jacob entrera en possession de son héritage. v. 18. *Domus Jacob ignis* : La maison de Jacob sera un feu, etc.

3° L'Eglise, parce que le peuple juif, marqué par cette expression, en était la figure. Luc. 1. 32. *Regnabit in domo Jacob in æternum* : Le fils que vous enfanterez, régnera éternellement sur la maison de Jacob ; i. e. sur toute l'Eglise, composée de Juifs et de Gentils. Isa. 46. 3. 58. 1. etc.

4° La maison d'Israël marque souvent aussi tous les Israélites descendus de Jacob. Ps. 97. 3. *Recordatus est veritatis suæ domui Israel* : Le Seigneur s'est souvenu de la vérité; c'est-à-dire de la fidélité due aux promesses qu'il avait faites à la maison d'Israël. (Voy. Isa. 52. v. 9. 10. Luc. 3. 6.) Ps. 113. v. 9. 12. Matth. 10. 6. Amos. 6. 1. *Ingredientes pompatice domum Israel* : Vous qui entrez avec une pompe fastueuse dans les assemblées d'Israël ; c'est-à-dire des Juifs en Jérusalem, et des Israélites en Samarie ; car le Prophète s'adresse aux uns et aux autres. Souvent aussi ce mot signifie les dix tribus qui s'étaient révoltées contre les rois de la famille de David. 3. Reg. 20. 31. *Audivimus quod reges domus Israel clementes sint :* Nous avons ouï dire que les rois de la maison d'Israël sont doux et cléments, disent les officiers de Benadad. c. 12. 21. Isa. 46. 3. Jerem. 3. v. 18. 20. etc. et quelquefois ce mot signifie seulement les Juifs seuls des tribus de Juda et de Benjamin. Jerem. 5. 15. *Adducam super vos gentem de longinquo, domus Israel :* Maison d'Israël, dit le Seigneur, je m'en vais faire venir un peuple des pays les plus reculés; sc. les Chaldéens. c. 13. 6. c. 23. 8. Ezech. 3. v. 4. 5. 7. etc. Voy. ISRAEL.

Domus Juda. La maison de Juda signifie la tribu de Juda. 2. Reg. 2. 7. *Me unxit domus Juda in regem sibi :* La maison de Juda m'a consacré pour être son roi, dit David. v. 10. 11. etc.

Domus Joseph. La maison de Joseph signifie quelquefois les deux tribus d'Ephraïm et de Manassé. Jos. 17. 17. *Dixitque Josue ad domum Joseph, Ephraim et Manasse :* Josué répondit à la maison de Joseph, Ephraïm et Manassé. c. 18. 5. Judic. 1. 22. 3. Reg. 11. 28. Quelquefois on entend les dix tribus dont Ephraïm était le chef. Amos. 5. 6. *Quærite Dominum, et vivite, ne forte comburatur ut ignis domus Joseph :* Cherchez le Seigneur, et vous vivrez, de peur qu'il ne fonde sur la maison de Joseph, comme un feu qui la réduise en cendres. Abd. 18. Zach. 10. 6. 2. Reg. 19. 20. *Hodie primus veni de omni domo Joseph :* Je suis venu le premier de toute la maison de Joseph, dit Séméï à David. Quelques-uns croient qu'on peut entendre par là tous les Israélites, hors ceux de la tribu de Juda.

Domus Dei, Domini. La maison de Dieu, la maison du Seigneur, signifie :

1° Tout le peuple d'Israël que Dieu conduisait et reconnaissait comme un père de famille. Osée. 8. 1. *Sit tuba quasi aquila super domum Domini :* Voici l'ennemi qui vient fondre, comme un aigle, sur la maison du Seigneur. D'autres l'entendant du Temple, l'expliquent ainsi : Que votre voix soit comme une trompette ; qu'on l'entende d'aussi loin qu'on entend un aigle qui croasse, élevé sur le sommet du Temple. Num. 12. 7. *Moyses qui in omni domo mea fidelissimus est :* Moïse qui est mon serviteur très-fidèle dans toute ma maison. C'est Dieu qui parle.

2° La terre de Chanaan, où la puissance et la sagesse de Dieu ont éclaté en faveur de son peuple. Baruch. 3. 24. *O Israel, quam magna est domus Dei !* O Israël ! que la maison de Dieu est grande ! (Ce qui peut s'entendre aussi de tout l'univers.) Voy. Deut. 4. 6. c. 30. 15. Ce qui se peut entendre aussi, ou de toute la terre, ou de tout l'univers.

3° La maison de Dieu est partout où il se rend présent, comme le lieu où il parut à Jacob. Gen. 28. 22. *Lapis iste quem erexi in titulum, vocabitur domus Dei :* Cette pierre, que j'ai dressée comme un monument, s'appellera la maison de Dieu, dit Jacob. v. 17. Le lieu que Dieu habite est appelé ainsi ; soit le ciel. Joan. 14. 2. *In domo Patris mei mansiones multæ sunt :* Il y a plusieurs demeures dans la maison de mon Père. Ps. 35. 9. De même le lieu où l'on rend à Dieu un culte public ; soit le tabernacle. Exod. 34. 16. *Primitias frugum terræ tuæ offeres in domo Domini Dei tui :* Vous offrirez les prémices de votre terre dans la maison du Seigneur votre Dieu. 1. Reg. 1. 24. soit le temple de Jérusalem, soit l'Eglise, en beaucoup d'endroits des psaumes, sous la figure du temple. Ps. 22. 7. *Ut inhabitem in domo Domini in longitudinem dierum :* Afin que j'habite très-longtemps dans la maison du Seigneur. Ps. 26. 4. Ps. 92. 7. soit enfin le Saint des saints, ou le sanctuaire où était l'arche. 3. Reg. 8. 64. *Sanctificavit rex medium atrii quod erat in domo Domini :* Le roi Salomon consacra le milieu du parvis qui était devant la maison du Seigneur. Le temple est quelquefois marqué par le mot *domus*, comme Ezech. 40. v. 13. 15. Ainsi 3. Reg. 7. 50. *domus templi :* La maison du temple, c'est le lieu saint, qui peut être appelé *la maison extérieure*, par rapport au Saint des saints appelé *maison intérieure*.

4° Le culte public que l'on rend à Dieu. 2. Esdr. 10. 39. *Non dimittemus domum Dei nostri :* Nous n'abandonnerons point la maison de notre Dieu. c. 13. v. 11. 14. Ps. 68. 10. Joan. 2. 17. *Zelus domus tuæ comedit me :* Le zèle de votre maison me dévore.

In domo alicujus esse. Etre dans la maison de quelqu'un, c'est être sous sa conduite et à puissance, être au pouvoir de quelqu'un. Num. 30. 17. *Istæ sunt leges quas constituit Dominus Moysi, inter patrem et filiam quæ in puellari adhuc ætate est, vel quæ manet in parentis domo :* Ce sont là les lois que le Seigneur a données à Moïse, pour être gardées entre le père et la fille, qui est encore toute jeune, ou qui demeure en la maison de son père. v. 4. c. 30. 11. Deut. 22. 21. 1. Reg. 2. 17. *Numquid non aperte revelatus sum domui patris tui, cum essent in Ægypto in domo Pharaonis :* Ne me suis-je pas fait connaître visiblement à la maison de votre père, sc. d'Aaron, lorsqu'ils étaient en Egypte, sous la domination de Pharaon, sc. comme ses esclaves.

DOMUS SOLIS, Héb. *Sethsemes.* Héliopolis, ville de la Basse-Egypte, entre le Nil et l'Arabie, appelée Bethsémès, *Domus Solis*, et Héliopolis en Grec, *Civitas Solis*, parce qu'on y adorait le soleil. Jerem. 43. 13. *Conteret statuas domus Solis :* Nabuchodonosor brisera les statues de la maison du Soleil, i. e. de la ville d'Héliopolis. Voy. HÉLIOPOLIS.

DONARE, χαρίζεσθαι, δοῦναι. — 1° Donner, soit comme un présent gratuit et une grâce. 2. Petr. 1. 4. *Maxima et pretiosa nobis promissa donavit* (Gr. δεδώρηται, *donata sunt*) : Dieu nous a communiqué les grandes et précieuses grâces qu'il avait promises. Marc. 15. 45. Act. 27. 24. *Donavit tibi Deus omnes qui navigant tecum :* Dieu vous a donné tous ceux qui naviguent avec vous, quoiqu'ils méritassent de périr, à cause de leur désobéissance ; soit comme une récompense due. Philipp. 2. 9.

Propter quod et Deus donavit illi nomen, quod est super omne nomen : A cause de l'obéissance que Jésus-Christ a rendue à Dieu, jusqu'à mourir sur la croix, Dieu lui a donné un nom qui est au-dessus de tout nom. Ainsi accorder, octroyer. Act. 3. 14. *Petistis virum homicidam donari vobis :* Vous avez demandé qu'on vous accordât la grâce d'un homicide? Saint Pierre a en vue ce qui est dit de Barabbas. Luc. 23. 18. Esth. 7. 3. *Dona mihi animam meam :* Je vous conjure de m'accorder, s'il vous plaît, ma propre vie, dit Esther à Assuérus. 2. Reg. 12. 22. Eccli. 25. 15. etc.

2° Remettre, pardonner, faire grâce. Coloss. 3. 13. *Donantes vobismetipsis, si quis adversus aliquem habet querelam :* Que chacun remette à son frère tous les sujets de plainte qu'il pourrait avoir contre lui. c. 2. 13. 2. Cor. 12. 13. etc.

3° Livrer, mettre entre les mains. Act. 25. 11. *Si vero nihil est eorum quæ hi accusant me, nemo potest me illis donare :* S'il n'y a rien de véritable dans toutes les accusations que les Juifs font contre moi, nul ne peut me livrer entre leurs mains, dit saint Paul à Festus.

4° Rendre, rétablir. Philem. v. 22. *Spero per orationes vestras donari me vobis :* J'espère que Dieu me redonnera à vous encore une fois, par le mérite de vos prières.

DONARIUM, ii, δόμα, de *donare.* Ce mot signifie, dans les auteurs, ou les offrandes que l'on faisait aux dieux, ou les présents qu'on faisait aux soldats courageux ; dans l'Ecriture :

1° Don, présent. 1. Mach. 3. 30. *Timuit ne non haberet ut semel et bis in sumptus et donariā :* Antiochus eut peur de n'avoir pas de quoi fournir, comme auparavant, aux frais de la guerre et aux grandes libéralités qu'il avait coutume de faire à ses soldats et à d'autres.

2° Offrande faite; soit à Dieu (ἀφαίρεμα). Exod. 33. 29. *Omnes viri et mulieres mente devota obtulerunt donaria, ut fierent opera quæ jusserat Dóminus :* Tous les hommes et toutes les femmes firent leurs offrandes de bon cœur, pour faire les ouvrages que le Seigneur avait ordonnés par Moïse. Num. 18. 29. Deut. 12. 6. 2. Mach. 2. 13. Soit aux idoles. 2. Mach. 12. 40. *Invenerunt autem sub tunicis interfectorum de donariis idolorum* (ἱέρωμα) : Judas et ses gens trouvèrent, sous les tuniques de ceux qui étaient morts au combat qui se donna contre Gorgias, des choses qui avaient été consacrées aux idoles.

DONATIO, nis. Action de donner ; dans l'Ecriture :

1° Don, présent (δόμα). Eccli. 38. 2. *A rege accipiet donationem :* La médecine recevra des présents du roi. 1. Mach. 10. 28.

2° Don, grâce de Dieu (δωρέα). Ephes. 4. 7. *Unicuique... nostrum data est gratia secundum mensuram donationis Christi :* La grâce a été donnée à chacun de nous selon la mesure du don de Jésus-Christ. Cette grâce est celle du ministère. Rom. 5. 17. 2. Cor. 1. 11.

3° Don, talent que Dieu donne pour le salut des autres (χάρισμα). Rom. 12. 6. *Habentes donationes secundum gratiam quæ data est nobis, differentes, sive prophetiam :* Nous avons tous les dons différents, selon la grâce qui nous a été donnée; l'un, le don de prophétie, etc.

DONEC, ἕως ἄν, ἕως, ἕως οὗ. De l'ancien *donicum*, composé de *dum* et de *cum.*

Jusqu'à ce que, tandis, ou tant que ; dans l'Ecriture :

1° Ce mot marque ce qui se fait jusqu'à un certain temps qui termine cette action, ou qu'une chose ne se fera point jusqu'à un certain terme où elle doit commencer. Gen. 49. 10. *Non auferetur sceptrum de Juda, et dux de femore ejus, donec veniat qui mittendus est :* Le sceptre ne sera point ôté de Juda, ni le prince de sa postérité, jusqu'à ce que celui qui doit être envoyé soit venu. Cette prophétie fameuse s'est littéralement accomplie dans la personne de Jésus-Christ; car, à commencer au règne d'Hérode, pendant lequel le Sauveur est venu au monde, les Juifs n'eurent plus de roi ni de chef souverain de leur nation. Ils furent chassés de la Judée quelques années après, et ainsi l'autorité de la maison de Juda fut anéantie. Matth. 10. 11. *Ibi manete donec exeatis :* En quelque ville ou en quelque village que vous entriez, demeurez chez celui qui est digne de vous y loger jusqu'à ce que vous vous en alliez. c. 26. 36. Marc. 14. 32. Gen. 19. 22. c. 24. 33. Jerem. 32. 5. Ps. 17. 38. Ephes. 4. 13. etc.

2° Il marque, selon l'usage des Hébreux, qu'une chose se fait jusqu'à un certain temps, après lequel il ne s'ensuit pas qu'elle cesse, ou bien qu'une chose ne se fait point jusqu'à un certain temps, après lequel il ne s'ensuit point qu'elle se fasse. Ps. 109. 1. *Sede a dextris meis, donec ponam inimicos tuos scabellum pedum tuorum :* Asseyez-vous à ma droite, jusqu'à ce que je réduise vos ennemis à vous servir de marchepied ; *i. e.* régnez avec moi jusqu'à ce que, etc. Il ne s'ensuit pas que Jésus Christ ne règne point avec son Père, après que tous ses ennemis auront été réduits sous sa puissance, au temps de la résurrection générale; mais c'est que ce royaume de Jésus-Christ ne recevra sa consommation que lorsqu'il aura réduit sous ses pieds tous ses ennemis. Matth. 1. 25. *Non cognoscebat eam donec peperit Filium suum primogenitum :* Saint Joseph n'avait point connu la sainte Vierge quand elle enfanta son premier-né. Saint Joseph était bien plus éloigné d'user du mariage après la naissance du Fils de Dieu ; mais l'Ecriture assure seulement ce qui ne s'est point fait avant la naissance de Jésus-Christ. Gen. 8. 7. 3. Reg. 22. 27. 2. Par. 18. 10. Isa. 22. 14. Ps. 71. 7. Apoc. 20. 5. etc. Voy. USQUE.

3° Tandis que, pendant que. Joan. 9. 4. *Me oportet operari opera ejus, qui misit me, donec dies est :* Il faut que je fasse les œuvres de celui qui m'a envoyé, pendant qu'il est jour. Job. 32. 12.

4° Avant que. Matth. 10. 23. *Non consummabitis civitates Israel donec veniat Filius hominis :* Vous n'aurez pas achevé d'instruire toutes les villes d'Israël avant que le Fils de l'homme vienne. Voy. CONSUMMARE.

5° Quelquefois ce mot ne marque pas tant un temps limité que l'issue d'une chose. Matth. 12. 20. *Linum fumigans non extinguet, donec ejiciat ad victoriam judicium:* Mon serviteur n'achèvera point d'éteindre la mèche qui fume encore, jusqu'à ce qu'il fasse triompher la justice de sa cause, *i. e.* jusqu'à ce que Jésus-Christ fasse par sa douceur que la justice de son Evangile l'emporte et demeure victorieuse. On peut aussi expliquer ce passage du jugement dernier.

6° Ce mot est quelquefois une simple conjonction qui n'a point de sens particulier. Judith. 6. 4. *Confixus cades inter vulneratos Israel, et non respirabis ultra, donec extermineris cum illis, i. e. et exterminaberis :* Vous tomberez percé de coups parmi les morts et les blessés du peuple d'Israël, et vous n'en échapperez pas, mais vous périrez avec eux, dit Holopherne à Achior. 1. Reg. 2. 5. *Famelici saturati sunt, donec sterilis peperit plurimos :* Ceux qui étaient pressés de la faim, ont été rassasiés, et celle qui était stérile, est devenue mère de beaucoup d'enfants.

DONUM, I. Gr. δῶρον, δωρεά. Du verbe *do,* ou de δῶρον.

1° Don, présent. Prov. 19. 6. *Multi amici sunt dona tribuentis :* Plusieurs sont amis de celui qui a de quoi donner. c. 18. 16. Ps. 71. 10. Dans ce sens les biens que Dieu donne, sont appelés des présents. Eccli. 14. 14. *Particula boni doni non te prætereat :* Ne laissez pas perdre aucune partie du bien que Dieu vous donne, *i. e.* servez-vous-en honnêtement. Le Grec porte ἐπιθυμία; l'on doit traduire alors : *Ne laissez pas échapper le plus petit bon désir que Dieu vous donne.* Voy. PARTICULA.

2° Offrande, don offert à Dieu. Marc. 7. 11. *Corban (quod est donum) quodcumque ex me, tibi profuerit :* Si quelqu'un dit : Tout don que je fais à Dieu, vous soit utile, *il satisfait à la loi.* Voy. CORBAN. Matth. 23. 18. Luc. 21. 5. Num. 18. 6. etc. Offrande distinguée du sacrifice. Hebr. 5. 1. *Omnis pontifex constituitur ut offerat dona et sacrificia pro peccatis :* Tout pontife est établi afin qu'il offre des dons et des sacrifices pour les péchés. Ces dons offerts à Dieu étaient volontaires et de choses inanimées. Levit. 23. 38. Voy. Hebr. 8, 3. c. 9. 9. Voy. Num. 29. 39.

3° Don spirituel, grâce que Dieu fait par rapport au salut. Joan. 4. 10. *Si scires donum Dei :* Si vous connaissiez le don de Dieu, dit Jésus-Christ à la femme Samaritaine (δώρημα). Voy. v. 13. 14. Ainsi Jac. 1. 17. *Omne donum perfectum desursum est :* Tout don parfait vient d'en haut. Sap. 3. 9. Ephes. 2. 8. c. 4. 4. 8. Rom. 5. v. 15. 16. 2. Cor. 9. 15. Hebr. 6. etc.

4° Don du Saint-Esprit. Act. 2. 38. *Baptizetur unusquisque vestrum in nomine Jesu Christi, et accipietis donum Spiritus Sancti :* Que chacun de vous soit baptisé, au nom de Jésus-Christ, et vous recevrez le don du Saint-Esprit, *i. e.* ou le Saint-Esprit, ou la grâce justifiante, ou la grâce de la confirmation.

5° Don extraordinaire du Saint-Esprit. Act. 8. 20. *Quoniam donum Dei existimasti pecunia possideri :* Que votre argent périsse avec vous, vous qui avez cru que le don de Dieu puisse s'acquérir à prix d'argent, dit saint Pierre à Simon.

DOR, Heb. *Generatio.* Ville maritime dans la tribu de Manassé, près de Césarée. Jos. 12. 2. c. 12. 23. c. 17. 11. Jud. 1. 27. 1. Par. 7. 29. Son roi fut tué par Josué, et la capitale avec toute la province ruinée.

DORA. La même que Dor. 1. Mac. 15. v. 11. 13. 25, où Antiochus Sidétés assiégea le traître Tryphon.

DORCAS. Ce nom signifie un daim, un chevreuil, et vient de δέρκειν , *videre,* parce que cet animal a la vue subtile et voit de loin ; dans l'Ecriture :

Dorcas ou Tabithe, femme chrétienne de Joppé, célèbre par ses aumônes, et ressuscitée par saint Pierre. Act. 9. 36. *Joppe fuit quædam discipula, nomine Tabitha, quæ interpretata dicitur Dorcas.* Le mot *dorcas* signifie chevreuil. Ce nom, qui répond à *dama, caprea,* et autres semblables, comme *cerva,* est un nom de mignardise.

DORDA, Hebr. *Generatio scientiæ.* Fils de Mahol, célèbre pour sa sagesse. 3. Reg. 4. 31. Voy. CHALCOL.

DORMIRE, κοιμᾶσθαι, καθεύδειν. De l'ancien verbe *dermire,* δέρμα, *pellis,* parce qu'on couchait autrefois sur des peaux.

1° Dormir. Joan. 11. 12. *Domine, si dormit, salvus erit :* Seigneur, si Lazare dort, il sera guéri, disent les disciples à Jésus-Christ. Marc. 5. 39. Eccli. 22. 9. Cant. 5. 2.

2° Dormir du sommeil de la mort, être mort, se dit : 1° De tous les hommes. Dan. 12. 2. *Multi de his qui dormiunt* (πολλοὶ καθευδόντων) *in terræ pulvere, evigilabunt :* Toute cette multitude de ceux qui dorment dans la poussière de la terre, se réveilleront, les uns pour la vie éternelle, et les autres pour un opprobre éternel. 2° Il ne s'entend que des justes. 1. Thess. 4. 13. *Deus eos qui dormierunt* (Gr. κοιμάσθαι) *per Jesum, adducet cum eo :* Dieu amènera avec Jésus ceux qui se seront endormis en lui. Eccli. 24. 46 (cette phrase est particulière à la langue syriaque). 3° Il s'entend des particuliers, soit justes ou non. Ps. 75. 5. Joan. 11. 11. *Lazarus amicus noster dormit* (κοιμᾶσθαι), *sed vado ut a somno excitem eum :* Notre ami Lazare dort, mais je m'en vais l'éveiller. Voy. v. 13. 14. 1. Thess. 5. 10. 3. Reg. 1. 21. Matth. 27. 52. Act. 13. 36. Jerem. 51. v. 39. 57. *Dormient* (ὑπνοῦν ὕπνον) *somnum sempiternum, et non expergiscentur :* Les princes de Babylone dormiront d'un sommeil éternel, dont ils ne se réveilleront jamais. La mort est exprimée par le sommeil, non par rapport aux âmes qui vivent toujours, mais par rapport aux corps qui sont dans leurs tombeaux, comme dans leurs lits, jusqu'au jour de la résurrection, qui sera comme leur réveil. 1. Cor. 15. 20. *Primitiæ dormientium :* Jésus-Christ est ressuscité le premier, pour ne plus mourir. De là vient :

Dormire in Christo. Voy. MORI.

Dormire in pulvere. Voy. PULVIS.

3° Dormir du sommeil de la contemplation,

être en extase. Cant. 5. 3. *Ego dormio, et cor meum vigilat* : Je dors, et mon cœur veille.

4° Etre en repos, sans peine d'esprit (ὑπνοῦν). Prov. 4. 16. *Non dormiunt nisi malefecerint* : Les méchants ne peuvent dormir s'ils n'ont fait du mal. Ps. 4. 9. Ps. 67. 14. Ezech. 34. 25. Levit. 26. 6. Ose. 2. 18. Ainsi, Num. 24. 9. *Accubans dormivit ut leo* ; i. e. *secure quiescit* : Quand le peuple d'Israël se couche, il dort comme un lion. Ainsi, attendre en repos. Ose. 7. 6. *Tota nocte dormivit coquens* : Le Prophète compare Jéhu, qui faisait entrer insensiblement son peuple dans le culte des veaux d'or, à un homme qui, ayant fait chauffer son four, y avait mis sa pâte, et attendait en repos que le pain fût cuit. De là vient :

—*Dormire et exsurgere* (ὑπνοῦν, ἐξεγείρεσθαι, id est ἀναπαύεσθαι. Voy. Can. Scrip., p. 218, n. 3). Cette façon de parler est une manière de proverbe hébreu, qui signifie vivre dans une grande sécurité et sans rien craindre. Ps. 3. 6. *Ego dormivi, et soporatus sum ; et exsurrexi, quia Dominus suscepit me* : Je me suis endormi, dit David, je me suis assoupi, et ensuite je me suis levé ; parce que le Seigneur m'a pris en sa protection : Le Prophète fait allusion à ceux qui ne s'éveillent qu'après avoir bien dormi : cela s'entend bien de Jésus-Christ, dans le sens spirituel. Marc. 4. 27. *Quemadmodum si homo jaciat sementem in terram et dormiat, et exsurgat nocte et die* : Le royaume de Dieu est semblable à ce qui arrive, lorsqu'un homme a semé de la semence en terre ; soit qu'il dorme, ou qu'il se lève durant la nuit et durant le jour, la semence germe. Ainsi, Deut. 5. 7. *Dormiens atque consurgens* ; i. e. *noctu et interdiu* ; Nuit et jour.

5° Cesser. Job. 38. 37. *Concentum cœli quis dormire faciet ?* Qui fera cesser toute l'harmonie du ciel ?

6° Vivre dans la paresse et la négligence de son salut. Ephes. 5. 14. *Surge qui dormis, et exsurge a mortuis* : Levez-vous, vous qui dormez, sortez d'entre les morts, et Jésus-Christ vous éclairera. 1. Thess. 5. 6. *Non dormiamus, sed vigilemus, et sobrii simus* : Ne dormons pas comme les autres ; mais veillons, et gardons-nous de l'enivrement. v. 7. *Qui enim dormiunt, nocte dormiunt* : Car ceux qui dorment, dorment durant la nuit. Marc. 13. 36. Prov. 23. 34. c. 6. v. 9. 10. Cant. 5. 2. Voy. VIGILARE.

N'avoir point de soin de ceux dont on est chargé. Matth. 13. 25. *Cum autem dormirent homines, venit inimicus, et superseminavit zizania* : Pendant que les hommes dormaient, l'ennemi de celui qui avait semé de bon grain dans son champ, vint et sema de l'ivraie. Isa. 56. 10. *Speculatores ejus dormientes et amantes somnia* (ἐνυπνιάζεσθαι) : Les sentinelles d'Israël sont des chiens... qui dorment, et qui se plaisent dans leurs songes ; Hebr. à *Dormire*. Voy. DORMITARE.

7°. Etre malade dans son lit. Ps. 40. 9. *Numquid quid dormit non adjiciet ut resurgat ?* Croyez-vous qu'il puisse relever de cette maladie ? *Non adjiciet ut resurgat*, est une phrase hébraïque, qui est pour *non resurget* ; autr. Celui qui dort du sommeil de la mort, ne se lèvera-t-il pas encore ; sc. par la résurrection. Voy. ADJICERE.

8° Demeurer étendu dans la langueur et l'abattement. Isa. 51. 20. *Filii tui projecti sunt, dormierunt in capite omnium viarum* : Vos enfants sont tombés par terre, ils sont demeurés abattus le long des rues : l'Ecriture parle des Juifs : Ainsi, c. 10. 11. *In doloribus dormietis* : Vous languirez dans vos douleurs ; autr. vous serez frappés d'assoupissement au milieu de vos douleurs. Jerem. 3. 19. *Dormiemus in confusione nostra*.

9° Dormir, se dit pour marquer le commerce de l'homme avec la femme. Gen. 19. 32. *Inebriemus eum vino, dormiamusque cum eo, ut servare possimus ex patre nostro semen* : Donnons du vin à notre père, et enivrons-le, et dormons avec lui, afin que nous puissions conserver de la race de notre père : c'est ce que s'entredisent les deux filles de Loth, après l'embrasement de Sodome et de Gomorrhe. v. 33. 34. 35. c. 39. v. 7. 12. etc.

DORMITARE, νυστάζειν ; fréquentatif de *dormire*.

1° Sommeiller, dormir légèrement (καθυπνοῦν). Prov. 24. 33. *Modicum dormitabis* : Vous sommeillerez un peu. Le Sage marque la fainéantise du paresseux, qui se laisse souvent aller au sommeil. c. 6. 10. Voy. CONSERERE.

§ 1. — Dormir du sommeil de la mort, être mort. Ps. 75. 7. *Ab increpatione tua, Deus Jacob, dormitaverunt qui ascenderunt equos* : Ça été, ô Dieu de Jacob, par un effet de votre juste sévérité, que ceux qui étaient montés sur des chevaux, se sont aussi endormis : Le Prophète parle de Sennachérib et des Assyriens qui furent tués par un ange.

§. 2. — Etre négligent, s'endormir, ne point veiller, n'être point attentif, soit à la sûreté ou au salut des autres. Nahum. 3. 18. *Dormitaverunt pastores tui, rex Assur* : O roi d'Assur, vos pasteurs et vos gardes se sont endormis : Le Prophète attribue la prise de Ninive à la négligence de ses chefs. Ps. 120. 3. *Neque dormitet qui custodit te* : Que celui qui vous garde ne s'endorme point : en ce sens, *dormire* se joint avec *dormitare*. v. 4. *Non dormitabit neque dormiet qui custodit Israel* : Celui qui garde Israël ne s'assoupira et ne s'endormira point ; veillera à sa propre sûreté et à son salut. Prov. 6. 4. *Nec dormitent palpebræ tuæ* (ἐπινυστάζειν) : Si vous avez répondu pour votre ami, que vos paupières ne s'assoupissent point ; i. e. n'ayez point de repos que vous ne soyez dégagé ; soit à la vengeance et la punition des coupables. 2. Petr. 2. 3. *Perditio eorum non dormitat* : La main qui doit perdre ces faux docteurs n'est pas endormie. Isa. 5. 27.

3° S'abattre, se décourager. Ps. 118. 28. *Dormitavit anima mea præ tædio* : Mon âme s'est assoupie d'ennui. Hebr. *Stillavit, liquefacta est* ; s'est écoulée, i. e. affaiblie.

4° Ne plus penser à quelque chose, cesser

de l'attendre. Matth. 25. 5. *Moram autem faciente sponso. dormitaverunt omnes, et dormierunt* : L'Époux des dix vierges tardant à venir, elles s'assoupirent toutes et s'endormirent.

DORMITATIO, nis, νυσταγμός, l'action de sommeiller ou de s'endormir légèrement ; dans l'Ecriture :

Sommeil. Ps. 131. 4. *Si dedero palpebris meis dormitationem* : Si je permets à mes paupières de sommeiller.

— Paresseux, négligent, qui ne fait que dormir (ὑπνώδης. *somnolentus*). Prov. 23. 21. *Vestietur pannis dormitatio* : La paresse toujours endormie, sera vêtue de haillons ; *i. e.* l'homme paresseux.

DORMITIO, nis, κοίμησις — 1° L'action de dormir, sommeil naturel. Joan 11. 13. *Illi autem putaverunt quia de dormitione somni diceret* : Les disciples de Jésus-Christ crurent qu'il leur parlait du sommeil ordinaire ; *sc.* lorsqu'il leur dit : Notre ami Lazare dort.

2° Sommeil de la mort. 2. Mach. 12. 45. *Qui cum pietate dormitionem acceperant* : Judas considérait qu'une grande miséricorde était réservée à ceux qui étaient morts dans la piété : Gr. κοιμώμενοι.

DORSUM, i. Gr. νῶτος. Du mot *deorsum*, on disait autrefois *dossum*.

Le dos. Prov. c. 10. 13. *Virga in dorso ejus qui indiget corde* : La verge se trouve sur le dos de celui qui n'a point de sens. Ps. 67. 14. Ezech. 8. 16.

Significations, et façons de parler métaphoriques, tirées de ces significations.

Dare, ponere, vertere, percutere dorsum:
1° Mettre en fuite. 2. Reg. 22. 41. *Inimicos meos dedisti mihi dorsum* : Vous avez fait tourner le dos à mes ennemis. Ps. 17. 41. Ps. 20. 13. Isa. 45. 1.

2° Parce que c'est sur le dos qu'on porte les fardeaux : ce mot marque les maux et les travaux dont on est accablé. Ps. 80. 7. *Divertit ab oneribus dorsum ejus* : Dieu déchargea le dos des Israélites des fardeaux qui les accablaient. Ps. 65. 11. *Posuisti tribulationes in dorso nostro* : Vous nous avez chargés d'afflictions. Ps. 68. 24.

3° Parce que c'est ordinairement sur le dos que l'on frappe ceux qu'on punit : ce mot marque les châtiments et les afflictions qu'on fait souffrir. Nahum. 1. 13. *Nunc conteram virgam ejus de dorso tuo* : Je m'en vais briser cette verge, dont l'ennemi vous frappait. Ps. 128. 3. Eccli. 35. 22. Voy. CONTRIBULARI.

4° Ce mot marque aussi l'opiniâtreté de ceux qui ne se corrigent point par les châtiments. Baruch. 2. 33. *Avertent se a dorso suo duro* : *i. e. a duritia dorsi* : Les Israélites, dans leur captivité, quitteront cette dureté qui les rend comme inflexibles.

5° Parce que c'est en baissant le dos que l'on regarde la terre : ce mot marque l'attachement que l'on a pour les choses terrestres et périssables. Rom. 11. 10. *Dorsum eorum semper incurva* : Faites qu'ils soient toujours courbés contre terre : c'est la punition dont les Juifs ont été justement châtiés, pour avoir rejeté celui qui était venu leur enseigner la voie du ciel ; c'est, selon quelques-uns, ce que veut dire l'Apôtre en cet endroit, quoique ce même passage du psaume 68. 24. signifie, à la lettre, la dure servitude et les maux dont les Juifs ont été accablés depuis la ruine de Jérusalem.

6° Parce que c'est en tournant le dos, que l'on se retire de quelqu'un : *Præbere*, ou *ostendere dorsum alicui*, marque le mépris et l'abandon que l'on fait de quelqu'un ou de quelque chose. Jerem. 18. 17. *Dorsum et non faciem ostendam eis* : Je tournerai le dos et non le visage aux Israélites au jour de leur perte. 2. Par. 29. 6. Eccli. 21. 18.

Autres significations, ou figurées ou métaphoriques. — 1° Les reins, prenant une partie pour l'autre (ὀσφύς, *lumbi*). Ezech. 9. 11. *Qui habebat atramentarium in dorso suo* : Celui qui avait une écritoire pendue sur les reins : les anciens pendaient autrefois leur écritoire à leur côté.

2° Tout le corps. 3. Reg. 12. 10. *Minimus digitus meus grossior est dorso* (ὀσφύς) *patris mei* : Le plus petit de mes doigts est plus gros que n'était le dos de mon père : manière de parler proverbiale, comme si Roboam disait : Je vaux mieux de mon petit doigt, que mon père ne valait de tout son corps. Prov. 10. 13. Le dos est pris aussi pour le corps dans ce passage de Jérémie. 48. 37. *Erit super omne dorsum* (ὀσφύς) *cilicium* : Les Moabites auront le cilice sur le dos. Amos. 8. 10.

3° Le derrière d'un édifice. Ezech. 41. 15. *Mensus est longitudinem ædificii contra faciem ejus quod erat separatum ad dorsum* : Cet homme mesura la longueur de l'édifice, vis-à-vis de celui qui en était séparé par derrière.

DORYMINUS, Gr. *Donatus*. Dorymène, père de ce Ptolémée, qui fut envoyé par Lysias contre les Juifs. 1. Mac. 3. 38.

DOS, otis, φερνή, du nom grec, δώς; le même que δόσις, *donum*.

1° La dot, le bien qu'apporte une fille en mariage. Exod. 22. 17. *Reddet pecuniam juxta modum dotis* : Celui qui aura séduit une vierge, qui n'était point encore fiancée, donnera au père autant d'argent qu'il en faut d'ordinaire aux filles pour se marier. Cette dot était relative à la condition de la personne outragée. Il est vrai que, selon ce qui est dit, Deut. 22. 29. celui qui corrompt une vierge, paraît n'être condamné qu'à cinquante sicles ; mais le législateur a voulu, par ces deux articles différents, punir deux différentes injures ; l'injure faite au père de la jeune fille, par une amende de cinquante sicles ; et l'injure faite à la fille elle-même, par une dot proportionnée. 3. Reg. 9. 16. *Dedit eam in dotem* (ἀποστολαί, *munera*) *filiæ suæ uxori Salomonis* : Pharaon avait donné la ville de Gazer pour dot à sa fille, que Salomon avait épousée. 2. Mach. 1. 14.

2° Le douaire, l'avantage que les maris font à leurs femmes. Gen. 34. 12. *Augete dotem, et munera postulate* : Faites monter les droits de Dina aussi haut que vous voudrez ; demandez des présents, dit Sichem à Jacob et aux frères de Dina, la leur demandant en mariage. Voy. Gen. 29. v. 18. 20. 27. Ose. 12. 12. 1. Reg. 18. 25.

3° Don, grâce, bienfait (δῶρον). Gen. 30. 20. *Dotavit me Deus dote bona* : Dieu m'a fait un excellent don, dit Lia, accouchant de son sixième fils Zabulon.

DOSITHEUS, Gr. *Deo datus*. 1° Un prêtre de la race de Lévi. Esth. 11. 1. *Attulerunt Dositheus et Ptolemæus, filius ejus, hanc Epistolam phurim* : Dosithée et Ptolémée, son fils, apportèrent de Jérusalem en Egypte une épître, qui renfermait l'histoire qui est rapportée dans les derniers chapitres du Livre d'Esther. Voy. Josèphe, *l.* 2. *cont. Appion.*

2° Un des chefs qui combattaient avec Judas Machabée. 2. Mac. 12. 19. *Dositheus et Sosipater peremerunt a Timotheo relictos in præsidio decem millia viros* : Dosithéus et Sosipater tuèrent dix mille hommes, que Timothée avait laissés pour la garde d'une place.

3° Un cavalier qui voulut prendre vif Gorgias. 2. Mac. 12. 35. *Dositheus quidam de Bacenoris eques vir fortis Gorgium tenebat* : Un certain cavalier, de ceux de Bacénoris, qui était un vaillant homme, se saisit de Gorgias.

DOTARE, φερνίζει. — 1° Doter une femme, lui donner sa dot. Exod. 22. 16. *Dotabit eam, et habebit eam uxorem* : Cet homme, qui aura corrompu cette vierge, lui donnera de quoi se marier, et il l'épousera lui-même. — 2° Donner, avantager. Gen. 30. 20. *Dotavit me Deus dote bona* : Dieu m'a fait un excellent don, dit Lia. Voy. Dos. 3°.

DOTHAIN, Heb. *Ritus, lex*. Ville proche de Sichem, dans la tribu de Manassé. Genes. 37. 17. *Eamus in Dothain* : C'était une plaine, près de cette ville, où Joseph trouva ses frères. Judith. 4. 5. c. 7. 3.

DOTHAN. La même ville, que quelques-uns mettent dans la tribu de Zabulon. 4. Reg. 6. 13.

DRACHMA, Æ. De δραχμή, ῆς, petite monnaie des Athéniens, qui valait un denier romain, ou la huitième partie d'une once ; environ trois sous et demi ; dans l'Ecriture, où la monnaie, selon les Hébreux, vaut le double, ce mot signifie :

Drachme, valant environ sept ou huit sous de notre monnaie. Luc. 15. v. 8. 9. *Congratulamini mihi, quia inveni drachmam quam perdideram* : Réjouissez-vous avec moi, mes amies, parce que j'ai trouvé la drachme que j'avais perdue. 2. Esdr. 7. v. 70. 71. *De principibus familiarum dederunt in thesaurum operis, auri drachmas* (νυμίσματα) *viginti millia, et argenti mnas duo millia ducentas* : Quelques chefs des familles donnèrent au trésor destiné pour l'ouvrage du temple, vingt mille drachmes d'or, et deux mille deux cents mines d'argent. 2. Mach. 12. 43. Voy. Denarius.

DRACO, NIS, δράκων, τος. De δέρκειν, *videre* ; parce que ce serpent a les yeux perçants.

1° Dragon, espèce de serpent terrestre, qui devient fort grand et fort gros en vieillissant. Deut. 32. 33. *Fel draconum vinum eorum* : Le vin des idolâtres est un fiel de dragon : le venin de dragon est très-mortel. Job. 30. 29. *Frater fui draconum* (LXX σειρήνων) : J'ai ressemblé aux dragons par mes hurlements. Ps. 90. 13. *Conculcabis leonem et draconem* : Vous foulerez aux pieds le lion et le dragon : Le Prophète marque, par là, que tous les artifices des démons ne peuvent nuire à celui qui met uniquement son espérance en Dieu. Le dragon signifie aussi les autres bêtes sauvages, et même figure les plus grands dangers. Sap. 16. 10. *Filios autem tuos nec draconum venenatorum vicerunt dentes* : Pour vos enfants, les dents mêmes empoisonnées des dragons ne les ont pu vaincre. Eccli. 25. 23. etc. Ainsi, Dan. 14. 22. *Erat draco magnus in illo loco* : Il se trouva aussi en ce lieu-là un grand dragon, que les Babyloniens adoraient. Depuis que le démon trompa nos premiers parents, sous la forme d'un serpent, il a encore accoutumé de se revêtir souvent de cette figure pour tromper les hommes. Aug. *l.* 11. *de Gen. ad Litt. c.* 28.

2° Serpent (ὄφις). Exod. 7. 15. *Virgam quæ conversa est in draconem tolle in manu tua* : Vous prendrez en votre main la verge qui a été changée en serpent (il est appelé *Coluber*. v. 9. 10.) ; v. 12. *Versæ sunt in dracones* : Les verges des sages d'Egypte furent changées en serpents. C'étaient de véritables serpents, ou substitués à la place des baguettes, ou formées par la connaissance qu'a le démon des causes naturelles de la production de ces bêtes. *Aug. quæst.* 21. ou, enfin, parce que le démon enchantait les yeux de ceux qui croyaient voir ce qu'ils ne voyaient pas. *Tert. Justin. Ambros. Hieron.*

3° Toute sorte de serpents. Isa. 34. 13. *Erit cubile draconum* (σειρήνων) : La ville d'Edom, ou l'Idumée, deviendra la demeure des dragons. c. 13. 21. Jer. 9. 11. c. 10. 22. c. 49. 33. c. 50. 39. c. 51. 37. Malach. 1. 3.

4° Dragon marin, poisson monstrueux, tel que peut être la baleine. Ps. 103. 26. *Draco iste quem formasti ad illudendum ei* : Dans la mer, se voit ce monstre que vous avez formé, Seigneur, pour s'y jouer, ou ; pour vous en jouer. Ps. 148. 7. *Laudate Dominum de terra, dracones et omnes abyssi* : Louez le Seigneur, vous qui êtes sur la terre, vous, dragons, et vous tous, abîmes d'eaux. Tous les gros poissons sont appelés du mot *draco*, comme les petits sont appelés *reptiles*. Ps. 68. 35.

5° Cruels tyrans, puissants ennemis de l'Eglise. Ps. 73. 13. *Contribulasti capita draconum in aquis* : C'est vous, ô Dieu, qui avez brisé les têtes des dragons dans le fond des eaux : Le Prophète entend Pharaon et les Egyptiens. Isa. 51. 9. Ezech. 29. 3. c. 32. 2.

6° Le diable ou Satan. Apoc. 12. 3. *Ecce draco magnus rufus* : Il parut, dans le ciel, un grand dragon roux. v. 4. 9. 13. etc. Il est appelé *Dragon*, à cause de sa malice et de ses artifices, et *roux*, à cause de sa cruauté, qui ne respire que le sang et les meurtres.

Façons de parler.

Fons draconis; Gr. πηγὴ τῶν συκῶν, *fons ficuum*. La fontaine du Dragon, un lieu près d'une des portes de Jérusalem, dite *de la Vallée*. 2. Esdr. 2. 13. *Egressus sum per portam vallis nocte et ante fontem draconis*: Je sortis la nuit par la porte de la vallée, je vins devant la fontaine du dragon : cette fontaine était ainsi appelée, parce que des dragons d'airain jetaient l'eau par la gueule, ou, parce que l'eau y coulait en serpentant.

DROMEDARIUS, II. De *dromas, dis*, ou *dromada, æ*, de δρόμος, *cursus*.

Dromadaire, espèce de chameau fort rapide à la course (κάμηλος). Isa. 60. 6. *Dromedarii Madian et Epha*: Vous serez innondée par les dromadaires de Madian et d'Epha. On croit que ce sont les poulains des chameaux, que l'on appelle de la sorte.

DRUSILLA, Æ. Gr. *Rore conspersa*. De δρόσος, *ros* ; d'où vient *Drusus*, et de là le diminutif *drusilla*.

Drusille, fille d'Hérode Agrippa, laquelle quitta Azize, roi d'Emèse, son mari, pour épouser Félix, gouverneur de Judée. Act. 24. 24. *Veniens Felix cum Drusilla uxore sua, quæ erat Judæa, vocavit Paulum*: Félix étant revenu à Césarée avec Drusille, sa femme, qui était Juive, fit venir saint Paul.

DUBIE. Avec doute, en doutant. Levit. 13. 43. *Condemnabit eum haud dubie lepræ*: Le prêtre n'hésitera point à juger que cet homme est lépreux.

DUBITARE. De l'ancien *dubiare*, pour *dubitare*, qui vient de *dubium*, et celui-ci, de *duo* ; comme en Grec δύω, fait δυάζειν, *dubitare*.

1° Douter, hésiter, ne pas croire entièrement, ni s'opposer (δυάζειν). Matth. 14. 31. *Modicæ fidei, quare dubitasti?* Homme de peu de foi, pourquoi avez-vous douté ? c. 28. 17. *Videntes eum adoraverunt ; quidam autem dubitaverunt*: Les onze disciples de Jésus-Christ le voyant sur la montagne qui est en Galilée, l'adorèrent ; quelques-uns, néanmoins, furent en doute ; ils ne doutaient pas de sa résurrection ou de sa divinité ; mais ils doutaient si c'était lui-même : d'autres rapportent ce doute aux autres apparitions? *dubitaverunt* pour *dubitaverant*. Tob. 7. 13.

2° Faire difficulté de faire quelque chose. Act. 10. 20. *Vade cum eis, nihil dubitans*: Ne faites point difficulté d'aller avec eux : l'Esprit de Dieu parle à saint Pierre des trois hommes que lui envoyait Corneille. On peut aussi entendre : *N'ayant aucun doute sur la vérité de leur mission*, μηδὲν διακρινόμενος ὅτι ἐγὼ ἀπέσταλκα αὐτούς.

DUBITATIO, NIS. Doute, difficulté, qui fait de la peine, quand on ne sait à quoi se résoudre. Act. 10. 29. *Sine dubitatione veni accersitus*: Gr. ἀναντιρρήτως. Dès que vous m'avez mandé, je n'ai fait aucune difficulté de venir, dit saint Pierre à Corneille. Ruth. 3. 13.

DUBIUS, A, UM. De *duo*. Voy. DUBITARE.

Douteux, incertain, de quoi l'on doute. 1. Tim. 6. 7. *Nihil intulimus in hunc mundum, haud dubium*; Gr. δῆλον, *quod nec auferre quid possumus*: Nous n'avons rien apporté en ce monde, et il est sans doute que nous n'en pouvons aussi rien emporter. Tob. 7. 14. *Noli dubium gerere quod tibi eam tradam*:Ne doutez point que je ne vous donne ma fille, comme vous le désirez, dit Raguel au jeune Tobie. Exod. 10. 10.

DUCATUS, us. Du substantif *ductus*, s'est fait *ducatus* improprement, comme s'il venait de *ducare*.

Charge de commander dans une armée ; dans l'Ecriture :

1° Commandement, la charge et l'autorité de commander (ἡγεμονία). Eccli. 7. 4. *Noli quærere a Domino ducatum*: Ne demandez point au Seigneur la charge de conduire les autres. 2. Esdr. 5. 8.

2° Conduire, soin de conduire et de servir de guide. Matth. 15. 14. *Cæcus si cæco ducatum præstet* (Gr. ὁδηγῇ), *ambo in foveam cadunt*: Que si un aveugle conduit un autre aveugle, ils tombent tous deux dans la fosse.

DUCENTI, Æ, A ; διακόσιοι. De *duo* et de *centum*.

1° Deux cents, nombre défini. Act. 23. 23 *Parate milites ducentos, ut eant usque Cæsaream*: Tenez prêts, dès la troisième heure de la nuit, deux cents soldats pour aller jusqu'à Césarée, dit le tribun à deux centeniers, pour y faire conduire saint Paul au gouverneur Félix. 1. Reg. 18. 27, c. 25. 18. etc.

2° Nombre indéfini marqué par deux cents. Cant. 8. 12. *Mille tui pacifici et ducenti his qui custodiunt fructus ejus*: Vous retirerez mille pièces d'argent de votre vigne, ô Salomon ; et ceux qui en gardent et en recueillent les fruits, en retireront deux cents. Voy. PACIFICUS. Joan. 6. 7.

DUCERE, ἄγειν. Quand ce verbe signifie *putare*, il vient de δοκεῖν ; mais lorsqu'il signifie, mener, conduire, il vient de δείκειν, δεικνύειν, *ostendere*: ainsi, il signifie : conduire, guider, porter à une chose, tirer en longueur, mener, passer, estimer, penser, etc. ; dans l'Ecriture :

1° Conduire, mener, emmener. 2. Par. 36, 6. *Vinctum catenis duxit in Babylonem*: Nabuchodonosor fit enchaîner Joachim, et l'emmena à Babylone : Nabuchodonosor laissa ensuite Joachim à Jérusalem, où il régna onze ans sous sa domination. v. 5. 8. 4. Reg. 23. 36. Voy. JOACHIM.

Façon de parler tirée de cette signification.

Ducere, ou *ducere uxorem* (supl. *domum*), Gr. γαμεῖν. Prendre une femme en mariage, la mener dans sa maison comme une chose qui appartient au mari. Matth. 5. 32. *Qui dimissam duxerit, adulterat*: Quiconque épouse celle que son mari aura quittée, commet un adultère, parce que, quoique séparée, elle reste toujours sa femme. c. 19. 9. c. 22. 24. Il se trouve aussi par abus dans l'Ecriture : *Ducere maritum*. Deut. 24. 2. *Cumque egressa alterum maritum duxerit* (γίγνεσθαι ἀνδρί) : Si cette femme répudiée, étant sortie de la maison de son mari, épouse un second mari. Ainsi :

2° Emmener (ἀπάγειν); soit en captivité. Num. 21. 1. *Arad victor existens, duxit ex eo prædam*: Après avoir vaincu les Israélites, Arad en emporta les dépouilles et en emmena des prisonniers. Deut. 21. 10. c. 28. v. 36. 41. etc. Job. 12. 19. ἐξαποστέλλει ; 2. Tim. 3. 6. *Ex his sunt qui captivas ducunt mulierculas oneratas peccatis* (αἰχμαλωτεύειν) : De ce nombre, sont ceux qui traînent après eux, comme captives, des femmes chargées de péchés; soit au supplice. Act. 12. 19. *Inquisitione facta de custodibus, jussit eos duci*: Hérode, après avoir fait donner la question aux gardes pour savoir ce que saint Pierre était devenu, commanda qu'ils fussent menés au supplice. Voy. Gen. 38. 25. Souvent les Hébreux, en mettant un verbe, sous-entendent ce qui en suit. Voy. ASSUMERE. Ce verbe se trouve dans les auteurs latins, en cette signification: *Tit. Liv. Decad.* 1. *l.* 6. *c.* 15.

3° Abattre, entraîner (καταφέρειν). Act. 20. 9. *Cum mergeretur somno gravi... ductus somno, cecidit de tertio cœnaculo* : Le jeune homme Eutyque étant plongé dans un profond sommeil, tomba du troisième étage en bas.

4° Transporter, emporter. Luc. 4. 9. *Duxit illum in Jerusalem, et statuit eum super pinnam Templi*: Le diable transporta Jésus-Christ dans Jérusalem, et le mit sur le haut du Temple.

5° Tirer, étendre, allonger. Exod. 26. 37. *Quinque columnas deaurabis lignorum setim, ante quas ducetur tentorium* : Le voile fait, pour l'entrée du tabernacle, sera suspendu à cinq colonnes de bois de sétim. c. 40. 32. 4. Reg. 21. 13. *Delens vertam, et ducam crebrius stylum super faciem ejus*: Je passerai et repasserai souvent le style par-dessus Jérusalem, afin qu'il n'en demeure rien. Ceci fait allusion à la manière d'écrire et d'effacer des anciens. Voy. STYLUS, de là vient :

Ducere tempus. Passer le temps, comme qui dirait continuer, tirer en long (ἀγαθύνεσθαι). Judic. 19. 9. *Mane apud me etiam hodie, et duc lætum diem*: Demeurez encore chez moi pour aujourd'hui et réjouissons-nous. Esth. 6. 1. Job. 21. 13.

Ducere choros, χορεύειν, danser, parce que la danse se fait avec quelque étendue. Judic. 21. 23. *Juxta numerum suum rapuerunt sibi de his quæ ducebant choros* : Chacun des enfants de Benjamin enleva une des filles qui dansaient, pour être sa femme. Cet enlèvement étant fait par l'autorité publique et pour un bien public, *sc.* pour la conservation de la tribu de Benjamin, ne doit pas être regardé comme criminel. v. 21. 1. Reg. 18. 6. Judith. 3. 19.

6° Porter, exciter, toucher (ἀνάγειν). Matt. 4. 1. *Jesus ductus est in desertum a Spiritu* : Jésus fut conduit par l'esprit dans le désert, pour y être tenté du diable. Ceci marque que le Saint-Esprit le porta à présenter au démon une occasion de le tenter; Gr. ἀνήχθη, *abductus est.* Deut. 30. 1. *Cum ductus pœnitudine cordis reversus fueris ad eum*: Lorsqu'étant touché au fond du cœur vous reviendrez à Dieu. Judic. 21. 6. Tob. 6. 22.

7° Emporter, entraîner (ἐκκλίνειν). 2. Esdr. 13. 26. *Ipsum ergo duxerunt ad peccatum mulieres alienigenæ*: Après toutes les grâces que reçut Salomon, néanmoins, des femmes étrangères le firent tomber dans le péché. (Voy. 3. Reg. 11. 4.) Gal. 2. 13. 2. Tim. 3. 6. *Mulieres quæ ducuntur variis desideriis* : Des femmes possédées de diverses passions.

8° Estimer, croire, penser (λόγον ποιεῖν). 1. Esdr. 4. 14. Job. 14. 3. *Dignum ducis super hujuscemodi aperire oculos tuos*: Vous croyez, Seigneur, qu'il soit digne de vous d'ouvrir seulement les yeux sur l'homme. Sap. 7. 8. 2. Mach. 1. 18. etc. Hebr. 10. 29. *Qui sanguinem testamenti pollutum duxerit* (ἡγεῖσθαι): Celui qui aura tenu pour une chose vile et profane le sang de l'alliance.

Jugum ducere. Voy. JUGUM.

DUCTILIS, E. ἐλατός, de *ducere*, qu'on conduit, qu'on fait aller où l'on veut, malléable, *c'est-à-dire*,

Qu'on peut étendre à coups de marteau, en parlant d'or, de cuivre, etc. Exod. 25. 31. *Facies et candelabrum ductile de auro mundissimo* : Vous ferez un chandelier de l'or le plus pur, battu au marteau. v. 36. Ps. 97. 6. etc.

DUCTOR, IS. De *ducere.*

Chef qui conduit et sert de guide (πρεσβύτης). Num. 10. 31. Deut. 1. 30. *Dominus Deus, qui ductor est vester*: Le Seigneur votre Dieu, qui est votre conducteur. c. 8. 15. etc.

DUCTUS, us. L'action de conduire, la conduite ou l'administration de quelque affaire (ἔκτασις); dans l'Ecriture :

Etendue. Ezech. 17. 3. *Aquila magnarum alarum, longo membrorum ductu* : Un aigle qui a de grandes ailes et un corps très-long.

DUDIA; Heb. *Dilectus meus.* Un officier qui commandait vingt-quatre mille hommes des armées de David. 1. Par. 27. 4.

DUDUM; de *diu* et *dum.*

1° Il y a déjà longtemps. Ezech. 11. 3. *Nonne dudum* (προσφάτως) *ædificatæ sunt domus?* Nos maisons ne sont-elles pas bâties depuis longtemps? Hebr. *Non prope est (quod isti minantur) ædificandæ sunt domus.*

2° Déjà, auparavant. Gen. 27. 33. *Quis igitur ille est qui dudum captam venationem attulit mihi?* Qui est donc celui qui m'a déjà apporté de ce qu'il avait pris à la chasse? dit Isaac à Esaü. Exod. 12. 39. *Coxeruntque farinam, quam dudum de Ægypto conspersam tulerant* : Les Israélites firent cuire la farine qu'ils avaient emportée, il y avait du temps, toute pétrie, *i. e.* il y avait plus d'un jour : *dudum* n'est ni dans l'Hébreu ni dans les Septante.

DUEL, Hebr. *Scientia Dei.* Le père d'Eliasaph de la tribu de Gad. Num. 1. 14.

DULCEDO, INIS, γλυκασμός, γλύκασμα. — 1° Douceur (γλυκύ). Judic. 14. 14. *De forti egressa est dulcedo* : La douceur est sortie du fort. Ceci est une partie de l'énigme que proposa Samson aux trente jeunes hommes. Par cette douceur s'entendait le miel qui se trouva dans la gueule du lion. (v. 18.) c. 9. 11. Exod. 15. 25. Voy. LIGNUM. Joel. 3. v. 3. 18. *Stillabunt montes dulcedinem*: La douceur du miel dégoûtera des montagnes : *Heb.* Le vin nouveau ; ce qui marque une grande abondance.

2° Douceur, contentement, agrément, délices. Job. 24. 20. *Dulcedo illius vermes*: Que les vers soient la douceur et les délices de l'adultère. Cette façon de parler peut bien être un hébraïsme, pour signifier que l'impie sera lui-même la douceur et les délices des vers. Prov. 16. 24. Isa. 24. 8. Joel. 1. 5. Amos 9. 13.

3° Douceur, bonté, libéralité (χρηστότης): Ps. 20. 4. *Praevenisti eum in benedictionibus dulcedinis*: Vous avez prévenu le roi de bénédictions et de douceurs, *i. e.* des grâces de votre libéralité. Ps. 30. 20. Ps. 67. 11. Sap. 16. 21.

DULCIS, E, γλυκύς, εῖα, ύ. De l'ancien nom *delicis*; d'où s'est fait *delcis*, et ensuite *dulcis*; ou du Grec δέλκος, pour γλυκύς, dans le dialecte des Eoliens, que les Latins ont suivi.

1° Doux au goût. Judic. 14. 18. *Quid dulcius melle?* Qu'y a-t-il de plus doux que le miel, disent les trente jeunes hommes, expliquant l'énigme de Samson. Prov. 24. 13. c. 27. 9.

2° Doux et agréable, délicieux, qui plaît. Job 20. 12. *Cum dulce fuerit* (γλυκαίνεσθαι) *in ore malum*: Lorsque le mal est doux à la bouche de l'hypocrite, il le cache sous sa langue. c. 21. 33. Ps. 18. 11. Ps. 54. 16. Prov. 7. 5 etc. Ezech. 32. *Factum est in ore meo sicut mel dulce*: Ce livre devient doux à ma bouche comme le miel. Ce n'est pas qu'Ezéchiel fût cruel envers ses frères, lorsqu'il trouvait de la douceur dans un livre qui les menaçait des châtiments les plus rigoureux ; mais son grand amour pour Dieu lui faisait aimer sa justice, qui menace et punit les pécheurs pour détruire le péché.

3° Bon, bienfaisant, libéral (χρηστός). Ps. 24. 8. *Dulcis et rectus Dominus*: Le Seigneur est plein de douceur et de droiture. 1. Petr. 2. 3.

4° Bon et profitable. Isa. 5. 20. *Vae ponentes amarum in dulce, et dulce in amarum*: Malheur à vous, qui dites que ce qui est pernicieux est profitable, et que ce qui est salutaire est nuisible.

DULCOR, IS, γλύκασμα. Nom inusité de *dulcis*.

Douceur. Eccli. 11. 3. *Initium dulcoris habet fructus illius*: Le fruit de l'abeille l'emporte sur ce qu'il y a de plus doux.

DULCORARE, de *dulcis*; ce verbe n'est point en usage.

Adoucir, récréer réjouir, consoler. Prov. 27. 9. *Bonis amici consiliis anima dulcoratur*: Les bons conseils d'un ami sont les délices d'une âme.

DUM, de διά et οὖν, adverbe de temps qui a plusieurs significations : Lorsque, jusqu'à ce que, pourvu que, pendant que, tant que ; dans l'Ecriture :

1° Quand, lorsque, pendant que, tandis que. 1. Cor. 11. 32. *Dum judicamur autem,* *a Domino corripimur*: Lorsque nous sommes jugés de la sorte, c'est le Seigneur qui nous châtie. Gal. 6. 10. *Dum* (ὡς) *tempus habemus, operemur bonum ad omnes*: Pendant que nous en avons le temps, faisons du bien à tous. Hebr. 9. 10.

2° Pourvu que. Philipp 1. 18. *Quid enim? dum* (πλὴν) *omni modo Christus annuntietur*: Qu'importe, pourvu que Jésus-Christ soit annoncé en quelque manière que ce soit?

3° Comment, de quelle façon (ὡς, *quomodo*). Marc 4. 27. *Et semen germinet, et increscat dum nescit ille*: La semence qu'un homme a jetée en terre germe et croît sans qu'il sache comment.

4° *Usque dum*: Jusqu'à ce que. Voy. USQUE.

Dummodo, de *dum* et de *modo*.

Pourvu que (μόνον, *tantum*). Gen. 19 8. *Abutimini eis, dummodo viris istis nihil mali faciatis*: Usez de mes deux filles comme il vous plaira, après que je vous les aurai amenées, pourvu que vous ne fassiez point de mal à ces hommes-là, dit Loth aux Sodomites, au sujet des deux anges qu'il logeait. Act. 20. 24.

Dumtaxat, de *dum*, adverbe, et de *taxare*, pour *aestimare*, comme s'il y avait, *Dum taxetur hoc unum*: En ne considérant que cela.

Seulement. Levit. 25. 50. Deut. 12. 16. *Absque esu dumtaxat sanguinis*: Abstenez-vous seulement de manger du sang. Ce mot est joint ordinairement avec *ita ut*, pour marquer une restriction ou une condition avec laquelle on doit faire quelque chose. Levit. 14. 8. *Purificatusque ingredietur castra, ita dumtaxat ut maneat extra tabernaculum suum septem diebus*: Cet homme étant ainsi purifié, entrera dans le camp, de telle sorte néanmoins qu'il demeurera sept jours hors de sa tente. c. 21. 23.

DUMA, Hebr. *Silentium*. — 1° Un fils d'Ismaël. Gen. 25. 14. 1. Par. 1. 30.

2° Peuple d'Idumée, descendu de Duma, fils d'Ismaël. Isa. 21. 11. *Onus Duma*: Prophétie contre Duma ; Gr. Ἰδουμαίας Ainsi, on croit que *Duma* est mis par contraction pour l'Idumée.

DUO, **DUÆ**, **DUO**, de δύω, deux. Ce mot se prend ou pour un nombre certain et défini. Gen. 7. 2 *De animantibus vero immundis duo et duo, masculum et foeminam*; i. e. *bina*: Prenez deux mâles et deux femelles des animaux impurs, dit Dieu à Noé. Ceci est une phrase hébraïque, deux à deux, deux de chaque espèce, un mâle et une femelle. v. 9. *Duo et duo ingressa sunt ad Noe in arcam, masculus et foemina*: Les animaux purs et impurs, et les oiseaux, avec tout ce qui se meut sur la terre, entrèrent aussi dans l'arche avec Noé, deux à deux, mâle et femelle. Matth. 8. 28. *Occurrerunt ei duo habentes daemonia de monumentis exeuntes*: Deux possédés sortirent des sépulcres et vinrent au-devant de Jésus-Christ. Saint Marc, 5. 1. et saint Luc, 8. 26. ne parlent que d'un ; mais c'était le plus furieux des deux. Matth. 19. 5. Marc. 10. 8. etc. 1. Reg. 18. 21. *In duabus rebus* *gener meus eris hodie :* Vous serez aujourd'hui mon gendre pour deux raisons : et parce que vous avez triomphé du géant Goliath, et parce que vous avez défait et tué de votre propre main cent ennemis Philistins. Cette interprétation est la plus générale. Ainsi, Ose. 10. 10. *Corripientur propter duas iniquitates suas :* Je les punirai pour leur double iniquité, ou à cause des deux veaux d'or, auxquels ils ont bâti des temples, ou à cause qu'ils sont en même temps, et impies dans leur religion, et déréglés dans toute leur vie. Eccli. 2. 14. *Væ.... peccatori terram ingredienti duabus viis !* Malheur au pécheur qui marche sur la terre par deux voies ! qui marche selon Dieu en apparence, et selon le monde dans le fond du cœur. c. 3. 28. Voy. CLAUDICARE. Ou ce mot se prend pour un nombre incertain et indéfini. Luc 3. 11. *Qui habet duas tunicas det non habenti :* Que celui qui a deux vêtements en donne à celui qui n'en a point ; *i. e.* Ceux qui ont plus de bien qu'il ne leur en faut, en doivent donner à ceux qui en manquent. Matth. 24. v. 40. 41. c. 6. 24. Luc 17. 36. Ainsi, Matth. 18. 19. *Si duo ex vobis consenserint super terram, de omni re quamcumque petierint, fiet illis a patre meo :* Que si deux d'entre vous s'unissent ensemble sur la terre, quelque chose qu'ils demandent, elle leur sera accordée par mon père, qui est dans les cieux. Deut. 32. 30. 3. Reg. 17. 12. Matth. 6. 24. Ce mot se prend pour un petit nombre ou une petite quantité. 3. Reg. 17. 12. Isa. 7. 21. *E colligo duo ligna :* Je viens ramasser ici quelques broutilles. Isa. 7. 21. c. 17. 6. Ainsi, *Unus et duo* Jer. 3. 14. *Assumam vos unum de civitate, et duos de cognatione :* J'en choisirai d'entre vous un d'une ville et deux d'une famille. Les Juifs regardaient cette prédiction comme accomplie, après le retour de Babylone sous Cyrus, du temps de Zorobabel ; mais l'entier accomplissement de cette prophétie n'est arrivé que lorsqu'un petit nombre d'Israélites furent sauvés, et furent admis dans l'Eglise à l'avénement de Jésus-Christ. Eccli. 38. 8. Ainsi, Ose. 6. 3. *Vivificabit nos post duos dies ; in die tertia suscitabit nos :* Il nous rendra la vie dans deux jours (dans peu de temps) ; le troisième jour il nous ressuscitera ; *i. e.* il nous rétablira. Mais il est visible que le Saint-Esprit a voulu marquer dans ce vers et le temps de la résurrection de Jésus-Christ et l'établissement de son Eglise, figuré par le rétablissement des Juifs dans leur pays.

DUODECIM, δώδεκα, de *duo* et de *decem*. Douze, pris ou pour un nombre certain. Matth. 10. v. 1. 2. 5. *Hos duodecim misit Jesus :* Jésus envoya ces douze Apôtres. Apoc. 12. 1. c. 21. 12. Matth. 19. 28. c. 22. 30. etc. ou est pris pour un nombre indéfini. Matth. 26. 53. *Non possum rogare patrem meum, et exhibebit mihi modo plusquam duodecim legiones angelorum ?* Croyez-vous que je ne puisse pas prier mon Père, et qu'il ne m'envoie pas ici en même temps plus de douze légions d'anges ? *i. e.* un très-grand nombre. Il faut remarquer que le nombre de douze est mystérieux, surtout dans l'Apocalypse, à cause des douze tribus d'Israël que Dieu a choisies et des douze Apôtres qu'il a appelés, et à cause des choses qui les figurent, comme les douze fruits que porte l'arbre de vie. Apoc. 22. 2. Les douze portes et les douze fondements de Jérusalem, qui sont les douze Apôtres. Apoc. c. 21. v. 12. 21. 14. Ainsi. Matth. 19. 28. Voy. TRIBUS.

DUODECIMUS, A, UM ; δωδέκατος, de *duodecim*. Douzième. Esth. 3. 7. *Exivit mensis duodecimus, qui vocatur adar :* Le sort qui fut jeté devant Aman, tomba sur le douzième mois, appelé *adar* ; *sc.* le mois auquel on devait exterminer toute la nation juive. Apoc. 21. 20. etc.

DUPLEX, ICIS, de διπλοῦς, de δίς, et de πλέος ; selon d'autres, de *duo*, et de *plectere* : *duplus*, vient mieux de πλέος.

1° Double, deux fois autant. Gen. 23. v. 9. 17. *Intercedite pro me apud Ephron, filium Seor, ut det mihi speluncam duplicem quam habet in extrema parte agri sui :* Intercédez pour moi envers Ephron, fils de Séor, afin qu'il me donne sa caverne double, qu'il a à l'extrémité de son champ, dit Abraham aux enfants de Heth. Cette caverne, qu'Abraham demande pour enterrer Sara, est appelée *double* ; soit qu'il y eût deux enfoncements l'un dans l'autre, soit qu'il y eût deux lieux séparés pour y mettre des morts. Exod. 16. v. 22. 29. *In die autem sexta collegerunt cibos duplices,* i. e. *duo gomor per singulos homines :* Le sixième jour de chaque semaine, les Israélites recueillaient de la manne deux fois plus qu'à l'ordinaire ; *i. e.* deux gomors (mesures) pour chaque personne ; *sc.* à cause que le lendemain était le jour du sabbat, où il n'en tombait point. Gen. 43. v. 12. 15. Judic. 17. 10. *Dabo tibi per annos singulos vestem duplicem ;* Gr. ζεῦγος ἱματίων : Entre les gages que je vous donnerai chaque année, vous aurez deux habits, dit Michas au jeune homme Lévite de Bethléem, qui lui devait tenir lieu de père et de prêtre. 3. Reg. 6. 34. *Utrumque ostium duplex erat :* Chacune des portes du Temple était brisée, et s'ouvrait ayant ses deux parties unies ; Gr. δύο πτυχαί.

2° Double, doublé, augmenté au double. Exod. 28. 16. *Quadrangulum erit et duplex :* Le Rational du jugement sera carré et double ; *i. e.* renforcé pour pouvoir soutenir le poids des pierres précieuses. 4. Reg. 2. 9. *Obsecro ut fiat in me duplex spiritus tuus :* Je vous prie que votre double esprit repose sur moi ; ce que l'on entend de l'esprit de prophétie et des miracles. Hebr. *Fiat in me mensura duorum ;* (i. e. *duarum partium*) *de spiritu tuo ;* Gr. διπλᾶ ἐν πνεύματί σου. Deut. 21. 17. Plusieurs Pères croient qu'Elisée demanda de posséder doublement les dons que possédait Elie, son maître : ce qui paraît hardi et téméraire ; mais c'était un prophète qui demandait ce que Dieu même lui inspirait de demander : on remarque en effet qu'Elisée fit une fois plus de miracles qu'Elie. Voy. PRIMOGENITUS. Eccli. 50. 2. *Ab ipso duplex* ædificatio : C'est Simon, fils d'Onias, grand prêtre, qui a fait le double bâtiment. L'Ecriture ne fait nulle part mention de ces ouvrages qu'en cet endroit. Prov. 31. 21. *Domestici ejus vestiti sunt duplicibus* : Tous les domestiques de la femme forte ont un double vêtement ; *autr.* des habits bien doublés. Quelques auteurs traduisent : *coccinis* de pourpre, parce que l'Hébreu שני, souvent précédé de תולעת, nom du ver qui produit la pourpre, peut s'entendre ainsi, même quand il est isolé ; mais est-il naturel de supposer que, dans une maison telle qu'est celle de la femme forte, tous les serviteurs soient revêtus de vêtements de pourpre ? D'ailleurs, en remontant à l'étymologie, שנה de שנה, *iteravit*, signifie proprement, répété, doublé ; ce n'est que lorsqu'il se trouve implicitement ou explicitement joint au nom des couleurs, qu'il prend le sens de *bis tinctum*, deux fois teint, et, par suite, de cette couleur ; hors de ce cas, il doit reprendre, et reprend en effet sa signification primitive.

2° Plus grand, plus abondant, qui se rend au double. Job. 42. 10. *Addidit Dominus omnia quæcumque fuerant Job duplicia* : Le Seigneur rendit au double à Job tout ce qu'il possédait auparavant ; au double, *i. e.* en plus grande quantité qu'auparavant ; ce qui ne se fit pas tout d'un coup, mais peu à peu. Eccli. 12. 7. *Duplicia mala invenies in omnibus bonis quæ feceris illi* : Vous trouverez un double mal dans tout le bien que vous lui ferez ; vous perdez la récompense que vous méritiez pour vos bienfaits ; et de plus, cet ingrat, étant devenu plus puissant que vous, vous rendra le mal pour le bien. Sap. 11. 13. c. 20. 10. c. 26. 1. Isa. 40. 2. *Suscepit de manu Domini duplicia pro omnibus peccatis suis* : Jérusalem a reçu de la main du Seigneur une double grâce pour l'exécution de ses péchés. c. 61. 7. Jerem. 16. 18. c. 17. 18. Zach. 9. 12. 1. Tim. 5. 17. etc.

3° Ce qui se fait une seconde fois, ce qui se répète. Eccli. 7. 8. *Neque alliges duplicia peccata* : Ne serrez point deux fois le nœud du péché ; *Gr.* N'accumulez point péché sur péché. Voy. ALLIGARE. Nahum. 1. 9. Voy. CONSURGENS.

4° Double, opposé, qui est contraire à une autre chose. Eccli. 42. 25. *Omnia duplicia, unum contra unum* : Chaque chose a son contraire : l'une est opposée à l'autre, *sc.* ou dans l'individu ou dans l'espèce. C'est même cette diversité qui se trouve dans les choses naturelles, et qui est un effet de la toute-puissance de Dieu, qui entretient l'ordre et la liaison admirable de tant de corps qui composent cet univers.

5° Douteux, incertain, qui a l'esprit partagé (δίψυχος , *bianimis*). Jac. 1. 8. *Vir duplex animo inconstans est in omnibus viis suis* : Ceux qui n'ont point de résolution fixe, n'avancent point, et n'arrivent à aucune fin. L'Apôtre veut dire que celui qui ne demande point avec une foi ferme, n'obtient rien de Dieu, c. 4. 8. *Purificate corda duplices animo* : Purifiez vos cœurs, vous qui avez l'âme double et partagée ; *i. e.* qui balancez entre l'amour de Dieu et du monde. Eccli. 1. 36.

6° Double, qui n'est point sincère, hypocrite, dissimulé. 1. Par. 12. 33. *Venerunt in auxilium non in corde duplici* : Ceux de Zabulon vinrent au nombre de cinquante mille offrir leur service à David, sans aucune duplicité de cœur. Eccli. 2. 14. *Væ duplici corde* : Malheur au cœur double, δειλός , timide. Voy. TIMIDUS. Eccli. 5. 11.

DUPLICARE , διπλοῦν ; du nom *duplex, icis*; et signifie doubler, redoubler, augmenter au double, accroître de moitié.

1° Doubler, plier en deux (ἐπιδιπλοῦν). Exod. 26. 9. *Ita ut sextum sagum in fronte tecti duplices* : Vous replierez en deux la sixième couverture au frontispice du tabernacle.

2° Augmenter au double (προστιθέναι, addere). Deut. 19. 9. *Supra dictarum trium urbium numerum duplicabis* : En ajoutant trois villes de refuge à ces premières, vous en doublerez ainsi le nombre.

3° Répéter, redire (δευτεροῦν). Eccli. 42. 1. *Non duplices sermonem auditus de revelatione sermonis absconditi* : Ne redites point ce que vous avez entendu dire, et ne révélez point ce qui est secret.

4° Recommencer, redoubler (διπλασιάζειν). Ezech. 21. 14. *Duplicetur gladius* : Que cette épée meurtrière double et triple sa violence. Les maux que les Chaldéens ont faits à Jérusalem ont recommencé par trois fois. Voy. GLADIUS. Apoc. 18. 6. *Duplicate duplicia secundum opera ejus* : Rendez au double à Babylone toutes ses œuvres ; *i. e.* les maux qu'elle a faits.

DUPLICITER. Doublement, en deux façons, ou de deux façons. Eccli. 23. 13. *Si dissimulaverit, delinquit dupliciter* : Si celui qui a promis quelque chose avec serment, y manque par mépris, il péchera doublement.

DUPLUM, i; διπλοῦν. De *duplus, a, um*, qui vient de δίς , *bis*, et de πλέος, *plenus*. Le double, deux fois autant. Exod. 16. 5. *Sit duplum, quam colligere solebant per singulos dies* : Que les Israélites recueillent de la manne le sixième jour de la semaine, deux fois autant qu'en un autre jour, dit Dieu à Moïse. c. 22. 7. *Si invenitur fur, duplum reddet* : Si on trouve le voleur, il rendra le double. v. 4. 9.

Beaucoup plus (διπλότερον). Matt. 23. 15. *Cum fuerit factus, facitis eum filium gehennæ, duplo quam vos*, Gr. *duplicius quam vos* : Lorsque cet homme, après lequel vous avez couru par mer et par terre, est devenu prosélyte, vous le rendez digne de l'enfer deux fois plus que vous. Les disciples, instruits de méchants maîtres, en imitent plutôt les défauts que les vertus, et deviennent pires qu'eux. Apoc. 18. 6. *Miscete illi duplum* : Dans le même calice où Babylone vous a fait boire, faites-la boire deux fois autant.

DURA, Hebr. *Generatio*. Grande pleine, dans la campagne de Babylone, où Nabuchodonosor fit dresser sa statue. Dans. 3. 1.

DURARE. Endurcir, rendre dur; de là vient.

1° DURARI. S'endurcir, devenir dur. Job. 38. 30. *In similitudinem lapidis aquæ durantur :* Les eaux se durcissent comme la pierre. Voy. CHRYSTALLUS.

2° Etre dur et insensible. Job. 39. 16. *Duratur ad filios suos (ἀπεσκλήρυνε τὰ τέκνα) quasi non sint sui :* L'autruche est dure et insensible à ses petits, comme s'ils n'étaient point à elle.

DURE et **DURIUS** ; σκληρῶς, durement, plus durement.

1° Durement, rudement. Isa. 22. 3. *Cuncti principes tui fugerunt simul, dureque ligati sunt :* Tes princes tous ensemble ont pris la fuite, ils ont été chargés de rudes chaînes. Le Prophète parle de la défaite des Juifs par les Assyriens.

2° Aigrement, fièrement. Gen. 42. 7. *Quasi ad alienos (σκληρά, dura) durius loquebatur :* Joseph parla à ses frères assez rudement, comme à des étrangers. v. 30. 2. Reg. 19. 43.

3° D'une manière fâcheuse, offensante, désobligeante (πονηρά). Gen. 31. 29. *Cave ne loquaris contra Jacob quidquam durius :* Prenez bien garde de ne rien dire d'offensant à Jacob. 1. Reg. 20. 10.

4° Avec chagrin et déplaisir. Gen. 21. 11. *Dure accepit hoc Abraham pro filio suo :* Ce discours de Sara parut dur à Abraham, à cause de son fils Ismaël.

5° Avec force et sévérité ἀποτόμως. Tit. 1. 13. *Increpa illos dure, ut sani sint in fide :* Reprenez fortement les Corinthiens, afin qu'ils conservent la pureté de la foi. 2. Cor. 13. 10. La métaphore est tirée des chirurgiens qui, pour guérir les ulcères, en coupent la chair morte.

DURITER. — 1° Rudement, d'une manière rude et qui tient de la cruauté, en parlant de la façon dont on traite quelqu'un : dans l'Ecriture :

2° Avec impétuosité, avec furie (ἀποτόμως). Sap. 5. 23. *In illos flumina concurrent duriter :* Les fleuves se déborderont avec furie contre les ennemis de Dieu.

DURITIA, æ. Dureté solide et ferme ; comme celle du bois, du fer, du marbre, etc.; dans l'Ecriture, il se prend dans le sens figuré.

1° Dureté, rigueur, sévérité. Job. 30. 21. *In duritia manus tuæ (χειρὶ κραταιᾷ) adversaris mihi :* Vous employez la dureté de votre main pour me combattre. L'Ecriture, pour se conformer à l'intelligence de l'esprit humain, attribue souvent à Dieu ce qui n'est propre qu'à l'homme. Exod. 3. 7. *Clamorem ejus audivi propter duritiam eorum qui præsunt operibus :* J'ai entendu le cri que jette mon peuple, à cause de la dureté de ceux qui ont l'intendance des travaux.

2° Opiniâtreté, obstination inflexible (ὀστᾶ, ossa). Prov. 25. 15. *Lingua mollis confringet duritiam :* La langue douce rompt ce qu'il y a de plus dur. Heb. *ossa*. Levit. 26. 19. Deut. 9. 27. Rom. 2. 5. Ce qui est exprimé aussi par la dureté du cœur, laquelle marque ou cette opiniâtreté rebelle propre aux Juifs. Matt. 19. 8. *Moyses ad duritiam cordis vestri permisit vobis dimittere uxores vestras (σκληροκαρδία) :* C'est à cause de la dureté de votre cœur que Moïse vous a permis de quitter vos femmes (Voy. Deut. 24. 1). Marc. 10. 5. Voy. OPERIRE ; ou l'incrédulité des disciples, qui n'avaient pas voulu ajouter foi à ceux qui avaient vu Jésus - Christ ressuscité. Marc. 16. 14. *Exprobravit incredulitatem eorum, et duritiam cordis, quia iis qui viderant eum resurrexisse non crediderunt.*

3° Force, grande quantité (ἰσχύς). Isa. 47. 9. *Universa venerunt super te propter duritiam incantatorum tuorum vehementem :* Tous ces malheurs vous accableront à cause de l'extrême dureté de vos enchanteurs ; Hebr. et Gr. *In fortitudine,* i. e. *in multo robore;* c'est-à-dire, à cause du grand nombre.

DURUS, A, UM ; σκληρός, ά, όν ; de δοῦρον, *lignum :* d'où vient *durateus, ligneus.* Dur, solide. Sap. 11. 4. *Data est illis requies sitis de lapide duro :* Seigneur, vous avez désaltéré la soif des Israélites, de l'eau que vous avez tirée d'une pierre dure. Deut. 8. 15. etc.

1° Dur, fâcheux, rude, pénible. 3. Reg. 12. 4. *Pater tuus durissimum jugum imposuit vobis :* Votre père nous avait chargés d'un joug très-dur, dit Jéroboam, avec tout le peuple, à Roboam. 1. Reg. 5. 7. *Non manent arca Dei Israel apud nos, quoniam dura est manus ejus :* Que l'arche du Dieu d'Israël ne demeure point parmi nous, parce que sa main nous frappe, disent ceux d'Azor. Ps. 16. 4. *Propter verba labiorum tuorum ego custodivi vias duras :* J'ai eu soin, à cause des paroles de vos lèvres, de garder exactement des voies dures et pénibles. Hebr. *Observavi semitas latronis :* Je me suis donné de garde d'entrer dans le sentier des méchants. Ainsi, *durus* signifie plutôt ici, fâcheux aux autres, insupportable. Exod. 1. 14. c. 6. 9. 3. Reg. 14. 6. Gen. 43. 5. etc.

2° Désagréable, choquant, rebutant, insupportable. Joan. 6. 61. *Durus est hic sermo, et quis potest eum audire ?* Ces paroles sont bien dures, et qui peut les écouter ? disent plusieurs des disciples de Jésus-Christ, sur ce qu'il disait touchant sa chair qu'il fallait manger. Act. 9. 5. c. 26. 14. *Durum est tibi contra stimulum calcitrare :* Il vous est dur de regimber contre l'aiguillon ; Gr. σκληρόν σοι, *Durum fuerit tibi :* Il vous serait fâcheux et nuisible. Ceci se dit à saint Paul, en faisant allusion à ce qui arrive aux bœufs qui, en regimbant, s'enfoncent davantage l'aiguillon. Voy. CALCITRARE. 3. Reg. 12. 13.

3° Opiniâtre, rebelle, inflexible. Gen. 49. 7. *Maledictus furor eorum quia pertinax, et indignatio eorum, quia dura :* Que la fureur de Siméon et de Lévi soit maudite, parce qu'elle est opiniâtre, et que leur colère soit en exécration, parce qu'elle est dure et inflexible. Act. 7. 51. *Dura cervice* (σκληροτράχηλος) : Têtes dures, dit saint Etienne dans le conseil aux Juifs. Exod. 32. 9. *Cerno quod populus iste duræ cervicis sit :* Je vois que ce peuple a la tête dure, dit Dieu à Moïse parlant des Israélites. Judic 2. 19. Ezech 3. 7

DICTIONN. DE PHILOL. SACRÉE. I.

Omnis... domus Israel duro corde (σκληροκάρδιος) : Toute la maison d'Israël a un cœur endurci. Ce qui se dit par métaphore, pour marquer que l'âme est comme les corps durs qui résistent à tous les efforts que l'on fait pour les amollir.

4° Rude, brusque, brutal. 1. Reg. 25. 3. *Vir ejus durus :* Nabal mari d'Abigaïl était un homme dur.

5° Rude, violent. 2. Reg. 2. 17. *Et ortum est bellum durum satis in die illa* : Aussitôt que les douze hommes de Benjamin du côté d'Isboseth, et les douze du côté de David se furent passé tous chacun l'épée au travers du corps les uns des autres, il se donna un rude combat. c. 3. 59.

6° Fort, puissant, invincible. Cant. 8. 6. *Dura sicut infernus æmulatio* : Le zèle de l'amour est inflexible comme l'enfer. L'âme fidèle qui est l'épouse du Cantique, ne souffre point d'autre amant que Dieu qui est son époux ; mais il faut remarquer, avec saint Ambroise, que l'époux parle d'un amour parfait, qui met les âmes en tel état que toute la fureur des persécutions, et toute la violence des tempêtes excitées contre eux, n'ont point la force de les séparer de l'amour de Dieu. Isa. 27. 1. Sap. 18. 15. Ezech. 3. 8.

7° Qui devient plus fort, et s'affermit davantage. Jerem. 30. v. 14. *Dura facta sunt* (ἐπληθυναν) *peccata tua. Propter dura peccata tua feci hæc tibi* (διὰ τῶν ἁμαρτιῶν σου τῶν σκληρῶν): C'est à cause de votre endurcissement dans le péché que je vous ai traitée de la sorte, dit Dieu à Jérusalem.

8° Sévère, rigoureux (ἀπότομος). Sap. 6. 6. *Judicium durissimum his qui præsunt fiet* : Ceux qui commandent les autres seront jugés avec une extrême rigueur. c. 11. 11. c. 12. 9. Isa. 27. 8. Matth. 25. 24.

9° Offensant, injurieux. Eccli. 19. 7. *Ne iteres verbum nequam et durum* : Ne rapportez point une parole maligne et offensante. Jud. 15.

10° Effronté, qui n'a point de honte (σκληροπρόσωπος). Ezech. 2. 4. *Filii dura facie... ad quos ego mitto te* : Ceux vers qui je vous envoie sont des enfants qui ont un front dur, dit Dieu au Prophète. c. 3. 7. *Duro corde* : Ils ont un cœur endurci.

DUX, CIS ὁδηγός, ἡγούμενος, ἡγεμών. Du verbe *ducere*, conducteur, guide, chef, auteur, capitaine ; dans l'Écriture :

Conducteur, conductrice, qui conduit, qui sert de guide, soit dans un voyage, soit dans quelque affaire. Matth. 23. 16. *Væ vobis, duces cæci !* Malheur à vous, conducteurs aveugles ! dit Jésus-Christ aux scribes et aux pharisiens. v. 24. c. 15. 14. Rom. 2. 19. Act. 1. 16. A quoi se peut rapporter cette façon de parler :

Dux pubertatis (διδασκαλία) : Celui qui a épousé une fille vierge, une fille en sa jeunesse (διδασκαλία). Prov. 2. 17. *Relinquit ducem pubertatis suæ* : L'une des qualités de la femme étrangère est d'abandonner celui qu'elle a épousé en sa jeunesse, son premier mari, qui l'a épousée étant vierge. Ce qui s'entend dans le sens métaphorique. Jerem. 3. 4. *Voca me, Pater meus, dux virginitatis meæ tu es* (ἀρχηγός) : Dites-moi, Vous êtes mon Père, vous êtes celui qui m'avez conduite lorsque j'étais vierge : Dieu a regardé la Synagogue comme son épouse. Comme on dit *dux pubertatis*, on dit aussi *uxor pubertatis*, pour marquer une femme qu'on a épousée dans sa jeunesse. Malach. 2. 14. Voy. PUBERTAS.

1° Qui est au-dessus, qui tient le premier rang en quelque chose (ἡγεῖσθαι, *ducem esse*). Ps. 103. 17. *Herodii domus dux est eorum* : Le nid de la cigogne est comme le premier et le chef des autres, est incomparablement plus haut que les autres ; *Hebr.* est fait dans les sapins. Act. 14. 11. *Quoniam ipse erat dux verbi*. Ceux de Lystre appelaient saint Paul, Mercure, parce que c'était lui qui portait la parole.

2° Auteur de quelque chose. Dan. 11. 22. *Dux fœderis*. Le chef de l'alliance ; *Hebr. Antecessor* ; par ce chef de l'alliance, quelques-uns entendent Judas Machabée, que l'impie Antiochus a trompé par ses artifices ; d'autres l'entendent, soit de Ptolémée Philométor, qui pouvait bien avoir demandé le premier l'alliance d'Antiochus ; ou de Tryphon, l'un des grands d'Égypte, qu'Appien fait le médiateur de cette alliance, et qu'Antiochus fit ensuite mourir.

3° Ami, familier, qui donne conseil et règle par ses avis. Ps. 54. 14. *Tu vero homo unanimis, dux meus* : Celui qui m'a chargé de malédictions, et qui a parlé de moi avec insolence, c'est vous qui n'étiez qu'un cœur avec moi, et qui étiez le chef de mon conseil. Le Prophète parle d'Achitophel. Mich. 7. 5.

4° Le Messie ou le Christ, qui est le chef de l'Église, et qui la gouverne par son Esprit-Saint. Dan. 9. 25. *Ab exitu sermonis ut iterum ædificetur Jerusalem, usque ad Christum Ducem, hebdomades septem et hebdomades sexaginta duæ erunt* : Depuis l'ordre qui sera donné pour rebâtir Jérusalem, jusqu'au Christ chef de mon peuple, il y aura sept semaines et soixante-deux semaines. Matth. 2. 6. *Ex te exiet Dux qui regat populum meum Israel* : Ce sera de toi, Bethléem, que sortira le Chef qui conduira mon peuple d'Israël. Les princes des prêtres et les scribes du peuple citent à Hérode le passage du prophète Michée, c. 5. 2. (Voy. MILLE). Isa. 55. 4. Jerem. 30. 21.

5° Prince, qui gouverne avec un pouvoir souverain. Gen. 17. 20. *Duodecim duces* (ἰὸν gentes) *generabit* : Douze princes sortiront d'Ismaël. (Ces douze princes sont marqués, c. 25. 13. et suivants.) c. 36. v. 15. 16. 17. etc c. 49. 10. *Non auferetur sceptrum de Juda, et dux de femore ejus, donec veniat qui mittendus est* : Le sceptre ne sera point ôté de Juda, ni le prince de sa postérité, jusqu'à ce que celui qui doit être envoyé soit venu ; *Hebr. Legislator.* Malach. 1. 8. Prov. 28. v. 2. 16. Eccli. 10. 17. Isa. 15. 2. Ezech. 12. v. 10. 12. Dan. 9. 26. *Civitates et sanctuarium dissipabit populus cum duce venturo* : Un peuple avec son chef qui doit venir détruira la ville et le sanctuaire. Ce prince est l'empereur Tite, qui prit et détruisit Jérusalem. 1. Reg. 9. 16. 2. Reg. 5. 2. 5. Reg. 11. 34.

6° Ministre d'État, général d'armée, capitaine, officier. 1. Petr. 2. 14. *Subditi estote propter Deum, sive regi, sive ducibus* : Soyez soumis pour l'amour de Dieu, soit au roi, soit aux gouverneurs. Gen. 26. 26. c. 41. 12. Deut. 20. v. 5. 9. etc.

7°. Chef, ou premier magistrat chez les Juifs, (ἄρχων). Num. 7. 11. *Singuli duces per singulos dies offerant munera in dedicationem altaris* : Que chacun des chefs offre chaque jours ses présents pour la dédicace de l'autel, dit Dieu à M. Ise. v. 5. 10. 18.

8° Les chefs de famille (βασιλεύς). Num. 21. 18. *Puteus quem foderunt principes, et paraverunt duces multitudinis in datore Legis* : C'est le puits que les princes ont creusé, que les chefs du peuple ont préparé par l'ordre de celui qui a donné la Loi. Ceci est du cantique que chanta le peuple en actions de grâces pour l'eau que Dieu leur donna par Moïse. (Voy. c. 20. 8.) c. 25. 14. c. 34. 26. Jos. 8. 33. Judic. 10. 1. Ps. 67. 23. etc. Voy. PRINCEPS.

9° Grand seigneur, personne considérable par son mérite ou sa qualité. Job. 29. 10. *Vocem suam cohibebant duces* : Les grands s'imposaient silence dès que je paraissais. c. 34. 18. Ezech. 23. v. 12. 15. 23.

10° Juge (ἐπιστάτης). Jerem. 29. 26. *Dominus dedit te sacerdotem, pro Joiada sacerdote, ut sis dux in domo Domini* : Le Seigneur vous a établi pontife, comme il a établi le pontife Joïada, afin que vous soyez chef dans la maison du Seigneur. Ce que Sophonie dit à Maasias, prêtre, par flatterie, pour le porter à tuer le prophète Jérémie, comme Joïada avait tué Mathan, prêtre de Baal. Voyez 4. Reg. 11. 18. 2. Par. 23. 17.

DYSCOLUS, I. De δύς, *ægre*, et de κόλον, *cibus*, qui est de difficile nourriture ; cette particule δύς ne se trouve que dans les composés, et y marque toujours de la difficulté.

Fâcheux, de mauvaise humeur, difficile à contenter. 1. Petr. 2. 18. *Servi subditi estote dominis... non tantum bonis et modestis, sed etiam dyscolis* : Serviteurs, soyez soumis à vos maîtres... non-seulement à ceux qui sont bons et doux, mais même à ceux qui sont rudes et fâcheux ; *Gr.* σκολιοῖς, *pravis* ; i. e. *asperis et sævis*. L'interprète s'est servi d'un autre mot Grec qui signifie à peu près la même chose.

DYSENTERIA, Æ ; Grec. δυσεντερία. De δύς, *ægre*, et d'ἔντερα, entrailles : douleur dans les intestins.

Dyssenterie, flux de sang avec de grandes douleurs. Act. 28. 8. *Contigit patrem Publii febribus et dyssenteria vexatum jacere* : Il se rencontra que le père de Publius était malade de fièvre et de dyssenterie. Saint Paul le guérit.

FIN DU PREMIER VOLUME.

www.ingramcontent.com/pod-product-compliance
Lightning Source LLC
Chambersburg PA
CBHW060411230426
43663CB00008B/1450